Sainte Bible
Français Louis Segond Traduction

Devoted Publishing
Email: devotedpub@hotmail.com
Facebook: @DevotedPublishing
Woodstock, Ontario, Canada, 2017

Table des matières

Sainte Bible: Français Louis Segond Traduction

Mise en page et mise en forme par Anthony Uyl et Copyright 2017 Devoted Publishing.
ISBN: 978-1-77356-078-6

Table des matières

L'Ancien Testament	3
Genèse	3
Exode	27
Lévitique	47
Nombres	62
Deutéronome	83
Josué	101
Juges	113
Ruth	125
1 Samuel	127
2 Samuel	142
1 Rois	155
2 Rois	170
1 Chroniques	184
2 Chroniques	198
Esdras	214
Néhémie	219
Esther	226
Job	230
Psaume	244
Proverbes	278
Ecclésiaste	291
Cantique Des Cantiqu	295
Ésaïe	297
Jérémie	320
Lamentations	346
Ezekiel	349
Daniel	372
Osée	380
Jo	384
Amos	386
Abdias	389
Jonas	390
Michée	391
Nahum	393
Habacuc	394
Sophonie	395
Aggée	397
Zacharie	398
Malachie	402
Nouveau Testament	404
Matthieu	404
Marc	420
Luc	430
Jean	447
Actes	460
Romains	476
1 Corinthiens	483
2 Corinthiens	490
Galates	495
Éphésiens	498
Philippiens	501
Colossiens	503
1 Thessaloniciens	505
2 Thessaloniciens	507
1 Timothée	508
2 Timothée	510
Tite	512
Philémon	513
Hébreux	514
Jacques	519
1 Pierre	521
2 Pierre	523
1 Jean	525
2 Jean	527
3 Jean	528
Jude	529
Apocalypse	530

L'Ancien Testament

Genèse

Chapitre 1

¹Au commencement, Dieu créa les cieux et la terre.

²La terre était informe et vide: il y avait des ténèbres à la surface de l'abîme, et l'esprit de Dieu se mouvait au-dessus des eaux.

³Dieu dit: Que la lumière soit! Et la lumière fut.

⁴Dieu vit que la lumière était bonne; et Dieu sépara la lumière d'avec les ténèbres.

⁵Dieu appela la lumière jour, et il appela les ténèbres nuit. Ainsi, il y eut un soir, et il y eut un matin: ce fut le premier jour.

⁶Dieu dit: Qu'il y ait une étendue entre les eaux, et qu'elle sépare les eaux d'avec les eaux.

⁷Et Dieu fit l'étendue, et il sépara les eaux qui sont au-dessous de l'étendue d'avec les eaux qui sont au-dessus de l'étendue. Et cela fut ainsi.

⁸Dieu appela l'étendue ciel. Ainsi, il y eut un soir, et il y eut un matin: ce fut le second jour.

⁹Dieu dit: Que les eaux qui sont au-dessous du ciel se rassemblent en un seul lieu, et que le sec paraisse. Et cela fut ainsi.

¹⁰Dieu appela le sec terre, et il appela l'amas des eaux mers. Dieu vit que cela était bon.

¹¹Puis Dieu dit: Que la terre produise de la verdure, de l'herbe portant de la semence, des arbres fruitiers donnant du fruit selon leur espèce et ayant en eux leur semence sur la terre. Et cela fut ainsi.

¹²La terre produisit de la verdure, de l'herbe portant de la semence selon son espèce, et des arbres donnant du fruit et ayant en eux leur semence selon leur espèce. Dieu vit que cela était bon.

¹³Ainsi, il y eut un soir, et il y eut un matin: ce fut le troisième jour.

¹⁴Dieu dit: Qu'il y ait des luminaires dans l'étendue du ciel, pour séparer le jour d'avec la nuit; que ce soient des signes pour marquer les époques, les jours et les années;

¹⁵et qu'ils servent de luminaires dans l'étendue du ciel, pour éclairer la terre. Et cela fut ainsi.

¹⁶Dieu fit les deux grands luminaires, le plus grand luminaire pour présider au jour, et le plus petit luminaire pour présider à la nuit; il fit aussi les étoiles.

¹⁷Dieu les plaça dans l'étendue du ciel, pour éclairer la terre,

¹⁸pour présider au jour et à la nuit, et pour séparer la lumière d'avec les ténèbres. Dieu vit que cela était bon.

¹⁹Ainsi, il y eut un soir, et il y eut un matin: ce fut le quatrième jour.

²⁰Dieu dit: Que les eaux produisent en abondance des animaux vivants, et que des oiseaux volent sur la terre vers l'étendue du ciel.

²¹Dieu créa les grands poissons et tous les animaux vivants qui se meuvent, et que les eaux produisirent en abondance selon leur espèce; il créa aussi tout oiseau ailé selon son espèce. Dieu vit que cela était bon.

²²Dieu les bénit, en disant: Soyez féconds, multipliez, et remplissez les eaux des mers; et que les oiseaux multiplient sur la terre.

²³Ainsi, il y eut un soir, et il y eut un matin: ce fut le cinquième jour.

²⁴Dieu dit: Que la terre produise des animaux vivants selon leur espèce, du bétail, des reptiles et des animaux terrestres, selon leur espèce. Et cela fut ainsi.

²⁵Dieu fit les animaux de la terre selon leur espèce, le bétail selon son espèce, et tous les reptiles de la terre selon leur espèce. Dieu vit que cela était bon.

²⁶Puis Dieu dit: Faisons l'homme à notre image, selon notre ressemblance, et qu'il domine sur les poissons de la mer, sur les oiseaux du ciel, sur le bétail, sur toute la terre, et sur tous les reptiles qui rampent sur la terre.

²⁷Dieu créa l'homme à son image, il le créa à l'image de Dieu, il créa l'homme et la femme.

²⁸Dieu les bénit, et Dieu leur dit: Soyez féconds, multipliez, remplissez la terre, et l'assujettissez; et dominez sur les poissons de la mer, sur les oiseaux du ciel, et sur tout animal qui se meut sur la terre.

²⁹Et Dieu dit: Voici, je vous donne toute herbe portant de la semence et qui est à la surface de toute la terre, et tout arbre ayant en lui du fruit d'arbre et portant de la semence: ce sera votre nourriture.

³⁰Et à tout animal de la terre, à tout oiseau du ciel, et à tout ce qui se meut sur la terre, ayant en soi un souffle de vie, je donne toute herbe verte pour nourriture. Et cela fut ainsi.

³¹Dieu vit tout ce qu'il avait fait et voici, cela était très bon. Ainsi, il y eut un soir, et il y eut un matin: ce fut le sixième jour.

Chapitre 2

¹Ainsi furent achevés les cieux et la terre, et toute leur armée.

²Dieu acheva au septième jour son oeuvre, qu'il avait faite: et il se reposa au septième jour de toute son oeuvre, qu'il avait faite.

³Dieu bénit le septième jour, et il le sanctifia, parce qu'en ce jour il se reposa de toute son oeuvre qu'il avait créée en la faisant.

⁴Voici les origines des cieux et de la terre, quand ils furent créés.

⁵Lorsque l'Éternel Dieu fit une terre et des cieux, aucun arbuste des champs n'était encore sur la terre, et aucune herbe des champs ne germait encore: car l'Éternel Dieu n'avait pas fait pleuvoir sur la terre, et il n'y avait point d'homme pour cultiver le sol.

⁶Mais une vapeur s'éleva de la terre, et arrosa toute la surface du sol.

⁷L'Éternel Dieu forma l'homme de la poussière de la terre, il souffla dans ses narines un souffle de vie et l'homme devint un être vivant.

⁸Puis l'Éternel Dieu planta un jardin en Éden, du côté de l'orient, et il y mit l'homme qu'il avait formé.

⁹L'Éternel Dieu fit pousser du sol des arbres de toute espèce, agréables à voir et bons à manger, et l'arbre de la vie au milieu du jardin, et l'arbre de la connaissance du bien et du mal.

¹⁰Un fleuve sortait d'Éden pour arroser le jardin, et de là il se divisait en quatre bras.

¹¹Le nom du premier est Pischon; c'est celui qui entoure tout le pays de Havila, où se trouve l'or.

¹²L'or de ce pays est pur; on y trouve aussi le bdellium et la pierre d'onyx.

¹³Le nom du second fleuve est Guihon; c'est celui qui entoure tout le pays de Cusch.

¹⁴Le nom du troisième est Hiddékel; c'est celui qui coule à l'orient de l'Assyrie. Le quatrième fleuve, c'est l'Euphrate.

¹⁵L'Éternel Dieu prit l'homme, et le plaça dans le jardin d'Éden pour le cultiver et pour le garder.

¹⁶L'Éternel Dieu donna cet ordre à l'homme: Tu pourras manger de tous les arbres du jardin;

¹⁷mais tu ne mangeras pas de l'arbre de la connaissance du bien et du mal, car le jour où tu en mangeras, tu mourras.

¹⁸L'Éternel Dieu dit: Il n'est pas bon que l'homme soit seul; je lui ferai une aide semblable à lui.

¹⁹L'Éternel Dieu forma de la terre tous les animaux des champs et tous les oiseaux du ciel, et il les fit venir vers l'homme, pour voir comment il les appellerait, et afin que tout être vivant portât le nom que lui donnerait l'homme.

²⁰Et l'homme donna des noms à tout le bétail, aux oiseaux du ciel et à tous les animaux des champs; mais, pour l'homme, il ne trouva point d'aide semblable à lui.

²¹Alors l'Éternel Dieu fit tomber un profond sommeil sur l'homme, qui s'endormit; il prit une de ses côtes, et referma la chair à sa place.

²²L'Éternel Dieu forma une femme de la côte qu'il avait prise de l'homme, et il l'amena vers l'homme.

²³Et l'homme dit: Voici cette fois celle qui est os de mes os et chair de ma chair! on l'appellera femme, parce qu'elle a été prise de l'homme.

²⁴C'est pourquoi l'homme quittera son père et sa mère, et s'attachera à sa femme, et ils deviendront une seule chair.

²⁵L'homme et sa femme étaient tous deux nus, et ils n'en avaient point honte.

Chapitre 3

¹Le serpent était le plus rusé de tous les animaux des champs, que l'Éternel Dieu avait faits. Il dit à la femme: Dieu a-t-il réellement dit: Vous ne mangerez pas de tous les arbres du jardin?

²La femme répondit au serpent: Nous mangeons du fruit des arbres du jardin.

³Mais quant au fruit de l'arbre qui est au milieu du jardin, Dieu a dit: Vous n'en mangerez point et vous n'y toucherez point, de peur que vous ne mouriez.

⁴Alors le serpent dit à la femme: Vous ne mourrez point;

Genèse

⁵mais Dieu sait que, le jour où vous en mangerez, vos yeux s'ouvriront, et que vous serez comme des dieux, connaissant le bien et le mal.

⁶La femme vit que l'arbre était bon à manger et agréable à la vue, et qu'il était précieux pour ouvrir l'intelligence; elle prit de son fruit, et en mangea; elle en donna aussi à son mari, qui était auprès d'elle, et il en mangea.

⁷Les yeux de l'un et de l'autre s'ouvrirent, ils connurent qu'ils étaient nus, et ayant cousu des feuilles de figuier, ils s'en firent des ceintures.

⁸Alors ils entendirent la voix de l'Éternel Dieu, qui parcourait le jardin vers le soir, et l'homme et sa femme se cachèrent loin de la face de l'Éternel Dieu, au milieu des arbres du jardin.

⁹Mais l'Éternel Dieu appela l'homme, et lui dit: Où es-tu?

¹⁰Il répondit: J'ai entendu ta voix dans le jardin, et j'ai eu peur, parce que je suis nu, et je me suis caché.

¹¹Et l'Éternel Dieu dit: Qui t'a appris que tu es nu? Est-ce que tu as mangé de l'arbre dont je t'avais défendu de manger?

¹²L'homme répondit: La femme que tu as mise auprès de moi m'a donné de l'arbre, et j'en ai mangé.

¹³Et l'Éternel Dieu dit à la femme: Pourquoi as-tu fait cela? La femme répondit: Le serpent m'a séduite, et j'en ai mangé.

¹⁴L'Éternel Dieu dit au serpent: Puisque tu as fait cela, tu seras maudit entre tout le bétail et entre tous les animaux des champs, tu marcheras sur ton ventre, et tu mangeras de la poussière tous les jours de ta vie.

¹⁵Je mettrai inimitié entre toi et la femme, entre ta postérité et sa postérité: celle-ci t'écrasera la tête, et tu lui blesseras le talon.

¹⁶Il dit à la femme: J'augmenterai la souffrance de tes grossesses, tu enfanteras avec douleur, et tes désirs se porteront vers ton mari, mais il dominera sur toi.

¹⁷Il dit à l'homme: Puisque tu as écouté la voix de ta femme, et que tu as mangé de l'arbre au sujet duquel je t'avais donné cet ordre: Tu n'en mangeras point! le sol sera maudit à cause de toi. C'est à force de peine que tu en tireras ta nourriture tous les jours de ta vie,

¹⁸il te produira des épines et des ronces, et tu mangeras de l'herbe des champs.

¹⁹C'est à la sueur de ton visage que tu mangeras du pain, jusqu'à ce que tu retournes dans la terre, d'où tu as été pris; car tu es poussière, et tu retourneras dans la poussière.

²⁰Adam donna à sa femme le nom d'Eve: car elle a été la mère de tous les vivants.

²¹L'Éternel Dieu fit à Adam et à sa femme des habits de peau, et il les en revêtit.

²²L'Éternel Dieu dit: Voici, l'homme est devenu comme l'un de nous, pour la connaissance du bien et du mal. Empêchons-le maintenant d'avancer sa main, de prendre de l'arbre de vie, d'en manger, et de vivre éternellement.

²³Et l'Éternel Dieu le chassa du jardin d'Éden, pour qu'il cultivât la terre, d'où il avait été pris.

²⁴C'est ainsi qu'il chassa Adam; et il mit à l'orient du jardin d'Éden les chérubins qui agitent une épée flamboyante, pour garder le chemin de l'arbre de vie.

Chapitre 4

¹Adam connut Eve, sa femme; elle conçut, et enfanta Caïn et elle dit: J'ai formé un homme avec l'aide de l'Éternel.

²Elle enfanta encore son frère Abel. Abel fut berger, et Caïn fut laboureur.

³Au bout de quelque temps, Caïn fit à l'Éternel une offrande des fruits de la terre;

⁴et Abel, de son côté, en fit une des premiers-nés de son troupeau et de leur graisse. L'Éternel porta un regard favorable sur Abel et sur son offrande;

⁵mais il ne porta pas un regard favorable sur Caïn et sur son offrande. Caïn fut très irrité, et son visage fut abattu.

⁶Et l'Éternel dit à Caïn: Pourquoi es-tu irrité, et pourquoi ton visage est-il abattu?

⁷Certainement, si tu agis bien, tu relèveras ton visage, et si tu agis mal, le péché se couche à la porte, et ses désirs se portent vers toi: mais toi, domine sur lui.

⁸Cependant, Caïn adressa la parole à son frère Abel; mais, comme ils étaient dans les champs, Caïn se jeta sur son frère Abel, et le tua.

⁹L'Éternel dit à Caïn: Où est ton frère Abel? Il répondit: Je ne sais pas; suis-je le gardien de mon frère?

¹⁰Et Dieu dit: Qu'as-tu fait? La voix du sang de ton frère crie de la terre jusqu'à moi.

¹¹Maintenant, tu seras maudit de la terre qui a ouvert sa bouche pour recevoir de ta main le sang de ton frère.

¹²Quand tu cultiveras le sol, il ne te donnera plus sa richesse. Tu seras errant et vagabond sur la terre.

¹³Caïn dit à l'Éternel: Mon châtiment est trop grand pour être supporté.

¹⁴Voici, tu me chasses aujourd'hui de cette terre; je serai caché loin de ta face, je serai errant et vagabond sur la terre, et quiconque me trouvera me tuera.

¹⁵L'Éternel lui dit: Si quelqu'un tuait Caïn, Caïn serait vengé sept fois. Et l'Éternel mit un signe sur Caïn pour que quiconque le trouverait ne le tuât point.

¹⁶Puis, Caïn s'éloigna de la face de l'Éternel, et habita dans la terre de Nod, à l'orient d'Éden.

¹⁷Caïn connut sa femme; elle conçut, et enfanta Hénoc. Il bâtit ensuite une ville, et il donna à cette ville le nom de son fils Hénoc.

¹⁸Hénoc engendra Irad, Irad engendra Mehujaël, Mehujaël engendra Metuschaël, et Metuschaël engendra Lémec.

¹⁹Lémec prit deux femmes: le nom de l'une était Ada, et le nom de l'autre Tsilla.

²⁰Ada enfanta Jabal: il fut le père de ceux qui habitent sous des tentes et près des troupeaux.

²¹Le nom de son frère était Jubal: il fut le père de tous ceux qui jouent de la harpe et du chalumeau.

²²Tsilla, de son côté, enfanta Tubal Caïn, qui forgeait tous les instruments d'airain et de fer. La soeur de Tubal Caïn était Naama.

²³Lémec dit à ses femmes: Ada et Tsilla, écoutez ma voix! Femmes de Lémec, écoutez ma parole! J'ai tué un homme pour ma blessure, Et un jeune homme pour ma meurtrissure.

²⁴Caïn sera vengé sept fois, Et Lémec soixante-dix-sept fois.

²⁵Adam connut encore sa femme; elle enfanta un fils, et l'appela du nom de Seth, car, dit-elle, Dieu m'a donnée un autre fils à la place d'Abel, que Caïn a tué.

²⁶Seth eut aussi un fils, et il l'appela du nom d'Énosch. C'est alors que l'on commença à invoquer le nom de l'Éternel.

Chapitre 5

¹Voici le livre de la postérité d'Adam. Lorsque Dieu créa l'homme, il le fit à la ressemblance de Dieu.

²Il créa l'homme et la femme, il les bénit, et il les appela du nom d'homme, lorsqu'ils furent créés.

³Adam, âgé de cent trente ans, engendra un fils à sa ressemblance, selon son image, et il lui donna le nom de Seth.

⁴Les jours d'Adam, après la naissance de Seth, furent de huit cents ans; et il engendra des fils et des filles.

⁵Tous les jours qu'Adam vécut furent de neuf cent trente ans; puis il mourut.

⁶Seth, âgé de cent cinq ans, engendra Énosch.

⁷Seth vécut, après la naissance d'Énosch, huit cent sept ans; et il engendra des fils et des filles.

⁸Tous les jours de Seth furent de neuf cent douze ans; puis il mourut.

⁹Énosch, âgé de quatre-vingt-dix ans, engendra Kénan.

¹⁰Énosch vécut, après la naissance de Kénan, huit cent quinze ans; et il engendra des fils et des filles.

¹¹Tous les jours d'Énosch furent de neuf cent cinq ans; puis il mourut.

¹²Kénan, âgé de soixante-dix ans, engendra Mahalaleel.

¹³Kénan vécut, après la naissance de Mahalaleel, huit cent quarante ans; et il engendra des fils et des filles.

¹⁴Tous les jours de Kénan furent de neuf cent dix ans; puis il mourut.

¹⁵Mahalaleel, âgé de soixante-cinq ans, engendra Jéred.

¹⁶Mahalaleel vécut, après la naissance de Jéred, huit cent trente ans; et il engendra des fils et des filles.

¹⁷Tous les jours de Mahalaleel furent de huit cent quatre-vingt-quinze ans; puis il mourut.

¹⁸Jéred, âgé de cent soixante-deux ans, engendra Hénoc.

¹⁹Jéred vécut, après la naissance d'Hénoc, huit cents ans; et il engendra des fils et des filles.

²⁰Tous les jours de Jéred furent de neuf cent soixante-deux ans; puis il mourut.

²¹Hénoc, âgé de soixante-cinq ans, engendra Metuschélah.

²²Hénoc, après la naissance de Metuschélah, marcha avec Dieu trois cents ans; et il engendra des fils et des filles.

²³Tous les jours d'Hénoc furent de trois cent soixante-cinq ans.

²⁴Hénoc marcha avec Dieu; puis il ne fut plus, parce que Dieu le

prit.

²⁵Metuschélah, âgé de cent quatre-vingt-sept ans, engendra Lémec.

²⁶Metuschélah vécut, après la naissance de Lémec, sept cent quatre-vingt deux ans; et il engendra des fils et des filles.

²⁷Tous les jours de Metuschélah furent de neuf cent soixante-neuf ans; puis il mourut.

²⁸Lémec, âgé de cent quatre-vingt-deux ans, engendra un fils.

²⁹Il lui donna le nom de Noé, en disant: Celui-ci nous consolera de nos fatigues et du travail pénible de nos mains, provenant de cette terre que l'Éternel a maudite.

³⁰Lémec vécut, après la naissance de Noé, cinq cent quatre-vingt-quinze ans; et il engendra des fils et des filles.

³¹Tous les jours de Lémec furent de sept cent soixante-dix sept ans; puis il mourut.

³²Noé, âgé de cinq cents ans, engendra Sem, Cham et Japhet.

Chapitre 6

¹Lorsque les hommes eurent commencé à se multiplier sur la face de la terre, et que des filles leur furent nées,

²les fils de Dieu virent que les filles des hommes étaient belles, et ils en prirent pour femmes parmi toutes celles qu'ils choisirent.

³Alors l'Éternel dit: Mon esprit ne restera pas à toujours dans l'homme, car l'homme n'est que chair, et ses jours seront de cent vingt ans.

⁴Les géants étaient sur la terre en ces temps-là, après que les fils de Dieu furent venus vers les filles des hommes, et qu'elles leur eurent donné des enfants: ce sont ces héros qui furent fameux dans l'antiquité.

⁵L'Éternel vit que la méchanceté des hommes était grande sur la terre, et que toutes les pensées de leur coeur se portaient chaque jour uniquement vers le mal.

⁶L'Éternel se repentit d'avoir fait l'homme sur la terre, et il fut affligé en son coeur.

⁷Et l'Éternel dit: J'exterminerai de la face de la terre l'homme que j'ai créé, depuis l'homme jusqu'au bétail, aux reptiles, et aux oiseaux du ciel; car je me repens de les avoir faits.

⁸Mais Noé trouva grâce aux yeux de l'Éternel.

⁹Voici la postérité de Noé. Noé était un homme juste et intègre dans son temps; Noé marchait avec Dieu.

¹⁰Noé engendra trois fils: Sem, Cham et Japhet.

¹¹La terre était corrompue devant Dieu, la terre était pleine de violence.

¹²Dieu regarda la terre, et voici, elle était corrompue; car toute chair avait corrompu sa voie sur la terre.

¹³Alors Dieu dit à Noé: La fin de toute chair est arrêtée par devers moi; car ils ont rempli la terre de violence; voici, je vais les détruire avec la terre.

¹⁴Fais-toi une arche de bois de gopher; tu disposeras cette arche en cellules, et tu l'enduiras de poix en dedans et en dehors.

¹⁵Voici comment tu la feras: l'arche aura trois cents coudées de longueur, cinquante coudées de largeur et trente coudées de hauteur.

¹⁶Tu feras à l'arche une fenêtre, que tu réduiras à une coudée en haut; tu établiras une porte sur le côté de l'arche; et tu construiras un étage inférieur, un second et un troisième.

¹⁷Et moi, je vais faire venir le déluge d'eaux sur la terre, pour détruire toute chair ayant souffle de vie sous le ciel; tout ce qui est sur la terre périra.

¹⁸Mais j'établis mon alliance avec toi; tu entreras dans l'arche, toi et tes fils, ta femme et les femmes de tes fils avec toi.

¹⁹De tout ce qui vit, de toute chair, tu feras entrer dans l'arche deux de chaque espèce, pour les conserver en vie avec toi: il y aura un mâle et une femelle.

²⁰Des oiseaux selon leur espèce, du bétail selon son espèce, et de tous les reptiles de la terre selon leur espèce, deux de chaque espèce viendront vers toi, pour que tu leur conserves la vie.

²¹Et toi, prends de tous les aliments que l'on mange, et fais-en une provision auprès de toi, afin qu'ils te servent de nourriture ainsi qu'à eux.

²²C'est ce que fit Noé: il exécuta tout ce que Dieu lui avait ordonné.

Chapitre 7

¹L'Éternel dit à Noé: Entre dans l'arche, toi et toute ta maison; car je t'ai vu juste devant moi parmi cette génération.

²Tu prendras auprès de toi sept couples de tous les animaux purs, le mâle et sa femelle; une paire des animaux qui ne sont pas purs, le mâle et sa femelle;

³sept couples aussi des oiseaux du ciel, mâle et femelle, afin de conserver leur race en vie sur la face de toute la terre.

⁴Car, encore sept jours, et je ferai pleuvoir sur la terre quarante jours et quarante nuits, et j'exterminerai de la face de la terre tous les êtres que j'ai faits.

⁵Noé exécuta tout ce que l'Éternel lui avait ordonné.

⁶Noé avait six cents ans, lorsque le déluge d'eaux fut sur la terre.

⁷Et Noé entra dans l'arche avec ses fils, sa femme et les femmes de ses fils, pour échapper aux eaux du déluge.

⁸D'entre les animaux purs et les animaux qui ne sont pas purs, les oiseaux et tout ce qui se meut sur la terre,

⁹il entra dans l'arche auprès de Noé, deux à deux, un mâle et une femelle, comme Dieu l'avait ordonné à Noé.

¹⁰Sept jours après, les eaux du déluge furent sur la terre.

¹¹L'an six cent de la vie de Noé, le second mois, le dix-septième jour du mois, en ce jour-là toutes les sources du grand abîme jaillirent, et les écluses des cieux s'ouvrirent.

¹²La pluie tomba sur la terre quarante jours et quarante nuits.

¹³Ce même jour entrèrent dans l'arche Noé, Sem, Cham et Japhet, fils de Noé, la femme de Noé et les trois femmes de ses fils avec eux:

¹⁴eux, et tous les animaux selon leur espèce, tout le bétail selon son espèce, tous les reptiles qui rampent sur la terre selon leur espèce, tous les oiseaux selon leur espèce, tous les petits oiseaux, tout ce qui a des ailes.

¹⁵Ils entrèrent dans l'arche auprès de Noé, deux à deux, de toute chair ayant souffle de vie.

¹⁶Il en entra, mâle et femelle, de toute chair, comme Dieu l'avait ordonné à Noé. Puis l'Éternel ferma la porte sur lui.

¹⁷Le déluge fut quarante jours sur la terre. Les eaux crûrent et soulevèrent l'arche, et elle s'éleva au-dessus de la terre.

¹⁸Les eaux grossirent et s'accrurent beaucoup sur la terre, et l'arche flotta sur la surface des eaux.

¹⁹Les eaux grossirent de plus en plus, et toutes les hautes montagnes qui sont sous le ciel entier furent couvertes.

²⁰Les eaux s'élevèrent de quinze coudées au-dessus des montagnes, qui furent couvertes.

²¹Tout ce qui se mouvait sur la terre périt, tant les oiseaux que le bétail et les animaux, tout ce qui rampait sur la terre, et tous les hommes.

²²Tout ce qui avait respiration, souffle de vie dans ses narines, et qui était sur la terre sèche, mourut.

²³Tous les êtres qui étaient sur la face de la terre furent exterminés, depuis l'homme jusqu'au bétail, aux reptiles et aux oiseaux du ciel: ils furent exterminés de la terre. Il ne resta que Noé, et ce qui était avec lui dans l'arche.

²⁴Les eaux furent grosses sur la terre pendant cent cinquante jours.

Chapitre 8

¹Dieu se souvint de Noé, de tous les animaux et de tout le bétail qui étaient avec lui dans l'arche; et Dieu fit passer un vent sur la terre, et les eaux s'apaisèrent.

²Les sources de l'abîme et les écluses des cieux furent fermées, et la pluie ne tomba plus du ciel.

³Les eaux se retirèrent de dessus la terre, s'en allant et s'éloignant, et les eaux diminuèrent au bout de cent cinquante jours.

⁴Le septième mois, le dix-septième jour du mois, l'arche s'arrêta sur les montagnes d'Ararat.

⁵Les eaux allèrent en diminuant jusqu'au dixième mois. Le dixième mois, le premier jour du mois, apparurent les sommets des montagnes.

⁶Au bout de quarante jours, Noé ouvrit la fenêtre qu'il avait faite à l'arche.

⁷Il lâcha le corbeau, qui sortit, partant et revenant, jusqu'à ce que les eaux eussent séché sur la terre.

⁸Il lâcha aussi la colombe, pour voir si les eaux avaient diminué à la surface de la terre.

⁹Mais la colombe ne trouva aucun lieu pour poser la plante de son pied, et elle revint à lui dans l'arche, car il y avait des eaux à la surface de toute la terre. Il avança la main, la prit, et la fit rentrer auprès de lui dans l'arche.

¹⁰Il attendit encore sept autres jours, et il lâcha de nouveau la

Genèse

colombe hors de l'arche.

¹¹La colombe revint à lui sur le soir; et voici, une feuille d'olivier arrachée était dans son bec. Noé connut ainsi que les eaux avaient diminué sur la terre.

¹²Il attendit encore sept autres jours; et il lâcha la colombe. Mais elle ne revint plus à lui.

¹³L'an six cent un, le premier mois, le premier jour du mois, les eaux avaient séché sur la terre. Noé ôta la couverture de l'arche: il regarda, et voici, la surface de la terre avait séché.

¹⁴Le second mois, le vingt-septième jour du mois, la terre fut sèche.

¹⁵Alors Dieu parla à Noé, en disant:

¹⁶Sors de l'arche, toi et ta femme, tes fils et les femmes de tes fils avec toi.

¹⁷Fais sortir avec toi tous les animaux de toute chair qui sont avec toi, tant les oiseaux que le bétail et tous les reptiles qui rampent sur la terre: qu'ils se répandent sur la terre, qu'ils soient féconds et multiplient sur la terre.

¹⁸Et Noé sortit, avec ses fils, sa femme, et les femmes de ses fils.

¹⁹Tous les animaux, tous les reptiles, tous les oiseaux, tout ce qui se meut sur la terre, selon leurs espèces, sortirent de l'arche.

²⁰Noé bâtit un autel à l'Éternel; il prit de toutes les bêtes pures et de tous les oiseaux purs, et il offrit des holocaustes sur l'autel.

²¹L'Éternel sentit une odeur agréable, et l'Éternel dit en son coeur: Je ne maudirai plus la terre, à cause de l'homme, parce que les pensées du coeur de l'homme sont mauvaises dès sa jeunesse; et je ne frapperai plus tout ce qui est vivant, comme je l'ai fait.

²²Tant que la terre subsistera, les semailles et la moisson, le froid et la chaleur, l'été et l'hiver, le jour et la nuit ne cesseront point.

Chapitre 9

¹Dieu bénit Noé et ses fils, et leur dit: Soyez féconds, multipliez, et remplissez la terre.

²Vous serez un sujet de crainte et d'effroi pour tout animal de la terre, pour tout oiseau du ciel, pour tout ce qui se meut sur la terre, et pour tous les poissons de la mer: ils sont livrés entre vos mains.

³Tout ce qui se meut et qui a vie vous servira de nourriture: je vous donne tout cela comme l'herbe verte.

⁴Seulement, vous ne mangerez point de chair avec son âme, avec son sang.

⁵Sachez-le aussi, je redemanderai le sang de vos âmes, je le redemanderai à tout animal; et je redemanderai l'âme de l'homme à l'homme, à l'homme qui est son frère.

⁶Si quelqu'un verse le sang de l'homme, par l'homme son sang sera versé; car Dieu a fait l'homme à son image.

⁷Et vous, soyez féconds et multipliez, répandez-vous sur la terre et multipliez sur elle.

⁸Dieu parla encore à Noé et à ses fils avec lui, en disant:

⁹Voici, j'établis mon alliance avec vous et avec votre postérité après vous;

¹⁰avec tous les êtres vivants qui sont avec vous, tant les oiseaux que le bétail et tous les animaux de la terre, soit avec tous ceux qui sont sortis de l'arche, soit avec tous les animaux de la terre.

¹¹J'établis mon alliance avec vous: aucune chair ne sera plus exterminée par les eaux du déluge, et il n'y aura plus de déluge pour détruire la terre.

¹²Et Dieu dit: C'est ici le signe de l'alliance que j'établis entre moi et vous, et tous les êtres vivants qui sont avec vous, pour les générations à toujours:

¹³j'ai placé mon arc dans la nue, et il servira de signe d'alliance entre moi et la terre.

¹⁴Quand j'aurai rassemblé des nuages au-dessus de la terre, l'arc paraîtra dans la nue;

¹⁵et je me souviendrai de mon alliance entre moi et vous, et tous les êtres vivants, de toute chair, et les eaux ne deviendront plus un déluge pour détruire toute chair.

¹⁶L'arc sera dans la nue; et je le regarderai, pour me souvenir de l'alliance perpétuelle entre Dieu et tous les êtres vivants, de toute chair qui est sur la terre.

¹⁷Et Dieu dit à Noé: Tel est le signe de l'alliance que j'établis entre moi et toute chair qui est sur la terre.

¹⁸Les fils de Noé, qui sortirent de l'arche, étaient Sem, Cham et Japhet. Cham fut le père de Canaan.

¹⁹Ce sont là les trois fils de Noé, et c'est leur postérité qui peupla toute la terre.

²⁰Noé commença à cultiver la terre, et planta de la vigne.

²¹Il but du vin, s'enivra, et se découvrit au milieu de sa tente.

²²Cham, père de Canaan, vit la nudité de son père, et il le rapporta dehors à ses deux frères.

²³Alors Sem et Japhet prirent le manteau, le mirent sur leurs épaules, marchèrent à reculons, et couvrirent la nudité de leur père; comme leur visage était détourné, ils ne virent point la nudité de leur père.

²⁴Lorsque Noé se réveilla de son vin, il apprit ce que lui avait fait son fils cadet.

²⁵Et il dit: Maudit soit Canaan! qu'il soit l'esclave des esclaves de ses frères!

²⁶Il dit encore: Béni soit l'Éternel, Dieu de Sem, et que Canaan soit leur esclave!

²⁷Que Dieu étende les possessions de Japhet, qu'il habite dans les tentes de Sem, et que Canaan soit leur esclave!

²⁸Noé vécut, après le déluge, trois cent cinquante ans.

²⁹Tous les jours de Noé furent de neuf cent cinquante ans; puis il mourut.

Chapitre 10

¹Voici la postérité des fils de Noé, Sem, Cham et Japhet. Il leur naquit des fils après le déluge.

²Les fils de Japhet furent: Gomer, Magog, Madaï, Javan, Tubal, Méschec et Tiras.

³Les fils de Gomer: Aschkenaz, Riphat et Togarma.

⁴Les fils de Javan: Élischa, Tarsis, Kittim et Dodanim.

⁵C'est par eux qu'ont été peuplées les îles des nations selon leurs terres, selon la langue de chacun, selon leurs familles, selon leurs nations.

⁶Les fils de Cham furent: Cusch, Mitsraïm, Puth et Canaan.

⁷Les fils de Cusch: Saba, Havila, Sabta, Raema et Sabteca. Les fils de Raema: Séba et Dedan.

⁸Cusch engendra aussi Nimrod; c'est lui qui commença à être puissant sur la terre.

⁹Il fut un vaillant chasseur devant l'Éternel; c'est pourquoi l'on dit: Comme Nimrod, vaillant chasseur devant l'Éternel.

¹⁰Il régna d'abord sur Babel, Érec, Accad et Calné, au pays de Schinear.

¹¹De ce pays-là sortit Assur; il bâtit Ninive, Rehoboth Hir, Calach,

¹²et Résen entre Ninive et Calach; c'est la grande ville.

¹³Mitsraïm engendra les Ludim, les Anamim, les Lehabim, les Naphtuhim,

¹⁴les Patrusim, les Casluhim, d'où sont sortis les Philistins, et les Caphtorim.

¹⁵Canaan engendra Sidon, son premier-né, et Heth;

¹⁶et les Jébusiens, les Amoréens, les Guirgasiens,

¹⁷les Héviens, les Arkiens, les Siniens,

¹⁸les Arvadiens, les Tsemariens, les Hamathiens. Ensuite, les familles des Cananéens se dispersèrent.

¹⁹Les limites des Cananéens allèrent depuis Sidon, du côté de Guérar, jusqu'à Gaza, et du côté de Sodome, de Gomorrhe, d'Adma et de Tseboïm, jusqu'à Léscha.

²⁰Ce sont là les fils de Cham, selon leurs familles, selon leurs langues, selon leurs pays, selon leurs nations.

²¹Il naquit aussi des fils à Sem, père de tous les fils d'Héber, et frère de Japhet l'aîné.

²²Les fils de Sem furent: Élam, Assur, Arpacschad, Lud et Aram.

²³Les fils d'Aram: Uts, Hul, Guéter et Masch.

²⁴Arpacschad engendra Schélach; et Schélach engendra Héber.

²⁵Il naquit à Héber deux fils: le nom de l'un était Péleg, parce que de son temps la terre fut partagée, et le nom de son frère était Jokthan.

²⁶Jokthan engendra Almodad, Schéleph, Hatsarmaveth, Jérach,

²⁷Hadoram, Uzal, Dikla,

²⁸Obal, Abimaël, Séba,

²⁹Ophir, Havila et Jobab. Tous ceux-là furent fils de Jokthan.

³⁰Ils habitèrent depuis Méscha, du côté de Sephar, jusqu'à la montagne de l'orient.

³¹Ce sont là les fils de Sem, selon leurs familles, selon leurs langues, selon leurs pays, selon leurs nations.

³²Telles sont les familles des fils de Noé, selon leurs générations, selon leurs nations. Et c'est d'eux que sont sorties les nations qui se sont répandues sur la terre après le déluge.

Chapitre 11

¹Toute la terre avait une seule langue et les mêmes mots.

²Comme ils étaient partis de l'orient, ils trouvèrent une plaine au pays de Schinear, et ils y habitèrent.

³Ils se dirent l'un à l'autre: Allons! faisons des briques, et cuisons-les au feu. Et la brique leur servit de pierre, et le bitume leur servit de ciment.

⁴Ils dirent encore: Allons! bâtissons-nous une ville et une tour dont le sommet touche au ciel, et faisons-nous un nom, afin que nous ne soyons pas dispersés sur la face de toute la terre.

⁵L'Éternel descendit pour voir la ville et la tour que bâtissaient les fils des hommes.

⁶Et l'Éternel dit: Voici, ils forment un seul peuple et ont tous une même langue, et c'est là ce qu'ils ont entrepris; maintenant rien ne les empêcherait de faire tout ce qu'ils auraient projeté.

⁷Allons! descendons, et là confondons leur langage, afin qu'ils n'entendent plus la langue, les uns des autres.

⁸Et l'Éternel les dispersa loin de là sur la face de toute la terre; et ils cessèrent de bâtir la ville.

⁹C'est pourquoi on l'appela du nom de Babel, car c'est là que l'Éternel confondit le langage de toute la terre, et c'est de là que l'Éternel les dispersa sur la face de toute la terre.

¹⁰Voici la postérité de Sem. Sem, âgé de cent ans, engendra Arpacschad, deux ans après le déluge.

¹¹Sem vécut, après la naissance d'Arpacschad, cinq cents ans; et il engendra des fils et des filles.

¹²Arpacschad, âgé de trente-cinq ans, engendra Schélach.

¹³Arpacschad vécut, après la naissance de Schélach, quatre cent trois ans; et il engendra des fils et des filles.

¹⁴Schélach, âgé de trente ans, engendra Héber.

¹⁵Schélach vécut, après la naissance d'Héber, quatre cent trois ans; et il engendra des fils et des filles.

¹⁶Héber, âgé de trente-quatre ans, engendra Péleg.

¹⁷Héber vécut, après la naissance de Péleg, quatre cent trente ans; et il engendra des fils et des filles.

¹⁸Péleg, âgé de trente ans, engendra Rehu.

¹⁹Péleg vécut, après la naissance de Rehu, deux cent neuf ans; et il engendra des fils et des filles.

²⁰Rehu, âgé de trente-deux ans, engendra Serug.

²¹Rehu vécut, après la naissance de Serug, deux cent sept ans; et il engendra des fils et des filles.

²²Serug, âgé de trente ans, engendra Nachor.

²³Serug vécut, après la naissance de Nachor, deux cents ans; et il engendra des fils et des filles.

²⁴Nachor, âgé de vingt-neuf ans, engendra Térach.

²⁵Nachor vécut, après la naissance de Térach, cent dix-neuf ans; et il engendra des fils et des filles.

²⁶Térach, âgé de soixante-dix ans, engendra Abram, Nachor et Haran.

²⁷Voici la postérité de Térach. Térach engendra Abram, Nachor et Haran. -Haran engendra Lot.

²⁸Et Haran mourut en présence de Térach, son père, au pays de sa naissance, à Ur en Chaldée. -

²⁹Abram et Nachor prirent des femmes: le nom de la femme d'Abram était Saraï, et le nom de la femme de Nachor était Milca, fille d'Haran, père de Milca et père de Jisca.

³⁰Saraï était stérile: elle n'avait point d'enfants.

³¹Térach prit Abram, son fils, et Lot, fils d'Haran, fils de son fils, et Saraï, sa belle-fille, femme d'Abram, son fils. Ils sortirent ensemble d'Ur en Chaldée, pour aller au pays de Canaan. Ils vinrent jusqu'à Charan, et ils y habitèrent.

³²Les jours de Térach furent de deux cent cinq ans; et Térach mourut à Charan.

Chapitre 12

¹L'Éternel dit à Abram: Va-t-en de ton pays, de ta patrie, et de la maison de ton père, dans le pays que je te montrerai.

²Je ferai de toi une grande nation, et je te bénirai; je rendrai ton nom grand, et tu seras une source de bénédiction.

³Je bénirai ceux qui te béniront, et je maudirai ceux qui te maudiront; et toutes les familles de la terre seront bénies en toi.

⁴Abram partit, comme l'Éternel le lui avait dit, et Lot partit avec lui. Abram était âgé de soixante-quinze ans, lorsqu'il sortit de Charan.

⁵Abram prit Saraï, sa femme, et Lot, fils de son frère, avec tous les biens qu'ils possédaient et les serviteurs qu'ils avaient acquis à Charan. Ils partirent pour aller dans le pays de Canaan, et ils arrivèrent au pays de Canaan.

⁶Abram parcourut le pays jusqu'au lieu nommé Sichem, jusqu'aux chênes de Moré. Les Cananéens étaient alors dans le pays.

⁷L'Éternel apparut à Abram, et dit: Je donnerai ce pays à ta postérité. Et Abram bâtit là un autel à l'Éternel, qui lui était apparu.

⁸Il se transporta de là vers la montagne, à l'orient de Béthel, et il dressa ses tentes, ayant Béthel à l'occident et Aï à l'orient. Il bâtit encore là un autel à l'Éternel, et il invoqua le nom de l'Éternel.

⁹Abram continua ses marches, en s'avançant vers le midi.

¹⁰Il y eut une famine dans le pays; et Abram descendit en Égypte pour y séjourner, car la famine était grande dans le pays.

¹¹Comme il était près d'entrer en Égypte, il dit à Saraï, sa femme: Voici, je sais que tu es une femme belle de figure.

¹²Quand les Égyptiens te verront, ils diront: C'est sa femme! Et ils me tueront, et te laisseront la vie.

¹³Dis, je te prie, que tu es ma soeur, afin que je sois bien traité à cause de toi, et que mon âme vive grâce à toi.

¹⁴Lorsque Abram fut arrivé en Égypte, les Égyptiens virent que la femme était fort belle.

¹⁵Les grands de Pharaon la virent aussi et la vantèrent à Pharaon; et la femme fut emmenée dans la maison de Pharaon.

¹⁶Il traita bien Abram à cause d'elle; et Abram reçut des brebis, des boeufs, des ânes, des serviteurs et des servantes, des ânesses, et des chameaux.

¹⁷Mais l'Éternel frappa de grandes plaies Pharaon et sa maison, au sujet de Saraï, femme d'Abram.

¹⁸Alors Pharaon appela Abram, et dit: Qu'est-ce que tu m'as fait? Pourquoi ne m'as-tu pas déclaré que c'est ta femme?

¹⁹Pourquoi as-tu dit: C'est ma soeur? Aussi l'ai-je prise pour ma femme. Maintenant, voici ta femme, prends-la, et va-t-en!

²⁰Et Pharaon donna ordre à ses gens de le renvoyer, lui et sa femme, avec tout ce qui lui appartenait.

Chapitre 13

¹Abram remonta d'Égypte vers le midi, lui, sa femme, et tout ce qui lui appartenait, et Lot avec lui.

²Abram était très riche en troupeaux, en argent et en or.

³Il dirigea ses marches du midi jusqu'à Béthel, jusqu'au lieu où était sa tente au commencement, entre Béthel et Aï,

⁴au lieu où était l'autel qu'il avait fait précédemment. Et là, Abram invoqua le nom de l'Éternel.

⁵Lot, qui voyageait avec Abram, avait aussi des brebis, des boeufs et des tentes.

⁶Et la contrée était insuffisante pour qu'ils demeurassent ensemble, car leurs biens étaient si considérables qu'ils ne pouvaient demeurer ensemble.

⁷Il y eut querelle entre les bergers des troupeaux d'Abram et les bergers des troupeaux de Lot. Les Cananéens et les Phérésiens habitaient alors dans le pays.

⁸Abram dit à Lot: Qu'il n'y ait point, je te prie, de dispute entre moi et toi, ni entre mes bergers et tes bergers; car nous sommes frères.

⁹Tout le pays n'est-il pas devant toi? Sépare-toi donc de moi: si tu vas à gauche, j'irai à droite; si tu vas à droite, j'irai à gauche.

¹⁰Lot leva les yeux, et vit toute la plaine du Jourdain, qui était entièrement arrosée. Avant que l'Éternel eût détruit Sodome et Gomorrhe, c'était, jusqu'à Tsoar, comme un jardin de l'Éternel, comme le pays d'Égypte.

¹¹Lot choisit pour lui toute la plaine du Jourdain, et il s'avança vers l'orient. C'est ainsi qu'ils se séparèrent l'un de l'autre.

¹²Abram habita dans le pays de Canaan; et Lot habita dans les villes de la plaine, et dressa ses tentes jusqu'à Sodome.

¹³Les gens de Sodome étaient méchants, et de grands pécheurs contre l'Éternel.

¹⁴L'Éternel dit à Abram, après que Lot se fut séparé de lui: Lève les yeux, et, du lieu où tu es, regarde vers le nord et le midi, vers l'orient et l'occident;

¹⁵car tout le pays que tu vois, je le donnerai à toi et à ta postérité pour toujours.

¹⁶Je rendrai ta postérité comme la poussière de la terre, en sorte que, si quelqu'un peut compter la poussière de la terre, ta postérité aussi sera comptée.

¹⁷Lève-toi, parcours le pays dans sa longueur et dans sa largeur; car je te le donnerai.

¹⁸Abram leva ses tentes, et vint habiter parmi les chênes de Mamré, qui sont près d'Hébron. Et il bâtit là un autel à l'Éternel.

Genèse
Chapitre 14
¹Dans le temps d'Amraphel, roi de Schinear, d'Arjoc, roi d'Ellasar, de Kedorlaomer, roi d'Élam, et de Tideal, roi de Gojim,

²il arriva qu'ils firent la guerre à Béra, roi de Sodome, à Birscha, roi de Gomorrhe, à Schineab, roi d'Adma, à Schémeéber, roi de Tseboïm, et au roi de Béla, qui est Tsoar.

³Ces derniers s'assemblèrent tous dans la vallée de Siddim, qui est la mer Salée.

⁴Pendant douze ans, ils avaient été soumis à Kedorlaomer; et la treizième année, ils s'étaient révoltés.

⁵Mais, la quatorzième année, Kedorlaomer et les rois qui étaient avec lui se mirent en marche, et ils battirent les Rephaïm à Aschteroth Karnaïm, les Zuzim à Ham, les Émim à Schavé Kirjathaïm,

⁶et les Horiens dans leur montagne de Séir, jusqu'au chêne de Paran, qui est près du désert.

⁷Puis ils s'en retournèrent, vinrent à En Mischpath, qui est Kadès, et battirent les Amalécites sur tout leur territoire, ainsi que les Amoréens établis à Hatsatson Thamar.

⁸Alors s'avancèrent le roi de Sodome, le roi de Gomorrhe, le roi d'Adma, le roi de Tseboïm, et le roi de Béla, qui est Tsoar; et ils se rangèrent en bataille contre eux, dans la vallée de Siddim,

⁹contre Kedorlaomer, roi d'Élam, Tideal, roi de Gojim, Amraphel, roi de Schinear, et Arjoc, roi d'Ellasar: quatre rois contre cinq.

¹⁰La vallée de Siddim était couverte de puits de bitume; le roi de Sodome et celui de Gomorrhe prirent la fuite, et y tombèrent; le reste s'enfuit vers la montagne.

¹¹Les vainqueurs enlevèrent toutes les richesses de Sodome et de Gomorrhe, et toutes leurs provisions; et ils s'en allèrent.

¹²Ils enlevèrent aussi, avec ses biens, Lot, fils du frère d'Abram, qui demeurait à Sodome; et ils s'en allèrent.

¹³Un fuyard vint l'annoncer à Abram, l'Hébreu; celui-ci habitait parmi les chênes de Mamré, l'Amoréen, frère d'Eschcol et frère d'Aner, qui avaient fait alliance avec Abram.

¹⁴Dès qu'Abram eut appris que son frère avait été fait prisonnier, il arma trois cent dix-huit de ses plus braves serviteurs, nés dans sa maison, et il poursuivit les rois jusqu'à Dan.

¹⁵Il divisa sa troupe, pour les attaquer de nuit, lui et ses serviteurs; il les battit, et les poursuivit jusqu'à Choba, qui est à la gauche de Damas.

¹⁶Il ramena toutes les richesses; il ramena aussi Lot, son frère, avec ses biens, ainsi que les femmes et le peuple.

¹⁷Après qu'Abram fut revenu vainqueur de Kedorlaomer et des rois qui étaient avec lui, le roi de Sodome sortit à sa rencontre dans la vallée de Schavé, qui est la vallée du roi.

¹⁸Melchisédek, roi de Salem, fit apporter du pain et du vin: il était sacrificateur du Dieu Très Haut.

¹⁹Il bénit Abram, et dit: Béni soit Abram par le Dieu Très Haut, maître du ciel et de la terre!

²⁰Béni soit le Dieu Très Haut, qui a livré tes ennemis entre tes mains! Et Abram lui donna la dîme de tout.

²¹Le roi de Sodome dit à Abram: Donne-moi les personnes, et prends pour toi les richesses.

²²Abram répondit au roi de Sodome: Je lève la main vers l'Éternel, le Dieu Très Haut, maître du ciel et de la terre:

²³je ne prendrai rien de tout ce qui est à toi, pas même un fil, ni un cordon de soulier, afin que tu ne dises pas: J'ai enrichi Abram. Rien pour moi!

²⁴Seulement, ce qu'ont mangé les jeunes gens, et la part des hommes qui ont marché avec moi, Aner, Eschcol et Mamré: eux, ils prendront leur part.

Chapitre 15
¹Après ces événements, la parole de l'Éternel fut adressée à Abram dans une vision, et il dit: Abram, ne crains point; je suis ton bouclier, et ta récompense sera très grande.

²Abram répondit: Seigneur Éternel, que me donneras-tu? Je m'en vais sans enfants; et l'héritier de ma maison, c'est Éliézer de Damas.

³Et Abram dit: Voici, tu ne m'as pas donné de postérité, et celui qui est né dans ma maison sera mon héritier.

⁴Alors la parole de l'Éternel lui fut adressée ainsi: Ce n'est pas lui qui sera ton héritier, mais c'est celui qui sortira de tes entrailles qui sera ton héritier.

⁵Et après l'avoir conduit dehors, il dit: Regarde vers le ciel, et compte les étoiles, si tu peux les compter. Et il lui dit: Telle sera ta postérité.

⁶Abram eut confiance en l'Éternel, qui le lui imputa à justice.

⁷L'Éternel lui dit encore: Je suis l'Éternel, qui t'ai fait sortir d'Ur en Chaldée, pour te donner en possession ce pays.

⁸Abram répondit: Seigneur Éternel, à quoi connaîtrai-je que je le posséderai?

⁹Et l'Éternel lui dit: Prends une génisse de trois ans, une chèvre de trois ans, un bélier de trois ans, une tourterelle et une jeune colombe.

¹⁰Abram prit tous ces animaux, les coupa par le milieu, et mit chaque morceau l'un vis-à-vis de l'autre; mais il ne partagea point les oiseaux.

¹¹Les oiseaux de proie s'abattirent sur les cadavres; et Abram les chassa.

¹²Au coucher du soleil, un profond sommeil tomba sur Abram; et voici, une frayeur et une grande obscurité vinrent l'assaillir.

¹³Et l'Éternel dit à Abram: Sache que tes descendants seront étrangers dans un pays qui ne sera point à eux; ils y seront asservis, et on les opprimera pendant quatre cents ans.

¹⁴Mais je jugerai la nation à laquelle ils seront asservis, et ils sortiront ensuite avec de grandes richesses.

¹⁵Toi, tu iras en paix vers tes pères, tu seras enterré après une heureuse vieillesse.

¹⁶A la quatrième génération, ils reviendront ici; car l'iniquité des Amoréens n'est pas encore à son comble.

¹⁷Quand le soleil fut couché, il y eut une obscurité profonde; et voici, ce fut une fournaise fumante, et des flammes passèrent entre les animaux partagés.

¹⁸En ce jour-là, l'Éternel fit alliance avec Abram, et dit: Je donne ce pays à ta postérité, depuis le fleuve d'Égypte jusqu'au grand fleuve, au fleuve d'Euphrate,

¹⁹le pays des Kéniens, des Keniziens, des Kadmoniens,

²⁰des Héthiens, des Phéréziens, des Rephaïm,

²¹des Amoréens, des Cananéens, des Guirgasiens et des Jébusiens.

Chapitre 16
¹Saraï, femme d'Abram, ne lui avait point donné d'enfants. Elle avait une servante Égyptienne, nommée Agar.

²Et Saraï dit à Abram: Voici, l'Éternel m'a rendue stérile; viens, je te prie, vers ma servante; peut-être aurai-je par elle des enfants. Abram écouta la voix de Saraï.

³Alors Saraï, femme d'Abram, prit Agar, l'Égyptienne, sa servante, et la donna pour femme à Abram, son mari, après qu'Abram eut habité dix années dans le pays de Canaan.

⁴Il alla vers Agar, et elle devint enceinte. Quand elle se vit enceinte, elle regarda sa maîtresse avec mépris.

⁵Et Saraï dit à Abram: L'outrage qui m'est fait retombe sur toi. J'ai mis ma servante dans ton sein; et, quand elle a vu qu'elle était enceinte, elle m'a regardée avec mépris. Que l'Éternel soit juge entre moi et toi!

⁶Abram répondit à Saraï: Voici, ta servante est en ton pouvoir, agis à son égard comme tu le trouveras bon. Alors Saraï la maltraita; et Agar s'enfuit loin d'elle.

⁷L'ange de l'Éternel la trouva près d'une source d'eau dans le désert, près de la source qui est sur le chemin de Schur.

⁸Il dit: Agar, servante de Saraï, d'où viens-tu, et où vas-tu? Elle répondit: Je fuis loin de Saraï, ma maîtresse.

⁹L'ange de l'Éternel lui dit: Retourne vers ta maîtresse, et humilie-toi sous sa main.

¹⁰L'ange de l'Éternel lui dit: Je multiplierai ta postérité, et elle sera si nombreuse qu'on ne pourra la compter.

¹¹L'ange de l'Éternel lui dit: Voici, tu es enceinte, et tu enfanteras un fils, à qui tu donneras le nom d'Ismaël; car l'Éternel t'a entendue dans ton affliction.

¹²Il sera comme un âne sauvage; sa main sera contre tous, et la main de tous sera contre lui; et il habitera en face de tous ses frères.

¹³Elle appela Atta El roï le nom de l'Éternel qui lui avait parlé; car elle dit: Ai-je rien vu ici, après qu'il m'a vue?

¹⁴C'est pourquoi l'on a appelé ce puits le puits de Lachaï roï; il est entre Kadès et Bared.

¹⁵Agar enfanta un fils à Abram; et Abram donna le nom d'Ismaël au fils qu'Agar lui enfanta.

¹⁶Abram était âgé de quatre-vingt-six ans lorsqu'Agar enfanta Ismaël à Abram.

Chapitre 17
¹Lorsque Abram fut âgé de quatre-vingt-dix-neuf ans, l'Éternel apparut à Abram, et lui dit: Je suis le Dieu tout puissant. Marche devant ma face, et sois intègre.

²J'établirai mon alliance entre moi et toi, et je te multiplierai à l'infini.

³Abram tomba sur sa face; et Dieu lui parla, en disant:

⁴Voici mon alliance, que je fais avec toi. Tu deviendras père d'une multitude de nations.

⁵On ne t'appellera plus Abram; mais ton nom sera Abraham, car je te rends père d'une multitude de nations.

⁶Je te rendrai fécond à l'infini, je ferai de toi des nations; et des rois sortiront de toi.

⁷J'établirai mon alliance entre moi et toi, et tes descendants après toi, selon leurs générations: ce sera une alliance perpétuelle, en vertu de laquelle je serai ton Dieu et celui de ta postérité après toi.

⁸Je te donnerai, et à tes descendants après toi, le pays que tu habites comme étranger, tout le pays de Canaan, en possession perpétuelle, et je serai leur Dieu.

⁹Dieu dit à Abraham: Toi, tu garderas mon alliance, toi et tes descendants après toi, selon leurs générations.

¹⁰C'est ici mon alliance, que vous garderez entre moi et vous, et ta postérité après toi: tout mâle parmi vous sera circoncis.

¹¹Vous vous circoncirez; et ce sera un signe d'alliance entre moi et vous.

¹²A l'âge de huit jours, tout mâle parmi vous sera circoncis, selon vos générations, qu'il soit né dans la maison, ou qu'il soit acquis à prix d'argent de tout fils d'étranger, sans appartenir à ta race.

¹³On devra circoncire celui qui est né dans la maison et celui qui est acquis à prix d'argent; et mon alliance sera dans votre chair une alliance perpétuelle.

¹⁴Un mâle incirconcis, qui n'aura pas été circoncis dans sa chair, sera exterminé du milieu de son peuple: il aura violé mon alliance.

¹⁵Dieu dit à Abraham: Tu ne donneras plus à Saraï, ta femme, le nom de Saraï; mais son nom sera Sara.

¹⁶Je la bénirai, et je te donnerai d'elle un fils; je la bénirai, et elle deviendra des nations; des rois de peuples sortiront d'elle.

¹⁷Abraham tomba sur sa face; il rit, et dit en son coeur: Naîtrait-il un fils à un homme de cent ans? et Sara, âgée de quatre-vingt-dix ans, enfanterait-elle?

¹⁸Et Abraham dit à Dieu: Oh! qu'Ismaël vive devant ta face!

¹⁹Dieu dit: Certainement Sara, ta femme, t'enfantera un fils; et tu l'appelleras du nom d'Isaac. J'établirai mon alliance avec lui comme une alliance perpétuelle pour sa postérité après lui.

²⁰A l'égard d'Ismaël, je t'ai exaucé. Voici, je le bénirai, je le rendrai fécond, et je le multiplierai à l'infini; il engendrera douze princes, et je ferai de lui une grande nation.

²¹J'établirai mon alliance avec Isaac, que Sara t'enfantera à cette époque-ci de l'année prochaine.

²²Lorsqu'il eut achevé de lui parler, Dieu s'éleva au-dessus d'Abraham.

²³Abraham prit Ismaël, son fils, tous ceux qui étaient nés dans sa maison et tous ceux qu'il avait acquis à prix d'argent, tous les mâles parmi les gens de la maison d'Abraham; et il les circoncit ce même jour, selon l'ordre que Dieu lui avait donné.

²⁴Abraham était âgé de quatre-vingt-dix-neuf ans, lorsqu'il fut circoncis.

²⁵Ismaël, son fils, était âgé de treize ans lorsqu'il fut circoncis.

²⁶Ce même jour, Abraham fut circoncis, ainsi qu'Ismaël, son fils.

²⁷Et tous les gens de sa maison, nés dans sa maison, ou acquis à prix d'argent des étrangers, furent circoncis avec lui.

Chapitre 18

¹L'Éternel lui apparut parmi les chênes de Mamré, comme il était assis à l'entrée de sa tente, pendant la chaleur du jour.

²Il leva les yeux, et regarda: et voici, trois hommes étaient debout près de lui. Quand il les vit, il courut au-devant d'eux, depuis l'entrée de sa tente, et se prosterna en terre.

³Et il dit: Seigneur, si j'ai trouvé grâce à tes yeux, ne passe point, je te prie, loin de ton serviteur.

⁴Permettez qu'on apporte un peu d'eau, pour vous laver les pieds; et reposez-vous sous cet arbre.

⁵J'irai prendre un morceau de pain, pour fortifier votre coeur; après quoi, vous continuerez votre route; car c'est pour cela que vous passez près de votre serviteur. Ils répondirent: Fais comme tu l'as dit.

⁶Abraham alla promptement dans sa tente vers Sara, et il dit: Vite, trois mesures de fleur de farine, pétris, et fais des gâteaux.

⁷Et Abraham courut à son troupeau, prit un veau tendre et bon, et le donna à un serviteur, qui se hâta de l'apprêter.

⁸Il prit encore de la crème et du lait, avec le veau qu'on avait apprêté, et il les mit devant eux. Il se tint lui-même à leurs côtés, sous l'arbre. Et ils mangèrent.

⁹Alors ils lui dirent: Où est Sara, ta femme? Il répondit: Elle est là, dans la tente.

¹⁰L'un d'entre eux dit: Je reviendrai vers toi à cette même époque; et voici, Sara, ta femme, aura un fils. Sara écoutait à l'entrée de la tente, qui était derrière lui.

¹¹Abraham et Sara étaient vieux, avancés en âge: et Sara ne pouvait plus espérer avoir des enfants.

¹²Elle rit en elle-même, en disant: Maintenant que je suis vieille, aurais-je encore des désirs? Mon seigneur aussi est vieux.

¹³L'Éternel dit à Abraham: Pourquoi donc Sara a-t-elle ri, en disant: Est-ce que vraiment j'aurais un enfant, moi qui suis vieille?

¹⁴Y a-t-il rien qui soit étonnant de la part de l'Éternel? Au temps fixé je reviendrai vers toi, à cette même époque; et Sara aura un fils.

¹⁵Sara mentit, en disant: Je n'ai pas ri. Car elle eut peur. Mais il dit: Au contraire, tu as ri.

¹⁶Ces hommes se levèrent pour partir, et ils regardèrent du côté de Sodome. Abraham alla avec eux, pour les accompagner.

¹⁷Alors l'Éternel dit: Cacherai-je à Abraham ce que je vais faire?...

¹⁸Abraham deviendra certainement une nation grande et puissante, et en lui seront bénies toutes les nations de la terre.

¹⁹Car je l'ai choisi, afin qu'il ordonne à ses fils et à sa maison après lui de garder la voie de l'Éternel, en pratiquant la droiture et la justice, et qu'ainsi l'Éternel accomplisse en faveur d'Abraham les promesses qu'il lui a faites...

²⁰Et l'Éternel dit: Le cri contre Sodome et Gomorrhe s'est accru, et leur péché est énorme.

²¹C'est pourquoi je vais descendre, et je verrai s'ils ont agi entièrement selon le bruit venu jusqu'à moi; et si cela n'est pas, je le saurai.

²²Les hommes s'éloignèrent, et allèrent vers Sodome. Mais Abraham se tint encore en présence de l'Éternel.

²³Abraham s'approcha, et dit: Feras-tu aussi périr le juste avec le méchant?

²⁴Peut-être y a-t-il cinquante justes au milieu de la ville: les feras-tu périr aussi, et ne pardonneras-tu pas à la ville à cause des cinquante justes qui sont au milieu d'elle?

²⁵Faire mourir le juste avec le méchant, en sorte qu'il en soit du juste comme du méchant, loin de toi cette manière d'agir! loin de toi! Celui qui juge toute la terre n'exercera-t-il pas la justice?

²⁶Et l'Éternel dit: Si je trouve dans Sodome cinquante justes au milieu de la ville, je pardonnerai à toute la ville, à cause d'eux.

²⁷Abraham reprit, et dit: Voici, j'ai osé parler au Seigneur, moi qui ne suis que poudre et cendre.

²⁸Peut-être des cinquante justes en manquera-t-il cinq: pour cinq, détruiras-tu toute la ville? Et l'Éternel dit: Je ne la détruirai point, si j'y trouve quarante-cinq justes.

²⁹Abraham continua de lui parler, et dit: Peut-être s'y trouvera-t-il quarante justes. Et l'Éternel dit: Je ne ferai rien, à cause de ces quarante.

³⁰Abraham dit: Que le Seigneur ne s'irrite point, et je parlerai. Peut-être s'y trouvera-t-il trente justes. Et l'Éternel dit: Je ne ferai rien, si j'y trouve trente justes.

³¹Abraham dit: Voici, j'ai osé parler au Seigneur. Peut-être s'y trouvera-t-il vingt justes. Et l'Éternel dit: Je ne la détruirai point, à cause de ces vingt.

³²Abraham dit: Que le Seigneur ne s'irrite point, et je ne parlerai plus que cette fois. Peut-être s'y trouvera-t-il dix justes. Et l'Éternel dit: Je ne la détruirai point, à cause de ces dix justes.

³³L'Éternel s'en alla lorsqu'il eut achevé de parler à Abraham. Et Abraham retourna dans sa demeure.

Chapitre 19

¹Les deux anges arrivèrent à Sodome sur le soir; et Lot était assis à la porte de Sodome. Quand Lot les vit, il se leva pour aller au-devant d'eux, et se prosterna la face contre terre.

²Puis il dit: Voici, mes seigneurs, entrez, je vous prie, dans la maison de votre serviteur, et passez-y la nuit; lavez-vous les pieds; vous vous lèverez de bon matin, et vous poursuivrez votre route. Non, répondirent-ils, nous passerons la nuit dans la rue.

³Mais Lot les pressa tellement qu'ils vinrent chez lui et entrèrent dans sa maison. Il leur donna un festin, et fit cuire des pains sans levain. Et ils mangèrent.

⁴Ils n'étaient pas encore couchés que les gens de la ville, les gens de Sodome, entourèrent la maison, depuis les enfants jusqu'aux vieillards; toute la population était accourue.

⁵Ils appelèrent Lot, et lui dirent: Où sont les hommes qui sont entrés chez toi cette nuit? Fais-les sortir vers nous, pour que nous les connaissions.

⁶Lot sortit vers eux à l'entrée de la maison, et ferma la porte derrière lui.

Genèse

⁷Et il dit: Mes frères, je vous prie, ne faites pas le mal!

⁸Voici, j'ai deux filles qui n'ont point connu d'homme; je vous les amènerai dehors, et vous leur ferez ce qu'il vous plaira. Seulement, ne faites rien à ces hommes puisqu'ils sont venus à l'ombre de mon toit.

⁹Ils dirent: Retire-toi! Ils dirent encore: Celui-ci est venu comme étranger, et il veut faire le juge! Eh bien, nous te ferons pis qu'eux. Et, pressant Lot avec violence, ils s'avancèrent pour briser la porte.

¹⁰Les hommes étendirent la main, firent rentrer Lot vers eux dans la maison, et fermèrent la porte.

¹¹Et ils frappèrent d'aveuglement les gens qui étaient à l'entrée de la maison, depuis le plus petit jusqu'au plus grand, de sorte qu'ils se donnèrent une peine inutile pour trouver la porte.

¹²Les hommes dirent à Lot: Qui as-tu encore ici? Gendres, fils et filles, et tout ce qui t'appartient dans la ville, fais-les sortir de ce lieu.

¹³Car nous allons détruire ce lieu, parce que le cri contre ses habitants est grand devant l'Éternel. L'Éternel nous a envoyés pour le détruire.

¹⁴Lot sortit, et parla à ses gendres qui avaient pris ses filles: Levez-vous, dit-il, sortez de ce lieu; car l'Éternel va détruire la ville. Mais, aux yeux de ses gendres, il parut plaisanter.

¹⁵Dès l'aube du jour, les anges insistèrent auprès de Lot, en disant: Lève-toi, prends ta femme et tes deux filles qui se trouvent ici, de peur que tu ne périsses dans la ruine de la ville.

¹⁶Et comme il tardait, les hommes le saisirent par la main, lui, sa femme et ses deux filles, car l'Éternel voulait l'épargner; ils l'emmenèrent, et le laissèrent hors de la ville.

¹⁷Après les avoir fait sortir, l'un d'eux dit: Sauve-toi, pour ta vie; ne regarde pas derrière toi, et ne t'arrête pas dans toute la plaine; sauve-toi vers la montagne, de peur que tu ne périsses.

¹⁸Lot leur dit: Oh! non, Seigneur!

¹⁹Voici, j'ai trouvé grâce à tes yeux, et tu as montré la grandeur de ta miséricorde à mon égard, en me conservant la vie; mais je ne puis me sauver à la montagne, avant que le désastre m'atteigne, et je périrai.

²⁰Voici, cette ville est assez proche pour que je m'y réfugie, et elle est petite. Oh! que je puisse m'y sauver,... n'est-elle pas petite?... et que mon âme vive!

²¹Et il lui dit: Voici, je t'accorde encore cette grâce, et je ne détruirai pas la ville dont tu parles.

²²Hâte-toi de t'y réfugier, car je ne puis rien faire jusqu'à ce que tu y sois arrivé. C'est pour cela que l'on a donné à cette ville le nom de Tsoar.

²³Le soleil se levait sur la terre, lorsque Lot entra dans Tsoar.

²⁴Alors l'Éternel fit pleuvoir du ciel sur Sodome et sur Gomorrhe du soufre et du feu, de par l'Éternel.

²⁵Il détruisit ces villes, toute la plaine et tous les habitants des villes, et les plantes de la terre.

²⁶La femme de Lot regarda en arrière, et elle devint une statue de sel.

²⁷Abraham se leva de bon matin, pour aller au lieu où il s'était tenu en présence de l'Éternel.

²⁸Il porta ses regards du côté de Sodome et de Gomorrhe, et sur tout le territoire de la plaine; et voici, il vit s'élever de la terre une fumée, comme la fumée d'une fournaise.

²⁹Lorsque Dieu détruisit les villes de la plaine, il se souvint d'Abraham; et il fit échapper Lot du milieu du désastre, par lequel il bouleversa les villes où Lot avait établi sa demeure.

³⁰Lot quitta Tsoar pour la hauteur, et se fixa sur la montagne, avec ses deux filles, car il craignait de rester à Tsoar. Il habita dans une caverne, lui et ses deux filles.

³¹L'aînée dit à la plus jeune: Notre père est vieux; et il n'y a point d'homme dans la contrée, pour venir vers nous, selon l'usage de tous les pays.

³²Viens, faisons boire du vin à notre père, et couchons avec lui, afin que nous conservions la race de notre père.

³³Elles firent donc boire du vin à leur père cette nuit-là; et l'aînée alla coucher avec son père: il ne s'aperçut ni quand elle se coucha, ni quand elle se leva.

³⁴Le lendemain, l'aînée dit à la plus jeune: Voici, j'ai couché la nuit dernière avec mon père; faisons-lui boire du vin encore cette nuit, et va coucher avec lui, afin que nous conservions la race de notre père.

³⁵Elles firent boire du vin à leur père encore cette nuit-là; et la cadette alla coucher avec lui: il ne s'aperçut ni quand elle se coucha, ni quand elle se leva.

³⁶Les deux filles de Lot devinrent enceintes de leur père.

³⁷L'aînée enfanta un fils, qu'elle appela du nom de Moab: c'est le père des Moabites, jusqu'à ce jour.

³⁸La plus jeune enfanta aussi un fils, qu'elle appela du nom de Ben Ammi: c'est le père des Ammonites, jusqu'à ce jour.

Chapitre 20

¹Abraham partit de là pour la contrée du midi; il s'établit entre Kadès et Schur, et fit un séjour à Guérar.

²Abraham disait de Sara, sa femme: C'est ma soeur. Abimélec, roi de Guérar, fit enlever Sara.

³Alors Dieu apparut en songe à Abimélec pendant la nuit, et lui dit: Voici, tu vas mourir à cause de la femme que tu as enlevée, car elle a un mari.

⁴Abimélec, qui ne s'était point approché d'elle, répondit: Seigneur, ferais-tu périr même une nation juste?

⁵Ne m'a-t-il pas dit: C'est ma soeur? et elle-même n'a-t-elle pas dit: C'est mon frère? J'ai agi avec un coeur pur et avec des mains innocentes.

⁶Dieu lui dit en songe: Je sais que tu as agi avec un coeur pur; aussi t'ai-je empêché de pécher contre moi. C'est pourquoi je n'ai pas permis que tu la touchasse.

⁷Maintenant, rends la femme de cet homme; car il est prophète, il priera pour toi, et tu vivras. Mais, si tu ne la rends pas, sache que tu mourras, toi et tout ce qui t'appartient.

⁸Abimélec se leva de bon matin, il appela tous ses serviteurs, et leur rapporta toutes ces choses; et ces gens furent saisis d'une grande frayeur.

⁹Abimélec appela aussi Abraham, et lui dit: Qu'est-ce que tu nous as fait? Et en quoi t'ai-je offensé, que tu aies fait venir sur moi et sur mon royaume un si grand péché? Tu as commis à mon égard des actes qui ne doivent pas se commettre.

¹⁰Et Abimélec dit à Abraham: Quelle intention avais-tu pour agir de la sorte?

¹¹Abraham répondit: Je me disais qu'il n'y avait sans doute aucune crainte de Dieu dans ce pays, et que l'on me tuerait à cause de ma femme.

¹²De plus, il est vrai qu'elle est ma soeur, fille de mon père; seulement, elle n'est pas fille de ma mère; et elle est devenue ma femme.

¹³Lorsque Dieu me fit errer loin de la maison de mon père, je dis à Sara: Voici la grâce que tu me feras; dans tous les lieux où nous irons, dis de moi: C'est mon frère.

¹⁴Abimélec prit des brebis et des boeufs, des serviteurs et des servantes, et les donna à Abraham; et il lui rendit Sara, sa femme.

¹⁵Abimélec dit: Voici, mon pays est devant toi; demeure où il te plaira.

¹⁶Et il dit à Sara: Voici, je donne à ton frère mille pièces d'argent; cela te sera un voile sur les yeux pour tous ceux qui sont avec toi, et auprès de tous tu seras justifiée.

¹⁷Abraham pria Dieu, et Dieu guérit Abimélec, sa femme et ses servantes; et elles purent enfanter.

¹⁸Car l'Éternel avait frappé de stérilité toute la maison d'Abimélec, à cause de Sara, femme d'Abraham.

Chapitre 21

¹L'Éternel se souvint de ce qu'il avait dit à Sara, et l'Éternel accomplit pour Sara ce qu'il avait promis.

²Sara devint enceinte, et enfanta un fils à Abraham dans sa vieillesse, au temps fixé dont Dieu lui avait parlé.

³Abraham donna le nom d'Isaac au fils qui lui était né, que Sara lui avait enfanté.

⁴Abraham circoncit son fils Isaac, âgé de huit jours, comme Dieu le lui avait ordonné.

⁵Abraham était âgé de cent ans, à la naissance d'Isaac, son fils.

⁶Et Sara dit: Dieu m'a fait un sujet de rire; quiconque l'apprendra rira de moi.

⁷Elle ajouta: Qui aurait dit à Abraham: Sara allaitera des enfants? Cependant je lui ai enfanté un fils dans sa vieillesse.

⁸L'enfant grandit, et fut sevré; et Abraham fit un grand festin le jour où Isaac fut sevré.

⁹Sara vit rire le fils qu'Agar, l'Égyptienne, avait enfanté à Abraham;

¹⁰et elle dit à Abraham: Chasse cette servante et son fils, car le fils de cette servante n'héritera pas avec mon fils, avec Isaac.

¹¹Cette parole déplut fort aux yeux d'Abraham, à cause de son fils.

¹²Mais Dieu dit à Abraham: Que cela ne déplaise pas à tes yeux, à cause de l'enfant et de ta servante. Accorde à Sara tout ce qu'elle te demandera; car c'est d'Isaac que sortira une postérité qui te sera propre.

¹³Je ferai aussi une nation du fils de ta servante; car il est ta postérité.

¹⁴Abraham se leva de bon matin; il prit du pain et une outre d'eau, qu'il donna à Agar et plaça sur son épaule; il lui remit aussi l'enfant, et la renvoya. Elle s'en alla, et s'égara dans le désert de Beer Schéba.

¹⁵Quand l'eau de l'outre fut épuisée, elle laissa l'enfant sous un des

arbrisseaux,

¹⁶et alla s'asseoir vis-à-vis, à une portée d'arc; car elle disait: Que je ne voie pas mourir mon enfant! Elle s'assit donc vis-à-vis de lui, éleva la voix et pleura.

¹⁷Dieu entendit la voix de l'enfant; et l'ange de Dieu appela du ciel Agar, et lui dit: Qu'as-tu, Agar? Ne crains point, car Dieu a entendu la voix de l'enfant dans le lieu où il est.

¹⁸Lève-toi, prends l'enfant, saisis-le de ta main; car je ferai de lui une grande nation.

¹⁹Et Dieu lui ouvrit les yeux, et elle vit un puits d'eau; elle alla remplir d'eau l'outre, et donna à boire à l'enfant.

²⁰Dieu fut avec l'enfant, qui grandit, habita dans le désert, et devint tireur d'arc.

²¹Il habita dans le désert de Paran, et sa mère lui prit une femme du pays d'Égypte.

²²En ce temps-là, Abimélec, accompagné de Picol, chef de son armée, parla ainsi à Abraham: Dieu est avec toi dans tout ce que tu fais.

²³Jure-moi maintenant ici, par le nom de Dieu, que tu ne tromperas ni moi, ni mes enfants, ni mes petits-enfants, et que tu auras pour moi et le pays où tu séjournes la même bienveillance que j'ai eue pour toi.

²⁴Abraham dit: Je le jurerai.

²⁵Mais Abraham fit des reproches à Abimélec, au sujet d'un puits d'eau, dont s'étaient emparés de force les serviteurs d'Abimélec.

²⁶Abimélec répondit: J'ignore qui a fait cette chose-là; tu ne m'en as point informé, et moi, je ne l'apprends qu'aujourd'hui.

²⁷Et Abraham prit des brebis et des boeufs, qu'il donna à Abimélec; et ils firent tous deux alliance.

²⁸Abraham mit à part sept jeunes brebis.

²⁹Et Abimélec dit à Abraham: Qu'est-ce que ces sept jeunes brebis, que tu as mises à part?

³⁰Il répondit: Tu accepteras de ma main ces sept brebis, afin que cela me serve de témoignage que j'ai creusé ce puits.

³¹C'est pourquoi on appelle ce lieu Beer Schéba; car c'est là qu'ils jurèrent l'un et l'autre.

³²Ils firent donc alliance à Beer Schéba. Après quoi, Abimélec se leva, avec Picol, chef de son armée; et ils retournèrent au pays des Philistins.

³³Abraham planta des tamariscs à Beer Schéba; et là il invoqua le nom de l'Éternel, Dieu de l'éternité.

³⁴Abraham séjourna longtemps dans le pays des Philistins.

Chapitre 22

¹Après ces choses, Dieu mit Abraham à l'épreuve, et lui dit: Abraham! Et il répondit: Me voici!

²Dieu dit: Prends ton fils, ton unique, celui que tu aimes, Isaac; va-t'en au pays de Morija, et là offre-le en holocauste sur l'une des montagnes que je te dirai.

³Abraham se leva de bon matin, sella son âne, et prit avec lui deux serviteurs et son fils Isaac. Il fendit du bois pour l'holocauste, et partit pour aller au lieu que Dieu lui avait dit.

⁴Le troisième jour, Abraham, levant les yeux, vit le lieu de loin.

⁵Et Abraham dit à ses serviteurs: Restez ici avec l'âne; moi et le jeune homme, nous irons jusque-là pour adorer, et nous reviendrons auprès de vous.

⁶Abraham prit le bois pour l'holocauste, le chargea sur son fils Isaac, et porta dans sa main le feu et le couteau. Et ils marchèrent tous deux ensemble.

⁷Alors Isaac, parlant à Abraham, son père, dit: Mon père! Et il répondit: Me voici, mon fils! Isaac reprit: Voici le feu et le bois; mais où est l'agneau pour l'holocauste?

⁸Abraham répondit: Mon fils, Dieu se pourvoira lui-même de l'agneau pour l'holocauste. Et ils marchèrent tous deux ensemble.

⁹Lorsqu'ils furent arrivés au lieu que Dieu lui avait dit, Abraham y éleva un autel, et rangea le bois. Il lia son fils Isaac, et le mit sur l'autel, par-dessus le bois.

¹⁰Puis Abraham étendit la main, et prit le couteau, pour égorger son fils.

¹¹Alors l'ange de l'Éternel l'appela des cieux, et dit: Abraham! Abraham! Et il répondit: Me voici!

¹²L'ange dit: N'avance pas ta main sur l'enfant, et ne lui fais rien; car je sais maintenant que tu crains Dieu, et que tu ne m'as pas refusé ton fils, ton unique.

¹³Abraham leva les yeux, et vit derrière lui un bélier retenu dans un buisson par les cornes; et Abraham alla prendre le bélier, et l'offrit en holocauste à la place de son fils.

¹⁴Abraham donna à ce lieu le nom de Jehova Jiré. C'est pourquoi l'on dit aujourd'hui: A la montagne de l'Éternel il sera pourvu.

¹⁵L'ange de l'Éternel appela une seconde fois Abraham des cieux,

¹⁶et dit: Je le jure par moi-même, parole de l'Éternel! parce que tu as fais cela, et que tu n'as pas refusé ton fils, ton unique,

¹⁷je te bénirai et je multiplierai ta postérité, comme les étoiles du ciel et comme le sable qui est sur le bord de la mer; et ta postérité possédera la porte de ses ennemis.

¹⁸Toutes les nations de la terre seront bénies en ta postérité, parce que tu as obéi à ma voix.

¹⁹Abraham étant retourné vers ses serviteurs, ils se levèrent et s'en allèrent ensemble à Beer Schéba; car Abraham demeurait à Beer Schéba.

²⁰Après ces choses, on fit à Abraham un rapport, en disant: Voici, Milca a aussi enfanté des fils à Nachor, ton frère.

²¹Uts, son premier-né, Buz, son frère, Kemuel, père d'Aram,

²²Késed, Hazo, Pildasch, Jidlaph et Bethuel.

²³Bethuel a engendré Rebecca. Ce sont là les huit fils que Milca a enfantés à Nachor, frère d'Abraham.

²⁴Sa concubine, nommée Réuma, a aussi enfanté Thébach, Gaham, Tahasch et Maaca.

Chapitre 23

¹La vie de Sara fut de cent vingt-sept ans: telles sont les années de la vie de Sara.

²Sara mourut à Kirjath Arba, qui est Hébron, dans le pays de Canaan; et Abraham vint pour mener deuil sur Sara et pour la pleurer.

³Abraham se leva de devant son mort, et parla ainsi aux fils de Heth:

⁴Je suis étranger et habitant parmi vous; donnez-moi la possession d'un sépulcre chez vous, pour enterrer mon mort et l'ôter de devant moi.

⁵Les fils de Heth répondirent à Abraham, en lui disant:

⁶Écoute-nous, mon seigneur! Tu es un prince de Dieu au milieu de nous; enterre ton mort dans celui de nos sépulcres que tu choisiras; aucun de nous ne te refusera son sépulcre pour enterrer ton mort.

⁷Abraham se leva, et se prosterna devant le peuple du pays, devant les fils de Heth.

⁸Et il leur parla ainsi: Si vous permettez que j'enterre mon mort et que je l'ôte de devant mes yeux, écoutez-moi, et priez pour moi Éphron, fils de Tsochar,

⁹de me céder la caverne de Macpéla, qui lui appartient, à l'extrémité de son champ, de me la céder contre sa valeur en argent, afin qu'elle me serve de possession sépulcrale au milieu de vous.

¹⁰Éphron était assis parmi les fils de Heth. Et Éphron, le Héthien, répondit à Abraham, en présence des fils de Heth et de tous ceux qui entraient par la porte de sa ville:

¹¹Non, mon seigneur, écoute-moi! Je te donne le champ, et je te donne la caverne qui y est. Je te les donne, aux yeux des fils de mon peuple: enterre ton mort.

¹²Abraham se prosterna devant le peuple du pays.

¹³Et il parla ainsi à Éphron, en présence du peuple du pays: Écoute-moi, je te prie! Je donne le prix du champ: accepte-le de moi; et j'y enterrerai mon mort.

¹⁴Et Éphron répondit à Abraham, en lui disant:

¹⁵Mon seigneur, écoute-moi! Une terre de quatre cents sicles d'argent, qu'est-ce que cela entre moi et toi? Enterre ton mort.

¹⁶Abraham comprit Éphron; et Abraham pesa à Éphron l'argent qu'il avait dit, en présence des fils de Heth, quatre cents sicles d'argent ayant cours chez le marchand.

¹⁷Le champ d'Éphron à Macpéla, vis-à-vis de Mamré, le champ et la caverne qui y est, et tous les arbres qui sont dans le champ et dans toutes ses limites alentour,

¹⁸devinrent ainsi la propriété d'Abraham, aux yeux des fils de Heth et de tous ceux qui entraient par la porte de sa ville.

¹⁹Après cela, Abraham enterra Sara, sa femme, dans la caverne du champ de Macpéla, vis-à-vis de Mamré, qui est Hébron, dans le pays de Canaan.

²⁰Le champ et la caverne qui y est demeurèrent à Abraham comme possession sépulcrale, acquise des fils de Heth.

Chapitre 24

¹Abraham était vieux, avancé en âge, et l'Éternel avait béni Abraham en toute chose.

²Abraham dit à son serviteur, le plus ancien de sa maison, l'intendant de tous ses biens: Mets, je te prie, ta main sous ma cuisse;

³et je te ferai jurer par l'Éternel, le Dieu du ciel et le Dieu de la terre, de ne pas prendre pour mon fils une femme parmi les filles des Cananéens au milieu desquels j'habite,

⁴mais d'aller dans mon pays et dans ma patrie prendre une femme pour mon fils Isaac.

⁵Le serviteur lui répondit: Peut-être la femme ne voudra-t-elle pas me suivre dans ce pays-ci; devrai-je mener ton fils dans le pays d'où tu es sorti?

⁶Abraham lui dit: Garde-toi d'y mener mon fils!

⁷L'Éternel, le Dieu du ciel, qui m'a fait sortir de la maison de mon père et de ma patrie, qui m'a parlé et qui m'a juré, en disant: Je donnerai ce pays à ta postérité, lui-même enverra son ange devant toi; et c'est de là que tu prendras une femme pour mon fils.

⁸Si la femme ne veut pas te suivre, tu seras dégagé de ce serment que je te fais faire. Seulement, tu n'y mèneras pas mon fils.

⁹Le serviteur mit sa main sous la cuisse d'Abraham, son seigneur, et lui jura d'observer ces choses.

¹⁰Le serviteur prit dix chameaux parmi les chameaux de son seigneur, et il partit, ayant à sa disposition tous les biens de son seigneur. Il se leva, et alla en Mésopotamie, à la ville de Nachor.

¹¹Il fit reposer les chameaux sur leurs genoux hors de la ville, près d'un puits, au temps du soir, au temps où sortent celles qui vont puiser de l'eau.

¹²Et il dit: Éternel, Dieu de mon seigneur Abraham, fais-moi, je te prie, rencontrer aujourd'hui ce que je désire, et use de bonté envers mon seigneur Abraham!

¹³Voici, je me tiens près de la source d'eau, et les filles des gens de la ville vont sortir pour puiser l'eau.

¹⁴Que la jeune fille à laquelle je dirai: Penche ta cruche, je te prie, pour que je boive, et qui répondra: Bois, et je donnerai aussi à boire à tes chameaux, soit celle que tu as destinée à ton serviteur Isaac! Et par là je connaîtrai que tu uses de bonté envers mon seigneur.

¹⁵Il n'avait pas encore fini de parler que sortit, sa cruche sur l'épaule, Rebecca, née de Bethuel, fils de Milca, femme de Nachor, frère d'Abraham.

¹⁶C'était une jeune fille très belle de figure; elle était vierge, et aucun homme ne l'avait connue. Elle descendit à la source, remplit sa cruche, et remonta.

¹⁷Le serviteur courut au-devant d'elle, et dit: Laisse-moi boire, je te prie, un peu d'eau de ta cruche.

¹⁸Elle répondit: Bois, mon seigneur. Et elle s'empressa d'abaisser sa cruche sur sa main, et de lui donner à boire.

¹⁹Quand elle eut achevé de lui donner à boire, elle dit: Je puiserai aussi pour tes chameaux, jusqu'à ce qu'ils aient assez bu.

²⁰Et elle s'empressa de vider sa cruche dans l'abreuvoir, et courut encore au puits pour puiser; et elle puisa pour tous les chameaux.

²¹L'homme la regardait avec étonnement et sans rien dire, pour voir si l'Éternel faisait réussir son voyage, ou non.

²²Quand les chameaux eurent fini de boire, l'homme prit un anneau d'or, du poids d'un demi-sicle, et deux bracelets, du poids de dix sicles d'or.

²³Et il dit: De qui es-tu fille? dis-le moi, je te prie. Y a-t-il dans la maison de ton père de la place pour passer la nuit?

²⁴Elle répondit: Je suis fille de Bethuel, fils de Milca et de Nachor.

²⁵Elle lui dit encore: Il y a chez nous de la paille et du fourrage en abondance, et aussi de la place pour passer la nuit.

²⁶Alors l'homme s'inclina et se prosterna devant l'Éternel,

²⁷en disant: Béni soit l'Éternel, le Dieu de mon seigneur Abraham, qui n'a pas renoncé à sa miséricorde et à sa fidélité envers mon seigneur! Moi-même, l'Éternel m'a conduit à la maison des frères de mon seigneur.

²⁸La jeune fille courut raconter ces choses à la maison de sa mère.

²⁹Rebecca avait un frère, nommé Laban. Et Laban courut dehors vers l'homme, près de la source.

³⁰Il avait vu l'anneau et les bracelets aux mains de sa soeur, et il avait entendu les paroles de Rebecca, sa soeur, disant: Ainsi m'a parlé l'homme. Il vint donc à cet homme qui se tenait auprès des chameaux, vers la source,

³¹et il dit: Viens, béni de l'Éternel! Pourquoi resterais-tu dehors? J'ai préparé la maison, et une place pour les chameaux.

³²L'homme arriva à la maison. Laban fit décharger les chameaux, et il donna de la paille et du fourrage aux chameaux, et de l'eau pour laver les pieds de l'homme et les pieds des gens qui étaient avec lui.

³³Puis, il lui servit à manger. Mais il dit: Je ne mangerai point, avant d'avoir dit ce que j'ai à dire. Parle! dit Laban.

³⁴Alors il dit: Je suis serviteur d'Abraham.

³⁵L'Éternel a comblé de bénédictions mon seigneur, qui est devenu puissant. Il lui a donné des brebis et des boeufs, de l'argent et de l'or, des serviteurs et des servantes, des chameaux et des ânes.

³⁶Sara, la femme de mon seigneur, a enfanté dans sa vieillesse un fils à mon seigneur; et il lui a donné tout ce qu'il possède.

³⁷Mon seigneur m'a fait jurer, en disant: Tu ne prendras pas pour mon fils une femme parmi les filles des Cananéens, dans le pays desquels j'habite;

³⁸mais tu iras dans la maison de mon père et de ma famille prendre une femme pour mon fils.

³⁹J'ai dit à mon seigneur: Peut-être la femme ne voudra-t-elle pas me suivre.

⁴⁰Et il m'a répondu: L'Éternel, devant qui j'ai marché, enverra son ange avec toi, et fera réussir ton voyage; et tu prendras pour mon fils une femme de la famille et de la maison de mon père.

⁴¹Tu seras dégagé du serment que tu me fais, quand tu auras été vers ma famille; si on ne te l'accorde pas, tu seras dégagé du serment que tu me fais.

⁴²Je suis arrivé aujourd'hui à la source, et j'ai dit: Éternel, Dieu de mon seigneur Abraham, si tu daignes faire réussir le voyage que j'accomplis,

⁴³voici, je me tiens près de la source d'eau, et que la jeune fille qui sortira pour puiser, à qui je dirai: Laisse-moi boire, je te prie, un peu d'eau de ta cruche, et qui me répondra:

⁴⁴Bois toi-même, et je puiserai aussi pour tes chameaux, que cette jeune fille soit la femme que l'Éternel a destinée au fils de mon seigneur!

⁴⁵Avant que j'eusse fini de parler en mon coeur, voici, Rebecca est sortie, sa cruche sur l'épaule; elle est descendue à la source, et a puisé. Je lui ai dit: Donne-moi à boire, je te prie.

⁴⁶Elle s'est empressée d'abaisser sa cruche de dessus son épaule, et elle a dit: Bois, et je donnerai aussi à boire à tes chameaux. J'ai bu, et elle a aussi donné à boire à mes chameaux.

⁴⁷Je l'ai interrogée, et j'ai dit: De qui es-tu fille? Elle a répondu: Je suis fille de Bethuel, fils de Nachor et de Milca. J'ai mis l'anneau à son nez, et les bracelets à ses mains.

⁴⁸Puis je me suis incliné et prosterné devant l'Éternel, et j'ai béni L'Éternel, le Dieu de mon seigneur Abraham, qui m'a conduit fidèlement, afin que je prisse la fille du frère de mon seigneur pour son fils.

⁴⁹Maintenant, si vous voulez user de bienveillance et de fidélité envers mon seigneur, déclarez-le-moi; sinon, déclarez-le-moi, et je me tournerai à droite ou à gauche.

⁵⁰Laban et Bethuel répondirent, et dirent: C'est de l'Éternel que la chose vient; nous ne pouvons te parler ni en mal ni en bien.

⁵¹Voici Rebecca devant toi; prends et va, et qu'elle soit la femme du fils de ton seigneur, comme l'Éternel l'a dit.

⁵²Lorsque le serviteur d'Abraham eut entendu leurs paroles, il se prosterna en terre devant l'Éternel.

⁵³Et le serviteur sortit des objets d'argent, des objets d'or, et des vêtements, qu'il donna à Rebecca; il fit aussi de riches présents à son frère et à sa mère.

⁵⁴Après quoi, ils mangèrent et burent, lui et les gens qui étaient avec lui, et ils passèrent la nuit. Le matin, quand ils furent levés, le serviteur dit: Laissez-moi retournez vers mon seigneur.

⁵⁵Le frère et la mère dirent: Que la jeune fille reste avec nous quelque temps encore, une dizaine de jours; ensuite, tu partiras.

⁵⁶Il leur répondit: Ne me retardez pas, puisque l'Éternel a fait réussir mon voyage; laissez-moi partir, et que j'aille vers mon seigneur.

⁵⁷Alors ils répondirent: Appelons la jeune fille et consultons-la.

⁵⁸Ils appelèrent donc Rebecca, et lui dirent: Veux-tu aller avec cet homme? Elle répondit: J'irai.

⁵⁹Et ils laissèrent partir Rebecca, leur soeur, et sa nourrice, avec le serviteur d'Abraham et ses gens.

⁶⁰Ils bénirent Rebecca, et lui dirent: O notre soeur, puisses-tu devenir des milliers de myriades, et que ta postérité possède la porte de ses ennemis!

⁶¹Rebecca se leva, avec ses servantes; elles montèrent sur les chameaux, et suivirent l'homme. Et le serviteur emmena Rebecca, et partit.

⁶²Cependant Isaac était revenu du puits de Lachaï roï, et il habitait dans le pays du midi.

⁶³Un soir qu'Isaac était sorti pour méditer dans les champs, il leva les yeux, et regarda; et voici, des chameaux arrivaient.

⁶⁴Rebecca leva aussi les yeux, vit Isaac, et descendit de son chameau.

⁶⁵Elle dit au serviteur: Qui est cet homme, qui vient dans les champs à notre rencontre? Et le serviteur répondit: C'est mon seigneur. Alors elle prit son voile, et se couvrit.

⁶⁶Le serviteur raconta à Isaac toutes les choses qu'il avait faites.

⁶⁷Isaac conduisit Rebecca dans la tente de Sara, sa mère; il prit Rebecca, qui devint sa femme, et il l'aima. Ainsi fut consolé Isaac, après avoir perdu sa mère.

Chapitre 25

¹Abraham prit encore une femme, nommée Ketura.

²Elle lui enfanta Zimran, Jokschan, Medan, Madian, Jischbak et Schuach.

³Jokschan engendra Séba et Dedan. Les fils de Dedan furent les Aschurim, les Letuschim et les Leummim.

⁴Les fils de Madian furent Épha, Épher, Hénoc, Abida et Eldaa. - Ce sont là tous les fils de Ketura.

⁵Abraham donna tous ses biens à Isaac.

⁶Il fit des dons aux fils de ses concubines; et, tandis qu'il vivait encore, il les envoya loin de son fils Isaac du côté de l'orient, dans le pays d'Orient.

⁷Voici les jours des années de la vie d'Abraham: il vécut cent soixante quinze ans.

⁸Abraham expira et mourut, après une heureuse vieillesse, âgé et rassasié de jours, et il fut recueilli auprès de son peuple.

⁹Isaac et Ismaël, ses fils, l'enterrèrent dans la caverne de Macpéla, dans le champ d'Éphron, fils de Tsochar, le Héthien, vis-à-vis de Mamré.

¹⁰C'est le champ qu'Abraham avait acquis des fils de Heth. Là furent enterrés Abraham et Sara, sa femme.

¹¹Après la mort d'Abraham, Dieu bénit Isaac, son fils. Il habitait près du puits de Lachaï roï.

¹²Voici la postérité d'Ismaël, fils d'Abraham, qu'Agar, l'Égyptienne, servante de Sara, avait enfanté à Abraham.

¹³Voici les noms des fils d'Ismaël, par leurs noms, selon leurs générations: Nebajoth, premier-né d'Ismaël, Kédar, Adbeel, Mibsam,

¹⁴Mischma, Duma, Massa,

¹⁵Hadad, Théma, Jethur, Naphisch et Kedma.

¹⁶Ce sont là les fils d'Ismaël; ce sont là leurs noms, selon leurs parcs et leurs enclos. Ils furent les douze chefs de leurs peuples.

¹⁷Et voici les années de la vie d'Ismaël: cent trente-sept ans. Il expira et mourut, et il fut recueilli auprès de son peuple.

¹⁸Ses fils habitèrent depuis Havila jusqu'à Schur, qui est en face de l'Égypte, en allant vers l'Assyrie. Il s'établit en présence de tous ses frères.

¹⁹Voici la postérité d'Isaac, fils d'Abraham.

²⁰Abraham engendra Isaac. Isaac était âgé de quarante ans, quand il prit pour femme Rebecca, fille de Bethuel, l'Araméen, de Paddan Aram, et soeur de Laban, l'Araméen.

²¹Isaac implora l'Éternel pour sa femme, car elle était stérile, et l'Éternel l'exauça: Rebecca, sa femme, devint enceinte.

²²Les enfants se heurtaient dans son sein; et elle dit: S'il en est ainsi, pourquoi suis-je enceinte? Elle alla consulter l'Éternel.

²³Et l'Éternel lui dit: Deux nations sont dans ton ventre, et deux peuples se sépareront au sortir de tes entrailles; un de ces peuples sera plus fort que l'autre, et le plus grand sera assujetti au plus petit.

²⁴Les jours où elle devait accoucher s'accomplirent; et voici, il y avait deux jumeaux dans son ventre.

²⁵Le premier sortit entièrement roux, comme un manteau de poil; et on lui donna le nom d'Ésaü.

²⁶Ensuite sortit son frère, dont la main tenait le talon d'Ésaü; et on lui donna le nom de Jacob. Isaac était âgé de soixante ans, lorsqu'ils naquirent.

²⁷Ces enfants grandirent. Ésaü devint un habile chasseur, un homme des champs; mais Jacob fut un homme tranquille, qui restait sous les tentes.

²⁸Isaac aimait Ésaü, parce qu'il mangeait du gibier; et Rebecca aimait Jacob.

²⁹Comme Jacob faisait cuire un potage, Ésaü revint des champs, accablé de fatigue.

³⁰Et Ésaü dit à Jacob: Laisse-moi, je te prie, manger de ce roux, de ce roux-là, car je suis fatigué. C'est pour cela qu'on a donné à Ésaü le nom d'Édom.

³¹Jacob dit: Vends-moi aujourd'hui ton droit d'aînesse.

³²Ésaü répondit: Voici, je m'en vais mourir; à quoi me sert ce droit d'aînesse?

³³Et Jacob dit: Jure-le moi d'abord. Il le lui jura, et il vendit son droit d'aînesse à Jacob.

³⁴Alors Jacob donna à Ésaü du pain et du potage de lentilles. Il mangea et but, puis se leva et s'en alla. C'est ainsi qu'Ésaü méprisa le droit d'aînesse.

Chapitre 26

¹Il y eut une famine dans le pays, outre la première famine qui eut lieu du temps d'Abraham; et Isaac alla vers Abimélec, roi des Philistins, à Guérar.

²L'Éternel lui apparut, et dit: Ne descends pas en Égypte, demeure dans le pays que je te dirai.

³Séjourne dans ce pays-ci: je serai avec toi, et je te bénirai, car je donnerai toutes ces contrées à toi et à ta postérité, et je tiendrai le serment que j'ai fait à Abraham, ton père.

⁴Je multiplierai ta postérité comme les étoiles du ciel; je donnerai à ta postérité toutes ces contrées; et toutes les nations de la terre seront bénies en ta postérité,

⁵parce qu'Abraham a obéi à ma voix, et qu'il a observé mes ordres, mes commandements, mes statuts et mes lois.

⁶Et Isaac resta à Guérar.

⁷Lorsque les gens du lieu faisaient des questions sur sa femme, il disait: C'est ma soeur; car il craignait, en disant ma femme, que les gens du lieu ne le tuassent, parce que Rebecca était belle de figure.

⁸Comme son séjour se prolongeait, il arriva qu'Abimélec, roi des Philistins, regardant par la fenêtre, vit Isaac qui plaisantait avec Rebecca, sa femme.

⁹Abimélec fit appeler Isaac, et dit: Certainement, c'est ta femme. Comment as-tu pu dire: C'est ma soeur? Isaac lui répondit: J'ai parlé ainsi, de peur de mourir à cause d'elle.

¹⁰Et Abimélec dit: Qu'est-ce que tu nous as fait? Peu s'en est fallu que quelqu'un du peuple n'ait couché avec ta femme, et tu nous aurais rendus coupables.

¹¹Alors Abimélec fit cette ordonnance pour tout le peuple: Celui qui touchera à cet homme ou à sa femme sera mis à mort.

¹²Isaac sema dans ce pays, et il recueillit cette année le centuple; car l'Éternel le bénit.

¹³Cet homme devint riche, et il alla s'enrichissant de plus en plus, jusqu'à ce qu'il devint fort riche.

¹⁴Il avait des troupeaux de menu bétail et des troupeaux de gros bétail, et un grand nombre de serviteurs: aussi les Philistins lui portèrent envie.

¹⁵Tous les puits qu'avaient creusés les serviteurs de son père, du temps d'Abraham, son père, les Philistins les comblèrent et les remplirent de poussière.

¹⁶Et Abimélec dit à Isaac: Va-t-en de chez nous, car tu es beaucoup plus puissant que nous.

¹⁷Isaac partit de là, et campa dans la vallée de Guérar, où il s'établit.

¹⁸Isaac creusa de nouveau les puits d'eau qu'on avait creusés du temps d'Abraham, son père, et qu'avaient comblés les Philistins après la mort d'Abraham; et il leur donna les mêmes noms que son père leur avait donnés.

¹⁹Les serviteurs d'Isaac creusèrent encore dans la vallée, et y trouvèrent un puits d'eau vive.

²⁰Les bergers de Guérar querellèrent les bergers d'Isaac, en disant: L'eau est à nous. Et il donna au puits le nom d'Ések, parce qu'ils s'étaient disputés avec lui.

²¹Ses serviteurs creusèrent un autre puits, au sujet duquel on chercha aussi une querelle; et il l'appela Sitna.

²²Il se transporta de là, et creusa un autre puits, pour lequel on ne chercha pas querelle; et il l'appela Rehoboth, car, dit-il, l'Éternel nous a maintenant mis au large, et nous prospérerons dans le pays.

²³Il remonta de là à Beer Schéba.

²⁴L'Éternel lui apparut dans la nuit, et dit: Je suis le Dieu d'Abraham, ton père; ne crains point, car je suis avec toi; je te bénirai, et je multiplierai ta postérité, à cause d'Abraham, mon serviteur.

²⁵Il bâtit là un autel, invoqua le nom de l'Éternel, et y dressa sa tente. Et les serviteurs d'Isaac y creusèrent un puits.

²⁶Abimélec vint de Guérar auprès de lui, avec Ahuzath, son ami, et Picol, chef de son armée.

²⁷Isaac leur dit: Pourquoi venez-vous vers moi, puisque vous me haïssez et que vous m'avez renvoyé de chez vous?

²⁸Ils répondirent: Nous voyons que l'Éternel est avec toi. C'est pourquoi nous disons: Qu'il y ait un serment entre nous, entre nous et toi, et que nous fassions alliance avec toi!

²⁹Jure que tu ne nous feras aucun mal, de même que nous ne t'avons point maltraité, que nous t'avons fait seulement du bien, et que nous t'avons laissé partir en paix. Tu es maintenant béni de l'Éternel.

³⁰Isaac leur fit un festin, et ils mangèrent et burent.

³¹Ils se levèrent de bon matin, et se lièrent l'un à l'autre par un serment. Isaac les laissa partir, et ils le quittèrent en paix.

³²Ce même jour, des serviteurs d'Isaac vinrent lui parler du puits

Genèse

qu'ils creusaient, et lui dirent: Nous avons trouvé de l'eau.

³³Et il l'appela Schiba. C'est pourquoi on a donné à la ville le nom de Beer Schéba, jusqu'à ce jour.

³⁴Ésaü, âgé de quarante ans, prit pour femmes Judith, fille de Beéri, le Héthien, et Basmath, fille d'Élon, le Héthien.

³⁵Elles furent un sujet d'amertume pour le coeur d'Isaac et de Rebecca.

Chapitre 27

¹Isaac devenait vieux, et ses yeux s'étaient affaiblis au point qu'il ne voyait plus. Alors il appela Ésaü, son fils aîné, et lui dit: Mon fils! Et il lui répondit: Me voici!

²Isaac dit: Voici donc, je suis vieux, je ne connais pas le jour de ma mort.

³Maintenant donc, je te prie, prends tes armes, ton carquois et ton arc, va dans les champs, et chasse-moi du gibier.

⁴Fais-moi un mets comme j'aime, et apporte-le-moi à manger, afin que mon âme te bénisse avant que je meure.

⁵Rebecca écouta ce qu'Isaac disait à Ésaü, son fils. Et Ésaü s'en alla dans les champs, pour chasser du gibier et pour le rapporter.

⁶Puis Rebecca dit à Jacob, son fils: Voici, j'ai entendu ton père qui parlait ainsi à Ésaü, ton frère:

⁷Apporte-moi du gibier et fais-moi un mets que je mangerai; et je te bénirai devant l'Éternel avant ma mort.

⁸Maintenant, mon fils, écoute ma voix à l'égard de ce que je te commande.

⁹Va me prendre au troupeau deux bons chevreaux; j'en ferai pour ton père un mets comme il aime;

¹⁰et tu le porteras à manger à ton père, afin qu'il te bénisse avant sa mort.

¹¹Jacob répondit à sa mère: Voici, Ésaü, mon frère, est velu, et je n'ai point de poil.

¹²Peut-être mon père me touchera-t-il, et je passerai à ses yeux pour un menteur, et je ferai venir sur moi la malédiction, et non la bénédiction.

¹³Sa mère lui dit: Que cette malédiction, mon fils, retombe sur moi! Écoute seulement ma voix, et va me les prendre.

¹⁴Jacob alla les prendre, et les apporta à sa mère, qui fit un mets comme son père aimait.

¹⁵Ensuite, Rebecca prit les vêtements d'Ésaü, son fils aîné, les plus beaux qui se trouvaient à la maison, et elle les fit mettre à Jacob, son fils cadet.

¹⁶Elle couvrit ses mains de la peau des chevreaux, et son cou qui était sans poil.

¹⁷Et elle plaça dans la main de Jacob, son fils, le mets et le pain qu'elle avait préparés.

¹⁸Il vint vers son père, et dit: Mon père! Et Isaac dit: Me voici! qui es-tu, mon fils?

¹⁹Jacob répondit à son père: Je suis Ésaü, ton fils aîné; j'ai fait ce que tu m'as dit. Lève-toi, je te prie, assieds-toi, et mange de mon gibier, afin que ton âme me bénisse.

²⁰Isaac dit à son fils: Eh quoi! tu en as déjà trouvé, mon fils! Et Jacob répondit: C'est que l'Éternel, ton Dieu, l'a fait venir devant moi.

²¹Isaac dit à Jacob: Approche donc, et que je te touche, mon fils, pour savoir si tu es mon fils Ésaü, ou non.

²²Jacob s'approcha d'Isaac, son père, qui le toucha, et dit: La voix est la voix de Jacob, mais les mains sont les mains d'Ésaü.

²³Il ne le reconnut pas, parce que ses mains étaient velues, comme les mains d'Ésaü, son frère; et il le bénit.

²⁴Il dit: C'est toi qui es mon fils Ésaü? Et Jacob répondit: C'est moi.

²⁵Isaac dit: Sers-moi, et que je mange du gibier de mon fils, afin que mon âme te bénisse. Jacob le servit, et il mangea; il lui apporta aussi du vin, et il but.

²⁶Alors Isaac, son père, lui dit: Approche donc, et baise-moi, mon fils.

²⁷Jacob s'approcha, et le baisa. Isaac sentit l'odeur de ses vêtements; puis il le bénit, et dit: Voici, l'odeur de mon fils est comme l'odeur d'un champ que l'Éternel a béni.

²⁸Que Dieu te donne de la rosée du ciel Et de la graisse de la terre, Du blé et du vin en abondance!

²⁹Que des peuples te soient soumis, Et que des nations se prosternent devant toi! Sois le maître de tes frères, Et que les fils de ta mère se prosternent devant toi! Maudit soit quiconque te maudira, Et béni soit quiconque te bénira.

³⁰Isaac avait fini de bénir Jacob, et Jacob avait à peine quitté son père Isaac, qu'Ésaü, son frère, revint de la chasse.

³¹Il fit aussi un mets, qu'il porta à son père; et il dit à son père: Que mon père se lève et mange du gibier de son fils, afin que ton âme me bénisse!

³²Isaac, son père, lui dit: Qui es-tu? Et il répondit: Je suis ton fils aîné, Ésaü.

³³Isaac fut saisi d'une grande, d'une violente émotion, et il dit: Qui est donc celui qui a chassé du gibier, et me l'a apporté? J'ai mangé de tout avant que tu vinsses, et je l'ai béni. Aussi sera-t-il béni.

³⁴Lorsque Ésaü entendit les paroles de son père, il poussa de forts cris, pleins d'amertume, et il dit à son père: Bénis-moi aussi, mon père!

³⁵Isaac dit: Ton frère est venu avec ruse, et il a enlevé ta bénédiction.

³⁶Ésaü dit: Est-ce parce qu'on l'a appelé du nom de Jacob qu'il m'a supplanté deux fois? Il a enlevé mon droit d'aînesse, et voici maintenant qu'il vient d'enlever ma bénédiction. Et il dit: N'as-tu point réservé de bénédiction pour moi?

³⁷Isaac répondit, et dit à Ésaü: Voici, je l'ai établi ton maître, et je lui ai donné tous ses frères pour serviteurs, je l'ai pourvu de blé et de vin: que puis-je donc faire pour toi, mon fils?

³⁸Ésaü dit à son père: N'as-tu que cette seule bénédiction, mon père? Bénis-moi aussi, mon père! Et Ésaü éleva sa voix, et pleura.

³⁹Isaac, son père, répondit, et lui dit: Voici! Ta demeure sera privée de la graisse de la terre Et de la rosée du ciel, d'en haut.

⁴⁰Tu vivras de ton épée, Et tu seras asservi à ton frère; Mais en errant librement çà et là, Tu briseras son joug de dessus ton cou.

⁴¹Ésaü conçut de la haine contre Jacob, à cause de la bénédiction dont son père l'avait béni; et Ésaü disait en son coeur: Les jours du deuil de mon père vont approcher, et je tuerai Jacob, mon frère.

⁴²On rapporta à Rebecca les paroles d'Ésaü, son fils aîné. Elle fit alors appeler Jacob, son fils cadet, et elle lui dit: Voici, Ésaü, ton frère, veut tirer vengeance de toi, en te tuant.

⁴³Maintenant, mon fils, écoute ma voix! Lève-toi, fuis chez Laban, mon frère, à Charan;

⁴⁴et reste auprès de lui quelque temps,

⁴⁵jusqu'à ce que la fureur de ton frère s'apaise, jusqu'à ce que la colère de ton frère se détourne de toi, et qu'il oublie ce que tu lui as fait. Alors je te ferai revenir. Pourquoi serais-je privée de vous deux en un même jour?

⁴⁶Rebecca dit à Isaac: Je suis dégoûtée de la vie, à cause des filles de Heth. Si Jacob prend une femme, comme celles-ci, parmi les filles de Heth, parmi les filles du pays, à quoi me sert la vie?

Chapitre 28

¹Isaac appela Jacob, le bénit, et lui donna cet ordre: Tu ne prendras pas une femme parmi les filles de Canaan.

²Lève-toi, va à Paddan Aram, à la maison de Bethuel, père de ta mère, et prends-y une femme d'entre les filles de Laban, frère de ta mère.

³Que le Dieu tout puissant te bénisse, te rende fécond et te multiplie, afin que tu deviennes une multitude de peuples!

⁴Qu'il te donne la bénédiction d'Abraham, à toi et à ta postérité avec toi, afin que tu possèdes le pays où tu habites comme étranger, et qu'il a donné à Abraham!

⁵Et Isaac fit partir Jacob, qui s'en alla à Paddan Aram, auprès de Laban, fils de Bethuel, l'Araméen, frère de Rebecca, mère de Jacob et d'Ésaü.

⁶Ésaü vit qu'Isaac avait béni Jacob, et qu'il l'avait envoyé à Paddan Aram pour y prendre une femme, et qu'en le bénissant il lui avait donné cet ordre: Tu ne prendras pas une femme parmi les filles de Canaan.

⁷Il vit que Jacob avait obéi à son père et à sa mère, et qu'il était parti pour Paddan Aram.

⁸Ésaü comprit ainsi que les filles de Canaan déplaisaient à Isaac, son père.

⁹Et Ésaü s'en alla vers Ismaël. Il prit pour femme, outre les femmes qu'il avait, Mahalath, fille d'Ismaël, fils d'Abraham, et soeur de Nebajoth.

¹⁰Jacob partit de Beer Schéba, et s'en alla à Charan.

¹¹Il arriva dans un lieu où il passa la nuit; car le soleil était couché. Il y prit une pierre, dont il fit son chevet, et il se coucha dans ce lieu-là.

¹²Il eut un songe. Et voici, une échelle était appuyée sur la terre, et son sommet touchait au ciel. Et voici, les anges de Dieu montaient et descendaient par cette échelle.

¹³Et voici, l'Éternel se tenait au-dessus d'elle; et il dit: Je suis l'Éternel, le Dieu d'Abraham, ton père, et le Dieu d'Isaac. La terre sur laquelle tu es couché, je la donnerai à toi et à ta postérité.

¹⁴Ta postérité sera comme la poussière de la terre; tu t'étendras à l'occident et à l'orient, au septentrion et au midi; et toutes les familles de

la terre seront bénies en toi et en ta postérité.

¹⁵Voici, je suis avec toi, je te garderai partout où tu iras, et je te ramènerai dans ce pays; car je ne t'abandonnerai point, que je n'aie exécuté ce que je te dis.

¹⁶Jacob s'éveilla de son sommeil et il dit: Certainement, l'Éternel est en ce lieu, et moi, je ne le savais pas!

¹⁷Il eut peur, et dit: Que ce lieu est redoutable! C'est ici la maison de Dieu, c'est ici la porte des cieux!

¹⁸Et Jacob se leva de bon matin; il prit la pierre dont il avait fait son chevet, il la dressa pour monument, et il versa de l'huile sur son sommet.

¹⁹Il donna à ce lieu le nom de Béthel; mais la ville s'appelait auparavant Luz.

²⁰Jacob fit un voeu, en disant: Si Dieu est avec moi et me garde pendant ce voyage que je fais, s'il me donne du pain à manger et des habits pour me vêtir,

²¹et si je retourne en paix à la maison de mon père, alors l'Éternel sera mon Dieu;

²²cette pierre, que j'ai dressée pour monument, sera la maison de Dieu; et je te donnerai la dîme de tout ce que tu me donneras.

Chapitre 29

¹Jacob se mit en marche, et s'en alla au pays des fils de l'Orient.

²Il regarda. Et voici, il y avait un puits dans les champs; et voici, il y avait à côté trois troupeaux de brebis qui se reposaient, car c'était à ce puits qu'on abreuvait les troupeaux. Et la pierre sur l'ouverture du puits était grande.

³Tous les troupeaux se rassemblaient là; on roulait la pierre de dessus l'ouverture du puits, on abreuvait les troupeaux, et l'on remettait la pierre à sa place sur l'ouverture du puits.

⁴Jacob dit aux bergers: Mes frères, d'où êtes-vous? Ils répondirent: Nous sommes de Charan.

⁵Il leur dit: Connaissez-vous Laban, fils de Nachor? Ils répondirent: Nous le connaissons.

⁶Il leur dit: Est-il en bonne santé? Ils répondirent: Il est en bonne santé; et voici Rachel, sa fille, qui vient avec le troupeau.

⁷Il dit: Voici, il est encore grand jour, et il n'est pas temps de rassembler les troupeaux; abreuvez les brebis, puis allez, et faites-les paître.

⁸Ils répondirent: Nous ne le pouvons pas, jusqu'à ce que tous les troupeaux soient rassemblés; c'est alors qu'on roule la pierre de dessus l'ouverture du puits, et qu'on abreuve les brebis.

⁹Comme il leur parlait encore, survint Rachel avec le troupeau de son père; car elle était bergère.

¹⁰Lorsque Jacob vit Rachel, fille de Laban, frère de sa mère, et le troupeau de Laban, frère de sa mère, il s'approcha, roula la pierre de dessus l'ouverture du puits, et abreuva le troupeau de Laban, frère de sa mère.

¹¹Et Jacob baisa Rachel, il éleva la voix et pleura.

¹²Jacob apprit à Rachel qu'il était parent de son père, qu'il était fils de Rebecca. Et elle courut l'annoncer à son père.

¹³Dès que Laban eut entendu parler de Jacob, fils de sa soeur, il courut au-devant de lui, il l'embrassa et le baisa, et il le fit venir dans sa maison. Jacob raconta à Laban toutes ces choses.

¹⁴Et Laban lui dit: Certainement, tu es mon os et ma chair. Jacob demeura un mois chez Laban.

¹⁵Puis Laban dit à Jacob: Parce que tu es mon parent, me serviras-tu pour rien? Dis-moi quel sera ton salaire.

¹⁶Or, Laban avait deux filles: l'aînée s'appelait Léa, et la cadette Rachel.

¹⁷Léa avait les yeux délicats; mais Rachel était belle de taille et belle de figure.

¹⁸Jacob aimait Rachel, et il dit: Je te servirai sept ans pour Rachel, ta fille cadette.

¹⁹Et Laban dit: J'aime mieux te la donner que de la donner à un autre homme. Reste chez moi!

²⁰Ainsi Jacob servit sept années pour Rachel: et elles furent à ses yeux comme quelques jours, parce qu'il l'aimait.

²¹Ensuite Jacob dit à Laban: Donne-moi ma femme, car mon temps est accompli: et j'irai vers elle.

²²Laban réunit tous les gens du lieu, et fit un festin.

²³Le soir, il prit Léa, sa fille, et l'amena vers Jacob, qui s'approcha d'elle.

²⁴Et Laban donna pour servante à Léa, sa fille, Zilpa, sa servante.

²⁵Le lendemain matin, voilà que c'était Léa. Alors Jacob dit à Laban: Qu'est-ce que tu m'as fait? N'est-ce pas pour Rachel que j'ai servi chez toi? Pourquoi m'as-tu trompé?

²⁶Laban dit: Ce n'est point la coutume dans ce lieu de donner la cadette avant l'aînée.

²⁷Achève la semaine avec celle-ci, et nous te donnerons aussi l'autre pour le service que tu feras encore chez moi pendant sept nouvelles années.

²⁸Jacob fit ainsi, et il acheva la semaine avec Léa; puis Laban lui donna pour femme Rachel, sa fille.

²⁹Et Laban donna pour servante à Rachel, sa fille, Bilha, sa servante.

³⁰Jacob alla aussi vers Rachel, qu'il aimait plus que Léa; et il servit encore chez Laban pendant sept nouvelles années.

³¹L'Éternel vit que Léa n'était pas aimée; et il la rendit féconde, tandis que Rachel était stérile.

³²Léa devint enceinte, et enfanta un fils, à qui elle donna le nom de Ruben; car elle dit: L'Éternel a vu mon humiliation, et maintenant mon mari m'aimera.

³³Elle devint encore enceinte, et enfanta un fils, et elle dit: L'Éternel a entendu que je n'étais pas aimée, et il m'a aussi accordé celui-ci. Et elle lui donna le nom de Siméon.

³⁴Elle devint encore enceinte, et enfanta un fils, et elle dit: Pour cette fois, mon mari s'attachera à moi; car je lui ai enfanté trois fils. C'est pourquoi on lui donna le nom de Lévi.

³⁵Elle devint encore enceinte, et enfanta un fils, et elle dit: Cette fois, je louerai l'Éternel. C'est pourquoi elle lui donna le nom de Juda. Et elle cessa d'enfanter.

Chapitre 30

¹Lorsque Rachel vit qu'elle ne donnait point d'enfants à Jacob, elle porta envie à sa soeur, et elle dit à Jacob: Donne-moi des enfants, ou je meurs!

²La colère de Jacob s'enflamma contre Rachel, et il dit: Suis-je à la place de Dieu, qui t'empêche d'être féconde?

³Elle dit: Voici ma servante Bilha; va vers elle; qu'elle enfante sur mes genoux, et que par elle j'aie aussi des fils.

⁴Et elle lui donna pour femme Bilha, sa servante; et Jacob alla vers elle.

⁵Bilha devint enceinte, et enfanta un fils à Jacob.

⁶Rachel dit: Dieu m'a rendu justice, il a entendu ma voix, et il m'a donné un fils. C'est pourquoi elle l'appela du nom de Dan.

⁷Bilha, servante de Rachel, devint encore enceinte, et enfanta un second fils à Jacob.

⁸Rachel dit: J'ai lutté divinement contre ma soeur, et j'ai vaincu. Et elle l'appela du nom de Nephthali.

⁹Léa voyant qu'elle avait cessé d'enfanter, prit Zilpa, sa servante, et la donna pour femme à Jacob.

¹⁰Zilpa, servante de Léa, enfanta un fils à Jacob.

¹¹Léa dit: Quel bonheur! Et elle l'appela du nom de Gad.

¹²Zilpa, servante de Léa, enfanta un second fils à Jacob.

¹³Léa dit: Que je suis heureuse! car les filles me diront heureuse. Et elle l'appela du nom d'Aser.

¹⁴Ruben sortit au temps de la moisson des blés, et trouva des mandragores dans les champs. Il les apporta à Léa, sa mère. Alors Rachel dit à Léa: Donne moi, je te prie, des mandragores de ton fils.

¹⁵Elle lui répondit: Est-ce peu que tu aies pris mon mari, pour que tu prennes aussi les mandragores de mon fils? Et Rachel dit: Eh bien! il couchera avec toi cette nuit pour les mandragores de ton fils.

¹⁶Le soir, comme Jacob revenait des champs, Léa sortit à sa rencontre, et dit: C'est vers moi que tu viendras, car je t'ai acheté pour les mandragores de mon fils. Et il coucha avec elle cette nuit.

¹⁷Dieu exauça Léa, qui devint enceinte, et enfanta un cinquième fils à Jacob.

¹⁸Léa dit: Dieu m'a donné mon salaire parce que j'ai donné ma servante à mon mari. Et elle l'appela du nom d'Issacar.

¹⁹Léa devint encore enceinte, et enfanta un sixième fils à Jacob.

²⁰Léa dit: Dieu m'a fait un beau don; cette fois, mon mari habitera avec moi, car je lui ai enfanté six fils. Et elle l'appela du nom de Zabulon.

²¹Ensuite, elle enfanta une fille, qu'elle appela du nom de Dina.

²²Dieu se souvint de Rachel, il l'exauça, et il la rendit féconde.

²³Elle devint enceinte, et enfanta un fils, et elle dit: Dieu a enlevé mon opprobre.

²⁴Et elle lui donna le nom de Joseph, en disant: Que l'Éternel m'ajoute un autre fils!

²⁵Lorsque Rachel eut enfanté Joseph, Jacob dit à Laban: Laisse-moi partir, pour que je m'en aille chez moi, dans mon pays.

²⁶Donne-moi mes femmes et mes enfants, pour lesquels je t'ai servi, et je m'en irai; car tu sais quel service j'ai fait pour toi.

²⁷Laban lui dit: Puissé-je trouver grâce à tes yeux! Je vois bien que l'Éternel m'a béni à cause de toi;

²⁸fixe-moi ton salaire, et je te le donnerai.

²⁹Jacob lui dit: Tu sais comment je t'ai servi, et ce qu'est devenu ton troupeau avec moi;

³⁰car le peu que tu avais avant moi s'est beaucoup accru, et l'Éternel t'a béni sur mes pas. Maintenant, quand travaillerai-je aussi pour ma maison?

³¹Laban dit: Que te donnerai-je? Et Jacob répondit: Tu ne me donneras rien. Si tu consens à ce que je vais te dire, je ferai paître encore ton troupeau, et je le garderai.

³²Je parcourrai aujourd'hui tout ton troupeau; mets à part parmi les brebis tout agneau tacheté et marqueté et tout agneau noir, et parmi les chèvres tout ce qui est marqueté et tacheté. Ce sera mon salaire.

³³Ma droiture répondra pour moi demain, quand tu viendras voir mon salaire; tout ce qui ne sera pas tacheté et marqueté parmi les chèvres, et noir parmi les agneaux, ce sera de ma part un vol.

³⁴Laban dit: Eh bien! qu'il en soit selon ta parole.

³⁵Ce même jour, il mit à part les boucs rayés et marquetés, toutes les chèvres tachetées et marquetées, toutes celles où il y avait du blanc, et tout ce qui était noir parmi les brebis. Il les remit entre les mains de ses fils.

³⁶Puis il mit l'espace de trois journées de chemin entre lui et Jacob; et Jacob fit paître le reste du troupeau de Laban.

³⁷Jacob prit des branches vertes de peuplier, d'amandier et de platane; il y pela des bandes blanches, mettant à nu le blanc qui était sur les branches.

³⁸Puis il plaça les branches, qu'il avait pelées, dans les auges, dans les abreuvoirs, sous les yeux des brebis qui venaient boire, pour qu'elles entrassent en chaleur en venant boire.

³⁹Les brebis entraient en chaleur près des branches, et elles faisaient des petits rayés, tachetés et marquetés.

⁴⁰Jacob séparait les agneaux, et il mettait ensemble ce qui était rayé et tout ce qui était noir dans le troupeau de Laban. Il se fit ainsi des troupeaux à part, qu'il ne réunit point au troupeau de Laban.

⁴¹Toutes les fois que les brebis vigoureuses entraient en chaleur, Jacob plaçait les branches dans les auges, sous les yeux des brebis, pour qu'elles entrassent en chaleur près des branches.

⁴²Quand les brebis étaient chétives, il ne les plaçait point; de sorte que les chétives étaient pour Laban, et les vigoureuses pour Jacob.

⁴³Cet homme devint de plus en plus riche; il eut du menu bétail en abondance, des servantes et des serviteurs, des chameaux et des ânes.

Chapitre 31

¹Jacob entendit les propos des fils de Laban, qui disaient: Jacob a pris tout ce qui était à notre père, et c'est avec le bien de notre père qu'il s'est acquis toute cette richesse.

²Jacob remarqua aussi le visage de Laban; et voici, il n'était plus envers lui comme auparavant.

³Alors l'Éternel dit à Jacob: Retourne au pays de tes pères et dans ton lieu de naissance, et je serai avec toi.

⁴Jacob fit appeler Rachel et Léa, qui étaient aux champs vers son troupeau.

⁵Il leur dit: Je vois, au visage de votre père, qu'il n'est plus envers moi comme auparavant; mais le Dieu de mon père a été avec moi.

⁶Vous savez vous-mêmes que j'ai servi votre père de tout mon pouvoir.

⁷Et votre père s'est joué de moi, et a changé dix fois mon salaire; mais Dieu ne lui a pas permis de me faire du mal.

⁸Quand il disait: Les tachetés seront ton salaire, toutes les brebis faisaient des petits tachetés. Et quand il disait: Les rayés seront ton salaire, toutes les brebis faisaient des petits rayés.

⁹Dieu a pris à votre père son troupeau, et me l'a donné.

¹⁰Au temps où les brebis entraient en chaleur, je levai les yeux, et je vis en songe que les boucs qui couvraient les brebis étaient rayés, tachetés et marquetés.

¹¹Et l'ange de Dieu me dit en songe: Jacob! Je répondis: Me voici!

¹²Il dit: Lève les yeux, et regarde: tous les boucs qui couvrent les brebis sont rayés, tachetés et marquetés; car j'ai vu tout ce que te fait Laban.

¹³Je suis le Dieu de Béthel, où tu as oint un monument, où tu m'as fait un voeu. Maintenant, lève-toi, sors de ce pays, et retourne au pays de ta naissance.

¹⁴Rachel et Léa répondirent, et lui dirent: Avons-nous encore une part et un héritage dans la maison de notre père?

¹⁵Ne sommes-nous pas regardées par lui comme des étrangères, puisqu'il nous a vendues, et qu'il a mangé notre argent?

¹⁶Toute la richesse que Dieu a ôtée à notre père appartient à nous et à nos enfants. Fais maintenant tout ce que Dieu t'a dit.

¹⁷Jacob se leva, et il fit monter ses enfants et ses femmes sur les chameaux.

¹⁸Il emmena tout son troupeau et tous les biens qu'il possédait, le troupeau qui lui appartenait, qu'il avait acquis à Paddan Aram; et il s'en alla vers Isaac, son père, au pays de Canaan.

¹⁹Tandis que Laban était allé tondre ses brebis, Rachel déroba les théraphim de son père;

²⁰et Jacob trompa Laban, l'Araméen, en ne l'avertissant pas de sa fuite.

²¹Il s'enfuit, avec tout ce qui lui appartenait; il se leva, traversa le fleuve, et se dirigea vers la montagne de Galaad.

²²Le troisième jour, on annonça à Laban que Jacob s'était enfui.

²³Il prit avec lui ses frères, le poursuivit sept journées de marche, et l'atteignit à la montagne de Galaad.

²⁴Mais Dieu apparut la nuit en songe à Laban, l'Araméen, et lui dit: Garde-toi de parler à Jacob ni en bien ni en mal!

²⁵Laban atteignit donc Jacob. Jacob avait dressé sa tente sur la montagne; Laban dressa aussi la sienne, avec ses frères, sur la montagne de Galaad.

²⁶Alors Laban dit à Jacob: Qu'as-tu fait? Pourquoi m'as-tu trompé, et emmènes-tu mes filles comme des captives par l'épée?

²⁷Pourquoi as-tu pris la fuite en cachette, m'as-tu trompé, et ne m'as-tu point averti? Je t'aurais laissé partir au milieu des réjouissances et des chants, au son du tambourin et de la harpe.

²⁸Tu ne m'as pas permis d'embrasser mes fils et mes filles! C'est en insensé que tu as agi.

²⁹Ma main est assez forte pour vous faire du mal; mais le Dieu de votre père m'a dit hier: Garde-toi de parler à Jacob ni en bien ni en mal!

³⁰Maintenant que tu es parti, parce que tu languissais après la maison de ton père, pourquoi as-tu dérobé mes dieux?

³¹Jacob répondit, et dit à Laban: J'avais de la crainte à la pensée que tu m'enlèverais peut-être tes filles.

³²Mais périsse celui auprès duquel tu trouveras tes dieux! En présence de nos frères, examine ce qui t'appartient chez moi, et prends-le. Jacob ne savait pas que Rachel les eût dérobés.

³³Laban entra dans la tente de Jacob, dans la tente de Léa, dans la tente des deux servantes, et il ne trouva rien. Il sortit de la tente de Léa, et entra dans la tente de Rachel.

³⁴Rachel avait pris les théraphim, les avait mis sous le bât du chameau, et s'était assise dessus. Laban fouilla toute la tente, et ne trouva rien.

³⁵Elle dit à son père: Que mon seigneur ne se fâche point, si je ne puis me lever devant toi, car j'ai ce qui est ordinaire aux femmes. Il chercha, et ne trouva point les théraphim.

³⁶Jacob s'irrita, et querella Laban. Il reprit la parole, et lui dit: Quel est mon crime, quel est mon péché, que tu me poursuives avec tant d'ardeur?

³⁷Quand tu as fouillé tous mes effets, qu'as-tu trouvé des effets de ta maison? Produis-le ici devant mes frères et tes frères, et qu'ils prononcent entre nous deux.

³⁸Voilà vingt ans que j'ai passés chez toi; tes brebis et tes chèvres n'ont point avorté, et je n'ai point mangé les béliers de ton troupeau.

³⁹Je ne t'ai point rapporté de bêtes déchirées, j'en ai payé le dommage; tu me redemandais ce qu'on me volait de jour et ce qu'on me volait de nuit.

⁴⁰La chaleur me dévorait pendant le jour, et le froid pendant la nuit, et le sommeil fuyait de mes yeux.

⁴¹Voilà vingt ans que j'ai passés dans ta maison; je t'ai servi quatorze ans pour tes deux filles, et six ans pour ton troupeau, et tu as changé dix fois mon salaire.

⁴²Si je n'eusse pas eu pour moi le Dieu de mon père, le Dieu d'Abraham, celui que craint Isaac, tu m'aurais maintenant renvoyé à vide. Dieu a vu ma souffrance et le travail de mes mains, et hier il a prononcé son jugement.

⁴³Laban répondit, et dit à Jacob: Ces filles sont mes filles, ces enfants sont mes enfants, ce troupeau est mon troupeau, et tout ce que tu vois est à moi. Et que puis-je faire aujourd'hui pour mes filles, ou pour leurs enfants qu'elles ont mis au monde?

⁴⁴Viens, faisons alliance, moi et toi, et que cela serve de témoignage entre moi et toi!

⁴⁵Jacob prit une pierre, et il la dressa pour monument.

⁴⁶Jacob dit à ses frères: Ramassez des pierres. Ils prirent des pierres, et firent un monceau; et ils mangèrent là sur le monceau.

⁴⁷Laban l'appela Jegar Sahadutha, et Jacob l'appela Galed.

⁴⁸Laban dit: Que ce monceau serve aujourd'hui de témoignage entre moi et toi! C'est pourquoi on lui a donné le nom de Galed.

⁴⁹On l'appelle aussi Mitspa, parce que Laban dit: Que l'Éternel veille sur toi et sur moi, quand nous nous serons l'un et l'autre perdus de vue.

⁵⁰Si tu maltraites mes filles, et si tu prends encore d'autres femmes, ce n'est pas un homme qui sera avec nous, prends-y garde, c'est Dieu qui sera témoin entre moi et toi.

⁵¹Laban dit à Jacob: Voici ce monceau, et voici ce monument que j'ai élevé entre moi et toi.

⁵²Que ce monceau soit témoin et que ce monument soit témoin que je n'irai point vers toi au delà de ce monceau, et que tu ne viendras point vers moi au delà de ce monceau et de ce monument, pour agir méchamment.

⁵³Que le Dieu d'Abraham et de Nachor, que le Dieu de leur père soit juge entre nous. Jacob jura par celui que craignait Isaac.

⁵⁴Jacob offrit un sacrifice sur la montagne, et il invita ses frères à manger; ils mangèrent donc, et passèrent la nuit sur la montagne.

⁵⁵Laban se leva de bon matin, baisa ses fils et ses filles, et les bénit. Ensuite il partit pour retourner dans sa demeure.

Chapitre 32

¹Jacob poursuivit son chemin; et des anges de Dieu le rencontrèrent.

²En les voyant, Jacob dit: C'est le camp de Dieu! Et il donna à ce lieu le nom de Mahanaïm.

³Jacob envoya devant lui des messagers à Ésaü, son frère, au pays de Séir, dans le territoire d'Édom.

⁴Il leur donna cet ordre: Voici ce que vous direz à mon seigneur Ésaü: Ainsi parle ton serviteur Jacob: J'ai séjourné chez Laban, et j'y suis resté jusqu'à présent;

⁵j'ai des boeufs, des ânes, des brebis, des serviteurs et des servantes, et j'envoie l'annoncer à mon seigneur, pour trouver grâce à tes yeux.

⁶Les messagers revinrent auprès de Jacob, en disant: Nous sommes allés vers ton frère Ésaü; et il marche à ta rencontre, avec quatre cents hommes.

⁷Jacob fut très effrayé, et saisi d'angoisse. Il partagea en deux camps les gens qui étaient avec lui, les brebis, les boeufs et les chameaux;

⁸et il dit: Si Ésaü vient contre l'un des camps et le bat, le camp qui restera pourra se sauver.

⁹Jacob dit: Dieu de mon père Abraham, Dieu de mon père Isaac, Éternel, qui m'as dit: Retourne dans ton pays et dans ton lieu de naissance, et je te ferai du bien!

¹⁰Je suis trop petit pour toutes les grâces et pour toute la fidélité dont tu as usé envers ton serviteur; car j'ai passé ce Jourdain avec mon bâton, et maintenant je forme deux camps.

¹¹Délivre-moi, je te prie, de la main de mon frère, de la main d'Ésaü! car je crains qu'il ne vienne, et qu'il ne me frappe, avec la mère et les enfants.

¹²Et toi, tu as dit: Je te ferai du bien, et je rendrai ta postérité comme le sable de la mer, si abondant qu'on ne saurait le compter.

¹³C'est dans ce lieu-là que Jacob passa la nuit. Il prit de ce qu'il avait sous la main, pour faire un présent à Ésaü, son frère:

¹⁴deux cents chèvres et vingt boucs, deux cents brebis et vingt béliers,

¹⁵trente femelles de chameaux avec leurs petits qu'elles allaitaient, quarante vaches et dix taureaux, vingt ânesses et dix ânes.

¹⁶Il les remit à ses serviteurs, troupeau par troupeau séparément, et il dit à ses serviteurs: Passez devant moi, et mettez un intervalle entre chaque troupeau.

¹⁷Il donna cet ordre au premier: Quand Ésaü, mon frère, te rencontrera, et te demandera: A qui es-tu? où vas-tu? et à qui appartient ce troupeau devant toi?

¹⁸tu répondras: A ton serviteur Jacob; c'est un présent envoyé à mon seigneur Ésaü; et voici, il vient lui-même derrière nous.

¹⁹Il donna le même ordre au second, au troisième, et à tous ceux qui suivaient les troupeaux: C'est ainsi que vous parlerez à mon seigneur Ésaü, quand vous le rencontrerez.

²⁰Vous direz: Voici, ton serviteur Jacob vient aussi derrière nous. Car il se disait: Je l'apaiserai par ce présent qui va devant moi; ensuite je le verrai en face, et peut-être m'accueillera-t-il favorablement.

²¹Le présent passa devant lui; et il resta cette nuit-là dans le camp.

²²Il se leva la même nuit, prit ses deux femmes, ses deux servantes, et ses onze enfants, et passa le gué de Jabbok.

²³Il les prit, leur fit passer le torrent, et le fit passer à tout ce qui lui appartenait.

²⁴Jacob demeura seul. Alors un homme lutta avec lui jusqu'au lever de l'aurore.

²⁵Voyant qu'il ne pouvait le vaincre, cet homme le frappa à l'emboîture de la hanche; et l'emboîture de la hanche de Jacob se démit pendant qu'il luttait avec lui.

²⁶Il dit: Laisse-moi aller, car l'aurore se lève. Et Jacob répondit: Je ne te laisserai point aller, que tu ne m'aies béni.

²⁷Il lui dit: Quel est ton nom? Et il répondit: Jacob.

²⁸Il dit encore: ton nom ne sera plus Jacob, mais tu seras appelé Israël; car tu as lutté avec Dieu et avec des hommes, et tu as été vainqueur.

²⁹Jacob l'interrogea, en disant: Fais-moi je te prie, connaître ton nom. Il répondit: Pourquoi demandes-tu mon nom? Et il le bénit là.

³⁰Jacob appela le lieu du nom de Peniel: car, dit-il, j'ai vu Dieu face à face, et mon âme a été sauvée.

³¹Le soleil se levait, lorsqu'il passa Peniel. Jacob boitait de la hanche.

³²C'est pourquoi jusqu'à ce jour, les enfants d'Israël ne mangent point le tendon qui est à l'emboîture de la hanche; car Dieu frappa Jacob à l'emboîture de la hanche, au tendon.

Chapitre 33

¹Jacob leva les yeux, et regarda; et voici, Ésaü arrivait, avec quatre cents hommes. Il répartit les enfants entre Léa, Rachel, et les deux servantes.

²Il plaça en tête les servantes avec leurs enfants, puis Léa avec ses enfants, et enfin Rachel avec Joseph.

³Lui-même passa devant eux; et il se prosterna en terre sept fois, jusqu'à ce qu'il fût près de son frère.

⁴Ésaü courut à sa rencontre; il l'embrassa, se jeta à son cou, et le baisa. Et ils pleurèrent.

⁵Ésaü, levant les yeux, vit les femmes et les enfants, et il dit: Qui sont ceux que tu as là? Et Jacob répondit: Ce sont les enfants que Dieu a accordés à ton serviteur.

⁶Les servantes s'approchèrent, elles et leurs enfants, et se prosternèrent;

⁷Léa et ses enfants s'approchèrent aussi, et se prosternèrent; ensuite Joseph et Rachel s'approchèrent, et se prosternèrent.

⁸Ésaü dit: A quoi destines-tu tout ce camp que j'ai rencontré? Et Jacob répondit: A trouver grâce aux yeux de mon seigneur.

⁹Ésaü dit: Je suis dans l'abondance, mon frère; garde ce qui est à toi.

¹⁰Et Jacob répondit: Non, je te prie, si j'ai trouvé grâce à tes yeux, accepte de ma main mon présent; car c'est pour cela que j'ai regardé ta face comme on regarde la face de Dieu, et tu m'as accueilli favorablement.

¹¹Accepte donc mon présent qui t'a été offert, puisque Dieu m'a comblé de grâces, et que je ne manque de rien. Il insista auprès de lui, et Ésaü accepta.

¹²Ésaü dit: Partons, mettons-nous en route; j'irai devant toi.

¹³Jacob lui répondit: Mon seigneur sait que les enfants sont délicats, et que j'ai dès brebis et des vaches qui allaitent; si l'on forçait leur marche un seul jour, tout le troupeau périrait.

¹⁴Que mon seigneur prenne les devants sur son serviteur; et moi, je suivrai lentement, au pas du troupeau qui me précédera, et au pas des enfants, jusqu'à ce que j'arrive chez mon seigneur, à Séir.

¹⁵Ésaü dit: Je veux au moins laisser avec toi une partie de mes gens. Et Jacob répondit: Pourquoi cela? Que je trouve seulement grâce aux yeux de mon seigneur!

¹⁶Le même jour, Ésaü reprit le chemin de Séir.

¹⁷Jacob partit pour Succoth. Il bâtit une maison pour lui, et il fit des cabanes pour ses troupeaux. C'est pourquoi l'on a appelé ce lieu de nom de Succoth.

¹⁸A son retour de Paddan Aram, Jacob arriva heureusement à la ville de Sichem, dans le pays de Canaan, et il campa devant la ville.

¹⁹Il acheta la portion du champ où il avait dressé sa tente, des fils d'Hamor, père de Sichem, pour cent kesita.

²⁰Et là, il éleva un autel, qu'il appela El Élohé Israël.

Chapitre 34

¹Dina, la fille que Léa avait enfantée à Jacob, sortit pour voir les filles du pays.

²Elle fut aperçue de Sichem, fils de Hamor, prince du pays. Il l'enleva, coucha avec elle, et la déshonora.

³Son coeur s'attacha à Dina, fille de Jacob; il aima la jeune fille, et sut parler à son coeur.

⁴Et Sichem dit à Hamor, son père: Donne-moi cette jeune fille pour femme.

Genèse

⁵Jacob apprit qu'il avait déshonoré Dina, sa fille; et, comme ses fils étaient aux champs avec son troupeau, Jacob garda le silence jusqu'à leur retour.

⁶Hamor, père de Sichem, se rendit auprès de Jacob pour lui parler.

⁷Et les fils de Jacob revenaient des champs, lorsqu'ils apprirent la chose; ces hommes furent irrités et se mirent dans une grande colère, parce que Sichem avait commis une infamie en Israël, en couchant avec la fille de Jacob, ce qui n'aurait pas dû se faire.

⁸Hamor leur adressa ainsi la parole: Le coeur de Sichem, mon fils, s'est attaché à votre fille; donnez-la-lui pour femme, je vous prie.

⁹Alliez-vous avec nous; vous nous donnerez vos filles, et vous prendrez pour vous les nôtres.

¹⁰Vous habiterez avec nous, et le pays sera à votre disposition; restez, pour y trafiquer et y acquérir des propriétés.

¹¹Sichem dit au père et aux frères de Dina: Que je trouve grâce à vos yeux, et je donnerai ce que vous me direz.

¹²Exigez de moi une forte dot et beaucoup de présents, et je donnerai ce que vous me direz; mais accordez-moi pour femme la jeune fille.

¹³Les fils de Jacob répondirent et parlèrent avec ruse à Sichem et à Hamor, son père, parce que Sichem avait déshonoré Dina, leur soeur.

¹⁴Ils leur dirent: C'est une chose que nous ne pouvons pas faire, que de donner notre soeur à un homme incirconcis; car ce serait un opprobre pour nous.

¹⁵Nous ne consentirons à votre désir qu'à la condition que vous deveniez comme nous, et que tout mâle parmi vous soit circoncis.

¹⁶Nous vous donnerons alors nos filles, et nous prendrons pour nous les vôtres; nous habiterons avec vous, et nous formerons un seul peuple.

¹⁷Mais si vous ne voulez pas nous écouter et vous faire circoncire, nous prendrons notre fille, et nous nous en irons.

¹⁸Leurs paroles eurent l'assentiment de Hamor et de Sichem, fils de Hamor.

¹⁹Le jeune homme ne tarda pas à faire la chose, car il aimait la fille de Jacob. Il était considéré de tous dans la maison de son père.

²⁰Hamor et Sichem, son fils, se rendirent à la porte de leur ville, et ils parlèrent ainsi aux gens de leur ville:

²¹Ces hommes sont paisibles à notre égard; qu'ils restent dans le pays, et qu'ils y trafiquent; le pays est assez vaste pour eux. Nous prendrons pour femmes leurs filles, et nous leur donnerons nos filles.

²²Mais ces hommes ne consentiront à habiter avec nous, pour former un seul peuple, qu'à la condition que tout mâle parmi nous soit circoncis, comme ils sont eux-mêmes circoncis.

²³Leurs troupeaux, leurs biens et tout leur bétail, ne seront-ils pas à nous? Acceptons seulement leur condition, pour qu'ils restent avec nous.

²⁴Tous ceux qui étaient venus à la porte de la ville écoutèrent Hamor et Sichem, son fils; et tous les mâles se firent circoncire, tous ceux qui étaient venus à la porte de la ville.

²⁵Le troisième jour, pendant qu'ils étaient souffrants, les deux fils de Jacob, Siméon et Lévi, frères de Dina, prirent chacun leur épée, tombèrent sur la ville qui se croyait en sécurité, et tuèrent tous les mâles.

²⁶Ils passèrent aussi au fil de l'épée Hamor et Sichem, son fils; ils enlevèrent Dina de la maison de Sichem, et sortirent.

²⁷Les fils de Jacob se jetèrent sur les morts, et pillèrent la ville, parce qu'on avait déshonoré leur soeur.

²⁸Ils prirent leurs troupeaux, leurs boeufs et leurs ânes, ce qui était dans la ville et ce qui était dans les champs;

²⁹ils emmenèrent comme butin toutes leurs richesses, leurs enfants et leurs femmes, et tout ce qui se trouvait dans les maisons.

³⁰Alors Jacob dit à Siméon et à Lévi. Vous me troublez, en me rendant odieux aux habitants du pays, aux Cananéens et aux Phérésiens. Je n'ai qu'un petit nombre d'hommes; et ils se rassembleront contre moi, ils me frapperont, et je serai détruit, moi et ma maison.

³¹Ils répondirent: Traitera-t-on notre soeur comme une prostituée?

Chapitre 35

¹Dieu dit à Jacob: Lève-toi, monte à Béthel, et demeures-y; là, tu dresseras un autel au Dieu qui t'apparut, lorsque tu fuyais Ésaü, ton frère.

²Jacob dit à sa maison et à tous ceux qui étaient avec lui: Otez les dieux étrangers qui sont au milieu de vous, purifiez-vous, et changez de vêtements.

³Nous nous lèverons, et nous monterons à Béthel; là, je dresserai un autel au Dieu qui m'a exaucé dans le jour de ma détresse, et qui a été avec moi pendant le voyage que j'ai fait.

⁴Ils donnèrent à Jacob tous les dieux étrangers qui étaient entre leurs mains, et les anneaux qui étaient à leurs oreilles. Jacob les enfouit sous le térébinthe qui est près de Sichem.

⁵Ensuite ils partirent. La terreur de Dieu se répandit sur les villes qui les entouraient, et l'on ne poursuivit point les fils de Jacob.

⁶Jacob arriva, lui et tous ceux qui étaient avec lui, à Luz, qui est Béthel, dans le pays de Canaan.

⁷Il bâtit là un autel, et il appela ce lieu El Béthel; car c'est là que Dieu s'était révélé à lui lorsqu'il fuyait son frère.

⁸Débora, nourrice de Rebecca, mourut; et elle fut enterrée au-dessous de Béthel, sous le chêne auquel on a donné le nom de chêne des pleurs.

⁹Dieu apparut encore à Jacob, après son retour de Paddan Aram, et il le bénit.

¹⁰Dieu lui dit: Ton nom est Jacob; tu ne seras plus appelé Jacob, mais ton nom sera Israël. Et il lui donna le nom d'Israël.

¹¹Dieu lui dit: Je suis le Dieu tout puissant. Sois fécond, et multiplie: une nation et une multitude de nations naîtront de toi, et des rois sortiront de tes reins.

¹²Je te donnerai le pays que j'ai donné à Abraham et à Isaac, et je donnerai ce pays à ta postérité après toi.

¹³Dieu s'éleva au-dessus de lui, dans le lieu où il lui avait parlé.

¹⁴Et Jacob dressa un monument dans le lieu où Dieu lui avait parlé, un monument de pierres, sur lequel il fit une libation et versa de l'huile.

¹⁵Jacob donna le nom de Béthel au lieu où Dieu lui avait parlé.

¹⁶Ils partirent de Béthel; et il y avait encore une certaine distance jusqu'à Éphrata, lorsque Rachel accoucha. Elle eut un accouchement pénible;

¹⁷et pendant les douleurs de l'enfantement, la sage-femme lui dit: Ne crains point, car tu as encore un fils!

¹⁸Et comme elle allait rendre l'âme, car elle était mourante, elle lui donna le nom de Ben Oni; mais le père l'appela Benjamin.

¹⁹Rachel mourut, et elle fut enterrée sur le chemin d'Éphrata, qui est Bethléhem.

²⁰Jacob éleva un monument sur son sépulcre; c'est le monument du sépulcre de Rachel, qui existe encore aujourd'hui.

²¹Israël partit; et il dressa sa tente au delà de Migdal Éder.

²²Pendant qu'Israël habitait cette contrée, Ruben alla coucher avec Bilha, concubine de son père. Et Israël l'apprit. Les fils de Jacob étaient au nombre de douze.

²³Fils de Léa: Ruben, premier-né de Jacob, Siméon, Lévi, Juda, Issacar et Zabulon.

²⁴Fils de Rachel: Joseph et Benjamin.

²⁵Fils de Bilha, servante de Rachel: Dan et Nephthali.

²⁶Fils de Zilpa, servante de Léa: Gad et Aser. Ce sont là les fils de Jacob, qui lui naquirent à Paddan Aram.

²⁷Jacob arriva auprès d'Isaac, son père, à Mamré, à Kirjath Arba, qui est Hébron, où avaient séjourné Abraham et Isaac.

²⁸Les jours d'Isaac furent de cent quatre-vingts ans.

²⁹Il expira et mourut, et il fut recueilli auprès de son peuple, âgé et rassasié de jours, et Ésaü et Jacob, ses fils, l'enterrèrent.

Chapitre 36

¹Voici la postérité d'Ésaü, qui est Édom.

²Ésaü prit ses femmes parmi les filles de Canaan: Ada, fille d'Élon, le Héthien; Oholibama, fille d'Ana, fille de Tsibeon, le Hévien;

³et Basmath, fille d'Ismaël, soeur de Nebajoth.

⁴Ada enfanta à Ésaü Éliphaz; Basmath enfanta Réuel;

⁵et Oholibama enfanta Jéusch, Jaelam et Koré. Ce sont là les fils d'Ésaü, qui lui naquirent dans le pays de Canaan.

⁶Ésaü prit ses femmes, ses fils et ses filles, toutes les personnes de sa maison, ses troupeaux, tout son bétail, et tout le bien qu'il avait acquis au pays de Canaan, et il s'en alla dans un autre pays, loin de Jacob, son frère.

⁷Car leurs richesses étaient trop considérables pour qu'ils demeurassent ensemble, et la contrée où ils séjournaient ne pouvait plus leur suffire à cause de leurs troupeaux.

⁸Ésaü s'établit dans la montagne de Séir. Ésaü, c'est Édom.

⁹Voici la postérité d'Ésaü, père d'Édom, dans la montagne de Séir.

¹⁰Voici les noms des fils d'Ésaü: Éliphaz, fils d'Ada, femme d'Ésaü; Réuel, fils de Basmath, femme d'Ésaü.

¹¹Les fils d'Éliphaz furent: Théman, Omar, Tsepho, Gaetham et Kenaz.

¹²Et Thimna était la concubine d'Éliphaz, fils d'Ésaü: elle enfanta à Éliphaz Amalek. Ce sont là les fils d'Ada, femme d'Ésaü.

¹³Voici les fils de Réuel: Nahath, Zérach, Schamma et Mizza. Ce

sont là les fils de Basmath, femme d'Ésaü.

¹⁴Voici les fils d'Oholibama, fille d'Ana, fille de Tsibeon, femme d'Ésaü: elle enfanta à Ésaü Jéusch, Jaelam et Koré.

¹⁵Voici les chefs de tribus issues des fils d'Ésaü. -Voici les fils d'Éliphaz, premier-né d'Ésaü: le chef Théman, le chef Omar, le chef Tsepho, le chef Kenaz,

¹⁶le chef Koré, le chef Gaetham, le chef Amalek. Ce sont là les chefs issus d'Éliphaz, dans le pays d'Édom. Ce sont les fils d'Ada.

¹⁷Voici les fils de Réuel, fils d'Ésaü: le chef Nahath, le chef Zérach, le chef Schamma, le chef Mizza. Ce sont là les chefs issus de Réuel, dans le pays d'Édom. Ce sont là les fils de Basmath, femme d'Ésaü.

¹⁸Voici les fils d'Oholibama, femme d'Ésaü: le chef Jéusch, le chef Jaelam, le chef Koré. Ce sont là les chefs issus d'Oholibama, fille d'Ana, femme d'Ésaü.

¹⁹Ce sont là les fils d'Ésaü, et ce sont là leurs chefs de tribus. Ésaü, c'est Édom.

²⁰Voici les fils de Séir, le Horien, anciens habitants du pays: Lothan, Schobal, Tsibeon, Ana,

²¹Dischon, Etser, et Dischan. Ce sont là les chefs des Horiens, fils de Séir, dans le pays d'Édom.

²²Les fils de Lothan furent: Hori et Hémam. La soeur de Lothan fut Thimna.

²³Voici les fils de Schobal: Alvan, Manahath, Ébal, Schepho et Onam.

²⁴Voici les fils de Tsibeon: Ajja et Ana. C'est cet Ana qui trouva les sources chaudes dans le désert, quand il faisait paître les ânes de Tsibeon, son père.

²⁵Voici les enfants d'Ana: Dischon, et Oholibama, fille d'Ana.

²⁶Voici les fils de Dischon: Hemdan, Eschban, Jithran et Karen.

²⁷Voici les fils d'Etser: Bilhan, Zaavan et Akan.

²⁸Voici les fils de Dischan: Uts et Aran.

²⁹Voici les chefs des Horiens: le chef Lothan, le chef Schobal, le chef Tsibeon, le chef Ana,

³⁰le chef Dischon, le chef Etser, le chef Dischan. Ce sont là les chefs des Horiens, les chefs qu'ils eurent dans le pays de Séir.

³¹Voici les rois qui ont régné dans le pays d'Édom, avant qu'un roi régnât sur les enfants d'Israël.

³²Béla, fils de Béor, régna sur Édom; et le nom de sa ville était Dinhaba.

³³Béla mourut; et Jobab, fils de Zérach, de Botsra, régna à sa place.

³⁴Jobab mourut; et Huscham, du pays des Thémanites, régna à sa place.

³⁵Huscham mourut; et Hadad, fils de Bedad, régna à sa place. C'est lui qui frappa Madian dans les champs de Moab. Le nom de sa ville était Avith.

³⁶Hadad mourut; et Samla, de Masréka, régna à sa place.

³⁷Samla mourut; et Saül, de Rehoboth sur le fleuve, régna à sa place.

³⁸Saül mourut; et Baal Hanan, fils d'Acbor, régna à sa place.

³⁹Baal Hanan, fils d'Acbor, mourut; et Hadar régna à sa place. Le nom de sa ville était Pau; et le nom de sa femme Mehéthabeel, fille de Mathred, fille de Mézahab.

⁴⁰Voici les noms des chefs issus d'Ésaü, selon leurs tribus, selon leurs territoires, et d'après leurs noms: le chef Thimna, le chef Alva, le chef Jetheth,

⁴¹le chef Oholibama, le chef Éla, le chef Pinon,

⁴²le chef Kenaz, le chef Théman, le chef Mibtsar,

⁴³le chef Magdiel, le chef Iram. Ce sont là les chefs d'Édom, selon leurs habitations dans le pays qu'ils possédaient. C'est là Ésaü, père d'Édom.

Chapitre 37

¹Jacob demeura dans le pays de Canaan, où avait séjourné son père.

²Voici la postérité de Jacob. Joseph, âgé de dix-sept ans, faisait paître le troupeau avec ses frères; cet enfant était auprès des fils de Bilha et des fils de Zilpa, femmes de son père. Et Joseph rapportait à leur père leurs mauvais propos.

³Israël aimait Joseph plus que tous ses autres fils, parce qu'il l'avait eu dans sa vieillesse; et il lui fit une tunique de plusieurs couleurs.

⁴Ses frères virent que leur père l'aimait plus qu'eux tous, et ils le prirent en haine. Ils ne pouvaient lui parler avec amitié.

⁵Joseph eut un songe, et il le raconta à ses frères, qui le haïrent encore davantage.

⁶Il leur dit: Écoutez donc ce songe que j'ai eu!

⁷Nous étions à lier des gerbes au milieu des champs; et voici, ma gerbe se leva et se tint debout, et vos gerbes l'entourèrent et se prosternèrent devant elle.

⁸Ses frères lui dirent: Est-ce que tu régneras sur nous? est-ce que tu nous gouverneras? Et ils le haïrent encore davantage, à cause de ses songes et à cause de ses paroles.

⁹Il eut encore un autre songe, et il le raconta à ses frères. Il dit: J'ai eu encore un songe! Et voici, le soleil, la lune et onze étoiles se prosternaient devant moi.

¹⁰Il le raconta à son père et à ses frères. Son père le réprimanda, et lui dit: Que signifie ce songe que tu as eu? Faut-il que nous venions, moi, ta mère et tes frères, nous prosterner en terre devant toi?

¹¹Ses frères eurent de l'envie contre lui, mais son père garda le souvenir de ces choses.

¹²Les frères de Joseph étant allés à Sichem, pour faire paître le troupeau de leur père,

¹³Israël dit à Joseph: Tes frères ne font-ils pas paître le troupeau à Sichem? Viens, je veux t'envoyer vers eux. Et il répondit: Me voici!

¹⁴Israël lui dit: Va, je te prie, et vois si tes frères sont en bonne santé et si le troupeau est en bon état; et tu m'en rapporteras des nouvelles. Il l'envoya ainsi de la vallée d'Hébron; et Joseph alla à Sichem.

¹⁵Un homme le rencontra, comme il errait dans les champs. Il le questionna, en disant: Que cherches-tu?

¹⁶Joseph répondit: Je cherche mes frères; dis-moi, je te prie, où ils font paître leur troupeau.

¹⁷Et l'homme dit: Ils sont partis d'ici; car je les ai entendus dire: Allons à Dothan. Joseph alla après ses frères, et il les trouva à Dothan.

¹⁸Ils le virent de loin; et, avant qu'il fût près d'eux, ils complotèrent de le faire mourir.

¹⁹Ils se dirent l'un à l'autre: Voici le faiseur de songes qui arrive.

²⁰Venez maintenant, tuons-le, et jetons-le dans une des citernes; nous dirons qu'une bête féroce l'a dévoré, et nous verrons ce que deviendront ses songes.

²¹Ruben entendit cela, et il le délivra de leurs mains. Il dit: Ne lui ôtons pas la vie.

²²Ruben leur dit: Ne répandez point de sang; jetez-le dans cette citerne qui est au désert, et ne mettez pas la main sur lui. Il avait dessein de le délivrer de leurs mains pour le faire retourner vers son père.

²³Lorsque Joseph fut arrivé auprès de ses frères, ils le dépouillèrent de sa tunique, de la tunique de plusieurs couleurs, qu'il avait sur lui.

²⁴Ils le prirent, et le jetèrent dans la citerne. Cette citerne était vide; il n'y avait point d'eau.

²⁵Ils s'assirent ensuite pour manger. Ayant levé les yeux, ils virent une caravane d'Ismaélites venant de Galaad; leurs chameaux étaient chargés d'aromates, de baume et de myrrhe, qu'ils transportaient en Égypte.

²⁶Alors Juda dit à ses frères: Que gagnerons-nous à tuer notre frère et à cacher son sang?

²⁷Venez, vendons-le aux Ismaélites, et ne mettons pas la main sur lui, car il est notre frère, notre chair. Et ses frères l'écoutèrent.

²⁸Au passage des marchands madianites, ils tirèrent et firent remonter Joseph hors de la citerne; et ils le vendirent pour vingt sicles d'argent aux Ismaélites, qui l'emmenèrent en Égypte.

²⁹Ruben revint à la citerne; et voici, Joseph n'était plus dans la citerne. Il déchira ses vêtements,

³⁰retourna vers ses frères, et dit: L'enfant n'y est plus! Et moi, où irai-je?

³¹Ils prirent alors la tunique de Joseph; et, ayant tué un bouc, ils plongèrent la tunique dans le sang.

³²Ils envoyèrent à leur père la tunique de plusieurs couleurs, en lui faisant dire: Voici ce que nous avons trouvé! reconnais si c'est la tunique de ton fils, ou non.

³³Jacob la reconnut, et dit: C'est la tunique de mon fils! une bête féroce l'a dévoré! Joseph a été mis en pièces!

³⁴Et il déchira ses vêtements, il mit un sac sur ses reins, et il porta longtemps le deuil de son fils.

³⁵Tous ses fils et toutes ses filles vinrent pour le consoler; mais il ne voulut recevoir aucune consolation. Il disait: C'est en pleurant que je descendrai vers mon fils au séjour des morts! Et il pleurait son fils.

³⁶Les Madianites le vendirent en Égypte à Potiphar, officier de Pharaon, chef des gardes.

Genèse

Chapitre 38

¹En ce temps-là, Juda s'éloigna de ses frères, et se retira vers un homme d'Adullam, nommé Hira.

²Là, Juda vit la fille d'un Cananéen, nommé Schua; il la prit pour femme, et alla vers elle.

³Elle devint enceinte, et enfanta un fils, qu'elle appela Er.

⁴Elle devint encore enceinte, et enfanta un fils, qu'elle appela Onan.

⁵Elle enfanta de nouveau un fils, qu'elle appela Schéla; Juda était à Czib quand elle l'enfanta.

⁶Juda prit pour Er, son premier-né, une femme nommée Tamar.

⁷Er, premier-né de Juda, était méchant aux yeux de l'Éternel; et l'Éternel le fit mourir.

⁸Alors Juda dit à Onan: Va vers la femme de ton frère, prends-la, comme beau-frère, et suscite une postérité à ton frère.

⁹Onan, sachant que cette postérité ne serait pas à lui, se souillait à terre lorsqu'il allait vers la femme de son frère, afin de ne pas donner de postérité à son frère.

¹⁰Ce qu'il faisait déplut à l'Éternel, qui le fit aussi mourir.

¹¹Alors Juda dit à Tamar, sa belle-fille: Demeure veuve dans la maison de ton père, jusqu'à ce que Schéla, mon fils, soit grand. Il parlait ainsi dans la crainte que Schéla ne mourût comme ses frères. Tamar s'en alla, et elle habita dans la maison de son père.

¹²Les jours s'écoulèrent, et la fille de Schua, femme de Juda, mourut. Lorsque Juda fut consolé, il monta à Thimna, vers ceux qui tondaient ses brebis, lui et son ami Hira, l'Adullamite.

¹³On en informa Tamar, et on lui dit: Voici ton beau-père qui monte à Thimna, pour tondre ses brebis.

¹⁴Alors elle ôta ses habits de veuve, elle se couvrit d'un voile et s'enveloppa, et elle s'assit à l'entrée d'Énaïm, sur le chemin de Thimna; car elle voyait que Schéla était devenu grand, et qu'elle ne lui était point donnée pour femme.

¹⁵Juda la vit, et la prit pour une prostituée, parce qu'elle avait couvert son visage.

¹⁶Il l'aborda sur le chemin, et dit: Laisse-moi aller vers toi. Car il ne connut pas que c'était sa belle-fille. Elle dit: Que me donneras-tu pour venir vers moi?

¹⁷Il répondit: Je t'enverrai un chevreau de mon troupeau. Elle dit: Me donneras-tu un gage, jusqu'à ce que tu l'envoies?

¹⁸Il répondit: Quel gage te donnerai-je? Elle dit: Ton cachet, ton cordon, et le bâton que tu as à la main. Il les lui donna. Puis il alla vers elle; et elle devint enceinte de lui.

¹⁹Elle se leva, et s'en alla; elle ôta son voile, et remit ses habits de veuve.

²⁰Juda envoya le chevreau par son ami l'Adullamite, pour retirer le gage des mains de la femme. Mais il ne la trouva point.

²¹Il interrogea les gens du lieu, en disant: Où est cette prostituée qui se tenait à Énaïm, sur le chemin? Ils répondirent: Il n'y a point eu ici de prostituée.

²²Il retourna auprès de Juda, et dit: Je ne l'ai pas trouvée, et même les gens du lieu ont dit: Il n'y a point eu ici de prostituée.

²³Juda dit: Qu'elle garde ce qu'elle a! Ne nous exposons pas au mépris. Voici, j'ai envoyé ce chevreau, et tu ne l'as pas trouvée.

²⁴Environ trois mois après, on vint dire à Juda: Tamar, ta belle-fille, s'est prostituée, et même la voilà enceinte à la suite de sa prostitution. Et Juda dit: Faites-la sortir, et qu'elle soit brûlée.

²⁵Comme on l'amenait dehors, elle fit dire à son beau-père: C'est de l'homme à qui ces choses appartiennent que je suis enceinte; reconnais, je te prie, à qui sont ce cachet, ces cordons et ce bâton.

²⁶Juda les reconnut, et dit: Elle est moins coupable que moi, puisque je ne l'ai pas donnée à Schéla, mon fils. Et il ne la connut plus.

²⁷Quand elle fut au moment d'accoucher, voici, il y avait deux jumeaux dans son ventre.

²⁸Et pendant l'accouchement il y en eut un qui présenta la main; la sage-femme la prit, et y attacha un fil cramoisi, en disant: Celui-ci sort le premier.

²⁹Mais il retira la main, et son frère sortit. Alors la sage-femme dit: Quelle brèche tu as faite! Et elle lui donna le nom de Pérets.

³⁰Ensuite sortit son frère, qui avait à la main le fil cramoisi; et on lui donna le nom de Zérach.

Chapitre 39

¹On fit descendre Joseph en Égypte; et Potiphar, officier de Pharaon, chef des gardes, Égyptien, l'acheta des Ismaélites qui l'y avaient fait descendre.

²L'Éternel fut avec lui, et la prospérité l'accompagna; il habitait dans la maison de son maître, l'Égyptien.

³Son maître vit que l'Éternel était avec lui, et que l'Éternel faisait prospérer entre ses mains tout ce qu'il entreprenait.

⁴Joseph trouva grâce aux yeux de son maître, qui l'employa à son service, l'établit sur sa maison, et lui confia tout ce qu'il possédait.

⁵Dès que Potiphar l'eut établi sur sa maison et sur tout ce qu'il possédait, l'Éternel bénit la maison de l'Égyptien, à cause de Joseph; et la bénédiction de l'Éternel fut sur tout ce qui lui appartenait, soit à la maison, soit aux champs.

⁶Il abandonna aux mains de Joseph tout ce qui lui appartenait, et il n'avait avec lui d'autre soin que celui de prendre sa nourriture. Or, Joseph était beau de taille et beau de figure.

⁷Après ces choses, il arriva que la femme de son maître porta les yeux sur Joseph, et dit: Couche avec moi!

⁸Il refusa, et dit à la femme de son maître: Voici, mon maître ne prend avec moi connaissance de rien dans la maison, et il a remis entre mes mains tout ce qui lui appartient.

⁹Il n'est pas plus grand que moi dans cette maison, et il ne m'a rien interdit, excepté toi, parce que tu es sa femme. Comment ferais-je un aussi grand mal et pécherais-je contre Dieu?

¹⁰Quoiqu'elle parlât tous les jours à Joseph, il refusa de coucher auprès d'elle, d'être avec elle.

¹¹Un jour qu'il était entré dans la maison pour faire son ouvrage, et qu'il n'y avait là aucun des gens de la maison,

¹²elle le saisit par son vêtement, en disant: Couche avec moi! Il lui laissa son vêtement dans la main, et s'enfuit au dehors.

¹³Lorsqu'elle vit qu'il lui avait laissé son vêtement dans la main, et qu'il s'était enfui dehors,

¹⁴elle appela les gens de sa maison, et leur dit: Voyez, il nous a amené un Hébreu pour se jouer de nous. Cet homme est venu vers moi pour coucher avec moi; mais j'ai crié à haute voix.

¹⁵Et quand il a entendu que j'élevais la voix et que je criais, il a laissé son vêtement à côté de moi et s'est enfui dehors.

¹⁶Et elle posa le vêtement de Joseph à côté d'elle, jusqu'à ce que son maître rentrât à la maison.

¹⁷Alors elle lui parla ainsi: L'esclave hébreu que tu nous as amené est venu vers moi pour se jouer de moi.

¹⁸Et comme j'ai élevé la voix et que j'ai crié, il a laissé son vêtement à côté de moi et s'est enfui dehors.

¹⁹Après avoir entendu les paroles de sa femme, qui lui disait: Voilà ce que m'a fait ton esclave! le maître de Joseph fut enflammé de colère.

²⁰Il prit Joseph, et le mit dans la prison, dans le lieu où les prisonniers du roi étaient enfermés: il fut là, en prison.

²¹L'Éternel fut avec Joseph, et il étendit sur lui sa bonté. Il le mit en faveur aux yeux du chef de la prison.

²²Et le chef de la prison plaça sous sa surveillance tous les prisonniers qui étaient dans la prison; et rien ne s'y faisait que par lui.

²³Le chef de la prison ne prenait aucune connaissance de ce que Joseph avait en main, parce que l'Éternel était avec lui. Et l'Éternel donnait de la réussite à ce qu'il faisait.

Chapitre 40

¹Après ces choses, il arriva que l'échanson et le panetier du roi d'Égypte, offensèrent leur maître, le roi d'Égypte.

²Pharaon fut irrité contre ses deux officiers, le chef des échansons et le chef des panetiers.

³Et il les fit mettre dans la maison du chef des gardes, dans la prison, dans le lieu où Joseph était enfermé.

⁴Le chef des gardes les plaça sous la surveillance de Joseph, qui faisait le service auprès d'eux; et ils passèrent un certain temps en prison.

⁵Pendant une même nuit, l'échanson et le panetier du roi d'Égypte, qui étaient enfermés dans la prison, eurent tous les deux un songe, chacun le sien, pouvant recevoir une explication distincte.

⁶Joseph, étant venu le matin vers eux, les regarda; et voici, ils étaient tristes.

⁷Alors il questionna les officiers de Pharaon, qui étaient avec lui dans la prison de son maître, et il leur dit: Pourquoi avez-vous mauvais visage aujourd'hui?

⁸Ils lui répondirent: Nous avons eu un songe, et il n'y a personne pour l'expliquer. Joseph leur dit: N'est-ce pas à Dieu qu'appartiennent

les explications? Racontez-moi donc votre songe.

⁹Le chef des échansons raconta son songe à Joseph, et lui dit: Dans mon songe, voici, il y avait un cep devant moi.

¹⁰Ce cep avait trois sarments. Quand il eut poussé, sa fleur se développa et ses grappes donnèrent des raisins mûrs.

¹¹La coupe de Pharaon était dans ma main. Je pris les raisins, je les pressai dans la coupe de Pharaon, et je mis la coupe dans la main de Pharaon.

¹²Joseph lui dit: En voici l'explication. Les trois sarments sont trois jours.

¹³Encore trois jours, et Pharaon relèvera ta tête et te rétablira dans ta charge; tu mettras la coupe dans la main de Pharaon, comme tu en avais l'habitude lorsque tu étais son échanson.

¹⁴Mais souviens-toi de moi, quand tu seras heureux, et montre, je te prie, de la bonté à mon égard; parle en ma faveur à Pharaon, et fais-moi sortir de cette maison.

¹⁵Car j'ai été enlevé du pays des Hébreux, et ici même je n'ai rien fait pour être mis en prison.

¹⁶Le chef des panetiers, voyant que Joseph avait donné une explication favorable, dit: Voici, il y avait aussi, dans mon songe, trois corbeilles de pain blanc sur ma tête.

¹⁷Dans la corbeille la plus élevée il y avait pour Pharaon des mets de toute espèce, cuits au four; et les oiseaux les mangeaient dans la corbeille au-dessus de ma tête.

¹⁸Joseph répondit, et dit: En voici l'explication. Les trois corbeilles sont trois jours.

¹⁹Encore trois jours, et Pharaon enlèvera ta tête de dessus toi, te fera pendre à un bois, et les oiseaux mangeront ta chair.

²⁰Le troisième jour, jour de la naissance de Pharaon, il fit un festin à tous ses serviteurs; et il éleva la tête du chef des échansons et la tête du chef des panetiers, au milieu de ses serviteurs:

²¹il rétablit le chef des échansons dans sa charge d'échanson, pour qu'il mît la coupe dans la main de Pharaon;

²²mais il fit pendre le chef des panetiers, selon l'explication que Joseph leur avait donnée.

²³Le chef des échansons ne pensa plus à Joseph. Il l'oublia.

Chapitre 41

¹Au bout de deux ans, Pharaon eut un songe. Voici, il se tenait près du fleuve.

²Et voici, sept vaches belles à voir et grasses de chair montèrent hors du fleuve, et se mirent à paître dans la prairie.

³Sept autres vaches laides à voir et maigres de chair montèrent derrière elles hors du fleuve, et se tinrent à leurs côtés sur le bord du fleuve.

⁴Les vaches laides à voir et maigres de chair mangèrent les sept vaches belles à voir et grasses de chair. Et Pharaon s'éveilla.

⁵Il se rendormit, et il eut un second songe. Voici, sept épis gras et beaux montèrent sur une même tige.

⁶Et sept épis maigres et brûlés par le vent d'orient poussèrent après eux.

⁷Les épis maigres engloutirent les sept épis gras et pleins. Et Pharaon s'éveilla. Voilà le songe.

⁸Le matin, Pharaon eut l'esprit agité, et il fit appeler tous les magiciens et tous les sages de l'Égypte. Il leur raconta ses songes. Mais personne ne put les expliquer à Pharaon.

⁹Alors le chef des échansons prit la parole, et dit à Pharaon: Je vais rappeler aujourd'hui le souvenir de ma faute.

¹⁰Pharaon s'était irrité contre ses serviteurs; et il m'avait fait mettre en prison dans la maison du chef des gardes, moi et le chef des panetiers.

¹¹Nous eûmes l'un et l'autre un songe dans une même nuit; et chacun de nous reçut une explication en rapport avec le songe qu'il avait eu.

¹²Il y avait là avec nous un jeune Hébreu, esclave du chef des gardes. Nous lui racontâmes nos songes, et il nous les expliqua.

¹³Les choses sont arrivées selon l'explication qu'il nous avait donnée. Pharaon me rétablit dans ma charge, et il fit pendre le chef des panetiers.

¹⁴Pharaon fit appeler Joseph. On le fit sortir en hâte de prison. Il se rasa, changea de vêtements, et se rendit vers Pharaon.

¹⁵Pharaon dit à Joseph: J'ai eu un songe. Personne ne peut l'expliquer; et j'ai appris que tu expliques un songe, après l'avoir entendu.

¹⁶Joseph répondit à Pharaon, en disant: Ce n'est pas moi! c'est Dieu qui donnera une réponse favorable à Pharaon.

¹⁷Pharaon dit alors à Joseph: Dans mon songe, voici, je me tenais sur le bord du fleuve.

¹⁸Et voici, sept vaches grasses de chair et belles d'apparence montèrent hors du fleuve, et se mirent à paître dans la prairie.

¹⁹Sept autres vaches montèrent derrière elles, maigres, fort laides d'apparence, et décharnées: je n'en ai point vu d'aussi laides dans tout le pays d'Égypte.

²⁰Les vaches décharnées et laides mangèrent les sept premières vaches qui étaient grasses.

²¹Elles les engloutirent dans leur ventre, sans qu'on s'aperçût qu'elles y fussent entrées; et leur apparence était laide comme auparavant. Et je m'éveillai.

²²Je vis encore en songe sept épis pleins et beaux, qui montèrent sur une même tige.

²³Et sept épis vides, maigres, brûlés par le vent d'orient, poussèrent après eux.

²⁴Les épis maigres engloutirent les sept beaux épis. Je l'ai dit aux magiciens, mais personne ne m'a donné l'explication.

²⁵Joseph dit à Pharaon: Ce qu'a songé Pharaon est une seule chose; Dieu a fait connaître à Pharaon ce qu'il va faire.

²⁶Les sept vaches belles sont sept années: et les sept épis beaux sont sept années: c'est un seul songe.

²⁷Les sept vaches décharnées et laides, qui montaient derrière les premières, sont sept années; et les sept épis vides, brûlés par le vent d'orient, seront sept années de famine.

²⁸Ainsi, comme je viens de le dire à Pharaon, Dieu a fait connaître à Pharaon ce qu'il va faire.

²⁹Voici, il y aura sept années de grande abondance dans tout le pays d'Égypte.

³⁰Sept années de famine viendront après elles; et l'on oubliera toute cette abondance au pays d'Égypte, et la famine consumera le pays.

³¹Cette famine qui suivra sera si forte qu'on ne s'apercevra plus de l'abondance dans le pays.

³²Si Pharaon a vu le songe se répéter une seconde fois, c'est que la chose est arrêtée de la part de Dieu, et que Dieu se hâtera de l'exécuter.

³³Maintenant, que Pharaon choisisse un homme intelligent et sage, et qu'il le mette à la tête du pays d'Égypte.

³⁴Que Pharaon établisse des commissaires sur le pays, pour lever un cinquième des récoltes de l'Égypte pendant les sept années d'abondance.

³⁵Qu'ils rassemblent tous les produits de ces bonnes années qui vont venir; qu'ils fassent, sous l'autorité de Pharaon, des amas de blé, des approvisionnements dans les villes, et qu'ils en aient la garde.

³⁶Ces provisions seront en réserve pour le pays, pour les sept années de famine qui arriveront dans le pays d'Égypte, afin que le pays ne soit pas consumé par la famine.

³⁷Ces paroles plurent à Pharaon et à tous ses serviteurs.

³⁸Et Pharaon dit à ses serviteurs: Trouverions-nous un homme comme celui-ci, ayant en lui l'esprit de Dieu?

³⁹Et Pharaon dit à Joseph: Puisque Dieu t'a fait connaître toutes ces choses, il n'y a personne qui soit aussi intelligent et aussi sage que toi.

⁴⁰Je t'établis sur ma maison, et tout mon peuple obéira à tes ordres. Le trône seul m'élèvera au-dessus de toi.

⁴¹Pharaon dit à Joseph: Vois, je te donne le commandement de tout le pays d'Égypte.

⁴²Pharaon ôta son anneau de la main, et le mit à la main de Joseph; il le revêtit d'habits de fin lin, et lui mit un collier d'or au cou.

⁴³Il le fit monter sur le char qui suivait le sien; et l'on criait devant lui: A genoux! C'est ainsi que Pharaon lui donna le commandement de tout le pays d'Égypte.

⁴⁴Il dit encore à Joseph: Je suis Pharaon! Et sans toi personne ne lèvera la main ni le pied dans tout le pays d'Égypte.

⁴⁵Pharaon appela Joseph du nom de Tsaphnath Paenéach; et il lui donna pour femme Asnath, fille de Poti Phéra, prêtre d'On. Et Joseph partit pour visiter le pays d'Égypte.

⁴⁶Joseph était âgé de trente ans lorsqu'il se présenta devant Pharaon, roi d'Égypte; et il quitta Pharaon, et parcourut tout le pays d'Égypte.

⁴⁷Pendant les sept années de fertilité, la terre rapporta abondamment.

⁴⁸Joseph rassembla tous les produits de ces sept années dans le pays d'Égypte; il fit des approvisionnements dans les villes, mettant dans l'intérieur de chaque ville les productions des champs d'alentour.

⁴⁹Joseph amassa du blé, comme le sable de la mer, en quantité si considérable que l'on cessa de compter, parce qu'il n'y avait plus de nombre.

⁵⁰Avant les années de famine, il naquit à Joseph deux fils, que lui enfanta Asnath, fille de Poti Phéra, prêtre d'On.

Genèse

⁵¹Joseph donna au premier-né le nom de Manassé, car, dit-il, Dieu m'a fait oublier toutes mes peines et toute la maison de mon père.

⁵²Et il donna au second le nom d'Éphraïm, car, dit-il, Dieu m'a rendu fécond dans le pays de mon affliction.

⁵³Les sept années d'abondance qu'il y eut au pays d'Égypte s'écoulèrent.

⁵⁴Et les sept années de famine commencèrent à venir, ainsi que Joseph l'avait annoncé. Il y eut famine dans tous les pays; mais dans tout le pays d'Égypte il y avait du pain.

⁵⁵Quand tout le pays d'Égypte fut aussi affamé, le peuple cria à Pharaon pour avoir du pain. Pharaon dit à tous les Égyptiens: Allez vers Joseph, et faites ce qu'il vous dira.

⁵⁶La famine régnait dans tout le pays. Joseph ouvrit tous les lieux d'approvisionnement, et vendit du blé aux Égyptiens. La famine augmentait dans le pays d'Égypte.

⁵⁷Et de tous les pays on arrivait en Égypte, pour acheter du blé auprès de Joseph; car la famine était forte dans tous les pays.

Chapitre 42

¹Jacob, voyant qu'il y avait du blé en Égypte, dit à ses fils: Pourquoi vous regardez-vous les uns les autres?

²Il dit: Voici, j'apprends qu'il y a du blé en Égypte; descendez-y, pour nous en acheter là, afin que nous vivions et que nous ne mourions pas.

³Dix frères de Joseph descendirent en Égypte, pour acheter du blé.

⁴Jacob n'envoya point avec eux Benjamin, frère de Joseph, dans la crainte qu'il ne lui arrivât quelque malheur.

⁵Les fils d'Israël vinrent pour acheter du blé, au milieu de ceux qui venaient aussi; car la famine était dans le pays de Canaan.

⁶Joseph commandait dans le pays; c'est lui qui vendait du blé à tout le peuple du pays. Les frères de Joseph vinrent, et se prosternèrent devant lui la face contre terre.

⁷Joseph vit ses frères et les reconnut; mais il feignit d'être un étranger pour eux, il leur parla durement, et leur dit: D'où venez-vous? Ils répondirent: Du pays de Canaan, pour acheter des vivres.

⁸Joseph reconnut ses frères, mais eux ne le reconnurent pas.

⁹Joseph se souvint des songes qu'il avait eus à leur sujet, et il leur dit: Vous êtes des espions; c'est pour observer les lieux faibles du pays que vous êtes venus.

¹⁰Ils lui répondirent: Non, mon seigneur, tes serviteurs sont venus pour acheter du blé.

¹¹Nous sommes tous fils d'un même homme; nous sommes sincères, tes serviteurs ne sont pas des espions.

¹²Il leur dit: Nullement; c'est pour observer les lieux faibles du pays que vous êtes venus.

¹³Ils répondirent: Nous, tes serviteurs, sommes douze frères, fils d'un même homme au pays de Canaan; et voici, le plus jeune est aujourd'hui avec notre père, et il y en a un qui n'est plus.

¹⁴Joseph leur dit: Je viens de vous le dire, vous êtes des espions.

¹⁵Voici comment vous serez éprouvés. Par la vie de Pharaon! vous ne sortirez point d'ici que votre jeune frère ne soit venu.

¹⁶Envoyez l'un de vous pour chercher votre frère; et vous, restez prisonniers. Vos paroles seront éprouvées, et je saurai si la vérité est chez vous; sinon, par la vie de Pharaon! vous êtes des espions.

¹⁷Et il les mit ensemble trois jours en prison.

¹⁸Le troisième jour, Joseph leur dit: Faites ceci, et vous vivrez. Je crains Dieu!

¹⁹Si vous êtes sincères, que l'un de vos frères reste enfermé dans votre prison; et vous, partez, emportez du blé pour nourrir vos familles,

²⁰et amenez-moi votre jeune frère, afin que vos paroles soient éprouvées et que vous ne mouriez point. Et ils firent ainsi.

²¹Ils se dirent alors l'un à l'autre: Oui, nous avons été coupables envers notre frère, car nous avons vu l'angoisse de son âme, quand il nous demandait grâce, et nous ne l'avons point écouté! C'est pour cela que cette affliction nous arrive.

²²Ruben, prenant la parole, leur dit: Ne vous disais-je pas: Ne commettez point un crime envers cet enfant? Mais vous n'avez point écouté. Et voici, son sang est redemandé.

²³Ils ne savaient pas que Joseph comprenait, car il se servait avec eux d'un interprète.

²⁴Il s'éloigna d'eux, pour pleurer. Il revint, et leur parla; puis il prit parmi eux Siméon, et le fit enchaîner sous leurs yeux.

²⁵Joseph ordonna qu'on remplît de blé leurs sacs, qu'on remît l'argent de chacun dans son sac, et qu'on leur donnât des provisions pour la route. Et l'on fit ainsi.

²⁶Ils chargèrent le blé sur leurs ânes, et partirent.

²⁷L'un d'eux ouvrit son sac pour donner du fourrage à son âne, dans le lieu où ils passèrent la nuit, et il vit l'argent qui était à l'entrée du sac.

²⁸Il dit à ses frères: Mon argent a été rendu, et le voici dans mon sac. Alors leur coeur fut en défaillance; et ils se dirent l'un à l'autre, en tremblant: Qu'est-ce que Dieu nous a fait?

²⁹Ils revinrent auprès de Jacob, leur père, dans le pays de Canaan, et ils lui racontèrent tout ce qui leur était arrivé. Ils dirent:

³⁰L'homme, qui est le seigneur du pays, nous a parlé durement, et il nous a pris pour des espions.

³¹Nous lui avons dit: Nous sommes sincères, nous ne sommes pas des espions.

³²Nous sommes douze frères, fils de notre père; l'un n'est plus, et le plus jeune est aujourd'hui avec notre père au pays de Canaan.

³³Et l'homme, qui est le seigneur du pays, nous a dit: Voici comment je saurai si vous êtes sincères. Laissez auprès de moi l'un de vos frères, prenez de quoi nourrir vos familles, partez, et amenez-moi votre jeune frère.

³⁴Je saurai ainsi que vous n'êtes pas des espions, que vous êtes sincères; je vous rendrai votre frère, et vous pourrez librement parcourir le pays.

³⁵Lorsqu'ils vidèrent leurs sacs, voici, le paquet d'argent de chacun était dans son sac. Ils virent, eux et leur père, leurs paquets d'argent, et ils eurent peur.

³⁶Jacob, leur père, leur dit: Vous me privez de mes enfants! Joseph n'est plus, Siméon n'est plus, et vous prendriez Benjamin! C'est sur moi que tout cela retombe.

³⁷Ruben dit à son père: Tu feras mourir mes deux fils si je ne te ramène pas Benjamin; remets-le entre mes mains, et je te le ramènerai.

³⁸Jacob dit: Mon fils ne descendra point avec vous; car son frère est mort, et il reste seul; s'il lui arrivait un malheur dans le voyage que vous allez faire, vous feriez descendre mes cheveux blancs avec douleur dans le séjour des morts.

Chapitre 43

¹La famine s'appesantissait sur le pays.

²Quand ils eurent fini de manger le blé qu'ils avaient apporté d'Égypte, Jacob dit à ses fils: Retournez, achetez-nous un peu de vivres.

³Juda lui répondit: Cet homme nous a fait cette déclaration formelle: Vous ne verrez pas ma face, à moins que votre frère ne soit avec vous.

⁴Si donc tu veux envoyer notre frère avec nous, nous descendrons, et nous t'achèterons des vivres.

⁵Mais si tu ne veux pas l'envoyer, nous ne descendrons point, car cet homme nous a dit: Vous ne verrez pas ma face, à moins que votre frère ne soit avec vous.

⁶Israël dit alors: Pourquoi avez-vous mal agi à mon égard, en disant à cet homme que vous aviez encore un frère?

⁷Ils répondirent: Cet homme nous a interrogés sur nous et sur notre famille, en disant: Votre père vit-il encore? avez-vous un frère? Et nous avons répondu à ces questions. Pouvions-nous savoir qu'il dirait: Faites descendre votre frère?

⁸Juda dit à Israël, son père: Laisse venir l'enfant avec moi, afin que nous nous levions et que nous partions; et nous vivrons et ne mourrons pas, nous, toi, et nos enfants.

⁹Je réponds de lui; tu le redemanderas de ma main. Si je ne le ramène pas auprès de toi et si je ne le remets pas devant ta face, je serai pour toujours coupable envers toi.

¹⁰Car si nous n'eussions pas tardé, nous serions maintenant deux fois de retour.

¹¹Israël, leur père, leur dit: Puisqu'il le faut, faites ceci. Prenez dans vos sacs des meilleures productions du pays, pour en porter un présent à cet homme, un peu de baume et un peu de miel, des aromates, de la myrrhe, des pistaches et des amandes.

¹²Prenez avec vous de l'argent au double, et remportez l'argent qu'on avait mis à l'entrée de vos sacs: peut-être était-ce une erreur.

¹³Prenez votre frère, et levez-vous; retournez vers cet homme.

¹⁴Que le Dieu tout puissant vous fasse trouver grâce devant cet homme, et qu'il laisse revenir avec vous votre autre frère et Benjamin! Et moi, si je dois être privé de mes enfants, que j'en sois privé!

¹⁵Ils prirent le présent; ils prirent avec eux de l'argent au double, ainsi que Benjamin; ils se levèrent, descendirent en Égypte, et se présentèrent devant Joseph.

¹⁶Dès que Joseph vit avec eux Benjamin, il dit à son intendant: Fais entrer ces gens dans la maison, tue et apprête; car ces gens mangeront avec moi à midi.

¹⁷Cet homme fit ce que Joseph avait ordonné, et il conduisit ces gens dans la maison de Joseph.

¹⁸Ils eurent peur lorsqu'ils furent conduits à la maison de Joseph, et ils dirent: C'est à cause de l'argent remis l'autre fois dans nos sacs qu'on nous emmène; c'est pour se jeter sur nous, se précipiter sur nous; c'est pour nous prendre comme esclaves, et s'emparer de nos ânes.

¹⁹Ils s'approchèrent de l'intendant de la maison de Joseph, et lui adressèrent la parole, à l'entrée de la maison.

²⁰Ils dirent: Pardon! mon seigneur, nous sommes déjà descendus une fois pour acheter des vivres.

²¹Puis, quand nous arrivâmes, au lieu où nous devions passer la nuit, nous avons ouvert nos sacs; et voici, l'argent de chacun était à l'entrée de son sac, notre argent selon son poids: nous le rapportons avec nous.

²²Nous avons aussi apporté d'autre argent, pour acheter des vivres. Nous ne savons pas qui avait mis notre argent dans nos sacs.

²³L'intendant répondit: Que la paix soit avec vous! Ne craignez rien. C'est votre Dieu, le Dieu de votre père, qui vous a donné un trésor dans vos sacs. Votre argent m'est parvenu. Et il leur amena Siméon.

²⁴Cet homme les fit entrer dans la maison de Joseph; il leur donna de l'eau et ils se lavèrent les pieds; il donna aussi du fourrage à leurs ânes.

²⁵Ils préparèrent leur présent, en attendant que Joseph vienne à midi; car on les avait informés qu'ils mangeraient chez lui.

²⁶Quand Joseph fut arrivé à la maison, ils lui offrirent le présent qu'ils avaient apporté, et ils se prosternèrent en terre devant lui.

²⁷Il leur demanda comment ils se portaient; et il dit: Votre vieux père, dont vous avez parlé, est-il en bonne santé? vit-il encore?

²⁸Ils répondirent: Ton serviteur, notre père, est en bonne santé; il vit encore. Et ils s'inclinèrent et se prosternèrent.

²⁹Joseph leva les yeux; et, jetant un regard sur Benjamin, son frère, fils de sa mère, il dit: Est-ce là votre jeune frère, dont vous m'avez parlé? Et il ajouta: Dieu te fasse miséricorde, mon fils!

³⁰Ses entrailles étaient émues pour son frère, et il avait besoin de pleurer; il entra précipitamment dans une chambre, et il y pleura.

³¹Après s'être lavé le visage, il en sortit; et, faisant des efforts pour se contenir, il dit: Servez à manger.

³²On servit Joseph à part, et ses frères à part; les Égyptiens qui mangeaient avec lui furent aussi servis à part, car les Égyptiens ne pouvaient pas manger avec les Hébreux, parce que c'est à leurs yeux une abomination.

³³Les frères de Joseph s'assirent en sa présence, le premier-né selon son droit d'aînesse, et le plus jeune selon son âge; et ils se regardaient les uns les autres avec étonnement.

³⁴Joseph leur fit porter des mets qui étaient devant lui, et Benjamin en eut cinq fois plus que les autres. Ils burent, et s'égayèrent avec lui.

Chapitre 44

¹Joseph donna cet ordre à l'intendant de sa maison: Remplis de vivres les sacs de ces gens, autant qu'ils en pourront porter, et mets l'argent de chacun à l'entrée de son sac.

²Tu mettras aussi ma coupe, la coupe d'argent, à l'entrée du sac du plus jeune, avec l'argent de son blé. L'intendant fit ce que Joseph lui avait ordonné.

³Le matin, dès qu'il fit jour, on renvoya ces gens avec leur ânes.

⁴Ils étaient sortis de la ville, et ils n'en étaient guère éloignés, lorsque Joseph dit à son intendant: Lève-toi, poursuis ces gens; et, quand tu les auras atteints, tu leur diras: Pourquoi avez-vous rendu le mal pour le bien?

⁵N'avez-vous pas la coupe dans laquelle boit mon seigneur, et dont il se sert pour deviner? Vous avez mal fait d'agir ainsi.

⁶L'intendant les atteignit, et leur dit ces mêmes paroles.

⁷Ils lui répondirent: Pourquoi mon seigneur parle-t-il de la sorte? Dieu préserve tes serviteurs d'avoir commis une telle action!

⁸Voici, nous t'avons rapporté du pays de Canaan l'argent que nous avons trouvé à l'entrée de nos sacs; comment aurions-nous dérobé de l'argent ou de l'or dans la maison de ton seigneur?

⁹Que celui de tes serviteurs sur qui se trouvera la coupe meure, et que nous soyons nous-mêmes esclaves de mon seigneur!

¹⁰Il dit: Qu'il en soit donc selon vos paroles! Celui sur qui se trouvera la coupe sera mon esclave; et vous, vous serez innocents.

¹¹Aussitôt, chacun descendit son sac à terre, et chacun ouvrit son sac.

¹²L'intendant les fouilla, commençant par le plus âgé et finissant par le plus jeune; et la coupe fut trouvée dans le sac de Benjamin.

¹³Ils déchirèrent leurs vêtements, chacun rechargea son âne, et ils retournèrent à la ville.

¹⁴Juda et ses frères arrivèrent à la maison de Joseph, où il était encore, et ils se prosternèrent en terre devant lui.

¹⁵Joseph leur dit: Quelle action avez-vous faite? Ne savez-vous pas qu'un homme comme moi a le pouvoir de deviner?

¹⁶Juda répondit: Que dirons-nous à mon seigneur? comment parlerons-nous? comment nous justifierons-nous? Dieu a trouvé l'iniquité de tes serviteurs. Nous voici esclaves de mon seigneur, nous, et celui sur qui s'est trouvée la coupe.

¹⁷Et Joseph dit: Dieu me garde de faire cela! L'homme sur qui la coupe a été trouvée sera mon esclave; mais vous, remontez en paix vers votre père.

¹⁸Alors Juda s'approcha de Joseph, et dit: De grâce, mon seigneur, que ton serviteur puisse faire entendre une parole à mon seigneur, et que sa colère ne s'enflamme point contre ton serviteur! car tu es comme Pharaon.

¹⁹Mon seigneur a interrogé ses serviteurs, en disant: Avez-vous un père, ou un frère?

²⁰Nous avons répondu: Nous avons un vieux père, et un jeune frère, enfant de sa vieillesse; cet enfant avait un frère qui est mort, et qui était de la même mère; il reste seul, et son père l'aime.

²¹Tu as dit à tes serviteurs: Faites-le descendre vers moi, et que je le voie de mes propres yeux.

²²Nous avons répondu à mon seigneur: L'enfant ne peut pas quitter son père; s'il le quitte, son père mourra.

²³Tu as dit à tes serviteurs: Si votre jeune frère ne descend pas avec vous, vous ne reverrez pas ma face.

²⁴Lorsque nous sommes remontés auprès de ton serviteur, mon père, nous lui avons rapporté les paroles de mon seigneur.

²⁵Notre père a dit: Retournez, achetez-nous un peu de vivres.

²⁶Nous avons répondu: Nous ne pouvons pas descendre; mais, si notre jeune frère est avec nous, nous descendrons, car nous ne pouvons pas voir la face de cet homme, à moins que notre jeune frère ne soit avec nous.

²⁷Ton serviteur, notre père, nous a dit: Vous savez que ma femme m'a enfanté deux fils.

²⁸L'un étant sorti de chez moi, je pense qu'il a été sans doute déchiré, car je ne l'ai pas revu jusqu'à présent.

²⁹Si vous me prenez encore celui-ci, et qu'il lui arrive un malheur, vous ferez descendre mes cheveux blancs avec douleur dans le séjour des morts.

³⁰Maintenant, si je retourne auprès de ton serviteur, mon père, sans avoir avec nous l'enfant à l'âme duquel son âme est attachée,

³¹il mourra, en voyant que l'enfant n'y est pas; et tes serviteurs feront descendre avec douleur dans le séjour des morts les cheveux blancs de ton serviteur, notre père.

³²Car ton serviteur a répondu pour l'enfant, en disant à mon père: Si je ne le ramène pas auprès de toi, je serai pour toujours coupable envers mon père.

³³Permets donc, je te prie, à ton serviteur de rester à la place de l'enfant, comme esclave de mon seigneur; et que l'enfant remonte avec ses frères.

³⁴Comment pourrai-je remonter vers mon père, si l'enfant n'est pas avec moi? Ah! que je ne voie point l'affliction de mon père!

Chapitre 45

¹Joseph ne pouvait plus se contenir devant tous ceux qui l'entouraient. Il s'écria: Faites sortir tout le monde. Et il ne resta personne avec Joseph, quand il se fit connaître à ses frères.

²Il éleva la voix, en pleurant. Les Égyptiens l'entendirent, et la maison de Pharaon l'entendit.

³Joseph dit à ses frères: Je suis Joseph! Mon père vit-il encore? Mais ses frères ne purent lui répondre, car ils étaient troublés en sa présence.

⁴Joseph dit à ses frères: Approchez-vous de moi. Et ils s'approchèrent. Il dit: Je suis Joseph, votre frère, que vous avez vendu pour être mené en Égypte.

⁵Maintenant, ne vous affligez pas, et ne soyez pas fâchés de m'avoir vendu pour être conduit ici, car c'est pour vous sauver la vie que Dieu m'a envoyé devant vous.

⁶Voilà deux ans que la famine est dans le pays; et pendant cinq années encore, il n'y aura ni labour, ni moisson.

⁷Dieu m'a envoyé devant vous pour vous faire subsister dans le pays, et pour vous faire vivre par une grande délivrance.

⁸Ce n'est donc pas vous qui m'avez envoyé ici, mais c'est Dieu; il m'a établi père de Pharaon, maître de toute sa maison, et gouverneur de tout le pays d'Égypte.

⁹Hâtez-vous de remonter auprès de mon père, et vous lui direz: Ainsi a parlé ton fils Joseph: Dieu m'a établi seigneur de toute l'Égypte; descends vers moi, ne tarde pas!

¹⁰Tu habiteras dans le pays de Gosen, et tu seras près de moi, toi, tes fils, et les fils de tes fils, tes brebis et tes boeufs, et tout ce qui est à toi.

¹¹Là, je te nourrirai, car il y aura encore cinq années de famine; et ainsi tu ne périras point, toi, ta maison, et tout ce qui est à toi.

¹²Vous voyez de vos yeux, et mon frère Benjamin voit de ses yeux que c'est moi-même qui vous parle.

¹³Racontez à mon père toute ma gloire en Égypte, et tout ce que vous avez vu; et vous ferez descendre ici mon père au plus tôt.

¹⁴Il se jeta au cou de Benjamin, son frère, et pleura; et Benjamin pleura sur son cou.

¹⁵Il embrassa aussi tous ses frères, en pleurant. Après quoi, ses frères s'entretinrent avec lui.

¹⁶Le bruit se répandit dans la maison de Pharaon que les frères de Joseph étaient arrivés: ce qui fut agréable à Pharaon et à ses serviteurs.

¹⁷Pharaon dit à Joseph: Dis à tes frères: Faites ceci. Chargez vos bêtes, et partez pour le pays de Canaan;

¹⁸prenez votre père et vos familles, et venez auprès de moi. Je vous donnerai ce qu'il y a de meilleur au pays d'Égypte, et vous mangerez la graisse du pays.

¹⁹Tu as ordre de leur dire: Faites ceci. Prenez dans le pays d'Égypte des chars pour vos enfants et pour vos femmes; amenez votre père, et venez.

²⁰Ne regrettez point ce que vous laisserez, car ce qu'il a de meilleur dans tout le pays d'Égypte sera pour vous.

²¹Les fils d'Israël firent ainsi. Joseph leur donna des chars, selon l'ordre de Pharaon; il leur donna aussi des provisions pour la route.

²²Il leur donna à tous des vêtements de rechange, et il donna à Benjamin trois cents sicles d'argent et cinq vêtements de rechange.

²³Il envoya à son père dix ânes chargés de ce qu'il y avait de meilleur en Égypte, et dix ânesses chargées de blé, de pain et de vivres, pour son père pendant le voyage.

²⁴Puis il congédia ses frères, qui partirent; et il leur dit: Ne vous querellez pas en chemin.

²⁵Ils remontèrent de l'Égypte, et ils arrivèrent dans le pays de Canaan, auprès de Jacob, leur père.

²⁶Ils lui dirent: Joseph vit encore, et même c'est lui qui gouverne tout le pays d'Égypte. Mais le coeur de Jacob resta froid, parce qu'il ne les croyait pas.

²⁷Ils lui rapportèrent toutes les paroles que Joseph leur avait dites. Il vit les chars que Joseph avait envoyés pour le transporter. C'est alors que l'esprit de Jacob, leur père, se ranima;

²⁸et Israël dit: C'est assez! Joseph, mon fils, vit encore! J'irai, et je le verrai avant que je meure.

Chapitre 46

¹Israël partit, avec tout ce qui lui appartenait. Il arriva à Beer Schéba, et il offrit des sacrifices au Dieu de son père Isaac.

²Dieu parla à Israël dans une vision pendant la nuit, et il dit: Jacob! Jacob! Israël répondit: Me voici!

³Et Dieu dit: Je suis le Dieu, le Dieu de ton père. Ne crains point de descendre en Égypte, car là je te ferai devenir une grande nation.

⁴Moi-même je descendrai avec toi en Égypte, et moi-même je t'en ferai remonter; et Joseph te fermera les yeux.

⁵Jacob quitta Beer Schéba; et les fils d'Israël mirent Jacob, leur père, avec leurs enfants et leurs femmes, sur les chars que Pharaon avait envoyés pour le transporter.

⁶Ils prirent aussi leurs troupeaux et les biens qu'ils avaient acquis dans le pays de Canaan. Et Jacob se rendit en Égypte, avec toute sa famille.

⁷Il emmena avec lui en Égypte ses fils et les fils de ses fils, ses filles et les filles de ses fils, et toute sa famille.

⁸Voici les noms des fils d'Israël, qui vinrent en Égypte. Jacob et ses fils. Premier-né de Jacob: Ruben.

⁹Fils de Ruben: Hénoc, Pallu, Hetsron et Carmi.

¹⁰Fils de Siméon: Jemuel, Jamin, Ohad, Jakin et Tsochar; et Saul, fils de la Cananéenne.

¹¹Fils de Lévi: Guerschon, Kehath et Merari.

¹²Fils de Juda: Er, Onan, Schéla, Pérets et Zarach; mais Er et Onan moururent au pays de Canaan. Les fils de Pérets furent Hetsron et Hamul.

¹³Fils d'Issacar: Thola, Puva, Job et Schimron.

¹⁴Fils de Zabulon: Séred, Élon et Jahleel.

¹⁵Ce sont là les fils que Léa enfanta à Jacob à Paddan Aram, avec sa fille Dina. Ses fils et ses filles formaient en tout trente-trois personnes.

¹⁶Fils de Gad: Tsiphjon, Haggi, Schuni, Etsbon, Éri, Arodi et Areéli.

¹⁷Fils d'Aser: Jimna, Jischva, Jischvi et Beria; et Sérach, leur soeur. Et les fils de Beria: Héber et Malkiel.

¹⁸Ce sont là les fils de Zilpa, que Laban avait donnée à Léa, sa fille; et elle les enfanta à Jacob. En tout, seize personnes.

¹⁹Fils de Rachel, femme de Jacob: Joseph et Benjamin.

²⁰Il naquit à Joseph, au pays d'Égypte, Manassé et Éphraïm, que lui enfanta Asnath, fille de Poti Phéra, prêtre d'On.

²¹Fils de Benjamin: Béla, Béker, Aschbel, Guéra, Naaman, Éhi, Rosch, Muppim, Huppim et Ard.

²²Ce sont là les fils de Rachel, qui naquirent à Jacob. En tout, quatorze personnes.

²³Fils de Dan: Huschim.

²⁴Fils de Nephthali: Jathtseel, Guni, Jetser et Schillem.

²⁵Ce sont là les fils de Bilha, que Laban avait donnée à Rachel, sa fille; et elle les enfanta à Jacob. En tout, sept personnes.

²⁶Les personnes qui vinrent avec Jacob en Égypte, et qui étaient issues de lui, étaient au nombre de soixante-six en tout, sans compter les femmes des fils de Jacob.

²⁷Et Joseph avait deux fils qui lui étaient nés en Égypte. Le total des personnes de la famille de Jacob qui vinrent en Égypte était de soixante-dix.

²⁸Jacob envoya Juda devant lui vers Joseph, pour l'informer qu'il se rendait en Gosen.

²⁹Joseph attela son char et y monta, pour aller en Gosen, à la rencontre d'Israël, son père. Dès qu'il le vit, il se jeta à son cou, et pleura longtemps sur son cou.

³⁰Israël dit à Joseph: Que je meure maintenant, puisque j'ai vu ton visage et que tu vis encore!

³¹Joseph dit à ses frères et à la famille de son père: Je vais avertir Pharaon, et je lui dirai: Mes frères et la famille de mon père, qui étaient au pays de Canaan, sont arrivés auprès de moi.

³²Ces hommes sont bergers, car ils élèvent des troupeaux; ils ont amené leurs brebis et leurs boeufs, et tout ce qui leur appartient.

³³Et quand Pharaon vous appellera, et dira:

³⁴Quelle est votre occupation? vous répondrez: Tes serviteurs ont élevé des troupeaux, depuis notre jeunesse jusqu'à présent, nous et nos pères. De cette manière, vous habiterez dans le pays de Gosen, car tous les bergers sont en abomination aux Égyptiens.

Chapitre 47

¹Joseph alla avertir Pharaon, et lui dit: Mes frères et mon père sont arrivés du pays de Canaan, avec leurs brebis et leurs boeufs, et tout ce qui leur appartient; et les voici dans le pays de Gosen.

²Il prit cinq de ses frères, et les présenta à Pharaon.

³Pharaon leur dit: Quelle est votre occupation? Ils répondirent à Pharaon: Tes serviteurs sont bergers, comme l'étaient nos pères.

⁴Ils dirent encore à Pharaon: Nous sommes venus pour séjourner dans le pays, parce qu'il n'y a plus de pâturage pour les brebis de tes serviteurs, car la famine s'appesantit sur le pays de Canaan; permets donc à tes serviteurs d'habiter au pays de Gosen.

⁵Pharaon dit à Joseph: Ton père et tes frères sont venus auprès de toi.

⁶Le pays d'Égypte est devant toi; établis ton père et tes frères dans la meilleure partie du pays. Qu'ils habitent dans le pays de Gosen; et, si tu trouves parmi eux des hommes capables, mets-les à la tête de mes troupeaux.

⁷Joseph fit venir Jacob, son père, et le présenta à Pharaon. Et Jacob bénit Pharaon.

⁸Pharaon dit à Jacob: Quel est le nombre de jours des années de ta vie?

⁹Jacob répondit à Pharaon: Les jours des années de mon pèlerinage sont de cent trente ans. Les jours des années de ma vie ont été peu nombreux et mauvais, et ils n'ont point atteint les jours des années de la vie de mes pères durant leur pèlerinage.

¹⁰Jacob bénit encore Pharaon, et se retira de devant Pharaon.

¹¹Joseph établit son père et ses frères, et leur donna une propriété dans le pays d'Égypte, dans la meilleure partie du pays, dans la contrée de Ramsès, comme Pharaon l'avait ordonné.

¹²Joseph fournit du pain à son père et à ses frères, et à toute la famille de son père, selon le nombre des enfants.

¹³Il n'y avait plus de pain dans tout le pays, car la famine était très grande; le pays d'Égypte et le pays de Canaan languissaient, à cause de la famine.

¹⁴Joseph recueillit tout l'argent qui se trouvait dans le pays d'Égypte et dans le pays de Canaan, contre le blé qu'on achetait; et il fit entrer cet argent dans la maison de Pharaon.

¹⁵Quand l'argent du pays d'Égypte et du pays de Canaan fut épuisé, tous les Égyptiens vinrent à Joseph, en disant: Donne-nous du pain! Pourquoi mourrions-nous en ta présence? car l'argent manque.

¹⁶Joseph dit: Donnez vos troupeaux, et je vous donnerai du pain contre vos troupeaux, si l'argent manque.

¹⁷Ils amenèrent leurs troupeaux à Joseph, et Joseph leur donna du pain contre les chevaux, contre les troupeaux de brebis et de boeufs, et contre les ânes. Il leur fournit ainsi du pain cette année-là contre tous leurs troupeaux.

¹⁸Lorsque cette année fut écoulée, ils vinrent à Joseph l'année suivante, et lui dirent: Nous ne cacherons point à mon seigneur que l'argent est épuisé, et que les troupeaux de bétail ont été amenés à mon seigneur; il ne reste devant mon seigneur que nos corps et nos terres.

¹⁹Pourquoi mourrions-nous sous tes yeux, nous et nos terres? Achète-nous avec nos terres contre du pain, et nous appartiendrons à mon seigneur, nous et nos terres. Donne-nous de quoi semer, afin que nous vivions et que nous ne mourions pas, et que nos terres ne soient pas désolées.

²⁰Joseph acheta toutes les terres de l'Égypte pour Pharaon; car les Égyptiens vendirent chacun leur champ, parce que la famine les pressait. Et le pays devint la propriété de Pharaon.

²¹Il fit passer le peuple dans les villes, d'un bout à l'autre des frontières de l'Égypte.

²²Seulement, il n'acheta point les terres des prêtres, parce qu'il y avait une loi de Pharaon en faveur des prêtres, qui vivaient du revenu que leur assurait Pharaon: c'est pourquoi ils ne vendirent point leurs terres.

²³Joseph dit au peuple: Je vous ai achetés aujourd'hui avec vos terres, pour Pharaon; voici pour vous de la semence, et vous pourrez ensemencer le sol.

²⁴A la récolte, vous donnerez un cinquième à Pharaon, et vous aurez les quatre autres parties, pour ensemencer les champs, et pour vous nourrir avec vos enfants et ceux qui sont dans vos maisons.

²⁵Ils dirent: Tu nous sauves la vie! que nous trouvions grâce aux yeux de mon seigneur, et nous serons esclaves de Pharaon.

²⁶Joseph fit de cela une loi, qui a subsisté jusqu'à ce jour, et d'après laquelle un cinquième du revenu des terres de l'Égypte appartient à Pharaon; il n'y a que les terres des prêtres qui ne soient point à Pharaon.

²⁷Israël habita dans le pays d'Égypte, dans le pays de Gosen. Ils eurent des possessions, ils furent féconds et multiplièrent beaucoup.

²⁸Jacob vécut dix-sept ans dans le pays d'Égypte; et les jours des années de la vie de Jacob furent de cent quarante-sept ans.

²⁹Lorsqu'Israël approcha du moment de sa mort, il appela son fils Joseph, et lui dit: Si j'ai trouvé grâce à tes yeux, mets, je te prie, ta main sous ma cuisse, et use envers moi de bonté et de fidélité: ne m'enterre pas en Égypte!

³⁰Quand je serai couché avec mes pères, tu me transporteras hors de l'Égypte, et tu m'enterreras dans leur sépulcre. Joseph répondit: Je ferai selon ta parole.

³¹Jacob dit: Jure-le-moi. Et Joseph le lui jura. Puis Israël se prosterna sur le chevet de son lit.

Chapitre 48

¹Après ces choses, l'on vint dire à Joseph: Voici, ton père est malade. Et il prit avec lui ses deux fils, Manassé et Éphraïm.

²On avertit Jacob, et on lui dit: Voici ton fils Joseph qui vient vers toi. Et Israël rassembla ses forces, et s'assit sur son lit.

³Jacob dit à Joseph: Le Dieu tout puissant m'est apparu à Luz, dans le pays de Canaan, et il m'a béni.

⁴Il m'a dit: Je te rendrai fécond, je te multiplierai, et je ferai de toi une multitude de peuples; je donnerai ce pays à ta postérité après toi, pour qu'elle le possède à toujours.

⁵Maintenant, les deux fils qui te sont nés au pays d'Égypte, avant mon arrivée vers toi en Égypte, seront à moi; Éphraïm et Manassé seront à moi, comme Ruben et Siméon.

⁶Mais les enfants que tu as engendrés après eux seront à toi; ils seront appelés du nom de leurs frères dans leur héritage.

⁷A mon retour de Paddan, Rachel mourut en route auprès de moi, dans le pays de Canaan, à quelque distance d'Éphrata; et c'est là que je l'ai enterrée, sur le chemin d'Éphrata, qui est Bethléhem.

⁸Israël regarda les fils de Joseph, et dit: Qui sont ceux-ci?

⁹Joseph répondit à son père: Ce sont mes fils, que Dieu m'a donnés ici. Israël dit: Fais-les, je te prie, approcher de moi, pour que je les bénisse.

¹⁰Les yeux d'Israël étaient appesantis par la vieillesse; il ne pouvait plus voir. Joseph les fit approcher de lui; et Israël leur donna un baiser, et les embrassa.

¹¹Israël dit à Joseph: Je ne pensais pas revoir ton visage, et voici que Dieu me fait voir même ta postérité.

¹²Joseph les retira des genoux de son père, et il se prosterna en terre devant lui.

¹³Puis Joseph les prit tous deux, Éphraïm de sa main droite à la gauche d'Israël, et Manassé de sa main gauche à la droite d'Israël, et il les fit approcher de lui.

¹⁴Israël étendit sa main droite et la posa sur la tête d'Éphraïm qui était le plus jeune, et il posa sa main gauche sur la tête de Manassé: ce fut avec intention qu'il posa ses mains ainsi, car Manassé était le premier-né.

¹⁵Il bénit Joseph, et dit: Que le Dieu en présence duquel ont marché mes pères, Abraham et Isaac, que le Dieu qui m'a conduit depuis que j'existe jusqu'à ce jour,

¹⁶que l'ange qui m'a délivré de tout mal, bénisse ces enfants! Qu'ils soient appelés de mon nom et du nom de mes pères, Abraham et Isaac, et qu'ils multiplient en abondance au milieu du pays!

¹⁷Joseph vit avec déplaisir que son père posait sa main droite sur la tête d'Éphraïm; il saisit la main de son père, pour la détourner de dessus la tête d'Éphraïm, et la diriger sur celle de Manassé.

¹⁸Et Joseph dit à son père: Pas ainsi, mon père, car celui-ci est le premier-né; pose ta main droite sur sa tête.

¹⁹Son père refusa, et dit: Je le sais, mon fils, je le sais; lui aussi deviendra un peuple, lui aussi sera grand; mais son frère cadet sera plus grand que lui, et sa postérité deviendra une multitude de nations.

²⁰Il les bénit ce jour-là, et dit: C'est par toi qu'Israël bénira, en disant: Que Dieu te traite comme Éphraïm et comme Manassé! Et il mit Éphraïm avant Manassé.

²¹Israël dit à Joseph: Voici, je vais mourir! Mais Dieu sera avec vous, et il vous fera retourner dans le pays de vos pères.

²²Je te donne, de plus qu'à tes frères, une part que j'ai prise de la main des Amoréens avec mon épée et avec mon arc.

Chapitre 49

¹Jacob appela ses fils, et dit: Assemblez-vous, et je vous annoncerai ce qui vous arrivera dans la suite des temps.

²Rassemblez-vous, et écoutez, fils de Jacob! Écoutez Israël, votre père!

³Ruben, toi, mon premier-né, Ma force et les prémices de ma vigueur, Supérieur en dignité et supérieur en puissance,

⁴Impétueux comme les eaux, tu n'auras pas la prééminence! Car tu es monté sur la couche de ton père, Tu as souillé ma couche en y montant.

⁵Siméon et Lévi sont frères; Leurs glaives sont des instruments de violence.

⁶Que mon âme n'entre point dans leur conciliabule, Que mon esprit ne s'unisse point à leur assemblée! Car, dans leur colère, ils ont tué des hommes, Et, dans leur méchanceté, ils ont coupé les jarrets des taureaux.

⁷Maudite soit leur colère, car elle est violente, Et leur fureur, car elle est cruelle! Je les séparerai dans Jacob, Et je les disperserai dans Israël.

⁸Juda, tu recevras les hommages de tes frères; Ta main sera sur la nuque de tes ennemis. Les fils de ton père se prosterneront devant toi.

⁹Juda est un jeune lion. Tu reviens du carnage, mon fils! Il ploie les genoux, il se couche comme un lion, Comme une lionne: qui le fera lever?

¹⁰Le sceptre ne s'éloignera point de Juda, Ni le bâton souverain d'entre ses pieds, Jusqu'à ce que vienne le Schilo, Et que les peuples lui obéissent.

¹¹Il attache à la vigne son âne, Et au meilleur cep le petit de son ânesse; Il lave dans le vin son vêtement, Et dans le sang des raisins son manteau.

¹²Il a les yeux rouges de vin, Et les dents blanches de lait.

¹³Zabulon habitera sur la côte des mers, Il sera sur la côte des navires, Et sa limite s'étendra du côté de Sidon.

¹⁴Issacar est un âne robuste, Qui se couche dans les étables.

¹⁵Il voit que le lieu où il repose est agréable, Et que la contrée est magnifique; Et il courbe son épaule sous le fardeau, Il s'assujettit à un tribut.

¹⁶Dan jugera son peuple, Comme l'une des tribus d'Israël.

¹⁷Dan sera un serpent sur le chemin, Une vipère sur le sentier, Mordant les talons du cheval, Pour que le cavalier tombe à la renverse.

¹⁸J'espère en ton secours, ô Éternel!

¹⁹Gad sera assailli par des bandes armées, Mais il les assaillira et les poursuivra.

Genèse

²⁰Aser produit une nourriture excellente; Il fournira les mets délicats des rois.

²¹Nephthali est une biche en liberté; Il profère de belles paroles.

²²Joseph est le rejeton d'un arbre fertile, Le rejeton d'un arbre fertile près d'une source; Les branches s'élèvent au-dessus de la muraille.

²³Ils l'ont provoqué, ils ont lancé des traits; Les archers l'ont poursuivi de leur haine.

²⁴Mais son arc est demeuré ferme, Et ses mains ont été fortifiées Par les mains du Puissant de Jacob: Il est ainsi devenu le berger, le rocher d'Israël.

²⁵C'est l'oeuvre du Dieu de ton père, qui t'aidera; C'est l'oeuvre du Tout puissant, qui te bénira Des bénédictions des cieux en haut, Des bénédictions des eaux en bas, Des bénédictions des mamelles et du sein maternel.

²⁶Les bénédictions de ton père s'élèvent Au-dessus des bénédictions de mes pères Jusqu'à la cime des collines éternelles: Qu'elles soient sur la tête de Joseph, Sur le sommet de la tête du prince de ses frères!

²⁷Benjamin est un loup qui déchire; Le matin, il dévore la proie, Et le soir, il partage le butin.

²⁸Ce sont là tous ceux qui forment les douze tribus d'Israël. Et c'est là ce que leur dit leur père, en les bénissant. Il les bénit, chacun selon sa bénédiction.

²⁹Puis il leur donna cet ordre: Je vais être recueilli auprès de mon peuple; enterrez-moi avec mes pères, dans la caverne qui est au champ d'Éphron, le Héthien,

³⁰dans la caverne du champ de Macpéla, vis-à-vis de Mamré, dans le pays de Canaan. C'est le champ qu'Abraham a acheté d'Éphron, le Héthien, comme propriété sépulcrale.

³¹Là on a enterré Abraham et Sara, sa femme; là on a enterré Isaac et Rebecca, sa femme; et là j'ai enterré Léa.

³²Le champ et la caverne qui s'y trouve ont été achetés des fils de Heth.

³³Lorsque Jacob eut achevé de donner ses ordres à ses fils, il retira ses pieds dans le lit, il expira, et fut recueilli auprès de son peuple.

Chapitre 50

¹Joseph se jeta sur le visage de son père, pleura sur lui, et le baisa.

²Il ordonna aux médecins à son service d'embaumer son père, et les médecins embaumèrent Israël.

³Quarante jours s'écoulèrent ainsi, et furent employés à l'embaumer. Et les Égyptiens le pleurèrent soixante-dix jours.

⁴Quand les jours du deuil furent passés, Joseph s'adressa aux gens de la maison de Pharaon, et leur dit: Si j'ai trouvé grâce à vos yeux, rapportez, je vous prie, à Pharaon ce que je vous dis.

⁵Mon père m'a fait jurer, en disant: Voici, je vais mourir! Tu m'enterreras dans le sépulcre que je me suis acheté au pays de Canaan. Je voudrais donc y monter, pour enterrer mon père; et je reviendrai.

⁶Pharaon répondit: Monte, et enterre ton père, comme il te l'a fait jurer.

⁷Joseph monta, pour enterrer son père. Avec lui montèrent tous les serviteurs de Pharaon, anciens de sa maison, tous les anciens du pays d'Égypte,

⁸toute la maison de Joseph, ses frères, et la maison de son père: on ne laissa dans le pays de Gosen que les enfants, les brebis et les boeufs.

⁹Il y avait encore avec Joseph des chars et des cavaliers, en sorte que le cortège était très nombreux.

¹⁰Arrivés à l'aire d'Athad, qui est au delà du Jourdain, ils firent entendre de grandes et profondes lamentations; et Joseph fit en l'honneur de son père un deuil de sept jours.

¹¹Les habitants du pays, les Cananéens, furent témoins de ce deuil dans l'aire d'Athad, et ils dirent: Voilà un grand deuil parmi les Égyptiens! C'est pourquoi l'on a donné le nom d'Abel Mitsraïm à cette aire qui est au delà du Jourdain.

¹²C'est ainsi que les fils de Jacob exécutèrent les ordres de leur père.

¹³Ils le transportèrent au pays de Canaan, et l'enterrèrent dans la caverne du champ de Macpéla, qu'Abraham avait achetée d'Éphron, le Héthien, comme propriété sépulcrale, et qui est vis-à-vis de Mamré.

¹⁴Joseph, après avoir enterré son père, retourna en Égypte, avec ses frères et tous ceux qui étaient montés avec lui pour enterrer son père.

¹⁵Quand les frères de Joseph virent que leur père était mort, ils dirent: Si Joseph nous prenait en haine, et nous rendait tout le mal que nous lui avons fait!

¹⁶Et ils firent dire à Joseph: Ton père a donné cet ordre avant de mourir:

¹⁷Vous parlerez ainsi à Joseph: Oh! pardonne le crime de tes frères et leur péché, car ils t'ont fait du mal! Pardonne maintenant le péché des serviteurs du Dieu de ton père! Joseph pleura, en entendant ces paroles.

¹⁸Ses frères vinrent eux-mêmes se prosterner devant lui, et ils dirent: Nous sommes tes serviteurs.

¹⁹Joseph leur dit: Soyez sans crainte; car suis-je à la place de Dieu?

²⁰Vous aviez médité de me faire du mal: Dieu l'a changé en bien, pour accomplir ce qui arrive aujourd'hui, pour sauver la vie à un peuple nombreux.

²¹Soyez donc sans crainte; je vous entretiendrai, vous et vos enfants. Et il les consola, en parlant à leur coeur.

²²Joseph demeura en Égypte, lui et la maison de son père. Il vécut cent dix ans.

²³Joseph vit les fils d'Éphraïm jusqu'à la troisième génération; et les fils de Makir, fils de Manassé, naquirent sur ses genoux.

²⁴Joseph dit à ses frères: Je vais mourir! Mais Dieu vous visitera, et il vous fera remonter de ce pays-ci dans le pays qu'il a juré de donner à Abraham, à Isaac et à Jacob.

²⁵Joseph fit jurer les fils d'Israël, en disant: Dieu vous visitera; et vous ferez remonter mes os loin d'ici.

²⁶Joseph mourut, âgé de cent dix ans. On l'embauma, et on le mit dans un cercueil en Égypte.

Exode

Chapitre 1

¹Voici les noms des fils d'Israël, venus en Égypte avec Jacob et la famille de chacun d'eux:

²Ruben, Siméon, Lévi, Juda,

³Issacar, Zabulon, Benjamin,

⁴Dan, Nephthali, Gad et Aser.

⁵Les personnes issues de Jacob étaient au nombre de soixante-dix en tout. Joseph était alors en Égypte.

⁶Joseph mourut, ainsi que tous ses frères et toute cette génération-là.

⁷Les enfants d'Israël furent féconds et multiplièrent, ils s'accrurent et devinrent de plus en plus puissants. Et le pays en fut rempli.

⁸Il s'éleva sur l'Égypte un nouveau roi, qui n'avait point connu Joseph.

⁹Il dit à son peuple: Voilà les enfants d'Israël qui forment un peuple plus nombreux et plus puissant que nous.

¹⁰Allons! montrons-nous habiles à son égard; empêchons qu'il ne s'accroisse, et que, s'il survient une guerre, il ne se joigne à nos ennemis, pour nous combattre et sortir ensuite du pays.

¹¹Et l'on établit sur lui des chefs de corvées, afin de l'accabler de travaux pénibles. C'est ainsi qu'il bâtit les villes de Pithom et de Ramsès, pour servir de magasins à Pharaon.

¹²Mais plus on l'accablait, plus il multipliait et s'accroissait; et l'on prit en aversion les enfants d'Israël.

¹³Alors les Égyptiens réduisirent les enfants d'Israël à une dure servitude.

¹⁴Ils leur rendirent la vie amère par de rudes travaux en argile et en briques, et par tous les ouvrages des champs: et c'était avec cruauté qu'ils leur imposaient toutes ces charges.

¹⁵Le roi d'Égypte parla aussi aux sages-femmes des Hébreux, nommées l'une Schiphra, et l'autre Pua.

¹⁶Il leur dit: Quand vous accoucherez les femmes des Hébreux et que vous les verrez sur les sièges, si c'est un garçon, faites-le mourir; si c'est une fille, laissez-la vivre.

¹⁷Mais les sages-femmes craignirent Dieu, et ne firent point ce que leur avait dit le roi d'Égypte; elles laissèrent vivre les enfants.

¹⁸Le roi d'Égypte appela les sages-femmes, et leur dit: Pourquoi avez-vous agi ainsi, et avez-vous laissé vivre les enfants?

¹⁹Les sages-femmes répondirent à Pharaon: C'est que les femmes des Hébreux ne sont pas comme les Égyptiennes; elles sont vigoureuses et elles accouchent avant l'arrivée de la sage-femme.

²⁰Dieu fit du bien aux sages-femmes; et le peuple multiplia et devint très nombreux.

²¹Parce que les sages-femmes avaient eu la crainte de Dieu, Dieu fit prospérer leurs maisons.

²²Alors Pharaon donna cet ordre à tout son peuple: Vous jetterez dans le fleuve tout garçon qui naîtra, et vous laisserez vivre toutes les filles.

Chapitre 2

¹Un homme de la maison de Lévi avait pris pour femme une fille de Lévi.

²Cette femme devint enceinte et enfanta un fils. Elle vit qu'il était beau, et elle le cacha pendant trois mois.

³Ne pouvant plus le cacher, elle prit une caisse de jonc, qu'elle enduisit de bitume et de poix; elle y mit l'enfant, et le déposa parmi les roseaux, sur le bord du fleuve.

⁴La sœur de l'enfant se tint à quelque distance, pour savoir ce qui lui arriverait.

⁵La fille de Pharaon descendit au fleuve pour se baigner, et ses compagnes se promenèrent le long du fleuve. Elle aperçut la caisse au milieu des roseaux, et elle envoya sa servante pour la prendre.

⁶Elle l'ouvrit, et vit l'enfant: c'était un petit garçon qui pleurait. Elle en eut pitié, et elle dit: C'est un enfant des Hébreux!

⁷Alors la sœur de l'enfant dit à la fille de Pharaon: Veux-tu que j'aille te chercher une nourrice parmi les femmes des Hébreux, pour allaiter cet enfant?

⁸Va, lui répondit la fille de Pharaon. Et la jeune fille alla chercher la mère de l'enfant.

⁹La fille de Pharaon lui dit: Emporte cet enfant, et allaite-le-moi; je te donnerai ton salaire. La femme prit l'enfant, et l'allaita.

¹⁰Quand il eut grandi, elle l'amena à la fille de Pharaon, et il fut pour elle comme un fils. Elle lui donna le nom de Moïse, car, dit-elle, je l'ai retiré des eaux.

¹¹En ce temps-là, Moïse, devenu grand, se rendit vers ses frères, et fut témoin de leurs pénibles travaux. Il vit un Égyptien qui frappait un Hébreu d'entre ses frères.

¹²Il regarda de côté et d'autre, et, voyant qu'il n'y avait personne, il tua l'Égyptien, et le cacha dans le sable.

¹³Il sortit le jour suivant; et voici, deux Hébreux se querellaient. Il dit à celui qui avait tort: Pourquoi frappes-tu ton prochain?

¹⁴Et cet homme répondit: Qui t'a établi chef et juge sur nous? Penses-tu me tuer, comme tu as tué l'Égyptien? Moïse eut peur, et dit: Certainement la chose est connue.

¹⁵Pharaon apprit ce qui s'était passé, et il cherchait à faire mourir Moïse. Mais Moïse s'enfuit de devant Pharaon, et il se retira dans le pays de Madian, où il s'arrêta près d'un puits.

¹⁶Le sacrificateur de Madian avait sept filles. Elle vinrent puiser de l'eau, et elles remplirent les auges pour abreuver le troupeau de leur père.

¹⁷Les bergers arrivèrent, et les chassèrent. Alors Moïse se leva, prit leur défense, et fit boire leur troupeau.

¹⁸Quand elles furent de retour auprès de Réuel, leur père, il dit: Pourquoi revenez-vous si tôt aujourd'hui?

¹⁹Elles répondirent: Un Égyptien nous a délivrées de la main des bergers, et même il nous a puisé de l'eau, et a fait boire le troupeau.

²⁰Et il dit à ses filles: Où est-il? Pourquoi avez-vous laissé cet homme? Appelez-le, pour qu'il prenne quelque nourriture.

²¹Moïse se décida à demeurer chez cet homme, qui lui donna pour femme Séphora, sa fille.

²²Elle enfanta un fils, qu'il appela du nom de Guerschom, car, dit-il, j'habite un pays étranger.

²³Longtemps après, le roi d'Égypte mourut, et les enfants d'Israël gémissaient encore sous la servitude, et poussaient des cris. Ces cris, que leur arrachait la servitude, montèrent jusqu'à Dieu.

²⁴Dieu entendit leurs gémissements, et se souvint de son alliance avec Abraham, Isaac et Jacob.

²⁵Dieu regarda les enfants d'Israël, et il en eut compassion.

Chapitre 3

¹Moïse faisait paître le troupeau de Jéthro, son beau-père, sacrificateur de Madian; et il mena le troupeau derrière le désert, et vint à la montagne de Dieu, à Horeb.

²L'ange de l'Éternel lui apparut dans une flamme de feu, au milieu d'un buisson. Moïse regarda; et voici, le buisson était tout en feu, et le buisson ne se consumait point.

³Moïse dit: Je veux me détourner pour voir quelle est cette grande vision, et pourquoi le buisson ne se consume point.

⁴L'Éternel vit qu'il se détournait pour voir; et Dieu l'appela du milieu du buisson, et dit: Moïse! Moïse! Et il répondit: Me voici!

⁵Dieu dit: N'approche pas d'ici, ôte tes souliers de tes pieds, car le lieu sur lequel tu te tiens est une terre sainte.

⁶Et il ajouta: Je suis le Dieu de ton père, le Dieu d'Abraham, le Dieu d'Isaac et le Dieu de Jacob. Moïse se cacha le visage, car il craignait de regarder Dieu.

⁷L'Éternel dit: J'ai vu la souffrance de mon peuple qui est en Égypte, et j'ai entendu les cris que lui font pousser ses oppresseurs, car je connais ses douleurs.

⁸Je suis descendu pour le délivrer de la main des Égyptiens, et pour le faire monter de ce pays dans un bon et vaste pays, dans un pays où coulent le lait et le miel, dans les lieux qu'habitent les Cananéens, les Héthiens, les Amoréens, les Phéréziens, les Héviens et les Jébusiens.

⁹Voici, les cris d'Israël sont venus jusqu'à moi, et j'ai vu l'oppression que leur font souffrir les Égyptiens.

¹⁰Maintenant, va, je t'enverrai auprès de Pharaon, et tu feras sortir d'Égypte mon peuple, les enfants d'Israël.

¹¹Moïse dit à Dieu: Qui suis-je, pour aller vers Pharaon, et pour faire sortir d'Égypte les enfants d'Israël?

¹²Dieu dit: Je serai avec toi; et ceci sera pour toi le signe que c'est moi qui t'envoie: quand tu auras fait sortir d'Égypte le peuple, vous servirez Dieu sur cette montagne.

¹³Moïse dit à Dieu: J'irai donc vers les enfants d'Israël, et je leur dirai: Le Dieu de vos pères m'envoie vers vous. Mais, s'ils me demandent quel est son nom, que leur répondrai-je?

¹⁴Dieu dit à Moïse: Je suis celui qui suis. Et il ajouta: C'est ainsi que tu répondras aux enfants d'Israël: Celui qui s'appelle 'je suis' m'a envoyé vers vous.

¹⁵Dieu dit encore à Moïse: Tu parleras ainsi aux enfants d'Israël:

L'Éternel, le Dieu de vos pères, le Dieu d'Abraham, le Dieu d'Isaac et le Dieu de Jacob, m'envoie vers vous. Voilà mon nom pour l'éternité, voilà mon nom de génération en génération.

¹⁶Va, rassemble les anciens d'Israël, et dis-leur: L'Éternel, le Dieu de vos pères, m'est apparu, le Dieu d'Abraham, d'Isaac et de Jacob. Il a dit: Je vous ai vus, et j'ai vu ce qu'on vous fait en Égypte,

¹⁷et j'ai dit: Je vous ferai monter de l'Égypte, où vous souffrez, dans le pays des Cananéens, des Héthiens, des Amoréens, des Phéréziens, des Héviens et des Jébusiens, dans un pays où coulent le lait et le miel.

¹⁸Ils écouteront ta voix; et tu iras, toi et les anciens d'Israël, auprès du roi d'Égypte, et vous lui direz: L'Éternel, le Dieu des Hébreux, nous est apparu. Permets-nous de faire trois journées de marche dans le désert, pour offrir des sacrifices à l'Éternel, notre Dieu.

¹⁹Je sais que le roi d'Égypte ne vous laissera point aller, si ce n'est par une main puissante.

²⁰J'étendrai ma main, et je frapperai l'Égypte par toutes sortes de prodiges que je ferai au milieu d'elle. Après quoi, il vous laissera aller.

²¹Je ferai même trouver grâce à ce peuple aux yeux des Égyptiens, et quand vous partirez, vous ne partirez point à vide.

²²Chaque femme demandera à sa voisine et à celle qui demeure dans sa maison des vases d'argent, des vases d'or, et des vêtements, que vous mettrez sur vos fils et vos filles. Et vous dépouillerez les Égyptiens.

Chapitre 4

¹Moïse répondit, et dit: Voici, ils ne me croiront point, et ils n'écouteront point ma voix. Mais ils diront: L'Éternel ne t'est point apparu.

²L'Éternel lui dit: Qu'y a-t-il dans ta main? Il répondit: Une verge.

³L'Éternel dit: Jette-la par terre. Il la jeta par terre, et elle devint un serpent. Moïse fuyait devant lui.

⁴L'Éternel dit à Moïse: Étends ta main, et saisis-le par la queue. Il étendit la main et le saisit et le serpent redevint une verge dans sa main.

⁵C'est là, dit l'Éternel, ce que tu feras, afin qu'ils croient que l'Éternel, le Dieu de leurs pères, t'est apparu, le Dieu d'Abraham, le Dieu d'Isaac et le Dieu de Jacob.

⁶L'Éternel lui dit encore: Mets ta main dans ton sein. Il mit sa main dans son sein; puis il la retira, et voici, sa main était couverte de lèpre, blanche comme la neige.

⁷L'Éternel dit: Remets ta main dans ton sein. Il remit sa main dans son sein; puis il la retira de son sein, et voici, elle était redevenue comme sa chair.

⁸S'ils ne te croient pas, dit l'Éternel, et n'écoutent pas la voix du premier signe, ils croiront à la voix du dernier signe.

⁹S'ils ne croient pas même à ces deux signes, et n'écoutent pas ta voix, tu prendras de l'eau du fleuve, tu la répandras sur la terre, et l'eau que tu auras prise du fleuve deviendra du sang sur la terre.

¹⁰Moïse dit à l'Éternel: Ah! Seigneur, je ne suis pas un homme qui ait la parole facile, et ce n'est ni d'hier ni d'avant-hier, ni même depuis que tu parles à ton serviteur; car j'ai la bouche et la langue embarrassées.

¹¹L'Éternel lui dit: Qui a fait la bouche de l'homme? et qui rend muet ou sourd, voyant ou aveugle? N'est-ce pas moi, l'Éternel?

¹²Va donc, je serai avec ta bouche, et je t'enseignerai ce que tu auras à dire.

¹³Moïse dit: Ah! Seigneur, envoie qui tu voudras envoyer.

¹⁴Alors la colère de l'Éternel s'enflamma contre Moïse, et il dit: N'y a-t-il pas ton frère Aaron, le Lévite? Je sais qu'il parlera facilement. Le voici lui-même, qui vient au-devant de toi; et, quand il te verra, il se réjouira dans son coeur.

¹⁵Tu lui parleras, et tu mettras les paroles dans sa bouche; et moi, je serai avec ta bouche et avec sa bouche, et je vous enseignerai ce que vous aurez à faire.

¹⁶Il parlera pour toi au peuple; il te servira de bouche, et tu tiendras pour lui la place de Dieu.

¹⁷Prends dans ta main cette verge, avec laquelle tu feras les signes.

¹⁸Moïse s'en alla; et de retour auprès de Jéthro, son beau-père, il lui dit: Laisse-moi, je te prie, aller rejoindre mes frères qui sont en Égypte, afin que je voie s'ils sont encore vivants. Jéthro dit à Moïse: Va en paix.

¹⁹L'Éternel dit à Moïse, en Madian: Va, retourne en Égypte, car tous ceux qui en voulaient à ta vie sont morts.

²⁰Moïse prit sa femme et ses fils, il les fit monter sur des ânes, et retourna dans le pays d'Égypte. Il prit dans sa main la verge de Dieu.

²¹L'Éternel dit à Moïse: En partant pour retourner en Égypte, vois tous les prodiges que je mets en ta main: tu les feras devant Pharaon. Et moi, j'endurcirai son coeur, et il ne laissera point aller le peuple.

²²Tu diras à Pharaon: Ainsi parle l'Éternel: Israël est mon fils, mon premier-né.

²³Je te dis: Laisse aller mon fils, pour qu'il me serve; si tu refuses de le laisser aller, voici, je ferai périr ton fils, ton premier-né.

²⁴Pendant le voyage, en un lieu où Moïse passa la nuit, l'Éternel l'attaqua et voulut le faire mourir.

²⁵Séphora prit une pierre aiguë, coupa le prépuce de son fils, et le jeta aux pieds de Moïse, en disant: Tu es pour moi un époux de sang!

²⁶Et l'Éternel le laissa. C'est alors qu'elle dit: Époux de sang! à cause de la circoncision.

²⁷L'Éternel dit à Aaron: Va dans le désert au-devant de Moïse. Aaron partit; il rencontra Moïse à la montagne de Dieu, et il le baisa.

²⁸Moïse fit connaître à Aaron toutes les paroles de l'Éternel qui l'avait envoyé, et tous les signes qu'il lui avait ordonné de faire.

²⁹Moïse et Aaron poursuivirent leur chemin, et ils assemblèrent tous les anciens des enfants d'Israël.

³⁰Aaron rapporta toutes les paroles que l'Éternel avait dites à Moïse, et il exécuta les signes aux yeux du peuple.

³¹Et le peuple crut. Ils apprirent que l'Éternel avait visité les enfants d'Israël, qu'il avait vu leur souffrance; et ils s'inclinèrent et se prosternèrent.

Chapitre 5

¹Moïse et Aaron se rendirent ensuite auprès de Pharaon, et lui dirent: Ainsi parle l'Éternel, le Dieu d'Israël: Laisse aller mon peuple, pour qu'il célèbre au désert une fête en mon honneur.

²Pharaon répondit: Qui est l'Éternel, pour que j'obéisse à sa voix, en laissant aller Israël? Je ne connais point l'Éternel, et je ne laisserai point aller Israël.

³Ils dirent: Le Dieu des Hébreux nous est apparu. Permets-nous de faire trois journées de marche dans le désert, pour offrir des sacrifices à l'Éternel, afin qu'il ne nous frappe pas de la peste ou de l'épée.

⁴Et le roi d'Égypte leur dit: Moïse et Aaron, pourquoi détournez-vous le peuple de son ouvrage? Allez à vos travaux.

⁵Pharaon dit: Voici, ce peuple est maintenant nombreux dans le pays, et vous lui feriez interrompre ses travaux!

⁶Et ce jour même, Pharaon donna cet ordre aux inspecteurs du peuple et aux commissaires:

⁷Vous ne donnerez plus comme auparavant de la paille au peuple pour faire des briques; qu'ils aillent eux-mêmes ramasser de la paille.

⁸Vous leur imposerez néanmoins la quantité de briques qu'ils faisaient auparavant, vous n'en retrancherez rien; car ce sont des paresseux; voilà pourquoi ils crient, en disant: Allons offrir des sacrifices à notre Dieu!

⁹Que l'on charge de travail ces gens, qu'ils s'en occupent, et ils ne prendront plus garde à des paroles de mensonge.

¹⁰Les inspecteurs du peuple et les commissaires vinrent dire au peuple: Ainsi parle Pharaon: Je ne vous donne plus de paille;

¹¹allez vous-mêmes vous procurer de la paille où vous en trouverez, car l'on ne retranche rien de votre travail.

¹²Le peuple se répandit dans tout le pays d'Égypte, pour ramasser du chaume au lieu de paille.

¹³Les inspecteurs les pressaient, en disant: Achevez votre tâche, jour par jour, comme quand il y avait de la paille.

¹⁴On battit même les commissaires des enfants d'Israël, établis sur eux par les inspecteurs de Pharaon: Pourquoi, disait-on, n'avez-vous pas achevé hier et aujourd'hui, comme auparavant, la quantité de briques qui vous avait été fixée?

¹⁵Les commissaires des enfants d'Israël allèrent se plaindre à Pharaon, et lui dirent: Pourquoi traites-tu ainsi tes serviteurs?

¹⁶On ne donne point de paille à tes serviteurs, et l'on nous dit: Faites des briques! Et voici, tes serviteurs sont battus, comme si ton peuple était coupable.

¹⁷Pharaon répondit: Vous êtes des paresseux, des paresseux! Voilà pourquoi vous dites: Allons offrir des sacrifices à l'Éternel!

¹⁸Maintenant, allez travailler; on ne vous donnera point de paille, et vous livrerez la même quantité de briques.

¹⁹Les commissaires des enfants d'Israël virent qu'on les rendait malheureux, en disant: Vous ne retrancherez rien de vos briques; chaque jour la tâche du jour.

²⁰En sortant de chez Pharaon, ils rencontrèrent Moïse et Aaron qui les attendaient.

²¹Ils leur dirent: Que l'Éternel vous regarde, et qu'il juge! Vous nous avez rendus odieux à Pharaon et à ses serviteurs, vous avez mis une épée dans leurs mains pour nous faire périr.

²²Moïse retourna vers l'Éternel, et dit: Seigneur, pourquoi as-tu fait du mal à ce peuple? pourquoi m'as-tu envoyé?

²³Depuis que je suis allé vers Pharaon pour parler en ton nom, il fait du mal à ce peuple, et tu n'as point délivré ton peuple.

Chapitre 6

¹L'Éternel dit à Moïse: Tu verras maintenant ce que je ferai à Pharaon; une main puissante le forcera à les laisser aller, une main puissante le forcera à les chasser de son pays.

²Dieu parla encore à Moïse, et lui dit: Je suis l'Éternel.

³Je suis apparu à Abraham, à Isaac et à Jacob, comme le Dieu tout puissant; mais je n'ai pas été connu d'eux sous mon nom, l'Éternel.

⁴J'ai aussi établi mon alliance avec eux, pour leur donner le pays de Canaan, le pays de leurs pèlerinages, dans lequel ils ont séjourné.

⁵J'ai entendu les gémissements des enfants d'Israël, que les Égyptiens tiennent dans la servitude, et je me suis souvenu de mon alliance.

⁶C'est pourquoi dis aux enfants d'Israël: Je suis l'Éternel, je vous affranchirai des travaux dont vous chargent les Égyptiens, je vous délivrerai de leur servitude, et je vous sauverai à bras étendu et par de grands jugements.

⁷Je vous prendrai pour mon peuple, je serai votre Dieu, et vous saurez que c'est moi, l'Éternel, votre Dieu, qui vous affranchis des travaux dont vous chargent les Égyptiens.

⁸Je vous ferai entrer dans le pays que j'ai juré de donner à Abraham, à Isaac et à Jacob; je vous le donnerai en possession, moi l'Éternel.

⁹Ainsi parla Moïse aux enfants d'Israël. Mais l'angoisse et la dure servitude les empêchèrent d'écouter Moïse.

¹⁰L'Éternel parla à Moïse, et dit:

¹¹Va, parle à Pharaon, roi d'Égypte, pour qu'il laisse aller les enfants d'Israël hors de son pays.

¹²Moïse répondit en présence de l'Éternel: Voici, les enfants d'Israël ne m'ont point écouté; comment Pharaon m'écouterait-il, moi qui n'ai pas la parole facile?

¹³L'Éternel parla à Moïse et à Aaron, et leur donna des ordres au sujet des enfants d'Israël et au sujet de Pharaon, roi d'Égypte, pour faire sortir du pays d'Égypte les enfants d'Israël.

¹⁴Voici les chefs de leurs familles. Fils de Ruben, premier-né d'Israël: Hénoc, Pallu, Hetsron et Carmi. Ce sont là les familles de Ruben.

¹⁵Fils de Siméon: Jemuel, Jamin, Ohad, Jakin et Tsochar; et Saül, fils de la Cananéenne. Ce sont là les familles de Siméon.

¹⁶Voici les noms des fils de Lévi, avec leur postérité: Guerschon, Kehath et Merari. Les années de la vie de Lévi furent de cent trente-sept ans. -

¹⁷Fils de Guerschon: Libni et Schimeï, et leurs familles. -

¹⁸Fils de Kehath: Amram, Jitsehar, Hébron et Uziel. Les années de la vie de Kehath furent de cent trente-trois ans. -

¹⁹Fils de Merari: Machli et Muschi. -Ce sont là les familles de Lévi, avec leur postérité.

²⁰Amram prit pour femme Jokébed, sa tante; et elle lui enfanta Aaron, et Moïse. Les années de la vie d'Amram furent de cent trente-sept ans. -

²¹Fils de Jitsehar: Koré, Népheg et Zicri. -

²²Fils d'Uziel: Mischaël, Eltsaphan et Sithri.

²³Aaron prit pour femme Élischéba, fille d'Amminadab, soeur de Nachschon; et elle lui enfanta Nadab, Abihu, Éléazar et Ithamar.

²⁴Fils de Koré: Assir, Elkana et Abiasaph. Ce sont là les familles des Korites.

²⁵Éléazar, fils d'Aaron, prit pour femme une des filles de Puthiel; et elle lui enfanta Phinées. Tels sont les chefs de famille des Lévites, avec leurs familles.

²⁶Ce sont là cet Aaron et ce Moïse, à qui l'Éternel dit: Faites sortir du pays d'Égypte les enfants d'Israël, selon leurs armées.

²⁷Ce sont eux qui parlèrent à Pharaon, roi d'Égypte, pour faire sortir d'Égypte les enfants d'Israël. Ce sont là ce Moïse et cet Aaron.

²⁸Lorsque l'Éternel parla à Moïse dans le pays d'Égypte,

²⁹l'Éternel dit à Moïse: Je suis l'Éternel. Dis à Pharaon, roi d'Égypte, tout ce que je te dis.

³⁰Et Moïse répondit en présence de l'Éternel: Voici, je n'ai pas la parole facile; comment Pharaon m'écouterait-il?

Chapitre 7

¹L'Éternel dit à Moïse: Vois, je te fais Dieu pour Pharaon: et Aaron, ton frère, sera ton prophète.

²Toi, tu diras tout ce que je t'ordonnerai; et Aaron, ton frère, parlera à Pharaon, pour qu'il laisse aller les enfants d'Israël hors de son pays.

³Et moi, j'endurcirai le coeur de Pharaon, et je multiplierai mes signes et mes miracles dans le pays d'Égypte.

⁴Pharaon ne vous écoutera point. Je mettrai ma main sur l'Égypte, et je ferai sortir du pays d'Égypte mes armées, mon peuple, les enfants d'Israël, par de grands jugements.

⁵Les Égyptiens connaîtront que je suis l'Éternel, lorsque j'étendrai ma main sur l'Égypte, et que je ferai sortir du milieu d'eux les enfants d'Israël.

⁶Moïse et Aaron firent ce que l'Éternel leur avait ordonné; ils firent ainsi.

⁷Moïse était âgé de quatre-vingts ans, et Aaron de quatre-vingt-trois ans, lorsqu'ils parlèrent à Pharaon.

⁸L'Éternel dit à Moïse et à Aaron:

⁹Si Pharaon vous parle, et vous dit: Faites un miracle! tu diras à Aaron: Prends ta verge, et jette-la devant Pharaon. Elle deviendra un serpent.

¹⁰Moïse et Aaron allèrent auprès de Pharaon, et ils firent ce que l'Éternel avait ordonné. Aaron jeta sa verge devant Pharaon et devant ses serviteurs; et elle devint un serpent.

¹¹Mais Pharaon appela des sages et des enchanteurs; et les magiciens d'Égypte, eux aussi, en firent autant par leurs enchantements.

¹²Ils jetèrent tous leurs verges, et elles devinrent des serpents. Et la verge d'Aaron engloutit leurs verges.

¹³Le coeur de Pharaon s'endurcit, et il n'écouta point Moïse et Aaron selon ce que l'Éternel avait dit.

¹⁴L'Éternel dit à Moïse: Pharaon a le coeur endurci; il refuse de laisser aller le peuple.

¹⁵Va vers Pharaon dès le matin; il sortira pour aller près de l'eau, et tu te présenteras devant lui au bord du fleuve. Tu prendras à ta main la verge qui a été changée en serpent,

¹⁶et tu diras à Pharaon: L'Éternel, le Dieu des Hébreux, m'a envoyé auprès de toi, pour te dire: Laisse aller mon peuple, afin qu'il me serve dans le désert. Et voici, jusqu'à présent tu n'as point écouté.

¹⁷Ainsi parle l'Éternel: A ceci tu connaîtras que je suis l'Éternel. Je vais frapper les eaux du fleuve avec la verge qui est dans ma main; et elles seront changées en sang.

¹⁸Les poissons qui sont dans le fleuve périront, le fleuve se corrompra, et les Égyptiens s'efforceront en vain de boire l'eau du fleuve.

¹⁹L'Éternel dit à Moïse: Dis à Aaron: Prends ta verge, et étends ta main sur les eaux des Égyptiens, sur leurs rivières, sur leurs ruisseaux, sur leurs étangs, et sur tous leurs amas d'eaux. Elles deviendront du sang; et il y aura du sang dans tout le pays d'Égypte, dans les vases de bois et dans les vases de pierre.

²⁰Moïse et Aaron firent ce que l'Éternel avait ordonné. Aaron leva la verge, et il frappa les eaux qui étaient dans le fleuve, sous les yeux de Pharaon et sous les yeux de ses serviteurs; et toutes les eaux du fleuve furent changées en sang.

²¹Les poissons qui étaient dans le fleuve périrent, le fleuve se corrompit, les Égyptiens ne pouvaient plus boire l'eau du fleuve, et il y eut du sang dans tout le pays d'Égypte.

²²Mais les magiciens d'Égypte en firent autant par leurs enchantements. Le coeur de Pharaon s'endurcit, et il n'écouta point Moïse et Aaron, selon ce que l'Éternel avait dit.

²³Pharaon s'en retourna, et alla dans sa maison; et il ne prit pas même à coeur ces choses.

²⁴Tous les Égyptiens creusèrent aux environs du fleuve, pour trouver de l'eau à boire; car ils ne pouvaient boire de l'eau du fleuve.

²⁵Il s'écoula sept jours, après que l'Éternel eut frappé le fleuve.

Chapitre 8

¹L'Éternel dit à Moïse: Va vers Pharaon, et tu lui diras: Ainsi parle l'Éternel: Laisse aller mon peuple, afin qu'il me serve.

²Si tu refuses de le laisser aller, je vais frapper par des grenouilles toute l'étendue de ton pays.

³Le fleuve fourmillera de grenouilles; elles monteront, et elles entreront dans ta maison, dans ta chambre à coucher et dans ton lit, dans la maison de tes serviteurs et dans celles de ton peuple, dans tes fours et dans tes pétrins.

⁴Les grenouilles monteront sur toi, sur ton peuple, et sur tous tes serviteurs.

Exode

⁵L'Éternel dit à Moïse: Dis à Aaron: Étends ta main avec ta verge sur les rivières, sur les ruisseaux et sur les étangs, et fais monter les grenouilles sur le pays d'Égypte.

⁶Aaron étendit sa main sur les eaux de l'Égypte; et les grenouilles montèrent et couvrirent le pays d'Égypte.

⁷Mais les magiciens en firent autant par leurs enchantements. Ils firent monter les grenouilles sur le pays d'Égypte.

⁸Pharaon appela Moïse et Aaron, et dit: Priez l'Éternel, afin qu'il éloigne les grenouilles de moi et de mon peuple; et je laisserai aller le peuple, pour qu'il offre des sacrifices à l'Éternel.

⁹Moïse dit à Pharaon: Glorifie-toi sur moi! Pour quand prierai-je l'Éternel en ta faveur, en faveur de tes serviteurs et de ton peuple, afin qu'il retire les grenouilles loin de toi et de tes maisons? Il n'en restera que dans le fleuve.

¹⁰Il répondit: Pour demain. Et Moïse dit: Il en sera ainsi, afin que tu saches que nul n'est semblable à l'Éternel, notre Dieu.

¹¹Les grenouilles s'éloigneront de toi et de tes maisons, de tes serviteurs et de ton peuple; il n'en restera que dans le fleuve.

¹²Moïse et Aaron sortirent de chez Pharaon. Et Moïse cria à l'Éternel au sujet des grenouilles dont il avait frappé Pharaon.

¹³L'Éternel fit ce que demandait Moïse; et les grenouilles périrent dans les maisons, dans les cours et dans les champs.

¹⁴On les entassa par monceaux, et le pays fut infecté.

¹⁵Pharaon, voyant qu'il y avait du relâche, endurcit son coeur, et il n'écouta point Moïse et Aaron, selon ce que l'Éternel avait dit.

¹⁶L'Éternel dit à Moïse: Dis à Aaron: Étends ta verge, et frappe la poussière de la terre. Elle se changera en poux, dans tout le pays d'Égypte.

¹⁷Ils firent ainsi. Aaron étendit sa main, avec sa verge, et il frappa la poussière de la terre; et elle fut changée en poux sur les hommes et sur les animaux. Toute la poussière de la terre fut changée en poux, dans tout le pays d'Égypte.

¹⁸Les magiciens employèrent leurs enchantements pour produire les poux; mais ils ne purent pas. Les poux étaient sur les hommes et sur les animaux.

¹⁹Et les magiciens dirent à Pharaon: C'est le doigt de Dieu! Le coeur de Pharaon s'endurcit, et il n'écouta point Moïse et Aaron, selon ce que l'Éternel avait dit.

²⁰L'Éternel dit à Moïse: Lève-toi de bon matin, et présente-toi devant Pharaon; il sortira pour aller près de l'eau. Tu lui diras: Ainsi parle l'Éternel: Laisse aller mon peuple, afin qu'il me serve.

²¹Si tu ne laisses pas aller mon peuple, je vais envoyer les mouches venimeuses contre toi, contre tes serviteurs, contre ton peuple et contre tes maisons; les maisons des Égyptiens seront remplies de mouches, et le sol en sera couvert.

²²Mais, en ce jour-là, je distinguerai le pays de Gosen où habite mon peuple, et là il n'y aura point de mouches, afin que tu saches que moi, l'Éternel, je suis au milieu de ce pays.

²³J'établirai une distinction entre mon peuple et ton peuple. Ce signe sera pour demain.

²⁴L'Éternel fit ainsi. Il vint une quantité de mouches venimeuses dans la maison de Pharaon et de ses serviteurs, et tout le pays d'Égypte fut dévasté par les mouches.

²⁵Pharaon appela Moïse et Aaron et dit: Allez, offrez des sacrifices à votre Dieu dans le pays.

²⁶Moïse répondit: Il n'est point convenable de faire ainsi; car nous offririons à l'Éternel, notre Dieu, des sacrifices qui sont en abomination aux Égyptiens. Et si nous offrions, sous leurs yeux, des sacrifices qui sont en abomination aux Égyptiens, ne nous lapideront-ils pas?

²⁷Nous ferons trois journées de marche dans le désert, et nous offrirons des sacrifices à l'Éternel, notre Dieu, selon ce qu'il nous dira.

²⁸Pharaon dit: Je vous laisserai aller, pour offrir à l'Éternel, votre Dieu, des sacrifices dans le désert: seulement, vous ne vous éloignerez pas, en y allant. Priez pour moi.

²⁹Moïse répondit: Je vais sortir de chez toi, et je prierai l'Éternel. Demain, les mouches s'éloigneront de Pharaon, de ses serviteurs et de son peuple. Mais, que Pharaon ne trompe plus, en refusant de laisser aller le peuple, pour offrir des sacrifices à l'Éternel.

³⁰Moïse sortit de chez Pharaon, et il pria l'Éternel.

³¹L'Éternel fit ce que demandait Moïse; et les mouches s'éloignèrent de Pharaon, de ses serviteurs et de son peuple. Il n'en resta pas une.

³²Mais Pharaon, cette fois encore, endurcit son coeur, et il ne laissa point aller le peuple.

Chapitre 9

¹L'Éternel dit à Moïse: Va vers Pharaon, et tu lui diras: Ainsi parle l'Éternel, le Dieu des Hébreux: Laisse aller mon peuple, afin qu'il me serve.

²Si tu refuses de le laisser aller, et si tu le retiens encore,

³voici, la main de l'Éternel sera sur tes troupeaux qui sont dans les champs, sur les chevaux, sur les ânes, sur les chameaux, sur les boeufs et sur les brebis; il y aura une mortalité très grande.

⁴L'Éternel distinguera entre les troupeaux d'Israël et les troupeaux des Égyptiens, et il ne périra rien de tout ce qui est aux enfants d'Israël.

⁵L'Éternel fixa le temps, et dit: Demain, l'Éternel fera cela dans le pays.

⁶Et l'Éternel fit ainsi, dès le lendemain. Tous les troupeaux des Égyptiens périrent, et il ne périt pas une bête des troupeaux des enfants d'Israël.

⁷Pharaon s'informa de ce qui était arrivé; et voici, pas une bête des troupeaux d'Israël n'avait péri. Mais le coeur de Pharaon s'endurcit, et il ne laissa point aller le peuple.

⁸L'Éternel dit à Moïse et à Aaron: Remplissez vos mains de cendre de fournaise, et que Moïse la jette vers le ciel, sous les yeux de Pharaon.

⁹Elle deviendra une poussière qui couvrira tout le pays d'Égypte; et elle produira, dans tout le pays d'Égypte, sur les hommes et sur les animaux, des ulcères formés par une éruption de pustules.

¹⁰Ils prirent de la cendre de fournaise, et se présentèrent devant Pharaon; Moïse la jeta vers le ciel, et elle produisit sur les hommes et sur les animaux des ulcères formés par une éruption de pustules.

¹¹Les magiciens ne purent paraître devant Moïse, à cause des ulcères; car les ulcères étaient sur les magiciens, comme sur tous les Égyptiens.

¹²L'Éternel endurcit le coeur de Pharaon, et Pharaon n'écouta point Moïse et Aaron, selon ce que l'Éternel avait dit à Moïse.

¹³L'Éternel dit à Moïse: Lève-toi de bon matin, et présente-toi devant Pharaon. Tu lui diras: Ainsi parle l'Éternel, le Dieu des Hébreux: Laisse aller mon peuple, afin qu'il me serve.

¹⁴Car, cette fois, je vais envoyer toutes mes plaies contre ton coeur, contre tes serviteurs et contre ton peuple, afin que tu saches que nul n'est semblable à moi sur toute la terre.

¹⁵Si j'avais étendu ma main, et que je t'eusse frappé par la mortalité, toi et ton peuple, tu aurais disparu de la terre.

¹⁶Mais, je t'ai laissé subsister, afin que tu voies ma puissance, et que l'on publie mon nom par toute la terre.

¹⁷Si tu t'élèves encore contre mon peuple, et si tu ne le laisses point aller,

¹⁸voici, je ferai pleuvoir demain, à cette heure, une grêle tellement forte, qu'il n'y en a point eu de semblable en Égypte depuis le jour où elle a été fondée jusqu'à présent.

¹⁹Fais donc mettre en sûreté tes troupeaux et tout ce qui est à toi dans les champs. La grêle tombera sur tous les hommes et sur tous les animaux qui se trouveront dans les champs et qui n'auront pas été recueillis dans les maisons, et ils périront.

²⁰Ceux des serviteurs de Pharaon qui craignirent la parole de l'Éternel firent retirer dans les maisons leurs serviteurs et leurs troupeaux.

²¹Mais ceux qui ne prirent point à coeur la parole de l'Éternel laissèrent leurs serviteurs et leurs troupeaux dans les champs.

²²L'Éternel dit à Moïse: Étends ta main vers le ciel; et qu'il tombe de la grêle dans tout le pays d'Égypte sur les hommes, sur les animaux, et sur toutes les herbes des champs, dans le pays d'Égypte.

²³Moïse étendit sa verge vers le ciel; et l'Éternel envoya des tonnerres et de la grêle, et le feu se promenait sur la terre. L'Éternel fit pleuvoir de la grêle sur le pays d'Égypte.

²⁴Il tomba de la grêle, et le feu se mêlait avec la grêle; elle était tellement forte qu'il n'y en avait point eu de semblable dans tout le pays d'Égypte depuis qu'il existe comme nation.

²⁵La grêle frappa, dans tout le pays d'Égypte, tout ce qui était dans les champs, depuis les hommes jusqu'aux animaux; la grêle frappa aussi toutes les herbes des champs, et brisa tous les arbres des champs.

²⁶Ce fut seulement dans le pays de Gosen, où étaient les enfants d'Israël, qu'il n'y eut point de grêle.

²⁷Pharaon fit appeler Moïse et Aaron, et leur dit: Cette fois, j'ai péché; c'est l'Éternel qui est le juste, et moi et mon peuple nous sommes les coupables.

²⁸Priez l'Éternel, pour qu'il n'y ait plus de tonnerres ni de grêle; et je vous laisserai aller, et l'on ne vous retiendra plus.

²⁹Moïse lui dit: Quand je sortirai de la ville, je lèverai mes mains vers l'Éternel, les tonnerres cesseront et il n'y aura plus de grêle, afin que tu saches que la terre est à l'Éternel.

³⁰Mais je sais que toi et tes serviteurs, vous ne craindrez pas encore l'Éternel Dieu.

³¹Le lin et l'orge avaient été frappés, parce que l'orge était en épis et que c'était la floraison du lin;

³²le froment et l'épeautre n'avaient point été frappés, parce qu'ils sont tardifs.

³³Moïse sortit de chez Pharaon, pour aller hors de la ville; il leva ses mains vers l'Éternel, les tonnerres et la grêle cessèrent, et la pluie ne tomba plus sur la terre.

³⁴Pharaon, voyant que la pluie, la grêle et les tonnerres avaient cessé, continua de pécher, et il endurcit son coeur, lui et ses serviteurs.

³⁵Le coeur de Pharaon s'endurcit, et il ne laissa point aller les enfants d'Israël, selon ce que l'Éternel avait dit par l'intermédiaire de Moïse.

Chapitre 10

¹L'Éternel dit à Moïse: Va vers Pharaon, car j'ai endurci son coeur et le coeur de ses serviteurs, pour faire éclater mes signes au milieu d'eux.

²C'est aussi pour que tu racontes à ton fils et au fils de ton fils comment j'ai traité les Égyptiens, et quels signes j'ai fait éclater au milieu d'eux. Et vous saurez que je suis l'Éternel.

³Moïse et Aaron allèrent vers Pharaon, et lui dirent: Ainsi parle l'Éternel, le Dieu des Hébreux: Jusqu'à quand refuseras-tu de t'humilier devant moi? Laisse aller mon peuple, afin qu'il me serve.

⁴Si tu refuses de laisser aller mon peuple, voici, je ferai venir demain des sauterelles dans toute l'étendue de ton pays.

⁵Elles couvriront la surface de la terre, et l'on ne pourra plus voir la terre; elles dévoreront le reste de ce qui est échappé, ce que vous a laissé la grêle, elles dévoreront tous les arbres qui croissent dans vos champs;

⁶elles rempliront tes maisons, les maisons de tous tes serviteurs et les maisons de tous les Égyptiens. Tes pères et les pères de tes pères n'auront rien vu de pareil depuis qu'ils existent sur la terre jusqu'à ce jour. Moïse se retira, et sortit de chez Pharaon.

⁷Les serviteurs de Pharaon lui dirent: Jusqu'à quand cet homme sera-t-il pour nous un piège? Laisse aller ces gens, et qu'ils servent l'Éternel, leur Dieu. Ne vois-tu pas encore que l'Égypte périt?

⁸On fit revenir vers Pharaon Moïse et Aaron: Allez, leur dit-il, servez l'Éternel, votre Dieu. Qui sont ceux qui iront?

⁹Moïse répondit: Nous irons avec nos enfants et nos vieillards, avec nos fils et nos filles, avec nos brebis et nos boeufs; car c'est pour nous une fête en l'honneur de l'Éternel.

¹⁰Pharaon leur dit: Que l'Éternel soit avec vous, tout comme je vais vous laisser aller, vous et vos enfants! Prenez garde, car le malheur est devant vous!

¹¹Non, non: allez, vous les hommes, et servez l'Éternel, car c'est là ce que vous avez demandé. Et on les chassa de la présence de Pharaon.

¹²L'Éternel dit à Moïse: Étends ta main sur le pays d'Égypte, et que les sauterelles montent sur le pays d'Égypte; qu'elles dévorent toute l'herbe de la terre, tout ce que la grêle a laissé.

¹³Moïse étendit sa verge sur le pays d'Égypte; et l'Éternel fit souffler un vent d'orient sur le pays toute cette journée et toute la nuit. Quand ce fut le matin, le vent d'orient avait apporté les sauterelles.

¹⁴Les sauterelles montèrent sur le pays d'Égypte, et se posèrent dans toute l'étendue de l'Égypte; elles étaient en si grande quantité qu'il n'y avait jamais eu et qu'il n'y aura jamais rien de semblable.

¹⁵Elles couvrirent la surface de toute la terre, et la terre fut dans l'obscurité; elles dévorèrent toute l'herbe de la terre et tout le fruit des arbres, tout ce que la grêle avait laissé; et il ne resta aucune verdure aux arbres ni à l'herbe des champs, dans tout le pays d'Égypte.

¹⁶Aussitôt Pharaon appela Moïse et Aaron, et dit: J'ai péché contre l'Éternel, votre Dieu, et contre vous.

¹⁷Mais pardonne mon péché pour cette fois seulement; et priez l'Éternel, votre Dieu, afin qu'il éloigne de moi encore cette plaie mortelle.

¹⁸Moïse sortit de chez Pharaon, et il pria l'Éternel.

¹⁹L'Éternel fit souffler un vent d'occident très fort, qui emporta les sauterelles, et les précipita dans la mer Rouge; il ne resta pas une seule sauterelle dans toute l'étendue de l'Égypte.

²⁰L'Éternel endurcit le coeur de Pharaon, et Pharaon ne laissa point aller les enfants d'Israël.

²¹L'Éternel dit à Moïse: Étends ta main vers le ciel, et qu'il y ait des ténèbres sur le pays d'Égypte, et que l'on puisse les toucher.

²²Moïse étendit sa main vers le ciel; et il y eut d'épaisses ténèbres dans tout le pays d'Égypte, pendant trois jours.

²³On ne se voyait pas les uns les autres, et personne ne se leva de sa place pendant trois jours. Mais il y avait de la lumière dans les lieux où habitaient tous les enfants d'Israël.

²⁴Pharaon appela Moïse, et dit: Allez, servez l'Éternel. Il n'y aura que vos brebis et vos boeufs qui resteront, et vos enfants pourront aller avec vous.

²⁵Moïse répondit: Tu mettras toi-même entre nos mains de quoi faire les sacrifices et les holocaustes que nous offrirons à l'Éternel, notre Dieu.

²⁶Nos troupeaux iront avec nous, et il ne restera pas un ongle; car c'est là que nous prendrons pour servir l'Éternel, notre Dieu; et jusqu'à ce que nous soyons arrivés, nous ne savons pas ce que nous choisirons pour offrir à l'Éternel.

²⁷L'Éternel endurcit le coeur de Pharaon, et Pharaon ne voulut point les laisser aller.

²⁸Pharaon dit à Moïse: Sors de chez moi! Garde-toi de paraître encore en ma présence, car le jour où tu paraîtras en ma présence, tu mourras.

²⁹Tu l'as dit! répliqua Moïse, je ne paraîtrai plus en ta présence.

Chapitre 11

¹L'Éternel dit à Moïse: Je ferai venir encore une plaie sur Pharaon et sur l'Égypte. Après cela, il vous laissera partir d'ici. Lorsqu'il vous laissera tout à fait aller, il vous chassera même d'ici.

²Parle au peuple, pour que chacun demande à son voisin et chacune à sa voisine des vases d'argent et des vases d'or.

³L'Éternel fit trouver grâce au peuple aux yeux des Égyptiens; Moïse lui-même était très considéré dans le pays d'Égypte, aux yeux des serviteurs de Pharaon et aux yeux du peuple.

⁴Moïse dit: Ainsi parle l'Éternel: Vers le milieu de la nuit, je passerai au travers de l'Égypte;

⁵et tous les premiers-nés mourront dans le pays d'Égypte, depuis le premier-né de Pharaon assis sur son trône, jusqu'au premier-né de la servante qui est derrière la meule, et jusqu'à tous les premiers-nés des animaux.

⁶Il y aura dans tout le pays d'Égypte de grands cris, tels qu'il n'y en a point eu et qu'il n'y en aura plus de semblables.

⁷Mais parmi tous les enfants d'Israël, depuis les hommes jusqu'aux animaux, pas même un chien ne remuera sa langue, afin que vous sachiez quelle différence l'Éternel fait entre l'Égypte et Israël.

⁸Alors tous tes serviteurs que voici descendront vers moi et se prosterneront devant moi, en disant: Sors, toi et tout le peuple qui s'attache à tes pas! Après cela, je sortirai. Moïse sortit de chez Pharaon, dans une ardente colère.

⁹L'Éternel dit à Moïse: Pharaon ne vous écoutera point, afin que mes miracles se multiplient dans le pays d'Égypte.

¹⁰Moïse et Aaron firent tous ces miracles devant Pharaon, et ne Pharaon ne laissa point aller les enfants d'Israël hors de son pays.

Chapitre 12

¹L'Éternel dit à Moïse et à Aaron dans le pays d'Égypte:

²Ce mois-ci sera pour vous le premier des mois; il sera pour vous le premier des mois de l'année.

³Parlez à toute l'assemblée d'Israël, et dites: Le dixième jour de ce mois, on prendra un agneau pour chaque famille, un agneau pour chaque maison.

⁴Si la maison est trop peu nombreuse pour un agneau, on le prendra avec son plus proche voisin, selon le nombre des personnes; vous compterez pour cet agneau d'après ce que chacun peut manger.

⁵Ce sera un agneau sans défaut, mâle, âgé d'un an; vous pourrez prendre un agneau ou un chevreau.

⁶Vous le garderez jusqu'au quatorzième jour de ce mois; et toute l'assemblée d'Israël l'immolera entre les deux soirs.

⁷On prendra de son sang, et on en mettra sur les deux poteaux et sur le linteau de la porte des maisons où on le mangera.

⁸Cette même nuit, on en mangera la chair, rôtie au feu; on la mangera avec des pains sans levain et des herbes amères.

⁹Vous ne le mangerez point à demi cuit et bouilli dans l'eau; mais il sera rôti au feu, avec la tête, les jambes et l'intérieur.

¹⁰Vous n'en laisserez rien jusqu'au matin; et, s'il en reste quelque chose le matin, vous le brûlerez au feu.

¹¹Quand vous le mangerez, vous aurez vos reins ceints, vos souliers aux pieds, et votre bâton à la main; et vous le mangerez à la hâte. C'est la Pâque de l'Éternel.

¹²Cette nuit-là, je passerai dans le pays d'Égypte, et je frapperai tous les premiers-nés du pays d'Égypte, depuis les hommes jusqu'aux animaux, et j'exercerai des jugements contre tous les dieux de l'Égypte. Je suis l'Éternel.

Exode

¹³Le sang vous servira de signe sur les maisons où vous serez; je verrai le sang, et je passerai par-dessus vous, et il n'y aura point de plaie qui vous détruise, quand je frapperai le pays d'Égypte.

¹⁴Vous conserverez le souvenir de ce jour, et vous le célébrerez par une fête en l'honneur de l'Éternel; vous le célébrerez comme une loi perpétuelle pour vos descendants.

¹⁵Pendant sept jours, vous mangerez des pains sans levain. Dès le premier jour, il n'y aura plus de levain dans vos maisons; car toute personne qui mangera du pain levé, du premier jour au septième jour, sera retranchée d'Israël.

¹⁶Le premier jour, vous aurez une sainte convocation; et le septième jour, vous aurez une sainte convocation. On ne fera aucun travail ces jours-là; vous pourrez seulement préparer la nourriture de chaque personne.

¹⁷Vous observerez la fête des pains sans levain, car c'est en ce jour même que j'aurai fait sortir vos armées du pays d'Égypte; vous observerez ce jour comme une loi perpétuelle pour vos descendants.

¹⁸Le premier mois, le quatorzième jour du mois, au soir, vous mangerez des pains sans levain jusqu'au soir du vingt et unième jour.

¹⁹Pendant sept jours, il ne se trouvera point de levain dans vos maisons; car toute personne qui mangera du pain levé sera retranchée de l'assemblée d'Israël, que ce soit un étranger ou un indigène.

²⁰Vous ne mangerez point de pain levé; dans toutes vos demeures, vous mangerez des pains sans levain.

²¹Moïse appela tous les anciens d'Israël, et leur dit: Allez prendre du bétail pour vos familles, et immolez la Pâque.

²²Vous prendrez ensuite un bouquet d'hysope, vous le tremperez dans le sang qui sera dans le bassin, et vous toucherez le linteau et les deux poteaux de la porte avec le sang qui sera dans le bassin. Nul de vous ne sortira de sa maison jusqu'au matin.

²³Quand l'Éternel passera pour frapper l'Égypte, et verra le sang sur le linteau et sur les deux poteaux, l'Éternel passera par-dessus la porte, et il ne permettra pas au destructeur d'entrer dans vos maisons pour frapper.

²⁴Vous observerez cela comme une loi pour vous et pour vos enfants à perpétuité.

²⁵Quand vous serez entrés dans le pays que l'Éternel vous donnera, selon sa promesse, vous observerez cet usage sacré.

²⁶Et lorsque vos enfants vous diront: Que signifie pour vous cet usage?

²⁷vous répondrez: C'est le sacrifice de Pâque en l'honneur de l'Éternel, qui a passé par-dessus les maisons des enfants d'Israël en Égypte, lorsqu'il frappa l'Égypte et qu'il sauva nos maisons. Le peuple s'inclina et se prosterna.

²⁸Et les enfants d'Israël s'en allèrent, et firent ce que l'Éternel avait ordonné à Moïse et à Aaron; ils firent ainsi.

²⁹Au milieu de la nuit, l'Éternel frappa tous les premiers-nés dans le pays d'Égypte, depuis le premier-né de Pharaon assis sur son trône, jusqu'au premier-né du captif dans sa prison, et jusqu'à tous les premiers-nés des animaux.

³⁰Pharaon se leva de nuit, lui et tous ses serviteurs, et tous les Égyptiens; et il y eut de grands cris en Égypte, car il n'y avait point de maison où il n'y eût un mort.

³¹Dans la nuit même, Pharaon appela Moïse et Aaron, et leur dit: Levez-vous, sortez du milieu de mon peuple, vous et les enfants d'Israël. Allez, servez l'Éternel, comme vous l'avez dit.

³²Prenez vos brebis et vos boeufs, comme vous l'avez dit; allez, et bénissez-moi.

³³Les Égyptiens pressaient le peuple, et avaient hâte de le renvoyer du pays, car ils disaient: Nous périrons tous.

³⁴Le peuple emporta sa pâte avant qu'elle fût levée. Ils enveloppèrent les pétrins dans leurs vêtements, et les mirent sur leurs épaules.

³⁵Les enfants d'Israël firent ce que Moïse avait dit, et ils demandèrent aux Égyptiens des vases d'argent, des vases d'or et des vêtements.

³⁶L'Éternel fit trouver grâce au peuple aux yeux des Égyptiens, qui se rendirent à leur demande. Et ils dépouillèrent les Égyptiens.

³⁷Les enfants d'Israël partirent de Ramsès pour Succoth au nombre d'environ six cent mille hommes de pied, sans les enfants.

³⁸Une multitude de gens de toute espèce montèrent avec eux; ils avaient aussi des troupeaux considérables de brebis et de boeufs.

³⁹Ils firent des gâteaux cuits sans levain avec la pâte qu'ils avaient emportée d'Égypte, et qui n'était pas levée; car ils avaient été chassés d'Égypte, sans pouvoir tarder, et sans prendre de provisions avec eux.

⁴⁰Le séjour des enfants d'Israël en Égypte fut de quatre cent trente ans.

⁴¹Et au bout de quatre cent trente ans, le jour même, toutes les armées de l'Éternel sortirent du pays d'Égypte.

⁴²Cette nuit sera célébrée en l'honneur de l'Éternel, parce qu'il les fit sortir du pays d'Égypte; cette nuit sera célébrée en l'honneur de l'Éternel par tous les enfants d'Israël et par leurs descendants.

⁴³L'Éternel dit à Moïse et à Aaron: Voici une ordonnance au sujet de la Pâque: Aucun étranger n'en mangera.

⁴⁴Tu circonciras tout esclave acquis à prix d'argent; alors il en mangera.

⁴⁵L'habitant et le mercenaire n'en mangeront point.

⁴⁶On ne la mangera que dans la maison; vous n'emporterez point de chair hors de la maison, et vous ne briserez aucun os.

⁴⁷Toute l'assemblée d'Israël fera la Pâque.

⁴⁸Si un étranger en séjour chez toi veut faire la Pâque de l'Éternel, tout mâle de sa maison devra être circoncis; alors il s'approchera pour la faire, et il sera comme l'indigène; mais aucun incirconcis n'en mangera.

⁴⁹La même loi existera pour l'indigène comme pour l'étranger en séjour au milieu de vous.

⁵⁰Tous les enfants d'Israël firent ce que l'Éternel avait ordonné à Moïse et à Aaron; ils firent ainsi.

⁵¹Et ce même jour l'Éternel fit sortir du pays d'Égypte les enfants d'Israël, selon leurs armées.

Chapitre 13

¹L'Éternel parla à Moïse, et dit:

²Consacre-moi tout premier-né, tout premier-né parmi les enfants d'Israël, tant des hommes que des animaux: il m'appartient.

³Moïse dit au peuple: Souvenez-vous de ce jour, où vous êtes sortis d'Égypte, de la maison de servitude; car c'est par sa main puissante que l'Éternel vous en a fait sortir. On ne mangera point de pain levé.

⁴Vous sortez aujourd'hui, dans le mois des épis.

⁵Quand l'Éternel t'aura fait entrer dans le pays des Cananéens, des Héthiens, des Amoréens, des Héviens et des Jébusiens, qu'il a juré à tes pères de te donner, pays où coulent le lait et le miel, tu rendras ce culte à l'Éternel dans ce même mois.

⁶Pendant sept jours, tu mangeras des pains sans levain; et le septième jour, il y aura une fête en l'honneur de l'Éternel.

⁷On mangera des pains sans levain pendant les sept jours; on ne verra point chez toi de pain levé, et l'on ne verra point chez toi de levain, dans toute l'étendue de ton pays.

⁸Tu diras alors à ton fils: C'est en mémoire de ce que l'Éternel a fait pour moi, lorsque je suis sorti d'Égypte.

⁹Ce sera pour toi comme un signe sur ta main et comme un souvenir entre tes yeux, afin que la loi de l'Éternel soit dans ta bouche; car c'est par sa main puissante que l'Éternel t'a fait sortir d'Égypte.

¹⁰Tu observeras cette ordonnance au temps fixé d'année en année.

¹¹Quand l'Éternel t'aura fait entrer dans le pays des Cananéens, comme il l'a juré à toi et à tes pères, et qu'il te l'aura donné,

¹²tu consacreras à l'Éternel tout premier-né, même tout premier-né des animaux que tu auras: les mâles appartiennent à l'Éternel.

¹³Tu rachèteras avec un agneau tout premier-né de l'âne; et, si tu ne le rachètes pas, tu lui briseras la nuque. Tu rachèteras aussi tout premier-né de l'homme parmi tes fils.

¹⁴Et lorsque ton fils te demandera un jour: Que signifie cela? tu lui répondras: Par sa main puissante, l'Éternel nous a fait sortir d'Égypte, de la maison de servitude;

¹⁵et, comme Pharaon s'obstinait à ne point nous laisser aller, l'Éternel fit mourir tous les premiers-nés dans le pays d'Égypte, depuis les premiers-nés des hommes jusqu'aux premiers-nés des animaux. Voilà pourquoi j'offre en sacrifice à l'Éternel tout premier-né des mâles, et je rachète tout premier-né de mes fils.

¹⁶Ce sera comme un signe sur ta main et comme des fronteaux entre tes yeux; car c'est par sa main puissante que l'Éternel nous a fait sortir d'Égypte.

¹⁷Lorsque Pharaon laissa aller le peuple, Dieu ne le conduisit point par le chemin du pays des Philistins, quoique le plus proche; car Dieu dit: Le peuple pourrait se repentir en voyant la guerre, et retourner en Égypte.

¹⁸Mais Dieu fit faire au peuple un détour par le chemin du désert, vers la mer Rouge. Les enfants d'Israël montèrent en armes hors du pays d'Égypte.

¹⁹Moïse prit avec lui les os de Joseph; car Joseph avait fait jurer les fils d'Israël, en disant: Dieu vous visitera, et vous ferez remonter avec vous mes os loin d'ici.

²⁰Ils partirent de Succoth, et ils campèrent à Étham, à l'extrémité du désert.

²¹L'Éternel allait devant eux, le jour dans une colonne de nuée

pour les guider dans leur chemin, et la nuit dans une colonne de feu pour les éclairer, afin qu'ils marchassent jour et nuit.

²²La colonne de nuée ne se retirait point de devant le peuple pendant le jour, ni la colonne de feu pendant la nuit.

Chapitre 14

¹L'Éternel parla à Moïse, et dit:

²Parle aux enfants d'Israël; qu'ils se détournent, et qu'ils campent devant Pi Hahiroth, entre Migdol et la mer, vis-à-vis de Baal Tsephon; c'est en face de ce lieu que vous camperez, près de la mer.

³Pharaon dira des enfants d'Israël: Ils sont égarés dans le pays; le désert les enferme.

⁴J'endurcirai le coeur de Pharaon, et il les poursuivra; mais Pharaon et toute son armée serviront à faire éclater ma gloire, et les Égyptiens sauront que je suis l'Éternel. Et les enfants d'Israël firent ainsi.

⁵On annonça au roi d'Égypte que le peuple avait pris la fuite. Alors le coeur de Pharaon et celui de ses serviteurs furent changés à l'égard du peuple. Ils dirent: Qu'avons-nous fait, en laissant aller Israël, dont nous n'aurons plus les services?

⁶Et Pharaon attela son char, et il prit son peuple avec lui.

⁷Il prit six cent chars d'élite, et tous les chars de l'Égypte; il y avait sur tous des combattants.

⁸L'Éternel endurcit le coeur de Pharaon, roi d'Égypte, et Pharaon poursuivit les enfants d'Israël. Les enfants d'Israël étaient sortis la main levée.

⁹Les Égyptiens les poursuivirent; et tous les chevaux, les chars de Pharaon, ses cavaliers et son armée, les atteignirent campés près de la mer, vers Pi Hahiroth, vis-à-vis de Baal Tsephon.

¹⁰Pharaon approchait. Les enfants d'Israël levèrent les yeux, et voici, les Égyptiens étaient en marche derrière eux. Et les enfants d'Israël eurent une grande frayeur, et crièrent à l'Éternel.

¹¹Ils dirent à Moïse: N'y avait-il pas des sépulcres en Égypte, sans qu'il fût besoin de nous mener mourir au désert? Que nous as-tu fait en nous faisant sortir d'Égypte?

¹²N'est-ce pas là ce que nous te disions en Égypte: Laisse-nous servir les Égyptiens, car nous aimons mieux servir les Égyptiens que de mourir au désert?

¹³Moïse répondit au peuple: Ne craignez rien, restez en place, et regardez la délivrance que l'Éternel va vous accorder en ce jour; car les Égyptiens que vous voyez aujourd'hui, vous ne les verrez plus jamais.

¹⁴L'Éternel combattra pour vous; et vous, gardez le silence.

¹⁵L'Éternel dit à Moïse: Pourquoi ces cris? Parle aux enfants d'Israël, et qu'ils marchent.

¹⁶Toi, lève ta verge, étends ta main sur la mer, et fends-la; et les enfants d'Israël entreront au milieu de la mer à sec.

¹⁷Et moi, je vais endurcir le coeur des Égyptiens, pour qu'ils y entrent après eux: et Pharaon et toute son armée, ses chars et ses cavaliers, feront éclater ma gloire.

¹⁸Et les Égyptiens sauront que je suis l'Éternel, quand Pharaon, ses chars et ses cavaliers, auront fait éclater ma gloire.

¹⁹L'ange de Dieu, qui allait devant le camp d'Israël, partit et alla derrière eux; et la colonne de nuée qui les précédait, partit et se tint derrière eux.

²⁰Elle se plaça entre le camp des Égyptiens et le camp d'Israël. Cette nuée était ténébreuse d'un côté, et de l'autre elle éclairait la nuit. Et les deux camps n'approchèrent point l'un de l'autre pendant toute la nuit.

²¹Moïse étendit sa main sur la mer. Et l'Éternel refoula la mer par un vent d'orient, qui souffla avec impétuosité toute la nuit; il mit la mer à sec, et les eaux se fendirent.

²²Les enfants d'Israël entrèrent au milieu de la mer à sec, et les eaux formaient comme une muraille à leur droite et à leur gauche.

²³Les Égyptiens les poursuivirent; et tous les chevaux de Pharaon, ses chars et ses cavaliers, entrèrent après eux au milieu de la mer.

²⁴A la veille du matin, l'Éternel, de la colonne de feu et de nuée, regarda le camp des Égyptiens, et mit en désordre le camp des Égyptiens.

²⁵Il ôta les roues de leurs chars et en rendit la marche difficile. Les Égyptiens dirent alors: Fuyons devant Israël, car l'Éternel combat pour lui contre les Égyptiens.

²⁶L'Éternel dit à Moïse: Étends ta main sur la mer; et les eaux reviendront sur les Égyptiens, sur leurs chars et sur leurs cavaliers.

²⁷Moïse étendit sa main sur la mer. Et vers le matin, la mer reprit son impétuosité, et les Égyptiens s'enfuirent à son approche; mais l'Éternel précipita les Égyptiens au milieu de la mer.

²⁸Les eaux revinrent, et couvrirent les chars, les cavaliers et toute l'armée de Pharaon, qui étaient entrés dans la mer après les enfants d'Israël; et il n'en échappa pas un seul.

²⁹Mais les enfants d'Israël marchèrent à sec au milieu de la mer, et les eaux formaient comme une muraille à leur droite et à leur gauche.

³⁰En ce jour, l'Éternel délivra Israël de la main des Égyptiens; et Israël vit sur le rivage de la mer les Égyptiens qui étaient morts.

³¹Israël vit la main puissante que l'Éternel avait dirigée contre les Égyptiens. Et le peuple craignit l'Éternel, il crut en l'Éternel et en Moïse, son serviteur.

Chapitre 15

¹Alors Moïse et les enfants d'Israël chantèrent ce cantique à l'Éternel. Ils dirent: Je chanterai à l'Éternel, car il a fait éclater sa gloire; Il a précipité dans la mer le cheval et son cavalier.

²L'Éternel est ma force et le sujet de mes louanges; C'est lui qui m'a sauvé. Il est mon Dieu: je le célébrerai; Il est le Dieu de mon père: je l'exalterai.

³L'Éternel est un vaillant guerrier; L'Éternel est son nom.

⁴Il a lancé dans la mer les chars de Pharaon et son armée; Ses combattants d'élite ont été engloutis dans la mer Rouge.

⁵Les flots les ont couverts: Ils sont descendus au fond des eaux, comme une pierre.

⁶Ta droite, ô Éternel! a signalé sa force; Ta droite, ô Éternel! a écrasé l'ennemi.

⁷Par la grandeur de ta majesté Tu renverses tes adversaires; Tu déchaînes ta colère: Elle les consume comme du chaume.

⁸Au souffle de tes narines, les eaux se sont amoncelées, Les courants se sont dressés comme une muraille, Les flots se sont durcis au milieu de la mer.

⁹L'ennemi disait: Je poursuivrai, j'atteindrai, Je partagerai le butin; Ma vengeance sera assouvie, Je tirerai l'épée, ma main les détruira.

¹⁰Tu as soufflé de ton haleine: La mer les a couverts; Ils se sont enfoncés comme du plomb, Dans la profondeur des eaux.

¹¹Qui est comme toi parmi les dieux, ô Éternel? Qui est comme toi magnifique en sainteté, Digne de louanges, Opérant des prodiges?

¹²Tu as étendu ta droite: La terre les a engloutis.

¹³Par ta miséricorde tu as conduit, Tu as délivré ce peuple; Par ta puissance tu le diriges Vers la demeure de ta sainteté.

¹⁴Les peuples l'apprennent, et ils tremblent: La terreur s'empare des Philistins.

¹⁵Les chefs d'Édom s'épouvantent; Un tremblement saisit les guerriers de Moab; Tous les habitants de Canaan tombent en défaillance.

¹⁶La crainte et la frayeur les surprendront; Par la grandeur de ton bras Ils deviendront muets comme une pierre, Jusqu'à ce que ton peuple soit passé, ô Éternel! Jusqu'à ce qu'il soit passé, Le peuple que tu as acquis.

¹⁷Tu les amèneras et tu les établiras sur la montagne de ton héritage, Au lieu que tu as préparé pour ta demeure, ô Éternel! Au sanctuaire, Seigneur! que tes mains ont fondé.

¹⁸L'Éternel régnera éternellement et à toujours.

¹⁹Car les chevaux de Pharaon, ses chars et ses cavaliers sont entrés dans la mer, Et l'Éternel a ramené sur eux les eaux de la mer; Mais les enfants d'Israël ont marché à sec au milieu de la mer.

²⁰Marie, la prophétesse, soeur d'Aaron, prit à la main un tambourin, et toutes les femmes vinrent après elle, avec des tambourins et en dansant.

²¹Marie répondait aux enfants d'Israël: Chantez à l'Éternel, car il a fait éclater sa gloire; Il a précipité dans la mer le cheval et son cavalier.

²²Moïse fit partir Israël de la mer Rouge. Ils prirent la direction du désert de Schur; et, après trois journées de marche dans le désert, ils ne trouvèrent point d'eau.

²³Ils arrivèrent à Mara; mais ils ne purent pas boire l'eau de Mara parce qu'elle était amère. C'est pourquoi ce lieu fut appelé Mara.

²⁴Le peuple murmura contre Moïse, en disant: Que boirons-nous?

²⁵Moïse cria à l'Éternel; et l'Éternel lui indiqua un bois, qu'il jeta dans l'eau. Et l'eau devint douce. Ce fut là que l'Éternel donna au peuple des lois et des ordonnances, et ce fut là qu'il le mit à l'épreuve.

²⁶Il dit: Si tu écoutes attentivement la voix de l'Éternel, ton Dieu, si tu fais ce qui est droit à ses yeux, si tu prêtes l'oreille à ses commandements, et si tu observes toutes ses lois, je ne te frapperai d'aucune des maladies dont j'ai frappé les Égyptiens; car je suis l'Éternel, qui te guérit.

²⁷Ils arrivèrent à Élim, où il y avait douze sources d'eau et soixante-dix palmiers. Ils campèrent là, près de l'eau.

Exode

Chapitre 16

¹Toute l'assemblée des enfants d'Israël partit d'Élim, et ils arrivèrent au désert de Sin, qui est entre Élim et Sinaï, le quinzième jour du second mois après leur sortie du pays d'Égypte.

²Et toute l'assemblée des enfants d'Israël murmura dans le désert contre Moïse et Aaron.

³Les enfants d'Israël leur dirent: Que ne sommes-nous morts par la main de l'Éternel dans le pays d'Égypte, quand nous étions assis près des pots de viande, quand nous mangions du pain à satiété? car vous nous avez menés dans ce désert pour faire mourir de faim toute cette multitude.

⁴L'Éternel dit à Moïse: Voici, je ferai pleuvoir pour vous du pain, du haut des cieux. Le peuple sortira, et en ramassera, jour par jour, la quantité nécessaire, afin que je le mette à l'épreuve, et que je voie s'il marchera, ou non, selon ma loi.

⁵Le sixième jour, lorsqu'ils prépareront ce qu'ils auront apporté, il s'en trouvera le double de ce qu'ils ramasseront jour par jour.

⁶Moïse et Aaron dirent à tous les enfants d'Israël: Ce soir, vous comprendrez que c'est l'Éternel qui vous a fait sortir du pays d'Égypte.

⁷Et, au matin, vous verrez la gloire de l'Éternel, parce qu'il a entendu vos murmures contre l'Éternel; car que sommes-nous, pour que vous murmuriez contre nous?

⁸Moïse dit: L'Éternel vous donnera ce soir de la viande à manger, et au matin du pain à satiété, parce que l'Éternel a entendu les murmures que vous avez proférés contre lui; car que sommes-nous? Ce n'est pas contre nous que sont vos murmures, c'est contre l'Éternel.

⁹Moïse dit à Aaron: Dis à toute l'assemblée des enfants d'Israël: Approchez-vous devant l'Éternel, car il a entendu vos murmures.

¹⁰Et tandis qu'Aaron parlait à toute l'assemblée des enfants d'Israël, ils se tournèrent du côté du désert, et voici, la gloire de l'Éternel parut dans la nuée.

¹¹L'Éternel, s'adressant à Moïse, dit:

¹²J'ai entendu les murmures des enfants d'Israël. Dis-leur: Entre les deux soirs vous mangerez de la viande, et au matin vous vous rassasierez de pain; et vous saurez que je suis l'Éternel, votre Dieu.

¹³Le soir, il survint des cailles qui couvrirent le camp; et, au matin, il y eut une couche de rosée autour du camp.

¹⁴Quand cette rosée fut dissipée, il y avait à la surface du désert quelque chose de menu comme des grains, quelque chose de menu comme la gelée blanche sur la terre.

¹⁵Les enfants d'Israël regardèrent et ils se dirent l'un à l'autre: Qu'est-ce que cela? car ils ne savaient pas ce que c'était. Moïse leur dit: C'est le pain que L'Éternel vous donne pour nourriture.

¹⁶Voici ce que l'Éternel a ordonné: Que chacun de vous en ramasse ce qu'il faut pour sa nourriture, un omer par tête, suivant le nombre de vos personnes; chacun en prendra pour ceux qui sont dans sa tente.

¹⁷Les Israélites firent ainsi; et ils en ramassèrent les uns en plus, les autres moins.

¹⁸On mesurait ensuite avec l'omer; celui qui avait ramassé plus n'avait rien de trop, et celui qui avait ramassé moins n'en manquait pas. Chacun ramassait ce qu'il fallait pour sa nourriture.

¹⁹Moïse leur dit: Que personne n'en laisse jusqu'au matin.

²⁰Ils n'écoutèrent pas Moïse, et il y eut des gens qui en laissèrent jusqu'au matin; mais il s'y mit des vers, et cela devint infect. Moïse fut irrité contre ces gens.

²¹Tous les matins, chacun ramassait ce qu'il fallait pour sa nourriture; et quand venait la chaleur du soleil, cela fondait.

²²Le sixième jour, ils ramassèrent une quantité double de nourriture, deux omers pour chacun. Tous les principaux de l'assemblée vinrent le rapporter à Moïse.

²³Et Moïse leur dit: C'est ce que l'Éternel a ordonné. Demain est le jour du repos, le sabbat consacré à l'Éternel; faites cuire ce que vous avez à faire cuire, faites bouillir ce que vous avez à faire bouillir, et mettez en réserve jusqu'au matin tout ce qui restera.

²⁴Ils le laissèrent jusqu'au matin, comme Moïse l'avait ordonné; et cela ne devint point infect, et il ne s'y mit point de vers.

²⁵Moïse dit: Mangez-le aujourd'hui, car c'est le jour du sabbat; aujourd'hui vous n'en trouverez point dans la campagne.

²⁶Pendant six jours vous en ramasserez; mais le septième jour, qui est le sabbat, il n'y en aura point.

²⁷Le septième jour, quelques-uns du peuple sortirent pour en ramasser, et ils n'en trouvèrent point.

²⁸Alors l'Éternel dit à Moïse: Jusques à quand refuserez-vous d'observer mes commandements et mes lois?

²⁹Considérez que l'Éternel vous a donné le sabbat; c'est pourquoi il vous donne au sixième jour de la nourriture pour deux jours. Que chacun reste à sa place, et que personne ne sorte du lieu où il est au septième jour.

³⁰Et le peuple se reposa le septième jour.

³¹La maison d'Israël donna à cette nourriture le nom de manne. Elle ressemblait à la graine de coriandre; elle était blanche, et avait le goût d'un gâteau au miel.

³²Moïse dit: Voici ce que l'Éternel a ordonné: Qu'un omer rempli de manne soit conservé pour vos descendants, afin qu'ils voient le pain que je vous ai fait manger dans le désert, après vous avoir fait sortir du pays d'Égypte.

³³Et Moïse dit à Aaron: Prends un vase, mets-y de la manne plein un omer, et dépose-le devant l'Éternel, afin qu'il soit conservé pour vos descendants.

³⁴Suivant l'ordre donné par l'Éternel à Moïse, Aaron le déposa devant le témoignage, afin qu'il fût conservé.

³⁵Les enfants d'Israël mangèrent la manne pendant quarante ans, jusqu'à leur arrivée dans un pays habité; ils mangèrent la manne jusqu'à leur arrivée aux frontières du pays de Canaan.

³⁶L'omer est la dixième partie de l'épha.

Chapitre 17

¹Toute l'assemblée des enfants d'Israël partit du désert de Sin, selon les marches que l'Éternel leur avait ordonnées; et ils campèrent à Rephidim, où le peuple ne trouva point d'eau à boire.

²Alors le peuple chercha querelle à Moïse. Ils dirent: Donnez-nous de l'eau à boire. Moïse leur répondit: Pourquoi me cherchez-vous querelle? Pourquoi tentez-vous l'Éternel?

³Le peuple était là, pressé par la soif, et murmurait contre Moïse. Il disait: Pourquoi nous as-tu fait monter hors d'Égypte, pour me faire mourir de soif avec mes enfants et mes troupeaux?

⁴Moïse cria à l'Éternel, en disant: Que ferai-je à ce peuple? Encore un peu, et ils me lapideront.

⁵L'Éternel dit à Moïse: Passe devant le peuple, et prends avec toi des anciens d'Israël; prends aussi dans ta main ta verge avec laquelle tu as frappé le fleuve, et marche!

⁶Voici, je me tiendrai devant toi sur le rocher d'Horeb; tu frapperas le rocher, et il en sortira de l'eau, et le peuple boira. Et Moïse fit ainsi, aux yeux des anciens d'Israël.

⁷Il donna à ce lieu le nom de Massa et Meriba, parce que les enfants d'Israël avaient contesté, et parce qu'ils avaient tenté l'Éternel, en disant: L'Éternel est-il au milieu de nous, ou n'y est-il pas?

⁸Amalek vint combattre Israël à Rephidim.

⁹Alors Moïse dit à Josué: Choisis-nous des hommes, sors, et combats Amalek; demain je me tiendrai sur le sommet de la colline, la verge de Dieu dans ma main.

¹⁰Josué fit ce que lui avait dit Moïse, pour combattre Amalek. Et Moïse, Aaron et Hur montèrent au sommet de la colline.

¹¹Lorsque Moïse élevait sa main, Israël était le plus fort; et lorsqu'il baissait sa main, Amalek était le plus fort.

¹²Les mains de Moïse étant fatiguées, ils prirent une pierre qu'ils placèrent sous lui, et il s'assit dessus. Aaron et Hur soutenaient ses mains, l'un d'un côté, l'autre de l'autre; et ses mains restèrent fermes jusqu'au coucher du soleil.

¹³Et Josué vainquit Amalek et son peuple, au tranchant de l'épée.

¹⁴L'Éternel dit à Moïse: Écris cela dans le livre, pour que le souvenir s'en conserve, et déclare à Josué que j'effacerai la mémoire d'Amalek de dessous les cieux.

¹⁵Moïse bâtit un autel, et lui donna pour nom: l'Éternel ma bannière.

¹⁶Il dit: Parce que la main a été levée sur le trône de l'Éternel, il y aura guerre de l'Éternel contre Amalek, de génération en génération.

Chapitre 18

¹Jéthro, sacrificateur de Madian, beau-père de Moïse, apprit tout ce que Dieu avait fait en faveur de Moïse et d'Israël, son peuple; il apprit que l'Éternel avait fait sortir Israël d'Égypte.

²Jéthro, beau-père de Moïse, prit Séphora, femme de Moïse, qui avait été renvoyée.

³Il prit aussi les deux fils de Séphora; l'un se nommait Guerschom, car Moïse avait dit: J'habite un pays étranger;

⁴l'autre se nommait Éliézer, car il avait dit: Le Dieu de mon père m'a secouru, et il m'a délivré de l'épée de Pharaon.

⁵Jéthro, beau-père de Moïse, avec les fils et la femme de Moïse, vint au désert où il campait, à la montagne de Dieu.

⁶Il fit dire à Moïse: Moi, ton beau-père Jéthro, je viens vers toi, avec ta femme et ses deux fils.

⁷Moïse sortit au-devant de son beau-père, il se prosterna, et il le

baisa. Ils s'informèrent réciproquement de leur santé, et ils entrèrent dans la tente de Moïse.

⁸Moïse raconta à son beau-père tout ce que l'Éternel avait fait à Pharaon et à l'Égypte à cause d'Israël, toutes les souffrances qui leur étaient survenues en chemin, et comment l'Éternel les avait délivrés.

⁹Jéthro se réjouit de tout le bien que l'Éternel avait fait à Israël, et de ce qu'il l'avait délivré de la main des Égyptiens.

¹⁰Et Jéthro dit: Béni soit l'Éternel, qui vous a délivrés de la main des Égyptiens et de la main de Pharaon; qui a délivré le peuple de la main des Égyptiens!

¹¹Je reconnais maintenant que l'Éternel est plus grand que tous les dieux; car la méchanceté des Égyptiens est retombée sur eux.

¹²Jéthro, beau-père de Moïse, offrit à Dieu un holocauste et des sacrifices. Aaron et tous les anciens d'Israël vinrent participer au repas avec le beau-père de Moïse, en présence de Dieu.

¹³Le lendemain, Moïse s'assit pour juger le peuple, et le peuple se tint devant lui depuis le matin jusqu'au soir.

¹⁴Le beau-père de Moïse vit tout ce qu'il faisait pour le peuple, et il dit: Que fais-tu là avec ce peuple? Pourquoi sièges-tu seul, et tout le peuple se tient-il devant toi, depuis le matin jusqu'au soir?

¹⁵Moïse répondit à son beau-père: C'est que le peuple vient à moi pour consulter Dieu.

¹⁶Quand ils ont quelque affaire, ils viennent à moi; je prononce entre eux, et je fais connaître les ordonnances de Dieu et ses lois.

¹⁷Le beau-père de Moïse lui dit: Ce que tu fais n'est pas bien.

¹⁸Tu t'épuiseras toi-même, et tu épuiseras ce peuple qui est avec toi; car la chose est au-dessus de tes forces, tu ne pourras pas y suffire seul.

¹⁹Maintenant écoute ma voix; je vais te donner un conseil, et que Dieu soit avec toi! Sois l'interprète du peuple auprès de Dieu, et porte les affaires devant Dieu.

²⁰Enseigne-leur les ordonnances et les lois; et fais-leur connaître le chemin qu'ils doivent suivre, et ce qu'ils doivent faire.

²¹Choisis parmi tout le peuple des hommes capables, craignant Dieu, des hommes intègres, ennemis de la cupidité; établis-les sur eux comme chefs de mille, chefs de cent, chefs de cinquante et chefs de dix.

²²Qu'ils jugent le peuple en tout temps; qu'ils portent devant toi toutes les affaires importantes, et qu'ils prononcent eux-mêmes sur les petites causes. Allège ta charge, et qu'ils la portent avec toi.

²³Si tu fais cela, et que Dieu te donne des ordres, tu pourras y suffire, et tout ce peuple parviendra heureusement à sa destination.

²⁴Moïse écouta la voix de son beau-père, et fit tout ce qu'il avait dit.

²⁵Moïse choisit des hommes capables parmi tout Israël, et il les établit chefs du peuple, chefs de mille, chefs de cent, chefs de cinquante et chefs de dix.

²⁶Ils jugeaient le peuple en tout temps; ils portaient devant Moïse les affaires difficiles, et ils prononçaient eux-mêmes sur toutes les petites causes.

²⁷Moïse laissa partir son beau-père, et Jéthro s'en alla dans son pays.

Chapitre 19

¹Le troisième mois après leur sortie du pays d'Égypte, les enfants d'Israël arrivèrent ce jour-là au désert de Sinaï.

²Étant partis de Rephidim, ils arrivèrent au désert de Sinaï, et ils campèrent dans le désert; Israël campa là, vis-à-vis de la montagne.

³Moïse monta vers Dieu: et l'Éternel l'appela du haut de la montagne, en disant: Tu parleras ainsi à la maison de Jacob, et tu diras aux enfants d'Israël:

⁴Vous avez vu ce que j'ai fait à l'Égypte, et comment je vous ai portés sur des ailes d'aigle et amenés vers moi.

⁵Maintenant, si vous écoutez ma voix, et si vous gardez mon alliance, vous m'appartiendrez entre tous les peuples, car toute la terre est à moi;

⁶vous serez pour moi un royaume de sacrificateurs et une nation sainte. Voilà les paroles que tu diras aux enfants d'Israël.

⁷Moïse vint appeler les anciens du peuple, et il mit devant eux toutes ces paroles, comme l'Éternel le lui avait ordonné.

⁸Le peuple tout entier répondit: Nous ferons tout ce que l'Éternel a dit. Moïse rapporta les paroles du peuple à l'Éternel.

⁹Et l'Éternel dit à Moïse: Voici, je viendrai vers toi dans une épaisse nuée, afin que le peuple entende quand je te parlerai, et qu'il ait toujours confiance en toi. Moïse rapporta les paroles du peuple à l'Éternel.

¹⁰Et l'Éternel dit à Moïse: Va vers le peuple; sanctifie-les aujourd'hui et demain, qu'ils lavent leurs vêtements.

¹¹Qu'ils soient prêts pour le troisième jour; car le troisième jour l'Éternel descendra, aux yeux de tout le peuple, sur la montagne de Sinaï.

¹²Tu fixeras au peuple des limites tout à l'entour, et tu diras: Gardez-vous de monter sur la montagne, ou d'en toucher le bord. Quiconque touchera la montagne sera puni de mort.

¹³On ne mettra pas la main sur lui, mais on le lapidera, ou on le percera de flèches: animal ou homme, il ne vivra point. Quand la trompette sonnera, ils s'avanceront près de la montagne.

¹⁴Moïse descendit de la montagne vers le peuple; il sanctifia le peuple, et ils lavèrent leurs vêtements.

¹⁵Et il dit au peuple: Soyez prêts dans trois jours; ne vous approchez d'aucune femme.

¹⁶Le troisième jour au matin, il y eut des tonnerres, des éclairs, et une épaisse nuée sur la montagne; le son de la trompette retentit fortement; et tout le peuple qui était dans le camp fut saisi d'épouvante.

¹⁷Moïse fit sortir le peuple du camp, à la rencontre de Dieu; et ils se placèrent au bas de la montagne.

¹⁸La montagne de Sinaï était tout en fumée, parce que l'Éternel y était descendu au milieu du feu; cette fumée s'élevait comme la fumée d'une fournaise, et toute la montagne tremblait avec violence.

¹⁹Le son de la trompette retentissait de plus en plus fortement. Moïse parlait, et Dieu lui répondait à haute voix.

²⁰Ainsi l'Éternel descendit sur la montagne de Sinaï, sur le sommet de la montagne; l'Éternel appela Moïse sur le sommet de la montagne. Et Moïse monta.

²¹L'Éternel dit à Moïse: Descends, fais au peuple la défense expresse de se précipiter vers l'Éternel, pour regarder, de peur qu'un grand nombre d'entre eux ne périssent.

²²Que les sacrificateurs, qui s'approchent de l'Éternel, se sanctifient aussi, de peur que l'Éternel ne les frappe de mort.

²³Moïse dit à l'Éternel: Le peuple ne pourra pas monter sur la montagne de Sinaï, car tu nous en as fait la défense expresse, en disant: Fixe des limites autour de la montagne, et sanctifie-la.

²⁴L'Éternel lui dit: Va, descends; tu monteras ensuite avec Aaron; mais que les sacrificateurs et le peuple ne se précipitent point pour monter vers l'Éternel, de peur qu'il ne les frappe de mort.

²⁵Moïse descendit vers le peuple, et lui dit ces choses.

Chapitre 20

¹Alors Dieu prononça toutes ces paroles, en disant:

²Je suis l'Éternel, ton Dieu, qui t'ai fait sortir du pays d'Égypte, de la maison de servitude.

³Tu n'auras pas d'autres dieux devant ma face.

⁴Tu ne te feras point d'image taillée, ni de représentation quelconque des choses qui sont en haut dans les cieux, qui sont en bas sur la terre, et qui sont dans les eaux plus bas que la terre.

⁵Tu ne te prosterneras point devant elles, et tu ne les serviras point; car moi, l'Éternel, ton Dieu, je suis un Dieu jaloux, qui punis l'iniquité des pères sur les enfants jusqu'à la troisième et la quatrième génération de ceux qui me haïssent,

⁶et qui fais miséricorde jusqu'en mille générations à ceux qui m'aiment et qui gardent mes commandements.

⁷Tu ne prendras point le nom de l'Éternel, ton Dieu, en vain; car l'Éternel ne laissera point impuni celui qui prendra son nom en vain.

⁸Souviens-toi du jour du repos, pour le sanctifier.

⁹Tu travailleras six jours, et tu feras tout ton ouvrage.

¹⁰Mais le septième jour est le jour du repos de l'Éternel, ton Dieu: tu ne feras aucun ouvrage, ni toi, ni ton fils, ni ta fille, ni ton serviteur, ni ta servante, ni ton bétail, ni l'étranger qui est dans tes portes.

¹¹Car en six jours l'Éternel a fait les cieux, la terre et la mer, et tout ce qui y est contenu, et il s'est reposé le septième jour: c'est pourquoi l'Éternel a béni le jour du repos et l'a sanctifié.

¹²Honore ton père et ta mère, afin que tes jours se prolongent dans le pays que l'Éternel, ton Dieu, te donne.

¹³Tu ne tueras point.

¹⁴Tu ne commettras point d'adultère.

¹⁵Tu ne déroberas point.

¹⁶Tu ne porteras point de faux témoignage contre ton prochain.

¹⁷Tu ne convoiteras point la maison de ton prochain; tu ne convoiteras point la femme de ton prochain, ni son serviteur, ni sa servante, ni son boeuf, ni son âne, ni aucune chose qui appartienne à ton prochain.

¹⁸Tout le peuple entendait les tonnerres et le son de la trompette; il voyait les flammes de la montagne fumante. A ce spectacle, le peuple tremblait, et se tenait dans l'éloignement.

¹⁹Ils dirent à Moïse: Parle-nous toi-même, et nous écouterons;

mais que Dieu ne nous parle point, de peur que nous ne mourions.

²⁰Moïse dit au peuple: Ne vous effrayez pas; car c'est pour vous mettre à l'épreuve que Dieu est venu, et c'est pour que vous ayez sa crainte devant les yeux, afin que vous ne péchiez point.

²¹Le peuple restait dans l'éloignement; mais Moïse s'approcha de la nuée où était Dieu.

²²L'Éternel dit à Moïse: Tu parleras ainsi aux enfants d'Israël: Vous avez vu que je vous ai parlé depuis les cieux.

²³Vous ne ferez point des dieux d'argent et des dieux d'or, pour me les associer; vous ne vous en ferez point.

²⁴Tu m'élèveras un autel de terre, sur lequel tu offriras tes holocaustes et tes sacrifices d'actions de grâces, tes brebis et tes boeufs. Partout où je rappellerai mon nom, je viendrai à toi, et je te bénirai.

²⁵Si tu m'élèves un autel de pierre, tu ne le bâtiras point en pierres taillées; car en passant ton ciseau sur la pierre, tu la profanerais.

²⁶Tu ne monteras point à mon autel par des degrés, afin que ta nudité ne soit pas découverte.

Chapitre 21

¹Voici les lois que tu leur présenteras.

²Si tu achètes un esclave hébreu, il servira six années; mais la septième, il sortira libre, sans rien payer.

³S'il est entré seul, il sortira seul; s'il avait une femme, sa femme sortira avec lui.

⁴Si c'est son maître qui lui a donné une femme, et qu'il en ait eu des fils ou des filles, la femme et ses enfants seront à son maître, et il sortira seul.

⁵Si l'esclave dit: J'aime mon maître, ma femme et mes enfants, je ne veux pas sortir libre, -

⁶alors son maître le conduira devant Dieu, et le fera approcher de la porte ou du poteau, et son maître lui percera l'oreille avec un poinçon, et l'esclave sera pour toujours à son service.

⁷Si un homme vend sa fille pour être esclave, elle ne sortira point comme sortent les esclaves.

⁸Si elle déplaît à son maître, qui s'était proposé de la prendre pour femme, il facilitera son rachat; mais il n'aura pas le pouvoir de la vendre à des étrangers, après lui avoir été infidèle.

⁹S'il la destine à son fils, il agira envers elle selon le droit des filles.

¹⁰S'il prend une autre femme, il ne retranchera rien pour la première à la nourriture, au vêtement, et au droit conjugal.

¹¹Et s'il ne fait pas pour elle ces trois choses, elle pourra sortir sans rien payer, sans donner de l'argent.

¹²Celui qui frappera un homme mortellement sera puni de mort.

¹³S'il ne lui a point dressé d'embûches, et que Dieu l'ait fait tomber sous sa main, je t'établirai un lieu où il pourra se réfugier.

¹⁴Mais si quelqu'un agit méchamment contre son prochain, en employant la ruse pour le tuer, tu l'arracheras même de mon autel, pour le faire mourir.

¹⁵Celui qui frappera son père ou sa mère sera puni de mort.

¹⁶Celui qui dérobera un homme, et qui l'aura vendu ou retenu entre ses mains, sera puni de mort.

¹⁷Celui qui maudira son père ou sa mère sera puni de mort.

¹⁸Si des hommes se querellent, et que l'un d'eux frappe l'autre avec une pierre ou avec le poing, sans causer sa mort, mais en l'obligeant à garder le lit,

¹⁹celui qui aura frappé ne sera point puni, dans le cas où l'autre viendrait à se lever et à se promener dehors avec son bâton. Seulement, il le dédommagera de son interruption de travail, et il le fera soigner jusqu'à sa guérison.

²⁰Si un homme frappe du bâton son esclave, homme ou femme, et que l'esclave meure sous sa main, le maître sera puni.

²¹Mais s'il survit un jour ou deux, le maître ne sera point puni; car c'est son argent.

²²Si des hommes se querellent, et qu'ils heurtent une femme enceinte, et la fasse accoucher, sans autre accident, ils seront punis d'une amende imposée par le mari de la femme, et qu'ils paieront devant les juges.

²³Mais s'il y a un accident, tu donneras vie pour vie,

²⁴oeil pour oeil, dent pour dent, main pour main, pied pour pied,

²⁵brûlure pour brûlure, blessure pour blessure, meurtrissure pour meurtrissure.

²⁶Si un homme frappe l'oeil de son esclave, homme ou femme, et qu'il lui fasse perdre l'oeil, il le mettra en liberté, pour prix de son oeil.

²⁷Et s'il fait tomber une dent à son esclave, homme ou femme, il le mettra en liberté, pour prix de sa dent.

²⁸Si un boeuf frappe de ses cornes un homme ou une femme, et que la mort en soit la suite, le boeuf sera lapidé, sa chair ne sera point mangée, et le maître du boeuf ne sera point puni.

²⁹Mais si le boeuf était auparavant sujet à frapper, et qu'on en ait averti le maître, qui ne l'a point surveillé, le boeuf sera lapidé, dans le cas où il tuerait un homme ou une femme, et son maître sera puni de mort.

³⁰Si on impose au maître un prix pour le rachat de sa vie, il paiera tout ce qui lui sera imposé.

³¹Lorsque le boeuf frappera un fils ou une fille, cette loi recevra son application;

³²mais si le boeuf frappe un esclave, homme ou femme, on donnera trente sicles d'argent au maître de l'esclave, et le boeuf sera lapidé.

³³Si un homme met à découvert une citerne, ou si un homme en creuse une et ne la couvre pas, et qu'il y tombe un boeuf ou un âne,

³⁴le possesseur de la citerne paiera au maître la valeur de l'animal en argent, et aura pour lui l'animal mort.

³⁵Si le boeuf d'un homme frappe de ses cornes le boeuf d'un autre homme, et que la mort en soit la suite, ils vendront le boeuf vivant et en partageront le prix; ils partageront aussi le boeuf mort.

³⁶Mais s'il est connu que le boeuf était auparavant sujet à frapper, et que son maître ne l'ait point surveillé, ce maître rendra boeuf pour boeuf, et aura pour lui le boeuf mort.

Chapitre 22

¹Si un homme dérobe un boeuf ou un agneau, et qu'il l'égorge ou le vende, il restituera cinq boeufs pour le boeuf et quatre agneaux pour l'agneau.

²Si le voleur est surpris dérobant avec effraction, et qu'il soit frappé et meure, on ne sera point coupable de meurtre envers lui;

³mais si le soleil est levé, on sera coupable de meurtre envers lui. Il fera restitution; s'il n'a rien, il sera vendu pour son vol.

⁴si ce qu'il a dérobé, boeuf, âne, ou agneau, se trouve encore vivant entre ses mains, il fera une restitution au double.

⁵Si un homme fait du dégât dans un champ ou dans une vigne, et qu'il laisse son bétail paître dans le champ d'autrui, il donnera en dédommagement le meilleur produit de son champ et de sa vigne.

⁶Si un feu éclate et rencontre des épines, et que du blé en gerbes ou sur pied, ou bien le champ, soit consumé, celui qui a causé l'incendie sera tenu à un dédommagement.

⁷Si un homme donne à un autre de l'argent ou des objets à garder, et qu'on les vole dans la maison de ce dernier, le voleur fera une restitution au double, dans le cas où il serait trouvé.

⁸Si le voleur ne se trouve pas, le maître de la maison se présentera devant Dieu, pour déclarer qu'il n'a pas mis la main sur le bien de son prochain.

⁹Dans toute affaire frauduleuse concernant un boeuf, un âne, un agneau, un vêtement, ou un objet perdu, au sujet duquel on dira: C'est cela! -la cause des deux parties ira jusqu'à Dieu; celui que Dieu condamnera fera à son prochain une restitution au double.

¹⁰Si un homme donne à un autre un âne, un boeuf, un agneau, ou un animal quelconque à garder, et que l'animal meure, se casse un membre, ou soit enlevé, sans que personne l'ait vu,

¹¹le serment au nom de l'Éternel interviendra entre les deux parties, et celui qui a gardé l'animal déclarera qu'il n'a pas mis la main sur le bien de son prochain; le maître de l'animal acceptera ce serment, et l'autre ne sera point tenu à une restitution.

¹²Mais si l'animal a été dérobé chez lui, il sera tenu vis-à-vis de son maître à une restitution.

¹³Si l'animal a été déchiré, il le produira en témoignage, et il ne sera point tenu à une restitution pour ce qui a été déchiré.

¹⁴Si un homme emprunte à un autre un animal, et que l'animal se casse un membre ou qu'il meure, en l'absence de son maître, il y aura lieu à restitution.

¹⁵Si le maître est présent, il n'y aura pas lieu à restitution. Si l'animal a été loué, le prix du louage suffira.

¹⁶Si un homme séduit une vierge qui n'est point fiancée, et qu'il couche avec elle, il paiera sa dot et la prendra pour femme.

¹⁷Si le père refuse de la lui accorder, il paiera en argent la valeur de la dot des vierges.

¹⁸Tu ne laisseras point vivre la magicienne.

¹⁹Quiconque couche avec une bête sera puni de mort.

²⁰Celui qui offre des sacrifices à d'autres dieux qu'à l'Éternel seul sera voué à l'extermination.

²¹Tu ne maltraiteras point l'étranger, et tu ne l'opprimeras point; car vous avez été étrangers dans le pays d'Égypte.

²²Tu n'affligeras point la veuve, ni l'orphelin.

²³Si tu les affliges, et qu'ils viennent à moi, j'entendrai leurs cris;
²⁴ma colère s'enflammera, et je vous détruirai par l'épée; vos femmes deviendront veuves, et vos enfants orphelins.

²⁵Si tu prêtes de l'argent à mon peuple, au pauvre qui est avec toi, tu ne seras point à son égard comme un créancier, tu n'exigeras de lui point d'intérêt.

²⁶Si tu prends en gage le vêtement de ton prochain, tu le lui rendras avant le coucher du soleil;

²⁷car c'est sa seule couverture, c'est le vêtement dont il s'enveloppe le corps: dans quoi coucherait-il? S'il crie à moi, je l'entendrai, car je suis miséricordieux.

²⁸Tu ne maudiras point Dieu, et tu ne maudiras point le prince de ton peuple.

²⁹Tu ne différeras point de m'offrir les prémices de ta moisson et de ta vendange. Tu me donneras le premier-né de tes fils.

³⁰Tu me donneras aussi le premier-né de ta vache et de ta brebis; il restera sept jours avec sa mère; le huitième jour, tu me le donneras.

³¹Vous serez pour moi des hommes saints. Vous ne mangerez point de chair déchirée dans les champs: vous la jetterez aux chiens.

Chapitre 23

¹Tu ne répandras point de faux bruit. Tu ne te joindras point au méchant pour faire un faux témoignage.

²Tu ne suivras point la multitude pour faire le mal; et tu ne déposeras point dans un procès en te mettant du côté du grand nombre, pour violer la justice.

³Tu ne favoriseras point le pauvre dans son procès.

⁴Si tu rencontres le boeuf de ton ennemi ou son âne égaré, tu le lui ramèneras.

⁵Si tu vois l'âne de ton ennemi succombant sous sa charge, et que tu hésites à le décharger, tu l'aideras à le décharger.

⁶Tu ne porteras point atteinte au droit du pauvre dans son procès.

⁷Tu ne prononceras point de sentence inique, et tu ne feras point mourir l'innocent et le juste; car je n'absoudrai point le coupable.

⁸Tu ne recevras point de présent; car les présents aveuglent ceux qui ont les yeux ouverts et corrompent les paroles des justes.

⁹Tu n'opprimeras point l'étranger; vous savez ce qu'éprouve l'étranger, car vous avez été étrangers dans le pays d'Égypte.

¹⁰Pendant six années, tu ensemenceras la terre, et tu en recueilleras le produit.

¹¹Mais la septième, tu lui donneras du relâche et tu la laisseras en repos; les pauvres de ton peuple en jouiront, et les bêtes des champs mangeront ce qui restera. Tu feras de même pour ta vigne et pour tes oliviers.

¹²Pendant six jours, tu feras ton ouvrage. Mais le septième jour, tu te reposeras, afin que ton boeuf et ton âne aient du repos, afin que le fils de ton esclave et l'étranger aient du relâche.

¹³Vous observerez tout ce que je vous ai dit, et vous ne prononcerez point le nom d'autres dieux: qu'on ne l'entende point sortir de votre bouche.

¹⁴Trois fois par année, tu célébreras des fêtes en mon honneur.

¹⁵Tu observeras la fête des pains sans levain; pendant sept jours, au temps fixé dans le mois des épis, tu mangeras des pains sans levain, comme je t'en ai donné l'ordre, car c'est dans ce mois que tu es sorti d'Égypte; et l'on ne se présentera point à vide devant ma face.

¹⁶Tu observeras la fête de la moisson, des prémices de ton travail, de ce que tu auras semé dans les champs; et la fête de la récolte, à la fin de l'année, quand tu recueilleras des champs le fruit de ton travail.

¹⁷Trois fois par année, tous les mâles se présenteront devant le Seigneur, l'Éternel.

¹⁸Tu n'offriras point avec du pain levé le sang de la victime sacrifiée en mon honneur; et sa graisse ne sera point gardée pendant la nuit jusqu'au matin.

¹⁹Tu apporteras à la maison de l'Éternel, ton Dieu, les prémices des premiers fruits de la terre. Tu ne feras point cuire un chevreau dans le lait de sa mère.

²⁰Voici, j'envoie un ange devant toi, pour te protéger en chemin, et pour te faire arriver au lieu que j'ai préparé.

²¹Tiens-toi sur tes gardes en sa présence, et écoute sa voix; ne lui résiste point, parce qu'il ne pardonnera pas vos péchés, car mon nom est en lui.

²²Mais si tu écoutes sa voix, et si tu fais tout ce que je te dirai, je serai l'ennemi de tes ennemis et l'adversaire de tes adversaires.

²³Mon ange marchera devant toi, et te conduira chez les Amoréens, les Héthiens, les Phéréziens, les Cananéens, les Héviens et les Jébusiens, et je les exterminerai.

²⁴Tu ne te prosterneras point devant leurs dieux, et tu ne les serviras point; tu n'imiteras point ces peuples dans leur conduite, mais tu les détruiras, et tu briseras leurs statues.

²⁵Vous servirez l'Éternel, votre Dieu, et il bénira votre pain et vos eaux, et j'éloignerai la maladie du milieu de toi.

²⁶Il n'y aura dans ton pays ni femme qui avorte, ni femme stérile. Je remplirai le nombre de tes jours.

²⁷J'enverrai ma terreur devant toi, je mettrai en déroute tous les peuples chez lesquels tu arriveras, et je ferai tourner le dos devant toi à tous tes ennemis.

²⁸J'enverrai les frelons devant toi, et ils chasseront loin de ta face les Héviens, les Cananéens et les Héthiens.

²⁹Je ne les chasserai pas en une seule année loin de ta face, de peur que le pays ne devienne un désert et que les bêtes des champs ne se multiplient contre toi.

³⁰Je les chasserai peu à peu loin de ta face, jusqu'à ce que tu augmentes en nombre et que tu puisses prendre possession du pays.

³¹J'établirai tes limites depuis la mer Rouge jusqu'à la mer des Philistins, et depuis le désert jusqu'au fleuve; car je livrerai entre vos mains les habitants du pays, et tu les chasseras devant toi.

³²Tu ne feras point d'alliance avec eux, ni avec leurs dieux.

³³Ils n'habiteront point dans ton pays, de peur qu'ils ne te fassent pécher contre moi; car tu servirais leurs dieux, et ce serait un piège pour toi.

Chapitre 24

¹Dieu dit à Moïse: Monte vers l'Éternel, toi et Aaron, Nadab et Abihu, et soixante-dix des anciens d'Israël, et vous vous prosternerez de loin.

²Moïse s'approchera seul de l'Éternel; les autres ne s'approcheront pas, et le peuple ne montera point avec lui.

³Moïse vint rapporter au peuple toutes les paroles de l'Éternel et toutes les lois. Le peuple entier répondit d'une même voix: Nous ferons tout ce que l'Éternel a dit.

⁴Moïse écrivit toutes les paroles de l'Éternel. Puis il se leva de bon matin; il bâtit un autel au pied de la montagne, et dressa douze pierres pour les douze tribus d'Israël.

⁵Il envoya des jeunes hommes, enfants d'Israël, pour offrir à l'Éternel des holocaustes, et immoler des taureaux en sacrifices d'actions de grâces.

⁶Moïse prit la moitié du sang, qu'il mit dans des bassins, et il répandit l'autre moitié sur l'autel.

⁷Il prit le livre de l'alliance, et le lut en présence du peuple; ils dirent: Nous ferons tout ce que l'Éternel a dit, et nous obéirons.

⁸Moïse prit le sang, et il le répandit sur le peuple, en disant: Voici le sang de l'alliance que l'Éternel a faite avec vous selon toutes ces paroles.

⁹Moïse monta avec Aaron, Nadab et Abihu, et soixante-dix anciens d'Israël.

¹⁰Ils virent le Dieu d'Israël; sous ses pieds, c'était comme un ouvrage de saphir transparent, comme le ciel lui-même dans sa pureté.

¹¹Il n'étendit point sa main sur l'élite des enfants d'Israël. Ils virent Dieu, et ils mangèrent et burent.

¹²L'Éternel dit à Moïse: Monte vers moi sur la montagne, et reste là; je te donnerai des tables de pierre, la loi et les ordonnances que j'ai écrites pour leur instruction.

¹³Moïse se leva, avec Josué qui le servait, et Moïse monta sur la montagne de Dieu.

¹⁴Il dit aux anciens: Attendez-nous ici, jusqu'à ce que nous revenions auprès de vous. Voici, Aaron et Hur resteront avec vous; si quelqu'un a un différend, c'est à eux qu'il s'adressera.

¹⁵Moïse monta sur la montagne, et la nuée couvrit la montagne.

¹⁶La gloire de l'Éternel reposa sur la montagne de Sinaï, et la nuée le couvrit pendant six jours. Le septième jour, l'Éternel appela Moïse du milieu de la nuée.

¹⁷L'aspect de la gloire de l'Éternel était comme un feu dévorant sur le sommet de la montagne, aux yeux des enfants d'Israël.

¹⁸Moïse entra au milieu de la nuée, et il monta sur la montagne. Moïse demeura sur la montagne quarante jours et quarante nuits.

Chapitre 25

¹L'Éternel parla à Moïse, et dit:

²Parle aux enfants d'Israël. Qu'ils m'apportent une offrande; vous la recevrez pour moi de tout homme qui la fera de bon coeur.

³Voici ce que vous recevrez d'eux en offrande: de l'or, de l'argent et de l'airain;

⁴des étoffes teintes en bleu, en pourpre, en cramoisi, du fin lin et du poil de chèvre;

Exode

⁵des peaux de béliers teintes en rouge et des peaux de dauphins; du bois d'acacia;

⁶de l'huile pour le chandelier, des aromates pour l'huile d'onction et pour le parfum odoriférant;

⁷des pierres d'onyx et d'autres pierres pour la garniture de l'éphod et du pectoral.

⁸Ils me feront un sanctuaire, et j'habiterai au milieu d'eux.

⁹Vous ferez le tabernacle et tous ses ustensiles d'après le modèle que je vais te montrer.

¹⁰Ils feront une arche de bois d'acacia, sa longueur sera de deux coudées et demie, sa largeur d'une coudée et demie, et sa hauteur d'une coudée et demie.

¹¹Tu la couvriras d'or pur, tu la couvriras en dedans et en dehors, et tu y feras une bordure d'or tout autour.

¹²Tu fondras pour elle quatre anneaux d'or, et tu les mettras à ses quatre coins, deux anneaux d'un côté et deux anneaux de l'autre côté.

¹³Tu feras des barres de bois d'acacia, et tu les couvriras d'or.

¹⁴Tu passeras les barres dans les anneaux sur les côtés de l'arche, pour qu'elles servent à porter l'arche;

¹⁵les barres resteront dans les anneaux de l'arche, et n'en seront point retirées.

¹⁶Tu mettras dans l'arche le témoignage, que je te donnerai.

¹⁷Tu feras un propitiatoire d'or pur; sa longueur sera de deux coudées et demie, et sa largeur d'une coudée et demie.

¹⁸Tu feras deux chérubins d'or, tu les feras d'or battu, aux deux extrémités du propitiatoire;

¹⁹fais un chérubin à l'une des extrémités et un chérubin à l'autre extrémité; vous ferez les chérubins sortant du propitiatoire à ses deux extrémités.

²⁰Les chérubins étendront les ailes par-dessus, couvrant de leurs ailes le propitiatoire, et se faisant face l'un à l'autre; les chérubins auront la face tournée vers le propitiatoire.

²¹Tu mettras le propitiatoire sur l'arche, et tu mettras dans l'arche le témoignage, que je te donnerai.

²²C'est là que je me rencontrerai avec toi; du haut du propitiatoire, entre les deux chérubins placés sur l'arche du témoignage, je te donnerai tous mes ordres pour les enfants d'Israël.

²³Tu feras une table de bois d'acacia; sa longueur sera de deux coudées, sa largeur d'une coudée, et sa hauteur d'une coudée et demie.

²⁴Tu la couvriras d'or pur, et tu y feras une bordure d'or tout autour.

²⁵Tu y feras à l'entour un rebord de quatre doigts, sur lequel tu mettras une bordure d'or tout autour.

²⁶Tu feras pour la table quatre anneaux d'or, et tu mettras les anneaux aux quatre coins, qui seront à ses quatre pieds.

²⁷Les anneaux seront près du rebord, et recevront les barres pour porter la table.

²⁸Tu feras les barres de bois d'acacia, et tu les couvriras d'or; et elles serviront à porter la table.

²⁹Tu feras ses plats, ses coupes, ses calices et ses tasses, pour servir aux libations; tu les feras d'or pur.

³⁰Tu mettras sur la table les pains de proposition continuellement devant ma face.

³¹Tu feras un chandelier d'or pur; ce chandelier sera fait d'or battu; son pied, sa tige, ses calices, ses pommes et ses fleurs seront d'une même pièce.

³²Six branches sortiront de ses côtés, trois branches du chandelier de l'un des côtés, et trois branches du chandelier de l'autre côté.

³³Il y aura sur une branche trois calices en forme d'amande, avec pommes et fleurs, et sur une autre branche trois calices en forme d'amande, avec pommes et fleurs; il en sera de même pour les six branches sortant du chandelier.

³⁴A la tige du chandelier, il y aura quatre calices en forme d'amande, avec leurs pommes et leurs fleurs.

³⁵Il y aura une pomme sous deux des branches sortant de la tige du chandelier, une pomme sous deux autres branches, et une pomme sous deux autres branches; il en sera de même pour les six branches sortant du chandelier.

³⁶Les pommes et les branches du chandelier seront d'une même pièce: il sera tout entier d'or battu, d'or pur.

³⁷Tu feras ses sept lampes, qui seront placées dessus, de manière à éclairer en face.

³⁸Ses mouchettes et ses vases à cendre seront d'or pur.

³⁹On emploiera un talent d'or pur pour faire le chandelier avec tous ses ustensiles.

⁴⁰Regarde, et fais d'après le modèle qui t'est montré sur la montagne.

Chapitre 26

¹Tu feras le tabernacle de dix tapis de fin lin retors, et d'étoffes teintes en bleu, en pourpre et en cramoisi; tu y représenteras des chérubins artistement travaillés.

²La longueur d'un tapis sera de vingt-huit coudées, et la largeur d'un tapis sera de quatre coudées; la mesure sera la même pour tous les tapis.

³Cinq de ces tapis seront joints ensemble; les cinq autres seront aussi joints ensemble.

⁴Tu feras des lacets bleus au bord du tapis terminant le premier assemblage; et tu feras de même au bord du tapis terminant le second assemblage.

⁵Tu mettras cinquante lacets au premier tapis, et tu mettras cinquante lacets au bord du tapis terminant le second assemblage; ces lacets se correspondront les uns aux autres.

⁶Tu feras cinquante agrafes d'or, et tu joindras les tapis l'un à l'autre avec les agrafes. Et le tabernacle formera un tout.

⁷Tu feras des tapis de poil de chèvre, pour servir de tente sur le tabernacle; tu feras onze de ces tapis.

⁸La longueur d'un tapis sera de trente coudées, et la largeur d'un tapis sera de quatre coudées; la mesure sera la même pour les onze tapis.

⁹Tu joindras séparément cinq de ces tapis, et les six autres séparément, et tu redoubleras le sixième tapis sur le devant de la tente.

¹⁰Tu mettras cinquante lacets au bord du tapis terminant le premier assemblage, et cinquante lacets au bord du tapis du second assemblage.

¹¹Tu feras cinquante agrafes d'airain, et tu feras entrer les agrafes dans les lacets. Tu assembleras ainsi la tente, qui fera un tout.

¹²Comme il y aura du surplus dans les tapis de la tente, la moitié du tapis de reste retombera sur le derrière du tabernacle;

¹³la coudée d'une part, et la coudée d'autre part, qui seront de reste sur la longueur des tapis de la tente, retomberont sur les deux côtés du tabernacle, pour le couvrir.

¹⁴Tu feras pour la tente une couverture de peaux de béliers teintes en rouge, et une couverture de peaux de dauphins par-dessus.

¹⁵Tu feras des planches pour le tabernacle; elles seront de bois d'acacia, placées debout.

¹⁶La longueur d'une planche sera de dix coudées, et la largeur d'une planche sera d'une coudée et demie.

¹⁷Il y aura à chaque planche deux tenons joints l'un à l'autre; tu feras de même pour toutes les planches du tabernacle.

¹⁸Tu feras vingt planches pour le tabernacle, du côté du midi.

¹⁹Tu mettras quarante bases d'argent sous les vingt planches, deux bases sous chaque planche pour ses deux tenons.

²⁰Tu feras vingt planches pour le second côté du tabernacle, le côté du nord,

²¹et leurs quarante bases d'argent, deux bases sous chaque planche.

²²Tu feras six planches pour le fond du tabernacle, du côté de l'occident.

²³Tu feras deux planches pour les angles du tabernacle, dans le fond;

²⁴elles seront doubles depuis le bas, et bien liées à leur sommet par un anneau; il en sera de même pour toutes les deux, placées aux deux angles.

²⁵Il y aura ainsi huit planches, avec leurs bases d'argent, soit seize bases, deux bases sous chaque planche.

²⁶Tu feras cinq barres de bois d'acacia pour les planches de l'un des côtés du tabernacle,

²⁷cinq barres pour les planches du second côté du tabernacle, et cinq barres pour les planches du côté du tabernacle formant le fond vers l'occident.

²⁸La barre du milieu traversera les planches d'une extrémité à l'autre.

²⁹Tu couvriras d'or les planches, et tu feras d'or leurs anneaux qui recevront les barres, et tu couvriras d'or les barres.

³⁰Tu dresseras le tabernacle d'après le modèle qui t'est montré sur la montagne.

³¹Tu feras un voile bleu, pourpre et cramoisi, et de fin lin retors; il sera artistement travaillé, et l'on y représentera des chérubins.

³²Tu le mettras sur quatre colonnes d'acacia, couvertes d'or; ces colonnes auront des crochets d'or, et poseront sur quatre bases d'argent.

³³Tu mettras le voile au-dessous des agrafes, et c'est là, en dedans du voile, que tu feras entrer l'arche du témoignage; le voile vous servira de séparation entre le lieu saint et le lieu très saint.

³⁴Tu mettras le propitiatoire sur l'arche du témoignage dans le lieu très saint.

³⁵Tu mettras la table en dehors du voile, et le chandelier en face de la table, au côté méridional du tabernacle; et tu mettras la table au côté

septentrional.

³⁶Tu feras pour l'entrée de la tente un rideau bleu, pourpre et cramoisi, et de fin lin retors; ce sera un ouvrage de broderie.

³⁷Tu feras pour le rideau cinq colonnes d'acacia, et tu les couvriras d'or; elles auront des crochets d'or, et tu fondras pour elles cinq bases d'airain.

Chapitre 27

¹Tu feras l'autel de bois d'acacia; sa longueur sera de cinq coudées, et sa largeur de cinq coudées. L'autel sera carré, et sa hauteur sera de trois coudées.

²Tu feras, aux quatre coins, des cornes qui sortiront de l'autel; et tu le couvriras d'airain.

³Tu feras pour l'autel des cendriers, des pelles, des bassins, des fourchettes et des brasiers; tu feras d'airain tous ses ustensiles.

⁴Tu feras à l'autel une grille d'airain, en forme de treillis, et tu mettras quatre anneaux d'airain aux quatre coins du treillis.

⁵Tu le placeras au-dessous du rebord de l'autel, à partir du bas, jusqu'à la moitié de la hauteur de l'autel.

⁶Tu feras des barres pour l'autel, des barres de bois d'acacia, et tu les couvriras d'airain.

⁷On passera les barres dans les anneaux; et les barres seront aux deux côtés de l'autel, quand on le portera.

⁸Tu le feras creux, avec des planches; il sera fait tel qu'il t'est montré sur la montagne.

⁹Tu feras le parvis du tabernacle. Du côté du midi, il y aura, pour former le parvis, des toiles de fin lin retors, sur une longueur de cent coudées pour ce premier côté,

¹⁰avec vingt colonnes posant sur vingt bases d'airain; les crochets des colonnes et leurs tringles seront d'argent.

¹¹Du côté du nord, il y aura également des toiles sur une longueur de cent coudées, avec vingt colonnes et leurs vingt bases d'airain; les crochets des colonnes et leurs tringles seront d'argent.

¹²Du côté de l'occident, il y aura pour la largeur du parvis cinquante coudées de toiles, avec dix colonnes et leurs dix bases.

¹³Du côté de l'orient, sur les cinquante coudées de largeur du parvis,

¹⁴il y aura quinze coudées de toiles pour une aile, avec trois colonnes et leurs trois bases,

¹⁵et quinze coudées de toiles pour la seconde aile, avec trois colonnes et leurs trois bases.

¹⁶Pour la porte du parvis il y aura un rideau de vingt coudées, bleu, pourpre et cramoisi, et de fin lin retors, en ouvrage de broderie, avec quatre colonnes et leurs quatre bases.

¹⁷Toutes les colonnes formant l'enceinte du parvis auront des tringles d'argent, des crochets d'argent, et des bases d'airain.

¹⁸La longueur du parvis sera de cent coudées, sa largeur de cinquante de chaque côté, et sa hauteur de cinq coudées; les toiles seront de fin lin retors, et les bases d'airain.

¹⁹Tous les ustensiles destinés au service du tabernacle, tous ses pieux, et tous les pieux du parvis, seront d'airain.

²⁰Tu ordonneras aux enfants d'Israël de t'apporter pour le chandelier de l'huile pure d'olives concassées, afin d'entretenir les lampes continuellement.

²¹C'est dans la tente d'assignation, en dehors du voile qui est devant le témoignage, qu'Aaron et ses fils la prépareront, pour que les lampes brûlent du soir au matin en présence de l'Éternel. C'est une loi perpétuelle pour leurs descendants, et que devront observer les enfants d'Israël.

Chapitre 28

¹Fais approcher de toi Aaron, ton frère, et ses fils, et prends-les parmi les enfants d'Israël pour les consacrer à mon service dans le sacerdoce: Aaron et les fils d'Aaron, Nadab, Abihu, Éléazar et Ithamar.

²Tu feras à Aaron, ton frère, des vêtements sacrés, pour marquer sa dignité et pour lui servir de parure.

³Tu parleras à tous ceux qui sont habiles, à qui j'ai donné un esprit plein d'intelligence; et ils feront les vêtements d'Aaron, afin qu'il soit consacré et qu'il exerce mon sacerdoce.

⁴Voici les vêtements qu'ils feront: un pectoral, un éphod, une robe, une tunique brodée, une tiare, et une ceinture. Ils feront des vêtements sacrés à Aaron, ton frère, et à ses fils, afin qu'ils exercent mon sacerdoce.

⁵Ils emploieront de l'or, des étoffes teintes en bleu, en pourpre, en cramoisi, et de fin lin.

⁶Ils feront l'éphod d'or, de fil bleu, pourpre et cramoisi, et de fin lin retors; il sera artistement travaillé.

⁷On y fera deux épaulettes, qui le joindront par ses deux extrémités; et c'est ainsi qu'il sera joint.

⁸La ceinture sera du même travail que l'éphod et fixée sur lui; elle sera d'or, de fil bleu, pourpre et cramoisi, et de fin lin retors.

⁹Tu prendras deux pierres d'onyx, et tu y graveras les noms des fils d'Israël,

¹⁰six de leurs noms sur une pierre, et les six autres sur la seconde pierre, d'après l'ordre des naissances.

¹¹Tu graveras sur les deux pierres les noms des fils d'Israël, comme on grave les pierres et les cachets; tu les entoureras de montures d'or.

¹²Tu mettras les deux pierres sur les épaulettes de l'éphod, en souvenir des fils d'Israël; et c'est comme souvenir qu'Aaron portera leurs noms devant l'Éternel sur ses deux épaules.

¹³Tu feras des montures d'or,

¹⁴et deux chaînettes d'or pur, que tu tresseras en forme de cordons; et tu fixeras aux montures les chaînettes ainsi tressées.

¹⁵Tu feras le pectoral du jugement, artistement travaillé; tu le feras du même travail que l'éphod, tu le feras d'or, de fil bleu, pourpre et cramoisi, et de fin lin retors.

¹⁶Il sera carré et double; sa longueur sera d'un empan, et sa largeur d'un empan.

¹⁷Tu y enchâsseras une garniture de pierres, quatre rangées de pierres: première rangée, une sardoine, une topaze, une émeraude;

¹⁸seconde rangée, une escarboucle, un saphir, un diamant;

¹⁹troisième rangée, une opale, une agate, une améthyste;

²⁰quatrième rangée, une chrysolithe, un onyx, un jaspe. Ces pierres seront enchâssées dans leurs montures d'or.

²¹Il y en aura douze, d'après les noms des fils d'Israël; elles seront gravées comme des cachets, chacune avec le nom de l'une des douze tribus. -

²²Tu feras sur le pectoral des chaînettes d'or pur, tressées en forme de cordons.

²³Tu feras sur le pectoral deux anneaux d'or, et tu mettras ces deux anneaux aux deux extrémités du pectoral.

²⁴Tu passeras les deux cordons d'or dans les deux anneaux aux deux extrémités du pectoral;

²⁵et tu arrêteras par devant les bouts des deux cordons aux deux montures placées sur les épaulettes de l'éphod.

²⁶Tu feras encore deux anneaux d'or, que tu mettras aux deux extrémités du pectoral, sur le bord intérieur appliqué contre l'éphod.

²⁷Et tu feras deux autres anneaux d'or, que tu mettras au bas des deux épaulettes de l'éphod, sur le devant, près de la jointure, au-dessus de la ceinture de l'éphod.

²⁸On attachera le pectoral par ses anneaux de l'éphod avec un cordon bleu, afin que le pectoral soit au-dessus de la ceinture de l'éphod et qu'il ne puisse pas se séparer de l'éphod.

²⁹Lorsque Aaron entrera dans le sanctuaire, il portera sur son coeur les noms des fils d'Israël, gravés sur le pectoral du jugement, pour en conserver à toujours le souvenir devant l'Éternel. -

³⁰Tu joindras au pectoral du jugement l'urim et le thummim, et ils seront sur le coeur d'Aaron, lorsqu'il se présentera devant l'Éternel. Ainsi, Aaron portera constamment sur son coeur le jugement des enfants d'Israël, lorsqu'il se présentera devant l'Éternel.

³¹Tu feras la robe de l'éphod entièrement d'étoffe bleue.

³²Il y aura, au milieu, une ouverture pour la tête; et cette ouverture aura tout autour un bord tissé, comme l'ouverture d'une cotte de mailles, afin que la robe ne se déchire pas.

³³Tu mettras autour de la bordure, en bas, des grenades de couleur bleue, pourpre et cramoisie, entremêlées de clochettes d'or:

³⁴une clochette d'or et une grenade, une clochette d'or et une grenade, sur tout le tour de la bordure de la robe.

³⁵Aaron s'en revêtira pour faire le service; quand il entrera dans le sanctuaire devant l'Éternel, et quand il en sortira, on entendra le son des clochettes, et il ne mourra point.

³⁶Tu feras une lame d'or pur, et tu y graveras, comme on grave un cachet: Sainteté à l'Éternel.

³⁷Tu l'attacheras avec un cordon bleu sur la tiare, sur le devant de la tiare.

³⁸Elle sera sur le front d'Aaron; et Aaron sera chargé des iniquités commises par les enfants d'Israël en faisant toutes leurs saintes offrandes; elle sera constamment sur son front devant l'Éternel, pour qu'il leur soit favorable.

³⁹Tu feras la tunique de fin lin; tu feras une tiare de fin lin, et tu feras une ceinture brodée.

⁴⁰Pour les fils d'Aaron tu feras des tuniques, tu leur feras des ceintures, et tu leur feras des bonnets, pour marquer leur dignité et pour leur servir de parure.

⁴¹Tu en revêtiras Aaron, ton frère, et ses fils avec lui. Tu les oindras, tu les consacreras, tu les sanctifieras, et ils seront à mon service dans le sacerdoce.

⁴²Fais-leur des caleçons de lin, pour couvrir leur nudité; ils iront depuis les reins jusqu'aux cuisses.

⁴³Aaron et ses fils les porteront, quand ils entreront dans la tente d'assignation, ou quand ils s'approcheront de l'autel, pour faire le service dans le sanctuaire; ainsi ils ne se rendront point coupables, et ne mourront point. C'est une loi perpétuelle pour Aaron et pour ses descendants après lui.

Chapitre 29

¹Voici ce que tu feras pour les sanctifier, afin qu'ils soient à mon service dans le sacerdoce. Prends un jeune taureau et deux béliers sans défaut.

²Fais, avec de la fleur de farine de froment, des pains sans levain, des gâteaux sans levain pétris à l'huile, et des galettes sans levain arrosées d'huile.

³Tu les mettras dans une corbeille, en offrant le jeune taureau et les deux béliers.

⁴Tu feras avancer Aaron et ses fils vers l'entrée de la tente d'assignation, et tu les laveras avec de l'eau.

⁵Tu prendras les vêtements; tu revêtiras Aaron de la tunique, de la robe de l'éphod, de l'éphod et du pectoral, et tu mettras sur lui la ceinture de l'éphod.

⁶Tu poseras la tiare sur sa tête, et tu placeras le diadème de sainteté sur la tiare.

⁷Tu prendras l'huile d'onction, tu en répandras sur sa tête, et tu l'oindras.

⁸Tu feras approcher ses fils, et tu les revêtiras des tuniques.

⁹Tu mettras une ceinture à Aaron et à ses fils, et tu attacheras des bonnets aux fils d'Aaron. Le sacerdoce leur appartiendra par une loi perpétuelle. Tu consacreras donc Aaron et ses fils.

¹⁰Tu amèneras le taureau devant la tente d'assignation, et Aaron et ses fils poseront leurs mains sur la tête du taureau.

¹¹Tu égorgeras le taureau devant l'Éternel, à l'entrée de la tente d'assignation.

¹²Tu prendras du sang du taureau, tu en mettras avec ton doigt sur les cornes de l'autel, et tu répandras tout le sang au pied de l'autel.

¹³Tu prendras toute la graisse qui couvre les entrailles, le grand lobe du foie, les deux rognons et la graisse qui les entoure, et tu brûleras cela sur l'autel.

¹⁴Mais tu brûleras au feu hors du camp la chair du taureau, sa peau et ses excréments: c'est un sacrifice pour le péché.

¹⁵Tu prendras l'un des béliers, et Aaron et ses fils poseront leurs mains sur la tête du bélier.

¹⁶Tu égorgeras le bélier; tu en prendras le sang, et tu le répandras sur l'autel tout autour.

¹⁷Tu couperas le bélier par morceaux, et tu laveras les entrailles et les jambes, que tu mettras sur les morceaux et sur sa tête.

¹⁸Tu brûleras tout le bélier sur l'autel; c'est un holocauste à l'Éternel, c'est un sacrifice consumé par le feu, d'une agréable odeur à l'Éternel.

¹⁹Tu prendras l'autre bélier, et Aaron et ses fils poseront leurs mains sur la tête du bélier.

²⁰Tu égorgeras le bélier; tu prendras de son sang, tu en mettras sur le lobe de l'oreille droite d'Aaron et sur le lobe de l'oreille droite de ses fils, sur le pouce de leur main droite et sur le gros orteil de leur pied droit, et tu répandras le sang sur l'autel tout autour.

²¹Tu prendras du sang qui sera sur l'autel et de l'huile d'onction, et tu en feras l'aspersion sur Aaron et sur ses vêtements, sur ses fils et sur leurs vêtements. Ainsi seront consacrés Aaron et ses vêtements, ses fils et leurs vêtements.

²²Tu prendras la graisse du bélier, la queue, la graisse qui couvre les entrailles, le grand lobe du foie, les deux rognons et la graisse qui les entoure, et l'épaule droite, car c'est un bélier de consécration;

²³tu prendras aussi dans la corbeille de pains sans levain, placée devant l'Éternel, un gâteau de pain, un gâteau à l'huile et une galette.

²⁴Tu mettras toutes ces choses sur les mains d'Aaron et sur les mains de ses fils, et tu les agiteras de côté et d'autre devant l'Éternel.

²⁵Tu les ôteras ensuite de leurs mains, et tu les brûleras sur l'autel, par-dessus l'holocauste; c'est un sacrifice consumé par le feu devant l'Éternel, d'une agréable odeur à l'Éternel.

²⁶Tu prendras la poitrine du bélier qui aura servi à la consécration d'Aaron, et tu l'agiteras de côté et d'autre devant l'Éternel: ce sera ta portion.

²⁷Tu sanctifieras la poitrine et l'épaule du bélier qui aura servi à la consécration d'Aaron et de ses fils, la poitrine en l'agitant de côté et d'autre, l'épaule en la présentant par élévation.

²⁸Elles appartiendront à Aaron et à ses fils, par une loi perpétuelle qu'observeront les enfants d'Israël, car c'est une offrande par élévation; et, dans les sacrifices d'actions de grâces des enfants d'Israël, l'offrande par élévation sera pour l'Éternel.

²⁹Les vêtements sacrés d'Aaron seront après lui pour ses fils, qui les mettront lorsqu'on les oindra et qu'on les consacrera.

³⁰Ils seront portés pendant sept jours par celui de ses fils qui lui succédera dans le sacerdoce, et qui entrera dans la tente d'assignation, pour faire le service dans le sanctuaire.

³¹Tu prendras le bélier de consécration, et tu en feras cuire la chair dans un lieu saint.

³²Aaron et ses fils mangeront, à l'entrée de la tente d'assignation, la chair du bélier et le pain qui sera dans la corbeille.

³³Ils mangeront ainsi ce qui aura servi d'expiation afin qu'ils fussent consacrés et sanctifiés; nul étranger n'en mangera, car ce sont des choses saintes.

³⁴S'il reste de la chair de consécration et du pain jusqu'au matin, tu brûleras dans le feu ce qui restera; on ne le mangera point, car c'est une chose sainte.

³⁵Tu suivras à l'égard d'Aaron et de ses fils tous les ordres que je t'ai donnés. Tu emploieras sept jours à les consacrer.

³⁶Tu offriras chaque jour un taureau en sacrifice pour le péché, pour l'expiation; tu purifieras l'autel par cette expiation, et tu l'oindras pour le sanctifier.

³⁷Pendant sept jours, tu feras des expiations sur l'autel, et tu le sanctifieras; et l'autel sera très saint, et tout ce qui touchera l'autel sera sanctifié.

³⁸Voici ce que tu offriras sur l'autel: deux agneaux d'un an, chaque jour, à perpétuité.

³⁹Tu offriras l'un des agneaux le matin, et l'autre agneau entre les deux soirs.

⁴⁰Tu offriras, avec le premier agneau, un dixième d'épha de fleur de farine pétrie dans un quart de hin d'huile d'olives concassées, et une libation d'un quart de hin de vin.

⁴¹Tu offriras le second agneau entre les deux soirs, avec une offrande et une libation semblables à celles du matin; c'est un sacrifice consumé par le feu, d'une agréable odeur à l'Éternel.

⁴²Voilà l'holocauste perpétuel qui sera offert par vos descendants, à l'entrée de la tente d'assignation, devant l'Éternel: c'est là que je me rencontrerai avec vous, et que je te parlerai.

⁴³Je me rencontrerai là avec les enfants d'Israël, et ce lieu sera sanctifié par ma gloire.

⁴⁴Je sanctifierai la tente d'assignation et l'autel; je sanctifierai Aaron et ses fils, pour qu'ils soient à mon service dans le sacerdoce.

⁴⁵J'habiterai au milieu des enfants d'Israël, et je serai leur Dieu.

⁴⁶Ils connaîtront que je suis l'Éternel, leur Dieu, qui les ai fait sortir du pays d'Égypte, pour habiter au milieu d'eux. Je suis l'Éternel, leur Dieu.

Chapitre 30

¹Tu feras un autel pour brûler des parfums, tu le feras de bois d'acacia;

²sa longueur sera d'une coudée, et sa largeur d'une coudée; il sera carré, et sa hauteur sera de deux coudées. Tu feras des cornes qui sortiront de l'autel.

³Tu le couvriras d'or pur, le dessus, les côtés tout autour et les cornes, et tu y feras une bordure d'or tout autour.

⁴Tu feras au-dessous de la bordure deux anneaux d'or aux deux côtés; tu en mettras aux deux côtés, pour recevoir les barres qui serviront à le porter.

⁵Tu feras les barres de bois d'acacia, et tu les couvriras d'or.

⁶Tu placeras l'autel en face du voile qui est devant l'arche du témoignage, en face du propitiatoire qui est sur le témoignage, et où je me rencontrerai avec toi.

⁷Aaron y fera brûler du parfum odoriférant; il en fera brûler chaque matin, lorsqu'il préparera les lampes;

⁸il en fera brûler aussi entre les deux soirs, lorsqu'il arrangera les lampes. C'est ainsi que l'on brûlera à perpétuité du parfum devant l'Éternel parmi vos descendants.

⁹Vous n'offrirez sur l'autel ni parfum étranger, ni holocauste, ni offrande, et vous n'y répandrez aucune libation.

¹⁰Une fois chaque année, Aaron fera des expiations sur les cornes de l'autel; avec le sang de la victime expiatoire, il y sera fait des expiations une fois chaque année parmi vos descendants. Ce sera une chose très sainte devant l'Éternel.

¹¹L'Éternel parla à Moïse, et dit:

¹²Lorsque tu compteras les enfants d'Israël pour en faire le dénombrement, chacun d'eux paiera à l'Éternel le rachat de sa personne, afin qu'ils ne soient frappés d'aucune plaie lors de ce dénombrement.

¹³Voici ce que donneront tous ceux qui seront compris dans le dénombrement: un demi-sicle, selon le sicle du sanctuaire, qui est de vingt guéras; un demi-sicle sera le don prélevé pour l'Éternel.

¹⁴Tout homme compris dans le dénombrement, depuis l'âge de vingt ans et au-dessus, paiera le don prélevé pour l'Éternel.

¹⁵Le riche ne paiera pas plus, et le pauvre ne paiera pas moins d'un demi-sicle, comme don prélevé pour l'Éternel, afin de racheter leurs personnes.

¹⁶Tu recevras des enfants d'Israël l'argent du rachat, et tu l'appliqueras au travail de la tente d'assignation; ce sera pour les enfants d'Israël un souvenir devant l'Éternel pour le rachat de leurs personnes.

¹⁷L'Éternel parla à Moïse, et dit:

¹⁸Tu feras une cuve d'airain, avec sa base d'airain, pour les ablutions; tu la placeras entre la tente d'assignation et l'autel, et tu y mettras de l'eau.

¹⁹avec laquelle Aaron et ses fils se laveront les mains et les pieds.

²⁰Lorsqu'ils entreront dans la tente d'assignation, ils se laveront avec cette eau, afin qu'ils ne meurent point; et aussi lorsqu'ils s'approcheront de l'autel, pour faire le service et pour offrir des sacrifices à l'Éternel.

²¹Ils se laveront les mains et les pieds, afin qu'ils ne meurent point. Ce sera une loi perpétuelle pour Aaron, pour ses fils et pour leurs descendants.

²²L'Éternel parla à Moïse, et dit:

²³Prends des meilleurs aromates, cinq cents sicles de myrrhe, de celle qui coule d'elle-même; la moitié, soit deux cent cinquante sicles, de cinnamome aromatique, deux cent cinquante sicles de roseau aromatique,

²⁴cinq cents sicles de casse, selon le sicle du sanctuaire, et un hin d'huile d'olive.

²⁵Tu feras avec cela une huile pour l'onction sainte, composition de parfums selon l'art du parfumeur; ce sera l'huile pour l'onction sainte.

²⁶Tu en oindras la tente d'assignation et l'arche du témoignage,

²⁷la table et tous ses ustensiles, le chandelier et ses ustensiles, l'autel des parfums,

²⁸l'autel des holocaustes et tous ses ustensiles, la cuve avec sa base.

²⁹Tu sanctifieras ces choses, et elles seront très saintes, tout ce qui les touchera sera sanctifié.

³⁰Tu oindras Aaron et ses fils, et tu les sanctifieras, pour qu'ils soient à mon service dans le sacerdoce.

³¹Tu parleras aux enfants d'Israël, et tu diras: Ce sera pour moi l'huile de l'onction sainte, parmi vos descendants.

³²On n'en répandra point sur le corps d'un homme, et vous n'en ferez point de semblable, dans les mêmes proportions; elle est sainte, et vous la regarderez comme sainte.

³³Quiconque en composera de semblable, ou en mettra sur un étranger, sera retranché de son peuple.

³⁴L'Éternel dit à Moïse: Prends des aromates, du stacté, de l'ongle odorant, du galbanum, et de l'encens pur, en parties égales.

³⁵Tu feras avec cela un parfum composé selon l'art du parfumeur; il sera salé, pur et saint.

³⁶Tu le réduiras en poudre, et tu le mettras devant le témoignage, dans la tente d'assignation, où je me rencontrerai avec toi. Ce sera pour vous une chose très sainte.

³⁷Vous ne ferez point pour vous de parfum semblable, dans les mêmes proportions; vous le regarderez comme saint, et réservé pour l'Éternel.

³⁸Quiconque en fera de semblable, pour le sentir, sera retranché de son peuple.

Chapitre 31

¹L'Éternel parla à Moïse, et dit:

²Sache que j'ai choisi Betsaleel, fils d'Uri, fils de Hur, de la tribu de Juda.

³Je l'ai rempli de l'Esprit de Dieu, de sagesse, d'intelligence, et de savoir pour toutes sortes d'ouvrages,

⁴je l'ai rendu capable de faire des inventions, de travailler l'or, l'argent et l'airain,

⁵de graver les pierres à enchâsser, de travailler le bois, et d'exécuter toutes sortes d'ouvrages.

⁶Et voici, je lui ai donné pour aide Oholiab, fils d'Ahisamac, de la tribu de Dan. J'ai mis de l'intelligence dans l'esprit de tous ceux qui sont habiles, pour qu'ils fassent tout ce que je t'ai ordonné:

⁷la tente d'assignation, l'arche du témoignage, le propitiatoire qui sera dessus, et tous les ustensiles de la tente;

⁸la table et ses ustensiles, le chandelier d'or pur et tous ses ustensiles,

⁹l'autel des parfums; l'autel des holocaustes et tous ses ustensiles, la cuve avec sa base;

¹⁰les vêtements d'office, les vêtements sacrés pour le sacrificateur Aaron, les vêtements de ses fils pour les fonctions du sacerdoce;

¹¹l'huile d'onction, et le parfum odoriférant pour le sanctuaire. Ils se conformeront à tous les ordres que j'ai donnés.

¹²L'Éternel parla à Moïse, et dit:

¹³Parle aux enfants d'Israël, et dis-leur: Vous ne manquerez pas d'observer mes sabbats, car ce sera entre moi et vous, et parmi vos descendants, un signe auquel on connaîtra que je suis l'Éternel qui vous sanctifie.

¹⁴Vous observerez le sabbat, car il sera pour vous une chose sainte. Celui qui le profanera, sera puni de mort; celui qui fera quelque ouvrage ce jour-là, sera retranché du milieu de son peuple.

¹⁵On travaillera six jours; mais le septième jour est le sabbat, le jour du repos, consacré à l'Éternel. Celui qui fera quelque ouvrage le jour du sabbat, sera puni de mort.

¹⁶Les enfants d'Israël observeront le sabbat, en le célébrant, eux et leurs descendants, comme une alliance perpétuelle.

¹⁷Ce sera entre moi et les enfants d'Israël un signe qui devra durer à perpétuité; car en six jours l'Éternel a fait les cieux et la terre, et le septième jour il a cessé son oeuvre et il s'est reposé.

¹⁸Lorsque l'Éternel eut achevé de parler à Moïse sur la montagne de Sinaï, il lui donna les deux tables du témoignage, tables de pierre, écrites du doigt de Dieu.

Chapitre 32

¹Le peuple, voyant que Moïse tardait à descendre de la montagne, s'assembla autour d'Aaron, et lui dit: Allons! fais-nous un dieu qui marche devant nous, car ce Moïse, cet homme qui nous a fait sortir du pays d'Égypte, nous ne savons ce qu'il est devenu.

²Aaron leur dit: Otez les anneaux d'or qui sont aux oreilles de vos femmes, de vos fils et de vos filles, et apportez-les-moi.

³Et tous ôtèrent les anneaux d'or qui étaient à leurs oreilles, et ils les apportèrent à Aaron.

⁴Il les reçut de leurs mains, jeta l'or dans un moule, et fit un veau en fonte. Et ils dirent: Israël! voici ton dieu, qui t'a fait sortir du pays d'Égypte.

⁵Lorsqu'Aaron vit cela, il bâtit un autel devant lui, et il s'écria: Demain, il y aura fête en l'honneur de l'Éternel!

⁶Le lendemain, ils se levèrent de bon matin, et ils offrirent des holocaustes et des sacrifices d'actions de grâces. Le peuple s'assit pour manger et pour boire; puis ils se levèrent pour se divertir.

⁷L'Éternel dit à Moïse: Va, descends; car ton peuple, que tu as fait sortir du pays d'Égypte, s'est corrompu.

⁸Ils se sont promptement écartés de la voie que je leur avais prescrite; ils se sont fait un veau en fonte, ils se sont prosternés devant lui, ils lui ont offert des sacrifices, et ils ont dit: Israël! voici ton dieu, qui t'a fait sortir du pays d'Égypte.

⁹L'Éternel dit à Moïse: Je vois que ce peuple est un peuple au cou roide.

¹⁰Maintenant laisse-moi; ma colère va s'enflammer contre eux, et je les consumerai; mais je ferai de toi une grande nation.

¹¹Moïse implora l'Éternel, son Dieu, et dit: Pourquoi, ô Éternel! ta colère s'enflammerait-elle contre ton peuple, que tu as fait sortir du pays d'Égypte par une grande puissance et par une main forte?

¹²Pourquoi les Égyptiens diraient-ils: C'est pour leur malheur qu'il les a fait sortir, c'est pour les tuer dans les montagnes, et pour les exterminer de dessus la terre? Reviens de l'ardeur de ta colère, et repens-toi du mal que tu veux faire à ton peuple.

¹³Souviens-toi d'Abraham, d'Isaac et d'Israël, tes serviteurs, auxquels tu as dit, en jurant par toi-même: Je multiplierai votre postérité comme les étoiles du ciel, je donnerai à vos descendants tout ce pays dont j'ai parlé, et ils le posséderont à jamais.

¹⁴Et l'Éternel se repentit du mal qu'il avait déclaré vouloir faire à son peuple.

¹⁵Moïse retourna et descendit de la montagne, les deux tables du témoignage dans sa main; les tables étaient écrites des deux côtés, elles étaient écrites de l'un et de l'autre côté.

¹⁶Les tables étaient l'ouvrage de Dieu, et l'écriture était l'écriture de Dieu, gravée sur les tables.

¹⁷Josué entendit la voix du peuple, qui poussait des cris, et il dit à

Exode

Moïse: Il y a un cri de guerre dans le camp.

¹⁸Moïse répondit: Ce n'est ni un cri de vainqueurs, ni un cri de vaincus; ce que j'entends, c'est la voix de gens qui chantent.

¹⁹Et, comme il approchait du camp, il vit le veau et les danses. La colère de Moïse s'enflamma; il jeta de ses mains les tables, et les brisa au pied de la montagne.

²⁰Il prit le veau qu'ils avaient fait, et le brûla au feu; il le réduisit en poudre, répandit cette poudre à la surface de l'eau, et fit boire les enfants d'Israël.

²¹Moïse dit à Aaron: Que t'a fait ce peuple, pour que tu l'aies laissé commettre un si grand péché?

²²Aaron répondit: Que la colère de mon seigneur ne s'enflamme point! Tu sais toi-même que ce peuple est porté au mal.

²³Ils m'ont dit: Fais-nous un dieu qui marche devant nous; car ce Moïse, cet homme qui nous a fait sortir du pays d'Égypte, nous ne savons ce qu'il est devenu.

²⁴Je leur ai dit: Que ceux qui ont de l'or, s'en dépouillent! Et ils me l'ont donné; je l'ai jeté au feu, et il en est sorti ce veau.

²⁵Moïse vit que le peuple était livré au désordre, et qu'Aaron l'avait laissé dans ce désordre, exposé à l'opprobre parmi ses ennemis.

²⁶Moïse se plaça à la porte du camp, et dit: A moi ceux qui sont pour l'Éternel! Et tous les enfants de Lévi s'assemblèrent auprès de lui.

²⁷Il leur dit: Ainsi parle l'Éternel, le Dieu d'Israël: Que chacun de vous mette son épée au côté; traversez et parcourez le camp d'une porte à l'autre, et que chacun tue son frère, son parent.

²⁸Les enfants de Lévi firent ce qu'ordonnait Moïse; et environ trois mille hommes parmi le peuple périrent en cette journée.

²⁹Moïse dit: Consacrez-vous aujourd'hui à l'Éternel, même en sacrifiant votre fils et votre frère, afin qu'il vous accorde aujourd'hui une bénédiction.

³⁰Le lendemain, Moïse dit au peuple: Vous avez commis un grand péché. Je vais maintenant monter vers l'Éternel; j'obtiendrai peut-être le pardon de votre péché.

³¹Moïse retourna vers l'Éternel et dit: Ah! ce peuple a commis un grand péché. Ils se sont fait un dieu d'or.

³²Pardonne maintenant leur péché! Sinon, efface-moi de ton livre que tu as écrit.

³³L'Éternel dit à Moïse: C'est celui qui a péché contre moi que j'effacerai de mon livre.

³⁴Va donc, conduis le peuple où je t'ai dit. Voici, mon ange marchera devant toi, mais au jour de ma vengeance, je les punirai de leur péché.

³⁵L'Éternel frappa le peuple, parce qu'il avait fait le veau, fabriqué par Aaron.

Chapitre 33

¹L'Éternel dit à Moïse: Va, pars d'ici, toi et le peuple que tu as fait sortir du pays d'Égypte; monte vers le pays que j'ai juré de donner à Abraham, à Isaac et à Jacob, en disant: Je le donnerai à ta postérité.

²J'enverrai devant toi un ange, et je chasserai les Cananéens, les Amoréens, les Héthiens, les Phéréziens, les Héviens et les Jébusiens.

³Monte vers ce pays où coulent le lait et le miel. Mais je ne monterai point au milieu de toi, de peur que je ne te consume en chemin, car tu es un peuple au cou roide.

⁴Lorsque le peuple eut entendu ces sinistres paroles, il fut dans la désolation, et personne ne mit ses ornements.

⁵Et l'Éternel dit à Moïse: Dis aux enfants d'Israël: Vous êtes un peuple au cou roide; si je montais un seul instant au milieu de toi, je te consumerais. Ote maintenant tes ornements de dessus toi, et je verrai ce que je te ferai.

⁶Les enfants d'Israël se dépouillèrent de leurs ornements, en s'éloignant du mont Horeb.

⁷Moïse prit la tente et la dressa hors du camp, à quelque distance; il l'appela tente d'assignation; et tous ceux qui consultaient l'Éternel allaient vers la tente d'assignation, qui était hors du camp.

⁸Lorsque Moïse se rendait à la tente, tout le peuple se levait; chacun se tenait à l'entrée de sa tente, et suivait des yeux Moïse, jusqu'à ce qu'il fût entré dans la tente.

⁹Et lorsque Moïse était entré dans la tente, la colonne de nuée descendait et s'arrêtait à l'entrée de la tente, et l'Éternel parlait avec Moïse.

¹⁰Tout le peuple voyait la colonne de nuée qui s'arrêtait à l'entrée de la tente, tout le peuple se levait et se prosternait à l'entrée de sa tente.

¹¹L'Éternel parlait avec Moïse face à face, comme un homme parle à son ami. Puis Moïse retournait au camp; mais son jeune serviteur, Josué, fils de Nun, ne sortait pas du milieu de la tente.

¹²Moïse dit à l'Éternel: Voici, tu me dis: Fais monter ce peuple! Et tu ne me fais pas connaître qui tu enverras avec moi. Cependant, tu as dit: Je te connais par ton nom, et tu as trouvé grâce à mes yeux.

¹³Maintenant, si j'ai trouvé grâce à tes yeux, fais-moi connaître tes voies; alors je te connaîtrai, et je trouverai encore grâce à tes yeux. Considère que cette nation est ton peuple.

¹⁴L'Éternel répondit: Je marcherai moi-même avec toi, et je te donnerai du repos.

¹⁵Moïse lui dit: Si tu ne marches pas toi-même avec nous, ne nous fais point partir d'ici.

¹⁶Comment sera-t-il donc certain que j'ai trouvé grâce à tes yeux, moi et ton peuple? Ne sera-ce pas quand tu marcheras avec nous, et quand nous serons distingués, moi et ton peuple, de tous les peuples qui sont sur la face de la terre?

¹⁷L'Éternel dit à Moïse: Je ferai ce que tu me demandes, car tu as trouvé grâce à mes yeux, et je te connais par ton nom.

¹⁸Moïse dit: Fais-moi voir ta gloire!

¹⁹L'Éternel répondit: Je ferai passer devant toi toute ma bonté, et je proclamerai devant toi le nom de l'Éternel; je fais grâce à qui je fais grâce, et miséricorde à qui je fais miséricorde.

²⁰L'Éternel dit: Tu ne pourras pas voir ma face, car l'homme ne peut me voir et vivre.

²¹L'Éternel dit: Voici un lieu près de moi; tu te tiendras sur le rocher.

²²Quand ma gloire passera, je te mettrai dans un creux du rocher, et je te couvrirai de ma main jusqu'à ce que j'aie passé.

²³Et lorsque je retournerai ma main, tu me verras par derrière, mais ma face ne pourra pas être vue.

Chapitre 34

¹L'Éternel dit à Moïse: Taille deux tables de pierre comme les premières, et j'y écrirai les paroles qui étaient sur les premières tables que tu as brisées.

²Sois prêt de bonne heure, et tu monteras dès le matin sur la montagne de Sinaï; tu te tiendras là devant moi, sur le sommet de la montagne.

³Que personne ne monte avec toi, et que personne ne paraisse sur toute la montagne; et même que ni brebis ni boeufs ne paissent près de cette montagne.

⁴Moïse tailla deux tables de pierre comme les premières; il se leva de bon matin, et monta sur la montagne de Sinaï, selon l'ordre que l'Éternel lui avait donné, et il prit dans sa main les deux tables de pierre.

⁵L'Éternel descendit dans une nuée, se tint là auprès de lui, et proclama le nom de l'Éternel.

⁶Et l'Éternel passa devant lui, et s'écria: L'Éternel, l'Éternel, Dieu miséricordieux et compatissant, lent à la colère, riche en bonté et en fidélité,

⁷qui conserve son amour jusqu'à mille générations, qui pardonne l'iniquité, la rébellion et le péché, mais qui ne tient point le coupable pour innocent, et qui punit l'iniquité des pères sur les enfants et sur les enfants des enfants jusqu'à la troisième et à la quatrième génération!

⁸Aussitôt Moïse s'inclina à terre et se prosterna.

⁹Il dit: Seigneur, si j'ai trouvé grâce à tes yeux, que le Seigneur marche au milieu de nous, car c'est un peuple au cou roide; pardonne nos iniquités et nos péchés, et prends-nous pour ta possession.

¹⁰L'Éternel répondit: Voici, je traite une alliance. Je ferai, en présence de tout ton peuple, des prodiges qui n'ont eu lieu dans aucun pays et chez aucune nation; tout le peuple qui t'environne verra l'oeuvre de l'Éternel, et c'est par toi que j'accomplirai des choses terribles.

¹¹Prends garde à ce que je t'ordonne aujourd'hui. Voici, je chasserai devant toi les Amoréens, les Cananéens, les Héthiens, les Phéréziens, les Héviens et les Jébusiens.

¹²Garde-toi de faire alliance avec les habitants du pays où tu dois entrer, de peur qu'ils ne soient un piège pour toi.

¹³Au contraire, vous renverserez leurs autels, vous briserez leurs statues, et vous abattrez leurs idoles.

¹⁴Tu ne te prosterneras point devant un autre dieu; car l'Éternel porte le nom de jaloux, il est un Dieu jaloux.

¹⁵Garde-toi de faire alliance avec les habitants du pays, de peur que, se prostituant à leurs dieux et leur offrant des sacrifices, ils ne t'invitent, et que tu ne manges de leurs victimes;

¹⁶de peur que tu ne prennes de leurs filles pour tes fils, et que leurs filles, se prostituant à leurs dieux, n'entraînent tes fils à se prostituer à leurs dieux.

¹⁷Tu ne te feras point de dieu en fonte.

¹⁸Tu observeras la fête des pains sans levain; pendant sept jours, au temps fixé dans le mois des épis, tu mangeras des pains sans levain, comme je t'en ai donné l'ordre, car c'est dans le mois des épis que tu es

sorti d'Égypte.

¹⁹Tout premier-né m'appartient, même tout mâle premier-né dans les troupeaux de gros et de menu bétail.

²⁰Tu rachèteras avec un agneau le premier-né de l'âne; et si tu ne le rachètes pas, tu lui briseras la nuque. Tu rachèteras tout premier-né de tes fils; et l'on ne se présentera point à vide devant ma face.

²¹Tu travailleras six jours, et tu te reposeras le septième jour; tu te reposeras, même au temps du labourage et de la moisson.

²²Tu célèbreras la fête des semaines, des prémices de la moisson du froment, et la fête de la récolte, à la fin de l'année.

²³Trois fois par an, tous les mâles se présenteront devant le Seigneur, l'Éternel, Dieu d'Israël.

²⁴Car je chasserai les nations devant toi, et j'étendrai tes frontières; et personne ne convoitera ton pays, pendant que tu monteras pour te présenter devant l'Éternel, ton Dieu, trois fois par an.

²⁵Tu n'offriras point avec du pain levé le sang de la victime immolée en mon honneur; et le sacrifice de la fête de Pâque ne sera point gardé pendant la nuit jusqu'au matin.

²⁶Tu apporteras à la maison de L'Éternel, ton Dieu, les prémices des premiers fruits de la terre. Tu ne feras point cuire un chevreau dans le lait de sa mère.

²⁷L'Éternel dit à Moïse: Écris ces paroles; car c'est conformément à ces paroles que je traite alliance avec toi et avec Israël.

²⁸Moïse fut là avec l'Éternel quarante jours et quarante nuits. Il ne mangea point de pain, et il ne but point d'eau. Et l'Éternel écrivit sur les tables les paroles de l'alliance, les dix paroles.

²⁹Moïse descendit de la montagne de Sinaï, ayant les deux tables du témoignage dans sa main, en descendant de la montagne; et il ne savait pas que la peau de son visage rayonnait, parce qu'il avait parlé avec l'Éternel.

³⁰Aaron et tous les enfants d'Israël regardèrent Moïse, et voici la peau de son visage rayonnait; et ils craignaient de s'approcher de lui.

³¹Moïse les appela; Aaron et tous les principaux de l'assemblée vinrent auprès de lui, et il leur parla.

³²Après cela, tous les enfants d'Israël s'approchèrent, et il leur donna tous les ordres qu'il avait reçus de l'Éternel, sur la montagne de Sinaï.

³³Lorsque Moïse eut achevé de leur parler, il mit un voile sur son visage.

³⁴Quand Moïse entrait devant l'Éternel, pour lui parler, il ôtait le voile, jusqu'à ce qu'il sortît; et quand il sortait, il disait aux enfants d'Israël ce qui lui avait été ordonné.

³⁵Les enfants d'Israël regardaient le visage de Moïse, et voyait que la peau de son visage rayonnait; et Moïse remettait le voile sur son visage jusqu'à ce qu'il entrât, pour parler avec l'Éternel.

Chapitre 35

¹Moïse convoqua toute l'assemblée des enfants d'Israël, et leur dit: Voici les choses que l'Éternel ordonne de faire.

²On travaillera six jours; mais le septième jour sera pour vous une chose sainte; c'est le sabbat, le jour du repos, consacré à l'Éternel. Celui qui fera quelque ouvrage ce jour-là, sera puni de mort.

³Vous n'allumerez point de feu, dans aucune de vos demeures, le jour du sabbat.

⁴Moïse parla à toute l'assemblée des enfants d'Israël, et dit: Voici ce que l'Éternel a ordonné.

⁵Prenez sur ce qui vous appartient une offrande pour l'Éternel. Tout homme dont le coeur est bien disposé apportera en offrande à l'Éternel: de l'or, de l'argent et de l'airain;

⁶des étoffes teintes en bleu, en pourpre, en cramoisi, du fin lin et du poil de chèvre;

⁷des peaux de béliers teintes en rouge et des peaux de dauphins; du bois d'acacia;

⁸de l'huile pour le chandelier, des aromates pour l'huile d'onction et pour le parfum odoriférant;

⁹des pierres d'onyx et d'autres pierres pour la garniture de l'éphod et du pectoral.

¹⁰Que tous ceux d'entre vous qui ont de l'habileté viennent et exécutent tout ce que l'Éternel a ordonné:

¹¹le tabernacle, sa tente et sa couverture, ses agrafes, ses planches, ses barres, ses colonnes et ses bases;

¹²l'arche et ses barres, le propitiatoire, et le voile pour couvrir l'arche;

¹³la table et ses barres, et tous ses ustensiles, et les pains de proposition;

¹⁴le chandelier et ses ustensiles, ses lampes, et l'huile pour le chandelier;

¹⁵l'autel des parfums et ses barres, l'huile d'onction et le parfum odoriférant, et le rideau de la porte pour l'entrée du tabernacle;

¹⁶l'autel des holocaustes, sa grille d'airain, ses barres, et tous ses ustensiles; la cuve avec sa base;

¹⁷les toiles du parvis, ses colonnes, ses bases, et le rideau de la porte du parvis;

¹⁸les pieux du tabernacle, les pieux du parvis, et leurs cordages; les vêtements d'office pour le service dans le sanctuaire,

¹⁹les vêtements sacrés pour le sacrificateur Aaron, et les vêtements de ses fils pour les fonctions du sacerdoce.

²⁰Toute l'assemblée des enfants d'Israël sortit de la présence de Moïse.

²¹Tous ceux qui furent entraînés par le coeur et animés de bonne volonté vinrent et apportèrent une offrande à l'Éternel pour l'oeuvre de la tente d'assignation, pour tout son service, et pour les vêtements sacrés.

²²Les hommes vinrent aussi bien que les femmes; tous ceux dont le coeur était bien disposé apportèrent des boucles, des anneaux, des bagues, des bracelets, toutes sortes d'objets d'or; chacun présenta l'offrande d'or qu'il avait consacrée à l'Éternel.

²³Tous ceux qui avaient des étoffes teintes en bleu, en pourpre, en cramoisi, du fin lin et du poil de chèvre, des peaux de béliers teintes en rouge et des peaux de dauphins, les apportèrent.

²⁴Tous ceux qui présentèrent par élévation une offrande d'argent et d'airain apportèrent l'offrande à l'Éternel. Tous ceux qui avaient du bois d'acacia pour les ouvrages destinés au service, l'apportèrent.

²⁵Toutes les femmes qui avaient de l'habileté filèrent de leurs mains, et elles apportèrent leur ouvrage, des fils teints en bleu, en pourpre, en cramoisi, et du fin lin.

²⁶Toutes les femmes dont le coeur était bien disposé, et qui avaient de l'habileté, filèrent du poil de chèvre.

²⁷Les principaux du peuple apportèrent des pierres d'onyx et d'autres pierres pour la garniture de l'éphod et du pectoral;

²⁸des aromates et de l'huile pour le chandelier, pour l'huile d'onction et pour le parfum odoriférant.

²⁹Tous les enfants d'Israël, hommes et femmes, dont le coeur était disposé à contribuer pour l'oeuvre que l'Éternel avait ordonnée par Moïse, apportèrent des offrandes volontaires à l'Éternel.

³⁰Moïse dit aux enfants d'Israël: Sachez que l'Éternel a choisi Betsaleel, fils d'Uri, fils de Hur, de la tribu de Juda.

³¹Il l'a rempli de l'Esprit de Dieu, de sagesse, d'intelligence, et de savoir pour toutes sortes d'ouvrages.

³²Il l'a rendu capable de faire des inventions, de travailler l'or, l'argent et l'airain,

³³de graver les pierres à enchâsser, de travailler le bois, et d'exécuter toute sortes d'ouvrages d'art.

³⁴Il lui a accordé aussi le don d'enseigner, de même qu'à Oholiab, fils d'Ahisamac, de la tribu de Dan.

³⁵Il les a remplis d'intelligence, pour exécuter tous les ouvrages de sculpture et d'art, pour broder et tisser les étoffes teintes en bleu, en pourpre, en cramoisi, et le fin lin, pour faire toute espèce de travaux et d'inventions.

Chapitre 36

¹Betsaleel, Oholiab, et tous les hommes habiles, en qui l'Éternel avait mis de la sagesse et de l'intelligence pour savoir et pour faire, exécuteront les ouvrages destinés au service du sanctuaire, selon tout ce que l'Éternel avait ordonné.

²Moïse appela Betsaleel, Oholiab, et tous les hommes habiles dans l'esprit desquels l'Éternel avait mis de l'intelligence, tous ceux dont le coeur était disposé à s'appliquer à l'oeuvre pour l'exécuter.

³Ils prirent devant Moïse toutes les offrandes qu'avaient apportées les enfants d'Israël pour faire les ouvrages destinés au service du sanctuaire. Chaque matin, on apportait encore à Moïse des offrandes volontaires.

⁴Alors tous les hommes habiles, occupés à tous les travaux du sanctuaire, quittèrent chacun l'ouvrage qu'ils faisaient,

⁵et vinrent dire à Moïse: Le peuple apporte beaucoup plus qu'il ne faut pour exécuter les ouvrages que l'Éternel a ordonné de faire.

⁶Moïse fit publier dans le camp que personne, homme ou femme, ne s'occupât plus d'offrandes pour le sanctuaire. On empêcha ainsi le peuple d'en apporter.

⁷Les objets préparés suffisaient, et au delà, pour tous les ouvrages à faire.

⁸Tous les hommes habiles, qui travaillèrent à l'oeuvre, firent le tabernacle avec dix tapis de fin lin retors et de fil bleu, pourpre et cramoisi; on y représenta des chérubins artistement travaillés.

Exode

⁹La longueur d'un tapis était de vingt-huit coudées; et la largeur d'un tapis était de quatre coudées; la mesure était la même pour tous les tapis.

¹⁰Cinq de ces tapis furent joints ensemble; les cinq autres furent aussi joints ensemble.

¹¹On fit des lacets bleus au bord du tapis terminant le premier assemblage; on fit de même au bord du tapis terminant le second assemblage.

¹²On mit cinquante lacets au premier tapis, et l'on mit cinquante lacets au bord du tapis terminant le second assemblage; ces lacets se correspondaient les uns aux autres.

¹³On fit cinquante agrafes d'or, et l'on joignit les tapis l'un à l'autre avec les agrafes. Et le tabernacle forma un tout.

¹⁴On fit des tapis de poil de chèvre, pour servir de tente sur le tabernacle; on fit onze de ces tapis.

¹⁵La longueur d'un tapis était de trente coudées, et la largeur d'un tapis était de quatre coudées; la mesure était la même pour les onze tapis.

¹⁶On joignit séparément cinq de ces tapis, et les six autres séparément.

¹⁷On mit cinquante lacets au bord du tapis terminant un assemblage, et l'on mit cinquante lacets au bord du tapis du second assemblage.

¹⁸On fit cinquante agrafes d'airain, pour assembler la tente, afin qu'elle formât un tout.

¹⁹On fit pour la tente une couverture de peaux de béliers teintes en rouge, et une couverture de peaux de dauphins, qui devait être mise par-dessus.

²⁰On fit les planches pour le tabernacle; elles étaient de bois d'acacia, placées debout.

²¹La longueur d'une planche était de dix coudées, et la largeur d'une planche était d'une coudée et demie.

²²Il y avait pour chaque planche deux tenons, joints l'un à l'autre; l'on fit de même pour toutes les planches du tabernacle.

²³On fit vingt planches pour le tabernacle, du côté du midi.

²⁴On mit quarante bases d'argent sous les vingt planches, deux bases sous chaque planche pour ses deux tenons.

²⁵On fit vingt planches pour le second côté du tabernacle, le côté du nord,

²⁶et leur quarante bases d'argent, deux bases sous chaque planche.

²⁷On fit six planches pour le fond du tabernacle, du côté de l'occident.

²⁸On fit deux planches pour les angles du tabernacle dans le fond;

²⁹elles étaient doubles depuis le bas et bien liées à leur sommet par un anneau; on fit de même pour toutes aux deux angles.

³⁰Il y avait ainsi huit planches, avec leurs bases d'argent, soit seize bases, deux bases sous chaque planche.

³¹On fit cinq barres de bois d'acacia pour les planches de l'un des côtés du tabernacle,

³²cinq barres pour les planches du second côté du tabernacle, et cinq barres pour les planches du côté du tabernacle formant le fond vers l'occident;

³³on fit la barre du milieu pour traverser les planches d'une extrémité à l'autre.

³⁴On couvrit d'or les planches, et l'on fit d'or leurs anneaux pour recevoir les barres, et l'on couvrit d'or les barres.

³⁵On fit le voile de fil bleu, pourpre et cramoisi, et de fin lin retors; on le fit artistement travaillé, et l'on y représenta des chérubins.

³⁶On fit pour lui quatre colonnes d'acacia, et on les couvrit d'or; elles avaient des crochets d'or, et l'on fondit pour elles quatre bases d'argent.

³⁷On fit pour l'entrée de la tente un rideau de fil bleu, pourpre et cramoisi, et de fin lin retors; c'était un ouvrage de broderie.

³⁸On fit ses cinq colonnes et leurs crochets, et l'on couvrit d'or leurs chapiteaux et leurs tringles; leurs cinq bases étaient d'airain.

Chapitre 37

¹Betsaleel fit l'arche de bois d'acacia; sa longueur était de deux coudées et demie, sa largeur d'une coudée et demie, et sa hauteur d'une coudée et demie.

²Il la couvrit d'or pur en dedans et en dehors, et il y fit une bordure d'or tout autour.

³Il fondit pour elle quatre anneaux d'or, qu'il mit à ses quatre coins, deux anneaux d'un côté et deux anneaux de l'autre côté.

⁴Il fit des barres de bois d'acacia, et les couvrit d'or.

⁵Il passa les barres dans les anneaux sur les côtés de l'arche, pour porter l'arche.

⁶Il fit un propitiatoire d'or pur; sa longueur était de deux coudées et demie, et sa largeur d'une coudée et demie.

⁷Il fit deux chérubins d'or; il les fit d'or battu, aux deux extrémités du propitiatoire,

⁸un chérubin à l'une des extrémités, et un chérubin à l'autre extrémité; il fit les chérubins sortant du propitiatoire à ses deux extrémités.

⁹Les chérubins étendaient les ailes par-dessus, couvrant de leurs ailes le propitiatoire, et se regardant l'un l'autre; les chérubins avaient la face tournée vers le propitiatoire.

¹⁰Il fit la table de bois d'acacia, sa longueur était de deux coudées, sa largeur d'une coudée, et sa hauteur d'une coudée et demie.

¹¹Il la couvrit d'or pur, et il y fit une bordure d'or tout autour.

¹²Il y fit à l'entour un rebord de quatre doigts, sur lequel il mit une bordure d'or tout autour.

¹³Il fondit pour la table quatre anneaux d'or, et mit les anneaux aux quatre coins, qui étaient à ses quatre pieds.

¹⁴Les anneaux étaient près du rebord, et recevaient les barres pour porter la table.

¹⁵Il fit les barres de bois d'acacia, et les couvrit d'or; et elles servaient à porter la table.

¹⁶Il fit les ustensiles qu'on devait mettre sur la table, ses plats, ses coupes, ses calices et ses tasses pour servir aux libations; il les fit d'or pur.

¹⁷Il fit le chandelier d'or pur; il fit le chandelier d'or battu; son pied, sa tige, ses calices, ses pommes et ses fleurs, étaient d'une même pièce.

¹⁸Six branches sortaient de ses côtés, trois branches du chandelier de l'un des côtés, et trois branches du chandelier de l'autre côté.

¹⁹Il y avait sur une branche trois calices en forme d'amande, avec pommes et fleurs, et sur une autre branche trois calices en forme d'amande, avec pommes et fleurs; il en était de même pour les six branches sortant du chandelier.

²⁰A la tige du chandelier il y avait quatre calices en forme d'amande, avec leurs pommes et leurs fleurs.

²¹Il y avait une pomme sous deux des branches sortant du chandelier, une pomme sous deux autres branches, et une pomme sous deux autres branches; il en était de même pour les six branches sortant du chandelier.

²²Les pommes et les branches du chandelier étaient d'une même pièce; il était tout entier d'or battu, d'or pur.

²³Il fit ses sept lampes, ses mouchettes et ses vases à cendre d'or pur.

²⁴Il employa un talent d'or pur, pour faire le chandelier avec tous ses ustensiles.

²⁵Il fit l'autel des parfums de bois d'acacia; sa longueur était d'une coudée et sa largeur d'une coudée; il était carré, et sa hauteur était de deux coudées. Des cornes sortaient de l'autel.

²⁶Il le couvrit d'or pur, le dessus, les côtés tout autour et les cornes, et il y fit une bordure d'or tout autour.

²⁷Il fit au-dessous de la bordure deux anneaux d'or aux deux côtés; il en mit aux deux côtés, pour recevoir les barres qui servaient à le porter.

²⁸Il fit des barres de bois d'acacia, et les couvrit d'or.

²⁹Il fit l'huile pour l'onction sainte, et le parfum odoriférant, pur, composé selon l'art du parfumeur.

Chapitre 38

¹Il fit l'autel des holocaustes de bois d'acacia; sa longueur était de cinq coudées, et sa largeur de cinq coudées; il était carré, et sa hauteur était de trois coudées.

²Il fit, aux quatre coins, des cornes qui sortaient de l'autel, et il le couvrit d'airain.

³Il fit tous les ustensiles de l'autel, les cendriers, les pelles, les bassins, les fourchettes et les brasiers; il fit d'airain tous ces ustensiles.

⁴Il fit pour l'autel une grille d'airain, en forme de treillis, qu'il plaça au-dessous du rebord de l'autel, à partir du bas, jusqu'à la moitié de la hauteur de l'autel.

⁵Il fondit quatre anneaux, qu'il mit aux quatre coins de la grille d'airain, pour recevoir les barres.

⁶Il fit les barres de bois d'acacia, et les couvrit d'airain.

⁷Il passa dans les anneaux aux côtés de l'autel les barres qui servaient à le porter. Il le fit creux, avec des planches.

⁸Il fit la cuve d'airain, avec sa base d'airain, en employant les miroirs des femmes qui s'assemblaient à l'entrée de la tente d'assignation.

⁹Il fit le parvis. Du côté du midi, il y avait, pour former le parvis,

des toiles de fin lin retors, sur une longueur de cent coudées, ¹⁰avec vingt colonnes posant sur vingt bases d'airain; les crochets des colonnes et leurs tringles étaient d'argent.

¹¹Du côté du nord, il y avait cent coudées de toiles, avec vingt colonnes et leurs vingt bases d'airain; les crochets des colonnes et leurs tringles étaient d'argent.

¹²Du côté de l'occident, il y avait cinquante coudées de toiles, avec dix colonnes et leurs dix bases; les crochets des colonnes et leurs tringles étaient d'argent.

¹³Du côté de l'orient, sur les cinquante coudées de largeur, ¹⁴il y avait, pour une aile, quinze coudées de toiles, avec trois colonnes et leurs trois bases,

¹⁵et, pour la seconde aile, qui lui correspondait de l'autre côté de la porte du parvis, quinze coudées de toiles, avec trois colonnes et leurs trois bases.

¹⁶Toutes les toiles formant l'enceinte du parvis étaient de fin lin retors.

¹⁷Les bases pour les colonnes étaient d'airain, les crochets des colonnes et leurs tringles étaient d'argent, et leurs chapiteaux étaient couverts d'argent. Toutes les colonnes du parvis étaient jointes par des tringles d'argent.

¹⁸Le rideau de la porte du parvis était un ouvrage de broderie en fil bleu, pourpre et cramoisi, et en fin lin retors; il avait une longueur de vingt coudées, et sa hauteur était de cinq coudées, comme la largeur des toiles du parvis;

¹⁹ses quatre colonnes et leurs quatre bases étaient d'airain, les crochets et leurs tringles étaient d'argent, et leurs chapiteaux étaient couverts d'argent.

²⁰Tous les pieux de l'enceinte du tabernacle et du parvis étaient d'airain.

²¹Voici les comptes du tabernacle, du tabernacle d'assignation, révisés, d'après l'ordre de Moïse, par les soins des Lévites, sous la direction d'Ithamar, fils du sacrificateur Aaron.

²²Betsaleel, fils d'Uri, fils de Hur, de la tribu de Juda, fit tout ce que l'Éternel avait ordonné à Moïse;

²³il eut pour aide Oholiab, fils d'Ahisamac, de la tribu de Dan, habile à graver, à inventer, et à broder sur les étoffes teintes en bleu, en pourpre, en cramoisi, et sur le fin lin.

²⁴Le total de l'or employé à l'oeuvre pour tous les travaux du sanctuaire, or qui fut le produit des offrandes, montait à vingt-neuf talents et sept cent trente sicles, selon le sicle du sanctuaire.

²⁵L'argent de ceux de l'assemblée dont on fit le dénombrement montait à cent talents et mille sept cent soixante-quinze sicles, selon le sicle du sanctuaire.

²⁶C'était un demi-sicle par tête, la moitié d'un sicle, selon le sicle du sanctuaire, pour chaque homme compris dans le dénombrement, depuis l'âge de vingt ans et au-dessus, soit pour six cent trois mille cinq cent cinquante hommes.

²⁷Les cent talents d'argent servirent à fondre les bases du sanctuaire et les bases du voile, cent bases pour les cent talents, un talent par base.

²⁸Et avec les mille sept cent soixante-quinze sicles on fit les crochets et les tringles pour les colonnes, et on couvrit les chapiteaux.

²⁹L'airain des offrandes montait à soixante-dix talents et deux mille quatre cents sicles.

³⁰On en fit les bases de l'entrée de la tente d'assignation; l'autel d'airain avec sa grille, et tous les ustensiles de l'autel;

³¹les bases du parvis, tout autour, et les bases de la porte du parvis; et tous les pieux de l'enceinte du tabernacle et du parvis.

Chapitre 39

¹Avec les étoffes teintes en bleu, en pourpre et en cramoisi, on fit les vêtements d'office pour le service dans le sanctuaire, et on fit les vêtements sacrés pour Aaron, comme l'Éternel l'avait ordonné à Moïse.

²On fit l'éphod d'or, de fil bleu, pourpre et cramoisi, et de fin lin retors.

³On étendit des lames d'or, et on les coupa en fils, que l'on entrelaça dans les étoffes teintes en bleu, en pourpre et en cramoisi, et dans le fin lin; il était artistement travaillé.

⁴On y fit des épaulettes qui le joignaient, et c'est ainsi qu'il était joint par ses deux extrémités.

⁵La ceinture était du même travail que l'éphod et fixée sur lui; elle était d'or, de fil bleu, pourpre et cramoisi, et de fin lin retors, comme l'Éternel l'avait ordonné à Moïse.

⁶On entoura de montures d'or des pierres d'onyx, sur lesquelles on grava les noms des fils d'Israël, comme on grave les cachets.

⁷On les mit sur les épaulettes de l'éphod, en souvenir des fils d'Israël, comme l'Éternel l'avait ordonné à Moïse.

⁸On fit le pectoral, artistement travaillé, du même travail que l'éphod, d'or, de fil bleu, pourpre et cramoisi, et de fin lin retors.

⁹Il était carré; on fit le pectoral double: sa longueur était d'un empan, et sa largeur d'un empan; il était double.

¹⁰On le garnit de quatre rangées de pierres: première rangée, une sardoine, une topaze, une émeraude;

¹¹seconde rangée, une escarboucle, un saphir, un diamant;

¹²troisième rangée, une opale, une agate, une améthyste;

¹³quatrième rangée, une chrysolithe, un onyx, un jaspe. Ces pierres étaient enchâssées dans leurs montures d'or.

¹⁴Il y en avait douze, d'après les noms des fils d'Israël; elles étaient gravées comme des cachets, chacune avec le nom de l'une des douze tribus. -

¹⁵On fit sur le pectoral des chaînettes d'or pur, tressées en forme de cordons.

¹⁶On fit deux montures d'or et deux anneaux d'or, et on mit les deux anneaux aux deux extrémités du pectoral.

¹⁷On passa les deux cordons d'or dans les deux anneaux aux deux extrémités du pectoral;

¹⁸on arrêta par devant les bouts des deux cordons aux deux montures placées sur les épaulettes de l'éphod. -

¹⁹On fit encore deux anneaux d'or, que l'on mit aux deux extrémités du pectoral, sur le bord intérieur appliqué contre l'éphod.

²⁰On fit deux autres anneaux d'or, que l'on mit au bas des deux épaulettes de l'éphod, sur le devant, près de la jointure, au-dessus de la ceinture de l'éphod.

²¹On attacha le pectoral par ses anneaux aux anneaux de l'éphod avec un cordon bleu, afin que le pectoral fût au-dessus de la ceinture de l'éphod et qu'il ne pût pas se séparer de l'éphod, comme l'Éternel l'avait ordonné à Moïse.

²²On fit la robe de l'éphod, tissée entièrement d'étoffe bleue.

²³Il y avait, au milieu de la robe, une ouverture comme l'ouverture d'une cotte de mailles, et cette ouverture était bordée tout autour, afin que la robe ne se déchirât pas.

²⁴On mit sur la bordure de la robe des grenades de couleur bleue, pourpre et cramoisi, en fil retors;

²⁵on fit des clochettes d'or pur, et on mit les clochettes entre les grenades, sur tout le tour de la bordure de la robe, entre les grenades:

²⁶une clochette et une grenade, une clochette et une grenade, sur tout le tour de la bordure de la robe, pour le service, comme l'Éternel l'avait ordonné à Moïse.

²⁷On fit les tuniques de fin lin, tissées, pour Aaron et pour ses fils;

²⁸la tiare de fin lin, et les bonnets de fin lin servant de parure; les caleçons de lin, de fin lin retors;

²⁹la ceinture de fin lin retors, brodée, et de couleur bleue, pourpre et cramoisie, comme l'Éternel l'avait ordonné à Moïse.

³⁰On fit d'or pur la lame, diadème sacré, et l'on y écrivit, comme on grave un cachet: Sainteté à l'Éternel.

³¹On l'attacha avec un cordon bleu à la tiare, en haut, comme l'Éternel l'avait ordonné à Moïse.

³²Ainsi furent achevés tous les ouvrages du tabernacle, de la tente d'assignation. Les enfants d'Israël firent tout ce que l'Éternel avait ordonné à Moïse; ils firent ainsi.

³³On amena le tabernacle à Moïse: la tente et tout ce qui en dépendait, les agrafes, les planches, les barres, les colonnes et les bases;

³⁴la couverture de peaux de béliers teintes en rouge, la couverture de peaux de dauphins, et le voile de séparation;

³⁵l'arche du témoignage et ses barres, et le propitiatoire;

³⁶la table, tous ses ustensiles, et les pains de proposition;

³⁷le chandelier d'or pur, ses lampes, les lampes préparées, tous ses ustensiles, et l'huile pour le chandelier;

³⁸l'autel d'or, l'huile d'onction et le parfum odoriférant, et le rideau de l'entrée de la tente;

³⁹l'autel d'airain, sa grille d'airain, ses barres, et tous ses ustensiles; la cuve avec sa base;

⁴⁰les toiles du parvis, ses colonnes, ses bases, et le rideau de la porte du parvis, ses cordages, ses pieux, et tous les ustensiles pour le service du tabernacle, pour la tente d'assignation;

⁴¹les vêtements d'office pour le sanctuaire, les vêtements sacrés pour le sacrificateur Aaron, et les vêtements de ses fils pour les fonctions du sacerdoce.

⁴²Les enfants d'Israël firent tous ces ouvrages, en se conformant à tous les ordres que l'Éternel avait donnés à Moïse.

⁴³Moïse examina tout le travail; et voici, ils l'avaient fait comme l'Éternel l'avait ordonné, ils l'avaient fait ainsi. Et Moïse les bénit.

Exode
Chapitre 40

¹L'Éternel parla à Moïse, et dit:

²Le premier jour du premier mois, tu dresseras le tabernacle, la tente d'assignation.

³Tu y placeras l'arche du témoignage, et tu couvriras l'arche avec le voile.

⁴Tu apporteras la table, et tu la disposeras en ordre. Tu apporteras le chandelier, et tu en arrangeras les lampes.

⁵Tu placeras l'autel d'or pour le parfum devant l'arche du témoignage, et tu mettras le rideau à l'entrée du tabernacle.

⁶Tu placeras l'autel des holocaustes devant l'entrée du tabernacle, de la tente d'assignation.

⁷Tu placeras la cuve entre la tente d'assignation et l'autel, et tu y mettras de l'eau.

⁸Tu placeras le parvis à l'entour, et tu mettras le rideau à la porte du parvis.

⁹Tu prendras l'huile d'onction, tu en oindras le tabernacle et tout ce qu'il renferme, et tu le sanctifieras, avec tous ses ustensiles; et il sera saint.

¹⁰Tu oindras l'autel des holocaustes et tous ses ustensiles, et tu sanctifieras l'autel; et l'autel sera très saint.

¹¹Tu oindras la cuve avec sa base, et tu la sanctifieras.

¹²Tu feras avancer Aaron et ses fils vers l'entrée de la tente d'assignation, et tu les laveras avec de l'eau.

¹³Tu revêtiras Aaron des vêtements sacrés, tu l'oindras, et tu le sanctifieras, pour qu'il soit à mon service dans le sacerdoce.

¹⁴Tu feras approcher ses fils, tu les revêtiras des tuniques,

¹⁵et tu les oindras comme tu auras oint leur père, pour qu'ils soient à mon service dans le sacerdoce. Cette onction leur assurera à perpétuité le sacerdoce parmi leurs descendants.

¹⁶Moïse fit tout ce que l'Éternel lui avait ordonné; il fit ainsi.

¹⁷Le premier jour du premier mois de la seconde année, le tabernacle fut dressé.

¹⁸Moïse dressa le tabernacle; il en posa les bases, plaça les planches et les barres, et éleva les colonnes.

¹⁹Il étendit la tente sur le tabernacle, et il mit la couverture de la tente par-dessus, comme l'Éternel l'avait ordonné à Moïse.

²⁰Il prit le témoignage, et le plaça dans l'arche; il mit les barres à l'arche, et il posa le propitiatoire au-dessus de l'arche.

²¹Il apporta l'arche dans le tabernacle; il mit le voile de séparation, et il en couvrit l'arche du témoignage, comme l'Éternel l'avait ordonné à Moïse.

²²Il plaça la table dans la tente d'assignation, au côté septentrional du tabernacle, en dehors du voile;

²³et il y déposa en ordre les pains, devant l'Éternel, comme l'Éternel l'avait ordonné à Moïse.

²⁴Il plaça le chandelier dans la tente d'assignation, en face de la table, au côté méridional du tabernacle;

²⁵et il en arrangea les lampes, devant l'Éternel, comme l'Éternel l'avait ordonné à Moïse.

²⁶Il plaça l'autel d'or dans la tente d'assignation, devant le voile;

²⁷et il y fit brûler le parfum odoriférant, comme l'Éternel l'avait ordonné à Moïse.

²⁸Il plaça le rideau à l'entrée du tabernacle.

²⁹Il plaça l'autel des holocaustes à l'entrée du tabernacle, de la tente d'assignation; et il y offrit l'holocauste et l'offrande, comme l'Éternel l'avait ordonné à Moïse.

³⁰Il plaça la cuve entre la tente d'assignation et l'autel, et il y mit de l'eau pour les ablutions;

³¹Moïse, Aaron et ses fils, s'y lavèrent les mains et les pieds;

³²lorsqu'ils entrèrent dans la tente d'assignation et qu'ils s'approchèrent de l'autel, ils se lavèrent, comme l'Éternel l'avait ordonné à Moïse.

³³Il dressa le parvis autour du tabernacle et de l'autel, et il mit le rideau à la porte du parvis. Ce fut ainsi que Moïse acheva l'ouvrage.

³⁴Alors la nuée couvrit la tente d'assignation, et la gloire de l'Éternel remplit le tabernacle.

³⁵Moïse ne pouvait pas entrer dans la tente d'assignation, parce que la nuée restait dessus, et que la gloire de l'Éternel remplissait le tabernacle.

³⁶Aussi longtemps que durèrent leurs marches, les enfants d'Israël partaient, quand la nuée s'élevait de dessus le tabernacle.

³⁷Et quand la nuée ne s'élevait pas, ils ne partaient pas, jusqu'à ce qu'elle s'élevât.

³⁸La nuée de l'Éternel était de jour sur le tabernacle; et de nuit, il y avait un feu, aux yeux de toute la maison d'Israël, pendant toutes leurs marches.

Lévitique

Chapitre 1

¹L'Éternel appela Moïse; de la tente d'assignation, il lui parla et dit:

²Parle aux enfants d'Israël, et dis-leur: Lorsque quelqu'un d'entre vous fera une offrande à l'Éternel, il offrira du bétail, du gros ou du menu bétail.

³Si son offrande est un holocauste de gros bétail, il offrira un mâle sans défaut; il l'offrira à l'entrée de la tente d'assignation, devant l'Éternel, pour obtenir sa faveur.

⁴Il posera sa main sur la tête de l'holocauste, qui sera agréé de l'Éternel, pour lui servir d'expiation.

⁵Il égorgera le veau devant l'Éternel; et les sacrificateurs, fils d'Aaron, offriront le sang, et le répandront tout autour sur l'autel qui est à l'entrée de la tente d'assignation.

⁶Il dépouillera l'holocauste, et le coupera par morceaux.

⁷Les fils du sacrificateur Aaron mettront du feu sur l'autel, et arrangeront du bois sur le feu.

⁸Les sacrificateurs, fils d'Aaron, poseront les morceaux, la tête et la graisse, sur le bois mis au feu sur l'autel.

⁹Il lavera avec de l'eau les entrailles et les jambes; et le sacrificateur brûlera le tout sur l'autel. C'est un holocauste, un sacrifice consumé par le feu, d'une agréable odeur à l'Éternel.

¹⁰Si son offrande est un holocauste de menu bétail, d'agneaux ou de chèvres, il offrira un mâle sans défaut.

¹¹Il l'égorgera au côté septentrional de l'autel, devant l'Éternel; et les sacrificateurs, fils d'Aaron, en répandront le sang sur l'autel tout autour.

¹²Il le coupera par morceaux; et le sacrificateur les posera, avec la tête et la graisse, sur le bois mis au feu sur l'autel.

¹³Il lavera avec de l'eau les entrailles et les jambes; et le sacrificateur sacrifiera le tout, et le brûlera sur l'autel. C'est un holocauste, un sacrifice consumé par le feu, d'une agréable odeur à l'Éternel.

¹⁴Si son offrande à l'Éternel est un holocauste d'oiseaux, il offrira des tourterelles ou de jeunes pigeons.

¹⁵Le sacrificateur sacrifiera l'oiseau sur l'autel; il lui ouvrira la tête avec l'ongle, et la brûlera sur l'autel, et il exprimera le sang contre un côté de l'autel.

¹⁶Il ôtera le jabot avec ses plumes, et le jettera près de l'autel, vers l'orient, dans le lieu où l'on met les cendres.

¹⁷Il déchirera les ailes, sans les détacher; et le sacrificateur brûlera l'oiseau sur l'autel, sur le bois mis au feu. C'est un holocauste, un sacrifice consumé par le feu, d'une agréable odeur à l'Éternel.

Chapitre 2

¹Lorsque quelqu'un fera à l'Éternel une offrande en don, son offrande sera de fleur de farine; il versera de l'huile dessus, et il y ajoutera de l'encens.

²Il l'apportera aux sacrificateurs, fils d'Aaron; le sacrificateur prendra une poignée de cette fleur de farine, arrosée d'huile, avec tout l'encens, et il brûlera cela sur l'autel comme souvenir. C'est une offrande d'une agréable odeur à l'Éternel.

³Ce qui restera de l'offrande sera pour Aaron et pour ses fils; c'est une chose très sainte parmi les offrandes consumées par le feu devant l'Éternel.

⁴Si tu fais une offrande de ce qui est cuit au four, qu'on se serve de fleur de farine, et que ce soient des gâteaux sans levain pétris à l'huile et des galettes sans levain arrosées d'huile.

⁵Si ton offrande est un gâteau cuit à la poêle, il sera de fleur de farine pétrie à l'huile, sans levain.

⁶Tu le rompras en morceaux, et tu verseras de l'huile dessus; c'est une offrande.

⁷Si ton offrande est un gâteau cuit sur le gril, il sera fait de fleur de farine pétrie à l'huile.

⁸Tu apporteras l'offrande qui sera faite à l'Éternel avec ces choses-là; elle sera remise au sacrificateur, qui la présentera sur l'autel.

⁹Le sacrificateur en prélèvera ce qui doit être offert comme souvenir, et le brûlera sur l'autel. C'est une offrande d'une agréable odeur à l'Éternel.

¹⁰Ce qui restera de l'offrande sera pour Aaron et pour ses fils; c'est une chose très sainte parmi les offrandes consumées par le feu devant l'Éternel.

¹¹Aucune des offrandes que vous présenterez à l'Éternel ne sera faite avec du levain; car vous ne brûlerez rien qui contienne du levain ou du miel parmi les offrandes consumées par le feu devant l'Éternel.

¹²Vous pourrez en offrir à l'Éternel comme offrande des prémices; mais il n'en sera point présenté sur l'autel comme offrande d'une agréable odeur.

¹³Tu mettras du sel sur toutes tes offrandes; tu ne laisseras point ton offrande manquer de sel, signe de l'alliance de ton Dieu; sur toutes tes offrandes tu mettras du sel.

¹⁴Si tu fais à l'Éternel une offrande des prémices, tu présenteras des épis nouveaux, rôtis au feu et broyés, comme offrande de tes prémices.

¹⁵Tu verseras de l'huile dessus, et tu y ajouteras de l'encens; c'est une offrande.

¹⁶Le sacrificateur brûlera comme souvenir une portion des épis broyés et de l'huile, avec tout l'encens. C'est une offrande consumée par le feu devant l'Éternel.

Chapitre 3

¹Lorsque quelqu'un offrira à l'Éternel un sacrifice d'actions de grâces: S'il offre du gros bétail, mâle ou femelle, il l'offrira sans défaut, devant l'Éternel.

²Il posera sa main sur la tête de la victime, qu'il égorgera à l'entrée de la tente d'assignation; et les sacrificateurs, fils d'Aaron, répandront le sang sur l'autel tout autour.

³De ce sacrifice d'actions de grâces, il offrira en sacrifice consumé par le feu devant l'Éternel: la graisse qui couvre les entrailles et toute celle qui y est attachée;

⁴les deux rognons, et la graisse qui les entoure, qui couvre les flancs, et le grand lobe du foie, qu'il détachera près des rognons.

⁵Les fils d'Aaron brûleront cela sur l'autel, par-dessus l'holocauste qui sera sur le bois mis au feu. C'est un sacrifice consumé par le feu, d'une agréable odeur à l'Éternel.

⁶S'il offre du menu bétail, mâle ou femelle, en sacrifice d'actions de grâces à l'Éternel, il l'offrira sans défaut.

⁷S'il offre en sacrifice un agneau, il le présentera devant l'Éternel.

⁸Il posera sa main sur la tête de la victime, qu'il égorgera devant la tente d'assignation; et les fils d'Aaron en répandront le sang sur l'autel tout autour.

⁹De ce sacrifice d'actions de grâces, il offrira en sacrifice consumé par le feu devant l'Éternel: la graisse, la queue entière, qu'il séparera près de l'échine, la graisse qui couvre les entrailles et toute celle qui y est attachée,

¹⁰les deux rognons, et la graisse qui les entoure, qui couvre les flancs, et le grand lobe du foie, qu'il détachera près des rognons.

¹¹Le sacrificateur brûlera cela sur l'autel. C'est l'aliment d'un sacrifice consumé par le feu devant l'Éternel.

¹²Si son offrande est une chèvre, il la présentera devant l'Éternel.

¹³Il posera sa main sur la tête de sa victime, qu'il égorgera devant la tente d'assignation; et les fils d'Aaron en répandront le sang sur l'autel tout autour.

¹⁴De la victime, il offrira en sacrifice consumé par le feu devant l'Éternel: la graisse qui couvre les entrailles et toute celle qui y est attachée,

¹⁵les deux rognons, et la graisse qui les entoure, qui couvre les flancs, et le grand lobe du foie, qu'il détachera près des rognons.

¹⁶Le sacrificateur brûlera cela sur l'autel. Toute la graisse est l'aliment d'un sacrifice consumé par le feu, d'une agréable odeur à l'Éternel.

¹⁷C'est ici une loi perpétuelle pour vos descendants, dans tous les lieux où vous habiterez: vous ne mangerez ni graisse ni sang.

Chapitre 4

¹L'Éternel parla à Moïse, et dit:

²Parle aux enfants d'Israël, et dis: Lorsque quelqu'un péchera involontairement contre l'un des commandements de l'Éternel, en faisant des choses qui ne doivent point se faire;

³Si c'est le sacrificateur ayant reçu l'onction qui a péché et a rendu par là le peuple coupable, il offrira à l'Éternel, pour le péché qu'il a commis, un jeune taureau sans défaut, en sacrifice d'expiation.

⁴Il amènera le taureau à l'entrée de la tente d'assignation, devant l'Éternel; et il posera sa main sur la tête du taureau, qu'il égorgera devant l'Éternel.

⁵Le sacrificateur ayant reçu l'onction prendra du sang du taureau, et l'apportera dans la tente d'assignation;

⁶il trempera son doigt dans le sang, et il en fera sept fois

Lévitique

l'aspersion devant l'Éternel, en face du voile du sanctuaire.

⁷Le sacrificateur mettra du sang sur les cornes de l'autel des parfums odoriférants, qui est devant l'Éternel dans la tente d'assignation; et il répandra tout le sang du taureau au pied de l'autel des holocaustes, qui est à l'entrée de la tente d'assignation.

⁸Il enlèvera toute la graisse du taureau expiatoire, la graisse qui couvre les entrailles et toute celle qui y est attachée,

⁹les deux rognons, et la graisse qui les entoure, qui couvre les flancs, et le grand lobe du foie, qu'il détachera près des rognons.

¹⁰Le sacrificateur enlèvera ces parties comme on les enlève du taureau dans le sacrifice d'actions de grâces, et il les brûlera sur l'autel des holocaustes.

¹¹Mais la peau du taureau, toute sa chair, avec sa tête, ses jambes, ses entrailles et ses excréments,

¹²le taureau entier, il l'emportera hors du camp, dans un lieu pur, où l'on jette les cendres, et il le brûlera au feu sur du bois: c'est sur le tas de cendres qu'il sera brûlé.

¹³Si c'est toute l'assemblée d'Israël qui a péché involontairement et sans s'en apercevoir, en faisant contre l'un des commandements de l'Éternel des choses qui ne doivent point se faire et en se rendant ainsi coupable,

¹⁴et que le péché qu'on a commis vienne à être découvert, l'assemblée offrira un jeune taureau en sacrifice d'expiation, et on l'amènera devant la tente d'assignation.

¹⁵Les anciens d'Israël poseront leurs mains sur la tête du taureau devant l'Éternel, et on égorgera le taureau devant l'Éternel.

¹⁶Le sacrificateur ayant reçu l'onction apportera du sang du taureau dans la tente d'assignation;

¹⁷il trempera son doigt dans le sang, et il en fera sept fois l'aspersion devant l'Éternel, en face du voile.

¹⁸Il mettra du sang sur les cornes de l'autel qui est devant l'Éternel dans la tente d'assignation; et il répandra tout le sang au pied de l'autel des holocaustes, qui est à l'entrée de la tente d'assignation.

¹⁹Il enlèvera toute la graisse du taureau, et il la brûlera sur l'autel.

²⁰Il fera de ce taureau comme du taureau expiatoire; il fera de même. C'est ainsi que le sacrificateur fera pour eux l'expiation, et il leur sera pardonné.

²¹Il emportera le taureau hors du camp, et il le brûlera comme le premier taureau. C'est un sacrifice d'expiation pour l'assemblée.

²²Si c'est un chef qui a péché, en faisant involontairement contre l'un des commandements de l'Éternel, son Dieu, des choses qui ne doivent point se faire et en se rendant ainsi coupable,

²³et qu'il vienne à découvrir le péché qu'il a commis, il offrira en sacrifice un bouc mâle sans défaut.

²⁴Il posera sa main sur la tête du bouc, qu'il égorgera dans le lieu où l'on égorge les holocaustes devant l'Éternel. C'est un sacrifice d'expiation.

²⁵Le sacrificateur prendra avec son doigt du sang de la victime expiatoire, il en mettra sur les cornes de l'autel des holocaustes, et il répandra le sang au pied de l'autel des holocaustes.

²⁶Il brûlera toute la graisse sur l'autel, comme la graisse du sacrifice d'actions de grâces. C'est ainsi que le sacrificateur fera pour ce chef l'expiation de son péché, et il lui sera pardonné.

²⁷Si c'est quelqu'un du peuple qui a péché involontairement, en faisant contre l'un des commandements de l'Éternel des choses qui ne doivent point se faire et en se rendant ainsi coupable,

²⁸et qu'il vienne à découvrir le péché qu'il a commis, il offrira en sacrifice une chèvre, une femelle sans défaut, pour le péché qu'il a commis.

²⁹Il posera sa main sur la tête de la victime expiatoire, qu'il égorgera dans le lieu où l'on égorge les holocaustes.

³⁰Le sacrificateur prendra avec son doigt du sang de la victime, il en mettra sur les cornes de l'autel des holocaustes, et il répandra tout le sang au pied de l'autel.

³¹Le sacrificateur ôtera toute la graisse, comme on ôte la graisse du sacrifice d'actions de grâces, et il la brûlera sur l'autel, et elle sera d'une agréable odeur à l'Éternel. C'est ainsi que le sacrificateur fera pour cet homme l'expiation, et il lui sera pardonné.

³²S'il offre un agneau en sacrifice d'expiation, il offrira une femelle sans défaut.

³³Il posera sa main sur la tête de la victime, qu'il égorgera en sacrifice d'expiation dans le lieu où l'on égorge les holocaustes.

³⁴Le sacrificateur prendra avec son doigt du sang de la victime, il en mettra sur les cornes de l'autel des holocaustes, et il répandra tout le sang au pied de l'autel.

³⁵Le sacrificateur ôtera toute la graisse, comme on ôte la graisse de l'agneau dans le sacrifice d'actions de grâces, et il la brûlera sur l'autel, comme un sacrifice consumé par le feu devant l'Éternel. C'est ainsi que le sacrificateur fera pour cet homme l'expiation du péché qu'il a commis, et il lui sera pardonné.

Chapitre 5

¹Lorsque quelqu'un, après avoir été mis sous serment comme témoin, péchera en ne déclarant pas ce qu'il a vu ou ce qu'il sait, il restera chargé de sa faute.

²Lorsque quelqu'un, sans s'en apercevoir, touchera une chose souillée, comme le cadavre d'un animal impur, que ce soit d'une bête sauvage ou domestique, ou bien d'un reptile, il deviendra lui-même impur et il se rendra coupable.

³Lorsque, sans y prendre garde, il touchera une souillure humaine quelconque, et qu'il s'en aperçoive plus tard, il en sera coupable.

⁴Lorsque quelqu'un, parlant à la légère, jure de faire du mal ou du bien, et que, ne l'ayant pas remarqué d'abord, il s'en aperçoive plus tard, il en sera coupable.

⁵Celui donc qui se rendra coupable de l'une de ces choses, fera l'aveu de son péché.

⁶Puis il offrira en sacrifice de culpabilité à l'Éternel, pour le péché qu'il a commis, une femelle de menu bétail, une brebis ou une chèvre, comme victime expiatoire. Et le sacrificateur fera pour lui l'expiation de son péché.

⁷S'il n'a pas de quoi se procurer une brebis ou une chèvre, il offrira en sacrifice de culpabilité à l'Éternel pour son péché deux tourterelles ou deux jeunes pigeons, l'un comme victime expiatoire, l'autre comme holocauste.

⁸Il les apportera au sacrificateur, qui sacrifiera d'abord celui qui doit servir de victime expiatoire. Le sacrificateur lui ouvrira la tête avec l'ongle près de la nuque, sans la séparer;

⁹il fera sur un côté de l'autel l'aspersion du sang de la victime expiatoire, et le reste du sang sera exprimé au pied de l'autel: c'est un sacrifice d'expiation.

¹⁰Il fera de l'autre oiseau un holocauste, d'après les règles établies. C'est ainsi que le sacrificateur fera pour cet homme l'expiation du péché qu'il a commis, et il lui sera pardonné.

¹¹S'il n'a pas de quoi se procurer deux tourterelles ou deux jeunes pigeons, il apportera en offrande pour son péché un dixième d'épha de fleur de farine, comme offrande d'expiation; il ne mettra point d'huile dessus, et il n'y ajoutera point d'encens, car c'est une offrande d'expiation.

¹²Il l'apportera au sacrificateur, et le sacrificateur en prendra une poignée comme souvenir, et il la brûlera sur l'autel, comme les offrandes consumées par le feu devant l'Éternel: c'est une offrande d'expiation.

¹³C'est ainsi que le sacrificateur fera pour cet homme l'expiation du péché qu'il a commis à l'égard de l'une de ces choses, et il lui sera pardonné. Ce qui restera de l'offrande sera pour le sacrificateur, comme dans l'offrande en don.

¹⁴L'Éternel parla à Moïse, et dit:

¹⁵Lorsque quelqu'un commettra une infidélité et péchera involontairement à l'égard des choses consacrées à l'Éternel, il offrira en sacrifice de culpabilité à l'Éternel pour son péché un bélier sans défaut, pris du troupeau d'après ton estimation en sicles d'argent, selon le sicle du sanctuaire.

¹⁶Il donnera, en y ajoutant un cinquième, la valeur de la chose dont il a frustré le sanctuaire, et il la remettra au sacrificateur. Et le sacrificateur fera pour lui l'expiation avec le bélier offert en sacrifice de culpabilité, et il lui sera pardonné.

¹⁷Lorsque quelqu'un péchera en faisant, sans le savoir, contre l'un des commandements de l'Éternel, des choses qui ne doivent point se faire, il se rendra coupable et sera chargé de sa faute.

¹⁸Il présentera au sacrificateur en sacrifice de culpabilité un bélier sans défaut, pris du troupeau d'après ton estimation. Et le sacrificateur fera pour lui l'expiation de la faute qu'il a commise sans le savoir, et il lui sera pardonné.

¹⁹C'est un sacrifice de culpabilité. Cet homme s'était rendu coupable envers l'Éternel.

Chapitre 6

¹L'Éternel parla à Moïse, et dit:

²Lorsque quelqu'un péchera et commettra une infidélité envers l'Éternel, en mentant à son prochain au sujet d'un dépôt, d'un objet confié à sa garde, d'une chose volée ou soustraite par fraude,

³en niant d'avoir trouvé une chose perdue, ou en faisant un faux serment sur une chose quelconque de nature à constituer un péché;

⁴lorsqu'il péchera ainsi et se rendra coupable, il restituera la chose qu'il a volée ou soustraite par fraude, la chose qui lui avait été confiée

en dépôt, la chose perdue qu'il a trouvée,

⁵ou la chose quelconque sur laquelle il a fait un faux serment. Il la restituera en son entier, y ajoutera un cinquième, et la remettra à son propriétaire, le jour même où il offrira son sacrifice de culpabilité.

⁶Il présentera au sacrificateur en sacrifice de culpabilité à l'Éternel pour son péché un bélier sans défaut, pris du troupeau d'après ton estimation.

⁷Et le sacrificateur fera pour lui l'expiation devant l'Éternel, et il lui sera pardonné, quelle que soit la faute dont il se sera rendu coupable.

⁸L'Éternel parla à Moïse, et dit:

⁹Donne cet ordre à Aaron et à ses fils, et dis: Voici la loi de l'holocauste. L'holocauste restera sur le foyer de l'autel toute la nuit jusqu'au matin, et le feu brûlera de l'autel.

¹⁰Le sacrificateur revêtira sa tunique de lin, et mettra des caleçons sur sa chair, il enlèvera la cendre faite par le feu qui aura consumé l'holocauste sur l'autel, et il la déposera près de l'autel.

¹¹Puis il quittera ses vêtements et en mettra d'autres, pour porter la cendre hors du camp, dans un lieu pur.

¹²Le feu brûlera sur l'autel, il ne s'éteindra point; chaque matin, le sacrificateur y allumera du bois, arrangera l'holocauste, et brûlera la graisse des sacrifices d'actions de grâces.

¹³Le feu brûlera continuellement sur l'autel, il ne s'éteindra point.

¹⁴Voici la loi de l'offrande. Les fils d'Aaron la présenteront devant l'Éternel, devant l'autel.

¹⁵Le sacrificateur prélèvera une poignée de la fleur de farine et de l'huile, avec tout l'encens ajouté à l'offrande, et il brûlera cela sur l'autel comme souvenir d'une agréable odeur à l'Éternel.

¹⁶Aaron et ses fils mangeront ce qui restera de l'offrande; ils le mangeront sans levain, dans un lieu saint, dans le parvis de la tente d'assignation.

¹⁷On ne le cuira pas avec du levain. C'est la part que je leur ai donnée de mes offrandes consumées par le feu. C'est une chose très sainte, comme le sacrifice d'expiation et comme le sacrifice de culpabilité.

¹⁸Tout mâle d'entre les enfants d'Aaron en mangera. C'est une loi perpétuelle pour vos descendants, au sujet des offrandes consumées par le feu devant l'Éternel: quiconque y touchera sera sanctifié.

¹⁹L'Éternel parla à Moïse, et dit:

²⁰Voici l'offrande qu'Aaron et ses fils feront à l'Éternel, le jour où ils recevront l'onction: un dixième d'épha de fleur de farine, comme offrande perpétuelle, moitié le matin et moitié le soir.

²¹Elle sera préparée à la poêle avec de l'huile, et tu l'apporteras frite; tu la présenteras aussi cuite et en morceaux comme une offrande d'une agréable odeur à l'Éternel.

²²Le sacrificateur qui, parmi les fils d'Aaron, sera oint pour lui succéder, fera aussi cette offrande. C'est une loi perpétuelle devant l'Éternel: elle sera brûlée en entier.

²³Toute offrande d'un sacrificateur sera brûlée en entier; elle ne sera point mangée.

²⁴L'Éternel parla à Moïse, et dit:

²⁵Parle à Aaron et à ses fils, et dis: Voici la loi du sacrifice d'expiation. C'est dans le lieu où l'on égorge l'holocauste que sera égorgée devant l'Éternel la victime pour le sacrifice d'expiation: c'est une chose très sainte.

²⁶Le sacrificateur qui offrira la victime expiatoire la mangera; elle sera mangée dans un lieu saint, dans le parvis de la tente d'assignation.

²⁷Quiconque en touchera la chair sera sanctifié. S'il en rejaillit du sang sur un vêtement, la place sur laquelle il aura rejailli sera lavée dans un lieu saint.

²⁸Le vase de terre dans lequel elle aura cuit sera brisé; si c'est dans un vase d'airain qu'elle a cuit, il sera nettoyé et lavé dans l'eau.

²⁹Tout mâle parmi les sacrificateurs en mangera: c'est une chose très sainte.

³⁰Mais on ne mangera aucune victime expiatoire dont on apportera du sang dans la tente d'assignation, pour faire l'expiation dans le sanctuaire: elle sera brûlée au feu.

Chapitre 7

¹Voici la loi du sacrifice de culpabilité: c'est une chose très sainte.

²C'est dans le lieu où l'on égorge l'holocauste que sera égorgée la victime pour le sacrifice de culpabilité. On en répandra le sang sur l'autel tout autour.

³On en offrira toute la graisse, la queue, la graisse qui couvre les entrailles,

⁴les deux rognons, et la graisse qui les entoure, qui couvre les flancs, et le grand lobe du foie, qu'on détachera près des rognons.

⁵Le sacrificateur brûlera cela sur l'autel en sacrifice consumé devant l'Éternel. C'est un sacrifice de culpabilité.

⁶Tout mâle parmi les sacrificateurs en mangera; il le mangera dans un lieu saint: c'est une chose très sainte.

⁷Il en est du sacrifice de culpabilité comme du sacrifice d'expiation; la loi est la même pour ces deux sacrifices: la victime sera pour le sacrificateur qui fera l'expiation.

⁸Le sacrificateur qui offrira l'holocauste de quelqu'un aura pour lui la peau de l'holocauste qu'il a offert.

⁹Toute offrande cuite au four, préparée sur le gril ou à la poêle, sera pour le sacrificateur qui l'a offerte.

¹⁰Toute offrande pétrie à l'huile et sèche sera pour tous les fils d'Aaron, pour l'un comme pour l'autre.

¹¹Voici la loi du sacrifice d'actions de grâces, qu'on offrira à l'Éternel.

¹²Si quelqu'un l'offre par reconnaissance, il offrira, avec le sacrifice d'actions de grâces, des gâteaux sans levain pétris à l'huile, des galettes sans levain arrosées d'huile, et des gâteaux de fleur de farine frite et pétris à l'huile.

¹³A ces gâteaux il ajoutera du pain levé pour son offrande, avec son sacrifice de reconnaissance et d'actions de grâces.

¹⁴On présentera par élévation à l'Éternel une portion de chaque offrande; elle sera pour le sacrificateur qui a répandu le sang de la victime d'actions de grâces.

¹⁵La chair du sacrifice de reconnaissance et d'actions de grâces sera mangée le jour où il est offert; on n'en laissera rien jusqu'au matin.

¹⁶Si quelqu'un offre un sacrifice pour l'accomplissement d'un voeu ou comme offrande volontaire, la victime sera mangée le jour où il l'offrira, et ce qui en restera sera mangé le lendemain.

¹⁷Ce qui restera de la chair de la victime sera brûlé au feu le troisième jour.

¹⁸Dans le cas où l'on mangerait de la chair de son sacrifice d'actions de grâces le troisième jour, le sacrifice ne sera point agréé; il n'en sera pas tenu compte à celui qui l'a offert; ce sera une chose infecte, et quiconque en mangera restera chargé de sa faute.

¹⁹La chair qui a touché quelque chose d'impur ne sera point mangée: elle sera brûlée au feu.

²⁰Tout homme pur peut manger de la chair; mais celui qui, se trouvant en état d'impureté, mangera de la chair du sacrifice d'actions de grâces qui appartient à l'Éternel, celui-là sera retranché de son peuple.

²¹Et celui qui touchera quelque chose d'impur, une souillure humaine, un animal impur, ou quoi que ce soit d'impur, et qui mangera de la chair du sacrifice d'actions de grâces qui appartient à l'Éternel, celui-là sera retranché de son peuple.

²²L'Éternel parla à Moïse, et dit:

²³Parle aux enfants d'Israël, et dis: Vous ne mangerez point de graisse de boeuf, d'agneau ni de chèvre.

²⁴La graisse d'une bête morte ou déchirée pourra servir à un usage quelconque; mais vous ne la mangerez point.

²⁵Car celui qui mangera de la graisse des animaux dont on offre à l'Éternel des sacrifices consumés par le feu, celui-là sera retranché de son peuple.

²⁶Vous ne mangerez point de sang, ni d'oiseau, ni de bétail, dans tous les lieux où vous habiterez.

²⁷Celui qui mangera du sang d'une espèce quelconque, celui-là sera retranché de son peuple.

²⁸L'Éternel parla à Moïse, et dit:

²⁹Parle aux enfants d'Israël, et dis: Celui qui offrira à l'Éternel son sacrifice d'actions de grâces apportera son offrande à l'Éternel, prise sur son sacrifice d'actions de grâces.

³⁰Il apportera de ses propres mains ce qui doit être consumé par le feu devant l'Éternel; il apportera la graisse avec la poitrine, la poitrine pour l'agiter de côté et d'autre devant l'Éternel.

³¹Le sacrificateur brûlera la graisse sur l'autel, et la poitrine sera pour Aaron et pour ses fils.

³²Dans vos sacrifices d'actions de grâces, vous donnerez au sacrificateur l'épaule droite, en la présentant par élévation.

³³Celui des fils d'Aaron qui offrira le sang et la graisse du sacrifice d'actions de grâces aura l'épaule droite pour sa part.

³⁴Car je prends sur les sacrifices d'actions de grâces offerts par les enfants d'Israël la poitrine qu'on agitera de côté et d'autre et l'épaule qu'on présentera par élévation, et je les donne au sacrificateur Aaron et à ses fils, par une loi perpétuelle qu'observeront les enfants d'Israël.

³⁵C'est là le droit que l'onction d'Aaron et de ses fils leur donnera sur les sacrifices consumés par le feu devant l'Éternel, depuis le jour où ils seront présentés pour être à mon service dans le sacerdoce.

³⁶C'est ce que l'Éternel ordonne aux enfants d'Israël de leur donner depuis le jour de leur onction; ce sera une loi perpétuelle parmi leurs descendants.

³⁷Telle est la loi de l'holocauste, de l'offrande, du sacrifice d'expiation, du sacrifice de culpabilité, de la consécration, et du sacrifice d'actions de grâces.

³⁸L'Éternel la prescrivit à Moïse sur la montagne de Sinaï, le jour où il ordonna aux enfants d'Israël de présenter leurs offrandes à l'Éternel dans le désert du Sinaï.

Chapitre 8

¹L'Éternel parla à Moïse, et dit:

²Prends Aaron et ses fils avec lui, les vêtements, l'huile d'onction, le taureau expiatoire, les deux béliers et la corbeille de pains sans levain;

³et convoque toute l'assemblée à l'entrée de la tente d'assignation.

⁴Moïse fit ce que l'Éternel lui avait ordonné; et l'assemblée se réunit à l'entrée de la tente d'assignation.

⁵Moïse dit à l'assemblée: Voici ce que l'Éternel a ordonné de faire.

⁶Moïse fit approcher Aaron et ses fils, et il les lava avec de l'eau.

⁷Il mit à Aaron la tunique, il le ceignit de la ceinture, il le revêtit de la robe, et il plaça sur lui l'éphod, qu'il serra avec la ceinture de l'éphod dont il le revêtit.

⁸Il lui mit le pectoral, et il joignit au pectoral l'urim et le thummim.

⁹Il posa la tiare sur sa tête, et il plaça sur le devant de la tiare la lame d'or, diadème sacré, comme l'Éternel l'avait ordonné à Moïse.

¹⁰Moïse prit l'huile d'onction, il oignit le sanctuaire et toutes les choses qui y étaient, et le sanctifia.

¹¹Il en fit sept fois l'aspersion sur l'autel, et il oignit l'autel et tous ses ustensiles, et la cuve avec sa base, afin de les sanctifier.

¹²Il répandit de l'huile d'onction sur la tête d'Aaron, et l'oignit, afin de la sanctifier.

¹³Moïse fit aussi approcher les fils d'Aaron; il les revêtit de tuniques, les ceignit de ceintures, et leur attacha des bonnets, comme l'Éternel l'avait ordonné à Moïse.

¹⁴Il fit approcher le taureau expiatoire, et Aaron et ses fils posèrent leurs mains sur la tête du taureau expiatoire.

¹⁵Moïse l'égorgea, prit du sang, et en mit avec son doigt sur les cornes de l'autel tout autour, et purifia l'autel; il répandit le sang au pied de l'autel, et le sanctifia pour y faire l'expiation.

¹⁶Il prit toute la graisse qui couvre les entrailles, le grand lobe du foie, et les deux rognons avec leur graisse, et il brûla cela sur l'autel.

¹⁷Mais il brûla au feu hors du camp le taureau, sa peau, sa chair et ses excréments, comme l'Éternel l'avait ordonné à Moïse.

¹⁸Il fit approcher le bélier de l'holocauste, et Aaron et ses fils posèrent leurs mains sur la tête du bélier.

¹⁹Moïse l'égorgea, et répandit le sang sur l'autel tout autour.

²⁰Il coupa le bélier par morceaux, et il brûla la tête, les morceaux et la graisse.

²¹Il lava avec de l'eau les entrailles et les jambes, et il brûla tout le bélier sur l'autel: ce fut l'holocauste, ce fut un sacrifice consumé par le feu, d'une agréable odeur à l'Éternel, comme l'Éternel l'avait ordonné à Moïse.

²²Il fit approcher l'autre bélier, le bélier de consécration, et Aaron et ses fils posèrent leurs mains sur la tête du bélier.

²³Moïse égorgea le bélier, prit de son sang, et en mit sur le lobe de l'oreille droite d'Aaron, sur le pouce de sa main droite et sur le gros orteil de son pied droit.

²⁴Il fit approcher les fils d'Aaron, mit du sang sur le lobe de leur oreille droite, sur le pouce de leur main droite et sur le gros orteil de leur pied droit, et il répandit le sang sur l'autel tout autour.

²⁵Il prit la graisse, la queue, toute la graisse qui couvre les entrailles, le grand lobe du foie, les deux rognons avec leur graisse, et l'épaule droite;

²⁶il prit aussi dans la corbeille de pains sans levain, placée devant l'Éternel, un gâteau sans levain, un gâteau de pain à l'huile et une galette, et il les posa sur les graisses et sur l'épaule droite.

²⁷Il mit toutes ces choses sur les mains d'Aaron et sur les mains de ses fils, et il les agita de côté et d'autre devant l'Éternel.

²⁸Puis Moïse les ôta de leurs mains, et il les brûla sur l'autel, par-dessus l'holocauste: ce fut le sacrifice de consécration, ce fut un sacrifice consumé par le feu, d'une agréable odeur à l'Éternel.

²⁹Moïse prit la poitrine du bélier de consécration, et il l'agita de côté et d'autre devant l'Éternel: ce fut la portion de Moïse, comme l'Éternel l'avait ordonné à Moïse.

³⁰Moïse prit de l'huile d'onction et du sang qui était sur l'autel; il en fit l'aspersion sur Aaron et sur ses vêtements, sur les fils d'Aaron et sur leurs vêtements; et il sanctifia Aaron et ses vêtements, les fils d'Aaron et leurs vêtements avec lui.

³¹Moïse dit à Aaron et à ses fils: Faites cuire la chair à l'entrée de la tente d'assignation; c'est là que vous la mangerez, avec le pain qui est dans la corbeille de consécration, comme je l'ai ordonné, en disant: Aaron et ses fils la mangeront.

³²Vous brûlerez dans le feu ce qui restera de la chair et du pain.

³³Pendant sept jours, vous ne sortirez point de l'entrée de la tente d'assignation, jusqu'à ce que les jours de votre consécration soient accomplis; car sept jours seront employés à vous consacrer.

³⁴Ce qui s'est fait aujourd'hui, l'Éternel a ordonné de le faire comme expiation pour vous.

³⁵Vous resterez donc sept jours à l'entrée de la tente d'assignation, jour et nuit, et vous observerez les commandements de l'Éternel, afin que vous ne mouriez pas; car c'est là ce qui m'a été ordonné.

³⁶Aaron et ses fils firent toutes les choses que l'Éternel avait ordonnées par Moïse.

Chapitre 9

¹Le huitième jour, Moïse appela Aaron et ses fils, et les anciens d'Israël.

²Il dit à Aaron: Prends un jeune veau pour le sacrifice d'expiation, et un bélier pour l'holocauste, l'un et l'autre sans défaut, et sacrifie-les devant l'Éternel.

³Tu parleras aux enfants d'Israël, et tu diras: Prenez un bouc, pour le sacrifice d'expiation, un veau et un agneau, âgés d'un an et sans défaut, pour l'holocauste;

⁴un boeuf et un bélier, pour le sacrifice d'actions de grâces, afin de les sacrifier devant l'Éternel; et une offrande pétrie à l'huile. Car aujourd'hui l'Éternel vous apparaîtra.

⁵Ils amenèrent devant la tente d'assignation ce que Moïse avait ordonné; et toute l'assemblée s'approcha, et se tint devant l'Éternel.

⁶Moïse dit: Vous ferez ce que l'Éternel a ordonné; et la gloire de l'Éternel vous apparaîtra.

⁷Moïse dit à Aaron: Approche-toi de l'autel; offre ton sacrifice d'expiation et ton holocauste, et fais l'expiation pour toi et pour le peuple; offre aussi le sacrifice du peuple, et fais l'expiation pour lui, comme l'Éternel l'a ordonné.

⁸Aaron s'approcha de l'autel, et il égorgea le veau pour son sacrifice d'expiation.

⁹Les fils d'Aaron lui présentèrent le sang; il trempa son doigt dans le sang, en mit sur les cornes de l'autel, et répandit le sang au pied de l'autel.

¹⁰Il brûla sur l'autel la graisse, les rognons, et le grand lobe du foie de la victime expiatoire, comme l'Éternel l'avait ordonné à Moïse.

¹¹Mais il brûla au feu hors du camp la chair et la peau.

¹²Il égorgea l'holocauste. Les fils d'Aaron lui présentèrent le sang, et il le répandit sur l'autel tout autour.

¹³Ils lui présentèrent l'holocauste coupé par morceaux, avec la tête, et il les brûla sur l'autel.

¹⁴Il lava les entrailles et les jambes, et il les brûla sur l'autel, par dessus l'holocauste.

¹⁵Ensuite, il offrit le sacrifice du peuple. Il prit le bouc pour le sacrifice expiatoire du peuple, il l'égorgea, et l'offrit en expiation, comme la première victime.

¹⁶Il offrit l'holocauste, et le sacrifia, d'après les règles établies.

¹⁷Il présenta l'offrande, en prit une poignée, et la brûla sur l'autel, outre l'holocauste du matin.

¹⁸Il égorgea le boeuf et le bélier, en sacrifice d'actions de grâces pour le peuple. Les fils d'Aaron lui présentèrent le sang, et il le répandit sur l'autel tout autour.

¹⁹Ils lui présentèrent la graisse du boeuf et du bélier, la queue, la graisse qui couvre les entrailles, les rognons, et le grand lobe du foie;

²⁰ils mirent les graisses sur les poitrines, et il brûla les graisses sur l'autel.

²¹Aaron agita de côté et d'autre devant l'Éternel les poitrines et l'épaule droite, comme Moïse l'avait ordonné.

²²Aaron leva ses mains vers le peuple, et il le bénit. Puis il descendit, après avoir offert le sacrifice d'expiation, l'holocauste et le sacrifice d'actions de grâces.

²³Moïse et Aaron entrèrent dans la tente d'assignation. Lorsqu'ils en sortirent, ils bénirent le peuple. Et la gloire de l'Éternel apparut à tout le peuple.

²⁴Le feu sortit de devant l'Éternel, et consuma sur l'autel l'holocauste et les graisses. Tout le peuple le vit; et ils poussèrent des cris de joie, et se jetèrent sur leur face.

Chapitre 10

¹Les fils d'Aaron, Nadab et Abihu, prirent chacun un brasier, y mirent du feu, et posèrent du parfum dessus; ils apportèrent devant l'Éternel du feu étranger, ce qu'il ne leur avait point ordonné.

²Alors le feu sortit de devant l'Éternel, et les consuma: ils moururent devant l'Éternel.

³Moïse dit à Aaron: C'est ce que l'Éternel a déclaré, lorsqu'il a dit: Je serai sanctifié par ceux qui s'approchent de moi, et je serai glorifié en présence de tout le peuple. Aaron garda le silence.

⁴Et Moïse appela Mischaël et Eltsaphan, fils d'Uziel, oncle d'Aaron, et il leur dit: Approchez-vous, emportez vos frères loin du sanctuaire, hors du camp.

⁵Ils s'approchèrent, et ils les emportèrent dans leurs tuniques hors du camp, comme Moïse l'avait dit.

⁶Moïse dit à Aaron, à Éléazar et à Ithamar, fils d'Aaron: Vous ne découvrirez point vos têtes, et vous ne déchirerez point vos vêtements, de peur que vous ne mouriez, et que l'Éternel ne s'irrite contre toute l'assemblée. Laissez vos frères, toute la maison d'Israël, pleurer sur l'embrasement que l'Éternel a allumé.

⁷Vous ne sortirez point de l'entrée de la tente d'assignation, de peur que vous ne mouriez; car l'huile de l'onction de l'Éternel est sur vous. Ils firent ce que Moïse avait dit.

⁸L'Éternel parla à Aaron, et dit:

⁹Tu ne boiras ni vin, ni boisson enivrante, toi et tes fils avec toi, lorsque vous entrerez dans la tente d'assignation, de peur que vous ne mouriez: ce sera une loi perpétuelle parmi vos descendants,

¹⁰afin que vous puissiez distinguer ce qui est saint de ce qui est profane, ce qui est impur de ce qui est pur,

¹¹et enseigner aux enfants d'Israël toutes les lois que l'Éternel leur a données par Moïse.

¹²Moïse dit à Aaron, à Éléazar et à Ithamar, les deux fils qui restaient à Aaron: Prenez ce qui reste de l'offrande parmi les sacrifices consumés par le feu devant l'Éternel, et mangez-le sans levain près de l'autel: car c'est une chose très sainte.

¹³Vous le mangerez dans un lieu saint; c'est ton droit et le droit de tes fils sur les offrandes consumées par le feu devant l'Éternel; car c'est là ce qui m'a été ordonné.

¹⁴Vous mangerez aussi dans un lieu pur, toi, tes fils et tes filles avec toi, la poitrine qu'on a agitée de côté et d'autre et l'épaule qui a été présentée par élévation; car elles vous sont données, comme ton droit et le droit de tes fils, dans les sacrifices d'actions de grâces des enfants d'Israël.

¹⁵Ils apporteront, avec les graisses destinées à être consumées par le feu, l'épaule que l'on présente par élévation et la poitrine que l'on agite de côté et d'autre devant l'Éternel: elles seront pour toi et pour tes fils avec toi, par une loi perpétuelle, comme l'Éternel l'a ordonné.

¹⁶Moïse chercha le bouc expiatoire; et voici, il avait été brûlé. Alors il s'irrita contre Éléazar et Ithamar, les fils qui restaient à Aaron, et il dit:

¹⁷Pourquoi n'avez-vous pas mangé la victime expiatoire dans le lieu saint? C'est une chose très sainte; et l'Éternel vous l'a donnée, afin que vous portiez l'iniquité de l'assemblée, afin que vous fassiez pour elle l'expiation devant l'Éternel.

¹⁸Voici, le sang de la victime n'a point été porté dans l'intérieur du sanctuaire; vous deviez la manger dans le sanctuaire, comme cela m'avait été ordonné.

¹⁹Aaron dit à Moïse: Voici, ils ont offert aujourd'hui leur sacrifice d'expiation et leur holocauste devant l'Éternel; et, après ce qui m'est arrivé, si j'eusse mangé aujourd'hui la victime expiatoire, cela aurait-il été bien aux yeux de l'Éternel?

²⁰Moïse entendit et approuva ces paroles.

Chapitre 11

¹L'Éternel parla à Moïse et à Aaron, et leur dit:

²Parlez aux enfants d'Israël, et dites: Voici les animaux dont vous mangerez parmi toutes les bêtes qui sont sur la terre.

³Vous mangerez de tout animal qui a la corne fendue, le pied fourchu, et qui rumine.

⁴Mais vous ne mangerez pas de ceux qui ruminent seulement, ou qui ont la corne fendue seulement. Ainsi, vous ne mangerez pas le chameau, qui rumine, mais qui n'a pas la corne fendue: vous le regarderez comme impur.

⁵Vous ne mangerez pas le daman, qui rumine, mais qui n'a pas la corne fendue: vous le regarderez comme impur.

⁶Vous ne mangerez pas le lièvre, qui rumine, mais qui n'a pas la corne fendue: vous le regarderez comme impur.

⁷Vous ne mangerez pas le porc, qui a la corne fendue et le pied fourchu, mais qui ne rumine pas: vous le regarderez comme impur.

⁸Vous ne mangerez pas de leur chair, et vous ne toucherez pas leurs corps morts: vous les regarderez comme impurs.

⁹Voici les animaux dont vous mangerez parmi tous ceux qui sont dans les eaux. Vous mangerez de tous ceux qui ont des nageoires et des écailles, et qui sont dans les eaux, soit dans les mers, soit dans les rivières.

¹⁰Mais vous aurez en abomination tous ceux qui n'ont pas des nageoires et des écailles, parmi tout ce qui se meut dans les eaux et tout ce qui est vivant dans les eaux, soit dans les mers, soit dans les rivières.

¹¹Vous les aurez en abomination, vous ne mangerez pas de leur chair, et vous aurez en abomination leurs corps morts.

¹²Vous aurez en abomination tous ceux qui, dans les eaux, n'ont pas des nageoires et des écailles.

¹³Voici, parmi les oiseaux, ceux que vous aurez en abomination, et dont on ne mangera pas: l'aigle, l'orfraie et l'aigle de mer;

¹⁴le milan, l'autour et ce qui est de son espèce;

¹⁵le corbeau et toutes ses espèces;

¹⁶l'autruche, le hibou, la mouette, l'épervier et ce qui est de son espèce;

¹⁷le chat-huant, le plongeon et la chouette;

¹⁸le cygne, le pélican et le cormoran;

¹⁹la cigogne, le héron et ce qui est de son espèce, la huppe et la chauve-souris.

²⁰Vous aurez en abomination tout reptile qui vole et qui marche sur quatre pieds.

²¹Mais, parmi tous les reptiles qui volent et qui marchent sur quatre pieds, vous mangerez ceux qui ont des jambes au-dessus de leurs pieds, pour sauter sur la terre.

²²Voici ceux que vous mangerez: la sauterelle, le solam, le hargol et le hagab, selon leurs espèces.

²³Vous aurez en abomination tous les autres reptiles qui volent et qui ont quatre pieds.

²⁴Ils vous rendront impurs: quiconque touchera leurs corps morts sera impur jusqu'au soir,

²⁵et quiconque portera leurs corps morts lavera ses vêtements et sera impur jusqu'au soir.

²⁶Vous regarderez comme impur tout animal qui a la corne fendue, mais qui n'a pas le pied fourchu et qui ne rumine pas: quiconque le touchera sera impur.

²⁷Vous regarderez comme impurs tous ceux des animaux à quatre pieds qui marchent sur leurs pattes: quiconque touchera leurs corps morts sera impur jusqu'au soir,

²⁸et quiconque portera leurs corps morts lavera ses vêtements et sera impur jusqu'au soir. Vous les regarderez comme impurs.

²⁹Voici, parmi les animaux qui rampent sur la terre, ceux que vous regarderez comme impurs: la taupe, la souris et le lézard, selon leurs espèces;

³⁰le hérisson, la grenouille, la tortue, le limaçon et le caméléon.

³¹Vous les regarderez comme impurs parmi tous les reptiles: quiconque les touchera morts sera impur jusqu'au soir.

³²Tout objet sur lequel tombera quelque chose de leurs corps morts sera souillé, ustensiles de bois, vêtement, peau, sac, tout objet dont on fait usage; il sera mis dans l'eau, et restera souillé jusqu'au soir; après quoi, il sera pur.

³³Tout ce qui se trouvera dans un vase de terre où il en tombera quelque chose, sera souillé, et vous briserez le vase.

³⁴Tout aliment qui sert à la nourriture, et sur lequel il sera tombé de cette eau, sera souillé; et toute boisson dont on fait usage, quel que soit le vase qui la contienne, sera souillée.

³⁵Tout objet sur lequel tombera quelque chose de leurs corps morts sera souillé; le four et le foyer seront détruits: ils seront souillés, et vous les regarderez comme souillés.

³⁶Il n'y aura que les sources et les citernes, formant des amas d'eaux, qui resteront pures; mais celui qui y touchera de leurs corps morts sera impur.

³⁷S'il tombe quelque chose de leurs corps morts sur une semence qui doit être semée, elle restera pure;

³⁸mais si l'on a mis de l'eau sur la semence, et qu'il y tombe quelque chose de leurs corps morts, vous la regarderez comme souillée.

³⁹S'il meurt un des animaux qui vous servent de nourriture, celui qui touchera son corps mort sera impur jusqu'au soir;

⁴⁰celui qui mangera de son corps mort lavera ses vêtements et sera impur jusqu'au soir, et celui qui portera son corps mort lavera ses vêtements et sera impur jusqu'au soir.

⁴¹Vous aurez en abomination tout reptile qui rampe sur la terre: on n'en mangera point.

⁴²Vous ne mangerez point, parmi tous les reptiles qui rampent sur la terre, de tous ceux qui se traînent sur le ventre, ni de tous ceux qui marchent sur quatre pieds ou sur un grand nombre de pieds; car vous les aurez en abomination.

⁴³Ne rendez point vos personnes abominables par tous ces reptiles qui rampent; ne vous rendez point impurs par eux, ne vous souillez point par eux.

⁴⁴Car je suis l'Éternel, votre Dieu; vous vous sanctifierez, et vous serez saints, car je suis saint; et vous ne vous rendrez point impurs par tous ces reptiles qui rampent sur la terre.

⁴⁵Car je suis l'Éternel, qui vous ai fait monter du pays d'Égypte, pour être votre Dieu, et pour que vous soyez saints; car je suis saint.

⁴⁶Telle est la loi touchant les animaux, les oiseaux, tous les êtres vivants qui se meuvent dans les eaux, et tous les êtres qui rampent sur la terre,

⁴⁷afin que vous distinguiez ce qui est impur et ce qui est pur, l'animal qui se mange et l'animal qui ne se mange pas.

Chapitre 12

¹L'Éternel parla à Moïse, et dit:

²Parle aux enfants d'Israël, et dis: Lorsqu'une femme deviendra enceinte, et qu'elle enfantera un mâle, elle sera impure pendant sept jours; elle sera impure comme au temps de son indisposition menstruelle.

³Le huitième jour, l'enfant sera circoncis.

⁴Elle restera encore trente-trois jours à se purifier de son sang; elle ne touchera aucune chose sainte, et elle n'ira point au sanctuaire, jusqu'à ce que les jours de sa purification soient accomplis.

⁵Si elle enfante une fille, elle sera impure pendant deux semaines, comme au temps de son indisposition menstruelle; elle restera soixante-six jours à se purifier de son sang.

⁶Lorsque les jours de sa purification seront accomplis, pour un fils ou pour une fille, elle apportera au sacrificateur, à l'entrée de la tente d'assignation, un agneau d'un an pour l'holocauste, et un jeune pigeon ou une tourterelle pour le sacrifice d'expiation.

⁷Le sacrificateur les sacrifiera devant l'Éternel, et fera pour elle l'expiation; et elle sera purifiée du flux de son sang. Telle est la loi pour la femme qui enfante un fils ou une fille.

⁸Si elle n'a pas de quoi se procurer un agneau, elle prendra deux tourterelles ou deux jeunes pigeons, l'un pour l'holocauste, l'autre pour le sacrifice d'expiation. Le sacrificateur fera pour elle l'expiation, et elle sera pure.

Chapitre 13

¹L'Éternel parla à Moïse et à Aaron, et dit:

²Lorsqu'un homme aura sur la peau de son corps une tumeur, une dartre, ou une tache blanche, qui ressemblera à une plaie de lèpre sur la peau de son corps, on l'amènera au sacrificateur Aaron, ou à l'un de ses fils qui sont sacrificateurs.

³Le sacrificateur examinera la plaie qui est sur la peau du corps. Si le poil de la plaie est devenu blanc, et que la plaie paraisse plus profonde que la peau du corps, c'est une plaie de lèpre: le sacrificateur qui aura fait l'examen déclarera cet homme impur.

⁴S'il y a sur la peau du corps une tache blanche qui ne paraisse pas plus profonde que la peau, et que le poil ne soit pas devenu blanc, le sacrificateur enfermera pendant sept jours celui qui a la plaie.

⁵Le sacrificateur l'examinera le septième jour. Si la plaie lui paraît ne pas avoir fait de progrès et n'être pas étendue sur la peau, le sacrificateur l'enfermera une seconde fois pendant sept jours.

⁶Le sacrificateur l'examinera une seconde fois le septième jour. Si la plaie est devenue pâle et ne s'est pas étendue sur la peau, le sacrificateur déclarera cet homme pur: c'est une dartre; il lavera ses vêtements, et il sera pur.

⁷Mais si la dartre s'est étendue sur la peau, après qu'il s'est montré au sacrificateur pour être déclaré pur, il se fera examiner une seconde fois par le sacrificateur.

⁸Le sacrificateur l'examinera. Si la dartre s'est étendue sur la peau, le sacrificateur le déclarera impur; c'est la lèpre.

⁹Lorsqu'il y aura sur un homme une plaie de lèpre, on l'amènera au sacrificateur.

¹⁰Le sacrificateur l'examinera. S'il y a sur la peau une tumeur blanche, si cette tumeur a fait blanchir le poil, et qu'il y ait une trace de chair vive dans la tumeur,

¹¹c'est une lèpre invétérée dans la peau du corps de cet homme: le sacrificateur le déclarera impur; il ne l'enfermera pas, car il est impur.

¹²Si la lèpre fait une éruption sur la peau et couvre toute la peau de celui qui a la plaie, depuis la tête jusqu'aux pieds, partout où le sacrificateur portera ses regards, le sacrificateur l'examinera;

¹³et quand il aura vu que la lèpre couvre tout le corps, il déclarera pur celui qui a la plaie: comme il est entièrement devenu blanc, il est pur.

¹⁴Mais le jour où l'on apercevra en lui de la chair vive, il sera impur;

¹⁵quand le sacrificateur aura vu la chair vive, il le déclarera impur: la chair vive est impure, c'est la lèpre.

¹⁶Si la chair vive change et devient blanche, il ira vers le sacrificateur;

¹⁷le sacrificateur l'examinera, et si la plaie est devenue blanche, le sacrificateur déclarera pur celui qui a la plaie: il est pur.

¹⁸Lorsqu'un homme aura eu sur la peau de son corps un ulcère qui a été guéri,

¹⁹et qu'il se manifestera, à la place où était l'ulcère, une tumeur blanche ou une tache d'un blanc rougeâtre, cet homme se montrera au sacrificateur.

²⁰Le sacrificateur l'examinera. Si la tache paraît plus enfoncée que la peau, et que le poil soit devenu blanc, le sacrificateur le déclarera impur: c'est une plaie de lèpre, qui a fait éruption dans l'ulcère.

²¹Si le sacrificateur voit qu'il n'y a point de poil blanc dans la tache, qu'elle n'est pas plus enfoncée que la peau, et qu'elle est devenue pâle, il enfermera cet homme pendant sept jours.

²²Si la tache s'est étendue sur la peau, le sacrificateur le déclarera impur: c'est une plaie de lèpre.

²³Mais si la tache est restée à la même place et ne s'est pas étendue, c'est une cicatrice de l'ulcère: le sacrificateur le déclarera pur.

²⁴Lorsqu'un homme aura eu sur la peau de son corps une brûlure par le feu, et qu'il se manifestera sur la trace de la brûlure une tache blanche ou d'un blanc rougeâtre, le sacrificateur l'examinera.

²⁵Si le poil est devenu blanc dans la tache, et qu'elle paraisse plus profonde que la peau, c'est la lèpre, qui a fait éruption dans la brûlure; le sacrificateur déclarera cet homme impur: c'est une plaie de lèpre.

²⁶Si le sacrificateur voit qu'il n'y a point de poil blanc dans la tache, qu'elle n'est pas plus enfoncée que la peau, et qu'elle est devenu pâle, il enfermera cet homme pendant sept jours.

²⁷Le sacrificateur l'examinera le septième jour. Si la tache s'est étendue sur la peau, le sacrificateur le déclarera impur: c'est une plaie de lèpre.

²⁸Mais si la tache est restée à la même place, ne s'est pas étendue sur la peau, et est devenue pâle, c'est la tumeur de la brûlure; le sacrificateur le déclarera pur, car c'est la cicatrice de la brûlure.

²⁹Lorsqu'un homme ou une femme aura une plaie à la tête ou à la barbe,

³⁰le sacrificateur examinera la plaie. Si elle paraît plus profonde que la peau, et qu'il y ait du poil jaunâtre et mince, le sacrificateur déclarera cet homme impur: c'est la teigne, c'est la lèpre de la tête ou de la barbe.

³¹Si le sacrificateur voit que la plaie de la teigne ne paraît pas plus profonde que la peau, et qu'il n'y a point de poil noir, il enferma pendant sept jours celui qui a la plaie de la teigne.

³²Le sacrificateur examinera la plaie le septième jour. Si la teigne ne s'est pas étendue, s'il n'y a point de poil jaunâtre, et si elle ne paraît pas plus profonde que la peau,

³³celui qui a la teigne se rasera, mais il ne rasera point la place où est la teigne; et le sacrificateur l'enfermera une seconde fois pendant sept jours.

³⁴Le sacrificateur examinera la teigne le septième jour. Si la teigne ne s'est pas étendue sur la peau, et si elle ne paraît pas plus profonde que la peau, le sacrificateur le déclarera pur; il lavera ses vêtements, et il sera pur.

³⁵Mais si la teigne s'est étendue sur la peau, après qu'il a été déclaré pur, le sacrificateur l'examinera.

³⁶Et si la teigne s'est étendue sur la peau, le sacrificateur n'aura pas à rechercher s'il y a du poil jaunâtre: il est impur.

³⁷Si la teigne lui paraît ne pas avoir fait de progrès, et qu'il y ait crû du poil noir, la teigne est guérie: il est pur, et le sacrificateur le déclarera pur.

³⁸Lorsqu'un homme ou une femme aura sur la peau de son corps des taches, des taches blanches,

³⁹le sacrificateur l'examinera. S'il y a sur la peau de son corps des taches d'un blanc pâle, ce ne sont que des taches qui ont fait éruption sur la peau: il est pur.

⁴⁰Lorsqu'un homme aura la tête dépouillée de cheveux, c'est un chauve: il est pur.

⁴¹S'il a la tête dépouillée de cheveux du côté de la face, c'est un chauve par-devant: il est pur.

⁴²Mais s'il y a dans la partie chauve de devant ou de derrière une

plaie d'un blanc rougeâtre, c'est la lèpre qui a fait éruption dans la partie chauve de derrière ou de devant.

⁴³Le sacrificateur l'examinera. S'il y a une tumeur de plaie d'un blanc rougeâtre dans la partie chauve de derrière ou de devant, semblable à la lèpre sur la peau du corps,

⁴⁴c'est un homme lépreux, il est impur: le sacrificateur le déclarera impur; c'est à la tête qu'est sa plaie.

⁴⁵Le lépreux, atteint de la plaie, portera ses vêtements déchirés, et aura la tête nue; il se couvrira la barbe, et criera: Impur! Impur!

⁴⁶Aussi longtemps qu'il aura la plaie, il sera impur: il est impur. Il habitera seul; sa demeure sera hors du camp.

⁴⁷Lorsqu'il y aura sur un vêtement une plaie de lèpre, sur un vêtement de laine ou sur un vêtement de lin,

⁴⁸à la chaîne ou à la trame de lin, ou de laine, sur une peau ou sur quelque ouvrage de peau,

⁴⁹et que la plaie sera verdâtre ou rougeâtre sur le vêtement ou sur la peau, à la chaîne ou à la trame, ou sur un objet quelconque de peau, c'est une plaie de lèpre, et elle sera montrée au sacrificateur.

⁵⁰Le sacrificateur examinera la plaie, et il enfermera pendant sept jours ce qui en est attaqué.

⁵¹Il examinera la plaie le septième jour. Si la plaie s'est étendue sur le vêtement, à la chaîne ou à la trame, sur la peau ou sur l'ouvrage quelconque fait de peau, c'est une plaie de lèpre invétérée: l'objet est impur.

⁵²Il brûlera le vêtement, la chaîne ou la trame de laine ou de lin, l'objet quelconque de peau sur lequel se trouve la plaie, car c'est une lèpre invétérée: il sera brûlé au feu.

⁵³Mais si le sacrificateur voit que la plaie ne s'est pas étendue sur le vêtement, sur la chaîne ou sur la trame, sur l'objet quelconque de peau,

⁵⁴il ordonnera qu'on lave ce qui est attaqué de la plaie, et il l'enfermera une seconde fois pendant sept jours.

⁵⁵Le sacrificateur examinera la plaie, après qu'elle aura été lavée. Si la plaie n'a pas changé d'aspect et ne s'est pas étendue, l'objet est impur: il sera brûlé au feu; c'est une partie de l'endroit ou de l'envers qui a été rongée.

⁵⁶Si le sacrificateur voit que la plaie est devenue pâle, après avoir été lavée, il l'arrachera du vêtement ou de la peau, de la chaîne ou de la trame.

⁵⁷Si elle paraît encore sur le vêtement, à la chaîne ou à la trame, ou sur l'objet quelconque de peau, c'est une éruption de lèpre: ce qui est attaqué de la plaie sera brûlé au feu.

⁵⁸Le vêtement, la chaîne ou la trame, l'objet quelconque de peau, qui a été lavé, et d'où la plaie a disparu, sera lavé une seconde fois, et il sera pur.

⁵⁹Telle est la loi sur la plaie de la lèpre, lorsqu'elle attaque les vêtements de laine ou de lin, la chaîne ou la trame, ou un objet quelconque de peau, et d'après laquelle ils seront déclarés purs ou impurs.

Chapitre 14

¹L'Éternel parla à Moïse, et dit:

²Voici quelle sera la loi sur le lépreux, pour le jour de sa purification. On l'amènera devant le sacrificateur.

³Le sacrificateur sortira du camp, et il examinera le lépreux. Si le lépreux est guéri de la plaie de la lèpre,

⁴le sacrificateur ordonnera que l'on prenne, pour celui qui doit être purifié, deux oiseaux vivants et purs, du bois de cèdre, du cramoisi et de l'hysope.

⁵Le sacrificateur ordonnera qu'on égorge l'un des oiseaux sur un vase de terre, sur de l'eau vive.

⁶Il prendra l'oiseau vivant, le bois de cèdre, le cramoisi et l'hysope; et il les trempera, avec l'oiseau vivant, dans le sang de l'oiseau égorgé sur l'eau vive.

⁷Il en fera sept fois l'aspersion sur celui qui doit être purifié de la lèpre. Puis il le déclarera pur, et il lâchera dans les champs l'oiseau vivant.

⁸Celui qui se purifie lavera ses vêtements, rasera tout son poil, et se baignera dans l'eau; et il sera pur. Ensuite il pourra entrer dans le camp, mais il restera sept jours hors de sa tente.

⁹Le septième jour, il rasera tout son poil, sa tête, sa barbe, ses sourcils, il rasera tout son poil; il lavera ses vêtements, et baignera son corps dans l'eau, et il sera pur.

¹⁰Le huitième jour, il prendra deux agneaux sans défaut et une brebis d'un an sans défaut, trois dixièmes d'un épha de fleur de farine en offrande pétrie à l'huile, et un log d'huile.

¹¹Le sacrificateur qui fait la purification présentera l'homme qui se purifie et toutes ces choses devant l'Éternel, à l'entrée de la tente d'assignation.

¹²Le sacrificateur prendra l'un des agneaux, et il l'offrira en sacrifice de culpabilité, avec le log d'huile; il les agitera de côté et d'autre devant l'Éternel.

¹³Il égorgera l'agneau dans le lieu où l'on égorge les victimes expiatoires et les holocaustes, dans le lieu saint; car, dans le sacrifice de culpabilité, comme dans le sacrifice d'expiation, la victime est pour le sacrificateur; c'est une chose très sainte.

¹⁴Le sacrificateur prendra du sang de la victime de culpabilité; il en mettra sur le lobe de l'oreille droite de celui qui se purifie, sur le pouce de sa main droite et sur le gros orteil de son pied droit.

¹⁵Le sacrificateur prendra du log d'huile, et il en versera dans le creux de sa main gauche.

¹⁶Le sacrificateur trempera le doigt de sa main droite dans l'huile qui est dans le creux de sa main gauche, et il fera avec le doigt sept fois l'aspersion de l'huile devant l'Éternel.

¹⁷Le sacrificateur mettra de l'huile qui lui reste dans la main sur le lobe de l'oreille droite de celui qui se purifie, sur le pouce de sa main droite et sur le gros orteil de son pied droit, par-dessus le sang de la victime de culpabilité.

¹⁸Le sacrificateur mettra ce qui lui reste d'huile dans la main sur la tête de celui qui se purifie; et le sacrificateur fera pour lui l'expiation devant l'Éternel.

¹⁹Puis le sacrificateur offrira le sacrifice d'expiation; et il fera l'expiation pour celui qui se purifie de sa souillure.

²⁰Ensuite il égorgera l'holocauste. Le sacrificateur offrira sur l'autel l'holocauste et l'offrande; et il fera pour cet homme l'expiation, et il sera pur.

²¹S'il est pauvre et que ses ressources soient insuffisantes, il prendra un seul agneau, qui sera offert en sacrifice de culpabilité, après avoir été agité de côté et d'autre, et avec lequel on fera pour lui l'expiation. Il prendra un seul dixième de fleur de farine pétrie à l'huile pour l'offrande, et un log d'huile.

²²Il prendra aussi deux tourterelles ou deux jeunes pigeons, selon ses ressources, l'un pour le sacrifice d'expiation, l'autre pour l'holocauste.

²³Le huitième jour, il apportera pour sa purification toutes ces choses au sacrificateur, à l'entrée de la tente d'assignation, devant l'Éternel.

²⁴Le sacrificateur prendra l'agneau pour le sacrifice de culpabilité, et le log d'huile; et il les agitera de côté et d'autre devant l'Éternel.

²⁵Il égorgera l'agneau du sacrifice de culpabilité. Le sacrificateur prendra du sang de la victime de culpabilité; il en mettra sur le lobe de l'oreille droite de celui qui se purifie, sur le pouce de sa main droite et sur le gros orteil de son pied droit.

²⁶Le sacrificateur versera de l'huile dans le creux de sa main gauche.

²⁷Le sacrificateur fera avec le doigt de sa main droite sept fois l'aspersion de l'huile qui est dans sa main gauche, devant l'Éternel.

²⁸Le sacrificateur mettra de l'huile qui est dans sa main sur le lobe de l'oreille droite de celui qui se purifie, sur le pouce de sa main droite et sur le gros orteil de son pied droit, à la place où il a mis du sang de la victime de culpabilité.

²⁹Le sacrificateur mettra ce qui lui reste d'huile dans la main sur la tête de celui qui se purifie, afin de faire pour lui l'expiation devant l'Éternel.

³⁰Puis il offrira l'une des tourterelles ou l'un des jeunes pigeons qu'il a pu se procurer,

³¹l'un en sacrifice d'expiation, l'autre en holocauste, avec l'offrande; et le sacrificateur fera pour celui qui se purifie l'expiation devant l'Éternel.

³²Telle est la loi pour la purification de celui qui a une plaie de lèpre, et dont les ressources sont insuffisantes.

³³L'Éternel parla à Moïse et à Aaron, et dit:

³⁴Lorsque vous serez entrés dans le pays de Canaan, dont je vous donne la possession; si je mets une plaie de lèpre sur une maison du pays que vous posséderez,

³⁵celui à qui appartiendra la maison ira le déclarer au sacrificateur, et dira: J'aperçois comme une plaie dans ma maison.

³⁶Le sacrificateur, avant d'y entrer pour examiner la plaie, ordonnera qu'on vide la maison, afin que tout ce qui y est ne devienne pas impur. Après cela, le sacrificateur entrera pour examiner la maison.

³⁷Le sacrificateur examinera la plaie. S'il voit qu'elle offre sur les murs de la maison des cavités verdâtres ou rougeâtres, paraissant plus enfoncées que le mur,

³⁸il sortira de la maison, et, quand il sera à la porte, il fera fermer la maison pour sept jours.

³⁹Le sacrificateur y retournera le septième jour. S'il voit que la plaie s'est étendue sur les murs de la maison,

⁴⁰il ordonnera qu'on ôte les pierres attaquées de la plaie, et qu'on les jette hors de la ville, dans un lieu impur.

⁴¹Il fera râcler tout l'intérieur de la maison; et l'on jettera hors de la ville, dans un lieu impur, la poussière qu'on aura râclée.

⁴²On prendra d'autres pierres, que l'on mettra à la place des premières; et l'on prendra d'autre mortier, pour recrépir la maison.

⁴³Si la plaie revient et fait éruption dans la maison, après qu'on a ôté les pierres, râclé et recrépi la maison,

⁴⁴le sacrificateur y retournera. S'il voit que la plaie s'est étendue dans la maison, c'est une lèpre invétérée dans la maison: elle est impure.

⁴⁵On abattra la maison, les pierres, le bois, et tout le mortier de la maison; et l'on portera ces choses hors de la ville dans un lieu impur.

⁴⁶Celui qui sera entré dans la maison pendant tout le temps qu'elle était fermée sera impur jusqu'au soir.

⁴⁷Celui qui aura couché dans la maison lavera ses vêtements. Celui qui aura mangé dans la maison lavera aussi ses vêtements.

⁴⁸Si le sacrificateur, qui est retourné dans la maison, voit que la plaie ne s'est pas étendue, après que la maison a été recrépie, il déclarera la maison pure, car la plaie est guérie.

⁴⁹Il prendra, pour purifier la maison, deux oiseaux, du bois de cèdre, du cramoisi et de l'hysope.

⁵⁰Il égorgera l'un des oiseaux sur un vase de terre, sur de l'eau vive.

⁵¹Il prendra le bois de cèdre, l'hysope, le cramoisi et l'oiseau vivant; il les trempera dans le sang de l'oiseau égorgé et dans l'eau vive, et il en fera sept fois l'aspersion sur la maison.

⁵²Il purifiera la maison avec le sang de l'oiseau, avec de l'eau vive, avec l'oiseau vivant, avec le bois de cèdre, l'hysope et le cramoisi.

⁵³Il lâchera l'oiseau vivant hors de la ville, dans les champs. C'est ainsi qu'il fera pour la maison l'expiation, et elle sera pure.

⁵⁴Telle est la loi pour toute plaie de lèpre et pour la teigne,

⁵⁵pour la lèpre des vêtements et des maisons,

⁵⁶pour les tumeurs, les dartres et les taches:

⁵⁷elle enseigne quand une chose est impure, et quand elle est pure. Telle est la loi sur la lèpre.

Chapitre 15

¹L'Éternel parla à Moïse et à Aaron, et dit:

²Parlez aux enfants d'Israël, et dites-leur: Tout homme qui a une gonorrhée est par là même impur.

³C'est à cause de sa gonorrhée qu'il est impur: que sa chair laisse couler son flux, ou qu'elle le retienne, il est impur.

⁴Tout lit sur lequel il couchera sera impur, et tout objet sur lequel il s'assiéra sera impur.

⁵Celui qui touchera son lit lavera ses vêtements, se lavera dans l'eau, et sera impur jusqu'au soir.

⁶Celui qui s'assiéra sur l'objet sur lequel il s'est assis lavera ses vêtements, se lavera dans l'eau, et sera impur jusqu'au soir.

⁷Celui qui touchera sa chair lavera ses vêtements, se lavera dans l'eau, et sera impur jusqu'au soir.

⁸S'il crache sur un homme pur, cet homme lavera ses vêtements, se lavera dans l'eau, et sera impur jusqu'au soir.

⁹Toute monture sur laquelle il s'assiéra sera impure.

¹⁰Celui qui touchera une chose quelconque qui a été sous lui sera impur jusqu'au soir; et celui qui la portera lavera ses vêtements, se lavera dans l'eau, et sera impur jusqu'au soir.

¹¹Celui qui sera touché par lui, et qui ne se sera pas lavé les mains dans l'eau, lavera ses vêtements, se lavera dans l'eau, et sera impur jusqu'au soir.

¹²Tout vase de terre qui sera touché par lui sera brisé, et tout vase de bois sera lavé dans l'eau.

¹³Lorsqu'il sera purifié de son flux, il comptera sept jours pour sa purification; il lavera ses vêtements, il lavera sa chair avec de l'eau vive, et il sera pur.

¹⁴Le huitième jour, il prendra deux tourterelles ou deux jeunes pigeons, il ira devant l'Éternel, à l'entrée de la tente d'assignation, et il les donnera au sacrificateur.

¹⁵Le sacrificateur les offrira, l'un en sacrifice d'expiation, et l'autre en holocauste; et le sacrificateur fera pour lui l'expiation devant l'Éternel, à cause de son flux.

¹⁶L'homme qui aura une pollution lavera tout son corps dans l'eau, et sera impur jusqu'au soir.

¹⁷Tout vêtement et toute peau qui en seront atteints seront lavés dans l'eau, et seront impurs jusqu'au soir.

¹⁸Si une femme a couché avec un tel homme, ils se laveront l'un et l'autre, et seront impurs jusqu'au soir.

¹⁹La femme qui aura un flux, un flux de sang en sa chair, restera sept jours dans son impureté. Quiconque la touchera sera impur jusqu'au soir.

²⁰Tout lit sur lequel elle couchera pendant son impureté sera impur, et tout objet sur lequel elle s'assiéra sera impur.

²¹Quiconque touchera son lit lavera ses vêtements, se lavera dans l'eau, et sera impur jusqu'au soir.

²²Quiconque touchera un objet sur lequel elle s'est assise lavera ses vêtements, se lavera dans l'eau, et sera impur jusqu'au soir.

²³S'il y a quelque chose sur le lit ou sur l'objet sur lequel elle s'est assise, celui qui la touchera sera impur jusqu'au soir.

²⁴Si un homme couche avec elle et que l'impureté de cette femme vienne sur lui, il sera impur pendant sept jours, et tout lit sur lequel il couchera sera impur.

²⁵La femme qui aura un flux de sang pendant plusieurs jours hors de ses époques régulières, ou dont le flux durera plus qu'à l'ordinaire, sera impure tout le temps de son flux, comme au temps de son indisposition menstruelle.

²⁶Tout lit sur lequel elle couchera pendant la durée de ce flux sera comme le lit de son flux menstruel, et tout objet sur lequel elle s'assiéra sera impur comme lors de son flux menstruel.

²⁷Quiconque les touchera sera souillé; il lavera ses vêtements, se lavera dans l'eau, et sera impur jusqu'au soir.

²⁸Lorsqu'elle sera purifiée de son flux, elle comptera sept jours, après lesquels elle sera pure.

²⁹Le huitième jour, elle prendra deux tourterelles ou deux jeunes pigeons, et elle les apportera au sacrificateur, à l'entrée de la tente d'assignation.

³⁰Le sacrificateur offrira l'un en sacrifice d'expiation, et l'autre en holocauste; et le sacrificateur fera pour elle l'expiation devant l'Éternel, à cause du flux qui la rendait impure.

³¹Vous éloignerez les enfants d'Israël de leurs impuretés, de peur qu'ils ne meurent à cause de leurs impuretés, s'ils souillent mon tabernacle qui est au milieu d'eux.

³²Telle est la loi pour celui qui a une gonorrhée ou qui est souillé par une pollution,

³³pour celle qui a son flux menstruel, pour l'homme ou la femme qui a un flux, et pour l'homme qui couche avec une femme impure.

Chapitre 16

¹L'Éternel parla à Moïse, après la mort des deux fils d'Aaron, qui moururent en se présentant devant l'Éternel.

²L'Éternel dit à Moïse: Parle à ton frère Aaron, afin qu'il n'entre pas en tout temps dans le sanctuaire, au dedans du voile, devant le propitiatoire qui est sur l'arche, de peur qu'il ne meure; car j'apparaîtrai dans la nuée sur le propitiatoire.

³Voici de quelle manière Aaron entrera dans le sanctuaire. Il prendra un jeune taureau pour le sacrifice d'expiation et un bélier pour l'holocauste.

⁴Il se revêtira de la tunique sacrée de lin, et portera sur son corps des caleçons de lin; il se ceindra d'une ceinture de lin, et il se couvrira la tête d'une tiare de lin: ce sont les vêtements sacrés, dont il se revêtira après avoir lavé son corps dans l'eau.

⁵Il recevra de l'assemblée des enfants d'Israël deux boucs pour le sacrifice d'expiation et un bélier pour l'holocauste.

⁶Aaron offrira son taureau expiatoire, et il fera l'expiation pour lui et pour sa maison.

⁷Il prendra les deux boucs, et il les placera devant l'Éternel, à l'entrée de la tente d'assignation.

⁸Aaron jettera le sort sur les deux boucs, un sort pour l'Éternel et un sort pour Azazel.

⁹Aaron fera approcher le bouc sur lequel est tombé le sort pour l'Éternel, et il l'offrira en sacrifice d'expiation.

¹⁰Et le bouc sur lequel est tombé le sort pour Azazel sera placé vivant devant l'Éternel, afin qu'il serve à faire l'expiation et qu'il soit lâché dans le désert pour Azazel.

¹¹Aaron offrira son taureau expiatoire, et il fera l'expiation pour lui et pour sa maison. Il égorgera son taureau expiatoire.

¹²Il prendra un brasier plein de charbons ardents ôtés de dessus l'autel devant l'Éternel, et de deux poignées de parfum odoriférants en poudre; il portera ces choses au delà du voile;

¹³il mettra le parfum sur le feu devant l'Éternel, afin que la nuée du parfum couvre le propitiatoire qui est sur le témoignage, et il ne mourra point.

¹⁴Il prendra du sang du taureau, et il fera l'aspersion avec son doigt sur le devant du propitiatoire vers l'orient; il fera avec son doigt sept fois

l'aspersion du sang devant le propitiatoire.

¹⁵Il égorgera le bouc expiatoire pour le peuple, et il en portera le sang au delà du voile. Il fera avec ce sang comme il a fait avec le sang du taureau, il en fera l'aspersion sur le propitiatoire et devant le propitiatoire.

¹⁶C'est ainsi qu'il fera l'expiation pour le sanctuaire à cause des impuretés des enfants d'Israël et de toutes les transgressions par lesquelles ils ont péché. Il fera de même pour la tente d'assignation, qui est avec eux au milieu de leurs impuretés.

¹⁷Il n'y aura personne dans la tente d'assignation lorsqu'il entrera pour faire l'expiation dans le sanctuaire, jusqu'à ce qu'il en sorte. Il fera l'expiation pour lui et pour sa maison, et pour toute l'assemblée d'Israël.

¹⁸En sortant, il ira vers l'autel qui est devant l'Éternel, et il fera l'expiation pour l'autel; il prendra du sang du taureau et du bouc, et il en mettra sur les cornes de l'autel tout autour.

¹⁹Il fera avec son doigt sept fois l'aspersion du sang sur l'autel; il le purifiera et le sanctifiera, à cause des impuretés des enfants d'Israël.

²⁰Lorsqu'il aura achevé de faire l'expiation pour le sanctuaire, pour la tente d'assignation et pour l'autel, il fera approcher le bouc vivant.

²¹Aaron posera ses deux mains sur la tête du bouc vivant, et il confessera sur lui toutes les iniquités des enfants d'Israël et toutes les transgressions par lesquelles ils ont péché; il les mettra sur la tête du bouc, puis il le chassera dans le désert, à l'aide d'un homme qui aura cette charge.

²²Le bouc emportera sur lui toutes leurs iniquités dans une terre désolée; il sera chassé dans le désert.

²³Aaron entrera dans la tente d'assignation; il quittera les vêtements de lin qu'il avait mis en entrant dans le sanctuaire, et il les déposera là.

²⁴Il lavera son corps avec de l'eau dans un lieu saint, et reprendra ses vêtements. Puis il sortira, offrira son holocauste et l'holocauste du peuple, et fera l'expiation pour lui et pour le peuple.

²⁵Il brûlera sur l'autel la graisse de la victime expiatoire.

²⁶Celui qui aura chassé le bouc pour Azazel lavera ses vêtements, et lavera son corps dans l'eau; après cela, il rentrera dans le camp.

²⁷On emportera hors du camp le taureau expiatoire et le bouc expiatoire dont on a porté le sang dans le sanctuaire pour faire l'expiation, et l'on brûlera au feu leurs peaux, leur chair et leurs excréments.

²⁸Celui qui les brûlera lavera ses vêtements, et lavera son corps dans l'eau; après cela, il rentrera dans le camp.

²⁹C'est ici pour vous une loi perpétuelle: au septième mois, le dixième jour du mois, vous humilierez vos âmes, vous ne ferez aucun ouvrage, ni l'indigène, ni l'étranger qui séjourne au milieu de vous.

³⁰Car en ce jour on fera l'expiation pour vous, afin de vous purifier: vous serez purifiés de tous vos péchés devant l'Éternel.

³¹Ce sera pour vous un sabbat, un jour de repos, et vous humilierez vos âmes. C'est une loi perpétuelle.

³²L'expiation sera faite par le sacrificateur qui a reçu l'onction et qui a été consacré pour succéder à son père dans le sacerdoce; il se revêtira des vêtements de lin, des vêtements sacrés.

³³Il fera l'expiation pour le sanctuaire de sainteté, il fera l'expiation pour la tente d'assignation et pour l'autel, et il fera l'expiation pour les sacrificateurs et pour tout le peuple de l'assemblée.

³⁴Ce sera pour vous une loi perpétuelle: il se fera une fois chaque année l'expiation pour les enfants d'Israël, à cause de leurs péchés. On fit ce que l'Éternel avait ordonné à Moïse.

Chapitre 17

¹L'Éternel parla à Moïse, et dit:

²Parle à Aaron et à ses fils, et à tous les enfants d'Israël, et tu leur diras: Voici ce que l'Éternel a ordonné.

³Si un homme de la maison d'Israël égorge dans le camp ou hors du camp un boeuf, un agneau ou une chèvre,

⁴et ne l'amène pas à l'entrée de la tente d'assignation, pour en faire une offrande à l'Éternel devant le tabernacle de l'Éternel, le sang sera imputé à cet homme; il a répandu le sang, cet homme-là sera retranché du milieu de son peuple.

⁵C'est afin que les enfants d'Israël, au lieu de sacrifier leurs victimes dans les champs, les amènent au sacrificateur, devant l'Éternel, à l'entrée de la tente d'assignation, et qu'ils les offrent à l'Éternel en sacrifices d'actions de grâces.

⁶Le sacrificateur en répandra le sang sur l'autel de l'Éternel, à l'entrée de la tente d'assignation; et il brûlera la graisse, qui sera d'une agréable odeur à l'Éternel.

⁷Ils n'offriront plus leurs sacrifices aux boucs, avec lesquels ils se prostituent. Ce sera une loi perpétuelle pour eux et pour leurs descendants.

⁸Tu leur diras donc: Si un homme de la maison d'Israël ou des étrangers qui séjournent au milieu d'eux offre un holocauste ou une victime,

⁹et ne l'amène pas à l'entrée de la tente d'assignation, pour l'offrir en sacrifice à l'Éternel, cet homme-là sera retranché de son peuple.

¹⁰Si un homme de la maison d'Israël ou des étrangers qui séjournent au milieu d'eux mange du sang d'une espèce quelconque, je tournerai ma face contre celui qui mange le sang, et je le retrancherai du milieu de son peuple.

¹¹Car l'âme de la chair est dans le sang. Je vous l'ai donné sur l'autel, afin qu'il servît d'expiation pour vos âmes, car c'est par l'âme que le sang fait l'expiation.

¹²C'est pourquoi j'ai dit aux enfants d'Israël: Personne d'entre vous ne mangera du sang, et l'étranger qui séjourne au milieu de vous ne mangera pas du sang.

¹³Si quelqu'un des enfants d'Israël ou des étrangers qui séjournent au milieu d'eux prend à la chasse un animal ou un oiseau qui se mange, il en versera le sang et le couvrira de poussière.

¹⁴Car l'âme de toute chair, c'est son sang, qui est en elle. C'est pourquoi j'ai dit aux enfants d'Israël: Vous ne mangerez le sang d'aucune chair; car l'âme de toute chair, c'est son sang: quiconque en mangera sera retranché.

¹⁵Toute personne, indigène ou étrangère, qui mangera d'une bête morte ou déchirée, lavera ses vêtements, se lavera dans l'eau, et sera impure jusqu'au soir; puis elle sera pure.

¹⁶Si elle ne lave pas ses vêtements, et ne lave pas son corps, elle portera la peine de sa faute.

Chapitre 18

¹L'Éternel parla à Moïse, et dit:

²Parle aux enfants d'Israël, et tu leur diras: Je suis l'Éternel, votre Dieu.

³Vous ne ferez point ce qui se fait dans le pays d'Égypte où vous avez habité, et vous ne ferez point ce qui se fait dans le pays de Canaan où je vous mène: vous ne suivrez point leurs usages.

⁴Vous pratiquerez mes ordonnances, et vous observerez mes lois: vous les suivrez. Je suis l'Éternel, votre Dieu.

⁵Vous observerez mes lois et mes ordonnances: l'homme qui les mettra en pratique vivra par elles. Je suis l'Éternel.

⁶Nul de vous ne s'approchera de sa parente, pour découvrir sa nudité. Je suis l'Éternel.

⁷Tu ne découvriras point la nudité de ton père, ni la nudité de ta mère. C'est ta mère: tu ne découvriras point sa nudité.

⁸Tu ne découvriras point la nudité de la femme de ton père. C'est la nudité de ton père.

⁹Tu ne découvriras point la nudité de ta soeur, fille de ton père ou fille de ta mère, née dans la maison ou née hors de la maison.

¹⁰Tu ne découvriras point la nudité de la fille de ton fils ou de la fille de ta fille. Car c'est ta nudité.

¹¹Tu ne découvriras point la nudité de la fille de la femme de ton père, née de ton père. C'est ta soeur.

¹²Tu ne découvriras point la nudité de la soeur de ton père. C'est la proche parente de ton père.

¹³Tu ne découvriras point la nudité de la soeur de ta mère. Car c'est la proche parente de ta mère.

¹⁴Tu ne découvriras point la nudité du frère de ton père. Tu ne t'approcheras point de sa femme. C'est ta tante.

¹⁵Tu ne découvriras point la nudité de ta belle-fille. C'est la femme de ton fils: tu ne découvriras point sa nudité.

¹⁶Tu ne découvriras point la nudité de la femme de ton frère. C'est la nudité de ton frère.

¹⁷Tu ne découvriras point la nudité d'une femme et de sa fille. Tu ne prendras point la fille de son fils, ni la fille de sa fille, pour découvrir leur nudité. Ce sont tes proches parentes: c'est un crime.

¹⁸Tu ne prendras point la soeur de ta femme, pour exciter une rivalité, en découvrant sa nudité à côté de ta femme pendant sa vie.

¹⁹Tu ne t'approcheras point d'une femme pendant son impureté menstruelle, pour découvrir sa nudité.

²⁰Tu n'auras point commerce avec la femme de ton prochain, pour te souiller avec elle.

²¹Tu ne livreras aucun de tes enfants pour le faire passer à Moloc, et tu ne profaneras point le nom de ton Dieu. Je suis l'Éternel.

²²Tu ne coucheras point avec un homme comme on couche avec une femme. C'est une abomination.

²³Tu ne coucheras point avec une bête, pour te souiller avec elle. La femme ne s'approchera point d'une bête, pour se prostituer à elle.

Lévitique

C'est une confusion.

²⁴Ne vous souillez par aucune de ces choses, car c'est par toutes ces choses que se sont souillées les nations que je vais chasser devant vous.

²⁵Le pays en a été souillé; je punirai son iniquité, et le pays vomira ses habitants.

²⁶Vous observerez donc mes lois et mes ordonnances, et vous ne commettrez aucune de ces abominations, ni l'indigène, ni l'étranger qui séjourne au milieu de vous.

²⁷Car ce sont là toutes les abominations qu'ont commises les hommes du pays, qui y ont été avant vous; et le pays en a été souillé.

²⁸Prenez garde que le pays ne vous vomisse, si vous le souillez, comme il aura vomi les nations qui y étaient avant vous.

²⁹Car tous ceux qui commettront quelqu'une de ces abominations seront retranchés du milieu de leur peuple.

³⁰Vous observerez mes commandements, et vous ne pratiquerez aucun des usages abominables qui se pratiquaient avant vous, vous ne vous en souillerez pas. Je suis l'Éternel, votre Dieu.

Chapitre 19

¹L'Éternel parla à Moïse, et dit:

²Parle à toute l'assemblée des enfants d'Israël, et tu leur diras: Soyez saints, car je suis saint, moi, l'Éternel, votre Dieu.

³Chacun de vous respectera sa mère et son père, et observera mes sabbats. Je suis l'Éternel, votre Dieu.

⁴Vous ne vous tournerez point vers les idoles, et vous ne vous ferez point des dieux de fonte.

⁵Quand vous offrirez à l'Éternel un sacrifice d'actions de grâces, vous l'offrirez en sorte qu'il soit agréé.

⁶La victime sera mangée le jour où vous la sacrifierez, ou le lendemain; ce qui restera jusqu'au troisième jour sera brûlé au feu.

⁷Si l'on en mange le troisième jour, ce sera une chose infecte: le sacrifice ne sera point agréé.

⁸Celui qui en mangera portera la peine de son péché, car il profane ce qui est consacré à l'Éternel: cette personne-là sera retranchée de son peuple.

⁹Quand vous ferez la moisson dans votre pays, tu laisseras un coin de ton champ sans le moissonner, et tu ne ramasseras pas ce qui reste à glaner.

¹⁰Tu ne cueilleras pas non plus les grappes restées dans ta vigne, et tu ne ramasseras pas les grains qui en seront tombés. Tu abandonneras cela au pauvre et à l'étranger. Je suis l'Éternel, votre Dieu.

¹¹Vous ne déroberez point, et vous n'userez ni de mensonge ni de tromperie les uns envers les autres.

¹²Vous ne jurerez point faussement par mon nom, car tu profanerais le nom de ton Dieu. Je suis l'Éternel.

¹³Tu n'opprimeras point ton prochain, et tu ne raviras rien par violence. Tu ne retiendras point jusqu'au lendemain le salaire du mercenaire.

¹⁴Tu ne maudiras point au sourd, et tu ne mettras devant un aveugle rien qui puisse le faire tomber; car tu auras la crainte de ton Dieu. Je suis l'Éternel.

¹⁵Tu ne commettras point d'iniquité dans tes jugements: tu n'auras point égard à la personne du pauvre, et tu ne favoriseras point la personne du grand, mais tu jugeras ton prochain selon la justice.

¹⁶Tu ne répandras point de calomnies parmi ton peuple. Tu ne t'élèveras point contre le sang de ton prochain. Je suis l'Éternel.

¹⁷Tu ne haïras point ton frère dans ton coeur; tu auras soin de reprendre ton prochain, mais tu ne te chargeras point d'un péché à cause de lui.

¹⁸Tu ne te vengeras point, et tu ne garderas point de rancune contre les enfants de ton peuple. Tu aimeras ton prochain comme toi-même. Je suis l'Éternel.

¹⁹Vous observerez mes lois. Tu n'accoupleras point des bestiaux de deux espèces différentes; tu n'ensemenceras point ton champ de deux espèces de semences; et tu ne porteras pas un vêtement tissé de deux espèces de fils.

²⁰Lorsqu'un homme couchera et aura commerce avec une femme, si c'est une esclave fiancée à un autre homme, et qui n'a pas été rachetée ou affranchie, ils seront châtiés, mais non punis de mort, parce qu'elle n'a pas été affranchie.

²¹L'homme amènera pour sa faute à l'Éternel, à l'entrée de la tente d'assignation, un bélier en sacrifice de culpabilité.

²²Le sacrificateur fera pour lui l'expiation devant l'Éternel, pour le péché qu'il a commis, avec le bélier offert en sacrifice de culpabilité, et le péché qu'il a commis lui sera pardonné.

²³Quand vous serez entrés dans le pays, et que vous y aurez planté toutes sortes d'arbres fruitiers, vous en regarderez les fruits comme incirconcis; pendant trois ans, ils seront pour vous incirconcis; on n'en mangera point.

²⁴La quatrième année, tous leurs fruits seront consacrés à l'Éternel au milieu des réjouissances.

²⁵La cinquième année, vous en mangerez les fruits, et vous continuerez à les récolter. Je suis l'Éternel, votre Dieu.

²⁶Vous ne mangerez rien avec du sang. Vous n'observerez ni les serpents ni les nuages pour en tirer des pronostics.

²⁷Vous ne couperez point en rond les coins de votre chevelure, et tu ne raseras point les coins de ta barbe.

²⁸Vous ne ferez point d'incisions dans votre chair pour un mort, et vous n'imprimerez point de figures sur vous. Je suis l'Éternel.

²⁹Tu ne profaneras point ta fille en la livrant à la prostitution, de peur que le pays ne se prostitue et ne se remplisse de crimes.

³⁰Vous observerez mes sabbats, et vous révérerez mon sanctuaire. Je suis l'Éternel.

³¹Ne vous tournez point vers ceux qui évoquent les esprits, ni vers les devins; ne les recherchez point, de peur de vous souiller avec eux. Je suis l'Éternel, votre Dieu.

³²Tu te lèveras devant les cheveux blancs, et tu honoreras la personne du vieillard. Tu craindras ton Dieu. Je suis l'Éternel.

³³Si un étranger vient séjourner avec vous dans votre pays, vous ne l'opprimerez point.

³⁴Vous traiterez l'étranger en séjour parmi vous comme un indigène du milieu de vous; vous l'aimerez comme vous-mêmes, car vous avez été étrangers dans le pays d'Égypte. Je suis l'Éternel, votre Dieu.

³⁵Vous ne commettrez point d'iniquité ni dans les jugements, ni dans les mesures de dimension, ni dans les poids, ni dans les mesures de capacité.

³⁶Vous aurez des balances justes, des poids justes, des épha justes et des hin justes. Je suis l'Éternel, votre Dieu, qui vous ai fait sortir du pays d'Égypte.

³⁷Vous observerez toutes mes lois et toutes mes ordonnances, et vous les mettrez en pratique. Je suis l'Éternel.

Chapitre 20

¹L'Éternel parla à Moïse, et dit:

²Tu diras aux enfants d'Israël: Si un homme des enfants d'Israël ou des étrangers qui séjournent en Israël livre à Moloc l'un de ses enfants, il sera puni de mort: le peuple du pays le lapidera.

³Et moi, je tournerai ma face contre cet homme, et je le retrancherai du milieu de son peuple, parce qu'il a livré de ses enfants à Moloc, souillé mon sanctuaire et profané mon saint nom.

⁴Si le peuple du pays détourne ses regards de cet homme, qui livre de ses enfants à Moloc, et s'il ne le fait pas mourir,

⁵je tournerai, moi, ma face contre cet homme et contre sa famille, et je le retrancherai du milieu de son peuple, avec tous ceux qui se prostituent comme lui en se prostituant à Moloc.

⁶Si quelqu'un s'adresse aux morts et aux esprits, pour se prostituer après eux, je tournerai ma face contre cet homme, je le retrancherai du milieu de son peuple.

⁷Vous vous sanctifierez et vous serez saints, car je suis l'Éternel, votre Dieu.

⁸Vous observerez mes lois, et vous les mettrez en pratique. Je suis l'Éternel, qui vous sanctifie.

⁹Si un homme quelconque maudit son père ou sa mère, il sera puni de mort; il a maudit son père ou sa mère: son sang retombera sur lui.

¹⁰Si un homme commet un adultère avec une femme mariée, s'il commet un adultère avec la femme de son prochain, l'homme et la femme adultères seront punis de mort.

¹¹Si un homme couche avec la femme de son père, et découvre ainsi la nudité de son père, cet homme et cette femme seront punis de mort: leur sang retombera sur eux.

¹²Si un homme couche avec sa belle-fille, ils seront tous deux punis de mort; ils ont fait une confusion: leur sang retombera sur eux.

¹³Si un homme couche avec un homme comme on couche avec une femme, ils ont fait tous deux une chose abominable; ils seront punis de mort: leur sang retombera sur eux.

¹⁴Si un homme prend pour femmes la fille et la mère, c'est un crime: on les brûlera au feu, lui et elles, afin que ce crime n'existe pas au milieu de vous.

¹⁵Si un homme couche avec une bête, il sera puni de mort; et vous tuerez la bête.

¹⁶Si une femme s'approche d'une bête, pour se prostituer à elle, tu tueras la femme et la bête; elles seront mises à mort: leur sang

retombera sur elles.

¹⁷Si un homme prend sa soeur, fille de son père ou fille de sa mère, s'il voit sa nudité et qu'elle voie la sienne, c'est une infamie; ils seront retranchés sous les yeux des enfants de leur peuple: il a découvert la nudité de sa soeur, il portera la peine de son péché.

¹⁸Si un homme couche avec une femme qui a son indisposition, et découvre sa nudité, s'il découvre son flux, et qu'elle découvre le flux de son sang, ils seront tous deux retranchés du milieu de leur peuple.

¹⁹Tu ne découvriras point la nudité de la soeur de ta mère, ni de la soeur de ton père, car c'est découvrir sa proche parente: ils porteront la peine de leur péché.

²⁰Si un homme couche avec sa tante, il a découvert la nudité de son oncle; ils porteront la peine de leur péché, ils mourront sans enfant.

²¹Si un homme prend la femme de son frère, c'est une impureté; il a découvert la nudité de son frère: ils seront sans enfant.

²²Vous observerez toutes mes lois et toutes mes ordonnances, et vous les mettrez en pratique, afin que le pays où je vous mène pour vous y établir ne vous vomisse point.

²³Vous ne suivrez point les usages des nations que je vais chasser devant vous; car elles ont fait toutes ces choses, et je les ai en abomination.

²⁴Je vous ai dit: C'est vous qui posséderez leur pays; je vous en donnerai la possession: c'est un pays où coulent le lait et le miel. Je suis l'Éternel, votre Dieu, qui vous ai séparés des peuples.

²⁵Vous observerez la distinction entre les animaux purs et impurs, entre les oiseaux purs et impurs, afin de ne pas rendre vos personnes abominables par des animaux, par des oiseaux, par tous les reptiles de la terre, que je vous ai appris à distinguer comme impurs.

²⁶Vous serez saints pour moi, car je suis saint, moi, l'Éternel; je vous ai séparés des peuples, afin que vous soyez à moi.

²⁷Si un homme ou une femme ont en eux l'esprit d'un mort ou un esprit de divination, ils seront punis de mort; on les lapidera: leur sang retombera sur eux.

Chapitre 21

¹L'Éternel dit à Moïse: Parle aux sacrificateurs, fils d'Aaron, et tu leur diras: Un sacrificateur ne se rendra point impur parmi son peuple pour un mort,

²excepté pour ses plus proches parents, pour sa mère, pour son père, pour son fils, pour son frère,

³et aussi pour sa soeur encore vierge, qui le touche de près lorsqu'elle n'est pas mariée.

⁴Chef parmi son peuple, il ne se rendra point impur en se profanant.

⁵Les sacrificateurs ne se feront point de place chauve sur la tête, ils ne raseront point les coins de leur barbe, et ils ne feront point d'incisions dans leur chair.

⁶Ils seront saints pour leur Dieu, et ils ne profaneront pas le nom de leur Dieu; car ils offrent à l'Éternel les sacrifices consumés par le feu, l'aliment de leur Dieu: ils seront saints.

⁷Ils ne prendront point une femme prostituée ou déshonorée, ils ne prendront point une femme répudiée par son mari, car ils sont saints pour leur Dieu.

⁸Tu regarderas un sacrificateur comme saint, car il offre l'aliment de ton Dieu; il sera saint pour toi, car je suis saint, moi, l'Éternel, qui vous sanctifie.

⁹Si la fille d'un sacrificateur se déshonore en se prostituant, elle déshonore son père: elle sera brûlée au feu.

¹⁰Le sacrificateur qui a la supériorité sur ses frères, sur la tête duquel a été répandue l'huile d'onction, et qui a été consacré et revêtu des vêtements sacrés, ne découvriras point sa tête et ne déchirera point ses vêtements.

¹¹Il n'ira vers aucun mort, il ne se rendra point impur, ni pour son père, ni pour sa mère.

¹²Il ne sortira point du sanctuaire, et ne profanera point le sanctuaire de son Dieu; car l'huile d'onction de son Dieu est une couronne sur lui. Je suis l'Éternel.

¹³Il prendra pour femme une vierge.

¹⁴Il ne prendra ni une veuve, ni une femme répudiée, ni une femme déshonorée ou prostituée; mais il prendra pour femme une vierge parmi son peuple.

¹⁵Il ne déshonorera point sa postérité parmi son peuple; car je suis l'Éternel, qui le sanctifie.

¹⁶L'Éternel parla à Moïse, et dit:

¹⁷Parle à Aaron, et dis: Tout homme de ta race et parmi tes descendants, qui aura un défaut corporel, ne s'approchera point pour offrir l'aliment de son Dieu.

¹⁸Tout homme qui aura un défaut corporel ne pourra s'approcher: un homme aveugle, boiteux, ayant le nez camus ou un membre allongé;

¹⁹un homme ayant une fracture au pied ou à la main;

²⁰un homme bossu ou grêle, ayant une tache à l'oeil, la gale, une dartre, ou les testicules écrasés.

²¹Tout homme de la race du sacrificateur Aaron, qui aura un défaut corporel, ne s'approchera point pour offrir à l'Éternel les sacrifices consumés par le feu; il a un défaut corporel: il ne s'approchera point pour offrir l'aliment de son Dieu.

²²Il pourra manger l'aliment de son Dieu, des choses très saintes et des choses saintes.

²³Mais il n'ira point vers le voile, et il ne s'approchera point de l'autel, car il a un défaut corporel; il ne profanera point mes sanctuaires, car je suis l'Éternel, qui les sanctifie.

²⁴C'est ainsi que parla Moïse à Aaron et à ses fils, et à tous les enfants d'Israël.

Chapitre 22

¹L'Éternel parla à Moïse, et dit:

²Parle à Aaron et à ses fils, afin qu'ils s'abstiennent des choses saintes qui me sont consacrées par les enfants d'Israël, et qu'ils ne profanent point mon saint nom. Je suis l'Éternel.

³Dis-leur: Tout homme parmi vos descendants et de votre race, qui s'approchera des choses saintes que consacrent à l'Éternel les enfants d'Israël, et qui aura sur lui quelque impureté, cet homme-là sera retranché de devant moi. Je suis l'Éternel.

⁴Tout homme de la race d'Aaron, qui aura la lèpre ou une gonorrhée, ne mangera point des choses saintes jusqu'à ce qu'il soit pur. Il en sera de même pour celui qui touchera une personne souillée par le contact d'un cadavre, pour celui qui aura une pollution,

⁵pour celui qui touchera un reptile et en aura été souillé, ou un homme atteint d'une impureté quelconque et en aura été souillé.

⁶Celui qui touchera ces choses sera impur jusqu'au soir; il ne mangera pas des choses saintes, mais il lavera son corps dans l'eau;

⁷après le coucher du soleil, il sera pur, et il mangera ensuite des choses saintes, car c'est sa nourriture.

⁸Il ne mangera point d'une bête morte ou déchirée, afin de ne pas se souiller par elle. Je suis l'Éternel.

⁹Ils observeront mes commandements, de peur qu'ils ne portent la peine de leur péché et qu'ils ne meurent, pour avoir profané les choses saintes. Je suis l'Éternel, qui les sanctifie.

¹⁰Aucun étranger ne mangera des choses saintes; celui qui demeure chez un sacrificateur et le mercenaire ne mangeront point des choses saintes.

¹¹Mais un esclave acheté par le sacrificateur à prix d'argent pourra en manger, de même que celui qui est né dans sa maison; ils mangeront de sa nourriture.

¹²La fille d'un sacrificateur, mariée à un étranger, ne mangera point des choses saintes offertes par élévation.

¹³Mais la fille d'un sacrificateur qui sera veuve ou répudiée, sans avoir d'enfants, et qui retournera dans la maison de son père comme dans sa jeunesse, pourra manger de la nourriture de son père. Aucun étranger n'en mangera.

¹⁴Si un homme mange involontairement d'une chose sainte, il donnera au sacrificateur la valeur de la chose sainte, en y ajoutant un cinquième.

¹⁵Les sacrificateurs ne profaneront point les choses saintes qui sont présentées par les enfants d'Israël, et qu'ils ont offertes par élévation à l'Éternel;

¹⁶ils les chargeraient ainsi du péché dont ils se rendraient coupables en mangeant les choses saintes: car je suis l'Éternel, qui les sanctifie.

¹⁷L'Éternel parla à Moïse, et dit:

¹⁸Parle à Aaron et à ses fils, et à tous les enfants d'Israël, et tu leur diras: Tout homme de la maison d'Israël ou des étrangers en Israël, qui offrira un holocauste à l'Éternel, soit pour l'accomplissement d'un voeu, soit comme offrande volontaire,

¹⁹prendra un mâle sans défaut parmi les boeufs, les agneaux ou les chèvres, afin que sa victime soit agréée.

²⁰Vous n'en offrirez aucune qui ait un défaut, car elle ne serait pas agréée.

²¹Si un homme offre à l'Éternel du gros ou du menu bétail en sacrifice d'actions de grâces, soit pour l'accomplissement d'un voeu, soit comme offrande volontaire, la victime sera sans défaut, afin qu'elle soit agréée; il n'y aura en elle aucun défaut.

²²Vous n'en offrirez point qui soit aveugle, estropiée, ou mutilée, qui ait des ulcères, la gale ou une dartre; vous n'en ferez point sur l'autel

Lévitique

un sacrifice consumé par le feu devant l'Éternel.

²³Tu pourras sacrifier comme offrande volontaire un boeuf ou un agneau ayant un membre trop long ou trop court, mais il ne sera point agréé pour l'accomplissement d'un voeu.

²⁴Vous n'offrirez point à l'Éternel un animal dont les testicules ont été froissés, écrasés, arrachés ou coupés; vous ne l'offrirez point en sacrifice dans votre pays.

²⁵Vous n'accepterez de l'étranger aucune de ces victimes, pour l'offrir comme aliment de votre Dieu; car elles sont mutilées, elles ont des défauts: elles ne seraient point agréées.

²⁶L'Éternel dit à Moïse:

²⁷Un boeuf, un agneau ou une chèvre, quand il naîtra, restera sept jours avec sa mère; dès le huitième jour et les suivants, il sera agréé pour être offert à l'Éternel en sacrifice consumé par le feu.

²⁸Boeuf ou agneau, vous n'égorgerez pas un animal et son petit le même jour.

²⁹Quand vous offrirez à l'Éternel un sacrifice d'actions de grâces, vous ferez en sorte qu'il soit agréé.

³⁰La victime sera mangée le jour même; vous n'en laisserez rien jusqu'au matin. Je suis l'Éternel.

³¹Vous observerez mes commandements, et vous les mettrez en pratique. Je suis l'Éternel.

³²Vous ne profanerez point mon saint nom, afin que je sois sanctifié au milieu des enfants d'Israël. Je suis l'Éternel, qui vous sanctifie,

³³et qui vous ai fait sortir du pays d'Égypte pour être votre Dieu. Je suis l'Éternel.

Chapitre 23

¹L'Éternel parla à Moïse, et dit:

²Parle aux enfants d'Israël, et tu leur diras: Les fêtes de l'Éternel, que vous publierez, seront de saintes convocations. Voici quelles sont mes fêtes.

³On travaillera six jours; mais le septième jour est le sabbat, le jour du repos: il y aura une sainte convocation. Vous ne ferez aucun ouvrage: c'est le sabbat de l'Éternel, dans toutes vos demeures.

⁴Voici les fêtes de l'Éternel, les saintes convocations, que vous publierez à leurs temps fixés.

⁵Le premier mois, le quatorzième jour du mois, entre les deux soirs, ce sera la Pâque de l'Éternel.

⁶Et le quinzième jour de ce mois, ce sera la fête des pains sans levain en l'honneur de l'Éternel; vous mangerez pendant sept jours des pains sans levain.

⁷Le premier jour, vous aurez une sainte convocation: vous ne ferez aucune oeuvre servile.

⁸Vous offrirez à l'Éternel, pendant sept jours, des sacrifices consumés par le feu. Le septième jour, il y aura une sainte convocation: vous ne ferez aucune oeuvre servile.

⁹L'Éternel parla à Moïse, et dit:

¹⁰Parle aux enfants d'Israël et tu leur diras: Quand vous serez entrés dans le pays que je vous donne, et que vous y ferez la moisson, vous apporterez au sacrificateur une gerbe, prémices de votre moisson.

¹¹Il agitera de côté et d'autre la gerbe devant l'Éternel, afin qu'elle soit agréée: le sacrificateur l'agitera de côté et d'autre, le lendemain du sabbat.

¹²Le jour où vous agiterez la gerbe, vous offrirez en holocauste à l'Éternel un agneau d'un an sans défaut;

¹³vous y joindrez une offrande de deux dixièmes de fleur de farine pétrie à l'huile, comme offrande consumée par le feu, d'une agréable odeur à l'Éternel; et vous ferez une libation d'un quart de hin de vin.

¹⁴Vous ne mangerez ni pain, ni épis rôtis ou broyés, jusqu'au jour même où vous apporterez l'offrande à votre Dieu. C'est une loi perpétuelle pour vos descendants, dans tous les lieux où vous habiterez.

¹⁵Depuis le lendemain du sabbat, du jour où vous apporterez la gerbe pour être agitée de côté et d'autre, vous compterez sept semaines entières.

¹⁶Vous compterez cinquante jours jusqu'au lendemain du septième sabbat; et vous ferez à l'Éternel une offrande nouvelle.

¹⁷Vous apporterez de vos demeures deux pains, pour qu'ils soient agités de côté et d'autre; ils seront faits avec deux dixièmes de fleur de farine, et cuits avec du levain: ce sont les prémices à l'Éternel.

¹⁸Outre ces pains, vous offrirez en holocauste à l'Éternel sept agneaux d'un an sans défaut, un jeune taureau et deux béliers; vous y joindrez l'offrande et la libation ordinaires, comme offrande consumée par le feu, d'une agréable odeur à l'Éternel.

¹⁹Vous offrirez un bouc en sacrifice d'expiation, et deux agneaux d'un an en sacrifice d'actions de grâces.

²⁰Le sacrificateur agitera ces victimes de côté et d'autre devant l'Éternel, avec le pain des prémices et avec les deux agneaux: elles seront consacrées à l'Éternel, et appartiendront au sacrificateur.

²¹Ce jour même, vous publierez la fête, et vous aurez une sainte convocation: vous ne ferez aucune oeuvre servile. C'est une loi perpétuelle pour vos descendants, dans tous les lieux où vous habiterez.

²²Quand vous ferez la moisson dans votre pays, tu laisseras un coin de ton champ sans le moissonner, et tu ne ramasseras pas ce qui reste à glaner. Tu abandonneras cela au pauvre et à l'étranger. Je suis l'Éternel, votre Dieu.

²³L'Éternel parla à Moïse, et dit:

²⁴Parle aux enfants d'Israël, et dis: Le septième mois, le premier jour du mois, vous aurez un jour de repos, publié au son des trompettes, et une sainte convocation.

²⁵Vous ne ferez aucune oeuvre servile, et vous offrirez à l'Éternel des sacrifices consumés par le feu.

²⁶L'Éternel parla à Moïse, et dit:

²⁷Le dixième jour de ce septième mois, ce sera le jour des expiations: vous aurez une sainte convocation, vous humilierez vos âmes, et vous offrirez à l'Éternel des sacrifices consumés par le feu.

²⁸Vous ne ferez aucun ouvrage ce jour-là, car c'est le jour des expiations, où doit être faite pour vous l'expiation devant l'Éternel, votre Dieu.

²⁹Toute personne qui ne s'humiliera pas ce jour-là sera retranchée de son peuple.

³⁰Toute personne qui fera ce jour-là un ouvrage quelconque, je la détruirai du milieu de son peuple.

³¹Vous ne ferez aucun ouvrage. C'est une loi perpétuelle pour vos descendants dans tous les lieux où vous habiterez.

³²Ce sera pour vous un sabbat, un jour de repos, et vous humilierez vos âmes; dès le soir du neuvième jour jusqu'au soir suivant, vous célébrerez votre sabbat.

³³L'Éternel parla à Moïse, et dit:

³⁴Parle aux enfants d'Israël, et dis: Le quinzième jour de ce septième mois, ce sera la fête des tabernacles en l'honneur de l'Éternel, pendant sept jours.

³⁵Le premier jour, il y aura une sainte convocation: vous ne ferez aucune oeuvre servile.

³⁶Pendant sept jours, vous offrirez à l'Éternel des sacrifices consumés par le feu. Le huitième jour, vous aurez une sainte convocation, et vous offrirez à l'Éternel des sacrifices consumés par le feu; ce sera une assemblée solennelle: vous ne ferez aucune oeuvre servile.

³⁷Telles sont les fêtes de l'Éternel, les saintes convocations, que vous publierez, afin que l'on offre à l'Éternel des sacrifices consumés par le feu, des holocaustes, des offrandes, des victimes et des libations, chaque chose au jour fixé.

³⁸Vous observerez en outre les sabbats de l'Éternel, et vous continuerez à faire vos dons à l'Éternel, tous vos sacrifices pour l'accomplissement d'un voeu et toutes vos offrandes volontaires.

³⁹Le quinzième jour du septième mois, quand vous récolterez les produits du pays, vous célébrerez donc une fête à l'Éternel, pendant sept jours: le premier jour sera un jour de repos, et le huitième sera un jour de repos.

⁴⁰Vous prendrez, le premier jour, du fruit des beaux arbres, des branches de palmiers, des rameaux d'arbres touffus et des saules de rivière; et vous vous réjouirez devant l'Éternel, votre Dieu, pendant sept jours.

⁴¹Vous célébrerez chaque année cette fête à l'Éternel, pendant sept jours. C'est une loi perpétuelle pour vos descendants. Vous la célébrerez le septième mois.

⁴²Vous demeurerez pendant sept jours sous des tentes; tous les indigènes en Israël demeureront sous des tentes,

⁴³afin que vos descendants sachent que j'ai fait habiter sous des tentes les enfants d'Israël, après les avoir fait sortir du pays d'Égypte. Je suis l'Éternel, votre Dieu.

⁴⁴C'est ainsi que Moïse dit aux enfants d'Israël quelles sont les fêtes de l'Éternel.

Chapitre 24

¹L'Éternel parla à Moïse, et dit:

²Ordonne aux enfants d'Israël de t'apporter pour le chandelier de l'huile pure d'olives concassées, afin d'entretenir les lampes continuellement.

³C'est en dehors du voile qui est devant le témoignage, dans la tente d'assignation, qu'Aaron la préparera, pour que les lampes brûlent continuellement du soir au matin en présence de l'Éternel. C'est une loi

perpétuelle pour vos descendants.

⁴Il arrangera les lampes sur le chandelier d'or pur, pour qu'elles brûlent continuellement devant l'Éternel.

⁵Tu prendras de la fleur de farine, et tu en feras douze gâteaux; chaque gâteau sera de deux dixièmes.

⁶Tu les placeras en deux piles, six par pile, sur la table d'or pur devant l'Éternel.

⁷Tu mettras de l'encens pur sur chaque pile, et il sera sur le pain comme souvenir, comme une offrande consumée par le feu devant l'Éternel.

⁸Chaque jour de sabbat, on rangera ces pains devant l'Éternel, continuellement: c'est une alliance perpétuelle qu'observeront les enfants d'Israël.

⁹Ils appartiendront à Aaron et à ses fils, et ils les mangeront dans un lieu saint; car ce sera pour eux une chose très sainte, une part des offrandes consumées par le feu devant l'Éternel. C'est une loi perpétuelle.

¹⁰Le fils d'une femme israélite et d'un homme égyptien, étant venu au milieu des enfants d'Israël, se querella dans le camp avec un homme israélite.

¹¹Le fils de la femme israélite blasphéma et maudit le nom de Dieu. On l'amena à Moïse. Sa mère s'appelait Schelomith, fille de Dibri, de la tribu de Dan.

¹²On le mit en prison, jusqu'à ce que Moïse eût déclaré ce que l'Éternel ordonnerait.

¹³L'Éternel parla à Moïse, et dit:

¹⁴Fais sortir du camp le blasphémateur; tous ceux qui l'ont entendu poseront leurs mains sur sa tête, et toute l'assemblée le lapidera.

¹⁵Tu parleras aux enfants d'Israël, et tu diras: Quiconque maudira son Dieu portera la peine de son péché.

¹⁶Celui qui blasphémera le nom de l'Éternel sera puni de mort: toute l'assemblée le lapidera. Qu'il soit étranger ou indigène, il mourra, pour avoir blasphémé le nom de Dieu.

¹⁷Celui qui frappera un homme mortellement sera puni de mort.

¹⁸Celui qui frappera un animal mortellement le remplacera: vie pour vie.

¹⁹Si quelqu'un blesse son prochain, il lui sera fait comme il a fait:

²⁰fracture pour fracture, oeil pour oeil, dent pour dent; il lui sera fait la même blessure qu'il a faite à son prochain.

²¹Celui qui tuera un animal le remplacera, mais celui qui tuera un homme sera puni de mort.

²²Vous aurez la même loi, l'étranger comme l'indigène; car je suis l'Éternel, votre Dieu.

²³Moïse parla aux enfants d'Israël; ils firent sortir du camp le blasphémateur, et ils le lapidèrent. Les enfants d'Israël se conformèrent à l'ordre que l'Éternel avait donné à Moïse.

Chapitre 25

¹L'Éternel parla à Moïse sur la montagne de Sinaï, et dit:

²Parle aux enfants d'Israël, et tu leur diras: Quand vous serez entrés dans le pays que je vous donne, la terre se reposera: ce sera un sabbat en l'honneur de l'Éternel.

³Pendant six années tu ensemenceras ton champ, pendant six années tu tailleras ta vigne; et tu en recueilleras le produit.

⁴Mais la septième année sera un sabbat, un temps de repos pour la terre, un sabbat en l'honneur de l'Éternel: tu n'ensemenceras point ton champ, et tu ne tailleras point ta vigne.

⁵Tu ne moissonneras point ce qui proviendra des grains tombés de ta moisson, et tu ne vendangeras point les raisins de ta vigne non taillée: ce sera une année de repos pour la terre.

⁶Ce que produira la terre pendant son sabbat vous servira de nourriture, à toi, à ton serviteur et à ta servante, à ton mercenaire et à l'étranger qui demeurent avec toi,

⁷à ton bétail et aux animaux qui sont dans ton pays; tout son produit servira de nourriture.

⁸Tu compteras sept sabbats d'années, sept fois sept années, et les jours de ces sept sabbats d'années feront quarante-neuf ans.

⁹Le dixième jour du septième mois, tu feras retentir les sons éclatants de la trompette; le jour des expiations, vous sonnerez de la trompette dans tout votre pays.

¹⁰Et vous sanctifierez la cinquantième année, vous publierez la liberté dans le pays pour tous ses habitants: ce sera pour vous le jubilé; chacun de vous retournera dans sa propriété, et chacun de vous retournera dans sa famille.

¹¹La cinquantième année sera pour vous le jubilé: vous ne sèmerez point, vous ne moissonnerez point ce que les champs produiront d'eux-mêmes, et vous ne vendangerez point la vigne non taillée.

¹²Car c'est le jubilé: vous le regarderez comme une chose sainte. Vous mangerez le produit de vos champs.

¹³Dans cette année de jubilé, chacun de vous retournera dans sa propriété.

¹⁴Si vous vendez à votre prochain, ou si vous achetez de votre prochain, qu'aucun de vous ne trompe son frère.

¹⁵Tu achèteras de ton prochain, en comptant les années depuis le jubilé; et il te vendra, en comptant les années de rapport.

¹⁶Plus il y aura d'années, plus tu élèveras le prix; et moins il y aura d'années, plus tu le réduiras; car c'est le nombre des récoltes qu'il te vend.

¹⁷Aucun de vous ne trompera son prochain, et tu craindras ton Dieu; car je suis l'Éternel, votre Dieu.

¹⁸Mettez mes lois en pratique, observez mes ordonnances et mettez-les en pratique; et vous habiterez en sécurité dans le pays.

¹⁹Le pays donnera ses fruits, vous mangerez à satiété, et vous y habiterez en sécurité.

²⁰Si vous dites: Que mangerons-nous la septième année, puisque nous ne sèmerons point et ne ferons point nos récoltes?

²¹je vous accorderai ma bénédiction la sixième année, et elle donnera des produits pour trois ans.

²²Vous sèmerez la huitième année, et vous mangerez de l'ancienne récolte; jusqu'à la neuvième année, jusqu'à la nouvelle récolte, vous mangerez de l'ancienne.

²³Les terres ne se vendront point à perpétuité; car le pays est à moi, car vous êtes chez moi comme étrangers et comme habitants.

²⁴Dans tout le pays dont vous aurez la possession, vous établirez le droit de rachat pour les terres.

²⁵Si ton frère devient pauvre et vend une portion de sa propriété, celui qui a le droit de rachat, son plus proche parent, viendra et rachètera ce qu'a vendu son frère.

²⁶Si un homme n'a personne qui ait le droit de rachat, et qu'il se procure lui-même de quoi faire son rachat,

²⁷il comptera les années depuis la vente, restituera le surplus à l'acquéreur, et retournera dans sa propriété.

²⁸S'il ne trouve pas de quoi lui faire cette restitution, ce qu'il a vendu restera entre les mains de l'acquéreur jusqu'à l'année du jubilé; au jubilé, il retournera dans sa propriété, et l'acquéreur en sortira.

²⁹Si un homme vend une maison d'habitation dans une ville entourée de murs, il aura le droit de rachat jusqu'à l'accomplissement d'une année depuis la vente; son droit de rachat durera un an.

³⁰Mais si cette maison située dans une ville entourée de murs n'est pas rachetée avant l'accomplissement d'une année entière, elle restera à perpétuité à l'acquéreur et à ses descendants; il n'en sortira point au jubilé.

³¹Les maisons des villages non entourés de murs seront considérées comme des fonds de terre; elles pourront être rachetées, et l'acquéreur en sortira au jubilé.

³²Quant aux villes des Lévites et aux maisons qu'ils y posséderont, les Lévites auront droit perpétuel de rachat.

³³Celui qui achètera des Lévites une maison, sortira au jubilé de la maison vendue et de la ville où il la possédait; car les maisons des villes des Lévites sont leur propriété au milieu des enfants d'Israël.

³⁴Les champs situés autour des villes des Lévites ne pourront point se vendre; car ils en ont à perpétuité la possession.

³⁵Si ton frère devient pauvre, et que sa main fléchisse près de toi, tu le soutiendras; tu feras de même pour celui qui est étranger et qui demeure dans le pays, afin qu'il vive avec toi.

³⁶Tu ne tireras de lui ni intérêt ni usure, tu craindras ton Dieu, et ton frère vivra avec toi.

³⁷Tu ne lui prêteras point ton argent à intérêt, et tu ne lui prêteras point tes vivres à usure.

³⁸Je suis l'Éternel, ton Dieu, qui vous ai fait sortir du pays d'Égypte, pour vous donner le pays de Canaan, pour être votre Dieu.

³⁹Si ton frère devient pauvre près de toi, et qu'il se vende à toi, tu ne lui imposeras point le travail d'un esclave.

⁴⁰Il sera chez toi comme un mercenaire, comme celui qui y demeure; il sera à ton service jusqu'à l'année du jubilé.

⁴¹Il sortira alors de chez toi, lui et ses enfants avec lui, et il retournera dans sa famille, dans la propriété de ses pères.

⁴²Car ce sont mes serviteurs, que j'ai fait sortir du pays d'Égypte; ils ne seront point vendus comme on vend des esclaves.

⁴³Tu ne domineras point sur lui avec dureté, et tu craindras ton Dieu.

⁴⁴C'est des nations qui vous entourent que tu prendras ton esclave et ta servante qui t'appartiendront, c'est d'elles que vous achèterez l'esclave et la servante.

⁴⁵Vous pourrez aussi en acheter des enfants des étrangers qui

demeureront chez toi, et de leurs familles qu'ils engendreront dans votre pays; et ils seront votre propriété.

⁴⁶Vous les laisserez en héritage à vos enfants après vous, comme une propriété; vous les garderez comme esclaves à perpétuité. Mais à l'égard de vos frères, les enfants d'Israël, aucun de vous ne dominera avec dureté sur son frère.

⁴⁷Si un étranger, si celui qui demeure chez toi devient riche, et que ton frère devienne pauvre près de lui et se vende à l'étranger qui demeure chez toi ou à quelqu'un de la famille de l'étranger,

⁴⁸il y aura pour lui le droit de rachat, après qu'il se sera vendu: un de ses frères pourra le racheter.

⁴⁹Son oncle, ou le fils de son oncle, ou l'un de ses proches parents, pourra le racheter; ou bien, s'il en a les ressources, il se rachètera lui-même.

⁵⁰Il comptera avec celui qui l'a acheté depuis l'année où il s'est vendu jusqu'à l'année du jubilé; et le prix à payer dépendra du nombre d'années, lesquelles seront évaluées comme celles d'un mercenaire.

⁵¹S'il y a encore beaucoup d'années, il paiera son rachat à raison du prix de ces années et pour lequel il a été acheté;

⁵²s'il reste peu d'années jusqu'à celle du jubilé, il en fera le compte, et il paiera son rachat à raison de ces années.

⁵³Il sera comme un mercenaire à l'année, et celui chez qui il sera ne le traitera point avec dureté sous tes yeux.

⁵⁴S'il n'est racheté d'aucune de ces manières, il sortira l'année du jubilé, lui et ses enfants avec lui.

⁵⁵Car c'est de moi que les enfants d'Israël sont esclaves; ce sont mes esclaves, que j'ai fait sortir du pays d'Égypte. Je suis l'Éternel, votre Dieu.

Chapitre 26

¹Vous ne vous ferez point d'idoles, vous ne vous élèverez ni image taillée ni statue, et vous ne placerez dans votre pays aucune pierre ornée de figures, pour vous prosterner devant elle; car je suis l'Éternel, votre Dieu.

²Vous observerez mes sabbats, et vous révérerez mon sanctuaire. Je suis l'Éternel.

³Si vous suivez mes lois, si vous gardez mes commandements et les mettez en pratique,

⁴je vous enverrai des pluies en leur saison, la terre donnera ses produits, et les arbres des champs donneront leurs fruits.

⁵A peine aurez-vous battu le blé que vous toucherez à la vendange, et la vendange atteindra les semailles; vous mangerez votre pain à satiété, et vous habiterez en sécurité dans votre pays.

⁶Je mettrai la paix dans le pays, et personne ne troublera votre sommeil; je ferai disparaître du pays les bêtes féroces, et l'épée ne passera point par votre pays.

⁷Vous poursuivrez vos ennemis, et ils tomberont devant vous par l'épée.

⁸Cinq d'entre vous en poursuivront cent, et cent d'entre vous en poursuivront dix mille, et vos ennemis tomberont devant vous par l'épée.

⁹Je me tournerai vers vous, je vous rendrai féconds et je vous multiplierai, et je maintiendrai mon alliance avec vous.

¹⁰Vous mangerez des anciennes récoltes, et vous sortirez les vieilles pour faire place aux nouvelles.

¹¹J'établirai ma demeure au milieu de vous, et mon âme ne vous aura point en horreur.

¹²Je marcherai au milieu de vous, je serai votre Dieu, et vous serez mon peuple.

¹³Je suis l'Éternel, votre Dieu, qui vous ai fait sortir du pays d'Égypte, qui vous ai tirés de la servitude; j'ai brisé les liens de votre joug, et je vous ai fait marcher la tête levée.

¹⁴Mais si vous ne m'écoutez point et ne mettez point en pratique tous ces commandements,

¹⁵si vous méprisez mes lois, et si votre âme a en horreur mes ordonnances, en sorte que vous ne pratiquiez point tous mes commandements et que vous rompiez mon alliance,

¹⁶voici alors ce que je vous ferai. J'enverrai sur vous la terreur, la consomption et la fièvre, qui rendront vos yeux languissants et votre âme souffrante; et vous sèmerez en vain vos semences: vos ennemis les dévoreront.

¹⁷Je tournerai ma face contre vous, et vous serez battus devant vos ennemis; ceux qui vous haïssent domineront sur vous, et vous fuirez sans que l'on vous poursuive.

¹⁸Si, malgré cela, vous ne m'écoutez point, je vous châtierai sept fois plus pour vos péchés.

¹⁹Je briserai l'orgueil de votre force, je rendrai votre ciel comme du fer, et votre terre comme de l'airain.

²⁰Votre force s'épuisera inutilement, votre terre ne donnera pas ses produits, et les arbres de la terre ne donneront pas leurs fruits.

²¹Si vous me résistez et ne voulez point m'écouter, je vous frapperai sept fois plus selon vos péchés.

²²J'enverrai contre vous les animaux des champs, qui vous priveront de vos enfants, qui détruiront votre bétail, et qui vous réduiront à un petit nombre; et vos chemins seront déserts.

²³Si ces châtiments ne vous corrigent point et si vous me résistez,

²⁴je vous résisterai aussi et je vous frapperai sept fois plus pour vos péchés.

²⁵Je ferai venir contre vous l'épée, qui vengera mon alliance; quand vous vous rassemblerez dans vos villes, j'enverrai la peste au milieu de vous, et vous serez livrés aux mains de l'ennemi.

²⁶Lorsque je vous briserai le bâton du pain, dix femmes cuiront votre pain dans un seul four et rapporteront votre pain au poids; vous mangerez, et vous ne serez point rassasiés.

²⁷Si, malgré cela, vous ne m'écoutez point et si vous me résistez,

²⁸je vous résisterai aussi avec fureur et je vous châtierai sept fois plus pour vos péchés.

²⁹Vous mangerez la chair de vos fils, et vous mangerez la chair de vos filles.

³⁰Je détruirai vos hauts lieux, j'abattrai vos statues consacrées au soleil, je mettrai vos cadavres sur les cadavres de vos idoles, et mon âme vous aura en horreur.

³¹Je réduirai vos villes en déserts, je ravagerai vos sanctuaires, et je ne respirerai plus l'odeur agréable de vos parfums.

³²Je dévasterai le pays, et vos ennemis qui l'habiteront en seront stupéfaits.

³³Je vous disperserai parmi les nations et je tirerai l'épée après vous. Votre pays sera dévasté, et vos villes seront désertes.

³⁴Alors le pays jouira de ses sabbats, tout le temps qu'il sera dévasté et que vous serez dans le pays de vos ennemis; alors le pays se reposera, et jouira de ses sabbats.

³⁵Tout le temps qu'il sera dévasté, il aura le repos qu'il n'avait pas eu dans vos sabbats, tandis que vous l'habitiez.

³⁶Je rendrai pusillanime le coeur de ceux d'entre vous qui survivront, dans les pays de leurs ennemis; le bruit d'une feuille agitée les poursuivra; ils fuiront comme on fuit devant l'épée, et ils tomberont sans qu'on les poursuive.

³⁷Ils se renverseront les uns sur les autres comme devant l'épée, sans qu'on les poursuive. Vous ne subsisterez point en présence de vos ennemis;

³⁸vous périrez parmi les nations, et le pays de vos ennemis vous dévorera.

³⁹Ceux d'entre vous qui survivront seront frappés de langueur pour leurs iniquités, dans les pays de leurs ennemis; ils seront aussi frappés de langueur pour les iniquités de leurs pères.

⁴⁰Ils confesseront leurs iniquités et les iniquités de leurs pères, les transgressions qu'ils ont commises envers moi, et la résistance qu'ils m'ont opposée,

⁴¹péchés à cause desquels moi aussi je leur résisterai et les mènerai dans le pays de leurs ennemis. Et alors leur coeur incirconcis s'humiliera, et ils paieront la dette de leurs iniquités.

⁴²Je me souviendrai de mon alliance avec Jacob, je me souviendrai de mon alliance avec Isaac et de mon alliance avec Abraham, et je me souviendrai du pays.

⁴³Le pays sera abandonné par eux, et il jouira de ses sabbats pendant qu'il restera dévasté loin d'eux; et ils paieront la dette de leurs iniquités, parce qu'ils ont méprisé mes ordonnances et que leur âme a eu mes lois en horreur.

⁴⁴Mais, lorsqu'ils seront dans le pays de leurs ennemis, je ne les rejetterai pourtant point, et je ne les aurai point en horreur jusqu'à les exterminer, jusqu'à rompre mon alliance avec eux; car je suis l'Éternel, leur Dieu.

⁴⁵Je me souviendrai en leur faveur de l'ancienne alliance, par laquelle je les ai fait sortir du pays d'Égypte, aux yeux des nations, pour être leur Dieu. Je suis l'Éternel.

⁴⁶Tels sont les statuts, les ordonnances et les lois, que l'Éternel établit entre lui et les enfants d'Israël, sur la montagne de Sinaï, par Moïse.

Chapitre 27

¹L'Éternel parla à Moïse, et dit:

²Parle aux enfants d'Israël, et tu leur diras: Lorsqu'on fera des vœux, s'il s'agit de personnes, elles seront à l'Éternel d'après ton estimation.

³Si tu as à faire l'estimation d'un mâle de vingt à soixante ans, ton estimation sera de cinquante sicles d'argent, selon le sicle du sanctuaire;

⁴si c'est une femme, ton estimation sera de trente sicles.

⁵De cinq à vingt ans, ton estimation sera de vingt sicles pour un mâle, et de dix sicles pour une fille.

⁶D'un mois à cinq ans, ton estimation sera de cinq sicles d'argent pour un mâle, et de trois sicles d'argent pour une fille.

⁷De soixante ans et au-dessus, ton estimation sera de quinze sicles pour un mâle, et de dix sicles pour une femme.

⁸Si celui qui a fait le vœu est trop pauvre pour payer ton estimation, on le présentera au sacrificateur, qui le taxera, et le sacrificateur fera une estimation en rapport avec les ressources de cet homme.

⁹S'il s'agit d'animaux qui peuvent être offerts en sacrifice à l'Éternel, tout animal qu'on donnera à l'Éternel sera chose sainte.

¹⁰On ne le changera point, et l'on n'en mettra point un mauvais à la place d'un bon ni un bon à la place d'un mauvais; si l'on remplace un animal par un autre, ils seront l'un et l'autre chose sainte.

¹¹S'il s'agit d'animaux impurs, qui ne peuvent être offerts en sacrifice à l'Éternel, on présentera l'animal au sacrificateur,

¹²qui en fera l'estimation selon qu'il sera bon ou mauvais, et l'on s'en rapportera à l'estimation du sacrificateur.

¹³Si on veut le racheter, on ajoutera un cinquième à son estimation.

¹⁴Si quelqu'un sanctifie sa maison en la consacrant à l'Éternel, le sacrificateur en fera l'estimation selon qu'elle sera bonne ou mauvaise, et l'on s'en tiendra à l'estimation du sacrificateur.

¹⁵Si celui qui a sanctifié sa maison veut la racheter, il ajoutera un cinquième au prix de son estimation, et elle sera à lui.

¹⁶Si quelqu'un sanctifie à l'Éternel un champ de sa propriété, ton estimation sera en rapport avec la quantité de semence, cinquante sicles d'argent pour un homer de semence d'orge.

¹⁷Si c'est dès l'année du jubilé qu'il sanctifie son champ, on s'en tiendra à ton estimation;

¹⁸si c'est après le jubilé qu'il sanctifie son champ, le sacrificateur en évaluera le prix à raison du nombre d'années qui restent jusqu'au jubilé, et il sera fait une réduction sur ton estimation.

¹⁹Si celui qui a sanctifié son champ veut le racheter, il ajoutera un cinquième au prix de ton estimation, et le champ lui restera.

²⁰S'il ne rachète point le champ, et qu'on le vende à un autre homme, il ne pourra plus être racheté.

²¹Et quand l'acquéreur en sortira au jubilé, ce champ sera consacré à l'Éternel, comme un champ qui a été dévoué; il deviendra la propriété du sacrificateur.

²²Si quelqu'un sanctifie à l'Éternel un champ qu'il a acquis et qui ne fait point partie de sa propriété,

²³le sacrificateur en évaluera le prix d'après ton estimation jusqu'à l'année du jubilé, et cet homme paiera le jour même le prix fixé, comme étant consacré à l'Éternel.

²⁴L'année du jubilé, le champ retournera à celui de qui il avait été acheté et de la propriété dont il faisait partie.

²⁵Toutes tes estimations se feront en sicles du sanctuaire: le sicle est de vingt guéras.

²⁶Nul ne pourra sanctifier le premier-né de son bétail, lequel appartient déjà à l'Éternel en sa qualité de premier-né; soit bœuf, soit agneau, il appartient à l'Éternel.

²⁷S'il s'agit d'un animal impur, on le rachètera au prix de ton estimation, en y ajoutant un cinquième; s'il n'est pas racheté, il sera vendu d'après ton estimation.

²⁸Tout ce qu'un homme dévouera par interdit à l'Éternel, dans ce qui lui appartient, ne pourra ni se vendre, ni se racheter, que ce soit une personne, un animal, ou un champ de sa propriété; tout ce qui sera dévoué par interdit sera entièrement consacré à l'Éternel.

²⁹Aucune personne dévouée par interdit ne pourra être rachetée, elle sera mise à mort.

³⁰Toute dîme de la terre, soit des récoltes de la terre, soit du fruit des arbres, appartient à l'Éternel; c'est une chose consacrée à l'Éternel.

³¹Si quelqu'un veut racheter quelque chose de sa dîme, il y ajoutera un cinquième.

³²Toute dîme de gros et de menu bétail, de tout ce qui passe sous la houlette, sera une dîme consacrée à l'Éternel.

³³On n'examinera point si l'animal est bon ou mauvais, et l'on ne fera point d'échange; si l'on remplace un animal par un autre, ils seront l'un et l'autre chose sainte, et ne pourront être rachetés.

³⁴Tels sont les commandements que l'Éternel donna à Moïse pour les enfants d'Israël, sur la montagne de Sinaï.

Nombres

Chapitre 1

¹L'Éternel parla à Moïse dans le désert de Sinaï, dans la tente d'assignation, le premier jour du second mois, la seconde année après leur sortie du pays d'Égypte. Il dit:

²Faites le dénombrement de toute l'assemblée des enfants d'Israël, selon leurs familles, selon les maisons de leurs pères, en comptant par tête les noms de tous les mâles,

³depuis l'âge de vingt ans et au-dessus, tous ceux d'Israël en état de porter les armes; vous en ferez le dénombrement selon leurs divisions, toi et Aaron.

⁴Il y aura avec vous un homme par tribu, chef de la maison de ses pères.

⁵Voici les noms des hommes qui se tiendront avec vous. Pour Ruben: Élitsur, fils de Schedéur;

⁶pour Siméon: Schelumiel, fils de Tsurischaddaï;

⁷pour Juda: Nachschon, fils d'Amminadab;

⁸pour Issacar: Nethaneel, fils de Tsuar;

⁹pour Zabulon: Éliab, fils de Hélon;

¹⁰pour les fils de Joseph, -pour Éphraïm: Élischama, fils d'Ammihud; -pour Manassé: Gamliel, fils de Pedahtsur;

¹¹pour Benjamin: Abidan, fils de Guideoni;

¹²pour Dan: Ahiézer, fils d'Ammischaddaï;

¹³pour Aser: Paguiel, fils d'Ocran;

¹⁴pour Gad: Éliasaph, fils de Déuel;

¹⁵pour Nephthali: Ahira, fils d'Énan.

¹⁶Tels sont ceux qui furent convoqués à l'assemblée, princes des tribus de leurs pères, chefs des milliers d'Israël.

¹⁷Moïse et Aaron prirent ces hommes, qui avaient été désignés par leurs noms,

¹⁸et ils convoquèrent toute l'assemblée, le premier jour du second mois. On les enregistra selon leurs familles, selon les maisons de leurs pères, en comptant par tête les noms depuis l'âge de vingt ans et au-dessus.

¹⁹Moïse en fit le dénombrement dans le désert de Sinaï, comme l'Éternel le lui avait ordonné.

²⁰On enregistra les fils de Ruben, premier-né d'Israël, selon leurs familles, selon les maisons de leurs pères, en comptant par tête les noms de tous les mâles, depuis l'âge de vingt ans et au-dessus, tous ceux en état de porter les armes:

²¹les hommes de la tribu de Ruben dont on fit le dénombrement furent quarante-six mille cinq cents.

²²On enregistra les fils de Siméon, selon leurs familles, selon les maisons de leurs pères; on en fit le dénombrement, en comptant par tête les noms de tous les mâles depuis l'âge de vingt ans et au-dessus, tous ceux en état de porter les armes:

²³les hommes de la tribu de Siméon dont on fit le dénombrement furent cinquante-neuf mille trois cents.

²⁴On enregistra les fils de Gad, selon leurs familles, selon les maisons de leurs pères, en comptant les noms depuis l'âge de vingt ans et au-dessus, tous ceux en état de porter les armes:

²⁵les hommes de la tribu de Gad dont on fit le dénombrement furent quarante-cinq mille six cent cinquante.

²⁶On enregistra les fils de Juda, selon leurs familles, selon les maisons de leurs pères, en comptant les noms depuis l'âge de vingt ans et au-dessus, tous ceux en état de porter les armes:

²⁷les hommes de la tribu de Juda dont on fit le dénombrement furent soixante-quatorze mille six cents.

²⁸On enregistra les fils d'Issacar, selon leurs familles, selon les maisons de leurs pères, en comptant les noms depuis l'âge de vingt ans et au-dessus, tous ceux en état de porter les armes:

²⁹les hommes de la tribu d'Issacar dont on fit le dénombrement furent cinquante-quatre mille quatre cents.

³⁰On enregistra les fils de Zabulon, selon leurs familles, selon les maisons de leurs pères, en comptant les noms depuis l'âge de vingt ans et au-dessus, tous ceux en état de porter les armes:

³¹les hommes de la tribu de Zabulon dont on fit le dénombrement furent cinquante-sept mille quatre cents.

³²On enregistra, d'entre les fils de Joseph, les fils d'Éphraïm, selon leurs familles, selon les maisons de leurs pères, en comptant les noms depuis l'âge de vingt ans et au-dessus, tous ceux en état de porter les armes:

³³les hommes de la tribu d'Éphraïm dont on fit le dénombrement furent quarante mille cinq cents.

³⁴On enregistra les fils de Manassé, selon leurs familles, selon les maisons de leurs pères, en comptant les noms depuis l'âge de vingt ans et au-dessus, tous ceux en état de porter les armes:

³⁵les hommes de la tribu de Manassé dont on fit le dénombrement furent trente-deux mille deux cents.

³⁶On enregistra les fils de Benjamin, selon leurs familles, selon les maisons de leurs pères, en comptant les noms depuis l'âge de vingt ans et au-dessus, tous ceux en état de porter les armes:

³⁷les hommes de la tribu de Benjamin dont on fit le dénombrement furent trente-cinq mille quatre cents.

³⁸On enregistra les fils de Dan, selon leurs familles, selon les maisons de leurs pères, en comptant les noms depuis l'âge de vingt ans et au-dessus, tous ceux en état de porter les armes:

³⁹les hommes de la tribu de Dan dont on fit le dénombrement furent soixante-deux mille sept cents.

⁴⁰On enregistra les fils d'Aser, selon leurs familles, selon les maisons de leurs pères, en comptant les noms depuis l'âge de vingt ans et au-dessus, tous ceux en état de porter les armes:

⁴¹les hommes de la tribu d'Aser dont on fit le dénombrement furent quarante et un mille cinq cents.

⁴²On enregistra les fils de Nephthali, selon leurs familles, selon les maisons de leurs pères, en comptant les noms depuis l'âge de vingt ans et au-dessus, tous ceux en état de porter les armes:

⁴³les hommes de la tribu de Nephthali dont on fit le dénombrement furent cinquante-trois mille quatre cents.

⁴⁴Tels sont ceux dont le dénombrement fut fait par Moïse et Aaron, et par les douze hommes, princes d'Israël; il y avait un homme pour chacune des maisons de leurs pères.

⁴⁵Tous ceux des enfants d'Israël dont on fit le dénombrement, selon les maisons de leurs pères, depuis l'âge de vingt ans et au-dessus, tous ceux d'Israël en état de porter les armes,

⁴⁶tous ceux dont on fit le dénombrement furent six cent trois mille cinq cent cinquante.

⁴⁷Les Lévites, selon la tribu de leurs pères, ne firent point partie de ce dénombrement.

⁴⁸L'Éternel parla à Moïse, et dit:

⁴⁹Tu ne feras point le dénombrement de la tribu de Lévi, et tu n'en compteras point les têtes au milieu des enfants d'Israël.

⁵⁰Remets aux soins des Lévites le tabernacle du témoignage, tous ses ustensiles et tout ce qui lui appartient. Ils porteront le tabernacle et tous ses ustensiles, ils en feront le service, et ils camperont autour du tabernacle.

⁵¹Quand le tabernacle partira, les Lévites le démonteront; quand le tabernacle campera, les Lévites le dresseront; et l'étranger qui en approchera sera puni de mort.

⁵²Les enfants d'Israël camperont chacun dans son camp, chacun près de sa bannière, selon leurs divisions.

⁵³Mais les Lévites camperont autour du tabernacle du témoignage, afin que ma colère n'éclate point sur l'assemblée des enfants d'Israël; et les Lévites auront la garde du tabernacle du témoignage.

⁵⁴Les enfants d'Israël se conformèrent à tous les ordres que l'Éternel avait donnés à Moïse; ils firent ainsi.

Chapitre 2

¹L'Éternel parla à Moïse et à Aaron, et dit:

²Les enfants d'Israël camperont chacun près de sa bannière, sous les enseignes de la maison de ses pères; ils camperont vis-à-vis et tout autour de la tente d'assignation.

³A l'orient, le camp de Juda, avec sa bannière, et avec ses corps d'armée. Là camperont le prince des fils de Juda, Nachschon, fils d'Amminadab,

⁴et son corps d'armée composé de soixante-quatorze mille six cents hommes, d'après le dénombrement.

⁵A ses côtés camperont la tribu d'Issacar, le prince des fils d'Issacar, Nethaneel, fils de Tsuar,

⁶et son corps d'armée composé de cinquante-quatre mille quatre cents hommes, d'après le dénombrement;

⁷puis la tribu de Zabulon, le prince des fils de Zabulon, Éliab, fils de Hélon,

⁸et son corps d'armée composé de cinquante-sept mille quatre cents hommes, d'après le dénombrement.

⁹Total pour le camp de Juda, d'après le dénombrement: cent quatre-vingt six mille quatre cents hommes, selon leurs corps d'armée. Ils seront les premiers dans la marche.

¹⁰Au midi, le camp de Ruben, avec sa bannière, et avec ses corps

d'armée. Là camperont le prince des fils de Ruben, Élitsur, fils de Schedéur,

¹¹et son corps d'armée composé de quarante-six mille cinq cents hommes, d'après le dénombrement.

¹²A ses côtés camperont la tribu de Siméon, le prince des fils de Siméon, Schelumiel, fils de Tsurischaddaï,

¹³et son corps d'armée composé de cinquante-neuf mille trois cents hommes, d'après le dénombrement;

¹⁴puis la tribu de Gad, le prince des fils de Gad, Éliasaph, fils de Déuel,

¹⁵et son corps d'armée composé de quarante-cinq mille six cent cinquante hommes, d'après le dénombrement.

¹⁶Total pour le camp de Ruben, d'après le dénombrement: cent cinquante et un mille quatre cent cinquante hommes, selon leurs corps d'armée. Ils seront les seconds dans la marche.

¹⁷Ensuite partira la tente d'assignation, avec le camp des Lévites placé au milieu des autres camps: Ils suivront dans la marche l'ordre dans lequel ils auront campé, chacun dans son rang, selon sa bannière.

¹⁸A l'occident, le camp d'Éphraïm, avec sa bannière, et avec ses corps d'armée. Là camperont le prince des fils d'Éphraïm, Élischama, fils d'Ammihud,

¹⁹et son corps d'armée composé de quarante mille cinq cents hommes, d'après le dénombrement.

²⁰A ses côtés camperont la tribu de Manassé, le prince des fils de Manassé, Gamliel, fils de Pedahtsur,

²¹et son corps d'armée composé de trente-deux mille deux cents hommes, d'après le dénombrement;

²²puis la tribu de Benjamin, le prince des fils de Benjamin, Abidan, fils de Guideoni,

²³et son corps d'armée composé de trente-cinq mille quatre cents hommes, d'après le dénombrement.

²⁴Total pour le camp d'Éphraïm, d'après le dénombrement: cent huit mille et cent hommes, selon leurs corps d'armée. Ils seront les troisièmes dans la marche.

²⁵Au nord, le camp de Dan, avec sa bannière, et avec ses corps d'armée. Là camperont le prince des fils de Dan, Ahiézer, fils d'Ammischaddaï,

²⁶et son corps d'armée composé de soixante-deux mille sept cents hommes, d'après le dénombrement.

²⁷A ses côtés camperont la tribu d'Aser, le prince des fils d'Aser, Paguiel, fils d'Ocran,

²⁸et son corps d'armée composé de quarante et un mille cinq cents hommes, d'après le dénombrement.

²⁹puis la tribu de Nephthali, le prince des fils de Nephthali, Ahira, fils d'Énan,

³⁰et son corps d'armée composé de cinquante-trois mille quatre cents hommes, d'après le dénombrement.

³¹Total pour le camp de Dan, d'après le dénombrement: cent cinquante-sept mille six cents hommes. Ils seront les derniers dans la marche, selon leur bannière.

³²Tels sont ceux des enfants d'Israël dont on fit le dénombrement, selon les maisons de leurs pères. Tous ceux dont on fit le dénombrement, et qui formèrent les camps, selon leurs corps d'armée, furent six cent trois mille cinq cent cinquante.

³³Les Lévites, suivant l'ordre que l'Éternel avait donné à Moïse, ne firent point partie du dénombrement au milieu des enfants d'Israël.

³⁴Et les enfants d'Israël se conformèrent à tous les ordres que l'Éternel avait donnés à Moïse. C'est ainsi qu'ils campaient, selon leurs bannières; et c'est ainsi qu'ils se mettaient en marche, chacun selon sa famille, selon la maison de ses pères.

Chapitre 3

¹Voici la postérité d'Aaron et de Moïse, au temps où l'Éternel parla à Moïse, sur la montagne de Sinaï.

²Voici les noms des fils d'Aaron: Nadab, le premier-né, Abihu, Éléazar et Ithamar.

³Ce sont là les noms des fils d'Aaron, qui reçurent l'onction comme sacrificateurs, et qui furent consacrés pour l'exercice du sacerdoce.

⁴Nadab et Abihu moururent devant l'Éternel, lorsqu'ils apportèrent devant l'Éternel du feu étranger, dans le désert de Sinaï; ils n'avaient point de fils. Éléazar et Ithamar exercèrent le sacerdoce, en présence d'Aaron, leur père.

⁵L'Éternel parla à Moïse, et dit:

⁶Fais approcher la tribu de Lévi, et tu la placeras devant le sacrificateur Aaron, pour qu'elle soit à son service.

⁷Ils auront le soin de ce qui est remis à sa garde et à la garde de toute l'assemblée, devant la tente d'assignation: ils feront le service du tabernacle.

⁸Ils auront le soin de tous les ustensiles de la tente d'assignation, et de ce qui est remis à la garde des enfants d'Israël: ils feront le service du tabernacle.

⁹Tu donneras les Lévites à Aaron et à ses fils; ils lui seront entièrement donnés, de la part des enfants d'Israël.

¹⁰Tu établiras Aaron et ses fils pour qu'ils observent les fonctions de leur sacerdoce; et l'étranger qui approchera sera puni de mort.

¹¹L'Éternel parla à Moïse, et dit:

¹²Voici, j'ai pris les Lévites du milieu des enfants d'Israël, à la place de tous les premiers-nés, des premiers-nés des enfants d'Israël; et les Lévites m'appartiendront.

¹³Car tout premier-né m'appartient; le jour où j'ai frappé tous les premiers-nés dans le pays d'Égypte, je me suis consacré tous les premiers-nés en Israël, tant des hommes que des animaux: ils m'appartiendront. Je suis l'Éternel.

¹⁴L'Éternel parla à Moïse, dans le désert de Sinaï, et dit:

¹⁵Fais le dénombrement des enfants de Lévi, selon les maisons de leurs pères, selon leurs familles; tu feras le dénombrement de tous les mâles, depuis l'âge d'un mois et au-dessus.

¹⁶Moïse en fit le dénombrement sur l'ordre de l'Éternel, en se conformant à l'ordre qui lui fut donné.

¹⁷Ce sont ici les fils de Lévi, d'après leurs noms: Guerschon, Kehath et Merari. -

¹⁸Voici les noms des fils de Guerschon, selon leurs familles: Libni et Schimeï.

¹⁹Voici les fils de Kehath, selon leurs familles: Amram, Jitsehar, Hébron et Uziel;

²⁰et les fils de Merari, selon leurs familles: Machli et Muschi. Ce sont là les familles de Lévi, selon les maisons de leurs pères.

²¹De Guerschon descendent la famille de Libni et la famille de Schimeï, formant les familles des Guerschonites.

²²Ceux dont on fit le dénombrement, en comptant tous les mâles depuis l'âge d'un mois et au-dessus, furent sept mille cinq cents.

²³Les familles des Guerschonites campaient derrière le tabernacle à l'occident.

²⁴Le chef de la maison paternelle des Guerschonites était Éliasaph, fils de Laël.

²⁵Pour ce qui concerne la tente d'assignation, on remit aux soins des fils de Guerschon le tabernacle et la tente, la couverture, le rideau qui est à l'entrée de la tente d'assignation;

²⁶les toiles du parvis et le rideau de l'entrée du parvis, tout autour du tabernacle et de l'autel, et tous les cordages pour le service du tabernacle.

²⁷De Kehath descendent la famille des Amramites, la famille des Jitseharites, la famille des Hébronites et la famille des Uziélites, formant les familles des Kehathites.

²⁸En comptant tous les mâles depuis l'âge d'un mois et au-dessus, il y en eut huit mille six cents, qui furent chargés des soins du sanctuaire.

²⁹Les familles des fils de Kehath campaient au côté méridional du tabernacle.

³⁰Le chef de la maison paternelle des familles des Kehathites était Élitsaphan, fils d'Uziel.

³¹On remit à leurs soins l'arche, la table, le chandelier, les autels, les ustensiles du sanctuaire, avec lesquels on fait le service, le voile et tout ce qui en dépend.

³²Le chef des chefs des Lévites était Éléazar, fils du sacrificateur Aaron; il avait la surveillance de ceux qui étaient chargés des soins du sanctuaire.

³³De Merari descendent la famille de Machli et la famille de Muschi, formant les familles des Merarites.

³⁴Ceux dont on fit le dénombrement, en comptant tous les mâles depuis l'âge d'un mois et au-dessus, furent six mille deux cents.

³⁵Le chef de la maison paternelle des familles de Merari était Tsuriel, fils d'Abihaïl. Ils campaient du côté septentrional du tabernacle.

³⁶On remit à la garde et aux soins des fils de Merari les planches du tabernacle, ses barres, ses colonnes et leurs bases, tous ses ustensiles et tout ce qui en dépend;

³⁷les colonnes du parvis tout autour, leurs bases, leurs pieux et leurs cordages.

³⁸Moïse, Aaron et ses fils campaient devant le tabernacle, à l'orient, devant la tente d'assignation, au levant; ils avaient la garde et le soin du sanctuaire, remis à la garde des enfants d'Israël; et l'étranger qui s'approchera sera puni de mort.

³⁹Tous les Lévites dont Moïse et Aaron firent le dénombrement sur l'ordre de l'Éternel, selon leurs familles, tous les mâles depuis l'âge

d'un mois et au-dessus, furent vingt-deux mille.

⁴⁰L'Éternel dit à Moïse: Fais le dénombrement de tous les premiers-nés mâles parmi les enfants d'Israël, depuis l'âge d'un mois et au-dessus, et compte les d'après leurs noms.

⁴¹Tu prendras les Lévites pour moi, l'Éternel, à la place de tous les premiers-nés des enfants d'Israël, et le bétail des Lévites à la place de tous les premiers-nés du bétail des enfants d'Israël.

⁴²Moïse fit le dénombrement de tous les premiers-nés parmi les enfants d'Israël, selon l'ordre que l'Éternel lui avait donné.

⁴³Tous les premiers-nés, dont on fit le dénombrement, en comptant les noms, depuis l'âge d'un mois et au-dessus, furent vingt-deux mille deux cent soixante-treize.

⁴⁴L'Éternel parla à Moïse, et dit:

⁴⁵Prends les Lévites à la place de tous les premiers-nés des enfants d'Israël, et le bétail des Lévites à la place de leur bétail; et les Lévites m'appartiendront. Je suis l'Éternel.

⁴⁶Pour le rachat des deux cent soixante-treize qui dépassent le nombre des Lévites, parmi les premiers-nés des enfants d'Israël,

⁴⁷tu prendras cinq sicles par tête; tu les prendras selon le sicle du sanctuaire, qui est de vingt guéras.

⁴⁸Tu donneras l'argent à Aaron et à ses fils, pour le rachat de ceux qui dépassent le nombre des Lévites.

⁴⁹Moïse prit l'argent pour le rachat de ceux qui dépassaient le nombre des rachetés par les Lévites;

⁵⁰il prit l'argent des premiers-nés des enfants d'Israël: mille trois cent soixante-cinq sicles, selon le sicle du sanctuaire.

⁵¹Et Moïse donna l'argent du rachat à Aaron et à ses fils, sur l'ordre de l'Éternel, en se conformant à l'ordre que l'Éternel avait donné à Moïse.

Chapitre 4

¹L'Éternel parla à Moïse et à Aaron, et dit:

²Compte les fils de Kehath parmi les enfants de Lévi, selon leurs familles, selon les maisons de leurs pères,

³depuis l'âge de trente ans et au-dessus jusqu'à l'âge de cinquante ans, tous ceux qui sont propres à exercer quelque fonction dans la tente d'assignation.

⁴Voici les fonctions des fils de Kehath, dans la tente d'assignation: elles concernent le lieu très saint.

⁵Au départ du camp, Aaron et ses fils viendront démonter le voile, et ils en couvriront l'arche du témoignage;

⁶ils mettront dessus une couverture de peaux de dauphins, et ils étendront par-dessus un drap entièrement d'étoffe bleue; puis ils placeront les barres de l'arche.

⁷Ils étendront un drap bleu sur la table des pains de proposition, et ils mettront dessus les plats, les coupes, les tasses et les calices pour les libations; le pain y sera toujours;

⁸ils étendront sur ces choses un drap de cramoisi, et ils l'envelopperont d'une couverture de peaux de dauphins; puis ils placeront les barres de la table.

⁹Ils prendront un drap bleu, et ils couvriront le chandelier, ses lampes, ses mouchettes, ses vases à cendre et tous ses vases à l'huile, destinés à son service;

¹⁰ils le mettront, avec tous ses ustensiles, dans une couverture de peaux de dauphins; puis ils le placeront sur le brancard.

¹¹Ils étendront un drap bleu sur l'autel d'or, et ils l'envelopperont d'une couverture de peaux de dauphins; puis ils placeront les barres de l'autel.

¹²Ils prendront tous les ustensiles dont on se sert pour le service dans le sanctuaire, et ils les mettront dans un drap bleu, et ils les envelopperont d'une couverture de peaux de dauphins; puis ils les placeront sur le brancard.

¹³Ils ôteront les cendres de l'autel, et ils étendront sur l'autel un drap de pourpre;

¹⁴ils mettront dessus tous les ustensiles destinés à son service, les brasiers, les fourchettes, les pelles, les bassins, tous les ustensiles de l'autel, et ils étendront par-dessus une couverture de peaux de dauphins; puis ils placeront les barres de l'autel.

¹⁵Après qu'Aaron et ses fils auront achevé de couvrir le sanctuaire et tous les ustensiles du sanctuaire, les fils de Kehath viendront, au départ du camp, pour les porter; mais ils ne toucheront point les choses saintes, de peur qu'ils ne meurent. Telles sont les fonctions de porteurs, imposées aux fils de Kehath dans la tente d'assignation.

¹⁶Éléazar, fils du sacrificateur Aaron, aura sous sa surveillance l'huile du chandelier, le parfum odoriférant, l'offrande perpétuelle et l'huile d'onction; il aura sous sa surveillance tout le tabernacle et tout ce qu'il contient, le sanctuaire et ses ustensiles.

¹⁷L'Éternel parla à Moïse et à Aaron, et dit:

¹⁸N'exposez point la race des familles des Kehathites à être retranchée du milieu des Lévites.

¹⁹Faites ceci pour eux, afin qu'ils vivent et qu'ils ne meurent point, quand ils s'approcheront du lieu très saint: Aaron et ses fils viendront, et ils placeront chacun d'eux à son service et à sa charge.

²⁰Ils n'entreront point pour voir envelopper les choses saintes, de peur qu'ils ne meurent.

²¹L'Éternel parla à Moïse, et dit:

²²Compte aussi les fils de Guerschon, selon les maisons de leurs pères, selon leurs familles;

²³tu feras le dénombrement, depuis l'âge de trente ans et au-dessus jusqu'à l'âge de cinquante ans, de tous ceux qui sont propres à exercer quelque fonction dans la tente d'assignation.

²⁴Voici les fonctions des familles des Guerschonites, le service qu'ils devront faire et ce qu'ils devront porter.

²⁵Ils porteront les tapis du tabernacle et la tente d'assignation, sa couverture et la couverture de peaux de dauphins qui se met par-dessus, le rideau qui est à l'entrée de la tente d'assignation;

²⁶les toiles du parvis et le rideau de l'entrée de la porte du parvis, tout autour du tabernacle et de l'autel, leurs cordages et tous les ustensiles qui en dépendent. Et ils feront tout le service qui s'y rapporte.

²⁷Dans leurs fonctions, les fils des Guerschonites seront sous les ordres d'Aaron et de ses fils, pour tout ce qu'ils porteront et pour tout le service qu'ils devront faire; vous remettrez à leurs soins tout ce qu'ils ont à porter.

²⁸Telles sont les fonctions des familles des fils des Guerschonites dans la tente d'assignation, et ce qu'ils ont à garder sous la direction d'Ithamar, fils du sacrificateur Aaron.

²⁹Tu feras le dénombrement des fils de Merari, selon leurs familles, selon les maisons de leurs pères;

³⁰tu feras le dénombrement, depuis l'âge de trente ans et au-dessus jusqu'à l'âge de cinquante ans, de tous ceux qui sont propres à exercer quelque fonction dans la tente d'assignation.

³¹Voici ce qui est remis à leurs soins et ce qu'ils ont à porter, pour toutes leurs fonctions dans la tente d'assignation: les planches du tabernacle, ses barres, ses colonnes, ses bases,

³²les colonnes du parvis formant l'enceinte, leurs bases, leurs pieux, leurs cordages, tous les ustensiles qui en dépendent et tout ce qui est destiné à leur service. Vous désignerez par leurs noms les objets qui sont remis à leurs soins et qu'ils ont à porter.

³³Telles sont les fonctions des familles des fils de Merari, toutes leurs fonctions dans la tente d'assignation, sous la direction d'Ithamar, fils du sacrificateur Aaron.

³⁴Moïse, Aaron et les princes de l'assemblée firent le dénombrement des fils des Kehathites, selon leurs familles et selon les maisons de leurs pères,

³⁵de tous ceux qui, depuis l'âge de trente ans et au-dessus jusqu'à l'âge de cinquante ans, étaient propres à exercer quelque fonction dans la tente d'assignation.

³⁶Ceux dont ils firent le dénombrement, selon leurs familles, furent deux mille sept cent cinquante.

³⁷Tels sont ceux des familles des Kehathites dont on fit le dénombrement, tous ceux qui exerçaient des fonctions dans la tente d'assignation; Moïse et Aaron en firent le dénombrement sur l'ordre de l'Éternel par Moïse.

³⁸Les fils de Guerschon dont on fit le dénombrement, selon leurs familles et selon les maisons de leurs pères,

³⁹depuis l'âge de trente ans et au-dessus jusqu'à l'âge de cinquante ans, tous ceux qui étaient propres à exercer quelque fonction dans la tente d'assignation,

⁴⁰ceux dont on fit le dénombrement, selon leurs familles, selon les maisons de leurs pères, furent deux mille six cent trente.

⁴¹Tels sont ceux des familles des fils de Guerschon dont on fit le dénombrement, tous ceux qui exerçaient des fonctions dans la tente d'assignation; Moïse et Aaron en firent le dénombrement sur l'ordre de l'Éternel.

⁴²Ceux des familles des fils de Merari dont on fit le dénombrement, selon leurs familles, selon les maisons de leurs pères,

⁴³depuis l'âge de trente ans et au-dessus jusqu'à l'âge de cinquante ans, tous ceux qui étaient propres à exercer quelque fonction dans la tente d'assignation,

⁴⁴ceux dont on fit le dénombrement, selon leurs familles, furent trois mille deux cents.

⁴⁵Tels sont ceux des familles des fils de Merari dont on fit le dénombrement; Moïse et Aaron en firent le dénombrement sur l'ordre de l'Éternel par Moïse.

⁴⁶Tous ceux des Lévites dont Moïse, Aaron et les princes d'Israël

firent le dénombrement, selon leurs familles et selon les maisons de leurs pères,

⁴⁷depuis l'âge de trente ans et au-dessus jusqu'à l'âge de cinquante ans, tous ceux qui étaient propres à exercer quelque fonction et à servir de porteurs dans la tente d'assignation,

⁴⁸tous ceux dont on fit le dénombrement furent huit mille cinq cent quatre-vingts.

⁴⁹On en fit le dénombrement sur l'ordre de l'Éternel par Moïse, en indiquant à chacun le service qu'il devait faire et ce qu'il devait porter; on en fit le dénombrement selon l'ordre que l'Éternel avait donné à Moïse.

Chapitre 5

¹L'Éternel parla à Moïse, et dit:

²Ordonne aux enfants d'Israël de renvoyer du camp tout lépreux, et quiconque a une gonorrhée ou est souillé par un mort.

³Hommes ou femmes, vous les renverrez, vous les renverrez hors du camp, afin qu'ils ne souillent pas le camp au milieu duquel j'ai ma demeure.

⁴Les enfants d'Israël firent ainsi, et ils les renvoyèrent hors du camp; comme l'Éternel l'avait ordonné à Moïse, ainsi firent les enfants d'Israël.

⁵L'Éternel parla à Moïse, et dit:

⁶Parle aux enfants d'Israël: Lorsqu'un homme ou une femme péchera contre son prochain en commettant une infidélité à l'égard de l'Éternel, et qu'il se rendra ainsi coupable,

⁷il confessera son péché, et il restituera dans son entier l'objet mal acquis, en y ajoutant un cinquième; il le remettra à celui envers qui il s'est rendu coupable.

⁸S'il n'y a personne qui ait droit à la restitution de l'objet mal acquis, cet objet revient à l'Éternel, au sacrificateur, outre le bélier expiatoire avec lequel on fera l'expiation pour le coupable.

⁹Toute offrande de choses consacrées par les enfants d'Israël appartiendra au sacrificateur à qui elles seront présentées.

¹⁰Les choses qu'on aura consacrées lui appartiendront, ce qu'on lui aura remis lui appartiendra.

¹¹L'Éternel parla à Moïse, et dit:

¹²Parle aux enfants d'Israël, et tu leur diras: Si une femme se détourne de son mari, et lui devient infidèle;

¹³si un autre a commerce avec elle, et que la chose soit cachée aux yeux de son mari; si elle s'est souillée en secret, sans qu'il y ait de témoin contre elle, et sans qu'elle ait été prise sur le fait; -

¹⁴et si le mari est saisi d'un esprit de jalousie et a des soupçons sur sa femme, qui s'est souillée, ou bien s'il est saisi d'un esprit de jalousie et a des soupçons sur sa femme, qui ne s'est point souillée; -

¹⁵cet homme amènera sa femme au sacrificateur, et apportera en offrande pour elle un dixième d'épha de farine d'orge; il n'y répandra point d'huile, et n'y mettra point d'encens, car c'est une offrande de jalousie, une offrande de souvenir, qui rappelle une iniquité.

¹⁶Le sacrificateur la fera approcher, et la fera tenir debout devant l'Éternel.

¹⁷Le sacrificateur prendra de l'eau sainte dans un vase de terre; il prendra de la poussière sur le sol du tabernacle, et la mettra dans l'eau.

¹⁸Le sacrificateur fera tenir la femme debout devant l'Éternel; il découvrira la tête de la femme, et lui posera sur les mains l'offrande de souvenir, l'offrande de jalousie; le sacrificateur aura dans sa main les eaux amères qui apportent la malédiction.

¹⁹Le sacrificateur fera jurer la femme, et lui dira: Si aucun homme n'a couché avec toi, et si, étant sous la puissance de ton mari, tu ne t'en es point détournée pour te souiller, ces eaux amères qui apportent la malédiction ne te seront point funestes.

²⁰Mais si, étant sous la puissance de ton mari, tu t'en es détournée et que tu te sois souillée, et si un autre homme que ton mari a couché avec toi, -

²¹et le sacrificateur fera jurer la femme avec un serment d'imprécation, et lui dira: -Que l'Éternel te livre à la malédiction et à l'exécration au milieu de ton peuple, en faisant dessécher ta cuisse et enfler ton ventre,

²²et que ces eaux qui apportent la malédiction entrent dans tes entrailles pour te faire enfler le ventre et dessécher la cuisse! Et la femme dira: Amen! Amen!

²³Le sacrificateur écrira ces imprécations dans un livre, puis les effacera avec les eaux amères.

²⁴Et il fera boire à la femme les eaux amères qui apportent la malédiction, et les eaux qui apportent la malédiction entreront en elle pour produire l'amertume.

²⁵Le sacrificateur prendra des mains de la femme l'offrande de jalousie, il agitera l'offrande de côté et d'autre devant l'Éternel, et il l'offrira sur l'autel;

²⁶le sacrificateur prendra une poignée de cette offrande comme souvenir, et il la brûlera sur l'autel. C'est après cela qu'il fera boire les eaux à la femme.

²⁷Quand il aura fait boire les eaux, il arrivera, si elle s'est souillée et a été infidèle à son mari, que les eaux qui apportent la malédiction entreront en elle pour produire l'amertume; son ventre s'enflera, sa cuisse se desséchera, et cette femme sera en malédiction au milieu de son peuple.

²⁸Mais si la femme ne s'est point souillée et qu'elle soit pure, elle sera reconnue innocente et aura des enfants.

²⁹Telle est la loi sur la jalousie, pour le cas où une femme sous la puissance de son mari se détourne et se souille,

³⁰et pour le cas où un mari saisi d'un esprit de jalousie a des soupçons sur sa femme: le sacrificateur la fera tenir debout devant l'Éternel, et lui appliquera cette loi dans son entier.

³¹Le mari sera exempt de faute, mais la femme portera la peine de son iniquité.

Chapitre 6

¹L'Éternel parla à Moïse, et dit:

²Parle aux enfants d'Israël, et tu leur diras: Lorsqu'un homme ou une femme se séparera des autres en faisant voeu de naziréat, pour se consacrer à l'Éternel,

³il s'abstiendra de vin et de boisson enivrante; il ne boira ni vinaigre fait avec du vin, ni vinaigre fait avec une boisson enivrante; il ne boira d'aucune liqueur tirée des raisins, et il ne mangera point de raisins frais ni de raisins secs.

⁴Pendant tout le temps de son naziréat, il ne mangera rien de ce qui provient de la vigne, depuis les pépins jusqu'à la peau du raisin.

⁵Pendant tout le temps de son naziréat, le rasoir ne passera point sur sa tête; jusqu'à l'accomplissement des jours pour lesquels il s'est consacré à l'Éternel, il sera saint, il laissera croître librement ses cheveux.

⁶Pendant tout le temps qu'il a voué à l'Éternel, il ne s'approchera point d'une personne morte;

⁷il ne se souillera point à la mort de son père, de sa mère, de son frère ou de sa soeur, car il porte sur sa tête la consécration de son Dieu.

⁸Pendant tout le temps de son naziréat, il sera consacré à l'Éternel.

⁹Si quelqu'un meurt subitement près de lui, et que sa tête consacrée devienne ainsi souillée, il se rasera la tête le jour de sa purification, il se la rasera le septième jour.

¹⁰Le huitième jour, il apportera au sacrificateur deux tourterelles ou deux jeunes pigeons, à l'entrée de la tente d'assignation.

¹¹Le sacrificateur sacrifiera l'un comme victime expiatoire, et l'autre comme holocauste, et il fera pour lui l'expiation de son péché à l'occasion du mort. Le naziréen sanctifiera ainsi sa tête ce jour-là

¹²Il consacrera de nouveau à l'Éternel les jours de son naziréat, et il offrira un agneau d'un an en sacrifice de culpabilité; les jours précédents ne seront point comptés, parce que son naziréat a été souillé.

¹³Voici la loi du naziréen. Le jour où il aura accompli le temps de son naziréat, on le fera venir à l'entrée de la tente d'assignation.

¹⁴Il présentera son offrande à l'Éternel: un agneau d'un an et sans défaut pour l'holocauste, une brebis d'un an et sans défaut pour le sacrifice d'expiation, et un bélier sans défaut pour le sacrifice d'actions de grâces;

¹⁵une corbeille de pains sans levain, de gâteaux de fleur de farine pétris à l'huile, et de galettes sans levain arrosées d'huile, avec l'offrande et la libation ordinaires.

¹⁶Le sacrificateur présentera ces choses devant l'Éternel, et il offrira sa victime expiatoire et son holocauste;

¹⁷il offrira le bélier en sacrifice d'actions de grâces à l'Éternel, outre la corbeille de pains sans levain, avec l'offrande et la libation.

¹⁸Le naziréen rasera, à l'entrée de la tente d'assignation, sa tête consacrée; il prendra les cheveux de sa tête consacrée, et il les mettra sur le feu qui est sous le sacrifice d'actions de grâces.

¹⁹Le sacrificateur prendra l'épaule cuite du bélier, un gâteau sans levain de la corbeille, et une galette sans levain; et il les posera sur les mains du naziréen, après qu'il aura rasé sa tête consacrée.

²⁰Le sacrificateur les agitera de côté et d'autre devant l'Éternel: c'est une chose sainte, qui appartient au sacrificateur, avec la poitrine agitée et l'épaule offerte par élévation. Ensuite, le naziréen pourra boire du vin.

²¹Telle est la loi pour celui qui fait voeu de naziréat; telle est son offrande à l'Éternel pour son naziréat, outre ce que lui permettront ses ressources. Il accomplira ce qui est ordonné pour le voeu qu'il a fait,

Nombres

selon la loi de son naziréat.

²²L'Éternel parla à Moïse, et dit:

²³Parle à Aaron et à ses fils, et dis: Vous bénirez ainsi les enfants d'Israël, vous leur direz:

²⁴Que l'Éternel te bénisse, et qu'il te garde!

²⁵Que l'Éternel fasse luire sa face sur toi, et qu'il t'accorde sa grâce!

²⁶Que l'Éternel tourne sa face vers toi, et qu'il te donne la paix!

²⁷C'est ainsi qu'ils mettront mon nom sur les enfants d'Israël, et je les bénirai.

Chapitre 7

¹Lorsque Moïse eut achevé de dresser le tabernacle, il l'oignit et le sanctifia avec tous ses ustensiles, de même que l'autel avec tous ses ustensiles; il les oignit et les sanctifia.

²Alors les princes d'Israël, chefs des maisons de leurs pères, présentèrent leur offrande: c'étaient les princes des tribus, ceux qui avaient présidé au dénombrement.

³Ils amenèrent leur offrande devant l'Éternel: six chars en forme de litières et douze boeufs, soit un char pour deux princes et un boeuf pour chaque prince; et ils les offrirent devant le tabernacle.

⁴L'Éternel parla à Moïse, et dit:

⁵Prends d'eux ces choses, afin de les employer pour le service de la tente d'assignation; tu les donneras aux Lévites, à chacun selon ses fonctions.

⁶Moïse prit les chars et les boeufs, et il les remit aux Lévites.

⁷Il donna deux chars et quatre boeufs aux fils de Guerschon, selon leurs fonctions;

⁸il donna quatre chars et huit boeufs aux fils de Merari, selon leurs fonctions, sous la conduite d'Ithamar, fils du sacrificateur Aaron.

⁹Mais il n'en donna point aux fils de Kehath, parce que, selon leurs fonctions, ils devaient porter les choses saintes sur les épaules.

¹⁰Les princes présentèrent leur offrande pour la dédicace de l'autel, le jour où on l'oignit; les princes présentèrent leur offrande devant l'autel.

¹¹L'Éternel dit à Moïse: Les princes viendront un à un, et à des jours différents, présenter leur offrande pour la dédicace de l'autel.

¹²Celui qui présenta son offrande le premier jour fut Nachschon, fils d'Amminadab, de la tribu de Juda.

¹³Il offrit: un plat d'argent du poids de cent trente sicles, un bassin d'argent de soixante-dix sicles, selon le sicle du sanctuaire, tous deux pleins de fleur de farine pétrie à l'huile, pour l'offrande;

¹⁴une coupe d'or de dix sicles, pleine de parfum;

¹⁵un jeune taureau, un bélier, un agneau d'un an, pour l'holocauste;

¹⁶un bouc, pour le sacrifice d'expiation;

¹⁷et, pour le sacrifice d'actions de grâces, deux boeufs, cinq béliers, cinq boucs, cinq agneaux d'un an. Telle fut l'offrande de Nachschon, fils d'Amminadab.

¹⁸Le second jour, Nethaneel, fils de Tsuar, prince d'Issacar, présenta son offrande.

¹⁹Il offrit: un plat d'argent du poids de cent trente sicles, un bassin d'argent de soixante-dix sicles, selon le sicle du sanctuaire, tous deux pleins de fleur de farine pétrie à l'huile, pour l'offrande;

²⁰une coupe d'or de dix sicles, pleine de parfum;

²¹un jeune taureau, un bélier, un agneau d'un an, pour l'holocauste;

²²un bouc, pour le sacrifice d'expiation;

²³et, pour le sacrifice d'actions de grâces, deux boeufs, cinq béliers, cinq boucs, cinq agneaux d'un an. Telle fut l'offrande de Nethaneel, fils de Tsuar.

²⁴Le troisième jour, le prince des fils de Zabulon, Éliab, fils de Hélon,

²⁵offrit: un plat d'argent du poids de cent trente sicles, un bassin d'argent de soixante-dix sicles, selon le sicle du sanctuaire, tous deux pleins de fleur de farine pétrie à l'huile, pour l'offrande;

²⁶une coupe d'or de dix sicles, pleine de parfum;

²⁷un jeune taureau, un bélier, un agneau d'un an, pour l'holocauste;

²⁸un bouc, pour le sacrifice d'expiation;

²⁹et, pour le sacrifice d'actions de grâces, deux boeufs, cinq béliers, cinq boucs, cinq agneaux d'un an. Telle fut l'offrande d'Éliab, fils de Hélon.

³⁰Le quatrième jour, le prince des fils de Ruben, Élitsur, fils de Schedéur,

³¹offrit: un plat d'argent du poids de cent trente sicles, un bassin d'argent de soixante-dix sicles, selon le sicle du sanctuaire, tous deux pleins de fleur de farine pétrie à l'huile, pour l'offrande;

³²une coupe d'or de dix sicles, pleine de parfum;

³³un jeune taureau, un bélier, un agneau d'un an, pour l'holocauste;

³⁴un bouc, pour le sacrifice d'expiation;

³⁵et, pour le sacrifice d'actions de grâces, deux boeufs, cinq béliers, cinq boucs, cinq agneaux d'un an. Telle fut l'offrande d'Élitsur, fils de Schedéur.

³⁶Le cinquième jour, le prince des fils de Siméon, Schelumiel, fils de Tsurischaddaï,

³⁷offrit: un plat d'argent du poids de cent trente sicles, un bassin d'argent de soixante-dix sicles, selon le sicle du sanctuaire, tous deux pleins de fleur de farine pétrie à l'huile, pour l'offrande;

³⁸une coupe d'or de dix sicles, pleine de parfum;

³⁹un jeune taureau, un bélier, un agneau d'un an, pour l'holocauste;

⁴⁰un bouc, pour le sacrifice d'expiation;

⁴¹et, pour le sacrifice d'actions de grâces, deux boeufs, cinq béliers, cinq boucs, cinq agneaux d'un an. Telle fut l'offrande de Schelumiel, fils de Tsurischaddaï.

⁴²Le sixième jour, le prince des fils de Gad, Éliasaph, fils de Déuel,

⁴³offrit: un plat d'argent du poids de cent trente sicles, un bassin d'argent de soixante-dix sicles, selon le sicle du sanctuaire, tous deux pleins de fleur de farine pétrie à l'huile, pour l'offrande;

⁴⁴une coupe d'or de dix sicles, pleine de parfum;

⁴⁵un jeune taureau, un bélier, un agneau d'un an, pour l'holocauste;

⁴⁶un bouc, pour le sacrifice d'expiation;

⁴⁷et, pour le sacrifice d'actions de grâces, deux boeufs, cinq béliers, cinq boucs, cinq agneaux d'un an. Telle fut l'offrande d'Éliasaph, fils de Déuel.

⁴⁸Le septième jour, le prince des fils d'Éphraïm, Élischama, fils d'Ammihud,

⁴⁹offrit: un plat d'argent du poids de cent trente sicles, un bassin d'argent de soixante-dix sicles, selon le sicle du sanctuaire, tous deux pleins de fleur de farine pétrie à l'huile, pour l'offrande;

⁵⁰une coupe d'or de dix sicles, pleine de parfum;

⁵¹un jeune taureau, un bélier, un agneau d'un an, pour l'holocauste;

⁵²un bouc, pour le sacrifice d'expiation;

⁵³et, pour le sacrifice d'actions de grâces, deux boeufs, cinq béliers, cinq boucs, cinq agneaux d'un an. Telle fut l'offrande d'Élischama, fils d'Ammihud.

⁵⁴Le huitième jour, le prince des fils de Manassé, Gamliel, fils de Pedahtsur,

⁵⁵offrit: un plat d'argent du poids de cent trente sicles, un bassin d'argent de soixante-dix sicles, selon le sicle du sanctuaire, tous deux pleins de fleur de farine pétrie à l'huile, pour l'offrande;

⁵⁶une coupe d'or de dix sicles, pleine de parfum;

⁵⁷un jeune taureau, un bélier, un agneau d'un an, pour l'holocauste;

⁵⁸un bouc, pour le sacrifice d'expiation;

⁵⁹et, pour le sacrifice d'actions de grâces, deux boeufs, cinq béliers, cinq boucs, cinq agneaux d'un an. Telle fut l'offrande de Gamliel, fils de Pedahtsur.

⁶⁰Le neuvième jour, le prince des fils de Benjamin, Abidan, fils de Guideoni,

⁶¹offrit: un plat d'argent du poids de cent trente sicles, un bassin d'argent de soixante-dix sicles, selon le sicle du sanctuaire, tous deux pleins de fleur de farine pétrie à l'huile, pour l'offrande;

⁶²une coupe d'or de dix sicles, pleine de parfum;

⁶³un jeune taureau, un bélier, un agneau d'un an, pour l'holocauste;

⁶⁴un bouc, pour le sacrifice d'expiation;

⁶⁵et, pour le sacrifice d'actions de grâces, deux boeufs, cinq béliers, cinq boucs, cinq agneaux d'un an. Telle fut l'offrande d'Abidan, fils de Guideoni.

⁶⁶Le dixième jour, le prince des fils de Dan, Ahiézer, fils d'Ammischaddaï,

⁶⁷offrit: un plat d'argent du poids de cent trente sicles, un bassin d'argent de soixante-dix sicles, selon le sicle du sanctuaire, tous deux pleins de fleur de farine pétrie à l'huile, pour l'offrande;

⁶⁸une coupe d'or de dix sicles, pleine de parfum;

⁶⁹un jeune taureau, un bélier, un agneau d'un an, pour l'holocauste;

⁷⁰un bouc, pour le sacrifice d'expiation;

⁷¹et, pour le sacrifice d'actions de grâces, deux boeufs, cinq béliers, cinq boucs, cinq agneaux d'un an. Telle fut l'offrande d'Ahiézer, fils d'Ammischaddaï.

⁷²Le onzième jour, le prince des fils d'Aser, Paguiel fils d'Ocran,

⁷³offrit: un plat d'argent du poids de cent trente sicles, un bassin d'argent de soixante-dix sicles, selon le sicle du sanctuaire, tous deux pleins de fleur de farine pétrie à l'huile, pour l'offrande;

⁷⁴une coupe d'or de dix sicles, pleine de parfum;

⁷⁵un jeune taureau, un bélier, un agneau d'un an, pour l'holocauste;

⁷⁶un bouc, pour le sacrifice d'expiation;

⁷⁷et, pour le sacrifice d'actions de grâces, deux boeufs, cinq béliers, cinq boucs, cinq agneaux d'un an. Telle fut l'offrande de Paguiel, fils d'Ocran.

⁷⁸Le douzième jour, le prince des fils de Nephthali, Ahira, fils d'Énan,

⁷⁹offrit: un plat d'argent du poids de cent trente sicles, un bassin d'argent de soixante-dix sicles selon le sicle du sanctuaire, tous deux pleins de fleur de farine pétrie à l'huile, pour l'offrande;

⁸⁰une coupe d'or de dix sicles, pleine de parfum;

⁸¹un jeune taureau, un bélier, un agneau d'un an, pour l'holocauste;

⁸²un bouc, pour le sacrifice d'expiation;

⁸³et, pour le sacrifice d'actions de grâces, deux boeufs, cinq béliers, cinq boucs, cinq agneaux d'un an. Telle fut l'offrande d'Ahira, fils d'Énan.

⁸⁴Tels furent les dons des princes d'Israël pour la dédicace de l'autel, le jour où on l'oignit. Douze plats d'argent, douze bassins d'argent, douze coupes d'or;

⁸⁵chaque plat d'argent pesait cent trente sicles, et chaque bassin soixante-dix, ce qui fit pour l'argent de ces ustensiles un total de deux mille quatre cents sicles, selon le sicle du sanctuaire;

⁸⁶les douze coupes d'or pleines de parfum, à dix sicles la coupe, selon le sicle du sanctuaire, firent pour l'or des coupes un total de cent vingt sicles.

⁸⁷Total des animaux pour l'holocauste: douze taureaux, douze béliers, douze agneaux d'un an, avec les offrandes ordinaires. Douze boucs, pour le sacrifice d'expiation.

⁸⁸Total des animaux pour le sacrifice d'actions de grâces: vingt-quatre boeufs, soixante béliers, soixante boucs, soixante agneaux d'un an. Tels furent les dons pour la dédicace de l'autel, après qu'on l'eut oint.

⁸⁹Lorsque Moïse entrait dans la tente d'assignation pour parler avec l'Éternel, il entendait la voix qui lui parlait du haut du propitiatoire placé sur l'arche du témoignage, entre les deux chérubins. Et il parlait avec l'Éternel.

Chapitre 8

¹L'Éternel parla à Moïse, et dit:

²Parle à Aaron, et tu lui diras: Lorsque tu placeras les lampes sur le chandelier, les sept lampes devront éclairer en face.

³Aaron fit ainsi; il plaça les lampes sur le devant du chandelier, comme l'Éternel l'avait ordonné à Moïse.

⁴Le chandelier était d'or battu; jusqu'à son pied, jusqu'à ses fleurs, il était d'or battu; Moïse avait fait le chandelier d'après le modèle que l'Éternel lui avait montré.

⁵L'Éternel parla à Moïse, et dit:

⁶Prends les Lévites du milieu des enfants d'Israël, et purifie-les.

⁷Voici comment tu les purifieras. Fais sur eux une aspersion d'eau expiatoire; qu'ils fassent passer le rasoir sur tout leur corps, qu'ils lavent leurs vêtements, et qu'ils se purifient.

⁸Ils prendront ensuite un jeune taureau, avec l'offrande ordinaire de fleur de farine pétrie à l'huile; et tu prendras un autre jeune taureau pour le sacrifice d'expiation.

⁹Tu feras approcher les Lévites devant la tente d'assignation, et tu convoqueras toute l'assemblée des enfants d'Israël.

¹⁰Tu feras approcher les Lévites devant l'Éternel; et les enfants d'Israël poseront leurs mains sur les Lévites.

¹¹Aaron fera tourner de côté et d'autre les Lévites devant l'Éternel, comme une offrande de la part des enfants d'Israël; et ils seront consacrés au service de l'Éternel.

¹²Les Lévites poseront leurs mains sur la tête des taureaux; et tu offriras l'un en sacrifice d'expiation, et l'autre en holocauste, afin de faire l'expiation pour les Lévites.

¹³Tu feras tenir les Lévites debout devant Aaron et devant ses fils, et tu les feras tourner de côté et d'autre comme une offrande à l'Éternel.

¹⁴Tu sépareras les Lévites du milieu des enfants d'Israël; et les Lévites m'appartiendront.

¹⁵Après cela, les Lévites viendront faire le service dans la tente d'assignation. C'est ainsi que tu les purifieras, et que tu les feras tourner de côté et d'autre comme une offrande.

¹⁶Car ils me sont entièrement donnés du milieu des enfants d'Israël: je les ai pris pour moi à la place des premiers-nés, de tous les premiers-nés des enfants d'Israël.

¹⁷Car tout premier-né des enfants d'Israël m'appartient, tant des hommes que des animaux; le jour où j'ai frappé tous les premiers-nés dans le pays d'Égypte, je me les suis consacrés.

¹⁸Et j'ai pris les Lévites à la place de tous les premiers-nés des enfants d'Israël.

¹⁹J'ai donné les Lévites entièrement à Aaron et à ses fils, du milieu des enfants d'Israël, pour qu'ils fassent le service des enfants d'Israël dans la tente d'assignation, pour qu'ils fassent l'expiation pour les enfants d'Israël, et pour que les enfants d'Israël ne soient frappés d'aucune plaie, en s'approchant du sanctuaire.

²⁰Moïse, Aaron et toute l'assemblée des enfants d'Israël, firent à l'égard des Lévites tout ce que l'Éternel avait ordonné à Moïse touchant les Lévites; ainsi firent à leur égard les enfants d'Israël.

²¹Les Lévites se purifièrent, et lavèrent leurs vêtements; Aaron les fit tourner de côté et d'autre comme une offrande devant l'Éternel, et il fit l'expiation pour eux, afin de les purifier.

²²Après cela, les Lévites vinrent faire leur service dans la tente d'assignation, en présence d'Aaron et de ses fils, selon ce que l'Éternel avait ordonné à Moïse touchant les Lévites; ainsi fut-il fait à leur égard.

²³L'Éternel parla à Moïse, et dit:

²⁴Voici ce qui concerne les Lévites. Depuis l'âge de vingt-cinq ans et au-dessus, tout Lévite entrera au service de la tente d'assignation pour y exercer une fonction.

²⁵Depuis l'âge de cinquante ans, il sortira de fonction, et ne servira plus.

²⁶Il aidera ses frères dans la tente d'assignation, pour garder ce qui est remis à leurs soins; mais il ne fera plus de service. Tu agiras ainsi à l'égard des Lévites pour ce qui concerne leurs fonctions.

Chapitre 9

¹L'Éternel parla à Moïse, dans le désert de Sinaï, le premier mois de la seconde année après leur sortie du pays d'Égypte.

²Il dit: Que les enfants d'Israël célèbrent la Pâque au temps fixé.

³Vous la célébrerez au temps fixé, le quatorzième jour de ce mois, entre les deux soirs; vous la célébrerez selon toutes les lois et toutes les ordonnances qui s'y rapportent.

⁴Moïse parla aux enfants d'Israël, afin qu'ils célébrassent la Pâque.

⁵Et ils célébrèrent la Pâque le quatorzième jour du premier mois, entre les deux soirs, dans le désert de Sinaï; les enfants d'Israël se conformèrent à tous les ordres que l'Éternel avait donnés à Moïse.

⁶Il y eut des hommes qui, se trouvant impurs à cause d'un mort, ne pouvaient pas célébrer la Pâque ce jour-là. Ils se présentèrent le même jour devant Moïse et Aaron;

⁷et ces hommes dirent à Moïse: Nous sommes impurs à cause d'un mort; pourquoi serions-nous privés de présenter au temps fixé l'offrande de l'Éternel au milieu des enfants d'Israël?

⁸Moïse leur dit: Attendez que je sache ce que l'Éternel vous ordonne.

⁹Et l'Éternel parla à Moïse, et dit:

¹⁰Parle aux enfants d'Israël, et dis-leur: Si quelqu'un d'entre vous ou de vos descendants est impur à cause d'un mort, ou est en voyage dans le lointain, il célébrera la Pâque en l'honneur de l'Éternel.

¹¹C'est au second mois qu'ils la célébreront, le quatorzième jour, entre les deux soirs; ils la mangeront avec des pains sans levain et des herbes amères.

¹²Ils n'en laisseront rien jusqu'au matin, et ils n'en briseront aucun os. Ils la célébreront selon toutes les ordonnances de la Pâque.

¹³Si celui qui est pur et qui n'est pas en voyage s'abstient de célébrer la Pâque, celui-là sera retranché de son peuple; parce qu'il n'a pas présenté l'offrande de l'Éternel au temps fixé, cet homme-là portera la peine de son péché.

¹⁴Si un étranger en séjour chez vous célèbre la Pâque de l'Éternel, il se conformera aux lois et aux ordonnances de la Pâque. Il y aura une même loi parmi vous, pour l'étranger comme pour l'indigène.

¹⁵Le jour où le tabernacle fut dressé, la nuée couvrit le tabernacle, la tente d'assignation; et, depuis le soir jusqu'au matin, elle eut sur le tabernacle l'apparence d'un feu.

¹⁶Il en fut continuellement ainsi: la nuée couvrait le tabernacle, et elle avait de nuit l'apparence d'un feu.

¹⁷Quand la nuée s'élevait de dessus la tente, les enfants d'Israël partaient; et les enfants d'Israël campaient dans le lieu où s'arrêtait la nuée.

¹⁸Les enfants d'Israël partaient sur l'ordre de l'Éternel, et ils campaient sur l'ordre de l'Éternel; ils campaient aussi longtemps que la nuée restait sur le tabernacle.

¹⁹Quand la nuée restait longtemps sur le tabernacle, les enfants d'Israël obéissaient au commandement de l'Éternel, et ne partaient point.

²⁰Quand la nuée restait peu de jours sur le tabernacle, ils campaient sur l'ordre de l'Éternel, et ils partaient sur l'ordre de l'Éternel.

²¹Si la nuée s'arrêtait du soir au matin, et s'élevait le matin, ils partaient. Si la nuée s'élevait après un jour et une nuit, ils partaient.

²²Si la nuée s'arrêtait sur le tabernacle deux jours, ou un mois, ou une année, les enfants d'Israël restaient campés, et ne partaient point; et

Nombres

quand elle s'élevait, ils partaient.

²³Ils campaient sur l'ordre de l'Éternel, et ils partaient sur l'ordre de l'Éternel; ils obéissaient au commandement de l'Éternel, sur l'ordre de l'Éternel par Moïse.

Chapitre 10

¹L'Éternel parla à Moïse, et dit:

²Fais-toi deux trompettes d'argent; tu les feras d'argent battu. Elles te serviront pour la convocation de l'assemblée et pour le départ des camps.

³Quand on en sonnera, toute l'assemblée se réunira auprès de toi, à l'entrée de la tente d'assignation.

⁴Si l'on ne sonne que d'une trompette, les princes, les chefs des milliers d'Israël, se réuniront auprès de toi.

⁵Quand vous sonnerez avec éclat, ceux qui campent à l'orient partiront;

⁶quand vous sonnerez avec éclat pour la seconde fois, ceux qui campent au midi partiront: on sonnera avec éclat pour leur départ.

⁷Vous sonnerez aussi pour convoquer l'assemblée, mais vous ne sonnerez pas avec éclat.

⁸Les fils d'Aaron, les sacrificateurs, sonneront des trompettes. Ce sera une loi perpétuelle pour vous et pour vos descendants.

⁹Lorsque, dans votre pays, vous irez à la guerre contre l'ennemi qui vous combattra, vous sonnerez des trompettes avec éclat, et vous serez présents au souvenir de l'Éternel, votre Dieu, et vous serez délivrés de vos ennemis.

¹⁰Dans vos jours de joie, dans vos fêtes, et à vos nouvelles lunes, vous sonnerez des trompettes, en offrant vos holocaustes et vos sacrifices d'actions de grâces, et elles vous mettront en souvenir devant votre Dieu. Je suis l'Éternel, votre Dieu.

¹¹Le vingtième jour du second mois de la seconde année, la nuée s'éleva de dessus le tabernacle du témoignage.

¹²Et les enfants d'Israël partirent du désert de Sinaï, selon l'ordre fixé pour leur marche. La nuée s'arrêta dans le désert de Paran.

¹³Ils firent ce premier départ sur l'ordre de l'Éternel par Moïse.

¹⁴La bannière du camp des fils de Juda partit la première, avec ses corps d'armée. Le corps d'armée de Juda était commandé par Nachschon, fils d'Amminadab;

¹⁵le corps d'armée de la tribu des fils d'Issacar, par Nethaneel, fils de Tsuar;

¹⁶le corps d'armée de la tribu des fils de Zabulon, par Éliab, fils de Hélon.

¹⁷Le tabernacle fut démonté; et les fils de Guerschon et les fils de Merari partirent, portant le tabernacle.

¹⁸La bannière du camp de Ruben partit, avec ses corps d'armée. Le corps d'armée de Ruben était commandé par Élitsur, fils de Schedéur;

¹⁹le corps d'armée de la tribu des fils de Siméon, par Schelumiel, fils de Tsurischaddaï;

²⁰le corps d'armée de la tribu des fils de Gad, par Éliasaph, fils de Déuel.

²¹Les Kehathites partirent, portant le sanctuaire; et l'on dressait le tabernacle en attendant leur arrivée.

²²La bannière du camp des fils d'Éphraïm partit, avec ses corps d'armée. Le corps d'armée d'Éphraïm était commandé par Élischama, fils d'Ammihud;

²³le corps d'armée de la tribu des fils de Manassé, par Gamliel, fils de Pedahtsur;

²⁴le corps d'armée de la tribu des fils de Benjamin, par Abidan, fils de Guideoni.

²⁵La bannière du camp des fils de Dan partit, avec ses corps d'armée: elle formait l'arrière-garde de tous les camps. Le corps d'armée de Dan était commandé par Ahiézer, fils d'Ammischaddaï;

²⁶le corps d'armée de la tribu des fils d'Aser, par Paguiel, fils d'Ocran;

²⁷le corps d'armée de la tribu des fils de Nephthali, par Ahira, fils d'Énan.

²⁸Tel fut l'ordre d'après lequel les enfants d'Israël se mirent en marche selon leur corps d'armée; et c'est ainsi qu'ils partirent.

²⁹Moïse dit à Hobab, fils de Réuel, le Madianite, beau-père de Moïse: Nous partons pour le lieu dont l'Éternel a dit: Je vous le donnerai. Viens avec nous, et nous te ferons du bien, car l'Éternel a promis de faire du bien à Israël.

³⁰Hobab lui répondit: Je n'irai point; mais j'irai dans mon pays et dans ma patrie.

³¹Et Moïse dit: Ne nous quitte pas, je te prie; puisque tu connais les lieux où nous campons dans le désert, tu nous serviras de guide.

³²Et si tu viens avec nous, nous te ferons jouir du bien que l'Éternel nous fera.

³³Ils partirent de la montagne de l'Éternel, et marchèrent trois jours; l'arche de l'alliance de l'Éternel partit devant eux, et fit une marche de trois jours, pour leur chercher un lieu de repos.

³⁴La nuée de l'Éternel était au-dessus d'eux pendant le jour, lorsqu'ils partaient du camp.

³⁵Quand l'arche partait, Moïse disait: Lève-toi, Éternel! et que tes ennemis soient dispersés! que ceux qui te haïssent fuient devant ta face!

³⁶Et quand on la posait, il disait: Reviens, Éternel, aux myriades des milliers d'Israël!

Chapitre 11

¹Le peuple murmura et cela déplut aux oreilles l'Éternel. Lorsque l'Éternel l'entendit, sa colère s'enflamma; le feu de l'Éternel s'alluma parmi eux, et dévora l'extrémité du camp.

²Le peuple cria à Moïse. Moïse pria l'Éternel, et le feu s'arrêta.

³On donna à ce lieu le nom de Tabeéra, parce que le feu de l'Éternel s'était allumé parmi eux.

⁴Le ramassis de gens qui se trouvaient au milieu d'Israël fut saisi de convoitise; et même les enfants d'Israël recommencèrent à pleurer et dirent: Qui nous donnera de la viande à manger?

⁵Nous nous souvenons des poissons que nous mangions en Égypte, et qui ne nous coûtaient rien, des concombres, des melons, des poireaux, des oignons et des aulx.

⁶Maintenant, notre âme est desséchée: plus rien! Nos yeux ne voient que de la manne.

⁷La manne ressemblait à de la graine de coriandre, et avait l'apparence du bdellium.

⁸Le peuple se dispersait pour la ramasser; il la broyait avec des meules, ou la pilait dans un mortier; il la cuisait au pot, et en faisait des gâteaux. Elle avait le goût d'un gâteau à l'huile.

⁹Quand la rosée descendait la nuit sur le camp, la manne y descendait aussi.

¹⁰Moïse entendit le peuple qui pleurait, chacun dans sa famille et à l'entrée de sa tente. La colère de l'Éternel s'enflamma fortement.

¹¹Moïse fut attristé, et il dit à l'Éternel: Pourquoi affliges-tu ton serviteur, et pourquoi n'ai-je pas trouvé grâce à tes yeux, que tu aies mis sur moi la charge de tout ce peuple?

¹²Est-ce moi qui ai conçu ce peuple? est-ce moi qui l'ai enfanté, pour que tu me dises: Porte-le sur ton sein, comme le nourricier porte un enfant, jusqu'au pays que tu as juré à ses pères de lui donner?

¹³Où prendrai-je de la viande pour donner à tout ce peuple? Car ils pleurent auprès de moi, en disant: Donne-nous de la viande à manger!

¹⁴Je ne puis pas, à moi seul, porter tout ce peuple, car il est trop pesant pour moi.

¹⁵Plutôt que de me traiter ainsi, tue-moi, je te prie, si j'ai trouvé grâce à tes yeux, et que je ne voie pas mon malheur.

¹⁶L'Éternel dit à Moïse: Assemble auprès de moi soixante-dix hommes des anciens d'Israël, de ceux que tu connais comme anciens du peuple et ayant autorité sur lui; amène-les à la tente d'assignation, et qu'ils s'y présentent avec toi.

¹⁷Je descendrai, et là je te parlerai; je prendrai de l'esprit qui est sur toi, et je le mettrai sur eux, afin qu'ils portent avec toi la charge du peuple, et que tu ne la portes pas à toi seul.

¹⁸Tu diras au peuple: Sanctifiez-vous pour demain, et vous mangerez de la viande, puisque vous avez pleuré aux oreilles de l'Éternel, en disant: Qui nous fera manger de la viande? car nous étions bien en Égypte. L'Éternel vous donnera de la viande, et vous en mangerez.

¹⁹Vous en mangerez non pas un jour, ni deux jours, ni cinq jours, ni dix jours, ni vingt jours,

²⁰mais un mois entier, jusqu'à ce qu'elle vous sorte par les narines et que vous en ayez du dégoût, parce que vous avez rejeté l'Éternel qui est au milieu de vous, et parce que vous avez pleuré devant lui, en disant: Pourquoi donc sommes-nous sortis d'Égypte?

²¹Moïse dit: Six cent mille hommes de pied forment le peuple au milieu duquel je suis, et tu dis: Je leur donnerai de la viande, et ils en mangeront un mois entier!

²²Égorgera-t-on pour eux des brebis et des boeufs, en sorte qu'ils en aient assez? ou rassemblera-t-on pour eux tous les poissons de la mer, en sorte qu'ils en aient assez?

²³L'Éternel répondit à Moïse: La main de l'Éternel serait-elle trop courte? Tu verras maintenant si ce que j'ai dit arrivera ou non.

²⁴Moïse sortit, et rapporta au peuple les paroles de l'Éternel. Il assembla soixante-dix hommes des anciens du peuple, et les plaça autour de la tente.

²⁵L'Éternel descendit dans la nuée, et parla à Moïse; il prit de

l'esprit qui était sur lui, et le mit sur les soixante-dix anciens. Et dès que l'esprit reposa sur eux, ils prophétisèrent; mais ils ne continuèrent pas.

²⁶Il y eut deux hommes, l'un appelé Eldad, et l'autre Médad, qui étaient restés dans le camp, et sur lesquels l'esprit reposa; car ils étaient parmi les inscrits, quoiqu'ils ne fussent point allés à la tente; et ils prophétisèrent dans le camp.

²⁷Un jeune garçon courut l'annoncer à Moïse, et dit: Eldad et Médad prophétisent dans le camp.

²⁸Et Josué, fils de Nun, serviteur de Moïse depuis sa jeunesse, prit la parole et dit: Moïse, mon seigneur, empêche-les!

²⁹Moïse lui répondit: Es-tu jaloux pour moi? Puisse tout le peuple de l'Éternel être composé de prophètes; et veuille l'Éternel mettre son esprit sur eux!

³⁰Et Moïse se retira au camp, lui et les anciens d'Israël.

³¹L'Éternel fit souffler de la mer un vent, qui amena des cailles, et les répandit sur le camp, environ une journée de chemin d'un côté et environ une journée de chemin de l'autre côté, autour du camp. Il y en avait près de deux coudées au-dessus de la surface de la terre.

³²Pendant tout ce jour et toute la nuit, et pendant toute la journée du lendemain, le peuple se leva et ramassa les cailles; celui qui en avait ramassé le moins en avait dix homers. Ils les étendirent pour eux autour du camp.

³³Comme la chair était encore entre leurs dents sans être mâchée, la colère de l'Éternel s'enflamma contre le peuple, et l'Éternel frappa le peuple d'une très grande plaie.

³⁴On donna à ce lieu le nom de Kibroth Hattaava, parce qu'on y enterra le peuple que la convoitise avait saisi.

³⁵De Kibroth Hattaava le peuple partit pour Hatséroth, et il s'arrêta à Hatséroth.

Chapitre 12

¹Marie et Aaron parlèrent contre Moïse au sujet de la femme éthiopienne qu'il avait prise, car il avait pris une femme éthiopienne.

²Ils dirent: Est-ce seulement par Moïse que l'Éternel parle? N'est-ce pas aussi par nous qu'il parle?

³Et l'Éternel l'entendit. Or, Moïse était un homme fort patient, plus qu'aucun homme sur la face de la terre.

⁴Soudain l'Éternel dit à Moïse, à Aaron et à Marie: Allez, vous trois, à la tente d'assignation. Et ils y allèrent tous les trois.

⁵L'Éternel descendit dans la colonne de nuée, et il se tint à l'entrée de la tente. Il appela Aaron et Marie, qui s'avancèrent tous les deux.

⁶Et il dit: Écoutez bien mes paroles! Lorsqu'il y aura parmi vous un prophète, c'est dans une vision que moi, l'Éternel, je me révélerai à lui, c'est dans un songe que je lui parlerai.

⁷Il n'en est pas ainsi de mon serviteur Moïse. Il est fidèle dans toute ma maison.

⁸Je lui parle bouche à bouche, je me révèle à lui sans énigmes, et il voit une représentation de l'Éternel. Pourquoi donc n'avez-vous pas craint de parler contre mon serviteur, contre Moïse?

⁹La colère de l'Éternel s'enflamma contre eux. Et il s'en alla.

¹⁰La nuée se retira de dessus la tente. Et voici, Marie était frappée d'une lèpre, blanche comme la neige. Aaron se tourna vers Marie; et voici, elle avait la lèpre.

¹¹Alors Aaron dit à Moïse: De grâce, mon seigneur, ne nous fais pas porter la peine du péché que nous avons commis en insensés, et dont nous nous sommes rendus coupables!

¹²Oh! qu'elle ne soit pas comme l'enfant mort-né, dont la chair est à moitié consumée quand il sort du sein de sa mère!

¹³Moïse cria à l'Éternel, en disant: O Dieu, je te prie, guéris-la!

¹⁴Et l'Éternel dit à Moïse: Si son père lui avait craché au visage, ne serait-elle pas pendant sept jours un objet de honte? Qu'elle soit enfermée sept jours en dehors du camp; après quoi, elle y sera reçue.

¹⁵Marie fut enfermée sept jours en dehors du camp; et le peuple ne partit point, jusqu'à ce que Marie y fut rentrée.

¹⁶Après cela, le peuple partit de Hatséroth, et il campa dans le désert de Paran.

Chapitre 13

¹L'Éternel parla à Moïse, et dit:

²Envoie des hommes pour explorer le pays de Canaan, que je donne aux enfants d'Israël. Tu enverras un homme de chacune des tribus de leurs pères; tous seront des principaux d'entre eux.

³Moïse les envoya du désert de Paran, d'après l'ordre de l'Éternel; tous ces hommes étaient chefs des enfants d'Israël.

⁴Voici leurs noms. Pour la tribu de Ruben: Schammua, fils de Zaccur;

⁵pour la tribu de Siméon: Schaphath, fils de Hori;

⁶pour la tribu de Juda: Caleb, fils de Jephunné;

⁷pour la tribu d'Issacar: Jigual, fils de Joseph;

⁸pour la tribu d'Éphraïm: Hosée, fils de Nun;

⁹pour la tribu de Benjamin: Palthi, fils de Raphu;

¹⁰pour la tribu de Zabulon: Gaddiel, fils de Sodi;

¹¹pour la tribu de Joseph, pour la tribu de Manassé: Gaddi, fils de Susi;

¹²pour la tribu de Dan: Ammiel, fils de Guemalli;

¹³pour la tribu d'Aser: Sethur, fils de Micaël;

¹⁴pour la tribu de Nephthali: Nachbi, fils de Vophsi;

¹⁵pour la tribu de Gad: Guéuel, fils de Maki.

¹⁶Tels sont les noms des hommes que Moïse envoya pour explorer le pays. Moïse donna à Hosée, fils de Nun, le nom de Josué.

¹⁷Moïse les envoya pour explorer le pays de Canaan. Il leur dit: Montez ici, par le midi; et vous monterez sur la montagne.

¹⁸Vous verrez le pays, ce qu'il est, et le peuple qui l'habite, s'il est fort ou faible, s'il est en petit ou en grand nombre;

¹⁹ce qu'est le pays où il habite, s'il est bon ou mauvais; ce que sont les villes où il habite, si elles sont ouvertes ou fortifiées;

²⁰ce qu'est le terrain, s'il est gras ou maigre, s'il y a des arbres ou s'il n'y en a point. Ayez bon courage, et prenez des fruits du pays. C'était le temps des premiers raisins.

²¹Ils montèrent, et ils explorèrent le pays, depuis le désert de Tsin jusqu'à Rehob, sur le chemin de Hamath.

²²Ils montèrent, par le midi, et ils allèrent jusqu'à Hébron, où étaient Ahiman, Schéschaï et Talmaï, enfants d'Anak. Hébron avait été bâtie sept ans avant Tsoan en Égypte.

²³Ils arrivèrent jusqu'à la vallée d'Eschcol, où ils coupèrent une branche de vigne avec une grappe de raisin, qu'ils portèrent à deux au moyen d'une perche; ils prirent aussi des grenades et des figues.

²⁴On donna à ce lieu le nom de vallée d'Eschcol, à cause de la grappe que les enfants d'Israël y coupèrent.

²⁵Ils furent de retour de l'exploration du pays au bout de quarante jours.

²⁶A leur arrivée, ils se rendirent auprès de Moïse et d'Aaron, et de toute l'assemblée des enfants d'Israël, à Kadès dans le désert de Paran. Ils leur firent un rapport, ainsi qu'à toute l'assemblée, et ils leur montrèrent les fruits du pays.

²⁷Voici ce qu'ils racontèrent à Moïse: Nous sommes allés dans le pays où tu nous as envoyés. A la vérité, c'est un pays où coulent le lait et le miel, et en voici les fruits.

²⁸Mais le peuple qui habite ce pays est puissant, les villes sont fortifiées, très grandes; nous y avons vu des enfants d'Anak.

²⁹Les Amalécites habitent la contrée du midi; les Héthiens, les Jébusiens et les Amoréens habitent la montagne; et les Cananéens habitent près de la mer et le long du Jourdain.

³⁰Caleb fit taire le peuple, qui murmurait contre Moïse. Il dit: Montons, emparons-nous du pays, nous y serons vainqueurs!

³¹Mais les hommes qui y étaient allés avec lui dirent: Nous ne pouvons pas monter contre ce peuple, car il est plus fort que nous.

³²Et ils décrièrent devant les enfants d'Israël le pays qu'ils avaient exploré. Ils dirent: Le pays que nous avons parcouru, pour l'explorer, est un pays qui dévore ses habitants; tous ceux que nous y avons vus sont des hommes d'une haute taille;

³³et nous y avons vu les géants, enfants d'Anak, de la race des géants: nous étions à nos yeux et aux leurs comme des sauterelles.

Chapitre 14

¹Toute l'assemblée éleva la voix et poussa des cris, et le peuple pleura pendant la nuit.

²Tous les enfants d'Israël murmurèrent contre Moïse et Aaron, et toute l'assemblée leur dit: Que ne sommes-nous morts dans le pays d'Égypte, ou que ne sommes-nous morts dans ce désert!

³Pourquoi l'Éternel nous fait-il aller dans ce pays, où nous tomberons par l'épée, où nos femmes et nos petits enfants deviendront une proie? Ne vaut-il pas mieux pour nous retourner en Égypte?

⁴Et ils se dirent l'un à l'autre: Nommons un chef, et retournons en Égypte.

⁵Moïse et Aaron tombèrent sur leur visage, en présence de toute l'assemblée réunie des enfants d'Israël.

⁶Et, parmi ceux qui avaient exploré le pays, Josué, fils de Nun, et Caleb, fils de Jephunné, déchirèrent leurs vêtements,

⁷et parlèrent ainsi à toute l'assemblée des enfants d'Israël: Le pays que nous avons parcouru, pour l'explorer, est un pays très bon, excellent.

⁸Si l'Éternel nous est favorable, il nous mènera dans ce pays, et nous le donnera: c'est un pays où coulent le lait et le miel.

⁹Seulement, ne soyez point rebelles contre l'Éternel, et ne craignez

Nombres

point les gens de ce pays, car ils nous serviront de pâture, ils n'ont plus d'ombrage pour les couvrir, l'Éternel est avec nous, ne les craignez point!

¹⁰Toute l'assemblée parlait de les lapider, lorsque la gloire de l'Éternel apparut sur la tente d'assignation, devant tous les enfants d'Israël.

¹¹Et l'Éternel dit à Moïse: Jusqu'à quand ce peuple me méprisera-t-il? Jusqu'à quand ne croira-t-il pas en moi, malgré tous les prodiges que j'ai faits au milieu de lui?

¹²Je le frapperai par la peste, et je le détruirai; mais je ferai de toi une nation plus grande et plus puissante que lui.

¹³Moïse dit à l'Éternel: Les Égyptiens l'apprendront, eux du milieu desquels tu as fait monter ce peuple par ta puissance,

¹⁴et ils le diront aux habitants de ce pays. Ils savaient que toi, l'Éternel, tu es au milieu de ce peuple; que tu apparais visiblement, toi, l'Éternel; que ta nuée se tient sur lui; que tu marches devant lui le jour dans une colonne de nuée, et la nuit dans une colonne de feu.

¹⁵Si tu fais mourir ce peuple comme un seul homme, les nations qui ont entendu parler de toi diront:

¹⁶L'Éternel n'avait pas le pouvoir de mener ce peuple dans le pays qu'il avait juré de lui donner: c'est pour cela qu'il l'a égorgé dans le désert.

¹⁷Maintenant, que la puissance du Seigneur se montre dans sa grandeur, comme tu l'as déclaré en disant:

¹⁸L'Éternel est lent à la colère et riche en bonté, il pardonne l'iniquité et la rébellion; mais il ne tient point le coupable pour innocent, et il punit l'iniquité des pères sur les enfants jusqu'à la troisième et la quatrième génération.

¹⁹Pardonne l'iniquité de ce peuple, selon la grandeur de ta miséricorde, comme tu as pardonné à ce peuple depuis l'Égypte jusqu'ici.

²⁰Et l'Éternel dit: Je pardonne, comme tu l'as demandé.

²¹Mais, je suis vivant! et la gloire de l'Éternel remplira toute la terre.

²²Tous ceux qui ont vu ma gloire, et les prodiges que j'ai faits en Égypte et dans le désert, qui m'ont tenté déjà dix fois, et qui n'ont point écouté ma voix,

²³tous ceux-là ne verront point le pays que j'ai juré à leurs pères de leur donner, tous ceux qui m'ont méprisé ne le verront point.

²⁴Et parce que mon serviteur Caleb a été animé d'un autre esprit, et qu'il a pleinement suivi ma voie, je le ferai entrer dans le pays où il est allé, et ses descendants le posséderont.

²⁵Les Amalécites et les Cananéens habitent la vallée: demain, tournez-vous, et partez pour le désert, dans la direction de la mer Rouge.

²⁶L'Éternel parla à Moïse et à Aaron, et dit:

²⁷Jusqu'à quand laisserai-je cette méchante assemblée murmurer contre moi? J'ai entendu les murmures des enfants d'Israël qui murmuraient contre moi.

²⁸Dis-leur: Je suis vivant! dit l'Éternel, je vous ferai ainsi que vous avez parlé à mes oreilles.

²⁹Vos cadavres tomberont dans ce désert. Vous tous, dont on a fait le dénombrement, en vous comptant depuis l'âge de vingt ans et au-dessus, et qui avez murmuré contre moi,

³⁰vous n'entrerez point dans le pays que j'avais juré de vous faire habiter, excepté Caleb, fils de Jephunné, et Josué, fils de Nun.

³¹Et vos petits enfants, dont vous avez dit: Ils deviendront une proie! je les y ferai entrer, et ils connaîtront le pays que vous avez dédaigné.

³²Vos cadavres, à vous, tomberont dans le désert;

³³et vos enfants paîtront quarante années dans le désert, et porteront la peine de vos infidélités, jusqu'à ce que vos cadavres soient tous tombés dans le désert.

³⁴De même que vous avez mis quarante jours à explorer le pays, vous porterez la peine de vos iniquités quarante années, une année pour chaque jour; et vous saurez ce que c'est que d'être privé de ma présence.

³⁵Moi, l'Éternel, j'ai parlé! et c'est ainsi que je traiterai cette méchante assemblée qui s'est réunie contre moi; ils seront consumés dans ce désert, ils y mourront.

³⁶Les hommes que Moïse avait envoyés pour explorer le pays, et qui, à leur retour, avaient fait murmurer contre lui toute l'assemblée, en décriant le pays;

³⁷ces hommes, qui avaient décrié le pays, moururent frappés d'une plaie devant l'Éternel.

³⁸Josué, fils de Nun, et Caleb, fils de Jephunné, restèrent seuls vivants parmi ces hommes qui étaient allés pour explorer le pays.

³⁹Moïse rapporta ces choses à tous les enfants d'Israël, et le peuple fut dans une grande désolation.

⁴⁰Ils se levèrent de bon matin, et montèrent au sommet de la montagne, en disant: Nous voici! nous monterons au lieu dont a parlé l'Éternel, car nous avons péché.

⁴¹Moïse dit: Pourquoi transgressez-vous l'ordre de l'Éternel? Cela ne réussira point.

⁴²Ne montez pas! car l'Éternel n'est pas au milieu de vous. Ne vous faites pas battre par vos ennemis.

⁴³Car les Amalécites et les Cananéens sont là devant vous, et vous tomberez par l'épée. Parce que vous vous êtes détournés de l'Éternel, l'Éternel ne sera point avec vous.

⁴⁴Ils s'obstinèrent à monter au sommet de la montagne; mais l'arche de l'alliance et Moïse ne sortirent point du milieu du camp.

⁴⁵Alors descendirent les Amalécites et les Cananéens qui habitaient cette montagne; ils les battirent, et les taillèrent en pièces jusqu'à Horma.

Chapitre 15

¹L'Éternel parla à Moïse, et dit:

²Parle aux enfants d'Israël, et dis-leur: Quand vous serez entrés dans le pays que je vous donne pour y établir vos demeures,

³et que vous offrirez à l'Éternel un sacrifice consumé par le feu, soit un holocauste, soit un sacrifice en accomplissement d'un voeu ou en offrande volontaire, ou bien dans vos fêtes, pour produire avec votre gros ou votre menu bétail une agréable odeur à l'Éternel, -

⁴celui qui fera son offrande à l'Éternel présentera en offrande un dixième de fleur de farine pétrie dans un quart de hin d'huile,

⁵et tu feras une libation d'un quart de hin de vin, avec l'holocauste ou le sacrifice, pour chaque agneau.

⁶Pour un bélier, tu présenteras en offrande deux dixièmes de fleur de farine pétrie dans un tiers de hin d'huile,

⁷et tu feras une libation d'un tiers de hin de vin, comme offrande d'une agréable odeur à l'Éternel.

⁸Si tu offres un veau, soit comme holocauste, soit comme sacrifice en accomplissement d'un voeu, ou comme sacrifice d'actions de grâces à l'Éternel,

⁹on présentera en offrande, avec le veau, trois dixièmes de fleur de farine pétrie dans un demi-hin d'huile,

¹⁰et tu feras une libation d'un demi-hin de vin: c'est un sacrifice consumé par le feu, d'une agréable odeur à l'Éternel.

¹¹On fera ainsi pour chaque boeuf, pour chaque bélier, pour chaque petit des brebis ou des chèvres.

¹²Suivant le nombre des victimes, vous ferez ainsi pour chacune, d'après leur nombre.

¹³Tout indigène fera ces choses ainsi, lorsqu'il offrira un sacrifice consumé par le feu, d'une agréable odeur à l'Éternel.

¹⁴Si un étranger séjournant chez vous, ou se trouvant à l'avenir au milieu de vous, offre un sacrifice consumé par le feu, d'une agréable odeur à l'Éternel, il l'offrira de la même manière que vous.

¹⁵Il y aura une seule loi pour toute l'assemblée, pour vous et pour l'étranger en séjour au milieu de vous; ce sera une loi perpétuelle parmi vos descendants: il en sera de l'étranger comme de vous, devant l'Éternel.

¹⁶Il y aura une seule loi et une seule ordonnance pour vous et pour l'étranger en séjour parmi vous.

¹⁷L'Éternel parla à Moïse, et dit:

¹⁸Parle aux enfants d'Israël, et dis-leur: Quand vous serez arrivés dans le pays où je vous ferai entrer,

¹⁹et que vous mangerez du pain de ce pays, vous prélèverez une offrande pour l'Éternel.

²⁰Vous présenterez par élévation un gâteau, les prémices de votre pâte; vous le présenterez comme l'offrande qu'on prélève de l'aire.

²¹Vous prélèverez pour l'Éternel une offrande des prémices de votre pâte, dans les temps à venir.

²²Si vous péchez involontairement, en n'observant pas tous ces commandements que l'Éternel a fait connaître à Moïse,

²³tout ce que l'Éternel vous a ordonné par Moïse, depuis le jour où l'Éternel a donné des commandements et plus tard dans les temps à venir;

²⁴si l'on a péché involontairement, sans que l'assemblée s'en soit aperçue, toute l'assemblée offrira un jeune taureau en holocauste d'une agréable odeur à l'Éternel, avec l'offrande et la libation, d'après les règles établies; elle offrira encore un bouc en sacrifice d'expiation.

²⁵Le sacrificateur fera l'expiation pour toute l'assemblée des enfants d'Israël, et il leur sera pardonné; car ils ont péché involontairement, et ils ont apporté leur offrande, un sacrifice consumé par le feu en l'honneur de l'Éternel et une victime expiatoire devant l'Éternel, à cause du péché qu'ils ont involontairement commis.

²⁶Il sera pardonné à toute l'assemblée des enfants d'Israël et à

l'étranger en séjour au milieu d'eux, car c'est involontairement que tout le peuple a péché.

²⁷Si c'est une seule personne qui a péché involontairement, elle offrira une chèvre d'un an en sacrifice pour le péché.

²⁸Le sacrificateur fera l'expiation pour la personne qui a péché involontairement devant l'Éternel: quand il aura fait l'expiation pour elle, il lui sera pardonné.

²⁹Pour l'indigène parmi les enfants d'Israël et pour l'étranger en séjour au milieu d'eux, il y aura pour vous une même loi, quand on péchera involontairement.

³⁰Mais si quelqu'un, indigène ou étranger, agit la main levée, il outrage l'Éternel; celui-là sera retranché du milieu de son peuple.

³¹Il a méprisé la parole de l'Éternel, et il a violé son commandement: celui-là sera retranché, il portera la peine de son iniquité.

³²Comme les enfants d'Israël étaient dans le désert, on trouva un homme qui ramassait du bois le jour du sabbat.

³³Ceux qui l'avaient trouvé ramassant du bois l'amenèrent à Moïse, à Aaron, et à toute l'assemblée.

³⁴On le mit en prison, car ce qu'on devait lui faire n'avait pas été déclaré.

³⁵L'Éternel dit à Moïse: Cet homme sera puni de mort, toute l'assemblée le lapidera hors du camp.

³⁶Toute l'assemblée le fit sortir du camp et le lapida, et il mourut, comme l'Éternel l'avait ordonné à Moïse.

³⁷L'Éternel dit à Moïse:

³⁸Parle aux enfants d'Israël, et dis-leur qu'ils se fassent, de génération en génération, une frange au bord de leurs vêtements, et qu'ils mettent un cordon bleu sur cette frange du bord de leurs vêtements.

³⁹Quand vous aurez cette frange, vous la regarderez, et vous vous souviendrez de tous les commandements de l'Éternel pour les mettre en pratique, et vous ne suivrez pas les désirs de vos coeurs et de vos yeux pour vous laisser entraîner à l'infidélité.

⁴⁰Vous vous souviendrez ainsi de mes commandements, vous les mettrez en pratique, et vous serez saints pour votre Dieu.

⁴¹Je suis l'Éternel, votre Dieu, qui vous ai fait sortir du pays d'Égypte, pour être votre Dieu. Je suis l'Éternel, votre Dieu.

Chapitre 16

¹Koré, fils de Jitsehar, fils de Kehath, fils de Lévi, se révolta avec Dathan et Abiram, fils d'Éliab, et On, fils de Péleth, tous trois fils de Ruben.

²Ils se soulevèrent contre Moïse, avec deux cent cinquante hommes des enfants d'Israël, des principaux de l'assemblée, de ceux que l'on convoquait à l'assemblée, et qui étaient des gens de renom.

³Ils s'assemblèrent contre Moïse et Aaron, et leur dirent: C'en est assez! car toute l'assemblée, tous sont saints, et l'Éternel est au milieu d'eux. Pourquoi vous élevez-vous au-dessus de l'assemblée de l'Éternel?

⁴Quand Moïse eut entendu cela, il tomba sur son visage.

⁵Il parla à Koré et à toute sa troupe, en disant: Demain, l'Éternel fera connaître qui est à lui et qui est saint, et il le fera approcher de lui; il fera approcher de lui celui qu'il choisira.

⁶Faites ceci. Prenez des brasiers, Koré et toute sa troupe.

⁷Demain, mettez-y du feu, et posez-y du parfum devant l'Éternel; celui que l'Éternel choisira, c'est celui-là qui sera saint. C'en est assez, enfants de Lévi!

⁸Moïse dit à Koré: Écoutez donc, enfants de Lévi:

⁹Est-ce trop peu pour vous que le Dieu d'Israël vous ait choisis dans l'assemblée d'Israël, en vous faisant approcher de lui, afin que vous soyez employés au service du tabernacle de l'Éternel, et que vous vous présentiez devant l'assemblée pour la servir?

¹⁰Il vous a fait approcher de lui, toi, et tous tes frères, les enfants de Lévi, et vous voulez encore le sacerdoce!

¹¹C'est à cause de cela que toi et toute ta troupe, vous vous assemblez contre l'Éternel! car qui est Aaron, pour que vous murmuriez contre lui?

¹²Moïse envoya appeler Dathan et Abiram, fils d'Éliab. Mais ils dirent: Nous ne monterons pas.

¹³N'est-ce pas assez que tu nous aies fait sortir d'un pays où coulent le lait et le miel pour nous faire mourir au désert, sans que tu continues à dominer sur nous?

¹⁴Et ce n'est pas dans un pays où coulent le lait et le miel que tu nous as menés, ce ne sont pas des champs et des vignes que tu nous as donnés en possession. Penses-tu crever les yeux de ces gens? Nous ne monterons pas.

¹⁵Moïse fut très irrité, et il dit à l'Éternel: N'aie point égard à leur offrande. Je ne leur ai pas même pris un âne, et je n'ai fait de mal à aucun d'eux.

¹⁶Moïse dit à Koré: Toi et toute ta troupe, trouvez-vous demain devant l'Éternel, toi et eux, avec Aaron.

¹⁷Prenez chacun votre brasier, mettez-y du parfum, et présentez devant l'Éternel chacun votre brasier: il y aura deux cent cinquante brasiers; toi et Aaron, vous prendrez aussi chacun votre brasier.

¹⁸Ils prirent chacun leur brasier, y mirent du feu et y posèrent du parfum, et ils se tinrent à l'entrée de la tente d'assignation, avec Moïse et Aaron.

¹⁹Et Koré convoqua toute l'assemblée contre Moïse et Aaron, à l'entrée de la tente d'assignation. Alors la gloire de l'Éternel apparut à toute l'assemblée.

²⁰Et l'Éternel parla à Moïse et à Aaron, et dit:

²¹Séparez-vous du milieu de cette assemblée, et je les consumerai en un seul instant.

²²Ils tombèrent sur leur visage, et dirent: O Dieu, Dieu des esprits de toute chair! un seul homme a péché, et tu t'irriterais contre toute l'assemblée?

²³L'Éternel parla à Moïse, et dit:

²⁴Parle à l'assemblée, et dis: Retirez-vous de toutes parts loin de la demeure de Koré, de Dathan et d'Abiram.

²⁵Moïse se leva, et alla vers Dathan et Abiram; et les anciens d'Israël le suivirent.

²⁶Il parla à l'assemblée, et dit: Éloignez-vous des tentes de ces méchants hommes, et ne touchez à rien de ce qui leur appartient, de peur que vous ne périssiez en même temps qu'ils seront punis pour tous leurs péchés.

²⁷Ils se retirèrent de toutes parts loin de la demeure de Koré, de Dathan et d'Abiram. Dathan et Abiram sortirent, et se tinrent à l'entrée de leurs tentes, avec leurs femmes, leurs fils et leurs petits-enfants.

²⁸Moïse dit: A ceci vous connaîtrez que l'Éternel m'a envoyé pour faire toutes ces choses, et que je n'agis pas de moi-même.

²⁹Si ces gens meurent comme tous les hommes meurent, s'ils subissent le sort commun à tous les hommes, ce n'est pas l'Éternel qui m'a envoyé;

³⁰mais si l'Éternel fait une chose inouïe, si la terre ouvre sa bouche pour les engloutir avec tout ce qui leur appartient, et qu'ils descendent vivants dans le séjour des morts, vous saurez alors que ces gens ont méprisé l'Éternel.

³¹Comme il achevait de prononcer toutes ces paroles, la terre qui était sous eux se fendit.

³²La terre ouvrit sa bouche, et les engloutit, eux et leurs maisons, avec tous les gens de Koré et tous leurs biens.

³³Ils descendirent vivants dans le séjour des morts, eux et tout ce qui leur appartenait; la terre les recouvrit, et ils disparurent au milieu de l'assemblée.

³⁴Tout Israël, qui était autour d'eux, s'enfuit à leur cri; car ils disaient: Fuyons, de peur que la terre ne nous engloutisse!

³⁵Un feu sortit d'auprès de l'Éternel, et consuma les deux cent cinquante hommes qui offraient le parfum.

³⁶L'Éternel parla à Moïse, et dit:

³⁷Dis à Éléazar, fils du sacrificateur Aaron, de retirer de l'incendie les brasiers et d'en répandre au loin le feu, car ils sont sanctifiés.

³⁸Avec les brasiers de ces gens qui ont péché au péril de leur vie, que l'on fasse des lames étendues dont on couvrira l'autel. Puisqu'ils ont été présentés devant l'Éternel et qu'ils sont sanctifiés, ils serviront de souvenir aux enfants d'Israël.

³⁹Le sacrificateur Éléazar prit les brasiers d'airain qu'avaient présentés les victimes de l'incendie, et il en fit des lames pour couvrir l'autel.

⁴⁰C'est un souvenir pour les enfants d'Israël, afin qu'aucun étranger à la race d'Aaron ne s'approche pour offrir du parfum devant l'Éternel et ne soit comme Koré et comme sa troupe, selon ce que l'Éternel avait déclaré par Moïse.

⁴¹Dès le lendemain, toute l'assemblée des enfants d'Israël murmura contre Moïse et Aaron, en disant: Vous avez fait mourir le peuple de l'Éternel.

⁴²Comme l'assemblée se formait contre Moïse et Aaron, et comme ils tournaient les regards vers la tente d'assignation, voici, la nuée la couvrit, et la gloire de l'Éternel apparut.

⁴³Moïse et Aaron arrivèrent devant la tente d'assignation.

⁴⁴Et l'Éternel parla à Moïse, et dit:

⁴⁵Retirez-vous du milieu de cette assemblée, et je les consumerai en un instant. Ils tombèrent sur leur visage;

⁴⁶et Moïse dit à Aaron: Prends le brasier, mets-y du feu de dessus l'autel, poses-y du parfum, va promptement vers l'assemblée, et fais pour eux l'expiation; car la colère de l'Éternel a éclaté, la plaie a

Nombres

commencé.

⁴⁷Aaron prit le brasier, comme Moïse avait dit, et courut au milieu de l'assemblée; et voici, la plaie avait commencé parmi le peuple. Il offrit le parfum, et il fit l'expiation pour le peuple.

⁴⁸Il se plaça entre les morts et les vivants, et la plaie fut arrêtée.

⁴⁹Il y eut quatorze mille sept cents personnes qui moururent de cette plaie, outre ceux qui étaient morts à cause de Koré.

⁵⁰Aaron retourna auprès de Moïse, à l'entrée de la tente d'assignation. La plaie était arrêtée.

Chapitre 17

¹L'Éternel parla à Moïse, et dit:

²Parle aux enfants d'Israël, et prend d'eux une verge selon les maisons de leurs pères, soit douze verges de la part de tous leurs princes selon les maisons de leurs pères.

³Tu écriras le nom de chacun sur sa verge, et tu écriras le nom d'Aaron sur la verge de Lévi; car il y aura une verge pour chaque chef des maisons de leurs pères.

⁴Tu les déposeras dans la tente d'assignation, devant le témoignage, où je me rencontre avec vous.

⁵L'homme que je choisirai sera celui dont la verge fleurira, et je ferai cesser de devant moi les murmures que profèrent contre vous les enfants d'Israël.

⁶Moïse parla aux enfants d'Israël; et tous leurs princes lui donnèrent une verge, chaque prince une verge, selon les maisons de leurs pères, soit douze verges; la verge d'Aaron était au milieu des leurs.

⁷Moïse déposa les verges devant l'Éternel, dans la tente du témoignage.

⁸Le lendemain, lorsque Moïse entra dans la tente du témoignage, voici, la verge d'Aaron, pour la maison de Lévi, avait fleuri, elle avait poussé des boutons, produit des fleurs, et mûri des amandes.

⁹Moïse ôta de devant l'Éternel toutes les verges, et les porta à tous les enfants d'Israël, afin qu'ils les vissent et qu'ils prissent chacun leur verge.

¹⁰L'Éternel dit à Moïse: Reporte la verge d'Aaron devant le témoignage, pour être conservée comme un signe pour les enfants de rébellion, afin que tu fasses cesser de devant moi leurs murmures et qu'ils ne meurent point.

¹¹Moïse fit ainsi; il se conforma à l'ordre que l'Éternel lui avait donné.

¹²Les enfants d'Israël dirent à Moïse: Voici, nous expirons, nous périssons, nous périssons tous!

¹³Quiconque s'approche du tabernacle de l'Éternel, meurt. Nous faudra-t-il tous expirer?

Chapitre 18

¹L'Éternel dit à Aaron: Toi et tes fils, et la maison de ton père avec toi, vous porterez la peine des iniquités commises dans le sanctuaire; toi et tes fils avec toi, vous porterez la peine des iniquités commises dans l'exercice de votre sacerdoce.

²Fais aussi approcher de toi tes frères, la tribu de Lévi, la tribu de ton père, afin qu'ils te soient attachés et qu'ils te servent, lorsque toi, et tes fils avec toi, vous serez devant la tente du témoignage.

³Ils observeront ce que tu leur ordonneras et ce qui concerne toute la tente; mais ils ne s'approcheront ni des ustensiles du sanctuaire, ni de l'autel, de peur que vous ne mouriez, eux et vous.

⁴Ils te seront attachés, et ils observeront ce qui concerne la tente d'assignation pour tout le service de la tente. Aucun étranger n'approchera de vous.

⁵Vous observerez ce qui concerne le sanctuaire et l'autel, afin qu'il n'y ait plus de colère contre les enfants d'Israël.

⁶Voici, j'ai pris vos frères les Lévites du milieu des enfants d'Israël: donnés à l'Éternel, ils vous sont remis en don pour faire le service de la tente d'assignation.

⁷Toi, et tes fils avec toi, vous observerez les fonctions de votre sacerdoce pour tout ce qui concerne l'autel et pour ce qui est en dedans du voile: c'est le service que vous ferez. Je vous accorde en pur don l'exercice du sacerdoce. L'étranger qui approchera sera mis à mort.

⁸L'Éternel dit à Aaron: Voici, de toutes les choses que consacrent les enfants d'Israël, je te donne celles qui me sont offertes par élévation; je te les donne, à toi et à tes fils, comme droit d'onction, par une loi perpétuelle.

⁹Voici ce qui t'appartiendra parmi les choses très saintes qui ne sont pas consumées par le feu: toutes leurs offrandes, tous leurs dons, tous leurs sacrifices d'expiation, et tous les sacrifices de culpabilité qu'ils m'offriront; ces choses très saintes seront pour toi et pour tes fils.

¹⁰Vous les mangerez dans un lieu très saint; tout mâle en mangera; vous les regarderez comme saintes.

¹¹Voici encore ce qui t'appartiendra: tous les dons que les enfants d'Israël présenteront par élévation et en les agitant de côté et d'autre, je te les donne à toi, à tes fils et à tes filles avec toi, par une loi perpétuelle. Quiconque sera pur dans ta maison en mangera.

¹²Je te donne les prémices qu'ils offriront à l'Éternel: tout ce qu'il y aura de meilleur en huile, tout ce qu'il y aura de meilleur en moût et en blé.

¹³Les premiers produits de leur terre, qu'ils apporteront à l'Éternel, seront pour toi. Quiconque sera pur dans ta maison en mangera.

¹⁴Tout ce qui sera dévoué par interdit en Israël sera pour toi.

¹⁵Tout premier-né de toute chair, qu'ils offriront à l'Éternel, tant des hommes que des animaux, sera pour toi. Seulement, tu feras racheter le premier-né de l'homme, et tu feras racheter le premier-né d'un animal impur.

¹⁶Tu les feras racheter dès l'âge d'un mois, d'après ton estimation, au prix de cinq sicles d'argent, selon le sicle du sanctuaire, qui est de vingt guéras.

¹⁷Mais tu ne feras point racheter le premier-né du boeuf, ni le premier-né de la brebis, ni le premier-né de la chèvre: ce sont des choses saintes. Tu répandras leur sang sur l'autel, et tu brûleras leur graisse: ce sera un sacrifice consumé par le feu, d'une agréable odeur à l'Éternel.

¹⁸Leur chair sera pour toi, comme la poitrine qu'on agite de côté et d'autre et comme l'épaule droite.

¹⁹Je te donne, à toi, à tes fils et à tes filles avec toi, par une loi perpétuelle, toutes les offrandes saintes que les enfants d'Israël présenteront à l'Éternel par élévation. C'est une alliance inviolable et à perpétuité devant l'Éternel, pour toi et pour ta postérité avec toi.

²⁰L'Éternel dit à Aaron: Tu ne posséderas rien dans leur pays, et il n'y aura point de part pour toi au milieu d'eux; c'est moi qui suis ta part et ta possession, au milieu des enfants d'Israël.

²¹Je donne comme possession aux fils de Lévi toute dîme en Israël, pour le service qu'ils font, le service de la tente d'assignation.

²²Les enfants d'Israël n'approcheront plus de la tente d'assignation, de peur qu'ils ne se chargent d'un péché et qu'ils ne meurent.

²³Les Lévites feront le service de la tente d'assignation, et ils resteront chargés de leurs iniquités. Ils n'auront point de possession au milieu des enfants d'Israël: ce sera une loi perpétuelle parmi vos descendants.

²⁴Je donne comme possession aux Lévites les dîmes que les enfants d'Israël présenteront à l'Éternel par élévation; c'est pourquoi je dis à leur égard: Ils n'auront point de possession au milieu des enfants d'Israël.

²⁵L'Éternel parla à Moïse, et dit:

²⁶Tu parleras aux Lévites, et tu leur diras: Lorsque vous recevrez des enfants d'Israël la dîme que je vous donne de leur part comme votre possession, vous en prélèverez une offrande pour l'Éternel, une dîme de la dîme;

²⁷et votre offrande vous sera comptée comme le blé qu'on prélève de l'aire et comme le moût qu'on prélève de la cuve.

²⁸C'est ainsi que vous prélèverez une offrande pour l'Éternel sur toutes les dîmes que vous recevrez des enfants d'Israël, et vous donnerez au sacrificateur Aaron l'offrande que vous en aurez prélevée pour l'Éternel.

²⁹Sur tous les dons qui vous seront faits, vous prélèverez toutes les offrandes pour l'Éternel; sur tout ce qu'il y aura de meilleur, vous prélèverez la portion consacrée.

³⁰Tu leur diras: Quand vous en aurez prélevé le meilleur, la dîme sera comptée aux Lévites comme le revenu de l'aire et comme le revenu de la cuve.

³¹Vous la mangerez en un lieu quelconque, vous et votre maison; car c'est votre salaire pour le service que vous faites dans la tente d'assignation.

³²Vous ne serez chargés pour cela d'aucun péché, quand vous en aurez prélevé le meilleur, vous ne profanerez point les offrandes saintes des enfants d'Israël, et vous ne mourrez point.

Chapitre 19

¹L'Éternel parla à Moïse et à Aaron, et dit:

²Voici ce qui est ordonné par la loi que l'Éternel a prescrite, en disant: Parle aux enfants d'Israël, et qu'ils t'amènent une vache rousse, sans tache, sans défaut corporel, et qui n'ait point porté le joug.

³Vous la remettrez au sacrificateur Éléazar, qui la fera sortir du camp, et on l'égorgera devant lui.

⁴Le sacrificateur Éléazar prendra du sang de la vache avec le doigt, et il en fera sept fois l'aspersion sur le devant de la tente d'assignation.

⁵On brûlera la vache sous ses yeux; on brûlera sa peau, sa chair et son sang, avec ses excréments.

⁶Le sacrificateur prendra du bois de cèdre, de l'hysope et du cramoisi, et il les jettera au milieu des flammes qui consumeront la vache.

⁷Le sacrificateur lavera ses vêtements, et lavera son corps dans l'eau; puis il rentrera dans le camp, et sera impur jusqu'au soir.

⁸Celui qui aura brûlé la vache lavera ses vêtements dans l'eau, et lavera son corps dans l'eau; et il sera impur jusqu'au soir.

⁹Un homme pur recueillera la cendre de la vache, et la déposera hors du camp, dans un lieu pur; on la conservera pour l'assemblée des enfants d'Israël, afin d'en faire l'eau de purification. C'est une eau expiatoire.

¹⁰Celui qui aura recueilli la cendre de la vache lavera ses vêtements, et sera impur jusqu'au soir. Ce sera une loi perpétuelle pour les enfants d'Israël et pour l'étranger en séjour au milieu d'eux.

¹¹Celui qui touchera un mort, un corps humain quelconque, sera impur pendant sept jours.

¹²Il se purifiera avec cette eau le troisième jour et le septième jour, et il sera pur; mais, s'il ne se purifie pas le troisième jour et le septième jour, il ne sera pas pur.

¹³Celui qui touchera un mort, le corps d'un homme qui sera mort, et qui ne se purifiera pas, souille le tabernacle de l'Éternel; celui-là sera retranché d'Israël. Comme l'eau de purification n'a pas été répandue sur lui, il est impur, et son impureté est encore sur lui.

¹⁴Voici la loi. Lorsqu'un homme mourra dans une tente, quiconque entrera dans la tente, et quiconque se trouvera dans la tente, sera impur pendant sept jours.

¹⁵Tout vase découvert, sur lequel il n'y aura point de couvercle attaché, sera impur.

¹⁶Quiconque touchera, dans les champs, un homme tué par l'épée, ou un mort, ou des ossements humains, ou un sépulcre, sera impur pendant sept jours.

¹⁷On prendra, pour celui qui est impur, de la cendre de la victime expiatoire qui a été brûlée, et on mettra dessus de l'eau vive dans un vase.

¹⁸Un homme pur prendra de l'hysope, et la trempera dans l'eau; puis il en fera l'aspersion sur la tente, sur tous les ustensiles, sur les personnes qui sont là, sur celui qui a touché des ossements, ou un homme tué, ou un mort, ou un sépulcre.

¹⁹Celui qui est pur fera l'aspersion sur celui qui est impur, le troisième jour et le septième jour, et il le purifiera le septième jour. Il lavera ses vêtements, et se lavera dans l'eau; et le soir, il sera pur.

²⁰Un homme qui sera impur, et qui ne se purifiera pas, sera retranché du milieu de l'assemblée, car il a souillé le sanctuaire de l'Éternel; comme l'eau de purification n'a pas été répandue sur lui, il est impur.

²¹Ce sera pour eux une loi perpétuelle. Celui qui fera l'aspersion de l'eau de purification lavera ses vêtements, et celui qui touchera l'eau de purification sera impur jusqu'au soir.

²²Tout ce que touchera celui qui est impur sera souillé, et la personne qui le touchera sera impure jusqu'au soir.

Chapitre 20

¹Toute l'assemblée des enfants d'Israël arriva dans le désert de Tsin le premier mois, et le peuple s'arrêta à Kadès. C'est là que mourut Marie, et qu'elle fut enterrée.

²Il n'y avait point d'eau pour l'assemblée; et l'on se souleva contre Moïse et Aaron.

³Le peuple chercha querelle à Moïse. Ils dirent: Que n'avons-nous expiré, quand nos frères expirèrent devant l'Éternel?

⁴Pourquoi avez-vous fait venir l'assemblée de l'Éternel dans ce désert, pour que nous y mourions, nous et notre bétail?

⁵Pourquoi nous avez-vous fait monter hors d'Égypte, pour nous amener dans ce méchant lieu? Ce n'est pas un lieu où l'on puisse semer, et il n'y a ni figuier, ni vigne, ni grenadier, ni d'eau à boire.

⁶Moïse et Aaron s'éloignèrent de l'assemblée pour aller à l'entrée de la tente d'assignation. Ils tombèrent sur leur visage; et la gloire de l'Éternel leur apparut.

⁷L'Éternel parla à Moïse, et dit:

⁸Prends la verge, et convoque l'assemblée, toi et ton frère Aaron. Vous parlerez en leur présence au rocher, et il donnera ses eaux; tu feras sortir pour eux de l'eau du rocher, et tu abreuveras l'assemblée et leur bétail.

⁹Moïse prit la verge qui était devant l'Éternel, comme l'Éternel le lui avait ordonné.

¹⁰Moïse et Aaron convoquèrent l'assemblée en face du rocher. Et Moïse leur dit: Écoutez donc, rebelles! Est-ce de ce rocher que nous vous ferons sortir de l'eau?

¹¹Puis Moïse leva la main et frappa deux fois le rocher avec sa verge. Il sortit de l'eau en abondance. L'assemblée but, et le bétail aussi.

¹²Alors l'Éternel dit à Moïse et à Aaron: Parce que vous n'avez pas cru en moi, pour me sanctifier aux yeux des enfants d'Israël, vous ne ferez point entrer cette assemblée dans le pays que je lui donne.

¹³Ce sont les eaux de Meriba, où les enfants d'Israël contestèrent avec l'Éternel, qui fut sanctifié en eux.

¹⁴De Kadès, Moïse envoya des messagers au roi d'Édom, pour lui dire: Ainsi parle ton frère Israël: Tu sais toutes les souffrances que nous avons éprouvées.

¹⁵Nos pères descendirent en Égypte, et nous y demeurâmes longtemps. Mais les Égyptiens nous ont maltraités, nous et nos pères.

¹⁶Nous avons crié à l'Éternel, et il a entendu notre voix. Il a envoyé un ange, et nous a fait sortir de l'Égypte. Et voici, nous sommes à Kadès, ville à l'extrémité de ton territoire.

¹⁷Laisse-nous passer par ton pays; nous ne traverserons ni les champs, ni les vignes, et nous ne boirons pas l'eau des puits; nous suivrons la route royale, sans nous détourner à droite ou à gauche, jusqu'à ce que nous ayons franchi ton territoire.

¹⁸Édom lui dit: Tu ne passeras point chez moi, sinon je sortirai à ta rencontre avec l'épée.

¹⁹Les enfants d'Israël lui dirent: Nous monterons par la grande route; et, si nous buvons de ton eau, moi et mes troupeaux, j'en paierai le prix; je ne ferai que passer avec mes pieds, pas autre chose.

²⁰Il répondit: Tu ne passeras pas! Et Édom sortit à sa rencontre avec un peuple nombreux et à main forte.

²¹Ainsi Édom refusa de donner passage à Israël par son territoire. Et Israël se détourna de lui.

²²Toute l'assemblée des enfants d'Israël partit de Kadès, et arriva à la montagne de Hor.

²³L'Éternel dit à Moïse et à Aaron, vers la montagne de Hor, sur la frontière du pays d'Édom:

²⁴Aaron va être recueilli auprès de son peuple; car il n'entrera point dans le pays que je donne aux enfants d'Israël, parce que vous avez été rebelles à mon ordre, aux eaux de Meriba.

²⁵Prends Aaron et son fils Éléazar, et fais-les monter sur la montagne de Hor.

²⁶Dépouille Aaron de ses vêtements, et fais-les revêtir à Éléazar, son fils. C'est là qu'Aaron sera recueilli et qu'il mourra.

²⁷Moïse fit ce que l'Éternel avait ordonné. Ils montèrent sur la montagne de Hor, aux yeux de toute l'assemblée.

²⁸Moïse dépouilla Aaron de ses vêtements, et les fit revêtir à Éléazar, son fils. Aaron mourut là, au sommet de la montagne. Moïse et Éléazar descendirent de la montagne.

²⁹Toute l'assemblée vit qu'Aaron avait expiré, et toute la maison d'Israël pleura Aaron pendant trente jours.

Chapitre 21

¹Le roi d'Arad, Cananéen, qui habitait le midi, apprit qu'Israël venait par le chemin d'Atharim. Il combattit Israël, et emmena des prisonniers.

²Alors Israël fit un voeu à l'Éternel, et dit: Si tu livres ce peuple entre mes mains, je dévouerai ses villes par interdit.

³L'Éternel entendit la voix d'Israël, et livra les Cananéens. On les dévoua par interdit, eux et leurs villes; et l'on nomma ce lieu Horma.

⁴Ils partirent de la montagne de Hor par le chemin de la mer Rouge, pour contourner le pays d'Édom. Le peuple s'impatienta en route,

⁵et parla contre Dieu et contre Moïse: Pourquoi nous avez-vous fait monter hors d'Égypte, pour que nous mourions dans le désert? car il n'y a point de pain, et il n'y a point d'eau, et notre âme est dégoûtée de cette misérable nourriture.

⁶Alors l'Éternel envoya contre le peuple des serpents brûlants; ils mordirent le peuple, et il mourut beaucoup de gens en Israël.

⁷Le peuple vint à Moïse, et dit: Nous avons péché, car nous avons parlé contre l'Éternel et contre toi. Prie l'Éternel, afin qu'il éloigne de nous ces serpents. Moïse pria pour le peuple.

⁸L'Éternel dit à Moïse: Fais-toi un serpent brûlant, et place-le sur une perche; quiconque aura été mordu, et le regardera, conservera la vie.

⁹Moïse fit un serpent d'airain, et le plaça sur une perche; et quiconque avait été mordu par un serpent, et regardait le serpent d'airain, conservait la vie.

¹⁰Les enfants d'Israël partirent, et ils campèrent à Oboth.

¹¹Ils partirent d'Oboth et ils campèrent à Ijjé Abarim, dans le désert qui est vis-à-vis de Moab, vers le soleil levant.

¹²De là ils partirent, et ils campèrent dans la vallée de Zéred.

¹³De là ils partirent, et ils campèrent de l'autre côté de l'Arnon, qui coule dans le désert en sortant du territoire des Amoréens; car l'Arnon est la frontière de Moab, entre Moab et les Amoréens.

¹⁴C'est pourquoi il est dit dans le livre des Guerres de l'Éternel: ...Vaheb en Supha, et les torrents de l'Arnon,

¹⁵et le cours des torrents, qui s'étend du côté d'Ar et touche à la frontière de Moab.

¹⁶De là ils allèrent à Beer. C'est ce Beer, où l'Éternel dit à Moïse: Rassemble le peuple, et je leur donnerai de l'eau.

¹⁷Alors Israël chanta ce cantique: Monte, puits! Chantez en son honneur!

¹⁸Puits, que des princes ont creusé, Que les grands du peuple ont creusé, Avec le sceptre, avec leurs bâtons!

¹⁹Du désert ils allèrent à Matthana; de Matthana, à Nahaliel; de Nahaliel, à Bamoth;

²⁰de Bamoth, à la vallée qui est dans le territoire de Moab, au sommet du Pisga, en regard du désert.

²¹Israël envoya des messagers à Sihon, roi des Amoréens, pour lui dire:

²²Laisse-moi passer par ton pays; nous n'entrerons ni dans les champs, ni dans les vignes, et nous ne boirons pas l'eau des puits; nous suivrons la route royale, jusqu'à ce que nous ayons franchi ton territoire.

²³Sihon n'accorda point à Israël le passage sur son territoire; il rassembla tout son peuple, et sortit à la rencontre d'Israël, dans le désert; il vint à Jahats, et combattit Israël.

²⁴Israël le frappa du tranchant de l'épée et s'empara de son pays depuis l'Arnon jusqu'au Jabbok, jusqu'à la frontière des enfants d'Ammon; car la frontière des enfants d'Ammon était fortifiée.

²⁵Israël prit toutes les villes, et s'établit dans toutes les villes des Amoréens, à Hesbon et dans toutes les villes de son ressort.

²⁶Car Hesbon était la ville de Sihon, roi des Amoréens; il avait fait la guerre au précédent roi de Moab, et lui avait enlevé tout son pays jusqu'à l'Arnon.

²⁷C'est pourquoi les poètes disent: Venez à Hesbon! Que la ville de Sihon soit rebâtie et fortifiée!

²⁸Car il est sorti un feu de Hesbon, Une flamme de la ville de Sihon; Elle a dévoré Ar Moab, Les habitants des hauteurs de l'Arnon.

²⁹Malheur à toi, Moab! Tu es perdu, peuple de Kemosch! Il a fait de ses fils des fuyards, Et il a livré ses filles captives A Sihon, roi des Amoréens.

³⁰Nous avons lancé sur eux nos traits: De Hesbon à Dibon tout est détruit; Nous avons étendu nos ravages jusqu'à Nophach, Jusqu'à Médeba.

³¹Israël s'établit dans le pays des Amoréens.

³²Moïse envoya reconnaître Jaezer; et ils prirent les villes de son ressort, et chassèrent les Amoréens qui y étaient.

³³Ils changèrent ensuite de direction, et montèrent par le chemin de Basan. Og, roi de Basan, sortit à leur rencontre, avec tout son peuple, pour les combattre à Édréi.

³⁴L'Éternel dit à Moïse: Ne le crains point; car je le livre entre tes mains, lui et tout son peuple, et son pays; tu le traiteras comme tu as traité Sihon, roi des Amoréens, qui habitait à Hesbon.

³⁵Et ils le battirent, lui et ses fils, et tout son peuple, sans en laisser échapper un seul, et ils s'emparèrent de son pays.

Chapitre 22

¹Les enfants d'Israël partirent, et ils campèrent dans les plaines de Moab, au delà du Jourdain, vis-à-vis de Jéricho.

²Balak, fils de Tsippor, vit tout ce qu'Israël avait fait aux Amoréens.

³Et Moab fut très effrayé en face d'un peuple aussi nombreux, il fut saisi de terreur en face des enfants d'Israël.

⁴Moab dit aux anciens de Madian: Cette multitude va dévorer tout ce qui nous entoure, comme le bœuf broute la verdure des champs. Balak, fils de Tsippor, était alors roi de Moab.

⁵Il envoya des messagers auprès de Balaam, fils de Beor, à Pethor sur le fleuve, dans le pays des fils de son peuple, afin de l'appeler et de lui dire: Voici, un peuple est sorti d'Égypte, il couvre la surface de la terre, et il habite vis-à-vis de moi.

⁶Viens, je te prie, maudis-moi ce peuple, car il est plus puissant que moi; peut-être ainsi pourrai-je le battre et le chasserai-je du pays, car je sais que celui que tu bénis est béni, et que celui que tu maudis est maudit.

⁷Les anciens de Moab et les anciens de Madian partirent, ayant avec eux des présents pour le devin. Ils arrivèrent auprès de Balaam, et lui rapportèrent les paroles de Balak.

⁸Balaam leur dit: Passez ici la nuit, et je vous donnerai réponse, d'après ce que l'Éternel me dira. Et les chefs de Moab restèrent chez Balaam.

⁹Dieu vint à Balaam, et dit: Qui sont ces hommes que tu as chez toi?

¹⁰Balaam répondit à Dieu: Balak, fils de Tsippor, roi de Moab, les a envoyés pour me dire:

¹¹Voici, un peuple est sorti d'Égypte, et il couvre la surface de la terre; viens donc, maudis-le; peut-être ainsi pourrai-je le combattre, et le chasserai-je.

¹²Dieu dit à Balaam: Tu n'iras point avec eux; tu ne maudiras point ce peuple, car il est béni.

¹³Balaam se leva le matin, et il dit aux chefs de Balak: Allez dans votre pays, car l'Éternel refuse de me laisser aller avec vous.

¹⁴Et les princes de Moab se levèrent, retournèrent auprès de Balak, et dirent: Balaam a refusé de venir avec nous.

¹⁵Balak envoya de nouveau des chefs en plus grand nombre et plus considérés que les précédents.

¹⁶Ils arrivèrent auprès de Balaam, et lui dirent: Ainsi parle Balak, fils de Tsippor: Que l'on ne t'empêche donc pas de venir vers moi;

¹⁷car je te rendrai beaucoup d'honneurs, et je ferai tout ce que tu me diras; viens, je te prie, maudis-moi ce peuple.

¹⁸Balaam répondit et dit aux serviteurs de Balak: Quand Balak me donnerait sa maison pleine d'argent et d'or, je ne pourrais faire aucune chose, ni petite ni grande, contre l'ordre de l'Éternel, mon Dieu.

¹⁹Maintenant, je vous prie, restez ici cette nuit, et je saurai ce que l'Éternel me dira encore.

²⁰Dieu vint à Balaam pendant la nuit, et lui dit: Puisque ces hommes sont venus pour t'appeler, lève-toi, va avec eux; mais tu feras ce que je te dirai.

²¹Balaam se leva le matin, sella son ânesse, et partit avec les chefs de Moab.

²²La colère de Dieu s'enflamma, parce qu'il était parti; et l'ange de l'Éternel se plaça sur le chemin, pour lui résister. Balaam était monté sur son ânesse, et ses deux serviteurs étaient avec lui.

²³L'ânesse vit l'ange de l'Éternel qui se tenait sur le chemin, son épée nue dans la main; elle se détourna du chemin et alla dans les champs. Balaam frappa l'ânesse pour la ramener dans le chemin.

²⁴L'ange de l'Éternel se plaça dans un sentier entre les vignes; il y avait un mur de chaque côté.

²⁵L'ânesse vit l'ange de l'Éternel; elle se serra contre le mur, et pressa le pied de Balaam contre le mur. Balaam la frappa de nouveau.

²⁶L'ange de l'Éternel passa plus loin, et se plaça dans un lieu où il n'y avait point d'espace pour se détourner à droite ou à gauche.

²⁷L'ânesse vit l'ange de l'Éternel, et elle s'abattit sous Balaam. La colère de Balaam s'enflamma, et il frappa l'ânesse avec un bâton.

²⁸L'Éternel ouvrit la bouche de l'ânesse, et elle dit à Balaam: Que t'ai je fait, pour que tu m'aies frappée déjà trois fois?

²⁹Balaam répondit à l'ânesse: C'est parce que tu t'es moquée de moi; si j'avais une épée dans la main, je te tuerais à l'instant.

³⁰L'ânesse dit à Balaam: Ne suis-je pas ton ânesse, que tu as de tout temps montée jusqu'à ce jour? Ai-je l'habitude de te faire ainsi? Et il répondit: Non.

³¹L'Éternel ouvrit les yeux de Balaam, et Balaam vit l'ange de l'Éternel qui se tenait sur le chemin, son épée nue dans la main; et il s'inclina, et se prosterna sur son visage.

³²L'ange de l'Éternel lui dit: Pourquoi as-tu frappé ton ânesse déjà trois fois? Voici, je suis sorti pour te résister, car c'est un chemin de perdition qui est devant moi.

³³L'ânesse m'a vu, et elle s'est détournée devant moi déjà trois fois; si elle ne fût pas détournée de moi, je t'aurais même tué, et je lui aurais laissé la vie.

³⁴Balaam dit à l'ange de l'Éternel: J'ai péché, car je ne savais pas que tu te fusses placé au-devant de moi sur le chemin; et maintenant, si tu me désapprouves, je m'en retournerai.

³⁵L'ange de l'Éternel dit à Balaam: Va avec ces hommes; mais tu ne feras que répéter les paroles que je te dirai. Et Balaam alla avec les chefs de Balak.

³⁶Balak apprit que Balaam arrivait, et il sortit à sa rencontre jusqu'à la ville de Moab qui est sur la limite de l'Arnon, à l'extrême frontière.

³⁷Balak dit à Balaam: N'ai-je pas envoyé auprès de toi pour t'appeler? Pourquoi n'es-tu pas venu vers moi? Ne puis-je donc pas te traiter avec honneur?

³⁸Balaam dit à Balak: Voici, je suis venu vers toi; maintenant, me sera-t-il permis de dire quoi que ce soit? Je dirai les paroles que Dieu mettra dans ma bouche.

³⁹Balaam alla avec Balak, et ils arrivèrent à Kirjath Hutsoth.

⁴⁰Balak sacrifia des boeufs et des brebis, et il en envoya à Balaam et aux chefs qui étaient avec lui.

⁴¹Le matin, Balak prit Balaam, et le fit monter à Bamoth Baal, d'où Balaam vit une partie du peuple.

Chapitre 23

¹Balaam dit à Balak: Bâtis-moi ici sept autels, et prépare-moi ici sept taureaux et sept béliers.

²Balak fit ce que Balaam avait dit; et Balak et Balaam offrirent un taureau et un bélier sur chaque autel.

³Balaam dit à Balak: Tiens-toi près de ton holocauste, et je m'éloignerai; peut-être que l'Éternel viendra à ma rencontre, et je te dirai ce qu'il me révélera. Et il alla sur un lieu élevé.

⁴Dieu vint au-devant de Balaam, et Balaam lui dit: J'ai dressé sept autels, et j'ai offert un taureau et un bélier sur chaque autel.

⁵L'Éternel mit des paroles dans la bouche de Balaam, et dit: Retourne vers Balak, et tu parleras ainsi.

⁶Il retourna vers lui; et voici, Balak se tenait près de son holocauste, lui et tous les chefs de Moab.

⁷Balaam prononça son oracle, et dit: Balak m'a fait descendre d'Aram, Le roi de Moab m'a fait descendre des montagnes de l'Orient. - Viens, maudis-moi Jacob! Viens, sois irrité contre Israël!

⁸Comment maudirais-je celui que Dieu n'a point maudit? Comment serais-je irrité quand l'Éternel n'est point irrité?

⁹Je le vois du sommet des rochers, Je le contemple du haut des collines: C'est un peuple qui a sa demeure à part, Et qui ne fait point partie des nations.

¹⁰Qui peut compter la poussière de Jacob, Et dire le nombre du quart d'Israël? Que je meure de la mort des justes, Et que ma fin soit semblable à la leur!

¹¹Balak dit à Balaam: Que m'as-tu fait? Je t'ai pris pour maudire mon ennemi, et voici, tu le bénis!

¹²Il répondit, et dit: N'aurai-je pas soin de dire ce que l'Éternel met dans ma bouche?

¹³Balak lui dit: Viens donc avec moi dans un autre lieu, d'où tu le verras; tu n'en verras qu'une partie, tu n'en verras pas la totalité. Et de là maudis-le-moi.

¹⁴Il le mena au champ de Tsophim, sur le sommet du Pisga; il bâtit sept autels, et offrit un taureau et un bélier sur chaque autel.

¹⁵Balaam dit à Balak: Tiens-toi ici, près de ton holocauste, et j'irai à la rencontre de Dieu.

¹⁶L'Éternel vint au-devant de Balaam; il mit des paroles dans sa bouche, et dit: Retourne vers Balak, et tu parleras ainsi.

¹⁷Il retourna vers lui; et voici, Balak se tenait près de son holocauste, avec les chefs de Moab. Balak lui dit: Qu'est-ce que l'Éternel a dit?

¹⁸Balaam prononça son oracle, et dit: Lève-toi, Balak, écoute! Prête-moi l'oreille, fils de Tsippor!

¹⁹Dieu n'est point un homme pour mentir, Ni fils d'un homme pour se repentir. Ce qu'il a dit, ne le fera-t-il pas? Ce qu'il a déclaré, ne l'exécutera-t-il pas?

²⁰Voici, j'ai reçu l'ordre de bénir: Il a béni, je ne le révoquerai point.

²¹Il n'aperçoit point d'iniquité en Jacob, Il ne voit point d'injustice en Israël; L'Éternel, son Dieu, est avec lui, Il est son roi, l'objet de son allégresse.

²²Dieu les a fait sortir d'Égypte, Il est pour eux comme la vigueur du buffle.

²³L'enchantement ne peut rien contre Jacob, Ni la divination contre Israël; Au temps marqué, il sera dit à Jacob et à Israël: Quelle est l'oeuvre de Dieu.

²⁴C'est un peuple qui se lève comme une lionne, Et qui se dresse comme un lion; Il ne se couche point jusqu'à ce qu'il ait dévoré la proie, Et qu'il ait bu le sang des blessés.

²⁵Balak dit à Balaam: Ne le maudis pas, mais du moins ne le bénis pas.

²⁶Balaam répondit, et dit à Balak: Ne t'ai-je pas parlé ainsi: Je ferai tout ce que l'Éternel dira?

²⁷Balak dit à Balaam: Viens donc, je te mènerai dans un autre lieu; peut être Dieu trouvera-t-il bon que de là tu me maudisses ce peuple.

²⁸Balak mena Balaam sur le sommet du Peor, en regard du désert.

²⁹Balaam dit à Balak: Bâtis-moi ici sept autels, et prépare-moi ici sept taureaux et sept béliers.

³⁰Balak fit ce que Balaam avait dit, et il offrit un taureau et un bélier sur chaque autel.

Chapitre 24

¹Balaam vit que l'Éternel trouvait bon de bénir Israël, et il n'alla point comme les autres fois, à la rencontre des enchantements; mais il tourna son visage du côté du désert.

²Balaam leva les yeux, et vit Israël campé selon ses tribus. Alors l'esprit de Dieu fut sur lui.

³Balaam prononça son oracle, et dit: Parole de Balaam, fils de Beor, Parole de l'homme qui a l'oeil ouvert,

⁴Parole de celui qui entend les paroles de Dieu, De celui qui voit la vision du Tout Puissant, De celui qui se prosterne et dont les yeux s'ouvrent.

⁵Qu'elles sont belles, tes tentes, ô Jacob! Tes demeures, ô Israël!

⁶Elles s'étendent comme des vallées, Comme des jardins près d'un fleuve, Comme des aloès que l'Éternel a plantés, Comme des cèdres le long des eaux.

⁷L'eau coule de ses seaux, Et sa semence est fécondée par d'abondantes eaux. Son roi s'élève au-dessus d'Agag, Et son royaume devient puissant.

⁸Dieu l'a fait sortir d'Égypte, Il est pour lui comme la vigueur du buffle. Il dévore les nations qui s'élèvent contre lui, Il brise leurs os, et les abat de ses flèches.

⁹Il ploie les genoux, il se couche comme un lion, comme une lionne: Qui le fera lever? Béni soit quiconque te bénira, Et maudit soit quiconque te maudira!

¹⁰La colère de Balak s'enflamma contre Balaam; il frappa des mains, et dit à Balaam: C'est pour maudire mes ennemis que je t'ai appelé, et voici, tu les as bénis déjà trois fois.

¹¹Fuis maintenant, va-t-en chez toi! J'avais dit que je te rendrais des honneurs, mais l'Éternel t'empêche de les recevoir.

¹²Balaam répondit à Balak: Eh! n'ai-je pas dit aux messagers que tu m'as envoyés:

¹³Quand Balak me donnerait sa maison pleine d'argent et d'or, je ne pourrais faire de moi-même ni bien ni mal contre l'ordre de l'Éternel; je répéterai ce que dira l'Éternel?

¹⁴Et maintenant voici, je m'en vais vers mon peuple. Viens, je t'annoncerai ce que ce peuple fera à ton peuple dans la suite des temps.

¹⁵Balaam prononça son oracle, et dit: Parole de Balaam, fils de Beor, Parole de l'homme qui a l'oeil ouvert,

¹⁶Parole de celui qui entend les paroles de Dieu, De celui qui connaît les desseins du Très Haut, De celui qui voit la vision du Tout Puissant, De celui qui se prosterne et dont les yeux s'ouvrent.

¹⁷Je le vois, mais non maintenant, Je le contemple, mais non de près. Un astre sort de Jacob, Un sceptre s'élève d'Israël. Il perce les flancs de Moab, Et il abat tous les enfants de Seth.

¹⁸Il se rend maître d'Édom, Il se rend maître de Séir, ses ennemis. Israël manifeste sa force.

¹⁹Celui qui sort de Jacob règne en souverain, Il fait périr ceux qui s'échappent des villes.

²⁰Balaam vit Amalek. Il prononça son oracle, et dit: Amalek est la première des nations, Mais un jour il sera détruit.

²¹Balaam vit les Kéniens. Il prononça son oracle, et dit: Ta demeure est solide, Et ton nid posé sur le roc.

²²Mais le Kénien sera chassé, Quand l'Assyrien t'emmènera captif.

²³Balaam prononça son oracle, et dit: Hélas! qui vivra après que Dieu l'aura établi?

²⁴Mais des navires viendront de Kittim, Ils humilieront l'Assyrien, ils humilieront l'Hébreu; Et lui aussi sera détruit.

²⁵Balaam se leva, partit, et retourna chez lui. Balak s'en alla aussi de son côté.

Chapitre 25

¹Israël demeurait à Sittim; et le peuple commença à se livrer à la débauche avec les filles de Moab.

²Elles invitèrent le peuple aux sacrifices de leurs dieux; et le peuple mangea, et se prosterna devant leurs dieux.

³Israël s'attacha à Baal Peor, et la colère de l'Éternel s'enflamma contre Israël.

⁴L'Éternel dit à Moïse: Assemble tous les chefs du peuple, et fais pendre les coupables devant l'Éternel en face du soleil, afin que la colère ardente de l'Éternel se détourne d'Israël.

⁵Moïse dit aux juges d'Israël: Que chacun de vous tue ceux de ses gens qui se sont attachés à Baal Peor.

⁶Et voici, un homme des enfants d'Israël vint et amena vers ses frères une Madianite, sous les yeux de Moïse et sous les yeux de toute l'assemblée des enfants d'Israël, tandis qu'ils pleuraient à l'entrée de la tente d'assignation.

⁷A cette vue, Phinées, fils d'Éléazar, fils du sacrificateur Aaron, se

Nombres

leva du milieu de l'assemblée, et prit une lance, dans sa main.

⁸Il suivit l'homme d'Israël dans sa tente, et il les perça tous les deux, l'homme d'Israël, puis la femme, par le bas-ventre. Et la plaie s'arrêta parmi les enfants d'Israël.

⁹Il y en eut vingt-quatre mille qui moururent de la plaie.

¹⁰L'Éternel parla à Moïse, et dit:

¹¹Phinées, fils d'Éléazar, fils du sacrificateur Aaron, a détourné ma fureur de dessus les enfants d'Israël, parce qu'il a été animé de mon zèle au milieu d'eux; et je n'ai point, dans ma colère, consumé les enfants d'Israël.

¹²C'est pourquoi tu diras que je traite avec lui une alliance de paix.

¹³Ce sera pour lui et pour sa postérité après lui l'alliance d'un sacerdoce perpétuel, parce qu'il a été zélé pour son Dieu, et qu'il a fait l'expiation pour les enfants d'Israël.

¹⁴L'homme d'Israël, qui fut tué avec la Madianite, s'appelait Zimri, fils de Salu; il était chef d'une maison paternelle des Siméonites.

¹⁵La femme qui fut tuée, la Madianite, s'appelait Cozbi, fille de Tsur, chef des peuplades issues d'une maison paternelle en Madian.

¹⁶L'Éternel parla à Moïse, et dit:

¹⁷Traite les Madianites en ennemis, et tuez-les;

¹⁸car ils se sont montrés vos ennemis, en vous séduisant par leurs ruses, dans l'affaire de Peor, et dans l'affaire de Cozbi, fille d'un chef de Madian, leur soeur, tuée le jour de la plaie qui eut lieu à l'occasion de Peor.

Chapitre 26

¹A la suite de cette plaie, l'Éternel dit à Moïse et à Éléazar, fils du sacrificateur Aaron:

²Faites le dénombrement de toute l'assemblée des enfants d'Israël, depuis l'âge de vingt ans et au-dessus, selon les maisons de leurs pères, de tous ceux d'Israël en état de porter les armes.

³Moïse et le sacrificateur Éléazar leur parlèrent dans les plaines de Moab, près du Jourdain, vis-à-vis de Jéricho. Ils dirent:

⁴On fera le dénombrement, depuis l'âge de vingt ans et au-dessus, comme l'Éternel l'avait ordonné à Moïse et aux enfants d'Israël, quand ils furent sortis du pays d'Égypte.

⁵Ruben, premier-né d'Israël. Fils de Ruben: Hénoc de qui descend la famille des Hénokites; Pallu, de qui descend la famille des Palluites;

⁶Hetsron, de qui descend la famille des Hetsronites; Carmi, de qui descend la famille des Carmites.

⁷Ce sont là les familles des Rubénites: ceux dont on fit le dénombrement furent quarante-trois mille sept cent trente. -

⁸Fils de Pallu: Éliab.

⁹Fils d'Éliab: Nemuel, Dathan et Abiram. C'est ce Dathan et cet Abiram, qui étaient de ceux que l'on convoquait à l'assemblée, et qui se soulevèrent contre Moïse et Aaron, dans l'assemblée de Koré, lors de leur révolte contre l'Éternel.

¹⁰La terre ouvrit sa bouche, et les engloutit avec Koré, quand moururent ceux qui s'étaient assemblés, et que le feu consuma les deux cent cinquante hommes: ils servirent au peuple d'avertissement.

¹¹Les fils de Koré ne moururent pas.

¹²Fils de Siméon, selon leurs familles: de Nemuel descend la famille des Nemuélites; de Jamin, la famille des Jaminites; de Jakin, la famille des Jakinites;

¹³de Zérach, la famille des Zérachites; de Saül, la famille des Saülites.

¹⁴Ce sont là les familles des Siméonites; vingt-deux mille deux cents.

¹⁵Fils de Gad, selon leurs familles: de Tsephon descend la famille des Tsephonites; de Haggi, la famille des Haggites; de Schuni, la famille des Schunites;

¹⁶d'Ozni, la famille des Oznites, d'Éri, la famille des Érites;

¹⁷d'Arod, la famille des Arodites; d'Areéli, la famille des Areélites.

¹⁸Ce sont là les familles des fils de Gad, d'après leur dénombrement: quarante mille cinq cents.

¹⁹Fils de Juda: Er et Onan; mais Er et Onan moururent au pays de Canaan.

²⁰Voici les fils de Juda, selon leurs familles: de Schéla descend la famille des Schélanites; de Pérets, la famille des Péretsites; de Zérach, la famille des Zérachites.

²¹Les fils de Pérets furent: Hetsron, de qui descend la famille des Hetsronites; Hamul, de qui descend la famille des Hamulites.

²²Ce sont là les familles de Juda, d'après leur dénombrement: soixante-seize mille cinq cents.

²³Fils d'Issacar, selon leurs familles: de Thola descend la famille des Tholaïtes; de Puva, la famille des Puvites;

²⁴de Jaschub, la famille des Jaschubites; de Schimron, la famille des Schimronites.

²⁵Ce sont là les familles d'Issacar, d'après leur dénombrement: soixante quatre mille trois cents.

²⁶Fils de Zabulon, selon leurs familles: de Séred descend la famille des Sardites; d'Élon, la famille des Élonites; de Jahleel, la famille des Jahleélites.

²⁷Ce sont là les familles des Zabulonites, d'après leur dénombrement: soixante mille cinq cents.

²⁸Fils de Joseph, selon leurs familles: Manassé et Éphraïm.

²⁹Fils de Manassé: de Makir descend la famille des Makirites. - Makir engendra Galaad. De Galaad descend la famille des Galaadites.

³⁰Voici les fils de Galaad: Jézer, de qui descend la famille des Jézerites; Hélek, la famille des Hélekites;

³¹Asriel, la famille des Asriélites; Sichem, la famille des Sichémites;

³²Schemida, la famille des Schemidaïtes; Hépher, la famille des Héphrites.

³³Tselophchad, fils de Hépher, n'eut point de fils, mais il eut des filles. Voici les noms des filles de Tselophchad: Machla, Noa, Hogla, Milca et Thirsta.

³⁴Ce sont là les familles de Manassé, d'après leur dénombrement: cinquante-deux mille sept cents.

³⁵Voici les fils d'Éphraïm, selon leurs familles: de Schutélach descend la famille des Schutalchites; de Béker, la famille des Bakrites; de Thachan, la famille des Thachanites. -

³⁶Voici les fils de Schutélach: d'Éran est descendue la famille des Éranites.

³⁷Ce sont là les familles des fils d'Éphraïm, d'après leur dénombrement: trente-deux mille cinq cents. Ce sont là les fils de Joseph, selon leurs familles.

³⁸Fils de Benjamin, selon leurs familles: de Béla descend la famille des Balites; d'Aschbel, la famille des Aschbélites; d'Achiram, la famille des Achiramites;

³⁹de Schupham, la famille des Schuphamites; de Hupham, la famille des Huphamites. -

⁴⁰Les fils de Béla furent: Ard et Naaman. D'Ard descend la famille des Ardites; de Naaman, la famille des Naamanites.

⁴¹Ce sont là les fils de Benjamin, selon leurs familles et d'après leur dénombrement; quarante-cinq mille six cents.

⁴²Voici les fils de Dan, selon leurs familles: de Schucham descend la famille des Schuchamites. Ce sont là les familles de Dan, selon leurs familles.

⁴³Total pour les familles des Schuchamites, d'après leur dénombrement: soixante-quatre mille quatre cents.

⁴⁴Fils d'Aser, selon leurs familles: de Jimna descend la famille des Jimnites; de Jischvi, la famille des Jischvites; de Beria, la famille des Beriites.

⁴⁵Des fils de Beria descendent: de Héber, la famille des Hébrites; de Malkiel, la famille des Malkiélites.

⁴⁶Le nom de la fille d'Aser était Sérach.

⁴⁷Ce sont là les familles des fils d'Aser, d'après leur dénombrement: cinquante-trois mille quatre cents.

⁴⁸Fils de Nephthali, selon leurs familles: de Jahtseel descend la famille des Jahtseélites; de Guni, la famille des Gunites;

⁴⁹de Jetser, la famille des Jitsrites; de Schillem, la famille des Schillémites.

⁵⁰Ce sont là les familles de Nephthali, selon leurs familles et d'après leur dénombrement: quarante-cinq mille quatre cents.

⁵¹Tels sont ceux des enfants d'Israël dont on fit le dénombrement: six cent un mille sept cent trente.

⁵²L'Éternel parla à Moïse, et dit:

⁵³Le pays sera partagé entre eux, pour être leur propriété, selon le nombre des noms.

⁵⁴A ceux qui sont en plus grand nombre tu donneras une portion plus grande, et à ceux qui sont en plus petit nombre tu donneras une portion plus petite; on donnera à chacun sa portion d'après le dénombrement.

⁵⁵Mais le partage du pays aura lieu par le sort; ils le recevront en propriété selon les noms des tribus de leurs pères.

⁵⁶C'est par le sort que le pays sera partagé entre ceux qui sont en grand nombre et ceux qui sont en petit nombre.

⁵⁷Voici les Lévites dont on fit le dénombrement, selon leurs familles: de Guerschon descend la famille des Guerschonites; de Kehath, la famille des Kehathites; de Merari, la famille des Merarites.

⁵⁸Voici les familles de Lévi: la famille des Libnites, la famille des Hébronites, la famille des Machlites, la famille des Muschites, la famille des Korites. Kehath engendra Amram.

⁵⁹Le nom de la femme d'Amram était Jokébed, fille de Lévi, laquelle naquit à Lévi, en Égypte; elle enfanta à Amram: Aaron, Moïse, et Marie, leur soeur.

⁶⁰Il naquit à Aaron: Nadab et Abihu, Éléazar et Ithamar.

⁶¹Nadab et Abihu moururent, lorsqu'ils apportèrent devant l'Éternel du feu étranger.

⁶²Ceux dont on fit le dénombrement, tous les mâles depuis l'âge d'un mois et au-dessus, furent vingt-trois mille. Ils ne furent pas compris dans le dénombrement des enfants d'Israël, parce qu'il ne leur fut point donné de possession au milieu des enfants d'Israël.

⁶³Tels sont ceux des enfants d'Israël dont Moïse et le sacrificateur Éléazar firent le dénombrement dans les plaines de Moab, près du Jourdain, vis-à-vis de Jéricho.

⁶⁴Parmi eux, il n'y avait aucun des enfants d'Israël dont Moïse et le sacrificateur Aaron avaient fait le dénombrement dans le désert de Sinaï.

⁶⁵Car l'Éternel avait dit: ils mourront dans le désert, et il n'en restera pas un, excepté Caleb, fils de Jephunné, et Josué, fils de Nun.

Chapitre 27

¹Les filles de Tselophchad, fils de Hépher, fils de Galaad, fils de Makir, fils de Manassé, des familles de Manassé, fils de Joseph, et dont les noms étaient Machla, Noa, Hogla, Milca et Thirsta,

²s'approchèrent et se présentèrent devant Moïse, devant le sacrificateur Éléazar, et devant les princes et toute l'assemblée, à l'entrée de la tente d'assignation. Elles dirent:

³Notre père est mort dans le désert; il n'était pas au milieu de l'assemblée de ceux qui se révoltèrent contre l'Éternel, de l'assemblée de Koré, mais il est mort pour son péché, et il n'avait point de fils.

⁴Pourquoi le nom de notre père serait-il retranché du milieu de sa famille, parce qu'il n'avait point eu de fils? Donne-nous une possession parmi les frères de notre père.

⁵Moïse porta la cause devant l'Éternel.

⁶Et l'Éternel dit à Moïse:

⁷Les filles de Tselophchad ont raison. Tu leur donneras en héritage une possession parmi les frères de leur père, et c'est à elles que tu feras passer l'héritage de leur père.

⁸Tu parleras aux enfants d'Israël, et tu diras: Lorsqu'un homme mourra sans laisser de fils, vous ferez passer son héritage à sa fille.

⁹S'il n'a point de fille, vous donnerez son héritage à ses frères.

¹⁰S'il n'a point de frères, vous donnerez son héritage aux frères de son père.

¹¹S'il n'y a point de frères de son père, vous donnerez son héritage au plus proche parent dans sa famille, et c'est lui qui le possédera. Ce sera pour les enfants d'Israël une loi et un droit, comme l'Éternel l'a ordonné à Moïse.

¹²L'Éternel dit à Moïse: Monte sur cette montagne d'Abarim, et regarde le pays que je donne aux enfants d'Israël.

¹³Tu le regarderas; mais toi aussi, tu sera recueilli auprès de ton peuple, comme Aaron, ton frère, a été recueilli;

¹⁴parce que vous avez été rebelles à mon ordre, dans le désert de Tsin, lors de la contestation de l'assemblée, et que vous ne m'avez point sanctifié à leurs yeux à l'occasion des eaux. Ce sont les eaux de contestation, à Kadès, dans le désert de Tsin.

¹⁵Moïse parla à l'Éternel, et dit:

¹⁶Que l'Éternel, le Dieu des esprits de toute chair, établisse sur l'assemblée un homme

¹⁷qui sorte devant eux et qui entre devant eux, qui les fasse sortir et qui les fasse entrer, afin que l'assemblée de l'Éternel ne soit pas comme des brebis qui n'ont point de berger.

¹⁸L'Éternel dit à Moïse: Prends Josué, fils de Nun, homme en qui réside l'esprit; et tu poseras ta main sur lui.

¹⁹Tu le placeras devant le sacrificateur Éléazar et devant toute l'assemblée, et tu lui donneras des ordres sous leurs yeux.

²⁰Tu le rendras participant de ta dignité, afin que toute l'assemblée des enfants d'Israël l'écoute.

²¹Il se présentera devant le sacrificateur Éléazar, qui consultera pour lui le jugement de l'urim devant l'Éternel; et Josué, tous les enfants d'Israël avec lui, et toute l'assemblée, sortiront sur l'ordre d'Éléazar et entreront sur son ordre.

²²Moïse fit ce que l'Éternel lui avait ordonné. Il prit Josué, et il le plaça devant le sacrificateur Éléazar et devant toute l'assemblée.

²³Il posa ses mains sur lui, et lui donna des ordres, comme l'Éternel l'avait dit par Moïse.

Chapitre 28

¹L'Éternel parla à Moïse, et dit: Donne cet ordre aux enfants d'Israël, et dis-leur:

²Vous aurez soin de me présenter, au temps fixé, mon offrande, l'aliment de mes sacrifices consumés par le feu, et qui me sont d'une agréable odeur.

³Tu leur diras: Voici le sacrifice consumé par le feu que vous offrirez à l'Éternel: chaque jour, deux agneaux d'un an sans défaut, comme holocauste perpétuel.

⁴Tu offriras l'un des agneaux le matin, et l'autre agneau entre les deux soirs,

⁵et, pour l'offrande, un dixième d'épha de fleur de farine pétrie dans un quart de hin d'huile d'olives concassées.

⁶C'est l'holocauste perpétuel, qui a été offert à la montagne de Sinaï; c'est un sacrifice consumé par le feu, d'une agréable odeur à l'Éternel.

⁷La libation sera d'un quart de hin pour chaque agneau; c'est dans le lieu saint que tu feras la libation de vin à l'Éternel.

⁸Tu offriras le second agneau entre les deux soirs, avec une offrande et une libation semblables à celles du matin; c'est un sacrifice consumé par le feu, d'une agréable odeur à l'Éternel.

⁹Le jour du sabbat, vous offrirez deux agneaux d'un an sans défaut, et, pour l'offrande, deux dixièmes de fleur de farine pétrie à l'huile, avec la libation.

¹⁰C'est l'holocauste du sabbat, pour chaque sabbat, outre l'holocauste perpétuel et la libation.

¹¹Au commencement de vos mois, vous offrirez en holocauste à l'Éternel deux jeunes taureaux, un bélier, et sept agneaux d'un an sans défaut;

¹²et, comme offrande pour chaque taureau, trois dixièmes de fleur de farine pétrie à l'huile; comme offrande pour le bélier, deux dixièmes de fleur de farine pétrie à l'huile;

¹³comme offrande pour chaque agneau, un dixième de fleur de farine pétrie à l'huile. C'est un holocauste, un sacrifice consumé par le feu, d'une agréable odeur à l'Éternel.

¹⁴Les libations seront d'un demi-hin de vin pour un taureau, d'un tiers de hin pour un bélier, et d'un quart de hin pour un agneau. C'est l'holocauste du commencement du mois, pour chaque mois, pour tous les mois de l'année.

¹⁵On offrira à l'Éternel un bouc, en sacrifice d'expiation, outre l'holocauste perpétuel et la libation.

¹⁶Le premier mois, le quatorzième jour du mois, ce sera la Pâque de l'Éternel.

¹⁷Le quinzième jour de ce mois sera un jour de fête. On mangera pendant sept jours des pains sans levain.

¹⁸Le premier jour, il y aura une sainte convocation: vous ne ferez aucune oeuvre servile.

¹⁹Vous offrirez en holocauste à l'Éternel un sacrifice consumé par le feu: deux jeunes taureaux, un bélier, et sept agneaux d'un an sans défaut.

²⁰Vous y joindrez l'offrande de fleur de farine pétrie à l'huile, trois dixièmes pour un taureau, deux dixièmes pour un bélier,

²¹et un dixième pour chacun des sept agneaux.

²²Vous offrirez un bouc en sacrifice d'expiation, afin de faire pour vous l'expiation.

²³Vous offrirez ces sacrifices, outre l'holocauste du matin, qui est un holocauste perpétuel.

²⁴Vous les offrirez chaque jour, pendant sept jours, comme l'aliment d'un sacrifice consumé par le feu, d'une agréable odeur à l'Éternel. On les offrira, outre l'holocauste perpétuel et la libation.

²⁵Le septième jour, vous aurez une sainte convocation: vous ne ferez aucune oeuvre servile.

²⁶Le jour des prémices, où vous présenterez à l'Éternel une offrande, à votre fête des semaines, vous aurez une sainte convocation: vous ne ferez aucune oeuvre servile.

²⁷Vous offrirez en holocauste, d'une agréable odeur à l'Éternel, deux jeunes taureaux, un bélier, et sept agneaux d'un an.

²⁸Vous y joindrez l'offrande de fleur de farine pétrie à l'huile, trois dixièmes pour chaque taureau, deux dixièmes pour le bélier,

²⁹et un dixième pour chacun des sept agneaux.

³⁰Vous offrirez un bouc, afin de faire pour vous l'expiation.

³¹Vous offrirez ces sacrifices, outre l'holocauste perpétuel et l'offrande. Vous aurez des agneaux sans défaut, et vous joindrez les libations.

Nombres
Chapitre 29

¹Le septième mois, le premier jour du mois, vous aurez une sainte convocation: vous ne ferez aucune oeuvre servile. Ce jour sera publié parmi vous au son des trompettes.

²Vous offrirez en holocauste, d'une agréable odeur à l'Éternel, un jeune taureau, un bélier, et sept agneaux d'un an sans défaut.

³Vous y joindrez l'offrande de fleur de farine pétrie à l'huile, trois dixièmes pour le taureau, deux dixièmes pour le bélier,

⁴et un dixième pour chacun des sept agneaux.

⁵Vous offrirez un bouc en sacrifice d'expiation, afin de faire pour vous l'expiation.

⁶Vous offrirez ces sacrifices, outre l'holocauste et l'offrande de chaque mois, l'holocauste perpétuel et l'offrande, et les libations qui s'y joignent, d'après les règles établies. Ce sont des sacrifices consumés par le feu, d'une agréable odeur à l'Éternel.

⁷Le dixième jour de ce septième mois, vous aurez une sainte convocation, et vous humilierez vos âmes: vous ne ferez aucun ouvrage.

⁸Vous offrirez en holocauste, d'une agréable odeur à l'Éternel, un jeune taureau, un bélier, et sept agneaux d'un an sans défaut.

⁹Vous y joindrez l'offrande de fleur de farine pétrie à l'huile, trois dixièmes pour le taureau,

¹⁰deux dixièmes pour le bélier, et un dixième pour chacun des sept agneaux.

¹¹Vous offrirez un bouc en sacrifice d'expiation, outre le sacrifice des expiations, l'holocauste perpétuel et l'offrande, et les libations ordinaires.

¹²Le quinzième jour du septième mois, vous aurez une sainte convocation: vous ne ferez aucune oeuvre servile. Vous célébrerez une fête en l'honneur de l'Éternel, pendant sept jours.

¹³Vous offrirez en holocauste un sacrifice consumé par le feu, d'une agréable odeur à l'Éternel: treize jeunes taureaux, deux béliers, et quatorze agneaux d'un an sans défaut.

¹⁴Vous y joindrez l'offrande de fleur de farine pétrie à l'huile, trois dixièmes pour chacun des treize taureaux, deux dixièmes pour chacun des deux béliers,

¹⁵et un dixième pour chacun des quatorze agneaux.

¹⁶Vous offrirez un bouc en sacrifice d'expiation, outre l'holocauste perpétuel, l'offrande et la libation. -

¹⁷Le second jour, vous offrirez douze jeunes taureaux, deux béliers, et quatorze agneaux d'un an sans défaut,

¹⁸avec l'offrande et les libations pour les taureaux, les béliers et les agneaux, selon leur nombre, d'après les règles établies.

¹⁹Vous offrirez un bouc en sacrifice d'expiation, outre l'holocauste perpétuel, l'offrande et la libation. -

²⁰Le troisième jour, vous offrirez onze taureaux, deux béliers, et quatorze agneaux d'un an sans défaut,

²¹avec l'offrande et les libations pour les taureaux, les béliers et les agneaux, selon leur nombre, d'après les règles établies.

²²Vous offrirez un bouc en sacrifice d'expiation, outre l'holocauste perpétuel, l'offrande et la libation. -

²³Le quatrième jour, vous offrirez dix taureaux, deux béliers, et quatorze agneaux d'un an sans défaut,

²⁴avec l'offrande et les libations pour les taureaux, les béliers et les agneaux, selon leur nombre, d'après les règles établies.

²⁵Vous offrirez un bouc en sacrifice d'expiation, outre l'holocauste perpétuel, l'offrande et la libation. -

²⁶Le cinquième jour, vous offrirez neuf taureaux, deux béliers, et quatorze agneaux d'un an sans défaut,

²⁷avec l'offrande et les libations pour les taureaux, les béliers et les agneaux selon leur nombre, d'après les règles établies.

²⁸Vous offrirez un bouc en sacrifice d'expiation, outre l'holocauste perpétuel, l'offrande et la libation. -

²⁹Le sixième jour, vous offrirez huit taureaux, deux béliers et quatorze agneaux d'un an sans défaut,

³⁰avec l'offrande et les libations pour les taureaux, les béliers et les agneaux, selon leur nombre, d'après les règles établies.

³¹Vous offrirez un bouc en sacrifice d'expiation, outre l'holocauste perpétuel, l'offrande et la libation. -

³²Le septième jour, vous offrirez sept taureaux, deux béliers, et quatorze agneaux d'un an sans défaut,

³³avec l'offrande et les libations pour les taureaux, les béliers et les agneaux, selon leur nombre, d'après les règles établies.

³⁴Vous offrirez un bouc en sacrifice d'expiation, outre l'holocauste perpétuel, l'offrande et la libation. -

³⁵Le huitième jour, vous aurez une assemblée solennelle: vous ne ferez aucune oeuvre servile.

³⁶Vous offrirez en holocauste un sacrifice consumé par le feu, d'une agréable odeur à l'Éternel: un taureau, un bélier, et sept agneaux d'un an sans défaut,

³⁷avec l'offrande et les libations pour le taureau, le bélier et les agneaux, selon leur nombre, d'après les règles établies.

³⁸Vous offrirez un bouc en sacrifice d'expiation, outre l'holocauste perpétuel, l'offrande et la libation.

³⁹Tels sont les sacrifices que vous offrirez à l'Éternel dans vos fêtes, outre vos holocaustes, vos offrandes et vos libations, et vos sacrifices de prospérité, en accomplissement d'un voeu ou en offrandes volontaires.

⁴⁰Moïse dit aux enfants d'Israël tout ce que l'Éternel lui avait ordonné.

Chapitre 30

¹Moïse parla aux chefs des tribus des enfants d'Israël, et dit: Voici ce que l'Éternel ordonne.

²Lorsqu'un homme fera un voeu à l'Éternel, ou un serment pour se lier par un engagement, il ne violera point sa parole, il agira selon tout ce qui est sorti de sa bouche.

³Lorsqu'une femme, dans sa jeunesse et à la maison de son père, fera un voeu à l'Éternel et se liera par un engagement,

⁴et que son père aura connaissance du voeu qu'elle a fait et de l'engagement par lequel elle s'est liée, -si son père garde le silence envers elle, tout voeu qu'elle aura fait sera valable, et tout engagement par lequel elle se sera liée sera valable;

⁵mais si son père la désapprouve le jour où il en a connaissance, tous ses voeux et tous les engagements par lesquels elle se sera liée n'auront aucune valeur; et l'Éternel lui pardonnera, parce qu'elle a été désapprouvée de son père.

⁶Lorsqu'elle sera mariée, après avoir fait des voeux, ou s'être liée par une parole échappée de ses lèvres,

⁷et que son mari en aura connaissance, -s'il garde le silence envers elle le jour où il en a connaissance, ses voeux seront valables, et les engagements par lesquels elle se sera liée seront valables;

⁸mais si son mari la désapprouve le jour où il en a connaissance, il annulera le voeu qu'elle a fait et la parole échappée de ses lèvres, par laquelle elle s'est liée; et l'Éternel lui pardonnera.

⁹Le voeu d'une femme veuve ou répudiée, l'engagement quelconque par lequel elle se sera liée, sera valable pour elle.

¹⁰Lorsqu'une femme, dans la maison de son mari, fera des voeux ou se liera par un serment,

¹¹et que son mari en aura connaissance, -s'il garde le silence envers elle et ne la désapprouve pas, tous ses voeux seront valables, et tous les engagements par lesquels elle se sera liée seront valables;

¹²mais si son mari les annule le jour où il en a connaissance, tout voeu et tout engagement sortis de ses lèvres n'auront aucune valeur, son mari les a annulés; et l'Éternel lui pardonnera.

¹³Son mari peut ratifier et son mari peut annuler tout voeu, tout serment par lequel elle s'engage à mortifier sa personne.

¹⁴S'il garde de jour en jour le silence envers elle, il ratifie ainsi tous les voeux ou tous les engagements par lesquels elle s'est liée; il les ratifie, parce qu'il a gardé le silence envers elle le jour où il en a eu connaissance.

¹⁵Mais s'il les annule après le jour où il en a eu connaissance, il sera coupable du péché de sa femme.

¹⁶Telles sont les lois que l'Éternel prescrivit à Moïse, entre un mari et sa femme, entre un père et sa fille, lorsqu'elle est dans sa jeunesse et à la maison de son père.

Chapitre 31

¹L'Éternel parla à Moïse, et dit:

²Venge les enfants d'Israël sur les Madianites; tu seras ensuite recueilli auprès de ton peuple.

³Moïse parla au peuple, et dit: Équipez d'entre vous des hommes pour l'armée, et qu'ils marchent contre Madian, afin d'exécuter la vengeance de l'Éternel sur Madian.

⁴Vous enverrez à l'armée mille hommes par tribu, de toutes les tribus d'Israël.

⁵On leva d'entre les milliers d'Israël mille hommes par tribu, soit douze mille hommes équipés pour l'armée.

⁶Moïse envoya à l'armée ces mille hommes par tribu, et avec eux le fils du sacrificateur Éléazar, Phinées, qui portait les instruments sacrés et les trompettes retentissantes.

⁷Ils s'avancèrent contre Madian, selon l'ordre que l'Éternel avait donné à Moïse; et ils tuèrent tous les mâles.

⁸Ils tuèrent les rois de Madian avec tous les autres, Évi, Rékem, Tsur, Hur et Réba, cinq rois de Madian; ils tuèrent aussi par l'épée

Balaam, fils de Beor.

⁹Les enfants d'Israël firent prisonnières les femmes des Madianites avec leurs petits enfants, et ils pillèrent tout leur bétail, tous leurs troupeaux et toutes leurs richesses.

¹⁰Ils incendièrent toutes les villes qu'ils habitaient et tous leurs enclos.

¹¹Ils prirent toutes les dépouilles et tout le butin, personnes et bestiaux;

¹²et ils amenèrent les captifs, le butin et les dépouilles, à Moïse, au sacrificateur Éléazar, et à l'assemblée des enfants d'Israël, campés dans les plaines de Moab, près du Jourdain, vis-à-vis de Jéricho.

¹³Moïse, le sacrificateur Éléazar, et tous les princes de l'assemblée, sortirent au-devant d'eux, hors du camp.

¹⁴Et Moïse s'irrita contre les commandants de l'armée, les chefs de milliers et les chefs de centaines, qui revenaient de l'expédition.

¹⁵Il leur dit: Avez-vous laissé la vie à toutes les femmes?

¹⁶Voici, ce sont elles qui, sur la parole de Balaam, ont entraîné les enfants d'Israël à l'infidélité envers l'Éternel, dans l'affaire de Peor; et alors éclata la plaie dans l'assemblée de l'Éternel.

¹⁷Maintenant, tuez tout mâle parmi les petits enfants, et tuez toute femme qui a connu un homme en couchant avec lui;

¹⁸mais laissez en vie pour vous toutes les filles qui n'ont point connu la couche d'un homme.

¹⁹Et vous, campez pendant sept jours hors du camp; tous ceux d'entre vous qui ont tué quelqu'un, et tous ceux qui ont touché un mort, se purifieront le troisième et le septième jour, eux et vos prisonniers.

²⁰Vous purifierez aussi tout vêtement, tout objet de peau, tout ouvrage de poil de chèvre et tout ustensile de bois.

²¹Le sacrificateur Éléazar dit aux soldats qui étaient allés à la guerre: Voici ce qui est ordonné par la loi que l'Éternel a prescrite à Moïse.

²²L'or, l'argent, l'airain, le fer, l'étain et le plomb,

²³tout objet qui peut aller au feu, vous le ferez passer par le feu pour le rendre pur. Mais c'est par l'eau de purification que sera purifié tout ce qui ne peut aller au feu; vous le ferez passer dans l'eau.

²⁴Vous laverez vos vêtements le septième jour, et vous serez purs; ensuite, vous pourrez entrer dans le camp.

²⁵L'Éternel dit à Moïse:

²⁶Fais, avec le sacrificateur Éléazar et les chefs de maison de l'assemblée, le compte du butin, de ce qui a été pris, personnes et bestiaux.

²⁷Partage le butin entre les combattants qui sont allés à l'armée et toute l'assemblée.

²⁸Tu prélèveras sur la portion des soldats qui sont allés à l'armée un tribut pour l'Éternel, savoir: un sur cinq cents, tant des personnes que des boeufs, des ânes et des brebis.

²⁹Vous le prendrez sur leur moitié, et tu le donneras au sacrificateur Éléazar comme une offrande à l'Éternel.

³⁰Et sur la moitié qui revient aux enfants d'Israël tu prendras un sur cinquante, tant des personnes que des boeufs, des ânes et des brebis, de tout animal; et tu le donneras aux Lévites, qui ont la garde du tabernacle de l'Éternel.

³¹Moïse et le sacrificateur Éléazar firent ce que l'Éternel avait ordonné à Moïse.

³²Le butin, reste du pillage de ceux qui avaient fait partie de l'armée, était de six cent soixante-quinze mille brebis,

³³soixante-douze mille boeufs,

³⁴soixante et un mille ânes,

³⁵et trente-deux mille personnes ou femmes qui n'avaient point connu la couche d'un homme. -

³⁶La moitié, formant la part de ceux qui étaient allés à l'armée, fut de trois cent trente-sept mille cinq cents brebis,

³⁷dont six cent soixante-quinze pour le tribut à l'Éternel;

³⁸trente-six mille boeufs, dont soixante-douze pour le tribut à l'Éternel;

³⁹trente mille cinq cents ânes, dont soixante et un pour le tribut à l'Éternel;

⁴⁰et seize mille personnes, dont trente-deux pour le tribut à l'Éternel.

⁴¹Moïse donna au sacrificateur Éléazar le tribut réservé comme offrande à l'Éternel, selon ce que l'Éternel lui avait ordonné. -

⁴²La moitié qui revenait aux enfants d'Israël, séparée par Moïse de celle des hommes de l'armée,

⁴³et formant la part de l'assemblée, fut de trois cent trente-sept mille cinq cents brebis,

⁴⁴trente-six mille boeufs,

⁴⁵trente mille cinq cents ânes,

⁴⁶et seize mille personnes.

⁴⁷Sur cette moitié qui revenait aux enfants d'Israël, Moïse prit un sur cinquante, tant des personnes que des animaux; et il le donna aux Lévites, qui ont la garde du tabernacle de l'Éternel, selon ce que l'Éternel lui avait ordonné.

⁴⁸Les commandants des milliers de l'armée, les chefs de milliers et les chefs de centaines, s'approchèrent de Moïse,

⁴⁹et lui dirent: Tes serviteurs ont fait le compte des soldats qui étaient sous nos ordres, et il ne manque pas un homme d'entre nous.

⁵⁰Nous apportons, comme offrande à l'Éternel, chacun les objets d'or que nous avons trouvés, chaînettes, bracelets, anneaux, pendants d'oreilles, et colliers, afin de faire pour nos personnes l'expiation devant l'Éternel.

⁵¹Moïse et le sacrificateur Éléazar reçurent d'eux tous ces objets travaillés en or.

⁵²Tout l'or, que les chefs de milliers et les chefs de centaines présentèrent à l'Éternel en offrande par élévation, pesait seize mille sept cent cinquante sicles.

⁵³Les hommes de l'armée gardèrent chacun le butin qu'ils avaient fait.

⁵⁴Moïse et le sacrificateur Éléazar prirent l'or des chefs de milliers et des chefs de centaines, et l'apportèrent à la tente d'assignation, comme souvenir pour les enfants d'Israël devant l'Éternel.

Chapitre 32

¹Les fils de Ruben et les fils de Gad avaient une quantité considérable de troupeaux, et ils virent que le pays de Jaezer et le pays de Galaad étaient un lieu propre pour des troupeaux.

²Alors les fils de Gad et les fils de Ruben vinrent auprès de Moïse, du sacrificateur Éléazar et des princes de l'assemblée, et ils leur dirent:

³Atharoth, Dibon, Jaezer, Nimra, Hesbon, Élealé, Sebam, Nebo et Beon,

⁴ce pays que l'Éternel a frappé devant l'assemblée d'Israël, est un lieu propre pour des troupeaux, et tes serviteurs ont des troupeaux.

⁵Ils ajoutèrent: Si nous avons trouvé grâce à tes yeux, que la possession de ce pays soit accordée à tes serviteurs, et ne nous fais point passer le Jourdain.

⁶Moïse répondit aux fils de Gad et aux fils de Ruben: Vos frères iront-ils à la guerre, et vous, resterez-vous ici?

⁷Pourquoi voulez-vous décourager les enfants d'Israël de passer dans le pays que l'Éternel leur donne?

⁸Ainsi firent vos pères, quand je les envoyai de Kadès Barnéa pour examiner le pays.

⁹Ils montèrent jusqu'à la vallée d'Eschcol, et, après avoir examiné le pays, ils découragèrent les enfants d'Israël d'aller dans le pays que l'Éternel leur donnait.

¹⁰La colère de l'Éternel s'enflamma ce jour-là, et il jura en disant:

¹¹Ces hommes qui sont montés d'Égypte, depuis l'âge de vingt ans et au-dessus, ne verront point le pays que j'ai juré de donner à Abraham, à Isaac et à Jacob, car ils n'ont pas suivi pleinement ma voie,

¹²excepté Caleb, fils de Jephunné, le Kenizien, et Josué, fils de Nun, qui ont pleinement suivi la voie de l'Éternel.

¹³La colère de l'Éternel s'enflamma contre Israël, et il les fit errer dans le désert pendant quarante années, jusqu'à l'anéantissement de toute la génération qui avait fait le mal aux yeux de l'Éternel.

¹⁴Et voici, vous prenez la place de vos pères comme des rejetons d'hommes pécheurs, pour rendre la colère de l'Éternel encore plus ardente contre Israël.

¹⁵Car, si vous vous détournez de lui, il continuera de laisser Israël au désert, et vous causerez la perte de tout ce peuple.

¹⁶Ils s'approchèrent de Moïse, et ils dirent: Nous construirons ici des parcs pour nos troupeaux et des villes pour nos petits enfants;

¹⁷puis nous nous équiperons en hâte pour marcher devant les enfants d'Israël, jusqu'à ce que nous les ayons introduits dans le lieu qui leur est destiné; et nos petits enfants demeureront dans les villes fortes, à cause des habitants du pays.

¹⁸Nous ne retournerons point dans nos maisons avant que les enfants d'Israël aient pris possession chacun de son héritage;

¹⁹et nous ne posséderons rien avec eux de l'autre côté du Jourdain, ni plus loin, puisque nous aurons notre héritage de ce côté-ci du Jourdain, à l'orient.

²⁰Moïse leur dit: Si vous faites cela, si vous vous armez pour combattre devant l'Éternel,

²¹si tous ceux qui s'armeront passent le Jourdain devant l'Éternel jusqu'à ce qu'il ait chassé ses ennemis loin de sa face,

²²et si vous revenez seulement après que le pays aura été soumis devant l'Éternel, -vous serez alors sans reproche vis-à-vis de l'Éternel et

vis-à-vis d'Israël, et cette contrée-ci sera votre propriété devant l'Éternel.

²³Mais si vous ne faites pas ainsi, vous péchez contre l'Éternel; sachez que votre péché vous atteindra.

²⁴Construisez des villes pour vos petits enfants et des parcs pour vos troupeaux, et faites ce que votre bouche a déclaré.

²⁵Les fils de Gad et les fils de Ruben dirent à Moïse: Tes serviteurs feront ce que mon seigneur ordonne.

²⁶Nos petits enfants, nos femmes, nos troupeaux et tout notre bétail, resteront dans les villes de Galaad;

²⁷et tes serviteurs, tous armés pour la guerre, iront combattre devant l'Éternel, comme dit mon seigneur.

²⁸Moïse donna des ordres à leur sujet au sacrificateur Éléazar, à Josué, fils de Nun, et aux chefs de famille dans les tribus des enfants d'Israël.

²⁹Il leur dit: Si les fils de Gad et les fils de Ruben passent avec vous le Jourdain, tous armés pour combattre devant l'Éternel, et que le pays soit soumis devant vous, vous leur donnerez en propriété la contrée de Galaad.

³⁰Mais s'ils ne marchent point en armes avec vous, qu'ils s'établissent au milieu de vous dans le pays de Canaan.

³¹Les fils de Gad et les fils de Ruben répondirent: Nous ferons ce que l'Éternel a dit à tes serviteurs.

³²Nous passerons en armes devant l'Éternel au pays de Canaan; mais que nous possédions notre héritage de ce côté-ci du Jourdain.

³³Moïse donna aux fils de Gad et aux fils de Ruben, et à la moitié de la tribu de Manassé, fils de Joseph, le royaume de Sihon, roi des Amoréens, et le royaume d'Og, roi de Basan, le pays avec ses villes, avec les territoires des villes du pays tout alentour.

³⁴Les fils de Gad bâtirent Dibon, Atharoth, Aroër,

³⁵Athroth Schophan, Jaezer, Jogbeha,

³⁶Beth Nimra et Beth Haran, villes fortes, et ils firent des parcs pour les troupeaux.

³⁷Les fils de Ruben bâtirent Hesbon, Éléalé et Kirjathaïm,

³⁸Nebo et Baal Meon, dont les noms furent changés, et Sibma, et ils donnèrent des noms aux villes qu'ils bâtirent.

³⁹Les fils de Makir, fils de Manassé, marchèrent contre Galaad, et s'en emparèrent; ils chassèrent les Amoréens qui y étaient.

⁴⁰Moïse donna Galaad à Makir, fils de Manassé, qui s'y établit.

⁴¹Jaïr, fils de Manassé, se mit en marche, prit les bourgs, et les appela bourgs de Jaïr.

⁴²Nobach se mit en marche, prit Kenath avec les villes de son ressort, et l'appela Nobach, d'après son nom.

Chapitre 33

¹Voici les stations des enfants d'Israël qui sortirent du pays d'Égypte, selon leurs corps d'armée, sous la conduite de Moïse et d'Aaron.

²Moïse écrivit leurs marches de station en station, d'après l'ordre de l'Éternel. Et voici leurs stations, selon leurs marches.

³Ils partirent de Ramsès le premier mois, le quinzième jour du premier mois. Le lendemain de la Pâque, les enfants d'Israël sortirent la main levée, à la vue de tous les Égyptiens.

⁴Et les Égyptiens enterraient ceux que l'Éternel avait frappés parmi eux, tous les premiers-nés; l'Éternel exerçait aussi des jugements contre leurs dieux.

⁵Les enfants d'Israël partirent de Ramsès, et campèrent à Succoth.

⁶Ils partirent de Succoth, et campèrent à Étham, qui est à l'extrémité du désert.

⁷Ils partirent d'Étham, se détournèrent vers Pi Hahiroth, vis-à-vis de Baal Tsephon, et campèrent devant Migdol.

⁸Ils partirent de devant Pi Hahiroth, et passèrent au milieu de la mer dans la direction du désert, ils firent trois journées de marche dans le désert d'Étham, et campèrent à Mara.

⁹Ils partirent de Mara, et arrivèrent à Élim; il y avait à Élim douze sources d'eau et soixante-dix palmiers: ce fut là qu'ils campèrent.

¹⁰Ils partirent d'Élim, et campèrent près de la mer Rouge.

¹¹Ils partirent de la mer Rouge, et campèrent dans le désert de Sin.

¹²Ils partirent du désert de Sin, et campèrent à Dophka.

¹³Ils partirent de Dophka, et campèrent à Alusch.

¹⁴Ils partirent d'Alusch, et campèrent à Rephidim, où le peuple ne trouva point d'eau à boire.

¹⁵Ils partirent de Rephidim, et campèrent dans le désert de Sinaï.

¹⁶Ils partirent du désert du Sinaï, et campèrent à Kibroth Hattaava.

¹⁷Ils partirent de Kibroth Hattaava, et campèrent à Hatséroth.

¹⁸Ils partirent de Hatséroth, et campèrent à Rithma.

¹⁹Ils partirent de Rithma, et campèrent à Rimmon Pérets.

²⁰Ils partirent de Rimmon Pérets, et campèrent à Libna.

²¹Ils partirent de Libna, et campèrent à Rissa.

²²Ils partirent de Rissa, et campèrent à Kehélatha.

²³Ils partirent de Kehélatha, et campèrent à la montagne de Schapher.

²⁴Ils partirent de la montagne de Schapher, et campèrent à Harada.

²⁵Ils partirent de Harada, et campèrent à Makhéloth.

²⁶Ils partirent de Makhéloth, et campèrent à Tahath.

²⁷Ils partirent de Tahath, et campèrent à Tarach.

²⁸Ils partirent de Tarach, et campèrent à Mithka.

²⁹Ils partirent de Mithka, et campèrent à Haschmona.

³⁰Ils partirent de Haschmona, et campèrent à Moséroth.

³¹Ils partirent de Moséroth, et campèrent à Bené Jaakan.

³²Ils partirent de Bené Jaakan, et campèrent à Hor Guidgad.

³³Ils partirent de Hor Guidgad, et campèrent à Jothbatha.

³⁴Ils partirent de Jothbatha, et campèrent à Abrona.

³⁵Ils partirent d'Abrona, et campèrent à Etsjon Guéber.

³⁶Ils partirent d'Etsjon Guéber, et campèrent dans le désert de Tsin: c'est Kadès.

³⁷Ils partirent de Kadès, et campèrent à la montagne de Hor, à l'extrémité du pays d'Édom.

³⁸Le sacrificateur Aaron monta sur la montagne de Hor, suivant l'ordre de l'Éternel; et il y mourut, la quarantième année après la sortie des enfants d'Israël du pays d'Égypte, le cinquième mois, le premier jour du mois.

³⁹Aaron était âgé de cent vingt-trois ans lorsqu'il mourut sur la montagne de Hor.

⁴⁰Le roi d'Arad, Cananéen, qui habitait le midi du pays de Canaan, apprit l'arrivée des enfants d'Israël.

⁴¹Ils partirent de la montagne de Hor, et campèrent à Tsalmona.

⁴²Ils partirent de Tsalmona, et campèrent à Punon.

⁴³Ils partirent de Punon, et campèrent à Oboth.

⁴⁴Ils partirent d'Oboth, et campèrent à Ijjé Abarim, sur la frontière de Moab.

⁴⁵Ils partirent d'Ijjé Abarim, et campèrent à Dibon Gad.

⁴⁶Ils partirent de Dibon Gad, et campèrent à Almon Diblathaïm.

⁴⁷Ils partirent d'Almon Diblathaïm, et campèrent aux montagnes d'Abarim, devant Nebo.

⁴⁸Ils partirent des montagnes d'Abarim, et campèrent dans les plaines de Moab, près du Jourdain, vis-à-vis de Jéricho.

⁴⁹Ils campèrent près du Jourdain, depuis Beth Jeschimoth jusqu'à Abel Sittim, dans les plaines de Moab.

⁵⁰L'Éternel parla à Moïse dans les plaines de Moab, près du Jourdain, vis-à-vis de Jéricho. Il dit:

⁵¹Parle aux enfants d'Israël, et dis-leur: Lorsque vous aurez passé le Jourdain et que vous serez entrés dans le pays de Canaan,

⁵²vous chasserez devant vous tous les habitants du pays, vous détruirez toutes leurs idoles de pierre, vous détruirez toutes leurs images de fonte, et vous détruirez tous leurs hauts lieux.

⁵³Vous prendrez possession du pays, et vous vous y établirez; car je vous ai donné le pays, pour qu'il soit votre propriété.

⁵⁴Vous partagerez le pays par le sort, selon vos familles. A ceux qui sont en plus grand nombre vous donnerez une portion plus grande, et à ceux qui sont en plus petit nombre vous donnerez une portion plus petite. Chacun possédera ce qui lui sera échu par le sort: vous le recevrez en propriété, selon les tribus de vos pères.

⁵⁵Mais si vous ne chassez pas devant vous les habitants du pays, ceux d'entre eux que vous laisserez seront comme des épines dans vos yeux et des aiguillons dans vos côtés, ils seront vos ennemis dans le pays où vous allez vous établir.

⁵⁶Et il arrivera que je vous traiterai comme j'avais résolu de les traiter.

Chapitre 34

¹L'Éternel parla à Moïse, et dit:

²Donne cet ordre aux enfants d'Israël, et dis-leur: Quand vous serez entrés dans le pays de Canaan, ce pays deviendra votre héritage, le pays de Canaan, dont voici les limites.

³Le côté du midi commencera au désert de Tsin près d'Édom. Ainsi, votre limite méridionale partira de l'extrémité de la mer Salée, vers l'orient;

⁴elle tournera au sud de la montée d'Akrabbim, passera par Tsin, et s'étendra jusqu'au midi de Kadès Barnéa; elle continuera par Hatsar Addar, et passera vers Atsmon;

⁵depuis Atsmon, elle tournera jusqu'au torrent d'Égypte, pour aboutir à la mer.

⁶Votre limite occidentale sera la grande mer: ce sera votre limite à l'occident.

⁷Voici quelle sera votre limite septentrionale: à partir de la grande mer, vous la tracerez jusqu'à la montagne de Hor;

⁸depuis la montagne de Hor, vous la ferez passer par Hamath, et arriver à Tsedad;

⁹elle continuera par Ziphron, pour aboutir à Hatsar Énan: ce sera votre limite au septentrion.

¹⁰Vous tracerez votre limite orientale de Hatsar Énan à Schepham;

¹¹elle descendra de Schepham vers Ribla, à l'orient d'Aïn; elle descendra, et s'étendra le long de la mer de Kinnéreth, à l'orient;

¹²elle descendra encore vers le Jourdain, pour aboutir à la mer Salée. Tel sera votre pays avec ses limites tout autour.

¹³Moïse transmit cet ordre aux enfants d'Israël, et dit: C'est là le pays que vous partagerez par le sort, et que l'Éternel a résolu de donner aux neuf tribus et à la demi-tribu.

¹⁴Car la tribu des fils de Ruben et la tribu des fils de Gad ont pris leur héritage, selon les maisons de leurs pères; la demi-tribu de Manassé a aussi pris son héritage.

¹⁵Ces deux tribus et la demi-tribu ont pris leur héritage en deçà du Jourdain, vis-à-vis de Jéricho, du côté de l'orient.

¹⁶L'Éternel parla à Moïse, et dit:

¹⁷Voici les noms des hommes qui partageront entre vous le pays: le sacrificateur Éléazar, et Josué, fils de Nun.

¹⁸Vous prendrez encore un prince de chaque tribu, pour faire le partage du pays.

¹⁹Voici les noms de ces hommes. Pour la tribu de Juda: Caleb, fils de Jephunné;

²⁰pour la tribu des fils de Siméon: Samuel, fils d'Ammihud;

²¹pour la tribu de Benjamin: Élidad, fils de Kislon;

²²pour la tribu des fils de Dan: le prince Buki, fils de Jogli;

²³pour les fils de Joseph, -pour la tribu des fils de Manassé: le prince Hanniel, fils d'Éphod; -

²⁴et pour la tribu des fils d'Éphraïm: le prince Kemuel, fils de Schiphtan;

²⁵pour la tribu des fils de Zabulon: le prince Élitsaphan, fils de Parnac;

²⁶pour la tribu des fils d'Issacar: le prince Paltiel, fils d'Azzan;

²⁷pour la tribu des fils d'Aser: le prince Ahihud, fils de Schelomi;

²⁸pour la tribu des fils de Nephthali: le prince Pedahel, fils d'Ammihud.

²⁹Tels sont ceux à qui l'Éternel ordonna de partager le pays de Canaan entre les enfants d'Israël.

Chapitre 35

¹L'Éternel parla à Moïse, dans les plaines de Moab, près du Jourdain, vis-à-vis de Jéricho. Il dit:

²Ordonne aux enfants d'Israël d'accorder aux Lévites, sur l'héritage qu'ils posséderont, des villes où ils puissent habiter. Vous donnerez aussi aux Lévites une banlieue autour de ces villes.

³Ils auront les villes pour y habiter; et les banlieues seront pour leur bétail, pour leurs biens et pour tous leurs animaux.

⁴Les banlieues des villes que vous donnerez aux Lévites auront, à partir du mur de la ville et au dehors, mille coudées tout autour.

⁵Vous mesurerez, en dehors de la ville, deux mille coudées pour le côté oriental, deux mille coudées pour le côté méridional, deux mille coudées pour le côté occidental, et deux mille coudées pour le côté septentrional. La ville sera au milieu. Telles seront les banlieues de leurs villes.

⁶Parmi les villes que vous donnerez aux Lévites, il y aura six villes de refuge où pourra s'enfuir le meurtrier, et quarante-deux autres villes.

⁷Total des villes que vous donnerez aux Lévites: quarante-huit villes, avec leurs banlieues.

⁸Les villes que vous donnerez sur les propriétés des enfants d'Israël seront livrées en plus grand nombre par ceux qui en ont le plus, et en plus petit nombre par ceux qui en ont moins; chacun donnera de ses villes aux Lévites à proportion de l'héritage qu'il possédera.

⁹L'Éternel parla à Moïse, et dit:

¹⁰Parle aux enfants d'Israël, et dis-leur: Lorsque vous aurez passé le Jourdain et que vous serez entrés dans le pays de Canaan,

¹¹vous vous établirez des villes qui soient pour vous des villes de refuge, où pourra s'enfuir le meurtrier qui aura tué quelqu'un involontairement.

¹²Ces villes vous serviront de refuge contre le vengeur du sang, afin que le meurtrier ne soit point mis à mort avant d'avoir comparu devant l'assemblée pour être jugé.

¹³Des villes que vous donnerez, six seront pour vous des villes de refuge.

¹⁴Vous donnerez trois villes au delà du Jourdain, et vous donnerez trois villes dans le pays de Canaan: ce seront des villes de refuge.

¹⁵Ces six villes serviront de refuge aux enfants d'Israël, à l'étranger et à celui qui demeure au milieu de vous: là pourra s'enfuir tout homme qui aura tué quelqu'un involontairement.

¹⁶Si un homme frappe son prochain avec un instrument de fer, et que la mort en soit la suite, c'est un meurtrier: le meurtrier sera puni de mort.

¹⁷S'il le frappe, tenant à la main une pierre qui puisse causer la mort, et que la mort en soit la suite, c'est un meurtrier: le meurtrier sera puni de mort.

¹⁸S'il le frappe, tenant à la main un instrument de bois qui puisse causer la mort, et que la mort en soit la suite, c'est un meurtrier: le meurtrier sera puni de mort.

¹⁹Le vengeur du sang fera mourir le meurtrier; quand il le rencontrera, il le tuera.

²⁰Si un homme pousse son prochain par un mouvement de haine, ou s'il jette quelque chose sur lui avec préméditation, et que la mort en soit la suite,

²¹ou s'il le frappe de sa main par inimitié, et que la mort en soit la suite, celui qui a frappé sera puni de mort, c'est un meurtrier: le vengeur du sang tuera le meurtrier, quand il le rencontrera.

²²Mais si un homme pousse son prochain subitement et non par inimitié, ou s'il jette quelque chose sur lui sans préméditation,

²³ou s'il fait tomber sur lui par mégarde une pierre qui puisse causer la mort, et que la mort en soit la suite, sans qu'il ait de la haine contre lui et qu'il lui cherche du mal,

²⁴voici les lois d'après lesquelles l'assemblée jugera entre celui qui a frappé et le vengeur du sang.

²⁵L'assemblée délivrera le meurtrier de la main du vengeur du sang, et le fera retourner dans la ville de refuge où il s'était enfui. Il y demeurera jusqu'à la mort du souverain sacrificateur qu'on a oint de l'huile sainte.

²⁶Si le meurtrier sort du territoire de la ville de refuge où il s'est enfui,

²⁷et si le vengeur du sang le rencontre hors du territoire de la ville de refuge et qu'il tue le meurtrier, il ne sera point coupable de meurtre.

²⁸Car le meurtrier doit demeurer dans sa ville de refuge jusqu'à la mort du souverain sacrificateur; et après la mort du souverain sacrificateur, il pourra retourner dans sa propriété.

²⁹Voici des ordonnances de droit pour vous et pour vos descendants, dans tous les lieux où vous habiterez.

³⁰Si un homme tue quelqu'un, on ôtera la vie au meurtrier, sur la déposition de témoins. Un seul témoin ne suffira pas pour faire condamner une personne à mort.

³¹Vous n'accepterez point de rançon pour la vie d'un meurtrier qui mérite la mort, car il sera puni de mort.

³²Vous n'accepterez point de rançon, qui lui permette de s'enfuir dans sa ville de refuge, et de retourner habiter dans le pays après la mort du sacrificateur.

³³Vous ne souillerez point le pays où vous serez, car le sang souille le pays; et il ne sera fait pour le pays aucune expiation du sang qui y sera répandu que par le sang de celui qui l'aura répandu.

³⁴Vous ne souillerez point le pays où vous allez demeurer, et au milieu duquel j'habiterai; car je suis l'Éternel, qui habite au milieu des enfants d'Israël.

Chapitre 36

¹Les chefs de la famille de Galaad, fils de Makir, fils de Manassé, d'entre les familles des fils de Joseph, s'approchèrent et parlèrent devant Moïse et devant les princes, chefs de famille des enfants d'Israël.

²Ils dirent: L'Éternel a ordonné à mon seigneur de donner le pays en héritage par le sort aux enfants d'Israël. Mon seigneur a aussi reçu de l'Éternel l'ordre de donner l'héritage de Tselophchad, notre frère, à ses filles.

³Si elles se marient à l'un des fils d'une autre tribu des enfants d'Israël, leur héritage sera retranché de l'héritage de nos pères et ajouté à celui de la tribu à laquelle elles appartiendront; ainsi sera diminué l'héritage qui nous est échu par le sort.

⁴Et quand viendra le jubilé pour les enfants d'Israël, leur héritage sera ajouté à celui de la tribu à laquelle elles appartiendront, et il sera retranché de celui de la tribu de nos pères.

⁵Moïse transmit aux enfants d'Israël les ordres de l'Eternel. Il dit: La tribu des fils de Joseph a raison.

⁶Voici ce que l'Éternel ordonne au sujet des filles de Tselophchad: elles se marieront à qui elles voudront, pourvu qu'elles se marient dans une famille de la tribu de leurs pères.

⁷Aucun héritage parmi les enfants d'Israël ne passera d'une tribu à

Nombres

une autre tribu, mais les enfants d'Israël s'attacheront chacun à l'héritage de la tribu de ses pères.

⁸Et toute fille, possédant un héritage dans les tribus des enfants d'Israël, se mariera à quelqu'un d'une famille de la tribu de son père, afin que les enfants d'Israël possèdent chacun l'héritage de leurs pères.

⁹Aucun héritage ne passera d'une tribu à une autre tribu, mais les tribus des enfants d'Israël s'attacheront chacune à son héritage.

¹⁰Les filles de Tselophchad se conformèrent à l'ordre que l'Éternel avait donné à Moïse.

¹¹Machla, Thirtsa, Hogla, Milca et Noa, filles de Tselophchad, se marièrent aux fils de leurs oncles;

¹²elles se marièrent dans les familles des fils de Manassé, fils de Joseph, et leur héritage resta dans la tribu de la famille de leur père.

¹³Tels sont les commandements et les lois que l'Éternel donna par Moïse aux enfants d'Israël, dans les plaines de Moab, près du Jourdain, vis-à-vis de Jéricho.

Deutéronome

Chapitre 1

¹Voici les paroles que Moïse adressa à tout Israël, de l'autre côté du Jourdain, dans le désert, dans la plaine, vis-à-vis de Suph, entre Paran, Tophel, Laban, Hatséroth et Di Zahab.

²Il y a onze journées depuis Horeb, par le chemin de la montagne de Séir, jusqu'à Kadès Barnéa.

³Dans la quarantième année, au onzième mois, le premier du mois, Moïse parla aux enfants d'Israël selon tout ce que l'Éternel lui avait ordonné de leur dire.

⁴C'était après qu'il eut battu Sihon, roi des Amoréens, qui habitait à Hesbon, et Og, roi de Basan, qui habitait à Aschtaroth et à Édréi.

⁵De l'autre côté du Jourdain, dans le pays de Moab, Moïse commença à expliquer cette loi, et dit:

⁶L'Éternel, notre Dieu, nous a parlé à Horeb, en disant: Vous avez assez demeuré dans cette montagne.

⁷Tournez-vous, et partez; allez à la montagne des Amoréens et dans tout le voisinage, dans la plaine, sur la montagne, dans la vallée, dans le midi, sur la côte de la mer, au pays des Cananéens et au Liban, jusqu'au grand fleuve, au fleuve d'Euphrate.

⁸Voyez, j'ai mis le pays devant vous; allez, et prenez possession du pays que l'Éternel a juré à vos pères, Abraham, Isaac et Jacob, de donner à eux et à leur postérité après eux.

⁹Dans ce temps-là, je vous dis: Je ne puis pas, à moi seul, vous porter.

¹⁰L'Éternel, votre Dieu, vous a multipliés, et vous êtes aujourd'hui aussi nombreux que les étoiles du ciel.

¹¹Que l'Éternel, le Dieu de vos pères, vous augmente mille fois autant, et qu'il vous bénisse comme il vous l'a promis!

¹²Comment porterais-je, à moi seul, votre charge, votre fardeau et vos contestations?

¹³Prenez dans vos tribus des hommes sages, intelligents et connus, et je les mettrai à votre tête.

¹⁴Vous me répondîtes, en disant: Ce que tu proposes de faire est une bonne chose.

¹⁵Je pris alors les chefs de vos tribus, des hommes sages et connus, et je les mis à votre tête comme chefs de mille, chefs de cent, chefs de cinquante, et chefs de dix, et comme ayant autorité dans vos tribus.

¹⁶Je donnai, dans le même temps, cet ordre à vos juges: Écoutez vos frères, et jugez selon la justice les différends de chacun avec son frère ou avec l'étranger.

¹⁷Vous n'aurez point égard à l'apparence des personnes dans vos jugements; vous écouterez le petit comme le grand; vous ne craindrez aucun homme, car c'est Dieu qui rend la justice. Et lorsque vous trouverez une cause trop difficile, vous la porterez devant moi, pour que je l'entende.

¹⁸C'est ainsi que je vous prescrivis, dans ce temps-là, tout ce que vous aviez à faire.

¹⁹Nous partîmes d'Horeb, et nous parcourûmes en entier ce grand et affreux désert que vous avez vu; nous prîmes le chemin de la montagne des Amoréens, comme l'Éternel, notre Dieu, nous l'avait ordonné, et nous arrivâmes à Kadès Barnéa.

²⁰Je vous dis: Vous êtes arrivés à la montagne des Amoréens, que l'Éternel, notre Dieu, nous donne.

²¹Vois, l'Éternel, ton Dieu, met le pays devant toi; monte, prends-en possession, comme te l'a dit l'Éternel, le Dieu de tes pères; ne crains point, et ne t'effraie point.

²²Vous vous approchâtes tous de moi, et vous dîtes: Envoyons des hommes devant nous, pour explorer le pays, et pour nous faire un rapport sur le chemin par lequel nous y monterons et sur les villes où nous arriverons.

²³Cet avis me parut bon; et je pris douze hommes parmi vous, un homme par tribu.

²⁴Ils partirent, traversèrent la montagne, et arrivèrent jusqu'à la vallée d'Eschcol, qu'ils explorèrent.

²⁵Ils prirent dans leurs mains des fruits du pays, et nous les présentèrent; ils nous firent un rapport, et dirent: C'est un bon pays, que l'Éternel, notre Dieu, nous donne.

²⁶Mais vous ne voulûtes point y monter, et vous fûtes rebelles à l'ordre de l'Éternel, votre Dieu.

²⁷Vous murmurâtes dans vos tentes, et vous dîtes: C'est parce que l'Éternel nous hait, qu'il nous a fait sortir du pays d'Égypte, afin de nous livrer entre les mains des Amoréens et de nous détruire.

²⁸Où monterions-nous? Nos frères nous ont fait perdre courage, en disant: C'est un peuple plus grand et de plus haute taille que nous; ce sont des villes grandes et fortifiées jusqu'au ciel; nous y avons même vu des enfants d'Anak.

²⁹Je vous dis: Ne vous épouvantez pas, et n'ayez pas peur d'eux.

³⁰L'Éternel, votre Dieu, qui marche devant vous, combattra lui-même pour vous, selon tout ce qu'il a fait pour vous sous vos yeux en Égypte,

³¹puis au désert, où tu as vu que l'Éternel, ton Dieu, t'a porté comme un homme porte son fils, pendant toute la route que vous avez faite jusqu'à votre arrivée en ce lieu.

³²Malgré cela, vous n'eûtes point confiance en l'Éternel, votre Dieu,

³³qui allait devant vous sur la route pour vous chercher un lieu de campement, la nuit dans un feu afin de vous montrer le chemin où vous deviez marcher, et le jour dans une nuée.

³⁴L'Éternel entendit le bruit de vos paroles. Il s'irrita, et jura, en disant:

³⁵Aucun des hommes de cette génération méchante ne verra le bon pays que j'ai juré de donner à vos pères,

³⁶excepté Caleb, fils de Jephunné; il le verra, lui, et je donnerai à lui et à ses enfants le pays sur lequel il a marché, parce qu'il a pleinement suivi la voie de l'Éternel.

³⁷L'Éternel s'irrita aussi contre moi, à cause de vous, et il dit: Toi non plus, tu n'y entreras point.

³⁸Josué, fils de Nun, ton serviteur, y entrera; fortifie-le, car c'est lui qui mettra Israël en possession de ce pays.

³⁹Et vos petits enfants, dont vous avez dit: Ils deviendront une proie! et vos fils, qui ne connaissent aujourd'hui ni le bien ni le mal, ce sont eux qui y entreront, c'est à eux que je le donnerai, et ce sont eux qui le posséderont.

⁴⁰Mais vous, tournez-vous, et partez pour le désert, dans la direction de la mer Rouge.

⁴¹Vous répondîtes, en me disant: Nous avons péché contre l'Éternel; nous monterons et nous combattrons, comme l'Éternel, notre Dieu, nous l'a ordonné. Et vous ceignîtes chacun vos armes, et vous fîtes le projet téméraire de monter à la montagne.

⁴²L'Éternel me dit: Dis-leur: Ne montez pas et ne combattez pas, car je ne suis pas au milieu de vous; ne vous faites pas battre par vos ennemis.

⁴³Je vous parlai, mais vous n'écoutâtes point; vous fûtes rebelles à l'ordre de l'Éternel, et vous montâtes audacieusement à la montagne.

⁴⁴Alors les Amoréens, qui habitent cette montagne, sortirent à votre rencontre, et vous poursuivirent comme font les abeilles; ils vous battirent en Séir, jusqu'à Horma.

⁴⁵A votre retour, vous pleurâtes devant l'Éternel; mais l'Éternel n'écouta point votre voix, et ne vous prêta point l'oreille.

⁴⁶Vous restâtes à Kadès, où le temps que vous y avez passé fut de longue durée.

Chapitre 2

¹Nous nous tournâmes, et nous partîmes pour le désert, par le chemin de la mer Rouge, comme l'Éternel me l'avait ordonné; nous suivîmes longtemps les contours de la montagne de Séir.

²L'Éternel me dit:

³Vous avez assez suivi les contours de cette montagne. Tournez-vous vers le nord.

⁴Donne cet ordre au peuple: Vous allez passer à la frontière de vos frères, les enfants d'Ésaü, qui habitent en Séir. Ils vous craindront; mais soyez bien sur vos gardes.

⁵Ne les attaquez pas; car je ne vous donnerai dans leur pays pas même de quoi poser la plante du pied: j'ai donné la montagne de Séir en propriété à Ésaü.

⁶Vous achèterez d'eux à prix d'argent la nourriture que vous mangerez, et vous achèterez d'eux à prix d'argent même l'eau que vous boirez.

⁷Car l'Éternel, ton Dieu, t'a béni dans tout le travail de tes mains, il a connu ta marche dans ce grand désert. Voilà quarante années que l'Éternel, ton Dieu, est avec toi: tu n'as manqué de rien.

⁸Nous passâmes à distance de nos frères, les enfants d'Ésaü, qui habitent en Séir, et à distance du chemin de la plaine, d'Élath et d'Etsjon Guéber, puis nous nous tournâmes, et nous prîmes la direction du désert de Moab.

⁹L'Éternel me dit: N'attaque pas Moab, et ne t'engage pas dans un combat avec lui; car je ne te donnerai rien à posséder dans son pays: c'est aux enfants de Lot que j'ai donné Ar en propriété.

Deutéronome

¹⁰(Les Émim y habitaient auparavant; c'était un peuple grand, nombreux et de haute taille, comme les Anakim.

¹¹Ils passaient aussi pour être des Rephaïm, de même que les Anakim; mais les Moabites les appelaient Émim.

¹²Séir était habité autrefois par les Horiens; les enfants d'Ésaü les chassèrent, les détruisirent devant eux, et s'établirent à leur place, comme l'a fait Israël dans le pays qu'il possède et que l'Éternel lui a donné.)

¹³Maintenant levez-vous, et passez le torrent de Zéred. Nous passâmes le torrent de Zéred.

¹⁴Le temps que durèrent nos marches de Kadès Barnéa au passage du torrent de Zéred fut de trente-huit ans, jusqu'à ce que toute la génération des hommes de guerre eût disparu du milieu du camp, comme l'Éternel le leur avait juré.

¹⁵La main de l'Éternel fut aussi sur eux pour les détruire du milieu du camp, jusqu'à ce qu'ils eussent disparu.

¹⁶Lorsque tous les hommes de guerre eurent disparu par la mort du milieu du peuple,

¹⁷l'Éternel me parla, et dit:

¹⁸Tu passeras aujourd'hui la frontière de Moab, à Ar,

¹⁹et tu approcheras des enfants d'Ammon. Ne les attaque pas, et ne t'engage pas dans un combat avec eux; car je ne te donnerai rien à posséder dans le pays des enfants d'Ammon: c'est aux enfants de Lot que je l'ai donné en propriété.

²⁰(Ce pays passait aussi pour un pays de Rephaïm; des Rephaïm y habitaient auparavant, et les Ammonites les appelaient Zamzummim:

²¹c'était un peuple grand, nombreux et de haute taille, comme les Anakim. L'Éternel les détruisit devant les Ammonites, qui les chassèrent et s'établirent à leur place.

²²C'est ainsi que fit l'Éternel pour les enfants d'Ésaü qui habitent en Séir, quand il détruisit les Horiens devant eux; ils les chassèrent et s'établirent à leur place, jusqu'à ce jour.

²³Les Avviens, qui habitaient dans des villages jusqu'à Gaza, furent détruits par les Caphtorim, sortis de Caphtor, qui s'établirent à leur place.)

²⁴Levez-vous, partez, et passez le torrent de l'Arnon. Vois, je livre entre tes mains Sihon, roi de Hesbon, l'Amoréen et son pays. Commence la conquête, fais-lui la guerre!

²⁵Je vais répandre dès aujourd'hui la frayeur et la crainte de toi sur tous les peuples qui sont sous le ciel; et, au bruit de ta renommée, ils trembleront et seront saisis d'angoisse à cause de toi.

²⁶J'envoyai, du désert de Kedémoth, des messagers à Sihon, roi de Hesbon, avec des paroles de paix. Je lui fis dire:

²⁷Laisse-moi passer par ton pays; je suivrai la grande route, sans m'écarter ni à droite ni à gauche.

²⁸Tu me vendras à prix d'argent la nourriture que je mangerai, et tu me donneras à prix d'argent l'eau que je boirai; je ne ferai que passer avec mes pieds.

²⁹C'est ce que m'ont accordé les enfants d'Ésaü qui habitent en Séir, et les Moabites qui demeurent à Ar. Accorde-le aussi, jusqu'à ce que je passe le Jourdain pour entrer au pays que l'Éternel, notre Dieu, nous donne.

³⁰Mais Sihon, roi de Hesbon, ne voulut point nous laisser passer chez lui; car l'Éternel, ton Dieu, rendit son esprit inflexible et endurcit son coeur, afin de le livrer entre tes mains, comme tu le vois aujourd'hui.

³¹L'Éternel me dit: Vois, je te livre dès maintenant Sihon et son pays.

³²Sihon sortit à notre rencontre, avec tout son peuple, pour nous combattre à Jahats.

³³L'Éternel, notre Dieu, nous le livra, et nous le battîmes, lui et ses fils, et tout son peuple.

³⁴Nous prîmes alors toutes ses villes, et nous les dévouâmes par interdit, hommes, femmes et petits enfants, sans en laisser échapper un seul.

³⁵Seulement, nous pillâmes pour nous le bétail et le butin des villes que nous avions prises.

³⁶Depuis Aroër sur les bords du torrent de l'Arnon, et la ville qui est dans la vallée, jusqu'à Galaad, il n'y eut pas de ville trop forte pour nous: l'Éternel, notre Dieu, nous livra tout.

³⁷Mais tu n'approchas point du pays des enfants d'Ammon, de tous les bords du torrent de Jabbok, des villes de la montagne, de tous les lieux que l'Éternel, notre Dieu, t'avait défendu d'attaquer.

Chapitre 3

¹Nous nous tournâmes, et nous montâmes par le chemin de Basan. Og, roi de Basan, sortit à notre rencontre, avec tout son peuple, pour nous combattre à Édréi.

²L'Éternel me dit: Ne le crains point; car je le livre entre tes mains, lui et tout son peuple, et son pays; tu le traiteras comme tu as traité Sihon, roi des Amoréens, qui habitait à Hesbon.

³Et l'Éternel, notre Dieu, livra encore entre nos mains Og, roi de Basan, avec tout son peuple; nous le battîmes, sans laisser échapper aucun de ses gens.

⁴Nous prîmes alors toutes ses villes, et il n'y en eut pas une qui ne tombât en notre pouvoir: soixante villes, toute la contrée d'Argob, le royaume d'Og en Basan.

⁵Toutes ces villes étaient fortifiées, avec de hautes murailles, des portes et des barres; il y avait aussi des villes sans murailles en très grand nombre.

⁶Nous les dévouâmes par interdit, comme nous l'avions fait à Sihon, roi de Hesbon; nous dévouâmes toutes les villes par interdit, hommes, femmes et petits enfants.

⁷Mais nous pillâmes pour nous tout le bétail et le butin des villes.

⁸C'est ainsi que, dans ce temps-là, nous conquîmes sur les deux rois des Amoréens le pays de l'autre côté du Jourdain, depuis le torrent de l'Arnon jusqu'à la montagne de l'Hermon

⁹(les Sidoniens donnent à l'Hermon le nom de Sirion, et les Amoréens celui de Senir,)

¹⁰toutes les villes de la plaine, tout Galaad et tout Basan jusqu'à Salca et Édréi, villes du royaume d'Og en Basan.

¹¹(Og, roi de Basan, était resté seul de la race des Rephaïm. Voici, son lit, un lit de fer, n'est-il pas à Rabbath, ville des enfants d'Ammon? Sa longueur est de neuf coudées, et sa largeur de quatre coudées, en coudées d'homme.)

¹²Nous prîmes alors possession de ce pays. Je donnai aux Rubénites et aux Gadites le territoire à partir d'Aroër sur le torrent de l'Arnon et la moitié de la montagne de Galaad avec ses villes.

¹³Je donnai à la moitié de la tribu de Manassé le reste de Galaad et tout le royaume d'Og en Basan: toute la contrée d'Argob, avec tout Basan, c'est ce qu'on appelait le pays des Rephaïm.

¹⁴Jaïr, fils de Manassé, prit toute la contrée d'Argob jusqu'à la frontière des Gueschuriens et des Maacathiens, et il donna son nom aux bourgs de Basan, appelés encore aujourd'hui bourgs de Jaïr.

¹⁵Je donnai Galaad à Makir.

¹⁶Aux Rubénites et aux Gadites je donnai une partie de Galaad jusqu'au torrent de l'Arnon, dont le milieu sert de limite, et jusqu'au torrent de Jabbok, frontière des enfants d'Ammon;

¹⁷je leur donnai encore la plaine, limitée par le Jourdain, depuis Kinnéreth jusqu'à la mer de la plaine, la mer Salée, au pied du Pisga vers l'orient.

¹⁸En ce temps-là, je vous donnai cet ordre. L'Éternel, votre Dieu, vous livre ce pays, pour que vous le possédiez. Vous tous, soldats, vous marcherez en armes devant les enfants d'Israël.

¹⁹Vos femmes seulement, vos petits enfants et vos troupeaux-je sais que vous avez de nombreux troupeaux-resteront dans les villes que je vous ai données,

²⁰jusqu'à ce que l'Éternel ait accordé du repos à vos frères comme à vous, et qu'ils possèdent, eux aussi, le pays que l'Éternel, votre Dieu, leur donne de l'autre côté du Jourdain. Et vous retournerez chacun dans l'héritage que je vous ai donné.

²¹En ce temps-là, je donnai des ordres à Josué, et je dis: Tes yeux ont vu tout ce que l'Éternel, votre Dieu, a fait à ces deux rois: ainsi fera l'Éternel à tous les royaumes contre lesquels tu vas marcher.

²²Ne les craignez point; car l'Éternel, votre Dieu, combattra lui-même pour vous.

²³En ce temps-là, j'implorai la miséricorde de l'Éternel, en disant:

²⁴Seigneur Éternel, tu as commencé à montrer à ton serviteur ta grandeur et ta main puissante; car quel dieu y a-t-il, au ciel et sur la terre, qui puisse imiter tes oeuvres et tes hauts faits?

²⁵Laisse-moi passer, je te prie, laisse-moi voir ce bon pays de l'autre côté du Jourdain, ces belles montagnes et le Liban.

²⁶Mais l'Éternel s'irrita contre moi, à cause de vous, et il ne m'écouta point. L'Éternel me dit: C'est assez, ne me parle plus de cette affaire.

²⁷Monte au sommet du Pisga, porte tes regards à l'occident, au nord, au midi et à l'orient, et contemple de tes yeux; car tu ne passeras pas ce Jourdain.

²⁸Donne des ordres à Josué, fortifie-le et affermis-le; car c'est lui qui marchera devant ce peuple et qui le mettra en possession du pays que tu verras.

²⁹Nous demeurâmes dans la vallée, vis-à-vis de Beth Peor.

Chapitre 4

¹Maintenant, Israël, écoute les lois et les ordonnances que je vous enseigne. Mettez-les en pratique, afin que vous viviez, et que vous entriez en possession du pays que vous donne l'Éternel, le Dieu de vos pères.

²Vous n'ajouterez rien à ce que je vous prescris, et vous n'en retrancherez rien; mais vous observerez les commandements de l'Éternel, votre Dieu, tels que je vous les prescris.

³Vos yeux ont vu ce que l'Éternel a fait à l'occasion de Baal Peor: l'Éternel, ton Dieu, a détruit du milieu de toi tous ceux qui étaient allés après Baal Peor.

⁴Et vous, qui vous êtes attachés à l'Éternel, votre Dieu, vous êtes aujourd'hui tous vivants.

⁵Voici, je vous ai enseigné des lois et des ordonnances, comme l'Éternel, mon Dieu, me l'a commandé, afin que vous les mettiez en pratique dans le pays dont vous allez prendre possession.

⁶Vous les observerez et vous les mettrez en pratique; car ce sera là votre sagesse et votre intelligence aux yeux des peuples, qui entendront parler de toutes ces lois et qui diront: Cette grande nation est un peuple absolument sage et intelligent!

⁷Quelle est, en effet, la grande nation qui ait des dieux aussi proches que l'Éternel, notre Dieu, l'est de nous toutes les fois que nous l'invoquons?

⁸Et quelle est la grande nation qui ait des lois et des ordonnances justes, comme toute cette loi que je vous présente aujourd'hui?

⁹Seulement, prends garde à toi et veille attentivement sur ton âme, tous les jours de ta vie, de peur que tu n'oublies les choses que tes yeux ont vues, et qu'elles ne sortent de ton coeur; enseigne-les à tes enfants et aux enfants de tes enfants.

¹⁰Souviens-toi du jour où tu te présentas devant l'Éternel, ton Dieu, à Horeb, lorsque l'Éternel me dit: Assemble auprès de moi le peuple! Je veux leur faire entendre mes paroles, afin qu'ils apprennent à me craindre tout le temps qu'ils vivront sur la terre; et afin qu'ils les enseignent à leurs enfants.

¹¹Vous vous approchâtes et vous vous tîntes au pied de la montagne. La montagne était embrasée, et les flammes s'élevaient jusqu'au milieu du ciel. Il y avait des ténèbres, des nuées, de l'obscurité.

¹²Et l'Éternel vous parla du milieu du feu; vous entendîtes le son des paroles, mais vous ne vîtes point de figure, vous n'entendîtes qu'une voix.

¹³Il publia son alliance, qu'il vous ordonna d'observer, les dix commandements; et il les écrivit sur deux tables de pierre.

¹⁴En ce temps-là, l'Éternel me commanda de vous enseigner des lois et des ordonnances, afin que vous les mettiez en pratique dans le pays dont vous allez prendre possession.

¹⁵Puisque vous n'avez vu aucune figure le jour où l'Éternel vous parla du milieu du feu, à Horeb, veillez attentivement sur vos âmes,

¹⁶de peur que vous ne vous corrompiez et que vous ne vous fassiez une image taillée, une représentation de quelque idole, la figure d'un homme ou d'une femme,

¹⁷la figure d'un animal qui soit sur la terre, la figure d'un oiseau qui vole dans les cieux,

¹⁸la figure d'une bête qui rampe sur le sol, la figure d'un poisson qui vive dans les eaux au-dessous de la terre.

¹⁹Veille sur ton âme, de peur que, levant tes yeux vers le ciel, et voyant le soleil, la lune et les étoiles, toute l'armée des cieux, tu ne sois entraîné à te prosterner en leur présence et à leur rendre un culte: ce sont des choses que l'Éternel, ton Dieu, a données en partage à tous les peuples, sous le ciel tout entier.

²⁰Mais vous, l'Éternel vous a pris, et vous a fait sortir de la fournaise de fer de l'Égypte, afin que vous fussiez un peuple qui lui appartînt en propre, comme vous l'êtes aujourd'hui.

²¹Et l'Éternel s'irrita contre moi, à cause de vous; et il jura que je ne passerais point le Jourdain, et que je n'entrerais point dans le bon pays que l'Éternel, ton Dieu, te donne en héritage.

²²Je mourrai donc en ce pays-ci, je ne passerai point le Jourdain; mais vous le passerez, et vous posséderez ce bon pays.

²³Veillez sur vous, afin de ne point mettre en oubli l'alliance que l'Éternel, votre Dieu, a traitée avec vous, et de ne point vous faire d'image taillée, de représentation quelconque, que l'Éternel, ton Dieu, t'ait défendue.

²⁴Car l'Éternel, ton Dieu, est un feu dévorant, un Dieu jaloux.

²⁵Lorsque tu auras des enfants, et des enfants de tes enfants, et que vous serez depuis longtemps dans le pays, si vous vous corrompez, si vous faites des images taillées, des représentations de quoi que ce soit, si vous faites ce qui est mal aux yeux de l'Éternel, votre Dieu, pour l'irriter, -

²⁶j'en prends aujourd'hui à témoin contre vous le ciel et la terre, - vous disparaîtrez par une mort rapide du pays dont vous allez prendre possession au delà du Jourdain, vous n'y prolongerez pas vos jours, car vous serez entièrement détruits.

²⁷L'Éternel vous dispersera parmi les peuples, et vous ne resterez qu'un petit nombre au milieu des nations où l'Éternel vous emmènera.

²⁸Et là, vous servirez des dieux, ouvrage de mains d'homme, du bois et de la pierre, qui ne peuvent ni voir, ni entendre, ni manger, ni sentir.

²⁹C'est de là aussi que tu chercheras l'Éternel, ton Dieu, et que tu le trouveras, si tu le cherches de tout ton coeur et de toute ton âme.

³⁰Au sein de ta détresse, toutes ces choses t'arriveront. Alors, dans la suite des temps, tu retourneras à l'Éternel, ton Dieu, et tu écouteras sa voix;

³¹car l'Éternel, ton Dieu, est un Dieu de miséricorde, qui ne t'abandonnera point et ne te détruira point: il n'oubliera pas l'alliance de tes pères, qu'il leur a jurée.

³²Interroge les temps anciens qui t'ont précédé, depuis le jour où Dieu créa l'homme sur la terre, et d'une extrémité du ciel à l'autre: y eut-il jamais si grand événement, et a-t-on jamais ouï chose semblable?

³³Fut-il jamais un peuple qui entendît la voix de Dieu parlant du milieu du feu, comme tu l'as entendue, et qui soit demeuré vivant?

³⁴Fut-il jamais un dieu qui essayât de venir prendre à lui une nation du milieu d'une nation, par des épreuves, des signes, des miracles et des combats, à main forte et à bras étendu, et avec des prodiges de terreur, comme l'a fait pour vous l'Éternel, votre Dieu, en Égypte et sous vos yeux?

³⁵Tu as été rendu témoin de ces choses, afin que tu reconnusses que l'Éternel est Dieu, qu'il n'y en a point d'autre.

³⁶Du ciel, il t'a fait entendre sa voix pour t'instruire; et, sur la terre, il t'a fait voir son grand feu, et tu as entendu ses paroles du milieu du feu.

³⁷Il a aimé tes pères, et il a choisi leur postérité après eux; il t'a fait lui-même sortir d'Égypte par sa grande puissance;

³⁸il a chassé devant toi des nations supérieures en nombre et en force, pour te faire entrer dans leur pays, pour t'en donner la possession, comme tu le vois aujourd'hui.

³⁹Sache donc en ce jour, et retiens dans ton coeur que l'Éternel est Dieu, en haut dans le ciel et en bas sur la terre, et qu'il n'y en a point d'autre.

⁴⁰Et observe ses lois et ses commandements que je te prescris aujourd'hui, afin que tu sois heureux, toi et tes enfants après toi, et que tu prolonges désormais tes jours dans le pays que l'Éternel, ton Dieu, te donne.

⁴¹Alors Moïse choisit trois villes de l'autre côté du Jourdain, à l'orient,

⁴²afin qu'elles servissent de refuge au meurtrier qui aurait involontairement tué son prochain, sans avoir été auparavant son ennemi, et afin qu'il pût sauver sa vie en s'enfuyant dans l'une de ces villes.

⁴³C'étaient: Betser, dans le désert, dans la plaine, chez les Rubénites; Ramoth, en Galaad, chez les Gadites, et Golan, en Basan, chez les Manassites.

⁴⁴C'est ici la loi que présenta Moïse aux enfants d'Israël.

⁴⁵Voici les préceptes, les lois et les ordonnances que Moïse prescrivit aux enfants d'Israël, après leur sortie d'Égypte.

⁴⁶C'était de l'autre côté du Jourdain, dans la vallée, vis-à-vis de Beth Peor, au pays de Sihon, roi des Amoréens, qui habitait à Hesbon, et qui fut battu par Moïse et les enfants d'Israël, après leur sortie d'Égypte.

⁴⁷Ils s'emparèrent de son pays et de celui d'Og, roi de Basan. Ces deux rois des Amoréens étaient de l'autre côté du Jourdain, à l'orient.

⁴⁸Leur territoire s'étendait depuis Aroër sur les bords du torrent de l'Arnon jusqu'à la montagne de Sion qui est l'Hermon,

⁴⁹et il embrassait toute la plaine de l'autre côté du Jourdain, à l'orient, jusqu'à la mer de la plaine, au pied du Pisga.

Chapitre 5

¹Moïse convoqua tout Israël, et leur dit: Écoute, Israël, les lois et les ordonnances que je vous fais entendre aujourd'hui. Apprenez-les, et mettez-les soigneusement en pratique.

²L'Éternel, notre Dieu, a traité avec nous une alliance à Horeb.

³Ce n'est point avec nos pères que l'Éternel a traité cette alliance; c'est avec nous, qui sommes ici aujourd'hui, tous vivants.

⁴L'Éternel vous parla face à face sur la montagne, du milieu du

Deutéronome

feu.

⁵Je me tins alors entre l'Éternel et vous, pour vous annoncer la parole de l'Éternel; car vous aviez peur du feu, et vous ne montâtes point sur la montagne. Il dit:

⁶Je suis l'Éternel, ton Dieu, qui t'ai fait sortir du pays d'Égypte, de la maison de servitude.

⁷Tu n'auras point d'autres dieux devant ma face.

⁸Tu ne te feras point d'image taillée, de représentation quelconque des choses qui sont en haut dans les cieux, qui sont en bas sur la terre, et qui sont dans les eaux plus bas que la terre.

⁹Tu ne te prosterneras point devant elles, et tu ne les serviras point; car moi, l'Éternel, ton Dieu, je suis un Dieu jaloux, qui punis l'iniquité des pères sur les enfants jusqu'à la troisième et à la quatrième génération de ceux qui me haïssent,

¹⁰et qui fais miséricorde jusqu'en mille générations à ceux qui m'aiment et qui gardent mes commandements.

¹¹Tu ne prendras point le nom de l'Éternel, ton Dieu, en vain; car l'Éternel ne laissera point impuni celui qui prendra son nom en vain.

¹²Observe le jour du repos, pour le sanctifier, comme l'Éternel, ton Dieu, te l'a ordonné.

¹³Tu travailleras six jours, et tu feras tout ton ouvrage.

¹⁴Mais le septième jour est le jour du repos de l'Éternel, ton Dieu: tu ne feras aucun ouvrage, ni toi, ni ton fils, ni ta fille, ni ton serviteur, ni ta servante, ni ton boeuf, ni ton âne, ni aucune de tes bêtes, ni l'étranger qui est dans tes portes, afin que ton serviteur et ta servante se reposent comme toi.

¹⁵Tu te souviendras que tu as été esclave au pays d'Égypte, et que l'Éternel, ton Dieu, t'en a fait sortir à main forte et à bras étendu: c'est pourquoi l'Éternel, ton Dieu, t'a ordonné d'observer le jour du repos.

¹⁶Honore ton père et ta mère, comme l'Éternel, ton Dieu, te l'a ordonné, afin que tes jours se prolongent et que tu sois heureux dans le pays que l'Éternel, ton Dieu, te donne.

¹⁷Tu ne tueras point.

¹⁸Tu ne commettras point d'adultère.

¹⁹Tu ne déroberas point.

²⁰Tu ne porteras point de faux témoignage contre ton prochain.

²¹Tu ne convoiteras point la femme de ton prochain; tu ne désireras point la maison de ton prochain, ni son champ, ni son serviteur, ni sa servante, ni son boeuf, ni son âne, ni aucune chose qui appartienne à ton prochain.

²²Telles sont les paroles que prononça l'Éternel à haute voix sur la montagne, du milieu du feu, des nuées et de l'obscurité, et qu'il adressa à toute votre assemblée, sans rien ajouter. Il les écrivit sur deux tables de pierre, qu'il me donna.

²³Lorsque vous eûtes entendu la voix du milieu des ténèbres, et tandis que la montagne était tout en feu, vos chefs de tribus et vos anciens s'approchèrent tous de moi,

²⁴et vous dîtes: Voici, l'Éternel, notre Dieu, nous a montré sa gloire et sa grandeur, et nous avons entendu sa voix du milieu du feu; aujourd'hui, nous avons vu que Dieu a parlé à des hommes, et qu'ils sont demeurés vivants.

²⁵Et maintenant pourquoi mourrions-nous? car ce grand feu nous dévorera; si nous continuons à entendre la voix de l'Éternel, notre Dieu, nous mourrons.

²⁶Quel est l'homme, en effet, qui ait jamais entendu, comme nous, la voix du Dieu vivant parlant du milieu du feu, et qui soit demeuré vivant?

²⁷Approche, toi, et écoute tout ce que dira l'Éternel, notre Dieu; tu nous rapporteras toi-même tout ce que te dira l'Éternel, notre Dieu; nous l'écouterons, et nous le ferons.

²⁸L'Éternel entendit les paroles que vous m'adressâtes. Et l'Éternel me dit: J'ai entendu les paroles que ce peuple t'a adressées: tout ce qu'ils ont dit est bien.

²⁹Oh! s'ils avaient toujours ce même coeur pour me craindre et pour observer tous mes commandements, afin qu'ils fussent heureux à jamais, eux et leurs enfants!

³⁰Va, dis-leur: Retournez dans vos tentes.

³¹Mais toi, reste ici avec moi, et je te dirai tous les commandements, les lois et les ordonnances, que tu leur enseigneras, afin qu'ils les mettent en pratique dans le pays dont je leur donne la possession.

³²Vous ferez avec soin ce que l'Éternel, votre Dieu, vous a ordonné; vous ne vous en détournerez ni à droite, ni à gauche.

³³Vous suivrez entièrement la voie que l'Éternel, votre Dieu, vous a prescrite, afin que vous viviez et que vous soyez heureux, afin que vous prolongiez vos jours dans le pays dont vous aurez la possession.

Chapitre 6

¹Voici les commandements, les lois et les ordonnances que l'Éternel, votre Dieu, a commandé de vous enseigner, afin que vous les mettiez en pratique dans le pays dont vous allez prendre possession;

²afin que tu craignes l'Éternel, ton Dieu, en observant, tous les jours de ta vie, toi, ton fils, et le fils de ton fils, toutes ses lois et tous ses commandements que je te prescris, et afin que tes jours soient prolongés.

³Tu les écouteras donc, Israël, et tu auras soin de les mettre en pratique, afin que tu sois heureux et que vous multipliiez beaucoup, comme te l'a dit l'Éternel, le Dieu de tes pères, en te promettant un pays où coulent le lait et le miel.

⁴Écoute, Israël! l'Éternel, notre Dieu, est le seul Éternel.

⁵Tu aimeras l'Éternel, ton Dieu, de tout ton coeur, de toute ton âme et de toute ta force.

⁶Et ces commandements, que je te donne aujourd'hui, seront dans ton coeur.

⁷Tu les inculqueras à tes enfants, et tu en parleras quand tu seras dans ta maison, quand tu iras en voyage, quand tu te coucheras et quand tu te lèveras.

⁸Tu les lieras comme un signe sur tes mains, et ils seront comme des fronteaux entre tes yeux.

⁹Tu les écriras sur les poteaux de ta maison et sur tes portes.

¹⁰L'Éternel, ton Dieu, te fera entrer dans le pays qu'il a juré à tes pères, à Abraham, à Isaac et à Jacob, de te donner. Tu posséderas de grandes et bonnes villes que tu n'as point bâties,

¹¹des maisons qui sont pleines de toutes sortes de biens et que tu n'as point remplies, des citernes creusées que tu n'as point creusées, des vignes et des oliviers que tu n'as point plantés.

¹²Lorsque tu mangeras et te rassasieras, garde-toi d'oublier l'Éternel, qui t'a fait sortir du pays d'Égypte, de la maison de servitude.

¹³Tu craindras l'Éternel, ton Dieu, tu le serviras, et tu jureras par son nom.

¹⁴Vous n'irez point après d'autres dieux, d'entre les dieux des peuples qui sont autour de vous;

¹⁵car l'Éternel, ton Dieu, est un Dieu jaloux au milieu de toi. La colère de l'Éternel, ton Dieu, s'enflammerait contre toi, et il t'exterminerait de dessus la terre.

¹⁶Vous ne tenterez point l'Éternel, votre Dieu, comme vous l'avez tenté à Massa.

¹⁷Mais vous observerez les commandements de l'Éternel, votre Dieu, ses ordonnances et ses lois qu'il vous a prescrites.

¹⁸Tu feras ce qui est droit et ce qui est bien aux yeux de l'Éternel, afin que tu sois heureux, et que tu entres en possession du bon pays que l'Éternel a juré à tes pères de te donner,

¹⁹après qu'il aura chassé tous tes ennemis devant toi, comme l'Éternel l'a dit.

²⁰Lorsque ton fils te demandera un jour: Que signifient ces préceptes, ces lois et ces ordonnances, que l'Éternel, notre Dieu, vous a prescrits?

²¹tu diras à ton fils: Nous étions esclaves de Pharaon en Égypte, et l'Éternel nous a fait sortir de l'Égypte par sa main puissante.

²²L'Éternel a opéré, sous nos yeux, des miracles et des prodiges, grands et désastreux, contre l'Égypte, contre Pharaon et contre toute sa maison;

²³et il nous a fait sortir de là, pour nous amener dans le pays qu'il avait juré à nos pères de nous donner.

²⁴L'Éternel nous a commandé de mettre en pratique toutes ces lois, et de craindre l'Éternel, notre Dieu, afin que nous fussions toujours heureux, et qu'il nous conservât la vie, comme il le fait aujourd'hui.

²⁵Nous aurons la justice en partage, si nous mettons soigneusement en pratique tous ces commandements devant l'Éternel, notre Dieu, comme il nous l'a ordonné.

Chapitre 7

¹Lorsque l'Éternel, ton Dieu, t'aura fait entrer dans le pays dont tu vas prendre possession, et qu'il chassera devant toi beaucoup de nations, les Héthiens, les Guirgasiens, les Amoréens, les Cananéens, les Phéréziens, les Héviens et les Jébusiens, sept nations plus nombreuses et plus puissantes que toi;

²lorsque l'Éternel, ton Dieu, te les aura livrées et que tu les auras battues, tu les dévoueras par interdit, tu ne traiteras point d'alliance avec elles, et tu ne leur feras point grâce.

³Tu ne contracteras point de mariage avec ces peuples, tu ne donneras point tes filles à leurs fils, et tu ne prendras point leurs filles pour tes fils;

⁴car ils détournaient de moi tes fils, qui serviraient d'autres dieux,

et la colère de l'Éternel s'enflammerait contre vous: il te détruirait promptement.

⁵Voici, au contraire, comment vous agirez à leur égard: vous renverserez leurs autels, vous briserez leurs statues, vous abattrez leurs idoles, et vous brûlerez au feu leurs images taillées.

⁶Car tu es un peuple saint pour l'Éternel, ton Dieu; l'Éternel, ton Dieu, t'a choisi, pour que tu fusse un peuple qui lui appartînt entre tous les peuples qui sont sur la face de la terre.

⁷Ce n'est point parce que vous surpassez en nombre tous les peuples, que l'Éternel s'est attaché à vous et qu'il vous a choisis, car vous êtes le moindre de tous les peuples.

⁸Mais, parce que l'Éternel vous aime, parce qu'il a voulu tenir le serment qu'il avait fait à vos pères, l'Éternel vous a fait sortir par sa main puissante, vous a délivrés de la maison de servitude, de la main de Pharaon, roi d'Égypte.

⁹Sache donc que c'est l'Éternel, ton Dieu, qui est Dieu. Ce Dieu fidèle garde son alliance et sa miséricorde jusqu'à la millième génération envers ceux qui l'aiment et qui observent ses commandements.

¹⁰Mais il use directement de représailles envers ceux qui le haïssent, et il les fait périr; il ne diffère point envers celui qui le hait, il use directement de représailles.

¹¹Ainsi, observe les commandements, les lois et les ordonnances que je te prescris aujourd'hui, et mets-les en pratique.

¹²Si vous écoutez ces ordonnances, si vous les observez et les mettez en pratique, l'Éternel, ton Dieu, gardera envers toi l'alliance et la miséricorde qu'il a jurées à tes pères.

¹³Il t'aimera, il te bénira et te multipliera; il bénira le fruit de tes entrailles et le fruit de ton sol, ton blé, ton moût et ton huile, les portées de ton gros et de ton menu bétail, dans le pays qu'il a juré à tes pères de te donner.

¹⁴Tu seras béni plus que tous les peuples; il n'y aura chez toi ni homme ni femme stérile, ni bête stérile parmi tes troupeaux.

¹⁵L'Éternel éloignera de toi toute maladie; il ne t'enverra aucune de ces mauvaises maladies d'Égypte qui te sont connues, mais il en frappera tous ceux qui te haïssent.

¹⁶Tu dévoreras tous les peuples que l'Éternel, ton Dieu, va te livrer, tu ne jetteras pas sur eux un regard de pitié, et tu ne serviras point leurs dieux, car ce serait un piège pour toi.

¹⁷Peut-être diras-tu dans ton coeur: Ces nations sont plus nombreuses que moi; comment pourrai-je les chasser?

¹⁸Ne les crains point. Rappelle à ton souvenir ce que l'Éternel, ton Dieu, a fait à Pharaon et à toute l'Égypte,

¹⁹les grandes épreuves que tes yeux ont vues, les miracles et les prodiges, la main forte et le bras étendu, quand l'Éternel, ton Dieu, t'a fait sortir: ainsi fera l'Éternel, ton Dieu, à tous les peuples que tu redoutes.

²⁰L'Éternel, ton Dieu, enverra même les frelons contre eux, jusqu'à la destruction de ceux qui échapperont et qui se cacheront devant toi.

²¹Ne sois point effrayé à cause d'eux; car l'Éternel, ton Dieu, est au milieu de toi, le Dieu grand et terrible.

²²L'Éternel, ton Dieu, chassera peu à peu ces nations loin de ta face; tu ne pourras pas les exterminer promptement, de peur que les bêtes des champs ne se multiplient contre toi.

²³L'Éternel, ton Dieu, te les livrera; et il les mettra complètement en déroute, jusqu'à ce qu'elles soient détruites.

²⁴Il livrera leurs rois entre tes mains, et tu feras disparaître leurs noms de dessous les cieux; aucun ne tiendra contre toi, jusqu'à ce que tu les aies détruits.

²⁵Vous brûlerez au feu les images taillées de leurs dieux. Tu ne convoiteras point et tu ne prendras point pour toi l'argent et l'or qui sont sur elles, de peur que ces choses ne te deviennent un piège; car elles sont en abomination à l'Éternel, ton Dieu.

²⁶Tu n'introduiras point une chose abominable dans ta maison, afin que tu ne sois pas, comme cet chose, dévoué par interdit; tu l'auras en horreur, tu l'auras en abomination,, car c'est une chose dévouée par interdit.

Chapitre 8

¹Vous observerez et vous mettrez en pratique tous les commandements que je vous prescris aujourd'hui, afin que vous viviez, que vous multipliiez, et que vous entriez en possession du pays que l'Éternel a juré de donner à vos pères.

²Souviens-toi de tout le chemin que l'Éternel, ton Dieu, t'a fait faire pendant ces quarante années dans le désert, afin de l'humilier et de t'éprouver, pour savoir quelles étaient les dispositions de ton coeur et si tu garderais ou non ses commandements.

³Il t'a humilié, il t'a fait souffrir de la faim, et il t'a nourri de la manne, que tu ne connaissais pas et que n'avaient pas connue tes pères, afin de t'apprendre que l'homme ne vit pas de pain seulement, mais que l'homme vit de tout ce qui sort de la bouche de l'Éternel.

⁴Ton vêtement ne s'est point usé sur toi, et ton pied ne s'est point enflé, pendant ces quarante années.

⁵Reconnais en ton coeur que l'Éternel, ton Dieu, te châtie comme un homme châtie son enfant.

⁶Tu observeras les commandements de l'Éternel, ton Dieu, pour marcher dans ses voies et pour le craindre.

⁷Car l'Éternel, ton Dieu, va te faire entrer dans un bon pays, pays de cours d'eau, de sources et de lacs, qui jaillissent dans les vallées et dans les montagnes;

⁸pays de froment, d'orge, de vignes, de figuiers et de grenadiers; pays d'oliviers et de miel;

⁹pays où tu mangeras du pain avec abondance, où tu ne manqueras de rien; pays dont les pierres sont du fer, et des montagnes duquel tu tailleras l'airain.

¹⁰Lorsque tu mangeras et te rassasieras, tu béniras l'Éternel, ton Dieu, pour le bon pays qu'il t'a donné.

¹¹Garde-toi d'oublier l'Éternel, ton Dieu, au point de ne pas observer ses commandements, ses ordonnances et ses lois, que je te prescris aujourd'hui.

¹²Lorsque tu mangeras et te rassasieras, lorsque tu bâtiras et habiteras de belles maisons,

¹³lorsque tu verras multiplier ton gros et ton menu bétail, s'augmenter ton argent et ton or, et s'accroître tout ce qui est à toi,

¹⁴prends garde que ton coeur ne s'enfle, et que tu n'oublies l'Éternel, ton Dieu, qui t'a fait sortir du pays d'Égypte, de la maison de servitude,

¹⁵qui t'a fait marcher dans ce grand et affreux désert, où il y a des serpents brûlants et des scorpions, dans des lieux arides et sans eau, et qui a fait jaillir pour toi de l'eau du rocher le plus dur,

¹⁶qui t'a fait manger dans le désert la manne inconnue à tes pères, afin de t'humilier et de t'éprouver, pour te faire ensuite du bien.

¹⁷Garde-toi de dire en ton coeur: Ma force et la puissance de ma main m'ont acquis ces richesses.

¹⁸Souviens-toi de l'Éternel, ton Dieu, car c'est lui qui te donnera de la force pour les acquérir, afin de confirmer, comme il le fait aujourd'hui, son alliance qu'il a jurée à tes pères.

¹⁹Si tu oublies l'Éternel, ton Dieu, et que tu ailles après d'autres dieux, si tu les sers et te prosternes devant eux, je vous déclare formellement aujourd'hui que vous périrez.

²⁰Vous périrez comme les nations que l'Éternel fait périr devant vous, parce que vous n'aurez point écouté la voix de l'Éternel, votre Dieu.

Chapitre 9

¹Écoute, Israël! Tu vas aujourd'hui passer le Jourdain, pour te rendre maître de nations plus grandes et plus puissantes que toi, de villes grandes et fortifiées jusqu'au ciel,

²d'un peuple grand et de haute taille, les enfants d'Anak, que tu connais, et dont tu as entendu dire: Qui pourra tenir contre les enfants d'Anak?

³Sache aujourd'hui que l'Éternel, ton Dieu, marchera lui-même devant toi comme un feu dévorant, c'est lui qui les détruira, qui les humiliera devant toi; et tu les chasseras, tu les feras périr promptement, comme l'Éternel te l'a dit.

⁴Lorsque l'Éternel, ton Dieu, les chassera devant toi, ne dis pas en ton coeur: C'est à cause de ma justice que l'Éternel me fait entrer en possession de ce pays. Car c'est à cause de la méchanceté de ces nations que l'Éternel les chasse devant toi.

⁵Non, ce n'est point à cause de ta justice et de la droiture de ton coeur que tu entres en possession de leur pays; mais c'est à cause de la méchanceté de ces nations que l'Éternel, ton Dieu, les chasse devant toi, et c'est pour confirmer la parole que l'Éternel a jurée à tes pères, à Abraham, à Isaac et à Jacob.

⁶Sache donc que ce n'est point à cause de ta justice que l'Éternel, ton Dieu, te donne ce bon pays pour que tu le possèdes; car tu es un peuple au cou roide.

⁷Souviens-toi, n'oublie pas de quelle manière tu as excité la colère de l'Éternel, ton Dieu, dans le désert. Depuis le jour où tu es sorti du pays d'Égypte jusqu'à votre arrivée dans ce lieu, vous avez été rebelles contre l'Éternel.

⁸A Horeb, vous excitâtes la colère de l'Éternel; et l'Éternel s'irrita contre vous, et eut la pensée de vous détruire.

⁹Lorsque je fus monté sur la montagne, pour prendre les tables de pierre, les tables de l'alliance que l'Éternel a traitée avec vous, je

demeurai sur la montagne quarante jours et quarante nuits, sans manger de pain et sans boire d'eau;

¹⁰et l'Éternel me donna les deux tables de pierre écrites du doigt de Dieu, et contenant toutes les paroles que l'Éternel vous avait dites sur la montagne, du milieu du feu, le jour de l'assemblée.

¹¹Ce fut au bout des quarante jours et des quarante nuits que l'Éternel me donna les deux tables de pierre, les tables de l'alliance.

¹²L'Éternel me dit alors: Lève-toi, descends en hâte d'ici; car ton peuple, que tu as fait sortir d'Égypte, s'est corrompu. Ils se sont promptement écartés de la voie que je leur avais prescrite; ils se sont fait une image de fonte.

¹³L'Éternel me dit: Je vois que ce peuple est un peuple au cou roide.

¹⁴Laisse-moi les détruire et effacer leur nom de dessous les cieux; et je ferai de toi une nation plus puissante et plus nombreuse que ce peuple.

¹⁵Je retournai et je descendis de la montagne tout en feu, les deux tables de l'alliance dans mes deux mains.

¹⁶Je regardai, et voici, vous aviez péché contre l'Éternel, votre Dieu, vous vous étiez fait un veau de fonte, vous vous étiez promptement écartés de la voie que vous avait prescrite l'Éternel.

¹⁷Je saisis les deux tables, je les jetai de mes mains, et je les brisai sous vos yeux.

¹⁸Je me prosternai devant l'Éternel, comme auparavant, quarante jours et quarante nuits, sans manger de pain et sans boire d'eau, à cause de tous les péchés que vous aviez commis en faisant ce qui est mal aux yeux de l'Éternel, pour l'irriter.

¹⁹Car j'étais effrayé à la vue de la colère et de la fureur dont l'Éternel était animé contre vous jusqu'à vouloir vous détruire. Mais l'Éternel m'exauça encore cette fois.

²⁰L'Éternel était aussi très irrité contre Aaron, qu'il voulait faire périr, et pour qui j'intercédai encore dans ce temps-là.

²¹Je pris le veau que vous aviez fait, ce produit de votre péché, je le brûlai au feu, je le broyai jusqu'à ce qu'il fût réduit en poudre, et je jetai cette poudre dans le torrent qui descend de la montagne.

²²A Tabeéra, à Massa, et à Kibroth Hattaava, vous excitâtes la colère de l'Éternel.

²³Et lorsque l'Éternel vous envoya à Kadès Barnéa, en disant: Montez, et prenez possession du pays que je vous donne! vous fûtes rebelles à l'ordre de l'Éternel, votre Dieu, vous n'eûtes point foi en lui, et vous n'obéîtes point à sa voix.

²⁴Vous avez été rebelles contre l'Éternel depuis que je vous connais.

²⁵Je me prosternai devant l'Éternel, je me prosternai quarante jours et quarante nuits, parce que l'Éternel avait dit qu'il voulait vous détruire.

²⁶Je priai l'Éternel, et je dis: Seigneur Éternel, ne détruis pas ton peuple, ton héritage, que tu as racheté dans ta grandeur, que tu as fait sortir d'Égypte par ta main puissante.

²⁷Souviens-toi de tes serviteurs, Abraham, Isaac et Jacob. Ne regarde point à l'opiniâtreté de ce peuple, à sa méchanceté et à son péché,

²⁸de peur que le pays d'où tu nous as fait sortir ne dise: C'est parce que l'Éternel n'avait pas le pouvoir de les mener dans le pays qu'il leur avait promis, et c'est parce qu'il les haïssait, qu'il les a fait sortir pour les faire mourir dans le désert.

²⁹Ils sont pourtant ton peuple et ton héritage, que tu as fait sortir d'Égypte par ta grande puissance et par ton bras étendu.

Chapitre 10

¹En ce temps-là, l'Éternel me dit: Taille deux tables de pierre comme les premières, et monte vers moi sur la montagne; tu feras aussi une arche de bois.

²J'écrirai sur ces tables les paroles qui étaient sur les premières tables que tu as brisées, et tu les mettras dans l'arche.

³Je fis une arche de bois d'acacia, je taillai deux tables de pierre comme les premières, et je montai sur la montagne, les deux tables dans ma main.

⁴L'Éternel écrivit sur les tables ce qui avait été écrit sur les premières, les dix paroles qu'il vous avait dites sur la montagne, du milieu du feu, le jour de l'assemblée; et l'Éternel me donna.

⁵Je retournai et je descendis de la montagne, je mis les tables dans l'arche que j'avais faite, et elles restèrent là, comme l'Éternel me l'avait ordonné.

⁶Les enfants d'Israël partirent de Beéroth Bené Jaakan pour Moséra. C'est là que mourut Aaron, et qu'il fut enterré; Éléazar, son fils, lui succéda dans le sacerdoce.

⁷Ils partirent de là pour Gudgoda, et de Gudgoda pour Jothbatha, pays où il y a des cours d'eau.

⁸En ce temps-là, l'Éternel sépara la tribu de Lévi, et lui ordonna de porter l'arche de l'alliance de l'Éternel, de se tenir devant l'Éternel pour le servir, et de bénir le peuple en son nom: ce qu'elle a fait jusqu'à ce jour.

⁹C'est pourquoi Lévi n'a ni part ni héritage avec ses frères: l'Éternel est son héritage, comme l'Éternel, ton Dieu, le lui a dit.

¹⁰Je restai sur la montagne, comme précédemment, quarante jours et quarante nuits. L'Éternel m'exauça encore cette fois; l'Éternel ne voulut pas te détruire.

¹¹L'Éternel me dit: Lève-toi, va, marche à la tête du peuple. Qu'ils aillent prendre possession du pays que j'ai juré à leurs pères de leur donner.

¹²Maintenant, Israël, que demande de toi l'Éternel, ton Dieu, si ce n'est que tu craignes l'Éternel, ton Dieu, afin de marcher dans toutes ses voies, d'aimer et de servir l'Éternel, ton Dieu, de tout ton coeur et de toute ton âme;

¹³si ce n'est que tu observes les commandements de l'Éternel et ses lois que je te prescris aujourd'hui, afin que tu sois heureux?

¹⁴Voici, à l'Éternel, ton Dieu, appartiennent les cieux et les cieux des cieux, la terre et tout ce qu'elle renferme.

¹⁵Et c'est à tes pères seulement que l'Éternel s'est attaché pour les aimer; et, après eux, c'est leur postérité, c'est vous qu'il a choisis d'entre tous les peuples, comme vous le voyez aujourd'hui.

¹⁶Vous circoncirez donc votre coeur, et vous ne roidirez plus votre cou.

¹⁷Car l'Éternel, votre Dieu, est le Dieu des dieux, le Seigneur des seigneurs, le Dieu grand, fort et terrible, qui ne fait point acception des personnes et qui ne reçoit point de présent,

¹⁸qui fait droit à l'orphelin et à la veuve, qui aime l'étranger et lui donne de la nourriture et des vêtements.

¹⁹Vous aimerez l'étranger, car vous avez été étrangers dans le pays d'Égypte.

²⁰Tu craindras l'Éternel, ton Dieu, tu le serviras, tu t'attacheras à lui, et tu jureras par son nom.

²¹Il est ta gloire, il est ton Dieu: c'est lui qui a fait au milieu de toi ces choses grandes et terribles que tes yeux ont vues.

²²Tes pères descendirent en Égypte au nombre de soixante-dix personnes; et maintenant l'Éternel, ton Dieu, a fait de toi une multitude pareille aux étoiles des cieux.

Chapitre 11

¹Tu aimeras l'Éternel, ton Dieu, et tu observeras toujours ses préceptes, ses lois, ses ordonnances et ses commandements.

²Reconnaissez aujourd'hui-ce que n'ont pu connaître et voir vos enfants-les châtiments de l'Éternel, votre Dieu, sa grandeur, sa main forte et son bras étendu,

³ses signes et ses actes qu'il a accomplis au milieu de l'Égypte contre Pharaon, roi d'Égypte, et contre tout son pays.

⁴Reconnaissez ce qu'il a fait à l'armée d'Égypte, à ses chevaux et à ses chars, comment il a fait couler sur eux les eaux de la mer Rouge, lorsqu'ils vous poursuivaient, et les a détruits pour toujours;

⁵ce qu'il vous a fait dans le désert, jusqu'à votre arrivée en ce lieu;

⁶ce qu'il a fait à Dathan et à Abiram, fils d'Éliab, fils de Ruben, comment la terre ouvrit sa bouche et les engloutit, avec leurs maisons et leurs tentes et tout ce qui était à leur suite, au milieu de tout Israël.

⁷Car vos yeux ont vu toutes les grandes choses que l'Éternel a faites.

⁸Ainsi, vous observerez tous les commandements que je vous prescris aujourd'hui, afin que vous ayez la force de vous emparer du pays où vous allez passer pour en prendre possession,

⁹et afin que vous prolongiez vos jours dans le pays que l'Éternel a juré à vos pères de leur donner, à eux et à leur postérité, pays où coulent le lait et le miel.

¹⁰Car le pays dont tu vas entrer en possession, n'est pas comme le pays d'Égypte, d'où vous êtes sortis, où tu jetais dans les champs ta semence et les arrosais avec ton pied comme un jardin potager.

¹¹Le pays que vous allez posséder est un pays de montagnes et de vallées, et qui boit les eaux de la pluie du ciel;

¹²c'est un pays dont l'Éternel, ton Dieu, prend soin, et sur lequel l'Éternel, ton Dieu, a continuellement les yeux, du commencement à la fin de l'année.

¹³Si vous obéissez à mes commandements que je vous prescris aujourd'hui, si vous aimez l'Éternel, votre Dieu, et si vous le servez de tout votre coeur et de toute votre âme,

¹⁴je donnerai à votre pays la pluie en son temps, la pluie de la première et de l'arrière-saison, et tu recueilleras ton blé, ton moût et ton

huile;

¹⁵je mettrai aussi dans tes champs de l'herbe pour ton bétail, et tu mangeras et te rassasieras.

¹⁶Gardez-vous de laisser séduire votre coeur, de vous détourner, de servir d'autres dieux et de vous prosterner devant eux.

¹⁷La colère de l'Éternel s'enflammerait alors contre vous; il fermerait les cieux, et il n'y aurait point de pluie; la terre ne donnerait plus ses produits, et vous péririez promptement dans le bon pays que l'Éternel vous donne.

¹⁸Mettez dans votre coeur et dans votre âme ces paroles que je vous dis. Vous les lierez comme un signe sur vos mains, et elles seront comme des fronteaux entre vos yeux.

¹⁹Vous les enseignerez à vos enfants, et vous leur en parlerez quand tu seras dans ta maison, quand tu iras en voyage, quand tu te coucheras et quand tu te lèveras.

²⁰Tu les écriras sur les poteaux de ta maison et sur tes portes.

²¹Et alors vos jours et les jours de vos enfants, dans le pays que l'Éternel a juré à vos pères de leur donner, seront aussi nombreux que les jours des cieux le seront au-dessus de la terre.

²²Car si vous observez tous ces commandements que je vous prescris, et si vous les mettez en pratique pour aimer l'Éternel, votre Dieu, pour marcher dans toutes ses voies et pour vous attacher à lui,

²³l'Éternel chassera devant vous toutes ces nations, et vous vous rendrez maîtres de nations plus grandes et plus puissantes que vous.

²⁴Tout lieu que foulera la plante de votre pied sera à vous: votre frontière s'étendra du désert au Liban, et du fleuve de l'Euphrate jusqu'à la mer occidentale.

²⁵Nul ne tiendra contre vous. L'Éternel, votre Dieu, répandra, comme il vous l'a dit, la frayeur et la crainte de toi sur tout le pays où vous marcherez.

²⁶Vois, je mets aujourd'hui devant vous la bénédiction et la malédiction:

²⁷la bénédiction, si vous obéissez aux commandements de l'Éternel, votre Dieu, que je vous prescris en ce jour;

²⁸la malédiction, si vous n'obéissez pas aux commandements de l'Éternel, votre Dieu, et si vous vous détournez de la voie que je vous prescris en ce jour, pour aller après d'autres dieux que vous ne connaissez point.

²⁹Et lorsque l'Éternel, ton Dieu, t'aura fait entrer dans le pays dont tu vas prendre possession, tu prononceras la bénédiction sur la montagne de Garizim, et la malédiction sur la montagne d'Ébal.

³⁰Ces montagnes ne sont-elles pas de l'autre côté du Jourdain, derrière le chemin de l'occident, au pays des Cananéens qui habitent dans la plaine vis-à-vis de Guilgal, près des chênes de Moré?

³¹Car vous allez passer le Jourdain pour entrer en possession du pays que l'Éternel, votre Dieu, vous donne; vous le posséderez, et vous y habiterez.

³²Vous observerez et vous mettrez en pratique toutes les lois et les ordonnances que je vous prescris aujourd'hui.

Chapitre 12

¹Voici les lois et les ordonnances que vous observerez et que vous mettrez en pratique, aussi longtemps que vous y vivrez, dans le pays dont l'Éternel, le Dieu de vos pères, vous donne la possession.

²Vous détruirez tous les lieux où les nations que vous allez chasser servent leurs dieux, sur les hautes montagnes, sur les collines, et sous tout arbre vert.

³Vous renverserez leurs autels, vous briserez leurs statues, vous brûlerez au feu leurs idoles, vous abattrez les images taillées de leurs dieux, et vous ferez disparaître leurs noms de ces lieux-là.

⁴Vous n'agirez pas ainsi à l'égard de l'Éternel, votre Dieu.

⁵Mais vous le chercherez à sa demeure, et vous irez au lieu que l'Éternel, votre Dieu, choisira parmi toutes vos tribus pour y placer son nom.

⁶C'est là que vous présenterez vos holocaustes, vos sacrifices, vos dîmes, vos prémices, vos offrandes en accomplissement d'un voeu, vos offrandes volontaires, et les premiers-nés de votre gros et de votre menu bétail.

⁷C'est là que vous mangerez devant l'Éternel, votre Dieu, et que, vous et vos familles, vous ferez servir à votre joie tous les biens par lesquels l'Éternel, votre Dieu, vous aura bénis.

⁸Vous n'agirez donc pas comme nous le faisons maintenant ici, où chacun fait ce qui lui semble bon,

⁹parce que vous n'êtes point encore arrivés dans le lieu de repos et dans l'héritage que l'Éternel, votre Dieu, vous donne.

¹⁰Mais vous passerez le Jourdain, et vous habiterez dans le pays dont l'Éternel, votre Dieu, vous mettra en possession; il vous donnera du repos, après vous avoir délivrés de tous vos ennemis qui vous entourent, et vous vous établirez en sécurité.

¹¹Alors il y aura un lieu que l'Éternel, votre Dieu, choisira pour y faire résider son nom. C'est là que vous présenterez tout ce que je vous ordonne, vos holocaustes, vos sacrifices, vos dîmes, vos prémices, et les offrandes choisies que vous ferez à l'Éternel pour accomplir vos voeux.

¹²C'est là que vous vous réjouirez devant l'Éternel, votre Dieu, vous, vos fils et vos filles, vos serviteurs et vos servantes, et le Lévite qui sera dans vos portes; car il n'a ni part ni héritage avec vous.

¹³Garde-toi d'offrir tes holocaustes dans tous les lieux que tu verras;

¹⁴mais tu offriras tes holocaustes au lieu que l'Éternel choisira dans l'une de tes tribus, et c'est là que tu feras tout ce que je t'ordonne.

¹⁵Néanmoins, quand tu en auras le désir, tu pourras tuer du bétail et manger de la viande dans toutes tes portes, selon les bénédictions que t'accordera l'Éternel, ton Dieu; celui qui sera impur et celui qui sera pur pourront en manger, comme on mange de la gazelle et du cerf.

¹⁶Seulement, vous ne mangerez pas le sang: tu le répandras sur la terre comme de l'eau.

¹⁷Tu ne pourras pas manger dans tes portes la dîme de ton blé, de ton moût et de ton huile, ni les premiers-nés de ton gros et de ton menu bétail, ni aucune de tes offrandes en accomplissement d'un voeu, ni tes offrandes volontaires, ni tes prémices.

¹⁸Mais c'est devant l'Éternel, ton Dieu, que tu les mangeras, dans le lieu que l'Éternel, ton Dieu, choisira, toi, ton fils et ta fille, ton serviteur et ta servante, et le Lévite qui sera dans tes portes; et c'est devant l'Éternel, ton Dieu, que tu feras servir à ta joie tous les biens que tu posséderas.

¹⁹Aussi longtemps que tu vivras dans ton pays, garde-toi de délaisser le Lévite.

²⁰Lorsque l'Éternel, ton Dieu, aura élargi tes frontières, comme il te l'a promis, et que le désir de manger de la viande te fera dire: Je voudrais manger de la viande! tu pourras en manger, selon ton désir.

²¹Si le lieu que l'Éternel, ton Dieu, aura choisi pour y placer son nom est éloigné de toi, tu pourras tuer du gros et du menu bétail, comme je te l'ai prescrit, et tu pourras en manger dans tes portes selon ton désir.

²²Tu en mangeras comme on mange de la gazelle et du cerf; celui qui sera impur, et celui qui sera pur en mangeront l'un et l'autre.

²³Seulement, garde-toi de manger le sang, car le sang, c'est l'âme; et tu ne mangeras pas l'âme avec la chair.

²⁴Tu ne le mangeras pas: tu le répandras sur la terre comme de l'eau.

²⁵Tu ne le mangeras pas, afin que tu sois heureux, toi et tes enfants après toi, en faisant ce qui est droit aux yeux de l'Éternel.

²⁶Mais les choses que tu voudras consacrer et les offrandes que tu feras en accomplissement d'un voeu, tu iras les présenter au lieu qu'aura choisi l'Éternel.

²⁷Tu offriras tes holocaustes, la chair et le sang, sur l'autel de l'Éternel, ton Dieu; dans tes autres sacrifices, le sang sera répandu sur l'autel de l'Éternel, ton Dieu, et tu mangeras la chair.

²⁸Garde et écoute toutes ces choses que je t'ordonne, afin que tu sois heureux, toi et tes enfants après toi, à perpétuité, en faisant ce qui est bien et ce qui est droit aux yeux de l'Éternel, ton Dieu.

²⁹Lorsque l'Éternel, ton Dieu, aura exterminé les nations que tu vas chasser devant toi, lorsque tu les auras chassées et que tu te seras établi dans leur pays,

³⁰garde-toi de te laisser prendre au piège en les imitant, après qu'elles auront été détruites devant toi. Garde-toi de t'informer de leurs dieux et de dire: Comment ces nations servaient-elles leurs dieux? Moi aussi, je veux faire de même.

³¹Tu n'agiras pas ainsi à l'égard de l'Éternel, ton Dieu; car elles servaient leurs dieux en faisant toutes les abominations qui sont odieuses à l'Éternel, et même elles brûlaient au feu leurs fils et leurs filles en l'honneur de leurs dieux.

³²Vous observerez et vous mettrez en pratique toutes les choses que je vous ordonne; vous n'y ajouterez rien, et vous n'en retrancherez rien.

Chapitre 13

¹S'il s'élève au milieu de toi un prophète ou un songeur qui t'annonce un signe ou un prodige,

²et qu'il y ait accomplissement du signe ou du prodige dont il t'a parlé en disant: Allons après d'autres dieux, -des dieux que tu ne connais point, -et servons-les!

³tu n'écouteras pas les paroles de ce prophète ou de ce songeur, car c'est l'Éternel, votre Dieu, qui vous met à l'épreuve pour savoir si vous aimez l'Éternel, votre Dieu, de tout votre coeur et de toute votre âme.

⁴Vous irez après l'Éternel, votre Dieu, et vous le craindrez; vous observerez ses commandements, vous obéirez à sa voix, vous le servirez, et vous vous attacherez à lui.

⁵Ce prophète ou ce songeur sera puni de mort, car il a parlé de révolte contre l'Éternel, votre Dieu, qui vous a fait sortir du pays d'Égypte et vous a délivrés de la maison de servitude, et il a voulu te détourner de la voie dans laquelle l'Éternel, ton Dieu, t'a ordonné de marcher. Tu ôteras ainsi le mal du milieu de toi.

⁶Si ton frère, fils de ta mère, ou ton fils, ou ta fille, ou la femme qui repose sur ton sein, ou ton ami que tu aimes comme toi-même, t'incite secrètement en disant: Allons, et servons d'autres dieux! -des dieux que ni toi ni tes pères n'avez connus,

⁷d'entre les dieux des peuples qui vous entourent, près de toi ou loin de toi, d'une extrémité de la terre à l'autre-

⁸tu n'y consentiras pas, et tu ne l'écouteras pas; tu ne jetteras pas sur lui un regard de pitié, tu ne l'épargneras pas, et tu ne le couvriras pas.

⁹Mais tu le feras mourir; ta main se lèvera la première sur lui pour le mettre à mort, et la main de tout le peuple ensuite;

¹⁰tu le lapideras, et il mourra, parce qu'il a cherché à te détourner de l'Éternel, ton Dieu, qui t'a fait sortir du pays d'Égypte, de la maison de servitude.

¹¹Il en sera ainsi, afin que tout Israël entende et craigne, et que l'on ne commette plus un acte aussi criminel au milieu de toi.

¹²Si tu entends dire au sujet de l'une des villes que t'a données pour demeure l'Éternel, ton Dieu:

¹³Des gens pervers sont sortis du milieu de toi, et ont séduit les habitants de leur ville en disant: Allons, et servons d'autres dieux! des dieux que tu ne connais point

¹⁴tu feras des recherches, tu examineras, tu interrogeras avec soin. La chose est-elle vraie, le fait est-il établi, cette abomination a-t-elle été commise au milieu de toi,

¹⁵alors tu frapperas du tranchant de l'épée les habitants de cette ville, tu la dévoueras par interdit avec tout ce qui s'y trouvera, et tu en passeras le bétail au fil de l'épée.

¹⁶Tu amasseras tout le butin au milieu de la place, et tu brûleras entièrement au feu la ville avec tout son butin, devant l'Éternel, ton Dieu: elle sera pour toujours un monceau de ruines, elle ne sera jamais rebâtie.

¹⁷Rien de ce qui sera dévoué par interdit ne s'attachera à ta main, afin que l'Éternel revienne de l'ardeur de sa colère, qu'il te fasse miséricorde et grâce, et qu'il te multiplie, comme il l'a juré à tes pères,

¹⁸si tu obéis à la voix de l'Éternel, ton Dieu, en observant tous ses commandements que je te prescris aujourd'hui, et en faisant ce qui est droit aux yeux de l'Éternel, ton Dieu.

Chapitre 14

¹Vous êtes les enfants de l'Éternel, votre Dieu. Vous ne vous ferez point d'incisions et vous ne ferez point de place chauve entre les yeux pour un mort.

²Car tu es un peuple saint pour l'Éternel, ton Dieu; et l'Éternel, ton Dieu, t'a choisi, pour que tu fusses un peuple qui lui appartînt entre tous les peuples qui sont sur la face de la terre.

³Tu ne mangeras aucune chose abominable.

⁴Voici les animaux que vous mangerez: le boeuf, la brebis et la chèvre;

⁵le cerf, la gazelle et le daim; le bouquetin, le chevreuil, la chèvre sauvage et la girafe.

⁶Vous mangerez de tout animal qui a la corne fendue, le pied fourchu, et qui rumine.

⁷Mais vous ne mangerez pas de ceux qui ruminent seulement, ou qui ont la corne fendue et le pied fourchu seulement. Ainsi, vous ne mangerez pas le chameau, le lièvre et le daman, qui ruminent, mais qui n'ont pas la corne fendue: vous les regarderez comme impurs.

⁸Vous ne mangerez pas le porc, qui a la corne fendue, mais qui ne rumine pas: vous le regarderez comme impur. Vous ne mangerez pas de leur chair, et vous ne toucherez pas leurs corps morts.

⁹Voici les animaux dont vous mangerez parmi tous ceux qui sont dans les eaux: vous mangerez de tous ceux qui ont des nageoires et des écailles.

¹⁰Mais vous ne mangerez d'aucun de ceux qui n'ont pas des nageoires et des écailles: vous les regarderez comme impurs.

¹¹Vous mangerez tout oiseau pur.

¹²Mais voici ceux dont vous ne mangerez pas: l'aigle, l'orfraie et l'aigle de mer;

¹³le milan, l'autour, le vautour et ce qui est de son espèce;

¹⁴le corbeau et toutes ses espèces;

¹⁵l'autruche, le hibou, la mouette, l'épervier et ce qui est de son espèce;

¹⁶le chat-huant, la chouette et le cygne;

¹⁷le pélican, le cormoran et le plongeon;

¹⁸la cigogne, le héron et ce qui est de son espèce, la huppe et la chauve-souris.

¹⁹Vous regarderez comme impur tout reptile qui vole: on n'en mangera point.

²⁰Vous mangerez tout oiseau pur.

²¹Vous ne mangerez d'aucune bête morte; tu la donneras à l'étranger qui sera dans tes portes, afin qu'il la mange, ou tu la vendras à un étranger; car tu es un peuple saint pour l'Éternel, ton Dieu. Tu ne feras point cuire un chevreau dans le lait de sa mère.

²²Tu lèveras la dîme de tout ce que produira ta semence, de ce que rapportera ton champ chaque année.

²³Et tu mangeras devant l'Éternel, ton Dieu, dans le lieu qu'il choisira pour y faire résider son nom, la dîme de ton blé, de ton moût et de ton huile, et les premiers-nés de ton gros et de ton menu bétail, afin que tu apprennes à craindre toujours l'Éternel, ton Dieu.

²⁴Peut-être lorsque l'Éternel, ton Dieu, t'aura béni, le chemin sera-t-il trop long pour que tu puisses transporter ta dîme, à cause de ton éloignement du lieu qu'aura choisi l'Éternel, ton Dieu, pour y faire résider son nom.

²⁵Alors, tu échangeras ta dîme contre de l'argent, tu serreras cet argent dans ta main, et tu iras au lieu que l'Éternel, ton Dieu, aura choisi.

²⁶Là, tu achèteras avec l'argent tout ce que tu désireras, des boeufs, des brebis, du vin et des liqueurs fortes, tout ce qui te fera plaisir, tu mangeras devant l'Éternel, ton Dieu, et tu te réjouiras, toi et ta famille.

²⁷Tu ne délaisseras point le Lévite qui sera dans tes portes, car il n'a ni part ni héritage avec toi.

²⁸Au bout de trois ans, tu sortiras toute la dîme de tes produits pendant la troisième année, et tu la déposeras dans tes portes.

²⁹Alors viendront le Lévite, qui n'a ni part ni héritage avec toi, l'étranger, l'orphelin et la veuve, qui seront dans tes portes, et ils mangeront et se rassasieront, afin que l'Éternel, ton Dieu, te bénisse dans tous les travaux que tu entreprendras de tes mains.

Chapitre 15

¹Tous les sept ans, tu feras relâche.

²Et voici comment s'observera le relâche. Quand on aura publié le relâche en l'honneur de l'Éternel, tout créancier qui aura fait un prêt à son prochain se relâchera de son droit, il ne pressera pas son prochain et son frère pour le paiement de sa dette.

³Tu pourras presser l'étranger; mais tu te relâcheras de ton droit pour ce qui t'appartiendra chez ton frère.

⁴Toutefois, il n'y aura point d'indigent chez toi, car l'Éternel te bénira dans le pays que l'Éternel, ton Dieu, te fera posséder en héritage,

⁵pourvu seulement que tu obéisses à la voix de l'Éternel, ton Dieu, en mettant soigneusement en pratique tous ces commandements que je te prescris aujourd'hui.

⁶L'Éternel, ton Dieu, te bénira comme il te l'a dit, tu prêteras à beaucoup de nations, et tu n'emprunteras point; tu domineras sur beaucoup de nations, et elles ne domineront point sur toi.

⁷S'il y a chez toi quelque indigent d'entre tes frères, dans l'une de tes portes, au pays que l'Éternel, ton Dieu, te donne, tu n'endurciras point ton coeur et tu ne fermeras point ta main devant ton frère indigent.

⁸Mais tu lui ouvriras ta main, et tu lui prêteras de quoi pourvoir à ses besoins.

⁹Garde-toi d'être assez méchant pour dire en ton coeur: La septième année, l'année du relâche, approche! Garde-toi d'avoir un oeil sans pitié pour ton frère indigent et de lui faire un refus. Il crierait à l'Éternel contre toi, et tu te chargerais d'un péché.

¹⁰Donne-lui, et que ton coeur ne lui donne point à regret; car, à cause de cela, l'Éternel, ton Dieu, te bénira dans tous tes travaux et dans toutes tes entreprises.

¹¹Il y aura toujours des indigents dans le pays; c'est pourquoi je te donne ce commandement: Tu ouvriras ta main à ton frère, au pauvre et à l'indigent dans ton pays.

¹²Si l'un de tes frères hébreux, homme ou femme, se vend à toi, il te servira six années; mais la septième année, tu le renverras libre de chez toi.

¹³Et lorsque tu le renverras libre de chez toi, tu ne le renverras point à vide;

¹⁴tu lui feras des présents de ton menu bétail, de ton aire, de ton pressoir, de ce que tu auras par la bénédiction de l'Éternel, ton Dieu.

¹⁵Tu te souviendras que tu as été esclave au pays d'Égypte, et que l'Éternel, ton Dieu, t'a racheté; c'est pourquoi je te donne aujourd'hui ce

commandement.

¹⁶Si ton esclave te dit: Je ne veux pas sortir de chez toi, -parce qu'il t'aime, toi et ta maison, et qu'il se trouve bien chez toi, -

¹⁷alors tu prendras un poinçon et tu lui perceras l'oreille contre la porte, et il sera pour toujours ton esclave. Tu feras de même pour ta servante.

¹⁸Tu ne trouveras point dur de le renvoyer libre de chez toi, car il t'a servi six ans, ce qui vaut le double du salaire d'un mercenaire; et l'Éternel, ton Dieu, te bénira dans tout ce que tu feras.

¹⁹Tu consacreras à l'Éternel, ton Dieu, tout premier-né mâle qui naîtra dans ton gros et dans ton menu bétail. Tu ne travailleras point avec le premier-né de ton boeuf, et tu ne tondras point le premier-né de tes brebis.

²⁰Tu le mangeras chaque année, toi et ta famille, devant l'Éternel, ton Dieu, dans le lieu qu'il choisira.

²¹S'il a quelque défaut, s'il est boiteux ou aveugle, ou s'il a quelque autre difformité, tu ne l'offriras point en sacrifice à l'Éternel, ton Dieu.

²²Tu le mangeras dans tes portes; celui qui sera impur et celui qui sera pur en mangeront l'un et l'autre, comme on mange de la gazelle et du cerf.

²³Seulement, tu n'en mangeras pas le sang; tu le répandras sur la terre comme de l'eau.

Chapitre 16

¹Observe le mois des épis, et célèbre la Pâque en l'honneur de l'Éternel, ton Dieu; car c'est dans le mois des épis que l'Éternel, ton Dieu, t'a fait sortir d'Égypte, pendant la nuit.

²Tu sacrifieras la Pâque à l'Éternel, ton Dieu, tes victimes de menu et de gros bétail, dans le lieu que l'Éternel choisira pour y faire résider son nom.

³Pendant la fête, tu ne mangeras pas du pain levé, mais tu mangeras sept jours des pains sans levain, du pain d'affliction, car c'est avec précipitation que tu es sorti du pays d'Égypte: il en sera ainsi, afin que tu te souviennes toute ta vie du jour où tu es sorti du pays d'Égypte.

⁴On ne verra point chez toi de levain, dans toute l'étendue de ton pays, pendant sept jours; et aucune partie des victimes que tu sacrifieras le soir du premier jour ne sera gardée pendant la nuit jusqu'au matin.

⁵Tu ne pourras point sacrifier la Pâque dans l'un quelconque des lieux que l'Éternel, ton Dieu, te donne pour demeure;

⁶mais c'est dans le lieu que choisira l'Éternel, ton Dieu, pour y faire résider son nom, que tu sacrifieras la Pâque, le soir, au coucher du soleil, à l'époque de ta sortie d'Égypte.

⁷Tu feras cuire la victime, et tu la mangeras dans le lieu que choisira l'Éternel, ton Dieu. Et le matin, tu pourras t'en retourner et t'en aller vers tes tentes.

⁸Pendant six jours, tu mangeras des pains sans levain; et le septième jour, il y aura une assemblée solennelle en l'honneur de l'Éternel, ton Dieu: tu ne feras aucun ouvrage.

⁹Tu compteras sept semaines; dès que la faucille sera mise dans les blés, tu commenceras à compter sept semaines.

¹⁰Puis tu célébreras la fête des semaines, et tu feras des offrandes volontaires, selon les bénédictions que l'Éternel, ton Dieu, t'aura accordées.

¹¹Tu te réjouiras devant l'Éternel, ton Dieu, dans le lieu que l'Éternel, ton Dieu, choisira pour y faire résider son nom, toi, ton fils et ta fille, ton serviteur et ta servante, le Lévite qui sera dans tes portes, et l'étranger, l'orphelin et la veuve qui seront au milieu de toi.

¹²Tu te souviendras que tu as été esclave en Égypte, et tu observeras et mettras ces lois en pratique.

¹³Tu célébreras la fête des tabernacles pendant sept jours, quand tu recueilleras le produit de ton aire et de ton pressoir.

¹⁴Tu te réjouiras à cette fête, toi, ton fils et ta fille, ton serviteur et ta servante, et le Lévite, l'étranger, l'orphelin et la veuve qui seront dans tes portes.

¹⁵Tu célébreras la fête pendant sept jours en l'honneur de l'Éternel, ton Dieu, dans le lieu que choisira l'Éternel, ton Dieu; car l'Éternel, ton Dieu, te bénira dans toutes tes récoltes et dans tout le travail de tes mains, et tu te livreras entièrement à la joie.

¹⁶Trois fois par année, tous les mâles d'entre vous se présenteront devant l'Éternel, ton Dieu, dans le lieu qu'il choisira: à la fête des pains sans levain, à la fête des semaines, et à la fête des tabernacles. On ne paraîtra point devant l'Éternel les mains vides.

¹⁷Chacun donnera ce qu'il pourra, selon les bénédictions que l'Éternel, ton Dieu, lui aura accordées.

¹⁸Tu établiras des juges et des magistrats dans toutes les villes que l'Éternel, ton Dieu, te donne, selon tes tribus; et ils jugeront le peuple avec justice.

¹⁹Tu ne porteras atteinte à aucun droit, tu n'auras point égard à l'apparence des personnes, et tu ne recevras point de présent, car les présents aveuglent les yeux des sages et corrompent les paroles des justes.

²⁰Tu suivras ponctuellement la justice, afin que tu vives et que tu possèdes le pays que l'Éternel, ton Dieu, te donne.

²¹Tu ne fixeras aucune idole de bois à côté de l'autel que tu élèveras à l'Éternel, ton Dieu.

²²Tu ne dresseras point de statues, qui sont en aversion à l'Éternel, ton Dieu.

Chapitre 17

¹Tu n'offriras en sacrifice à l'Éternel, ton Dieu, ni boeuf, ni agneau qui ait quelque défaut ou difformité; car ce serait en abomination à l'Éternel, ton Dieu.

²Il se trouvera peut-être au milieu de toi dans l'une des villes que l'Éternel, ton Dieu, te donne, un homme ou une femme faisant ce qui est mal aux yeux de l'Éternel, ton Dieu, et transgressant son alliance;

³allant après d'autres dieux pour les servir et se prosterner devant eux, après le soleil, la lune, ou toute l'armée des cieux. Ce n'est point là ce que j'ai commandé.

⁴Dès que tu en auras connaissance, dès que tu l'auras appris, tu feras avec soin des recherches. La chose est-elle vraie, le fait est-il établi, cette abomination a-t-elle été commise en Israël,

⁵alors tu feras venir à tes portes l'homme ou la femme qui sera coupable de cette mauvaise action, et tu lapideras ou puniras de mort cet homme ou cette femme.

⁶Celui qui mérite la mort sera exécuté sur la déposition de deux ou de trois témoins; il ne sera pas mis à mort sur la déposition d'un seul témoin.

⁷La main des témoins se lèvera la première sur lui pour le faire mourir, et la main de tout le peuple ensuite. Tu ôteras ainsi le mal du milieu de toi.

⁸Si une cause relative à un meurtre, à un différend, à une blessure, te paraît trop difficile à juger et fournit matière à contestation dans tes portes, tu te lèveras et tu monteras au lieu que l'Éternel, ton Dieu, choisira.

⁹Tu iras vers les sacrificateurs, les Lévites, et vers celui qui remplira alors les fonctions de juge; tu les consulteras, et ils te feront connaître la sentence.

¹⁰Tu te conformeras à ce qu'ils te diront dans le lieu que choisira l'Éternel, et tu auras soin d'agir d'après tout ce qu'ils t'enseigneront.

¹¹Tu te conformeras à la loi qu'ils t'enseigneront et à la sentence qu'ils auront prononcée; tu ne te détourneras de ce qu'ils te diront ni à droite ni à gauche.

¹²L'homme qui, par orgueil, n'écoutera pas le sacrificateur placé là pour servir l'Éternel, ton Dieu, ou qui n'écoutera pas le juge, cet homme sera puni de mort. Tu ôteras ainsi le mal du milieu d'Israël,

¹³afin que tout le peuple entende et craigne, et qu'il ne se livre plus à l'orgueil.

¹⁴Lorsque tu seras entré dans le pays que l'Éternel, ton Dieu, te donne, lorsque tu le posséderas, que tu y auras établi ta demeure, et que tu diras: Je veux mettre un roi sur moi, comme toutes les nations qui m'entourent, -

¹⁵tu mettras sur toi un roi que choisira l'Éternel, ton Dieu, tu prendras un roi du milieu de tes frères, tu ne pourras pas te donner un étranger, qui ne soit pas ton frère.

¹⁶Mais qu'il n'ait pas un grand nombre de chevaux; et qu'il ne ramène pas le peuple en Égypte pour avoir beaucoup de chevaux; car l'Éternel vous a dit: Vous ne retournerez plus par ce chemin-là.

¹⁷Qu'il n'ait pas un grand nombre de femmes, afin que son coeur ne se détourne point; et qu'il ne fasse pas de grands amas d'argent et d'or.

¹⁸Quand il s'assiéra sur le trône de son royaume, il écrira pour lui, dans un livre, une copie de cette loi, qu'il prendra auprès des sacrificateurs, les Lévites.

¹⁹Il devra l'avoir avec lui et y lire tous les jours de sa vie, afin qu'il apprenne à craindre l'Éternel, son Dieu, à observer et à mettre en pratique toutes les paroles de cette loi et toutes ces ordonnances;

²⁰afin que son coeur ne s'élève point au-dessus de ses frères, et qu'il ne se détourne de ces commandements ni à droite ni à gauche; afin qu'il prolonge ses jours dans son royaume, lui et ses enfants, au milieu d'Israël.

Deutéronome

Chapitre 18

¹Les sacrificateurs, les Lévites, la tribu entière de Lévi, n'auront ni part ni héritage avec Israël; ils se nourriront des sacrifices consumés par le feu en l'honneur de l'Éternel et de l'héritage de l'Éternel.

²Ils n'auront point d'héritage au milieu de leurs frères: l'Éternel sera leur héritage, comme il le leur a dit.

³Voici quel sera le droit des sacrificateurs sur le peuple, sur ceux qui offriront un sacrifice, un boeuf ou un agneau: on donnera au sacrificateur l'épaule, les mâchoires et l'estomac.

⁴Tu lui donneras les prémices de ton blé, de ton moût et de ton huile, et les prémices de la toison de tes brebis;

⁵car c'est lui que l'Éternel, ton Dieu, a choisi entre toutes les tribus, pour qu'il fasse le service au nom de l'Éternel, lui et ses fils, à toujours.

⁶Lorsque le Lévite quittera l'une de tes portes, le lieu quelconque où il demeure en Israël, pour se rendre, selon la plénitude de son désir, au lieu que choisira l'Éternel,

⁷et qu'il fera le service au nom de l'Éternel, ton Dieu, comme tous ses frères les Lévites qui se tiennent là devant l'Éternel,

⁸il recevra pour sa nourriture une portion égale à la leur, et jouira, en outre, des revenus de la vente de son patrimoine.

⁹Lorsque tu seras entré dans le pays que l'Éternel, ton Dieu, te donne, tu n'apprendras point à imiter les abominations de ces nations-là.

¹⁰Qu'on ne trouve chez toi personne qui fasse passer son fils ou sa fille par le feu, personne qui exerce le métier de devin, d'astrologue, d'augure, de magicien,

¹¹d'enchanteur, personne qui consulte ceux qui évoquent les esprits ou disent la bonne aventure, personne qui interroge les morts.

¹²Car quiconque fait ces choses est en abomination à l'Éternel; et c'est à cause de ces abominations que l'Éternel, ton Dieu, va chasser ces nations devant toi.

¹³Tu seras entièrement à l'Éternel, ton Dieu.

¹⁴Car ces nations que tu chasseras écoutent les astrologues et les devins; mais à toi, l'Éternel, ton Dieu, ne le permet pas.

¹⁵L'Éternel, ton Dieu, te suscitera du milieu de toi, d'entre tes frères, un prophète comme moi: vous l'écouterez!

¹⁶Il répondra ainsi à la demande que tu fis à l'Éternel, ton Dieu, à Horeb, le jour de l'assemblée, quand tu disais: Que je n'entende plus la voix de l'Éternel, mon Dieu, et que je ne voie plus ce grand feu, afin de ne pas mourir.

¹⁷L'Éternel me dit: Ce qu'ils ont dit est bien.

¹⁸Je leur susciterai du milieu de leurs frères un prophète comme toi, je mettrai mes paroles dans sa bouche, et il leur dira tout ce que je lui commanderai.

¹⁹Et si quelqu'un n'écoute pas mes paroles qu'il dira en mon nom, c'est moi qui lui en demanderai compte.

²⁰Mais le prophète qui aura l'audace de dire en mon nom une parole que je ne lui aurai point commandé de dire, ou qui parlera au nom d'autres dieux, ce prophète-là sera puni de mort.

²¹Peut-être diras-tu dans ton coeur: Comment connaîtrons-nous la parole que l'Éternel n'aura point dite?

²²Quand ce que dira le prophète n'aura pas lieu et n'arrivera pas, ce sera une parole que l'Éternel n'aura point dite. C'est par audace que le prophète l'aura dite: n'aie pas peur de lui.

Chapitre 19

¹Lorsque l'Éternel, ton Dieu, aura exterminé les nations dont l'Éternel, ton Dieu, te donne le pays, lorsque tu les auras chassées et que tu habiteras dans leurs villes et dans leurs maisons,

²tu sépareras trois villes au milieu du pays dont l'Éternel, ton Dieu, te donne la possession.

³Tu établiras des routes, et tu diviseras en trois parties le territoire du pays que l'Éternel, ton Dieu, va te donner en héritage. Il en sera ainsi afin que tout meurtrier puisse s'enfuir dans ces villes.

⁴Cette loi s'appliquera au meurtrier qui s'enfuira là pour sauver sa vie, lorsqu'il aura involontairement tué son prochain, sans avoir été auparavant son ennemi.

⁵Un homme, par exemple, va couper du bois dans la forêt avec un autre homme; la hache en main, il s'élance pour abattre un arbre; le fer échappe du manche, atteint le compagnon de cet homme, et lui donne la mort. Alors il s'enfuira dans l'une de ces villes pour sauver sa vie,

⁶de peur que le vengeur du sang, échauffé par la colère et poursuivant le meurtrier, ne finisse par l'atteindre s'il y avait à faire beaucoup de chemin, et ne frappe mortellement celui qui ne mérite pas la mort, puisqu'il n'était point auparavant l'ennemi de son prochain.

⁷C'est pourquoi je te donne cet ordre: Tu sépareras trois villes.

⁸Lorsque l'Éternel, ton Dieu, aura élargi tes frontières, comme il l'a juré à tes pères, et qu'il t'aura donné tout le pays qu'il a promis à tes pères de te donner, -

⁹pourvu que tu observes et mettes en pratique tous ces commandements que je te prescris aujourd'hui, en sorte que tu aimes l'Éternel, ton Dieu, et que tu marches toujours dans ses voies, -tu ajouteras encore trois villes à ces trois-là,

¹⁰afin que le sang innocent ne soit pas répandu au milieu du pays que l'Éternel, ton Dieu, te donne pour héritage, et que tu ne sois pas coupable de meurtre.

¹¹Mais si un homme s'enfuit dans une de ces villes, après avoir dressé des embûches à son prochain par inimitié contre lui, après l'avoir attaqué et frappé de manière à causer sa mort,

¹²les anciens de sa ville l'enverront saisir et le livreront entre les mains du vengeur du sang, afin qu'il meure.

¹³Tu ne jetteras pas sur lui un regard de pitié, tu feras disparaître d'Israël le sang innocent, et tu seras heureux.

¹⁴Tu ne reculeras point les bornes de ton prochain, posées par tes ancêtres, dans l'héritage que tu auras au pays dont l'Éternel, ton Dieu, te donne la possession.

¹⁵Un seul témoin ne suffira pas contre un homme pour constater un crime ou un péché, quel qu'il soit; un fait ne pourra s'établir que sur la déposition de deux ou de trois témoins.

¹⁶Lorsqu'un faux témoin s'élèvera contre quelqu'un pour l'accuser d'un crime,

¹⁷les deux hommes en contestation comparaîtront devant l'Éternel, devant les sacrificateurs et les juges alors en fonctions.

¹⁸Les juges feront avec soin des recherches. Le témoin est-il un faux témoin, a-t-il fait contre son frère une fausse déposition,

¹⁹alors vous le traiterez comme il avait dessein de traiter son frère. Tu ôteras ainsi le mal du milieu de toi.

²⁰Les autres entendront et craindront, et l'on ne commettra plus un acte aussi criminel au milieu de toi.

²¹Tu ne jetteras aucun regard de pitié: oeil pour oeil, dent pour dent, main pour main, pied pour pied.

Chapitre 20

¹Lorsque tu iras à la guerre contre tes ennemis, et que tu verras des chevaux et des chars, et un peuple plus nombreux que toi, tu ne les craindras point; car l'Éternel, ton Dieu, qui t'a fait monter du pays d'Égypte, est avec toi.

²A l'approche du combat, le sacrificateur s'avancera et parlera au peuple.

³Il leur dira: Écoute, Israël! Vous allez aujourd'hui livrer bataille à vos ennemis. Que votre coeur ne se trouble point; soyez sans crainte, ne vous effrayez pas, ne vous épouvantez pas devant eux.

⁴Car l'Éternel, votre Dieu, marche avec vous, pour combattre vos ennemis, pour vous sauver.

⁵Les officiers parleront ensuite au peuple et diront: Qui est-ce qui a bâti une maison neuve, et ne s'y est point encore établi? Qu'il s'en aille et retourne chez lui, de peur qu'il ne meure dans la bataille et qu'un autre ne s'y établisse.

⁶Qui est-ce qui a planté une vigne, et n'en a point encore joui? Qu'il s'en aille et retourne chez lui, de peur qu'il ne meure dans la bataille et qu'un autre n'en jouisse.

⁷Qui est-ce qui a fiancé une femme, et ne l'a point encore prise? Qu'il s'en aille et retourne chez lui, de peur qu'il ne meure dans la bataille et qu'un autre ne la prenne.

⁸Les officiers continueront à parler au peuple, et diront: Qui est-ce qui a peur et manque de courage? Qu'il s'en aille et retourne chez lui, afin que ses frères ne se découragent pas comme lui.

⁹Quand les officiers auront achevé de parler au peuple, ils placeront les chefs des troupes à la tête du peuple.

¹⁰Quand tu t'approcheras d'une ville pour l'attaquer, tu lui offriras la paix.

¹¹Si elle accepte la paix et t'ouvre ses portes, tout le peuple qui s'y trouvera te sera tributaire et asservi.

¹²Si elle n'accepte pas la paix avec toi et qu'elle veuille te faire la guerre, alors tu l'assiégeras.

¹³Et après que l'Éternel, ton Dieu, l'aura livrée entre tes mains, tu en feras passer tous les mâles au fil de l'épée.

¹⁴Mais tu prendras pour toi les femmes, les enfants, le bétail, tout ce qui sera dans la ville, tout son butin, et tu mangeras les dépouilles de tes ennemis que l'Éternel, ton Dieu, t'aura livrés.

¹⁵C'est ainsi que tu agiras à l'égard de toutes les villes qui sont très éloignées de toi, et qui ne font point partie des villes de ces nations-ci.

¹⁶Mais dans les villes de ces peuples dont l'Éternel, ton Dieu, te donne le pays pour héritage, tu ne laisseras la vie à rien de ce qui respire.

¹⁷Car tu dévoueras ces peuples par interdit, les Héthiens, les Amoréens, les Cananéens, les Phéréziens, les Héviens, et les Jébusiens, comme l'Éternel, ton Dieu, te l'a ordonné,
¹⁸afin qu'ils ne vous apprennent pas à imiter toutes les abominations qu'ils font pour leurs dieux, et que vous ne péchiez point contre l'Éternel, votre Dieu.
¹⁹Si tu fais un long siège pour t'emparer d'une ville avec laquelle tu es en guerre, tu ne détruiras point les arbres en y portant la hache, tu t'en nourriras et tu ne les abattras point; car l'arbre des champs est-il un homme pour être assiégé par toi?
²⁰Mais tu pourras détruire et abattre les arbres que tu sauras ne pas être des arbres servant à la nourriture, et en construire des retranchements contre la ville qui te fait la guerre, jusqu'à ce qu'elle succombe.

Chapitre 21

¹Si, dans le pays dont l'Éternel, ton Dieu, te donne la possession, l'on trouve étendu au milieu d'un champ un homme tué, sans que l'on sache qui l'a frappé,
²tes anciens et tes juges iront mesurer les distances à partir du cadavre jusqu'aux villes des environs.
³Quand on aura déterminé la ville la plus rapprochée du cadavre, les anciens de cette ville prendront une génisse qui n'ait point servi au travail et qui n'ait point tiré au joug.
⁴Ils feront descendre cette génisse vers un torrent qui jamais ne tarisse et où il n'y ait ni culture ni semence; et là, ils briseront la nuque à la génisse, dans le torrent.
⁵Alors s'approcheront les sacrificateurs, fils de Lévi; car l'Éternel, ton Dieu, les a choisis pour qu'ils le servent et qu'ils bénissent au nom de l'Éternel, et ce sont eux qui doivent prononcer sur toute contestation et sur toute blessure.
⁶Tous les anciens de cette ville la plus rapprochée du cadavre laveront leurs mains sur la génisse à laquelle on a brisé la nuque dans le torrent.
⁷Et prenant la parole, ils diront: Nos mains n'ont point répandu ce sang et nos yeux ne l'ont point vu répandre.
⁸Pardonne, ô Éternel! à ton peuple d'Israël, que tu as racheté; n'impute pas le sang innocent à ton peuple d'Israël, et ce sang ne lui sera point imputé.
⁹Ainsi, tu dois faire disparaître du milieu de toi le sang innocent, en faisant ce qui est droit aux yeux de l'Éternel.
¹⁰Lorsque tu iras à la guerre contre tes ennemis, si l'Éternel les livre entre tes mains, et que tu leur fasses des prisonniers,
¹¹peut-être verras-tu parmi les captives une femme belle de figure, et auras-tu le désir de la prendre pour femme.
¹²Alors tu l'amèneras dans l'intérieur de ta maison. Elle se rasera la tête et se fera les ongles,
¹³elle quittera les vêtements qu'elle portait quand elle a été prise, elle demeurera dans ta maison, et elle pleurera son père et sa mère pendant un mois. Après cela, tu iras vers elle, tu l'auras en ta possession, et elle sera ta femme.
¹⁴Si elle cesse de te plaire, tu la laisseras aller où elle voudra, tu ne pourras pas la vendre pour de l'argent ni la traiter comme esclave, parce que tu l'auras humiliée.
¹⁵Si un homme, qui a deux femmes, aime l'une et n'aime pas l'autre, et s'il en a des fils dont le premier-né soit de la femme qu'il n'aime pas,
¹⁶il ne pourra point, quand il partagera son bien entre ses fils, reconnaître comme premier-né le fils de celle qu'il aime, à la place du fils de celle qu'il n'aime pas, et qui est le premier-né.
¹⁷Mais il reconnaîtra pour premier-né le fils de celle qu'il n'aime pas, et lui donnera sur son bien une portion double; car ce fils est les prémices de sa vigueur, le droit d'aînesse lui appartient.
¹⁸Si un homme a un fils indocile et rebelle, n'écoutant ni la voix de son père, ni la voix de sa mère, et ne leur obéissant pas même après qu'ils l'ont châtié,
¹⁹le père et la mère le prendront, et le mèneront vers les anciens de sa ville et à la porte du lieu qu'il habite.
²⁰Ils diront aux anciens de sa ville: Voici notre fils qui est indocile et rebelle, qui n'écoute pas notre voix, et qui se livre à des excès et à l'ivrognerie.
²¹Et tous les hommes de sa ville le lapideront, et il mourra. Tu ôteras ainsi le mal du milieu de toi, afin que tout Israël entende et craigne.
²²Si l'on fait mourir un homme qui a commis un crime digne de mort, et que tu l'aies pendu à un bois,
²³son cadavre ne passera point la nuit sur le bois; mais tu l'enterreras le jour même, car celui qui est pendu est un objet de malédiction auprès de Dieu, et tu ne souilleras point le pays que l'Éternel, ton Dieu, te donne pour héritage.

Chapitre 22

¹Si tu vois s'égarer le boeuf ou la brebis de ton frère, tu ne t'en détourneras point, tu les ramèneras à ton frère.
²Si ton frère n'habite pas près de toi, et que tu ne le connaisses pas, tu recueilleras l'animal dans ta maison et il restera chez toi jusqu'à ce que ton frère le réclame; et alors tu le lui rendras.
³Tu feras de même pour son âne, tu feras de même pour son vêtement, tu feras de même pour tout objet qu'il aurait perdu et que tu trouverais; tu ne devras point t'en détourner.
⁴Si tu vois l'âne de ton frère ou son boeuf tombé dans le chemin, tu ne t'en détourneras point, tu l'aideras à le relever.
⁵Une femme ne portera point un habillement d'homme, et un homme ne mettra point des vêtements de femme; car quiconque fait ces choses est en abomination à l'Éternel, ton Dieu.
⁶Si tu rencontres dans ton chemin un nid d'oiseau, sur un arbre ou sur la terre, avec des petits ou des oeufs, et la mère couchée sur les petits ou sur les oeufs, tu ne prendras pas la mère et les petits,
⁷tu laisseras aller la mère et tu ne prendras que les petits, afin que tu sois heureux et que tu prolonges tes jours.
⁸Si tu bâtis une maison neuve, tu feras une balustrade autour de ton toit, afin de ne pas mettre du sang sur ta maison, dans le cas où il en tomberait quelqu'un.
⁹Tu ne sèmeras point dans ta vigne diverses semences, de peur que tu ne jouisses ni du produit de ce que tu auras semé ni du produit de la vigne.
¹⁰Tu ne laboureras point avec un boeuf et un âne attelés ensemble.
¹¹Tu ne porteras point un vêtement tissé de diverses espèces de fils, de laine et de lin réunis ensemble.
¹²Tu mettras des franges aux quatre coins du vêtement dont tu te couvriras.
¹³Si un homme, qui a pris une femme et est allé vers elle, éprouve ensuite de l'aversion pour sa personne,
¹⁴s'il lui impute des choses criminelles et porte atteinte à sa réputation, en disant: J'ai pris cette femme, je me suis approché d'elle, et je ne l'ai pas trouvée vierge, -
¹⁵alors le père et la mère de la jeune femme prendront les signes de sa virginité et les produiront devant les anciens de la ville, à la porte.
¹⁶Le père de la jeune femme dira aux anciens: J'ai donné ma fille pour femme à cet homme, et il l'a prise en aversion;
¹⁷il lui impute des choses criminelles, en disant: Je n'ai pas trouvé ta fille vierge. Or voici les signes de virginité de ma fille. Et ils déploieront son vêtement devant les anciens de la ville.
¹⁸Les anciens de la ville saisiront alors cet homme et le châtieront;
¹⁹et, parce qu'il a porté atteinte à la réputation d'une vierge d'Israël, ils le condamneront à une amende de cent sicles d'argent, qu'ils donneront au père de la jeune femme. Elle restera sa femme, et il ne pourra pas la renvoyer, tant qu'il vivra.
²⁰Mais si le fait est vrai, si la jeune femme ne s'est point trouvée vierge,
²¹on fera sortir la jeune femme à l'entrée de la maison de son père; elle sera lapidée par les gens de la ville, et elle mourra, parce qu'elle a commis une infamie en Israël, en se prostituant dans la maison de son père. Tu ôteras ainsi le mal du milieu de toi.
²²Si l'on trouve un homme couché avec une femme mariée, ils mourront tous deux, l'homme qui a couché avec la femme, et la femme aussi. Tu ôteras ainsi le mal du milieu d'Israël.
²³Si une jeune fille vierge est fiancée, et qu'un homme la rencontre dans la ville et couche avec elle,
²⁴vous les amènerez tous deux à la porte de la ville, vous les lapiderez, et ils mourront, la jeune fille pour n'avoir pas crié dans la ville, et l'homme pour avoir déshonoré la femme de son prochain. Tu ôteras ainsi le mal du milieu de toi.
²⁵Mais si c'est dans les champs que cet homme rencontre la jeune femme fiancée, lui fait violence et couche avec elle, l'homme qui aura couché avec elle sera seul puni de mort.
²⁶Tu ne feras rien à la jeune fille; elle n'est pas coupable d'un crime digne de mort, car il en est de ce cas comme de celui où un homme se jette sur son prochain et lui ôte la vie.
²⁷La jeune fille fiancée, que cet homme a rencontrée dans les champs, a pu crier sans qu'il y ait eu personne pour la secourir.
²⁸Si un homme rencontre une jeune fille vierge non fiancée, lui fait violence et couche avec elle, et qu'on vienne à les surprendre,
²⁹l'homme qui aura couché avec elle donnera au père de la jeune

Deutéronome

fille cinquante sicles d'argent; et, parce qu'il l'a déshonorée, il la prendra pour femme, et il ne pourra pas la renvoyer, tant qu'il vivra.

³⁰Nul ne prendra la femme de son père, et ne soulèvera la couverture de son père.

Chapitre 23

¹Celui dont les testicules ont été écrasés ou l'urètre coupé n'entrera point dans l'assemblée de l'Éternel.

²Celui qui est issu d'une union illicite n'entrera point dans l'assemblée de l'Éternel; même sa dixième génération n'entrera point dans l'assemblée de l'Éternel.

³L'Ammonite et le Moabite n'entreront point dans l'assemblée de l'Éternel, même à la dixième génération et à perpétuité,

⁴parce qu'ils ne sont pas venus au-devant de vous avec du pain et de l'eau, sur le chemin, lors de votre sortie d'Égypte, et parce qu'ils ont fait venir contre toi à prix d'argent Balaam, fils de Beor, de Pethor en Mésopotamie, pour qu'il te maudisse.

⁵Mais l'Éternel, ton Dieu, n'a point voulu écouter Balaam; et l'Éternel, ton Dieu, a changé pour toi la malédiction en bénédiction, parce que tu es aimé de l'Éternel, ton Dieu.

⁶Tu n'auras souci ni de leur prospérité ni de leur bien-être, tant que tu vivras, à perpétuité.

⁷Tu n'auras point en abomination l'Édomite, car il est ton frère; tu n'auras point en abomination l'Égyptien, car tu as été étranger dans son pays:

⁸les fils qui leur naîtront à la troisième génération entreront dans l'assemblée de l'Éternel.

⁹Lorsque tu camperas contre tes ennemis, garde-toi de toute chose mauvaise.

¹⁰S'il y a chez toi un homme qui ne soit pas pur, par suite d'un accident nocturne, il sortira du camp, et n'entrera point dans le camp;

¹¹sur le soir il se lavera dans l'eau, et après le coucher du soleil il pourra rentrer au camp.

¹²Tu auras un lieu hors du camp, et c'est là dehors que tu iras.

¹³Tu auras parmi ton bagage un instrument, dont tu te serviras pour faire un creux et recouvrir tes excréments, quand tu voudras aller dehors.

¹⁴Car l'Éternel, ton Dieu, marche au milieu de ton camp pour te protéger et pour livrer tes ennemis devant toi; ton camp devra donc être saint, afin que l'Éternel ne voie chez toi rien d'impur, et qu'il ne se détourne point de toi.

¹⁵Tu ne livreras point à son maître un esclave qui se réfugiera chez toi, après l'avoir quitté.

¹⁶Il demeurera chez toi, au milieu de toi, dans le lieu qu'il choisira, dans l'une de tes villes, où bon lui semblera: tu ne l'opprimeras point.

¹⁷Il n'y aura aucune prostituée parmi les filles d'Israël, et il n'y aura aucun prostitué parmi les fils d'Israël.

¹⁸Tu n'apporteras point dans la maison de l'Éternel, ton Dieu, le salaire d'une prostituée ni le prix d'un chien, pour l'accomplissement d'un voeu quelconque; car l'un et l'autre sont en abomination à l'Éternel, ton Dieu.

¹⁹Tu n'exigeras de ton frère aucun intérêt ni pour argent, ni pour vivres, ni pour rien de ce qui se prête à intérêt.

²⁰Tu pourras tirer un intérêt de l'étranger, mais tu n'en tireras point de ton frère, afin que l'Éternel, ton Dieu, te bénisse dans tout ce que tu entreprendras au pays dont tu vas entrer en possession.

²¹Si tu fais un voeu à l'Éternel, ton Dieu, tu ne tarderas point à l'accomplir: car l'Éternel, ton Dieu, t'en demanderait compte, et tu te chargerais d'un péché.

²²Si tu t'abstiens de faire un voeu, tu ne commettras pas un péché.

²³Mais tu observeras et tu accompliras ce qui sortira de tes lèvres, par conséquent les voeux que tu feras volontairement à l'Éternel, ton Dieu, et que ta bouche aura prononcés.

²⁴Si tu entres dans la vigne de ton prochain, tu pourras à ton gré manger des raisins et t'en rassasier; mais tu n'en mettras point dans ton vase.

²⁵Si tu entres dans les blés de ton prochain, tu pourras cueillir des épis avec la main, mais tu n'agiteras point la faucille sur les blés de ton prochain.

Chapitre 24

¹Lorsqu'un homme aura pris et épousé une femme qui viendrait à ne pas trouver grâce à ses yeux, parce qu'il a découvert en elle quelque chose de honteux, il écrira pour elle une lettre de divorce, et, après la lui avoir remise en main, il la renverra de sa maison.

²Elle sortira de chez lui, s'en ira, et pourra devenir la femme d'un autre homme.

³Si ce dernier homme la prend en aversion, écrit pour elle une lettre de divorce, et, après la lui avoir remise en main, la renvoie de sa maison; ou bien, si ce dernier homme qui l'a prise pour femme vient à mourir,

⁴alors le premier mari qui l'avait renvoyée ne pourra pas la reprendre pour femme après qu'elle a été souillée, car c'est une abomination devant l'Éternel, et tu ne chargeras point de péché le pays que l'Éternel, ton Dieu, te donne pour héritage.

⁵Lorsqu'un homme sera nouvellement marié, il n'ira point à l'armée, et on ne lui imposera aucune charge; il sera exempté par raison de famille pendant un an, et il réjouira la femme qu'il a prise.

⁶On ne prendra point pour gage les deux meules, ni la meule de dessus; car ce serait prendre pour gage la vie même.

⁷Si l'on trouve un homme qui ait dérobé l'un de ses frères, l'un des enfants d'Israël, qui en ait fait son esclave ou qui l'ait vendu, ce voleur sera puni de mort. Tu ôteras ainsi le mal du milieu de toi.

⁸Prends garde à la plaie de la lèpre, afin de bien observer et de faire tout ce que vous enseigneront les sacrificateurs, les Lévites; vous aurez soin d'agir d'après les ordres que je leur ai donnés.

⁹Souviens-toi de ce que l'Éternel, ton Dieu, fit à Marie pendant la route, lors de votre sortie d'Égypte.

¹⁰Si tu fais à ton prochain un prêt quelconque, tu n'entreras point dans sa maison pour te saisir de son gage;

¹¹tu resteras dehors, et celui à qui tu fais le prêt t'apportera le gage dehors.

¹²Si cet homme est pauvre, tu ne te coucheras point, en retenant son gage;

¹³tu le lui rendras au coucher du soleil, afin qu'il couche dans son vêtement et qu'il te bénisse; et cela te sera imputé à justice devant l'Éternel, ton Dieu.

¹⁴Tu n'opprimeras point le mercenaire, pauvre et indigent, qu'il soit l'un de tes frères, ou l'un des étrangers demeurant dans ton pays, dans tes portes.

¹⁵Tu lui donneras le salaire de sa journée avant le coucher du soleil; car il est pauvre, et il lui tarde de le recevoir. Sans cela, il crierait à l'Éternel contre toi, et tu te chargerais d'un péché.

¹⁶On ne fera point mourir les pères pour les enfants, et l'on ne fera point mourir les enfants pour les pères; on fera mourir chacun pour son péché.

¹⁷Tu ne porteras point atteinte au droit de l'étranger et de l'orphelin, et tu ne prendras point en gage le vêtement de la veuve.

¹⁸Tu te souviendras que tu as été esclave en Égypte, et que l'Éternel, ton Dieu, t'a racheté; c'est pourquoi je te donne ces commandements à mettre en pratique.

¹⁹Quand tu moissonneras ton champ, et que tu auras oublié une gerbe dans le champ, tu ne retourneras point la prendre: elle sera pour l'étranger, pour l'orphelin et pour la veuve, afin que l'Éternel, ton Dieu, te bénisse dans tout le travail de tes mains.

²⁰Quand tu secoueras tes oliviers, tu ne cueilleras point ensuite les fruits restés aux branches: ils seront pour l'étranger, pour l'orphelin et pour la veuve.

²¹Quand tu vendangeras ta vigne, tu ne cueilleras point ensuite les grappes qui y seront restées: elles seront pour l'étranger, pour l'orphelin et pour la veuve.

²²Tu te souviendras que tu as été esclave dans le pays d'Égypte; c'est pourquoi je te donne ces commandements à mettre en pratique.

Chapitre 25

¹Lorsque des hommes, ayant entre eux une querelle, se présenteront en justice pour être jugés, on absoudra l'innocent, et l'on condamnera le coupable.

²Si le coupable mérite d'être battu, le juge le fera étendre par terre et frapper en sa présence d'un nombre de coups proportionné à la gravité de sa faute.

³Il ne lui fera pas donner plus de quarante coups, de peur que, si l'on continuait à le frapper en allant beaucoup au delà, ton frère ne fût avili à tes yeux.

⁴Tu n'emmuselleras point le boeuf, quand il foulera le grain.

⁵Lorsque des frères demeureront ensemble, et que l'un d'eux mourra sans laisser de fils, la femme du défunt ne se mariera point au

dehors avec un étranger, mais son beau-frère ira vers elle, la prendra pour femme, et l'épousera comme beau-frère.

⁶Le premier-né qu'elle enfantera succédera au frère mort et portera son nom, afin que ce nom ne soit pas effacé d'Israël.

⁷Si cet homme ne veut pas prendre sa belle-soeur, elle montera à la porte vers les anciens, et dira: Mon beau-frère refuse de relever en Israël le nom de son frère, il ne veut pas m'épouser par droit de beau-frère.

⁸Les anciens de la ville l'appelleront, et lui parleront. S'il persiste, et dit: Je ne veux pas la prendre,

⁹alors sa belle-soeur s'approchera de lui en présence des anciens, lui ôtera son soulier du pied, et lui crachera au visage. Et prenant la parole, elle dira: Ainsi sera fait à l'homme qui ne relève pas la maison de son frère.

¹⁰Et sa maison sera appelée en Israël la maison du déchaussé.

¹¹Lorsque des hommes se querelleront ensemble, l'un avec l'autre, si la femme de l'un s'approche pour délivrer son mari de la main de celui qui le frappe, si elle avance la main et saisit ce dernier par les parties honteuses,

¹²tu lui couperas la main, tu ne jetteras sur elle aucun regard de pitié.

¹³Tu n'auras point dans ton sac deux sortes de poids, un gros et un petit.

¹⁴Tu n'auras point dans ta maison deux sortes d'épha, un grand et un petit.

¹⁵Tu auras un poids exact et juste, tu auras un épha exact et juste, afin que tes jours se prolongent dans le pays que l'Éternel, ton Dieu, te donne.

¹⁶Car quiconque fait ces choses, quiconque commet une iniquité, est en abomination à l'Éternel, ton Dieu.

¹⁷Souviens-toi de ce que te fit Amalek pendant la route, lors de votre sortie d'Égypte,

¹⁸comment il te rencontra dans le chemin, et, sans aucune crainte de Dieu, tomba sur toi par derrière, sur tous ceux qui se traînaient les derniers, pendant que tu étais las et épuisé toi-même.

¹⁹Lorsque l'Éternel, ton Dieu, après t'avoir délivré de tous les ennemis qui t'entourent, t'accordera du repos dans le pays que l'Éternel, ton Dieu, te donne en héritage et en propriété, tu effaceras la mémoire d'Amalek de dessous les cieux: ne l'oublie point.

Chapitre 26

¹Lorsque tu seras entré dans le pays que l'Éternel, ton Dieu, te donne pour héritage, lorsque tu le posséderas et y seras établi,

²tu prendras des prémices de tous les fruits que tu retireras du sol dans le pays que l'Éternel, ton Dieu, te donne, tu les mettras dans une corbeille, et tu iras au lieu que choisira l'Éternel, ton Dieu, pour y faire résider son nom.

³Tu te présenteras au sacrificateur alors en fonctions, et tu lui diras: Je déclare aujourd'hui à l'Éternel, ton Dieu, que je suis entré dans le pays que l'Éternel a juré à nos pères de nous donner.

⁴Le sacrificateur recevra la corbeille de ta main, et la déposera devant l'autel de l'Éternel, ton Dieu.

⁵Tu prendras encore la parole, et tu diras devant l'Éternel, ton Dieu: Mon père était un Araméen nomade; il descendit en Égypte avec peu de gens, et il y fixa son séjour; là, il devint une nation grande, puissante et nombreuse.

⁶Les Égyptiens nous maltraitèrent et nous opprimèrent, et ils nous soumirent à une dure servitude.

⁷Nous criâmes à l'Éternel, le Dieu de nos pères. L'Éternel entendit notre voix, et il vit notre oppression, nos peines et nos misères.

⁸Et l'Éternel nous fit sortir d'Égypte, à main forte et à bras étendu, avec des prodiges de terreur, avec des signes et des miracles.

⁹Il nous a conduits dans ce lieu, et il nous a donné ce pays, pays où coulent le lait et le miel.

¹⁰Maintenant voici, j'apporte les prémices des fruits du sol que tu m'as donnés, ô Éternel! Tu les déposeras devant l'Éternel, ton Dieu, et tu te prosterneras devant l'Éternel, ton Dieu.

¹¹Puis tu te réjouiras, avec le Lévite et avec l'étranger qui sera au milieu de toi, pour tous les biens que l'Éternel, ton Dieu, t'a donnés, à toi et à ta maison.

¹²Lorsque tu auras achevé de lever toute la dîme de tes produits, la troisième année, l'année de la dîme, tu la donneras au Lévite, à l'étranger, à l'orphelin et à la veuve; et ils mangeront et se rassasieront, dans tes portes.

¹³Tu diras devant l'Éternel, ton Dieu: J'ai ôté de ma maison ce qui est consacré, et je l'ai donné au Lévite, à l'étranger, à l'orphelin et à la veuve, selon tous les ordres que tu m'as prescrits; je n'ai transgressé ni oublié aucun de tes commandements.

¹⁴Je n'ai rien mangé de ces choses pendant mon deuil, je n'en ai rien fait disparaître pour un usage impur, et je n'en ai rien donné à l'occasion d'un mort; j'ai obéi à la voix de l'Éternel, mon Dieu, j'ai agi selon tous les ordres que tu m'as prescrits.

¹⁵Regarde de ta demeure sainte, des cieux, et bénis ton peuple d'Israël et le pays que tu nous as donné, comme tu l'avais juré à nos pères, ce pays où coulent le lait et le miel.

¹⁶Aujourd'hui, l'Éternel, ton Dieu, te commande de mettre en pratique ces lois et ces ordonnances; tu les observeras et tu les mettras en pratique de tout ton coeur et de toute ton âme.

¹⁷Aujourd'hui, tu as fait promettre à l'Éternel qu'il sera ton Dieu, afin que tu marches dans ses voies, que tu observes ses lois, ses commandements et ses ordonnances, et que tu obéisses à sa voix.

¹⁸Et aujourd'hui, l'Éternel t'a fait promettre que tu seras un peuple qui lui appartiendra, comme il te l'a dit, et que tu observeras tous ses commandements,

¹⁹afin qu'il te donne sur toutes les nations qu'il a créées la supériorité en gloire, en renom et en magnificence, et afin que tu sois un peuple saint pour l'Éternel, ton Dieu, comme il te l'a dit.

Chapitre 27

¹Moïse et les anciens d'Israël donnèrent cet ordre au peuple: Observez tous les commandements que je vous prescris aujourd'hui.

²Lorsque vous aurez passé le Jourdain, pour entrer dans le pays que l'Éternel, ton Dieu, te donne, tu dresseras de grandes pierres, et tu les enduiras de chaux.

³Tu écriras sur ces pierres toutes les paroles de cette loi, lorsque tu auras passé le Jourdain, pour entrer dans le pays que l'Éternel, ton Dieu, te donne, pays où coulent le lait et le miel, comme te l'a dit l'Éternel, le Dieu de tes pères.

⁴Lorsque vous aurez passé le Jourdain, vous dresserez sur le mont Ébal ces pierres que je vous ordonne aujourd'hui de dresser, et tu les enduiras de chaux.

⁵Là, tu bâtiras un autel à l'Éternel, ton Dieu, un autel de pierres, sur lesquelles tu ne porteras point le fer;

⁶tu bâtiras en pierres brutes l'autel de l'Éternel, ton Dieu. Tu offriras sur cet autel des holocaustes à l'Éternel, ton Dieu;

⁷tu offriras des sacrifices d'actions de grâces, et tu mangeras là et te réjouiras devant l'Éternel, ton Dieu.

⁸Tu écriras sur ces pierres toutes les paroles de cette loi, en les gravant bien nettement.

⁹Moïse et les sacrificateurs, les Lévites, parlèrent à tout Israël, et dirent: Israël, sois attentif et écoute! Aujourd'hui, tu es devenu le peuple de l'Éternel, ton Dieu.

¹⁰Tu obéiras à la voix de l'Éternel, ton Dieu, et tu mettras en pratique ses commandements et ses lois que je te prescris aujourd'hui.

¹¹Le même jour, Moïse donna cet ordre au peuple:

¹²Lorsque vous aurez passé le Jourdain, Siméon, Lévi, Juda, Issacar, Joseph et Benjamin, se tiendront sur le mont Garizim, pour bénir le peuple;

¹³et Ruben, Gad, Aser, Zabulon, Dan et Nephthali, se tiendront sur le mont Ébal, pour prononcer la malédiction.

¹⁴Et les lévites prendront la parole, et diront d'une voix haute à tout Israël:

¹⁵Maudit soit l'homme qui fait une image taillée ou une image en fonte, abomination de l'Éternel, oeuvre des mains d'un artisan, et qui la place dans un lieu secret! Et tout le peuple répondra, et dira: Amen!

¹⁶Maudit soit celui qui méprise son père et sa mère! -Et tout le peuple dira: Amen!

¹⁷Maudit soit celui qui déplace les bornes de son prochain! -Et tout le peuple dira: Amen!

¹⁸Maudit soit celui qui fait égarer un aveugle dans le chemin! Et tout le peuple dira: Amen!

¹⁹Maudit soit celui qui porte atteinte au droit de l'étranger, de l'orphelin et de la veuve! -Et tout le peuple dira: Amen!

²⁰Maudit soit celui qui couche avec la femme de son père, car il soulève la couverture de son père! -Et tout le peuple dira: Amen!

²¹Maudit soit celui qui couche avec une bête quelconque! -Et tout le peuple dira: Amen!

²²Maudit soit celui qui couche avec sa soeur, fille de son père ou fille de sa mère! -Et tout le peuple dira: Amen!

²³Maudit soit celui qui couche avec sa belle-mère! -Et tout le peuple dira: Amen!

²⁴Maudit soit celui qui frappe son prochain en secret! -Et tout le peuple dira: Amen!

²⁵Maudit soit celui qui reçoit un présent pour répandre le sang de

Deutéronome

l'innocent! -Et tout le peuple dira: Amen!

²⁶Maudit soit celui qui n'accomplit point les paroles de cette loi, et qui ne les met point en pratique! -Et tout le peuple dira: Amen!

Chapitre 28

¹Si tu obéis à la voix de l'Éternel, ton Dieu, en observant et en mettant en pratique tous ses commandements que je te prescris aujourd'hui, l'Éternel, ton Dieu, te donnera la supériorité sur toutes les nations de la terre.

²Voici toutes les bénédictions qui se répandront sur toi et qui seront ton partage, lorsque tu obéiras à la voix de l'Éternel, ton Dieu:

³Tu seras béni dans la ville, et tu seras béni dans les champs.

⁴Le fruit de tes entrailles, le fruit de ton sol, le fruit de tes troupeaux, les portées de ton gros et de ton menu bétail, toutes ces choses seront bénies.

⁵Ta corbeille et ta huche seront bénies.

⁶Tu seras béni à ton arrivée, et tu seras béni à ton départ.

⁷L'Éternel te donnera la victoire sur tes ennemis qui s'élèveront contre toi; ils sortiront contre toi par un seul chemin, et ils s'enfuiront devant toi par sept chemins.

⁸L'Éternel ordonnera à la bénédiction d'être avec toi dans tes greniers et dans toutes tes entreprises. Il te bénira dans le pays que l'Éternel, ton Dieu, te donne.

⁹Tu seras pour l'Éternel un peuple saint, comme il te l'a juré, lorsque tu observeras les commandements de l'Éternel, ton Dieu, et que tu marcheras dans ses voies.

¹⁰Tous les peuples verront que tu es appelé du nom de l'Éternel, et ils te craindront.

¹¹L'Éternel te comblera de biens, en multipliant le fruit de tes entrailles, le fruit de tes troupeaux et le fruit de ton sol, dans le pays que l'Éternel a juré à tes pères de te donner.

¹²L'Éternel t'ouvrira son bon trésor, le ciel, pour envoyer à ton pays la pluie en son temps et pour bénir tout le travail de tes mains; tu prêteras à beaucoup de nations, et tu n'emprunteras point.

¹³L'Éternel fera de toi la tête et non la queue, tu seras toujours en haut et tu ne seras jamais en bas, lorsque tu obéiras aux commandements de l'Éternel, ton Dieu, que je te prescris aujourd'hui, lorsque tu les observeras et les mettras en pratique,

¹⁴et que tu ne te détourneras ni à droite ni à gauche de tous les commandements que je vous donne aujourd'hui, pour aller après d'autres dieux et pour les servir.

¹⁵Mais si tu n'obéis point à la voix de l'Éternel, ton Dieu, si tu n'observes pas et ne mets pas en pratique tous ses commandements et toutes ses lois que je te prescris aujourd'hui, voici toutes les malédictions qui viendront sur toi et qui seront ton partage:

¹⁶Tu seras maudit dans la ville, et tu seras maudit dans les champs.

¹⁷Ta corbeille et ta huche seront maudites.

¹⁸Le fruit de tes entrailles, le fruit de ton sol, les portées de ton gros et de ton menu bétail, toutes ces choses seront maudites.

¹⁹Tu seras maudit à ton arrivée, et tu seras maudit à ton départ.

²⁰L'Éternel enverra contre toi la malédiction, le trouble et la menace, au milieu de toutes les entreprises que tu feras, jusqu'à ce que tu sois détruit, jusqu'à ce que tu périsses promptement, à cause de la méchanceté de tes actions, qui t'aura porté à m'abandonner.

²¹L'Éternel attachera à toi la peste, jusqu'à ce qu'elle te consume dans le pays dont tu vas entrer en possession.

²²L'Éternel te frappera de consomption, de fièvre, d'inflammation, de chaleur brûlante, de dessèchement, de jaunisse et de gangrène, qui te poursuivront jusqu'à ce que tu périsses.

²³Le ciel sur ta tête sera d'airain, et la terre sous toi sera de fer.

²⁴L'Éternel enverra pour pluie à ton pays de la poussière et de la poudre; il en descendra du ciel sur toi jusqu'à ce que tu sois détruit.

²⁵L'Éternel te fera battre par tes ennemis; tu sortiras contre eux par un seul chemin, et tu t'enfuiras devant eux par sept chemins; et tu seras un objet d'effroi pour tous les royaumes de la terre.

²⁶Ton cadavre sera la pâture de tous les oiseaux du ciel et des bêtes de la terre; et il n'y aura personne pour les troubler.

²⁷L'Éternel te frappera de l'ulcère d'Égypte, d'hémorroïdes, de gale et de teigne, dont tu ne pourras guérir.

²⁸L'Éternel te frappera de délire, d'aveuglement, d'égarement d'esprit,

²⁹et tu tâtonneras en plein midi comme l'aveugle dans l'obscurité, tu n'auras point de succès dans tes entreprises, et tu seras tous les jours opprimé, dépouillé, et il n'y aura personne pour venir à ton secours.

³⁰Tu auras une fiancée, et un autre homme couchera avec elle; tu bâtiras une maison, et tu ne l'habiteras pas; tu planteras une vigne, et tu n'en jouiras pas.

³¹Ton boeuf sera égorgé sous tes yeux, et tu n'en mangeras pas; ton âne sera enlevé devant toi, et on ne te le rendra pas; tes brebis seront données à tes ennemis, et il n'y aura personne pour venir à ton secours.

³²Tes fils et tes filles seront livrés à un autre peuple, tes yeux le verront et languiront tout le jour après eux, et ta main sera sans force.

³³Un peuple que tu n'auras point connu mangera le fruit de ton sol et tout le produit de ton travail, et tu seras tous les jours opprimé et écrasé.

³⁴Le spectacle que tu auras sous les yeux te jettera dans le délire.

³⁵L'Éternel te frappera aux genoux et aux cuisses d'un ulcère malin dont tu ne pourras guérir, il te frappera depuis la plante du pied jusqu'au sommet de la tête.

³⁶L'Éternel te fera marcher, toi et ton roi que tu auras établi sur toi, vers une nation que tu n'auras point connue, ni toi ni tes pères. Et là, tu serviras d'autres dieux, du bois et de la pierre.

³⁷Et tu seras un sujet d'étonnement, de sarcasme et de raillerie, parmi tous les peuples chez qui l'Éternel te mènera.

³⁸Tu transporteras sur ton champ beaucoup de semence; et tu feras une faible récolte, car les sauterelles la dévoreront.

³⁹Tu planteras des vignes et tu les cultiveras; et tu ne boiras pas de vin et tu ne feras pas de récolte, car les vers la mangeront.

⁴⁰Tu auras des oliviers dans toute l'étendue de ton pays; et tu ne t'oindras pas d'huile, car tes olives tomberont.

⁴¹Tu engendreras des fils et des filles; et ils ne seront pas à toi, car ils iront en captivité.

⁴²Les insectes prendront possession de tous tes arbres et du fruit de ton sol.

⁴³L'étranger qui sera au milieu de toi s'élèvera toujours au-dessus de toi, et toi, tu descendras toujours plus bas;

⁴⁴il te prêtera, et tu ne lui prêteras pas; il sera la tête, et tu seras la queue.

⁴⁵Toutes ces malédictions viendront sur toi, elles te poursuivront et seront ton partage jusqu'à ce que tu sois détruit, parce que tu n'auras pas obéi à la voix de l'Éternel, ton Dieu, parce que tu n'auras pas observé ses commandements et ses lois qu'il te prescrit.

⁴⁶Elles seront à jamais pour toi et pour tes descendants comme des signes et des prodiges.

⁴⁷Pour n'avoir pas, au milieu de l'abondance de toutes choses, servi l'Éternel, ton Dieu, avec joie et de bon coeur,

⁴⁸tu serviras, au milieu de la faim, de la soif, de la nudité et de la disette de toutes choses, tes ennemis que l'Éternel enverra contre toi. Il mettra un joug de fer sur ton cou, jusqu'à ce qu'il t'ait détruit.

⁴⁹L'Éternel fera partir de loin, des extrémités de la terre, une nation qui fondra sur toi d'un vol d'aigle, une nation dont tu n'entendras point la langue,

⁵⁰une nation au visage farouche, et qui n'aura ni respect pour le vieillard ni pitié pour l'enfant.

⁵¹Elle mangera le fruit de tes troupeaux et le fruit de ton sol, jusqu'à ce que tu sois détruit; elle ne te laissera ni blé, ni moût, ni huile, ni portées de ton gros et de ton menu bétail, jusqu'à ce qu'elle t'ait fait périr.

⁵²Elle t'assiégera dans toutes tes portes, jusqu'à ce que tes murailles tombent, ces hautes et fortes murailles sur lesquelles tu auras placé ta confiance dans toute l'étendue de ton pays; elle t'assiégera dans toutes tes portes, dans tout le pays que l'Éternel, ton Dieu, te donne.

⁵³Au milieu de l'angoisse et de la détresse où te réduira ton ennemi, tu mangeras le fruit de tes entrailles, la chair de tes fils et de tes filles que l'Éternel, ton Dieu, t'aura donnés.

⁵⁴L'homme d'entre vous le plus délicat et le plus habitué à la mollesse aura un oeil sans pitié pour son frère, pour la femme qui repose sur son sein, pour ceux de ses enfants qu'il a épargnés;

⁵⁵il ne donnera à aucun d'eux de la chair de ses enfants dont il fait sa nourriture, parce qu'il ne lui reste plus rien au milieu de l'angoisse et de la détresse où te réduira ton ennemi dans toutes tes portes.

⁵⁶La femme d'entre vous la plus délicate et la plus habituée à la mollesse et par délicatesse n'essayait pas de poser à terre la plante de son pied, aura un oeil sans pitié pour le mari qui repose sur son sein, pour son fils et pour sa fille;

⁵⁷elle ne leur donnera rien de l'arrière-faix sorti d'entre ses pieds et des enfants qu'elle mettra au monde, car, manquant de tout, elle en fera secrètement sa nourriture au milieu de l'angoisse et de la détresse où te réduira ton ennemi dans tes portes.

⁵⁸Si tu n'observes pas et ne mets pas en pratique toutes les paroles de cette loi, écrites dans ce livre, si tu ne crains pas ce nom glorieux et redoutable de l'Éternel, ton Dieu,

⁵⁹l'Éternel te frappera miraculeusement, toi et ta postérité, par des plaies grandes et de longue durée, par des maladies graves et opiniâtres.

⁶⁰Il amènera sur toi toutes les maladies d'Égypte, devant lesquelles

tu tremblais; et elles s'attacheront à toi.

⁶¹Et même, l'Éternel fera venir sur toi, jusqu'à ce que tu sois détruit, toutes sortes de maladies et de plaies qui ne sont point mentionnées dans le livre de cette loi.

⁶²Après avoir été aussi nombreux que les étoiles du ciel, vous ne resterez qu'un petit nombre, parce que tu n'auras point obéi à la voix de l'Éternel, ton Dieu.

⁶³De même que l'Éternel prenait plaisir à vous faire du bien et à vous multiplier, de même l'Éternel prendra plaisir à vous faire périr et à vous détruire; et vous serez arrachés du pays dont tu vas entrer en possession.

⁶⁴L'Éternel te dispersera parmi tous les peuples, d'une extrémité de la terre à l'autre; et là, tu serviras d'autres dieux que n'ont connus ni toi, ni tes pères, du bois et de la pierre.

⁶⁵Parmi ces nations, tu ne seras pas tranquille, et tu n'auras pas un lieu de repos pour la plante de tes pieds. L'Éternel rendra ton coeur agité, tes yeux languissants, ton âme souffrante.

⁶⁶Ta vie sera comme en suspens devant toi, tu trembleras la nuit et le jour, tu douteras de ton existence.

⁶⁷Dans l'effroi qui remplira ton coeur et en présence de ce que tes yeux verront, tu diras le matin: Puisse le soir être là! et tu diras le soir: Puisse le matin être là!

⁶⁸Et l'Éternel te ramènera sur des navires en Égypte, et tu feras ce chemin dont je t'avais dit: Tu ne le reverras plus! Là, vous vous offrirez en vente à vos ennemis, comme esclaves et comme servantes; et il n'y aura personne pour vous acheter.

Chapitre 29

¹Voici les paroles de l'alliance que l'Éternel ordonna à Moïse de traiter avec les enfants d'Israël au pays de Moab, outre l'alliance qu'il avait traitée avec eux à Horeb.

²Moïse convoqua tout Israël, et leur dit: Vous avez vu tout ce que l'Éternel a fait sous vos yeux, dans le pays d'Égypte, à Pharaon, à tous ses serviteurs, et à tout son pays,

³les grandes épreuves que tes yeux ont vues, ces miracles et ces grands prodiges.

⁴Mais, jusqu'à ce jour, l'Éternel ne vous a pas donné un coeur pour comprendre, des yeux pour voir, des oreilles pour entendre.

⁵Je t'ai conduit pendant quarante années dans le désert; tes vêtements ne se sont point usés sur toi, et ton soulier ne s'est point usé à ton pied;

⁶vous n'avez point mangé de pain, et vous n'avez bu ni vin ni liqueur forte, afin que vous connussiez que je suis l'Éternel, votre Dieu.

⁷Vous êtes arrivés dans ce lieu; Sihon, roi de Hesbon, et Og, roi de Basan, sont sortis à notre rencontre, pour nous combattre, et nous les avons battus.

⁸Nous avons pris leur pays, et nous l'avons donné en propriété aux Rubénites, aux Gadites et à la moitié de la tribu des Manassites.

⁹Vous observerez donc les paroles de cette alliance, et vous les mettrez en pratique, afin de réussir dans tout ce que vous ferez.

¹⁰Vous vous présentez aujourd'hui devant l'Éternel, votre Dieu, vous tous, vos chefs de tribus, vos anciens, vos officiers, tous les hommes d'Israël,

¹¹vos enfants, vos femmes, et l'étranger qui est au milieu de ton camp, depuis celui qui coupe ton bois jusqu'à celui qui puise ton eau.

¹²Tu te présentes pour entrer dans l'alliance de l'Éternel, ton Dieu, dans cette alliance contractée avec serment, et que l'Éternel, ton Dieu, traite en ce jour avec toi,

¹³afin de t'établir aujourd'hui pour son peuple et d'être lui-même ton Dieu, comme il te l'a dit, et comme il l'a juré à tes pères, Abraham, Isaac et Jacob.

¹⁴Ce n'est point avec vous seuls que je traite cette alliance, cette alliance contractée avec serment.

¹⁵Mais c'est avec ceux qui sont ici parmi nous, présents en ce jour devant l'Éternel, notre Dieu, et avec ceux qui ne sont point ici parmi nous en ce jour.

¹⁶Vous savez de quelle manière nous avons habité dans le pays d'Égypte, et comment nous avons passé au milieu des nations que vous avez traversées.

¹⁷Vous avez vu leurs abominations et leurs idoles, le bois et la pierre, l'argent et l'or, qui sont chez elles.

¹⁸Qu'il n'y ait parmi vous ni homme, ni femme, ni famille, ni tribu, dont le coeur se détourne aujourd'hui de l'Éternel, notre Dieu, pour aller servir les dieux de ces nations-là. Qu'il n'y ait point parmi vous de racine qui produise du poison et de l'absinthe.

¹⁹Que personne, après avoir entendu les paroles de cette alliance contractée avec serment, ne se glorifie dans son coeur et ne dise: J'aurai la paix, quand même je suivrai les penchants de mon coeur, et que j'ajouterai l'ivresse à la soif.

²⁰L'Éternel ne voudra point lui pardonner. Mais alors la colère et la jalousie de l'Éternel s'enflammeront contre cet homme, toutes les malédictions écrites dans ce livre reposeront sur lui, et l'Éternel effacera son nom de dessous les cieux.

²¹L'Éternel le séparera, pour son malheur, de toutes les tribus d'Israël, selon toutes les malédictions de l'alliance écrite dans ce livre de la loi.

²²Les générations à venir, vos enfants qui naîtront après vous et l'étranger qui viendra d'une terre lointaine, -à la vue des plaies et des maladies dont l'Éternel aura frappé ce pays, à la vue du soufre, du sel,

²³de l'embrasement de toute la contrée, où il n'y aura ni semence, ni produit, ni aucune herbe qui croisse, comme au bouleversement de Sodome, de Gomorrhe, d'Adma et de Tseboïm, que l'Éternel détruisit dans sa colère et dans sa fureur, -

²⁴toutes les nations diront: Pourquoi l'Éternel a-t-il ainsi traité ce pays? pourquoi cette ardente, cette grande colère?

²⁵Et l'on répondra: C'est parce qu'ils ont abandonné l'alliance contractée avec eux par l'Éternel, le Dieu de leurs pères, lorsqu'il les fit sortir du pays d'Égypte;

²⁶c'est parce qu'ils sont allés servir d'autres dieux et se prosterner devant eux, des dieux qu'ils ne connaissaient point et que l'Éternel ne leur avait point donnés en partage.

²⁷Alors la colère de l'Éternel s'est enflammée contre ce pays, et il a fait venir sur lui toutes les malédictions écrites dans ce livre.

²⁸L'Éternel les a arrachés de leur pays avec colère, avec fureur, avec une grande indignation, et il les a jetés sur un autre pays, comme on le voit aujourd'hui.

²⁹Les choses cachées sont à l'Éternel, notre Dieu; les choses révélées sont à nous et à nos enfants, à perpétuité, afin que nous mettions en pratique toutes les paroles de cette loi.

Chapitre 30

¹Lorsque toutes ces choses t'arriveront, la bénédiction et la malédiction que je mets devant toi, si tu les prends à coeur au milieu de toutes les nations chez lesquelles l'Éternel, ton Dieu, t'aura chassé,

²si tu reviens à l'Éternel, ton Dieu, et si tu obéis à sa voix de tout ton coeur et de toute ton âme, toi et tes enfants, selon tout ce que je te prescris aujourd'hui,

³alors l'Éternel, ton Dieu, ramènera tes captifs et aura compassion de toi, il te rassemblera encore du milieu de tous les peuples chez lesquels l'Éternel, ton Dieu, t'aura dispersé.

⁴Quand tu serais exilé à l'autre extrémité du ciel, l'Éternel, ton Dieu, te rassemblera de là, et c'est là qu'il t'ira chercher.

⁵L'Éternel, ton Dieu, te ramènera dans le pays que possédaient tes pères, et tu le posséderas; il te fera du bien, et te rendra plus nombreux que tes pères.

⁶L'Éternel, ton Dieu, circoncira ton coeur et le coeur de ta postérité, et tu aimeras l'Éternel, ton Dieu, de tout ton coeur et de toute ton âme, afin que tu vives.

⁷L'Éternel, ton Dieu, fera tomber toutes ces malédictions sur tes ennemis, sur ceux qui t'auront haï et persécuté.

⁸Et toi, tu reviendras à l'Éternel, tu obéiras à sa voix, et tu mettras en pratique tous ces commandements que je te prescris aujourd'hui.

⁹L'Éternel, ton Dieu, te comblera de biens en faisant prospérer tout le travail de tes mains, le fruit de tes entrailles, le fruit de tes troupeaux et le fruit de ton sol; car l'Éternel prendra de nouveau plaisir à ton bonheur, comme il prenait plaisir à celui de tes pères,

¹⁰lorsque tu obéiras à la voix de l'Éternel, ton Dieu, en observant ses commandements et ses ordres écrits dans ce livre de la loi, lorsque tu reviendras à l'Éternel, ton Dieu, de tout ton coeur et de toute ton âme.

¹¹Ce commandement que je te prescris aujourd'hui n'est certainement point au-dessus de tes forces et hors de ta portée.

¹²Il n'est pas dans le ciel, pour que tu dises: Qui montera pour nous au ciel et nous l'ira chercher, qui nous le fera entendre, afin que nous le mettions en pratique?

¹³Il n'est pas de l'autre côté de la mer, pour que tu dises: Qui passera pour nous de l'autre côté de la mer et nous l'ira chercher, qui nous le fera entendre, afin que nous le mettions en pratique?

¹⁴C'est une chose, au contraire, qui est tout près de toi, dans ta bouche et dans ton coeur, afin que tu la mettes en pratique.

¹⁵Vois, je mets aujourd'hui devant toi la vie et le bien, la mort et le mal.

¹⁶Car je te prescris aujourd'hui d'aimer l'Éternel, ton Dieu, de marcher dans ses voies, et d'observer ses commandements, ses lois et ses ordonnances, afin que tu vives et que tu multiplies, et que l'Éternel,

ton Dieu, te bénisse dans le pays dont tu vas entrer en possession.

¹⁷Mais si ton coeur se détourne, si tu n'obéis point, et si tu te laisses entraîner à te prosterner devant d'autres dieux et à les servir,

¹⁸je vous déclare aujourd'hui que vous périrez, que vous ne prolongerez point vos jours dans le pays dont vous allez entrer en possession, après avoir passé le Jourdain.

¹⁹J'en prends aujourd'hui à témoin contre vous le ciel et la terre: j'ai mis devant toi la vie et la mort, la bénédiction et la malédiction. Choisis la vie, afin que tu vives, toi et ta postérité,

²⁰pour aimer l'Éternel, ton Dieu, pour obéir à sa voix, et pour t'attacher à lui: car de cela dépendent ta vie et la prolongation de tes jours, et c'est ainsi que tu pourras demeurer dans le pays que l'Éternel a juré de donner à tes pères, Abraham, Isaac et Jacob.

Chapitre 31

¹Moïse adressa encore ces paroles à tout Israël:

²Aujourd'hui, leur dit-il, je suis âgé de cent vingt ans, je ne pourrai plus sortir et entrer, et l'Éternel m'a dit: Tu ne passeras pas ce Jourdain.

³L'Éternel, ton Dieu, marchera lui-même devant toi, il détruira ces nations devant toi, et tu t'en rendras maître. Josué marchera aussi devant toi, comme l'Éternel l'a dit.

⁴L'Éternel traitera ces nations comme il a traité Sihon et Og, rois des Amoréens, qu'il a détruits avec leur pays.

⁵L'Éternel vous les livrera, et vous agirez à leur égard selon tous les ordres que je vous ai donnés.

⁶Fortifiez-vous et ayez du courage! Ne craignez point et ne soyez point effrayés devant eux; car l'Éternel, ton Dieu, marchera lui-même avec toi, il ne te délaissera point, il ne t'abandonnera point.

⁷Moïse appela Josué, et lui dit en présence de tout Israël: Fortifie-toi et prends courage, car tu entreras avec ce peuple dans le pays que l'Éternel a juré à leurs pères de leur donner, et c'est toi qui les en mettras en possession.

⁸L'Éternel marchera lui-même devant toi, il sera lui-même avec toi, il ne te délaissera point, il ne t'abandonnera point; ne crains point, et ne t'effraie point.

⁹Moïse écrivit cette loi, et il la remit aux sacrificateurs, fils de Lévi, qui portaient l'arche de l'alliance de l'Éternel, et à tous les anciens d'Israël.

¹⁰Moïse leur donna cet ordre: Tous les sept ans, à l'époque de l'année du relâche, à la fête des tabernacles,

¹¹quand tout Israël viendra se présenter devant l'Éternel, ton Dieu, dans le lieu qu'il choisira, tu liras cette loi devant tout Israël, en leur présence.

¹²Tu rassembleras le peuple, les hommes, les femmes, les enfants, et l'étranger qui sera dans tes portes, afin qu'ils t'entendent, et afin qu'ils apprennent à craindre l'Éternel, votre Dieu, à observer et à mettre en pratique toutes les paroles de cette loi.

¹³Et leurs enfants qui ne la connaîtront pas l'entendront, et ils apprendront à craindre l'Éternel, votre Dieu, tout le temps que vous vivrez dans le pays dont vous prendrez possession, après avoir passé le Jourdain.

¹⁴L'Éternel dit à Moïse: Voici, le moment approche où tu vas mourir. Appelle Josué, et présentez-vous dans la tente d'assignation. Je lui donnerai mes ordres. Moïse et Josué allèrent se présenter dans la tente d'assignation.

¹⁵Et l'Éternel apparut dans la tente dans une colonne de nuée; et la colonne de nuée s'arrêta à l'entrée de la tente.

¹⁶L'Éternel dit à Moïse: Voici, tu vas être couché avec tes pères. Et ce peuple se lèvera, et se prostituera après les dieux étrangers du pays au milieu duquel il entre. Il m'abandonnera, et il violera mon alliance, que j'ai traitée avec lui.

¹⁷En ce jour-là, ma colère s'enflammera contre lui. Je les abandonnerai, et je leur cacherai ma face. Il sera dévoré, il sera la proie d'une multitude de maux et d'afflictions, et alors il dira: N'est-ce point parce que mon Dieu n'est pas au milieu de moi que ces maux m'ont atteint?

¹⁸Et moi, je cacherai ma face en ce jour-là, à cause de tout le mal qu'il aura fait, en se tournant vers d'autres dieux.

¹⁹Maintenant, écrivez ce cantique. Enseigne-le aux enfants d'Israël, mets-le dans leur bouche, et que ce cantique me serve de témoin contre les enfants d'Israël.

²⁰Car je mènerai ce peuple dans le pays que j'ai juré à ses pères de lui donner, pays où coulent le lait et le miel; il mangera, se rassasiera, s'engraissera; puis il se tournera vers d'autres dieux et les servira, il me méprisera et violera mon alliance;

²¹quand alors il sera atteint par une multitude de maux et d'afflictions, ce cantique, qui ne sera point oublié et que la postérité aura dans la bouche, déposera comme témoin contre ce peuple. Je connais, en effet, ses dispositions, qui déjà se manifestent aujourd'hui, avant même que je l'aie fait entrer dans le pays que j'ai juré de lui donner.

²²En ce jour-là, Moïse écrivit ce cantique, et il l'enseigna aux enfants d'Israël.

²³L'Éternel donna ses ordres à Josué, fils de Nun. Il dit: Fortifie-toi et prends courage, car c'est toi qui feras entrer les enfants d'Israël dans le pays que j'ai juré de leur donner; et je serai moi-même avec toi.

²⁴Lorsque Moïse eut complètement achevé d'écrire dans un livre les paroles de cette loi,

²⁵il donna cet ordre aux Lévites qui portaient l'arche de l'alliance de l'Éternel:

²⁶Prenez ce livre de la loi, et mettez-le à côté de l'arche de l'alliance de l'Éternel, votre Dieu, et il sera là comme témoin contre toi.

²⁷Car je connais ton esprit de rébellion et la roideur de ton cou. Si vous êtes rebelles contre l'Éternel pendant que je suis encore vivant au milieu de vous, combien plus le serez-vous après ma mort!

²⁸Assemblez devant moi tous les anciens de vos tribus et vos officiers; je dirai ces paroles en leur présence, et je prendrai à témoin contre eux le ciel et la terre.

²⁹Car je sais qu'après ma mort vous vous corromprez, et que vous vous détournerez de la voie que je vous ai prescrite; et le malheur finira par vous atteindre, quand vous ferez ce qui est mal aux yeux de l'Éternel, au point de l'irriter par l'oeuvre de vos mains.

³⁰Moïse prononça dans leur entier les paroles de ce cantique, en présence de toute l'assemblée d'Israël:

Chapitre 32

¹Cieux! prêtez l'oreille, et je parlerai; Terre! écoute les paroles de ma bouche.

²Que mes instructions se répandent comme la pluie, Que ma parole tombe comme la rosée, Comme des ondées sur la verdure, Comme des gouttes d'eau sur l'herbe!

³Car je proclamerai le nom de l'Éternel. Rendez gloire à notre Dieu!

⁴Il est le rocher; ses oeuvres sont parfaites, Car toutes ses voies sont justes; C'est un Dieu fidèle et sans iniquité, Il est juste et droit.

⁵S'ils se sont corrompus, à lui n'est point la faute; La honte est à ses enfants, Race fausse et perverse.

⁶Est-ce l'Éternel que vous en rendrez responsable, Peuple insensé et dépourvu de sagesse? N'est-il pas ton père, ton créateur? N'est-ce pas lui qui t'a formé, et qui t'a affermi?

⁷Rappelle à ton souvenir les anciens jours, Passe en revue les années, génération par génération, Interroge ton père, et il te l'apprendra, Tes vieillards, et ils te le diront.

⁸Quand le Très Haut donna un héritage aux nations, Quand il sépara les enfants des hommes, Il fixa les limites des peuples D'après le nombre des enfants d'Israël.

⁹Car la portion de l'Éternel, c'est son peuple, Jacob est la part de son héritage.

¹⁰Il l'a trouvé dans une contrée déserte, Dans une solitude aux effroyables hurlements; Il l'a entouré, il en a pris soin, Il l'a gardé comme la prunelle de son oeil,

¹¹Pareil à l'aigle qui éveille sa couvée, Voltige sur ses petits, Déploie ses ailes, les prend, Les porte sur ses plumes.

¹²L'Éternel seul a conduit son peuple, Et il n'y avait avec lui aucun dieu étranger.

¹³Il l'a fait monter sur les hauteurs du pays, Et Israël a mangé les fruits des champs; Il lui a fait sucer le miel du rocher, L'huile qui sort du rocher le plus dur,

¹⁴La crème des vaches et le lait des brebis, Avec la graisse des agneaux, Des béliers de Basan et des boucs, Avec la fleur du froment; Et tu as bu le sang du raisin, le vin.

¹⁵Israël est devenu gras, et il a regimbé; Tu es devenu gras, épais et replet! -Et il a abandonné Dieu, son créateur, Il a méprisé le rocher de son salut,

¹⁶Ils ont excité sa jalousie par des dieux étrangers, Ils l'ont irrité par des abominations;

¹⁷Ils ont sacrifié à des idoles qui ne sont pas Dieu, A des dieux qu'ils ne connaissaient point, Nouveaux, venus depuis peu, Et que vos pères n'avaient pas craints.

¹⁸Tu as abandonné le rocher qui t'a fait naître, Et tu as oublié le Dieu qui t'a engendré.

¹⁹L'Éternel l'a vu, et il a été irrité, Indigné contre ses fils et ses filles.

²⁰Il a dit: Je leur cacherai ma face, Je verrai quelle sera leur fin; Car c'est une race perverse, Ce sont des enfants infidèles.

²¹Ils ont excité ma jalousie par ce qui n'est point Dieu, Ils m'ont irrité par leurs vaines idoles; Et moi, j'exciterai leur jalousie par ce qui n'est point un peuple, Je les irriterai par une nation insensée.

²²Car le feu de ma colère s'est allumé, Et il brûlera jusqu'au fond du séjour des morts; Il dévorera la terre et ses produits, Il embrasera les fondements des montagnes.

²³J'accumulerai sur eux les maux, J'épuiserai mes traits contre eux.

²⁴Ils seront desséchés par la faim, consumés par la fièvre Et par des maladies violentes; J'enverrai parmi eux la dent des bêtes féroces Et le venin des serpents.

²⁵Au dehors, on périra par l'épée, Et au dedans, par d'effrayantes calamités: Il en sera du jeune homme comme de la jeune fille, De l'enfant à la mamelle comme du vieillard.

²⁶Je voudrais dire: Je les emporterai d'un souffle, Je ferai disparaître leur mémoire d'entre les hommes!

²⁷Mais je crains les insultes de l'ennemi, Je crains que leurs adversaires ne se méprennent, Et qu'ils ne disent: Notre main a été puissante, Et ce n'est pas l'Éternel qui a fait toutes ces choses.

²⁸C'est une nation qui a perdu le bon sens, Et il n'y a point en eux d'intelligence.

²⁹S'ils étaient sages, voici ce qu'ils comprendraient, Et ils penseraient à ce qui leur arrivera.

³⁰Comment un seul en poursuivrait-il mille, Et deux en mettraient-ils dix mille en fuite, Si leur Rocher ne les avait vendus, Si l'Éternel ne les avait livrés?

³¹Car leur rocher n'est pas comme notre Rocher, Nos ennemis en sont juges.

³²Mais leur vigne est du plant de Sodome Et du terroir de Gomorrhe; Leurs raisins sont des raisins empoisonnés, Leurs grappes sont amères;

³³Leur vin, c'est le venin des serpents, C'est le poison cruel des aspics.

³⁴Cela n'est-il pas caché près de moi, Scellé dans mes trésors?

³⁵A moi la vengeance et la rétribution, Quand leur pied chancellera! Car le jour de leur malheur est proche, Et ce qui les attend ne tardera pas.

³⁶L'Éternel jugera son peuple; Mais il aura pitié de ses serviteurs, En voyant que leur force est épuisée, Et qu'il n'y a plus ni esclave ni homme libre.

³⁷Il dira: Où sont leurs dieux, Le rocher qui leur servait de refuge,

³⁸Ces dieux qui mangeaient la graisse de leurs victimes, Qui buvaient le vin de leurs libations? Qu'ils se lèvent, qu'ils vous secourent, Qu'ils vous couvrent de leur protection!

³⁹Sachez donc que c'est moi qui suis Dieu, Et qu'il n'y a point de dieu près de moi; Je fais vivre et je fais mourir, Je blesse et je guéris, Et personne ne délivre de ma main.

⁴⁰Car je lève ma main vers le ciel, Et je dis: Je vis éternellement!

⁴¹Si j'aiguise l'éclair de mon épée Et si ma main saisit la justice, Je me vengerai de mes adversaires Et je punirai ceux qui me haïssent;

⁴²Mon épée dévorera leur chair, Et j'enivrerai mes flèches de sang, Du sang des blessés et des captifs, De la tête des chefs de l'ennemi.

⁴³Nations, chantez les louanges de son peuple! Car l'Éternel venge le sang de ses serviteurs, Il se venge de ses adversaires, Et il fait l'expiation pour son pays, pour son peuple.

⁴⁴Moïse vint et prononça toutes les paroles de ce cantique en présence du peuple; Josué, fils de Nun, était avec lui.

⁴⁵Lorsque Moïse eut achevé de prononcer toutes ces paroles devant tout Israël,

⁴⁶il leur dit: Prenez à coeur toutes les paroles que je vous conjure aujourd'hui de recommander à vos enfants, afin qu'ils observent et mettent en pratique toutes les paroles de cette loi.

⁴⁷Car ce n'est pas une chose sans importance pour vous; c'est votre vie, et c'est par là que vous prolongerez vos jours dans le pays dont vous aurez la possession, après avoir passé le Jourdain.

⁴⁸Ce même jour, l'Éternel parla à Moïse, et dit:

⁴⁹Monte sur cette montagne d'Abarim, sur le mont Nebo, au pays de Moab, vis-à-vis de Jéricho; et regarde le pays de Canaan que je donne en propriété aux enfants d'Israël.

⁵⁰Tu mourras sur la montagne où tu vas monter, et tu seras recueilli auprès de ton peuple, comme Aaron, ton frère, est mort sur la montagne de Hor et a été recueilli auprès de son peuple,

⁵¹parce que vous avez péché contre moi au milieu des enfants d'Israël, près des eaux de Meriba, à Kadès, dans le désert de Tsin, et que vous ne m'avez point sanctifié au milieu des enfants d'Israël.

⁵²Tu verras le pays devant toi; mais tu n'entreras point dans le pays que je donne aux enfants d'Israël.

Chapitre 33

¹Voici la bénédiction par laquelle Moïse, homme de Dieu, bénit les enfants d'Israël, avant sa mort.

²Il dit: L'Éternel est venu du Sinaï, Il s'est levé sur eux de Séir, Il a resplendi de la montagne de Paran, Et il est sorti du milieu des saintes myriades: Il leur a de sa droite envoyé le feu de la loi.

³Oui, il aime les peuples; Tous ses saints sont dans ta main. Ils se sont tenus à tes pieds, Ils ont reçu tes paroles.

⁴Moïse nous a donné la loi, Héritage de l'assemblée de Jacob.

⁵Il était roi en Israël, Quand s'assemblaient les chefs du peuple Et les tribus d'Israël.

⁶Que Ruben vive et qu'il ne meure point, Et que ses hommes soient nombreux!

⁷Voici sur Juda ce qu'il dit: Écoute, ô Éternel! la voix de Juda, Et ramène-le vers son peuple. Que ses mains soient puissantes, Et que tu lui sois en aide contre ses ennemis!

⁸Sur Lévi il dit: Les thummim et les urim ont été confiés à l'homme saint, Que tu as tenté à Massa, Et avec qui tu as contesté aux eaux de Meriba.

⁹Lévi dit de son père et de sa mère: Je ne les ai point vus! Il ne distingue point ses frères, Il ne connaît point ses enfants. Car ils observent ta parole, Et ils gardent ton alliance;

¹⁰Ils enseignent tes ordonnances à Jacob, Et ta loi à Israël; Ils mettent l'encens sous tes narines, Et l'holocauste sur ton autel.

¹¹Bénis sa force, ô Éternel! Agrée l'oeuvre de ses mains! Brise les reins de ses adversaires, Et que ses ennemis ne se relèvent plus!

¹²Sur Benjamin il dit: C'est le bien-aimé de l'Éternel, Il habitera en sécurité auprès de lui; L'Éternel le couvrira toujours, Et résidera entre ses épaules.

¹³Sur Joseph il dit: Son pays recevra de l'Éternel, en signe de bénédiction, Le meilleur don du ciel, la rosée, Les meilleures eaux qui sont en bas,

¹⁴Les meilleurs fruits du soleil, Les meilleurs fruits de chaque mois,

¹⁵Les meilleurs produits des antiques montagnes, Les meilleurs produits des collines éternelles,

¹⁶Les meilleurs produits de la terre et de ce qu'elle renferme. Que la grâce de celui qui apparut dans le buisson Vienne sur la tête de Joseph, Sur le sommet de la tête du prince de ses frères!

¹⁷De son taureau premier-né il a la majesté; Ses cornes sont les cornes du buffle; Avec elles il frappera tous les peuples, Jusqu'aux extrémités de la terre: Elles sont les myriades d'Éphraïm, Elles sont les milliers de Manassé.

¹⁸Sur Zabulon il dit: Réjouis-toi, Zabulon, dans tes courses, Et toi, Issacar, dans tes tentes!

¹⁹Ils appelleront les peuples sur la montagne; Là, ils offriront des sacrifices de justice, Car ils suceront l'abondance de la mer, Et les trésors cachés dans le sable.

²⁰Sur Gad il dit: Béni soit celui qui met Gad au large! Gad repose comme une lionne, Il déchire le bras et la tête.

²¹Il a choisi les prémices du pays, Car là est caché l'héritage du législateur; Il a marché en tête du peuple, Il a exécuté la justice de l'Éternel, Et ses ordonnances envers Israël.

²²Sur Dan il dit: Dan est un jeune lion, Qui s'élance de Basan.

²³Sur Nephthali il dit: Nephthali, rassasié de faveurs Et comblé des bénédictions de l'Éternel, Prends possession de l'occident et du midi!

²⁴Sur Aser il dit: Béni soit Aser entre les enfants d'Israël! Qu'il soit agréable à ses frères, Et qu'il plonge son pied dans l'huile!

²⁵Que tes verrous soient de fer et d'airain, Et que ta vigueur dure autant que tes jours!

²⁶Nul n'est semblable au Dieu d'Israël, Il est porté sur les cieux pour venir à ton aide, Il est avec majesté porté sur les nuées.

²⁷Le Dieu d'éternité est un refuge, Et sous ses bras éternels est une retraite. Devant toi il a chassé l'ennemi, Et il a dit: Extermine.

²⁸Israël est en sécurité dans sa demeure, La source de Jacob est à part Dans un pays de blé et de moût, Et son ciel distille la rosée.

²⁹Que tu es heureux, Israël! Qui est comme toi, Un peuple sauvé par l'Éternel, Le bouclier de ton secours Et l'épée de ta gloire? Tes ennemis feront défaut devant toi, Et tu fouleras leurs lieux élevés.

Deutéronome
Chapitre 34

¹Moïse monta des plaines de Moab sur le mont Nebo, au sommet du Pisga, vis-à-vis de Jéricho. Et l'Éternel lui fit voir tout le pays:

²Galaad jusqu'à Dan, tout Nephthali, le pays d'Éphraïm et de Manassé, tout le pays de Juda jusqu'à la mer occidentale,

³le midi, les environs du Jourdain, la vallée de Jéricho, la ville des palmiers, jusqu'à Tsoar.

⁴L'Éternel lui dit: C'est là le pays que j'ai juré de donner à Abraham, à Isaac et à Jacob, en disant: Je le donnerai à ta postérité. Je te l'ai fait voir de tes yeux; mais tu n'y entreras point.

⁵Moïse, serviteur de l'Éternel, mourut là, dans le pays de Moab, selon l'ordre de l'Éternel.

⁶Et l'Éternel l'enterra dans la vallée, au pays de Moab, vis-à-vis de Beth Peor. Personne n'a connu son sépulcre jusqu'à ce jour.

⁷Moïse était âgé de cent vingt ans lorsqu'il mourut; sa vue n'était point affaiblie, et sa vigueur n'était point passée.

⁸Les enfants d'Israël pleurèrent Moïse pendant trente jours, dans les plaines de Moab; et ces jours de pleurs et de deuil sur Moïse arrivèrent à leur terme.

⁹Josué, fils de Nun, était rempli de l'esprit de sagesse, car Moïse avait posé ses mains sur lui. Les enfants d'Israël lui obéirent, et se conformèrent aux ordres que l'Éternel avait donnés à Moïse.

¹⁰Il n'a plus paru en Israël de prophète semblable à Moïse, que l'Éternel connaissait face à face.

¹¹Nul ne peut lui être comparé pour tous les signes et les miracles que Dieu l'envoya faire au pays d'Égypte contre Pharaon, contre ses serviteurs et contre tout son pays,

¹²et pour tous les prodiges de terreur que Moïse accomplit à main forte sous les yeux de tout Israël.

Josué

Chapitre 1

¹Après la mort de Moïse, serviteur de l'Éternel, l'Éternel dit à Josué, fils de Nun, serviteur de Moïse:

²Moïse, mon serviteur, est mort; maintenant, lève-toi, passe ce Jourdain, toi et tout ce peuple, pour entrer dans le pays que je donne aux enfants d'Israël.

³Tout lieu que foulera la plante de votre pied, je vous le donne, comme je l'ai dit à Moïse.

⁴Vous aurez pour territoire depuis le désert et le Liban jusqu'au grand fleuve, le fleuve de l'Euphrate, tout le pays des Héthiens, et jusqu'à la grande mer vers le soleil couchant.

⁵Nul ne tiendra devant toi, tant que tu vivras. Je serai avec toi, comme j'ai été avec Moïse; je ne te délaisserai point, je ne t'abandonnerai point.

⁶Fortifie-toi et prends courage, car c'est toi qui mettras ce peuple en possession du pays que j'ai juré à leurs pères de leur donner.

⁷Fortifie-toi seulement et aie bon courage, en agissant fidèlement selon toute la loi que Moïse, mon serviteur, t'a prescrite; ne t'en détourne ni à droite ni à gauche, afin de réussir dans tout ce que tu entreprendras.

⁸Que ce livre de la loi ne s'éloigne point de ta bouche; médite-le jour et nuit, pour agir fidèlement selon tout ce qui y est écrit; car c'est alors que tu auras du succès dans tes entreprises, c'est alors que tu réussiras.

⁹Ne t'ai-je pas donné cet ordre: Fortifie-toi et prends courage? Ne t'effraie point et ne t'épouvante point, car l'Éternel, ton Dieu, est avec toi dans tout ce que tu entreprendras.

¹⁰Josué donna cet ordre aux officiers du peuple:

¹¹Parcourez le camp, et voici ce que vous commanderez au peuple: Préparez-vous des provisions, car dans trois jours vous passerez ce Jourdain pour aller conquérir le pays dont l'Éternel, votre Dieu, vous donne la possession.

¹²Josué dit aux Rubénites, aux Gadites et à la demi-tribu de Manassé:

¹³Rappelez-vous ce que vous a prescrit Moïse, serviteur de l'Éternel, quand il a dit: L'Éternel, votre Dieu, vous a accordé du repos, et vous a donné ce pays.

¹⁴Vos femmes, vos petits enfants et vos troupeaux resteront dans le pays que vous a donné Moïse de ce côté-ci du Jourdain; mais vous tous, hommes vaillants, vous passerez en armes devant vos frères, et vous les aiderez,

¹⁵jusqu'à ce que l'Éternel ait accordé du repos à vos frères comme à vous, et qu'ils soient aussi en possession du pays que l'Éternel, votre Dieu, leur donne. Puis vous reviendrez prendre possession du pays qui est votre propriété, et que vous a donné Moïse, serviteur de l'Éternel, de ce côté-ci du Jourdain, vers le soleil levant.

¹⁶Ils répondirent à Josué, en disant: Nous ferons tout ce que tu nous as ordonné, et nous irons partout où tu nous enverras.

¹⁷Nous t'obéirons entièrement, comme nous avons obéi à Moïse. Veuille seulement l'Éternel, ton Dieu, être avec toi, comme il a été avec Moïse!

¹⁸Tout homme qui sera rebelle à ton ordre, et qui n'obéira pas à tout ce que tu lui commanderas, sera puni de mort. Fortifie-toi seulement, et prends courage!

Chapitre 2

¹Josué, fils de Nun, fit partir secrètement de Sittim deux espions, en leur disant: Allez, examinez le pays, et en particulier Jéricho. Ils partirent, et ils arrivèrent dans la maison d'une prostituée, qui se nommait Rahab, et ils y couchèrent.

²On dit au roi de Jéricho: Voici, des hommes d'entre les enfants d'Israël sont arrivés ici, cette nuit, pour explorer le pays.

³Le roi de Jéricho envoya dire à Rahab: Fais sortir les hommes qui sont venus chez toi, qui sont entrés dans ta maison; car c'est pour explorer tout le pays qu'ils sont venus.

⁴La femme prit les deux hommes, et les cacha; et elle dit: Il est vrai que ces hommes sont arrivés chez moi, mais je ne savais pas d'où ils étaient;

⁵et, comme la porte a dû se fermer de nuit, ces hommes sont sortis; j'ignore où ils sont allés: hâtez-vous de les poursuivre et vous les atteindrez.

⁶Elle les avait fait monter sur le toit, et les avait cachés sous des tiges de lin, qu'elle avait arrangées sur le toit.

⁷Ces gens les poursuivirent par le chemin qui mène au gué du Jourdain, et l'on ferma la porte après qu'ils furent sortis.

⁸Avant que les espions se couchassent, Rahab monta vers eux sur le toit

⁹et leur dit: L'Éternel, je le sais, vous a donné ce pays, la terreur que vous inspirez nous a saisis, et tous les habitants du pays tremblent devant vous.

¹⁰Car nous avons appris comment, à votre sortie d'Égypte, l'Éternel a mis à sec devant vous les eaux de la mer Rouge, et comment vous avez traité les deux rois des Amoréens au delà du Jourdain, Sihon et Og, que vous avez dévoués par interdit.

¹¹Nous l'avons appris, et nous avons perdu courage, et tous nos esprits sont abattus à votre aspect; car c'est l'Éternel, votre Dieu, qui est Dieu en haut dans les cieux et en bas sur la terre.

¹²Et maintenant, je vous prie, jurez-moi par l'Éternel que vous aurez pour la maison de mon père la même bonté que j'ai eue pour vous.

¹³Donnez-moi l'assurance que vous laisserez vivre mon père, ma mère, mes frères, mes soeurs, et tous ceux qui leur appartiennent, et que vous nous sauverez de la mort.

¹⁴Ces hommes lui répondirent: Nous sommes prêts à mourir pour vous, si vous ne divulguez pas ce qui nous concerne; et quand l'Éternel nous donnera le pays, nous agirons envers toi avec bonté et fidélité.

¹⁵Elle les fit descendre avec une corde par la fenêtre, car la maison qu'elle habitait était sur la muraille de la ville.

¹⁶Elle leur dit: Allez du côté de la montagne, de peur que ceux qui vous poursuivent ne vous rencontrent; cachez-vous là pendant trois jours, jusqu'à ce qu'ils soient de retour; après cela, vous suivrez votre chemin.

¹⁷Ces hommes lui dirent: Voici de quelle manière nous serons quittes du serment que tu nous as fait faire.

¹⁸A notre entrée dans le pays, attache ce cordon de fil cramoisi à la fenêtre par laquelle tu nous fais descendre, et recueille auprès de toi dans la maison ton père, ta mère, tes frères, et toute la famille de ton père.

¹⁹Si quelqu'un d'eux sort de la porte de ta maison pour aller dehors, son sang retombera sur sa tête, et nous en serons innocent; mais si on met la main sur l'un quelconque de ceux qui seront avec toi dans la maison, son sang retombera sur notre tête.

²⁰Et si tu divulgues ce qui nous concerne, nous serons quittes du serment que tu nous as fait faire.

²¹Elle répondit: Qu'il en soit selon vos paroles. Elle prit ainsi congé d'eux, et ils s'en allèrent. Et elle attacha le cordon de cramoisi à la fenêtre.

²²Ils partirent, et arrivèrent à la montagne, où ils restèrent trois jours, jusqu'à ce que ceux qui les poursuivaient fussent de retour. Ceux qui les poursuivaient les cherchèrent par tout le chemin, mais ils ne les trouvèrent pas.

²³Les deux hommes s'en retournèrent, descendirent de la montagne, et passèrent le Jourdain. Ils vinrent auprès de Josué, fils de Nun, et lui racontèrent tout ce qui leur était arrivé.

²⁴Ils dirent à Josué: Certainement, l'Éternel a livré tout le pays entre nos mains, et même tous les habitants du pays tremblent devant nous.

Chapitre 3

¹Josué, s'étant levé de bon matin, partit de Sittim avec tous les enfants d'Israël. Ils arrivèrent au Jourdain; et là, ils passèrent la nuit, avant de le traverser.

²Au bout de trois jours, les officiers parcoururent le camp,

³et donnèrent cet ordre au peuple: Lorsque vous verrez l'arche de l'alliance de l'Éternel, votre Dieu, portée par les sacrificateurs, les Lévites, vous partirez du lieu où vous êtes, et vous vous mettrez en marche après elle.

⁴Mais il y aura entre vous et elle une distance d'environ deux mille coudées: n'en approchez pas. Elle vous montrera le chemin que vous devez suivre, car vous n'avez point encore passé par ce chemin.

⁵Josué dit au peuple: Sanctifiez-vous, car demain l'Éternel fera des prodiges au milieu de vous.

⁶Et Josué dit aux sacrificateurs: Portez l'arche de l'alliance, et passez devant le peuple. Ils portèrent l'arche de l'alliance, et ils marchèrent devant le peuple.

⁷L'Éternel dit à Josué: Aujourd'hui, je commencerai à t'élever aux yeux de tout Israël, afin qu'ils sachent que je serai avec toi comme j'ai été avec Moïse.

⁸Tu donneras cet ordre aux sacrificateurs qui portent l'arche de

Josué

l'alliance: Lorsque vous arriverez au bord des eaux du Jourdain, vous vous arrêterez dans le Jourdain.

⁹Josué dit aux enfants d'Israël: Approchez, et écoutez les paroles de l'Éternel, votre Dieu.

¹⁰Josué dit: A ceci vous reconnaîtrez que le Dieu vivant est au milieu de vous, et qu'il chassera devant vous les Cananéens, les Héthiens, les Héviens, les Phéréziens, les Guirgasiens, les Amoréens et les Jébusiens:

¹¹voici, l'arche de l'alliance du Seigneur de toute la terre va passer devant vous dans le Jourdain.

¹²Maintenant, prenez douze hommes parmi les tribus d'Israël, un homme de chaque tribu.

¹³Et dès que les sacrificateurs qui portent l'arche de l'Éternel, le Seigneur de toute la terre, poseront la plante des pieds dans les eaux du Jourdain, les eaux du Jourdain seront coupées, les eaux qui descendent d'en haut, et elles s'arrêteront en un monceau.

¹⁴Le peuple sortit de ses tentes pour passer le Jourdain, et les sacrificateurs qui portaient l'arche de l'alliance marchèrent devant le peuple.

¹⁵Quand les sacrificateurs qui portaient l'arche furent arrivés au Jourdain, et que leurs pieds se furent mouillés au bord de l'eau, -le Jourdain regorge par-dessus toutes ses rives tout le temps de la moisson.

¹⁶les eaux qui descendent d'en haut s'arrêtèrent, et s'élevèrent en un monceau, à une très grande distance, près de la ville d'Adam, qui est à côté de Tsarthan; et celles qui descendaient vers la mer de la plaine, la mer Salée, furent complètement coupées. Le peuple passa vis-à-vis de Jéricho.

¹⁷Les sacrificateurs qui portaient l'arche de l'alliance de l'Éternel s'arrêtèrent de pied ferme sur le sec, au milieu du Jourdain, pendant que tout Israël passait à sec, jusqu'à ce que toute la nation eût achevé de passer le Jourdain.

Chapitre 4

¹Lorsque toute la nation eut achevé de passer le Jourdain, l'Éternel dit à Josué:

²Prenez douze hommes parmi le peuple, un homme de chaque tribu.

³Donnez-leur cet ordre: Enlevez d'ici, du milieu du Jourdain, de la place où les sacrificateurs se sont arrêtés de pied ferme, douze pierres, que vous emporterez avec vous, et que vous déposerez dans le lieu où vous passerez cette nuit.

⁴Josué appela les douze hommes qu'il choisit parmi les enfants d'Israël, un homme de chaque tribu.

⁵Il leur dit: Passez devant l'arche de l'Éternel, votre Dieu, au milieu du Jourdain, et que chacun de vous charge une pierre sur son épaule, selon le nombre des tribus des enfants d'Israël,

⁶afin que cela soit un signe au milieu de vous. Lorsque vos enfants demanderont un jour: Que signifient pour vous ces pierres?

⁷vous leur direz: Les eaux du Jourdain ont été coupées devant l'arche de l'alliance de l'Éternel; lorsqu'elle passa le Jourdain, les eaux du Jourdain ont été coupées, et ces pierres seront à jamais un souvenir pour les enfants d'Israël.

⁸Les enfants d'Israël firent ce que Josué leur avait ordonné. Ils enlevèrent douze pierres du milieu du Jourdain, comme l'Éternel l'avait dit à Josué, selon le nombre des tribus des enfants d'Israël, ils les emportèrent avec eux, et les déposèrent dans le lieu où ils devaient passer la nuit.

⁹Josué dressa aussi douze pierres au milieu du Jourdain, à la place où s'étaient arrêtés les pieds des sacrificateurs qui portaient l'arche de l'alliance; et elles y sont restées jusqu'à ce jour.

¹⁰Les sacrificateurs qui portaient l'arche se tinrent au milieu du Jourdain jusqu'à l'entière exécution de ce que l'Éternel avait ordonné à Josué de dire au peuple, selon tout ce que Moïse avait prescrit à Josué. Et le peuple se hâta de passer.

¹¹Lorsque tout le peuple eut achevé de passer, l'arche de l'Éternel et les sacrificateurs passèrent devant le peuple.

¹²Les fils de Ruben, les fils de Gad, et la demi-tribu de Manassé, passèrent en armes devant les enfants d'Israël, comme Moïse le leur avait dit.

¹³Environ quarante mille hommes, équipés pour la guerre et prêts à combattre, passèrent devant l'Éternel dans les plaines de Jéricho.

¹⁴En ce jour-là, l'Éternel éleva Josué aux yeux de tout Israël; et ils le craignirent, comme ils avaient craint Moïse, tous les jours de sa vie.

¹⁵L'Éternel dit à Josué:

¹⁶Ordonne aux sacrificateurs qui portent l'arche du témoignage de sortir du Jourdain.

¹⁷Et Josué donna cet ordre aux sacrificateurs: Sortez du Jourdain.

¹⁸Lorsque les sacrificateurs qui portaient l'arche de l'alliance de l'Éternel furent sortis du milieu du Jourdain, et que la plante de leurs pieds se posa sur le sec, les eaux du Jourdain retournèrent à leur place, et se répandirent comme auparavant sur tous ses bords.

¹⁹Le peuple sortit du Jourdain le dixième jour du premier mois, et il campa à Guilgal, à l'extrémité orientale de Jéricho.

²⁰Josué dressa à Guilgal les douze pierres qu'ils avaient prises du Jourdain.

²¹Il dit aux enfants d'Israël: Lorsque vos enfants demanderont un jour à leurs pères: Que signifient ces pierres?

²²vous en instruirez vos enfants, et vous direz: Israël a passé ce Jourdain à sec.

²³Car l'Éternel, votre Dieu, a mis à sec devant vous les eaux du Jourdain jusqu'à ce que vous eussiez passé, comme l'Éternel, votre Dieu, l'avait fait à la mer Rouge, qu'il mit à sec devant nous jusqu'à ce que nous eussions passé,

²⁴afin que tous les peuples de la terre sachent que la main de l'Éternel est puissante, et afin que vous ayez toujours la crainte de l'Éternel, votre Dieu.

Chapitre 5

¹Lorsque tous les rois des Amoréens à l'occident du Jourdain et tous les rois des Cananéens près de la mer apprirent que l'Éternel avait mis à sec les eaux du Jourdain devant les enfants d'Israël jusqu'à ce que nous eussions passé, ils perdirent courage et furent consternés à l'aspect des enfants d'Israël.

²En ce temps-là, l'Éternel dit à Josué: Fais-toi des couteaux de pierre, et circoncis de nouveau les enfants d'Israël, une seconde fois.

³Josué se fit des couteaux de pierre, et il circoncit les enfants d'Israël sur la colline d'Araloth.

⁴Voici la raison pour laquelle Josué les circoncit. Tout le peuple sorti d'Égypte, les mâles, tous les hommes de guerre, étaient morts dans le désert, pendant la route, après leur sortie d'Égypte.

⁵Tout ce peuple sorti d'Égypte était circoncis; mais tout le peuple né dans le désert, pendant la route, après la sortie d'Égypte, n'avait point été circoncis.

⁶Car les enfants d'Israël avaient marché quarante ans dans le désert jusqu'à la destruction de toute la nation des hommes de guerre qui étaient sortis d'Égypte et qui n'avaient point écouté la voix de l'Éternel; l'Éternel leur jura de ne pas leur faire voir le pays qu'il avait juré à leurs pères de nous donner, pays où coulent le lait et le miel.

⁷Ce sont leurs enfants qu'il établit à leur place; et Josué les circoncit, car ils étaient incirconcis, parce qu'on ne les avait point circoncis pendant la route.

⁸Lorsqu'on eut achevé de circoncire toute la nation, ils restèrent à leur place dans le camp jusqu'à leur guérison.

⁹L'Éternel dit à Josué: Aujourd'hui, j'ai roulé de dessus vous l'opprobre de l'Égypte. Et ce lieu fut appelé du nom de Guilgal jusqu'à ce jour.

¹⁰Les enfants d'Israël campèrent à Guilgal; et ils célébrèrent la Pâque le quatorzième jour du mois, sur le soir, dans les plaines de Jéricho.

¹¹Ils mangèrent du blé du pays le lendemain de la Pâque, des pains sans levain et du grain rôti; ils en mangèrent ce même jour.

¹²La manne cessa le lendemain de la Pâque, quand ils mangèrent du blé du pays; les enfants d'Israël n'eurent plus de manne, et ils mangèrent des produits du pays de Canaan cette année-là.

¹³Comme Josué était près de Jéricho, il leva les yeux, et regarda. Voici, un homme se tenait debout devant lui, son épée nue dans la main. Il alla vers lui, et lui dit: Es-tu des nôtres ou de nos ennemis?

¹⁴Il répondit: Non, mais je suis le chef de l'armée de l'Éternel, j'arrive maintenant. Josué tomba le visage contre terre, se prosterna, et lui dit: Qu'est-ce que mon seigneur dit à son serviteur?

¹⁵Et le chef de l'armée de l'Éternel dit à Josué: Ote tes souliers de tes pieds, car le lieu sur lequel tu te tiens est saint. Et Josué fit ainsi.

Chapitre 6

¹Jéricho était fermée et barricadée devant les enfants d'Israël. Personne ne sortait, et personne n'entrait.

²L'Éternel dit à Josué: Vois, je livre entre tes mains Jéricho et son roi, ses vaillants soldats.

³Faites le tour de la ville, vous tous les hommes de guerre, faites une fois le tour de la ville. Tu feras ainsi pendant six jours.

⁴Sept sacrificateurs porteront devant l'arche sept trompettes retentissantes; le septième jour, vous ferez sept fois le tour de la ville; et les sacrificateurs sonneront des trompettes.

⁵Quand ils sonneront de la corne retentissante, quand vous

entendrez le son de la trompette, tout le peuple poussera de grands cris. Alors la muraille de la ville s'écroulera, et le peuple montera, chacun devant soi.

⁶Josué, fils de Nun, appela les sacrificateurs, et leur dit: Portez l'arche de l'alliance, et que sept sacrificateurs portent sept trompettes retentissantes devant l'arche de l'Éternel.

⁷Et il dit au peuple: Marchez, faites le tour de la ville, et que les hommes armés passent devant l'arche de l'Éternel.

⁸Lorsque Josué eut parlé au peuple, les sept sacrificateurs qui portaient devant l'Éternel les sept trompettes retentissantes se mirent en marche et sonnèrent des trompettes. L'arche de l'alliance de l'Éternel allait derrière eux.

⁹Les hommes armés marchaient devant les sacrificateurs qui sonnaient des trompettes, et l'arrière-garde suivait l'arche; pendant la marche, on sonnait des trompettes.

¹⁰Josué avait donné cet ordre au peuple: Vous ne crierez point, vous ne ferez point entendre votre voix, et il ne sortira pas un mot de votre bouche jusqu'au jour où je vous dirai: Poussez des cris! Alors vous pousserez des cris.

¹¹L'arche de l'Éternel fit le tour de la ville, elle fit une fois le tour; puis on rentra dans le camp, et l'on y passa la nuit.

¹²Josué se leva de bon matin, et les sacrificateurs portèrent l'arche de l'Éternel.

¹³Les sept sacrificateurs qui portaient les sept trompettes retentissantes devant l'arche de l'Éternel se mirent en marche et sonnèrent des trompettes. Les hommes armés marchaient devant eux, et l'arrière-garde suivait l'arche de l'Éternel; pendant la marche, on sonnait des trompettes.

¹⁴Ils firent une fois le tour de la ville, le second jour; puis ils retournèrent dans le camp. Ils firent de même pendant six jours.

¹⁵Le septième jour, ils se levèrent de bon matin, dès l'aurore, et ils firent de la même manière sept fois le tour de la ville; ce fut le seul jour où ils firent sept fois le tour de la ville.

¹⁶A la septième fois, comme les sacrificateurs sonnaient des trompettes, Josué dit au peuple: Poussez des cris, car l'Éternel vous a livré la ville!

¹⁷La ville sera dévouée à l'Éternel par interdit, elle et tout ce qui s'y trouve; mais on laissera la vie à Rahab la prostituée et à tous ceux qui seront avec elle dans la maison, parce qu'elle a caché les messagers que nous avions envoyés.

¹⁸Gardez-vous seulement de ce qui sera dévoué par interdit; car si vous preniez de ce que vous aurez dévoué par interdit, vous mettriez le camp d'Israël en interdit et vous y jetteriez le trouble.

¹⁹Tout l'argent et tout l'or, tous les objets d'airain et de fer, seront consacrés à l'Éternel, et entreront dans le trésor de l'Éternel.

²⁰Le peuple poussa des cris, et les sacrificateurs sonnèrent des trompettes. Lorsque le peuple entendit le son de la trompette, il poussa de grands cris, et la muraille s'écroula; le peuple monta dans la ville, chacun devant soi. Ils s'emparèrent de la ville,

²¹et ils dévouèrent par interdit, au fil de l'épée, tout ce qui était dans la ville, hommes et femmes, enfants et vieillards, jusqu'aux boeufs, aux brebis et aux ânes.

²²Josué dit aux deux hommes qui avaient exploré le pays: Entrez dans la maison de la femme prostituée, et faites-en sortir cette femme et tous ceux qui lui appartiennent, comme vous le lui avez juré.

²³Les jeunes gens, les espions, entrèrent et firent sortir Rahab, son père, sa mère, ses frères, et tous ceux qui lui appartenaient; ils firent sortir tous les gens de sa famille, et ils les déposèrent hors du camp d'Israël.

²⁴Ils brûlèrent la ville et tout ce qui s'y trouvait; seulement ils mirent dans le trésor de la maison de l'Éternel l'argent, l'or et tous les objets d'airain et de fer.

²⁵Josué laissa la vie à Rahab la prostituée, à la maison de son père, et à tous ceux qui lui appartenaient; elle a habité au milieu d'Israël jusqu'à ce jour, parce qu'elle avait caché les messagers que Josué avait envoyés pour explorer Jéricho.

²⁶Ce fut alors que Josué jura, en disant: Maudit soit devant l'Éternel l'homme qui se lèvera pour rebâtir cette ville de Jéricho! Il en jettera les fondements au prix de son premier-né, et il en posera les portes au prix de son plus jeune fils.

²⁷L'Éternel fut avec Josué, dont la renommée se répandit dans tout le pays.

Chapitre 7

¹Les enfants d'Israël commirent une infidélité au sujet des choses dévouées par interdit. Acan, fils de Carmi, fils de Zabdi, fils de Zérach, de la tribu de Juda, prit des choses dévouées. Et la colère de l'Éternel s'enflamma contre les enfants d'Israël.

²Josué envoya de Jéricho des hommes vers Aï, qui est près de Beth Aven, à l'orient de Béthel. Il leur dit: Montez, et explorez le pays. Et ces hommes montèrent, et explorèrent Aï.

³Ils revinrent auprès de Josué, et lui dirent: Il est inutile de faire marcher tout le peuple; deux ou trois mille hommes suffiront pour battre Aï; ne donne pas cette fatigue à tout le peuple, car ils sont en petit nombre.

⁴Trois mille hommes environ se mirent en marche, mais ils prirent la fuite devant les gens d'Aï.

⁵Les gens d'Aï leur tuèrent environ trente-six hommes; ils les poursuivirent depuis la porte jusqu'à Schebarim, et les battirent à la descente. Le peuple fut consterné et perdit courage.

⁶Josué déchira ses vêtements, et se prosterna jusqu'au soir le visage contre terre devant l'arche de l'Éternel, lui et les anciens d'Israël, et ils se couvrirent la tête de poussière.

⁷Josué dit: Ah! Seigneur Éternel, pourquoi as-tu fait passer le Jourdain à ce peuple, pour nous livrer entre les mains des Amoréens et nous faire périr? Oh! si nous eussions su rester de l'autre côté du Jourdain!

⁸De grâce, Seigneur, que dirai-je, après qu'Israël a tourné le dos devant ses ennemis?

⁹Les Cananéens et tous les habitants du pays l'apprendront; ils nous envelopperont, et ils feront disparaître notre nom de la terre. Et que feras-tu pour ton grand nom?

¹⁰L'Éternel dit à Josué: Lève-toi! Pourquoi restes-tu ainsi couché sur ton visage?

¹¹Israël a péché; ils ont transgressé mon alliance que je leur ai prescrite, ils ont pris des choses dévouées par interdit, ils les ont dérobées et ont dissimulé, et ils les ont cachées parmi leurs bagages.

¹²Aussi les enfants d'Israël ne peuvent-ils résister à leurs ennemis; ils tourneront le dos devant leurs ennemis, car ils sont sous l'interdit; je ne serai plus avec vous, si vous ne détruisez pas l'interdit du milieu de vous.

¹³Lève-toi, sanctifie le peuple. Tu diras: Sanctifiez-vous pour demain; car ainsi parle l'Éternel, le Dieu d'Israël: Il y a de l'interdit au milieu de toi, Israël; tu ne pourras résister à tes ennemis, jusqu'à ce que vous ayez ôté l'interdit du milieu de vous.

¹⁴Vous vous approcherez le matin selon vos tribus; et la tribu que désignera l'Éternel s'approchera par famille, et la famille que désignera l'Éternel s'approchera par maisons, et la maison que désignera l'Éternel s'approchera par hommes.

¹⁵Celui qui sera désigné comme ayant pris de ce qui était dévoué par interdit sera brûlé au feu, lui et tout ce qui lui appartient, pour avoir transgressé l'alliance de l'Éternel et commis une infamie en Israël.

¹⁶Josué se leva de bon matin, et il fit approcher Israël selon ses tribus, et la tribu de Juda fut désignée.

¹⁷Il fit approcher les familles de Juda, et la famille de Zérach fut désignée. Il fit approcher la famille de Zérach par maisons, et Zabdi fut désigné.

¹⁸Il fit approcher la maison de Zabdi par hommes, et Acan, fils de Carmi, fils de Zabdi, fils de Zérach, de la tribu de Juda, fut désigné.

¹⁹Josué dit à Acan: Mon fils, donne gloire à l'Éternel, le Dieu d'Israël, et rends-lui hommage. Dis-moi donc ce que tu as fait, ne me le cache point.

²⁰Acan répondit à Josué, et dit: Il est vrai que j'ai péché contre l'Éternel, le Dieu d'Israël, et voici ce que j'ai fait.

²¹J'ai vu dans le butin un beau manteau de Schinear, deux cent sicles d'argent, et un lingot d'or du poids de cinquante sicles; je les ai convoités, et je les ai pris; ils sont cachés dans la terre au milieu de ma tente, et l'argent est dessous.

²²Josué envoya des gens, qui coururent à la tente; et voici, les objets étaient cachés dans la tente d'Acan, et l'argent était dessous.

²³Ils les prirent du milieu de la tente, les apportèrent à Josué et à tous les enfants d'Israël, et les déposèrent devant l'Éternel.

²⁴Josué et tout Israël avec lui prirent Acan, fils de Zérach, l'argent, le manteau, le lingot d'or, les fils et les filles d'Acan, ses boeufs, ses ânes, ses brebis, sa tente, et tout ce qui lui appartenait; et ils les firent monter dans la vallée d'Acor.

²⁵Josué dit: Pourquoi nous as-tu troublés? L'Éternel te troublera aujourd'hui. Et tout Israël le lapida. On les brûla au feu, on les lapida,

²⁶et l'on éleva sur Acan un grand monceau de pierres, qui subsiste encore aujourd'hui. Et l'Éternel revint de l'ardeur de sa colère. C'est à

Josué

cause de cet événement qu'on a donné jusqu'à ce jour à ce lieu le nom de vallée d'Acor.

Chapitre 8

¹L'Éternel dit à Josué: Ne crains point, et ne t'effraie point! Prends avec toi tous les gens de guerre, lève-toi, monte contre Aï. Vois, je livre entre tes mains le roi d'Aï et son peuple, sa ville et son pays.

²Tu traiteras Aï et son roi comme tu as traité Jéricho et son roi; seulement vous garderez pour vous le butin et le bétail. Place une embuscade derrière la ville.

³Josué se leva avec tous les gens de guerre, pour monter contre Aï. Il choisit trente mille vaillants hommes, qu'il fit partir de nuit,

⁴et auxquels il donna cet ordre: Écoutez, vous vous mettrez en embuscade derrière la ville; ne vous éloignez pas beaucoup de la ville, et soyez tous prêts.

⁵Mais moi et tout le peuple qui est avec moi, nous nous approcherons de la ville. Et quand ils sortiront à notre rencontre, comme la première fois, nous prendrons la fuite devant eux.

⁶Ils nous poursuivront jusqu'à ce que nous les ayons attirés loin de la ville, car ils diront: Ils fuient devant nous, comme la première fois! Et nous fuirons devant eux.

⁷Vous sortirez alors de l'embuscade, et vous vous emparerez de la ville, et l'Éternel, votre Dieu, la livrera entre vos mains.

⁸Quand vous aurez pris la ville, vous y mettrez le feu, vous agirez comme l'Éternel l'a dit: c'est l'ordre que je vous donne.

⁹Josué les fit partir, et ils allèrent se placer en embuscade entre Béthel et Aï, à l'occident d'Aï. Mais Josué passa cette nuit-là au milieu du peuple.

¹⁰Josué se leva de bon matin, passa le peuple en revue, et marcha contre Aï, à la tête du peuple, lui et les anciens d'Israël.

¹¹Tous les gens de guerre qui étaient avec lui montèrent et s'approchèrent; lorsqu'ils furent arrivés en face de la ville, ils campèrent au nord d'Aï, dont ils étaient séparés par la vallée.

¹²Josué prit environ cinq mille hommes, et les mit en embuscade entre Béthel et Aï, à l'occident de la ville.

¹³Après que tout le camp eut pris position au nord de la ville, et l'embuscade à l'occident de la ville, Josué s'avança cette nuit-là au milieu de la vallée.

¹⁴Lorsque le roi d'Aï vit cela, les gens d'Aï se levèrent en hâte de bon matin, et sortirent à la rencontre d'Israël, pour le combattre. Le roi se dirigea, avec tout son peuple, vers un lieu fixé, du côté de la plaine, et il ne savait pas qu'il y avait derrière la ville une embuscade contre lui.

¹⁵Josué et tout Israël feignirent d'être battus devant eux, et ils s'enfuirent par le chemin du désert.

¹⁶Alors tout le peuple qui était dans la ville s'assembla pour se mettre à leur poursuite. Ils poursuivirent Josué, et ils furent attirés loin de la ville.

¹⁷Il n'y eut dans Aï et dans Béthel pas un homme qui ne sortît contre Israël. Ils laissèrent la ville ouverte, et poursuivirent Israël.

¹⁸L'Éternel dit à Josué: Étends vers Aï le javelot que tu as à la main, car je vais la livrer en ton pouvoir. Et Josué étendit vers la ville le javelot qu'il avait à la main.

¹⁹Aussitôt qu'il eut étendu sa main, les hommes en embuscade sortirent précipitamment du lieu où ils étaient; ils pénétrèrent dans la ville, la prirent, et se hâtèrent d'y mettre le feu.

²⁰Les gens d'Aï, ayant regardé derrière eux, virent la fumée de la ville monter vers le ciel, et ils ne purent se sauver d'aucun côté. Le peuple qui fuyait vers le désert se retourna contre ceux qui le poursuivaient;

²¹car Josué et tout Israël, voyant la ville prise par les hommes de l'embuscade, et la fumée de la ville qui montait, se retournèrent et battirent les gens d'Aï.

²²Les autres sortirent de la ville à leur rencontre, et les gens d'Aï furent enveloppés par Israël de toutes parts. Israël les battit, sans leur laisser un survivant ni un fuyard.

²³ils prirent vivant le roi d'Aï, et l'amenèrent à Josué.

²⁴Lorsqu'Israël eut achevé de tuer tous les habitants d'Aï dans la campagne, dans le désert, où ils l'avaient poursuivi, et que tous furent entièrement passés au fil de l'épée, tout Israël revint vers Aï et la frappa du tranchant de l'épée.

²⁵Il y eut au total douze mille personnes tuées ce jour-là, hommes et femmes, tous gens d'Aï.

²⁶Josué ne retira point sa main qu'il tenait étendue avec le javelot, jusqu'à ce que tous les habitants eussent été dévoués par interdit.

²⁷Seulement Israël garda pour lui le bétail et le butin de cette ville, selon l'ordre que l'Éternel avait prescrit à Josué.

²⁸Josué brûla Aï, et en fit à jamais un monceau de ruines, qui subsiste encore aujourd'hui.

²⁹Il fit pendre à un bois le roi d'Aï, et l'y laissa jusqu'au soir. Au coucher du soleil, Josué ordonna qu'on descendît son cadavre du bois; on le jeta à l'entrée de la porte de la ville, et l'on éleva sur lui un grand monceau de pierres, qui subsiste encore aujourd'hui.

³⁰Alors Josué bâtit un autel à l'Éternel, le Dieu d'Israël, sur le mont Ébal,

³¹comme Moïse, serviteur de l'Éternel, l'avait ordonné aux enfants d'Israël, et comme il est écrit dans le livre de la loi de Moïse: c'était un autel de pierres brutes, sur lesquelles on ne porta point le fer. Ils offrirent sur cet autel des holocaustes à l'Éternel, et ils présentèrent des sacrifices d'actions de grâces.

³²Et là Josué écrivit sur les pierres une copie de la loi que Moïse avait écrite devant les enfants d'Israël.

³³Tout Israël, ses anciens, ses officiers et ses juges, se tenaient des deux côtés de l'arche, devant les sacrificateurs, les Lévites, qui portaient l'arche de l'alliance de l'Éternel; les étrangers comme les enfants d'Israël étaient là, moitié du côté du mont Garizim, moitié du côté du mont Ébal, selon l'ordre qu'avait précédemment donné Moïse, serviteur de l'Éternel, de bénir le peuple d'Israël.

³⁴Josué lut ensuite toutes les paroles de la loi, les bénédictions et les malédictions, suivant ce qui est écrit dans le livre de la loi.

³⁵Il n'y eut rien de tout ce que Moïse avait prescrit, que Josué ne lût en présence de toute l'assemblée d'Israël, des femmes et des enfants, et des étrangers qui marchaient au milieu d'eux.

Chapitre 9

¹A la nouvelle de ces choses, tous les rois qui étaient en deçà du Jourdain, dans la montagne et dans la vallée, et sur toute la côte de la grande mer, jusque près du Liban, les Héthiens, les Amoréens, les Cananéens, les Phéréziens, les Héviens et les Jébusiens,

²s'unirent ensemble d'un commun accord pour combattre contre Josué et contre Israël.

³Les habitants de Gabaon, de leur côté, lorsqu'ils apprirent de quelle manière Josué avait traité Jéricho et Aï,

⁴eurent recours à la ruse, et se mirent en route avec des provisions de voyage. Ils prirent de vieux sacs pour leurs ânes, et de vieilles outres à vin déchirées et recousues,

⁵ils portaient à leurs pieds de vieux souliers raccommodés, et sur eux de vieux vêtements; et tout le pain qu'ils avaient pour nourriture était sec et en miettes.

⁶Ils allèrent auprès de Josué au camp de Guilgal, et ils lui dirent, ainsi qu'à tous ceux d'Israël: Nous venons d'un pays éloigné, et maintenant faites alliance avec nous.

⁷Les hommes d'Israël répondirent à ces Héviens: Peut-être que vous habitez au milieu de nous, et comment ferions-nous alliance avec vous?

⁸Ils dirent à Josué: Nous sommes tes serviteurs. Et Josué leur dit: Qui êtes-vous, et d'où venez-vous?

⁹Ils lui répondirent: Tes serviteurs viennent d'un pays très éloigné, sur le renom de l'Éternel, ton Dieu; car nous avons entendu parler de lui, de tout ce qu'il a fait en Égypte,

¹⁰et de la manière dont il a traité les deux rois des Amoréens au delà du Jourdain, Sihon, roi de Hesbon, et Og, roi de Basan, qui était à Aschtaroth.

¹¹Et nos anciens et tous les habitants de notre pays nous ont dit: Prenez avec vous des provisions pour le voyage, allez au-devant d'eux, et vous leur direz: Nous sommes vos serviteurs, et maintenant faites alliance avec nous.

¹²Voici notre pain: il était encore chaud quand nous en avons fait provision dans nos maisons, le jour où nous sommes partis pour venir vers vous, et maintenant il est sec et en miettes.

¹³Ces outres à vin, que nous avons remplies toutes neuves, les voilà déchirées; nos vêtements et nos souliers se sont usés par l'excessive longueur de la marche.

¹⁴Les hommes d'Israël prirent de leurs provisions, et ils ne consultèrent point l'Éternel.

¹⁵Josué fit la paix avec eux, et conclut une alliance par laquelle il devait leur laisser la vie, et les chefs de l'assemblée le leur jurèrent.

¹⁶Trois jours après la conclusion de cette alliance, les enfants d'Israël apprirent qu'ils étaient leurs voisins, et qu'ils habitaient au milieu d'eux.

¹⁷Car les enfants d'Israël partirent, et arrivèrent à leurs villes le troisième jour; leurs villes étaient Gabaon, Kephira, Beéroth et Kirjath Jearim.

¹⁸Ils ne les frappèrent point, parce que les chefs de l'assemblée leur avaient juré par l'Éternel, le Dieu d'Israël, de leur laisser la vie.

Mais toute l'assemblée murmura contre les chefs.

¹⁹Et tous les chefs dirent à toute l'assemblée: Nous leur avons juré par l'Éternel, le Dieu d'Israël, et maintenant nous ne pouvons les toucher.

²⁰Voici comment nous les traiterons: nous leur laisserons la vie, afin de ne pas attirer sur nous la colère de l'Éternel, à cause du serment que nous leur avons fait.

²¹Ils vivront, leur dirent les chefs. Mais ils furent employés à couper le bois et à puiser l'eau pour toute l'assemblée, comme les chefs le leur avaient dit.

²²Josué les fit appeler, et leur parla ainsi: Pourquoi nous avez-vous trompés, en disant: Nous sommes très éloignés de vous, tandis que vous habitez au milieu de nous?

²³Maintenant vous êtes maudits, et vous ne cesserez point d'être dans la servitude, de couper le bois et de puiser l'eau pour la maison de mon Dieu.

²⁴Ils répondirent à Josué, et dirent: On avait rapporté à tes serviteurs les ordres de l'Éternel, ton Dieu, à Moïse, son serviteur, pour vous livrer tout le pays et pour en détruire devant vous tous les habitants, et votre présence nous a inspiré une grande crainte pour notre vie: voilà pourquoi nous avons agi de la sorte.

²⁵Et maintenant nous voici entre tes mains; traite-nous comme tu trouveras bon et juste de nous traiter.

²⁶Josué agit à leur égard comme il avait été décidé; il les délivra de la main des enfants d'Israël, qui ne les firent pas mourir;

²⁷mais il les destina dès ce jour à couper le bois et à puiser l'eau pour l'assemblée, et pour l'autel de l'Éternel dans le lieu que l'Éternel choisirait: ce qu'ils font encore aujourd'hui.

Chapitre 10

¹Adoni Tsédek, roi de Jérusalem, apprit que Josué s'était emparé d'Aï et l'avait dévouée par interdit, qu'il avait traité Aï et son roi comme il avait traité Jéricho et son roi, et que les habitants de Gabaon avaient fait la paix avec Israël et étaient au milieu d'eux.

²Il eut alors une forte crainte; car Gabaon était une grande ville, comme une des villes royales, plus grande même qu'Aï, et tous ses hommes étaient vaillants.

³Adoni Tsédek, roi de Jérusalem, fit dire à Hoham, roi d'Hébron, à Piream, roi de Jarmuth, à Japhia, roi de Lakis, et à Debir, roi d'Églon:

⁴Montez vers moi, et aidez-moi, afin que nous frappions Gabaon, car elle a fait la paix avec Josué et avec les enfants d'Israël.

⁵Cinq rois des Amoréens, le roi de Jérusalem, le roi d'Hébron, le roi de Jarmuth, le roi de Lakis, le roi d'Églon, se réunirent ainsi et montèrent avec toutes leurs armées; ils vinrent camper près de Gabaon, et l'attaquèrent.

⁶Les gens de Gabaon envoyèrent dire à Josué, au camp de Guilgal: N'abandonne pas tes serviteurs, monte vers nous en hâte, délivre-nous, donne-nous du secours; car tous les rois des Amoréens, qui habitent la montagne, se sont réunis contre nous.

⁷Josué monta de Guilgal, lui et tous les gens de guerre avec lui, et tous les vaillants hommes.

⁸L'Éternel dit à Josué: Ne les crains point, car je te livre entre tes mains, et aucun d'eux ne tiendra devant toi.

⁹Josué arriva subitement sur eux, après avoir marché toute la nuit depuis Guilgal.

¹⁰L'Éternel les mit en déroute devant Israël; et Israël leur fit éprouver une grande défaite près de Gabaon, les poursuivit sur le chemin qui monte à Beth Horon, et les battit jusqu'à Azéka et à Makkéda.

¹¹Comme ils fuyaient devant Israël, et qu'ils étaient à la descente de Beth Horon, l'Éternel fit tomber du ciel sur eux de grosses pierres jusqu'à Azéka, et ils périrent; ceux qui moururent par les pierres de grêle furent plus nombreux que ceux qui furent tués avec l'épée par les enfants d'Israël.

¹²Alors Josué parla à l'Éternel, le jour où l'Éternel livra les Amoréens aux enfants d'Israël, et il dit en présence d'Israël: Soleil, arrête-toi sur Gabaon, Et toi, lune, sur la vallée d'Ajalon!

¹³Et le soleil s'arrêta, et la lune suspendit sa course, Jusqu'à ce que la nation eût tiré vengeance de ses ennemis. Cela n'est-il pas écrit dans le livre du Juste? Le soleil s'arrêta au milieu du ciel, Et ne se hâta point de se coucher, presque tout un jour.

¹⁴Il n'y a point eu de jour comme celui-là, ni avant ni après, où l'Éternel ait écouté la voix d'un homme; car l'Éternel combattait pour Israël.

¹⁵Et Josué, et tout Israël avec lui, retourna au camp à Guilgal.

¹⁶Les cinq rois s'enfuirent, et se cachèrent dans une caverne à Makkéda.

¹⁷On le rapporta à Josué, en disant: Les cinq rois se trouvent cachés dans une caverne à Makkéda.

¹⁸Josué dit: Roulez de grosses pierres à l'entrée de la caverne, et mettez-y des hommes pour les garder.

¹⁹Et vous, ne vous arrêtez pas, poursuivez vos ennemis, et attaquez-les par derrière; ne les laissez pas entrer dans leurs villes, car l'Éternel, votre Dieu, les a livrés entre vos mains.

²⁰Après que Josué et les enfants d'Israël leur eurent fait éprouver une très grande défaite, et les eurent complètement battus, ceux qui purent échapper se sauvèrent dans les villes fortifiées,

²¹et tout le peuple revint tranquillement au camp vers Josué à Makkéda, sans que personne remuât sa langue contre les enfants d'Israël.

²²Josué dit alors: Ouvrez l'entrée de la caverne, faites-en sortir ces cinq rois, et amenez-les-moi.

²³Ils firent ainsi, et lui amenèrent les cinq rois qu'ils avaient fait sortir de la caverne, le roi de Jérusalem, le roi d'Hébron, le roi de Jarmuth, le roi de Lakis, le roi d'Églon.

²⁴Lorsqu'ils eurent amené ces rois devant Josué, Josué appela tous les hommes d'Israël, et dit aux chefs des gens de guerre qui avaient marché avec lui: Approchez-vous, mettez vos pieds sur les cous de ces rois. Ils s'approchèrent, et ils mirent les pieds sur leurs cous.

²⁵Josué leur dit: Ne craignez point et ne vous effrayez point, fortifiez-vous et ayez du courage, car c'est ainsi que l'Éternel traitera tous vos ennemis contre lesquels vous combattez.

²⁶Après cela, Josué les frappa et les fit mourir; il les pendit à cinq arbres, et ils restèrent pendus aux arbres jusqu'au soir.

²⁷Vers le coucher du soleil, Josué ordonna qu'on les descendît des arbres, on les jeta dans la caverne où ils s'étaient cachés, et l'on mit à l'entrée de la caverne de grosses pierres, qui y sont demeurées jusqu'à ce jour.

²⁸Josué prit Makkéda le même jour, et la frappa du tranchant de l'épée; il dévoua par interdit le roi, la ville et tous ceux qui s'y trouvaient; il n'en laissa échapper aucun, et il traita le roi de Makkéda comme il avait traité le roi de Jéricho.

²⁹Josué, et tout Israël avec lui, passa de Makkéda à Libna, et il attaqua Libna.

³⁰L'Éternel la livra aussi, avec son roi, entre les mains d'Israël, et la frappa du tranchant de l'épée, elle et tous ceux qui s'y trouvaient; il n'en laissa échapper aucun, et il traita son roi comme il avait traité le roi de Jéricho.

³¹Josué, et tout Israël avec lui, passa de Libna à Lakis; il campa devant elle, et il l'attaqua.

³²L'Éternel livra Lakis entre les mains d'Israël, qui la prit le second jour, et la frappa du tranchant de l'épée, elle et tous ceux qui s'y trouvaient, comme il avait traité Libna.

³³Alors Horam, roi de Guézer, monta pour secourir Lakis. Josué le battit, lui et son peuple, sans laisser échapper personne.

³⁴Josué, et tout Israël avec lui, passa de Lakis à Églon; ils campèrent devant elle, et ils l'attaquèrent.

³⁵Ils la prirent le même jour, et la frappèrent du tranchant de l'épée, elle et tous ceux qui s'y trouvaient; Josué la dévoua par interdit le jour même, comme il avait traité Lakis.

³⁶Josué, et tout Israël avec lui, monta d'Églon à Hébron, et ils l'attaquèrent.

³⁷Ils la prirent, et la frappèrent du tranchant de l'épée, elle, son roi, toutes les villes qui en dépendaient, et tous ceux qui s'y trouvaient; Josué n'en laissa échapper aucun, comme il avait fait à Églon, et il la dévoua par interdit avec tous ceux qui s'y trouvaient.

³⁸Josué, et tout Israël avec lui, se dirigea sur Debir, et il l'attaqua.

³⁹Il la prit, elle, son roi, et toutes les villes qui en dépendaient; ils les frappèrent du tranchant de l'épée, et ils dévouèrent par interdit tous ceux qui s'y trouvaient, sans en laisser échapper aucun; Josué traita Debir et son roi comme il avait traité Hébron et comme il avait traité Libna et son roi.

⁴⁰Josué battit tout le pays, la montagne, le midi, la plaine et les coteaux, et il en battit tous les rois; il ne laissa échapper personne, et il dévoua par interdit tout ce qui respirait, comme l'avait ordonné l'Éternel, le Dieu d'Israël.

⁴¹Josué les battit de Kadès Barnéa à Gaza, il battit tout le pays de Gosen jusqu'à Gabaon.

⁴²Josué prit en même temps tous ces rois et leur pays, car l'Éternel, le Dieu d'Israël, combattait pour Israël.

⁴³Et Josué, et tout Israël avec lui, retourna au camp à Guilgal.

Josué
Chapitre 11

¹Jabin, roi de Hatsor, ayant appris ces choses, envoya des messagers à Jobab, roi de Madon, au roi de Schimron, au roi d'Acschaph,

²aux rois qui étaient au nord dans la montagne, dans la plaine au midi de Kinnéreth, dans la vallée, et sur les hauteurs de Dor à l'occident,

³aux Cananéens de l'orient et de l'occident, aux Amoréens, aux Héthiens, aux Phéréziens, aux Jébusiens dans la montagne, et aux Héviens au pied de l'Hermon dans le pays de Mitspa.

⁴Ils sortirent, eux et toutes leurs armées avec eux, formant un peuple innombrable comme le sable qui est sur le bord de la mer, et ayant des chevaux et des chars en très grande quantité.

⁵Tous ces rois fixèrent un lieu de réunion, et vinrent camper ensemble près des eaux de Mérom, pour combattre contre Israël.

⁶L'Éternel dit à Josué: Ne les crains point, car demain, à ce moment-ci, je les livrerai tous frappés devant Israël. Tu couperas les jarrets à leurs chevaux, et tu brûleras au feu leurs chars.

⁷Josué, avec tous ses gens de guerre, arriva subitement sur eux près des eaux de Mérom, et ils se précipitèrent au milieu d'eux.

⁸L'Éternel les livra entre les mains d'Israël; ils les battirent et les poursuivirent jusqu'à Sidon la grande, jusqu'à Misrephoth Maïm, et jusqu'à la vallée de Mitspa vers l'orient; ils les battirent, sans en laisser échapper aucun.

⁹Josué les traita comme l'Éternel lui avait dit; il coupa les jarrets à leurs chevaux, et il brûla leurs chars au feu.

¹⁰A son retour, et dans le même temps, Josué prit Hatsor, et frappa son roi avec l'épée: Hatsor était autrefois la principale ville de tous ces royaumes.

¹¹On frappa du tranchant de l'épée et l'on dévoua par interdit tous ceux qui s'y trouvaient, il ne resta rien de ce qui respirait, et l'on mit le feu à Hatsor.

¹²Josué prit aussi toutes les villes de ces rois et tous leurs rois, et il les frappa du tranchant de l'épée, et il les dévoua par interdit, comme l'avait ordonné Moïse, serviteur de l'Éternel.

¹³Mais Israël ne brûla aucune des villes situées sur des collines, à l'exception seulement de Hatsor, qui fut brûlée par Josué.

¹⁴Les enfants d'Israël gardèrent pour eux tout le butin de ces villes et le bétail; mais ils frappèrent du tranchant de l'épée tous les hommes, jusqu'à ce qu'ils les eussent détruits, sans rien laisser de ce qui respirait.

¹⁵Josué exécuta les ordres de l'Éternel à Moïse, son serviteur, et de Moïse à Josué; il ne négligea rien de tout ce que l'Éternel avait ordonné à Moïse.

¹⁶C'est ainsi que Josué s'empara de tout ce pays, de la montagne, de tout le midi, de tout le pays de Gosen, de la vallée, de la plaine, de la montagne d'Israël et de ses vallées,

¹⁷depuis la montagne nue qui s'élève vers Séir jusqu'à Baal Gad, dans la vallée du Liban, au pied de la montagne d'Hermon. Il prit tous leurs rois, les frappa et les fit mourir.

¹⁸La guerre que soutint Josué contre tous ces rois fut de longue durée.

¹⁹Il n'y eut aucune ville qui fît la paix avec les enfants d'Israël, excepté Gabaon, habitée par les Héviens; ils les prirent toutes en combattant.

²⁰Car l'Éternel permit que ces peuples s'obstinassent à faire la guerre contre Israël, afin qu'Israël les dévouât par interdit, sans qu'il y eût pour eux de miséricorde, et qu'il les détruisît, comme l'Éternel l'avait ordonné à Moïse.

²¹Dans ce même temps, Josué se mit en marche, et il extermina les Anakim de la montagne d'Hébron, de Debir, d'Anab, de toute la montagne de Juda et de toute la montagne d'Israël; Josué les dévoua par interdit, avec leurs villes.

²²Il ne resta point d'Anakim dans le pays des enfants d'Israël, il n'en resta qu'à Gaza, à Gath et à Asdod.

²³Josué s'empara donc de tout le pays, selon tout ce que l'Éternel avait dit à Moïse. Et Josué le donna en héritage à Israël, à chacun sa portion, d'après leurs tribus. Puis, le pays fut en repos et sans guerre.

Chapitre 12

¹Voici les rois que les enfants d'Israël battirent, et dont ils possédèrent le pays de l'autre côté du Jourdain, vers le soleil levant, depuis le torrent de l'Arnon jusqu'à la montagne de l'Hermon, avec toute la plaine à l'orient.

²Sihon, roi des Amoréens, qui habitait à Hesbon. Sa domination s'étendait depuis Aroër, qui est au bord du torrent de l'Arnon, et, depuis le milieu du torrent, sur la moitié de Galaad, jusqu'au torrent de Jabbok, frontière des enfants d'Ammon;

³sur la plaine, jusqu'à la mer de Kinnéreth à l'orient, et jusqu'à la mer de la plaine, la mer Salée, à l'orient vers Beth Jeschimoth; et du côté du midi, sur le pied du Pisga.

⁴Og, roi de Basan, seul reste des Rephaïm, qui habitait à Aschtaroth et à Édréi.

⁵Sa domination s'étendait sur la montagne de l'Hermon, sur Salca, sur tout Basan jusqu'à la frontière des Gueschuriens et des Maacathiens, et sur la moitié de Galaad, frontière de Sihon, roi de Hesbon.

⁶Moïse, serviteur de l'Éternel, et les enfants d'Israël, les battirent; et Moïse, serviteur de l'Éternel, donna leur pays en possession aux Rubénites, aux Gadites, et à la moitié de la tribu de Manassé.

⁷Voici les rois que Josué et les enfants d'Israël battirent de ce côté-ci du Jourdain, à l'occident, depuis Baal Gad dans la vallée du Liban jusqu'à la montagne nue qui s'élève vers Séir. Josué donna leur pays en possession aux tribus d'Israël, à chacune sa portion,

⁸dans la montagne, dans la vallée, dans la plaine, sur les coteaux, dans le désert, et dans le midi; pays des Héthiens, des Amoréens, des Cananéens, des Phéréziens, des Héviens et des Jébusiens.

⁹Le roi de Jéricho, un; le roi d'Aï, près de Béthel, un;

¹⁰le roi de Jérusalem, un; le roi d'Hébron, un;

¹¹le roi de Jarmuth, un; le roi de Lakis, un;

¹²le roi d'Églon, un; le roi de Guézer, un;

¹³le roi de Debir, un; le roi de Guéder, un;

¹⁴le roi de Horma, un; le roi d'Arad, un;

¹⁵le roi de Libna, un; le roi d'Adullam, un;

¹⁶le roi de Makkéda, un; le roi de Béthel, un;

¹⁷le roi de Tappuach, un; le roi de Hépher, un;

¹⁸le roi d'Aphek, un; le roi de Lascharon, un;

¹⁹le roi de Madon, un; le roi de Hatsor, un;

²⁰le roi de Schimron Meron, un; le roi d'Acschaph, un;

²¹le roi de Taanac, un; le roi de Meguiddo, un;

²²le roi de Kédesch, un; le roi de Jokneam, au Carmel, un;

²³le roi de Dor, sur les hauteurs de Dor, un; le roi de Gojim, près de Guilgal, un;

²⁴le roi de Thirtsa, un. Total des rois: trente et un.

Chapitre 13

¹Josué était vieux, avancé en âge. L'Éternel lui dit alors: Tu es devenu vieux, tu es avancé en âge, et le pays qui te reste à soumettre est très grand.

²Voici le pays qui reste: tous les districts des Philistins et tout le territoire des Gueschuriens,

³depuis le Schichor qui coule devant l'Égypte jusqu'à la frontière d'Ékron au nord, contrée qui doit être tenue pour cananéenne, et qui est occupée par les cinq princes des Philistins, celui de Gaza, celui d'Asdod, celui d'Askalon, celui de Gath et celui d'Ékron, et par les Avviens;

⁴à partir du midi, tout le pays des Cananéens, et Meara qui est aux Sidoniens, jusqu'à Aphek, jusqu'à la frontière des Amoréens;

⁵le pays des Guibliens, et tout le Liban vers le soleil levant, depuis Baal Gad au pied de la montagne d'Hermon jusqu'à l'entrée de Hamath;

⁶tous les habitants de la montagne, depuis le Liban jusqu'à Misrephoth Maïm, tous les Sidoniens. Je les chasserai devant les enfants d'Israël. Donne seulement ce pays en héritage par le sort à Israël, comme je te l'ai prescrit;

⁷et divise maintenant ce pays par portions entre les neuf tribus et la demi-tribu de Manassé.

⁸Les Rubénites et les Gadites, avec l'autre moitié de la tribu de Manassé, ont reçu leur héritage, que Moïse leur a donné de l'autre côté du Jourdain, à l'orient, comme le leur a donné Moïse, serviteur de l'Éternel:

⁹depuis Aroër sur les bords du torrent de l'Arnon, et depuis la ville qui est au milieu de la vallée, toute la plaine de Médeba, jusqu'à Dibon;

¹⁰toutes les villes de Sihon, roi des Amoréens, qui régnait à Hesbon, jusqu'à la frontière des enfants d'Ammon;

¹¹Galaad, le territoire des Gueschuriens et des Maacathiens, toute la montagne d'Hermon, et tout Basan, jusqu'à Salca;

¹²tout le royaume d'Og en Basan, qui régnait à Aschtaroth et à Édréï, et qui était le seul reste des Rephaïm. Moïse battit ces rois, et les chassa.

¹³Mais les enfants d'Israël ne chassèrent point les Gueschuriens et les Maacathiens, qui ont habité au milieu d'Israël jusqu'à ce jour.

¹⁴La tribu de Lévi fut la seule à laquelle Moïse ne donna point d'héritage; les sacrifices consumés par le feu devant l'Éternel, le Dieu d'Israël, tel fut son héritage, comme il le lui avait dit.

¹⁵Moïse avait donné à la tribu des fils de Ruben une part selon leurs familles.

¹⁶Ils eurent pour territoire, à partir d'Aroër sur les bords du torrent d'Arnon, et de la ville qui est au milieu de la vallée, toute la plaine près

de Médeba,

¹⁷Hesbon et toutes ses villes dans la plaine, Dibon, Bamoth Baal, Beth Baal Meon,

¹⁸Jahats, Kedémoth, Méphaath,

¹⁹Kirjathaïm, Sibma, Tséreth Haschachar sur la montagne de la vallée,

²⁰Beth Peor, les coteaux du Pisga, Beth Jeschimoth,

²¹toutes les villes de la plaine, et tout le royaume de Sihon, roi des Amoréens, qui régnait à Hesbon: Moïse l'avait battu, lui et les princes de Madian, Évi, Rékem, Tsur, Hur et Réba, princes qui relevaient de Sihon et qui habitaient dans le pays.

²²Parmi ceux que tuèrent les enfants d'Israël, ils avaient aussi fait périr avec l'épée le devin Balaam, fils de Beor.

²³Le Jourdain servait de limite au territoire des fils de Ruben. Voilà l'héritage des fils de Ruben selon leurs familles; les villes et leurs villages.

²⁴Moïse avait donné à la tribu de Gad, aux fils de Gad, une part selon leurs familles.

²⁵Ils eurent pour territoire Jaezer, toutes les villes de Galaad, la moitié du pays des enfants d'Ammon jusqu'à Aroër vis-à-vis de Rabba,

²⁶depuis Hesbon jusqu'à Ramath Mitspé et Bethonim, depuis Mahanaïm jusqu'à la frontière de Debir,

²⁷et, dans la vallée, Beth Haram, Beth Nimra, Succoth et Tsaphon, reste du royaume de Sihon, roi de Hesbon, ayant le Jourdain pour limite jusqu'à l'extrémité de la mer de Kinnéreth de l'autre côté du Jourdain, à l'orient.

²⁸Voilà l'héritage des fils de Gad selon leurs familles; les villes et leurs villages.

²⁹Moïse avait donné à la demi-tribu de Manassé, aux fils de Manassé, une part selon leurs familles.

³⁰Ils eurent pour territoire, à partir de Mahanaïm, tout Basan, tout le royaume d'Og, roi de Basan, et tous les bourgs de Jaïr en Basan, soixante villes.

³¹La moitié de Galaad, Aschtaroth et Édréï, villes du royaume d'Og en Basan, échurent aux fils de Makir, fils de Manassé, à la moitié des fils de Makir, selon leurs familles.

³²Telles sont les parts que fit Moïse, lorsqu'il était dans les plaines de Moab, de l'autre côté du Jourdain, vis-à-vis de Jéricho, à l'orient.

³³Moïse ne donna point d'héritage à la tribu de Lévi; l'Éternel, le Dieu d'Israël, tel fut son héritage, comme il le lui avait dit.

Chapitre 14

¹Voici ce que les enfants d'Israël reçurent en héritage dans le pays de Canaan, ce que partagèrent entre eux le sacrificateur Éléazar, Josué, fils de Nun, et les chefs de famille des tribus des enfants d'Israël.

²Le partage eut lieu d'après le sort, comme l'Éternel l'avait ordonné par Moïse, pour les neuf tribus et pour la demi-tribu.

³Car Moïse avait donné un héritage aux deux tribus et à la demi-tribu de l'autre côté du Jourdain; mais il n'avait point donné aux Lévites d'héritage parmi eux.

⁴Les fils de Joseph formaient deux tribus, Manassé et Éphraïm; et l'on ne donna point de part aux Lévites dans le pays, si ce n'est des villes pour habitation, et les banlieues pour leurs troupeaux et pour leurs biens.

⁵Les enfants d'Israël se conformèrent aux ordres que l'Éternel avait donnés à Moïse, et ils partagèrent le pays.

⁶Les fils de Juda s'approchèrent de Josué, à Guilgal; et Caleb, fils de Jephunné, le Kenizien, lui dit: Tu sais ce que l'Éternel a déclaré à Moïse, homme de Dieu, au sujet de moi et au sujet de toi, à Kadès Barnéa.

⁷J'étais âgé de quarante ans lorsque Moïse, serviteur de l'Éternel, m'envoya de Kadès Barnéa pour explorer le pays, et je lui fis un rapport avec droiture de coeur.

⁸Mes frères qui étaient montés avec moi découragèrent le peuple, mais moi je suivis pleinement la voie de l'Éternel, mon Dieu.

⁹Et ce jour-là Moïse jura, en disant: Le pays que ton pied a foulé sera ton héritage à perpétuité, pour toi et pour tes enfants, parce que tu as pleinement suivi la voie de l'Éternel, mon Dieu.

¹⁰Maintenant voici, l'Éternel m'a fait vivre, comme il l'a dit. Il y a quarante-cinq ans que l'Éternel parlait ainsi à Moïse, lorsqu'Israël marchait dans le désert; et maintenant voici, je suis âgé aujourd'hui de quatre-vingt-cinq ans.

¹¹Je suis encore vigoureux comme au jour où Moïse m'envoya; j'ai autant de force que j'en avais alors, soit pour combattre, soit pour sortir et pour entrer.

¹²Donne-moi donc cette montagne dont l'Éternel a parlé dans ce temps-là; car tu as appris alors qu'il s'y trouve des Anakim, et qu'il y a des villes grandes et fortifiées. L'Éternel sera peut-être avec moi, et je les chasserai, comme l'Éternel a dit.

¹³Josué bénit Caleb, fils de Jephunné, et il lui donna Hébron pour héritage.

¹⁴C'est ainsi que Caleb, fils de Jephunné, le Kenizien, a eu jusqu'à ce jour Hébron pour héritage, parce qu'il avait pleinement suivi la voie de l'Éternel, le Dieu d'Israël.

¹⁵Hébron s'appelait autrefois Kirjath Arba: Arba avait été l'homme le plus grand parmi les Anakim. Le pays fut dès lors en repos et sans guerre.

Chapitre 15

¹La part échue par le sort à la tribu des fils de Juda, selon leurs familles, s'étendait vers la frontière d'Édom, jusqu'au désert de Tsin, au midi, à l'extrémité méridionale.

²Ainsi, leur limite méridionale partait de l'extrémité de la mer Salée, de la langue qui fait face au sud.

³Elle se prolongeait au midi de la montée d'Akrabbim, passait par Tsin, et montait au midi de Kadès Barnéa; elle passait de là par Hetsron, montait vers Addar, et tournait à Karkaa;

⁴elle passait ensuite par Atsmon, et continuait jusqu'au torrent d'Égypte, pour aboutir à la mer. Ce sera votre limite au midi.

⁵La limite orientale était la mer Salée jusqu'à l'embouchure du Jourdain. La limite septentrionale partait de la langue qui est à l'embouchure du Jourdain.

⁶Elle montait vers Beth Hogla, passait au nord de Beth Araba, et s'élevait jusqu'à la pierre de Bohan, fils de Ruben;

⁷elle montait à Debir, à quelque distance de la vallée d'Acor, et se dirigeait vers le nord du côté de Guilgal, qui est vis-à-vis de la montée d'Adummim au sud du torrent. Elle passait près des eaux d'En Schémesch, et se prolongeait jusqu'à En Roguel.

⁸Elle montait de là par la vallée de Ben Hinnom au côté méridional de Jebus, qui est Jérusalem, puis s'élevait jusqu'au sommet de la montagne, qui est devant la vallée de Hinnom à l'occident, et à l'extrémité de la vallée des Rephaïm au nord

⁹Du sommet de la montagne elle s'étendait jusqu'à la source des eaux de Nephthoach, continuait vers les villes de la montagne d'Éphron, et se prolongeait par Baala, qui est Kirjath Jearim.

¹⁰De Baala elle tournait à l'occident vers la montagne de Séir, traversait le côté septentrional de la montagne de Jearim, à Kesalon, descendait à Beth Schémesch, et passait par Thimna.

¹¹Elle continuait sur le côté septentrional d'Ékron, s'étendait vers Schicron, passait par la montagne de Baala, et se prolongeait jusqu'à Jabneel, pour aboutir à la mer.

¹²La limite occidentale était la grande mer. Telles furent de tous les côtés les limites des fils de Juda, selon leurs familles.

¹³On donna à Caleb, fils de Jephunné, une part au milieu des fils de Juda, comme l'Éternel l'avait ordonné à Josué; on lui donna Kirjath Arba, qui est Hébron: Arba était le père d'Anak.

¹⁴Caleb en chassa les trois fils d'Anak: Schéschaï, Ahiman et Talmaï, enfants d'Anak.

¹⁵De là il monta contre les habitants de Debir: Debir s'appelait autrefois Kirjath Sépher.

¹⁶Caleb dit: Je donnerai ma fille Acsa pour femme à celui qui battra Kirjath Sépher et qui la prendra.

¹⁷Othniel, fils de Kenaz, frère de Caleb, s'en empara; et Caleb lui donna pour femme sa fille Acsa.

¹⁸Lorsqu'elle fut entrée chez Othniel, elle le sollicita de demander à son père un champ. Elle descendit de dessus son âne, et Caleb lui dit: Qu'as-tu?

¹⁹Elle répondit: Fais-moi un présent, car tu m'as donné une terre du midi; donne-moi aussi des sources d'eau. Et il lui donna les sources supérieures et les sources inférieures.

²⁰Tel fut l'héritage des fils de Juda, selon leurs familles.

²¹Les villes situées dans la contrée du midi, à l'extrémité de la tribu des fils de Juda, vers la frontière d'Édom, étaient: Kabtseel, Éder, Jagur,

²²Kina, Dimona, Adada,

²³Kédesch, Hatsor, Ithnan,

²⁴Ziph, Thélem, Bealoth,

²⁵Hatsor Hadattha, Kerijoth Hetsron, qui est Hatsor,

²⁶Amam, Schema, Molada,

²⁷Hatsar Gadda, Heschmon, Beth Paleth,

²⁸Hatsar Schual, Beer Schéba, Bizjotnja,

²⁹Baala, Ijjim, Atsem,

³⁰Eltholad, Kesil, Horma,

³¹Tsiklag, Madmanna, Sansanna,

³²Lebaoth, Schilhim, Aïn, et Rimmon. Total des villes: vingt-neuf, et leurs villages.

³³Dans la plaine: Eschthaol, Tsorea, Aschna,
³⁴Zanoach, En Gannim, Tappuach, Énam,
³⁵Jarmuth, Adullam, Soco, Azéka,
³⁶Schaaraïm, Adithaïm, Guedéra, et Guedérothaïm; quatorze villes, et leurs villages.
³⁷Tsenan, Hadascha, Migdal Gad,
³⁸Dilean, Mitspé, Joktheel,
³⁹Lakis, Botskath, Églon,
⁴⁰Cabbon, Lachmas, Kithlisch,
⁴¹Guedéroth, Beth Dagon, Naama, et Makkéda; seize villes, et leurs villages.
⁴²Libna, Éther, Aschan,
⁴³Jiphtach, Aschna, Netsib,
⁴⁴Keïla, Aczib, et Maréscha; neuf villes, et leurs villages.
⁴⁵Ékron, les villes de son ressort et ses villages;
⁴⁶depuis Ékron et à l'occident, toutes les villes près d'Asdod, et leurs villages,
⁴⁷Asdod, les villes de son ressort, et ses villages; Gaza, les villes de son ressort, et ses villages, jusqu'au torrent d'Égypte, et à la grande mer, qui sert de limite.
⁴⁸Dans la montagne: Schamir, Jatthir, Soco,
⁴⁹Danna, Kirjath Sanna, qui est Debir,
⁵⁰Anab, Eschthemo, Anim,
⁵¹Gosen, Holon, et Guilo, onze villes, et leurs villages.
⁵²Arab, Duma, Éschean,
⁵³Janum, Beth Tappuach, Aphéka,
⁵⁴Humta, Kirjath Arba, qui est Hébron, et Tsior; neuf villes, et leurs villages.
⁵⁵Maon, Carmel, Ziph, Juta,
⁵⁶Jizreel, Jokdeam, Zanoach,
⁵⁷Kaïn, Guibea, et Thimna; dix villes, et leurs villages.
⁵⁸Halhul, Beth Tsur, Guedor,
⁵⁹Maarath, Beth Anoth, et Elthekon; six villes, et leurs villages.
⁶⁰Kirjath Baal, qui est Kirjath Jearim, et Rabba; deux villes, et leurs villages.
⁶¹Dans le désert: Beth Araba, Middin, Secaca,
⁶²Nibschan, Ir Hammélach, et En Guédi; six villes, et leurs villages.
⁶³Les fils de Juda ne purent pas chasser les Jébusiens qui habitaient à Jérusalem, et les Jébusiens ont habité avec les fils de Juda à Jérusalem jusqu'à ce jour.

Chapitre 16

¹La part échue par le sort aux fils de Joseph s'étendait depuis le Jourdain près de Jéricho, vers les eaux de Jéricho, à l'orient. La limite suivait le désert qui s'élève de Jéricho à Béthel par la montagne.

²Elle continuait de Béthel à Luz, et passait vers la frontière des Arkiens par Atharoth.

³Puis elle descendait à l'occident vers la frontière des Japhléthiens jusqu'à celle de Beth Horon la basse et jusqu'à Guézer, pour aboutir à la mer.

⁴C'est là que reçurent leur héritage les fils de Joseph, Manassé et Éphraïm.

⁵Voici les limites des fils d'Éphraïm, selon leurs familles. La limite de leur héritage était, à l'orient, Atharoth Addar jusqu'à Beth Horon la haute.

⁶Elle continuait du côté de l'occident vers Micmethath au nord, tournait à l'orient vers Thaanath Silo, et passait dans la direction de l'orient par Janoach.

⁷De Janoach elle descendait à Atharoth et à Naaratha, touchait à Jéricho, et se prolongeait jusqu'au Jourdain.

⁸De Tappuach elle allait vers l'occident au torrent de Kana, pour aboutir à la mer. Tel fut l'héritage de la tribu des fils d'Éphraïm, selon leurs familles.

⁹Les fils d'Éphraïm avaient aussi des villes séparées au milieu de l'héritage des fils de Manassé, toutes avec leurs villages.

¹⁰Ils ne chassèrent point les Cananéens qui habitaient à Guézer, et les Cananéens ont habité au milieu d'Éphraïm jusqu'à ce jour, mais ils furent assujettis à un tribut.

Chapitre 17

¹Une part échut aussi par le sort à la tribu de Manassé, car il était le premier-né de Joseph. Makir, premier-né de Manassé et père de Galaad, avait eu Galaad et Basan, parce qu'il était un homme de guerre.

²On donna par le sort une part aux autres fils de Manassé, selon leurs familles, aux fils d'Abiézer, aux fils de Hélek, aux fils d'Asriel, aux fils de Sichem, aux fils de Hépher, aux fils de Schemida: ce sont là les enfants mâles de Manassé, fils de Joseph, selon leurs familles.

³Tselophchad, fils de Hépher, fils de Galaad, fils de Makir, fils de Manassé, n'eut point de fils, mais il eut des filles dont voici les noms: Machla, Noa, Hogla, Milca et Thirtsa.

⁴Elles se présentèrent devant le sacrificateur Éléazar, devant Josué, fils de Nun, et devant les princes, en disant: L'Éternel a commandé à Moïse de nous donner un héritage parmi nos frères. Et on leur donna, selon l'ordre de l'Éternel, un héritage parmi les frères de leur père.

⁵Il échut dix portions à Manassé, outre le pays de Galaad et de Basan, qui est de l'autre côté du Jourdain.

⁶Car les filles de Manassé eurent un héritage parmi ses fils, et le pays de Galaad fut pour les autres fils de Manassé.

⁷La limite de Manassé s'étendait d'Aser à Micmethath, qui est près de Sichem, et allait à Jamin vers les habitants d'En Tappuach.

⁸Le pays de Tappuach était aux fils de Manassé, mais Tappuach sur la frontière de Manassé était aux fils d'Éphraïm.

⁹La limite descendait au torrent de Kana, au midi du torrent. Ces villes étaient à Éphraïm, au milieu des villes de Manassé. La limite de Manassé au nord du torrent aboutissait à la mer.

¹⁰Le territoire du midi était à Éphraïm, celui du nord à Manassé, et la mer leur servait de limite; ils touchaient à Aser vers le nord, et à Issacar vers l'orient.

¹¹Manassé possédait dans Issacar et dans Aser: Beth Schean et les villes de son ressort, Jibleam et les villes de son ressort, les habitants de Dor et les villes de son ressort, les habitants d'En Dor et les villes de son ressort, les habitants de Thaanac et les villes de son ressort, et les habitants de Meguiddo et les villes de son ressort, trois contrées.

¹²Les fils de Manassé ne purent pas prendre possession de ces villes, et les Cananéens voulurent rester dans ce pays.

¹³Lorsque les enfants d'Israël furent assez forts, ils assujettirent les Cananéens à un tribut, mais ils ne les chassèrent point.

¹⁴Les fils de Joseph parlèrent à Josué, et dirent: Pourquoi nous as-tu donné en héritage un seul lot, une seule part, tandis que nous formons un peuple nombreux et que l'Éternel nous a bénis jusqu'à présent?

¹⁵Josué leur dit: Si vous êtes un peuple nombreux, montez à la forêt, et vous l'abattrez pour vous y faire de la place dans le pays des Phéréziens et des Rephaïm, puisque la montagne d'Éphraïm est trop étroite pour vous.

¹⁶Les fils de Joseph dirent: La montagne ne nous suffira pas, et il y a des chars de fer chez tous les Cananéens qui habitent la vallée, chez ceux qui sont à Beth Schean et dans les villes de son ressort, et chez ceux qui sont dans la vallée de Jizreel.

¹⁷Josué dit à la maison de Joseph, à Éphraïm et à Manassé: Vous êtes un peuple nombreux, et votre force est grande, vous n'aurez pas un simple lot.

¹⁸Mais vous aurez la montagne, car c'est une forêt que vous abattrez et dont les issues seront à vous, et vous chasserez les Cananéens, malgré leurs chars de fer et malgré leur force.

Chapitre 18

¹Toute l'assemblée des enfants d'Israël se réunit à Silo, et ils y placèrent la tente d'assignation. Le pays était soumis devant eux.

²Il restait sept tribus des enfants d'Israël qui n'avaient pas encore reçu leur héritage.

³Josué dit aux enfants d'Israël: Jusques à quand négligerez-vous de prendre possession du pays que l'Éternel, le Dieu de vos pères, vous a donné?

⁴Choisissez trois hommes par tribu, et je les ferai partir. Ils se lèveront, parcourront le pays, traceront un plan en vue du partage, et reviendront auprès de moi.

⁵Ils le diviseront en sept parts; Juda restera dans ses limites au midi, et la maison de Joseph restera dans ses limites au nord.

⁶Vous donc, vous tracerez un plan du pays en sept parts, et vous me l'apporterez ici. Je jetterai pour vous le sort devant l'Éternel, notre Dieu.

⁷Mais il n'y aura point de part pour les Lévites au milieu de vous, car le sacerdoce de l'Éternel est leur héritage; et Gad, Ruben et la demi-tribu de Manassé ont reçu leur héritage, que Moïse, serviteur de l'Éternel, leur a donné de l'autre côté du Jourdain, à l'orient.

⁸Lorsque ces hommes se levèrent et partirent pour tracer un plan

du pays, Josué leur donna cet ordre: Allez, parcourez le pays, tracez-en un plan, et revenez auprès de moi; puis je jetterai pour vous le sort devant l'Éternel, à Silo.

9Ces hommes partirent, parcoururent le pays, et en tracèrent d'après les villes un plan en sept parts, dans un livre; et ils revinrent auprès de Josué dans le camp à Silo.

10Josué jeta pour eux le sort à Silo devant l'Éternel, et il fit le partage du pays entre les enfants d'Israël, en donnant à chacun sa portion.

11Le sort tomba sur la tribu des fils de Benjamin, selon leurs familles, et la part qui leur échut par le sort avait ses limites entre les fils de Juda et les fils de Joseph.

12Du côté septentrional, leur limite partait du Jourdain. Elle montait au nord de Jéricho, s'élevait dans la montagne vers l'occident, et aboutissait au désert de Beth Aven.

13Elle passait de là par Luz, au midi de Luz, qui est Béthel, et elle descendait à Atharoth Addar par-dessus la montagne qui est au midi de Beth Horon la basse.

14Du côté occidental, la limite se prolongeait et tournait au midi depuis la montagne qui est vis-à-vis de Beth Horon; elle continuait vers le midi, et aboutissait à Kirjath Baal, qui est Kirjath Jearim, ville des fils de Juda. C'était le côté occidental.

15Le côté méridional commençait à l'extrémité de Kirjath Jearim. La limite se prolongeait vers l'occident jusqu'à la source des eaux de Nephthoach.

16Elle descendait à l'extrémité de la montagne qui est vis-à-vis de la vallée de Ben Hinnom, dans la vallée des Rephaïm au nord. Elle descendait par la vallée de Hinnom, sur le côté méridional des Jébusiens, jusqu'à En Roguel.

17Elle se dirigeait vers le nord à En Schémesch, puis à Gueliloth, qui est vis-à-vis de la montée d'Adummim, et elle descendait à la pierre de Bohan, fils de Ruben.

18Elle passait sur le côté septentrional en face d'Araba, descendait à Araba,

19et continuait sur le côté septentrional de Beth Hogla, pour aboutir à la langue septentrionale de la mer Salée, vers l'embouchure du Jourdain au midi. C'était la limite méridionale.

20Du côté oriental, le Jourdain formait la limite. Tel fut l'héritage des fils de Benjamin, selon leurs familles, avec ses limites de tous les côtés.

21Les villes de la tribu des fils de Benjamin, selon leurs familles, étaient: Jéricho, Beth Hogla, Émek Ketsits,

22Beth Araba, Tsemaraïm, Béthel,

23Avvim, Para, Ophra,

24Kephar Ammonaï, Ophni et Guéba; douze villes, et leurs villages.

25Gabaon, Rama, Beéroth,

26Mitspé, Kephira, Motsa,

27Rékem, Jirpeel, Thareala,

28Tséla, Eleph, Jebus, qui est Jérusalem, Guibeath, et Kirjath; quatorze villes, et leurs villages. Tel fut l'héritage des fils de Benjamin, selon leurs familles.

Chapitre 19

1La seconde part échut par le sort à Siméon, à la tribu des fils de Siméon, selon leurs familles. Leur héritage était au milieu de l'héritage des fils de Juda.

2Ils eurent dans leur héritage: Beer Schéba, Schéba, Molada,

3Hatsar Schual, Bala, Atsem,

4Eltholad, Bethul, Horma,

5Tsiklag, Beth Marcaboth, Hatsar Susa,

6Beth Lebaoth et Scharuchen, treize villes, et leurs villages;

7Aïn, Rimmon, Éther, et Aschan, quatre villes, et leurs villages;

8et tous les villages aux environs de ces villes, jusqu'à Baalath Beer, qui est Ramath du midi. Tel fut l'héritage de la tribu des fils de Siméon, selon leurs familles.

9L'héritage des fils de Siméon fut pris sur la portion des fils de Juda; car la portion des fils de Juda était trop grande pour eux, et c'est au milieu de leur héritage que les fils de Siméon reçurent le leur.

10La troisième part échut par le sort aux fils de Zabulon, selon leurs familles.

11La limite de leur héritage s'étendait jusqu'à Sarid. Elle montait à l'occident vers Mareala, et touchait à Dabbéscheth, puis au torrent qui coule devant Jokneam.

12De Sarid elle tournait à l'orient, vers le soleil levant, jusqu'à la frontière de Kisloth Thabor, continuait à Dabrath, et montait à Japhia.

13De là elle passait à l'orient par Guittha Hépher, par Ittha Katsin, continuait à Rimmon, et se prolongeait jusqu'à Néa.

14Elle tournait ensuite du côté du nord vers Hannathon, et aboutissait à la vallée de Jiphthach El.

15De plus, Katthath, Nahalal, Schimron, Jideala, Bethléhem. Douze villes, et leurs villages.

16Tel fut l'héritage des fils de Zabulon, selon leurs familles, ces villes-là et leurs villages.

17La quatrième part échut par le sort à Issacar, aux fils d'Issacar, selon leurs familles.

18Leur limite passait par Jizreel, Kesulloth, Sunem,

19Hapharaïm, Schion, Anacharath,

20Rabbith, Kischjon, Abets,

21Rémeth, En Gannim, En Hadda, et Beth Patsets;

22elle touchait à Thabor, à Schachatsima, à Beth Schémesch, et aboutissait au Jourdain. Seize villes, et leurs villages.

23Tel fut l'héritage de la tribu des fils d'Issacar, selon leurs familles, ces villes-là et leurs villages.

24La cinquième part échut par le sort à la tribu des fils d'Aser, selon leurs familles.

25Leur limite passait par Helkath, Hali, Béthen, Acschaph,

26Allammélec, Amead et Mischeal; elle touchait, vers l'occident, au Carmel et au Schichor Libnath;

27puis elle tournait du côté de l'orient à Beth Dagon, atteignait Zabulon et la vallée de Jiphthach El au nord de Beth Émek et de Neïel, et se prolongeait vers Cabul, à gauche,

28et vers Ébron, Rehob, Hammon et Kana, jusqu'à Sidon la grande.

29Elle tournait ensuite vers Rama jusqu'à la ville forte de Tyr, et vers Hosa, pour aboutir à la mer, par la contrée d'Aczib.

30De plus, Umma, Aphek et Rehob. Vingt-deux villes, et leurs villages.

31Tel fut l'héritage de la tribu des fils d'Aser, selon leurs familles, ces villes-là et leurs villages.

32La sixième part échut par le sort aux fils de Nephthali, selon leurs familles.

33Leur limite s'étendait depuis Héleph, depuis Allon, par Tsaanannim, Adami Nékeb et Jabneel, jusqu'à Lakkum, et elle aboutissait au Jourdain.

34Elle tournait vers l'occident à Aznoth Thabor, et de là continuait à Hukkok; elle touchait à Zabulon du côté du midi, à Aser du côté de l'occident, et à Juda; le Jourdain était du côté de l'orient.

35Les villes fortes étaient: Tsiddim, Tser, Hammath, Rakkath, Kinnéreth,

36Adama, Rama, Hatsor,

37Kédesch, Édréï, En Hatsor,

38Jireon, Migdal El, Horem, Beth Anath et Beth Schémesch. Dix-neuf villes, et leurs villages.

39Tel fut l'héritage de la tribu des fils de Nephthali, selon leurs familles, ces villes-là et leurs villages.

40La septième part échut par le sort à la tribu des fils de Dan, selon leurs familles.

41La limite de leur héritage comprenait Tsorea, Eschthaol, Ir Schémesch,

42Schaalabbin, Ajalon, Jithla,

43Élon, Thimnatha, Ékron,

44Eltheké, Guibbethon, Baalath,

45Jehud, Bené Berak, Gath Rimmon,

46Mé Jarkon et Rakkon, avec le territoire vis-à-vis de Japho.

47Le territoire des fils de Dan s'étendait hors de chez eux. Les fils de Dan montèrent et combattirent contre Léschem; ils s'en emparèrent et la frappèrent du tranchant de l'épée; ils en prirent possession, s'y établirent, et l'appelèrent Dan, du nom de Dan, leur père.

48Tel fut l'héritage de la tribu des fils de Dan, selon leurs familles, ces villes-là et leurs villages.

49Lorsqu'ils eurent achevé de faire le partage du pays, d'après ses limites, les enfants d'Israël donnèrent à Josué, fils de Nun, une possession au milieu d'eux.

50Selon l'ordre de l'Éternel, ils lui donnèrent la ville qu'il demanda, Thimnath Sérach, dans la montagne d'Éphraïm. Il rebâtit la ville, et y fit sa demeure.

51Tels sont les héritages que le sacrificateur Éléazar, Josué, fils de Nun, et les chefs de famille des tribus des enfants d'Israël, distribuèrent par le sort devant l'Éternel à Silo, à l'entrée de la tente d'assignation. Ils achevèrent ainsi le partage du pays.

Josué

Chapitre 20

¹L'Éternel parla à Josué, et dit:

²Parle aux enfants d'Israël, et dit: Établissez-vous, comme je vous l'ai ordonné par Moïse, des villes de refuge,

³où pourra s'enfuir le meurtrier qui aura tué quelqu'un involontairement, sans intention; elles vous serviront de refuge contre le vengeur du sang.

⁴Le meurtrier s'enfuira vers l'une de ces villes, s'arrêtera à l'entrée de la porte de la ville, et exposera son cas aux anciens de cette ville; ils le recueilleront auprès d'eux dans la ville, et lui donneront une demeure, afin qu'il habite avec eux.

⁵Si le vengeur du sang le poursuit, ils ne livreront point le meurtrier entre ses mains; car c'est sans le vouloir qu'il a tué son prochain, et sans avoir été auparavant son ennemi.

⁶Il restera dans cette ville jusqu'à ce qu'il ait comparu devant l'assemblée pour être jugé, jusqu'à la mort du souverain sacrificateur alors en fonctions. A cette époque, le meurtrier s'en retournera et rentrera dans sa ville et dans sa maison, dans la ville d'où il s'était enfui.

⁷Ils consacrèrent Kédesch, en Galilée, dans la montagne de Nephthali; Sichem, dans la montagne d'Éphraïm; et Kirjath Arba, qui est Hébron, dans la montagne de Juda.

⁸Et de l'autre côté du Jourdain, à l'orient de Jéricho, ils choisirent Betser, dans le désert, dans la plaine, dans la tribu de Ruben; Ramoth, en Galaad, dans la tribu de Gad; et Golan, en Basan, dans la tribu de Manassé.

⁹Telles furent les villes désignées pour tous les enfants d'Israël et pour l'étranger en séjour au milieu d'eux, afin que celui qui aurait tué quelqu'un involontairement pût s'y réfugier, et qu'il ne mourût pas de la main du vengeur du sang avant d'avoir comparu devant l'assemblée.

Chapitre 21

¹Les chefs de famille des Lévites s'approchèrent du sacrificateur Éléazar, de Josué, fils de Nun, et des chefs de famille des tribus des enfants d'Israël.

²Ils leur parlèrent à Silo, dans le pays de Canaan, et dirent: L'Éternel a ordonné par Moïse qu'on nous donnât des villes pour habitation, et leurs banlieues pour notre bétail.

³Les enfants d'Israël donnèrent alors aux Lévites, sur leur héritage, les villes suivantes et leurs banlieues, d'après l'ordre de l'Éternel.

⁴On tira le sort pour les familles des Kehathites; et les Lévites, fils du sacrificateur Aaron, eurent par le sort treize villes de la tribu de Juda, de la tribu de Siméon et de la tribu de Benjamin;

⁵les autres fils de Kehath eurent par le sort dix villes des familles de la tribu d'Éphraïm, de la tribu de Dan et de la demi-tribu de Manassé.

⁶Les fils de Guerschon eurent par le sort treize villes des familles de la tribu d'Issacar, de la tribu d'Aser, de la tribu de Nephthali et de la demi-tribu de Manassé en Basan.

⁷Les fils de Merari, selon leurs familles, eurent douze villes de la tribu de Ruben, de la tribu de Gad et de la tribu de Zabulon.

⁸Les enfants d'Israël donnèrent aux Lévites, par le sort, ces villes et leurs banlieues, comme l'Éternel l'avait ordonné par Moïse.

⁹Ils donnèrent de la tribu des fils de Juda et de la tribu des fils de Siméon les villes qui vont être nominativement désignées,

¹⁰et qui furent pour les fils d'Aaron d'entre les familles des Kehathites et des fils de Lévi, car le sort les avait indiqués les premiers.

¹¹Ils leur donnèrent Kirjath Arba, qui est Hébron, dans la montagne de Juda, et la banlieue qui l'entoure: Arba était le père d'Anak.

¹²Le territoire de la ville et ses villages furent accordés à Caleb, fils de Jephunné, pour sa possession.

¹³Ils donnèrent donc aux fils du sacrificateur Aaron la ville de refuge pour les meurtriers, Hébron et sa banlieue, Libna et sa banlieue,

¹⁴Jatthir et sa banlieue, Eschthlemoa et sa banlieue,

¹⁵Holon et sa banlieue, Debir et sa banlieue,

¹⁶Aïn et sa banlieue, Jutta et sa banlieue, et Beth Schémesch et sa banlieue, neuf villes de ces deux tribus;

¹⁷et de la tribu de Benjamin, Gabaon et sa banlieue, Guéba et sa banlieue,

¹⁸Anathoth et sa banlieue, et Almon et sa banlieue, quatre villes.

¹⁹Total des villes des sacrificateurs, fils d'Aaron: treize villes, et leurs banlieues.

²⁰Les Lévites appartenant aux familles des autres fils de Kehath eurent par le sort des villes de la tribu d'Éphraïm.

²¹On leur donna la ville de refuge pour les meurtriers, Sichem et sa banlieue, dans la montagne d'Éphraïm, Guézer et sa banlieue,

²²Kibtsaïm et sa banlieue, et Beth Horon et sa banlieue, quatre villes;

²³de la tribu de Dan, Eltheké et sa banlieue, Guibbethon et sa banlieue,

²⁴Ajalon et sa banlieue, et Gath Rimmon et sa banlieue, quatre villes;

²⁵et de la demi-tribu de Manassé, Thaanac et sa banlieue, et Gath Rimmon et sa banlieue, deux villes.

²⁶Total des villes: dix, et leurs banlieues, pour les familles des autres fils de Kehath.

²⁷On donna aux fils de Guerschon, d'entre les familles des Lévites: de la demi-tribu de Manassé, la ville de refuge pour les meurtriers, Golan en Basan et sa banlieue, et Beeschthra et sa banlieue, deux villes;

²⁸de la tribu d'Issacar, Kischjon et sa banlieue, Dabrath et sa banlieue,

²⁹Jarmuth et sa banlieue, et En Gannim et sa banlieue, quatre villes;

³⁰de la tribu d'Aser, Mischeal et sa banlieue, Abdon et sa banlieue,

³¹Helkath et sa banlieue, et Rehob et sa banlieue, quatre villes;

³²et de la tribu de Nephthali, la ville de refuge pour les meurtriers, Kédesch en Galilée et sa banlieue, Hammoth Dor et sa banlieue, et Karthan et sa banlieue, trois villes.

³³Total des villes des Guerschonites, selon leurs familles: treize villes et leurs banlieues.

³⁴On donna au reste des Lévites, qui appartenaient aux familles des fils de Merari: de la tribu de Zabulon, Jokneam et sa banlieue, Kartha et sa banlieue,

³⁵Dimna et sa banlieue, et Nahalal et sa banlieue, quatre villes;

³⁶de la tribu de Ruben, Betser et sa banlieue, Jahtsa et sa banlieue,

³⁷Kedémoth et sa banlieue, et Méphaath et sa banlieue, quatre villes;

³⁸et de la tribu de Gad, la ville de refuge pour les meurtriers, Ramoth en Galaad et sa banlieue, Mahanaïm et sa banlieue,

³⁹Hesbon et sa banlieue, et Jaezer et sa banlieue, en tout quatre villes.

⁴⁰Total des villes qui échurent par le sort aux fils de Merari, selon leurs familles, formant le reste des familles des Lévites: douze villes.

⁴¹Total des villes des Lévites au milieu des propriétés des enfants d'Israël: quarante-huit villes, et leurs banlieues.

⁴²Chacune de ces villes avait sa banlieue qui l'entourait; il en était de même pour toutes ces villes.

⁴³C'est ainsi que l'Éternel donna à Israël tout le pays qu'il avait juré de donner à leurs pères; ils en prirent possession et s'y établirent.

⁴⁴L'Éternel leur accorda du repos tout alentour, comme il l'avait juré à leurs pères; aucun de leurs ennemis ne put leur résister, et l'Éternel les livra tous entre leurs mains.

⁴⁵De toutes les bonnes paroles que l'Éternel avait dites à la maison d'Israël, aucune ne resta sans effet: toutes s'accomplirent.

Chapitre 22

¹Alors Josué appela les Rubénites, les Gadites et la demi-tribu de Manassé.

²Il leur dit: Vous avez observé tout ce que vous a prescrit Moïse, serviteur de l'Éternel, et vous avez obéi à ma voix dans tout ce que je vous ai ordonné.

³Vous n'avez point abandonné vos frères, depuis un long espace de temps jusqu'à ce jour; et vous avez gardé les ordres, les commandements de l'Éternel, votre Dieu.

⁴Maintenant que l'Éternel, votre Dieu, a accordé du repos à vos frères, comme il le leur avait dit, retournez et allez vers vos tentes, dans le pays qui vous appartient, et que Moïse, serviteur de l'Éternel, vous a donné de l'autre côté du Jourdain.

⁵Ayez soin seulement d'observer et de mettre en pratique les ordonnances et les lois que vous a prescrites Moïse, serviteur de l'Éternel: aimez l'Éternel, votre Dieu, marchez dans toutes ses voies, gardez ses commandements, attachez-vous à lui, et servez-le de tout votre coeur et de toute votre âme.

⁶Et Josué les bénit et les renvoya, et ils s'en allèrent vers leurs tentes.

⁷Moïse avait donné à une moitié de la tribu de Manassé un héritage en Basan, et Josué donna à l'autre moitié un héritage auprès de ses frères en deçà du Jourdain, à l'occident. Lorsque Josué les renvoya vers leurs tentes, il les bénit,

⁸et leur dit: Vous retournerez à vos tentes avec de grandes richesses, avec des troupeaux fort nombreux, et avec une quantité considérable d'argent, d'or, d'airain, de fer, et de vêtements. Partagez avec vos frères le butin de vos ennemis.

⁹Les fils de Ruben, les fils de Gad, et la demi-tribu de Manassé, s'en retournèrent, après avoir quitté les enfants d'Israël à Silo, dans le

pays de Canaan, pour aller dans le pays de Galaad, qui était leur propriété et où ils s'étaient établis comme l'Éternel l'avait ordonné par Moïse.

¹⁰Quand ils furent arrivés aux districts du Jourdain qui appartiennent au pays de Canaan, les fils de Ruben, les fils de Gad et la demi-tribu de Manassé, y bâtirent un autel sur le Jourdain, un autel dont la grandeur frappait les regards.

¹¹Les enfants d'Israël apprirent que l'on disait: Voici, les fils de Ruben, les fils de Gad et la demi-tribu de Manassé, ont bâti un autel en face du pays de Canaan, dans les districts du Jourdain, du côté des enfants d'Israël.

¹²Lorsque les enfants d'Israël eurent appris cela, toute l'assemblée des enfants d'Israël se réunit à Silo, pour monter contre eux et leur faire la guerre.

¹³Les enfants d'Israël envoyèrent auprès des fils de Ruben, des fils de Gad et de la demi-tribu de Manassé, au pays de Galaad, Phinées, fils du sacrificateur Éléazar,

¹⁴et dix princes avec lui, un prince par maison paternelle pour chacune des tribus d'Israël; tous étaient chefs de maison paternelle parmi les milliers d'Israël.

¹⁵Ils se rendirent auprès des fils de Ruben, des fils de Gad et de la demi-tribu de Manassé, au pays de Galaad, et ils leur adressèrent la parole, en disant:

¹⁶Ainsi parle toute l'assemblée de l'Éternel: Que signifie cette infidélité que vous avez commise envers le Dieu d'Israël, et pourquoi vous détournez-vous maintenant de l'Éternel, en vous bâtissant un autel pour vous révolter aujourd'hui contre l'Éternel?

¹⁷Regardons-nous comme peu de chose le crime de Peor, dont nous n'avons pas jusqu'à présent enlevé la tache de dessus nous, malgré la plaie qu'il attira sur l'assemblée de l'Éternel?

¹⁸Et vous vous détournez aujourd'hui de l'Éternel! Si vous vous révoltez aujourd'hui contre l'Éternel, demain il s'irritera contre toute l'assemblée d'Israël.

¹⁹Si vous tenez pour impur le pays qui est votre propriété, passez dans le pays qui est la propriété de l'Éternel, où est fixée la demeure de l'Éternel, et établissez-vous au milieu de nous; mais ne vous révoltez pas contre l'Éternel et ne vous séparez pas de nous, en vous bâtissant un autel, outre l'autel de l'Éternel, notre Dieu.

²⁰Acan, fils de Zérach, ne commit-il pas une infidélité au sujet des choses dévouées par interdit, et la colère de l'Éternel ne s'enflamma-t-elle pas contre toute l'assemblée d'Israël? Il ne fut pas le seul qui périt à cause de son crime.

²¹Les fils de Ruben, les fils de Gad et la demi-tribu de Manassé, répondirent ainsi aux chefs des milliers d'Israël:

²²Dieu, Dieu, l'Éternel, Dieu, Dieu, l'Éternel le sait, et Israël le saura! Si c'est par rébellion et par infidélité envers l'Éternel, ne viens point à notre aide en ce jour!

²³Si nous nous sommes bâti un autel pour nous détourner de l'Éternel, si c'est pour y présenter des holocaustes et des offrandes, et si c'est pour y faire des sacrifices d'actions de grâces, que l'Éternel en demande compte!

²⁴C'est bien plutôt par une sorte d'inquiétude que nous avons fait cela, en pensant que vos fils diraient un jour à nos fils: Qu'y a-t-il de commun entre vous et l'Éternel, le Dieu d'Israël?

²⁵L'Éternel a mis le Jourdain pour limite entre nous et vous, fils de Ruben et fils de Gad; vous n'avez point de part à l'Éternel! Et vos fils seraient ainsi cause que nos fils cesseraient de craindre l'Éternel.

²⁶C'est pourquoi nous avons dit: Bâtissons-nous donc un autel, non pour des holocaustes et pour des sacrifices,

²⁷mais comme un témoin entre nous et vous, entre nos descendants et les vôtres, que nous voulons servir l'Éternel devant sa face par nos holocaustes et par nos sacrifices d'expiation et d'actions de grâces, afin que vos fils ne disent pas un jour à nos fils: Vous n'avez point de part à l'Éternel!

²⁸Nous avons dit: S'ils tiennent dans l'avenir ce langage à nous ou à nos descendants, nous répondrons: Voyez la forme de l'autel de l'Éternel, qu'ont fait nos pères, non pour des holocaustes et pour des sacrifices, mais comme témoin entre nous et vous.

²⁹Loin de nous la pensée de nous révolter contre l'Éternel et de nous détourner aujourd'hui de l'Éternel, en bâtissant un autel pour des holocaustes, pour des offrandes et pour des sacrifices, outre l'autel de l'Éternel, notre Dieu, qui est devant sa demeure!

³⁰Lorsque le sacrificateur Phinées, et les princes de l'assemblée, les chefs des milliers d'Israël, qui étaient avec lui, eurent entendu les paroles que prononcèrent les fils de Ruben, les fils de Gad et les fils de Manassé, ils furent satisfaits.

³¹Et Phinées, fils du sacrificateur Éléazar, dit aux fils de Ruben, aux fils de Gad, et aux fils de Manassé: Nous reconnaissons maintenant que l'Éternel est au milieu de nous, puisque vous n'avez point commis cette infidélité contre l'Éternel; vous avez ainsi délivré les enfants d'Israël de la main de l'Éternel.

³²Phinées, fils du sacrificateur Éléazar, et les princes, quittèrent les fils de Ruben et les fils de Gad, et revinrent du pays de Galaad dans le pays de Canaan, auprès des enfants d'Israël, auxquels ils firent un rapport.

³³Les enfants d'Israël furent satisfaits; ils bénirent Dieu, et ne parlèrent plus de monter en armes pour ravager le pays qu'habitaient les fils de Ruben et les fils de Gad.

³⁴Les fils de Ruben et les fils de Gad appelèrent l'autel Ed, car, dirent-ils, il est témoin entre nous que l'Éternel est Dieu.

Chapitre 23

¹Depuis longtemps l'Éternel avait donné du repos à Israël, en le délivrant de tous les ennemis qui l'entouraient. Josué était vieux, avancé en âge.

²Alors Josué convoqua tout Israël, ses anciens, ses chefs, ses juges et ses officiers. Il leur dit: Je suis vieux, je suis avancé en âge.

³Vous avez vu tout ce que l'Éternel, votre Dieu, a fait à toutes ces nations devant vous; car c'est l'Éternel, votre Dieu, qui a combattu pour vous.

⁴Voyez, je vous ai donné en héritage par le sort, selon vos tribus, ces nations qui sont restées, à partir du Jourdain, et toutes les nations que j'ai exterminées, jusqu'à la grande mer vers le soleil couchant.

⁵L'Éternel, votre Dieu, les repoussera devant vous et les chassera devant vous; et vous posséderez leur pays, comme l'Éternel, votre Dieu, vous l'a dit.

⁶Appliquez-vous avec force à observer et à mettre en pratique tout ce qui est écrit dans le livre de la loi de Moïse, sans vous en détourner ni à droite ni à gauche.

⁷Ne vous mêlez point avec ces nations qui sont restées parmi vous; ne prononcez point le nom de leurs dieux, et ne l'employez point en jurant; ne les servez point, et ne vous prosternez point devant eux.

⁸Mais attachez-vous à l'Éternel, votre Dieu, comme vous l'avez fait jusqu'à ce jour.

⁹L'Éternel a chassé devant vous des nations grandes et puissantes; et personne, jusqu'à ce jour, n'a pu vous résister.

¹⁰Un seul d'entre vous en poursuivait mille; car l'Éternel, votre Dieu, combattait pour vous, comme il vous l'a dit.

¹¹Veillez donc attentivement sur vos âmes, afin d'aimer l'Éternel, votre Dieu.

¹²Si vous vous détournez et que vous vous attachez au reste de ces nations qui sont demeurées parmi vous, si vous vous unissez avec elles par des mariages, et si vous formez ensemble des relations,

¹³soyez certains que l'Éternel, votre Dieu, ne continuera pas à chasser ces nations devant vous; mais elles seront pour vous un filet et un piège, un fouet dans vos côtés et des épines dans vos yeux, jusqu'à ce que vous ayez péri de dessus ce bon pays que l'Éternel, votre Dieu, vous a donné.

¹⁴Voici, je m'en vais maintenant par le chemin de toute la terre. Reconnaissez de tout votre coeur et de toute votre âme qu'aucune de toutes les bonnes paroles prononcées sur vous par l'Éternel, votre Dieu, n'est restée sans effet; toutes se sont accomplies pour vous, aucune n'est restée sans effet.

¹⁵Et comme toutes les bonnes paroles que l'Éternel, votre Dieu, vous avait dites se sont accomplies pour vous, de même l'Éternel accomplira sur vous toutes les paroles mauvaises, jusqu'à ce qu'il vous ait détruits de dessus ce bon pays que l'Éternel, votre Dieu, vous a donné.

¹⁶Si vous transgressez l'alliance que l'Éternel, votre Dieu, vous a prescrite, et si vous allez servir d'autres dieux et vous prosterner devant eux, la colère de l'Éternel s'enflammera contre vous, et vous périrez promptement dans le bon pays qu'il vous a donné.

Chapitre 24

¹Josué assembla toutes les tribus d'Israël à Sichem, et il convoqua les anciens d'Israël, ses chefs, ses juges et ses officiers. Et ils se présentèrent devant Dieu.

²Josué dit à tout le peuple: Ainsi parle l'Éternel, le Dieu d'Israël: Vos pères, Térach, père d'Abraham et père de Nachor, habitaient anciennement de l'autre côté du fleuve, et ils servaient d'autres dieux.

³Je pris votre père Abraham de l'autre côté du fleuve, et je lui fis parcourir tout le pays de Canaan; je multipliai sa postérité, et je lui donnai Isaac.

⁴Je donnai à Isaac Jacob et Ésaü, et je donnai en propriété à Ésaü la montagne de Séir, mais Jacob et ses fils descendirent en Égypte.

⁵J'envoyai Moïse et Aaron, et je frappai l'Égypte par les prodiges que j'opérai au milieu d'elle; puis je vous en fis sortir.

⁶Je fis sortir vos pères de l'Égypte, et vous arrivâtes à la mer. Les Égyptiens poursuivirent vos pères jusqu'à la mer Rouge, avec des chars et des cavaliers.

⁷Vos pères crièrent à l'Éternel. Et l'Éternel mit des ténèbres entre vous et les Égyptiens, il ramena sur eux la mer, et elle les couvrit. Vos yeux ont vu ce que j'ai fait aux Égyptiens. Et vous restâtes longtemps dans le désert.

⁸Je vous conduisis dans le pays des Amoréens, qui habitaient de l'autre côté du Jourdain, et ils combattirent contre vous. Je les livrai entre vos mains; vous prîtes possession de leur pays, et je les détruisis devant vous.

⁹Balak, fils de Tsippor, roi de Moab, se leva et combattit Israël. Il fit appeler Balaam, fils de Beor, pour qu'il vous maudît.

¹⁰Mais je ne voulus point écouter Balaam; il vous bénit, et je vous délivrai de la main de Balak.

¹¹Vous passâtes le Jourdain, et vous arrivâtes à Jéricho. Les habitants de Jéricho combattirent contre vous, les Amoréens, les Phéréziens, les Cananéens, les Héthiens, les Guirgasiens, les Héviens et les Jébusiens. Je les livrai entre vos mains,

¹²et j'envoyai devant vous les frelons, qui les chassèrent loin de votre face, comme les deux rois des Amoréens: ce ne fut ni par ton épée, ni par ton arc.

¹³Je vous donnai un pays que vous n'aviez point cultivé, des villes que vous n'aviez point bâties et que vous habitez, des vignes et des oliviers que vous n'aviez point plantés et qui vous servent de nourriture.

¹⁴Maintenant, craignez l'Éternel, et servez-le avec intégrité et fidélité. Faites disparaître les dieux qu'ont servis vos pères de l'autre côté du fleuve et en Égypte, et servez l'Éternel.

¹⁵Et si vous ne trouvez pas bon de servir l'Éternel, choisissez aujourd'hui qui vous voulez servir, ou les dieux que servaient vos pères au delà du fleuve, ou les dieux des Amoréens dans le pays desquels vous habitez. Moi et ma maison, nous servirons l'Éternel.

¹⁶Le peuple répondit, et dit: Loin de nous la pensée d'abandonner l'Éternel, et de servir d'autres dieux!

¹⁷Car l'Éternel est notre Dieu; c'est lui qui nous a fait sortir du pays d'Égypte, de la maison de servitude, nous et nos pères; c'est lui qui a opéré sous nos yeux ces grands prodiges, et qui nous a gardés pendant toute la route que nous avons suivie et parmi tous les peuples au milieu desquels nous avons passé.

¹⁸Il a chassé devant nous tous les peuples, et les Amoréens qui habitaient ce pays. Nous aussi, nous servirons l'Éternel, car il est notre Dieu.

¹⁹Josué dit au peuple: Vous n'aurez pas la force de servir l'Éternel, car c'est un Dieu saint, c'est un Dieu jaloux; il ne pardonnera point vos transgressions et vos péchés.

²⁰Lorsque vous abandonnerez l'Éternel et que vous servirez des dieux étrangers, il reviendra vous faire du mal, et il vous consumera après vous avoir fait du bien.

²¹Le peuple dit à Josué: Non! car nous servirons l'Éternel.

²²Josué dit au peuple: Vous êtes témoins contre vous-mêmes que c'est vous qui avez choisi l'Éternel pour le servir. Ils répondirent: Nous en sommes témoins.

²³Otez donc les dieux étrangers qui sont au milieu de vous, et tournez votre coeur vers l'Éternel, le Dieu d'Israël.

²⁴Et le peuple dit à Josué: Nous servirons l'Éternel, notre Dieu, et nous obéirons à sa voix.

²⁵Josué fit en ce jour une alliance avec le peuple, et lui donna des lois et des ordonnances, à Sichem.

²⁶Josué écrivit ces choses dans le livre de la loi de Dieu. Il prit une grande pierre, qu'il dressa là sous le chêne qui était dans le lieu consacré à l'Éternel.

²⁷Et Josué dit à tout le peuple: Voici, cette pierre servira de témoin contre nous, car elle a entendu toutes les paroles que l'Éternel nous a dites; elle servira de témoin contre vous, afin que vous ne soyez pas infidèles à votre Dieu.

²⁸Puis Josué renvoya le peuple, chacun dans son héritage.

²⁹Après ces choses, Josué, fils de Nun, serviteur de l'Éternel, mourut, âgé de cent dix ans.

³⁰On l'ensevelit dans le territoire qu'il avait eu en partage, à Thimnath Sérach, dans la montagne d'Éphraïm, au nord de la montagne de Gaasch.

³¹Israël servit l'Éternel pendant toute la vie de Josué, et pendant toute la vie des anciens qui survécurent à Josué et qui connaissaient tout ce que l'Éternel avait fait en faveur d'Israël.

³²Les os de Joseph, que les enfants d'Israël avaient rapportés d'Égypte, furent enterrés à Sichem, dans la portion du champ que Jacob avait achetée des fils de Hamor, père de Sichem, pour cent kesita, et qui appartint à l'héritage des fils de Joseph.

³³Éléazar, fils d'Aaron, mourut, et on l'enterra à Guibeath Phinées, qui avait été donné à son fils Phinées, dans la montagne d'Éphraïm.

Juges

Chapitre 1

¹Après la mort de Josué, les enfants d'Israël consultèrent l'Éternel, en disant: Qui de nous montera le premier contre les Cananéens, pour les attaquer?

²L'Éternel répondit: Juda montera, voici, j'ai livré le pays entre ses mains.

³Et Juda dit à Siméon, son frère: Monte avec moi dans le pays qui m'est échu par le sort, et nous combattrons les Cananéens; j'irai aussi avec toi dans celui qui t'est tombé en partage. Et Siméon alla avec lui.

⁴Juda monta, et l'Éternel livra entre leurs mains les Cananéens et les Phéréziens; ils battirent dix mille hommes à Bézek.

⁵Ils trouvèrent Adoni Bézek à Bézek; ils l'attaquèrent, et ils battirent les Cananéens et les Phéréziens.

⁶Adoni Bézek prit la fuite; mais ils le poursuivirent et le saisirent, et ils lui coupèrent les pouces des mains et des pieds.

⁷Adoni Bézek dit: Soixante-dix rois, ayant les pouces des mains et des pieds coupés, ramassaient sous ma table; Dieu me rend ce que j'ai fait. On l'emmena à Jérusalem, et il y mourut.

⁸Les fils de Juda attaquèrent Jérusalem et la prirent, ils la frappèrent du tranchant de l'épée et mirent le feu à la ville.

⁹Les fils de Juda descendirent ensuite, pour combattre les Cananéens qui habitaient la montagne, la contrée du midi et la plaine.

¹⁰Juda marcha contre les Cananéens qui habitaient à Hébron, appelée autrefois Kirjath Arba; et il battit Schéschaï, Ahiman et Talmaï.

¹¹De là il marcha contre les habitants de Debir: Debir s'appelait autrefois Kirjath Sépher.

¹²Caleb dit: Je donnerai ma fille Acsa pour femme à celui qui battra Kirjath Sépher et qui la prendra.

¹³Othniel, fils de Kenaz, frère cadet de Caleb, s'en empara; et Caleb lui donna pour femme sa fille Acsa.

¹⁴Lorsqu'elle fut entrée chez Othniel, elle le sollicita de demander à son père un champ. Elle descendit de dessus son âne; et Caleb lui dit: Qu'as-tu?

¹⁵Elle lui répondit: Fais-moi un présent, car tu m'as donné une terre du midi; donne-moi aussi des sources d'eau. Et Caleb lui donna les sources supérieures et les sources inférieures.

¹⁶Les fils du Kénien, beau-père de Moïse, montèrent de la ville des palmiers, avec les fils de Juda, dans le désert de Juda au midi d'Arad, et ils allèrent s'établir parmi le peuple.

¹⁷Juda se mit en marche avec Siméon, son frère, et ils battirent les Cananéens qui habitaient à Tsephath; ils dévouèrent la ville par interdit, et on l'appela Horma.

¹⁸Juda s'empara encore de Gaza et de son territoire, d'Askalon et de son territoire, et d'Ékron et de son territoire.

¹⁹L'Éternel fut avec Juda; et Juda se rendit maître de la montagne, mais il ne put chasser les habitants de la plaine, parce qu'ils avaient des chars de fer.

²⁰On donna Hébron à Caleb, comme l'avait dit Moïse; et il en chassa les trois fils d'Anak.

²¹Les fils de Benjamin ne chassèrent point les Jébusiens qui habitaient à Jérusalem; et les Jébusiens ont habité jusqu'à ce jour dans Jérusalem avec les fils de Benjamin.

²²La maison de Joseph monta aussi contre Béthel, et l'Éternel fut avec eux.

²³La maison de Joseph fit explorer Béthel, qui s'appelait autrefois Luz.

²⁴Les gardes virent un homme qui sortait de la ville, et ils lui dirent: Montre-nous par où nous pourrons entrer dans la ville, et nous te ferons grâce.

²⁵Il leur montra par où ils pourraient entrer dans la ville. Et ils frappèrent la ville du tranchant de l'épée; mais ils laissèrent aller cet homme et toute sa famille.

²⁶Cet homme se rendit dans le pays des Héthiens; il bâtit une ville, et lui donna le nom de Luz, nom qu'elle a porté jusqu'à ce jour.

²⁷Manassé ne chassa point les habitants de Beth Schean et des villes de son ressort, de Thaanac et des villes de son ressort, de Dor et des villes de son ressort, de Jibleam et des villes de son ressort, de Meguiddo et des villes de son ressort; et les Cananéens voulurent rester dans ce pays.

²⁸Lorsqu'Israël fut assez fort, il assujettit les Cananéens à un tribut, mais il ne les chassa point.

²⁹Éphraïm ne chassa point les Cananéens qui habitaient à Guézer, et les Cananéens habitèrent au milieu d'Éphraïm à Guézer.

³⁰Zabulon ne chassa point les habitants de Kitron, ni les habitants de Nahalol; et les Cananéens habitèrent au milieu de Zabulon, mais ils furent assujettis à un tribut.

³¹Aser ne chassa point les habitants d'Acco, ni les habitants de Sidon, ni ceux d'Achlal, d'Aczib, de Helba, d'Aphik et de Rehob;

³²et les Asérites habitèrent au milieu des Cananéens, habitants du pays, car ils ne les chassèrent point.

³³Nephthali ne chassa point les habitants de Beth Schémesch, ni les habitants de Beth Anath, et il habita au milieu des Cananéens, habitants du pays, mais les habitants de Beth Schémesch et de Beth Anath furent assujettis à un tribut.

³⁴Les Amoréens repoussèrent dans la montagne les fils de Dan, et ne les laissèrent pas descendre dans la plaine.

³⁵Les Amoréens voulurent rester à Har Hérès, à Ajalon et à Schaalbim; mais la main de la maison de Joseph s'appesantit sur eux, et ils furent assujettis à un tribut.

³⁶Le territoire des Amoréens s'étendait depuis la montée d'Akrabbim, depuis Séla, et en dessus.

Chapitre 2

¹Un envoyé de l'Éternel monta de Guilgal à Bokim, et dit: Je vous ai fait monter hors d'Égypte, et je vous ai amenés dans le pays que j'ai juré à vos pères de vous donner. J'ai dit: Jamais je ne romprai mon alliance avec vous;

²et vous, vous ne traiterez point alliance avec les habitants de ce pays, vous renverserez leurs autels. Mais vous n'avez point obéi à ma voix. Pourquoi avez-vous fait cela?

³J'ai dit alors: Je ne les chasserai point devant vous; mais ils seront à vos côtés, et leurs dieux vous seront un piège.

⁴Lorsque l'envoyé de l'Éternel eut dit ces paroles à tous les enfants d'Israël, le peuple éleva la voix et pleura.

⁵Ils donnèrent à ce lieu le nom de Bokim, et ils y offrirent des sacrifices à l'Éternel.

⁶Josué renvoya le peuple, et les enfants d'Israël allèrent chacun dans son héritage pour prendre possession du pays.

⁷Le peuple servit l'Éternel pendant toute la vie de Josué, et pendant toute la vie des anciens qui survécurent à Josué et qui avaient vu toutes les grandes choses que l'Éternel avait faites en faveur d'Israël.

⁸Josué, fils de Nun, serviteur de l'Éternel, mourut âgé de cent dix ans.

⁹On l'ensevelit dans le territoire qu'il avait eu en partage, à Thimnath Hérès, dans la montagne d'Éphraïm, au nord de la montagne de Gaasch.

¹⁰Toute cette génération fut recueillie auprès de ses pères, et il s'éleva après elle une autre génération, qui ne connaissait point l'Éternel, ni ce qu'il avait fait en faveur d'Israël.

¹¹Les enfants d'Israël firent alors ce qui déplaît à l'Éternel, et ils servirent les Baals.

¹²Ils abandonnèrent l'Éternel, le Dieu de leurs pères, qui les avait fait sortir du pays d'Égypte, et ils allèrent après d'autres dieux d'entre les dieux des peuples qui les entouraient; ils se prosternèrent devant eux, et ils irritèrent l'Éternel.

¹³Ils abandonnèrent l'Éternel, et ils servirent Baal et les Astartés.

¹⁴La colère de l'Éternel s'enflamma contre Israël. Il les livra entre les mains de pillards qui les pillèrent, il les vendit entre les mains de leurs ennemis d'alentour, et ils ne purent plus résister à leurs ennemis.

¹⁵Partout où ils allaient, la main de l'Éternel était contre eux pour leur faire du mal, comme l'Éternel l'avait dit, comme l'Éternel le leur avait juré. Ils furent ainsi dans une grande détresse.

¹⁶L'Éternel suscita des juges, afin qu'ils les délivrassent de la main de ceux qui les pillaient.

¹⁷Mais ils n'écoutèrent pas même leurs juges, car ils se prostituèrent à d'autres dieux, se prosternèrent devant eux. Ils se détournèrent promptement de la voie qu'avaient suivie leurs pères, et ils n'obéirent point comme eux aux commandements de l'Éternel.

¹⁸Lorsque l'Éternel leur suscitait des juges, l'Éternel était avec le juge, et il les délivrait de la main de leurs ennemis pendant toute la vie du juge; car l'Éternel avait pitié de leurs gémissements contre ceux qui les opprimaient et les tourmentaient.

¹⁹Mais, à la mort du juge, ils se corrompaient de nouveau plus que leurs pères, en allant après d'autres dieux pour les servir et se prosterner devant eux, et ils persévéraient dans la même conduite et le même endurcissement.

²⁰Alors la colère de l'Éternel s'enflamma contre Israël, et il dit: Puisque cette nation a transgressé mon alliance que j'avais prescrite à

ses pères, et puisqu'ils n'ont point obéi à ma voix,

²¹je ne chasserai plus devant eux aucune des nations que Josué laissa quand il mourut.

²²C'est ainsi que je mettrai par elles Israël à l'épreuve, pour savoir s'ils prendront garde ou non de suivre la voie de l'Éternel, comme leurs pères y ont pris garde.

²³Et l'Éternel laissa en repos ces nations qu'il n'avait pas livrées entre les mains de Josué, et il ne se hâta point de les chasser.

Chapitre 3

¹Voici les nations que l'Éternel laissa pour éprouver par elles Israël, tous ceux qui n'avaient pas connu toutes les guerres de Canaan.

²Il voulait seulement que les générations des enfants d'Israël connussent et apprissent la guerre, ceux qui ne l'avaient pas connue auparavant.

³Ces nations étaient: les cinq princes des Philistins, tous les Cananéens, les Sidoniens, et les Héviens qui habitaient la montagne du Liban, depuis la montagne de Baal Hermon jusqu'à l'entrée de Hamath.

⁴Ces nations servirent à mettre Israël à l'épreuve, afin que l'Éternel sût s'ils obéiraient aux commandements qu'il avait prescrits à leurs pères par Moïse.

⁵Et les enfants d'Israël habitèrent au milieu des Cananéens, des Héthiens, des Amoréens, des Phéréziens, des Héviens et des Jébusiens;

⁶ils prirent leurs filles pour femmes, ils donnèrent à leurs fils leurs propres filles, et ils servirent leurs dieux.

⁷Les enfants d'Israël firent ce qui déplaît à l'Éternel, ils oublièrent l'Éternel, et ils servirent les Baals et les idoles.

⁸La colère de l'Éternel s'enflamma contre Israël, et il les vendit entre les mains de Cuschan Rischeathaïm, roi de Mésopotamie. Et les enfants d'Israël furent asservis huit ans à Cuschan Rischeathaïm.

⁹Les enfants d'Israël crièrent à l'Éternel, et l'Éternel leur suscita un libérateur qui les délivra, Othniel, fils de Kenaz, frère cadet de Caleb.

¹⁰L'esprit de l'Éternel fut sur lui. Il devint juge en Israël, et il partit pour la guerre. L'Éternel livra entre ses mains Cuschan Rischeathaïm, roi de Mésopotamie, et sa main fut puissante contre Cuschan Rischeathaïm.

¹¹Le pays fut en repos pendant quarante ans. Et Othniel, fils de Kenaz, mourut.

¹²Les enfants d'Israël firent encore ce qui déplaît à l'Éternel; et l'Éternel fortifia Églon, roi de Moab; contre Israël, parce qu'ils avaient fait ce qui déplaît à l'Éternel.

¹³Églon réunit à lui les fils d'Ammon et les Amalécites, et il se mit en marche. Il battit Israël, et ils s'emparèrent de la ville des palmiers.

¹⁴Et les enfants d'Israël furent asservis dix-huit ans à Églon, roi de Moab.

¹⁵Les enfants d'Israël crièrent à l'Éternel, et l'Éternel leur suscita un libérateur, Éhud, fils de Guéra, Benjamite, qui ne se servait pas de la main droite. Les enfants d'Israël envoyèrent par lui un présent à Églon, roi de Moab.

¹⁶Éhud se fit une épée à deux tranchants, longue d'une coudée, et il la ceignit sous ses vêtements, au côté droit.

¹⁷Il offrit le présent à Églon, roi de Moab: or Églon était un homme très gras.

¹⁸Lorsqu'il eut achevé d'offrir le présent, il renvoya les gens qui l'avaient apporté.

¹⁹Il revint lui-même depuis les carrières près de Guilgal, et il dit: O roi! j'ai quelque chose de secret à te dire. Le roi dit: Silence! Et tous ceux qui étaient auprès de lui sortirent.

²⁰Éhud l'aborda comme il était assis seul dans sa chambre d'été, et il dit: J'ai une parole de Dieu pour toi. Églon se leva de son siège.

²¹Alors Éhud avança la main gauche, tira l'épée de son côté droit, et la lui enfonça dans le ventre.

²²La poignée même entra après la lame, et la graisse se referma autour de la lame; car il ne retira pas du ventre l'épée, qui sortit par derrière.

²³Éhud sortit par le portique, ferma sur lui les portes de la chambre haute, et tira le verrou.

²⁴Quand il fut sorti, les serviteurs du roi vinrent et regardèrent; et voici, les portes de la chambre haute étaient fermées au verrou. Ils dirent: Sans doute il se couvre les pieds dans la chambre d'été.

²⁵Ils attendirent longtemps; et comme il n'ouvrait pas les portes de la chambre haute, ils prirent la clé et ouvrirent, et voici, leur maître était mort, étendu par terre.

²⁶Pendant leurs délais, Éhud prit la fuite, dépassa les carrières, et se sauva à Seïra.

²⁷Dès qu'il fut arrivé, il sonna de la trompette dans la montagne d'Éphraïm. Les enfants d'Israël descendirent avec lui de la montagne, et il se mit à leur tête.

²⁸Il leur dit: Suivez-moi, car l'Éternel a livré entre vos mains les Moabites, vos ennemis. Ils descendirent après lui, s'emparèrent des gués du Jourdain vis-à-vis de Moab, et ne laissèrent passer personne.

²⁹Ils battirent dans ce temps-là environ dix mille hommes de Moab, tous robustes, tous vaillants, et pas un n'échappa.

³⁰En ce jour, Moab fut humilié sous la main d'Israël. Et le pays fut en repos pendant quatre-vingts ans.

³¹Après lui, il y eut Schamgar, fils d'Anath. Il battit six cents hommes des Philistins avec un aiguillon à boeufs. Et lui aussi fut un libérateur d'Israël.

Chapitre 4

¹Les enfants d'Israël firent encore ce qui déplaît à l'Éternel, après qu'Éhud fut mort.

²Et l'Éternel les vendit entre les mains de Jabin, roi de Canaan, qui régnait à Hatsor. Le chef de son armée était Sisera, et habitait à Haroscheth Goïm.

³Les enfants d'Israël crièrent à l'Éternel, car Jabin avait neuf cents chars de fer, et il opprimait avec violence les enfants d'Israël depuis vingt ans.

⁴Dans ce temps-là, Débora, prophétesse, femme de Lappidoth, était juge en Israël.

⁵Elle siégeait sous le palmier de Débora, entre Rama et Béthel, dans la montagne d'Éphraïm; et les enfants d'Israël montaient vers elle pour être jugés.

⁶Elle envoya appeler Barak, fils d'Abinoam, de Kédesch Nephthali, et elle lui dit: N'est-ce pas l'ordre qu'a donné l'Éternel, le Dieu d'Israël? Va, dirige-toi sur le mont Thabor, et prends avec toi dix mille hommes des enfants de Nephthali et des enfants de Zabulon;

⁷j'attirerai vers toi, au torrent de Kison, Sisera, chef de l'armée de Jabin, avec ses chars et ses troupes, et je le livrerai entre tes mains.

⁸Barak lui dit: Si tu viens avec moi, j'irai; mais si tu ne viens pas avec moi, je n'irai pas.

⁹Elle répondit: J'irai bien avec toi; mais tu n'auras point de gloire sur la voie où tu marches, car l'Éternel livrera Sisera entre les mains d'une femme. Et Débora se leva, et elle se rendit avec Barak à Kédesch.

¹⁰Barak convoqua Zabulon et Nephthali à Kédesch; dix mille hommes marchèrent à sa suite, et Débora partit avec lui.

¹¹Héber, le Kénien, s'était séparé des Kéniens, des fils de Hobab, beau-père de Moïse, et il avait dressé sa tente jusqu'au chêne de Tsaannaïm, près de Kédesch.

¹²On informa Sisera que Barak, fils d'Abinoam, s'était dirigé sur le mont Thabor.

¹³Et, depuis Haroscheth Goïm, Sisera rassembla vers le torrent de Kison tous ses chars, neuf cents chars de fer, et tout le peuple qui était avec lui.

¹⁴Alors Débora dit à Barak: Lève-toi, car voici le jour où l'Éternel livre Sisera entre tes mains. L'Éternel ne marche-t-il pas devant toi? Et Barak descendit du mont Thabor, ayant dix mille hommes à sa suite.

¹⁵L'Éternel mit en déroute devant Barak, par le tranchant de l'épée, Sisera, tous ses chars et tout le camp. Sisera descendit de son char, et s'enfuit à pied.

¹⁶Barak poursuivit les chars et l'armée jusqu'à Haroscheth Goïm; et toute l'armée de Sisera tomba sous le tranchant de l'épée, sans qu'il en restât un seul homme.

¹⁷Sisera se réfugia à pied dans la tente de Jaël, femme de Héber, le Kénien; car il y avait paix entre Jabin, roi de Hatsor, et la maison de Héber, le Kénien.

¹⁸Jaël sortit au-devant de Sisera, et lui dit: Entre, mon seigneur, entre chez moi, ne crains point. Il entra chez elle dans la tente, et elle le cacha sous une couverture.

¹⁹Il lui dit: Donne-moi, je te prie, un peu d'eau à boire, car j'ai soif. Elle ouvrit l'outre du lait, lui donna à boire, et le couvrit.

²⁰Il lui dit encore: Tiens-toi à l'entrée de la tente, et si l'on vient t'interroger en disant: Y a-t-il quelqu'un? tu répondras: Non.

²¹Jaël, femme de Héber, saisit un pieu de la tente, prit en main le marteau, s'approcha de lui doucement, et lui enfonça dans la tempe le pieu, qui pénétra en terre. Il était profondément endormi et accablé de fatigue; et il mourut.

²²Comme Barak poursuivait Sisera, Jaël sortit à sa rencontre et lui dit: Viens, et je te montrerai l'homme que tu cherches. Il entra chez elle, et voici, Sisera était étendu mort, le pieu dans la tempe.

²³En ce jour, Dieu humilia Jabin, roi de Canaan, devant les enfants d'Israël.

²⁴Et la main des enfants d'Israël s'appesantit de plus en plus sur Jabin, roi de Canaan, jusqu'à ce qu'ils eussent exterminé Jabin, roi de

Canaan.

Chapitre 5

¹En ce jour-là, Débora chanta ce cantique, avec Barak, fils d'Abinoam:

²Des chefs se sont mis à la tête du peuple en Israël, Et le peuple s'est montré prêt à combattre: Bénissez-en l'Éternel!

³Rois, écoutez! Princes, prêtez l'oreille! Je chanterai, oui, je chanterai à l'Éternel, Je chanterai à l'Éternel, le Dieu d'Israël.

⁴O Éternel! quand tu sortis de Séir, Quand tu t'avanças des champs d'Édom, La terre trembla, et les cieux se fondirent Et les nuées se fondirent en eaux;

⁵Les montagnes s'ébranlèrent devant l'Éternel, Ce Sinaï devant l'Éternel, le Dieu d'Israël.

⁶Au temps de Schamgar, fils d'Anath, Au temps de Jaël, les routes étaient abandonnées, Et ceux qui voyageaient prenaient des chemins détournés.

⁷Les chefs étaient sans force en Israël, sans force, Quand je me suis levée, moi, Débora, Quand je me suis levée comme une mère en Israël.

⁸Il avait choisi de nouveaux dieux: Alors la guerre était aux portes; On ne voyait ni bouclier ni lance Chez quarante milliers en Israël.

⁹Mon coeur est aux chefs d'Israël, A ceux du peuple qui se sont montrés prêts à combattre. Bénissez l'Éternel!

¹⁰Vous qui montez de blanches ânesses, Vous qui avez pour sièges des tapis, Et vous qui marchez sur la route, chantez!

¹¹Que de leur voix les archers, du milieu des abreuvoirs, Célèbrent les bienfaits de l'Éternel, Les bienfaits de son conducteur en Israël! Alors le peuple de l'Éternel descendit aux portes.

¹²Réveille-toi, réveille-toi, Débora! Réveille-toi, réveille-toi, dis un cantique! Lève-toi, Barak, et emmène tes captifs, fils d'Abinoam!

¹³Alors un reste du peuple triompha des puissants, L'Éternel me donna la victoire sur les héros.

¹⁴D'Éphraïm arrivèrent les habitants d'Amalek. A ta suite marcha Benjamin parmi ta troupe. De Makir vinrent des chefs, Et de Zabulon des commandants.

¹⁵Les princes d'Issacar furent avec Débora, Et Issacar suivit Barak, Il fut envoyé sur ses pas dans la vallée. Près des ruisseaux de Ruben, Grandes furent les résolutions du coeur!

¹⁶Pourquoi es-tu resté au milieu des étables A écouter le bêlement des troupeaux? Aux ruisseaux de Ruben, Grandes furent les délibérations du coeur!

¹⁷Galaad au delà du Jourdain n'a pas quitté sa demeure. Pourquoi Dan s'est-il tenu sur les navires? Aser s'est assis sur le rivage de la mer, Et s'est reposé dans ses ports.

¹⁸Zabulon est un peuple qui affronta la mort, Et Nephthali de même, Sur les hauteurs des champs.

¹⁹Les rois vinrent, ils combattirent, Alors combattirent les rois de Canaan, A Thaanac, aux eaux de Meguiddo; Ils ne remportèrent nul butin, nul argent.

²⁰Des cieux on combattit, De leurs sentiers les étoiles combattirent contre Sisera.

²¹Le torrent de Kison les a entraînés, Le torrent des anciens temps, le torrent de Kison. Mon âme, foule aux pieds les héros!

²²Alors les talons des chevaux retentirent, A la fuite, à la fuite précipitée de leurs guerriers.

²³Maudissez Méroz, dit l'ange de l'Éternel, Maudissez, maudissez ses habitants, Car ils ne vinrent pas au secours de l'Éternel, Au secours de l'Éternel, parmi les hommes vaillants.

²⁴Bénie soit entre les femmes Jaël, Femme de Héber, le Kénien! Bénie soit-elle entre les femmes qui habitent sous les tentes!

²⁵Il demanda de l'eau, elle a donné du lait, Dans la coupe d'honneur elle a présenté de la crème.

²⁶D'une main elle a saisi le pieu, Et de sa droite le marteau des travailleurs; Elle a frappé Sisera, lui a fendu la tête, Fracassé et transpercé la tempe.

²⁷Aux pieds de Jaël il s'est affaissé, il est tombé, il s'est couché; A ses pieds il s'est affaissé, il est tombé; Là où il s'est affaissé, là il est tombé sans vie.

²⁸Par la fenêtre, à travers le treillis, La mère de Sisera regarde, et s'écrie: Pourquoi son char tarde-t-il à venir? Pourquoi ses chars vont-ils si lentement?

²⁹Les plus sages d'entre ses femmes lui répondent, Et elle se répond à elle-même:

³⁰Ne trouvent-ils pas du butin? ne le partagent-ils pas? Une jeune fille, deux jeunes filles par homme, Du butin en vêtements de couleur pour Sisera, Du butin en vêtements de couleur, brodés, Un vêtement de couleur, deux vêtements brodés, Pour le cou du vainqueur.

³¹Périssent ainsi tous tes ennemis, ô Éternel! Ceux qui l'aiment sont comme le soleil, Quand il paraît dans sa force. Le pays fut en repos pendant quarante ans.

Chapitre 6

¹Les enfants d'Israël firent ce qui déplaît à l'Éternel; et l'Éternel les livra entre les mains de Madian, pendant sept ans.

²La main de Madian fut puissante contre Israël. Pour échapper à Madian, les enfants d'Israël se retiraient dans les ravins des montagnes, dans les cavernes et sur les rochers fortifiés.

³Quand Israël avait semé, Madian montait avec Amalek et les fils de l'Orient, et ils marchaient contre lui.

⁴Ils campaient en face de lui, détruisaient les productions du pays jusque vers Gaza, et ne laissaient en Israël ni vivres, ni brebis, ni boeufs, ni ânes.

⁵Car ils montaient avec leurs troupeaux et leurs tentes, ils arrivaient comme une multitude de sauterelles, ils étaient innombrables, eux et leurs chameaux, et ils venaient dans le pays pour le ravager.

⁶Israël fut très malheureux à cause de Madian, et les enfants d'Israël crièrent à l'Éternel.

⁷Lorsque les enfants d'Israël crièrent à l'Éternel au sujet de Madian,

⁸l'Éternel envoya un prophète aux enfants d'Israël. Il leur dit: Ainsi parle l'Éternel, le Dieu d'Israël: Je vous ai fait monter d'Égypte, et je vous ai fait sortir de la maison de servitude.

⁹Je vous ai délivrés de la main des Égyptiens et de la main de tous ceux qui vous opprimaient; je les ai chassés devant vous, et je vous ai donné leur pays.

¹⁰Je vous ai dit: Je suis l'Éternel, votre Dieu; vous ne craindrez point les dieux des Amoréens, dans le pays desquels vous habitez. Mais vous n'avez point écouté ma voix.

¹¹Puis vint l'ange de l'Éternel, et il s'assit sous le térébinthe d'Ophra, qui appartenait à Joas, de la famille d'Abiézer. Gédéon, son fils, battait du froment au pressoir, pour le mettre à l'abri de Madian.

¹²L'ange de l'Éternel lui apparut, et lui dit: L'Éternel est avec toi, vaillant héros!

¹³Gédéon lui dit: Ah! mon seigneur, si l'Éternel est avec nous, pourquoi toutes ces choses nous sont-elles arrivées? Et où sont tous ces prodiges que nos pères nous racontent, quand ils disent: L'Éternel ne nous a-t-il pas fait monter hors d'Égypte? Maintenant l'Éternel nous abandonne, et il nous livre entre les mains de Madian!

¹⁴L'Éternel se tourna vers lui, et dit: Va avec cette force que tu as, et délivre Israël de la main de Madian; n'est-ce pas moi qui t'envoie?

¹⁵Gédéon lui dit: Ah! mon seigneur, avec quoi délivrerai-je Israël? Voici, ma famille est la plus pauvre en Manassé, et je suis le plus petit dans la maison de mon père.

¹⁶L'Éternel lui dit: Mais je serai avec toi, et tu battras Madian comme un seul homme.

¹⁷Gédéon lui dit: Si j'ai trouvé grâce à tes yeux, donne-moi un signe pour montrer que c'est toi qui me parles.

¹⁸Ne t'éloigne point d'ici jusqu'à ce que je revienne auprès de toi, que j'apporte mon offrande, et que je la dépose devant toi. Et l'Éternel dit: Je resterai jusqu'à ce que tu reviennes.

¹⁹Gédéon entra, prépara un chevreau, et fit avec un épha de farine des pains sans levain. Il mit la chair dans un panier et le jus dans un pot, les lui apporta sous le térébinthe, et les présenta.

²⁰L'ange de Dieu lui dit: Prends la chair et les pains sans levain, pose-les sur ce rocher, et répands le jus. Et il fit ainsi.

²¹L'ange de l'Éternel avança l'extrémité du bâton qu'il avait à la main, et toucha la chair et les pains sans levain. Alors il s'éleva du rocher un feu qui consuma la chair et les pains sans levain. Et l'ange de l'Éternel disparut à ses yeux.

²²Gédéon, voyant que c'était l'ange de l'Éternel, dit: Malheur à moi, Seigneur Éternel! car j'ai vu l'ange de l'Éternel face à face.

²³Et l'Éternel lui dit: Sois en paix, ne crains point, tu ne mourras pas.

²⁴Gédéon bâtit là un autel à l'Éternel, et lui donna pour nom l'Éternel paix: il existe encore aujourd'hui à Ophra, qui appartenait à la famille d'Abiézer.

²⁵Dans la même nuit, l'Éternel dit à Gédéon: Prends le jeune taureau de ton père, et un second taureau de sept ans. Renverse l'autel de Baal qui est à ton père, et abats le pieu sacré qui est dessus.

²⁶Tu bâtiras ensuite et tu disposeras, sur le haut de ce rocher, un autel à l'Éternel ton Dieu. Tu prendras le second taureau, et tu offriras un holocauste, avec le bois de l'idole que tu auras abattue.

²⁷Gédéon prit dix hommes parmi ses serviteurs, et fit ce que

Juges

l'Éternel avait dit; mais, comme il craignait la maison de son père et les gens de la ville, il l'exécuta de nuit, et non de jour.

²⁸Lorsque les gens de la ville se furent levés de bon matin, voici, l'autel de Baal était renversé, le pieu sacré placé dessus était abattu, et le second taureau était offert en holocauste sur l'autel qui avait été bâti.

²⁹Ils se dirent l'un à l'autre: Qui a fait cela? Et ils s'informèrent et firent des recherches. On leur dit: C'est Gédéon, fils de Joas, qui a fait cela.

³⁰Alors les gens de la ville dirent à Joas: Fais sortir ton fils, et qu'il meure, car il a renversé l'autel de Baal et abattu le pieu sacré qui était dessus.

³¹Joas répondit à tous ceux qui se présentèrent à lui: Est-ce à vous de prendre parti pour Baal? est-ce à vous de venir à son secours? Quiconque prendra parti pour Baal mourra avant que le matin vienne. Si Baal est un dieu, qu'il plaide lui-même sa cause, puisqu'on a renversé son autel.

³²Et en ce jour l'on donna à Gédéon le nom de Jerubbaal, en disant: Que Baal plaide contre lui, puisqu'il a renversé son autel.

³³Tout Madian, Amalek et les fils de l'Orient, se rassemblèrent; ils passèrent le Jourdain, et campèrent dans la vallée de Jizréel.

³⁴Gédéon fut revêtu de l'esprit de l'Éternel; il sonna de la trompette, et Abiézer fut convoqué pour marcher à sa suite.

³⁵Il envoya des messagers dans tout Manassé, qui fut aussi convoqué pour marcher à sa suite. Il envoya des messagers dans Aser, dans Zabulon et dans Nephthali, qui montèrent à leur rencontre.

³⁶Gédéon dit à Dieu: Si tu veux délivrer Israël par ma main, comme tu l'as dit,

³⁷voici, je vais mettre une toison de laine dans l'aire; si la toison seule se couvre de rosée et que tout le terrain reste sec, je connaîtrai que tu délivreras Israël par ma main, comme tu l'as dit.

³⁸Et il arriva ainsi. Le jour suivant, il se leva de bon matin, pressa la toison, et en fit sortir la rosée, qui donna de l'eau plein une coupe.

³⁹Gédéon dit à Dieu: Que ta colère ne s'enflamme point contre moi, et je ne parlerai plus que cette fois: Je voudrais seulement faire encore une épreuve avec la toison: que la toison seule reste sèche, et que tout le terrain se couvre de rosée.

⁴⁰Et Dieu fit ainsi cette nuit-là. La toison seule resta sèche, et tout le terrain se couvrit de rosée.

Chapitre 7

¹Jerubbaal, qui est Gédéon, et tout le peuple qui était avec lui, se levèrent de bon matin, et campèrent près de la source de Harod. Le camp de Madian était au nord de Gédéon, vers la colline de Moré, dans la vallée.

²L'Éternel dit à Gédéon: Le peuple que tu as avec toi est trop nombreux pour que je livre Madian entre ses mains; il pourrait en tirer gloire contre moi, et dire: C'est ma main qui m'a délivré.

³Publie donc ceci aux oreilles du peuple: Que celui qui est craintif et qui a peur s'en retourne et s'éloigne de la montagne de Galaad. Vingt-deux mille hommes parmi le peuple s'en retournèrent, et il en resta dix mille.

⁴L'Éternel dit à Gédéon: Le peuple est encore trop nombreux. Fais-les descendre vers l'eau, et là je t'en ferai le triage; celui dont je te dirai: Que celui-ci aille avec toi, ira avec toi; et celui dont je te dirai: Que celui-ci n'aille pas avec toi, n'ira pas avec toi.

⁵Gédéon fit descendre le peuple vers l'eau, et l'Éternel dit à Gédéon: Tous ceux qui laperont l'eau avec la langue comme lape le chien, tu les sépareras de tous ceux qui se mettront à genoux pour boire.

⁶Ceux qui lapèrent l'eau en la portant à la bouche avec leur main furent au nombre de trois cents hommes, et tout le reste du peuple se mit à genoux pour boire.

⁷Et l'Éternel dit à Gédéon: C'est par les trois cents hommes qui ont lapé, que je vous sauverai et que je livrerai Madian entre tes mains. Que tout le reste du peuple s'en aille chacun chez soi.

⁸On prit les vivres du peuple et ses trompettes. Puis Gédéon renvoya tous les hommes d'Israël chacun dans sa tente, et il retint les trois cents hommes. Le camp de Madian était au-dessous de lui dans la vallée.

⁹L'Éternel dit à Gédéon pendant la nuit: Lève-toi, descends au camp, car je l'ai livré entre tes mains.

¹⁰Si tu crains de descendre, descends-y avec Pura, ton serviteur.

¹¹Tu écouteras ce qu'ils diront, et après cela tes mains seront fortifiées: descends donc au camp. Il descendit avec Pura, son serviteur, jusqu'aux avant-postes du camp.

¹²Madian, Amalek, et tous les fils de l'Orient, étaient répandus dans la vallée comme une multitude de sauterelles, et leurs chameaux étaient innombrables comme le sable qui est sur le bord de la mer.

¹³Gédéon arriva; et voici, un homme racontait à son camarade un songe. Il disait: J'ai eu un songe; et voici, un gâteau de pain d'orge roulait dans le camp de Madian; il est venu heurter jusqu'à la tente, et elle est tombée; il l'a retournée sens dessus dessous, et elle a été renversée.

¹⁴Son camarade répondit, et dit: Ce n'est autre chose que l'épée de Gédéon, fils de Joas, homme d'Israël; Dieu a livré entre ses mains Madian et tout le camp.

¹⁵Lorsque Gédéon eut entendu le récit du songe et son explication, il se prosterna, revint au camp d'Israël, et dit: Levez-vous, car l'Éternel a livré entre vos mains le camp de Madian.

¹⁶Il divisa en trois corps les trois cents hommes, et il leur remit à tous des trompettes et des cruches vides, avec des flambeaux dans les cruches.

¹⁷Il leur dit: Vous me regarderez et vous ferez comme moi. Dès que j'aborderai le camp, vous ferez ce que je ferai;

¹⁸et quand je sonnerai de la trompette, moi et tous ceux qui seront avec moi, vous sonnerez aussi de la trompette tout autour du camp, et vous direz: Pour l'Éternel et pour Gédéon!

¹⁹Gédéon et les cent hommes qui étaient avec lui arrivèrent aux abords du camp au commencement de la veille du milieu, comme on venait de placer les gardes. Ils sonnèrent de la trompette, et brisèrent les cruches qu'ils avaient à la main.

²⁰Les trois corps sonnèrent de la trompette, et brisèrent les cruches; ils saisirent de la main gauche les flambeaux et de la main droite les trompettes pour sonner, et ils s'écrièrent: Épée pour l'Éternel et pour Gédéon!

²¹Ils restèrent chacun à sa place autour du camp, et tout le camp se mit à courir, à pousser des cris, et à prendre la fuite.

²²Les trois cents hommes sonnèrent encore de la trompette; et, dans tout le camp, l'Éternel leur fit tourner l'épée les uns contre les autres. Le camp s'enfuit jusqu'à Beth Schitta vers Tseréra, jusqu'au bord d'Abel Mehola près de Tabbath.

²³Les hommes d'Israël se rassemblèrent, ceux de Nephthali, d'Aser et de tout Manassé, et ils poursuivirent Madian.

²⁴Gédéon envoya des messagers dans toute la montagne d'Éphraïm, pour dire: Descendez à la rencontre de Madian, et coupez-leur le passage des eaux jusqu'à Beth Bara et celui du Jourdain. Tous les hommes d'Éphraïm se rassemblèrent et ils s'emparèrent du passage des eaux jusqu'à Beth Bara et de celui du Jourdain.

²⁵Ils saisirent deux chefs de Madian, Oreb et Zeeb; ils tuèrent Oreb au rocher d'Oreb, et ils tuèrent Zeeb au pressoir de Zeeb. Ils poursuivirent Madian, et ils apportèrent les têtes d'Oreb et de Zeeb à Gédéon de l'autre côté du Jourdain.

Chapitre 8

¹Les hommes d'Éphraïm dirent à Gédéon: Que signifie cette manière d'agir envers nous? pourquoi ne pas nous avoir appelés, quand tu es allé combattre Madian? Et ils eurent avec lui une violente querelle.

²Gédéon leur répondit: Qu'ai-je fait en comparaison de vous? Le grappillage d'Éphraïm ne vaut-il pas mieux que la vendange d'Abiézer?

³C'est entre vos mains que Dieu a livré les chefs de Madian, Oreb et Zeeb. Qu'ai-je donc pu faire en comparaison de vous? Lorsqu'il eut ainsi parlé, leur colère contre lui s'apaisa.

⁴Gédéon arriva au Jourdain, et il le passa, lui et les trois cents hommes qui étaient avec lui, fatigués, mais poursuivant toujours.

⁵Il dit aux gens de Succoth: Donnez, je vous prie, quelques pains au peuple qui m'accompagne, car ils sont fatigués, et je suis à la poursuite de Zébach et de Tsalmunna, rois de Madian.

⁶Les chefs de Succoth répondirent: La main de Zébach et de Tsalmunna est-elle déjà en ton pouvoir, pour que nous donnions du pain à ton armée?

⁷Et Gédéon dit: Eh bien! lorsque l'Éternel aura livré entre mes mains Zébach et Tsalmunna, je broierai votre chair avec des épines du désert et avec des chardons.

⁸De là il monta à Penuel, et il fit aux gens de Penuel la même demande. Ils lui répondirent comme avaient répondu ceux de Succoth.

⁹Et il dit aussi aux gens de Penuel: Quand je reviendrai en paix, je renverserai cette tour.

¹⁰Zébach et Tsalmunna étaient à Karkor et leur armée avec eux, environ quinze mille hommes, tous ceux qui étaient restés de l'armée entière des fils de l'Orient; cent vingt mille hommes tirant l'épée avaient été tués.

¹¹Gédéon monta par le chemin de ceux qui habitent sous les tentes, à l'orient de Nobach et de Jogbeha, et il battit l'armée qui se croyait en sûreté.

¹²Zébach et Tsalmunna prirent la fuite; Gédéon les poursuivit, il

s'empara des deux rois de Madian, Zébach et Tsalmunna, et il mit en déroute toute l'armée.

¹³Gédéon, fils de Joas, revint de la bataille par la montée de Hérès.

¹⁴Il saisit d'entre les gens de Succoth un jeune homme qu'il interrogea, et qui lui mit par écrit les noms des chefs et des anciens de Succoth, soixante-dix-sept hommes.

¹⁵Puis il vint auprès des gens de Succoth, et dit: Voici Zébach et Tsalmunna, au sujet desquels vous m'avez insulté, en disant: La main de Zébach et de Tsalmunna est-elle déjà en ton pouvoir, pour que nous donnions du pain à tes hommes fatigués?

¹⁶Et il prit les anciens de la ville, et châtia les gens de Succoth avec des épines du désert et avec des chardons.

¹⁷Il renversa aussi la tour de Penuel, et tua les gens de la ville.

¹⁸Il dit à Zébach et à Tsalmunna: Comment étaient les hommes que vous avez tués au Thabor? Ils répondirent: Ils étaient comme toi, chacun avait l'air d'un fils de roi.

¹⁹Il dit: C'étaient mes frères, fils de ma mère. L'Éternel est vivant! si vous les eussiez laissés vivre, je ne vous tuerais pas.

²⁰Et il dit à Jéther, son premier-né: Lève-toi, tue-les! Mais le jeune homme ne tira point son épée, parce qu'il avait peur, car il était encore un enfant.

²¹Zébach et Tsalmunna dirent: Lève-toi toi-même, et tue-nous! car tel est l'homme, telle est sa force. Et Gédéon se leva, et tua Zébach et Tsalmunna. Il prit ensuite les croissants qui étaient aux cous de leurs chameaux.

²²Les hommes d'Israël dirent à Gédéon: Domine sur nous, et toi, et ton fils, et le fils de ton fils, car tu nous as délivrés de la main de Madian.

²³Gédéon leur dit: Je ne dominerai point sur vous, et mes fils ne domineront point sur vous; c'est l'Éternel qui dominera sur vous.

²⁴Gédéon leur dit: J'ai une demande à vous faire: donnez-moi chacun les anneaux que vous avez eus pour butin. -Les ennemis avaient des anneaux d'or, car ils étaient Ismaélites. -

²⁵Ils dirent: Nous les donnerons volontiers. Et ils étendirent un manteau, sur lequel chacun jeta les anneaux de son butin.

²⁶Le poids des anneaux d'or que demanda Gédéon fut de mille sept cents sicles d'or, sans les croissants, les pendants d'oreilles, et les vêtements de pourpre que portaient les rois de Madian, et sans les colliers qui étaient aux cous de leurs chameaux.

²⁷Gédéon en fit un éphod, et il le plaça dans sa ville, à Ophra, où il devint l'objet des prostitutions de tout Israël; et il fut un piège pour Gédéon et pour sa maison.

²⁸Madian fut humilié devant les enfants d'Israël, et il ne leva plus la tête. Et le pays fut en repos pendant quarante ans, durant la vie de Gédéon.

²⁹Jerubbaal, fils de Joas, s'en retourna, et demeura dans sa maison.

³⁰Gédéon eut soixante-dix fils, issus de lui, car il eut plusieurs femmes.

³¹Sa concubine, qui était à Sichem, lui enfanta aussi un fils, à qui on donna le nom d'Abimélec.

³²Gédéon, fils de Joas, mourut après une heureuse vieillesse; et il fut enterré dans le sépulcre de Joas, son père, à Ophra, qui appartenait à la famille d'Abiézer.

³³Lorsque Gédéon fut mort, les enfants d'Israël recommencèrent à se prostituer aux Baals, et ils prirent Baal Berith pour leur dieu.

³⁴Les enfants d'Israël ne se souvinrent point de l'Éternel, leur Dieu, qui les avait délivrés de la main de tous les ennemis qui les entouraient.

³⁵Et ils n'eurent point d'attachement pour la maison de Jerubbaal, de Gédéon, après tout le bien qu'il avait fait à Israël.

Chapitre 9

¹Abimélec, fils de Jerubbaal, se rendit à Sichem vers les frères de sa mère, et voici comment il leur parla, ainsi qu'à toute la famille de la maison du père de sa mère:

²Dites, je vous prie, aux oreilles de tous les habitants de Sichem: Vaut-il mieux pour vous que soixante-dix hommes, tous fils de Jerubbaal, dominent sur vous, ou qu'un seul homme domine sur vous? Et souvenez-vous que je suis votre os et votre chair.

³Les frères de sa mère répétèrent pour lui toutes ces paroles aux oreilles de tous les habitants de Sichem, et leur coeur inclina en faveur d'Abimélec, car ils se disaient: C'est notre frère.

⁴Ils lui donnèrent soixante-dix sicles d'argent, qu'ils enlevèrent de la maison de Baal Berith. Abimélec s'en servit pour acheter des misérables et des turbulents, qui allèrent après lui.

⁵Il vint dans la maison de son père à Ophra, et il tua ses frères, fils de Jerubbaal, soixante-dix hommes, sur une même pierre. Il n'échappa que Jotham, le plus jeune fils de Jerubbaal, car il s'était caché.

⁶Tous les habitants de Sichem et toute la maison de Millo se rassemblèrent; ils vinrent, et proclamèrent roi Abimélec, près du chêne planté dans Sichem.

⁷Jotham en fut informé. Il alla se placer sur le sommet de la montagne de Garizim, et voici ce qu'il leur cria à haute voix: Écoutez-moi, habitants de Sichem, et que Dieu vous écoute!

⁸Les arbres partirent pour aller oindre un roi et le mettre à leur tête. Ils dirent à l'olivier: Règne sur nous.

⁹Mais l'olivier leur répondit: Renoncerais-je à mon huile, qui m'assure les hommages de Dieu et des hommes, pour aller planer sur les arbres?

¹⁰Et les arbres dirent au figuier: Viens, toi, règne sur nous.

¹¹Mais le figuier leur répondit: Renoncerais-je à ma douceur et à mon excellent fruit, pour aller planer sur les arbres?

¹²Et les arbres dirent à la vigne: Viens, toi, règne sur nous.

¹³Mais la vigne leur répondit: Renoncerais-je à mon vin, qui réjouit Dieu et les hommes, pour aller planer sur les arbres?

¹⁴Alors tous les arbres dirent au buisson d'épines: Viens, toi, règne sur nous.

¹⁵Et le buisson d'épines répondit aux arbres: Si c'est de bonne foi que vous voulez m'oindre pour votre roi, venez, réfugiez-vous sous mon ombrage; sinon, un feu sortira du buisson d'épines, et dévorera les cèdres du Liban.

¹⁶Maintenant, est-ce de bonne foi et avec intégrité que vous avez agi en proclamant roi Abimélec? avez-vous eu de la bienveillance pour Jerubbaal et sa maison? l'avez-vous traité selon les services qu'il a rendus? -

¹⁷Car mon père a combattu pour vous, il a exposé sa vie, et il vous a délivrés de la main de Madian;

¹⁸et vous, vous vous êtes levés contre la maison de mon père, vous avez tué ses fils, soixante-dix hommes, sur une même pierre, et vous avez proclamé roi sur les habitants de Sichem, Abimélec, fils de sa servante, parce qu'il est votre frère. -

¹⁹Si c'est de bonne foi et avec intégrité qu'en ce jour vous avez agi envers Jerubbaal et sa maison, eh bien! qu'Abimélec fasse votre joie, et que vous fassiez aussi la sienne!

²⁰Sinon, qu'un feu sorte d'Abimélec et dévore les habitants de Sichem et la maison de Millo, et qu'un feu sorte des habitants de Sichem et de la maison de Millo et dévore Abimélec!

²¹Jotham se retira et prit la fuite; il s'en alla à Beer, où il demeura loin d'Abimélec, son frère.

²²Abimélec avait dominé trois ans sur Israël.

²³Alors Dieu envoya un mauvais esprit entre Abimélec et les habitants de Sichem, et les habitants de Sichem furent infidèles à Abimélec,

²⁴afin que la violence commise sur les soixante-dix fils de Jerubbaal reçût son châtiment, et que leur sang retombât sur Abimélec, leur frère, qui les avait tués, et sur les habitants de Sichem, qui l'avaient aidé à tuer ses frères.

²⁵Les habitants de Sichem placèrent en embuscade contre lui, sur les sommets des montagnes, des gens qui dépouillaient tous ceux qui passaient près d'eux sur le chemin. Et cela fut rapporté à Abimélec.

²⁶Gaal, fils d'Ébed, vint avec ses frères, et ils passèrent à Sichem. Les habitants de Sichem eurent confiance en lui.

²⁷Ils sortirent dans la campagne, vendangèrent leurs vignes, foulèrent les raisins, et se livrèrent à des réjouissances; ils entrèrent dans la maison de leur dieu, ils mangèrent et burent, et ils maudirent Abimélec.

²⁸Et Gaal, fils d'Ébed, disait: Qui est Abimélec, et qu'est Sichem, pour que nous servions Abimélec? N'est-il pas fils de Jerubbaal, et Zebul n'est-il pas son commissaire? Servez les hommes de Hamor, père de Sichem; mais nous, pourquoi servirions-nous Abimélec?

²⁹Oh! si j'étais le maître de ce peuple, je renverserais Abimélec. Et il disait d'Abimélec: Renforce ton armée, mets-toi en marche!

³⁰Zebul, gouverneur de la ville, apprit ce que disait Gaal, fils d'Ébed, et sa colère s'enflamma.

³¹Il envoya secrètement des messagers à Abimélec, pour lui dire: Voici, Gaal, fils d'Ébed, et ses frères, sont venus à Sichem, et ils soulèvent la ville contre toi.

³²Maintenant, pars de nuit, toi et le peuple qui est avec toi, et mets-toi en embuscade dans la campagne.

³³Le matin, au lever du soleil, tu fondras avec impétuosité sur la ville. Et lorsque Gaal et le peuple qui est avec lui sortiront contre toi, tu lui feras ce que tes forces permettront.

³⁴Abimélec et tout le peuple qui était avec lui partirent de nuit, et ils se mirent en embuscade près de Sichem, divisés en quatre corps.

³⁵Gaal, fils d'Ébed, sortit, et il se tint à l'entrée de la porte de la

ville. Abimélec et tout le peuple qui était avec lui se levèrent alors de l'embuscade.

³⁶Gaal aperçut le peuple, et il dit à Zebul: Voici un peuple qui descend du sommet des montagnes. Zebul lui répondit: C'est l'ombre des montagnes que tu prends pour des hommes.

³⁷Gaal, reprenant la parole, dit: C'est bien un peuple qui descend des hauteurs du pays, et une troupe arrive par le chemin du chêne des devins.

³⁸Zebul lui répondit: Où donc est ta bouche, toi qui disais: Qui est Abimélec, pour que nous le servions? N'est-ce point là le peuple que tu méprisais? Marche maintenant, livre-lui bataille!

³⁹Gaal s'avança à la tête des habitants de Sichem, et livra bataille à Abimélec.

⁴⁰Poursuivi par Abimélec, il prit la fuite devant lui, et beaucoup d'hommes tombèrent morts jusqu'à l'entrée de la porte.

⁴¹Abimélec s'arrêta à Aruma. Et Zebul chassa Gaal et ses frères, qui ne purent rester à Sichem.

⁴²Le lendemain, le peuple sortit dans la campagne. Abimélec, qui en fut informé,

⁴³prit sa troupe, la partagea en trois corps, et se mit en embuscade dans la campagne. Ayant vu que le peuple sortait de la ville, il se leva contre eux, et les battit.

⁴⁴Abimélec et les corps qui étaient avec lui se portèrent en avant, et se placèrent à l'entrée de la porte de la ville; deux de ces corps se jetèrent sur tous ceux qui étaient dans la campagne, et les battirent.

⁴⁵Abimélec attaqua la ville pendant toute la journée; il s'en empara, et tua le peuple qui s'y trouvait. Puis il rasa la ville, et y sema du sel.

⁴⁶A cette nouvelle, tous les habitants de la tour de Sichem se rendirent dans la forteresse de la maison du dieu Berith.

⁴⁷On avertit Abimélec que tous les habitants de la tour de Sichem s'y étaient rassemblés.

⁴⁸Alors Abimélec monta sur la montagne de Tsalmon, lui et tout le peuple qui était avec lui. Il prit en main une hache, coupa une branche d'arbre, l'enleva et la mit sur son épaule. Ensuite il dit au peuple qui était avec lui: Vous avez vu ce que j'ai fait, hâtez-vous de faire comme moi.

⁴⁹Et ils coupèrent chacun une branche, et suivirent Abimélec; ils placèrent les branches contre la forteresse, et l'incendièrent avec ceux qui y étaient. Ainsi périrent tous les gens de la tour de Sichem, au nombre d'environ mille, hommes et femmes.

⁵⁰Abimélec marcha contre Thébets. Il assiégea Thébets, et s'en empara.

⁵¹Il y avait au milieu de la ville une forte tour, où se réfugièrent tous les habitants de la ville, hommes et femmes; ils fermèrent sur eux, et montèrent sur le toit de la tour.

⁵²Abimélec parvint jusqu'à la tour; il l'attaqua, et s'approcha de la porte pour y mettre le feu.

⁵³Alors une femme lança sur la tête d'Abimélec un morceau de meule de moulin, et lui brisa le crâne.

⁵⁴Aussitôt il appela le jeune homme qui portait ses armes, et lui dit: Tire ton épée, et donne-moi la mort, de peur qu'on ne dise de moi: C'est une femme qui l'a tué. Le jeune homme le perça, et il mourut.

⁵⁵Quand les hommes d'Israël virent qu'Abimélec était mort, ils s'en allèrent chacun chez soi.

⁵⁶Ainsi Dieu fit retomber sur Abimélec le mal qu'il avait fait à son père, en tuant ses soixante-dix frères,

⁵⁷et Dieu fit retomber sur la tête des gens de Sichem tout le mal qu'ils avaient fait. Ainsi s'accomplit sur eux la malédiction de Jotham, fils de Jerubbaal.

Chapitre 10

¹Après Abimélec, Thola, fils de Pua, fils de Dodo, homme d'Issacar, se leva pour délivrer Israël; il habitait à Schamir, dans la montagne d'Éphraïm.

²Il fut juge en Israël pendant vingt-trois ans; puis il mourut, et fut enterré à Schamir.

³Après lui, se leva Jaïr, le Galaadite, qui fut juge en Israël pendant vingt-deux ans.

⁴Il avait trente fils, qui montaient sur trente ânons, et qui possédaient trente villes, appelées encore aujourd'hui bourgs de Jaïr, et situées dans le pays de Galaad.

⁵Et Jaïr mourut, et fut enterré à Kamon.

⁶Les enfants d'Israël firent encore ce qui déplaît à l'Éternel; ils servirent les Baals et les Astartés, les dieux de Syrie, les dieux de Sidon, les dieux de Moab, les dieux des fils d'Ammon, et les dieux des Philistins, et ils abandonnèrent l'Éternel et ne le servirent plus.

⁷La colère de l'Éternel s'enflamma contre Israël, et il les vendit entre les mains des Philistins et entre les mains des fils d'Ammon.

⁸Ils opprimèrent et écrasèrent les enfants d'Israël cette année-là, et pendant dix-huit ans tous les enfants d'Israël qui étaient de l'autre côté du Jourdain dans le pays des Amoréens en Galaad.

⁹Les fils d'Ammon passèrent le Jourdain pour combattre aussi contre Juda, contre Benjamin et contre la maison d'Éphraïm. Et Israël fut dans une grande détresse.

¹⁰Les enfants d'Israël crièrent à l'Éternel, en disant: Nous avons péché contre toi, car nous avons abandonné notre Dieu et nous avons servi les Baals.

¹¹L'Éternel dit aux enfants d'Israël: Ne vous ai-je pas délivrés des Égyptiens, des Amoréens, des fils d'Ammon, des Philistins?

¹²Et lorsque les Sidoniens, Amalek et Maon, vous opprimèrent, et que vous criâtes à moi, ne vous ai-je pas délivrés de leurs mains?

¹³Mais vous, vous m'avez abandonné, et vous avez servi d'autres dieux. C'est pourquoi je ne vous délivrerai plus.

¹⁴Allez, invoquez les dieux que vous avez choisis; qu'ils vous délivrent au temps de votre détresse!

¹⁵Les enfants d'Israël dirent à l'Éternel: Nous avons péché; traite-nous comme il te plaira. Seulement, daigne nous délivrer aujourd'hui!

¹⁶Et ils ôtèrent les dieux étrangers du milieu d'eux, et servirent l'Éternel, qui fut touché des maux d'Israël.

¹⁷Les fils d'Ammon se rassemblèrent et campèrent en Galaad, et les enfants d'Israël se rassemblèrent et campèrent à Mitspa.

¹⁸Le peuple, les chefs de Galaad se dirent l'un à l'autre: Quel est l'homme qui commencera l'attaque contre les fils d'Ammon? Il sera chef de tous les habitants de Galaad.

Chapitre 11

¹Jephthé, le Galaadite, était un vaillant héros. Il était fils d'une femme prostituée; et c'est Galaad qui avait engendré Jephthé.

²La femme de Galaad lui enfanta des fils, qui, devenus grands, chassèrent Jephthé, et lui dirent: Tu n'hériteras pas dans la maison de notre père, car tu es fils d'une autre femme.

³Et Jephthé s'enfuit loin de ses frères, et il habita dans le pays de Tob. Des gens de rien se rassemblèrent auprès de Jephthé, et ils faisaient avec lui des excursions.

⁴Quelque temps après, les fils d'Ammon firent la guerre à Israël.

⁵Et comme les fils d'Ammon faisaient la guerre à Israël, les anciens de Galaad allèrent chercher Jephthé au pays de Tob.

⁶Ils dirent à Jephthé: Viens, tu seras notre chef, et nous combattrons les fils d'Ammon.

⁷Jephthé répondit aux anciens de Galaad: N'avez-vous pas eu de la haine pour moi, et ne m'avez-vous pas chassé de la maison de mon père? Pourquoi venez-vous à moi maintenant que vous êtes dans la détresse?

⁸Les anciens de Galaad dirent à Jephthé: Nous revenons à toi maintenant, afin que tu marches avec nous, que tu combattes les fils d'Ammon, et que tu sois notre chef, celui de tous les habitants de Galaad.

⁹Jephthé répondit aux anciens de Galaad: Si vous me ramenez pour combattre les fils d'Ammon, et que l'Éternel les livre devant moi, je serai votre chef.

¹⁰Les anciens de Galaad dirent à Jephthé: Que l'Éternel nous entende, et qu'il juge, si nous ne faisons pas ce que tu dis.

¹¹Et Jephthé partit avec les anciens de Galaad. Le peuple le mit à sa tête et l'établit comme chef, et Jephthé répéta devant l'Éternel, à Mitspa, toutes les paroles qu'il avait prononcées.

¹²Jephthé envoya des messagers au roi des fils d'Ammon, pour lui dire: Qu'y a-t-il entre moi et toi, que tu viennes contre moi pour faire la guerre à mon pays?

¹³Le roi des fils d'Ammon répondit aux messagers de Jephthé: C'est qu'Israël, quand il est monté d'Égypte, s'est emparé de mon pays, depuis l'Arnon jusqu'au Jabbok et au Jourdain. Rends-le maintenant de bon gré.

¹⁴Jephthé envoya de nouveau des messagers au roi des fils d'Ammon,

¹⁵pour lui dire: Ainsi parle Jephthé: Israël ne s'est point emparé du pays de Moab, ni du pays des fils d'Ammon.

¹⁶Car lorsque Israël est monté d'Égypte, il a marché dans le désert jusqu'à la mer Rouge, et il est arrivé à Kadès.

¹⁷Alors Israël envoya des messagers au roi d'Édom, pour lui dire: Laisse-moi passer par ton pays. Mais le roi d'Édom n'y consentit pas. Il en envoya aussi au roi de Moab, qui refusa. Et Israël resta à Kadès.

¹⁸Puis il marcha par le désert, tourna le pays d'Édom et le pays de Moab, et vint à l'orient du pays de Moab; ils campèrent au delà de l'Arnon, sans entrer sur le territoire de Moab, car l'Arnon est la frontière

de Moab.

¹⁹Israël envoya des messagers à Sihon, roi des Amoréens, roi de Hesbon, et Israël lui dit: Laisse-nous passer par ton pays jusqu'au lieu où nous allons.

²⁰Mais Sihon n'eut pas assez confiance en Israël pour le laisser passer sur son territoire; il rassembla tout son peuple, campa à Jahats, et combattit Israël.

²¹L'Éternel, le Dieu d'Israël, livra Sihon et tout son peuple entre les mains d'Israël, qui le battit. Israël s'empara de tout le pays des Amoréens établis dans cette contrée.

²²Ils s'emparèrent de tout le territoire des Amoréens, depuis l'Arnon jusqu'au Jabbok, et depuis le désert jusqu'au Jourdain.

²³Et maintenant que l'Éternel, le Dieu d'Israël, a chassé les Amoréens devant son peuple d'Israël, est-ce toi qui aurais la possession de leur pays?

²⁴Ce que ton dieu Kemosch te donne à posséder, ne le posséderais-tu pas? Et tout ce que l'Éternel, notre Dieu, a mis en notre possession devant nous, nous ne le posséderions pas!

²⁵Vaux-tu donc mieux que Balak, fils de Tsippor, roi de Moab? A-t-il contesté avec Israël, ou lui a-t-il fait la guerre?

²⁶Voilà trois cents ans qu'Israël habite à Hesbon et dans les villes de son ressort, à Aroër et dans les villes de son ressort, et dans toutes les villes qui sont sur les bords de l'Arnon: pourquoi ne les lui avez-vous pas enlevées pendant ce temps-là?

²⁷Je ne t'ai point offensé, et tu agis mal avec moi en me faisant la guerre. Que l'Éternel, le juge, soit aujourd'hui juge entre les enfants d'Israël et les fils d'Ammon!

²⁸Le roi des fils d'Ammon n'écouta point les paroles que Jephthé lui fit dire.

²⁹L'esprit de l'Éternel fut sur Jephthé. Il traversa Galaad et Manassé; il passa à Mitspé de Galaad; de Mitspé de Galaad, il marcha contre les fils d'Ammon.

³⁰Jephthé fit un voeu à l'Éternel, et dit: Si tu livres entre mes mains les fils d'Ammon,

³¹quiconque sortira des portes de ma maison au-devant de moi, à mon heureux retour de chez les fils d'Ammon, sera consacré à l'Éternel, et je l'offrirai en holocauste.

³²Jephthé marcha contre les fils d'Ammon, et l'Éternel les livra entre ses mains.

³³Il leur fit éprouver une très grande défaite, depuis Aroër jusque vers Minnith, espace qui renfermait vingt villes, et jusqu'à Abel Keramim. Et les fils d'Ammon furent humiliés devant les enfants d'Israël.

³⁴Jephthé retourna dans sa maison à Mitspa. Et voici, sa fille sortit au-devant de lui avec des tambourins et des danses. C'était son unique enfant; il n'avait point de fils et point d'autre fille.

³⁵Dès qu'il la vit, il déchira ses vêtements, et dit: Ah! ma fille! tu me jettes dans l'abattement, tu es au nombre de ceux qui me troublent! J'ai fait un voeu à l'Éternel, et je ne puis le révoquer.

³⁶Elle lui dit: Mon père, si tu as fait un voeu à l'Éternel, traite-moi selon ce qui est sorti de ta bouche, maintenant que l'Éternel t'a vengé de tes ennemis, des fils d'Ammon.

³⁷Et elle dit à son père: Que ceci me soit accordé: laisse-moi libre pendant deux mois! Je m'en irai, je descendrai dans les montagnes, et je pleurerai ma virginité avec mes compagnes.

³⁸Il répondit: Va! Et il la laissa libre pour deux mois. Elle s'en alla avec ses compagnes, et elle pleura sa virginité sur les montagnes.

³⁹Au bout des deux mois, elle revint vers son père, et il accomplit sur elle le voeu qu'il avait fait. Elle n'avait point connu d'homme. Dès lors s'établit en Israël la coutume

⁴⁰que tous les ans les filles d'Israël s'en vont célébrer la fille de Jephthé, le Galaadite, quatre jours par année.

Chapitre 12

¹Les hommes d'Éphraïm se rassemblèrent, partirent pour le nord, et dirent à Jephthé: Pourquoi es-tu allé combattre les fils d'Ammon sans nous avoir appelés à marcher avec toi? Nous voulons incendier ta maison et te brûler avec elle.

²Jephthé leur répondit: Nous avons eu de grandes contestations, moi et mon peuple, avec les fils d'Ammon; et quand je vous ai appelés, vous ne m'avez pas délivré de leurs mains.

³Voyant que tu ne venais pas à mon secours, j'ai exposé ma vie, et j'ai marché contre les fils d'Ammon. L'Éternel les a livrés entre mes mains. Pourquoi donc aujourd'hui montez-vous contre moi pour me faire la guerre?

⁴Jephthé rassembla tous les hommes de Galaad, et livra bataille à Éphraïm. Les hommes de Galaad battirent Éphraïm, parce que les Éphraïmites disaient: Vous êtes des fugitifs d'Éphraïm! Galaad est au milieu d'Éphraïm, au milieu de Manassé!

⁵Galaad s'empara des gués du Jourdain du côté d'Éphraïm. Et quand l'un des fuyards d'Éphraïm disait: Laissez-moi passer! les hommes de Galaad lui demandaient: Es-tu Éphraïmite? Il répondait: Non.

⁶Ils lui disaient alors: Hé bien, dis Schibboleth. Et il disait Sibboleth, car il ne pouvait pas bien prononcer. Sur quoi les hommes de Galaad le saisissaient, et l'égorgeaient près des gués du Jourdain. Il périt en ce temps-là quarante-deux mille hommes d'Éphraïm.

⁷Jephthé fut juge en Israël pendant six ans; puis Jephthé, le Galaadite, mourut, et fut enterré dans l'une des villes de Galaad.

⁸Après lui, Ibtsan de Bethléhem fut juge en Israël.

⁹Il eut trente fils, il maria trente filles au dehors, et il fit venir pour ses fils trente filles du dehors. Il fut juge en Israël pendant sept ans;

¹⁰puis Ibtsan mourut, et fut enterré à Bethléhem.

¹¹Après lui, Élon de Zabulon fut juge en Israël. Il fut juge en Israël pendant dix ans;

¹²puis Élon de Zabulon mourut, et fut enterré à Ajalon, dans le pays de Zabulon.

¹³Après lui, Abdon, fils d'Hillel, le Pirathonite, fut juge en Israël.

¹⁴Il eut quarante fils et trente petits-fils, qui montaient sur soixante dix ânons. Il fut juge en Israël pendant huit ans;

¹⁵puis Abdon, fils d'Hillel, le Pirathonite, mourut, et fut enterré à Pirathon, dans le pays d'Éphraïm, sur la montagne des Amalécites.

Chapitre 13

¹Les enfants d'Israël firent encore ce qui déplaît à l'Éternel; et l'Éternel les livra entre les mains des Philistins, pendant quarante ans.

²Il y avait un homme de Tsorea, de la famille des Danites, et qui s'appelait Manoach. Sa femme était stérile, et n'enfantait pas.

³Un ange de l'Éternel apparut à la femme, et lui dit: Voici, tu es stérile, et tu n'as point d'enfants; tu deviendras enceinte, et tu enfanteras un fils.

⁴Maintenant prends bien garde, ne bois ni vin ni liqueur forte, et ne mange rien d'impur.

⁵Car tu vas devenir enceinte et tu enfanteras un fils. Le rasoir ne passera point sur sa tête, parce que cet enfant sera consacré à Dieu dès le ventre de sa mère; et ce sera lui qui commencera à délivrer Israël de la main des Philistins.

⁶La femme alla dire à son mari: Un homme de Dieu est venu vers moi, et il avait l'aspect d'un ange de Dieu, un aspect redoutable. Je ne lui ai pas demandé d'où il était, et il ne m'a pas fait connaître son nom.

⁷Mais il m'a dit: Tu vas devenir enceinte, et tu enfanteras un fils; et maintenant ne bois ni vin ni liqueur forte, et ne mange rien d'impur, parce que cet enfant sera consacré à Dieu dès le ventre de sa mère jusqu'au jour de sa mort.

⁸Manoach fit cette prière à l'Éternel: Ah! Seigneur, que l'homme de Dieu que tu as envoyé vienne encore vers nous, et qu'il nous enseigne ce que nous devons faire pour l'enfant qui naîtra!

⁹Dieu exauça la prière de Manoach, et l'ange de Dieu vint encore vers la femme. Elle était assise dans un champ, et Manoach, son mari, n'était pas avec elle.

¹⁰Elle courut promptement donner cette nouvelle à son mari, et lui dit: Voici, l'homme qui était venu l'autre jour vers moi m'est apparu.

¹¹Manoach se leva, suivit sa femme, alla vers l'homme, et lui dit: Est-ce toi qui as parlé à cette femme? Il répondit: C'est moi.

¹²Manoach dit: Maintenant, si ta parole s'accomplit, que faudra-t-il observer à l'égard de l'enfant, et qu'y aura-t-il à faire?

¹³L'ange de l'Éternel répondit à Manoach: La femme s'abstiendra de tout ce que je lui ai dit.

¹⁴Elle ne goûtera d'aucun produit de la vigne, elle ne boira ni vin ni liqueur forte, et elle ne mangera rien d'impur; elle observera tout ce que je lui ai prescrit.

¹⁵Manoach dit à l'ange de l'Éternel: Permets-nous de te retenir, et de t'apprêter un chevreau.

¹⁶L'ange de l'Éternel répondit à Manoach: Quand tu me retiendrais, je ne mangerais pas de ton mets; mais si tu veux faire un holocauste, tu l'offriras à l'Éternel. Manoach ne savait point que ce fût un ange de l'Éternel.

¹⁷Et Manoach dit à l'ange de l'Éternel: Quel est ton nom, afin que nous te rendions gloire, quand ta parole s'accomplira?

¹⁸L'ange de l'Éternel lui répondit: Pourquoi demandes-tu mon nom? Il est merveilleux.

¹⁹Manoach prit le chevreau et l'offrande, et fit un sacrifice à l'Éternel sur le rocher. Il s'opéra un prodige, pendant que Manoach et sa femme regardaient.

²⁰Comme la flamme montait de dessus l'autel vers le ciel, l'ange de l'Éternel monta dans la flamme de l'autel. A cette vue, Manoach et sa femme tombèrent la face contre terre.

²¹L'ange de l'Éternel n'apparut plus à Manoach et à sa femme. Alors Manoach comprit que c'était l'ange de l'Éternel,

²²et il dit à sa femme: Nous allons mourir, car nous avons vu Dieu.

²³Sa femme lui répondit: Si l'Éternel eût voulu nous faire mourir, il n'aurait pas pris de nos mains l'holocauste et l'offrande, il ne nous aurait pas fait voir tout cela, et il ne nous aurait pas maintenant fait entendre pareilles choses.

²⁴La femme enfanta un fils, et lui donna le nom de Samson. L'enfant grandit, et l'Éternel le bénit.

²⁵Et l'esprit de l'Éternel commença à l'agiter à Machané Dan, entre Tsorea et Eschthaol.

Chapitre 14

¹Samson descendit à Thimna, et il y vit une femme parmi les filles des Philistins.

²Lorsqu'il fut remonté, il le déclara à son père et à sa mère, et dit: J'ai vu à Thimna une femme parmi les filles des Philistins; prenez-la maintenant pour ma femme.

³Son père et sa mère lui dirent: N'y a-t-il point de femme parmi les filles de tes frères et dans tout notre peuple, que tu ailles prendre une femme chez les Philistins, qui sont incirconcis? Et Samson dit à son père: Prends-la pour moi, car elle me plaît.

⁴Son père et sa mère ne savaient pas que cela venait de l'Éternel: car Samson cherchait une occasion de dispute de la part des Philistins. En ce temps là, les Philistins dominaient sur Israël.

⁵Samson descendit avec son père et sa mère à Thimna. Lorsqu'ils arrivèrent aux vignes de Thimna, voici, un jeune lion rugissant vint à sa rencontre.

⁶L'esprit de l'Éternel saisit Samson; et, sans avoir rien à la main, Samson déchira le lion comme on déchire un chevreau. Il ne dit point à son père et à sa mère ce qu'il avait fait.

⁷Il descendit et parla à la femme, et elle lui plut.

⁸Quelque temps après, il se rendit de nouveau à Thimna pour la prendre, et se détourna pour voir le cadavre du lion. Et voici, il y avait un essaim d'abeilles et du miel dans le corps du lion.

⁹Il prit entre ses mains le miel, dont il mangea pendant la route; et lorsqu'il fut arrivé près de son père et de sa mère, il leur en donna, et ils en mangèrent. Mais il ne leur dit pas qu'il avait pris ce miel dans le corps du lion.

¹⁰Le père de Samson descendit chez la femme. Et là, Samson fit un festin, car c'était la coutume des jeunes gens.

¹¹Dès qu'on le vit, on invita trente compagnons qui se tinrent avec lui.

¹²Samson leur dit: Je vais vous proposer une énigme. Si vous me l'expliquez pendant les sept jours du festin, et si vous la découvrez, je vous donnerai trente chemises et trente vêtements de rechange.

¹³Mais si vous ne pouvez pas me l'expliquer, ce sera vous qui me donnerez trente chemises et trente vêtements de rechange. Ils lui dirent: Propose ton énigme, et nous l'écouterons.

¹⁴Et il leur dit: De celui qui mange est sorti ce qui se mange, et du fort est sorti le doux. Pendant trois jours, ils ne purent expliquer l'énigme.

¹⁵Le septième jour, ils dirent à la femme de Samson: Persuade à ton mari de nous expliquer l'énigme; sinon, nous te brûlerons, toi et la maison de ton père. C'est pour nous dépouiller que vous nous avez invités, n'est-ce pas?

¹⁶La femme de Samson pleurait auprès de lui, et disait: Tu n'as pour moi que de la haine, et tu ne m'aimes pas; tu as proposé une énigme aux enfants de mon peuple, et tu ne me l'as point expliquée! Et il lui répondait: Je ne l'ai expliquée ni à mon père ni à ma mère; est-ce à toi que je l'expliquerais?

¹⁷Elle pleura auprès de lui pendant les sept jours que dura leur festin; et le septième jour, il la lui expliqua, car elle le tourmentait. Et elle donna l'explication de l'énigme aux enfants de son peuple.

¹⁸Les gens de la ville dirent à Samson le septième jour, avant le coucher du soleil: Quoi de plus doux que le miel, et quoi de plus fort que le lion? Et il leur dit: Si vous n'aviez pas labouré avec ma génisse, vous n'auriez pas découvert mon énigme.

¹⁹L'esprit de l'Éternel le saisit, et il descendit à Askalon. Il y tua trente hommes, prit leurs dépouilles, et donna les vêtements de rechange à ceux qui avaient expliqué l'énigme. Il était enflammé de colère, et il monta à la maison de son père.

²⁰Sa femme fut donnée à l'un de ses compagnons, avec lequel il était lié.

Chapitre 15

¹Quelque temps après, à l'époque de la moisson des blés, Samson alla voir sa femme, et lui porta un chevreau. Il dit: Je veux entrer vers ma femme dans sa chambre. Mais le père de sa femme ne lui permit pas d'entrer.

²J'ai pensé dit-il, que tu avais pour elle de la haine, et je l'ai donnée à ton compagnon. Est-ce que sa jeune soeur n'est pas plus belle qu'elle? Prends-la donc à sa place.

³Samson leur dit: Cette fois je ne serai pas coupable envers les Philistins, si je leur fais du mal.

⁴Samson s'en alla. Il attrapa trois cents renards, et prit des flambeaux; puis il tourna queue contre queue, et mit un flambeau entre deux queues, au milieu.

⁵Il alluma les flambeaux, lâcha les renards dans les blés des Philistins, et embrasa les tas de gerbes, le blé sur pied, et jusqu'aux plantations d'oliviers.

⁶Les Philistins dirent: Qui a fait cela? On répondit: Samson, le gendre du Thimnien, parce que celui-ci lui a pris sa femme et l'a donnée à son compagnon. Et les Philistins montèrent, et ils la brûlèrent, elle et son père.

⁷Samson leur dit: Est-ce ainsi que vous agissez? Je ne cesserai qu'après m'être vengé de vous.

⁸Il les battit rudement, dos et ventre; puis il descendit, et se retira dans la caverne du rocher d'Étam.

⁹Alors les Philistins se mirent en marche, campèrent en Juda, et s'étendirent jusqu'à Léchi.

¹⁰Les hommes de Juda dirent: Pourquoi êtes-vous montés contre nous? Ils répondirent: Nous sommes montés pour lier Samson, afin de le traiter comme il nous a traités.

¹¹Sur quoi trois mille hommes de Juda descendirent à la caverne du rocher d'Étam, et dirent à Samson: Ne sais-tu pas que les Philistins dominent sur nous? Que nous as-tu donc fait? Il leur répondit: Je les ai traités comme ils m'ont traité.

¹²Ils lui dirent: Nous sommes descendus pour te lier, afin de te livrer entre les mains des Philistins. Samson leur dit: Jurez-moi que vous ne me tuerez pas.

¹³Ils lui répondirent: Non; nous voulons seulement te lier et te livrer entre leurs mains, mais nous ne te ferons pas mourir. Et ils le lièrent avec deux cordes neuves, et le firent sortir du rocher.

¹⁴Lorsqu'il arriva à Léchi, les Philistins poussèrent des cris à sa rencontre. Alors l'esprit de l'Éternel le saisit. Les cordes qu'il avait aux bras devinrent comme du lin brûlé par le feu, et ses liens tombèrent de ses mains.

¹⁵Il trouva une mâchoire d'âne fraîche, il étendit sa main pour la prendre, et il en tua mille hommes.

¹⁶Et Samson dit: Avec une mâchoire d'âne, un monceau, deux monceaux; Avec une mâchoire d'âne, j'ai tué mille hommes.

¹⁷Quand il eut achevé de parler, il jeta de sa main la mâchoire. Et l'on appela ce lieu Ramath Léchi.

¹⁸Pressé par la soif, il invoqua l'Éternel, et dit: C'est toi qui a permis par la main de ton serviteur cette grande délivrance; et maintenant mourrais je de soif, et tomberais-je entre les mains des incirconcis?

¹⁹Dieu fendit la cavité du rocher qui est à Léchi, et il en sortit de l'eau. Samson but, son esprit se ranima, et il reprit vie. C'est de là qu'on a appelé cette source En Hakkoré; elle existe encore aujourd'hui à Léchi.

²⁰Samson fut juge en Israël, au temps des Philistins, pendant vingt ans.

Chapitre 16

¹Samson partit pour Gaza; il y vit une femme prostituée, et il entra chez elle.

²On dit aux gens de Gaza: Samson est arrivé ici. Et ils l'environnèrent, et se tinrent en embuscade toute la nuit à la porte de la ville. Ils restèrent tranquilles toute la nuit, disant: Au point du jour, nous le tuerons.

³Samson demeura couché jusqu'à minuit. Vers minuit, il se leva; et il saisit les battants de la porte de la ville et les deux poteaux, les arracha avec la barre, les mit sur ses épaules, et les porta sur le sommet de la montagne qui est en face d'Hébron.

⁴Après cela, il aima une femme dans la vallée de Sorek. Elle se nommait Delila.

⁵Les princes des Philistins montèrent vers elle, et lui dirent: Flatte-le, pour savoir d'où lui vient sa grande force et comment nous pourrions nous rendre maîtres de lui; nous le lierons pour le dompter, et nous te donnerons chacun mille et cent sicles d'argent.

⁶Delila dit à Samson: Dis-moi, je te prie, d'où vient ta grande

force, et avec quoi il faudrait te lier pour te dompter.

⁷Samson lui dit: Si on me liait avec sept cordes fraîches, qui ne fussent pas encore sèches, je deviendrais faible et je serais comme un autre homme.

⁸Les princes des Philistins apportèrent à Delila sept cordes fraîches, qui n'étaient pas encore sèches. Et elle le lia avec ces cordes.

⁹Or des gens se tenaient en embuscade chez elle, dans une chambre. Elle lui dit: Les Philistins sont sur toi, Samson! Et il rompit les cordes, comme se rompt un cordon d'étoupe quand il sent le feu. Et l'on ne connut point d'où venait sa force.

¹⁰Delila dit à Samson: Voici, tu t'es joué de moi, tu m'as dit des mensonges. Maintenant, je te prie, indique-moi avec quoi il faut te lier.

¹¹Il lui dit: Si on me liait avec des cordes neuves, dont on ne se fût jamais servi, je deviendrais faible et je serais comme un autre homme.

¹²Delila prit des cordes neuves, avec lesquelles elle le lia. Puis elle lui dit: Les Philistins sont sur toi, Samson! Or des gens se tenaient en embuscade dans une chambre. Et il rompit comme un fil les cordes qu'il avait aux bras.

¹³Delila dit à Samson: Jusqu'à présent tu t'es joué de moi, tu m'as dit des mensonges. Déclare-moi avec quoi il faut te lier. Il lui dit: Tu n'as qu'à tisser les sept tresses de ma tête avec la chaîne du tissu.

¹⁴Et elle les fixa par la cheville. Puis elle lui dit: Les Philistins sont sur toi, Samson! Et il se réveilla de son sommeil, et il arracha la cheville du tissu et le tissu.

¹⁵Elle lui dit: Comment peux-tu dire: Je t'aime! puisque ton coeur n'est pas avec moi? Voilà trois fois que tu t'es joué de moi, et tu ne m'as pas déclaré d'où vient ta grande force.

¹⁶Comme elle était chaque jour à le tourmenter et à l'importuner par ses instances, son âme s'impatienta à la mort,

¹⁷il lui ouvrit tout son coeur, et lui dit: Le rasoir n'a point passé sur ma tête, parce que je suis consacré à Dieu dès le ventre de ma mère. Si j'étais rasé, ma force m'abandonnerait, je deviendrais faible, et je serais comme tout autre homme.

¹⁸Delila, voyant qu'il lui avait ouvert tout son coeur, envoya appeler les princes des Philistins, et leur fit dire: Montez cette fois, car il m'a ouvert tout son coeur. Et les princes des Philistins montèrent vers elle, et apportèrent l'argent dans leurs mains.

¹⁹Elle l'endormit sur ses genoux. Et ayant appelé un homme, elle rasa les sept tresses de la tête de Samson, et commença ainsi à le dompter. Il perdit sa force.

²⁰Elle dit alors: Les Philistins sont sur toi, Samson! Et il se réveilla de son sommeil, et dit: Je m'en tirerai comme les autres fois, et je me dégagerai. Il ne savait pas que l'Éternel s'était retiré de lui.

²¹Les Philistins le saisirent, et lui crevèrent les yeux; ils le firent descendre à Gaza, et le lièrent avec des chaînes d'airain. Il tournait la meule dans la prison.

²²Cependant les cheveux de sa tête recommençaient à croître, depuis qu'il avait été rasé.

²³Or les princes des Philistins s'assemblèrent pour offrir un grand sacrifice à Dagon, leur dieu, et pour se réjouir. Ils disaient: Notre dieu a livré entre nos mains Samson, notre ennemi.

²⁴Et quand le peuple le vit, ils célébrèrent leur dieu, en disant: Notre dieu a livré entre nos mains notre ennemi, celui qui ravageait notre pays, et qui multipliait nos morts.

²⁵Dans la joie de leur coeur, ils dirent: Qu'on appelle Samson, et qu'il nous divertisse! Ils firent sortir Samson de la prison, et il joua devant eux. Ils le placèrent entre les colonnes.

²⁶Et Samson dit au jeune homme qui le tenait par la main: Laisse-moi, afin que je puisse toucher les colonnes sur lesquelles repose la maison et m'appuyer contre elles.

²⁷La maison était remplie d'hommes et de femmes; tous les princes des Philistins étaient là, et il y avait sur le toit environ trois mille personnes, hommes et femmes, qui regardaient Samson jouer.

²⁸Alors Samson invoqua l'Éternel, et dit: Seigneur Éternel! souviens-toi de moi, je te prie; ô Dieu! donne-moi de la force seulement cette fois, et que d'un seul coup je tire vengeance des Philistins pour mes deux yeux!

²⁹Et Samson embrassa les deux colonnes du milieu sur lesquelles reposait la maison, et il s'appuya contre elles; l'une était à sa droite, et l'autre à sa gauche.

³⁰Samson dit: Que je meure avec les Philistins! Il se pencha fortement, et la maison tomba sur les princes et sur tout le peuple qui y était. Ceux qu'il fit périr à sa mort furent plus nombreux que ceux qu'il avait tués pendant sa vie.

³¹Ses frères et toute la maison de son père descendirent, et l'emportèrent. Lorsqu'ils furent remontés, ils l'enterrèrent entre Tsorea et Eschthaol dans le sépulcre de Manoach, son père. Il avait été juge en Israël pendant vingt ans.

Chapitre 17

¹Il y avait un homme de la montagne d'Éphraïm, nommé Mica.

²Il dit à sa mère: Les mille et cent sicles d'argent qu'on t'a pris, et pour lesquels tu as fait des imprécations même à mes oreilles, voici, cet argent est entre mes mains, c'est moi qui l'avais pris. Et sa mère dit: Béni soit mon fils par l'Éternel!

³Il rendit à sa mère les mille et cent sicles d'argent; et sa mère dit: Je consacre de ma main cet argent à l'Éternel, afin d'en faire pour mon fils une image taillée et une image en fonte; et c'est ainsi que je te le rendrai.

⁴Il rendit à sa mère l'argent. Sa mère prit deux cents sicles d'argent. Et elle donna l'argent au fondeur, qui en fit une image taillée et une image en fonte. On les plaça dans la maison de Mica.

⁵Ce Mica avait une maison de Dieu; il fit un éphod et des théraphim, et il consacra l'un de ses fils, qui lui servit de prêtre.

⁶En ce temps-là, il n'y avait point de roi en Israël. Chacun faisait ce qui lui semblait bon.

⁷Il y avait un jeune homme de Bethléhem de Juda, de la famille de Juda; il était Lévite, et il séjournait là.

⁸Cet homme partit de la ville de Bethléhem de Juda, pour chercher une demeure qui lui convînt. En poursuivant son chemin, il arriva dans la montagne d'Éphraïm jusqu'à la maison de Mica.

⁹Mica lui dit: D'où viens-tu? Il lui répondit: Je suis Lévite, de Bethléhem de Juda, et je voyage pour chercher une demeure qui me convienne.

¹⁰Mica lui dit: Reste avec moi; tu me serviras de père et de prêtre, et je te donnerai dix sicles d'argent par année, les vêtements dont tu auras besoin, et ton entretien. Et le Lévite entra.

¹¹Il se décida ainsi à rester avec cet homme, qui regarda le jeune homme comme l'un de ses fils.

¹²Mica consacra le Lévite, et ce jeune homme lui servit de prêtre et demeura dans sa maison.

¹³Et Mica dit: Maintenant, je sais que l'Éternel me fera du bien, puisque j'ai ce Lévite pour prêtre.

Chapitre 18

¹En ce temps-là, il n'y avait point de roi en Israël; et la tribu des Danites se cherchait une possession pour s'établir, car jusqu'à ce jour il ne lui était point échu d'héritage au milieu des tribus d'Israël.

²Les fils de Dan prirent sur eux tous, parmi leurs familles, cinq hommes vaillants, qu'ils envoyèrent de Tsorea et d'Eschthaol, pour explorer le pays et pour l'examiner. Ils leur dirent: Allez, examinez le pays. Ils arrivèrent dans la montagne d'Éphraïm jusqu'à la maison de Mica, et ils y passèrent la nuit.

³Comme ils étaient près de la maison de Mica, ils reconnurent la voix du jeune Lévite, s'approchèrent et lui dirent: Qui t'a amené ici? que fais-tu dans ce lieu? et qu'as-tu ici?

⁴Il leur répondit: Mica fait pour moi telle et telle chose, il me donne un salaire, et je lui sers de prêtre.

⁵Ils lui dirent: Consulte Dieu, afin que nous sachions si notre voyage aura du succès.

⁶Et le prêtre leur répondit: Allez en paix; le voyage que vous faites est sous le regard de l'Éternel.

⁷Les cinq hommes partirent, et ils arrivèrent à Laïs. Ils virent le peuple qui y était vivant en sécurité à la manière des Sidoniens, tranquille et sans inquiétude; il n'y avait dans le pays personne qui leur fît le moindre outrage en dominant sur eux; ils étaient éloignés des Sidoniens, et ils n'avaient pas de liaison avec d'autres hommes.

⁸Ils revinrent auprès de leurs frères à Tsorea et Eschthaol, et leurs frères leur dirent: Quelle nouvelle apportez-vous?

⁹Allons! répondirent-ils, montons contre eux; car nous avons vu le pays, et voici, il est très bon. Quoi! vous restez sans rien dire! Ne soyez point paresseux à vous mettre en marche pour aller prendre possession de ce pays.

¹⁰Quand vous y entrerez, vous arriverez vers un peuple en sécurité. Le pays est vaste, et Dieu l'a livré entre vos mains; c'est un lieu où rien ne manque de tout ce qui est sur la terre.

¹¹Six cents hommes de la famille de Dan partirent de Tsorea et d'Eschthaol, munis de leurs armes de guerre.

¹²Ils montèrent, et campèrent à Kirjath Jearim en Juda; c'est pourquoi ce lieu, qui est derrière Kirjath Jearim, a été appelé jusqu'à ce jour Machané Dan.

¹³Ils passèrent de là dans la montagne d'Éphraïm, et ils arrivèrent jusqu'à la maison de Mica.

¹⁴Alors les cinq hommes qui étaient allés pour explorer le pays de Laïs prirent la parole et dirent à leurs frères: Savez-vous qu'il y a dans ces maisons-là un éphod, des théraphim, une image taillée et une image

Juges

en fonte? Voyez maintenant ce que vous avez à faire.

¹⁵Ils s'approchèrent de là, entrèrent dans la maison du jeune Lévite, dans la maison de Mica, et lui demandèrent comment il se portait.

¹⁶Les six cents hommes d'entre les fils de Dan, munis de leurs armes de guerre, se tenaient à l'entrée de la porte.

¹⁷Et les cinq hommes qui étaient allés pour explorer le pays montèrent et entrèrent dans la maison; ils prirent l'image taillée, l'éphod, les théraphim, et l'image en fonte, pendant que le prêtre était à l'entrée de la porte avec les six cents hommes munis de leurs armes de guerre.

¹⁸Lorsqu'ils furent entrés dans la maison de Mica, et qu'ils eurent pris l'image taillée, l'éphod, les théraphim, et l'image en fonte, le prêtre leur dit: Que faites-vous?

¹⁹Ils lui répondirent: Tais-toi, mets ta main sur ta bouche, et viens avec nous; tu nous serviras de père et de prêtre. Vaut-il mieux que tu serves de prêtre à la maison d'un seul homme, ou que tu serves de prêtre à une tribu et à une famille en Israël?

²⁰Le prêtre éprouva de la joie dans son coeur; il prit l'éphod, les théraphim, et l'image taillée, et se joignit à la troupe.

²¹Ils se remirent en route et partirent, en plaçant devant eux les enfants, le bétail et les bagages.

²²Comme ils étaient déjà loin de la maison de Mica, les gens qui habitaient les maisons voisines de celle de Mica se rassemblèrent et poursuivirent les fils de Dan.

²³Ils appelèrent les fils de Dan, qui se retournèrent et dirent à Mica: Qu'as-tu, et que signifie ce rassemblement?

²⁴Il répondit: Mes dieux que j'avais faits, vous les avez enlevés avec le prêtre et vous êtes partis: que me reste-t-il? Comment donc pouvez-vous me dire: Qu'as-tu?

²⁵Les fils de Dan lui dirent: Ne fais pas entendre ta voix près de nous; sinon des hommes irrités se jetteront sur vous, et tu causeras ta perte et celle de ta maison.

²⁶Et les fils de Dan continuèrent leur route. Mica, voyant qu'ils étaient plus forts que lui, s'en retourna et revint dans sa maison.

²⁷Ils enlevèrent ainsi ce qu'avait fait Mica et emmenèrent le prêtre qui était à son service, et ils tombèrent sur Laïs, sur un peuple tranquille et en sécurité; ils le passèrent au fil de l'épée, et ils brûlèrent la ville.

²⁸Personne ne la délivra, car elle était éloignée de Sidon, et ses habitants n'avaient pas de liaison avec d'autres hommes: elle était dans la vallée qui s'étend vers Beth Rehob. Les fils de Dan rebâtirent la ville, et y habitèrent;

²⁹ils l'appelèrent Dan, d'après le nom de Dan, leur père, qui était né à Israël; mais la ville s'appelait auparavant Laïs.

³⁰Ils dressèrent pour eux l'image taillée; et Jonathan, fils de Guerschom, fils de Manassé, lui et ses fils, furent prêtres pour la tribu des Danites, jusqu'à l'époque de la captivité du pays.

³¹Ils établirent pour eux l'image taillée qu'avait faite Mica, pendant tout le temps que la maison de Dieu fut à Silo.

Chapitre 19

¹Dans ce temps où il n'y avait point de roi en Israël, un Lévite, qui séjournait à l'extrémité de la montagne d'Éphraïm, prit pour sa concubine une femme de Bethléhem de Juda.

²Sa concubine lui fit infidélité, et elle le quitta pour aller dans la maison de son père à Bethléhem de Juda, où elle resta l'espace de quatre mois.

³Son mari se leva et alla vers elle, pour parler à son coeur et la ramener. Il avait avec lui son serviteur et deux ânes. Elle le fit entrer dans la maison de son père; et quand le père de la jeune femme le vit, il le reçut avec joie.

⁴Son beau-père, le père de la jeune femme, le retint trois jours chez lui. Ils mangèrent et burent, et ils y passèrent la nuit.

⁵Le quatrième jour, ils se levèrent de bon matin, et le Lévite se disposait à partir. Mais le père de la jeune femme dit à son gendre: Prends un morceau de pain pour fortifier ton coeur; vous partirez ensuite.

⁶Et ils s'assirent, et ils mangèrent et burent eux deux ensemble. Puis le père de la jeune femme dit au mari: Décide-toi donc à passer la nuit, et que ton coeur se réjouisse.

⁷Le mari se levait pour s'en aller; mais, sur les instances de son beau-père, il passa encore la nuit.

⁸Le cinquième jour, il se leva de bon matin pour partir. Alors le père de la jeune femme dit: Fortifie ton coeur, je te prie; et restez jusqu'au déclin du jour. Et ils mangèrent eux deux.

⁹Le mari se levait pour s'en aller, avec sa concubine et son serviteur; mais son beau-père, le père de la jeune femme, lui dit: Voici, le jour baisse, il se fait tard, passez donc la nuit; voici, le jour est sur son déclin, passe ici la nuit, et que ton coeur se réjouisse; demain vous vous lèverez de bon matin pour vous mettre en route, et tu t'en iras à ta tente.

¹⁰Le mari ne voulut point passer la nuit, il se leva et partit. Il arriva jusque devant Jebus, qui est Jérusalem, avec les deux ânes bâtés et avec sa concubine.

¹¹Lorsqu'ils furent près de Jebus, le jour avait beaucoup baissé. Le serviteur dit alors à son maître: Allons, dirigeons-nous vers cette ville des Jébusiens, et nous y passerons la nuit.

¹²Son maître lui répondit: Nous n'entrerons pas dans une ville d'étrangers, où il n'y a point d'enfants d'Israël, nous irons jusqu'à Guibea.

¹³Il dit encore à son serviteur: Allons, approchons-nous de l'un de ces lieux, Guibea ou Rama, et nous y passerons la nuit.

¹⁴Ils continuèrent à marcher, et le soleil se coucha quand ils furent près de Guibea, qui appartient à Benjamin.

¹⁵Ils se dirigèrent de ce côté pour aller passer la nuit à Guibea. Le Lévite entra, et il s'arrêta sur la place de la ville. Il n'y eut personne qui les reçût dans sa maison pour qu'ils y passassent la nuit.

¹⁶Et voici, un vieillard revenait le soir de travailler aux champs; cet homme était de la montagne d'Éphraïm, il séjournait à Guibea, et les gens du lieu étaient Benjamites.

¹⁷Il leva les yeux, et vit le voyageur sur la place de la ville. Et le vieillard lui dit: Où vas-tu, et d'où viens-tu?

¹⁸Il lui répondit: Nous allons de Bethléhem de Juda jusqu'à l'extrémité de la montagne d'Éphraïm, d'où je suis. J'étais allé à Bethléhem de Juda, et je me rends à la maison de l'Éternel. Mais il n'y a personne qui me reçoive dans sa demeure.

¹⁹Nous avons cependant de la paille et du fourrage pour nos ânes; nous avons aussi du pain et du vin pour moi, pour ta servante, et pour le garçon qui est avec tes serviteurs. Il ne nous manque rien.

²⁰Le vieillard dit: Que la paix soit avec toi! Je me charge de tous tes besoins, tu ne passeras pas la nuit sur la place.

²¹Il les fit entrer dans sa maison, et il donna du fourrage aux ânes. Les voyageurs se lavèrent les pieds; puis ils mangèrent et burent.

²²Pendant qu'ils étaient à se réjouir, voici, les hommes de la ville, gens pervers, entourèrent la maison, frappèrent à la porte, et dirent au vieillard, maître de la maison: Fais sortir l'homme qui est entré chez toi, pour que nous le connaissions.

²³Le maître de la maison, se présentant à eux, leur dit: Non, mes frères, ne faites pas le mal, je vous prie; puisque cet homme est entré dans ma maison, ne commettez pas cette infamie.

²⁴Voici, j'ai une fille vierge, et cet homme a une concubine; je vous les amènerai dehors; vous les déshonorerez, et vous leur ferez ce qu'il vous plaira. Mais ne commettez pas sur cet homme une action aussi infâme.

²⁵Ces gens ne voulurent point l'écouter. Alors l'homme prit sa concubine, et la leur amena dehors. Ils la connurent, et ils abusèrent d'elle toute la nuit jusqu'au matin; puis ils la renvoyèrent au lever de l'aurore.

²⁶Vers le matin, cette femme alla tomber à l'entrée de la maison de l'homme chez qui était son mari, et elle resta là jusqu'au jour.

²⁷Et le matin, son mari se leva, ouvrit la porte de la maison, et sortit pour continuer son chemin. Mais voici, la femme, sa concubine, était étendue à l'entrée de la maison, les mains sur le seuil.

²⁸Il lui dit: Lève-toi, et allons-nous-en. Elle ne répondit pas. Alors le mari la mit sur un âne, et partit pour aller dans sa demeure.

²⁹Arrivé chez lui, il prit un couteau, saisit sa concubine, et la coupa membre par membre en douze morceaux, qu'il envoya dans tout le territoire d'Israël.

³⁰Tous ceux qui virent cela dirent: Jamais rien de pareil n'est arrivé et ne s'est vu depuis que les enfants d'Israël sont montés du pays d'Égypte jusqu'à ce jour; prenez la chose à coeur, consultez-vous, et parlez!

Chapitre 20

¹Tous les enfants d'Israël sortirent, depuis Dan jusqu'à Beer Schéba et au pays de Galaad, et l'assemblée se réunit comme un seul homme devant l'Éternel, à Mitspa.

²Les chefs de tout le peuple, toutes les tribus d'Israël, se présentèrent dans l'assemblée du peuple de Dieu: quatre cent mille hommes de pied, tirant l'épée.

³Et les fils de Benjamin apprirent que les enfants d'Israël étaient montés à Mitspa. Les enfants d'Israël dirent: Parlez, comment ce crime a-t-il été commis?

⁴Alors le Lévite, le mari de la femme qui avait été tuée, prit la parole, et dit: J'étais arrivé, avec ma concubine, à Guibea de Benjamin, pour y passer la nuit.

⁵Les habitants de Guibea se sont soulevés contre moi, et ont entouré pendant la nuit la maison où j'étais. Ils avaient l'intention de me tuer, et ils ont fait violence à ma concubine, et elle est morte.

⁶J'ai saisi ma concubine, et je l'ai coupée en morceaux, que j'ai envoyés dans tout le territoire de l'héritage d'Israël; car ils ont commis un crime et une infamie en Israël.

⁷Vous voici tous, enfants d'Israël; consultez-vous, et prenez ici une décision!

⁸Tout le peuple se leva comme un seul homme, en disant: Nul de nous n'ira dans sa tente, et personne ne retournera dans sa maison.

⁹Voici maintenant ce que nous ferons à Guibea: Nous marcherons contre elle d'après le sort.

¹⁰Nous prendrons dans toutes les tribus d'Israël dix hommes sur cent, cent sur mille, et mille sur dix mille; ils iront chercher des vivres pour le peuple, afin qu'à leur retour on traite Guibea de Benjamin selon toute l'infamie qu'elle a commise en Israël.

¹¹Ainsi tous les hommes d'Israël s'assemblèrent contre la ville, unis comme un seul homme.

¹²Les tribus d'Israël envoyèrent des hommes vers toutes les familles de Benjamin, pour dire: Qu'est-ce que ce crime qui s'est commis parmi vous?

¹³Livrez maintenant les gens pervers qui sont à Guibea, afin que nous les fassions mourir et que nous ôtions le mal du milieu d'Israël. Mais les Benjamites ne voulurent point écouter la voix de leurs frères, les enfants d'Israël.

¹⁴Les Benjamites sortirent de leurs villes, et s'assemblèrent à Guibea, pour combattre les enfants d'Israël.

¹⁵Le dénombrement que l'on fit en ce jour des Benjamites sortis des villes fut de vingt-six mille hommes, tirant l'épée, sans compter les habitants de Guibea formant sept cents hommes d'élite.

¹⁶Parmi tout ce peuple, il y avait sept cents hommes d'élite qui ne se servaient pas de la main droite; tous ceux-là pouvaient, en lançant une pierre avec la fronde, viser à un cheveu sans le manquer.

¹⁷On fit aussi le dénombrement des hommes d'Israël, non compris ceux de Benjamin, et l'on en trouva quatre cent mille tirant l'épée, tous gens de guerre.

¹⁸Et les enfants d'Israël se levèrent, montèrent à Béthel, et consultèrent Dieu, en disant: Qui de nous montera le premier pour combattre les fils de Benjamin? l'Éternel répondit: Juda montera le premier.

¹⁹Dès le matin, les enfants d'Israël se mirent en marche, et ils campèrent près de Guibea.

²⁰Et les hommes d'Israël s'avancèrent pour combattre ceux de Benjamin, et ils se rangèrent en bataille contre eux devant Guibea.

²¹Les fils de Benjamin sortirent de Guibea, et ils étendirent sur le sol ce jour-là vingt-deux mille hommes d'Israël.

²²Le peuple, les hommes d'Israël reprirent courage, et ils se rangèrent de nouveau en bataille dans le lieu où ils s'étaient placés le premier jour.

²³Et les enfants d'Israël montèrent, et ils pleurèrent devant l'Éternel jusqu'au soir; ils consultèrent l'Éternel, en disant: Dois-je m'avancer encore pour combattre les fils de Benjamin, mon frère? L'Éternel répondit: Montez contre lui.

²⁴Les enfants d'Israël s'avancèrent contre les fils de Benjamin, le second jour.

²⁵Et ce même jour, les Benjamites sortirent de Guibea à leur rencontre, et ils étendirent encore sur le sol dix-huit mille hommes des enfants d'Israël, tous tirant l'épée.

²⁶Tous les enfants d'Israël et tout le peuple montèrent et vinrent à Béthel; ils pleurèrent et restèrent là devant l'Éternel, ils jeûnèrent en ce jour jusqu'au soir, et ils offrirent des holocaustes et des sacrifices d'actions de grâces devant l'Éternel.

²⁷Et les enfants d'Israël consultèrent l'Éternel, -c'était là que se trouvait alors l'arche de l'alliance de Dieu,

²⁸et c'était Phinées, fils d'Éléazar, fils d'Aaron, qui se tenait à cette époque en présence de Dieu, -et ils dirent: Dois-je marcher encore pour combattre les fils de Benjamin, mon frère, ou dois-je m'en abstenir? L'Éternel répondit: Montez, car demain je les livrerai entre vos mains.

²⁹Alors Israël plaça une embuscade autour de Guibea.

³⁰Les enfants d'Israël montèrent contre les fils de Benjamin, le troisième jour, et ils se rangèrent en bataille devant Guibea, comme les autres fois.

³¹Et les fils de Benjamin sortirent à la rencontre du peuple, et ils se laissèrent attirer loin de la ville. Ils commencèrent à frapper à mort parmi le peuple comme les autres fois, sur les routes dont l'une monte à Béthel et l'autre à Guibea par la campagne, et ils tuèrent environ trente hommes d'Israël.

³²Les fils de Benjamin disaient: Les voilà battus devant nous comme auparavant! Mais les enfants d'Israël disaient: Fuyons, et attirons-les loin de la ville dans les chemins.

³³Tous les hommes d'Israël quittèrent leur position, et se rangèrent à Baal Thamar; et l'embuscade d'Israël s'élança du lieu où elle était, de Maaré Guibea.

³⁴Dix mille hommes choisis sur tout Israël arrivèrent devant Guibea. Le combat fut rude, et les Benjamites ne se doutaient pas du désastre qu'ils allaient éprouver.

³⁵L'Éternel battit Benjamin devant Israël, et les enfants d'Israël tuèrent ce jour-là vingt-cinq mille et cent hommes de Benjamin, tous tirant l'épée.

³⁶Les fils de Benjamin regardaient comme battus les hommes d'Israël, qui cédaient du terrain à Benjamin et se reposaient sur l'embuscade qu'ils avaient placée contre Guibea.

³⁷Les gens en embuscade se jetèrent promptement sur Guibea, ils se portèrent en avant et frappèrent toute la ville du tranchant de l'épée.

³⁸Suivant un signal convenu avec les hommes d'Israël, ceux de l'embuscade devaient faire monter de la ville une épaisse fumée.

³⁹Les hommes d'Israël firent alors volte-face dans la bataille. Les Benjamites leur avaient tué déjà environ trente hommes, et ils disaient: Certainement les voilà battus devant nous comme dans le premier combat!

⁴⁰Cependant une épaisse colonne de fumée commençait à s'élever de la ville. Les Benjamites regardèrent derrière eux; et voici, de la ville entière les flammes montaient vers le ciel.

⁴¹Les hommes d'Israël avaient fait volte-face; et ceux de Benjamin furent épouvantés, en voyant le désastre qui allait les atteindre.

⁴²Ils tournèrent le dos devant les hommes d'Israël, et s'enfuirent par le chemin du désert. Mais les assaillants s'attachèrent à leurs pas, et ils détruisirent pendant le trajet ceux qui étaient sortis des villes.

⁴³Ils enveloppèrent Benjamin, le poursuivirent, l'écrasèrent dès qu'il voulait se reposer, jusqu'en face de Guibea du côté du soleil levant.

⁴⁴Il tomba dix-huit mille hommes de Benjamin, tous vaillants.

⁴⁵Parmi ceux qui tournèrent le dos pour s'enfuir vers le désert au rocher de Rimmon, les hommes d'Israël en firent périr cinq mille sur les routes; ils les poursuivirent jusqu'à Guideom, et ils en tuèrent deux mille.

⁴⁶Le nombre total des Benjamites qui périrent ce jour-là fut de vingt-cinq mille hommes tirant l'épée, tous vaillants.

⁴⁷Six cents hommes, qui avaient tourné le dos et qui s'étaient enfuis vers le désert au rocher de Rimmon, demeurèrent là pendant quatre mois.

⁴⁸Les hommes d'Israël revinrent vers les fils de Benjamin, et ils les frappèrent du tranchant de l'épée, depuis les hommes des villes jusqu'au bétail, et tout ce que l'on trouva. Ils mirent aussi le feu à toutes les villes qui existaient.

Chapitre 21

¹Les hommes d'Israël avaient juré à Mitspa, en disant: Aucun de nous ne donnera sa fille pour femme à un Benjamite.

²Le peuple vint à Béthel, et il y resta devant Dieu jusqu'au soir. Ils élevèrent la voix, ils versèrent d'abondantes larmes,

³et ils dirent: O Éternel, Dieu d'Israël, pourquoi est-il arrivé en Israël qu'il manque aujourd'hui une tribu d'Israël?

⁴Le lendemain, le peuple se leva de bon matin; ils bâtirent là un autel, et ils offrirent des holocaustes et des sacrifices d'actions de grâces.

⁵Les enfants d'Israël dirent: Quel est celui d'entre toutes les tribus d'Israël qui n'est pas monté à l'assemblée devant l'Éternel? Car on avait fait un serment solennel contre quiconque ne monterait pas vers l'Éternel à Mitspa, on avait dit: Il sera puni de mort.

⁶Les enfants d'Israël éprouvaient du repentir au sujet de Benjamin, leur frère, et ils disaient: Aujourd'hui une tribu a été retranchée d'Israël.

⁷Que ferons-nous pour procurer des femmes à ceux qui ont survécu, puisque nous avons juré par l'Éternel de ne pas leur donner de nos filles pour femmes?

⁸Ils dirent donc: Y a-t-il quelqu'un d'entre les tribus d'Israël qui ne soit pas monté vers l'Éternel à Mitspa? Et voici, personne de Jabès en Galaad n'était venu au camp, à l'assemblée.

⁹On fit le dénombrement du peuple, et il n'y avait là aucun des habitants de Jabès en Galaad.

¹⁰Alors l'assemblée envoya contre eux douze mille soldats, en leur donnant cet ordre: Allez, et frappez du tranchant de l'épée les habitants de Jabès en Galaad, avec les femmes et les enfants.

¹¹Voici ce que vous ferez: vous dévouerez par interdit tout mâle et toute femme qui a connu la couche d'un homme.

¹²Ils trouvèrent parmi les habitants de Jabès en Galaad quatre cents jeunes filles vierges qui n'avaient point connu d'homme en

couchant avec lui, et ils les amenèrent dans le camp à Silo, qui est au pays de Canaan.

¹³Toute l'assemblée envoya des messagers pour parler aux fils de Benjamin qui étaient au rocher de Rimmon, et pour leur annoncer la paix.

¹⁴En ce temps-là, les Benjamites revinrent, et on leur donna les femmes à qui l'on avait laissé la vie parmi les femmes de Jabès en Galaad. Mais il n'y en avait pas assez pour eux.

¹⁵Le peuple éprouvait du repentir au sujet de Benjamin, car l'Éternel avait fait une brèche dans les tribus d'Israël.

¹⁶Les anciens de l'assemblée dirent: Que ferons-nous pour procurer des femmes à ceux qui restent, puisque les femmes de Benjamin ont été détruites?

¹⁷Et ils dirent: Que les réchappés de Benjamin conservent leur héritage, afin qu'une tribu ne soit pas effacée d'Israël.

¹⁸Mais nous ne pouvons pas leur donner de nos filles pour femmes, car les enfants d'Israël ont juré, en disant: Maudit soit celui qui donnera une femme à un Benjamite!

¹⁹Et ils dirent: Voici, il y a chaque année une fête de l'Éternel à Silo, qui est au nord de Béthel, à l'orient de la route qui monte de Béthel, à Sichem, et au midi de Lebona.

²⁰Puis ils donnèrent cet ordre aux fils de Benjamin: Allez, et placez-vous en embuscade dans les vignes.

²¹Vous regarderez, et voici, lorsque les filles de Silo sortiront pour danser, vous sortirez des vignes, vous enlèverez chacun une des filles de Silo pour en faire votre femme, et vous vous en irez dans le pays de Benjamin.

²²Si leurs pères ou leurs frères viennent se plaindre auprès de nous, nous leur dirons: Accordez-les-nous, car nous n'avons pas pris une femme pour chacun dans la guerre. Ce n'est pas vous qui les leur avez données; en ce cas, vous seriez coupables.

²³Ainsi firent les fils de Benjamin; ils prirent des femmes selon leur nombre parmi les danseuses qu'ils enlevèrent, puis ils partirent et retournèrent dans leur héritage; ils rebâtirent les villes, et y habitèrent.

²⁴Et dans le même temps les enfants d'Israël s'en allèrent de là chacun dans sa tribu et dans sa famille, ils retournèrent chacun dans son héritage.

²⁵En ce temps-là, il n'y avait point de roi en Israël. Chacun faisait ce qui lui semblait bon.

Ruth

Chapitre 1

¹Du temps des juges, il y eut une famine dans le pays. Un homme de Bethléhem de Juda partit, avec sa femme et ses deux fils, pour faire un séjour dans le pays de Moab.

²Le nom de cet homme était Élimélec, celui de sa femme Naomi, et ses deux fils s'appelaient Machlon et Kiljon; ils étaient Éphratiens, de Bethléhem de Juda. Arrivés au pays de Moab, ils y fixèrent leur demeure.

³Élimélec, mari de Naomi, mourut, et elle resta avec ses deux fils.

⁴Ils prirent des femmes Moabites, dont l'une se nommait Orpa, et l'autre Ruth, et ils habitèrent là environ dix ans.

⁵Machlon et Kiljon moururent aussi tous les deux, et Naomi resta privée de ses deux fils et de son mari.

⁶Puis elle se leva, elle et ses belles-filles, afin de quitter le pays de Moab, car elle apprit au pays de Moab que l'Éternel avait visité son peuple et lui avait donné du pain.

⁷Elle sortit du lieu qu'elle habitait, accompagnée de ses deux belles-filles, et elle se mit en route pour retourner dans le pays de Juda.

⁸Naomi dit alors à ses deux belles-filles: Allez, retournez chacune à la maison de sa mère! Que l'Éternel use de bonté envers vous, comme vous l'avez fait envers ceux qui sont morts et envers moi!

⁹Que l'Éternel vous fasse trouver à chacune du repos dans la maison d'un mari! Et elle les baisa. Elles élevèrent la voix, et pleurèrent;

¹⁰et elles lui dirent: Non, nous irons avec toi vers ton peuple.

¹¹Naomi, dit: Retournez, mes filles! Pourquoi viendriez-vous avec moi? Ai-je encore dans mon sein des fils qui puissent devenir vos maris?

¹²Retournez, mes filles, allez! Je suis trop vieille pour me remarier. Et quand je dirais: J'ai de l'espérance; quand cette nuit même je serais avec un mari, et que j'enfanterais des fils,

¹³attendriez-vous pour cela qu'ils eussent grandi, refuseriez-vous pour cela de vous marier? Non, mes filles! car à cause de vous je suis dans une grande affliction de ce que la main de l'Éternel s'est étendue contre moi.

¹⁴Et elles élevèrent la voix, et pleurèrent encore. Orpa baisa sa belle-mère, mais Ruth s'attacha à elle.

¹⁵Naomi dit à Ruth: Voici, ta belle-soeur est retournée vers son peuple et vers ses dieux; retourne, comme ta belle-soeur.

¹⁶Ruth répondit: Ne me presse pas de te laisser, de retourner loin de toi! Où tu iras j'irai, où tu demeureras je demeurerai; ton peuple sera mon peuple, et ton Dieu sera mon Dieu;

¹⁷où tu mourras je mourrai, et j'y serai enterrée. Que l'Éternel me traite dans toute sa rigueur, si autre chose que la mort vient à me séparer de toi!

¹⁸Naomi, la voyant décidée à aller avec elle, cessa ses instances.

¹⁹Elles firent ensemble le voyage jusqu'à leur arrivée à Bethléhem. Et lorsqu'elles entrèrent dans Bethléhem, toute la ville fut émue à cause d'elles, et les femmes disaient: Est-ce là Naomi?

²⁰Elle leur dit: Ne m'appelez pas Naomi; appelez-moi Mara, car le Tout Puissant m'a remplie d'amertume.

²¹J'étais dans l'abondance à mon départ, et l'Éternel me ramène les mains vides. Pourquoi m'appelleriez-vous Naomi, après que l'Éternel s'est prononcé contre moi, et que le Tout Puissant m'a affligée?

²²Ainsi revinrent du pays de Moab Naomi et sa belle-fille, Ruth la Moabite. Elles arrivèrent à Bethléhem au commencement de la moisson des orges.

Chapitre 2

¹Naomi avait un parent de son mari. C'était un homme puissant et riche, de la famille d'Élimélec, et qui se nommait Boaz.

²Ruth la Moabite dit à Naomi: Laisse-moi, je te prie, aller glaner des épis dans le champ de celui aux yeux duquel je trouverai grâce. Elle lui répondit: Va, ma fille.

³Elle alla glaner dans un champ, derrière les moissonneurs. Et il se trouva par hasard que la pièce de terre appartenait à Boaz, qui était de la famille d'Élimélec.

⁴Et voici, Boaz vint de Bethléhem, et il dit aux moissonneurs: Que l'Éternel soit avec vous! Ils lui répondirent: Que l'Éternel te bénisse!

⁵Et Boaz dit à son serviteur chargé de surveiller les moissonneurs: A qui est cette jeune femme?

⁶Le serviteur chargé de surveiller les moissonneurs répondit: C'est une jeune femme Moabite, qui est revenue avec Naomi du pays de Moab.

⁷Elle a dit: Permettez-moi de glaner et de ramasser des épis entre les gerbes, derrière les moissonneurs. Et depuis ce matin qu'elle est venue, elle a été debout jusqu'à présent, et ne s'est reposée qu'un moment dans la maison.

⁸Boaz dit à Ruth: Écoute, ma fille, ne va pas glaner dans un autre champ; ne t'éloigne pas d'ici, et reste avec mes servantes.

⁹Regarde où l'on moissonne dans le champ, et va après elles. J'ai défendu à mes serviteurs de te toucher. Et quand tu auras soif, tu iras aux vases, et tu boiras de ce que les serviteurs auront puisé.

¹⁰Alors elle tomba sur sa face et se prosterna contre terre, et elle lui dit: Comment ai-je trouvé grâce à tes yeux, pour que tu t'intéresses à moi, à moi qui suis une étrangère?

¹¹Boaz lui répondit: On m'a rapporté tout ce que tu as fait pour ta belle-mère depuis la mort de ton mari, et comment tu as quitté ton père et ta mère et le pays de ta naissance, pour aller vers un peuple que tu ne connaissais point auparavant.

¹²Que l'Éternel te rende ce que tu as fait, et que ta récompense soit entière de la part de l'Éternel, le Dieu d'Israël, sous les ailes duquel tu es venue te réfugier!

¹³Et elle dit: Oh! que je trouve grâce à tes yeux, mon seigneur! Car tu m'as consolée, et tu as parlé au coeur de ta servante. Et pourtant je ne suis pas, moi, comme l'une de tes servantes.

¹⁴Au moment du repas, Boaz dit à Ruth: Approche, mange du pain, et trempe ton morceau dans le vinaigre. Elle s'assit à côté des moissonneurs. On lui donna du grain rôti; elle mangea et se rassasia, et elle garda le reste.

¹⁵Puis elle se leva pour glaner. Boaz donna cet ordre à ses serviteurs: Qu'elle glane aussi entre les gerbes, et ne l'inquiétez pas,

¹⁶et même vous ôterez pour elle des gerbes quelques épis, que vous la laisserez glaner, sans lui faire de reproches.

¹⁷Elle glana dans le champ jusqu'au soir, et elle battit ce qu'elle avait glané. Il y eut environ un épha d'orge.

¹⁸Elle l'emporta et rentra dans la ville, et sa belle-mère vit ce qu'elle avait glané. Elle sortit aussi les restes de son repas, et les lui donna.

¹⁹Sa belle-mère lui dit: Où as-tu glané aujourd'hui, et où as-tu travaillé? Béni soit celui qui s'est intéressé à toi! Et Ruth fit connaître à sa belle mère chez qui elle avait travaillé: L'homme chez qui j'ai travaillé aujourd'hui, dit-elle, s'appelle Boaz.

²⁰Naomi dit à sa belle-fille: Qu'il soit béni de l'Éternel, qui se montre miséricordieux pour les vivants comme il le fut pour ceux qui sont morts! Cet homme est notre parent, lui dit encore Naomi, il est de ceux qui ont sur nous droit de rachat.

²¹Ruth la Moabite ajouta: Il m'a dit aussi: Reste avec mes serviteurs, jusqu'à ce qu'ils aient achevé toute ma moisson.

²²Et Naomi dit à Ruth, sa belle-fille: Il est bon, ma fille, que tu sortes avec ses servantes, et qu'on ne te rencontre pas dans un autre champ.

²³Elle resta donc avec les servantes de Boaz, pour glaner, jusqu'à la fin de la moisson des orges et de la moisson du froment. Et elle demeurait avec sa belle-mère.

Chapitre 3

¹Naomi, sa belle-mère, lui dit: Ma fille, je voudrais assurer ton repos, afin que tu fusses heureuse.

²Et maintenant Boaz, avec les servantes duquel tu as été, n'est-il pas notre parent? Voici, il doit vanner cette nuit les orges qui sont dans l'aire.

³Lave-toi et oins-toi, puis remets tes habits, et descends à l'aire. Tu ne te feras pas connaître à lui, jusqu'à ce qu'il ait achevé de manger et de boire.

⁴Et quand il ira se coucher, observe le lieu où il se couche. Ensuite va, découvre ses pieds, et couche-toi. Il te dira lui-même ce que tu as à faire.

⁵Elle lui répondit: Je ferai tout ce que tu as dit.

⁶Elle descendit à l'aire, et fit tout ce qu'avait ordonné sa belle-mère.

⁷Boaz mangea et but, et son coeur était joyeux. Il alla se coucher à l'extrémité d'un tas de gerbes. Ruth vint alors tout doucement, découvrit ses pieds, et se coucha.

⁸Au milieu de la nuit, cet homme eut une frayeur; il se pencha, et voici, une femme était couchée à ses pieds.

⁹Il dit: Qui es-tu? Elle répondit: Je suis Ruth, ta servante; étends ton aile sur ta servante, car tu as droit de rachat.

¹⁰Et il dit: Sois bénie de l'Éternel, ma fille! Ce dernier trait

Ruth

témoigne encore plus en ta faveur que le premier, car tu n'as pas recherché des jeunes gens, pauvres ou riches.

¹¹Maintenant, ma fille, ne crains point; je ferai pour toi tout ce que tu diras; car toute la porte de mon peuple sait que tu es une femme vertueuse.

¹²Il est bien vrai que j'ai droit de rachat, mais il en existe un autre plus proche que moi.

¹³Passe ici la nuit. Et demain, s'il veut user envers toi du droit de rachat, à la bonne heure, qu'il le fasse; mais s'il ne lui plaît pas d'en user envers toi, j'en userai, moi, l'Éternel est vivant! Reste couchée jusqu'au matin.

¹⁴Elle resta couchée à ses pieds jusqu'au matin, et elle se leva avant qu'on pût se reconnaître l'un l'autre. Boaz dit: Qu'on ne sache pas qu'une femme est entrée dans l'aire.

¹⁵Et il ajouta: Donne le manteau qui est sur toi, et tiens-le. Elle le tint, et il mesura six mesures d'orge, qu'il chargea sur elle. Puis il rentra dans la ville.

¹⁶Ruth revint auprès de sa belle-mère, et Naomi dit: Est-ce toi, ma fille? Ruth lui raconta tout ce que cet homme avait fait pour elle.

¹⁷Elle dit: Il m'a donné ces six mesures d'orge, en disant: Tu ne retourneras pas à vide vers ta belle-mère.

¹⁸Et Naomi dit: Sois tranquille, ma fille, jusqu'à ce que tu saches comment finira la chose, car cet homme ne se donnera point de repos qu'il n'ait terminé cette affaire aujourd'hui.

Chapitre 4

¹Boaz monta à la porte, et s'y arrêta. Or voici, celui qui avait droit de rachat, et dont Boaz avait parlé, vint à passer. Boaz lui dit: Approche, reste ici, toi un tel. Et il s'approcha, et s'arrêta.

²Boaz prit alors dix hommes parmi les anciens de la ville, et il dit: Asseyez-vous ici. Et ils s'assirent.

³Puis il dit à celui qui avait le droit de rachat: Naomi, revenue du pays de Moab, a vendu la pièce de terre qui appartenait à notre frère Élimélec.

⁴J'ai cru devoir t'en informer, et te dire: Acquiers-la, en présence des habitants et en présence des anciens de mon peuple. Si tu veux racheter, rachète; mais si tu ne veux pas, déclare-le-moi, afin que je le sache. Car il n'y a personne avant toi qui ait le droit de rachat, et je l'ai après toi. Et il répondit: je rachèterai.

⁵Boaz dit: Le jour où tu acquerras le champ de la main de Naomi, tu l'acquerras en même temps de Ruth la Moabite, femme du défunt, pour relever le nom du défunt dans son héritage.

⁶Et celui qui avait le droit de rachat répondit: Je ne puis pas racheter pour mon compte, crainte de détruire mon héritage; prends pour toi mon droit de rachat, car je ne puis pas racheter.

⁷Autrefois en Israël, pour valider une affaire quelconque relative à un rachat ou à un échange, l'un ôtait son soulier et le donnait à l'autre: cela servait de témoignage en Israël.

⁸Celui qui avait le droit de rachat dit donc à Boaz: Acquiers pour ton compte! Et il ôta son soulier.

⁹Alors Boaz dit aux anciens et à tout le peuple: Vous êtes témoins aujourd'hui que j'ai acquis de la main de Naomi tout ce qui appartenait à Élimélec, à Kiljon et à Machlon,

¹⁰et que je me suis également acquis pour femme Ruth la Moabite, femme de Machlon, pour relever le nom du défunt dans son héritage, et afin que le nom du défunt ne soit point retranché d'entre ses frères et de la porte de son lieu. Vous en êtes témoins aujourd'hui!

¹¹Tout le peuple qui était à la porte et les anciens dirent: Nous en sommes témoins! Que l'Éternel rende la femme qui entre dans ta maison semblable à Rachel et à Léa, qui toutes les deux ont bâti la maison d'Israël! Manifeste ta force dans Éphrata, et fais-toi un nom dans Bethléhem!

¹²Puisse la postérité que l'Éternel te donnera par cette jeune femme rendre ta maison semblable à la maison de Pérets, qui fut enfanté à Juda par Tamar!

¹³Boaz prit Ruth, qui devint sa femme, et il alla vers elle. L'Éternel permit à Ruth de concevoir, et elle enfanta un fils.

¹⁴Les femmes dirent à Naomi: Béni soit l'Éternel, qui ne t'a point laissé manquer aujourd'hui d'un homme ayant droit de rachat, et dont le nom sera célébré en Israël!

¹⁵Cet enfant restaurera ton âme, et sera le soutien de ta vieillesse; car ta belle-fille, qui t'aime, l'a enfanté, elle qui vaut mieux pour toi que sept fils.

¹⁶Naomi prit l'enfant et le mit sur son sein, et elle fut sa garde.

¹⁷Les voisines lui donnèrent un nom, en disant: Un fils est né à Naomi! Et elles l'appelèrent Obed. Ce fut le père d'Isaï père de David.

¹⁸Voici la postérité de Pérets.

¹⁹Pérets engendra Hetsron; Hetsron engendra Ram; Ram engendra Amminadab;

²⁰Amminadab engendra Nachschon; Nachschon engendra Salmon;

²¹Salmon engendra Boaz; Boaz engendra Obed;

²²Obed engendra Isaï; et Isaï engendra David.

1 Samuel

Chapitre 1

¹Il y avait un homme de Ramathaïm Tsophim, de la montagne d'Éphraïm, nommé Elkana, fils de Jeroham, fils d'Élihu, fils de Thohu, fils de Tsuph, Éphratien.

²Il avait deux femmes, dont l'une s'appelait Anne, et l'autre Peninna; Peninna avait des enfants, mais Anne n'en avait point.

³Chaque année, cet homme montait de sa ville à Silo, pour se prosterner devant l'Éternel des armées et pour lui offrir des sacrifices. Là se trouvaient les deux fils d'Éli, Hophni et Phinées, sacrificateurs de l'Éternel.

⁴Le jour où Elkana offrait son sacrifice, il donnait des portions à Peninna, sa femme, et à tous les fils et à toutes les filles qu'il avait d'elle.

⁵Mais il donnait à Anne une portion double; car il aimait Anne, que l'Éternel avait rendue stérile.

⁶Sa rivale lui prodiguait les mortifications, pour la porter à s'irriter de ce que l'Éternel l'avait rendue stérile.

⁷Et toutes les années il en était ainsi. Chaque fois qu'Anne montait à la maison de l'Éternel, Peninna la mortifiait de la même manière. Alors elle pleurait et ne mangeait point.

⁸Elkana, son mari, lui disait: Anne, pourquoi pleures-tu, et ne manges-tu pas? pourquoi ton coeur est-il attristé? Est-ce que je ne vaux pas pour toi mieux que dix fils?

⁹Anne se leva, après que l'on eut mangé et bu à Silo. Le sacrificateur Éli était assis sur un siège, près de l'un des poteaux du temple de l'Éternel.

¹⁰Et, l'amertume dans l'âme, elle pria l'Éternel et versa des pleurs.

¹¹Elle fit un voeu, en disant: Éternel des armées! si tu daignes regarder l'affliction de ta servante, si tu te souviens de moi et n'oublies point ta servante, et si tu donnes à ta servante un enfant mâle, je le consacrerai à l'Éternel pour tous les jours de sa vie, et le rasoir ne passera point sur sa tête.

¹²Comme elle restait longtemps en prière devant l'Éternel, Éli observa sa bouche.

¹³Anne parlait dans son coeur, et ne faisait que remuer les lèvres, mais on n'entendait point sa voix. Éli pensa qu'elle était ivre,

¹⁴et il lui dit: Jusques à quand seras-tu dans l'ivresse? Fais passer ton vin.

¹⁵Anne répondit: Non, mon seigneur, je suis une femme qui souffre en son coeur, et je n'ai bu ni vin ni boisson enivrante; mais je répandais mon âme devant l'Éternel.

¹⁶Ne prends pas ta servante pour une femme pervertie, car c'est l'excès de ma douleur et de mon chagrin qui m'a fait parler jusqu'à présent.

¹⁷Éli reprit la parole, et dit: Va en paix, et que le Dieu d'Israël exauce la prière que tu lui as adressée!

¹⁸Elle dit: Que ta servante trouve grâce à tes yeux! Et cette femme s'en alla. Elle mangea, et son visage ne fut plus le même.

¹⁹Ils se levèrent de bon matin, et après s'être prosternés devant l'Éternel, ils s'en retournèrent et revinrent dans leur maison à Rama. Elkana connut Anne, sa femme, et l'Éternel se souvint d'elle.

²⁰Dans le cours de l'année, Anne devint enceinte, et elle enfanta un fils, qu'elle nomma Samuel, car, dit-elle, je l'ai demandé à l'Éternel.

²¹Son mari Elkana monta ensuite avec toute sa maison, pour offrir à l'Éternel le sacrifice annuel, et pour accomplir son voeu.

²²Mais Anne ne monta point, et elle dit à son mari: Lorsque l'enfant sera sevré, je le mènerai, afin qu'il soit présenté devant l'Éternel et qu'il reste là pour toujours.

²³Elkana, son mari, lui dit: Fais ce qui te semblera bon, attends de l'avoir sevré. Veuille seulement l'Éternel accomplir sa parole! Et la femme resta et allaita son fils, jusqu'à ce qu'elle le sevrât.

²⁴Quand elle l'eut sevré, elle le fit monter avec elle, et prit trois taureaux, un épha de farine, et une outre de vin. Elle le mena dans la maison de l'Éternel à Silo: l'enfant était encore jeune.

²⁵Ils égorgèrent les taureaux, et ils conduisirent l'enfant à Éli.

²⁶Anne dit: Mon seigneur, pardon! aussi vrai que ton âme vit, mon seigneur, je suis cette femme qui me tenais ici près de toi pour prier l'Éternel.

²⁷C'était pour cet enfant que je priais, et l'Éternel a exaucé la prière que je lui adressais.

²⁸Aussi je veux le prêter à l'Éternel: il sera toute sa vie prêté à l'Éternel. Et ils se prosternèrent là devant l'Éternel.

Chapitre 2

¹Anne pria, et dit: Mon coeur se réjouit en l'Éternel, Ma force a été relevée par l'Éternel; Ma bouche s'est ouverte contre mes ennemis, Car je me réjouis de ton secours.

²Nul n'est saint comme l'Éternel; Il n'y a point d'autre Dieu que toi; Il n'y a point de rocher comme notre Dieu.

³Ne parlez plus avec tant de hauteur; Que l'arrogance ne sorte plus de votre bouche; Car l'Éternel est un Dieu qui sait tout, Et par lui sont pesées toutes les actions.

⁴L'arc des puissants est brisé, Et les faibles ont la force pour ceinture.

⁵Ceux qui étaient rassasiés se louent pour du pain, Et ceux qui étaient affamés se reposent; Même la stérile enfante sept fois, Et celle qui avait beaucoup d'enfants est flétrie.

⁶L'Éternel fait mourir et il fait vivre, Il fait descendre au séjour des morts et il en fait remonter.

⁷L'Éternel appauvrit et il enrichit, Il abaisse et il élève.

⁸De la poussière il retire le pauvre, Du fumier il relève l'indigent, Pour les faire asseoir avec les grands. Et il leur donne en partage un trône de gloire; Car à l'Éternel sont les colonnes de la terre, Et c'est sur elles qu'il a posé le monde.

⁹Il gardera les pas de ses bien-aimés. Mais les méchants seront anéantis dans les ténèbres; Car l'homme ne triomphera point par la force.

¹⁰Les ennemis de l'Éternel trembleront; Du haut des cieux il lancera sur eux son tonnerre; L'Éternel jugera les extrémités de la terre. Il donnera la puissance à son roi, Et il relèvera la force de son oint.

¹¹Elkana s'en alla dans sa maison à Rama, et l'enfant fut au service de l'Éternel devant le sacrificateur Éli.

¹²Les fils d'Éli étaient des hommes pervers, ils ne connaissaient point l'Éternel.

¹³Et voici quelle était la manière d'agir de ces sacrificateurs à l'égard du peuple. Lorsque quelqu'un offrait un sacrifice, le serviteur du sacrificateur arrivait au moment où l'on faisait cuire la chair. Tenant à la main une fourchette à trois dents,

¹⁴il piquait dans la chaudière, dans le chaudron, dans la marmite, ou dans le pot; et tout ce que la fourchette amenait, le sacrificateur le prenait pour lui. C'est ainsi qu'ils agissaient à l'égard de tous ceux d'Israël qui venaient là à Silo.

¹⁵Même avant qu'on fît brûler la graisse, le serviteur du sacrificateur arrivait et disait à celui qui offrait le sacrifice: Donne pour le sacrificateur de la chair à rôtir; il ne recevra de toi point de chair cuite, c'est de la chair crue qu'il veut.

¹⁶Et si l'homme lui disait: Quand on aura brûlé la graisse, tu prendras ce qui te plaira, le serviteur répondait: Non! tu donneras maintenant, sinon je prends de force.

¹⁷Ces jeunes gens se rendaient coupables devant l'Éternel d'un très grand péché, parce qu'ils méprisaient les offrandes de l'Éternel.

¹⁸Samuel faisait le service devant l'Éternel, et cet enfant était revêtu d'un éphod de lin.

¹⁹Sa mère lui faisait chaque année une petite robe, et la lui apportait en montant avec son mari pour offrir le sacrifice annuel.

²⁰Éli bénit Elkana et sa femme, en disant: Que l'Éternel te fasse avoir des enfants de cette femme, pour remplacer celui qu'elle a prêté à l'Éternel! Et ils s'en retournèrent chez eux.

²¹Lorsque l'Éternel eut visité Anne, elle devint enceinte, et elle enfanta trois fils et deux filles. Et le jeune Samuel grandissait auprès de l'Éternel.

²²Éli était fort âgé et il apprit comment ses fils agissaient à l'égard de tout Israël; il apprit aussi qu'ils couchaient avec les femmes qui s'assemblaient à l'entrée de la tente d'assignation.

²³Il leur dit: Pourquoi faites-vous de telles choses? car j'apprends de tout le peuple vos mauvaises actions.

²⁴Non, mes enfants, ce que j'entends dire n'est pas bon; vous faites pécher le peuple de l'Éternel.

²⁵Si un homme pèche contre un autre homme, Dieu le jugera; mais s'il pèche contre l'Éternel, qui intercédera pour lui? Et ils n'écoutèrent point la voix de leur père, car l'Éternel voulait les faire mourir.

²⁶Le jeune Samuel continuait à grandir, et il était agréable à l'Éternel et aux hommes.

²⁷Un homme de Dieu vint auprès d'Éli, et lui dit: Ainsi parle l'Éternel: Ne me suis-je pas révélé à la maison de ton père, lorsqu'ils étaient en Égypte dans la maison de Pharaon?

²⁸Je l'ai choisie parmi toutes les tribus d'Israël pour être à mon

service dans le sacerdoce, pour monter à mon autel, pour brûler le parfum, pour porter l'éphod devant moi, et j'ai donné à la maison de ton père tous les sacrifices consumés par le feu et offerts par les enfants d'Israël.

²⁹Pourquoi foulez-vous aux pieds mes sacrifices et mes offrandes, que j'ai ordonné de faire dans ma demeure? Et d'où vient que tu honores tes fils plus que moi, afin de vous engraisser des prémices de toutes les offrandes d'Israël, mon peuple?

³⁰C'est pourquoi voici ce que dit l'Éternel, le Dieu d'Israël: J'avais déclaré que ta maison et la maison de ton père marcheraient devant moi à perpétuité. Et maintenant, dit l'Éternel, loin de moi! Car j'honorerai celui qui m'honore, mais ceux qui me méprisent seront méprisés.

³¹Voici, le temps arrive où je retrancherai ton bras et le bras de la maison de ton père, en sorte qu'il n'y aura plus de vieillard dans ta maison.

³²Tu verras un adversaire dans ma demeure, tandis qu'Israël sera comblé de biens par l'Éternel; et il n'y aura plus jamais de vieillard dans ta maison.

³³Je laisserai subsister auprès de mon autel l'un des tiens, afin de consumer tes yeux et d'attrister ton âme; mais tous ceux de ta maison mourront dans la force de l'âge.

³⁴Et tu auras pour signe ce qui arrivera à tes deux fils, Hophni et Phinées; ils mourront tous les deux le même jour.

³⁵Je m'établirai un sacrificateur fidèle, qui agira selon mon coeur et selon mon âme; je lui bâtirai une maison stable, et il marchera toujours devant mon oint.

³⁶Et quiconque restera de ta maison viendra se prosterner devant lui pour avoir une pièce d'argent et un morceau de pain, et dira: Attache-moi, je te prie, à l'une des fonctions du sacerdoce, afin que j'aie un morceau de pain à manger.

Chapitre 3

¹Le jeune Samuel était au service de l'Éternel devant Éli. La parole de l'Éternel était rare en ce temps-là, les visions n'étaient pas fréquentes.

²En ce même temps, Éli, qui commençait à avoir les yeux troubles et ne pouvait plus voir, était couché à sa place,

³la lampe de Dieu n'était pas encore éteinte, et Samuel était couché dans le temple de l'Éternel, où était l'arche de Dieu.

⁴Alors l'Éternel appela Samuel. Il répondit: Me voici!

⁵Et il courut vers Éli, et dit: Me voici, car tu m'as appelé. Éli répondit: Je n'ai point appelé; retourne te coucher. Et il alla se coucher.

⁶L'Éternel appela de nouveau Samuel. Et Samuel se leva, alla vers Éli, et dit: Me voici, car tu m'as appelé. Éli répondit: Je n'ai point appelé, mon fils, retourne te coucher.

⁷Samuel ne connaissait pas encore l'Éternel, et la parole de l'Éternel ne lui avait pas encore été révélée.

⁸L'Éternel appela de nouveau Samuel, pour la troisième fois. Et Samuel se leva, alla vers Éli, et dit: Me voici, car tu m'as appelé. Éli comprit que c'était l'Éternel qui appelait l'enfant,

⁹et il dit à Samuel: Va, couche-toi; et si l'on t'appelle, tu diras: Parle, Éternel, car ton serviteur écoute. Et Samuel alla se coucher à sa place.

¹⁰L'Éternel vint et se présenta, et il appela comme les autres fois: Samuel, Samuel! Et Samuel répondit: Parle, car ton serviteur écoute.

¹¹Alors l'Éternel dit à Samuel: Voici, je vais faire en Israël une chose qui étourdira les oreilles de quiconque l'entendra.

¹²En ce jour j'accomplirai sur Éli tout ce que j'ai prononcé contre sa maison; je commencerai et j'achèverai.

¹³Je lui ai déclaré que je veux punir sa maison à perpétuité, à cause du crime dont il a connaissance, et par lequel ses fils se sont rendus méprisables, sans qu'il les ait réprimés.

¹⁴C'est pourquoi je jure à la maison d'Éli que jamais le crime de la maison d'Éli ne sera expié, ni par des sacrifices ni par des offrandes.

¹⁵Samuel resta couché jusqu'au matin, puis il ouvrit les portes de la maison de l'Éternel. Samuel craignait de raconter la vision à Éli.

¹⁶Mais Éli appela Samuel, et dit: Samuel, mon fils! Il répondit: Me voici!

¹⁷Et Éli dit: Quelle est la parole que t'a adressée l'Éternel? Ne me cache rien. Que Dieu te traite dans toute sa rigueur, si tu me caches quelque chose de tout ce qu'il t'a dit!

¹⁸Samuel lui raconta tout, sans lui rien cacher. Et Éli dit: C'est l'Éternel, qu'il fasse ce qui lui semblera bon!

¹⁹Samuel grandissait. L'Éternel était avec lui, et il ne laissa tomber à terre aucune de ses paroles.

²⁰Tout Israël, depuis Dan jusqu'à Beer Schéba, reconnut que Samuel était établi prophète de l'Éternel.

²¹L'Éternel continuait à apparaître dans Silo; car l'Éternel se révélait à Samuel, dans Silo, par la parole de l'Éternel.

Chapitre 4

¹La parole de Samuel s'adressait à tout Israël. Israël sortit à la rencontre des Philistins, pour combattre. Ils campèrent près d'Ében Ézer, et les Philistins étaient campés à Aphek.

²Les Philistins se rangèrent en bataille contre Israël, et le combat s'engagea. Israël fut battu par les Philistins, qui tuèrent sur le champ de bataille environ quatre mille hommes.

³Le peuple rentra au camp, et les anciens d'Israël dirent: Pourquoi l'Éternel nous a-t-il laissé battre aujourd'hui par les Philistins? Allons chercher à Silo l'arche de l'alliance de l'Éternel; qu'elle vienne au milieu de nous, et qu'elle nous délivre de la main de nos ennemis.

⁴Le peuple envoya à Silo, d'où l'on apporta l'arche de l'alliance de l'Éternel des armées qui siège entre les chérubins. Les deux fils d'Éli, Hophni et Phinées, étaient là, avec l'arche de l'alliance de Dieu.

⁵Lorsque l'arche de l'alliance de l'Éternel entra dans le camp, tout Israël poussa de grands cris de joie, et la terre en fut ébranlée.

⁶Le retentissement de ces cris fut entendu des Philistins, et ils dirent: Que signifient ces grands cris qui retentissent dans le camp des Hébreux? Et ils apprirent que l'arche de l'Éternel était arrivée au camp.

⁷Les Philistins eurent peur, parce qu'ils crurent que Dieu était venu dans le camp. Malheur à nous! dirent-ils, car il n'en a pas été ainsi jusqu'à présent.

⁸Malheur à nous! Qui nous délivrera de la main de ces dieux puissants? Ce sont ces dieux qui ont frappé les Égyptiens de toutes sortes de plaies dans le désert.

⁹Fortifiez-vous et soyez des hommes, Philistins, de peur que vous ne soyez asservis aux Hébreux comme ils vous ont été asservis; soyez des hommes et combattez!

¹⁰Les Philistins livrèrent bataille, et Israël fut battu. Chacun s'enfuit dans sa tente. La défaite fut très grande, et il tomba d'Israël trente mille hommes de pied.

¹¹L'arche de Dieu fut prise, et les deux fils d'Éli, Hophni et Phinées, moururent.

¹²Un homme de Benjamin accourut du champ de bataille et vint à Silo le même jour, les vêtements déchirés et la tête couverte de terre.

¹³Lorsqu'il arriva, Éli était dans l'attente, assis sur un siège près du chemin, car son coeur était inquiet pour l'arche de Dieu. A son entrée dans la ville, cet homme donna la nouvelle, et toute la ville poussa des cris.

¹⁴Éli, entendant ces cris, dit: Que signifie ce tumulte? Et aussitôt l'homme vint apporter la nouvelle à Éli.

¹⁵Or Éli était âgé de quatre-vingt-dix-huit ans, il avait les yeux fixes et ne pouvait plus voir.

¹⁶L'homme dit à Éli: J'arrive du champ de bataille, et c'est du champ de bataille que je me suis enfui aujourd'hui. Éli dit: Que s'est-il passé, mon fils?

¹⁷Celui qui apportait la nouvelle dit en réponse: Israël a fui devant les Philistins, et le peuple a éprouvé une grande défaite; et même tes deux fils, Hophni et Phinées, sont morts, et l'arche de Dieu a été prise.

¹⁸A peine eut-il fait mention de l'arche de Dieu, qu'Éli tomba de son siège à la renverse, à côté de la porte; il se rompit la nuque et mourut, car c'était un homme vieux et pesant. Il avait été juge en Israël pendant quarante ans.

¹⁹Sa belle-fille, femme de Phinées, était enceinte et sur le point d'accoucher. Lorsqu'elle entendit la nouvelle de la prise de l'arche de Dieu, de la mort de son beau-père et de celle de son mari, elle se courba et accoucha, car les douleurs la surprirent.

²⁰Comme elle allait mourir, les femmes qui étaient auprès d'elle lui dirent: Ne crains point, car tu as enfanté un fils! Mais elle ne répondit pas et n'y fit pas attention.

²¹Elle appela l'enfant I Kabod, en disant: La gloire est bannie d'Israël! C'était à cause de la prise de l'arche de Dieu, et à cause de son beau-père et de son mari.

²²Elle dit: La gloire est bannie d'Israël, car l'arche de Dieu est prise!

Chapitre 5

¹Les Philistins prirent l'arche de Dieu, et ils la transportèrent d'Ében Ézer à Asdod.

²Après s'être emparés de l'arche de Dieu, les Philistins la firent entrer dans la maison de Dagon et la placèrent à côté de Dagon.

³Le lendemain, les Asdodiens, qui s'étaient levés de bon matin, trouvèrent Dagon étendu la face contre terre, devant l'arche de l'Éternel. Ils prirent Dagon, et le remirent à sa place.

⁴Le lendemain encore, s'étant levés de bon matin, ils trouvèrent

Dagon étendu la face contre terre, devant l'arche de l'Éternel; la tête de Dagon et ses deux mains étaient abattues sur le seuil, et il ne lui restait que le tronc.

⁵C'est pourquoi jusqu'à ce jour, les prêtres de Dagon et tous ceux qui entrent dans la maison de Dagon à Asdod ne marchent point sur le seuil.

⁶La main de l'Éternel s'appesantit sur les Asdodiens, et il mit la désolation parmi eux; il les frappa d'hémorroïdes à Asdod et dans son territoire.

⁷Voyant qu'il en était ainsi, les gens d'Asdod dirent: L'arche du Dieu d'Israël ne restera pas chez nous, car il appesantit sa main sur nous et sur Dagon, notre dieu.

⁸Et ils firent chercher et assemblèrent auprès d'eux tous les princes des Philistins, et ils dirent: Que ferons-nous de l'arche du Dieu d'Israël? Les princes répondirent: Que l'on transporte à Gath l'arche du Dieu d'Israël. Et l'on y transporta l'arche du Dieu d'Israël.

⁹Mais après qu'elle eut été transportée, la main de l'Éternel fut sur la ville, et il y eut une très grande consternation; il frappa les gens de la ville depuis le petit jusqu'au grand, et ils eurent une éruption d'hémorroïdes.

¹⁰Alors ils envoyèrent l'arche de Dieu à Ékron. Lorsque l'arche de Dieu entra dans Ékron, les Ékroniens poussèrent des cris, en disant: On a transporté chez nous l'arche du Dieu d'Israël, pour nous faire mourir, nous et notre peuple!

¹¹Et ils firent chercher et assemblèrent tous les princes des Philistins, et ils dirent: Renvoyez l'arche du Dieu d'Israël; qu'elle retourne en son lieu, et qu'elle ne nous fasse pas mourir, nous et notre peuple. Car il y avait dans toute la ville une terreur mortelle; la main de Dieu s'y appesantissait fortement.

¹²Les gens qui ne mouraient pas étaient frappés d'hémorroïdes, et les cris de la ville montaient jusqu'au ciel.

Chapitre 6

¹L'arche de l'Éternel fut sept mois dans le pays des Philistins.

²Et les Philistins appelèrent les prêtres et les devins, et ils dirent: Que ferons-nous de l'arche de l'Éternel? Faites-nous connaître de quelle manière nous devons la renvoyer en son lieu.

³Ils répondirent: Si vous renvoyez l'arche du Dieu d'Israël, ne la renvoyez point à vide, mais faites à Dieu un sacrifice de culpabilité; alors vous guérirez, et vous saurez pourquoi sa main ne s'est pas retirée de dessus vous.

⁴Les Philistins dirent: Quelle offrande lui ferons-nous? Ils répondirent: Cinq tumeurs d'or et cinq souris d'or, d'après le nombre des princes des Philistins, car une même plaie a été sur vous tous et sur vos princes.

⁵Faites des figures de vos tumeurs et des figures de vos souris qui ravagent le pays, et donnez gloire au Dieu d'Israël: peut-être cessera-t-il d'appesantir sa main sur vous, sur vos dieux, et sur votre pays.

⁶Pourquoi endurciriez-vous votre coeur, comme les Égyptiens et Pharaon ont endurci leur coeur? N'exerça-t-il pas ses châtiments sur eux, et ne laissèrent-ils pas alors partir les enfants d'Israël?

⁷Maintenant, faites un char tout neuf, et prenez deux vaches qui allaitent et qui n'aient point porté le joug; attelez les vaches au char, et ramenez à la maison leurs petits qui sont derrière elles.

⁸Vous prendrez l'arche de l'Éternel, et vous la mettrez sur le char; vous placerez à côté d'elle, dans un coffre, les objets d'or que vous donnez à l'Éternel en offrande pour le péché; puis vous la renverrez, et elle partira.

⁹Suivez-la du regard: si elle monte par le chemin de sa frontière vers Beth Schémesch, c'est l'Éternel qui nous a fait ce grand mal; sinon, nous saurons que ce n'est pas sa main qui nous a frappés, mais que cela nous est arrivé par hasard.

¹⁰Ces gens firent ainsi. Ils prirent deux vaches qui allaitaient et les attelèrent au char, et ils enfermèrent leurs petits dans la maison.

¹¹Ils mirent sur le char l'arche de l'Éternel, et le coffre avec les souris d'or et les figures de leurs tumeurs.

¹²Les vaches prirent directement le chemin de Beth Schémesch; elles suivirent toujours la même route en mugissant, et elles ne se détournèrent, ni à droite ni à gauche. Les princes des Philistins allèrent derrière elles jusqu'à la frontière de Beth Schémesch.

¹³Les habitants de Beth Schémesch moissonnaient les blés dans la vallée; ils levèrent les yeux, aperçurent l'arche, et se réjouirent en la voyant.

¹⁴Le char arriva dans le champ de Josué de Beth Schémesch, et s'y arrêta. Il y avait là une grande pierre. On fendit le bois du char, et l'on offrit les vaches en holocauste à l'Éternel.

¹⁵Les Lévites descendirent l'arche de l'Éternel, et le coffre qui était à côté d'elle et qui contenait les objets d'or; et ils posèrent le tout sur la grande pierre. Les gens de Beth Schémesch offrirent en ce jour des holocaustes et des sacrifices à l'Éternel.

¹⁶Les cinq princes des Philistins, après avoir vu cela, retournèrent à Ékron le même jour.

¹⁷Voici les tumeurs d'or que les Philistins donnèrent à l'Éternel en offrande pour le péché: une pour Asdod, une pour Gaza, une pour Askalon, une pour Gath, une pour Ékron.

¹⁸Il y avait aussi des souris d'or selon le nombre de toutes les villes des Philistins, appartenant aux cinq chefs, tant des villes fortifiées que des villages sans murailles. C'est ce qu'atteste la grande pierre sur laquelle on déposa l'arche de l'Éternel, et qui est encore aujourd'hui dans le champ de Josué de Beth Schémesch.

¹⁹L'Éternel frappa les gens de Beth Schémesch, lorsqu'ils regardèrent l'arche de l'Éternel; il frappa [cinquante mille] soixante-dix hommes parmi le peuple. Et le peuple fut dans la désolation, parce que l'Éternel l'avait frappé d'une grande plaie.

²⁰Les gens de Beth Schémesch dirent: Qui peut subsister en présence de l'Éternel, de ce Dieu saint? Et vers qui l'arche doit-elle monter, en s'éloignant de nous?

²¹Ils envoyèrent des messagers aux habitants de Kirjath Jearim, pour leur dire: Les Philistins ont ramené l'arche de l'Éternel; descendez, et faites-la monter vers vous.

Chapitre 7

¹Les gens de Kirjath Jearim vinrent, et firent monter l'arche de l'Éternel; ils la conduisirent dans la maison d'Abinadab, sur la colline, et ils consacrèrent son fils Éléazar pour garder l'arche de l'Éternel.

²Il s'était passé bien du temps depuis le jour où l'arche avait été déposée à Kirjath Jearim. Vingt années s'étaient écoulées. Alors toute la maison d'Israël poussa des gémissements vers l'Éternel.

³Samuel dit à toute la maison d'Israël: Si c'est de tout votre coeur que vous revenez à l'Éternel, ôtez du milieu de vous les dieux étrangers et les Astartés, dirigez votre coeur vers l'Éternel, et servez-le lui seul; et il vous délivrera de la main des Philistins.

⁴Et les enfants d'Israël ôtèrent du milieu d'eux les Baals et les Astartés, et ils servirent l'Éternel seul.

⁵Samuel dit: Assemblez tout Israël à Mitspa, et je prierai l'Éternel pour vous. Et ils s'assemblèrent à Mitspa.

⁶Ils puisèrent de l'eau et la répandirent devant l'Éternel, et ils jeûnèrent ce jour-là, en disant: Nous avons péché contre l'Éternel! Samuel jugea les enfants d'Israël à Mitspa.

⁷Les Philistins apprirent que les enfants d'Israël s'étaient assemblés à Mitspa, et les princes des Philistins montèrent contre Israël. A cette nouvelle, les enfants d'Israël eurent peur des Philistins,

⁸et ils dirent à Samuel: Ne cesse point de crier pour nous à l'Éternel, notre Dieu, afin qu'il nous sauve de la main des Philistins.

⁹Samuel prit un agneau de lait, et l'offrit tout entier en holocauste à l'Éternel. Il cria à l'Éternel pour Israël, et l'Éternel l'exauça.

¹⁰Pendant que Samuel offrait l'holocauste, les Philistins s'approchèrent pour attaquer Israël. L'Éternel fit retentir en ce jour son tonnerre sur les Philistins, et les mit en déroute. Ils furent battus devant Israël.

¹¹Les hommes d'Israël sortirent de Mitspa, poursuivirent les Philistins, et les battirent jusqu'au-dessous de Beth Car.

¹²Samuel prit une pierre, qu'il plaça entre Mitspa et Schen, et l'appela du nom d'Ében Ézer, en disant: Jusqu'ici l'Éternel nous a secourus.

¹³Ainsi les Philistins furent humiliés, et ils ne vinrent plus sur le territoire d'Israël. La main de l'Éternel fut contre les Philistins pendant toute la vie de Samuel.

¹⁴Les villes que les Philistins avaient prises sur Israël retournèrent à Israël, depuis Ékron jusqu'à Gath, avec leur territoire; Israël les arracha de la main des Philistins. Et il y eut paix entre Israël et les Amoréens.

¹⁵Samuel fut juge en Israël pendant toute sa vie.

¹⁶Il allait chaque année faire le tour de Béthel, de Guilgal et de Mitspa, et il jugeait Israël dans tous ces lieux.

¹⁷Puis il revenait à Rama, où était sa maison; et là il jugeait Israël, et il y bâtit un autel à l'Éternel.

1 Samuel
Chapitre 8
¹Lorsque Samuel devint vieux, il établit ses fils juges sur Israël.
²Son fils premier-né se nommait Joël, et le second Abija; ils étaient juges à Beer Schéba.
³Les fils de Samuel ne marchèrent point sur ses traces; ils se livraient à la cupidité, recevaient des présents, et violaient la justice.
⁴Tous les anciens d'Israël s'assemblèrent, et vinrent auprès de Samuel à Rama.
⁵Ils lui dirent: Voici, tu es vieux, et tes fils ne marchent point sur tes traces; maintenant, établis sur nous un roi pour nous juger, comme il y en a chez toutes les nations.
⁶Samuel vit avec déplaisir qu'ils disaient: Donne-nous un roi pour nous juger. Et Samuel pria l'Éternel.
⁷L'Éternel dit à Samuel: Écoute la voix du peuple dans tout ce qu'il te dira; car ce n'est pas toi qu'ils rejettent, c'est moi qu'ils rejettent, afin que je ne règne plus sur eux.
⁸Ils agissent à ton égard comme ils ont toujours agi depuis que je les ai fait monter d'Égypte jusqu'à ce jour; ils m'ont abandonné, pour servir d'autres dieux.
⁹Écoute donc leur voix; mais donne-leur des avertissements, et fais-leur connaître le droit du roi qui régnera sur eux.
¹⁰Samuel rapporta toutes les paroles de l'Éternel au peuple qui lui demandait un roi.
¹¹Il dit: Voici quel sera le droit du roi qui régnera sur vous. Il prendra vos fils, et il les mettra sur ses chars et parmi ses cavaliers, afin qu'ils courent devant son char;
¹²il s'en fera des chefs de mille et des chefs de cinquante, et il les emploiera à labourer ses terres, à récolter ses moissons, à fabriquer ses armes de guerre et l'attirail de ses chars.
¹³Il prendra vos filles, pour en faire des parfumeuses, des cuisinières et des boulangères.
¹⁴Il prendra la meilleure partie de vos champs, de vos vignes et de vos oliviers, et la donnera à ses serviteurs.
¹⁵Il prendra la dîme du produit de vos semences et de vos vignes, et la donnera à ses serviteurs.
¹⁶Il prendra vos serviteurs et vos servantes, vos meilleurs boeufs et vos ânes, et s'en servira pour ses travaux.
¹⁷Il prendra la dîme de vos troupeaux, et vous-mêmes serez ses esclaves.
¹⁸Et alors vous crierez contre votre roi que vous vous serez choisi, mais l'Éternel ne vous exaucera point.
¹⁹Le peuple refusa d'écouter la voix de Samuel. Non! dirent-ils, mais il y aura un roi sur nous,
²⁰et nous aussi nous serons comme toutes les nations; notre roi nous jurera il marchera à notre tête et conduira nos guerres.
²¹Samuel, après avoir entendu toutes les paroles du peuple, les redit aux oreilles de l'Éternel.
²²Et l'Éternel dit à Samuel: Écoute leur voix, et établis un roi sur eux. Et Samuel dit aux hommes d'Israël: Allez-vous-en chacun dans sa ville.

Chapitre 9
¹Il y avait un homme de Benjamin, nommé Kis, fils d'Abiel, fils de Tseror, fils de Becorath, fils d'Aphiach, fils d'un Benjamite. C'était un homme fort et vaillant.
²Il avait un fils du nom de Saül, jeune et beau, plus beau qu'aucun des enfants d'Israël, et les dépassant tous de la tête.
³Les ânesses de Kis, père de Saül, s'égarèrent; et Kis dit à Saül, son fils: Prends avec toi l'un des serviteurs, lève-toi, va, et cherche les ânesses.
⁴Il passa par la montagne d'Éphraïm et traversa le pays de Schalischa, sans les trouver; ils passèrent par le pays de Schaalim, et elles n'y étaient pas; ils parcoururent le pays de Benjamin, et ils ne les trouvèrent pas.
⁵Ils étaient arrivés dans le pays de Tsuph, lorsque Saül dit à son serviteur qui l'accompagnait: Viens, retournons, de peur que mon père, oubliant les ânesses, ne soit en peine de nous.
⁶Le serviteur lui dit: Voici, il y a dans cette ville un homme de Dieu, et c'est un homme considéré; tout ce qu'il dit ne manque pas d'arriver. Allons y donc; peut-être nous fera-t-il connaître le chemin que nous devons prendre.
⁷Saül dit à son serviteur: Mais si nous y allons, que porterons-nous à l'homme de Dieu? Car il n'y a plus de provisions dans nos sacs, et nous n'avons aucun présent à offrir à l'homme de Dieu. Qu'est-ce que nous avons?
⁸Le serviteur reprit la parole, et dit à Saül: Voici, j'ai sur moi le quart d'un sicle d'argent; je le donnerai à l'homme de Dieu, et il nous indiquera notre chemin.
⁹Autrefois en Israël, quand on allait consulter Dieu, on disait: Venez, et allons au voyant! Car celui qu'on appelle aujourd'hui le prophète s'appelait autrefois le voyant. -
¹⁰Saül dit à son serviteur: Tu as raison: viens, allons! Et ils se rendirent à la ville où était l'homme de Dieu.
¹¹Comme ils montaient à la ville, ils rencontrèrent des jeunes filles sorties pour puiser de l'eau, et ils leur dirent: Le voyant est-il ici?
¹²Elles leur répondirent en disant: Oui, il est devant toi; mais va promptement, car aujourd'hui il est venu à la ville parce qu'il y a un sacrifice pour le peuple sur le haut lieu.
¹³Quand vous serez entrés dans la ville, vous le trouverez avant qu'il monte au haut lieu pour manger; car le peuple ne mangera point qu'il ne soit arrivé, parce qu'il doit bénir le sacrifice; après quoi, les conviés mangeront. Montez donc, car maintenant vous le trouverez.
¹⁴Et ils montèrent à la ville. Ils étaient arrivés au milieu de la ville, quand ils furent rencontrés par Samuel qui sortait pour monter au haut lieu.
¹⁵Or, un jour avant l'arrivée de Saül, l'Éternel avait averti Samuel, en disant:
¹⁶Demain, à cette heure, je t'enverrai un homme du pays de Benjamin, et tu l'oindras pour chef de mon peuple d'Israël. Il sauvera mon peuple de la main des Philistins; car j'ai regardé mon peuple, parce que son cri est venu jusqu'à moi.
¹⁷Lorsque Samuel eut aperçu Saül, l'Éternel lui dit: Voici l'homme dont je t'ai parlé; c'est lui qui régnera sur mon peuple.
¹⁸Saül s'approcha de Samuel au milieu de la porte, et dit: Indique-moi, je te prie, où est la maison du voyant.
¹⁹Samuel répondit à Saül: C'est moi qui suis le voyant. Monte devant moi au haut lieu, et vous mangerez aujourd'hui avec moi. Je te laisserai partir demain, et je te dirai tout ce qui se passe dans ton coeur.
²⁰Ne t'inquiètes pas des ânesses que tu as perdues il y a trois jours, car elles sont retrouvées. Et pour qui est réservé tout ce qu'il y a de précieux en Israël? N'est-ce pas pour toi et pour toute la maison de ton père?
²¹Saül répondit: Ne suis-je pas Benjamite, de l'une des plus petites tribus d'Israël? et ma famille n'est-elle pas la moindre de toutes les familles de la tribu de Benjamin? Pourquoi donc me parles-tu de la sorte?
²²Samuel prit Saül et son serviteur, les fit entrer dans la salle, et leur donna une place à la tête des conviés, qui étaient environ trente hommes.
²³Samuel dit au cuisinier: Sers la portion que je t'ai donnée, en te disant: Mets-la à part.
²⁴Le cuisinier donna l'épaule et ce qui l'entoure, et il la servit à Saül. Et Samuel dit: Voici ce qui a été réservé; mets-le devant toi, et mange, car on l'a gardé pour toi lorsque j'ai convié le peuple. Ainsi Saül mangea avec Samuel ce jour-là.
²⁵Ils descendirent du haut lieu à la ville, et Samuel s'entretint avec Saül sur le toit.
²⁶Puis ils se levèrent de bon matin; et, dès l'aurore, Samuel appela Saül sur le toit, et dit: Viens, et je te laisserai partir. Saül se leva, et ils sortirent tous deux, lui et Samuel.
²⁷Quand ils furent descendus à l'extrémité de la ville, Samuel dit à Saül: Dis à ton serviteur de passer devant nous. Et le serviteur passa devant. Arrête-toi maintenant, reprit Samuel, et je te ferai entendre la parole de Dieu.

Chapitre 10
¹Samuel prit une fiole d'huile, qu'il répandit sur la tête de Saül. Il le baisa, et dit: L'Éternel ne t'a-t-il pas oint pour que tu sois le chef de son héritage?
²Aujourd'hui, après m'avoir quitté, tu trouveras deux hommes près du sépulcre de Rachel, sur la frontière de Benjamin, à Tseltsach. Ils te diront: Les ânesses que tu es allé chercher sont retrouvées; et voici, ton père ne pense plus aux ânesses, mais il est en peine de vous, et dit: Que dois-je faire au sujet de mon fils?
³De là tu iras plus loin, et tu arriveras au chêne de Thabor, où tu seras rencontré par trois hommes montant vers Dieu à Béthel, et portant l'un trois chevreaux, l'autre trois gâteaux de pain, et l'autre une outre de vin.
⁴Ils te demanderont comment tu te portes, et ils te donneront deux pains, que tu recevras de leur main.
⁵Après cela, tu arriveras à Guibea Élohim, où se trouve une garnison de Philistins. En entrant dans la ville, tu rencontreras une troupe de prophètes descendant du haut lieu, précédés du luth, du tambourin, de la flûte et de la harpe, et prophétisant eux-mêmes.

⁶L'esprit de l'Éternel te saisira, tu prophétiseras avec eux, et tu seras changé en un autre homme.

⁷Lorsque ces signes auront eu pour toi leur accomplissement, fais ce que tu trouveras à faire, car Dieu est avec toi.

⁸Puis tu descendras avant moi à Guilgal; et voici, je descendrai vers toi, pour offrir des holocaustes et des sacrifices d'actions de grâces. Tu attendras sept jours, jusqu'à ce que j'arrive auprès de toi et que je te dise ce que tu dois faire.

⁹Dès que Saül eut tourné le dos pour se séparer de Samuel, Dieu lui donna un autre coeur, et tous ces signes s'accomplirent le même jour.

¹⁰Lorsqu'ils arrivèrent à Guibea, voici, une troupe de prophètes vint à sa rencontre. L'esprit de Dieu le saisit, et il prophétisa au milieu d'eux.

¹¹Tous ceux qui l'avaient connu auparavant virent qu'il prophétisait avec les prophètes, et l'on se disait l'un à l'autre dans le peuple: Qu'est-il arrivé au fils de Kis? Saül est-il aussi parmi les prophètes?

¹²Quelqu'un de Guibea répondit: Et qui est leur père? -De là le proverbe: Saül est-il aussi parmi les prophètes?

¹³Lorsqu'il eut fini de prophétiser, il se rendit au haut lieu.

¹⁴L'oncle de Saül dit à Saül et à son serviteur: Où êtes-vous allés? Saül répondit: Chercher les ânesses; mais nous ne les avons pas aperçues, et nous sommes allés vers Samuel.

¹⁵L'oncle de Saül reprit: Raconte-moi donc ce que vous a dit Samuel.

¹⁶Et Saül répondit à son oncle: Il nous a assuré que les ânesses étaient retrouvées. Et il ne lui dit rien de la royauté dont avait parlé Samuel.

¹⁷Samuel convoqua le peuple devant l'Éternel à Mitspa,

¹⁸et il dit aux enfants d'Israël: Ainsi parle l'Éternel, le Dieu d'Israël: J'ai fait monter d'Égypte Israël, et je vous ai délivrés de la main des Égyptiens et de la main de tous les royaumes qui vous opprimaient.

¹⁹Et aujourd'hui, vous rejetez votre Dieu, qui vous a délivrés de tous vos maux et de toutes vos souffrances, et vous lui dites: Établis un roi sur nous! Présentez-vous maintenant devant l'Éternel, selon vos tribus et selon vos milliers.

²⁰Samuel fit approcher toutes les tribus d'Israël, et la tribu de Benjamin fut désignée.

²¹Il fit approcher la tribu de Benjamin par familles, et la famille de Matri fut désignée. Puis Saül, fils de Kis, fut désigné. On le chercha, mais on ne le trouva point.

²²On consulta de nouveau l'Éternel: Y a-t-il encore un homme qui soit venu ici? Et l'Éternel dit: Voici, il est caché vers les bagages.

²³On courut le tirer de là, et il se présenta au milieu du peuple. Il les dépassait tous de la tête.

²⁴Samuel dit à tout le peuple: Voyez-vous celui que l'Éternel a choisi? Il n'y a personne dans tout le peuple qui soit semblable à lui. Et tout le peuple poussa les cris de: Vive le roi!

²⁵Samuel fit alors connaître au peuple le droit de la royauté, et il l'écrivit dans un livre, qu'il déposa devant l'Éternel. Puis il renvoya tout le peuple, chacun chez soi.

²⁶Saül aussi s'en alla dans sa maison à Guibea. Il fut accompagné par les honnêtes gens, dont Dieu avait touché le coeur.

²⁷Il y eut toutefois des hommes pervers, qui disaient: Quoi! c'est celui-ci qui nous sauvera! Et ils le méprisèrent, et ne lui apportèrent aucun présent. Mais Saül n'y prit point garde.

Chapitre 11

¹Nachasch, l'Ammonite, vint assiéger Jabès en Galaad. Tous les habitants de Jabès dirent à Nachasch: Traite alliance avec nous, et nous te servirons.

²Mais Nachasch, l'Ammonite, leur répondit: Je traiterai avec vous à la condition que je vous crève à tous l'oeil droit, et que j'imprime ainsi un opprobre sur tout Israël.

³Les anciens de Jabès lui dirent: Accorde-nous une trêve de sept jours, afin que nous envoyions des messagers dans tout le territoire d'Israël; et s'il n'y a personne qui nous secoure, nous nous rendrons à toi.

⁴Les messagers arrivèrent à Guibea de Saül, et dirent ces choses aux oreilles du peuple. Et tout le peuple éleva la voix, et pleura.

⁵Et voici, Saül revenait des champs, derrière ses boeufs, et il dit: Qu'a donc le peuple pour pleurer? On lui raconta ce qu'avaient dit ceux de Jabès.

⁶Dès que Saül eut entendu ces choses, il fut saisi par l'esprit de Dieu, et sa colère s'enflamma fortement.

⁷Il prit une paire de boeufs, et les coupa en morceaux, qu'il envoya par les messagers dans tout le territoire d'Israël, en disant: Quiconque ne marchera pas à la suite de Saül et de Samuel, aura ses boeufs traités de la même manière. La terreur de l'Éternel s'empara du peuple, qui se mit en marche comme un seul homme.

⁸Saül en fit la revue à Bézek; les enfants d'Israël étaient trois cent mille, et les hommes de Juda trente mille.

⁹Ils dirent aux messagers qui étaient venus: Vous parlerez ainsi aux habitants de Jabès en Galaad: Demain vous aurez du secours, quand le soleil sera dans sa chaleur. Les messagers portèrent cette nouvelle à ceux de Jabès, qui furent remplis de joie;

¹⁰et qui dirent aux Ammonites: Demain nous nous rendrons à vous, et vous nous traiterez comme bon vous semblera.

¹¹Le lendemain, Saül divisa le peuple en trois corps. Ils pénétrèrent dans le camp des Ammonites à la veille du matin, et ils les battirent jusqu'à la chaleur du jour. Ceux qui échappèrent furent dispersés, et il n'en resta pas deux ensemble.

¹²Le peuple dit à Samuel: Qui est-ce qui disait: Saül régnera-t-il sur nous? Livrez ces gens, et nous les ferons mourir.

¹³Mais Saül dit: Personne ne sera mis à mort en ce jour, car aujourd'hui l'Éternel a opéré une délivrance en Israël.

¹⁴Et Samuel dit au peuple: Venez, et allons à Guilgal, pour y confirmer la royauté.

¹⁵Tout le peuple se rendit à Guilgal, et ils établirent Saül pour roi, devant l'Éternel, à Guilgal. Là, ils offrirent des sacrifices d'actions de grâces devant l'Éternel; et là, Saül et tous les hommes d'Israël se livrèrent à de grandes réjouissances.

Chapitre 12

¹Samuel dit à tout Israël: Voici, j'ai écouté votre voix dans tout ce que vous m'avez dit, et j'ai établi un roi sur vous.

²Et maintenant, voici le roi qui marchera devant vous. Pour moi, je suis vieux, j'ai blanchi, et mes fils sont avec vous; j'ai marché à votre tête, depuis ma jeunesse jusqu'à ce jour.

³Me voici! Rendez témoignage contre moi, en présence de l'Éternel et en présence de son oint. De qui ai-je pris le boeuf et de qui ai-je pris l'âne? Qui ai-je opprimé, et qui ai-je traité durement? De qui ai-je reçu un présent, pour fermer les yeux sur lui? Je vous le rendrai.

⁴Ils répondirent: Tu ne nous as point opprimés, et tu ne nous as point traités durement, et tu n'as rien reçu de la main de personne.

⁵Il leur dit encore: L'Éternel est témoin contre vous, et son oint est témoin, en ce jour, que vous n'avez rien trouvé dans mes mains. Et ils répondirent: Ils en sont témoins.

⁶Alors Samuel dit au peuple: C'est l'Éternel qui a établi Moïse et Aaron, et qui a fait monter vos pères du pays d'Égypte.

⁷Maintenant, présentez-vous, et je vous jugerai devant l'Éternel sur tous les bienfaits que l'Éternel vous a accordés, à vous et à vos pères.

⁸Après que Jacob fut venu en Égypte, vos pères crièrent à l'Éternel, et l'Éternel envoya Moïse et Aaron, qui firent sortir vos pères d'Égypte et les firent habiter dans ce lieu.

⁹Mais ils oublièrent l'Éternel, leur Dieu; et il les vendit entre les mains de Sisera, chef de l'armée de Hatsor, entre les mains des Philistins, et entre les mains du roi de Moab, qui leur firent la guerre.

¹⁰Ils crièrent encore à l'Éternel, et dirent: Nous avons péché, car nous avons abandonné l'Éternel, et nous avons servi les Baals et les Astartés; délivre-nous maintenant de la main de nos ennemis, et nous te servirons.

¹¹Et l'Éternel envoya Jerubbaal, Bedan, Jephthé et Samuel, et il vous délivra de la main de vos ennemis qui vous entouraient, et vous demeurâtes en sécurité.

¹²Puis, voyant que Nachasch, roi des fils d'Ammon, marchait contre vous, vous m'avez dit: Non! mais un roi régnera sur nous. Et cependant l'Éternel, votre Dieu, était votre roi.

¹³Voici donc le roi que vous avez choisi, que vous avez demandé; voici, l'Éternel a mis sur vous un roi.

¹⁴Si vous craignez l'Éternel, si vous le servez, si vous obéissez à sa voix, et si vous n'êtes point rebelles à la parole de l'Éternel, vous vous attacherez à l'Éternel, votre Dieu, vous et le roi qui règne sur vous.

¹⁵Mais si vous n'obéissez pas à la voix de l'Éternel, et si vous êtes rebelles à la parole de l'Éternel, la main de l'Éternel sera contre vous, comme elle a été contre vos pères.

¹⁶Attendez encore ici, et voyez le prodige que l'Éternel va opérer sous vos yeux.

¹⁷Ne sommes-nous pas à la moisson des blés? J'invoquerai l'Éternel, et il enverra du tonnerre et de la pluie. Sachez alors et voyez combien vous avez eu tort aux yeux de l'Éternel de demander pour vous un roi.

¹⁸Samuel invoqua l'Éternel, et l'Éternel envoya ce même jour du tonnerre et de la pluie. Tout le peuple eut une grande crainte de l'Éternel et de Samuel.

1 Samuel

¹⁹Et tout le peuple dit à Samuel: Prie l'Éternel, ton Dieu, pour tes serviteurs, afin que nous ne mourions pas; car nous avons ajouté à tous nos péchés le tort de demander pour nous un roi.

²⁰Samuel dit au peuple: N'ayez point de crainte! Vous avez fait tout ce mal; mais ne vous détournez pas de l'Éternel, et servez l'Éternel de tout votre coeur.

²¹Ne vous en détournez pas; sinon, vous iriez après des choses de néant, qui n'apportent ni profit ni délivrance, parce que ce sont des choses de néant.

²²L'Éternel n'abandonnera point son peuple, à cause de son grand nom, car l'Éternel a résolu de faire de vous son peuple.

²³Loin de moi aussi de pécher contre l'Éternel, de cesser de prier pour vous: Je vous enseignerai le bon et le droit chemin.

²⁴Craignez seulement l'Éternel, et servez-le fidèlement de tout votre coeur; car voyez quelle puissance il déploie parmi vous.

²⁵Mais si vous faites le mal, vous périrez, vous et votre roi.

Chapitre 13

¹Saül était âgé de... ans, lorsqu'il devint roi, et il avait déjà régné deux ans sur Israël.

²Saül choisit trois mille hommes d'Israël: deux mille étaient avec lui à Micmasch et sur la montagne de Béthel, et mille étaient avec Jonathan à Guibea de Benjamin. Il renvoya le reste du peuple, chacun à sa tente.

³Jonathan battit le poste des Philistins qui étaient à Guéba, et les Philistins l'apprirent. Saül fit sonner de la trompette dans tout le pays, en disant: Que les Hébreux écoutent!

⁴Tout Israël entendit que l'on disait: Saül a battu le poste des Philistins, et Israël se rend odieux aux Philistins. Et le peuple fut convoqué auprès de Saül à Guilgal.

⁵Les Philistins s'assemblèrent pour combattre Israël. Ils avaient mille chars et six mille cavaliers, et ce peuple était innombrable comme le sable qui est sur le bord de la mer. Ils vinrent camper à Micmasch, à l'orient de Beth Aven.

⁶Les hommes d'Israël se virent à l'extrémité, car ils étaient serrés de près, et ils se cachèrent dans les cavernes, dans les buissons, dans les rochers, dans les tours et dans les citernes.

⁷Il y eut aussi des Hébreux qui passèrent le Jourdain, pour aller au pays de Gad et de Galaad. Saül était encore à Guilgal, et tout le peuple qui se trouvait auprès de lui tremblait.

⁸Il attendit sept jours, selon le terme fixé par Samuel. Mais Samuel n'arrivait pas à Guilgal, et le peuple se dispersait loin de Saül.

⁹Alors Saül dit: Amenez-moi l'holocauste et les sacrifices d'actions de grâces. Et il offrit l'holocauste.

¹⁰Comme il achevait d'offrir l'holocauste, voici, Samuel arriva, et Saül sortit au-devant de lui pour le saluer.

¹¹Samuel dit: Qu'as-tu fait? Saül répondit: Lorsque j'ai vu que le peuple se dispersait loin de moi, que tu n'arrivais pas au terme fixé, et que les Philistins étaient assemblés à Micmasch,

¹²je me suis dit: Les Philistins vont descendre contre moi à Guilgal, et je n'ai pas imploré l'Éternel! C'est alors que je me suis fait violence et que j'ai offert l'holocauste.

¹³Samuel dit à Saül: Tu as agi en insensé, tu n'as pas observé le commandement que l'Éternel, ton Dieu, t'avait donné. L'Éternel aurait affermi pour toujours ton règne sur Israël;

¹⁴et maintenant ton règne ne durera point. L'Éternel s'est choisi un homme selon son coeur, et l'Éternel l'a destiné à être le chef de son peuple, parce que tu n'as pas observé ce que l'Éternel t'avait commandé.

¹⁵Puis Samuel se leva, et monta de Guilgal à Guibea de Benjamin. Saül fit la revue du peuple qui se trouvait avec lui: il y avait environ six cents hommes.

¹⁶Saül, son fils Jonathan, et le peuple qui se trouvait avec eux, avaient pris position à Guéba de Benjamin, et les Philistins campaient à Micmasch.

¹⁷Il sortit du camp des Philistins trois corps pour ravager: l'un prit le chemin d'Ophra, vers le pays de Schual;

¹⁸l'autre prit le chemin de Beth Horon; et le troisième prit le chemin de la frontière qui regarde la vallée de Tseboïm, du côté du désert.

¹⁹On ne trouvait point de forgeron dans tout le pays d'Israël; car les Philistins avaient dit: Empêchons les Hébreux de fabriquer des épées ou des lances.

²⁰Et chaque homme en Israël descendait chez les Philistins pour aiguiser son soc, son hoyau, sa hache et sa bêche,

²¹quand le tranchant des bêches, des hoyaux, des tridents et des haches, était émoussé, et pour redresser les aiguillons.

²²Il arriva qu'au jour du combat il ne se trouvait ni épée ni lance entre les mains de tout le peuple qui était avec Saül et Jonathan; il ne s'en trouvait qu'auprès de Saül et de Jonathan, son fils.

²³Un poste de Philistins vint s'établir au passage de Micmasch.

Chapitre 14

¹Un jour, Jonathan, fils de Saül, dit au jeune homme qui portait ses armes: Viens, et poussons jusqu'au poste des Philistins qui est là de l'autre côté. Et il n'en dit rien à son père.

²Saül se tenait à l'extrémité de Guibea, sous le grenadier de Migron, et le peuple qui était avec lui formait environ six cents hommes.

³Achija, fils d'Achithub, frère d'I Kabod, fils de Phinées, fils d'Éli, sacrificateur de l'Éternel à Silo, portait l'éphod. Le peuple ne savait pas que Jonathan s'en fût allé.

⁴Entre les passages par lesquels Jonathan cherchait à arriver au poste des Philistins, il y avait une dent de rocher d'un côté et une dent de rocher de l'autre côté, l'une portant le nom de Botsets et l'autre celui de Séné.

⁵L'une de ces dents est au nord vis-à-vis de Micmasch, et l'autre au midi vis-à-vis de Guéba.

⁶Jonathan dit au jeune homme qui portait ses armes: Viens, et poussons jusqu'au poste de ces incirconcis. Peut-être l'Éternel agira-t-il pour nous, car rien n'empêche l'Éternel de sauver au moyen d'un petit nombre comme d'un grand nombre.

⁷Celui qui portait ses armes lui répondit: Fais tout ce que tu as dans le coeur, n'écoute que ton sentiment, me voici avec toi prêt à te suivre.

⁸Hé bien! dit Jonathan, allons à ces gens et montrons-nous à eux.

⁹S'ils nous disent: Arrêtez, jusqu'à ce que nous venions à vous! nous resterons en place, et nous ne monterons point vers eux.

¹⁰Mais s'ils disent: Montez vers nous! nous monterons, car l'Éternel les livre entre nos mains. C'est là ce qui nous servira de signe.

¹¹Ils se montrèrent tous deux au poste des Philistins, et les Philistins dirent: Voici les Hébreux qui sortent des trous où ils se sont cachés.

¹²Et les hommes du poste s'adressèrent ainsi à Jonathan et à celui qui portait ses armes: Montez vers nous, et nous vous ferons savoir quelque chose. Jonathan dit à celui qui portait ses armes: Monte après moi, car l'Éternel les livre entre les mains d'Israël!

¹³Et Jonathan monta en s'aidant des mains et des pieds, et celui qui portait ses armes le suivit. Les Philistins tombèrent devant Jonathan, et celui qui portait ses armes donnait la mort derrière lui.

¹⁴Dans cette première défaite, Jonathan et celui qui portait ses armes tuèrent une vingtaine d'hommes, sur l'espace d'environ la moitié d'un arpent de terre.

¹⁵L'effroi se répandit au camp, dans la contrée et parmi tout le peuple; le poste et ceux qui ravageaient furent également saisis de peur; le pays fut dans l'épouvante. C'était comme une terreur de Dieu.

¹⁶Les sentinelles de Saül, qui étaient à Guibea de Benjamin, virent que la multitude se dispersait et allait de côté et d'autre.

¹⁷Alors Saül dit au peuple qui était avec lui: Comptez, je vous prie, et voyez qui s'en est allé du milieu de nous. Ils comptèrent, et voici, il manquait Jonathan et celui qui portait ses armes.

¹⁸Et Saül dit à Achija: Fais approcher l'arche de Dieu! -Car en ce temps l'arche de Dieu était avec les enfants d'Israël.

¹⁹Pendant que Saül parlait au sacrificateur, le tumulte dans le camp des Philistins allait toujours croissant; et Saül dit au sacrificateur: Retire ta main!

²⁰Puis Saül et tout le peuple qui était avec lui se rassemblèrent, et ils s'avancèrent jusqu'au lieu du combat; et voici, les Philistins tournèrent l'épée les uns contre les autres, et la confusion était extrême.

²¹Il y avait parmi les Philistins, comme auparavant, des Hébreux qui étaient montés avec eux dans le camp, où ils se trouvaient disséminés, et ils se joignirent à ceux d'Israël qui étaient avec Saül et Jonathan.

²²Tous les hommes d'Israël qui s'étaient cachés dans la montagne d'Éphraïm, apprenant que les Philistins fuyaient, se mirent aussi à les poursuivre dans la bataille.

²³L'Éternel délivra Israël ce jour-là, et le combat se prolongea jusqu'au delà de Beth Aven.

²⁴La journée fut fatigante pour les hommes d'Israël. Saül avait fait jurer le peuple, en disant: Maudit soit l'homme qui prendra de la nourriture avant le soir, avant que je me sois vengé de mes ennemis! Et personne n'avait pris de nourriture.

²⁵Tout le peuple était arrivé dans une forêt, où il y avait du miel à la surface du sol.

²⁶Lorsque le peuple entra dans la forêt, il vit du miel qui coulait;

mais nul ne porta la main à la bouche, car le peuple respectait le serment.

²⁷Jonathan ignorait le serment que son père avait fait faire au peuple; il avança le bout du bâton qu'il avait à la main, le plongea dans un rayon de miel, et ramena la main à la bouche; et ses yeux furent éclaircis.

²⁸Alors quelqu'un du peuple, lui adressant la parole, dit: Ton père a fait jurer le peuple, en disant: Maudit soit l'homme qui prendra de la nourriture aujourd'hui! Or le peuple était épuisé.

²⁹Et Jonathan dit: Mon père trouble le peuple; voyez donc comme mes yeux se sont éclaircis, parce que j'ai goûté un peu de ce miel.

³⁰Certes, si le peuple avait aujourd'hui mangé du butin qu'il a trouvé chez ses ennemis, la défaite des Philistins n'aurait-elle pas été plus grande?

³¹Ils battirent ce jour-là les Philistins depuis Micmasch jusqu'à Ajalon. Le peuple était très fatigué,

³²et il se jeta sur le butin. Il prit des brebis, des boeufs et des veaux, il les égorgea sur la terre, et il en mangea avec le sang.

³³On le rapporta à Saül, et l'on dit: Voici, le peuple pèche contre l'Éternel, en mangeant avec le sang. Saül dit: Vous commettez une infidélité; roulez à l'instant vers moi une grande pierre.

³⁴Puis il ajouta: Répandez-vous parmi le peuple, et dites à chacun de m'amener son boeuf ou sa brebis, et de l'égorger ici. Vous mangerez ensuite, et vous ne pécherez point contre l'Éternel, en mangeant avec le sang. Et pendant la nuit, chacun parmi le peuple amena son boeuf à la main, afin de l'égorger sur la pierre.

³⁵Saül bâtit un autel à l'Éternel: ce fut le premier autel qu'il bâtit à l'Éternel.

³⁶Saül dit: Descendons cette nuit après les Philistins, pillons-les jusqu'à la lumière du matin, et n'en laissons pas un de reste. Ils dirent: Fais tout ce qui te semblera bon. Alors le sacrificateur dit: Approchons-nous ici de Dieu.

³⁷Et Saül consulta Dieu: Descendrai-je après les Philistins? Les livreras-tu entre les mains d'Israël? Mais en ce moment il ne lui donna point de réponse.

³⁸Saül dit: Approchez ici, vous tous chefs du peuple; recherchez et voyez comment ce péché a été commis aujourd'hui.

³⁹Car l'Éternel, le libérateur d'Israël, est vivant! lors même que Jonathan, mon fils, en serait l'auteur, il mourrait. Et dans tout le peuple personne ne lui répondit.

⁴⁰Il dit à tout Israël: Mettez-vous d'un côté; et moi et Jonathan, mon fils, nous serons de l'autre. Et le peuple dit à Saül: Fais ce qui te semblera bon.

⁴¹Saül dit à l'Éternel: Dieu d'Israël! fais connaître la vérité. Jonathan et Saül furent désignés, et le peuple fut libéré.

⁴²Saül dit: Jetez le sort entre moi et Jonathan, mon fils. Et Jonathan fut désigné.

⁴³Saül dit à Jonathan: Déclare-moi ce que tu as fait. Jonathan le lui déclara, et dit: J'ai goûté un peu de miel, avec le bout du bâton que j'avais à la main: me voici, je mourrai.

⁴⁴Et Saül dit: Que Dieu me traite dans toute sa rigueur, si tu ne meurs pas, Jonathan!

⁴⁵Le peuple dit à Saül: Quoi! Jonathan mourrait, lui qui a opéré cette grande délivrance en Israël! Loin de là! L'Éternel est vivant! il ne tombera pas à terre un cheveu de sa tête, car c'est avec Dieu qu'il a agi dans cette journée. Ainsi le peuple sauva Jonathan, et il ne mourut point.

⁴⁶Saül cessa de poursuivre les Philistins, et les Philistins s'en allèrent chez eux.

⁴⁷Après que Saül eut pris possession de la royauté sur Israël, il fit de tous côtés la guerre à tous ses ennemis, à Moab, aux enfants d'Ammon, à Édom, aux rois de Tsoba, et aux Philistins; et partout où il se tournait, il était vainqueur.

⁴⁸Il manifesta sa force, battit Amalek, et délivra Israël de la main de ceux qui le pillaient.

⁴⁹Les fils de Saül étaient Jonathan, Jischvi et Malkischua. Ses deux filles s'appelaient: l'aînée Mérab, et la plus jeune Mical.

⁵⁰Le nom de la femme de Saül était Achinoam, fille d'Achimaats. Le nom du chef de son armée était Abner, fils de Ner, oncle de Saül.

⁵¹Kis, père de Saül, et Ner, père d'Abner, étaient fils d'Abiel.

⁵²Pendant toute la vie de Saül, il y eut une guerre acharnée contre les Philistins; et dès que Saül apercevait quelque homme fort et vaillant, il le prenait à son service.

1 Samuel

Chapitre 15

¹Samuel dit à Saül: C'est moi que l'Éternel a envoyé pour t'oindre roi sur son peuple, sur Israël: écoute donc ce que dit l'Éternel.

²Ainsi parle l'Éternel des armées: Je me souviens de ce qu'Amalek fit à Israël, lorsqu'il lui ferma le chemin à sa sortie d'Égypte.

³Va maintenant, frappe Amalek, et dévouez par interdit tout ce qui lui appartient; tu ne l'épargneras point, et tu feras mourir hommes et femmes, enfants et nourrissons, boeufs et brebis, chameaux et ânes.

⁴Saül convoqua le peuple, et en fit la revue à Thelaïm: il y avait deux cent mille hommes de pied, et dix mille hommes de Juda.

⁵Saül marcha jusqu'à la ville d'Amalek, et mit une embuscade dans la vallée.

⁶Il dit aux Kéniens: Allez, retirez-vous, sortez du milieu d'Amalek, afin que je ne vous fasse pas périr avec lui; car vous avez eu de la bonté pour tous les enfants d'Israël, lorsqu'ils montèrent d'Égypte. Et les Kéniens se retirèrent du milieu d'Amalek.

⁷Saül battit Amalek depuis Havila jusqu'à Schur, qui est en face de l'Égypte.

⁸Il prit vivant Agag, roi d'Amalek, et il dévoua par interdit tout le peuple en le passant au fil de l'épée.

⁹Mais Saül et le peuple épargnèrent Agag, et les meilleures brebis, les meilleurs boeufs, les meilleures bêtes de la seconde portée, les agneaux gras, et tout ce qu'il y avait de bon; ils ne voulurent pas le dévouer par interdit, et ils dévouèrent seulement tout ce qui était méprisable et chétif.

¹⁰L'Éternel adressa la parole à Samuel, et lui dit:

¹¹Je me repens d'avoir établi Saül pour roi, car il se détourne de moi et il n'observe point mes paroles. Samuel fut irrité, et il cria à l'Éternel toute la nuit.

¹²Il se leva de bon matin, pour aller au-devant de Saül. Et on vint lui dire: Saül est allé à Carmel, et voici, il s'est érigé un monument; puis il s'en est retourné, et, passant plus loin, il est descendu à Guilgal.

¹³Samuel se rendit auprès de Saül, et Saül lui dit: Sois béni de l'Éternel! J'ai observé la parole de l'Éternel.

¹⁴Samuel dit: Qu'est-ce donc que ce bêlement de brebis qui parvient à mes oreilles, et ce mugissement de boeufs que j'entends?

¹⁵Saül répondit: Ils les ont amenés de chez les Amalécites, parce que le peuple a épargné les meilleures brebis et les meilleurs boeufs, afin de les sacrifier à l'Éternel, ton Dieu; et le reste, nous l'avons dévoué par interdit.

¹⁶Samuel dit à Saül: Arrête, et je te déclarerai ce que l'Éternel m'a dit cette nuit. Et Saül lui dit: Parle!

¹⁷Samuel dit: Lorsque tu étais petit à tes yeux, n'es-tu pas devenu le chef des tribus d'Israël, et l'Éternel ne t'a-t-il pas oint pour que tu sois roi sur Israël?

¹⁸L'Éternel t'avait fait partir, en disant: Va, et dévoue par interdit ces pécheurs, les Amalécites; tu leur feras la guerre jusqu'à ce que tu les aies exterminés.

¹⁹Pourquoi n'as-tu pas écouté la voix de l'Éternel? pourquoi t'es-tu jeté sur le butin, et as-tu fait ce qui est mal aux yeux de l'Éternel?

²⁰Saül répondit à Samuel: J'ai bien écouté la voix de l'Éternel, et j'ai suivi le chemin par lequel m'envoyait l'Éternel. J'ai amené Agag, roi d'Amalek, et j'ai dévoué par interdit les Amalécites;

²¹mais le peuple a pris sur le butin des brebis et des boeufs, comme prémices de ce qui devait être dévoué, afin de les sacrifier à l'Éternel, ton Dieu, à Guilgal.

²²Samuel dit: L'Éternel trouve-t-il du plaisir dans les holocaustes et les sacrifices, comme dans l'obéissance à la voix de l'Éternel? Voici, l'obéissance vaut mieux que les sacrifices, et l'observation de sa parole vaut mieux que la graisse des béliers.

²³Car la désobéissance est aussi coupable que la divination, et la résistance ne l'est pas moins que l'idolâtrie et les théraphim. Puisque tu as rejeté la parole de l'Éternel, il te rejette aussi comme roi.

²⁴Alors Saül dit à Samuel: J'ai péché, car j'ai transgressé l'ordre de l'Éternel, et je n'ai pas obéi à tes paroles; je craignais le peuple, et j'ai écouté sa voix.

²⁵Maintenant, je te prie, pardonne mon péché, reviens avec moi, et je me prosternerai devant l'Éternel.

²⁶Samuel dit à Saül: Je ne retournerai point avec toi; car tu as rejeté la parole de l'Éternel, et l'Éternel te rejette, afin que tu ne sois plus roi sur Israël.

²⁷Et comme Samuel se tournait pour s'en aller, Saül le saisit par le pan de son manteau, qui se déchira.

²⁸Samuel lui dit: L'Éternel déchire aujourd'hui de dessus toi la royauté d'Israël, et il la donne à un autre, qui est meilleur que toi.

²⁹Celui qui est la force d'Israël ne ment point et ne se repent point, car il n'est pas un homme pour se repentir.

1 Samuel

³⁰Saül dit encore: J'ai péché! Maintenant, je te prie, honore-moi en présence des anciens de mon peuple et en présence d'Israël; reviens avec moi, et je me prosternerai devant l'Éternel, ton Dieu.

³¹Samuel retourna et suivit Saül, et Saül se prosterna devant l'Éternel.

³²Puis Samuel dit: Amenez-moi Agag, roi d'Amalek. Et Agag s'avança vers lui d'un air joyeux; il disait: Certainement, l'amertume de la mort est passée.

³³Samuel dit: De même que ton épée a privé des femmes de leurs enfants, ainsi ta mère entre les femmes sera privée d'un fils. Et Samuel mit Agag en pièces devant l'Éternel, à Guilgal.

³⁴Samuel partit pour Rama, et Saül monta dans sa maison à Guibea de Saül.

³⁵Samuel n'alla plus voir Saül jusqu'au jour de sa mort; car Samuel pleurait sur Saül, parce que l'Éternel se repentait d'avoir établi Saül roi d'Israël.

Chapitre 16

¹L'Éternel dit à Samuel: Quand cesseras-tu de pleurer sur Saül? Je l'ai rejeté, afin qu'il ne règne plus sur Israël. Remplis ta corne d'huile, et va; je t'enverrai chez Isaï, Bethléhémite, car j'ai vu parmi ses fils celui que je désire pour roi.

²Samuel dit: Comment irai-je? Saül l'apprendra, et il me tuera. Et l'Éternel dit: Tu emmèneras avec toi une génisse, et tu diras: Je viens pour offrir un sacrifice à l'Éternel.

³Tu inviteras Isaï au sacrifice; je te ferai connaître ce que tu dois faire, et tu oindras pour moi celui que je te dirai.

⁴Samuel fit ce que l'Éternel avait dit, et il alla à Bethléhem. Les anciens de la ville accoururent effrayés au-devant de lui et dirent: Ton arrivée annonce-t-elle quelque chose d'heureux?

⁵Il répondit: Oui; je viens pour offrir un sacrifice à l'Éternel. Sanctifiez-vous, et venez avec moi au sacrifice. Il fit aussi sanctifier Isaï et ses fils, et il les invita au sacrifice.

⁶Lorsqu'ils entrèrent, il se dit, en voyant Éliab: Certainement, l'oint de l'Éternel est ici devant lui.

⁷Et l'Éternel dit à Samuel: Ne prends point garde à son apparence et à la hauteur de sa taille, car je l'ai rejeté. L'Éternel ne considère pas ce que l'homme considère; l'homme regarde à ce qui frappe les yeux, mais l'Éternel regarde au coeur.

⁸Isaï appela Abinadab, et le fit passer devant Samuel; et Samuel dit: L'Éternel n'a pas non plus choisi celui-ci.

⁹Isaï fit passer Schamma; et Samuel dit: L'Éternel n'a pas non plus choisi celui-ci.

¹⁰Isaï fit passer ses sept fils devant Samuel; et Samuel dit à Isaï: L'Éternel n'a choisi aucun d'eux.

¹¹Puis Samuel dit à Isaï: Sont-ce là tous tes fils? Et il répondit: Il reste encore le plus jeune, mais il fait paître les brebis. Alors Samuel dit à Isaï: Envoie-le chercher, car nous ne nous placerons pas avant qu'il ne soit venu ici.

¹²Isaï l'envoya chercher. Or il était blond, avec de beaux yeux et une belle figure. L'Éternel dit à Samuel: Lève-toi, oins-le, car c'est lui!

¹³Samuel prit la corne d'huile, et l'oignit au milieu de ses frères. L'esprit de l'Éternel saisit David, à partir de ce jour et dans la suite. Samuel se leva, et s'en alla à Rama.

¹⁴L'esprit de l'Éternel se retira de Saül, qui fut agité par un mauvais esprit venant de l'Éternel.

¹⁵Les serviteurs de Saül lui dirent: Voici, un mauvais esprit de Dieu t'agite.

¹⁶Que notre seigneur parle! Tes serviteurs sont devant toi. Ils chercheront un homme qui sache jouer de la harpe; et, quand le mauvais esprit de Dieu sera sur toi, il jouera de sa main, et tu seras soulagé.

¹⁷Saül répondit à ses serviteurs: Trouvez-moi donc un homme qui joue bien, et amenez-le-moi.

¹⁸L'un des serviteurs prit la parole, et dit: Voici, j'ai vu un fils d'Isaï, Bethléhémite, qui sait jouer; c'est aussi un homme fort et vaillant, un guerrier, parlant bien et d'une belle figure, et l'Éternel est avec lui.

¹⁹Saül envoya des messagers à Isaï, pour lui dire: Envoie-moi David, ton fils, qui est avec les brebis.

²⁰Isaï prit un âne, qu'il chargea de pain, d'une outre de vin et d'un chevreau, et il envoya ces choses à Saül par David, son fils.

²¹David arriva auprès de Saül, et se présenta devant lui; il plut beaucoup à Saül, et il fut désigné pour porter ses armes.

²²Saül fit dire à Isaï: Je te prie de laisser David à mon service, car il a trouvé grâce à mes yeux.

²³Et lorsque l'esprit de Dieu était sur Saül, David prenait la harpe et jouait de sa main; Saül respirait alors plus à l'aise et se trouvait soulagé, et le mauvais esprit se retirait de lui.

Chapitre 17

¹Les Philistins réunirent leurs armées pour faire la guerre, et ils se rassemblèrent à Soco, qui appartient à Juda; ils campèrent entre Soco et Azéka, à Éphès Dammim.

²Saül et les hommes d'Israël se rassemblèrent aussi; ils campèrent dans la vallée des térébinthes, et ils se mirent en ordre de bataille contre les Philistins.

³Les Philistins étaient vers la montagne d'un côté, et Israël était vers la montagne de l'autre côté: la vallée les séparait.

⁴Un homme sortit alors du camp des Philistins et s'avança entre les deux armées. Il se nommait Goliath, il était de Gath, et il avait une taille de six coudées et un empan.

⁵Sur sa tête était un casque d'airain, et il portait une cuirasse à écailles du poids de cinq mille sicles d'airain.

⁶Il avait aux jambes une armure d'airain, et un javelot d'airain entre les épaules.

⁷Le bois de sa lance était comme une ensouple de tisserand, et la lance pesait six cents sicles de fer. Celui qui portait son bouclier marchait devant lui.

⁸Le Philistin s'arrêta; et, s'adressant aux troupes d'Israël rangées en bataille, il leur cria: Pourquoi sortez-vous pour vous ranger en bataille? Ne suis-je pas le Philistin, et n'êtes-vous pas des esclaves de Saül? Choisissez un homme qui descende contre moi!

⁹S'il peut me battre et qu'il me tue, nous vous serons assujettis; mais si je l'emporte sur lui et que je le tue, vous nous serez assujettis et vous nous servirez.

¹⁰Le Philistin dit encore: Je jette en ce jour un défi à l'armée d'Israël! Donnez-moi un homme, et nous nous battrons ensemble.

¹¹Saül et tout Israël entendirent ces paroles du Philistin, et ils furent effrayés et saisis d'une grande crainte.

¹²Or David était fils de cet Éphratien de Bethléhem de Juda, nommé Isaï, qui avait huit fils, et qui, du temps de Saül, était vieux, avancé en âge.

¹³Les trois fils aînés d'Isaï avaient suivi Saül à la guerre; le premier-né de ses trois fils qui étaient partis pour la guerre s'appelait Éliab, le second Abinadab, et le troisième Schamma.

¹⁴David était le plus jeune. Et lorsque les trois aînés eurent suivi Saül,

¹⁵David s'en alla de chez Saül et revint à Bethléhem pour faire paître les brebis de son père.

¹⁶Le Philistin s'avançait matin et soir, et il se présenta pendant quarante jours.

¹⁷Isaï dit à David, son fils: Prends pour tes frères cet épha de grain rôti et ces dix pains, et cours au camp vers tes frères;

¹⁸porte aussi ces dix fromages au chef de leur millier. Tu verras si tes frères se portent bien, et tu m'en donneras des nouvelles sûres.

¹⁹Ils sont avec Saül et tous les hommes d'Israël dans la vallée des térébinthes, faisant la guerre aux Philistins.

²⁰David se leva de bon matin. Il laissa les brebis à un gardien, prit sa charge, et partit, comme Isaï le lui avait ordonné. Lorsqu'il arriva au camp, l'armée était en marche pour se ranger en bataille et poussait des cris de guerre.

²¹Israël et les Philistins se formèrent en bataille, armée contre armée.

²²David remit les objets qu'il portait entre les mains du gardien des bagages, et courut vers les rangs de l'armée. Aussitôt arrivé, il demanda à ses frères comment ils se portaient.

²³Tandis qu'il parlait avec eux, voici, le Philistin de Gath, nommé Goliath, s'avança entre les deux armées, hors des rangs des Philistins. Il tint les mêmes discours que précédemment, et David les entendit.

²⁴A la vue de cet homme, tous ceux d'Israël s'enfuirent devant lui et furent saisis d'une grande crainte.

²⁵Chacun disait: Avez-vous vu s'avancer cet homme? C'est pour jeter à Israël un défi qu'il s'est avancé! Si quelqu'un le tue, le roi le comblera de richesses, il lui donnera sa fille, et il affranchira la maison de son père en Israël.

²⁶David dit aux hommes qui se trouvaient près de lui: Que fera-t-on à celui qui tuera ce Philistin, et qui ôtera l'opprobre de dessus Israël? Qui est donc ce Philistin, cet incirconcis, pour insulter l'armée du Dieu vivant?

²⁷Le peuple, répétant les mêmes choses, lui dit: C'est ainsi que l'on fera à celui qui le tuera.

²⁸Éliab, son frère aîné, qui l'avait entendu parler à ces hommes, fut enflammé de colère contre David. Et il dit: Pourquoi es-tu descendu, et à qui as-tu laissé ce peu de brebis dans le désert? Je connais ton orgueil et la malice de ton coeur. C'est pour voir la bataille que tu es descendu.

²⁹David répondit: Qu'ai-je donc fait? ne puis-je pas parler ainsi?

³⁰Et il se détourna de lui pour s'adresser à un autre, et fit les mêmes questions. Le peuple lui répondit comme la première fois.
³¹Lorsqu'on eut entendu les paroles prononcées par David, on les répéta devant Saül, qui le fit chercher.
³²David dit à Saül: Que personne ne se décourage à cause de ce Philistin! Ton serviteur ira se battre avec lui.
³³Saül dit à David: Tu ne peux pas aller te battre avec ce Philistin, car tu es un enfant, et il est un homme de guerre dès sa jeunesse.
³⁴David dit à Saül: Ton serviteur faisait paître les brebis de son père. Et quand un lion ou un ours venait en enlever une du troupeau,
³⁵je courais après lui, je le frappais, et j'arrachais la brebis de sa gueule. S'il se dressait contre moi, je le saisissais par la gorge, je le frappais, et je le tuais.
³⁶C'est ainsi que ton serviteur a terrassé le lion et l'ours, et il en sera du Philistin, de cet incirconcis, comme de l'un d'eux, car il a insulté l'armée du Dieu vivant.
³⁷David dit encore: L'Éternel, qui m'a délivré de la griffe du lion et de la patte de l'ours, me délivrera aussi de la main de ce Philistin. Et Saül dit à David: Va, et que l'Éternel soit avec toi!
³⁸Saül fit mettre ses vêtements à David, il plaça sur sa tête un casque d'airain, et le revêtit d'une cuirasse.
³⁹David ceignit l'épée de Saül par-dessus ses habits, et voulut marcher, car il n'avait pas encore essayé. Mais il dit à Saül: Je ne puis pas marcher avec cette armure, je n'y suis pas accoutumé. Et il s'en débarrassa.
⁴⁰Il prit en main son bâton, choisit dans le torrent cinq pierres polies, et les mit dans sa gibecière de berger et dans sa poche. Puis, sa fronde à la main, il s'avança contre le Philistin.
⁴¹Le Philistin s'approcha peu à peu de David, et l'homme qui portait son bouclier marchait devant lui.
⁴²Le Philistin regarda, et lorsqu'il aperçut David, il le méprisa, ne voyant en lui qu'un enfant, blond et d'une belle figure.
⁴³Le Philistin dit à David: Suis-je un chien, pour que tu viennes à moi avec des bâtons? Et, après l'avoir maudit par ses dieux,
⁴⁴il ajouta: Viens vers moi, et je donnerai ta chair aux oiseaux du ciel et aux bêtes des champs.
⁴⁵David dit au Philistin: Tu marches contre moi avec l'épée, la lance et le javelot; et moi, je marche contre toi au nom de l'Éternel des armées, du Dieu de l'armée d'Israël, que tu as insultée.
⁴⁶Aujourd'hui l'Éternel te livrera entre mes mains, je t'abattrai et je te couperai la tête; aujourd'hui je donnerai les cadavres du camp des Philistins aux oiseaux du ciel et aux animaux de la terre. Et toute la terre saura qu'Israël a un Dieu.
⁴⁷Et toute cette multitude saura que ce n'est ni par l'épée ni par la lance que l'Éternel sauve. Car la victoire appartient à l'Éternel. Et il vous livre entre nos mains.
⁴⁸Aussitôt que le Philistin se mit en mouvement pour marcher au-devant de David, David courut sur le champ de bataille à la rencontre du Philistin.
⁴⁹Il mit la main dans sa gibecière, y prit une pierre, et la lança avec sa fronde; il frappa le Philistin au front, et la pierre s'enfonça dans le front du Philistin, qui tomba le visage contre terre.
⁵⁰Ainsi, avec une fronde et une pierre, David fut plus fort que le Philistin; il le terrassa et lui ôta la vie, sans avoir d'épée à la main.
⁵¹Il courut, s'arrêta près du Philistin, se saisit de son épée qu'il tira du fourreau, le tua et lui coupa la tête. Les Philistins, voyant que leur héros était mort, prirent la fuite.
⁵²Et les hommes d'Israël et de Juda poussèrent des cris, et allèrent à la poursuite des Philistins jusque dans la vallée et jusqu'aux portes d'Ékron. Les Philistins blessés à mort tombèrent dans le chemin de Schaaraïm jusqu'à Gath et jusqu'à Ékron.
⁵³Et les enfants d'Israël revinrent de la poursuite des Philistins, et pillèrent leur camp.
⁵⁴David prit la tête du Philistin et la porta à Jérusalem, et il mit dans sa tente les armes du Philistin.
⁵⁵Lorsque Saül avait vu David marcher à la rencontre du Philistin, il avait dit à Abner, chef de l'armée: De qui ce jeune homme est-il fils, Abner? Abner répondit: Aussi vrai que ton âme est vivante, ô roi! je l'ignore.
⁵⁶Informe-toi donc de qui ce jeune homme est fils, dit le roi.
⁵⁷Et quand David fut de retour après avoir tué le Philistin, Abner le prit et le mena devant Saül. David avait à la main la tête du Philistin.
⁵⁸Saül lui dit: De qui es-tu fils, jeune homme? Et David répondit: Je suis fils de ton serviteur Isaï, Bethléhémite.

Chapitre 18

¹David avait achevé de parler à Saül. Et dès lors l'âme de Jonathan fut attachée à l'âme de David, et Jonathan l'aima comme son âme.
²Ce même jour Saül retint David, et ne le laissa pas retourner dans la maison de son père.
³Jonathan fit alliance avec David, parce qu'il l'aimait comme son âme.
⁴Il ôta le manteau qu'il portait, pour le donner à David; et il lui donna ses vêtements, même son épée, son arc et sa ceinture.
⁵David allait et réussissait partout où l'envoyait Saül; il fut mis par Saül à la tête des gens de guerre, et il plaisait à tout le peuple, même aux serviteurs de Saül.
⁶Comme ils revenaient, lors du retour de David après qu'il eut tué le Philistin, les femmes sortirent de toutes les villes d'Israël au-devant du roi Saül, en chantant et en dansant, au son des tambourins et des triangles, et en poussant des cris de joie.
⁷Les femmes qui chantaient se répondaient les unes aux autres, et disaient: Saül a frappé ses mille, -Et David ses dix mille.
⁸Saül fut très irrité, et cela lui déplut. Il dit: On en donne dix mille à David, et c'est à moi que l'on donne les mille! Il ne lui manque plus que la royauté.
⁹Et Saül regarda David d'un mauvais oeil, à partir de ce jour et dans la suite.
¹⁰Le lendemain, le mauvais esprit de Dieu saisit Saül, qui eut des transports au milieu de la maison. David jouait, comme les autres jours, et Saül avait sa lance à la main.
¹¹Saül leva sa lance, disant en lui-même: Je frapperai David contre la paroi. Mais David se détourna de lui deux fois.
¹²Saül craignait la présence de David, parce que l'Éternel était avec David et s'était retiré de lui.
¹³Il l'éloigna de sa personne, et il l'établit chef de mille hommes. David sortait et rentrait à la tête du peuple;
¹⁴il réussissait dans toutes ses entreprises, et l'Éternel était avec lui.
¹⁵Saül, voyant qu'il réussissait toujours, avait peur de lui;
¹⁶mais tout Israël et Juda aimaient David, parce qu'il sortait et rentrait à leur tête.
¹⁷Saül dit à David: Voici, je te donnerai pour femme ma fille aînée Mérab; sers-moi seulement avec vaillance, et soutiens les guerres de l'Éternel. Or Saül se disait: Je ne veux pas mettre la main sur lui, mais que la main des Philistins soit sur lui.
¹⁸David répondit à Saül: Qui suis-je, et qu'est-ce que ma vie, qu'est-ce que la famille de mon père en Israël, pour que je devienne le gendre du roi?
¹⁹Lorsque arriva le temps où Mérab, fille de Saül, devait être donnée à David, elle fut donnée pour femme à Adriel, de Mehola.
²⁰Mical, fille de Saül, aima David. On en informa Saül, et la chose lui convint.
²¹Il se disait: Je la lui donnerai, afin qu'elle soit un piège pour lui, et qu'il tombe sous la main des Philistins. Et Saül dit à David pour la seconde fois: Tu vas aujourd'hui devenir mon gendre.
²²Saül donna cet ordre à ses serviteurs: Parlez en confidence à David, et dites-lui: Voici, le roi est bien disposé pour toi, et tous ses serviteurs t'aiment; sois maintenant le gendre du roi.
²³Les serviteurs de Saül répétèrent ces paroles aux oreilles de David. Et David répondit: Croyez-vous qu'il soit facile de devenir le gendre du roi? Moi, je suis un homme pauvre et de peu d'importance.
²⁴Les serviteurs de Saül lui rapportèrent ce qu'avait répondu David.
²⁵Saül dit: Vous parlerez ainsi à David: Le roi ne demande point de dot; mais il désire cent prépuces de Philistins, pour être vengé de ses ennemis. Saül avait le dessein de faire tomber David entre les mains des Philistins.
²⁶Les serviteurs de Saül rapportèrent ces paroles à David, et David agréa ce qui lui était demandé pour qu'il devînt gendre du roi.
²⁷Avant le terme fixé, David se leva, partit avec ses gens, et tua deux cents hommes parmi les Philistins; il apporta leurs prépuces, et en livra au roi le nombre complet, afin de devenir gendre du roi. Alors Saül lui donna pour femme Mical, sa fille.
²⁸Saül vit et comprit que l'Éternel était avec David; et Mical, sa fille, aimait David.
²⁹Saül craignit de plus en plus David, et il fut toute sa vie son ennemi.
³⁰Les princes des Philistins faisaient des excursions; et chaque fois qu'ils sortaient, David avait plus de succès que tous les serviteurs de Saül, et son nom devint très célèbre.

1 Samuel
Chapitre 19

¹Saül parla à Jonathan, son fils, et à tous ses serviteurs, de faire mourir David. Mais Jonathan, fils de Saül, qui avait une grande affection pour David,

²l'en informa et lui dit: Saül, mon père, cherche à te faire mourir. Sois donc sur tes gardes demain matin, reste dans un lieu retiré, et cache-toi.

³Je sortirai et je me tiendrai à côté de mon père dans le champ où tu seras; je parlerai de toi à mon père, je verrai ce qu'il dira, et je te le rapporterai.

⁴Jonathan parla favorablement de David à Saül, son père: Que le roi, dit-il, ne commette pas un péché à l'égard de son serviteur David, car il n'en a point commis envers toi. Au contraire, il a agi pour ton bien;

⁵il a exposé sa vie, il a tué le Philistin, et l'Éternel a opéré une grande délivrance pour tout Israël. Tu l'as vu, et tu t'en es réjoui. Pourquoi pécherais-tu contre le sang innocent, et ferais-tu sans raison mourir David?

⁶Saül écouta la voix de Jonathan, et il jura, disant: L'Éternel est vivant! David ne mourra pas.

⁷Jonathan appela David, et lui rapporta toutes ces paroles; puis il l'amena auprès de Saül, en présence de qui David fut comme auparavant.

⁸La guerre continuait. David marcha contre les Philistins, et se battit avec eux; il leur fit éprouver une grande défaite, et ils s'enfuirent devant lui.

⁹Alors le mauvais esprit de l'Éternel fut sur Saül, qui était assis dans sa maison, sa lance à la main.

¹⁰David jouait, et Saül voulut le frapper avec sa lance contre la paroi. Mais David se détourna de lui, et Saül frappa de sa lance la paroi. David prit la fuite et s'échappa pendant la nuit.

¹¹Saül envoya des gens vers la maison de David, pour le garder et le faire mourir au matin. Mais Mical, femme de David, l'en informa et lui dit: Si tu ne te sauves pas cette nuit, demain tu es mort.

¹²Elle le fit descendre par la fenêtre, et David s'en alla et s'enfuit. C'est ainsi qu'il échappa.

¹³Ensuite Mical prit le théraphim, qu'elle plaça dans le lit; elle mit une peau de chèvre à son chevet, et elle l'enveloppa d'une couverture.

¹⁴Lorsque Saül envoya des gens pour prendre David, elle dit: Il est malade.

¹⁵Saül les renvoya pour qu'ils le vissent, et il dit: Apportez-le-moi dans son lit, afin que je le fasse mourir.

¹⁶Ces gens revinrent, et voici, le théraphim était dans le lit, et une peau de chèvre à son chevet.

¹⁷Saül dit à Mical: Pourquoi m'as-tu trompé de la sorte, et as-tu laissé partir mon ennemi qui s'est échappé? Mical répondit à Saül: Il m'a dit: Laisse moi aller, ou je te tue!

¹⁸C'est ainsi que David prit la fuite et qu'il échappa. Il se rendit auprès de Samuel à Rama, et lui raconta tout ce que Saül lui avait fait. Puis il alla avec Samuel demeurer à Najoth.

¹⁹On le rapporta à Saül, en disant: Voici, David est à Najoth, près de Rama.

²⁰Saül envoya des gens pour prendre David. Ils virent une assemblée de prophètes qui prophétisaient, ayant Samuel à leur tête. L'esprit de Dieu saisit les envoyés de Saül, et ils se mirent aussi à prophétiser eux-mêmes.

²¹On en fit rapport à Saül, qui envoya d'autres gens, et eux aussi prophétisèrent. Il en envoya encore pour la troisième fois, et ils prophétisèrent également.

²²Alors Saül alla lui-même à Rama. Arrivé à la grande citerne qui est à Sécou, il demanda: Où sont Samuel et David? On lui répondit: Ils sont à Najoth, près de Rama.

²³Et il se dirigea vers Najoth, près de Rama. L'esprit de Dieu fut aussi sur lui; et Saül continua son chemin en prophétisant, jusqu'à son arrivée à Najoth, près de Rama.

²⁴Il ôta ses vêtements, et il prophétisa aussi devant Samuel; et il se jeta nu par terre tout ce jour-là et toute la nuit. C'est pourquoi l'on dit: Saül est-il aussi parmi les prophètes?

Chapitre 20

¹David s'enfuit de Najoth, près de Rama. Il alla trouver Jonathan, et dit: Qu'ai-je fait? quel est mon crime, quel est mon péché aux yeux de ton père, pour qu'il en veuille à ma vie?

²Jonathan lui répondit: Loin de là! tu ne mourras point. Mon père ne fait aucune chose, grande ou petite, sans m'en informer; pourquoi donc mon père me cacherait-il celle-là? Il n'en est rien.

³David dit encore, en jurant: Ton père sait bien que j'ai trouvé grâce à tes yeux, et il aura dit: Que Jonathan ne le sache pas; cela lui ferait de la peine. Mais l'Éternel est vivant et ton âme est vivante! il n'y a qu'un pas entre moi et la mort.

⁴Jonathan dit à David: Je ferai pour toi ce que tu voudras.

⁵Et David lui répondit: Voici, c'est demain la nouvelle lune, et je devrais m'asseoir avec le roi pour manger; laisse-moi aller, et je me cacherai dans les champs jusqu'au soir du troisième jour.

⁶Si ton père remarque mon absence, tu diras: David m'a prié de lui laisser faire une course à Bethléhem, sa ville, parce qu'il y a pour toute la famille un sacrifice annuel.

⁷Et s'il dit: C'est bien! ton serviteur alors n'a rien à craindre; mais si la colère s'empare de lui, sache que le mal est résolu de sa part.

⁸Montre donc ton affection pour ton serviteur, puisque tu as fait avec ton serviteur une alliance devant l'Éternel. Et, s'il y a quelque crime en moi, ôte-moi la vie toi-même, car pourquoi me mènerais-tu jusqu'à ton père?

⁹Jonathan lui dit: Loin de toi la pensée que je ne t'informerai pas, si j'apprends que le mal est résolu de la part de mon père et menace de t'atteindre!

¹⁰David dit à Jonathan: Qui m'informera dans le cas où ton père te répondrait durement?

¹¹Et Jonathan dit à David: Viens, sortons dans les champs. Et ils sortirent tous deux dans les champs.

¹²Jonathan dit à David: Je prends à témoin l'Éternel, le Dieu d'Israël! Je sonderai mon père demain ou après-demain; et, dans le cas où il serait bien disposé pour David, si je n'envoie vers toi personne pour t'en informer,

¹³que l'Éternel traite Jonathan dans toute sa rigueur! Dans le cas où mon père trouverait bon de te faire du mal, je t'informerai aussi et je te laisserai partir, afin que tu t'en ailles en paix; et que l'Éternel soit avec toi, comme il a été avec mon père!

¹⁴Si je dois vivre encore, veuille user envers moi de la bonté de l'Éternel;

¹⁵et si je meurs, ne retire jamais ta bonté envers ma maison, pas même lorsque l'Éternel retranchera chacun des ennemis de David de dessus la face de la terre.

¹⁶Car Jonathan a fait alliance avec la maison de David. Que l'Éternel tire vengeance des ennemis de David!

¹⁷Jonathan protesta encore auprès de David de son affection pour lui, car il l'aimait comme son âme.

¹⁸Jonathan lui dit: C'est demain la nouvelle lune; on remarquera ton absence, car ta place sera vide.

¹⁹Tu descendras le troisième jour jusqu'au fond du lieu où tu t'étais caché le jour de l'affaire, et tu resteras près de la pierre d'Ézel.

²⁰Je tirerai trois flèches du côté de la pierre, comme si je visais un but.

²¹Et voici, j'enverrai un jeune homme, et je lui dirai: Va, trouve les flèches. Si je lui dis: Voici, les flèches sont en deçà de toi, prends-les! alors viens, car il y a paix pour toi, et tu n'as rien à craindre, l'Éternel est vivant!

²²Mais si je dis au jeune homme: Voici, les flèches sont au delà de toi! alors va-t-en, car l'Éternel te renvoie.

²³L'Éternel est à jamais témoin de la parole que nous nous sommes donnée l'un à l'autre.

²⁴David se cacha dans les champs. C'était la nouvelle lune, et le roi prit place au festin pour manger.

²⁵Le roi s'assit comme à l'ordinaire sur son siège contre la paroi, Jonathan se leva, et Abner s'assit à côté de Saül; mais la place de David resta vide.

²⁶Saül ne dit rien ce jour-là; car, pensa-t-il, c'est par hasard, il n'est pas pur, certainement il n'est pas pur.

²⁷Le lendemain, second jour de la nouvelle lune, la place de David était encore vide. Et Saül dit à Jonathan, son fils: Pourquoi le fils d'Isaï n'a-t-il paru au repas ni hier ni aujourd'hui?

²⁸Jonathan répondit à Saül: David m'a demandé la permission d'aller à Bethléhem.

²⁹Il a dit: Laisse-moi aller, je te prie, car nous avons dans la ville un sacrifice de famille, et mon frère me l'a fait savoir; si donc j'ai trouvé grâce à tes yeux, permets que j'aille en hâte voir mes frères. C'est pour cela qu'il n'est point venu à la table du roi.

³⁰Alors la colère de Saül s'enflamma contre Jonathan, et il lui dit: Fils pervers et rebelle, sais-je pas que tu as pour ami le fils d'Isaï, à ta honte et à la honte de ta mère?

³¹Car aussi longtemps que le fils d'Isaï sera vivant sur la terre, il n'y aura point de sécurité ni pour toi ni pour ta royauté. Et maintenant, envoie-le chercher, et qu'on me l'amène, car il est digne de mort.

³²Jonathan répondit à Saül, son père, et lui dit: Pourquoi le ferait-on mourir? Qu'a-t-il fait?

³³Et Saül dirigea sa lance contre lui, pour le frapper. Jonathan comprit que c'était chose résolue chez son père que de faire mourir David.

³⁴Il se leva de table dans une ardente colère, et ne participa point au repas le second jour de la nouvelle lune; car il était affligé à cause de David, parce que son père l'avait outragé.

³⁵Le lendemain matin, Jonathan alla dans les champs au lieu convenu avec David, et il était accompagné d'un petit garçon.

³⁶Il lui dit: Cours, trouve les flèches que je vais tirer. Le garçon courut, et Jonathan tira une flèche qui le dépassa.

³⁷Lorsqu'il arriva au lieu où était la flèche que Jonathan avait tirée, Jonathan cria derrière lui: La flèche n'est-elle pas plus loin que toi?

³⁸Il lui cria encore: Vite, hâte-toi, ne t'arrête pas! Et le garçon de Jonathan ramassa les flèches et revint vers son maître.

³⁹Le garçon ne savait rien; Jonathan et David seuls comprenaient la chose.

⁴⁰Jonathan remit ses armes à son garçon, et lui dit: Va, porte-les à la ville.

⁴¹Après le départ du garçon, David se leva du côté du midi, puis se jeta le visage contre terre et se prosterna trois fois. Les deux amis s'embrassèrent et pleurèrent ensemble, David surtout fondit en larmes.

⁴²Et Jonathan dit à David: Va en paix, maintenant que nous avons juré l'un et l'autre, au nom de l'Éternel, en disant: Que l'Éternel soit à jamais entre moi et toi, entre ma postérité et ta postérité! David se leva, et s'en alla, et Jonathan rentra dans la ville.

Chapitre 21

¹David se rendit à Nob, vers le sacrificateur Achimélec, qui accourut effrayé au-devant de lui et lui dit: Pourquoi es-tu seul et n'y a-t-il personne avec toi?

²David répondit au sacrificateur Achimélec: Le roi m'a donné un ordre et m'a dit: Que personne ne sache rien de l'affaire pour laquelle je t'envoie et de l'ordre que je t'ai donné. J'ai fixé un rendez-vous à mes gens.

³Maintenant qu'as-tu sous la main? Donne-moi cinq pains, ou ce qui se trouvera.

⁴Le sacrificateur répondit à David: Je n'ai pas de pain ordinaire sous la main, mais il y a du pain consacré; si du moins tes gens se sont abstenus de femmes.

⁵David répondit au sacrificateur: Nous nous sommes abstenus de femmes depuis trois jours que je suis parti, et tous mes gens sont purs: d'ailleurs, si c'est là un acte profane, il sera certainement aujourd'hui sanctifié par celui qui en sera l'instrument.

⁶Alors le sacrificateur lui donna du pain consacré, car il n'y avait là d'autre pain que du pain de proposition, qu'on avait ôté de devant l'Éternel pour le remplacer par du pain chaud au moment où on l'avait pris.

⁷Là, ce même jour, un homme d'entre les serviteurs de Saül se trouvait enfermé devant l'Éternel; c'était un Édomite, nommé Doëg, chef des bergers de Saül.

⁸David dit à Achimélec: N'as-tu pas sous la main une lance ou une épée? car je n'ai pris avec moi ni mon épée ni mes armes, parce que l'ordre du roi était pressant.

⁹Le sacrificateur répondit: Voici l'épée de Goliath, le Philistin, que tu as tué dans la vallée des térébinthes; elle est enveloppée dans un drap, derrière l'éphod. Si tu veux la prendre, prends-la, car il n'y en a pas d'autre ici. Et David dit: Il n'y en a point de pareille; donne-la-moi.

¹⁰David se leva et s'enfuit le même jour loin de Saül. Il arriva chez Akisch, roi de Gath.

¹¹Les serviteurs d'Akisch lui dirent: N'est-ce pas là David, roi du pays? n'est-ce pas celui pour qui l'on chantait en dansant: Saül a frappé ses mille, -Et David ses dix mille?

¹²David prit à coeur ces paroles, et il eut une grande crainte d'Akisch, roi de Gath.

¹³Il se montra comme fou à leurs yeux, et fit devant eux des extravagances; il faisait des marques sur les battants des portes, et il laissait couler sa salive sur sa barbe.

¹⁴Akisch dit à ses serviteurs: Vous voyez bien que cet homme a perdu la raison; pourquoi me l'amenez-vous?

¹⁵Est-ce que je manque de fous, pour que vous m'ameniez celui-ci et me rendiez témoin de ses extravagances? Faut-il qu'il entre dans ma maison?

Chapitre 22

¹David partit de là, et se sauva dans la caverne d'Adullam. Ses frères et toute la maison de son père l'apprirent, et ils descendirent vers lui.

²Tous ceux qui se trouvaient dans la détresse, qui avaient des créanciers, ou qui étaient mécontents, se rassemblèrent auprès de lui, et il devint leur chef. Ainsi se joignirent à lui environ quatre cents hommes.

³De là David s'en alla à Mitspé dans le pays de Moab. Il dit au roi de Moab: Permets, je te prie, à mon père et à ma mère de se retirer chez vous, jusqu'à ce que je sache ce que Dieu fera de moi.

⁴Et il les conduisit devant le roi de Moab, et ils demeurèrent avec lui tout le temps que David fut dans la forteresse.

⁵Le prophète Gad dit à David: Ne reste pas dans la forteresse, va-t'en, et entre dans le pays de Juda. Et David s'en alla, et parvint à la forêt de Héreth.

⁶Saül apprit que l'on avait des renseignements sur David et sur ses gens. Saül était assis sous le tamarisc, à Guibea, sur la hauteur; il avait sa lance à la main, et tous ses serviteurs se tenaient près de lui.

⁷Et Saül dit à ses serviteurs qui se tenaient près de lui: Écoutez, Benjamites! Le fils d'Isaï vous donnera-t-il à tous des champs et des vignes? Fera-t-il de vous tous des chefs de mille et des chefs de cent?

⁸Sinon, pourquoi avez-vous tous conspiré contre moi, et n'y a-t-il personne qui m'informe de l'alliance de mon fils avec le fils d'Isaï? Pourquoi n'y a-t-il personne de vous qui souffre à mon sujet, et qui m'avertisse que mon fils a soulevé mon serviteur contre moi, afin qu'il me dressât des embûches, comme il le fait aujourd'hui?

⁹Doëg, l'Édomite, qui se trouvait aussi parmi les serviteurs de Saül, répondit: J'ai vu le fils d'Isaï venir à Nob, auprès d'Achimélec, fils d'Achithub.

¹⁰Achimélec a consulté pour lui l'Éternel, il lui a donné des vivres et lui a remis l'épée de Goliath, le Philistin.

¹¹Le roi envoya chercher Achimélec, fils d'Achithub, le sacrificateur, et toute la maison de son père, les sacrificateurs qui étaient à Nob. Ils se rendirent tous vers le roi.

¹²Saül dit: Écoute, fils d'Achithub! Il répondit: Me voici, mon seigneur!

¹³Saül lui dit: Pourquoi avez-vous conspiré contre moi, toi et le fils d'Isaï? Pourquoi lui as-tu donné du pain et une épée, et as-tu consulté Dieu pour lui, afin qu'il s'élevât contre moi et me dressât des embûches, comme il le fait aujourd'hui?

¹⁴Achimélec répondit au roi: Lequel d'entre tous tes serviteurs peut être comparé au fidèle David, gendre du roi, dévoué à ses ordres, et honoré dans ta maison?

¹⁵Est-ce aujourd'hui que j'ai commencé à consulter Dieu pour lui? Loin de moi! Que le roi ne mette rien à la charge de son serviteur ni de personne de la maison de mon père, car ton serviteur ne connaît de tout ceci aucune chose, petite ou grande.

¹⁶Le roi dit: Tu mourras, Achimélec, toi et toute la maison de ton père.

¹⁷Et le roi dit aux coureurs qui se tenaient près de lui: Tournez-vous, et mettez à mort les sacrificateurs de l'Éternel; car ils sont d'accord avec David, ils ont bien su qu'il s'enfuyait, et ils ne m'ont point averti. Mais les serviteurs du roi ne voulurent pas avancer la main pour frapper les sacrificateurs de l'Éternel.

¹⁸Alors le roi dit à Doëg: Tourne-toi, et frappe les sacrificateurs. Et Doëg, l'Édomite, se tourna, et ce fut lui qui frappa les sacrificateurs; il fit mourir en ce jour quatre-vingt-cinq hommes portant l'éphod de lin.

¹⁹Saül frappa encore du tranchant de l'épée Nob, ville sacerdotale; hommes et femmes, enfants et nourrissons, boeufs, ânes, et brebis, tombèrent sous le tranchant de l'épée.

²⁰Un fils d'Achimélec, fils d'Achithub, échappa. Son nom était Abiathar. Il s'enfuit auprès de David,

²¹et lui rapporta que Saül avait tué les sacrificateurs de l'Éternel.

²²David dit à Abiathar: J'ai bien pensé ce jour même que Doëg, l'Édomite, se trouvant là, ne manquerait pas d'informer Saül. C'est moi qui suis cause de la mort de toutes les personnes de la maison de ton père.

²³Reste avec moi, ne crains rien, car celui qui cherche ma vie cherche la tienne; près de moi tu seras bien gardé.

Chapitre 23

¹On vint dire à David: Voici, les Philistins ont attaqué Keïla, et ils pillent les aires.

²David consulta l'Éternel, en disant: Irai-je, et battrai-je ces Philistins? Et l'Éternel lui répondit: Va, tu battras les Philistins, et tu délivreras Keïla.

1 Samuel

³Mais les gens de David lui dirent: Voici, nous ne sommes pas sans crainte ici même en Juda; que sera-ce si nous allons à Keïla contre les troupes des Philistins?

⁴David consulta encore l'Éternel. Et l'Éternel lui répondit: Lève-toi, descends à Keïla, car je livre les Philistins entre tes mains.

⁵David alla donc avec ses gens à Keïla, et il se battit contre les Philistins; il emmena leur bétail, et leur fit éprouver une grande défaite. Ainsi David délivra les habitants de Keïla.

⁶Lorsque Abiathar, fils d'Achimélec, s'enfuit vers David à Keïla, il descendit ayant en main l'éphod.

⁷Saül fut informé de l'arrivée de David à Keïla, et il dit: Dieu le livre entre mes mains, car il est venu s'enfermer dans une ville qui a des portes et des barres.

⁸Et Saül convoqua tout le peuple à la guerre, afin de descendre à Keïla et d'assiéger David et ses gens.

⁹David, ayant eu connaissance du mauvais dessein que Saül projetait contre lui, dit au sacrificateur Abiathar: Apporte l'éphod!

¹⁰Et David dit: Éternel, Dieu d'Israël, ton serviteur apprend que Saül veut venir à Keïla pour détruire la ville à cause de moi.

¹¹Les habitants de Keïla me livreront-ils entre ses mains? Saül descendra-t-il, comme ton serviteur l'a appris? Éternel, Dieu d'Israël, daigne le révéler à ton serviteur! Et l'Éternel répondit: Il descendra.

¹²David dit encore: Les habitants de Keïla me livreront-ils, moi et mes gens, entre les mains de Saül? Et l'Éternel répondit: Ils te livreront.

¹³Alors David se leva avec ses gens au nombre d'environ six cents hommes; ils sortirent de Keïla, et s'en allèrent où ils purent. Saül, informé que David s'était sauvé de Keïla, suspendit sa marche.

¹⁴David demeura au désert, dans des lieux forts, et il resta sur la montagne du désert de Ziph. Saül le cherchait toujours, mais Dieu ne le livra pas entre ses mains.

¹⁵David, voyant Saül en marche pour attenter à sa vie, se tint au désert de Ziph, dans la forêt.

¹⁶Ce fut alors que Jonathan, fils de Saül, se leva et alla vers David dans la forêt. Il fortifia sa confiance en Dieu,

¹⁷et lui dit: Ne crains rien, car la main de Saül, mon père, ne t'atteindra pas. Tu régneras sur Israël, et moi je serai au second rang près de toi; Saül, mon père, le sait bien aussi.

¹⁸Ils firent tous deux alliance devant l'Éternel; et David resta dans la forêt, et Jonathan s'en alla chez lui.

¹⁹Les Ziphiens montèrent auprès de Saül à Guibea, et dirent: David n'est-il pas caché parmi nous dans des lieux forts, dans la forêt, sur la colline de Hakila, qui est au midi du désert?

²⁰Descends donc, ô roi, puisque c'est là tout le désir de ton âme; et à nous de le livrer entre les mains du roi.

²¹Saül dit: Que l'Éternel vous bénisse de ce que vous avez pitié de moi!

²²Allez, je vous prie, prenez encore des informations pour savoir et découvrir dans quel lieu il a dirigé ses pas et qui l'y a vu, car il est, m'a-t-on dit, fort rusé.

²³Examinez et reconnaissez tous les lieux où il se cache, puis revenez vers moi avec quelque chose de certain, et je partirai avec vous. S'il est dans le pays, je le chercherai parmi tous les milliers de Juda.

²⁴Ils se levèrent donc et allèrent à Ziph avant Saül. David et ses gens étaient au désert de Maon, dans la plaine au midi du désert.

²⁵Saül partit avec ses gens à la recherche de David. Et l'on en informa David, qui descendit le rocher et resta dans le désert de Maon. Saül, l'ayant appris, poursuivit David au désert de Maon.

²⁶Saül marchait d'un côté de la montagne, et David avec ses gens de l'autre côté de la montagne. David fuyait précipitamment pour échapper à Saül. Mais déjà Saül et ses gens entouraient David et les siens pour s'emparer d'eux,

²⁷lorsqu'un messager vint dire à Saül: Hâte-toi de venir, car les Philistins ont fait invasion dans le pays.

²⁸Saül cessa de poursuivre David, et il s'en retourna pour aller à la rencontre des Philistins. C'est pourquoi l'on appela ce lieu Séla Hammachlekoth.

²⁹De là David monta vers les lieux forts d'En Guédi, où il demeura.

Chapitre 24

¹Lorsque Saül fut revenu de la poursuite des Philistins, on vint lui dire: Voici, David est dans le désert d'En Guédi.

²Saül prit trois mille hommes d'élite sur tout Israël, et il alla chercher David et ses gens jusque sur les rochers des boucs sauvages.

³Il arriva à des parcs de brebis, qui étaient près du chemin; là se trouvait une caverne, où il entra pour se couvrir les pieds. David et ses gens étaient au fond de la caverne.

⁴Les gens de David lui dirent: Voici le jour où l'Éternel te dit: Je livre ton ennemi entre tes mains; traite-le comme bon te semblera. David se leva, et coupa doucement le pan du manteau de Saül.

⁵Après cela le coeur lui battit, parce qu'il avait coupé le pan du manteau de Saül.

⁶Et il dit à ses gens: Que l'Éternel me garde de commettre contre mon seigneur, l'oint de l'Éternel, une action telle que de porter ma main sur lui! car il est l'oint de l'Éternel.

⁷Par ces paroles David arrêta ses gens, et les empêcha de se jeter sur Saül. Puis Saül se leva pour sortir de la caverne, et continua son chemin.

⁸Après cela, David se leva et sortit de la caverne. Il se mit alors à crier après Saül: O roi, mon seigneur! Saül regarda derrière lui, et David s'inclina le visage contre terre et se prosterna.

⁹David dit à Saül: Pourquoi écoutes-tu les propos des gens qui disent: Voici, David cherche ton malheur?

¹⁰Tu vois maintenant de tes propres yeux que l'Éternel t'avait livré aujourd'hui entre mes mains dans la caverne. On m'excitait à te tuer; mais je t'ai épargné, et j'ai dit: Je ne porterai pas la main sur mon seigneur, car il est l'oint de l'Éternel.

¹¹Vois, mon père, vois donc le pan de ton manteau dans ma main. Puisque j'ai coupé le pan de ton manteau et que je ne t'ai pas tué, sache et reconnais qu'il n'y a dans ma conduite ni méchanceté ni révolte, et que je n'ai point péché contre toi. Et toi, tu me dresses des embûches, pour m'ôter la vie!

¹²L'Éternel sera juge entre moi et toi, et l'Éternel me vengera de toi; mais je ne porterai point la main sur toi.

¹³Des méchants vient la méchanceté, dit l'ancien proverbe. Aussi je ne porterai point la main sur toi.

¹⁴Contre qui le roi d'Israël s'est-il mis en marche? Qui poursuis-tu? Un chien mort, une puce!

¹⁵L'Éternel jugera et prononcera entre moi et toi; il regardera, il défendra ma cause, il me rendra justice en me délivrant de ta main.

¹⁶Lorsque David eut fini d'adresser à Saül ces paroles, Saül dit: Est-ce bien ta voix, mon fils David? Et Saül éleva la voix et pleura.

¹⁷Et il dit à David: Tu es plus juste que moi; car tu m'as fait du bien, et moi je t'ai fait du mal.

¹⁸Tu manifestes aujourd'hui la bonté avec laquelle tu agis envers moi, puisque l'Éternel m'avait livré entre tes mains et que tu ne m'as pas tué.

¹⁹Si quelqu'un rencontre son ennemi, le laisse-t-il poursuivre tranquillement son chemin? Que l'Éternel te récompense pour ce que tu m'as fait en ce jour!

²⁰Maintenant voici, je sais que tu régneras, et que la royauté d'Israël restera entre tes mains.

²¹Jure-moi donc par l'Éternel que tu ne détruiras pas ma postérité après moi, et que tu ne retrancheras pas mon nom de la maison de mon père.

²²David le jura à Saül. Puis Saül s'en alla dans sa maison, et David et ses gens montèrent au lieu fort.

Chapitre 25

¹Samuel mourut. Tout Israël s'étant assemblé le pleura, et on l'enterra dans sa demeure à Rama. Ce fut alors que David se leva et descendit au désert de Paran.

²Il y avait à Maon un homme fort riche, possédant des biens à Carmel; il avait trois mille brebis et mille chèvres, et il se trouvait à Carmel pour la tonte de ses brebis.

³Le nom de cet homme était Nabal, et sa femme s'appelait Abigaïl; c'était une femme de bon sens et belle de figure, mais l'homme était dur et méchant dans ses actions. Il descendait de Caleb.

⁴David apprit au désert que Nabal tondait ses brebis.

⁵Il envoya vers lui dix jeunes gens, auxquels il dit: Montez à Carmel, et allez auprès de Nabal. Vous le saluerez en mon nom,

⁶et vous lui parlerez ainsi: Pour la vie soit en paix, et que la paix soit avec ta maison et tout ce qui t'appartient!

⁷Et maintenant, j'ai appris que tu as les tondeurs. Or tes bergers ont été avec nous; nous ne leur avons fait aucun outrage, et rien ne leur a été enlevé pendant tout le temps qu'ils ont été à Carmel.

⁸Demande-le à tes serviteurs, et ils te le diront. Que ces jeunes gens trouvent donc grâce à tes yeux, puisque nous venons dans un jour de joie. Donne donc, je te prie, à tes serviteurs et à ton fils David ce qui se trouvera sous ta main.

⁹Lorsque les gens de David furent arrivés, ils répétèrent à Nabal toutes ces paroles, au nom de David. Puis ils se turent.

¹⁰Nabal répondit aux serviteurs de David: Qui est David, et qui est le fils d'Isaï? Il y a aujourd'hui beaucoup de serviteurs qui s'échappent

d'auprès de leurs maîtres.

¹¹Et je prendrais mon pain, mon eau, et mon bétail que j'ai tué pour mes tondeurs, et je les donnerais à des gens qui sont je ne sais d'où?

¹²Les gens de David rebroussèrent chemin; ils s'en retournèrent, et redirent, à leur arrivée, toutes ces paroles à David.

¹³Alors David dit à ses gens: Que chacun de vous ceigne son épée! Et ils ceignirent chacun leur épée. David aussi ceignit son épée, et environ quatre cents hommes montèrent à sa suite. Il en resta deux cents près des bagages.

¹⁴Un des serviteurs de Nabal vint dire à Abigaïl, femme de Nabal: Voici, David a envoyé du désert des messagers pour saluer notre maître, qui les a rudoyés.

¹⁵Et pourtant ces gens ont été très bons pour nous; ils ne nous ont fait aucun outrage, et rien ne nous a été enlevé, tout le temps que nous avons été avec eux lorsque nous étions dans les champs.

¹⁶Ils nous ont nuit et jour servi de muraille, tout le temps que nous avons été avec eux, faisant paître les troupeaux.

¹⁷Sache maintenant et vois ce que tu as à faire, car la perte de notre maître et de toute sa maison est résolue, et il est si méchant qu'on ose lui parler.

¹⁸Abigaïl prit aussitôt deux cents pains, deux outres de vin, cinq pièces de bétail apprêtées, cinq mesures de grain rôti, cent masses de raisins secs, et deux cents de figues sèches. Elle les mit sur des ânes,

¹⁹et elle dit à ses serviteurs: Passez devant moi, je vais vous suivre. Elle ne dit rien à Nabal, son mari.

²⁰Montée sur un âne, elle descendit la montagne par un chemin couvert; et voici, David et ses gens descendaient en face d'elle, en sorte qu'elle les rencontra.

²¹David avait dit: C'est bien en vain que j'ai gardé tout ce que cet homme a dans le désert, et que rien n'a été enlevé de tout ce qu'il possède; il m'a rendu le mal pour le bien.

²²Que Dieu traite son serviteur David dans toute sa rigueur, si je laisse subsister jusqu'à la lumière du matin qui que ce soit de tout ce qui appartient à Nabal!

²³Lorsque Abigaïl aperçut David, elle descendit rapidement de l'âne, tomba sur sa face en présence de David, et se prosterna contre terre.

²⁴Puis, se jetant à ses pieds, elle dit: A moi la faute, mon seigneur! Permets à ta servante de parler à tes oreilles, et écoute les paroles de ta servante.

²⁵Que mon seigneur ne prenne pas garde à ce méchant homme, à Nabal, car il est comme son nom; Nabal est son nom, et il y a chez lui de la folie. Et moi, ta servante, je n'ai pas vu les gens que mon seigneur a envoyés.

²⁶Maintenant, mon seigneur, aussi vrai que l'Éternel est vivant et que ton âme est vivante, c'est l'Éternel qui t'a empêché de répandre le sang et qui a retenu ta main. Que tes ennemis, que ceux qui veulent du mal à mon seigneur soient comme Nabal!

²⁷Accepte ce présent que ta servante apporte à mon seigneur, et qu'il soit distribué aux gens qui marchent à la suite de mon seigneur.

²⁸Pardonne, je te prie, la faute de ta servante, car l'Éternel fera à mon seigneur une maison stable; pardonne, car mon seigneur soutient les guerres de l'Éternel, et la méchanceté ne se trouvera jamais en toi.

²⁹S'il s'élève quelqu'un qui te poursuive et en veuille à ta vie, l'âme de mon seigneur sera liée dans le faisceau des vivants auprès de l'Éternel, ton Dieu, et il lancera du creux de la fronde l'âme de tes ennemis.

³⁰Lorsque l'Éternel aura fait à mon seigneur tout le bien qu'il t'a annoncé, et qu'il t'aura établi chef sur Israël,

³¹mon seigneur n'aura ni remords ni souffrance de coeur pour avoir répandu le sang inutilement et pour s'être vengé lui-même. Et lorsque l'Éternel aura fait du bien à mon seigneur, souviens-toi de ta servante.

³²David dit à Abigaïl: Béni soit l'Éternel, le Dieu d'Israël, qui t'a envoyée aujourd'hui à ma rencontre!

³³Béni soit ton bon sens, et bénie sois-tu, toi qui m'as empêché en ce jour de répandre le sang, et qui as retenu ma main!

³⁴Mais l'Éternel, le Dieu d'Israël, qui m'a empêché de te faire du mal, est vivant! si tu ne t'étais hâtée de venir au-devant de moi, il ne serait resté qui que ce soit à Nabal, à la lumière du matin.

³⁵Et David prit de la main d'Abigaïl ce qu'elle lui avait apporté, et lui dit: Monte en paix dans ta maison; vois, j'ai écouté ta voix, et je t'ai favorablement accueillie.

³⁶Abigaïl arriva auprès de Nabal. Et voici, il faisait dans sa maison un festin comme un festin de roi; il avait le coeur joyeux, et il était complètement dans l'ivresse. Elle ne lui dit aucune chose, petite ou grande, jusqu'à la lumière du matin.

³⁷Mais le matin, l'ivresse de Nabal s'étant dissipée, sa femme lui raconta ce qui s'était passé. Le coeur de Nabal reçut un coup mortel, et devint comme une pierre.

³⁸Environ dix jours après, l'Éternel frappa Nabal, et il mourut.

³⁹David apprit que Nabal était mort, et il dit: Béni soit l'Éternel, qui a défendu ma cause dans l'outrage que m'a fait Nabal, et qui a empêché son serviteur de faire le mal! L'Éternel a fait retomber la méchanceté de Nabal sur sa tête. David envoya proposer à Abigaïl de devenir sa femme.

⁴⁰Les serviteurs de David arrivèrent chez Abigaïl à Carmel, et lui parlèrent ainsi: David nous a envoyés vers toi, afin de te prendre pour sa femme.

⁴¹Elle se leva, se prosterna le visage contre terre, et dit: Voici, ta servante sera une esclave pour laver les pieds des serviteurs de mon seigneur.

⁴²Et aussitôt Abigaïl partit, montée sur un âne, et accompagnée de cinq jeunes filles; elle suivit les messagers de David, et elle devint sa femme.

⁴³David avait aussi pris Achinoam de Jizreel, et toutes les deux furent ses femmes.

⁴⁴Et Saül avait donné sa fille Mical, femme de David, à Palthi de Gallim, fils de Laïsch.

Chapitre 26

¹Les Ziphiens allèrent auprès de Saül à Guibea, et dirent: David n'est-il pas caché sur la colline de Hakila, en face du désert?

²Saül se leva et descendit au désert de Ziph, avec trois mille hommes de l'élite d'Israël, pour chercher David dans le désert de Ziph.

³Il campa sur la colline de Hakila, en face du désert, près du chemin. David était dans le désert; et s'étant aperçu que Saül marchait à sa poursuite au désert,

⁴il envoya des espions, et apprit avec certitude que Saül était arrivé.

⁵Alors David se leva et vint au lieu où Saül était campé, et il vit la place où couchait Saül, avec Abner, fils de Ner, chef de son armée. Saül couchait au milieu du camp, et le peuple campait autour de lui.

⁶David prit la parole, et s'adressant à Achimélec, Héthien, et à Abischaï, fils de Tseruja et frère de Joab, il dit: Qui veut descendre avec moi dans le camp vers Saül? Et Abischaï répondit: Moi, je descendrai avec toi.

⁷David et Abischaï allèrent de nuit vers le peuple. Et voici, Saül était couché et dormait au milieu du camp, et sa lance était fixée en terre à son chevet. Abner et le peuple étaient couchés autour de lui.

⁸Abischaï dit à David: Dieu livre aujourd'hui ton ennemi entre tes mains; laisse-moi, je te prie, le frapper de ma lance et le clouer en terre d'un seul coup, pour que je n'aie pas à y revenir.

⁹Mais David dit à Abischaï: Ne le détruis pas! car qui pourrait impunément porter la main sur l'oint de l'Éternel?

¹⁰Et David dit: L'Éternel est vivant! c'est à l'Éternel seul à le frapper, soit que son jour vienne et qu'il meure, soit qu'il descende sur un champ de bataille et qu'il y périsse.

¹¹Loin de moi, par l'Éternel! de porter la main sur l'oint de l'Éternel! Prends seulement la lance qui est à son chevet, avec la cruche d'eau, et allons-nous-en.

¹²David prit donc la lance et la cruche d'eau qui étaient au chevet de Saül; et ils s'en allèrent. Personne ne les vit ni ne s'aperçut de rien, et personne ne se réveilla, car ils dormaient tous d'un profond sommeil dans lequel l'Éternel les avait plongés.

¹³David passa de l'autre côté, et s'arrêta au loin sur le sommet de la montagne, à une grande distance du camp.

¹⁴Et il cria au peuple et à Abner, fils de Ner: Ne répondras-tu pas, Abner? Abner répondit: Qui es-tu, toi qui pousses des cris vers le roi?

¹⁵Et David dit à Abner: N'es-tu pas un homme? et qui est ton pareil en Israël? Pourquoi donc n'as-tu pas gardé le roi, ton maître? Car quelqu'un du peuple est venu pour tuer le roi, ton maître.

¹⁶Ce que tu as fait là n'est pas bien. L'Éternel est vivant! vous méritez la mort, pour n'avoir pas veillé sur votre maître, sur l'oint de l'Éternel. Regarde maintenant où sont la lance du roi et la cruche d'eau, qui étaient à son chevet!

¹⁷Saül reconnut la voix de David, et dit: Est-ce bien ta voix, mon fils David? Et David répondit: C'est ma voix, ô roi, mon seigneur!

¹⁸Et il dit: Pourquoi mon seigneur poursuit-il son serviteur? Qu'ai-je fait, et de quoi suis-je coupable?

¹⁹Que le roi, mon seigneur, daigne maintenant écouter les paroles de son serviteur: si c'est l'Éternel qui t'excite contre moi, qu'il agrée le parfum d'une offrande; mais si ce sont des hommes, qu'ils soient maudits devant l'Éternel, puisqu'ils me chassent aujourd'hui pour me

détacher de l'héritage de l'Éternel, et qu'ils me disent: Va servir des dieux étrangers!

²⁰Oh! que mon sang ne tombe pas en terre loin de la face de l'Éternel! Car le roi d'Israël s'est mis en marche pour chercher une puce, comme on chasserait une perdrix dans les montagnes.

²¹Saül dit: J'ai péché; reviens, mon fils David, car je ne te ferai plus de mal, puisqu'en ce jour ma vie a été précieuse à tes yeux. J'ai agi comme un insensé, et j'ai fait une grande faute.

²²David répondit: Voici la lance du roi; que l'un de tes gens vienne la prendre.

²³L'Éternel rendra à chacun selon sa justice et sa fidélité; car l'Éternel t'avait livré aujourd'hui entre mes mains, et je n'ai pas voulu porter la main sur l'oint de l'Éternel.

²⁴Et comme aujourd'hui ta vie a été d'un grand prix à mes yeux, ainsi ma vie sera d'un grand prix aux yeux de l'Éternel et il me délivrera de toute angoisse.

²⁵Saül dit à David: Sois béni, mon fils David! tu réussiras dans tes entreprises. David continua son chemin, et Saül retourna chez lui.

Chapitre 27

¹David dit en lui-même: je périrai un jour par la main de Saül; il n'y a rien de mieux pour moi que de me réfugier au pays des Philistins, afin que Saül renonce à me chercher encore dans tout le territoire d'Israël; ainsi j'échapperai à sa main.

²Et David se leva, lui et les six cents hommes qui étaient avec lui, et ils passèrent chez Akisch, fils de Maoc, roi de Gath.

³David et ses gens restèrent à Gath auprès d'Akisch; ils avaient chacun leur famille, et David avait ses deux femmes, Achinoam de Jizreel, et Abigaïl de Carmel, femme de Nabal.

⁴Saül, informé que David s'était enfui à Gath, cessa de le chercher.

⁵David dit à Akisch: Si j'ai trouvé grâce à tes yeux, qu'on me donne dans l'une des villes du pays un lieu où je puisse demeurer; car pourquoi ton serviteur habiterait-il avec toi dans la ville royale?

⁶Et ce même jour Akisch lui donna Tsiklag. C'est pourquoi Tsiklag a appartenu aux rois de Juda jusqu'à ce jour.

⁷Le temps que David demeura dans le pays des Philistins fut d'un an et quatre mois.

⁸David et ses gens montaient et faisaient des incursions chez les Gueschuriens, les Guirziens et les Amalécites; car ces nations habitaient dès les temps anciens la contrée, du côté de Schur et jusqu'au pays d'Égypte.

⁹David ravageait cette contrée; il ne laissait en vie ni homme ni femme, et il enlevait les brebis, les boeufs, les ânes, les chameaux, les vêtements, puis s'en retournait et allait chez Akisch.

¹⁰Akisch disait: Où avez-vous fait aujourd'hui vos courses? Et David répondait: Vers le midi de Juda, vers le midi des Jerachméélites et vers le midi des Kéniens.

¹¹David ne laissait en vie ni homme ni femme, pour les amener à Gath; car, pensait-il, ils pourraient parler contre nous et dire: Ainsi a fait David. Et ce fut là sa manière d'agir tout le temps qu'il demeura dans le pays des Philistins.

¹²Akisch se fiait à David, et il disait: Il se rend odieux à Israël, son peuple, et il sera mon serviteur à jamais.

Chapitre 28

¹En ce temps-là, les Philistins rassemblèrent leurs troupes et formèrent une armée, pour faire la guerre à Israël. Akisch dit à David: Tu sais que tu viendras avec moi à l'armée, toi et tes gens.

²David répondit à Akisch: Tu verras bien ce que ton serviteur fera. Et Akisch dit à David: Aussi je te donnerai pour toujours la garde de ma personne.

³Samuel était mort; tout Israël l'avait pleuré, et on l'avait enterré à Rama, dans sa ville. Saül avait ôté du pays ceux qui évoquaient les morts et ceux qui prédisaient l'avenir.

⁴Les Philistins se rassemblèrent, et vinrent camper à Sunem; Saül rassembla tout Israël, et ils campèrent à Guilboa.

⁵A la vue du camp des Philistins, Saül fut saisi de crainte, et un violent tremblement s'empara de son coeur.

⁶Saül consulta l'Éternel; et l'Éternel ne lui répondit point, ni par des songes, ni par l'urim, ni par les prophètes.

⁷Et Saül dit à ses serviteurs: Cherchez-moi une femme qui évoque les morts, et j'irai la consulter. Ses serviteurs lui dirent: Voici, à En Dor il y a une femme qui évoque les morts.

⁸Alors Saül se déguisa et prit d'autres vêtements, et il partit avec deux hommes. Ils arrivèrent de nuit chez la femme. Saül lui dit: Prédis-moi l'avenir en évoquant un mort, et fais-moi monter celui que je te dirai.

⁹La femme lui répondit: Voici, tu sais ce que Saül a fait, comment il a retranché du pays ceux qui évoquent les morts et ceux qui prédisent l'avenir; pourquoi donc tends-tu un piège à ma vie pour me faire mourir?

¹⁰Saül lui jura par l'Éternel, en disant: L'Éternel est vivant! il ne t'arrivera point de mal pour cela.

¹¹La femme dit: Qui veux-tu que je te fasse monter? Et il répondit: Fais moi monter Samuel.

¹²Lorsque la femme vit Samuel, elle poussa un grand cri, et elle dit à Saül: Pourquoi m'as-tu trompée? Tu es Saül!

¹³Le roi lui dit: Ne crains rien; mais que vois-tu? La femme dit à Saül: je vois un dieu qui monte de la terre.

¹⁴Il lui dit: Quelle figure a-t-il? Et elle répondit: C'est un vieillard qui monte et il est enveloppé d'un manteau. Saül comprit que c'était Samuel, et il s'inclina le visage contre terre et se prosterna.

¹⁵Samuel dit à Saül: Pourquoi m'as-tu troublé, en me faisant monter? Saül répondit: Je suis dans une grande détresse: les Philistins me font la guerre, et Dieu s'est retiré de moi; il ne m'a répondu ni par les prophètes ni par des songes. Et je t'ai appelé pour que tu me fasses connaître ce que je dois faire.

¹⁶Samuel dit: Pourquoi donc me consultes-tu, puisque l'Éternel s'est retiré de toi et qu'il est devenu ton ennemi?

¹⁷L'Éternel te traite comme je te l'avais annoncé de sa part; l'Éternel a déchiré la royauté d'entre tes mains, et l'a donnée à un autre, à David.

¹⁸Tu n'as point obéi à la voix de l'Éternel, et tu n'as point fait sentir à Amalek l'ardeur de sa colère: voilà pourquoi l'Éternel te traite aujourd'hui de cette manière.

¹⁹Et même l'Éternel livrera Israël avec toi entre les mains des Philistins. Demain, toi et tes fils, vous serez avec moi, et l'Éternel livrera le camp d'Israël entre les mains des Philistins.

²⁰Aussitôt Saül tomba à terre de toute sa hauteur, et les paroles de Samuel le remplirent d'effroi; de plus, il manquait de force, car il n'avait pris aucune nourriture de tout le jour et de toute la nuit.

²¹La femme vint auprès de Saül, et, le voyant très effrayé, elle lui dit: Voici, ta servante a écouté ta voix; j'ai exposé ma vie, en obéissant aux paroles que tu m'as dites.

²²Écoute maintenant, toi aussi, la voix de ta servante, et laisse-moi t'offrir un morceau de pain, afin que tu manges pour avoir la force de te mettre en route.

²³Mais il refusa, et dit: Je ne mangerai point. Ses serviteurs et la femme aussi le pressèrent, et il se rendit à leurs instances. Il se leva de terre, et s'assit sur le lit.

²⁴La femme avait chez elle un veau gras, qu'elle se hâta de tuer; et elle prit de la farine, la pétrit, et en cuisit des pains sans levain.

²⁵Elle les mit devant Saül et devant ses serviteurs. Et ils mangèrent. Puis, s'étant levés, ils partirent la nuit même.

Chapitre 29

¹Les Philistins rassemblèrent toutes leurs troupes à Aphek, et Israël campa près de la source de Jizreel.

²Les princes des Philistins s'avancèrent avec leurs centaines et leurs milliers, et David et ses gens marchaient à l'arrière-garde avec Akisch.

³Les princes des Philistins dirent: Que font ici ces Hébreux? Et Akisch répondit aux princes des Philistins: N'est-ce pas David, serviteur de Saül, roi d'Israël? il y a longtemps qu'il est avec moi, et je n'ai pas trouvé la moindre chose à lui reprocher depuis son arrivée jusqu'à ce jour.

⁴Mais les princes des Philistins s'irritèrent contre Akisch, et lui dirent: Renvoie cet homme, et qu'il retourne dans le lieu où tu l'as établi; qu'il ne descende pas avec nous sur le champ de bataille, afin qu'il ne soit pas pour nous un ennemi pendant le combat. Et comment cet homme rentrerait-il en grâce auprès de son maître, si ce n'est au moyen des têtes de nos gens?

⁵N'est-ce pas ce David pour qui l'on chantait en dansant: Saül a frappé ses mille, Et David ses dix mille?

⁶Akisch appela David, et lui dit: L'Éternel est vivant! tu es un homme droit, et j'aime à te voir aller et venir avec moi dans le camp, car je n'ai rien trouvé de mauvais en toi depuis ton arrivée auprès de moi jusqu'à ce jour; mais tu ne plais pas aux princes.

⁷Retourne donc et va-t-en en paix, pour ne rien faire de désagréable aux yeux des princes des Philistins.

⁸David dit à Akisch: Mais qu'ai-je fait, et qu'as-tu trouvé en ton serviteur depuis que je suis auprès de toi jusqu'à ce jour, pour que je n'aille pas combattre les ennemis de mon seigneur le roi?

⁹Akisch répondit à David: Je le sais, car tu es agréable à mes yeux

comme un ange de Dieu; mais les princes des Philistins disent: Il ne montera point avec nous pour combattre.

¹⁰Ainsi lève-toi de bon matin, toi et les serviteurs de ton maître qui sont venus avec toi; levez-vous de bon matin, et partez dès que vous verrez la lumière.

¹¹David et ses gens se levèrent de bonne heure, pour partir dès le matin, et retourner dans le pays des Philistins. Et les Philistins montèrent à Jizreel.

Chapitre 30

¹Lorsque David arriva le troisième jour à Tsiklag avec ses gens, les Amalécites avaient fait une invasion dans le midi et à Tsiklag. Ils avaient détruit et brûlé Tsiklag,

²après avoir fait prisonniers les femmes et tous ceux qui s'y trouvaient, petits et grands. Ils n'avaient tué personne, mais ils avaient tout emmené et s'étaient remis en route.

³David et ses gens arrivèrent à la ville, et voici, elle était brûlée; et leurs femmes, leurs fils et leurs filles, étaient emmenés captifs.

⁴Alors David et le peuple qui était avec lui élevèrent la voix et pleurèrent jusqu'à ce qu'ils n'eussent plus la force de pleurer.

⁵Les deux femmes de David avaient été emmenées, Achinoam de Jizreel, et Abigaïl de Carmel, femme de Nabal.

⁶David fut dans une grande angoisse, car le peuple parlait de le lapider, parce que tous avaient de l'amertume dans l'âme, chacun à cause de ses fils et de ses filles. Mais David reprit courage en s'appuyant sur l'Éternel, son Dieu.

⁷Il dit au sacrificateur Abiathar, fils d'Achimélec: Apporte-moi donc l'éphod! Abiathar apporta l'éphod à David.

⁸Et David consulta l'Éternel, en disant: Poursuivrai-je cette troupe? l'atteindrai-je? L'Éternel lui répondit: Poursuis, car tu atteindras, et tu délivreras.

⁹Et David se mit en marche, lui et les six cents hommes qui étaient avec lui. Ils arrivèrent au torrent de Besor, où s'arrêtèrent ceux qui restaient en arrière.

¹⁰David continua la poursuite avec quatre cents hommes; deux cents hommes s'arrêtèrent, trop fatigués pour passer le torrent de Besor.

¹¹Ils trouvèrent dans les champs un homme égyptien, qu'ils conduisirent auprès de David. Ils lui firent manger du pain et boire de l'eau,

¹²et ils lui donnèrent un morceau d'une masse de figues sèches et deux masses de raisins secs. Après qu'il eut mangé, les forces lui revinrent, car il n'avait point pris de nourriture et point bu d'eau depuis trois jours et trois nuits.

¹³David lui dit: A qui es-tu, et d'où es-tu? Il répondit: Je suis un garçon égyptien, au service d'un homme amalécite, et voilà trois jours que mon maître m'a abandonné parce que j'étais malade.

¹⁴Nous avons fait une invasion dans le midi des Kéréthiens, sur le territoire de Juda et au midi de Caleb, et nous avons brûlé Tsiklag.

¹⁵David lui dit: Veux-tu me faire descendre vers cette troupe? Et il répondit: Jure-moi par le nom de Dieu que tu ne me tueras pas et que tu ne me livreras pas à mon maître, et je te ferai descendre vers cette troupe.

¹⁶Il lui servit ainsi de guide. Et voici, les Amalécites étaient répandus sur toute la contrée, mangeant, buvant et dansant, à cause du grand butin qu'ils avaient enlevé du pays des Philistins et du pays de Juda.

¹⁷David les battit depuis l'aube du jour jusqu'au soir du lendemain, et aucun d'eux n'échappa, excepté quatre cents jeunes hommes qui montèrent sur des chameaux et s'enfuirent.

¹⁸David sauva tout ce que les Amalécites avaient pris, et il délivra aussi ses deux femmes.

¹⁹Il ne leur manqua personne, ni petit ni grand, ni fils ni fille, ni aucune chose du butin, ni rien de ce qu'on leur avait enlevé: David ramena tout.

²⁰Et David prit tout le menu et le gros bétail; et ceux qui conduisaient ce troupeau et marchaient à sa tête disaient: C'est ici le butin de David.

²¹David arriva auprès des deux cents hommes qui avaient été trop fatigués pour le suivre, et qu'on avait laissés au torrent de Besor. Ils s'avancèrent à la rencontre de David et du peuple qui était avec lui. David s'approcha d'eux, et leur demanda comment ils se trouvaient.

²²Tous les hommes méchants et vils parmi les gens qui étaient allés avec David prirent la parole et dirent: Puisqu'ils ne sont pas venus avec nous, nous ne leur donnerons rien du butin que nous avons sauvé, sinon à chacun sa femme et ses enfants; qu'ils les emmènent, et s'en aillent.

²³Mais David dit: N'agissez pas ainsi, mes frères, au sujet de ce que l'Éternel nous a donné; car il nous a gardés, et il a livré entre nos mains la troupe qui était venue contre nous.

²⁴Et qui vous écouterait dans cette affaire? La part doit être la même pour celui qui est descendu sur le champ de bataille et pour celui qui est resté près des bagages: ensemble ils partageront.

²⁵Il en fut ainsi dès ce jour et dans la suite, et l'on a fait de cela jusqu'à ce jour une loi et une coutume en Israël.

²⁶De retour à Tsiklag, David envoya une partie du butin aux anciens de Juda, à ses amis, en leur adressant ces paroles: Voici pour vous un présent sur le butin des ennemis de l'Éternel!

²⁷Il fit ainsi des envois à ceux de Béthel, à ceux de Ramoth du midi, à ceux de Jatthir,

²⁸à ceux d'Aroër, à ceux de Siphmoth, à ceux d'Eschthemoa,

²⁹à ceux de Racal, à ceux des villes des Jerachmeélites, à ceux des villes des Kéniens,

³⁰à ceux de Horma, à ceux de Cor Aschan, à ceux d'Athac,

³¹à ceux d'Hébron, et dans tous les lieux que David et ses gens avaient parcourus.

Chapitre 31

¹Les Philistins livrèrent bataille à Israël, et les hommes d'Israël prirent la fuite devant les Philistins et tombèrent morts sur la montagne de Guilboa.

²Les Philistins poursuivirent Saül et ses fils, et tuèrent Jonathan, Abinadab et Malkischua, fils de Saül.

³L'effort du combat porta sur Saül; les archers l'atteignirent, et le blessèrent grièvement.

⁴Saül dit alors à celui qui portait ses armes: Tire ton épée, et m'en transperce, de peur que ces incirconcis ne viennent me percer et me faire subir leurs outrages. Celui qui portait ses armes ne voulut pas, car il était saisi de crainte. Et Saül prit son épée, et se jeta dessus.

⁵Celui qui portait les armes de Saül, le voyant mort, se jeta aussi sur son épée, et mourut avec lui.

⁶Ainsi périrent en même temps, dans cette journée, Saül et ses trois fils, celui qui portait ses armes, et tous ses gens.

⁷Ceux d'Israël qui étaient de ce côté de la vallée et de ce côté du Jourdain, ayant vu que les hommes d'Israël s'enfuyaient et que Saül et ses fils étaient morts, abandonnèrent leurs villes pour prendre aussi la fuite. Et les Philistins allèrent s'y établir.

⁸Le lendemain, les Philistins vinrent pour dépouiller les morts, et ils trouvèrent Saül et ses trois fils tombés sur la montagne de Guilboa.

⁹Ils coupèrent la tête de Saül, et enlevèrent ses armes. Puis ils firent annoncer ces bonnes nouvelles par tout le pays des Philistins dans les maisons de leurs idoles et parmi le peuple.

¹⁰Ils mirent les armes de Saül dans la maison des Astartés, et ils attachèrent son cadavre sur les murs de Beth Schan.

¹¹Lorsque les habitants de Jabès en Galaad apprirent comment les Philistins avaient traité Saül,

¹²tous les vaillants hommes se levèrent, et, après avoir marché toute la nuit, ils arrachèrent des murs de Beth Schan le cadavre de Saül et ceux de ses fils. Puis ils revinrent à Jabès, où ils les brûlèrent;

¹³ils prirent leurs os, et les enterrèrent sous le tamarisc à Jabès. Et ils jeûnèrent sept jours.

2 Samuel

Chapitre 1

¹Après la mort de Saül, David, qui avait battu les Amalécites, était depuis deux jours revenu à Tsiklag.

²Le troisième jour, un homme arriva du camp de Saül, les vêtements déchirés et la tête couverte de terre. Lorsqu'il fut en présence de David, il se jeta par terre et se prosterna.

³David lui dit: D'où viens-tu? Et il lui répondit: Je me suis sauvé du camp d'Israël.

⁴David lui dit: Que s'est-il passé? dis-moi donc! Et il répondit: Le peuple s'est enfui du champ de bataille, et un grand nombre d'hommes sont tombés et ont péri; Saül même et Jonathan, son fils, sont morts.

⁵David dit au jeune homme qui lui apportait ces nouvelles: Comment sais-tu que Saül et Jonathan, son fils, sont morts?

⁶Et le jeune homme qui lui apportait ces nouvelles répondit: Je me trouvais sur la montagne de Guilboa; et voici, Saül s'appuyait sur sa lance, et voici, les chars et les cavaliers étaient près de l'atteindre.

⁷S'étant retourné, il m'aperçut et m'appela. Je dis: Me voici!

⁸Et il me dit: Qui es-tu? Je lui répondis: Je suis Amalécite.

⁹Et il dit: Approche donc, et donne-moi la mort; car je suis pris de vertige, quoique encore plein de vie.

¹⁰Je m'approchai de lui, et je lui donnai la mort, sachant bien qu'il ne survivrait pas à sa défaite. J'ai enlevé le diadème qui était sur sa tête et le bracelet qu'il avait au bras, et je les apporte ici à mon seigneur.

¹¹David saisit ses vêtements et les déchira, et tous les hommes qui étaient auprès de lui firent de même.

¹²Ils furent dans le deuil, pleurèrent et jeûnèrent jusqu'au soir, à cause de Saül, de Jonathan, son fils, du peuple de l'Éternel, et de la maison d'Israël, parce qu'ils étaient tombés par l'épée.

¹³David dit au jeune homme qui lui avait apporté ces nouvelles: D'où es-tu? Et il répondit: Je suis le fils d'un étranger, d'un Amalécite.

¹⁴David lui dit: Comment n'as-tu pas craint de porter la main sur l'oint de l'Éternel et de lui donner la mort?

¹⁵Et David appela l'un de ses gens, et dit: Approche, et tue-le! Cet homme frappa l'Amalécite, qui mourut.

¹⁶Et David lui dit: Que ton sang retombe sur ta tête, car ta bouche a déposé contre toi, puisque tu as dit: J'ai donné la mort à l'oint de l'Éternel!

¹⁷Voici le cantique funèbre que David composa sur Saül et sur Jonathan, son fils,

¹⁸et qu'il ordonna d'enseigner aux enfants de Juda. C'est le cantique de l'arc: il est écrit dans le livre du Juste.

¹⁹L'élite d'Israël a succombé sur tes collines! Comment des héros sont-ils tombés?

²⁰Ne l'annoncez point dans Gath, N'en publiez point la nouvelle dans les rues d'Askalon, De peur que les filles des Philistins ne se réjouissent, De peur que les filles des incirconcis ne triomphent.

²¹Montagnes de Guilboa! Qu'il n'y ait sur vous ni rosée ni pluie, Ni champs qui donnent des prémices pour les offrandes! Car là ont été jetés les boucliers des héros, Le bouclier de Saül; L'huile a cessé de les oindre.

²²Devant le sang des blessés, devant la graisse des plus vaillants, L'arc de Jonathan n'a jamais reculé, Et l'épée de Saül ne retournait point à vide.

²³Saül et Jonathan, aimables et chéris pendant leur vie, N'ont point été séparés dans leur mort; Ils étaient plus légers que les aigles, Ils étaient plus forts que les lions.

²⁴Filles d'Israël! pleurez sur Saül, Qui vous revêtait magnifiquement de cramoisi, Qui mettait des ornements d'or sur vos habits.

²⁵Comment des héros sont-ils tombés au milieu du combat? Comment Jonathan a-t-il succombé sur tes collines?

²⁶Je suis dans la douleur à cause de toi, Jonathan, mon frère! Tu faisais tout mon plaisir; Ton amour pour moi était admirable, Au-dessus de l'amour des femmes.

²⁷Comment des héros sont-ils tombés? Comment leurs armes se sont-elles perdues?

Chapitre 2

¹Après cela, David consulta l'Éternel, en disant: Monterai-je dans une des villes de Juda? L'Éternel lui répondit: Monte. David dit: Où monterai-je? Et l'Éternel répondit: A Hébron.

²David y monta, avec ses deux femmes, Achinoam de Jizreel, et Abigaïl de Carmel, femme de Nabal.

³David fit aussi monter les gens qui étaient auprès de lui, chacun avec sa maison; et ils habitèrent dans les villes d'Hébron.

⁴Les hommes de Juda vinrent, et là ils oignirent David pour roi sur la maison de Juda. On informa David que c'étaient les gens de Jabès en Galaad qui avaient enterré Saül.

⁵David envoya des messagers aux gens de Jabès en Galaad, pour leur dire: Soyez bénis de l'Éternel, puisque vous avez ainsi montré de la bienveillance envers Saül, votre maître, et que vous l'avez enterré.

⁶Et maintenant, que l'Éternel use envers vous de bonté et de fidélité. Moi aussi je vous ferai du bien, parce que vous avez agi de la sorte.

⁷Que vos mains se fortifient, et soyez de vaillants hommes; car votre maître Saül est mort, et c'est moi que la maison de Juda a oint pour roi sur elle.

⁸Cependant Abner, fils de Ner, chef de l'armée de Saül, prit Isch Boscheth, fils de Saül, et le fit passer à Mahanaïm.

⁹Il l'établit roi sur Galaad, sur les Gueschuriens, sur Jizreel, sur Éphraïm, sur Benjamin, sur tout Israël.

¹⁰Isch Boscheth, fils de Saül, était âgé de quarante ans, lorsqu'il devint roi d'Israël, et il régna deux ans. Il n'y eut que la maison de Juda qui resta attachée à David.

¹¹Le temps pendant lequel David régna à Hébron sur la maison de Juda fut de sept ans et six mois.

¹²Abner, fils de Ner, et les gens d'Isch Boscheth, fils de Saül, sortirent de Mahanaïm pour marcher sur Gabaon.

¹³Joab, fils de Tseruja, et les gens de David, se mirent aussi en marche. Ils se rencontrèrent près de l'étang de Gabaon, et ils s'arrêtèrent les uns en deçà de l'étang, et les autres au delà.

¹⁴Abner dit à Joab: Que ces jeunes gens se lèvent, et qu'ils se battent devant nous! Joab répondit: Qu'ils se lèvent!

¹⁵Ils se levèrent et s'avancèrent en nombre égal, douze pour Benjamin et pour Isch Boscheth, fils de Saül, et douze des gens de David.

¹⁶Chacun saisissant son adversaire par la tête lui enfonça son épée dans le flanc, et ils tombèrent tous ensemble. Et l'on donna à ce lieu, qui est près de Gabaon, le nom de Helkath Hatsurim.

¹⁷Il y eut en ce jour un combat très rude, dans lequel Abner et les hommes d'Israël furent battus par les gens de David.

¹⁸Là se trouvaient les trois fils de Tseruja: Joab, Abischaï et Asaël. Asaël avait les pieds légers comme une gazelle des champs:

¹⁹il poursuivit Abner, sans se détourner de lui pour aller à droite ou à gauche.

²⁰Abner regarda derrière lui, et dit: Est-ce toi, Asaël? Et il répondit: C'est moi.

²¹Abner lui dit: Tire à droite ou à gauche; saisis-toi de l'un de ces jeunes gens, et prends sa dépouille. Mais Asaël ne voulut point se détourner de lui.

²²Abner dit encore à Asaël: Détourne-toi de moi; pourquoi te frapperais-je et t'abattrais-je en terre? comment ensuite lèverais-je le visage devant ton frère Joab?

²³Et Asaël refusa de se détourner. Sur quoi Abner le frappa au ventre avec l'extrémité inférieure de sa lance, et la lance sortit par derrière. Il tomba et mourut sur place. Tous ceux qui arrivaient au lieu où Asaël était tombé mort, s'y arrêtaient.

²⁴Joab et Abischaï poursuivirent Abner, et le soleil se couchait quand ils arrivèrent au coteau d'Amma, qui est en face de Guiach, sur le chemin du désert de Gabaon.

²⁵Les fils de Benjamin se rallièrent à la suite d'Abner et formèrent un corps, et ils s'arrêtèrent au sommet d'une colline.

²⁶Abner appela Joab, et dit: L'épée dévorera-t-elle toujours? Ne sais-tu pas qu'il y aura de l'amertume à la fin? Jusques à quand tarderas-tu à dire au peuple de ne plus poursuivre ses frères?

²⁷Joab répondit: Dieu est vivant! si tu n'eusses parlé, le peuple n'aurait pas cessé avant le matin de poursuivre ses frères.

²⁸Et Joab sonna de la trompette, et tout le peuple s'arrêta; ils ne poursuivirent plus Israël, et ils ne continuèrent pas à se battre.

²⁹Abner et ses gens marchèrent toute la nuit dans la plaine; ils passèrent le Jourdain, traversèrent en entier le Bithron, et arrivèrent à

Mahanaïm.

³⁰Joab revint de la poursuite d'Abner, et rassembla tout le peuple; il manquait dix-neuf hommes des gens de David, et Asaël.

³¹Mais les gens de David avaient frappé à mort trois cent soixante hommes parmi ceux de Benjamin et d'Abner.

³²Ils emportèrent Asaël, et l'enterrèrent dans le sépulcre de son père à Bethléhem. Joab et ses gens marchèrent toute la nuit, et le jour paraissait quand ils furent à Hébron.

Chapitre 3

¹La guerre dura longtemps entre la maison de Saül et la maison de David. David devenait de plus en plus fort, et la maison de Saül allait en s'affaiblissant.

²Il naquit à David des fils à Hébron. Son premier-né fut Amnon, d'Achinoam de Jizreel;

³le second, Kileab, d'Abigaïl de Carmel, femme de Nabal; le troisième, Absalom, fils de Maaca, fille de Talmaï, roi de Gueschur;

⁴le quatrième, Adonija, fils de Haggith; le cinquième, Schephathia, fils d'Abithal;

⁵et le sixième, Jithream, d'Égla, femme de David. Ce sont là ceux qui naquirent à David à Hébron.

⁶Pendant la guerre entre la maison de Saül et la maison de David, Abner tint ferme pour la maison de Saül.

⁷Or Saül avait eu une concubine, nommée Ritspa, fille d'Ajja. Et Isch Boscheth dit à Abner: Pourquoi es-tu venu vers la concubine de mon père?

⁸Abner fut très irrité des paroles d'Isch Boscheth, et il répondit: Suis-je une tête de chien, qui tienne pour Juda? Je fais aujourd'hui preuve de bienveillance envers la maison de Saül, ton père, envers ses frères et ses amis, je ne t'ai pas livré entre les mains de David, et c'est aujourd'hui que tu me reproches une faute avec cette femme?

⁹Que Dieu traite Abner dans toute sa rigueur, si je n'agis pas avec David selon ce que l'Éternel a juré à David,

¹⁰en disant qu'il ferait passer la royauté de la maison de Saül dans la sienne, et qu'il établirait le trône de David sur Israël et sur Juda depuis Dan jusqu'à Beer Schéba.

¹¹Isch Boscheth n'osa pas répliquer un seul mot à Abner, parce qu'il le craignait.

¹²Abner envoya des messagers à David pour lui dire de sa part: A qui est le pays? Fais alliance avec moi, et voici, ma main t'aidera pour tourner vers toi tout Israël.

¹³Il répondit: Bien! je ferai alliance avec toi; mais je te demande une chose, c'est que tu ne voies point ma face, à moins que tu n'amènes d'abord Mical, fille de Saül, en venant auprès de moi.

¹⁴Et David envoya des messagers à Isch Boscheth, fils de Saül, pour lui dire: Donne-moi ma femme Mical, que j'ai fiancée pour cent prépuces de Philistins.

¹⁵Isch Boscheth la fit prendre chez son mari Palthiel, fils de Laïsch.

¹⁶Et son mari la suivit en pleurant jusqu'à Bachurim. Alors Abner lui dit: Va, retourne-t'en! Et il s'en retourna.

¹⁷Abner eut un entretien avec les anciens d'Israël, et leur dit: Vous désiriez autrefois d'avoir David pour roi;

¹⁸établissez-le maintenant, car l'Éternel a dit de lui: C'est par David, mon serviteur, que je délivrerai mon peuple d'Israël de la main des Philistins et de la main de tous ses ennemis.

¹⁹Abner parla aussi à Benjamin, et il alla rapporter aux oreilles de David à Hébron ce qu'avaient résolu Israël et toute la maison de Benjamin.

²⁰Il arriva auprès de David à Hébron, accompagné de vingt hommes; et David fit un festin à Abner et à ceux qui étaient avec lui.

²¹Abner dit à David: Je me lèverai, et je partirai pour rassembler tout Israël vers mon seigneur le roi; ils feront alliance avec toi, et tu règneras entièrement selon ton désir. David renvoya Abner, qui s'en alla en paix.

²²Voici, Joab et les gens de David revinrent d'une excursion, et amenèrent avec eux un grand butin. Abner n'était plus auprès de David à Hébron, car David l'avait renvoyé, et il s'en était allé en paix.

²³Lorsque Joab et toute sa troupe arrivèrent, on fit à Joab ce rapport: Abner, fils de Ner, est venu auprès du roi, qui l'a renvoyé, et il s'en est allé en paix.

²⁴Joab se rendit chez le roi, et dit: Qu'as-tu fait? Voici, Abner est venu vers toi; pourquoi l'as-tu renvoyé et laissé partir?

²⁵Tu connais Abner, fils de Ner! c'est pour te tromper qu'il est venu, pour épier tes démarches, et pour savoir tout ce que tu fais.

²⁶Et Joab, après avoir quitté David, envoya sur les traces d'Abner des messagers, qui le ramenèrent depuis la citerne de Sira: David n'en savait rien.

²⁷Lorsque Abner fut de retour à Hébron, Joab le tira à l'écart au milieu de la porte, comme pour lui parler en secret, et là il le frappa au ventre et le tua, pour venger la mort d'Asaël, son frère.

²⁸David l'apprit ensuite, et il dit: Je suis à jamais innocent, devant l'Éternel, du sang d'Abner, fils de Ner, et mon royaume l'est aussi.

²⁹Que ce sang retombe sur Joab et sur toute la maison de son père! Qu'il y ait toujours quelqu'un dans la maison de Joab, qui soit atteint d'un flux ou de la lèpre, ou qui s'appuie sur un bâton, ou qui tombe par l'épée, ou qui manque de pain!

³⁰Ainsi Joab et Abischaï, son frère, tuèrent Abner, parce qu'il avait donné la mort à Asaël, leur frère, à Gabaon, dans la bataille.

³¹David dit à Joab et à tout le peuple qui était avec lui: Déchirez vos vêtements, ceignez-vous de sacs, et pleurez devant Abner! Et le roi David marcha derrière le cercueil.

³²On enterra Abner à Hébron. Le roi éleva la voix et pleura sur le sépulcre d'Abner, et tout le peuple pleura.

³³Le roi fit une complainte sur Abner, et dit: Abner devait-il mourir comme meurt un criminel?

³⁴Tu n'avais ni les mains liées, ni les pieds dans les chaînes! Tu es tombé comme on tombe devant des méchants.

³⁵Et tout le peuple pleura de nouveau sur Abner. Tout le peuple s'approcha de David pour lui faire prendre quelque nourriture, pendant qu'il était encore jour; mais David jura, en disant: Que Dieu me traite dans toute sa rigueur, si je goûte du pain ou quoi que ce soit avant le coucher du soleil!

³⁶Cela fut connu et approuvé de tout le peuple, qui trouva bon tout ce qu'avait fait le roi.

³⁷Tout le peuple et tout Israël comprirent en ce jour que ce n'était pas par ordre du roi qu'Abner, fils de Ner, avait été tué.

³⁸Le roi dit à ses serviteurs: Ne savez-vous pas qu'un chef, qu'un grand homme, est tombé aujourd'hui en Israël?

³⁹Je suis encore faible, quoique j'aie reçu l'onction royale; et ces gens, les fils de Tseruja, sont trop puissants pour moi. Que l'Éternel rende selon sa méchanceté à celui qui fait le mal!

Chapitre 4

¹Lorsque le fils de Saül apprit qu'Abner était mort à Hébron, ses mains restèrent sans force, et tout Israël fut dans l'épouvante.

²Le fils de Saül avait deux chefs de bandes, dont l'un s'appelait Baana et l'autre Récab; ils étaient fils de Rimmon de Beéroth, d'entre les fils de Benjamin. -Car Beéroth était regardée comme faisant partie de Benjamin,

³et les Beérothiens s'étaient enfuis à Guitthaïm, où ils ont habité jusqu'à ce jour.

⁴Jonathan, fils de Saül, avait un fils perclus des pieds; et âgé de cinq ans lorsqu'arriva de Jizreel la nouvelle de la mort de Saül et de Jonathan; sa nourrice le prit et s'enfuit, et, comme elle précipitait sa fuite, il tomba et resta boiteux; son nom était Mephiboscheth.

⁵Or les fils de Rimmon de Beéroth, Récab et Baana, se rendirent pendant la chaleur du jour à la maison d'Isch Boscheth, qui était couché pour son repos de midi.

⁶Ils pénétrèrent jusqu'au milieu de la maison, comme pour prendre du froment, et ils le frappèrent au ventre; puis Récab et Baana, son frère, se sauvèrent.

⁷Ils entrèrent donc dans la maison pendant qu'il reposait sur son lit dans sa chambre à coucher, ils le frappèrent et le firent mourir, et ils lui coupèrent la tête. Ils prirent sa tête, et ils marchèrent toute la nuit au travers de la plaine.

⁸Ils apportèrent la tête d'Isch Boscheth à David dans Hébron, et ils dirent au roi: Voici la tête d'Isch Boscheth, fils de Saül, ton ennemi, qui en voulait à ta vie; l'Éternel venge aujourd'hui le roi mon seigneur de Saül et de sa race.

⁹David répondit à Récab et à Baana, son frère, fils de Rimmon de Beéroth: L'Éternel qui m'a délivré de tout péril est vivant!

¹⁰celui qui est venu me dire: Voici, Saül est mort, et qui croyait m'annoncer une bonne nouvelle, je l'ai fait saisir et tuer à Tsiklag, pour lui donner le salaire de son message;

¹¹et quand des méchants ont assassiné un homme juste dans sa maison et sur sa couche, combien plus ne redemanderai-je pas son sang de vos mains et ne vous exterminerai-je pas de la terre?

¹²Et David ordonna à ses gens de les tuer; ils leur coupèrent les mains et les pieds, et les pendirent au bord de l'étang d'Hébron. Ils prirent ensuite la tête d'Isch Boscheth, et l'enterrèrent dans le sépulcre d'Abner à Hébron.

2 Samuel
Chapitre 5
¹Toutes les tribus d'Israël vinrent auprès de David, à Hébron, et dirent: Voici, nous sommes tes os et ta chair.

²Autrefois déjà, lorsque Saül était notre roi, c'était toi qui conduisais et qui ramenais Israël. L'Éternel t'a dit: Tu paîtras mon peuple d'Israël, et tu seras le chef d'Israël.

³Ainsi tous les anciens d'Israël vinrent auprès du roi à Hébron, et le roi David fit alliance avec eux à Hébron, devant l'Éternel. Ils oignirent David pour roi sur Israël.

⁴David était âgé de trente ans lorsqu'il devint roi, et il régna quarante ans.

⁵A Hébron il régna sur Juda sept ans et six mois, et à Jérusalem il régna trente-trois ans sur tout Israël et Juda.

⁶Le roi marcha avec ses gens sur Jérusalem contre les Jébusiens, habitants du pays. Ils dirent à David: Tu n'entreras point ici, car les aveugles mêmes et les boiteux te repousseront! Ce qui voulait dire: David n'entrera point ici.

⁷Mais David s'empara de la forteresse de Sion: c'est la cité de David.

⁸David avait dit en ce jour: Quiconque battra les Jébusiens et atteindra le canal, quiconque frappera ces boiteux et ces aveugles qui sont les ennemis de David... -C'est pourquoi l'on dit: L'aveugle et le boiteux n'entreront point dans la maison.

⁹David s'établit dans la forteresse, qu'il appela cité de David. Il fit de tous côtés des constructions, en dehors et en dedans de Millo.

¹⁰David devenait de plus en plus grand, et l'Éternel, le Dieu des armées, était avec lui.

¹¹Hiram, roi de Tyr, envoya des messagers à David, et du bois de cèdre, et des charpentiers et des tailleurs de pierres, qui bâtirent une maison pour David.

¹²David reconnut que l'Éternel l'affermissait comme roi d'Israël, et qu'il élevait son royaume à cause de son peuple d'Israël.

¹³David prit encore des concubines et des femmes de Jérusalem, après qu'il fut venu d'Hébron, et il lui naquit encore des fils et des filles.

¹⁴Voici les noms de ceux qui lui naquirent à Jérusalem: Schammua, Schobab, Nathan, Salomon,

¹⁵Jibhar, Élischua, Népheg, Japhia,

¹⁶Élischama, Éliada et Éliphéleth.

¹⁷Les Philistins apprirent qu'on avait oint David pour roi sur Israël, et ils montèrent tous à sa recherche. David, qui en fut informé, descendit à la forteresse.

¹⁸Les Philistins arrivèrent, et se répandirent dans la vallée des Rephaïm.

¹⁹David consulta l'Éternel, en disant: Monterai-je contre les Philistins? Les livreras-tu entre mes mains? Et l'Éternel dit à David: Monte, car je livrerai les Philistins entre tes mains.

²⁰David vint à Baal Peratsim, où il les battit. Puis il dit: L'Éternel a dispersé mes ennemis devant moi, comme les eaux qui s'écoulent. C'est pourquoi l'on a donné à ce lieu le nom de Baal Peratsim.

²¹Ils laissèrent là leurs idoles, et David et ses gens les emportèrent.

²²Les Philistins montèrent de nouveau, et se répandirent dans la vallée des Rephaïm.

²³David consulta l'Éternel. Et l'Éternel dit: Tu ne monteras pas; tourne-les par derrière, et tu arriveras sur eux vis-à-vis des mûriers.

²⁴Quand tu entendras un bruit de pas dans les cimes des mûriers, alors hâte-toi, car c'est l'Éternel qui marche devant toi pour battre l'armée des Philistins.

²⁵David fit ce que l'Éternel lui avait ordonné, et il battit les Philistins depuis Guéba jusqu'à Guézer.

Chapitre 6
¹David rassembla encore toute l'élite d'Israël, au nombre de trente mille hommes.

²Et David, avec tout le peuple qui était auprès de lui, se mit en marche depuis Baalé Juda, pour faire monter de là l'arche de Dieu, devant laquelle est invoqué le nom de l'Éternel des armées qui réside entre les chérubins au-dessus de l'arche.

³Ils mirent sur un char neuf l'arche de Dieu, et l'emportèrent de la maison d'Abinadab sur la colline; Uzza et Achjo, fils d'Abinadab, conduisaient le char neuf.

⁴Ils l'emportèrent donc de la maison d'Abinadab sur la colline; Uzza marchait à côté de l'arche de Dieu, et Achjo allait devant l'arche.

⁵David et toute la maison d'Israël jouaient devant l'Éternel de toutes sortes d'instruments de bois de cyprès, des harpes, des luths, des tambourins, des sistres et des cymbales.

⁶Lorsqu'ils furent arrivés à l'aire de Nacon, Uzza étendit la main vers l'arche de Dieu et la saisit, parce que les boeufs la faisaient pencher.

⁷La colère de l'Éternel s'enflamma contre Uzza, et Dieu le frappa sur place à cause de sa faute. Uzza mourut là, près de l'arche de Dieu.

⁸David fut irrité de ce que l'Éternel avait frappé Uzza d'un tel châtiment. Et ce lieu a été appelé jusqu'à ce jour Pérets Uzza.

⁹David eut peur de l'Éternel en ce jour-là, et il dit: Comment l'arche de l'Éternel entrerait-elle chez moi?

¹⁰Il ne voulut pas retirer l'arche de l'Éternel chez lui dans la cité de David, et il la fit conduire dans la maison d'Obed Édom de Gath.

¹¹L'arche de l'Éternel resta trois mois dans la maison d'Obed Édom de Gath, et l'Éternel bénit Obed Édom et toute sa maison.

¹²On vint dire au roi David: L'Éternel a béni la maison d'Obed Édom et tout ce qui est à lui, à cause de l'arche de Dieu. Et David se mit en route, et il fit monter l'arche de Dieu depuis la maison d'Obed Édom jusqu'à la cité de David, au milieu des réjouissances.

¹³Quand ceux qui portaient l'arche de l'Éternel eurent fait six pas, on sacrifia un boeuf et un veau gras.

¹⁴David dansait de toute sa force devant l'Éternel, et il était ceint d'un éphod de lin.

¹⁵David et toute la maison d'Israël firent monter l'arche de l'Éternel avec des cris de joie et au son des trompettes.

¹⁶Comme l'arche de l'Éternel entrait dans la cité de David, Mical, fille de Saül, regardait par la fenêtre, et, voyant le roi David sauter et danser devant l'Éternel, elle le méprisa dans son coeur.

¹⁷Après qu'on eut amené l'arche de l'Éternel, on la mit à sa place au milieu de la tente que David avait dressée pour elle; et David offrit devant l'Éternel des holocaustes et des sacrifices d'actions de grâces.

¹⁸Quand David eut achevé d'offrir les holocaustes et les sacrifices d'actions de grâces, il bénit le peuple au nom de l'Éternel des armées.

¹⁹Puis il distribua à tout le peuple, à toute la multitude d'Israël, hommes et femmes, à chacun un pain, une portion de viande et un gâteau de raisins. Et tout le peuple s'en alla, chacun dans sa maison.

²⁰David s'en retourna pour bénir sa maison, et Mical, fille de Saül, sortit à sa rencontre. Elle dit: Quel honneur aujourd'hui pour le roi d'Israël de s'être découvert aux yeux des servantes de ses serviteurs, comme se découvrirait un homme de rien!

²¹David répondit à Mical: C'est devant l'Éternel, qui m'a choisi de préférence à ton père et à toute sa maison pour m'établir chef sur le peuple de l'Éternel, sur Israël, c'est devant l'Éternel que j'ai dansé.

²²Je veux paraître encore plus vil que cela, et m'abaisser à mes propres yeux; néanmoins je serai en honneur auprès des servantes dont tu parles.

²³Or Mical, fille de Saül, n'eut point d'enfants jusqu'au jour de sa mort.

Chapitre 7
¹Lorsque le roi habita dans sa maison, et que l'Éternel lui eut donné du repos, après l'avoir délivré de tous les ennemis qui l'entouraient,

²il dit à Nathan le prophète: Vois donc! j'habite dans une maison de cèdre, et l'arche de Dieu habite au milieu d'une tente.

³Nathan répondit au roi: Va, fais tout ce que tu as dans le coeur, car l'Éternel est avec toi.

⁴La nuit suivante, la parole de l'Éternel fut adressée à Nathan:

⁵Va dire à mon serviteur David: Ainsi parle l'Éternel: Est-ce toi qui me bâtirais une maison pour que j'en fasse ma demeure?

⁶Mais je n'ai point habité dans une maison depuis le jour où j'ai fait monter les enfants d'Israël hors d'Égypte jusqu'à ce jour; j'ai voyagé sous une tente et dans un tabernacle.

⁷Partout où j'ai marché avec tous les enfants d'Israël, ai-je dit un mot à quelqu'une des tribus d'Israël à qui j'avais ordonné de paître mon peuple d'Israël, ai-je dit. Pourquoi ne me bâtissez-vous pas une maison de cèdre?

⁸Maintenant tu diras à mon serviteur David: Ainsi parle l'Éternel des armées: Je t'ai pris au pâturage, derrière les brebis, pour que tu fusses chef sur mon peuple, sur Israël;

⁹j'ai été avec toi partout où tu as marché, j'ai exterminé tous tes ennemis devant toi, et j'ai rendu ton nom grand comme le nom des grands qui sont sur la terre;

¹⁰j'ai donné une demeure à mon peuple, à Israël, et je l'ai planté pour qu'il y soit fixé et ne soit plus agité, pour que les méchants ne l'oppriment plus comme auparavant

¹¹et comme à l'époque où j'avais établi des juges sur mon peuple d'Israël. Je t'ai accordé du repos en te délivrant de tous tes ennemis. Et l'Éternel t'annonce qu'il te créera une maison.

¹²Quand tes jours seront accomplis et que tu seras couché avec tes pères, j'élèverai ta postérité après toi, celui qui sera sorti de tes

entrailles, et j'affermirai son règne.

¹³Ce sera lui qui bâtira une maison à mon nom, et j'affermirai pour toujours le trône de son royaume.

¹⁴Je serai pour lui un père, et il sera pour moi un fils. S'il fait le mal, je le châtierai avec la verge des hommes et avec les coups des enfants des hommes;

¹⁵mais ma grâce ne se retirera point de lui, comme je l'ai retirée de Saül, que j'ai rejeté devant toi.

¹⁶Ta maison et ton règne seront pour toujours assurés, ton trône sera pour toujours affermi.

¹⁷Nathan rapporta à David toutes ces paroles et toute cette vision.

¹⁸Et le roi David alla se présenter devant l'Éternel, et dit: Qui suis-je, Seigneur Éternel, et quelle est ma maison, pour que tu m'aies fait parvenir où je suis?

¹⁹C'est encore peu de chose à tes yeux, Seigneur Éternel; tu parles aussi de la maison de ton serviteur pour les temps à venir. Et tu daignes instruire un homme de ces choses, Seigneur Éternel!

²⁰Que pourrait te dire de plus David? Tu connais ton serviteur, Seigneur Éternel!

²¹A cause de ta parole, et selon ton coeur, tu as fait toutes ces grandes choses pour les révéler à ton serviteur.

²²Que tu es donc grand, Éternel Dieu! car nul n'est semblable à toi, et il n'y a point d'autre Dieu que toi, d'après tout ce que nous avons entendu de nos oreilles.

²³Est-il sur la terre une seule nation qui soit comme ton peuple, comme Israël, que Dieu est venu racheter pour en former son peuple, pour se faire un nom et pour accomplir en sa faveur, en faveur de ton pays, des miracles et des prodiges, en chassant devant ton peuple, que tu as racheté d'Égypte, des nations et leurs dieux?

²⁴Tu as affermi ton peuple d'Israël, pour qu'il fût ton peuple à toujours; et toi, Éternel, tu es devenu son Dieu.

²⁵Maintenant, Éternel Dieu, fais subsister jusque dans l'éternité la parole que tu as prononcée sur ton serviteur et sur sa maison, et agis selon ta parole.

²⁶Que ton nom soit à jamais glorifié, et que l'on dise: L'Éternel des armées est le Dieu d'Israël! Et que la maison de ton serviteur David soit affermie devant toi!

²⁷Car toi-même, Éternel des armées, Dieu d'Israël, tu t'es révélé à ton serviteur, en disant: Je te fonderai une maison! C'est pourquoi ton serviteur a pris courage pour t'adresser cette prière.

²⁸Maintenant, Seigneur Éternel, tu es Dieu, et tes paroles sont vérité, et tu as annoncé cette grâce à ton serviteur.

²⁹Veuille donc bénir la maison de ton serviteur, afin qu'elle subsiste toujours devant toi! Car c'est toi, Seigneur Éternel, qui a parlé, et par ta bénédiction la maison de ton serviteur sera bénie éternellement.

Chapitre 8

¹Après cela, David battit les Philistins et les humilia, et il enleva de la main des Philistins les rênes de leur capitale.

²Il battit les Moabites, et il les mesura avec un cordeau, en les faisant coucher par terre; il en mesura deux cordeaux pour les livrer à la mort, et un plein cordeau pour leur laisser la vie. Et les Moabites furent assujettis à David, et lui payèrent un tribut.

³David battit Hadadézer, fils de Rehob, roi de Tsoba, lorsqu'il alla rétablir sa domination sur le fleuve de l'Euphrate.

⁴David lui prit mille sept cents cavaliers et vingt mille hommes de pied; il coupa les jarrets à tous les chevaux de trait, et ne conserva que cent attelages.

⁵Les Syriens de Damas vinrent au secours d'Hadadézer, roi de Tsoba, et David battit vingt-deux mille Syriens.

⁶David mit des garnisons dans la Syrie de Damas. Et les Syriens furent assujettis à David, et lui payèrent un tribut. L'Éternel protégeait David partout où il allait.

⁷Et David prit les boucliers d'or qu'avaient les serviteurs d'Hadadézer, et les apporta à Jérusalem.

⁸Le roi David prit encore une grande quantité d'airain à Béthach et à Bérothaï, villes d'Hadadézer.

⁹Thoï, roi de Hamath, apprit que David avait battu toute l'armée d'Hadadézer,

¹⁰et il envoya Joram, son fils, vers le roi David, pour le saluer, et pour le féliciter d'avoir attaqué Hadadézer et de l'avoir battu. Car Thoï était en guerre avec Hadadézer. Joram apporta des vases d'argent, des vases d'or, et des vases d'airain.

¹¹Le roi David les consacra à l'Éternel, comme il avait déjà consacré l'argent et l'or pris sur toutes les nations qu'il avait vaincues,

¹²sur la Syrie, sur Moab, sur les fils d'Ammon, sur les Philistins, sur Amalek, et sur le butin d'Hadadézer, fils de Rehob, roi de Tsoba.

¹³Au retour de sa victoire sur les Syriens, David se fit encore un nom, en battant dans la vallée du sel dix-huit mille Édomites.

¹⁴Il mit des garnisons dans Édom, il mit des garnisons dans tout Édom. Et tout Édom fut assujetti à David. L'Éternel protégeait David partout où il allait.

¹⁵David régna sur Israël, et il faisait droit et justice à tout son peuple.

¹⁶Joab, fils de Tseruja, commandait l'armée; Josaphat, fils d'Achilud, était archiviste;

¹⁷Tsadok, fils d'Achithub, et Achimélec, fils d'Abiathar, étaient sacrificateurs; Seraja était secrétaire;

¹⁸Benaja, fils de Jehojada, était chef des Kéréthiens et des Péléthiens; et les fils de David étaient ministres d'état.

Chapitre 9

¹David dit: Reste-t-il encore quelqu'un de la maison de Saül, pour que je lui fasse du bien à cause de Jonathan?

²Il y avait un serviteur de la maison de Saül, nommé Tsiba, que l'on fit venir auprès de David. Le roi lui dit: Es-tu Tsiba? Et il répondit: Ton serviteur!

³Le roi dit: N'y a-t-il plus personne de la maison de Saül, pour que j'use envers lui de la bonté de Dieu? Et Tsiba répondit au roi: Il y a encore un fils de Jonathan, perclus des pieds.

⁴Le roi lui dit: Où est-il? Et Tsiba répondit au roi: Il est dans la maison de Makir, fils d'Ammiel, à Lodebar.

⁵Le roi David l'envoya chercher dans la maison de Makir, fils d'Ammiel, à Lodebar.

⁶Et Mephiboscheth, fils de Jonathan, fils de Saül, vint auprès de David, tomba sur sa face et se prosterna. David dit: Mephiboscheth! Et il répondit: Voici ton serviteur.

⁷David lui dit: Ne crains point, car je veux te faire du bien à cause de Jonathan, ton père. Je te rendrai toutes les terres de Saül, ton père, et tu mangeras toujours à ma table.

⁸Il se prosterna, et dit: Qu'est ton serviteur, pour que tu regardes un chien mort, tel que moi?

⁹Le roi appela Tsiba, serviteur de Saül, et lui dit: Je donne au fils de ton maître tout ce qui appartenait à Saül et à toute sa maison.

¹⁰Tu cultiveras pour lui les terres, toi, tes fils, et tes serviteurs, et tu feras les récoltes, afin que le fils de ton maître ait du pain à manger; et Mephiboscheth, fils de ton maître, mangera toujours à ma table. Or Tsiba avait quinze fils et vingt serviteurs.

¹¹Il dit au roi: Ton serviteur fera tout ce que le roi mon seigneur ordonne à son serviteur. Et Mephiboscheth mangea à la table de David, comme l'un des fils du roi.

¹²Mephiboscheth avait un jeune fils, nommé Mica, et tous ceux qui demeuraient dans la maison de Tsiba étaient serviteurs de Mephiboscheth.

¹³Mephiboscheth habitait à Jérusalem, car il mangeait toujours à la table du roi. Il était boiteux des deux pieds.

Chapitre 10

¹Après cela, le roi des fils d'Ammon mourut, et Hanun, son fils, régna à sa place.

²David dit: Je montrerai de la bienveillance à Hanun, fils de Nachasch, comme son père en a montré à mon égard. Et David envoya ses serviteurs pour le consoler au sujet de son père. Lorsque les serviteurs de David arrivèrent dans le pays des fils d'Ammon,

³les chefs des fils d'Ammon dirent à Hanun, leur maître: Penses-tu que ce soit pour honorer ton père que David t'envoie des consolateurs? N'est-ce pas pour reconnaître et explorer la ville, et pour la détruire, qu'il envoie ses serviteurs auprès de toi?

⁴Alors Hanun saisit les serviteurs de David, leur fit raser la moitié de la barbe, et fit couper leurs habits par le milieu jusqu'au haut des cuisses. Puis il les congédia.

⁵David, qui fut informé, envoya des gens à leur rencontre, car ces hommes étaient dans une grande confusion; et le roi leur fit dire: Restez à Jéricho jusqu'à ce que votre barbe ait repoussé, et revenez ensuite.

⁶Les fils d'Ammon, voyant qu'ils s'étaient rendus odieux à David, firent enrôler à leur solde vingt mille hommes de pied chez les Syriens de Beth Rehob et chez les Syriens de Tsoba, mille hommes chez le roi de Maaca, et douze mille hommes chez les gens de Tob.

⁷A cette nouvelle, David envoya contre eux Joab et toute l'armée, les hommes vaillants.

⁸Les fils d'Ammon sortirent, et se rangèrent en bataille à l'entrée de la porte; les Syriens de Tsoba et de Rehob, et les hommes de Tob et de Maaca, étaient à part dans la campagne.

2 Samuel

⁹Joab vit qu'il avait à combattre par devant et par derrière. Il choisit alors sur toute l'élite d'Israël un corps, qu'il opposa aux Syriens;

¹⁰et il plaça sous le commandement de son frère Abischaï le reste du peuple, pour faire face aux fils d'Ammon.

¹¹Il dit: Si les Syriens sont plus forts que moi, tu viendras à mon secours; et si les fils d'Ammon sont plus forts que toi, j'irai te secourir.

¹²Sois ferme, et montrons du courage pour notre peuple et pour les villes de notre Dieu, et que l'Éternel fasse ce qui lui semblera bon!

¹³Joab, avec son peuple, s'avança pour attaquer les Syriens, et ils s'enfuirent devant lui.

¹⁴Et quand les fils d'Ammon virent que les Syriens avaient pris la fuite, ils s'enfuirent aussi devant Abischaï et rentrèrent dans la ville. Joab s'éloigna des fils d'Ammon et revint à Jérusalem.

¹⁵Les Syriens, voyant qu'ils avaient été battus par Israël, réunirent leurs forces.

¹⁶Hadadézer envoya chercher les Syriens qui étaient de l'autre côté du fleuve; et ils arrivèrent à Hélam, ayant à leur tête Schobac, chef de l'armée d'Hadadézer.

¹⁷On l'annonça à David, qui assembla tout Israël, passa le Jourdain, et vint à Hélam. Les Syriens se préparèrent à la rencontre de David, et lui livrèrent bataille.

¹⁸Mais les Syriens s'enfuirent devant Israël. Et David leur tua les troupes de sept cents chars et quarante mille cavaliers; il frappa aussi le chef de leur armée, Schobac, qui mourut sur place.

¹⁹Tous les rois soumis à Hadadézer, se voyant battus par Israël, firent la paix avec Israël et lui furent assujettis. Et les Syriens n'osèrent plus secourir les fils d'Ammon.

Chapitre 11

¹L'année suivante, au temps où les rois se mettaient en campagne, David envoya Joab, avec ses serviteurs et tout Israël, pour détruire les fils d'Ammon et pour assiéger Rabba. Mais David resta à Jérusalem.

²Un soir, David se leva de sa couche; et, comme il se promenait sur le toit de la maison royale, il aperçut de là une femme qui se baignait, et qui était très belle de figure.

³David fit demander qui était cette femme, et on lui dit: N'est-ce pas Bath Schéba, fille d'Éliam, femme d'Urie, le Héthien?

⁴Et David envoya des gens pour la chercher. Elle vint vers lui, et il coucha avec elle. Après s'être purifiée de sa souillure, elle retourna dans sa maison.

⁵Cette femme devint enceinte, et elle fit dire à David: Je suis enceinte.

⁶Alors David expédia cet ordre à Joab: Envoie-moi Urie, le Héthien. Et Joab envoya Urie à David.

⁷Urie se rendit auprès de David, qui l'interrogea sur l'état de Joab, sur l'état du peuple, et sur l'état de la guerre.

⁸Puis David dit à Urie: Descends dans ta maison, et lave tes pieds. Urie sortit de la maison royale, et il fut suivi d'un présent du roi.

⁹Mais Urie se coucha à la porte de la maison royale, avec tous les serviteurs de son maître, et il ne descendit point dans sa maison.

¹⁰On en informa David, et on lui dit: Urie n'est pas descendu dans sa maison. Et David dit à Urie: N'arrives-tu pas de voyage? Pourquoi n'es-tu pas descendu dans ta maison?

¹¹Urie répondit à David: L'arche et Israël et Juda habitent sous des tentes, mon seigneur Joab et les serviteurs de mon seigneur campent en rase campagne, et moi j'entrerais dans ma maison pour manger et boire et pour coucher avec ma femme! Aussi vrai que tu es vivant et que ton âme est vivante, je ne ferai point cela.

¹²David dit à Urie: Reste ici encore aujourd'hui, et demain je te renverrai. Et Urie resta à Jérusalem ce jour-là et le lendemain.

¹³David l'invita à manger et à boire en sa présence, et il l'enivra; et le soir, Urie sortit pour se mettre sur sa couche, avec les serviteurs de son maître, mais il ne descendit point dans sa maison.

¹⁴Le lendemain matin, David écrivit une lettre à Joab, et l'envoya par la main d'Urie.

¹⁵Il écrivit dans cette lettre: Placez Urie au plus fort du combat, et retirez-vous de lui, afin qu'il soit frappé et qu'il meure.

¹⁶Joab, en assiégeant la ville, plaça Urie à l'endroit qu'il savait défendu par de vaillants soldats.

¹⁷Les hommes de la ville firent une sortie et se battirent contre Joab; plusieurs tombèrent parmi le peuple, parmi les serviteurs de David, et Urie, le Héthien, fut aussi tué.

¹⁸Joab envoya un messager pour faire rapport à David de tout ce qui s'était passé dans le combat.

¹⁹Il donna cet ordre au messager: Quand tu auras achevé de raconter au roi tous les détails du combat,

²⁰peut-être se mettra-t-il en fureur et te dira-t-il: Pourquoi vous êtes vous approchés de la ville pour combattre? Ne savez-vous pas qu'on lance des traits du haut de la muraille?

²¹Qui a tué Abimélec, fils de Jerubbéscheth? n'est-ce pas une femme qui lança sur lui du haut de la muraille un morceau de meule de moulin, et n'en est-il pas mort à Thébets? Pourquoi vous êtes-vous approchés de la muraille? Alors tu diras: Ton serviteur Urie, le Héthien, est mort aussi.

²²Le messager partit: et, à son arrivée, il fit rapport à David de tout ce que Joab lui avait ordonné.

²³Le messager dit à David: Ces gens ont eu sur nous l'avantage; ils avaient fait une sortie contre nous dans les champs, et nous les avons repoussés jusqu'à l'entrée de la porte;

²⁴les archers ont tiré du haut de la muraille sur tes serviteurs, et plusieurs des serviteurs du roi ont été tués, et ton serviteur Urie, le Héthien, est mort aussi.

²⁵David dit au messager: Voici ce que tu diras à Joab: Ne sois point peiné de cette affaire, car l'épée dévore tantôt l'un, tantôt l'autre; attaque vigoureusement la ville, et renverse-la. Et toi, encourage-le!

²⁶La femme d'Urie apprit que son mari était mort, et elle pleura son mari.

²⁷Quand le deuil fut passé, David l'envoya chercher et la recueillit dans sa maison. Elle devint sa femme, et lui enfanta un fils. Ce que David avait fait déplut à l'Éternel.

Chapitre 12

¹L'Éternel envoya Nathan vers David. Et Nathan vint à lui, et lui dit: Il y avait dans une ville deux hommes, l'un riche et l'autre pauvre.

²Le riche avait des brebis et des boeufs en très grand nombre.

³Le pauvre n'avait rien du tout qu'une petite brebis, qu'il avait achetée; il la nourrissait, et elle grandissait chez lui avec ses enfants; elle mangeait de son pain, buvait dans sa coupe, dormait sur son sein, et il la regardait comme sa fille.

⁴Un voyageur arriva chez l'homme riche. Et le riche n'a pas voulu toucher à ses brebis ou à ses boeufs, pour préparer un repas au voyageur qui était venu chez lui; il a pris la brebis du pauvre, et l'a apprêtée pour l'homme qui était venu chez lui.

⁵La colère de David s'enflamma violemment contre cet homme, et il dit à Nathan: L'Éternel est vivant! L'homme qui a fait cela mérite la mort.

⁶Et il rendra quatre brebis, pour avoir commis cette action et pour avoir été sans pitié.

⁷Et Nathan dit à David: Tu es cet homme-là! Ainsi parle l'Éternel, le Dieu d'Israël: Je t'ai oint pour roi sur Israël, et je t'ai délivré de la main de Saül;

⁸je t'ai mis en possession de la maison de ton maître, j'ai placé dans ton sein les femmes de ton maître, et je t'ai donné la maison d'Israël et de Juda. Et si cela eût été peu, j'y aurais encore ajouté.

⁹Pourquoi donc as-tu méprisé la parole de l'Éternel, en faisant ce qui est mal à ses yeux? Tu as frappé de l'épée Urie, le Héthien; tu as pris sa femme pour en faire ta femme, et lui, tu l'as tué par l'épée des fils d'Ammon.

¹⁰Maintenant, l'épée ne s'éloignera jamais de ta maison, parce que tu m'as méprisé, et parce que tu as pris la femme d'Urie, le Héthien, pour en faire ta femme.

¹¹Ainsi parle l'Éternel: Voici, je vais faire sortir de ta maison le malheur contre toi, et je vais prendre sous tes yeux tes propres femmes pour les donner à un autre, qui couchera avec elles à la vue de ce soleil.

¹²Car tu as agi en secret; et moi, je ferai cela en présence de tout Israël et à la face du soleil.

¹³David dit à Nathan: J'ai péché contre l'Éternel! Et Nathan dit à David: L'Éternel pardonne ton péché, tu ne mourras point.

¹⁴Mais, parce que tu as fait blasphémer les ennemis de l'Éternel, en commettant cette action, le fils qui t'est né mourra.

¹⁵Et Nathan s'en alla dans sa maison. L'Éternel frappa l'enfant que la femme d'Urie avait enfanté à David, et il fut dangereusement malade.

¹⁶David pria Dieu pour l'enfant, et jeûna; et quand il rentra, il passa la nuit couché par terre.

¹⁷Les anciens de sa maison insistèrent auprès de lui pour le faire lever de terre; mais il ne voulut point, et il ne mangea rien avec eux.

¹⁸Le septième jour, l'enfant mourut. Les serviteurs de David craignaient de lui annoncer que l'enfant était mort. Car ils disaient: Voici, lorsque l'enfant vivait encore, nous lui avons parlé, et il ne nous a pas écoutés; comment oserons-nous lui dire: L'enfant est mort? Il s'affligera bien davantage.

¹⁹David aperçut que ses serviteurs parlaient tout bas entre eux, et il comprit que l'enfant était mort. Il dit à ses serviteurs: L'enfant est-il mort? Et ils répondirent: Il est mort.

²⁰Alors David se leva de terre. Il se lava, s'oignit, et changea de vêtements; puis il alla dans la maison de l'Éternel, et se prosterna. De retour chez lui, il demanda qu'on lui servît à manger, et il mangea.

²¹Ses serviteurs lui dirent: Que signifie ce que tu fais? Tandis que l'enfant vivait, tu jeûnais et tu pleurais; et maintenant que l'enfant est mort, tu te lèves et tu manges!

²²Il répondit: Lorsque l'enfant vivait encore, je jeûnais et je pleurais, car je disais: Qui sait si l'Éternel n'aura pas pitié de moi et si l'enfant ne vivra pas?

²³Maintenant qu'il est mort, pourquoi jeûnerais-je? Puis-je le faire revenir? J'irai vers lui, mais il ne reviendra pas vers moi.

²⁴David consola Bath Schéba, sa femme, et il alla auprès d'elle et coucha avec elle. Elle enfanta un fils qu'il appela Salomon, et qui fut aimé de l'Éternel.

²⁵Il le remit entre les mains de Nathan le prophète, et Nathan lui donna le nom de Jedidja, à cause de l'Éternel.

²⁶Joab, qui assiégeait Rabba des fils d'Ammon, s'empara de la ville royale,

²⁷et envoya des messagers à David pour lui dire: J'ai attaqué Rabba, et je me suis déjà emparé de la ville des eaux;

²⁸rassemble maintenant le reste du peuple, campe contre la ville, et prends-la, de peur que je ne la prenne moi-même et que la gloire ne m'en soit attribuée.

²⁹David rassembla tout le peuple, et marcha sur Rabba; il l'attaqua, et s'en rendit maître.

³⁰Il enleva la couronne de dessus la tête de son roi: elle pesait un talent d'or et était garnie de pierres précieuses. On la mit sur la tête de David, qui emporta de la ville un très grand butin.

³¹Il fit sortir les habitants, et il les plaça sous des scies, des herses de fer et des haches de fer, et les fit passer par des fours à briques; il traita de même toutes les villes des fils d'Ammon. David retourna à Jérusalem avec tout le peuple.

Chapitre 13

¹Après cela, voici ce qui arriva. Absalom, fils de David, avait une soeur qui était belle et qui s'appelait Tamar; et Amnon, fils de David, l'aima.

²Amnon était tourmenté jusqu'à se rendre malade à cause de Tamar, sa soeur; car elle était vierge, et il paraissait difficile à Amnon de faire sur elle la moindre tentative.

³Amnon avait un ami, nommé Jonadab, fils de Schimea, frère de David, et Jonadab était un homme très habile.

⁴Il lui dit: Pourquoi deviens-tu, ainsi chaque matin plus maigre, toi, fils de roi? Ne veux-tu pas me le dire? Amnon lui répondit: J'aime Tamar, soeur d'Absalom, mon frère.

⁵Jonadab lui dit: Mets-toi au lit, et fais le malade. Quand ton père viendra te voir, tu lui diras: Permets à Tamar, ma soeur, de venir pour me donner à manger; qu'elle prépare un mets sous mes yeux, afin que je le voie et que je le prenne de sa main.

⁶Amnon se coucha, et fit le malade. Le roi vint le voir, et Amnon dit au roi: Je te prie, que Tamar, ma soeur, vienne faire deux gâteaux sous mes yeux, et que je les mange de sa main.

⁷David envoya dire à Tamar dans l'intérieur des appartements: Va dans la maison d'Amnon, ton frère, et prépare-lui un mets.

⁸Tamar alla dans la maison d'Amnon, son frère, qui était couché. Elle prit de la pâte, la pétrit, prépara devant lui des gâteaux, et les fit cuire;

⁹prenant ensuite la poêle, elle les versa devant lui. Mais Amnon refusa de manger. Il dit: Faites sortir tout le monde. Et tout le monde sortit de chez lui.

¹⁰Alors Amnon dit à Tamar: Apporte le mets dans la chambre, et que je le mange de ta main. Tamar prit les gâteaux qu'elle avait faits, et les porta à Amnon, son frère, dans la chambre.

¹¹Comme elle les lui présentait à manger, il la saisit et lui dit: Viens, couche avec moi, ma soeur.

¹²Elle lui répondit: Non, mon frère, ne me déshonore pas, car on n'agit point ainsi en Israël; ne commets pas cette infamie.

¹³Où irais-je, moi, avec ma honte? Et toi, tu serais comme l'un des infâmes en Israël. Maintenant, je te prie, parle au roi, et il ne s'opposera pas à ce que je sois à toi.

¹⁴Mais il ne voulut pas l'écouter; il lui fit violence, la déshonora et coucha avec elle.

¹⁵Puis Amnon eut pour elle une forte aversion, plus forte que n'avait été son amour. Et il lui dit: Lève-toi, va-t'en!

¹⁶Elle lui répondit: N'augmente pas, en me chassant, le mal que tu m'as déjà fait.

¹⁷Il ne voulut pas l'écouter, et appelant le garçon qui le servait, il dit: Qu'on éloigne de moi cette femme et qu'on la mette dehors. Et ferme la porte après elle!

¹⁸Elle avait une tunique de plusieurs couleurs; car c'était le vêtement que portaient les filles du roi, aussi longtemps qu'elles étaient vierges. Le serviteur d'Amnon la mit dehors, et ferma la porte après elle.

¹⁹Tamar répandit de la cendre sur sa tête, et déchira sa tunique bigarrée; elle mit la main sur sa tête, et s'en alla en poussant des cris.

²⁰Absalom, son frère, lui dit: Amnon, ton frère, a-t-il été avec toi? Maintenant, ma soeur, tais-toi, c'est ton frère; ne prends pas cette affaire trop à coeur. Et Tamar, désolée, demeura dans la maison d'Absalom, son frère.

²¹Le roi David apprit toutes ces choses, et il fut très irrité.

²²Absalom ne parla ni en bien ni en mal avec Amnon; mais il le prit en haine, parce qu'il avait déshonoré Tamar, sa soeur.

²³Deux ans après, comme Absalom avait les tondeurs à Baal Hatsor, près d'Éphraïm, il invita tous les fils du roi.

²⁴Absalom alla vers le roi, et dit: Voici, ton serviteur a les tondeurs; que le roi et ses serviteurs viennent chez ton serviteur.

²⁵Et le roi dit à Absalom: Non, mon fils, nous n'irons pas tous, de peur que nous ne te soyons à charge. Absalom le pressa; mais le roi ne voulut point aller, et il le bénit.

²⁶Absalom dit: Permets du moins à Amnon, mon frère, de venir avec nous. Le roi lui répondit: Pourquoi irait-il chez toi?

²⁷Sur les instances d'Absalom, le roi laissa aller avec lui Amnon et tous ses fils.

²⁸Absalom donna cet ordre à ses serviteurs: Faites attention quand le coeur d'Amnon sera égayé par le vin et que je vous dirai: Frappez Amnon! Alors tuez-le; ne craignez point, n'est-ce pas moi qui vous l'ordonne? Soyez fermes, et montrez du courage!

²⁹Les serviteurs d'Absalom traitèrent Amnon comme Absalom l'avait ordonné. Et tous les fils du roi se levèrent, montèrent chacun sur son mulet, et s'enfuirent.

³⁰Comme ils étaient en chemin, le bruit parvint à David qu'Absalom avait tué tous les fils du roi, et qu'il n'en était pas resté un seul.

³¹Le roi se leva, déchira ses vêtements, et se coucha par terre; et tous ses serviteurs étaient là, les vêtements déchirés.

³²Jonadab, fils de Schimea, frère de David, prit la parole et dit: Que mon seigneur ne pense point que tous les jeunes gens, fils du roi, ont été tués, car Amnon seul est mort; et c'est l'effet d'une résolution d'Absalom, depuis le jour où Amnon a déshonoré Tamar, sa soeur.

³³Que le roi mon seigneur ne se tourmente donc point dans l'idée que tous les fils du roi sont morts, car Amnon seul est mort.

³⁴Absalom prit la fuite. Or le jeune homme placé en sentinelle leva les yeux et regarda. Et voici, une grande troupe venait par le chemin qui était derrière lui, du côté de la montagne.

³⁵Jonadab dit au roi: Voici les fils du roi qui arrivent! Ainsi se confirme ce que disait ton serviteur.

³⁶Comme il achevait de parler, voici, les fils du roi arrivèrent. Ils élevèrent la voix, et pleurèrent; le roi aussi et tous ses serviteurs versèrent d'abondantes larmes.

³⁷Absalom s'était enfui, et il alla chez Talmaï, fils d'Ammihur, roi de Gueschur. Et David pleurait tous les jours son fils.

³⁸Absalom resta trois ans à Gueschur, où il était allé, après avoir pris la fuite.

³⁹Le roi David cessa de poursuivre Absalom, car il était consolé de la mort d'Amnon.

Chapitre 14

¹Joab, fils de Tseruja, s'aperçut que le coeur du roi était porté pour Absalom.

²Il envoya chercher à Tekoa une femme habile, et il lui dit: Montre-toi désolée, et revêts des habits de deuil; ne t'oins pas d'huile, et sois comme une femme qui depuis longtemps pleure un mort.

³Tu iras ainsi vers le roi, et tu lui parleras de cette manière. Et Joab lui mit dans la bouche ce qu'elle devait dire.

⁴La femme de Tekoa alla parler au roi. Elle tomba la face contre terre et se prosterna, et elle dit: O roi, sauve-moi!

⁵Le roi lui dit: Qu'as-tu? Elle répondit: Oui, je suis veuve, mon mari est mort!

⁶Ta servante avait deux fils; ils se sont tous deux querellés dans les champs, et il n'y avait personne pour les séparer; l'un a frappé l'autre, et l'a tué.

⁷Et voici, toute la famille s'est levée contre ta servante, en disant: Livre le meurtrier de son frère! Nous voulons le faire mourir, pour la vie de son frère qu'il a tué; nous voulons détruire même l'héritier! Ils éteindraient ainsi le tison qui me reste, pour ne laisser à mon mari ni

2 Samuel

nom ni survivant sur la face de la terre.

⁸Le roi dit à la femme: Va dans ta maison. Je donnerai des ordres à ton sujet.

⁹La femme de Tekoa dit au roi: C'est sur moi, ô roi mon seigneur, et sur la maison de mon père, que le châtiment va tomber; le roi et son trône n'auront pas à en souffrir.

¹⁰Le roi dit: Si quelqu'un parle contre toi, amène-le-moi, et il ne lui arrivera plus de te toucher.

¹¹Elle dit: Que le roi se souvienne de l'Éternel, ton Dieu, afin que le vengeur du sang n'augmente pas la ruine, et qu'on ne détruise pas mon fils! Et il dit: L'Éternel est vivant! il ne tombera pas à terre un cheveu de ton fils.

¹²La femme dit: Permets que ta servante dise un mot à mon seigneur le roi. Et il dit: Parle!

¹³La femme dit: Pourquoi penses-tu de la sorte à l'égard du peuple de Dieu, puisqu'il résulte des paroles mêmes du roi que le roi est comme coupable en ne rappelant pas celui qu'il a proscrit?

¹⁴Il nous faut certainement mourir, et nous serons comme des eaux répandues à terre et qui ne se rassemblent plus; Dieu n'ôte pas la vie, mais il désire que le fugitif ne reste pas banni de sa présence.

¹⁵Maintenant, si je suis venu dire ces choses au roi mon seigneur, c'est que le peuple m'a effrayée. Et ta servante a dit: Je veux parler au roi; peut-être le roi fera-t-il ce que dira sa servante.

¹⁶Oui, le roi écoutera sa servante, pour la délivrer de la main de ceux qui cherchent à nous exterminer, moi et mon fils, de l'héritage de Dieu.

¹⁷Ta servante a dit: Que la parole de mon seigneur le roi me donne le repos. Car mon seigneur le roi est comme un ange de Dieu, prêt à entendre le bien et le mal. Et que l'Éternel, ton Dieu, soit avec toi!

¹⁸Le roi répondit, et dit à la femme: Ne me cache pas ce que je vais te demander. Et la femme dit: Que mon seigneur le roi parle!

¹⁹Le roi dit alors: La main de Joab n'est-elle pas avec toi dans tout ceci? Et la femme répondit: Aussi vrai que ton âme est vivante, ô roi mon seigneur, il n'y a rien à droite ni à gauche de tout ce que dit mon seigneur le roi. C'est, en effet, ton serviteur Joab qui m'a donné des ordres, et qui a mis dans la bouche de ta servante toutes ces paroles.

²⁰C'est pour donner à la chose une autre tournure que ton serviteur Joab a fait cela. Mais mon seigneur est aussi sage qu'un ange de Dieu, pour connaître tout ce qui se passe sur la terre.

²¹Le roi dit à Joab: Voici, je veux bien faire cela; va donc, ramène le jeune homme Absalom.

²²Joab tomba la face contre terre et se prosterna, et il bénit le roi. Puis il dit: Ton serviteur connaît aujourd'hui que j'ai trouvé grâce à tes yeux, ô roi mon seigneur, puisque le roi agit selon la parole de son serviteur.

²³Et Joab se leva et partit pour Gueschur, et il ramena Absalom à Jérusalem.

²⁴Mais le roi dit: Qu'il se retire dans sa maison, et qu'il ne voie point ma face. Et Absalom se retira dans sa maison, et il ne vit point la face du roi.

²⁵Il n'y avait pas un homme dans tout Israël aussi renommé qu'Absalom pour sa beauté; depuis la plante du pied jusqu'au sommet de la tête, il n'y avait point en lui de défaut.

²⁶Lorsqu'il se rasait la tête, -c'était chaque année qu'il se la rasait, parce que sa chevelure lui pesait, -le poids des cheveux de sa tête était de deux cents sicles, poids du roi.

²⁷Il naquit à Absalom trois fils, et une fille nommée Tamar, qui était une femme belle de figure.

²⁸Absalom demeura deux ans à Jérusalem, sans voir la face du roi.

²⁹Il fit demander Joab, pour l'envoyer vers le roi; mais Joab ne voulut point venir auprès de lui. Il le fit demander une seconde fois; et Joab ne voulut point venir.

³⁰Absalom dit alors à ses serviteurs: Voyez, le champ de Joab est à côté du mien; il y a de l'orge; allez et mettez-y le feu. Et les serviteurs d'Absalom mirent le feu au champ.

³¹Joab se leva et se rendit auprès d'Absalom, dans sa maison. Il lui dit: Pourquoi tes serviteurs ont-ils mis le feu au champ qui m'appartient?

³²Absalom répondit à Joab: Voici, je t'ai fait dire: Viens ici, et je t'enverrai vers le roi, afin que tu lui dises: Pourquoi suis-je revenu de Gueschur? Il vaudrait mieux pour moi que j'y fusse encore. Je désire maintenant voir la face du roi; et s'il y a quelque crime en moi, qu'il me fasse mourir.

³³Joab alla vers le roi, et lui rapporta cela. Et le roi appela Absalom, qui vint auprès de lui et se prosterna la face contre terre en sa présence. Le roi baisa Absalom.

Chapitre 15

¹Après cela, Absalom se procura un char et des chevaux, et cinquante hommes qui couraient devant lui.

²Il se levait de bon matin, et se tenait au bord du chemin de la porte. Et chaque fois qu'un homme ayant une contestation se rendait vers le roi pour obtenir un jugement, Absalom l'appelait, et disait: De quelle ville es-tu? Lorsqu'il avait répondu: Je suis d'une telle tribu d'Israël,

³Absalom lui disait: Vois, ta cause est bonne et juste; mais personne de chez le roi ne t'écoutera.

⁴Absalom disait: Qui m'établira juge dans le pays? Tout homme qui aurait une contestation et un procès viendrait à moi, et je lui ferais justice.

⁵Et quand quelqu'un s'approchait pour se prosterner devant lui, il lui tendait la main, le saisissait et l'embrassait.

⁶Absalom agissait ainsi à l'égard de tous ceux d'Israël, qui se rendaient vers le roi pour demander justice. Et Absalom gagnait le coeur des gens d'Israël.

⁷Au bout de quarante ans, Absalom dit au roi: Permets que j'aille à Hébron, pour accomplir le voeu que j'ai fait à l'Éternel.

⁸Car ton serviteur a fait un voeu, pendant que je demeurais à Gueschur en Syrie; j'ai dit: Si l'Éternel me ramène à Jérusalem, je servirai l'Éternel.

⁹Le roi lui dit: Va en paix. Et Absalom se leva et partit pour Hébron.

¹⁰Absalom envoya des espions dans toutes les tribus d'Israël, pour dire: Quand vous entendrez le son de la trompette, vous direz: Absalom règne à Hébron.

¹¹Deux cents hommes de Jérusalem, qui avaient été invités, accompagnèrent Absalom; et ils le firent en toute simplicité, sans rien savoir.

¹²Pendant qu'Absalom offrait les sacrifices, il envoya chercher à la ville de Guilo Achitophel, le Guilonite, conseiller de David. La conjuration devint puissante, et le peuple était de plus en plus nombreux auprès d'Absalom.

¹³Quelqu'un vint informer David, et lui dit: Le coeur des hommes d'Israël s'est tourné vers Absalom.

¹⁴Et David dit à tous ses serviteurs qui étaient avec lui à Jérusalem: Levez-vous, fuyons, car il n'y aura point de salut pour nous devant Absalom. Hâtez-vous de partir; sinon, il ne tarderait pas à nous atteindre, et il nous précipiterait dans le malheur et frapperait la ville du tranchant de l'épée.

¹⁵Les serviteurs du roi lui dirent: Tes serviteurs feront tout ce que voudra mon seigneur le roi.

¹⁶Le roi sortit, et toute sa maison le suivait, et il laissa dix concubines pour garder la maison.

¹⁷Le roi sortit, et tout le peuple le suivait, et ils s'arrêtèrent à la dernière maison.

¹⁸Tous ses serviteurs, tous les Kéréthiens et tous les Péléthiens, passèrent à ses côtés; et tous les Gathiens, au nombre de six cents hommes, venus de Gath à sa suite, passèrent devant le roi.

¹⁹Le roi dit à Ittaï de Gath: Pourquoi viendrais-tu aussi avec nous? Retourne, et reste avec le roi, car tu es étranger, et même tu as été emmené de ton pays.

²⁰Tu es arrivé d'hier, et aujourd'hui je te ferais errer avec nous çà et là, quand je ne sais moi-même où je vais! Retourne, et emmène tes frères avec toi. Que l'Éternel use envers toi de bonté et de fidélité!

²¹Ittaï répondit au roi, et dit: L'Éternel est vivant et mon seigneur le roi est vivant! au lieu où sera mon seigneur le roi, soit pour mourir, soit pour vivre, là aussi sera ton serviteur.

²²David dit alors à Ittaï: Va, passe! Et Ittaï de Gath passa, avec tous ses gens et tous les enfants qui étaient avec lui.

²³Toute la contrée était en larmes et l'on poussait de grands cris, au passage de tout le peuple. Le roi passa le torrent de Cédron, et tout le peuple passa vis-à-vis du chemin qui mène au désert.

²⁴Tsadok était aussi là, et avec lui tous les Lévites portant l'arche de l'alliance de Dieu; et ils posèrent l'arche de Dieu, et Abiathar montait, pendant que tout le peuple achevait de sortir de la ville.

²⁵Le roi dit à Tsadok: Reporte l'arche de Dieu dans la ville. Si je trouve grâce aux yeux de l'Éternel, il me ramènera, et il me fera voir l'arche et sa demeure.

²⁶Mais s'il dit: Je ne prends point plaisir en toi! me voici, qu'il me fasse ce qui lui semblera bon.

²⁷Le roi dit encore au sacrificateur Tsadok: Comprends-tu? retourne en paix dans la ville, avec Achimaats, ton fils, et avec Jonathan, fils d'Abiathar, vos deux fils.

²⁸Voyez, j'attendrai dans les plaines du désert, jusqu'à ce qu'il

m'arrive des nouvelles de votre part.

²⁹Ainsi Tsadok et Abiathar reportèrent l'arche de Dieu à Jérusalem, et ils y restèrent.

³⁰David monta la colline des oliviers. Il montait en pleurant et la tête couverte, et il marchait nu-pieds; et tous ceux qui étaient avec lui se couvrirent aussi la tête, et ils montaient en pleurant.

³¹On vint dire à David: Achitophel est avec Absalom parmi les conjurés. Et David dit: O Éternel, réduis à néant les conseils d'Achitophel!

³²Lorsque David fut arrivé au sommet, où il se prosterna devant Dieu, voici, Huschaï, l'Arkien, vint au-devant de lui, la tunique déchirée et la tête couverte de terre.

³³David lui dit: Si tu viens avec moi, tu me seras à charge.

³⁴Et, au contraire, tu anéantiras en ma faveur les conseils d'Achitophel, si tu retournes à la ville, et que tu dises à Absalom: O roi, je serai ton serviteur; je fus autrefois le serviteur de ton père, mais je suis maintenant ton serviteur.

³⁵Les sacrificateurs Tsadok et Abiathar ne seront-ils pas là avec toi? Tout ce que tu apprendras de la maison du roi, tu le diras aux sacrificateurs Tsadok et Abiathar.

³⁶Et comme ils ont là auprès d'eux leurs deux fils, Achimaats, fils de Tsadok, et Jonathan, fils d'Abiathar, c'est par eux que vous me ferez savoir tout ce que vous aurez appris.

³⁷Huschaï, ami de David, retourna donc à la ville. Et Absalom entra dans Jérusalem.

Chapitre 16

¹Lorsque David eut un peu dépassé le sommet, voici, Tsiba, serviteur de Mephiboscheth, vint au-devant de lui avec deux ânes bâtés, sur lesquels il y avait deux cents pains, cent masses de raisins secs, cent de fruits d'été, et une outre de vin.

²Le roi dit à Tsiba: Que veux-tu faire de cela? Et Tsiba répondit: Les ânes serviront de monture à la maison du roi, le pain et les fruits d'été sont pour nourrir les jeunes gens, et le vin pour désaltérer ceux qui seront fatigués dans le désert.

³Le roi dit: Où est le fils de ton maître? Et Tsiba répondit au roi: Voici, il est resté à Jérusalem, car il a dit: Aujourd'hui la maison d'Israël me rendra le royaume de mon père.

⁴Le roi dit à Tsiba: Voici, tout ce qui appartient à Mephiboscheth est à toi. Et Tsiba dit: Je me prosterne! Que je trouve grâce à tes yeux, ô roi mon seigneur!

⁵David était arrivé jusqu'à Bachurim. Et voici, il sortit de là un homme de la famille et de la maison de Saül, nommé Schimeï, fils de Guéra. Il s'avança en prononçant des malédictions,

⁶et il jeta des pierres à David et à tous les serviteurs du roi David, tandis que tout le peuple et tous les hommes vaillants étaient à la droite et à la gauche du roi.

⁷Schimeï parlait ainsi en le maudissant: Va-t'en, va-t'en, homme de sang, méchant homme!

⁸L'Éternel fait retomber sur toi tout le sang de la maison de Saül, dont tu occupais le trône, et l'Éternel a livré le royaume entre les mains d'Absalom, ton fils; et te voilà malheureux comme tu le mérites, car tu es un homme de sang!

⁹Alors Abischaï, fils de Tseruja, dit au roi: Pourquoi ce chien mort maudit-il le roi mon seigneur? Laisse-moi, je te prie, aller lui couper la tête.

¹⁰Mais le roi dit: Qu'ai-je affaire avec vous, fils de Tseruja? S'il maudit, c'est que l'Éternel lui a dit: Maudis David! Qui donc lui dira: Pourquoi agis-tu ainsi?

¹¹Et David dit à Abischaï et à tous ses serviteurs: Voici, mon fils, qui est sorti de mes entrailles, en veut à ma vie; à plus forte raison ce Benjamite! Laissez-le, et qu'il maudisse, car l'Éternel le lui a dit.

¹²Peut-être l'Éternel regardera-t-il mon affliction, et me fera-t-il du bien en retour des malédictions d'aujourd'hui.

¹³David et ses gens continuèrent leur chemin. Et Schimeï marchait sur le flanc de la montagne près de David, et, en marchant, il maudissait, il jetait des pierres contre lui, il faisait voler la poussière.

¹⁴Le roi et tout le peuple qui était avec lui arrivèrent à Ajephim, et là ils se reposèrent.

¹⁵Absalom et tout le peuple, les hommes d'Israël, étaient entrés dans Jérusalem; et Achitophel était avec Absalom.

¹⁶Lorsque Huschaï, l'Arkien, ami de David, fut arrivé auprès d'Absalom, il lui dit: Vive le roi! vive le roi!

¹⁷Et Absalom dit à Huschaï: Voilà donc l'attachement que tu as pour ton ami! Pourquoi n'es-tu pas allé avec ton ami?

¹⁸Huschaï répondit à Absalom: C'est que je veux être à celui qu'ont choisi l'Éternel et tout ce peuple et tous les hommes d'Israël, c'est avec lui que je veux rester.

¹⁹D'ailleurs, qui servirai-je? Ne sera-ce pas son fils? Comme j'ai servi ton père, ainsi je te servirai.

²⁰Absalom dit à Achitophel: Consultez ensemble; qu'avons-nous à faire?

²¹Et Achitophel dit à Absalom: Va vers les concubines que ton père a laissées pour garder la maison; ainsi tout Israël saura que tu t'es rendu odieux à ton père, et les mains de tous ceux qui sont avec toi se fortifieront.

²²On dressa pour Absalom une tente sur le toit, et Absalom alla vers les concubines de son père, aux yeux de tout Israël.

²³Les conseils donnés en ce temps-là par Achitophel avaient autant d'autorité que si l'on eût consulté Dieu lui-même. Il en était ainsi de tous les conseils d'Achitophel, soit pour David, soit pour Absalom.

Chapitre 17

¹Achitophel dit à Absalom: Laisse-moi choisir douze mille hommes! Je me lèverai, et je poursuivrai David cette nuit même.

²Je le surprendrai pendant qu'il est fatigué et que ses mains sont affaiblies, je l'épouvanterai, et tout le peuple qui est avec lui s'enfuira. Je frapperai le roi seul,

³et je ramènerai à toi tout le peuple; la mort de l'homme à qui tu en veux assurera le retour de tous, et tout le peuple sera en paix.

⁴Cette parole plut à Absalom et à tous les anciens d'Israël.

⁵Cependant Absalom dit: Appelez encore Huschaï, l'Arkien, et que nous entendions aussi ce qu'il dira.

⁶Huschaï vint auprès d'Absalom, et Absalom lui dit: Voici comment a parlé Achitophel: devons-nous faire ce qu'il a dit, ou non? Parle, toi!

⁷Huschaï répondit à Absalom: Pour cette fois le conseil qu'a donné Achitophel n'est pas bon.

⁸Et Huschaï dit: Tu connais la bravoure de ton père et de ses gens, ils sont furieux comme le serait dans les champs une ourse à qui l'on aurait enlevé ses petits. Ton père est un homme de guerre, et il ne passera pas la nuit avec le peuple;

⁹voici maintenant, il est caché dans quelque fosse ou dans quelque autre lieu. Et si, dès le commencement, il en est qui tombent sous leurs coups, on ne tardera pas à l'apprendre et l'on dira: Il y a une défaite parmi le peuple qui suit Absalom!

¹⁰Alors le plus vaillant, eût-il un coeur de lion, sera saisi d'épouvante; car tout Israël sait que ton père est un héros et qu'il a des braves avec lui.

¹¹Je conseille donc que tout Israël se rassemble auprès de toi, depuis Dan jusqu'à Beer Schéba, multitude pareille au sable qui est sur le bord de la mer. Tu marcheras en personne au combat.

¹²Nous arriverons à lui en quelque lieu que nous le trouvions, et nous tomberons sur lui comme la rosée tombe sur le sol; et pas un n'échappera, ni lui ni aucun des hommes qui sont avec lui.

¹³S'il se retire dans une ville, tout Israël portera des cordes vers cette ville, et nous la traînerons au torrent, jusqu'à ce qu'on n'en trouve plus une pierre.

¹⁴Absalom et tous les gens d'Israël dirent: Le conseil de Huschaï, l'Arkien, vaut mieux que le conseil d'Achitophel. Or l'Éternel avait résolu d'anéantir le bon conseil d'Achitophel, afin d'amener le malheur sur Absalom.

¹⁵Huschaï dit aux sacrificateurs Tsadok et Abiathar: Achitophel a donné tel et tel conseil à Absalom et aux anciens d'Israël; et moi, j'ai conseillé telle et telle chose.

¹⁶Maintenant, envoyez tout de suite informer David et faites-lui dire: Ne passe point la nuit dans les plaines du désert, mais va plus loin, de peur que le roi et tout le peuple qui est avec lui ne soient exposés à périr.

¹⁷Jonathan et Achimaats se tenaient à En Roguel. Une servante vint leur dire d'aller informer le roi David; car ils n'osaient pas se montrer et entrer dans la ville.

¹⁸Un jeune homme les aperçut, et le rapporta à Absalom. Mais ils partirent tous deux en hâte, et ils arrivèrent à Bachurim à la maison d'un homme qui avait un puits dans sa cour, et ils y descendirent.

¹⁹La femme prit une couverture qu'elle étendit sur l'ouverture du puits, et elle y répandit du grain pilé pour qu'on ne se doutât de rien.

²⁰Les serviteurs d'Absalom entrèrent dans la maison auprès de cette femme, et dirent: Où sont Achimaats et Jonathan? La femme leur répondit: Ils ont passé le ruisseau. Ils cherchèrent, et ne les trouvant pas, ils retournèrent à Jérusalem.

²¹Après leur départ, Achimaats et Jonathan remontèrent du puits et allèrent informer le roi David. Ils dirent à David: Levez-vous et hâtez-vous de passer l'eau, car Achitophel a conseillé contre vous telle chose.

²²David et tout le peuple qui était avec lui se levèrent et ils passèrent le Jourdain; à la lumière du matin, il n'y en avait pas un qui fût resté à l'écart, pas un qui n'eût passé le Jourdain.

²³Achitophel, voyant que son conseil n'était pas suivi, sella son âne et partit pour s'en aller chez lui dans sa ville. Il donna ses ordres à sa maison, et il s'étrangla. C'est ainsi qu'il mourut, et on l'enterra dans le sépulcre de son père.

²⁴David arriva à Mahanaïm. Et Absalom passa le Jourdain, lui et tous les hommes d'Israël avec lui.

²⁵Absalom mit Amasa à la tête de l'armée, en remplacement de Joab; Amasa était fils d'un homme appelé Jithra, l'Israélite, qui était allé vers Abigal, fille de Nachasch et soeur de Tseruja, mère de Joab.

²⁶Israël et Absalom campèrent dans le pays de Galaad.

²⁷Lorsque David fut arrivé à Mahanaïm, Schobi, fils de Nachasch, de Rabba des fils d'Ammon, Makir, fils d'Ammiel, de Lodebar, et Barzillaï, le Galaadite, de Roguelim,

²⁸apportèrent des lits, des bassins, des vases de terre, du froment, de l'orge, de la farine, du grain rôti, des fèves, des lentilles, des pois rôtis,

²⁹du miel, de la crème, des brebis, et des fromages de vache. Ils apportèrent ces choses à David et au peuple qui était avec lui, afin qu'ils mangeassent; car ils disaient: Ce peuple a dû souffrir de la faim, de la fatigue et de la soif, dans le désert.

Chapitre 18

¹David passa en revue le peuple qui était avec lui, et il établit sur eux des chefs de milliers et des chefs de centaines.

²Il plaça le tiers du peuple sous le commandement de Joab, le tiers sous celui d'Abischaï, fils de Tseruja, frère de Joab, et le tiers sous celui d'Ittaï, de Gath. Et le roi dit au peuple: Moi aussi, je veux sortir avec vous.

³Mais le peuple dit: Tu ne sortiras point! Car si nous prenons la fuite, ce n'est pas sur nous que l'attention se portera; et quand la moitié d'entre nous succomberait, on n'y ferait pas attention; mais toi, tu es comme dix mille de nous, et maintenant il vaut mieux que de la ville tu puisses venir à notre secours.

⁴Le roi leur répondit: Je ferai ce qui vous paraît bon. Et le roi se tint à côté de la porte, pendant que tout le peuple sortait par centaines et par milliers.

⁵Le roi donna cet ordre à Joab, à Abischaï et à Ittaï: Pour l'amour de moi, doucement avec le jeune Absalom! Et tout le peuple entendit l'ordre du roi à tous les chefs au sujet d'Absalom.

⁶Le peuple sortit dans les champs à la rencontre d'Israël, et la bataille eut lieu dans la forêt d'Éphraïm.

⁷Là, le peuple d'Israël fut battu par les serviteurs de David, et il y eut en ce jour une grande défaite de vingt mille hommes.

⁸Le combat s'étendit sur toute la contrée, et la forêt dévora plus de peuple ce jour-là que l'épée n'en dévora.

⁹Absalom se trouva en présence des gens de David. Il était monté sur un mulet. Le mulet pénétra sous les branches entrelacées d'un grand térébinthe, et la tête d'Absalom fut prise au térébinthe; il demeura suspendu entre le ciel et la terre, et le mulet qui était sous lui passa outre.

¹⁰Un homme ayant vu cela vint dire à Joab: Voici, j'ai vu Absalom suspendu à un térébinthe.

¹¹Et Joab dit à l'homme qui lui apporta cette nouvelle: Tu l'as vu! pourquoi donc ne l'as-tu pas abattu sur place? Je t'aurais donné dix sicles d'argent et une ceinture.

¹²Mais cet homme dit à Joab: Quand je pèserais dans ma main mille sicles d'argent, je ne mettrais pas la main sur le fils du roi; car nous avons entendu cet ordre que le roi t'a donné, à toi, à Abischaï et à Ittaï. Prenez garde chacun au jeune Absalom!

¹³Et si j'eusse attenté perfidement à sa vie, rien n'aurait été caché au roi, et tu aurais été toi-même contre moi.

¹⁴Joab dit: Je ne m'arrêterai pas auprès de toi! Et il prit en main trois javelots, et les enfonça dans le coeur d'Absalom encore plein de vie au milieu du térébinthe.

¹⁵Dix jeunes gens, qui portaient les armes de Joab, entourèrent Absalom, le frappèrent et le firent mourir.

¹⁶Joab fit sonner de la trompette; et le peuple revint, cessant ainsi de poursuivre Israël, parce que Joab l'en empêcha.

¹⁷Ils prirent Absalom, le jetèrent dans une grande fosse au milieu de la forêt, et mirent sur lui un très grand monceau de pierres. Tout Israël s'enfuit, chacun dans sa tente.

¹⁸De son vivant, Absalom s'était fait ériger un monument dans la vallée du roi; car il disait: Je n'ai point de fils par qui le souvenir de mon nom puisse être conservé. Et il donna son propre nom au monument, qu'on appelle encore aujourd'hui monument d'Absalom.

¹⁹Achimaats, fils de Tsadok, dit: Laisse-moi courir, et porter au roi la bonne nouvelle que l'Éternel lui a rendu justice en le délivrant de la main de ses ennemis.

²⁰Joab lui dit: Ce n'est pas toi qui dois porter aujourd'hui les nouvelles; tu les porteras un autre jour, mais non aujourd'hui, puisque le fils du roi est mort.

²¹Et Joab dit à Cuschi: Va, et annonce au roi ce que tu as vu. Cuschi se prosterna devant Joab, et courut.

²²Achimaats, fils de Tsadok, dit encore à Joab: Quoi qu'il arrive, laisse-moi courir après Cuschi. Et Joab dit: Pourquoi veux-tu courir, mon fils? Ce n'est pas un message qui te sera profitable.

²³Quoi qu'il arrive, je veux courir, reprit Achimaats. Et Joab lui dit: Cours! Achimaats courut par le chemin de la plaine, et il devança Cuschi.

²⁴David était assis entre les deux portes. La sentinelle alla sur le toit de la porte vers la muraille; elle leva les yeux et regarda. Et voici, un homme courait tout seul.

²⁵La sentinelle cria, et avertit le roi. Le roi dit: S'il est seul, il apporte des nouvelles. Et cet homme arrivait toujours plus près.

²⁶La sentinelle vit un autre homme qui courait; elle cria au portier: Voici un homme qui court tout seul. Le roi dit: Il apporte aussi des nouvelles.

²⁷La sentinelle dit: La manière de courir du premier me paraît celle d'Achimaats, fils de Tsadok. Et le roi dit: C'est un homme de bien, et il apporte de bonnes nouvelles.

²⁸Achimaats cria, et il dit au roi: Tout va bien! Il se prosterna devant le roi la face contre terre, et dit: Béni soit l'Éternel, ton Dieu, qui a livré les hommes qui levaient la main contre le roi mon seigneur!

²⁹Le roi dit: Le jeune Absalom est-il en bonne santé? Achimaats répondit: J'ai aperçu un grand tumulte au moment où Joab envoya le serviteur du roi et moi ton serviteur; mais je ne sais ce que c'était.

³⁰Et le roi dit: Mets-toi là de côté. Et Achimaats se tint de côté.

³¹Aussitôt arriva Cuschi. Et il dit: Que le roi mon seigneur apprenne la bonne nouvelle! Aujourd'hui l'Éternel t'a rendu justice en te délivrant de la main de tous ceux qui s'élevaient contre toi.

³²Le roi dit à Cuschi: Le jeune homme Absalom est-il en bonne santé? Cuschi répondit: Qu'ils soient comme ce jeune homme, les ennemis du roi mon seigneur et tous ceux qui s'élèvent contre toi pour te faire du mal!

³³Alors le roi, saisi d'émotion, monta dans la chambre au-dessus de la porte et pleura. Il disait en marchant: Mon fils Absalom! mon fils, mon fils Absalom! Que ne suis-je mort à ta place! Absalom, mon fils, mon fils!

Chapitre 19

¹On vint dire à Joab: Voici, le roi pleure et se lamente à cause d'Absalom.

²Et la victoire, ce jour-là, fut changée en deuil pour tout le peuple, car en ce jour le peuple entendait dire: Le roi est affligé à cause de son fils.

³Ce même jour, le peuple rentra dans la ville à la dérobée, comme l'auraient fait des gens honteux d'avoir pris la fuite dans le combat.

⁴Le roi s'était couvert le visage, et il criait à haute voix: Mon fils Absalom! Absalom, mon fils, mon fils!

⁵Joab entra dans la chambre où était le roi, et dit: Tu couvres aujourd'hui de confusion la face de tous tes serviteurs, qui ont aujourd'hui sauvé ta vie, celle de tes fils et de tes filles, celle de tes femmes et de tes concubines.

⁶Tu aimes ceux qui te haïssent et tu hais ceux qui t'aiment, car tu montres aujourd'hui qu'il n'y a pour toi ni chefs ni serviteurs; et je vois maintenant que, si Absalom vivait et que nous fussions tous morts en ce jour, cela serait agréable à tes yeux.

⁷Lève-toi donc, sors, et parle au coeur de tes serviteurs! Car je jure par l'Éternel que, si tu ne sors pas, il ne restera pas un homme avec toi cette nuit; et ce sera pour toi pire que tous les malheurs qui te sont arrivés depuis ta jeunesse jusqu'à présent.

⁸Alors le roi se leva, et il s'assit à la porte. On fit dire à tout le peuple: Voici, le roi est assis à la porte. Et tout le peuple vint devant le roi. Cependant Israël s'était enfui, chacun dans sa tente.

⁹Et dans toutes les tribus d'Israël, tout le peuple était en contestation, disant: Le roi nous a délivrés de la main de nos ennemis, c'est lui qui nous a sauvés de la main des Philistins; et maintenant il a dû fuir du pays devant Absalom.

¹⁰Or Absalom, que nous avions oint pour qu'il régnât sur nous, est mort dans la bataille: pourquoi ne parlez-vous pas de faire revenir le roi?

¹¹De son côté, le roi David envoya dire aux sacrificateurs Tsadok et Abiathar: Parlez aux anciens de Juda, et dites-leur: Pourquoi seriez-vous les derniers à ramener le roi dans sa maison? -Car ce qui se disait dans tout Israël était parvenu jusqu'au roi.

¹²Vous êtes mes frères, vous êtes mes os et ma chair; pourquoi seriez-vous les derniers à ramener le roi?

¹³Vous direz aussi à Amasa: N'es-tu pas mon os et ma chair? Que Dieu me traite dans toute sa rigueur, si tu ne deviens pas devant moi pour toujours chef de l'armée à la place de Joab!

¹⁴David fléchit le coeur de tous ceux de Juda, comme s'ils n'eussent été qu'un seul homme; et ils envoyèrent dire au roi: Reviens, toi, et tous tes serviteurs.

¹⁵Le roi revint et arriva jusqu'au Jourdain; et Juda se rendit à Guilgal, afin d'aller à la rencontre du roi et de lui faire passer le Jourdain.

¹⁶Schimeï, fils de Guéra, Benjamite, qui était de Bachurim, se hâta de descendre avec ceux de Juda à la rencontre du roi David.

¹⁷Il avait avec lui mille hommes de Benjamin, et Tsiba, serviteur de la maison de Saül, et les quinze fils et les vingt serviteurs de Tsiba. Ils passèrent le Jourdain à la vue du roi.

¹⁸Le bateau, mis à la disposition du roi, faisait la traversée pour transporter sa maison; et au moment où le roi allait passer le Jourdain, Schimeï, fils de Guéra, se prosterna devant lui.

¹⁹Et il dit au roi: Que mon seigneur ne tienne pas compte de mon iniquité, qu'il oublie que ton serviteur l'a offensé le jour où le roi mon seigneur sortait de Jérusalem, et que le roi n'y ait point égard!

²⁰Car ton serviteur reconnaît qu'il a péché. Et voici, je viens aujourd'hui le premier de toute la maison de Joseph à la rencontre du roi mon seigneur.

²¹Alors Abischaï, fils de Tseruja, prit la parole et dit: Schimeï ne doit-il pas mourir pour avoir maudit l'oint de l'Éternel?

²²Mais David dit: Qu'ai-je affaire avec vous, fils de Tseruja, et pourquoi vous montrez-vous aujourd'hui mes adversaires? Aujourd'hui ferait-on mourir un homme en Israël? Ne sais-je donc pas que je règne aujourd'hui sur Israël?

²³Et le roi dit à Schimeï: Tu ne mourras point! Et le roi le lui jura.

²⁴Mephiboscheth, fils de Saül, descendit aussi à la rencontre du roi. Il n'avait point soigné ses pieds, ni fait sa barbe, ni lavé ses vêtements, depuis le jour où le roi s'en était allé jusqu'à celui où il revenait en paix.

²⁵Lorsqu'il se rendit au-devant du roi à Jérusalem, le roi lui dit: Pourquoi n'es-tu pas venu avec moi, Mephiboscheth?

²⁶Et il répondit: O roi mon seigneur, mon serviteur m'a trompé, car ton serviteur, qui est boiteux, avait dit: Je ferai seller mon âne, je le monterai, et j'irai avec le roi.

²⁷Et il a calomnié ton serviteur auprès de mon seigneur le roi. Mais mon seigneur le roi est comme un ange de Dieu. Fais ce qui te semblera bon.

²⁸Car tous ceux de la maison de mon père n'ont été que des gens dignes de mort devant le roi mon seigneur; et cependant tu as mis ton serviteur au nombre de ceux qui mangent à ta table. Quel droit puis-je encore avoir, et qu'ai-je à demander au roi?

²⁹Le roi lui dit: A quoi bon toutes tes paroles? Je l'ai déclaré: Toi et Tsiba, vous partagerez les terres.

³⁰Et Mephiboscheth dit au roi: Qu'il prenne même le tout, puisque le roi mon seigneur rentre en paix dans sa maison.

³¹Barzillaï, le Galaadite, descendit de Roguelim, et passa le Jourdain avec le roi, pour l'accompagner jusqu'au delà du Jourdain.

³²Barzillaï était très vieux, âgé de quatre-vingts ans. Il avait entretenu le roi pendant son séjour à Mahanaïm, car c'était un homme fort riche.

³³Le roi dit à Barzillaï: Viens avec moi, je te nourrirai chez moi à Jérusalem.

³⁴Mais Barzillaï répondit au roi: Combien d'années vivrai-je encore, pour que je monte avec le roi à Jérusalem?

³⁵Je suis aujourd'hui âgé de quatre-vingts ans. Puis-je connaître ce qui est bon et ce qui est mauvais? Ton serviteur peut-il savourer ce qu'il mange et ce qu'il boit? Puis-je encore entendre la voix des chanteurs et des chanteuses? Et pourquoi ton serviteur serait-il encore à charge à mon seigneur le roi?

³⁶Ton serviteur ira un peu au delà du Jourdain avec le roi. Pourquoi, d'ailleurs, le roi m'accorderait-il ce bienfait?

³⁷Que ton serviteur s'en retourne, et que je meure dans ma ville, près du sépulcre de mon père et de ma mère! Mais voici ton serviteur Kimham, qui passera avec le roi mon seigneur; fais pour lui ce que tu trouveras bon.

³⁸Le roi dit: Que Kimham passe avec moi, et je ferai pour lui ce qui te plaira; tout ce que tu désireras de moi, je te l'accorderai.

³⁹Quand tout le peuple eut passé le Jourdain et que le roi l'eut aussi passé, le roi baisa Barzillaï et le bénit. Et Barzillaï retourna dans sa demeure.

⁴⁰Le roi se dirigea vers Guilgal, et Kimham l'accompagna. Tout le peuple de Juda et la moitié du peuple d'Israël avaient fait passer le Jourdain au roi.

⁴¹Mais voici, tous les hommes d'Israël abordèrent le roi, et lui dirent: Pourquoi nos frères, les hommes de Juda, t'ont-ils enlevé, et ont-ils fait passer le Jourdain au roi, à sa maison, et à tous les gens de David?

⁴²Tous les hommes de Juda répondirent aux hommes d'Israël: C'est que le roi nous tient de plus près; et qu'y a-t-il là pour vous irriter? Avons-nous vécu aux dépens du roi? Nous a-t-il fait des présents?

⁴³Et les hommes d'Israël répondirent aux hommes de Juda: Le roi nous appartient dix fois autant, et David même plus qu'à vous. Pourquoi nous avez-vous méprisés? N'avons-nous pas été les premiers à proposer de faire revenir notre roi? Et les hommes de Juda parlèrent avec plus de violence que les hommes d'Israël.

Chapitre 20

¹Il se trouvait là un méchant homme, nommé Schéba, fils de Bicri, Benjamite. Il sonna de la trompette, et dit: Point de part pour nous avec David, point d'héritage pour nous avec le fils d'Isaï! Chacun à sa tente, Israël!

²Et tous les hommes d'Israël s'éloignèrent de David, et suivirent Schéba, fils de Bicri. Mais les hommes de Juda restèrent fidèles à leur roi, et l'accompagnèrent depuis le Jourdain jusqu'à Jérusalem.

³David rentra dans sa maison à Jérusalem. Le roi prit les dix concubines qu'il avait laissées pour garder la maison, et il les mit dans un lieu où elles étaient séquestrées; il pourvut à leur entretien, mais il n'alla point vers elles. Et elles furent enfermées jusqu'au jour de leur mort, vivant dans un état de veuvage.

⁴Le roi dit à Amasa: Convoque-moi d'ici à trois jours les hommes de Juda; et toi, sois ici présent.

⁵Amasa partit pour convoquer Juda; mais il tarda au delà du temps que le roi avait fixé.

⁶David dit alors à Abischaï: Schéba, fils de Bicri, va maintenant nous faire plus de mal qu'Absalom. Prends toi-même les serviteurs de ton maître et poursuis-le, de peur qu'il ne trouve des villes fortes et ne se dérobe à nos yeux.

⁷Et Abischaï partit, suivi des gens de Joab, des Kéréthiens et des Péléthiens, et de tous les vaillants hommes; ils sortirent de Jérusalem, afin de poursuivre Schéba, fils de Bicri.

⁸Lorsqu'ils furent près de la grande pierre qui est à Gabaon, Amasa arriva devant eux. Joab était ceint d'une épée par-dessus les habits dont il était revêtu; elle était attachée à ses reins dans le fourreau, d'où elle glissa, comme Joab s'avançait.

⁹Joab dit à Amasa: Te portes-tu bien, mon frère? Et de la main droite il saisit la barbe d'Amasa pour le baiser.

¹⁰Amasa ne prit point garde à l'épée qui était dans la main de Joab; et Joab l'en frappa au ventre et répandit ses entrailles à terre, sans lui porter un second coup. Et Amasa mourut. Joab et son frère Abischaï marchèrent à la poursuite de Schéba, fils de Bicri.

¹¹Un homme d'entre les gens de Joab resta près d'Amasa, et il disait: Qui veut de Joab et qui est pour David? Qu'il suive Joab!

¹²Amasa se roulait dans le sang au milieu de la route; et cet homme, ayant vu que tout le peuple s'arrêtait, poussa Amasa hors de la route dans un champ, et jeta sur lui un vêtement, lorsqu'il vit que tous ceux qui arrivaient près de lui s'arrêtaient.

¹³Quand il fut ôté de la route, chacun suivit Joab, afin de poursuivre Schéba, fils de Bicri.

¹⁴Joab traversa toutes les tribus d'Israël dans la direction d'Abel Beth Maaca, et tous les hommes d'élite se rassemblèrent et le suivirent.

¹⁵Ils vinrent assiéger Schéba dans Abel Beth Maaca, et ils élevèrent contre la ville une terrasse qui atteignait le rempart. Tout le peuple qui était avec Joab sapait la muraille pour la faire tomber.

¹⁶Alors une femme habile se mit à crier de la ville: Écoutez, écoutez! Dites, je vous prie, à Joab: Approche jusqu'ici, je veux te parler!

¹⁷Il s'approcha d'elle, et la femme dit: Es-tu Joab? Il répondit: Je le suis. Et elle lui dit: Écoute les paroles de ta servante. Il répondit: J'écoute.

¹⁸Et elle dit: Autrefois on avait coutume de dire: Que l'on consulte Abel! Et tout se terminait ainsi.

¹⁹Je suis une des villes paisibles et fidèles en Israël; et tu cherches à faire périr une ville qui est une mère en Israël! Pourquoi détruirais-tu l'héritage de l'Éternel?

²⁰Joab répondit: Loin, loin de moi la pensée de détruire et de ruiner!

²¹La chose n'est pas ainsi. Mais un homme de la montagne d'Éphraïm, nommé Schéba, fils de Bicri, a levé la main contre le roi David; livrez-le, lui seul, et je m'éloignerai de la ville. La femme dit à Joab: Voici, sa tête te sera jetée par la muraille.

²²Et la femme alla vers tout le peuple avec sa sagesse; et ils coupèrent la tête à Schéba, fils de Bicri, et la jetèrent à Joab. Joab sonna de la trompette; on se dispersa loin de la ville, et chacun s'en alla dans sa tente. Et Joab retourna à Jérusalem, vers le roi.

²³Joab commandait toute l'armée d'Israël; Benaja, fils de Jehojada, était à la tête des Kéréthiens et des Péléthiens;

²⁴Adoram était préposé aux impôts; Josaphat, fils d'Achilud, était archiviste;

²⁵Scheja était secrétaire; Tsadok et Abiathar étaient sacrificateurs;

²⁶et Ira de Jaïr était ministre d'état de David.

Chapitre 21

¹Du temps de David, il y eut une famine qui dura trois ans. David chercha la face de l'Éternel, et l'Éternel dit: C'est à cause de Saül et de sa maison sanguinaire, c'est parce qu'il a fait périr les Gabaonites.

²Le roi appela les Gabaonites pour leur parler. -Les Gabaonites n'étaient point d'entre les enfants d'Israël, mais c'était un reste des Amoréens; les enfants d'Israël s'étaient liés envers eux par un serment, et néanmoins Saül avait voulu les frapper, dans son zèle pour les enfants d'Israël et de Juda. -

³David dit aux Gabaonites: Que puis-je faire pour vous, et avec quoi ferai-je expiation, afin que vous bénissiez l'héritage de l'Éternel?

⁴Les Gabaonites lui répondirent: Ce n'est pas pour nous une question d'argent et d'or avec Saül et avec sa maison, et ce n'est pas à nous qu'il appartient de faire mourir personne en Israël. Et le roi dit: Que voulez-vous donc que je fasse pour vous?

⁵Ils répondirent au roi: Puisque cet homme nous a consumés, et qu'il avait le projet de nous détruire pour nous faire disparaître de tout le territoire d'Israël,

⁶qu'on nous livre sept hommes d'entre ses fils, et nous les pendrons devant l'Éternel à Guibea de Saül, l'élu de l'Éternel. Et le roi dit: Je les livrerai.

⁷Le roi épargna Mephiboscheth, fils de Jonathan, fils de Saül, à cause du serment qu'avaient fait entre eux, devant l'Éternel, David et Jonathan, fils de Saül.

⁸Mais le roi prit les deux fils que Ritspa, fille d'Ajja, avait enfantés à Saül, Armoni et Mephiboscheth, et les cinq fils que Mérab, fille de Saül, avait enfantés à Adriel de Mehola, fils de Barzillaï;

⁹et il les livra entre les mains des Gabaonites, qui les pendirent sur la montagne, devant l'Éternel. Tous les sept périrent ensemble; ils furent mis à mort dans les premiers jours de la moisson, au commencement de la moisson des orges.

¹⁰Ritspa, fille d'Ajja, prit un sac et l'étendit sous elle contre le rocher, depuis le commencement de la moisson jusqu'à ce que la pluie du ciel tombât sur eux; et elle empêcha les oiseaux du ciel de s'approcher d'eux pendant le jour, et les bêtes des champs pendant la nuit.

¹¹On informa David de ce qu'avait fait Ritspa, fille d'Ajja, concubine de Saül.

¹²Et David alla prendre les os de Saül et les os de Jonathan, son fils, chez les habitants de Jabès en Galaad, qui les avaient enlevés de la place de Beth Schan, où les Philistins les avaient suspendus lorsqu'ils battirent Saül à Guilboa.

¹³Il emporta de là les os de Saül et les os de Jonathan, son fils; et l'on recueillit aussi les os de ceux qui avaient été pendus.

¹⁴On enterra les os de Saül et de Jonathan, son fils, au pays de Benjamin, à Tséla, dans le sépulcre de Kis, père de Saül. Et l'on fit tout ce que le roi avait ordonné. Après cela, Dieu fut apaisé envers le pays.

¹⁵Les Philistins firent encore la guerre à Israël. David descendit avec ses serviteurs, et ils combattirent les Philistins. David était fatigué.

¹⁶Et Jischbi Benob, l'un des enfants de Rapha, eut la pensée de tuer David; il avait une lance du poids de trois cents sicles d'airain, et il était ceint d'une épée neuve.

¹⁷Abischaï, fils de Tseruja, vint au secours de David, frappa le Philistin et le tua. Alors les gens de David jurèrent, en lui disant: Tu ne sortiras plus avec nous pour combattre, et tu n'éteindras pas la lampe d'Israël.

¹⁸Il y eut encore, après cela, une bataille à Gob avec les Philistins. Alors Sibbecaï, le Huschatite, tua Saph, qui était un des enfants de Rapha.

¹⁹Il y eut encore une bataille à Gob avec les Philistins. Et Elchanan, fils de Jaaré Oreguim, de Bethléhem, tua Goliath de Gath, qui avait une lance dont le bois était comme une ensouple de tisserand.

²⁰Il y eut encore une bataille à Gath. Il s'y trouva un homme de haute taille, qui avait six doigts à chaque main et à chaque pied, vingt-quatre en tout, et qui était aussi issu de Rapha.

²¹Il jeta un défi à Israël; et Jonathan, fils de Schimea, frère de David, le tua.

²²Ces quatre hommes étaient des enfants de Rapha à Gath. Ils périrent par la main de David et par la main de ses serviteurs.

Chapitre 22

¹David adressa à l'Éternel les paroles de ce cantique, lorsque l'Éternel l'eut délivré de la main de tous ses ennemis et de la main de Saül.

²Il dit: L'Éternel est mon rocher, ma forteresse, mon libérateur.

³Dieu est mon rocher, où je trouve un abri, Mon bouclier et la force qui me sauve, Ma haute retraite et mon refuge. O mon Sauveur! tu me garantis de la violence.

⁴Je m'écrie: Loué soit l'Éternel! Et je suis délivré de mes ennemis.

⁵Car les flots de la mort m'avaient environné, Les torrents de la destruction m'avaient épouvanté;

⁶Les liens du sépulcre m'avaient entouré, Les filets de la mort m'avaient surpris.

⁷Dans ma détresse, j'ai invoqué l'Éternel, J'ai invoqué mon Dieu; De son palais, il a entendu ma voix, Et mon cri est parvenu à ses oreilles.

⁸La terre fut ébranlée et trembla, Les fondements des cieux frémirent, Et ils furent ébranlés, parce qu'il était irrité.

⁹Il s'élevait de la fumée dans ses narines, Et un feu dévorant sortait de sa bouche: Il en jaillissait des charbons embrasés.

¹⁰Il abaissa les cieux, et il descendit: Il y avait une épaisse nuée sous ses pieds.

¹¹Il était monté sur un chérubin, et il volait, Il paraissait sur les ailes du vent.

¹²Il faisait des ténèbres une tente autour de lui, Il était enveloppé d'amas d'eaux et de sombres nuages.

¹³De la splendeur qui le précédait S'élançaient des charbons de feu.

¹⁴L'Éternel tonna des cieux, Le Très Haut fit retentir sa voix;

¹⁵Il lança des flèches et dispersa mes ennemis, La foudre, et les mit en déroute.

¹⁶Le lit de la mer apparut, Les fondements du monde furent découverts, Par la menace de l'Éternel, Par le bruit du souffle de ses narines.

¹⁷Il étendit sa main d'en haut, il me saisit, Il me retira des grandes eaux;

¹⁸Il me délivra de mon adversaire puissant, De mes ennemis qui étaient plus forts que moi.

¹⁹Ils m'avaient surpris au jour de ma détresse, Mais l'Éternel fut mon appui.

²⁰Il m'a mis au large, Il m'a sauvé, parce qu'il m'aime.

²¹L'Éternel m'a traité selon ma droiture, Il m'a rendu selon la pureté de mes mains;

²²Car j'ai observé les voies de l'Éternel, Et je n'ai point été coupable envers mon Dieu.

²³Toutes ses ordonnances ont été devant moi, Et je ne me suis point écarté de ses lois.

²⁴J'ai été sans reproche envers lui, Et je me suis tenu en garde contre mon iniquité.

²⁵Aussi l'Éternel m'a rendu selon ma droiture, Selon ma pureté devant ses yeux.

²⁶Avec celui qui est bon tu te montres bon, Avec l'homme droit tu agis selon ta droiture,

²⁷Avec celui qui est pur tu te montres pur, Et avec le pervers tu agis selon sa perversité.

²⁸Tu sauves le peuple qui s'humilie, Et de ton regard, tu abaisses les orgueilleux.

²⁹Oui, tu es ma lumière, ô Éternel! L'Éternel éclaire mes ténèbres.

³⁰Avec toi je me précipite sur une troupe en armes, Avec mon Dieu je franchis une muraille.

³¹Les voies de Dieu sont parfaites, La parole de l'Éternel est éprouvée; Il est un bouclier pour tous ceux qui se confient en lui.

³²Car qui est Dieu, si ce n'est l'Éternel? Et qui est un rocher, si ce n'est notre Dieu?

³³C'est Dieu qui est ma puissante forteresse, Et qui me conduit dans la voie droite.

³⁴Il rend mes pieds semblables à ceux des biches, Et il me place

sur mes lieux élevés.

³⁵Il exerce mes mains au combat, Et mes bras tendent l'arc d'airain.

³⁶Tu me donnes le bouclier de ton salut, Et je deviens grand par ta bonté.

³⁷Tu élargis le chemin sous mes pas, Et mes pieds ne chancellent point.

³⁸Je poursuis mes ennemis, et je les détruis; Je ne reviens pas avant de les avoir anéantis.

³⁹Je les anéantis, je les brise, et ils ne se relèvent plus; Ils tombent sous mes pieds.

⁴⁰Tu me ceins de force pour le combat, Tu fais plier sous moi mes adversaires.

⁴¹Tu fais tourner le dos à mes ennemis devant moi, Et j'extermine ceux qui me haïssent.

⁴²Ils regardent autour d'eux, et personne pour les sauver! Ils crient à l'Éternel, et il ne leur répond pas!

⁴³Je les broie comme la poussière de la terre, Je les écrase, je les foule, comme la boue des rues.

⁴⁴Tu me délivres des dissensions de mon peuple; Tu me conserves pour chef des nations; Un peuple que je ne connaissais pas m'est asservi.

⁴⁵Les fils de l'étranger me flattent, Ils m'obéissent au premier ordre.

⁴⁶Les fils de l'étranger sont en défaillance, Ils tremblent hors de leurs forteresses.

⁴⁷Vive l'Éternel est vivant, et béni soit mon rocher! Que Dieu, le rocher de mon salut, soit exalté,

⁴⁸Le Dieu qui est mon vengeur, Qui m'assujettit les peuples,

⁴⁹Et qui me fait échapper à mes ennemis! Tu m'élèves au-dessus de mes adversaires, Tu me délivres de l'homme violent.

⁵⁰C'est pourquoi je te louerai parmi les nations, ô Éternel! Et je chanterai à la gloire de ton nom.

⁵¹Il accorde de grandes délivrances à son roi, Et il fait miséricorde à son oint, A David, et à sa postérité, pour toujours.

Chapitre 23

¹Voici les dernières paroles de David. Parole de David, fils d'Isaï, Parole de l'homme haut placé, De l'oint du Dieu de Jacob, Du chantre agréable d'Israël.

²L'esprit de l'Éternel parle par moi, Et sa parole est sur ma langue.

³Le Dieu d'Israël a parlé, Le rocher d'Israël m'a dit: Celui qui règne parmi les hommes avec justice, Celui qui règne dans la crainte de Dieu,

⁴Est pareil à la lumière du matin, quand le soleil brille Et que la matinée est sans nuages; Ses rayons après la pluie font sortir de terre la verdure.

⁵N'en est-il pas ainsi de ma maison devant Dieu, Puisqu'il a fait avec moi une alliance éternelle, En tous points bien réglée et offrant pleine sécurité? Ne fera-t-il pas germer tout mon salut et tous mes désirs?

⁶Mais les méchants sont tous comme des épines que l'on rejette, Et que l'on ne prend pas avec la main;

⁷Celui qui les touche s'arme d'un fer ou du bois d'une lance, Et on les brûle au feu sur place.

⁸Voici les noms des vaillants hommes qui étaient au service de David. Joscheb Basschébeth, le Tachkemonite, l'un des principaux officiers. Il brandit sa lance sur huit cents hommes, qu'il fit périr en une seule fois.

⁹Après lui, Éléazar, fils de Dodo, fils d'Achochi. Il était l'un des trois guerriers qui affrontèrent avec David les Philistins rassemblés pour combattre, tandis que les hommes d'Israël se retiraient sur les hauteurs.

¹⁰Il se leva, et frappa les Philistins jusqu'à ce que sa main fût lasse et qu'elle restât attachée à son épée. L'Éternel opéra une grande délivrance ce jour-là. Le peuple revint après Éléazar, seulement pour prendre les dépouilles.

¹¹Après lui, Schamma, fils d'Agué, d'Harar. Les Philistins s'étaient rassemblés à Léchi. Il y avait là une pièce de terre remplie de lentilles; et le peuple fuyait devant les Philistins.

¹²Schamma se plaça au milieu du champ, le protégea, et battit les Philistins. Et l'Éternel opéra une grande délivrance.

¹³Trois des trente chefs descendirent au temps de la moisson et vinrent auprès de David, dans la caverne d'Adullam, lorsqu'une troupe de Philistins était campée dans la vallée des Rephaïm.

¹⁴David était alors dans la forteresse, et il y avait un poste de Philistins à Bethléhem.

¹⁵David eut un désir, et il dit: Qui me fera boire de l'eau de la citerne qui est à la porte de Bethléhem?

¹⁶Alors les trois vaillants hommes passèrent au travers du camp des Philistins, et puisèrent de l'eau de la citerne qui est à la porte de Bethléhem. Ils l'apportèrent et la présentèrent à David; mais il ne voulut pas la boire, et il la répandit devant l'Éternel.

¹⁷Il dit: Loin de moi, ô Éternel, la pensée de faire cela! Boirais-je le sang de ces hommes qui sont allés au péril de leur vie? Et il ne voulut pas la boire. Voilà ce que firent ces trois vaillants hommes.

¹⁸Abischaï, frère de Joab, fils de Tseruja, était le chef des trois. Il brandit sa lance sur trois cents hommes, et les tua; et il eut du renom parmi les trois.

¹⁹Il était le plus considéré des trois, et il fut leur chef; mais il n'égala pas les trois premiers.

²⁰Benaja, fils de Jehojada, fils d'un homme de Kabtseel, rempli de valeur et célèbre par ses exploits. Il frappa les deux lions de Moab. Il descendit au milieu d'une citerne, où il frappa un lion, un jour de neige.

²¹Il frappa un Égyptien d'un aspect formidable et ayant une lance à la main; il descendit contre lui avec un bâton, arracha la lance de la main de l'Égyptien, et s'en servit pour le tuer.

²²Voilà ce que fit Benaja, fils de Jehojada; et il eut du renom parmi les trois vaillants hommes.

²³Il était le plus considéré des trente; mais il n'égala pas les trois premiers. David l'admit dans son conseil secret.

²⁴Asaël, frère de Joab, du nombre des trente. Elchanan, fils de Dodo, de Bethléhem.

²⁵Schamma, de Harod. Élika, de Harod.

²⁶Hélets, de Péleth. Ira, fils d'Ikkesch, de Tekoa.

²⁷Abiézer, d'Anathoth. Mebunnaï, de Huscha.

²⁸Tsalmon, d'Achoach. Maharaï, de Nethopha.

²⁹Héleb, fils de Baana, de Nethopha. Ittaï, fils de Ribaï, de Guibea des fils de Benjamin.

³⁰Benaja, de Pirathon. Hiddaï, de Nachalé Gaasch.

³¹Abi Albon, d'Araba. Azmaveth, de Barchum.

³²Eliachba, de Schaalbon. Bené Jaschen. Jonathan.

³³Schamma, d'Harar. Achiam, fils de Scharar, d'Arar.

³⁴Éliphéleth, fils d'Achasbaï, fils d'un Maacathien. Éliam, fils d'Achitophel, de Guilo.

³⁵Hetsraï, de Carmel. Paaraï, d'Arab.

³⁶Jigueal, fils de Nathan, de Tsoba. Bani, de Gad.

³⁷Tsélek, l'Ammonite. Naharaï, de Beéroth, qui portait les armes de Joab, fils de Tseruja.

³⁸Ira, de Jéther. Gareb, de Jéther.

³⁹Urie, le Héthien. En tout, trente-sept.

Chapitre 24

¹La colère de l'Éternel s'enflamma de nouveau contre Israël, et il excita David contre eux, en disant: Va, fais le dénombrement d'Israël et de Juda.

²Et le roi dit à Joab, qui était chef de l'armée et qui se trouvait près de lui: Parcours toutes les tribus d'Israël, depuis Dan jusqu'à Beer Schéba; qu'on fasse le dénombrement du peuple, et que je sache à combien il s'élève.

³Joab dit au roi: Que l'Éternel, ton Dieu, rende le peuple cent fois plus nombreux, et que les yeux du roi mon seigneur le voient! Mais pourquoi le roi mon seigneur veut-il faire cela?

⁴Le roi persista dans l'ordre qu'il donnait à Joab et aux chefs de l'armée; et Joab et les chefs de l'armée quittèrent le roi pour faire le dénombrement du peuple d'Israël.

⁵Ils passèrent le Jourdain, et ils campèrent à Aroër, à droite de la ville qui est au milieu de la vallée de Gad, et près de Jaezer.

⁶Ils allèrent en Galaad et dans le pays de Thachthim Hodschi. Ils allèrent à Dan Jaan, et aux environs de Sidon.

⁷Ils allèrent à la forteresse de Tyr, et dans toutes les villes des Héviens et des Cananéens. Ils terminèrent par le midi de Juda, à Beer Schéba.

⁸Ils parcoururent ainsi tout le pays, et ils arrivèrent à Jérusalem au bout de neuf mois et vingt jours.

⁹Joab remit au roi le rôle du dénombrement du peuple: il y avait en Israël huit cent mille hommes de guerre tirant l'épée, et en Juda cinq cent mille hommes.

¹⁰David sentit battre son coeur, après qu'il eut ainsi fait le dénombrement du peuple. Et il dit à l'Éternel: J'ai commis un grand péché en faisant cela! Maintenant, ô Éternel, daigne pardonner l'iniquité de ton serviteur, car j'ai complètement agi en insensé!

¹¹Le lendemain, quand David se leva, la parole de l'Éternel fut ainsi adressée à Gad le prophète, le voyant de David:

¹²Va dire à David: Ainsi parle l'Éternel: Je te propose trois fléaux; choisis-en un, et je t'en frapperai.

2 Samuel

¹³Gad alla vers David, et lui fit connaître la chose, en disant: Veux-tu sept années de famine dans ton pays, ou bien trois mois de fuite devant tes ennemis qui te poursuivront, ou bien trois jours de peste dans ton pays? Maintenant choisis, et vois ce que je dois répondre à celui qui m'envoie.
¹⁴David répondit à Gad: Je suis dans une grande angoisse! Oh! tombons entre les mains de l'Éternel, car ses compassions sont immenses; mais que je ne tombe pas entre les mains des hommes!
¹⁵L'Éternel envoya la peste en Israël, depuis le matin jusqu'au temps fixé; et, de Dan à Beer Schéba, il mourut soixante-dix mille hommes parmi le peuple.
¹⁶Comme l'ange étendait la main sur Jérusalem pour la détruire, l'Éternel se repentit de ce mal, et il dit à l'ange qui faisait périr le peuple: Assez! Retire maintenant ta main. L'ange de l'Éternel était près de l'aire d'Aravna, le Jébusien.
¹⁷David, voyant l'ange qui frappait parmi le peuple, dit à l'Éternel: Voici, j'ai péché! C'est moi qui suis coupable; mais ces brebis, qu'ont-elles fait? Que ta main soit donc sur moi et sur la maison de mon père!
¹⁸Ce jour-là, Gad vint auprès de David, et lui dit: Monte, élève un autel à l'Éternel dans l'aire d'Aravna, le Jébusien.
¹⁹David monta, selon la parole de Gad, comme l'Éternel l'avait ordonné.
²⁰Aravna regarda, et il vit le roi et ses serviteurs qui se dirigeaient vers lui; et Aravna sortit, et se prosterna devant le roi, le visage contre terre.
²¹Aravna dit: Pourquoi mon seigneur le roi vient-il vers son serviteur? Et David répondit: Pour acheter de toi l'aire et pour y bâtir un autel à l'Éternel, afin que la plaie se retire de dessus le peuple.
²²Aravna dit à David: Que mon seigneur le roi prenne l'aire, et qu'il y offre les sacrifices qu'il lui plaira; vois, les boeufs seront pour l'holocauste, et les chars avec l'attelage serviront de bois.
²³Aravna donna le tout au roi. Et Aravna dit au roi: Que l'Éternel, ton Dieu, te soit favorable!
²⁴Mais le roi dit à Aravna: Non! Je veux l'acheter de toi à prix d'argent, et je n'offrirai point à l'Éternel, mon Dieu, des holocaustes qui ne me coûtent rien. Et David acheta l'aire et les boeufs pour cinquante sicles d'argent.
²⁵David bâtit là un autel à l'Éternel, et il offrit des holocaustes et des sacrifices d'actions de grâces. Alors l'Éternel fut apaisé envers le pays, et la plaie se retira d'Israël.

1 Rois

Chapitre 1

¹Le roi David était vieux, avancé en âge; on le couvrait de vêtements, et il ne pouvait se réchauffer.

²Ses serviteurs lui dirent: Que l'on cherche pour mon seigneur le roi une jeune fille vierge; qu'elle se tienne devant le roi, qu'elle le soigne, et qu'elle couche dans son sein; et mon seigneur le roi se réchauffera.

³On chercha dans tout le territoire d'Israël une fille jeune et belle, et on trouva Abischag, la Sunamite, que l'on conduisit auprès du roi.

⁴Cette jeune fille était fort belle. Elle soigna le roi, et le servit; mais le roi ne la connut point.

⁵Adonija, fils de Haggith, se laissa emporter par l'orgueil jusqu'à dire: C'est moi qui serai roi! Et il se procura un char et des cavaliers, et cinquante hommes qui couraient devant lui.

⁶Son père ne lui avait de sa vie fait un reproche, en lui disant: Pourquoi agis-tu ainsi? Adonija était, en outre, très beau de figure, et il était né après Absalom.

⁷Il eut un entretien avec Joab, fils de Tseruja, et avec le sacrificateur Abiathar; et ils embrassèrent son parti.

⁸Mais le sacrificateur Tsadok, Benaja, fils de Jehojada, Nathan le prophète, Schimeï, Réï, et les vaillants hommes de David, ne furent point avec Adonija.

⁹Adonija tua des brebis, des boeufs et des veaux gras, près de la pierre de Zohéleth, qui est à côté d'En Roguel; et il invita tous ses frères, fils du roi, et tous les hommes de Juda au service du roi.

¹⁰Mais il n'invita point Nathan le prophète, ni Benaja, ni les vaillants hommes, ni Salomon, son frère.

¹¹Alors Nathan dit à Bath Schéba, mère de Salomon: N'as-tu pas appris qu'Adonija, fils de Haggith, est devenu roi, sans que notre seigneur David le sache?

¹²Viens donc maintenant, je te donnerai un conseil, afin que tu sauves ta vie et la vie de ton fils Salomon.

¹³Va, entre chez le roi David, et dis-lui: O roi mon seigneur, n'as-tu pas juré à ta servante, en disant: Salomon, ton fils, régnera après moi, et il s'assiéra sur mon trône? Pourquoi donc Adonija règne-t-il?

¹⁴Et voici, pendant que tu parleras là avec le roi, j'entrerai moi-même après toi, et je compléterai tes paroles.

¹⁵Bath Schéba se rendit dans la chambre du roi. Il était très vieux; et Abischag, la Sunamite, le servait.

¹⁶Bath Schéba s'inclina et se prosterna devant le roi. Et le roi dit: Qu'as-tu?

¹⁷Elle lui répondit: Mon seigneur, tu as juré à ta servante par l'Éternel, ton Dieu, en disant: Salomon, ton fils, régnera après moi, et il s'assiéra sur mon trône.

¹⁸Et maintenant voici, Adonija règne! Et tu ne le sais pas, ô roi mon seigneur!

¹⁹Il a tué des boeufs, des veaux gras et des brebis en quantité; et il a invité tous les fils du roi, le sacrificateur Abiathar, et Joab, chef de l'armée, mais il n'a point invité Salomon, ton serviteur.

²⁰O roi mon seigneur, tout Israël a les yeux sur toi, pour que tu lui fasses connaître qui s'assiéra sur le trône du roi mon seigneur après lui.

²¹Et lorsque le roi mon seigneur sera couché avec ses pères, il arrivera que moi et mon fils Salomon nous serons traités comme des coupables.

²²Tandis qu'elle parlait encore avec le roi, voici, Nathan le prophète arriva.

²³On l'annonça au roi, en disant: Voici Nathan le prophète! Il entra en présence du roi, et se prosterna devant le roi, le visage contre terre.

²⁴Et Nathan dit: O roi mon seigneur, c'est donc toi qui as dit: Adonija régnera après moi, et il s'assiéra sur mon trône!

²⁵Car il est descendu aujourd'hui, il a tué des boeufs, des veaux gras et des brebis en quantité; et il a invité tous les fils du roi, les chefs de l'armée, et le sacrificateur Abiathar. Et voici, ils mangent et boivent devant lui, et ils disent: Vive le roi Adonija!

²⁶Mais il n'a invité ni moi qui suis ton serviteur, ni le sacrificateur Tsadok, ni Benaja, fils de Jehojada, ni Salomon, ton serviteur.

²⁷Est-ce bien par ordre de mon seigneur le roi que cette chose a lieu, et sans que tu aies fait connaître à ton serviteur qui doit s'asseoir sur le trône du roi mon seigneur après lui?

²⁸Le roi David répondit: Appelez-moi Bath Schéba. Elle entra, et se présenta devant le roi.

²⁹Et le roi jura, et dit: L'Éternel qui m'a délivré de toutes les détresses est vivant!

³⁰Ainsi que je te l'ai juré par l'Éternel, le Dieu d'Israël, en disant: Salomon, ton fils, régnera après moi, et il s'assiéra sur mon trône à ma place, -ainsi ferai-je aujourd'hui.

³¹Bath Schéba s'inclina le visage contre terre, et se prosterna devant le roi. Et elle dit: Vive à jamais mon seigneur le roi David!

³²Le roi David dit: Appelez-moi le sacrificateur Tsadok, Nathan le prophète, et Benaja, fils de Jehojada. Ils entrèrent en présence du roi.

³³Et le roi leur dit: Prenez avec vous les serviteurs de votre maître, faites monter Salomon, mon fils, sur ma mule, et faites-le descendre à Guihon.

³⁴Là, le sacrificateur Tsadok et Nathan le prophète l'oindront pour roi sur Israël. Vous sonnerez de la trompette, et vous direz: Vive le roi Salomon!

³⁵Vous monterez après lui; il viendra s'asseoir sur mon trône, et il régnera à ma place. C'est lui qui, par mon ordre, sera chef d'Israël et de Juda.

³⁶Benaja, fils de Jehojada, répondit au roi: Amen! Ainsi dise l'Éternel, le Dieu de mon seigneur le roi!

³⁷Que l'Éternel soit avec Salomon comme il a été avec mon seigneur le roi, et qu'il élève son trône au-dessus du trône de mon seigneur le roi David!

³⁸Alors le sacrificateur Tsadok descendit avec Nathan le prophète, Benaja, fils de Jehojada, les Kéréthiens et les Péléthiens; ils firent monter Salomon sur la mule du roi David, et ils le menèrent à Guihon.

³⁹Le sacrificateur Tsadok prit la corne d'huile dans la tente, et il oignit Salomon. On sonna de la trompette, et tout le peuple dit: Vive le roi Salomon!

⁴⁰Tout le peuple monta après lui, et le peuple jouait de la flûte et se livrait à une grande joie; la terre s'ébranlait par leurs cris.

⁴¹Ce bruit fut entendu d'Adonija et de tous les conviés qui étaient avec lui, au moment où ils finissaient de manger. Joab, entendant le son de la trompette, dit: Pourquoi ce bruit de la ville en tumulte?

⁴²Il parlait encore lorsque Jonathan, fils du sacrificateur Abiathar, arriva. Et Adonija dit: Approche, car tu es un vaillant homme, et tu apportes de bonnes nouvelles.

⁴³Oui! répondit Jonathan à Adonija, notre seigneur le roi David a fait Salomon roi.

⁴⁴Il a envoyé avec lui le sacrificateur Tsadok, Nathan le prophète, Benaja, fils de Jehojada, les Kéréthiens et les Péléthiens, et ils l'ont fait monter sur la mule du roi.

⁴⁵Le sacrificateur Tsadok et Nathan le prophète l'ont oint pour roi à Guihon. De là ils sont remontés en se livrant à la joie, et la ville a été émue: c'est là le bruit que vous avez entendu.

⁴⁶Salomon s'est même assis sur le trône royal.

⁴⁷Et les serviteurs du roi sont venus pour bénir notre seigneur le roi David, en disant: Que ton Dieu rende le nom de Salomon plus célèbre que ton nom, et qu'il élève son trône au-dessus de ton trône! Et le roi s'est prosterné sur son lit.

⁴⁸Voici encore ce qu'a dit le roi: Béni soit l'Éternel, le Dieu d'Israël, qui m'a donné aujourd'hui un successeur sur mon trône, et qui m'a permis de le voir!

⁴⁹Tous les conviés d'Adonija furent saisis d'épouvante; ils se levèrent et s'en allèrent chacun de son côté.

⁵⁰Adonija eut peur de Salomon; il se leva aussi, s'en alla, et saisit les cornes de l'autel.

⁵¹On vint dire à Salomon: Voici, Adonija a peur du roi Salomon, et il a saisi les cornes de l'autel, en disant: Que le roi Salomon me jure aujourd'hui qu'il ne fera point mourir son serviteur par l'épée!

⁵²Salomon dit: S'il se montre un honnête homme, il ne tombera pas à terre un de ses cheveux; mais s'il se trouve en lui de la méchanceté, il mourra.

⁵³Et le roi Salomon envoya des gens, qui le firent descendre de l'autel. Il vint se prosterner devant le roi Salomon, et Salomon lui dit: Va dans ta maison.

Chapitre 2

¹David approchait du moment de sa mort, et il donna ses ordres à Salomon, son fils, en disant:

²Je m'en vais par le chemin de toute la terre. Fortifie-toi, et sois un homme!

³Observe les commandements de l'Éternel, ton Dieu, en marchant dans ses voies, et en gardant ses lois, ses ordonnances, ses jugements et ses préceptes, selon ce qui est écrit dans la loi de Moïse, afin que tu réussisses dans tout ce que tu feras et partout où tu te tourneras,

⁴et afin que l'Éternel accomplisse cette parole qu'il a prononcée sur

moi: Si tes fils prennent garde à leur voie, en marchant avec fidélité devant moi, de tout leur coeur, et de toute leur âme, tu ne manqueras jamais d'un successeur sur le trône d'Israël.

⁵Tu sais ce que m'a fait Joab, fils de Tseruja, ce qu'il a fait à deux chefs de l'armée d'Israël, à Abner, fils de Ner, et à Amassa, fils de Jéther. Il les a tués; il a versé pendant la paix le sang de la guerre, et il a mis le sang de la guerre sur la ceinture qu'il avait aux reins et sur la chaussure qu'il avait aux pieds.

⁶Tu agiras selon ta sagesse, et tu ne laisseras pas ses cheveux blancs descendre en paix dans le séjour des morts.

⁷Tu traiteras avec bienveillance les fils de Barzillaï, le Galaadite, et ils seront de ceux qui se nourrissent de ta table; car ils ont agi de la même manière à mon égard, en venant au-devant de moi lorsque je fuyais Absalom, ton frère.

⁸Voici, tu as près de toi Schimeï, fils de Guéra, Benjamite, de Bachurim. Il a prononcé contre moi des malédictions violentes le jour où j'allais à Mahanaïm. Mais il descendit à ma rencontre vers le Jourdain, et je lui jurai par l'Éternel, en disant: Je ne te ferai point mourir par l'épée.

⁹Maintenant, tu ne le laisseras pas impuni; car tu es un homme sage, et tu sais comment tu dois le traiter. Tu feras descendre ensanglantés ses cheveux blancs dans le séjour des morts.

¹⁰David se coucha avec ses pères, et il fut enterré dans la ville de David.

¹¹Le temps que David régna sur Israël fut de quarante ans: à Hébron il régna sept ans, et à Jérusalem il régna trente-trois ans.

¹²Salomon s'assit sur le trône de David, son père, et son règne fut très affermi.

¹³Adonija, fils de Haggith, alla vers Bath Schéba, mère de Salomon. Elle lui dit: Viens-tu dans des intentions paisibles? Il répondit: Oui.

¹⁴Et il ajouta: J'ai un mot à te dire. Elle dit: Parle!

¹⁵Et il dit: Tu sais que la royauté m'appartenait, et que tout Israël portait ses regards sur moi pour me faire régner. Mais la royauté a tourné, et elle est échue à mon frère, parce que l'Éternel la lui a donnée.

¹⁶Maintenant, je te demande une chose: ne me la refuse pas! Elle lui répondit: Parle!

¹⁷Et il dit: Dis, je te prie, au roi Salomon-car il ne te le refusera pas-qu'il me donne pour femme Abischag, la Sunamite.

¹⁸Bath Schéba dit: Bien! je parlerai pour toi au roi.

¹⁹Bath Schéba se rendit auprès du roi Salomon, pour lui parler en faveur d'Adonija. Le roi se leva pour aller à sa rencontre, il se prosterna devant elle, et il s'assit sur son trône. On plaça un siège pour la mère du roi, et elle s'assit à sa droite.

²⁰Puis elle dit: J'ai une petite demande à te faire: ne me la refuse pas! Et le roi lui dit: Demande, ma mère, car je ne te refuserai pas.

²¹Elle dit: Qu'Abischag, la Sunamite, soit donnée pour femme à Adonija, ton frère.

²²Le roi Salomon répondit à sa mère: Pourquoi demandes-tu Abischag, la Sunamite, pour Adonija? Demande donc la royauté pour lui, -car il est mon frère aîné, -pour lui, pour le sacrificateur Abiathar, et pour Joab, fils de Tseruja!

²³Alors le roi Salomon jura par l'Éternel, en disant: Que Dieu me traite dans toute sa rigueur, si ce n'est pas au prix de sa vie qu'Adonija a prononcé cette parole!

²⁴Maintenant, l'Éternel est vivant, lui qui m'a affermi et m'a fait asseoir sur le trône de David, mon père, et qui m'a fait une maison selon sa promesse! aujourd'hui Adonija mourra.

²⁵Et le roi Salomon envoya Benaja, fils de Jehojada, qui le frappa; et Adonija mourut.

²⁶Le roi dit ensuite au sacrificateur Abiathar: Va-t'en à Anathoth dans tes terres, car tu mérites la mort; mais je ne te ferai pas mourir aujourd'hui, parce que tu as porté l'arche du Seigneur l'Éternel devant David, mon père, et parce que tu as eu part à toutes les souffrances de mon père.

²⁷Ainsi Salomon dépouilla Abiathar de ses fonctions de sacrificateur de l'Éternel, afin d'accomplir la parole que l'Éternel avait prononcée sur la maison d'Éli à Silo.

²⁸Le bruit en parvint à Joab, qui avait suivi le parti d'Adonija, quoiqu'il n'eût pas suivi le parti d'Absalom. Et Joab se réfugia vers la tente de l'Éternel, et saisit les cornes de l'autel.

²⁹On annonça au roi Salomon que Joab s'était réfugié vers la tente de l'Éternel, et qu'il était auprès de l'autel. Et Salomon envoya Benaja, fils de Jehojada, en lui disant: Va, frappe-le.

³⁰Benaja arriva à la tente de l'Éternel, et dit à Joab: Sors! c'est le roi qui l'ordonne. Mais il répondit: Non! je veux mourir ici. Benaja rapporta la chose au roi, en disant: C'est ainsi qu'a parlé Joab, et c'est ainsi qu'il m'a répondu.

³¹Le roi dit à Benaja: Fais comme il a dit, frappe-le, et enterre-le; tu ôteras ainsi de dessus moi et de dessus la maison de mon père le sang que Joab a répandu sans cause.

³²L'Éternel fera retomber son sang sur sa tête, parce qu'il a frappé deux hommes plus justes et meilleurs que lui et les a tués par l'épée, sans que mon père David le sût: Abner, fils de Ner, chef de l'armée d'Israël, et Amasa, fils de Jéther, chef de l'armée de Juda.

³³Leur sang retombera sur la tête de Joab et sur la tête de ses descendants à perpétuité; mais il y aura paix à toujours, de par l'Éternel, pour David, pour sa postérité, pour sa maison et pour son trône.

³⁴Benaja, fils de Jehojada, monta, frappa Joab, et le fit mourir. Il fut enterré dans sa maison, au désert.

³⁵Le roi mit à la tête de l'armée Benaja, fils de Jehojada, en remplacement de Joab, et il mit le sacrificateur Tsadok à la place d'Abiathar.

³⁶Le roi fit appeler Schimeï, et lui dit: Bâtis-toi une maison à Jérusalem; tu y demeureras, et tu n'en sortiras point pour aller de côté ou d'autre.

³⁷Sache bien que tu mourras le jour où tu sortiras et passeras le torrent de Cédron; ton sang sera sur ta tête.

³⁸Schimeï répondit au roi: C'est bien! ton serviteur fera ce que dit mon seigneur le roi. Et Schimeï demeura longtemps à Jérusalem.

³⁹Au bout de trois ans, il arriva que deux serviteurs de Schimeï s'enfuirent chez Akisch, fils de Maaca, roi de Gath. On le rapporta à Schimeï, en disant: Voici, tes serviteurs sont à Gath.

⁴⁰Schimeï se leva, sella son âne, et s'en alla à Gath chez Akisch pour chercher ses serviteurs. Schimeï donc s'en alla, et il ramena de Gath ses serviteurs.

⁴¹On informa Salomon que Schimeï était allé de Jérusalem à Gath, et qu'il était de retour.

⁴²Le roi fit appeler Schimeï, et lui dit: Ne t'avais-je pas fait jurer par l'Éternel, et ne t'avais-je pas fait cette déclaration formelle: Sache bien que tu mourras le jour où tu sortiras pour aller de côté ou d'autre? Et ne m'as-tu pas répondu: C'est bien! j'ai entendu?

⁴³Pourquoi donc n'as-tu pas observé le serment de l'Éternel et l'ordre que je t'avais donné?

⁴⁴Et le roi dit à Schimeï: Tu sais au dedans de ton coeur tout le mal que tu as fait à David, mon père; l'Éternel fait retomber ta méchanceté sur ta tête.

⁴⁵Mais le roi Salomon sera béni, et le trône de David sera pour toujours affermi devant l'Éternel.

⁴⁶Et le roi donna ses ordres à Benaja, fils de Jehojada, qui sortit et frappa Schimeï; et Schimeï mourut. La royauté fut ainsi affermie entre les mains de Salomon.

Chapitre 3

¹Salomon s'allia par mariage avec Pharaon, roi d'Égypte. Il prit pour femme la fille de Pharaon, et il l'amena dans la ville de David, jusqu'à ce qu'il eût achevé de bâtir sa maison, la maison de l'Éternel, et le mur d'enceinte de Jérusalem.

²Le peuple ne sacrifiait que sur les hauts lieux, car jusqu'à cette époque il n'avait point été bâti de maison au nom de l'Éternel.

³Salomon aimait l'Éternel, et suivait les coutumes de David, son père. Seulement c'était sur les hauts lieux qu'il offrait des sacrifices et des parfums.

⁴Le roi se rendit à Gabaon pour y sacrifier, car c'était le principal des hauts lieux. Salomon offrit mille holocaustes sur l'autel.

⁵A Gabaon, l'Éternel apparut en songe à Salomon pendant la nuit, et Dieu lui dit: Demande ce que tu veux que je te donne.

⁶Salomon répondit: Tu as traité avec une grande bienveillance ton serviteur David, mon père, parce qu'il marchait en ta présence dans la fidélité, dans la justice, et dans la droiture de coeur envers toi; tu lui as conservé cette grande bienveillance, et tu lui as donné un fils qui est assis sur son trône, comme on le voit aujourd'hui.

⁷Maintenant, Éternel mon Dieu, tu as fait régner ton serviteur à la place de David, mon père; et moi je ne suis qu'un jeune homme, je n'ai point d'expérience.

⁸Ton serviteur est au milieu du peuple que tu as choisi, peuple immense, qui ne peut être ni compté ni nombré, à cause de sa multitude.

⁹Accorde donc à ton serviteur un coeur intelligent pour juger ton peuple, pour discerner le bien du mal! Car qui pourrait juger ton peuple, ce peuple si nombreux?

¹⁰Cette demande de Salomon plut au Seigneur.

¹¹Et Dieu lui dit: Puisque c'est là ce que tu demandes, puisque tu ne demandes pour toi ni une longue vie, ni les richesses, ni la mort de tes ennemis, et que tu demandes de l'intelligence pour exercer la justice,

¹²voici, j'agirai selon ta parole. Je te donnerai un coeur sage et

intelligent, de telle sorte qu'il n'y aura eu personne avant toi et qu'on ne verra jamais personne de semblable à toi.

¹³Je te donnerai, en outre, ce que tu n'as pas demandé, des richesses et de la gloire, de telle sorte qu'il n'y aura pendant toute ta vie aucun roi qui soit ton pareil.

¹⁴Et si tu marches dans mes voies, en observant mes lois et mes commandements, comme l'a fait David, ton père, je prolongerai tes jours.

¹⁵Salomon s'éveilla. Et voilà le songe. Salomon revint à Jérusalem, et se présenta devant l'arche de l'alliance de l'Éternel. Il offrit des holocaustes et des sacrifices d'actions de grâces, et il fit un festin à tous ses serviteurs.

¹⁶Alors deux femmes prostituées vinrent chez le roi, et se présentèrent devant lui.

¹⁷L'une des femmes dit: Pardon! mon seigneur, moi et cette femme nous demeurions dans la même maison, et je suis accouché près d'elle dans la maison.

¹⁸Trois jours après, cette femme est aussi accouché. Nous habitions ensemble, aucun étranger n'était avec nous dans la maison, il n'y avait que nous deux.

¹⁹Le fils de cette femme est mort pendant la nuit, parce qu'elle s'était couchée sur lui.

²⁰Elle s'est levée au milieu de la nuit, elle a pris mon fils à mes côtés tandis que ta servante dormait, et elle l'a couché dans son sein; et son fils qui était mort, elle l'a couché dans mon sein.

²¹Le matin, je me suis levée pour allaiter mon fils; et voici, il était mort. Je l'ai regardé attentivement le matin; et voici, ce n'était pas mon fils que j'avais enfanté.

²²L'autre femme dit: Au contraire! c'est mon fils qui est vivant, et c'est ton fils qui est mort. Mais la première répliqua: Nullement! C'est ton fils qui est mort, et c'est mon fils qui est vivant. C'est ainsi qu'elles parlèrent devant le roi.

²³Le roi dit: L'une dit: C'est mon fils qui est vivant, et c'est ton fils qui est mort; et l'autre dit: Nullement! c'est ton fils qui est mort, et c'est mon fils qui est vivant.

²⁴Puis il ajouta: Apportez-moi une épée. On apporta une épée devant le roi.

²⁵Et le roi dit: Coupez en deux l'enfant qui vit, et donnez-en la moitié à l'une et la moitié à l'autre.

²⁶Alors la femme dont le fils était vivant sentit ses entrailles s'émouvoir pour son fils, et elle dit au roi: Ah! mon seigneur, donnez-lui l'enfant qui vit, et ne le faites point mourir. Mais l'autre dit: Il ne sera ni à moi ni à toi; coupez-le!

²⁷Et le roi, prenant la parole, dit: Donnez à la première l'enfant qui vit, et ne le faites point mourir. C'est elle qui est sa mère.

²⁸Tout Israël apprit le jugement que le roi avait prononcé. Et l'on craignit le roi, car on vit que la sagesse de Dieu était en lui pour le diriger dans ses jugements.

Chapitre 4

¹Le roi Salomon était roi sur tout Israël.

²Voici les chefs qu'il avait à son service. Azaria, fils du sacrificateur Tsadok,

³Elihoreph et Achija, fils de Schischa, étaient secrétaires; Josaphat, fils d'Achilud, était archiviste;

⁴Benaja, fils de Jehojada, commandait l'armée; Tsadok et Abiathar étaient sacrificateurs;

⁵Azaria, fils de Nathan, était chef des intendants; Zabud, fils de Nathan, était ministre d'état, favori du roi;

⁶Achischar était chef de la maison du roi; et Adoniram, fils d'Abda, était préposé sur les impôts.

⁷Salomon avait douze intendants sur tout Israël. Ils pourvoyaient à l'entretien du roi et de sa maison, chacun pendant un mois de l'année.

⁸Voici leurs noms. Le fils de Hur, dans la montagne d'Éphraïm.

⁹Le fils de Déker, à Makats, à Saalbim, à Beth Schémesch, à Élon et à Beth Hanan.

¹⁰Le fils de Hésed, à Arubboth; il avait Soco et tout le pays de Hépher.

¹¹Le fils d'Abinadab avait toute la contrée de Dor. Thaphath, fille de Salomon, était sa femme.

¹²Baana, fils d'Achilud, avait Thaanac et Meguiddo, et tout Beth Schean qui est près de Tsarthan au-dessous de Jizreel, depuis Beth Schean jusqu'à Abel Mehola, jusqu'au delà de Jokmeam.

¹³Le fils de Guéber, à Ramoth en Galaad; il avait les bourgs de Jaïr, fils de Manassé, en Galaad; il avait encore la contrée d'Argob en Basan, soixante grandes villes à murailles et à barres d'airain.

¹⁴Achinadab, fils d'Iddo, à Mahanaïm.

¹⁵Achimaats, en Nephthali. Il avait pris pour femme Basmath, fille de Salomon.

¹⁶Baana, fils de Huschaï, en Aser et à Bealoth.

¹⁷Josaphat, fils de Paruach, en Issacar.

¹⁸Schimeï, fils d'Éla, en Benjamin.

¹⁹Guéber, fils d'Uri, dans le pays de Galaad; il avait la contrée de Sihon, roi des Amoréens, et d'Og, roi de Basan. Il y avait un seul intendant pour ce pays.

²⁰Juda et Israël étaient très nombreux, pareils au sable qui est sur le bord de la mer. Ils mangeaient, buvaient et se réjouissaient.

²¹Salomon dominait encore sur tous les royaumes depuis le fleuve jusqu'au pays des Philistins et jusqu'à la frontière d'Égypte; ils apportaient des présents, et ils furent assujettis à Salomon tout le temps de sa vie.

²²Chaque jour Salomon consommait en vivres: trente cors de fleur de farine et soixante cors de farine,

²³dix boeufs gras, vingt boeufs de pâturage, et cent brebis, outre les cerfs, les gazelles, les daims, et les volailles engraissées.

²⁴Il dominait sur tout le pays de l'autre côté du fleuve, depuis Thiphsasch jusqu'à Gaza, sur tous les rois de l'autre côté du fleuve. Et il avait la paix de tous les côtés alentour.

²⁵Juda et Israël, depuis Dan jusqu'à Beer Schéba, habitèrent en sécurité, chacun sous sa vigne et sous son figuier, tout le temps de Salomon.

²⁶Salomon avait quarante mille crèches pour les chevaux destinés à ses chars, et douze mille cavaliers.

²⁷Les intendants pourvoyaient à l'entretien du roi Salomon et de tous ceux qui s'approchaient de sa table, chacun pendant son mois; ils ne laissaient manquer de rien.

²⁸Ils faisaient aussi venir de l'orge et de la paille pour les chevaux et les coursiers dans le lieu où se trouvait le roi, chacun selon les ordres qu'il avait reçus.

²⁹Dieu donna à Salomon de la sagesse, une très grande intelligence, et des connaissances multipliées comme le sable qui est au bord de la mer.

³⁰La sagesse de Salomon surpassait la sagesse de tous les fils de l'Orient et toute la sagesse des Égyptiens.

³¹Il était plus sage qu'aucun homme, plus qu'Éthan, l'Ézrachite, plus qu'Héman, Calcol et Darda, les fils de Machol; et sa renommée était répandue parmi toutes les nations d'alentour.

³²Il a prononcé trois mille sentences, et composé mille cinq cantiques.

³³Il a parlé sur les arbres, depuis le cèdre du Liban jusqu'à l'hysope qui sort de la muraille; il a aussi parlé sur les animaux, sur les oiseaux, sur les reptiles et sur les poissons.

³⁴Il venait des gens de tous les peuples pour entendre la sagesse de Salomon, de la part de tous les rois de la terre qui avaient entendu parler de sa sagesse.

Chapitre 5

¹Hiram, roi de Tyr, envoya ses serviteurs vers Salomon, car il apprit qu'on l'avait oint pour roi à la place de son père, et il avait toujours aimé David.

²Salomon fit dire à Hiram:

³Tu sais que David, mon père, n'a pas pu bâtir une maison à l'Éternel, son Dieu, à cause des guerres dont ses ennemis l'ont enveloppé jusqu'à ce que l'Éternel les eût mis sous la plante de ses pieds.

⁴Maintenant l'Éternel, mon Dieu, m'a donné du repos de toutes parts; plus d'adversaires, plus de calamités!

⁵Voici, j'ai l'intention de bâtir une maison au nom de l'Éternel, mon Dieu, comme l'Éternel l'a déclaré à David, mon père, en disant: Ton fils que je mettrai à ta place sur ton trône, ce sera lui qui bâtira une maison à mon nom.

⁶Ordonne maintenant que l'on coupe pour moi des cèdres du Liban. Mes serviteurs seront avec les tiens, et je te paierai le salaire de tes serviteurs tel que tu l'auras fixé; car tu sais qu'il n'y a personne parmi nous qui s'entende à couper les bois comme les Sidoniens.

⁷Lorsqu'il entendit les paroles de Salomon, Hiram eut une grande joie, et il dit: Béni soit aujourd'hui l'Éternel, qui a donné à David un fils sage pour chef de ce grand peuple!

⁸Et Hiram fit répondre à Salomon: J'ai entendu ce que tu m'as envoyé dire. Je ferai tout ce qui te plaira au sujet des bois de cèdre et des bois de cyprès.

⁹Mes serviteurs les descendront du Liban à la mer, et je les expédierai par mer en radeaux jusqu'au lieu que tu m'indiqueras; là, je les ferai délier, et tu les prendras. Ce que je désire en retour, c'est que tu fournisses des vivres à ma maison.

¹⁰Hiram donna à Salomon des bois de cèdre et des bois de cyprès autant qu'il en voulut.

¹¹Et Salomon donna à Hiram vingt mille cors de froment pour l'entretien de sa maison et vingt cors d'huile d'olives concassées; c'est ce que Salomon donna chaque année à Hiram.

¹²L'Éternel donna de la sagesse à Salomon, comme il le lui avait promis. Et il y eut paix entre Hiram et Salomon, et ils firent alliance ensemble.

¹³Le roi Salomon leva sur tout Israël des hommes de corvée; ils étaient au nombre de trente mille.

¹⁴Il les envoya au Liban, dix mille par mois alternativement; ils étaient un mois au Liban, et deux mois chez eux. Adoniram était préposé sur les hommes de corvée.

¹⁵Salomon avait encore soixante-dix mille hommes qui portaient les fardeaux et quatre-vingt mille qui taillaient les pierres dans la montagne,

¹⁶sans compter les chefs, au nombre de trois mille trois cents, préposés par Salomon sur les travaux et chargés de surveiller les ouvriers.

¹⁷Le roi ordonna d'extraire de grandes et magnifiques pierres de taille pour les fondements de la maison.

¹⁸Les ouvriers de Salomon, ceux de Hiram, et les Guibliens, les taillèrent, et ils préparèrent les bois et les pierres pour bâtir la maison.

Chapitre 6

¹Ce fut la quatre cent quatre-vingtième année après la sortie des enfants d'Israël du pays d'Égypte que Salomon bâtit la maison à l'Éternel, la quatrième année de son règne sur Israël, au mois de Ziv, qui est le second mois.

²La maison que le roi Salomon bâtit à l'Éternel avait soixante coudées de longueur, vingt de largeur, et trente de hauteur.

³Le portique devant le temple de la maison avait vingt coudées de longueur répondant à la largeur de la maison, et dix coudées de profondeur sur la face de la maison.

⁴Le roi fit à la maison des fenêtres solidement grillées.

⁵Il bâtit contre le mur de la maison des étages circulaires, qui entouraient les murs de la maison, le temple et le sanctuaire; et il fit des chambres latérales tout autour.

⁶L'étage inférieur était large de cinq coudées, celui du milieu de six coudées, et le troisième de sept coudées; car il ménagea des retraites à la maison tout autour en dehors, afin que la charpente n'entrât pas dans les murs de la maison.

⁷Lorsqu'on bâtit la maison, on se servit de pierres toutes taillées, et ni marteau, ni hache, ni aucun instrument de fer, ne furent entendus dans la maison pendant qu'on la construisait.

⁸L'entrée des chambres de l'étage inférieur était au côté droit de la maison; on montait à l'étage du milieu par un escalier tournant, et de l'étage du milieu au troisième.

⁹Après avoir achevé de bâtir la maison, Salomon la couvrit de planches et de poutres de cèdre.

¹⁰Il donna cinq coudées de hauteur à chacun des étages qui entouraient toute la maison, et il les lia à la maison par des bois de cèdre.

¹¹L'Éternel adressa la parole à Salomon, et lui dit: Tu bâtis cette maison!

¹²Si tu marches selon mes lois, si tu pratiques mes ordonnances, si tu observes et suis tous mes commandements, j'accomplirai à ton égard la promesse que j'ai faite à David, ton père,

¹³j'habiterai au milieu des enfants d'Israël, et je n'abandonnerai point mon peuple d'Israël.

¹⁴Après avoir achevé de bâtir la maison,

¹⁵Salomon en revêtit intérieurement les murs de planches de cèdre, depuis le sol jusqu'au plafond; il revêtit ainsi de bois l'intérieur, et il couvrit le sol de la maison de planches de cyprès.

¹⁶Il revêtit de planches de cèdre les vingt coudées du fond de la maison, depuis le sol jusqu'au haut des murs, et il réserva cet espace pour en faire le sanctuaire, le lieu très saint.

¹⁷Les quarante coudées sur le devant formaient la maison, c'est-à-dire le temple.

¹⁸Le bois de cèdre à l'intérieur de la maison offrait des sculptures de coloquintes et de fleurs épanouies; tout était de cèdre, on ne voyait aucune pierre.

¹⁹Salomon établit le sanctuaire intérieurement au milieu de la maison, pour y placer l'arche de l'alliance de l'Éternel.

²⁰Le sanctuaire avait vingt coudées de longueur, vingt coudées de largeur, et vingt coudées de hauteur. Salomon le couvrit d'or pur. Il fit devant le sanctuaire un autel de bois de cèdre et le couvrit d'or.

²¹Il couvrit d'or pur l'intérieur de la maison, et il fit passer le voile dans des chaînettes d'or devant le sanctuaire, qu'il couvrit d'or.

²²Il couvrit d'or toute la maison, la maison tout entière, et il couvrit d'or tout l'autel qui était devant le sanctuaire.

²³Il fit dans le sanctuaire deux chérubins de bois d'olivier sauvage, ayant dix coudées de hauteur.

²⁴Chacune des deux ailes de l'un des chérubins avait cinq coudées, ce qui faisait dix coudées de l'extrémité d'une de ses ailes à l'extrémité de l'autre.

²⁵Le second chérubin avait aussi dix coudées. La mesure et la forme étaient les mêmes pour les deux chérubins.

²⁶La hauteur de chacun des deux chérubins était de dix coudées.

²⁷Salomon plaça les chérubins au milieu de la maison, dans l'intérieur. Leurs ailes étaient déployées: l'aile du premier touchait à l'un des murs, et l'aile du second touchait à l'autre mur; et leurs autres ailes se rencontraient par l'extrémité au milieu de la maison.

²⁸Salomon couvrit d'or les chérubins.

²⁹Il fit sculpter sur tout le pourtour des murs de la maison, à l'intérieur et à l'extérieur, des chérubins, des palmes et des fleurs épanouies.

³⁰Il couvrit d'or le sol de la maison, à l'intérieur et à l'extérieur.

³¹Il fit à l'entrée du sanctuaire une porte à deux battants, de bois d'olivier sauvage; l'encadrement avec les poteaux équivalait à un cinquième du mur.

³²Les deux battants étaient de bois d'olivier sauvage. Il y fit sculpter des chérubins, des palmes et des fleurs épanouies, et il les couvrit d'or; il étendit aussi l'or sur les chérubins et sur les palmes.

³³Il fit de même, pour la porte du temple, des poteaux de bois d'olivier sauvage, ayant le quart de la dimension du mur, et deux battants de bois de cyprès;

³⁴chacun des battants était formé de deux planches brisées.

³⁵Il y fit sculpter des chérubins, des palmes et des fleurs épanouies, et il les couvrit d'or, qu'il étendit sur la sculpture.

³⁶Il bâtit le parvis intérieur de trois rangées de pierres de taille et d'une rangée de poutres de cèdre.

³⁷La quatrième année, au mois de Ziv, les fondements de la maison de l'Éternel furent posés;

³⁸et la onzième année, au mois de Bul, qui est le huitième mois, la maison fut achevée dans toutes ses parties et telle qu'elle devait être. Salomon la construisit dans l'espace de sept ans.

Chapitre 7

¹Salomon bâtit encore sa maison, ce qui dura treize ans jusqu'à ce qu'il l'eût entièrement achevée.

²Il construisit d'abord la maison de la forêt du Liban, longue de cent coudées, large de cinquante coudées, et haute de trente coudées. Elle reposait sur quatre rangées de colonnes de cèdre, et il y avait des poutres de cèdre sur les colonnes.

³On couvrit de cèdre les chambres qui portaient sur les colonnes et qui étaient au nombre de quarante-cinq, quinze par étage.

⁴Il y avait trois étages, à chacun desquels se trouvaient des fenêtres les unes vis-à-vis des autres.

⁵Toutes les portes et tous les poteaux étaient formés de poutres en carré; et, à chacun des trois étages, les ouvertures étaient les unes vis-à-vis des autres.

⁶Il fit le portique des colonnes, long de cinquante coudées et large de trente coudées, et un autre portique en avant avec des colonnes et des degrés sur leur front.

⁷Il fit le portique du trône, où il rendait la justice, le portique du jugement; et il le couvrit de cèdre, depuis le sol jusqu'au plafond.

⁸Sa maison d'habitation fut construite de la même manière, dans une autre cour, derrière le portique. Et il fit une maison du même genre que ce portique pour la fille de Pharaon, qu'il avait prise pour femme.

⁹Pour toutes ces constructions on employa de magnifiques pierres, taillées d'après des mesures, sciées avec la scie, intérieurement et extérieurement, et cela depuis les fondements jusqu'aux corniches, et en dehors jusqu'à la grande cour.

¹⁰Les fondements étaient en pierres magnifiques et de grande dimension, en pierres de dix coudées et en pierres de huit coudées.

¹¹Au-dessus il y avait encore de magnifiques pierres, taillées d'après des mesures, et du bois de cèdre.

¹²La grande cour avait dans tout son circuit trois rangées de pierres de taille et une rangée de poutres de cèdre, comme le parvis intérieur de la maison de l'Éternel, et comme le portique de la maison.

¹³Le roi Salomon fit venir de Tyr Hiram,

¹⁴fils d'une veuve de la tribu de Nephthali, et d'un père Tyrien, qui travaillait sur l'airain. Hiram était rempli de sagesse, d'intelligence, et de

savoir pour faire toutes sortes d'ouvrages d'airain. Il arriva auprès du roi Salomon, et il exécuta tous ses ouvrages.

¹⁵Il fit les deux colonnes d'airain. La première avait dix-huit coudées de hauteur, et un fil de douze coudées mesurait la circonférence de la seconde.

¹⁶Il fondit deux chapiteaux d'airain, pour mettre sur les sommets des colonnes; le premier avait cinq coudées de hauteur, et le second avait cinq coudées de hauteur.

¹⁷Il fit des treillis en forme de réseaux, des festons façonnés en chaînettes, pour les chapiteaux qui étaient sur le sommet des colonnes, sept pour le premier chapiteau, et sept pour le second chapiteau.

¹⁸Il fit deux rangs de grenades autour de l'un des treillis, pour couvrir le chapiteau qui était sur le sommet d'une des colonnes; il fit de même pour le second chapiteau.

¹⁹Les chapiteaux qui étaient sur le sommet des colonnes, dans le portique, figuraient des lis et avaient quatre coudées.

²⁰Les chapiteaux placés sur les deux colonnes étaient entourés de deux cents grenades, en haut, près du renflement qui était au delà du treillis; il y avait aussi deux cents grenades rangées autour du second chapiteau.

²¹Il dressa les colonnes dans le portique du temple; il dressa la colonne de droite, et la nomma Jakin; puis il dressa la colonne de gauche, et la nomma Boaz.

²²Il y avait sur le sommet des colonnes un travail figurant des lis. Ainsi fut achevé l'ouvrage des colonnes.

²³Il fit la mer de fonte. Elle avait dix coudées d'un bord à l'autre, une forme entièrement ronde, cinq coudées de hauteur, et une circonférence que mesurait un cordon de trente coudées.

²⁴Des coloquintes l'entouraient au-dessous de son bord, dix par coudées, faisant tout le tour de la mer; les coloquintes, disposées sur deux rangs, étaient fondues avec elle en une seule pièce.

²⁵Elle était posée sur douze boeufs, dont trois tournés vers le nord, trois tournés vers l'occident, trois tournés vers le midi, et trois tournés vers l'orient; la mer était sur eux, et toute la partie postérieure de leur corps était en dedans.

²⁶Son épaisseur était d'un palme; et son bord, semblable au bord d'une coupe, était façonné en fleur de lis. Elle contenait deux mille baths.

²⁷Il fit les dix bases d'airain. Chacune avait quatre coudées de longueur, quatre coudées de largeur, et trois coudées de hauteur.

²⁸Voici en quoi consistaient ces bases. Elles étaient formées de panneaux, liés aux coins par des montants.

²⁹Sur les panneaux qui étaient entre les montants il y avait des lions, des boeufs et des chérubins; et sur les montants, au-dessus comme au-dessous des lions et des boeufs, il y avait des ornements qui pendaient en festons.

³⁰Chaque base avait quatre roues d'airain avec des essieux d'airain; et aux quatre angles étaient des consoles de fonte, au-dessous du bassin, et au delà des festons.

³¹Le couronnement de la base offrait à son intérieur une ouverture avec un prolongement d'une coudée vers le haut; cette ouverture était ronde, comme pour les ouvrages de ce genre, et elle avait une coudée et demie de largeur; il s'y trouvait aussi des sculptures. Les panneaux étaient carrés, et non arrondis.

³²Les quatre roues étaient sous les panneaux, et les essieux des roues fixés à la base; chacune avait une coudée et demie de hauteur.

³³Les roues étaient faites comme celles d'un char. Leurs essieux, leurs jantes, leurs rais et leurs moyeux, tout était de fonte.

³⁴Il y avait aux quatre angles de chaque base quatre consoles d'une même pièce que la base.

³⁵La partie supérieure de la base se terminait par un cercle d'une demi-coudée de hauteur, et elle avait ses appuis et ses panneaux de la même pièce.

³⁶Il grava sur les plaques des appuis, et sur les panneaux, des chérubins, des lions et des palmes, selon les espaces libres, et des guirlandes tout autour.

³⁷C'est ainsi qu'il fit les dix bases: la fonte, la mesure et la forme étaient les mêmes pour toutes.

³⁸Il fit dix bassins d'airain. Chaque bassin contenait quarante baths, chaque bassin avait quatre coudées, chaque bassin était sur l'une des dix bases.

³⁹Il plaça cinq bases sur le côté droit de la maison, et cinq bases sur le côté gauche de la maison; et il plaça la mer du côté droit de la maison, au sud-est.

⁴⁰Hiram fit les cendriers, les pelles et les coupes. Ainsi Hiram acheva tout l'ouvrage que le roi Salomon lui fit faire pour la maison de l'Éternel;

⁴¹deux colonnes, avec les deux chapiteaux et leurs bourrelets sur le sommet des colonnes; les deux treillis, pour couvrir les deux bourrelets des chapiteaux sur le sommet des colonnes;

⁴²les quatre cents grenades pour les deux treillis, deux rangées de grenades par treillis, pour couvrir les deux bourrelets des chapiteaux sur le sommet des colonnes;

⁴³les dix bases, et les dix bassins sur les bases;

⁴⁴la mer, et les douze boeufs sous la mer;

⁴⁵les cendriers, les pelles et les coupes. Tous ces ustensiles que le roi Salomon fit faire à Hiram pour la maison de l'Éternel étaient d'airain poli.

⁴⁶Le roi les fit fondre dans la plaine du Jourdain dans un sol argileux, entre Succoth et Tsarthan.

⁴⁷Salomon laissa tout ces ustensiles sans vérifier le poids de l'airain, parce qu'ils étaient en très grande quantité.

⁴⁸Salomon fit encore tous les autres ustensiles pour la maison de l'Éternel: l'autel d'or; la table d'or, sur laquelle on mettait les pains de proposition;

⁴⁹les chandeliers d'or pur, cinq à droite et cinq à gauche, devant le sanctuaire, avec les fleurs, les lampes et les mouchettes d'or;

⁵⁰les bassins, les couteaux, les coupes, les tasses et les brasiers d'or pur; et les gonds d'or pour la porte de l'intérieur de la maison à l'entrée du lieu très saint, et pour la porte de la maison à l'entrée du temple.

⁵¹Ainsi fut achevé tout l'ouvrage que le roi Salomon fit pour la maison de l'Éternel. Puis il apporta l'argent, l'or et les ustensiles, que David, son père, avait consacrés, et il les mit dans les trésors de la maison de l'Éternel.

Chapitre 8

¹Alors le roi Salomon assembla près de lui à Jérusalem les anciens d'Israël et tous les chefs des tribus, les chefs de famille des enfants d'Israël, pour transporter de la cité de David, qui est Sion, l'arche de l'alliance de l'Éternel.

²Tous les hommes d'Israël se réunirent auprès du roi Salomon, au mois d'Éthanim, qui est le septième mois, pendant la fête.

³Lorsque tous les anciens d'Israël furent arrivés, les sacrificateurs portèrent l'arche.

⁴Ils transportèrent l'arche de l'Éternel, la tente d'assignation, et tous les ustensiles sacrés qui étaient dans la tente: ce furent les sacrificateurs et les Lévites qui les transportèrent.

⁵Le roi Salomon et toute l'assemblée d'Israël convoquée auprès de lui se tinrent devant l'arche. Ils sacrifièrent des brebis et des boeufs, qui ne purent être ni comptés, ni nombrés, à cause de leur multitude.

⁶Les sacrificateurs portèrent l'arche de l'alliance de l'Éternel à sa place, dans le sanctuaire de la maison, dans le lieu très saint, sous les ailes des chérubins.

⁷Car les chérubins avaient les ailes étendues sur la place de l'arche, et ils couvraient l'arche et ses barres par-dessus.

⁸On avait donné aux barres une longueur telle que leurs extrémités se voyaient du lieu saint devant le sanctuaire, mais ne se voyaient point du dehors. Elles ont été là jusqu'à ce jour.

⁹Il n'y avait dans l'arche que les deux tables de pierre, que Moïse y déposa en Horeb, lorsque l'Éternel fit alliance avec les enfants d'Israël, à leur sortie du pays d'Égypte.

¹⁰Au moment où les sacrificateurs sortirent du lieu saint, la nuée remplit la maison de l'Éternel.

¹¹Les sacrificateurs ne purent pas y rester pour faire le service, à cause de la nuée; car la gloire de l'Éternel remplissait la maison de l'Éternel.

¹²Alors Salomon dit: L'Éternel veut habiter dans l'obscurité!

¹³J'ai bâti une maison qui sera ta demeure, un lieu où tu résideras éternellement!

¹⁴Le roi tourna son visage, et bénit toute l'assemblée d'Israël; et toute l'assemblée d'Israël était debout.

¹⁵Et il dit: Béni soit l'Éternel, le Dieu d'Israël, qui a parlé de sa bouche à David, mon père, et qui accomplit par sa puissance ce qu'il avait déclaré en disant:

¹⁶Depuis le jour où j'ai fait sortir d'Égypte mon peuple d'Israël, je n'ai point choisi de ville parmi toutes les tribus d'Israël pour qu'il y fût bâti une maison où résidât mon nom, mais j'ai choisi David pour qu'il régnât sur mon peuple d'Israël!

¹⁷David, mon père, avait l'intention de bâtir une maison au nom de l'Éternel, le Dieu d'Israël.

¹⁸Et l'Éternel dit à David, mon père: Puisque tu as eu l'intention de bâtir une maison à mon nom, tu as bien fait d'avoir eu cette intention.

¹⁹Seulement, ce ne sera pas toi qui bâtiras la maison; mais ce sera ton fils, sorti de tes entrailles, qui bâtira la maison à mon nom.

²⁰L'Éternel a accompli la parole qu'il avait prononcée. Je me suis

élevé à la place de David, mon père, et je me suis assis sur le trône d'Israël, comme l'avait annoncé l'Éternel, et j'ai bâti la maison au nom de l'Éternel, le Dieu d'Israël.

²¹J'y ai disposé un lieu pour l'arche où est l'alliance de l'Éternel, l'alliance qu'il a faite avec nos pères quand il les fit sortir du pays d'Égypte.

²²Salomon se plaça devant l'autel de l'Éternel, en face de toute l'assemblée d'Israël. Il étendit ses mains vers le ciel, et il dit:

²³O Éternel, Dieu d'Israël! Il n'y a point de Dieu semblable à toi, ni en haut dans les cieux, ni en bas sur la terre: tu gardes l'alliance et la miséricorde envers tes serviteurs qui marchent en ta présence de tout leur coeur!

²⁴Ainsi tu as tenu parole à ton serviteur David, mon père; et ce que tu as déclaré de ta bouche, tu l'accomplis en ce jour par ta puissance.

²⁵Maintenant, Éternel, Dieu d'Israël, observe la promesse que tu as faite à David, mon père, en disant: Tu ne manqueras jamais devant moi d'un successeur assis sur le trône d'Israël, pourvu que tes fils prennent garde à leur voie et qu'ils marchent en ma présence comme tu as marché en ma présence.

²⁶Oh! qu'elle s'accomplisse, Dieu d'Israël, la promesse que tu as faite à ton serviteur David, mon père!

²⁷Mais quoi! Dieu habiterait-il véritablement sur la terre? Voici, les cieux et les cieux des cieux ne peuvent te contenir: combien moins cette maison que je t'ai bâtie!

²⁸Toutefois, Éternel, mon Dieu, sois attentif à la prière de ton serviteur et à sa supplication; écoute le cri et la prière que t'adresse aujourd'hui ton serviteur.

²⁹Que tes yeux soient nuit et jour ouverts sur cette maison, sur le lieu dont tu as dit: Là sera mon nom! Écoute la prière que ton serviteur fait en ce lieu.

³⁰Daigne exaucer la supplication de ton serviteur et de ton peuple d'Israël, lorsqu'ils prieront en ce lieu! Exauce du lieu de ta demeure, des cieux, exauce et pardonne!

³¹Si quelqu'un pèche contre son prochain et qu'on lui impose un serment pour le faire jurer, et s'il vient jurer devant ton autel, dans cette maison, -

³²écoute-le des cieux, agis, et juge tes serviteurs; condamne le coupable, et fais retomber sa conduite sur sa tête; rends justice à l'innocent, et traite-le selon son innocence.

³³Quand ton peuple d'Israël sera battu par l'ennemi, pour avoir péché contre toi; s'ils reviennent à toi et rendent gloire à ton nom, s'ils t'adressent des prières et des supplications dans cette maison, -

³⁴exauce-les des cieux, pardonne le péché de ton peuple d'Israël, et ramène-les dans le pays que tu as donné à leurs pères!

³⁵Quand le ciel sera fermé et qu'il n'y aura point de pluie, à cause de leurs péchés contre toi, s'ils prient dans ce lieu et rendent gloire à ton nom, et s'ils se détournent de leurs péchés, parce que tu les auras châtiés,

³⁶exauce-les des cieux, pardonne le péché de tes serviteurs et de ton peuple d'Israël, à qui tu enseigneras la bonne voie dans laquelle ils doivent marcher, et fais venir la pluie sur la terre que tu as donnée en héritage à ton peuple!

³⁷Quand la famine, la peste, la rouille, la nielle, les sauterelles d'une espèce ou d'une autre, seront dans le pays, quand l'ennemi assiégera ton peuple dans son pays, dans ses portes, quand il y aura des fléaux ou des maladies quelconques;

³⁸si un homme, si tout ton peuple d'Israël fait entendre des prières et des supplications, et que chacun reconnaisse la plaie de son coeur et étende les mains vers cette maison, -

³⁹exauce-le des cieux, du lieu de ta demeure, et pardonne; agis, et rends à chacun selon ses voies, toi qui connais le coeur de chacun, car seul tu connais le coeur de tous les enfants des hommes,

⁴⁰et ils te craindront tout le temps qu'ils vivront dans le pays que tu as donné à nos pères!

⁴¹Quand l'étranger, qui n'est pas de ton peuple d'Israël, viendra d'un pays lointain, à cause de ton nom,

⁴²car on saura que ton nom est grand, ta main forte, et ton bras étendu, quand il viendra prier dans cette maison, -

⁴³exauce-le des cieux, du lieu de ta demeure, et accorde à cet étranger tout ce qu'il te demandera, afin que tous les peuples de la terre connaissent ton nom pour te craindre, comme ton peuple d'Israël, et sachent que ton nom est invoqué sur cette maison que j'ai bâtie!

⁴⁴Quand ton peuple sortira pour combattre son ennemi, en suivant la voie que tu lui auras prescrite; s'ils adressent à l'Éternel des prières, les regards tournés vers la ville que tu as choisie et vers la maison que j'ai bâtie à ton nom,

⁴⁵exauce des cieux leurs prières et leurs supplications, et fais-leur droit!

⁴⁶Quand ils pécheront contre toi, car il n'y a point d'homme qui ne pèche, quand tu seras irrité contre eux et que tu les livreras à l'ennemi, qui les emmènera captifs dans un pays ennemi, lointain ou rapproché;

⁴⁷s'ils rentrent en eux-mêmes dans le pays où ils seront captifs, s'ils reviennent à toi et t'adressent des supplications dans le pays de ceux qui les ont emmenés, et qu'ils disent: Nous avons péché, nous avons commis des iniquités, nous avons fait le mal!

⁴⁸s'ils reviennent à toi de tout leur coeur et de toute leur âme, dans le pays de leurs ennemis qui les ont emmenés captifs, s'ils t'adressent des prières, les regards tournés vers leur pays que tu as donné à leurs pères, vers la ville que tu as choisie et vers la maison que j'ai bâtie à ton nom, -

⁴⁹exauce des cieux, du lieu de ta demeure, leurs prières et supplications, et fais-leur droit;

⁵⁰pardonne à ton peuple ses péchés et toutes ses transgressions contre toi; excite la compassion de ceux qui les retiennent captifs, afin qu'ils aient pitié d'eux,

⁵¹car ils sont ton peuple et ton héritage, et tu les as fait sortir d'Égypte, du milieu d'une fournaise de fer!

⁵²Que tes yeux soient ouverts sur la supplication de ton serviteur et sur la supplication de ton peuple d'Israël, pour les exaucer en tout ce qu'ils te demanderont!

⁵³Car tu les as séparés de tous les autres peuples de la terre pour en faire ton héritage, comme tu l'as déclaré par Moïse, ton serviteur, quand tu fis sortir d'Égypte nos pères, Seigneur Éternel!

⁵⁴Lorsque Salomon eut achevé d'adresser à l'Éternel toute cette prière et cette supplication, il se leva de devant l'autel de l'Éternel, où il était agenouillé, les mains étendues vers le ciel.

⁵⁵Debout, il bénit à haute voix toute l'assemblée d'Israël, en disant:

⁵⁶Béni soit l'Éternel, qui a donné du repos à son peuple d'Israël, selon toutes ses promesses! De toutes les bonnes paroles qu'il avait prononcées par Moïse, son serviteur, aucune n'est restée sans effet.

⁵⁷Que l'Éternel, notre Dieu, soit avec nous, comme il a été avec nos pères; qu'il ne nous abandonne point et ne nous délaisse point,

⁵⁸mais qu'il incline nos coeurs vers lui, afin que nous marchions dans toutes ses voies, et que nous observions ses commandements, ses lois et ses ordonnances, qu'il a prescrits à nos pères!

⁵⁹Que ces paroles, objet de mes supplications devant l'Éternel, soient jour et nuit présentes à l'Éternel, notre Dieu, et qu'il fasse en tout temps droit à son serviteur et à son peuple d'Israël,

⁶⁰afin que tous les peuples de la terre reconnaissent que l'Éternel est Dieu, qu'il n'y en a point d'autre!

⁶¹Que votre coeur soit tout à l'Éternel, notre Dieu, comme il l'est aujourd'hui, pour suivre ses lois et pour observer ses commandements.

⁶²Le roi et tout Israël avec lui offrirent des sacrifices devant l'Éternel.

⁶³Salomon immola vingt-deux mille boeufs et cent vingt mille brebis pour le sacrifice d'actions de grâces qu'il offrit à l'Éternel. Ainsi le roi et tous les enfants d'Israël firent la dédicace de la maison de l'Éternel.

⁶⁴En ce jour, le roi consacra le milieu du parvis, qui est devant la maison de l'Éternel; car il offrit là les holocaustes, les offrandes, et les graisses des sacrifices d'actions de grâces, parce que l'autel d'airain qui est devant l'Éternel était trop petit pour contenir les holocaustes, les offrandes, et les graisses des sacrifices d'actions de grâces.

⁶⁵Salomon célébra la fête en ce temps-là, et tout Israël avec lui. Une grande multitude, venue depuis les environs de Hamath jusqu'au torrent d'Égypte, s'assembla devant l'Éternel, notre Dieu, pendant sept jours, et sept autres jours, soit quatorze jours.

⁶⁶Le huitième jour, il renvoya le peuple. Et ils bénirent le roi, et s'en allèrent dans leurs tentes, joyeux et le coeur content pour tout le bien que l'Éternel avait fait à David, son serviteur, et à Israël, son peuple.

Chapitre 9

¹Lorsque Salomon eut achevé de bâtir la maison de l'Éternel, la maison du roi, et tout ce qu'il lui plut de faire,

²l'Éternel apparut à Salomon une seconde fois, comme il lui était apparu à Gabaon.

³Et l'Éternel lui dit: J'exauce ta prière et ta supplication que tu m'as adressées, je sanctifie cette maison que tu as bâtie pour y mettre à jamais mon nom, et j'aurai toujours là mes yeux et mon coeur.

⁴Et toi, si tu marches en ma présence comme a marché David, ton père, avec sincérité de coeur et avec droiture, faisant tout ce que je t'ai commandé, si tu observes mes lois et mes ordonnances,

⁵j'établirai pour toujours le trône de ton royaume en Israël, comme je l'ai déclaré à David, ton père, en disant: Tu ne manqueras jamais d'un

successeur sur le trône d'Israël.

⁶Mais si vous vous détournez de moi, vous et vos fils, si vous n'observez pas mes commandements, mes lois que je vous ai prescrites, et si vous allez servir d'autres dieux et vous prosterner devant eux,

⁷j'exterminerai Israël du pays que je lui ai donné, je rejetterai loin de moi la maison que j'ai consacrée à mon nom, et Israël sera un sujet de sarcasme et de raillerie parmi tous les peuples.

⁸Et si haut placée qu'ait été cette maison, quiconque passera près d'elle sera dans l'étonnement et sifflera. On dira: Pourquoi l'Éternel a-t-il ainsi traité ce pays et cette maison?

⁹Et l'on répondra: Parce qu'ils ont abandonné l'Éternel, leur Dieu, qui a fait sortir leurs pères du pays d'Égypte, parce qu'ils se sont attachés à d'autres dieux, se sont prosternés devant eux et les ont servis; voilà pourquoi l'Éternel a fait venir sur eux tous ces maux.

¹⁰Au bout de vingt ans, Salomon avait bâti les deux maisons, la maison de l'Éternel et la maison du roi.

¹¹Alors, comme Hiram, roi de Tyr, avait fourni à Salomon des bois de cèdre et des bois de cyprès, et de l'or, autant qu'il en voulut, le roi Salomon donna à Hiram vingt villes dans le pays de Galilée.

¹²Hiram sortit de Tyr, pour voir les villes que lui donnait Salomon. Mais elles ne lui plurent point,

¹³et il dit: Quelles villes m'as-tu données là, mon frère? Et il les appela pays de Cabul, nom qu'elles ont conservé jusqu'à ce jour.

¹⁴Hiram avait envoyé au roi cent vingt talents d'or.

¹⁵Voici ce qui concerne les hommes de corvée que leva le roi Salomon pour bâtir la maison de l'Éternel et sa propre maison, Millo, et le mur de Jérusalem, Hatsor, Meguiddo et Guézer.

¹⁶Pharaon, roi d'Égypte, était venu s'emparer de Guézer, l'avait incendiée, et avait tué les Cananéens qui habitaient dans la ville. Puis il l'avait donnée pour dot à sa fille, femme de Salomon.

¹⁷Et Salomon bâtit Guézer, Beth Horon la basse,

¹⁸Baalath, et Thadmor, au désert dans le pays,

¹⁹toutes les villes servant de magasins et lui appartenant, les villes pour les chars, les villes pour la cavalerie, et tout ce qu'il plut à Salomon de bâtir à Jérusalem, au Liban, et dans tout le pays dont il était le souverain.

²⁰Tout le peuple qui était resté des Amoréens, des Héthiens, des Phéréziens, des Héviens et des Jébusiens, ne faisant point partie des enfants d'Israël,

²¹leurs descendants qui étaient restés après eux dans le pays et que les enfants d'Israël n'avaient pu dévouer par interdit, Salomon les leva comme esclaves de corvée, ce qu'ils ont été jusqu'à ce jour.

²²Mais Salomon n'employa point comme esclaves les enfants d'Israël; car ils étaient des hommes de guerre, ses serviteurs, ses chefs, ses officiers, les commandants de ses chars et de sa cavalerie.

²³Les chefs préposés par Salomon sur les travaux étaient au nombre de cinq cent cinquante, chargés de surveiller les ouvriers.

²⁴La fille de Pharaon monta de la cité de David dans sa maison que Salomon lui avait construite. Ce fut alors qu'il bâtit Millo.

²⁵Salomon offrit trois fois dans l'année des holocaustes et des sacrifices d'actions de grâces sur l'autel qu'il avait bâti à l'Éternel, et il brûla des parfums sur celui qui était devant l'Éternel. Et il acheva la maison.

²⁶Le roi Salomon construisit des navires à Etsjon Guéber, près d'Éloth, sur les bords de la mer Rouge, dans le pays d'Édom.

²⁷Et Hiram envoya sur ces navires, auprès des serviteurs de Salomon, ses propres serviteurs, des matelots connaissant la mer.

²⁸Ils allèrent à Ophir, et ils y prirent de l'or, quatre cent vingt talents, qu'ils apportèrent au roi Salomon.

Chapitre 10

¹La reine de Séba apprit la renommée que possédait Salomon, à la gloire de l'Éternel, et elle vint pour l'éprouver par des énigmes.

²Elle arriva à Jérusalem avec une suite fort nombreuse, et avec des chameaux portant des aromates, de l'or en très grande quantité, et des pierres précieuses. Elle se rendit auprès de Salomon, et elle lui dit tout ce qu'elle avait dans le coeur.

³Salomon répondit à toutes ses questions, et il n'y eut rien que le roi ne sût lui expliquer.

⁴La reine de Séba vit toute la sagesse de Salomon, et la maison qu'il avait bâtie,

⁵et les mets de sa table, et la demeure de ses serviteurs, et les fonctions et les vêtements de ceux qui le servaient, et ses échansons, et ses holocaustes qu'il offrait dans la maison de l'Éternel.

⁶Hors d'elle même, elle dit au roi: C'était donc vrai ce que j'ai appris dans mon pays au sujet de ta position et de ta sagesse!

⁷Je ne le croyais pas, avant d'être venue et d'avoir vu de mes yeux. Et voici, on ne m'en a pas dit la moitié. Tu as plus de sagesse et de prospérité que la renommée ne me l'a fait connaître.

⁸Heureux tes gens, heureux tes serviteurs qui sont continuellement devant toi, qui entendent ta sagesse!

⁹Béni soit l'Éternel, ton Dieu, qui t'a accordé la faveur de te placer sur le trône d'Israël! C'est parce que l'Éternel aime à toujours Israël, qu'il t'a établi roi pour que tu fasses droit et justice.

¹⁰Elle donna au roi cent vingt talents d'or, une très grande quantité d'aromates, et des pierres précieuses. Il ne vint plus autant d'aromates que la reine de Séba en donna au roi Salomon.

¹¹Les navires de Hiram, qui apportèrent de l'or d'Ophir, amenèrent aussi d'Ophir une grande quantité de bois de santal et des pierres précieuses.

¹²Le roi fit avec le bois de santal des balustrades pour la maison de l'Éternel et pour la maison du roi, et des harpes et des luths pour les chantres. Il ne vint plus de ce bois de santal, et on n'en a plus vu jusqu'à ce jour.

¹³Le roi Salomon donna à la reine de Séba tout ce qu'elle désira, ce qu'elle demanda, et lui fit en outre des présents dignes d'un roi tel que Salomon. Puis elle s'en retourna et alla dans son pays, elle et ses serviteurs.

¹⁴Le poids de l'or qui arrivait à Salomon chaque année était de six cent soixante-six talents d'or,

¹⁵outre ce qu'il retirait des négociants et du trafic des marchands, de tous les rois d'Arabie, et des gouverneurs du pays.

¹⁶Le roi Salomon fit deux cents grands boucliers d'or battu, pour chacun desquels il employa six cents sicles d'or,

¹⁷et trois cents autres boucliers d'or battu, pour chacun desquels il employa trois mines d'or; et le roi les mit dans la maison de la forêt du Liban.

¹⁸Le roi fit un grand trône d'ivoire, et le couvrit d'or pur.

¹⁹Ce trône avait six degrés, et la partie supérieure en était arrondie par derrière; il y avait des bras de chaque côté du siège; deux lions étaient près des bras,

²⁰et douze lions sur les six degrés de part et d'autre. Il ne s'est rien fait de pareil pour aucun royaume.

²¹Toutes les coupes du roi Salomon étaient d'or, et toute la vaisselle de la maison de la forêt du Liban était d'or pur. Rien n'était d'argent: on n'en faisait aucun cas du temps de Salomon.

²²Car le roi avait en mer des navires de Tarsis avec ceux de Hiram; et tous les trois ans arrivaient les navires de Tarsis, apportant de l'or et de l'argent, de l'ivoire, des singes et des paons.

²³Le roi Salomon fut plus grand que tous les rois de la terre par les richesses et par la sagesse.

²⁴Tout le monde cherchait à voir Salomon, pour entendre la sagesse que Dieu avait mise dans son coeur.

²⁵Et chacun apportait son présent, des objets d'argent et des objets d'or, des vêtements, des armes, des aromates, des chevaux et des mulets; et il en était ainsi chaque année.

²⁶Salomon rassembla des chars et de la cavalerie; il avait quatorze cents chars et douze mille cavaliers, qu'il plaça dans les villes où il tenait ses chars et à Jérusalem près du roi.

²⁷Le roi rendit l'argent aussi commun à Jérusalem que les pierres, et les cèdres aussi nombreux que les sycomores qui croissent dans la plaine.

²⁸C'était de l'Égypte que Salomon tirait ses chevaux; une caravane de marchands du roi les allait chercher par troupes à un prix fixe:

²⁹un char montait et sortait d'Égypte pour six cents sicles d'argent, et un cheval pour cent cinquante sicles. Ils en amenaient de même avec eux pour tous les rois des Héthiens et pour les rois de Syrie.

Chapitre 11

¹Le roi Salomon aima beaucoup de femmes étrangères, outre la fille de Pharaon: des Moabites, des Ammonites, des Édomites, des Sidoniennes, des Héthiennes,

²appartenant aux nations dont l'Éternel avait dit aux enfants d'Israël: Vous n'irez point chez elles, et elles ne viendront point chez vous; elles tourneraient certainement vos coeurs du côté de leurs dieux. Ce fut à ces nations que s'attacha Salomon, entraîné par l'amour.

³Il eut sept cents princesses pour femmes et trois cents concubines; et ses femmes détournèrent son coeur.

⁴A l'époque de la vieillesse de Salomon, ses femmes inclinèrent son coeur vers d'autres dieux; et son coeur ne fut point tout entier à l'Éternel, son Dieu, comme l'avait été le coeur de David, son père.

⁵Salomon alla après Astarté, divinité des Sidoniens, et après Milcom, l'abomination des Ammonites.

⁶Et Salomon fit ce qui est mal aux yeux de l'Éternel, et il ne suivit

point pleinement l'Éternel, comme David, son père.

⁷Alors Salomon bâtit sur la montagne qui est en face de Jérusalem un haut lieu pour Kemosch, l'abomination de Moab, et pour Moloc, l'abomination des fils d'Ammon.

⁸Et il fit ainsi pour toutes ses femmes étrangères, qui offraient des parfums et des sacrifices à leurs dieux.

⁹L'Éternel fut irrité contre Salomon, parce qu'il avait détourné son coeur de l'Éternel, le Dieu d'Israël, qui lui était apparu deux fois.

¹⁰Il lui avait à cet égard défendu d'aller après d'autres dieux; mais Salomon n'observa point les ordres de l'Éternel.

¹¹Et l'Éternel dit à Salomon: Puisque tu as agi de la sorte, et que tu n'as point observé mon alliance et mes lois que je t'avais prescrites, je déchirerai le royaume de dessus toi et je le donnerai à ton serviteur.

¹²Seulement, je ne le ferai point pendant ta vie, à cause de David, ton père. C'est de la main de ton fils que je l'arracherai.

¹³Je n'arracherai cependant pas tout le royaume; je laisserai une tribu à ton fils, à cause de David, mon serviteur, et à cause de Jérusalem, que j'ai choisie.

¹⁴L'Éternel suscita un ennemi à Salomon: Hadad, l'Édomite, de la race royale d'Édom.

¹⁵Dans le temps où David battit Édom, Joab, chef de l'armée, étant monté pour enterrer les morts, tua tous les mâles qui étaient en Édom;

¹⁶il y resta six mois avec tout Israël, jusqu'à ce qu'il en eût exterminé tous les mâles.

¹⁷Ce fut alors qu'Hadad prit la fuite avec des Édomites, serviteurs de son père, pour se rendre en Égypte. Hadad était encore un jeune garçon.

¹⁸Partis de Madian, ils allèrent à Paran, prirent avec eux des hommes de Paran, et arrivèrent en Égypte auprès de Pharaon, roi d'Égypte, Pharaon donna une maison à Hadad, pourvut à sa subsistance, et lui accorda des terres.

¹⁹Hadad trouva grâce aux yeux de Pharaon, à tel point que Pharaon lui donna pour femme la soeur de sa femme, la soeur de la reine Thachpenès.

²⁰La soeur de Thachpenès lui enfanta son fils Guenubath. Thachpenès le sevra dans la maison de Pharaon; et Guenubath fut dans la maison de Pharaon, au milieu des enfants de Pharaon.

²¹Lorsque Hadad apprit en Égypte que David était couché avec ses pères, et que Joab, chef de l'armée, était mort, il dit à Pharaon: Laisse-moi aller dans mon pays.

²²Et Pharaon lui dit: Que te manque-t-il auprès de moi, pour que tu désires aller dans ton pays? Il répondit: Rien, mais laisse-moi partir.

²³Dieu suscita un autre ennemi à Salomon: Rezon, fils d'Éliada, qui s'était enfui de chez son maître Hadadézer, roi de Tsoba.

²⁴Il avait rassemblé des gens auprès de lui, et il était chef de bande, lorsque David massacra les troupes de son maître. Ils allèrent à Damas, et s'y établirent, et ils y régnèrent à Damas.

²⁵Il fut un ennemi d'Israël pendant toute la vie de Salomon, en même temps qu'Hadad lui faisait du mal, et il avait Israël en aversion. Il régna sur la Syrie.

²⁶Jéroboam aussi, serviteur de Salomon, leva la main contre le roi. Il était fils de Nebath, Éphratien de Tseréda, et il avait pour mère une veuve nommée Tserua.

²⁷Voici à quelle occasion il leva la main contre le roi. Salomon bâtissait Millo, et fermait la brèche de la cité de David, son père.

²⁸Jéroboam était fort et vaillant; et Salomon, ayant vu ce jeune homme à l'oeuvre, lui donna la surveillance de tous les gens de corvée de la maison de Joseph.

²⁹Dans ce temps-là, Jéroboam, étant sorti de Jérusalem, fut rencontré en chemin par le prophète Achija de Silo, revêtu d'un manteau neuf. Ils étaient tous deux seuls dans les champs.

³⁰Achija saisit le manteau neuf qu'il avait sur lui, le déchira en douze morceaux,

³¹et dit à Jéroboam: Prends pour toi dix morceaux! Car ainsi parle l'Éternel, le Dieu d'Israël: Voici, je vais arracher le royaume de la main de Salomon, et je te donnerai dix tribus.

³²Mais il aura une tribu, à cause de mon serviteur David, et à cause de Jérusalem, la ville que j'ai choisie sur toutes les tribus d'Israël.

³³Et cela, parce qu'ils m'ont abandonné, et se sont prosternés devant Astarté, divinité des Sidoniens, devant Kemosch, dieu de Moab, et devant Milcom, dieu des fils d'Ammon, et parce qu'ils n'ont point marché dans mes voies pour faire ce qui est droit à mes yeux et pour observer mes lois et mes ordonnances, comme l'a fait David, père de Salomon.

³⁴Je n'ôterai pas de sa main tout le royaume, car je le maintiendrai prince tout le temps de sa vie, à cause de David, mon serviteur, que j'ai choisi, et qui a observé mes commandements et mes lois.

³⁵Mais j'ôterai le royaume de la main de son fils, et je t'en donnerai dix tribus;

³⁶je laisserai une tribu à son fils, afin que David, mon serviteur, ait toujours une lampe devant moi à Jérusalem, la ville que j'ai choisie pour y mettre mon nom.

³⁷Je te prendrai, et tu régneras sur tout ce que ton âme désirera, tu seras roi d'Israël.

³⁸Si tu obéis à tout ce que je t'ordonnerai, si tu marches dans mes voies et si tu fais ce qui est droit à mes yeux, en observant mes lois et mes commandements, comme l'a fait David, mon serviteur, je serai avec toi, je te bâtirai une maison stable, comme j'en ai bâti une à David, et je te donnerai Israël.

³⁹J'humilierai par là la postérité de David, mais ce ne sera pas pour toujours.

⁴⁰Salomon chercha à faire mourir Jéroboam. Et Jéroboam se leva et s'enfuit en Égypte auprès de Schischak, roi d'Égypte; il demeura en Égypte jusqu'à la mort de Salomon.

⁴¹Le reste des actions de Salomon, tout ce qu'il a fait, et sa sagesse, cela n'est-il pas écrit dans le livre des actes de Salomon?

⁴²Salomon régna quarante ans à Jérusalem sur tout Israël.

⁴³Puis Salomon se coucha avec ses pères, et il fut enterré dans la ville de David, son père. Roboam, son fils, régna à sa place.

Chapitre 12

¹Roboam se rendit à Sichem, car tout Israël était venu à Sichem pour le faire roi.

²Lorsque Jéroboam, fils de Nebath, eut des nouvelles, il était encore en Égypte, où il s'était enfui loin du roi Salomon, et c'était en Égypte qu'il demeurait.

³On l'envoya appeler. Alors Jéroboam et toute l'assemblée d'Israël vinrent à Roboam et lui parlèrent ainsi:

⁴Ton père a rendu notre joug dur; toi maintenant, allège cette rude servitude et le joug pesant que nous a imposé ton père. Et nous te servirons.

⁵Il leur dit: Allez, et revenez vers moi dans trois jours. Et le peuple s'en alla.

⁶Le roi Roboam consulta les vieillards qui avaient été auprès de Salomon, son père, pendant sa vie, et il dit: Que conseillez-vous de répondre à ce peuple?

⁷Et voici ce qu'ils lui dirent: Si aujourd'hui tu rends service à ce peuple, si tu leur cèdes, et si tu leur réponds par des paroles bienveillantes, ils seront pour toujours tes serviteurs.

⁸Mais Roboam laissa le conseil que lui donnaient les vieillards, et il consulta les jeunes gens qui avaient grandi avec lui et qui l'entouraient.

⁹Il leur dit: Que conseillez-vous de répondre à ce peuple qui me tient ce langage: Allège le joug que nous a imposé ton père?

¹⁰Et voici ce que lui dirent les jeunes gens qui avaient grandi avec lui: Tu parleras ainsi à ce peuple qui t'a tenu ce langage: Ton père a rendu notre joug pesant, et toi, allège-le-nous! tu leur parleras ainsi: Mon petit doigt est plus gros que les reins de mon père.

¹¹Maintenant, mon père vous a chargés d'un joug pesant, et moi je vous le rendrai plus pesant; mon père vous a châtiés avec des fouets, et moi je vous châtierai avec des scorpions.

¹²Jéroboam et tout le peuple vinrent à Roboam le troisième jour, suivant ce qu'avait dit le roi: Revenez vers moi dans trois jours.

¹³Le roi répondit durement au peuple. Il laissa le conseil que lui avaient donné les vieillards,

¹⁴et il leur parla ainsi d'après le conseil des jeunes gens: Mon père a rendu votre joug pesant, et moi je vous le rendrai plus pesant; mon père vous a châtiés avec des fouets, et moi je vous châtierai avec des scorpions.

¹⁵Ainsi le roi n'écouta point le peuple; car cela fut dirigé par l'Éternel, en vue de l'accomplissement de la parole que l'Éternel avait dite par Achija de Silo à Jéroboam, fils de Nebath.

¹⁶Lorsque tout Israël vit que le roi ne l'écoutait pas, le peuple répondit au roi: Quelle part avons-nous avec David? Nous n'avons point d'héritage avec le fils d'Isaï! A tes tentes, Israël! Maintenant, pourvois à ta maison, David! Et Israël s'en alla dans ses tentes.

¹⁷Les enfants d'Israël qui habitaient les villes de Juda furent les seuls sur qui régna Roboam.

¹⁸Alors le roi Roboam envoya Adoram, qui était préposé aux impôts. Mais Adoram fut lapidé par tout Israël, et il mourut. Et le roi Roboam se hâta de monter sur un char, pour s'enfuir à Jérusalem.

¹⁹C'est ainsi qu'Israël s'est détaché de la maison de David jusqu'à ce jour.

²⁰Tout Israël ayant appris que Jéroboam était de retour, ils l'envoyèrent appeler dans l'assemblée, et ils le firent roi sur tout Israël.

La tribu de Juda fut la seule qui suivit la maison de David.

²¹Roboam, arrivé à Jérusalem, rassembla toute la maison de Juda et la tribu de Benjamin, cent quatre-vingt mille hommes d'élite propres à la guerre, pour qu'ils combattissent contre la maison d'Israël afin de la ramener sous la domination de Roboam, fils de Salomon.

²²Mais la parole de Dieu fut ainsi adressée à Schemaeja, homme de Dieu:

²³Parle à Roboam, fils de Salomon, roi de Juda, et à toute la maison de Juda et de Benjamin, et au reste du peuple.

²⁴Et dis-leur: Ainsi parle l'Éternel: Ne montez point, et ne faites pas la guerre à vos frères, les enfants d'Israël! Que chacun de vous retourne dans sa maison, car c'est de par moi que cette chose est arrivée. Ils obéirent à la parole de l'Éternel, et ils s'en retournèrent, selon la parole de l'Éternel.

²⁵Jéroboam bâtit Sichem sur la montagne d'Éphraïm, et il y demeura; puis il en sortit, et bâtit Penuel.

²⁶Jéroboam dit en son coeur: Le royaume pourrait bien maintenant retourner à la maison de David.

²⁷Si ce peuple monte à Jérusalem pour faire des sacrifices dans la maison de l'Éternel, le coeur de ce peuple retournera à son seigneur, à Roboam, roi de Juda, et ils me tueront et retourneront à Roboam, roi de Juda.

²⁸Après s'être consulté, le roi fit deux veaux d'or, et il dit au peuple: Assez longtemps vous êtes montés à Jérusalem; Israël! voici ton Dieu, qui t'a fait sortir du pays d'Égypte.

²⁹Il plaça l'un de ces veaux à Béthel, et il mit l'autre à Dan.

³⁰Ce fut là une occasion de péché. Le peuple alla devant l'un des veaux jusqu'à Dan.

³¹Jéroboam fit une maison de hauts lieux, et il créa des sacrificateurs pris parmi tout le peuple et n'appartenant point aux fils de Lévi.

³²Il établit une fête au huitième mois, le quinzième jour du mois, comme la fête qui se célébrait en Juda, et il offrit des sacrifices sur l'autel. Voici ce qu'il fit à Béthel afin que l'on sacrifiât aux veaux qu'il avait faits. Il plaça à Béthel les prêtres des hauts lieux qu'il avait élevés.

³³Et il monta sur l'autel qu'il avait fait à Béthel, le quinzième jour du huitième mois, mois qu'il avait choisi de son gré. Il fit une fête pour les enfants d'Israël, et il monta sur l'autel pour brûler des parfums.

Chapitre 13

¹Voici, un homme de Dieu arriva de Juda à Béthel, par la parole de l'Éternel, pendant que Jéroboam se tenait à l'autel pour brûler des parfums.

²Il cria contre l'autel, par la parole de l'Éternel, et il dit: Autel! autel! ainsi parle l'Éternel: Voici, il naîtra un fils à la maison de David; son nom sera Josias; il immolera sur toi les prêtres des hauts lieux qui brûlent sur toi des parfums, et l'on brûlera sur toi des ossements d'hommes!

³Et le même jour il donna un signe, en disant: C'est ici le signe que l'Éternel a parlé: Voici, l'autel se fendra, et la cendre qui est dessus sera répandue.

⁴Lorsque le roi entendit la parole que l'homme de Dieu avait criée contre l'autel de Béthel, il avança la main de dessus l'autel, en disant: Saisissez le! Et la main que Jéroboam avait étendue contre lui devint sèche, et il ne put la ramener à soi.

⁵L'autel se fendit, et la cendre qui était dessus fut répandue, selon le signe qu'avait donné l'homme de Dieu, par la parole de l'Éternel.

⁶Alors le roi prit la parole, et dit à l'homme de Dieu: Implore l'Éternel, ton Dieu, et prie pour moi, afin que je puisse retirer ma main. L'homme de Dieu implora l'Éternel, et le roi put retirer sa main, qui fut comme auparavant.

⁷Le roi dit à l'homme de Dieu: Entre avec moi dans la maison, tu prendras quelque nourriture, et je te donnerai un présent.

⁸L'homme de Dieu dit au roi: Quand tu me donnerais la moitié de ta maison, je n'entrerais pas avec toi. Je ne mangerai point de pain, et je ne boirai point d'eau dans ce lieu-ci;

⁹car cet ordre m'a été donné, par la parole de l'Éternel: Tu ne mangeras point de pain et tu ne boiras point d'eau, et tu ne prendras pas à ton retour le chemin par lequel tu seras allé.

¹⁰Et il s'en alla par un autre chemin, il ne prit pas à son retour le chemin par lequel il était venu à Béthel.

¹¹Or il y avait un vieux prophète qui demeurait à Béthel. Ses fils vinrent lui raconter toutes les choses que l'homme de Dieu avait faites à Béthel ce jour-là, et les paroles qu'il avait dites au roi. Lorsqu'ils en eurent fait le récit à leur père,

¹²il leur dit: Par quel chemin s'en est-il allé? Ses fils avaient vu par quel chemin s'en était allé l'homme de Dieu qui était venu de Juda.

¹³Et il dit à ses fils: Sellez-moi l'âne. Ils lui sellèrent l'âne, et il monta dessus.

¹⁴Il alla après l'homme de Dieu, et il le trouva assis sous un térébinthe. Il lui dit: Es-tu l'homme de Dieu qui est venu de Juda? Il répondit: Je le suis.

¹⁵Alors il lui dit: Viens avec moi à la maison, et tu prendras quelque nourriture.

¹⁶Mais il répondit: Je ne puis ni retourner avec toi, ni entrer chez toi. Je ne mangerai point de pain, je ne boirai point d'eau avec toi en ce lieu-ci;

¹⁷car il m'a été dit, par la parole de l'Éternel: Tu n'y mangeras point de pain et tu n'y boiras point d'eau, et tu ne prendras pas à ton retour le chemin par lequel tu seras allé.

¹⁸Et il lui dit: Moi aussi, je suis prophète comme toi; et un ange m'a parlé de la part de l'Éternel, et m'a dit: Ramène-le avec toi dans ta maison, et qu'il mange du pain et boive de l'eau. Il lui mentait.

¹⁹L'homme de Dieu retourna avec lui, et il mangea du pain et but de l'eau dans sa maison.

²⁰Comme ils étaient assis à table, la parole de l'Éternel fut adressée au prophète qui l'avait ramené.

²¹Et il cria à l'homme de Dieu qui était venu de Juda: Ainsi parle l'Éternel: Parce que tu as été rebelle à l'ordre de l'Éternel, et que tu n'as pas observé le commandement que l'Éternel, ton Dieu, t'avait donné;

²²parce que tu es retourné, et que tu as mangé du pain et bu de l'eau dans le lieu dont il t'avait dit: Tu n'y mangeras point de pain et tu n'y boiras point d'eau, -ton cadavre n'entrera pas dans le sépulcre de tes pères.

²³Et quand le prophète qu'il avait ramené eut mangé du pain et qu'il eut bu de l'eau, il sella l'âne pour lui.

²⁴L'homme de Dieu s'en alla: et il fut rencontré dans le chemin par un lion qui le tua. Son cadavre était étendu dans le chemin, l'âne resta près de lui, et le lion se tint à côté du cadavre.

²⁵Et voici, des gens qui passaient virent le cadavre étendu dans le chemin et le lion se tenant à côté du cadavre; et ils en parlèrent à leur arrivée dans la ville où demeurait le vieux prophète.

²⁶Lorsque le prophète qui avait ramené du chemin l'homme de Dieu l'eut appris, il dit: C'est l'homme de Dieu qui a été rebelle à l'ordre de l'Éternel, et l'Éternel l'a livré au lion, qui l'a déchiré et l'a fait mourir, selon la parole que l'Éternel lui avait dite.

²⁷Puis, s'adressant à ses fils, il dit: Sellez-moi l'âne. Ils le sellèrent,

²⁸et il partit. Il trouva le cadavre étendu dans le chemin, et l'âne et le lion qui se tenaient à côté du cadavre. Le lion n'avait pas dévoré le cadavre et n'avait pas déchiré l'âne.

²⁹Le prophète releva le cadavre de l'homme de Dieu, le plaça sur l'âne, et le ramena; et le vieux prophète rentra dans la ville pour le pleurer et pour l'enterrer.

³⁰Il mit son cadavre dans le sépulcre, et l'on pleura sur lui, en disant: Hélas, mon frère!

³¹Après l'avoir enterré, il dit à ses fils: Quand je serai mort, vous m'enterrerez dans le sépulcre où est enterré l'homme de Dieu, vous déposerez mes os à côté de ses os.

³²Car elle s'accomplira, la parole qu'il a criée, de la part de l'Éternel, contre l'autel de Béthel et contre toutes les maisons des hauts lieux qui sont dans les villes de Samarie.

³³Après cet événement, Jéroboam ne se détourna point de sa mauvaise voie. Il créa de nouveau des prêtres des hauts lieux pris parmi tout le peuple; quiconque en avait le désir, il le consacrait prêtre des hauts lieux.

³⁴Ce fut là une occasion de péché pour la maison de Jéroboam, et c'est pour cela qu'elle a été exterminée et détruite de dessus la face de la terre.

Chapitre 14

¹Dans ce temps-là, Abija, fils de Jéroboam, devint malade.

²Et Jéroboam dit à sa femme: Lève-toi, je te prie, et déguise-toi pour qu'on ne sache pas que tu es la femme de Jéroboam, et va à Silo. Voici, là est Achija, le prophète; c'est lui qui m'a dit que je serais roi de ce peuple.

³Prends avec toi dix pains, des gâteaux et un vase de miel, et entre chez lui; il te dira ce qui arrivera à l'enfant.

⁴La femme de Jéroboam fit ainsi; elle se leva, alla à Silo, et entra dans la maison d'Achija. Achija ne pouvait plus voir, car il avait les yeux fixes par suite de la vieillesse.

⁵L'Éternel avait dit à Achija: La femme de Jéroboam va venir te consulter au sujet de son fils, parce qu'il est malade. Tu lui parleras de telle et de telle manière. Quand elle arrivera, elle se donnera pour une autre.

⁶Lorsque Achija entendit le bruit de ses pas, au moment où elle franchissait la porte, il dit: Entre, femme de Jéroboam; pourquoi veux-tu te donner pour une autre? Je suis chargé de t'annoncer des choses dures.

⁷Va, dis à Jéroboam: Ainsi parle l'Éternel, le Dieu d'Israël: Je t'ai élevé du milieu du peuple, je t'ai établi chef de mon peuple d'Israël,

⁸j'ai arraché le royaume de la maison de David et je te l'ai donné. Et tu n'as pas été comme mon serviteur David, qui a observé mes commandements et qui a marché après moi de tout son coeur, ne faisant que ce qui est droit à mes yeux.

⁹Tu as agi plus mal que tous ceux qui ont été avant toi, tu es allé te faire d'autres dieux, et des images de fonte pour m'irriter, et tu m'as rejeté derrière ton dos!

¹⁰Voilà pourquoi je vais faire venir le malheur sur la maison de Jéroboam; j'exterminerai quiconque appartient à Jéroboam, celui qui est esclave et celui qui est libre en Israël, et je balaierai la maison de Jéroboam comme on balaie les ordures, jusqu'à ce qu'elle ait disparu.

¹¹Celui de la maison de Jéroboam qui mourra dans la ville sera mangé par les chiens, et celui qui mourra dans les champs sera mangé par les oiseaux du ciel. Car l'Éternel a parlé.

¹²Et toi, lève-toi, va dans ta maison. Dès que tes pieds entreront dans la ville, l'enfant mourra.

¹³Tout Israël le pleurera, et on l'enterrera; car il est le seul de la maison de Jéroboam qui sera mis dans un sépulcre, parce qu'il est le seul de la maison de Jéroboam en qui se soit trouvé quelque chose de bon devant l'Éternel, le Dieu d'Israël.

¹⁴L'Éternel établira sur Israël un roi qui exterminera la maison de Jéroboam ce jour-là. Et n'est-ce pas déjà ce qui arrive?

¹⁵L'Éternel frappera Israël, et il en sera de lui comme du roseau qui est agité dans les eaux; il arrachera Israël de ce bon pays qu'il avait donné à leurs pères, et il les dispersera de l'autre côté du fleuve, parce qu'ils se sont fait des idoles, irritant l'Éternel.

¹⁶Il livrera Israël à cause des péchés que Jéroboam a commis et qu'il a fait commettre à Israël.

¹⁷La femme de Jéroboam se leva, et partit. Elle arriva à Thirtsa; et, comme elle atteignait le seuil de la maison, l'enfant mourut.

¹⁸On l'enterra, et tout Israël le pleura, selon la parole que l'Éternel avait dite par son serviteur Achija, le prophète.

¹⁹Le reste des actions de Jéroboam, comment il fit la guerre et comment il régna, cela est écrit dans le livre des Chroniques des rois d'Israël.

²⁰Jéroboam régna vingt-deux ans, puis il se coucha avec ses pères. Et Nadab, son fils, régna à sa place.

²¹Roboam, fils de Salomon, régna sur Juda. Il avait quarante et un ans lorsqu'il devint roi, et il régna dix-sept ans à Jérusalem, la ville que l'Éternel avait choisie sur toutes les tribus d'Israël pour y mettre son nom. Sa mère s'appelait Naama, l'Ammonite.

²²Juda fit ce qui est mal aux yeux de l'Éternel; et, par les péchés qu'ils commirent, ils excitèrent sa jalousie plus que ne l'avaient jamais fait leurs pères.

²³Ils se bâtirent, eux aussi, des hauts lieux avec des statues et des idoles sur toute colline élevée et sous tout arbre vert.

²⁴Il y eut même des prostitués dans le pays. Ils imitèrent toutes les abominations des nations que l'Éternel avait chassées devant les enfants d'Israël.

²⁵La cinquième année du règne de Roboam, Schischak, roi d'Égypte, monta contre Jérusalem.

²⁶Il prit les trésors de la maison de l'Éternel et les trésors de la maison du roi, il prit tout. Il prit tous les boucliers d'or que Salomon avait faits.

²⁷Le roi Roboam fit à leur place des boucliers d'airain, et il les remit aux soins des chefs des coureurs, qui gardaient l'entrée de la maison du roi.

²⁸Toutes les fois que le roi allait à la maison de l'Éternel, les coureurs les portaient; puis ils les rapportaient dans la chambre des coureurs.

²⁹Le reste des actions de Roboam, et tout ce qu'il a fait, cela n'est-il pas écrit dans le livre des Chroniques des rois de Juda?

³⁰Il y eut toujours guerre entre Roboam et Jéroboam.

³¹Roboam se coucha avec ses pères, et il fut enterré avec ses pères dans la ville de David. Sa mère s'appelait Naama, l'Ammonite. Et Abijam, son fils, régna à sa place.

Chapitre 15

¹La dix-huitième année du règne de Jéroboam, fils de Nebath, Abijam régna sur Juda.

²Il régna trois ans à Jérusalem. Sa mère s'appelait Maaca, fille d'Abisalom.

³Il se livra à tous les péchés que son père avait commis avant lui; et son coeur ne fut point tout entier à l'Éternel, son Dieu, comme l'avait été le coeur de David, son père.

⁴Mais à cause de David, l'Éternel, son Dieu, lui donna une lampe à Jérusalem, en établissant son fils après lui et en laissant subsister Jérusalem.

⁵Car David avait fait ce qui est droit aux yeux de l'Éternel, et il ne s'était détourné d'aucun de ses commandements pendant toute sa vie, excepté dans l'affaire d'Urie, le Héthien.

⁶Il y eut guerre entre Roboam et Jéroboam, tant que vécut Roboam.

⁷Le reste des actions d'Abijam, et tout ce qu'il a fait, cela n'est-il pas écrit dans le livre des Chroniques des rois de Juda? Il y eut guerre entre Abijam et Jéroboam.

⁸Abijam se coucha avec ses pères, et on l'enterra dans la ville de David. Et Asa, son fils, régna à sa place.

⁹La vingtième année de Jéroboam, roi d'Israël, Asa régna sur Juda.

¹⁰Il régna quarante et un ans à Jérusalem. Sa mère s'appelait Maaca, fille d'Abisalom.

¹¹Asa fit ce qui est droit aux yeux de l'Éternel, comme David, son père.

¹²Il ôta du pays les prostitués, et il fit disparaître toutes les idoles que ses pères avaient faites.

¹³Et même il enleva la dignité de reine à Maaca, sa mère, parce qu'elle avait fait une idole pour Astarté. Asa abattit son idole, et la brûla au torrent de Cédron.

¹⁴Mais les hauts lieux ne disparurent point, quoique le coeur d'Asa fût en entier à l'Éternel pendant toute sa vie.

¹⁵Il mit dans la maison de l'Éternel les choses consacrées par son père et par lui-même, de l'argent, de l'or et des vases.

¹⁶Il y eut guerre entre Asa et Baescha, roi d'Israël, pendant toute leur vie.

¹⁷Baescha, roi d'Israël, monta contre Juda; et il bâtit Rama, pour empêcher ceux d'Asa, roi de Juda, de sortir et d'entrer.

¹⁸Asa prit tout l'argent et l'or qui étaient restés dans les trésors de la maison de l'Éternel et les trésors de la maison du roi, et il les mit entre les mains de ses serviteurs qu'il envoya vers Ben Hadad, fils de Thabrimmon, fils de Hezjon, roi de Syrie, qui habitait à Damas. Le roi Asa lui fit dire:

¹⁹Qu'il ait une alliance entre moi et toi, comme il y en eut une entre mon père et ton père. Voici, je t'envoie un présent en argent et en or. Va, romps ton alliance avec Baescha, roi d'Israël, afin qu'il s'éloigne de moi.

²⁰Ben Hadad écouta le roi Asa; il envoya les chefs de son armée contre les villes d'Israël, et il battit Ijjon, Dan, Abel Beth Maaca, tout Kinneroth, et tout le pays de Nephthali.

²¹Lorsque Baescha l'apprit, il cessa de bâtir Rama, et il resta à Thirtsa.

²²Le roi Asa convoqua tout Juda, sans exempter personne, et ils emportèrent les pierres et le bois que Baescha employait à la construction de Rama; et le roi Asa s'en servit pour bâtir Guéba de Benjamin et Mitspa.

²³Le reste de toutes les actions d'Asa, tous ses exploits et tout ce qu'il a fait, et les villes qu'il a bâties, cela n'est-il pas écrit dans le livre des Chroniques des rois de Juda? Toutefois, à l'époque de sa vieillesse, il eut les pieds malades.

²⁴Asa se coucha avec ses pères, et il fut enterré avec ses pères dans la ville de David, son père. Et Josaphat, son fils, régna à sa place.

²⁵Nadab, fils de Jéroboam, régna sur Israël, la seconde année d'Asa, roi de Juda. Il régna deux ans sur Israël.

²⁶Il fit ce qui est mal aux yeux de l'Éternel; et il marcha dans la voie de son père, se livrant aux péchés que son père avait fait commettre à Israël.

²⁷Baescha, fils d'Achija, de la maison d'Issacar, conspira contre lui, et Baescha le tua à Guibbethon, qui appartenait aux Philistins, pendant que Nadab et tout Israël assiégeaient Guibbethon.

²⁸Baescha le fit périr la troisième année d'Asa, roi de Juda, et il régna à sa place.

²⁹Lorsqu'il fut roi, il frappa toute la maison de Jéroboam, il n'en laissa échapper personne et il détruisit tout ce qui respirait, selon la parole que l'Éternel avait dite par son serviteur Achija de Silo,

³⁰à cause des péchés que Jéroboam avait commis et qu'il avait fait

commettre à Israël, irritant ainsi l'Éternel, le Dieu d'Israël.

³¹Le reste des actions de Nadab, et tout ce qu'il a fait, cela n'est-il pas écrit dans le livre des Chroniques des rois d'Israël?

³²Il y eut guerre entre Asa et Baescha, roi d'Israël, pendant toute leur vie.

³³La troisième année d'Asa, roi de Juda, Baescha, fils d'Achija, régna sur tout Israël à Thirtsa. Il régna vingt-quatre ans.

³⁴Il fit ce qui est mal aux yeux de l'Éternel, et il marcha dans la voie de Jéroboam, se livrant aux péchés que Jéroboam avait fait commettre à Israël.

Chapitre 16

¹La parole de l'Éternel fut ainsi adressée à Jéhu, fils de Hanani, contre Baescha:

²Je t'ai élevé de la poussière, et je t'ai établi chef de mon peuple d'Israël; mais parce que tu as marché dans la voie de Jéroboam, et que tu as fait pécher mon peuple d'Israël, pour m'irriter par leurs péchés,

³voici, je vais balayer Baescha et sa maison, et je rendrai ta maison semblable à la maison de Jéroboam, fils de Nebath.

⁴Celui de la maison de Baescha qui mourra dans la ville sera mangé par les chiens, et celui des siens qui mourra dans les champs sera mangé par les oiseaux du ciel.

⁵Le reste des actions de Baescha, ce qu'il a fait, et ses exploits, cela n'est-il pas écrit dans le livre des Chroniques des rois d'Israël?

⁶Baescha se coucha avec ses pères, et il fut enterré à Thirtsa. Et Éla, son fils, régna à sa place.

⁷La parole de l'Éternel s'était manifestée par le prophète Jéhu, fils de Hanani, contre Baescha et contre sa maison, soit à cause de tout le mal qu'il avait fait sous les yeux de l'Éternel, en l'irritant par l'oeuvre de ses mains et en devenant semblable à la maison de Jéroboam, soit parce qu'il avait frappé la maison de Jéroboam.

⁸La vingt-sixième année d'Asa, roi de Juda, Éla, fils de Baescha, régna sur Israël à Thirtsa. Il régna deux ans.

⁹Son serviteur Zimri, chef de la moitié des chars, conspira contre lui. Éla était à Thirtsa, buvant et s'enivrant dans la maison d'Artsa, chef de la maison du roi à Thirtsa.

¹⁰Zimri entra, le frappa et le tua, la vingt-septième année d'Asa, roi de Juda, et il régna à sa place.

¹¹Lorsqu'il fut roi et qu'il fut assis sur son trône, il frappa toute la maison de Baescha, il ne laissa échapper personne qui lui appartînt, ni parent ni ami.

¹²Zimri détruisit toute la maison de Baescha, selon la parole que l'Éternel avait dite contre Baescha par Jéhu, le prophète,

¹³à cause de tous les péchés que Baescha et Éla, son fils, avaient commis et qu'ils avaient fait commettre à Israël, irritant par leurs idoles l'Éternel, le Dieu d'Israël.

¹⁴Le reste des actions d'Éla, et tout ce qu'il a fait, cela n'est-il pas écrit dans le livre des Chroniques des rois d'Israël?

¹⁵La vingt-septième année d'Asa, roi de Juda, Zimri régna sept jours à Thirtsa. Le peuple campait contre Guibbethon, qui appartenait aux Philistins.

¹⁶Et le peuple qui campait apprit cette nouvelle: Zimri a conspiré, et même il a tué le roi! Et ce jour-là, tout Israël établit dans le camp pour roi d'Israël Omri, chef de l'armée.

¹⁷Omri et tout Israël avec lui partirent de Guibbethon, et ils assiégèrent Thirtsa.

¹⁸Zimri, voyant que la ville était prise, se retira dans le palais de la maison du roi, et brûla sur lui la maison du roi.

¹⁹C'est ainsi qu'il mourut, à cause des péchés qu'il avait commis en faisant ce qui est mal aux yeux de l'Éternel, en marchant dans la voie de Jéroboam, et en se livrant aux péchés que Jéroboam avait commis pour faire pécher Israël.

²⁰Le reste des actions de Zimri, et la conspiration qu'il forma, cela n'est-il pas écrit dans le livre des Chroniques des rois d'Israël?

²¹Alors le peuple d'Israël se divisa en deux partis: une moitié du peuple voulait faire roi Thibni, fils de Guinath, et l'autre moitié était pour Omri.

²²Ceux qui suivaient Omri l'emportèrent sur ceux qui suivaient Thibni, fils de Guinath. Thibni mourut, et Omri régna.

²³La trente et unième année d'Asa, roi de Juda, Omri régna sur Israël. Il régna douze ans. Après avoir régné six ans à Thirtsa,

²⁴il acheta de Schémer la montagne de Samarie pour deux talents d'argent; il bâtit sur la montagne, et il donna à la ville qu'il bâtit le nom de Samarie, d'après le nom de Schémer, seigneur de la montagne.

²⁵Omri fit ce qui est mal aux yeux de l'Éternel, et il agit plus mal que tous ceux qui avaient été avant lui.

²⁶Il marcha dans toute la voie de Jéroboam, fils de Nebath, et se livra aux péchés que Jéroboam avait fait commettre à Israël, irritant par leurs idoles l'Éternel, le Dieu d'Israël.

²⁷Le reste des actions d'Omri, ce qu'il a fait, et ses exploits, cela n'est-il pas écrit dans le livre des Chroniques des rois d'Israël?

²⁸Omri se coucha avec ses pères, et il fut enterré à Samarie. Et Achab, son fils, régna à sa place.

²⁹Achab, fils d'Omri, régna sur Israël, la trente-huitième année d'Asa, roi de Juda. Achab, fils d'Omri, régna vingt-deux ans sur Israël à Samarie.

³⁰Achab, fils d'Omri, fit ce qui est mal aux yeux de l'Éternel, plus que tous ceux qui avaient été avant lui.

³¹Et comme si c'eût été pour lui peu de choses de se livrer aux péchés de Jéroboam, fils de Nebath, il prit pour femme Jézabel, fille d'Ethbaal, roi des Sidoniens, et il alla servir Baal et se prosterner devant lui.

³²Il éleva un autel à Baal dans la maison de Baal qu'il bâtit à Samarie,

³³et il fit une idole d'Astarté. Achab fit plus encore que tous les rois d'Israël qui avaient été avant lui, pour irriter l'Éternel, le Dieu d'Israël.

³⁴De son temps, Hiel de Béthel bâtit Jéricho; il en jeta les fondements au prix d'Abiram, son premier-né, et il en posa les portes aux prix de Segub, son plus jeune fils, selon la parole que l'Éternel avait dite par Josué, fils de Nun.

Chapitre 17

¹Élie, le Thischbite, l'un des habitants de Galaad, dit à Achab: L'Éternel est vivant, le Dieu d'Israël, dont je suis le serviteur! il n'y aura ces années-ci ni rosée ni pluie, sinon à ma parole.

²Et la parole de l'Éternel fut adressée à Élie, en ces mots:

³Pars d'ici, dirige-toi vers l'orient, et cache-toi près du torrent de Kerith, qui est en face du Jourdain.

⁴Tu boiras de l'eau du torrent, et j'ai ordonné aux corbeaux de te nourrir là.

⁵Il partit et fit selon la parole de l'Éternel, et il alla s'établir près du torrent de Kerith, qui est en face du Jourdain.

⁶Les corbeaux lui apportaient du pain et de la viande le matin, et du pain et de la viande le soir, et il buvait de l'eau du torrent.

⁷Mais au bout d'un certain temps le torrent fut à sec, car il n'était point tombé de pluie dans le pays.

⁸Alors la parole de l'Éternel lui fut adressée en ces mots:

⁹Lève-toi, va à Sarepta, qui appartient à Sidon, et demeure là. Voici, j'y ai ordonné à une femme veuve de te nourrir.

¹⁰Il se leva, et il alla à Sarepta. Comme il arrivait à l'entrée de la ville, voici, il y avait là une femme veuve qui ramassait du bois. Il l'appela, et dit: Va me chercher, je te prie, un peu d'eau dans un vase, afin que je boive.

¹¹Et elle alla en chercher. Il l'appela de nouveau, et dit: Apporte-moi, je te prie, un morceau de pain dans ta main.

¹²Et elle répondit: L'Éternel, ton Dieu, est vivant! je n'ai rien de cuit, je n'ai qu'une poignée de farine dans un pot et un peu d'huile dans une cruche. Et voici, je ramasse deux morceaux de bois, puis je rentrerai et je préparerai cela pour moi et pour mon fils; nous mangerons, après quoi nous mourrons.

¹³Élie lui dit: Ne crains point, rentre, fais comme tu as dit. Seulement, prépare-moi d'abord avec cela un petit gâteau, et tu me l'apporteras; tu en feras ensuite pour toi et pour ton fils.

¹⁴Car ainsi parle l'Éternel, le Dieu d'Israël: La farine qui est dans le pot ne manquera point et l'huile qui est dans la cruche ne diminuera point, jusqu'au jour où l'Éternel fera tomber de la pluie sur la face du sol.

¹⁵Elle alla, et elle fit selon la parole d'Élie. Et pendant longtemps elle eut de quoi manger, elle et sa famille, aussi bien qu'Élie.

¹⁶La farine qui était dans le pot ne manqua point, et l'huile qui était dans la cruche ne diminua point, selon la parole que l'Éternel avait prononcée par Élie.

¹⁷Après ces choses, le fils de la femme, maîtresse de la maison, devint malade, et sa maladie fut si violente qu'il ne resta plus en lui de respiration.

¹⁸Cette femme dit alors à Élie: Qu'y a-t-il entre moi et toi, homme de Dieu? Es-tu venu chez moi pour rappeler le souvenir de mon iniquité, et pour faire mourir mon fils?

¹⁹Il lui répondit: Donne-moi ton fils. Et il le prit du sein de la femme, le monta dans la chambre haute où il demeurait, et le coucha sur son lit.

²⁰Puis il invoqua l'Éternel, et dit: Éternel, mon Dieu, est-ce que tu affligerais, au point de faire mourir son fils, même cette veuve chez qui

1 Rois

j'ai été reçu comme un hôte?

²¹Et il s'étendit trois fois sur l'enfant, invoqua l'Éternel, et dit: Éternel, mon Dieu, je t'en prie, que l'âme de cet enfant revienne au dedans de lui!

²²L'Éternel écouta la voix d'Élie, et l'âme de l'enfant revint au dedans de lui, et il fut rendu à la vie.

²³Élie prit l'enfant, le descendit de la chambre haute dans la maison, et le donna à sa mère. Et Élie dit: Vois, ton fils est vivant.

²⁴Et la femme dit à Élie: Je reconnais maintenant que tu es un homme de Dieu, et que la parole de l'Éternel dans ta bouche est vérité.

Chapitre 18

¹Bien des jours s'écoulèrent, et la parole de l'Éternel fut ainsi adressée à Élie, dans la troisième année: Va, présente-toi devant Achab, et je ferai tomber de la pluie sur la face du sol.

²Et Élie alla, pour se présenter devant Achab. La famine était grande à Samarie.

³Et Achab fit appeler Abdias, chef de sa maison. -Or Abdias craignait beaucoup l'Éternel;

⁴et lorsque Jézabel extermina les prophètes de l'Éternel, Abdias prit cent prophètes qu'il cacha cinquante par cinquante dans une caverne, et il les avait nourris de pain et d'eau. -

⁵Achab dit à Abdias: Va par le pays vers toutes les sources d'eau et vers tous les torrents; peut-être se trouvera-t-il de l'herbe, et nous conserverons la vie aux chevaux et aux mulets, et nous n'aurons pas besoin d'abattre du bétail.

⁶Ils se partagèrent le pays pour le parcourir; Achab alla seul par un chemin, et Abdias alla seul par un autre chemin.

⁷Comme Abdias était en route, voici, Élie le rencontra. Abdias, l'ayant reconnu, tomba sur son visage, et dit: Est-ce toi, mon seigneur Élie?

⁸Il lui répondit: C'est moi; va, dis à ton maître: Voici Élie!

⁹Et Abdias dit: Quel péché ai-je commis, pour que tu livres ton serviteur entre les mains d'Achab, qui me fera mourir?

¹⁰L'Éternel est vivant! il n'est ni nation ni royaume où mon maître n'ait envoyé pour te chercher; et quand on disait que tu n'y étais pas, il faisait jurer le royaume et la nation que l'on ne t'avait pas trouvé.

¹¹Et maintenant tu dis: Va, dis à ton maître: Voici Élie!

¹²Puis, lorsque je t'aurai quitté l'esprit de l'Éternel te transportera je ne sais où, et j'irai informer Achab, qui ne te trouvera pas, et qui me tuera. Cependant ton serviteur craint l'Éternel dès sa jeunesse.

¹³N'a-t-on pas dit à mon seigneur ce que j'ai fait quand Jézabel tua les prophètes de l'Éternel? J'ai caché cent prophètes de l'Éternel, cinquante par cinquante dans une caverne, et je les ai nourris de pain et d'eau.

¹⁴Et maintenant tu dis: Va, dis à ton maître: Voici Élie! Il me tuera.

¹⁵Mais Élie dit: L'Éternel des armées, dont je suis le serviteur, est vivant! aujourd'hui je me présenterai devant Achab.

¹⁶Abdias, étant allé à la rencontre d'Achab, l'informa de la chose. Et Achab se rendit au-devant d'Élie.

¹⁷A peine Achab aperçut-il Élie qu'il lui dit: Est-ce toi, qui jettes le trouble en Israël?

¹⁸Élie répondit: Je ne trouble point Israël; c'est toi, au contraire, et la maison de ton père, puisque vous avez abandonné les commandements de l'Éternel et que tu es allé après les Baals.

¹⁹Fais maintenant rassembler tout Israël auprès de moi, à la montagne du Carmel, et aussi les quatre cent cinquante prophètes de Baal et les quatre cents prophètes d'Astarté qui mangent à la table de Jézabel.

²⁰Achab envoya des messagers vers tous les enfants d'Israël, et il rassembla les prophètes à la montagne du Carmel.

²¹Alors Élie s'approcha de tout le peuple, et dit: Jusqu'à quand clocherez-vous des deux côtés? Si l'Éternel est Dieu, allez après lui; si c'est Baal, allez après lui! Le peuple ne lui répondit rien.

²²Et Élie dit au peuple: Je suis resté seul des prophètes de l'Éternel, et il y a quatre cent cinquante prophètes de Baal.

²³Que l'on nous donne deux taureaux; qu'ils choisissent pour eux l'un des taureaux, qu'ils le coupent par morceaux, et qu'ils le placent sur le bois, sans y mettre le feu; et moi, je préparerai l'autre taureau, et je le placerai sur le bois, sans y mettre le feu.

²⁴Puis invoquez le nom de votre dieu; et moi, j'invoquerai le nom de l'Éternel. Le dieu qui répondra par le feu, c'est celui-là qui sera Dieu. Et tout le peuple répondit, en disant: C'est bien!

²⁵Élie dit aux prophètes de Baal: Choisissez pour vous l'un des taureaux, préparez-le les premiers, car vous êtes les plus nombreux, et invoquez le nom de votre dieu; mais ne mettez pas le feu.

²⁶Ils prirent le taureau qu'on leur donna, et le préparèrent; et ils invoquèrent le nom de Baal, depuis le matin jusqu'à midi, en disant: Baal réponds nous! Mais il n'y eut ni voix ni réponse. Et ils sautaient devant l'autel qu'ils avaient fait.

²⁷A midi, Élie se moqua d'eux, et dit: Criez à haute voix, puisqu'il est dieu; il pense à quelque chose, ou il est occupé, ou il est en voyage; peut-être qu'il dort, et il se réveillera.

²⁸Et ils crièrent à haute voix, et ils se firent, selon leur coutume, des incisions avec des épées et avec des lances, jusqu'à ce que le sang coulât sur eux.

²⁹Lorsque midi fut passé, ils prophétisèrent jusqu'au moment de la présentation de l'offrande. Mais il n'y eut ni voix, ni réponse, ni signe d'attention.

³⁰Élie dit alors à tout le peuple: Approchez-vous de moi! Tout le peuple s'approcha de lui. Et Élie rétablit l'autel de l'Éternel, qui avait été renversé.

³¹Il prit douze pierres d'après le nombre des tribus des fils de Jacob, auquel l'Éternel avait dit: Israël sera ton nom;

³²et il bâtit avec ces pierres un autel au nom de l'Éternel. Il fit autour de l'autel un fossé de la capacité de deux mesures de semence.

³³Il arrangea le bois, coupa le taureau par morceaux, et le plaça sur le bois.

³⁴Puis il dit: Remplissez d'eau quatre cruches, et versez-les sur l'holocauste et sur le bois. Il dit: Faites-le une seconde fois. Et ils le firent une seconde fois. Il dit: Faites-le une troisième fois. Et ils le firent une troisième fois.

³⁵L'eau coula autour de l'autel, et l'on remplit aussi d'eau le fossé.

³⁶Au moment de la présentation de l'offrande, Élie, le prophète, s'avança et dit: Éternel, Dieu d'Abraham, d'Isaac et d'Israël! que l'on sache aujourd'hui que tu es Dieu en Israël, que je suis ton serviteur, et que j'ai fait toutes ces choses par ta parole!

³⁷Réponds-moi, Éternel, réponds-moi, afin que ce peuple reconnaisse que c'est toi, Éternel, qui es Dieu, et que c'est toi qui ramènes leur coeur!

³⁸Et le feu de l'Éternel tomba, et il consuma l'holocauste, le bois, les pierres et la terre, et il absorba l'eau qui était dans le fossé.

³⁹Quand tout le peuple vit cela, ils tombèrent sur leur visage et dirent: C'est l'Éternel qui est Dieu! C'est l'Éternel qui est Dieu!

⁴⁰Saisissez les prophètes de Baal, leur dit Élie; qu'aucun d'eux n'échappe! Et ils les saisirent. Élie les fit descendre au torrent de Kison, où il les égorgea.

⁴¹Et Élie dit à Achab: Monte, mange et bois; car il se fait un bruit qui annonce la pluie.

⁴²Achab monta pour manger et pour boire. Mais Élie monta au sommet du Carmel; et, se penchant contre terre, il mit son visage entre ses genoux,

⁴³et dit à son serviteur: Monte, regarde du côté de la mer. Le serviteur monta, il regarda, et dit: Il n'y a rien. Élie dit sept fois: Retourne.

⁴⁴A la septième fois, il dit: Voici un petit nuage qui s'élève de la mer, et qui est comme la paume de la main d'un homme. Élie dit: Monte, et dis à Achab: Attelle et descends, afin que la pluie ne t'arrête pas.

⁴⁵En peu d'instants, le ciel s'obscurcit par les nuages, le vent s'établit, et il y eut une forte pluie. Achab monta sur son char, et partit pour Jizreel.

⁴⁶Et la main de l'Éternel fut sur Élie, qui se ceignit les reins et courut devant Achab jusqu'à l'entrée de Jizreel.

Chapitre 19

¹Achab rapporta à Jézabel tout ce qu'avait fait Élie, et comment il avait tué par l'epee tous les prophètes.

²Jézabel envoya un messager à Élie, pour lui dire: Que les dieux me traitent dans toute leur rigueur, si demain, à cette heure, je ne fais de ta vie ce que tu as fait de la vie de chacun d'eux!

³Élie, voyant cela, se leva et s'en alla, pour sauver sa vie. Il arriva à Beer Schéba, qui appartient à Juda, et il y laissa son serviteur.

⁴Pour lui, il alla dans le désert où, après une journée de marche, il s'assit sous un genêt, et demanda la mort, en disant: C'est assez! Maintenant, Éternel, prends mon âme, car je ne suis pas meilleur que mes pères.

⁵Il se coucha et s'endormit sous un genêt. Et voici, un ange le toucha, et lui dit: Lève-toi, mange.

⁶Il regarda, et il y avait à son chevet un gâteau cuit sur des pierres chauffées et une cruche d'eau. Il mangea et but, puis se recoucha.

⁷L'ange de l'Éternel vint une seconde fois, le toucha, et dit: Lève-toi, mange, car le chemin est trop long pour toi.

⁸Il se leva, mangea et but; et avec la force que lui donna cette nourriture, il marcha quarante jours et quarante nuits jusqu'à la montagne de Dieu, à Horeb.

⁹Et là, il entra dans la caverne, et il y passa la nuit. Et voici, la parole de l'Éternel lui fut adressée, en ces mots: Que fais-tu ici, Élie?

¹⁰Il répondit: J'ai déployé mon zèle pour l'Éternel, le Dieu des armées; car les enfants d'Israël ont abandonné ton alliance, ils ont renversé tes autels, et ils ont tué par l'épée tes prophètes; je suis resté, moi seul, et ils cherchent à m'ôter la vie.

¹¹L'Éternel dit: Sors, et tiens-toi dans la montagne devant l'Éternel! Et voici, l'Éternel passa. Et devant l'Éternel, il y eut un vent fort et violent qui déchirait les montagnes et brisait les rochers: l'Éternel n'était pas dans le vent. Et après le vent, ce fut un tremblement de terre: l'Éternel n'était pas dans le tremblement de terre:

¹²Et après le tremblement de terre, un feu: l'Éternel n'était pas dans le feu. Et après le feu, un murmure doux et léger.

¹³Quand Élie l'entendit, il s'enveloppa le visage de son manteau, il sortit et se tint à l'entrée de la caverne. Et voici, une voix lui fit entendre ces paroles: Que fais-tu ici, Élie?

¹⁴Il répondit: J'ai déployé mon zèle pour l'Éternel, le Dieu des armées; car les enfants d'Israël ont abandonné ton alliance, ils ont renversé tes autels, et ils ont tué par l'épée tes prophètes; je suis resté, moi seul, et ils cherchent à m'ôter la vie.

¹⁵L'Éternel lui dit: Va, reprends ton chemin par le désert jusqu'à Damas; et quand tu seras arrivé, tu oindras Hazaël pour roi de Syrie.

¹⁶Tu oindras aussi Jéhu, fils de Nimschi, pour roi d'Israël; et tu oindras Élisée, fils de Schaphath, d'Abel Mehola, pour prophète à ta place.

¹⁷Et il arrivera que celui qui échappera à l'épée de Hazaël, Jéhu le fera mourir; et celui qui échappera à l'épée de Jéhu, Élisée le fera mourir.

¹⁸Mais je laisserai en Israël sept mille hommes, tous ceux qui n'ont point fléchi les genoux devant Baal, et dont la bouche ne l'a point baisé.

¹⁹Élie partit de là, et il trouva Élisée, fils de Schaphath, qui labourait. Il y avait devant lui douze paires de boeufs, et il était avec la douzième. Élie s'approcha de lui, et il jeta sur lui son manteau.

²⁰Élisée, quittant ses boeufs, courut après Élie, et dit: Laisse-moi embrasser mon père et ma mère, et je te suivrai. Élie lui répondit: Va, et reviens; car pense à ce que je t'ai fait.

²¹Après s'être éloigné d'Élie, il revint prendre une paire de boeufs, qu'il offrit en sacrifice; avec l'attelage des boeufs, il fit cuire leur chair, et la donna à manger au peuple. Puis il se leva, suivit Élie, et fut à son service.

Chapitre 20

¹Ben Hadad, roi de Syrie, rassembla toute son armée; il avait avec lui trente-deux rois, des chevaux et des chars. Il monta, mit le siège devant Samarie et l'attaqua.

²Il envoya dans la ville des messagers à Achab, roi d'Israël,

³et lui fit dire: Ainsi parle Ben Hadad: Ton argent et ton or sont à moi, tes femmes et tes plus beaux enfants sont à moi.

⁴Le roi d'Israël répondit: Roi, mon seigneur, comme tu le dis, je suis à toi avec tout ce que j'ai.

⁵Les messagers retournèrent, et dirent: Ainsi parle Ben Hadad: Je t'ai fait dire: Tu me livreras ton argent et ton or, tes femmes et tes enfants.

⁶J'enverrai donc demain, à cette heure, mes serviteurs chez toi; ils fouilleront ta maison et les maisons de tes serviteurs, ils mettront la main sur tout ce que tu as de précieux, et ils l'emporteront.

⁷Le roi d'Israël appela tous les anciens du pays, et il dit: Sentez bien et comprenez que cet homme nous veut du mal; car il m'a envoyé demander mes femmes et mes enfants, mon argent et mon or, et je ne lui avais pas refusé!

⁸Tous les anciens et tout le peuple dirent à Achab: Ne l'écoute pas et ne consens pas.

⁹Et il dit aux messagers de Ben Hadad: Dites à mon seigneur le roi: Je ferai tout ce que tu as envoyé demander à ton serviteur la première fois; mais pour cette chose, je ne puis pas la faire. Les messagers s'en allèrent, et lui portèrent la réponse.

¹⁰Ben Hadad envoya dire à Achab: Que les dieux me traitent dans toute leur rigueur, si la poussière de Samarie suffit pour remplir le creux de la main de tout le peuple qui me suit!

¹¹Et le roi d'Israël répondit: Que celui qui revêt une armure ne se glorifie pas comme celui qui la dépose.

¹²Lorsque Ben Hadad reçut cette réponse, il était à boire avec les rois sous les tentes, et il dit à ses serviteurs: Faites vos préparatifs! Et ils firent leurs préparatifs contre la ville.

¹³Mais voici, un prophète s'approcha d'Achab, roi d'Israël, et il dit: Ainsi parle l'Éternel: Vois-tu toute cette grande multitude? Je vais la livrer aujourd'hui entre tes mains, et tu sauras que je suis l'Éternel.

¹⁴Achab dit: Par qui? Et il répondit: Ainsi parle l'Éternel: Par les serviteurs des chefs des provinces. Achab dit: Qui engagera le combat? Et il répondit: Toi.

¹⁵Alors Achab passa en revue les serviteurs des chefs des provinces, et il s'en trouva deux cent trente-deux; et après eux, il passa en revue tout le peuple, tous les enfants d'Israël, et ils étaient sept mille.

¹⁶Ils firent une sortie à midi. Ben Hadad buvait et s'enivrait sous les tentes avec les trente-deux rois, ses auxiliaires.

¹⁷Les serviteurs des chefs des provinces sortirent les premiers. Ben Hadad s'informa, et on lui fit ce rapport: Des hommes sont sortis de Samarie.

¹⁸Il dit: S'ils sortent pour la paix, saisissez-les vivants; et s'ils sortent pour le combat, saisissez-les vivants.

¹⁹Lorsque les serviteurs des chefs des provinces et l'armée qui les suivait furent sortis de la ville,

²⁰chacun frappa son homme, et les Syriens prirent la fuite. Israël les poursuivit. Ben Hadad, roi de Syrie, se sauva sur un cheval, avec des cavaliers.

²¹Le roi d'Israël sortit, frappa les chevaux et les chars, et fit éprouver aux Syriens une grande défaite.

²²Alors le prophète s'approcha du roi d'Israël, et lui dit: Va, fortifie toi, examine et vois ce que tu as à faire; car, au retour de l'année, le roi de Syrie montera contre toi.

²³Les serviteurs du roi de Syrie lui dirent: Leur dieu est un dieu de montagnes; c'est pourquoi ils ont été plus forts que nous. Mais combattons-les dans la plaine, et l'on verra si nous ne serons pas plus forts qu'eux.

²⁴Fais encore ceci: ôte chacun des rois de son poste, et remplace-les par des chefs;

²⁵et forme-toi une armée pareille à celle que tu as perdue, avec autant de chevaux et autant de chars. Puis nous les combattrons dans la plaine, et l'on verra si nous ne serons pas plus forts qu'eux. Il les écouta, et fit ainsi.

²⁶L'année suivante, Ben Hadad passa les Syriens en revue, et monta vers Aphek pour combattre Israël.

²⁷Les enfants d'Israël furent aussi passés en revue; ils reçurent des vivres, et ils marchèrent à la rencontre des Syriens. Ils campèrent vis-à-vis d'eux, semblables à deux petits troupeaux de chèvres, tandis que les Syriens remplissaient le pays.

²⁸L'homme de Dieu s'approcha, et dit au roi d'Israël: Ainsi parle l'Éternel: Parce que les Syriens ont dit: L'Éternel est un dieu des montagnes et non un dieu des vallées, je livrerai toute cette grande multitude entre tes mains, et vous saurez que je suis l'Éternel.

²⁹Ils campèrent sept jours en face les uns des autres. Le septième jour, le combat s'engagea, et les enfants d'Israël tuèrent aux Syriens cent mille hommes de pied en un jour.

³⁰Le reste s'enfuit à la ville d'Aphek, et la muraille tomba sur vingt-sept mille hommes qui restaient. Ben Hadad s'était réfugié dans la ville, où il allait de chambre en chambre.

³¹Ses serviteurs lui dirent: Voici, nous avons appris que les rois de la maison d'Israël sont des rois miséricordieux; nous allons mettre des sacs sur nos reins et des cordes à nos têtes, et nous sortirons vers le roi d'Israël: peut-être qu'il te laissera la vie.

³²Ils se mirent des sacs autour des reins et des cordes autour de la tête, et ils allèrent auprès du roi d'Israël. Ils dirent: Ton serviteur Ben Hadad dit: Laisse-moi la vie! Achab répondit: Est-il encore vivant? Il est mon frère.

³³Ces hommes tirèrent de là un bon augure, et ils se hâtèrent de le prendre au mot et de dire: Ben Hadad est ton frère! Et il dit: Allez, amenez-le. Ben Hadad vint vers lui, et Achab le fit monter sur son char.

³⁴Ben Hadad lui dit: Je te rendrai les villes que mon père a prises à ton père; et tu établiras pour toi des rues à Damas, comme mon père en avait établies à Samarie. Et moi, reprit Achab, je te laisserai aller, en faisant une alliance. Il fit alliance avec lui, et le laissa aller.

³⁵L'un des fils des prophètes dit à son compagnon, d'après l'ordre de l'Éternel: Frappe-moi, je te prie! Mais cet homme refusa de le frapper.

³⁶Alors il lui dit: Parce que tu n'as pas obéi à la voix de l'Éternel, voici, quand tu m'auras quitté, le lion te frappera. Et quand il l'eut quitté, le lion le rencontra et le frappa.

³⁷Il trouva un autre homme, et il dit: Frappe-moi, je te prie! Cet homme le frappa et le blessa.

³⁸Le prophète alla se placer sur le chemin du roi, et il se déguisa avec un bandeau sur les yeux.

³⁹Lorsque le roi passa, il cria vers lui, et dit: Ton serviteur était au

1 Rois

milieu du combat; et voici, un homme s'approche et m'amène un homme, en disant: Garde cet homme; s'il vient à manquer, ta vie répondra de sa vie, ou tu paieras un talent d'argent!

⁴⁰Et pendant que ton serviteur agissait çà et là, l'homme a disparu. Le roi d'Israël lui dit: C'est là ton jugement; tu l'as prononcé toi-même.

⁴¹Aussitôt le prophète ôta le bandeau de dessus ses yeux, et le roi d'Israël le reconnut pour l'un des prophètes.

⁴²Il dit alors au roi: Ainsi parle l'Éternel: Parce que tu as laissé échapper de tes mains l'homme que j'avais dévoué par interdit, ta vie répondra de sa vie, et ton peuple de son peuple.

⁴³Le roi d'Israël s'en alla chez lui, triste et irrité, et il arriva à Samarie.

Chapitre 21

¹Après ces choses, voici ce qui arriva. Naboth, de Jizreel, avait une vigne à Jizreel, à côté du palais d'Achab, roi de Samarie.

²Et Achab parla ainsi à Naboth: Cède-moi ta vigne, pour que j'en fasse un jardin potager, car elle est tout près de ma maison. Je te donnerai à la place une vigne meilleure; ou, si cela te convient, je te paierai la valeur en argent.

³Mais Naboth répondit à Achab: Que l'Éternel me garde de te donner l'héritage de mes pères!

⁴Achab rentra dans sa maison, triste et irrité, à cause de cette parole que lui avait dite Naboth de Jizreel: Je ne te donnerai pas l'héritage de mes pères! Et il se coucha sur son lit, détourna le visage, et ne mangea rien.

⁵Jézabel, sa femme, vint auprès de lui, et lui dit: Pourquoi as-tu l'esprit triste et ne manges-tu point?

⁶Il lui répondit: J'ai parlé à Naboth de Jizreel, et je lui ai dit: Cède-moi ta vigne pour de l'argent; ou, si tu veux, je te donnerai une autre vigne à la place. Mais il a dit: Je ne te donnerai pas ma vigne!

⁷Alors Jézabel, sa femme, lui dit: Est-ce bien toi maintenant qui exerces la souveraineté sur Israël? Lève-toi, prends de la nourriture, et que ton coeur se réjouisse; moi, je te donnerai la vigne de Naboth de Jizreel.

⁸Et elle écrivit au nom d'Achab des lettres qu'elle scella du sceau d'Achab, et qu'elle envoya aux anciens et aux magistrats qui habitaient avec Naboth dans sa ville.

⁹Voici ce qu'elle écrivit dans ces lettres: Publiez un jeûne; placez Naboth à la tête du peuple,

¹⁰et mettez en face de lui deux méchants hommes qui déposeront ainsi contre lui: Tu as maudit Dieu et le roi! Puis menez-le dehors, lapidez-le, et qu'il meure.

¹¹Les gens de la ville de Naboth, les anciens et les magistrats qui habitaient dans la ville, agirent comme Jézabel le leur avait fait dire, d'après ce qui était écrit dans les lettres qu'elle leur avait envoyées.

¹²Ils publièrent un jeûne, et ils placèrent Naboth à la tête du peuple;

¹³les deux méchants hommes vinrent se mettre en face de lui, et ces méchants hommes déposèrent ainsi devant le peuple contre Naboth: Naboth a maudit Dieu et le roi! Puis ils le menèrent hors de la ville, ils le lapidèrent, et il mourut.

¹⁴Et ils envoyèrent dire à Jézabel: Naboth a été lapidé, et il est mort.

¹⁵Lorsque Jézabel apprit que Naboth avait été lapidé et qu'il était mort, elle dit à Achab: Lève-toi, prends possession de la vigne de Naboth de Jizreel, qui a refusé de te la céder pour de l'argent; car Naboth n'est plus en vie, il est mort.

¹⁶Achab, entendant que Naboth était mort, se leva pour descendre à la vigne de Naboth de Jizreel, afin d'en prendre possession.

¹⁷Alors la parole de l'Éternel fut adressée à Élie, le Thischbite, en ces mots:

¹⁸Lève-toi, descends au-devant d'Achab, roi d'Israël à Samarie; le voilà dans la vigne de Naboth, où il est descendu pour en prendre possession.

¹⁹Tu lui diras: Ainsi parle l'Éternel: N'es-tu pas un assassin et un voleur? Et tu lui diras: Ainsi parle l'Éternel: Au lieu même où les chiens ont léché le sang de Naboth, les chiens lécheront aussi ton propre sang.

²⁰Achab dit à Élie: M'as-tu trouvé, mon ennemi? Et il répondit: Je t'ai trouvé, parce que tu t'es vendu pour faire ce qui est mal aux yeux de l'Éternel.

²¹Voici, je vais faire venir le malheur sur toi; je te balaierai, j'exterminerai quiconque appartient à Achab, celui qui est esclave et celui qui est libre en Israël,

²²et je rendrai ta maison semblable à la maison de Jéroboam, fils de Nebath, et à la maison de Baescha, fils d'Achija, parce que tu m'as irrité et que tu as fais pécher Israël.

²³L'Éternel parle aussi sur Jézabel, et il dit: Les chiens mangeront Jézabel près du rempart de Jizreel.

²⁴Celui de la maison d'Achab qui mourra dans la ville sera mangé par les chiens, et celui qui mourra dans les champs sera mangé par les oiseaux du ciel.

²⁵Il n'y a eu personne qui se soit vendu comme Achab pour faire ce qui est mal aux yeux de l'Éternel, et Jézabel, sa femme, l'y excitait.

²⁶Il a agi de la manière la plus abominable, en allant après les idoles, comme le faisaient les Amoréens, que l'Éternel chassa devant les enfants d'Israël.

²⁷Après avoir entendu les paroles d'Élie, Achab déchira ses vêtements, il mit un sac sur son corps, et il jeûna; il couchait avec ce sac, et il marchait lentement.

²⁸Et la parole de l'Éternel fut adressée à Élie, le Thischbite, en ces mots:

²⁹As-tu vu comment Achab s'est humilié devant moi? Parce qu'il s'est humilié devant moi, je ne ferai pas venir le malheur pendant sa vie; ce sera pendant la vie de son fils que je ferai venir le malheur sur sa maison.

Chapitre 22

¹On resta trois ans sans qu'il y eût guerre entre la Syrie et Israël.

²La troisième année, Josaphat, roi de Juda, descendit auprès du roi d'Israël.

³Le roi d'Israël dit à ses serviteurs: Savez-vous que Ramoth en Galaad est à nous? Et nous ne nous inquiétons pas de la reprendre des mains du roi de Syrie!

⁴Et il dit à Josaphat: Veux-tu venir avec moi attaquer Ramoth en Galaad? Josaphat répondit au roi d'Israël: Nous irons, moi comme toi, mon peuple comme ton peuple, mes chevaux comme tes chevaux.

⁵Puis Josaphat dit au roi d'Israël: Consulte maintenant, je te prie, la parole de l'Éternel.

⁶Le roi d'Israël assembla les prophètes, au nombre d'environ quatre cents, et leur dit: Irai-je attaquer Ramoth en Galaad, ou dois-je y renoncer? Et ils répondirent: Monte, et le Seigneur la livrera entre les mains du roi.

⁷Mais Josaphat dit: N'y a-t-il plus ici aucun prophète de l'Éternel, par qui nous puissions le consulter?

⁸Le roi d'Israël répondit à Josaphat: Il y a encore un homme par qui l'on pourrait consulter l'Éternel; mais je le hais, car il ne me prophétise rien de bon, il ne prophétise que du mal: c'est Michée, fils de Jimla. Et Josaphat dit: Que le roi ne parle pas ainsi!

⁹Alors le roi d'Israël appela un eunuque, et dit: Fais venir de suite Michée, fils de Jimla.

¹⁰Le roi d'Israël et Josaphat, roi de Juda, étaient assis chacun sur son trône, revêtus de leurs habits royaux, dans la place à l'entrée de la porte de Samarie. Et tous les prophètes prophétisaient devant eux.

¹¹Sédécias, fils de Kenaana, s'était fait des cornes de fer, et il dit: Ainsi parle l'Éternel: Avec ces cornes tu frapperas les Syriens jusqu'à les détruire.

¹²Et tous les prophètes prophétisaient de même, en disant: Monte à Ramoth en Galaad! tu auras du succès, et l'Éternel la livrera entre les mains du roi.

¹³Le messager qui était allé appeler Michée lui parla ainsi: Voici, les prophètes, d'un commun accord, prophétisent du bien au roi; que ta parole soit donc comme la parole de chacun d'eux! annonce du bien!

¹⁴Michée répondit: L'Éternel est vivant! j'annoncerai ce que l'Éternel me dira.

¹⁵Lorsqu'il fut arrivé auprès du roi, le roi lui dit: Michée, irons-nous attaquer Ramoth en Galaad, ou devons-nous y renoncer? Il lui répondit: Monte! tu auras du succès, et l'Éternel la livrera entre les mains du roi.

¹⁶Et le roi lui dit: Combien de fois me faudra-t-il te faire jurer de ne me dire que la vérité au nom de l'Éternel?

¹⁷Michée répondit: Je vois tout Israël dispersé sur les montagnes, comme des brebis qui n'ont point de berger; et l'Éternel dit: Ces gens n'ont point de maître, que chacun retourne en paix dans sa maison!

¹⁸Le roi d'Israël dit à Josaphat: Ne te l'ai-je pas dit? Il ne prophétise sur moi rien de bon, il ne prophétise que du mal.

¹⁹Et Michée dit: Écoute donc la parole de l'Éternel! J'ai vu l'Éternel assis sur son trône, et toute l'armée des cieux se tenant auprès de lui, à sa droite et à sa gauche.

²⁰Et l'Éternel dit: Qui séduira Achab, pour qu'il monte à Ramoth en Galaad et qu'il y périsse? Ils répondirent l'un d'une manière, l'autre d'une autre.

²¹Et un esprit vint se présenter devant l'Éternel, et dit: Moi, je le séduirai. L'Éternel lui dit: Comment?

²²Je sortirai, répondit-il, et je serai un esprit de mensonge dans la bouche de tous ses prophètes. L'Éternel dit: Tu le séduiras, et tu en viendras à bout; sors, et fais ainsi!

²³Et maintenant, voici, l'Éternel a mis un esprit de mensonge dans la bouche de tous tes prophètes qui sont là. Et l'Éternel a prononcé du mal contre toi.

²⁴Alors Sédécias, fils de Kenaana, s'étant approché, frappa Michée sur la joue, et dit: Par où l'esprit de l'Éternel est-il sorti de moi pour te parler?

²⁵Michée répondit: Tu le verras au jour où tu iras de chambre en chambre pour te cacher.

²⁶Le roi d'Israël dit: Prends Michée, et emmène-le vers Amon, chef de la ville, et vers Joas, fils du roi.

²⁷Tu diras: Ainsi parle le roi: Mettez cet homme en prison, et nourrissez-le du pain et de l'eau d'affliction, jusqu'à ce que je revienne en paix.

²⁸Et Michée dit: Si tu reviens en paix, l'Éternel n'a point parlé par moi. Il dit encore: Vous tous, peuples, entendez!

²⁹Le roi d'Israël et Josaphat, roi de Juda, montèrent à Ramoth en Galaad.

³⁰Le roi d'Israël dit à Josaphat: Je veux me déguiser pour aller au combat; mais toi, revêts-toi de tes habits. Et le roi d'Israël se déguisa, et alla au combat.

³¹Le roi de Syrie avait donné cet ordre aux trente-deux chefs de ses chars: Vous n'attaquerez ni petits ni grands, mais vous attaquerez seulement le roi d'Israël.

³²Quand les chefs des chars aperçurent Josaphat, ils dirent: Certainement, c'est le roi d'Israël. Et ils s'approchèrent de lui pour l'attaquer. Josaphat poussa un cri.

³³Les chefs des chars, voyant que ce n'était pas le roi d'Israël, s'éloignèrent de lui.

³⁴Alors un homme tira de son arc au hasard, et frappa le roi d'Israël au défaut de la cuirasse. Le roi dit à celui qui dirigeait son char: Tourne, et fais-moi sortir du champ de bataille, car je suis blessé.

³⁵Le combat devint acharné ce jour-là. Le roi fut retenu dans son char en face des Syriens, et il mourut le soir. Le sang de la blessure coula dans l'intérieur du char.

³⁶Au coucher du soleil, on cria par tout le camp: Chacun à sa ville et chacun dans son pays!

³⁷Ainsi mourut le roi, qui fut ramené à Samarie; et on enterra le roi à Samarie.

³⁸Lorsqu'on lava le char à l'étang de Samarie, les chiens léchèrent le sang d'Achab, et les prostituées s'y baignèrent, selon la parole que l'Éternel avait prononcée.

³⁹Le reste des actions d'Achab, tout ce qu'il a fait, la maison d'ivoire qu'il construisit, et toutes les villes qu'il a bâties, cela n'est-il pas écrit dans le livre des Chroniques des rois d'Israël?

⁴⁰Achab se coucha avec ses pères. Et Achazia, son fils, régna à sa place.

⁴¹Josaphat, fils d'Asa, régna sur Juda, la quatrième année d'Achab, roi d'Israël.

⁴²Josaphat avait trente-cinq ans lorsqu'il devint roi, et il régna vingt cinq ans à Jérusalem. Sa mère s'appelait Azuba, fille de Schilchi.

⁴³Il marcha dans toute la voie d'Asa, son père, et ne s'en détourna point, faisant ce qui est droit aux yeux de l'Éternel. Seulement, les hauts lieux ne disparurent point; le peuple offrait encore des sacrifices et des parfums sur les hauts lieux.

⁴⁴Josaphat fut en paix avec le roi d'Israël.

⁴⁵Le reste des actions de Josaphat, ses exploits et ses guerres, cela n'est-il pas écrit dans le livre des Chroniques des rois de Juda?

⁴⁶Il ôta du pays le reste des prostitués, qui s'y trouvaient encore depuis le temps d'Asa, son père.

⁴⁷Il n'y avait point de roi en Édom: c'était un intendant qui gouvernait.

⁴⁸Josaphat construisit des navires de Tarsis pour aller à Ophir chercher de l'or; mais il n'y alla point, parce que les navires se brisèrent à Etsjon Guéber.

⁴⁹Alors Achazia, fils d'Achab, dit à Josaphat: Veux-tu que mes serviteurs aillent avec les tiens sur des navires? Et Josaphat ne voulut pas.

⁵⁰Josaphat se coucha avec ses pères, et il fut enterré avec ses pères dans la ville de David, son père. Et Joram, son fils, régna à sa place.

⁵¹Achazia, fils d'Achab, régna sur Israël à Samarie, la dix-septième année de Josaphat, roi de Juda. Il régna deux ans sur Israël.

⁵²Il fit ce qui est mal aux yeux de l'Éternel, et il marcha dans la voie de son père et dans la voie de sa mère, et dans la voie de Jéroboam, fils de Nebath, qui avait fait pécher Israël.

⁵³Il servit Baal et se prosterna devant lui, et il irrita l'Éternel, le Dieu d'Israël, comme avait fait son père.

2 Rois

Chapitre 1

¹Moab se révolta contre Israël, après la mort d'Achab.

²Or Achazia tomba par le treillis de sa chambre haute à Samarie, et il en fut malade. Il fit partir des messagers, et leur dit: Allez, consultez Baal Zebub, dieu d'Ékron, pour savoir si je guérirai de cette maladie.

³Mais l'ange de l'Éternel dit à Élie, le Thischbite: Lève-toi, monte à la rencontre des messagers du roi de Samarie, et dis-leur: Est-ce parce qu'il n'y a point de Dieu en Israël que vous allez consulter Baal Zebub, dieu d'Ékron?

⁴C'est pourquoi ainsi parle l'Éternel: Tu ne descendras pas du lit sur lequel tu es monté, car tu mourras. Et Élie s'en alla.

⁵Les messagers retournèrent auprès d'Achazia. Et il leur dit: Pourquoi revenez-vous?

⁶Ils lui répondirent: Un homme est monté à notre rencontre, et nous a dit: Allez, retournez vers le roi qui vous a envoyés, et dites-lui: Ainsi parle l'Éternel: Est-ce parce qu'il n'y a point de Dieu en Israël que tu envoies consulter Baal Zebub, dieu d'Ékron? C'est pourquoi tu ne descendras pas du lit sur lequel tu es monté, car tu mourras.

⁷Achazia leur dit: Quel air avait l'homme qui est monté à votre rencontre et qui vous a dit ces paroles?

⁸Ils lui répondirent: C'était un homme vêtu de poil et ayant une ceinture de cuir autour des reins. Et Achazia dit: C'est Élie, le Thischbite.

⁹Il envoya vers lui un chef de cinquante avec ses cinquante hommes. Ce chef monta auprès d'Élie, qui était assis sur le sommet de la montagne, et il lui dit: Homme de Dieu, le roi a dit: Descends!

¹⁰Élie répondit au chef de cinquante: Si je suis un homme de Dieu, que le feu descende du ciel et te consume, toi et tes cinquante hommes! Et le feu descendit du ciel et le consuma, lui et ses cinquante hommes.

¹¹Achazia envoya de nouveau vers lui un autre chef de cinquante avec ses cinquante hommes. Ce chef prit la parole et dit à Élie: Homme de Dieu, ainsi a dit le roi: Hâte-toi de descendre!

¹²Élie leur répondit: Si je suis un homme de Dieu, que le feu descende du ciel et te consume, toi et tes cinquante hommes! Et le feu de Dieu descendit du ciel et le consuma, lui et ses cinquante hommes.

¹³Achazia envoya de nouveau un troisième chef de cinquante avec ses cinquante hommes. Ce troisième chef de cinquante monta; et à son arrivée, il fléchit les genoux devant Élie, et lui dit en suppliant: Homme de Dieu, que ma vie, je te prie, et que la vie de ces cinquante hommes tes serviteurs soit précieuse à tes yeux!

¹⁴Voici, le feu est descendu du ciel et a consumé les deux premiers chefs de cinquante et leurs cinquante hommes: mais maintenant, que ma vie soit précieuse à tes yeux!

¹⁵L'ange de l'Éternel dit à Élie: Descends avec lui, n'aie aucune crainte de lui. Élie se leva et descendit avec lui vers le roi.

¹⁶Il lui dit: Ainsi parle l'Éternel: Parce que tu as envoyé des messagers pour consulter Baal Zebub, dieu d'Ékron, comme s'il n'y avait en Israël point de Dieu dont on puisse consulter la parole, tu ne descendras pas du lit sur lequel tu es monté, car tu mourras.

¹⁷Achazia mourut, selon la parole de l'Éternel prononcée par Élie. Et Joram régna à sa place, la seconde année de Joram, fils de Josaphat, roi de Juda; car il n'avait point de fils.

¹⁸Le reste des actions d'Achazia, et ce qu'il a fait, cela n'est-il pas écrit dans le livre des Chroniques des rois d'Israël?

Chapitre 2

¹Lorsque l'Éternel fit monter Élie au ciel dans un tourbillon, Élie partait de Guilgal avec Élisée.

²Élie dit à Élisée: Reste ici, je te prie, car l'Éternel m'envoie jusqu'à Béthel. Élisée répondit: L'Éternel est vivant et ton âme est vivante! je ne te quitterai point. Et ils descendirent à Béthel.

³Les fils des prophètes qui étaient à Béthel sortirent vers Élisée, et lui dirent: Sais-tu que l'Éternel enlève aujourd'hui ton maître au-dessus de ta tête? Et il répondit: Je le sais aussi; taisez-vous.

⁴Élie lui dit: Élisée, reste ici, je te prie, car l'Éternel m'envoie à Jéricho. Il répondit: L'Éternel est vivant et ton âme est vivante! je ne te quitterai point. Et ils arrivèrent à Jéricho.

⁵Les fils des prophètes qui étaient à Jéricho s'approchèrent d'Élisée, et lui dirent: Sais-tu que l'Éternel enlève aujourd'hui ton maître au-dessus de ta tête? Et il répondit: Je le sais aussi; taisez-vous.

⁶Élie lui dit: Reste ici, je te prie, car l'Éternel m'envoie au Jourdain. Il répondit: L'Éternel est vivant et ton âme est vivante! je ne te quitterai point. Et ils poursuivirent tous deux leur chemin.

⁷Cinquante hommes d'entre les fils des prophètes arrivèrent et s'arrêtèrent à distance vis-à-vis, et eux deux s'arrêtèrent au bord du Jourdain.

⁸Alors Élie prit son manteau, le roula, et en frappa les eaux, qui se partagèrent çà et là, et ils passèrent tous deux à sec.

⁹Lorsqu'ils eurent passé, Élie dit à Élisée: Demande ce que tu veux que je fasse pour toi, avant que je sois enlevé d'avec toi. Élisée répondit: Qu'il y ait sur moi, je te prie, une double portion de ton esprit!

¹⁰Élie dit: Tu demandes une chose difficile. Mais si tu me vois pendant que je serai enlevé d'avec toi, cela t'arrivera ainsi; sinon, cela n'arrivera pas.

¹¹Comme ils continuaient à marcher en parlant, voici, un char de feu et des chevaux de feu les séparèrent l'un de l'autre, et Élie monta au ciel dans un tourbillon.

¹²Élisée regardait et criait: Mon père! mon père! Char d'Israël et sa cavalerie! Et il ne le vit plus. Saisissant alors ses vêtements, il les déchira en deux morceaux,

¹³et il releva le manteau qu'Élie avait laissé tomber. Puis il retourna, et s'arrêta au bord du Jourdain;

¹⁴il prit le manteau qu'Élie avait laissé tomber, et il en frappa les eaux, et dit: Où est l'Éternel, le Dieu d'Élie? Lui aussi, il frappa les eaux, qui se partagèrent çà et là, et Élisée passa.

¹⁵Les fils des prophètes qui étaient à Jéricho, vis-à-vis, l'ayant vu, dirent: L'esprit d'Élie repose sur Élisée! Et ils allèrent à sa rencontre, et se prosternèrent contre terre devant lui.

¹⁶Ils lui dirent: Voici, il y a parmi tes serviteurs cinquante hommes vaillants; veux-tu qu'ils aillent chercher ton maître? Peut-être que l'esprit de l'Éternel l'a emporté et l'a jeté sur quelque montagne ou dans quelque vallée. Il répondit: Ne les envoyez pas.

¹⁷Mais ils le pressèrent longtemps; et il dit: Envoyez-les. Ils envoyèrent les cinquante hommes, qui cherchèrent Élie pendant trois jours et ne le trouvèrent point.

¹⁸Lorsqu'ils furent de retour auprès d'Élisée, qui était à Jéricho, il leur dit: Ne vous avais-je pas dit: N'allez pas?

¹⁹Les gens de la ville dirent à Élisée: Voici, le séjour de la ville est bon, comme le voit mon seigneur; mais les eaux sont mauvaises, et le pays est stérile.

²⁰Il dit: Apportez-moi un plat neuf, et mettez-y du sel. Et ils le lui apportèrent.

²¹Il alla vers la source des eaux, et il y jeta du sel, et dit: Ainsi parle l'Éternel: J'assainis ces eaux; il n'en proviendra plus ni mort, ni stérilité.

²²Et les eaux furent assainies, jusqu'à ce jour, selon la parole qu'Élisée avait prononcée.

²³Il monta de là à Béthel; et comme il cheminait à la montée, des petits garçons sortirent de la ville, et se moquèrent de lui. Ils lui disaient: Monte, chauve! monte, chauve!

²⁴Il se retourna pour les regarder, et il les maudit au nom de l'Éternel. Alors deux ours sortirent de la forêt, et déchirèrent quarante-deux de ces enfants.

²⁵De là il alla sur la montagne du Carmel, d'où il retourna à Samarie.

Chapitre 3

¹Joram, fils d'Achab, régna sur Israël à Samarie, la dix-huitième année de Josaphat, roi de Juda. Il régna douze ans.

²Il fit ce qui est mal aux yeux de l'Éternel, non pas toutefois comme son père et sa mère. Il renversa les statues de Baal que son père avait faites;

³mais il se livra aux péchés de Jéroboam, fils de Nebath, qui avait fait pécher Israël, et il ne s'en détourna point.

⁴Mécha, roi de Moab, possédait des troupeaux, et il payait au roi d'Israël un tribut de cent mille agneaux et de cent mille béliers avec leur laine.

⁵A la mort d'Achab, le roi de Moab se révolta contre le roi d'Israël.

⁶Le roi Joram sortit alors de Samarie, et passa en revue tout Israël.

⁷Il se mit en marche, et il fit dire à Josaphat, roi de Juda: Le roi de Moab s'est révolté contre moi; veux-tu venir avec moi attaquer Moab? Josaphat répondit: J'irai, moi comme toi, mon peuple comme ton peuple, mes chevaux comme tes chevaux.

⁸Et il dit: Par quel chemin monterons-nous? Joram dit: Par le chemin du désert d'Édom.

⁹Le roi d'Israël, le roi de Juda et le roi d'Édom, partirent; et après une marche de sept jours, ils manquèrent d'eau pour l'armée et pour les

bêtes qui la suivaient.

¹⁰Alors le roi d'Israël dit: Hélas! l'Éternel a appelé ces trois rois pour les livrer entre les mains de Moab.

¹¹Mais Josaphat dit: N'y a-t-il ici aucun prophète de l'Éternel, par qui nous puissions consulter l'Éternel? L'un des serviteurs du roi d'Israël répondit: Il y a ici Élisée, fils de Schaphath, qui versait l'eau sur les mains d'Élie.

¹²Et Josaphat dit: La parole de l'Éternel est avec lui. Le roi d'Israël, Josaphat et le roi d'Édom, descendirent auprès de lui.

¹³Élisée dit au roi d'Israël: Qu'y a-t-il entre moi et toi? Va vers les prophètes de ton père et vers les prophètes de ta mère. Et le roi d'Israël lui dit: Non! car l'Éternel a appelé ces trois rois pour les livrer entre les mains de Moab.

¹⁴Élisée dit: L'Éternel des armées, dont je suis le serviteur, est vivant! si je n'avais égard à Josaphat, roi de Juda, je ne ferais aucune attention à toi et je ne te regarderais pas.

¹⁵Maintenant, amenez-moi un joueur de harpe. Et comme le joueur de harpe jouait, la main de l'Éternel fut sur Élisée.

¹⁶Et il dit: Ainsi parle l'Éternel: Faites dans cette vallée des fosses, des fosses!

¹⁷Car ainsi parle l'Éternel: Vous n'apercevrez point de vent et vous ne verrez point de pluie, et cette vallée se remplira d'eau, et vous boirez, vous, vos troupeaux et votre bétail.

¹⁸Mais cela est peu de chose aux yeux de l'Éternel. Il livrera Moab entre vos mains;

¹⁹vous frapperez toutes les villes fortes et toutes les villes d'élite, vous abattrez tous les bons arbres, vous boucherez toutes les sources d'eau, et vous ruinerez avec des pierres tous les meilleurs champs.

²⁰Or le matin, au moment de la présentation de l'offrande, voici, l'eau arriva du chemin d'Édom, et le pays fut rempli d'eau.

²¹Cependant, tous les Moabites ayant appris que les rois montaient pour les attaquer, on convoqua tous ceux en âge de porter les armes et même au-dessus, et ils se tinrent sur la frontière.

²²Ils se levèrent de bon matin, et quand le soleil brilla sur les eaux, les Moabites virent en face d'eux les eaux rouges comme du sang.

²³Ils dirent: C'est du sang! les rois ont tiré l'épée entre eux, ils se sont frappés les uns les autres; maintenant, Moabites, au pillage!

²⁴Et ils marchèrent contre le camp d'Israël. Mais Israël se leva, et frappa Moab, qui prit la fuite devant eux. Ils pénétrèrent dans le pays, et frappèrent Moab.

²⁵Ils renversèrent les villes, ils jetèrent chacun des pierres dans tous les meilleurs champs et les en remplirent, ils bouchèrent toutes les sources d'eau, et ils abattirent tous les bons arbres; et les frondeurs enveloppèrent et battirent Kir Haréseth, dont on ne laissa que les pierres.

²⁶Le roi de Moab, voyant qu'il avait le dessous dans le combat, prit avec lui sept cents hommes tirant l'épée pour se frayer un passage jusqu'au roi d'Édom; mais ils ne purent pas.

²⁷Il prit alors son fils premier-né, qui devait régner à sa place, et il l'offrit en holocauste sur la muraille. Et une grande indignation s'empara d'Israël, qui s'éloigna du roi de Moab et retourna dans son pays.

Chapitre 4

¹Une femme d'entre les femmes des fils des prophètes cria à Élisée, en disant: Ton serviteur mon mari est mort, et tu sais que ton serviteur craignait l'Éternel; or le créancier est venu pour prendre mes deux enfants et en faire ses esclaves.

²Élisée lui dit: Que puis-je faire pour toi? Dis-moi, qu'as-tu à la maison? Elle répondit: Ta servante n'a rien du tout à la maison qu'un vase d'huile.

³Et il dit: Va demander au dehors des vases chez tous tes voisins, des vases vides, et n'en demande pas un petit nombre.

⁴Quand tu seras rentrée, tu fermeras la porte sur toi et sur tes enfants; tu verseras dans tous ces vases, et tu mettras de côté ceux qui seront pleins.

⁵Alors elle le quitta. Elle ferma la porte sur elle et sur ses enfants; ils lui présentaient les vases, et elle versait.

⁶Lorsque les vases furent pleins, elle dit à son fils: Présente-moi encore un vase. Mais il lui répondit: Il n'y a plus de vase. Et l'huile s'arrêta.

⁷Elle alla le rapporter à l'homme de Dieu, et il dit: Va vendre l'huile, et paie ta dette; et tu vivras, toi et tes fils, de ce qui restera.

⁸Un jour Élisée passait par Sunem. Il y avait là une femme de distinction, qui le pressa d'accepter à manger. Et toutes les fois qu'il passait, il se rendait chez elle pour manger.

⁹Elle dit à son mari: Voici, je sais que cet homme qui passe toujours chez nous est un saint homme de Dieu.

¹⁰Faisons une petite chambre haute avec des murs, et mettons-y pour lui un lit, une table, un siège et un chandelier, afin qu'il s'y retire quand il viendra chez nous.

¹¹Élisée, étant revenu à Sunem, se retira dans la chambre haute et y coucha.

¹²Il dit à Guéhazi, son serviteur: Appelle cette Sunamite. Guéhazi l'appela, et elle se présenta devant lui.

¹³Et Élisée dit à Guéhazi: Dis-lui: Voici, tu nous as montré tout cet empressement; que peut-on faire pour toi? Faut-il parler pour toi au roi ou au chef de l'armée? Elle répondit: J'habite au milieu de mon peuple.

¹⁴Et il dit: Que faire pour elle? Guéhazi répondit: Mais, elle n'a point de fils, et son mari est vieux.

¹⁵Et il dit: Appelle-la. Guéhazi l'appela, et elle se présenta à la porte.

¹⁶Élisée lui dit: A cette même époque, l'année prochaine, tu embrasseras un fils. Et elle dit: Non! mon seigneur, homme de Dieu, ne trompe pas ta servante!

¹⁷Cette femme devint enceinte, et elle enfanta un fils à la même époque, l'année suivante, comme Élisée lui avait dit.

¹⁸L'enfant grandit. Et un jour qu'il était allé trouver son père vers les moissonneurs,

¹⁹il dit à son père: Ma tête! ma tête! Le père dit à son serviteur: Porte-le à sa mère.

²⁰Le serviteur l'emporta et l'amena à sa mère. Et l'enfant resta sur les genoux de sa mère jusqu'à midi, puis il mourut.

²¹Elle monta, le coucha sur le lit de l'homme de Dieu, ferma la porte sur lui, et sortit.

²²Elle appela son mari, et dit: Envoie-moi, je te prie, un des serviteurs et une des ânesses; je veux aller en hâte vers l'homme de Dieu, et je reviendrai.

²³Et il dit: Pourquoi veux-tu aller aujourd'hui vers lui? Ce n'est ni nouvelle lune ni sabbat. Elle répondit: Tout va bien.

²⁴Puis elle fit seller l'ânesse, et dit à son serviteur: Mène et pars; ne m'arrête pas en route sans que je te le dise.

²⁵Elle partit donc et se rendit vers l'homme de Dieu sur la montagne du Carmel. L'homme de Dieu, l'ayant aperçue de loin, dit à Guéhazi, son serviteur: Voici cette Sunamite!

²⁶Maintenant, cours donc à sa rencontre, et dis-lui: Te portes-tu bien? Ton mari et ton enfant se portent-ils bien? Elle répondit: Bien.

²⁷Et dès qu'elle fut arrivée auprès de l'homme de Dieu sur la montagne, elle embrassa ses pieds. Guéhazi s'approcha pour la repousser. Mais l'homme de Dieu dit: Laisse-la, car son âme est dans l'amertume, et l'Éternel me l'a caché et ne me l'a point fait connaître.

²⁸Alors elle dit: Ai-je demandé un fils à mon seigneur? N'ai-je pas dit: Ne me trompe pas?

²⁹Et Élisée dit à Guéhazi: Ceins tes reins, prends mon bâton dans ta main, et pars. Si tu rencontres quelqu'un, ne le salue pas; et si quelqu'un te salue, ne lui réponds pas. Tu mettras mon bâton sur le visage de l'enfant.

³⁰La mère de l'enfant dit: L'Éternel est vivant et ton âme est vivante! je ne te quitterai point. Et il se leva et la suivit.

³¹Guéhazi les avait devancés, et il avait mis le bâton sur le visage de l'enfant; mais il n'y eut ni voix ni signe d'attention. Il s'en retourna à la rencontre d'Élisée, et lui rapporta la chose, en disant: L'enfant ne s'est pas réveillé.

³²Lorsque Élisée arriva dans la maison, voici, l'enfant était mort, couché sur son lit.

³³Élisée entra et ferma la porte sur eux deux, et il pria l'Éternel.

³⁴Il monta, et se coucha sur l'enfant; il mit sa bouche sur sa bouche, ses yeux sur ses yeux, ses mains sur ses mains, et il s'étendit sur lui. Et la chair de l'enfant se réchauffa.

³⁵Élisée s'éloigna, alla çà et là par la maison, puis remonta et s'étendit sur l'enfant. Et l'enfant éternua sept fois, et il ouvrit les yeux.

³⁶Élisée appela Guéhazi, et dit: Appelle cette Sunamite. Guéhazi l'appela, et elle vint vers Élisée, qui dit: Prends ton fils!

³⁷Elle alla se jeter à ses pieds, et se prosterna contre terre. Et elle prit son fils, et sortit.

³⁸Élisée revint à Guilgal, et il y avait une famine dans le pays. Comme les fils des prophètes étaient assis devant lui, il dit à son serviteur: Mets le grand pot, et fais cuire un potage pour les fils des prophètes.

³⁹L'un d'eux sortit dans les champs pour cueillir des herbes; il trouva de la vigne sauvage et il y cueillit des coloquintes sauvages, plein son vêtement. Quand il rentra, il les coupa en morceaux dans le pot où était le potage, car on ne les connaissait pas.

⁴⁰On servit à manger à ces hommes; mais dès qu'ils eurent mangé du potage, ils s'écrièrent: La mort est dans le pot, homme de Dieu! Et ils ne purent manger.

⁴¹Élisée dit: Prenez de la farine. Il en jeta dans le pot, et dit: Sers à ces gens, et qu'ils mangent. Et il n'y avait plus rien de mauvais dans le pot.

⁴²Un homme arriva de Baal Schalischa. Il apporta du pain des prémices à l'homme de Dieu, vingt pains d'orge, et des épis nouveaux dans son sac. Élisée dit: Donne à ces gens, et qu'ils mangent.

⁴³Son serviteur répondit: Comment pourrais-je en donner à cent personnes? Mais Élisée dit: Donne à ces gens, et qu'ils mangent; car ainsi parle l'Éternel: On mangera, et on en aura de reste.

⁴⁴Il mit alors les pains devant eux; et ils mangèrent et en eurent de reste, selon la parole de l'Éternel.

Chapitre 5

¹Naaman, chef de l'armée du roi de Syrie, jouissait de la faveur de son maître et d'une grande considération; car c'était par lui que l'Éternel avait délivré les Syriens. Mais cet homme fort et vaillant était lépreux.

²Or les Syriens étaient sortis par troupes, et ils avaient emmené captive une petite fille du pays d'Israël, qui était au service de la femme de Naaman.

³Et elle dit à sa maîtresse: Oh! si mon seigneur était auprès du prophète qui est à Samarie, le prophète le guérirait de sa lèpre!

⁴Naaman alla dire à son maître: La jeune fille du pays d'Israël a parlé de telle et telle manière.

⁵Et le roi de Syrie dit: Va, rends-toi à Samarie, et j'enverrai une lettre au roi d'Israël. Il partit, prenant avec lui dix talents d'argent, six mille sicles d'or, et dix vêtements de rechange.

⁶Il porta au roi d'Israël la lettre, où il était dit: Maintenant, quand cette lettre te sera parvenue, tu sauras que je t'envoie Naaman, mon serviteur, afin que tu le guérisses de sa lèpre.

⁷Après avoir lu la lettre, le roi d'Israël déchira ses vêtements, et dit: Suis-je un dieu, pour faire mourir et pour faire vivre, qu'il s'adresse à moi afin que je guérisse un homme de sa lèpre? Sachez donc et comprenez qu'il cherche une occasion de dispute avec moi.

⁸Lorsqu'Élisée, homme de Dieu, apprit que le roi d'Israël avait déchiré ses vêtements, il envoya dire au roi: Pourquoi as-tu déchiré tes vêtements? Laisse-le venir à moi, et il saura qu'il y a un prophète en Israël.

⁹Naaman vint avec ses chevaux et son char, et il s'arrêta à la porte de la maison d'Élisée.

¹⁰Élisée lui fit dire par un messager: Va, et lave-toi sept fois dans le Jourdain; ta chair deviendra saine, et tu seras pur.

¹¹Naaman fut irrité, et il s'en alla, en disant: Voici, je me disais: Il sortira vers moi, il se présentera lui-même, il invoquera le nom de l'Éternel, son Dieu, il agitera sa main sur la place et guérira le lépreux.

¹²Les fleuves de Damas, l'Abana et le Parpar, ne valent-ils pas mieux que toutes les eaux d'Israël? Ne pourrais-je pas m'y laver et devenir pur? Et il s'en retournait et partait avec fureur.

¹³Mais ses serviteurs s'approchèrent pour lui parler, et ils dirent: Mon père, si le prophète t'eût demandé quelque chose de difficile, ne l'aurais-tu pas fait? Combien plus dois-tu faire ce qu'il t'a dit: Lave-toi, et tu seras pur!

¹⁴Il descendit alors et se plongea sept fois dans le Jourdain, selon la parole de l'homme de Dieu; et sa chair redevint comme la chair d'un jeune enfant, et il fut pur.

¹⁵Naaman retourna vers l'homme de Dieu, avec toute sa suite. Lorsqu'il fut arrivé, il se présenta devant lui, et dit: Voici, je reconnais qu'il n'y a point de Dieu sur toute la terre, si ce n'est en Israël. Et maintenant, accepte, je te prie, un présent de la part de ton serviteur.

¹⁶Élisée répondit: L'Éternel, dont je suis le serviteur, est vivant! je n'accepterai pas. Naaman le pressa d'accepter, mais il refusa.

¹⁷Alors Naaman dit: Puisque tu refuses, permets que l'on donne de la terre à ton serviteur, une charge de deux mulets; car ton serviteur ne veut plus offrir à d'autres dieux ni holocauste ni sacrifice, il n'en offrira qu'à l'Éternel.

¹⁸Voici toutefois ce que je prie l'Éternel de pardonner à ton serviteur. Quand mon maître entre dans la maison de Rimmon pour s'y prosterner et qu'il s'appuie sur ma main, je me prosterne aussi dans la maison de Rimmon: veuille l'Éternel pardonner à ton serviteur, lorsque je me prosternerai dans la maison de Rimmon!

¹⁹Élisée lui dit: Va en paix. Lorsque Naaman eut quitté Élisée et qu'il fut à une certaine distance,

²⁰Guéhazi, serviteur d'Élisée, homme de Dieu, se dit en lui-même: Voici, mon maître a ménagé Naaman, ce Syrien, en n'acceptant pas de sa main ce qu'il avait apporté; l'Éternel est vivant! je vais courir après lui, et j'en obtiendrai quelque chose.

²¹Et Guéhazi courut après Naaman. Naaman, le voyant courir après lui, descendit de son char pour aller à sa rencontre, et dit: Tout va-t-il bien?

²²Il répondit: Tout va bien. Mon maître m'envoie te dire: Voici, il vient d'arriver chez moi deux jeunes gens de la montagne d'Éphraïm, d'entre les fils des prophètes; donne pour eux, je te prie, un talent d'argent et deux vêtements de rechange.

²³Naaman dit: Consens à prendre deux talents. Il le pressa, et il serra deux talents d'argent dans deux sacs, donna deux habits de rechange, et les fit porter devant Guéhazi par deux de ses serviteurs.

²⁴Arrivé à la colline, Guéhazi les prit de leurs mains et les déposa dans la maison, et il renvoya ces gens qui partirent.

²⁵Puis il alla se présenter à son maître. Élisée lui dit: D'où viens-tu, Guéhazi? Il répondit: Ton serviteur n'est allé ni d'un côté ni d'un autre.

²⁶Mais Élisée lui dit: Mon esprit n'était pas absent, lorsque cet homme a quitté son char pour venir à ta rencontre. Est-ce le temps de prendre de l'argent et de prendre des vêtements, puis des oliviers, des vignes, des brebis, des boeufs, des serviteurs et des servantes?

²⁷La lèpre de Naaman s'attachera à toi et à ta postérité pour toujours. Et Guéhazi sortit de la présence d'Élisée avec une lèpre comme la neige.

Chapitre 6

¹Les fils des prophètes dirent à Élisée: Voici, le lieu où nous sommes assis devant toi est trop étroit pour nous.

²Allons jusqu'au Jourdain; nous prendrons là chacun une poutre, et nous nous y ferons un lieu d'habitation. Élisée répondit: Allez.

³Et l'un d'eux dit: Consens à venir avec tes serviteurs. Il répondit: J'irai.

⁴Il partit donc avec eux. Arrivés au Jourdain, ils coupèrent du bois.

⁵Et comme l'un d'eux abattait une poutre, le fer tomba dans l'eau. Il s'écria: Ah! mon seigneur, il était emprunté!

⁶L'homme de Dieu dit: Où est-il tombé? Et il lui montra la place. Alors Élisée coupa un morceau de bois, le jeta à la même place, et fit surnager le fer.

⁷Puis il dit: Enlève-le! Et il avança la main, et le prit.

⁸Le roi de Syrie était en guerre avec Israël, et, dans un conseil qu'il tint avec ses serviteurs, il dit: Mon camp sera dans un tel lieu.

⁹Mais l'homme de Dieu fit dire au roi d'Israël: Garde-toi de passer dans ce lieu, car les Syriens y descendent.

¹⁰Et le roi d'Israël envoya des gens, pour s'y tenir en observation, vers le lieu que lui avait mentionné et signalé l'homme de Dieu. Cela arriva non pas une fois ni deux fois.

¹¹Le roi de Syrie en eut le coeur agité; il appela ses serviteurs, et leur dit: Ne voulez-vous pas me déclarer lequel de nous est pour le roi d'Israël?

¹²L'un de ses serviteurs répondit: Personne! ô roi mon seigneur; mais Élisée, le prophète, qui est en Israël, rapporte au roi d'Israël les paroles que tu prononces dans ta chambre à coucher.

¹³Et le roi dit: Allez et voyez où il est, et je le ferai prendre. On vint lui dire: Voici, il est à Dothan.

¹⁴Il y envoya des chevaux, des chars et une forte troupe, qui arrivèrent de nuit et qui enveloppèrent la ville.

¹⁵Le serviteur de l'homme de Dieu se leva de bon matin et sortit; et voici, une troupe entourait la ville, avec des chevaux et des chars. Et le serviteur dit à l'homme de Dieu: Ah! mon seigneur, comment ferons-nous?

¹⁶Il répondit: Ne crains point, car ceux qui sont avec nous sont en plus grand nombre que ceux qui sont avec eux.

¹⁷Élisée pria, et dit: Éternel, ouvre ses yeux, pour qu'il voie. Et l'Éternel ouvrit les yeux du serviteur, qui vit la montagne pleine de chevaux et de chars de feu autour d'Élisée.

¹⁸Les Syriens descendirent vers Élisée. Il adressa alors cette prière à l'Éternel: Daigne frapper d'aveuglement cette nation! Et l'Éternel les frappa d'aveuglement, selon la parole d'Élisée.

¹⁹Élisée leur dit: Ce n'est pas ici le chemin, et ce n'est pas ici la ville; suivez-moi, et je vous conduirai vers l'homme que vous cherchez. Et il les conduisit à Samarie.

²⁰Lorsqu'ils furent entrés dans Samarie, Élisée dit: Éternel, ouvre les yeux de ces gens, pour qu'ils voient! Et l'Éternel ouvrit leurs yeux, et ils virent qu'ils étaient au milieu de Samarie.

²¹Le roi d'Israël, en les voyant, dit à Élisée: Frapperai-je, frapperai-je, mon père?

²²Tu ne frapperas point, répondit Élisée; est-ce que tu frappes ceux que tu fais prisonniers avec ton épée et avec ton arc? Donne-leur du pain et de l'eau, afin qu'ils mangent et boivent; et qu'ils s'en aillent ensuite vers leur maître.

²³Le roi d'Israël leur fit servir un grand repas, et ils mangèrent et

burent; puis il les renvoya, et ils s'en allèrent vers leur maître. Et les troupes des Syriens ne revinrent plus sur le territoire d'Israël.

24Après cela, Ben Hadad, roi de Syrie, ayant rassemblé toute son armée, monta et assiégea Samarie.

25Il y eut une grande famine dans Samarie; et ils la serrèrent tellement qu'une tête d'âne valait quatre-vingts sicles d'argent, et le quart d'un kab de fiente de pigeon cinq sicles d'argent.

26Et comme le roi passait sur la muraille, une femme lui cria: Sauve-moi, ô roi, mon seigneur!

27Il répondit: Si l'Éternel ne te sauve pas, avec quoi te sauverais-je? avec le produit de l'aire ou du pressoir?

28Et le roi lui dit: Qu'as-tu? Elle répondit: Cette femme-là m'a dit: Donne ton fils! nous le mangerons aujourd'hui, et demain nous mangerons mon fils.

29Nous avons fait cuire mon fils, et nous l'avons mangé. Et le jour suivant, je lui ai dit: Donne ton fils, et nous le mangerons. Mais elle a caché son fils.

30Lorsque le roi entendit les paroles de cette femme, il déchira ses vêtements, en passant sur la muraille; et le peuple vit qu'il avait en dedans un sac sur son corps.

31Le roi dit: Que Dieu me punisse dans toute sa rigueur, si la tête d'Élisée, fils de Schaphath, reste aujourd'hui sur lui!

32Or Élisée était dans sa maison, et les anciens étaient assis auprès de lui. Le roi envoya quelqu'un devant lui. Mais avant que le messager soit arrivé, Élisée dit aux anciens: Voyez-vous que ce fils d'assassin envoie quelqu'un pour m'ôter la tête? Écoutez! quand le messager viendra, fermez la porte, et repoussez-le avec la porte: le bruit des pas de son maître ne se fait-il pas entendre derrière lui?

33Il leur parlait encore, et déjà le messager était descendu vers lui, et disait: Voici, ce mal vient de l'Éternel; qu'ai-je à espérer encore de l'Éternel?

Chapitre 7

1Élisée dit: Écoutez la parole de l'Éternel! Ainsi parle l'Éternel: Demain, à cette heure, on aura une mesure de fleur de farine pour un sicle et deux mesures d'orge pour un sicle, à la porte de Samarie.

2L'officier sur la main duquel s'appuyait le roi répondit à l'homme de Dieu: Quand l'Éternel ferait des fenêtres au ciel, pareille chose arriverait-elle? Et Élisée dit: Tu le verras de tes yeux; mais tu n'en mangeras point.

3Il y avait à l'entrée de la porte quatre lépreux, qui se dirent l'un à l'autre: Quoi! resterons-nous ici jusqu'à ce que nous mourions?

4Si nous songeons à entrer dans la ville, la famine est dans la ville, et nous y mourrons; et si nous restons ici, nous mourrons également. Allons nous jeter dans le camp des Syriens; s'ils nous laissent vivre, nous vivrons et s'ils nous font mourir, nous mourrons.

5Ils partirent donc au crépuscule, pour se rendre au camp des Syriens; et lorsqu'ils furent arrivés à l'entrée du camp des Syriens, voici, il n'y avait personne.

6Le Seigneur avait fait entendre dans le camp des Syriens un bruit de chars et un bruit de chevaux, le bruit d'une grande armée, et ils s'étaient dit l'un à l'autre: Voici, le roi d'Israël a pris à sa solde contre nous les rois des Héthiens et les rois des Égyptiens pour venir nous attaquer.

7Et ils se levèrent et prirent la fuite au crépuscule, abandonnant leurs tentes, leurs chevaux et leurs ânes, le camp tel qu'il était, et ils s'enfuirent pour sauver leur vie.

8Les lépreux, étant arrivés à l'entrée du camp, pénétrèrent dans une tente, mangèrent et burent, et en emportèrent de l'argent, de l'or, et des vêtements, qu'ils allèrent cacher. Ils revinrent, pénétrèrent dans une autre tente, et en emportèrent des objets qu'ils allèrent cacher.

9Puis ils se dirent l'un à l'autre: Nous n'agissons pas bien! Cette journée est une journée de bonne nouvelle; si nous gardons le silence et si nous attendons jusqu'à la lumière du matin, le châtiment nous atteindra. Venez maintenant, et allons informer la maison du roi.

10Ils partirent, et ils appelèrent les gardes de la porte de la ville, auxquels ils firent ce rapport: Nous sommes entrés dans le camp des Syriens, et voici, il n'y a personne, on n'y entend aucune voix d'homme; il n'y a que des chevaux attachés et des ânes attachés, et les tentes comme elles étaient.

11Les gardes de la porte crièrent, et ils transmirent ce rapport à l'intérieur de la maison du roi.

12Le roi se leva de nuit, et il dit à ses serviteurs: Je veux vous communiquer ce que nous font les Syriens. Comme ils savent que nous sommes affamés, ils ont quitté le camp pour se cacher dans les champs, et ils se sont dit: Quand ils sortiront de la ville, nous les saisirons vivants, et nous entrerons dans la ville.

13L'un des serviteurs du roi répondit: Que l'on prenne cinq des chevaux qui restent encore dans la ville, -ils sont comme toute la multitude d'Israël qui y est restée, ils sont comme toute la multitude d'Israël qui dépérit, -et envoyons voir ce qui se passe.

14On prit deux chars avec les chevaux, et le roi envoya des messagers sur les traces de l'armée des Syriens, en disant: Allez et voyez.

15Ils allèrent après eux jusqu'au Jourdain; et voici, toute la route était pleine de vêtements et d'objets que les Syriens avaient jetés dans leur précipitation. Les messagers revinrent, et le rapportèrent au roi.

16Le peuple sortit, et pilla le camp des Syriens. Et l'on eut une mesure de fleur de farine pour un sicle et deux mesures d'orge pour un sicle, selon la parole de l'Éternel.

17Le roi avait remis la garde de la porte à l'officier sur la main duquel il s'appuyait; mais cet officier fut écrasé à la porte par le peuple et il mourut, selon la parole qu'avait prononcée l'homme de Dieu quand le roi était descendu vers lui.

18L'homme de Dieu avait dit alors au roi: On aura deux mesures d'orge pour un sicle et une mesure de fleur de farine pour un sicle, demain, à cette heure, à la porte de Samarie.

19Et l'officier avait répondu à l'homme de Dieu: Quand l'Éternel ferait des fenêtres au ciel, pareille chose arriverait-elle? Et Élisée avait dit: Tu le verras de tes yeux; mais tu n'en mangeras point.

20C'est en effet ce qui lui arriva: il fut écrasé à la porte par le peuple, et il mourut.

Chapitre 8

1Élisée dit à la femme dont il avait fait revivre le fils: Lève-toi, va t'en, toi et ta maison, et séjourne où tu pourras; car l'Éternel appelle la famine, et même elle vient sur le pays pour sept années.

2La femme se leva, et elle fit selon la parole de l'homme de Dieu: elle s'en alla, elle et sa maison, et séjourna sept ans au pays des Philistins.

3Au bout des sept ans, la femme revint du pays des Philistins, et elle alla implorer le roi au sujet de sa maison et de son champ.

4Le roi s'entretenait avec Guéhazi, serviteur de l'homme de Dieu, et il disait: Raconte-moi, je te prie, toutes les grandes choses qu'Élisée a faites.

5Et pendant qu'il racontait au roi comment Élisée avait rendu la vie à un mort, la femme dont Élisée avait fait revivre le fils vint implorer le roi au sujet de sa maison et de son champ. Guéhazi dit: O roi, mon seigneur, voici la femme, et voici son fils qu'Élisée a fait revivre.

6Le roi interrogea la femme, et elle lui fit le récit. Puis le roi lui donna un eunuque, auquel il dit: Fais restituer tout ce qui appartient à cette femme, avec tous les revenus du champ, depuis le jour où elle a quitté le pays jusqu'à maintenant.

7Élisée se rendit à Damas. Ben Hadad, roi de Syrie, était malade; et on l'avertit, en disant: L'homme de Dieu est arrivé ici.

8Le roi dit à Hazaël: Prends avec toi un présent, et va au-devant de l'homme de Dieu; consulte par lui l'Éternel, en disant: Guérirai-je de cette maladie?

9Hazaël alla au-devant d'Élisée, prenant avec lui un présent, tout ce qu'il y avait de meilleur à Damas, la charge de quarante chameaux. Lorsqu'il fut arrivé, il se présenta à lui, et dit: Ton fils Ben Hadad, roi de Syrie, m'envoie vers toi pour dire: Guérirai-je de cette maladie?

10Élisée lui répondit: Va, dis-lui: Tu guériras! Mais l'Éternel m'a révélé qu'il mourra.

11L'homme de Dieu arrêta son regard sur Hazaël, et le fixa longtemps, puis il pleura.

12Hazaël dit: Pourquoi mon seigneur pleure-t-il? Et Élisée répondit: Parce que je sais le mal que tu feras aux enfants d'Israël; tu mettras le feu à leurs villes fortes, tu tueras avec l'épée leurs jeunes gens, tu écraseras leurs petits enfants, et tu fendras le ventre de leurs femmes enceintes.

13Hazaël dit: Mais qu'est-ce que ton serviteur, ce chien, pour faire de si grandes choses? Et Élisée dit: L'Éternel m'a révélé que tu seras roi de Syrie.

14Hazaël quitta Élisée, et revint auprès de son maître, qui lui dit: Que t'a dit Élisée? Et il répondit: Il m'a dit: Tu guériras!

15Le lendemain, Hazaël prit une couverture, qu'il plongea dans l'eau, et il l'étendit sur le visage du roi, qui mourut. Et Hazaël régna à sa place.

16La cinquième année de Joram, fils d'Achab, roi d'Israël, Joram, fils de Josaphat, roi de Juda, régna.

17Il avait trente-deux ans lorsqu'il devint roi, et il régna huit ans à Jérusalem.

18Il marcha dans la voie des rois d'Israël, comme avait fait la maison d'Achab, car il avait pour femme une fille d'Achab, et il fit ce qui est mal aux yeux de l'Éternel.

¹⁹Mais l'Éternel ne voulut point détruire Juda, à cause de David, son serviteur, selon la promesse qu'il lui avait faite de lui donner toujours une lampe parmi ses fils.

²⁰De son temps, Édom se révolta contre l'autorité de Juda, et se donna un roi.

²¹Joram passa à Tsaïr, avec tous ses chars; s'étant levé de nuit, il battit les Édomites, qui l'entouraient et les chefs des chars, et le peuple s'enfuit dans ses tentes.

²²La rébellion d'Édom contre l'autorité de Juda a duré jusqu'à ce jour. Libna se révolta aussi dans le même temps.

²³Le reste des actions de Joram, et tout ce qu'il a fait, cela n'est-il pas écrit dans le livre des Chroniques des rois de Juda?

²⁴Joram se coucha avec ses pères, et il fut enterré avec ses pères dans la ville de David. Et Achazia, son fils, régna à sa place.

²⁵La douzième année de Joram, fils d'Achab, roi d'Israël, Achazia, fils de Joram, roi de Juda, régna.

²⁶Achazia avait vingt-deux ans lorsqu'il devint roi, et il régna un an à Jérusalem. Sa mère s'appelait Athalie, fille d'Omri, roi d'Israël.

²⁷Il marcha dans la voie de la maison d'Achab, et il fit ce qui est mal aux yeux de l'Éternel, comme la maison d'Achab, car il était allié par mariage à la maison d'Achab.

²⁸Il alla avec Joram, fils d'Achab, à la guerre contre Hazaël, roi de Syrie, à Ramoth en Galaad. Et les Syriens blessèrent Joram.

²⁹Le roi Joram s'en retourna pour se faire guérir à Jizreel des blessures que les Syriens lui avaient faites à Rama, lorsqu'il se battait contre Hazaël, roi de Syrie. Achazia, fils de Joram, roi de Juda, descendit pour voir Joram, fils d'Achab, à Jizreel, parce qu'il était malade.

Chapitre 9

¹Élisée, le prophète, appela l'un des fils des prophètes, et lui dit: Ceins tes reins, prends avec toi cette fiole d'huile, et va à Ramoth en Galaad.

²Quand tu y seras arrivé, vois Jéhu, fils de Josaphat, fils de Nimschi. Tu iras le faire lever du milieu de ses frères, et tu le conduiras dans une chambre retirée.

³Tu prendras la fiole d'huile, que tu répandras sur sa tête, et tu diras: Ainsi parle l'Éternel: Je t'oins roi d'Israël! Puis tu ouvriras la porte, et tu t'enfuiras sans t'arrêter.

⁴Le jeune homme, serviteur du prophète, partit pour Ramoth en Galaad.

⁵Quand il arriva, voici, les chefs de l'armée étaient assis. Il dit: Chef, j'ai un mot à te dire. Et Jéhu dit: Auquel de nous tous? Il répondit: A toi, chef.

⁶Jéhu se leva et entra dans la maison, et le jeune homme répandit l'huile sur sa tête, en lui disant: Ainsi parle l'Éternel, le Dieu d'Israël: Je t'oins roi d'Israël, du peuple de l'Éternel.

⁷Tu frapperas la maison d'Achab, ton maître, et je vengerai sur Jézabel le sang de mes serviteurs les prophètes et le sang de tous les serviteurs de l'Éternel.

⁸Toute la maison d'Achab périra; j'exterminerai quiconque appartient à Achab, celui qui est esclave et celui qui est libre en Israël,

⁹et je rendrai la maison d'Achab semblable à la maison de Jéroboam, fils de Nebath, et à la maison de Baescha, fils d'Achija.

¹⁰Les chiens mangeront Jézabel dans le champ de Jizreel, et il n'y aura personne pour l'enterrer. Puis le jeune homme ouvrit la porte, et s'enfuit.

¹¹Lorsque Jéhu sortit pour rejoindre les serviteurs de son maître, on lui dit: Tout va-t-il bien? Pourquoi ce fou est-il venu vers toi? Jéhu leur répondit: Vous connaissez bien l'homme et ce qu'il peut dire.

¹²Mais ils répliquèrent: Mensonge! Réponds-nous donc! Et il dit: Il m'a parlé de telle et telle manière, disant: Ainsi parle l'Éternel: Je t'oins roi d'Israël.

¹³Aussitôt ils prirent chacun leurs vêtements, qu'ils mirent sous Jéhu au haut des degrés; ils sonnèrent de la trompette, et dirent: Jéhu est roi!

¹⁴Ainsi Jéhu, fils de Josaphat, fils de Nimschi, forma une conspiration contre Joram. -Or Joram et tout Israël défendaient Ramoth en Galaad contre Hazaël, roi de Syrie;

¹⁵mais le roi Joram s'en était retourné pour se faire guérir à Jizreel des blessures que les Syriens lui avaient faites, lorsqu'il se battait contre Hazaël, roi de Syrie. -Jéhu dit: Si c'est votre volonté, personne ne s'échappera de la ville pour aller porter la nouvelle à Jizreel.

¹⁶Et Jéhu monta sur son char et partit pour Jizreel, car Joram y était alité, et Achazia, roi de Juda, était descendu pour le visiter.

¹⁷La sentinelle placée sur la tour de Jizreel vit venir la troupe de Jéhu, et dit: Je vois une troupe. Joram dit: Prends un cavalier, et envoie-le au-devant d'eux pour demander si c'est la paix.

¹⁸Le cavalier alla au-devant de Jéhu, et dit: Ainsi parle le roi: Est-ce la paix? Et Jéhu répondit: Que t'importe la paix? Passe derrière moi. La sentinelle en donna avis, et dit: Le messager est allé jusqu'à eux, et il ne revient pas.

¹⁹Joram envoya un second cavalier, qui arriva vers eux et dit: Ainsi parle le roi: Est-ce la paix? Et Jéhu répondit: Que t'importe la paix? Passe derrière moi.

²⁰La sentinelle en donna avis, et dit: Il est allé jusqu'à eux, et il ne revient pas. Et le train est comme celui de Jéhu, fils de Nimschi, car il conduit d'une manière insensée.

²¹Alors Joram dit: Attelle! Et on attela son char. Joram, roi d'Israël, et Achazia, roi de Juda, sortirent chacun dans son char pour aller au-devant de Jéhu, et ils le rencontrèrent dans le champ de Naboth de Jizreel.

²²Dès que Joram vit Jéhu, il dit: Est-ce la paix, Jéhu? Jéhu répondit: Quoi, la paix! tant que durent les prostitutions de Jézabel, ta mère, et la multitude de ses sortilèges!

²³Joram tourna bride et s'enfuit, et il dit à Achazia: Trahison, Achazia!

²⁴Mais Jéhu saisit son arc, et il frappa Joram entre les épaules: la flèche sortit par le coeur, et Joram s'affaissa dans son char.

²⁵Jéhu dit à son officier Bidkar: Prends-le, et jette-le dans le champ de Naboth de Jizreel; car souviens-t'en, lorsque moi et toi, nous étions ensemble à cheval derrière Achab, son père, l'Éternel prononça contre lui cette sentence:

²⁶J'ai vu hier le sang de Naboth et le sang de ses fils, dit l'Éternel, et je te rendrai la pareille dans ce champ même, dit l'Éternel! Prends-le donc, et jette-le dans le champ, selon la parole de l'Éternel.

²⁷Achazia, roi de Juda, ayant vu cela, s'enfuit par le chemin de la maison du jardin. Jéhu le poursuivit, et dit: Lui aussi, frappez-le sur le char! Et on le frappa à la montée de Gur, près de Jibleam. Il se réfugia à Meguiddo, et il y mourut.

²⁸Ses serviteurs le transportèrent sur un char à Jérusalem, et ils l'enterrèrent dans son sépulcre avec ses pères, dans la ville de David.

²⁹Achazia était devenu roi de Juda la onzième année de Joram, fils d'Achab.

³⁰Jéhu entra dans Jizreel. Jézabel, l'ayant appris, mit du fard à ses yeux, se para la tête, et regarda par la fenêtre.

³¹Comme Jéhu franchissait la porte, elle dit: Est-ce la paix, nouveau Zimri, assassin de son maître?

³²Il leva le visage vers la fenêtre, et dit: Qui est pour moi? qui? Et deux ou trois eunuques le regardèrent en s'approchant de la fenêtre.

³³Il dit: Jetez-la en bas! Ils la jetèrent, et il rejaillit de son sang sur la muraille et sur les chevaux. Jéhu la foula aux pieds;

³⁴puis il entra, mangea et but, et il dit: Allez voir cette maudite, et enterrez-la, car elle est fille de roi.

³⁵Ils allèrent pour l'enterrer; mais ils ne trouvèrent d'elle que le crâne, les pieds et les paumes des mains.

³⁶Ils retournèrent l'annoncer à Jéhu, qui dit: C'est ce qu'avait déclaré l'Éternel par son serviteur Élie, le Thischbite, en disant: Les chiens mangeront la chair de Jézabel dans le camp de Jizreel;

³⁷et le cadavre de Jézabel sera comme du fumier sur la face des champs, dans le champ de Jizreel, de sorte qu'on ne pourra dire: C'est Jézabel.

Chapitre 10

¹Il y avait dans Samarie soixante-dix fils d'Achab. Jéhu écrivit des lettres qu'il envoya à Samarie aux chefs de Jizreel, aux anciens, et aux gouverneurs des enfants d'Achab. Il y était dit:

²Maintenant, quand cette lettre vous sera parvenue, -puisque vous avez avec vous les fils de votre maître, avec vous les chars et les chevaux, une ville forte et les armes, -

³voyez lequel des fils de votre maître est le meilleur et convient le mieux, mettez-le sur le trône de son père, et combattez pour la maison de votre maître!

⁴Ils eurent une très grande peur, et ils dirent: Voici, deux rois n'ont pu lui résister; comment résisterions-nous?

⁵Et le chef de la maison, le chef de la ville, les anciens, et les gouverneurs des enfants, envoyèrent dire à Jéhu: Nous sommes tes serviteurs, et nous ferons tout ce que tu nous diras; nous n'établirons personne roi, fais ce qui te semble bon.

⁶Jéhu leur écrivit une seconde lettre où il était dit: Si vous êtes à moi et si vous obéissez à ma voix, prenez les têtes de ces hommes, fils de votre maître, et venez auprès de moi demain à cette heure, à Jizreel.

Or les soixante-dix fils du roi étaient chez les grands de la ville, qui les élevaient.

⁷Quand la lettre leur fut parvenue, ils prirent les fils du roi, et ils égorgèrent ces soixante-dix hommes; puis ils mirent leurs têtes dans des corbeilles, et les envoyèrent à Jéhu, à Jizreel.

⁸Le messager vint l'en informer, en disant: Ils ont apporté les têtes des fils du roi. Et il dit: Mettez-les en deux tas à l'entrée de la porte, jusqu'au matin.

⁹Le matin, il sortit; et se présentant à tout le peuple, il dit: Vous êtes justes! voici, moi, j'ai conspiré contre mon maître et je l'ai tué; mais qui a frappé tous ceux-ci?

¹⁰Sachez donc qu'il ne tombera rien à terre de la parole de l'Éternel, de la parole que l'Éternel a prononcée contre la maison d'Achab; l'Éternel accomplit ce qu'il a déclaré par son serviteur Élie.

¹¹Et Jéhu frappa tous ceux qui restaient de la maison d'Achab à Jizreel, tous ses grands, ses familiers et ses ministres, sans en laisser échapper un seul.

¹²Puis il se leva, et partit pour aller à Samarie. Arrivé à une maison de réunion des bergers, sur le chemin,

¹³Jéhu trouva les frères d'Achazia, roi de Juda, et il dit: Qui êtes-vous? Ils répondirent: Nous sommes les frères d'Achazia, et nous descendons pour saluer les fils du roi et les fils de la reine.

¹⁴Jéhu dit: Saisissez-les vivants. Et ils les saisirent vivants, et les égorgèrent au nombre de quarante-deux, à la citerne de la maison de réunion; Jéhu n'en laissa échapper aucun.

¹⁵Étant parti de là, il rencontra Jonadab, fils de Récab, qui venait au-devant de lui. Il le salua, et lui dit: Ton coeur est-il sincère, comme mon coeur l'est envers le tien? Et Jonadab répondit: Il l'est. S'il l'est, répliqua Jéhu, donne-moi ta main. Jonadab lui donna la main. Et Jéhu le fit monter auprès de lui dans son char,

¹⁶et dit: Viens avec moi, et tu verras mon zèle pour l'Éternel. Il l'emmena ainsi dans son char.

¹⁷Lorsque Jéhu fut arrivé à Samarie, il frappa tous ceux qui restaient d'Achab à Samarie, et il les détruisit entièrement, selon la parole que l'Éternel avait dite à Élie.

¹⁸Puis il assembla tout le peuple, et leur dit: Achab a peu servi Baal, Jéhu le servira beaucoup.

¹⁹Maintenant convoquez auprès de moi tous les prophètes de Baal, tous ses serviteurs et tous ses prêtres, sans qu'il en manque un seul, car je veux offrir un grand sacrifice à Baal: quiconque manquera ne vivra pas. Jéhu agissait avec ruse, pour faire périr les serviteurs de Baal.

²⁰Il dit: Publiez une fête en l'honneur de Baal. Et ils la publièrent.

²¹Il envoya des messagers dans tout Israël; et tous les serviteurs de Baal arrivèrent, il n'y en eut pas un qui ne vînt; ils entrèrent dans la maison de Baal, et la maison de Baal fut remplie d'un bout à l'autre.

²²Jéhu dit à celui qui avait la garde du vestiaire: Sors des vêtements pour tous les serviteurs de Baal. Et cet homme sortit des vêtements pour eux.

²³Alors Jéhu vint à la maison de Baal avec Jonadab, fils de Récab, et il dit aux serviteurs de Baal: Cherchez et regardez, afin qu'il n'y ait pas ici des serviteurs de l'Éternel, mais qu'il y ait seulement des serviteurs de Baal.

²⁴Et ils entrèrent pour offrir des sacrifices et des holocaustes. Jéhu avait placé dehors quatre-vingts hommes, en leur disant: Celui qui laissera échapper quelqu'un des hommes que je remets entre vos mains, sa vie répondra de la sienne.

²⁵Lorsqu'on eut achevé d'offrir les holocaustes, Jéhu dit aux coureurs et aux officiers: Entrez, frappez-les, que pas un ne sorte. Et ils les frappèrent du tranchant de l'épée. Les coureurs et les officiers les jetèrent là, et ils allèrent jusqu'à la ville de la maison de Baal.

²⁶Ils tirèrent dehors les statues de la maison de Baal, et les brûlèrent.

²⁷Ils renversèrent la statue de Baal, ils renversèrent aussi la maison de Baal, et ils en firent un cloaque, qui a subsisté jusqu'à ce jour.

²⁸Jéhu extermina Baal du milieu d'Israël;

²⁹mais il ne se détourna point des péchés de Jéroboam, fils de Nebath, qui avait fait pécher Israël, il n'abandonna point les veaux d'or qui étaient à Béthel et à Dan.

³⁰L'Éternel dit à Jéhu: Parce que tu as bien exécuté ce qui était droit à mes yeux, et que tu as fait à la maison d'Achab tout ce qui était conforme à ma volonté, tes fils jusqu'à la quatrième génération seront assis sur le trône d'Israël.

³¹Toutefois Jéhu ne prit point garde à marcher de tout son coeur dans la loi de l'Éternel, le Dieu d'Israël; il ne se détourna point des péchés que Jéroboam avait fait commettre à Israël.

³²Dans ce temps-là, l'Éternel commença à entamer le territoire d'Israël; et Hazaël les battit sur toute la frontière d'Israël.

³³Depuis le Jourdain, vers le soleil levant, il battit tout le pays de Galaad, les Gadites, les Rubénites et les Manassites, depuis Aroër sur le torrent de l'Arnon jusqu'à Galaad et à Basan.

³⁴Le reste des actions de Jéhu, tout ce qu'il a fait, et tous ses exploits, cela n'est-il pas écrit dans le livre des Chroniques des rois d'Israël?

³⁵Jéhu se coucha avec ses pères, et on l'enterra à Samarie. Et Joachaz, son fils, régna à sa place.

³⁶Jéhu avait régné vingt-huit ans sur Israël à Samarie.

Chapitre 11

¹Athalie, mère d'Achazia, voyant que son fils était mort, se leva et fit périr toute la race royale.

²Mais Joschéba, fille du roi Joram, soeur d'Achazia, prit Joas, fils d'Achazia, et l'enleva du milieu des fils du roi, quand on les fit mourir: elle le mit avec sa nourrice dans la chambre des lits. Il fut ainsi dérobé aux regards d'Athalie, et ne fut point mis à mort.

³Il resta six ans caché avec Joschéba dans la maison de l'Éternel. Et c'était Athalie qui régnait dans le pays.

⁴La septième année, Jehojada envoya chercher les chefs de centaines des Kéréthiens et des coureurs, et il les fit venir auprès de lui dans la maison de l'Éternel. Il traita alliance avec eux et les fit jurer dans la maison de l'Éternel, et il leur montra le fils du roi.

⁵Puis il leur donna ses ordres, en disant: Voici ce que vous ferez. Parmi ceux de vous qui entrent en service le jour du sabbat, un tiers doit monter la garde à la maison du roi,

⁶un tiers à la porte de Sur, et un tiers à la porte derrière les coureurs: vous veillerez à la garde de la maison, de manière à en empêcher l'entrée.

⁷Vos deux autres divisions, tous ceux qui sortent de service le jour du sabbat feront la garde de la maison de l'Éternel auprès du roi:

⁸vous entourerez le roi de toutes parts, chacun les armes à la main, et l'on donnera la mort à quiconque s'avancera dans les rangs; vous serez près du roi quand il sortira et quand il entrera.

⁹Les chefs de centaines exécutèrent tous les ordres qu'avait donnés le sacrificateur Jehojada. Ils prirent chacun leurs gens, ceux qui entraient en service et ceux qui sortaient de service le jour du sabbat, et ils se rendirent vers le sacrificateur Jehojada.

¹⁰Le sacrificateur remit aux chefs de centaines les lances et les boucliers qui provenaient du roi David, et qui se trouvaient dans la maison de l'Éternel.

¹¹Les coureurs, chacun les armes à la main, entourèrent le roi, en se plaçant depuis le côté droit jusqu'au côté gauche de la maison, près de l'autel et près de la maison.

¹²Le sacrificateur fit avancer le fils du roi, et il mit sur lui le diadème et le témoignage. Ils l'établirent roi et l'oignirent, et frappant des mains, ils dirent: Vive le roi!

¹³Athalie entendit le bruit des coureurs et du peuple, et elle vint vers le peuple à la maison de l'Éternel.

¹⁴Elle regarda. Et voici, le roi se tenait sur l'estrade, selon l'usage; les chefs et les trompettes étaient près du roi: tout le peuple du pays était dans la joie, et l'on sonnait des trompettes. Athalie déchira ses vêtements, et cria: Conspiration! conspiration!

¹⁵Alors le sacrificateur Jehojada donna cet ordre aux chefs de centaines, qui étaient à la tête de l'armée: Faites-la sortir en dehors des rangs, et tuez par l'épée quiconque la suivra. Car le sacrificateur avait dit: Qu'elle ne soit pas mise à mort dans la maison de l'Éternel!

¹⁶On lui fit place, et elle se rendit à la maison du roi par le chemin de l'entrée des chevaux: c'est là qu'elle fut tuée.

¹⁷Jehojada traita entre l'Éternel, le roi et le peuple, l'alliance par laquelle ils devaient être le peuple de l'Éternel; il établit aussi l'alliance entre le roi et le peuple.

¹⁸Tout le peuple du pays entra dans la maison de Baal, et ils la démolirent; ils brisèrent entièrement ses autels et ses images, et ils tuèrent devant les autels Matthan, prêtre de Baal. Le sacrificateur Jehojada mit des surveillants dans la maison de l'Éternel.

¹⁹Il prit les chefs de centaines, les Kéréthiens et les coureurs, et tout le peuple du pays; et ils firent descendre le roi de la maison de l'Éternel, et ils entrèrent dans la maison du roi par le chemin de la porte des coureurs. Et Joas s'assit sur le trône des rois.

²⁰Tout le peuple du pays se réjouissait, et la ville était tranquille. On avait fait mourir Athalie par l'épée dans la maison du roi.

²¹Joas avait sept ans lorsqu'il devint roi.

Chapitre 12

¹La septième année de Jéhu, Joas devint roi, et il régna quarante ans à Jérusalem. Sa mère s'appelait Tsibja, de Beer Schéba.

²Joas fit ce qui est droit aux yeux de l'Éternel tout le temps qu'il suivit les directions du sacrificateur Jehojada.

³Seulement, les hauts lieux ne disparurent point; le peuple offrait encore des sacrifices et des parfums sur les hauts lieux.

⁴Joas dit aux sacrificateurs: Tout l'argent consacré qu'on apporte dans la maison de l'Éternel, l'argent ayant cours, savoir l'argent pour le rachat des personnes d'après l'estimation qui en est faite, et tout l'argent qu'il vient au coeur de quelqu'un d'apporter à la maison de l'Éternel,

⁵que les sacrificateurs le prennent chacun de la part des gens de sa connaissance, et qu'ils l'emploient à réparer la maison partout où il se trouvera quelque chose à réparer.

⁶Mais il arriva que, la vingt-troisième année du roi Joas, les sacrificateurs n'avaient point réparé ce qui était à réparer à la maison.

⁷Le roi Joas appela le sacrificateur Jehojada et les autres sacrificateurs, et leur dit: Pourquoi n'avez-vous pas réparé ce qui est à réparer à la maison? Maintenant, vous ne prendrez plus l'argent de vos connaissances, mais vous le livrerez pour les réparations de la maison.

⁸Les sacrificateurs convinrent de ne pas prendre l'argent du peuple, et de n'être chargés des réparations de la maison.

⁹Alors le sacrificateur Jehojada prit un coffre, perça un trou dans son couvercle, et le plaça à côté de l'autel, à droite, sur le passage par lequel on entrait à la maison de l'Éternel. Les sacrificateurs qui avaient la garde du seuil y mettaient tout l'argent qu'on apportait dans la maison de l'Éternel.

¹⁰Quand ils voyaient qu'il y avait beaucoup d'argent dans le coffre, le secrétaire du roi montait avec le souverain sacrificateur, et ils serraient et comptaient l'argent qui se trouvait dans la maison de l'Éternel.

¹¹Ils remettaient l'argent pesé entre les mains de ceux qui étaient chargés de faire exécuter l'ouvrage dans la maison de l'Éternel. Et l'on employait cet argent pour les charpentiers et pour les ouvriers qui travaillaient à la maison de l'Éternel,

¹²pour les maçons et les tailleurs de pierres, pour les achats de bois et de pierres de taille nécessaires aux réparations de la maison de l'Éternel, et pour toutes les dépenses concernant les réparations de la maison.

¹³Mais, avec l'argent qu'on apportait dans la maison de l'Éternel, on ne fit pour la maison de l'Éternel ni bassins d'argent, ni couteaux, ni coupes, ni trompettes, ni aucun ustensile d'or ou d'argent:

¹⁴on le donnait à ceux qui faisaient l'ouvrage, afin qu'ils l'employassent à réparer la maison de l'Éternel.

¹⁵On ne demandait pas de compte aux hommes entre les mains desquels on remettait l'argent pour qu'ils le donnassent à ceux qui faisaient l'ouvrage, car ils agissaient avec probité.

¹⁶L'argent des sacrifices de culpabilité et des sacrifices d'expiation n'était point apporté dans la maison de l'Éternel: il était pour les sacrificateurs.

¹⁷Alors Hazaël, roi de Syrie, monta et se battit contre Gath, dont il s'empara. Hazaël avait l'intention de monter contre Jérusalem.

¹⁸Joas, roi de Juda, prit toutes les choses consacrées, ce qui avait été consacré par Josaphat, par Joram et par Achazia, ses pères, rois de Juda, ce qu'il avait consacré lui-même, et tout l'or qui se trouvait dans les trésors de la maison de l'Éternel et de la maison du roi, et il envoya le tout à Hazaël, roi de Syrie, qui ne monta pas contre Jérusalem.

¹⁹Le reste des actions de Joas, et tout ce qu'il a fait, cela n'est-il pas écrit dans le livre des Chroniques des rois de Juda?

²⁰Ses serviteurs se soulevèrent et formèrent une conspiration; ils frappèrent Joas dans la maison de Millo, qui est à la descente de Silla.

²¹Jozacar, fils de Schimeath, et Jozabad, fils de Schomer, ses serviteurs, le frappèrent, et il mourut. On l'enterra avec ses pères, dans la ville de David. Et Amatsia, son fils, régna à sa place.

Chapitre 13

¹La vingt-troisième année de Joas, fils d'Achazia, roi de Juda, Joachaz, fils de Jéhu, régna sur Israël à Samarie. Il régna dix-sept ans.

²Il fit ce qui est mal aux yeux de l'Éternel; il commit les mêmes péchés que Jéroboam, fils de Nebath, qui avait fait pécher Israël, et il ne s'en détourna point.

³La colère de l'Éternel s'enflamma contre Israël, et il les livra entre les mains de Hazaël, roi de Syrie, et entre les mains de Ben Hadad, fils de Hazaël, tout le temps que ces rois vécurent.

⁴Joachaz implora l'Éternel. L'Éternel l'exauça, car il vit l'oppression sous laquelle le roi de Syrie tenait Israël,

⁵et l'Éternel donna un libérateur à Israël. Les enfants d'Israël échappèrent aux mains des Syriens, et ils habitèrent dans leurs tentes comme auparavant.

⁶Mais ils ne se détournèrent point des péchés de la maison de Jéroboam, qui avait fait pécher Israël; ils s'y livrèrent aussi, et même l'idole d'Astarté était debout à Samarie.

⁷De tout le peuple de Joachaz l'Éternel ne lui avait laissé que cinquante cavaliers, dix chars, et dix mille hommes de pied; car le roi de Syrie les avait fait périr et les avait rendus semblables à la poussière qu'on foule aux pieds.

⁸Le reste des actions de Joachaz, tout ce qu'il a fait, et ses exploits, cela n'est-il pas écrit dans le livre des Chroniques des rois d'Israël?

⁹Joachaz se coucha avec ses pères, et on l'enterra à Samarie. Et Joas, son fils, régna à sa place.

¹⁰La trente-septième année de Joas, roi de Juda, Joas, fils de Joachaz, régna sur Israël à Samarie. Il régna seize ans.

¹¹Il fit ce qui est mal aux yeux de l'Éternel; il ne se détourna d'aucun des péchés de Jéroboam, fils de Nebath, qui avait fait pécher Israël, et il s'y livra comme lui.

¹²Le reste des actions de Joas, tout ce qu'il a fait, ses exploits, et la guerre qu'il eut avec Amatsia, roi de Juda, cela n'est-il pas écrit dans le livre des Chroniques des rois d'Israël?

¹³Joas se coucha avec ses pères. Et Jéroboam s'assit sur son trône. Joas fut enterré à Samarie avec les rois d'Israël.

¹⁴Élisée était atteint de la maladie dont il mourut; et Joas, roi d'Israël, descendit vers lui, pleura sur son visage, et dit: Mon père! mon père! Char d'Israël et sa cavalerie!

¹⁵Élisée lui dit: Prends un arc et des flèches. Et il prit un arc et des flèches.

¹⁶Puis Élisée dit au roi d'Israël: Bande l'arc avec ta main. Et quand il l'eut bandé de sa main, Élisée mit ses mains sur les mains du roi,

¹⁷et il dit: Ouvre la fenêtre à l'orient. Et il l'ouvrit. Élisée dit: Tire. Et il tira. Élisée dit: C'est une flèche de délivrance de la part de l'Éternel, une flèche de délivrance contre les Syriens; tu battras les Syriens à Aphek jusqu'à leur extermination.

¹⁸Élisée dit encore: Prends les flèches. Et il les prit. Élisée dit au roi d'Israël: Frappe contre terre. Et il frappa trois fois, et s'arrêta.

¹⁹L'homme de Dieu s'irrita contre lui, et dit: Il fallait frapper cinq ou six fois; alors tu aurais battu les Syriens jusqu'à leur extermination; maintenant tu les battras trois fois.

²⁰Élisée mourut, et on l'enterra. L'année suivante, des troupes de Moabites pénétrèrent dans le pays.

²¹Et comme on enterrait un homme, voici, on aperçut une de ces troupes, et l'on jeta l'homme dans le sépulcre d'Élisée. L'homme alla toucher les os d'Élisée, et il reprit vie et se leva sur ses pieds.

²²Hazaël, roi de Syrie, avait opprimé Israël pendant toute la vie de Joachaz.

²³Mais l'Éternel leur fit miséricorde et eut compassion d'eux, il tourna sa face vers eux à cause de son alliance avec Abraham, Isaac et Jacob, il ne voulut pas les détruire, et jusqu'à présent il ne les a pas rejetés de sa face.

²⁴Hazaël, roi de Syrie, mourut, et Ben Hadad, son fils, régna à sa place.

²⁵Joas, fils de Joachaz, reprit des mains de Ben Hadad, fils de Hazaël, les villes enlevées par Hazaël à Joachaz, son père, pendant la guerre. Joas le battit trois fois, et il recouvra les villes d'Israël.

Chapitre 14

¹La seconde année de Joas, fils de Joachaz, roi d'Israël, Amatsia, fils de Joas, roi de Juda, régna.

²Il avait vingt-cinq ans lorsqu'il devint roi, et il régna vingt-neuf ans à Jérusalem. Sa mère s'appelait Joaddan, de Jérusalem.

³Il fit ce qui est droit aux yeux de l'Éternel, non pas toutefois comme David, son père; il agit entièrement comme avait agi Joas, son père.

⁴Seulement, les hauts-lieux ne disparurent point; le peuple offrait encore des sacrifices et des parfums sur les hauts-lieux.

⁵Lorsque la royauté fut affermie entre ses mains, il frappa ses serviteurs qui avaient tué le roi, son père.

⁶Mais il ne fit pas mourir les fils des meurtriers, selon ce qui est écrit dans le livre de la loi de Moïse, où l'Éternel donne ce commandement: On ne fera point mourir les pères pour les enfants, et l'on ne fera point mourir les enfants pour les pères; mais on fera mourir chacun pour son péché.

⁷Il battit dix mille Édomites dans la vallée du sel; et durant la guerre, il prit Séla, et l'appela Joktheel, nom qu'elle a conservé jusqu'à ce jour.

⁸Alors Amatsia envoya des messagers à Joas, fils de Joachaz, fils

de Jéhu, roi d'Israël, pour lui dire: Viens, voyons-nous en face!

⁹Et Joas, roi d'Israël, fit dire à Amatsia, roi de Juda: L'épine du Liban envoya dire au cèdre du Liban: Donne ta fille pour femme à mon fils! Et les bêtes sauvages qui sont au Liban passèrent et foulèrent l'épine.

¹⁰Tu as battu les Édomites, et ton coeur s'élève. Jouis de ta gloire, et reste chez toi. Pourquoi t'engager dans une malheureuse entreprise, qui amènerait ta ruine et celle de Juda?

¹¹Mais Amatsia ne l'écouta pas. Et Joas, roi d'Israël, monta; et ils se virent en face, lui et Amatsia, roi de Juda, à Beth Schémesch, qui est à Juda.

¹²Juda fut battu par Israël, et chacun s'enfuit dans sa tente.

¹³Joas, roi d'Israël, prit à Beth Schémesch Amatsia, roi de Juda, fils de Joas, fils d'Achazia. Il vint à Jérusalem, et fit une brèche de quatre cents coudées dans la muraille de Jérusalem, depuis la porte d'Éphraïm jusqu'à la porte de l'angle.

¹⁴Il prit tout l'or et l'argent et tous les vases qui se trouvaient dans la maison de l'Éternel et dans les trésors de la maison du roi; il prit aussi des otages, et il retourna à Samarie.

¹⁵Le reste des actions de Joas, ce qu'il a fait, ses exploits, et la guerre qu'il eut avec Amatsia, roi de Juda, cela n'est-il pas écrit dans le livre des Chroniques des rois d'Israël?

¹⁶Joas se coucha avec ses pères, et il fut enterré à Samarie avec les rois d'Israël. Et Jéroboam, son fils, régna à sa place.

¹⁷Amatsia, fils de Joas, roi de Juda, vécut quinze ans après la mort de Joas, fils de Joachaz, roi d'Israël.

¹⁸Le reste des actions d'Amatsia, cela n'est-il pas écrit dans le livre des Chroniques des rois de Juda?

¹⁹On forma contre lui une conspiration à Jérusalem, et il s'enfuit à Lakis; mais on le poursuivit à Lakis, où on le fit mourir.

²⁰On le transporta sur des chevaux, et il fut enterré à Jérusalem avec ses pères, dans la ville de David.

²¹Et tout le peuple de Juda prit Azaria, âgé de seize ans, et l'établit roi à la place de son père Amatsia.

²²Azaria rebâtit Élath et la fit rentrer sous la puissance de Juda, après que le roi fut couché avec ses pères.

²³La quinzième année d'Amatsia, fils de Joas, roi de Juda, Jéroboam, fils de Joas, roi d'Israël, régna à Samarie. Il régna quarante et un ans.

²⁴Il fit ce qui est mal aux yeux de l'Éternel; il ne se détourna d'aucun des péchés de Jéroboam, fils de Nebath, qui avait fait pécher Israël.

²⁵Il rétablit les limites d'Israël depuis l'entrée de Hamath jusqu'à la mer de la plaine, selon la parole que l'Éternel, le Dieu d'Israël, avait prononcée par son serviteur Jonas, le prophète, fils d'Amitthaï, de Gath Hépher.

²⁶Car l'Éternel vit l'affliction d'Israël à son comble et l'extrémité à laquelle se trouvaient réduits esclaves et hommes libres, sans qu'il y eût personne pour venir au secours d'Israël.

²⁷Or l'Éternel n'avait point résolu d'effacer le nom d'Israël de dessous les cieux, et il les délivra par Jéroboam, fils de Joas.

²⁸Le reste des actions de Jéroboam, tout ce qu'il a fait, ses exploits à la guerre, et comment il fit rentrer sous la puissance d'Israël Damas et Hamath qui avaient appartenu à Juda, cela n'est-il pas écrit dans le livre des Chroniques des rois d'Israël?

²⁹Jéroboam se coucha avec ses pères, avec les rois d'Israël. Et Zacharie, son fils, régna à sa place.

Chapitre 15

¹La vingt-septième année de Jéroboam, roi d'Israël, Azaria, fils d'Amatsia, roi de Juda, régna.

²Il avait seize ans lorsqu'il devint roi, et il régna cinquante-deux ans à Jérusalem. Sa mère s'appelait Jecolia, de Jérusalem.

³Il fit ce qui est droit aux yeux de l'Éternel, entièrement comme avait fait Amatsia, son père.

⁴Seulement, les hauts lieux ne disparurent point; le peuple offrait encore des sacrifices et des parfums sur les hauts lieux.

⁵L'Éternel frappa le roi, qui fut lépreux jusqu'au jour de sa mort et demeura dans une maison écartée. Et Jotham, fils du roi, était à la tête de la maison et jugeait le peuple du pays.

⁶Le reste des actions d'Azaria, et tout ce qu'il a fait, cela n'est-il pas écrit dans le livre des Chroniques des rois de Juda?

⁷Azaria se coucha avec ses pères, et on l'enterra avec ses pères dans la ville de David. Et Jotham, son fils, régna à sa place.

⁸La trente-huitième année d'Azaria, roi de Juda, Zacharie, fils de Jéroboam, régna sur Israël à Samarie. Il régna six mois.

⁹Il fit ce qui est mal aux yeux de l'Éternel, comme avaient fait ses pères; il ne se détourna point des péchés de Jéroboam, fils de Nebath, qui avait fait pécher Israël.

¹⁰Schallum, fils de Jabesch, conspira contre lui, le frappa devant le peuple, et le fit mourir; et il régna à sa place.

¹¹Le reste des actions de Zacharie, cela est écrit dans le livre des Chroniques des rois d'Israël.

¹²Ainsi s'accomplit ce que l'Éternel avait déclaré à Jéhu, en disant: Tes fils jusqu'à la quatrième génération seront assis sur le trône d'Israël.

¹³Schallum, fils de Jabesch, régna la trente-neuvième année d'Ozias, roi de Juda. Il régna pendant un mois à Samarie.

¹⁴Menahem, fils de Gadi, monta de Thirtsa et vint à Samarie, frappa dans Samarie Schallum, fils de Jabesch, et le fit mourir; et il régna à sa place.

¹⁵Le reste des actions de Schallum, et la conspiration qu'il forma, cela est écrit dans le livre des Chroniques des rois d'Israël.

¹⁶Alors Menahem frappa Thiphsach et tous ceux qui y étaient, avec son territoire depuis Thirtsa; il la frappa parce qu'elle n'avait pas ouvert ses portes, et il fendit le ventre de toutes les femmes enceintes.

¹⁷La trente-neuvième année d'Azaria, roi de Juda, Menahem, fils de Gadi, régna sur Israël. Il régna dix ans à Samarie.

¹⁸Il fit ce qui est mal aux yeux de l'Éternel; il ne se détourna point, tant qu'il vécut, des péchés de Jéroboam, fils de Nebath, qui avait fait pécher Israël.

¹⁹Pul, roi d'Assyrie, vint dans le pays; et Menahem donna à Pul mille talents d'argent, pour qu'il aidât à affermir la royauté entre ses mains.

²⁰Menahem leva cet argent sur tous ceux d'Israël qui avaient de la richesse, afin de le donner au roi d'Assyrie; il les taxa chacun à cinquante sicles d'argent. Le roi d'Assyrie s'en retourna, et ne s'arrêta pas alors dans le pays.

²¹Le reste des actions de Menahem, et tout ce qu'il a fait, cela n'est-il pas écrit dans le livre des Chroniques des rois d'Israël?

²²Menahem se coucha avec ses pères. Et Pekachia, son fils, régna à sa place.

²³La cinquantième année d'Azaria, roi de Juda, Pekachia, fils de Menahem, régna sur Israël à Samarie. Il régna deux ans.

²⁴Il fit ce qui est mal aux yeux de l'Éternel; il ne se détourna point des péchés de Jéroboam, fils de Nebath, qui avait fait pécher Israël.

²⁵Pékach, fils de Remalia, son officier, conspira contre lui; il le frappa à Samarie, dans le palais de la maison du roi, de même qu'Argob et Arié; il avait avec lui cinquante hommes d'entre les fils des Galaadites. Il fit ainsi mourir Pekachia, et il régna à sa place.

²⁶Le reste des actions de Pekachia, et tout ce qu'il a fait, cela est écrit dans le livre des Chroniques des rois d'Israël.

²⁷La cinquante-deuxième année d'Azaria, roi de Juda, Pékach, fils de Remalia, régna sur Israël à Samarie. Il régna vingt ans.

²⁸Il fit ce qui est mal aux yeux de l'Éternel; il ne se détourna point des péchés de Jéroboam, fils de Nebath, qui avait fait pécher Israël.

²⁹Du temps de Pékach, roi d'Israël, Tiglath Piléser, roi d'Assyrie, vint et prit Ijjon, Abel Beth Maaca, Janoach, Kédesch, Hatsor, Galaad et la Galilée, tout le pays de Nephthali, et il emmena captifs les habitants en Assyrie.

³⁰Osée, fils d'Éla, forma une conspiration contre Pékach, fils de Remalia, le frappa et le fit mourir; et il régna à sa place, la vingtième année de Jotham, fils d'Ozias.

³¹Le reste des actions de Pékach, et tout ce qu'il a fait, cela est écrit dans le livre des Chroniques des rois d'Israël.

³²La seconde année de Pékach, fils de Remalia, roi d'Israël, Jotham, fils d'Ozias, roi de Juda, régna.

³³Il avait vingt-cinq ans lorsqu'il devint roi, et il régna seize ans à Jérusalem. Sa mère s'appelait Jeruscha, fille de Tsadok.

³⁴Il fit ce qui est droit aux yeux de l'Éternel; il agit entièrement comme avait agi Ozias, son père.

³⁵Seulement, les hauts lieux ne disparurent point; le peuple offrait encore des sacrifices et des parfums sur les hauts lieux. Jotham bâtit la porte supérieure de la maison de l'Éternel.

³⁶Le reste des actions de Jotham, et tout ce qu'il a fait, cela n'est-il pas écrit dans le livre des Chroniques des rois de Juda?

³⁷Dans ce temps-là, l'Éternel commença à envoyer contre Juda Retsin, roi de Syrie, et Pékach, fils de Remalia.

³⁸Jotham se coucha avec ses pères, et il fut enterré avec ses pères dans la ville de David, son père. Et Achaz, son fils, régna à sa place.

Chapitre 16

¹La dix-septième année de Pékach, fils de Remalia, Achaz, fils de Jotham, roi de Juda, régna.

²Achaz avait vingt ans lorsqu'il devint roi, et il régna seize ans à Jérusalem. Il ne fit point ce qui est droit aux yeux de l'Éternel, son Dieu, comme avait fait David, son père.

³Il marcha dans la voie des rois d'Israël; et même il fit passer son fils par le feu, suivant les abominations des nations que l'Éternel avait chassées devant les enfants d'Israël.

⁴Il offrait des sacrifices et des parfums sur les hauts lieux, sur les collines et sous tout arbre vert.

⁵Alors Retsin, roi de Syrie, et Pékach, fils de Remalia, roi d'Israël, montèrent contre Jérusalem pour l'attaquer. Ils assiégèrent Achaz; mais ils ne purent pas le vaincre.

⁶Dans le même temps, Retsin, roi de Syrie, fit rentrer Élath au pouvoir des Syriens; il expulsa d'Élath les Juifs, et les Syriens vinrent à Élath, où ils ont habité jusqu'à ce jour.

⁷Achaz envoya des messagers à Tiglath Piléser, roi d'Assyrie, pour lui dire: Je suis ton serviteur et ton fils; monte, et délivre-moi de la main du roi de Syrie et de la main du roi d'Israël, qui s'élèvent contre moi.

⁸Et Achaz prit l'argent et l'or qui se trouvaient dans la maison de l'Éternel et dans les trésors de la maison du roi, et il l'envoya en présent au roi d'Assyrie.

⁹Le roi d'Assyrie l'écouta; il monta contre Damas, la prit, emmena les habitants en captivité à Kir, et fit mourir Retsin.

¹⁰Le roi Achaz se rendit à Damas au-devant de Tiglath Piléser, roi d'Assyrie. Et ayant vu l'autel qui était à Damas, le roi Achaz envoya au sacrificateur Urie le modèle et la forme exacte de cet autel.

¹¹Le sacrificateur Urie construisit un autel entièrement d'après le modèle envoyé de Damas par le roi Achaz, et le sacrificateur Urie le fit avant que le roi Achaz fût de retour de Damas.

¹²A son arrivée de Damas, le roi vit l'autel, s'en approcha et y monta:

¹³il fit brûler son holocauste et son offrande, versa ses libations, et répandit sur l'autel le sang de ses sacrifices d'actions de grâces.

¹⁴Il éloigna de la face de la maison l'autel d'airain qui était devant l'Éternel, afin qu'il ne fût pas entre le nouvel autel et la maison de l'Éternel; et il le plaça à côté du nouvel autel, vers le nord.

¹⁵Et le roi Achaz donna cet ordre au sacrificateur Urie: Fais brûler sur le grand autel l'holocauste du matin et l'offrande du soir, l'holocauste du roi et son offrande, les holocaustes de tout le peuple du pays et leurs offrandes, verses-y leurs libations, et répands-y tout le sang des holocaustes et tout le sang des sacrifices; pour ce qui concerne l'autel d'airain, je m'en occuperai.

¹⁶Le sacrificateur Urie se conforma à tout ce que le roi Achaz avait ordonné.

¹⁷Et le roi Achaz brisa les panneaux des bases, et en ôta les bassins qui étaient dessus. Il descendit la mer de dessus les boeufs d'airain qui étaient sous elle, et il la posa sur un pavé de pierres.

¹⁸Il changea dans la maison de l'Éternel, à cause du roi d'Assyrie, le portique du sabbat qu'on y avait bâti et l'entrée extérieure du roi.

¹⁹Le reste des actions d'Achaz, et tout ce qu'il a fait, cela n'est-il pas écrit dans le livre des Chroniques des rois de Juda?

²⁰Achaz se coucha avec ses pères, et il fut enterré avec ses pères dans la ville de David. Et Ézéchias, son fils, régna à sa place.

Chapitre 17

¹La douzième année d'Achaz, roi de Juda, Osée, fils d'Éla, régna sur Israël à Samarie. Il régna neuf ans.

²Il fit ce qui est mal aux yeux de l'Éternel, non pas toutefois comme les rois d'Israël qui avaient été avant lui.

³Salmanasar, roi d'Assyrie, monta contre lui; et Osée lui fut assujetti, et lui paya un tribut.

⁴Mais le roi d'Assyrie découvrit une conspiration chez Osée, qui avait envoyé des messagers à So, roi d'Égypte, et qui ne payait plus annuellement le tribut au roi d'Assyrie. Le roi d'Assyrie le fit enfermer et enchaîner dans une prison.

⁵Et le roi d'Assyrie parcourut tout le pays, et monta contre Samarie, qu'il assiégea pendant trois ans.

⁶La neuvième année d'Osée, le roi d'Assyrie prit Samarie, et emmena Israël captif en Assyrie. Il les fit habiter à Chalach, et sur le Chabor, fleuve de Gozan, et dans les villes des Mèdes.

⁷Cela arriva parce que les enfants d'Israël péchèrent contre l'Éternel, leur Dieu, qui les avait fait monter du pays d'Égypte, de dessous la main de Pharaon, roi d'Égypte, et parce qu'ils craignirent d'autres dieux.

⁸Ils suivirent les coutumes des nations que l'Éternel avait chassés devant les enfants d'Israël, et celles que les rois d'Israël avaient établies.

⁹Les enfants d'Israël firent en secret contre l'Éternel, leur Dieu, des choses qui ne sont pas bien. Ils se bâtirent des hauts lieux dans toutes leurs villes, depuis les tours des gardes jusqu'aux villes fortes.

¹⁰Ils se dressèrent des statues et des idoles sur toute colline élevée et sous tout arbre vert.

¹¹Et là ils brûlèrent des parfums sur tous les hauts lieux, comme les nations que l'Éternel avait chassées devant eux, et ils firent des choses mauvaises, par lesquelles ils irritèrent l'Éternel.

¹²Ils servirent les idoles dont l'Éternel leur avait dit: Vous ne ferez pas cela.

¹³L'Éternel fit avertir Israël et Juda par tous ses prophètes, par tous les voyants, et leur dit: Revenez de vos mauvaises voies, et observez mes commandements et mes ordonnances, en suivant entièrement la loi que j'ai prescrite à vos pères et que je vous ai envoyée par mes serviteurs les prophètes.

¹⁴Mais ils n'écoutèrent point, et ils roidirent leur cou, comme leurs pères, qui n'avaient pas cru en l'Éternel, leur Dieu.

¹⁵Ils rejetèrent ses lois, l'alliance qu'il avait faite avec leurs pères, et les avertissements qu'il leur avait adressés. Ils allèrent après des choses de néant et ne furent eux-mêmes que néant, et après les nations qui les entouraient et que l'Éternel leur avait défendu d'imiter.

¹⁶Ils abandonnèrent tous les commandements de l'Éternel, leur Dieu, ils se firent deux veaux en fonte, ils fabriquèrent des idoles d'Astarté, ils se prosternèrent devant toute l'armée des cieux, et ils servirent Baal.

¹⁷Ils firent passer par le feu leurs fils et leurs filles, ils se livrèrent à la divination et aux enchantements, et ils se vendirent pour faire ce qui est mal aux yeux de l'Éternel, afin de l'irriter.

¹⁸Aussi l'Éternel s'est-il fortement irrité contre Israël, et les a-t-il éloignés de sa face. -Il n'est resté que la seule tribu de Juda.

¹⁹Juda même n'avait pas gardé les commandements de l'Éternel, son Dieu, et ils avaient suivi les coutumes établies par Israël. -

²⁰L'Éternel a rejeté toute la race d'Israël; il les a humiliés, il les a livrés entre les mains des pillards, et il a fini par les chasser loin de sa face.

²¹Car Israël s'était détaché de la maison de David, et ils avaient fait roi Jéroboam, fils de Nebath, qui les avait détournés de l'Éternel, et avait fait commettre à Israël un grand péché.

²²Les enfants d'Israël s'étaient livrés à tous les péchés que Jéroboam avait commis; ils ne s'en détournèrent point,

²³jusqu'à ce que l'Éternel eût chassé Israël loin de sa face, comme il l'avait annoncé par tous ses serviteurs les prophètes. Et Israël a été emmené captif loin de son pays en Assyrie, où il est resté jusqu'à ce jour.

²⁴Le roi d'Assyrie fit venir des gens de Babylone, de Cutha, d'Avva, de Hamath et de Sepharvaïm, et les établit dans les villes de Samarie à la place des enfants d'Israël. Ils prirent possession de Samarie, et ils habitèrent dans ses villes.

²⁵Lorsqu'ils commencèrent à y habiter, ils ne craignaient pas l'Éternel, et l'Éternel envoya contre eux des lions qui les tuaient.

²⁶On dit au roi d'Assyrie: Les nations que tu as transportées et établies dans les villes de Samarie ne connaissent pas la manière de servir le dieu du pays, et il a envoyé contre elles des lions qui les font mourir, parce qu'elles ne connaissent pas la manière de servir le dieu du pays.

²⁷Le roi d'Assyrie donna cet ordre: Faites-y aller l'un des prêtres que vous avez emmenés de là en captivité; qu'il parte pour s'y établir, et qu'il leur enseigne la manière de servir le dieu du pays.

²⁸Un des prêtres qui avaient été emmenés captifs de Samarie vint s'établir à Béthel, et leur enseigna comment ils devaient craindre l'Éternel.

²⁹Mais les nations firent chacune leurs dieux dans les villes qu'elles habitaient, et les placèrent dans les maisons des hauts lieux bâties par les Samaritains.

³⁰Les gens de Babylone firent Succoth Benoth, les gens de Cuth firent Nergal, les gens de Hamath firent Aschima,

³¹ceux d'Avva firent Nibchaz et Tharthak; ceux de Sepharvaïm brûlaient leurs enfants par le feu en l'honneur d'Adrammélec et d'Anammélec, dieux de Sepharvaïm.

³²Ils craignaient aussi l'Éternel, et ils se créèrent des prêtres des hauts lieux pris parmi tout le peuple: ces prêtres offraient pour eux des sacrifices dans les maisons des hauts lieux.

³³Ainsi ils craignaient l'Éternel, et ils servaient en même temps leurs dieux d'après la coutume des nations d'où on les avait transportés.

³⁴Ils suivent encore aujourd'hui leurs premiers usages: ils ne craignent point l'Éternel, et ils ne se conforment ni à leurs lois et à leurs ordonnances, ni à la loi et aux commandements prescrits par l'Éternel

aux enfants de Jacob qu'il appela du nom d'Israël.

³⁵L'Éternel avait fait alliance avec eux, et leur avait donné cet ordre: Vous ne craindrez point d'autres dieux; vous ne vous prosternerez point devant eux, vous ne les servirez point, et vous ne leur offrirez point de sacrifices.

³⁶Mais vous craindrez l'Éternel, qui vous a fait monter du pays d'Égypte avec une grande puissance et à bras étendu; c'est devant lui que vous vous prosternerez, et c'est à lui que vous offrirez des sacrifices.

³⁷Vous observerez et mettrez toujours en pratique les préceptes, les ordonnances, la loi et les commandements, qu'il a écrits pour vous, et vous ne craindrez point d'autres dieux.

³⁸Vous n'oublierez pas l'alliance que j'ai faite avec vous, et vous ne craindrez point d'autres dieux.

³⁹Mais vous craindrez l'Éternel, votre Dieu; et il vous délivrera de la main de tous vos ennemis.

⁴⁰Et ils n'ont point obéi, et ils ont suivi leurs premiers usages.

⁴¹Ces nations craignaient l'Éternel et servaient leurs images; et leurs enfants et les enfants de leurs enfants font jusqu'à ce jour ce que leurs pères ont fait.

Chapitre 18

¹La troisième année d'Osée, fils d'Éla, roi d'Israël, Ézéchias, fils d'Achaz, roi de Juda, régna.

²Il avait vingt-cinq ans lorsqu'il devint roi, et il régna vingt-neuf ans à Jérusalem. Sa mère s'appelait Abi, fille de Zacharie.

³Il fit ce qui est droit aux yeux de l'Éternel, entièrement comme avait fait David, son père.

⁴Il fit disparaître les hauts lieux, brisa les statues, abattit les idoles, et mit en pièces le serpent d'airain que Moïse avait fait, car les enfants d'Israël avaient jusqu'alors brûlé des parfums devant lui: on l'appelait Nehuschtan.

⁵Il mit sa confiance en l'Éternel, le Dieu d'Israël; et parmi tous les rois de Juda qui vinrent après lui ou qui le précédèrent, il n'y en eut point de semblable à lui.

⁶Il fut attaché à l'Éternel, il ne se détourna point de lui, et il observa les commandements que l'Éternel avait prescrits à Moïse.

⁷Et l'Éternel fut avec Ézéchias, qui réussit dans toutes ses entreprises. Il se révolta contre le roi d'Assyrie, et ne lui fut plus assujetti.

⁸Il battit les Philistins jusqu'à Gaza, et ravagea leur territoire depuis les tours des gardes jusqu'aux villes fortes.

⁹La quatrième année du roi Ézéchias, qui était la septième année d'Osée, fils d'Éla, roi d'Israël, Salmanasar, roi d'Assyrie, monta contre Samarie et l'assiégea.

¹⁰Il la prit au bout de trois ans, la sixième année d'Ézéchias, qui était la neuvième année d'Osée, roi d'Israël: alors Samarie fut prise.

¹¹Le roi d'Assyrie emmena Israël captif en Assyrie, et il les établit à Chalach, et sur le Chabor, fleuve de Gozan, et dans les villes des Mèdes,

¹²parce qu'ils n'avaient point écouté la voix de l'Éternel, leur Dieu, et qu'ils avaient transgressé son alliance, parce qu'ils n'avaient ni écouté ni mis en pratique tout ce qu'avait ordonné Moïse, serviteur de l'Éternel.

¹³La quatorzième année du roi Ézéchias, Sanchérib, roi d'Assyrie, monta contre toutes les villes fortes de Juda, et s'en empara.

¹⁴Ézéchias, roi de Juda, envoya dire au roi d'Assyrie à Lakis: J'ai commis une faute! Éloigne-toi de moi. Ce que tu m'imposeras, je le supporterai. Et le roi d'Assyrie imposa à Ézéchias, roi de Juda, trois cents talents d'argent et trente talents d'or.

¹⁵Ézéchias donna tout l'argent qui se trouvait dans la maison de l'Éternel et dans les trésors de la maison du roi.

¹⁶Ce fut alors qu'Ézéchias, roi de Juda, enleva, pour les livrer au roi d'Assyrie, les lames d'or dont il avait couvert les portes et les linteaux du temple de l'Éternel.

¹⁷Le roi d'Assyrie envoya de Lakis à Jérusalem, vers le roi Ézéchias, Tharthan, Rab Saris et Rabschaké avec une puissante armée. Ils montèrent, et ils arrivèrent à Jérusalem. Lorsqu'ils furent montés et arrivés, ils s'arrêtèrent à l'aqueduc de l'étang supérieur, sur le chemin du champ du foulon.

¹⁸Ils appelèrent le roi; et Éliakim, fils de Hilkija, chef de la maison du roi, se rendit auprès d'eux, avec Schebna, le secrétaire, et Joach, fils d'Asaph, l'archiviste.

¹⁹Rabschaké leur dit: Dites à Ézéchias: Ainsi parle le grand roi, le roi d'Assyrie: Quelle est cette confiance, sur laquelle tu t'appuies?

²⁰Tu as dit: Il faut pour la guerre de la prudence et de la force. Mais ce ne sont que des paroles en l'air. En qui donc as-tu placé ta confiance, pour t'être révolté contre moi?

²¹Voici, tu l'as placée dans l'Égypte, tu as pris pour soutien ce roseau cassé, qui pénètre et perce la main de quiconque s'appuie dessus: tel est Pharaon, roi d'Égypte, pour tous ceux qui se confient en lui.

²²Peut-être me direz-vous: C'est en l'Éternel, notre Dieu, que nous nous confions. Mais n'est-ce pas lui dont Ézéchias a fait disparaître les hauts lieux et les autels, en disant à Juda et à Jérusalem: Vous vous prosternerez devant cet autel à Jérusalem?

²³Maintenant, fais une convention avec mon maître, le roi d'Assyrie, et je te donnerai deux mille chevaux, si tu peux fournir des cavaliers pour les monter.

²⁴Comment repousserais-tu un seul chef d'entre les moindres serviteurs de mon maître? Tu mets ta confiance dans l'Égypte pour les chars et pour les cavaliers.

²⁵D'ailleurs, est-ce sans la volonté de l'Éternel que je suis monté contre ce lieu, pour le détruire? L'Éternel m'a dit: Monte contre ce pays, et détruis-le.

²⁶Éliakim, fils de Hilkija, Schebna et Joach, dirent à Rabschaké: Parle à tes serviteurs en araméen, car nous le comprenons; et ne nous parle pas en langue judaïque, aux oreilles du peuple qui est sur la muraille.

²⁷Rabschaké leur répondit: Est-ce à ton maître et à toi que mon maître m'a envoyé dire ces paroles? N'est-ce pas à ces hommes assis sur la muraille pour manger leurs excréments et pour boire leur urine avec vous?

²⁸Alors Rabschaké, s'étant avancé, cria à haute voix en langue judaïque, et dit: Écoutez la parole du grand roi, du roi d'Assyrie!

²⁹Ainsi parle le roi: Qu'Ézéchias ne vous abuse point, car il ne pourra vous délivrer de ma main.

³⁰Qu'Ézéchias ne vous amène point à vous confier en l'Éternel, en disant: L'Éternel nous délivrera, et cette ville ne sera pas livrée entre les mains du roi d'Assyrie.

³¹N'écoutez point Ézéchias; car ainsi parle le roi d'Assyrie: Faites la paix avec moi, rendez-vous à moi, et chacun de vous mangera de sa vigne et de son figuier, et chacun boira de l'eau de sa citerne,

³²jusqu'à ce que je vienne, et que je vous emmène dans un pays comme le vôtre, dans un pays de blé et de vin, un pays de pain et de vignes, un pays d'oliviers à huile et de miel, et vous vivrez et vous ne mourrez point. N'écoutez donc point Ézéchias; car il pourrait vous séduire en disant: L'Éternel nous délivrera.

³³Les dieux des nations ont-ils délivré chacun son pays de la main du roi d'Assyrie?

³⁴Où sont les dieux de Hamath et d'Arpad? Où sont les dieux de Sepharvaïm, d'Héna et d'Ivva? Ont-ils délivré Samarie de ma main?

³⁵Parmi tous les dieux de ces pays, quels sont ceux qui ont délivré leur pays de ma main, pour que l'Éternel délivre Jérusalem de ma main?

³⁶Le peuple se tut, et ne lui répondit pas un mot; car le roi avait donné cet ordre: Vous ne lui répondrez pas.

³⁷Et Éliakim, fils de Hilkija, chef de la maison du roi, Schebna, le secrétaire, et Joach, fils d'Asaph, l'archiviste, vinrent auprès d'Ézéchias, les vêtements déchirés, et lui rapportèrent les paroles de Rabschaké.

Chapitre 19

¹Lorsque le roi Ézéchias eut entendu cela, il déchira ses vêtements, se couvrit d'un sac, et alla dans la maison de l'Éternel.

²Il envoya Éliakim, chef de la maison du roi, Schebna, le secrétaire, et les plus anciens des sacrificateurs, couverts de sacs, vers Ésaïe, le prophète, fils d'Amots.

³Et ils lui dirent: Ainsi parle Ézéchias: Ce jour est un jour d'angoisse, de châtiment et d'opprobre; car les enfants sont près de sortir du sein maternel, et il n'y a point de force pour l'enfantement.

⁴Peut-être l'Éternel, ton Dieu, a-t-il entendu toutes les paroles de Rabschaké, que le roi d'Assyrie, son maître, a envoyé pour insulter au Dieu vivant, et peut-être l'Éternel, ton Dieu, exercera-t-il ses châtiments à cause des paroles qu'il a entendues. Fais donc monter une prière pour le reste qui subsiste encore.

⁵Les serviteurs du roi Ézéchias allèrent donc auprès d'Ésaïe.

⁶Et Ésaïe leur dit: Voici ce que vous direz à votre maître: Ainsi parle l'Éternel: Ne t'effraie point des paroles que tu as entendues et par lesquelles m'ont outragé les serviteurs du roi d'Assyrie.

⁷Je vais mettre en lui un esprit tel que, sur une nouvelle qu'il recevra, il retournera dans son pays; et je le ferai tomber par l'épée dans son pays.

⁸Rabschaké, s'étant retiré, trouva le roi d'Assyrie qui attaquait Libna, car il avait appris son départ de Lakis.

⁹Alors le roi d'Assyrie reçut une nouvelle au sujet de Tirhaka, roi d'Éthiopie; on lui dit: Voici, il s'est mis en marche pour te faire la guerre. Et le roi d'Assyrie envoya de nouveau des messagers à Ézéchias, en disant:

¹⁰Vous parlerez ainsi à Ézéchias, roi de Juda: Que ton Dieu, auquel tu te confies, ne t'abuse point en disant: Jérusalem ne sera pas livrée entre les mains du roi d'Assyrie.

¹¹Voici, tu as appris ce qu'ont fait les rois d'Assyrie à tous les pays, et comment ils les ont détruits; et toi, tu serais délivré!

¹²Les dieux des nations que mes pères ont détruites les ont-ils délivrées, Gozan, Charan, Retseph, et les fils d'Éden qui sont à Telassar?

¹³Où sont le roi de Hamath, le roi d'Arpad, et le roi de la ville de Sepharvaïm, d'Héna et d'Ivva?

¹⁴Ézéchias prit la lettre de la main des messagers, et la lut. Puis il monta à la maison de l'Éternel, et la déploya devant l'Éternel,

¹⁵à qui il adressa cette prière: Éternel, Dieu d'Israël, assis sur les chérubins! C'est toi qui es le seul Dieu de tous les royaumes de la terre, c'est toi qui as fait les cieux et la terre.

¹⁶Éternel! incline ton oreille, et écoute. Éternel! ouvre tes yeux, et regarde. Entends les paroles de Sanchérib, qui a envoyé Rabschaké pour insulter au Dieu vivant.

¹⁷Il est vrai, ô Éternel! que les rois d'Assyrie ont détruit les nations et ravagé leurs pays,

¹⁸et qu'ils ont jeté leurs dieux dans le feu; mais ce n'étaient point des dieux, c'étaient des ouvrages de mains d'homme, du bois et de la pierre; et ils les ont anéantis.

¹⁹Maintenant, Éternel, notre Dieu! délivre-nous de la main de Sanchérib, et que tous les royaumes de la terre sachent que toi seul es Dieu, ô Éternel!

²⁰Alors Ésaïe, fils d'Amots, envoya dire à Ézéchias: Ainsi parle l'Éternel, le Dieu d'Israël: J'ai entendu la prière que tu m'as adressée au sujet de Sanchérib, roi d'Assyrie.

²¹Voici la parole que l'Éternel a prononcée contre lui: Elle te méprise, elle se moque de toi, La vierge, fille de Sion; Elle hoche la tête après toi, La fille de Jérusalem.

²²Qui as-tu insulté et outragé? Contre qui as-tu élevé la voix? Tu as porté tes yeux en haut Sur le Saint d'Israël!

²³Par tes messagers tu as insulté le Seigneur, Et tu as dit: Avec la multitude de mes chars, J'ai gravi le sommet des montagnes, Les extrémités du Liban; Je couperai les plus élevés de ses cèdres, Les plus beaux de ses cyprès, Et j'atteindrai sa dernière cime, Sa forêt semblable à un verger.

²⁴J'ai creusé, j'ai bu des eaux étrangères, Et je tarirai avec la plante de mes pieds Tous les fleuves de l'Égypte.

²⁵N'as-tu pas appris que j'ai préparé ces choses de loin, Et que je les ai résolues dès les temps anciens? Maintenant j'ai permis qu'elles s'accomplissent, Et que tu réduisisses des villes fortes en monceaux de ruines.

²⁶Leurs habitants sont impuissants, Épouvantés et confus; Ils sont comme l'herbe des champs et la tendre verdure, Comme le gazon des toits Et le blé qui sèche avant la formation de sa tige.

²⁷Mais je sais quand tu t'assieds, quand tu sors et quand tu entres, Et quand tu es furieux contre moi.

²⁸Parce que tu es furieux contre moi, Et que ton arrogance est montée à mes oreilles, Je mettrai ma boucle à tes narines et mon mors entre tes lèvres, Et je te ferai retourner par le chemin par lequel tu es venu.

²⁹Que ceci soit un signe pour toi: On a mangé une année le produit du grain tombé, et une seconde année ce qui croît de soi-même; mais la troisième année, vous sèmerez, vous moissonnerez, vous planterez des vignes, et vous en mangerez le fruit.

³⁰Ce qui aura été sauvé de la maison de Juda, ce qui sera resté poussera encore des racines par-dessous, et portera du fruit par-dessus.

³¹Car de Jérusalem il sortira un reste, et de la montagne de Sion des réchappés. Voilà ce que fera le zèle de l'Éternel des armées.

³²C'est pourquoi ainsi parle l'Éternel sur le roi d'Assyrie: Il n'entrera point dans cette ville, Il n'y lancera point de traits, Il ne lui présentera point de bouclier, Et il n'élèvera point de retranchements contre elle.

³³Il s'en retournera par le chemin par lequel il est venu, Et il n'entrera point dans cette ville, dit l'Éternel.

³⁴Je protégerai cette ville pour la sauver, A cause de moi, et à cause de David, mon serviteur.

³⁵Cette nuit-là, l'ange de l'Éternel sortit, et frappa dans le camp des Assyriens cent quatre-vingt-cinq mille hommes. Et quand on se leva le matin, voici, c'étaient tous des corps morts.

³⁶Alors Sanchérib, roi d'Assyrie, leva son camp, partit et s'en retourna; et il resta à Ninive.

³⁷Or, comme il était prosterné dans la maison de Nisroc, son dieu, Adrammélec et Scharetser, ses fils, le frappèrent avec l'épée, et s'enfuirent au pays d'Ararat. Et Ésar Haddon, son fils, régna à sa place.

Chapitre 20

¹En ce temps-là, Ézéchias fut malade à la mort. Le prophète Ésaïe, fils d'Amots, vint auprès de lui, et lui dit: Ainsi parle l'Éternel: Donne tes ordres à ta maison, car tu vas mourir, et tu ne vivras plus.

²Ézéchias tourna son visage contre le mur, et fit cette prière à l'Éternel:

³O Éternel! souviens-toi que j'ai marché devant ta face avec fidélité et intégrité de coeur, et que j'ai fait ce qui est bien à tes yeux! Et Ézéchias répandit d'abondantes larmes.

⁴Ésaïe, qui était sorti, n'était pas encore dans la cour du milieu, lorsque la parole de l'Éternel lui fut adressée en ces termes:

⁵Retourne, et dis à Ézéchias, chef de mon peuple: Ainsi parle l'Éternel, le Dieu de David, ton père: J'ai entendu ta prière, j'ai vu tes larmes. Voici, je te guérirai; le troisième jour, tu monteras à la maison de l'Éternel.

⁶J'ajouterai à tes jours quinze années. Je te délivrerai, toi et cette ville, de la main du roi d'Assyrie; je protégerai cette ville, à cause de moi, et à cause de David, mon serviteur.

⁷Ésaïe dit: Prenez une masse de figues. On la prit, et on l'appliqua sur l'ulcère. Et Ézéchias guérit.

⁸Ézéchias avait dit à Ésaïe: A quel signe connaîtrai-je que l'Éternel me guérira, et que je monterai le troisième jour à la maison de l'Éternel?

⁹Et Ésaïe dit: Voici, de la part de l'Éternel, le signe auquel tu connaîtras que l'Éternel accomplira la parole qu'il a prononcée: L'ombre avancera-t-elle de dix degrés, ou reculera-t-elle de dix degrés?

¹⁰Ézéchias répondit: C'est peu de chose que l'ombre avance de dix degrés; mais plutôt qu'elle recule de dix degrés.

¹¹Alors Ésaïe, le prophète, invoqua l'Éternel, qui fit reculer l'ombre de dix degrés sur les degrés d'Achaz, où elle était descendue.

¹²En ce même temps, Berodac Baladan, fils de Baladan, roi de Babylone, envoya une lettre et un présent à Ézéchias, car il avait appris la maladie d'Ézéchias.

¹³Ézéchias donna audience aux envoyés, et il leur montra le lieu où étaient ses choses de prix, l'argent et l'or, les aromates et l'huile précieuse, son arsenal, et tout ce qui se trouvait dans ses trésors: il n'y eut rien qu'Ézéchias ne leur fît voir dans sa maison et dans tous ses domaines.

¹⁴Ésaïe, le prophète, vint ensuite auprès du roi Ézéchias, et lui dit: Qu'ont dit ces gens-là, et d'où sont-ils venus vers toi? Ézéchias répondit: Ils sont venus d'un pays éloigné, de Babylone.

¹⁵Ésaïe dit encore: Qu'ont-ils vu dans ta maison? Ézéchias répondit: Ils ont vu tout ce qui est dans ma maison: il n'y a rien dans mes trésors que je ne leur aie fait voir.

¹⁶Alors Ésaïe dit à Ézéchias: Écoute la parole de l'Éternel!

¹⁷Voici, les temps viendront où l'on emportera à Babylone tout ce qui est dans ta maison et ce que tes pères ont amassé jusqu'à ce jour; il n'en restera rien, dit l'Éternel.

¹⁸Et l'on prendra de tes fils, qui seront sortis de toi, que tu auras engendrés, pour en faire des eunuques dans le palais du roi de Babylone.

¹⁹Ézéchias répondit à Ésaïe: La parole de l'Éternel, que tu as prononcée, est bonne. Et il ajouta: N'y aura-t-il pas paix et sécurité pendant ma vie?

²⁰Le reste des actions d'Ézéchias, tous ses exploits, et comment il fit l'étang et l'aqueduc, et amena les eaux dans la ville, cela n'est-il pas écrit dans le livre des Chroniques des rois de Juda?

²¹Ézéchias se coucha avec ses pères. Et Manassé, son fils, régna à sa place.

Chapitre 21

¹Manassé avait douze ans lorsqu'il devint roi, et il régna cinquante-cinq ans à Jérusalem. Sa mère s'appelait Hephtsiba.

²Il fit ce qui est mal aux yeux de l'Éternel, selon les abominations des nations que l'Éternel avait chassées devant les enfants d'Israël.

³Il rebâtit les hauts lieux qu'Ézéchias, son père, avait détruits, il éleva des autels à Baal, il fit une idole d'Astarté, comme avait fait Achab, roi d'Israël, et il se prosterna devant toute l'armée des cieux et la servit.

⁴Il bâtit des autels dans la maison de l'Éternel, quoique l'Éternel eût dit: C'est dans Jérusalem que je placerai mon nom.

⁵Il bâtit des autels à toute l'armée des cieux dans les deux parvis de la maison de l'Éternel.

⁶Il fit passer son fils par le feu; il observait les nuages et les serpents pour en tirer des pronostics, et il établit des gens qui évoquaient les esprits et qui prédisaient l'avenir. Il fit de plus en plus ce qui est mal aux yeux de l'Éternel, afin de l'irriter.

⁷Il mit l'idole d'Astarté, qu'il avait faite, dans la maison de laquelle l'Éternel avait dit à David et à Salomon, son fils: C'est dans cette

maison, et c'est dans Jérusalem, que j'ai choisie parmi toutes les tribus d'Israël, que je veux à toujours placer mon nom.

⁸Je ne ferai plus errer le pied d'Israël hors du pays que j'ai donné à ses pères, pourvu seulement qu'ils aient soin de mettre en pratique tout ce que je leur ai commandé et toute la loi que leur a prescrite mon serviteur Moïse.

⁹Mais ils n'obéirent point; et Manassé fut cause qu'ils s'égarèrent et firent le mal plus que les nations que l'Éternel avait détruites devant les enfants d'Israël.

¹⁰Alors l'Éternel parla en ces termes par ses serviteurs les prophètes:

¹¹Parce que Manassé, roi de Juda, a commis ces abominations, parce qu'il a fait pis que tout ce qu'avaient fait avant lui les Amoréens, et parce qu'il a aussi fait pécher Juda par ses idoles,

¹²voici ce que dit l'Éternel, le Dieu d'Israël: Je vais faire venir sur Jérusalem et sur Juda des malheurs qui étourdiront les oreilles de quiconque en entendra parler.

¹³J'étendrai sur Jérusalem le cordeau de Samarie et le niveau de la maison d'Achab; et je nettoierai Jérusalem comme un plat qu'on nettoie, et qu'on renverse sens dessus dessous après l'avoir nettoyé.

¹⁴J'abandonnerai le reste de mon héritage, et je les livrerai entre les mains de leurs ennemis; et ils deviendront le butin et la proie de tous leurs ennemis,

¹⁵parce qu'ils ont fait ce qui est mal à mes yeux et qu'ils m'ont irrité depuis le jour où leurs pères sont sortis d'Égypte jusqu'à ce jour.

¹⁶Manassé répandit aussi beaucoup de sang innocent, jusqu'à en remplir Jérusalem d'un bout à l'autre, outre les péchés qu'il commit et qu'il fit commettre à Juda en faisant ce qui est mal aux yeux de l'Éternel.

¹⁷Le reste des actions de Manassé, tout ce qu'il a fait, et les péchés auxquels il se livra, cela n'est-il pas écrit dans le livre des Chroniques des rois de Juda?

¹⁸Manassé se coucha avec ses pères, et il fut enterré dans le jardin de sa maison, dans le jardin d'Uzza. Et Amon, son fils, régna à sa place.

¹⁹Amon avait vingt-deux ans lorsqu'il devint roi, et il régna deux ans à Jérusalem. Sa mère s'appelait Meschullémeth, fille de Haruts, de Jotba.

²⁰Il fit ce qui est mal aux yeux de l'Éternel, comme avait fait Manassé, son père;

²¹il marcha dans toute la voie où avait marché son père, il servit les idoles qu'avait servies son père, et il se prosterna devant elles;

²²il abandonna l'Éternel, le Dieu de ses pères, et il ne marcha point dans la voie de l'Éternel.

²³Les serviteurs d'Amon conspirèrent contre lui, et firent mourir le roi dans sa maison.

²⁴Mais le peuple du pays frappa tous ceux qui avaient conspiré contre le roi Amon; et le peuple du pays établit roi Josias, son fils, à sa place.

²⁵Le reste des actions d'Amon, et ce qu'il a fait, cela n'est-il pas écrit dans le livre des Chroniques des rois de Juda?

²⁶On l'enterra dans son sépulcre, dans le jardin d'Uzza. Et Josias, son fils, régna à sa place.

Chapitre 22

¹Josias avait huit ans lorsqu'il devint roi, et il régna trente et un ans à Jérusalem. Sa mère s'appelait Jedida, fille d'Adaja, de Botskath.

²Il fit ce qui est droit aux yeux de l'Éternel, et il marcha dans toute la voie de David, son père; il ne s'en détourna ni à droite ni à gauche.

³La dix-huitième année du roi Josias, le roi envoya dans la maison de l'Éternel Schaphan, le secrétaire, fils d'Atsalia, fils de Meschullam.

⁴Il lui dit: Monte vers Hilkija, le souverain sacrificateur, et qu'il amasse l'argent qui a été apporté dans la maison de l'Éternel et que ceux qui ont la garde du seuil ont recueilli du peuple.

⁵On remettra cet argent entre les mains de ceux qui sont chargés de faire exécuter l'ouvrage dans la maison de l'Éternel. Et ils l'emploieront pour ceux qui travaillent aux réparations de la maison de l'Éternel,

⁶pour les charpentiers, les manoeuvres et les maçons, pour les achats de bois et de pierres de taille nécessaires aux réparations de la maison.

⁷Mais on ne leur demandera pas de compte pour l'argent remis entre leurs mains, car ils agissent avec probité.

⁸Alors Hilkija, le souverain sacrificateur, dit à Schaphan, le secrétaire: J'ai trouvé le livre de la loi dans la maison de l'Éternel. Et Hilkija donna le livre à Schaphan, et Schaphan le lut.

⁹Puis Schaphan, le secrétaire, alla rendre compte au roi, et dit: Tes serviteurs ont amassé l'argent qui se trouvait dans la maison, et l'ont remis entre les mains de ceux qui sont chargés de faire exécuter l'ouvrage dans la maison de l'Éternel.

¹⁰Schaphan, le secrétaire, dit encore au roi: Le sacrificateur Hilkija m'a donné un livre. Et Schaphan le lut devant le roi.

¹¹Lorsque le roi entendit les paroles du livre de la loi, il déchira ses vêtements.

¹²Et le roi donna cet ordre au sacrificateur Hilkija, à Achikam, fils de Schaphan, à Acbor, fils de Michée, à Schaphan, le secrétaire, et à Asaja, serviteur du roi:

¹³Allez, consultez l'Éternel pour moi, pour le peuple, et pour tout Juda, au sujet des paroles de ce livre qu'on a trouvé; car grande est la colère de l'Éternel, qui s'est enflammée contre nous, parce que nos pères n'ont point obéi aux paroles de ce livre et n'ont point mis en pratique tout ce qui nous y est prescrit.

¹⁴Le sacrificateur Hilkija, Achikam, Acbor, Schaphan et Asaja, allèrent auprès de la prophétesse Hulda, femme de Schallum, fils de Thikva, fils de Harhas, gardien des vêtements. Elle habitait à Jérusalem, dans l'autre quartier de la ville.

¹⁵Après qu'ils eurent parlé, elle leur dit: Ainsi parle l'Éternel, le Dieu d'Israël: Dites à l'homme qui vous a envoyés vers moi:

¹⁶Ainsi parle l'Éternel: Voici, je vais faire venir des malheurs sur ce lieu et sur ses habitants, selon toutes les paroles du livre qu'a lu le roi de Juda.

¹⁷Parce qu'ils m'ont abandonné et qu'ils ont offert des parfums à d'autres dieux, afin de m'irriter par tous les ouvrages de leurs mains, ma colère s'est enflammée contre ce lieu, et elle ne s'éteindra point.

¹⁸Mais vous direz au roi de Juda, qui vous a envoyés pour consulter l'Éternel: Ainsi parle l'Éternel, le Dieu d'Israël, au sujet des paroles que tu as entendues:

¹⁹Parce que ton coeur a été touché, parce que tu t'es humilié devant l'Éternel en entendant ce que j'ai prononcé contre ce lieu et contre ses habitants, qui seront un objet d'épouvante et de malédiction, et parce que tu as déchiré tes vêtements et que tu as pleuré devant moi, moi aussi, j'ai entendu, dit l'Éternel.

²⁰C'est pourquoi, voici, je te recueillerai auprès de tes pères, tu seras recueilli en paix dans ton sépulcre, et tes yeux ne verront pas tous les malheurs que je ferai venir sur ce lieu. Ils rapportèrent au roi cette réponse.

Chapitre 23

¹Le roi Josias fit assembler auprès de lui tous les anciens de Juda et de Jérusalem.

²Puis il monta à la maison de l'Éternel, avec tous les hommes de Juda et tous les habitants de Jérusalem, les sacrificateurs, les prophètes, et tout le peuple, depuis le plus petit jusqu'au plus grand. Il lut devant eux toutes les paroles du livre de l'alliance, qu'on avait trouvé dans la maison de l'Éternel.

³Le roi se tenait sur l'estrade, et il traita alliance devant l'Éternel, s'engageant à suivre l'Éternel, et à observer ses ordonnances, ses préceptes et ses lois, de tout son coeur et de toute son âme, afin de mettre en pratique les paroles de cette alliance, écrites dans ce livre. Et tout le peuple entra dans l'alliance.

⁴Le roi ordonna à Hilkija, le souverain sacrificateur, aux sacrificateurs du second ordre, et à ceux qui gardaient le seuil, de sortir du temple de l'Éternel tous les ustensiles qui avaient été faits pour Baal, pour Astarté, et pour toute l'armée des cieux; et il les brûla hors de Jérusalem, dans les champs du Cédron, et en fit porter la poussière à Béthel.

⁵Il chassa les prêtres des idoles, établis par les rois de Juda pour brûler des parfums sur les hauts lieux dans les villes de Juda et aux environs de Jérusalem, et ceux qui offraient des parfums à Baal, au soleil, à la lune, au zodiaque et à toute l'armée des cieux.

⁶Il sortit de la maison de l'Éternel l'idole d'Astarté, qu'il transporta hors de Jérusalem vers le torrent de Cédron; il la brûla au torrent de Cédron et la réduisit en poussière, et il en jeta la poussière sur les sépulcres des enfants du peuple.

⁷Il abattit les maisons des prostitués qui étaient dans la maison de l'Éternel, et où les femmes tissaient des tentes pour Astarté.

⁸Il fit venir tous les prêtres des villes de Juda; il souilla les hauts lieux où les prêtres brûlaient des parfums, depuis Guéba jusqu'à Beer Schéba; et il renversa les hauts lieux des portes, celui qui était à l'entrée de la porte de Josué, chef de la ville, et celui qui était à gauche de la porte de la ville.

⁹Toutefois les prêtres des hauts lieux ne montaient pas à l'autel de l'Éternel à Jérusalem, mais ils mangeaient des pains sans levain au milieu de leurs frères.

¹⁰Le roi souilla Topheth dans la vallée des fils de Hinnom, afin que personne ne fît plus passer son fils ou sa fille par le feu en l'honneur

de Moloc.

¹¹Il fit disparaître de l'entrée de la maison de l'Éternel les chevaux que les rois de Juda avaient consacrés au soleil, près de la chambre de l'eunuque Nethan Mélec, qui demeurait dans le faubourg; et il brûla au feu les chars du soleil.

¹²Le roi démolit les autels qui étaient sur le toit de la chambre haute d'Achaz et que les rois de Juda avaient faits, et les autels qu'avait faits Manassé dans les deux parvis de la maison de l'Éternel; après les avoir brisés et enlevés de là, il en jeta la poussière dans le torrent de Cédron.

¹³Le roi souilla les hauts lieux qui étaient en face de Jérusalem, sur la droite de la montagne de perdition, et que Salomon, roi d'Israël, avait bâtis à Astarté, l'abomination des Sidoniens, à Kemosch, l'abomination de Moab, et à Milcom, l'abomination des fils d'Ammon.

¹⁴Il brisa les statues et abattit les idoles, et il remplit d'ossements d'hommes la place qu'elles occupaient.

¹⁵Il renversa aussi l'autel qui était à Béthel, et le haut lieu qu'avait fait Jéroboam, fils de Nebath, qui avait fait pécher Israël; il brûla le haut lieu et le réduisit en poussière, et il brûla l'idole.

¹⁶Josias, s'étant tourné et ayant vu les sépulcres qui étaient là dans la montagne, envoya prendre les ossements des sépulcres, et il les brûla sur l'autel et le souilla, selon la parole de l'Éternel prononcée par l'homme de Dieu qui avait annoncé ces choses.

¹⁷Il dit: Quel est ce monument que je vois? Les gens de la ville lui répondirent: C'est le sépulcre de l'homme de Dieu, qui est venu de Juda, et qui a crié contre l'autel de Béthel ces choses que tu as accomplies.

¹⁸Et il dit: Laissez-le; que personne ne remue ses os! On conserva ainsi ses os avec les os du prophète qui était venu de Samarie.

¹⁹Josias fit encore disparaître toutes les maisons des hauts lieux, qui étaient dans les villes de Samarie, et qu'avaient faites les rois d'Israël pour irriter l'Éternel; il fit à leur égard entièrement comme il avait fait à Béthel.

²⁰Il immola sur les autels tous les prêtres des hauts lieux, qui étaient là, et il y brûla des ossements d'hommes. Puis il retourna à Jérusalem.

²¹Le roi donna cet ordre à tout le peuple: Célébrez la Pâque en l'honneur de l'Éternel, votre Dieu, comme il est écrit dans ce livre de l'alliance.

²²Aucune Pâque pareille à celle-ci n'avait été célébrée depuis le temps où les juges jugeaient Israël et pendant tous les jours des rois d'Israël et des rois de Juda.

²³Ce fut la dix-huitième année du roi Josias qu'on célébra cette Pâque en l'honneur de l'Éternel à Jérusalem.

²⁴De plus, Josias fit disparaître ceux qui évoquaient les esprits et ceux qui prédisaient l'avenir, et les théraphim, et les idoles, et toutes les abominations qui se voyaient dans le pays de Juda et à Jérusalem, afin de mettre en pratique les paroles de la loi, écrites dans le livre que le sacrificateur Hilkija avait trouvé dans la maison de l'Éternel.

²⁵Avant Josias, il n'y eut point de roi qui, comme lui, revînt à l'Éternel de tout son coeur, de toute son âme et de toute sa force, selon toute la loi de Moïse; et après lui, il n'en a point paru de semblable.

²⁶Toutefois l'Éternel ne se désista point de l'ardeur de sa grande colère dont il était enflammé contre Juda, à cause de tout ce qu'avait fait Manassé pour l'irriter.

²⁷Et l'Éternel dit: J'ôterai aussi Juda de devant ma face comme j'ai ôté Israël, et je rejetterai cette ville de Jérusalem que j'avais choisie, et la maison de laquelle j'avais dit: Là sera mon nom.

²⁸Le reste des actions de Josias, et tout ce qu'il a fait, cela n'est-il pas écrit dans le livre des Chroniques des rois de Juda?

²⁹De son temps, Pharaon Néco, roi d'Égypte, monta contre le roi d'Assyrie, vers le fleuve de l'Euphrate. Le roi Josias marcha à sa rencontre; et Pharaon le tua à Meguiddo, dès qu'il le vit.

³⁰Ses serviteurs l'emportèrent mort sur un char; ils l'amenèrent de Meguiddo à Jérusalem, et ils l'enterrèrent dans son sépulcre. Et le peuple du pays prit Joachaz, fils de Josias; ils l'oignirent, et le firent roi à la place de son père.

³¹Joachaz avait vingt-trois ans lorsqu'il devint roi, et il régna trois mois à Jérusalem. Sa mère s'appelait Hamuthal, fille de Jérémie, de Libna.

³²Il fit ce qui est mal aux yeux de l'Éternel, entièrement comme avaient fait ses pères.

³³Pharaon Néco l'enchaîna à Ribla, dans le pays de Hamath, pour qu'il ne régnât plus à Jérusalem; et il mit sur le pays une contribution de cent talents d'argent et d'un talent d'or.

³⁴Et Pharaon Néco établit roi Éliakim, fils de Josias, à la place de Josias, son père, et il changea son nom en celui de Jojakim. Il prit Joachaz, qui alla en Égypte et y mourut.

³⁵Jojakim donna à Pharaon l'argent et l'or; mais il taxa le pays pour fournir cet argent, d'après l'ordre de Pharaon; il détermina la part de chacun et exigea du peuple du pays l'argent et l'or qu'il devait livrer à Pharaon Néco.

³⁶Jojakim avait vingt-cinq ans lorsqu'il devint roi, et il régna onze ans à Jérusalem. Sa mère s'appelait Zebudda, fille de Pedaja, de Ruma.

³⁷Il fit ce qui est mal aux yeux de l'Éternel, entièrement comme avaient fait ses pères.

Chapitre 24

¹De son temps, Nebucadnetsar, roi de Babylone, se mit en campagne. Jojakim lui fut assujetti pendant trois ans; mais il se révolta de nouveau contre lui.

²Alors l'Éternel envoya contre Jojakim des troupes de Chaldéens, des troupes de Syriens, des troupes de Moabites et des troupes d'Ammonites; il les envoya contre Juda pour le détruire, selon la parole que l'Éternel avait prononcée par ses serviteurs les prophètes.

³Cela arriva uniquement sur l'ordre de l'Éternel, qui voulait ôter Juda de devant sa face, à cause de tous les péchés commis par Manassé,

⁴et à cause du sang innocent qu'avait répandu Manassé et dont il avait rempli Jérusalem. Aussi l'Éternel ne voulut-il point pardonner.

⁵Le reste des actions de Jojakim, et tout ce qu'il a fait, cela n'est-il pas écrit dans le livre des Chroniques des rois de Juda?

⁶Jojakim se coucha avec ses pères. Et Jojakin, son fils, régna à sa place.

⁷Le roi d'Égypte ne sortit plus de son pays, car le roi de Babylone avait pris tout ce qui était au roi d'Égypte depuis le torrent d'Égypte jusqu'au fleuve de l'Euphrate.

⁸Jojakin avait dix-huit ans lorsqu'il devint roi, et il régna trois mois à Jérusalem. Sa mère s'appelait Nehuschtha, fille d'Elnathan, de Jérusalem.

⁹Il fit ce qui est mal aux yeux de l'Éternel, entièrement comme avait fait son père.

¹⁰En ce temps-là, les serviteurs de Nebucadnetsar, roi de Babylone, montèrent contre Jérusalem, et la ville fut assiégée.

¹¹Nebucadnetsar, roi de Babylone, arriva devant la ville pendant que ses serviteurs l'assiégeaient.

¹²Alors Jojakin, roi de Juda, se rendit auprès du roi de Babylone, avec sa mère, ses serviteurs, ses chefs et ses eunuques. Et le roi de Babylone le fit prisonnier, la huitième année de son règne.

¹³Il tira de là tous les trésors de la maison de l'Éternel et les trésors de la maison du roi; et il brisa tous les ustensiles d'or que Salomon, roi d'Israël, avait faits dans le temple de l'Éternel, comme l'Éternel l'avait prononcé.

¹⁴Il emmena en captivité tout Jérusalem, tous les chefs et tous les hommes vaillants, au nombre de dix mille exilés, avec tous les charpentiers et les serruriers: il ne resta que le peuple pauvre du pays.

¹⁵Il transporta Jojakin à Babylone; et il emmena captifs de Jérusalem à Babylone la mère du roi, les femmes du roi et ses eunuques, et les grands du pays,

¹⁶tous les guerriers au nombre de sept mille, et les charpentiers et les serruriers au nombre de mille, tous hommes vaillants et propres à la guerre. Le roi de Babylone les emmena captifs à Babylone.

¹⁷Et le roi de Babylone établit roi, à la place de Jojakin, Matthania, son oncle, dont il changea le nom en celui de Sédécias.

¹⁸Sédécias avait vingt et un ans lorsqu'il devint roi, et il régna onze ans à Jérusalem. Sa mère s'appelait Hamuthal, fille de Jérémie, de Libna.

¹⁹Il fit ce qui est mal aux yeux de l'Éternel, entièrement comme avait fait Jojakim.

²⁰Et cela arriva à cause de la colère de l'Éternel contre Jérusalem et contre Juda, qu'il voulait rejeter de devant sa face. Et Sédécias se révolta contre le roi de Babylone.

Chapitre 25

¹La neuvième année du règne de Sédécias, le dixième jour du dixième mois, Nebucadnetsar, roi de Babylone, vint avec toute son armée contre Jérusalem; il campa devant elle, et éleva des retranchements tout autour.

²La ville fut assiégée jusqu'à la onzième année du roi Sédécias.

³Le neuvième jour du mois, la famine était forte dans la ville, et il n'y avait pas de pain pour le peuple du pays.

⁴Alors la brèche fut faite à la ville; et tous les gens de guerre s'enfuirent de nuit par le chemin de la porte entre les deux murs près du jardin du roi, pendant que les Chaldéens environnaient la ville. Les fuyards prirent le chemin de la plaine.

⁵Mais l'armée des Chaldéens poursuivit le roi et l'atteignit dans les plaines de Jéricho, et toute son armée se dispersa loin de lui.

⁶Ils saisirent le roi, et le firent monter vers le roi de Babylone à Ribla; et l'on prononça contre lui une sentence.

⁷Les fils de Sédécias furent égorgés en sa présence; puis on creva les yeux à Sédécias, on le lia avec des chaînes d'airain, et on le mena à Babylone.

⁸Le septième jour du cinquième mois, -c'était la dix-neuvième année du règne de Nebucadnetsar, roi de Babylone, -Nebuzaradan, chef des gardes, serviteur du roi de Babylone, entra dans Jérusalem.

⁹Il brûla la maison de l'Éternel, la maison du roi, et toutes les maisons de Jérusalem; il livra au feu toutes les maisons de quelque importance.

¹⁰Toute l'armée des Chaldéens, qui était avec le chef des gardes, démolit les murailles formant l'enceinte de Jérusalem.

¹¹Nebuzaradan, chef des gardes, emmena captifs ceux du peuple qui étaient demeurés dans la ville, ceux qui s'étaient rendus au roi de Babylone, et le reste de la multitude.

¹²Cependant le chef des gardes laissa comme vignerons et comme laboureurs quelques-uns des plus pauvres du pays.

¹³Les Chaldéens brisèrent les colonnes d'airain qui étaient dans la maison de l'Éternel, les bases, la mer d'airain qui était dans la maison de l'Éternel, et ils en emportèrent l'airain à Babylone.

¹⁴Ils prirent les cendriers, les pelles, les couteaux, les tasses, et tous les ustensiles d'airain avec lesquels on faisait le service.

¹⁵Le chef des gardes prit encore les brasiers et les coupes, ce qui était d'or et ce qui était d'argent.

¹⁶Les deux colonnes, la mer, et les bases, que Salomon avait faites pour la maison de l'Éternel, tous ces ustensiles d'airain avaient un poids inconnu.

¹⁷La hauteur d'une colonne était de dix-huit coudées, et il y avait au-dessus un chapiteau d'airain dont la hauteur était de trois coudées; autour du chapiteau il y avait un treillis et des grenades, le tout d'airain; il en était de même pour la seconde colonne avec le treillis.

¹⁸Le chef des gardes prit Seraja, le souverain sacrificateur, Sophonie, le second sacrificateur, et les trois gardiens du seuil.

¹⁹Et dans la ville il prit un eunuque qui avait sous son commandement les gens de guerre, cinq hommes qui faisaient partie des conseillers du roi et qui furent trouvés dans la ville, le secrétaire du chef de l'armée qui était chargé d'enrôler le peuple du pays, et soixante hommes du peuple du pays qui se trouvèrent dans la ville.

²⁰Nebuzaradan, chef des gardes, les prit, et les conduisit vers le roi de Babylone à Ribla.

²¹Le roi de Babylone les frappa et les fit mourir à Ribla, dans le pays de Hamath.

²²Ainsi Juda fut emmené captif loin de son pays. Et Nebucadnetsar, roi de Babylone, plaça le reste du peuple, qu'il laissa dans le pays de Juda, sous le commandement de Guedalia, fils d'Achikam, fils de Schaphan.

²³Lorsque tous les chefs des troupes eurent appris, eux et leurs hommes, que le roi de Babylone avait établi Guedalia pour gouverneur, ils se rendirent auprès de Guedalia à Mitspa, savoir Ismaël, fils de Nethania, Jochanan, fils de Karéach, Seraja, fils de Thanhumeth, de Nethopha, et Jaazania, fils du Maacathien, eux et leurs hommes.

²⁴Guedalia leur jura, à eux et à leurs hommes, et leur dit: Ne craignez rien de la part des serviteurs des Chaldéens; demeurez dans le pays, servez le roi de Babylone, et vous vous en trouverez bien.

²⁵Mais au septième mois, Ismaël, fils de Nethania, fils d'Élischama, de la race royale, vint, accompagné de dix hommes, et ils frappèrent mortellement Guedalia, ainsi que les Juifs et les Chaldéens qui étaient avec lui à Mitspa.

²⁶Alors tout le peuple, depuis le plus petit jusqu'au plus grand, et les chefs des troupes, se levèrent et s'en allèrent en Égypte, parce qu'ils avaient peur des Chaldéens.

²⁷La trente-septième année de la captivité de Jojakin, roi de Juda, le vingt-septième jour du douzième mois, Évil Merodac, roi de Babylone, dans la première année de son règne, releva la tête de Jojakin, roi de Juda, et le tira de prison.

²⁸Il lui parla avec bonté, et il mit son trône au-dessus du trône des rois qui étaient avec lui à Babylone.

²⁹Il lui fit changer ses vêtements de prison, et Jojakin mangea toujours à sa table tout le temps de sa vie.

³⁰Le roi pourvut constamment à son entretien journalier tout le temps de sa vie.

1 Chroniques

Chapitre 1

¹Adam, Seth, Énosch,
²Kénan, Mahalaleel, Jéred,
³Hénoc, Metuschélah, Lémec,
⁴Noé, Sem, Cham et Japhet.
⁵Fils de Japhet: Gomer, Magog, Madaï, Javan, Tubal, Méschec et Tiras. -
⁶Fils de Gomer: Aschkenaz, Diphat et Togarma. -
⁷Fils de Javan: Élischa, Tarsisa, Kittim et Rodanim.
⁸Fils de Cham: Cusch, Mitsraïm, Puth et Canaan. -
⁹Fils de Cusch: Saba, Havila, Sabta, Raema et Sabteca. -Fils de Raema: Séba et Dedan.
¹⁰Cusch engendra Nimrod; c'est lui qui commença à être puissant sur la terre. -
¹¹Mitsraïm engendra les Ludim, les Ananim, les Lehabim, les Naphtuhim,
¹²les Patrusim, les Casluhim, d'où sont sortis les Philistins, et les Caphtorim. -
¹³Canaan engendra Sidon, son premier-né, et Heth,
¹⁴et les Jébusiens, les Amoréens, les Guirgasiens,
¹⁵les Héviens, les Arkiens, les Siniens,
¹⁶les Arvadiens, les Tsemariens, les Hamathiens.
¹⁷Fils de Sem: Élam, Assur, Arpacschad, Lud et Aram; Uts, Hul, Guéter et Méschec. -
¹⁸Arpacschad engendra Schélach; et Schélach engendra Héber.
¹⁹Il naquit à Héber deux fils: le nom de l'un était Péleg, parce que de son temps la terre fut partagée, et le nom de son frère était Jokthan.
²⁰Joktan engendra Almodad, Schéleph, Hatsarmaveth, Jérach,
²¹Hadoram, Uzal, Dikla,
²²Ébal, Abimaël, Séba, Ophir, Havila et Jobab.
²³Tous ceux-là furent fils de Joktan.
²⁴Sem, Arpacschad, Schélach,
²⁵Héber, Péleg, Rehu,
²⁶Serug, Nachor, Térach,
²⁷Abram, qui est Abraham.
²⁸Fils d'Abraham: Isaac et Ismaël.
²⁹Voici leur postérité. Nebajoth, premier-né d'Ismaël, Kédar, Adbeel, Mibsam,
³⁰Mischma, Duma, Massa, Hadad, Téma,
³¹Jethur, Naphisch et Kedma. Ce sont là les fils d'Ismaël.
³²Fils de Ketura, concubine d'Abraham. Elle enfanta Zimran, Jokschan, Medan, Madian, Jischbak et Schuach. -Fils de Jokschan: Séba et Dedan. -
³³Fils de Madian: Épha, Épher, Hénoc, Abida et Eldaa. -Ce sont là tous les fils de Ketura.
³⁴Abraham engendra Isaac. Fils d'Isaac: Ésaü et Israël.
³⁵Fils d'Ésaü: Éliphaz, Reuel, Jeusch, Jaelam et Koré. -
³⁶Fils d'Éliphaz: Théman, Omar, Tsephi, Gaetham, Kenaz, Thimna et Amalek. -
³⁷Fils de Reuel: Nahath, Zérach, Schamma et Mizza.
³⁸Fils de Séir: Lothan, Schobal, Tsibeon, Ana, Dischon, Etser et Dischan. -
³⁹Fils de Lothan: Hori et Homam. Soeur de Lothan: Thimna. -
⁴⁰Fils de Schobal: Aljan, Manahath, Ébal, Schephi et Onam. -Fils de Tsibeon: Ajja et Ana. -
⁴¹Fils d'Ana: Dischon. Fils de Dischon: Hamran, Eschban, Jithran et Keran. -
⁴²Fils d'Etser: Bilhan, Zaavan et Jaakan. -Fils de Dischan: Uts et Aran. -
⁴³Voici les rois qui ont régné dans le pays d'Édom, avant qu'un roi règne sur les enfants d'Israël. -Béla, fils de Beor; et le nom de sa ville était Dinhaba. -
⁴⁴Béla mourut; et Jobab, fils de Zérach, de Botsra, régnât à sa place. -
⁴⁵Jobab mourut; et Huscham, du pays des Thémanites, régna à sa place. -
⁴⁶Huscham mourut; et Hadad, fils de Bedad, régna à sa place. C'est lui qui frappa Madian dans les champs de Moab. Le nom de sa ville était Avith. -
⁴⁷Hadad mourut; et Samla, de Masréka, régna à sa place. -
⁴⁸Samla mourut; et Saül, de Rehoboth sur le fleuve, régna à sa place. -
⁴⁹Saül mourut; et Baal Hanan, fils d'Acbor, régna à sa place. -
⁵⁰Baal Hanan mourut; et Hadad régna à sa place. Le nom de sa ville était Pahi; et le nom de sa femme Mehéthabeel, fille de Mathred, fille de Mézahab. -
⁵¹Hadad mourut. Les chefs d'Édom furent: le chef Thimna, le chef Alja, le chef Jetheth,
⁵²le chef Oholibama, le chef Éla, le chef Pinon,
⁵³le chef Kenaz, le chef Théman, le chef Mibtsar,
⁵⁴le chef Magdiel, le chef Iram. Ce sont là des chefs d'Édom.

Chapitre 2

¹Voici les fils d'Israël. Ruben, Siméon, Lévi, Juda, Issacar, Zabulon,
²Dan, Joseph, Benjamin, Nephthali, Gad et Aser.
³Fils de Juda: Er, Onan, Schéla; ces trois lui naquirent de la fille de Schua, la Cananéenne. Er, premier-né de Juda, était méchant aux yeux de l'Éternel, qui le fit mourir.
⁴Tamar, belle-fille de Juda, lui enfanta Pérets et Zérach. Total des fils de Juda: cinq.
⁵Fils de Pérets: Hetsron et Hamul.
⁶Fils de Zérach: Zimri, Éthan, Héman, Calcol et Dara. En tout: cinq.
⁷Fils de Carmi: Acar, qui troubla Israël lorsqu'il commit une infidélité au sujet des choses dévouées par interdit. -
⁸Fils d'Éthan: Azaria.
⁹Fils qui naquirent à Hetsron: Jerachmeel, Ram et Kelubaï.
¹⁰Ram engendra Amminadab. Amminadab engendra Nachschon, prince des fils de Juda.
¹¹Nachschon engendra Salma. Salma engendra Boaz.
¹²Boaz engendra Obed. Obed engendra Isaï.
¹³Isaï engendra Éliab, son premier-né, Abinadab le second, Schimea le troisième,
¹⁴Nethaneel le quatrième, Raddaï le cinquième,
¹⁵Otsem le sixième, David le septième.
¹⁶Leurs soeurs étaient: Tseruja et Abigaïl. Fils de Tseruja: Abischaï, Joab et Asaël, trois.
¹⁷Abigaïl enfanta Amasa; le père d'Amasa fut Jéther, l'Ismaélite.
¹⁸Caleb, fils de Hetsron, eut des enfants d'Azuba, sa femme, et de Jerioth. Voici les fils qu'il eut d'Azuba: Jéscher, Schobab et Ardon.
¹⁹Azuba mourut; et Caleb prit Éphrath, qui lui enfanta Hur.
²⁰Hur engendra Uri, et Uri engendra Betsaleel. -
²¹Ensuite, Hetsron alla vers la fille de Makir, père de Galaad, et il avait soixante ans lorsqu'il la prit; elle lui enfanta Segub.
²²Segub engendra Jaïr, qui eut vingt-trois villes dans le pays de Galaad.
²³Les Gueschuriens et les Syriens leur prirent les bourgs de Jaïr avec Kenath et les villes de son ressort, soixante villes. Tous ceux-là étaient fils de Makir, père de Galaad.
²⁴Après la mort de Hetsron à Caleb Éphratha, Abija, femme de Hetsron, lui enfanta Aschchur, père de Tekoa.
²⁵Les fils de Jerachmeel, premier-né de Hetsron, furent: Ram, le premier-né, Buna, Oren et Otsem, nés d'Achija.
²⁶Jerachmeel eut une autre femme, nommée Athara, qui fut mère d'Onam. -
²⁷Les fils de Ram, premier-né de Jerachmeel, furent: Maats, Jamin et Éker.
²⁸Les fils d'Onam furent: Schammaï et Jada. Fils de Schammaï: Nadab et Abischur.
²⁹Le nom de la femme d'Abischur était Abichaïl, et elle lui enfanta Achban et Molid.
³⁰Fils de Nadab: Séled et Appaïm. Séled mourut sans fils.
³¹Fils d'Appaïm: Jischeï. Fils de Jischeï: Schéschan. Fils de Schéschan: Achlaï. -
³²Fils de Jada, frère de Schammaï: Jéther et Jonathan. Jéther mourut sans fils.
³³Fils de Jonathan: Péleth et Zara. -Ce sont là les fils de Jerachmeel. -
³⁴Schéschan n'eut point de fils, mais il eut des filles. Schéschan avait un esclave égyptien nommé Jarcha.
³⁵Et Schéschan donna sa fille pour femme à Jarcha, son esclave, à qui elle enfanta Attaï.
³⁶Attaï engendra Nathan; Nathan engendra Zabad;
³⁷Zabad engendra Ephlal; Ephlal engendra Obed;
³⁸Obed engendra Jéhu; Jéhu engendra Azaria;
³⁹Azaria engendra Halets; Halets engendra Élasa;
⁴⁰Élasa engendra Sismaï; Sismaï engendra Schallum;

⁴¹Schallum engendra Jekamja; Jekamja engendra Élischama.

⁴²Fils de Caleb, frère de Jerachmeel: Méscha, son premier-né, qui fut père de Ziph, et les fils de Marescha, père d'Hébron.

⁴³Fils d'Hébron: Koré, Thappuach, Rékem et Schéma.

⁴⁴Schéma engendra Racham, père de Jorkeam. Rékem engendra Schammaï.

⁴⁵Fils de Schammaï: Maon; et Maon, père de Beth Tsur.

⁴⁶Épha, concubine de Caleb, enfanta Haran, Motsa et Gazez. Haran engendra Gazez.

⁴⁷Fils de Jahdaï: Réguem, Jotham, Guéschan, Péleth, Épha et Schaaph.

⁴⁸Maaca, concubine de Caleb, enfanta Schéber et Tirchana.

⁴⁹Elle enfanta encore Schaaph, père de Madmanna, et Scheva, père de Macbéna et père de Guibea. La fille de Caleb était Acsa.

⁵⁰Ceux-ci furent fils de Caleb: Schobal, fils de Hur, premier-né d'Éphrata, et père de Kirjath Jearim;

⁵¹Salma, père de Bethléhem; Hareph, père de Beth Gader.

⁵²Les fils de Schobal, père de Kirjath Jearim, furent: Haroé, Hatsi Hammenuhoth.

⁵³Les familles de Kirjath Jearim furent: les Jéthriens, les Puthiens, les Schumathiens et les Mischraïens; de ces familles sont sortis les Tsoreathiens et les Eschthaoliens.

⁵⁴Fils de Salma: Bethléhem et les Nethophatiens, Athroth Beth Joab, Hatsi Hammanachthi, les Tsoreïns;

⁵⁵et les familles des scribes demeurant à Jaebets, les Thireathiens, les Schimeathiens et les Sucathiens. Ce sont les Kéniens, issus de Hamath, père de la maison de Récab.

Chapitre 3

¹Voici les fils de David, qui lui naquirent à Hébron. Le premier-né, Amnon, d'Achinoam de Jizreel; le second, Daniel, d'Abigaïl de Carmel;

²le troisième, Absalom, fils de Maaca, fille de Talmaï, roi de Gueschur; le quatrième, Adonija, fils de Haggith;

³le cinquième, Schephatia, d'Abithal; le sixième, Jithream, d'Égla, sa femme.

⁴Ces six lui naquirent à Hébron. Il régna là sept ans et six mois, et il régna trente-trois ans à Jérusalem.

⁵Voici ceux qui lui naquirent à Jérusalem. Schimea, Schobab, Nathan et Salomon, quatre de Bath Schua, fille d'Ammiel;

⁶Jibhar, Élischama, Éliphéleth,

⁷Noga, Népheg, Japhia, Élischama,

⁸Éliada et Éliphéleth, neuf.

⁹Ce sont là tous les fils de David, outre les fils des concubines. Et Tamar était leur soeur.

¹⁰Fils de Salomon: Roboam. Abija, son fils; Asa, son fils; Josaphat, son fils;

¹¹Joram, son fils; Achazia, son fils; Joas, son fils;

¹²Amatsia, son fils; Azaria, son fils; Jotham, son fils;

¹³Achaz, son fils; Ézéchias, son fils; Manassé, son fils;

¹⁴Amon, son fils; Josias, son fils.

¹⁵Fils de Josias: le premier-né, Jochanan; le second, Jojakim; le troisième, Sédécias; le quatrième, Schallum.

¹⁶Fils de Jojakim: Jéconias, son fils; Sédécias, son fils.

¹⁷Fils de Jéconias: Assir, dont le fils fut Schealthiel,

¹⁸Malkiram, Pedaja, Schénatsar, Jekamia, Hoschama et Nedabia.

¹⁹Fils de Pedaja: Zorobabel et Schimeï. Fils de Zorobabel: Meschullam et Hanania; Schelomith, leur soeur;

²⁰et Haschuba, Ohel, Bérékia, Hasadia, Juschab Hésed, cinq.

²¹Fils de Hanania: Pelathia et Ésaïe; les fils de Rephaja, les fils d'Arnan, les fils d'Abdias, les fils de Schecania.

²²Fils de Schecania: Schemaeja. Fils de Schemaeja: Hattusch, Jigueal, Bariach, Nearia et Schaphath, six.

²³Fils de Nearia: Eljoénaï, Ézéchias et Azrikam, trois.

²⁴Fils d'Eljoénaï: Hodavia, Éliaschib, Pelaja, Akkub, Jochanan, Delaja et Anani, sept.

Chapitre 4

¹Fils de Juda: Pérets, Hetsron, Carmi, Hur et Schobal.

²Reaja, fils de Schobal, engendra Jachath; Jachath engendra Achumaï et Lahad. Ce sont les familles des Tsoreathiens.

³Voici les descendants du père d'Étham: Jizreel, Jischma et Jidbasch; le nom de leur soeur était Hatselelponi.

⁴Penuel était père de Guedor, et Ézer père de Huscha. Ce sont là les fils de Hur, premier-né d'Éphrata, père de Bethléhem.

⁵Aschchur, père de Tekoa, eut deux femmes, Héléa et Naara.

⁶Naara lui enfanta Achuzzam, Hépher, Thémeni et Achaschthari: ce sont là les fils de Naara.

⁷Fils de Héléa: Tséreth, Tsochar et Ethnan.

⁸Kots engendra Anub et Hatsobéba, et les familles d'Acharchel, fils d'Harum.

⁹Jaebets était plus considéré que ses frères; sa mère lui donna le nom de Jaebets, en disant: C'est parce que je l'ai enfanté avec douleur.

¹⁰Jaebets invoqua le Dieu d'Israël, en disant: Si tu me bénis et que tu étendes mes limites, si ta main est avec moi, et si tu me préserves du malheur, en sorte que je ne sois pas dans la souffrance!... Et Dieu accorda ce qu'il avait demandé.

¹¹Kelub, frère de Schucha, engendra Mechir, qui fut père d'Eschthon.

¹²Eschthon engendra la maison de Rapha, Paséach, et Thechinna, père de la ville de Nachasch. Ce sont là les hommes de Réca.

¹³Fils de Kenaz: Othniel et Seraja. Fils d'Othniel: Hathath.

¹⁴Meonothaï engendra Ophra. Seraja engendra Joab, père de la vallée des ouvriers; car ils étaient ouvriers.

¹⁵Fils de Caleb, fils de Jephunné: Iru, Éla et Naam, et les fils d'Éla, et Kenaz.

¹⁶Fils de Jehalléleel: Ziph, Zipha, Thirja et Asareel.

¹⁷Fils d'Esdras: Jéther, Méred, Épher et Jalon. La femme de Méred enfanta Miriam, Schammaï, et Jischbach, père d'Eschthemoa.

¹⁸Sa femme, la Juive, enfanta Jéred, père de Guedor, Héber, père de Soco, et Jekuthiel, père de Zanoach. Ceux-là sont les fils de Bithja, fille de Pharaon, que Méred prit pour femme.

¹⁹Fils de la femme d'Hodija, soeur de Nacham: le père de Kehila, le Garmien, et Eschthemoa, le Maacathien.

²⁰Fils de Simon: Amnon, Rinna, Ben Hanan et Thilon. Fils de Jischeï: Zocheth et Ben Zocheth.

²¹Fils de Schéla, fils de Juda: Er, père de Léca, Laeda, père de Marescha, et les familles de la maison où l'on travaille le byssus, de la maison d'Aschbéa,

²²et Jokim, et les hommes de Cozéba, et Joas et Saraph, qui dominèrent sur Moab, et Jaschubi Léchem. Ces choses sont anciennes.

²³C'étaient les potiers et les habitants des plantations et des parcs; ils demeuraient là près du roi et travaillaient pour lui.

²⁴Fils de Siméon: Nemuel, Jamin, Jarib, Zérach, Saül.

²⁵Fils de Saül: Schallum. Mibsam, son fils; Mischma, son fils.

²⁶Fils de Mischma: Hammuel, son fils. Zaccur, son fils; Schimeï, son fils.

²⁷Schimeï eut seize fils et six filles. Ses frères n'eurent pas beaucoup de fils. Et toutes leurs familles ne se multiplièrent pas autant que les fils de Juda.

²⁸Ils habitaient à Beer Schéba, à Molada, à Hatsar Schual,

²⁹à Bilha, à Etsem, à Tholad,

³⁰à Bethuel, à Horma, à Tsiklag,

³¹à Beth Marcaboth, à Hatsar Susim, à Beth Bireï et à Schaaraïm. Ce furent là leurs villes jusqu'au règne de David, et leurs villages.

³²Ils avaient encore Etham, Aïn, Rimmon, Thoken et Aschan, cinq villes;

³³et tous les villages aux environs de ces villes, jusqu'à Baal. Voilà leurs habitations et leur généalogie.

³⁴Meschobab; Jamlec; Joscha, fils d'Amatsia;

³⁵Joël; Jéhu, fils de Joschibia, fils de Seraja, fils d'Asiel;

³⁶Eljoénaï; Jaakoba; Jeschochaja; Asaja; Adiel; Jesimiel; Benaja;

³⁷Ziza, fils de Schipheï, fils d'Allon, fils de Jedaja, fils de Schimri, fils de Schemaeja.

³⁸Ceux-là, désignés par leurs noms, étaient princes dans leurs familles, et leurs maisons paternelles prirent un grand accroissement.

³⁹Ils allèrent du côté de Guedor jusqu'à l'orient de la vallée, afin de chercher des pâturages pour leurs troupeaux.

⁴⁰Ils trouvèrent de gras et bons pâturages, et un pays vaste, tranquille et paisible, car ceux qui l'habitaient auparavant descendaient de Cham.

⁴¹Ces hommes, inscrits par leurs noms, arrivèrent du temps d'Ézéchias, roi de Juda; ils attaquèrent leurs tentes et les Maonites qui se trouvaient là, ils les dévouèrent par interdit jusqu'à ce jour, et ils s'établirent à leur place, car il y avait là des pâturages pour leurs troupeaux.

⁴²Il y eut aussi des fils de Siméon qui allèrent à la montagne de Séir, au nombre de cinq cents hommes. Ils avaient à leur tête Pelathia, Nearia, Rephaja et Uziel, fils de Jischeï.

⁴³Ils battirent le reste des réchappés d'Amalek, et ils s'établirent là jusqu'à ce jour.

1 Chroniques
Chapitre 5

¹Fils de Ruben, premier-né d'Israël. -Car il était le premier-né; mais, parce qu'il souilla la couche de son père, son droit d'aînesse fut donné aux fils de Joseph, fils d'Israël; toutefois Joseph ne dut pas être enregistré dans les généalogies comme premier-né.

²Juda fut, à la vérité, puissant parmi ses frères, et de lui est issu un prince; mais le droit d'aînesse est à Joseph.

³Fils de Ruben, premier-né d'Israël: Hénoc, Pallu, Hetsron et Carmi.

⁴Fils de Joël: Schemaeja, son fils; Gog, son fils; Schimeï, son fils;

⁵Michée, son fils; Reaja, son fils; Baal, son fils;

⁶Beéra, son fils, que Tilgath Pilnéser, roi d'Assyrie, emmena captif: il était prince des Rubénites.

⁷Frères de Beéra, d'après leurs familles, tels qu'ils sont enregistrés dans les généalogies selon leurs générations: le premier, Jeïel; Zacharie;

⁸Béla, fils d'Azaz, fils de Schéma, fils de Joël. Béla habitait à Aroër, et jusqu'à Nebo et à Baal Meon;

⁹à l'orient, il habitait jusqu'à l'entrée du désert depuis le fleuve de l'Euphrate, car leurs troupeaux étaient nombreux dans le pays de Galaad.

¹⁰Du temps de Saül, ils firent la guerre aux Hagaréniens, qui tombèrent entre leurs mains; et ils habitèrent dans leurs tentes, sur tout le côté oriental de Galaad.

¹¹Les fils de Gad habitaient vis-à-vis d'eux, dans le pays de Basan, jusqu'à Salca.

¹²Joël, le premier, Schapham, le second, Jaenaï, et Schaphath, en Basan.

¹³Leurs frères, d'après les maisons de leurs pères: Micaël, Meschullam, Schéba, Joraï, Jaecan, Zia et Éber, sept.

¹⁴Voici les fils d'Abichaïl, fils de Huri, fils de Jaroach, fils de Galaad, fils de Micaël, fils de Jeschischaï, fils de Jachdo, fils de Buz;

¹⁵Achi, fils d'Abdiel, fils de Guni, était chef des maisons de leurs pères.

¹⁶Ils habitaient en Galaad, en Basan, et dans les villes de leur ressort, et dans toutes les banlieues de Saron jusqu'à leurs extrémités.

¹⁷Ils furent tous enregistrés dans les généalogies, du temps de Jotham, roi de Juda, et du temps de Jéroboam, roi d'Israël.

¹⁸Les fils de Ruben, les Gadites et la demi-tribu de Manassé avaient de vaillants hommes, portant le bouclier et l'épée, tirant de l'arc, et exercés à la guerre, au nombre de quarante-quatre mille sept cent soixante, en état d'aller à l'armée.

¹⁹Ils firent la guerre aux Hagaréniens, à Jethur, à Naphisch et à Nodab.

²⁰Ils reçurent du secours contre eux, et les Hagaréniens et tous ceux qui étaient avec eux furent livrés entre leurs mains. Car, pendant le combat, ils avaient crié à Dieu, qui les exauça, parce qu'ils s'étaient confiés en lui.

²¹Ils prirent leurs troupeaux, cinquante mille chameaux, deux cent cinquante mille brebis, deux mille ânes, et cent mille personnes;

²²car il y eut beaucoup de morts, parce que le combat venait de Dieu. Et ils s'établirent à leur place jusqu'au temps où ils furent emmenés captifs.

²³Les fils de la demi-tribu de Manassé habitaient dans le pays, depuis Basan jusqu'à Baal Hermon et à Senir, et à la montagne d'Hermon; ils étaient nombreux.

²⁴Voici les chefs des maisons de leurs pères: Épher, Jischeï, Éliel, Azriel, Jérémie, Hodavia et Jachdiel, vaillants hommes, gens de renom, chefs des maisons de leurs pères.

²⁵Mais ils péchèrent contre le Dieu de leurs pères, et ils se prostituèrent après les dieux des peuples du pays, que Dieu avait détruits devant eux.

²⁶Le Dieu d'Israël excita l'esprit de Pul, roi d'Assyrie, et l'esprit de Tilgath Pilnéser, roi d'Assyrie, et Tilgath Pilnéser emmena captifs les Rubénites, les Gadites et la demi-tribu de Manassé, et il les conduisit à Chalach, à Chabor, à Hara, et au fleuve de Gozan, où ils sont demeurés jusqu'à ce jour.

Chapitre 6

¹Fils de Lévi: Guerschom, Kehath et Merari.

²Fils de Kehath: Amram, Jitsehar, Hébron et Uziel.

³Fils d'Amram: Aaron et Moïse; et Marie. Fils d'Aaron: Nadab, Abihu, Éléazar et Ithamar.

⁴Éléazar engendra Phinées; Phinées engendra Abischua;

⁵Abischua engendra Bukki; Bukki engendra Uzzi;

⁶Uzzi engendra Zerachja; Zerachja engendra Merajoth;

⁷Merajoth engendra Amaria; Amaria engendra Achithub;

⁸Achithub engendra Tsadok; Tsadok engendra Achimaats;

⁹Achimaats engendra Azaria; Azaria engendra Jochanan;

¹⁰Jochanan engendra Azaria, qui exerça le sacerdoce dans la maison que Salomon bâtit à Jérusalem;

¹¹Azaria engendra Amaria; Amaria engendra Achithub;

¹²Achithub engendra Tsadok; Tsadok engendra Schallum;

¹³Schallum engendra Hilkija; Hilkija engendra Azaria;

¹⁴et Azaria engendra Seraja; Seraja engendra Jehotsadak,

¹⁵Jehotsadak s'en alla quand l'Éternel emmena en captivité Juda et Jérusalem par Nebucadnetsar.

¹⁶Fils de Lévi: Guerschom, Kehath et Merari.

¹⁷Voici les noms des fils de Guerschom: Libni et Schimeï.

¹⁸Fils de Kehath: Amram, Jitsehar, Hébron et Uziel.

¹⁹Fils de Merari: Machli et Muschi. -Ce sont là les familles de Lévi, selon leurs pères.

²⁰De Guerschom: Libni, son fils; Jachath, son fils; Zimma, son fils;

²¹Joach, son fils; Iddo, son fils; Zérach, son fils; Jeathraï, son fils.

²²Fils de Kehath: Amminadab, son fils; Koré, son fils; Assir, son fils;

²³Elkana, son fils; Ebjasaph, son fils; Assir, son fils;

²⁴Thachath, son fils; Uriel, son fils; Ozias, son fils; Saül, son fils.

²⁵Fils d'Elkana: Amasaï et Achimoth;

²⁶Elkana, son fils; Elkana Tsophaï, son fils; Nachath, son fils;

²⁷Éliab, son fils; Jerocham, son fils; Elkana, son fils;

²⁸et les fils de Samuel, le premier-né Vaschni et Abija.

²⁹Fils de Merari: Machli; Libni, son fils; Schimeï, son fils; Uzza, son fils;

³⁰Schimea, son fils; Hagguija, son fils; Asaja, son fils.

³¹Voici ceux que David établit pour la direction du chant dans la maison de l'Éternel, depuis que l'arche eut un lieu de repos:

³²ils remplirent les fonctions de chantres devant le tabernacle, devant la tente d'assignation, jusqu'à ce que Salomon eût bâti la maison de l'Éternel à Jérusalem, et ils faisaient leur service d'après la règle qui leur était prescrite.

³³Voici ceux qui officiaient avec leurs fils. -D'entre les fils des Kehathites: Héman, le chantre, fils de Joël, fils de Samuel,

³⁴fils d'Elkana, fils de Jerocham, fils d'Éliel, fils de Thoach,

³⁵fils de Tsuph, fils d'Elkana, fils de Machath, fils d'Amasaï,

³⁶fils d'Elkana, fils de Joël, fils d'Azaria, fils de Sophonie,

³⁷fils de Thachath, fils d'Assir, fils d'Ebjasaph, fils de Koré,

³⁸fils de Jitsehar, fils de Kehath, fils de Lévi, fils d'Israël. -

³⁹Son frère Asaph, qui se tenait à sa droite, Asaph, fils de Bérékia, fils de Schimea,

⁴⁰fils de Micaël, fils de Baaséja, fils de Malkija,

⁴¹fils d'Ethni, fils de Zérach, fils d'Adaja,

⁴²fils d'Éthan, fils de Zimma, fils de Schimeï,

⁴³fils de Jachath, fils de Guerschom, fils de Lévi. -

⁴⁴Fils de Merari, leurs frères, à la gauche; Éthan, fils de Kischi, fils d'Abdi, fils de Malluc,

⁴⁵fils de Haschabia, fils d'Amatsia, fils de Hilkija,

⁴⁶fils d'Amtsi, fils de Bani, fils de Schémer,

⁴⁷fils de Machli, fils de Muschi, fils de Merari, fils de Lévi.

⁴⁸Leurs frères, les Lévites, étaient chargés de tout le service du tabernacle, de la maison de Dieu.

⁴⁹Aaron et ses fils offraient les sacrifices sur l'autel des holocaustes et l'encens sur l'autel des parfums, ils remplissaient toutes les fonctions dans le lieu très saint, et faisaient l'expiation pour Israël, selon tout ce qu'avait ordonné Moïse, serviteur de Dieu.

⁵⁰Voici les fils d'Aaron: Éléazar, son fils; Phinées, son fils: Abischua, son fils;

⁵¹Bukki, son fils; Uzzi, son fils; Zerachja, son fils;

⁵²Merajoth, son fils; Amaria, son fils; Achithub, son fils;

⁵³Tsadok, son fils; Achimaats, son fils.

⁵⁴Voici leurs habitations, selon leurs enclos, dans les limites qui leur furent assignées. Aux fils d'Aaron de la famille des Kehathites, indiqués les premiers par le sort,

⁵⁵on donna Hébron, dans le pays de Juda, et la banlieue qui l'entoure;

⁵⁶mais le territoire de la ville et ses villages furent accordés à Caleb, fils de Jephunné.

⁵⁷Aux fils d'Aaron on donna la ville de refuge Hébron, Libna et sa banlieue, Jatthir, Eschthemoa et sa banlieue,

⁵⁸Hilen et sa banlieue, Debir et sa banlieue,

⁵⁹Aschan et sa banlieue, Beth Schémesch et sa banlieue;

⁶⁰et de la tribu de Benjamin, Guéba et sa banlieue, Allémeth et sa banlieue, Anathoth et sa banlieue. Total de leurs villes: treize villes, d'après leurs familles.

⁶¹Les autres fils de Kehath eurent par le sort dix villes des familles de la tribu d'Éphraïm, de la tribu de Dan et de la demi-tribu de Manassé.

⁶²Les fils de Guerschom, d'après leurs familles, eurent treize villes de la tribu d'Issacar, de la tribu d'Aser, de la tribu de Nephthali et de la tribu de Manassé en Basan.

⁶³Les fils de Merari, d'après leurs familles, eurent par le sort douze villes de la tribu de Ruben, de la tribu de Gad et de la tribu de Zabulon.

⁶⁴Les enfants d'Israël donnèrent aux Lévites les villes et leurs banlieues.

⁶⁵Ils donnèrent par le sort, de la tribu des fils de Juda, de la tribu des fils de Siméon et de la tribu des fils de Benjamin, ces villes qu'ils désignèrent nominativement.

⁶⁶Et pour les autres familles des fils de Kehath les villes de leur territoire furent de la tribu d'Éphraïm.

⁶⁷Ils leur donnèrent la ville de refuge Sichem et sa banlieue, dans la montagne d'Éphraïm, Guézer et sa banlieue,

⁶⁸Jokmeam et sa banlieue, Beth Horon et sa banlieue,

⁶⁹Ajalon et sa banlieue, et Gath Rimmon et sa banlieue;

⁷⁰et de la demi-tribu de Manassé, Aner et sa banlieue, et Bileam et sa banlieue, pour la famille des autres fils de Kehath.

⁷¹On donna aux fils de Guerschom: de la famille de la demi-tribu de Manassé, Golan en Basan et sa banlieue, et Aschtaroth et sa banlieue;

⁷²de la tribu d'Issacar, Kédesch et sa banlieue, Dobrath et sa banlieue,

⁷³Ramoth et sa banlieue, et Anem et sa banlieue;

⁷⁴de la tribu d'Aser, Maschal et sa banlieue, Abdon et sa banlieue,

⁷⁵Hukok et sa banlieue, et Rehob et sa banlieue;

⁷⁶et de la tribu de Nephthali, Kédesch en Galilée et sa banlieue, Hammon et sa banlieue, et Kirjathaïm et sa banlieue.

⁷⁷On donna au reste des Lévites, aux fils de Merari: de la tribu de Zabulon, Rimmono et sa banlieue, et Thabor et sa banlieue;

⁷⁸et de l'autre côté du Jourdain, vis-à-vis de Jéricho, à l'orient du Jourdain: de la tribu de Ruben, Betser au désert et sa banlieue, Jahtsa et sa banlieue,

⁷⁹Kedémoth et sa banlieue, et Méphaath et sa banlieue;

⁸⁰et de la tribu de Gad, Ramoth en Galaad et sa banlieue, Mahanaïm et sa banlieue,

⁸¹Hesbon et sa banlieue, et Jaezar et sa banlieue.

Chapitre 7

¹Fils d'Issacar: Thola, Pua, Jaschub et Schimron, quatre.

²Fils de Thola: Uzzi, Rephaja, Jeriel, Jachmaï, Jibsam et Samuel, chef des maisons de leurs pères, de Thola, vaillants hommes dans leurs générations; leur nombre, du temps de David, était de vingt-deux mille six cents.

³Fils d'Uzzi: Jizrachja. Fils de Jizrachja: Micaël, Abdias, Joël, Jischija, en tout cinq chefs;

⁴ils avaient avec eux, selon leurs générations, selon les maisons de leurs pères, trente-six mille hommes de troupes armées pour la guerre, car ils avaient beaucoup de femmes et de fils.

⁵Leurs frères, d'après toutes les familles d'Issacar, hommes vaillants, formaient un total de quatre-vingt-sept mille, enregistrés dans les généalogies.

⁶Fils de Benjamin: Béla, Béker et Jediaël, trois.

⁷Fils de Béla: Etsbon, Uzzi, Uziel, Jerimoth et Iri, cinq chefs des maisons de leurs pères, hommes vaillants, et enregistrés dans les généalogies au nombre de vingt-deux mille trente-quatre. -

⁸Fils de Béker: Zemira, Joasch, Éliézer, Eljoénaï, Omri, Jerémoth, Abija, Anathoth et Alameth, tous ceux-là fils de Béker,

⁹et enregistrés dans les généalogies, selon leurs générations, comme chefs des maisons de leurs pères, hommes vaillants au nombre de vingt mille deux cents. -

¹⁰Fils de Jediaël: Bilhan. Fils de Bilhan: Jeusch, Benjamin, Éhud, Kenaana, Zéthan, Tarsis et Achischachar,

¹¹tous ceux-là fils de Jediaël, chefs des maisons de leurs pères, hommes vaillants au nombre de dix-sept mille deux cents, en état de porter les armes et d'aller à la guerre.

¹²Schuppim et Huppim, fils d'Ir; Huschim, fils d'Acher.

¹³Fils de Nephthali: Jahtsiel, Guni, Jetser et Schallum, fils de Bilha.

¹⁴Fils de Manassé: Asriel, qu'enfanta sa concubine syrienne; elle enfanta Makir, père de Galaad.

¹⁵Makir prit une femme de Huppim et de Schuppim. Le nom de sa soeur était Maaca. Le nom du second fils était Tselophchad; et Tselophchad eut des filles.

¹⁶Maaca, femme de Makir, enfanta un fils, et l'appela du nom de Péresch; le nom de son frère était Schéresch, et ses fils étaient Ulam et Rékem.

¹⁷Fils d'Ulam: Bedan. Ce sont là les fils de Galaad, fils de Makir, fils de Manassé.

¹⁸Sa soeur Hammolékheth enfanta Ischhod, Abiézer et Machla.

¹⁹Les fils de Schemida étaient: Achjan, Sichem, Likchi et Aniam.

²⁰Fils d'Éphraïm: Schutélach; Béred, son fils; Thachath, son fils; Éleada, son fils; Thachath, son fils;

²¹Zabad, son fils; Schutélach, son fils; Ézer et Élead. Les hommes de Gath, nés dans le pays, les tuèrent, parce qu'ils étaient descendus pour prendre leurs troupeaux.

²²Éphraïm, leur père, fut longtemps dans le deuil, et ses frères vinrent pour le consoler.

²³Puis il alla vers sa femme, et elle conçut et enfanta un fils; il l'appela du nom de Beria, parce que le malheur était dans sa maison.

²⁴Il eut pour fille Schééra, qui bâtit Beth Horon la basse et Beth Horon la haute, et Uzzen Schééra.

²⁵Réphach, son fils, et Rescheph; Thélach, son fils; Thachan, son fils;

²⁶Laedan, son fils; Ammihud, son fils; Élischama, son fils;

²⁷Nun, son fils; Josué, son fils.

²⁸Ils avaient en propriété et pour habitations Béthel et les villes de son ressort; à l'orient, Naaran; à l'occident, Guézer et les villes de son ressort, Sichem et les villes de son ressort, jusqu'à Gaza et aux villes de son ressort.

²⁹Les fils de Manassé possédaient Beth Schean et les villes de son ressort, Thaanac et les villes de son ressort, Meguiddo et les villes de son ressort, Dor et les villes de son ressort. Ce fut dans ces villes qu'habitèrent les fils de Joseph, fils d'Israël.

³⁰Fils d'Aser: Jimna, Jischva, Jischvi et Beria; et Sérach, leur soeur.

³¹Fils de Beria: Héber et Malkiel. Malkiel fut père de Birzavith.

³²Et Héber engendra Japhleth, Schomer et Hotham, et Schua, leur soeur. -

³³Fils de Japhleth: Pasac, Bimhal et Aschvath. Ce sont là les fils de Japhleth. -

³⁴Fils de Schamer: Achi, Rohega, Hubba et Aram. -

³⁵Fils d'Hélem, son frère: Tsophach, Jimna, Schélesch et Amal.

³⁶Fils de Tsophach: Suach, Harnépher, Schual, Béri, Jimra,

³⁷Betser, Hod, Schamma, Schilscha, Jithran et Beéra.

³⁸Fils de Jéther: Jephunné, Pispa et Ara.

³⁹Fils d'Ulla: Arach, Hanniel et Ritsja. -

⁴⁰Tous ceux-là étaient fils d'Aser, chef des maisons de leurs pères, hommes d'élite et vaillants, chef des princes, enregistrés au nombre de vingt-six mille hommes, en état de porter les armes et d'aller à la guerre.

Chapitre 8

¹Benjamin engendra Béla, son premier-né, Aschbel le second, Achrach le troisième,

²Nocha le quatrième, et Rapha le cinquième.

³Les fils de Béla furent: Addar, Guéra, Abihud,

⁴Abischua, Naaman, Achoach,

⁵Guéra, Schephuphan et Huram.

⁶Voici les fils d'Échud, qui étaient chefs de famille parmi les habitants de Guéba, et qui les transportèrent à Manachath:

⁷Naaman, Achija et Guéra. Guéra, qui les transporta, engendra Uzza et Achichud.

⁸Schacharaïm eut des enfants au pays de Moab, après qu'il eut renvoyé Huschim et Baara, ses femmes.

⁹Il eut de Hodesch, sa femme: Jobab, Tsibja, Méscha, Malcam,

¹⁰Jeuts, Schocja et Mirma. Ce sont là ses fils, chefs de famille.

¹¹Il eut de Huschim: Abithub et Elpaal.

¹²Fils d'Elpaal: Éber, Mischeam, et Schémer, qui bâtit Ono, Lod et les villes de son ressort.

¹³Beria et Schéma, qui étaient chefs de famille parmi les habitants d'Ajalon, mirent en fuite les habitants de Gath.

¹⁴Achjo, Schaschak, Jerémoth,

¹⁵Zebadja, Arad, Éder,

¹⁶Micaël, Jischpha et Jocha étaient fils de Beria. -

¹⁷Zebadja, Meschullam, Hizki, Héber,

¹⁸Jischmeraï, Jizlia et Jobab étaient fils d'Elpaal. -

¹⁹Jakim, Zicri, Zabdi,

²⁰Éliénaï, Tsilthaï, Éliel,

²¹Adaja, Beraja et Schimrath étaient fils de Schimeï. -

²²Jischpan, Éber, Éliel,

²³Abdon, Zicri, Hanan,

²⁴Hanania, Élam, Anthothija,

²⁵Jiphdeja et Penuel étaient fils de Schaschak. -

²⁶Schamscheraï, Schecharia, Athalia,
²⁷Jaaréschia, Élija et Zicri étaient fils de Jerocham. -
²⁸Ce sont là des chefs de famille, chefs selon leurs générations. Ils habitaient à Jérusalem.
²⁹Le père de Gabaon habitait à Gabaon, et le nom de sa femme était Maaca.
³⁰Abdon, son fils premier-né, puis Tsur, Kis, Baal, Nadab,
³¹Guedor, Achjo, et Zéker.
³²Mikloth engendra Schimea. Ils habitaient aussi à Jérusalem près de leurs frères, avec leurs frères. -
³³Ner engendra Kis; Kis engendra Saül; Saül engendra Jonathan, Malki Schua, Abinadab et Eschbaal.
³⁴Fils de Jonathan: Merib Baal. Merib Baal engendra Michée.
³⁵Fils de Michée: Pithon, Mélec, Thaeréa et Achaz.
³⁶Achaz engendra Jehoadda; Jehoadda engendra Alémeth, Azmaveth et Zimri; Zimri engendra Motsa;
³⁷Motsa engendra Binea. Rapha, son fils; Éleasa, son fils; Atsel, son fils;
³⁸Atsel eut six fils, dont voici les noms: Azrikam, Bocru, Ismaël, Schearia, Abdias et Hanan. Tous ceux-là étaient fils d'Atsel. -
³⁹Fils d'Éschek, son frère: Ulam, son premier-né, Jéusch le second, et Éliphéleth le troisième.
⁴⁰Les fils d'Ulam furent de vaillants hommes, tirant de l'arc; et ils eurent beaucoup de fils et de petits-fils, cent cinquante. Tous ceux-là sont des fils de Benjamin.

Chapitre 9

¹Tout Israël est enregistré dans les généalogies et inscrit dans le livre des rois d'Israël. Et Juda fut emmené captif à Babylone, à cause de ses infidélités.
²Les premiers habitants qui demeuraient dans leurs possessions, dans leurs villes, étaient les Israélites, les sacrificateurs, les Lévites, et les Néthiniens.
³A Jérusalem habitaient des fils de Juda, des fils de Benjamin, et des fils d'Éphraïm et de Manassé. -
⁴Des fils de Pérets, fils de Juda: Uthaï, fils d'Ammihud, fils d'Omri, fils d'Imri, fils de Bani.
⁵Des Schilonites: Asaja, le premier-né, et ses fils.
⁶Des fils de Zérach: Jeuel, et ses frères, six cent quatre-vingt-dix. -
⁷Des fils de Benjamin: Sallu, fils de Meschullam, fils d'Hodavia, fils d'Assenua;
⁸Jibneja, fils de Jerocham; Éla, fils d'Uzzi, fils de Micri; Meschullam, fils de Schephathia, fils de Reuel, fils de Jibnija;
⁹et leurs frères, selon leurs générations, neuf cent cinquante-six. Tous ces hommes étaient chefs de famille dans les maisons de leurs pères.
¹⁰Des sacrificateurs: Jedaeja; Jehojarib; Jakin;
¹¹Azaria, fils de Hilkija, fils de Meschullam, fils de Tsadok, fils de Merajoth, fils d'Achithub, prince de la maison de Dieu;
¹²Adaja, fils de Jerocham, fils de Paschhur, fils de Malkija; Maesaï, fils d'Adiel, fils de Jachzéra, fils de Meschullam, fils de Meschillémith, fils d'Immer;
¹³et leurs frères, chefs des maisons de leurs pères, mille sept cent soixante, hommes vaillants, occupés au service de la maison de Dieu.
¹⁴Des Lévites: Schemaeja, fils de Haschub, fils d'Azrikam, fils de Haschabia, des fils de Merari.
¹⁵Bakbakkar; Héresch; Galal; Matthania, fils de Michée, fils de Zicri, fils d'Asaph;
¹⁶Abdias, fils de Schemaeja, fils de Galal, fils de Jeduthun; Bérékia, fils d'Asa, fils d'Elkana, qui habitait dans les villages des Nethophathiens.
¹⁷Et les portiers: Schallum, Akkub, Thalmon, Achiman, et leurs frères; Schallum était le chef,
¹⁸et jusqu'à présent il est à la porte du roi, à l'orient. Ce sont là les portiers pour le camp des fils de Lévi.
¹⁹Schallum, fils de Koré, fils d'Ébiasaph, fils de Koré, et ses frères de la maison de son père, les Koréites, remplissaient les fonctions de gardiens des seuils de la tente; leurs pères avaient gardé l'entrée du camp de l'Éternel,
²⁰et Phinées, fils d'Éléazar, avait été autrefois leur chef, et l'Éternel était avec lui.
²¹Zacharie, fils de Meschélémia, était portier à l'entrée de la tente d'assignation.
²²Ils étaient en tout deux cent douze, choisis pour portiers des seuils, et enregistrés dans les généalogies d'après leurs villages; David et Samuel le voyant les avaient établis dans leurs fonctions.
²³Eux et leurs enfants gardaient les portes de la maison de l'Éternel, de la maison de la tente.
²⁴Il y avait des portiers aux quatre vents, à l'orient, à l'occident, au nord et au midi.
²⁵Leurs frères, qui demeuraient dans leurs villages, devaient de temps à autre venir auprès d'eux pendant sept jours.
²⁶Car ces quatre chefs des portiers, ces Lévites, étaient toujours en fonctions, et ils avaient encore la surveillance des chambres et des trésors de la maison de Dieu;
²⁷ils passaient la nuit autour de la maison de Dieu, dont ils avaient la garde, et qu'ils devaient ouvrir chaque matin.
²⁸Quelques-uns des Lévites prenaient soin des ustensiles du service, qu'ils rentraient en les comptant et sortaient en les comptant.
²⁹D'autres veillaient sur les ustensiles, sur tous les ustensiles du sanctuaire, et sur la fleur de farine, le vin, l'huile, l'encens et les aromates.
³⁰C'étaient des fils de sacrificateurs qui composaient les parfums aromatiques.
³¹Matthithia, l'un des Lévites, premier-né de Schallum le Koréite, s'occupait des gâteaux cuits sur la plaque.
³²Et quelques-uns de leurs frères, parmi les Kehathites, étaient chargés de préparer pour chaque sabbat les pains de proposition.
³³Ce sont là les chantres, chefs de famille des Lévites, demeurant dans les chambres, exempts des autres fonctions parce qu'ils étaient à l'oeuvre jour et nuit.
³⁴Ce sont là les chefs de famille des Lévites, chefs selon leurs générations. Ils habitaient à Jérusalem.
³⁵Le père de Gabaon, Jeïel, habitait à Gabaon, et le nom de sa femme était Maaca.
³⁶Abdon, son fils premier-né, puis Tsur, Kis, Baal, Ner, Nadab,
³⁷Guedor, Achjo, Zacharie et Mikloth.
³⁸Mikloth engendra Schimeam. Ils habitaient aussi à Jérusalem près de leurs frères, avec leurs frères. -
³⁹Ner engendra Kis; Kis engendra Saül; Saül engendra Jonathan, Malki Schua, Abinadab et Eschbaal.
⁴⁰Fils de Jonathan: Merib Baal. Merib Baal engendra Michée.
⁴¹Fils de Michée: Pithon, Mélec, et Thachréa.
⁴²Achaz engendra Jaera; Jaera engendra Alémeth, Azmaveth et Zimri; Zimri engendra Motsa; Motsa engendra Binea.
⁴³Rephaja, son fils; Éleasa, son fils; Atsel, son fils.
⁴⁴Atsel eut six fils, dont voici les noms: Azrikam, Bocru, Ismaël, Scheari, Abdias et Hanan. Ce sont là les fils d'Atsel.

Chapitre 10

¹Les Philistins livrèrent bataille à Israël, et les hommes d'Israël prirent la fuite devant les Philistins et tombèrent morts sur la montagne de Guilboa.
²Les Philistins poursuivirent Saül et ses fils, et tuèrent Jonathan, Abinadab et Malki Schua, fils de Saül.
³L'effort du combat porta sur Saül; les archers l'atteignirent et le blessèrent.
⁴Saül dit alors à celui qui portait ses armes: Tire ton épée, et transperce-m'en, de peur que ces incirconcis ne viennent me faire subir leurs outrages. Celui qui portait ses armes ne voulut pas, car il était saisi de crainte. Et Saül prit son épée, et se jeta dessus.
⁵Celui qui portait les armes de Saül, le voyant mort, se jeta aussi sur son épée, et mourut.
⁶Ainsi périrent Saül et ses trois fils, et toute sa maison périt en même temps.
⁷Tous ceux d'Israël qui étaient dans la vallée, ayant vu qu'on avait fui et que Saül et ses fils étaient morts, abandonnèrent leurs villes pour prendre aussi la fuite. Et les Philistins allèrent s'y établir.
⁸Le lendemain, les Philistins vinrent pour dépouiller les morts, et ils trouvèrent Saül et ses fils tombés sur la montagne de Guilboa.
⁹Ils le dépouillèrent, et emportèrent sa tête et ses armes. Puis ils firent annoncer ces bonnes nouvelles par tout le pays des Philistins à leurs idoles et au peuple.
¹⁰Ils mirent les armes de Saül dans la maison de leur dieu, et ils attachèrent son crâne dans le temple de Dagon.
¹¹Tout Jabès en Galaad ayant appris tout ce que les Philistins avaient fait à Saül,
¹²tous les hommes vaillants se levèrent, prirent le corps de Saül et ceux de ses fils, et les transportèrent à Jabès. Ils enterrèrent leur os sous le térébinthe, à Jabès, et ils jeûnèrent sept jours.
¹³Saül mourut, parce qu'il se rendit coupable d'infidélité envers l'Éternel, dont il n'observa point la parole, et parce qu'il interrogea et consulta ceux qui évoquent les morts.
¹⁴Il ne consulta point l'Éternel; alors l'Éternel le fit mourir, et

transféra la royauté à David, fils d'Isaï.

Chapitre 11

¹Tout Israël s'assembla auprès de David à Hébron, en disant: Voici, nous sommes tes os et ta chair.

²Autrefois déjà, même lorsque Saül était roi, c'était toi qui conduisais et qui ramenais Israël. L'Éternel, ton Dieu, t'a dit: Tu paîtras mon peuple d'Israël, et tu seras le chef de mon peuple d'Israël.

³Ainsi tous les anciens d'Israël vinrent auprès du roi à Hébron, et David fit alliance avec eux à Hébron, devant l'Éternel. Ils oignirent David pour roi sur Israël, selon la parole de l'Éternel, prononcée par Samuel.

⁴David marcha avec tout Israël sur Jérusalem, qui est Jebus. Là étaient les Jébusiens, habitants du pays.

⁵Les habitants de Jebus dirent à David: Tu n'entreras point ici. Mais David s'empara de la forteresse de Sion: c'est la cité de David.

⁶David avait dit: Quiconque battra le premier les Jébusiens sera chef et prince. Joab, fils de Tseruja, monta le premier, et il devint chef.

⁷David s'établit dans la forteresse; c'est pourquoi on l'appela cité de David.

⁸Il fit tout autour de la ville des constructions, depuis Millo et aux environs; et Joab répara le reste de la ville.

⁹David devenait de plus en plus grand, et l'Éternel des armées était avec lui.

¹⁰Voici les chefs des vaillants hommes qui étaient au service de David, et qui l'aidèrent avec tout Israël à assurer sa domination, afin de l'établir roi, selon la parole de l'Éternel au sujet d'Israël.

¹¹Voici, d'après leur nombre, les vaillants hommes qui étaient au service de David. Jaschobeam, fils de Hacmoni, l'un des principaux officiers. Il brandit sa lance sur trois cents hommes, qu'il fit périr en une seule fois.

¹²Après lui, Éléazar, fils de Dodo, l'Achochite, l'un des trois guerriers.

¹³Il était avec David à Pas Dammim, où les Philistins s'étaient rassemblés pour combattre. Il y avait là une pièce de terre remplie d'orge; et le peuple fuyait devant les Philistins.

¹⁴Ils se placèrent au milieu du champ, le protégèrent, et battirent les Philistins. Et l'Éternel opéra une grande délivrance.

¹⁵Trois des trente chefs descendirent auprès de David sur le rocher dans la caverne d'Adullam, lorsque le camp des Philistins était dressé dans la vallée des Rephaïm.

¹⁶David était alors dans la forteresse, et il y avait un poste de Philistins à Bethléhem.

¹⁷David eut un désir, et il dit: Qui me fera boire de l'eau de la citerne qui est à la porte de Bethléhem?

¹⁸Alors les trois hommes passèrent au travers du camp des Philistins, et puisèrent de l'eau de la citerne qui est à la porte de Bethléhem. Ils l'apportèrent et la présentèrent à David; mais David ne voulut pas la boire, et il la répandit devant l'Éternel.

¹⁹Il dit: Que mon Dieu me garde de faire cela! Boirais-je le sang de ces hommes qui sont allés au péril de leur vie? Car c'est au péril de leur vie qu'ils l'ont apportée. Et il ne voulut pas la boire. Voilà ce que firent ces trois vaillants hommes.

²⁰Abischaï, frère de Joab, était le chef des trois. Il brandit sa lance sur trois cents hommes, et les tua; et il eut du renom parmi les trois.

²¹Il était le plus considéré des trois de la seconde série, et il fut leur chef; mais il n'égala pas les trois premiers.

²²Benaja, fils de Jehojada, fils d'un homme de Kabtseel, rempli de valeur et célèbre par ses exploits. Il frappa les deux lions de Moab. Il descendit au milieu d'une citerne, où il frappa un lion, un jour de neige.

²³Il frappa un Égyptien d'une stature de cinq coudées et ayant à la main une lance comme une ensouple de tisserand; il descendit contre lui avec un bâton, arracha la lance de la main de l'Égyptien, et s'en servit pour le tuer.

²⁴Voilà ce que fit Benaja, fils de Jehojada; et il eut du renom parmi les trois vaillants hommes.

²⁵Il était le plus considéré des trente; mais il n'égala pas les trois premiers. David l'admit dans son conseil secret.

²⁶Hommes vaillants de l'armée: Asaël, frère de Joab. Elchanan, fils de Dodo, de Bethléhem.

²⁷Schammoth, d'Haror. Hélets, de Palon.

²⁸Ira, fils d'Ikkesch, de Tekoa. Abiézer, d'Anathoth.

²⁹Sibbecaï, le Huschatite. Ilaï, d'Achoach.

³⁰Maharaï, de Nethopha. Héled, fils de Baana, de Nethopha.

³¹Ithaï, fils de Ribaï, de Guibea des fils de Benjamin. Benaja, de Pirathon.

³²Huraï, de Nachalé Gaasch. Abiel, d'Araba.

³³Azmaveth, de Bacharum. Éliachba, de Schaalbon.

³⁴Bené Haschem, de Guizon. Jonathan, fils de Schagué, d'Harar.

³⁵Achiam, fils de Sacar, d'Harar. Éliphal, fils d'Ur.

³⁶Hépher, de Mekéra. Achija, de Palon.

³⁷Hetsro, de Carmel. Naaraï, fils d'Ezbaï.

³⁸Joël, frère de Nathan. Mibchar, fils d'Hagri.

³⁹Tsélek, l'Ammonite. Nachraï, de Béroth, qui portait les armes de Joab, fils de Tseruja.

⁴⁰Ira, de Jéther. Gareb, de Jéther.

⁴¹Urie, le Héthien. Zabad, fils d'Achlaï.

⁴²Adina, fils de Schiza, le Rubénite, chef des Rubénites, et trente avec lui.

⁴³Hanan, fils de Maaca. Josaphat, de Mithni.

⁴⁴Ozias, d'Aschtharoth. Schama et Jehiel, fils de Hotham, d'Aroër.

⁴⁵Jediaël, fils de Schimri. Jocha, son frère, le Thitsite.

⁴⁶Éliel, de Machavim, Jeribaï et Joschavia, fils d'Elnaam. Jithma, le Moabite.

⁴⁷Éliel, Obed et Jaasiel Metsobaja.

Chapitre 12

¹Voici ceux qui se rendirent auprès de David à Tsiklag, lorsqu'il était encore éloigné de la présence de Saül, fils de Kis. Ils faisaient partie des vaillants hommes qui lui prêtèrent leur secours pendant la guerre.

²C'étaient des archers, lançant des pierres de la main droite et de la main gauche, et tirant des flèches avec leur arc: ils étaient de Benjamin, du nombre des frères de Saül.

³Le chef Achiézer et Joas, fils de Schemaa, de Guibea; Jeziel, et Péleth, fils d'Azmaveth; Beraca; Jéhu, d'Anathoth;

⁴Jischmaeja, de Gabaon, vaillant parmi les trente et chef des trente; Jérémie; Jachaziel; Jochanan; Jozabad, de Guedéra;

⁵Éluzaï; Jerimoth; Bealia; Schemaria; Schephathia, de Haroph;

⁶Elkana, Jischija, Azareel, Joézer et Jaschobeam, Koréites;

⁷Joéla et Zebadia, fils de Jerocham, de Guedor.

⁸Parmi les Gadites, des hommes vaillants partirent pour se rendre auprès de David dans la forteresse du désert, des soldats exercés à la guerre, armés du bouclier et de la lance, semblables à des lions, et aussi prompts que des gazelles sur les montagnes.

⁹Ézer, le chef; Abdias, le second; Éliab, le troisième;

¹⁰Mischmanna, le quatrième; Jérémie, le cinquième;

¹¹Attaï, le sixième; Éliel, le septième;

¹²Jochanan, le huitième; Elzabad, le neuvième;

¹³Jérémie, le dixième; Macbannaï, le onzième.

¹⁴C'étaient des fils de Gad, chefs de l'armée; un seul, le plus petit, pouvait s'attaquer à cent hommes, et le plus grand à mille.

¹⁵Voilà ceux qui passèrent le Jourdain au premier mois, lorsqu'il débordait sur toutes ses rives, et qui mirent en fuite tous les habitants des vallées, à l'orient et à l'occident.

¹⁶Il y eut aussi des fils de Benjamin et de Juda qui se rendirent auprès de David dans la forteresse.

¹⁷David sortit au-devant d'eux, et leur adressa la parole, en disant: Si vous venez à moi dans de bonnes intentions pour me secourir, mon coeur s'unira à vous; mais si c'est pour me tromper au profit de mes ennemis, quand je ne commets aucune violence, que le Dieu de nos pères le voie et qu'il fasse justice!

¹⁸Amasaï, l'un des principaux officiers, fut revêtu de l'esprit, et dit: Nous sommes à toi, David, et avec toi, fils d'Isaï! Paix, paix à toi, et paix à ceux qui te secourent, car ton Dieu t'a secouru! Et David les accueillit, et les plaça parmi les chefs de la troupe.

¹⁹Des hommes de Manassé se joignirent à David, lorsqu'il alla faire la guerre à Saül avec les Philistins. Mais ils ne furent pas en aide aux Philistins; car, après s'être consultés, les princes des Philistins renvoyèrent David, en disant: Il passerait du côté de son maître Saül, au péril de nos têtes.

²⁰Quand il retourna à Tsiklag, voici ceux de Manassé qui se joignirent à lui: Adnach, Jozabad, Jediaël, Micaël, Jozabad, Élihu et Tsilthaï, chefs des milliers de Manassé.

²¹Ils prêtèrent leur secours à David contre la troupe [des pillards Amalécites], car ils étaient tous de vaillants hommes, et ils furent chefs dans l'armée.

²²Et de jour en jour des gens arrivaient auprès de David pour le secourir, jusqu'à ce qu'il eût un grand camp, comme un camp de Dieu.

²³Voici le nombre des hommes armés pour la guerre qui se rendirent auprès de David à Hébron, afin de lui transférer la royauté de Saül, selon l'ordre de l'Éternel.

²⁴Fils de Juda, portant le bouclier et la lance, six mille huit cents, armés pour la guerre.

²⁵Des fils de Siméon, hommes vaillants à la guerre, sept mille cent.

²⁶Des fils de Lévi, quatre mille six cents;

²⁷et Jehojada, prince d'Aaron, et avec lui trois mille sept cents;

²⁸et Tsadok, vaillant jeune homme, et la maison de son père, vingt-deux chefs.

²⁹Des fils de Benjamin, frères de Saül, trois mille; car jusqu'alors la plus grande partie d'entre eux étaient restés fidèles à la maison de Saül.

³⁰Des fils d'Éphraïm, vingt mille huit cents, hommes vaillants, gens de renom, d'après les maisons de leurs pères.

³¹De la demi-tribu de Manassé, dix-huit mille, qui furent nominativement désignés pour aller établir roi David.

³²Des fils d'Issacar, ayant l'intelligence des temps pour savoir ce que devait faire Israël, deux cents chefs, et tous leurs frères sous leurs ordres.

³³De Zabulon, cinquante mille, en état d'aller à l'armée, munis pour le combat de toutes les armes de guerre, et prêts à livrer bataille d'un coeur résolu.

³⁴De Nephthali, mille chefs, et avec eux trente-sept mille, portant le bouclier et la lance.

³⁵Des Danites, armés pour la guerre, vingt-huit mille six cents.

³⁶D'Aser, en état d'aller à l'armée et prêts à combattre: quarante mille.

³⁷Et de l'autre côté du Jourdain, des Rubénites, des Gadites, et de la demi-tribu de Manassé, avec toutes les armes de guerre, cent vingt mille.

³⁸Tous ces hommes, gens de guerre, prêts à combattre, arrivèrent à Hébron en sincérité de coeur pour établir David roi sur tout Israël. Et tout le reste d'Israël était également unanime pour faire régner David.

³⁹Ils furent là trois jours avec David, mangeant et buvant, car leurs frères leur avaient préparé des vivres.

⁴⁰Et même ceux qui habitaient près d'eux jusqu'à Issacar, à Zabulon et à Nephthali, apportaient des aliments sur des ânes, sur des chameaux, sur des mulets et sur des boeufs, des mets de farine, des masses de figues sèches et de raisins secs, du vin, de l'huile, des boeufs et des brebis en abondance, car Israël était dans la joie.

Chapitre 13

¹David tint conseil avec les chefs de milliers et de centaines, avec tous les princes.

²Et David dit à toute l'assemblée d'Israël: Si vous le trouvez bon, et si cela vient de l'Éternel, notre Dieu, envoyons de tous côtés vers nos frères qui restent dans toutes les contrées d'Israël, et aussi vers les sacrificateurs et les Lévites dans les villes où sont leurs banlieues, afin qu'ils se réunissent à nous,

³et ramenons auprès de nous l'arche de notre Dieu, car nous ne nous en sommes pas occupés du temps de Saül.

⁴Toute l'assemblée décida de faire ainsi, car la chose parut convenable à tout le peuple.

⁵David assembla tout Israël, depuis le Schichor d'Égypte jusqu'à l'entrée de Hamath, pour faire venir de Kirjath Jearim l'arche de Dieu.

⁶Et David, avec tout Israël, monta à Baala, à Kirjath Jearim, qui est à Juda, pour faire monter de là l'arche de Dieu, devant laquelle est invoqué le nom de l'Éternel qui réside entre les chérubins.

⁷Ils mirent sur un char neuf l'arche de Dieu, qu'ils emportèrent de la maison d'Abinadab: Uzza et Achjo conduisaient le char.

⁸David et tout Israël dansaient devant Dieu de toute leur force, en chantant, et en jouant des harpes, des luths, des tambourins, des cymbales et des trompettes.

⁹Lorsqu'ils furent arrivés à l'aire de Kidon, Uzza étendit la main pour saisir l'arche, parce que les boeufs la faisaient pencher.

¹⁰La colère de l'Éternel s'enflamma contre Uzza, et l'Éternel le frappa parce qu'il avait étendu la main sur l'arche. Uzza mourut là, devant Dieu.

¹¹David fut irrité de ce que l'Éternel avait frappé Uzza d'un tel châtiment. Et ce lieu a été appelé jusqu'à ce jour Pérets Uzza.

¹²David eut peur de Dieu en ce jour-là, et il dit: Comment ferais-je entrer chez moi l'arche de Dieu?

¹³David ne retira pas l'arche chez lui dans la cité de David, et il la fit conduire dans la maison d'Obed Édom de Gath.

¹⁴L'arche de Dieu resta trois mois dans la maison d'Obed Édom, dans sa maison. Et l'Éternel bénit la maison d'Obed Édom et tout ce qui lui appartenait.

Chapitre 14

¹Hiram, roi de Tyr, envoya des messagers à David, et du bois de cèdre, et des tailleurs de pierres et des charpentiers, pour lui bâtir une maison.

²David reconnut que l'Éternel l'affermissait comme roi d'Israël, et que son royaume était haut élevé, à cause de son peuple d'Israël.

³David prit encore des femmes à Jérusalem, et il engendra encore des fils et des filles.

⁴Voici les noms de ceux qui lui naquirent à Jérusalem: Schammua, Schobab, Nathan, Salomon,

⁵Jibhar, Élischua, Elphéleth,

⁶Noga, Népheg, Japhia,

⁷Élischama, Beéliada et Éliphéleth.

⁸Les Philistins apprirent que David avait été oint pour roi sur tout Israël, et ils montèrent tous à sa recherche. David, qui en fut informé, sortit au-devant d'eux.

⁹Les Philistins arrivèrent, et se répandirent dans la vallée des Rephaïm.

¹⁰David consulta Dieu, en disant: Monterai-je contre les Philistins, et les livreras-tu entre mes mains? Et l'Éternel lui dit: Monte, et je les livrerai entre tes mains.

¹¹Ils montèrent à Baal Peratsim, où David les battit. Puis il dit: Dieu a dispersé mes ennemis par ma main, comme des eaux qui s'écoulent. C'est pourquoi l'on a donné à ce lieu le nom de Baal Peratsim.

¹²Ils laissèrent là leurs dieux, qui furent brûlés au feu d'après l'ordre de David.

¹³Les Philistins se répandirent de nouveau dans la vallée.

¹⁴David consulta encore Dieu. Et Dieu lui dit: Tu ne monteras pas après eux; détourne-toi d'eux, et tu arriveras sur eux vis-à-vis des mûriers.

¹⁵Quand tu entendras un bruit de pas dans les cimes des mûriers, alors tu sortiras pour combattre, car c'est Dieu qui marche devant toi pour battre l'armée des Philistins.

¹⁶David fit ce que Dieu lui avait ordonné, et l'armée des Philistins fut battue depuis Gabaon jusqu'à Guézer.

¹⁷La renommée de David se répandit dans tous les pays, et l'Éternel le rendit redoutable à toutes les nations.

Chapitre 15

¹David se bâtit des maisons dans la cité de David; il prépara une place à l'arche de Dieu, et dressa pour elle une tente.

²Alors David dit: L'arche de Dieu ne doit être portée que par les Lévites, car l'Éternel les a choisis pour porter l'arche de Dieu et pour en faire le service à toujours.

³Et David assembla tout Israël à Jérusalem pour faire monter l'arche de l'Éternel à la place qu'il lui avait préparée.

⁴David assembla les fils d'Aaron et les Lévites:

⁵des fils de Kehath, Uriel le chef et ses frères, cent vingt;

⁶des fils de Merari, Asaja le chef et ses frères, deux cent vingt;

⁷des fils de Guerschom, Joël le chef et ses frères, cent trente;

⁸des fils d'Élitsaphan, Schemaeja le chef et ses frères, deux cents;

⁹des fils d'Hébron, Éliel le chef et ses frères, quatre-vingts;

¹⁰des fils d'Uziel, Amminadab le chef et ses frères, cent douze.

¹¹David appela les sacrificateurs Tsadok et Abiathar, et les Lévites Uriel, Asaja, Joël, Schemaeja, Éliel et Amminadab.

¹²Il leur dit: Vous êtes les chefs de famille des Lévites; sanctifiez-vous, vous et vos frères, et faites monter à la place que je lui ai préparée l'arche de l'Éternel, du Dieu d'Israël.

¹³Parce que vous n'y étiez pas la première fois, l'Éternel, notre Dieu, nous a frappés; car nous ne l'avons pas cherché selon la loi.

¹⁴Les sacrificateurs et les Lévites se sanctifièrent pour faire monter l'arche de l'Éternel, du Dieu d'Israël.

¹⁵Les fils des Lévites portèrent l'arche de Dieu sur leurs épaules avec des barres, comme Moïse l'avait ordonné d'après la parole de l'Éternel.

¹⁶Et David dit aux chefs des Lévites de disposer leurs frères les chantres avec des instruments de musique, des luths, des harpes et des cymbales, qu'ils devaient faire retentir de sons éclatants en signe de réjouissance.

¹⁷Les Lévites disposèrent Héman, fils de Joël; parmi ses frères, Asaph, fils de Bérékia; et parmi les fils de Merari, leurs frères, Éthan, fils de Kuschaja;

¹⁸puis avec eux leurs frères du second ordre Zacharie, Ben, Jaaziel, Schemiramoth, Jehiel, Unni, Éliab, Benaja, Maaséja, Matthithia, Éliphelé et Miknéja, et Obed Édom et Jeïel, les portiers.

¹⁹Les chantres Héman, Asaph et Éthan avaient des cymbales

d'airain, pour les faire retentir.

²⁰Zacharie, Aziel, Schemiramoth, Jehiel, Unni, Éliab, Maaséja et Benaja avaient des luths sur alamoth;

²¹et Matthithia, Éliphelé, Miknéja, Obed Édom, Jeïel et Azazia, avaient des harpes à huit cordes, pour conduire le chant.

²²Kenania, chef de musique parmi les Lévites, dirigeait la musique, car il était habile.

²³Bérékia et Elkana étaient portiers de l'arche.

²⁴Schebania, Josaphat, Nethaneel, Amasaï, Zacharie, Benaja et Éliézer, les sacrificateurs, sonnaient des trompettes devant l'arche de Dieu. Obed Édom et Jechija étaient portiers de l'arche.

²⁵David, les anciens d'Israël, et les chefs de milliers se mirent en route pour faire monter l'arche de l'alliance de l'Éternel depuis la maison d'Obed Édom, au milieu des réjouissances.

²⁶Ce fut avec l'assistance de Dieu que les Lévites portèrent l'arche de l'alliance de l'Éternel; et l'on sacrifia sept taureaux et sept béliers.

²⁷David était revêtu d'un manteau de byssus; il en était de même de tous les Lévites qui portaient l'arche, des chantres, et de Kenania, chef de musique parmi les chantres; et David avait sur lui un éphod de lin.

²⁸Tout Israël fit monter l'arche de l'alliance de l'Éternel avec des cris de joie, au son des clairons, des trompettes et des cymbales, et en faisant retentir les luths et les harpes.

²⁹Comme l'arche de l'alliance de l'Éternel entrait dans la cité de David, Mical, fille de Saül, regardait par la fenêtre, et voyant le roi David sauter et danser, elle le méprisa dans son coeur.

Chapitre 16

¹Après qu'on eut amené l'arche de Dieu, on la plaça au milieu de la tente que David avait dressée pour elle, et l'on offrit devant Dieu des holocaustes et des sacrifices d'actions de grâces.

²Quand David eut achevé d'offrir les holocaustes et les sacrifices d'actions de grâces, il bénit le peuple au nom de l'Éternel.

³Puis il distribua à tous ceux d'Israël, hommes et femmes, à chacun un pain, une portion de viande et un gâteau de raisins.

⁴Il remit à des Lévites la charge de faire le service devant l'arche de l'Éternel, d'invoquer, de louer et de célébrer l'Éternel, le Dieu d'Israël.

⁵C'étaient: Asaph, le chef; Zacharie, le second après lui, Jeïel, Schemiramoth, Jehiel, Matthithia, Éliab, Benaja, Obed Édom et Jeïel. Ils avaient des instruments de musique, des luths et des harpes; et Asaph faisait retentir les cymbales.

⁶Les sacrificateurs Benaja et Jachaziel sonnaient continuellement des trompettes devant l'arche de l'alliance de Dieu.

⁷Ce fut en ce jour que David chargea pour la première fois Asaph et ses frères de célébrer les louanges de l'Éternel.

⁸Louez l'Éternel, invoquez son nom! Faites connaître parmi les peuples ses hauts faits!

⁹Chantez, chantez en son honneur! Parlez de toutes ses merveilles!

¹⁰Glorifiez-vous de son saint nom! Que le coeur de ceux qui cherchent l'Éternel se réjouisse!

¹¹Ayez recours à l'Éternel et à son appui, Cherchez continuellement sa face!

¹²Souvenez-vous des prodiges qu'il a faits, De ses miracles et des jugements de sa bouche,

¹³Race d'Israël, son serviteur, Enfants de Jacob, ses élus!

¹⁴L'Éternel est notre Dieu; Ses jugements s'exercent sur toute la terre.

¹⁵Rappelez-vous à toujours son alliance, Ses promesses pour mille générations,

¹⁶L'alliance qu'il a traitée avec Abraham, Et le serment qu'il a fait à Isaac;

¹⁷Il l'a érigé pour Jacob en loi, Pour Israël en alliance éternelle,

¹⁸Disant: Je te donnerai le pays de Canaan Comme l'héritage qui vous est échu.

¹⁹Ils étaient alors peu nombreux, Très peu nombreux, et étrangers dans le pays,

²⁰Et ils allaient d'une nation à l'autre Et d'un royaume vers un autre peuple;

²¹Mais il ne permit à personne de les opprimer, Et il châtia des rois à cause d'eux:

²²Ne touchez pas à mes oints, Et ne faites pas de mal à mes prophètes!

²³Chantez à l'Éternel, vous tous habitants de la terre! Annoncez de jour en jour son salut;

²⁴Racontez parmi les nations sa gloire, Parmi tous les peuples ses merveilles!

²⁵Car l'Éternel est grand et très digne de louange, Il est redoutable par-dessus tous les dieux;

²⁶Car tous les dieux des peuples sont des idoles, Et l'Éternel a fait les cieux.

²⁷La majesté et la splendeur sont devant sa face, La force et la joie sont dans sa demeure.

²⁸Familles des peuples, rendez à l'Éternel, Rendez à l'Éternel gloire et honneur!

²⁹Rendez à l'Éternel gloire pour son nom! Apportez des offrandes et venez en sa présence, Prosternez-vous devant l'Éternel avec de saints ornements!

³⁰Tremblez devant lui, vous tous habitants de la terre! Le monde est affermi, il ne chancelle point.

³¹Que les cieux se réjouissent, et que la terre soit dans l'allégresse! Que l'on dise parmi les nations: L'Éternel règne!

³²Que la mer retentisse avec tout ce qu'elle contient! Que la campagne s'égaie avec tout ce qu'elle renferme!

³³Que les arbres des forêts poussent des cris de joie Devant l'Éternel! Car il vient pour juger la terre.

³⁴Louez l'Éternel, car il est bon, Car sa miséricorde dure à toujours!

³⁵Dites: Sauve-nous, Dieu de notre salut, Rassemble-nous, et retire-nous du milieu des nations, Afin que nous célébrions ton saint nom Et que nous mettions notre gloire à te louer!

³⁶Béni soit l'Éternel, le Dieu d'Israël, D'éternité en éternité! Et que tout le peuple dise: Amen! Louez l'Éternel!

³⁷David laissa là, devant l'arche de l'alliance de l'Éternel, Asaph et ses frères, afin qu'ils fussent continuellement de service devant l'arche, remplissant leur tâche jour par jour.

³⁸Il laissa Obed Édom et Hosa avec leurs frères, au nombre de soixante-huit, Obed Édom, fils de Jeduthun, et Hosa, comme portiers.

³⁹Il établit le sacrificateur Tsadok et les sacrificateurs, ses frères, devant le tabernacle de l'Éternel, sur le haut lieu qui était à Gabaon,

⁴⁰pour qu'ils offrissent continuellement à l'Éternel des holocaustes, matin et soir, sur l'autel des holocaustes, et qu'ils accomplissent tout ce qui est écrit dans la loi de l'Éternel, imposée par l'Éternel à Israël.

⁴¹Auprès d'eux étaient Héman et Jeduthun, et les autres qui avaient été choisis et désignés par leurs noms pour louer l'Éternel. Car sa miséricorde dure à toujours.

⁴²Auprès d'eux étaient Héman et Jeduthun, avec des trompettes et des cymbales pour ceux qui les faisaient retentir, et avec des instruments pour les cantiques en l'honneur de Dieu. Les fils de Jeduthun étaient portiers.

⁴³Tout le peuple s'en alla chacun dans sa maison, et David s'en retourna pour bénir sa maison.

Chapitre 17

¹Lorsque David fut établi dans sa maison, il dit à Nathan le prophète: Voici, j'habite dans une maison de cèdre, et l'arche de l'alliance de l'Éternel est sous une tente.

²Nathan répondit à David: Fais tout ce que tu as dans le coeur, car Dieu est avec toi.

³La nuit suivante, la parole de Dieu fut adressée à Nathan:

⁴Va dire à mon serviteur David: Ainsi parle l'Éternel: Ce ne sera pas toi qui me bâtiras une maison pour que j'en fasse ma demeure.

⁵Car je n'ai point habité dans une maison depuis le jour où j'ai fait monter Israël jusqu'à ce jour; mais j'ai été de tente en tente et de demeure en demeure.

⁶Partout où j'ai marché avec tout Israël, ai-je dit un mot à quelqu'un des juges d'Israël à qui j'avais ordonné de paître mon peuple, ai-je dit: Pourquoi ne me bâtissez-vous pas une maison de cèdre?

⁷Maintenant tu diras à mon serviteur David: Ainsi parle l'Éternel des armées: Je t'ai pris au pâturage, derrière les brebis, pour que tu fusses chef de mon peuple d'Israël;

⁸j'ai été avec toi partout où tu as marché, j'ai exterminé tous tes ennemis devant toi, et j'ai rendu ton nom semblable au nom des grands qui sont sur la terre;

⁹j'ai donné une demeure à mon peuple d'Israël, et je l'ai planté pour qu'il y soit fixé et ne soit plus agité, pour que les méchants ne le détruisent plus comme auparavant

¹⁰et comme à l'époque où j'avais établi des juges sur mon peuple d'Israël. J'ai humilié tous tes ennemis. Et je t'annonce que l'Éternel te bâtira une maison.

¹¹Quand tes jours seront accomplis et que tu iras auprès de tes pères, j'élèverai ta postérité après toi, l'un de tes fils, et j'affermirai son règne.

¹²Ce sera lui qui me bâtira une maison, et j'affermirai pour

1 Chroniques

toujours son trône.

¹³Je serai pour lui un père, et il sera pour moi un fils; et je ne lui retirerai point ma grâce, comme je l'ai retirée à celui qui t'a précédé.

¹⁴Je l'établirai pour toujours dans ma maison et dans mon royaume, et son trône sera pour toujours affermi.

¹⁵Nathan rapporta à David toutes ces paroles et toute cette vision.

¹⁶Et le roi David alla se présenter devant l'Éternel, et dit: Qui suis-je, Éternel Dieu, et quelle est ma maison, pour que tu m'aies fait parvenir où je suis?

¹⁷C'est peu de chose à tes yeux, ô Dieu! Tu parles de la maison de ton serviteur pour les temps à venir. Et tu daignes porter les regards sur moi à la manière des hommes, toi qui es élevé, Éternel Dieu!

¹⁸Que pourrait te dire encore David sur la gloire accordée à ton serviteur? Tu connais ton serviteur.

¹⁹O Éternel! c'est à cause de ton serviteur, et selon ton coeur, que tu as fait toutes ces grandes choses, pour les lui révéler.

²⁰O Éternel! nul n'est semblable à toi et il n'y a point d'autre Dieu que toi, d'après tout ce que nous avons entendu de nos oreilles.

²¹Est-il sur la terre une seule nation qui soit comme ton peuple d'Israël, que Dieu est venu racheter pour en former son peuple, pour te faire un nom et pour accomplir des miracles et des prodiges, en chassant des nations devant ton peuple que tu as racheté d'Égypte?

²²Tu as établi ton peuple d'Israël, pour qu'il fût ton peuple à toujours; et toi, Éternel, tu es devenu son Dieu.

²³Maintenant, ô Éternel! que la parole que tu as prononcée sur ton serviteur et sur sa maison subsiste éternellement, et agis selon ta parole!

²⁴Qu'elle subsiste, afin que ton nom soit à jamais glorifié et que l'on dise: L'Éternel des armées, le Dieu d'Israël, est un Dieu pour Israël! Et que la maison de David, ton serviteur, soit affermie devant toi!

²⁵Car toi-même, ô mon Dieu, tu as révélé à ton serviteur que tu lui bâtirais une maison. C'est pourquoi ton serviteur a osé prier devant toi.

²⁶Maintenant, ô Éternel! tu es Dieu, et tu as annoncé cette grâce à ton serviteur.

²⁷Veuille donc bénir la maison de ton serviteur, afin qu'elle subsiste à toujours devant toi! Car ce que tu bénis, ô Éternel! est béni pour l'éternité.

Chapitre 18

¹Après cela, David battit les Philistins et les humilia, et il enleva de la main des Philistins Gath et les villes de son ressort.

²Il battit les Moabites, et les Moabites furent assujettis à David et lui payèrent un tribut.

³David battit Hadarézer, roi de Tsoba, vers Hamath, lorsqu'il alla établir sa domination sur le fleuve de l'Euphrate.

⁴David lui prit mille chars, sept mille cavaliers, et vingt mille hommes de pied; il coupa les jarrets à tous les chevaux de trait, et ne conserva que cent attelages.

⁵Les Syriens de Damas vinrent au secours d'Hadarézer, roi de Tsoba, et David battit vingt-deux mille Syriens.

⁶David mit des garnisons dans la Syrie de Damas. Et les Syriens furent assujettis à David, et lui payèrent un tribut. L'Éternel protégeait David partout où il allait.

⁷Et David prit les boucliers d'or qu'avaient les serviteurs d'Hadarézer, et les apporta à Jérusalem.

⁸David prit encore une grande quantité d'airain à Thibchath et à Cun, villes d'Hadarézer. Salomon en fit la mer d'airain, les colonnes et les ustensiles d'airain.

⁹Thohu, roi de Hamath, apprit que David avait battu toute l'armée d'Hadarézer, roi de Tsoba,

¹⁰et il envoya Hadoram, son fils, vers le roi David, pour le saluer, et pour le féliciter d'avoir attaqué Hadarézer et de l'avoir battu. Car Thohu était en guerre avec Hadarézer. Il envoya aussi toutes sortes de vases d'or, d'argent et d'airain.

¹¹Le roi David les consacra à l'Éternel, avec l'argent et l'or qu'il avait pris sur toutes les nations, sur Édom, sur Moab, sur les fils d'Ammon, sur les Philistins et sur Amalek.

¹²Abischaï, fils de Tseruja, battit dans la vallée du sel dix-huit mille Édomites.

¹³Il mit des garnisons dans Édom, et tout Édom fut assujetti à David. L'Éternel protégeait David partout où il allait.

¹⁴David régna sur tout Israël, et il faisait droit et justice à tout son peuple.

¹⁵Joab, fils de Tseruja, commandait l'armée; Josaphat, fils d'Achilud, était archiviste;

¹⁶Tsadok, fils d'Achithub, et Abimélec, fils d'Abiathar, étaient sacrificateurs; Schavscha était secrétaire;

¹⁷Benaja, fils de Jehojada, était chef des Kéréthiens et des Péléthiens; et les fils de David étaient les premiers auprès du roi.

Chapitre 19

¹Après cela, Nachasch, roi des fils d'Ammon, mourut, et son fils régna à sa place.

²David dit: Je montrerai de la bienveillance à Hanun, fils de Nachasch, car son père en a montré à mon égard. Et David envoya des messagers pour le consoler au sujet de son père. Lorsque les serviteurs de David arrivèrent dans le pays des fils d'Ammon auprès de Hanun, pour le consoler,

³les chefs des fils d'Ammon dirent à Hanun: Penses-tu que ce soit pour honorer ton père que David t'envoie des consolateurs? N'est-ce pas pour reconnaître la ville et pour la détruire, et pour explorer le pays, que ses serviteurs sont venus auprès de toi?

⁴Alors Hanun saisit les serviteurs de David, les fit raser, et fit couper leurs habits par le milieu jusqu'au haut des cuisses. Puis il les congédia.

⁵David, que l'on vint informer de ce qui était arrivé à ces hommes, envoya des gens à leur rencontre, car ils étaient dans une grande confusion; et le roi leur fit dire: Restez à Jéricho jusqu'à ce que votre barbe ait repoussé, et revenez ensuite.

⁶Les fils d'Ammon virent qu'ils s'étaient rendus odieux à David, et Hanun et les fils d'Ammon envoyèrent mille talents d'argent pour prendre à leur solde des chars et des cavaliers chez les Syriens de Mésopotamie et chez les Syriens de Maaca et de Tsoba.

⁷Ils prirent à leur solde trente-deux mille chars et le roi de Maaca avec son peuple, lesquels vinrent camper devant Médeba. Les fils d'Ammon se rassemblèrent de leurs villes, et marchèrent au combat.

⁸A cette nouvelle, David envoya contre eux Joab et toute l'armée, les hommes vaillants.

⁹Les fils d'Ammon sortirent, et se rangèrent en bataille à l'entrée de la ville; les rois qui étaient venus prirent position séparément dans la campagne.

¹⁰Joab vit qu'il avait à combattre par devant et par derrière. Il choisit alors sur toute l'élite d'Israël un corps, qu'il opposa aux Syriens;

¹¹et il plaça sous le commandement de son frère Abischaï le reste du peuple, pour faire face aux fils d'Ammon.

¹²Il dit: Si les Syriens sont plus forts que moi, tu viendras à mon secours; et si les fils d'Ammon sont plus forts que toi, j'irai à ton secours.

¹³Sois ferme, et montrons du courage pour notre peuple et pour les villes de notre Dieu, et que l'Éternel fasse ce qui lui semblera bon!

¹⁴Joab, avec son peuple, s'avança pour attaquer les Syriens, et ils s'enfuirent devant lui.

¹⁵Et quand les fils d'Ammon virent que les Syriens avaient pris la fuite, ils s'enfuirent aussi devant Abischaï, frère de Joab, et rentrèrent dans la ville. Et Joab revint à Jérusalem.

¹⁶Les Syriens, voyant qu'ils avaient été battus par Israël, envoyèrent chercher les Syriens qui étaient de l'autre côté du fleuve; et Schophach, chef de l'armée d'Hadarézer, était à leur tête.

¹⁷On l'annonça à David, qui assembla tout Israël, passa le Jourdain, marcha contre eux, et se prépara à les attaquer. David se rangea en bataille contre les Syriens. Mais les Syriens, après s'être battus avec lui, s'enfuirent devant Israël.

¹⁸David leur tua les troupes de sept mille chars et quarante mille hommes de pied, et il fit mourir Schophach, chef de l'armée.

¹⁹Les serviteurs d'Hadarézer, se voyant battus par Israël, firent la paix avec David et lui furent assujettis. Et les Syriens ne voulurent plus secourir les fils d'Ammon.

Chapitre 20

¹L'année suivante, au temps où les rois se mettaient en campagne, Joab, à la tête d'une forte armée, alla ravager le pays des fils d'Ammon et assiéger Rabba. Mais David resta à Jérusalem. Joab battit Rabba et la détruisit.

²David enleva la couronne de dessus la tête de son roi, et la trouva du poids d'un talent d'or: elle était garnie de pierres précieuses. On la mit sur la tête de David, qui emporta de la ville un très grand butin.

³Il fit sortir les habitants, et il les mit en pièces avec des scies, des herses de fer et des haches; il traita de même toutes les villes des fils d'Ammon. David retourna à Jérusalem avec tout le peuple.

⁴Après cela, il y eut une bataille à Guézer avec les Philistins. Alors Sibbecaï, le Huschatite, tua Sippaï, l'un des enfants de Rapha. Et les Philistins furent humiliés.

⁵Il y eut encore une bataille avec les Philistins. Et Elchanan, fils de Jaïr, tua le frère de Goliath, Lachmi de Gath, qui avait une lance dont le bois était comme une ensouple de tisserand.

⁶Il y eut encore une bataille à Gath. Il s'y trouva un homme de haute taille, qui avait six doigts à chaque main et à chaque pied, vingt-quatre en tout, et qui était aussi issu de Rapha.

⁷Il jeta un défi à Israël; et Jonathan, fils de Schimea, frère de David, le tua.

⁸Ces hommes étaient des enfants de Rapha à Gath. Ils périrent par la main de David et par la main de ses serviteurs.

Chapitre 21

¹Satan se leva contre Israël, et il excita David à faire le dénombrement d'Israël.

²Et David dit à Joab et aux chefs du peuple: Allez, faites le dénombrement d'Israël, depuis Beer Schéba jusqu'à Dan, et rapportez-le-moi, afin que je sache à combien il s'élève.

³Joab répondit: Que l'Éternel rende son peuple cent fois plus nombreux! O roi mon seigneur, ne sont-ils pas tous serviteurs de mon seigneur? Mais pourquoi mon seigneur demande-t-il cela? Pourquoi faire ainsi pécher Israël?

⁴Le roi persista dans l'ordre qu'il donnait à Joab. Et Joab partit, et parcourut tout Israël; puis il revint à Jérusalem.

⁵Joab remit à David le rôle du dénombrement du peuple: il y avait dans tout Israël onze cent mille hommes tirant l'épée, et en Juda quatre cent soixante-dix mille hommes tirant l'épée.

⁶Il ne fit point parmi eux le dénombrement de Lévi et de Benjamin, car l'ordre du roi lui paraissait une abomination.

⁷Cet ordre déplut à Dieu, qui frappa Israël.

⁸Et David dit à Dieu: J'ai commis un grand péché en faisant cela! Maintenant, daigne pardonner l'iniquité de ton serviteur, car j'ai complètement agi en insensé!

⁹L'Éternel adressa ainsi la parole à Gad, le voyant de David:

¹⁰Va dire à David: Ainsi parle l'Éternel: Je te propose trois fléaux; choisis-en un, et je t'en frapperai.

¹¹Gad alla vers David, et lui dit: Ainsi parle l'Éternel:

¹²Accepte, ou trois années de famine, ou trois mois pendant lesquels tu seras détruit par tes adversaires et atteint par l'épée de tes ennemis, ou trois jours pendant lesquels l'épée de l'Éternel et la peste seront dans le pays et l'ange de l'Éternel portera la destruction dans tout le territoire d'Israël. Vois maintenant ce que je dois répondre à celui qui m'envoie.

¹³David répondit à Gad: Je suis dans une grande angoisse! Oh! que je tombe entre les mains de l'Éternel, car ses compassions sont immenses; mais que je ne tombe pas entre les mains des hommes!

¹⁴L'Éternel envoya la peste en Israël, et il tomba soixante-dix mille hommes d'Israël.

¹⁵Dieu envoya un ange à Jérusalem pour la détruire; et comme il la détruisait, l'Éternel regarda et se repentit de ce mal, et il dit à l'ange qui détruisait: Assez! Retire maintenant ta main. L'ange de l'Éternel se tenait près de l'aire d'Ornan, le Jébusien.

¹⁶David leva les yeux, et vit l'ange de l'Éternel se tenant entre la terre et le ciel et ayant à la main son épée nue tournée contre Jérusalem. Alors David et les anciens, couverts de sacs, tombèrent sur leur visage.

¹⁷Et David dit à Dieu: N'est-ce pas moi qui ai ordonné le dénombrement du peuple? C'est moi qui ai péché et qui ai fait le mal; mais ces brebis, qu'ont-elles fait? Éternel, mon Dieu, que ta main soit donc sur moi et sur la maison de mon père, et qu'elle ne fasse point une plaie parmi ton peuple!

¹⁸L'ange de l'Éternel dit à Gad de parler à David, afin qu'il montât pour élever un autel à l'Éternel dans l'aire d'Ornan, le Jébusien.

¹⁹David monta, selon la parole que Gad avait prononcée au nom de l'Éternel.

²⁰Ornan se retourna et vit l'ange, et ses quatre fils se cachèrent avec lui: il foulait alors du froment.

²¹Lorsque David arriva auprès d'Ornan, Ornan regarda, et il aperçut David; puis il sortit de l'aire, et se prosterna devant David, le visage contre terre.

²²David dit à Ornan: Cède-moi l'emplacement de l'aire pour que j'y bâtisse un autel à l'Éternel; cède-le-moi contre sa valeur en argent, afin que la plaie se retire de dessus le peuple.

²³Ornan répondit à David: Prends-le, et que mon seigneur le roi fasse ce qui lui semblera bon; vois, je donne les boeufs pour l'holocauste, les chars pour le bois, et le froment pour l'offrande, je donne tout cela.

²⁴Mais le roi David dit à Ornan: Non! je veux l'acheter contre sa valeur en argent, car je ne présenterai point à l'Éternel ce qui est à toi, et je n'offrirai point un holocauste qui ne me coûte rien.

²⁵Et David donna à Ornan six cents sicles d'or pour l'emplacement.

²⁶David bâtit là un autel à l'Éternel, et il offrit des holocaustes et des sacrifices d'actions de grâces. Il invoqua l'Éternel, et l'Éternel lui répondit par le feu, qui descendit du ciel sur l'autel de l'holocauste.

²⁷Alors l'Éternel parla à l'ange, qui remit son épée dans le fourreau.

²⁸A cette époque-là, David, voyant que l'Éternel l'avait exaucé dans l'aire d'Ornan, le Jébusien, y offrait des sacrifices.

²⁹Mais le tabernacle de l'Éternel, construit par Moïse au désert, et l'autel des holocaustes, étaient alors sur le haut lieu de Gabaon.

³⁰David ne pouvait pas aller devant cet autel pour chercher Dieu, parce que l'épée de l'ange de l'Éternel lui avait causé de l'épouvante.

Chapitre 22

¹Et David dit: Ici sera la maison de l'Éternel Dieu, et ici sera l'autel des holocaustes pour Israël.

²David fit rassembler les étrangers qui étaient dans le pays d'Israël, et il chargea des tailleurs de pierres de préparer des pierres de taille pour la construction de la maison de Dieu.

³Il prépara aussi du fer en abondance pour les clous des battants des portes et pour les crampons, de l'airain en quantité telle qu'il n'était pas possible de le peser,

⁴et des bois de cèdre sans nombre, car les Sidoniens et les Tyriens avaient amené à David des bois de cèdre en abondance.

⁵David disait: Mon fils Salomon est jeune et d'un âge faible, et la maison qui sera bâtie à l'Éternel s'élèvera à un haut degré de renommée et de gloire dans tous les pays; c'est pourquoi je veux faire pour lui des préparatifs. Et David fit beaucoup de préparatifs avant sa mort.

⁶David appela Salomon, son fils, et lui ordonna de bâtir une maison à l'Éternel, le Dieu d'Israël.

⁷David dit à Salomon: Mon fils, j'avais l'intention de bâtir une maison au nom de l'Éternel, mon Dieu.

⁸Mais la parole de l'Éternel m'a été ainsi adressée: Tu as versé beaucoup de sang, et tu as fait de grandes guerres; tu ne bâtiras pas une maison à mon nom, car tu as versé devant moi beaucoup de sang sur la terre.

⁹Voici, il te naîtra un fils, qui sera un homme de repos, et à qui je donnerai du repos en le délivrant de tous ses ennemis d'alentour; car Salomon sera son nom, et je ferai venir sur Israël la paix et la tranquillité pendant sa vie.

¹⁰Ce sera lui qui bâtira une maison à mon nom. Il sera pour moi un fils, et je serai pour lui un père; et j'affermirai pour toujours le trône de son royaume en Israël.

¹¹Maintenant, mon fils, que l'Éternel soit avec toi, afin que tu prospères et que tu bâtisses la maison de l'Éternel, ton Dieu, comme il l'a déclaré à ton égard!

¹²Veuille seulement l'Éternel t'accorder de la sagesse et de l'intelligence, et te faire régner sur Israël dans l'observation de la loi de l'Éternel, ton Dieu.

¹³Alors tu prospéreras, si tu as soin de mettre en pratique les lois et les ordonnances que l'Éternel a prescrites à Moïse pour Israël. Fortifie-toi et prends courage, ne crains point et ne t'effraie point.

¹⁴Voici, par mes efforts, j'ai préparé pour la maison de l'Éternel cent mille talents d'or, un million de talents d'argent, et une quantité d'airain et de fer qu'il n'est pas possible de peser, car il y en a en abondance; j'ai aussi préparé du bois et des pierres, et tu en ajouteras encore.

¹⁵Tu as auprès de toi un grand nombre d'ouvriers, des tailleurs de pierres, et des charpentiers, et des hommes habiles dans toute espèce d'ouvrages.

¹⁶L'or, l'argent, l'airain et le fer, sont sans nombre. Lève-toi et agis, et que l'Éternel soit avec toi!

¹⁷David ordonna à tous les chefs d'Israël de venir en aide à Salomon, son fils.

¹⁸L'Éternel, votre Dieu, n'est-il pas avec vous, et ne vous a-t-il pas donné du repos de tous côtés? Car il a livré entre mes mains les habitants du pays, et le pays est assujetti devant l'Éternel et devant son peuple.

¹⁹Appliquez maintenant votre coeur et votre âme à chercher l'Éternel, votre Dieu; levez-vous, et bâtissez le sanctuaire de l'Éternel Dieu, afin d'amener l'arche de l'alliance de l'Éternel et les ustensiles consacrés à Dieu dans la maison qui sera bâtie au nom de l'Éternel.

1 Chroniques

Chapitre 23

¹David, âgé et rassasié de jours, établit Salomon, son fils, roi sur Israël.

²Il assembla tous les chefs d'Israël, les sacrificateurs et les Lévites.

³On fit le dénombrement des Lévites, depuis l'âge de trente ans et au-dessus; comptés par tête et par homme, ils se trouvèrent au nombre de trente-huit mille.

⁴Et David dit: Qu'il y en ait vingt-quatre mille pour veiller aux offices de la maison de l'Éternel, six mille comme magistrats et juges,

⁵quatre mille comme portiers, et quatre mille chargés de louer l'Éternel avec les instruments que j'ai faits pour le célébrer.

⁶David les divisa en classes d'après les fils de Lévi, Guerschon, Kehath et Merari.

⁷Des Guerschonites: Laedan et Schimeï. -

⁸Fils de Laedan: le chef Jehiel, Zétham et Joël, trois.

⁹Fils de Schimeï: Schelomith, Haziel et Haran, trois. Ce sont là les chefs des maisons paternelles de la famille de Laedan. -

¹⁰Fils de Schimeï: Jachath, Zina, Jeusch et Beria. Ce sont là les quatre fils de Schimeï.

¹¹Jachath était le chef, et Zina le second; Jeusch et Beria n'eurent pas beaucoup de fils, et ils formèrent une seule maison paternelle dans le dénombrement.

¹²Fils de Kehath: Amram, Jitsehar, Hébron et Uziel, quatre. -

¹³Fils d'Amram: Aaron et Moïse. Aaron fut mis à part pour être sanctifié comme très saint, lui et ses fils à perpétuité, pour offrir les parfums devant l'Éternel, pour faire son service, et pour bénir à toujours en son nom.

¹⁴Mais les fils de Moïse, homme de Dieu, furent comptés dans la tribu de Lévi.

¹⁵Fils de Moïse: Guerschom et Éliézer.

¹⁶Fils de Guerschom: Schebuel, le chef.

¹⁷Et les fils d'Éliézer furent: Rechabia, le chef; Éliézer n'eut pas d'autre fils, mais les fils de Rechabia furent très nombreux. -

¹⁸Fils de Jitsehar: Schelomith, le chef.

¹⁹Fils d'Hébron: Jerija, le chef; Amaria, le second; Jachaziel, le troisième; et Jekameam, le quatrième. -

²⁰Fils d'Uziel: Michée, le chef; et Jischija, le second.

²¹Fils de Merari: Machli et Muschi. -Fils de Machli: Éléazar et Kis.

²²Éléazar mourut sans avoir de fils; mais il eut des filles, que prirent pour femmes les fils de Kis, leurs frères. -

²³Fils de Muschi: Machli, Éder et Jerémoth, trois.

²⁴Ce sont là les fils de Lévi, selon leurs maisons paternelles, les chefs des maisons paternelles, d'après le dénombrement qu'on en fit en comptant les noms par tête. Ils étaient employés au service de la maison de l'Éternel, depuis l'âge de vingt ans et au-dessus.

²⁵Car David dit: L'Éternel, le Dieu d'Israël, a donné du repos à son peuple, et il habitera pour toujours à Jérusalem;

²⁶et les Lévites n'auront plus à porter le tabernacle et tous les ustensiles pour son service.

²⁷Ce fut d'après les derniers ordres de David qu'eut lieu le dénombrement des fils de Lévi depuis l'âge de vingt ans et au-dessus.

²⁸Placés auprès des fils d'Aaron pour le service de la maison de l'Éternel, ils avaient à prendre soin des parvis et des chambres, de la purification de toutes les choses saintes, des ouvrages concernant le service de la maison de Dieu,

²⁹des pains de proposition, de la fleur de farine pour les offrandes, des galettes sans levain, des gâteaux cuits sur la plaque et des gâteaux frits, de toutes les mesures de capacité et de longueur;

³⁰ils avaient à se présenter chaque matin et chaque soir, afin de louer et de célébrer l'Éternel,

³¹et à offrir continuellement devant l'Éternel tous les holocaustes à l'Éternel, aux sabbats, aux nouvelles lunes et aux fêtes, selon le nombre et les usages prescrits.

³²Ils donnaient leurs soins à la tente d'assignation, au sanctuaire, et aux fils d'Aaron, leurs frères, pour le service de la maison de l'Éternel.

Chapitre 24

¹Voici les classes des fils d'Aaron. Fils d'Aaron: Nadab, Abihu, Éléazar et Ithamar.

²Nadab et Abihu moururent avant leur père, sans avoir de fils; et Éléazar et Ithamar remplirent les fonctions du sacerdoce.

³David divisa les fils d'Aaron en les classant pour le service qu'ils avaient à faire; Tsadok appartenait aux descendants d'Éléazar, et Achimélec aux descendants d'Ithamar.

⁴Il se trouva parmi les fils d'Éléazar plus de chefs que parmi les fils d'Ithamar, et on en fit la division; les fils d'Éléazar avaient seize chefs de maisons paternelles, et les fils d'Ithamar huit chefs de maisons paternelles.

⁵On les classa par le sort, les uns avec les autres, car les chefs du sanctuaire et les chefs de de Dieu étaient des fils d'Éléazar et des fils d'Ithamar.

⁶Schemaeja, fils de Nethaneel, le secrétaire, de la tribu de Lévi, les inscrivit devant le roi et les princes, devant Tsadok, le sacrificateur, et Achimélec, fils d'Abiathar, et devant les chefs des maisons paternelles des sacrificateurs et des Lévites. On tira au sort une maison paternelle pour Éléazar, et on en tira une autre pour Ithamar.

⁷Le premier sort échut à Jehojarib; le second, à Jedaeja;

⁸le troisième, à Harim; le quatrième, à Seorim;

⁹le cinquième, à Malkija; le sixième, à Mijamin;

¹⁰le septième, à Hakkots; le huitième, à Abija;

¹¹le neuvième, à Josué; le dixième, à Schecania;

¹²le onzième, à Éliaschib; le douzième, à Jakim;

¹³le treizième, à Huppa; le quatorzième, à Jeschébeab;

¹⁴le quinzième, à Bilga; le seizième, à Immer;

¹⁵le dix-septième, à Hézir; le dix-huitième, à Happitsets;

¹⁶le dix-neuvième, à Pethachja; le vingtième, à Ézéchiel;

¹⁷le vingt et unième, à Jakin; le vingt-deuxième, à Gamul;

¹⁸le vingt-troisième, à Delaja; le vingt-quatrième, à Maazia.

¹⁹C'est ainsi qu'ils furent classés pour leur service, afin qu'ils entrassent dans la maison de l'Éternel en se conformant à la règle établie par Aaron, leur père, d'après les ordres que lui avait donnés l'Éternel, le Dieu d'Israël.

²⁰Voici les chefs du reste des Lévites. -Des fils d'Amram: Schubaël; des fils de Schubaël: Jechdia;

²¹de Rechabia, des fils de Rechabia: le chef Jischija.

²²Des Jitseharites: Schelomoth; des fils de Schelomoth: Jachath.

²³Fils d'Hébron: Jerija, Amaria le second, Jachaziel le troisième, Jekameam le quatrième.

²⁴Fils d'Uziel: Michée; des fils de Michée: Schamir;

²⁵frère de Michée: Jischija; des fils de Jischija: Zacharie. -

²⁶Fils de Merari: Machli et Muschi, et les fils de Jaazija, son fils.

²⁷Fils de Merari, de Jaazija, son fils: Schoham, Zaccur et Ibri.

²⁸De Machli: Éléazar, qui n'eut point de fils;

²⁹de Kis, les fils de Kis: Jerachmeel.

³⁰Fils de Muschi: Machli, Éder et Jerimoth. Ce sont là les fils de Lévi, selon leurs maisons paternelles.

³¹Eux aussi, comme leurs frères, les fils d'Aaron, ils tirèrent au sort devant le roi David, Tsadok et Achimélec, et les chefs des maisons paternelles des sacrificateurs et des Lévites. Il en fut ainsi pour chaque chef de maison comme pour le moindre de ses frères.

Chapitre 25

¹David et les chefs de l'armée mirent à part pour le service ceux des fils d'Asaph, d'Héman et de Jeduthun qui prophétisaient en s'accompagnant de la harpe, du luth et des cymbales. Et voici le nombre de ceux qui avaient des fonctions à remplir.

²Des fils d'Asaph: Zaccur, Joseph, Nethania et Aschareéla, fils d'Asaph, sous la direction d'Asaph qui prophétisait suivant les ordres du roi.

³De Jeduthun, les fils de Jeduthun: Guedalia, Tseri, Ésaïe, Haschabia, Matthithia et Schimeï, six, sous la direction de leur père Jeduthun qui prophétisait avec la harpe pour louer et célébrer l'Éternel.

⁴D'Héman, les fils d'Héman: Bukkija, Matthania, Uziel, Schebuel, Jerimoth, Hanania, Hanani, Éliatha, Guiddalthi, Romamthi Ézer, Joschbekascha, Mallothi, Hothir, Machazioth.

⁵tous fils d'Héman, qui était voyant du roi pour révéler les paroles de Dieu et pour exalter sa puissance; Dieu avait donné à Héman quatorze fils et trois filles.

⁶Tous ceux-là étaient sous la direction de leurs pères, pour le chant de la maison de l'Éternel, et avaient des cymbales, des luths et des harpes pour le service de la maison de Dieu. Asaph, Jeduthun et Héman recevaient les ordres du roi.

⁷Ils étaient au nombre de deux cent quatre-vingt-huit, y compris leurs frères exercés au chant de l'Éternel, tous ceux qui étaient habiles.

⁸Ils tirèrent au sort pour leurs fonctions, petits et grands, maîtres et disciples.

⁹Le premier sort échut, pour Asaph, à Joseph; le second, à Guedalia, lui, ses frères et ses fils, douze;

¹⁰le troisième, à Zaccur, ses fils et ses frères, douze;

¹¹le quatrième, à Jitseri, ses fils et ses frères, douze;

¹²le cinquième, à Nethania, ses fils et ses frères, douze;

¹³le sixième, à Bukkija, ses fils et ses frères, douze;

¹⁴le septième, à Jesareéla, ses fils et ses frères, douze;

¹⁵le huitième, à Ésaïe, ses fils et ses frères, douze;
¹⁶le neuvième, à Matthania, ses fils et ses frères, douze;
¹⁷le dixième, à Schimeï, ses fils et ses frères, douze;
¹⁸le onzième, à Azareel, ses fils et ses frères, douze;
¹⁹le douzième, à Haschabia, ses fils et ses frères, douze;
²⁰le treizième, à Schubaël, ses fils et ses frères, douze;
²¹le quatorzième, à Matthithia, ses fils et ses frères, douze;
²²le quinzième, à Jerémoth, ses fils et ses frères, douze;
²³le seizième, à Hanania, ses fils et ses frères, douze;
²⁴le dix-septième, à Joschbekascha, ses fils et ses frères, douze;
²⁵le dix-huitième, à Hanani, ses fils et ses frères, douze;
²⁶le dix-neuvième, à Mallothi, ses fils et ses frères, douze;
²⁷le vingtième, à Élijatha, ses fils et ses frères, douze;
²⁸le vingt et unième, à Hothir, ses fils et ses frères, douze;
²⁹le vingt-deuxième, à Guiddalthi, ses fils et ses frères, douze;
³⁰le vingt-troisième, à Machazioth, ses fils et ses frères, douze;
³¹le vingt-quatrième, à Romamthi Ézer, ses fils et ses frères, douze.

Chapitre 26

¹Voici les classes des portiers. Des Koréites: Meschélémia, fils de Koré, d'entre les fils d'Asaph.
²Fils de Meschélémia: Zacharie, le premier-né, Jediaël le second, Zebadia le troisième, Jathniel le quatrième,
³Élam le cinquième, Jochanan le sixième, Eljoénaï le septième.
⁴Fils d'Obed Édom: Schemaeja, le premier-né, Jozabad le second, Joach le troisième, Sacar le quatrième, Nethaneel le cinquième,
⁵Ammiel le sixième, Issacar le septième, Peulthaï le huitième; car Dieu l'avait béni.
⁶A Schemaeja, son fils, naquirent des fils qui dominèrent dans la maison de leur père, car ils étaient de vaillants hommes;
⁷fils de Schemaeja: Othni, Rephaël, Obed, Elzabad et ses frères, hommes vaillants, Élihu et Semaeja.
⁸Tous ceux-là étaient des fils d'Obed Édom; eux, leurs fils et leurs frères, étaient des hommes pleins de vigueur et de force pour le service, soixante deux d'Obed Édom.
⁹Les fils et les frères de Meschélémia, hommes vaillants, étaient au nombre de dix-huit. -
¹⁰Des fils de Merari: Hosa, qui avait pour fils: Schimri, le chef, établi chef par son père, quoiqu'il ne fût pas le premier-né,
¹¹Hilkija le second, Thebalia le troisième, Zacharie le quatrième. Tous les fils et les frères de Hosa étaient au nombre de treize.
¹²A ces classes de portiers, aux chefs de ces hommes et à leurs frères, fut remise la garde pour le service de la maison de l'Éternel.
¹³Ils tirèrent au sort pour chaque porte, petits et grands, selon leurs maisons paternelles.
¹⁴Le sort échut à Schélémia pour le côté de l'orient. On tira au sort pour Zacharie, son fils, qui était un sage conseiller, et le côté du septentrion lui échut par le sort.
¹⁵Le côté du midi échut à Obed Édom, et la maison des magasins à ses fils.
¹⁶Le côté de l'occident échut à Schuppim et à Hosa, avec la porte Schallékheth, sur le chemin montant: une garde était vis-à-vis de l'autre.
¹⁷Il y avait à l'orient six Lévites, au nord quatre par jour, au midi quatre par jour, et quatre aux magasins en deux places différentes;
¹⁸du côté du faubourg, à l'occident, quatre vers le chemin, deux vers le faubourg.
¹⁹Ce sont là les classes des portiers, d'entre les fils des Koréites et d'entre les fils de Merari.
²⁰L'un des Lévites, Achija, avait l'intendance des trésors de la maison de Dieu et des trésors des choses saintes.
²¹Parmi les fils de Laedan, les fils des Guerschonites issus de Laedan, chefs des maisons paternelles de Laedan le Guerschonite, c'étaient Jehiéli,
²²et les fils de Jehiéli, Zétham et Joël, son frère, qui gardaient les trésors de la maison de l'Éternel.
²³Parmi les Amramites, les Jitseharites, les Hébronites et les Uziélites,
²⁴c'était Schebuel, fils de Guerschom, fils de Moïse, qui était intendant des trésors.
²⁵Parmi ses frères issus d'Éliézer, dont le fils fut Rechabia, dont le fils fut Ésaïe, dont le fils fut Joram, dont le fils fut Zicri, dont le fils fut Schelomith,
²⁶c'étaient Schelomith et ses frères qui gardaient tous les trésors des choses saintes qu'avaient consacrées le roi David, les chefs des maisons paternelles, les chefs de milliers et de centaines, et les chefs de l'armée:
²⁷c'était sur le butin pris à la guerre qu'ils les avaient consacrées pour l'entretien de la maison de l'Éternel.
²⁸Tout ce qui avait été consacré par Samuel, le voyant, par Saül, fils de Kis, par Abner, fils de Ner, par Joab, fils de Tseruja, toutes les choses consacrées étaient sous la garde de Schelomith et de ses frères.
²⁹Parmi les Jitseharites, Kenania et ses frères étaient employés pour les affaires extérieures, comme magistrats et juges en Israël.
³⁰Parmi les Hébronites, Haschabia et ses frères, hommes vaillants, au nombre de mille sept cents, avaient la surveillance d'Israël, de l'autre côté du Jourdain, à l'occident, pour toutes les affaires de l'Éternel et pour le service du roi.
³¹En ce qui concerne les Hébronites, dont Jerija était le chef, on fit, la quarantième année du règne de David, des recherches à leur égard d'après leurs généalogies et leurs maisons paternelles, et l'on trouva parmi eux de vaillants hommes à Jaezer en Galaad.
³²Les frères de Jerija, hommes vaillants, étaient au nombre de deux mille sept cents chefs de maisons paternelles. Le roi David les établit sur les Rubénites, sur les Gadites et sur la demi-tribu de Manassé pour toutes les affaires de Dieu et pour les affaires du roi.

Chapitre 27

¹Enfants d'Israël selon leur nombre, chefs de maisons paternelles, chefs de milliers et de centaines, et officiers au service du roi pour tout ce qui concernait les divisions, leur arrivée et leur départ, mois par mois, pendant tous les mois de l'année, chaque division étant de vingt-quatre mille hommes.
²A la tête de la première division, pour le premier mois, était Jaschobeam, fils de Zabdiel; et il avait une division de vingt-quatre mille hommes.
³Il était des fils de Pérets, et il commandait tous les chefs des troupes du premier mois.
⁴A la tête de la division du second mois était Dodaï, l'Achochite; Mikloth était l'un des chefs de sa division; et il avait une division de vingt-quatre mille hommes.
⁵Le chef de la troisième division, pour le troisième mois, était Benaja, fils du sacrificateur Jehojada, chef; et il avait une division de vingt-quatre mille hommes.
⁶Ce Benaja était un héros parmi les trente et à la tête des trente; et Ammizabad, son fils, était l'un des chefs de sa division.
⁷Le quatrième, pour le quatrième mois, était Asaël, frère de Joab, et, après lui, Zebadia, son fils; et il avait une division de vingt-quatre mille hommes.
⁸Le cinquième, pour le cinquième mois, était le chef Schamehuth, le Jizrachite; et il avait une division de vingt-quatre mille hommes.
⁹Le sixième, pour le sixième mois, était Ira, fils d'Ikkesch, le Tekoïte; et il avait une division de vingt-quatre mille hommes.
¹⁰Le septième, pour le septième mois, était Hélets, le Pelonite, des fils d'Éphraïm; et il avait une division de vingt-quatre mille hommes.
¹¹Le huitième, pour le huitième mois, était Sibbecaï, le Huschatite, de la famille des Zérachites; et il avait une division de vingt-quatre mille hommes.
¹²Le neuvième, pour le neuvième mois, était Abiézer, d'Anathoth, des Benjamites; et il avait une division de vingt-quatre mille hommes.
¹³Le dixième, pour le dixième mois, était Maharaï, de Nethopha, de la famille des Zérachites; et il avait une division de vingt-quatre mille hommes.
¹⁴Le onzième, pour le onzième mois, était Benaja, de Pirathon, des fils d'Éphraïm; et il avait une division de vingt-quatre mille hommes.
¹⁵Le douzième, pour le douzième mois, était Heldaï, de Nethopha, de la famille d'Othniel; et il avait une division de vingt-quatre mille hommes.
¹⁶Voici les chefs des tribus d'Israël. Chefs des Rubénites: Éliézer, fils de Zicri; des Siméonites: Schephathia, fils de Maaca;
¹⁷des Lévites: Haschabia, fils de Kemuel; de la famille d'Aaron: Tsadok;
¹⁸de Juda: Élihu, des frères de David; d'Issacar: Omri, fils de Micaël;
¹⁹de Zabulon: Jischemaeja, fils d'Abdias; de Nephthali: Jerimoth, fils d'Azriel;
²⁰des fils d'Éphraïm: Hosée, fils d'Azazia; de la demi-tribu de Manassé: Joël, fils de Pedaja;
²¹de la demi-tribu de Manassé en Galaad: Jiddo, fils de Zacharie; de Benjamin: Jaasiel, fils d'Abner;
²²de Dan: Azareel, fils de Jerocham. Ce sont là les chefs des tribus d'Israël.
²³David ne fit point le dénombrement de ceux d'Israël qui étaient âgés de vingt ans et au-dessous, car l'Éternel avait promis de multiplier

1 Chroniques

Israël comme les étoiles du ciel.

²⁴Joab, fils de Tseruja, avait commencé le dénombrement, mais il ne l'acheva pas, l'Éternel s'étant irrité contre Israël à cause de ce dénombrement, qui ne fut point porté parmi ceux des Chroniques du roi David.

²⁵Azmaveth, fils d'Adiel, était préposé sur les trésors du roi; Jonathan, fils d'Ozias, sur les provisions dans les champs, les villes, les villages et les tours;

²⁶Ezri, fils de Kelub, sur les ouvriers de la campagne qui cultivaient la terre;

²⁷Schimeï, de Rama, sur les vignes; Zabdi, de Schepham, sur les provisions de vin dans les vignes;

²⁸Baal Hanan, de Guéder, sur les oliviers et les sycomores dans la plaine; Joasch, sur les provisions d'huile;

²⁹Schithraï, de Saron, sur les boeufs qui paissaient en Saron; Schaphath, fils d'Adlaï, sur les boeufs dans les vallées;

³⁰Obil, l'Ismaélite, sur les chameaux; Jechdia, de Méronoth, sur les ânesses;

³¹Jaziz, l'Hagarénien, sur les brebis. Tous ceux-là étaient intendants des biens du roi David.

³²Jonathan, oncle de David, était conseiller, homme de sens et de savoir; Jehiel, fils de Hacmoni, était auprès des fils du roi;

³³Achitophel était conseiller du roi; Huschaï, l'Arkien, était ami du roi;

³⁴après Achitophel, Jehojada, fils de Benaja, et Abiathar, furent conseillers; Joab était chef de l'armée du roi.

Chapitre 28

¹David convoqua à Jérusalem tous les chefs d'Israël, les chefs des tribus, les chefs des divisions au service du roi, les chefs de milliers et les chefs de centaines, ceux qui étaient en charge sur tous les biens et les troupeaux du roi et auprès de ses fils, les eunuques, les héros et tous les hommes vaillants.

²Le roi David se leva sur ses pieds, et dit: Écoutez-moi, mes frères et mon peuple! J'avais l'intention de bâtir une maison de repos pour l'arche de l'alliance de l'Éternel et pour le marchepied de notre Dieu, et je me préparais à bâtir.

³Mais Dieu m'a dit: Tu ne bâtiras pas une maison à mon nom, car tu es un homme de guerre et tu as versé du sang.

⁴L'Éternel, le Dieu d'Israël, m'a choisi dans toute la maison de mon père, pour que je fusse roi d'Israël à toujours; car il a choisi Juda pour chef, il a choisi la maison de mon père dans la maison de Juda, et parmi les fils de mon père c'est moi qu'il a voulu faire régner sur tout Israël.

⁵Entre tous mes fils-car l'Éternel m'a donné beaucoup de fils-il a choisi mon fils Salomon pour le faire asseoir sur le trône du royaume de l'Éternel, sur Israël.

⁶Il m'a dit: Salomon, ton fils, bâtira ma maison et mes parvis; car je l'ai choisi pour mon fils, et je serai pour lui un père.

⁷J'affermirai pour toujours son royaume, s'il reste attaché comme aujourd'hui à la pratique de mes commandements et de mes ordonnances.

⁸Maintenant, aux yeux de tout Israël, de l'assemblée de l'Éternel, et en présence de notre Dieu qui vous entend, observez et prenez à coeur tous les commandements de l'Éternel, votre Dieu, afin que vous possédiez ce bon pays et que vous le laissiez en héritage à vos fils après vous à perpétuité.

⁹Et toi, Salomon, mon fils, connais le Dieu de ton père, et sers-le d'un coeur dévoué et d'une âme bien disposée, car l'Éternel sonde tous les coeurs et pénètre tous les desseins et toutes les pensées. Si tu le cherches, il se laissera trouver par toi; mais si tu l'abandonnes, il te rejettera pour toujours.

¹⁰Considère maintenant que l'Éternel t'a choisi, afin que tu bâtisses une maison qui serve de sanctuaire. Fortifie-toi et agis.

¹¹David donna à Salomon, son fils, le modèle du portique et des bâtiments, des chambres du trésor, des chambres hautes, des chambres intérieures, et de la chambre du propitiatoire.

¹²Il lui donna le plan de tout ce qu'il avait dans l'esprit touchant les parvis de la maison de l'Éternel, et toutes les chambres à l'entour pour les trésors de la maison de Dieu et les trésors du sanctuaire,

¹³et touchant les classes des sacrificateurs et des Lévites, tout ce qui concernait le service de la maison de l'Éternel, et tous les ustensiles pour le service de la maison de l'Éternel.

¹⁴Il lui donna le modèle des ustensiles d'or, avec le poids de ce qui devait être d'or, pour tous les ustensiles de chaque service; et le modèle de tous les ustensiles d'argent, avec le poids, pour tous les ustensiles de chaque service.

¹⁵Il donna le poids des chandeliers d'or et de leurs lampes d'or, avec le poids de chaque chandelier et de ses lampes; et le poids des chandeliers d'argent, avec le poids de chaque chandelier et de ses lampes, selon l'usage de chaque chandelier.

¹⁶Il lui donna l'or au poids pour les tables des pains de proposition, pour chaque table; et de l'argent pour les tables d'argent.

¹⁷Il lui donna le modèle des fourchettes, des bassins et des calices d'or pur; le modèle des coupes d'or, avec le poids de chaque coupe, et des coupes d'argent, avec le poids de chaque coupe;

¹⁸et le modèle de l'autel des parfums en or épuré, avec le poids. Il lui donna encore le modèle du char, des chérubins d'or qui étendent leurs ailes et couvrent l'arche de l'alliance de l'Éternel.

¹⁹C'est par un écrit de sa main, dit David, que l'Éternel m'a donné l'intelligence de tout cela, de tous les ouvrages de ce modèle.

²⁰David dit à Salomon, son fils: Fortifie-toi, prends courage et agis; ne crains point, et ne t'effraie point. Car l'Éternel Dieu, mon Dieu, sera avec toi; il ne te délaissera point, il n'abandonnera point, jusqu'à ce que tout l'ouvrage pour le service de la maison de l'Éternel soit achevé.

²¹Voici les classes des sacrificateurs et des Lévites pour tout le service de la maison de Dieu; et voici près de toi, pour toute l'oeuvre, tous les hommes bien disposés et habiles dans toute espèce d'ouvrages, et les chefs et tout le peuple dociles à tous tes ordres.

Chapitre 29

¹Le roi David dit à toute l'assemblée: Mon fils Salomon, le seul que Dieu ait choisi, est jeune et d'un âge faible, et l'ouvrage est considérable, car ce palais n'est pas pour un homme, mais il est pour l'Éternel Dieu.

²J'ai mis toutes mes forces à préparer pour la maison de mon Dieu de l'or pour ce qui doit être d'or, de l'argent pour ce qui doit être d'argent, de l'airain pour ce qui doit être d'airain, du fer pour ce qui doit être de fer, et du bois pour ce qui doit être de bois, des pierres d'onyx et des pierres à enchâsser, des pierres brillantes et de diverses couleurs, toutes sortes de pierres précieuses, et du marbre blanc en quantité.

³De plus, dans mon attachement pour la maison de mon Dieu, je donne à la maison de mon Dieu l'or et l'argent que je possède en propre, outre tout ce que j'ai préparé pour la maison du sanctuaire:

⁴trois mille talents d'or, d'or d'Ophir, et sept mille talents d'argent épuré, pour en revêtir les parois des bâtiments,

⁵l'or pour ce qui doit être d'or, et l'argent pour ce qui doit être d'argent, et pour tous les travaux qu'exécuteront les ouvriers. Qui veut encore présenter volontairement aujourd'hui ses offrandes à l'Éternel?

⁶Les chefs des maisons paternelles, les chefs des tribus d'Israël, les chefs de milliers et de centaines, et les intendants du roi firent volontairement des offrandes.

⁷Ils donnèrent pour le service de la maison de Dieu cinq mille talents d'or, dix mille dariques, dix mille talents d'argent, dix-huit mille talents d'airain, et cent mille talents de fer.

⁸Ceux qui possédaient des pierres les livrèrent pour le trésor de la maison de l'Éternel entre les mains de Jehiel, le Guerschonite.

⁹Le peuple se réjouit de leurs offrandes volontaires, car c'était avec un coeur bien disposé qu'ils les faisaient à l'Éternel; et le roi David en eut aussi une grande joie.

¹⁰David bénit l'Éternel en présence de toute l'assemblée. Il dit: Béni sois-tu, d'éternité en éternité, Éternel, Dieu de notre père Israël.

¹¹A toi, Éternel, la grandeur, la force et la magnificence, l'éternité et la gloire, car tout ce qui est au ciel et sur la terre t'appartient; à toi, Éternel, le règne, car tu t'élèves souverainement au-dessus de tout!

¹²C'est de toi que viennent la richesse et la gloire, c'est toi qui domines sur tout, c'est dans ta main que sont la force et la puissance, et c'est ta main qui a le pouvoir d'agrandir et d'affermir toutes choses.

¹³Maintenant, ô notre Dieu, nous te louons, et nous célébrons ton nom glorieux.

¹⁴Car qui suis-je et qui est mon peuple, pour que nous puissions te faire volontairement ces offrandes? Tout vient de toi, et nous recevons de ta main ce que nous t'offrons.

¹⁵Nous sommes devant toi des étrangers et des habitants, comme tous nos pères; nos jours sur la terre sont comme l'ombre, et il n'y a point d'espérance.

¹⁶Éternel, notre Dieu, c'est de ta main que viennent toutes ces richesses que nous avons préparées pour te bâtir une maison, à toi, à ton saint nom, et c'est à toi que tout appartient.

¹⁷Je sais, ô mon Dieu, que tu sondes le coeur, et que tu aimes la droiture; aussi je t'ai fait toutes ces offrandes volontaires dans la droiture de mon coeur, et j'ai vu maintenant avec joie ton peuple qui se trouve ici t'offrir volontairement ses dons.

¹⁸Éternel, Dieu d'Abraham, d'Isaac et d'Israël, nos pères, maintiens à toujours dans le coeur de ton peuple ces dispositions et ces pensées, et affermis son coeur en toi.

¹⁹Donne à mon fils Salomon un coeur dévoué à l'observation de tes commandements, de tes préceptes et de tes lois, afin qu'il mette en pratique toutes ces choses, et qu'il bâtisse le palais pour lequel j'ai fait des préparatifs.

²⁰David dit à toute l'assemblée: Bénissez l'Éternel, votre Dieu! Et toute l'assemblée bénit l'Éternel, le Dieu de leurs pères. Ils s'inclinèrent et se prosternèrent devant l'Éternel et devant le roi.

²¹Le lendemain de ce jour, ils offrirent en sacrifice et en holocauste à l'Éternel mille taureaux, mille béliers et mille agneaux, avec les libations ordinaires, et d'autres sacrifices en grand nombre pour tout Israël.

²²Ils mangèrent et burent ce jour-là devant l'Éternel avec une grande joie, ils proclamèrent roi pour la seconde fois Salomon, fils de David, ils l'oignirent devant l'Éternel comme chef, et ils oignirent Tsadok comme sacrificateur.

²³Salomon s'assit sur le trône de l'Éternel, comme roi à la place de David, son père. Il prospéra, et tout Israël lui obéit.

²⁴Tous les chefs et les héros, et même tous les fils du roi David se soumirent au roi Salomon.

²⁵L'Éternel éleva au plus haut degré Salomon sous les yeux de tout Israël, et il rendit son règne plus éclatant que ne fut celui d'aucun roi d'Israël avant lui.

²⁶David, fils d'Isaï, régna sur tout Israël.

²⁷Le temps qu'il régna sur Israël fut de quarante ans: à Hébron il régna sept ans, et à Jérusalem il régna trente-trois ans.

²⁸Il mourut dans une heureuse vieillesse, rassasié de jours, de richesse et de gloire. Et Salomon, son fils, régna à sa place.

²⁹Les actions du roi David, les premières et les dernières, sont écrites dans le livre de Samuel le voyant, dans le livre de Nathan, le prophète, et dans le livre de Gad, le prophète,

³⁰avec tout son règne et tous ses exploits, et ce qui s'est passé de son temps, soit en Israël, soit dans tous les royaumes des autres pays.

2 Chroniques

Chapitre 1

¹Salomon, fils de David, s'affermit dans son règne; l'Éternel, son Dieu, fut avec lui, et l'éleva à un haut degré.

²Salomon donna des ordres à tout Israël, aux chefs de milliers et de centaines, aux juges, aux princes de tout Israël, aux chefs des maisons paternelles;

³et Salomon se rendit avec toute l'assemblée au haut lieu qui était à Gabaon. Là se trouvait la tente d'assignation de Dieu, faite dans le désert par Moïse, serviteur de l'Éternel;

⁴mais l'arche de Dieu avait été transportée par David de Kirjath Jearim à la place qu'il lui avait préparée, car il avait dressé pour elle une tente à Jérusalem.

⁵Là se trouvait aussi, devant le tabernacle de l'Éternel, l'autel d'airain qu'avait fait Betsaleel, fils d'Uri, fils de Hur. Salomon et l'assemblée cherchèrent l'Éternel.

⁶Et ce fut là, sur l'autel d'airain qui était devant la tente d'assignation, que Salomon offrit à l'Éternel mille holocaustes.

⁷Pendant la nuit, Dieu apparut à Salomon et lui dit: Demande ce que tu veux que je te donne.

⁸Salomon répondit à Dieu: Tu as traité David, mon père, avec une grande bienveillance, et tu m'as fait régner à sa place.

⁹Maintenant, Éternel Dieu, que ta promesse à David, mon père, s'accomplisse, puisque tu m'as fait régner sur un peuple nombreux comme la poussière de la terre!

¹⁰Accorde-moi donc de la sagesse et de l'intelligence, afin que je sache me conduire à la tête de ce peuple! Car qui pourrait juger ton peuple, ce peuple si grand?

¹¹Dieu dit à Salomon: Puisque c'est là ce qui est dans ton coeur, puisque tu ne demandes ni des richesses, ni des biens, ni de la gloire, ni la mort de tes ennemis, ni même une longue vie, et que tu demandes pour toi de la sagesse et de l'intelligence afin de juger mon peuple sur lequel je t'ai fait régner,

¹²la sagesse et l'intelligence te sont accordées. Je te donnerai, en outre, des richesses, des biens et de la gloire, comme n'en a jamais eu aucun roi avant toi et comme n'en aura aucun après toi.

¹³Salomon revint à Jérusalem, après avoir quitté le haut lieu qui était à Gabaon et la tente d'assignation. Et il régna sur Israël.

¹⁴Salomon rassembla des chars et de la cavalerie; il avait quatorze cents chars et douze mille cavaliers, qu'il plaça dans les villes où il tenait ses chars et à Jérusalem près du roi.

¹⁵Le roi rendit l'argent et l'or aussi communs à Jérusalem que les pierres, et les cèdres aussi communs que les sycomores qui croissent dans la plaine.

¹⁶C'était de l'Égypte que Salomon tirait ses chevaux; une caravane de marchands du roi allait les chercher par troupes à un prix fixe;

¹⁷on faisait monter et sortir d'Égypte un char pour six cents sicles d'argent, et un cheval pour cent cinquante sicles. Ils en amenaient de même avec eux pour tous les rois des Héthiens et pour les rois de Syrie.

Chapitre 2

¹Salomon ordonna que l'on bâtît une maison au nom de l'Éternel et une maison royale pour lui.

²Salomon compta soixante-dix mille hommes pour porter les fardeaux, quatre-vingt mille pour tailler les pierres dans la montagne, et trois mille six cents pour les surveiller.

³Salomon envoya dire à Huram, roi de Tyr: Fais pour moi comme tu as fait pour David, mon père, à qui tu as envoyé des cèdres afin qu'il se bâtît une maison d'habitation.

⁴Voici, j'élève une maison au nom de l'Éternel, mon Dieu, pour la lui consacrer, pour brûler devant lui le parfum odoriférant, pour présenter continuellement les pains de proposition, et pour offrir les holocaustes du matin et du soir, des sabbats, des nouvelles lunes, et des fêtes de l'Éternel, notre Dieu, suivant une loi perpétuelle pour Israël.

⁵La maison que je vais bâtir doit être grande, car notre Dieu est plus grand que tous les dieux.

⁶Mais qui a le pouvoir de lui bâtir une maison, puisque les cieux et les cieux des cieux ne peuvent le contenir? Et qui suis-je pour lui bâtir une maison, si ce n'est pour faire brûler des parfums devant lui?

⁷Envoie-moi donc un homme habile pour les ouvrages en or, en argent, en airain et en fer, en étoffes teintes en pourpre, en cramoisi et en bleu, et connaissant la sculpture, afin qu'il travaille avec les hommes habiles qui sont auprès de moi en Juda et à Jérusalem et que David, mon père, a choisis.

⁸Envoie-moi aussi du Liban des bois de cèdre, de cyprès et de santal; car je sais que tes serviteurs s'entendent à couper les bois du Liban. Voici, mes serviteurs seront avec les tiens.

⁹Que l'on me prépare du bois en abondance, car la maison que je vais bâtir sera grande et magnifique.

¹⁰Je donnerai à tes serviteurs qui couperont, qui abattront les bois, vingt mille cors de froment foulé, vingt mille cors d'orge, vingt mille baths de vin, et vingt mille baths d'huile.

¹¹Huram, roi de Tyr, répondit dans une lettre qu'il envoya à Salomon: C'est parce que l'Éternel aime son peuple qu'il t'a établi roi sur eux.

¹²Huram dit encore: Béni soit l'Éternel, le Dieu d'Israël, qui a fait les cieux et la terre, de ce qu'il a donné au roi David un fils sage, prudent et intelligent, qui va bâtir une maison à l'Éternel et une maison royale pour lui!

¹³Je t'envoie donc un homme habile et intelligent,

¹⁴Huram Abi, fils d'une femme d'entre les filles de Dan, et d'un père Tyrien. Il est habile pour les ouvrages en or, en argent, en airain et en fer, en pierre et en bois, en étoffes teintes en pourpre et en bleu, en étoffes de byssus et de carmin, et pour toute espèce de sculptures et d'objets d'art qu'on lui donne à exécuter. Il travaillera avec tes hommes habiles et avec les hommes habiles de mon seigneur David, ton père.

¹⁵Maintenant, que mon seigneur envoie à ses serviteurs le froment, l'orge, l'huile et le vin dont il a parlé.

¹⁶Et nous, nous couperons des bois du Liban autant que tu en auras besoin; nous te les expédierons par mer en radeaux jusqu'à Japho, et tu les feras monter à Jérusalem.

¹⁷Salomon compta tous les étrangers qui étaient dans le pays d'Israël, et dont le dénombrement avait été fait par David, son père. On en trouva cent cinquante-trois mille six cents.

¹⁸Et il en prit soixante-dix mille pour porter les fardeaux, quatre-vingt mille pour tailler les pierres dans la montagne, et trois mille six cents pour surveiller et faire travailler le peuple.

Chapitre 3

¹Salomon commença à bâtir la maison de l'Éternel à Jérusalem, sur la montagne de Morija, qui avait été indiquée à David, son père, dans le lieu préparé par David sur l'aire d'Ornan, le Jébusien.

²Il commença à bâtir le second jour du second mois de la quatrième année de son règne.

³Voici sur quels fondements Salomon bâtit la maison de Dieu. La longueur en coudées de l'ancienne mesure était de soixante coudées, et la largeur de vingt coudées.

⁴Le portique sur le devant avait vingt coudées de longueur, répondant à la largeur de la maison, et cent vingt de hauteur; Salomon le couvrit intérieurement d'or pur.

⁵Il revêtit de bois de cyprès la grande maison, la couvrit d'or pur, et y fit sculpter des palmes et des chaînettes.

⁶Il couvrit la maison de pierres précieuses comme ornement; et l'or était de l'or de Parvaïm.

⁷Il couvrit d'or la maison, les poutres, les seuils, les parois et les battants des portes, et il fit sculpter des chérubins sur les parois.

⁸Il fit la maison du lieu très saint; elle avait vingt coudées de longueur répondant à la largeur de la maison, et vingt coudées de largeur. Il la couvrit d'or pur, pour une valeur de six cents talents;

⁹et le poids de l'or pour les clous montait à cinquante sicles. Il couvrit aussi d'or les chambres hautes.

¹⁰Il fit dans la maison du lieu très saint deux chérubins sculptés, et on les couvrit d'or.

¹¹Les ailes des chérubins avaient vingt coudées de longueur. L'aile du premier, longue de cinq coudées, touchait au mur de la maison; et l'autre aile, longue de cinq coudées, touchait à l'aile du second chérubin.

¹²L'aile du second chérubin, longue de cinq coudées, touchait au mur de la maison; et l'autre aile, longue de cinq coudées, joignait l'aile du premier chérubin.

¹³Les ailes de ces chérubins, déployées, avaient vingt coudées. Ils étaient debout sur leurs pieds, la face tournée vers la maison.

¹⁴Il fit le voile bleu, pourpre et cramoisi, et de byssus, et il y représenta des chérubins.

¹⁵Il fit devant la maison deux colonnes de trente-cinq coudées de hauteur, avec un chapiteau de cinq coudées sur leur sommet.

¹⁶Il fit des chaînettes comme celles qui étaient dans le sanctuaire, et les plaça sur le sommet des colonnes, et il fit cent grenades qu'il mit dans les chaînettes.

¹⁷Il dressa les colonnes sur le devant du temple, l'une à droite et

l'autre à gauche; il nomma celle de droite Jakin, et celle de gauche Boaz.

Chapitre 4

¹Il fit un autel d'airain, long de vingt coudées, large de vingt coudées, et haut de dix coudées.

²Il fit la mer de fonte. Elle avait dix coudées d'un bord à l'autre, une forme entièrement ronde, cinq coudées de hauteur, et une circonférence que mesurait un cordon de trente coudées.

³Des figures de boeufs l'entouraient au-dessous de son bord, dix par coudée, faisant tout le tour de la mer; les boeufs, disposés sur deux rangs, étaient fondus avec elle en une seule pièce.

⁴Elle était posée sur douze boeufs, dont trois tournés vers le nord, trois tournés vers l'occident, trois tournés vers le midi, et trois tournés vers l'orient; la mer était sur eux, et toute la partie postérieure de leur corps était en dedans.

⁵Son épaisseur était d'un palme; et son bord, semblable au bord d'une coupe, était façonné en fleur de lis. Elle pouvait contenir trois mille baths.

⁶Il fit dix bassins, et il en plaça cinq à droite et cinq à gauche, pour qu'ils servissent aux purifications: on y lavait les diverses parties des holocaustes. La mer était destinée aux ablutions des sacrificateurs.

⁷Il fit dix chandeliers d'or, selon l'ordonnance qui les concernait, et il les plaça dans le temple, cinq à droite et cinq à gauche.

⁸Il fit dix tables, et il les plaça dans le temple, cinq à droite et cinq à gauche. Il fit cent coupes d'or.

⁹Il fit le parvis des sacrificateurs, et le grand parvis avec ses portes, dont il couvrit d'airain les battants.

¹⁰Il plaça la mer du côté droit, au sud-est.

¹¹Huram fit les cendriers, les pelles et les coupes. Ainsi Huram acheva l'ouvrage que le roi Salomon lui fit faire pour la maison de Dieu:

¹²deux colonnes, avec les deux chapiteaux et leurs bourrelets sur le sommet des colonnes; les deux treillis, pour couvrir les deux bourrelets des chapiteaux sur le sommet des colonnes;

¹³les quatre cents grenades pour les deux treillis, deux rangées de grenades par treillis, pour couvrir les deux bourrelets des chapiteaux sur le sommet des colonnes;

¹⁴les dix bases, et les dix bassins sur les bases;

¹⁵la mer, et les douze boeufs sous elle;

¹⁶les cendriers, les pelles et les fourchettes. Tous ces ustensiles que le roi Salomon fit faire à Huram Abi pour la maison de l'Éternel étaient d'airain poli.

¹⁷Le roi les fit fondre dans la plaine du Jourdain, dans un sol argileux, entre Succoth et Tseréda.

¹⁸Salomon fit tous ces ustensiles en si grande quantité que l'on ne vérifia pas le poids de l'airain.

¹⁹Salomon fit encore tous les autres ustensiles pour la maison de Dieu: l'autel d'or; les tables sur lesquelles on mettait les pains de proposition;

²⁰les chandeliers et leurs lampes d'or pur, qu'on devait allumer selon l'ordonnance devant le sanctuaire,

²¹les fleurs, les lampes et les mouchettes d'or, d'or très pur;

²²les couteaux, les coupes, les tasses et les brasiers d'or pur; et les battants d'or pour la porte de l'intérieur de la maison à l'entrée du lieu très saint, et pour la porte de la maison à l'entrée du temple.

Chapitre 5

¹Ainsi fut achevé tout l'ouvrage que Salomon fit pour la maison de l'Éternel. Puis il apporta l'argent, l'or et tous les ustensiles que David, son père, avait consacrés, et il les mit dans les trésors de la maison de Dieu.

²Alors Salomon assembla à Jérusalem les anciens d'Israël et tous les chefs des tribus, les chefs de famille des enfants d'Israël, pour transporter de la cité de David, qui est Sion, l'arche de l'alliance de l'Éternel.

³Tous les hommes d'Israël se réunirent auprès du roi pour la fête, qui se célébra le septième mois.

⁴Lorsque tous les anciens d'Israël furent arrivés, les Lévites portèrent l'arche.

⁵Ils transportèrent l'arche, la tente d'assignation, et tous les ustensiles sacrés qui étaient dans la tente: ce furent les sacrificateurs et les Lévites qui les transportèrent.

⁶Le roi Salomon et toute l'assemblée d'Israël convoquée auprès de lui se tinrent devant l'arche. Ils sacrifièrent des brebis et des boeufs, qui ne purent être ni comptés, ni nombrés, à cause de leur multitude.

⁷Les sacrificateurs portèrent l'arche de l'alliance de l'Éternel à sa place, dans le sanctuaire de la maison, dans le lieu très saint, sous les ailes des chérubins.

⁸Les chérubins avaient les ailes étendues sur la place de l'arche, et ils couvraient l'arche et ses barres par-dessus.

⁹On avait donné aux barres une longueur telle que leurs extrémités se voyaient à distance de l'arche devant le sanctuaire, mais ne se voyaient point du dehors. L'arche a été là jusqu'à ce jour.

¹⁰Il n'y avait dans l'arche que les deux tables que Moïse y plaça en Horeb, lorsque l'Éternel fit alliance avec les enfants d'Israël, à leur sortie d'Égypte.

¹¹Au moment où les sacrificateurs sortirent du lieu saint, -car tous les sacrificateurs présents s'étaient sanctifiés sans observer l'ordre des classes,

¹²et tous les Lévites qui étaient chantres, Asaph, Héman, Jeduthun, leurs fils et leurs frères, revêtus de byssus, se tenaient à l'orient de l'autel avec des cymbales, des luths et des harpes, et avaient auprès d'eux cent vingt sacrificateurs sonnant des trompettes,

¹³et lorsque ceux qui sonnaient des trompettes et ceux qui chantaient, s'unissant d'un même accord pour célébrer et pour louer l'Éternel, firent retentir les trompettes, les cymbales et les autres instruments, et célébrèrent l'Éternel par ces paroles: Car il est bon, car sa miséricorde dure à toujours! en ce moment, la maison, la maison de l'Éternel fut remplie d'une nuée.

¹⁴Les sacrificateurs ne purent pas y rester pour faire le service, à cause de la nuée; car la gloire de l'Éternel remplissait la maison de Dieu.

Chapitre 6

¹Alors Salomon dit: L'Éternel veut habiter dans l'obscurité!

²Et moi, j'ai bâti une maison qui sera ta demeure, un lieu où tu résideras éternellement!

³Le roi tourna son visage, et bénit toute l'assemblée d'Israël; et toute l'assemblée d'Israël était debout.

⁴Et il dit: Béni soit l'Éternel, le Dieu d'Israël, qui a parlé de sa bouche à David, mon père, et qui accomplit par sa puissance ce qu'il avait déclaré en disant:

⁵Depuis le jour où j'ai fait sortir mon peuple du pays d'Égypte, je n'ai point choisi de ville parmi toutes les tribus d'Israël pour qu'il y fût bâti une maison où résidât mon nom, et je n'ai point choisi d'homme pour qu'il fût chef de mon peuple d'Israël;

⁶mais j'ai choisi Jérusalem pour que mon nom y résidât, et j'ai choisi David pour qu'il régnât sur mon peuple d'Israël!

⁷David, mon père, avait l'intention de bâtir une maison au nom de l'Éternel, le Dieu d'Israël.

⁸Et l'Éternel dit à David, mon père: Puisque tu as eu l'intention de bâtir une maison à mon nom, tu as bien fait d'avoir eu cette intention.

⁹Seulement, ce ne sera pas toi qui bâtiras la maison; mais ce sera ton fils, sorti de tes entrailles, qui bâtira la maison à mon nom.

¹⁰L'Éternel a accompli la parole qu'il avait prononcée. Je me suis élevé à la place de David, mon père, et je me suis assis sur le trône d'Israël, comme l'avait annoncé l'Éternel, et j'ai bâti la maison au nom de l'Éternel, le Dieu d'Israël.

¹¹J'y ai placé l'arche où est l'alliance de l'Éternel, l'alliance qu'il a faite avec les enfants d'Israël.

¹²Salomon se plaça devant l'autel de l'Éternel, en face de toute l'assemblée d'Israël, et il étendit ses mains.

¹³Car Salomon avait fait une tribune d'airain, et l'avait mise au milieu du parvis; elle était longue de cinq coudées, large de cinq coudées, et haute de trois coudées; il s'y plaça, se mit à genoux en face de toute l'assemblée d'Israël, et étendit ses mains vers le ciel. Et il dit:

¹⁴O Éternel, Dieu d'Israël! Il n'y a point de Dieu semblable à toi, dans les cieux et sur la terre: tu gardes l'alliance et la miséricorde envers tes serviteurs qui marchent en ta présence de tout leur coeur!

¹⁵Ainsi tu as tenu parole à ton serviteur David, mon père; et ce que tu as déclaré de ta bouche, tu l'accomplis en ce jour par ta puissance.

¹⁶Maintenant, Éternel, Dieu d'Israël, observe la promesse que tu as faite à David, mon père, en disant: Tu ne manqueras jamais devant moi d'un successeur assis sur le trône d'Israël, pourvu que tes fils prennent garde à leur voie et qu'ils marchent dans ma loi comme tu as marché en ma présence.

¹⁷Qu'elle s'accomplisse donc, Éternel, Dieu d'Israël, la promesse que tu as faite à ton serviteur David!

¹⁸Mais quoi! Dieu habiterait-il véritablement avec l'homme sur la terre? Voici, les cieux et les cieux des cieux ne peuvent te contenir: combien moins cette maison que j'ai bâtie!

¹⁹Toutefois, Éternel mon Dieu, sois attentif à la prière de ton serviteur et à sa supplication; écoute le cri et la prière que t'adresse ton serviteur.

²⁰Que tes yeux soient jour et nuit ouverts sur cette maison, sur le lieu dont tu as dit que là serait ton nom! Écoute la prière que ton

serviteur fait en ce lieu.

²¹Daigne exaucer les supplications de ton serviteur et de ton peuple d'Israël, lorsqu'ils prieront en ce lieu! Exauce du lieu de ta demeure, des cieux, exauce et pardonne!

²²Si quelqu'un pèche contre son prochain et qu'on lui impose un serment pour le faire jurer, et s'il vient jurer devant ton autel, dans cette maison,

²³écoute-le des cieux, agis, et juge tes serviteurs; condamne le coupable, et fais retomber sa conduite sur sa tête, rends justice à l'innocent, et traite-le selon son innocence!

²⁴Quand ton peuple d'Israël sera battu par l'ennemi, pour avoir péché contre toi; s'ils reviennent à toi et rendent gloire à ton nom, s'ils t'adressent des prières et des supplications dans cette maison,

²⁵exauce-les des cieux, pardonne le péché de ton peuple d'Israël, et ramène-les dans le pays que tu as donné à eux et à leurs pères!

²⁶Quand le ciel sera fermé et qu'il n'y aura point de pluie, à cause de leurs péchés contre toi; s'ils prient dans ce lieu et rendent gloire à ton nom, et s'ils se détournent de leurs péchés, parce que tu les auras châtiés;

²⁷exauce-les des cieux, pardonne le péché de tes serviteurs et de ton peuple d'Israël, à qui tu enseigneras la bonne voie dans laquelle ils doivent marcher, et fais venir la pluie sur la terre que tu as donnée pour héritage à ton peuple!

²⁸Quand la famine, la peste, la rouille et la nielle, les sauterelles d'une espèce ou d'une autre, seront dans le pays, quand l'ennemi assiégera ton peuple dans son pays, dans ses portes, quand il y aura des fléaux ou des maladies quelconques;

²⁹si un homme, si tout ton peuple d'Israël fait entendre des prières et des supplications, et que chacun reconnaisse sa plaie et sa douleur et étende les mains vers cette maison,

³⁰exauce-le cieux, du lieu de ta demeure, et pardonne; rends à chacun selon ses voies, toi qui connais le coeur de chacun, car seul tu connais le coeur des enfants des hommes,

³¹et ils te craindront pour marcher dans tes voies tout le temps qu'ils vivront dans le pays que tu as donné à nos pères!

³²Quand l'étranger, qui n'est pas de ton peuple d'Israël, viendra d'un pays lointain, à cause de ton grand nom, de ta main forte et de ton bras étendu, quand il viendra prier dans cette maison,

³³exauce-le des cieux, du lieu de ta demeure, et accorde à cet étranger tout ce qu'il te demandera, afin que tous les peuples de la terre connaissent ton nom pour te craindre, comme ton peuple d'Israël, et sachent que ton nom est invoqué sur cette maison que j'ai bâtie!

³⁴Quand ton peuple sortira pour combattre ses ennemis, en suivant la voie que tu lui auras prescrite; s'ils t'adressent des prières, les regards tournés vers cette ville que tu as choisie et vers la maison que j'ai bâtie en ton nom,

³⁵exauce des cieux leurs prières et leurs supplications, et fais-leur droit!

³⁶Quand ils pécheront contre toi, car il n'y a point d'homme qui ne pèche, quand tu seras irrité contre eux et que tu les livreras à l'ennemi, qui les emmènera captifs dans un pays lointain ou rapproché;

³⁷s'ils rentrent en eux-mêmes dans le pays où ils seront captifs, s'ils reviennent à toi et t'adressent des supplications dans le pays de leur captivité, et qu'ils disent: Nous avons péché, nous avons commis des iniquités, nous avons fait le mal!

³⁸s'ils reviennent à toi de tout leur coeur et de toute leur âme, dans le pays de leur captivité où ils ont été emmenés captifs, s'ils t'adressent des prières, les regards tournés vers leur pays que tu as donné à leurs pères, vers la ville que tu as choisie et vers la maison que j'ai bâtie à ton nom,

³⁹exauce des cieux, du lieu de ta demeure, leurs prières et leurs supplications, et fais-leur droit; pardonne à ton peuple ses péchés contre toi!

⁴⁰Maintenant, ô mon Dieu, que tes yeux soient ouverts, et que tes oreilles soient attentives à la prière faite en ce lieu!

⁴¹Maintenant, Éternel Dieu, lève-toi, viens à ton lieu de repos, toi et l'arche de ta majesté! Que tes sacrificateurs, Éternel Dieu, soient revêtus de salut, et que tes bien-aimés jouissent du bonheur!

⁴²Éternel Dieu, ne repousse pas ton oint, souviens-toi des grâces accordées à David, ton serviteur!

Chapitre 7

¹Lorsque Salomon eut achevé de prier, le feu descendit du ciel et consuma l'holocauste et les sacrifices, et la gloire de l'Éternel remplit la maison.

²Les sacrificateurs ne pouvaient entrer dans la maison de l'Éternel, car la gloire de l'Éternel remplissait la maison de l'Éternel.

³Tous les enfants d'Israël virent descendre le feu et la gloire de l'Éternel sur la maison; ils s'inclinèrent le visage contre terre sur le pavé, se prosternèrent et louèrent l'Éternel, en disant: Car il est bon, car sa miséricorde dure à toujours!

⁴Le roi et tout le peuple offrirent des sacrifices devant l'Éternel.

⁵Le roi Salomon immola vingt-deux mille boeufs et cent vingt mille brebis. Ainsi le roi et tout le peuple firent la dédicace de la maison de Dieu.

⁶Les sacrificateurs se tenaient à leur poste, et les Lévites aussi avec les instruments faits en l'honneur de l'Éternel par le roi David pour le chant des louanges de l'Éternel, lorsque David les chargea de célébrer l'Éternel en disant: Car sa miséricorde dure à toujours! Les sacrificateurs sonnaient des trompettes vis-à-vis d'eux. Et tout Israël était là.

⁷Salomon consacra le milieu du parvis, qui est devant la maison de l'Éternel; car il offrit là les holocaustes et les graisses des sacrifices d'actions de grâces, parce que l'autel d'airain qu'avait fait Salomon ne pouvait contenir les holocaustes, les offrandes et les graisses.

⁸Salomon célébra la fête en ce temps-là pendant sept jours, et tout Israël avec lui; une grande multitude était venue depuis les environs de Hamath jusqu'au torrent d'Égypte.

⁹Le huitième jour, ils eurent une assemblée solennelle; car ils firent la dédicace de l'autel pendant sept jours, et la fête pendant sept jours.

¹⁰Le vingt-troisième jour du septième mois, Salomon renvoya dans ses tentes le peuple joyeux et content pour le bien que l'Éternel avait fait à David, à Salomon, et à Israël, son peuple.

¹¹Lorsque Salomon eut achevé la maison de l'Éternel et la maison du roi, et qu'il eut réussi dans tout ce qu'il s'était proposé de faire dans la maison de l'Éternel et dans la maison du roi,

¹²l'Éternel apparut à Salomon pendant la nuit, et lui dit: J'exauce ta prière, et je choisis ce lieu comme la maison où l'on devra m'offrir des sacrifices.

¹³Quand je fermerai le ciel et qu'il n'y aura point de pluie, quand j'ordonnerai aux sauterelles de consumer le pays, quand j'enverrai la peste parmi mon peuple;

¹⁴si mon peuple sur qui est invoqué mon nom s'humilie, prie, et cherche ma face, et s'il se détourne de ses mauvaises voies, -je l'exaucerai des cieux, je lui pardonnerai son péché, et je guérirai son pays.

¹⁵Mes yeux seront ouverts désormais, et mes oreilles seront attentives à la prière faite en ce lieu.

¹⁶Maintenant, je choisis et je sanctifie cette maison pour que mon nom y réside à jamais, et j'aurai toujours là mes yeux et mon coeur.

¹⁷Et toi, si tu marches en ma présence comme a marché David, ton père, faisant tout ce que je t'ai commandé, et si tu observes mes lois et mes ordonnances,

¹⁸j'affermirai le trône de ton royaume, comme je l'ai promis à David, ton père, en disant: Tu ne manqueras jamais d'un successeur qui règne en Israël.

¹⁹Mais si vous vous détournez, si vous abandonnez mes lois et mes commandements que je vous ai prescrits, et si vous allez servir d'autres dieux et vous prosterner devant eux,

²⁰je vous arracherai de mon pays que je vous ai donné, je rejetterai loin de moi cette maison que j'ai consacrée à mon nom, et j'en ferai un sujet de sarcasme et de raillerie parmi tous les peuples.

²¹Et si haut placée qu'ait été cette maison, quiconque passera près d'elle sera dans l'étonnement, et dira: Pourquoi l'Éternel a-t-il ainsi traité ce pays et cette maison?

²²Et l'on répondra: Parce qu'ils ont abandonné l'Éternel, le Dieu de leurs pères, qui les a fait sortir du pays d'Égypte, parce qu'ils se sont attachés à d'autres dieux, se sont prosternés devant eux et les ont servis; voilà pourquoi il a fait venir sur eux tous ces maux.

Chapitre 8

¹Au bout de vingt ans, pendant lesquels Salomon bâtit la maison de l'Éternel et sa propre maison,

²il reconstruisit les villes que lui donna Huram et y établit des enfants d'Israël.

³Salomon marcha contre Hamath, vers Tsoba, et s'en empara.

⁴Il bâtit Thadmor au désert, et toutes les villes servant de magasins en Hamath.

⁵Il bâtit Beth Horon la haute et Beth Horon la basse, villes fortes, ayant des murs, des portes et des barres;

⁶Baalath, et toutes les villes servant de magasins et lui appartenant, toutes les villes pour les chars, les villes pour la cavalerie, et tout ce qu'il plut à Salomon de bâtir à Jérusalem, au Liban, et dans tout le pays dont il était le souverain.

⁷Tout le peuple qui était resté des Héthiens, des Amoréens, des Phéréziens, des Héviens et des Jébusiens, ne faisant point partie d'Israël,

⁸leurs descendants qui étaient restés après eux dans le pays et que les enfants d'Israël n'avaient pas détruits, Salomon les leva comme gens de corvée, ce qu'ils ont été jusqu'à ce jour.

⁹Salomon n'employa comme esclave pour ses travaux aucun des enfants d'Israël; car ils étaient des hommes de guerre, ses chefs, ses officiers, les commandants de ses chars et de sa cavalerie.

¹⁰Les chefs placés par le roi Salomon à la tête du peuple, et chargés de le surveiller, étaient au nombre de deux cent cinquante.

¹¹Salomon fit monter la fille de Pharaon de la cité de David dans la maison qu'il lui avait bâtie; car il dit: Ma femme n'habitera pas dans la maison de David, roi d'Israël, parce que les lieux où est entrée l'arche de l'Éternel sont saints.

¹²Alors Salomon offrit des holocaustes à l'Éternel sur l'autel de l'Éternel, qu'il avait construit devant le portique.

¹³Il offrait ce qui était prescrit par Moïse pour chaque jour, pour les sabbats, pour les nouvelles lunes, et pour les fêtes, trois fois l'année, à la fête des pains sans levain, à la fête des semaines, et à la fête des tabernacles.

¹⁴Il établit dans leurs fonctions, telles que les avait réglées David, son père, les classes des sacrificateurs selon leur office, les Lévites selon leur charge, consistant à célébrer l'Éternel et à faire jour par jour le service en présence des sacrificateurs, et les portiers distribués à chaque porte d'après leurs classes; car ainsi l'avait ordonné David, homme de Dieu.

¹⁵On ne s'écarta point de l'ordre du roi pour les sacrificateurs et les Lévites, ni pour aucune chose, ni pour ce qui concernait les trésors.

¹⁶Ainsi fut dirigée toute l'oeuvre de Salomon, jusqu'au jour où la maison de l'Éternel fut fondée et jusqu'à celui où elle fut terminée. La maison de l'Éternel fut donc achevée.

¹⁷Salomon partit alors pour Etsjon Guéber et pour Éloth, sur les bords de la mer, dans le pays d'Édom.

¹⁸Et Huram lui envoya par ses serviteurs des navires et des serviteurs connaissant la mer. Ils allèrent avec les serviteurs de Salomon à Ophir, et ils y prirent quatre cent cinquante talents d'or, qu'ils apportèrent au roi Salomon.

Chapitre 9

¹La reine de Séba apprit la renommée de Salomon, et elle vint à Jérusalem pour l'éprouver par des énigmes. Elle avait une suite fort nombreuse, et des chameaux portant des aromates, de l'or en grande quantité et des pierres précieuses. Elle se rendit auprès de Salomon, et elle lui dit tout ce qu'elle avait dans le coeur.

²Salomon répondit à toutes ses questions, et il n'y eut rien que Salomon ne sût lui expliquer.

³La reine de Séba vit la sagesse de Salomon, et la maison qu'il avait bâtie,

⁴et les mets de sa table, et la demeure de ses serviteurs, et les fonctions et les vêtements de ceux qui le servaient, et ses échansons et leurs vêtements, et les degrés par lesquels on montait à la maison de l'Éternel.

⁵Hors d'elle-même, elle dit au roi: C'était donc vrai ce que j'ai appris dans mon pays au sujet de ta position et de ta sagesse!

⁶Je ne croyais pas ce qu'on en disait, avant d'être venue et d'avoir vu de mes yeux. Et voici, on ne m'a pas raconté la moitié de la grandeur de ta sagesse. Tu surpasses ce que la renommée m'a fait connaître.

⁷Heureux tes gens, heureux tes serviteurs, qui sont continuellement devant toi et qui entendent ta sagesse!

⁸Béni soit l'Éternel, ton Dieu, qui t'a accordé la faveur de te placer sur son trône comme roi pour l'Éternel, ton Dieu! C'est parce que ton Dieu aime Israël et veut le faire subsister à toujours, qu'il t'a établi roi sur lui pour que tu fasses droit et justice.

⁹Elle donna au roi cent vingt talents d'or, une très grande quantité d'aromates et des pierres précieuses. Il n'y eut plus d'aromates tels que ceux donnés au roi Salomon par la reine de Séba.

¹⁰Les serviteurs de Huram et les serviteurs de Salomon, qui apportèrent de l'or d'Ophir, amenèrent aussi du bois de santal et des pierres précieuses.

¹¹Le roi fit avec le bois de santal des escaliers pour la maison de l'Éternel et pour la maison du roi, et des harpes et des luths pour les chantres. On n'en avait pas vu de semblable auparavant dans le pays de Juda.

¹²Le roi Salomon donna à la reine de Séba tout ce qu'elle désira, ce qu'elle demanda, plus qu'elle n'avait apporté au roi. Puis elle s'en retourna et alla dans son pays, elle et ses serviteurs.

¹³Le poids de l'or qui arrivait chaque année à Salomon était de six cent soixante-six talents d'or,

¹⁴outre ce qu'il retirait des négociants et des marchands qui en apportaient, de tous les rois d'Arabie et des gouverneurs du pays, qui apportaient de l'or et de l'argent à Salomon.

¹⁵Le roi Salomon fit deux cents grands boucliers d'or battu, pour chacun desquels il employa six cents sicles d'or battu,

¹⁶et trois cents autres boucliers d'or battu, pour chacun desquels il employa trois cents sicles d'or; et le roi les mit dans la maison de la forêt du Liban.

¹⁷Le roi fit un grand trône d'ivoire, et le couvrit d'or pur.

¹⁸Ce trône avait six degrés, et un marchepied d'or attenant au trône; il y avait des bras de chaque côté du siège; deux lions étaient près des bras,

¹⁹et douze lions sur les six degrés de part et d'autre. Il ne s'est rien fait de pareil pour aucun royaume.

²⁰Toutes les coupes du roi Salomon étaient d'or, et toute la vaisselle de la maison de la forêt du Liban était d'or pur. Rien n'était d'argent: on n'en faisait aucun cas du temps de Salomon.

²¹Car le roi avait des navires de Tarsis naviguant avec les serviteurs de Huram; et tous les trois ans arrivaient les navires de Tarsis, apportant de l'or et de l'argent, de l'ivoire, des singes et des paons.

²²Le roi Salomon fut plus grand que tous les rois de la terre par les richesses et par la sagesse.

²³Tous les rois de la terre cherchaient à voir Salomon, pour entendre la sagesse que Dieu avait mise dans son coeur.

²⁴Et chacun d'eux apportait son présent, des objets d'argent et des objets d'or, des vêtements, des armes, des aromates, des chevaux et des mulets; et il en était ainsi chaque année.

²⁵Salomon avait quatre mille crèches pour les chevaux destinés à ses chars, et douze mille cavaliers qu'il plaça dans les villes où il tenait ses chars et à Jérusalem près du roi.

²⁶Il dominait sur tous les rois, depuis le fleuve jusqu'au pays des Philistins et jusqu'à la frontière d'Égypte.

²⁷Le roi rendit l'argent aussi commun à Jérusalem que les pierres, et les cèdres aussi nombreux que les sycomores qui croissent dans la plaine.

²⁸C'était de l'Égypte et de tous les pays que l'on tirait des chevaux pour Salomon.

²⁹Le reste des actions de Salomon, les premières et les dernières, cela n'est-il pas écrit dans le livre de Nathan, le prophète, dans la prophétie d'Achija de Silo, et dans les révélations de Jéedo, le prophète sur Jéroboam, fils de Nebath?

³⁰Salomon régna quarante ans à Jérusalem sur tout Israël.

³¹Puis Salomon se coucha avec ses pères, et on l'enterra dans la ville de David, son père. Et Roboam, son fils, régna à sa place.

Chapitre 10

¹Roboam se rendit à Sichem, car tout Israël était venu à Sichem pour le faire roi.

²Lorsque Jéroboam, fils de Nebath, eut des nouvelles, il était en Égypte, où il s'était enfui loin du roi Salomon, et il revint d'Égypte.

³On l'envoya appeler. Alors Jéroboam et tout Israël vinrent vers Roboam et lui parlèrent ainsi:

⁴Ton père a rendu notre joug dur; maintenant allège cette rude servitude et le joug pesant que nous a imposé ton père. Et nous te servirons.

⁵Il leur dit: Revenez vers moi dans trois jours. Et le peuple s'en alla.

⁶Le roi Roboam consulta les vieillards qui avaient été auprès de Salomon, son père, pendant sa vie, et il dit: Que conseillez-vous de répondre à ce peuple?

⁷Et voici ce qu'ils lui dirent: Si tu es bon envers ce peuple, si tu les reçois favorablement, et si tu leur parles avec bienveillance, ils seront pour toujours tes serviteurs.

⁸Mais Roboam laissa le conseil que lui donnaient les vieillards, et il consulta les jeunes gens qui avaient grandi avec lui et qui l'entouraient.

⁹Il leur dit: Que conseillez-vous de répondre à ce peuple qui me tient ce langage: Allège le joug que nous a imposé ton père?

¹⁰Et voici ce que lui dirent les jeunes gens qui avaient grandi avec lui: Tu parleras ainsi à ce peuple qui t'a tenu ce langage: Ton père a

rendu notre joug pesant, et toi, allège-le-nous! tu leur parleras ainsi: Mon petit doigt est plus gros que les reins de mon père.

¹¹Maintenant, mon père vous a chargés d'un joug pesant, et moi je vous le rendrai plus pesant; mon père vous a châtiés avec des fouets, et moi je vous châtierai avec des scorpions.

¹²Jéroboam et tout le peuple vinrent à Roboam le troisième jour, suivant ce qu'avait dit le roi: Revenez vers moi dans trois jours.

¹³Le roi leur répondit durement. Le roi Roboam laissa le conseil des vieillards,

¹⁴et leur parla ainsi d'après le conseil des jeunes gens: Mon père a rendu votre joug pesant, et moi je le rendrai plus pesant; mon père vous a châtiés avec des fouets, et moi je vous châtierai avec des scorpions.

¹⁵Ainsi le roi n'écouta point le peuple; car cela fut dirigé par Dieu, en vue de l'accomplissement de la parole que l'Éternel avait dite par Achija de Silo à Jéroboam, fils de Nebath.

¹⁶Lorsque tout Israël vit que le roi ne l'écoutait pas, le peuple répondit au roi: Quelle part avons-nous avec David? Nous n'avons point d'héritage avec le fils d'Isaï! A tes tentes, Israël! Maintenant, pourvois à ta maison, David! Et tout Israël s'en alla dans ses tentes.

¹⁷Les enfants d'Israël qui habitaient les villes de Juda furent les seuls sur qui régna Roboam.

¹⁸Alors le roi Roboam envoya Hadoram, qui était préposé aux impôts. Mais Hadoram fut lapidé par les enfants d'Israël, et il mourut. Et le roi Roboam se hâta de monter sur un char, pour s'enfuir à Jérusalem.

¹⁹C'est ainsi qu'Israël s'est détaché de la maison de David jusqu'à ce jour.

Chapitre 11

¹Roboam, arrivé à Jérusalem, rassembla la maison de Juda et de Benjamin, cent quatre-vingt mille hommes d'élite propres à la guerre, pour qu'ils combattissent contre Israël afin de le ramener sous la domination de Roboam.

²Mais la parole de l'Éternel fut ainsi adressée à Schemaeja, homme de Dieu:

³Parle à Roboam, fils de Salomon, roi de Juda, et à tout Israël en Juda et en Benjamin. Et dis-leur:

⁴Ainsi parle l'Éternel: Ne montez point, et ne faites pas la guerre à vos frères! Que chacun de vous retourne dans sa maison, car c'est de par moi que cette chose est arrivée. Ils obéirent aux paroles de l'Éternel, et ils s'en retournèrent, renonçant à marcher contre Jéroboam.

⁵Roboam demeura à Jérusalem, et il bâtit des villes fortes en Juda.

⁶Il bâtit Bethléhem, Étham, Tekoa,

⁷Beth Tsur, Soco, Adullam,

⁸Gath, Marésha, Ziph,

⁹Adoraïm, Lakis, Azéka,

¹⁰Tsorea, Ajalon et Hébron, qui étaient en Juda et en Benjamin, et il en fit des villes fortes.

¹¹Il les fortifia, et y établit des commandants, et des magasins de vivres, d'huile et de vin.

¹²Il mit dans chacune de ces villes des boucliers et des lances, et il les rendit très fortes. Juda et Benjamin étaient à lui.

¹³Les sacrificateurs et les Lévites qui se trouvaient dans tout Israël quittèrent leurs demeures pour se rendre auprès de lui;

¹⁴car les Lévites abandonnèrent leurs banlieues et leurs propriétés et vinrent en Juda et à Jérusalem, parce que Jéroboam et ses fils les empêchèrent de remplir leurs fonctions comme sacrificateurs de l'Éternel.

¹⁵Jéroboam établit des sacrificateurs pour les hauts lieux, pour les boucs, et pour les veaux qu'il avait faits.

¹⁶Ceux de toutes les tribus d'Israël qui avaient à coeur de chercher l'Éternel, le Dieu d'Israël, suivirent les Lévites à Jérusalem pour sacrifier à l'Éternel, le Dieu de leurs pères.

¹⁷Ils donnèrent ainsi de la force au royaume de Juda, et affermirent Roboam, fils de Salomon, pendant trois ans; car ils marchèrent pendant trois ans dans la voie de David et de Salomon.

¹⁸Roboam prit pour femme Mahalath, fille de Jerimoth, fils de David et d'Abichaïl, fille d'Éliab, fils d'Isaï.

¹⁹Elle lui enfanta des fils: Jeusch, Schemaria et Zaham.

²⁰Après elle, il prit Maaca, fille d'Absalom. Elle lui enfanta Abija, Attaï, Ziza et Schelomith.

²¹Roboam aimait Maaca, fille d'Absalom, plus que toutes ses femmes et ses concubines; car il eut dix-huit femmes et soixante concubines, et il engendra vingt-huit fils et soixante filles.

²²Roboam donna le premier rang à Abija, fils de Maaca, et l'établit chef parmi ses frères, car il voulait le faire roi.

²³Il agit avec habileté en dispersant tous ses fils dans toutes les contrées de Juda et de Benjamin, dans toutes les villes fortes; il leur fournit des vivres en abondance, et demanda pour eux une multitude de femmes.

Chapitre 12

¹Lorsque Roboam se fut affermi dans son royaume et qu'il eut acquis de la force, il abandonna la loi de l'Éternel, et tout Israël l'abandonna avec lui.

²La cinquième année du règne de Roboam, Schischak, roi d'Égypte, monta contre Jérusalem, parce qu'ils avaient péché contre l'Éternel.

³Il avait mille deux cents chars et soixante mille cavaliers; et il vint d'Égypte avec lui un peuple innombrable, des Libyens, des Sukkiens et des Éthiopiens.

⁴Il prit les villes fortes qui appartenaient à Juda, et arriva jusqu'à Jérusalem.

⁵Alors Schemaeja, le prophète, se rendit auprès de Roboam et des chefs de Juda qui s'étaient retirés dans Jérusalem à l'approche de Schischak, et il leur dit: Ainsi parle l'Éternel: Vous m'avez abandonné; je vous abandonne aussi, et je vous livre entre les mains de Schischak.

⁶Les chefs d'Israël et le roi s'humilièrent et dirent: L'Éternel est juste!

⁷Et quand l'Éternel vit qu'ils s'humiliaient, la parole de l'Éternel fut ainsi adressée à Schemaeja: Ils se sont humiliés, je ne les détruirai pas, je ne tarderai pas à les secourir, et ma colère ne se répandra pas sur Jérusalem par Schischak;

⁸mais ils lui seront assujettis, et ils sauront ce que c'est que me servir ou servir les royaumes des autres pays.

⁹Schischak, roi d'Égypte, monta contre Jérusalem. Il prit les trésors de la maison de l'Éternel et les trésors de la maison du roi, il prit tout. Il prit les boucliers d'or que Salomon avait faits.

¹⁰Le roi Roboam fit à leur place des boucliers d'airain, et il les remit aux soins des chefs des coureurs, qui gardaient l'entrée de la maison du roi.

¹¹Toutes les fois que le roi allait à la maison de l'Éternel, les coureurs venaient et les portaient; puis ils les rapportaient dans la chambre des coureurs.

¹²Comme Roboam s'était humilié, l'Éternel détourna de lui sa colère et ne le détruisit pas entièrement. Et il y avait encore de bonnes choses en Juda.

¹³Le roi Roboam s'affermit dans Jérusalem et régna. Il avait quarante et un ans lorsqu'il devint roi, et il régna dix-sept ans à Jérusalem, la ville que l'Éternel avait choisie sur toutes les tribus d'Israël pour y mettre son nom. Sa mère s'appelait Naama, l'Ammonite.

¹⁴Il fit le mal, parce qu'il n'appliqua pas son coeur à chercher l'Éternel.

¹⁵Les actions de Roboam, les premières et les dernières, ne sont-elles pas écrites dans les livres de Schemaeja, le prophète et d'Iddo, le prophète, parmi les registres généalogiques? Il y eut toujours guerre entre Roboam et Jéroboam.

¹⁶Roboam se coucha avec ses pères, et il fut enterré dans la ville de David. Et Abija, son fils, régna à sa place.

Chapitre 13

¹La dix-huitième année du règne de Jéroboam, Abija régna sur Juda.

²Il régna trois ans à Jérusalem. Sa mère s'appelait Micaja, fille d'Uriel, de Guibea. Il y eut guerre entre Abija et Jéroboam.

³Abija engagea les hostilités avec une armée de vaillants guerriers, quatre cent mille hommes d'élite; et Jéroboam se rangea en bataille contre lui avec huit cent mille hommes d'élite, vaillants guerriers.

⁴Du haut du mont Tsemaraïm, qui fait partie de la montagne d'Éphraïm, Abija se leva et dit: Ecoutez-moi, Jéroboam, et tout Israël!

⁵Ne devez-vous pas savoir que l'Éternel, le Dieu d'Israël, a donné pour toujours à David la royauté sur Israël, à lui et à ses fils, par une alliance inviolable?

⁶Mais Jéroboam, fils de Nebath, serviteur de Salomon, fils de David, s'est levé et s'est révolté contre son maître.

⁷Des gens de rien, des hommes pervers, se sont rassemblés auprès de lui et l'ont emporté sur Roboam, fils de Salomon. Roboam était jeune et craintif, et il manqua de force devant eux.

⁸Et maintenant, vous pensez triompher du royaume de l'Éternel, qui est entre les mains des fils de David; et vous êtes une multitude nombreuse, et vous avez avec vous les veaux d'or que Jéroboam vous a faits pour dieux.

⁹N'avez-vous pas repoussé les sacrificateurs de l'Éternel, les fils d'Aaron et les Lévites, et ne vous êtes-vous pas fait des sacrificateurs, comme les peuples des autres pays? Quiconque venait avec un jeune

taureau et sept béliers, afin d'être consacré, devenait sacrificateur de ce qui n'est point Dieu.

¹⁰Mais pour nous, l'Éternel est notre Dieu, et nous ne l'avons point abandonné, les sacrificateurs au service de l'Éternel sont fils d'Aaron, et les Lévites remplissent leurs fonctions.

¹¹Nous offrons chaque matin et chaque soir des holocaustes à l'Éternel, nous brûlons le parfum odoriférant, nous mettons les pains de proposition sur la table pure, et nous allumons chaque soir le chandelier d'or et ses lampes; car nous observons les commandements de l'Éternel, notre Dieu. Et vous, vous l'avez abandonné.

¹²Voici, Dieu et ses sacrificateurs sont avec nous, à notre tête, et nous avons les trompettes retentissantes pour les faire résonner contre vous. Enfants d'Israël! ne faites pas la guerre à l'Éternel, le Dieu de vos pères, car vous n'auriez aucun succès.

¹³Jéroboam les prit par derrière au moyen d'une embuscade, et ses troupes étaient en face de Juda, qui avait l'embuscade par derrière.

¹⁴Ceux de Juda s'étant retournés eurent à combattre devant et derrière. Ils crièrent à l'Éternel, et les sacrificateurs sonnèrent des trompettes.

¹⁵Les hommes de Juda poussèrent un cri de guerre et, au cri de guerre des hommes de Juda, l'Éternel frappa Jéroboam et tout Israël devant Abija et Juda.

¹⁶Les enfants d'Israël s'enfuirent devant Juda, et Dieu les livra entre ses mains.

¹⁷Abija et son peuple leur firent éprouver une grande défaite, et cinq cent mille hommes d'élite tombèrent morts parmi ceux d'Israël.

¹⁸Les enfants d'Israël furent humiliés en ce temps, et les enfants de Juda remportèrent la victoire, parce qu'ils s'étaient appuyés sur l'Éternel, le Dieu de leurs pères.

¹⁹Abija poursuivit Jéroboam et lui prit des villes, Béthel et les villes de son ressort, Jeschana et les villes de son ressort, et Éphron et les villes de son ressort.

²⁰Jéroboam n'eut plus de force du temps d'Abija; et l'Éternel le frappa, et il mourut.

²¹Mais Abija devint puissant; il eut quatorze femmes, et engendra vingt-deux fils et seize filles.

²²Le reste des actions d'Abija, ce qu'il a fait et ce qu'il a dit, cela est écrit dans les mémoires du prophète Iddo.

Chapitre 14

¹Abija se coucha avec ses pères, et on l'enterra dans la ville de David. Et Asa, son fils, régna à sa place. De son temps, le pays fut en repos pendant dix ans.

²Asa fit ce qui est bien et droit aux yeux de l'Éternel, son Dieu.

³Il fit disparaître les autels de l'étranger et les hauts lieux, il brisa les statues et abattit les idoles.

⁴Il ordonna à Juda de rechercher l'Éternel, le Dieu de ses pères, et de pratiquer la loi et les commandements.

⁵Il fit disparaître de toutes les villes de Juda les hauts lieux et les statues consacrées au soleil. Et le royaume fut en repos devant lui.

⁶Il bâtit des villes fortes en Juda; car le pays fut tranquille et il n'y eut pas de guerre contre lui pendant ces années-là, parce que l'Éternel lui donna du repos.

⁷Il dit à Juda: Bâtissons ces villes, et entourons-les de murs, de tours, de portes et de barres; le pays est encore devant nous, car nous avons recherché l'Éternel, notre Dieu, nous l'avons recherché, et il nous a donné du repos de tous côtés. Ils bâtirent donc, et réussirent.

⁸Asa avait une armée de trois cent mille hommes de Juda, portant le bouclier et la lance, et de deux cent quatre-vingt mille de Benjamin, portant le bouclier et tirant de l'arc, tous vaillants hommes.

⁹Zérach, l'Éthiopien, sortit contre eux avec une armée d'un million d'hommes et trois cents chars, et il s'avança jusqu'à Maréscha.

¹⁰Asa marcha au-devant de lui, et ils se rangèrent en bataille dans la vallée de Tsephata, près de Maréscha.

¹¹Asa invoqua l'Éternel, son Dieu, et dit: Éternel, toi seul peux venir en aide au faible comme au fort: viens à notre aide, Éternel, notre Dieu! car c'est sur toi que nous nous appuyons, et nous sommes venus en ton nom contre cette multitude. Éternel, tu es notre Dieu: que ce ne soit pas l'homme qui l'emporte sur toi!

¹²L'Éternel frappa les Éthiopiens devant Asa et devant Juda, et les Éthiopiens prirent la fuite.

¹³Asa et le peuple qui était avec lui les poursuivirent jusqu'à Guérar, et les Éthiopiens tombèrent sans pouvoir sauver leur vie, car ils furent détruits par l'Éternel et par son armée. Asa et son peuple firent un très grand butin.

¹⁴Ils frappèrent toutes les villes des environs de Guérar, car la terreur de l'Éternel s'était emparée d'elles, et ils pillèrent toutes les villes, dont les dépouilles furent considérables.

¹⁵Ils frappèrent aussi les tentes des troupeaux, et ils emmenèrent une grande quantité de brebis et de chameaux. Puis ils retournèrent à Jérusalem.

Chapitre 15

¹L'esprit de Dieu fut sur Azaria, fils d'Obed,

²et Azaria alla au-devant d'Asa et lui dit: Écoutez-moi, Asa, et tout Juda et Benjamin! L'Éternel est avec vous quand vous êtes avec lui; si vous le cherchez, vous le trouverez; mais si vous l'abandonnez, il vous abandonnera.

³Pendant longtemps il n'y a eu pour Israël ni vrai Dieu, ni sacrificateur qui enseignât, ni loi.

⁴Mais au sein de leur détresse ils sont retournés à l'Éternel, le Dieu d'Israël, ils l'ont cherché, et ils l'ont trouvé.

⁵Dans ces temps-là, point de sécurité pour ceux qui allaient et venaient, car il y avait de grands troubles parmi tous les habitants du pays;

⁶on se heurtait peuple contre peuple, ville contre ville, parce que Dieu les agitait par toutes sortes d'angoisses.

⁷Vous donc, fortifiez-vous, et ne laissez pas vos mains s'affaiblir, car il y aura un salaire pour vos oeuvres.

⁸Après avoir entendu ces paroles et la prophétie d'Obed le prophète, Asa se fortifia et fit disparaître les abominations de tout le pays de Juda et de Benjamin et des villes qu'il avait prises dans la montagne d'Éphraïm, et il restaura l'autel de l'Éternel qui était devant le portique de l'Éternel.

⁹Il rassembla tout Juda et Benjamin, et ceux d'Éphraïm, de Manassé et de Siméon qui habitaient parmi eux, car un grand nombre de gens d'Israël se joignirent à lui lorsqu'ils virent que l'Éternel, son Dieu, était avec lui.

¹⁰Ils s'assemblèrent à Jérusalem le troisième mois de la quinzième année du règne d'Asa.

¹¹Ce jour-là, ils sacrifièrent à l'Éternel, sur le butin qu'ils avaient amené, sept cents boeufs et sept mille brebis.

¹²Ils prirent l'engagement de chercher l'Éternel, le Dieu de leurs pères, de tout leur coeur et de toute leur âme;

¹³et quiconque ne chercherait pas l'Éternel, le Dieu d'Israël, devait être mis à mort, petit ou grand, homme ou femme.

¹⁴Ils jurèrent fidélité à l'Éternel à voix haute, avec des cris de joie, et au son des trompettes et des cors;

¹⁵tout Juda se réjouit de ce serment, car ils avaient juré de tout leur coeur, ils avaient cherché l'Éternel de plein gré, et ils l'avaient trouvé, et l'Éternel leur donna du repos de tous côtés.

¹⁶Le roi Asa enleva même à Maaca, sa mère, la dignité de reine, parce qu'elle avait fait une idole pour Astarté. Asa abattit son idole, qu'il réduisit en poussière, et la brûla au torrent de Cédron.

¹⁷Mais les hauts lieux ne disparurent point d'Israël, quoique le coeur d'Asa fût en entier à l'Éternel pendant toute sa vie.

¹⁸Il mit dans la maison de Dieu les choses consacrées par son père et par lui-même, de l'argent, de l'or et des vases.

¹⁹Il n'y eut point de guerre jusqu'à la trente-cinquième année du règne d'Asa.

Chapitre 16

¹La trente-sixième année du règne d'Asa, Baescha, roi d'Israël, monta contre Juda; et il bâtit Rama, pour empêcher ceux d'Asa, roi de Juda, de sortir et d'entrer.

²Asa sortit de l'argent et de l'or des trésors de la maison de l'Éternel et de la maison du roi, et il envoya des messagers vers Ben Hadad, roi de Syrie, qui habitait à Damas.

³Il lui fit dire: Qu'il y ait une alliance entre moi et toi, comme il y en eut une entre mon père et ton père. Voici, je t'envoie de l'argent et de l'or. Va, romps ton alliance avec Baescha, roi d'Israël, afin qu'il s'éloigne de moi.

⁴Ben Hadad écouta le roi Asa; il envoya les chefs de son armée contre les villes d'Israël, et ils frappèrent Ijjon, Dan, Abel Maïm, et tous les magasins des villes de Nephthali.

⁵Lorsque Baescha l'apprit, il cessa de bâtir Rama et interrompit ses travaux.

⁶Le roi Asa occupa tout Juda à emporter les pierres et le bois que Baescha employait à la construction de Rama, et il s'en servit pour bâtir Guéba et Mitspa.

⁷Dans ce temps-là, Hanani, le voyant, alla auprès d'Asa, roi de Juda, et lui dit: Parce que tu t'es appuyé sur le roi de Syrie et que tu ne t'es pas appuyé sur l'Éternel, ton Dieu, l'armée du roi de Syrie s'est échappée de tes mains.

⁸Les Éthiopiens et les Libyens ne formaient-ils pas une grande armée, avec des chars et une multitude de cavaliers? Et cependant l'Éternel les a livrés entre tes mains, parce que tu t'étais appuyé sur lui.

⁹Car l'Éternel étend ses regards sur toute la terre, pour soutenir ceux dont le coeur est tout entier à lui. Tu as agi en insensé dans cette affaire, car dès à présent tu auras des guerres.

¹⁰Asa fut irrité contre le voyant, et il le fit mettre en prison, parce qu'il était en colère contre lui. Et dans le même temps Asa opprima aussi quelques-uns du peuple.

¹¹Les actions d'Asa, les premières et les dernières, sont écrites dans le livre des rois de Juda et d'Israël.

¹²La trente-neuvième année de son règne, Asa eut les pieds malades au point d'éprouver de grandes souffrances; même pendant sa maladie, il ne chercha pas l'Éternel, mais il consulta les médecins.

¹³Asa se coucha avec ses pères, et il mourut la quarante et unième année de son règne;

¹⁴on l'enterra dans le sépulcre qu'il s'était creusé dans la ville de David. On le coucha sur un lit qu'on avait garni d'aromates et de parfums préparés selon l'art du parfumeur, et l'on en brûla en son honneur une quantité très considérable.

Chapitre 17

¹Josaphat, son fils, régna à sa place.

²Il se fortifia contre Israël: il mit des troupes dans toutes les villes fortes de Juda, et des garnisons dans le pays de Juda et dans les villes d'Éphraïm dont Asa, son père, s'était emparé.

³L'Éternel fut avec Josaphat, parce qu'il marcha dans les premières voies de David, son père, et qu'il ne rechercha point les Baals;

⁴car il eut recours au Dieu de son père, et il suivit ses commandements, sans imiter ce que faisait Israël.

⁵L'Éternel affermit la royauté entre les mains de Josaphat, à qui tout Juda apportait des présents, et qui eut en abondance des richesses et de la gloire.

⁶Son coeur grandit dans les voies de l'Éternel, et il fit encore disparaître de Juda les hauts lieux et les idoles.

⁷La troisième année de son règne, il chargea ses chefs Ben Haïl, Abdias, Zacharie, Nethaneel et Michée, d'aller enseigner dans les villes de Juda.

⁸Il envoya avec eux les Lévites Schemaeja, Nethania, Zebadia, Asaël, Schemiramoth, Jonathan, Adonija, Tobija et Tob Adonija, Lévites, et les sacrificateurs Élischama et Joram.

⁹Ils enseignèrent dans Juda, ayant avec eux le livre de la loi de l'Éternel. Ils parcoururent toutes les villes de Juda, et ils enseignèrent parmi le peuple.

¹⁰La terreur de l'Éternel s'empara de tous les royaumes des pays qui environnaient Juda, et ils ne firent point la guerre à Josaphat.

¹¹Des Philistins apportèrent à Josaphat des présents et un tribut en argent; et les Arabes lui amenèrent aussi du bétail, sept mille sept cents béliers et sept mille sept cents boucs.

¹²Josaphat s'élevait au plus haut degré de grandeur. Il bâtit en Juda des châteaux et des villes pour servir de magasins.

¹³Il fit exécuter beaucoup de travaux dans les villes de Juda, et il avait à Jérusalem de vaillants hommes pour soldats.

¹⁴Voici leur dénombrement, selon les maisons de leurs pères. De Juda, chefs de milliers: Adna, le chef, avec trois cent mille vaillants hommes;

¹⁵et à ses côtés, Jochanan, le chef, avec deux cent quatre-vingt mille hommes;

¹⁶et à ses côtés, Amasia, fils de Zicri, qui s'était volontairement consacré à l'Éternel, avec deux cent mille vaillants hommes.

¹⁷De Benjamin: Éliada, vaillant homme, avec deux cent mille hommes armés de l'arc et du bouclier,

¹⁸et à ses côtés, Zozabad, avec cent quatre-vingt mille hommes armés pour la guerre.

¹⁹Tels sont ceux qui étaient au service du roi, outre ceux que le roi avait placés dans toutes les villes fortes de Juda.

Chapitre 18

¹Josaphat eut en abondance des richesses et de la gloire, et il s'allia par mariage avec Achab.

²Au bout de quelques années, il descendit auprès d'Achab à Samarie; et Achab tua pour lui et pour le peuple qui était avec lui un grand nombre de brebis et de boeufs, et il le sollicita de monter à Ramoth en Galaad.

³Achab, roi d'Israël, dit à Josaphat, roi de Juda: Veux-tu venir avec moi à Ramoth en Galaad? Josaphat lui répondit: Moi comme toi, et mon peuple comme ton peuple, nous irons l'attaquer avec toi.

⁴Puis Josaphat dit au roi d'Israël: Consulte maintenant, je te prie, la parole de l'Éternel.

⁵Le roi d'Israël assembla les prophètes, au nombre de quatre cents, et leur dit: Irons-nous attaquer Ramoth en Galaad, ou dois-je y renoncer? Et ils répondirent: Monte, et Dieu la livrera entre les mains du roi.

⁶Mais Josaphat dit: N'y a-t-il plus ici aucun prophète de l'Éternel, par qui nous puissions le consulter?

⁷Le roi d'Israël répondit à Josaphat: Il y a encore un homme par qui l'on pourrait consulter l'Éternel; mais je le hais, car il ne me prophétise rien de bon, il ne prophétise jamais que du mal: c'est Michée, fils de Jimla. Et Josaphat dit: Que le roi ne parle pas ainsi!

⁸Alors le roi d'Israël appela un eunuque, et dit: Fais venir tout de suite Michée, fils de Jimla.

⁹Le roi d'Israël et Josaphat, roi de Juda, étaient assis chacun sur son trône, revêtus de leurs habits royaux; ils étaient assis dans la place à l'entrée de la porte de Samarie. Et tous les prophètes prophétisaient devant eux.

¹⁰Sédécias, fils de Kenaana, s'était fait des cornes de fer, et il dit: Ainsi parle l'Éternel: Avec ces cornes, tu frapperas les Syriens jusqu'à les détruire.

¹¹Et tous les prophètes prophétisèrent de même, en disant: Monte à Ramoth en Galaad! tu auras du succès, et l'Éternel la livrera entre les mains du roi.

¹²Le messager qui était allé appeler Michée lui parla ainsi: Voici, les prophètes d'un commun accord prophétisent du bien au roi; que ta parole soit donc comme la parole de chacun d'eux! annonce du bien!

¹³Michée répondit: L'Éternel est vivant! j'annoncerai ce que dira mon Dieu.

¹⁴Lorsqu'il fut arrivé auprès du roi, le roi lui dit: Michée, irons-nous attaquer Ramoth en Galaad, ou dois-je y renoncer? Il répondit: Montez! vous aurez du succès, et ils seront livrés entre vos mains.

¹⁵Et le roi lui dit: Combien de fois me faudra-t-il te faire jurer de ne me dire que la vérité au nom de l'Éternel?

¹⁶Michée répondit: Je vois tout Israël dispersé sur les montagnes, comme des brebis qui n'ont point de berger; et l'Éternel dit: Ces gens n'ont point de maître, que chacun retourne en paix dans sa maison!

¹⁷Le roi d'Israël dit à Josaphat: Ne te l'ai-je pas dit? Il ne prophétise sur moi rien de bon, il ne prophétise que du mal.

¹⁸Et Michée dit: Écoutez donc la parole de l'Éternel! J'ai vu l'Éternel assis sur son trône, et toute l'armée des cieux se tenant à sa droite et à sa gauche.

¹⁹Et l'Éternel dit: Qui séduira Achab, roi d'Israël, pour qu'il monte à Ramoth en Galaad et qu'il y périsse? Ils répondirent l'un d'une manière, l'autre d'une autre.

²⁰Et un esprit vint se présenter devant l'Éternel, et dit: Moi, je le séduirai.

²¹L'Éternel lui dit: Comment? Je sortirai, répondit-il, et je serai un esprit de mensonge dans la bouche de tous ses prophètes. L'Éternel dit: Tu le séduiras, et tu en viendras à bout; sors, et fais ainsi.

²²Et maintenant, voici, l'Éternel a mis un esprit de mensonge dans la bouche de tes prophètes qui sont là. Et l'Éternel a prononcé du mal contre toi.

²³Alors Sédécias, fils de Kenaana, s'étant approché, frappa Michée sur la joue, et dit: Par quel chemin l'esprit de l'Éternel est-il sorti de moi pour te parler?

²⁴Michée répondit: Tu le verras au jour où tu iras de chambre en chambre pour te cacher.

²⁵Le roi d'Israël dit: Prenez Michée et emmenez-le vers Amon, chef de la ville, et vers Joas, fils du roi.

²⁶Vous direz: Ainsi parle le roi: Mettez cet homme en prison, et nourrissez-le de pain et de l'eau d'affliction, jusqu'à ce que je revienne en paix.

²⁷Et Michée dit: Si tu reviens en paix, l'Éternel n'a point parlé par moi. Il dit encore: Vous tous, peuples, entendez!

²⁸Le roi d'Israël et Josaphat, roi de Juda, montèrent à Ramoth en Galaad.

²⁹Le roi d'Israël dit à Josaphat: Je veux me déguiser pour aller au combat; mais toi, revêts-toi de tes habits. Et le roi d'Israël se déguisa, et ils allèrent au combat.

³⁰Le roi de Syrie avait donné cet ordre aux chefs de ses chars: Vous n'attaquerez ni petit ni grand, mais vous attaquerez seulement le roi d'Israël.

³¹Quand les chefs des chars aperçurent Josaphat, ils dirent: C'est le roi d'Israël. Et ils l'entourèrent pour l'attaquer. Josaphat poussa un cri, et l'Éternel le secourut, et Dieu les écarta de lui.

³²Les chefs des chars, voyant que ce n'était pas le roi d'Israël, s'éloignèrent de lui.

³³Alors un homme tira de son arc au hasard, et frappa le roi d'Israël au défaut de la cuirasse. Le roi dit à celui qui dirigeait son char: Tourne, et fais-moi sortir du champ de bataille, car je suis blessé.

³⁴Le combat devint acharné ce jour-là. Le roi d'Israël fut retenu dans son char, en face des Syriens, jusqu'au soir, et il mourut vers le coucher du soleil.

Chapitre 19

¹Josaphat, roi de Juda, revint en paix dans sa maison à Jérusalem.

²Jéhu, fils de Hanani, le prophète, alla au-devant de lui. Et il dit au roi Josaphat: Doit-on secourir le méchant, et aimes-tu ceux qui haïssent l'Éternel? A cause de cela, l'Éternel est irrité contre toi.

³Mais il s'est trouvé de bonnes choses en toi, car tu as fait disparaître du pays les idoles, et tu as appliqué ton coeur à chercher Dieu.

⁴Josaphat resta à Jérusalem. Puis il fit encore une tournée parmi le peuple, depuis Beer Schéba jusqu'à la montagne d'Éphraïm, et il les ramena à l'Éternel, le Dieu de leurs pères.

⁵Il établit des juges dans toutes les villes fortes du pays de Juda, dans chaque ville.

⁶Et il dit aux juges: Prenez garde à ce que vous ferez, car ce n'est pas pour les hommes que vous prononcerez des jugements; c'est pour l'Éternel, qui sera près de vous quand vous les prononcerez.

⁷Maintenant, que la crainte de l'Éternel soit sur vous; veillez sur vos actes, car il n'y a chez l'Éternel, notre Dieu, ni iniquité, ni égards pour l'apparence des personnes, ni acceptation de présents.

⁸Quand on fut de retour à Jérusalem, Josaphat y établit aussi, pour les jugements de l'Éternel et pour les contestations, des Lévites, des sacrificateurs et des chefs de maisons paternelles d'Israël.

⁹Et voici les ordres qu'il leur donna: Vous agirez de la manière suivante dans la crainte de l'Éternel, avec fidélité et avec intégrité de coeur.

¹⁰Dans toute contestation qui vous sera soumise par vos frères, établis dans leurs villes, relativement à un meurtre, à une loi, à un commandement, à des préceptes et à des ordonnances, vous les éclairerez, afin qu'ils ne se rendent pas coupables envers l'Éternel, et que sa colère n'éclate pas sur vous et sur vos frères. C'est ainsi que vous agirez, et vous ne serez point coupables.

¹¹Et voici, vous avez à votre tête Amaria, le souverain sacrificateur, pour toutes les affaires de l'Éternel, et Zebadia, fils d'Ismaël, chef de la maison de Juda, pour toutes les affaires du roi, et vous avez devant vous des Lévites comme magistrats. Fortifiez-vous et agissez, et que l'Éternel soit avec celui qui fera le bien!

Chapitre 20

¹Après cela, les fils de Moab et les fils d'Ammon, et avec eux des Maonites, marchèrent contre Josaphat pour lui faire la guerre.

²On vint en informer Josaphat, en disant: Une multitude nombreuse s'avance contre toi depuis l'autre côté de la mer, depuis la Syrie, et ils sont à Hatsatson Thamar, qui est En Guédi.

³Dans sa frayeur, Josaphat se disposa à chercher l'Éternel, et il publia un jeûne pour tout Juda.

⁴Juda s'assembla pour invoquer l'Éternel, et l'on vint de toutes les villes de Juda pour chercher l'Éternel.

⁵Josaphat se présenta au milieu de l'assemblée de Juda et de Jérusalem, dans la maison de l'Éternel, devant le nouveau parvis.

⁶Et il dit: Éternel, Dieu de nos pères, n'es-tu pas Dieu dans les cieux, et n'est-ce pas toi qui domines sur tous les royaumes des nations? N'est-ce pas toi qui as en main la force et la puissance, et à qui nul ne peut résister?

⁷N'est-ce pas toi, ô notre Dieu, qui as chassé les habitants de ce pays devant ton peuple d'Israël, et qui l'as donné pour toujours à la postérité d'Abraham qui t'aimait?

⁸Ils l'ont habité, et ils t'y ont bâti un sanctuaire pour ton nom, en disant:

⁹S'il nous survient quelque calamité, l'épée, le jugement, la peste ou la famine, nous nous présenterons devant cette maison et devant toi, car ton nom est dans cette maison, nous crierons à toi du sein de notre détresse, et tu exauceras et tu sauveras!

¹⁰Maintenant voici, les fils d'Ammon et de Moab et ceux de la montagne de Séir, chez lesquels tu n'as pas permis à Israël d'entrer quand il venait du pays d'Égypte, -car il s'est détourné d'eux et ne les a pas détruits, -

¹¹les voici qui nous récompensent en venant nous chasser de ton héritage, dont tu nous as mis en possession.

¹²O notre Dieu, n'exerceras-tu pas tes jugements sur eux? Car nous sommes sans force devant cette multitude nombreuse qui s'avance contre nous, et nous ne savons que faire, mais nos yeux sont sur toi.

¹³Tout Juda se tenait debout devant l'Éternel, avec leurs petits enfants, leurs femmes et leurs fils.

¹⁴Alors l'esprit de l'Éternel saisit au milieu de l'assemblée Jachaziel, fils de Zacharie, fils de Benaja, fils de Jeïel, fils de Matthania, Lévite, d'entre les fils d'Asaph.

¹⁵Et Jachaziel dit: Soyez attentifs, tout Juda et habitants de Jérusalem, et toi, roi Josaphat! Ainsi vous parle l'Éternel: Ne craignez point et ne vous effrayez point devant cette multitude nombreuse, car ce ne sera pas vous qui combattrez, ce sera Dieu.

¹⁶Demain, descendez contre eux; ils vont monter par la colline de Tsits, et vous les trouverez à l'extrémité de la vallée, en face du désert de Jeruel.

¹⁷Vous n'aurez point à combattre en cette affaire: présentez-vous, tenez-vous là, et vous verrez la délivrance que l'Éternel vous accordera. Juda et Jérusalem, ne craignez point et ne vous effrayez point, demain, sortez à leur rencontre, et l'Éternel sera avec vous!

¹⁸Josaphat s'inclina le visage contre terre, et tout Juda et les habitants de Jérusalem tombèrent devant l'Éternel pour se prosterner en sa présence.

¹⁹Les Lévites d'entre les fils des Kehathites et d'entre les fils des Koréites se levèrent pour célébrer d'une voix forte et haute l'Éternel, le Dieu d'Israël.

²⁰Le lendemain, ils se mirent en marche de grand matin pour le désert de Tekoa. A leur départ, Josaphat se présenta et dit: Écoutez-moi, Juda et habitants de Jérusalem! Confiez-vous en l'Éternel, votre Dieu, et vous serez affermis; confiez-vous en ses prophètes, et vous réussirez.

²¹Puis, d'accord avec le peuple, il nomma des chantres qui, revêtus d'ornements sacrés, et marchant devant l'armée, célébraient l'Éternel et disaient: Louez l'Éternel, car sa miséricorde dure à toujours!

²²Au moment où l'on commençait les chants et les louanges, l'Éternel plaça une embuscade contre les fils d'Ammon et de Moab et ceux de la montagne de Séir, qui étaient venus contre Juda. Et ils furent battus.

²³Les fils d'Ammon et de Moab se jetèrent sur les habitants de la montagne de Séir pour les dévouer par interdit et les exterminer; et quand ils en eurent fini avec les habitants de Séir, ils s'aidèrent les uns les autres à se détruire.

²⁴Lorsque Juda fut arrivé sur la hauteur d'où l'on aperçoit le désert, ils regardèrent du côté de la multitude, et voici, c'étaient des cadavres étendus à terre, et personne n'avait échappé.

²⁵Josaphat et son peuple allèrent prendre leurs dépouilles; ils trouvèrent parmi les cadavres d'abondantes richesses et des objets précieux, et ils en enlevèrent tant qu'ils ne purent tout emporter. Ils mirent trois jours au pillage du butin, car il était considérable.

²⁶Le quatrième jour, ils s'assemblèrent dans la vallée de Beraca, où ils bénirent l'Éternel; c'est pourquoi ils appelèrent ce lieu vallée de Beraca, nom qui lui est resté jusqu'à ce jour.

²⁷Tous les hommes de Juda et de Jérusalem, ayant à leur tête Josaphat, partirent joyeux pour retourner à Jérusalem, car l'Éternel les avait remplis de joie en les délivrant de leurs ennemis.

²⁸Ils entrèrent à Jérusalem et dans la maison de l'Éternel, au son des luths, des harpes et des trompettes.

²⁹La terreur de l'Éternel s'empara de tous les royaumes des autres pays, lorsqu'ils apprirent que l'Éternel avait combattu contre les ennemis d'Israël.

³⁰Et le royaume de Josaphat fut tranquille, et son Dieu lui donna du repos de tous côtés.

³¹Josaphat régna sur Juda. Il avait trente-cinq ans lorsqu'il devint roi, et il régna vingt-cinq ans à Jérusalem. Sa mère s'appelait Azuba, fille de Schilchi.

³²Il marcha dans la voie de son père Asa, et ne s'en détourna point, faisant ce qui est droit aux yeux de l'Éternel.

³³Seulement, les hauts lieux ne disparurent point, et le peuple n'avait point encore le coeur fermement attaché au Dieu de ses pères.

³⁴Le reste des actions de Josaphat, les premières et les dernières, cela est écrit dans les mémoires de Jéhu, fils de Hanani, lesquels sont insérés dans le livre des rois d'Israël.

³⁵Après cela, Josaphat, roi de Juda, s'associa avec le roi d'Israël, Achazia, dont la conduite était impie.

³⁶Il s'associa avec lui pour construire des navires destinés à aller à Tarsis, et ils firent les navires à Etsjon Guéber.

³⁷Alors Éliézer, fils de Dodava, de Maréscha, prophétisa contre Josaphat, et dit: Parce que tu t'es associé avec Achazia, l'Éternel détruit ton oeuvre. Et les navires furent brisés, et ne purent aller à Tarsis.

2 Chroniques

Chapitre 21

¹Josaphat se coucha avec ses pères, et il fut enterré avec ses pères dans la ville de David. Et Joram, son fils, régna à sa place.

²Joram avait des frères, fils de Josaphat: Azaria, Jehiel, Zacharie, Azaria, Micaël et Schephathia, tous fils de Josaphat, roi d'Israël.

³Leur père leur avait donné des présents considérables en argent, en or, et en objets précieux, avec des villes fortes en Juda; mais il laissa le royaume à Joram, parce qu'il était le premier-né.

⁴Lorsque Joram eut pris possession du royaume de son père et qu'il se fut fortifié, il fit mourir par l'épée tous ses frères et quelques-uns aussi des chefs d'Israël.

⁵Joram avait trente-deux ans lorsqu'il devint roi, et il régna huit ans à Jérusalem.

⁶Il marcha dans la voie des rois d'Israël, comme avait fait la maison d'Achab, car il avait pour femme une fille d'Achab, et il fit ce qui est mal aux yeux de l'Éternel.

⁷Mais l'Éternel ne voulut point détruire la maison de David, à cause de l'alliance qu'il avait traitée avec David et de la promesse qu'il avait faite de lui donner toujours une lampe, à lui et à ses fils.

⁸De son temps, Édom se révolta contre l'autorité de Juda, et se donna un roi.

⁹Joram partit avec ses chefs et tous ses chars; s'étant levé de nuit, il battit les Édomites qui l'entouraient et les chefs des chars.

¹⁰La rébellion d'Édom contre l'autorité de Juda a duré jusqu'à ce jour. Libna se révolta dans le même temps contre son autorité, parce qu'il avait abandonné l'Éternel, le Dieu de ses pères.

¹¹Joram fit même des hauts lieux dans les montagnes de Juda; il poussa les habitants de Jérusalem à la prostitution, et il séduisit Juda.

¹²Il lui vint un écrit du prophète Élie, disant: Ainsi parle l'Éternel, le Dieu de David, ton père: Parce que tu n'as pas marché dans les voies de Josaphat, ton père, et dans les voies d'Asa, roi de Juda,

¹³mais que tu as marché dans la voie des rois d'Israël; parce que tu as entraîné à la prostitution Juda et les habitants de Jérusalem, comme l'a fait la maison d'Achab à l'égard d'Israël; et parce que tu as fait mourir tes frères, meilleurs que toi, la maison même de ton père; -

¹⁴voici, l'Éternel frappera ton peuple d'une grande plaie, tes fils, tes femmes, et tout ce qui t'appartient;

¹⁵et toi, il te frappera d'une maladie violente, d'une maladie d'entrailles, qui augmentera de jour en jour jusqu'à ce que tes entrailles sortent par la force du mal.

¹⁶Et l'Éternel excita contre Joram l'esprit des Philistins et des Arabes qui sont dans le voisinage des Éthiopiens.

¹⁷Ils montèrent contre Juda, y firent une invasion, pillèrent toutes les richesses qui se trouvaient dans la maison du roi, et emmenèrent ses fils et ses femmes, de sorte qu'il ne lui resta d'autre fils que Joachaz, le plus jeune de ses fils.

¹⁸Après tout cela, l'Éternel le frappa d'une maladie d'entrailles qui était sans remède;

¹⁹elle augmenta de jour en jour, et sur la fin de la seconde année les entrailles de Joram sortirent par la force de son mal. Il mourut dans de violentes souffrances; et son peuple ne brûla point de parfums en son honneur, comme il l'avait fait pour ses pères.

²⁰Il avait trente-deux ans lorsqu'il devint roi, et il régna huit ans à Jérusalem. Il s'en alla sans être regretté, et on l'enterra dans la ville de David, mais non dans les sépulcres des rois.

Chapitre 22

¹Les habitants de Jérusalem firent régner à sa place Achazia, son plus jeune fils; car la troupe venue au camp avec les Arabes avait tué tous les plus âgés. Ainsi régna Achazia, fils de Joram, roi de Juda.

²Achazia avait quarante-deux ans lorsqu'il devint roi, et il régna un an à Jérusalem. Sa mère s'appelait Athalie, fille d'Omri.

³Il marcha dans les voies de la maison d'Achab, car sa mère lui donnait des conseils impies.

⁴Il fit ce qui est mal aux yeux de l'Éternel, comme la maison d'Achab, où il eut après la mort de son père des conseillers pour sa perte.

⁵Entraîné par leur conseil, il alla avec Joram, fils d'Achab, roi d'Israël, à la guerre contre Hazaël, roi de Syrie, à Ramoth en Galaad. Et les Syriens blessèrent Joram.

⁶Joram s'en retourna pour se faire guérir à Jizreel des blessures que les Syriens lui avaient faites à Rama, lorsqu'il se battait contre Hazaël, roi de Syrie. Azaria, fils de Joram, roi de Juda, descendit pour voir Joram, fils d'Achab, à Jizreel, parce qu'il était malade.

⁷Par la volonté de Dieu, ce fut pour sa ruine qu'Achazia se rendit auprès de Joram. Lorsqu'il fut arrivé, il sortit avec Joram pour aller au-devant de Jéhu, fils de Nimschi, que l'Éternel avait oint pour exterminer la maison d'Achab.

⁸Et comme Jéhu faisait justice de la maison d'Achab, il trouva les chefs de Juda et les fils des frères d'Achazia, qui étaient au service d'Achazia, et il les tua.

⁹Il chercha Achazia, et on le saisit dans Samarie, où il s'était caché. On l'amena auprès de Jéhu, et on le fit mourir. Puis ils l'enterrèrent, car ils disaient: C'est le fils de Josaphat, qui cherchait l'Éternel de tout son coeur. Et il ne resta personne de la maison d'Achazia qui fût en état de régner.

¹⁰Athalie, mère d'Achazia, voyant que son fils était mort, se leva et fit périr toute la race royale de la maison de Juda.

¹¹Mais Joschabeath, fille du roi, prit Joas, fils d'Achazia, et l'enleva du milieu des fils du roi, quand on les fit mourir: elle le mit avec sa nourrice dans la chambre des lits. Ainsi Joschabeath, fille du roi Joram, femme du sacrificateur Jehojada, et soeur d'Achazia, le déroba aux regards d'Athalie, qui ne le fit point mourir.

¹²Il resta six ans caché avec eux dans la maison de Dieu. Et c'était Athalie qui régnait dans le pays.

Chapitre 23

¹La septième année, Jehojada s'anima de courage, et traita alliance avec les chefs de centaines, Azaria, fils de Jerocham, Ismaël, fils de Jochanan, Azaria, fils d'Obed, Maaséja, fils d'Adaja, et Élischaphath, fils de Zicri.

²Ils parcoururent Juda, et ils rassemblèrent les Lévites de toutes les villes de Juda et les chefs de famille d'Israël; et ils vinrent à Jérusalem.

³Toute l'assemblée traita alliance avec le roi dans la maison de Dieu. Et Jehojada leur dit: Voici, le fils du roi régnera, comme l'Éternel l'a déclaré à l'égard des fils de David.

⁴Voici ce que vous ferez. Le tiers qui parmi vous entre en service le jour du sabbat, sacrificateurs et Lévites, fera la garde des seuils,

⁵un autre tiers se tiendra dans la maison du roi, et un tiers à la porte de Jesod. Tout le peuple sera dans les parvis de la maison de l'Éternel.

⁶Que personne n'entre dans la maison de l'Éternel, excepté les sacrificateurs et les Lévites de service: ils entreront, car ils sont saints. Et tout le peuple fera la garde de l'Éternel.

⁷Les Lévites entoureront le roi de toutes parts, chacun les armes à la main, et l'on donnera la mort à quiconque entrera dans la maison: vous serez près du roi quand il entrera et quand il sortira.

⁸Les Lévites et tout Juda exécutèrent tous les ordres qu'avait donnés le sacrificateur Jehojada. Ils prirent chacun leurs gens, ceux qui entraient en service et ceux qui sortaient de service le jour du sabbat; car le sacrificateur Jehojada n'avait exempté aucune des divisions.

⁹Le sacrificateur Jehojada remit aux chefs de centaines les lances et les boucliers, grands et petits, qui provenaient du roi David, et qui se trouvaient dans la maison de Dieu.

¹⁰Il fit entourer le roi en plaçant tout le peuple, chacun les armes à la main, depuis le côté droit jusqu'au côté gauche de la maison, près de l'autel et près de la maison.

¹¹On fit avancer le fils du roi, on mit sur lui le diadème et le témoignage, et on l'établit roi. Et Jehojada et ses fils l'oignirent, et ils dirent: Vive le roi!

¹²Athalie entendit le bruit du peuple accourant et célébrant le roi, et elle vint vers le peuple à la maison de l'Éternel.

¹³Elle regarda. Et voici, le roi se tenait sur son estrade à l'entrée; les chefs et les trompettes étaient près du roi; tout le peuple du pays était dans la joie, et l'on sonnait des trompettes, et les chantres avec les instruments de musique dirigeaient les chants de louanges. Athalie déchira ses vêtements, et dit: Conspiration! conspiration!

¹⁴Alors le sacrificateur Jehojada, faisant approcher les chefs de centaines qui étaient à la tête de l'armée, leur dit: Faites-la sortir en dehors des rangs, et que l'on tue par l'épée quiconque la suivra. Car le sacrificateur avait dit: Ne la mettez pas à mort dans la maison de l'Éternel.

¹⁵On lui fit place, et elle se rendit à la maison du roi par l'entrée de la porte des chevaux: c'est là qu'ils lui donnèrent la mort.

¹⁶Jehojada traita entre lui, tout le peuple et le roi, une alliance par laquelle ils devaient être le peuple de l'Éternel.

¹⁷Tout le peuple entra dans la maison de Baal, et ils la démolirent; ils brisèrent ses autels et ses images, et ils tuèrent devant les autels Matthan, prêtre de Baal.

¹⁸Jehojada remit les fonctions de la maison de l'Éternel entre les mains des sacrificateurs, des Lévites, que David avait distribués dans la maison de l'Éternel pour qu'ils offrissent des holocaustes à l'Éternel, comme il est écrit dans la loi de Moïse, au milieu des réjouissances et des chants, d'après les ordonnances de David.

¹⁹Il plaça les portiers aux portes de la maison de l'Éternel, afin qu'il n'entrât aucune personne souillée de quelque manière que ce fût.

²⁰Il prit les chefs de centaines, les hommes considérés, ceux qui avaient autorité parmi le peuple, et tout le peuple du pays, et il fit descendre le roi de la maison de l'Éternel. Ils entrèrent dans la maison du roi par la porte supérieure, et ils firent asseoir le roi sur le trône royal.

²¹Tout le peuple du pays se réjouissait, et la ville était tranquille. On avait fait mourir Athalie par l'épée.

Chapitre 24

¹Joas avait sept ans lorsqu'il devint roi, et il régna quarante ans à Jérusalem. Sa mère s'appelait Tsibja, de Beer Schéba.

²Joas fit ce qui est droit aux yeux de l'Éternel pendant toute la vie du sacrificateur Jehojada.

³Jehojada prit pour Joas deux femmes, et Joas engendra des fils et des filles.

⁴Après cela, Joas eut la pensée de réparer la maison de l'Éternel.

⁵Il assembla les sacrificateurs et les Lévites, et leur dit: Allez par les villes de Juda, et vous recueillerez dans tout Israël de l'argent, chaque année, pour réparer la maison de votre Dieu; et mettez à cette affaire de l'empressement. Mais les Lévites ne se hâtèrent point.

⁶Le roi appela Jehojada, le souverain sacrificateur, et lui dit: Pourquoi n'as-tu pas veillé à ce que les Lévites apportassent de Juda et de Jérusalem l'impôt ordonné par Moïse, serviteur de l'Éternel, et mis sur l'assemblée d'Israël pour la tente du témoignage?

⁷Car l'impie Athalie et ses fils ont ravagé la maison de Dieu et fait servir pour les Baals toutes les choses consacrées à la maison de l'Éternel.

⁸Alors le roi ordonna qu'on fît un coffre, et qu'on le plaçât à la porte de la maison de l'Éternel, en dehors.

⁹Et l'on publia dans Juda et dans Jérusalem qu'on apportât à l'Éternel l'impôt mis par Moïse, serviteur de l'Éternel, sur Israël dans le désert.

¹⁰Tous les chefs et tout le peuple s'en réjouirent, et l'on apporta et jeta dans le coffre tout ce qu'on avait à payer.

¹¹Quand c'était le moment où les Lévites, voyant qu'il y avait beaucoup d'argent dans le coffre, devaient le livrer aux inspecteurs royaux, le secrétaire du roi et le commissaire du souverain sacrificateur venaient vider le coffre; ils le prenaient et le remettaient à sa place; ils faisaient ainsi journellement, et ils recueillirent de l'argent en abondance.

¹²Le roi et Jehojada le donnaient à ceux qui étaient chargés de faire exécuter l'ouvrage dans la maison de l'Éternel, et qui prenaient à gage des tailleurs de pierres et des charpentiers pour réparer la maison de l'Éternel, et aussi des ouvriers en fer ou en airain pour réparer la maison de l'Éternel.

¹³Ceux qui étaient chargés de l'ouvrage travaillèrent, et les réparations s'exécutèrent par leurs soins; ils remirent en état la maison de Dieu et la consolidèrent.

¹⁴Lorsqu'ils eurent achevé, ils apportèrent devant le roi et devant Jehojada le reste de l'argent; et l'on en fit des ustensiles pour la maison de l'Éternel, des ustensiles pour le service et pour les holocaustes, des coupes, et d'autres ustensiles d'or et d'argent. Et, pendant toute la vie de Jehojada, on offrit continuellement des holocaustes dans la maison de l'Éternel.

¹⁵Jehojada mourut, âgé et rassasié de jours; il avait à sa mort cent trente ans.

¹⁶On l'enterra dans la ville de David avec les rois, parce qu'il avait fait du bien en Israël, et à l'égard de Dieu et à l'égard de sa maison.

¹⁷Après la mort de Jehojada, les chefs de Juda vinrent se prosterner devant le roi. Alors le roi les écouta.

¹⁸Et ils abandonnèrent la maison de l'Éternel, le Dieu de leurs pères, et ils servirent les Astartés et les idoles. La colère de l'Éternel fut sur Juda et sur Jérusalem, parce qu'ils s'étaient ainsi rendus coupables.

¹⁹L'Éternel envoya parmi eux des prophètes pour les ramener à lui, mais ils n'écoutèrent point les avertissements qu'ils en reçurent.

²⁰Zacharie, fils du sacrificateur Jehojada, fut revêtu de l'esprit de Dieu; il se présenta devant le peuple et lui dit: Ainsi parle Dieu: Pourquoi transgressez-vous les commandements de l'Éternel? Vous ne prospérerez point; car vous avez abandonné l'Éternel, et il vous abandonnera.

²¹Et ils conspirèrent contre lui, et le lapidèrent par ordre du roi, dans le parvis de la maison de l'Éternel.

²²Le roi Joas ne se souvint pas de la bienveillance qu'avait eue pour lui Jehojada, père de Zacharie, et il fit périr son fils. Zacharie dit en mourant: Que l'Éternel voie, et qu'il fasse justice!

²³Quand l'année fut révolue, l'armée des Syriens monta contre Joas, et vint en Juda et à Jérusalem. Ils tuèrent parmi le peuple tous les chefs du peuple, et ils envoyèrent au roi de Damas tout leur butin.

²⁴L'armée des Syriens arriva avec un petit nombre d'hommes; et cependant l'Éternel livra entre leurs mains une armée très considérable, parce qu'ils avaient abandonné l'Éternel, le Dieu de leurs pères. Et les Syriens firent justice de Joas.

²⁵Lorsqu'ils se furent éloignés de lui, après l'avoir laissé dans de grandes souffrances, ses serviteurs conspirèrent contre lui à cause du sang des fils du sacrificateur Jehojada; ils le tuèrent sur son lit, et il mourut. On l'enterra dans la ville de David, mais on ne l'enterra pas dans les sépulcres des rois.

²⁶Voici ceux qui conspirèrent contre lui: Zabad, fils de Schimeath, femme Ammonite, et Jozabad, fils de Schimrith, femme Moabite.

²⁷Pour ce qui concerne ses fils, le grand nombre de prophéties dont il fut l'objet, et les réparations faites à la maison de Dieu, cela est écrit dans les mémoires sur le livre des rois. Amatsia, son fils, régna à sa place.

Chapitre 25

¹Amatsia devint roi à l'âge de vingt-cinq ans, et il régna vingt-neuf ans à Jérusalem. Sa mère s'appelait Joaddan, de Jérusalem.

²Il fit ce qui est droit aux yeux de l'Éternel, mais avec un coeur qui n'était pas entièrement dévoué.

³Lorsque la royauté fut affermie entre ses mains, il fit périr ses serviteurs qui avaient tué le roi son père.

⁴Mais il ne fit pas mourir leurs fils, car il agit selon ce qui est écrit dans la loi, dans le livre de Moïse, où l'Éternel donne ce commandement: On ne fera point mourir les pères pour les enfants, et l'on ne fera point mourir les enfants pour les pères; mais on fera mourir chacun pour son péché.

⁵Amatsia rassembla les hommes de Juda et les plaça d'après les maisons paternelles, les chefs de milliers et les chef de centaines, pour tout Juda et Benjamin; il en fit le dénombrement depuis l'âge de vingt ans et au-dessus, et il trouva trois cent mille hommes d'élite, en état de porter les armes, maniant la lance et le bouclier.

⁶Il prit encore à sa solde dans Israël cent mille vaillants hommes pour cent talents d'argent.

⁷Un homme de Dieu vint auprès de lui, et dit: O roi, qu'une armée d'Israël ne marche point avec toi, car l'Éternel n'est pas avec Israël, avec tous ces fils d'Éphraïm.

⁸Si tu vas avec eux, quand même tu ferais au combat des actes de vaillance, Dieu te fera tomber devant l'ennemi, car Dieu a le pouvoir d'aider et de faire tomber.

⁹Amatsia dit à l'homme de Dieu: Et comment agir à l'égard des cents talents que j'ai donnés à la troupe d'Israël? L'homme de Dieu répondit: L'Éternel peut te donner bien plus que cela.

¹⁰Alors Amatsia sépara la troupe qui lui était venue d'Éphraïm, afin que ces gens retournassent chez eux. Mais ils furent très irrités contre Juda, et ils s'en allèrent chez eux avec une ardente colère.

¹¹Amatsia prit courage, et conduisit son peuple. Il alla dans la vallée du sel, et il battit dix mille hommes des fils de Séir.

¹²Et les fils de Juda en saisirent dix mille vivants, qu'ils menèrent au sommet d'un rocher, d'où ils les précipitèrent; et tous furent écrasés.

¹³Cependant, les gens de la troupe qu'Amatsia avait renvoyés pour qu'ils n'allassent pas à la guerre avec lui firent une invasion dans les villes de Juda depuis Samarie jusqu'à Beth Horon, y tuèrent trois mille personnes, et enlevèrent de nombreuses dépouilles.

¹⁴Lorsqu'Amatsia fut de retour après la défaite des Édomites, il fit venir les dieux des fils de Séir, et se les établit pour dieux; il se prosterna devant eux, et leur offrit des parfums.

¹⁵Alors la colère de l'Éternel s'enflamma contre Amatsia, et il envoya vers lui un prophète, qui lui dit: Pourquoi as-tu recherché les dieux de ce peuple, quand ils n'ont pu délivrer leur peuple de ta main?

¹⁶Comme il lui parlait, Amatsia lui dit: Est-ce que nous t'avons fait conseiller du roi? Retire-toi! Pourquoi veux-tu qu'on te frappe? Le prophète se retira, en disant: Je sais que Dieu a résolu de te détruire, parce que tu as fait cela et que tu n'as pas écouté mon conseil.

¹⁷Après s'être consulté, Amatsia, roi de Juda, envoya dire à Joas, fils de Joachaz, fils de Jéhu, roi d'Israël: Viens, voyons-nous en face!

¹⁸Et Joas, roi d'Israël, fit dire à Amatsia, roi de Juda: L'épine du Liban envoya dire au cèdre du Liban: Donne ta fille pour femme à mon fils! Et les bêtes sauvages qui sont au Liban passèrent et foulèrent l'épine.

¹⁹Tu as battu les Édomites, penses-tu, et ton coeur s'élève pour te glorifier. Reste maintenant chez toi. Pourquoi t'engager dans une malheureuse entreprise, qui amènerait ta ruine et celle de Juda?

²⁰Mais Amatsia ne l'écouta pas, car Dieu avait résolu de les livrer entre les mains de l'ennemi, parce qu'ils avaient recherché les dieux d'Édom.

²¹Et Joas, roi d'Israël, monta; et ils se virent en face, lui et Amatsia, roi de Juda, à Beth Schémesch, qui est à Juda.

²²Juda fut battu par Israël, et chacun s'enfuit dans sa tente.

²³Joas, roi d'Israël, prit à Beth Schémesch Amatsia, roi de Juda, fils de Joas, fils de Joachaz. Il l'emmena à Jérusalem, et il fit une brèche de quatre cents coudées dans la muraille de Jérusalem, depuis la porte d'Éphraïm jusqu'à la porte de l'angle.

²⁴Il prit tout l'or et l'argent et tous les vases qui se trouvaient dans la maison de Dieu, chez Obed Édom, et les trésors de la maison du roi; il prit aussi des otages, et il retourna à Samarie.

²⁵Amatsia, fils de Joas, roi de Juda, vécut quinze ans après la mort de Joas, fils de Joachaz, roi d'Israël.

²⁶Le reste des actions d'Amatsia, les premières et les dernières, cela n'est-il pas écrit dans le livre des rois de Juda et d'Israël?

²⁷Depuis qu'Amatsia se fut détourné de l'Éternel, il se forma contre lui une conspiration à Jérusalem, et il s'enfuit à Lakis; mais on le poursuivit à Lakis, où on le fit mourir.

²⁸On le transporta sur des chevaux, et on l'enterra avec ses pères dans la ville de Juda.

Chapitre 26

¹Tout le peuple de Juda prit Ozias, âgé de seize ans, et l'établit roi à la place de son père Amatsia.

²Ozias rebâtit Éloth et la fit rentrer sous la puissance de Juda, après que le roi fut couché avec ses pères.

³Ozias avait seize ans lorsqu'il devint roi, et il régna cinquante-deux ans à Jérusalem. Sa mère s'appelait Jecolia, de Jérusalem.

⁴Il fit ce qui est droit aux yeux de l'Éternel, entièrement comme avait fait Amatsia, son père.

⁵Il s'appliqua à rechercher Dieu pendant la vie de Zacharie, qui avait l'intelligence des visions de Dieu; et dans le temps où il rechercha l'Éternel, Dieu le fit prospérer.

⁶Il se mit en guerre contre les Philistins; et il abattit les murs de Gath, les murs de Jabné, et les murs d'Asdod, et construisit des villes dans le territoire d'Asdod, et parmi les Philistins.

⁷Dieu l'aida contre les Philistins, contre les Arabes qui habitaient à Gur Baal, et contre les Maonites.

⁸Les Ammonites faisaient des présents à Ozias, et sa renommée s'étendit jusqu'aux frontières de l'Égypte, car il devint très puissant.

⁹Ozias bâtit des tours à Jérusalem sur la porte de l'angle, sur la porte de la vallée, et sur l'angle, et il les fortifia.

¹⁰Il bâtit des tours dans le désert, et il creusa beaucoup de citernes, parce qu'il avait de nombreux troupeaux dans les vallées et dans la plaine, et des laboureurs et des vignerons dans les montagnes et au Carmel, car il aimait l'agriculture.

¹¹Ozias avait une armée de soldats qui allaient à la guerre par bandes, comptées d'après le dénombrement qu'en firent le secrétaire Jeïel et le commissaire Maaséja, et placées sous les ordres de Hanania, l'un des chefs du roi.

¹²Le nombre total des chefs de maisons paternelles, des vaillants guerriers, était de deux mille six cents.

¹³Ils commandaient à une armée de trois cent sept mille cinq cents soldats capables de soutenir le roi contre l'ennemi.

¹⁴Ozias leur procura pour toute l'armée des boucliers, des lances, des casques, des cuirasses, des arcs et des frondes.

¹⁵Il fit faire à Jérusalem des machines inventées par un ingénieur, et destinées à être placées sur les tours et sur les angles, pour lancer des flèches et de grosses pierres. Sa renommée s'étendit au loin, car il fut merveilleusement soutenu jusqu'à ce qu'il devînt puissant.

¹⁶Mais lorsqu'il fut puissant, son coeur s'éleva pour le perdre. Il pécha contre l'Éternel, son Dieu: il entra dans le temple de l'Éternel pour brûler des parfums sur l'autel des parfums.

¹⁷Le sacrificateur Azaria entra après lui, avec quatre-vingts sacrificateurs de l'Éternel,

¹⁸hommes courageux, qui s'opposèrent au roi Ozias et lui dirent: Tu n'as pas le droit, Ozias, d'offrir des parfums à l'Éternel! Ce droit appartient aux sacrificateurs, fils d'Aaron, qui ont été consacrés pour les offrir. Sors du sanctuaire, car tu commets un péché! Et cela ne tournera pas à ton honneur devant l'Éternel Dieu.

¹⁹La colère s'empara d'Ozias, qui tenait un encensoir à la main. Et comme il s'irritait contre les sacrificateurs, la lèpre éclata sur son front, en présence des sacrificateurs, dans la maison de l'Éternel, près de l'autel des parfums.

²⁰Le souverain sacrificateur Azaria et tous les sacrificateurs portèrent les regards sur lui, et voici, il avait la lèpre au front. Ils le mirent précipitamment dehors, et lui-même se hâta de sortir, parce que l'Éternel l'avait frappé.

²¹Le roi Ozias fut lépreux jusqu'au jour de sa mort, et il demeura dans une maison écartée comme lépreux, car il fut exclu de la maison de l'Éternel. Et Jotham, son fils, était à la tête de la maison du roi et jugeait le peuple du pays.

²²Le reste des actions d'Ozias, les premières et les dernières, a été écrit par Ésaïe, fils d'Amots, le prophète.

²³Ozias se coucha avec ses pères, et on l'enterra avec ses pères dans le champ de la sépulture des rois, car on disait: Il est lépreux. Et Jotham, son fils, régna à sa place.

Chapitre 27

¹Jotham avait vingt-cinq ans lorsqu'il devint roi, et il régna seize ans à Jérusalem. Sa mère s'appelait Jeruscha, fille de Tsadok.

²Il fit ce qui est droit aux yeux de l'Éternel, entièrement comme avait fait Ozias, son père. Seulement, il n'entra point dans le temple de l'Éternel. Toutefois, le peuple se corrompait encore.

³Jotham bâtit la porte supérieure de la maison de l'Éternel, et il fit beaucoup de constructions sur les murs de la colline.

⁴Il bâtit des villes dans la montagne de Juda, et des châteaux et des tours dans les bois.

⁵Il fut en guerre avec le roi des fils d'Ammon, et il l'emporta sur eux. Les fils d'Ammon lui donnèrent cette année-là cent talents d'argent, dix mille cors de froment, et dix mille d'orge; et ils lui en payèrent autant la seconde année et la troisième.

⁶Jotham devint puissant, parce qu'il affermit ses voies devant l'Éternel, son Dieu.

⁷Le reste des actions de Jotham, toutes ses guerres, et tout ce qu'il a fait, cela est écrit dans le livre des rois d'Israël et de Juda.

⁸Il avait vingt-cinq ans lorsqu'il devint roi, et il régna seize ans à Jérusalem.

⁹Jotham se coucha avec ses pères, et on l'enterra dans la ville de David. Et Achaz, son fils, régna à sa place.

Chapitre 28

¹Achaz avait vingt ans lorsqu'il devint roi, et il régna seize ans à Jérusalem. Il ne fit point ce qui est droit aux yeux de l'Éternel, comme avait fait David, son père.

²Il marcha dans les voies des rois d'Israël; et même il fit des images en fonte pour les Baals,

³il brûla des parfums dans la vallée des fils de Hinnom, et il fit passer ses fils par le feu, suivant les abominations des nations que l'Éternel avait chassées devant les enfants d'Israël.

⁴Il offrait des sacrifices et des parfums sur les hauts lieux, sur les collines et sous tout arbre vert.

⁵L'Éternel, son Dieu, le livra entre les mains du roi de Syrie; et les Syriens le battirent et lui firent un grand nombre de prisonniers, qu'ils emmenèrent à Damas. Il fut aussi livré entre les mains du roi d'Israël, qui lui fit éprouver une grande défaite.

⁶Pékach, fils de Remalia, tua dans un seul jour en Juda cent vingt mille hommes, tous vaillants, parce qu'ils avaient abandonné l'Éternel, le Dieu de leurs pères.

⁷Zicri, guerrier d'Éphraïm, tua Maaséja, fils du roi, Azrikam, chef de la maison royale, et Elkana, le second après le roi.

⁸Les enfants d'Israël firent parmi leurs frères deux cent mille prisonniers, femmes, fils et filles, et ils leur prirent beaucoup de butin, qu'ils emmenèrent à Samarie.

⁹Il y avait là un prophète de l'Éternel, nommé Oded. Il alla au-devant de l'armée qui revenait à Samarie, et il leur dit: C'est dans sa colère contre Juda que l'Éternel, le Dieu de vos pères, les a livrés entre vos mains, et vous les avez tués avec une fureur qui est montée jusqu'aux cieux.

¹⁰Et vous pensez maintenant faire des enfants de Juda et de Jérusalem vos serviteurs et vos servantes! Mais vous, n'êtes-vous pas coupables envers l'Éternel, votre Dieu?

¹¹Écoutez-moi donc, et renvoyez ces captifs que vous avez faits parmi vos frères; car la colère ardente de l'Éternel est sur vous.

¹²Quelques-uns d'entre les chefs des fils d'Éphraïm, Azaria, fils de Jochanan, Bérékia, fils de Meschillémoth, Ézéchias, fils de Schallum, et Amasa, fils de Hadlaï, s'élevèrent contre ceux qui revenaient de l'armée,

¹³et leur dirent: Vous ne ferez point entrer ici des captifs; car, pour nous rendre coupables envers l'Éternel, vous voulez ajouter à nos péchés et à nos fautes. Nous sommes déjà bien coupables, et la colère ardente de l'Éternel est sur Israël.

¹⁴Les soldats abandonnèrent les captifs et le butin devant les chefs

et devant toute l'assemblée.

¹⁵Et les hommes dont les noms viennent d'être mentionnés se levèrent et prirent les captifs; ils employèrent le butin à vêtir tous ceux qui étaient nus, ils leur donnèrent des habits et des chaussures, ils les firent manger et boire, ils les oignirent, ils conduisirent sur des ânes tous ceux qui étaient fatigués, et ils les menèrent à Jéricho, la ville des palmiers, auprès de leurs frères. Puis ils retournèrent à Samarie.

¹⁶En ce temps-là, le roi Achaz envoya demander du secours aux rois d'Assyrie.

¹⁷Les Édomites vinrent encore, battirent Juda, et emmenèrent des captifs.

¹⁸Les Philistins firent une invasion dans les villes de la plaine et du midi de Juda; ils prirent Beth Schémesch, Ajalon, Guedéroth, Soco et les villes de son ressort, Thimna et les villes de son ressort Guimzo et les villes de son ressort, et ils s'y établirent.

¹⁹Car l'Éternel humilia Juda, à cause d'Achaz, roi d'Israël, qui avait jeté le désordre dans Juda et commis des péchés contre l'Éternel.

²⁰Tilgath Pilnéser, roi d'Assyrie, vint contre lui, le traita en ennemi, et ne le soutint pas.

²¹Car Achaz dépouilla la maison de l'Éternel, la maison du roi et celle des chefs, pour faire des présents au roi d'Assyrie; ce qui ne lui fut d'aucun secours.

²²Pendant qu'il était dans la détresse, il continuait à pécher contre l'Éternel, lui, le roi Achaz.

²³Il sacrifia aux dieux de Damas, qui l'avaient frappé, et il dit: Puisque les dieux des rois de Syrie leur viennent en aide, je leur sacrifierai pour qu'ils me secourent. Mais ils furent l'occasion de sa chute et de celle de tout Israël.

²⁴Achaz rassembla les ustensiles de la maison de Dieu, et il mit en pièces les ustensiles de la maison de Dieu. Il ferma les portes de la maison de l'Éternel, il se fit des autels à tous les coins de Jérusalem,

²⁵et il établit des hauts lieux dans chacune des villes de Juda pour offrir des parfums à d'autres dieux. Il irrita ainsi l'Éternel, le Dieu de ses pères.

²⁶Le reste de ses actions et toutes ses voies, les premières et les dernières, cela est écrit dans le livre des rois de Juda et d'Israël.

²⁷Achaz se coucha avec ses pères, et on l'enterra dans la ville de Jérusalem, car on ne le mit point dans les sépulcres des rois d'Israël. Et Ézéchias, son fils, régna à sa place.

Chapitre 29

¹Ézéchias devint roi à l'âge de vingt-cinq ans, et il régna vingt-neuf ans à Jérusalem. Sa mère s'appelait Abija, fille de Zacharie.

²Il fit ce qui est droit aux yeux de l'Éternel, entièrement comme avait fait David, son père.

³La première année de son règne, au premier mois, il ouvrit les portes de la maison de l'Éternel, et il les répara.

⁴Il fit venir les sacrificateurs et les Lévites, qu'il assembla dans la place orientale,

⁵et il leur dit: Écoutez-moi, Lévites! Maintenant sanctifiez-vous, sanctifiez la maison de l'Éternel, le Dieu de vos pères, et mettez ce qui est impur hors du sanctuaire.

⁶Car nos pères ont péché, ils ont fait ce qui est mal aux yeux de l'Éternel, notre Dieu, ils l'ont abandonné, ils ont détourné leurs regards du tabernacle de l'Éternel et lui ont tourné le dos.

⁷Ils ont même fermé les portes du portique et éteint les lampes, et ils n'ont offert au Dieu d'Israël ni parfums ni holocaustes dans le sanctuaire.

⁸Aussi la colère de l'Éternel a été sur Juda et sur Jérusalem, et il les a livrés au trouble, à la désolation et à la moquerie, comme vous le voyez de vos yeux.

⁹Et voici, à cause de cela nos pères sont tombés par l'épée, et nos fils, nos filles et nos femmes sont en captivité.

¹⁰J'ai donc l'intention de faire alliance avec l'Éternel, le Dieu d'Israël, pour que son ardente colère se détourne de nous.

¹¹Maintenant, mes fils, cessez d'être négligents; car vous avez été choisis par l'Éternel pour vous tenir à son service devant lui, pour être ses serviteurs, et pour lui offrir des parfums.

¹²Et les Lévites se levèrent: Machath, fils d'Amasaï, Joël, fils d'Azaria, des fils des Kehathites; et des fils des Merarites, Kis, fils d'Abdi, Azaria, fils de Jehalléleel; et des Guerschonites, Joach, fils de Zimma, Éden, fils de Joach;

¹³et des fils d'Élitsaphan, Schimri et Jeïel; et des fils d'Asaph, Zacharie et Matthania;

¹⁴et des fils d'Héman, Jehiel et Schimeï; et des fils de Jeduthun, Schemaeja et Uzziel.

¹⁵Ils réunirent leurs frères, et, après s'être sanctifiés, ils vinrent pour purifier la maison de l'Éternel, selon l'ordre du roi et d'après les paroles de l'Éternel.

¹⁶Les sacrificateurs entrèrent dans l'intérieur de la maison de l'Éternel pour la purifier; ils sortirent toutes les impuretés qu'ils trouvèrent dans le temple de l'Éternel et les mirent dans le parvis de la maison de l'Éternel, où les Lévites les reçurent pour les emporter dehors au torrent de Cédron.

¹⁷Ils commencèrent ces purifications le premier jour du premier mois; le huitième jour du mois, ils entrèrent dans le portique de l'Éternel, et ils mirent huit jours à purifier la maison de l'Éternel; le seizième jour du premier mois, ils avaient achevé.

¹⁸Ils se rendirent ensuite chez le roi Ézéchias, et dirent: Nous avons purifié toute la maison de l'Éternel, l'autel des holocaustes et tous ses ustensiles, et la table des pains de proposition et tous ses ustensiles.

¹⁹Nous avons remis en état et purifié tous les ustensiles que le roi Achaz avait profanés pendant son règne, lors de ses transgressions: ils sont devant l'autel de l'Éternel.

²⁰Le roi Ézéchias se leva de bon matin, assembla les chefs de la ville, et monta à la maison de l'Éternel.

²¹Ils offrirent sept taureaux, sept béliers, sept agneaux et sept boucs, en sacrifice d'expiation pour le royaume, pour le sanctuaire, et pour Juda. Le roi ordonna aux sacrificateurs, fils d'Aaron, de les offrir sur l'autel de l'Éternel.

²²Les sacrificateurs égorgèrent les boeufs, et reçurent le sang, qu'ils répandirent sur l'autel; ils égorgèrent les béliers, et répandirent le sang sur l'autel; ils égorgèrent les agneaux, et répandirent le sang sur l'autel.

²³On amena ensuite les boucs expiatoires devant le roi et devant l'assemblée, qui posèrent leurs mains sur eux.

²⁴Les sacrificateurs les égorgèrent, et répandirent leur sang au pied de l'autel en expiation pour les péchés de tout Israël; car c'était pour tout Israël que le roi avait ordonné l'holocauste et le sacrifice d'expiation.

²⁵Il fit placer les Lévites dans la maison de l'Éternel avec des cymbales, des luths et des harpes, selon l'ordre de David, de Gad le voyant du roi, et de Nathan, le prophète; car c'était un ordre de l'Éternel, transmis par ses prophètes.

²⁶Les Lévites prirent place avec les instruments de David, et les sacrificateurs avec les trompettes.

²⁷Ézéchias ordonna d'offrir l'holocauste sur l'autel; et au moment où commença l'holocauste, commença aussi le chant de l'Éternel, au son des trompettes et avec accompagnement des instruments de David, roi d'Israël.

²⁸Toute l'assemblée se prosterna, on chanta le cantique, et l'on sonna des trompettes, le tout jusqu'à ce que l'holocauste fût achevé.

²⁹Et quand on eut achevé d'offrir l'holocauste, le roi et tous ceux qui étaient avec lui fléchirent le genou et se prosternèrent.

³⁰Puis le roi Ézéchias et les chefs dirent aux Lévites de célébrer l'Éternel avec les paroles de David et du prophète Asaph; et ils le célébrèrent avec des transports de joie, et ils s'inclinèrent et se prosternèrent.

³¹Ézéchias prit alors la parole, et dit: Maintenant que vous vous êtes consacrés à l'Éternel, approchez-vous, amenez des victimes et offrez en sacrifices d'actions de grâces à la maison de l'Éternel. Et l'assemblée amena des victimes et offrit des sacrifices d'actions de grâces, et tous ceux dont le coeur était bien disposé offrirent des holocaustes.

³²Le nombre des holocaustes offerts par l'assemblée fut de soixante-dix boeufs, cent béliers, et deux cents agneaux; toutes ces victimes furent immolées en holocauste à l'Éternel.

³³Et l'on consacra encore six cents boeufs et trois mille brebis.

³⁴Mais les sacrificateurs étaient en petit nombre, et ils ne purent dépouiller tous les holocaustes; leurs frères, les Lévites, les aidèrent jusqu'à ce que l'ouvrage fût fini, et jusqu'à ce que les autres sacrificateurs se fussent sanctifiés, car les Lévites avaient eu plus à coeur de se sanctifier que les sacrificateurs.

³⁵Il y avait d'ailleurs beaucoup d'holocaustes, avec les graisses des sacrifices d'actions de grâces, et avec les libations des holocaustes. Ainsi fut rétabli le service de la maison de l'Éternel.

³⁶Ézéchias et tout le peuple se réjouirent de ce que Dieu avait bien disposé le peuple, car la chose se fit subitement.

2 Chroniques
Chapitre 30

¹Ézéchias envoya des messagers dans tout Israël et Juda, et il écrivit aussi des lettres à Éphraïm et à Manassé, pour qu'ils viennent à la maison de l'Éternel à Jérusalem célébrer la Pâque en l'honneur de l'Éternel, le Dieu d'Israël.

²Le roi, ses chefs, et toute l'assemblée avaient tenu conseil à Jérusalem, afin que la Pâque fût célébrée au second mois;

³car on ne pouvait la faire en son temps, parce que les sacrificateurs ne s'étaient pas sanctifiés en assez grand nombre et que le peuple n'était pas rassemblé à Jérusalem.

⁴La chose ayant eu l'approbation du roi et de toute l'assemblée,

⁵ils décidèrent de faire une publication dans tout Israël, depuis Beer Schéba jusqu'à Dan, pour que l'on vînt à Jérusalem célébrer la Pâque en l'honneur de l'Éternel, le Dieu d'Israël. Car elle n'était plus célébrée par la multitude comme il est écrit.

⁶Les coureurs allèrent avec les lettres du roi et de ses chefs dans tout Israël et Juda. Et, d'après l'ordre du roi, ils dirent: Enfants d'Israël, revenez à l'Éternel, le Dieu d'Abraham, d'Isaac et d'Israël, afin qu'il revienne à vous, reste échappé de la main des rois d'Assyrie.

⁷Ne soyez pas comme vos pères et comme vos frères, qui ont péché contre l'Éternel, le Dieu de leurs pères, et qu'il a livrés à la désolation, comme vous le voyez.

⁸Ne raidissez donc pas votre cou, comme vos pères; donnez la main à l'Éternel, venez à son sanctuaire qu'il a sanctifié pour toujours, et servez l'Éternel, votre Dieu, pour que sa colère ardente se détourne de vous.

⁹Si vous revenez à l'Éternel, vos frères et vos fils trouveront miséricorde auprès de ceux qui les ont emmenés captifs, et ils reviendront dans ce pays; car l'Éternel, votre Dieu, est compatissant et miséricordieux, et il ne détournera pas sa face de vous, si vous revenez à lui.

¹⁰Les coureurs allèrent ainsi de ville en ville dans le pays d'Éphraïm et de Manassé, et jusqu'à Zabulon. Mais on se riait et l'on se moquait d'eux.

¹¹Cependant quelques hommes d'Aser, de Manassé et de Zabulon s'humilièrent et vinrent à Jérusalem.

¹²Dans Juda aussi la main de Dieu se déploya pour leur donner un même coeur et leur faire exécuter l'ordre du roi et des chefs, selon la parole de l'Éternel.

¹³Un peuple nombreux se réunit à Jérusalem pour célébrer la fête des pains sans levain au second mois: ce fut une immense assemblée.

¹⁴Ils se levèrent, et ils firent disparaître les autels sur lesquels on sacrifiait dans Jérusalem et tous ceux sur lesquels on offrait des parfums, et ils les jetèrent dans le torrent de Cédron.

¹⁵Ils immolèrent ensuite la Pâque le quatorzième jour du second mois. Les sacrificateurs et les Lévites, saisis de confusion, s'étaient sanctifiés, et ils offrirent des holocaustes dans la maison de l'Éternel.

¹⁶Ils occupaient leur place ordinaire, conformément à la loi de Moïse, homme de Dieu, et les sacrificateurs répandaient le sang, qu'ils recevaient de la main des Lévites.

¹⁷Comme il y avait dans l'assemblée beaucoup de gens qui ne s'étaient pas sanctifiés, les Lévites se chargèrent d'immoler les victimes de la Pâque pour tous ceux qui n'étaient pas purs, afin de les consacrer à l'Éternel.

¹⁸Car une grande partie du peuple, beaucoup de ceux d'Éphraïm, de Manassé, d'Issacar et de Zabulon, ne s'étaient pas purifiés, et ils mangèrent la Pâque sans se conformer à ce qui est écrit. Mais Ézéchias pria pour eux, en disant: Veuille l'Éternel, qui est bon,

¹⁹pardonner à tous ceux qui ont appliqué leur coeur à chercher Dieu, l'Éternel, le Dieu de leurs pères, quoiqu'ils n'aient pas pratiqué la sainte purification!

²⁰L'Éternel exauça Ézéchias, et il pardonna au peuple.

²¹Ainsi les enfants d'Israël qui se trouvèrent à Jérusalem célébrèrent la fête des pains sans levain, pendant sept jours, avec une grande joie; et chaque jour les Lévites et les sacrificateurs louaient l'Éternel avec les instruments qui retentissaient en son honneur.

²²Ézéchias parla au coeur de tous les Lévites, qui montraient une grande intelligence pour le service de l'Éternel. Ils mangèrent les victimes pendant sept jours, offrant des sacrifices d'actions de grâces, et louant l'Éternel, le Dieu de leurs pères.

²³Toute l'assemblée fut d'avis de célébrer sept autres jours. Et ils célébrèrent joyeusement ces sept jours;

²⁴car Ézéchias, roi de Juda, avait donné à l'assemblée mille taureaux et sept mille brebis, et les chefs lui donnèrent mille taureaux et dix mille brebis, et des sacrificateurs en grand nombre s'étaient sanctifiés.

²⁵Toute l'assemblée de Juda, et les sacrificateurs et les Lévites, et tout le peuple venu d'Israël, et les étrangers venus du pays d'Israël ou établis en Juda, se livrèrent à la joie.

²⁶Il y eut à Jérusalem de grandes réjouissances; et depuis le temps de Salomon, fils de David, roi d'Israël, rien de semblable n'avait eu lieu dans Jérusalem.

²⁷Les sacrificateurs et les Lévites se levèrent et bénirent le peuple; et leur voix fut entendue, et leur prière parvint jusqu'aux cieux, jusqu'à la sainte demeure de l'Éternel.

Chapitre 31

¹Lorsque tout cela fut terminé, tous ceux d'Israël qui étaient présents partirent pour les villes de Juda, et ils brisèrent les statues, abattirent les idoles, et renversèrent entièrement les hauts lieux et les autels dans tout Juda et Benjamin et dans Éphraïm et Manassé. Puis tous les enfants d'Israël retournèrent dans leurs villes, chacun dans sa propriété.

²Ézéchias rétablit les classes des sacrificateurs et des Lévites d'après leurs divisions, chacun selon ses fonctions, sacrificateurs et Lévites, pour les holocaustes et les sacrifices d'actions de grâces, pour le service, pour les chants et les louanges, aux portes du camp de l'Éternel.

³Le roi donna une portion de ses biens pour les holocaustes, pour les holocaustes du matin et du soir, et pour les holocaustes des sabbats, des nouvelles lunes et des fêtes, comme il est écrit dans la loi de l'Éternel.

⁴Et il dit au peuple, aux habitants de Jérusalem, de donner la portion des sacrificateurs et des Lévites, afin qu'ils observassent fidèlement la loi de l'Éternel.

⁵Lorsque la chose fut répandue, les enfants d'Israël donnèrent en abondance les prémices du blé, du moût, de l'huile, du miel, et de tous les produits des champs; ils apportèrent aussi en abondance la dîme de tout.

⁶De même, les enfants d'Israël et de Juda qui demeuraient dans les villes de Juda donnèrent la dîme du gros et du menu bétail, et la dîme des choses saintes qui étaient consacrées à l'Éternel, leur Dieu, et dont on fit plusieurs tas.

⁷On commença à former les tas au troisième mois, et l'on acheva au septième mois.

⁸Ézéchias et les chefs vinrent voir les tas, et ils bénirent l'Éternel et son peuple d'Israël.

⁹Et Ézéchias interrogea les sacrificateurs et les Lévites au sujet de ces tas.

¹⁰Alors le souverain sacrificateur Azaria, de la maison de Tsadok, lui répondit: Depuis qu'on a commencé d'apporter les offrandes dans la maison de l'Éternel, nous avons mangé, nous nous sommes rassasiés, et nous en avons beaucoup laissé, car l'Éternel a béni son peuple; et voici la grande quantité qu'il y a de reste.

¹¹Ézéchias donna l'ordre de préparer des chambres dans la maison de l'Éternel; et on les prépara.

¹²On y apporta fidèlement les offrandes, la dîme, et les choses saintes. Le Lévite Conania en eut l'intendance, et son frère Schimeï était en second.

¹³Jehiel, Azazia, Nachath, Asaël, Jerimoth, Jozabad, Éliel, Jismakia, Machath et Benaja étaient employés sous la direction de Conania et de son frère Schimeï, d'après l'ordre du roi Ézéchias, et d'Azaria, chef de la maison de Dieu.

¹⁴Le Lévite Koré, fils de Jimna, portier de l'orient, avait l'intendance des dons volontaires faits à Dieu, pour distribuer ce qui était présenté à l'Éternel par élévation et les choses très saintes.

¹⁵Dans les villes sacerdotales, Éden, Minjamin, Josué, Schemaeja, Amaria et Schecania étaient placés sous sa direction pour faire fidèlement les distributions à leurs frères, grands et petits, selon leurs divisions:

¹⁶aux mâles enregistrés depuis l'âge de trois ans et au-dessus; à tous ceux qui entraient journellement dans la maison de l'Éternel pour faire leur service selon leurs fonctions et selon leurs divisions;

¹⁷aux sacrificateurs enregistrés d'après leurs maisons paternelles, et aux Lévites de vingt ans et au-dessus, selon leurs fonctions et selon leurs divisions;

¹⁸à ceux de toute l'assemblée enregistrés avec tous leurs petits enfants, leurs femmes, leurs fils et leurs filles, car ils se consacraient fidèlement au service du sanctuaire.

¹⁹Et pour les fils d'Aaron, les sacrificateurs, qui demeuraient à la campagne dans les banlieues de leurs villes, il y avait dans chaque ville des hommes désignés par leurs noms pour distribuer les portions à tous les mâles des sacrificateurs et à tous les Lévites enregistrés.

²⁰Voilà ce que fit Ézéchias dans tout Juda; il fit ce qui est bien, ce qui est droit, ce qui est vrai, devant l'Éternel, son Dieu.

²¹Il agit de tout son coeur, et il réussit dans tout ce qu'il entreprit, en recherchant son Dieu, pour le service de la maison de Dieu, pour la loi et pour les commandements.

Chapitre 32

¹Après ces choses et ces actes de fidélité, parut Sanchérib, roi d'Assyrie, qui pénétra en Juda, et assiégea les villes fortes, dans l'intention de s'en emparer.

²Ézéchias, voyant que Sanchérib était venu et qu'il se proposait d'attaquer Jérusalem,

³tint conseil avec ses chefs et ses hommes vaillants, afin de boucher les sources d'eau qui étaient hors de la ville; et ils furent de son avis.

⁴Une foule de gens se rassemblèrent, et ils bouchèrent toutes les sources et le ruisseau qui coule au milieu de la contrée. Pourquoi, disaient-ils, les rois d'Assyrie trouveraient-ils à leur arrivée des eaux en abondance?

⁵Ézéchias prit courage; il reconstruisit la muraille qui était en ruine et l'éleva jusqu'aux tours, bâtit un autre mur en dehors, fortifia Millo dans la cité de David, et prépara une quantité d'armes et de boucliers.

⁶Il donna des chefs militaires au peuple, et les réunit auprès de lui sur la place de la porte de la ville. S'adressant à leur coeur, il dit:

⁷Fortifiez-vous et ayez du courage! Ne craignez point et ne soyez point effrayés devant le roi d'Assyrie et devant toute la multitude qui est avec lui; car avec nous il y a plus qu'avec lui.

⁸Avec lui est un bras de chair, et avec nous l'Éternel, notre Dieu, qui nous aidera et qui combattra pour nous. Le peuple eut confiance dans les paroles d'Ézéchias, roi de Juda.

⁹Après cela, Sanchérib, roi d'Assyrie, envoya ses serviteurs à Jérusalem, pendant qu'il était devant Lakis avec toutes ses forces; il les envoya vers Ézéchias, roi de Juda, et vers tous ceux de Juda qui étaient à Jérusalem, pour leur dire:

¹⁰Ainsi parle Sanchérib, roi d'Assyrie: Sur quoi repose votre confiance, pour que vous restiez à Jérusalem dans la détresse?

¹¹Ézéchias ne vous abuse-t-il pas pour vous livrer à la mort par la famine et par la soif, quand il dit: L'Éternel, notre Dieu, nous sauvera de la main du roi d'Assyrie?

¹²N'est-ce pas lui, Ézéchias, qui a fait disparaître les hauts lieux et les autels de l'Éternel, et qui a donné cet ordre à Juda et à Jérusalem: Vous vous prosternerez devant un seul autel, et vous y offrirez les parfums?

¹³Ne savez-vous pas ce que nous avons fait, moi et mes pères, à tous les peuples des autres pays? Les dieux des nations de ces pays ont-ils pu délivrer leurs pays de ma main?

¹⁴Parmi tous les dieux de ces nations que mes pères ont exterminées, quel est celui qui a pu délivrer son peuple de ma main, pour que votre Dieu puisse vous délivrer de ma main?

¹⁵Qu'Ézéchias ne vous séduise donc point et qu'il ne vous abuse point ainsi; ne vous fiez pas à lui! Car aucun dieu d'aucune nation ni d'aucun royaume n'a pu délivrer son peuple de ma main et de la main de mes pères: combien moins votre Dieu vous délivrera-t-il de ma main?

¹⁶Les serviteurs de Sanchérib parlèrent encore contre l'Éternel Dieu, et contre Ézéchias, son serviteur.

¹⁷Et il envoya une lettre insultante pour l'Éternel, le Dieu d'Israël, en s'exprimant ainsi contre lui: De même que les dieux des nations des autres pays n'ont pu délivrer leur peuple de ma main, de même le Dieu d'Ézéchias ne délivrera pas son peuple de ma main.

¹⁸Les serviteurs de Sanchérib crièrent à haute voix en langue judaïque, afin de jeter l'effroi et l'épouvante parmi le peuple de Jérusalem qui était sur la muraille, et de pouvoir ainsi s'emparer de la ville.

¹⁹Ils parlèrent du Dieu de Jérusalem comme des dieux des peuples de la terre, ouvrages de mains d'homme.

²⁰Le roi Ézéchias et le prophète Ésaïe, fils d'Amots, se mirent à prier à ce sujet, et ils crièrent au ciel.

²¹Alors l'Éternel envoya un ange, qui extermina dans le camp du roi d'Assyrie tous les vaillants hommes, les princes et les chefs. Et le roi confus retourna dans son pays. Il entra dans la maison de son dieu, et là ceux qui étaient sortis de ses entrailles le firent tomber par l'épée.

²²Ainsi l'Éternel sauva Ézéchias et les habitants de Jérusalem de la main de Sanchérib, roi d'Assyrie, et de la main de tous, et il les protégea contre ceux qui les entouraient.

²³Beaucoup de gens apportèrent dans Jérusalem des offrandes à l'Éternel, et de riches présents à Ézéchias, roi de Juda, qui depuis lors fut élevé aux yeux de toutes les nations.

²⁴En ce temps-là, Ézéchias fut malade à la mort. Il fit une prière à l'Éternel; et l'Éternel lui adressa la parole, et lui accorda un prodige.

²⁵Mais Ézéchias ne répondit point au bienfait qu'il avait reçu, car son coeur s'éleva; et la colère de l'Éternel fut sur lui, sur Juda et sur Jérusalem.

²⁶Alors Ézéchias, du sein de son orgueil, s'humilia avec les habitants de Jérusalem, et la colère de l'Éternel ne vint pas sur eux pendant la vie d'Ézéchias.

²⁷Ézéchias eut beaucoup de richesses et de gloire. Il se fit des trésors d'argent, d'or, de pierres précieuses, d'aromates, de boucliers et de tous les objets qu'on peut désirer;

²⁸des magasins pour les produits en blé, en moût et en huile, des crèches pour toute espèce de bétail, et des étables pour les troupeaux.

²⁹Il se bâtit des villes, et il eut en abondance des troupeaux de menu et de gros bétail; car Dieu lui avait donné des biens considérables.

³⁰Ce fut aussi lui, Ézéchias, qui boucha l'issue supérieure des eaux de Guihon, et les conduisit en bas vers l'occident de la cité de David. Ézéchias réussit dans toutes ses entreprises.

³¹Cependant, lorsque les chefs de Babylone envoyèrent des messagers auprès de lui pour s'informer du prodige qui avait eu lieu dans le pays, Dieu l'abandonna pour l'éprouver, afin de connaître tout ce qui était dans son coeur.

³²Le reste des actions d'Ézéchias, et ses oeuvres de piété, cela est écrit dans la vision du prophète Ésaïe, fils d'Amots, dans le livre des rois de Juda et d'Israël.

³³Ézéchias se coucha avec ses pères, et on l'enterra dans le lieu le plus élevé des sépulcres des fils de David; tout Juda et les habitants de Jérusalem lui rendirent honneur à sa mort. Et Manassé, son fils, régna à sa place.

Chapitre 33

¹Manassé avait douze ans lorsqu'il devint roi, et il régna cinquante-cinq ans à Jérusalem.

²Il fit ce qui est mal aux yeux de l'Éternel, selon les abominations des nations que l'Éternel avait chassées devant les enfants d'Israël.

³Il rebâtit les hauts lieux qu'Ézéchias, son père, avait renversés; il éleva des autels aux Baals, il fit des idoles d'Astarté, et il se prosterna devant toute l'armée des cieux et la servit.

⁴Il bâtit des autels dans la maison de l'Éternel, quoique l'Éternel eût dit: C'est dans Jérusalem que sera mon nom à perpétuité.

⁵Il bâtit des autels à toute l'armée des cieux dans les deux parvis de la maison de l'Éternel.

⁶Il fit passer ses fils par le feu dans la vallée des fils de Hinnom; il observait les nuages et les serpents pour en tirer des pronostics, il s'adonnait à la magie, et il établit des gens qui évoquaient les esprits et qui prédisaient l'avenir. Il fit de plus en plus ce qui est mal aux yeux de l'Éternel, afin de l'irriter.

⁷Il plaça l'image taillée de l'idole qu'il avait faite dans la maison de Dieu, de laquelle Dieu avait dit à David et à Salomon, son fils: C'est dans cette maison, et c'est dans Jérusalem que j'ai choisie parmi toutes les tribus d'Israël, que je veux à toujours placer mon nom.

⁸Je ne ferai plus sortir Israël du pays que j'ai destiné à vos pères, pourvu seulement qu'ils aient soin de mettre en pratique tout ce que je leur ai commandé, selon toute la loi, les préceptes et les ordonnances prescrits par Moïse.

⁹Mais Manassé fut cause que Juda et les habitants de Jérusalem s'égarèrent et firent le mal plus que les nations que l'Éternel avait détruites devant les enfants d'Israël.

¹⁰L'Éternel parla à Manassé et à son peuple, et ils n'y firent point attention.

¹¹Alors l'Éternel fit venir contre eux les chefs de l'armée du roi d'Assyrie, qui saisirent Manassé et le mirent dans les fers; ils le lièrent avec des chaînes d'airain, et le menèrent à Babylone.

¹²Lorsqu'il fut dans la détresse, il implora l'Éternel, son Dieu, et il s'humilia profondément devant le Dieu de ses pères.

¹³Il lui adressa ses prières; et l'Éternel, se laissant fléchir, exauça ses supplications, et le ramena à Jérusalem dans son royaume. Et Manassé reconnut que l'Éternel est Dieu.

¹⁴Après cela, il bâtit en dehors de la ville de David, à l'occident, vers Guihon dans la vallée, un mur qui se prolongeait jusqu'à la porte des poissons et dont il entoura la colline, et il s'éleva à une grande hauteur; il mit aussi des chefs militaires dans toutes les villes fortes de Juda.

¹⁵Il fit disparaître de la maison de l'Éternel les dieux étrangers et l'idole, et il renversa tous les autels qu'il avait bâtis sur la montagne de la maison de l'Éternel et à Jérusalem; et il les jeta hors de la ville.

¹⁶Il rétablit l'autel de l'Éternel et y offrit des sacrifices d'actions de grâces et de reconnaissance, et il ordonna à Juda de servir l'Éternel, le Dieu d'Israël.

¹⁷Le peuple sacrifiait bien encore sur les hauts lieux, mais seulement à l'Éternel, son Dieu.

¹⁸Le reste des actions de Manassé, sa prière à son Dieu, et les paroles des prophètes qui lui parlèrent au nom de l'Éternel, le Dieu d'Israël, cela est écrit dans les actes des rois d'Israël.

¹⁹Sa prière et la manière dont Dieu l'exauça, ses péchés et ses infidélités, les places où il bâtit des hauts lieux et dressa des idoles et des images taillées avant de s'être humilié, cela est écrit dans le livre de Hozaï.

²⁰Manassé se coucha avec ses pères, et on l'enterra dans sa maison. Et Amon, son fils, régna à sa place.

²¹Amon avait vingt-deux ans lorsqu'il devint roi, et il régna deux ans à Jérusalem.

²²Il fit ce qui est mal aux yeux de l'Éternel, comme avait fait Manassé, son père; il sacrifia à toutes les images taillées qu'avait faites Manassé, son père, et il les servit;

²³et il ne s'humilia pas devant l'Éternel, comme s'était humilié Manassé, son père, car lui, Amon, se rendit de plus en plus coupable.

²⁴Ses serviteurs conspirèrent contre lui, et le firent mourir dans sa maison.

²⁵Mais le peuple du pays frappa tous ceux qui avaient conspiré contre le roi Amon; et le peuple du pays établit roi Josias, son fils, à sa place.

Chapitre 34

¹Josias avait huit ans lorsqu'il devint roi, et il régna trente et un ans à Jérusalem.

²Il fit ce qui est droit aux yeux de l'Éternel, et il marcha dans les voies de David, son père; il ne s'en détourna ni à droite ni à gauche.

³La huitième année de son règne, comme il était encore jeune, il commença à rechercher le Dieu de David, son père; et la douzième année, il commença à purifier Juda et Jérusalem des hauts lieux, des idoles, des images taillées et des images en fonte.

⁴On renversa devant lui les autels des Baals, et il abattit les statues consacrées au soleil qui étaient dessus; il brisa les idoles, les images taillées et les images en fonte, et les réduisit en poussière, et il répandit la poussière sur les sépulcres de ceux qui leur avaient sacrifié;

⁵et il brûla les ossements des prêtres sur leurs autels. C'est ainsi qu'il purifia Juda et Jérusalem.

⁶Dans les villes de Manassé, d'Éphraïm, de Siméon, et même de Nephthali, partout au milieu de leurs ruines,

⁷il renversa les autels, il mit en pièces les idoles et les images taillées et les réduisit en poussière, et il abattit toutes les statues consacrées au soleil dans tout le pays d'Israël. Puis il retourna à Jérusalem.

⁸La dix-huitième année de son règne, après qu'il eut purifié le pays et la maison, il envoya Schaphan, fils d'Atsalia, Maaséja, chef de la ville, et Joach, fils de Joachaz, l'archiviste, pour réparer la maison de l'Éternel, son Dieu.

⁹Ils se rendirent auprès du souverain sacrificateur Hilkija, et on livra l'argent qui avait été apporté dans la maison de Dieu, et que les Lévites gardiens du seuil avaient recueilli de Manassé et d'Éphraïm et de tout le reste d'Israël, et de tout Juda et Benjamin et des habitants de Jérusalem.

¹⁰On le remit entre les mains de ceux qui étaient chargés de faire exécuter l'ouvrage dans la maison de l'Éternel. Et ils l'employèrent pour ceux qui travaillaient aux réparations de la maison de l'Éternel,

¹¹pour les charpentiers et les maçons, pour les achats de pierres de taille et de bois destiné aux poutres et à la charpente des bâtiments qu'avaient détruits les rois de Juda.

¹²Ces hommes agirent avec probité dans leur travail. Ils étaient placés sous l'inspection de Jachath et Abdias, Lévites d'entre les fils de Merari, et de Zacharie et Meschullam, d'entre les fils des Kehathites; tous ceux des Lévites qui étaient habiles musiciens surveillaient les manoeuvres

¹³et dirigeaient tous les ouvriers occupés aux divers travaux; il y avait encore d'autres Lévites secrétaires, commissaires et portiers.

¹⁴Au moment où l'on sortit l'argent qui avait été apporté dans la maison de l'Éternel, le sacrificateur Hilkija trouva le livre de la loi de l'Éternel donnée par Moïse.

¹⁵Alors Hilkija prit la parole et dit à Schaphan, le secrétaire: J'ai trouvé le livre de la loi dans la maison de l'Éternel. Et Hilkija donna le livre à Schaphan.

¹⁶Schaphan apporta le livre au roi, et lui rendit aussi compte, en disant: Tes serviteurs ont fait tout ce qui leur a été commandé;

¹⁷ils ont amassé l'argent qui se trouvait dans la maison de l'Éternel, et l'ont remis entre les mains des inspecteurs et des ouvriers.

¹⁸Schaphan, le secrétaire, dit encore au roi: Le sacrificateur Hilkija m'a donné un livre. Et Schaphan le lut devant le roi.

¹⁹Lorsque le roi entendit les paroles de la loi, il déchira ses vêtements.

²⁰Et le roi donna cet ordre à Hilkija, à Achikam, fils de Schaphan, à Abdon, fils de Michée, à Schaphan, le secrétaire, et à Asaja, serviteur du roi:

²¹Allez, consultez l'Éternel pour moi et pour ce qui reste en Israël et en Juda, au sujet des paroles de ce livre qu'on a trouvé; car grande est la colère de l'Éternel qui s'est répandue sur nous, parce que nos pères n'ont point observé la parole de l'Éternel et n'ont point mis en pratique tout ce qui est écrit dans ce livre.

²²Hilkija et ceux qu'avait désignés le roi allèrent auprès de la prophétesse Hulda, femme de Schallum, fils de Thokehath, fils de Hasra, gardien des vêtements. Elle habitait à Jérusalem, dans l'autre quartier de la ville. Après qu'ils eurent exprimé ce qu'ils avaient à lui dire,

²³elle leur répondit: Ainsi parle l'Éternel, le Dieu d'Israël: Dites à l'homme qui vous a envoyés vers moi:

²⁴Ainsi parle l'Éternel: Voici, je vais faire venir des malheurs sur ce lieu et sur ses habitants, toutes les malédictions écrites dans le livre qu'on a lu devant le roi de Juda.

²⁵Parce qu'ils m'ont abandonné et qu'ils ont offert des parfums à d'autres dieux, afin de m'irriter par tous les ouvrages de leurs mains, ma colère s'est répandue sur ce lieu, et elle ne s'éteindra point.

²⁶Mais vous direz au roi de Juda qui vous a envoyés pour consulter l'Éternel: Ainsi parle l'Éternel, le Dieu d'Israël, au sujet des paroles que tu as entendues:

²⁷Parce que ton coeur a été touché, parce que tu t'es humilié devant Dieu en entendant ses paroles contre ce lieu et contre ses habitants, parce que tu t'es humilié devant moi, parce que tu as déchiré tes vêtements et que tu as pleuré devant moi, moi aussi, j'ai entendu, dit l'Éternel.

²⁸Voici, je te recueillerai auprès de tes pères, tu seras recueilli en paix dans ton sépulcre, et tes yeux ne verront pas tous les malheurs que je ferai venir sur ce lieu et sur ses habitants. Ils rapportèrent au roi cette réponse.

²⁹Le roi fit assembler tous les anciens de Juda et de Jérusalem.

³⁰Puis il monta à la maison de l'Éternel avec tous les hommes de Juda et les habitants de Jérusalem, les sacrificateurs et les Lévites, et tout le peuple, depuis le plus grand jusqu'au plus petit. Il lut devant eux toutes les paroles du livre de l'alliance, qu'on avait trouvé dans la maison de l'Éternel.

³¹Le roi se tenait sur son estrade, et il traita alliance devant l'Éternel, s'engageant à suivre l'Éternel, et à observer ses ordonnances, ses préceptes et ses lois, de tout son coeur et de toute son âme, afin de mettre en pratique les paroles de l'alliance écrites dans ce livre.

³²Et il fit entrer dans l'alliance tous ceux qui se trouvaient à Jérusalem et en Benjamin; et les habitants de Jérusalem agirent selon l'alliance de Dieu, du Dieu de leurs pères.

³³Josias fit disparaître toutes les abominations de tous les pays appartenant aux enfants d'Israël, et il obligea tous ceux qui se trouvaient en Israël à servir l'Éternel, leur Dieu. Pendant toute sa vie, ils ne se détournèrent point de l'Éternel, le Dieu de leurs pères.

Chapitre 35

¹Josias célébra la Pâque en l'honneur de l'Éternel à Jérusalem, et l'on immola la Pâque le quatorzième jour du premier mois.

²Il établit les sacrificateurs dans leurs fonctions, et les encouragea au service de la maison de l'Éternel.

³Il dit aux Lévites qui enseignaient tout Israël et qui étaient consacrés à l'Éternel. Placez l'arche sainte dans la maison qu'a bâtie Salomon, fils de David, roi d'Israël; vous n'avez plus à la porter sur l'épaule. Servez maintenant l'Éternel, votre Dieu, et son peuple d'Israël.

⁴Tenez-vous prêts, selon vos maisons paternelles, selon vos divisions, comme l'ont réglé par écrit David, roi d'Israël, et Salomon, son fils;

⁵occupez vos places dans le sanctuaire, d'après les différentes maisons paternelles de vos frères les fils du peuple, et d'après la classification des maisons paternelles des Lévites.

⁶Immolez la Pâque, sanctifiez-vous, et préparez-la pour vos frères, en vous conformant à la parole de l'Éternel prononcée par Moïse.

⁷Josias donna aux gens du peuple, à tous ceux qui se trouvaient là, des agneaux et des chevreaux au nombre de trente mille, le tout pour la Pâque, et trois mille boeufs; cela fut pris sur les biens du roi.

⁸Ses chefs firent de bon gré un présent au peuple, aux sacrificateurs et aux Lévites. Hilkija, Zacharie, et Jehiel, princes de la

maison de Dieu, donnèrent aux sacrificateurs pour la Pâque deux mille six cents agneaux et trois cents boeufs.

⁹Cònania, Schemaeja et Nethaneel, ses frères, Haschabia, Jeïel et Jozabad, chefs des Lévites, donnèrent aux Lévites pour la Pâque cinq mille agneaux et cinq cents boeufs.

¹⁰Le service s'organisa, et les sacrificateurs et les Lévites occupèrent leur place, selon leurs divisions, d'après l'ordre du roi.

¹¹Ils immolèrent la Pâque; les sacrificateurs répandirent le sang qu'ils recevaient de la main des Lévites, et les Lévites dépouillèrent les victimes.

¹²Ils mirent à part les holocaustes pour les donner aux différentes maisons paternelles des gens du peuple, afin qu'ils les offrissent à l'Éternel, comme il est écrit dans le livre de Moïse; et de même pour les boeufs.

¹³Ils firent cuire la Pâque au feu, selon l'ordonnance, et ils firent cuire les choses saintes dans des chaudières, des chaudrons et des poêles; et ils s'empressèrent de les distribuer à tout le peuple.

¹⁴Ensuite ils préparèrent ce qui était pour eux et pour les sacrificateurs, car les sacrificateurs, fils d'Aaron, furent occupés jusqu'à la nuit à offrir les holocaustes et les graisses; c'est pourquoi les Lévites préparèrent pour eux et pour les sacrificateurs, fils d'Aaron.

¹⁵Les chantres, fils d'Asaph, étaient à leur place, selon l'ordre de David, d'Asaph, d'Héman, et de Jeduthun le voyant du roi, et les portiers étaient à chaque porte; ils n'eurent pas à se détourner de leur office, car leurs frères les Lévites préparèrent ce qui était pour eux.

¹⁶Ainsi fut organisé ce jour-là tout le service de l'Éternel pour faire la Pâque et pour offrir des holocaustes sur l'autel de l'Éternel, d'après l'ordre du roi Josias.

¹⁷Les enfants d'Israël qui se trouvaient là célébrèrent la Pâque en ce temps et la fête des pains sans levain pendant sept jours.

¹⁸Aucune Pâque pareille à celle-là n'avait été célébrée en Israël depuis les jours de Samuel le prophète; et aucun des rois d'Israël n'avait célébré une Pâque pareille à celle que célébrèrent Josias, les sacrificateurs et les Lévites, tout Juda et Israël qui s'y trouvaient, et les habitants de Jérusalem.

¹⁹Ce fut la dix-huitième année du règne de Josias que cette Pâque fut célébrée.

²⁰Après tout cela, après que Josias eut réparé la maison de l'Éternel, Néco, roi d'Égypte, monta pour combattre à Carkemisch sur l'Euphrate. Josias marcha à sa rencontre;

²¹et Néco lui envoya des messagers pour dire: Qu'y a-t-il entre moi et toi, roi de Juda? Ce n'est pas contre toi que je viens aujourd'hui; c'est contre une maison avec laquelle je suis en guerre. Et Dieu m'a dit de me hâter. Ne t'oppose pas à Dieu, qui est avec moi, de peur qu'il ne te détruise.

²²Mais Josias ne se détourna point de lui, et il se déguisa pour l'attaquer, sans écouter les paroles de Néco, qui venaient de la bouche de Dieu. Il s'avança pour combattre dans la vallée de Meguiddo.

²³Les archers tirèrent sur le roi Josias, et le roi dit à ses serviteurs: Emportez-moi, car je suis gravement blessé.

²⁴Ses serviteurs l'emportèrent du char, le mirent dans un second char qui était à lui, et l'amenèrent à Jérusalem. Il mourut, et fut enterré dans le sépulcre de ses pères. Tout Juda et Jérusalem pleurèrent Josias.

²⁵Jérémie fit une complainte sur Josias; tous les chanteurs et toutes les chanteuses ont parlé de Josias dans leurs complaintes jusqu'à ce jour, et en ont établi la coutume en Israël. Ces chants sont écrits dans les Complaintes.

²⁶Le reste des actions de Josias, et ses oeuvres de piété, telles que les prescrit la loi de l'Éternel,

²⁷ses premières et ses dernières actions, cela est écrit dans le livre des rois d'Israël et de Juda.

Chapitre 36

¹Le peuple du pays prit Joachaz, fils de Josias, et l'établit roi à la place de son père à Jérusalem.

²Joachaz avait vingt-trois ans lorsqu'il devint roi, et il régna trois mois à Jérusalem.

³Le roi d'Égypte le destitua à Jérusalem, et frappa le pays d'une contribution de cent talents d'argent et d'un talent d'or.

⁴Et le roi d'Égypte établit roi sur Juda et sur Jérusalem Éliakim, frère de Joachaz; et il changea son nom en celui de Jojakim. Néco prit son frère Joachaz, et l'emmena en Égypte.

⁵Jojakim avait vingt-cinq ans lorsqu'il devint roi, et il régna onze ans à Jérusalem.

⁶Nebucadnetsar, roi de Babylone, monta contre lui, et le lia avec des chaînes d'airain pour le conduire à Babylone.

⁷Nebucadnetsar emporta à Babylone des ustensiles de la maison de l'Éternel, et il les mit dans son palais à Babylone.

⁸Le reste des actions de Jojakim, les abominations qu'il commit, et ce qui se trouvait en lui, cela est écrit dans le livre des rois d'Israël et de Juda. Et Jojakin, son fils, régna à sa place.

⁹Jojakin avait huit ans lorsqu'il devint roi, et il régna trois mois et dix jours à Jérusalem. Il fit ce qui est mal aux yeux de l'Éternel.

¹⁰L'année suivante, le roi Nebucadnetsar le fit emmener à Babylone avec les ustensiles précieux de la maison de l'Éternel. Et il établit roi sur Juda et sur Jérusalem Sédécias, frère de Jojakin.

¹¹Sédécias avait vingt et un ans lorsqu'il devint roi, et il régna onze ans à Jérusalem.

¹²Il fit ce qui est mal aux yeux de l'Éternel, son Dieu; et il ne s'humilia point devant Jérémie, le prophète, qui lui parlait de la part de l'Éternel.

¹³Il se révolta même contre le roi Nebucadnetsar, qui l'avait fait jurer par le nom de Dieu; et il raidit son cou et endurcit son coeur, au point de ne pas retourner à l'Éternel, le Dieu d'Israël.

¹⁴Tous les chefs des sacrificateurs et le peuple multiplièrent aussi les transgressions, selon toutes les abominations des nations; et ils profanèrent la maison de l'Éternel, qu'il avait sanctifiée à Jérusalem.

¹⁵L'Éternel, le Dieu de leurs pères, donna de bonne heure à ses envoyés la mission de les avertir, car il voulait épargner son peuple et sa propre demeure.

¹⁶Mais ils se moquèrent des envoyés de Dieu, ils méprisèrent ses paroles, et ils se raillèrent de ses prophètes, jusqu'à ce que la colère de l'Éternel contre son peuple devînt sans remède.

¹⁷Alors l'Éternel fit monter contre eux le roi des Chaldéens, et tua par l'épée leurs jeunes gens dans la maison de leur sanctuaire; il n'épargna ni le jeune homme, ni la jeune fille, ni le vieillard, ni l'homme aux cheveux blancs, il livra tout entre ses mains.

¹⁸Nebucadnetsar emporta à Babylone tous les ustensiles de la maison de Dieu, grands et petits, les trésors de la maison de l'Éternel, et les trésors du roi et de ses chefs.

¹⁹Ils brûlèrent la maison de Dieu, ils démolirent les murailles de Jérusalem, ils livrèrent au feu tous ses palais et détruisirent tous les objets précieux.

²⁰Nebucadnetsar emmena captifs à Babylone ceux qui échappèrent à l'épée; et ils lui furent assujettis, à lui et à ses fils, jusqu'à la domination du royaume de Perse,

²¹afin que s'accomplît la parole de l'Éternel prononcée par la bouche de Jérémie; jusqu'à ce que le pays eût joui de ses sabbats, il se reposa tout le temps qu'il fut dévasté, jusqu'à l'accomplissement de soixante-dix ans.

²²La première année de Cyrus, roi de Perse, afin que s'accomplît la parole de l'Éternel prononcée par la bouche de Jérémie, l'Éternel réveilla l'esprit de Cyrus, roi de Perse, qui fit faire de vive voix et par écrit cette publication dans tout son royaume:

²³Ainsi parle Cyrus, roi de Perse: L'Éternel, le Dieu des cieux, m'a donné tous les royaumes de la terre, et il m'a commandé de lui bâtir une maison à Jérusalem en Juda. Qui d'entre vous est de son peuple? Que l'Éternel, son Dieu, soit avec lui, et qu'il monte!

Esdras

Chapitre 1

¹La première année de Cyrus, roi de Perse, afin que s'accomplît la parole de l'Éternel prononcée par la bouche de Jérémie, l'Éternel réveilla l'esprit de Cyrus, roi de Perse, qui fit faire de vive voix et par écrit cette publication dans tout son royaume:

²Ainsi parle Cyrus, roi des Perses: L'Éternel, le Dieu des cieux, m'a donné tous les royaumes de la terre, et il m'a commandé de lui bâtir une maison à Jérusalem en Juda.

³Qui d'entre vous est de son peuple? Que son Dieu soit avec lui, et qu'il monte à Jérusalem en Juda et bâtisse la maison de l'Éternel, le Dieu d'Israël! C'est le Dieu qui est à Jérusalem.

⁴Dans tout lieu où séjournent des restes du peuple de l'Éternel, les gens du lieu leur donneront de l'argent, de l'or, des effets, et du bétail, avec des offrandes volontaires pour la maison de Dieu qui est à Jérusalem.

⁵Les chefs de famille de Juda et de Benjamin, les sacrificateurs et les Lévites, tous ceux dont Dieu réveilla l'esprit, se levèrent pour aller bâtir la maison de l'Éternel à Jérusalem.

⁶Tous leurs alentours leur donnèrent des objets d'argent, de l'or, des effets, du bétail, et des choses précieuses, outre toutes les offrandes volontaires.

⁷Le roi Cyrus rendit les ustensiles de la maison de l'Éternel, que Nebucadnetsar avait emportés de Jérusalem et placés dans la maison de son dieu.

⁸Cyrus, roi de Perse, les fit sortir par Mithredath, le trésorier, qui les remit à Scheschbatsar, prince de Juda.

⁹En voici le nombre: trente bassins d'or, mille bassins d'argent, vingt-neuf couteaux,

¹⁰trente coupes d'or, quatre cent dix coupes d'argent de second ordre, mille autres ustensiles.

¹¹Tous les objets d'or et d'argent étaient au nombre de cinq mille quatre cents. Scheschbatsar emporta le tout de Babylone à Jérusalem, au retour de la captivité.

Chapitre 2

¹Voici ceux de la province qui revinrent de l'exil, ceux que Nebucadnetsar, roi de Babylone, avait emmenés captifs à Babylone, et qui retournèrent à Jérusalem et en Juda, chacun dans sa ville.

²Ils partirent avec Zorobabel, Josué, Néhémie, Seraja, Reélaja, Mardochée, Bilschan, Mispar, Bigvaï, Rehum, Baana. Nombre des hommes du peuple d'Israël:

³les fils de Pareosch, deux mille cent soixante-douze;

⁴les fils de Schephathia, trois cent soixante-douze;

⁵les fils d'Arach, sept cent soixante-quinze;

⁶les fils de Pachath Moab, des fils de Josué et de Joab, deux mille huit cent douze;

⁷les fils d'Élam, mille deux cent cinquante-quatre;

⁸les fils de Zatthu, neuf cent quarante-cinq;

⁹les fils de Zaccaï, sept cent soixante;

¹⁰les fils de Bani, six cent quarante-deux;

¹¹les fils de Bébaï, six cent vingt-trois;

¹²les fils d'Azgad, mille deux cent vingt-deux;

¹³les fils d'Adonikam, six cent soixante-six;

¹⁴les fils de Bigvaï, deux mille cinquante-six;

¹⁵les fils d'Adin, quatre cent cinquante-quatre;

¹⁶les fils d'Ather, de la famille d'Ézéchias, quatre-vingt-dix-huit;

¹⁷les fils de Betsaï, trois cent vingt-trois;

¹⁸les fils de Jora, cent douze;

¹⁹les fils de Haschum, deux cent vingt-trois;

²⁰les fils de Guibbar, quatre-vingt-quinze;

²¹les fils de Bethléhem, cent vingt-trois;

²²les gens de Nethopha, cinquante-six;

²³les gens d'Anathoth, cent vingt-huit;

²⁴les fils d'Azmaveth, quarante-deux;

²⁵les fils de Kirjath Arim, de Kephira et de Beéroth, sept cent quarante-trois;

²⁶les fils de Rama et de Guéba, six cent vingt et un;

²⁷les gens de Micmas, cent vingt-deux;

²⁸les gens de Béthel et d'Aï, deux cent vingt-trois;

²⁹les fils de Nebo, cinquante-deux;

³⁰les fils de Magbisch, cent cinquante-six;

³¹les fils de l'autre Élam, mille deux cent cinquante-quatre;

³²les fils de Harim, trois cent vingt;

³³les fils de Lod, de Hadid et d'Ono, sept cent vingt-cinq;

³⁴les fils de Jéricho, trois cent quarante-cinq;

³⁵les fils de Senaa, trois mille six cent trente.

³⁶Sacrificateurs: les fils de Jedaeja, de la maison de Josué, neuf cent soixante-treize;

³⁷les fils d'Immer, mille cinquante-deux;

³⁸les fils de Paschhur, mille deux cent quarante-sept;

³⁹les fils de Harim, mille dix-sept.

⁴⁰Lévites: les fils de Josué et de Kadmiel, des fils d'Hodavia, soixante quatorze.

⁴¹Chantres: les fils d'Asaph, cent vingt-huit.

⁴²Fils des portiers: les fils de Schallum, les fils d'Ather, les fils de Thalmon, les fils d'Akkub, les fils de Hathitha, les fils de Schobaï, en tout cent trente-neuf.

⁴³Néthiniens: les fils de Tsicha, les fils de Hasupha, les fils de Thabbaoth,

⁴⁴les fils de Kéros, les fils de Siaha, les fils de Padon,

⁴⁵les fils de Lebana, les fils de Hagaba, les fils d'Akkub,

⁴⁶les fils de Hagab, les fils de Schamlaï, les fils de Hanan,

⁴⁷les fils de Guiddel, les fils de Gachar, les fils de Reaja,

⁴⁸les fils de Retsin, les fils de Nekoda, les fils de Gazzam,

⁴⁹les fils d'Uzza, les fils de Paséach, les fils de Bésaï,

⁵⁰les fils d'Asna, les fils de Mehunim, les fils de Nephusim,

⁵¹les fils de Bakbuk, les fils de Hakupha, les fils de Harhur,

⁵²les fils de Batsluth, les fils de Mehida, les fils de Harscha,

⁵³les fils de Barkos, les fils de Sisera, les fils de Thamach,

⁵⁴les fils de Netsiach, les fils de Hathipha.

⁵⁵Fils des serviteurs de Salomon: les fils de Sothaï, les fils de Sophéreth, les fils de Peruda,

⁵⁶les fils de Jaala, les fils de Darkon, les fils de Guiddel,

⁵⁷les fils de Schephathia, les fils de Hatthil, les fils de Pokéreth Hatsebaïm, les fils d'Ami.

⁵⁸Total des Néthiniens et des fils des serviteurs de Salomon: trois cent quatre-vingt-douze.

⁵⁹Voici ceux qui partirent de Thel Mélach, de Thel Harscha, de Kerub Addan, et qui ne purent pas faire connaître leur maison paternelle et leur race, pour prouver qu'ils étaient d'Israël.

⁶⁰Les fils de Delaja, les fils de Tobija, les fils de Nekoda, six cent cinquante-deux.

⁶¹Et parmi les fils des sacrificateurs: les fils de Habaja, les fils d'Hakkots, les fils de Barzillaï, qui avait pris pour femme une des filles de Barzillaï, le Galaadite, et fut appelé de leur nom.

⁶²Ils cherchèrent leurs titres généalogiques, mais ils ne les trouvèrent point. On les exclut du sacerdoce,

⁶³et le gouverneur leur dit de ne pas manger des choses très saintes jusqu'à ce qu'un sacrificateur ait consulté l'urim et le thummim.

⁶⁴L'assemblée tout entière était de quarante-deux mille trois cent soixante personnes,

⁶⁵sans compter leurs serviteurs et leurs servantes, au nombre de sept mille trois cent trente-sept. Parmi eux se trouvaient deux cents chantres et chanteuses.

⁶⁶Ils avaient sept cent trente-six chevaux, deux cent quarante-cinq mulets,

⁶⁷quatre cent trente-cinq chameaux, et six mille sept cent vingt ânes.

⁶⁸Plusieurs des chefs de famille, à leur arrivée vers la maison de l'Éternel à Jérusalem, firent des offrandes volontaires pour la maison de Dieu, afin qu'on la rétablît sur le lieu où elle avait été.

⁶⁹Ils donnèrent au trésor de l'oeuvre, selon leurs moyens, soixante et un mille dariques d'or, cinq mille mines d'argent, et cent tuniques sacerdotales.

⁷⁰Les sacrificateurs et les Lévites, les gens du peuple, les chantres, les portiers et les Néthiniens s'établirent dans leurs villes. Tout Israël habita dans ses villes.

Chapitre 3

¹Le septième mois arriva, et les enfants d'Israël étaient dans leurs villes. Alors le peuple s'assembla comme un seul homme à Jérusalem.

²Josué, fils de Jotsadak, avec ses frères les sacrificateurs, et Zorobabel, fils de Schealthiel, avec ses frères, se levèrent et bâtirent l'autel du Dieu d'Israël, pour y offrir des holocaustes, selon ce qui est écrit dans la loi de Moïse, homme de Dieu.

³Ils rétablirent l'autel sur ses fondements, quoiqu'ils eussent à craindre les peuples du pays, et ils y offrirent des holocaustes à l'Éternel, les holocaustes du matin et du soir.

⁴Ils célébrèrent la fête des tabernacles, comme il est écrit, et ils offrirent jour par jour des holocaustes, selon le nombre ordonné pour chaque jour.

⁵Après cela, ils offrirent l'holocauste perpétuel, les holocaustes des nouvelles lunes et de toutes les solennités consacrées à l'Éternel, et ceux de quiconque faisait des offrandes volontaires à l'Éternel.

⁶Dès le premier jour du septième mois, ils commencèrent à offrir à l'Éternel des holocaustes. Cependant les fondements du temple de l'Éternel n'étaient pas encore posés.

⁷On donna de l'argent aux tailleurs de pierres et aux charpentiers, et des vivres, des boissons et de l'huile aux Sidoniens et aux Tyriens, pour qu'ils amenassent par mer jusqu'à Japho des bois de cèdre du Liban, suivant l'autorisation qu'on avait eue de Cyrus, roi de Perse.

⁸La seconde année depuis leur arrivée à la maison de Dieu à Jérusalem, au second mois, Zorobabel, fils de Schealthiel, Josué, fils de Jotsadak, avec le reste de leurs frères les sacrificateurs et les Lévites, et tous ceux qui étaient revenus de la captivité à Jérusalem, se mirent à l'oeuvre et chargèrent les Lévites de vingt ans et au-dessus de surveiller les travaux de la maison de l'Éternel.

⁹Et Josué, avec ses fils et ses frères, Kadmiel, avec ses fils, fils de Juda, les fils de Hénadad, avec leurs fils et leurs frères les Lévites, se préparèrent tous ensemble à surveiller ceux qui travaillaient à la maison de Dieu.

¹⁰Lorsque les ouvriers posèrent les fondements du temple de l'Éternel, on fit assister les sacrificateurs en costume, avec les trompettes, et les Lévites, fils d'Asaph, avec les cymbales, afin qu'ils célébrassent l'Éternel, d'après les ordonnances de David, roi d'Israël.

¹¹Ils chantaient, célébrant et louant l'Éternel par ces paroles: Car il est bon, car sa miséricorde pour Israël dure à toujours! Et tout le peuple poussait de grands cris de joie en célébrant l'Éternel, parce qu'on posait les fondements de la maison de l'Éternel.

¹²Mais plusieurs des sacrificateurs et des Lévites, et des chefs de famille âgés, qui avaient vu la première maison, pleuraient à grand bruit pendant qu'on posait sous leurs yeux les fondements de cette maison. Beaucoup d'autres faisaient éclater leur joie par des cris,

¹³en sorte qu'on ne pouvait distinguer le bruit des cris de joie d'avec le bruit des pleurs parmi le peuple, car le peuple poussait de grands cris dont le son s'entendait au loin.

Chapitre 4

¹Les ennemis de Juda et de Benjamin apprirent que les fils de la captivité bâtissaient un temple à l'Éternel, le Dieu d'Israël.

²Ils vinrent auprès de Zorobabel et des chefs de familles, et leur dirent: Nous bâtirons avec vous; car, comme vous, nous invoquons votre Dieu, et nous lui offrons des sacrifices depuis le temps d'Ésar Haddon, roi d'Assyrie, qui nous a fait monter ici.

³Mais Zorobabel, Josué, et les autres chefs des familles d'Israël, leur répondirent: Ce n'est pas à vous et à nous de bâtir la maison de notre Dieu; nous la bâtirons nous seuls à l'Éternel, le Dieu d'Israël, comme nous l'a ordonné le roi Cyrus, roi de Perse.

⁴Alors les gens du pays découragèrent le peuple de Juda; ils l'intimidèrent pour l'empêcher de bâtir,

⁵et ils gagnèrent à prix d'argent des conseillers pour faire échouer son entreprise. Il en fut ainsi pendant toute la vie de Cyrus, roi de Perse, et jusqu'au règne de Darius, roi de Perse.

⁶Sous le règne d'Assuérus, au commencement de son règne, ils écrivirent une accusation contre les habitants de Juda et de Jérusalem.

⁷Et du temps d'Artaxerxès, Bischlam, Mithredath, Thabeel, et le reste de leurs collègues, écrivirent à Artaxerxès, roi de Perse. La lettre fut transcrite en caractères araméens et traduite en araméen.

⁸Rehum, gouverneur, et Schimschaï, secrétaire écrivirent au roi Artaxerxès la lettre suivante concernant Jérusalem:

⁹Rehum, gouverneur, Schimschaï, secrétaire, et le reste de leurs collègues, ceux de Din, d'Arpharsathac, de Tharpel, d'Apharas, d'Érec, de Babylone, de Suse, de Déha, d'Élam,

¹⁰et les autres peuples que le grand et illustre Osnappar a transportés et établis dans la ville de Samarie et autres lieux de ce côté du fleuve, etc.

¹¹C'est ici la copie de la lettre qu'ils envoyèrent au roi Artaxerxès: Tes serviteurs, les gens de ce côté du fleuve, etc.

¹²Que le roi sache que les Juifs partis de chez toi et arrivés parmi nous à Jérusalem rebâtissent la ville rebelle et méchante, en relèvent les murs et en restaurent les fondements.

¹³Que le roi sache donc que, si cette ville est rebâtie et si ses murs sont relevés, ils ne paieront ni tribut, ni impôt, ni droit de passage, et que le trésor royal en souffrira.

¹⁴Or, comme nous mangeons le sel du palais et qu'il ne nous paraît pas convenable de voir mépriser le roi, nous envoyons au roi ces informations.

¹⁵Qu'on fasse des recherches dans le livre des mémoires de tes pères; et tu trouveras et verras dans le livre des mémoires que cette ville est une ville rebelle, funeste aux rois et aux provinces, et qu'on s'y est livré à la révolte dès les temps anciens. C'est pourquoi cette ville a été détruite.

¹⁶Nous faisons savoir au roi que, si cette ville est rebâtie et si ses murs sont relevés, par cela même tu n'auras plus de possession de ce côté du fleuve.

¹⁷Réponse envoyée par le roi à Rehum, gouverneur, à Schimschaï, secrétaire, et au reste de leurs collègues, demeurant à Samarie et autres lieux de l'autre côté du fleuve: Salut, etc.

¹⁸La lettre que vous nous avez envoyée a été lue exactement devant moi.

¹⁹J'ai donné ordre de faire des recherches; et l'on a trouvé que dès les temps anciens cette ville s'est soulevée contre les rois, et qu'on s'y est livré à la sédition et à la révolte.

²⁰Il y eut à Jérusalem des rois puissants, maîtres de tout le pays de l'autre côté du fleuve, et auxquels on payait tribut, impôt, et droit de passage.

²¹En conséquence, ordonnez de faire cesser les travaux de ces gens, afin que cette ville ne se rebâtisse point avant une autorisation de ma part.

²²Gardez-vous de mettre en cela de la négligence, de peur que le mal n'augmente au préjudice des rois.

²³Aussitôt que la copie de la lettre du roi Artaxerxès eut été lue devant Rehum, Schimschaï, le secrétaire, et leurs collègues, ils allèrent en hâte à Jérusalem vers les Juifs, et firent cesser leurs travaux par violence et par force.

²⁴Alors s'arrêta l'ouvrage de la maison de Dieu à Jérusalem, et il fut interrompu jusqu'à la seconde année du règne de Darius, roi de Perse.

Chapitre 5

¹Aggée, le prophète, et Zacharie, fils d'Iddo, le prophète, prophétisèrent aux Juifs qui étaient en Juda et à Jérusalem, au nom du Dieu d'Israël.

²Alors Zorobabel, fils de Schealthiel, et Josué, fils de Jotsadak, se levèrent et commencèrent à bâtir la maison de Dieu à Jérusalem. Et avec eux étaient les prophètes de Dieu, qui les assistaient.

³Dans ce même temps, Thathnaï, gouverneur de ce côté du fleuve, Schethar Boznaï, et leurs collègues, vinrent auprès d'eux et leur parlèrent ainsi: Qui vous a donné l'autorisation de bâtir cette maison et de relever ces murs?

⁴Ils leur dirent encore: Quels sont les noms des hommes qui construisent cet édifice?

⁵Mais l'oeil de Dieu veillait sur les anciens des Juifs. Et on laissa continuer les travaux pendant l'envoi d'un rapport à Darius et jusqu'à la réception d'une lettre sur cet objet.

⁶Copie de la lettre envoyée au roi Darius par Thathnaï, gouverneur de ce côté du fleuve. Schethar Boznaï, et leurs collègues d'Apharsac, demeurant de ce côté du fleuve.

⁷Ils lui adressèrent un rapport ainsi conçu: Au roi Darius, salut!

⁸Que le roi sache que nous sommes allés dans la province de Juda, à la maison du grand Dieu. Elle se construit en pierres de taille, et le bois se pose dans les murs; le travail marche rapidement et réussit entre leurs mains.

⁹Nous avons interrogé les anciens, et nous leur avons ainsi parlé: Qui vous a donné l'autorisation de bâtir cette maison et de relever ces murs?

¹⁰Nous leur avons aussi demandé leurs noms pour te les faire connaître, et nous avons mis par écrit les noms des hommes qui sont à leur tête.

¹¹Voici la réponse qu'ils nous ont faite: Nous sommes les serviteurs du Dieu des cieux et de la terre, et nous rebâtissons la maison qui avait été construite il y a bien des années; un grand roi d'Israël l'avait bâtie et achevée.

¹²Mais après que nos pères eurent irrité le Dieu des cieux, il les livra entre les mains de Nebucadnetsar, roi de Babylone, le Chaldéen, qui détruisit cette maison et emmena le peuple captif à Babylone.

¹³Toutefois, la première année de Cyrus, roi de Babylone, le roi Cyrus donna l'ordre de rebâtir cette maison de Dieu.

¹⁴Et même le roi Cyrus ôta du temple de Babylone les ustensiles d'or et d'argent de la maison de Dieu, que Nebucadnetsar avait enlevés du temple de Jérusalem et transportés dans le temple de Babylone, il les fit remettre au nommé Scheschbatsar, qu'il établit gouverneur,

Esdras

¹⁵et il lui dit: Prends ces ustensiles, va les déposer dans le temple de Jérusalem, et que la maison de Dieu soit rebâtie sur le lieu où elle était.

¹⁶Ce Scheschbatsar est donc venu, et il a posé les fondements de la maison de Dieu à Jérusalem; depuis lors jusqu'à présent elle se construit, et elle n'est pas achevée.

¹⁷Maintenant, si le roi le trouve bon, que l'on fasse des recherches dans la maison des trésors du roi à Babylone, pour voir s'il y a eu de la part du roi Cyrus un ordre donné pour la construction de cette maison de Dieu à Jérusalem. Puis, que le roi nous transmette sa volonté sur cet objet.

Chapitre 6

¹Alors le roi Darius donna ordre de faire des recherches dans la maison des archives où l'on déposait les trésors à Babylone.

²Et l'on trouva à Achmetha, capitale de la province de Médie, un rouleau sur lequel était écrit le mémoire suivant:

³La première année du roi Cyrus, le roi Cyrus a donné cet ordre au sujet de la maison de Dieu à Jérusalem: Que la maison soit rebâtie, pour être un lieu où l'on offre des sacrifices, et qu'elle ait des solides fondements. Elle aura soixante coudées de hauteur, soixante coudées de largeur,

⁴trois rangées de pierres de taille et une rangée de bois neuf. Les frais seront payés par la maison du roi.

⁵De plus, les ustensiles d'or et d'argent de la maison de Dieu, que Nebucadnetsar avait enlevés du temple de Jérusalem et transportés à Babylone, seront rendus, transportés au temple de Jérusalem à la place où ils étaient, et déposés dans la maison de Dieu.

⁶Maintenant, Thathnaï, gouverneur de l'autre côté du fleuve, Schethar Boznaï, et vos collègues d'Apharsac, qui demeurez de l'autre côté du fleuve, tenez-vous loin de ce lieu.

⁷Laissez continuer les travaux de cette maison de Dieu; que le gouverneur des Juifs et les anciens des Juifs la rebâtissent sur l'emplacement qu'elle occupait.

⁸Voici l'ordre que je donne touchant ce que vous aurez à faire à l'égard de ces anciens des Juifs pour la construction de cette maison de Dieu: les frais, pris sur les biens du roi provenant des tributs de l'autre côté du fleuve, seront exactement payés à ces hommes, afin qu'il n'y ait pas d'interruption.

⁹Les choses nécessaires pour les holocaustes du Dieu des cieux, jeunes taureaux, béliers et agneaux, froment, sel, vin et huile, seront livrées, sur leur demande, aux sacrificateurs de Jérusalem, jour par jour et sans manquer,

¹⁰afin qu'ils offrent des sacrifices de bonne odeur au Dieu des cieux et qu'ils prient pour la vie du roi et de ses fils.

¹¹Et voici l'ordre que je donne touchant quiconque transgressera cette parole: on arrachera de sa maison une pièce de bois, on la dressera pour qu'il y soit attaché, et l'on fera de sa maison un tas d'immondices.

¹²Que le Dieu qui fait résider en ce lieu son nom renverse tout roi et tout peuple qui étendraient la main pour transgresser ma parole, pour détruire cette maison de Dieu à Jérusalem! Moi, Darius, j'ai donné cet ordre. Qu'il soit ponctuellement exécuté.

¹³Thathnaï, gouverneur de ce côté du fleuve, Schethar Boznaï, et leurs collègues, se conformèrent ponctuellement à cet ordre que leur envoya le roi Darius.

¹⁴Et les anciens des Juifs bâtirent avec succès, selon les prophéties d'Aggée, le prophète, et de Zacharie, fils d'Iddo; ils bâtirent et achevèrent, d'après l'ordre du Dieu d'Israël, et d'après l'ordre de Cyrus, de Darius, et d'Artaxerxès, rois de Perse.

¹⁵La maison fut achevée le troisième jour du mois d'Adar, dans la sixième année du règne du roi Darius.

¹⁶Les enfants d'Israël, les sacrificateurs et les Lévites, et le reste des fils de la captivité, firent avec joie la dédicace de cette maison de Dieu.

¹⁷Ils offrirent, pour la dédicace de cette maison de Dieu, cent taureaux, deux cents béliers, quatre cents agneaux, et, comme victimes expiatoires pour tout Israël, douze boucs, d'après le nombre des tribus d'Israël.

¹⁸Ils établirent les sacrificateurs selon leurs classes et les Lévites selon leurs divisions pour le service de Dieu à Jérusalem, comme il est écrit dans le livre de Moïse.

¹⁹Les fils de la captivité célébrèrent la Pâque le quatorzième jour du premier mois.

²⁰Les sacrificateurs et les Lévites s'étaient purifiés de concert, tous étaient purs; ils immolèrent la Pâque pour tous les fils de la captivité, pour leurs frères les sacrificateurs, et pour eux-mêmes.

²¹Les enfants d'Israël revenus de la captivité mangèrent la Pâque, avec tous ceux qui s'étaient éloignés de l'impureté des nations du pays et qui se joignirent à eux pour chercher l'Éternel, le Dieu d'Israël.

²²Ils célébrèrent avec joie pendant sept jours la fête des pains sans levain, car l'Éternel les avait réjouis en disposant le roi d'Assyrie à les soutenir dans l'oeuvre de la maison de Dieu, du Dieu d'Israël.

Chapitre 7

¹Après ces choses, sous le règne d'Artaxerxès, roi de Perse, vint Esdras, fils de Seraja, fils d'Azaria, fils de Hilkija,

²fils de Schallum, fils de Tsadok, fils d'Achithub,

³fils d'Amaria, fils d'Azaria, fils de Merajoth,

⁴fils de Zerachja, fils d'Uzzi, fils de Bukki,

⁵fils d'Abischua, fils de Phinées, fils d'Éléazar, fils d'Aaron, le souverain sacrificateur.

⁶Cet Esdras vint de Babylone: c'était un scribe versé dans la loi de Moïse, donnée par l'Éternel, le Dieu d'Israël. Et comme la main de l'Éternel, son Dieu, était sur lui, le roi lui accorda tout ce qu'il avait demandé.

⁷Plusieurs des enfants d'Israël, des sacrificateurs et des Lévites, des chantres, des portiers, et des Néthiniens, vinrent aussi à Jérusalem, la septième année du roi Artaxerxès.

⁸Esdras arriva à Jérusalem au cinquième mois de la septième année du roi;

⁹il était parti de Babylone le premier jour du premier mois, et il arriva à Jérusalem le premier jour du cinquième mois, la bonne main de son Dieu étant sur lui.

¹⁰Car Esdras avait appliqué son coeur à étudier et à mettre en pratique la loi de l'Éternel, et à enseigner au milieu d'Israël les lois et les ordonnances.

¹¹Voici la copie de la lettre donnée par le roi Artaxerxès à Esdras, sacrificateur et scribe, enseignant les commandements et les lois de l'Éternel concernant Israël.

¹²Artaxerxès, roi des rois, à Esdras, sacrificateur et scribe, versé dans la loi du Dieu des cieux, etc.

¹³J'ai donné ordre de laisser aller tous ceux du peuple d'Israël, de ses sacrificateurs et de ses Lévites, qui se trouvent dans mon royaume, et qui sont disposés à partir avec toi pour Jérusalem.

¹⁴Tu es envoyé par le roi et ses sept conseillers pour inspecter Juda et Jérusalem d'après la loi de ton Dieu, laquelle est entre tes mains,

¹⁵et pour porter l'argent et l'or que le roi et ses conseillers ont généreusement offerts au Dieu d'Israël, dont la demeure est à Jérusalem,

¹⁶tout l'argent et l'or que tu trouveras dans toute la province de Babylone, et les dons volontaires faits par le peuple et les sacrificateurs pour la maison de leur Dieu à Jérusalem.

¹⁷En conséquence, tu auras soin d'acheter avec cet argent des taureaux, des béliers, des agneaux, et ce qui est nécessaire pour les offrandes et les libations, et tu les offriras sur l'autel de la maison de votre Dieu à Jérusalem.

¹⁸Vous ferez avec le reste de l'argent et de l'or ce que vous jugerez bon de faire, toi et tes frères, en vous conformant à la volonté de votre Dieu.

¹⁹Dépose devant le Dieu de Jérusalem les ustensiles qui te sont remis pour le service de la maison de ton Dieu.

²⁰Tu tireras de la maison des trésors du roi ce qu'il faudra pour les autres dépenses que tu auras à faire concernant la maison de ton Dieu.

²¹Moi, le roi Artaxerxès, je donne l'ordre à tous les trésoriers de l'autre côté du fleuve de livrer exactement à Esdras, sacrificateur et scribe, versé dans la loi du Dieu des cieux, tout ce qu'il vous demandera,

²²jusqu'à cent talents d'argent, cent cors de froment, cent baths de vin, cent baths d'huile, et du sel à discrétion.

²³Que tout ce qui est ordonné par le Dieu des cieux se fasse ponctuellement pour la maison du Dieu des cieux, afin que sa colère ne soit pas sur le royaume, sur le roi et sur ses fils.

²⁴Nous vous faisons savoir qu'il ne peut être levé ni tribut, ni impôt, ni droit de passage, sur aucun des sacrificateurs, des Lévites, des chantres, des portiers, des Néthiniens, et des serviteurs de cette maison de Dieu.

²⁵Et toi, Esdras, selon la sagesse de Dieu que tu possèdes, établis des juges et des magistrats qui rendent la justice à tout le peuple de l'autre côté du fleuve, à tous ceux qui connaissent les lois de ton Dieu; et fais-les connaître à ceux qui ne le connaissent pas.

²⁶Quiconque n'observera pas ponctuellement la loi de ton Dieu et la loi du roi sera condamné à la mort, au bannissement, à une amende, ou à la prison.

²⁷Béni soit l'Éternel, le Dieu de nos pères, qui a disposé le coeur du roi à glorifier ainsi la maison de l'Éternel à Jérusalem,

²⁸et qui m'a rendu l'objet de la bienveillance du roi, de ses

conseillers, et de tous ses puissants chefs! Fortifié par la main de l'Éternel, mon Dieu, qui était sur moi, j'ai rassemblé les chefs d'Israël, afin qu'ils partissent avec moi.

Chapitre 8

¹Voici les chefs de familles et les généalogies de ceux qui montèrent avec moi de Babylone, sous le règne du roi Artaxerxès.

²Des fils de Phinées, Guerschom; des fils d'Ithamar, Daniel; des fils de David, Hatthusch, des fils de Schecania;

³des fils de Pareosch, Zacharie, et avec lui cent cinquante mâles enregistrés;

⁴des fils de Pachat Moab, Eljoénaï, fils de Zerachja, et avec lui deux cents mâles;

⁵des fils de Schecania, le fils de Jachaziel, et avec lui trois cents mâles;

⁶des fils d'Adin, Ébed, fils de Jonathan, et avec lui cinquante mâles;

⁷des fils d'Élam, Ésaïe, fils d'Athalia, et avec lui soixante-dix mâles;

⁸des fils de Schephathia, Zebadia, fils de Micaël, et avec lui quatre-vingts mâles;

⁹des fils de Joab, Abdias, fils de Jehiel, et avec lui deux cent dix-huit mâles;

¹⁰des fils de Schelomith, le fils de Josiphia, et avec lui cent soixante mâles;

¹¹des fils de Bébaï, Zacharie, fils de Bébaï, et avec lui vingt-huit mâles;

¹²des fils d'Azgad, Jochanan, fils d'Hakkathan, et avec lui cent dix mâles;

¹³des fils d'Adonikam, les derniers, dont voici les noms: Éliphéleth, Jeïel et Schemaeja, et avec eux soixante mâles;

¹⁴des fils de Bigvaï, Uthaï et Zabbud, et avec eux soixante-dix mâles.

¹⁵Je les rassemblai près du fleuve qui coule vers Ahava, et nous campâmes là trois jours. Je dirigeai mon attention sur le peuple et sur les sacrificateurs, et je n'y trouvai là aucun des fils de Lévi.

¹⁶Alors je fis appeler les chefs Éliézer, Ariel, Schemaeja, Elnathan, Jarib, Elnathan, Nathan, Zacharie et Meschullam, et les docteurs Jojarib et Elnathan.

¹⁷Je les envoyai vers le chef Iddo, demeurant à Casiphia, et je mis dans leur bouche ce qu'ils devaient dire à Iddo et à ses frères les Néthiniens qui étaient à Casiphia, afin qu'ils nous amenassent des serviteurs pour la maison de notre Dieu.

¹⁸Et, comme la bonne main de notre Dieu était sur nous, ils nous amenèrent Schérébia, homme de sens, d'entre les fils de Machli, fils de Lévi, fils d'Israël, et avec lui ses fils et ses frères, au nombre de dix-huit;

¹⁹Haschabia, et avec lui Ésaïe, d'entre les fils de Merari, ses frères et leurs fils, au nombre de vingt;

²⁰et d'entre les Néthiniens, que David et les chefs avaient mis au service des Lévites, deux cent vingt Néthiniens, tous désignés par leurs noms.

²¹Là, près du fleuve d'Ahava, je publiai un jeûne d'humiliation devant notre Dieu, afin d'implorer de lui un heureux voyage pour nous, pour nos enfants, et pour tout ce qui nous appartenait.

²²J'aurais eu honte de demander au roi une escorte et des cavaliers pour nous protéger contre l'ennemi pendant la route, car nous avions dit au roi: La main de notre Dieu est pour leur bien sur tous ceux qui le cherchent, mais sa force et sa colère sont sur tous ceux qui l'abandonnent.

²³C'est à cause de cela que nous jeûnâmes et que nous invoquâmes notre Dieu. Et il nous exauça.

²⁴Je choisis douze chefs des sacrificateurs, Schérébia, Haschabia, et dix de leurs frères.

²⁵Je pesai devant eux l'argent, l'or, et les ustensiles, donnés en offrande pour la maison de notre Dieu par le roi, ses conseillers et ses chefs, et par tous ceux d'Israël qu'on avait trouvés.

²⁶Je remis entre leurs mains six cent cinquante talents d'argent, des ustensiles d'argent pour cent talents, cent talents d'or,

²⁷vingt coupes d'or valant mille dariques, et deux vases d'un bel airain poli, aussi précieux que l'or.

²⁸Puis je leur dis: Vous êtes consacrés à l'Éternel; ces ustensiles sont des choses saintes, et cet argent et cet or sont une offrande volontaire à l'Éternel, le Dieu de vos pères.

²⁹Soyez vigilants, et prenez cela sous votre garde, jusqu'à ce que vous le pesiez devant les chefs des sacrificateurs et les Lévites, et devant les chefs de familles d'Israël, à Jérusalem, dans les chambres de la maison de l'Éternel.

³⁰Et les sacrificateurs et les Lévites reçurent au poids l'argent, l'or et les ustensiles, pour les porter à Jérusalem, dans la maison de notre Dieu.

³¹Nous partîmes du fleuve d'Ahava pour nous rendre à Jérusalem, le douzième jour du premier mois. La main de notre Dieu fut sur nous et nous préserva des attaques de l'ennemi et de toute embûche pendant la route.

³²Nous arrivâmes à Jérusalem, et nous nous y reposâmes trois jours.

³³Le quatrième jour, nous pesâmes dans la maison de notre Dieu l'argent, l'or, et les ustensiles, que nous remîmes à Merémoth, fils d'Urie, le sacrificateur; il y avait avec lui Éléazar, fils de Phinées, et avec eux les Lévites Jozabad, fils de Josué, et Noadia, fils de Binnuï.

³⁴Le tout ayant été vérifié, soit pour le nombre, soit pour le poids, on mit alors par écrit le poids du tout.

³⁵Les fils de la captivité revenus de l'exil offrirent en holocauste au Dieu d'Israël douze taureaux pour tout Israël, quatre-vingt-seize béliers, soixante-dix-sept agneaux, et douze boucs comme victimes expiatoires, le tout en holocauste à l'Éternel.

³⁶Ils transmirent les ordres du roi aux satrapes du roi et aux gouverneurs de ce côté du fleuve, lesquels honorèrent le peuple et la maison de Dieu.

Chapitre 9

¹Après que cela fut terminé, les chefs s'approchèrent de moi, en disant: Le peuple d'Israël, les sacrificateurs et les Lévites ne se sont point séparés des peuples de ces pays, et ils imitent leurs abominations, celles des Cananéens, des Héthiens, des Phéréziens, des Jébusiens, des Ammonites, des Moabites, des Égyptiens et des Amoréens.

²Car ils ont pris de leurs filles pour eux et pour leurs fils, et ont mêlé la race sainte avec les peuples de ces pays; et les chefs et les magistrats ont été les premiers à commettre ce péché.

³Lorsque j'entendis cela, je déchirai mes vêtements et mon manteau, je m'arrachai les cheveux de la tête et les poils de la barbe, et je m'assis désolé.

⁴Auprès de moi s'assemblèrent tous ceux que faisaient trembler les paroles du Dieu d'Israël, à cause du péché des fils de la captivité; et moi, je restai assis et désolé, jusqu'à l'offrande du soir.

⁵Puis, au moment de l'offrande du soir, je me levai du sein de mon humiliation, avec mes vêtements et mon manteau déchirés, je tombai à genoux, j'étendis les mains vers l'Éternel, mon Dieu,

⁶et je dis: Mon Dieu, je suis dans la confusion, et j'ai honte, ô mon Dieu, de lever ma face vers toi; car nos iniquités se sont multipliées par-dessus nos têtes, et nos fautes ont atteint jusqu'aux cieux.

⁷Depuis les jours de nos pères nous avons été grandement coupables jusqu'à ce jour, et c'est à cause de nos iniquités que nous avons été livrés, nous, nos rois et nos sacrificateurs, aux mains des rois étrangers, à l'épée, à la captivité, au pillage, et à la honte qui couvre aujourd'hui notre visage.

⁸Et cependant l'Éternel, notre Dieu, vient de nous faire grâce en nous laissant quelques réchappés et en nous accordant un abri dans son saint lieu, afin d'éclaircir nos yeux et de nous donner un peu de vie au milieu de notre servitude.

⁹Car nous sommes esclaves, mais Dieu ne nous a pas abandonnés dans notre servitude. Il nous a rendus les objets de la bienveillance des rois de Perse, pour conserver la vie afin que nous puissions bâtir la maison de notre Dieu et en relever les ruines, et pour nous donner une retraite en Juda et à Jérusalem.

¹⁰Maintenant, que dirons-nous après cela, ô notre Dieu? Car nous avons abandonné tes commandements,

¹¹que tu nous avais prescrits par tes serviteurs les prophètes, en disant: Le pays dans lequel vous entrez pour le posséder est un pays souillé par les impuretés des peuples de ces contrées, par les abominations dont ils l'ont rempli d'un bout à l'autre avec leurs impuretés;

¹²ne donnez donc point vos filles à leurs fils et ne prenez point leurs filles pour vos fils, et n'ayez jamais souci ni de leur prospérité ni de leur bien-être, et ainsi vous deviendrez forts, vous mangerez les meilleures productions du pays, et vous le laisserez pour toujours en héritage à vos fils.

¹³Après tout ce qui nous est arrivé à cause des mauvaises actions et des grandes fautes que nous avons commises, quoique tu ne nous aies pas, ô notre Dieu, punis en proportion de nos iniquités, et maintenant que tu nous as conservé ces réchappés,

¹⁴recommencerions-nous à violer tes commandements et à nous allier avec ces peuples abominables? Ta colère n'éclaterait-elle pas encore contre nous jusqu'à nous détruire, sans laisser ni reste ni

Esdras
réchappés?

¹⁵Éternel, Dieu d'Israël, tu es juste, car nous sommes aujourd'hui un reste de réchappés. Nous voici devant toi comme des coupables, et nous ne saurions ainsi subsister devant ta face.

Chapitre 10

¹Pendant qu'Esdras, pleurant et prosterné devant la maison de Dieu, faisait cette prière et cette confession, il s'était rassemblé auprès de lui une foule très nombreuse de gens d'Israël, hommes, femmes et enfants, et le peuple répandait d'abondantes larmes.

²Alors Schecania, fils de Jehiel, d'entre les fils d'Élam, prit la parole et dit à Esdras: Nous avons péché contre notre Dieu, en nous alliant à des femmes étrangères qui appartiennent aux peuples du pays. Mais Israël ne reste pas pour cela sans espérance.

³Faisons maintenant une alliance avec notre Dieu pour le renvoi de toutes ces femmes et de leurs enfants, selon l'avis de mon seigneur et de ceux qui tremblent devant les commandements de notre Dieu. Et que l'on agisse d'après la loi.

⁴Lève-toi, car cette affaire te regarde. Nous serons avec toi. Prends courage et agis.

⁵Esdras se leva, et il fit jurer aux chefs des sacrificateurs, des Lévites, et de tout Israël, de faire ce qui venait d'être dit. Et ils le jurèrent.

⁶Puis Esdras se retira de devant la maison de Dieu, et il alla dans la chambre de Jochanan, fils d'Éliaschib; quand il y fut entré, il ne mangea point de pain et il ne but point d'eau, parce qu'il était dans la désolation à cause du péché des fils de la captivité.

⁷On publia dans Juda et à Jérusalem que tous les fils de la captivité eussent à se réunir à Jérusalem,

⁸et que, d'après l'avis des chefs et des anciens, quiconque ne s'y serait pas rendu dans trois jours aurait tous ses biens confisqués et serait lui-même exclu de l'assemblée des fils de la captivité.

⁹Tous les hommes de Juda et de Benjamin se rassemblèrent à Jérusalem dans les trois jours. C'était le vingtième jour du neuvième mois. Tout le peuple se tenait sur la place de la maison de Dieu, tremblant à cause de la circonstance et par suite de la pluie.

¹⁰Esdras, le sacrificateur, se leva et leur dit: Vous avez péché en vous alliant à des femmes étrangères, et vous avez rendu Israël encore plus coupable.

¹¹Confessez maintenant votre faute à l'Éternel, le Dieu de vos pères, et faites sa volonté! Séparez-vous des peuples du pays et des femmes étrangères.

¹²Toute l'assemblée répondit d'une voix haute: A nous de faire comme tu l'as dit!

¹³Mais le peuple est nombreux, le temps est à la pluie, et il n'est pas possible de rester dehors; d'ailleurs, ce n'est pas l'oeuvre d'un jour ou deux, car il y en a beaucoup parmi nous qui ont péché dans cette affaire.

¹⁴Que nos chefs restent donc pour toute l'assemblée; et tous ceux qui dans nos villes se sont alliés à des femmes étrangères viendront à des époques fixes, avec les anciens et les juges de chaque ville, jusqu'à ce que l'ardente colère de notre Dieu se soit détournée de nous au sujet de cette affaire.

¹⁵Jonathan, fils d'Asaël, et Jachzia, fils de Thikva, appuyés par Meschullam et par le Lévite Schabthai, furent les seuls à combattre cet avis,

¹⁶auquel se conformèrent les fils de la captivité. On choisit Esdras, le sacrificateur, et des chefs de famille selon leurs maisons paternelles, tous désignés par leurs noms; et ils siégèrent le premier jour du dixième mois pour s'occuper de la chose.

¹⁷Le premier jour du premier mois, ils en finirent avec tous les hommes qui s'étaient alliés à des femmes étrangères.

¹⁸Parmi les fils de sacrificateurs, il s'en trouva qui s'étaient alliés à des femmes étrangères: des fils de Josué, fils de Jotsadak, et de ses frères, Maaséja, Éliézer, Jarib et Guedalia,

¹⁹qui s'engagèrent, en donnant la main, à renvoyer leurs femmes et à offrir un bélier en sacrifice de culpabilité;

²⁰des fils d'Immer, Hanani et Zebadia;

²¹des fils de Harim, Maaséja, Élie, Schemaeja, Jehiel et Ozias;

²²des fils de Paschhur, Eljoénaï, Maaséja, Ismaël, Nethaneel, Jozabad et Éleasa.

²³Parmi les Lévites: Jozabad, Schimeï, Kélaja ou Kelitha, Pethachja, Juda et Éliézer.

²⁴Parmi les chantres: Éliaschib. Parmi les portiers: Schallum, Thélem et Uri.

²⁵Parmi ceux d'Israël: des fils de Pareosch, Ramia, Jizzija, Malkija, Mijamin, Éléazar, Malkija et Benaja;

²⁶des fils d'Élam, Matthania, Zacharie, Jehiel, Abdi, Jerémoth et Élie;

²⁷des fils de Zatthu, Eljoénaï, Éliaschib, Matthania, Jerémoth, Zabad et Aziza;

²⁸des fils de Bébaï, Jochanan, Hanania, Zabbaï et Athlaï;

²⁹des fils de Bani, Meschullam, Malluc, Adaja, Jaschub, Scheal et Ramoth;

³⁰des fils de Pachath Moab, Adna, Kelal, Benaja, Maaséja, Matthania, Betsaleel, Binnuï et Manassé;

³¹des fils de Harim, Éliézer, Jischija, Malkija, Schemaeja, Siméon,

³²Benjamin, Malluc et Schemaria;

³³des fils de Haschum, Matthnaï, Matthattha, Zabad, Éliphéleth, Jerémaï, Manassé et Schimeï;

³⁴des fils de Bani, Maadaï, Amram, Uel,

³⁵Benaja, Bédia, Keluhu,

³⁶Vania, Merémoth, Éliaschib,

³⁷Matthania, Matthnaï, Jaasaï,

³⁸Bani, Binnuï, Schimeï,

³⁹Schélémia, Nathan, Adaja,

⁴⁰Macnadbaï, Schaschaï, Scharaï,

⁴¹Azareel, Schélémia, Schemaria,

⁴²Schallum, Amaria et Joseph;

⁴³des fils de Nebo, Jeïel, Matthithia, Zabad, Zebina, Jaddaï, Joël et Benaja.

⁴⁴Tous ceux-là avaient pris des femmes étrangères, et plusieurs en avaient eu des enfants.

Néhémie

Chapitre 1

¹Paroles de Néhémie, fils de Hacalia. Au mois de Kisleu, la vingtième année, comme j'étais à Suse, dans la capitale,

²Hanani, l'un de mes frères, et quelques hommes arrivèrent de Juda. Je les questionnai au sujet des Juifs réchappés qui étaient restés de la captivité, et au sujet de Jérusalem.

³Ils me répondirent: Ceux qui sont restés de la captivité sont là dans la province, au comble du malheur et de l'opprobre; les murailles de Jérusalem sont en ruines, et ses portes sont consumées par le feu.

⁴Lorsque j'entendis ces choses, je m'assis, je pleurai, et je fus plusieurs jours dans la désolation. Je jeûnai et je priai devant le Dieu des cieux,

⁵et je dis: O Éternel, Dieu des cieux, Dieu grand et redoutable, toi qui gardes ton alliance et qui fais miséricorde à ceux qui t'aiment et qui observent tes commandements!

⁶Que ton oreille soit attentive et que tes yeux soient ouverts: écoute la prière que ton serviteur t'adresse en ce moment, jour et nuit, pour tes serviteurs les enfants d'Israël, en confessant les péchés des enfants d'Israël, nos péchés contre toi; car moi et la maison de mon père, nous avons péché.

⁷Nous t'avons offensé, et nous n'avons point observé les commandements, les lois et les ordonnances que tu prescrivis à Moïse, ton serviteur.

⁸Souviens-toi de cette parole que tu donnas ordre à Moïse, ton serviteur, de prononcer. Lorsque vous pécherez, je vous disperserai parmi les peuples;

⁹mais si vous revenez à moi, et si vous observez mes commandements et les mettez en pratique, alors, quand vous seriez exilés à l'extrémité du ciel, de là je vous rassemblerai et je vous ramènerai dans le lieu que j'ai choisi pour y faire résider mon nom.

¹⁰Ils sont tes serviteurs et ton peuple, que tu as rachetés par ta grande puissance et par ta main forte.

¹¹Ah! Seigneur, que ton oreille soit attentive à la prière de ton serviteur, et à la prière de tes serviteurs qui veulent craindre ton nom! Donne aujourd'hui du succès à ton serviteur, et fais-lui trouver grâce devant cet homme! J'étais alors échanson du roi.

Chapitre 2

¹Au mois de Nisan, la vingtième année du roi Artaxerxès, comme le vin était devant lui, je pris le vin et je l'offris au roi. Jamais je n'avais paru triste en sa présence.

²Le roi me dit: Pourquoi as-tu mauvais visage? Tu n'es pourtant pas malade; ce ne peut être qu'un chagrin de coeur. Je fus saisi d'une grande crainte,

³et je répondis au roi: Que le roi vive éternellement! Comment n'aurais-je pas mauvais visage, lorsque la ville où sont les sépulcres de mes pères est détruite et que ses portes sont consumées par le feu?

⁴Et le roi me dit: Que demandes-tu? Je priai le Dieu des cieux,

⁵et je répondis au roi: Si le roi le trouve bon, et si ton serviteur lui est agréable, envoie-moi en Juda, vers la ville des sépulcres de mes pères, pour que je la rebâtisse.

⁶Le roi, auprès duquel la reine était assise, me dit alors: Combien ton voyage durera-t-il, et quand seras-tu de retour? Il plut au roi de me laisser partir, et je lui fixai un temps.

⁷Puis je dis au roi: Si le roi le trouve bon, qu'on me donne des lettres pour les gouverneurs de l'autre côté du fleuve, afin qu'ils me laissent passer et entrer en Juda,

⁸et une lettre pour Asaph, garde forestier du roi, afin qu'il me fournisse du bois de charpente pour les portes de la citadelle près de la maison, pour la muraille de la ville, et pour la maison que j'occuperai. Le roi me donna ces lettres, car la bonne main de mon Dieu était sur moi.

⁹Je me rendis auprès des gouverneurs de l'autre côté du fleuve, et je leur remis les lettres du roi, qui m'avait fait accompagner par des chefs de l'armée et par des cavaliers.

¹⁰Sanballat, le Horonite, et Tobija, le serviteur ammonite, l'ayant appris, eurent un grand déplaisir de ce qu'il venait un homme pour chercher le bien des enfants d'Israël.

¹¹J'arrivai à Jérusalem, et j'y passai trois jours.

¹²Après quoi, je me levai pendant la nuit avec quelques hommes, sans avoir dit à personne ce que mon Dieu m'avait mis au coeur de faire pour Jérusalem. Il n'y avait avec moi d'autre bête de somme que ma propre monture.

¹³Je sortis de nuit par la porte de la vallée, et je me dirigeai contre la source du dragon et vers la porte du fumier, considérant les murailles en ruines de Jérusalem et réfléchissant à ses portes consumées par le feu.

¹⁴Je passai près de la porte de la source et de l'étang du roi, et il n'y avait point de place par où pût passer la bête qui était sous moi.

¹⁵Je montai de nuit par le torrent, et je considérai encore la muraille. Puis je rentrai par la porte de la vallée, et je fus ainsi de retour.

¹⁶Les magistrats ignoraient où j'étais allé, et ce que je faisais. Jusqu'à ce moment, je n'avais rien dit aux Juifs, ni aux sacrificateurs, ni aux grands, ni aux magistrats, ni à aucun de ceux qui s'occupaient des affaires.

¹⁷Je leur dis alors: Vous voyez le malheureux état où nous sommes! Jérusalem est détruite, et ses portes sont consumées par le feu! Venez, rebâtissons la muraille de Jérusalem, et nous ne serons plus dans l'opprobre.

¹⁸Et je leur racontai comment la bonne main de mon Dieu avait été sur moi, et quelles paroles le roi m'avait adressées. Ils dirent: Levons-nous, et bâtissons! Et ils se fortifièrent dans cette bonne résolution.

¹⁹Sanballat, le Horonite, Tobija, le serviteur ammonite, et Guéschem, l'Arabe, en ayant été informés, se moquèrent de nous et nous méprisèrent. Ils dirent: Que faites-vous là? Vous révoltez-vous contre le roi?

²⁰Et je leur fis cette réponse: Le Dieu des cieux nous donnera le succès. Nous, ses serviteurs, nous nous lèverons et nous bâtirons; mais vous, vous n'avez ni part, ni droit, ni souvenir dans Jérusalem.

Chapitre 3

¹Éliaschib, le souverain sacrificateur, se leva avec ses frères, les sacrificateurs, et ils bâtirent la porte des brebis. Ils la consacrèrent et en posèrent les battants; ils la consacrèrent, depuis la tour de Méa jusqu'à la tour de Hananeel.

²A côté d'Éliaschib bâtirent les hommes de Jéricho; à côté de lui bâtit aussi Zaccur, fils d'Imri.

³Les fils de Senaa bâtirent la porte des poissons. Ils la couvrirent, et en posèrent les battants, les verrous et les barres.

⁴A côté d'eux travailla aux réparations Merémoth, fils d'Urie, fils d'Hakkots; à côté d'eux travailla Meschullam, fils de Bérékia, fils de Meschézabeel; à côté d'eux travailla Tsadok, fils de Baana;

⁵à côté d'eux travaillèrent les Tekoïtes, dont les principaux ne se soumirent pas au service de leur seigneur.

⁶Jojada, fils de Paséach, et Meschullam, fils de Besodia, réparèrent la vieille porte. Ils la couvrirent, et en posèrent les battants, les verrous et les barres.

⁷A côté d'eux travaillèrent Melatia, le Gabaonite, Jadon, le Méronothite, et les hommes de Gabaon et de Mitspa, ressortissant au siège du gouverneur de ce côté du fleuve;

⁸à côté d'eux travailla Uzziel, fils de Harhaja, d'entre les orfèvres, et à côté de lui travailla Hanania, d'entre les parfumeurs. Ils laissèrent Jérusalem jusqu'à la muraille large.

⁹A côté d'eux travailla aux réparations Rephaja, fils de Hur, chef de la moitié du district de Jérusalem.

¹⁰A côté d'eux travailla vis-à-vis de sa maison Jedaja, fils de Harumaph, et à côté de lui travailla Hattusch, fils de Haschabnia.

¹¹Une autre portion de la muraille et la tour des fours furent réparées par Malkija, fils de Harim, et par Haschub, fils de Pachath Moab.

¹²A côté d'eux travailla, avec ses filles, Schallum, fils d'Hallochesch, chef de la moitié du district de Jérusalem.

¹³Hanun et les habitants de Zanoach réparèrent la porte de la vallée. Ils la bâtirent, et en posèrent les battants, les verrous et les barres. Ils firent de plus mille coudées de mur jusqu'à la porte du fumier.

¹⁴Malkija, fils de Récab, chef du district de Beth Hakkérem, répara la porte du fumier. Il la bâtit, et en posa les battants, les verrous et les barres.

¹⁵Schallum, fils de Col Hozé, chef du district de Mitspa, répara la porte de la source. Il la bâtit, la couvrit, et en posa les battants, les verrous et les barres. Il fit de plus le mur de l'étang de Siloé, près du jardin du roi, jusqu'aux degrés qui descendent de la cité de David.

¹⁶Après lui Néhémie, fils d'Azbuk, chef de la moitié du district de Beth Tsur, travailla aux réparations jusque vis-à-vis des sépulcres de David, jusqu'à l'étang qui avait été construit, et jusqu'à la maison des héros.

¹⁷Après lui travaillèrent les Lévites, Rehum, fils de Bani, et à côté de lui travailla pour son district Haschabia, chef de la moitié du district

de Keïla.

¹⁸Après lui travaillèrent leurs frères, Bavvaï, fils de Hénadad, chef de la moitié du district de Keïla;

¹⁹et à côté de lui Ézer, fils de Josué, chef de Mitspa, répara une autre portion de la muraille, vis-à-vis de la montée de l'arsenal, à l'angle.

²⁰Après lui Baruc, fils de Zabbaï, répara avec ardeur une autre portion, depuis l'angle jusqu'à la porte de la maison d'Éliaschib, le souverain sacrificateur.

²¹Après lui Merémoth, fils d'Urie, fils d'Hakkots, répara une autre portion depuis la porte de la maison d'Éliaschib jusqu'à l'extrémité de la maison d'Éliaschib.

²²Après lui travaillèrent les sacrificateurs des environs de Jérusalem.

²³Après eux Benjamin et Haschub travaillèrent vis-à-vis de leur maison. Après eux Azaria, fils de Maaséja, fils d'Anania, travailla à côté de sa maison.

²⁴Après lui Binnuï, fils de Hénadad, répara une autre portion, depuis la maison d'Azaria jusqu'à l'angle et jusqu'au coin.

²⁵Palal, fils d'Uzaï, travailla vis-à-vis de l'angle et de la tour supérieure qui fait saillie en avant de la maison du roi près de la cour de la prison. Après lui travailla Pedaja, fils de Pareosch.

²⁶Les Néthiniens demeurant sur la colline travaillèrent jusque vis-à-vis de la porte des eaux, à l'orient, et de la tour en saillie.

²⁷Après eux les Tekoïtes réparèrent une autre portion, vis-à-vis de la grande tour en saillie jusqu'au mur de la colline.

²⁸Au-dessus de la porte des chevaux, les sacrificateurs travaillèrent chacun devant sa maison.

²⁹Après eux Tsadok, fils d'Immer, travailla devant sa maison. Après lui travailla Schemaeja, fils de Schecania, gardien de la porte de l'orient.

³⁰Après eux Hanania, fils de Schélémia, et Hanun, le sixième fils de Tsalaph, réparèrent une autre portion de la muraille. Après eux Meschullam, fils de Bérékia, travailla vis-à-vis de sa chambre.

³¹Après lui Malkija, d'entre les orfèvres, travailla jusqu'aux maisons des Néthiniens et des marchands, vis-à-vis de la porte de Miphkad, et jusqu'à la chambre haute du coin.

³²Les orfèvres et les marchands travaillèrent entre la chambre haute du coin et la porte des brebis.

Chapitre 4

¹Lorsque Sanballat apprit que nous rebâtissions la muraille, il fut en colère et très irrité.

²Il se moqua des Juifs, et dit devant ses frères et devant les soldats de Samarie: A quoi travaillent ces Juifs impuissants? Les laissera-t-on faire? Sacrifieront-ils? Vont-ils achever? Redonneront-ils vie à des pierres ensevelies sous des monceaux de poussière et consumées par le feu?

³Tobija, l'Ammonite, était à côté de lui, et il dit: Qu'ils bâtissent seulement! Si un renard s'élance, il renversera leur muraille de pierres!

⁴Écoute, ô notre Dieu, comme nous sommes méprisés! Fais retomber leurs insultes sur leur tête, et livre-les au pillage sur une terre où ils soient captifs.

⁵Ne pardonne pas leur iniquité, et que leur péché ne soit pas effacé de devant toi; car ils ont offensé ceux qui bâtissent.

⁶Nous rebâtîmes la muraille, qui fut partout achevée jusqu'à la moitié de sa hauteur. Et le peuple prit à coeur ce travail.

⁷Mais Sanballat, Tobija, les Arabes, les Ammonites et les Asdodiens, furent très irrités en apprenant que la réparation des murs avançait et que les brèches commençaient à se fermer.

⁸Ils se liguèrent tous ensemble pour venir attaquer Jérusalem et lui causer du dommage.

⁹Nous priâmes notre Dieu, et nous établîmes une garde jour et nuit pour nous défendre contre leurs attaques.

¹⁰Cependant Juda disait: Les forces manquent à ceux qui portent les fardeaux, et les décombres sont considérables; nous ne pourrons pas bâtir la muraille.

¹¹Et nos ennemis disaient: Ils ne sauront et ne verront rien jusqu'à ce que nous arrivions au milieu d'eux; nous les tuerons, et nous ferons ainsi cesser l'ouvrage.

¹²Or les Juifs qui habitaient près d'eux vinrent dix fois nous avertir, de tous les lieux d'où ils se rendaient vers nous.

¹³C'est pourquoi je plaçai, dans les enfoncements derrière la muraille et sur des terrains secs, le peuple par familles, tous avec leurs épées, leurs lances et leurs arcs.

¹⁴Je regardai, et m'étant levé, je dis aux grands, aux magistrats, et au reste du peuple: Ne les craignez pas! Souvenez-vous du Seigneur, grand et redoutable, et combattez pour vos frères, pour vos fils et vos filles, pour vos femmes et pour vos maisons!

¹⁵Lorsque nos ennemis apprirent que nous étions avertis, Dieu anéantit leur projet, et nous retournâmes tous à la muraille, chacun à son ouvrage.

¹⁶Depuis ce jour, la moitié de mes serviteurs travaillait, et l'autre moitié était armée de lances, de boucliers, d'arcs et de cuirasses. Les chefs étaient derrière toute la maison de Juda.

¹⁷Ceux qui bâtissaient la muraille, et ceux qui portaient ou chargeaient les fardeaux, travaillaient d'une main et tenaient une arme de l'autre;

¹⁸chacun d'eux, en travaillant, avait son épée ceinte autour des reins. Celui qui sonnait de la trompette se tenait près de moi.

¹⁹Je dis aux grands, aux magistrats, et au reste du peuple: L'ouvrage est considérable et étendu, et nous sommes dispersés sur la muraille, éloignés les uns des autres.

²⁰Au son de la trompette, rassemblez-vous auprès de nous, vers le lieu d'où vous l'entendrez; notre Dieu combattra pour nous.

²¹C'est ainsi que nous poursuivions l'ouvrage, la moitié d'entre nous la lance à la main depuis le lever de l'aurore jusqu'à l'apparition des étoiles.

²²Dans ce même temps, je dis encore au peuple: Que chacun passe la nuit dans Jérusalem avec son serviteur; faisons la garde pendant la nuit, et travaillons pendant le jour.

²³Et nous ne quittions point nos vêtements, ni moi, ni mes frères, ni mes serviteurs, ni les hommes de garde qui me suivaient; chacun n'avait que ses armes et de l'eau.

Chapitre 5

¹Il s'éleva de la part des gens du peuple et de leurs femmes de grandes plaintes contre leurs frères les Juifs.

²Les uns disaient: Nous, nos fils et nos filles, nous sommes nombreux; qu'on nous donne du blé, afin que nous mangions et que nous vivions.

³D'autres disaient: Nous engageons nos champs, nos vignes, et nos maisons, pour avoir du blé pendant la famine.

⁴D'autres disaient: Nous avons emprunté de l'argent sur nos champs et nos vignes pour le tribut du roi.

⁵Et pourtant notre chair est comme la chair de nos frères, nos enfants sont comme leurs enfants; et voici, nous soumettons à la servitude nos fils et nos filles, et plusieurs de nos filles y sont déjà réduites; nous sommes sans force, et nos champs et nos vignes sont à d'autres.

⁶Je fus très irrité lorsque j'entendis leurs plaintes et ces paroles-là.

⁷Je résolus de faire des réprimandes aux grands et aux magistrats, et je leur dis: Quoi! vous prêtez à intérêt à vos frères! Et je rassemblai autour d'eux une grande foule,

⁸et je leur dis: Nous avons racheté selon notre pouvoir nos frères les Juifs vendus aux nations; et vous vendriez vous-mêmes vos frères, et c'est à nous qu'ils seraient vendus! Ils se turent, ne trouvant rien à répondre.

⁹Puis je dis: Ce que vous faites n'est pas bien. Ne devriez-vous pas marcher dans la crainte de notre Dieu, pour n'être pas insultés par les nations nos ennemies?

¹⁰Moi aussi, et mes frères et mes serviteurs, nous leur avons prêté de l'argent et du blé. Abandonnons ce qu'ils nous doivent!

¹¹Rendez-leur donc aujourd'hui leurs champs, leurs vignes, leurs oliviers et leurs maisons, et le centième de l'argent, du blé, du moût et de l'huile que vous avez exigé d'eux comme intérêt.

¹²Ils répondirent: Nous les rendrons, et nous ne leur demanderons rien, nous ferons ce que tu dis. Alors j'appelai les sacrificateurs, devant lesquels je les fis jurer de tenir parole.

¹³Et je secouai mon manteau, en disant: Que Dieu secoue de la même manière hors de sa maison et de ses biens tout homme qui n'aura point tenu parole, et qu'ainsi cet homme soit secoué et laissé à vide! Toute l'assemblée dit: Amen! On célébra l'Éternel. Et le peuple tint parole.

¹⁴Dès le jour où le roi m'établit leur gouverneur dans le pays de Juda, depuis la vingtième année jusqu'à la trente-deuxième année du roi Artaxerxès, pendant douze ans, ni moi ni mes frères n'avons vécu des revenus du gouverneur.

¹⁵Avant moi, les premiers gouverneurs accablaient le peuple, et recevaient de lui du pain et du vin, outre quarante sicles d'argent; leurs serviteurs mêmes opprimaient le peuple. Je n'ai point agi de la sorte, par crainte de Dieu.

¹⁶Bien plus, j'ai travaillé à la réparation de cette muraille, et nous n'avons acheté aucun champ, et mes serviteurs tous ensemble étaient à l'ouvrage.

¹⁷J'avais à ma table cent cinquante hommes, Juifs et magistrats, outre ceux qui venaient à nous des nations d'alentour.

¹⁸On m'apprêtait chaque jour un boeuf, six moutons choisis, et des oiseaux; et tous les dix jours on préparait en abondance tout le vin nécessaire. Malgré cela, je n'ai point réclamé les revenus du gouverneur, parce que les travaux étaient à la charge de ce peuple.

¹⁹Souviens-toi favorablement de moi, ô mon Dieu, à cause de tout ce que j'ai fait pour ce peuple!

Chapitre 6

¹Je n'avais pas encore posé les battants des portes, lorsque Sanballat, Tobija, Guéschem, l'Arabe, et nos autres ennemis apprirent que j'avais rebâti la muraille et qu'il n'y restait plus de brèche.

²Alors Sanballat et Guéschem m'envoyèrent dire: Viens, et ayons ensemble une entrevue dans les villages de la vallée d'Ono. Ils avaient médité de me faire du mal.

³Je leur envoyai des messagers avec cette réponse: J'ai un grand ouvrage à exécuter, et je ne puis descendre; le travail serait interrompu pendant que je quitterais pour aller vers vous.

⁴Ils m'adressèrent quatre fois la même demande, et je leur fis la même réponse.

⁵Sanballat m'envoya ce message une cinquième fois par son serviteur, qui tenait à la main une lettre ouverte.

⁶Il y était écrit: Le bruit se répand parmi les nations et Gaschmu affirme que toi et les Juifs vous pensez à vous révolter, et que c'est dans ce but que tu rebâtis la muraille. Tu vas, dit-on, devenir leur roi,

⁷tu as même établi des prophètes pour te proclamer à Jérusalem roi de Juda. Et maintenant ces choses arriveront à la connaissance du roi. Viens donc, et consultons-nous ensemble.

⁸Je fis répondre à Sanballat: Ce que tu dis là n'est pas; c'est toi qui l'inventes!

⁹Tous ces gens voulaient nous effrayer, et ils se disaient: Ils perdront courage, et l'oeuvre ne se fera pas. Maintenant, ô Dieu, fortifie-moi!

¹⁰Je me rendis chez Schemaeja, fils de Delaja, fils de Mehétabeel. Il s'était enfermé, et il dit: Allons ensemble dans la maison de Dieu, au milieu du temple, et fermons les portes du temple; car ils viennent pour te tuer, et c'est pendant la nuit qu'ils viendront pour te tuer.

¹¹Je répondis: Un homme comme moi prendre la fuite! Et quel homme tel que moi pourrait entrer dans le temple et vivre? Je n'entrerai point.

¹²Et je reconnus que ce n'était pas Dieu qui l'envoyait. Mais il prophétisa ainsi sur moi parce que Sanballat et Tobija lui avaient donné de l'argent.

¹³En le gagnant ainsi, ils espéraient que j'aurais peur, et que je suivrais ses avis et commettrais un péché; et ils auraient profité de cette atteinte à ma réputation pour me couvrir d'opprobre.

¹⁴Souviens-toi, ô mon Dieu, de Tobija et de Sanballat, et de leurs oeuvres! Souviens-toi aussi de Noadia, la prophétesse, et des autres prophètes qui cherchaient à m'effrayer!

¹⁵La muraille fut achevée le vingt-cinquième jour du mois d'Élul, en cinquante-deux jours.

¹⁶Lorsque tous nos ennemis l'apprirent, toutes les nations qui étaient autour de nous furent dans la crainte; elles éprouvèrent une grande humiliation, et reconnurent que l'oeuvre s'était accomplie par la volonté de notre Dieu.

¹⁷Dans ce temps-là, il y avait aussi des grands de Juda qui adressaient fréquemment des lettres à Tobija et qui en recevaient de lui.

¹⁸Car plusieurs en Juda étaient liés à lui par serment, parce qu'il était gendre de Schecania, fils d'Arach, et que son fils Jochanan avait pris la fille de Meschullam, fils de Bérékia.

¹⁹Ils disaient même du bien de lui en ma présence, et ils lui rapportaient mes paroles. Tobija envoyait des lettres pour m'effrayer.

Chapitre 7

¹Lorsque la muraille fut rebâtie et que j'eus posé les battants des portes, on établit dans leurs fonctions les portiers, les chantres et les Lévites.

²Je donnai mes ordres à Hanani, mon frère, et à Hanania, chef de la citadelle de Jérusalem, homme supérieur au grand nombre par sa fidélité et par sa crainte de Dieu.

³Je leur dis: Les portes de Jérusalem ne s'ouvriront pas avant que la chaleur du soleil soit venue, et l'on fermera les battants aux verrous en votre présence; les habitants de Jérusalem feront la garde, chacun à son poste devant sa maison.

⁴La ville était spacieuse et grande, mais peu peuplée, et les maisons n'étaient pas bâties.

⁵Mon Dieu me mit au coeur d'assembler les grands, les magistrats et le peuple, pour en faire le dénombrement. Je trouvai un registre généalogique de ceux qui étaient montés les premiers, et j'y vis écrit ce qui suit.

⁶Voici ceux de la province qui revinrent de l'exil, ceux que Nebucadnetsar, roi de Babylone, avait emmenés captifs, et qui retournèrent à Jérusalem et en Juda, chacun dans sa ville.

⁷Ils partirent avec Zorobabel, Josué, Néhémie, Azaria, Raamia, Nachamani, Mardochée, Bilschan, Mispéreth, Bigvaï, Nehum, Baana. Nombre des hommes du peuple d'Israël:

⁸les fils de Pareosch, deux mille cent soixante-douze;

⁹les fils de Schephathia, trois cent soixante-douze;

¹⁰les fils d'Arach, six cent cinquante-deux;

¹¹les fils de Pachath Moab, des fils de Josué et de Joab, deux mille huit cent dix-huit;

¹²les fils d'Élam, mille deux cent cinquante-quatre;

¹³les fils de Zatthu, huit cent quarante-cinq;

¹⁴les fils de Zaccaï, sept cent soixante;

¹⁵les fils de Binnuï, six cent quarante-huit;

¹⁶les fils de Bébaï, six cent vingt-huit;

¹⁷les fils d'Azgad, deux mille trois cent vingt-deux;

¹⁸les fils d'Adonikam, six cent soixante-sept;

¹⁹les fils de Bigvaï, deux mille soixante-sept;

²⁰les fils d'Adin, six cent cinquante-cinq;

²¹les fils d'Ather, de la famille d'Ézéchias, quatre-vingt-dix-huit;

²²les fils de Haschum, trois cent vingt-huit;

²³les fils de Betsaï, trois cent vingt-quatre;

²⁴les fils de Hariph, cent douze;

²⁵les fils de Gabaon, quatre-vingt-quinze;

²⁶les gens de Bethléhem et de Netopha, cent quatre-vingt-huit;

²⁷les gens d'Anathoth, cent vingt-huit;

²⁸les gens de Beth Azmaveth, quarante-deux;

²⁹les gens de Kirjath Jearim, de Kephira et de Beéroth, sept cent quarante-trois;

³⁰les gens de Rama et de Guéba, six cent vingt et un;

³¹les gens de Micmas, cent vingt-deux;

³²les gens de Béthel et d'Aï, cent vingt-trois;

³³les gens de l'autre Nebo, cinquante-deux;

³⁴les fils de l'autre Élam, mille deux cent cinquante-quatre;

³⁵les fils de Harim, trois cent vingt;

³⁶les fils de Jéricho, trois cent quarante-cinq;

³⁷les fils de Lod, de Hadid et d'Ono, sept cent vingt et un;

³⁸les fils de Senaa, trois mille neuf cent trente.

³⁹Sacrificateurs: les fils de Jedaeja, de la maison de Josué, neuf cent soixante-treize;

⁴⁰les fils d'Immer, mille cinquante-deux;

⁴¹les fils de Paschhur, mille deux cent quarante-sept;

⁴²les fils de Harim, mille dix-sept.

⁴³Lévites: les fils de Josué et de Kadmiel, des fils d'Hodva, soixante-quatorze.

⁴⁴Chantres: les fils d'Asaph, cent quarante-huit.

⁴⁵Portiers: les fils de Schallum, les fils d'Ather, les fils de Thalmon, les fils d'Akkub, les fils de Hathitha, les fils de Schobaï, cent trente-huit.

⁴⁶Néthiniens: les fils de Tsicha, les fils de Hasupha, les fils de Thabbaoth,

⁴⁷les fils de Kéros, les fils de Sia, les fils de Padon,

⁴⁸les fils de Lebana, les fils de Hagaba, les fils de Salmaï,

⁴⁹les fils de Hanan, les fils de Guiddel, les fils de Gachar,

⁵⁰les fils de Reaja, les fils de Retsin, les fils de Nekoda,

⁵¹les fils de Gazzam, les fils d'Uzza, les fils de Paséach,

⁵²les fils de Bésaï, les fils de Mehunim, les fils de Nephischsim,

⁵³les fils de Bakbuk, les fils de Hakupha, les fils de Harhur,

⁵⁴les fils de Batslith, les fils de Mehida, les fils de Harscha,

⁵⁵les fils de Barkos, les fils de Sisera, les fils de Thamach,

⁵⁶les fils de Netsiach, les fils de Hathipha.

⁵⁷Fils des serviteurs de Salomon: les fils de Sothaï, les fils de Sophéreth, les fils de Perida,

⁵⁸les fils de Jaala, les fils de Darkon, les fils de Guiddel,

⁵⁹les fils de Schephathia, les fils de Hatthil, les fils de Pokéreth Hatsebaïm, les fils d'Amon.

⁶⁰Total des Néthiniens et des fils des serviteurs de Salomon: trois cent quatre-vingt-douze.

⁶¹Voici ceux qui partirent de Thel Mélach, de Thel Harscha, de Kerub Addon, et d'Immer, et qui ne purent pas faire connaître leur maison paternelle et leur race, pour prouver qu'ils étaient d'Israël.

⁶²Les fils de Delaja, les fils de Tobija, les fils de Nekoda, six cent

quarante-deux.

⁶³Et parmi les sacrificateurs: les fils de Hobaja, les fils d'Hakkots, les fils de Barzillaï, qui avait pris pour femme une des filles de Barzillaï, le Galaadite, et fut appelé de leur nom.

⁶⁴Ils cherchèrent leurs titres généalogiques, mais ils ne les trouvèrent point. On les exclut du sacerdoce.

⁶⁵et le gouverneur leur dit de ne pas manger des choses très saintes jusqu'à ce qu'un sacrificateur eût consulté l'urim et le thummim.

⁶⁶L'assemblée tout entière était de quarante-deux mille trois cent soixante personnes,

⁶⁷sans compter leurs serviteurs et leurs servantes, au nombre de sept mille trois cent trente-sept. Parmi eux se trouvaient deux cent quarante-cinq chantres et chanteuses.

⁶⁸Ils avaient sept cent trente-six chevaux, deux cent quarante-cinq mulets,

⁶⁹quatre cent trente-cinq chameaux, et six mille sept cent vingt ânes.

⁷⁰Plusieurs des chefs de famille firent des dons pour l'oeuvre. Le gouverneur donna au trésor mille dariques d'or, cinquante coupes, cinq cent trente tuniques sacerdotales.

⁷¹Les chefs de familles donnèrent au trésor de l'oeuvre vingt mille dariques d'or et deux mille deux cents mines d'argent.

⁷²Le reste du peuple donna vingt mille dariques d'or, deux mille mines d'argent, et soixante-sept tuniques sacerdotales.

⁷³Les sacrificateurs et les Lévites, les portiers, les chantres, les gens du peuple, les Néthiniens et tout Israël s'établirent dans leurs villes. Le septième mois arriva, et les enfants d'Israël étaient dans leurs villes.

Chapitre 8

¹Alors tout le peuple s'assembla comme un seul homme sur la place qui est devant la porte des eaux. Ils dirent à Esdras, le scribe, d'apporter le livre de la loi de Moïse, prescrite par l'Éternel à Israël.

²Et le sacrificateur Esdras apporta la loi devant l'assemblée, composée d'hommes et de femmes et de tous ceux qui étaient capables de l'entendre. C'était le premier jour du septième mois.

³Esdras lut dans le livre depuis le matin jusqu'au milieu du jour, sur la place qui est devant la porte des eaux, en présence des hommes et des femmes et de ceux qui étaient capables de l'entendre. Tout le peuple fut attentif à la lecture du livre de la loi.

⁴Esdras, le scribe, était placé sur une estrade de bois, dressée à cette occasion. Auprès de lui, à sa droite, se tenaient Matthithia, Schéma, Anaja, Urie, Hilkija et Maaséja, et à sa gauche, Pedaja, Mischaël, Malkija, Haschum, Haschbaddana, Zacharie et Meschullam.

⁵Esdras ouvrit le livre à la vue de tout le peuple, car il était élevé au-dessus de tout le peuple; et lorsqu'il l'eut ouvert, tout le peuple se tint en place.

⁶Esdras bénit l'Éternel, le grand Dieu, et tout le peuple répondit, en levant les mains: Amen! amen! Et ils s'inclinèrent et se prosternèrent devant l'Éternel, le visage contre terre.

⁷Josué, Bani, Schérébia, Jamin, Akkub, Schabbethaï, Hodija, Maaséja, Kelitha, Azaria, Jozabad, Hanan, Pelaja, et les Lévites, expliquaient la loi au peuple, et chacun restait à sa place.

⁸Ils lisaient distinctement dans le livre de la loi de Dieu, et ils en donnaient le sens pour faire comprendre ce qu'ils avaient lu.

⁹Néhémie, le gouverneur, Esdras, le sacrificateur et le scribe, et les Lévites qui enseignaient le peuple, dirent à tout le peuple: Ce jour est consacré à l'Éternel, votre Dieu; ne soyez pas dans la désolation et dans les larmes! Car tout le peuple pleurait en entendant les paroles de la loi.

¹⁰Ils leur dirent: Allez, mangez des viandes grasses et buvez des liqueurs douces, et envoyez des portions à ceux qui n'ont rien de préparé, car ce jour est consacré à notre Seigneur; ne vous affligez pas, car la joie de l'Éternel sera votre force.

¹¹Les Lévites calmaient tout le peuple, en disant: Taisez-vous, car ce jour est saint; ne vous affligez pas!

¹²Et tout le peuple s'en alla pour manger et boire, pour envoyer des portions, et pour se livrer à de grandes réjouissances. Car ils avaient compris les paroles qu'on leur avait expliquées.

¹³Le second jour, les chefs de famille de tout le peuple, les sacrificateurs et les Lévites, s'assemblèrent auprès d'Esdras, le scribe, pour entendre l'explication des paroles de la loi.

¹⁴Et ils trouvèrent écrit dans la loi que l'Éternel avait prescrite par Moïse, que les enfants d'Israël devaient habiter sous des tentes pendant la fête du septième mois,

¹⁵et proclamer cette publication dans toutes leurs villes et à Jérusalem: Allez chercher à la montagne des rameaux d'olivier, rameaux d'olivier sauvage, des rameaux de myrte, des rameaux de palmier, et des rameaux d'arbres touffus, pour faire des tentes, comme il est écrit.

¹⁶Alors le peuple alla chercher des rameaux, et ils se firent des tentes sur le toit de leurs maisons, dans leurs cours, dans les parvis de la maison de Dieu, sur la place de la porte des eaux et sur la place de la porte d'Éphraïm.

¹⁷Toute l'assemblée de ceux qui étaient revenus de la captivité fit des tentes, et ils habitèrent sous ces tentes. Depuis le temps de Josué, fils de Nun, jusqu'à ce jour, les enfants d'Israël n'avaient rien fait de pareil. Et il y eut de très grandes réjouissances.

¹⁸On lut dans le livre de la loi de Dieu chaque jour, depuis le premier jour jusqu'au dernier. On célébra la fête pendant sept jours, et il y eut une assemblée solennelle le huitième jour, comme cela est ordonné.

Chapitre 9

¹Le vingt-quatrième jour du même mois, les enfants d'Israël s'assemblèrent, revêtus de sacs et couverts de poussière, pour la célébration d'un jeûne.

²Ceux qui étaient de la race d'Israël, s'étant séparés de tous les étrangers, se présentèrent et confessèrent leurs péchés et les iniquités de leurs pères.

³Lorsqu'ils furent placés, on lut dans le livre de la loi de l'Éternel, leur Dieu; pendant un quart de la journée; et pendant un autre quart ils confessèrent leurs péchés et se prosternèrent devant l'Éternel, leur Dieu.

⁴Josué, Bani, Kadmiel, Schebania, Bunni, Schérébia, Bani et Kenani montèrent sur l'estrade des Lévites et crièrent à haute voix vers l'Éternel, leur Dieu.

⁵Et les Lévites Josué, Kadmiel, Bani, Haschabnia, Schérébia, Hodija, Schebania et Pethachja, dirent: Levez-vous, bénissez l'Éternel, votre Dieu, d'éternité en éternité! Que l'on bénisse ton nom glorieux, qui est au-dessus de toute bénédiction et de toute louange!

⁶C'est toi, Éternel, toi seul, qui as fait les cieux, les cieux des cieux et toute leur armée, la terre et tout ce qui est sur elle, les mers et tout ce qu'elles renferment. Tu donnes la vie à toutes ces choses, et l'armée des cieux se prosterne devant toi.

⁷C'est toi, Éternel Dieu, qui as choisi Abram, qui l'as fait sortir d'Ur en Chaldée, et qui lui as donné le nom d'Abraham.

⁸Tu trouvas son coeur fidèle devant toi, tu fis alliance avec lui, et tu promis de donner à sa postérité le pays des Cananéens, des Héthiens, des Amoréens, des Phéréziens, des Jébusiens et des Guirgasiens. Et tu as tenu ta parole, car tu es juste.

⁹Tu vis l'affliction de nos pères en Égypte, et tu entendis leurs cris vers la mer Rouge.

¹⁰Tu opéras des miracles et des prodiges contre Pharaon, contre tous ses serviteurs et contre tout le peuple de son pays, parce que tu savais avec quelle méchanceté ils avaient traité nos pères, et tu fis paraître ta gloire comme elle paraît aujourd'hui.

¹¹Tu fendis la mer devant eux, et ils passèrent à sec au milieu de la mer; mais tu précipitas dans l'abîme, comme une pierre au fond des eaux, ceux qui marchaient à leur poursuite.

¹²Tu les guidas le jour par une colonne de nuée, et la nuit par une colonne de feu qui les éclairait dans le chemin qu'ils avaient à suivre.

¹³Tu descendis sur la montagne de Sinaï, tu leur parlas du haut des cieux, et tu leur donnas des ordonnances justes, des lois de vérité, des préceptes et des commandements excellents.

¹⁴Tu leur fis connaître ton saint sabbat, et tu leur prescrivis par Moïse, ton serviteur, des commandements, des préceptes et une loi.

¹⁵Tu leur donnas, du haut des cieux, du pain quand ils avaient faim, et tu fis sortir de l'eau du rocher quand ils avaient soif. Et tu leur dis d'entrer en possession du pays que tu avais juré de leur donner.

¹⁶Mais nos pères se livrèrent à l'orgueil et raidirent leur cou. Ils n'écoutèrent point tes commandements,

¹⁷ils refusèrent d'obéir, et ils mirent en oubli les merveilles que tu avais faites en leur faveur. Ils raidirent leur cou; et, dans leur rébellion, ils se donnèrent un chef pour retourner à leur servitude. Mais toi, tu es un Dieu prêt à pardonner, compatissant et miséricordieux, lent à la colère et riche en bonté, et tu ne les abandonnas pas,

¹⁸même quand ils se firent un veau en fonte et dirent: Voici ton Dieu qui t'a fait sortir d'Égypte, et qu'ils se livrèrent envers toi à de grands outrages.

¹⁹Dans ton immense miséricorde, tu ne les abandonnas pas au désert, et la colonne de nuée ne cessa point de les guider le jour dans leur chemin, ni la colonne de feu de les éclairer la nuit dans le chemin qu'ils avaient à suivre.

²⁰Tu leur donnas ton bon esprit pour les rendre sages, tu ne refusas point ta manne à leur bouche, et tu leur fournis de l'eau pour leur soif.

²¹Pendant quarante ans, tu pourvus à leur entretien dans le désert,

et ils ne manquèrent de rien, leurs vêtements ne s'usèrent point, et leurs pieds ne s'enflèrent point.

²²Tu leur livras des royaumes et des peuples, dont tu partageas entre eux les contrées, et ils possédèrent le pays de Sihon, roi de Hesbon, et le pays d'Og, roi de Basan.

²³Tu multiplias leurs fils comme les étoiles des cieux, et tu les fis entrer dans le pays dont tu avais dit à leurs pères qu'ils prendraient possession.

²⁴Et leurs fils entrèrent et prirent possession du pays; tu humilias devant eux les habitants du pays, les Cananéens, et tu les livras entre leurs mains, avec leurs rois et les peuples du pays, pour qu'ils les traitassent à leur gré.

²⁵Ils devinrent maîtres de villes fortifiées et de terres fertiles; ils possédèrent des maisons remplies de toutes sortes de biens, des citernes creusées, des vignes, des oliviers, et des arbres fruitiers en abondance; ils mangèrent, ils se rassasièrent, ils s'engraissèrent, et ils vécurent dans les délices par ta grande bonté.

²⁶Néanmoins, ils se soulevèrent et se révoltèrent contre toi. Ils jetèrent ta loi derrière leur dos, ils tuèrent tes prophètes qui les conjuraient de revenir à toi, et ils se livrèrent envers toi à de grands outrages.

²⁷Alors tu les abandonnas entre les mains de leurs ennemis, qui les opprimèrent. Mais, au temps de leur détresse, ils crièrent à toi; et toi, tu les entendis du haut des cieux, et, dans ta grande miséricorde, tu leur donnas des libérateurs qui les sauvèrent de la main de leurs ennemis.

²⁸Quand ils eurent du repos, ils recommencèrent à faire le mal devant toi. Alors tu les abandonnas entre les mains de leurs ennemis, qui les dominèrent. Mais, de nouveau, ils crièrent à toi; et toi, tu les entendis du haut des cieux, et, dans ta grande miséricorde, tu les délivras maintes fois.

²⁹Tu les conjuras de revenir à ta loi; et ils persévérèrent dans l'orgueil, ils n'écoutèrent point tes commandements, ils péchèrent contre tes ordonnances, qui font vivre celui qui les met en pratique, ils eurent une épaule rebelle, ils raidirent leur cou, et ils n'obéirent point.

³⁰Tu les supportas de nombreuses années, tu leur donnas des avertissements par ton esprit, par tes prophètes; et ils ne prêtèrent point l'oreille. Alors tu les livras entre les mains des peuples étrangers.

³¹Mais, dans ta grande miséricorde, tu ne les anéantis pas, et tu ne les abandonnas pas, car tu es un Dieu compatissant et miséricordieux.

³²Et maintenant, ô notre Dieu, Dieu grand, puissant et redoutable, toi qui gardes ton alliance et qui exerces la miséricorde, ne regarde pas comme peu de chose toutes les souffrances que nous avons éprouvées, nous, nos rois, nos chefs, nos sacrificateurs, nos prophètes, nos pères et tout ton peuple, depuis les temps des rois d'Assyrie jusqu'à ce jour.

³³Tu as été juste dans tout ce qui nous est arrivé, car tu t'es montré fidèle, et nous avons fait le mal.

³⁴Nos rois, nos chefs, nos sacrificateurs et nos pères n'ont point observé ta loi, et ils n'ont été attentifs ni à tes commandements ni aux avertissements que tu leur adressais.

³⁵Pendant qu'ils étaient les maîtres, au milieu des bienfaits nombreux que tu leur accordais, dans le pays vaste et fertile que tu leur avais livré, ils ne t'ont point servi et ils ne se sont point détournés de leurs oeuvres mauvaises.

³⁶Et aujourd'hui, nous voici esclaves! Nous voici esclaves sur la terre que tu as donnée à nos pères, pour qu'ils jouissent de ses fruits et de ses biens!

³⁷Elle multiplie ses produits pour les rois auxquels tu nous as assujettis, à cause de nos péchés; ils dominent à leur gré sur nos corps et sur notre bétail, et nous sommes dans une grande angoisse!

³⁸Pour tout cela, nous contractâmes une alliance, que nous mîmes par écrit; et nos chefs, nos Lévites et nos sacrificateurs y apposèrent leur sceau.

Chapitre 10

¹Voici ceux qui apposèrent leur sceau. Néhémie, le gouverneur, fils de Hacalia.

²Sédécias, Seraja, Azaria, Jérémie,

³Paschhur, Amaria, Malkija,

⁴Hattusch, Schebania, Malluc,

⁵Harim, Merémoth, Abdias,

⁶Daniel, Guinnethon, Baruc,

⁷Meschullam, Abija, Mijamin,

⁸Maazia, Bilgaï, Schemaeja, sacrificateurs.

⁹Lévites: Josué, fils d'Azania, Binnuï, des fils de Hénadad, Kadmiel,

¹⁰et leurs frères, Schebania, Hodija, Kelitha, Pelaja, Hanan,

¹¹Michée, Rehob, Haschabia,

¹²Zaccur, Schérébia, Schebania,

¹³Hodija, Bani, Beninu.

¹⁴Chefs du peuple: Pareosch, Pachath Moab, Élam, Zatthu, Bani,

¹⁵Bunni, Azgad, Bébaï,

¹⁶Adonija, Bigvaï, Adin,

¹⁷Ather, Ézéchias, Azzur,

¹⁸Hodija, Haschum, Betsaï,

¹⁹Hariph, Anathoth, Nébaï,

²⁰Magpiasch, Meschullam, Hézir,

²¹Meschézabeel, Tsadok, Jaddua,

²²Pelathia, Hanan, Anaja,

²³Hosée, Hanania, Haschub,

²⁴Hallochesch, Pilcha, Schobek,

²⁵Rehum, Haschabna, Maaséja,

²⁶Achija, Hanan, Anan,

²⁷Malluc, Harim, Baana.

²⁸Le reste du peuple, les sacrificateurs, les Lévites, les portiers, les chantres, les Néthiniens, et tous ceux qui s'étaient séparés des peuples étrangers pour suivre la loi de Dieu, leurs femmes, leurs fils et leurs filles, tous ceux qui étaient capables de connaissance et d'intelligence,

²⁹se joignirent à leurs frères les plus considérables d'entre eux. Ils promirent avec serment et jurèrent de marcher dans la loi de Dieu donnée par Moïse, serviteur de Dieu, d'observer et de mettre en pratique tous les commandements de l'Éternel, notre Seigneur, ses ordonnances et ses lois.

³⁰Nous promîmes de ne pas donner nos filles aux peuples du pays et de ne pas prendre leurs filles pour nos fils;

³¹de ne rien acheter, le jour du sabbat et les jours de fête, des peuples du pays qui apporteraient à vendre, le jour du sabbat, des marchandises ou denrées quelconques; et de faire relâche la septième année, en n'exigeant le paiement d'aucune dette.

³²Nous nous imposâmes aussi des ordonnances qui nous obligeaient à donner un tiers de sicle par année pour le service de la maison de notre Dieu,

³³pour les pains de proposition, pour l'offrande perpétuelle, pour l'holocauste perpétuel des sabbats, des nouvelles lunes et des fêtes, pour les choses consacrées, pour les sacrifices d'expiation en faveur d'Israël, et pour tout ce qui se fait dans la maison de notre Dieu.

³⁴Nous tirâmes au sort, sacrificateurs, Lévites et peuple, au sujet du bois qu'on devait chaque année apporter en offrande à la maison de notre Dieu, selon nos maisons paternelles, à des époques fixes, pour qu'il fût brûlé sur l'autel de l'Éternel, notre Dieu, comme il est écrit dans la loi.

³⁵Nous résolûmes d'apporter chaque année à la maison de l'Éternel les prémices de notre sol et les prémices de tous les fruits de tous les arbres;

³⁶d'amener à la maison de notre Dieu, aux sacrificateurs qui font le service dans la maison de notre Dieu, les premiers-nés de nos fils et de notre bétail, comme il est écrit dans la loi, les premiers-nés de nos boeufs et de nos brebis;

³⁷d'apporter aux sacrificateurs, dans les chambres de la maison de notre Dieu, les prémices de notre pâte et nos offrandes, des fruits de tous les arbres, du moût et de l'huile; et de livrer la dîme de notre sol aux Lévites qui doivent la prendre eux-mêmes dans toutes les villes situées sur les terres que nous cultivons.

³⁸Le sacrificateur, fils d'Aaron, sera avec les Lévites quand ils lèveront la dîme; et les Lévites apporteront la dîme de la dîme à la maison de notre Dieu, dans les chambres de la maison du trésor.

³⁹Car les enfants d'Israël et les fils de Lévi apporteront dans ces chambres les offrandes de blé, du moût et d'huile; là sont les ustensiles du sanctuaire, et se tiennent les sacrificateurs qui font le service, les portiers et les chantres. C'est ainsi que nous résolûmes de ne pas abandonner la maison de notre Dieu.

Chapitre 11

¹Les chefs du peuple s'établirent à Jérusalem. Le reste du peuple tira au sort, pour qu'un sur dix vînt habiter Jérusalem, la ville sainte, et que les autres demeurassent dans les villes.

²Le peuple bénit tous ceux qui consentirent volontairement à résider à Jérusalem.

³Voici les chefs de la province qui s'établirent à Jérusalem. Dans les villes de Juda, chacun s'établit dans sa propriété, dans sa ville, Israël, les sacrificateurs et les Lévites, les Néthiniens, et les fils des serviteurs de Salomon.

⁴A Jérusalem s'établirent des fils de Juda et des fils de Benjamin. - Des fils de Juda: Athaja, fils d'Ozias, fils de Zacharie, fils d'Amaria, fils de Schephathia, fils de Mahalaleel, des fils de Pérets,

⁵et Maaséja, fils de Baruc, fils de Col Hozé, fils de Hazaja, fils d'Adaja, fils de Jojarib, fils de Zacharie, fils de Schiloni.

⁶Total des fils de Pérets qui s'établirent à Jérusalem: quatre cent soixante-huit hommes vaillants. -

⁷Voici les fils de Benjamin: Sallu, fils de Meschullam, fils de Joëd, fils de Pedaja, fils de Kolaja, fils de Maaséja, fils d'Ithiel, fils d'Ésaïe,

⁸et, après lui, Gabbaï et Sallaï, neuf cent vingt-huit.

⁹Joël, fils de Zicri, était leur chef; et Juda, fils de Senua, était le second chef de la ville.

¹⁰Des sacrificateurs: Jedaeja, fils de Jojarib, Jakin,

¹¹Seraja, fils de Hilkija, fils de Meschullam, fils de Tsadok, fils de Merajoth, fils d'Achithub, prince de la maison de Dieu,

¹²et leurs frères occupés au service de la maison, huit cent vingt-deux; Adaja, fils de Jerocham, fils de Pelalia, fils d'Amtsi, fils de Zacharie, fils de Paschhur, fils de Malkija,

¹³et ses frères, chefs des maisons paternelles, deux cent quarante-deux; et Amaschsaï, fils d'Azareel, fils d'Achzaï, fils de Meschillémoth, fils d'Immer,

¹⁴et leurs frères, vaillants hommes, cent vingt-huit. Zabdiel, fils de Guedolim, était leur chef.

¹⁵Des Lévites: Schemaeja, fils de Haschub, fils d'Azrikam, fils de Haschabia, fils de Bunni,

¹⁶Schabbethaï et Jozabad, chargés des affaires extérieures de la maison de Dieu, et faisant partie des chefs des Lévites;

¹⁷Matthania, fils de Michée, fils de Zabdi, fils d'Asaph, le chef qui entonnait la louange à la prière, et Bakbukia, le second parmi ses frères, et Abda, fils de Schammua, fils de Galal, fils de Jeduthun.

¹⁸Total des Lévites dans la ville sainte: deux cent quatre-vingt-quatre.

¹⁹Et les portiers: Akkub, Thalmon, et leurs frères, gardiens des portes, cent soixante-douze.

²⁰Le reste d'Israël, les sacrificateurs, les Lévites, s'établirent dans toutes les villes de Juda, chacun dans sa propriété.

²¹Les Néthiniens s'établirent sur la colline, et ils avaient pour chefs Tsicha et Guischpa.

²²Le chef des Lévites à Jérusalem était Uzzi, fils de Bani, fils de Haschabia, fils de Matthania, fils de Michée, d'entre les fils d'Asaph, les chantres chargés des offices de la maison de Dieu;

²³car il y avait un ordre du roi concernant les chantres, et un salaire fixe leur était accordé pour chaque jour.

²⁴Pethachja, fils de Meschézabeel, des fils de Zérach, fils de Juda, était commissaire du roi pour toutes les affaires du peuple.

²⁵Dans les villages et leurs territoires, des fils de Juda s'établirent à Kirjath Arba et dans les lieux de son ressort, à Dibon et dans les lieux de son ressort, à Jekabtseel et dans les villages de son ressort,

²⁶à Jéschua, à Molada, à Beth Paleth,

²⁷à Hatsar Schual, à Beer Schéba, et dans les lieux de son ressort,

²⁸à Tsiklag, à Mecona et dans les lieux de son ressort,

²⁹à En Rimmon, à Tsorea, à Jarmuth,

³⁰à Zanoach, à Adullam, et dans les villages de leur ressort, à Lakis et dans son territoire, à Azéka et dans les lieux de son ressort. Ils s'établirent depuis Beer Schéba jusqu'à la vallée de Hinnom.

³¹Les fils de Benjamin s'établirent, depuis Guéba, à Micmasch, à Ajja, à Béthel et dans les lieux de son ressort,

³²à Anathoth, à Nob, à Hanania,

³³à Hatsor, à Rama, à Guitthaïm,

³⁴à Hadid, à Tseboïm, à Neballath,

³⁵à Lod et à Ono, la vallée des ouvriers.

³⁶Il y eut des Lévites qui se joignirent à Benjamin, quoique appartenant aux divisions de Juda.

Chapitre 12

¹Voici les sacrificateurs et les Lévites qui revinrent avec Zorobabel, fils de Schealthiel, et avec Josué: Seraja, Jérémie, Esdras,

²Amaria, Malluc, Hattusch,

³Schecania, Rehum, Merémoth,

⁴Iddo, Guinnethoï, Abija,

⁵Mijamin, Maadia, Bilga,

⁶Schemaeja, Jojarib, Jedaeja,

⁷Sallu, Amok, Hilkija, Jedaeja. Ce furent là les chefs des sacrificateurs et de leurs frères, au temps de Josué. -

⁸Lévites: Josué, Binnuï, Kadmiel, Schérébia, Juda, Matthania, qui dirigeait avec ses frères le chant des louanges;

⁹Bakbukia et Unni, qui remplissaient leurs fonctions auprès de leurs frères.

¹⁰Josué engendra Jojakim, Jojakim engendra Éliaschib, Éliaschib engendra Jojada,

¹¹Jojada engendra Jonathan, et Jonathan engendra Jaddua.

¹²Voici, au temps de Jojakim, quels étaient les sacrificateurs, chefs de famille: pour Seraja, Meraja; pour Jérémie, Hanania;

¹³pour Esdras, Meschullam; pour Amaria, Jochanan;

¹⁴pour Meluki, Jonathan; pour Schebania, Joseph;

¹⁵pour Harim, Adna; pour Merajoth, Helkaï;

¹⁶pour Iddo, Zacharie; pour Guinnethon, Meschullam;

¹⁷pour Abija, Zicri; pour Minjamin et Moadia, Pilthaï;

¹⁸pour Bilga, Schammua; pour Schemaeja, Jonathan;

¹⁹pour Jojarib, Matthnaï; pour Jedaeja, Uzzi;

²⁰pour Sallaï, Kallaï; pour Amok, Éber;

²¹pour Hilkija, Haschabia; pour Jedaeja, Nethaneel.

²²Au temps d'Éliaschib, de Jojada, de Jochanan et de Jaddua, les Lévites, chefs de familles, et les sacrificateurs, furent inscrits, sous le règne de Darius, le Perse.

²³Les fils de Lévi, chefs de familles, furent inscrits dans le livre des Chroniques jusqu'au temps de Jochanan, fils d'Éliaschib.

²⁴Les chefs des Lévites, Haschabia, Schérébia, et Josué, fils de Kadmiel, et leurs frères avec eux, les uns vis-à-vis des autres, étaient chargés de célébrer et de louer l'Éternel, selon l'ordre de David, homme de Dieu.

²⁵Matthania, Bakbukia, Abdias, Meschullam, Thalmon et Akkub, portiers, faisaient la garde aux seuils des portes.

²⁶Ils vivaient au temps de Jojakim, fils de Josué, fils de Jotsadak, et au temps de Néhémie, le gouverneur, et d'Esdras, le sacrificateur et le scribe.

²⁷Lors de la dédicace des murailles de Jérusalem, on appela les Lévites de tous les lieux qu'ils habitaient et on les fit venir à Jérusalem, afin de célébrer la dédicace et la fête par des louanges et par des chants, au son des cymbales, des luths et des harpes.

²⁸Les fils des chantres se rassemblèrent des environs de Jérusalem, des villages des Nethophatiens,

²⁹de Beth Guilgal, et du territoire de Guéba et d'Azmaveth; car les chantres s'étaient bâti des villages aux alentours de Jérusalem.

³⁰Les sacrificateurs et les Lévites se purifièrent, et ils purifièrent le peuple, les portes et la muraille.

³¹Je fis monter sur la muraille les chefs de Juda, et je formai deux grands choeurs. Le premier se mit en marche du côté droit sur la muraille, vers la porte du fumier.

³²Derrière ce choeur marchaient Hosée et la moitié des chefs de Juda,

³³Azaria, Esdras, Meschullam,

³⁴Juda, Benjamin, Schemaeja et Jérémie,

³⁵des fils de sacrificateurs avec des trompettes, Zacharie, fils de Jonathan, fils de Schemaeja, fils de Matthania, fils de Michée, fils de Zaccur, fils d'Asaph,

³⁶et ses frères, Schemaeja, Azareel, Milalaï, Guilalaï, Maaï, Nethaneel, Juda et Hanani, avec les instruments de musique de David, homme de Dieu. Esdras, le scribe, était à leur tête.

³⁷A la porte de la source, ils montèrent vis-à-vis d'eux les degrés de la cité de David par la montée de la muraille, au-dessus de la maison de David, jusqu'à la porte des eaux, vers l'orient.

³⁸Le second choeur se mit en marche à l'opposite. J'étais derrière lui avec l'autre moitié du peuple, sur la muraille. Passant au-dessus de la tour des fours, on alla jusqu'à la muraille large,

³⁹puis au-dessus de la porte d'Éphraïm, de la vieille porte, de la porte des poissons, de la tour de Hananeel et de la tour de Méa, jusqu'à la porte des brebis. Et l'on s'arrêta à la porte de la prison.

⁴⁰Les deux choeurs s'arrêtèrent dans la maison de Dieu; et nous fîmes de même, moi et les magistrats qui étaient avec moi,

⁴¹et les sacrificateurs Éliakim, Maaséja, Minjamin, Michée, Eljoénaï, Zacharie, Hanania, avec des trompettes,

⁴²et Maaséja, Schemaeja, Éléazar, Uzzi, Jochanan, Malkija, Élam et Ézer. Les chantres se firent entendre, dirigés par Jizrachja.

⁴³On offrit ce jour-là de nombreux sacrifices, et on se livra aux réjouissances, car Dieu avait donné au peuple un grand sujet de joie. Les femmes et les enfants se réjouirent aussi, et les cris de joie de Jérusalem furent entendus au loin.

⁴⁴En ce jour, on établit des hommes ayant la surveillance des chambres qui servaient de magasins pour les offrandes, les prémices et les dîmes, et on les chargea d'y recueillir du territoire des villes les portions assignées par la loi aux sacrificateurs et aux Lévites. Car Juda se réjouissait de ce que les sacrificateurs et les Lévites étaient à leur poste,

⁴⁵observant tout ce qui concernait le service de Dieu et des purifications. Les chantres et les portiers remplissaient aussi leurs

fonctions, selon l'ordre de David et de Salomon, son fils;

⁴⁶car autrefois, du temps de David et d'Asaph, il y avait des chefs de chantres et des chants de louanges et d'actions de grâces en l'honneur de Dieu.

⁴⁷Tout Israël, au temps de Zorobabel et de Néhémie, donna les portions des chantres et des portiers, jour par jour; on donna aux Lévites les choses consacrées, et les Lévites donnèrent aux fils d'Aaron les choses consacrées.

Chapitre 13

¹Dans ce temps, on lut en présence du peuple dans le livre de Moïse, et l'on y trouva écrit que l'Ammonite et le Moabite ne devraient jamais entrer dans l'assemblée de Dieu,

²parce qu'ils n'étaient pas venus au-devant des enfants d'Israël avec du pain et de l'eau, et parce qu'ils avaient appelé contre eux à prix d'argent Balaam pour qu'il les maudît; mais notre Dieu changea la malédiction en bénédiction.

³Lorsqu'on eut entendu la loi, on sépara d'Israël tous les étrangers.

⁴Avant cela, le sacrificateur Éliaschib, établi dans les chambres de la maison de notre Dieu, et parent de Tobija,

⁵avait disposé pour lui une grande chambre où l'on mettait auparavant les offrandes, l'encens, les ustensiles, la dîme du blé, du moût et de l'huile, ce qui était ordonné pour les Lévites, les chantres et les portiers, et ce qui était prélevé pour les sacrificateurs.

⁶Je n'étais point à Jérusalem quand tout cela eut lieu, car j'étais retourné auprès du roi la trente-deuxième année d'Artaxerxès, roi de Babylone.

⁷A la fin de l'année, j'obtins du roi la permission de revenir à Jérusalem, et je m'aperçus du mal qu'avait fait Éliaschib, en disposant une chambre pour Tobija dans les parvis de la maison de Dieu.

⁸J'en éprouvai un vif déplaisir, et je jetai hors de la chambre tous les objets qui appartenaient à Tobija;

⁹j'ordonnai qu'on purifiât les chambres, et j'y replaçai les ustensiles de la maison de Dieu, les offrandes et l'encens.

¹⁰J'appris aussi que les portions des Lévites n'avaient point été livrées, et que les Lévites et les chantres chargés du service s'étaient enfuis chacun dans son territoire.

¹¹Je fis des réprimandes aux magistrats, et je dis: Pourquoi la maison de Dieu a-t-elle été abandonnée? Et je rassemblai les Lévites et les chantres, et je les remis à leur poste.

¹²Alors tout Juda apporta dans les magasins la dîme du blé, du moût et de l'huile.

¹³Je confiai la surveillance des magasins à Schélémia, le sacrificateur, à Tsadok, le scribe, et à Pedaja, l'un des Lévites, et je leur adjoignis Hanan, fils de Zaccur, fils de Matthania, car ils avaient la réputation d'être fidèles. Ils furent chargés de faire les distributions à leurs frères.

¹⁴Souviens-toi de moi, ô mon Dieu, à cause de cela, et n'oublie pas mes actes de piété à l'égard de la maison de mon Dieu et des choses qui doivent être observées!

¹⁵A cette époque, je vis en Juda des hommes fouler au pressoir pendant le sabbat, rentrer des gerbes, charger sur des ânes même du vin, des raisins et des figues, et toutes sortes de choses, et les amener à Jérusalem le jour du sabbat; et je leur donnai des avertissements le jour où ils vendaient leurs denrées.

¹⁶Il y avait aussi des Tyriens, établis à Jérusalem, qui apportaient du poisson et toutes sortes de marchandises, et qui les vendaient aux fils de Juda le jour du sabbat et dans Jérusalem.

¹⁷Je fis des réprimandes aux grands de Juda, et je leur dis: Que signifie cette mauvaise action que vous faites, en profanant le jour du sabbat?

¹⁸N'est-ce pas ainsi qu'ont agi vos pères, et n'est-ce pas à cause de cela que notre Dieu a fait venir tous ces malheurs sur nous et sur cette ville? Et vous, vous attirez de nouveau sa colère contre Israël, en profanant le sabbat!

¹⁹Puis j'ordonnai qu'on fermât les portes de Jérusalem avant le sabbat, dès qu'elles seraient dans l'ombre, et qu'on ne les ouvrît qu'après le sabbat. Et je plaçai quelques-uns de mes serviteurs aux portes, pour empêcher l'entrée des fardeaux le jour du sabbat.

²⁰Alors les marchands et les vendeurs de toutes sortes de choses passèrent une ou deux fois la nuit hors de Jérusalem.

²¹Je les avertis, en leur disant: Pourquoi passez-vous la nuit devant la muraille? Si vous le faites encore, je mettrai la main sur vous. Dès ce moment, ils ne vinrent plus pendant le sabbat.

²²J'ordonnai aussi aux Lévites de se purifier et de venir garder les portes pour sanctifier le jour du sabbat. Souviens-toi de moi, ô mon Dieu, à cause de cela, et protège-moi selon ta grande miséricorde!

²³A cette même époque, je vis des Juifs qui avaient pris des femmes asdodiennes, ammonites, moabites.

²⁴La moitié de leurs fils parlaient l'asdodien, et ne savaient pas parler le juif; ils ne connaissaient que la langue de tel ou tel peuple.

²⁵Je leur fis des réprimandes, et je les maudis; j'en frappai quelques-uns, je leur arrachai les cheveux, et je les fis jurer au nom de Dieu, en disant: Vous ne donnerez pas vos filles à leurs fils, et vous ne prendrez leurs filles ni pour vos fils ni pour vous.

²⁶N'est-ce pas en cela qu'a péché Salomon, roi d'Israël? Il n'y avait point de roi semblable à lui parmi la multitude des nations, il était aimé de son Dieu, et Dieu l'avait établi roi sur tout Israël; néanmoins, les femmes étrangères l'entraînèrent aussi dans le péché.

²⁷Faut-il donc apprendre à votre sujet que vous commettez un aussi grand crime et que vous péchez contre notre Dieu en prenant des femmes étrangères?

²⁸Un des fils de Jojada, fils d'Éliaschib, le souverain sacrificateur, était gendre de Sanballat, le Horonite. Je le chassai loin de moi.

²⁹Souviens-toi d'eux, ô mon Dieu, car ils ont souillé le sacerdoce et l'alliance contractée par les sacrificateurs et les Lévites.

³⁰Je les purifiai de tout étranger, et je remis en vigueur ce que devaient observer les sacrificateurs et les Lévites, chacun dans sa fonction,

³¹et ce qui concernait l'offrande du bois aux époques fixées, de même que les prémices. Souviens-toi favorablement de moi, ô mon Dieu!

Esther

Chapitre 1

¹C'était du temps d'Assuérus, de cet Assuérus qui régnait depuis l'Inde jusqu'en Éthiopie sur cent vingt-sept provinces;

²et le roi Assuérus était alors assis sur son trône royal à Suse, dans la capitale.

³La troisième année de son règne, il fit un festin à tous ses princes et à ses serviteurs; les commandants de l'armée des Perses et des Mèdes, les grands et les chefs des provinces furent réunis en sa présence.

⁴Il montra la splendide richesse de son royaume et l'éclatante magnificence de sa grandeur pendant nombre de jours, pendant cent quatre-vingts jours.

⁵Lorsque ces jours furent écoulés, le roi fit pour tout le peuple qui se trouvait à Suse, la capitale, depuis le plus grand jusqu'au plus petit, un festin qui dura sept jours, dans la cour du jardin de la maison royale.

⁶Des tentures blanches, vertes et bleues, étaient attachées par des cordons de byssus et de pourpre à des anneaux d'argent et à des colonnes de marbre. Des lits d'or et d'argent reposaient sur un pavé de porphyre, de marbre, de nacre et de pierres noires.

⁷On servait à boire dans des vases d'or, de différentes espèces, et il y avait abondance de vin royal, grâce à la libéralité du roi.

⁸Mais on ne forçait personne à boire, car le roi avait ordonné à tous les gens de sa maison de se conformer à la volonté de chacun.

⁹La reine Vasthi fit aussi un festin pour les femmes dans la maison royale du roi Assuérus.

¹⁰Le septième jour, comme le coeur du roi était réjoui par le vin, il ordonna à Mehuman, Biztha, Harbona, Bigtha, Abagtha, Zéthar et Carcas, les sept eunuques qui servaient devant le roi Assuérus,

¹¹d'amener en sa présence la reine Vasthi, avec la couronne royale, pour montrer sa beauté aux peuples et aux grands, car elle était belle de figure.

¹²Mais la reine Vasthi refusa de venir, quand elle reçut par les eunuques l'ordre du roi. Et le roi fut très irrité, il fut enflammé de colère.

¹³Alors le roi s'adressa aux sages qui avaient la connaissance des temps. Car ainsi se traitaient les affaires du roi, devant tous ceux qui connaissaient les lois et le droit.

¹⁴Il avait auprès de lui Carschena, Schéthar, Admatha, Tarsis, Mérès, Marsena, Memucan, sept princes de Perse et de Médie, qui voyaient la face du roi et qui occupaient le premier rang dans le royaume.

¹⁵Quelle loi, dit-il, faut-il appliquer à la reine Vasthi, pour n'avoir point exécuté ce que le roi Assuérus lui a ordonné par les eunuques?

¹⁶Memucan répondit devant le roi et les princes: Ce n'est pas seulement à l'égard du roi que la reine Vasthi a mal agi; c'est aussi envers tous les princes et tous les peuples qui sont dans toutes les provinces du roi Assuérus.

¹⁷Car l'action de la reine parviendra à la connaissance de toutes les femmes, et les portera à mépriser leurs maris; elles diront: Le roi Assuérus avait ordonné qu'on amenât en sa présence la reine Vasthi, et elle n'y est pas allée.

¹⁸Et dès ce jour les princesses de Perse et de Médie qui auront appris l'action de la reine la rapporteront à tous les chefs du roi; de là beaucoup de mépris et de colère.

¹⁹Si le roi le trouve bon, qu'on publie de sa part et qu'on inscrive parmi les lois des Perses et des Mèdes, avec défense de la transgresser, une ordonnance royale d'après laquelle Vasthi ne paraîtra plus devant le roi Assuérus et le roi donnera la dignité de reine à une autre qui soit meilleure qu'elle.

²⁰L'édit du roi sera connu dans tout son royaume, quelque grand qu'il soit, et toutes les femmes rendront honneur à leurs maris, depuis le plus grand jusqu'au plus petit.

²¹Cet avis fut approuvé du roi et des princes, et le roi agit d'après la parole de Memucan.

²²Il envoya des lettres à toutes les provinces du royaume, à chaque province selon son écriture et à chaque peuple selon sa langue; elles portaient que tout homme devait être le maître dans sa maison, et qu'il parlerait la langue de son peuple.

Chapitre 2

¹Après ces choses, lorsque la colère du roi Assuérus se fut calmée, il pensa à Vasthi, à ce qu'elle avait fait, et à la décision qui avait été prise à son sujet.

²Alors ceux qui servaient le roi dirent: Qu'on cherche pour le roi des jeunes filles, vierges et belles de figure;

³que le roi établisse dans toutes les provinces de son royaume des commissaires chargés de rassembler toutes les jeunes filles, vierges et belles de figure, à Suse, la capitale, dans la maison des femmes, sous la surveillance d'Hégué, eunuque du roi et gardien des femmes, qui leur donnera les choses nécessaires pour leur toilette;

⁴et que la jeune fille qui plaira au roi devienne reine à la place de Vasthi. Cet avis eut l'approbation du roi, et il fit ainsi.

⁵Il y avait dans Suse, la capitale, un Juif nommé Mardochée, fils de Jaïr, fils de Schimeï, fils de Kis, homme de Benjamin,

⁶qui avait été emmené de Jérusalem parmi les captifs déportés avec Jeconia, roi de Juda, par Nebucadnetsar, roi de Babylone.

⁷Il élevait Hadassa, qui est Esther, fille de son oncle; car elle n'avait ni père ni mère. La jeune fille était belle de taille et belle de figure. A la mort de son père et de sa mère, Mardochée l'avait adoptée pour fille.

⁸Lorsqu'on eut publié l'ordre du roi et son édit, et qu'un grand nombre de jeunes filles furent rassemblées à Suse, la capitale, sous la surveillance d'Hégaï, Esther fut aussi prise et conduite dans la maison du roi, sous la surveillance d'Hégaï, gardien des femmes.

⁹La jeune fille lui plut, et trouva grâce devant lui; il s'empressa de lui fournir les choses nécessaires pour sa toilette et pour sa subsistance, lui donna sept jeunes filles choisies dans la maison du roi, et la plaça avec ses jeunes filles dans le meilleur appartement de la maison des femmes.

¹⁰Esther ne fit connaître ni son peuple ni sa naissance, car Mardochée lui avait défendu d'en parler.

¹¹Et chaque jour Mardochée allait et venait devant la cour de la maison des femmes, pour savoir comment se portait Esther et comment on la traitait.

¹²Chaque jeune fille allait à son tour vers le roi Assuérus, après avoir employé douze mois à s'acquitter de ce qui était prescrit aux femmes; pendant ce temps, elles prenaient soin de leur toilette, six mois avec de l'huile de myrrhe, et six mois avec des aromates et des parfums en usage parmi les femmes.

¹³C'est ainsi que chaque jeune fille allait vers le roi; et, quand elle passait de la maison des femmes dans la maison du roi, on lui laissait prendre avec elle tout ce qu'elle voulait.

¹⁴Elle y allait le soir; et le lendemain matin elle passait dans la seconde maison des femmes, sous la surveillance de Schaaschgaz, eunuque du roi et gardien des concubines. Elle ne retournait plus vers le roi, à moins que le roi n'en eût le désir et qu'elle ne fût appelée par son nom.

¹⁵Lorsque son tour d'aller vers le roi fut arrivé, Esther, fille d'Abichaïl, oncle de Mardochée qui l'avait adoptée pour fille, ne demanda que ce qui fut désigné par Hégaï, eunuque du roi et gardien des femmes. Esther trouvait grâce aux yeux de tous ceux qui la voyaient.

¹⁶Esther fut conduite auprès du roi Assuérus, dans sa maison royale, le dixième mois, qui est le mois de Tébeth, la septième année de son règne.

¹⁷Le roi aima Esther plus que toutes les autres femmes, et elle obtint grâce et faveur devant lui plus que toutes les autres jeunes filles. Il mit la couronne royale sur sa tête, et la fit reine à la place de Vasthi.

¹⁸Le roi donna un grand festin à tous ses princes et à ses serviteurs, un festin en l'honneur d'Esther; il accorda du repos aux provinces, et fit des présents avec une libéralité royale.

¹⁹La seconde fois qu'on assembla les jeunes filles, Mardochée était assis à la porte du roi.

²⁰Esther n'avait fait connaître ni sa naissance ni son peuple, car Mardochée le lui avait défendu, et elle suivait les ordres de Mardochée aussi fidèlement qu'à l'époque où elle était sous sa tutelle.

²¹Dans ce même temps, comme Mardochée était assis à la porte du roi, Bigthan et Théresch, deux eunuques du roi, gardes du seuil, cédèrent à un mouvement d'irritation et voulurent porter la main sur le roi Assuérus.

²²Mardochée eut connaissance de la chose et en informa la reine Esther, qui la redit au roi de la part de Mardochée.

²³Le fait ayant été vérifié et trouvé exact, les deux eunuques furent pendus à un bois. Et cela fut écrit dans le livre des Chroniques en présence du roi.

Chapitre 3

¹Après ces choses, le roi Assuérus fit monter au pouvoir Haman, fils d'Hammedatha, l'Agaguite; il l'éleva en dignité et plaça son siège au-dessus de ceux de tous les chefs qui étaient auprès de lui.

²Tous les serviteurs du roi, qui se tenaient à la porte du roi, fléchissaient le genou et se prosternaient devant Haman, car tel était l'ordre du roi à son égard. Mais Mardochée ne fléchissait point le genou et ne se prosternait point.

³Et les serviteurs du roi, qui se tenaient à la porte du roi, dirent à Mardochée: Pourquoi transgresses-tu l'ordre du roi?

⁴Comme ils le lui répétaient chaque jour et qu'il ne les écoutait pas, ils en firent rapport à Haman, pour voir si Mardochée persisterait dans sa résolution; car il leur avait dit qu'il était Juif.

⁵Et Haman vit que Mardochée ne fléchissait point le genou et ne se prosternait point devant lui. Il fut rempli de fureur;

⁶mais il dédaigna de porter la main sur Mardochée seul, car on lui avait dit de quel peuple était Mardochée, et il voulut détruire le peuple de Mardochée, tous les Juifs qui se trouvaient dans tout le royaume d'Assuérus.

⁷Au premier mois, qui est le mois de Nisan, la douzième année du roi Assuérus, on jeta le pur, c'est-à-dire le sort, devant Haman, pour chaque jour et pour chaque mois, jusqu'au douzième mois, qui est le mois d'Adar.

⁸Alors Haman dit au roi Assuérus: Il y a dans toutes les provinces de ton royaume un peuple dispersé et à part parmi les peuples, ayant des lois différentes de celles de tous les peuples et n'observant point les lois du roi. Il n'est pas dans l'intérêt du roi de le laisser en repos.

⁹Si le roi le trouve bon, qu'on écrive l'ordre de les faire périr; et je pèserai dix mille talents d'argent entre les mains des fonctionnaires, pour qu'on les porte dans le trésor du roi.

¹⁰Le roi ôta son anneau de la main, et le remit à Haman, fils d'Hammedatha, l'Agaguite, ennemi des Juifs.

¹¹Et le roi dit à Haman: L'argent t'est donné, et ce peuple aussi; fais-en ce que tu voudras.

¹²Les secrétaires du roi furent appelés le treizième jour du premier mois, et l'on écrivit, suivant tout ce qui fut ordonné par Haman, aux satrapes du roi, aux gouverneurs de chaque province et aux chefs de chaque peuple, à chaque province selon son écriture et à chaque peuple selon sa langue. Ce fut au nom du roi Assuérus que l'on écrivit, et on scella avec l'anneau du roi.

¹³Les lettres furent envoyées par les courriers dans toutes les provinces du roi, pour qu'on détruisît, qu'on tuât et qu'on fît périr tous les Juifs, jeunes et vieux, petits enfants et femmes, en un seul jour, le treizième du douzième mois, qui est le mois d'Adar, et pour que leurs biens fussent livrés au pillage.

¹⁴Ces lettres renfermaient une copie de l'édit qui devait être publié dans chaque province, et invitaient tous les peuples à se tenir prêts pour ce jour-là.

¹⁵Les courriers partirent en toute hâte, d'après l'ordre du roi. L'édit fut aussi publié dans Suse, la capitale; et tandis que le roi et Haman étaient à boire, la ville de Suse était dans la consternation.

Chapitre 4

¹Mardochée, ayant appris tout ce qui se passait, déchira ses vêtements, s'enveloppa d'un sac et se couvrit de cendre. Puis il alla au milieu de la ville en poussant avec force des cris amers,

²et se rendit jusqu'à la porte du roi, dont l'entrée était interdite à toute personne revêtue d'un sac.

³Dans chaque province, partout où arrivaient l'ordre du roi et son édit, il y eut une grande désolation parmi les Juifs; ils jeûnaient, pleuraient et se lamentaient, et beaucoup se couchaient sur le sac et la cendre.

⁴Les servantes d'Esther et ses eunuques vinrent lui annoncer cela, et la reine fut très effrayée. Elle envoya des vêtements à Mardochée pour le couvrir et lui faire ôter son sac, mais il ne les accepta pas.

⁵Alors Esther appela Hathac, l'un des eunuques que le roi avait placés auprès d'elle, et elle le chargea d'aller demander à Mardochée ce que c'était et d'où cela venait.

⁶Hathac se rendit vers Mardochée sur la place de la ville, devant la porte du roi.

⁷Et Mardochée lui raconta tout ce qui lui était arrivé, et lui indiqua la somme d'argent qu'Haman avait promis de livrer au trésor du roi en retour du massacre des Juifs.

⁸Il lui donna aussi une copie de l'édit publié dans Suse en vue de leur destruction, afin qu'il le montrât à Esther et lui fît tout connaître; et il ordonna qu'Esther se rendît chez le roi pour lui demander grâce et l'implorer en faveur de son peuple.

⁹Hathac vint rapporter à Esther les paroles de Mardochée.

¹⁰Esther chargea Hathac d'aller dire à Mardochée:

¹¹Tous les serviteurs du roi et le peuple des provinces du roi savent qu'il existe une loi portant peine de mort contre quiconque, homme ou femme, entre chez le roi, dans la cour intérieure, sans avoir été appelé; celui-là seul a la vie sauve, à qui le roi tend le sceptre d'or. Et moi, je n'ai point été appelée auprès du roi depuis trente jours.

¹²Lorsque les paroles d'Esther eurent été rapportées à Mardochée,

¹³Mardochée fit répondre à Esther: Ne t'imagine pas que tu échapperas seule d'entre tous les Juifs, parce que tu es dans la maison du roi;

¹⁴car, si tu te tais maintenant, le secours et la délivrance surgiront d'autre part pour les Juifs, et toi et la maison de ton père vous périrez. Et qui sait si ce n'est pas pour un temps comme celui-ci que tu es parvenue à la royauté?

¹⁵Esther envoya dire à Mardochée:

¹⁶Va, rassemble tous les Juifs qui se trouvent à Suse, et jeûnez pour moi, sans manger ni boire pendant trois jours, ni la nuit ni le jour. Moi aussi, je jeûnerai de même avec mes servantes, puis j'entrerai chez le roi, malgré la loi; et si je dois périr, je périrai.

¹⁷Mardochée s'en alla, et fit tout ce qu'Esther lui avait ordonné.

Chapitre 5

¹Le troisième jour, Esther mit ses vêtements royaux et se présenta dans la cour intérieure de la maison du roi, devant la maison du roi. Le roi était assis sur son trône royal dans la maison royale, en face de l'entrée de la maison.

²Lorsque le roi vit la reine Esther debout dans la cour, elle trouva grâce à ses yeux; et le roi tendit à Esther le sceptre d'or qu'il tenait à la main. Esther s'approcha, et toucha le bout du sceptre.

³Le roi lui dit: Qu'as-tu, reine Esther, et que demandes-tu? Quand ce serait la moitié du royaume, elle te serait donnée.

⁴Esther répondit: Si le roi le trouve bon, que le roi vienne aujourd'hui avec Haman au festin que je lui ai préparé.

⁵Et le roi dit: Allez tout de suite chercher Haman, comme le désire Esther. Le roi se rendit avec Haman au festin qu'avait préparé Esther.

⁶Et pendant qu'on buvait le vin, le roi dit à Esther: Quelle est ta demande? Elle te sera accordée. Que désires-tu? Quand ce serait la moitié du royaume, tu l'obtiendras.

⁷Esther répondit: Voici ce que je demande et ce que je désire.

⁸Si j'ai trouvé grâce aux yeux du roi, et s'il plaît au roi d'accorder ma demande et de satisfaire mon désir, que le roi vienne avec Haman au festin que je leur préparerai, et demain je donnerai réponse au roi selon son ordre.

⁹Haman sortit ce jour-là, joyeux et le coeur content. Mais lorsqu'il vit, à la porte du roi, Mardochée qui ne se levait ni ne se remuait devant lui, il fut rempli de colère contre Mardochée.

¹⁰Il sut néanmoins se contenir, et il alla chez lui. Puis il envoya chercher ses amis et Zéresch, sa femme.

¹¹Haman leur parla de la magnificence de ses richesses, du nombre de ses fils, de tout ce qu'avait fait le roi pour l'élever en dignité, et du rang qu'il lui avait donné au-dessus des chefs et des serviteurs du roi.

¹²Et il ajouta: Je suis même le seul que la reine Esther ait admis avec le roi au festin qu'elle a fait, et je suis encore invité pour demain chez elle avec le roi.

¹³Mais tout cela n'est d'aucun prix pour moi aussi longtemps que je verrai Mardochée, le Juif, assis à la porte du roi.

¹⁴Zéresch, sa femme, et tous ses amis lui dirent: Qu'on prépare un bois haut de cinquante coudées, et demain matin demande au roi qu'on y pende Mardochée; puis tu iras joyeux au festin avec le roi. Cet avis plut à Haman, et il fit préparer le bois.

Chapitre 6

¹Cette nuit-là, le roi ne put pas dormir, et il se fit apporter le livre des annales, les Chroniques. On les lut devant le roi,

²et l'on trouva écrit ce que Mardochée avait révélé au sujet de Bigthan et de Théresch, les deux eunuques du roi, gardes du seuil, qui avaient voulu porter la main sur le roi Assuérus.

³Le roi dit: Quelle marque de distinction et d'honneur Mardochée a-t-il reçue pour cela? Il n'a rien reçu, répondirent ceux qui servaient le roi.

⁴Alors le roi dit: Qui est dans la cour? -Haman était venu dans la cour extérieure de la maison du roi, pour demander au roi de faire pendre Mardochée au bois qu'il avait préparé pour lui. -

⁵Les serviteurs du roi lui répondirent: C'est Haman qui se tient dans la cour. Et le roi dit: Qu'il entre.

Esther

⁶Haman entra, et le roi lui dit: Que faut-il faire pour un homme que le roi veut honorer? Haman se dit en lui-même: Quel autre que moi le roi voudrait-il honorer?

⁷Et Haman répondit au roi: Pour un homme que le roi veut honorer,

⁸il faut prendre le vêtement royal dont le roi se couvre et le cheval que le roi monte et sur la tête duquel se pose une couronne royale,

⁹remettre le vêtement et le cheval à l'un des principaux chefs du roi, puis revêtir l'homme que le roi veut honorer, le promener à cheval à travers la place de la ville, et crier devant lui: C'est ainsi que l'on fait à l'homme que le roi veut honorer!

¹⁰Le roi dit à Haman: Prends tout de suite le vêtement et le cheval, comme tu l'as dit, et fais ainsi pour Mardochée, le Juif, qui est assis à la porte du roi; ne néglige rien de tout ce que tu as mentionné.

¹¹Et Haman prit le vêtement et le cheval, il revêtit Mardochée, il le promena à cheval à travers la place de la ville, et il cria devant lui: C'est ainsi que l'on fait à l'homme que le roi veut honorer!

¹²Mardochée retourna à la porte du roi, et Haman se rendit en hâte chez lui, désolé et la tête voilée.

¹³Haman raconta à Zéresch, sa femme, et à tous ses amis, tout ce qui lui était arrivé. Et ses sages, et Zéresch, sa femme, lui dirent: Si Mardochée, devant lequel tu as commencé de tomber, est de la race des Juifs, tu ne pourras rien contre lui, mais tu tomberas devant lui.

¹⁴Comme ils lui parlaient encore, les eunuques du roi arrivèrent et conduisirent aussitôt Haman au festin qu'Esther avait préparé.

Chapitre 7

¹Le roi et Haman allèrent au festin chez la reine Esther.

²Ce second jour, le roi dit encore à Esther, pendant qu'on buvait le vin: Quelle est ta demande, reine Esther? Elle te sera accordée. Que désires-tu? Quand ce serait la moitié du royaume, tu l'obtiendras.

³La reine Esther répondit: Si j'ai trouvé grâce à tes yeux, ô roi, et si le roi le trouve bon, accorde-moi la vie, voilà ma demande, et sauve mon peuple, voilà mon désir!

⁴Car nous sommes vendus, moi et mon peuple, pour être détruits, égorgés, anéantis. Encore si nous étions vendus pour devenir esclaves et servantes, je me tairais, mais l'ennemi ne saurait compenser le dommage fait au roi.

⁵Le roi Assuérus prit la parole et dit à la reine Esther: Qui est-il et où est-il celui qui se propose d'agir ainsi?

⁶Esther répondit: L'oppresseur, l'ennemi, c'est Haman, ce méchant-là! Haman fut saisi de terreur en présence du roi et de la reine.

⁷Et le roi, dans sa colère, se leva et quitta le festin, pour aller dans le jardin du palais. Haman resta pour demander grâce de la vie à la reine Esther, car il voyait bien que sa perte était arrêtée dans l'esprit du roi.

⁸Lorsque le roi revint du jardin du palais dans la salle du festin, il vit Haman qui s'était précipité vers le lit sur lequel était Esther, et il dit: Serait-ce encore pour faire violence à la reine, chez moi, dans le palais? Dès que cette parole fut sortie de la bouche du roi, on voila le visage d'Haman.

⁹Et Harbona, l'un des eunuques, dit en présence du roi: Voici, le bois préparé par Haman pour Mardochée, qui a parlé pour le bien du roi, est dressé dans la maison d'Haman, à une hauteur de cinquante coudées. Le roi dit: Qu'on y pende Haman!

¹⁰Et l'on pendit Haman au bois qu'il avait préparé pour Mardochée. Et la colère du roi s'apaisa.

Chapitre 8

¹En ce même jour, le roi Assuérus donna à la reine Esther la maison d'Haman, l'ennemi des Juifs; et Mardochée parut devant le roi, car Esther avait fait connaître la parenté qui l'unissait à elle.

²Le roi ôta son anneau, qu'il avait repris à Haman, et le donna à Mardochée; Esther, de son côté, établit Mardochée sur la maison d'Haman.

³Puis Esther parla de nouveau en présence du roi. Elle se jeta à ses pieds, elle pleura, elle le supplia d'empêcher les effets de la méchanceté d'Haman, l'Agaguite, et la réussite de ses projets contre les Juifs.

⁴Le roi tendit le sceptre d'or à Esther, qui se releva et resta debout devant le roi.

⁵Elle dit alors: Si le roi le trouve bon et si j'ai trouvé grâce devant lui, si la chose paraît convenable au roi et si je suis agréable à ses yeux, qu'on écrive pour révoquer les lettres conçues par Haman, fils d'Hammedatha, l'Agaguite, et écrites par lui dans le but de faire périr les Juifs qui sont dans toutes les provinces du roi.

⁶Car comment pourrais-je voir le malheur qui atteindrait mon peuple, et comment pourrais-je voir la destruction de ma race?

⁷Le roi Assuérus dit à la reine Esther et au Juif Mardochée: Voici, j'ai donné à Esther la maison d'Haman, et il a été pendu au bois pour avoir étendu la main contre les Juifs.

⁸Écrivez donc en faveur des Juifs comme il vous plaira, au nom du roi, et scellez avec l'anneau du roi; car une lettre écrite au nom du roi et scellée avec l'anneau du roi ne peut être révoquée.

⁹Les secrétaires du roi furent appelés en ce temps, le vingt-troisième jour du troisième mois, qui est le mois de Sivan, et l'on écrivit, suivant tout ce qui fut ordonné par Mardochée, aux Juifs, aux satrapes, aux gouverneurs et aux chefs des cent vingt-sept provinces situées de l'Inde à l'Éthiopie, à chaque province selon son écriture, à chaque peuple selon sa langue, et aux Juifs selon leur écriture et selon leur langue.

¹⁰On écrivit au nom du roi Assuérus, et l'on scella avec l'anneau du roi. On envoya les lettres par des courriers ayant pour montures des chevaux et des mulets nés de juments.

¹¹Par ces lettres, le roi donnait aux Juifs, en quelque ville qu'ils fussent, la permission de se rassembler et de défendre leur vie, de détruire, de tuer et de faire périr, avec leurs petits enfants et leurs femmes, tous ceux de chaque peuple et de chaque province qui prendraient les armes pour les attaquer, et de livrer leurs biens au pillage,

¹²et cela en un seul jour, dans toutes les provinces du roi Assuérus, le treizième du douzième mois, qui est le mois d'Adar.

¹³Ces lettres renfermaient une copie de l'édit qui devait être publié dans chaque province, et informaient tous les peuples que les Juifs se tiendraient prêts pour ce jour-là à se venger de leurs ennemis.

¹⁴Les courriers, montés sur des chevaux et des mulets, partirent aussitôt et en toute hâte, d'après l'ordre du roi. L'édit fut aussi publié dans Suse, la capitale.

¹⁵Mardochée sortit de chez le roi, avec un vêtement royal bleu et blanc, une grande couronne d'or, et un manteau de byssus et de pourpre. La ville de Suse poussait des cris et se réjouissait.

¹⁶Il n'y avait pour les Juifs que bonheur et joie, allégresse et gloire.

¹⁷Dans chaque province et dans chaque ville, partout où arrivaient l'ordre du roi et son édit, il y eut parmi les Juifs de la joie et de l'allégresse, des festins et des fêtes. Et beaucoup de gens d'entre les peuples du pays se firent Juifs, car la crainte des Juifs les avait saisis.

Chapitre 9

¹Au douzième mois, qui est le mois d'Adar, le treizième jour du mois, jour où devaient s'exécuter l'ordre et l'édit du roi, et où les ennemis des Juifs avaient espéré dominer sur eux, ce fut le contraire qui arriva, et les Juifs dominèrent sur leurs ennemis.

²Les Juifs se rassemblèrent dans leurs villes, dans toutes les provinces du roi Assuérus, pour mettre la main sur ceux qui cherchaient leur perte; et personne ne put leur résister, car la crainte qu'on avait d'eux s'était emparée de tous les peuples.

³Et tous les chefs des provinces, les satrapes, les gouverneurs, les fonctionnaires du roi, soutinrent les Juifs, à cause de l'effroi que leur inspirait Mardochée.

⁴Car Mardochée était puissant dans la maison du roi, et sa renommée se répandait dans toutes les provinces, parce qu'il devenait de plus en plus puissant.

⁵Les Juifs frappèrent à coups d'épée tous leurs ennemis, ils les tuèrent et les firent périr; ils traitèrent comme il leur plut ceux qui leur étaient hostiles.

⁶Dans Suse, la capitale, les Juifs tuèrent et firent périr cinq cents hommes,

⁷et ils égorgèrent Parschandatha, Dalphon, Aspatha,

⁸Poratha, Adalia, Aridatha,

⁹Parmaschtha, Arizaï, Aridaï et Vajezatha,

¹⁰les dix fils d'Haman, fils d'Hammedatha, l'ennemi des Juifs. Mais ils ne mirent pas la main au pillage.

¹¹Ce jour-là, le nombre de ceux qui avaient été tués dans Suse, la capitale, parvint à la connaissance du roi.

¹²Et le roi dit à la reine Esther: Les Juifs ont tué et fait périr dans Suse, la capitale, cinq cents hommes et les dix fils d'Haman; qu'auront-ils fait dans le reste des provinces du roi? Quelle est ta demande? Elle te sera accordée. Que désires-tu encore? Tu l'obtiendras.

¹³Esther répondit: Si le roi le trouve bon, qu'il soit permis aux Juifs qui sont à Suse d'agir encore demain selon le décret d'aujourd'hui, et que l'on pende au bois les dix fils d'Haman.

¹⁴Et le roi ordonna de faire ainsi. L'édit fut publié dans Suse. On pendit les dix fils d'Haman;

¹⁵et les Juifs qui se trouvaient à Suse se rassemblèrent de nouveau le quatorzième jour du mois d'Adar et tuèrent dans Suse trois cents hommes. Mais ils ne mirent pas la main au pillage.

¹⁶Les autres Juifs qui étaient dans les provinces du roi se

rassemblèrent et défendirent leur vie; ils se procurèrent du repos en se délivrant de leurs ennemis, et ils tuèrent soixante-quinze mille de ceux qui leur étaient hostiles. Mais ils ne mirent pas la main au pillage.

17Ces choses arrivèrent le treizième jour du mois d'Adar. Les Juifs se reposèrent le quatorzième, et ils en firent un jour de festin et de joie.

18Ceux qui se trouvaient à Suse, s'étant rassemblés le treizième jour et le quatorzième jour, se reposèrent le quinzième, et ils en firent un jour de festin et de joie.

19C'est pourquoi les Juifs de la campagne, qui habitent des villes sans murailles, font du quatorzième jour du mois d'Adar un jour de joie, de festin et de fête, où l'on s'envoie des portions les uns aux autres.

20Mardochée écrivit ces choses, et il envoya des lettres à tous les Juifs qui étaient dans toutes les provinces du roi Assuérus, auprès et au loin.

21Il leur prescrivait de célébrer chaque année le quatorzième jour et le quinzième jour du mois d'Adar

22comme les jours où ils avaient obtenu du repos en se délivrant de leurs ennemis, de célébrer le mois où leur tristesse avait été changée en joie et leur désolation en jour de fête, et de faire de ces jours des jours de festin et de joie où l'on s'envoie des portions les uns aux autres et où l'on distribue des dons aux indigents.

23Les Juifs s'engagèrent à faire ce qu'ils avaient déjà commencé et ce que Mardochée leur écrivit.

24Car Haman, fils d'Hammedatha, l'Agaguite, ennemi de tous les Juifs, avait formé le projet de les faire périr, et il avait jeté le pur, c'est-à-dire le sort, afin de les tuer et de les détruire;

25mais Esther s'étant présentée devant le roi, le roi ordonna par écrit de faire retomber sur la tête d'Haman le méchant projet qu'il avait formé contre les Juifs, et de le pendre au bois, lui et ses fils.

26C'est pourquoi on appela ces jours Purim, du nom de pur. D'après tout le contenu de cette lettre, d'après ce qu'ils avaient eux-mêmes vu et ce qui leur était arrivé,

27les Juifs prirent pour eux, pour leur postérité, et pour tous ceux qui s'attacheraient à eux, la résolution et l'engagement irrévocables de célébrer chaque année ces deux jours, selon le mode prescrit et au temps fixé.

28Ces jours devaient être rappelés et célébrés de génération en génération, dans chaque famille, dans chaque province et dans chaque ville; et ces jours de Purim ne devaient jamais être abolis au milieu des Juifs, ni le souvenir s'en effacer parmi leurs descendants.

29La reine Esther, fille d'Abichaïl, et le Juif Mardochée écrivirent d'une manière pressante une seconde fois pour confirmer la lettre sur les Purim.

30On envoya des lettres à tous les Juifs, dans les cent vingt-sept provinces du roi Assuérus. Elles contenaient des paroles de paix et de fidélité,

31pour prescrire ces jours de Purim au temps fixé, comme le Juif Mardochée et la reine Esther les avaient établis pour eux, et comme ils les avaient établis pour eux-mêmes et pour leur postérité, à l'occasion de leur jeûne et de leurs cris.

32Ainsi l'ordre d'Esther confirma l'institution des Purim, et cela fut écrit dans le livre.

Chapitre 10

1Le roi Assuérus imposa un tribut au pays et aux îles de la mer.

2Tous les faits concernant sa puissance et ses exploits, et les détails sur la grandeur à laquelle le roi éleva Mardochée, ne sont-ils pas écrits dans le livre des Chroniques des rois des Mèdes et des Perses?

3Car le Juif Mardochée était le premier après le roi Assuérus; considéré parmi les Juifs et aimé de la multitude de ses frères, il rechercha le bien de son peuple et parla pour le bonheur de toute sa race.

Job

Chapitre 1

¹Il y avait dans le pays d'Uts un homme qui s'appelait Job. Et cet homme était intègre et droit; il craignait Dieu, et se détournait du mal.

²Il lui naquit sept fils et trois filles.

³Il possédait sept mille brebis, trois mille chameaux, cinq cents paires de boeufs, cinq cents ânesses, et un très grand nombre de serviteurs. Et cet homme était le plus considérable de tous les fils de l'Orient.

⁴Ses fils allaient les uns chez les autres et donnaient tour à tour un festin, et ils invitaient leurs trois soeurs à manger et à boire avec eux.

⁵Et quand les jours de festin étaient passés, Job appelait et sanctifiait ses fils, puis il se levait de bon matin et offrait pour chacun d'eux un holocauste; car Job disait: Peut-être mes fils ont-ils péché et ont-ils offensé Dieu dans leur coeur. C'est ainsi que Job avait coutume d'agir.

⁶Or, les fils de Dieu vinrent un jour se présenter devant l'Éternel, et Satan vint aussi au milieu d'eux.

⁷L'Éternel dit à Satan: D'où viens-tu? Et Satan répondit à l'Éternel: De parcourir la terre et de m'y promener.

⁸L'Éternel dit à Satan: As-tu remarqué mon serviteur Job? Il n'y a personne comme lui sur la terre; c'est un homme intègre et droit, craignant Dieu, et se détournant du mal.

⁹Et Satan répondit à l'Éternel: Est-ce d'une manière désintéressée que Job craint Dieu?

¹⁰Ne l'as-tu pas protégé, lui, sa maison, et tout ce qui est à lui? Tu as béni l'oeuvre de ses mains, et ses troupeaux couvrent le pays.

¹¹Mais étends ta main, touche à tout ce qui lui appartient, et je suis sûr qu'il te maudit en face.

¹²L'Éternel dit à Satan: Voici, tout ce qui lui appartient, je te le livre; seulement, ne porte pas la main sur lui. Et Satan se retira de devant la face de l'Éternel.

¹³Un jour que les fils et les filles de Job mangeaient et buvaient du vin dans la maison de leur frère aîné,

¹⁴il arriva auprès de Job un messager qui dit: Les boeufs labouraient et les ânesses paissaient à côté d'eux;

¹⁵des Sabéens se sont jetés dessus, les ont enlevés, et ont passé les serviteurs au fil de l'épée. Et je me suis échappé moi seul, pour t'en apporter la nouvelle.

¹⁶Il parlait encore, lorsqu'un autre vint et dit: Le feu de Dieu est tombé du ciel, a embrasé les brebis et les serviteurs, et les a consumés. Et je me suis échappé moi seul, pour t'en apporter la nouvelle.

¹⁷Il parlait encore, lorsqu'un autre vint et dit: Des Chaldéens, formés en trois bandes, se sont jetés sur les chameaux, les ont enlevés, et ont passé les serviteurs au fil de l'épée. Et je me suis échappé moi seul, pour t'en apporter la nouvelle.

¹⁸Il parlait encore, lorsqu'un autre vint et dit: Tes fils et tes filles mangeaient et buvaient du vin dans la maison de leur frère aîné;

¹⁹et voici, un grand vent est venu de l'autre côté du désert, et a frappé contre les quatre coins de la maison; elle s'est écroulée sur les jeunes gens, et ils sont morts. Et je me suis échappé moi seul, pour t'en apporter la nouvelle.

²⁰Alors Job se leva, déchira son manteau, et se rasa la tête; puis, se jetant par terre, il se prosterna,

²¹et dit: Je suis sorti nu du sein de ma mère, et nu je retournerai dans le sein de la terre. L'Éternel a donné, et l'Éternel a ôté; que le nom de l'Éternel soit béni!

²²En tout cela, Job ne pécha point et n'attribua rien d'injuste à Dieu.

Chapitre 2

¹Or, les fils de Dieu vinrent un jour se présenter devant l'Éternel, et Satan vint aussi au milieu d'eux se présenter devant l'Éternel.

²L'Éternel dit à Satan: D'où viens-tu? Et Satan répondit à l'Éternel: De parcourir la terre et de m'y promener.

³L'Éternel dit à Satan: As-tu remarqué mon serviteur Job? Il n'y a personne comme lui sur la terre; c'est un homme intègre et droit, craignant Dieu, et se détournant du mal. Il demeure ferme dans son intégrité, et tu m'excites à le perdre sans motif.

⁴Et Satan répondit à l'Éternel: Peau pour peau! tout ce que possède un homme, il le donne pour sa vie.

⁵Mais étends ta main, touche à ses os et à sa chair, et je suis sûr qu'il te maudit en face.

⁶L'Éternel dit à Satan: Voici, je te le livre: seulement, épargne sa vie.

⁷Et Satan se retira de devant la face de l'Éternel. Puis il frappa Job d'un ulcère malin, depuis la plante du pied jusqu'au sommet de la tête.

⁸Et Job prit un tesson pour se gratter et s'assit sur la cendre.

⁹Sa femme lui dit: Tu demeures ferme dans ton intégrité! Maudis Dieu, et meurs!

¹⁰Mais Job lui répondit: Tu parles comme une femme insensée. Quoi! nous recevons de Dieu le bien, et nous ne recevrions pas aussi le mal! En tout cela Job ne pécha point par ses lèvres.

¹¹Trois amis de Job, Éliphaz de Théman, Bildad de Schuach, et Tsophar de Naama, apprirent tous les malheurs qui lui étaient arrivés. Ils se concertèrent et partirent de chez eux pour aller le plaindre et le consoler!

¹²Ayant de loin porté les regards sur lui, ils ne le reconnurent pas, et ils élevèrent la voix et pleurèrent. Ils déchirèrent leurs manteaux, et ils jetèrent de la poussière en l'air au-dessus de leur tête.

¹³Et ils se tinrent assis à terre auprès de lui sept jours et sept nuits, sans lui dire une parole, car ils voyaient combien sa douleur était grande.

Chapitre 3

¹Après cela, Job ouvrit la bouche et maudit le jour de sa naissance.

²Il prit la parole et dit:

³Périsse le jour où je suis né, Et la nuit qui dit: Un enfant mâle est conçu!

⁴Ce jour! qu'il se change en ténèbres, Que Dieu n'en ait point souci dans le ciel, Et que la lumière ne rayonne plus sur lui!

⁵Que l'obscurité et l'ombre de la mort s'en emparent, Que des nuées établissent leur demeure au-dessus de lui, Et que de noirs phénomènes l'épouvantent!

⁶Cette nuit! que les ténèbres en fassent leur proie, Qu'elle disparaisse de l'année, Qu'elle ne soit plus comptée parmi les mois!

⁷Que cette nuit devienne stérile, Que l'allégresse en soit bannie!

⁸Qu'elle soit maudite par ceux qui maudissent les jours, Par ceux qui savent exciter le léviathan!

⁹Que les étoiles de son crépuscule s'obscurcissent, Qu'elle attende en vain la lumière, Et qu'elle ne voie point les paupières de l'aurore!

¹⁰Car elle n'a pas fermé le sein qui me conçut, Ni dérobé la souffrance à mes regards.

¹¹Pourquoi ne suis-je pas mort dans le ventre de ma mère? Pourquoi n'ai-je pas expiré au sortir de ses entrailles?

¹²Pourquoi ai-je trouvé des genoux pour me recevoir, Et des mamelles pour m'allaiter?

¹³Je serais couché maintenant, je serais tranquille, Je dormirais, je reposerais,

¹⁴Avec les rois et les grands de la terre, Qui se bâtirent des mausolées,

¹⁵Avec les princes qui avaient de l'or, Et qui remplirent d'argent leurs demeures.

¹⁶Ou je n'existerais pas, je serais comme un avorton caché, Comme des enfants qui n'ont pas vu la lumière.

¹⁷Là ne s'agitent plus les méchants, Et là se reposent ceux qui sont fatigués et sans force;

¹⁸Les captifs sont tous en paix, Ils n'entendent pas la voix de l'oppresseur;

¹⁹Le petit et le grand sont là, Et l'esclave n'est plus soumis à son maître.

²⁰Pourquoi donne-t-il la lumière à celui qui souffre, Et la vie à ceux qui ont l'amertume dans l'âme,

²¹Qui espèrent en vain la mort, Et qui la convoitent plus qu'un trésor,

²²Qui seraient transportés de joie Et saisis d'allégresse, s'ils trouvaient le tombeau?

²³A l'homme qui ne sait où aller, Et que Dieu cerne de toutes parts?

²⁴Mes soupirs sont ma nourriture, Et mes cris se répandent comme l'eau.

²⁵Ce que je crains, c'est ce qui m'arrive; Ce que je redoute, c'est ce qui m'atteint.

²⁶Je n'ai ni tranquillité, ni paix, ni repos, Et le trouble s'est emparé de moi.

Chapitre 4

¹Éliphaz de Théman prit la parole et dit:

²Si nous osons ouvrir la bouche, en seras-tu peiné? Mais qui pourrait garder le silence?

³Voici, tu as souvent enseigné les autres, Tu as fortifié les mains languissantes,

⁴Tes paroles ont relevé ceux qui chancelaient, Tu as affermi les genoux qui pliaient.

⁵Et maintenant qu'il s'agit de toi, tu faiblis! Maintenant que tu es atteint, tu te troubles!

⁶Ta crainte de Dieu n'est-elle pas ton soutien? Ton espérance, n'est-ce pas ton intégrité?

⁷Cherche dans ton souvenir: quel est l'innocent qui a péri? Quels sont les justes qui ont été exterminés?

⁸Pour moi, je l'ai vu, ceux qui labourent l'iniquité Et qui sèment l'injustice en moissonnent les fruits;

⁹Ils périssent par le souffle de Dieu, Ils sont consumés par le vent de sa colère,

¹⁰Le rugissement des lions prend fin, Les dents des lionceaux sont brisées;

¹¹Le lion périt faute de proie, Et les petits de la lionne se dispersent.

¹²Une parole est arrivée furtivement jusqu'à moi, Et mon oreille en a recueilli les sons légers.

¹³Au moment où les visions de la nuit agitent la pensée, Quand les hommes sont livrés à un profond sommeil,

¹⁴Je fus saisi de frayeur et d'épouvante, Et tous mes os tremblèrent.

¹⁵Un esprit passa près de moi... Tous mes cheveux se hérissèrent...

¹⁶Une figure d'un aspect inconnu était devant mes yeux, Et j'entendis une voix qui murmurait doucement:

¹⁷L'homme serait-il juste devant Dieu? Serait-il pur devant celui qui l'a fait?

¹⁸Si Dieu n'a pas confiance en ses serviteurs, S'il trouve de la folie chez ses anges,

¹⁹Combien plus chez ceux qui habitent des maisons d'argile, Qui tirent leur origine de la poussière, Et qui peuvent être écrasés comme un vermisseau!

²⁰Du matin au soir ils sont brisés, Ils périssent pour toujours, et nul n'y prend garde;

²¹Le fil de leur vie est coupé, Ils meurent, et ils n'ont pas acquis la sagesse.

Chapitre 5

¹Crie maintenant! Qui te répondra? Auquel des saints t'adresseras-tu?

²L'insensé périt dans sa colère, Le fou meurt dans ses emportements.

³J'ai vu l'insensé prendre racine; Puis soudain j'ai maudit sa demeure.

⁴Plus de prospérité pour ses fils; Ils sont foulés à la porte, et personne qui les délivre!

⁵Sa moisson est dévorée par des affamés, Qui viennent l'enlever jusque dans les épines, Et ses biens sont engloutis par des hommes altérés.

⁶Le malheur ne sort pas de la poussière, Et la souffrance ne germe pas du sol;

⁷L'homme naît pour souffrir, Comme l'étincelle pour voler.

⁸Pour moi, j'aurais recours à Dieu, Et c'est à Dieu que j'exposerais ma cause.

⁹Il fait des choses grandes et insondables, Des merveilles sans nombre;

¹⁰Il répand la pluie sur la terre, Et envoie l'eau sur les campagnes;

¹¹Il relève les humbles, Et délivre les affligés;

¹²Il anéantit les projets des hommes rusés, Et leurs mains ne peuvent les accomplir;

¹³Il prend les sages dans leur propre ruse, Et les desseins des hommes artificieux sont renversés;

¹⁴Ils rencontrent les ténèbres au milieu du jour, Ils tâtonnent en plein midi comme dans la nuit.

¹⁵Ainsi Dieu protège le faible contre leurs menaces, Et le sauve de la main des puissants;

¹⁶Et l'espérance soutient le malheureux, Mais l'iniquité ferme la bouche.

¹⁷Heureux l'homme que Dieu châtie! Ne méprise pas la correction du Tout Puissant.

¹⁸Il fait la plaie, et il la bande; Il blesse, et sa main guérit.

¹⁹Six fois il te délivrera de l'angoisse, Et sept fois le mal ne t'atteindra pas.

²⁰Il te sauvera de la mort pendant la famine, Et des coups du glaive pendant la guerre.

²¹Tu seras à l'abri du fléau de la langue, Tu seras sans crainte quand viendra la dévastation.

²²Tu te riras de la dévastation comme de la famine, Et tu n'auras pas à redouter les bêtes de la terre;

²³Car tu feras alliance avec les pierres des champs, Et les bêtes de la terre seront en paix avec toi.

²⁴Tu jouiras du bonheur sous ta tente, Tu retrouveras tes troupeaux au complet,

²⁵Tu verras ta postérité s'accroître, Et tes rejetons se multiplier comme l'herbe des champs.

²⁶Tu entreras au sépulcre dans la vieillesse, Comme on emporte une gerbe en son temps.

²⁷Voilà ce que nous avons reconnu, voilà ce qui est; A toi d'entendre et de mettre à profit.

Chapitre 6

¹Job prit la parole et dit:

²Oh! s'il était possible de peser ma douleur, Et si toutes mes calamités étaient sur la balance.

³Elles seraient plus pesantes que le sable de la mer; Voilà pourquoi mes paroles vont jusqu'à la folie!

⁴Car les flèches du Tout Puissant m'ont percé, Et mon âme en suce le venin; Les terreurs de Dieu se rangent en bataille contre moi.

⁵L'âne sauvage crie-t-il auprès de l'herbe tendre? Le boeuf mugit-il auprès de son fourrage?

⁶Peut-on manger ce qui est fade et sans sel? Y a-t-il de la saveur dans le blanc d'un oeuf?

⁷Ce que je voudrais ne pas toucher, C'est là ma nourriture, si dégoûtante soit-elle!

⁸Puisse mon voeu s'accomplir, Et Dieu veuille réaliser mon espérance!

⁹Qu'il plaise à Dieu de m'écraser, Qu'il étende sa main et qu'il m'achève!

¹⁰Il me restera du moins une consolation, Une joie dans les maux dont il m'accable: Jamais je n'ai transgressé les ordres du Saint.

¹¹Pourquoi espérer quand je n'ai plus de force? Pourquoi attendre quand ma fin est certaine?

¹²Ma force est-elle une force de pierre? Mon corps est-il d'airain?

¹³Ne suis-je pas sans ressource, Et le salut n'est-il pas loin de moi?

¹⁴Celui qui souffre a droit à la compassion de son ami, Même quand il abandonnerait la crainte du Tout Puissant.

¹⁵Mes frères sont perfides comme un torrent, Comme le lit des torrents qui disparaissent.

¹⁶Les glaçons en troublent le cours, La neige s'y précipite;

¹⁷Viennent les chaleurs, et ils tarissent, Les feux du soleil, et leur lit demeure à sec.

¹⁸Les caravanes se détournent de leur chemin, S'enfoncent dans le désert, et périssent.

¹⁹Les caravanes de Théma fixent le regard, Les voyageurs de Séba sont pleins d'espoir;

²⁰Ils sont honteux d'avoir eu confiance, Ils restent confondus quand ils arrivent.

²¹Ainsi, vous êtes comme si vous n'existiez pas; Vous voyez mon angoisse, et vous en avez horreur!

²²Vous ai-je dit: Donnez-moi quelque chose, Faites en ma faveur des présents avec vos biens,

²³Délivrez-moi de la main de l'ennemi, Rachetez-moi de la main des méchants?

²⁴Instruisez-moi, et je me tairai; Faites-moi comprendre en quoi j'ai péché.

²⁵Que les paroles vraies sont persuasives! Mais que prouvent vos remontrances?

²⁶Voulez-vous donc blâmer ce que j'ai dit, Et ne voir que du vent dans les discours d'un désespéré?

²⁷Vous accablez un orphelin, Vous persécutez votre ami.

²⁸Regardez-moi, je vous prie! Vous mentirais-je en face?

²⁹Revenez, ne soyez pas injustes; Revenez, et reconnaissez mon innocence.

³⁰Y a-t-il de l'iniquité sur ma langue, Et ma bouche ne discerne-t-elle pas le mal?

Chapitre 7

¹Le sort de l'homme sur la terre est celui d'un soldat, Et ses jours sont ceux d'un mercenaire.

²Comme l'esclave soupire après l'ombre, Comme l'ouvrier attend son salaire,

³Ainsi j'ai pour partage des mois de douleur, J'ai pour mon lot des nuits de souffrance.

⁴Je me couche, et je dis: Quand me lèverai-je? quand finira la nuit? Et je suis rassasié d'agitations jusqu'au point du jour.

⁵Mon corps se couvre de vers et d'une croûte terreuse, Ma peau se crevasse et se dissout.

⁶Mes jours sont plus rapides que la navette du tisserand, Ils s'évanouissent: plus d'espérance!

⁷Souviens-toi que ma vie est un souffle! Mes yeux ne reverront pas le bonheur.

⁸L'oeil qui me regarde ne me regardera plus; Ton oeil me cherchera, et je ne serai plus.

⁹Comme la nuée se dissipe et s'en va, Celui qui descend au séjour des morts ne remontera pas;

¹⁰Il ne reviendra plus dans sa maison, Et le lieu qu'il habitait ne le connaîtra plus.

¹¹C'est pourquoi je ne retiendrai point ma bouche, Je parlerai dans l'angoisse de mon coeur, Je me plaindrai dans l'amertume de mon âme.

¹²Suis-je une mer, ou un monstre marin, Pour que tu établisses des gardes autour de moi?

¹³Quand je dis: Mon lit me soulagera, Ma couche calmera mes douleurs,

¹⁴C'est alors que tu m'effraies par des songes, Que tu m'épouvantes par des visions.

¹⁵Ah! je voudrais être étranglé! Je voudrais la mort plutôt que ces os!

¹⁶Je les méprise!... je ne vivrai pas toujours... Laisse-moi, car ma vie n'est qu'un souffle.

¹⁷Qu'est-ce que l'homme, pour que tu en fasses tant de cas, Pour que tu daignes prendre garde à lui,

¹⁸Pour que tu le visites tous les matins, Pour que tu l'éprouves à tous les instants?

¹⁹Quand cesseras-tu d'avoir le regard sur moi? Quand me laisseras-tu le temps d'avaler ma salive?

²⁰Si j'ai péché, qu'ai-je pu te faire, gardien des hommes? Pourquoi me mettre en butte à tes traits? Pourquoi me rendre à charge à moi-même?

²¹Que ne pardonnes-tu mon péché, Et que n'oublies-tu mon iniquité? Car je vais me coucher dans la poussière; Tu me chercheras, et je ne serai plus.

Chapitre 8

¹Bildad de Schuach prit la parole et dit:

²Jusqu'à quand veux-tu discourir de la sorte, Et les paroles de ta bouche seront-elles un vent impétueux?

³Dieu renverserait-il le droit? Le Tout Puissant renverserait-il la justice?

⁴Si tes fils ont péché contre lui, Il les a livrés à leur péché.

⁵Mais toi, si tu as recours à Dieu, Si tu implores le Tout Puissant;

⁶Si tu es juste et droit, Certainement alors il veillera sur toi, Et rendra le bonheur à ton innocente demeure;

⁷Ton ancienne prospérité semblera peu de chose, Celle qui t'est réservée sera bien plus grande.

⁸Interroge ceux des générations passées, Sois attentif à l'expérience de leurs pères.

⁹Car nous sommes d'hier, et nous ne savons rien, Nos jours sur la terre ne sont qu'une ombre.

¹⁰Ils t'instruiront, ils te parleront, Ils tireront de leur coeur ces sentences:

¹¹Le jonc croît-il sans marais? Le roseau croît-il sans humidité?

¹²Encore vert et sans qu'on le coupe, Il sèche plus vite que toutes les herbes.

¹³Ainsi arrive-t-il à tous ceux qui oublient Dieu, Et l'espérance de l'impie périra.

¹⁴Son assurance est brisée, Son soutien est une toile d'araignée.

¹⁵Il s'appuie sur sa maison, et elle n'est pas ferme; Il s'y cramponne, et elle ne résiste pas.

¹⁶Dans toute sa vigueur, en plein soleil, Il étend ses rameaux sur son jardin,

¹⁷Il entrelace ses racines parmi les pierres, Il pénètre jusque dans les murailles;

¹⁸L'arrache-t-on du lieu qu'il occupe, Ce lieu le renie: Je ne t'ai point connu!

¹⁹Telles sont les délices que ses voies lui procurent. Puis sur le même sol d'autres s'élèvent après lui.

²⁰Non, Dieu ne rejette point l'homme intègre, Et il ne protège point les méchants.

²¹Il remplira ta bouche de cris de joie, Et tes lèvres de chants d'allégresse.

²²Tes ennemis seront couverts de honte; La tente des méchants disparaîtra.

Chapitre 9

¹Job prit la parole et dit:

²Je sais bien qu'il en est ainsi; Comment l'homme serait-il juste devant Dieu?

³S'il voulait contester avec lui, Sur mille choses il ne pourrait répondre à une seule.

⁴A lui la sagesse et la toute-puissance: Qui lui résisterait impunément?

⁵Il transporte soudain les montagnes, Il les renverse dans sa colère.

⁶Il secoue la terre sur sa base, Et ses colonnes sont ébranlées.

⁷Il commande au soleil, et le soleil ne paraît pas; Il met un sceau sur les étoiles.

⁸Seul, il étend les cieux, Il marche sur les hauteurs de la mer.

⁹Il a créé la Grande Ourse, l'Orion et les Pléiades, Et les étoiles des régions australes.

¹⁰Il fait des choses grandes et insondables, Des merveilles sans nombre.

¹¹Voici, il passe près de moi, et je ne le vois pas, Il s'en va, et je ne l'aperçois pas.

¹²S'il enlève, qui s'y opposera? Qui lui dira: Que fais-tu?

¹³Dieu ne retire point sa colère; Sous lui s'inclinent les appuis de l'orgueil.

¹⁴Et moi, comment lui répondre? Quelles paroles choisir?

¹⁵Quand je serais juste, je ne répondrais pas; Je ne puis qu'implorer mon juge.

¹⁶Et quand il m'exaucerait, si je l'invoque, Je ne croirais pas qu'il eût écouté ma voix,

¹⁷Lui qui m'assaille comme par une tempête, Qui multiplie sans raison mes blessures,

¹⁸Qui ne me laisse pas respirer, Qui me rassasie d'amertume.

¹⁹Recourir à la force? Il est Tout Puissant. A la justice? Qui me fera comparaître?

²⁰Suis-je juste, ma bouche me condamnera; Suis-je innocent, il me déclarera coupable.

²¹Innocent! Je le suis; mais je ne tiens pas à la vie, Je méprise mon existence.

²²Qu'importe après tout? Car, j'ose le dire, Il détruit l'innocent comme le coupable.

²³Si du moins le fléau donnait soudain la mort!... Mais il se rit des épreuves de l'innocent.

²⁴La terre est livrée aux mains de l'impie; Il voile la face des juges. Si ce n'est pas lui, qui est-ce donc?

²⁵Mes jours sont plus rapides qu'un courrier; Ils fuient sans avoir vu le bonheur;

²⁶Ils passent comme les navires de jonc, Comme l'aigle qui fond sur sa proie.

²⁷Si je dis: Je veux oublier mes souffrances, Laisser ma tristesse, reprendre courage,

²⁸Je suis effrayé de toutes mes douleurs. Je sais que tu ne me tiendras pas pour innocent.

²⁹Je serai jugé coupable; Pourquoi me fatiguer en vain?

³⁰Quand je me laverais dans la neige, Quand je purifierais mes mains avec du savon,

³¹Tu me plongerais dans la fange, Et mes vêtements m'auraient en horreur.

³²Il n'est pas un homme comme moi, pour que je lui réponde, Pour que nous allions ensemble en justice.

³³Il n'y a pas entre nous d'arbitre, Qui pose sa main sur nous deux.

³⁴Qu'il retire sa verge de dessus moi, Que ses terreurs ne me troublent plus;

³⁵Alors je parlerai et je ne le craindrai pas. Autrement, je ne suis point à moi-même.

Chapitre 10

¹Mon âme est dégoûtée de la vie! Je donnerai cours à ma plainte, Je parlerai dans l'amertume de mon âme.

²Je dis à Dieu: Ne me condamne pas! Fais-moi savoir pourquoi tu me prends à partie!

³Te paraît-il bien de maltraiter, De repousser l'ouvrage de tes mains, Et de faire briller ta faveur sur le conseil des méchants?

⁴As-tu des yeux de chair, Vois-tu comme voit un homme?

⁵Tes jours sont-ils comme les jours de l'homme, Et tes années comme ses années,

⁶Pour que tu recherches mon iniquité, Pour que tu t'enquières de mon péché,

⁷Sachant bien que je ne suis pas coupable, Et que nul ne peut me délivrer de ta main?

⁸Tes mains m'ont formé, elles m'ont créé, Elles m'ont fait tout entier... Et tu me détruirais!

⁹Souviens-toi que tu m'as façonné comme de l'argile; Voudrais-tu de nouveau me réduire en poussière?

¹⁰Ne m'as-tu pas coulé comme du lait? Ne m'as-tu pas caillé comme du fromage?

¹¹Tu m'as revêtu de peau et de chair, Tu m'as tissé d'os et de nerfs;

¹²Tu m'as accordé ta grâce avec la vie, Tu m'as conservé par tes soins et sous ta garde.

¹³Voici néanmoins ce que tu cachais dans ton coeur, Voici, je le sais, ce que tu as résolu en toi-même.

¹⁴Si je pèche, tu m'observes, Tu ne pardonnes pas mon iniquité.

¹⁵Suis-je coupable, malheur à moi! Suis-je innocent, je n'ose lever la tête, Rassasié de honte et absorbé dans ma misère.

¹⁶Et si j'ose la lever, tu me poursuis comme un lion, Tu me frappes encore par des prodiges.

¹⁷Tu m'opposes de nouveaux témoins, Tu multiplies tes fureurs contre moi, Tu m'assailles d'une succession de calamités.

¹⁸Pourquoi m'as-tu fait sortir du sein de ma mère? Je serais mort, et aucun oeil ne m'aurait vu;

¹⁹Je serais comme si je n'eusse pas existé, Et j'aurais passé du ventre de ma mère au sépulcre.

²⁰Mes jours ne sont-ils pas en petit nombre? Qu'il me laisse, Qu'il se retire de moi, et que je respire un peu,

²¹Avant que je m'en aille, pour ne plus revenir, Dans le pays des ténèbres et de l'ombre de la mort,

²²Pays d'une obscurité profonde, Où règnent l'ombre de la mort et la confusion, Et où la lumière est semblable aux ténèbres.

Chapitre 11

¹Tsophar de Naama prit la parole et dit:

²Cette multitude de paroles ne trouvera-t-elle point de réponse, Et suffira-t-il d'être un discoureur pour avoir raison?

³Tes vains propos feront-ils taire les gens? Te moqueras-tu, sans que personne te confonde?

⁴Tu dis: Ma manière de voir est juste, Et je suis pur à tes yeux.

⁵Oh! si Dieu voulait parler, S'il ouvrait les lèvres pour te répondre,

⁶Et s'il te révélait les secrets de sa sagesse, De son immense sagesse, Tu verrais alors qu'il ne te traite pas selon ton iniquité.

⁷Prétends-tu sonder les pensées de Dieu, Parvenir à la connaissance parfaite du Tout Puissant?

⁸Elle est aussi haute que les cieux: que feras-tu? Plus profonde que le séjour des morts: que sauras-tu?

⁹La mesure en est plus longue que la terre, Elle est plus large que la mer.

¹⁰S'il passe, s'il saisit, S'il traîne à son tribunal, qui s'y opposera?

¹¹Car il connaît les vicieux, Il voit facilement les coupables.

¹²L'homme, au contraire, a l'intelligence d'un fou, Il est né comme le petit d'un âne sauvage.

¹³Pour toi, dirige ton coeur vers Dieu, Étends vers lui tes mains,

¹⁴Éloigne-toi de l'iniquité, Et ne laisse pas habiter l'injustice sous ta tente.

¹⁵Alors tu lèveras ton front sans tache, Tu seras ferme et sans crainte;

¹⁶Tu oublieras tes souffrances, Tu t'en souviendras comme des eaux écoulées.

¹⁷Tes jours auront plus d'éclat que le soleil à son midi, Tes ténèbres seront comme la lumière du matin,

¹⁸Tu seras plein de confiance, et ton attente ne sera plus vaine; Tu regarderas autour de toi, et tu reposeras en sûreté.

¹⁹Tu te coucheras sans que personne ne trouble, Et plusieurs caresseront ton visage.

²⁰Mais les yeux des méchants seront consumés; Pour eux point de refuge; La mort, voilà leur espérance!

Chapitre 12

¹Job prit la parole et dit:

²On dirait, en vérité, que le genre humain c'est vous, Et qu'avec vous doit mourir la sagesse.

³J'ai tout aussi bien que vous de l'intelligence, moi, Je ne vous suis point inférieur; Et qui ne sait les choses que vous dites?

⁴Je suis pour mes amis un objet de raillerie, Quand j'implore le secours de Dieu; Le juste, l'innocent, un objet de raillerie!

⁵Au malheur le mépris! c'est la devise des heureux; A celui dont le pied chancelle est réservé le mépris.

⁶Il y a paix sous la tente des pillards, Sécurité pour ceux qui offensent Dieu, Pour quiconque se fait un dieu de sa force.

⁷Interroge les bêtes, elles t'instruiront, Les oiseaux du ciel, ils te l'apprendront;

⁸Parle à la terre, elle t'instruira; Et les poissons de la mer te le raconteront.

⁹Qui ne reconnaît chez eux la preuve Que la main de l'Éternel a fait toutes choses?

¹⁰Il tient dans sa main l'âme de tout ce qui vit, Le souffle de toute chair d'homme.

¹¹L'oreille ne discerne-t-elle pas les paroles, Comme le palais savoure les aliments?

¹²Dans les vieillards se trouve la sagesse, Et dans une longue vie l'intelligence.

¹³En Dieu résident la sagesse et la puissance. Le conseil et l'intelligence lui appartiennent.

¹⁴Ce qu'il renverse ne sera point rebâti, Celui qu'il enferme ne sera point délivré.

¹⁵Il retient les eaux et tout se dessèche; Il les lâche, et la terre en est dévastée.

¹⁶Il possède la force et la prudence; Il maîtrise celui qui s'égare ou fait égarer les autres.

¹⁷Il emmène captifs les conseillers; Il trouble la raison des juges.

¹⁸Il délie la ceinture des rois, Il met une corde autour de leurs reins.

¹⁹Il emmène captifs les sacrificateurs; Il fait tomber les puissants.

²⁰Il ôte la parole à ceux qui ont de l'assurance; Il prive de jugement les vieillards.

²¹Il verse le mépris sur les grands; Il relâche la ceinture des forts.

²²Il met à découvert ce qui est caché dans les ténèbres, Il produit à la lumière l'ombre de la mort.

²³Il donne de l'accroissement aux nations, et il les anéantit; Il les étend au loin, et il les ramène dans leurs limites.

²⁴Il enlève l'intelligence aux chefs des peuples, Il les fait errer dans les déserts sans chemin;

²⁵Ils tâtonnent dans les ténèbres, et ne voient pas clair; Il les fait errer comme des gens ivres.

Chapitre 13

¹Voici, mon oeil a vu tout cela, Mon oreille l'a entendu et y a pris garde.

²Ce que vous savez, je le sais aussi, Je ne vous suis point inférieur.

³Mais je veux parler au Tout Puissant, Je veux plaider ma cause devant Dieu;

⁴Car vous, vous n'imaginez que des faussetés, Vous êtes tous des médecins de néant.

⁵Que n'avez-vous gardé le silence? Vous auriez passé pour avoir de la sagesse.

⁶Écoutez, je vous prie, ma défense, Et soyez attentifs à la réplique de mes lèvres.

⁷Direz-vous en faveur de Dieu ce qui est injuste, Et pour le soutenir allèguerez-vous des faussetés?

⁸Voulez-vous avoir égard à sa personne? Voulez-vous plaider pour Dieu?

⁹S'il vous sonde, vous approuvera-t-il? Ou le tromperez-vous comme on trompe un homme?

¹⁰Certainement il vous condamnera, Si vous n'agissez en secret que par égard pour sa personne.

¹¹Sa majesté ne vous épouvantera-t-elle pas? Sa terreur ne tombera-t-elle pas sur vous?

¹²Vos sentences sont des sentences de cendre, Vos retranchements sont des retranchements de boue.

¹³Taisez-vous, laissez-moi, je veux parler! Il m'en arrivera ce qu'il pourra.

¹⁴Pourquoi saisirais-je ma chair entre les dents? J'exposerai plutôt

ma vie.

¹⁵Voici, il me tuera; je n'ai rien à espérer; Mais devant lui je défendrai ma conduite.

¹⁶Cela même peut servir à mon salut, Car un impie n'ose paraître en sa présence.

¹⁷Écoutez, écoutez mes paroles, Prêtez l'oreille à ce que je vais dire.

¹⁸Me voici prêt à plaider ma cause; Je sais que j'ai raison.

¹⁹Quelqu'un disputera-t-il contre moi? Alors je me tais, et je veux mourir.

²⁰Seulement, accorde-moi deux choses Et je ne me cacherai pas de loin de ta face:

²¹Retire ta main de dessus moi, Et que tes terreurs ne me troublent plus.

²²Puis appelle, et je répondrai, Ou si je parle, réponds-moi!

²³Quel est le nombre de mes iniquités et de mes péchés? Fais-moi connaître mes transgressions et mes péchés.

²⁴Pourquoi caches-tu ton visage, Et me prends-tu pour ton ennemi?

²⁵Veux-tu frapper une feuille agitée? Veux-tu poursuivre une paille desséchée?

²⁶Pourquoi m'infliger d'amères souffrances, Me punir pour des fautes de jeunesse?

²⁷Pourquoi mettre mes pieds dans les ceps, Surveiller tous mes mouvements, Tracer une limite à mes pas,

²⁸Quand mon corps tombe en pourriture, Comme un vêtement que dévore la teigne?

Chapitre 14

¹L'homme né de la femme! Sa vie est courte, sans cesse agitée.

²Il naît, il est coupé comme une fleur; Il fuit et disparaît comme une ombre.

³Et c'est sur lui que tu as l'oeil ouvert! Et tu me fais aller en justice avec toi!

⁴Comment d'un être souillé sortira-t-il un homme pur? Il n'en peut sortir aucun.

⁵Si ses jours sont fixés, si tu as compté ses mois, Si tu en as marqué le terme qu'il ne saurait franchir,

⁶Détourne de lui les regards, et donne-lui du relâche, Pour qu'il ait au moins la joie du mercenaire à la fin de sa journée.

⁷Un arbre a de l'espérance: Quand on le coupe, il repousse, Il produit encore des rejetons;

⁸Quand sa racine a vieilli dans la terre, Quand son tronc meurt dans la poussière,

⁹Il reverdit à l'approche de l'eau, Il pousse des branches comme une jeune plante.

¹⁰Mais l'homme meurt, et il perd sa force; L'homme expire, et où est-il?

¹¹Les eaux des lacs s'évanouissent, Les fleuves tarissent et se dessèchent;

¹²Ainsi l'homme se couche et ne se relèvera plus, Il ne se réveillera pas tant que les cieux subsisteront, Il ne sortira pas de son sommeil.

¹³Oh! si tu voulais me cacher dans le séjour des morts, M'y tenir à couvert jusqu'à ce que ta colère fût passée, Et me fixer un terme auquel tu te souviendras de moi!

¹⁴Si l'homme une fois mort pouvait revivre, J'aurais de l'espoir tout le temps de mes souffrances, Jusqu'à ce que mon état vînt à changer.

¹⁵Tu appellerais alors, et je te répondrais, Tu languirais après l'ouvrage de tes mains.

¹⁶Mais aujourd'hui tu comptes mes pas, Tu as l'oeil sur mes péchés;

¹⁷Mes transgressions sont scellées en un faisceau, Et tu imagines des iniquités à ma charge.

¹⁸La montagne s'écroule et périt, Le rocher disparaît de sa place.

¹⁹La pierre est broyée par les eaux, Et la terre emportée par leur courant; Ainsi tu détruis l'espérance de l'homme.

²⁰Tu es sans cesse à l'assaillir, et il s'en va; Tu le défigures, puis tu le renvoies.

²¹Que ses fils soient honorés, il n'en sait rien; Qu'ils soient dans l'abaissement, il l'ignore.

²²C'est pour lui seul qu'il éprouve de la douleur en son corps, C'est pour lui seul qu'il ressent de la tristesse en son âme.

Chapitre 15

¹Éliphaz de Théman prit la parole et dit:

²Le sage répond-il par un vain savoir? Se gonfle-t-il la poitrine du vent d'orient?

³Est-ce par d'inutiles propos qu'il se défend? Est-ce par des discours qui ne servent à rien?

⁴Toi, tu détruis même la crainte de Dieu, Tu anéantis tout mouvement de piété devant Dieu.

⁵Ton iniquité dirige ta bouche, Et tu prends le langage des hommes rusés.

⁶Ce n'est pas moi, c'est ta bouche qui te condamne. Ce sont tes lèvres qui déposent contre toi.

⁷Es-tu né le premier des hommes? As-tu été enfanté avant les collines?

⁸As-tu reçu les confidences de Dieu? As-tu dérobé la sagesse à ton profit?

⁹Que sais-tu que nous ne sachions pas? Quelle connaissance as-tu que nous n'ayons pas?

¹⁰Il y a parmi nous des cheveux blancs, des vieillards, Plus riches de jours que ton père.

¹¹Tiens-tu pour peu de chose les consolations de Dieu, Et les paroles qui doucement se font entendre à toi?...

¹²Où ton coeur t'entraîne-t-il, Et que signifie ce roulement de tes yeux?

¹³Quoi! c'est contre Dieu que tu tournes ta colère Et que ta bouche exhale de pareils discours!

¹⁴Qu'est-ce que l'homme, pour qu'il soit pur? Celui qui est né de la femme peut-il être juste?

¹⁵Si Dieu n'a pas confiance en ses saints, Si les cieux ne sont pas purs devant lui,

¹⁶Combien moins l'être abominable et pervers, L'homme qui boit l'iniquité comme l'eau!

¹⁷Je vais te parler, écoute-moi! Je raconterai ce que j'ai vu,

¹⁸Ce que les sages ont fait connaître, Ce qu'ils ont révélé, l'ayant appris de leurs pères.

¹⁹A eux seuls appartenait le pays, Et parmi eux nul étranger n'était encore venu.

²⁰Le méchant passe dans l'angoisse tous les jours de sa vie, Toutes les années qui sont le partage de l'impie.

²¹La voix de la terreur retentit à ses oreilles; Au sein de la paix, le dévastateur va fondre sur lui;

²²Il n'espère pas échapper aux ténèbres, Il voit l'épée qui le menace;

²³Il court çà et là pour chercher du pain, Il sait que le jour des ténèbres l'attend.

²⁴La détresse et l'angoisse l'épouvantent, Elles l'assaillent comme un roi prêt à combattre;

²⁵Car il a levé la main contre Dieu, Il a bravé le Tout Puissant,

²⁶Il a eu l'audace de courir à lui Sous le dos épais de ses boucliers.

²⁷Il avait le visage couvert de graisse, Les flancs chargés d'embonpoint;

²⁸Et il habite des villes détruites, Des maisons abandonnées, Sur le point de tomber en ruines.

²⁹Il ne s'enrichira plus, sa fortune ne se relèvera pas, Sa prospérité ne s'étendra plus sur la terre.

³⁰Il ne pourra se dérober aux ténèbres, La flamme consumera ses rejetons, Et Dieu le fera périr par le souffle de sa bouche.

³¹S'il a confiance dans le mal, il se trompe, Car le mal sera sa récompense.

³²Elle arrivera avant le terme de ses jours, Et son rameau ne verdira plus.

³³Il sera comme une vigne dépouillée de ses fruits encore verts, Comme un olivier dont on a fait tomber les fleurs.

³⁴La maison de l'impie deviendra stérile, Et le feu dévorera la tente de l'homme corrompu.

³⁵Il conçoit le mal et il enfante le mal, Il mûrit dans son sein des fruits qui le trompent.

Chapitre 16

¹Job prit la parole et dit:

²J'ai souvent entendu pareilles choses; Vous êtes tous des consolateurs fâcheux.

³Quand finiront ces discours en l'air? Pourquoi cette irritation dans tes réponses?

⁴Moi aussi, je pourrais parler comme vous, Si vous étiez à ma place: Je vous accablerais de paroles, Je secouerais sur vous la tête,

⁵Je vous fortifierais de la bouche, Je remuerais les lèvres pour

vous soulager.

⁶Si je parle, mes souffrances ne seront point calmées, Si je me tais, en quoi seront-elles moindres?

⁷Maintenant, hélas! il m'a épuisé... Tu as ravagé toute ma maison;

⁸Tu m'as saisi, pour témoigner contre moi; Ma maigreur se lève, et m'accuse en face.

⁹Il me déchire et me poursuit dans sa fureur, Il grince des dents contre moi, Il m'attaque et me perce de son regard.

¹⁰Ils ouvrent la bouche pour me dévorer, Ils m'insultent et me frappent les joues, Ils s'acharnent tous après moi.

¹¹Dieu me livre à la merci des impies, Il me précipite entre les mains des méchants.

¹²J'étais tranquille, et il m'a secoué, Il m'a saisi par la nuque et m'a brisé, Il a tiré sur moi comme à un but.

¹³Ses traits m'environnent de toutes parts; Il me perce les reins sans pitié, Il répand ma bile sur la terre.

¹⁴Il me fait brèche sur brèche, Il fond sur moi comme un guerrier.

¹⁵J'ai cousu un sac sur ma peau; J'ai roulé ma tête dans la poussière.

¹⁶Les pleurs ont altéré mon visage; L'ombre de la mort est sur mes paupières.

¹⁷Je n'ai pourtant commis aucune violence, Et ma prière fut toujours pure.

¹⁸O terre, ne couvre point mon sang, Et que mes cris prennent librement leur essor!

¹⁹Déjà maintenant, mon témoin est dans le ciel, Mon témoin est dans les lieux élevés.

²⁰Mes amis se jouent de moi; C'est Dieu que j'implore avec larmes.

²¹Puisse-t-il donner à l'homme raison contre Dieu, Et au fils de l'homme contre ses amis!

²²Car le nombre de mes années touche à son terme, Et je m'en irai par un sentier d'où je ne reviendrai pas.

Chapitre 17

¹Mon souffle se perd, Mes jours s'éteignent, Le sépulcre m'attend.

²Je suis environné de moqueurs, Et mon oeil doit contempler leurs insultes.

³Sois auprès de toi-même ma caution; Autrement, qui répondrait pour moi?

⁴Car tu as fermé leur coeur à l'intelligence; Aussi ne les laisseras-tu pas triompher.

⁵On invite ses amis au partage du butin, Et l'on a des enfants dont les yeux se consument.

⁶Il m'a rendu la fable des peuples, Et ma personne est un objet de mépris.

⁷Mon oeil est obscurci par la douleur; Tous mes membres sont comme une ombre.

⁸Les hommes droits en sont stupéfaits, Et l'innocent se soulève contre l'impie.

⁹Le juste néanmoins demeure ferme dans sa voie, Celui qui a les mains pures se fortifie de plus en plus.

¹⁰Mais vous tous, revenez à vos mêmes discours, Et je ne trouverai pas un sage parmi vous.

¹¹Quoi! mes jours sont passés, mes projets sont anéantis, Les projets qui remplissaient mon coeur...

¹²Et ils prétendent que la nuit c'est le jour, Que la lumière est proche quand les ténèbres sont là!

¹³C'est le séjour des morts que j'attends pour demeure, C'est dans les ténèbres que je dresserai ma couche;

¹⁴Je crie à la fosse: Tu es mon père! Et aux vers: Vous êtes ma mère et ma soeur!

¹⁵Mon espérance, où donc est-elle? Mon espérance, qui peut la voir?

¹⁶Elle descendra vers les portes du séjour des morts, Quand nous irons ensemble reposer dans la poussière.

Chapitre 18

¹Bildad de Schuach prit la parole et dit:

²Quand mettrez-vous un terme à ces discours? Ayez de l'intelligence, puis nous parlerons.

³Pourquoi sommes-nous regardés comme des bêtes? Pourquoi ne sommes-nous à vos yeux que des brutes?

⁴O toi qui te déchires dans ta fureur, Faut-il, à cause de toi, que la terre devienne déserte? Faut-il que les rochers disparaissent de leur place?

⁵La lumière du méchant s'éteindra, Et la flamme qui en jaillit cessera de briller.

⁶La lumière s'obscurcira sous sa tente, Et sa lampe au-dessus de lui s'éteindra.

⁷Ses pas assurés seront à l'étroit; Malgré ses efforts, il tombera.

⁸Car il met les pieds sur un filet, Il marche dans les mailles.

⁹Il est saisi au piège par le talon, Et le filet s'empare de lui;

¹⁰Le cordeau est caché dans la terre, Et la trappe est sur son sentier.

¹¹Des terreurs l'assiègent, l'entourent, Le poursuivent par derrière.

¹²La faim consume ses forces, La misère est à ses côtés.

¹³Les parties de sa peau sont l'une après l'autre dévorées, Ses membres sont dévorés par le premier-né de la mort.

¹⁴Il est arraché de sa tente où il se croyait en sûreté, Il se traîne vers le roi des épouvantements.

¹⁵Nul des siens n'habite sa tente, Le soufre est répandu sur sa demeure.

¹⁶En bas, ses racines se dessèchent; En haut, ses branches sont coupées.

¹⁷Sa mémoire disparaît de la terre, Son nom n'est plus sur la face des champs.

¹⁸Il est poussé de la lumière dans les ténèbres, Il est chassé du monde.

¹⁹Il ne laisse ni descendants ni postérité parmi son peuple, Ni survivant dans les lieux qu'il habitait.

²⁰Les générations à venir seront étonnées de sa ruine, Et la génération présente sera saisie d'effroi.

²¹Point d'autre destinée pour le méchant, Point d'autre sort pour qui ne connaît pas Dieu!

Chapitre 19

¹Job prit la parole et dit:

²Jusques à quand affligerez-vous mon âme, Et m'écraserez-vous de vos discours?

³Voilà dix fois que vous m'outragez; N'avez-vous pas honte de m'étourdir ainsi?

⁴Si réellement j'ai péché, Seul j'en suis responsable.

⁵Pensez-vous me traiter avec hauteur? Pensez-vous démontrer que je suis coupable?

⁶Sachez alors que c'est Dieu qui me poursuit, Et qui m'enveloppe de son filet.

⁷Voici, je crie à la violence, et nul ne répond; J'implore justice, et point de justice!

⁸Il m'a fermé toute issue, et je ne puis passer; Il a répandu des ténèbres sur mes sentiers.

⁹Il m'a dépouillé de ma gloire, Il a enlevé la couronne de ma tête.

¹⁰Il m'a brisé de toutes parts, et je m'en vais; Il a arraché mon espérance comme un arbre.

¹¹Il s'est enflammé de colère contre moi, Il m'a traité comme l'un de ses ennemis.

¹²Ses troupes se sont de concert mises en marche, Elles se sont frayé leur chemin jusqu'à moi, Elles ont campées autour de ma tente.

¹³Il a éloigné de moi mes frères, Et mes amis se sont détournés de moi;

¹⁴Je suis abandonné de mes proches, Je suis oublié de mes intimes.

¹⁵Je suis un étranger pour mes serviteurs et mes servantes, Je ne suis plus à leurs yeux qu'un inconnu.

¹⁶J'appelle mon serviteur, et il ne répond pas; Je le supplie de ma bouche, et c'est en vain.

¹⁷Mon humeur est à charge à ma femme, Et ma plainte aux fils de mes entrailles.

¹⁸Je suis méprisé même par des enfants; Si je me lève, je reçois leurs insultes.

¹⁹Ceux que j'avais pour confidents m'ont en horreur, Ceux que j'aimais se sont tournés contre moi.

²⁰Mes os sont attachés à ma peau et à ma chair; Il ne me reste que la peau des dents.

²¹Ayez pitié, ayez pitié de moi, vous, mes amis! Car la main de Dieu m'a frappé.

²²Pourquoi me poursuivre comme Dieu me poursuit? Pourquoi vous montrer insatiables de ma chair?

²³Oh! je voudrais que mes paroles fussent écrites, Qu'elles fussent écrites dans un livre;

²⁴Je voudrais qu'avec un burin de fer et avec du plomb Elles fussent pour toujours gravées dans le roc...

²⁵Mais je sais que mon Rédempteur est vivant, Et qu'il se lèvera le dernier sur la terre.

²⁶Quand ma peau sera détruite, il se lèvera; Quand je n'aurai plus

de chair, je verrai Dieu.

²⁷Je le verrai, et il me sera favorable; Mes yeux le verront, et non ceux d'un autre; Mon âme languit d'attente au dedans de moi.

²⁸Vous direz alors: Pourquoi le poursuivions-nous? Car la justice de ma cause sera reconnue.

²⁹Craignez pour vous le glaive: Les châtiments par le glaive sont terribles! Et sachez qu'il y a un jugement.

Chapitre 20

¹Tsophar de Naama prit la parole et dit:

²Mes pensées me forcent à répondre, Et mon agitation ne peut se contenir.

³J'ai entendu des reproches qui m'outragent; Le souffle de mon intelligence donnera la réplique.

⁴Ne sais-tu pas que, de tout temps, Depuis que l'homme a été placé sur la terre,

⁵Le triomphe des méchants a été court, Et la joie de l'impie momentanée?

⁶Quand il s'élèverait jusqu'aux cieux, Et que sa tête toucherait aux nues,

⁷Il périra pour toujours comme son ordure, Et ceux qui le voyaient diront: Où est-il?

⁸Il s'envolera comme un songe, et on ne le trouvera plus; Il disparaîtra comme une vision nocturne.

⁹L'oeil qui le regardait ne le regardera plus, Le lieu qu'il habitait ne l'apercevra plus.

¹⁰Ses fils seront assaillis par les pauvres, Et ses mains restitueront ce qu'il a pris par violence.

¹¹La vigueur de la jeunesse, qui remplissait ses membres, Aura sa couche avec lui dans la poussière.

¹²Le mal était doux à sa bouche, Il le cachait sous sa langue,

¹³Il le savourait sans l'abandonner, Il le retenait au milieu de son palais;

¹⁴Mais sa nourriture se transformera dans ses entrailles, Elle deviendra dans son corps un venin d'aspic.

¹⁵Il a englouti des richesses, il les vomira; Dieu les chassera de son ventre.

¹⁶Il a sucé du venin d'aspic, La langue de la vipère le tuera.

¹⁷Il ne reposera plus ses regards sur les ruisseaux, Sur les torrents, sur les fleuves de miel et de lait.

¹⁸Il rendra ce qu'il a gagné, et n'en profitera plus; Il restituera tout ce qu'il a pris, et n'en jouira plus.

¹⁹Car il a opprimé, délaissé les pauvres, Il a ruiné des maisons et ne les a pas rétablies.

²⁰Son avidité n'a point connu de bornes; Mais il ne sauvera pas ce qu'il avait de plus cher.

²¹Rien n'échappait à sa voracité; Mais son bien-être ne durera pas.

²²Au milieu de l'abondance il sera dans la détresse; La main de tous les misérables se lèvera sur lui.

²³Et voici, pour lui remplir le ventre, Dieu enverra sur lui le feu de sa colère, Et le rassasiera par une pluie de traits.

²⁴S'il échappe aux armes de fer, L'arc d'airain le transpercera.

²⁵Il arrache de son corps le trait, Qui étincelle au sortir de ses entrailles, Et il est en proie aux terreurs de la mort.

²⁶Toutes les calamités sont réservées à ses trésors; Il sera consumé par un feu que n'allumera point l'homme, Et ce qui restera dans sa tente en deviendra la pâture.

²⁷Les cieux dévoileront son iniquité, Et la terre s'élèvera contre lui.

²⁸Les revenus de sa maison seront emportés, Ils disparaîtront au jour de la colère de Dieu.

²⁹Telle est la part que Dieu réserve au méchant, Tel est l'héritage que Dieu lui destine.

Chapitre 21

¹Job prit la parole et dit:

²Écoutez, écoutez mes paroles, Donnez-moi seulement cette consolation.

³Laissez-moi parler, je vous prie; Et, quand j'aurai parlé, tu pourras te moquer.

⁴Est-ce contre un homme que se dirige ma plainte? Et pourquoi mon âme ne serait-elle pas impatiente?

⁵Regardez-moi, soyez étonnés, Et mettez la main sur la bouche.

⁶Quand j'y pense, cela m'épouvante, Et un tremblement saisit mon corps.

⁷Pourquoi les méchants vivent-ils? Pourquoi les voit-on vieillir et accroître leur force?

⁸Leur postérité s'affermit avec eux et en leur présence, Leurs rejetons prospèrent sous leurs yeux.

⁹Dans leurs maisons règne la paix, sans mélange de crainte; La verge de Dieu ne vient pas les frapper.

¹⁰Leurs taureaux sont vigoureux et féconds, Leurs génisses conçoivent et n'avortent point.

¹¹Ils laissent courir leurs enfants comme des brebis, Et les enfants prennent leurs ébats.

¹²Ils chantent au son du tambourin et de la harpe, Ils se réjouissent au son du chalumeau.

¹³Ils passent leurs jours dans le bonheur, Et ils descendent en un instant au séjour des morts.

¹⁴Ils disaient pourtant à Dieu: Retire-toi de nous; Nous ne voulons pas connaître tes voies.

¹⁵Qu'est-ce que le Tout Puissant, pour que nous le servions? Que gagnerions-nous à lui adresser nos prières?

¹⁶Quoi donc! ne sont-ils pas en possession du bonheur? -Loin de moi le conseil des méchants!

¹⁷Mais arrive-t-il souvent que leur lampe s'éteigne, Que la misère fonde sur eux, Que Dieu leur distribue leur part dans sa colère,

¹⁸Qu'ils soient comme la paille emportée par le vent, Comme la balle enlevée par le tourbillon?

¹⁹Est-ce pour les fils que Dieu réserve le châtiment du père? Mais c'est lui que Dieu devrait punir, pour qu'il le sente;

²⁰C'est lui qui devrait contempler sa propre ruine, C'est lui qui devrait boire la colère du Tout Puissant.

²¹Car, que lui importe sa maison après lui, Quand le nombre de ses mois est achevé?

²²Est-ce à Dieu qu'on donnera de la science, A lui qui gouverne les esprits célestes?

²³L'un meurt au sein du bien-être, De la paix et du bonheur,

²⁴Les flancs chargés de graisse Et la moelle des os remplie de sève;

²⁵L'autre meurt, l'amertume dans l'âme, Sans avoir joui d'aucun bien.

²⁶Et tous deux se couchent dans la poussière, Tous deux deviennent la pâture des vers.

²⁷Je sais bien quelles sont vos pensées, Quels jugements iniques vous portez sur moi.

²⁸Vous dites: Où est la maison de l'homme puissant? Où est la tente qu'habitaient les impies?

²⁹Mais quoi! n'avez-vous point interrogé les voyageurs, Et voulez-vous méconnaître ce qu'ils prouvent?

³⁰Au jour du malheur, le méchant est épargné; Au jour de la colère, il échappe.

³¹Qui lui reproche en face sa conduite? Qui lui rend ce qu'il a fait?

³²Il est porté dans un sépulcre, Et il veille encore sur sa tombe.

³³Les mottes de la vallée lui sont légères; Et tous après lui suivront la même voie, Comme une multitude l'a déjà suivie.

³⁴Pourquoi donc m'offrir de vaines consolations? Ce qui reste de vos réponses n'est que perfidie.

Chapitre 22

¹Éliphaz de Théman prit la parole et dit:

²Un homme peut-il être utile à Dieu? Non; le sage n'est utile qu'à lui-même.

³Si tu es juste, est-ce à l'avantage du Tout Puissant? Si tu es intègre dans tes voies, qu'y gagne-t-il?

⁴Est-ce par crainte de toi qu'il te châtie, Qu'il entre en jugement avec toi?

⁵Ta méchanceté n'est-elle pas grande? Tes iniquités ne sont-elles pas infinies?

⁶Tu enlevais sans motif des gages à tes frères, Tu privais de leurs vêtements ceux qui étaient nus;

⁷Tu ne donnais point d'eau à l'homme altéré, Tu refusais du pain à l'homme affamé.

⁸Le pays était au plus fort, Et le puissant s'y établissait.

⁹Tu renvoyais les veuves à vide; Les bras des orphelins étaient brisés.

¹⁰C'est pour cela que tu es entouré de pièges, Et que la terreur t'a saisi tout à coup.

¹¹Ne vois-tu donc pas ces ténèbres, Ces eaux débordées qui t'envahissent?

¹²Dieu n'est-il pas en haut dans les cieux? Regarde le sommet des étoiles, comme il est élevé!

¹³Et tu dis: Qu'est-ce que Dieu sait? Peut-il juger à travers l'obscurité?

¹⁴Les nuées l'enveloppent, et il ne voit rien; Il ne parcourt que la

voûte des cieux.

¹⁵Eh quoi! tu voudrais prendre l'ancienne route Qu'ont suivie les hommes d'iniquité?

¹⁶Ils ont été emportés avant le temps, Ils ont eu la durée d'un torrent qui s'écoule.

¹⁷Ils disaient à Dieu: Retire-toi de nous; Que peut faire pour nous le Tout Puissant?

¹⁸Dieu cependant avait rempli de biens leurs maisons. -Loin de moi le conseil des méchants!

¹⁹Les justes, témoins de leur chute, se réjouiront, Et l'innocent se moquera d'eux:

²⁰Voilà nos adversaires anéantis! Voilà leurs richesses dévorées par le feu!

²¹Attache-toi donc à Dieu, et tu auras la paix; Tu jouiras ainsi du bonheur.

²²Reçois de sa bouche l'instruction, Et mets dans ton coeur ses paroles.

²³Tu seras rétabli, si tu reviens au Tout Puissant, Si tu éloignes l'iniquité de ta tente.

²⁴Jette l'or dans la poussière, L'or d'Ophir parmi les cailloux des torrents;

²⁵Et le Tout Puissant sera ton or, Ton argent, ta richesse.

²⁶Alors tu feras du Tout Puissant tes délices, Tu élèveras vers Dieu ta face;

²⁷Tu le prieras, et il t'exaucera, Et tu accompliras tes voeux.

²⁸A tes résolutions répondra le succès; Sur tes sentiers brillera la lumière.

²⁹Vienne l'humiliation, tu prieras pour ton relèvement: Dieu secourt celui dont le regard est abattu.

³⁰Il délivrera même le coupable, Qui devra son salut à la pureté de tes mains.

Chapitre 23

¹Job prit la parole et dit:

²Maintenant encore ma plainte est une révolte, Mais la souffrance étouffe mes soupirs.

³Oh! si je savais où le trouver, Si je pouvais arriver jusqu'à son trône,

⁴Je plaiderais ma cause devant lui, Je remplirais ma bouche d'arguments,

⁵Je connaîtrais ce qu'il peut avoir à répondre, Je verrais ce qu'il peut avoir à me dire.

⁶Emploierait-il toute sa force à me combattre? Ne daignerait-il pas au moins m'écouter?

⁷Ce serait un homme droit qui plaiderait avec lui, Et je serais pour toujours absous par mon juge.

⁸Mais, si je vais à l'orient, il n'y est pas; Si je vais à l'occident, je ne le trouve pas;

⁹Est-il occupé au nord, je ne puis le voir; Se cache-t-il au midi, je ne puis le découvrir.

¹⁰Il sait néanmoins quelle voie j'ai suivie; Et, s'il m'éprouvait, je sortirais pur comme l'or.

¹¹Mon pied s'est attaché à ses pas; J'ai gardé sa voie, et je ne m'en suis point détourné.

¹²Je n'ai pas abandonné les commandements de ses lèvres; J'ai fait plier ma volonté aux paroles de sa bouche.

¹³Mais sa résolution est arrêtée; qui s'y opposera? Ce que son âme désire, il l'exécute.

¹⁴Il accomplira donc ses desseins à mon égard, Et il en concevra bien d'autres encore.

¹⁵Voilà pourquoi sa présence m'épouvante; Quand j'y pense, j'ai peur de lui.

¹⁶Dieu a brisé mon courage, Le Tout Puissant m'a rempli d'effroi.

¹⁷Car ce ne sont pas les ténèbres qui m'anéantissent, Ce n'est pas l'obscurité dont je suis couvert.

Chapitre 24

¹Pourquoi le Tout Puissant ne met-il pas des temps en réserve, Et pourquoi ceux qui le connaissent ne voient-ils pas ses jours?

²On déplace les bornes, On vole des troupeaux, et on les fait paître;

³On enlève l'âne de l'orphelin, On prend pour gage le boeuf de la veuve;

⁴On repousse du chemin les indigents, On force tous les malheureux du pays à se cacher.

⁵Et voici, comme les ânes sauvages du désert, Ils sortent le matin pour chercher de la nourriture, Ils n'ont que le désert pour trouver le pain de leurs enfants;

⁶Ils coupent le fourrage qui reste dans les champs, Ils grappillent dans la vigne de l'impie;

⁷Ils passent la nuit dans la nudité, sans vêtement, Sans couverture contre le froid;

⁸Ils sont percés par la pluie des montagnes, Et ils embrassent les rochers comme unique refuge.

⁹On arrache l'orphelin à la mamelle, On prend des gages sur le pauvre.

¹⁰Ils vont tout nus, sans vêtement, Ils sont affamés, et ils portent les gerbes;

¹¹Dans les enclos de l'impie ils font de l'huile, Ils foulent le pressoir, et ils ont soif;

¹²Dans les villes s'exhalent les soupirs des mourants, L'âme des blessés jette des cris... Et Dieu ne prend pas garde à ces infamies!

¹³D'autres sont ennemis de la lumière, Ils n'en connaissent pas les voies, Ils n'en pratiquent pas les sentiers.

¹⁴L'assassin se lève au point du jour, Tue le pauvre et l'indigent, Et il dérobe pendant la nuit.

¹⁵L'oeil de l'adultère épie le crépuscule; Personne ne me verra, dit-il, Et il met un voile sur sa figure.

¹⁶La nuit ils forcent les maisons, Le jour ils se tiennent enfermés; Ils ne connaissent pas la lumière.

¹⁷Pour eux, le matin c'est l'ombre de la mort, Ils en éprouvent toutes les terreurs.

¹⁸Eh quoi! l'impie est d'un poids léger sur la face des eaux, Il n'a sur la terre qu'une part maudite, Il ne prend jamais le chemin des vignes!

¹⁹Comme la sécheresse et la chaleur absorbent les eaux de la neige, Ainsi le séjour des morts engloutit ceux qui pèchent!

²⁰Quoi! le sein maternel l'oublie, Les vers en font leurs délices, On ne se souvient plus de lui! L'impie est brisé comme un arbre,

²¹Lui qui dépouille la femme stérile et sans enfants, Lui qui ne répand aucun bienfait sur la veuve!...

²²Non! Dieu par sa force prolonge les jours des violents, Et les voilà debout quand ils désespéraient de la vie;

²³Il leur donne de la sécurité et de la confiance, Il a les regards sur leurs voies.

²⁴Ils se sont élevés; et en un instant ils ne sont plus, Ils tombent, ils meurent comme tous les hommes, Ils sont coupés comme la tête des épis.

²⁵S'il n'en est pas ainsi, qui me démentira, Qui réduira mes paroles à néant?

Chapitre 25

¹Bildad de Schuach prit la parole et dit:

²La puissance et la terreur appartiennent à Dieu; Il fait régner la paix dans ses hautes régions.

³Ses armées ne sont-elles pas innombrables? Sur qui sa lumière ne se lève-t-elle pas?

⁴Comment l'homme serait-il juste devant Dieu? Comment celui qui est né de la femme serait-il pur?

⁵Voici, la lune même n'est pas brillante, Et les étoiles ne sont pas pures à ses yeux;

⁶Combien moins l'homme, qui n'est qu'un ver, Le fils de l'homme, qui n'est qu'un vermisseau!

Chapitre 26

¹Job prit la parole et dit:

²Comme tu sais bien venir en aide à la faiblesse! Comme tu prêtes secours au bras sans force!

³Quels bons conseils tu donnes à celui qui manque d'intelligence! Quelle abondance de sagesse tu fais paraître!

⁴A qui s'adressent tes paroles? Et qui est-ce qui t'inspire?

⁵Devant Dieu les ombres tremblent Au-dessous des eaux et de leurs habitants;

⁶Devant lui le séjour des morts est nu, L'abîme n'a point de voile.

⁷Il étend le septentrion sur le vide, Il suspend la terre sur le néant.

⁸Il renferme les eaux dans ses nuages, Et les nuages n'éclatent pas sous leur poids.

⁹Il couvre la face de son trône, Il répand sur lui sa nuée.

¹⁰Il a tracé un cercle à la surface des eaux, Comme limite entre la lumière et les ténèbres.

¹¹Les colonnes du ciel s'ébranlent, Et s'étonnent à sa menace.

¹²Par sa force il soulève la mer, Par son intelligence il en brise l'orgueil.

¹³Son souffle donne au ciel la sérénité, Sa main transperce le serpent fuyard.

Job

¹⁴Ce sont là les bords de ses voies, C'est le bruit léger qui nous en parvient; Mais qui entendra le tonnerre de sa puissance?

Chapitre 27

¹Job prit de nouveau la parole sous forme sentencieuse et dit:

²Dieu qui me refuse justice est vivant! Le Tout Puissant qui remplit mon âme d'amertume est vivant!

³Aussi longtemps que j'aurai ma respiration, Et que le souffle de Dieu sera dans mes narines,

⁴Mes lèvres ne prononceront rien d'injuste, Ma langue ne dira rien de faux.

⁵Loin de moi la pensée de vous donner raison! Jusqu'à mon dernier soupir je défendrai mon innocence;

⁶Je tiens à me justifier, et je ne faiblirai pas; Mon coeur ne me fait de reproche sur aucun de mes jours.

⁷Que mon ennemi soit comme le méchant, Et mon adversaire comme l'impie!

⁸Quelle espérance reste-t-il à l'impie, Quand Dieu coupe le fil de sa vie, Quand il lui retire son âme?

⁹Est-ce que Dieu écoute ses cris, Quand l'angoisse vient l'assaillir?

¹⁰Fait-il du Tout Puissant ses délices? Adresse-t-il en tout temps ses prières à Dieu?

¹¹Je vous enseignerai les voies de Dieu, Je ne vous cacherai pas les desseins du Tout Puissant.

¹²Mais vous les connaissez, et vous êtes d'accord; Pourquoi donc vous laisser aller à de vaines pensées?

¹³Voici la part que Dieu réserve au méchant, L'héritage que le Tout Puissant destine à l'impie.

¹⁴S'il a des fils en grand nombre, c'est pour le glaive, Et ses rejetons manquent de pain;

¹⁵Ceux qui échappent sont enterrés par la peste, Et leurs veuves ne les pleurent pas.

¹⁶S'il amasse l'argent comme la poussière, S'il entasse les vêtements comme la boue,

¹⁷C'est lui qui entasse, mais c'est le juste qui se revêt, C'est l'homme intègre qui a l'argent en partage.

¹⁸Sa maison est comme celle que bâtit la teigne, Comme la cabane que fait un gardien.

¹⁹Il se couche riche, et il meurt dépouillé; Il ouvre les yeux, et tout a disparu.

²⁰Les terreurs le surprennent comme des eaux; Un tourbillon l'enlève au milieu de la nuit.

²¹Le vent d'orient l'emporte, et il s'en va; Il l'arrache violemment de sa demeure.

²²Dieu lance sans pitié des traits contre lui, Et le méchant voudrait fuir pour les éviter.

²³On bat des mains à sa chute, Et on le siffle à son départ.

Chapitre 28

¹Il y a pour l'argent une mine d'où on le fait sortir, Et pour l'or un lieu d'où on l'extrait pour l'affiner;

²Le fer se tire de la poussière, Et la pierre se fond pour produire l'airain.

³L'homme fait cesser les ténèbres; Il explore, jusque dans les endroits les plus profonds, Les pierres cachées dans l'obscurité et dans l'ombre de la mort.

⁴Il creuse un puits loin des lieux habités; Ses pieds ne lui sont plus en aide, Et il est suspendu, balancé, loin des humains.

⁵La terre, d'où sort le pain, Est bouleversée dans ses entrailles comme par le feu.

⁶Ses pierres contiennent du saphir, Et l'on y trouve de la poudre d'or.

⁷L'oiseau de proie n'en connaît pas le sentier, L'oeil du vautour ne l'a point aperçu;

⁸Les plus fiers animaux ne l'ont point foulé, Le lion n'y a jamais passé.

⁹L'homme porte sa main sur le roc, Il renverse les montagnes depuis la racine;

¹⁰Il ouvre des tranchées dans les rochers, Et son oeil contemple tout ce qu'il y a de précieux;

¹¹Il arrête l'écoulement des eaux, Et il produit à la lumière ce qui est caché.

¹²Mais la sagesse, où se trouve-t-elle? Où est la demeure de l'intelligence?

¹³L'homme n'en connaît point le prix; Elle ne se trouve pas dans la terre des vivants.

¹⁴L'abîme dit: Elle n'est point en moi; Et la mer dit: Elle n'est point avec moi.

¹⁵Elle ne se donne pas contre de l'or pur, Elle ne s'achète pas au poids de l'argent;

¹⁶Elle ne se pèse pas contre l'or d'Ophir, Ni contre le précieux onyx, ni contre le saphir;

¹⁷Elle ne peut se comparer à l'or ni au verre, Elle ne peut s'échanger pour un vase d'or fin.

¹⁸Le corail et le cristal ne sont rien auprès d'elle: La sagesse vaut plus que les perles.

¹⁹La topaze d'Éthiopie n'est point son égale, Et l'or pur n'entre pas en balance avec elle.

²⁰D'où vient donc la sagesse? Où est la demeure de l'intelligence?

²¹Elle est cachée aux yeux de tout vivant, Elle est cachée aux oiseaux du ciel.

²²Le gouffre et la mort disent: Nous en avons entendu parler.

²³C'est Dieu qui en sait le chemin, C'est lui qui en connaît la demeure;

²⁴Car il voit jusqu'aux extrémités de la terre, Il aperçoit tout sous les cieux.

²⁵Quand il régla le poids du vent, Et qu'il fixa la mesure des eaux,

²⁶Quand il donna des lois à la pluie, Et qu'il traça la route de l'éclair et du tonnerre,

²⁷Alors il vit la sagesse et la manifesta, Il en posa les fondements et la mit à l'épreuve.

²⁸Puis il dit à l'homme: Voici, la crainte du Seigneur, c'est la sagesse; S'éloigner du mal, c'est l'intelligence.

Chapitre 29

¹Job prit de nouveau la parole sous forme sentencieuse et dit:

²Oh! que ne puis-je être comme aux mois du passé, Comme aux jours où Dieu me gardait,

³Quand sa lampe brillait sur ma tête, Et que sa lumière me guidait dans les ténèbres!

⁴Que ne suis-je comme aux jours de ma vigueur, Où Dieu veillait en ami sur ma tente,

⁵Quand le Tout Puissant était encore avec moi, Et que mes enfants m'entouraient;

⁶Quand mes pieds se baignaient dans la crème Et que le rocher répandait près de moi des ruisseaux d'huile!

⁷Si je sortais pour aller à la porte de la ville, Et si je me faisais préparer un siège dans la place,

⁸Les jeunes gens se retiraient à mon approche, Les vieillards se levaient et se tenaient debout.

⁹Les princes arrêtaient leurs discours, Et mettaient la main sur leur bouche;

¹⁰La voix des chefs se taisait, Et leur langue s'attachait à leur palais.

¹¹L'oreille qui m'entendait me disait heureux, L'oeil qui me voyait me rendait témoignage;

¹²Car je sauvais le pauvre qui implorait du secours, Et l'orphelin qui manquait d'appui.

¹³La bénédiction du malheureux venait sur moi; Je remplissais de joie le coeur de la veuve.

¹⁴Je me revêtais de la justice et je lui servais de vêtement, J'avais ma droiture pour manteau et pour turban.

¹⁵J'étais l'oeil de l'aveugle Et le pied du boiteux.

¹⁶J'étais le père des misérables, J'examinais la cause de l'inconnu;

¹⁷Je brisais la mâchoire de l'injuste, Et j'arrachais de ses dents la proie.

¹⁸Alors je disais: Je mourrai dans mon nid, Mes jours seront abondants comme le sable;

¹⁹L'eau pénétrera dans mes racines, La rosée passera la nuit sur mes branches;

²⁰Ma gloire reverdira sans cesse, Et mon arc rajeunira dans ma main.

²¹On m'écoutait et l'on restait dans l'attente, On gardait le silence devant mes conseils.

²²Après mes discours, nul ne répliquait, Et ma parole était pour tous une bienfaisante rosée;

²³Ils comptaient sur moi comme sur la pluie, Ils ouvraient la bouche comme pour une pluie du printemps.

²⁴Je leur souriais quand ils perdaient courage, Et l'on ne pouvait chasser la sérénité de mon front.

²⁵J'aimais à aller vers eux, et je m'asseyais à leur tête; J'étais comme un roi au milieu d'une troupe, Comme un consolateur auprès des affligés.

Chapitre 30

¹Et maintenant!... je suis la risée de plus jeunes que moi, De ceux dont je dédaignais de mettre les pères Parmi les chiens de mon troupeau.
²Mais à quoi me servirait la force de leurs mains? Ils sont incapables d'atteindre la vieillesse.
³Desséchés par la misère et la faim, Ils fuient dans les lieux arides, Depuis longtemps abandonnés et déserts.
⁴Ils arrachent près des arbrisseaux les herbes sauvages, Et ils n'ont pour pain que la racine des genêts.
⁵On les chasse du milieu des hommes, On crie après eux comme après des voleurs.
⁶Ils habitent dans d'affreuses vallées, Dans les cavernes de la terre et dans les rochers;
⁷Ils hurlent parmi les buissons, Ils se rassemblent sous les ronces.
⁸Etres vils et méprisés, On les repousse du pays.
⁹Et maintenant, je suis l'objet de leurs chansons, Je suis en butte à leurs propos.
¹⁰Ils ont horreur de moi, ils se détournent, Ils me crachent au visage.
¹¹Ils n'ont plus de retenue et ils m'humilient, Ils rejettent tout frein devant moi.
¹²Ces misérables se lèvent à ma droite et me poussent les pieds, Ils se fraient contre moi des sentiers pour ma ruine;
¹³Ils détruisent mon propre sentier et travaillent à ma perte, Eux à qui personne ne viendrait en aide.
¹⁴Ils arrivent comme par une large brèche, Ils se précipitent sous les craquements.
¹⁵Les terreurs m'assiègent; Ma gloire est emportée comme par le vent, Mon bonheur a passé comme un nuage.
¹⁶Et maintenant, mon âme s'épanche en mon sein, Les jours de la souffrance m'ont saisi.
¹⁷La nuit me perce et m'arrache les os, La douleur qui me ronge ne se donne aucun repos,
¹⁸Par la violence du mal mon vêtement perd sa forme, Il se colle à mon corps comme ma tunique.
¹⁹Dieu m'a jeté dans la boue, Et je ressemble à la poussière et à la cendre.
²⁰Je crie vers toi, et tu ne me réponds pas; Je me tiens debout, et tu me lances ton regard.
²¹Tu deviens cruel contre moi, Tu me combats avec la force de ta main.
²²Tu mu soulèves, tu mu fais voler au-dessus du vent, Et tu m'anéantis au bruit de la tempête.
²³Car, je le sais, tu me mènes à la mort, Au rendez-vous de tous les vivants.
²⁴Mais celui qui va périr n'étend-il pas les mains? Celui qui est dans le malheur n'implore-t-il pas du secours?
²⁵N'avais-je pas des larmes pour l'infortuné? Mon coeur n'avait-il pas pitié de l'indigent?
²⁶J'attendais le bonheur, et le malheur est arrivé; J'espérais la lumière, et les ténèbres sont venues.
²⁷Mes entrailles bouillonnent sans relâche, Les jours de la calamité m'ont surpris.
²⁸Je marche noirci, mais non par le soleil; Je me lève en pleine assemblée, et je crie.
²⁹Je suis devenu le frère des chacals, Le compagnon des autruches.
³⁰Ma peau noircit et tombe, Mes os brûlent et se dessèchent.
³¹Ma harpe n'est plus qu'un instrument de deuil, Et mon chalumeau ne peut rendre que des sons plaintifs.

Chapitre 31

¹J'avais fait un pacte avec mes yeux, Et je n'aurais pas arrêté mes regards sur une vierge.
²Quelle part Dieu m'eût-il réservée d'en haut? Quel héritage le Tout Puissant m'eût-il envoyé des cieux?
³La ruine n'est-elle pas pour le méchant, Et le malheur pour ceux qui commettent l'iniquité?
⁴Dieu n'a-t-il pas connu mes voies? N'a-t-il pas compté tous mes pas?
⁵Si j'ai marché dans le mensonge, Si mon pied a couru vers la fraude,
⁶Que Dieu me pèse dans des balances justes, Et il reconnaîtra mon intégrité!
⁷Si mon pas s'est détourné du droit chemin, Si mon coeur a suivi mes yeux, Si quelque souillure s'est attachée à mes mains,
⁸Que je sème et qu'un autre moissonne, Et que mes rejetons soient déracinés!
⁹Si mon coeur a été séduit par une femme, Si j'ai fait le guet à la porte de mon prochain,
¹⁰Que ma femme tourne la meule pour un autre, Et que d'autres la déshonorent!
¹¹Car c'est un crime, Un forfait que punissent les juges;
¹²C'est un feu qui dévore jusqu'à la ruine, Et qui aurait détruit toute ma richesse.
¹³Si j'ai méprisé le droit de mon serviteur ou de ma servante Lorsqu'ils étaient en contestation avec moi,
¹⁴Qu'ai-je à faire, quand Dieu se lève? Qu'ai-je à répondre, quand il châtie?
¹⁵Celui qui m'a créé dans le ventre de ma mère ne l'a-t-il pas créé? Le même Dieu ne nous a-t-il pas formés dans le sein maternel?
¹⁶Si j'ai refusé aux pauvres ce qu'ils demandaient, Si j'ai fait languir les yeux de la veuve,
¹⁷Si j'ai mangé seul mon pain, Sans que l'orphelin en ait eu sa part,
¹⁸Moi qui l'ai dès ma jeunesse élevé comme un père, Moi qui dès ma naissance ai soutenu la veuve;
¹⁹Si j'ai vu le malheureux manquer de vêtements, L'indigent n'avoir point de couverture,
²⁰Sans que ses reins m'aient béni, Sans qu'il ait été réchauffé par la toison de mes agneaux;
²¹Si j'ai levé la main contre l'orphelin, Parce que je me sentais un appui dans les juges;
²²Que mon épaule se détache de sa jointure, Que mon bras tombe et qu'il se brise!
²³Car les châtiments de Dieu m'épouvantent, Et je ne puis rien devant sa majesté.
²⁴Si j'ai mis dans l'or ma confiance, Si j'ai dit à l'or: Tu es mon espoir;
²⁵Si je me suis réjoui de la grandeur de mes biens, De la quantité des richesses que j'avais acquises;
²⁶Si j'ai regardé le soleil quand il brillait, La lune quand elle s'avançait majestueuse,
²⁷Et si mon coeur s'est laissé séduire en secret, Si ma main s'est portée sur ma bouche;
²⁸C'est encore un crime que doivent punir les juges, Et j'aurais renié le Dieu d'en haut!
²⁹Si j'ai été joyeux du malheur de mon ennemi, Si j'ai sauté d'allégresse quand les revers l'ont atteint,
³⁰Moi qui n'ai pas permis à ma langue de pécher, De demander sa mort avec imprécation;
³¹Si les gens de ma tente ne disaient pas: Où est celui qui n'a pas été rassasié de sa viande?
³²Si l'étranger passait la nuit dehors, Si je n'ouvrais pas ma porte au voyageur;
³³Si, comme les hommes, j'ai caché mes transgressions, Et renfermé mes iniquités dans mon sein,
³⁴Parce que j'avais peur de la multitude, Parce que je craignais le mépris des familles, Me tenant à l'écart et n'osant franchir ma porte...
³⁵Oh! qui me fera trouver quelqu'un qui m'écoute? Voilà ma défense toute signée: Que le Tout Puissant me réponde! Qui me donnera la plainte écrite par mon adversaire?
³⁶Je porterai son écrit sur mon épaule, Je l'attacherai sur mon front comme une couronne;
³⁷Je lui rendrai compte de tous mes pas, Je m'approcherai de lui comme un prince.
³⁸Si ma terre crie contre moi, Et que ses sillons versent des larmes;
³⁹Si j'en ai mangé le produit sans l'avoir payée, Et que j'aie attristé l'âme de ses anciens maîtres;
⁴⁰Qu'il y croisse des épines au lieu de froment, Et de l'ivraie au lieu d'orge! Fin des paroles de Job.

Chapitre 32

¹Ces trois hommes cessèrent de répondre à Job, parce qu'il se regardait comme juste.
²Alors s'enflamma de colère Élihu, fils de Barakeel de Buz, de la famille de Ram. Sa colère s'enflamma contre Job, parce qu'il se disait juste devant Dieu.
³Et sa colère s'enflamma contre ses trois amis, parce qu'ils ne trouvaient rien à répondre et que néanmoins ils condamnaient Job.
⁴Comme ils étaient plus âgés que lui, Élihu avait attendu jusqu'à ce moment pour parler à Job.
⁵Mais, voyant qu'il n'y avait plus de réponse dans la bouche de ces trois hommes, Élihu s'enflamma de colère.
⁶Et Élihu, fils de Barakeel de Buz, prit la parole et dit: Je suis jeune, et vous êtes des vieillards; C'est pourquoi j'ai craint, j'ai redouté

De vous faire connaître mon sentiment.

⁷Je disais en moi-même: Les jours parleront, Le grand nombre des années enseignera la sagesse.

⁸Mais en réalité, dans l'homme, c'est l'esprit, Le souffle du Tout Puissant, qui donne l'intelligence;

⁹Ce n'est pas l'âge qui procure la sagesse, Ce n'est pas la vieillesse qui rend capable de juger.

¹⁰Voilà pourquoi je dis: Écoute! Moi aussi, j'exposerai ma pensée.

¹¹J'ai attendu la fin de vos discours, J'ai suivi vos raisonnements, Votre examen des paroles de Job.

¹²Je vous ai donné toute mon attention; Et voici, aucun de vous ne l'a convaincu, Aucun n'a réfuté ses paroles.

¹³Ne dites pas cependant: En lui nous avons trouvé la sagesse; C'est Dieu qui peut le confondre, ce n'est pas un homme!

¹⁴Il ne s'est pas adressé directement à moi: Aussi lui répondrai-je tout autrement que vous.

¹⁵Ils ont peur, ils ne répondent plus! Ils ont la parole coupée!

¹⁶J'ai attendu qu'ils eussent fini leurs discours, Qu'ils s'arrêtassent et ne sussent que répliquer.

¹⁷A mon tour, je veux répondre aussi, Je veux dire aussi ce que je pense.

¹⁸Car je suis plein de paroles, L'esprit me presse au dedans de moi;

¹⁹Mon intérieur est comme un vin qui n'a pas d'issue, Comme des outres neuves qui vont éclater.

²⁰Je parlerai pour respirer à l'aise, J'ouvrirai mes lèvres et je répondrai.

²¹Je n'aurai point égard à l'apparence, Et je ne flatterai personne;

²²Car je ne sais pas flatter: Mon créateur m'enlèverait bien vite.

Chapitre 33

¹Maintenant donc, Job, écoute mes discours, Prête l'oreille à toutes mes paroles!

²Voici, j'ouvre la bouche, Ma langue se remue dans mon palais.

³C'est avec droiture de coeur que je vais parler, C'est la vérité pure qu'exprimeront mes lèvres:

⁴L'esprit de Dieu m'a créé, Et le souffle du Tout Puissant m'anime.

⁵Si tu le peux, réponds-moi, Défends ta cause, tiens-toi prêt!

⁶Devant Dieu je suis ton semblable, J'ai été comme toi formé de la boue;

⁷Ainsi mes terreurs ne te troubleront pas, Et mon poids ne saurait t'accabler.

⁸Mais tu as dit à mes oreilles, Et j'ai entendu le son de tes paroles:

⁹Je suis pur, je suis sans péché, Je suis net, il n'y a point en moi d'iniquité.

¹⁰Et Dieu trouve contre moi des motifs de haine, Il me traite comme son ennemi;

¹¹Il met mes pieds dans les ceps, Il surveille tous mes mouvements.

¹²Je te répondrai qu'en cela tu n'as pas raison, Car Dieu est plus grand que l'homme.

¹³Veux-tu donc disputer avec lui, Parce qu'il ne rend aucun compte de ses actes?

¹⁴Dieu parle cependant, tantôt d'une manière, Tantôt d'une autre, et l'on n'y prend point garde.

¹⁵Il parle par des songes, par des visions nocturnes, Quand les hommes sont livrés à un profond sommeil, Quand ils sont endormis sur leur couche.

¹⁶Alors il leur donne des avertissements Et met le sceau à ses instructions,

¹⁷Afin de détourner l'homme du mal Et de le préserver de l'orgueil,

¹⁸Afin de garantir son âme de la fosse Et sa vie des coups du glaive.

¹⁹Par la douleur aussi l'homme est repris sur sa couche, Quand une lutte continue vient agiter ses os.

²⁰Alors il prend en dégoût le pain, Même les aliments les plus exquis;

²¹Sa chair se consume et disparaît, Ses os qu'on ne voyait pas sont mis à nu;

²²Son âme s'approche de la fosse, Et sa vie des messagers de la mort.

²³Mais s'il se trouve pour lui un ange intercesseur, Un d'entre les mille Qui annoncent à l'homme la voie qu'il doit suivre,

²⁴Dieu a compassion de lui et dit à l'ange: Délivre-le, afin qu'il ne descende pas dans la fosse; J'ai trouvé une rançon!

²⁵Et sa chair a plus de fraîcheur qu'au premier âge, Il revient aux jours de sa jeunesse.

²⁶Il adresse à Dieu sa prière; et Dieu lui est propice, Lui laisse voir sa face avec joie, Et lui rend son innocence.

²⁷Il chante devant les hommes et dit: J'ai péché, j'ai violé la justice, Et je n'ai pas été puni comme je le méritais;

²⁸Dieu a délivré mon âme pour qu'elle n'entrât pas dans la fosse, Et ma vie s'épanouit à la lumière!

²⁹Voilà tout ce que Dieu fait, Deux fois, trois fois, avec l'homme,

³⁰Pour ramener son âme de la fosse, Pour l'éclairer de la lumière des vivants.

³¹Sois attentif, Job, écoute-moi! Tais-toi, et je parlerai!

³²Si tu as quelque chose à dire, réponds-moi! Parle, car je voudrais te donner raison.

³³Si tu n'as rien à dire, écoute-moi! Tais-toi, et je t'enseignerai la sagesse.

Chapitre 34

¹Élihu reprit et dit:

²Sages, écoutez mes discours! Vous qui êtes intelligents, prêtez-moi l'oreille!

³Car l'oreille discerne les paroles, Comme le palais savoure les aliments.

⁴Choisissons ce qui est juste, Voyons entre nous ce qui est bon.

⁵Job dit: Je suis innocent, Et Dieu me refuse justice;

⁶J'ai raison, et je passe pour menteur; Ma plaie est douloureuse, et je suis sans péché.

⁷Y a-t-il un homme semblable à Job, Buvant la raillerie comme l'eau,

⁸Marchant en société de ceux qui font le mal, Cheminant de pair avec les impies?

⁹Car il a dit: Il est inutile à l'homme De mettre son plaisir en Dieu.

¹⁰Écoutez-moi donc, hommes de sens! Loin de Dieu l'injustice, Loin du Tout Puissant l'iniquité!

¹¹Il rend à l'homme selon ses oeuvres, Il rétribue chacun selon ses voies.

¹²Non certes, Dieu ne commet pas l'iniquité; Le Tout Puissant ne viole pas la justice.

¹³Qui l'a chargé de gouverner la terre? Qui a confié l'univers à ses soins?

¹⁴S'il ne pensait qu'à lui-même, S'il retirait à lui son esprit et son souffle,

¹⁵Toute chair périrait soudain, Et l'homme rentrerait dans la poussière.

¹⁶Si tu as de l'intelligence, écoute ceci, Prête l'oreille au son de mes paroles!

¹⁷Un ennemi de la justice régnerait-il? Et condamneras-tu le juste, le puissant,

¹⁸Qui proclame la méchanceté des rois Et l'iniquité des princes,

¹⁹Qui n'a point égard à l'apparence des grands Et ne distingue pas le riche du pauvre, Parce que tous sont l'ouvrage de ses mains?

²⁰En un instant, ils perdent la vie; Au milieu de la nuit, un peuple chancelle et périt; Le puissant disparaît, sans la main d'aucun homme.

²¹Car Dieu voit la conduite de tous, Il a les regards sur les pas de chacun.

²²Il n'y a ni ténèbres ni ombre de la mort, Où puissent se cacher ceux qui commettent l'iniquité.

²³Dieu n'a pas besoin d'observer longtemps, Pour qu'un homme entre en jugement avec lui;

²⁴Il brise les grands sans information, Et il met d'autres à leur place;

²⁵Car il connaît leurs oeuvres. Ils les renverse de nuit, et ils sont écrasés;

²⁶Il les frappe comme des impies, A la face de tous les regards.

²⁷En se détournant de lui, En abandonnant toutes ses voies,

²⁸Ils ont fait monter à Dieu le cri du pauvre, Ils l'ont rendu attentif aux cris des malheureux.

²⁹S'il donne le repos, qui répandra le trouble? S'il cache sa face, qui pourra le voir? Il traite à l'égal soit une nation, soit un homme,

³⁰Afin que l'impie ne domine plus, Et qu'il ne soit plus un piège pour le peuple.

³¹Car a-t-il jamais dit à Dieu: J'ai été châtié, je ne pécherai plus;

³²Montre-moi ce que je ne vois pas; Si j'ai commis des injustices, je n'en commettrai plus?

³³Est-ce d'après toi que Dieu rendra la justice? C'est toi qui rejettes, qui choisis, mais non pas moi; Ce que tu sais, dis-le donc!

³⁴Les hommes de sens seront de mon avis, Le sage qui m'écoute pensera comme moi.

³⁵Job parle sans intelligence, Et ses discours manquent de raison.

³⁶Qu'il continue donc à être éprouvé, Puisqu'il répond comme font les méchants!
³⁷Car il ajoute à ses fautes de nouveaux péchés; Il bat des mains au milieu de nous, Il multiplie ses paroles contre Dieu.

Chapitre 35

¹Élihu reprit et dit:
²Imagines-tu avoir raison, Penses-tu te justifier devant Dieu,
³Quand tu dis: Que me sert-il, Que me revient-il de ne pas pécher?
⁴C'est à toi que je vais répondre, Et à tes amis en même temps.
⁵Considère les cieux, et regarde! Vois les nuées, comme elles sont au-dessus de toi!
⁶Si tu pèches, quel tort lui causes-tu? Et quand tes péchés se multiplient, que lui fais-tu?
⁷Si tu es juste, que lui donnes-tu? Que reçoit-il de ta main?
⁸Ta méchanceté ne peut nuire qu'à ton semblable, Ta justice n'est utile qu'au fils de l'homme.
⁹On crie contre la multitude des oppresseurs, On se plaint de la violence d'un grand nombre;
¹⁰Mais nul ne dit: Où est Dieu, mon créateur, Qui inspire des chants d'allégresse pendant la nuit,
¹¹Qui nous instruit plus que les bêtes de la terre, Et nous donne l'intelligence plus qu'aux oiseaux du ciel?
¹²On a beau crier alors, Dieu ne répond pas, A cause de l'orgueil des méchants.
¹³C'est en vain que l'on crie, Dieu n'écoute pas, Le Tout Puissant n'y a point égard.
¹⁴Bien que tu dises que tu ne le vois pas, Ta cause est devant lui: attends-le!
¹⁵Mais, parce que sa colère ne sévit point encore, Ce n'est pas à dire qu'il ait peu souci du crime.
¹⁶Ainsi Job ouvre vainement la bouche, Il multiplie les paroles sans intelligence.

Chapitre 36

¹Élihu continua et dit:
²Attends un peu, et je vais poursuivre, Car j'ai des paroles encore pour la cause de Dieu.
³Je prendrai mes raisons de haut, Et je prouverai la justice de mon créateur.
⁴Sois-en sûr, mes discours ne sont pas des mensonges, Mes sentiments devant toi sont sincères.
⁵Dieu est puissant, mais il ne rejette personne; Il est puissant par la force de son intelligence.
⁶Il ne laisse pas vivre le méchant, Et il fait droit aux malheureux.
⁷Il ne détourne pas les yeux de dessus les justes, Il les place sur le trône avec les rois, Il les y fait asseoir pour toujours, afin qu'ils soient élevés.
⁸Viennent-ils à tomber dans les chaînes, Sont-ils pris dans les liens de l'adversité,
⁹Il leur dénonce leurs oeuvres, Leurs transgressions, leur orgueil;
¹⁰Il les avertit pour leur instruction, Il les exhorte à se détourner de l'iniquité.
¹¹S'ils écoutent et se soumettent, Ils achèvent leurs jours dans le bonheur, Leurs années dans la joie.
¹²S'ils n'écoutent pas, ils périssent par le glaive, Ils expirent dans leur aveuglement.
¹³Les impies se livrent à la colère, Ils ne crient pas à Dieu quand il les enchaîne;
¹⁴Ils perdent la vie dans leur jeunesse, Ils meurent comme les débauchés.
¹⁵Mais Dieu sauve le malheureux dans sa misère, Et c'est par la souffrance qu'il l'avertit.
¹⁶Il te retirera aussi de la détresse, Pour te mettre au large, en pleine liberté, Et ta table sera chargée de mets succulents.
¹⁷Mais si tu défends ta cause comme un impie, Le châtiment est inséparable de ta cause.
¹⁸Que l'irritation ne t'entraîne pas à la moquerie, Et que la grandeur de la rançon ne te fasse pas dévier!
¹⁹Tes cris suffiraient-ils pour te sortir d'angoisse, Et même toutes les forces que tu pourrais déployer?
²⁰Ne soupire pas après la nuit, Qui enlève les peuples de leur place.
²¹Garde-toi de te livrer au mal, Car la souffrance t'y dispose.
²²Dieu est grand par sa puissance; Qui saurait enseigner comme lui?
²³Qui lui prescrit ses voies? Qui ose dire: Tu fais mal?
²⁴Souviens-toi d'exalter ses oeuvres, Que célèbrent tous les hommes.
²⁵Tout homme les contemple, Chacun les voit de loin.
²⁶Dieu est grand, mais sa grandeur nous échappe, Le nombre de ses années est impénétrable.
²⁷Il attire à lui les gouttes d'eau, Il les réduit en vapeur et forme la pluie;
²⁸Les nuages la laissent couler, Ils la répandent sur la foule des hommes.
²⁹Et qui comprendra le déchirement de la nuée, Le fracas de sa tente?
³⁰Voici, il étend autour de lui sa lumière, Et il se cache jusque dans les profondeurs de la mer.
³¹Par ces moyens il juge les peuples, Et il donne la nourriture avec abondance.
³²Il prend la lumière dans sa main, Il la dirige sur ses adversaires.
³³Il s'annonce par un grondement; Les troupeaux pressentent son approche.

Chapitre 37

¹Mon coeur est tout tremblant, Il bondit hors de sa place.
²Écoutez, écoutez le frémissement de sa voix, Le grondement qui sort de sa bouche.
³Il le fait rouler dans toute l'étendue des cieux, Et son éclair brille jusqu'aux extrémités de la terre.
⁴Puis éclate un rugissement: il tonne de sa voix majestueuse; Il ne retient plus l'éclair, dès que sa voix retentit.
⁵Dieu tonne avec sa voix d'une manière merveilleuse; Il fait de grandes choses que nous ne comprenons pas.
⁶Il dit à la neige: Tombe sur la terre! Il le dit à la pluie, même aux plus fortes pluies.
⁷Il met un sceau sur la main de tous les hommes, Afin que tous se reconnaissent comme ses créatures.
⁸L'animal sauvage se retire dans une caverne, Et se couche dans sa tanière.
⁹L'ouragan vient du midi, Et le froid, des vents du nord.
¹⁰Par son souffle Dieu produit la glace, Il réduit l'espace où se répandaient les eaux.
¹¹Il charge de vapeurs les nuages, Il les disperse étincelants;
¹²Leurs évolutions varient selon ses desseins, Pour l'accomplissement de tout ce qu'il leur ordonne, Sur la face de la terre habitée;
¹³C'est comme une verge dont il frappe sa terre, Ou comme un signe de son amour, qu'il les fait apparaître.
¹⁴Job, sois attentif à ces choses! Considère encore les merveilles de Dieu!
¹⁵Sais-tu comment Dieu les dirige, Et fait briller son nuage étincelant?
¹⁶Comprends-tu le balancement des nuées, Les merveilles de celui dont la science est parfaite?
¹⁷Sais-tu pourquoi tes vêtements sont chauds Quand la terre se repose par le vent du midi?
¹⁸Peux-tu comme lui étendre les cieux, Aussi solides qu'un miroir de fonte?
¹⁹Fais-nous connaître ce que nous devons lui dire; Nous sommes trop ignorants pour nous adresser à lui.
²⁰Lui annoncera-t-on que je parlerai? Mais quel est l'homme qui désire sa perte?
²¹On ne peut fixer le soleil qui resplendit dans les cieux, Lorsqu'un vent passe et en ramène la pureté;
²²Le septentrion le rend éclatant comme l'or. Oh! que la majesté de Dieu est redoutable!
²³Nous ne saurions parvenir jusqu'au Tout Puissant, Grand par la force, Par la justice, par le droit souverain: Il ne répond pas!
²⁴C'est pourquoi les hommes doivent le craindre; Il ne porte les regards sur aucun sage.

Chapitre 38

¹L'Éternel répondit à Job du milieu de la tempête et dit:
²Qui est celui qui obscurcit mes desseins Par des discours sans intelligence?
³Ceins tes reins comme un vaillant homme; Je t'interrogerai, et tu m'instruiras.
⁴Où étais-tu quand je fondais la terre? Dis-le, si tu as de l'intelligence.
⁵Qui en a fixé les dimensions, le sais-tu? Ou qui a étendu sur elle le cordeau?

⁶Sur quoi ses bases sont-elles appuyées? Ou qui en a posé la pierre angulaire,

⁷Alors que les étoiles du matin éclataient en chants d'allégresse, Et que tous les fils de Dieu poussaient des cris de joie?

⁸Qui a fermé la mer avec des portes, Quand elle s'élança du sein maternel;

⁹Quand je fis de la nuée son vêtement, Et de l'obscurité ses langes;

¹⁰Quand je lui imposai ma loi, Et que je lui mis des barrières et des portes;

¹¹Quand je dis: Tu viendras jusqu'ici, tu n'iras pas au delà; Ici s'arrêtera l'orgueil de tes flots?

¹²Depuis que tu existes, as-tu commandé au matin? As-tu montré sa place à l'aurore,

¹³Pour qu'elle saisisse les extrémités de la terre, Et que les méchants en soient secoués;

¹⁴Pour que la terre se transforme comme l'argile qui reçoit une empreinte, Et qu'elle soit parée comme d'un vêtement;

¹⁵Pour que les méchants soient privés de leur lumière, Et que le bras qui se lève soit brisé?

¹⁶As-tu pénétré jusqu'aux sources de la mer? T'es-tu promené dans les profondeurs de l'abîme?

¹⁷Les portes de la mort t'ont-elles été ouvertes? As-tu vu les portes de l'ombre de la mort?

¹⁸As-tu embrassé du regard l'étendue de la terre? Parle, si tu sais toutes ces choses.

¹⁹Où est le chemin qui conduit au séjour de la lumière? Et les ténèbres, où ont-elles leur demeure?

²⁰Peux-tu les saisir à leur limite, Et connaître les sentiers de leur habitation?

²¹Tu le sais, car alors tu étais né, Et le nombre de tes jours est grand!

²²Es-tu parvenu jusqu'aux amas de neige? As-tu vu les dépôts de grêle,

²³Que je tiens en réserve pour les temps de détresse, Pour les jours de guerre et de bataille?

²⁴Par quel chemin la lumière se divise-t-elle, Et le vent d'orient se répand-il sur la terre?

²⁵Qui a ouvert un passage à la pluie, Et tracé la route de l'éclair et du tonnerre,

²⁶Pour que la pluie tombe sur une terre sans habitants, Sur un désert où il n'y a point d'hommes;

²⁷Pour qu'elle abreuve les lieux solitaires et arides, Et qu'elle fasse germer et sortir l'herbe?

²⁸La pluie a-t-elle un père? Qui fait naître les gouttes de la rosée?

²⁹Du sein de qui sort la glace, Et qui enfante le frimas du ciel,

³⁰Pour que les eaux se cachent comme une pierre, Et que la surface de l'abîme soit enchaînée?

³¹Noues-tu les liens des Pléiades, Ou détaches-tu les cordages de l'Orion?

³²Fais-tu paraître en leur temps les signes du zodiaque, Et conduis-tu la Grande Ourse avec ses petits?

³³Connais-tu les lois du ciel? Règles-tu son pouvoir sur la terre?

³⁴Élèves-tu la voix jusqu'aux nuées, Pour appeler à toi des torrents d'eaux?

³⁵Lances-tu les éclairs? Partent-ils? Te disent-ils: Nous voici?

³⁶Qui a mis la sagesse dans le coeur, Ou qui a donné l'intelligence à l'esprit?

³⁷Qui peut avec sagesse compter les nuages, Et verser les outres des cieux,

³⁸Pour que la poussière se mette à ruisseler, Et que les mottes de terre se collent ensemble?

³⁹Chasses-tu la proie pour la lionne, Et apaises-tu la faim des lionceaux,

⁴⁰Quand ils sont couchés dans leur tanière, Quand ils sont en embuscade dans leur repaire?

⁴¹Qui prépare au corbeau sa pâture, Quand ses petits crient vers Dieu, Quand ils sont errants et affamés?

Chapitre 39

¹Sais-tu quand les chèvres sauvages font leurs petits? Observes-tu les biches quand elles mettent bas?

²Comptes-tu les mois pendant lesquels elles portent, Et connais-tu l'époque où elles enfantent?

³Elles se courbent, laissent échapper leur progéniture, Et sont délivrées de leurs douleurs.

⁴Leurs petits prennent de la vigueur et grandissent en plein air, Ils s'éloignent et ne reviennent plus auprès d'elles.

⁵Qui met en liberté l'âne sauvage, Et l'affranchit de tout lien?

⁶J'ai fait du désert son habitation, De la terre salée sa demeure.

⁷Il se rit du tumulte des villes, Il n'entend pas les cris d'un maître.

⁸Il parcourt les montagnes pour trouver sa pâture, Il est à la recherche de tout ce qui est vert.

⁹Le buffle veut-il être à ton service? Passe-t-il la nuit vers ta crèche?

¹⁰L'attaches-tu par une corde pour qu'il trace un sillon? Va-t-il après toi briser les mottes des vallées?

¹¹Te reposes-tu sur lui, parce que sa force est grande? Lui abandonnes-tu le soin de tes travaux?

¹²Te fies-tu à lui pour la rentrée de ta récolte? Est-ce lui qui doit l'amasser dans ton aire?

¹³L'aile de l'autruche se déploie joyeuse; On dirait l'aile, le plumage de la cigogne.

¹⁴Mais l'autruche abandonne ses oeufs à la terre, Et les fait chauffer sur la poussière;

¹⁵Elle oublie que le pied peut les écraser, Qu'une bête des champs peut les fouler.

¹⁶Elle est dure envers ses petits comme s'ils n'étaient point à elle; Elle ne s'inquiète pas de l'inutilité de son enfantement.

¹⁷Car Dieu lui a refusé la sagesse, Il ne lui a pas donné l'intelligence en partage.

¹⁸Quand elle se lève et prend sa course, Elle se rit du cheval et de son cavalier.

¹⁹Est-ce toi qui donnes la vigueur au cheval, Et qui revêts son cou d'une crinière flottante?

²⁰Le fais-tu bondir comme la sauterelle? Son fier hennissement répand la terreur.

²¹Il creuse le sol et se réjouit de sa force, Il s'élance au-devant des armes;

²²Il se rit de la crainte, il n'a pas peur, Il ne recule pas en face de l'épée.

²³Sur lui retentit le carquois, Brillent la lance et le javelot.

²⁴Bouillonnant d'ardeur, il dévore la terre, Il ne peut se contenir au bruit de la trompette.

²⁵Quand la trompette sonne, il dit: En avant! Et de loin il flaire la bataille, La voix tonnante des chefs et les cris de guerre.

²⁶Est-ce par ton intelligence que l'épervier prend son vol, Et qu'il étend ses ailes vers le midi?

²⁷Est-ce par ton ordre que l'aigle s'élève, Et qu'il place son nid sur les hauteurs?

²⁸C'est dans les rochers qu'il habite, qu'il a sa demeure, Sur la cime des rochers, sur le sommet des monts.

²⁹De là il épie sa proie, Il plonge au loin les regards.

³⁰Ses petits boivent le sang; Et là où sont des cadavres, l'aigle se trouve.

Chapitre 40

¹L'Éternel, s'adressant à Job, dit:

²Celui qui dispute contre le Tout Puissant est-il convaincu? Celui qui conteste avec Dieu a-t-il une réplique à faire?

³Job répondit à l'Éternel et dit:

⁴Voici, je suis trop peu de chose; que te répliquerais-je? Je mets la main sur ma bouche.

⁵J'ai parlé une fois, je ne répondrai plus; Deux fois, je n'ajouterai rien.

⁶L'Éternel répondit à Job du milieu de la tempête et dit:

⁷Ceins tes reins comme un vaillant homme; Je t'interrogerai, et tu m'instruiras.

⁸Anéantiras-tu jusqu'à ma justice? Me condamneras-tu pour te donner droit?

⁹As-tu un bras comme celui de Dieu, Une voix tonnante comme la sienne?

¹⁰Orne-toi de magnificence et de grandeur, Revêts-toi de splendeur et de gloire!

¹¹Répands les flots de ta colère, Et d'un regard abaisse les hautains!

¹²D'un regard humilie les hautains, Écrase sur place les méchants,

¹³Cache-les tous ensemble dans la poussière, Enferme leur front dans les ténèbres!

¹⁴Alors je rends hommage A la puissance de ta droite.

¹⁵Voici l'hippopotame, à qui j'ai donné la vie comme à toi! Il mange de l'herbe comme le boeuf.

¹⁶Le voici! Sa force est dans ses reins, Et sa vigueur dans les muscles de son ventre;

¹⁷Il plie sa queue aussi ferme qu'un cèdre; Les nerfs de ses cuisses

sont entrelacés;

¹⁸Ses os sont des tubes d'airain, Ses membres sont comme des barres de fer.

¹⁹Il est la première des oeuvres de Dieu; Celui qui l'a fait l'a pourvu d'un glaive.

²⁰Il trouve sa pâture dans les montagnes, Où se jouent toutes les bêtes des champs.

²¹Il se couche sous les lotus, Au milieu des roseaux et des marécages;

²²Les lotus le couvrent de leur ombre, Les saules du torrent l'environnent.

²³Que le fleuve vienne à déborder, il ne s'enfuit pas: Que le Jourdain se précipite dans sa gueule, il reste calme.

²⁴Est-ce à force ouverte qu'on pourra le saisir? Est-ce au moyen de filets qu'on lui percera le nez?

Chapitre 41

¹Prendras-tu le crocodile à l'hameçon? Saisiras-tu sa langue avec une corde?

²Mettras-tu un jonc dans ses narines? Lui perceras-tu la mâchoire avec un crochet?

³Te pressera-t-il de supplication? Te parlera-t-il d'une voix douce?

⁴Fera-t-il une alliance avec toi, Pour devenir à toujours ton esclave?

⁵Joueras-tu avec lui comme avec un oiseau? L'attacheras-tu pour amuser tes jeunes filles?

⁶Les pêcheurs en trafiquent-ils? Le partagent-ils entre les marchands?

⁷Couvriras-tu sa peau de dards, Et sa tête de harpons?

⁸Dresse ta main contre lui, Et tu ne t'aviseras plus de l'attaquer.

⁹Voici, on est trompé dans son attente; A son seul aspect n'est-on pas terrassé?

¹⁰Nul n'est assez hardi pour l'exciter; Qui donc me résisterait en face?

¹¹De qui suis-je le débiteur? Je le paierai. Sous le ciel tout m'appartient.

¹²Je veux encore parler de ses membres, Et de sa force, et de la beauté de sa structure.

¹³Qui soulèvera son vêtement? Qui pénétrera entre ses mâchoires?

¹⁴Qui ouvrira les portes de sa gueule? Autour de ses dents habite la terreur.

¹⁵Ses magnifiques et puissants boucliers Sont unis ensemble comme par un sceau;

¹⁶Ils se serrent l'un contre l'autre, Et l'air ne passerait pas entre eux;

¹⁷Ce sont des frères qui s'embrassent, Se saisissent, demeurent inséparables.

¹⁸Ses éternuements font briller la lumière; Ses yeux sont comme les paupières de l'aurore.

¹⁹Des flammes jaillissent de sa bouche, Des étincelles de feu s'en échappent.

²⁰Une fumée sort de ses narines, Comme d'un vase qui bout, d'une chaudière ardente.

²¹Son souffle allume les charbons, Sa gueule lance la flamme.

²²La force a son cou pour demeure, Et l'effroi bondit au-devant de lui.

²³Ses parties charnues tiennent ensemble, Fondues sur lui, inébranlables.

²⁴Son coeur est dur comme la pierre, Dur comme la meule inférieure.

²⁵Quand il se lève, les plus vaillants ont peur, Et l'épouvante les fait fuir.

²⁶C'est en vain qu'on l'attaque avec l'épée; La lance, le javelot, la cuirasse, ne servent à rien.

²⁷Il regarde le fer comme de la paille, L'airain comme du bois pourri.

²⁸La flèche ne le met pas en fuite, Les pierres de la fronde sont pour lui du chaume.

²⁹Il ne voit dans la massue qu'un brin de paille, Il rit au sifflement des dards.

³⁰Sous son ventre sont des pointes aiguës: On dirait une herse qu'il étend sur le limon.

³¹Il fait bouillir le fond de la mer comme une chaudière, Il l'agite comme un vase rempli de parfums.

³²Il laisse après lui un sentier lumineux; L'abîme prend la chevelure d'un vieillard.

³³Sur la terre nul n'est son maître; Il a été créé pour ne rien craindre.

³⁴Il regarde avec dédain tout ce qui est élevé, Il est le roi des plus fiers animaux.

Chapitre 42

¹Job répondit à l'Éternel et dit:

²Je reconnais que tu peux tout, Et que rien ne s'oppose à tes pensées.

³Quel est celui qui a la folie d'obscurcir mes desseins? -Oui, j'ai parlé, sans les comprendre, De merveilles qui me dépassent et que je ne conçois pas.

⁴Écoute-moi, et je parlerai; Je t'interrogerai, et tu m'instruiras.

⁵Mon oreille avait entendu parler de toi; Mais maintenant mon oeil t'a vu.

⁶C'est pourquoi je me condamne et je me repens Sur la poussière et sur la cendre.

⁷Après que l'Éternel eut adressé ces paroles à Job, il dit à Éliphaz de Théman: Ma colère est enflammée contre toi et contre tes deux amis, parce que vous n'avez pas parlé de moi avec droiture comme l'a fait mon serviteur Job.

⁸Prenez maintenant sept taureaux et sept béliers, allez auprès de mon serviteur Job, et offrez pour vous un holocauste. Job, mon serviteur, priera pour vous, et c'est par égard pour lui seul que je ne vous traiterai pas selon votre folie; car vous n'avez pas parlé de moi avec droiture, comme l'a fait mon serviteur Job.

⁹Éliphaz de Théman, Bildad de Schuach, et Tsophar de Naama allèrent et firent comme l'Éternel leur avait dit: et l'Éternel eut égard à la prière de Job.

¹⁰L'Éternel rétablit Job dans son premier état, quand Job eut prié pour ses amis; et l'Éternel lui accorda le double de tout ce qu'il avait possédé.

¹¹Les frères, les soeurs, et les anciens amis de Job vinrent tous le visiter, et ils mangèrent avec lui dans sa maison. Ils le plaignirent et le consolèrent de tous les malheurs que l'Éternel avait fait venir sur lui, et chacun lui donna un kesita et un anneau d'or.

¹²Pendant ses dernières années, Job reçut de l'Éternel plus de bénédictions qu'il n'en avait reçu dans les premières. Il posséda quatorze mille brebis, six mille chameaux, mille paires de boeufs, et mille ânesses.

¹³Il eut sept fils et trois filles:

¹⁴il donna à la première le nom de Jemima, à la seconde celui de Ketsia, et à la troisième celui de Kéren Happuc.

¹⁵Il n'y avait pas dans tout le pays d'aussi belles femmes que les filles de Job. Leur père leur accorda une part d'héritage parmi leurs frères.

¹⁶Job vécut après cela cent quarante ans, et il vit ses fils et les fils de ses fils jusqu'à la quatrième génération.

¹⁷Et Job mourut âgé et rassasié de jours.

Psaume

Chapitre 1

¹Heureux l'homme qui ne marche pas selon le conseil des méchants, Qui ne s'arrête pas sur la voie des pécheurs, Et qui ne s'assied pas en compagnie des moqueurs,

²Mais qui trouve son plaisir dans la loi de l'Éternel, Et qui la médite jour et nuit!

³Il est comme un arbre planté près d'un courant d'eau, Qui donne son fruit en sa saison, Et dont le feuillage ne se flétrit point: Tout ce qu'il fait lui réussit.

⁴Il n'en est pas ainsi des méchants: Ils sont comme la paille que le vent dissipe.

⁵C'est pourquoi les méchants ne résistent pas au jour du jugement, Ni les pécheurs dans l'assemblée des justes;

⁶Car l'Éternel connaît la voie des justes, Et la voie des pécheurs mène à la ruine.

Chapitre 2

¹Pourquoi ce tumulte parmi les nations, Ces vaines pensées parmi les peuples?

²Pourquoi les rois de la terre se soulèvent-ils Et les princes se liguent-ils avec eux Contre l'Éternel et contre son oint? -

³Brisons leurs liens, Délivrons-nous de leurs chaînes! -

⁴Celui qui siège dans les cieux rit, Le Seigneur se moque d'eux.

⁵Puis il leur parle dans sa colère, Il les épouvante dans sa fureur:

⁶C'est moi qui ai oint mon roi Sur Sion, ma montagne sainte!

⁷Je publierai le décret; L'Éternel m'a dit: Tu es mon fils! Je t'ai engendré aujourd'hui.

⁸Demande-moi et je te donnerai les nations pour héritage, Les extrémités de la terre pour possession;

⁹Tu les briseras avec une verge de fer, Tu les briseras comme le vase d'un potier.

¹⁰Et maintenant, rois, conduisez-vous avec sagesse! Juges de la terre, recevez instruction!

¹¹Servez l'Éternel avec crainte, Et réjouissez-vous avec tremblement.

¹²Baisez le fils, de peur qu'il ne s'irrite, Et que vous ne périssiez dans votre voie, Car sa colère est prompte à s'enflammer. Heureux tous ceux qui se confient en lui!

Chapitre 3

¹Psaume de David. A l'occasion de sa fuite devant Absalom, son fils. O Éternel, que mes ennemis sont nombreux! Quelle multitude se lève contre moi!

²Combien qui disent à mon sujet: Plus de salut pour lui auprès de Dieu! -Pause.

³Mais toi, ô Éternel! tu es mon bouclier, Tu es ma gloire, et tu relèves ma tête.

⁴De ma voix je crie à l'Éternel, Et il me répond de sa montagne sainte. -Pause.

⁵Je me couche, et je m'endors; Je me réveille, car l'Éternel est mon soutien.

⁶Je ne crains pas les myriades de peuples Qui m'assiègent de toutes parts.

⁷Lève-toi, Éternel! sauve-moi, mon Dieu! Car tu frappes à la joue tous mes ennemis, Tu brises les dents des méchants.

⁸Le salut est auprès de l'Éternel: Que ta bénédiction soit sur ton peuple! -Pause.

Chapitre 4

¹Au chef des chantres. Avec instruments à cordes. Psaume de David. Quand je crie, réponds-moi, Dieu de ma justice! Quand je suis dans la détresse, sauve-moi! Aie pitié de moi, écoute ma prière!

²Fils des hommes, jusques à quand ma gloire sera-t-elle outragée? Jusques à quand aimerez-vous la vanité, Chercherez-vous le mensonge? -Pause.

³Sachez que l'Éternel s'est choisi un homme pieux; L'Éternel entend, quand je crie à lui.

⁴Tremblez, et ne péchez point; Parlez en vos coeurs sur votre couche, puis taisez-vous. -Pause.

⁵Offrez des sacrifices de justice, Et confiez-vous à l'Éternel.

⁶Plusieurs disent: Qui nous fera voir le bonheur? Fais lever sur nous la lumière de ta face, ô Éternel!

⁷Tu mets dans mon coeur plus de joie qu'ils n'en ont Quand abondent leur froment et leur moût.

⁸Je me couche et je m'endors en paix, Car toi seul, ô Éternel! tu me donnes la sécurité dans ma demeure.

Chapitre 5

¹Au chef des chantres. Avec les flûtes. Psaume de David. Prête l'oreille à mes paroles, ô Éternel! Écoute mes gémissements!

²Sois attentif à mes cris, mon roi et mon Dieu! C'est à toi que j'adresse ma prière.

³Éternel! le matin tu entends ma voix; Le matin je me tourne vers toi, et je regarde.

⁴Car tu n'es point un Dieu qui prenne plaisir au mal; Le méchant n'a pas sa demeure auprès de toi.

⁵Les insensés ne subsistent pas devant tes yeux; Tu hais tous ceux qui commettent l'iniquité.

⁶Tu fais périr les menteurs; L'Éternel abhorre les hommes de sang et de fraude.

⁷Mais moi, par ta grande miséricorde, je vais à ta maison, Je me prosterne dans ton saint temple avec crainte.

⁸Éternel! conduis-moi dans ta justice, à cause de mes ennemis, Aplanis ta voie sous mes pas.

⁹Car il n'y a point de sincérité dans leur bouche; Leur coeur est rempli de malice, Leur gosier est un sépulcre ouvert, Et ils ont sur la langue des paroles flatteuses.

¹⁰Frappe-les comme des coupables, ô Dieu! Que leurs desseins amènent leur chute! Précipite-les au milieu de leurs péchés sans nombre! Car ils se révoltent contre toi.

¹¹Alors tous ceux qui se confient en toi se réjouiront, Ils auront de l'allégresse à toujours, et tu les protégeras; Tu seras un sujet de joie Pour ceux qui aiment ton nom.

¹²Car tu bénis le juste, ô Éternel! Tu l'entoures de ta grâce comme d'un bouclier.

Chapitre 6

¹Au chef des chantres. Avec instruments à cordes. Sur la harpe à huit cordes. Psaume de David. Éternel! ne me punis pas dans ta colère, Et ne me châtie pas dans ta fureur.

²Aie pitié de moi, Éternel! car je suis sans force; Guéris-moi, Éternel! car mes os sont tremblants.

³Mon âme est toute troublée; Et toi, Éternel! jusques à quand?...

⁴Reviens, Éternel! délivre mon âme; Sauve-moi, à cause de ta miséricorde.

⁵Car celui qui meurt n'a plus ton souvenir; Qui te louera dans le séjour des morts?

⁶Je m'épuise à force de gémir; Chaque nuit ma couche est baignée de mes larmes, Mon lit est arrosé de mes pleurs.

⁷J'ai le visage usé par le chagrin; Tous ceux qui me persécutent le font vieillir.

⁸Éloignez-vous de moi, vous tous qui faites le mal! Car l'Éternel entend la voix de mes larmes;

⁹L'Éternel exauce mes supplications, L'Éternel accueille ma prière.

¹⁰Tous mes ennemis sont confondus, saisis d'épouvante; Ils reculent, soudain couverts de honte.

Chapitre 7

¹Complainte de David. Chantée à l'Éternel, au sujet de Cusch, Benjamite. Éternel, mon Dieu! je cherche en toi mon refuge; Sauve-moi de tous mes persécuteurs, et délivre-moi,

²Afin qu'il ne me déchire pas, comme un lion Qui dévore sans que personne vienne au secours.

³Éternel, mon Dieu! si j'ai fait cela, S'il y a de l'iniquité dans mes mains,

⁴Si j'ai rendu le mal à celui qui était paisible envers moi, Si j'ai dépouillé celui qui m'opprimait sans cause,

⁵Que l'ennemi me poursuive et m'atteigne, Qu'il foule à terre ma vie, Et qu'il couche ma gloire dans la poussière! -Pause.

⁶Lève-toi, ô Éternel! dans ta colère, Lève-toi contre la fureur de mes adversaires, Réveille-toi pour me secourir, ordonne un jugement!

⁷Que l'assemblée des peuples t'environne! Monte au-dessus d'elle vers les lieux élevés!

⁸L'Éternel juge les peuples: Rends-moi justice, ô Éternel! Selon mon droit et selon mon innocence!

⁹Mets un terme à la malice des méchants, Et affermis le juste, Toi qui sondes les coeurs et les reins, Dieu juste!

¹⁰ Mon bouclier est en Dieu, Qui sauve ceux dont le coeur est droit.

¹¹ Dieu est un juste juge, Dieu s'irrite en tout temps.

¹² Si le méchant ne se convertit pas, il aiguise son glaive, Il bande son arc, et il vise;

¹³ Il dirige sur lui des traits meurtriers, Il rend ses flèches brûlantes.

¹⁴ Voici, le méchant prépare le mal, Il conçoit l'iniquité, et il enfante le néant.

¹⁵ Il ouvre une fosse, il la creuse, Et il tombe dans la fosse qu'il a faite.

¹⁶ Son iniquité retombe sur sa tête, Et sa violence redescend sur son front.

¹⁷ Je louerai l'Éternel à cause de sa justice, Je chanterai le nom de l'Éternel, du Très Haut.

Chapitre 8

¹ Au chef des chantres. Sur la guitthith. Psaume de David. Éternel, notre Seigneur! Que ton nom est magnifique sur toute la terre! Ta majesté s'élève au-dessus des cieux.

² Par la bouche des enfants et de ceux qui sont à la mamelle Tu as fondé ta gloire, pour confondre tes adversaires, Pour imposer silence à l'ennemi et au vindicatif.

³ Quand je contemple les cieux, ouvrage de tes mains, La lune et les étoiles que tu as créées:

⁴ Qu'est-ce que l'homme, pour que tu te souviennes de lui? Et le fils de l'homme, pour que tu prennes garde à lui?

⁵ Tu l'as fait de peu inférieur à Dieu, Et tu l'as couronné de gloire et de magnificence.

⁶ Tu lui as donné la domination sur les oeuvres de tes mains, Tu as tout mis sous ses pieds,

⁷ Les brebis comme les boeufs, Et les animaux des champs,

⁸ Les oiseaux du ciel et les poissons de la mer, Tout ce qui parcourt les sentiers des mers.

⁹ Éternel, notre Seigneur! Que ton nom est magnifique sur toute la terre!

Chapitre 9

¹ Au chef des chantres. Sur «Meurs pour le filsÅ. Psaume de David. Je louerai l'Éternel de tout mon coeur, Je raconterai toutes tes merveilles.

² Je ferai de toi le sujet de ma joie et de mon allégresse, Je chanterai ton nom, Dieu Très Haut!

³ Mes ennemis reculent, Ils chancellent, ils périssent devant ta face.

⁴ Car tu soutiens mon droit et ma cause, Tu sièges sur ton trône en juste juge.

⁵ Tu châties les nations, tu détruis le méchant, Tu effaces leur nom pour toujours et à perpétuité.

⁶ Plus d'ennemis! Des ruines éternelles! Des villes que tu as renversées! Leur souvenir est anéanti.

⁷ L'Éternel règne à jamais, Il a dressé son trône pour le jugement;

⁸ Il juge le monde avec justice, Il juge les peuples avec droiture.

⁹ L'Éternel est un refuge pour l'opprimé, Un refuge au temps de la détresse.

¹⁰ Ceux qui connaissent ton nom se confient en toi. Car tu n'abandonnes pas ceux qui te cherchent, ô Éternel!

¹¹ Chantez à l'Éternel, qui réside en Sion, Publiez parmi les peuples ses hauts faits!

¹² Car il venge le sang et se souvient des malheureux, Il n'oublie pas leurs cris.

¹³ Aie pitié de moi, Éternel! Vois la misère où me réduisent mes ennemis, Enlève-moi des portes de la mort,

¹⁴ Afin que je publie toutes tes louanges, Dans les portes de la fille de Sion, Et que je me réjouisse de ton salut.

¹⁵ Les nations tombent dans la fosse qu'elles ont faite, Leur pied se prend au filet qu'elles ont caché.

¹⁶ L'Éternel se montre, il fait justice, Il enlace le méchant dans l'oeuvre de ses mains. -Jeu d'instruments. Pause.

¹⁷ Les méchants se tournent vers le séjour des morts, Toutes les nations qui oublient Dieu.

¹⁸ Car le malheureux n'est point oublié à jamais, L'espérance des misérables ne périt pas à toujours.

¹⁹ Lève-toi, ô Éternel! Que l'homme ne triomphe pas! Que les nations soient jugées devant ta face!

²⁰ Frappe-les d'épouvante, ô Éternel! Que les peuples sachent qu'ils sont des hommes! -Pause.

Chapitre 10

¹Pourquoi, ô Éternel! te tiens-tu éloigné? Pourquoi te caches-tu au temps de la détresse?

²Le méchant dans son orgueil poursuit les malheureux, Ils sont victimes des trames qu'il a conçues.

³Car le méchant se glorifie de sa convoitise, Et le ravisseur outrage, méprise l'Éternel.

⁴Le méchant dit avec arrogance: Il ne punit pas! Il n'y a point de Dieu. -Voilà toutes ses pensées.

⁵Ses voies réussissent en tout temps; Tes jugements sont trop élevés pour l'atteindre, Il souffle contre tous ses adversaires.

⁶Il dit en son coeur: Je ne chancelle pas, Je suis pour toujours à l'abri du malheur!

⁷Sa bouche est pleine de malédictions, de tromperies et de fraudes; Il y a sous sa langue de la malice et de l'iniquité.

⁸Il se tient en embuscade près des villages, Il assassine l'innocent dans des lieux écartés; Ses yeux épient le malheureux.

⁹Il est aux aguets dans sa retraite, comme le lion dans sa tanière, Il est aux aguets pour surprendre le malheureux; Il le surprend et l'attire dans son filet.

¹⁰Il se courbe, il se baisse, Et les misérables tombent dans ses griffes.

¹¹Il dit en son coeur: Dieu oublie! Il cache sa face, il ne regarde jamais!

¹²Lève-toi, Éternel! ô Dieu, lève ta main! N'oublie pas les malheureux!

¹³Pourquoi le méchant méprise-t-il Dieu? Pourquoi dit-il en son coeur: Tu ne punis pas?

¹⁴Tu regardes cependant, car tu vois la peine et la souffrance, Pour prendre en main leur cause; C'est à toi que s'abandonne le malheureux, C'est toi qui viens en aide à l'orphelin.

¹⁵Brise le bras du méchant, Punis ses iniquités, et qu'il disparaisse à tes yeux!

¹⁶L'Éternel est roi à toujours et à perpétuité; Les nations sont exterminées de son pays.

¹⁷Tu entends les voeux de ceux qui souffrent, ô Éternel! Tu affermis leur coeur; tu prêtes l'oreille

¹⁸Pour rendre justice à l'orphelin et à l'opprimé, Afin que l'homme tiré de la terre cesse d'inspirer l'effroi.

Chapitre 11

¹Au chef des chantres. De David. C'est en l'Éternel que je cherche un refuge. Comment pouvez-vous me dire: Fuis dans vos montagnes, comme un oiseau?

²Car voici, les méchants bandent l'arc, Ils ajustent leur flèche sur la corde, Pour tirer dans l'ombre sur ceux dont le coeur est droit.

³Quand les fondements sont renversés, Le juste, que ferait-il? -

⁴L'Éternel est dans son saint temple, L'Éternel a son trône dans les cieux; Ses yeux regardent, Ses paupières sondent les fils de l'homme.

⁵L'Éternel sonde le juste; Il hait le méchant et celui qui se plaît à la violence.

⁶Il fait pleuvoir sur les méchants Des charbons, du feu et du soufre; Un vent brûlant, c'est le calice qu'ils ont en partage.

⁷Car l'Éternel est juste, il aime la justice; Les hommes droits contemplent sa face.

Chapitre 12

¹ Au chef des chantres. Sur la harpe à huit cordes. Psaume de David. Sauve, Éternel! car les hommes pieux s'en vont, Les fidèles disparaissent parmi les fils de l'homme.

² On se dit des faussetés les uns aux autres, On a sur les lèvres des choses flatteuses, On parle avec un coeur double.

³ Que l'Éternel extermine toutes les lèvres flatteuses, La langue qui discourt avec arrogance,

⁴ Ceux qui disent: Nous sommes puissants par notre langue, Nous avons nos lèvres avec nous; Qui serait notre maître? -

⁵ Parce que les malheureux sont opprimés et que les pauvres gémissent, Maintenant, dit l'Éternel, je me lève, J'apporte le salut à ceux contre qui l'on souffle.

⁶ Les paroles de l'Éternel sont des paroles pures, Un argent éprouvé sur terre au creuset, Et sept fois épuré.

⁷ Toi, Éternel! tu les garderas, Tu les préserveras de cette race à jamais.

⁸ Les méchants se promènent de toutes parts, Quand la bassesse règne parmi les fils de l'homme.

Psaume

Chapitre 13

¹Au chef des chantres. Psaume de David.
²Jusques à quand, Éternel! m'oublieras-tu sans cesse? Jusques à quand me cacheras-tu ta face?
³Jusques à quand aurai-je des soucis dans mon âme, Et chaque jour des chagrins dans mon coeur? Jusques à quand mon ennemi s'élèvera-t-il contre moi?
⁴Regarde, réponds-moi, Éternel, mon Dieu! Donne à mes yeux la clarté, Afin que je ne m'endorme pas du sommeil de la mort,
⁵Afin que mon ennemi ne dise pas: Je l'ai vaincu! Et que mes adversaires ne se réjouissent pas, si je chancelle.
⁶Moi, j'ai confiance en ta bonté, J'ai de l'allégresse dans le coeur, à cause de ton salut; Je chante à l'Éternel, car il m'a fait du bien.

Chapitre 14

¹Au chef des chantres. De David. L'insensé dit en son coeur: Il n'y a point de Dieu! Ils se sont corrompus, ils ont commis des actions abominables; Il n'en est aucun qui fasse le bien.
²L'Éternel, du haut des cieux, regarde les fils de l'homme, Pour voir s'il y a quelqu'un qui soit intelligent, Qui cherche Dieu.
³Tous sont égarés, tous sont pervertis; Il n'en est aucun qui fasse le bien, Pas même un seul.
⁴Tous ceux qui commettent l'iniquité ont-ils perdu le sens? Ils dévorent mon peuple, ils le prennent pour nourriture; Ils n'invoquent point l'Éternel.
⁵C'est alors qu'ils trembleront d'épouvante, Quand Dieu paraîtra au milieu de la race juste.
⁶Jetez l'opprobre sur l'espérance du malheureux... L'Éternel est son refuge.
⁷Oh! qui fera partir de Sion la délivrance d'Israël? Quand l'Éternel ramènera les captifs de son peuple, Jacob sera dans l'allégresse, Israël se réjouira.

Chapitre 15

¹Psaume de David. O Éternel! qui séjournera dans ta tente? Qui demeurera sur ta montagne sainte? -
²Celui qui marche dans l'intégrité, qui pratique la justice Et qui dit la vérité selon son coeur.
³Il ne calomnie point avec sa langue, Il ne fait point de mal à son semblable, Et il ne jette point l'opprobre sur son prochain.
⁴Il regarde avec dédain celui qui est méprisable, Mais il honore ceux qui craignent l'Éternel; Il ne se rétracte point, s'il fait un serment à son préjudice.
⁵Il n'exige point d'intérêt de son argent, Et il n'accepte point de don contre l'innocent. Celui qui se conduit ainsi ne chancelle jamais.

Chapitre 16

¹Hymne de David. Garde-moi, ô Dieu! car je cherche en toi mon refuge.
²Je dis à l'Éternel: Tu es mon Seigneur, Tu es mon souverain bien!
³Les saints qui sont dans le pays, Les hommes pieux sont l'objet de toute mon affection.
⁴On multiplie les idoles, on court après les dieux étrangers: Je ne répands pas leurs libations de sang, Je ne mets pas leurs noms sur mes lèvres.
⁵L'Éternel est mon partage et mon calice; C'est toi qui m'assures mon lot;
⁶Un héritage délicieux m'est échu, Une belle possession m'est accordée.
⁷Je bénis l'Éternel, mon conseiller; La nuit même mon coeur m'exhorte.
⁸J'ai constamment l'Éternel sous mes yeux; Quand il est à ma droite, je ne chancelle pas.
⁹Aussi mon coeur est dans la joie, mon esprit dans l'allégresse, Et mon corps repose en sécurité.
¹⁰Car tu ne livreras pas mon âme au séjour des morts, Tu ne permettras pas que ton bien-aimé voie la corruption.
¹¹Tu me feras connaître le sentier de la vie; Il y a d'abondantes joies devant ta face, Des délices éternelles à ta droite.

Chapitre 17

¹Prière de David. Éternel! écoute la droiture, sois attentif à mes cris, Prête l'oreille à ma prière faite avec des lèvres sans tromperie!
²Que ma justice paraisse devant ta face, Que tes yeux contemplent mon intégrité!
³Si tu sondes mon coeur, si tu le visites la nuit, Si tu m'éprouves, tu ne trouveras rien: Ma pensée n'est pas autre que ce qui sort de ma bouche.
⁴A la vue des actions des hommes, fidèle à la parole de tes lèvres, Je me tiens en garde contre la voie des violents;
⁵Mes pas sont fermes dans tes sentiers, Mes pieds ne chancellent point.
⁶Je t'invoque, car tu m'exauces, ô Dieu! Incline vers moi ton oreille, écoute ma parole.
⁷Signale ta bonté, toi qui sauves ceux qui cherchent un refuge, Et qui par ta droite les délivres de leurs adversaires!
⁸Garde-moi comme la prunelle de l'oeil; Protège-moi, à l'ombre de tes ailes,
⁹Contre les méchants qui me persécutent, Contre mes ennemis acharnés qui m'enveloppent.
¹⁰Ils ferment leurs entrailles, Ils ont à la bouche des paroles hautaines.
¹¹Ils sont sur nos pas, déjà ils nous entourent, Ils nous épient pour nous terrasser.
¹²On dirait un lion avide de déchirer, Un lionceau aux aguets dans son repaire.
¹³Lève-toi, Éternel, marche à sa rencontre, renverse-le! Délivre-moi du méchant par ton glaive!
¹⁴Délivre-moi des hommes par ta main, Éternel, des hommes de ce monde! Leur part est dans la vie, Et tu remplis leur ventre de tes biens; Leurs enfants sont rassasiés, Et ils laissent leur superflu à leurs petits-enfants.
¹⁵Pour moi, dans mon innocence, je verrai ta face; Dès le réveil, je me rassasierai de ton image.

Chapitre 18

¹ Au chef des chantres. Du serviteur de l'Éternel, de David, qui adressa à l'Éternel les paroles de ce cantique, lorsque l'Éternel l'eut délivré de la main de tous ses ennemis et de la main de Saül. Il dit: Je t'aime, ô Éternel, ma force!
² Éternel, mon rocher, ma forteresse, mon libérateur! Mon Dieu, mon rocher, où je trouve un abri! Mon bouclier, la force qui me sauve, ma haute retraite!
³ Je m'écrie: Loué soit l'Éternel! Et je suis délivré de mes ennemis.
⁴ Les liens de la mort m'avaient environné, Et les torrents de la destruction m'avaient épouvanté;
⁵ Les liens du sépulcre m'avaient entouré, Les filets de la mort m'avaient surpris.
⁶ Dans ma détresse, j'ai invoqué l'Éternel, J'ai crié à mon Dieu; De son palais, il a entendu ma voix, Et mon cri est parvenu devant lui à ses oreilles.
⁷ La terre fut ébranlée et trembla, Les fondements des montagnes frémirent, Et ils furent ébranlés, parce qu'il était irrité.
⁸ Il s'élevait de la fumée dans ses narines, Et un feu dévorant sortait de sa bouche: Il en jaillissait des charbons embrasés.
⁹ Il abaissa les cieux, et il descendit: Il y avait une épaisse nuée sous ses pieds.
¹⁰ Il était monté sur un chérubin, et il volait, Il planait sur les ailes du vent.
¹¹ Il faisait des ténèbres sa retraite, sa tente autour de lui, Il était enveloppé des eaux obscures et de sombres nuages.
¹² De la splendeur qui le précédait s'échappaient les nuées, Lançant de la grêle et des charbons de feu.
¹³ L'Éternel tonna dans les cieux, Le Très Haut fit retentir sa voix, Avec la grêle et les charbons de feu.
¹⁴ Il lança ses flèches et dispersa mes ennemis, Il multiplia les coups de la foudre et les mit en déroute.
¹⁵ Le lit des eaux apparut, Les fondements du monde furent découverts, Par ta menace, ô Éternel! Par le bruit du souffle de tes narines.
¹⁶ Il étendit sa main d'en haut, il me saisit, Il me retira des grandes eaux;
¹⁷ Il me délivra de mon adversaire puissant, De mes ennemis qui étaient plus forts que moi.
¹⁸ Ils m'avaient surpris au jour de ma détresse; Mais l'Éternel fut mon appui.
¹⁹ Il m'a mis au large, Il m'a sauvé, parce qu'il m'aime.

²⁰ L'Éternel m'a traité selon ma droiture, Il m'a rendu selon la pureté de mes mains;
²¹ Car j'ai observé les voies de l'Éternel, Et je n'ai point été coupable envers mon Dieu.
²² Toutes ses ordonnances ont été devant moi, Et je ne me suis point écarté de ses lois.
²³ J'ai été sans reproche envers lui, Et je me suis tenu en garde contre mon iniquité.
²⁴ Aussi l'Éternel m'a rendu selon ma droiture, Selon la pureté de mes mains devant ses yeux.
²⁵ Avec celui qui est bon tu te montres bon, Avec l'homme droit tu agis selon la droiture,
²⁶ Avec celui qui est pur tu te montres pur, Et avec le pervers tu agis selon sa perversité.
²⁷ Tu sauves le peuple qui s'humilie, Et tu abaisses les regards hautains.
²⁸ Oui, tu fais briller ma lumière; L'Éternel, mon Dieu, éclaire mes ténèbres.
²⁹ Avec toi je me précipite sur une troupe en armes, Avec mon Dieu je franchis une muraille.
³⁰ Les voies de Dieu sont parfaites, La parole de l'Éternel est éprouvée; Il est un bouclier pour tous ceux qui se confient en lui.
³¹ Car qui est Dieu, si ce n'est l'Éternel; Et qui est un rocher, si ce n'est notre Dieu?
³² C'est Dieu qui me ceint de force, Et qui me conduit dans la voie droite.
³³ Il rend mes pieds semblables à ceux des biches, Et il me place sur mes lieux élevés.
³⁴ Il exerce mes mains au combat, Et mes bras tendent l'arc d'airain.
³⁵ Tu me donnes le bouclier de ton salut, Ta droite me soutient, Et je deviens grand par ta bonté.
³⁶ Tu élargis le chemin sous mes pas, Et mes pieds ne chancellent point.
³⁷ Je poursuis mes ennemis, je les atteins, Et je ne reviens pas avant de les avoir anéantis.
³⁸ Je les brise, et ils ne peuvent se relever; Ils tombent sous mes pieds.
³⁹ Tu me ceins de force pour le combat, Tu fais plier sous moi mes adversaires.
⁴⁰ Tu fais tourner le dos à mes ennemis devant moi, Et j'extermine ceux qui me haïssent.
⁴¹ Ils crient, et personne pour les sauver! Ils crient à l'Éternel, et il ne leur répond pas!
⁴² Je les broie comme la poussière qu'emporte le vent, Je les foule comme la boue des rues.
⁴³ Tu me délivres des dissensions du peuple; Tu me mets à la tête des nations; Un peuple que je ne connaissais pas m'est asservi.
⁴⁴ Ils m'obéissent au premier ordre, Les fils de l'étranger me flattent;
⁴⁵ Les fils de l'étranger sont en défaillance, Ils tremblent hors de leurs forteresses.
⁴⁶ Vive l'Éternel, et béni soit mon rocher! Que le Dieu de mon salut soit exalté,
⁴⁷ Le Dieu qui est mon vengeur, Qui m'assujettit les peuples,
⁴⁸ Qui me délivre de mes ennemis! Tu m'élèves au-dessus de mes adversaires, Tu me sauves de l'homme violent.
⁴⁹ C'est pourquoi je te louerai parmi les nations, ô Éternel! Et je chanterai à la gloire de ton nom.
⁵⁰ Il accorde de grandes délivrances à son roi, Et il fait miséricorde à son oint, A David, et à sa postérité, pour toujours.

Chapitre 19

¹ Au chef des chantres. Psaume de David. Les cieux racontent la gloire de Dieu, Et l'étendue manifeste l'oeuvre de ses mains.
² Le jour en instruit un autre jour, La nuit en donne connaissance à une autre nuit.
³ Ce n'est pas un langage, ce ne sont pas des paroles Dont le son ne soit point entendu:
⁴ Leur retentissement parcourt toute la terre, Leurs accents vont aux extrémités du monde, Où il a dressé une tente pour le soleil.
⁵ Et le soleil, semblable à un époux qui sort de sa chambre, S'élance dans la carrière avec la joie d'un héros;
⁶ Il se lève à une extrémité des cieux, Et achève sa course à l'autre extrémité: Rien ne se dérobe à sa chaleur.
⁷ La loi de l'Éternel est parfaite, elle restaure l'âme; Le témoignage de l'Éternel est véritable, il rend sage l'ignorant.
⁸ Les ordonnances de l'Éternel sont droites, elles réjouissent le coeur; Les commandements de l'Éternel sont purs, ils éclairent les yeux.
⁹ La crainte de l'Éternel est pure, elle subsiste à toujours; Les jugements de l'Éternel sont vrais, ils sont tous justes.
¹⁰ Ils sont plus précieux que l'or, que beaucoup d'or fin; Ils sont plus doux que le miel, que celui qui coule des rayons.
¹¹ Ton serviteur aussi en reçoit instruction; Pour qui les observe la récompense est grande.
¹² Qui connaît ses égarements? Pardonne-moi ceux que j'ignore.
¹³ Préserve aussi ton serviteur des orgueilleux; Qu'ils ne dominent point sur moi! Alors je serai intègre, innocent de grands péchés.
¹⁴ Reçois favorablement les paroles de ma bouche Et les sentiments de mon coeur, O Éternel, mon rocher et mon libérateur!

Chapitre 20

¹ Au chef des chantres. Psaume de David. Que l'Éternel t'exauce au jour de la détresse, Que le nom du Dieu de Jacob te protège!
² Que du sanctuaire il t'envoie du secours, Que de Sion il te soutienne!
³ Qu'il se souvienne de toutes tes offrandes, Et qu'il agrée tes holocaustes! -Pause.
⁴ Qu'il te donne ce que ton coeur désire, Et qu'il accomplisse tous tes desseins!
⁵ Nous nous réjouirons de ton salut, Nous lèverons l'étendard au nom de notre Dieu; L'Éternel exaucera tous tes voeux.
⁶ Je sais déjà que l'Éternel sauve son oint; Il l'exaucera des cieux, de sa sainte demeure, Par le secours puissant de sa droite.
⁷ Ceux-ci s'appuient sur leurs chars, ceux-là sur leurs chevaux; Nous, nous invoquons le nom de l'Éternel, notre Dieu.
⁸ Eux, ils plient, et ils tombent; Nous, nous tenons ferme, et restons debout.
⁹ Éternel, sauve le roi! Qu'il nous exauce, quand nous l'invoquons!

Chapitre 21

¹ Au chef des chantres. Psaume de David. Éternel! le roi se réjouit de ta protection puissante. Oh! comme ton secours le remplit d'allégresse!
² Tu lui as donné ce que désirait son coeur, Et tu n'as pas refusé ce que demandaient ses lèvres. -Pause.
³ Car tu l'as prévenu par les bénédictions de ta grâce, Tu as mis sur sa tête une couronne d'or pur.
⁴ Il te demandait la vie, tu la lui as donnée, Une vie longue pour toujours et à perpétuité.
⁵ Sa gloire est grande à cause de ton secours; Tu places sur lui l'éclat et la magnificence.
⁶ Tu le rends à jamais un objet de bénédictions, Tu le combles de joie devant ta face.
⁷ Le roi se confie en l'Éternel; Et, par la bonté du Très Haut, il ne chancelle pas.
⁸ Ta main trouvera tous tes ennemis, Ta droite trouvera ceux qui te haïssent.
⁹ Tu les rendras tels qu'une fournaise ardente, Le jour où tu te montreras; L'Éternel les anéantira dans sa colère, Et le feu les dévorera.
¹⁰ Tu feras disparaître leur postérité de la terre, Et leur race du milieu des fils de l'homme.
¹¹ Ils ont projeté du mal contre toi, Ils ont conçu de mauvais desseins, mais ils seront impuissants.
¹² Car tu leur feras tourner le dos, Et avec ton arc tu tireras sur eux.
¹³ Lève-toi, Éternel, avec ta force! Nous voulons chanter, célébrer ta puissance.

Chapitre 22

¹ Au chef des chantres. Sur «Biche de l'aurore». Psaume de David. Mon Dieu! mon Dieu! pourquoi m'as-tu abandonné, Et t'éloignes-tu sans me secourir, sans écouter mes plaintes?
² Mon Dieu! je crie le jour, et tu ne réponds pas; La nuit, et je n'ai point de repos.
³ Pourtant tu es le Saint, Tu sièges au milieu des louanges d'Israël.
⁴ En toi se confiaient nos pères; Ils se confiaient, et tu les délivrais.
⁵ Ils criaient à toi, et ils étaient sauvés; Ils se confiaient en toi, et ils n'étaient point confus.
⁶ Et moi, je suis un ver et non un homme, L'opprobre des hommes et le méprisé du peuple.
⁷ Tous ceux qui me voient se moquent de moi, Ils ouvrent la bouche, secouent la tête:
⁸ Recommande-toi à l'Éternel! L'Éternel le sauvera, Il le délivrera,

Psaume

puisqu'il l'aime! -

⁹ Oui, tu m'as fait sortir du sein maternel, Tu m'as mis en sûreté sur les mamelles de ma mère;

¹⁰ Dès le sein maternel j'ai été sous ta garde, Dès le ventre de ma mère tu as été mon Dieu.

¹¹ Ne t'éloigne pas de moi quand la détresse est proche, Quand personne ne vient à mon secours!

¹² De nombreux taureaux sont autour de moi, Des taureaux de Basan m'environnent.

¹³ Ils ouvrent contre moi leur gueule, Semblables au lion qui déchire et rugit.

¹⁴ Je suis comme de l'eau qui s'écoule, Et tous mes os se séparent; Mon coeur est comme de la cire, Il se fond dans mes entrailles.

¹⁵ Ma force se dessèche comme de l'argile, Et ma langue s'attache à mon palais; Tu me réduis à la poussière de la mort.

¹⁶ Car des chiens m'environnent, Une bande de scélérats rôdent autour de moi, Ils ont percé mes mains et mes pieds.

¹⁷ Je pourrais compter tous mes os. Eux, ils observent, ils me regardent;

¹⁸ Ils se partagent mes vêtements, Ils tirent au sort ma tunique.

¹⁹ Et toi, Éternel, ne t'éloigne pas! Toi qui es ma force, viens en hâte à mon secours!

²⁰ Protège mon âme contre le glaive, Ma vie contre le pouvoir des chiens!

²¹ Sauve-moi de la gueule du lion, Délivre-moi des cornes du buffle!

²² Je publierai ton nom parmi mes frères, Je te célébrerai au milieu de l'assemblée.

²³ Vous qui craignez l'Éternel, louez-le! Vous tous, postérité de Jacob, glorifiez-le! Tremblez devant lui, vous tous, postérité d'Israël!

²⁴ Car il n'a ni mépris ni dédain pour les peines du misérable, Et il ne lui cache point sa face; Mais il l'écoute quand il crie à lui.

²⁵ Tu seras dans la grande assemblée l'objet de mes louanges; J'accomplirai mes voeux en présence de ceux qui te craignent.

²⁶ Les malheureux mangeront et se rassasieront, Ceux qui cherchent l'Éternel le célébreront. Que votre coeur vive à toujours!

²⁷ Toutes les extrémités de la terre penseront à l'Éternel et se tourneront vers lui; Toutes les familles des nations se prosterneront devant ta face.

²⁸ Car à l'Éternel appartient le règne: Il domine sur les nations.

²⁹ Tous les puissants de la terre mangeront et se prosterneront aussi; Devant lui s'inclineront tous ceux qui descendent dans la poussière, Ceux qui ne peuvent conserver leur vie.

³⁰ La postérité le servira; On parlera du Seigneur à la génération future.

³¹ Quand elle viendra, elle annoncera sa justice, Elle annoncera son oeuvre au peuple nouveau-né.

Chapitre 23

¹Cantique de David. L'Éternel est mon berger: je ne manquerai de rien.

²Il me fait reposer dans de verts pâturages, Il me dirige près des eaux paisibles.

³Il restaure mon âme, Il me conduit dans les sentiers de la justice, A cause de son nom.

⁴Quand je marche dans la vallée de l'ombre de la mort, Je ne crains aucun mal, car tu es avec moi: Ta houlette et ton bâton me rassurent.

⁵Tu dresses devant moi une table, En face de mes adversaires; Tu oins d'huile ma tête, Et ma coupe déborde.

⁶Oui, le bonheur et la grâce m'accompagneront Tous les jours de ma vie, Et j'habiterai dans la maison de l'Éternel Jusqu'à la fin de mes jours.

Chapitre 24

¹Psaume de David. A l'Éternel la terre et ce qu'elle renferme, Le monde et ceux qui l'habitent!

²Car il l'a fondée sur les mers, Et affermie sur les fleuves.

³Qui pourra monter à la montagne de l'Éternel? Qui s'élèvera jusqu'à son lieu saint? -

⁴Celui qui a les mains innocentes et le coeur pur; Celui qui ne livre pas son âme au mensonge, Et qui ne jure pas pour tromper.

⁵Il obtiendra la bénédiction de l'Éternel, La miséricorde du Dieu de son salut.

⁶Voilà le partage de la génération qui l'invoque, De ceux qui cherchent ta face, de Jacob! -Pause.

⁷Portes, élevez vos linteaux; Élevez-vous, portes éternelles! Que le roi de gloire fasse son entrée! -

⁸Qui est ce roi de gloire? -L'Éternel fort et puissant, L'Éternel puissant dans les combats.

⁹Portes, élevez vos linteaux; Élevez-les, portes éternelles! Que le roi de gloire fasse son entrée! -

¹⁰Qui donc est ce roi de gloire? -L'Éternel des armées: Voilà le roi de gloire! -Pause.

Chapitre 25

¹De David. Éternel! j'élève à toi mon âme.

²Mon Dieu! en toi je me confie: que je ne sois pas couvert de honte! Que mes ennemis ne se réjouissent pas à mon sujet!

³Tous ceux qui espèrent en toi ne seront point confondus; Ceux-là seront confondus qui sont infidèles sans cause.

⁴Éternel! fais-moi connaître tes voies, Enseigne-moi tes sentiers.

⁵Conduis-moi dans ta vérité, et instruis-moi; Car tu es le Dieu de mon salut, Tu es toujours mon espérance.

⁶Éternel! souviens-toi de ta miséricorde et de ta bonté; Car elles sont éternelles.

⁷Ne te souviens pas des fautes de ma jeunesse ni de mes transgressions; Souviens-toi de moi selon ta miséricorde, A cause de ta bonté, ô Éternel!

⁸L'Éternel est bon et droit: C'est pourquoi il montre aux pécheurs la voie.

⁹Il conduit les humbles dans la justice, Il enseigne aux humbles sa voie.

¹⁰Tous les sentiers de l'Éternel sont miséricorde et fidélité, Pour ceux qui gardent son alliance et ses commandements.

¹¹C'est à cause de ton nom, ô Éternel! Que tu pardonneras mon iniquité, car elle est grande.

¹²Quel est l'homme qui craint l'Éternel? L'Éternel lui montre la voie qu'il doit choisir.

¹³Son âme reposera dans le bonheur, Et sa postérité possédera le pays.

¹⁴L'amitié de l'Éternel est pour ceux qui le craignent, Et son alliance leur donne instruction.

¹⁵Je tourne constamment les yeux vers l'Éternel, Car il fera sortir mes pieds du filet.

¹⁶Regarde-moi et aie pitié de moi, Car je suis abandonné et malheureux.

¹⁷Les angoisses de mon coeur augmentent; Tire-moi de ma détresse.

¹⁸Vois ma misère et ma peine, Et pardonne tous mes péchés.

¹⁹Vois combien mes ennemis sont nombreux, Et de quelle haine violente ils me poursuivent.

²⁰Garde mon âme et sauve-moi! Que je ne sois pas confus, Quand je cherche auprès de toi mon refuge!

²¹Que l'innocence et la droiture me protègent, Quand je mets en toi mon espérance!

²²O Dieu! délivre Israël De toutes ses détresses!

Chapitre 26

¹De David. Rends-moi justice, Éternel! car je marche dans l'intégrité, Je me confie en l'Éternel, je ne chancelle pas.

²Sonde-moi, Éternel! éprouve-moi, Fais passer au creuset mes reins et mon coeur;

³Car ta grâce est devant mes yeux, Et je marche dans ta vérité.

⁴Je ne m'assieds pas avec les hommes faux, Je ne vais pas avec les gens dissimulés;

⁵Je hais l'assemblée de ceux qui font le mal, Je ne m'assieds pas avec les méchants.

⁶Je lave mes mains dans l'innocence, Et je vais autour de ton autel, ô Éternel!

⁷Pour éclater en actions de grâces, Et raconter toutes tes merveilles.

⁸Éternel! j'aime le séjour de ta maison, Le lieu où ta gloire habite.

⁹N'enlève pas mon âme avec les pécheurs, Ma vie avec les hommes de sang,

¹⁰Dont les mains sont criminelles Et la droite pleine de présents!

¹¹Moi, je marche dans l'intégrité; Délivre-moi et aie pitié de moi!

¹²Mon pied est ferme dans la droiture: Je bénirai l'Éternel dans les assemblées.

Chapitre 27

¹De David. L'Éternel est ma lumière et mon salut: De qui aurais-je crainte? L'Éternel est le soutien de ma vie: De qui aurais-je peur?

²Quand des méchants s'avancent contre moi, Pour dévorer ma chair, Ce sont mes persécuteurs et mes ennemis Qui chancellent et tombent.

³Si une armée se campait contre moi, Mon coeur n'aurait aucune crainte; Si une guerre s'élevait contre moi, Je serais malgré cela plein de confiance.

⁴Je demande à l'Éternel une chose, que je désire ardemment: Je voudrais habiter toute ma vie dans la maison de l'Éternel, Pour contempler la magnificence de l'Éternel Et pour admirer son temple.

⁵Car il me protégera dans son tabernacle au jour du malheur, Il me cachera sous l'abri de sa tente; Il m'élèvera sur un rocher.

⁶Et déjà ma tête s'élève sur mes ennemis qui m'entourent; J'offrirai des sacrifices dans sa tente, au son de la trompette; Je chanterai, je célébrerai l'Éternel.

⁷Éternel! écoute ma voix, je t'invoque: Aie pitié de moi et exauce-moi!

⁸Mon coeur dit de ta part: Cherchez ma face! Je cherche ta face, ô Éternel!

⁹Ne me cache point ta face, Ne repousse pas avec colère ton serviteur! Tu es mon secours, ne me laisse pas, ne m'abandonne pas, Dieu de mon salut!

¹⁰Car mon père et ma mère m'abandonnent, Mais l'Éternel me recueillera.

¹¹Éternel! enseigne-moi ta voie, Conduis-moi dans le sentier de la droiture, A cause de mes ennemis.

¹²Ne me livre pas au bon plaisir de mes adversaires, Car il s'élève contre moi de faux témoins Et des gens qui ne respirent que la violence.

¹³Oh! si je n'étais pas sûr de voir la bonté de l'Éternel Sur la terre des vivants!...

¹⁴Espère en l'Éternel! Fortifie-toi et que ton coeur s'affermisse! Espère en l'Éternel!

Chapitre 28

¹De David. Éternel! c'est à toi que je crie. Mon rocher! ne reste pas sourd à ma voix, De peur que, si tu t'éloignes sans me répondre, Je ne sois semblable à ceux qui descendent dans la fosse.

²Écoute la voix de mes supplications, quand je crie à toi, Quand j'élève mes mains vers ton sanctuaire.

³Ne m'emporte pas avec les méchants et les hommes iniques, Qui parlent de paix à leur prochain et qui ont la malice dans le coeur.

⁴Rends-leur selon leurs oeuvres et selon la malice de leurs actions, Rends-leur selon l'ouvrage de leurs mains; Donne-leur le salaire qu'ils méritent.

⁵Car ils ne sont pas attentifs aux oeuvres de l'Éternel, A l'ouvrage de ses mains. Qu'il les renverse et ne les relève point!

⁶Béni soit l'Éternel! Car il exauce la voix de mes supplications.

⁷L'Éternel est ma force et mon bouclier; En lui mon coeur se confie, et je suis secouru; J'ai de l'allégresse dans le coeur, Et je le loue par mes chants.

⁸L'Éternel est la force de son peuple, Il est le rocher des délivrances de son oint.

⁹Sauve ton peuple et bénis ton héritage! Sois leur berger et leur soutien pour toujours!

Chapitre 29

¹Psaume de David. Fils de Dieu, rendez à l'Éternel, Rendez à l'Éternel gloire et honneur!

²Rendez à l'Éternel gloire pour son nom! Prosternez-vous devant l'Éternel avec des ornements sacrés!

³La voix de l'Éternel retentit sur les eaux, Le Dieu de gloire fait gronder le tonnerre; L'Éternel est sur les grandes eaux.

⁴La voix de l'Éternel est puissante, La voix de l'Éternel est majestueuse.

⁵La voix de l'Éternel brise les cèdres; L'Éternel brise les cèdres du Liban,

⁶Il les fait bondir comme des veaux, Et le Liban et le Sirion comme de jeunes buffles.

⁷La voix de l'Éternel fait jaillir des flammes de feu.

⁸La voix de l'Éternel fait trembler le désert; L'Éternel fait trembler le désert de Kadès.

⁹La voix de l'Éternel fait enfanter les biches, Elle dépouille les forêts. Dans son palais tout s'écrie: Gloire!

¹⁰L'Éternel était sur son trône lors du déluge; L'Éternel sur son trône règne éternellement.

¹¹L'Éternel donne la force à son peuple; L'Éternel bénit son peuple et le rend heureux.

Chapitre 30

¹ Psaume. Cantique pour la dédicace de la maison. De David. Je t'exalte, ô Éternel, car tu m'as relevé, Tu n'as pas voulu que mes ennemis se réjouissent à mon sujet.

² Éternel, mon Dieu! J'ai crié à toi, et tu m'as guéri.

³ Éternel! tu as fait remonter mon âme du séjour des morts, Tu m'as fait revivre loin de ceux qui descendent dans la fosse.

⁴ Chantez à l'Éternel, vous qui l'aimez, Célébrez par vos louanges sa sainteté!

⁵ Car sa colère dure un instant, Mais sa grâce toute la vie; Le soir arrivent les pleurs, Et le matin l'allégresse.

⁶ Je disais dans ma sécurité: Je ne chancellerai jamais!

⁷ Éternel! par ta grâce tu avais affermi ma montagne... Tu cachas ta face, et je fus troublé.

⁸ Éternel! j'ai crié à toi, J'ai imploré l'Éternel:

⁹ Que gagnes-tu à verser mon sang, A me faire descendre dans la fosse? La poussière a-t-elle pour toi des louanges? Raconte-t-elle ta fidélité?

¹⁰ Écoute, Éternel, aie pitié de moi! Éternel, secours-moi! -

¹¹ Et tu as changé mes lamentations en allégresse, Tu as délié mon sac, et tu m'as ceint de joie,

¹² Afin que mon coeur te chante et ne soit pas muet. Éternel, mon Dieu! je te louerai toujours.

Chapitre 31

¹ Au chef des chantres. Psaume de David. Éternel! je cherche en toi mon refuge: Que jamais je ne sois confondu! Délivre-moi dans ta justice!

² Incline vers moi ton oreille, hâte-toi de me secourir! Sois pour moi un rocher protecteur, une forteresse, Où je trouve mon salut!

³ Car tu es mon rocher, ma forteresse; Et à cause de ton nom tu me conduiras, tu me dirigeras.

⁴ Tu me feras sortir du filet qu'ils m'ont tendu; Car tu es mon protecteur.

⁵ Je remets mon esprit entre tes mains; Tu me délivreras, Éternel, Dieu de vérité!

⁶ Je hais ceux qui s'attachent à de vaines idoles, Et je me confie en l'Éternel.

⁷ Je serai par ta grâce dans l'allégresse et dans la joie; Car tu vois ma misère, tu sais les angoisses de mon âme,

⁸ Et tu ne me livreras pas aux mains de l'ennemi, Tu mettras mes pieds au large.

⁹ Aie pitié de moi, Éternel! car je suis dans la détresse; J'ai le visage, l'âme et le corps usés par le chagrin.

¹⁰ Ma vie se consume dans la douleur, Et mes années dans les soupirs; Ma force est épuisée à cause de mon iniquité, Et mes os dépérissent.

¹¹ Tous mes adversaires m'ont rendu un objet d'opprobre, De grand opprobre pour mes voisins, et de terreur pour mes amis; Ceux qui me voient dehors s'enfuient loin de moi.

¹² Je suis oublié des coeurs comme un mort, Je suis comme un vase brisé.

¹³ J'apprends les mauvais propos de plusieurs, L'épouvante qui règne à l'entour, Quand ils se concertent ensemble contre moi: Ils complotent de m'ôter la vie.

¹⁴ Mais en toi je me confie, ô Éternel! Je dis: Tu es mon Dieu!

¹⁵ Mes destinées sont dans ta main; Délivre-moi de mes ennemis et de mes persécuteurs!

¹⁶ Fais luire ta face sur ton serviteur, Sauve-moi par ta grâce!

¹⁷ Éternel, que je ne sois pas confondu quand je t'invoque. Que les méchants soient confondus, Qu'ils descendent en silence au séjour des morts!

¹⁸ Qu'elles deviennent muettes, les lèvres menteuses, Qui parlent avec audace contre le juste, Avec arrogance et dédain!

¹⁹ Oh! combien est grande ta bonté, Que tu tiens en réserve pour ceux qui te craignent, Que tu témoignes à ceux qui cherchent en toi leur refuge, A la vue des fils de l'homme!

²⁰ Tu les protèges sous l'abri de ta face contre ceux qui les persécutent, Tu les protèges dans ta tente contre les langues qui les attaquent.

²¹ Béni soit l'Éternel! Car il a signalé sa grâce envers moi, Comme si j'avais été dans une ville forte.

²² Je disais dans ma précipitation: Je suis chassé loin de ton regard! Mais tu as entendu la voix de mes supplications, Quand j'ai crié

Psaume

vers toi.

²³ Aimez l'Éternel, vous qui avez de la piété! L'Éternel garde les fidèles, Et il punit sévèrement les orgueilleux.

²⁴ Fortifiez-vous et que votre coeur s'affermisse, Vous tous qui espérez en l'Éternel.

Chapitre 32

¹De David. Cantique. Heureux celui à qui la transgression est remise, A qui le péché est pardonné!

²Heureux l'homme à qui l'Éternel n'impute pas d'iniquité, Et dans l'esprit duquel il n'y a point de fraude!

³Tant que je me suis tu, mes os se consumaient, Je gémissais toute la journée;

⁴Car nuit et jour ta main s'appesantissait sur moi, Ma vigueur n'était plus que sécheresse, comme celle de l'été. -Pause.

⁵Je t'ai fait connaître mon péché, je n'ai pas caché mon iniquité; J'ai dit: J'avouerai mes transgressions à l'Éternel! Et tu as effacé la peine de mon péché. -Pause.

⁶Qu'ainsi tout homme pieux te prie au temps convenable! Si de grandes eaux débordent, elles ne l'atteindront nullement.

⁷Tu es un asile pour moi, tu me garantis de la détresse, Tu m'entoures de chants de délivrance. -Pause.

⁸Je t'instruirai et te montrerai la voie que tu dois suivre; Je te conseillerai, j'aurai le regard sur toi.

⁹Ne soyez pas comme un cheval ou un mulet sans intelligence; On les bride avec un frein et un mors, dont on les pare, Afin qu'ils ne s'approchent point de toi.

¹⁰Beaucoup de douleurs sont la part du méchant, Mais celui qui se confie en l'Éternel est environné de sa grâce.

¹¹Justes, réjouissez-vous en l'Éternel et soyez dans l'allégresse! Poussez des cris de joie, vous tous qui êtes droits de coeur!

Chapitre 33

¹Justes, réjouissez-vous en l'Éternel! La louange sied aux hommes droits.

²Célébrez l'Éternel avec la harpe, Célébrez-le sur le luth à dix cordes.

³Chantez-lui un cantique nouveau! Faites retentir vos instruments et vos voix!

⁴Car la parole de l'Éternel est droite, Et toutes ses oeuvres s'accomplissent avec fidélité;

⁵Il aime la justice et la droiture; La bonté de l'Éternel remplit la terre.

⁶Les cieux ont été faits par la parole de l'Éternel, Et toute leur armée par le souffle de sa bouche.

⁷Il amoncelle en un tas les eaux de la mer, Il met dans des réservoirs les abîmes.

⁸Que toute la terre craigne l'Éternel! Que tous les habitants du monde tremblent devant lui!

⁹Car il dit, et la chose arrive; Il ordonne, et elle existe.

¹⁰L'Éternel renverse les desseins des nations, Il anéantit les projets des peuples;

¹¹Les desseins de l'Éternel subsistent à toujours, Et les projets de son coeur, de génération en génération.

¹²Heureuse la nation dont l'Éternel est le Dieu! Heureux le peuple qu'il choisit pour son héritage!

¹³L'Éternel regarde du haut des cieux, Il voit tous les fils de l'homme;

¹⁴Du lieu de sa demeure il observe Tous les habitants de la terre,

¹⁵Lui qui forme leur coeur à tous, Qui est attentif à toutes leurs actions.

¹⁶Ce n'est pas une grande armée qui sauve le roi, Ce n'est pas une grande force qui délivre le héros;

¹⁷Le cheval est impuissant pour assurer le salut, Et toute sa vigueur ne donne pas la délivrance.

¹⁸Voici, l'oeil de l'Éternel est sur ceux qui le craignent, Sur ceux qui espèrent en sa bonté,

¹⁹Afin d'arracher leur âme à la mort Et de les faire vivre au milieu de la famine.

²⁰Notre âme espère en l'Éternel; Il est notre secours et notre bouclier.

²¹Car notre coeur met en lui sa joie, Car nous avons confiance en son saint nom.

²²Éternel! que ta grâce soit sur nous, Comme nous espérons en toi!

Chapitre 34

¹De David. Lorsqu'il contrefit l'insensé en présence d'Abimélec, et qu'il s'en alla chassé par lui. Je bénirai l'Éternel en tout temps; Sa louange sera toujours dans ma bouche.

²Que mon âme se glorifie en l'Éternel! Que les malheureux écoutent et se réjouissent!

³Exaltez avec moi l'Éternel! Célébrons tous son nom!

⁴J'ai cherché l'Éternel, et il m'a répondu; Il m'a délivré de toutes mes frayeurs.

⁵Quand on tourne vers lui les regards, on est rayonnant de joie, Et le visage ne se couvre pas de honte.

⁶Quand un malheureux crie, l'Éternel entend, Et il le sauve de toutes ses détresses.

⁷L'ange de l'Éternel campe autour de ceux qui le craignent, Et il les arrache au danger.

⁸Sentez et voyez combien l'Éternel est bon! Heureux l'homme qui cherche en lui son refuge!

⁹Craignez l'Éternel, vous ses saints! Car rien ne manque à ceux qui le craignent.

¹⁰Les lionceaux éprouvent la disette et la faim, Mais ceux qui cherchent l'Éternel ne sont privés d'aucun bien.

¹¹Venez, mes fils, écoutez-moi! Je vous enseignerai la crainte de l'Éternel.

¹²Quel est l'homme qui aime la vie, Qui désire la prolonger pour jouir du bonheur?

¹³Préserve ta langue du mal, Et tes lèvres des paroles trompeuses;

¹⁴Éloigne-toi du mal, et fais le bien; Recherche et poursuis la paix.

¹⁵Les yeux de l'Éternel sont sur les justes, Et ses oreilles sont attentives à leurs cris.

¹⁶L'Éternel tourne sa face contre les méchants, Pour retrancher de la terre leur souvenir.

¹⁷Quand les justes crient, l'Éternel entend, Et il les délivre de toutes leurs détresses;

¹⁸L'Éternel est près de ceux qui ont le coeur brisé, Et il sauve ceux qui ont l'esprit dans l'abattement.

¹⁹Le malheur atteint souvent le juste, Mais l'Éternel l'en délivre toujours.

²⁰Il garde tous ses os, Aucun d'eux n'est brisé.

²¹Le malheur tue le méchant, Et les ennemis du juste sont châtiés.

²²L'Éternel délivre l'âme de ses serviteurs, Et tous ceux qui l'ont pour refuge échappent au châtiment.

Chapitre 35

¹De David. Éternel! défends-moi contre mes adversaires, Combats ceux qui me combattent!

²Saisis le petit et le grand bouclier, Et lève-toi pour me secourir!

³Brandis la lance et le javelot contre mes persécuteurs! Dis à mon âme: Je suis ton salut!

⁴Qu'ils soient honteux et confus, ceux qui en veulent à ma vie! Qu'ils reculent et rougissent, ceux qui méditent ma perte!

⁵Qu'ils soient comme la balle emportée par le vent, Et que l'ange de l'Éternel les chasse!

⁶Que leur route soit ténébreuse et glissante, Et que l'ange de l'Éternel les poursuive!

⁷Car sans cause ils m'ont tendu leur filet sur une fosse, Sans cause ils l'ont creusée pour m'ôter la vie.

⁸Que la ruine les atteigne à l'improviste, Qu'ils soient pris dans le filet qu'ils ont tendu, Qu'ils y tombent et périssent!

⁹Et mon âme aura de la joie en l'Éternel, De l'allégresse en son salut.

¹⁰Tous mes os diront: Éternel! qui peut, comme toi, Délivrer le malheureux d'un plus fort que lui, Le malheureux et le pauvre de celui qui le dépouille?

¹¹De faux témoins se lèvent: Ils m'interrogent sur ce que j'ignore.

¹²Ils me rendent le mal pour le bien: Mon âme est dans l'abandon.

¹³Et moi, quand ils étaient malades, je revêtais un sac, J'humiliais mon âme par le jeûne, Je priais, la tête penchée sur mon sein.

¹⁴Comme pour un ami, pour un frère, je me traînais lentement; Comme pour le deuil d'une mère, je me courbais avec tristesse.

¹⁵Puis, quand je chancelle, ils se réjouissent et s'assemblent, Ils s'assemblent à mon insu pour m'outrager, Ils me déchirent sans relâche;

¹⁶Avec les impies, les parasites moqueurs, Ils grincent des dents contre moi.

¹⁷Seigneur! Jusques à quand le verras-tu? Protège mon âme contre leurs embûches, Ma vie contre les lionceaux!

¹⁸Je te louerai dans la grande assemblée, Je te célébrerai au milieu

d'un peuple nombreux.

¹⁹Que ceux qui sont à tort mes ennemis ne se réjouissent pas à mon sujet, Que ceux qui me haïssent sans cause ne m'insultent pas du regard!
²⁰Car ils tiennent un langage qui n'est point celui de la paix, Ils méditent la tromperie contre les gens tranquilles du pays.
²¹Ils ouvrent contre moi leur bouche, Ils disent: Ah! ah! nos yeux regardent! -
²²Éternel, tu le vois! ne reste pas en silence! Seigneur, ne t'éloigne pas de moi!
²³Réveille-toi, réveille-toi pour me faire justice! Mon Dieu et mon Seigneur, défends ma cause!
²⁴Juge-moi selon ta justice, Éternel, mon Dieu! Et qu'ils ne se réjouissent pas à mon sujet!
²⁵Qu'ils ne disent pas dans leur coeur: Ah! voilà ce que nous voulions! Qu'ils ne disent pas: Nous l'avons englouti!
²⁶Que tous ensemble ils soient honteux et confus, Ceux qui se réjouissent de mon malheur! Qu'ils revêtent l'ignominie et l'opprobre, Ceux qui s'élèvent contre moi!
²⁷Qu'ils aient de l'allégresse et de la joie, Ceux qui prennent plaisir à mon innocence, Et que sans cesse ils disent: Exalté soit l'Éternel, Qui veut la paix de son serviteur!
²⁸Et ma langue célébrera ta justice, Elle dira tous les jours ta louange.

Chapitre 36
¹ Au chef des chantres. Du serviteur de l'Éternel, de David. La parole impie du méchant est au fond de mon coeur; La crainte de Dieu n'est pas devant ses yeux.
² Car il se flatte à ses propres yeux, Pour consommer son iniquité, pour assouvir sa haine.
³ Les paroles de sa bouche sont fausses et trompeuses; Il renonce à agir avec sagesse, à faire le bien.
⁴ Il médite l'injustice sur sa couche, Il se tient sur une voie qui n'est pas bonne, Il ne repousse pas le mal.
⁵ Éternel! ta bonté atteint jusqu'aux cieux, Ta fidélité jusqu'aux nues.
⁶ Ta justice est comme les montagnes de Dieu, Tes jugements sont comme le grand abîme. Éternel! tu soutiens les hommes et les bêtes.
⁷ Combien est précieuse ta bonté, ô Dieu! A l'ombre de tes ailes les fils de l'homme cherchent un refuge.
⁸ Ils se rassasient de l'abondance de ta maison, Et tu les abreuves au torrent de tes délices.
⁹ Car auprès de toi est la source de la vie; Par ta lumière nous voyons la lumière.
¹⁰ Étends ta bonté sur ceux qui te connaissent, Et ta justice sur ceux dont le coeur est droit.
¹¹ Que le pied de l'orgueil ne m'atteigne pas, Et que la main des méchants ne me fasse pas fuir!
¹² Déjà tombent ceux qui commettent l'iniquité; Ils sont renversés, et ils ne peuvent se relever.

Chapitre 37
¹De David. Ne t'irrite pas contre les méchants, N'envie pas ceux qui font le mal.
²Car ils sont fauchés aussi vite que l'herbe, Et ils se flétrissent comme le gazon vert.
³Confie-toi en l'Éternel, et pratique le bien; Aie le pays pour demeure et la fidélité pour pâture.
⁴Fais de l'Éternel tes délices, Et il te donnera ce que ton coeur désire.
⁵Recommande ton sort à l'Éternel, Mets en lui ta confiance, et il agira.
⁶Il fera paraître ta justice comme la lumière, Et ton droit comme le soleil à son midi.
⁷Garde le silence devant l'Éternel, et espère en lui; Ne t'irrite pas contre celui qui réussit dans ses voies, Contre l'homme qui vient à bout de ses mauvais desseins.
⁸Laisse la colère, abandonne la fureur; Ne t'irrite pas, ce serait mal faire.
⁹Car les méchants seront retranchés, Et ceux qui espèrent en l'Éternel posséderont le pays.
¹⁰Encore un peu de temps, et le méchant n'est plus; Tu regardes le lieu où il était, et il a disparu.
¹¹Les misérables possèdent le pays, Et ils jouissent abondamment de la paix.
¹²Le méchant forme des projets contre le juste, Et il grince des dents contre lui.
¹³Le Seigneur se rit du méchant, Car il voit que son jour arrive.
¹⁴Les méchants tirent le glaive, Ils bandent leur arc, Pour faire tomber le malheureux et l'indigent, Pour égorger ceux dont la voie est droite.
¹⁵Leur glaive entre dans leur propre coeur, Et leurs arcs se brisent.
¹⁶Mieux vaut le peu du juste Que l'abondance de beaucoup de méchants;
¹⁷Car les bras des méchants seront brisés, Mais l'Éternel soutient les justes.
¹⁸L'Éternel connaît les jours des hommes intègres, Et leur héritage dure à jamais.
¹⁹Ils ne sont pas confondus au temps du malheur, Et ils sont rassasiés aux jours de la famine.
²⁰Mais les méchants périssent, Et les ennemis de l'Éternel, comme les plus beaux pâturages; Ils s'évanouissent, ils s'évanouissent en fumée.
²¹Le méchant emprunte, et il ne rend pas; Le juste est compatissant, et il donne.
²²Car ceux que bénit l'Éternel possèdent le pays, Et ceux qu'il maudit sont retranchés.
²³L'Éternel affermit les pas de l'homme, Et il prend plaisir à sa voie;
²⁴S'il tombe, il n'est pas terrassé, Car l'Éternel lui prend la main.
²⁵J'ai été jeune, j'ai vieilli; Et je n'ai point vu le juste abandonné, Ni sa postérité mendiant son pain.
²⁶Toujours il est compatissant, et il prête; Et sa postérité est bénie.
²⁷Détourne-toi du mal, fais le bien, Et possède à jamais ta demeure.
²⁸Car l'Éternel aime la justice, Et il n'abandonne pas ses fidèles; Ils sont toujours sous sa garde, Mais la postérité des méchants est retranchée.
²⁹Les justes posséderont le pays, Et ils y demeureront à jamais.
³⁰La bouche du juste annonce la sagesse, Et sa langue proclame la justice.
³¹La loi de son Dieu est dans son coeur; Ses pas ne chancellent point.
³²Le méchant épie le juste, Et il cherche à le faire mourir.
³³L'Éternel ne le laisse pas entre ses mains, Et il ne le condamne pas quand il est en jugement.
³⁴Espère en l'Éternel, garde sa voie, Et il t'élèvera pour que tu possèdes le pays; Tu verras les méchants retranchés.
³⁵J'ai vu le méchant dans toute sa puissance; Il s'étendait comme un arbre verdoyant.
³⁶Il a passé, et voici, il n'est plus; Je le cherche, et il ne se trouve plus.
³⁷Observe celui qui est intègre, et regarde celui qui est droit; Car il y a une postérité pour l'homme de paix.
³⁸Mais les rebelles sont tous anéantis, La postérité des méchants est retranchée.
³⁹Le salut des justes vient de l'Éternel; Il est leur protecteur au temps de la détresse.
⁴⁰L'Éternel les secourt et les délivre; Il les délivre des méchants et les sauve, Parce qu'ils cherchent en lui leur refuge.

Chapitre 38
¹ Psaume de David. Pour souvenir. Éternel! ne me punis pas dans ta colère, Et ne me châtie pas dans ta fureur.
² Car tes flèches m'ont atteint, Et ta main s'est appesantie sur moi.
³ Il n'y a rien de sain dans ma chair à cause de ta colère, Il n'y a plus de vigueur dans mes os à cause de mon péché.
⁴ Car mes iniquités s'élèvent au-dessus de ma tête; Comme un lourd fardeau, elles sont trop pesantes pour moi.
⁵ Mes plaies sont infectes et purulentes, Par l'effet de ma folie.
⁶ Je suis courbé, abattu au dernier point; Tout le jour je marche dans la tristesse.
⁷ Car un mal brûlant dévore mes entrailles, Et il n'y a rien de sain dans ma chair.
⁸ Je suis sans force, entièrement brisé; Le trouble de mon coeur m'arrache des gémissements.
⁹ Seigneur! tous mes désirs sont devant toi, Et mes soupirs ne te sont point cachés.
¹⁰ Mon coeur est agité, ma force m'abandonne, Et la lumière de mes yeux n'est plus même avec moi.
¹¹ Mes amis et mes connaissances s'éloignent de ma plaie, Et mes proches se tiennent à l'écart.
¹² Ceux qui en veulent à ma vie tendent leurs pièges; Ceux qui cherchent mon malheur disent des méchancetés, Et méditent tout le jour

des tromperies.

¹³ Et moi, je suis comme un sourd, je n'entends pas; Je suis comme un muet, qui n'ouvre pas la bouche.

¹⁴ Je suis comme un homme qui n'entend pas, Et dans la bouche duquel il n'y a point de réplique.

¹⁵ Éternel! c'est en toi que j'espère; Tu répondras, Seigneur, mon Dieu!

¹⁶ Car je dis: Ne permets pas qu'ils se réjouissent à mon sujet, Qu'ils s'élèvent contre moi, si mon pied chancelle!

¹⁷ Car je suis près de tomber, Et ma douleur est toujours devant moi.

¹⁸ Car je reconnais mon iniquité, Je suis dans la crainte à cause de mon péché.

¹⁹ Et mes ennemis sont pleins de vie, pleins de force; Ceux qui me haïssent sans cause sont nombreux.

²⁰ Ils me rendent le mal pour le bien; Ils sont mes adversaires, parce que je recherche le bien.

²¹ Ne m'abandonne pas, Éternel! Mon Dieu, ne t'éloigne pas de moi!

²² Viens en hâte à mon secours, Seigneur, mon salut!

Chapitre 39

¹ Au chef des chantres. A Jeduthun, Psaume de David. Je disais: Je veillerai sur mes voies, De peur de pécher par ma langue; Je mettrai un frein à ma bouche, Tant que le méchant sera devant moi.

² Je suis resté muet, dans le silence; Je me suis tu, quoique malheureux; Et ma douleur n'était pas moins vive.

³ Mon coeur brûlait au dedans de moi, Un feu intérieur me consumait, Et la parole est venue sur ma langue.

⁴ Éternel! dis-moi quel est le terme de ma vie, Quelle est la mesure de mes jours; Que je sache combien je suis fragile.

⁵ Voici, tu as donné à mes jours la largeur de la main, Et ma vie est comme un rien devant toi. Oui, tout homme debout n'est qu'un souffle. -Pause.

⁶ Oui, l'homme se promène comme une ombre, Il s'agite vainement; Il amasse, et il ne sait qui recueillera.

⁷ Maintenant, Seigneur, que puis-je espérer? En toi est mon espérance.

⁸ Délivre-moi de toutes mes transgressions! Ne me rends pas l'opprobre de l'insensé!

⁹ Je reste muet, je n'ouvre pas la bouche, Car c'est toi qui agis.

¹⁰ Détourne de moi tes coups! Je succombe sous les attaques de ta main.

¹¹ Tu châties l'homme en le punissant de son iniquité, Tu détruis comme la teigne ce qu'il a de plus cher. Oui, tout homme est un souffle. -Pause.

¹² Écoute ma prière, Éternel, et prête l'oreille à mes cris! Ne sois pas insensible à mes larmes! Car je suis un étranger chez toi, Un habitant, comme tous mes pères.

¹³ Détourne de moi le regard, et laisse-moi respirer, Avant que je m'en aille et que ne sois plus!

Chapitre 40

¹ Au chef des chantres. De David. Psaume. J'avais mis en l'Éternel mon espérance; Et il s'est incliné vers moi, il a écouté mes cris.

² Il m'a retiré de la fosse de destruction, Du fond de la boue; Et il a dressé mes pieds sur le roc, Il a affermi mes pas.

³ Il a mis dans ma bouche un cantique nouveau, Une louange à notre Dieu; Beaucoup l'ont vu, et ont eu de la crainte, Et ils se sont confiés en l'Éternel.

⁴ Heureux l'homme qui place en l'Éternel sa confiance, Et qui ne se tourne pas vers les hautains et les menteurs!

⁵ Tu as multiplié, Éternel, mon Dieu! Tes merveilles et tes desseins en notre faveur; Nul n'est comparable à toi; Je voudrais les publier et les proclamer, Mais leur nombre est trop grand pour que je les raconte.

⁶ Tu ne désires ni sacrifice ni offrande, Tu m'as ouvert les oreilles; Tu ne demandes ni holocauste ni victime expiatoire.

⁷ Alors je dis: Voici, je viens Avec le rouleau du livre écrit pour moi.

⁸ Je veux faire ta volonté, mon Dieu! Et ta loi est au fond de mon coeur.

⁹ J'annonce la justice dans la grande assemblée; Voici, je ne ferme pas mes lèvres, Éternel, tu le sais!

¹⁰ Je ne retiens pas dans mon coeur ta justice, Je publie ta vérité et ton salut; Je ne cache pas ta bonté et ta fidélité Dans la grande assemblée.

¹¹ Toi, Éternel! tu ne me refuseras pas tes compassions; Ta bonté et ta fidélité me garderont toujours.

¹² Car des maux sans nombre m'environnent; Les châtiments de mes iniquités m'atteignent, Et je ne puis en supporter la vue; Ils sont plus nombreux que les cheveux de ma tête, Et mon courage m'abandonne.

¹³ Veuille me délivrer, ô Éternel! Éternel, viens en hâte à mon secours!

¹⁴ Que tous ensemble ils soient honteux et confus, Ceux qui en veulent à ma vie pour l'enlever! Qu'ils reculent et rougissent, Ceux qui désirent ma perte!

¹⁵ Qu'ils soient dans la stupeur par l'effet de leur honte, Ceux qui me disent: Ah! ah!

¹⁶ Que tous ceux qui te cherchent Soient dans l'allégresse et se réjouissent en toi! Que ceux qui aiment ton salut Disent sans cesse: Exalté soit l'Éternel!

¹⁷ Moi, je suis pauvre et indigent; Mais le Seigneur pense à moi. Tu es mon aide et mon libérateur: Mon Dieu, ne tarde pas!

Chapitre 41

¹ Au chef des chantres. Psaume de David. Heureux celui qui s'intéresse au pauvre! Au jour du malheur l'Éternel le délivre;

² L'Éternel le garde et lui conserve la vie. Il est heureux sur la terre, Et tu ne le livres pas au bon plaisir de ses ennemis.

³ L'Éternel le soutient sur son lit de douleur; Tu le soulages dans toutes ses maladies.

⁴ Je dis: Éternel, aie pitié de moi! Guéris mon âme! car j'ai péché contre toi.

⁵ Mes ennemis disent méchamment de moi: Quand mourra-t-il? quand périra son nom?

⁶ Si quelqu'un vient me voir, il prend un langage faux, Il recueille des sujets de médire; Il s'en va, et il parle au dehors.

⁷ Tous mes ennemis chuchotent entre eux contre moi; Ils pensent que mon malheur causera ma ruine:

⁸ Il est dangereusement atteint, Le voilà couché, il ne se relèvera pas!

⁹ Celui-là même avec qui j'étais en paix, Qui avait ma confiance et qui mangeait mon pain, Lève le talon contre moi.

¹⁰ Toi, Éternel, aie pitié de moi et rétablis-moi! Et je leur rendrai ce qui leur est dû.

¹¹ Je connaîtrai que tu m'aimes, Si mon ennemi ne triomphe pas de moi.

¹² Tu m'as soutenu à cause de mon intégrité, Et tu m'as placé pour toujours en ta présence.

¹³ Béni soit l'Éternel, le Dieu d'Israël, d'éternité en éternité! Amen! Amen!

Chapitre 42

¹ Au chef des chantres. Cantique des fils de Koré. Comme une biche soupire après des courants d'eau, Ainsi mon âme soupire après toi, ô Dieu!

² Mon âme a soif de Dieu, du Dieu vivant: Quand irai-je et paraîtrai-je devant la face de Dieu?

³ Mes larmes sont ma nourriture jour et nuit, Pendant qu'on me dit sans cesse: Où est ton Dieu?

⁴ Je me rappelle avec effusion de coeur Quand je marchais entouré de la foule, Et que je m'avançais à sa tête vers la maison de Dieu, Au milieu des cris de joie et des actions de grâces D'une multitude en fête.

⁵ Pourquoi t'abats-tu, mon âme, et gémis-tu au dedans de moi? Espère en Dieu, car je le louerai encore; Il est mon salut et mon Dieu.

⁶ Mon âme est abattue au dedans de moi: Aussi c'est à toi que je pense, depuis le pays du Jourdain, Depuis l'Hermon, depuis la montagne de Mitséar.

⁷ Un flot appelle un autre flot au bruit de tes ondées; Toutes tes vagues et tous tes flots passent sur moi.

⁸ Le jour, l'Éternel m'accordait sa grâce; La nuit, je chantais ses louanges, J'adressais une prière au Dieu de ma vie.

⁹ Je dis à Dieu, mon rocher: Pourquoi m'oublies-tu? Pourquoi dois-je marcher dans la tristesse, Sous l'oppression de l'ennemi?

¹⁰ Mes os se brisent quand mes persécuteurs m'outragent, En me disant sans cesse: Où est ton Dieu?

¹¹ Pourquoi t'abats-tu, mon âme, et gémis-tu au dedans de moi? Espère en Dieu, car je le louerai encore; Il est mon salut et mon Dieu.

Chapitre 43

¹Rends-moi justice, ô Dieu, défends ma cause contre une nation infidèle! Délivre-moi des hommes de fraude et d'iniquité!
²Toi, mon Dieu protecteur, pourquoi me repousses-tu? Pourquoi dois-je marcher dans la tristesse, Sous l'oppression de l'ennemi?
³Envoie ta lumière et ta fidélité! Qu'elles me guident, Qu'elles me conduisent à ta montagne sainte et à tes demeures.
⁴J'irai vers l'autel de Dieu, de Dieu, ma joie et mon allégresse, Et je te célébrerai sur la harpe, ô Dieu, mon Dieu!
⁵Pourquoi t'abats-tu, mon âme, et gémis-tu au dedans de moi? Espère en Dieu, car je le louerai encore; Il est mon salut et mon Dieu.

Chapitre 44

¹ Au chef des chantres. Des fils de Koré. Cantique. O Dieu! nous avons entendu de nos oreilles, Nos pères nous ont raconté Les oeuvres que tu as accomplies de leur temps, Aux jours d'autrefois.
² De ta main tu as chassé des nations pour les établir, Tu as frappé des peuples pour les étendre.
³ Car ce n'est point par leur épée qu'ils se sont emparés du pays, Ce n'est point leur bras qui les a sauvés; Mais c'est ta droite, c'est ton bras, c'est la lumière de ta face, Parce que tu les aimais.
⁴ O Dieu! tu es mon roi: Ordonne la délivrance de Jacob!
⁵ Avec toi nous renversons nos ennemis, Avec ton nom nous écrasons nos adversaires.
⁶ Car ce n'est pas en mon arc que je me confie, Ce n'est pas mon épée qui me sauvera;
⁷ Mais c'est toi qui nous délivres de nos ennemis, Et qui confonds ceux qui nous haïssent.
⁸ Nous nous glorifions en Dieu chaque jour, Et nous célébrerons à jamais ton nom. -Pause.
⁹ Cependant tu nous repousses, tu nous couvres de honte, Tu ne sors plus avec nos armées;
¹⁰ Tu nous fais reculer devant l'ennemi, Et ceux qui nous haïssent enlèvent nos dépouilles.
¹¹ Tu nous livres comme des brebis à dévorer, Tu nous disperses parmi les nations.
¹² Tu vends ton peuple pour rien, Tu ne l'estimes pas à une grande valeur.
¹³ Tu fais de nous un objet d'opprobre pour nos voisins, De moquerie et de risée pour ceux qui nous entourent;
¹⁴ Tu fais de nous un objet de sarcasme parmi les nations, Et de hochements de tête parmi les peuples.
¹⁵ Ma honte est toujours devant moi, Et la confusion couvre mon visage,
¹⁶ A la voix de celui qui m'insulte et m'outrage, A la vue de l'ennemi et du vindicatif.
¹⁷ Tout cela nous arrive, sans que nous t'ayons oublié, Sans que nous ayons violé ton alliance:
¹⁸ Notre coeur ne s'est point détourné, Nos pas ne se sont point éloignés de ton sentier,
¹⁹ Pour que tu nous écrases dans la demeure des chacals, Et que tu nous couvres de l'ombre de la mort.
²⁰ Si nous avions oublié le nom de notre Dieu, Et étendu nos mains vers un dieu étranger,
²¹ Dieu ne le saurait-il pas, Lui qui connaît les secrets du coeur?
²² Mais c'est à cause de toi qu'on nous égorge tous les jours, Qu'on nous regarde comme des brebis destinées à la boucherie.
²³ Réveille-toi! Pourquoi dors-tu, Seigneur? Réveille-toi! ne nous repousse pas à jamais!
²⁴ Pourquoi caches-tu ta face? Pourquoi oublies-tu notre misère et notre oppression?
²⁵ Car notre âme est abattue dans la poussière, Notre corps est attaché à la terre.
²⁶ Lève-toi, pour nous secourir! Délivre-nous à cause de ta bonté!

Chapitre 45

¹ Au chef des chantres. Sur les lis. Des fils de Koré. Cantique. Chant d'amour. Des paroles pleines de charme bouillonnent dans mon coeur. Je dis: Mon oeuvre est pour le roi! Que ma langue soit comme la plume d'un habile écrivain!
² Tu es le plus beau des fils de l'homme, La grâce est répandue sur tes lèvres: C'est pourquoi Dieu t'a béni pour toujours.
³ Vaillant guerrier, ceins ton épée, -Ta parure et ta gloire,
⁴ Oui, ta gloire! -Sois vainqueur, monte sur ton char, Défends la vérité, la douceur et la justice, Et que ta droite se signale par de merveilleux exploits!
⁵ Tes flèches sont aiguës; Des peuples tomberont sous toi; Elles perceront le coeur des ennemis du roi.
⁶ Ton trône, ô Dieu, est à toujours; Le sceptre de ton règne est un sceptre d'équité.
⁷ Tu aimes la justice, et tu hais la méchanceté: C'est pourquoi, ô Dieu, ton Dieu t'a oint D'une huile de joie, par privilège sur tes collègues.
⁸ La myrrhe, l'aloès et la casse parfument tous tes vêtements; Dans les palais d'ivoire les instruments à cordes te réjouissent.
⁹ Des filles de rois sont parmi tes bien-aimées; La reine est à ta droite, parée d'or d'Ophir.
¹⁰ Écoute, ma fille, vois, et prête l'oreille; Oublie ton peuple et la maison de ton père.
¹¹ Le roi porte ses désirs sur ta beauté; Puisqu'il est ton seigneur, rends-lui tes hommages.
¹² Et, avec des présents, la fille de Tyr, Les plus riches du peuple rechercheront ta faveur.
¹³ Toute resplendissante est la fille du roi dans l'intérieur du palais; Elle porte un vêtement tissu d'or.
¹⁴ Elle est présentée au roi, vêtue de ses habits brodés, Et suivie des jeunes filles, ses compagnes, qui sont amenées auprès de toi;
¹⁵ On les introduit au milieu des réjouissances et de l'allégresse, Elles entrent dans le palais du roi.
¹⁶ Tes enfants prendront la place de tes pères; Tu les établiras princes dans tout le pays.
¹⁷ Je rappellerai ton nom dans tous les âges: Aussi les peuples te loueront éternellement et à jamais.

Chapitre 46

¹ Au chef des chantres. Des fils de Koré. Sur alamoth. Cantique. Dieu est pour nous un refuge et un appui, Un secours qui ne manque jamais dans la détresse.
² C'est pourquoi nous sommes sans crainte quand la terre est bouleversée, Et que les montagnes chancellent au coeur des mers,
³ Quand les flots de la mer mugissent, écument, Se soulèvent jusqu'à faire trembler les montagnes. -Pause.
⁴ Il est un fleuve dont les courants réjouissent la cité de Dieu, Le sanctuaire des demeures du Très Haut.
⁵ Dieu est au milieu d'elle: elle n'est point ébranlée; Dieu la secourt dès l'aube du matin.
⁶ Des nations s'agitent, des royaumes s'ébranlent; Il fait entendre sa voix: la terre se fond d'épouvante.
⁷ L'Éternel des armées est avec nous, Le Dieu de Jacob est pour nous une haute retraite. -Pause.
⁸ Venez, contemplez les oeuvres de l'Éternel, Les ravages qu'il a opérés sur la terre!
⁹ C'est lui qui a fait cesser les combats jusqu'au bout de la terre; Il a brisé l'arc, et il a rompu la lance, Il a consumé par le feu les chars de guerre. -
¹⁰ Arrêtez, et sachez que je suis Dieu: Je domine sur les nations, je domine sur la terre. -
¹¹ L'Éternel des armées est avec nous, Le Dieu de Jacob est pour nous une haute retraite. -Pause.

Chapitre 47

¹ Au chef des chantres. Des fils de Koré. Psaume. Vous tous, peuples, battez des mains! Poussez vers Dieu des cris de joie!
² Car l'Éternel, le Très Haut, est redoutable, Il est un grand roi sur toute la terre.
³ Il nous assujettit des peuples, Il met des nations sous nos pieds;
⁴ Il nous choisit notre héritage, La gloire de Jacob qu'il aime. -Pause.
⁵ Dieu monte au milieu des cris de triomphe, L'Éternel s'avance au son de la trompette.
⁶ Chantez à Dieu, chantez! Chantez à notre roi, chantez!
⁷ Car Dieu est roi de toute la terre: Chantez un cantique!
⁸ Dieu règne sur les nations, Dieu a pour siège son saint trône.
⁹ Les princes des peuples se réunissent Au peuple du Dieu d'Abraham; Car à Dieu sont les boucliers de la terre: Il est souverainement élevé.

Chapitre 48

¹ Cantique. Psaume des fils de Koré. L'Éternel est grand, il est l'objet de toutes les louanges, Dans la ville de notre Dieu, sur sa montagne sainte.
² Belle est la colline, joie de toute la terre, la montagne de Sion; Le côté septentrional, c'est la ville du grand roi.
³ Dieu, dans ses palais, est connu pour une haute retraite.

⁴ Car voici, les rois s'étaient concertés: Ils n'ont fait que passer ensemble.

⁵ Ils ont regardé, tout stupéfaits, Ils ont eu peur, et ont pris la fuite.

⁶ Là un tremblement les a saisis, Comme la douleur d'une femme qui accouche.

⁷ Ils ont été chassés comme par le vent d'orient, Qui brise les navires de Tarsis.

⁸ Ce que nous avions entendu dire, nous l'avons vu Dans la ville de l'Éternel des armées, Dans la ville de notre Dieu: Dieu la fera subsister à toujours. -Pause.

⁹ O Dieu, nous pensons à ta bonté Au milieu de ton temple.

¹⁰ Comme ton nom, ô Dieu! Ta louange retentit jusqu'aux extrémités de la terre; Ta droite est pleine de justice.

¹¹ La montagne de Sion se réjouit, Les filles de Juda sont dans l'allégresse, A cause de tes jugements.

¹² Parcourez Sion, parcourez-en l'enceinte, Comptez ses tours,

¹³ Observez son rempart, Examinez ses palais, Pour le raconter à la génération future.

¹⁴ Voilà le Dieu qui est notre Dieu éternellement et à jamais; Il sera notre guide jusqu'à la mort.

Chapitre 49

¹ Au chef des chantres. Des fils de Koré. Psaume. Écoutez ceci, vous tous, peuples, Prêtez l'oreille, vous tous, habitants du monde,

² Petits et grands, Riches et pauvres!

³ Ma bouche va faire entendre des paroles sages, Et mon coeur a des pensées pleines de sens.

⁴ Je prête l'oreille aux sentences qui me sont inspirées, J'ouvre mon chant au son de la harpe.

⁵ Pourquoi craindrais-je aux jours du malheur, Lorsque l'iniquité de mes adversaires m'enveloppe?

⁶ Ils ont confiance en leurs biens, Et se glorifient de leur grande richesse.

⁷ Ils ne peuvent se racheter l'un l'autre, Ni donner à Dieu le prix du rachat.

⁸ Le rachat de leur âme est cher, Et n'aura jamais lieu;

⁹ Ils ne vivront pas toujours, Ils n'éviteront pas la vue de la fosse.

¹⁰ Car ils la verront: les sages meurent, L'insensé et le stupide périssent également, Et ils laissent à d'autres leurs biens.

¹¹ Ils s'imaginent que leurs maisons seront éternelles, Que leurs demeures subsisteront d'âge en âge, Eux dont les noms sont honorés sur la terre.

¹² Mais l'homme qui est en honneur n'a point de durée, Il est semblable aux bêtes que l'on égorge.

¹³ Telle est leur voie, leur folie, Et ceux qui les suivent se plaisent à leurs discours. -Pause.

¹⁴ Comme un troupeau, ils sont mis dans le séjour des morts, La mort en fait sa pâture; Et bientôt les hommes droits les foulent aux pieds, Leur beauté s'évanouit, le séjour des morts est leur demeure.

¹⁵ Mais Dieu sauvera mon âme du séjour des morts, Car il me prendra sous sa protection. -Pause.

¹⁶ Ne sois pas dans la crainte parce qu'un homme s'enrichit, Parce que les trésors de sa maison se multiplient;

¹⁷ Car il n'emporte rien en mourant, Ses trésors ne descendent point après lui.

¹⁸ Il aura beau s'estimer heureux pendant sa vie, On aura beau te louer des jouissances que tu te donnes,

¹⁹ Tu iras néanmoins au séjour de tes pères, Qui jamais ne reverront la lumière.

²⁰ L'homme qui est en honneur, et qui n'a pas d'intelligence, Est semblable aux bêtes que l'on égorge.

Chapitre 50

¹ Psaume d'Asaph. Dieu, Dieu, l'Éternel, parle, et convoque la terre, Depuis le soleil levant jusqu'au soleil couchant.

² De Sion, beauté parfaite, Dieu resplendit.

³ Il vient, notre Dieu, il ne reste pas en silence; Devant lui est un feu dévorant, Autour de lui une violente tempête.

⁴ Il crie vers les cieux en haut, Et vers la terre, pour juger son peuple:

⁵ Rassemblez-moi mes fidèles, Qui ont fait alliance avec moi par le sacrifice! -

⁶ Et les cieux publieront sa justice, Car c'est Dieu qui est juge. -Pause.

⁷ Écoute, mon peuple! et je parlerai; Israël! et je t'avertirai. Je suis Dieu, ton Dieu.

⁸ Ce n'est pas pour tes sacrifices que je te fais des reproches; Tes holocaustes sont constamment devant moi.

⁹ Je ne prendrai pas de taureau dans ta maison, Ni de bouc dans tes bergeries.

¹⁰ Car tous les animaux des forêts sont à moi, Toutes les bêtes des montagnes par milliers;

¹¹ Je connais tous les oiseaux des montagnes, Et tout ce qui se meut dans les champs m'appartient.

¹² Si j'avais faim, je ne te le dirais pas, Car le monde est à moi et tout ce qu'il renferme.

¹³ Est-ce que je mange la chair des taureaux? Est-ce que je bois le sang des boucs?

¹⁴ Offre pour sacrifice à Dieu des actions de grâces, Et accomplis tes voeux envers le Très Haut.

¹⁵ Et invoque-moi au jour de la détresse; Je te délivrerai, et tu me glorifieras.

¹⁶ Et Dieu dit au méchant: Quoi donc! tu énumères mes lois, Et tu as mon alliance à la bouche,

¹⁷ Toi qui hais les avis, Et qui jettes mes paroles derrière toi!

¹⁸ Si tu vois un voleur, tu te plais avec lui, Et ta part est avec les adultères.

¹⁹ Tu livres ta bouche au mal, Et ta langue est un tissu de tromperies.

²⁰ Tu t'assieds, et tu parles contre ton frère, Tu diffames le fils de ta mère.

²¹ Voilà ce que tu as fait, et je me suis tu. Tu t'es imaginé que je te ressemblais; Mais je vais te reprendre, et tout mettre sous tes yeux.

²² Prenez-y donc garde, vous qui oubliez Dieu, De peur que je ne déchire, sans que personne délivre.

²³ Celui qui offre pour sacrifice des actions de grâces me glorifie, Et à celui qui veille sur sa voie Je ferai voir le salut de Dieu.

Chapitre 51

¹ Au chef des chantres. Psaume de David. Lorsque Nathan, le prophète, vint à lui, après que David fut allé vers Bath Schéba. O Dieu! aie pitié de moi dans ta bonté; Selon ta grande miséricorde, efface mes transgressions;

² Lave-moi complètement de mon iniquité, Et purifie-moi de mon péché.

³ Car je reconnais mes transgressions, Et mon péché est constamment devant moi.

⁴ J'ai péché contre toi seul, Et j'ai fait ce qui est mal à tes yeux, En sorte que tu seras juste dans ta sentence, Sans reproche dans ton jugement.

⁵ Voici, je suis né dans l'iniquité, Et ma mère m'a conçu dans le péché.

⁶ Mais tu veux que la vérité soit au fond du coeur: Fais donc pénétrer la sagesse au dedans de moi!

⁷ Purifie-moi avec l'hysope, et je serai pur; Lave-moi, et je serai plus blanc que la neige.

⁸ Annonce-moi l'allégresse et la joie, Et les os que tu as brisés se réjouiront.

⁹ Détourne ton regard de mes péchés, Efface toutes mes iniquités.

¹⁰ O Dieu! crée en moi un coeur pur, Renouvelle en moi un esprit bien disposé.

¹¹ Ne me rejette pas loin de ta face, Ne me retire pas ton esprit saint.

¹² Rends-moi la joie de ton salut, Et qu'un esprit de bonne volonté me soutienne!

¹³ J'enseignerai tes voies à ceux qui les transgressent, Et les pécheurs reviendront à toi.

¹⁴ O Dieu, Dieu de mon salut! délivre-moi du sang versé, Et ma langue célèbrera ta miséricorde.

¹⁵ Seigneur! ouvre mes lèvres, Et ma bouche publiera ta louange.

¹⁶ Si tu eusses voulu des sacrifices, je t'en aurais offert; Mais tu ne prends point plaisir aux holocaustes.

¹⁷ Les sacrifices qui sont agréables à Dieu, c'est un esprit brisé: O Dieu! tu ne dédaignes pas un coeur brisé et contrit.

¹⁸ Répands par ta grâce tes bienfaits sur Sion, Bâtis les murs de Jérusalem!

¹⁹ Alors tu agréeras des sacrifices de justice, Des holocaustes et des victimes tout entières; Alors on offrira des taureaux sur ton autel.

Chapitre 52

¹ Au chef des chantres. Cantique de David. A l'occasion du rapport que Doëg, l'Édomite, vint faire à Saül, en lui disant: David s'est rendu dans la maison d'Achimélec. Pourquoi te glorifies-tu de ta méchanceté, tyran? La bonté de Dieu subsiste toujours.

² Ta langue n'invente que malice, comme un rasoir affilé, fourbe que tu es!

³ Tu aimes le mal plutôt que le bien, Le mensonge plutôt que la droiture. -Pause.

⁴ Tu aimes toutes les paroles de destruction, Langue trompeuse!

⁵ Aussi Dieu t'abattra pour toujours, Il te saisira et t'enlèvera de ta tente; Il te déracinera de la terre des vivants. -Pause.

⁶ Les justes le verront, et auront de la crainte, Et ils feront de lui le sujet de leurs moqueries:

⁷ Voilà l'homme qui ne prenait point Dieu pour protecteur, Mais qui se confiait en ses grandes richesses, Et qui triomphait dans sa malice!

⁸ Et moi, je suis dans la maison de Dieu comme un olivier verdoyant, Je me confie dans la bonté de Dieu, éternellement et à jamais.

⁹ Je te louerai toujours, parce que tu as agi; Et je veux espérer en ton nom, parce qu'il est favorable, En présence de tes fidèles.

Chapitre 53

¹ Au chef des chantres. Sur la flûte. Cantique de David. L'insensé dit en son coeur: Il n'y a point de Dieu! Ils se sont corrompus, ils ont commis des iniquités abominables; Il n'en est aucun qui fasse le bien.

² Dieu, du haut des cieux, regarde les fils de l'homme, Pour voir s'il y a quelqu'un qui soit intelligent, Qui cherche Dieu.

³ Tous sont égarés, tous sont pervertis; Il n'en est aucun qui fasse le bien, Pas même un seul.

⁴ Ceux qui commettent l'iniquité ont-ils perdu le sens? Ils dévorent mon peuple, ils le prennent pour nourriture; Ils n'invoquent point Dieu.

⁵ Alors ils trembleront d'épouvante, Sans qu'il y ait sujet d'épouvante; Dieu dispersera les os de ceux qui campent contre toi; Tu les confondras, car Dieu les a rejetés.

⁶ Oh! qui fera partir de Sion la délivrance d'Israël? Quand Dieu ramènera les captifs de son peuple, Jacob sera dans l'allégresse, Israël se réjouira.

Chapitre 54

¹ Au chef des chantres. Avec instruments à cordes. Cantique de David. Lorsque les Ziphiens vinrent dire à Saül: David n'est-il pas caché parmi nous? O Dieu! sauve-moi par ton nom, Et rends-moi justice par ta puissance!

² O Dieu! écoute ma prière, Prête l'oreille aux paroles de ma bouche!

³ Car des étrangers se sont levés contre moi, Des hommes violents en veulent à ma vie; Ils ne portent pas leurs pensées sur Dieu. -Pause.

⁴ Voici, Dieu est mon secours, Le Seigneur est le soutien de mon âme.

⁵ Le mal retombera sur mes adversaires; Anéantis-les, dans ta fidélité!

⁶ Je t'offrirai de bon coeur des sacrifices; Je louerai ton nom, ô Éternel! car il est favorable,

⁷ Car il me délivre de toute détresse, Et mes yeux se réjouissent à la vue de mes ennemis.

Chapitre 55

¹ Au chef des chantres. Avec instruments à cordes. Cantique de David. O Dieu! prête l'oreille à ma prière, Et ne te dérobe pas à mes supplications!

² Écoute-moi, et réponds-moi! J'erre çà et là dans mon chagrin et je m'agite,

³ A cause de la voix de l'ennemi et de l'oppression du méchant; Car ils font tomber sur moi le malheur, Et me poursuivent avec colère.

⁴ Mon coeur tremble au dedans de moi, Et les terreurs de la mort me surprennent;

⁵ La crainte et l'épouvante m'assaillent, Et le frisson m'enveloppe.

⁶ Je dis: Oh! si j'avais les ailes de la colombe, Je m'envolerais, et je trouverais le repos;

⁷ Voici, je fuirais bien loin, J'irais séjourner au désert; -Pause.

⁸ Je m'échapperais en toute hâte, Plus rapide que le vent impétueux, que la tempête.

⁹ Réduis à néant, Seigneur, divise leurs langues! Car je vois dans la ville la violence et les querelles;

¹⁰ Elles en font jour et nuit le tour sur les murs; L'iniquité et la malice sont dans son sein;

¹¹ La méchanceté est au milieu d'elle, Et la fraude et la tromperie ne quittent point ses places.

¹² Ce n'est pas un ennemi qui m'outrage, je le supporterais; Ce n'est pas mon adversaire qui s'élève contre moi, Je me cacherais devant lui.

¹³ C'est toi, que j'estimais mon égal, Toi, mon confident et mon ami!

¹⁴ Ensemble nous vivions dans une douce intimité, Nous allions avec la foule à la maison de Dieu!

¹⁵ Que la mort les surprenne, Qu'ils descendent vivants au séjour des morts! Car la méchanceté est dans leur demeure, au milieu d'eux.

¹⁶ Et moi, je crie à Dieu, Et l'Éternel me sauvera.

¹⁷ Le soir, le matin, et à midi, je soupire et je gémis, Et il entendra ma voix.

¹⁸ Il me délivrera de leur approche et me rendra la paix, Car ils sont nombreux contre moi.

¹⁹ Dieu entendra, et il les humiliera, Lui qui de toute éternité est assis sur son trône; -Pause. Car il n'y a point en eux de changement, Et ils ne craignent point Dieu.

²⁰ Il porte la main sur ceux qui étaient en paix avec lui, Il viole son alliance;

²¹ Sa bouche est plus douce que la crème, Mais la guerre est dans son coeur; Ses paroles sont plus onctueuses que l'huile, Mais ce sont des épées nues.

²² Remets ton sort à l'Éternel, et il te soutiendra, Il ne laissera jamais chanceler le juste.

²³ Et toi, ô Dieu! tu les feras descendre au fond de la fosse; Les hommes de sang et de fraude N'atteindront pas la moitié de leurs jours. C'est en toi que je me confie.

Chapitre 56

¹ Au chef des chantres. Sur «Colombe des térébinthes lointains». Hymne de David. Lorsque les Philistins le saisirent à Gath. Aie pitié de moi, ô Dieu! car des hommes me harcèlent; Tout le jour ils me font la guerre, ils me tourmentent.

² Tout le jour mes adversaires me harcèlent; Ils sont nombreux, ils me font la guerre comme des hautains.

³ Quand je suis dans la crainte, En toi je me confie.

⁴ Je me glorifierai en Dieu, en sa parole; Je me confie en Dieu, je ne crains rien: Que peuvent me faire des hommes?

⁵ Sans cesse ils portent atteinte à mes droits, Ils n'ont à mon égard que de mauvaises pensées.

⁶ Ils complotent, ils épient, ils observent mes traces, Parce qu'ils en veulent à ma vie.

⁷ C'est par l'iniquité qu'ils espèrent échapper: Dans ta colère, ô Dieu, précipite les peuples!

⁸ Tu comptes les pas de ma vie errante; Recueille mes larmes dans ton outre: Ne sont-elles pas inscrites dans ton livre?

⁹ Mes ennemis reculent, au jour où je crie; Je sais que Dieu est pour moi.

¹⁰ Je me glorifierai en Dieu, en sa parole; Je me glorifierai en l'Éternel, en sa parole;

¹¹ Je me confie en Dieu, je ne crains rien: Que peuvent me faire des hommes?

¹² O Dieu! je dois accomplir les voeux que je t'ai faits; Je t'offrirai des actions de grâces.

¹³ Car tu as délivré mon âme de la mort, Tu as garanti mes pieds de la chute, Afin que je marche devant Dieu, à la lumière des vivants.

Chapitre 57

¹ Au chef des chantres. «Ne détruis pas.» Hymne de David. Lorsqu'il se réfugia dans la caverne, poursuivi par Saül. Aie pitié de moi, ô Dieu, aie pitié de moi! Car en toi mon âme cherche un refuge; Je cherche un refuge à l'ombre de tes ailes, Jusqu'à ce que les calamités soient passées.

² Je crie au Dieu Très Haut, Au Dieu qui agit en ma faveur.

³ Il m'enverra du ciel le salut, Tandis que mon persécuteur se répand en outrages; -Pause. Dieu enverra sa bonté et sa fidélité.

⁴ Mon âme est parmi des lions; Je suis couché au milieu de gens qui vomissent la flamme, Au milieu d'hommes qui ont pour dents la lance et les flèches, Et dont la langue est un glaive tranchant.

⁵ Élève-toi sur les cieux, ô Dieu! Que ta gloire soit sur toute la terre!

⁶ Ils avaient tendu un filet sous mes pas: Mon âme se courbait; Ils avaient creusé une fosse devant moi: Ils y sont tombés. -Pause.

⁷ Mon coeur est affermi, ô Dieu! mon coeur est affermi; Je

chanterai, je ferai retentir mes instruments.

⁸ Réveille-toi, mon âme! réveillez-vous, mon luth et ma harpe! Je réveillerai l'aurore.

⁹ Je te louerai parmi les peuples, Seigneur! Je te chanterai parmi les nations.

¹⁰ Car ta bonté atteint jusqu'aux cieux, Et ta fidélité jusqu'aux nues.

¹¹ Élève-toi sur les cieux, ô Dieu! Que ta gloire soit sur toute la terre!

Chapitre 58

¹ Au chef des chantres. «Ne détruis pas.Â Hymne de David. Est-ce donc en vous taisant que vous rendez la justice? Est-ce ainsi que vous jugez avec droiture, fils de l'homme?

² Loin de là! Dans le coeur, vous consommez des iniquités; Dans le pays, c'est la violence de vos mains que vous placez sur la balance.

³ Les méchants sont pervertis dès le sein maternel, Les menteurs s'égarent au sortir du ventre de leur mère.

⁴ Ils ont un venin pareil au venin d'un serpent, D'un aspic sourd qui ferme son oreille,

⁵ Qui n'entend pas la voix des enchanteurs, Du magicien le plus habile.

⁶ O Dieu, brise-leur les dents dans la bouche! Éternel, arrache les mâchoires des lionceaux!

⁷ Qu'ils se dissipent comme des eaux qui s'écoulent! Qu'ils ne lancent que des traits émoussés!

⁸ Qu'ils périssent en se fondant, comme un limaçon; Sans voir le soleil, comme l'avorton d'une femme!

⁹ Avant que vos chaudières sentent l'épine, Verte ou enflammée, le tourbillon l'emportera.

¹⁰ Le juste sera dans la joie, à la vue de la vengeance; Il baignera ses pieds dans le sang des méchants.

¹¹ Et les hommes diront: Oui, il est une récompense pour le juste; Oui, il est un Dieu qui juge sur la terre.

Chapitre 59

¹ Au chef des chantres. «Ne détruis pas.Â Hymne de David. Lorsque Saül envoya cerner la maison, pour le faire mourir. Mon Dieu! délivre-moi de mes ennemis, Protège-moi contre mes adversaires!

² Délivre-moi des malfaiteurs, Et sauve-moi des hommes de sang!

³ Car voici, ils sont aux aguets pour m'ôter la vie; Des hommes violents complotent contre moi, Sans que je sois coupable, sans que j'aie péché, ô Éternel!

⁴ Malgré mon innocence, ils courent, ils se préparent: Réveille-toi, viens à ma rencontre, et regarde!

⁵ Toi, Éternel, Dieu des armées, Dieu d'Israël, Lève-toi, pour châtier toutes les nations! N'aie pitié d'aucun de ces méchants infidèles! -Pause.

⁶ Ils reviennent chaque soir, ils hurlent comme des chiens, Ils font le tour de la ville.

⁷ Voici, de leur bouche ils font jaillir le mal, Des glaives sont sur leurs lèvres; Car, qui est-ce qui entend?

⁸ Et toi, Éternel, tu te ris d'eux, Tu te moques de toutes les nations.

⁹ Quelle que soit leur force, c'est en toi que j'espère, Car Dieu est ma haute retraite.

¹⁰ Mon Dieu vient au-devant de moi dans sa bonté, Dieu me fait contempler avec joie ceux qui me persécutent.

¹¹ Ne les tue pas, de peur que mon peuple ne l'oublie; Fais-les errer par ta puissance, et précipite-les, Seigneur, notre bouclier!

¹² Leur bouche pèche à chaque parole de leurs lèvres: Qu'ils soient pris dans leur propre orgueil! Ils ne profèrent que malédictions et mensonges.

¹³ Détruis-les, dans ta fureur, détruis-les, et qu'ils ne soient plus! Qu'ils sachent que Dieu règne sur Jacob, Jusqu'aux extrémités de la terre! -Pause.

¹⁴ Ils reviennent chaque soir, ils hurlent comme des chiens, Ils font le tour de la ville.

¹⁵ Ils errent çà et là, cherchant leur nourriture, Et ils passent la nuit sans être rassasiés.

¹⁶ Et moi, je chanterai ta force; Dès le matin, je célébrerai ta bonté. Car tu es pour moi une haute retraite, Un refuge au jour de ma détresse.

¹⁷ O ma force! c'est toi que je célébrerai, Car Dieu, mon Dieu tout bon, est ma haute retraite.

Chapitre 60

¹ Au chef des chantres. Sur le lis lyrique. Hymne de David, pour enseigner. Lorsqu'il fit la guerre aux Syriens de Mésopotamie et aux Syriens de Tsoba, et que Joab revint et battit dans la vallée du sel douze mille Édomites. O Dieu! tu nous as repoussés, dispersés, Tu t'es irrité: relève-nous!

² Tu as ébranlé la terre, tu l'as déchirée: Répare ses brèches, car elle chancelle!

³ Tu as fait voir à ton peuple des choses dures, Tu nous as abreuvés d'un vin d'étourdissement.

⁴ Tu as donné à ceux qui te craignent une bannière, Pour qu'elle s'élève à cause de la vérité. -Pause.

⁵ Afin que tes bien-aimés soient délivrés, Sauve par ta droite, et exauce-nous!

⁶ Dieu a dit dans sa sainteté: Je triompherai, Je partagerai Sichem, je mesurerai la vallée de Succoth;

⁷ A moi Galaad, à moi Manassé; Éphraïm est le rempart de ma tête, Et Juda, mon sceptre;

⁸ Moab est le bassin où je me lave; Je jette mon soulier sur Édom; Pays des Philistins, pousse à mon sujet des cris de joie! -

⁹ Qui me mènera dans la ville forte? Qui me conduira à Édom?

¹⁰ N'est-ce pas toi, ô Dieu, qui nous as repoussés, Et qui ne sortais plus, ô Dieu, avec nos armées?

¹¹ Donne-nous du secours contre la détresse! Le secours de l'homme n'est que vanité.

¹² Avec Dieu, nous ferons des exploits; Il écrasera nos ennemis.

Chapitre 61

¹ Au chef des chantres. Sur instruments à cordes. De David. O Dieu! écoute mes cris, Sois attentif à ma prière!

² Du bout de la terre je crie à toi, le coeur abattu; Conduis-moi sur le rocher que je ne puis atteindre!

³ Car tu es pour moi un refuge, Une tour forte, en face de l'ennemi.

⁴ Je voudrais séjourner éternellement dans ta tente, Me réfugier à l'abri de tes ailes. -Pause.

⁵ Car toi, ô Dieu! tu exauces mes voeux, Tu me donnes l'héritage de ceux qui craignent ton nom.

⁶ Ajoute des jours aux jours du roi; Que ses années se prolongent à jamais!

⁷ Qu'il reste sur le trône éternellement devant Dieu! Fais que ta bonté et ta fidélité veillent sur lui!

⁸ Alors je chanterai sans cesse ton nom, En accomplissant chaque jour mes voeux.

Chapitre 62

¹ Au chef des chantres. D'après Jeduthun. Psaume de David. Oui, c'est en Dieu que mon âme se confie; De lui vient mon salut.

² Oui, c'est lui qui est mon rocher et mon salut; Ma haute retraite: je ne chancellerai guère.

³ Jusqu'à quand vous jetterez-vous sur un homme, Chercherez-vous tous à l'abattre, Comme une muraille qui penche, Comme une clôture qu'on renverse?

⁴ Ils conspirent pour le précipiter de son poste élevé; Ils prennent plaisir au mensonge; Ils bénissent de leur bouche, Et ils maudissent dans leur coeur. -Pause.

⁵ Oui, mon âme, confie-toi en Dieu! Car de lui vient mon espérance.

⁶ Oui, c'est lui qui est mon rocher et mon salut; Ma haute retraite: je ne chancellerai pas.

⁷ Sur Dieu reposent mon salut et ma gloire; Le rocher de ma force, mon refuge, est en Dieu.

⁸ En tout temps, peuples, confiez-vous en lui, Répandez vos coeurs en sa présence! Dieu est notre refuge, -Pause.

⁹ Oui, vanité, les fils de l'homme! Mensonge, les fils de l'homme! Dans une balance ils monteraient Tous ensemble, plus légers qu'un souffle.

¹⁰ Ne vous confiez pas dans la violence, Et ne mettez pas un vain espoir dans la rapine; Quand les richesses s'accroissent, N'y attachez pas votre coeur.

¹¹ Dieu a parlé une fois; Deux fois j'ai entendu ceci: C'est que la force est à Dieu.

¹² A toi aussi, Seigneur! la bonté; Car tu rends à chacun selon ses oeuvres.

Chapitre 63

¹ Psaume de David. Lorsqu'il était dans le désert de Juda. O Dieu! tu es mon Dieu, je te cherche; Mon âme a soif de toi, mon corps soupire après toi, Dans une terre aride, desséchée, sans eau.

² Ainsi je te contemple dans le sanctuaire, Pour voir ta puissance et ta gloire.

³ Car ta bonté vaut mieux que la vie: Mes lèvres célèbrent tes louanges.

⁴ Je te bénirai donc toute ma vie, J'élèverai mes mains en ton nom.

⁵ Mon âme sera rassasiée comme de mets gras et succulents, Et, avec des cris de joie sur les lèvres, ma bouche te célébrera.

⁶ Lorsque je pense à toi sur ma couche, Je médite sur toi pendant les veilles de la nuit.

⁷ Car tu es mon secours, Et je suis dans l'allégresse à l'ombre de tes ailes.

⁸ Mon âme est attachée à toi; Ta droite me soutient.

⁹ Mais ceux qui cherchent à m'ôter la vie Iront dans les profondeurs de la terre;

¹⁰ Ils seront livrés au glaive, Ils seront la proie des chacals.

¹¹ Et le roi se réjouira en Dieu; Quiconque jure par lui s'en glorifiera, Car la bouche des menteurs sera fermée.

Chapitre 64

¹ Au chef des chantres. Psaume de David. O Dieu, écoute ma voix, quand je gémis! Protège ma vie contre l'ennemi que je crains!

² Garantis-moi des complots des méchants, De la troupe bruyante des hommes iniques!

³ Ils aiguisent leur langue comme un glaive, Ils lancent comme des traits leurs paroles amères,

⁴ Pour tirer en cachette sur l'innocent; Ils tirent sur lui à l'improviste, et n'ont aucune crainte.

⁵ Ils se fortifient dans leur méchanceté: Ils se concertent pour tendre des pièges, Ils disent: Qui les verra?

⁶ Ils méditent des crimes: Nous voici prêts, le plan est conçu! La pensée intime, le coeur de chacun est un abîme.

⁷ Dieu lance contre eux ses traits: Soudain les voilà frappés.

⁸ Leur langue a causé leur chute; Tous ceux qui les voient secouent la tête.

⁹ Tous les hommes sont saisis de crainte, Ils publient ce que Dieu fait, Et prennent garde à son oeuvre.

¹⁰ Le juste se réjouit en l'Éternel et cherche en lui son refuge, Tous ceux qui ont le coeur droit se glorifient.

Chapitre 65

¹ Au chef des chantres. Psaume de David. Cantique. Avec confiance, ô Dieu! on te louera dans Sion, Et l'on accomplira les voeux qu'on t'a faits.

² O toi, qui écoutes la prière! Tous les hommes viendront à toi.

³ Les iniquités m'accablent: Tu pardonneras nos transgressions.

⁴ Heureux celui que tu choisis et que tu admets en ta présence, Pour qu'il habite dans tes parvis! Nous nous rassasierons du bonheur de ta maison, De la sainteté de ton temple.

⁵ Dans ta bonté, tu nous exauces par des prodiges, Dieu de notre salut, Espoir de toutes les extrémités lointaines de la terre et de la mer!

⁶ Il affermit les montagnes par sa force, Il est ceint de puissance;

⁷ Il apaise le mugissement des mers, le mugissement de leurs flots, Et le tumulte des peuples.

⁸ Ceux qui habitent aux extrémités du monde s'effraient de tes prodiges; Tu remplis d'allégresse l'orient et l'occident.

⁹ Tu visites la terre et tu lui donnes l'abondance, Tu la combles de richesses; Le ruisseau de Dieu est plein d'eau; Tu prépares le blé, quand tu la fertilises ainsi.

¹⁰ En arrosant ses sillons, en aplanissant ses mottes, Tu la détrempes par des pluies, tu bénis son germe.

¹¹ Tu couronnes l'année de tes biens, Et tes pas versent l'abondance;

¹² Les plaines du désert sont abreuvées, Et les collines sont ceintes d'allégresse;

¹³ Les pâturages se couvrent de brebis, Et les vallées se revêtent de froment. Les cris de joie et les chants retentissent.

Chapitre 66

¹ Au chef des chantres. Cantique. Psaume. Poussez vers Dieu des cris de joie, Vous tous, habitants de la terre!

² Chantez la gloire de son nom, Célébrez sa gloire par vos louanges!

³ Dites à Dieu: Que tes oeuvres sont redoutables! A cause de la grandeur de ta force, tes ennemis te flattent.

⁴ Toute la terre se prosterne devant toi et chante en ton honneur; Elle chante ton nom. -Pause.

⁵ Venez et contemplez les oeuvres de Dieu! Il est redoutable quand il agit sur les fils de l'homme.

⁶ Il changea la mer en une terre sèche, On traversa le fleuve à pied: Alors nous nous réjouîmes en lui.

⁷ Il domine éternellement par sa puissance, Ses yeux observent les nations: Que les rebelles ne s'élèvent pas! -Pause.

⁸ Peuples, bénissez notre Dieu, Faites retentir sa louange!

⁹ Il a conservé la vie à notre âme, Et il n'a pas permis que notre pied chancelât.

¹⁰ Car tu nous as éprouvés, ô Dieu! Tu nous as fait passer au creuset comme l'argent.

¹¹ Tu nous as amenés dans le filet, Tu as mis sur nos reins un pesant fardeau.

¹² Tu as fait monter des hommes sur nos têtes; Nous avons passé par le feu et par l'eau. Mais tu nous en as tirés pour nous donner l'abondance.

¹³ J'irai dans ta maison avec des holocaustes, J'accomplirai mes voeux envers toi:

¹⁴ Pour eux mes lèvres se sont ouvertes, Et ma bouche les a prononcés dans ma détresse.

¹⁵ Je t'offrirai des brebis grasses en holocauste, Avec la graisse des béliers; Je sacrifierai des brebis avec des boucs. -Pause.

¹⁶ Venez, écoutez, vous tous qui craignez Dieu, et je raconterai Ce qu'il a fait à mon âme.

¹⁷ J'ai crié à lui de ma bouche, Et la louange a été sur ma langue.

¹⁸ Si j'avais conçu l'iniquité dans mon coeur, Le Seigneur ne m'aurait pas exaucé.

¹⁹ Mais Dieu m'a exaucé, Il a été attentif à la voix de ma prière.

²⁰ Béni soit Dieu, Qui n'a pas rejeté ma prière, Et qui ne m'a pas retiré sa bonté!

Chapitre 67

¹ Au chef des chantres. Avec instruments à cordes. Psaume. Cantique. Que Dieu ait pitié de nous et qu'il nous bénisse, Qu'il fasse luire sur nous sa face, -Pause.

² Afin que l'on connaisse sur la terre ta voie, Et parmi toutes les nations ton salut!

³ Les peuples te louent, ô Dieu! Tous les peuples te louent.

⁴ Les nations se réjouissent et sont dans l'allégresse; Car tu juges les peuples avec droiture, Et tu conduis les nations sur la terre. -Pause.

⁵ Les peuples te louent, ô Dieu! Tous les peuples te louent.

⁶ La terre donne ses produits; Dieu, notre Dieu, nous bénit.

⁷ Dieu, nous bénit, Et toutes les extrémités de la terre le craignent.

Chapitre 68

¹ Au chef des chantres. De David. Psaume. Cantique. Dieu se lève, ses ennemis se dispersent, Et ses adversaires fuient devant sa face.

² Comme la fumée se dissipe, tu les dissipes; Comme la cire se fond au feu, Les méchants disparaissent devant Dieu.

³ Mais les justes se réjouissent, ils triomphent devant Dieu, Ils ont des transports d'allégresse.

⁴ Chantez à Dieu, célébrez son nom! Frayez le chemin à celui qui s'avance à travers les plaines! L'Éternel est son nom: réjouissez-vous devant lui!

⁵ Le père des orphelins, le défenseur des veuves, C'est Dieu dans sa demeure sainte.

⁶ Dieu donne une famille à ceux qui étaient abandonnés, Il délivre les captifs et les rend heureux; Les rebelles seuls habitent des lieux arides.

⁷ O Dieu! quand tu sortis à la tête de ton peuple, Quand tu marchais dans le désert, -Pause.

⁸ La terre trembla, les cieux se fondirent devant Dieu, Le Sinaï s'ébranla devant Dieu, le Dieu d'Israël.

⁹ Tu fis tomber une pluie bienfaisante, ô Dieu! Tu fortifias ton héritage épuisé.

¹⁰ Ton peuple établit sa demeure dans le pays Que ta bonté, ô Dieu! tu avais préparé pour les malheureux.

¹¹ Le Seigneur dit une parole, Et les messagères de bonnes

Psaume

nouvelles sont une grande armée: -

¹² Les rois des armées fuient, fuient, Et celle qui reste à la maison partage le butin.

¹³ Tandis que vous reposez au milieu des étables, Les ailes de la colombe sont couvertes d'argent, Et son plumage est d'un jaune d'or. -

¹⁴ Lorsque le Tout Puissant dispersa les rois dans le pays, La terre devint blanche comme la neige du Tsalmon.

¹⁵ Montagnes de Dieu, montagnes de Basan, Montagnes aux cimes nombreuses, montagnes de Basan,

¹⁶ Pourquoi, montagnes aux cimes nombreuses, avez-vous de l'envie Contre la montagne que Dieu a voulue pour résidence? L'Éternel n'en fera pas moins sa demeure à perpétuité.

¹⁷ Les chars de l'Éternel se comptent par vingt mille, Par milliers et par milliers; Le Seigneur est au milieu d'eux, le Sinaï est dans le sanctuaire.

¹⁸ Tu es monté dans les hauteurs, tu as emmené des captifs, Tu as pris en don des hommes; Les rebelles habiteront aussi près de l'Éternel Dieu.

¹⁹ Béni soit le Seigneur chaque jour! Quand on nous accable, Dieu nous délivre. -Pause.

²⁰ Dieu est pour nous le Dieu des délivrances, Et l'Éternel, le Seigneur, peut nous garantir de la mort.

²¹ Oui, Dieu brisera la tête de ses ennemis, Le sommet de la tête de ceux qui vivent dans le péché.

²² Le Seigneur dit: Je les ramènerai de Basan, Je les ramènerai du fond de la mer,

²³ Afin que tu plonges ton pied dans le sang, Et que la langue de tes chiens ait sa part des ennemis.

²⁴ Ils voient ta marche, ô Dieu! La marche de mon Dieu, de mon roi, dans le sanctuaire.

²⁵ En tête vont les chanteurs, puis ceux qui jouent des instruments, Au milieu de jeunes filles battant du tambourin.

²⁶ Bénissez Dieu dans les assemblées, Bénissez le Seigneur, descendants d'Israël!

²⁷ Là sont Benjamin, le plus jeune, qui domine sur eux, Les chefs de Juda et leur troupe, Les chefs de Zabulon, les chefs de Nephthali.

²⁸ Ton Dieu ordonne que tu sois puissant; Affermis, ô Dieu, ce que tu as fait pour nous!

²⁹ De ton temple tu règnes sur Jérusalem; Les rois t'apporteront des présents.

³⁰ Épouvante l'animal des roseaux, La troupe des taureaux avec les veaux des peuples, Qui se prosternent avec des pièces d'argent! Disperse les peuples qui prennent plaisir à combattre!

³¹ Des grands viennent de l'Égypte; L'Éthiopie accourt, les mains tendues vers Dieu.

³² Royaumes de la terre, chantez à Dieu, Célébrez le Seigneur! -Pause.

³³ Chantez à celui qui s'avance dans les cieux, les cieux éternels! Voici, il fait entendre sa voix, sa voix puissante.

³⁴ Rendez gloire à Dieu! Sa majesté est sur Israël, et sa force dans les cieux.

³⁵ De ton sanctuaire, ô Dieu! tu es redoutable. Le Dieu d'Israël donne à son peuple la force et la puissance. Béni soit Dieu!

Chapitre 69

¹ Au chef des chantres. Sur les lis. De David. Sauve-moi, ô Dieu! Car les eaux menacent ma vie.

² J'enfonce dans la boue, sans pouvoir me tenir; Je suis tombé dans un gouffre, et les eaux m'inondent.

³ Je m'épuise à crier, mon gosier se dessèche, Mes yeux se consument, tandis que je regarde vers mon Dieu.

⁴ Ils sont plus nombreux que les cheveux de ma tête, Ceux qui me haïssent sans cause; Ils sont puissants, ceux qui veulent me perdre, Qui sont à tort mes ennemis. Ce que je n'ai pas dérobé, il faut que je le restitue.

⁵ O Dieu! tu connais ma folie, Et mes fautes ne te sont point cachées.

⁶ Que ceux qui espèrent en toi ne soient pas confus à cause de moi, Seigneur, Éternel des armées! Que ceux qui te cherchent ne soient pas dans la honte à cause de moi, Dieu d'Israël!

⁷ Car c'est pour toi que je porte l'opprobre, Que la honte couvre mon visage;

⁸ Je suis devenu un étranger pour mes frères, Un inconnu pour les fils de ma mère.

⁹ Car le zèle de ta maison me dévore, Et les outrages de ceux qui t'insultent tombent sur moi.

¹⁰ Je verse des larmes et je jeûne, Et c'est ce qui m'attire l'opprobre;

¹¹ Je prends un sac pour vêtement, Et je suis l'objet de leurs sarcasmes.

¹² Ceux qui sont assis à la porte parlent de moi, Et les buveurs de liqueurs fortes me mettent en chansons.

¹³ Mais je t'adresse ma prière, ô Éternel! Que ce soit le temps favorable, ô Dieu, par ta grande bonté! Réponds-moi, en m'assurant ton secours!

¹⁴ Retire-moi de la boue, et que je n'enfonce plus! Que je sois délivré de mes ennemis et du gouffre!

¹⁵ Que les flots ne m'inondent plus, Que l'abîme ne m'engloutisse pas, Et que la fosse ne se ferme pas sur moi!

¹⁶ Exauce-moi, Éternel! car ta bonté est immense. Dans tes grandes compassions, tourne vers moi les regards,

¹⁷ Et ne cache pas ta face à ton serviteur! Puisque je suis dans la détresse, hâte-toi de m'exaucer!

¹⁸ Approche-toi de mon âme, délivre-la! Sauve-moi, à cause de mes ennemis!

¹⁹ Tu connais mon opprobre, ma honte, mon ignominie; Tous mes adversaires sont devant toi.

²⁰ L'opprobre me brise le coeur, et je suis malade; J'attends de la pitié, mais en vain, Des consolateurs, et je n'en trouve aucun.

²¹ Ils mettent du fiel dans ma nourriture, Et, pour apaiser ma soif, ils m'abreuvent de vinaigre.

²² Que leur table soit pour eux un piège, Et un filet au sein de leur sécurité!

²³ Que leurs yeux s'obscurcissent et ne voient plus, Et fais continuellement chanceler leurs reins!

²⁴ Répands sur eux ta colère, Et que ton ardente fureur les atteigne!

²⁵ Que leur demeure soit dévastée, Qu'il n'y ait plus d'habitants dans leurs tentes!

²⁶ Car ils persécutent celui que tu frappes, Ils racontent les souffrances de ceux que tu blesses.

²⁷ Ajoute des iniquités à leurs iniquités, Et qu'ils n'aient point part à ta miséricorde!

²⁸ Qu'ils soient effacés du livre de vie, Et qu'ils ne soient point inscrits avec les justes!

²⁹ Moi, je suis malheureux et souffrant: O Dieu, que ton secours me relève!

³⁰ Je célébrerai le nom de Dieu par des cantiques, Je l'exalterai par des louanges.

³¹ Cela est agréable à l'Éternel, plus qu'un taureau Avec des cornes et des sabots.

³² Les malheureux le voient et se réjouissent; Vous qui cherchez Dieu, que votre coeur vive!

³³ Car l'Éternel écoute les pauvres, Et il ne méprise point ses captifs.

³⁴ Que les cieux et la terre le célèbrent, Les mers et tout ce qui s'y meut!

³⁵ Car Dieu sauvera Sion, et bâtira les villes de Juda; On s'y établira, et l'on en prendra possession;

³⁶ La postérité de ses serviteurs en fera son héritage, Et ceux qui aiment son nom y auront leur demeure.

Chapitre 70

¹ Au chef des chantres. De David. Pour souvenir. O Dieu, hâte-toi de me délivrer! Éternel, hâte-toi de me secourir!

² Qu'ils soient honteux et confus, ceux qui en veulent à ma vie! Qu'ils reculent et rougissent, ceux qui désirent ma perte!

³ Qu'ils retournent en arrière par l'effet de leur honte, Ceux qui disent: Ah! ah!

⁴ Que tous ceux qui te cherchent Soient dans l'allégresse et se réjouissent en toi! Que ceux qui aiment ton salut Disent sans cesse: Exalté soit Dieu!

⁵ Moi, je suis pauvre et indigent: O Dieu, hâte-toi en ma faveur! Tu es mon aide et mon libérateur: Éternel, ne tarde pas!

Chapitre 71

¹Éternel! je cherche en toi mon refuge: Que jamais je ne sois confondu!

²Dans ta justice, sauve-moi et délivre-moi! Incline vers moi ton oreille, et secours-moi!

³Sois pour moi un rocher qui me serve d'asile, Où je puisse toujours me retirer! Tu as résolu de me sauver, Car tu es mon rocher et ma forteresse.

⁴Mon Dieu, délivre-moi de la main du méchant, De la main de

l'homme inique et violent!

⁵Car tu es mon espérance, Seigneur Éternel! En toi je me confie dès ma jeunesse.

⁶Dès le ventre de ma mère je m'appuie sur toi; C'est toi qui m'as fait sortir du sein maternel; tu es sans cesse l'objet de mes louanges.

⁷Je suis pour plusieurs comme un prodige, Et toi, tu es mon puissant refuge.

⁸Que ma bouche soit remplie de tes louanges, Que chaque jour elle te glorifie!

⁹Ne me rejette pas au temps de la vieillesse; Quand mes forces s'en vont, ne m'abandonne pas!

¹⁰Car mes ennemis parlent de moi, Et ceux qui guettent ma vie se consultent entre eux,

¹¹Disant: Dieu l'abandonne; Poursuivez, saisissez-le; il n'y a personne pour le délivrer.

¹²O Dieu, ne t'éloigne pas de moi! Mon Dieu, viens en hâte à mon secours!

¹³Qu'ils soient confus, anéantis, ceux qui en veulent à ma vie! Qu'ils soient couverts de honte et d'opprobre, ceux qui cherchent ma perte!

¹⁴Et moi, j'espérerai toujours, Je te louerai de plus en plus.

¹⁵Ma bouche publiera ta justice, ton salut, chaque jour, Car j'ignore quelles en sont les bornes.

¹⁶Je dirai tes oeuvres puissantes, Seigneur Éternel! Je rappellerai ta justice, la tienne seule.

¹⁷O Dieu! tu m'as instruit dès ma jeunesse, Et jusqu'à présent j'annonce tes merveilles.

¹⁸Ne m'abandonne pas, ô Dieu! même dans la blanche vieillesse, Afin que j'annonce ta force à la génération présente, Ta puissance à la génération future!

¹⁹Ta justice, ô Dieu! atteint jusqu'au ciel; Tu as accompli de grandes choses: ô Dieu! qui est semblable à toi?

²⁰Tu nous as fait éprouver bien des détresses et des malheurs; Mais tu nous redonneras la vie, Tu nous feras remonter des abîmes de la terre.

²¹Relève ma grandeur, Console-moi de nouveau!

²²Et je te louerai au son du luth, je chanterai ta fidélité, mon Dieu, Je te célébrerai avec la harpe, Saint d'Israël!

²³En te célébrant, j'aurai la joie sur les lèvres, La joie dans mon âme que tu as délivrée;

²⁴Ma langue chaque jour publiera ta justice, Car ceux qui cherchent ma perte sont honteux et confus.

Chapitre 72

¹De Salomon. O Dieu, donne tes jugements au roi, Et ta justice au fils du roi!

²Il jugera ton peuple avec justice, Et tes malheureux avec équité.

³Les montagnes porteront la paix pour le peuple, Et les collines aussi, par l'effet de ta justice.

⁴Il fera droit aux malheureux du peuple, Il sauvera les enfants du pauvre, Et il écrasera l'oppresseur.

⁵On te craindra, tant que subsistera le soleil, Tant que paraîtra la lune, de génération en génération.

⁶Il sera comme une pluie qui tombe sur un terrain fauché, Comme des ondées qui arrosent la campagne.

⁷En ses jours le juste fleurira, Et la paix sera grande jusqu'à ce qu'il n'y ait plus de lune.

⁸Il dominera d'une mer à l'autre, Et du fleuve aux extrémités de la terre.

⁹Devant lui, les habitants du désert fléchiront le genou, Et ses ennemis lécheront la poussière.

¹⁰Les rois de Tarsis et des îles paieront des tributs, Les rois de Séba et de Saba offriront des présents.

¹¹Tous les rois se prosterneront devant lui, Toutes les nations le serviront.

¹²Car il délivrera le pauvre qui crie, Et le malheureux qui n'a point d'aide.

¹³Il aura pitié du misérable et de l'indigent, Et il sauvera la vie des pauvres;

¹⁴Il les affranchira de l'oppression et de la violence, Et leur sang aura du prix à ses yeux.

¹⁵Ils vivront, et lui donneront de l'or de Séba; Ils prieront pour lui sans cesse, ils le béniront chaque jour.

¹⁶Les blés abonderont dans le pays, au sommet des montagnes, Et leurs épis s'agiteront comme les arbres du Liban; Les hommes fleuriront dans les villes comme l'herbe de la terre.

¹⁷Son nom subsistera toujours, Aussi longtemps que le soleil son nom se perpétuera; Par lui on se bénira mutuellement, Et toutes les nations le diront heureux.

¹⁸Béni soit l'Éternel Dieu, le Dieu d'Israël, qui seul fait des prodiges!

¹⁹Béni soit à jamais son nom glorieux! Que toute la terre soit remplie de sa gloire! Amen! Amen!

²⁰Fin des prières de David, fils d'Isaï.

Chapitre 73

¹Psaume d'Asaph. Oui, Dieu est bon pour Israël, Pour ceux qui ont le coeur pur.

²Toutefois, mon pied allait fléchir, Mes pas étaient sur le point de glisser;

³Car je portais envie aux insensés, En voyant le bonheur des méchants.

⁴Rien ne les tourmente jusqu'à leur mort, Et leur corps est chargé d'embonpoint;

⁵Ils n'ont aucune part aux souffrances humaines, Ils ne sont point frappés comme le reste des hommes.

⁶Aussi l'orgueil leur sert de collier, La violence est le vêtement qui les enveloppe;

⁷L'iniquité sort de leurs entrailles, Les pensées de leur coeur se font jour.

⁸Ils raillent, et parlent méchamment d'opprimer; Ils profèrent des discours hautains,

⁹Ils élèvent leur bouche jusqu'aux cieux, Et leur langue se promène sur la terre.

¹⁰Voilà pourquoi son peuple se tourne de leur côté, Il avale l'eau abondamment,

¹¹Et il dit: Comment Dieu saurait-il, Comment le Très haut connaîtrait-il?

¹²Ainsi sont les méchants: Toujours heureux, ils accroissent leurs richesses.

¹³C'est donc en vain que j'ai purifié mon coeur, Et que j'ai lavé mes mains dans l'innocence:

¹⁴Chaque jour je suis frappé, Tous les matins mon châtiment est là.

¹⁵Si je disais: Je veux parler comme eux, Voici, je trahirais la race de tes enfants.

¹⁶Quand j'ai réfléchi là-dessus pour m'éclairer, La difficulté fut grande à mes yeux,

¹⁷Jusqu'à ce que j'eusse pénétré dans les sanctuaires de Dieu, Et que j'eusse pris garde au sort final des méchants.

¹⁸Oui, tu les places sur des voies glissantes, Tu les fais tomber et les mets en ruines.

¹⁹Eh quoi! en un instant les voilà détruits! Ils sont enlevés, anéantis par une fin soudaine!

²⁰Comme un songe au réveil, Seigneur, à ton réveil, tu repousses leur image.

²¹Lorsque mon coeur s'aigrissait, Et que je me sentais percé dans les entrailles,

²²J'étais stupide et sans intelligence, J'étais à ton égard comme les bêtes.

²³Cependant je suis toujours avec toi, Tu m'as saisi la main droite;

²⁴Tu me conduiras par ton conseil, Puis tu me recevras dans la gloire.

²⁵Quel autre ai-je au ciel que toi! Et sur la terre je ne prends plaisir qu'en toi.

²⁶Ma chair et mon coeur peuvent se consumer: Dieu sera toujours le rocher de mon coeur et mon partage.

²⁷Car voici, ceux qui s'éloignent de toi périssent; Tu anéantis tous ceux qui te sont infidèles.

²⁸Pour moi, m'approcher de Dieu, c'est mon bien: Je place mon refuge dans le Seigneur, l'Éternel, Afin de raconter toutes tes oeuvres.

Chapitre 74

¹Cantique d'Asaph. Pourquoi, ô Dieu! rejettes-tu pour toujours? Pourquoi t'irrites-tu contre le troupeau de ton pâturage?

²Souviens-toi de ton peuple que tu as acquis autrefois, Que tu as racheté comme la tribu de ton héritage! Souviens-toi de la montagne de Sion, où tu faisais ta résidence;

³Porte tes pas vers ces lieux constamment dévastés! L'ennemi a tout ravagé dans le sanctuaire.

⁴Tes adversaires ont rugi au milieu de ton temple; Ils ont établi pour signes leurs signes.

⁵On les a vus, pareils à celui qui lève La cognée dans une épaisse forêt;

⁶Et bientôt ils ont brisé toutes les sculptures, A coups de haches et de marteaux.

⁷Ils ont mis le feu à ton sanctuaire; Ils ont abattu, profané la demeure de ton nom.

⁸Ils disaient en leur coeur: Traitons-les tous avec violence! Ils ont brûlé dans le pays tous les lieux saints.

⁹Nous ne voyons plus nos signes; Il n'y a plus de prophète, Et personne parmi nous qui sache jusqu'à quand...

¹⁰Jusqu'à quand, ô Dieu! l'oppresseur outragera-t-il, L'ennemi méprisera-t-il sans cesse ton nom?

¹¹Pourquoi retires-tu ta main et ta droite? Sors-la de ton sein! détruis!

¹²Dieu est mon roi dès les temps anciens, Lui qui opère des délivrances au milieu de la terre.

¹³Tu as fendu la mer par ta puissance, Tu as brisé les têtes des monstres sur les eaux;

¹⁴Tu as écrasé la tête du crocodile, Tu l'as donné pour nourriture au peuple du désert.

¹⁵Tu as fait jaillir des sources et des torrents, Tu as mis à sec des fleuves qui ne tarissent point.

¹⁶A toi est le jour, à toi est la nuit; Tu as créé la lumière et le soleil.

¹⁷Tu as fixé toutes les limites de la terre, Tu as établi l'été et l'hiver.

¹⁸Souviens-toi que l'ennemi outrage l'Éternel, Et qu'un peuple insensé méprise ton nom!

¹⁹Ne livre pas aux bêtes l'âme de ta tourterelle, N'oublie pas à toujours la vie de tes malheureux!

²⁰Aie égard à l'alliance! Car les lieux sombres du pays sont pleins de repaires de brigands.

²¹Que l'opprimé ne retourne pas confus! Que le malheureux et le pauvre célèbrent ton nom!

²²Lève-toi, ô Dieu! défends ta cause! Souviens-toi des outrages que te fait chaque jour l'insensé!

²³N'oublie pas les clameurs de tes adversaires, Le tumulte sans cesse croissant de ceux qui s'élèvent contre toi!

Chapitre 75

¹ Au chef des chantres. «Ne détruits pas.À Psaume d'Asaph. Cantique. Nous te louons, ô Dieu! nous te louons; Ton nom est dans nos bouches; Nous publions tes merveilles.

² Au temps que j'aurai fixé, Je jugerai avec droiture.

³ La terre tremble avec tous ceux qui l'habitent: Moi, j'affermis ses colonnes. -Pause.

⁴ Je dis à ceux qui se glorifient: Ne vous glorifiez pas! Et aux méchants: N'élevez pas la tête!

⁵ N'élevez pas si haut votre tête, Ne parlez pas avec tant d'arrogance!

⁶ Car ce n'est ni de l'orient, ni de l'occident, Ni du désert, que vient l'élévation.

⁷ Mais Dieu est celui qui juge: Il abaisse l'un, et il élève l'autre.

⁸ Il y a dans la main de l'Éternel une coupe, Où fermente un vin plein de mélange, Et il en verse: Tous les méchants de la terre sucent, boivent jusqu'à la lie.

⁹ Je publierai ces choses à jamais; Je chanterai en l'honneur du Dieu de Jacob. -

¹⁰ Et j'abattrai toutes les forces des méchants; Les forces du juste seront élevées.

Chapitre 76

¹ Au chef des chantres. Avec instruments à cordes. Psaume d'Asaph. Cantique. Dieu est connu en Juda, Son nom est grand en Israël.

² Sa tente est à Salem, Et sa demeure à Sion.

³ C'est là qu'il a brisé les flèches, Le bouclier, l'épée et les armes de guerre. -Pause.

⁴ Tu es plus majestueux, plus puissant Que les montagnes des ravisseurs.

⁵ Ils ont été dépouillés, ces héros pleins de courage, Ils se sont endormis de leur dernier sommeil; Ils n'ont pas su se défendre, tous ces vaillants hommes.

⁶ A ta menace, Dieu de Jacob! Ils se sont endormis, cavaliers et chevaux.

⁷ Tu es redoutable, ô toi! Qui peut te résister, quand ta colère éclate?

⁸ Du haut des cieux tu as proclamé la sentence; La terre effrayée s'est tenue tranquille,

⁹ Lorsque Dieu s'est levé pour faire justice, Pour sauver tous les malheureux de la terre. -Pause.

¹⁰ L'homme te célèbre même dans sa fureur, Quand tu te revêts de tout ton courroux.

¹¹ Faites des voeux à l'Éternel, votre Dieu, et accomplissez-les! Que tous ceux qui l'environnent apportent des dons au Dieu terrible!

¹² Il abat l'orgueil des princes, Il est redoutable aux rois de la terre.

Chapitre 77

¹ Au chef des chantres. D'après Jeduthun. Psaume d'Asaph. Ma voix s'élève à Dieu, et je crie; Ma voix s'élève à Dieu, et il m'écoutera.

² Au jour de ma détresse, je cherche le Seigneur; La nuit, mes mains sont étendues sans se lasser; Mon âme refuse toute consolation.

³ Je me souviens de Dieu, et je gémis; Je médite, et mon esprit est abattu. -Pause.

⁴ Tu tiens mes paupières en éveil; Et, dans mon trouble, je ne puis parler.

⁵ Je pense aux jours anciens, Aux années d'autrefois.

⁶ Je pense à mes cantiques pendant la nuit, Je fais des réflexions au dedans de mon coeur, Et mon esprit médite.

⁷ Le Seigneur rejettera-t-il pour toujours? Ne sera-t-il plus favorable?

⁸ Sa bonté est-elle à jamais épuisée? Sa parole est-elle anéantie pour l'éternité?

⁹ Dieu a-t-il oublié d'avoir compassion? A-t-il, dans sa colère, retiré sa miséricorde? -Pause.

¹⁰ Je dis: Ce qui fait ma souffrance, C'est que la droite du Très Haut n'est plus la même...

¹¹ Je rappellerai les oeuvres de l'Éternel, Car je me souviens de tes merveilles d'autrefois;

¹² Je parlerai de toutes tes oeuvres, Je raconterai tes hauts faits.

¹³ O Dieu! tes voies sont saintes; Quel dieu est grand comme Dieu?

¹⁴ Tu es le Dieu qui fait des prodiges; Tu as manifesté parmi les peuples ta puissance.

¹⁵ Par ton bras tu as délivré ton peuple, Les fils de Jacob et de Joseph. -Pause.

¹⁶ Les eaux t'ont vu, ô Dieu! Les eaux t'ont vu, elles ont tremblé; Les abîmes se sont émus.

¹⁷ Les nuages versèrent de l'eau par torrents, Le tonnerre retentit dans les nues, Et tes flèches volèrent de toutes parts.

¹⁸ Ton tonnerre éclata dans le tourbillon, Les éclairs illuminèrent le monde; La terre s'émut et trembla.

¹⁹ Tu te frayas un chemin par la mer, Un sentier par les grandes eaux, Et tes traces ne furent plus reconnues.

²⁰ Tu as conduit ton peuple comme un troupeau, Par la main de Moïse et d'Aaron.

Chapitre 78

¹Cantique d'Asaph. Mon peuple, écoute mes instructions! Prêtez l'oreille aux paroles de ma bouche!

²J'ouvre la bouche par des sentences, Je publie la sagesse des temps anciens.

³Ce que nous avons entendu, ce que nous savons, Ce que nos pères nous ont raconté,

⁴Nous ne le cacherons point à leurs enfants; Nous dirons à la génération future les louanges de l'Éternel, Et sa puissance, et les prodiges qu'il a opérés.

⁵Il a établi un témoignage en Jacob, Il a mis une loi en Israël, Et il a ordonné à nos pères de l'enseigner à leurs enfants,

⁶Pour qu'elle fût connue de la génération future, Des enfants qui naîtraient, Et que, devenus grands, ils en parlassent à leurs enfants,

⁷Afin qu'ils missent en Dieu leur confiance, Qu'ils n'oubliassent pas les oeuvres de Dieu, Et qu'ils observassent ses commandements,

⁸Afin qu'ils ne fussent pas, comme leurs pères, Une race indocile et rebelle, Une race dont le coeur n'était pas ferme, Et dont l'esprit n'était pas fidèle à Dieu.

⁹Les fils d'Éphraïm, armés et tirant de l'arc, Tournèrent le dos le jour du combat.

¹⁰Ils ne gardèrent point l'alliance de Dieu, Et ils refusèrent de marcher selon sa loi.

¹¹Ils mirent en oubli ses oeuvres, Ses merveilles qu'il leur avait fait voir.

¹²Devant leurs pères il avait fait des prodiges, Au pays d'Égypte, dans les campagnes de Tsoan.

¹³Il fendit la mer et leur ouvrit un passage, Il fit dresser les eaux comme une muraille.

¹⁴Il les conduisit le jour par la nuée, Et toute la nuit par un feu éclatant.
¹⁵Il fendit des rochers dans le désert, Et il donna à boire comme des flots abondants;
¹⁶Du rocher il fit jaillir des sources, Et couler des eaux comme des fleuves.
¹⁷Mais ils continuèrent à pécher contre lui, A se révolter contre le Très Haut dans le désert.
¹⁸Ils tentèrent Dieu dans leur coeur, En demandant de la nourriture selon leur désir.
¹⁹Ils parlèrent contre Dieu, Ils dirent: Dieu pourrait-il Dresser une table dans le désert?
²⁰Voici, il a frappé le rocher, et des eaux ont coulé, Et des torrents se sont répandus; Pourra-t-il aussi donner du pain, Ou fournir de la viande à son peuple?
²¹L'Éternel entendit, et il fut irrité; Un feu s'alluma contre Jacob, Et la colère s'éleva contre Israël,
²²Parce qu'ils ne crurent pas en Dieu, Parce qu'ils n'eurent pas confiance dans son secours.
²³Il commanda aux nuages d'en haut, Et il ouvrit les portes des cieux;
²⁴Il fit pleuvoir sur eux la manne pour nourriture, Il leur donna le blé du ciel.
²⁵Ils mangèrent tous le pain des grands, Il leur envoya de la nourriture à satiété.
²⁶Il fit souffler dans les cieux le vent d'orient, Et il amena par sa puissance le vent du midi;
²⁷Il fit pleuvoir sur eux la viande comme de la poussière, Et comme le sable des mers les oiseaux ailés;
²⁸Il les fit tomber au milieu de leur camp, Tout autour de leurs demeures.
²⁹Ils mangèrent et se rassasièrent abondamment: Dieu leur donna ce qu'ils avaient désiré.
³⁰Ils n'avaient pas satisfait leur désir, Ils avaient encore leur nourriture dans la bouche,
³¹Lorsque la colère de Dieu s'éleva contre eux; Il frappa de mort les plus vigoureux, Il abattit les jeunes hommes d'Israël.
³²Malgré tout cela, ils continuèrent à pécher, Et ne crurent point à ses prodiges.
³³Il consuma leurs jours par la vanité, Et leurs années par une fin soudaine.
³⁴Quand il les frappait de mort, ils le cherchaient, Ils revenaient et se tournaient vers Dieu;
³⁵Ils se souvenaient que Dieu était leur rocher, Que le Dieu Très Haut était leur libérateur.
³⁶Mais ils le trompaient de la bouche, Et ils lui mentaient de la langue.
³⁷Leur coeur n'était pas ferme envers lui, Et ils n'étaient pas fidèles à son alliance.
³⁸Toutefois, dans sa miséricorde, il pardonne l'iniquité et ne détruit pas; Il retient souvent sa colère et ne se livre pas à toute sa fureur.
³⁹Il se souvient qu'ils n'étaient que chair, Un souffle qui s'en va et ne revient pas.
⁴⁰Que de fois ils se révoltèrent contre lui dans le désert! Que de fois ils l'irritèrent dans la solitude!
⁴¹Ils ne cessèrent de tenter Dieu, Et de provoquer le Saint d'Israël.
⁴²Ils ne se souvinrent pas de sa puissance, Du jour où il les délivra de l'ennemi,
⁴³Des miracles qu'il accomplit en Égypte, Et de ses prodiges dans les campagnes de Tsoan.
⁴⁴Il changea leurs fleuves en sang, Et ils ne purent en boire les eaux.
⁴⁵Il envoya contre eux des mouches venimeuses qui les dévorèrent, Et des grenouilles qui les détruisirent.
⁴⁶Il livra leurs récoltes aux sauterelles, Le produit de leur travail aux sauterelles.
⁴⁷Il fit périr leurs vignes par la grêle, Et leurs sycomores par la gelée.
⁴⁸Il abandonna leur bétail à la grêle, Et leurs troupeaux au feu du ciel.
⁴⁹Il lança contre eux son ardente colère, La fureur, la rage et la détresse, Une troupe de messagers de malheur.
⁵⁰Il donna libre cours à sa colère, Il ne sauva pas leur âme de la mort, Il livra leur vie à la mortalité;
⁵¹Il frappa tous les premiers-nés en Égypte, Les prémices de la force sous les tentes de Cham.
⁵²Il fit partir son peuple comme des brebis, Il les conduisit comme un troupeau dans le désert.
⁵³Il les dirigea sûrement, pour qu'ils fussent sans crainte, Et la mer couvrit leurs ennemis.
⁵⁴Il les amena vers sa frontière sainte, Vers cette montagne que sa droite a acquise.
⁵⁵Il chassa devant eux les nations, Leur distribua le pays en héritage, Et fit habiter dans leurs tentes les tribus d'Israël.
⁵⁶Mais ils tentèrent le Dieu Très Haut et se révoltèrent contre lui, Et ils n'observèrent point ses ordonnances.
⁵⁷Ils s'éloignèrent et furent infidèles, comme leurs pères, Ils tournèrent, comme un arc trompeur.
⁵⁸Ils l'irritèrent par leurs hauts lieux, Et ils excitèrent sa jalousie par leurs idoles.
⁵⁹Dieu entendit, et il fut irrité; Il repoussa fortement Israël.
⁶⁰Il abandonna la demeure de Silo, La tente où il habitait parmi les hommes;
⁶¹Il livra sa gloire à la captivité, Et sa majesté entre les mains de l'ennemi.
⁶²Il mit son peuple à la merci du glaive, Et il s'indigna contre son héritage.
⁶³Le feu dévora ses jeunes hommes, Et ses vierges ne furent pas célébrées;
⁶⁴Ses sacrificateurs tombèrent par l'épée, Et ses veuves ne pleurèrent pas.
⁶⁵Le Seigneur s'éveilla comme celui qui a dormi, Comme un héros qu'a subjugué le vin.
⁶⁶Il frappa ses adversaires en fuite, Il les couvrit d'un opprobre éternel.
⁶⁷Cependant il rejeta la tente de Joseph, Et il ne choisit point la tribu d'Éphraïm;
⁶⁸Il préféra la tribu de Juda, La montagne de Sion qu'il aimait.
⁶⁹Et il bâtit son sanctuaire comme les lieux élevés, Comme la terre qu'il a fondée pour toujours.
⁷⁰Il choisit David, son serviteur, Et il le tira des bergeries;
⁷¹Il le prit derrière les brebis qui allaitent, Pour lui faire paître Jacob, son peuple, Et Israël, son héritage.
⁷²Et David les dirigea avec un coeur intègre, Et les conduisit avec des mains intelligentes.

Chapitre 79

¹Psaume d'Asaph. O Dieu! les nations ont envahi ton héritage, Elles ont profané ton saint temple, Elles ont fait de Jérusalem un monceau de pierres.
²Elles ont livré les cadavres de tes serviteurs En pâture aux oiseaux du ciel, La chair de tes fidèles aux bêtes de la terre;
³Elles ont versé leur sang comme de l'eau Tout autour de Jérusalem, Et il n'y a eu personne pour les enterrer.
⁴Nous sommes devenus un objet d'opprobre pour nos voisins, De moquerie et de risée pour ceux qui nous entourent.
⁵Jusques à quand, Éternel! t'irriteras-tu sans cesse, Et ta colère s'embrasera-t-elle comme le feu?
⁶Répands ta fureur sur les nations qui ne te connaissent pas, Et sur les royaumes qui n'invoquent pas ton nom!
⁷Car on a dévoré Jacob, Et ravagé sa demeure.
⁸Ne te souviens plus de nos iniquités passées! Que tes compassions viennent en hâte au-devant de nous! Car nous sommes bien malheureux.
⁹Secours-nous, Dieu de notre salut, pour la gloire de ton nom! Délivre-nous, et pardonne nos péchés, à cause de ton nom!
¹⁰Pourquoi les nations diraient-elles: Où est leur Dieu? Qu'on sache, en notre présence, parmi les nations, Que tu venges le sang de tes serviteurs, le sang répandu!
¹¹Que les gémissements des captifs parviennent jusqu'à toi! Par ton bras puissant sauve ceux qui vont périr!
¹²Rends à nos voisins sept fois dans leur sein Les outrages qu'ils t'ont faits, Seigneur!
¹³Et nous, ton peuple, le troupeau de ton pâturage, Nous te célébrerons éternellement; De génération en génération nous publierons tes louanges.

Psaume
Chapitre 80
¹ Au chef des chantres. Sur les lis lyriques. D'Asaph. Psaume. Prête l'oreille, berger d'Israël, Toi qui conduis Joseph comme un troupeau! Parais dans ta splendeur, Toi qui es assis sur les chérubins!

² Devant Éphraïm, Benjamin et Manassé, réveille ta force, Et viens à notre secours!

³ O Dieu, relève-nous! Fais briller ta face, et nous serons sauvés!

⁴ Éternel, Dieu des armées! Jusques à quand t'irriteras-tu contre la prière de ton peuple?

⁵ Tu les nourris d'un pain de larmes. Tu les abreuves de larmes à pleine mesure.

⁶ Tu fais de nous un objet de discorde pour nos voisins, Et nos ennemis se raillent de nous.

⁷ Dieu des armées, relève-nous! Fais briller ta face, et nous serons sauvés!

⁸ Tu avais arraché de l'Égypte une vigne; Tu as chassé des nations, et tu l'as plantée.

⁹ Tu as fait place devant elle: Elle a jeté des racines et rempli la terre;

¹⁰ Les montagnes étaient couvertes de son ombre, Et ses rameaux étaient comme des cèdres de Dieu;

¹¹ Elle étendait ses branches jusqu'à la mer, Et ses rejetons jusqu'au fleuve.

¹² Pourquoi as-tu rompu ses clôtures, En sorte que tous les passants la dépouillent?

¹³ Le sanglier de la forêt la ronge, Et les bêtes des champs en font leur pâture.

¹⁴ Dieu des armées, reviens donc! Regarde du haut des cieux, et vois! considère cette vigne!

¹⁵ Protège ce que ta droite a planté, Et le fils que tu t'es choisi!...

¹⁶ Elle est brûlée par le feu, elle est coupée! Ils périssent devant ta face menaçante.

¹⁷ Que ta main soit sur l'homme de ta droite, Sur le fils de l'homme que tu t'es choisi!

¹⁸ Et nous ne nous éloignerons plus de toi. Fais-nous revivre, et nous invoquerons ton nom.

¹⁹ Éternel, Dieu des armées, relève-nous! Fais briller ta face, et nous serons sauvés!

Chapitre 81
¹ Au chef des chantres. Sur la guitthith. D'Asaph. Chantez avec allégresse à Dieu, notre force! Poussez des cris de joie vers le Dieu de Jacob!

² Entonnez des cantiques, faites résonner le tambourin, La harpe mélodieuse et le luth!

³ Sonnez de la trompette à la nouvelle lune, A la pleine lune, au jour de notre fête!

⁴ Car c'est une loi pour Israël, Une ordonnance du Dieu de Jacob.

⁵ Il en fit un statut pour Joseph, Quand il marcha contre le pays d'Égypte... J'entends une voix qui m'est inconnue:

⁶ J'ai déchargé son épaule du fardeau, Et ses mains ont lâché la corbeille.

⁷ Tu as crié dans la détresse, et je t'ai délivré; Je t'ai répondu dans la retraite du tonnerre; Je t'ai éprouvé près des eaux de Meriba. Pause.

⁸ Écoute, mon peuple! et je t'avertirai; Israël, puisses-tu m'écouter!

⁹ Qu'il n'y ait au milieu de toi point de dieu étranger! Ne te prosterne pas devant des dieux étrangers!

¹⁰ Je suis l'Éternel, ton Dieu, qui t'ai fait monter du pays d'Égypte; Ouvre ta bouche, et je la remplirai.

¹¹ Mais mon peuple n'a point écouté ma voix, Israël ne m'a point obéi.

¹² Alors je les ai livrés aux penchants de leur coeur, Et ils ont suivi leurs propres conseils.

¹³ Oh! si mon peuple m'écoutait, Si Israël marchait dans mes voies!

¹⁴ En un instant je confondrais leurs ennemis, Je tournerais ma main contre leurs adversaires;

¹⁵ Ceux qui haïssent l'Éternel le flatteraient, Et le bonheur d'Israël durerait toujours;

¹⁶ Je le nourrirais du meilleur froment, Et je le rassasierais du miel du rocher.

Chapitre 82
¹ Psaume d'Asaph. Dieu se tient dans l'assemblée de Dieu; Il juge au milieu des dieux.

² Jusques à quand jugerez-vous avec iniquité, Et aurez-vous égard à la personne des méchants? Pause.

³ Rendez justice au faible et à l'orphelin, Faites droit au malheureux et au pauvre,

⁴ Sauvez le misérable et l'indigent, Délivrez-les de la main des méchants.

⁵ Ils n'ont ni savoir ni intelligence, Ils marchent dans les ténèbres; Tous les fondements de la terre sont ébranlés.

⁶ J'avais dit: Vous êtes des dieux, Vous êtes tous des fils du Très Haut.

⁷ Cependant vous mourrez comme des hommes, Vous tomberez comme un prince quelconque.

⁸ Lève-toi, ô Dieu, juge la terre! Car toutes les nations t'appartiennent.

Chapitre 83
¹ Cantique. Psaume d'Asaph. O Dieu, ne reste pas dans le silence! Ne te tais pas, et ne te repose pas, ô Dieu!

² Car voici, tes ennemis s'agitent, Ceux qui te haïssent lèvent la tête.

³ Ils forment contre ton peuple des projets pleins de ruse, Et ils délibèrent contre ceux que tu protèges.

⁴ Venez, disent-ils, exterminons-les du milieu des nations, Et qu'on ne se souvienne plus du nom d'Israël!

⁵ Ils se concertent tous d'un même coeur, Ils font une alliance contre toi;

⁶ Les tentes d'Édom et les Ismaélites, Moab et les Hagaréniens,

⁷ Guebal, Ammon, Amalek, Les Philistins avec les habitants de Tyr;

⁸ L'Assyrie aussi se joint à eux, Elle prête son bras aux enfants de Lot. Pause.

⁹ Traite-les comme Madian, Comme Sisera, comme Jabin au torrent de Kison!

¹⁰ Ils ont été détruits à En Dor, Ils sont devenus du fumier pour la terre.

¹¹ Traite leurs chefs comme Oreb et Zeeb, Et tous leurs princes comme Zébach et Tsalmunna!

¹² Car ils disent: Emparons-nous Des demeures de Dieu!

¹³ Mon Dieu! rends-les semblables au tourbillon, Au chaume qu'emporte le vent,

¹⁴ Au feu qui brûle la forêt, A la flamme qui embrase les montagnes!

¹⁵ Poursuis-les ainsi de ta tempête, Et fais-les trembler par ton ouragan!

¹⁶ Couvre leur face d'ignominie, Afin qu'ils cherchent ton nom, ô Éternel!

¹⁷ Qu'ils soient confus et épouvantés pour toujours, Qu'ils soient honteux et qu'ils périssent!

¹⁸ Qu'ils sachent que toi seul, dont le nom est l'Éternel, Tu es le Très Haut sur toute la terre!

Chapitre 84
¹ Au chef des chantres. Sur la guitthith. Des fils de Koré. Psaume. Que tes demeures sont aimables, Éternel des armées!

² Mon âme soupire et languit après les parvis de l'Éternel, Mon coeur et ma chair poussent des cris vers le Dieu vivant.

³ Le passereau même trouve une maison, Et l'hirondelle un nid où elle dépose ses petits... Tes autels, Éternel des armées! Mon roi et mon Dieu!

⁴ Heureux ceux qui habitent ta maison! Ils peuvent te célébrer encore. Pause.

⁵ Heureux ceux qui placent en toi leur appui! Ils trouvent dans leur coeur des chemins tout tracés.

⁶ Lorsqu'ils traversent la vallée de Baca, Ils la transforment en un lieu plein de sources, Et la pluie la couvre aussi de bénédictions.

⁷ Leur force augmente pendant la marche, Et ils se présentent devant Dieu à Sion.

⁸ Éternel, Dieu des armées, écoute ma prière! Prête l'oreille, Dieu de Jacob! Pause.

⁹ Toi qui es notre bouclier, vois, ô Dieu! Et regarde la face de ton oint!

¹⁰ Mieux vaut un jour dans tes parvis que mille ailleurs; Je préfère me tenir sur le seuil de la maison de mon Dieu, Plutôt que d'habiter sous les tentes de la méchanceté.

¹¹ Car l'Éternel Dieu est un soleil et un bouclier, L'Éternel donne la grâce et la gloire, Il ne refuse aucun bien à ceux qui marchent dans l'intégrité.

¹² Éternel des armées! Heureux l'homme qui se confie en toi!

Chapitre 85

¹ Au chef des chantres. Des fils de Koré. Psaume. Tu as été favorable à ton pays, ô Éternel! Tu as ramené les captifs de Jacob;

² Tu as pardonné l'iniquité de ton peuple, Tu as couvert tous ses péchés; Pause.

³ Tu as retiré toute ta fureur, Tu es revenu de l'ardeur de ta colère.

⁴ Rétablis-nous, Dieu de notre salut! Cesse ton indignation contre nous!

⁵ T'irriteras-tu contre nous à jamais? Prolongeras-tu ta colère éternellement?

⁶ Ne nous rendras-tu pas à la vie, Afin que ton peuple se réjouisse en toi?

⁷ Éternel! fais-nous voir ta bonté, Et accorde-nous ton salut!

⁸ J'écouterai ce que dit Dieu, l'Éternel; Car il parle de paix à son peuple et à ses fidèles, Pourvu qu'ils ne retombent pas dans la folie.

⁹ Oui, son salut est près de ceux qui le craignent, Afin que la gloire habite dans notre pays.

¹⁰ La bonté et la fidélité se rencontrent, La justice et la paix s'embrassent;

¹¹ La fidélité germe de la terre, Et la justice regarde du haut des cieux.

¹² L'Éternel aussi accordera le bonheur, Et notre terre donnera ses fruits.

¹³ La justice marchera devant lui, Et imprimera ses pas sur le chemin.

Chapitre 86

¹ Prière de David. Éternel, prête l'oreille, exauce-moi! Car je suis malheureux et indigent.

² Garde mon âme, car je suis pieux! Mon Dieu, sauve ton serviteur qui se confie en toi!

³ Aie pitié de moi, Seigneur! Car je crie à toi tout le jour.

⁴ Réjouis l'âme de ton serviteur, Car à toi, Seigneur, j'élève mon âme.

⁵ Car tu es bon, Seigneur, tu pardonnes, Tu es plein d'amour pour tous ceux qui t'invoquent.

⁶ Éternel, prête l'oreille à ma prière, Sois attentif à la voix de mes supplications!

⁷ Je t'invoque au jour de ma détresse, Car tu m'exauces.

⁸ Nul n'est comme toi parmi les dieux, Seigneur, Et rien ne ressemble à tes oeuvres.

⁹ Toutes les nations que tu as faites viendront Se prosterner devant ta face, Seigneur, Et rendre gloire à ton nom.

¹⁰ Car tu es grand, et tu opères des prodiges; Toi seul, tu es Dieu.

¹¹ Enseigne-moi tes voies, ô Éternel! Je marcherai dans ta fidélité. Dispose mon coeur à la crainte de ton nom.

¹² Je te louerai de tout mon coeur, Seigneur, mon Dieu! Et je glorifierai ton nom à perpétuité.

¹³ Car ta bonté est grande envers moi, Et tu délivres mon âme du séjour profond des morts.

¹⁴ O Dieu! des orgueilleux se sont levés contre moi, Une troupe d'hommes violents en veulent à ma vie; Ils ne portent pas leurs pensées sur toi.

¹⁵ Mais toi, Seigneur, tu es un Dieu miséricordieux et compatissant, Lent à la colère, riche en bonté et en fidélité;

¹⁶ Tourne vers moi les regards et aie pitié de moi, Donne la force à ton serviteur, Et sauve le fils de ta servante!

¹⁷ Opère un signe en ma faveur! Que mes ennemis le voient et soient confus! Car tu me secours et tu me consoles, ô Éternel!

Chapitre 87

¹ Des fils de Koré. Psaume. Cantique. Elle est fondée sur les montagnes saintes.

² L'Éternel aime les portes de Sion Plus que toutes les demeures de Jacob.

³ Des choses glorieuses ont été dites sur toi, Ville de Dieu! Pause.

⁴ Je proclame l'Égypte et Babylone parmi ceux qui me connaissent; Voici, le pays des Philistins, Tyr, avec l'Éthiopie: C'est dans Sion qu'ils sont nés.

⁵ Et de Sion il est dit: Tous y sont nés, Et c'est le Très Haut qui l'affermit.

⁶ L'Éternel compte en inscrivant les peuples: C'est là qu'ils sont nés. Pause.

⁷ Et ceux qui chantent et ceux qui dansent s'écrient: Toutes mes sources sont en toi.

Chapitre 88

¹ Cantique. Psaume des fils de Koré. Au chef des chantres. Pour chanter sur la flûte. Cantique d'Héman, l'Ézrachite. Éternel, Dieu de mon salut! Je crie jour et nuit devant toi.

² Que ma prière parvienne en ta présence! Prête l'oreille à mes supplications!

³ Car mon âme est rassasiée de maux, Et ma vie s'approche du séjour des morts.

⁴ Je suis mis au rang de ceux qui descendent dans la fosse, Je suis comme un homme qui n'a plus de force.

⁵ Je suis étendu parmi les morts, Semblable à ceux qui sont tués et couchés dans le sépulcre, A ceux dont tu n'as plus le souvenir, Et qui sont séparés de ta main.

⁶ Tu m'as jeté dans une fosse profonde, Dans les ténèbres, dans les abîmes.

⁷ Ta fureur s'appesantit sur moi, Et tu m'accables de tous tes flots. Pause.

⁸ Tu as éloigné de moi mes amis, Tu m'as rendu pour eux un objet d'horreur; Je suis enfermé et je ne puis sortir.

⁹ Mes yeux se consument dans la souffrance; Je t'invoque tous les jours, ô Éternel! J'étends vers toi les mains.

¹⁰ Est-ce pour les morts que tu fais des miracles? Les morts se lèvent-ils pour te louer? Pause.

¹¹ Parle-t-on de ta bonté dans le sépulcre, De ta fidélité dans l'abîme?

¹² Tes prodiges sont-ils connus dans les ténèbres, Et ta justice dans la terre de l'oubli?

¹³ O Éternel! j'implore ton secours, Et le matin ma prière s'élève à toi.

¹⁴ Pourquoi, Éternel, repousses-tu mon âme? Pourquoi me caches-tu ta face?

¹⁵ Je suis malheureux et moribond dès ma jeunesse, Je suis chargé de tes terreurs, je suis troublé.

¹⁶ Tes fureurs passent sur moi, Tes terreurs m'anéantissent;

¹⁷ Elles m'environnent tout le jour comme des eaux, Elles m'enveloppent toutes à la fois.

¹⁸ Tu as éloigné de moi amis et compagnons; Mes intimes ont disparu.

Chapitre 89

¹ Cantique d'Éthan, l'Ézrachite. Je chanterai toujours les bontés de l'Éternel; Ma bouche fera connaître à jamais ta fidélité.

² Car je dis: La bonté a des fondements éternels; Tu établis ta fidélité dans les cieux.

³ J'ai fait alliance avec mon élu; Voici ce que j'ai juré à David, mon serviteur:

⁴ J'affermirai ta postérité pour toujours, Et j'établirai ton trône à perpétuité. Pause.

⁵ Les cieux célèbrent tes merveilles, ô Éternel! Et ta fidélité dans l'assemblée des saints.

⁶ Car qui, dans le ciel, peut se comparer à l'Éternel? Qui est semblable à toi parmi les fils de Dieu?

⁷ Dieu est terrible dans la grande assemblée des saints, Il est redoutable pour tous ceux qui l'entourent.

⁸ Éternel, Dieu des armées! qui est comme toi puissant, ô Éternel? Ta fidélité t'environne.

⁹ Tu domptes l'orgueil de la mer; Quand ses flots se soulèvent, tu les apaises.

¹⁰ Tu écrasas l'Égypte comme un cadavre, Tu dispersas tes ennemis par la puissance de ton bras.

¹¹ C'est à toi qu'appartiennent les cieux et la terre, C'est toi qui as fondé le monde et ce qu'il renferme.

¹² Tu as créé le nord et le midi; Le Thabor et l'Hermon se réjouissent à ton nom.

¹³ Ton bras est puissant, Ta main forte, ta droite élevée.

¹⁴ La justice et l'équité sont la base de ton trône. La bonté et la fidélité sont devant ta face.

¹⁵ Heureux le peuple qui connaît le son de la trompette; Il marche à la clarté de ta face, ô Éternel!

¹⁶ Il se réjouit sans cesse de ton nom, Et il se glorifie de ta justice.

¹⁷ Car tu es la gloire de sa puissance; C'est ta faveur qui relève notre force.

¹⁸ Car l'Éternel est notre bouclier, Le Saint d'Israël est notre roi.

¹⁹ Alors tu parlas dans une vision à ton bien-aimé, Et tu dis: J'ai prêté mon secours à un héros, J'ai élevé du milieu du peuple un jeune homme;

²⁰ J'ai trouvé David, mon serviteur, Je l'ai oint de mon huile sainte.

²¹ Ma main le soutiendra, Et mon bras le fortifiera.

²² L'ennemi ne le surprendra pas, Et le méchant ne l'opprimera point;

²³ J'écraserai devant lui ses adversaires, Et je frapperai ceux qui le haïssent.

²⁴ Ma fidélité et ma bonté seront avec lui, Et sa force s'élèvera par mon nom.

²⁵ Je mettrai sa main sur la mer, Et sa droite sur les fleuves.

²⁶ Lui, il m'invoquera: Tu es mon père, Mon Dieu et le rocher de mon salut!

²⁷ Et moi, je ferai de lui le premier-né, Le plus élevé des rois de la terre.

²⁸ Je lui conserverai toujours ma bonté, Et mon alliance lui sera fidèle;

²⁹ Je rendrai sa postérité éternelle, Et son trône comme les jours des cieux.

³⁰ Si ses fils abandonnent ma loi Et ne marchent pas selon ses ordonnances,

³¹ S'ils violent mes préceptes Et n'observent pas mes commandements,

³² Je punirai de la verge leurs transgressions, Et par des coups leurs iniquités;

³³ Mais je ne lui retirerai point ma bonté Et je ne trahirai pas ma fidélité,

³⁴ Je ne violerai point mon alliance Et je ne changerai pas ce qui est sorti de mes lèvres.

³⁵ J'ai juré une fois par ma sainteté: Mentirai-je à David?

³⁶ Sa postérité subsistera toujours; Son trône sera devant moi comme le soleil,

³⁷ Comme la lune il aura une éternelle durée. Le témoin qui est dans le ciel est fidèle. Pause.

³⁸ Et pourtant, tu as rejeté, tu as repoussé! Tu t'es irrité contre ton oint!

³⁹ Tu as dédaigné l'alliance avec ton serviteur; Tu as abattu, profané sa couronne.

⁴⁰ Tu as détruit toutes ses murailles, Tu as mis en ruines ses forteresses.

⁴¹ Tous les passants le dépouillent; Il est un objet d'opprobre pour ses voisins.

⁴² Tu as élevé la droite de ses adversaires, Tu as réjoui tous ses ennemis;

⁴³ Tu as fait reculer le tranchant de son glaive, Et tu ne l'as pas soutenu dans le combat.

⁴⁴ Tu as mis un terme à sa splendeur, Et tu as jeté son trône à terre;

⁴⁵ Tu as abrégé les jours de sa jeunesse, Tu l'as couvert de honte. Pause.

⁴⁶ Jusques à quand, Éternel! te cacheras-tu sans cesse, Et ta fureur s'embrasera-t-elle comme le feu?

⁴⁷ Rappelle-toi ce qu'est la durée de ma vie, Et pour quel néant tu as créé tous les fils de l'homme.

⁴⁸ Y a-t-il un homme qui puisse vivre et ne pas voir la mort, Qui puisse sauver son âme du séjour des morts? Pause.

⁴⁹ Où sont, Seigneur! tes bontés premières, Que tu juras à David dans ta fidélité?

⁵⁰ Souviens-toi, Seigneur! de l'opprobre de tes serviteurs, Souviens-toi que je porte en mon sein tous les peuples nombreux;

⁵¹ Souviens-toi des outrages de tes ennemis, ô Éternel! De leurs outrages contre les pas de ton oint.

⁵² Béni soit à jamais l'Éternel! Amen! Amen!

Chapitre 90

¹ Prière de Moïse, homme de Dieu. Seigneur! tu as été pour nous un refuge, De génération en génération.

² Avant que les montagnes fussent nées, Et que tu eussent créé la terre et le monde, D'éternité en éternité tu es Dieu.

³ Tu fais rentrer les hommes dans la poussière, Et tu dis: Fils de l'homme, retournez!

⁴ Car mille ans sont, à tes yeux, Comme le jour d'hier, quand il n'est plus, Et comme une veille de la nuit.

⁵ Tu les emportes, semblables à un songe, Qui, le matin, passe comme l'herbe:

⁶ Elle fleurit le matin, et elle passe, On la coupe le soir, et elle sèche.

⁷ Nous sommes consumés par ta colère, Et ta fureur nous épouvante.

⁸ Tu mets devant toi nos iniquités, Et à la lumière de ta face nos fautes cachées.

⁹ Tous nos jours disparaissent par ton courroux; Nous voyons nos années s'évanouir comme un son.

¹⁰ Les jours de nos années s'élèvent à soixante-dix ans, Et, pour les plus robustes, à quatre-vingts ans; Et l'orgueil qu'ils en tirent n'est que peine et misère, Car il passe vite, et nous nous envolons.

¹¹ Qui prend garde à la force de ta colère, Et à ton courroux, selon la crainte qui t'est due?

¹² Enseigne-nous à bien compter nos jours, Afin que nous appliquions notre coeur à la sagesse.

¹³ Reviens, Éternel! Jusques à quand?... Aie pitié de tes serviteurs!

¹⁴ Rassasie-nous chaque matin de ta bonté, Et nous serons toute notre vie dans la joie et l'allégresse.

¹⁵ Réjouis-nous autant de jours que tu nous as humiliés, Autant d'années que nous avons vu le malheur.

¹⁶ Que ton oeuvre se manifeste à tes serviteurs, Et ta gloire sur leurs enfants!

¹⁷ Que la grâce de l'Éternel, notre Dieu, soit sur nous! Affermis l'ouvrage de nos mains, Oui, affermis l'ouvrage de nos mains!

Chapitre 91

¹ Celui qui demeure sous l'abri du Très Haut Repose à l'ombre du Tout Puissant.

² Je dis à l'Éternel: Mon refuge et ma forteresse, Mon Dieu en qui je me confie!

³ Car c'est lui qui te délivre du filet de l'oiseleur, De la peste et de ses ravages.

⁴ Il te couvrira de ses plumes, Et tu trouveras un refuge sous ses ailes; Sa fidélité est un bouclier et une cuirasse.

⁵ Tu ne craindras ni les terreurs de la nuit, Ni la flèche qui vole de jour,

⁶ Ni la peste qui marche dans les ténèbres, Ni la contagion qui frappe en plein midi.

⁷ Que mille tombent à ton côté, Et dix mille à ta droite, Tu ne seras pas atteint;

⁸ De tes yeux seulement tu regarderas, Et tu verras la rétribution des méchants.

⁹ Car tu es mon refuge, ô Éternel! Tu fais du Très Haut ta retraite.

¹⁰ Aucun malheur ne t'arrivera, Aucun fléau n'approchera de ta tente.

¹¹ Car il ordonnera à ses anges De te garder dans toutes tes voies;

¹² Ils te porteront sur les mains, De peur que ton pied ne heurte contre une pierre.

¹³ Tu marcheras sur le lion et sur l'aspic, Tu fouleras le lionceau et le dragon.

¹⁴ Puisqu'il m'aime, Je le délivrerai; Je le protégerai, puisqu'il connaît mon nom.

¹⁵ Il m'invoquera, et je lui répondrai; Je serai avec lui dans la détresse, Je le délivrerai et je le glorifierai.

¹⁶ Je le rassasierai de longs jours, Et je lui ferai voir mon salut.

Chapitre 92

¹ Psaume. Cantique pour le jour du sabbat. Il est beau de louer l'Éternel, Et de célébrer ton nom, ô Très Haut!

² D'annoncer le matin ta bonté, Et ta fidélité pendant les nuits,

³ Sur l'instrument à dix cordes et sur le luth, Aux sons de la harpe.

⁴ Tu me réjouis par tes oeuvres, ô Éternel! Et je chante avec allégresse l'ouvrage de tes mains.

⁵ Que tes oeuvres sont grandes, ô Eternel! Que tes pensées sont profondes!

⁶ L'homme stupide n'y connaît rien, Et l'insensé n'y prend point garde.

⁷ Si les méchants croissent comme l'herbe, Si tous ceux qui font le mal fleurissent, C'est pour être anéantis à jamais.

⁸ Mais toi, tu es le Très Haut, A perpétuité, ô Éternel!

⁹ Car voici, tes ennemis, ô Éternel! Car voici, tes ennemis périssent; Tous ceux qui font le mal sont dispersés.

¹⁰ Et tu me donnes la force du buffle; Je suis arrosé avec une huile fraîche.

¹¹ Mon oeil se plaît à contempler mes ennemis, Et mon oreille à entendre mes méchants adversaires.

¹² Les justes croissent comme le palmier, Ils s'élèvent comme le cèdre du Liban.

¹³ Plantés dans la maison de l'Éternel, Ils prospèrent dans les

parvis de notre Dieu;

¹⁴Ils portent encore des fruits dans la vieillesse, Ils sont pleins de sève et verdoyants,

¹⁵Pour faire connaître que l'Éternel est juste. Il est mon rocher, et il n'y a point en lui d'iniquité.

Chapitre 93

¹L'Éternel règne, il est revêtu de majesté, L'Éternel est revêtu, il est ceint de force. Aussi le monde est ferme, il ne chancelle pas.

²Ton trône est établi dès les temps anciens; Tu existes de toute éternité.

³Les fleuves élèvent, ô Éternel! Les fleuves élèvent leur voix, Les fleuves élèvent leurs ondes retentissantes.

⁴Plus que la voix des grandes, des puissantes eaux, Des flots impétueux de la mer, L'Éternel est puissant dans les lieux célestes.

⁵Tes témoignages sont entièrement véritables; La sainteté convient à ta maison, O Éternel! pour toute la durée des temps.

Chapitre 94

¹Dieu des vengeances, Éternel! Dieu des vengeances, parais!

²Lève-toi, juge de la terre! Rends aux superbes selon leurs oeuvres!

³Jusques à quand les méchants, ô Éternel! Jusques à quand les méchants triompheront-ils?

⁴Ils discourent, ils parlent avec arrogance; Tous ceux qui font le mal se glorifient.

⁵Éternel! ils écrasent ton peuple, Ils oppriment ton héritage;

⁶Ils égorgent la veuve et l'étranger, Ils assassinent les orphelins.

⁷Et ils disent: L'Éternel ne regarde pas, Le Dieu de Jacob ne fait pas attention!

⁸Prenez-y garde, hommes stupides! Insensés, quand serez-vous sages?

⁹Celui qui a planté l'oreille n'entendrait-il pas? Celui qui a formé l'oeil ne verrait-il pas?

¹⁰Celui qui châtie les nations ne punirait-il point, Lui qui donne à l'homme l'intelligence?

¹¹L'Éternel connaît les pensées de l'homme, Il sait qu'elles sont vaines.

¹²Heureux l'homme que tu châties, ô Éternel! Et que tu instruis par ta loi,

¹³Pour le calmer aux jours du malheur, Jusqu'à ce que la fosse soit creusée pour le méchant!

¹⁴Car l'Éternel ne délaisse pas son peuple, Il n'abandonne pas son héritage;

¹⁵Car le jugement sera conforme à la justice, Et tous ceux dont le coeur est droit l'approuveront.

¹⁶Qui se lèvera pour moi contre les méchants? Qui me soutiendra contre ceux qui font le mal?

¹⁷Si l'Éternel n'était pas mon secours, Mon âme serait bien vite dans la demeure du silence.

¹⁸Quand je dis: Mon pied chancelle! Ta bonté, ô Éternel! me sert d'appui.

¹⁹Quand les pensées s'agitent en foule au dedans de moi, Tes consolations réjouissent mon âme.

²⁰Les méchants te feraient-ils siéger sur leur trône, Eux qui forment des desseins iniques en dépit de la loi?

²¹Ils se rassemblent contre la vie du juste, Et ils condamnent le sang innocent.

²²Mais l'Éternel est ma retraite, Mon Dieu est le rocher de mon refuge.

²³Il fera retomber sur eux leur iniquité, Il les anéantira par leur méchanceté; L'Éternel, notre Dieu, les anéantira.

Chapitre 95

¹Venez, chantons avec allégresse à l'Éternel! Poussons des cris de joie vers le rocher de notre salut.

²Allons au-devant de lui avec des louanges, Faisons retentir des cantiques en son honneur!

³Car l'Éternel est un grand Dieu, Il est un grand roi au-dessus de tous les dieux.

⁴Il tient dans sa main les profondeurs de la terre, Et les sommets des montagnes sont à lui.

⁵La mer est à lui, c'est lui qui l'a faite; La terre aussi, ses mains l'ont formée.

⁶Venez, prosternons-nous et humilions-nous, Fléchissons le genou devant l'Éternel, notre créateur!

⁷Car il est notre Dieu, Et nous sommes le peuple de son pâturage, Le troupeau que sa main conduit... Oh! si vous pouviez écouter aujourd'hui sa voix!

⁸N'endurcissez pas votre coeur, comme à Meriba, Comme à la journée de Massa, dans le désert,

⁹Où vos pères me tentèrent, M'éprouvèrent, quoiqu'ils vissent mes oeuvres.

¹⁰Pendant quarante ans j'eus cette race en dégoût, Et je dis: C'est un peuple dont le coeur est égaré; Ils ne connaissent pas mes voies.

¹¹Aussi je jurai dans ma colère: Ils n'entreront pas dans mon repos!

Chapitre 96

¹Chantez à l'Éternel un cantique nouveau! Chantez à l'Éternel, vous tous, habitants de la terre!

²Chantez à l'Éternel, bénissez son nom, Annoncez de jour en jour son salut!

³Racontez parmi les nations sa gloire, Parmi tous les peuples ses merveilles!

⁴Car l'Éternel est grand et très digne de louange, Il est redoutable par-dessus tous les dieux;

⁵Car tous les dieux des peuples sont des idoles, Et l'Éternel a fait les cieux.

⁶La splendeur et la magnificence sont devant sa face, La gloire et la majesté sont dans son sanctuaire.

⁷Familles des peuples, rendez à l'Éternel, Rendez à l'Éternel gloire et honneur!

⁸Rendez à l'Éternel gloire pour son nom! Apportez des offrandes, et entrez dans ses parvis!

⁹Prosternez-vous devant l'Éternel avec des ornements sacrés. Tremblez devant lui, vous tous, habitants de la terre!

¹⁰Dites parmi les nations: L'Éternel règne; Aussi le monde est ferme, il ne chancelle pas; L'Éternel juge les peuples avec droiture.

¹¹Que les cieux se réjouissent, et que la terre soit dans l'allégresse, Que la mer retentisse avec tout ce qu'elle contient,

¹²Que la campagne s'égaie avec tout ce qu'elle renferme, Que tous les arbres des forêts poussent des cris de joie,

¹³Devant l'Éternel! Car il vient, Car il vient pour juger la terre; Il jugera le monde avec justice, Et les peuples selon sa fidélité.

Chapitre 97

¹L'Éternel règne: que la terre soit dans l'allégresse, Que les îles nombreuses se réjouissent!

²Les nuages et l'obscurité l'environnent, La justice et l'équité sont la base de son trône.

³Le feu marche devant lui, Et embrase à l'entour ses adversaires.

⁴Ses éclairs illuminent le monde, La terre le voit et tremble;

⁵Les montagnes se fondent comme la cire devant l'Éternel, Devant le Seigneur de toute la terre.

⁶Les cieux publient sa justice, Et tous les peuples voient sa gloire.

⁷Ils sont tous confus, tous ceux qui servent les images, Qui se font gloire des idoles. Tous les dieux se prosternent devant lui.

⁸Sion l'entend et se réjouit, Les filles de Juda sont dans l'allégresse, A cause de tes jugements, ô Éternel!

⁹Car toi, Éternel! tu es le Très Haut sur toute la terre, Tu es souverainement élevé au-dessus de tous les dieux.

¹⁰Vous qui aimez l'Éternel, haïssez le mal! Il garde les âmes de ses fidèles, Il les délivre de la main des méchants.

¹¹La lumière est semée pour le juste, Et la joie pour ceux dont le coeur est droit.

¹²Justes, réjouissez-vous en l'Éternel, Et célébrez par vos louanges sa sainteté!

Chapitre 98

¹Psaume. Chantez à l'Éternel un cantique nouveau! Car il a fait des prodiges. Sa droite et son bras saint lui sont venus en aide.

²L'Éternel a manifesté son salut, Il a révélé sa justice aux yeux des nations.

³Il s'est souvenu de sa bonté et de sa fidélité envers la maison d'Israël, Toutes les extrémités de la terre ont vu le salut de notre Dieu.

⁴Poussez vers l'Éternel des cris de joie, Vous tous, habitants de la terre! Faites éclater votre allégresse, et chantez!

⁵Chantez à l'Éternel avec la harpe; Avec la harpe chantez des cantiques!

⁶Avec les trompettes et au son du cor, Poussez des cris de joie devant le roi, l'Éternel!

⁷Que la mer retentisse avec tout ce qu'elle contient, Que le monde et ceux qui l'habitent éclatent d'allégresse,

Psaume

⁸Que les fleuves battent des mains, Que toutes les montagnes poussent des cris de joie,

⁹Devant l'Éternel! Car il vient pour juger la terre; Il jugera le monde avec justice, Et les peuples avec équité.

Chapitre 99

¹L'Éternel règne: les peuples tremblent; Il est assis sur les chérubins: la terre chancelle.

²L'Éternel est grand dans Sion, Il est élevé au-dessus de tous les peuples.

³Qu'on célèbre ton nom grand et redoutable! Il est saint!

⁴Qu'on célèbre la force du roi qui aime la justice! Tu affermis la droiture, Tu exerces en Jacob la justice et l'équité.

⁵Exaltez l'Éternel, notre Dieu, Et prosternez-vous devant son marchepied! Il est saint!

⁶Moïse et Aaron parmi ses sacrificateurs, Et Samuel parmi ceux qui invoquaient son nom, Invoquèrent l'Éternel, et il les exauça.

⁷Il leur parla dans la colonne de nuée; Ils observèrent ses commandements Et la loi qu'il leur donna.

⁸Éternel, notre Dieu, tu les exauças, Tu fus pour eux un Dieu qui pardonne, Mais tu les as punis de leurs fautes.

⁹Exaltez l'Éternel, notre Dieu, Et prosternez-vous sur sa montagne sainte! Car il est saint, l'Éternel, notre Dieu!

Chapitre 100

¹Psaume de louange. Poussez vers l'Éternel des cris de joie, Vous tous, habitants de la terre!

²Servez l'Éternel, avec joie, Venez avec allégresse en sa présence!

³Sachez que l'Éternel est Dieu! C'est lui qui nous a faits, et nous lui appartenons; Nous sommes son peuple, et le troupeau de son pâturage.

⁴Entrez dans ses portes avec des louanges, Dans ses parvis avec des cantiques! Célébrez-le, bénissez son nom!

⁵Car l'Éternel est bon; sa bonté dure toujours, Et sa fidélité de génération en génération.

Chapitre 101

¹De David. Psaume. Je chanterai la bonté et la justice; C'est à toi, Éternel! que je chanterai.

²Je prendrai garde à la voie droite. Quand viendras-tu à moi? Je marcherai dans l'intégrité de mon coeur, Au milieu de ma maison.

³Je ne mettrai rien de mauvais devant mes yeux; Je hais la conduite des pécheurs; Elle ne s'attachera point à moi.

⁴Le coeur pervers s'éloignera de moi; Je ne veux pas connaître le méchant.

⁵Celui qui calomnie en secret son prochain, je l'anéantirai; Celui qui a des regards hautains et un coeur enflé, je ne le supporterai pas.

⁶J'aurai les yeux sur les fidèles du pays, Pour qu'ils demeurent auprès de moi; Celui qui marche dans une voie intègre sera mon serviteur.

⁷Celui qui se livre à la fraude n'habitera pas dans ma maison; Celui qui dit des mensonges ne subsistera pas en ma présence.

⁸Chaque matin j'anéantirai tous les méchants du pays, Afin d'exterminer de la ville de l'Éternel Tous ceux qui commettent l'iniquité.

Chapitre 102

¹ Prière d'un malheureux, lorsqu'il est abattu et qu'il répand sa plainte devant l'Éternel. Éternel, écoute ma prière, Et que mon cri parvienne jusqu'à toi!

² Ne me cache pas ta face au jour de ma détresse! Incline vers moi ton oreille quand je crie! Hâte-toi de m'exaucer!

³ Car mes jours s'évanouissent en fumée, Et mes os sont enflammés comme un tison.

⁴ Mon coeur est frappé et se dessèche comme l'herbe; J'oublie même de manger mon pain.

⁵ Mes gémissements sont tels Que mes os s'attachent à ma chair.

⁶ Je ressemble au pélican du désert, Je suis comme le chat-huant des ruines;

⁷ Je n'ai plus de sommeil, et je suis Comme l'oiseau solitaire sur un toit.

⁸ Chaque jour mes ennemis m'outragent, Et c'est par moi que jurent mes adversaires en fureur.

⁹ Je mange la poussière au lieu de pain, Et je mêle des larmes à ma boisson,

¹⁰ A cause de ta colère et de ta fureur; Car tu m'as soulevé et jeté au loin.

¹¹ Mes jours sont comme l'ombre à son déclin, Et je me dessèche comme l'herbe.

¹² Mais toi, Éternel! tu règnes à perpétuité, Et ta mémoire dure de génération en génération.

¹³ Tu te lèveras, tu auras pitié de Sion; Car le temps d'avoir pitié d'elle, Le temps fixé est à son terme;

¹⁴ Car tes serviteurs en aiment les pierres, Ils en chérissent la poussière.

¹⁵ Alors les nations craindront le nom de l'Éternel, Et tous les rois de la terre ta gloire.

¹⁶ Oui, l'Éternel rebâtira Sion, Il se montrera dans sa gloire.

¹⁷ Il est attentif à la prière du misérable, Il ne dédaigne pas sa prière.

¹⁸ Que cela soit écrit pour la génération future, Et que le peuple qui sera créé célèbre l'Éternel!

¹⁹ Car il regarde du lieu élevé de sa sainteté; Du haut des cieux l'Éternel regarde sur la terre,

²⁰ Pour écouter les gémissements des captifs, Pour délivrer ceux qui vont périr,

²¹ Afin qu'ils publient dans Sion le nom de l'Éternel, Et ses louanges dans Jérusalem,

²² Quand tous les peuples s'assembleront, Et tous les royaumes, pour servir l'Éternel.

²³ Il a brisé ma force dans la route, Il a abrégé mes jours.

²⁴ Je dis: Mon Dieu, ne m'enlève pas au milieu de mes jours, Toi, dont les années durent éternellement!

²⁵ Tu as anciennement fondé la terre, Et les cieux sont l'ouvrage de tes mains.

²⁶ Ils périront, mais tu subsisteras; Ils s'useront tous comme un vêtement; Tu les changeras comme un habit, et ils seront changés.

²⁷ Mais toi, tu restes le même, Et tes années ne finiront point.

²⁸ Les fils de tes serviteurs habiteront leur pays, Et leur postérité s'affermira devant toi.

Chapitre 103

¹De David. Mon âme, bénis l'Éternel! Que tout ce qui est en moi bénisse son saint nom!

²Mon âme, bénis l'Éternel, Et n'oublie aucun de ses bienfaits!

³C'est lui qui pardonne toutes tes iniquités, Qui guérit toutes tes maladies;

⁴C'est lui qui délivre ta vie de la fosse, Qui te couronne de bonté et de miséricorde;

⁵C'est lui qui rassasie de biens ta vieillesse, Qui te fait rajeunir comme l'aigle.

⁶L'Éternel fait justice, Il fait droit à tous les opprimés.

⁷Il a manifesté ses voies à Moïse, Ses oeuvres aux enfants d'Israël.

⁸L'Éternel est miséricordieux et compatissant, Lent à la colère et riche en bonté;

⁹Il ne conteste pas sans cesse, Il ne garde pas sa colère à toujours;

¹⁰Il ne nous traite pas selon nos péchés, Il ne nous punit pas selon nos iniquités.

¹¹Mais autant les cieux sont élevés au-dessus de la terre, Autant sa bonté est grande pour ceux qui le craignent;

¹²Autant l'orient est éloigné de l'occident, Autant il éloigne de nous nos transgressions.

¹³Comme un père a compassion de ses enfants, L'Éternel a compassion de ceux qui le craignent.

¹⁴Car il sait de quoi nous sommes formés, Il se souvient que nous sommes poussière.

¹⁵L'homme! ses jours sont comme l'herbe, Il fleurit comme la fleur des champs.

¹⁶Lorsqu'un vent passe sur elle, elle n'est plus, Et le lieu qu'elle occupait ne la reconnaît plus.

¹⁷Mais la bonté de l'Éternel dure à jamais pour ceux qui le craignent, Et sa miséricorde pour les enfants de leurs enfants,

¹⁸Pour ceux qui gardent son alliance, Et se souviennent de ses commandements afin de les accomplir.

¹⁹L'Éternel a établi son trône dans les cieux, Et son règne domine sur toutes choses.

²⁰Bénissez l'Éternel, vous ses anges, Qui êtes puissants en force, et qui exécutez ses ordres, En obéissant à la voix de sa parole!

²¹Bénissez l'Éternel, vous toutes ses armées, Qui êtes ses serviteurs, et qui faites sa volonté!

²²Bénissez l'Éternel, vous toutes ses oeuvres, Dans tous les lieux de sa domination! Mon âme, bénis l'Éternel!

Chapitre 104

¹Mon âme, bénis l'Éternel! Éternel, mon Dieu, tu es infiniment grand! Tu es revêtu d'éclat et de magnificence!
²Il s'enveloppe de lumière comme d'un manteau; Il étend les cieux comme un pavillon.
³Il forme avec les eaux le faîte de sa demeure; Il prend les nuées pour son char, Il s'avance sur les ailes du vent.
⁴Il fait des vents ses messagers, Des flammes de feu ses serviteurs.
⁵Il a établi la terre sur ses fondements, Elle ne sera jamais ébranlée.
⁶Tu l'avais couverte de l'abîme comme d'un vêtement, Les eaux s'arrêtaient sur les montagnes;
⁷Elles ont fui devant ta menace, Elles se sont précipitées à la voix de ton tonnerre.
⁸Des montagnes se sont élevées, des vallées se sont abaissées, Au lieu que tu leur avais fixé.
⁹Tu as posé une limite que les eaux ne doivent point franchir, Afin qu'elles ne reviennent plus couvrir la terre.
¹⁰Il conduit les sources dans des torrents Qui coulent entre les montagnes.
¹¹Elles abreuvent tous les animaux des champs; Les ânes sauvages y étanchent leur soif.
¹²Les oiseaux du ciel habitent sur leurs bords, Et font résonner leur voix parmi les rameaux.
¹³De sa haute demeure, il arrose les montagnes; La terre est rassasiée du fruit de tes oeuvres.
¹⁴Il fait germer l'herbe pour le bétail, Et les plantes pour les besoins de l'homme, Afin que la terre produise de la nourriture,
¹⁵Le vin qui réjouit le coeur de l'homme, Et fait plus que l'huile resplendir son visage, Et le pain qui soutient le coeur de l'homme.
¹⁶Les arbres de l'Éternel se rassasient, Les cèdres du Liban, qu'il a plantés.
¹⁷C'est là que les oiseaux font leurs nids; La cigogne a sa demeure dans les cyprès,
¹⁸Les montagnes élevées sont pour les boucs sauvages, Les rochers servent de retraite aux damans.
¹⁹Il a fait la lune pour marquer les temps; Le soleil sait quand il doit se coucher.
²⁰Tu amènes les ténèbres, et il est nuit: Alors tous les animaux des forêts sont en mouvement;
²¹Les lionceaux rugissent après la proie, Et demandent à Dieu leur nourriture.
²²Le soleil se lève: ils se retirent, Et se couchent dans leurs tanières.
²³L'homme sort pour se rendre à son ouvrage, Et à son travail, jusqu'au soir.
²⁴Que tes oeuvres sont en grand nombre, ô Éternel! Tu les as toutes faites avec sagesse. La terre est remplie de tes biens.
²⁵Voici la grande et vaste mer: Là se meuvent sans nombre Des animaux petits et grands;
²⁶Là se promènent les navires, Et ce léviathan que tu as formé pour se jouer dans les flots.
²⁷Tous ces animaux espèrent en toi, Pour que tu leur donnes la nourriture en son temps.
²⁸Tu la leur donnes, et ils la recueillent; Tu ouvres ta main, et ils se rassasient de biens.
²⁹Tu caches ta face: ils sont tremblants; Tu leur retires le souffle: ils expirent, Et retournent dans leur poussière.
³⁰Tu envoies ton souffle: ils sont créés, Et tu renouvelles la face de la terre.
³¹Que la gloire de l'Éternel subsiste à jamais! Que l'Éternel se réjouisse de ses oeuvres!
³²Il regarde la terre, et elle tremble; Il touche les montagnes, et elles sont fumantes.
³³Je chanterai l'Éternel tant que je vivrai, Je célébrerai mon Dieu tant que j'existerai.
³⁴Que mes paroles lui soient agréables! Je veux me réjouir en l'Éternel.
³⁵Que les pécheurs disparaissent de la terre, Et que les méchants ne soient plus! Mon âme, bénis l'Éternel! Louez l'Éternel!

Chapitre 105

¹Louez l'Éternel, invoquez son nom! Faites connaître parmi les peuples ses hauts faits!
²Chantez, chantez en son honneur! Parlez de toutes ses merveilles!
³Glorifiez-vous de son saint nom! Que le coeur de ceux qui cherchent l'Éternel se réjouisse!
⁴Ayez recours à l'Éternel et à son appui, Cherchez continuellement sa face!
⁵Souvenez-vous des prodiges qu'il a faits, De ses miracles et des jugements de sa bouche,
⁶Postérité d'Abraham, son serviteur, Enfants de Jacob, ses élus!
⁷L'Éternel est notre Dieu; Ses jugements s'exercent sur toute la terre.
⁸Il se rappelle à toujours son alliance, Ses promesses pour mille générations,
⁹L'alliance qu'il a traitée avec Abraham, Et le serment qu'il a fait à Isaac;
¹⁰Il l'a érigée pour Jacob en loi, Pour Israël en alliance éternelle,
¹¹Disant: Je te donnerai le pays de Canaan Comme héritage qui vous est échu.
¹²Ils étaient alors peu nombreux, Très peu nombreux, et étrangers dans le pays,
¹³Et ils allaient d'une nation à l'autre Et d'un royaume vers un autre peuple;
¹⁴Mais il ne permit à personne de les opprimer, Et il châtia des rois à cause d'eux:
¹⁵Ne touchez pas à mes oints, Et ne faites pas de mal à mes prophètes!
¹⁶Il appela sur le pays la famine, Il coupa tout moyen de subsistance.
¹⁷Il envoya devant eux un homme: Joseph fut vendu comme esclave.
¹⁸On serra ses pieds dans des liens, On le mit aux fers,
¹⁹Jusqu'au temps où arriva ce qu'il avait annoncé, Et où la parole de l'Éternel l'éprouva.
²⁰Le roi fit ôter ses liens, Le dominateur des peuples le délivra.
²¹Il l'établit seigneur sur sa maison, Et gouverneur de tous ses biens,
²²Afin qu'il pût à son gré enchaîner ses princes, Et qu'il enseignât la sagesse à ses anciens.
²³Alors Israël vint en Égypte, Et Jacob séjourna dans le pays de Cham.
²⁴Il rendit son peuple très fécond, Et plus puissant que ses adversaires.
²⁵Il changea leur coeur, au point qu'ils haïrent son peuple Et qu'ils traitèrent ses serviteurs avec perfidie.
²⁶Il envoya Moïse, son serviteur, Et Aaron, qu'il avait choisi.
²⁷Ils accomplirent par son pouvoir des prodiges au milieu d'eux, Ils firent des miracles dans le pays de Cham.
²⁸Il envoya des ténèbres et amena l'obscurité, Et ils ne furent pas rebelles à sa parole.
²⁹Il changea leurs eaux en sang, Et fit périr leurs poissons.
³⁰Le pays fourmilla de grenouilles, Jusque dans les chambres de leurs rois.
³¹Il dit, et parurent les mouches venimeuses, Les poux sur tout leur territoire.
³²Il leur donna pour pluie de la grêle, Des flammes de feu dans leur pays.
³³Il frappa leurs vignes et leurs figuiers, Et brisa les arbres de leur contrée.
³⁴Il dit, et parurent les sauterelles, Des sauterelles sans nombre,
³⁵Qui dévorèrent toute l'herbe du pays, Qui dévorèrent les fruits de leurs champs.
³⁶Il frappa tous les premiers-nés dans leur pays, Toutes les prémices de leur force.
³⁷Il fit sortir son peuple avec de l'argent et de l'or, Et nul ne chancela parmi ses tribus.
³⁸Les Égyptiens se réjouirent de leur départ, Car la terreur qu'ils avaient d'eux les saisissait.
³⁹Il étendit la nuée pour les couvrir, Et le feu pour éclairer la nuit.
⁴⁰A leur demande, il fit venir des cailles, Et il les rassasia du pain du ciel.
⁴¹Il ouvrit le rocher, et des eaux coulèrent; Elles se répandirent comme un fleuve dans les lieux arides.
⁴²Car il se souvint de sa parole sainte, Et d'Abraham, son serviteur.
⁴³Il fit sortir son peuple dans l'allégresse, Ses élus au milieu des cris de joie.

Psaume

⁴⁴Il leur donna les terres des nations, Et ils possédèrent le fruit du travail des peuples,
⁴⁵Afin qu'ils gardassent ses ordonnances, Et qu'ils observassent ses lois. Louez l'Éternel!

Chapitre 106

¹Louez l'Éternel! Louez l'Éternel, car il est bon, Car sa miséricorde dure à toujours!
²Qui dira les hauts faits de l'Éternel? Qui publiera toute sa louange?
³Heureux ceux qui observent la loi, Qui pratiquent la justice en tout temps!
⁴Éternel, souviens-toi de moi dans ta bienveillance pour ton peuple! Souviens-toi de moi en lui accordant ton secours,
⁵Afin que je voie le bonheur de tes élus, Que je me réjouisse de la joie de ton peuple, Et que je me glorifie avec ton héritage!
⁶Nous avons péché comme nos pères, Nous avons commis l'iniquité, nous avons fait le mal.
⁷Nos pères en Égypte ne furent pas attentifs à tes miracles, Ils ne se rappelèrent pas la multitude de tes grâces, Ils furent rebelles près de la mer, près de la mer Rouge.
⁸Mais il les sauva à cause de son nom, Pour manifester sa puissance.
⁹Il menaça la mer Rouge, et elle se dessécha; Et il les fit marcher à travers les abîmes comme dans un désert.
¹⁰Il les sauva de la main de celui qui les haïssait, Il les délivra de la main de l'ennemi.
¹¹Les eaux couvrirent leurs adversaires: Il n'en resta pas un seul.
¹²Et ils crurent à ses paroles, Ils chantèrent ses louanges.
¹³Mais ils oublièrent bientôt ses oeuvres, Ils n'attendirent pas l'exécution de ses desseins.
¹⁴Ils furent saisis de convoitise dans le désert, Et ils tentèrent Dieu dans la solitude.
¹⁵Il leur accorda ce qu'ils demandaient; Puis il envoya le dépérissement dans leur corps.
¹⁶Ils se montrèrent, dans le camp, jaloux contre Moïse, Contre Aaron, le saint de l'Éternel.
¹⁷La terre s'ouvrit et engloutit Dathan, Et elle se referma sur la troupe d'Abiram;
¹⁸Le feu embrasa leur troupe, La flamme consuma les méchants.
¹⁹Ils firent un veau en Horeb, Ils se prosternèrent devant une image de fonte,
²⁰Ils échangèrent leur gloire Contre la figure d'un boeuf qui mange l'herbe.
²¹Ils oublièrent Dieu, leur sauveur, Qui avait fait de grandes choses en Égypte,
²²Des miracles dans le pays de Cham, Des prodiges sur la mer Rouge.
²³Et il parla de les exterminer; Mais Moïse, son élu, se tint à la brèche devant lui, Pour détourner sa fureur et l'empêcher de les détruire.
²⁴Ils méprisèrent le pays des délices; Ils ne crurent pas à la parole de l'Éternel,
²⁵Ils murmurèrent dans leurs tentes, Ils n'obéirent point à sa voix.
²⁶Et il leva la main pour jurer De les faire tomber dans le désert,
²⁷De faire tomber leur postérité parmi les nations, Et de les disperser au milieu des pays.
²⁸Ils s'attachèrent à Baal Peor, Et mangèrent des victimes sacrifiées aux morts.
²⁹Ils irritèrent l'Éternel par leurs actions, Et une plaie fit irruption parmi eux.
³⁰Phinées se leva pour intervenir, Et la plaie s'arrêta;
³¹Cela lui fut imputé à justice, De génération en génération pour toujours.
³²Ils irritèrent l'Éternel près des eaux de Meriba; Et Moïse fut puni à cause d'eux,
³³Car ils aigrirent son esprit, Et il s'exprima légèrement des lèvres.
³⁴Ils ne détruisirent point les peuples Que l'Éternel leur avait ordonné de détruire.
³⁵Ils se mêlèrent avec les nations, Et ils apprirent leurs oeuvres.
³⁶Ils servirent leurs idoles, Qui furent pour eux un piège;
³⁷Ils sacrifièrent leurs fils Et leurs filles aux idoles,
³⁸Ils répandirent le sang innocent, Le sang de leurs fils et de leurs filles, Qu'ils sacrifièrent aux idoles de Canaan, Et le pays fut profané par des meurtres.
³⁹Ils se souillèrent par leurs oeuvres, Ils se prostituèrent par leurs actions.
⁴⁰La colère de l'Éternel s'enflamma contre son peuple, Et il prit en horreur son héritage.
⁴¹Il les livra entre les mains des nations; Ceux qui les haïssaient dominèrent sur eux;
⁴²Leurs ennemis les opprimèrent, Et ils furent humiliés sous leur puissance.
⁴³Plusieurs fois il les délivra; Mais ils se montrèrent rebelles dans leurs desseins, Et ils devinrent malheureux par leur iniquité.
⁴⁴Il vit leur détresse, Lorsqu'il entendit leurs supplications.
⁴⁵Il se souvint en leur faveur de son alliance;
⁴⁶Il eut pitié selon sa grande bonté, Et il excita pour eux la compassion De tous ceux qui les retenaient captifs.
⁴⁷Sauve-nous, Éternel, notre Dieu! Et rassemble-nous du milieu des nations, Afin que nous célébrions ton saint nom, Et que nous mettions notre gloire à te louer!
⁴⁸Béni soit l'Éternel, le Dieu d'Israël, d'éternité en éternité! Et que tout le peuple dise: Amen! Louez l'Éternel!

Chapitre 107

¹Louez l'Éternel, car il est bon, Car sa miséricorde dure à toujours!
²Qu'ainsi disent les rachetés de l'Éternel, Ceux qu'il a délivrés de la main de l'ennemi,
³Et qu'il a rassemblés de tous les pays, De l'orient et de l'occident, du nord et de la mer!
⁴Ils erraient dans le désert, ils marchaient dans la solitude, Sans trouver une ville où ils pussent habiter.
⁵Ils souffraient de la faim et de la soif; Leur âme était languissante.
⁶Dans leur détresse, ils crièrent à l'Éternel, Et il les délivra de leurs angoisses;
⁷Il les conduisit par le droit chemin, Pour qu'ils arrivassent dans une ville habitable.
⁸Qu'ils louent l'Éternel pour sa bonté, Et pour ses merveilles en faveur des fils de l'homme!
⁹Car il a satisfait l'âme altérée, Il a comblé de biens l'âme affamée.
¹⁰Ceux qui avaient pour demeure les ténèbres et l'ombre de la mort Vivaient captifs dans la misère et dans les chaînes,
¹¹Parce qu'ils s'étaient révoltés contre les paroles de Dieu, Parce qu'ils avaient méprisé le conseil du Très Haut.
¹²Il humilia leur coeur par la souffrance; Ils succombèrent, et personne ne les secourut.
¹³Dans leur détresse, ils crièrent à l'Éternel, Et il les délivra de leurs angoisses;
¹⁴Il les fit sortir des ténèbres et de l'ombre de la mort, Et il rompit leurs liens.
¹⁵Qu'ils louent l'Éternel pour sa bonté, Et pour ses merveilles en faveur des fils de l'homme!
¹⁶Car il a brisé les portes d'airain, Il a rompu les verrous de fer.
¹⁷Les insensés, par leur conduite coupable Et par leurs iniquités, s'étaient rendus malheureux.
¹⁸Leur âme avait en horreur toute nourriture, Et ils touchaient aux portes de la mort.
¹⁹Dans leur détresse, ils crièrent à l'Éternel, Et il les délivra de leurs angoisses;
²⁰Il envoya sa parole et les guérit, Il les fit échapper de la fosse.
²¹Qu'ils louent l'Éternel pour sa bonté, Et pour ses merveilles en faveur des fils de l'homme!
²²Qu'ils offrent des sacrifices d'actions de grâces, Et qu'ils publient ses oeuvres avec des cris de joie!
²³Ceux qui étaient descendus sur la mer dans des navires, Et qui travaillaient sur les grandes eaux,
²⁴Ceux-là virent les oeuvres de l'Éternel Et ses merveilles au milieu de l'abîme.
²⁵Il dit, et il fit souffler la tempête, Qui souleva les flots de la mer.
²⁶Ils montaient vers les cieux, ils descendaient dans l'abîme; Leur âme était éperdue en face du danger;
²⁷Saisis de vertige, ils chancelaient comme un homme ivre, Et toute leur habileté était anéantie.
²⁸Dans leur détresse, ils crièrent à l'Éternel, Et il les délivra de leurs angoisses;
²⁹Il arrêta la tempête, ramena le calme, Et les ondes se turent.
³⁰Ils se réjouirent de ce qu'elles s'étaient apaisées, Et l'Éternel les conduisit au port désiré.
³¹Qu'ils louent l'Éternel pour sa bonté, Et pour ses merveilles en faveur des fils de l'homme!
³²Qu'ils l'exaltent dans l'assemblée du peuple, Et qu'ils le célèbrent dans la réunion des anciens!
³³Il change les fleuves en désert, Et les sources d'eaux en terre

desséchée,

³⁴Le pays fertile en pays salé, A cause de la méchanceté de ses habitants.
³⁵Il change le désert en étang, Et la terre aride en sources d'eaux.
³⁶Et il y établit ceux qui sont affamés. Ils fondent une ville pour l'habiter;
³⁷Ils ensemencent des champs, plantent des vignes, Et ils en recueillent les produits.
³⁸Il les bénit, et ils deviennent très nombreux, Et il ne diminue point leur bétail.
³⁹Sont-ils amoindris et humiliés Par l'oppression, le malheur et la souffrance;
⁴⁰Verse-t-il le mépris sur les grands, Les fait-il errer dans des déserts sans chemin,
⁴¹Il relève l'indigent et le délivre de la misère, Il multiplie les familles comme des troupeaux.
⁴²Les hommes droits le voient et se réjouissent, Mais toute iniquité ferme la bouche.
⁴³Que celui qui est sage prenne garde à ces choses, Et qu'il soit attentif aux bontés de l'Éternel.

Chapitre 108

¹ Cantique. Psaume de David. Mon coeur est affermi, ô Dieu! Je chanterai, je ferai retentir mes instruments: c'est ma gloire!
² Réveillez-vous, mon luth et ma harpe! Je réveillerai l'aurore.
³ Je te louerai parmi les peuples, Éternel! Je te chanterai parmi les nations.
⁴ Car ta bonté s'élève au-dessus des cieux, Et ta fidélité jusqu'aux nues.
⁵ Élève-toi sur les cieux, ô Dieu! Et que ta gloire soit sur toute la terre!
⁶ Afin que tes bien-aimés soient délivrés, Sauve par ta droite, et exauce-nous!
⁷ Dieu a dit dans sa sainteté: Je triompherai, Je partagerai Sichem, je mesurerai la vallée de Succoth;
⁸ A moi Galaad, à moi Manassé; Éphraïm est le rempart de ma tête, Et Juda, mon sceptre;
⁹ Moab est le bassin où je me lave; Je jette mon soulier sur Édom; Je pousse des cris de joie sur le pays des Philistins!
¹⁰ Qui me mènera dans la ville forte? Qui me conduit à Édom?
¹¹ N'est-ce pas toi, ô Dieu, qui nous as repoussés, Et qui ne sortais plus, ô Dieu, avec nos armées?
¹² Donne-nous du secours contre la détresse! Le secours de l'homme n'est que vanité.
¹³ Avec Dieu, nous ferons des exploits; Il écrasera nos ennemis.

Chapitre 109

¹Au chef des chantres. De David. Psaume. Dieu de ma louange, ne te tais point!
²Car ils ouvrent contre moi une bouche méchante et trompeuse, Ils me parlent avec une langue mensongère,
³Ils m'environnent de discours haineux Et ils me font la guerre sans cause.
⁴Tandis que je les aime, ils sont mes adversaires; Mais moi je recours à la prière.
⁵Ils me rendent le mal pour le bien, Et de la haine pour mon amour.
⁶Place-le sous l'autorité d'un méchant, Et qu'un accusateur se tienne à sa droite!
⁷Quand on le jugera, qu'il soit déclaré coupable, Et que sa prière passe pour un péché!
⁸Que ses jours soient peu nombreux, Qu'un autre prenne sa charge!
⁹Que ses enfants deviennent orphelins, Et sa femme veuve!
¹⁰Que ses enfants soient vagabonds et qu'ils mendient, Qu'ils cherchent du pain loin de leur demeure en ruines!
¹¹Que le créancier s'empare de tout ce qui est à lui, Et que les étrangers pillent le fruit de son travail!
¹²Que nul ne conserve pour lui de l'affection, Et que personne n'ait pitié de ses orphelins!
¹³Que ses descendants soient exterminés, Et que leur nom s'éteigne dans la génération suivante!
¹⁴Que l'iniquité de ses pères reste en souvenir devant l'Éternel, Et que le péché de sa mère ne soit point effacé!
¹⁵Qu'ils soient toujours présents devant l'Éternel, Et qu'il retranche de la terre leur mémoire,
¹⁶Parce qu'il ne s'est pas souvenu d'exercer la miséricorde, Parce qu'il a persécuté le malheureux et l'indigent, Jusqu'à faire mourir l'homme au coeur brisé!
¹⁷Il aimait la malédiction: qu'elle tombe sur lui! Il ne se plaisait pas à la bénédiction: qu'elle s'éloigne de lui!
¹⁸Qu'il revête la malédiction comme son vêtement, Qu'elle pénètre comme de l'eau dans son intérieur, Comme de l'huile dans ses os!
¹⁹Qu'elle lui serve de vêtement pour se couvrir, De ceinture dont il soit toujours ceint!
²⁰Tel soit, de la part de l'Éternel, le salaire de mes ennemis, Et de ceux qui parlent méchamment de moi!
²¹Et toi, Éternel, Seigneur! agis en ma faveur à cause de ton nom, Car ta bonté est grande; délivre-moi!
²²Je suis malheureux et indigent, Et mon coeur est blessé au dedans de moi.
²³Je m'en vais comme l'ombre à son déclin, Je suis chassé comme la sauterelle.
²⁴Mes genoux sont affaiblis par le jeûne, Et mon corps est épuisé de maigreur.
²⁵Je suis pour eux un objet d'opprobre; Ils me regardent, et secouent la tête.
²⁶Secours-moi, Éternel, mon Dieu! Sauve-moi par ta bonté!
²⁷Et qu'ils sachent que c'est ta main, Que c'est toi, Éternel, qui l'as fait!
²⁸S'ils maudissent, toi tu béniras; S'ils se lèvent, ils seront confus, Et ton serviteur se réjouira.
²⁹Que mes adversaires revêtent l'ignominie, Qu'ils se couvrent de leur honte comme d'un manteau!
³⁰Je louerai de ma bouche hautement l'Éternel, Je le célébrerai au milieu de la multitude;
³¹Car il se tient à la droite du pauvre, Pour le délivrer de ceux qui le condamnent.

Chapitre 110

¹De David. Psaume. Parole de l'Éternel à mon Seigneur: Assieds-toi à ma droite, Jusqu'à ce que je fasse de tes ennemis ton marchepied.
²L'Éternel étendra de Sion le sceptre de ta puissance: Domine au milieu de tes ennemis!
³Ton peuple est plein d'ardeur, quand tu rassembles ton armée; Avec des ornements sacrés, du sein de l'aurore Ta jeunesse vient à toi comme une rosée.
⁴L'Éternel l'a juré, et il ne s'en repentira point: Tu es sacrificateur pour toujours, A la manière de Melchisédek.
⁵Le Seigneur, à ta droite, Brise des rois au jour de sa colère.
⁶Il exerce la justice parmi les nations: tout est plein de cadavres; Il brise des têtes sur toute l'étendue du pays.
⁷Il boit au torrent pendant la marche: C'est pourquoi il relève la tête.

Chapitre 111

¹Louez l'Éternel! Je louerai l'Éternel de tout mon coeur, Dans la réunion des hommes droits et dans l'assemblée.
²Les oeuvres de l'Éternel sont grandes, Recherchées par tous ceux qui les aiment.
³Son oeuvre n'est que splendeur et magnificence, Et sa justice subsiste à jamais.
⁴Il a laissé la mémoire de ses prodiges, L'Éternel est miséricordieux et compatissant.
⁵Il a donné de la nourriture à ceux qui le craignent; Il se souvient toujours de son alliance.
⁶Il a manifesté à son peuple la puissance de ses oeuvres, En lui livrant l'héritage des nations.
⁷Les oeuvres de ses mains sont fidélité et justice; Toutes ses ordonnances sont véritables,
⁸Affermies pour l'éternité, Faites avec fidélité et droiture.
⁹Il a envoyé la délivrance à son peuple, Il a établi pour toujours son alliance; Son nom est saint et redoutable.
¹⁰La crainte de l'Éternel est le commencement de la sagesse; Tous ceux qui l'observent ont une raison saine. Sa gloire subsiste à jamais.

Chapitre 112

¹Louez l'Éternel! Heureux l'homme qui craint l'Éternel, Qui trouve un grand plaisir à ses commandements.
²Sa postérité sera puissante sur la terre, La génération des hommes droits sera bénie.
³Il a dans sa maison bien-être et richesse, Et sa justice subsiste à jamais.
⁴La lumière se lève dans les ténèbres pour les hommes droits, Pour

Psaume

celui qui est miséricordieux, compatissant et juste.

⁵Heureux l'homme qui exerce la miséricorde et qui prête. Qui règle ses actions d'après la justice.

⁶Car il ne chancelle jamais; La mémoire du juste dure toujours.

⁷Il ne craint point les mauvaises nouvelles; Son coeur est ferme, confiant en l'Éternel.

⁸Son coeur est affermi; il n'a point de crainte, Jusqu'à ce qu'il mette son plaisir à regarder ses adversaires.

⁹Il fait des largesses, il donne aux indigents; Sa justice subsiste à jamais; Sa tête s'élève avec gloire,

¹⁰Le méchant le voit et s'irrite, Il grince des dents et se consume; Les désirs des méchants périssent.

Chapitre 113

¹Louez l'Éternel! Serviteurs de l'Éternel, louez, Louez le nom de l'Éternel!

²Que le nom de l'Éternel soit béni, Dès maintenant et à jamais!

³Du lever du soleil jusqu'à son couchant, Que le nom de l'Éternel soit célébré!

⁴L'Éternel est élevé au-dessus de toutes les nations, Sa gloire est au-dessus des cieux.

⁵Qui est semblable à l'Éternel, notre Dieu? Il a sa demeure en haut;

⁶Il abaisse les regards Sur les cieux et sur la terre.

⁷De la poussière il retire le pauvre, Du fumier il relève l'indigent,

⁸Pour les faire asseoir avec les grands, Avec les grands de son peuple.

⁹Il donne une maison à celle qui était stérile, Il en fait une mère joyeuse au milieu de ses enfants. Louez l'Éternel!

Chapitre 114

¹Quand Israël sortit d'Égypte, Quand la maison de Jacob s'éloigna d'un peuple barbare,

²Juda devint son sanctuaire, Israël fut son domaine.

³La mer le vit et s'enfuit, Le Jourdain retourna en arrière;

⁴Les montagnes sautèrent comme des béliers, Les collines comme des agneaux.

⁵Qu'as-tu, mer, pour t'enfuir, Jourdain, pour retourner en arrière?

⁶Qu'avez-vous, montagnes, pour sauter comme des béliers, Et vous, collines, comme des agneaux?

⁷Tremble devant le Seigneur, ô terre! Devant le Dieu de Jacob,

⁸Qui change le rocher en étang, Le roc en source d'eaux.

Chapitre 115

¹Non pas à nous, Éternel, non pas à nous, Mais à ton nom donne gloire, A cause de ta bonté, à cause de ta fidélité!

²Pourquoi les nations diraient-elles: Où donc est leur Dieu?

³Notre Dieu est au ciel, Il fait tout ce qu'il veut.

⁴Leurs idoles sont de l'argent et de l'or, Elles sont l'ouvrage de la main des hommes.

⁵Elles ont une bouche et ne parlent point, Elles ont des yeux et ne voient point,

⁶Elles ont des oreilles et n'entendent point, Elles ont un nez et ne sentent point,

⁷Elles ont des mains et ne touchent point, Des pieds et ne marchent point, Elles ne produisent aucun son dans leur gosier.

⁸Ils leur ressemblent, ceux qui les fabriquent, Tous ceux qui se confient en elles.

⁹Israël, confie-toi en l'Éternel! Il est leur secours et leur bouclier.

¹⁰Maison d'Aaron, confie-toi en l'Éternel! Il est leur secours et leur bouclier.

¹¹Vous qui craignez l'Éternel, confiez-vous en l'Éternel! Il est leur secours et leur bouclier.

¹²L'Éternel se souvient de nous: il bénira, Il bénira la maison d'Israël, Il bénira la maison d'Aaron,

¹³Il bénira ceux qui craignent l'Éternel, les petits et les grands;

¹⁴L'Éternel vous multipliera ses faveurs, A vous et à vos enfants.

¹⁵Soyez bénis par l'Éternel, Qui a fait les cieux et la terre!

¹⁶Les cieux sont les cieux de l'Éternel, Mais il a donné la terre aux fils de l'homme.

¹⁷Ce ne sont pas les morts qui célèbrent l'Éternel, Ce n'est aucun de ceux qui descendent dans le lieu du silence;

¹⁸Mais nous, nous bénirons l'Éternel, Dès maintenant et à jamais. Louez l'Éternel!

Chapitre 116

¹J'aime l'Éternel, car il entend Ma voix, mes supplications;

²Car il a penché son oreille vers moi; Je l'invoquerai toute ma vie.

³Les liens de la mort m'avaient environné, Et les angoisses du sépulcre m'avaient saisi; J'étais en proie à la détresse et à la douleur.

⁴Mais j'invoquerai le nom de l'Éternel: O Éternel, sauve mon âme!

⁵L'Éternel est miséricordieux et juste, Notre Dieu est plein de compassion;

⁶L'Éternel garde les simples; J'étais malheureux, et il m'a sauvé.

⁷Mon âme, retourne à ton repos, Car l'Éternel t'a fait du bien.

⁸Oui, tu as délivré mon âme de la mort, Mes yeux des larmes, Mes pieds de la chute.

⁹Je marcherai devant l'Éternel, Sur la terre des vivants.

¹⁰J'avais confiance, lorsque je disais: Je suis bien malheureux!

¹¹Je disais dans mon angoisse: Tout homme est trompeur.

¹²Comment rendrai-je à l'Éternel Tous ses bienfaits envers moi?

¹³J'élèverai la coupe des délivrances, Et j'invoquerai le nom de l'Éternel;

¹⁴J'accomplirai mes voeux envers l'Éternel, En présence de tout son peuple.

¹⁵Elle a du prix aux yeux de l'Éternel, La mort de ceux qui l'aiment.

¹⁶Écoute-moi, ô Éternel! car je suis ton serviteur, Ton serviteur, fils de ta servante. Tu as détaché mes liens.

¹⁷Je t'offrirai un sacrifice d'actions de grâces, Et j'invoquerai le nom de l'Éternel;

¹⁸J'accomplirai mes voeux envers l'Éternel, En présence de tout son peuple,

¹⁹Dans les parvis de la maison de l'Éternel, Au milieu de toi, Jérusalem! Louez l'Éternel!

Chapitre 117

¹Louez l'Éternel, vous toutes les nations, Célébrez-le, vous tous les peuples!

²Car sa bonté pour nous est grande, Et sa fidélité dure à toujours. Louez l'Éternel!

Chapitre 118

¹Louez l'Éternel, car il est bon, Car sa miséricorde dure à toujours!

²Qu'Israël dise: Car sa miséricorde dure à toujours!

³Que la maison d'Aaron dise: Car sa miséricorde dure à toujours!

⁴Que ceux qui craignent l'Éternel disent: Car sa miséricorde dure à toujours!

⁵Du sein de la détresse j'ai invoqué l'Éternel: L'Éternel m'a exaucé, m'a mis au large.

⁶L'Éternel est pour moi, je ne crains rien: Que peuvent me faire des hommes?

⁷L'Éternel est mon secours, Et je me réjouis à la vue de mes ennemis.

⁸Mieux vaut chercher un refuge en l'Éternel Que de se confier à l'homme;

⁹Mieux vaut chercher un refuge en l'Éternel Que de se confier aux grands.

¹⁰Toutes les nations m'environnaient: Au nom de l'Éternel, je les taille en pièces.

¹¹Elles m'environnaient, m'enveloppaient: Au nom de l'Éternel, je les taille en pièces.

¹²Elles m'environnaient comme des abeilles; Elles s'éteignent comme un feu d'épines; Au nom de l'Éternel, je les taille en pièces.

¹³Tu me poussais pour me faire tomber; Mais l'Éternel m'a secouru.

¹⁴L'Éternel est ma force et le sujet de mes louanges; C'est lui qui m'a sauvé.

¹⁵Des cris de triomphe et de salut s'élèvent dans les tentes des justes: La droite de l'Éternel manifeste sa puissance!

¹⁶La droite de l'Éternel est élevée! La droite de l'Éternel manifeste sa puissance!

¹⁷Je ne mourrai pas, je vivrai, Et je raconterai les oeuvres de l'Éternel.

¹⁸L'Éternel m'a châtié, Mais il ne m'a pas livré à la mort.

¹⁹Ouvrez-moi les portes de la justice: J'entrerai, je louerai l'Éternel.

²⁰Voici la porte de l'Éternel: C'est par elle qu'entrent les justes.

²¹Je te loue, parce que tu m'as exaucé, Parce que tu m'as sauvé.

²²La pierre qu'ont rejetée ceux qui bâtissaient Est devenue la principale de l'angle.

²³C'est de l'Éternel que cela est venu: C'est un prodige à nos yeux.
²⁴C'est ici la journée que l'Éternel a faite: Qu'elle soit pour nous un sujet d'allégresse et de joie!
²⁵O Éternel, accorde le salut! O Éternel, donne la prospérité!
²⁶Béni soit celui qui vient au nom de l'Éternel! Nous vous bénissons de la maison de l'Éternel.
²⁷L'Éternel est Dieu, et il nous éclaire. Attachez la victime avec des liens, Amenez-la jusqu'aux cornes de l'autel!
²⁸Tu es mon Dieu, et je te louerai; Mon Dieu! je t'exalterai.
²⁹Louez l'Éternel, car il est bon, Car sa miséricorde dure à toujours!

Chapitre 119

¹Heureux ceux qui sont intègres dans leur voie, Qui marchent selon la loi de l'Éternel!
²Heureux ceux qui gardent ses préceptes, Qui le cherchent de tout leur coeur,
³Qui ne commettent point d'iniquité, Et qui marchent dans ses voies!
⁴Tu as prescrit tes ordonnances, Pour qu'on les observe avec soin.
⁵Puissent mes actions être bien réglées, Afin que je garde tes statuts!
⁶Alors je ne rougirai point, A la vue de tous tes commandements.
⁷Je te louerai dans la droiture de mon coeur, En apprenant les lois de ta justice.
⁸Je veux garder tes statuts: Ne m'abandonne pas entièrement!
⁹Comment le jeune homme rendra-t-il pur son sentier? En se dirigeant d'après ta parole.
¹⁰Je te cherche de tout mon coeur: Ne me laisse pas égarer loin de tes commandements!
¹¹Je serre ta parole dans mon coeur, Afin de ne pas pécher contre toi.
¹²Béni sois-tu, ô Éternel! Enseigne-moi tes statuts!
¹³De mes lèvres j'énumère Toutes les sentences de ta bouche.
¹⁴Je me réjouis en suivant tes préceptes, Comme si je possédais tous les trésors.
¹⁵Je médite tes ordonnances, J'ai tes sentiers sous les yeux.
¹⁶Je fais mes délices de tes statuts, Je n'oublie point ta parole.
¹⁷Fais du bien à ton serviteur, pour que je vive Et que j'observe ta parole!
¹⁸Ouvre mes yeux, pour que je contemple Les merveilles de ta loi!
¹⁹Je suis un étranger sur la terre: Ne me cache pas tes commandements!
²⁰Mon âme est brisée par le désir Qui toujours la porte vers tes lois.
²¹Tu menaces les orgueilleux, ces maudits, Qui s'égarent loin de tes commandements.
²²Décharge-moi de l'opprobre et du mépris! Car j'observe tes préceptes.
²³Des princes ont beau s'asseoir et parler contre moi, Ton serviteur médite tes statuts.
²⁴Tes préceptes font mes délices, Ce sont mes conseillers.
²⁵Mon âme est attachée à la poussière: Rends-moi la vie selon ta parole!
²⁶Je raconte mes voies, et tu m'exauces: Enseigne-moi tes statuts!
²⁷Fais-moi comprendre la voie de tes ordonnances, Et je méditerai sur tes merveilles!
²⁸Mon âme pleure de chagrin: Relève-moi selon ta parole!
²⁹Éloigne de moi la voie du mensonge, Et accorde-moi la grâce de suivre ta loi!
³⁰Je choisis la voie de la vérité, Je place tes lois sous mes yeux.
³¹Je m'attache à tes préceptes: Éternel, ne me rends point confus!
³²Je cours dans la voie de tes commandements, Car tu élargis mon coeur.
³³Enseigne-moi, Éternel, la voie de tes statuts, pour que je la retienne jusqu'à la fin!
³⁴Donne-moi l'intelligence, pour que je garde ta loi Et que je l'observe de tout mon coeur!
³⁵Conduis-moi dans le sentier de tes commandements! Car je l'aime.
³⁶Incline mon coeur vers tes préceptes, Et non vers le gain!
³⁷Détourne mes yeux de la vue des choses vaines, Fais-moi vivre dans ta voie!
³⁸Accomplis envers ton serviteur ta promesse, Qui est pour ceux qui te craignent!
³⁹Éloigne de moi l'opprobre que je redoute! Car tes jugements sont pleins de bonté.
⁴⁰Voici, je désire pratiquer tes ordonnances: Fais-moi vivre dans ta justice!
⁴¹Éternel, que ta miséricorde vienne sur moi, Ton salut selon ta promesse!
⁴²Et je pourrai répondre à celui qui m'outrage, Car je me confie en ta parole.
⁴³N'ôte pas entièrement de ma bouche la parole de la vérité! Car j'espère en tes jugements.
⁴⁴Je garderai ta loi constamment, A toujours et à perpétuité.
⁴⁵Je marcherai au large, Car je recherche tes ordonnances.
⁴⁶Je parlerai de tes préceptes devant les rois, Et je ne rougirai point.
⁴⁷Je fais mes délices de tes commandements. Je les aime.
⁴⁸Je lève mes mains vers tes commandements que j'aime, Et je veux méditer tes statuts.
⁴⁹Souviens-toi de ta promesse à ton serviteur, Puisque tu m'as donné l'espérance!
⁵⁰C'est ma consolation dans ma misère, Car ta promesse me rend la vie.
⁵¹Des orgueilleux me chargent de railleries; Je ne m'écarte point de ta loi.
⁵²Je pense à tes jugements d'autrefois, ô Éternel! Et je me console.
⁵³Une colère ardente me saisit à la vue des méchants Qui abandonnent ta loi.
⁵⁴Tes statuts sont le sujet de mes cantiques, Dans la maison où je suis étranger.
⁵⁵La nuit je me rappelle ton nom, ô Éternel! Et je garde ta loi.
⁵⁶C'est là ce qui m'est propre, Car j'observe tes ordonnances.
⁵⁷Ma part, ô Éternel! je le dis, C'est de garder tes paroles.
⁵⁸Je t'implore de tout mon coeur: Aie pitié de moi, selon ta promesse!
⁵⁹Je réfléchis à mes voies, Et je dirige mes pieds vers tes préceptes.
⁶⁰Je me hâte, je ne diffère point D'observer tes commandements.
⁶¹Les pièges des méchants m'environnent; Je n'oublie point ta loi.
⁶²Au milieu de la nuit je me lève pour te louer, A cause des jugements de ta justice.
⁶³Je suis l'ami de tous ceux qui te craignent, Et de ceux qui gardent tes ordonnances.
⁶⁴La terre, ô Éternel! est pleine de ta bonté; Enseigne-moi tes statuts!
⁶⁵Tu fais du bien à ton serviteur, O Éternel! selon ta promesse.
⁶⁶Enseigne-moi le bon sens et l'intelligence! Car je crois à tes commandements.
⁶⁷Avant d'avoir été humilié, je m'égarais; Maintenant j'observe ta parole.
⁶⁸Tu es bon et bienfaisant; Enseigne-moi tes statuts!
⁶⁹Des orgueilleux imaginent contre moi des faussetés; Moi, je garde de tout mon coeur tes ordonnances.
⁷⁰Leur coeur est insensible comme la graisse; Moi, je fais mes délices de ta loi.
⁷¹Il m'est bon d'être humilié, Afin que j'apprenne tes statuts.
⁷²Mieux vaut pour moi la loi de ta bouche Que mille objets d'or et d'argent.
⁷³Tes mains m'ont créé, elles m'ont formé; Donne-moi l'intelligence, pour que j'apprenne tes commandements!
⁷⁴Ceux qui te craignent me voient et se réjouissent, Car j'espère en tes promesses.
⁷⁵Je sais, ô Éternel! que tes jugements sont justes; C'est par fidélité que tu m'as humilié.
⁷⁶Que ta bonté soit ma consolation, Comme tu l'as promis à ton serviteur!
⁷⁷Que tes compassions viennent sur moi, pour que je vive! Car ta loi fait mes délices.
⁷⁸Qu'ils soient confondus, les orgueilleux qui m'oppriment sans cause! Moi, je médite sur tes ordonnances.
⁷⁹Qu'ils reviennent à moi, ceux qui te craignent, Et ceux qui connaissent tes préceptes!
⁸⁰Que mon coeur soit sincère dans tes statuts, Afin que je ne sois pas couvert de honte!
⁸¹Mon âme languit après ton salut; J'espère en ta promesse.
⁸²Mes yeux languissent après ta promesse; Je dis: Quand me consoleras-tu?
⁸³Car je suis comme une outre dans la fumée; Je n'oublie point tes statuts.
⁸⁴Quel est le nombre des jours de ton serviteur? Quand feras-tu justice de ceux qui me persécutent?

Psaume

⁸⁵Des orgueilleux creusent des fosses devant moi; Ils n'agissent point selon ta loi.
⁸⁶Tous tes commandements ne sont que fidélité; Ils me persécutent sans cause: secours-moi!
⁸⁷Ils ont failli me terrasser et m'anéantir; Et moi, je n'abandonne point tes ordonnances.
⁸⁸Rends-moi la vie selon ta bonté, Afin que j'observe les préceptes de ta bouche!
⁸⁹A toujours, ô Éternel! Ta parole subsiste dans les cieux.
⁹⁰De génération en génération ta fidélité subsiste; Tu as fondé la terre, et elle demeure ferme.
⁹¹C'est d'après tes lois que tout subsiste aujourd'hui, Car toutes choses te sont assujetties.
⁹²Si ta loi n'eût fait mes délices, J'eusse alors péri dans ma misère.
⁹³Je n'oublierai jamais tes ordonnances, Car c'est par elles que tu me rends la vie.
⁹⁴Je suis à toi: sauve-moi! Car je recherche tes ordonnances.
⁹⁵Des méchants m'attendent pour me faire périr; Je suis attentif à tes préceptes.
⁹⁶Je vois des bornes à tout ce qui est parfait: Tes commandements n'ont point de limite.
⁹⁷Combien j'aime ta loi! Elle est tout le jour l'objet de ma méditation.
⁹⁸Tes commandements me rendent plus sage que mes ennemis, Car je les ai toujours avec moi.
⁹⁹Je suis plus instruit que tous mes maîtres, Car tes préceptes sont l'objet de ma méditation.
¹⁰⁰J'ai plus d'intelligence que les vieillards, Car j'observe tes ordonnances.
¹⁰¹Je retiens mon pied loin de tout mauvais chemin, Afin de garder ta parole.
¹⁰²Je ne m'écarte pas de tes lois, Car c'est toi qui m'enseignes.
¹⁰³Que tes paroles sont douces à mon palais, Plus que le miel à ma bouche!
¹⁰⁴Par tes ordonnances je deviens intelligent, Aussi je hais toute voie de mensonge.
¹⁰⁵Ta parole est une lampe à mes pieds, Et une lumière sur mon sentier.
¹⁰⁶Je jure, et je le tiendrai, D'observer les lois de ta justice.
¹⁰⁷Je suis bien humilié: Éternel, rends-moi la vie selon ta parole!
¹⁰⁸Agrée, ô Éternel! les sentiments que ma bouche exprime, Et enseigne-moi tes lois!
¹⁰⁹Ma vie est continuellement exposée, Et je n'oublie point ta loi.
¹¹⁰Des méchants me tendent des pièges, Et je ne m'égare pas loin de tes ordonnances.
¹¹¹Tes préceptes sont pour toujours mon héritage, Car ils sont la joie de mon coeur.
¹¹²J'incline mon coeur à pratiquer tes statuts, Toujours, jusqu'à la fin.
¹¹³Je hais les hommes indécis, Et j'aime ta loi.
¹¹⁴Tu es mon asile et mon bouclier; J'espère en ta promesse.
¹¹⁵Éloignez-vous de moi, méchants, Afin que j'observe les commandements de mon Dieu!
¹¹⁶Soutiens-moi selon ta promesse, afin que je vive, Et ne me rends point confus dans mon espérance!
¹¹⁷Sois mon appui, pour que je sois sauvé, Et que je m'occupe sans cesse de tes statuts!
¹¹⁸Tu méprises tous ceux qui s'écartent de tes statuts, Car leur tromperie est sans effet.
¹¹⁹Tu enlèves comme de l'écume tous les méchants de la terre; C'est pourquoi j'aime tes préceptes.
¹²⁰Ma chair frissonne de l'effroi que tu m'inspires, Et je crains tes jugements.
¹²¹J'observe la loi et la justice: Ne m'abandonne pas à mes oppresseurs!
¹²²Prends sous ta garantie le bien de ton serviteur, Ne me laisse pas opprimer par des orgueilleux!
¹²³Mes yeux languissent après ton salut, Et après la promesse de ta justice.
¹²⁴Agis envers ton serviteur selon ta bonté, Et enseigne-moi tes statuts!
¹²⁵Je suis ton serviteur: donne-moi l'intelligence, Pour que je connaisse tes préceptes!
¹²⁶Il est temps que l'Éternel agisse: Ils transgressent ta loi.
¹²⁷C'est pourquoi j'aime tes commandements, Plus que l'or et que l'or fin;
¹²⁸C'est pourquoi je trouve justes toutes tes ordonnances, Je hais toute voie de mensonge.
¹²⁹Tes préceptes sont admirables: Aussi mon âme les observe.
¹³⁰La révélation de tes paroles éclaire, Elle donne de l'intelligence aux simples.
¹³¹J'ouvre la bouche et je soupire, Car je suis avide de tes commandements.
¹³²Tourne vers moi ta face, et aie pitié de moi, Selon ta coutume à l'égard de ceux qui aiment ton nom!
¹³³Affermis mes pas dans ta parole, Et ne laisse aucune iniquité dominer sur moi!
¹³⁴Délivre-moi de l'oppression des hommes, Afin que je garde tes ordonnances!
¹³⁵Fais luire ta face sur ton serviteur, Et enseigne-moi tes statuts!
¹³⁶Mes yeux répandent des torrents d'eaux, Parce qu'on n'observe point ta loi.
¹³⁷Tu es juste, ô Éternel! Et tes jugements sont équitables;
¹³⁸Tu fondes tes préceptes sur la justice Et sur la plus grande fidélité.
¹³⁹Mon zèle me consume, Parce que mes adversaires oublient tes paroles.
¹⁴⁰Ta parole est entièrement éprouvée, Et ton serviteur l'aime.
¹⁴¹Je suis petit et méprisé; Je n'oublie point tes ordonnances.
¹⁴²Ta justice est une justice éternelle, Et ta loi est la vérité.
¹⁴³La détresse et l'angoisse m'atteignent: Tes commandements font mes délices.
¹⁴⁴Tes préceptes sont éternellement justes: Donne-moi l'intelligence, pour que je vive!
¹⁴⁵Je t'invoque de tout mon coeur: exauce-moi, Éternel, Afin que je garde tes statuts!
¹⁴⁶Je t'invoque: sauve-moi, Afin que j'observe tes préceptes!
¹⁴⁷Je devance l'aurore et je crie; J'espère en tes promesses.
¹⁴⁸Je devance les veilles et j'ouvre les yeux, Pour méditer ta parole.
¹⁴⁹Écoute ma voix selon ta bonté! Rends-moi la vie selon ton jugement!
¹⁵⁰Ils s'approchent, ceux qui poursuivent le crime, Ils s'éloignent de la loi.
¹⁵¹Tu es proche, ô Éternel! Et tous tes commandements sont la vérité.
¹⁵²Dès longtemps je sais par tes préceptes Que tu les as établis pour toujours.
¹⁵³Vois ma misère, et délivre-moi! Car je n'oublie point ta loi.
¹⁵⁴Défends ma cause, et rachète-moi; Rends-moi la vie selon ta promesse!
¹⁵⁵Le salut est loin des méchants, Car ils ne recherchent pas tes statuts.
¹⁵⁶Tes compassions sont grandes, ô Éternel! Rends-moi la vie selon tes jugements!
¹⁵⁷Mes persécuteurs et mes adversaires sont nombreux; Je ne m'écarte point de tes préceptes,
¹⁵⁸Je vois avec dégoût des traîtres Qui n'observent pas ta parole.
¹⁵⁹Considère que j'aime tes ordonnances: Éternel, rends-moi la vie selon ta bonté!
¹⁶⁰Le fondement de ta parole est la vérité, Et toutes les lois de ta justice sont éternelles.
¹⁶¹Des princes me persécutent sans cause; Mais mon coeur ne tremble qu'à tes paroles.
¹⁶²Je me réjouis de ta parole, Comme celui qui trouve un grand butin.
¹⁶³Je hais, je déteste le mensonge; J'aime ta loi.
¹⁶⁴Sept fois le jour je te célèbre, A cause des lois de ta justice.
¹⁶⁵Il y a beaucoup de paix pour ceux qui aiment ta loi, Et il ne leur arrive aucun malheur.
¹⁶⁶J'espère en ton salut, ô Éternel! Et je pratique tes commandements.
¹⁶⁷Mon âme observe tes préceptes, Et je les aime beaucoup.
¹⁶⁸Je garde tes ordonnances et tes préceptes, Car toutes mes voies sont devant toi.
¹⁶⁹Que mon cri parvienne jusqu'à toi, ô Éternel! Donne-moi l'intelligence, selon ta promesse!
¹⁷⁰Que ma supplication arrive jusqu'à toi! Délivre-moi, selon ta promesse!
¹⁷¹Que mes lèvres publient ta louange! Car tu m'enseignes tes statuts.
¹⁷²Que ma langue chante ta parole! Car tous tes commandements sont justes.
¹⁷³Que ta main me soit en aide! Car j'ai choisi tes ordonnances.

¹⁷⁴Je soupire après ton salut, ô Éternel! Et ta loi fait mes délices.
¹⁷⁵Que mon âme vive et qu'elle te loue! Et que tes jugements me soutiennent!
¹⁷⁶Je suis errant comme une brebis perdue; cherche ton serviteur, Car je n'oublie point tes commandements.

Chapitre 120

¹Cantique des degrés. Dans ma détresse, c'est à l'Éternel Que je crie, et il m'exauce.
²Éternel, délivre mon âme de la lèvre mensongère, De la langue trompeuse!
³Que te donne, que te rapporte Une langue trompeuse?
⁴Les traits aigus du guerrier, Avec les charbons ardents du genêt.
⁵Malheureux que je suis de séjourner à Méschec, D'habiter parmi les tentes de Kédar!
⁶Assez longtemps mon âme a demeuré Auprès de ceux qui haïssent la paix.
⁷Je suis pour la paix; mais dès que je parle, Ils sont pour la guerre.

Chapitre 121

¹Cantique des degrés. Je lève mes yeux vers les montagnes... D'où me viendra le secours?
²Le secours me vient de l'Éternel, Qui a fait les cieux et la terre.
³Il ne permettra point que ton pied chancelle; Celui qui te garde ne sommeillera point.
⁴Voici, il ne sommeille ni ne dort, Celui qui garde Israël.
⁵L'Éternel est celui qui te garde, L'Éternel est ton ombre à ta main droite.
⁶Pendant le jour le soleil ne te frappera point, Ni la lune pendant la nuit.
⁷L'Éternel te gardera de tout mal, Il gardera ton âme;
⁸L'Éternel gardera ton départ et ton arrivée, Dès maintenant et à jamais.

Chapitre 122

¹Cantique des degrés. De David. Je suis dans la joie quand on me dit: Allons à la maison de l'Éternel!
²Nos pieds s'arrêtent Dans tes portes, Jérusalem!
³Jérusalem, tu es bâtie Comme une ville dont les parties sont liées ensemble.
⁴C'est là que montent les tribus, les tribus de l'Éternel, Selon la loi d'Israël, Pour louer le nom de l'Éternel.
⁵Car là sont les trônes pour la justice, Les trônes de la maison de David.
⁶Demandez la paix de Jérusalem. Que ceux qui t'aiment jouissent du repos!
⁷Que la paix soit dans tes murs, Et la tranquillité dans tes palais!
⁸A cause de mes frères et de mes amis, Je désire la paix dans ton sein;
⁹A cause de la maison de l'Éternel, notre Dieu, Je fais des voeux pour ton bonheur.

Chapitre 123

¹Cantique des degrés. Je lève mes yeux vers toi, Qui sièges dans les cieux.
²Voici, comme les yeux des serviteurs sont fixés sur la main de leurs maîtres, Et les yeux de la servante sur la main de sa maîtresse, Ainsi nos yeux se tournent vers l'Éternel, notre Dieu, Jusqu'à ce qu'il ait pitié de nous.
³Aie pitié de nous, Éternel, aie pitié de nous! Car nous sommes assez rassasiés de mépris;
⁴Notre âme est assez rassasiée Des moqueries des orgueilleux, du mépris des hautains.

Chapitre 124

¹Cantique des degrés. De David. Sans l'Éternel qui nous protégea, Qu'Israël le dise!
²Sans l'Éternel qui nous protégea, Quand les hommes s'élevèrent contre nous,
³Ils nous auraient engloutis tout vivants, Quand leur colère s'enflamma contre nous;
⁴Alors les eaux nous auraient submergés, Les torrents auraient passé sur notre âme;
⁵Alors auraient passé sur notre âme Les flots impétueux.
⁶Béni soit l'Éternel, Qui ne nous a pas livrés en proie à leurs dents!
⁷Notre âme s'est échappée comme l'oiseau du filet des oiseleurs; Le filet s'est rompu, et nous nous sommes échappés.
⁸Notre secours est dans le nom de l'Éternel, Qui a fait les cieux et la terre.

Chapitre 125

¹Cantique des degrés. Ceux qui se confient en l'Éternel Sont comme la montagne de Sion: elle ne chancelle point, Elle est affermie pour toujours.
²Des montagnes entourent Jérusalem; Ainsi l'Éternel entoure son peuple, Dès maintenant et à jamais.
³Car le sceptre de la méchanceté ne restera pas sur le lot des justes, Afin que les justes ne tendent pas les mains vers l'iniquité.
⁴Éternel, répands tes bienfaits sur les bons Et sur ceux dont le coeur est droit!
⁵Mais ceux qui s'engagent dans des voies détournées, Que l'Éternel les détruise avec ceux qui font le mal! Que la paix soit sur Israël!

Chapitre 126

¹Cantique des degrés. Quand l'Éternel ramena les captifs de Sion, Nous étions comme ceux qui font un rêve.
²Alors notre bouche était remplie de cris de joie, Et notre langue de chants d'allégresse; Alors on disait parmi les nations: L'Éternel a fait pour eux de grandes choses!
³L'Éternel a fait pour nous de grandes choses; Nous sommes dans la joie.
⁴Éternel, ramène nos captifs, Comme des ruisseaux dans le midi!
⁵Ceux qui sèment avec larmes Moissonneront avec chants d'allégresse.
⁶Celui qui marche en pleurant, quand il porte la semence, Revient avec allégresse, quand il porte ses gerbes.

Chapitre 127

¹Cantique des degrés. De Salomon. Si l'Éternel ne bâtit la maison, Ceux qui la bâtissent travaillent en vain; Si l'Éternel ne garde la ville, Celui qui la garde veille en vain.
²En vain vous levez-vous matin, vous couchez-vous tard, Et mangez-vous le pain de douleur; Il en donne autant à ses bien-aimés pendant leur sommeil.
³Voici, des fils sont un héritage de l'Éternel, Le fruit des entrailles est une récompense.
⁴Comme les flèches dans la main d'un guerrier, Ainsi sont les fils de la jeunesse.
⁵Heureux l'homme qui en a rempli son carquois! Ils ne seront pas confus, Quand ils parleront avec des ennemis à la porte.

Chapitre 128

¹Cantique des degrés. Heureux tout homme qui craint l'Éternel, Qui marche dans ses voies!
²Tu jouis alors du travail de tes mains, Tu es heureux, tu prospères.
³Ta femme est comme une vigne féconde Dans l'intérieur de ta maison; Tes fils sont comme des plants d'olivier, Autour de ta table.
⁴C'est ainsi qu'est béni L'homme qui craint l'Éternel.
⁵L'Éternel te bénira de Sion, Et tu verras le bonheur de Jérusalem Tous les jours de ta vie;
⁶Tu verras les fils de tes fils. Que la paix soit sur Israël!

Chapitre 129

¹Cantique des degrés. Ils m'ont assez opprimé dès ma jeunesse, Qu'Israël le dise!
²Ils m'ont assez opprimé dès ma jeunesse, Mais ils ne m'ont pas vaincu.
³Des laboureurs ont labouré mon dos, Ils y ont tracé de longs sillons.
⁴L'Éternel est juste: Il a coupé les cordes des méchants.
⁵Qu'ils soient confondus et qu'ils reculent, Tous ceux qui haïssent Sion!
⁶Qu'ils soient comme l'herbe des toits, Qui sèche avant qu'on l'arrache!
⁷Le moissonneur n'en remplit point sa main, Celui qui lie les gerbes n'en charge point son bras,
⁸Et les passants ne disent point: Que la bénédiction de l'Éternel soit sur vous! Nous vous bénissons au nom de l'Éternel!

Psaume
Chapitre 130
¹Cantique des degrés. Du fond de l'abîme je t'invoque, ô Éternel!
²Seigneur, écoute ma voix! Que tes oreilles soient attentives A la voix de mes supplications!
³Si tu gardais le souvenir des iniquités, Éternel, Seigneur, qui pourrait subsister?
⁴Mais le pardon se trouve auprès de toi, Afin qu'on te craigne.
⁵J'espère en l'Éternel, mon âme espère, Et j'attends sa promesse.
⁶Mon âme compte sur le Seigneur, Plus que les gardes ne comptent sur le matin, Que les gardes ne comptent sur le matin.
⁷Israël, mets ton espoir en l'Éternel! Car la miséricorde est auprès de l'Éternel, Et la rédemption est auprès de lui en abondance.
⁸C'est lui qui rachètera Israël De toutes ses iniquités.

Chapitre 131
¹Cantique des degrés. De David. Éternel! je n'ai ni un coeur qui s'enfle, ni des regards hautains; Je ne m'occupe pas de choses trop grandes et trop relevées pour moi.
²Loin de là, j'ai l'âme calme et tranquille, Comme un enfant sevré qui est auprès de sa mère; J'ai l'âme comme un enfant sevré.
³Israël, mets ton espoir en l'Éternel, Dès maintenant et à jamais!

Chapitre 132
¹Cantique des degrés. Éternel, souviens-toi de David, De toutes ses peines!
²Il jura à l'Éternel, Il fit ce voeu au puissant de Jacob:
³Je n'entrerai pas dans la tente où j'habite, Je ne monterai pas sur le lit où je repose,
⁴Je ne donnerai ni sommeil à mes yeux, Ni assoupissement à mes paupières.
⁵Jusqu'à ce que j'aie trouvé un lieu pour l'Éternel, Une demeure pour le puissant de Jacob.
⁶Voici, nous en entendîmes parler à Éphrata, Nous la trouvâmes dans les champs de Jaar...
⁷Allons à sa demeure, Prosternons-nous devant son marchepied!...
⁸Lève-toi, Éternel, viens à ton lieu de repos, Toi et l'arche de ta majesté!
⁹Que tes sacrificateurs soient revêtus de justice, Et que tes fidèles poussent des cris de joie!
¹⁰A cause de David, ton serviteur, Ne repousse pas ton oint!
¹¹L'Éternel a juré la vérité à David, Il n'en reviendra pas; Je mettrai sur ton trône un fruit de tes entrailles.
¹²Si tes fils observent mon alliance Et mes préceptes que je leur enseigne, Leurs fils aussi pour toujours Seront assis sur ton trône.
¹³Oui, l'Éternel a choisi Sion, Il l'a désirée pour sa demeure:
¹⁴C'est mon lieu de repos à toujours; J'y habiterai, car je l'ai désirée.
¹⁵Je bénirai sa nourriture, Je rassasierai de pain ses indigents;
¹⁶Je revêtirai de salut ses sacrificateurs, Et ses fidèles pousseront des cris de joie.
¹⁷Là j'élèverai la puissance de David, Je préparerai une lampe à mon oint,
¹⁸Je revêtirai de honte ses ennemis, Et sur lui brillera sa couronne.

Chapitre 133
¹Cantique des degrés. De David. Voici, oh! qu'il est agréable, qu'il est doux Pour des frères de demeurer ensemble!
²C'est comme l'huile précieuse qui, répandue sur la tête, Descend sur la barbe, sur la barbe d'Aaron, Qui descend sur le bord de ses vêtements.
³C'est comme la rosée de l'Hermon, Qui descend sur les montagnes de Sion; Car c'est là que l'Éternel envoie la bénédiction, La vie, pour l'éternité.

Chapitre 134
¹Cantique des degrés. Voici, bénissez l'Éternel, vous tous, serviteurs de l'Éternel, Qui vous tenez dans la maison de l'Éternel pendant les nuits!
²Élevez vos mains vers le sanctuaire, Et bénissez l'Éternel!
³Que l'Éternel te bénisse de Sion, Lui qui a fait les cieux et la terre!

Chapitre 135
¹Louez l'Éternel! Louez le nom de l'Éternel, Louez-le, serviteurs de l'Éternel,
²Qui vous tenez dans la maison de l'Éternel, Dans les parvis de la maison de notre Dieu!
³Louez l'Éternel! car l'Éternel est bon. Chantez à son nom! car il est favorable.
⁴Car l'Éternel s'est choisi Jacob, Israël, pour qu'il lui appartînt.
⁵Je sais que l'Éternel est grand, Et que notre Seigneur est au-dessus de tous les dieux.
⁶Tout ce que l'Éternel veut, il le fait, Dans les cieux et sur la terre, Dans les mers et dans tous les abîmes.
⁷Il fait monter les nuages des extrémités de la terre, Il produit les éclairs et la pluie, Il tire le vent de ses trésors.
⁸Il frappa les premiers-nés de l'Égypte, Depuis les hommes jusqu'aux animaux.
⁹Il envoya des signes et des miracles au milieu de toi, Égypte! Contre Pharaon et contre tous ses serviteurs.
¹⁰Il frappa des nations nombreuses, Et tua des rois puissants,
¹¹Sihon, roi des Amoréens, Og, roi de Basan, Et tous les rois de Canaan;
¹²Et il donna leur pays en héritage, En héritage à Israël, son peuple.
¹³Éternel! ton nom subsiste à toujours, Éternel! ta mémoire dure de génération en génération.
¹⁴Car l'Éternel jugera son peuple, Et il aura pitié de ses serviteurs.
¹⁵Les idoles des nations sont de l'argent et de l'or, Elles sont l'ouvrage de la main des hommes.
¹⁶Elles ont une bouche et ne parlent point, Elles ont des yeux et ne voient point,
¹⁷Elles ont des oreilles et n'entendent point, Elles n'ont point de souffle dans leur bouche.
¹⁸Ils leur ressemblent, ceux qui les fabriquent, Tous ceux qui se confient en elles.
¹⁹Maison d'Israël, bénissez l'Éternel! Maison d'Aaron, bénissez l'Éternel!
²⁰Maison de Lévi, bénissez l'Éternel! Vous qui craignez l'Éternel, bénissez l'Éternel!
²¹Que de Sion l'on bénisse l'Éternel, Qui habite à Jérusalem! Louez l'Éternel!

Chapitre 136
¹Louez l'Éternel, car il est bon, Car sa miséricorde dure à toujours!
²Louez le Dieu des dieux, Car sa miséricorde dure à toujours!
³Louez le Seigneur des seigneurs, Car sa miséricorde dure à toujours!
⁴Celui qui seul fait de grands prodiges, Car sa miséricorde dure à toujours!
⁵Celui qui a fait les cieux avec intelligence, Car sa miséricorde dure à toujours!
⁶Celui qui a étendu la terre sur les eaux, Car sa miséricorde dure à toujours!
⁷Celui qui a fait les grands luminaires, Car sa miséricorde dure à toujours!
⁸Le soleil pour présider au jour, Car sa miséricorde dure à toujours!
⁹La lune et les étoiles pour présider à la nuit, Car sa miséricorde dure à toujours!
¹⁰Celui qui frappa les Égyptiens dans leurs premiers-nés, Car sa miséricorde dure à toujours!
¹¹Et fit sortir Israël du milieu d'eux, Car sa miséricorde dure à toujours!
¹²A main forte et à bras étendu, Car sa miséricorde dure à toujours!
¹³Celui qui coupa en deux la mer Rouge, Car sa miséricorde dure à toujours!
¹⁴Qui fit passer Israël au milieu d'elle, Car sa miséricorde dure à toujours!
¹⁵Et précipita Pharaon et son armée dans la mer Rouge, Car sa miséricorde dure à toujours!
¹⁶Celui qui conduisit son peuple dans le désert, Car sa miséricorde dure à toujours!
¹⁷Celui qui frappa de grands rois, Car sa miséricorde dure à toujours!
¹⁸Qui tua des rois puissants, Car sa miséricorde dure à toujours!
¹⁹Sihon, rois des Amoréens, Car sa miséricorde dure à toujours!
²⁰Et Og, roi de Basan, Car sa miséricorde dure à toujours!

²¹Et donna leur pays en héritage, Car sa miséricorde dure à toujours!
²²En héritage à Israël, son serviteur, Car sa miséricorde dure à toujours!
²³Celui qui se souvint de nous quand nous étions humiliés, Car sa miséricorde dure à toujours!
²⁴Et nous délivra de nos oppresseurs, Car sa miséricorde dure à toujours!
²⁵Celui qui donne la nourriture à toute chair, Car sa miséricorde dure à toujours!
²⁶Louez le Dieu des cieux, Car sa miséricorde dure à toujours!

Chapitre 137

¹Sur les bords des fleuves de Babylone, Nous étions assis et nous pleurions, en nous souvenant de Sion.
²Aux saules de la contrée Nous avions suspendu nos harpes.
³Là, nos vainqueurs nous demandaient des chants, Et nos oppresseurs de la joie: Chantez-nous quelques-uns des cantiques de Sion!
⁴Comment chanterions-nous les cantiques de l'Éternel Sur une terre étrangère?
⁵Si je t'oublie, Jérusalem, Que ma droite m'oublie!
⁶Que ma langue s'attache à mon palais, Si je ne me souviens de toi, Si je ne fais de Jérusalem Le principal sujet de ma joie!
⁷Éternel, souviens-toi des enfants d'Édom, Qui, dans la journée de Jérusalem, Disaient: Rasez, rasez Jusqu'à ses fondements!
⁸Fille de Babylone, la dévastée, Heureux qui te rend la pareille, Le mal que tu nous as fait!
⁹Heureux qui saisit tes enfants, Et les écrase sur le roc!

Chapitre 138

¹De David. Je te célèbre de tout mon coeur, Je chante tes louanges en la présence de Dieu.
²Je me prosterne dans ton saint temple, Et je célèbre ton nom, à cause de ta bonté et de ta fidélité, Car ta renommée s'est accrue par l'accomplissement de tes promesses.
³Le jour où je t'ai invoqué, tu m'as exaucé, Tu m'as rassuré, tu as fortifié mon âme.
⁴Tous les rois de la terre te loueront, ô Éternel! En entendant les paroles de ta bouche;
⁵Ils célébreront les voies de l'Éternel, Car la gloire de l'Éternel est grande.
⁶L'Éternel est élevé: il voit les humbles, Et il reconnaît de loin les orgueilleux.
⁷Quand je marche au milieu de la détresse, tu me rends la vie, Tu étends ta main sur la colère de mes ennemis, Et ta droite me sauve.
⁸L'Éternel agira en ma faveur. Éternel, ta bonté dure toujours, N'abandonne pas les oeuvres de tes mains!

Chapitre 139

¹Au chef des chantres. De David. Psaume. Éternel! tu me sondes et tu me connais,
²Tu sais quand je m'assieds et quand je me lève, Tu pénètres de loin ma pensée;
³Tu sais quand je marche et quand je me couche, Et tu pénètres toutes mes voies.
⁴Car la parole n'est pas sur ma langue, Que déjà, ô Éternel! tu la connais entièrement.
⁵Tu m'entoures par derrière et par devant, Et tu mets ta main sur moi.
⁶Une science aussi merveilleuse est au-dessus de ma portée, Elle est trop élevée pour que je puisse la saisir.
⁷Où irais-je loin de ton esprit, Et où fuirais-je loin de ta face?
⁸Si je monte aux cieux, tu y es; Si je me couche au séjour des morts, t'y voilà.
⁹Si je prends les ailes de l'aurore, Et que j'aille habiter à l'extrémité de la mer,
¹⁰Là aussi ta main me conduira, Et ta droite me saisira.
¹¹Si je dis: Au moins les ténèbres me couvriront, La nuit devient lumière autour de moi;
¹²Même les ténèbres ne sont pas obscures pour toi, La nuit brille comme le jour, Et les ténèbres comme la lumière.
¹³C'est toi qui as formé mes reins, Qui m'as tissé dans le sein de ma mère.
¹⁴Je te loue de ce que je suis une créature si merveilleuse. Tes oeuvres sont admirables, Et mon âme le reconnaît bien.
¹⁵Mon corps n'était point caché devant toi, Lorsque j'ai été fait dans un lieu secret, Tissé dans les profondeurs de la terre.
¹⁶Quand je n'étais qu'une masse informe, tes yeux me voyaient; Et sur ton livre étaient tous inscrits Les jours qui m'étaient destinés, Avant qu'aucun d'eux existât.
¹⁷Que tes pensées, ô Dieu, me semblent impénétrables! Que le nombre en est grand!
¹⁸Si je les compte, elles sont plus nombreuses que les grains de sable. Je m'éveille, et je suis encore avec toi.
¹⁹O Dieu, puisses-tu faire mourir le méchant! Hommes de sang, éloignez-vous de moi!
²⁰Ils parlent de toi d'une manière criminelle, Ils prennent ton nom pour mentir, eux, tes ennemis!
²¹Éternel, n'aurais-je pas de la haine pour ceux qui te haïssent, Du dégoût pour ceux qui s'élèvent contre toi?
²²Je les hais d'une parfaite haine; Ils sont pour moi des ennemis.
²³Sonde-moi, ô Dieu, et connais mon coeur! Éprouve-moi, et connais mes pensées!
²⁴Regarde si je suis sur une mauvaise voie, Et conduis-moi sur la voie de l'éternité!

Chapitre 140

¹Au chef des chantres. Psaume de David. Éternel, délivre-moi des hommes méchants! Préserve-moi des hommes violents.
²Qui méditent de mauvais desseins dans leur coeur, Et sont toujours prêts à faire la guerre!
³Ils aiguisent leur langue comme un serpent, Ils ont sous leur lèvres un venin d'aspic. Pause.
⁴Éternel, garantis-moi des mains du méchant! Préserve-moi des hommes violents, Qui méditent de me faire tomber!
⁵Des orgueilleux me tendent un piège et des filets, Ils placent des rets le long du chemin, Ils me dressent des embûches. Pause.
⁶Je dis à l'Éternel: Tu es mon Dieu! Éternel, prête l'oreille à la voix de mes supplications!
⁷Éternel, Seigneur, force de mon salut! Tu couvres ma tête au jour du combat.
⁸Éternel, n'accomplis pas les désirs du méchant, Ne laisse pas réussir ses projets, de peur qu'il ne s'en glorifie! Pause.
⁹Que sur la tête de ceux qui m'environnent Retombe l'iniquité de leurs lèvres!
¹⁰Que des charbons ardents soient jetés sur eux! Qu'il les précipite dans le feu, Dans des abîmes, d'où ils ne se relèvent plus!
¹¹L'homme dont la langue est fausse ne s'affermit pas sur la terre; Et l'homme violent, le malheur l'entraîne à sa perte.
¹²Je sais que l'Éternel fait droit au misérable, Justice aux indigents.
¹³Oui, les justes célébreront ton nom, Les hommes droits habiteront devant ta face.

Chapitre 141

¹Psaume de David. Éternel, je t'invoque: viens en hâte auprès de moi! Prête l'oreille à ma voix, quand je t'invoque!
²Que ma prière soit devant ta face comme l'encens, Et l'élévation de mes mains comme l'offrande du soir!
³Éternel, mets une garde à ma bouche, Veille sur la porte de mes lèvres!
⁴N'entraîne pas mon coeur à des choses mauvaises, A des actions coupables avec les hommes qui font le mal, Et que je ne prenne aucune part à leurs festins!
⁵Que le juste me frappe, c'est une faveur; Qu'il me châtie, c'est de l'huile sur ma tête: Ma tête ne se détournera pas; Mais de nouveau ma prière s'élèvera contre leur méchanceté.
⁶Que leurs juges soient précipités le long des rochers, Et l'on écoutera mes paroles, car elles sont agréables.
⁷Comme quand on laboure et qu'on fend la terre, Ainsi nos os sont dispersés à l'entrée du séjour des morts.
⁸C'est vers toi, Éternel, Seigneur! que se tournent mes yeux, C'est auprès de toi que je cherche un refuge: N'abandonne pas mon âme!
⁹Garantis-moi du piège qu'ils me tendent, Et des embûches de ceux qui font le mal!
¹⁰Que les méchants tombent dans leurs filets, Et que j'échappe en même temps!

Psaume

Chapitre 142

¹Cantique de David. Lorsqu'il était dans la caverne. Prière. De ma voix je crie à l'Éternel, De ma voix j'implore l'Éternel.

²Je répands ma plainte devant lui, Je lui raconte ma détresse.

³Quand mon esprit est abattu au dedans de moi, Toi, tu connais mon sentier. Sur la route où je marche Ils m'ont tendu un piège.

⁴Jette les yeux à droite, et regarde! Personne ne me reconnaît, Tout refuge est perdu pour moi, Nul ne prend souci de mon âme.

⁵Éternel! c'est à toi que je crie. Je dis: Tu es mon refuge, Mon partage sur la terre des vivants.

⁶Sois attentif à mes cris! Car je suis bien malheureux. Délivre-moi de ceux qui me poursuivent! Car ils sont plus forts que moi.

⁷Tire mon âme de sa prison, Afin que je célèbre ton nom! Les justes viendront m'entourer, Quand tu m'auras fait du bien.

Chapitre 143

¹Psaume de David. Éternel, écoute ma prière, prête l'oreille à mes supplications! Exauce-moi dans ta fidélité, dans ta justice!

²N'entre pas en jugement avec ton serviteur! Car aucun vivant n'est juste devant toi.

³L'ennemi poursuit mon âme, Il foule à terre ma vie; Il me fait habiter dans les ténèbres, Comme ceux qui sont morts depuis longtemps.

⁴Mon esprit est abattu au dedans de moi, Mon coeur est troublé dans mon sein.

⁵Je me souviens des jours d'autrefois, Je médite sur toutes tes oeuvres, Je réfléchis sur l'ouvrage de tes mains.

⁶J'étends mes mains vers toi; Mon âme soupire après toi, comme une terre desséchée. Pause.

⁷Hâte-toi de m'exaucer, ô Éternel! Mon esprit se consume. Ne me cache pas ta face! Je serais semblable à ceux qui descendent dans la fosse.

⁸Fais-moi dès le matin entendre ta bonté! Car je me confie en toi. Fais-moi connaître le chemin où je dois marcher! Car j'élève à toi mon âme.

⁹Délivre-moi de mes ennemis, ô Éternel! Auprès de toi je cherche un refuge.

¹⁰Enseigne-moi à faire ta volonté! Car tu es mon Dieu. Que ton bon esprit me conduise sur la voie droite!

¹¹A cause de ton nom, Éternel, rends-moi la vie! Dans ta justice, retire mon âme de la détresse!

¹²Dans ta bonté, anéantis mes ennemis, Et fais périr tous les oppresseurs de mon âme! Car je suis ton serviteur.

Chapitre 144

¹De David. Béni soit l'Éternel, mon rocher, Qui exerce mes mains au combat, Mes doigts à la bataille,

²Mon bienfaiteur et ma forteresse, Ma haute retraite et mon libérateur, Mon bouclier, celui qui est mon refuge, Qui m'assujettit mon peuple!

³Éternel, qu'est-ce que l'homme, pour que tu le connaisses? Le fils de l'homme, pour que tu prennes garde à lui?

⁴L'homme est semblable à un souffle, Ses jours sont comme l'ombre qui passe.

⁵Éternel, abaisse tes cieux, et descends! Touche les montagnes, et qu'elles soient fumantes!

⁶Fais briller les éclairs, et disperse mes ennemis! Lance tes flèches, et mets-les en déroute!

⁷Étends tes mains d'en haut; Délivre-moi et sauve-moi des grandes eaux, De la main des fils de l'étranger,

⁸Dont la bouche profère la fausseté, Et dont la droite est une droite mensongère.

⁹O Dieu! je te chanterai un cantique nouveau, Je te célébrerai sur le luth à dix cordes.

¹⁰Toi, qui donnes le salut aux rois, Qui sauvas du glaive meurtrier David, ton serviteur,

¹¹Délivre-moi et sauve-moi de la main des fils de l'étranger, Dont la bouche profère la fausseté, Et dont la droite est une droite mensongère!...

¹²Nos fils sont comme des plantes Qui croissent dans leur jeunesse; Nos filles comme les colonnes sculptées Qui font l'ornement des palais.

¹³Nos greniers sont pleins, Regorgeant de tout espèce de provisions; Nos troupeaux se multiplient par milliers, par dix milliers, Dans nos campagnes;

¹⁴Nos génisses sont fécondes; Point de désastre, point de captivité, Point de cris dans nos rues!

¹⁵Heureux le peuple pour qui il en est ainsi! Heureux le peuple dont l'Éternel est le Dieu!

Chapitre 145

¹Louange. De David. Je t'exalterai, ô mon Dieu, mon roi! Et je bénirai ton nom à toujours et à perpétuité.

²Chaque jour je te bénirai, Et je célébrerai ton nom à toujours et à perpétuité.

³L'Éternel est grand et très digne de louange, Et sa grandeur est insondable.

⁴Que chaque génération célèbre tes oeuvres, Et publie tes hauts faits!

⁵Je dirai la splendeur glorieuse de ta majesté; Je chanterai tes merveilles.

⁶On parlera de ta puissance redoutable, Et je raconterai ta grandeur.

⁷Qu'on proclame le souvenir de ton immense bonté, Et qu'on célèbre ta justice!

⁸L'Éternel est miséricordieux et compatissant, Lent à la colère et plein de bonté.

⁹L'Éternel est bon envers tous, Et ses compassions s'étendent sur toutes ses oeuvres.

¹⁰Toutes tes oeuvres te loueront, ô Éternel! Et tes fidèles te béniront.

¹¹Ils diront la gloire de ton règne, Et ils proclameront ta puissance,

¹²Pour faire connaître aux fils de l'homme ta puissance Et la splendeur glorieuse de ton règne.

¹³Ton règne est un règne de tous les siècles, Et ta domination subsiste dans tous les âges.

¹⁴L'Éternel soutient tous ceux qui tombent, Et il redresse tous ceux qui sont courbés.

¹⁵Les yeux de tous espèrent en toi, Et tu leur donnes la nourriture en son temps.

¹⁶Tu ouvres ta main, Et tu rassasies à souhait tout ce qui a vie.

¹⁷L'Éternel est juste dans toutes ses voies, Et miséricordieux dans toutes ses oeuvres.

¹⁸L'Éternel est près de tous ceux qui l'invoquent, De tous ceux qui l'invoquent avec sincérité;

¹⁹Il accomplit les désirs de ceux qui le craignent, Il entend leur cri et il les sauve.

²⁰L'Éternel garde tous ceux qui l'aiment, Et il détruit tous les méchants.

²¹Que ma bouche publie la louange de l'Éternel, Et que toute chair bénisse son saint nom, A toujours et à perpétuité!

Chapitre 146

¹Louez l'Éternel! Mon âme, loue l'Éternel!

²Je louerai l'Éternel tant que je vivrai, Je célébrerai mon Dieu tant que j'existerai.

³Ne vous confiez pas aux grands, Aux fils de l'homme, qui ne peuvent sauver.

⁴Leur souffle s'en va, ils rentrent dans la terre, Et ce même jour leurs desseins périssent.

⁵Heureux celui qui a pour secours le Dieu de Jacob, Qui met son espoir en l'Éternel, son Dieu!

⁶Il a fait les cieux et la terre, La mer et tout ce qui s'y trouve. Il garde la fidélité à toujours.

⁷Il fait droit aux opprimés; Il donne du pain aux affamés; L'Éternel délivre les captifs;

⁸L'Éternel ouvre les yeux des aveugles; L'Éternel redresse ceux qui sont courbés; L'Éternel aime les justes.

⁹L'Éternel protège les étrangers, Il soutient l'orphelin et la veuve, Mais il renverse la voie des méchants.

¹⁰L'Éternel règne éternellement; Ton Dieu, ô Sion! subsiste d'âge en âge! Louez l'Éternel!

Chapitre 147

¹Louez l'Éternel! Car il est beau de célébrer notre Dieu, Car il est doux, il est bienséant de le louer.

²L'Éternel rebâtit Jérusalem, Il rassemble les exilés d'Israël;

³Il guérit ceux qui ont le coeur brisé, Et il panse leurs blessures.

⁴Il compte le nombre des étoiles, Il leur donne à toutes des noms.

⁵Notre Seigneur est grand, puissant par sa force, Son intelligence n'a point de limite.

⁶L'Éternel soutient les malheureux, Il abaisse les méchants jusqu'à terre.

⁷Chantez à l'Éternel avec actions de grâces, Célébrez notre Dieu

avec la harpe!

⁸Il couvre les cieux de nuages, Il prépare la pluie pour la terre; Il fait germer l'herbe sur les montagnes.

⁹Il donne la nourriture au bétail, Aux petits du corbeau quand ils crient,

¹⁰Ce n'est pas dans la vigueur du cheval qu'il se complaît, Ce n'est pas dans les jambes de l'homme qu'il met son plaisir;

¹¹L'Éternel aime ceux qui le craignent, Ceux qui espèrent en sa bonté.

¹²Jérusalem, célèbre l'Éternel! Sion, loue ton Dieu!

¹³Car il affermit les barres de tes portes, Il bénit tes fils au milieu de toi;

¹⁴Il rend la paix à ton territoire, Il te rassasie du meilleur froment.

¹⁵Il envoie ses ordres sur la terre: Sa parole court avec vitesse

¹⁶Il donne la neige comme de la laine, Il répand la gelée blanche comme de la cendre;

¹⁷Il lance sa glace par morceaux; Qui peut résister devant son froid?

¹⁸Il envoie sa parole, et il les fond; Il fait souffler son vent, et les eaux coulent.

¹⁹Il révèle sa parole à Jacob, Ses lois et ses ordonnances à Israël;

²⁰Il n'a pas agi de même pour toutes les nations, Et elles ne connaissent point ses ordonnances. Louez l'Éternel!

Chapitre 148

¹Louez l'Éternel! Louez l'Éternel du haut des cieux! Louez-le dans les lieux élevés!

²Louez-le, vous tous ses anges! Louez-le, vous toutes ses armées!

³Louez-le, soleil et lune! Louez-le, vous toutes, étoiles lumineuses!

⁴Louez-le, cieux des cieux, Et vous, eaux qui êtes au-dessus des cieux!

⁵Qu'ils louent le nom de l'Éternel! Car il a commandé, et ils ont été créés.

⁶Il les a affermis pour toujours et à perpétuité; Il a donné des lois, et il ne les violera point.

⁷Louez l'Éternel du bas de la terre, Monstres marins, et vous tous, abîmes,

⁸Feu et grêle, neige et brouillards, Vents impétueux, qui exécutez ses ordres,

⁹Montagnes et toutes les collines, Arbres fruitiers et tous les cèdres,

¹⁰Animaux et tout le bétail, Reptiles et oiseaux ailés,

¹¹Rois de la terre et tous les peuples, Princes et tous les juges de la terre,

¹²Jeunes hommes et jeunes filles, Vieillards et enfants!

¹³Qu'ils louent le nom de l'Éternel! Car son nom seul est élevé; Sa majesté est au-dessus de la terre et des cieux.

¹⁴Il a relevé la force de son peuple: Sujet de louange pour tous ses fidèles, Pour les enfants d'Israël, du peuple qui est près de lui. Louez l'Éternel!

Chapitre 149

¹Louez l'Éternel! Chantez à l'Éternel un cantique nouveau! Chantez ses louanges dans l'assemblée des fidèles!

²Qu'Israël se réjouisse en celui qui l'a créé! Que les fils de Sion soient dans l'allégresse à cause de leur roi!

³Qu'ils louent son nom avec des danses, Qu'ils le célèbrent avec le tambourin et la harpe!

⁴Car l'Éternel prend plaisir à son peuple, Il glorifie les malheureux en les sauvant.

⁵Que les fidèles triomphent dans la gloire, Qu'ils poussent des cris de joie sur leur couche!

⁶Que les louanges de Dieu soient dans leur bouche, Et le glaive à deux tranchants dans leur main,

⁷Pour exercer la vengeance sur les nations, Pour châtier les peuples,

⁸Pour lier leurs rois avec des chaînes Et leurs grands avec des ceps de fer,

⁹Pour exécuter contre eux le jugement qui est écrit! C'est une gloire pour tous ses fidèles. Louez l'Éternel!

Chapitre 150

¹Louez l'Éternel! Louez Dieu dans son sanctuaire! Louez-le dans l'étendue, où éclate sa puissance!

²Louez-le pour ses hauts faits! Louez-le selon l'immensité de sa grandeur!

³Louez-le au son de la trompette! Louez-le avec le luth et la harpe!

⁴Louez-le avec le tambourin et avec des danses! Louez-le avec les instruments à cordes et le chalumeau!

⁵Louez-le avec les cymbales sonores! Louez-le avec les cymbales retentissantes!

⁶Que tout ce qui respire loue l'Éternel! Louez l'Éternel!

Proverbes

Chapitre 1

¹Proverbes de Salomon, fils de David, roi d'Israël,
²Pour connaître la sagesse et l'instruction, Pour comprendre les paroles de l'intelligence;
³Pour recevoir des leçons de bon sens, De justice, d'équité et de droiture;
⁴Pour donner aux simples du discernement, Au jeune homme de la connaissance et de la réflexion.
⁵Que le sage écoute, et il augmentera son savoir, Et celui qui est intelligent acquerra de l'habileté,
⁶Pour saisir le sens d'un proverbe ou d'une énigme, Des paroles des sages et de leurs sentences.
⁷La crainte de l'Éternel est le commencement de la science; Les insensés méprisent la sagesse et l'instruction.
⁸Écoute, mon fils, l'instruction de ton père, Et ne rejette pas l'enseignement de ta mère;
⁹Car c'est une couronne de grâce pour ta tête, Et une parure pour ton cou.
¹⁰Mon fils, si des pécheurs veulent te séduire, Ne te laisse pas gagner.
¹¹S'ils disent: Viens avec nous! dressons des embûches, versons du sang, Tendons des pièges à celui qui se repose en vain sur son innocence,
¹²Engloutissons-les tout vifs, comme le séjour des morts, Et tout entiers, comme ceux qui descendent dans la fosse;
¹³Nous trouverons toute sorte de biens précieux, Nous remplirons de butin nos maisons;
¹⁴Tu auras ta part avec nous, Il n'y aura qu'une bourse pour nous tous!
¹⁵Mon fils, ne te mets pas en chemin avec eux, Détourne ton pied de leur sentier;
¹⁶Car leurs pieds courent au mal, Et ils ont hâte de répandre le sang.
¹⁷Mais en vain jette-t-on le filet Devant les yeux de tout ce qui a des ailes;
¹⁸Et eux, c'est contre leur propre sang qu'ils dressent des embûches, C'est à leur âme qu'ils tendent des pièges.
¹⁹Ainsi arrive-t-il à tout homme avide de gain; La cupidité cause la perte de ceux qui s'y livrent.
²⁰La sagesse crie dans les rues, Elle élève sa voix dans les places:
²¹Elle crie à l'entrée des lieux bruyants; Aux portes, dans la ville, elle fait entendre ses paroles:
²²Jusqu'à quand, stupides, aimerez-vous la stupidité? Jusqu'à quand les moqueurs se plairont-ils à la moquerie, Et les insensés haïront-ils la science?
²³Tournez-vous pour écouter mes réprimandes! Voici, je répandrai sur vous mon esprit, Je vous ferez connaître mes paroles...
²⁴Puisque j'appelle et que vous résistez, Puisque j'étends ma main et que personne n'y prend garde,
²⁵Puisque vous rejetez tous mes conseils, Et que vous n'aimez pas mes réprimandes,
²⁶Moi aussi, je rirai quand vous serez dans le malheur, Je me moquerai quand la terreur vous saisira,
²⁷Quand la terreur vous saisira comme une tempête, Et que le malheur vous enveloppera comme un tourbillon, Quand la détresse et l'angoisse fondront sur vous.
²⁸Alors ils m'appelleront, et je ne répondrai pas; Ils me chercheront, et ils ne me trouveront pas.
²⁹Parce qu'ils ont haï la science, Et qu'ils n'ont pas choisi la crainte de l'Éternel,
³⁰Parce qu'ils n'ont point aimé mes conseils, Et qu'ils ont dédaigné toutes mes réprimandes,
³¹Ils se nourriront du fruit de leur voie, Et ils se rassasieront de leurs propres conseils,
³²Car la résistance des stupides les tue, Et la sécurité des insensés les perd;
³³Mais celui qui m'écoute reposera avec assurance, Il vivra tranquille et sans craindre aucun mal.

Chapitre 2

¹Mon fils, si tu reçois mes paroles, Et si tu gardes avec toi mes préceptes,
²Si tu rends ton oreille attentive à la sagesse, Et si tu inclines ton coeur à l'intelligence;
³Oui, si tu appelles la sagesse, Et si tu élèves ta voix vers l'intelligence,
⁴Si tu la cherches comme l'argent, Si tu la poursuis comme un trésor,
⁵Alors tu comprendras la crainte de l'Éternel, Et tu trouveras la connaissance de Dieu.
⁶Car l'Éternel donne la sagesse; De sa bouche sortent la connaissance et l'intelligence;
⁷Il tient en réserve le salut pour les hommes droits, Un bouclier pour ceux qui marchent dans l'intégrité,
⁸En protégeant les sentiers de la justice Et en gardant la voie de ses fidèles.
⁹Alors tu comprendras la justice, l'équité, La droiture, toutes les routes qui mènent au bien.
¹⁰Car la sagesse viendra dans ton coeur, Et la connaissance fera les délices de ton âme;
¹¹La réflexion veillera sur toi, L'intelligence te gardera,
¹²Pour te délivrer de la voie du mal, De l'homme qui tient des discours pervers,
¹³De ceux qui abandonnent les sentiers de la droiture Afin de marcher dans des chemins ténébreux,
¹⁴Qui trouvent de la jouissance à faire le mal, Qui mettent leur plaisir dans la perversité,
¹⁵Qui suivent des sentiers détournés, Et qui prennent des routes tortueuses;
¹⁶Pour te délivrer de la femme étrangère, De l'étrangère qui emploie des paroles doucereuses,
¹⁷Qui abandonne l'ami de sa jeunesse, Et qui oublie l'alliance de son Dieu;
¹⁸Car sa maison penche vers la mort, Et sa route mène chez les morts:
¹⁹Aucun de ceux qui vont à elle ne revient, Et ne retrouve les sentiers de la vie.
²⁰Tu marcheras ainsi dans la voie des gens de bien, Tu garderas les sentiers des justes.
²¹Car les hommes droits habiteront le pays, Les hommes intègres y resteront;
²²Mais les méchants seront retranchés du pays, Les infidèles en seront arrachés.

Chapitre 3

¹Mon fils, n'oublie pas mes enseignements, Et que ton coeur garde mes préceptes;
²Car ils prolongeront les jours et les années de ta vie, Et ils augmenteront ta paix.
³Que la bonté et la fidélité ne t'abandonnent pas; Lie-les à ton cou, écris-les sur la table de ton coeur.
⁴Tu acquerras ainsi de la grâce et une raison saine, Aux yeux de Dieu et des hommes.
⁵Confie-toi en l'Éternel de tout ton coeur, Et ne t'appuie pas sur ta sagesse;
⁶Reconnais-le dans toutes tes voies, Et il aplanira tes sentiers.
⁷Ne sois point sage à tes propres yeux, Crains l'Éternel, et détourne-toi du mal:
⁸Ce sera la santé pour tes muscles, Et un rafraîchissement pour tes os.
⁹Honore l'Éternel avec tes biens, Et avec les prémices de tout ton revenu:
¹⁰Alors tes greniers seront remplis d'abondance, Et tes cuves regorgeront de moût.
¹¹Mon fils, ne méprise pas la correction de l'Éternel, Et ne t'effraie point de ses châtiments;
¹²Car l'Éternel châtie celui qu'il aime, Comme un père l'enfant qu'il chérit.
¹³Heureux l'homme qui a trouvé la sagesse, Et l'homme qui possède l'intelligence!
¹⁴Car le gain qu'elle procure est préférable à celui de l'argent, Et le profit qu'on en tire vaut mieux que l'or;
¹⁵Elle est plus précieuse que les perles, Elle a plus de valeur que

tous les objets de prix.

¹⁶Dans sa droite est une longue vie; Dans sa gauche, la richesse et la gloire.

¹⁷Ses voies sont des voies agréables, Et tous ses sentiers sont paisibles.

¹⁸Elle est un arbre de vie pour ceux qui la saisissent, Et ceux qui la possèdent sont heureux.

¹⁹C'est par la sagesse que l'Éternel a fondé la terre, C'est par l'intelligence qu'il a affermi les cieux;

²⁰C'est par sa science que les abîmes se sont ouverts, Et que les nuages distillent la rosée.

²¹Mon fils, que ces enseignements ne s'éloignent pas de tes yeux, Garde la sagesse et la réflexion:

²²Elles seront la vie de ton âme, Et l'ornement de ton cou.

²³Alors tu marcheras avec assurance dans ton chemin, Et ton pied ne heurtera pas.

²⁴Si tu te couches, tu seras sans crainte; Et quand tu seras couché, ton sommeil sera doux.

²⁵Ne redoute ni une terreur soudaine, Ni une attaque de la part des méchants;

²⁶Car l'Éternel sera ton assurance, Et il préservera ton pied de toute embûche.

²⁷Ne refuse pas un bienfait à celui qui y a droit, Quand tu as le pouvoir de l'accorder.

²⁸Ne dis pas à ton prochain: Va et reviens, Demain je donnerai! quand tu as de quoi donner.

²⁹Ne médite pas le mal contre ton prochain, Lorsqu'il demeure tranquillement près de toi.

³⁰Ne conteste pas sans motif avec quelqu'un, Lorsqu'il ne t'a point fait de mal.

³¹Ne porte pas envie à l'homme violent, Et ne choisis aucune de ses voies.

³²Car l'Éternel a en horreur les hommes pervers, Mais il est un ami pour les hommes droits;

³³La malédiction de l'Éternel est dans la maison du méchant, Mais il bénit la demeure des justes;

³⁴Il se moque des moqueurs, Mais il fait grâce aux humbles;

³⁵Les sages hériteront la gloire, Mais les insensés ont la honte en partage.

Chapitre 4

¹Écoutez, mes fils, l'instruction d'un père, Et soyez attentifs, pour connaître la sagesse;

²Car je vous donne de bons conseils: Ne rejetez pas mon enseignement.

³J'étais un fils pour mon père, Un fils tendre et unique auprès de ma mère.

⁴Il m'instruisait alors, et il me disait: Que ton coeur retienne mes paroles; Observe mes préceptes, et tu vivras.

⁵Acquiers la sagesse, acquiers l'intelligence; N'oublie pas les paroles de ma bouche, et ne t'en détourne pas.

⁶Ne l'abandonne pas, et elle te gardera; Aime-la, et elle te protégera.

⁷Voici le commencement de la sagesse: Acquiers la sagesse, Et avec tout ce que tu possèdes acquiers l'intelligence.

⁸Exalte-la, et elle t'élèvera; Elle fera ta gloire, si tu l'embrasses;

⁹Elle mettra sur ta tête une couronne de grâce, Elle t'ornera d'un magnifique diadème.

¹⁰Écoute, mon fils, et reçois mes paroles; Et les années de ta vie se multiplieront.

¹¹Je te montre la voie de la sagesse, Je te conduis dans les sentiers de la droiture.

¹²Si tu marches, ton pas ne sera point gêné; Et si tu cours, tu ne chancelleras point.

¹³Retiens l'instruction, ne t'en dessaisis pas; Garde-la, car elle est ta vie.

¹⁴N'entre pas dans le sentier des méchants, Et ne marche pas dans la voie des hommes mauvais.

¹⁵Évite-la, n'y passe point; Détourne-t'en, et passe outre.

¹⁶Car ils ne dormiraient pas s'ils n'avaient fait le mal, Le sommeil leur serait ravi s'ils n'avaient fait tomber personne;

¹⁷Car c'est le pain de la méchanceté qu'ils mangent, C'est le vin de la violence qu'ils boivent.

¹⁸Le sentier des justes est comme la lumière resplendissante, Dont l'éclat va croissant jusqu'au milieu du jour.

¹⁹La voie des méchants est comme les ténèbres; Ils n'aperçoivent pas ce qui les fera tomber.

²⁰Mon fils, sois attentif à mes paroles, Prête l'oreille à mes discours.

²¹Qu'ils ne s'éloignent pas de tes yeux; Garde-les dans le fond de ton coeur;

²²Car c'est la vie pour ceux qui les trouvent, C'est la santé pour tout leur corps.

²³Garde ton coeur plus que toute autre chose, Car de lui viennent les sources de la vie.

²⁴Écarte de ta bouche la fausseté, Éloigne de tes lèvres les détours.

²⁵Que tes yeux regardent en face, Et que tes paupières se dirigent devant toi.

²⁶Considère le chemin par où tu passes, Et que toutes tes voies soient bien réglées;

²⁷N'incline ni à droite ni à gauche, Et détourne ton pied du mal.

Chapitre 5

¹Mon fils, sois attentif à ma sagesse, Prête l'oreille à mon intelligence,

²Afin que tu conserves la réflexion, Et que tes lèvres gardent la connaissance.

³Car les lèvres de l'étrangère distillent le miel, Et son palais est plus doux que l'huile;

⁴Mais à la fin elle est amère comme l'absinthe, Aiguë comme un glaive à deux tranchants.

⁵Ses pieds descendent vers la mort, Ses pas atteignent le séjour des morts.

⁶Afin de ne pas considérer le chemin de la vie, Elle est errante dans ses voies, elle ne sait où elle va.

⁷Et maintenant, mes fils, écoutez-moi, Et ne vous écartez pas des paroles de ma bouche.

⁸Éloigne-toi du chemin qui conduit chez elle, Et ne t'approche pas de la porte de sa maison,

⁹De peur que tu ne livres ta vigueur à d'autres, Et tes années à un homme cruel;

¹⁰De peur que des étrangers ne se rassasient de ton bien, Et du produit de ton travail dans la maison d'autrui;

¹¹De peur que tu ne gémisses, près de ta fin, Quand ta chair et ton corps se consumeront,

¹²Et que tu ne dises: Comment donc ai-je pu haïr la correction, Et comment mon coeur a-t-il dédaigné la réprimande?

¹³Comment ai-je pu ne pas écouter la voix de mes maîtres, Ne pas prêter l'oreille à ceux qui m'instruisaient?

¹⁴Peu s'en est fallu que je n'aie éprouvé tous les malheurs Au milieu du peuple et de l'assemblée.

¹⁵Bois les eaux de ta citerne, Les eaux qui sortent de ton puits.

¹⁶Tes sources doivent-elles se répandre au dehors? Tes ruisseaux doivent ils couler sur les places publiques?

¹⁷Qu'ils soient pour toi seul, Et non pour des étrangers avec toi.

¹⁸Que ta source soit bénie, Et fais ta joie de la femme de ta jeunesse,

¹⁹Biche des amours, gazelle pleine de grâce: Sois en tout temps enivré de ses charmes, Sans cesse épris de son amour.

²⁰Et pourquoi, mon fils, serais-tu épris d'une étrangère, Et embrasserais-tu le sein d'une inconnue?

²¹Car les voies de l'homme sont devant les yeux de l'Éternel, Qui observe tous ses sentiers.

²²Le méchant est pris dans ses propres iniquités, Il est saisi par les liens de son péché.

²³Il mourra faute d'instruction, Il chancellera par l'excès de sa folie.

Chapitre 6

¹Mon fils, si tu as cautionné ton prochain, Si tu t'es engagé pour autrui,

²Si tu es enlacé par les paroles de ta bouche, Si tu es pris par les paroles de ta bouche,

³Fais donc ceci, mon fils, dégage-toi, Puisque tu es tombé au pouvoir de ton prochain; Va, prosterne-toi, et fais des instances auprès de lui;

⁴Ne donne ni sommeil à tes yeux, Ni assoupissement à tes paupières,

⁵Dégage-toi comme la gazelle de la main du chasseur, Comme l'oiseau de la main de l'oiseleur.

⁶Va vers la fourmi, paresseux; Considère ses voies, et deviens sage.

⁷Elle n'a ni chef, Ni inspecteur, ni maître;

⁸Elle prépare en été sa nourriture, Elle amasse pendant la moisson

Proverbes

de quoi manger.

⁹Paresseux, jusqu'à quand seras-tu couché? Quand te lèveras-tu de ton sommeil?

¹⁰Un peu de sommeil, un peu d'assoupissement, Un peu croiser les mains pour dormir!...

¹¹Et la pauvreté te surprendra, comme un rôdeur, Et la disette, comme un homme en armes.

¹²L'homme pervers, l'homme inique, Marche la fausseté dans la bouche;

¹³Il cligne des yeux, parle du pied, Fait des signes avec les doigts;

¹⁴La perversité est dans son coeur, Il médite le mal en tout temps, Il excite des querelles.

¹⁵Aussi sa ruine arrivera-t-elle subitement; Il sera brisé tout d'un coup, et sans remède.

¹⁶Il y a six choses que hait l'Éternel, Et même sept qu'il a en horreur;

¹⁷Les yeux hautains, la langue menteuse, Les mains qui répandent le sang innocent,

¹⁸Le coeur qui médite des projets iniques, Les pieds qui se hâtent de courir au mal,

¹⁹Le faux témoin qui dit des mensonges, Et celui qui excite des querelles entre frères.

²⁰Mon fils, garde les préceptes de ton père, Et ne rejette pas l'enseignement de ta mère.

²¹Lie-les constamment sur ton coeur, Attache-les à ton cou.

²²Ils te dirigeront dans ta marche, Ils te garderont sur ta couche, Ils te parleront à ton réveil.

²³Car le précepte est une lampe, et l'enseignement une lumière, Et les avertissements de la correction sont le chemin de la vie:

²⁴Ils te préserveront de la femme corrompue, De la langue douceureuse de l'étrangère.

²⁵Ne la convoite pas dans ton coeur pour sa beauté, Et ne te laisse pas séduire par ses paupières.

²⁶Car pour la femme prostituée on se réduit à un morceau de pain, Et la femme mariée tend un piège à la vie précieuse.

²⁷Quelqu'un mettra-t-il du feu dans son sein, Sans que ses vêtements s'enflamment?

²⁸Quelqu'un marchera-t-il sur des charbons ardents, Sans que ses pieds soient brûlés?

²⁹Il en est de même pour celui qui va vers la femme de son prochain: Quiconque la touche ne restera pas impuni.

³⁰On ne tient pas pour innocent le voleur qui dérobe Pour satisfaire son appétit, quand il a faim;

³¹Si on le trouve, il fera une restitution au septuple, Il donnera tout ce qu'il a dans sa maison.

³²Mais celui qui commet un adultère avec une femme est dépourvu de sens, Celui qui veut se perdre agit de la sorte;

³³Il n'aura que plaie et ignominie, Et son opprobre ne s'effacera point.

³⁴Car la jalousie met un homme en fureur, Et il est sans pitié au jour de la vengeance;

³⁵Il n'a égard à aucune rançon, Et il est inflexible, quand même tu multiplierais les dons.

Chapitre 7

¹Mon fils, retiens mes paroles, Et garde avec toi mes préceptes.

²Observe mes préceptes, et tu vivras; Garde mes enseignements comme la prunelle de tes yeux.

³Lie-les sur tes doigts, Écris-les sur la table de ton coeur.

⁴Dis à la sagesse: Tu es ma soeur! Et appelle l'intelligence ton amie,

⁵Pour qu'elles te préservent de la femme étrangère, De l'étrangère qui emploie des paroles douceureuses.

⁶J'étais à la fenêtre de ma maison, Et je regardais à travers mon treillis.

⁷J'aperçus parmi les stupides, Je remarquai parmi les jeunes gens un garçon dépourvu de sens.

⁸Il passait dans la rue, près de l'angle où se tenait une de ces étrangères, Et il se dirigeait lentement du côté de sa demeure:

⁹C'était au crépuscule, pendant la soirée, Au milieu de la nuit et de l'obscurité.

¹⁰Et voici, il fut abordé par une femme Ayant la mise d'une prostituée et la ruse dans le coeur.

¹¹Elle était bruyante et rétive; Ses pieds ne restaient point dans sa maison;

¹²Tantôt dans la rue, tantôt sur les places, Et près de tous les angles, elle était aux aguets.

¹³Elle le saisit et l'embrassa, Et d'un air effronté lui dit:

¹⁴Je devais un sacrifice d'actions de grâces, Aujourd'hui j'ai accompli mes voeux.

¹⁵C'est pourquoi je suis sortie au-devant de toi Pour te chercher, et je t'ai trouvé.

¹⁶J'ai orné mon lit de couvertures, De tapis de fil d'Égypte;

¹⁷J'ai parfumé ma couche De myrrhe, d'aloès et de cinnamome.

¹⁸Viens, enivrons-nous d'amour jusqu'au matin, Livrons-nous joyeusement à la volupté.

¹⁹Car mon mari n'est pas à la maison, Il est parti pour un voyage lointain;

²⁰Il a pris avec lui le sac de l'argent, Il ne reviendra à la maison qu'à la nouvelle lune.

²¹Elle le séduisit à force de paroles, Elle l'entraîna par ses lèvres douceureuses.

²²Il se mit tout à coup à la suivre, Comme le boeuf qui va à la boucherie, Comme un fou qu'on lie pour le châtier,

²³Jusqu'à ce qu'une flèche lui perce le foie, Comme l'oiseau qui se précipite dans le filet, Sans savoir que c'est au prix de sa vie.

²⁴Et maintenant, mes fils, écoutez-moi, Et soyez attentifs aux paroles de ma bouche.

²⁵Que ton coeur ne se détourne pas vers les voies d'une telle femme, Ne t'égare pas dans ses sentiers.

²⁶Car elle a fait tomber beaucoup de victimes, Et ils sont nombreux, tous ceux qu'elle a tués.

²⁷Sa maison, c'est le chemin du séjour des morts; Il descend vers les demeures de la mort.

Chapitre 8

¹La sagesse ne crie-t-elle pas? L'intelligence n'élève-t-elle pas sa voix?

²C'est au sommet des hauteurs près de la route, C'est à la croisée des chemins qu'elle se place;

³A côté des portes, à l'entrée de la ville, A l'intérieur des portes, elle fait entendre ses cris:

⁴Hommes, c'est à vous que je crie, Et ma voix s'adresse aux fils de l'homme.

⁵Stupides, apprenez le discernement; Insensés, apprenez l'intelligence.

⁶Écoutez, car j'ai de grandes choses à dire, Et mes lèvres s'ouvrent pour enseigner ce qui est droit.

⁷Car ma bouche proclame la vérité, Et mes lèvres ont en horreur le mensonge;

⁸Toutes les paroles de ma bouche sont justes, Elles n'ont rien de faux ni de détourné;

⁹Toutes sont claires pour celui qui est intelligent, Et droites pour ceux qui ont trouvé la science.

¹⁰Préférez mes instructions à l'argent, Et la science à l'or le plus précieux;

¹¹Car la sagesse vaut mieux que les perles, Elle a plus de valeur que tous les objets de prix.

¹²Moi, la sagesse, j'ai pour demeure le discernement, Et je possède la science de la réflexion.

¹³La crainte de l'Éternel, c'est la haine du mal; L'arrogance et l'orgueil, la voie du mal, Et la bouche perverse, voilà ce que je hais.

¹⁴Le conseil et le succès m'appartiennent; Je suis l'intelligence, la force est à moi.

¹⁵Par moi les rois règnent, Et les princes ordonnent ce qui est juste;

¹⁶Par moi gouvernent les chefs, Les grands, tous les juges de la terre.

¹⁷J'aime ceux qui m'aiment, Et ceux qui me cherchent me trouvent.

¹⁸Avec moi sont la richesse et la gloire, Les biens durables et la justice.

¹⁹Mon fruit est meilleur que l'or, que l'or pur, Et mon produit est préférable à l'argent.

²⁰Je marche dans le chemin de la justice, Au milieu des sentiers de la droiture,

²¹Pour donner des biens à ceux qui m'aiment, Et pour remplir leurs trésors.

²²L'Éternel m'a créée la première de ses oeuvres, Avant ses oeuvres les plus anciennes.

²³J'ai été établie depuis l'éternité, Dès le commencement, avant l'origine de la terre.

²⁴Je fus enfantée quand il n'y avait point d'abîmes, Point de sources chargées d'eaux;

²⁵Avant que les montagnes soient affermies, Avant que les collines existent, je fus enfantée;
²⁶Il n'avait encore fait ni la terre, ni les campagnes, Ni le premier atome de la poussière du monde.
²⁷Lorsqu'il disposa les cieux, j'étais là; Lorsqu'il traça un cercle à la surface de l'abîme,
²⁸Lorsqu'il fixa les nuages en haut, Et que les sources de l'abîme jaillirent avec force,
²⁹Lorsqu'il donna une limite à la mer, Pour que les eaux n'en franchissent pas les bords, Lorsqu'il posa les fondements de la terre,
³⁰J'étais à l'oeuvre auprès de lui, Et je faisais tous les jours ses délices, Jouant sans cesse en sa présence,
³¹Jouant sur le globe de sa terre, Et trouvant mon bonheur parmi les fils de l'homme.
³²Et maintenant, mes fils, écoutez-moi, Et heureux ceux qui observent mes voies!
³³Écoutez l'instruction, pour devenir sages, Ne la rejetez pas.
³⁴Heureux l'homme qui m'écoute, Qui veille chaque jour à mes portes, Et qui en garde les poteaux!
³⁵Car celui qui me trouve a trouvé la vie, Et il obtient la faveur de l'Éternel.
³⁶Mais celui qui pèche contre moi nuit à son âme; Tous ceux qui me haïssent aiment la mort.

Chapitre 9

¹La sagesse a bâti sa maison, Elle a taillé ses sept colonnes.
²Elle a égorgé ses victimes, mêlé son vin, Et dressé sa table.
³Elle a envoyé ses servantes, elle crie Sur le sommet des hauteurs de la ville:
⁴Que celui qui est stupide entre ici! Elle dit à ceux qui sont dépourvus de sens:
⁵Venez, mangez de mon pain, Et buvez du vin que j'ai mêlé;
⁶Quittez la stupidité, et vous vivrez, Et marchez dans la voie de l'intelligence!
⁷Celui qui reprend le moqueur s'attire le dédain, Et celui qui corrige le méchant reçoit un outrage.
⁸Ne reprends pas le moqueur, de crainte qu'il ne te haïsse; Reprends le sage, et il t'aimera.
⁹Donne au sage, et il deviendra plus sage; Instruis le juste, et il augmentera son savoir.
¹⁰Le commencement de la sagesse, c'est la crainte de l'Éternel; Et la science des saints, c'est l'intelligence.
¹¹C'est par moi que tes jours se multiplieront, Et que les années de ta vie augmenteront.
¹²Si tu es sage, tu es sage pour toi; Si tu es moqueur, tu en porteras seul la peine.
¹³La folie est une femme bruyante, Stupide et ne sachant rien.
¹⁴Elle s'assied à l'entrée de sa maison, Sur un siège, dans les hauteurs de la ville,
¹⁵Pour crier aux passants, Qui vont droit leur chemin:
¹⁶Que celui qui est stupide entre ici! Elle dit à celui qui est dépourvu de sens:
¹⁷Les eaux dérobées sont douces, Et le pain du mystère est agréable!
¹⁸Et il ne sait pas que là sont les morts, Et que ses invités sont dans les vallées du séjour des morts.

Chapitre 10

¹Proverbes de Salomon. Un fils sage fait la joie d'un père, Et un fils insensé le chagrin de sa mère.
²Les trésors de la méchanceté ne profitent pas, Mais la justice délivre de la mort.
³L'Éternel ne laisse pas le juste souffrir de la faim, Mais il repousse l'avidité des méchants.
⁴Celui qui agit d'une main lâche s'appauvrit, Mais la main des diligents enrichit.
⁵Celui qui amasse pendant l'été est un fils prudent, Celui qui dort pendant la moisson est un fils qui fait honte.
⁶Il y a des bénédictions sur la tête du juste, Mais la violence couvre la bouche des méchants.
⁷La mémoire du juste est en bénédiction, Mais le nom des méchants tombe en pourriture.
⁸Celui qui est sage de coeur reçoit les préceptes, Mais celui qui est insensé des lèvres court à sa perte.
⁹Celui qui marche dans l'intégrité marche avec assurance, Mais celui qui prend des voies tortueuses sera découvert.
¹⁰Celui qui cligne des yeux est une cause de chagrin, Et celui qui est insensé des lèvres court à sa perte.
¹¹La bouche du juste est une source de vie, Mais la violence couvre la bouche des méchants.
¹²La haine excite des querelles, Mais l'amour couvre toutes les fautes.
¹³Sur les lèvres de l'homme intelligent se trouve la sagesse, Mais la verge est pour le dos de celui qui est dépourvu de sens.
¹⁴Les sages tiennent la science en réserve, Mais la bouche de l'insensé est une ruine prochaine.
¹⁵La fortune est pour le riche une ville forte; La ruine des misérables, c'est leur pauvreté.
¹⁶L'oeuvre du juste est pour la vie, Le gain du méchant est pour le péché.
¹⁷Celui qui se souvient de la correction prend le chemin de la vie, Mais celui qui oublie la réprimande s'égare.
¹⁸Celui qui dissimule la haine a des lèvres menteuses, Et celui qui répand la calomnie est un insensé.
¹⁹Celui qui parle beaucoup ne manque pas de pécher, Mais celui qui retient ses lèvres est un homme prudent.
²⁰La langue du juste est un argent de choix; Le coeur des méchants est peu de chose.
²¹Les lèvres du juste dirigent beaucoup d'hommes, Et les insensés meurent par défaut de raison.
²²C'est la bénédiction de l'Éternel qui enrichit, Et il ne la fait suivre d'aucun chagrin.
²³Commettre le crime paraît un jeu à l'insensé, Mais la sagesse appartient à l'homme intelligent.
²⁴Ce que redoute le méchant, c'est ce qui lui arrive; Et ce que désirent les justes leur est accordé.
²⁵Comme passe le tourbillon, ainsi disparaît le méchant; Mais le juste a des fondements éternels.
²⁶Ce que le vinaigre est aux dents et la fumée aux yeux, Tel est le paresseux pour celui qui l'envoie.
²⁷La crainte de l'Éternel augmente les jours, Mais les années des méchants sont abrégées.
²⁸L'attente des justes n'est que joie, Mais l'espérance des méchants périra.
²⁹La voie de l'Éternel est un rempart pour l'intégrité, Mais elle est une ruine pour ceux qui font le mal.
³⁰Le juste ne chancellera jamais, Mais les méchants n'habiteront pas le pays.
³¹La bouche du juste produit la sagesse, Mais la langue perverse sera retranchée.
³²Les lèvres du juste connaissent la grâce, Et la bouche des méchants la perversité.

Chapitre 11

¹La balance fausse est en horreur à l'Éternel, Mais le poids juste lui est agréable.
²Quand vient l'orgueil, vient aussi l'ignominie; Mais la sagesse est avec les humbles.
³L'intégrité des hommes droits les dirige, Mais les détours des perfides causent leur ruine.
⁴Au jour de la colère, la richesse ne sert à rien; Mais la justice délivre de la mort.
⁵La justice de l'homme intègre aplanit sa voie, Mais le méchant tombe par sa méchanceté.
⁶La justice des hommes droits les délivre, Mais les méchants sont pris par leur malice.
⁷A la mort du méchant, son espoir périt, Et l'attente des hommes iniques est anéantie.
⁸Le juste est délivré de la détresse, Et le méchant prend sa place.
⁹Par sa bouche l'impie perd son prochain, Mais les justes sont délivrés par la science.
¹⁰Quand les justes sont heureux, la ville est dans la joie; Et quand les méchants périssent, on pousse des cris d'allégresse.
¹¹La ville s'élève par la bénédiction des hommes droits, Mais elle est renversée par la bouche des méchants.
¹²Celui qui méprise son prochain est dépourvu de sens, Mais l'homme qui a de l'intelligence se tait.
¹³Celui qui répand la calomnie dévoile les secrets, Mais celui qui a l'esprit fidèle les garde.
¹⁴Quand la prudence fait défaut, le peuple tombe; Et le salut est dans le grand nombre des conseillers.
¹⁵Celui qui cautionne autrui s'en trouve mal, Mais celui qui craint de s'engager est en sécurité.
¹⁶Une femme qui a de la grâce obtient la gloire, Et ceux qui ont de

la force obtiennent la richesse.

¹⁷L'homme bon fait du bien à son âme, Mais l'homme cruel trouble sa propre chair.

¹⁸Le méchant fait un gain trompeur, Mais celui qui sème la justice a un salaire véritable.

¹⁹Ainsi la justice conduit à la vie, Mais celui qui poursuit le mal trouve la mort.

²⁰Ceux qui ont le coeur pervers sont en abomination à l'Éternel, Mais ceux dont la voie est intègre lui sont agréables.

²¹Certes, le méchant ne restera pas impuni, Mais la postérité des justes sera sauvée.

²²Un anneau d'or au nez d'un pourceau, C'est une femme belle et dépourvue de sens.

²³Le désir des justes, c'est seulement le bien; L'attente des méchants, c'est la fureur.

²⁴Tel, qui donne libéralement, devient plus riche; Et tel, qui épargne à l'excès, ne fait que s'appauvrir.

²⁵L'âme bienfaisante sera rassasiée, Et celui qui arrose sera lui-même arrosé.

²⁶Celui qui retient le blé est maudit du peuple, Mais la bénédiction est sur la tête de celui qui le vend.

²⁷Celui qui recherche le bien s'attire de la faveur, Mais celui qui poursuit le mal en est atteint.

²⁸Celui qui se confie dans ses richesses tombera, Mais les justes verdiront comme le feuillage.

²⁹Celui qui trouble sa maison héritera du vent, Et l'insensé sera l'esclave de l'homme sage.

³⁰Le fruit du juste est un arbre de vie, Et le sage s'empare des âmes.

³¹Voici, le juste reçoit sur la terre une rétribution; Combien plus le méchant et le pécheur!

Chapitre 12

¹Celui qui aime la correction aime la science; Celui qui hait la réprimande est stupide.

²L'homme de bien obtient la faveur de l'Éternel, Mais l'Éternel condamne celui qui est plein de malice.

³L'homme ne s'affermit pas par la méchanceté, Mais la racine des justes ne sera point ébranlée.

⁴Une femme vertueuse est la couronne de son mari, Mais celle qui fait honte est comme la carie dans ses os.

⁵Les pensées des justes ne sont qu'équité; Les desseins des méchants ne sont que fraude.

⁶Les paroles des méchants sont des embûches pour verser le sang, Mais la bouche des hommes droits est une délivrance.

⁷Renversés, les méchants ne sont plus; Et la maison des justes reste debout.

⁸Un homme est estimé en raison de son intelligence, Et celui qui a le coeur pervers est l'objet du mépris.

⁹Mieux vaut être d'une condition humble et avoir un serviteur Que de faire le glorieux et de manquer de pain.

¹⁰Le juste prend soin de son bétail, Mais les entrailles des méchants sont cruelles.

¹¹Celui qui cultive son champ est rassasié de pain, Mais celui qui poursuit des choses vaines est dépourvu de sens.

¹²Le méchant convoite ce que prennent les méchants, Mais la racine des justes donne du fruit.

¹³Il y a dans le péché des lèvres un piège pernicieux, Mais le juste se tire de la détresse.

¹⁴Par le fruit de la bouche on est rassasié de biens, Et chacun reçoit selon l'oeuvre de ses mains.

¹⁵La voie de l'insensé est droite à ses yeux, Mais celui qui écoute les conseils est sage.

¹⁶L'insensé laisse voir à l'instant sa colère, Mais celui qui cache un outrage est un homme prudent.

¹⁷Celui qui dit la vérité proclame la justice, Et le faux témoin la tromperie.

¹⁸Tel, qui parle légèrement, blesse comme un glaive; Mais la langue des sages apporte la guérison.

¹⁹La lèvre véridique est affermie pour toujours, Mais la langue fausse ne subsiste qu'un instant.

²⁰La tromperie est dans le coeur de ceux qui méditent le mal, Mais la joie est pour ceux qui conseillent la paix.

²¹Aucun malheur n'arrive au juste, Mais les méchants sont accablés de maux.

²²Les lèvres fausses sont en horreur à l'Éternel, Mais ceux qui agissent avec vérité lui sont agréables.

²³L'homme prudent cache sa science, Mais le coeur des insensés proclame la folie.

²⁴La main des diligents dominera, Mais la main lâche sera tributaire.

²⁵L'inquiétude dans le coeur de l'homme l'abat, Mais une bonne parole le réjouit.

²⁶Le juste montre à son ami la bonne voie, Mais la voie des méchants les égare.

²⁷Le paresseux ne rôtit pas son gibier; Mais le précieux trésor d'un homme, c'est l'activité.

²⁸La vie est dans le sentier de la justice, La mort n'est pas dans le chemin qu'elle trace.

Chapitre 13

¹Un fils sage écoute l'instruction de son père, Mais le moqueur n'écoute pas la réprimande.

²Par le fruit de la bouche on jouit du bien; Mais ce que désirent les perfides, c'est la violence.

³Celui qui veille sur sa bouche garde son âme; Celui qui ouvre de grandes lèvres court à sa perte.

⁴L'âme du paresseux a des désirs qu'il ne peut satisfaire; Mais l'âme des hommes diligents sera rassasiée.

⁵Le juste hait les paroles mensongères; Le méchant se rend odieux et se couvre de honte.

⁶La justice garde celui dont la voie est intègre, Mais la méchanceté cause la ruine du pécheur.

⁷Tel fait le riche et n'a rien du tout, Tel fait le pauvre et a de grands biens.

⁸La richesse d'un homme sert de rançon pour sa vie, Mais le pauvre n'écoute pas la réprimande.

⁹La lumière des justes est joyeuse, Mais la lampe des méchants s'éteint.

¹⁰C'est seulement par orgueil qu'on excite des querelles, Mais la sagesse est avec ceux qui écoutent les conseils.

¹¹La richesse mal acquise diminue, Mais celui qui amasse peu à peu l'augmente.

¹²Un espoir différé rend le coeur malade, Mais un désir accompli est un arbre de vie.

¹³Celui qui méprise la parole se perd, Mais celui qui craint le précepte est récompensé.

¹⁴L'enseignement du sage est une source de vie, Pour détourner des pièges de la mort.

¹⁵Une raison saine a pour fruit la grâce, Mais la voie des perfides est rude.

¹⁶Tout homme prudent agit avec connaissance, Mais l'insensé fait étalage de folie.

¹⁷Un envoyé méchant tombe dans le malheur, Mais un messager fidèle apporte la guérison.

¹⁸La pauvreté et la honte sont le partage de celui qui rejette la correction, Mais celui qui a égard à la réprimande est honoré.

¹⁹Un désir accompli est doux à l'âme, Mais s'éloigner du mal fait horreur aux insensés.

²⁰Celui qui fréquente les sages devient sage, Mais celui qui se plaît avec les insensés s'en trouve mal.

²¹Le malheur poursuit ceux qui pèchent, Mais le bonheur récompense les justes.

²²L'homme de bien a pour héritiers les enfants de ses enfants, Mais les richesses du pécheur sont réservées pour le juste.

²³Le champ que défriche le pauvre donne une nourriture abondante, Mais tel périt par défaut de justice.

²⁴Celui qui ménage sa verge hait son fils, Mais celui qui l'aime cherche à le corriger.

²⁵Le juste mange et satisfait son appétit, Mais le ventre des méchants éprouve la disette.

Chapitre 14

¹La femme sage bâtit sa maison, Et la femme insensée la renverse de ses propres mains.

²Celui qui marche dans la droiture craint l'Éternel, Mais celui qui prend des voies tortueuses le méprise.

³Dans la bouche de l'insensé est une verge pour son orgueil, Mais les lèvres des sages les gardent.

⁴S'il n'y a pas de boeufs, la crèche est vide; C'est à la vigueur des boeufs qu'on doit l'abondance des revenus.

⁵Un témoin fidèle ne ment pas, Mais un faux témoin dit des mensonges.

⁶Le moqueur cherche la sagesse et ne la trouve pas, Mais pour

l'homme intelligent la science est chose facile.

⁷Éloigne-toi de l'insensé; Ce n'est pas sur ses lèvres que tu aperçois la science.

⁸La sagesse de l'homme prudent, c'est l'intelligence de sa voie; La folie des insensés, c'est la tromperie.

⁹Les insensés se font un jeu du péché, Mais parmi les hommes droits se trouve la bienveillance.

¹⁰Le coeur connaît ses propres chagrins, Et un étranger ne saurait partager sa joie.

¹¹La maison des méchants sera détruite, Mais la tente des hommes droits fleurira.

¹²Telle voie paraît droite à un homme, Mais son issue, c'est la voie de la mort.

¹³Au milieu même du rire le coeur peut être affligé, Et la joie peut finir par la détresse.

¹⁴Celui dont le coeur s'égare se rassasie de ses voies, Et l'homme de bien se rassasie de ce qui est en lui.

¹⁵L'homme simple croit tout ce qu'on dit, Mais l'homme prudent est attentif à ses pas.

¹⁶Le sage a de la retenue et se détourne du mal, Mais l'insensé est arrogant et plein de sécurité.

¹⁷Celui qui est prompt à la colère fait des sottises, Et l'homme plein de malice s'attire la haine.

¹⁸Les simples ont en partage la folie, Et les hommes prudents se font de la science une couronne.

¹⁹Les mauvais s'inclinent devant les bons, Et les méchants aux portes du juste.

²⁰Le pauvre est odieux même à son ami, Mais les amis du riche sont nombreux.

²¹Celui qui méprise son prochain commet un péché, Mais heureux celui qui a pitié des misérables!

²²Ceux qui méditent le mal ne s'égarent-ils pas? Mais ceux qui méditent le bien agissent avec bonté et fidélité.

²³Tout travail procure l'abondance, Mais les paroles en l'air ne mènent qu'à la disette.

²⁴La richesse est une couronne pour les sages; La folie des insensés est toujours de la folie.

²⁵Le témoin véridique délivre des âmes, Mais le trompeur dit des mensonges.

²⁶Celui qui craint l'Éternel possède un appui ferme, Et ses enfants ont un refuge auprès de lui.

²⁷La crainte de l'Éternel est une source de vie, Pour détourner des pièges de la mort.

²⁸Quand le peuple est nombreux, c'est la gloire d'un roi; Quand le peuple manque, c'est la ruine du prince.

²⁹Celui qui est lent à la colère a une grande intelligence, Mais celui qui est prompt à s'emporter proclame sa folie.

³⁰Un coeur calme est la vie du corps, Mais l'envie est la carie des os.

³¹Opprimer le pauvre, c'est outrager celui qui l'a fait; Mais avoir pitié de l'indigent, c'est l'honorer.

³²Le méchant est renversé par sa méchanceté, Mais le juste trouve un refuge même en sa mort.

³³Dans un coeur intelligent repose la sagesse, Mais au milieu des insensés elle se montre à découvert.

³⁴La justice élève une nation, Mais le péché est la honte des peuples.

³⁵La faveur du roi est pour le serviteur prudent, Et sa colère pour celui qui fait honte.

Chapitre 15

¹Une réponse douce calme la fureur, Mais une parole dure excite la colère.

²La langue des sages rend la science aimable, Et la bouche des insensés répand la folie.

³Les yeux de l'Éternel sont en tout lieu, Observant les méchants et les bons.

⁴La langue douce est un arbre de vie, Mais la langue perverse brise l'âme.

⁵L'insensé dédaigne l'instruction de son père, Mais celui qui a égard à la réprimande agit avec prudence.

⁶Il y a grande abondance dans la maison du juste, Mais il y a du trouble dans les profits du méchant.

⁷Les lèvres des sages répandent la science, Mais le coeur des insensés n'est pas droit.

⁸Le sacrifice des méchants est en horreur à l'Éternel, Mais la prière des hommes droits lui est agréable.

⁹La voie du méchant est en horreur à l'Éternel, Mais il aime celui qui poursuit la justice.

¹⁰Une correction sévère menace celui qui abandonne le sentier; Celui qui hait la réprimande mourra.

¹¹Le séjour des morts et l'abîme sont devant l'Éternel; Combien plus les coeurs des fils de l'homme!

¹²Le moqueur n'aime pas qu'on le reprenne, Il ne va point vers les sages.

¹³Un coeur joyeux rend le visage serein; Mais quand le coeur est triste, l'esprit est abattu.

¹⁴Un coeur intelligent cherche la science, Mais la bouche des insensés se plaît à la folie.

¹⁵Tous les jours du malheureux sont mauvais, Mais le coeur content est un festin perpétuel.

¹⁶Mieux vaut peu, avec la crainte de l'Éternel, Qu'un grand trésor, avec le trouble.

¹⁷Mieux vaut de l'herbe pour nourriture, là où règne l'amour, Qu'un boeuf engraissé, si la haine est là.

¹⁸Un homme violent excite des querelles, Mais celui qui est lent à la colère apaise les disputes.

¹⁹Le chemin du paresseux est comme une haie d'épines, Mais le sentier des hommes droits est aplani.

²⁰Un fils sage fait la joie de son père, Et un homme insensé méprise sa mère.

²¹La folie est une joie pour celui qui est dépourvu de sens, Mais un homme intelligent va le droit chemin.

²²Les projets échouent, faute d'une assemblée qui délibère; Mais ils réussissent quand il y a de nombreux conseillers.

²³On éprouve de la joie à donner une réponse de sa bouche; Et combien est agréable une parole dite à propos!

²⁴Pour le sage, le sentier de la vie mène en haut, Afin qu'il se détourne du séjour des morts qui est en bas.

²⁵L'Éternel renverse la maison des orgueilleux, Mais il affermit les bornes de la veuve.

²⁶Les pensées mauvaises sont en horreur à l'Éternel, Mais les paroles agréables sont pures à ses yeux.

²⁷Celui qui est avide de gain trouble sa maison, Mais celui qui hait les présents vivra.

²⁸Le coeur du juste médite pour répondre, Mais la bouche des méchants répand des méchancetés.

²⁹L'Éternel s'éloigne des méchants, Mais il écoute la prière des justes.

³⁰Ce qui plaît aux yeux réjouit le coeur; Une bonne nouvelle fortifie les membres.

³¹L'oreille attentive aux réprimandes qui mènent à la vie Fait son séjour au milieu des sages.

³²Celui qui rejette la correction méprise son âme, Mais celui qui écoute la réprimande acquiert l'intelligence.

³³La crainte de l'Éternel enseigne la sagesse, Et l'humilité précède la gloire.

Chapitre 16

¹Les projets que forme le coeur dépendent de l'homme, Mais la réponse que donne la bouche vient de l'Éternel.

²Toutes les voies de l'homme sont pures à ses yeux; Mais celui qui pèse les esprits, c'est l'Éternel.

³Recommande à l'Éternel tes oeuvres, Et tes projets réussiront.

⁴L'Éternel a tout fait pour un but, Même le méchant pour le jour du malheur.

⁵Tout coeur hautain est en abomination à l'Éternel; Certes, il ne restera pas impuni.

⁶Par la bonté et la fidélité on expie l'iniquité, Et par la crainte de l'Éternel on se détourne du mal.

⁷Quand l'Éternel approuve les voies d'un homme, Il dispose favorablement à son égard même ses ennemis.

⁸Mieux vaut peu, avec la justice, Que de grands revenus, avec l'injustice.

⁹Le coeur de l'homme médite sa voie, Mais c'est l'Éternel qui dirige ses pas.

¹⁰Des oracles sont sur les lèvres du roi: Sa bouche ne doit pas être infidèle quand il juge.

¹¹Le poids et la balance justes sont à l'Éternel; Tous les poids du sac sont son ouvrage.

¹²Les rois ont horreur de faire le mal, Car c'est par la justice que le trône s'affermit.

¹³Les lèvres justes gagnent la faveur des rois, Et ils aiment celui qui parle avec droiture.

Proverbes

¹⁴La fureur du roi est un messager de mort, Et un homme sage doit l'apaiser.

¹⁵La sérénité du visage du roi donne la vie, Et sa faveur est comme une pluie du printemps.

¹⁶Combien acquérir la sagesse vaut mieux que l'or! Combien acquérir l'intelligence est préférable à l'argent!

¹⁷Le chemin des hommes droits, c'est d'éviter le mal; Celui qui garde son âme veille sur sa voie.

¹⁸L'arrogance précède la ruine, Et l'orgueil précède la chute.

¹⁹Mieux vaut être humble avec les humbles Que de partager le butin avec les orgueilleux.

²⁰Celui qui réfléchit sur les choses trouve le bonheur, Et celui qui se confie en l'Éternel est heureux.

²¹Celui qui est sage de coeur est appelé intelligent, Et la douceur des lèvres augmente le savoir.

²²La sagesse est une source de vie pour celui qui la possède; Et le châtiment des insensés, c'est leur folie.

²³Celui qui est sage de coeur manifeste la sagesse par sa bouche, Et l'accroissement de son savoir paraît sur ses lèvres.

²⁴Les paroles agréables sont un rayon de miel, Douces pour l'âme et salutaires pour le corps.

²⁵Telle voie paraît droite à un homme, Mais son issue, c'est la voie de la mort.

²⁶Celui qui travaille, travaille pour lui, Car sa bouche l'y excite.

²⁷L'homme pervers prépare le malheur, Et il y a sur ses lèvres comme un feu ardent.

²⁸L'homme pervers excite des querelles, Et le rapporteur divise les amis.

²⁹L'homme violent séduit son prochain, Et le fait marcher dans une voie qui n'est pas bonne.

³⁰Celui qui ferme les yeux pour se livrer à des pensées perverses, Celui qui se mord les lèvres, a déjà consommé le mal.

³¹Les cheveux blancs sont une couronne d'honneur; C'est dans le chemin de la justice qu'on la trouve.

³²Celui qui est lent à la colère vaut mieux qu'un héros, Et celui qui est maître de lui-même, que celui qui prend des villes.

³³On jette le sort dans le pan de la robe, Mais toute décision vient de l'Éternel.

Chapitre 17

¹Mieux vaut un morceau de pain sec, avec la paix, Qu'une maison pleine de viandes, avec des querelles.

²Un serviteur prudent domine sur le fils qui fait honte, Et il aura part à l'héritage au milieu des frères.

³Le creuset est pour l'argent, et le fourneau pour l'or; Mais celui qui éprouve les coeurs, c'est l'Éternel.

⁴Le méchant est attentif à la lèvre inique, Le menteur prête l'oreille à la langue pernicieuse.

⁵Celui qui se moque du pauvre outrage celui qui l'a fait; Celui qui se réjouit d'un malheur ne restera pas impuni.

⁶Les enfants des enfants sont la couronne des vieillards, Et les pères sont la gloire de leurs enfants.

⁷Les paroles distinguées ne conviennent pas à un insensé; Combien moins à un noble les paroles mensongères!

⁸Les présents sont une pierre précieuse aux yeux de qui en reçoit; De quelque côté qu'ils se tournes, ils ont du succès.

⁹Celui qui couvre une faute cherche l'amour, Et celui qui la rappelle dans ses discours divise les amis.

¹⁰Une réprimande fait plus d'impression sur l'homme intelligent Que cent coups sur l'insensé.

¹¹Le méchant ne cherche que révolte, Mais un messager cruel sera envoyé contre lui.

¹²Rencontre une ourse privée de ses petits, Plutôt qu'un insensé pendant sa folie.

¹³De celui qui rend le mal pour le bien Le mal ne quittera point la maison.

¹⁴Commencer une querelle, c'est ouvrir une digue; Avant que la dispute s'anime, retire-toi.

¹⁵Celui qui absout le coupable et celui qui condamne le juste Sont tous deux en abomination à l'Éternel.

¹⁶A quoi sert l'argent dans la main de l'insensé? A acheter la sagesse?... Mais il n'a point de sens.

¹⁷L'ami aime en tout temps, Et dans le malheur il se montre un frère.

¹⁸L'homme dépourvu de sens prend des engagements, Il cautionne son prochain.

¹⁹Celui qui aime les querelles aime le péché; Celui qui élève sa porte cherche la ruine.

²⁰Un coeur faux ne trouve pas le bonheur, Et celui dont la langue est perverse tombe dans le malheur.

²¹Celui qui donne naissance à un insensé aura du chagrin; Le père d'un fou ne peut pas se réjouir.

²²Un coeur joyeux est un bon remède, Mais un esprit abattu dessèche les os.

²³Le méchant accepte en secret des présents, Pour pervertir les voies de la justice.

²⁴La sagesse est en face de l'homme intelligent, Mais les yeux de l'insensé sont à l'extrémité de la terre.

²⁵Un fils insensé fait le chagrin de son père, Et l'amertume de celle qui l'a enfanté.

²⁶Il n'est pas bon de condamner le juste à une amende, Ni de frapper les nobles à cause de leur droiture.

²⁷Celui qui retient ses paroles connaît la science, Et celui qui a l'esprit calme est un homme intelligent.

²⁸L'insensé même, quand il se tait, passe pour sage; Celui qui ferme ses lèvres est un homme intelligent.

Chapitre 18

¹Celui qui se tient à l'écart cherche ce qui lui plaît, Il s'irrite contre tout ce qui est sage.

²Ce n'est pas à l'intelligence que l'insensé prend plaisir, C'est à la manifestation de ses pensées.

³Quand vient le méchant, vient aussi le mépris; Et avec la honte, vient l'opprobre.

⁴Les paroles de la bouche d'un homme sont des eaux profondes; La source de la sagesse est un torrent qui jaillit.

⁵Il n'est pas bon d'avoir égard à la personne du méchant, Pour faire tort au juste dans le jugement.

⁶Les lèvres de l'insensé se mêlent aux querelles, Et sa bouche provoque les coups.

⁷La bouche de l'insensé cause sa ruine, Et ses lèvres sont un piège pour son âme.

⁸Les paroles du rapporteur sont comme des friandises, Elles descendent jusqu'au fond des entrailles.

⁹Celui qui se relâche dans son travail Est frère de celui qui détruit.

¹⁰Le nom de l'Éternel est une tour forte; Le juste s'y réfugie, et se trouve en sûreté.

¹¹La fortune est pour le riche une ville forte; Dans son imagination, c'est une haute muraille.

¹²Avant la ruine, le coeur de l'homme s'élève; Mais l'humilité précède la gloire.

¹³Celui qui répond avant d'avoir écouté Fait un acte de folie et s'attire la confusion.

¹⁴L'esprit de l'homme le soutient dans la maladie; Mais l'esprit abattu, qui le relèvera?

¹⁵Un coeur intelligent acquiert la science, Et l'oreille des sages cherche la science.

¹⁶Les présents d'un homme lui élargissent la voie, Et lui donnent accès auprès des grands.

¹⁷Le premier qui parle dans sa cause paraît juste; Vient sa partie adverse, et on l'examine.

¹⁸Le sort fait cesser les contestations, Et décide entre les puissants.

¹⁹Des frères sont plus intraitables qu'une ville forte, Et leurs querelles sont comme les verrous d'un palais.

²⁰C'est du fruit de sa bouche que l'homme rassasie son corps, C'est du produit de ses lèvres qu'il se rassasie.

²¹La mort et la vie sont au pouvoir de la langue; Quiconque l'aime en mangera les fruits.

²²Celui qui trouve une femme trouve le bonheur; C'est une grâce qu'il obtient de l'Éternel.

²³Le pauvre parle en suppliant, Et le riche répond avec dureté.

²⁴Celui qui a beaucoup d'amis les a pour son malheur, Mais il est tel ami plus attaché qu'un frère.

Chapitre 19

¹Mieux vaut le pauvre qui marche dans son intégrité, Que l'homme qui a des lèvres perverses et qui est un insensé.

²Le manque de science n'est bon pour personne, Et celui qui précipite ses pas tombe dans le péché.

³La folie de l'homme pervertit sa voie, Et c'est contre l'Éternel que son coeur s'irrite.

⁴La richesse procure un grand nombre d'amis, Mais le pauvre est séparé de son ami.

⁵Le faux témoin ne restera pas impuni, Et celui qui dit des

mensonges n'échappera pas.

⁶Beaucoup de gens flattent l'homme généreux, Et tous sont les amis de celui qui fait des présents.

⁷Tous les frères du pauvre le haïssent; Combien plus ses amis s'éloignent-ils de lui! Il leur adresse des paroles suppliantes, mais ils disparaissent.

⁸Celui qui acquiert du sens aime son âme; Celui qui garde l'intelligence trouve le bonheur.

⁹Le faux témoin ne restera pas impuni, Et celui qui dit des mensonges périra.

¹⁰Il ne sied pas à un insensé de vivre dans les délices; Combien moins à un esclave de dominer sur des princes!

¹¹L'homme qui a de la sagesse est lent à la colère, Et il met sa gloire à oublier les offenses.

¹²La colère du roi est comme le rugissement d'un lion, Et sa faveur est comme la rosée sur l'herbe.

¹³Un fils insensé est une calamité pour son père, Et les querelles d'une femme sont une gouttière sans fin.

¹⁴On peut hériter de ses pères une maison et des richesses, Mais une femme intelligente est un don de l'Éternel.

¹⁵La paresse fait tomber dans l'assoupissement, Et l'âme nonchalante éprouve la faim.

¹⁶Celui qui garde ce qui est commandé garde son âme; Celui qui ne veille pas sur sa voie mourra.

¹⁷Celui qui a pitié du pauvre prête à l'Éternel, Qui lui rendra selon son oeuvre.

¹⁸Châtie ton fils, car il y a encore de l'espérance; Mais ne désire point le faire mourir.

¹⁹Celui que la colère emporte doit en subir la peine; Car si tu le libères, tu devras y revenir.

²⁰Écoute les conseils, et reçois l'instruction, Afin que tu sois sage dans la suite de ta vie.

²¹Il y a dans le coeur de l'homme beaucoup de projets, Mais c'est le dessein de l'Éternel qui s'accomplit.

²²Ce qui fait le charme d'un homme, c'est sa bonté; Et mieux vaut un pauvre qu'un menteur.

²³La crainte de l'Éternel mène à la vie, Et l'on passe la nuit rassasié, sans être visité par le malheur.

²⁴Le paresseux plonge sa main dans le plat, Et il ne la ramène pas à sa bouche.

²⁵Frappe le moqueur, et le sot deviendra sage; Reprends l'homme intelligent, et il comprendra la science.

²⁶Celui qui ruine son père et qui met en fuite sa mère Est un fils qui fait honte et qui fait rougir.

²⁷Cesse, mon fils, d'écouter l'instruction, Si c'est pour t'éloigner des paroles de la science.

²⁸Un témoin pervers se moque de la justice, Et la bouche des méchants dévore l'iniquité.

²⁹Les châtiments sont prêts pour les moqueurs, Et les coups pour le dos des insensés.

Chapitre 20

¹Le vin est moqueur, les boissons fortes sont tumultueuses; Quiconque en fait excès n'est pas sage.

²La terreur qu'inspire le roi est comme le rugissement d'un lion; Celui qui l'irrite pèche contre lui-même.

³C'est une gloire pour l'homme de s'abstenir des querelles, Mais tout insensé se livre à l'emportement.

⁴A cause du froid, le paresseux ne laboure pas; A la moisson, il voudrait récolter, mais il n'y a rien.

⁵Les desseins dans le coeur de l'homme sont des eaux profondes, Mais l'homme intelligent sait y puiser.

⁶Beaucoup de gens proclament leur bonté; Mais un homme fidèle, qui le trouvera?

⁷Le juste marche dans son intégrité; Heureux ses enfants après lui!

⁸Le roi assis sur le trône de la justice Dissipe tout mal par son regard.

⁹Qui dira: J'ai purifié mon coeur, Je suis net de mon péché?

¹⁰Deux sortes de poids, deux sortes d'épha, Sont l'un et l'autre en abomination à l'Éternel.

¹¹L'enfant laisse déjà voir par ses actions Si sa conduite sera pure et droite.

¹²L'oreille qui entend, et l'oeil qui voit, C'est l'Éternel qui les a faits l'un et l'autre.

¹³N'aime pas le sommeil, de peur que tu ne deviennes pauvre; Ouvre les yeux, tu seras rassasié de pain.

¹⁴Mauvais! mauvais! dit l'acheteur; Et en s'en allant, il se félicite.

¹⁵Il y a de l'or et beaucoup de perles; Mais les lèvres savantes sont un objet précieux.

¹⁶Prends son vêtement, car il a cautionné autrui; Exige de lui des gages, à cause des étrangers.

¹⁷Le pain du mensonge est doux à l'homme, Et plus tard sa bouche est remplie de gravier.

¹⁸Les projets s'affermissent par le conseil; Fais la guerre avec prudence.

¹⁹Celui qui répand la calomnie dévoile les secrets; Ne te mêle pas avec celui qui ouvre ses lèvres.

²⁰Si quelqu'un maudit son père et sa mère, Sa lampe s'éteindra au milieu des ténèbres.

²¹Un héritage promptement acquis dès l'origine Ne sera pas béni quand viendra la fin.

²²Ne dis pas: Je rendrai le mal. Espère en l'Éternel, et il te délivrera.

²³L'Éternel a en horreur deux sortes de poids, Et la balance fausse n'est pas une chose bonne.

²⁴C'est l'Éternel qui dirige les pas de l'homme, Mais l'homme peut-il comprendre sa voie?

²⁵C'est un piège pour l'homme que de prendre à la légère un engagement sacré, Et de ne réfléchir qu'après avoir fait un voeu.

²⁶Un roi sage dissipe les méchants, Et fait passer sur eux la roue.

²⁷Le souffle de l'homme est une lampe de l'Éternel; Il pénètre jusqu'au fond des entrailles.

²⁸La bonté et la fidélité gardent le roi, Et il soutient son trône par la bonté.

²⁹La force est la gloire des jeunes gens, Et les cheveux blancs sont l'ornement des vieillards.

³⁰Les plaies d'une blessure sont un remède pour le méchant; De même les coups qui pénètrent jusqu'au fond des entrailles.

Chapitre 21

¹Le coeur du roi est un courant d'eau dans la main de l'Éternel; Il l'incline partout où il veut.

²Toutes les voies de l'homme sont droites à ses yeux; Mais celui qui pèse les coeurs, c'est l'Éternel.

³La pratique de la justice et de l'équité, Voilà ce que l'Éternel préfère aux sacrifices.

⁴Des regards hautains et un coeur qui s'enfle, Cette lampe des méchants, ce n'est que péché.

⁵Les projets de l'homme diligent ne mènent qu'à l'abondance, Mais celui qui agit avec précipitation n'arrive qu'à la disette.

⁶Des trésors acquis par une langue mensongère Sont une vanité fugitive et l'avant-coureur de la mort.

⁷La violence des méchants les emporte, Parce qu'ils refusent de faire ce qui est juste.

⁸Le coupable suit des voies détournées, Mais l'innocent agit avec droiture.

⁹Mieux vaut habiter à l'angle d'un toit, Que de partager la demeure d'une femme querelleuse.

¹⁰L'âme du méchant désire le mal; Son ami ne trouve pas grâce à ses yeux.

¹¹Quand on châtie le moqueur, le sot devient sage; Et quand on instruit le sage, il accueille la science.

¹²Le juste considère la maison du méchant; L'Éternel précipite les méchants dans le malheur.

¹³Celui qui ferme son oreille au cri du pauvre Criera lui-même et n'aura point de réponse.

¹⁴Un don fait en secret apaise la colère, Et un présent fait en cachette calme une fureur violente.

¹⁵C'est une joie pour le juste de pratiquer la justice, Mais la ruine est pour ceux qui font le mal.

¹⁶L'homme qui s'écarte du chemin de la sagesse Reposera dans l'assemblée des morts.

¹⁷Celui qui aime la joie reste dans l'indigence; Celui qui aime le vin et l'huile ne s'enrichit pas.

¹⁸Le méchant sert de rançon pour le juste, Et le perfide pour les hommes droits.

¹⁹Mieux vaut habiter dans une terre déserte, Qu'avec une femme querelleuse et irritable.

²⁰De précieux trésors et de l'huile sont dans la demeure du sage; Mais l'homme insensé les engloutit.

²¹Celui qui poursuit la justice et la bonté Trouve la vie, la justice et la gloire.

²²Le sage monte dans la ville des héros, Et il abat la force qui lui donnait de l'assurance.

²³Celui qui veille sur sa bouche et sur sa langue Préserve son âme des angoisses.
²⁴L'orgueilleux, le hautain, s'appelle un moqueur; Il agit avec la fureur de l'arrogance.
²⁵Les désirs du paresseux le tuent, Parce que ses mains refusent de travailler;
²⁶Tout le jour il éprouve des désirs; Mais le juste donne sans parcimonie.
²⁷Le sacrifice des méchants est quelque chose d'abominable; Combien plus quand ils l'offrent avec des pensées criminelles!
²⁸Le témoin menteur périra, Mais l'homme qui écoute parlera toujours.
²⁹Le méchant prend un air effronté, Mais l'homme droit affermit sa voie.
³⁰Il n'y a ni sagesse, ni intelligence, Ni conseil, en face de l'Éternel.
³¹Le cheval est équipé pour le jour de la bataille, Mais la délivrance appartient à l'Éternel.

Chapitre 22

¹La réputation est préférable à de grandes richesses, Et la grâce vaut mieux que l'argent et que l'or.
²Le riche et le pauvre se rencontrent; C'est l'Éternel qui les a faits l'un et l'autre.
³L'homme prudent voit le mal et se cache, Mais les simples avancent et sont punis.
⁴Le fruit de l'humilité, de la crainte de l'Éternel, C'est la richesse, la gloire et la vie.
⁵Des épines, des pièges sont sur la voie de l'homme pervers; Celui qui garde son âme s'en éloigne.
⁶Instruis l'enfant selon la voie qu'il doit suivre; Et quand il sera vieux, il ne s'en détournera pas.
⁷Le riche domine sur les pauvres, Et celui qui emprunte est l'esclave de celui qui prête.
⁸Celui qui sème l'iniquité moissonne l'iniquité, Et la verge de sa fureur disparaît.
⁹L'homme dont le regard est bienveillant sera béni, Parce qu'il donne de son pain au pauvre.
¹⁰Chasse le moqueur, et la querelle prendra fin; Les disputes et les outrages cesseront.
¹¹Celui qui aime la pureté du coeur, Et qui a la grâce sur les lèvres, a le roi pour ami.
¹²Les yeux de l'Éternel gardent la science, Mais il confond les paroles du perfide.
¹³Le paresseux dit: Il y a un lion dehors! Je serai tué dans les rues!
¹⁴La bouche des étrangères est une fosse profonde; Celui contre qui l'Éternel est irrité y tombera.
¹⁵La folie est attachée au coeur de l'enfant; La verge de la correction l'éloignera de lui.
¹⁶Opprimer le pauvre pour augmenter son bien, C'est donner au riche pour n'arriver qu'à la disette.
¹⁷Prête l'oreille, et écoute les paroles des sages; Applique ton coeur à ma science.
¹⁸Car il est bon que tu les gardes au dedans de toi, Et qu'elles soient toutes présentes sur tes lèvres.
¹⁹Afin que ta confiance repose sur l'Éternel, Je veux t'instruire aujourd'hui, oui, toi.
²⁰N'ai-je pas déjà pour toi mis par écrit Des conseils et des réflexions,
²¹Pour t'enseigner des choses sûres, des paroles vraies, Afin que tu répondes par des paroles vraies à celui qui t'envoie?
²²Ne dépouille pas le pauvre, parce qu'il est pauvre, Et n'opprime pas le malheureux à la porte;
²³Car l'Éternel défendra leur cause, Et il ôtera la vie à ceux qui les auront dépouillés.
²⁴Ne fréquente pas l'homme colère, Ne va pas avec l'homme violent,
²⁵De peur que tu ne t'habitues à ses sentiers, Et qu'ils ne deviennent un piège pour ton âme.
²⁶Ne sois pas parmi ceux qui prennent des engagements, Parmi ceux qui cautionnent pour des dettes;
²⁷Si tu n'as pas de quoi payer, Pourquoi voudrais-tu qu'on enlève ton lit de dessous toi?
²⁸Ne déplace pas la borne ancienne, Que tes pères ont posée.
²⁹Si tu vois un homme habile dans son ouvrage, Il se tient auprès des rois; Il ne se tient pas auprès des gens obscurs.

Chapitre 23

¹Si tu es à table avec un grand, Fais attention à ce qui est devant toi;
²Mets un couteau à ta gorge, Si tu as trop d'avidité.
³Ne convoite pas ses friandises: C'est un aliment trompeur.
⁴Ne te tourmente pas pour t'enrichir, N'y applique pas ton intelligence.
⁵Veux-tu poursuivre du regard ce qui va disparaître? Car la richesse se fait des ailes, Et comme l'aigle, elle prend son vol vers les cieux.
⁶Ne mange pas le pain de celui dont le regard est malveillant, Et ne convoite pas ses friandises;
⁷Car il est comme les pensées de son âme. Mange et bois, te dira-t-il; Mais son coeur n'est point avec toi.
⁸Tu vomiras le morceau que tu as mangé, Et tu auras perdu tes propos agréables.
⁹Ne parle pas aux oreilles de l'insensé, Car il méprise la sagesse de tes discours.
¹⁰Ne déplace pas la borne ancienne, Et n'entre pas dans le champ des orphelins;
¹¹Car leur vengeur est puissant: Il défendra leur cause contre toi.
¹²Ouvre ton coeur à l'instruction, Et tes oreilles aux paroles de la science.
¹³N'épargne pas la correction à l'enfant; Si tu le frappes de la verge, il ne mourra point.
¹⁴En le frappant de la verge, Tu délivres son âme du séjour des morts.
¹⁵Mon fils, si ton coeur est sage, Mon coeur à moi sera dans la joie;
¹⁶Mes entrailles seront émues d'allégresse, Quand tes lèvres diront ce qui est droit.
¹⁷Que ton coeur n'envie point les pécheurs, Mais qu'il ait toujours la crainte de l'Éternel;
¹⁸Car il est un avenir, Et ton espérance ne sera pas anéantie.
¹⁹Écoute, mon fils, et sois sage; Dirige ton coeur dans la voie droite.
²⁰Ne sois pas parmi les buveurs de vin, Parmi ceux qui font excès des viandes:
²¹Car l'ivrogne et celui qui se livre à des excès s'appauvrissent, Et l'assoupissement fait porter des haillons.
²²Écoute ton père, lui qui t'a engendré, Et ne méprise pas ta mère, quand elle est devenue vieille.
²³Acquiers la vérité, et ne la vends pas, La sagesse, l'instruction et l'intelligence.
²⁴Le père du juste est dans l'allégresse, Celui qui donne naissance à un sage aura de la joie.
²⁵Que ton père et ta mère se réjouissent, Que celle qui t'a enfanté soit dans l'allégresse!
²⁶Mon fils, donne-moi ton coeur, Et que tes yeux se plaisent dans mes voies.
²⁷Car la prostituée est une fosse profonde, Et l'étrangère un puits étroit.
²⁸Elle dresse des embûches comme un brigand, Et elle augmente parmi les hommes le nombre des perfides.
²⁹Pour qui les ah? pour qui les hélas? Pour qui les disputes? pour qui les plaintes? Pour qui les blessures sans raison? pour qui les yeux rouges?
³⁰Pour ceux qui s'attardent auprès du vin, Pour ceux qui vont déguster du vin mêlé.
³¹Ne regarde pas le vin qui paraît d'un beau rouge, Qui fait des perles dans la coupe, Et qui coule aisément.
³²Il finit par mordre comme un serpent, Et par piquer comme un basilic.
³³Tes yeux se porteront sur des étrangères, Et ton coeur parlera d'une manière perverse.
³⁴Tu seras comme un homme couché au milieu de la mer, Comme un homme couché sur le sommet d'un mât:
³⁵On m'a frappé,... je n'ai point de mal!... On m'a battu,... je ne sens rien!... Quand me réveillerai-je?... J'en veux encore!

Chapitre 24

¹Ne porte pas envie aux hommes méchants, Et ne désire pas être avec eux;
²Car leur coeur médite la ruine, Et leurs lèvres parlent d'iniquité.
³C'est par la sagesse qu'une maison s'élève, Et par l'intelligence qu'elle s'affermit;
⁴C'est par la science que les chambres se remplissent De tous les

biens précieux et agréables.

⁵Un homme sage est plein de force, Et celui qui a de la science affermit sa vigueur;

⁶Car tu feras la guerre avec prudence, Et le salut est dans le grand nombre des conseillers.

⁷La sagesse est trop élevée pour l'insensé; Il n'ouvrira pas la bouche à la porte.

⁸Celui qui médite de faire le mal S'appelle un homme plein de malice.

⁹La pensée de la folie n'est que péché, Et le moqueur est en abomination parmi les hommes.

¹⁰Si tu faiblis au jour de la détresse, Ta force n'est que détresse.

¹¹Délivre ceux qu'on traîne à la mort, Ceux qu'on va égorger, sauve-les!

¹²Si tu dis: Ah! nous ne savions pas!... Celui qui pèse les coeurs ne le voit-il pas? Celui qui veille sur ton âme ne le connaît-il pas? Et ne rendra-t-il pas à chacun selon ses oeuvres?

¹³Mon fils, mange du miel, car il est bon; Un rayon de miel sera doux à ton palais.

¹⁴De même, connais la sagesse pour ton âme; Si tu la trouves, il est un avenir, Et ton espérance ne sera pas anéantie.

¹⁵Ne tends pas méchamment des embûches à la demeure du juste, Et ne dévaste pas le lieu où il repose;

¹⁶Car sept fois le juste tombe, et il se relève, Mais les méchants sont précipités dans le malheur.

¹⁷Ne te réjouis pas de la chute de ton ennemi, Et que ton coeur ne soit pas dans l'allégresse quand il chancelle,

¹⁸De peur que l'Éternel ne le voie, que cela ne lui déplaise, Et qu'il ne détourne de lui sa colère.

¹⁹Ne t'irrite pas à cause de ceux qui font le mal, Ne porte pas envie aux méchants;

²⁰Car il n'y a point d'avenir pour celui qui fait le mal, La lampe des méchants s'éteint.

²¹Mon fils, crains l'Éternel et le roi; Ne te mêle pas avec les hommes remuants;

²²Car soudain leur ruine surgira, Et qui connaît les châtiments des uns et des autres?

²³Voici encore ce qui vient des sages: Il n'est pas bon, dans les jugements, d'avoir égard aux personnes.

²⁴Celui qui dit au méchant: Tu es juste! Les peuples le maudissent, les nations le maudissent.

²⁵Mais ceux qui le châtient s'en trouvent bien, Et le bonheur vient sur eux comme une bénédiction.

²⁶Il baise les lèvres, Celui qui répond des paroles justes.

²⁷Soigne tes affaires au dehors, Mets ton champ en état, Puis tu bâtiras ta maison.

²⁸Ne témoigne pas à la légère contre ton prochain; Voudrais-tu tromper par tes lèvres?

²⁹Ne dis pas: Je lui ferai comme il m'a fait, Je rendrai à chacun selon ses oeuvres.

³⁰J'ai passé près du champ d'un paresseux, Et près de la vigne d'un homme dépourvu de sens.

³¹Et voici, les épines y croissaient partout, Les ronces en couvraient la face, Et le mur de pierres était écroulé.

³²J'ai regardé attentivement, Et j'ai tiré instruction de ce que j'ai vu.

³³Un peu de sommeil, un peu d'assoupissement, Un peu croiser les mains pour dormir!...

³⁴Et la pauvreté te surprendra, comme un rôdeur, Et la disette, comme un homme en armes.

Chapitre 25

¹Voici encore des Proverbes de Salomon, recueillis par les gens d'Ézéchias, roi de Juda.

²La gloire de Dieu, c'est de cacher les choses; La gloire des rois, c'est de sonder les choses.

³Les cieux dans leur hauteur, la terre dans sa profondeur, Et le coeur des rois, sont impénétrables.

⁴Ote de l'argent les scories, Et il en sortira un vase pour le fondeur.

⁵Ote le méchant de devant le roi, Et son trône s'affermira par la justice.

⁶Ne t'élève pas devant le roi, Et ne prends pas la place des grands;

⁷Car il vaut mieux qu'on te dise: Monte-ici! Que si l'on t'abaisse devant le prince que tes yeux voient.

⁸Ne te hâte pas d'entrer en contestation, De peur qu'à la fin tu ne saches que faire, Lorsque ton prochain t'aura outragé.

⁹Défends ta cause contre ton prochain, Mais ne révèle pas le secret d'un autre,

¹⁰De peur qu'en l'apprenant il ne te couvre de honte, Et que ta mauvaise renommée ne s'efface pas.

¹¹Comme des pommes d'or sur des ciselures d'argent, Ainsi est une parole dite à propos.

¹²Comme un anneau d'or et une parure d'or fin, Ainsi pour une oreille docile est le sage qui réprimande.

¹³Comme la fraîcheur de la neige au temps de la moisson, Ainsi est un messager fidèle pour celui qui l'envoie; Il restaure l'âme de son maître.

¹⁴Comme des nuages et du vent sans pluie, Ainsi est un homme se glorifiant à tort de ses libéralités.

¹⁵Par la lenteur à la colère on fléchit un prince, Et une langue douce peut briser des os.

¹⁶Si tu trouves du miel, n'en mange que ce qui te suffit, De peur que tu n'en sois rassasié et que tu ne le vomisses.

¹⁷Mets rarement le pied dans la maison de ton prochain, De peur qu'il ne soit rassasié de toi et qu'il ne te haïsse.

¹⁸Comme une massue, une épée et une flèche aiguë, Ainsi est un homme qui porte un faux témoignage contre son prochain.

¹⁹Comme une dent cassée et un pied qui chancelle, Ainsi est la confiance en un perfide au jour de la détresse.

²⁰Oter son vêtement dans un jour froid, Répandre du vinaigre sur du nitre, C'est dire des chansons à un coeur attristé.

²¹Si ton ennemi a faim, donne-lui du pain à manger; S'il a soif, donne-lui de l'eau à boire.

²²Car ce sont des charbons ardents que tu amasses sur sa tête, Et l'Éternel te récompensera.

²³Le vent du nord enfante la pluie, Et la langue mystérieuse un visage irrité.

²⁴Mieux vaut habiter à l'angle d'un toit, Que de partager la demeure d'une femme querelleuse.

²⁵Comme de l'eau fraîche pour une personne fatiguée, Ainsi est une bonne nouvelle venant d'une terre lointaine.

²⁶Comme une fontaine troublée et une source corrompue, Ainsi est le juste qui chancelle devant le méchant.

²⁷Il n'est pas bon de manger beaucoup de miel, Mais rechercher la gloire des autres est un honneur.

²⁸Comme une ville forcée et sans murailles, Ainsi est l'homme qui n'est pas maître de lui-même.

Chapitre 26

¹Comme la neige en été, et la pluie pendant la moisson, Ainsi la gloire ne convient pas à un insensé.

²Comme l'oiseau s'échappe, comme l'hirondelle s'envole, Ainsi la malédiction sans cause n'a point d'effet.

³Le fouet est pour le cheval, le mors pour l'âne, Et la verge pour le dos des insensés.

⁴Ne réponds pas à l'insensé selon sa folie, De peur que tu ne lui ressembles toi-même.

⁵Réponds à l'insensé selon sa folie, Afin qu'il ne se regarde pas comme sage.

⁶Il se coupe les pieds, il boit l'injustice, Celui qui donne des messages à un insensé.

⁷Comme les jambes du boiteux sont faibles, Ainsi est une sentence dans la bouche des insensés.

⁸C'est attacher une pierre à la fronde, Que d'accorder des honneurs à un insensé.

⁹Comme une épine qui se dresse dans la main d'un homme ivre, Ainsi est une sentence dans la bouche des insensés.

¹⁰Comme un archer qui blesse tout le monde, Ainsi est celui qui prend à gage les insensés et les premiers venus.

¹¹Comme un chien qui retourne à ce qu'il a vomi, Ainsi est un insensé qui revient à sa folie.

¹²Si tu vois un homme qui se croit sage, Il y a plus à espérer d'un insensé que de lui.

¹³Le paresseux dit: Il y a un lion sur le chemin, Il y a un lion dans les rues!

¹⁴La porte tourne sur ses gonds, Et le paresseux sur son lit.

¹⁵Le paresseux plonge sa main dans le plat, Et il trouve pénible de la ramener à sa bouche.

¹⁶Le paresseux se croit plus sage Que sept hommes qui répondent avec bon sens.

¹⁷Comme celui qui saisit un chien par les oreilles, Ainsi est un passant qui s'irrite pour une querelle où il n'a que faire.

¹⁸Comme un furieux qui lance des flammes, Des flèches et la mort,

Proverbes

¹⁹Ainsi est un homme qui trompe son prochain, Et qui dit: N'était-ce pas pour plaisanter?
²⁰Faute de bois, le feu s'éteint; Et quand il n'y a point de rapporteur, la querelle s'apaise.
²¹Le charbon produit un brasier, et le bois du feu; Ainsi un homme querelleur échauffe une dispute.
²²Les paroles du rapporteur sont comme des friandises, Elles descendent jusqu'au fond des entrailles.
²³Comme des scories d'argent appliquées sur un vase de terre, Ainsi sont des lèvres brûlantes et un coeur mauvais.
²⁴Par ses lèvres celui qui hait se déguise, Et il met au dedans de lui la tromperie.
²⁵Lorsqu'il prend une voix douce, ne le crois pas, Car il y a sept abominations dans son coeur.
²⁶S'il cache sa haine sous la dissimulation, Sa méchanceté se révélera dans l'assemblée.
²⁷Celui qui creuse une fosse y tombe, Et la pierre revient sur celui qui la roule.
²⁸La langue fausse hait ceux qu'elle écrase, Et la bouche flatteuse prépare la ruine.

Chapitre 27

¹Ne te vante pas du lendemain, Car tu ne sais pas ce qu'un jour peut enfanter.
²Qu'un autre te loue, et non ta bouche, Un étranger, et non tes lèvres.
³La pierre est pesante et le sable est lourd, Mais l'humeur de l'insensé pèse plus que l'un et l'autre.
⁴La fureur est cruelle et la colère impétueuse, Mais qui résistera devant la jalousie?
⁵Mieux vaut une réprimande ouverte Qu'une amitié cachée.
⁶Les blessures d'un ami prouvent sa fidélité, Mais les baisers d'un ennemi sont trompeurs.
⁷Celui qui est rassasié foule aux pieds le rayon de miel, Mais celui qui a faim trouve doux tout ce qui est amer.
⁸Comme l'oiseau qui erre loin de son nid, Ainsi est l'homme qui erre loin de son lieu.
⁹L'huile et les parfums réjouissent le coeur, Et les conseils affectueux d'un ami sont doux.
¹⁰N'abandonne pas ton ami et l'ami de ton père, Et n'entre pas dans la maison de ton frère au jour de ta détresse; Mieux vaut un voisin proche qu'un frère éloigné.
¹¹Mon fils, sois sage, et réjouis mon coeur, Et je pourrai répondre à celui qui m'outrage.
¹²L'homme prudent voit le mal et se cache; Les simples avancent et sont punis.
¹³Prends son vêtement, car il a cautionné autrui; Exige de lui des gages, à cause des étrangers.
¹⁴Si l'on bénit son prochain à haute voix et de grand matin, Cela est envisagé comme une malédiction.
¹⁵Une gouttière continue dans un jour de pluie Et une femme querelleuse sont choses semblables.
¹⁶Celui qui la retient retient le vent, Et sa main saisit de l'huile.
¹⁷Comme le fer aiguise le fer, Ainsi un homme excite la colère d'un homme.
¹⁸Celui qui soigne un figuier en mangera le fruit, Et celui qui garde son maître sera honoré.
¹⁹Comme dans l'eau le visage répond au visage, Ainsi le coeur de l'homme répond au coeur de l'homme.
²⁰Le séjour des morts et l'abîme sont insatiables; De même les yeux de l'homme sont insatiables.
²¹Le creuset est pour l'argent, et le fourneau pour l'or; Mais un homme est jugé d'après sa renommée.
²²Quand tu pilerais l'insensé dans un mortier, Au milieu des grains avec le pilon, Sa folie ne se séparerait pas de lui.
²³Connais bien chacune de tes brebis, Donne tes soins à tes troupeaux;
²⁴Car la richesse ne dure pas toujours, Ni une couronne éternellement.
²⁵Le foin s'enlève, la verdure paraît, Et les herbes des montagnes sont recueillies.
²⁶Les agneaux sont pour te vêtir, Et les boucs pour payer le champ.
²⁷Le lait des chèvres suffit à ta nourriture, à celle de ta maison, Et à l'entretien de tes servantes.

Chapitre 28

¹Le méchant prend la fuite sans qu'on le poursuive, Le juste a de l'assurance comme un jeune lion.
²Quand un pays est en révolte, les chefs sont nombreux; Mais avec un homme qui a de l'intelligence et de la science, Le règne se prolonge.
³Un homme pauvre qui opprime les misérables Est une pluie violente qui fait manquer le pain.
⁴Ceux qui abandonnent la loi louent le méchant, Mais ceux qui observent la loi s'irritent contre lui.
⁵Les hommes livrés au mal ne comprennent pas ce qui est juste, Mais ceux qui cherchent l'Éternel comprennent tout.
⁶Mieux vaut le pauvre qui marche dans son intégrité, Que celui qui a des voies tortueuses et qui est riche.
⁷Celui qui observe la loi est un fils intelligent, Mais celui qui fréquente les débauchés fait honte à son père.
⁸Celui qui augmente ses biens par l'intérêt et l'usure Les amasse pour celui qui a pitié des pauvres.
⁹Si quelqu'un détourne l'oreille pour ne pas écouter la loi, Sa prière même est une abomination.
¹⁰Celui qui égare les hommes droits dans la mauvaise voie Tombe dans la fosse qu'il a creusée; Mais les hommes intègres héritent le bonheur.
¹¹L'homme riche se croit sage; Mais le pauvre qui est intelligent le sonde.
¹²Quand les justes triomphent, c'est une grande gloire; Quand les méchants s'élèvent, chacun se cache.
¹³Celui qui cache ses transgressions ne prospère point, Mais celui qui les avoue et les délaisse obtient miséricorde.
¹⁴Heureux l'homme qui est continuellement dans la crainte! Mais celui qui endurcit son coeur tombe dans le malheur.
¹⁵Comme un lion rugissant et un ours affamé, Ainsi est le méchant qui domine sur un peuple pauvre.
¹⁶Un prince sans intelligence multiplie les actes d'oppression, Mais celui qui est ennemi de la cupidité prolonge ses jours.
¹⁷Un homme chargé du sang d'un autre Fuit jusqu'à la fosse: qu'on ne l'arrête pas!
¹⁸Celui qui marche dans l'intégrité trouve le salut, Mais celui qui suit deux voies tortueuses tombe dans l'une d'elles.
¹⁹Celui qui cultive son champ est rassasié de pain, Mais celui qui poursuit des choses vaines est rassasié de pauvreté.
²⁰Un homme fidèle est comblé de bénédictions, Mais celui qui a hâte de s'enrichir ne reste pas impuni.
²¹Il n'est pas bon d'avoir égard aux personnes, Et pour un morceau de pain un homme se livre au péché.
²²Un homme envieux a hâte de s'enrichir, Et il ne sait pas que la disette viendra sur lui.
²³Celui qui reprend les autres trouve ensuite plus de faveur Que celui dont la langue est flatteuse.
²⁴Celui qui vole son père et sa mère, Et qui dit: Ce n'est pas un péché! Est le compagnon du destructeur.
²⁵L'orgueilleux excite les querelles, Mais celui qui se confie en l'Éternel est rassasié.
²⁶Celui qui a confiance dans son propre coeur est un insensé, Mais celui qui marche dans la sagesse sera sauvé.
²⁷Celui qui donne au pauvre n'éprouve pas la disette, Mais celui qui ferme les yeux est chargé de malédictions.
²⁸Quand les méchants s'élèvent, chacun se cache; Et quand ils périssent, les justes se multiplient.

Chapitre 29

¹Un homme qui mérite d'être repris, et qui raidit le cou, Sera brisé subitement et sans remède.
²Quand les justes se multiplient, le peuple est dans la joie; Quand le méchant domine, le peuple gémit.
³Un homme qui aime la sagesse réjouit son père, Mais celui qui fréquente des prostituées dissipe son bien.
⁴Un roi affermit le pays par la justice, Mais celui qui reçoit des présents le ruine.
⁵Un homme qui flatte son prochain Tend un filet sous ses pas.
⁶Il y a un piège dans le péché de l'homme méchant, Mais le juste triomphe et se réjouit.
⁷Le juste connaît la cause des pauvres, Mais le méchant ne comprend pas la science.
⁸Les moqueurs soufflent le feu dans la ville, Mais les sages calment la colère.
⁹Si un homme sage conteste avec un insensé, Il aura beau se fâcher ou rire, la paix n'aura pas lieu.

¹⁰Les hommes de sang haïssent l'homme intègre, Mais les hommes droits protègent sa vie.

¹¹L'insensé met en dehors toute sa passion, Mais le sage la contient.

¹²Quand celui qui domine a égard aux paroles mensongères, Tous ses serviteurs sont des méchants.

¹³Le pauvre et l'oppresseur se rencontrent; C'est l'Éternel qui éclaire les yeux de l'un et de l'autre.

¹⁴Un roi qui juge fidèlement les pauvres Aura son trône affermi pour toujours.

¹⁵La verge et la correction donnent la sagesse, Mais l'enfant livré à lui-même fait honte à sa mère.

¹⁶Quand les méchants se multiplient, le péché s'accroît; Mais les justes contempleront leur chute.

¹⁷Châtie ton fils, et il te donnera du repos, Et il procurera des délices à ton âme.

¹⁸Quand il n'y a pas de révélation, le peuple est sans frein; Heureux s'il observe la loi!

¹⁹Ce n'est pas par des paroles qu'on châtie un esclave; Même s'il comprend, il n'obéit pas.

²⁰Si tu vois un homme irréfléchi dans ses paroles, Il y a plus à espérer d'un insensé que de lui.

²¹Le serviteur qu'on traite mollement dès l'enfance Finit par se croire un fils.

²²Un homme colère excite des querelles, Et un furieux commet beaucoup de péchés.

²³L'orgueil d'un homme l'abaisse, Mais celui qui est humble d'esprit obtient la gloire.

²⁴Celui qui partage avec un voleur est ennemi de son âme; Il entend la malédiction, et il ne déclare rien.

²⁵La crainte des hommes tend un piège, Mais celui qui se confie en l'Éternel est protégé.

²⁶Beaucoup de gens recherchent la faveur de celui qui domine, Mais c'est l'Éternel qui fait droit à chacun.

²⁷L'homme inique est en abomination aux justes, Et celui dont la voie est droite est en abomination aux méchants.

Chapitre 30

¹Paroles d'Agur, fils de Jaké. Sentences prononcées par cet homme pour Ithiel, pour Ithiel et pour Ucal.

²Certes, je suis plus stupide que personne, Et je n'ai pas l'intelligence d'un homme;

³Je n'ai pas appris la sagesse, Et je ne connais pas la science des saints.

⁴Qui est monté aux cieux, et qui en est descendu? Qui a recueilli le vent dans ses mains? Qui a serré les eaux dans son vêtement? Qui a fait paraître les extrémités de la terre? Quel est son nom, et quel est le nom de son fils? Le sais-tu?

⁵Toute parole de Dieu est éprouvée. Il est un bouclier pour ceux qui cherchent en lui un refuge.

⁶N'ajoute rien à ses paroles, De peur qu'il ne te reprenne et que tu ne sois trouvé menteur.

⁷Je te demande deux choses: Ne me les refuse pas, avant que je meure!

⁸Éloigne de moi la fausseté et la parole mensongère; Ne me donne ni pauvreté, ni richesse, Accorde-moi le pain qui m'est nécessaire.

⁹De peur que, dans l'abondance, je ne te renie Et ne dise: Qui est l'Éternel? Ou que, dans la pauvreté, je ne dérobe, Et ne m'attaque au nom de mon Dieu.

¹⁰Ne calomnie pas un serviteur auprès de son maître, De peur qu'il ne te maudisse et que tu ne te rendes coupable.

¹¹Il est une race qui maudit son père, Et qui ne bénit point sa mère.

¹²Il est une race qui se croit pure, Et qui n'est pas lavée de sa souillure.

¹³Il est une race dont les yeux sont hautains, Et les paupières élevées.

¹⁴Il est une race dont les dents sont des glaives Et les mâchoires des couteaux, Pour dévorer le malheureux sur la terre Et les indigents parmi les hommes.

¹⁵La sangsue a deux filles: Donne! donne! Trois choses sont insatiables, Quatre ne disent jamais: Assez!

¹⁶Le séjour des morts, la femme stérile, La terre, qui n'est pas rassasiée d'eau, Et le feu, qui ne dit jamais: Assez!

¹⁷L'oeil qui se moque d'un père Et qui dédaigne l'obéissance envers une mère, Les corbeaux du torrent le perceront, Et les petits de l'aigle le mangeront.

¹⁸Il y a trois choses qui sont au-dessus de ma portée, Même quatre que je ne puis comprendre:

¹⁹La trace de l'aigle dans les cieux, La trace du serpent sur le rocher, La trace du navire au milieu de la mer, Et la trace de l'homme chez la jeune femme.

²⁰Telle est la voie de la femme adultère: Elle mange, et s'essuie la bouche, Puis elle dit: Je n'ai point fait de mal.

²¹Trois choses font trembler la terre, Et il en est quatre qu'elle ne peut supporter:

²²Un esclave qui vient à régner, Un insensé qui est rassasié de pain,

²³Une femme dédaignée qui se marie, Et une servante qui hérite de sa maîtresse.

²⁴Il y a sur la terre quatre animaux petits, Et cependant des plus sages:

²⁵Les fourmis, peuple sans force, Préparent en été leur nourriture;

²⁶Les damans, peuple sans puissance, Placent leur demeure dans les rochers;

²⁷Les sauterelles n'ont point de roi, Et elles sortent toutes par divisions;

²⁸Le lézard saisit avec les mains, Et se trouve dans les palais des rois.

²⁹Il y en a trois qui ont une belle allure, Et quatre qui ont une belle démarche:

³⁰Le lion, le héros des animaux, Ne reculant devant qui que ce soit;

³¹Le cheval tout équipé; ou le bouc; Et le roi à qui personne ne résiste.

³²Si l'orgueil te pousse à des actes de folie, Et si tu as de mauvaises pensées, mets la main sur la bouche:

³³Car la pression du lait produit de la crème, La pression du nez produit du sang, Et la pression de la colère produit des querelles.

Chapitre 31

¹Paroles du roi Lemuel. Sentences par lesquelles sa mère l'instruisit.

²Que te dirai-je, mon fils? que te dirai-je, fils de mes entrailles? Que te dirai-je, mon fils, objet de mes voeux?

³Ne livre pas ta vigueur aux femmes, Et tes voies à celles qui perdent les rois.

⁴Ce n'est point aux rois, Lemuel, Ce n'est point aux rois de boire du vin, Ni aux princes de rechercher des liqueurs fortes,

⁵De peur qu'en buvant ils n'oublient la loi, Et ne méconnaissent les droits de tous les malheureux.

⁶Donnez des liqueurs fortes à celui qui périt, Et du vin à celui qui a l'amertume dans l'âme;

⁷Qu'il boive et oublie sa pauvreté, Et qu'il ne se souvienne plus de ses peines.

⁸Ouvre ta bouche pour le muet, Pour la cause de tous les délaissés.

⁹Ouvre ta bouche, juge avec justice, Et défends le malheureux et l'indigent.

¹⁰Qui peut trouver une femme vertueuse? Elle a bien plus de valeur que les perles.

¹¹Le coeur de son mari a confiance en elle, Et les produits ne lui feront pas défaut.

¹²Elle lui fait du bien, et non du mal, Tous les jours de sa vie.

¹³Elle se procure de la laine et du lin, Et travaille d'une main joyeuse.

¹⁴Elle est comme un navire marchand, Elle amène son pain de loin.

¹⁵Elle se lève lorsqu'il est encore nuit, Et elle donne la nourriture à sa maison Et la tâche à ses servantes.

¹⁶Elle pense à un champ, et elle l'acquiert; Du fruit de son travail elle plante une vigne.

¹⁷Elle ceint de force ses reins, Et elle affermit ses bras.

¹⁸Elle sent que ce qu'elle gagne est bon; Sa lampe ne s'éteint point pendant la nuit.

¹⁹Elle met la main à la quenouille, Et ses doigts tiennent le fuseau.

²⁰Elle tend la main au malheureux, Elle tend la main à l'indigent.

²¹Elle ne craint pas la neige pour sa maison, Car toute sa maison est vêtue de cramoisi.

²²Elle se fait des couvertures, Elle a des vêtements de fin lin et de pourpre.

²³Son mari est considéré aux portes, Lorsqu'il siège avec les anciens du pays.

²⁴Elle fait des chemises, et les vend, Et elle livre des ceintures au marchand.

²⁵Elle est revêtue de force et de gloire, Et elle se rit de l'avenir.

Proverbes

²⁶Elle ouvre la bouche avec sagesse, Et des instructions aimables sont sur sa langue.

²⁷Elle veille sur ce qui se passe dans sa maison, Et elle ne mange pas le pain de paresse.

²⁸Ses fils se lèvent, et la disent heureuse; Son mari se lève, et lui donne des louanges:

²⁹Plusieurs filles ont une conduite vertueuse; Mais toi, tu les surpasses toutes.

³⁰La grâce est trompeuse, et la beauté est vaine; La femme qui craint l'Éternel est celle qui sera louée.

³¹Récompensez-la du fruit de son travail, Et qu'aux portes ses oeuvres la louent.

Ecclésiaste

Chapitre 1

¹Paroles de l'Ecclésiaste, fils de David, roi de Jérusalem.

²Vanité des vanités, dit l'Ecclésiaste, vanité des vanités, tout est vanité.

³Quel avantage revient-il à l'homme de toute la peine qu'il se donne sous le soleil?

⁴Une génération s'en va, une autre vient, et la terre subsiste toujours.

⁵Le soleil se lève, le soleil se couche; il soupire après le lieu d'où il se lève de nouveau.

⁶Le vent se dirige vers le midi, tourne vers le nord; puis il tourne encore, et reprend les mêmes circuits.

⁷Tous les fleuves vont à la mer, et la mer n'est point remplie; ils continuent à aller vers le lieu où ils se dirigent.

⁸Toutes choses sont en travail au delà de ce qu'on peut dire; l'oeil ne se rassasie pas de voir, et l'oreille ne se lasse pas d'entendre.

⁹Ce qui a été, c'est ce qui sera, et ce qui s'est fait, c'est ce qui se fera, il n'y a rien de nouveau sous le soleil.

¹⁰S'il est une chose dont on dise: Vois ceci, c'est nouveau! cette chose existait déjà dans les siècles qui nous ont précédés.

¹¹On ne se souvient pas de ce qui est ancien; et ce qui arrivera dans la suite ne laissera pas de souvenir chez ceux qui vivront plus tard.

¹²Moi, l'Ecclésiaste, j'ai été roi d'Israël à Jérusalem.

¹³J'ai appliqué mon coeur à rechercher et à sonder par la sagesse tout ce qui se fait sous les cieux: c'est là une occupation pénible, à laquelle Dieu soumet les fils de l'homme.

¹⁴J'ai vu tout ce qui se fait sous le soleil; et voici, tout est vanité et poursuite du vent.

¹⁵Ce qui est courbé ne peut se redresser, et ce qui manque ne peut être compté.

¹⁶J'ai dit en mon coeur: Voici, j'ai grandi et surpassé en sagesse tous ceux qui ont dominé avant moi sur Jérusalem, et mon coeur a vu beaucoup de sagesse et de science.

¹⁷J'ai appliqué mon coeur à connaître la sagesse, et à connaître la sottise et la folie; j'ai compris que cela aussi c'est la poursuite du vent.

¹⁸Car avec beaucoup de sagesse on a beaucoup de chagrin, et celui qui augmente sa science augmente sa douleur.

Chapitre 2

¹J'ai dit en mon coeur: Allons! je t'éprouverai par la joie, et tu goûteras le bonheur. Et voici, c'est encore là une vanité.

²J'ai dit du rire: Insensé! et de la joie: A quoi sert-elle?

³Je résolus en mon coeur de livrer ma chair au vin, tandis que mon coeur me conduirait avec sagesse, et de m'attacher à la folie jusqu'à ce que je visse ce qu'il est bon pour les fils de l'homme de faire sous les cieux pendant le nombre des jours de leur vie.

⁴J'exécutai de grands ouvrages: je me bâtis des maisons; je me plantai des vignes;

⁵je me fis des jardins et des vergers, et j'y plantai des arbres à fruit de toute espèce;

⁶je me créai des étangs, pour arroser la forêt où croissaient les arbres.

⁷J'achetai des serviteurs et des servantes, et j'eus leurs enfants nés dans la maison; je possédai des troupeaux de boeufs et de brebis, plus que tous ceux qui étaient avant moi dans Jérusalem.

⁸Je m'amassai de l'argent et de l'or, et les richesses des rois et des provinces. Je me procurai des chanteurs et des chanteuses, et les délices des fils de l'homme, des femmes en grand nombre.

⁹Je devins grand, plus grand que tous ceux qui étaient avant moi dans Jérusalem. Et même ma sagesse demeura avec moi.

¹⁰Tout ce que mes yeux avaient désiré, je ne les en ai point privés; je n'ai refusé à mon coeur aucune joie; car mon coeur prenait plaisir à tout mon travail, et c'est la part qui m'en est revenue.

¹¹Puis, j'ai considéré tous les ouvrages que mes mains avaient faits, et la peine que j'avais prise à les exécuter; et voici, tout est vanité et poursuite du vent, et il n'y a aucun avantage à tirer de ce qu'on fait sous le soleil.

¹²Alors j'ai tourné mes regards vers la sagesse, et vers la sottise et la folie. -Car que fera l'homme qui succédera au roi? Ce qu'on a déjà fait.

¹³Et j'ai vu que la sagesse a de l'avantage sur la folie, comme la lumière a de l'avantage sur les ténèbres;

¹⁴le sage a ses yeux à la tête, et l'insensé marche dans les ténèbres. Mais j'ai reconnu aussi qu'ils ont l'un et l'autre un même sort.

¹⁵Et j'ai dit en mon coeur: J'aurai le même sort que l'insensé; pourquoi donc ai-je été plus sage? Et j'ai dit en mon coeur que c'est encore là une vanité.

¹⁶Car la mémoire du sage n'est pas plus éternelle que celle de l'insensé, puisque déjà les jours qui suivent, tout est oublié. Eh quoi! le sage meurt aussi bien que l'insensé!

¹⁷Et j'ai haï la vie, car ce qui se fait sous le soleil m'a déplu, car tout est vanité et poursuite du vent.

¹⁸J'ai haï tout le travail que j'ai fait sous le soleil, et dont je dois laisser la jouissance à l'homme qui me succédera.

¹⁹Et qui sait s'il sera sage ou insensé? Cependant il sera maître de tout mon travail, de tout le fruit de ma sagesse sous le soleil. C'est encore là une vanité.

²⁰Et j'en suis venu à livrer mon coeur au désespoir, à cause de tout le travail que j'ai fait sous le soleil.

²¹Car tel homme a travaillé avec sagesse et science et avec succès, et il laisse le produit de son travail à un homme qui ne s'en est point occupé. C'est encore là une vanité et un grand mal.

²²Que revient-il, en effet, à l'homme de tout son travail et de la préoccupation de son coeur, objet de ses fatigues sous le soleil?

²³Tous ses jours ne sont que douleur, et son partage n'est que chagrin; même la nuit son coeur ne repose pas. C'est encore là une vanité.

²⁴Il n'y a de bonheur pour l'homme qu'à manger et à boire, et à faire jouir son âme du bien-être, au milieu de son travail; mais j'ai vu que cela aussi vient de la main de Dieu.

²⁵Qui, en effet, peut manger et jouir, si ce n'est moi?

²⁶Car il donne à l'homme qui lui est agréable la sagesse, la science et la joie; mais il donne au pécheur le soin de recueillir et d'amasser, afin de donner à celui qui est agréable à Dieu. C'est encore là une vanité et la poursuite du vent.

Chapitre 3

¹Il y a un temps pour tout, un temps pour toute chose sous les cieux:

²un temps pour naître, et un temps pour mourir; un temps pour planter, et un temps pour arracher ce qui a été planté;

³un temps pour tuer, et un temps pour guérir; un temps pour abattre, et un temps pour bâtir;

⁴un temps pour pleurer, et un temps pour rire; un temps pour se lamenter, et un temps pour danser;

⁵un temps pour lancer des pierres, et un temps pour ramasser des pierres; un temps pour embrasser, et un temps pour s'éloigner des embrassements;

⁶un temps pour chercher, et un temps pour perdre; un temps pour garder, et un temps pour jeter;

⁷un temps pour déchirer, et un temps pour coudre; un temps pour se taire, et un temps pour parler;

⁸un temps pour aimer, et un temps pour haïr; un temps pour la guerre, et un temps pour la paix.

⁹Quel avantage celui qui travaille retire-t-il de sa peine?

¹⁰J'ai vu à quelle occupation Dieu soumet les fils de l'homme.

¹¹Il fait toute chose bonne en son temps; même il a mis dans leur coeur la pensée de l'éternité, bien que l'homme ne puisse pas saisir l'oeuvre que Dieu fait, du commencement jusqu'à la fin.

¹²J'ai reconnu qu'il n'y a de bonheur pour eux qu'à se réjouir et à se donner du bien-être pendant leur vie;

¹³mais que, si un homme mange et boit et jouit du bien-être au milieu de tout son travail, c'est là un don de Dieu.

¹⁴J'ai reconnu que tout ce que Dieu fait durera toujours, qu'il n'y a rien à y ajouter et rien à en retrancher, et que Dieu agit ainsi afin qu'on le craigne.

¹⁵Ce qui est a déjà été, et ce qui sera a déjà été, et Dieu ramène ce qui est passé.

¹⁶J'ai encore vu sous le soleil qu'au lieu établi pour juger il y a de la méchanceté, et qu'au lieu établi pour la justice il y a de la méchanceté.

¹⁷J'ai dit en mon coeur: Dieu jugera le juste et le méchant; car il y a là un temps pour toute chose et pour toute oeuvre.

¹⁸J'ai dit en mon coeur, au sujet des fils de l'homme, que Dieu les éprouverait, et qu'eux-mêmes verraient qu'ils ne sont que des bêtes.

¹⁹Car le sort des fils de l'homme et celui de la bête sont pour eux un même sort; comme meurt l'un, ainsi meurt l'autre, ils ont tous un même souffle, et la supériorité de l'homme sur la bête est nulle; car tout est vanité.

Ecclésiaste

²⁰Tout va dans un même lieu; tout a été fait de la poussière, et tout retourne à la poussière.

²¹Qui sait si le souffle des fils de l'homme monte en haut, et si le souffle de la bête descend en bas dans la terre?

²²Et j'ai vu qu'il n'y a rien de mieux pour l'homme que de se réjouir de ses oeuvres: c'est là sa part. Car qui le fera jouir de ce qui sera après lui?

Chapitre 4

¹J'ai considéré ensuite toutes les oppressions qui se commettent sous le soleil; et voici, les opprimés sont dans les larmes, et personne qui les console! ils sont en butte à la violence de leurs oppresseurs, et personne qui les console!

²Et j'ai trouvé les morts qui sont déjà morts plus heureux que les vivants qui sont encore vivants,

³et plus heureux que les uns et les autres celui qui n'a point encore existé et qui n'a pas vu les mauvaises actions qui se commettent sous le soleil.

⁴J'ai vu que tout travail et toute habileté dans le travail n'est que jalousie de l'homme à l'égard de son prochain. C'est encore là une vanité et la poursuite du vent.

⁵L'insensé se croise les mains, et mange sa propre chair.

⁶Mieux vaut une main pleine avec repos, que les deux mains pleines avec travail et poursuite du vent.

⁷J'ai considéré une autre vanité sous le soleil.

⁸Tel homme est seul et sans personne qui lui tienne de près, il n'a ni fils ni frère, et pourtant son travail n'a point de fin et ses yeux ne sont jamais rassasiés de richesses. Pour qui donc est-ce que je travaille, et que je prive mon âme de jouissances? C'est encore là une vanité et une chose mauvaise.

⁹Deux valent mieux qu'un, parce qu'ils retirent un bon salaire de leur travail.

¹⁰Car, s'ils tombent, l'un relève son compagnon; mais malheur à celui qui est seul et qui tombe, sans avoir un second pour le relever!

¹¹De même, si deux couchent ensemble, ils auront chaud; mais celui qui est seul, comment aura-t-il chaud?

¹²Et si quelqu'un est plus fort qu'un seul, les deux peuvent lui résister; et la corde à trois fils ne se rompt pas facilement.

¹³Mieux vaut un enfant pauvre et sage qu'un roi vieux et insensé qui ne sait plus écouter les avis;

¹⁴car il peut sortir de prison pour régner, et même être né pauvre dans son royaume.

¹⁵J'ai vu tous les vivants qui marchent sous le soleil entourer l'enfant qui devait succéder au roi et régner à sa place.

¹⁶Il n'y avait point de fin à tout ce peuple, à tous ceux à la tête desquels il était. Et toutefois, ceux qui viendront après ne se réjouiront pas à son sujet. Car c'est encore là une vanité et la poursuite du vent.

Chapitre 5

¹ Prends garde à ton pied, lorsque tu entres dans la maison de Dieu; approche-toi pour écouter, plutôt que pour offrir le sacrifice des insensés, car ils ne savent pas qu'ils font mal.

² Ne te presse pas d'ouvrir la bouche, et que ton coeur ne se hâte pas d'exprimer une parole devant Dieu; car Dieu est au ciel, et toi sur la terre: que tes paroles soient donc peu nombreuses.

³ Car, si les songes naissent de la multitude des occupations, la voix de l'insensé se fait entendre dans la multitude des paroles.

⁴ Lorsque tu as fait un voeu à Dieu, ne tarde pas à l'accomplir, car il n'aime pas les insensés: accomplis le voeu que tu as fait.

⁵ Mieux vaut pour toi ne point faire de voeu, que d'en faire un et de ne pas l'accomplir.

⁶ Ne permets pas à ta bouche de faire pécher ta chair, et ne dis pas en présence de l'envoyé que c'est une inadvertance. Pourquoi Dieu s'irriterait-il de tes paroles, et détruirait-il l'ouvrage de tes mains?

⁷ Car, s'il y a des vanités dans la multitude des songes, il y en a aussi dans beaucoup de paroles; c'est pourquoi, crains Dieu.

⁸ Si tu vois dans une province le pauvre opprimé et la violation du droit et de la justice, ne t'en étonne point; car un homme élevé est placé sous la surveillance d'un autre plus élevé, et au-dessus d'eux il en est de plus élevés encore.

⁹ Un avantage pour le pays à tous égards, c'est un roi honoré du pays.

¹⁰ Celui qui aime l'argent n'est pas rassasié par l'argent, et celui qui aime les richesses n'en profite pas. C'est encore là une vanité.

¹¹ Quand le bien abonde, ceux qui le mangent abondent; et quel avantage en revient-il à son possesseur, sinon qu'il le voit de ses yeux?

¹² Le sommeil du travailleur est doux, qu'il ait peu ou beaucoup à manger; mais le rassasiement du riche ne le laisse pas dormir.

¹³ Il est un mal grave que j'ai vu sous le soleil: des richesses conservées, pour son malheur, par celui qui les possède.

¹⁴ Ces richesses se perdent par quelque événement fâcheux; il a engendré un fils, et il ne reste rien entre ses mains.

¹⁵ Comme il est sorti du ventre de sa mère, il s'en retourne nu ainsi qu'il était venu, et pour son travail n'emporte rien qu'il puisse prendre dans sa main.

¹⁶ C'est encore là un mal grave. Il s'en va comme il était venu; et quel avantage lui revient-il d'avoir travaillé pour du vent?

¹⁷ De plus, toute sa vie il mange dans les ténèbres, et il a beaucoup de chagrin, de maux et d'irritation.

¹⁸ Voici ce que j'ai vu: c'est pour l'homme une chose bonne et belle de manger et de boire, et de jouir du bien-être au milieu de tout le travail qu'il fait sous le soleil, pendant le nombre des jours de vie que Dieu lui a donnés; car c'est là sa part.

¹⁹ Mais, si Dieu a donné à un homme des richesses et des biens, s'il l'a rendu maître d'en manger, d'en prendre sa part, et de se réjouir au milieu de son travail, c'est là un don de Dieu.

²⁰ Car il ne se souviendra pas beaucoup des jours de sa vie, parce que Dieu répand la joie dans son coeur.

Chapitre 6

¹Il est un mal que j'ai vu sous le soleil, et qui est fréquent parmi les hommes.

²Il y a tel homme à qui Dieu a donné des richesses, des biens, et de la gloire, et qui ne manque pour son âme de rien de ce qu'il désire, mais que Dieu ne laisse pas maître d'en jouir, car c'est un étranger qui en jouira. C'est là une vanité et un mal grave.

³Quand un homme aurait cent fils, vivrait un grand nombre d'années, et que les jours de ses années se multiplieraient, si son âme ne s'est point rassasiée de bonheur, et si de plus il n'a point de sépulture, je dis qu'un avorton est plus heureux que lui.

⁴Car il est venu en vain, il s'en va dans les ténèbres, et son nom reste couvert de ténèbres;

⁵il n'a point vu, il n'a point connu le soleil; il a plus de repos que cet homme.

⁶Et quand celui-ci vivrait deux fois mille ans, sans jouir du bonheur, tout ne va-t-il pas dans un même lieu?

⁷Tout le travail de l'homme est pour sa bouche, et cependant ses désirs ne sont jamais satisfaits.

⁸Car quel avantage le sage a-t-il sur l'insensé? quel avantage a le malheureux qui sait se conduire en présence des vivants?

⁹Ce que les yeux voient est préférable à l'agitation des désirs: c'est encore là une vanité et la poursuite du vent.

¹⁰Ce qui existe a déjà été appelé par son nom; et l'on sait que celui qui est homme ne peut contester avec un plus fort que lui.

¹¹S'il y a beaucoup de choses, il y a beaucoup de vanités: quel avantage en revient-il à l'homme?

¹²Car qui sait ce qui est bon pour l'homme dans la vie, pendant le nombre des jours de sa vie de vanité, qu'il passe comme une ombre? Et qui peut dire à l'homme ce qui sera après lui sous le soleil?

Chapitre 7

¹Une bonne réputation vaut mieux que le bon parfum, et le jour de la mort que le jour de la naissance.

²Mieux vaut aller dans une maison de deuil que d'aller dans une maison de festin; car c'est là la fin de tout homme, et celui qui vit prend la chose à coeur.

³Mieux vaut le chagrin que le rire; car avec un visage triste le coeur peut être content.

⁴Le coeur des sages est dans la maison de deuil, et le coeur des insensés dans la maison de joie.

⁵Mieux vaut entendre la réprimande du sage que d'entendre le chant des insensés.

⁶Car comme le bruit des épines sous la chaudière, ainsi est le rire des insensés. C'est encore là une vanité.

⁷L'oppression rend insensé le sage, et les présents corrompent le coeur.

⁸Mieux vaut la fin d'une chose que son commencement; mieux vaut un esprit patient qu'un esprit hautain.

⁹Ne te hâte pas en ton esprit de t'irriter, car l'irritation repose dans le sein des insensés.

¹⁰Ne dis pas: D'où vient que les jours passés étaient meilleurs que ceux ci? Car ce n'est point par sagesse que tu demandes cela.

¹¹La sagesse vaut autant qu'un héritage, et même plus pour ceux qui voient le soleil.

¹²Car à l'ombre de la sagesse on est abrité comme à l'ombre de l'argent; mais un avantage de la science, c'est que la sagesse fait vivre ceux qui la possèdent.

¹³Regarde l'oeuvre de Dieu: qui pourra redresser ce qu'il a courbé?

¹⁴Au jour du bonheur, sois heureux, et au jour du malheur, réfléchis: Dieu a fait l'un comme l'autre, afin que l'homme ne découvre en rien ce qui sera après lui.

¹⁵J'ai vu tout cela pendant les jours de ma vanité. Il y a tel juste qui périt dans sa justice, et il y a tel méchant qui prolonge son existence dans sa méchanceté.

¹⁶Ne sois pas juste à l'excès, et ne te montre pas trop sage: pourquoi te détruirais-tu?

¹⁷Ne sois pas méchant à l'excès, et ne sois pas insensé: pourquoi mourrais-tu avant ton temps?

¹⁸Il est bon que tu retiennes ceci, et que tu ne négliges point cela; car celui qui craint Dieu échappe à toutes ces choses.

¹⁹La sagesse rend le sage plus fort que dix chefs qui sont dans une ville.

²⁰Non, il n'y a sur la terre point d'homme juste qui fasse le bien et qui ne pèche jamais.

²¹Ne fais donc pas attention à toutes les paroles qu'on dit, de peur que tu n'entendes ton serviteur te maudire;

²²car ton coeur a senti bien des fois que tu as toi-même maudit les autres.

²³J'ai éprouvé tout cela par la sagesse. J'ai dit: Je serai sage. Et la sagesse est restée loin de moi.

²⁴Ce qui est loin, ce qui est profond, profond, qui peut l'atteindre?

²⁵Je me suis appliqué dans mon coeur à connaître, à sonder, et à chercher la sagesse et la raison des choses, et à connaître la folie de la méchanceté et la stupidité de la sottise.

²⁶Et j'ai trouvé plus amère que la mort la femme dont le coeur est un piège et un filet, et dont les mains sont des liens; celui qui est agréable à Dieu lui échappe, mais le pécheur est pris par elle.

²⁷Voici ce que j'ai trouvé, dit l'Ecclésiaste, en examinant les choses une à une pour en saisir la raison;

²⁸voici ce que mon âme cherche encore, et que je n'ai point trouvé. J'ai trouvé un homme entre mille; mais je n'ai pas trouvé une femme entre elles toutes.

²⁹Seulement, voici ce que j'ai trouvé, c'est que Dieu a fait les hommes droits; mais ils ont cherché beaucoup de détours.

Chapitre 8

¹Qui est comme le sage, et qui connaît l'explication des choses? La sagesse d'un homme fait briller son visage, et la sévérité de sa face est changée.

²Je te dis: Observe les ordres du roi, et cela à cause du serment fait à Dieu.

³Ne te hâte pas de t'éloigner de lui, et ne persiste pas dans une chose mauvaise: car il peut faire tout ce qui lui plaît,

⁴parce que la parole du roi est puissante; et qui lui dira: Que fais-tu?

⁵Celui qui observe le commandement ne connaît point de chose mauvaise, et le coeur du sage connaît le temps et le jugement.

⁶Car il y a pour toute chose un temps et un jugement, quand le malheur accable l'homme.

⁷Mais il ne sait point ce qui arrivera, et qui lui dira comment cela arrivera?

⁸L'homme n'est pas maître de son souffle pour pouvoir le retenir, et il n'a aucune puissance sur le jour de la mort; il n'y a point de délivrance dans ce combat, et la méchanceté ne saurait sauver les méchants.

⁹J'ai vu tout cela, et j'ai appliqué mon coeur à tout ce qui se fait sous le soleil. Il y a un temps où l'homme domine sur l'homme pour le rendre malheureux.

¹⁰Alors j'ai vu des méchants recevoir la sépulture et entrer dans leur repos, et ceux qui avaient agi avec droiture s'en aller loin du lieu saint et être oubliés dans la ville. C'est encore là une vanité.

¹¹Parce qu'une sentence contre les mauvaises actions ne s'exécute pas promptement, le coeur des fils de l'homme se remplit en eux du désir de faire le mal.

¹²Cependant, quoique le pécheur fasse cent fois le mal et qu'il y persévère longtemps, je sais aussi que le bonheur est pour ceux qui craignent Dieu, parce qu'ils ont de la crainte devant lui.

¹³Mais le bonheur n'est pas pour le méchant, et il ne prolongera point ses jours, pas plus que l'ombre, parce qu'il n'a pas de la crainte devant Dieu.

¹⁴Il est une vanité qui a lieu sur la terre: c'est qu'il y a des justes auxquels il arrive selon l'oeuvre des méchants, et des méchants auxquels il arrive selon l'oeuvre des justes. Je dis que c'est encore là une vanité.

¹⁵J'ai donc loué la joie, parce qu'il n'y a de bonheur pour l'homme sous le soleil qu'à manger et à boire et à se réjouir; c'est là ce qui doit l'accompagner au milieu de son travail, pendant les jours de vie que Dieu lui donne sous le soleil.

¹⁶Lorsque j'ai appliqué mon coeur à connaître la sagesse et à considérer les choses qui se passent sur la terre, -car les yeux de l'homme ne goûtent le sommeil ni jour ni nuit,

¹⁷j'ai vu toute l'oeuvre de Dieu, j'ai vu que l'homme ne peut pas trouver ce qui se fait sous le soleil; il a beau se fatiguer à chercher, il ne trouve pas; et même si le sage veut connaître, il ne peut pas trouver.

Chapitre 9

¹Oui, j'ai appliqué mon coeur à tout cela, j'ai fait de tout cela l'objet de mon examen, et j'ai vu que les justes et les sages, et leurs travaux, sont dans la main de Dieu, et l'amour aussi bien que la haine; les hommes ne savent rien: tout est devant eux.

²Tout arrive également à tous; même sort pour le juste et pour le méchant, pour celui qui est bon et pur et pour celui qui est impur, pour celui qui sacrifie et pour celui qui ne sacrifie pas; il en est du bon comme du pécheur, de celui qui jure comme de celui qui craint de jurer.

³Ceci est un mal parmi tout ce qui se fait sous le soleil, c'est qu'il y a pour tous un même sort; aussi le coeur des fils de l'homme est-il plein de méchanceté, et la folie est dans leur coeur pendant leur vie; après quoi, ils vont chez les morts. Car, qui est excepté?

⁴Pour tous ceux qui vivent il y a de l'espérance; et même un chien vivant vaut mieux qu'un lion mort.

⁵Les vivants, en effet, savent qu'ils mourront; mais les morts ne savent rien, et il n'y a pour eux plus de salaire, puisque leur mémoire est oubliée.

⁶Et leur amour, et leur haine, et leur envie, ont déjà péri; et ils n'auront plus jamais aucune part à tout ce qui se fait sous le soleil.

⁷Va, mange avec joie ton pain, et bois gaiement ton vin; car dès longtemps Dieu prend plaisir à ce que tu fais.

⁸Qu'en tout temps tes vêtements soient blancs, et que l'huile ne manque point sur ta tête.

⁹Jouis de la vie avec la femme que tu aimes, pendant tous les jours de ta vie de vanité, que Dieu t'a donnés sous le soleil, pendant tous les jours de ta vanité; car c'est ta part dans la vie, au milieu de ton travail que tu fais sous le soleil.

¹⁰Tout ce que ta main trouve à faire avec ta force, fais-le; car il n'y a ni oeuvre, ni pensée, ni science, ni sagesse, dans le séjour des morts, où tu vas.

¹¹J'ai encore vu sous le soleil que la course n'est point aux agiles ni la guerre aux vaillants, ni le pain aux sages, ni la richesse aux intelligents, ni la faveur aux savants; car tout dépend pour eux du temps et des circonstances.

¹²L'homme ne connaît pas non plus son heure, pareil aux poissons qui sont pris au filet fatal, et aux oiseaux qui sont pris au piège; comme eux, les fils de l'homme sont enlacés au temps du malheur, lorsqu'il tombe sur eux tout à coup.

¹³J'ai aussi vu sous le soleil ce trait d'une sagesse qui m'a paru grande.

¹⁴Il y avait une petite ville, avec peu d'hommes dans son sein; un roi puissant marcha sur elle, l'investit, et éleva contre elle de grands forts.

¹⁵Il s'y trouvait un homme pauvre et sage, qui sauva la ville par sa sagesse. Et personne ne s'est souvenu de cet homme pauvre.

¹⁶Et j'ai dit: La sagesse vaut mieux que la force. Cependant la sagesse du pauvre est méprisée, et ses paroles ne sont pas écoutées.

¹⁷Les paroles des sages tranquillement écoutées valent mieux que les cris de celui qui domine parmi les insensés.

¹⁸La sagesse vaut mieux que les instruments de guerre; mais un seul pécheur détruit beaucoup de bien.

Chapitre 10

¹Les mouches mortes infectent et font fermenter l'huile du parfumeur; un peu de folie l'emporte sur la sagesse et sur la gloire.

²Le coeur du sage est à sa droite, et le coeur de l'insensé à sa gauche.

³Quand l'insensé marche dans un chemin, le sens lui manque, et il dit de chacun: Voilà un fou!

⁴Si l'esprit de celui qui domine s'élève contre toi, ne quitte point ta place; car le calme prévient de grands péchés.

⁵Il est un mal que j'ai vu sous le soleil, comme une erreur provenant de celui qui gouverne:

Ecclésiaste

⁶la folie occupe des postes très élevés, et des riches sont assis dans l'abaissement.

⁷J'ai vu des esclaves sur des chevaux, et des princes marchant sur terre comme des esclaves.

⁸Celui qui creuse une fosse y tombera, et celui qui renverse une muraille sera mordu par un serpent.

⁹Celui qui remue des pierres en sera blessé, et celui qui fend du bois en éprouvera du danger.

¹⁰S'il a émoussé le fer, et s'il n'en a pas aiguisé le tranchant, il devra redoubler de force; mais la sagesse a l'avantage du succès.

¹¹Si le serpent mord faute d'enchantement, il n'y a point d'avantage pour l'enchanteur.

¹²Les paroles de la bouche du sage sont pleines de grâce; mais les lèvres de l'insensé causent sa perte.

¹³Le commencement des paroles de sa bouche est folie, et la fin de son discours est une méchante folie.

¹⁴L'insensé multiplie les paroles. L'homme ne sait point ce qui arrivera, et qui lui dira ce qui sera après lui?

¹⁵Le travail de l'insensé le fatigue, parce qu'il ne sait pas aller à la ville.

¹⁶Malheur à toi, pays dont le roi est un enfant, et dont les princes mangent dès le matin!

¹⁷Heureux toi, pays dont le roi est de race illustre, et dont les princes mangent au temps convenable, pour soutenir leurs forces, et non pour se livrer à la boisson!

¹⁸Quand les mains sont paresseuses, la charpente s'affaisse; et quand les mains sont lâches, la maison a des gouttières.

¹⁹On fait des repas pour se divertir, le vin rend la vie joyeuse, et l'argent répond à tout.

²⁰Ne maudis pas le roi, même dans ta pensée, et ne maudis pas le riche dans la chambre où tu couches; car l'oiseau du ciel emporterait ta voix, l'animal ailé publierait tes paroles.

Chapitre 11

¹Jette ton pain sur la face des eaux, car avec le temps tu le retrouveras;

²donnes-en une part à sept et même à huit, car tu ne sais pas quel malheur peut arriver sur la terre.

³Quand les nuages sont pleins de pluie, ils la répandent sur la terre; et si un arbre tombe, au midi ou au nord, il reste à la place où il est tombé.

⁴Celui qui observe le vent ne sèmera point, et celui qui regarde les nuages ne moissonnera point.

⁵Comme tu ne sais pas quel est le chemin du vent, ni comment se forment les os dans le ventre de la femme enceinte, tu ne connais pas non plus l'oeuvre de Dieu qui fait tout.

⁶Dès le matin sème ta semence, et le soir ne laisse pas reposer ta main; car tu ne sais point ce qui réussira, ceci ou cela, ou si l'un et l'autre sont également bons.

⁷La lumière est douce, et il est agréable aux yeux de voir le soleil.

⁸Si donc un homme vit beaucoup d'années, qu'il se réjouisse pendant toutes ces années, et qu'il pense aux jours de ténèbres qui seront nombreux; tout ce qui arrivera est vanité.

⁹ Jeune homme, réjouis-toi dans ta jeunesse, livre ton coeur à la joie pendant les jours de ta jeunesse, marche dans les voies de ton coeur et selon les regards de tes yeux; mais sache que pour tout cela Dieu t'appellera en jugement.

¹⁰ Bannis de ton coeur le chagrin, et éloigne le mal de ton corps; car la jeunesse et l'aurore sont vanité.

Chapitre 12

¹ Mais souviens-toi de ton créateur pendant les jours de ta jeunesse, avant que les jours mauvais arrivent et que les années s'approchent où tu diras: Je n'y prends point de plaisir;

² avant que s'obscurcissent le soleil et la lumière, la lune et les étoiles, et que les nuages reviennent après la pluie,

³ temps où les gardiens de la maison tremblent, où les hommes forts se courbent, où celles qui moulent s'arrêtent parce qu'elles sont diminuées, où ceux qui regardent par les fenêtres sont obscurcis,

⁴ où les deux battants de la porte se ferment sur la rue quand s'abaisse le bruit de la meule, où l'on se lève au chant de l'oiseau, où s'affaiblissent toutes les filles du chant,

⁵ où l'on redoute ce qui est élevé, où l'on a des terreurs en chemin, où l'amandier fleurit, où la sauterelle devient pesante, et où la câpre n'a plus d'effet, car l'homme s'en va vers sa demeure éternelle, et les pleureurs parcourent les rues;

⁶ avant que le cordon d'argent se détache, que le vase d'or se brise, que le seau se rompe sur la source, et que la roue se casse sur la citerne;

⁷ avant que la poussière retourne à la terre, comme elle y était, et que l'esprit retourne à Dieu qui l'a donné.

⁸ Vanité des vanités, dit l'Ecclésiaste, tout est vanité.

⁹ Outre que l'Ecclésiaste fut un sage, il a encore enseigné la science au peuple, et il a examiné, sondé, mis en ordre un grand nombre de sentences.

¹⁰ L'Ecclésiaste s'est efforcé de trouver des paroles agréables; et ce qui a été écrit avec droiture, ce sont des paroles de vérité.

¹¹ Les paroles des sages sont comme des aiguillons; et, rassemblées en un recueil, elles sont comme des clous plantés, données par un seul maître.

¹² Du reste, mon fils, tire instruction de ces choses; on ne finirait pas, si l'on voulait faire un grand nombre de livres, et beaucoup d'étude est une fatigue pour le corps.

¹³ Écoutons la fin du discours: Crains Dieu et observe ses commandements. C'est là ce que doit faire tout homme.

¹⁴ Car Dieu amènera toute oeuvre en jugement, au sujet de tout ce qui est caché, soit bien, soit mal.

Cantique Des Cantiqu

Chapitre 1

¹Cantique des cantiques, de Salomon.

²Qu'il me baise des baisers de sa bouche! Car ton amour vaut mieux que le vin,

³Tes parfums ont une odeur suave; Ton nom est un parfum qui se répand; C'est pourquoi les jeunes filles t'aiment.

⁴Entraîne-moi après toi! Nous courrons! Le roi m'introduit dans ses appartements... Nous nous égaierons, nous nous réjouirons à cause de toi; Nous célébrerons ton amour plus que le vin. C'est avec raison que l'on t'aime.

⁵Je suis noire, mais je suis belle, filles de Jérusalem, Comme les tentes de Kédar, comme les pavillons de Salomon.

⁶Ne prenez pas garde à mon teint noir: C'est le soleil qui m'a brûlée. Les fils de ma mère se sont irrités contre moi, Ils m'ont faite gardienne des vignes. Ma vigne, à moi, je ne l'ai pas gardée.

⁷Dis-moi, ô toi que mon coeur aime, Où tu fais paître tes brebis, Où tu les fais reposer à midi; Car pourquoi serais-je comme une égarée Près des troupeaux de tes compagnons? -

⁸Si tu ne le sais pas, ô la plus belle des femmes, Sors sur les traces des brebis, Et fais paître tes chevreaux Près des demeures des bergers. -

⁹A ma jument qu'on attelle aux chars de Pharaon Je te compare, ô mon amie.

¹⁰Tes joues sont belles au milieu des colliers, Ton cou est beau au milieu des rangées de perles.

¹¹Nous te ferons des colliers d'or, Avec des points d'argent. -

¹²Tandis que le roi est dans son entourage, Mon nard exhale son parfum.

¹³Mon bien-aimé est pour moi un bouquet de myrrhe, Qui repose entre mes seins.

¹⁴Mon bien-aimé est pour moi une grappe de troëne Des vignes d'En Guédi. -

¹⁵Que tu es belle, mon amie, que tu es belle! Tes yeux sont des colombes. -

¹⁶Que tu es beau, mon bien-aimé, que tu es aimable! Notre lit, c'est la verdure. -

¹⁷Les solives de nos maisons sont des cèdres, Nos lambris sont des cyprès. -

Chapitre 2

¹Je suis un narcisse de Saron, Un lis des vallées. -

²Comme un lis au milieu des épines, Telle est mon amie parmi les jeunes filles. -

³Comme un pommier au milieu des arbres de la forêt, Tel est mon bien-aimé parmi les jeunes hommes. J'ai désiré m'asseoir à son ombre, Et son fruit est doux à mon palais.

⁴Il m'a fait entrer dans la maison du vin; Et la bannière qu'il déploie sur moi, c'est l'amour.

⁵Soutenez-moi avec des gâteaux de raisins, Fortifiez-moi avec des pommes; Car je suis malade d'amour.

⁶Que sa main gauche soit sous ma tête, Et que sa droite m'embrasse! -

⁷Je vous en conjure, filles de Jérusalem, Par les gazelles et les biches des champs, Ne réveillez pas, ne réveillez pas l'amour, Avant qu'elle le veuille. -

⁸C'est la voix de mon bien-aimé! Le voici, il vient, Sautant sur les montagnes, Bondissant sur les collines.

⁹Mon bien-aimé est semblable à la gazelle Ou au faon des biches. Le voici, il est derrière notre mur, Il regarde par la fenêtre, Il regarde par le treillis.

¹⁰Mon bien-aimé parle et me dit: Lève-toi, mon amie, ma belle, et viens!

¹¹Car voici, l'hiver est passé; La pluie a cessé, elle s'en est allée.

¹²Les fleurs paraissent sur la terre, Le temps de chanter est arrivé, Et la voix de la tourterelle se fait entendre dans nos campagnes.

¹³Le figuier embaume ses fruits, Et les vignes en fleur exhalent leur parfum. Lève-toi, mon amie, ma belle, et viens!

¹⁴Ma colombe, qui te tiens dans les fentes du rocher, Qui te caches dans les parois escarpées, Fais-moi voir ta figure, Fais-moi entendre ta voix; Car ta voix est douce, et ta figure est agréable.

¹⁵Prenez-nous les renards, Les petits renards qui ravagent les vignes; Car nos vignes sont en fleur.

¹⁶Mon bien-aimé est à moi, et je suis à lui; Il fait paître son troupeau parmi les lis.

¹⁷Avant que le jour se rafraîchisse, Et que les ombres fuient, Reviens!... sois semblable, mon bien-aimé, A la gazelle ou au faon des biches, Sur les montagnes qui nous séparent.

Chapitre 3

¹Sur ma couche, pendant les nuits, J'ai cherché celui que mon coeur aime; Je l'ai cherché, et je ne l'ai point trouvé...

²Je me lèverai, et je ferai le tour de la ville, Dans les rues et sur les places; Je chercherai celui que mon coeur aime... Je l'ai cherché, et je ne l'ai point trouvé.

³Les gardes qui font la ronde dans la ville m'ont rencontrée: Avez-vous vu celui que mon coeur aime?

⁴A peine les avais-je passés, Que j'ai trouvé celui que mon coeur aime; Je l'ai saisi, et je ne l'ai point lâché Jusqu'à ce que je l'aie amené dans la maison de ma mère, Dans la chambre de celle qui m'a conçue. -

⁵Je vous en conjure, filles de Jérusalem, Par les gazelles et les biches des champs, Ne réveillez pas, ne réveillez pas l'amour, Avant qu'elle le veuille. -

⁶Qui est celle qui monte du désert, Comme des colonnes de fumée, Au milieu des vapeurs de myrrhe et d'encens Et de tous les aromates des marchands? -

⁷Voici la litière de Salomon, Et autour d'elle soixante vaillants hommes, Des plus vaillants d'Israël.

⁸Tous sont armés de l'épée, Sont exercés au combat; Chacun porte l'épée sur sa hanche, En vue des alarmes nocturnes.

⁹Le roi Salomon s'est fait une litière De bois du Liban.

¹⁰Il en a fait les colonnes d'argent, Le dossier d'or, Le siège de pourpre; Au milieu est une broderie, oeuvre d'amour Des filles de Jérusalem.

¹¹Sortez, filles de Sion, regardez Le roi Salomon, Avec la couronne dont sa mère l'a couronné Le jour de ses fiançailles, Le jour de la joie de son coeur. -

Chapitre 4

¹Que tu es belle, mon amie, que tu es belle! Tes yeux sont des colombes, Derrière ton voile. Tes cheveux sont comme un troupeau de chèvres, Suspendues aux flancs de la montagne de Galaad.

²Tes dents sont comme un troupeau de brebis tondues, Qui remontent de l'abreuvoir; Toutes portent des jumeaux, Aucune d'elles n'est stérile.

³Tes lèvres sont comme un fil cramoisi, Et ta bouche est charmante; Ta joue est comme une moitié de grenade, Derrière ton voile.

⁴Ton cou est comme la tour de David, Bâtie pour être un arsenal; Mille boucliers y sont suspendus, Tous les boucliers des héros.

⁵Tes deux seins sont comme deux faons, Comme les jumeaux d'une gazelle, Qui paissent au milieu des lis.

⁶Avant que le jour se rafraîchisse, Et que les ombres fuient, J'irai à la montagne de la myrrhe Et à la colline de l'encens.

⁷Tu es toute belle, mon amie, Et il n'y a point en toi de défaut.

⁸Viens avec moi du Liban, ma fiancée, Viens avec moi du Liban! Regarde du sommet de l'Amana, Du sommet du Senir et de l'Hermon, Des tanières des lions, Des montagnes des léopards.

⁹Tu me ravis le coeur, ma soeur, ma fiancée, Tu me ravis le coeur par l'un de tes regards, Par l'un des colliers de ton cou.

¹⁰Que de charmes dans ton amour, ma soeur, ma fiancée! Comme ton amour vaut mieux que le vin, Et combien tes parfums sont plus suaves que tous les aromates!

¹¹Tes lèvres distillent le miel, ma fiancée; Il y a sous ta langue du miel et du lait, Et l'odeur de tes vêtements est comme l'odeur du Liban.

¹²Tu es un jardin fermé, ma soeur, ma fiancée, Une source fermée, une fontaine scellée.

¹³Tes jets forment un jardin, où sont des grenadiers, Avec les fruits les plus excellents, Les troënes avec le nard;

¹⁴Le nard et le safran, le roseau aromatique et le cinnamome, Avec tous les arbres qui donnent l'encens; La myrrhe et l'aloès, Avec tous les principaux aromates;

¹⁵Une fontaine des jardins, Une source d'eaux vives, Des ruisseaux du Liban.

¹⁶Lève-toi, aquilon! viens, autan! Soufflez sur mon jardin, et que les parfums s'en exhalent! -Que mon bien-aimé entre dans son jardin, Et qu'il mange de ses fruits excellents! -

Chapitre 5

¹J'entre dans mon jardin, ma soeur, ma fiancée; Je cueille ma myrrhe avec mes aromates, Je mange mon rayon de miel avec mon miel, Je bois mon vin avec mon lait... -Mangez, amis, buvez, enivrez-vous d'amour!

²J'étais endormie, mais mon coeur veillait... C'est la voix de mon bien-aimé, qui frappe: -Ouvre-moi, ma soeur, mon amie, Ma colombe, ma parfaite! Car ma tête est couverte de rosée, Mes boucles sont pleines des gouttes de la nuit. -

³J'ai ôté ma tunique; comment la remettrais-je? J'ai lavé mes pieds; comment les salirais-je?

⁴Mon bien-aimé a passé la main par la fenêtre, Et mes entrailles se sont émues pour lui.

⁵Je me suis levée pour ouvrir à mon bien-aimé; Et de mes mains a dégoutté la myrrhe, De mes doigts, la myrrhe répandue Sur la poignée du verrou.

⁶J'ai ouvert à mon bien-aimé; Mais mon bien-aimé s'en était allé, il avait disparu. J'étais hors de moi, quand il me parlait. Je l'ai cherché, et je ne l'ai point trouvé; Je l'ai appelé, et il ne m'a point répondu.

⁷Les gardes qui font la ronde dans la ville m'ont rencontrée; Ils m'ont frappée, ils m'ont blessée; Ils m'ont enlevé mon voile, les gardes des murs.

⁸Je vous en conjure, filles de Jérusalem, Si vous trouvez mon bien-aimé, Que lui direz-vous?... Que je suis malade d'amour. -

⁹Qu'a ton bien-aimé de plus qu'un autre, O la plus belle des femmes? Qu'a ton bien-aimé de plus qu'un autre, Pour que tu nous conjures ainsi? -

¹⁰Mon bien-aimé est blanc et vermeil; Il se distingue entre dix mille.

¹¹Sa tête est de l'or pur; Ses boucles sont flottantes, Noires comme le corbeau.

¹²Ses yeux sont comme des colombes au bord des ruisseaux, Se baignant dans le lait, Reposant au sein de l'abondance.

¹³Ses joues sont comme un parterre d'aromates, Une couche de plantes odorantes; Ses lèvres sont des lis, D'où découle la myrrhe.

¹⁴Ses mains sont des anneaux d'or, Garnis de chrysolithes; Son corps est de l'ivoire poli, Couvert de saphirs;

¹⁵Ses jambes sont des colonnes de marbre blanc, Posées sur des bases d'or pur. Son aspect est comme le Liban, Distingué comme les cèdres.

¹⁶Son palais n'est que douceur, Et toute sa personne est pleine de charme. Tel est mon bien-aimé, tel est mon ami, Filles de Jérusalem! -

Chapitre 6

¹Où est allé ton bien-aimé, O la plus belle des femmes? De quel côté ton bien-aimé s'est-il dirigé? Nous le chercherons avec toi.

²Mon bien-aimé est descendu à son jardin, Au parterre d'aromates, Pour faire paître son troupeau dans les jardins, Et pour cueillir des lis.

³Je suis à mon bien-aimé, et mon bien-aimé est à moi; Il fait paître son troupeau parmi les lis.

⁴Tu es belle, mon amie, comme Thirtsa, Agréable comme Jérusalem, Mais terrible comme des troupes sous leurs bannières.

⁵Détourne de moi tes yeux, car ils me troublent. Tes cheveux sont comme un troupeau de chèvres, Suspendues aux flancs de Galaad.

⁶Tes dents sont comme un troupeau de brebis, Qui remontent de l'abreuvoir; Toutes portent des jumeaux, Aucune d'elles n'est stérile.

⁷Ta joue est comme une moitié de grenade, Derrière ton voile...

⁸Il y a soixante reines, quatre-vingts concubines, Et des jeunes filles sans nombre.

⁹Une seule est ma colombe, ma parfaite; Elle est l'unique de sa mère, La préférée de celle qui lui donna le jour. Les jeunes filles la voient, et la disent heureuse; Les reines et les concubines aussi, et elles la louent. -

¹⁰Qui est celle qui apparaît comme l'aurore, Belle comme la lune, pure comme le soleil, Mais terrible comme des troupes sous leurs bannières?

¹¹Je suis descendue au jardin des noyers, Pour voir la verdure de la vallée, Pour voir si la vigne pousse, Si les grenadiers fleurissent.

¹²Je ne sais, mais mon désir m'a rendue semblable Aux chars de mon noble peuple. -

¹³ Reviens, reviens, Sulamithe! Reviens, reviens, afin que nous te regardions. -Qu'avez-vous à regarder la Sulamithe Comme une danse de deux choeurs?

Chapitre 7

¹ Que tes pieds sont beaux dans ta chaussure, fille de prince! Les contours de ta hanche sont comme des colliers, Oeuvre des mains d'un artiste.

² Ton sein est une coupe arrondie, Où le vin parfumé ne manque pas; Ton corps est un tas de froment, Entouré de lis.

³ Tes deux seins sont comme deux faons, Comme les jumeaux d'une gazelle.

⁴ Ton cou est comme une tour d'ivoire; Tes yeux sont comme les étangs de Hesbon, Près de la porte de Bath Rabbim; Ton nez est comme la tour du Liban, Qui regarde du côté de Damas.

⁵ Ta tête est élevée comme le Carmel, Et les cheveux de ta tête sont comme la pourpre; Un roi est enchaîné par des boucles!...

⁶ Que tu es belle, que tu es agréable, O mon amour, au milieu des délices!

⁷ Ta taille ressemble au palmier, Et tes seins à des grappes.

⁸ Je me dis: Je monterai sur le palmier, J'en saisirai les rameaux! Que tes seins soient comme les grappes de la vigne, Le parfum de ton souffle comme celui des pommes,

⁹ Et ta bouche comme un vin excellent,... -Qui coule aisément pour mon bien-aimé, Et glisse sur les lèvres de ceux qui s'endorment!

¹⁰ Je suis à mon bien-aimé, Et ses désirs se portent vers moi.

¹¹ Viens, mon bien-aimé, sortons dans les champs, Demeurons dans les villages!

¹² Dès le matin nous irons aux vignes, Nous verrons si la vigne pousse, si la fleur s'ouvre, Si les grenadiers fleurissent. Là je te donnerai mon amour.

¹³ Les mandragores répandent leur parfum, Et nous avons à nos portes tous les meilleurs fruits, Nouveaux et anciens: Mon bien-aimé, je les ai gardés pour toi.

Chapitre 8

¹Oh! Que n'es-tu mon frère, Allaité des mamelles de ma mère! Je te rencontrerais dehors, je t'embrasserais, Et l'on ne me mépriserait pas.

²Je veux te conduire, t'amener à la maison de ma mère; Tu me donneras tes instructions, Et je te ferai boire du vin parfumé, Du moût de mes grenades.

³Que sa main gauche soit sous ma tête, Et que sa droite m'embrasse! -

⁴Je vous en conjure, filles de Jérusalem, Ne réveillez pas, ne réveillez pas l'amour, Avant qu'elle le veuille. -

⁵Qui est celle qui monte du désert, Appuyée sur son bien-aimé? -Je t'ai réveillée sous le pommier; Là ta mère t'a enfantée, C'est là qu'elle t'a enfantée, qu'elle t'a donné le jour. -

⁶Mets-moi comme un sceau sur ton coeur, Comme un sceau sur ton bras; Car l'amour est fort comme la mort, La jalousie est inflexible comme le séjour des morts; Ses ardeurs sont des ardeurs de feu, Une flamme de l'Éternel.

⁷Les grandes eaux ne peuvent éteindre l'amour, Et les fleuves ne le submergeraient pas; Quand un homme offrirait tous les biens de sa maison contre l'amour, Il ne s'attirerait que le mépris.

⁸Nous avons une petite soeur, Qui n'a point encore de mamelles; Que ferons-nous de notre soeur, Le jour où on la recherchera?

⁹Si elle est un mur, Nous bâtirons sur elle des créneaux d'argent; Si elle est une porte, Nous la fermerons avec une planche de cèdre. -

¹⁰Je suis un mur, Et mes seins sont comme des tours; J'ai été à ses yeux comme celle qui trouve la paix.

¹¹Salomon avait une vigne à Baal Hamon; Il remit la vigne à des gardiens; Chacun apportait pour son fruit mille sicles d'argent.

¹²Ma vigne, qui est à moi, je la garde. A toi, Salomon, les mille sicles, Et deux cents à ceux qui gardent le fruit! -

¹³Habitante des jardins! Des amis prêtent l'oreille à ta voix. Daigne me la faire entendre! -

¹⁴Fuis, mon bien-aimé! Sois semblable à la gazelle ou au faon des biches, Sur les montagnes des aromates!

Ésaïe

Chapitre 1

¹Prophétie d'Ésaïe, fils d'Amots, sur Juda et Jérusalem, au temps d'Ozias, de Jotham, d'Achaz, d'Ézéchias, rois de Juda.

²Cieux, écoutez! terre, prête l'oreille! Car l'Éternel parle. J'ai nourri et élevé des enfants, Mais ils se sont révoltés contre moi.

³Le boeuf connaît son possesseur, Et l'âne la crèche de son maître: Israël ne connaît rien, Mon peuple n'a point d'intelligence.

⁴Malheur à la nation pécheresse, au peuple chargé d'iniquités, A la race des méchants, aux enfants corrompus! Ils ont abandonné l'Éternel, ils ont méprisé le Saint d'Israël. Ils se sont retirés en arrière...

⁵Quels châtiments nouveaux vous infliger, Quand vous multipliez vos révoltes? La tête entière est malade, Et tout le coeur est souffrant;

⁶De la plante du pied jusqu'à la tête, rien n'est en bon état: Ce ne sont que blessures, contusions et plaies vives, Qui n'ont été ni pansées, ni bandées, Ni adoucies par l'huile.

⁷Votre pays est dévasté, Vos villes sont consumées par le feu, Des étrangers dévorent vos campagnes sous vos yeux, Ils ravagent et détruisent, comme des barbares.

⁸Et la fille de Sion est restée Comme une cabane dans une vigne, Comme une hutte dans un champ de concombres, Comme une ville épargnée.

⁹Si l'Éternel des armées Ne nous eût conservé un faible reste, Nous serions comme Sodome, Nous ressemblerions à Gomorrhe.

¹⁰Écoutez la parole de l'Éternel, chefs de Sodome! Prête l'oreille à la loi de notre Dieu, peuple de Gomorrhe!

¹¹Qu'ai-je affaire de la multitude de vos sacrifices? dit l'Éternel. Je suis rassasié des holocaustes de béliers et de la graisse des veaux; Je ne prends point plaisir au sang des taureaux, des brebis et des boucs.

¹²Quand vous venez vous présenter devant moi, Qui vous demande de souiller mes parvis?

¹³Cessez d'apporter de vaines offrandes: J'ai en horreur l'encens, Les nouvelles lunes, les sabbats et les assemblées; Je ne puis voir le crime s'associer aux solennités.

¹⁴Mon âme hait vos nouvelles lunes et vos fêtes; Elles me sont à charge; Je suis las de les supporter.

¹⁵Quand vous étendez vos mains, je détourne de vous mes yeux; Quand vous multipliez les prières, je n'écoute pas: Vos mains sont pleines de sang.

¹⁶Lavez-vous, purifiez-vous, Otez de devant mes yeux la méchanceté de vos actions; Cessez de faire le mal.

¹⁷Apprenez à faire le bien, recherchez la justice, Protégez l'opprimé; Faites droit à l'orphelin, Défendez la veuve.

¹⁸Venez et plaidons! dit l'Éternel. Si vos péchés sont comme le cramoisi, ils deviendront blancs comme la neige; S'ils sont rouges comme la pourpre, ils deviendront comme la laine.

¹⁹Si vous avez de la bonne volonté et si vous êtes dociles, Vous mangerez les meilleures productions du pays;

²⁰Mais si vous résistez et si vous êtes rebelles, Vous serez dévorés par le glaive, Car la bouche de l'Éternel a parlé.

²¹Quoi donc! la cité fidèle est devenue une prostituée! Elle était remplie d'équité, la justice y habitait, Et maintenant il y a des assassins!

²²Ton argent s'est changé en scories, Ton vin a été coupé d'eau.

²³Tes chefs sont rebelles et complices des voleurs, Tous aiment les présents et courent après les récompenses; Ils ne font pas droit à l'orphelin, Et la cause de la veuve ne vient pas jusqu'à eux.

²⁴C'est pourquoi voici ce que dit le Seigneur, l'Éternel des armées, Le Fort d'Israël: Ah! je tirerai satisfaction de mes adversaires, Et je me vengerai de mes ennemis.

²⁵Je porterai ma main sur toi, Je fondrai tes scories, comme avec de la potasse, Et j'enlèverai toutes tes parcelles de plomb.

²⁶Je rétablirai tes juges tels qu'ils étaient autrefois, Et tes conseillers tels qu'ils étaient au commencement. Après cela, on t'appellera ville de la justice, Cité fidèle.

²⁷Sion sera sauvée par la droiture, Et ceux qui s'y convertiront seront sauvés par la justice.

²⁸Mais la ruine atteindra tous les rebelles et les pécheurs, Et ceux qui abandonnent l'Éternel périront.

²⁹On aura honte à cause des térébinthes auxquels vous prenez plaisir, Et vous rougirez à cause des jardins dont vous faites vos délices;

³⁰Car vous serez comme un térébinthe au feuillage flétri, Comme un jardin qui n'a pas d'eau.

³¹L'homme fort sera comme de l'étoupe, Et son oeuvre comme une étincelle; Ils brûleront l'un et l'autre ensemble, Et il n'y aura personne pour éteindre.

Chapitre 2

¹Prophétie d'Ésaïe, fils d'Amots, sur Juda et Jérusalem.

²Il arrivera, dans la suite des temps, Que la montagne de la maison de l'Éternel Sera fondée sur le sommet des montagnes, Qu'elle s'élèvera par-dessus les collines, Et que toutes les nations y afflueront.

³Des peuples s'y rendront en foule, et diront: Venez, et montons à la montagne de l'Éternel, A la maison du Dieu de Jacob, Afin qu'il nous enseigne ses voies, Et que nous marchions dans ses sentiers. Car de Sion sortira la loi, Et de Jérusalem la parole de l'Éternel.

⁴Il sera le juge des nations, L'arbitre d'un grand nombre de peuples. De leurs glaives ils forgeront des hoyaux, Et de leurs lances des serpes: Une nation ne tirera plus l'épée contre une autre, Et l'on n'apprendra plus la guerre.

⁵Maison de Jacob, Venez, et marchons à la lumière de l'Éternel!

⁶Car tu as abandonné ton peuple, la maison de Jacob, Parce qu'ils sont pleins de l'Orient, Et adonnés à la magie comme les Philistins, Et parce qu'ils s'allient aux fils des étrangers. Le pays est rempli d'argent et d'or,

⁷Et il y a des trésors sans fin; Le pays est rempli de chevaux, Et il y a des chars sans nombre.

⁸Le pays est rempli d'idoles; Ils se prosternent devant l'ouvrage de leurs mains, Devant ce que leurs doigts ont fabriqué.

⁹Les petits seront abattus, et les grands seront abaissés: Tu ne leur pardonneras point.

¹⁰Entre dans les rochers, Et cache-toi dans la poussière, Pour éviter la terreur de l'Éternel Et l'éclat de sa majesté.

¹¹L'homme au regard hautain sera abaissé, Et l'orgueilleux sera humilié: L'Éternel seul sera élevé ce jour-là.

¹²Car il y a un jour pour l'Éternel des armées Contre tout homme orgueilleux et hautain, Contre quiconque s'élève, afin qu'il soit abaissé;

¹³Contre tous les cèdres du Liban, hauts et élevés, Et contre tous les chênes de Basan;

¹⁴Contre toutes les hautes montagnes, Et contre toutes les collines élevées;

¹⁵Contre toutes les hautes tours, Et contre toutes les murailles fortifiées;

¹⁶Contre tous les navires de Tarsis, Et contre tout ce qui plaît à la vue.

¹⁷L'homme orgueilleux sera humilié, Et le hautain sera abaissé: L'Éternel seul sera élevé ce jour-là.

¹⁸Toutes les idoles disparaîtront.

¹⁹On entrera dans les cavernes des rochers Et dans les profondeurs de la poussière, Pour éviter la terreur de l'Éternel et l'éclat de sa majesté, Quand il se lèvera pour effrayer la terre.

²⁰En ce jour, les hommes jetteront Leurs idoles d'argent et leurs idoles d'or, Qu'ils s'étaient faites pour les adorer, Aux rats et aux chauves-souris;

²¹Et ils entreront dans les fentes des rochers Et dans les creux des pierres, Pour éviter la terreur de l'Éternel et l'éclat de sa majesté, Quand il se lèvera pour effrayer la terre.

²²Cessez de vous confier en l'homme, Dans les narines duquel il n'y a qu'un souffle: Car de quelle valeur est-il?

Chapitre 3

¹Le Seigneur, l'Éternel des armées, Va ôter de Jérusalem et de Juda Tout appui et toute ressource, Toute ressource de pain Et toute ressource d'eau,

²Le héros et l'homme de guerre, Le juge et le prophète, le devin et l'ancien,

³Le chef de cinquante et le magistrat, Le conseiller, l'artisan distingué et l'habile enchanteur.

⁴Je leur donnerai des jeunes gens pour chefs, Et des enfants domineront sur eux.

⁵Il y aura réciprocité d'oppression parmi le peuple; L'un opprimera l'autre, chacun son prochain; Le jeune homme attaquera le vieillard, Et l'homme de rien celui qui est honoré.

⁶On ira jusqu'à saisir son frère dans la maison paternelle: Tu as un habit, sois notre chef! Prends ces ruines sous ta main! -

⁷Ce jour-là même il répondra: Je ne saurais être un médecin, Et dans ma maison il n'y a ni pain ni vêtement; Ne m'établissez pas chef du peuple!

⁸Jérusalem chancelle, Et Juda s'écroule, Parce que leurs paroles et leurs oeuvres sont contre l'Éternel, Bravant les regards de sa majesté.

⁹L'aspect de leur visage témoigne contre eux, Et, comme Sodome,

Ésaïe

ils publient leur crime, sans dissimuler. Malheur à leur âme! Car ils se préparent des maux.

¹⁰Dites que le juste prospérera, Car il jouira du fruit de ses oeuvres.

¹¹Malheur au méchant! il sera dans l'infortune, Car il recueillera le produit de ses mains.

¹²Mon peuple a pour oppresseurs des enfants, Et des femmes dominent sur lui; Mon peuple, ceux qui te conduisent t'égarent, Et ils corrompent la voie dans laquelle tu marches.

¹³L'Éternel se présente pour plaider, Il est debout pour juger les peuples.

¹⁴L'Éternel entre en jugement Avec les anciens de son peuple et avec ses chefs: Vous avez brouté la vigne! La dépouille du pauvre est dans vos maisons!

¹⁵De quel droit foulez-vous mon peuple, Et écrasez-vous la face des pauvres? Dit le Seigneur, l'Éternel des armées.

¹⁶L'Éternel dit: Parce que les filles de Sion sont orgueilleuses, Et qu'elles marchent le cou tendu Et les regards effrontés, Parce qu'elles vont à petits pas, Et qu'elles font résonner les boucles de leurs pieds,

¹⁷Le Seigneur rendra chauve le sommet de la tête des filles de Sion, L'Éternel découvrira leur nudité.

¹⁸En ce jour, le Seigneur ôtera les boucles qui servent d'ornement à leurs pieds, Et les filets et les croissants;

¹⁹Les pendants d'oreilles, les bracelets et les voiles;

²⁰Les diadèmes, les chaînettes des pieds et les ceintures, Les boîtes de senteur et les amulettes;

²¹Les bagues et les anneaux du nez;

²²Les vêtements précieux et les larges tuniques, Les manteaux et les gibecières;

²³Les miroirs et les chemises fines, Les turbans et les surtouts légers.

²⁴Au lieu de parfum, il y aura de l'infection; Au lieu de ceinture, une corde; Au lieu de cheveux bouclés, une tête chauve; Au lieu d'un large manteau, un sac étroit; Une marque flétrissante, au lieu de beauté.

²⁵Tes hommes tomberont sous le glaive, Et tes héros dans le combat.

²⁶Les portes de Sion gémiront et seront dans le deuil; Dépouillée, elle s'assiéra par terre.

Chapitre 4

¹Et sept femmes saisiront en ce jour un seul homme, et diront: Nous mangerons notre pain, Et nous nous vêtirons de nos habits; Fais-nous seulement porter ton nom! Enlève notre opprobre!

²En ce temps-là, le germe de l'Éternel Aura de la magnificence et de la gloire, Et le fruit du pays aura de l'éclat et de la beauté Pour les réchappés d'Israël.

³Et les restes de Sion, les restes de Jérusalem, Seront appelés saints, Quiconque à Jérusalem sera inscrit parmi les vivants,

⁴Après que le Seigneur aura lavé les ordures des filles de Sion, Et purifié Jérusalem du sang qui est au milieu d'elle, Par le souffle de la justice et par le souffle de la destruction.

⁵L'Éternel établira, sur toute l'étendue de la montagne de Sion Et sur ses lieux d'assemblées, Une nuée fumante pendant le jour, Et un feu de flammes éclatantes pendant la nuit; Car tout ce qui est glorieux sera mis à couvert.

⁶Il y aura un abri pour donner de l'ombre contre la chaleur du jour, Pour servir de refuge et d'asile contre l'orage et la pluie.

Chapitre 5

¹Je chanterai à mon bien-aimé Le cantique de mon bien-aimé sur sa vigne. Mon bien-aimé avait une vigne, Sur un coteau fertile.

²Il en remua le sol, ôta les pierres, et y mit un plant délicieux; Il bâtit une tour au milieu d'elle, Et il y creusa aussi une cuve. Puis il espéra qu'elle produirait de bons raisins, Mais elle en a produit de mauvais.

³Maintenant donc, habitants de Jérusalem et hommes de Juda, Soyez juges entre moi et ma vigne!

⁴Qu'y avait-il encore à faire à ma vigne, Que je n'aie pas fait pour elle? Pourquoi, quand j'ai espéré qu'elle produirait de bons raisins, En a-t-elle produit de mauvais?

⁵Je vous dirai maintenant Ce que je vais faire à ma vigne. J'en arracherai la haie, pour qu'elle soit broutée; J'en abattrai la clôture, pour qu'elle soit foulée aux pieds.

⁶Je la réduirai en ruine; elle ne sera plus taillée, ni cultivée; Les ronces et les épines y croîtront; Et je donnerai mes ordres aux nuées, Afin qu'elles ne laissent plus tomber la pluie sur elle.

⁷La vigne de l'Éternel des armées, c'est la maison d'Israël, Et les hommes de Juda, c'est le plant qu'il chérissait. Il avait espéré de la droiture, et voici du sang versé! De la justice, et voici des cris de détresse!

⁸Malheur à ceux qui ajoutent maison à maison, Et qui joignent champ à champ, Jusqu'à ce qu'il n'y ait plus d'espace, Et qu'ils habitent seuls au milieu du pays!

⁹Voici ce que m'a révélé l'Éternel des armées: Certainement, ces maisons nombreuses seront dévastées, Ces grandes et belles maisons n'auront plus d'habitants.

¹⁰Même dix arpents de vigne ne produiront qu'un bath, Et un homer de semence ne produira qu'un épha.

¹¹Malheur à ceux qui de bon matin Courent après les boissons enivrantes, Et qui bien avant dans la nuit Sont échauffés par le vin!

¹²La harpe et le luth, le tambourin, la flûte et le vin, animent leurs festins; Mais ils ne prennent point garde à l'oeuvre de l'Éternel, Et ils ne voient point le travail de ses mains.

¹³C'est pourquoi mon peuple sera soudain emmené captif; Sa noblesse mourra de faim, Et sa multitude sera desséchée par la soif.

¹⁴C'est pourquoi le séjour de morts ouvre sa bouche, Élargit sa gueule outre mesure; Alors descendent la magnificence et la richesse de Sion, Et sa foule bruyante et joyeuse.

¹⁵Les petits seront abattus, les grands seront humiliés, Et les regards des hautains seront abaissés.

¹⁶L'Éternel des armées sera élevé par le jugement, Et le Dieu saint sera sanctifié par la justice.

¹⁷Des brebis paîtront comme sur leur pâturage, Et des étrangers dévoreront les possessions ruinées des riches.

¹⁸Malheur à ceux qui tirent l'iniquité avec les cordes du vice, Et le péché comme avec les traits d'un char,

¹⁹Et qui disent: Qu'il hâte, qu'il accélère son oeuvre, Afin que nous la voyions! Que le décret du Saint d'Israël arrive et s'exécute, Afin que nous le connaissions!

²⁰Malheur à ceux qui appellent le mal bien, et le bien mal, Qui changent les ténèbres en lumière, et la lumière en ténèbres, Qui changent l'amertume en douceur, et la douceur en amertume!

²¹Malheur à ceux qui sont sages à leurs yeux, Et qui se croient intelligents!

²²Malheur à ceux qui ont de la bravoure pour boire du vin, Et de la vaillance pour mêler des liqueurs fortes;

²³Qui justifient le coupable pour un présent, Et enlèvent aux innocents leurs droits!

²⁴C'est pourquoi, comme une langue de feu dévore le chaume, Et comme la flamme consume l'herbe sèche, Ainsi leur racine sera comme de la pourriture, Et leur fleur se dissipera comme de la poussière; Car ils ont dédaigné la loi de l'Éternel des armées, Et ils ont méprisé la parole du Saint d'Israël.

²⁵C'est pourquoi la colère de l'Éternel s'enflamme contre son peuple, Il étend sa main sur lui, et il le frappe; Les montagnes s'ébranlent; Et les cadavres sont comme des balayures au milieu des rues. Malgré tout cela, sa colère ne s'apaise point, Et sa main est encore étendue.

²⁶Il élève une bannière pour les peuples lointains, Et il en siffle un des extrémités de la terre: Et voici, il arrive avec promptitude et légèreté.

²⁷Nul n'est fatigué, nul ne chancelle de lassitude, Personne ne sommeille, ni ne dort; Aucun n'a la ceinture de ses reins détachée, Ni la courroie de ses souliers rompue.

²⁸Ses flèches sont aiguës, Et tous ses arcs tendus; Les sabots de ses chevaux ressemblent à des cailloux, Et les roues de ses chars à un tourbillon.

²⁹Son rugissement est comme celui d'une lionne; Il rugit comme des lionceaux, et il gronde, et saisit la proie, Il l'emporte, et personne ne vient au secours.

³⁰En ce jour, il y aura près de lui un mugissement, Comme celui d'une tempête sur mer; En regardant la terre, on ne verra que ténèbres, Avec des alternatives d'angoisse et d'espérance; Au ciel, l'obscurité régnera.

Chapitre 6

¹L'année de la mort du roi Ozias, je vis le Seigneur assis sur un trône très élevé, et les pans de sa robe remplissaient le temple.

²Des séraphins se tenaient au-dessus de lui; ils avaient chacun six ailes; deux dont ils se couvraient la face, deux dont ils se couvraient les pieds, et deux dont ils se servaient pour voler.

³Ils criaient l'un à l'autre, et disaient: Saint, saint, saint est l'Éternel des armées! toute la terre est pleine de sa gloire!

⁴Les portes furent ébranlées dans leurs fondements par la voix qui

retentissait, et la maison se remplit de fumée.

⁵Alors je dis: Malheur à moi! je suis perdu, car je suis un homme dont les lèvres sont impures, j'habite au milieu d'un peuple dont les lèvres sont impures, et mes yeux ont vu le Roi, l'Éternel des armées.

⁶Mais l'un des séraphins vola vers moi, tenant à la main une pierre ardente, qu'il avait prise sur l'autel avec des pincettes.

⁷Il en toucha ma bouche, et dit: Ceci a touché tes lèvres; ton iniquité est enlevée, et ton péché est expié.

⁸J'entendis la voix du Seigneur, disant: Qui enverrai-je, et qui marchera pour nous? Je répondis: Me voici, envoie-moi.

⁹Il dit alors: Va, et dis à ce peuple: Vous entendrez, et vous ne comprendrez point; Vous verrez, et vous ne saisirez point.

¹⁰Rends insensible le coeur de ce peuple, Endurcis ses oreilles, et bouche-lui les yeux, Pour qu'il ne voie point de ses yeux, n'entende point de ses oreilles, Ne comprenne point de son coeur, Ne se convertisse point et ne soit point guéri.

¹¹Je dis: Jusqu'à quand, Seigneur? Et il répondit: Jusqu'à ce que les villes soient dévastées Et privées d'habitants; Jusqu'à ce qu'il n'y ait personne dans les maisons, Et que le pays soit ravagé par la solitude;

¹²Jusqu'à ce que l'Éternel ait éloigné les hommes, Et que le pays devienne un immense désert,

¹³Et s'il y reste encore un dixième des habitants, Ils seront à leur tour anéantis. Mais, comme le térébinthe et le chêne Conservent leur tronc quand ils sont abattus, Une sainte postérité renaîtra de ce peuple.

Chapitre 7

¹Il arriva, du temps d'Achaz, fils de Jotham, fils d'Ozias, roi de Juda, que Retsin, roi de Syrie, monta avec Pékach, fils de Remalia, roi d'Israël, contre Jérusalem, pour l'assiéger; mais il ne put l'assiéger.

²On vint dire à la maison de David: Les Syriens sont campés en Éphraïm. Et le coeur d'Achaz et le coeur de son peuple furent agités, comme les arbres de la forêt sont agités par le vent.

³Alors l'Éternel dit à Ésaïe: Va à la rencontre d'Achaz, toi et Schear Jaschub, ton fils, vers l'extrémité de l'aqueduc de l'étang supérieur, sur la route du champ du foulon.

⁴Et dis-lui: Sois tranquille, ne crains rien, Et que ton coeur ne s'alarme pas, Devant ces deux bouts de tisons fumants, Devant la colère de Retsin et de la Syrie, et du fils de Remalia,

⁵De ce que la Syrie médite du mal contre toi, De ce qu'Éphraïm et le fils de Remalia disent:

⁶Montons contre Juda, assiégeons la ville, Et battons-la en brèche, Et proclamons-y pour roi le fils de Tabeel.

⁷Ainsi parle le Seigneur, l'Éternel: Cela n'arrivera pas, cela n'aura pas lieu.

⁸Car Damas est la tête de la Syrie, Et Retsin est la tête de Damas. (Encore soixante-cinq ans, Éphraïm ne sera plus un peuple.)

⁹La Samarie est la tête d'Éphraïm, Et le fils de Remalia est la tête de la Samarie. Si vous ne croyez pas, Vous ne subsisterez pas.

¹⁰L'Éternel parla de nouveau à Achaz, et lui dit:

¹¹Demande en ta faveur un signe à l'Éternel, ton Dieu; demande-le, soit dans les lieux bas, soit dans les lieux élevés.

¹²Achaz répondit: Je ne demanderai rien, je ne tenterai pas l'Éternel.

¹³Ésaïe dit alors: Écoutez donc, maison de David! Est-ce trop peu pour vous de lasser la patience des hommes, Que vous lassiez encore celle de mon Dieu?

¹⁴C'est pourquoi le Seigneur lui-même vous donnera un signe, Voici, la jeune fille deviendra enceinte, elle enfantera un fils, Et elle lui donnera le nom d'Emmanuel.

¹⁵Il mangera de la crème et du miel, Jusqu'à ce qu'il sache rejeter le mal et choisir le bien.

¹⁶Mais avant que l'enfant sache rejeter le mal et choisir le bien, Le pays dont tu crains les deux rois sera abandonné.

¹⁷L'Éternel fera venir sur toi, Sur ton peuple et sur la maison de ton père, Des jours tels qu'il n'y en a point eu Depuis le jour où Éphraïm s'est séparé de Juda (Le roi d'Assyrie).

¹⁸En ce jour-là, l'Éternel sifflera les mouches Qui sont à l'extrémité des canaux de l'Égypte, Et les abeilles qui sont au pays d'Assyrie;

¹⁹Elles viendront, et se poseront toutes dans les vallons désolés, Et dans les fentes des rochers, Sur tous les buissons, Et sur tous les pâturages.

²⁰En ce jour-là, le Seigneur rasera, avec un rasoir pris à louage Au delà du fleuve, Avec le roi d'Assyrie, La tête et le poil des pieds; Il enlèvera aussi la barbe.

²¹En ce jour-là, Chacun entretiendra une jeune vache et deux brebis;

²²Et il y aura une telle abondance de lait Qu'on mangera de la crème, Car c'est de crème et de miel que se nourriront Tous ceux qui seront restés dans le pays.

²³En ce jour-là, Tout lieu qui contiendra mille ceps de vigne, Valant mille sicles d'argent, Sera livré aux ronces et aux épines.

²⁴On y entrera avec les flèches et avec l'arc, Car tout le pays ne sera que ronces et épines.

²⁵Et toutes les montagnes que l'on cultivait avec la bêche Ne seront plus fréquentées, par crainte des ronces et des épines: On y lâchera le boeuf, et la brebis en foulera le sol.

Chapitre 8

¹L'Éternel me dit: Prends une grande table, et écris dessus, d'une manière intelligible: Qu'on se hâte de piller, qu'on se précipite sur le butin.

²Je pris avec moi des témoins dignes de foi, le sacrificateur Urie, et Zacharie, fils de Bérékia.

³Je m'étais approché de la prophétesse; elle conçut, et elle enfanta un fils. L'Éternel me dit: Donne-lui pour nom Maher Schalal Chasch Baz.

⁴Car, avant que l'enfant sache dire: Mon père! ma mère! on emportera devant le roi d'Assyrie les richesses de Damas et le butin de Samarie.

⁵L'Éternel me parla encore, et me dit:

⁶Parce que ce peuple a méprisé les eaux de Siloé qui coulent doucement Et qu'il s'est réjoui au sujet de Retsin et du fils de Remalia, Voici, le Seigneur va faire monter

⁷contre eux Les puissantes et grandes eaux du fleuve (Le roi d'Assyrie et toute sa gloire); Il s'élèvera partout au-dessus de son lit, Et il se répandra sur toutes ses rives;

⁸Il pénétrera dans Juda, il débordera et inondera, Il atteindra jusqu'au cou. Le déploiement de ses ailes Remplira l'étendue de ton pays, ô Emmanuel!

⁹Poussez des cris de guerre, peuples! et vous serez brisés; Prêtez l'oreille, vous tous qui habitez au loin! Préparez-vous au combat, et vous serez brisés; Préparez-vous au combat, et vous serez brisés.

¹⁰Formez des projets, et ils seront anéantis; Donnez des ordres, et ils seront sans effet: Car Dieu est avec nous.

¹¹Ainsi m'a parlé l'Éternel, quand sa main me saisit, Et qu'il m'avertit de ne pas marcher dans la voie de ce peuple:

¹²N'appelez pas conjuration tout ce que ce peuple appelle conjuration; Ne craignez pas ce qu'il craint, et ne soyez pas effrayés.

¹³C'est l'Éternel des armées que vous devez sanctifier, C'est lui que vous devez craindre et redouter.

¹⁴Et il sera un sanctuaire, Mais aussi une pierre d'achoppement, Un rocher de scandale pour les deux maisons d'Israël, Un filet et un piège Pour les habitants de Jérusalem.

¹⁵Plusieurs trébucheront; Ils tomberont et se briseront, Ils seront enlacés et pris.

¹⁶Enveloppe cet oracle, Scelle cette révélation, parmi mes disciples. -

¹⁷J'espère en l'Éternel, Qui cache sa face à la maison de Jacob; Je place en lui ma confiance.

¹⁸Voici, moi et les enfants que l'Éternel m'a donnés, Nous sommes des signes et des présages en Israël, De la part de l'Éternel des armées, Qui habite sur la montagne de Sion.

¹⁹Si l'on vous dit: Consultez ceux qui évoquent les morts et ceux qui prédisent l'avenir, Qui poussent des sifflements et des soupirs, Répondez: Un peuple ne consultera-t-il pas son Dieu? S'adressera-t-il aux morts en faveur des vivants?

²⁰A la loi et au témoignage! Si l'on ne parle pas ainsi, Il n'y aura point d'aurore pour le peuple.

²¹Il sera errant dans le pays, accablé et affamé; Et, quand il aura faim, il s'irritera, Maudira son roi et son Dieu, Et tournera les yeux en haut;

²²Puis il regardera vers la terre, Et voici, il n'y aura que détresse, obscurité et de sombres angoisses: Il sera repoussé dans d'épaisses ténèbres.

Chapitre 9

¹ Mais les ténèbres ne régneront pas toujours Sur la terre où il y a maintenant des angoisses: Si les temps passés ont couvert d'opprobre Le pays de Zabulon et le pays de Nephthali, Les temps à venir couvriront de gloire La contrée voisine de la mer, au delà du Jourdain, Le territoire des Gentils.

² Le peuple qui marchait dans les ténèbres Voit une grande lumière; Sur ceux qui habitaient le pays de l'ombre de la mort Une

lumière resplendit.

³ Tu rends le peuple nombreux, Tu lui accordes de grandes joies; Il se réjouit devant toi, comme on se réjouit à la moisson, Comme on pousse des cris d'allégresse au partage du butin.

⁴ Car le joug qui pesait sur lui, Le bâton qui frappait son dos, La verge de celui qui l'opprimait, Tu les brises, comme à la journée de Madian.

⁵ Car toute chaussure qu'on porte dans la mêlée, Et tout vêtement guerrier roulé dans le sang, Seront livrés aux flammes, Pour être dévorés par le feu.

⁶ Car un enfant nous est né, un fils nous est donné, Et la domination reposera sur son épaule; On l'appellera Admirable, Conseiller, Dieu puissant, Père éternel, Prince de la paix.

⁷ Donner à l'empire de l'accroissement, Et une paix sans fin au trône de David et à son royaume, L'affermir et le soutenir par le droit et par la justice, Dès maintenant et à toujours: Voilà ce que fera le zèle de l'Éternel des armées.

⁸ Le Seigneur envoie une parole à Jacob: Elle tombe sur Israël.

⁹ Tout le peuple en aura connaissance, Éphraïm et les habitants de Samarie, Qui disent avec orgueil et fierté:

¹⁰ Des briques sont tombées, Nous bâtirons en pierres de taille; Des sycomores ont été coupés, Nous les remplacerons par des cèdres.

¹¹ L'Éternel élèvera contre eux les ennemis de Retsin, Et il armera leurs ennemis,

¹² Les Syriens à l'orient, les Philistins à l'occident; Et ils dévoreront Israël à pleine bouche. Malgré tout cela, sa colère ne s'apaise point, Et sa main est encore étendue.

¹³ Le peuple ne revient pas à celui qui le frappe, Et il ne cherche pas l'Éternel des armées.

¹⁴ Aussi l'Éternel arrachera d'Israël la tête et la queue, La branche de palmier et le roseau, En un seul jour.

¹⁵ (L'ancien et le magistrat, c'est la tête, Et le prophète qui enseigne le mensonge, c'est la queue.)

¹⁶ Ceux qui conduisent ce peuple l'égarent, Et ceux qui se laissent conduire se perdent.

¹⁷ C'est pourquoi le Seigneur ne saurait se réjouir de leurs jeunes hommes, Ni avoir pitié de leurs orphelins et de leurs veuves; Car tous sont des impies et des méchants, Et toutes les bouches profèrent des infamies. Malgré tout cela, sa colère ne s'apaise point, Et sa main est encore étendue.

¹⁸ Car la méchanceté consume comme un feu, Qui dévore ronces et épines; Il embrase l'épaisseur de la forêt, D'où s'élèvent des colonnes de fumée.

¹⁹ Par la colère de l'Éternel des armées le pays est embrasé, Et le peuple est comme la proie du feu; Nul n'épargne son frère.

²⁰ On pille à droite, et l'on a faim; On dévore à gauche, et l'on n'est pas rassasié; Chacun dévore la chair de son bras.

²¹ Manassé dévore Éphraïm, Éphraïm Manassé, Et ensemble ils fondent sur Juda. Malgré tout cela, sa colère ne s'apaise point, Et sa main est encore étendue.

Chapitre 10

¹Malheur à ceux qui prononcent des ordonnances iniques, Et à ceux qui transcrivent des arrêts injustes,

²Pour refuser justice aux pauvres, Et ravir leur droit aux malheureux de mon peuple, Pour faire des veuves leur proie, Et des orphelins leur butin!

³Que ferez-vous au jour du châtiment, Et de la ruine qui du lointain fondra sur vous? Vers qui fuirez-vous, pour avoir du secours, Et où laisserez-vous votre gloire?

⁴Les uns seront courbés parmi les captifs, Les autres tomberont parmi les morts. Malgré tout cela, sa colère ne s'apaise point, Et sa main est encore étendue.

⁵Malheur à l'Assyrien, verge de ma colère! La verge dans sa main, c'est l'instrument de ma fureur.

⁶Je l'ai lâché contre une nation impie, Je l'ai fait marcher contre le peuple de mon courroux, Pour qu'il se livre au pillage et fasse du butin, Pour qu'il le foule aux pieds comme la boue des rues.

⁷Mais il n'en juge pas ainsi, Et ce n'est pas là la pensée de son coeur; Il ne songe qu'à détruire, Qu'à exterminer les nations en foule.

⁸Car il dit: Mes princes ne sont-ils pas autant de rois?

⁹N'en a-t-il pas été de Calno comme de Carkemisch? N'en a-t-il pas été de Hamath comme d'Arpad? N'en a-t-il pas été de Samarie comme de Damas?

¹⁰De même que ma main a atteint les royaumes des idoles, Où il y avait plus d'images qu'à Jérusalem et à Samarie,

¹¹Ce que j'ai fait à Samarie et à ses idoles, Ne le ferai-je pas à Jérusalem et à ses images?

¹²Mais, quand le Seigneur aura accompli toute son oeuvre Sur la montagne de Sion et à Jérusalem, Je punirai le roi d'Assyrie pour le fruit de son coeur orgueilleux, Et pour l'arrogance de ses regards hautains.

¹³Car il dit: C'est par la force de ma main que j'ai agi, C'est par ma sagesse, car je suis intelligent; J'ai reculé les limites des peuples, et pillé leurs trésors, Et, comme un héros, j'ai renversé ceux qui siégeaient sur des trônes;

¹⁴J'ai mis la main sur les richesses des peuples, comme sur un nid, Et, comme on ramasse des oeufs abandonnés, J'ai ramassé toute la terre: Nul n'a remué l'aile, Ni ouvert le bec, ni poussé un cri. -

¹⁵La hache se glorifie-t-elle envers celui qui s'en sert? Ou la scie est-elle arrogante envers celui qui la manie? Comme si la verge faisait mouvoir celui qui la lève, Comme si le bâton soulevait celui qui n'est pas du bois!

¹⁶C'est pourquoi le Seigneur, le Seigneur des armées, enverra Le dépérissement parmi ses robustes guerriers; Et, sous sa magnificence, éclatera un embrasement, Comme l'embrasement d'un feu.

¹⁷La lumière d'Israël deviendra un feu, Et son Saint une flamme, Qui consumera et dévorera ses épines et ses ronces, En un seul jour;

¹⁸Qui consumera, corps et âme, La magnificence de sa forêt et de ses campagnes. Il en sera comme d'un malade, qui tombe en défaillance.

¹⁹Le reste des arbres de sa forêt pourra être compté, Et un enfant en écrirait le nombre.

²⁰En ce jour-là, Le reste d'Israël et les réchappés de la maison de Jacob, Cesseront de s'appuyer sur celui qui les frappait; Ils s'appuieront avec confiance sur l'Éternel, le Saint d'Israël.

²¹Le reste reviendra, le reste de Jacob, Au Dieu puissant.

²²Quand ton peuple, ô Israël, serait comme le sable de la mer, Un reste seulement reviendra; La destruction est résolue, elle fera déborder la justice.

²³Et cette destruction qui a été résolue, Le Seigneur, l'Éternel des armées, l'accomplira dans tout le pays.

²⁴Cependant, ainsi parle le Seigneur, l'Éternel des armées: O mon peuple, qui habites en Sion, ne crains pas l'Assyrien! Il te frappe de la verge, Et il lève son bâton sur toi, comme faisaient les Égyptiens.

²⁵Mais, encore un peu de temps, Et le châtiment cessera, Puis ma colère se tournera contre lui pour l'anéantir.

²⁶L'Éternel des armées agitera le fouet contre lui, Comme il frappa Madian au rocher d'Oreb; Et, de même qu'il leva son bâton sur la mer, Il le lèvera encore, comme en Égypte.

²⁷En ce jour, son fardeau sera ôté de dessus ton épaule, Et son joug de dessus ton cou; Et la graisse fera éclater le joug.

²⁸Il marche sur Ajjath, traverse Migron, Laisse ses bagages à Micmasch.

²⁹Ils passent le défilé, Ils couchent à Guéba; Rama tremble, Guibea de Saül prend la fuite.

³⁰Fais éclater ta voix, fille de Gallim! Prends garde, Laïs! malheur à toi, Anathoth!

³¹Madména se disperse, Les habitants de Guébim sont en fuite.

³²Encore un jour de halte à Nob, Et il menace de sa main la montagne de la fille de Sion, La colline de Jérusalem.

³³Voici, le Seigneur, l'Éternel des armées, Brise les rameaux avec violence: Les plus grands sont coupés, Les plus élevés sont abattus.

³⁴Il renverse avec le fer les taillis de la forêt, Et le Liban tombe sous le Puissant.

Chapitre 11

¹Puis un rameau sortira du tronc d'Isaï, Et un rejeton naîtra de ses racines.

²L'Esprit de l'Éternel reposera sur lui: Esprit de sagesse et d'intelligence, Esprit de conseil et de force, Esprit de connaissance et de crainte de l'Éternel.

³Il respirera la crainte de l'Éternel; Il ne jugera point sur l'apparence, Il ne prononcera point sur un ouï-dire.

⁴Mais il jugera les pauvres avec équité, Et il prononcera avec droiture sur les malheureux de la terre; Il frappera la terre de sa parole comme d'une verge, Et du souffle de ses lèvres il fera mourir le méchant.

⁵La justice sera la ceinture de ses flancs, Et la fidélité la ceinture de ses reins.

⁶Le loup habitera avec l'agneau, Et la panthère se couchera avec le chevreau; Le veau, le lionceau, et le bétail qu'on engraisse, seront ensemble, Et un petit enfant les conduira.

⁷La vache et l'ourse auront un même pâturage, Leurs petits un même gîte; Et le lion, comme le boeuf, mangera de la paille.

⁸Le nourrisson s'ébattra sur l'antre de la vipère, Et l'enfant sevré

mettra sa main dans la caverne du basilic.

⁹Il ne se fera ni tort ni dommage Sur toute ma montagne sainte; Car la terre sera remplie de la connaissance de l'Éternel, Comme le fond de la mer par les eaux qui le couvrent.

¹⁰En ce jour, le rejeton d'Isaï Sera là comme une bannière pour les peuples; Les nations se tourneront vers lui, Et la gloire sera sa demeure.

¹¹Dans ce même temps, le Seigneur étendra une seconde fois sa main, Pour racheter le reste de son peuple, Dispersé en Assyrie et en Égypte, A Pathros et en Éthiopie, A Élam, à Schinear et à Hamath, Et dans les îles de la mer.

¹²Il élèvera une bannière pour les nations, Il rassemblera les exilés d'Israël, Et il recueillera les dispersés de Juda, Des quatre extrémités de la terre.

¹³La jalousie d'Éphraïm disparaîtra, Et ses ennemis en Juda seront anéantis; Éphraïm ne sera plus jaloux de Juda, Et Juda ne sera plus hostile à Éphraïm.

¹⁴Ils voleront sur l'épaule des Philistins à l'occident, Ils pilleront ensemble les fils de l'Orient; Édom et Moab seront la proie de leurs mains, Et les fils d'Ammon leur seront assujettis.

¹⁵L'Éternel desséchera la langue de la mer d'Égypte, Et il lèvera sa main sur le fleuve, en soufflant avec violence: Il le partagera en sept canaux, Et on le traversera avec des souliers.

¹⁶Et il y aura une route pour le reste de son peuple, Qui sera échappé de l'Assyrie, Comme il y en eut une pour Israël, Le jour où il sortit du pays d'Égypte.

Chapitre 12

¹Tu diras en ce jour-là: Je te loue, ô Éternel! Car tu as été irrité contre moi, Ta colère s'est apaisée, et tu m'as consolé.

²Voici, Dieu est ma délivrance, Je serai plein de confiance, et je ne craindrai rien; Car l'Éternel, l'Éternel est ma force et le sujet de mes louanges; C'est lui qui m'a sauvé.

³Vous puiserez de l'eau avec joie Aux sources du salut,

⁴Et vous direz en ce jour-là: Louez l'Éternel, invoquez son nom, Publiez ses oeuvres parmi les peuples, Rappelez la grandeur de son nom!

⁵Célébrez l'Éternel, car il a fait des choses magnifiques: Qu'elles soient connues par toute la terre!

⁶Pousse des cris de joie et d'allégresse, habitant de Sion! Car il est grand au milieu de toi, le Saint d'Israël.

Chapitre 13

¹Oracle sur Babylone, révélé à Ésaïe, fils d'Amots.

²Sur une montagne nue dressez une bannière, Élevez la voix vers eux, Faites des signes avec la main, Et qu'ils franchissent les portes des tyrans!

³J'ai donné des ordres à ma sainte milice, J'ai appelé les héros de ma colère, Ceux qui se réjouissent de ma grandeur.

⁴On entend une rumeur sur les montagnes, Comme celle d'un peuple nombreux; On entend un tumulte de royaumes, de nations rassemblées: L'Éternel des armées passe en revue l'armée qui va combattre.

⁵Ils viennent d'un pays lointain, De l'extrémité des cieux: L'Éternel et les instruments de sa colère Vont détruire toute la contrée.

⁶Gémissez, car le jour de l'Éternel est proche: Il vient comme un ravage du Tout Puissant.

⁷C'est pourquoi toutes les mains s'affaiblissent, Et tout coeur d'homme est abattu.

⁸Ils sont frappés d'épouvante; Les spasmes et les douleurs les saisissent; Ils se tordent comme une femme en travail; Ils se regardent les uns les autres avec stupeur; Leurs visages sont enflammés.

⁹Voici, le jour de l'Éternel arrive, Jour cruel, jour de colère et d'ardente fureur, Qui réduira la terre en solitude, Et en exterminera les pécheurs.

¹⁰Car les étoiles des cieux et leurs astres Ne feront plus briller leur lumière, Le soleil s'obscurcira dès son lever, Et la lune ne fera plus luire sa clarté.

¹¹Je punirai le monde pour sa malice, Et les méchants pour leurs iniquités; Je ferai cesser l'orgueil des hautains, Et j'abattrai l'arrogance des tyrans.

¹²Je rendrai les hommes plus rares que l'or fin, Je les rendrai plus rares que l'or d'Ophir.

¹³C'est pourquoi j'ébranlerai les cieux, Et la terre sera secouée sur sa base, Par la colère de l'Éternel des armées, Au jour de son ardente fureur.

¹⁴Alors, comme une gazelle effarouchée, Comme un troupeau sans berger, Chacun se tournera vers son peuple, Chacun fuira vers son pays;

¹⁵Tous ceux qu'on trouvera seront percés, Et tous ceux qu'on saisira tomberont par l'épée.

¹⁶Leurs enfants seront écrasés sous leurs yeux, Leurs maisons seront pillées, et leurs femmes violées.

¹⁷Voici, j'excite contre eux les Mèdes, Qui ne font point cas de l'argent, Et qui ne convoitent point l'or.

¹⁸De leurs arcs ils abattront les jeunes gens, Et ils seront sans pitié pour le fruit des entrailles: Leur oeil n'épargnera point les enfants.

¹⁹Et Babylone, l'ornement des royaumes, La fière parure des Chaldéens, Sera comme Sodome et Gomorrhe, que Dieu détruisit.

²⁰Elle ne sera plus jamais habitée, Elle ne sera plus jamais peuplée; L'Arabe n'y dressera point sa tente, Et les bergers n'y parqueront point leurs troupeaux.

²¹Les animaux du désert y prendront leur gîte, Les hiboux rempliront ses maisons, Les autruches en feront leur demeure Et les boucs y sauteront.

²²Les chacals hurleront dans ses palais, Et les chiens sauvages dans ses maisons de plaisance. Son temps est près d'arriver, Et ses jours ne se prolongeront pas.

Chapitre 14

¹Car l'Éternel aura pitié de Jacob, Il choisira encore Israël, Et il les rétablira dans leur pays; Les étrangers se joindront à eux, Et ils s'uniront à la maison de Jacob.

²Les peuples les prendront, et les ramèneront à leur demeure, Et la maison d'Israël les possédera dans le pays de l'Éternel, Comme serviteurs et comme servantes; Ils retiendront captifs ceux qui les avaient faits captifs, Et ils domineront sur leurs oppresseurs.

³Et quand l'Éternel t'aura donné du repos, Après tes fatigues et tes agitations, Et après la dure servitude qui te fut imposée,

⁴Alors tu prononceras ce chant sur le roi de Babylone, Et tu diras: Eh quoi! le tyran n'est plus! L'oppression a cessé!

⁵L'Éternel a brisé le bâton des méchants, La verge des dominateurs.

⁶Celui qui dans sa fureur frappait les peuples, Par des coups sans relâche, Celui qui dans sa colère subjuguait les nations, Est poursuivi sans ménagement.

⁷Toute la terre jouit du repos et de la paix; On éclate en chants d'allégresse,

⁸Les cyprès même, les cèdres du Liban, se réjouissent de ta chute: Depuis que tu es tombé, personne ne monte pour nous abattre.

⁹Le séjour des morts s'émeut jusque dans ses profondeurs, Pour t'accueillir à ton arrivée; Il réveille devant toi les ombres, tous les grands de la terre, Il fait lever de leurs trônes tous les rois des nations.

¹⁰Tous prennent la parole pour te dire: Toi aussi, tu es sans force comme nous, Tu es devenu semblable à nous!

¹¹Ta magnificence est descendue dans le séjour des morts, Avec le son de tes luths; Sous toi est une couche de vers, Et les vers sont ta couverture.

¹²Te voilà tombé du ciel, Astre brillant, fils de l'aurore! Tu es abattu à terre, Toi, le vainqueur des nations!

¹³Tu disais en ton coeur: Je monterai au ciel, J'élèverai mon trône au-dessus des étoiles de Dieu; Je m'assiérai sur la montagne de l'assemblée, A l'extrémité du septentrion;

¹⁴Je monterai sur le sommet des nues, Je serai semblable au Très Haut.

¹⁵Mais tu as été précipité dans le séjour des morts, Dans les profondeurs de la fosse.

¹⁶Ceux qui te voient fixent sur toi leurs regards, Ils te considèrent attentivement: Est-ce là cet homme qui faisait trembler la terre, Qui ébranlait les royaumes,

¹⁷Qui réduisait le monde en désert, Qui ravageait les villes, Et ne relâchait point ses prisonniers?

¹⁸Tous les rois des nations, oui, tous, Reposent avec honneur, chacun dans son tombeau.

¹⁹Mais toi, tu as été jeté loin de ton sépulcre, Comme un rameau qu'on dédaigne, Comme une dépouille de gens tués à coups d'épée, Et précipités sur les pierres d'une fosse, Comme un cadavre foulé aux pieds.

²⁰Tu n'es pas réuni à eux dans le sépulcre, Car tu as détruit ton pays, tu as fait périr ton peuple: On ne parlera plus jamais de la race des méchants.

²¹Préparez le massacre des fils, A cause de l'iniquité de leurs pères! Qu'ils ne se relèvent pas pour conquérir la terre, Et remplir le monde d'ennemis! -

²²Je me lèverai contre eux, Dit l'Éternel des armées; J'anéantirai le nom et la trace de Babylone, Ses descendants et sa postérité, dit

l'Éternel.

²³J'en ferai le gîte du hérisson et un marécage, Et je la balaierai avec le balai de la destruction, Dit l'Éternel des armées.

²⁴L'Éternel des armées l'a juré, en disant: Oui, ce que j'ai décidé arrivera, Ce que j'ai résolu s'accomplira.

²⁵Je briserai l'Assyrien dans mon pays, Je le foulerai aux pieds sur mes montagnes; Et son joug leur sera ôté, Et son fardeau sera ôté de leurs épaules.

²⁶Voilà la résolution prise contre toute la terre, Voilà la main étendue sur toutes les nations.

²⁷L'Éternel des armées a pris cette résolution: qui s'y opposera? Sa main est étendue: qui la détournera?

²⁸L'année de la mort du roi Achaz, cet oracle fut prononcé:

²⁹Ne te réjouis pas, pays des Philistins, De ce que la verge qui te frappait est brisée! Car de la racine du serpent sortira un basilic, Et son fruit sera un dragon volant.

³⁰Alors les plus pauvres pourront paître, Et les malheureux reposer en sécurité; Mais je ferai mourir ta racine par la faim, Et ce qui restera de toi sera tué.

³¹Porte, gémis! ville, lamente-toi! Tremble, pays tout entier des Philistins! Car du nord vient une fumée, Et les rangs de l'ennemi sont serrés. -

³²Et que répondra-t-on aux envoyés du peuple? -Que l'Éternel a fondé Sion, Et que les malheureux de son peuple y trouvent un refuge.

Chapitre 15

¹Oracle sur Moab. La nuit même où elle est ravagée, Ar Moab est détruite! La nuit même où elle est ravagée, Kir Moab est détruite!...

²On monte au temple et à Dibon, Sur les hauts lieux, pour pleurer; Moab est en lamentations, sur Nebo et sur Médeba: Toutes les têtes sont rasées, Toutes les barbes sont coupées.

³Dans les rues, ils sont couverts de sacs; Sur les toits et dans les places, Tout gémit et fond en larmes.

⁴Hesbon et Élealé poussent des cris, On entend leur voix jusqu'à Jahats; Même les guerriers de Moab se lamentent, Ils ont l'effroi dans l'âme.

⁵Mon coeur gémit sur Moab, Dont les fugitifs se sauvent jusqu'à Tsoar, Jusqu'à Églath Schelischija; Car ils font, en pleurant, la montée de Luchith, Et ils jettent des cris de détresse sur le chemin de Choronaïm.

⁶Car les eaux de Nimrim sont ravagées, L'herbe est desséchée, le gazon est détruit, La verdure a disparu.

⁷C'est pourquoi ils ramassent ce qui leur reste, Et ils transportent leurs biens au delà du torrent des saules.

⁸Car les cris environnent les frontières de Moab; Ses lamentations retentissent jusqu'à Églaïm, Ses lamentations retentissent jusqu'à Beer Élim.

⁹Les eaux de Dimon sont pleines de sang, Et j'enverrai sur Dimon de nouveaux malheurs, Un lion contre les réchappés de Moab, Contre le reste du pays.

Chapitre 16

¹Envoyez les agneaux au souverain du pays, Envoyez-les de Séla, par le désert, A la montagne de la fille de Sion.

²Tel un oiseau fugitif, telle une nichée effarouchée, Telles seront les filles de Moab, au passage de l'Arnon. -

³Donne conseil, fais justice, Couvre-nous en plein midi de ton ombre comme de la nuit, Cache ceux que l'on poursuit, Ne trahis pas le fugitif!

⁴Laisse séjourner chez toi les exilés de Moab, Sois pour eux un refuge contre le dévastateur! Car l'oppression cessera, la dévastation finira, Celui qui foule le pays disparaîtra.

⁵Et le trône s'affermira par la clémence; Et l'on y verra siéger fidèlement, dans la maison de David, Un juge ami du droit et zélé pour la justice. -

⁶Nous entendons l'orgueil du superbe Moab, Sa fierté et sa hauteur, son arrogance et ses vains discours.

⁷C'est pourquoi Moab gémit sur Moab, tout gémit; Vous soupirez sur les ruines de Kir Haréseth, Profondément abattus.

⁸Car les campagnes de Hesbon languissent; Les maîtres des nations ont brisé les ceps de la vigne de Sibma, Qui s'étendaient jusqu'à Jaezer, qui erraient dans le désert: Les rameaux se prolongeaient, et allaient au delà de la mer.

⁹Aussi je pleure sur la vigne de Sibma, comme sur Jaezer; Je vous arrose de mes larmes, Hesbon, Élealé! Car sur votre récolte et sur votre moisson Est venu fondre un cri de guerre.

¹⁰La joie et l'allégresse ont disparu des campagnes; Dans les vignes, plus de chants, plus de réjouissances! Le vendangeur ne foule plus le vin dans les cuves; J'ai fait cesser les cris de joie.

¹¹Aussi mes entrailles frémissent sur Moab, comme une harpe, Et mon coeur sur Kir Harès.

¹²On voit Moab, qui se fatigue sur les hauts lieux; Il entre dans son sanctuaire pour prier, et il ne peut rien obtenir.

¹³Telle est la parole que l'Éternel a prononcée dès longtemps sur Moab.

¹⁴Et maintenant l'Éternel parle, et dit: Dans trois ans, comme les années d'un mercenaire, La gloire de Moab sera l'objet du mépris, Avec toute cette grande multitude; Et ce qui restera sera peu de chose, presque rien.

Chapitre 17

¹Oracle sur Damas. Voici, Damas ne sera plus une ville, Elle ne sera qu'un monceau de ruines.

²Les villes d'Aroër sont abandonnées, Elles sont livrées aux troupeaux; Ils s'y couchent, et personne ne les effraie.

³C'en est fait de la forteresse d'Éphraïm, Et du royaume de Damas, et du reste de la Syrie: Il en sera comme de la gloire des enfants d'Israël, Dit l'Éternel des armées.

⁴En ce jour, la gloire de Jacob sera affaiblie, Et la graisse de sa chair s'évanouira.

⁵Il en sera comme quand le moissonneur récolte les blés, Et que son bras coupe les épis; Comme quand on ramasse les épis, Dans la vallée de Rephaïm.

⁶Il en restera un grappillage, comme quand on secoue l'olivier, Deux, trois olives, au haut de la cime, Quatre, cinq, dans ses branches à fruits, Dit l'Éternel, le Dieu d'Israël.

⁷En ce jour, l'homme regardera vers son créateur, Et ses yeux se tourneront vers le Saint d'Israël;

⁸Il ne regardera plus vers les autels, Ouvrage de ses mains, Et il ne contemplera plus ce que ses doigts ont fabriqué, Les idoles d'Astarté et les statues du soleil.

⁹En ce jour, ses villes fortes seront Comme des débris dans la forêt et sur la cime des montagnes, Abandonnés devant les enfants d'Israël: Et ce sera un désert.

¹⁰Car tu as oublié le Dieu de ton salut, Tu ne t'es pas souvenu du rocher de ton refuge. Aussi tu as fait des plantations d'agrément, Tu as planté des ceps étrangers;

¹¹Lorsque tu les plantas, tu les entouras d'une haie, Et bientôt tu les fis venir en fleurs. Mais la récolte a fui, au moment de la jouissance: Et la douleur est sans remède.

¹²Oh! quelle rumeur de peuples nombreux! Ils mugissent comme mugit la mer. Quel tumulte de nations! Elles grondent comme grondent les eaux puissantes.

¹³Les nations grondent comme grondent les grandes eaux... Il les menace, et elles fuient au loin, Chassées comme la balle des montagnes au souffle du vent, Comme la poussière par un tourbillon.

¹⁴Quand vient le soir, voici, c'est une ruine soudaine; Avant le matin, ils ne sont plus! Voilà le partage de ceux qui nous dépouillent, Le sort de ceux qui nous pillent.

Chapitre 18

¹Terre, où retentit le cliquetis des armes, Au delà des fleuves de l'Éthiopie!

²Toi qui envoies sur mer des messagers, Dans des navires de jonc voguant à la surface des eaux! Allez, messagers rapides, vers la nation forte et vigoureuse, Vers ce peuple redoutable depuis qu'il existe, Nation puissante et qui écrase tout, Et dont le pays est coupé par des fleuves.

³Vous tous, habitants du monde, habitants de la terre, Voyez la bannière qui se dresse sur les montagnes, Écoutez la trompette qui sonne!

⁴Car ainsi m'a parlé l'Éternel: Je regarde tranquillement de ma demeure, Par la chaleur brillante de la lumière, Et par la vapeur de la rosée, au temps de la chaude moisson.

⁵Mais avant la moisson, quand la pousse est achevée, Quand la fleur devient un raisin qui mûrit, Il coupe les sarments avec des serpes, Il enlève, il tranche les ceps...

⁶Ils seront tous abandonnés aux oiseaux de proie des montagnes Et aux bêtes de la terre; Les oiseaux de proie passeront l'été sur leurs cadavres, Et les bêtes de la terre y passeront l'hiver.

⁷En ce temps-là, des offrandes seront apportées à l'Éternel des armées, Par le peuple fort et vigoureux, Par le peuple redoutable depuis qu'il existe, Nation puissante et qui écrase tout, Et dont le pays est coupé par des fleuves; Elles seront apportées là où réside le nom de l'Éternel des armées, Sur la montagne de Sion.

Chapitre 19

¹Oracle sur l'Égypte. Voici, l'Éternel est monté sur une nuée rapide, il vient en Égypte; Et les idoles de l'Égypte tremblent devant lui, Et le coeur des Égyptiens tombe en défaillance.

²J'armerai l'Égyptien contre l'Égyptien, Et l'on se battra frère contre frère, ami contre ami, Ville contre ville, royaume contre royaume.

³L'esprit de l'Égypte disparaîtra du milieu d'elle, Et j'anéantirai son conseil; On consultera les idoles et les enchanteurs, Ceux qui évoquent les morts et ceux qui prédisent l'avenir.

⁴Et je livrerai l'Égypte entre les mains d'un maître sévère; Un roi cruel dominera sur eux, Dit le Seigneur, l'Éternel des armées.

⁵Les eaux de la mer tariront, Le fleuve deviendra sec et aride;

⁶Les rivières seront infectes, Les canaux de l'Égypte seront bas et desséchés, Les joncs et les roseaux se flétriront.

⁷Ce ne sera que nudité le long du fleuve, à l'embouchure du fleuve; Tout ce qui aura été semé près du fleuve se desséchera, Se réduira en poussière et périra.

⁸Les pêcheurs gémiront, Tous ceux qui jettent l'hameçon dans le fleuve se lamenteront, Et ceux qui étendent des filets sur les eaux seront désolés.

⁹Ceux qui travaillent le lin peigné Et qui tissent des étoffes blanches seront confus.

¹⁰Les soutiens du pays seront dans l'abattement, Tous les mercenaires auront l'âme attristée.

¹¹Les princes de Tsoan ne sont que des insensés, Les sages conseillers de Pharaon forment un conseil stupide. Comment osez-vous dire à Pharaon: Je suis fils des sages, fils des anciens rois?

¹²Où sont-ils donc tes sages? Qu'ils te fassent des révélations, Et qu'on apprenne ce que l'Éternel des armées a résolu contre l'Égypte.

¹³Les princes de Tsoan sont fous, Les princes de Noph sont dans l'illusion, Les chefs des tribus égarent l'Égypte;

¹⁴L'Éternel a répandu au milieu d'elle un esprit de vertige, Pour qu'ils fassent chanceler les Égyptiens dans tous leurs actes, Comme un homme ivre chancelle en vomissant.

¹⁵Et l'Égypte sera hors d'état de faire Ce que font la tête et la queue, La branche de palmier et le roseau.

¹⁶En ce jour, l'Égypte sera comme des femmes: Elle tremblera et aura peur, En voyant s'agiter la main de l'Éternel des armées, Quand il la lèvera contre elle.

¹⁷Et le pays de Juda sera pour l'Égypte un objet d'effroi: Dès qu'on lui en parlera, elle sera dans l'épouvante, A cause de la résolution prise contre elle par l'Éternel des armées.

¹⁸En ce temps-là, il y aura cinq villes au pays d'Égypte, Qui parleront la langue de Canaan, Et qui jureront par l'Éternel des armées: L'une d'elles sera appelée ville de la destruction.

¹⁹En ce même temps, il y aura un autel à l'Éternel Au milieu du pays d'Égypte, Et sur la frontière un monument à l'Éternel.

²⁰Ce sera pour l'Éternel des armées un signe et un témoignage Dans le pays d'Égypte; Ils crieront à l'Éternel à cause des oppresseurs, Et il leur enverra un sauveur et un défenseur pour les délivrer.

²¹Et l'Éternel sera connu des Égyptiens, Et les Égyptiens connaîtront l'Éternel en ce jour-là; Ils feront des sacrifices et des offrandes, Ils feront des voeux à l'Éternel et les accompliront.

²²Ainsi l'Éternel frappera les Égyptiens, Il les frappera, mais il les guérira; Et ils se convertiront à l'Éternel, Qui les exaucera et les guérira.

²³En ce même temps, il y aura une route d'Égypte en Assyrie: Les Assyriens iront en Égypte, et les Égyptiens en Assyrie, Et les Égyptiens avec les Assyriens serviront l'Éternel.

²⁴En ce même temps, Israël sera, lui troisième, Uni à l'Égypte et à l'Assyrie, Et ces pays seront l'objet d'une bénédiction.

²⁵L'Éternel des armées les bénira, en disant: Bénis soient l'Égypte, mon peuple, Et l'Assyrie, oeuvre de mes mains, Et Israël, mon héritage!

Chapitre 20

¹L'année où Tharthan, envoyé par Sargon, roi d'Assyrie, vint assiéger Asdod et s'en empara,

²en ce temps-là l'Éternel adressa la parole à Ésaïe, fils d'Amots, et lui dit: Va, détache le sac de tes reins et ôte tes souliers de tes pieds. Il fit ainsi, marcha nu et déchaussé.

³Et l'Éternel dit: De même que mon serviteur Ésaïe marche nu et déchaussé, ce qui sera dans trois ans un signe et un présage pour l'Égypte et pour l'Éthiopie,

⁴de même le roi d'Assyrie emmènera de l'Égypte et de l'Éthiopie captifs et exilés les jeunes hommes et les vieillards, nus et déchaussés, et le dos découvert, à la honte de l'Égypte.

⁵Alors on sera dans l'effroi et dans la confusion, à cause de l'Éthiopie en qui l'on avait mis sa confiance, et de l'Égypte dont on se glorifiait.

⁶Et les habitants de cette côte diront en ce jour: Voilà ce qu'est devenu l'objet de notre attente, sur lequel nous avions compté pour être secourus, pour être délivrés du roi d'Assyrie! Comment échapperons-nous?

Chapitre 21

¹Oracle sur le désert de la mer. Comme s'avance l'ouragan du midi, Il vient du désert, du pays redoutable.

²Une vision terrible m'a été révélée. L'oppresseur opprime, le dévastateur dévaste. -Monte, Élam! Assiège, Médie! Je fais cesser tous les soupirs. -

³C'est pourquoi mes reins sont remplis d'angoisses; Des douleurs me saisissent, Comme les douleurs d'une femme en travail; Les spasmes m'empêchent d'entendre, Le tremblement m'empêche de voir.

⁴Mon coeur est troublé, La terreur s'empare de moi; La nuit de mes plaisirs devient une nuit d'épouvante.

⁵On dresse la table, la garde veille, on mange, on boit... Debout, princes! oignez le bouclier!

⁶Car ainsi m'a parlé le Seigneur: Va, place la sentinelle; Qu'elle annonce ce qu'elle verra. -

⁷Elle vit de la cavalerie, des cavaliers deux à deux, Des cavaliers sur des ânes, des cavaliers sur des chameaux; Et elle était attentive, très attentive.

⁸Puis elle s'écria, comme un lion: Seigneur, je me tiens sur la tour toute la journée, Et je suis à mon poste toutes les nuits;

⁹Et voici, il vient de la cavalerie, des cavaliers deux à deux! Elle prit encore la parole, et dit: Elle est tombée, elle est tombée, Babylone, Et toutes les images de ses dieux sont brisées par terre! -

¹⁰O mon peuple, qui as été battu comme du grain dans mon aire! Ce que j'ai appris de l'Éternel des armées, Dieu d'Israël, Je vous l'ai annoncé.

¹¹Oracle sur Duma. On me crie de Séir: Sentinelle, que dis-tu de la nuit? Sentinelle, que dis-tu de la nuit?

¹²La sentinelle répond: Le matin vient, et la nuit aussi. Si vous voulez interroger, interrogez; Convertissez-vous, et revenez.

¹³Oracle sur l'Arabie. Vous passerez la nuit dans les broussailles de l'Arabie, Caravanes de Dedan!

¹⁴Portez de l'eau à ceux qui ont soif; Les habitants du pays de Théma Portent du pain aux fugitifs.

¹⁵Car ils fuient devant les épées, Devant l'épée nue, devant l'arc tendu, Devant un combat acharné.

¹⁶Car ainsi m'a parlé le Seigneur: Encore une année, comme les années d'un mercenaire, Et c'en est fait de toute la gloire de Kédar.

¹⁷Il ne restera qu'un petit nombre des vaillants archers, fils de Kédar, Car l'Éternel, le Dieu d'Israël, l'a déclaré.

Chapitre 22

¹Oracle sur la vallée des visions. Qu'as-tu donc, que tout ton peuple monte sur les toits?

²Ville bruyante, pleine de tumulte, Cité joyeuse! Tes morts ne périront pas par l'épée, Ils ne mourront pas en combattant.

³Tous tes chefs fuient ensemble, Ils sont faits prisonniers par les archers; Tous tes habitants deviennent à la fois captifs, Tandis qu'ils prennent au loin la fuite.

⁴C'est pourquoi je dis: Détournez de moi les regards, Laissez-moi pleurer amèrement; N'insistez pas pour me consoler Du désastre de la fille de mon peuple.

⁵Car c'est un jour de trouble, d'écrasement et de confusion, Envoyé par le Seigneur, l'Éternel des armées, Dans la vallée des visions. On démolit les murailles, Et les cris de détresse retentissent vers la montagne.

⁶Élam porte le carquois; Des chars de combattants, des cavaliers, s'avancent; Kir met à nu le bouclier.

⁷Tes plus belles vallées sont remplies de chars, Et les cavaliers se rangent en bataille à tes portes.

⁸Les derniers retranchements de Juda sont forcés, Et en ce jour tu visites les armures de la maison de la forêt.

⁹Vous regardez les brèches nombreuses faites à la ville de David, Et vous retenez les eaux de l'étang inférieur.

¹⁰Vous comptez les maisons de Jérusalem, Et vous les abattez, pour fortifier la muraille.

¹¹Vous faites un réservoir entre les deux murs, Pour les eaux de l'ancien étang. Mais vous ne regardez pas vers celui qui a voulu ces choses, Vous ne voyez pas celui qui les a préparées de loin.

¹²Le Seigneur, l'Éternel des armées, vous appelle en ce jour A

Ésaïe

pleurer et à vous frapper la poitrine, A vous raser la tête et à ceindre le sac.

¹³Et voici de la gaîté et de la joie! On égorge des boeufs et l'on tue des brebis, On mange de la viande et l'on boit du vin: Mangeons et buvons, car demain nous mourrons! -

¹⁴L'Éternel des armées me l'a révélé: Non, ce crime ne vous sera point pardonné que vous ne soyez morts, Dit le Seigneur, l'Éternel des armées.

¹⁵Ainsi parle le Seigneur, l'Éternel des armées: Va vers ce courtisan, Vers Schebna, gouverneur du palais:

¹⁶Qu'y a-t-il à toi ici, et qui as-tu ici, Que tu creuses ici un sépulcre? Il se creuse un sépulcre sur la hauteur, Il se taille une demeure dans le roc!

¹⁷Voici, l'Éternel te lancera d'un jet vigoureux; Il t'enveloppera comme une pelote,

¹⁸Il te fera rouler, rouler comme une balle, Sur une terre spacieuse; Là tu mourras, là seront tes chars magnifiques, O toi, l'opprobre de la maison de ton maître!

¹⁹Je te chasserai de ton poste, L'Éternel t'arrachera de ta place.

²⁰En ce jour-là, J'appellerai mon serviteur Éliakim, fils de Hilkija;

²¹Je le revêtirai de ta tunique, Je le ceindrai de ta ceinture, Et je remettrai ton pouvoir entre ses mains; Il sera un père pour les habitants de Jérusalem Et pour la maison de Juda.

²²Je mettrai sur son épaule la clé de la maison de David: Quand il ouvrira, nul ne fermera; Quand il fermera, nul n'ouvrira.

²³Je l'enfoncerai comme un clou dans un lieu sûr, Et il sera un siège de gloire pour la maison de son père.

²⁴Il sera le soutien de toute la gloire de la maison de son père, Des rejetons nobles et ignobles, De tous les petits ustensiles, Des bassins comme des vases.

²⁵En ce jour, dit l'Éternel des armées, Le clou enfoncé dans un lieu sûr sera enlevé, Il sera abattu et tombera, Et le fardeau qui était sur lui sera détruit, Car l'Éternel a parlé.

Chapitre 23

¹Oracle sur Tyr. Lamentez-vous, navires de Tarsis! Car elle est détruite: plus de maisons! plus d'entrée! C'est du pays de Kittim que la nouvelle leur en est venue.

²Soyez muets d'effroi, habitants de la côte, Que remplissaient les marchands de Sidon, parcourant la mer!

³A travers les vastes eaux, le blé du Nil, La moisson du fleuve, était pour elle un revenu; Elle était le marché des nations.

⁴Sois confuse, Sidon! Car ainsi parle la mer, la forteresse de la mer: Je n'ai point eu de douleurs, je n'ai point enfanté, Je n'ai point nourri de jeunes gens, ni élevé de jeunes filles.

⁵Quand les Égyptiens sauront la nouvelle, Ils trembleront en apprenant la chute de Tyr.

⁶Passez à Tarsis, Lamentez-vous, habitants de la côte!

⁷Est-ce là votre ville joyeuse? Elle avait une origine antique, Et ses pieds la mènent séjourner au loin.

⁸Qui a pris cette résolution contre Tyr, la dispensatrice des couronnes, Elle dont les marchands étaient des princes, Dont les commerçants étaient les plus riches de la terre?

⁹C'est l'Éternel des armées qui a pris cette résolution, Pour blesser l'orgueil de tout ce qui brille, Pour humilier tous les grands de la terre.

¹⁰Parcours librement ton pays, pareille au Nil, Fille de Tarsis! Plus de joug!

¹¹L'Éternel a étendu sa main sur la mer; Il a fait trembler les royaumes; Il a ordonné la destruction des forteresses de Canaan.

¹²Il a dit: Tu ne te livreras plus à la joie, Vierge déshonorée, fille de Sidon! Lève-toi, passe au pays de Kittim! Même là, il n'y aura pas de repos pour toi.

¹³Vois les Chaldéens, qui n'étaient pas un peuple, Ces habitants du désert, pour qui l'Assyrien a fondé un pays; Ils élèvent des tours, ils renversent les palais de Tyr, Ils les mettent en ruines.

¹⁴Lamentez-vous, navires de Tarsis! Car votre forteresse est détruite!

¹⁵En ce temps-là, Tyr tombera dans l'oubli soixante-dix ans, Ce que dure la vie d'un roi. Au bout de soixante-dix ans, il en sera de Tyr Comme de la prostituée dont parle la chanson: -

¹⁶Prends la harpe, parcours la ville, Prostituée qu'on oublie! Joue bien, répète tes chants, Pour qu'on se souvienne de toi! -

¹⁷Au bout de soixante-dix ans, l'Éternel visitera Tyr, Et elle retournera à son salaire impur; Elle se prostituera à tous les royaumes de la terre, Sur la face du monde.

¹⁸Mais son gain et son salaire impur seront consacrés à l'Éternel, Ils ne seront ni entassés ni conservés; Car son gain fournira pour ceux qui habitent devant l'Éternel Une nourriture abondante et des vêtements magnifiques.

Chapitre 24

¹Voici, l'Éternel dévaste le pays et le rend désert, Il en bouleverse la face et en disperse les habitants.

²Et il en est du sacrificateur comme du peuple, Du maître comme du serviteur, De la maîtresse comme de la servante, Du vendeur comme de l'acheteur, Du prêteur comme de l'emprunteur, Du créancier comme du débiteur.

³Le pays est dévasté, livré au pillage; Car l'Éternel l'a décrété.

⁴Le pays est triste, épuisé; Les habitants sont abattus, languissants; Les chefs du peuple sont sans force.

⁵Le pays était profané par ses habitants; Car ils transgressaient les lois, violaient les ordonnances, Ils rompaient l'alliance éternelle.

⁶C'est pourquoi la malédiction dévore le pays, Et ses habitants portent la peine de leurs crimes; C'est pourquoi les habitants du pays sont consumés, Et il n'en reste qu'un petit nombre.

⁷Le moût est triste, la vigne est flétrie; Tous ceux qui avaient le coeur joyeux soupirent.

⁸La joie des tambourins a cessé, la gaîté bruyante a pris fin, La joie de la harpe a cessé.

⁹On ne boit plus de vin en chantant; Les liqueurs fortes sont amères au buveur.

¹⁰La ville déserte est en ruines; Toutes les maisons sont fermées, on n'y entre plus.

¹¹On crie dans les rues, parce que le vin manque; Toute réjouissance a disparu, L'allégresse est bannie du pays.

¹²La dévastation est restée dans la ville, Et les portes abattues sont en ruines.

¹³Car il en est dans le pays, au milieu des peuples, Comme quand on secoue l'olivier, Comme quand on grappille après la vendange.

¹⁴Ils élèvent leur voix, ils poussent des cris d'allégresse; Des bords de la mer, ils célèbrent la majesté de l'Éternel.

¹⁵Glorifiez donc l'Éternel dans les lieux où brille la lumière, Le nom de l'Éternel, Dieu d'Israël, dans les îles de la mer! -

¹⁶De l'extrémité de la terre nous entendons chanter: Gloire au juste! Mais moi je dis: Je suis perdu! je suis perdu! malheur à moi! Les pillards pillent, et les pillards s'acharnent au pillage.

¹⁷La terreur, la fosse, et le filet, Sont sur toi, habitant du pays!

¹⁸Celui qui fuit devant les cris de terreur tombe dans la fosse, Et celui qui remonte de la fosse se prend au filet; Car les écluses d'en haut s'ouvrent, Et les fondements de la terre sont ébranlés.

¹⁹La terre est déchirée, La terre se brise, La terre chancelle.

²⁰La terre chancelle comme un homme ivre, Elle vacille comme une cabane; Son péché pèse sur elle, Elle tombe, et ne se relève plus.

²¹En ce temps-là, l'Éternel châtiera dans le ciel l'armée d'en haut, Et sur la terre les rois de la terre.

²²Ils seront assemblés captifs dans une prison, Ils seront enfermés dans des cachots, Et, après un grand nombre de jours, ils seront châtiés.

²³La lune sera couverte de honte, Et le soleil de confusion; Car l'Éternel des armées régnera Sur la montagne de Sion et à Jérusalem, Resplendissant de gloire en présence de ses anciens.

Chapitre 25

¹O Éternel! tu es mon Dieu; Je t'exalterai, je célébrerai ton nom, Car tu as fait des choses merveilleuses; Tes desseins conçus à l'avance se sont fidèlement accomplis.

²Car tu as réduit la ville en un monceau de pierres, La cité forte en un tas de ruines; La forteresse des barbares est détruite, Jamais elle ne sera rebâtie.

³C'est pourquoi les peuples puissants te glorifient, Les villes des nations puissantes te craignent.

⁴Tu as été un refuge pour le faible, Un refuge pour le malheureux dans la détresse, Un abri contre la tempête, Un ombrage contre la chaleur; Car le souffle des tyrans Est comme l'ouragan qui frappe une muraille.

⁵Comme tu domptes la chaleur dans une terre brûlante, Tu as dompté le tumulte des barbares; Comme la chaleur est étouffée par l'ombre d'un nuage, Ainsi ont été étouffés les chants de triomphe des tyrans.

⁶L'Éternel des armées prépare à tous les peuples, sur cette montagne, Un festin de mets succulents, Un festin de vins vieux, De mets succulents, pleins de moelle, De vins vieux, clarifiés.

⁷Et, sur cette montagne, il anéantit le voile qui voile tous les peuples, La couverture qui couvre toutes les nations;

⁸Il anéantit la mort pour toujours; Le Seigneur, l'Éternel, essuie les

larmes de tous les visages, Il fait disparaître de toute la terre l'opprobre de son peuple; Car l'Éternel a parlé.

⁹En ce jour l'on dira: Voici, c'est notre Dieu, en qui nous avons confiance, Et c'est lui qui nous sauve; C'est l'Éternel, en qui nous avons confiance; Soyons dans l'allégresse, et réjouissons-nous de son salut!

¹⁰Car la main de l'Éternel repose sur cette montagne; Et Moab est foulé sur place, Comme la paille est foulée dans une mare à fumier.

¹¹Au milieu de cette mare, il étend ses mains, Comme le nageur les étend pour nager; Mais l'Éternel abat son orgueil, Et déjoue l'artifice de ses mains.

¹²Il renverse, il précipite les fortifications élevées de tes murs, Il les fait crouler à terre, jusque dans la poussière.

Chapitre 26

¹En ce jour, on chantera ce cantique dans le pays de Juda: Nous avons une ville forte; Il nous donne le salut pour murailles et pour rempart.

²Ouvrez les portes, Laissez entrer la nation juste et fidèle.

³A celui qui est ferme dans ses sentiments Tu assures la paix, la paix, Parce qu'il se confie en toi.

⁴Confiez-vous en l'Éternel à perpétuité, Car l'Éternel, l'Éternel est le rocher des siècles.

⁵Il a renversé ceux qui habitaient les hauteurs, Il a abaissé la ville superbe; Il l'a abaissée jusqu'à terre, Il lui a fait toucher la poussière.

⁶Elle est foulée aux pieds, Aux pieds des pauvres, sous les pas des misérables.

⁷Le chemin du juste est la droiture; Toi qui es juste, tu aplanis le sentier du juste.

⁸Aussi nous t'attendons, ô Éternel! sur la voie de tes jugements; Notre âme soupire après ton nom et après ton souvenir.

⁹Mon âme te désire pendant la nuit, Et mon esprit te cherche au dedans de moi; Car, lorsque tes jugements s'exercent sur la terre, Les habitants du monde apprennent la justice.

¹⁰Si l'on fait grâce au méchant, il n'apprend pas la justice, Il se livre au mal dans le pays de la droiture, Et il n'a point égard à la majesté de Dieu.

¹¹Éternel, ta main est puissante: Ils ne l'aperçoivent pas. Ils verront ton zèle pour le peuple, et ils en seront confus; Le feu consumera tes ennemis.

¹²Éternel, tu nous donnes la paix; Car tout ce que nous faisons, C'est toi qui l'accomplis pour nous.

¹³Éternel, notre Dieu, d'autres maîtres que toi ont dominé sur nous; Mais c'est grâce à toi seul que nous invoquons ton nom.

¹⁴Ceux qui sont morts ne revivront pas, Des ombres ne se relèveront pas; Car tu les as châtiés, tu les as anéantis, Et tu en as détruit tout souvenir.

¹⁵Multiplie le peuple, ô Éternel! Multiplie le peuple, manifeste ta gloire; Recule toutes les limites du pays.

¹⁶Éternel, ils t'ont cherché, quand ils étaient dans la détresse; Ils se sont répandus en prières, quand tu les as châtiés.

¹⁷Comme une femme enceinte, sur le point d'accoucher, Se tord et crie au milieu de ses douleurs, Ainsi avons-nous été, loin de ta face, ô Éternel!

¹⁸Nous avons conçu, nous avons éprouvé des douleurs, Et, quand nous enfantons, ce n'est que du vent: Le pays n'est pas sauvé, Et ses habitants ne sont pas nés.

¹⁹Que tes morts revivent! Que mes cadavres se relèvent! - Réveillez-vous et tressaillez de joie, habitants de la poussière! Car ta rosée est une rosée vivifiante, Et la terre redonnera le jour aux ombres.

²⁰Va, mon peuple, entre dans ta chambre, Et ferme la porte derrière toi; Cache-toi pour quelques instants, Jusqu'à ce que la colère soit passée.

²¹Car voici, l'Éternel sort de sa demeure, Pour punir les crimes des habitants de la terre; Et la terre mettra le sang à nu, Elle ne couvrira plus les meurtres.

Chapitre 27

¹En ce jour, l'Éternel frappera de sa dure, grande et forte épée Le léviathan, serpent fuyard, Le léviathan, serpent tortueux; Et il tuera le monstre qui est dans la mer.

²En ce jour-là, Chantez un cantique sur la vigne.

³Moi l'Éternel, j'en suis le gardien, Je l'arrose à chaque instant; De peur qu'on ne l'attaque, Nuit et jour je la garde.

⁴Il n'y a point en moi de colère; Mais si je trouve à combattre des ronces et des épines, Je marcherai contre elles, je les consumerai toutes ensemble.

⁵A moins qu'on ne me prenne pour refuge, Qu'on ne fasse la paix avec moi, qu'on ne fasse la paix avec moi.

⁶Dans les temps à venir, Jacob prendra racine, Israël poussera des fleurs et des rejetons, Et il remplira le monde de ses fruits.

⁷L'Éternel l'a-t-il frappé comme il a frappé ceux qui le frappaient? L'a-t-il tué comme il a tué ceux qui le tuaient?

⁸C'est avec mesure que tu l'as châtié par l'exil, En l'emportant par le souffle impétueux du vent d'orient.

⁹Ainsi le crime de Jacob a été expié, Et voici le fruit du pardon de son péché: L'Éternel a rendu toutes les pierres des autels Pareilles à des pierres de chaux réduites en poussière; Les idoles d'Astarté et les statues du soleil ne se relèveront plus.

¹⁰Car la ville forte est solitaire, C'est une demeure délaissée et abandonnée comme le désert; Là pâture le veau, il s'y couche, et broute les branches.

¹¹Quand les rameaux sèchent, on les brise; Des femmes viennent, pour les brûler. C'était un peuple sans intelligence: Aussi celui qui l'a fait n'a point eu pitié de lui, Celui qui l'a formé ne lui a point fait grâce.

¹²En ce temps-là, L'Éternel secouera des fruits, Depuis le cours du fleuve jusqu'au torrent d'Égypte; Et vous serez ramassés un à un, enfants d'Israël!

¹³En ce jour, on sonnera de la grande trompette, Et alors reviendront ceux qui étaient exilés au pays d'Assyrie Ou fugitifs au pays d'Égypte; Et ils se prosterneront devant l'Éternel, Sur la montagne sainte, à Jérusalem.

Chapitre 28

¹Malheur à la couronne superbe des ivrognes d'Éphraïm, A la fleur fanée, qui fait l'éclat de sa parure, Sur la cime de la fertile vallée de ceux qui s'enivrent!

²Voici venir, de la part du Seigneur, un homme fort et puissant, Comme un orage de grêle, un ouragan destructeur, Comme une tempête qui précipite des torrents d'eaux: Il fait tomber en terre avec violence.

³Elle sera foulée aux pieds, La couronne superbe des ivrognes d'Éphraïm;

⁴Et la fleur fanée, qui fait l'éclat de sa parure, Sur la cime de la fertile vallée, Sera comme une figue hâtive qu'on aperçoit avant la récolte, Et qui, à peine dans la main, est aussitôt avalée.

⁵En ce jour, l'Éternel des armées sera Une couronne éclatante et une parure magnifique Pour le reste de son peuple,

⁶Un esprit de justice pour celui qui est assis au siège de la justice, Et une force pour ceux qui repoussent l'ennemi jusqu'à ses portes.

⁷Mais eux aussi, ils chancellent dans le vin, Et les boissons fortes leur donnent des vertiges; Sacrificateurs et prophètes chancellent dans les boissons fortes, Ils sont absorbés par le vin, Ils ont des vertiges à cause des boissons fortes; Ils chancellent en prophétisant, Ils vacillent en rendant la justice.

⁸Toutes les tables sont pleines de vomissements, d'ordures; Il n'y a plus de place. -

⁹A qui veut-on enseigner la sagesse? A qui veut-on donner des leçons? Est-ce à des enfants qui viennent d'être sevrés, Qui viennent de quitter la mamelle?

¹⁰Car c'est précepte sur précepte, précepte sur précepte, Règle sur règle, règle sur règle, Un peu ici, un peu là. -

¹¹Hé bien! c'est par des hommes aux lèvres balbutiantes Et au langage barbare Que l'Éternel parlera à ce peuple.

¹²Il lui disait: Voici le repos, Laissez reposer celui qui est fatigué; Voici le lieu du repos! Mais ils n'ont point voulu écouter.

¹³Et pour eux la parole de l'Éternel sera Précepte sur précepte, précepte sur précepte, Règle sur règle, règle sur règle, Un peu ici, un peu là, Afin qu'en marchant ils tombent à la renverse et se brisent, Afin qu'ils soient enlacés et pris.

¹⁴Écoutez donc la parole de l'Éternel, moqueurs, Vous qui dominez sur ce peuple de Jérusalem!

¹⁵Vous dites: Nous avons fait une alliance avec la mort, Nous avons fait un pacte avec le séjour des morts; Quand le fléau débordé passera, il ne nous atteindra pas, Car nous avons la fausseté pour refuge et le mensonge pour abri.

¹⁶C'est pourquoi ainsi parle le Seigneur, l'Éternel: Voici, j'ai mis pour fondement en Sion une pierre, Une pierre éprouvée, une pierre angulaire de prix, solidement posée; Celui qui la prendra pour appui n'aura point hâte de fuir.

¹⁷Je ferai de la droiture une règle, Et de la justice un niveau; Et la grêle emportera le refuge de la fausseté, Et les eaux inonderont l'abri du mensonge.

¹⁸Votre alliance avec la mort sera détruite, Votre pacte avec le séjour des morts ne subsistera pas; Quand le fléau débordé passera, Vous serez par lui foulés aux pieds.

¹⁹Chaque fois qu'il passera, il vous saisira; Car il passera tous les matins, le jour et la nuit, Et son bruit seul donnera l'épouvante.

²⁰Le lit sera trop court pour s'y étendre, Et la couverture trop étroite pour s'en envelopper.

²¹Car l'Éternel se lèvera comme à la montagne de Peratsim, Il s'irritera comme dans la vallée de Gabaon, Pour faire son oeuvre, son oeuvre étrange, Pour exécuter son travail, son travail inouï.

²²Maintenant, ne vous livrez point à la moquerie, De peur que vos liens ne soient resserrés; Car la destruction de tout le pays est résolue; Je l'ai appris du Seigneur, de l'Éternel des armées.

²³Prêtez l'oreille, et écoutez ma voix! Soyez attentifs, et écoutez ma parole!

²⁴Celui qui laboure pour semer laboure-t-il toujours? Ouvre-t-il et brise-t-il toujours son terrain?

²⁵N'est-ce pas après en avoir aplani la surface Qu'il répand de la nielle et sème du cumin; Qu'il met le froment par rangées, L'orge à une place marquée, Et l'épeautre sur les bords?

²⁶Son Dieu lui a enseigné la marche à suivre, Il lui a donné ses instructions.

²⁷On ne foule pas la nielle avec le traîneau, Et la roue du chariot ne passe pas sur le cumin; Mais on bat la nielle avec le bâton, Et le cumin avec la verge.

²⁸On bat le blé, Mais on ne le bat pas toujours; On y pousse la roue du chariot et les chevaux, Mais on ne l'écrase pas.

²⁹Cela aussi vient de l'Éternel des armées; Admirable est son conseil, et grande est sa sagesse.

Chapitre 29

¹Malheur à Ariel, à Ariel, Cité dont David fit sa demeure! Ajoutez année à année, Laissez les fêtes accomplir leur cycle.

²Puis j'assiégerai Ariel; Il y aura des plaintes et des gémissements; Et la ville sera pour moi comme un Ariel.

³Je t'investirai de toutes parts, Je te cernerai par des postes armés, J'élèverai contre toi des retranchements.

⁴Tu seras abaissée, ta parole viendra de terre, Et les sons en seront étouffés par la poussière; Ta voix sortira de terre comme celle d'un spectre, Et c'est de la poussière que tu murmureras tes discours.

⁵La multitude de tes ennemis sera comme une fine poussière, Cette multitude de guerriers sera comme la balle qui vole, Et cela tout à coup, en un instant.

⁶C'est de l'Éternel des armées que viendra le châtiment, Avec des tonnerres, des tremblements de terre et un bruit formidable, Avec l'ouragan et la tempête, Et avec la flamme d'un feu dévorant.

⁷Et, comme il en est d'un songe, d'une vision nocturne, Ainsi en sera-t-il de la multitude des nations qui combattront Ariel, De tous ceux qui l'attaqueront, elle et sa forteresse, Et qui la serreront de près.

⁸Comme celui qui a faim rêve qu'il mange, Puis s'éveille, l'estomac vide, Et comme celui qui a soif rêve qu'il boit, Puis s'éveille, épuisé et languissant; Ainsi en sera-t-il de la multitude des nations Qui viendront attaquer la montagne de Sion.

⁹Soyez stupéfaits et étonnés! Fermez les yeux et devenez aveugles! Ils sont ivres, mais ce n'est pas de vin; Ils chancellent, mais ce n'est pas l'effet des liqueurs fortes.

¹⁰Car l'Éternel a répandu sur vous un esprit d'assoupissement; Il a fermé vos yeux (les prophètes), Il a voilé vos têtes (les voyants).

¹¹Toute la révélation est pour vous comme les mots d'un livre cacheté Que l'on donne à un homme qui sait lire, en disant: Lis donc cela! Et qui répond: Je ne le puis, Car il est cacheté;

¹²Ou comme un livre que l'on donne A un homme qui ne sait pas lire, en disant: Lis donc cela! Et qui répond: Je ne sais pas lire.

¹³Le Seigneur dit: Quand ce peuple s'approche de moi, Il m'honore de la bouche et des lèvres; Mais son coeur est éloigné de moi, Et la crainte qu'il a de moi N'est qu'un précepte de tradition humaine.

¹⁴C'est pourquoi je frapperai encore ce peuple Par des prodiges et des miracles; Et la sagesse de ses sages périra, Et l'intelligence de ses hommes intelligents disparaîtra.

¹⁵Malheur à ceux qui cachent leurs desseins Pour les dérober à l'Éternel, Qui font leurs oeuvres dans les ténèbres, Et qui disent: Qui nous voit et qui nous connaît?

¹⁶Quelle perversité est la vôtre! Le potier doit-il être considéré comme de l'argile, Pour que l'ouvrage dise de l'ouvrier: Il ne m'a point fait? Pour que le vase dise du potier: Il n'a point d'intelligence?

¹⁷Encore un peu de temps, Et le Liban se changera en verger, Et le verger sera considéré comme une forêt.

¹⁸En ce jour-là, les sourds entendront les paroles du livre; Et, délivrés de l'obscurité et des ténèbres, Les yeux des aveugles verront.

¹⁹Les malheureux se réjouiront de plus en plus en l'Éternel, Et les pauvres feront du Saint d'Israël le sujet de leur allégresse.

²⁰Car le violent ne sera plus, le moqueur aura fini, Et tous ceux qui veillaient pour l'iniquité seront exterminés,

²¹Ceux qui condamnaient les autres en justice, Tendaient des pièges à qui défendait sa cause à la porte, Et violaient par la fraude les droits de l'innocent.

²²C'est pourquoi ainsi parle l'Éternel à la maison de Jacob, Lui qui a racheté Abraham: Maintenant Jacob ne rougira plus, Maintenant son visage ne pâlira plus.

²³Car, lorsque ses enfants verront au milieu d'eux l'oeuvre de mes mains, Ils sanctifieront mon nom; Ils sanctifieront le Saint de Jacob, Et ils craindront le Dieu d'Israël;

²⁴Ceux dont l'esprit s'égarait acquerront de l'intelligence, Et ceux qui murmuraient recevront instruction.

Chapitre 30

¹Malheur, dit l'Éternel, aux enfants rebelles, Qui prennent des résolutions sans moi, Et qui font des alliances sans ma volonté, Pour accumuler péché sur péché!

²Qui descendent en Égypte sans me consulter, Pour se réfugier sous la protection de Pharaon, Et chercher un abri sous l'ombre de l'Égypte!

³La protection de Pharaon sera pour vous une honte, Et l'abri sous l'ombre de l'Égypte une ignominie.

⁴Déjà ses princes sont à Tsoan, Et ses envoyés ont atteint Hanès.

⁵Tous seront confus au sujet d'un peuple qui ne leur sera point utile, Ni pour les secourir, ni pour les aider, Mais qui fera leur honte et leur opprobre.

⁶Sentence des bêtes du midi: A travers une contrée de détresse et d'angoisse, D'où viennent la lionne et le lion, La vipère et le dragon volant, Ils portent à dos d'ânes leurs richesses, Et sur la bosse des chameaux leurs trésors, A un peuple qui ne leur sera point utile.

⁷Car le secours de l'Égypte n'est que vanité et néant; C'est pourquoi j'appelle cela du bruit qui n'aboutit à rien.

⁸Va maintenant, écris ces choses devant eux sur une table, Et grave-les dans un livre, Afin qu'elles subsistent dans les temps à venir, Éternellement et à perpétuité.

⁹Car c'est un peuple rebelle, Ce sont des enfants menteurs, Des enfants qui ne veulent point écouter la loi de l'Éternel,

¹⁰Qui disent aux voyants: Ne voyez pas! Et aux prophètes: Ne nous prophétisez pas des vérités, Dites-nous des choses flatteuses, Prophétisez des chimères!

¹¹Détournez-vous du chemin, Écartez-vous du sentier, Éloignez de notre présence le Saint d'Israël!

¹²C'est pourquoi ainsi parle le Saint d'Israël: Puisque vous rejetez cette parole, Que vous vous confiez dans la violence et dans les détours Et que vous les prenez pour appuis,

¹³Ce crime sera pour vous Comme une partie crevassée qui menace ruine Et fait saillie dans un mur élevé, Dont l'écroulement arrive tout à coup, en un instant:

¹⁴Il se brise comme se brise un vase de terre, Que l'on casse sans ménagement, Et dont les débris ne laissent pas un morceau Pour prendre du feu au foyer, Ou pour puiser de l'eau à la citerne.

¹⁵Car ainsi a parlé le Seigneur, l'Éternel, le Saint d'Israël: C'est dans la tranquillité et le repos que sera votre salut, C'est dans le calme et la confiance que sera votre force. Mais vous ne l'avez pas voulu!

¹⁶Vous avez dit: Non! nous prendrons la course à cheval! -C'est pourquoi vous fuirez à la course. -Nous monterons des coursiers légers! -C'est pourquoi ceux qui vous poursuivront seront légers.

¹⁷Mille fuiront à la menace d'un seul, Et, à la menace de cinq, vous fuirez, Jusqu'à ce que vous restiez Comme un signal au sommet de la montagne, Comme un étendard sur la colline.

¹⁸Cependant l'Éternel désire vous faire grâce, Et il se lèvera pour vous faire miséricorde; Car l'Éternel est un Dieu juste: Heureux tous ceux qui espèrent en lui!

¹⁹Oui, peuple de Sion, habitant de Jérusalem, Tu ne pleureras plus! Il te fera grâce, quand tu crieras; Dès qu'il aura entendu, il t'exaucera.

²⁰Le Seigneur vous donnera du pain dans l'angoisse, Et de l'eau dans la détresse; Ceux qui t'instruisent ne se cacheront plus, Mais tes yeux verront ceux qui t'instruisent.

²¹Tes oreilles entendront derrière toi la voix qui dira: Voici le chemin, marchez-y! Car vous iriez à droite, ou vous iriez à gauche.

²²Vous tiendrez pour souillés l'argent qui recouvre vos idoles, Et l'or dont elles sont revêtues; Tu en disperseras les débris comme une impureté: Hors d'ici! leur diras-tu.

²³Alors il répandra la pluie sur la semence que tu auras mise en

terre, Et le pain que produira la terre sera savoureux et nourrissant; En ce même temps, tes troupeaux paîtront dans de vastes pâturages.

24Les boeufs et les ânes, qui labourent la terre, Mangeront un fourrage salé, Qu'on aura vanné avec la pelle et le van.

25Sur toute haute montagne et sur toute colline élevée, Il y aura des ruisseaux, des courants d'eau, Au jour du grand carnage, A la chute des tours.

26La lumière de la lune sera comme la lumière du soleil, Et la lumière du soleil sera sept fois plus grande (Comme la lumière de sept jours), Lorsque l'Éternel bandera la blessure de son peuple, Et qu'il guérira la plaie de ses coups.

27Voici, le nom de l'Éternel vient de loin; Sa colère est ardente, c'est un violent incendie; Ses lèvres sont pleines de fureur, Et sa langue est comme un feu dévorant;

28Son souffle est comme un torrent débordé qui atteint jusqu'au cou, Pour cribler les nations avec le crible de la destruction, Et comme un mors trompeur Entre les mâchoires des peuples.

29Vous chanterez comme la nuit où l'on célèbre la fête, Vous aurez le coeur joyeux comme celui qui marche au son de la flûte, Pour aller à la montagne de l'Éternel, vers le rocher d'Israël.

30Et l'Éternel fera retentir sa voix majestueuse, Il montrera son bras prêt à frapper, Dans l'ardeur de sa colère, Au milieu de la flamme d'un feu dévorant, De l'inondation, de la tempête et des pierres de grêle.

31A la voix de l'Éternel, l'Assyrien tremblera; L'Éternel le frappera de sa verge.

32A chaque coup de la verge qui lui est destinée, Et que l'Éternel fera tomber sur lui, On entendra les tambourins et les harpes; L'Éternel combattra contre lui à main levée.

33Depuis longtemps un bûcher est préparé, Il est préparé pour le roi, Il est profond, il est vaste; Son bûcher, c'est du feu et du bois en abondance; Le souffle de l'Éternel l'enflamme, comme un torrent de soufre.

Chapitre 31

1Malheur à ceux qui descendent en Égypte pour avoir du secours, Qui s'appuient sur des chevaux, Et se fient à la multitude des chars et à la force des cavaliers, Mais qui ne regardent pas vers le Saint d'Israël, Et ne recherchent pas l'Éternel!

2Lui aussi, cependant, il est sage, il fait venir le malheur, Et ne retire point ses paroles; Il s'élève contre la maison des méchants, Et contre le secours de ceux qui commettent l'iniquité.

3L'Égyptien est homme et non dieu; Ses chevaux sont chair et non esprit. Quand l'Éternel étendra sa main, Le protecteur chancellera, le protégé tombera, Et tous ensemble ils périront.

4Car ainsi m'a parlé l'Éternel: Comme le lion, comme le lionceau rugit sur sa proie, Et, malgré tous les bergers rassemblés contre lui, Ne se laisse ni effrayer par leur voix, Ni intimider par leur nombre; De même l'Éternel des armées descendra Pour combattre sur la montagne de Sion et sur sa colline.

5Comme des oiseaux déploient les ailes sur leur couvée, Ainsi l'Éternel des armées étendra sa protection sur Jérusalem; Il protégera et délivrera, Il épargnera et sauvera.

6Revenez à celui dont on s'est profondément détourné, Enfants d'Israël!

7En ce jour, chacun rejettera ses idoles d'argent et ses idoles d'or, Que vous vous êtes fabriquées de vos mains criminelles.

8Et l'Assyrien tombera sous un glaive qui n'est pas celui d'un homme, Et un glaive qui n'est pas celui d'un homme le dévorera; Il s'enfuira devant le glaive, Et ses jeunes guerriers seront asservis.

9Son rocher s'enfuira d'épouvante, Et ses chefs trembleront devant la bannière, Dit l'Éternel, qui a son feu dans Sion Et sa fournaise dans Jérusalem.

Chapitre 32

1Alors le roi régnera selon la justice, Et les princes gouverneront avec droiture.

2Chacun sera comme un abri contre le vent, Et un refuge contre la tempête, Comme des courants d'eau dans un lieu desséché, Comme l'ombre d'un grand rocher dans une terre altérée.

3Les yeux de ceux qui voient ne seront plus bouchés, Et les oreilles de ceux qui entendent seront attentives.

4Le coeur des hommes légers sera intelligent pour comprendre, Et la langue de ceux qui balbutient parlera vite et nettement.

5On ne donnera plus à l'insensé le nom de noble, Ni au fourbe celui de magnanime.

6Car l'insensé profère des folies, Et son coeur s'adonne au mal, Pour commettre l'impiété, Et dire des faussetés contre l'Éternel, Pour laisser à vide l'âme de celui qui a faim, Et enlever le breuvage de celui qui a soif.

7Les armes du fourbe sont pernicieuses; Il forme de coupables desseins, Pour perdre les malheureux par des paroles mensongères, Même quand la cause du pauvre est juste.

8Mais celui qui est noble forme de nobles desseins, Et il persévère dans ses nobles desseins.

9Femmes insouciantes, Levez-vous, écoutez ma voix! Filles indolentes, Prêtez l'oreille à ma parole!

10Dans un an et quelques jours, Vous tremblerez, indolentes; Car c'en est fait de la vendange, La récolte n'arrivera pas.

11Soyez dans l'effroi, insouciantes! Tremblez, indolentes! Déshabillez-vous, mettez-vous à nu Et ceignez vos reins!

12On se frappe le sein, Au souvenir de la beauté des champs Et de la fécondité des vignes.

13Sur la terre de mon peuple Croissent les épines et les ronces, Même dans toutes les maisons de plaisance De la cité joyeuse.

14Le palais est abandonné, La ville bruyante est délaissée; La colline et la tour serviront à jamais de cavernes; Les ânes sauvages y joueront, les troupeaux y paîtront,

15Jusqu'à ce que l'esprit soit répandu d'en haut sur nous, Et que le désert se change en verger, Et que le verger soit considéré comme une forêt.

16Alors la droiture habitera dans le désert, Et la justice aura sa demeure dans le verger.

17L'oeuvre de la justice sera la paix, Et le fruit de la justice le repos et la sécurité pour toujours.

18Mon peuple demeurera dans le séjour de la paix, Dans des habitations sûres, Dans des asiles tranquilles.

19Mais la forêt sera précipitée sous la grêle, Et la ville profondément abaissée.

20Heureux vous qui partout semez le long des eaux, Et qui laissez sans entraves le pied du boeuf et de l'âne!

Chapitre 33

1Malheur à toi qui ravages, et qui n'as pas été ravagé! Qui pilles, et qu'on n'a pas encore pillé! Quand tu auras fini de ravager, tu seras ravagé; Quand tu auras achevé de piller, on te pillera.

2Éternel, aie pitié de nous! Nous espérons en toi. Sois notre aide chaque matin, Et notre délivrance au temps de la détresse!

3Quand ta voix retentit, Les peuples fuient; Quand tu te lèves, Les nations se dispersent.

4On moissonne votre butin, Comme moissonne la sauterelle; On se précipite dessus, Comme se précipitent les sauterelles.

5L'Éternel est élevé, Car il habite en haut; Il remplit Sion De droiture et de justice.

6Tes jours seront en sûreté; La sagesse et l'intelligence sont une source de salut; La crainte de l'Éternel, C'est là le trésor de Sion.

7Voici, les héros Poussent des cris au dehors; Les messagers de paix Pleurent amèrement.

8Les routes sont désertes; On ne passe plus dans les chemins. Il a rompu l'alliance, il méprise les villes, Il n'a de respect pour personne.

9Le pays est dans le deuil, dans la tristesse; Le Liban est confus, languissant; Le Saron est comme un désert; Le Basan et le Carmel secouent leur feuillage.

10Maintenant je me lèverai, Dit l'Éternel, Maintenant je serai exalté, Maintenant je serai élevé.

11Vous avez conçu du foin, Vous enfanterez de la paille; Votre souffle, C'est un feu qui vous consumera.

12Les peuples seront Des fournaises de chaux, Des épines coupées Qui brûlent dans le feu.

13Vous qui êtes loin, écoutez ce que j'ai fait! Et vous qui êtes près, sachez quelle est ma puissance!

14Les pécheurs sont effrayés dans Sion, Un tremblement saisit les impies: Qui de nous pourra rester auprès d'un feu dévorant? Qui de nous pourra rester auprès de flammes éternelles? -

15Celui qui marche dans la justice, Et qui parle selon la droiture, Qui méprise un gain acquis par extorsion, Qui secoue les mains pour ne pas accepter un présent, Qui ferme l'oreille pour ne pas entendre des propos sanguinaires, Et qui se bande les yeux pour ne pas voir le mal,

16Celui-là habitera dans des lieux élevés; Des rochers fortifiés seront sa retraite; Du pain lui sera donné, De l'eau lui sera assurée.

17Tes yeux verront le roi dans sa magnificence, Ils contempleront le pays dans toute son étendue.

18Ton coeur se souviendra de la terreur: Où est le secrétaire, où est le trésorier? Où est celui qui inspectait les tours?

19Tu ne verras plus le peuple audacieux, Le peuple au langage obscur qu'on n'entend pas, A la langue barbare qu'on ne comprend pas.

²⁰Regarde Sion, la cité de nos fêtes! Tes yeux verront Jérusalem, séjour tranquille, Tente qui ne sera plus transportée, Dont les pieux ne seront jamais enlevés, Et dont les cordages ne seront point détachés.

²¹C'est là vraiment que l'Éternel est magnifique pour nous: Il nous tient lieu de fleuves, de vastes rivières, Où ne pénètrent point de navires à rames, Et que ne traverse aucun grand vaisseau.

²²Car l'Éternel est notre juge, L'Éternel est notre législateur, L'Éternel est notre roi: C'est lui qui nous sauve.

²³Tes cordages sont relâchés; Ils ne serrent plus le pied du mât et ne tendent plus les voiles. Alors on partage la dépouille d'un immense butin; Les boiteux même prennent part au pillage;

²⁴Aucun habitant ne dit: Je suis malade! Le peuple de Jérusalem reçoit le pardon de ses iniquités.

Chapitre 34

¹Approchez, nations, pour entendre! Peuples, soyez attentifs! Que la terre écoute, elle et ce qui la remplit, Le monde et tout ce qu'il produit!

²Car la colère de l'Éternel va fondre sur toutes les nations, Et sa fureur sur toute leur armée: Il les voue à l'extermination, Il les livre au carnage.

³Leurs morts sont jetés, Leurs cadavres exhalent la puanteur, Et les montagnes se fondent dans leur sang.

⁴Toute l'armée des cieux se dissout; Les cieux sont roulés comme un livre, Et toute leur armée tombe, Comme tombe la feuille de la vigne, Comme tombe celle du figuier.

⁵Mon épée s'est enivrée dans les cieux; Voici, elle va descendre sur Édom, Sur le peuple que j'ai voué à l'extermination, pour le châtier.

⁶L'épée de l'Éternel est pleine de sang, couverte de graisse, Du sang des agneaux et des boucs, De la graisse des reins des béliers; Car il y a des victimes de l'Éternel à Botsra, Et un grand carnage dans le pays d'Édom,

⁷Les buffles tombent avec eux, Et les boeufs avec les taureaux; La terre s'abreuve de sang, Et le sol est imprégné de graisse.

⁸Car c'est un jour de vengeance pour l'Éternel, Une année de représailles pour la cause de Sion.

⁹Les torrents d'Édom seront changés en poix, Et sa poussière en soufre; Et sa terre sera comme de la poix qui brûle.

¹⁰Elle ne s'éteindra ni jour ni nuit, La fumée s'en élèvera éternellement; D'âge en âge elle sera désolée, A tout jamais personne n'y passera.

¹¹Le pélican et le hérisson la posséderont, La chouette et le corbeau l'habiteront. On y étendra le cordeau de la désolation, Et le niveau de la destruction.

¹²Il n'y aura plus de grands pour proclamer un roi, Tous ses princes seront anéantis.

¹³Les épines croîtront dans ses palais, Les ronces et les chardons dans ses forteresses. Ce sera la demeure des chacals, Le repaire des autruches;

¹⁴Les animaux du désert y rencontreront les chiens sauvages, Et les boucs s'y appelleront les uns les autres; Là le spectre de la nuit aura sa demeure, Et trouvera son lieu de repos;

¹⁵Là le serpent fera son nid, déposera ses oeufs, Les couvera, et recueillera ses petits à son ombre; Là se rassembleront tous les vautours.

¹⁶Consultez le livre de l'Éternel, et lisez! Aucun d'eux ne fera défaut, Ni l'un ni l'autre ne manqueront; Car sa bouche l'a ordonné. C'est son esprit qui les rassemblera.

¹⁷Il a jeté pour eux le sort, Et sa main leur a partagé cette terre au cordeau, Ils la posséderont toujours, Ils l'habiteront d'âge en âge.

Chapitre 35

¹Le désert et le pays aride se réjouiront; La solitude s'égaiera, et fleurira comme un narcisse;

²Elle se couvrira de fleurs, et tressaillira de joie, Avec chants d'allégresse et cris de triomphe; La gloire du Liban lui sera donnée, La magnificence du Carmel et de Saron. Ils verront la gloire de l'Éternel, la magnificence de notre Dieu.

³Fortifiez les mains languissantes, Et affermissez les genoux qui chancellent;

⁴Dites à ceux qui ont le coeur troublé: Prenez courage, ne craignez point; Voici votre Dieu, la vengeance viendra, La rétribution de Dieu; Il viendra lui-même, et vous sauvera.

⁵Alors s'ouvriront les yeux des aveugles, S'ouvriront les oreilles des sourds;

⁶Alors le boiteux sautera comme un cerf, Et la langue du muet éclatera de joie. Car des eaux jailliront dans le désert, Et des ruisseaux dans la solitude;

⁷Le mirage se changera en étang Et la terre desséchée en sources d'eaux; Dans le repaire qui servait de gîte aux chacals, Croîtront des roseaux et des joncs.

⁸Il y aura là un chemin frayé, une route, Qu'on appellera la voie sainte; Nul impur n'y passera; elle sera pour eux seuls; Ceux qui la suivront, même les insensés, ne pourront s'égarer.

⁹Sur cette route, point de lion; Nulle bête féroce ne la prendra, Nulle ne s'y rencontrera; Les délivrés y marcheront.

¹⁰Les rachetés de l'Éternel retourneront, Ils iront à Sion avec chants de triomphe, Et une joie éternelle couronnera leur tête; L'allégresse et la joie s'approcheront, La douleur et les gémissements s'enfuiront.

Chapitre 36

¹La quatorzième année du roi Ézéchias, Sanchérib, roi d'Assyrie, monta contre toutes les villes fortes de Juda et s'en empara.

²Et le roi d'Assyrie envoya de Lakis à Jérusalem, vers le roi Ézéchias, Rabschaké avec une puissante armée. Rabschaké s'arrêta à l'aqueduc de l'étang supérieur, sur le chemin du champ du foulon.

³Alors Éliakim, fils de Hilkija, chef de la maison du roi, se rendit auprès de lui, avec Schebna, le secrétaire, et Joach, fils d'Asaph, l'archiviste.

⁴Rabschaké leur dit: Dites à Ézéchias: Ainsi parle le grand roi, le roi d'Assyrie: Quelle est cette confiance, sur laquelle tu t'appuies?

⁵Je te le dis, ce ne sont que des paroles en l'air: il faut pour la guerre de la prudence et de la force. En qui donc as-tu placé ta confiance, pour t'être révolté contre moi?

⁶Voici, tu l'as placée dans l'Égypte, tu as pris pour soutien ce roseau cassé, qui pénètre et perce la main de quiconque s'appuie dessus: tel est Pharaon, roi d'Égypte, pour tous ceux qui se confient en lui.

⁷Peut-être me diras-tu: C'est en l'Éternel, notre Dieu, que nous nous confions. Mais n'est-ce pas lui dont Ézéchias a fait disparaître les hauts lieux et les autels, en disant à Juda et à Jérusalem: Vous vous prosternerez devant cet autel?

⁸Maintenant, fais une convention avec mon maître, le roi d'Assyrie, et je te donnerai deux mille chevaux, si tu peux fournir des cavaliers pour les monter.

⁹Comment repousserais-tu un seul chef d'entre les moindres serviteurs de mon maître? Tu mets ta confiance dans l'Égypte pour les chars et pour les cavaliers.

¹⁰D'ailleurs, est-ce sans la volonté de l'Éternel que je suis monté contre ce pays pour le détruire? L'Éternel m'a dit: Monte contre ce pays, et détruis-le.

¹¹Éliakim, Schebna et Joach dirent à Rabschaké: Parle à tes serviteurs en araméen, car nous le comprenons; et ne nous parle pas en langue judaïque aux oreilles du peuple qui est sur la muraille.

¹²Rabschaké répondit: Est-ce à ton maître et à toi que mon maître m'a envoyé dire ces paroles? N'est-ce pas à ces hommes assis sur la muraille pour manger leurs excréments et pour boire leur urine avec vous?

¹³Puis Rabschaké s'avança et cria de toute sa force en langue judaïque: Écoutez les paroles du grand roi, du roi d'Assyrie!

¹⁴Ainsi parle le roi: Qu'Ézéchias ne vous abuse point, car il ne pourra vous délivrer.

¹⁵Qu'Ézéchias ne vous amène point à vous confier en l'Éternel, en disant: L'Éternel nous délivrera, cette ville ne sera pas livrée entre les mains du roi d'Assyrie.

¹⁶N'écoutez point Ézéchias; car ainsi parle le roi d'Assyrie: Faites la paix avec moi, rendez-vous à moi, et chacun de vous mangera de sa vigne et de son figuier, et chacun boira de l'eau de sa citerne,

¹⁷jusqu'à ce que je vienne, et que je vous emmène dans un pays comme le vôtre, dans un pays de blé et de vin, un pays de pain et de vignes.

¹⁸Qu'Ézéchias ne vous séduise point, en disant: L'Éternel nous délivrera. Les dieux des nations ont-ils délivré chacun son pays de la main du roi d'Assyrie?

¹⁹Où sont les dieux de Hamath et d'Arpad? Où sont les dieux de Sepharvaïm? Ont-ils délivré Samarie de ma main?

²⁰Parmi tous les dieux de ces pays, quels sont ceux qui ont délivré leur pays de ma main, pour que l'Éternel délivre Jérusalem de ma main?

²¹Mais ils se turent, et ne lui répondirent pas un mot; car le roi avait donné cet ordre: Vous ne lui répondrez pas.

²²Et Éliakim, fils de Hilkija, chef de la maison du roi, Schebna, le secrétaire, et Joach, fils d'Asaph, l'archiviste, vinrent auprès d'Ézéchias, les vêtements déchirés, et lui rapportèrent les paroles de Rabschaké.

Chapitre 37

¹Lorsque le roi Ézéchias eut entendu cela, il déchira ses vêtements, se couvrit d'un sac, et alla dans la maison de l'Éternel.

²Il envoya Éliakim, chef de la maison du roi, Schebna, le secrétaire, et les plus anciens des sacrificateurs, couverts de sacs, vers Ésaïe, le prophète, fils d'Amots.

³Et ils lui dirent: Ainsi parle Ézéchias: Ce jour est un jour d'angoisse, de châtiment et d'opprobre; car les enfants sont près de sortir du sein maternel, et il n'y a point de force pour l'enfantement.

⁴Peut-être l'Éternel, ton Dieu, a-t-il entendu les paroles de Rabschaké, que le roi d'Assyrie, son maître, a envoyé pour insulter le Dieu vivant, et peut-être l'Éternel, ton Dieu, exercera-t-il ses châtiments à cause des paroles qu'il a entendues. Fais donc monter une prière pour le reste qui subsiste encore.

⁵Les serviteurs du roi Ézéchias allèrent donc auprès d'Ésaïe.

⁶Et Ésaïe leur dit: Voici ce que vous direz à votre maître: Ainsi parle l'Éternel: Ne t'effraie point des paroles que tu as entendues et par lesquelles m'ont outragé les serviteurs du roi d'Assyrie.

⁷Je vais mettre en lui un esprit tel que, sur une nouvelle qu'il recevra, il retournera dans son pays; et je le ferai tomber par l'épée dans son pays.

⁸Rabschaké, s'étant retiré, trouva le roi d'Assyrie qui attaquait Libna, car il avait appris son départ de Lakis.

⁹Alors le roi d'Assyrie reçut une nouvelle au sujet de Tirhaka, roi d'Éthiopie; on lui dit: Il s'est mis en marche pour te faire la guerre. Dès qu'il eut entendu cela, il envoya des messagers à Ézéchias, en disant:

¹⁰Vous parlerez ainsi à Ézéchias, roi de Juda: Que ton Dieu, auquel tu te confies, ne t'abuse point en disant: Jérusalem ne sera pas livrée entre les mains du roi d'Assyrie.

¹¹Voici, tu as appris ce qu'ont fait les rois d'Assyrie à tous les pays, et comment ils les ont détruits; et toi, tu serais délivré!

¹²Les dieux des nations que mes pères ont détruites les ont-ils délivrées, Gozan, Charan, Retseph, et les fils d'Éden qui sont à Telassar?

¹³Où sont le roi de Hamath, le roi d'Arpad, et le roi de la ville de Sepharvaïm, d'Héna et d'Ivva?

¹⁴Ézéchias prit la lettre de la main des messagers, et la lut. Puis il monta à la maison de l'Éternel, et la déploya devant l'Éternel,

¹⁵à qui il adressa cette prière:

¹⁶Éternel des armées, Dieu d'Israël, assis sur les chérubins! C'est toi qui es le seul Dieu de tous les royaumes de la terre, c'est toi qui as fait les cieux et la terre.

¹⁷Éternel, incline ton oreille, et écoute! Éternel, ouvre tes yeux, et regarde! Entends toutes les paroles que Sanchérib a envoyées pour insulter au Dieu vivant!

¹⁸Il est vrai, ô Éternel! que les rois d'Assyrie ont ravagé tous les pays et leur propre pays,

¹⁹et qu'ils ont jeté leurs dieux dans le feu; mais ce n'étaient point des dieux, c'étaient des ouvrages de mains d'homme, du bois et de la pierre; et ils les ont anéantis.

²⁰Maintenant, Éternel, notre Dieu, délivre-nous de la main de Sanchérib, et que tous les royaumes de la terre sachent que toi seul es l'Éternel!

²¹Alors Ésaïe, fils d'Amots, envoya dire à Ézéchias: Ainsi parle l'Éternel, le Dieu d'Israël: J'ai entendu la prière que tu m'as adressée au sujet de Sanchérib, roi d'Assyrie.

²²Voici la parole que l'Éternel a prononcée contre lui: Elle te méprise, elle se moque de toi, La vierge, fille de Sion; Elle hoche la tête après toi, La fille de Jérusalem.

²³Qui as-tu insulté et outragé? Contre qui as-tu élevé la voix? Tu as porté tes yeux en haut Sur le Saint d'Israël.

²⁴Par tes serviteurs tu as insulté le Seigneur, Et tu as dit: Avec la multitude de mes chars, J'ai gravi le sommet des montagnes, Les extrémités du Liban; Je couperai les plus élevés de ses cèdres, Les plus beaux de ses cyprès, Et j'atteindrai sa dernière cime, Sa forêt semblable à un verger.

²⁵J'ai ouvert des sources, et j'en ai bu les eaux, Et je tarirai avec la plante de mes pieds Tous les fleuves de l'Égypte.

²⁶N'as-tu pas appris que j'ai préparé ces choses de loin, Et que je les ai résolues dès les temps anciens? Maintenant j'ai permis qu'elles s'accomplissent, Et que tu réduisisses des villes fortes en monceaux de ruines.

²⁷Leurs habitants sont impuissants, Épouvantés et confus; Ils sont comme l'herbe des champs et la tendre verdure, Comme le gazon des toits Et le blé qui sèche avant la formation de sa tige.

²⁸Mais je sais quand tu t'assieds, quand tu sors et quand tu entres, Et quand tu es furieux contre moi.

²⁹Parce que tu es furieux contre moi, Et que ton arrogance est montée à mes oreilles, Je mettrai ma boucle à tes narines et mon mors entre tes lèvres, Et je te ferai retourner par le chemin par lequel tu es venu.

³⁰Que ceci soit un signe pour toi: On a mangé une année le produit du grain tombé, et une seconde année ce qui croît de soi-même; mais la troisième année, vous sèmerez, vous moissonnerez, vous planterez des vignes, et vous en mangerez le fruit.

³¹Ce qui aura été sauvé de la maison de Juda, ce qui sera resté poussera encore des racines par-dessous, et portera du fruit par-dessus.

³²Car de Jérusalem il sortira un reste, et de la montagne de Sion des réchappés. Voilà ce que fera le zèle de l'Éternel des armées.

³³C'est pourquoi ainsi parle l'Éternel sur le roi d'Assyrie: Il n'entrera point dans cette ville, Il n'y lancera point de traits, Il ne lui présentera point de boucliers, Et il n'élèvera point de retranchements contre elle.

³⁴Il s'en retournera par le chemin par lequel il est venu, Et il n'entrera point dans cette ville, dit l'Éternel.

³⁵Je protégerai cette ville pour la sauver, A cause de moi, et à cause de David, mon serviteur.

³⁶L'ange de l'Éternel sortit, et frappa dans le camp des Assyriens cent quatre-vingt-cinq mille hommes. Et quand on se leva le matin, voici, c'étaient tous des corps morts.

³⁷Alors Sanchérib, roi d'Assyrie, leva son camp, partit et s'en retourna; et il resta à Ninive.

³⁸Or, comme il était prosterné dans la maison de Nisroc, son dieu, Adrammélec et Scharetser, ses fils, le frappèrent par l'épée, et s'enfuirent au pays d'Ararat. Et Ésar Haddon, son fils, régna à sa place.

Chapitre 38

¹En ce temps-là, Ézéchias fut malade à la mort. Le prophète Ésaïe, fils d'Amots, vint auprès de lui, et lui dit: Ainsi parle l'Éternel: Donne tes ordres à ta maison, car tu vas mourir, et tu ne vivras plus.

²Ézéchias tourna son visage contre le mur, et fit cette prière à l'Éternel:

³O Éternel! souviens-toi que j'ai marché devant ta face avec fidélité et intégrité de coeur, et que j'ai fait ce qui est bien à tes yeux! Et Ézéchias répandit d'abondantes larmes.

⁴Puis la parole de l'Éternel fut adressée à Ésaïe, en ces mots:

⁵Va, et dis à Ézéchias: Ainsi parle l'Éternel, le Dieu de David, ton père: J'ai entendu ta prière, j'ai vu tes larmes. Voici, j'ajouterai à tes jours quinze années.

⁶Je te délivrerai, toi et cette ville, de la main du roi d'Assyrie; je protégerai cette ville.

⁷Et voici, de la part de l'Éternel, le signe auquel tu connaîtras que l'Éternel accomplira la parole qu'il a prononcée.

⁸Je ferai reculer de dix degrés en arrière avec le soleil l'ombre des degrés qui est descendue sur les degrés d'Achaz. Et le soleil recula de dix degrés sur les degrés où il était descendu.

⁹Cantique d'Ézéchias, roi de Juda, sur sa maladie et sur son rétablissement.

¹⁰Je disais: Quand mes jours sont en repos, je dois m'en aller Aux portes du séjour des morts. Je suis privé du reste de mes années!

¹¹Je disais: Je ne verrai plus l'Éternel, L'Éternel, sur la terre des vivants; Je ne verrai plus aucun homme Parmi les habitants du monde!

¹²Ma demeure est enlevée et transportée loin de moi, Comme une tente de berger; Je sens le fil de ma vie coupé comme par un tisserand Qui me retrancherait de sa trame. Du jour à la nuit tu m'auras achevé!

¹³Je me suis contenu jusqu'au matin; Comme un lion, il brisait tous mes os, Du jour à la nuit tu m'auras achevé!

¹⁴Je poussais des cris comme une hirondelle en voltigeant, Je gémissais comme la colombe; Mes yeux s'élevaient languissants vers le ciel: O Éternel! je suis dans l'angoisse, secours-moi!

¹⁵Que dirai-je? Il m'a répondu, et il m'a exaucé. Je marcherai humblement jusqu'au terme de mes années, Après avoir été ainsi affligé.

¹⁶Seigneur, c'est par tes bontés qu'on jouit de la vie, C'est par elles que je respire encore; Tu me rétablis, tu me rends à la vie.

¹⁷Voici, mes souffrances mêmes sont devenues mon salut; Tu as pris plaisir à retirer mon âme de la fosse du néant, Car tu as jeté derrière toi tous mes péchés.

¹⁸Ce n'est pas le séjour des morts qui te loue, Ce n'est pas la mort qui te célèbre; Ceux qui sont descendus dans la fosse n'espèrent plus en ta fidélité.

¹⁹Le vivant, le vivant, c'est celui-là qui te loue, Comme moi aujourd'hui; Le père fait connaître à ses enfants ta fidélité.

²⁰L'Éternel m'a sauvé! Nous ferons résonner les cordes de nos instruments, Tous les jours de notre vie, Dans la maison de l'Éternel.

Ésaïe

²¹Ésaïe avait dit: Qu'on apporte une masse de figues, et qu'on les étende sur l'ulcère; et Ézéchias vivra.

²²Et Ézéchias avait dit: A quel signe connaîtrai-je que je monterai à la maison de l'Éternel?

Chapitre 39

¹En ce même temps, Merodac Baladan, fils de Baladan, roi de Babylone, envoya une lettre et un présent à Ézéchias, parce qu'il avait appris sa maladie et son rétablissement.

²Ézéchias en eut de la joie, et il montra aux envoyés le lieu où étaient ses choses de prix, l'argent et l'or, les aromates et l'huile précieuse, tout son arsenal, et tout ce qui se trouvait dans ses trésors: il n'y eut rien qu'Ézéchias ne leur fît voir dans sa maison et dans tous ses domaines.

³Ésaïe, le prophète, vint ensuite auprès du roi Ézéchias, et lui dit: Qu'ont dit ces gens-là, et d'où sont-ils venus vers toi? Ézéchias répondit: Ils sont venus vers moi d'un pays éloigné, de Babylone.

⁴Ésaïe dit encore: Qu'ont-ils vu dans ta maison? Ézéchias répondit: Ils ont vu tout ce qui est dans ma maison: il n'y a rien dans mes trésors que je ne leur aie fait voir.

⁵Alors Ésaïe dit à Ézéchias: Écoute la parole de l'Éternel des armées!

⁶Voici, les temps viendront où l'on emportera à Babylone tout ce qui est dans ta maison et ce que tes pères ont amassé jusqu'à ce jour; il n'en restera rien, dit l'Éternel.

⁷Et l'on prendra de tes fils, qui seront sortis de toi, que tu auras engendrés, pour en faire des eunuques dans le palais du roi de Babylone.

⁸Ézéchias répondit à Ésaïe: La parole de l'Éternel, que tu as prononcée, est bonne; car, ajouta-t-il, il y aura paix et sécurité pendant ma vie.

Chapitre 40

¹Consolez, consolez mon peuple, Dit votre Dieu.

²Parlez au coeur de Jérusalem, et criez lui Que sa servitude est finie, Que son iniquité est expiée, Qu'elle a reçu de la main de l'Éternel Au double de tous ses péchés.

³Une voix crie: Préparez au désert le chemin de l'Éternel, Aplanissez dans les lieux arides Une route pour notre Dieu.

⁴Que toute vallée soit exhaussée, Que toute montagne et toute colline soient abaissées! Que les coteaux se changent en plaines, Et les défilés étroits en vallons!

⁵Alors la gloire de l'Éternel sera révélée, Et au même instant toute chair la verra; Car la bouche de l'Éternel a parlé.

⁶Une voix dit: Crie! -Et il répond: Que crierai-je? Toute chair est comme l'herbe, Et tout son éclat comme la fleur des champs.

⁷L'herbe sèche, la fleur tombe, Quand le vent de l'Éternel souffle dessus. -Certainement le peuple est comme l'herbe:

⁸L'herbe sèche, la fleur tombe; Mais la parole de notre Dieu subsiste éternellement.

⁹Monte sur une haute montagne, Sion, pour publier la bonne nouvelle; Élève avec force ta voix, Jérusalem, pour publier la bonne nouvelle; Élève ta voix, ne crains point, Dis aux villes de Juda: Voici votre Dieu!

¹⁰Voici, le Seigneur, l'Éternel vient avec puissance, Et de son bras il commande; Voici, le salaire est avec lui, Et les rétributions le précèdent.

¹¹Comme un berger, il paîtra son troupeau, Il prendra les agneaux dans ses bras, Et les portera dans son sein; Il conduira les brebis qui allaitent.

¹²Qui a mesuré les eaux dans le creux de sa main, Pris les dimensions des cieux avec la paume, Et ramassé la poussière de la terre dans un tiers de mesure? Qui a pesé les montagnes au crochet, Et les collines à la balance?

¹³Qui a sondé l'esprit de l'Éternel, Et qui l'a éclairé de ses conseils?

¹⁴Avec qui a-t-il délibéré pour en recevoir de l'instruction? Qui lui a appris le sentier de la justice? Qui lui a enseigné la sagesse, Et fait connaître le chemin de l'intelligence?

¹⁵Voici, les nations sont comme une goutte d'un seau, Elles sont comme de la poussière sur une balance; Voici, les îles sont comme une fine poussière qui s'envole.

¹⁶Le Liban ne suffit pas pour le feu, Et ses animaux ne suffisent pas pour l'holocauste.

¹⁷Toutes les nations sont devant lui comme un rien, Elles ne sont pour lui que néant et vanité.

¹⁸A qui voulez-vous comparer Dieu? Et quelle image ferez-vous son égale?

¹⁹C'est un ouvrier qui fond l'idole, Et c'est un orfèvre qui la couvre d'or, Et y soude des chaînettes d'argent.

²⁰Celui que la pauvreté oblige à donner peu Choisit un bois qui résiste à la vermoulure; Il se procure un ouvrier capable, Pour faire une idole qui ne branle pas.

²¹Ne le savez-vous pas? ne l'avez-vous pas appris? Ne vous l'a-t-on pas fait connaître dès le commencement? N'avez-vous jamais réfléchi à la fondation de la terre?

²²C'est lui qui est assis au-dessus du cercle de la terre, Et ceux qui l'habitent sont comme des sauterelles; Il étend les cieux comme une étoffe légère, Il les déploie comme une tente, pour en faire sa demeure.

²³C'est lui qui réduit les princes au néant, Et qui fait des juges de la terre une vanité;

²⁴Ils ne sont pas même plantés, pas même semés, Leur tronc n'a pas même de racine en terre: Il souffle sur eux, et ils se dessèchent, Et un tourbillon les emporte comme le chaume.

²⁵A qui me comparerez-vous, pour que je lui ressemble? Dit le Saint.

²⁶Levez vos yeux en haut, et regardez! Qui a créé ces choses? Qui fait marcher en ordre leur armée? Il les appelle toutes par leur nom; Par son grand pouvoir et par sa force puissante, Il n'en est pas une qui fasse défaut.

²⁷Pourquoi dis-tu, Jacob, Pourquoi dis-tu, Israël: Ma destinée est cachée devant l'Éternel, Mon droit passe inaperçu devant mon Dieu?

²⁸Ne le sais-tu pas? ne l'as-tu pas appris? C'est le Dieu d'éternité, l'Éternel, Qui a créé les extrémités de la terre; Il ne se fatigue point, il ne se lasse point; On ne peut sonder son intelligence.

²⁹Il donne de la force à celui qui est fatigué, Et il augmente la vigueur de celui qui tombe en défaillance.

³⁰Les adolescents se fatiguent et se lassent, Et les jeunes hommes chancellent;

³¹Mais ceux qui se confient en l'Éternel renouvellent leur force. Ils prennent le vol comme les aigles; Ils courent, et ne se lassent point, Ils marchent, et ne se fatiguent point.

Chapitre 41

¹Iles, faites silence pour m'écouter! Que les peuples raniment leur force, Qu'ils avancent, et qu'ils parlent! Approchons pour plaider ensemble.

²Qui a suscité de l'orient Celui que le salut appelle à sa suite? Qui lui a livré les nations et assujetti des rois? Qui a réduit leur glaive en poussière, Et leur arc en chaume qui s'envole?

³Il s'est mis à leur poursuite, il a parcouru avec bonheur Un chemin que son pied n'avait jamais foulé.

⁴Qui a fait et exécuté ces choses? C'est celui qui a appelé les générations dès le commencement, Moi, l'Éternel, le premier Et le même jusqu'aux derniers âges.

⁵Les îles le voient, et sont dans la crainte, Les extrémités de la terre tremblent: Ils s'approchent, ils viennent.

⁶Ils s'aident l'un l'autre, Et chacun dit à son frère: Courage!

⁷Le sculpteur encourage le fondeur; Celui qui polit au marteau encourage celui qui frappe sur l'enclume; Il dit de la soudure: Elle est bonne! Et il fixe l'idole avec des clous, pour qu'elle ne branle pas.

⁸Mais toi, Israël, mon serviteur, Jacob, que j'ai choisi, Race d'Abraham que j'ai aimé!

⁹Toi, que j'ai pris aux extrémités de la terre, Et que j'ai appelé d'une contrée lointaine, A qui j'ai dit: Tu es mon serviteur, Je te choisis, et ne te rejette point!

¹⁰Ne crains rien, car je suis avec toi; Ne promène pas des regards inquiets, car je suis ton Dieu; Je te fortifie, je viens à ton secours, Je te soutiens de ma droite triomphante.

¹¹Voici, ils seront confondus, ils seront couverts de honte, Tous ceux qui sont irrités contre toi; Ils seront réduits à rien, ils périront, Ceux qui disputent contre toi.

¹²Tu les chercheras, et ne les trouveras plus, Ceux qui te suscitaient querelle; Ils seront réduits à rien, réduits au néant, Ceux qui te faisaient la guerre.

¹³Car je suis l'Éternel, ton Dieu, Qui fortifie ta droite, Qui te dis: Ne crains rien, Je viens à ton secours.

¹⁴Ne crains rien, vermisseau de Jacob, Faible reste d'Israël; Je viens à ton secours, dit l'Éternel, Et le Saint d'Israël est ton sauveur.

¹⁵Voici, je fais de toi un traîneau aigu, tout neuf, Garni de pointes; Tu écraseras, tu broieras les montagnes, Et tu rendras les collines semblables à de la balle.

¹⁶Tu les vanneras, et le vent les emportera, Et un tourbillon les dispersera. Mais toi, tu te réjouiras en l'Éternel, Tu mettras ta gloire dans le Saint d'Israël.

¹⁷Les malheureux et les indigents cherchent de l'eau, et il n'y en a

point; Leur langue est desséchée par la soif. Moi, l'Éternel, je les exaucerai; Moi, le Dieu d'Israël, je ne les abandonnerai pas.

¹⁸Je ferai jaillir des fleuves sur les collines, Et des sources au milieu des vallées; Je changerai le désert en étang, Et la terre aride en courants d'eau;

¹⁹Je mettrai dans le désert le cèdre, l'acacia, Le myrte et l'olivier; Je mettrai dans les lieux stériles Le cyprès, l'orme et le buis, tous ensemble;

²⁰Afin qu'ils voient, qu'ils sachent, Qu'ils observent et considèrent Que la main de l'Éternel a fait ces choses, Que le Saint d'Israël en est l'auteur.

²¹Plaidez votre cause, Dit l'Éternel; Produisez vos moyens de défense, Dit le roi de Jacob.

²²Qu'ils les produisent, et qu'ils nous déclarent Ce qui doit arriver. Quelles sont les prédictions que jadis vous avez faites? Dites-le, pour que nous y prenions garde, Et que nous en reconnaissions l'accomplissement; Ou bien, annoncez-nous l'avenir.

²³Dites ce qui arrivera plus tard, Pour que nous sachions si vous êtes des dieux; Faites seulement quelque chose de bien ou de mal, Pour que nous le voyions et le regardions ensemble.

²⁴Voici, vous n'êtes rien, Et votre oeuvre est le néant; C'est une abomination que de se complaire en vous.

²⁵Je l'ai suscité du septentrion, et il est venu; De l'orient, il invoque mon nom; Il foule les puissants comme de la boue, Comme de l'argile que foule un potier.

²⁶Qui l'a annoncé dès le commencement, pour que nous le sachions, Et longtemps d'avance, pour que nous disions: C'est vrai? Nul ne l'a annoncé, nul ne l'a prédit, Et personne n'a entendu vos paroles.

²⁷C'est moi le premier qui ai dit à Sion: Les voici, les voici! Et à Jérusalem: J'envoie un messager de bonnes nouvelles!

²⁸Je regarde, et il n'y a personne, Personne parmi eux qui prophétise, Et qui puisse répondre, si je l'interroge.

²⁹Voici, ils ne sont tous que vanité, Leurs oeuvres ne sont que néant, Leurs idoles ne sont qu'un vain souffle.

Chapitre 42

¹Voici mon serviteur, que je soutiendrai, Mon élu, en qui mon âme prend plaisir. J'ai mis mon esprit sur lui; Il annoncera la justice aux nations.

²Il ne criera point, il n'élèvera point la voix, Et ne la fera point entendre dans les rues.

³Il ne brisera point le roseau cassé, Et il n'éteindra point la mèche qui brûle encore; Il annoncera la justice selon la vérité.

⁴Il ne se découragera point et ne se relâchera point, Jusqu'à ce qu'il ait établi la justice sur la terre, Et que les îles espèrent en sa loi.

⁵Ainsi parle Dieu, l'Éternel, Qui a créé les cieux et qui les a déployés, Qui a étendu la terre et ses productions, Qui a donné la respiration à ceux qui la peuplent, Et le souffle à ceux qui y marchent.

⁶Moi, l'Éternel, je t'ai appelé pour le salut, Et je te prendrai par la main, Je te garderai, et je t'établirai pour traiter alliance avec le peuple, Pour être la lumière des nations,

⁷Pour ouvrir les yeux des aveugles, Pour faire sortir de prison le captif, Et de leur cachot ceux qui habitent dans les ténèbres.

⁸Je suis l'Éternel, c'est là mon nom; Et je ne donnerai pas ma gloire à un autre, Ni mon honneur aux idoles.

⁹Voici, les premières choses se sont accomplies, Et je vous en annonce de nouvelles; Avant qu'elles arrivent, je vous les prédis.

¹⁰Chantez à l'Éternel un cantique nouveau, Chantez ses louanges aux extrémités de la terre, Vous qui voguez sur la mer et vous qui la peuplez, Iles et habitants des îles!

¹¹Que le désert et ses villes élèvent la voix! Que les villages occupés par Kédar élèvent la voix! Que les habitants des rochers tressaillent d'allégresse! Que du sommet des montagnes retentissent des cris de joie!

¹²Qu'on rende gloire à l'Éternel, Et que dans les îles on publie ses louanges!

¹³L'Éternel s'avance comme un héros, Il excite son ardeur comme un homme de guerre; Il élève la voix, il jette des cris, Il manifeste sa force contre ses ennemis.

¹⁴J'ai longtemps gardé le silence, je me suis tu, je me suis contenu; Je crierai comme une femme en travail, Je serai haletant et je soufflerai tout à la fois.

¹⁵Je ravagerai montagnes et collines, Et j'en dessécherai toute la verdure; Je changerai les fleuves en terre ferme, Et je mettrai les étangs à sec.

¹⁶Je ferai marcher les aveugles sur un chemin qu'ils ne connaissent pas, Je les conduirai par des sentiers qu'ils ignorent; Je changerai devant eux les ténèbres en lumière, Et les endroits tortueux en plaine: Voilà ce que je ferai, et je ne les abandonnerai point.

¹⁷Ils reculeront, ils seront confus, Ceux qui se confient aux idoles taillées, Ceux qui disent aux idoles de fonte: Vous êtes nos dieux!

¹⁸Sourds, écoutez! Aveugles, regardez et voyez!

¹⁹Qui est aveugle, sinon mon serviteur, Et sourd comme mon messager que j'envoie? Qui est aveugle, comme l'ami de Dieu, Aveugle comme le serviteur de l'Éternel?

²⁰Tu as vu beaucoup de choses, mais tu n'y as point pris garde; On a ouvert les oreilles, mais on n'a point entendu.

²¹L'Éternel a voulu, pour le bonheur d'Israël, Publier une loi grande et magnifique.

²²Et c'est un peuple pillé et dépouillé! On les a tous enchaînés dans des cavernes, Plongés dans des cachots; Ils ont été mis au pillage, et personne qui les délivre! Dépouillés, et personne qui dise: Restitue!

²³Qui parmi vous prêtera l'oreille à ces choses? Qui voudra s'y rendre attentif et écouter à l'avenir?

²⁴Qui a livré Jacob au pillage, Et Israël aux pillards? N'est-ce pas l'Éternel? Nous avons péché contre lui. Ils n'ont point voulu marcher dans ses voies, Et ils n'ont point écouté sa loi.

²⁵Aussi a-t-il versé sur Israël l'ardeur de sa colère Et la violence de la guerre; La guerre l'a embrasé de toutes parts, et il n'a point compris; Elle l'a consumé, et il n'y a point pris garde.

Chapitre 43

¹Ainsi parle maintenant l'Éternel, qui t'a créé, ô Jacob! Celui qui t'a formé, ô Israël! Ne crains rien, car je te rachète, Je t'appelle par ton nom: tu es à moi!

²Si tu traverses les eaux, je serai avec toi; Et les fleuves, ils ne te submergeront point; Si tu marches dans le feu, tu ne te brûleras pas, Et la flamme ne t'embrasera pas.

³Car je suis l'Éternel, ton Dieu, Le Saint d'Israël, ton sauveur; Je donne l'Égypte pour ta rançon, L'Éthiopie et Saba à ta place.

⁴Parce que tu as du prix à mes yeux, Parce que tu es honoré et que je t'aime, Je donne des hommes à ta place, Et des peuples pour ta vie.

⁵Ne crains rien, car je suis avec toi; Je ramènerai de l'orient ta race, Et je te rassemblerai de l'occident.

⁶Je dirai au septentrion: Donne! Et au midi: Ne retiens point! Fais venir mes fils des pays lointains, Et mes filles de l'extrémité de la terre,

⁷Tous ceux qui s'appellent de mon nom, Et que j'ai créés pour ma gloire, Que j'ai formés et que j'ai faits.

⁸Qu'on fasse sortir le peuple aveugle, qui a des yeux, Et les sourds, qui ont des oreilles.

⁹Que toutes les nations se rassemblent, Et que les peuples se réunissent. Qui d'entre eux a annoncé ces choses? Lesquels nous ont fait entendre les premières prédictions? Qu'ils produisent leurs témoins et établissent leur droit; Qu'on écoute et qu'on dise: C'est vrai!

¹⁰Vous êtes mes témoins, dit l'Éternel, Vous, et mon serviteur que j'ai choisi, Afin que vous le sachiez, Que vous me croyiez et compreniez que c'est moi: Avant moi il n'a point été formé de Dieu, Et après moi il n'y en aura point.

¹¹C'est moi, moi qui suis l'Éternel, Et hors moi il n'y a point de sauveur.

¹²C'est moi qui ai annoncé, sauvé, prédit, Ce n'est point parmi vous un dieu étranger; Vous êtes mes témoins, dit l'Éternel, C'est moi qui suis Dieu.

¹³Je le suis dès le commencement, Et nul ne délivre de ma main; J'agirai: qui s'y opposera?

¹⁴Ainsi parle l'Éternel, Votre rédempteur, le Saint d'Israël: A cause de vous, j'envoie l'ennemi contre Babylone, Et je fais descendre tous les fuyards, Même les Chaldéens, sur les navires dont ils tiraient gloire.

¹⁵Je suis l'Éternel, votre Saint, Le créateur d'Israël, votre roi.

¹⁶Ainsi parle l'Éternel, Qui fraya dans la mer un chemin, Et dans les eaux puissantes un sentier,

¹⁷Qui mit en campagne des chars et des chevaux, Une armée et de vaillants guerriers, Soudain couchés ensemble, pour ne plus se relever, Anéantis, éteints comme une mèche:

¹⁸Ne pensez plus aux événements passés, Et ne considérez plus ce qui est ancien.

¹⁹Voici, je vais faire une chose nouvelle, sur le point d'arriver: Ne la connaîtrez-vous pas? Je mettrai un chemin dans le désert, Et des fleuves dans la solitude.

²⁰Les bêtes des champs me glorifieront, Les chacals et les autruches, Parce que j'aurai mis des eaux dans le désert, Des fleuves dans la solitude, Pour abreuver mon peuple, mon élu.

²¹Le peuple que je me suis formé Publiera mes louanges.

²²Et tu ne m'as pas invoqué, ô Jacob! Car tu t'es lassé de moi, ô

Israël!

²³Tu ne m'as pas offert tes brebis en holocauste, Et tu ne m'as pas honoré par tes sacrifices; Je ne t'ai point tourmenté pour des offrandes, Et je ne t'ai point fatigué pour de l'encens.

²⁴Tu n'as pas à prix d'argent acheté pour moi des aromates, Et tu ne m'as pas rassasié de la graisse de tes sacrifices; Mais tu m'as tourmenté par tes péchés, Tu m'as fatigué par tes iniquités.

²⁵C'est moi, moi qui efface tes transgressions pour l'amour de moi, Et je ne me souviendrai plus de tes péchés.

²⁶Réveille ma mémoire, plaidons ensemble, Parle toi-même, pour te justifier.

²⁷Ton premier père a péché, Et tes interprètes se sont rebellés contre moi.

²⁸C'est pourquoi j'ai traité en profanes les chefs du sanctuaire, J'ai livré Jacob à la destruction, Et Israël aux outrages.

Chapitre 44

¹Écoute maintenant, ô Jacob, mon serviteur! O Israël, que j'ai choisi!

²Ainsi parle l'Éternel, qui t'a fait, Et qui t'a formé dès ta naissance, Celui qui est ton soutien: Ne crains rien, mon serviteur Jacob, Mon Israël, que j'ai choisi.

³Car je répandrai des eaux sur le sol altéré, Et des ruisseaux sur la terre desséchée; Je répandrai mon esprit sur ta race, Et ma bénédiction sur tes rejetons.

⁴Ils pousseront comme au milieu de l'herbe, Comme les saules près des courants d'eau.

⁵Celui-ci dira: Je suis à l'Éternel; Celui-là se réclamera du nom de Jacob; Cet autre écrira de sa main: à l'Éternel! Et prononcera avec amour le nom d'Israël.

⁶Ainsi parle l'Éternel, roi d'Israël et son rédempteur, L'Éternel des armées: Je suis le premier et je suis le dernier, Et hors moi il n'y a point de Dieu.

⁷Qui a, comme moi, fait des prédictions (Qu'il le déclare et me le prouve!), Depuis que j'ai fondé le peuple ancien? Qu'ils annoncent l'avenir et ce qui doit arriver!

⁸N'ayez pas peur, et ne tremblez pas; Ne te l'ai-je pas dès longtemps annoncé et déclaré? Vous êtes mes témoins: Y a-t-il un autre Dieu que moi? Il n'y a pas d'autre rocher, je n'en connais point.

⁹Ceux qui fabriquent des idoles ne sont tous que vanité, Et leurs plus belles oeuvres ne servent à rien; Elles le témoignent elles-mêmes: Elles n'ont ni la vue, ni l'intelligence, Afin qu'ils soient dans la confusion.

¹⁰Qui est-ce qui fabrique un dieu, ou fond une idole, Pour n'en retirer aucune utilité?

¹¹Voici, tous ceux qui y travaillent seront confondus, Et les ouvriers ne sont que des hommes; Qu'ils se réunissent tous, qu'ils se présentent, Et tous ensemble ils seront tremblants et couverts de honte.

¹²Le forgeron fait une hache, Il travaille avec le charbon, Et il la façonne à coups de marteau; Il la forge d'un bras vigoureux; Mais a-t-il faim, le voilà sans force; Ne boit-il pas d'eau, le voilà épuisé.

¹³Le charpentier étend le cordeau, Fait un tracé au crayon, Façonne le bois avec un couteau, Et marque ses dimensions avec le compas; Et il produit une figure d'homme, Une belle forme humaine, Pour qu'elle habite dans une maison.

¹⁴Il se coupe des cèdres, Il prend des rouvres et des chênes, Et fait un choix parmi les arbres de la forêt; Il plante des pins, Et la pluie les fait croître.

¹⁵Ces arbres servent à l'homme pour brûler, Il en prend et il se chauffe. Il y met aussi le feu pour cuire du pain; Et il en fait également un dieu, qu'il adore, Il en fait une idole, devant laquelle il se prosterne.

¹⁶Il brûle au feu la moitié de son bois, Avec cette moitié il cuit de la viande, Il apprête un rôti, et se rassasie; Il se chauffe aussi, et dit: Ha! Ha! Je me chauffe, je vois la flamme!

¹⁷Et avec le reste il fait un dieu, son idole, Il se prosterne devant elle, il l'adore, il l'invoque, Et il s'écrie: Sauve-moi! Car tu es mon dieu!

¹⁸Ils n'ont ni intelligence, ni entendement, Car on leur a fermé les yeux pour qu'ils ne voient point, Et le coeur pour qu'ils ne comprennent point.

¹⁹Il ne rentre pas en lui-même, Et il n'a ni l'intelligence, ni le bon sens de dire: J'en ai brûlé une moitié au feu, J'ai cuit du pain sur les charbons, J'ai rôti de la viande et je l'ai mangée; Et avec le reste je ferais une abomination! Je me prosternerais devant un morceau de bois!

²⁰Il se repaît de cendres, Son coeur abusé l'égare, Et il ne sauvera point son âme, et ne dira point: N'est-ce pas du mensonge que j'ai dans ma main?

²¹Souviens-toi de ces choses, ô Jacob! O Israël! car tu es mon serviteur; Je t'ai formé, tu es mon serviteur; Israël, je ne t'oublierai pas.

²²J'efface tes transgressions comme un nuage, Et tes péchés comme une nuée; Reviens à moi, Car je t'ai racheté.

²³Cieux, réjouissez-vous! car l'Éternel a agi; Profondeurs de la terre, retentissez d'allégresse! Montagnes, éclatez en cris de joie! Vous aussi, forêts, avec tous vos arbres! Car l'Éternel a racheté Jacob, Il a manifesté sa gloire en Israël.

²⁴Ainsi parle l'Éternel, ton rédempteur, Celui qui t'a formé dès ta naissance: Moi, l'Éternel, j'ai fait toutes choses, Seul j'ai déployé les cieux, Seul j'ai étendu la terre.

²⁵J'anéantis les signes des prophètes de mensonge, Et je proclame insensés les devins; Je fais reculer les sages, Et je tourne leur science en folie.

²⁶Je confirme la parole de mon serviteur, Et j'accomplis ce que prédisent mes envoyés; Je dis de Jérusalem: Elle sera habitée, Et des villes de Juda: Elles seront rebâties; Et je relèverai leurs ruines.

²⁷Je dis à l'abîme: Dessèche-toi, Je tarirai tes fleuves.

²⁸Je dis de Cyrus: Il est mon berger, Et il accomplira toute ma volonté; Il dira de Jérusalem: Qu'elle soit rebâtie! Et du temple: Qu'il soit fondé!

Chapitre 45

¹Ainsi parle l'Éternel à son oint, à Cyrus,

²Qu'il tient par la main, Pour terrasser les nations devant lui, Et pour relâcher la ceinture des rois, Pour lui ouvrir les portes, Afin qu'elles ne soient plus fermées; Je marcherai devant toi, J'aplanirai les chemins montueux, Je romprai les portes d'airain, Et je briserai les verrous de fer.

³Je te donnerai des trésors cachés, Des richesses enfouies, Afin que tu saches Que je suis l'Éternel qui t'appelle par ton nom, Le Dieu d'Israël.

⁴Pour l'amour de mon serviteur Jacob, Et d'Israël, mon élu, Je t'ai appelé par ton nom, Je t'ai parlé avec bienveillance, avant que tu me connusses.

⁵Je suis l'Éternel, et il n'y en a point d'autre, Hors moi il n'y a point de Dieu; Je t'ai ceint, avant que tu me connusses.

⁶C'est afin que l'on sache, du soleil levant au soleil couchant, Que hors moi il n'y a point de Dieu: Je suis l'Éternel, et il n'y en a point d'autre.

⁷Je forme la lumière, et je crée les ténèbres, Je donne la prospérité, et je crée l'adversité; Moi, l'Éternel, je fais toutes ces choses.

⁸Que les cieux répandent d'en haut Et que les nuées laissent couler la justice! Que la terre s'ouvre, que le salut y fructifie, Et qu'il en sorte à la fois la délivrance! Moi, l'Éternel, je crée ces choses.

⁹Malheur à qui conteste avec son créateur! -Vase parmi des vases de terre! -L'argile dit-elle à celui qui la façonne: Que fais-tu? Et ton oeuvre: Il n'as point de mains?

¹⁰Malheur à qui dit à son père: Pourquoi m'as-tu engendré? Et à sa mère: Pourquoi m'as-tu enfanté?

¹¹Ainsi parle l'Éternel, le Saint d'Israël, et son créateur: Veut-on me questionner sur l'avenir, Me donner des ordres sur mes enfants et sur l'oeuvre de mes mains?

¹²C'est moi qui ai fait la terre, Et qui sur elle ai créé l'homme; C'est moi, ce sont mes mains qui ont déployé les cieux, Et c'est moi qui ai disposé toute leur armée.

¹³C'est moi qui ai suscité Cyrus dans ma justice, Et j'aplanirai toutes ses voies; Il rebâtira ma ville, et libérera mes captifs, Sans rançon ni présents, Dit l'Éternel des armées.

¹⁴Ainsi parle l'Éternel: Les gains de l'Égypte et les profits de l'Éthiopie, Et ceux des Sabéens à la taille élevée, Passeront chez toi et seront à toi; Ces peuples marcheront à ta suite, Ils passeront enchaînés, Ils se prosterneront devant toi, et te diront en suppliant: C'est auprès de toi seulement que se trouve Dieu, Et il n'y a point d'autre Dieu que lui.

¹⁵Mais tu es un Dieu qui te caches, Dieu d'Israël, sauveur!

¹⁶Ils sont tous honteux et confus, Ils s'en vont tous avec ignominie, Les fabricateurs d'idoles.

¹⁷C'est par l'Éternel qu'Israël obtient le salut, Un salut éternel; Vous ne serez ni honteux ni confus, Jusque dans l'éternité.

¹⁸Car ainsi parle l'Éternel, Le créateur des cieux, le seul Dieu, Qui a formé la terre, qui l'a faite et qui l'a affermie, Qui l'a créée pour qu'elle ne fût pas déserte, Qui l'a formée pour qu'elle fût habitée: Je suis l'Éternel, et il n'y en a point d'autre.

¹⁹Je n'ai point parlé en cachette, Dans un lieu ténébreux de la terre; Je n'ai point dit à la postérité de Jacob: Cherchez-moi vainement! Moi, l'Éternel, je dis ce qui est vrai, Je proclame ce qui est droit.

²⁰Assemblez-vous et venez, approchez ensemble, Réchappés des nations! Ils n'ont point d'intelligence, ceux qui portent leur idole de bois,

Et qui invoquent un dieu incapable de sauver.

²¹Déclarez-le, et faites-les venir! Qu'ils prennent conseil les uns des autres! Qui a prédit ces choses dès le commencement, Et depuis longtemps les a annoncées? N'est-ce pas moi, l'Éternel? Il n'y a point d'autre Dieu que moi, Je suis le seul Dieu juste et qui sauve.

²²Tournez-vous vers moi, et vous serez sauvés, Vous tous qui êtes aux extrémités de la terre! Car je suis Dieu, et il n'y en a point d'autre.

²³Je le jure par moi-même, La vérité sort de ma bouche et ma parole ne sera point révoquée: Tout genou fléchira devant moi, Toute langue jurera par moi.

²⁴En l'Éternel seul, me dira-t-on, résident la justice et la force; A lui viendront, pour être confondus, Tous ceux qui étaient irrités contre lui.

²⁵Par l'Éternel seront justifiés et glorifiés Tous les descendants d'Israël.

Chapitre 46

¹Bel s'écroule, Nebo tombe; On met leurs idoles sur des animaux, sur des bêtes; Vous les portiez, et les voilà chargées, Devenues un fardeau pour l'animal fatigué!

²Ils sont tombés, ils se sont écroulés ensemble, Ils ne peuvent sauver le fardeau, Et ils s'en vont eux-mêmes en captivité.

³Écoutez-moi, maison de Jacob, Et vous tous, restes de la maison d'Israël, Vous que j'ai pris à ma charge dès votre origine, Que j'ai portés dès votre naissance!

⁴Jusqu'à votre vieillesse je serai le même, Jusqu'à votre vieillesse je vous soutiendrai; Je l'ai fait, et je veux encore vous porter, Vous soutenir et vous sauver.

⁵A qui me comparerez-vous, pour le faire mon égal? A qui me ferez-vous ressembler, pour que nous soyons semblables?

⁶Ils versent l'or de leur bourse, Et pèsent l'argent à la balance; Ils paient un orfèvre, pour qu'il en fasse un dieu, Et ils adorent et se prosternent.

⁷Ils le portent, ils le chargent sur l'épaule, Ils le mettent en place, et il y reste; Il ne bouge pas de sa place; Puis on crie vers lui, mais il ne répond pas, Il ne sauve pas de la détresse.

⁸Souvenez-vous de ces choses, et soyez des hommes! Pécheurs, rentrez en vous-mêmes!

⁹Souvenez-vous de ce qui s'est passé dès les temps anciens; Car je suis Dieu, et il n'y en a point d'autre, Je suis Dieu, et nul n'est semblable à moi.

¹⁰J'annonce dès le commencement ce qui doit arriver, Et longtemps d'avance ce qui n'est pas encore accompli; Je dis: Mes arrêts subsisteront, Et j'exécuterai toute ma volonté.

¹¹C'est moi qui appelle de l'orient un oiseau de proie, D'une terre lointaine un homme pour accomplir mes desseins, Je l'ai dit, et je le réaliserai; Je l'ai conçu, et je l'exécuterai.

¹²Écoutez-moi, gens endurcis de coeur, Ennemis de la droiture!

¹³Je fais approcher ma justice: elle n'est pas loin; Et mon salut: il ne tardera pas. Je mettrai le salut en Sion, Et ma gloire sur Israël.

Chapitre 47

¹Descends, et assieds-toi dans la poussière, Vierge, fille de Babylone! Assieds-toi à terre, sans trône, Fille des Chaldéens! On ne t'appellera plus délicate et voluptueuse.

²Prends les meules, et mouds de la farine; Ote ton voile, relève les pans de ta robe, Découvre tes jambes, traverse les fleuves!

³Ta nudité sera découverte, Et ta honte sera vue. J'exercerai ma vengeance, Je n'épargnerai personne. -

⁴Notre rédempteur, c'est celui qui s'appelle l'Éternel des armées, C'est le Saint d'Israël. -

⁵Assieds-toi en silence, et va dans les ténèbres, Fille des Chaldéens! On ne t'appellera plus la souveraine des royaumes.

⁶J'étais irrité contre mon peuple, J'avais profané mon héritage, Et je les avais livrés entre tes mains: Tu n'as pas eu pour eux de la compassion, Tu as durement appesanti ton joug sur le vieillard.

⁷Tu disais: A toujours je serai souveraine! Tu n'as point mis dans ton esprit, Tu n'as point songé que cela prendrait fin.

⁸Écoute maintenant ceci, voluptueuse, Qui t'assieds avec assurance, Et qui dis en ton coeur: Moi, et rien que moi! Je ne serai jamais veuve, Et je ne serai jamais privée d'enfants!

⁹Ces deux choses t'arriveront subitement, au même jour, La privation d'enfants et le veuvage; Elles fondront en plein sur toi, Malgré la multitude de tes sortilèges, Malgré le grand nombre de tes enchantements.

¹⁰Tu avais confiance dans ta méchanceté, Tu disais: Personne ne me voit! Ta sagesse et ta science t'ont séduite. Et tu disais en ton coeur: Moi, et rien que moi!

¹¹Le malheur viendra sur toi, Sans que tu en voies l'aurore; La calamité tombera sur toi, Sans que tu puisses la conjurer; Et la ruine fondra sur toi tout à coup, A l'improviste.

¹²Reste donc au milieu de tes enchantements Et de la multitude de tes sortilèges, Auxquels tu as consacré ton travail dès ta jeunesse; Peut-être pourras-tu en tirer profit, Peut-être deviendras-tu redoutable.

¹³Tu t'es fatiguée à force de consulter: Qu'ils se lèvent donc et qu'ils te sauvent, Ceux qui connaissent le ciel, Qui observent les astres, Qui annoncent, d'après les nouvelles lunes, Ce qui doit t'arriver!

¹⁴Voici, ils sont comme de la paille, le feu les consume, Ils ne sauveront pas leur vie des flammes: Ce ne sera pas du charbon dont on se chauffe, Ni un feu auprès duquel on s'assied.

¹⁵Tel sera le sort de ceux que tu te fatiguais à consulter. Et ceux avec qui tu as trafiqué dès ta jeunesse Se disperseront chacun de son côté: Il n'y aura personne qui vienne à ton secours.

Chapitre 48

¹Écoutez ceci, maison de Jacob, Vous qui portez le nom d'Israël, Et qui êtes sortis des eaux de Juda; Vous qui jurez par le nom de l'Éternel, Et qui invoquez le Dieu d'Israël, Mais sans vérité ni droiture!

²Car ils prennent leur nom de la ville sainte, Et ils s'appuient sur le Dieu d'Israël, Dont le nom est l'Éternel des armées.

³Dès longtemps j'ai fait les premières prédictions, Elles sont sorties de ma bouche, et je les ai publiées: Soudain j'ai agi, et elles se sont accomplies.

⁴Sachant que tu es endurci, Que ton cou est une barre de fer, Et que tu as un front d'airain,

⁵Je t'ai annoncé dès longtemps ces choses, je te les ai déclarées avant qu'elles arrivassent, Afin que tu ne dises pas: C'est mon idole qui les a faites, C'est mon image taillée ou mon image en fonte qui les a ordonnées.

⁶Tu entends! Considère tout cela! Et vous, ne l'avouerez-vous pas?... Maintenant, je t'annonce des choses nouvelles, Cachées, inconnues de toi.

⁷Elles se produisent à présent, et n'appartiennent point au passé; Jusqu'à leur avènement tu n'en avais aucune connaissance, Afin que tu ne dises pas: Voici, je le savais.

⁸Tu n'en as rien appris, tu n'en as rien su, Et jadis ton oreille n'en a point été frappée: Car je savais que tu serais infidèle, Et que dès ta naissance tu fus appelé rebelle.

⁹A cause de mon nom, je suspends ma colère; A cause de ma gloire, je me contiens envers toi, Pour ne pas t'exterminer.

¹⁰Je t'ai mis au creuset, mais non pour retirer de l'argent; Je t'ai éprouvé dans la fournaise de l'adversité.

¹¹C'est pour l'amour de moi, pour l'amour de moi, que je veux agir; Car comment mon nom serait-il profané? Je ne donnerai pas ma gloire à un autre.

¹²Écoute-moi, Jacob! Et toi, Israël, que j'ai appelé! C'est moi, moi qui suis le premier, C'est aussi moi qui suis le dernier.

¹³Ma main a fondé la terre, Et ma droite a étendu les cieux: Je les appelle, et aussitôt ils se présentent.

¹⁴Vous tous, assemblez-vous, et écoutez! Qui d'entre eux a annoncé ces choses? Celui que l'Éternel aime exécutera sa volonté contre Babylone, Et son bras s'appesantira sur les Chaldéens.

¹⁵Moi, moi, j'ai parlé, et je l'ai appelé; Je l'ai fait venir, et son oeuvre réussira.

¹⁶Approchez-vous de moi, et écoutez! Dès le commencement, je n'ai point parlé en cachette, Dès l'origine de ces choses, j'ai été là. Et maintenant, le Seigneur, l'Éternel, m'a envoyé avec son esprit.

¹⁷Ainsi parle l'Éternel, ton rédempteur, le Saint d'Israël: Moi, l'Éternel, ton Dieu, je t'instruis pour ton bien, Je te conduis dans la voie que tu dois suivre.

¹⁸Oh! si tu étais attentif à mes commandements! Ton bien-être serait comme un fleuve, Et ton bonheur comme les flots de la mer;

¹⁹Ta postérité serait comme le sable, Et les fruits de tes entrailles comme les grains de sable; Ton nom ne serait point effacé, anéanti devant moi.

²⁰Sortez de Babylone, fuyez du milieu des Chaldéens! Avec une voix d'allégresse annoncez-le, publiez-le, Faites-le savoir jusqu'à l'extrémité de la terre, Dites: L'Éternel a racheté son serviteur Jacob!

²¹Et ils n'auront pas soif dans les déserts où il les conduira: Il fera jaillir pour eux l'eau du rocher, Il fendra le rocher, Et l'eau coulera.

²²Il n'y a point de paix pour les méchants, dit l'Éternel.

Ésaïe
Chapitre 49

¹Iles, écoutez-moi! Peuples lointains, soyez attentifs! L'Éternel m'a appelé dès ma naissance, Il m'a nommé dès ma sortie des entrailles maternelles.

²Il a rendu ma bouche semblable à un glaive tranchant, Il m'a couvert de l'ombre de sa main; Il a fait de moi une flèche aiguë, Il m'a caché dans son carquois.

³Et il m'a dit: Tu es mon serviteur, Israël en qui je me glorifierai.

⁴Et moi j'ai dit: C'est en vain que j'ai travaillé, C'est pour le vide et le néant que j'ai consumé ma force; Mais mon droit est auprès de l'Éternel, Et ma récompense auprès de mon Dieu.

⁵Maintenant, l'Éternel parle, Lui qui m'a formé dès ma naissance Pour être son serviteur, Pour ramener à lui Jacob, Et Israël encore dispersé; Car je suis honoré aux yeux de l'Éternel, Et mon Dieu est ma force.

⁶Il dit: C'est peu que tu sois mon serviteur Pour relever les tribus de Jacob Et pour ramener les restes d'Israël: Je t'établis pour être la lumière des nations, Pour porter mon salut jusqu'aux extrémités de la terre.

⁷Ainsi parle l'Éternel, le rédempteur, le Saint d'Israël, A celui qu'on méprise, qui est en horreur au peuple, A l'esclave des puissants: Des rois le verront, et ils se lèveront, Des princes, et ils se prosterneront, A cause de l'Éternel, qui est fidèle, Du Saint d'Israël, qui t'a choisi.

⁸Ainsi parle l'Éternel: Au temps de la grâce je t'exaucerai, Et au jour du salut je te secourrai; Je te garderai, et je t'établirai pour traiter alliance avec le peuple, Pour relever le pays, Et pour distribuer les héritages désolés;

⁹Pour dire aux captifs: Sortez! Et à ceux qui sont dans les ténèbres: Paraissez! Ils paîtront sur les chemins, Et ils trouveront des pâturages sur tous les coteaux.

¹⁰Ils n'auront pas faim et ils n'auront pas soif; Le mirage et le soleil ne les feront point souffrir; Car celui qui a pitié d'eux sera leur guide, Et il les conduira vers des sources d'eaux.

¹¹Je changerai toutes mes montagnes en chemins, Et mes routes seront frayées.

¹²Les voici, ils viennent de loin, Les uns du septentrion et de l'occident, Les autres du pays de Sinim.

¹³Cieux, réjouissez-vous! Terre, sois dans l'allégresse! Montagnes, éclatez en cris de joie! Car l'Éternel console son peuple, Il a pitié de ses malheureux.

¹⁴Sion disait: L'Éternel m'abandonne, Le Seigneur m'oublie! -

¹⁵Une femme oublie-t-elle l'enfant qu'elle allaite? N'a-t-elle pas pitié du fruit de ses entrailles? Quand elle l'oublierait, Moi je ne t'oublierai point.

¹⁶Voici, je t'ai gravée sur mes mains; Tes murs sont toujours devant mes yeux.

¹⁷Tes fils accourent; Ceux qui t'avaient détruite et ravagée Sortiront du milieu de toi.

¹⁸Porte tes yeux alentour, et regarde: Tous ils s'assemblent, ils viennent vers toi. Je suis vivant! dit l'Éternel, Tu les revêtiras tous comme une parure, Tu t'en ceindras comme une fiancée.

¹⁹Dans tes places ravagées et désertes, Dans ton pays ruiné, Tes habitants seront désormais à l'étroit; Et ceux qui te dévoraient s'éloigneront.

²⁰Ils répéteront à tes oreilles, Ces fils dont tu fus privée: L'espace est trop étroit pour moi; Fais-moi de la place, pour que je puisse m'établir.

²¹Et tu diras en ton coeur: Qui me les a engendrés? Car j'étais sans enfants, j'étais stérile. J'étais exilée, répudiée: qui les a élevés? J'étais restée seule: ceux-ci, où étaient-ils?

²²Ainsi a parlé le Seigneur, l'Éternel: Voici: Je lèverai ma main vers les nations, Je dresserai ma bannière vers les peuples; Et ils ramèneront tes fils entre leurs bras, Ils porteront tes filles sur les épaules.

²³Des rois seront tes nourriciers, et leurs princesses tes nourrices; Ils se prosterneront devant toi la face contre terre, Et ils lécheront la poussière de tes pieds, Et tu sauras que je suis l'Éternel, Et que ceux qui espèrent en moi ne seront point confus.

²⁴Le butin du puissant lui sera-t-il enlevé? Et la capture faite sur le juste échappera-t-elle? -

²⁵Oui, dit l'Éternel, la capture du puissant lui sera enlevée, Et le butin du tyran lui échappera; Je combattrai tes ennemis, Et je sauverai tes fils.

²⁶Je ferai manger à tes oppresseurs leur propre chair; Ils s'enivreront de leur sang comme du moût; Et toute chair saura que je suis l'Éternel, ton sauveur, Ton rédempteur, le puissant de Jacob.

Chapitre 50

¹Ainsi parle l'Éternel: Où est la lettre de divorce par laquelle j'ai répudié votre mère? Ou bien, auquel de mes créanciers vous ai-je vendus? Voici, c'est à cause de vos iniquités que vous avez été vendus, Et c'est à cause de vos péchés que votre mère a été répudiée.

²Je suis venu: pourquoi n'y avait-il personne? J'ai appelé: pourquoi personne n'a-t-il répondu? Ma main est-elle trop courte pour racheter? N'ai-je pas assez de force pour délivrer? Par ma menace, je dessèche la mer, Je réduis les fleuves en désert; Leurs poissons se corrompent, faute d'eau, Et ils périssent de soif.

³Je revêts les cieux d'obscurité, Et je fais d'un sac leur couverture.

⁴Le Seigneur, l'Éternel, m'a donné une langue exercée, Pour que je sache soutenir par la parole celui qui est abattu; Il éveille, chaque matin, il éveille mon oreille, Pour que j'écoute comme écoutent des disciples.

⁵Le Seigneur, l'Éternel, m'a ouvert l'oreille, Et je n'ai point résisté, Je ne me suis point retiré en arrière.

⁶J'ai livré mon dos à ceux qui me frappaient, Et mes joues à ceux qui m'arrachaient la barbe; Je n'ai pas dérobé mon visage Aux ignominies et aux crachats.

⁷Mais le Seigneur, l'Éternel, m'a secouru; C'est pourquoi je n'ai point été déshonoré, C'est pourquoi j'ai rendu mon visage semblable à un caillou, Sachant que je ne serais point confondu.

⁸Celui qui me justifie est proche: Qui disputera contre moi? Comparaissons ensemble! Qui est mon adversaire? Qu'il s'avance vers moi!

⁹Voici, le Seigneur, l'Éternel, me secourra: Qui me condamnera? Voici, ils tomberont tous en lambeaux comme un vêtement, La teigne les dévorera.

¹⁰Quiconque parmi vous craint l'Éternel, Qu'il écoute la voix de son serviteur! Quiconque marche dans l'obscurité et manque de lumière, Qu'il se confie dans le nom de l'Éternel, Et qu'il s'appuie sur son Dieu!

¹¹Voici, vous tous qui allumez un feu, Et qui êtes armés de torches, Allez au milieu de votre feu et de vos torches enflammées! C'est par ma main que ces choses vous arriveront; Vous vous coucherez dans la douleur.

Chapitre 51

¹Écoutez-moi, vous qui poursuivez la justice, Qui cherchez l'Éternel! Portez les regards sur le rocher d'où vous avez été taillés, Sur le creux de la fosse d'où vous avez été tirés.

²Portez les regards sur Abraham votre père, Et sur Sara qui vous a enfantés; Car lui seul je l'ai appelé, Je l'ai béni et multiplié.

³Ainsi l'Éternel a pitié de Sion, Il a pitié de toutes ses ruines; Il rendra son désert semblable à un Éden, Et sa terre aride à un jardin de l'Éternel. La joie et l'allégresse se trouveront au milieu d'elle, Les actions de grâces et le chant des cantiques.

⁴Mon peuple, sois attentif! Ma nation, prête-moi l'oreille! Car la loi sortira de moi, Et j'établirai ma loi pour être la lumière des peuples.

⁵Ma justice est proche, mon salut va paraître, Et mes bras jugeront les peuples; Les îles espéreront en moi, Elles se confieront en mon bras.

⁶Levez vos yeux vers le ciel, et regardez en bas sur la terre! Car les cieux s'évanouiront comme une fumée, La terre tombera en lambeaux comme un vêtement, Et ses habitants périront comme des mouches; Mais mon salut durera éternellement, Et ma justice n'aura point de fin.

⁷Écoutez-moi, vous qui connaissez la justice, Peuple, qui as ma loi dans ton coeur! Ne craignez pas l'opprobre des hommes, Et ne tremblez pas devant leurs outrages.

⁸Car la teigne les dévorera comme un vêtement, Et la gerce les rongera comme de la laine; Mais ma justice durera éternellement, Et mon salut s'étendra d'âge en âge.

⁹Réveille-toi, réveille-toi! revêts-toi de force, bras de l'Éternel! Réveille-toi, comme aux jours d'autrefois, Dans les anciens âges! N'est-ce pas toi qui abattis l'Égypte, Qui transperças le monstre?

¹⁰N'est-ce pas toi qui mis à sec la mer, Les eaux du grand abîme, Qui frayas dans les profondeurs de la mer Un chemin pour le passage des rachetés?

¹¹Ainsi les rachetés de l'Éternel retourneront, Ils iront à Sion avec chants de triomphe, Et une joie éternelle couronnera leur tête; L'allégresse et la joie s'approcheront, La douleur et les gémissements s'enfuiront.

¹²C'est moi, c'est moi qui vous console. Qui es-tu, pour avoir peur de l'homme mortel, Et du fils de l'homme, pareil à l'herbe?

¹³Et tu oublierais l'Éternel, qui t'a fait, Qui a étendu les cieux et fondé la terre! Et tu tremblerais incessamment tout le jour Devant la colère de l'oppresseur, Parce qu'il cherche à détruire! Où donc est la colère de l'oppresseur?

¹⁴Bientôt celui qui est courbé sous les fers sera délivré; Il ne

mourra pas dans la fosse, Et son pain ne lui manquera pas.

¹⁵Je suis l'Éternel, ton Dieu, Qui soulève la mer et fais mugir ses flots. L'Éternel des armées est son nom.

¹⁶Je mets mes paroles dans ta bouche, Et je te couvre de l'ombre de ma main, Pour étendre de nouveaux cieux et fonder une nouvelle terre, Et pour dire à Sion: Tu es mon peuple!

¹⁷Réveille-toi, réveille-toi! lève-toi, Jérusalem, Qui as bu de la main de l'Éternel la coupe de sa colère, Qui as bu, sucé jusqu'à la lie la coupe d'étourdissement!

¹⁸Il n'y en a aucun pour la conduire De tous les fils qu'elle a enfantés, Il n'y en a aucun pour la prendre par la main De tous les fils qu'elle a élevés.

¹⁹Ces deux choses te sont arrivées: -Qui te plaindra? -Le ravage et la ruine, la famine et l'épée. -Qui suis-je pour te consoler? -

²⁰Tes fils en défaillance gisaient à tous les coins de rues, Comme le cerf dans un filet, Chargés de la colère de l'Éternel, Des menaces de ton Dieu.

²¹C'est pourquoi, écoute ceci, malheureuse, Ivre, mais non de vin!

²²Ainsi parle ton Seigneur, l'Éternel, Ton Dieu qui défend son peuple: Voici, je prends de ta main la coupe d'étourdissement, La coupe de ma colère; Tu ne la boiras plus!

²³Je la mettrai dans la main de tes oppresseurs, Qui te disaient: Courbe-toi, et nous passerons! Tu faisais alors de ton dos comme une terre, Comme une rue pour les passants.

Chapitre 52

¹Réveille-toi! réveille-toi! revêts ta parure, Sion! Revêts tes habits de fête, Jérusalem, ville sainte! Car il n'entrera plus chez toi ni incirconcis ni impur.

²Secoue ta poussière, lève-toi, Mets-toi sur ton séant, Jérusalem! Détache les liens de ton cou, Captive, fille de Sion!

³Car ainsi parle l'Éternel: C'est gratuitement que vous avez été vendus, Et ce n'est pas à prix d'argent que vous serez rachetés.

⁴Car ainsi parle le Seigneur, l'Éternel: Jadis mon peuple descendit en Égypte, pour y séjourner; Puis l'Assyrien l'opprima sans cause.

⁵Et maintenant, qu'ai-je à faire, dit l'Éternel, Quand mon peuple a été gratuitement enlevé? Ses tyrans poussent des cris, dit l'Éternel, Et toute la durée du jour mon nom est outragé.

⁶C'est pourquoi mon peuple connaîtra mon nom; C'est pourquoi il saura, en ce jour, Que c'est moi qui parle: me voici!

⁷Qu'ils sont beaux sur les montagnes, Les pieds de celui qui apporte de bonnes nouvelles, Qui publie la paix! De celui qui apporte de bonnes nouvelles, Qui publie le salut! De celui qui dit à Sion: ton Dieu règne!

⁸La voix de tes sentinelles retentit; Elles élèvent la voix, Elles poussent ensemble des cris d'allégresse; Car de leurs propres yeux elles voient Que l'Éternel ramène Sion.

⁹Éclatez ensemble en cris de joie, Ruines de Jérusalem! Car l'Éternel console son peuple, Il rachète Jérusalem.

¹⁰L'Éternel découvre le bras de sa sainteté, Aux yeux de toutes les nations; Et toutes les extrémités de la terre verront Le salut de notre Dieu.

¹¹Partez, partez, sortez de là! Ne touchez rien d'impur! Sortez du milieu d'elle! Purifiez-vous, vous qui portez les vases de l'Éternel!

¹²Ne sortez pas avec précipitation, Ne partez pas en fuyant; Car l'Éternel ira devant vous, Et le Dieu d'Israël fermera votre marche.

¹³Voici, mon serviteur prospérera; Il montera, il s'élèvera, il s'élèvera bien haut.

¹⁴De même qu'il a été pour plusieurs un sujet d'effroi, -Tant son visage était défiguré, Tant son aspect différait de celui des fils de l'homme, -

¹⁵De même il sera pour beaucoup de peuples un sujet de joie; Devant lui des rois fermeront la bouche; Car ils verront ce qui ne leur avait point été raconté, Ils apprendront ce qu'ils n'avaient point entendu.

Chapitre 53

¹Qui a cru à ce qui nous était annoncé? Qui a reconnu le bras de l'Éternel?

²Il s'est élevé devant lui comme une faible plante, Comme un rejeton qui sort d'une terre desséchée; Il n'avait ni beauté, ni éclat pour attirer nos regards, Et son aspect n'avait rien pour nous plaire.

³Méprisé et abandonné des hommes, Homme de douleur et habitué à la souffrance, Semblable à celui dont on détourne le visage, Nous l'avons dédaigné, nous n'avons fait de lui aucun cas.

⁴Cependant, ce sont nos souffrances qu'il a portées, C'est de nos douleurs qu'il s'est chargé; Et nous l'avons considéré comme puni, Frappé de Dieu, et humilié.

⁵Mais il était blessé pour nos péchés, Brisé pour nos iniquités; Le châtiment qui nous donne la paix est tombé sur lui, Et c'est par ses meurtrissures que nous sommes guéris.

⁶Nous étions tous errants comme des brebis, Chacun suivait sa propre voie; Et l'Éternel a fait retomber sur lui l'iniquité de nous tous.

⁷Il a été maltraité et opprimé, Et il n'a point ouvert la bouche, Semblable à un agneau qu'on mène à la boucherie, A une brebis muette devant ceux qui la tondent; Il n'a point ouvert la bouche.

⁸Il a été enlevé par l'angoisse et le châtiment; Et parmi ceux de sa génération, qui a cru Qu'il était retranché de la terre des vivants Et frappé pour les péchés de mon peuple?

⁹On a mis son sépulcre parmi les méchants, Son tombeau avec le riche, Quoiqu'il n'eût point commis de violence Et qu'il n'y eût point de fraude dans sa bouche.

¹⁰Il a plu à l'Éternel de le briser par la souffrance... Après avoir livré sa vie en sacrifice pour le péché, Il verra une postérité et prolongera ses jours; Et l'oeuvre de l'Éternel prospérera entre ses mains.

¹¹A cause du travail de son âme, il rassasiera ses regards; Par sa connaissance mon serviteur juste justifiera beaucoup d'hommes, Et il se chargera de leurs iniquités.

¹²C'est pourquoi je lui donnerai sa part avec les grands; Il partagera le butin avec les puissants, Parce qu'il s'est livré lui-même à la mort, Et qu'il a été mis au nombre des malfaiteurs, Parce qu'il a porté les péchés de beaucoup d'hommes, Et qu'il a intercédé pour les coupables.

Chapitre 54

¹Réjouis-toi, stérile, toi qui n'enfantes plus! Fais éclater ton allégresse et ta joie, toi qui n'as plus de douleurs! Car les fils de la délaissée seront plus nombreux Que les fils de celle qui est mariée, dit l'Éternel.

²Élargis l'espace de ta tente; Qu'on déploie les couvertures de ta demeure: Ne retiens pas! Allonge tes cordages, Et affermis tes pieux!

³Car tu te répandras à droite et à gauche; Ta postérité envahira des nations, Et peuplera des villes désertes.

⁴Ne crains pas, car tu ne seras point confondue; Ne rougis pas, car tu ne seras pas déshonorée; Mais tu oublieras la honte de ta jeunesse, Et tu ne te souviendras plus de l'opprobre de ton veuvage.

⁵Car ton créateur est ton époux: L'Éternel des armées est son nom; Et ton rédempteur est le Saint d'Israël: Il se nomme Dieu de toute la terre.

⁶Car l'Éternel te rappelle comme une femme délaissée et au coeur attristé, Comme une épouse de la jeunesse qui a été répudiée, dit ton Dieu.

⁷Quelques instants je t'avais abandonnée, Mais avec une grande affection je t'accueillerai;

⁸Dans un instant de colère, je t'avais un moment dérobé ma face, Mais avec un amour éternel j'aurai compassion de toi, Dit ton rédempteur, l'Éternel.

⁹Il en sera pour moi comme des eaux de Noé: J'avais juré que les eaux de Noé ne se répandraient plus sur la terre; Je jure de même de ne plus m'irriter contre toi Et de ne plus te menacer.

¹⁰Quand les montagnes s'éloigneraient, Quand les collines chancelleraient, Mon amour ne s'éloignera point de toi, Et mon alliance de paix ne chancellera point, Dit l'Éternel, qui a compassion de toi.

¹¹Malheureuse, battue de la tempête, et que nul ne console! Voici, je garnirai tes pierres d'antimoine, Et je te donnerai des fondements de saphir;

¹²Je ferai tes créneaux de rubis, Tes portes d'escarboucles, Et toute ton enceinte de pierres précieuses.

¹³Tous tes fils seront disciples de l'Éternel, Et grande sera la postérité de tes fils.

¹⁴Tu seras affermie par la justice; Bannis l'inquiétude, car tu n'as rien à craindre, Et la frayeur, car elle n'approchera pas de toi.

¹⁵Si l'on forme des complots, cela ne viendra pas de moi; Quiconque se liguera contre toi tombera sous ton pouvoir.

¹⁶Voici, j'ai créé l'ouvrier qui souffle le charbon au feu, Et qui fabrique une arme par son travail; Mais j'ai créé aussi le destructeur pour la briser.

¹⁷Toute arme forgée contre toi sera sans effet; Et toute langue qui s'élèvera en justice contre toi, Tu la condamneras. Tel est l'héritage des serviteurs de l'Éternel, Tel est le salut qui leur viendra de moi, Dit l'Éternel.

Ésaïe

Chapitre 55

¹Vous tous qui avez soif, venez aux eaux, Même celui qui n'a pas d'argent! Venez, achetez et mangez, Venez, achetez du vin et du lait, sans argent, sans rien payer!

²Pourquoi pesez-vous de l'argent pour ce qui ne nourrit pas? Pourquoi travaillez-vous pour ce qui ne vous rassasie pas? Écoutez-moi donc, et vous mangerez ce qui est bon, Et votre âme se délectera de mets succulents.

³Prêtez l'oreille, et venez à moi, Écoutez, et votre âme vivra: Je traiterai avec vous une alliance éternelle, Pour rendre durables mes faveurs envers David.

⁴Voici, je l'ai établi comme témoin auprès des peuples, Comme chef et dominateur des peuples.

⁵Voici, tu appelleras des nations que tu ne connais pas, Et les nations qui ne te connaissent pas accourront vers toi, A cause de l'Éternel, ton Dieu, Du Saint d'Israël, qui te glorifie.

⁶Cherchez l'Éternel pendant qu'il se trouve; Invoquez-le, tandis qu'il est près.

⁷Que le méchant abandonne sa voie, Et l'homme d'iniquité ses pensées; Qu'il retourne à l'Éternel, qui aura pitié de lui, A notre Dieu, qui ne se lasse pas de pardonner.

⁸Car mes pensées ne sont pas vos pensées, Et vos voies ne sont pas mes voies, Dit l'Éternel.

⁹Autant les cieux sont élevés au-dessus de la terre, Autant mes voies sont élevées au-dessus de vos voies, Et mes pensées au-dessus de vos pensées.

¹⁰Comme la pluie et la neige descendent des cieux, Et n'y retournent pas Sans avoir arrosé, fécondé la terre, et fait germer les plantes, Sans avoir donné de la semence au semeur Et du pain à celui qui mange,

¹¹Ainsi en est-il de ma parole, qui sort de ma bouche: Elle ne retourne point à moi sans effet, Sans avoir exécuté ma volonté Et accompli mes desseins.

¹²Oui, vous sortirez avec joie, Et vous serez conduits en paix; Les montagnes et les collines éclateront d'allégresse devant vous, Et tous les arbres de la campagne battront des mains.

¹³Au lieu de l'épine s'élèvera le cyprès, Au lieu de la ronce croîtra le myrte; Et ce sera pour l'Éternel une gloire, Un monument perpétuel, impérissable.

Chapitre 56

¹Ainsi parle l'Éternel: Observez ce qui est droit, et pratiquez ce qui est juste; Car mon salut ne tardera pas à venir, Et ma justice à se manifester.

²Heureux l'homme qui fait cela, Et le fils de l'homme qui y demeure ferme, Gardant le sabbat, pour ne point le profaner, Et veillant sur sa main, pour ne commettre aucun mal!

³Que l'étranger qui s'attache à l'Éternel ne dise pas: L'Éternel me séparera de son peuple! Et que l'eunuque ne dise pas: Voici, je suis un arbre sec!

⁴Car ainsi parle l'Éternel: Aux eunuques qui garderont mes sabbats, Qui choisiront ce qui m'est agréable, Et qui persévéreront dans mon alliance,

⁵Je donnerai dans ma maison et dans mes murs une place et un nom Préférables à des fils et à des filles; Je leur donnerai un nom éternel, Qui ne périra pas.

⁶Et les étrangers qui s'attacheront à l'Éternel pour le servir, Pour aimer le nom de l'Éternel, Pour être ses serviteurs, Tous ceux qui garderont le sabbat, pour ne point le profaner, Et qui persévéreront dans mon alliance,

⁷Je les amènerai sur ma montagne sainte, Et je les réjouirai dans ma maison de prière; Leurs holocaustes et leurs sacrifices seront agréés sur mon autel; Car ma maison sera appelée une maison de prière pour tous les peuples.

⁸Le Seigneur, l'Éternel, parle, Lui qui rassemble les exilés d'Israël: Je réunirai d'autres peuples à lui, aux siens déjà rassemblés.

⁹Vous toutes, bêtes des champs, Venez pour manger, vous toutes, bêtes de la forêt!

¹⁰Ses gardiens sont tous aveugles, sans intelligence; Ils sont tous des chiens muets, incapables d'aboyer; Ils ont des rêveries, se tiennent couchés, Aiment à sommeiller.

¹¹Et ce sont des chiens voraces, insatiables; Ce sont des bergers qui ne savent rien comprendre; Tous suivent leur propre voie, Chacun selon son intérêt, jusqu'au dernier: -

¹²Venez, je vais chercher du vin, Et nous boirons des liqueurs fortes! Nous en ferons autant demain, Et beaucoup plus encore! -

Chapitre 57

¹Le juste périt, et nul n'y prend garde; Les gens de bien sont enlevés, et nul ne fait attention Que c'est par suite de la malice que le juste est enlevé.

²Il entrera dans la paix, Il reposera sur sa couche, Celui qui aura suivi le droit chemin.

³Mais vous, approchez ici, fils de l'enchanteresse, Race de l'adultère et de la prostituée!

⁴De qui vous moquez-vous? Contre qui ouvrez-vous une large bouche Et tirez-vous la langue? N'êtes-vous pas des enfants de péché, Une race de mensonge,

⁵S'échauffant près des térébinthes, sous tout arbre vert, Égorgeant les enfants dans les vallées, Sous des fentes de rochers?

⁶C'est dans les pierres polies des torrents qu'est ton partage, Voilà, voilà ton lot; C'est à elles que tu verses des libations, Que tu fais des offrandes: Puis-je être insensible à cela?

⁷C'est sur une montagne haute et élevée que tu dresses ta couche; C'est aussi là que tu montes pour offrir des sacrifices.

⁸Tu mets ton souvenir derrière la porte et les poteaux; Car, loin de moi, tu lèves la couverture et tu montes, Tu élargis ta couche, et tu traites alliance avec eux, Tu aimes leur commerce, tu choisis une place.

⁹Tu vas auprès du roi avec de l'huile, Tu multiplies tes aromates, Tu envoies au loin tes messagers, Tu t'abaisses jusqu'au séjour des morts.

¹⁰A force de marcher tu te fatigues, Et tu ne dis pas: J'y renonce! Tu trouves encore de la vigueur dans ta main: Aussi n'es-tu pas dans l'abattement.

¹¹Et qui redoutais-tu, qui craignais-tu, pour être infidèle, Pour ne pas te souvenir, te soucier de moi? Est-ce que je ne garde pas le silence, et depuis longtemps? C'est pourquoi tu ne me crains pas.

¹²Je vais publier ta droiture, Et tes oeuvres ne te profiteront pas.

¹³Quand tu crieras, la foule de tes idoles te délivrera-t-elle? Le vent les emportera toutes, un souffle les enlèvera. Mais celui qui se confie en moi héritera le pays, Et possédera ma montagne sainte.

¹⁴On dira: Frayez, frayez, préparez le chemin, Enlevez tout obstacle du chemin de mon peuple!

¹⁵Car ainsi parle le Très Haut, Dont la demeure est éternelle et dont le nom est saint: J'habite dans les lieux élevés et dans la sainteté; Mais je suis avec l'homme contrit et humilié, Afin de ranimer les esprits humiliés, Afin de ranimer les coeurs contrits.

¹⁶Je ne veux pas contester à toujours, Ni garder une éternelle colère, Quand devant moi tombent en défaillance les esprits, Les âmes que j'ai faites.

¹⁷A cause de son avidité coupable, je me suis irrité et je l'ai frappé, Je me suis caché dans mon indignation; Et le rebelle a suivi le chemin de son coeur.

¹⁸J'ai vu ses voies, Et je le guérirai; Je lui servirai de guide, Et je le consolerai, lui et ceux qui pleurent avec lui.

¹⁹Je mettrai la louange sur les lèvres. Paix, paix à celui qui est loin et à celui qui est près! dit l'Éternel. Je les guérirai.

²⁰Mais les méchants sont comme la mer agitée, Qui ne peut se calmer, Et dont les eaux soulèvent la vase et le limon.

²¹Il n'y a point de paix pour les méchants, dit mon Dieu.

Chapitre 58

¹Crie à plein gosier, ne te retiens pas, Élève ta voix comme une trompette, Et annonce à mon peuple ses iniquités, A la maison de Jacob ses péchés!

²Tous les jours ils me cherchent, Ils veulent connaître mes voies; Comme une nation qui aurait pratiqué la justice Et n'aurait pas abandonné la loi de son Dieu, Ils me demandent des arrêts de justice, Ils désirent l'approche de Dieu. -

³Que nous sert de jeûner, si tu ne le vois pas? De mortifier notre âme, si tu n'y as point égard? -Voici, le jour de votre jeûne, vous vous livrez à vos penchants, Et vous traitez durement tous vos mercenaires.

⁴Voici, vous jeûnez pour disputer et vous quereller, Pour frapper méchamment du poing; Vous ne jeûnez pas comme le veut ce jour, Pour que votre voix soit entendue en haut.

⁵Est-ce là le jeûne auquel je prends plaisir, Un jour où l'homme humilie son âme? Courber la tête comme un jonc, Et se coucher sur le sac et la cendre, Est-ce là ce que tu appelleras un jeûne, Un jour agréable à l'Éternel?

⁶Voici le jeûne auquel je prends plaisir: Détache les chaînes de la méchanceté, Dénoue les liens de la servitude, Renvoie libres les opprimés, Et que l'on rompe toute espèce de joug;

⁷Partage ton pain avec celui qui a faim, Et fais entrer dans ta maison les malheureux sans asile; Si tu vois un homme nu, couvre-le, Et

ne te détourne pas de ton semblable.

⁸Alors ta lumière poindra comme l'aurore, Et ta guérison germera promptement; Ta justice marchera devant toi, Et la gloire de l'Éternel t'accompagnera.

⁹Alors tu appelleras, et l'Éternel répondra; Tu crieras, et il dira: Me voici! Si tu éloignes du milieu de toi le joug, Les gestes menaçants et les discours injurieux,

¹⁰Si tu donnes ta propre subsistance à celui qui a faim, Si tu rassasies l'âme indigente, Ta lumière se lèvera sur l'obscurité, Et tes ténèbres seront comme le midi.

¹¹L'Éternel sera toujours ton guide, Il rassasiera ton âme dans les lieux arides, Et il redonnera de la vigueur à tes membres; Tu seras comme un jardin arrosé, Comme une source dont les eaux ne tarissent pas.

¹²Les tiens rebâtiront sur d'anciennes ruines, Tu relèveras des fondements antiques; On t'appellera réparateur des brèches, Celui qui restaure les chemins, qui rend le pays habitable.

¹³Si tu retiens ton pied pendant le sabbat, Pour ne pas faire ta volonté en mon saint jour, Si tu fais du sabbat tes délices, Pour sanctifier l'Éternel en le glorifiant, Et si tu l'honores en ne suivant point tes voies, En ne te livrant pas à tes penchants et à de vains discours,

¹⁴Alors tu mettras ton plaisir en l'Éternel, Et je te ferai monter sur les hauteurs du pays, Je te ferai jouir de l'héritage de Jacob, ton père; Car la bouche de l'Éternel a parlé.

Chapitre 59

¹Non, la main de l'Éternel n'est pas trop courte pour sauver, Ni son oreille trop dure pour entendre.

²Mais ce sont vos crimes qui mettent une séparation Entre vous et votre Dieu; Ce sont vos péchés qui vous cachent sa face Et l'empêchent de vous écouter.

³Car vos mains sont souillées de sang, Et vos doigts de crimes; Vos lèvres profèrent le mensonge, Votre langue fait entendre l'iniquité.

⁴Nul ne se plaint avec justice, Nul ne plaide avec droiture; Ils s'appuient sur des choses vaines et disent des faussetés, Ils conçoivent le mal et enfantent le crime.

⁵Il couvent des oeufs de basilic, Et ils tissent des toiles d'araignée. Celui qui mange de leurs oeufs meurt; Et, si l'on en brise un, il sort une vipère.

⁶Leurs toiles ne servent point à faire un vêtement, Et ils ne peuvent se couvrir de leur ouvrage; Leurs oeuvres sont des oeuvres d'iniquité, Et les actes de violence sont dans leurs mains.

⁷Leurs pieds courent au mal, Et ils ont hâte de répandre le sang innocent; Leurs pensées sont des pensées d'iniquité, Le ravage et la ruine sont sur leur route.

⁸Ils ne connaissent pas le chemin de la paix, Et il n'y a point de justice dans leurs voies; Ils prennent des sentiers détournés: Quiconque y marche ne connaît point la paix. -

⁹C'est pourquoi l'arrêt de délivrance est loin de nous, Et le salut ne nous atteint pas; Nous attendons la lumière, et voici les ténèbres, La clarté, et nous marchons dans l'obscurité.

¹⁰Nous tâtonnons comme des aveugles le long d'un mur, Nous tâtonnons comme ceux qui n'ont point d'yeux; Nous chancelons à midi comme de nuit, Au milieu de l'abondance nous ressemblons à des morts.

¹¹Nous grondons tous comme des ours, Nous gémissons comme des colombes; Nous attendons la délivrance, et elle n'est pas là, Le salut, et il est loin de nous.

¹²Car nos transgressions sont nombreuses devant toi, Et nos péchés témoignent contre nous; Nos transgressions sont avec nous, Et nous connaissons nos crimes.

¹³Nous avons été coupables et infidèles envers l'Éternel, Nous avons abandonné notre Dieu; Nous avons proféré la violence et la révolte, Conçu et médité dans le coeur des paroles de mensonge;

¹⁴Et la délivrance s'est retirée, Et le salut se tient éloigné; Car la vérité trébuche sur la place publique, Et la droiture ne peut approcher.

¹⁵La vérité a disparu, Et celui qui s'éloigne du mal est dépouillé. - L'Éternel voit, d'un regard indigné, Qu'il n'y a plus de droiture.

¹⁶Il voit qu'il n'y a pas un homme, Il s'étonne de ce que personne n'intercède; Alors son bras lui vient en aide, Et sa justice lui sert d'appui.

¹⁷Il se revêt de la justice comme d'une cuirasse, Et il met sur sa tête le casque du salut; Il prend la vengeance pour vêtement, Et il se couvre de la jalousie comme d'un manteau.

¹⁸Il rendra à chacun selon ses oeuvres, La fureur à ses adversaires, La pareille à ses ennemis; Il rendra la pareille aux îles.

¹⁹On craindra le nom de l'Éternel depuis l'occident, Et sa gloire depuis le soleil levant; Quand l'ennemi viendra comme un fleuve, L'esprit de l'Éternel le mettra en fuite.

²⁰Un rédempteur viendra pour Sion, Pour ceux de Jacob qui se convertiront de leurs péchés, Dit l'Éternel.

²¹Voici mon alliance avec eux, dit l'Éternel: Mon esprit, qui repose sur toi, Et mes paroles, que j'ai mises dans ta bouche, Ne se retireront point de ta bouche, ni de la bouche de tes enfants, Ni de la bouche des enfants de tes enfants, Dit l'Éternel, dès maintenant et à jamais.

Chapitre 60

¹Lève-toi, sois éclairée, car ta lumière arrive, Et la gloire de l'Éternel se lève sur toi.

²Voici, les ténèbres couvrent la terre, Et l'obscurité les peuples; Mais sur toi l'Éternel se lève, Sur toi sa gloire apparaît.

³Des nations marchent à ta lumière, Et des rois à la clarté de tes rayons.

⁴Porte tes yeux alentour, et regarde: Tous ils s'assemblent, ils viennent vers toi; Tes fils arrivent de loin, Et tes filles sont portées sur les bras.

⁵Tu tressailliras alors et tu te réjouiras, Et ton coeur bondira et se dilatera, Quand les richesses de la mer se tourneront vers toi, Quand les trésors des nations viendront à toi.

⁶Tu seras couverte d'une foule de chameaux, De dromadaires de Madian et d'Épha; Ils viendront tous de Séba; Ils porteront de l'or et de l'encens, Et publieront les louanges de l'Éternel.

⁷Les troupeaux de Kédar se réuniront tous chez toi; Les béliers de Nebajoth seront à ton service; Ils monteront sur mon autel et me seront agréables, Et je glorifierai la maison de ma gloire.

⁸Qui sont ceux-là qui volent comme des nuées, Comme des colombes vers leur colombier?

⁹Car les îles espèrent en moi, Et les navires de Tarsis sont en tête, Pour ramener de loin tes enfants, Avec leur argent et leur or, A cause du nom de l'Éternel, ton Dieu, Du Saint d'Israël qui te glorifie.

¹⁰Les fils de l'étranger rebâtiront tes murs, Et leurs rois seront tes serviteurs; Car je t'ai frappée dans ma colère, Mais dans ma miséricorde j'ai pitié de toi.

¹¹Tes portes seront toujours ouvertes, Elles ne seront fermées ni jour ni nuit, Afin de laisser entrer chez toi les trésors des nations, Et leurs rois avec leur suite.

¹²Car la nation et le royaume qui ne te serviront pas périront, Ces nations-là seront exterminées.

¹³La gloire du Liban viendra chez toi, Le cyprès, l'orme et le buis, tous ensemble, Pour orner le lieu de mon sanctuaire, Et je glorifierai la place où reposent mes pieds.

¹⁴Les fils de tes oppresseurs viendront s'humilier devant toi, Et tous ceux qui te méprisaient se prosterneront à tes pieds; Ils t'appelleront ville de l'Éternel, Sion du Saint d'Israël.

¹⁵Au lieu que tu étais délaissée et haïe, Et que personne ne te parcourait, Je ferai de toi un ornement pour toujours, Un sujet de joie de génération en génération.

¹⁶Tu suceras le lait des nations, Tu suceras la mamelle des rois; Et tu sauras que je suis l'Éternel, ton sauveur, Ton rédempteur, le puissant de Jacob.

¹⁷Au lieu de l'airain je ferai venir de l'or, Au lieu du fer je ferai venir de l'argent, Au lieu du bois, de l'airain, Et au lieu des pierres, du fer; Je ferai régner sur toi la paix, Et dominer la justice.

¹⁸On n'entendra plus parler de violence dans ton pays, Ni de ravage et de ruine dans ton territoire; Tu donneras à tes murs le nom de salut, Et à tes portes celui de gloire.

¹⁹Ce ne sera plus le soleil qui te servira de lumière pendant le jour, Ni la lune qui t'éclairera de sa lueur; Mais l'Éternel sera ta lumière à toujours, Ton Dieu sera ta gloire.

²⁰Ton soleil ne se couchera plus, Et ta lune ne s'obscurcira plus; Car l'Éternel sera ta lumière à toujours, Et les jours de ton deuil seront passés.

²¹Il n'y aura plus que des justes parmi ton peuple, Ils posséderont à toujours le pays; C'est le rejeton que j'ai planté, l'oeuvre de mes mains, Pour servir à ma gloire.

²²Le plus petit deviendra un millier, Et le moindre une nation puissante. Moi, l'Éternel, je hâterai ces choses en leur temps.

Chapitre 61

¹L'esprit du Seigneur, l'Éternel, est sur moi, Car l'Éternel m'a oint pour porter de bonnes nouvelles aux malheureux; Il m'a envoyé pour guérir ceux qui ont le coeur brisé, Pour proclamer aux captifs la liberté, Et aux prisonniers la délivrance;

²Pour publier une année de grâce de l'Éternel, Et un jour de vengeance de notre Dieu; Pour consoler tous les affligés;

³Pour accorder aux affligés de Sion, Pour leur donner un diadème

au lieu de la cendre, Une huile de joie au lieu du deuil, Un vêtement de louange au lieu d'un esprit abattu, Afin qu'on les appelle des térébinthes de la justice, Une plantation de l'Éternel, pour servir à sa gloire.

⁴Ils rebâtiront sur d'anciennes ruines, Ils relèveront d'antiques décombres, Ils renouvelleront des villes ravagées, Dévastées depuis longtemps.

⁵Des étrangers seront là et feront paître vos troupeaux, Des fils de l'étranger seront vos laboureurs et vos vignerons.

⁶Mais vous, on vous appellera sacrificateurs de l'Éternel, On vous nommera serviteurs de notre Dieu; Vous mangerez les richesses des nations, Et vous vous glorifierez de leur gloire.

⁷Au lieu de votre opprobre, vous aurez une portion double; Au lieu de l'ignominie, ils seront joyeux de leur part; Ils posséderont ainsi le double dans leur pays, Et leur joie sera éternelle.

⁸Car moi, l'Éternel, j'aime la justice, Je hais la rapine avec l'iniquité; Je leur donnerai fidèlement leur récompense, Et je traiterai avec eux une alliance éternelle.

⁹Leur race sera connue parmi les nations, Et leur postérité parmi les peuples; Tous ceux qui les verront reconnaîtront Qu'ils sont une race bénie de l'Éternel.

¹⁰Je me réjouirai en l'Éternel, Mon âme sera ravie d'allégresse en mon Dieu; Car il m'a revêtu des vêtements du salut, Il m'a couvert du manteau de la délivrance, Comme le fiancé s'orne d'un diadème, Comme la fiancée se pare de ses joyaux.

¹¹Car, comme la terre fait éclore son germe, Et comme un jardin fait pousser ses semences, Ainsi le Seigneur, l'Éternel, fera germer le salut et la louange, En présence de toutes les nations.

Chapitre 62

¹Pour l'amour de Sion je ne me tairai point, Pour l'amour de Jérusalem je ne prendrai point de repos, Jusqu'à ce que son salut paraisse, comme l'aurore, Et sa délivrance, comme un flambeau qui s'allume.

²Alors les nations verront ton salut, Et tous les rois ta gloire; Et l'on t'appellera d'un nom nouveau, Que la bouche de l'Éternel déterminera.

³Tu seras une couronne éclatante dans la main de l'Éternel, Un turban royal dans la main de ton Dieu.

⁴On ne te nommera plus délaissée, On ne nommera plus ta terre désolation; Mais on t'appellera mon plaisir en elle, Et l'on appellera ta terre épouse; Car l'Éternel met son plaisir en toi, Et ta terre aura un époux.

⁵Comme un jeune homme s'unit à une vierge, Ainsi tes fils s'uniront à toi; Et comme la fiancée fait la joie de son fiancé, Ainsi tu feras la joie de ton Dieu.

⁶Sur tes murs, Jérusalem, j'ai placé des gardes; Ils ne se tairont ni jour ni nuit. Vous qui la rappelez au souvenir de l'Éternel, Point de repos pour vous!

⁷Et ne lui laissez aucun relâche, Jusqu'à ce qu'il rétablisse Jérusalem Et la rende glorieuse sur la terre.

⁸L'Éternel l'a juré par sa droite et par son bras puissant: Je ne donnerai plus ton blé pour nourriture à tes ennemis, Et les fils de l'étranger ne boiront plus ton vin, Produit de tes labeurs;

⁹Mais ceux qui auront amassé le blé le mangeront Et loueront l'Éternel, Et ceux qui auront récolté le vin le boiront, Dans les parvis de mon sanctuaire.

¹⁰Franchissez, franchissez les portes! Préparez un chemin pour le peuple! Frayez, frayez la route, ôtez les pierres! Élevez une bannière vers les peuples!

¹¹Voici ce que l'Éternel proclame aux extrémités de la terre: Dites à la fille de Sion: Voici, ton sauveur arrive; Voici, le salaire est avec lui, Et les rétributions le précèdent.

¹²On les appellera peuple saint, rachetés de l'Éternel; Et toi, on t'appellera recherchée, ville non délaissée.

Chapitre 63

¹Qui est celui-ci qui vient d'Édom, De Botsra, en vêtements rouges, En habits éclatants, Et se redressant avec fierté dans la plénitude de sa force? -C'est moi qui ai promis le salut, Qui ai le pouvoir de délivrer. -

²Pourquoi tes habits sont-ils rouges, Et tes vêtements comme les vêtements de celui qui foule dans la cuve? -

³J'ai été seul à fouler au pressoir, Et nul homme d'entre les peuples n'était avec moi; Je les ai foulés dans ma colère, Je les ai écrasés dans ma fureur; Leur sang a jailli sur mes vêtements, Et j'ai souillé tous mes habits.

⁴Car un jour de vengeance était dans mon coeur, Et l'année de mes rachetés est venue.

⁵Je regardais, et personne pour m'aider; J'étais étonné, et personne pour me soutenir; Alors mon bras m'a été en aide, Et ma fureur m'a servi d'appui.

⁶J'ai foulé des peuples dans ma colère, Je les ai rendus ivres dans ma fureur, Et j'ai répandu leur sang sur la terre.

⁷Je publierai les grâces de l'Éternel, les louanges de l'Éternel, D'après tout ce que l'Éternel a fait pour nous; Je dirai sa grande bonté envers la maison d'Israël, Qu'il a traitée selon ses compassions et la richesse de son amour.

⁸Il avait dit: Certainement ils sont mon peuple, Des enfants qui ne seront pas infidèles! Et il a été pour eux un sauveur.

⁹Dans toutes leurs détresses ils n'ont pas été sans secours, Et l'ange qui est devant sa face les a sauvés; Il les a lui-même rachetés, dans son amour et sa miséricorde, Et constamment il les a soutenus et portés, aux anciens jours.

¹⁰Mais ils ont été rebelles, ils ont attristé son esprit saint; Et il est devenu leur ennemi, il a combattu contre eux.

¹¹Alors son peuple se souvint des anciens jours de Moïse: Où est celui qui les fit monter de la mer, Avec le berger de son troupeau? Où est celui qui mettait au milieu d'eux son esprit saint;

¹²Qui dirigea la droite de Moïse, Par son bras glorieux; Qui fendit les eaux devant eux, Pour se faire un nom éternel;

¹³Qui les dirigea au travers des flots, Comme un coursier dans le désert, Sans qu'ils bronchassent?

¹⁴Comme la bête qui descend dans la vallée, L'esprit de l'Éternel les a menés au repos. C'est ainsi que tu as conduit ton peuple, Pour te faire un nom glorieux.

¹⁵Regarde du ciel, et vois, De ta demeure sainte et glorieuse: Où sont ton zèle et ta puissance? Le frémissement de tes entrailles et tes compassions Ne se font plus sentir envers moi.

¹⁶Tu es cependant notre père, Car Abraham ne nous connaît pas, Et Israël ignore qui nous sommes; C'est toi, Éternel, qui es notre père, Qui, dès l'éternité, t'appelles notre sauveur.

¹⁷Pourquoi, ô Éternel, nous fais-tu errer loin de tes voies, Et endurcis-tu notre coeur contre ta crainte? Reviens, pour l'amour de tes serviteurs, Des tribus de ton héritage!

¹⁸Ton peuple saint n'a possédé le pays que peu de temps; Nos ennemis ont foulé ton sanctuaire.

¹⁹Nous sommes depuis longtemps comme un peuple que tu ne gouvernes pas, Et qui n'est point appelé de ton nom...

Chapitre 64

¹:¹⁹b) Oh! si tu déchirais les cieux, et si tu descendais, Les montagnes s'ébranleraient devant toi,

² Comme s'allume un feu de bois sec, Comme s'évapore l'eau qui bouillonne; Tes ennemis connaîtraient ton nom, Et les nations trembleraient devant toi.

³ Lorsque tu fis des prodiges que nous n'attendions pas, Tu descendis, et les montagnes s'ébranlèrent devant toi.

⁴ Jamais on n'a appris ni entendu dire, Et jamais l'oeil n'a vu qu'un autre dieu que toi Fît de telles choses pour ceux qui se confient en lui.

⁵ Tu vas au-devant de celui qui pratique avec joie la justice, De ceux qui marchent dans tes voies et se souviennent de toi. Mais tu as été irrité, parce que nous avons péché; Et nous en souffrons longtemps jusqu'à ce que nous soyons sauvés.

⁶ Nous sommes tous comme des impurs, Et toute notre justice est comme un vêtement souillé; Nous sommes tous flétris comme une feuille, Et nos crimes nous emportent comme le vent.

⁷ Il n'y a personne qui invoque ton nom, Qui se réveille pour s'attacher à toi: Aussi nous as-tu caché ta face, Et nous laisses-tu périr par l'effet de nos crimes.

⁸ Cependant, ô Éternel, tu es notre père; Nous sommes l'argile, et c'est toi qui nous as formés, Nous sommes tous l'ouvrage de tes mains.

⁹ Ne t'irrite pas à l'extrême, ô Éternel, Et ne te souviens pas à toujours du crime; Regarde donc, nous sommes tous ton peuple.

¹⁰ Tes villes saintes sont un désert; Sion est un désert, Jérusalem une solitude.

¹¹ Notre maison sainte et glorieuse, Où nos pères célébraient tes louanges, Est devenue la proie des flammes; Tout ce que nous avions de précieux a été dévasté.

¹² Après cela, ô Éternel, te contiendras-tu? Est-ce que tu te tairas, et nous affligeras à l'excès?

Chapitre 65

¹J'ai exaucé ceux qui ne demandaient rien, Je me suis laissé trouver par ceux qui ne me cherchaient pas; J'ai dit: Me voici, me voici! A une nation qui ne s'appelait pas de mon nom.

²J'ai tendu mes mains tous les jours vers un peuple rebelle, Qui marche dans une voie mauvaise, Au gré de ses pensées;

³Vers un peuple qui ne cesse de m'irriter en face, Sacrifiant dans les jardins, Et brûlant de l'encens sur les briques;

⁴Qui fait des sépulcres sa demeure, Et passe la nuit dans les cavernes, Mangeant de la chair de porc, Et ayant dans ses vases des mets impurs;

⁵Qui dit: Retire-toi, Ne m'approche pas, car je suis saint!... De pareilles choses, c'est une fumée dans mes narines, C'est un feu qui brûle toujours.

⁶Voici ce que j'ai résolu par devers moi: Loin de me taire, je leur ferai porter la peine, Oui, je leur ferai porter la peine

⁷De vos crimes, dit l'Éternel, et des crimes de vos pères, Qui ont brûlé de l'encens sur les montagnes, Et qui m'ont outragé sur les collines; Je leur mesurerai le salaire de leurs actions passées.

⁸Ainsi parle l'Éternel: Quand il se trouve du jus dans une grappe, On dit: Ne la détruis pas, Car il y a là une bénédiction! J'agirai de même, pour l'amour de mes serviteurs, Afin de ne pas tout détruire.

⁹Je ferai sortir de Jacob une postérité, Et de Juda un héritier de mes montagnes; Mes élus posséderont le pays, Et mes serviteurs y habiteront.

¹⁰Le Saron servira de pâturage au menu bétail, Et la vallée d'Acor servira de gîte au gros bétail, Pour mon peuple qui m'aura cherché.

¹¹Mais vous, qui abandonnez l'Éternel, Qui oubliez ma montagne sainte, Qui dressez une table pour Gad, Et remplissez une coupe pour Meni,

¹²Je vous destine au glaive, Et vous fléchirez tous le genou pour être égorgés; Car j'ai appelé, et vous n'avez point répondu, J'ai parlé, et vous n'avez point écouté; Mais vous avez fait ce qui est mal à mes yeux, Et vous avez choisi ce qui me déplaît.

¹³C'est pourquoi ainsi parle le Seigneur, l'Éternel: Voici, mes serviteurs mangeront, et vous aurez faim; Voici, mes serviteurs boiront, et vous aurez soif; Voici, mes serviteurs se réjouiront, et vous serez confondus;

¹⁴Voici, mes serviteurs chanteront dans la joie de leur coeur; Mais vous, vous crierez dans la douleur de votre âme, Et vous vous lamenterez dans l'abattement de votre esprit.

¹⁵Vous laisserez votre nom en imprécation à mes élus; Le Seigneur, l'Éternel, vous fera mourir, Et il donnera à ses serviteurs un autre nom.

¹⁶Celui qui voudra être béni dans le pays Voudra l'être par le Dieu de vérité, Et celui qui jurera dans le pays Jurera par le Dieu de vérité; Car les anciennes souffrances seront oubliées, Elles seront cachées à mes yeux.

¹⁷Car je vais créer de nouveaux cieux Et une nouvelle terre; On ne se rappellera plus les choses passées, Elles ne reviendront plus à l'esprit.

¹⁸Réjouissez-vous plutôt et soyez à toujours dans l'allégresse, A cause de ce que je vais créer; Car je vais créer Jérusalem pour l'allégresse, Et son peuple pour la joie.

¹⁹Je ferai de Jérusalem mon allégresse, Et de mon peuple ma joie; On n'y entendra plus Le bruit des pleurs et le bruit des cris.

²⁰Il n'y aura plus ni enfants ni vieillards Qui n'accomplissent leurs jours; Car celui qui mourra à cent ans sera jeune, Et le pécheur âgé de cent ans sera maudit.

²¹Ils bâtiront des maisons et les habiteront; Ils planteront des vignes et en mangeront le fruit.

²²Ils ne bâtiront pas des maisons pour qu'un autre les habite, Ils ne planteront pas des vignes pour qu'un autre en mange le fruit; Car les jours de mon peuple seront comme les jours des arbres, Et mes élus jouiront de l'oeuvre de leurs mains.

²³Ils ne travailleront pas en vain, Et ils n'auront pas des enfants pour les voir périr; Car ils formeront une race bénie de l'Éternel, Et leurs enfants seront avec eux.

²⁴Avant qu'ils m'invoquent, je répondrai; Avant qu'ils aient cessé de parler, j'exaucerai.

²⁵Le loup et l'agneau paîtront ensemble, Le lion, comme le boeuf, mangera de la paille, Et le serpent aura la poussière pour nourriture. Il ne se fera ni tort ni dommage Sur toute ma montagne sainte, Dit l'Éternel.

Chapitre 66

¹Ainsi parle l'Éternel: Le ciel est mon trône, Et la terre mon marchepied. Quelle maison pourriez-vous me bâtir, Et quel lieu me donneriez-vous pour demeure?

²Toutes ces choses, ma main les a faites, Et toutes ont reçu l'existence, dit l'Éternel. Voici sur qui je porterai mes regards: Sur celui qui souffre et qui a l'esprit abattu, Sur celui qui craint ma parole.

³Celui qui immole un boeuf est comme celui qui tuerait un homme, Celui qui sacrifie un agneau est comme celui qui romprait la nuque à un chien, Celui qui présente une offrande est comme celui qui répandrait du sang de porc, Celui qui brûle de l'encens est comme celui qui adorerait des idoles; Tous ceux-là se complaisent dans leurs voies, Et leur âme trouve du plaisir dans leurs abominations.

⁴Moi aussi, je me complairai dans leur infortune, Et je ferai venir sur eux ce qui cause leur effroi, Parce que j'ai appelé, et qu'ils n'ont point répondu, Parce que j'ai parlé, et qu'ils n'ont point écouté; Mais ils ont fait ce qui est mal à mes yeux, Et ils ont choisi ce qui me déplaît.

⁵Écoutez la parole de l'Éternel, Vous qui craignez sa parole. Voici ce que disent vos frères, Qui vous haïssent et vous repoussent A cause de mon nom: Que l'Éternel montre sa gloire, Et que nous voyions votre joie! -Mais ils seront confondus.

⁶Une voix éclatante sort de la ville, Une voix sort du temple. C'est la voix de l'Éternel, Qui paie à ses ennemis leur salaire.

⁷Avant d'éprouver les douleurs, Elle a enfanté; Avant que les souffrances lui vinssent, Elle a donné naissance à un fils.

⁸Qui a jamais entendu pareille chose? Qui a jamais vu rien de semblable? Un pays peut-il naître en un jour? Une nation est-elle enfantée d'un seul coup? A peine en travail, Sion a enfanté ses fils!

⁹Ouvrirais-je le sein maternel, Pour ne pas laisser enfanter? dit l'Éternel; Moi, qui fais naître, Empêcherais-je d'enfanter? dit ton Dieu.

¹⁰Réjouissez-vous avec Jérusalem, Faites d'elle le sujet de votre allégresse, Vous tous qui l'aimez; Tressaillez avec elle de joie, Vous tous qui menez deuil sur elle;

¹¹Afin que vous soyez nourris et rassasiés Du lait de ses consolations, Afin que vous savouriez avec bonheur La plénitude de sa gloire.

¹²Car ainsi parle l'Éternel: Voici, je dirigerai vers elle la paix comme un fleuve, Et la gloire des nations comme un torrent débordé, Et vous serez allaités; Vous serez portés sur les bras, Et caressés sur les genoux.

¹³Comme un homme que sa mère console, Ainsi je vous consolerai; Vous serez consolés dans Jérusalem.

¹⁴Vous le verrez, et votre coeur sera dans la joie, Et vos os reprendront de la vigueur comme l'herbe; L'Éternel manifestera sa puissance envers ses serviteurs, Mais il fera sentir sa colère à ses ennemis.

¹⁵Car voici, l'Éternel arrive dans un feu, Et ses chars sont comme un tourbillon; Il convertit sa colère en un brasier, Et ses menaces en flammes de feu.

¹⁶C'est par le feu que l'Éternel exerce ses jugements, C'est par son glaive qu'il châtie toute chair; Et ceux que tuera l'Éternel seront en grand nombre.

¹⁷Ceux qui se sanctifient et se purifient dans les jardins, Au milieu desquels ils vont un à un, Qui mangent de la chair de porc, Des choses abominables et des souris, Tous ceux-là périront, dit l'Éternel.

¹⁸Je connais leurs oeuvres et leurs pensées. Le temps est venu de rassembler toutes les nations Et toutes les langues; Elles viendront et verront ma gloire.

¹⁹Je mettrai un signe parmi elles, Et j'enverrai leurs réchappés vers les nations, A Tarsis, à Pul et à Lud, qui tirent de l'arc, A Tubal et à Javan, Aux îles lointaines, Qui jamais n'ont entendu parler de moi, Et qui n'ont pas vu ma gloire; Et ils publieront ma gloire parmi les nations.

²⁰Ils amèneront tous vos frères du milieu de toutes les nations, En offrande à l'Éternel, Sur des chevaux, des chars et des litières, Sur des mulets et des dromadaires, A ma montagne sainte, A Jérusalem, dit l'Éternel, Comme les enfants d'Israël apportent leur offrande, Dans un vase pur, A la maison de l'Éternel.

²¹Et je prendrai aussi parmi eux Des sacrificateurs, des Lévites, dit l'Éternel.

²²Car, comme les nouveaux cieux Et la nouvelle terre que je vais créer Subsisteront devant moi, dit l'Éternel, Ainsi subsisteront votre postérité et votre nom.

²³A chaque nouvelle lune et à chaque sabbat, Toute chair viendra se prosterner devant moi, dit l'Éternel.

²⁴Et quand on sortira, on verra Les cadavres des hommes qui se sont rebellés contre moi; Car leur ver ne mourra point, et leur feu ne s'éteindra point; Et ils seront pour toute chair un objet d'horreur.

Jérémie

Chapitre 1

¹Paroles de Jérémie, fils de Hilkija, l'un des sacrificateurs d'Anathoth, dans le pays de Benjamin.
²La parole de l'Éternel lui fut adressée au temps de Josias, fils d'Amon, roi de Juda, la treizième année de son règne,
³et au temps de Jojakim, fils de Josias, roi de Juda, jusqu'à la fin de la onzième année de Sédécias, fils de Josias, roi de Juda, jusqu'à l'époque où Jérusalem fut emmenée en captivité, au cinquième mois.
⁴La parole de l'Éternel me fut adressée, en ces mots:
⁵Avant que je t'eusse formé dans le ventre de ta mère, je te connaissais, et avant que tu fusses sorti de son sein, je t'avais consacré, je t'avais établi prophète des nations.
⁶Je répondis: Ah! Seigneur Éternel! voici, je ne sais point parler, car je suis un enfant.
⁷Et l'Éternel me dit: Ne dis pas: Je suis un enfant. Car tu iras vers tous ceux auprès de qui je t'enverrai, et tu diras tout ce que je t'ordonnerai.
⁸Ne les crains point, car je suis avec toi pour te délivrer, dit l'Éternel.
⁹Puis l'Éternel étendit sa main, et toucha ma bouche; et l'Éternel me dit: Voici, je mets mes paroles dans ta bouche.
¹⁰Regarde, je t'établis aujourd'hui sur les nations et sur les royaumes, pour que tu arraches et que tu abattes, pour que tu ruines et que tu détruises, pour que tu bâtisses et que tu plantes.
¹¹La parole de l'Éternel me fut adressée, en ces mots: Que vois-tu, Jérémie? Je répondis: Je vois une branche d'amandier.
¹²Et l'Éternel me dit: Tu as bien vu; car je veille sur ma parole, pour l'exécuter.
¹³La parole de l'Éternel me fut adressée une seconde fois, en ces mots: Que vois-tu? Je répondis: Je vois une chaudière bouillante, du côté du septentrion.
¹⁴Et l'Éternel me dit: C'est du septentrion que la calamité se répandra sur tous les habitants du pays.
¹⁵Car voici, je vais appeler tous les peuples des royaumes du septentrion, dit l'Éternel; ils viendront, et placeront chacun leur siège à l'entrée des portes de Jérusalem, contre ses murailles tout alentour, et contre toutes les villes de Juda.
¹⁶Je prononcerai mes jugements contre eux, à cause de toute leur méchanceté, parce qu'ils m'ont abandonné et ont offert de l'encens à d'autres dieux, et parce qu'ils se sont prosternés devant l'ouvrage de leurs mains.
¹⁷Et toi, ceins tes reins, lève-toi, et dis-leur tout ce que je t'ordonnerai. Ne tremble pas en leur présence, de peur que je ne te fasse trembler devant eux.
¹⁸Voici, je t'établis en ce jour sur tout le pays comme une ville forte, une colonne de fer et un mur d'airain, contre les rois de Juda, contre ses chefs, contre ses sacrificateurs, et contre le peuple du pays.
¹⁹Ils te feront la guerre, mais ils ne te vaincront pas; car je suis avec toi pour te délivrer, dit l'Éternel.

Chapitre 2

¹La parole de l'Éternel me fut adressée, en ces mots:
²Va, et crie aux oreilles de Jérusalem: Ainsi parle l'Éternel: Je me souviens de ton amour lorsque tu étais jeune, De ton affection lorsque tu étais fiancée, Quand tu me suivais au désert, Dans une terre inculte.
³Israël était consacré à l'Éternel, Il était les prémices de son revenu; Tous ceux qui en mangeaient se rendaient coupables, Et le malheur fondait sur eux, dit l'Éternel.
⁴Écoutez la parole de l'Éternel, maison de Jacob, Et vous toutes, familles de la maison d'Israël!
⁵Ainsi parle l'Éternel: Quelle iniquité vos pères ont-ils trouvée en moi, Pour s'éloigner de moi, Et pour aller après des choses de néant et n'être eux-mêmes que néant?
⁶Ils n'ont pas dit: Où est l'Éternel, Qui nous a fait monter du pays d'Égypte, Qui nous a conduits dans le désert, Dans une terre aride et pleine de fosses, Dans une terre où règnent la sécheresse et l'ombre de la mort, Dans une terre par où personne ne passe, Et où n'habite aucun homme?
⁷Je vous ai fait venir dans un pays semblable à un verger, Pour que vous en mangiez les fruits et les meilleures productions; Mais vous êtes venus, et vous avez souillé mon pays, Et vous avez fait de mon héritage une abomination.
⁸Les sacrificateurs n'ont pas dit: Où est l'Éternel? Les dépositaires de la loi ne m'ont pas connu, Les pasteurs m'ont été infidèles, Les prophètes ont prophétisé par Baal, Et sont allés après ceux qui ne sont d'aucun secours.
⁹C'est pourquoi je veux encore contester avec vous, dit l'Éternel, Je veux contester avec les enfants de vos enfants.
¹⁰Passez aux îles de Kittim, et regardez! Envoyez quelqu'un à Kédar, observez bien, Et regardez s'il y a rien de semblable!
¹¹Y a-t-il une nation qui change ses dieux, Quoiqu'ils ne soient pas des Dieux? Et mon peuple a changé sa gloire contre ce qui n'est d'aucun secours!
¹²Cieux, soyez étonnés de cela; Frémissez d'épouvante et d'horreur! dit l'Éternel.
¹³Car mon peuple a commis un double péché: Ils m'ont abandonné, moi qui suis une source d'eau vive, Pour se creuser des citernes, des citernes crevassées, Qui ne retiennent pas l'eau.
¹⁴Israël est-il un esclave acheté, ou né dans la maison? Pourquoi donc devient-il une proie?
¹⁵Contre lui les lionceaux rugissent, poussent leurs cris, Et ils ravagent son pays; Ses villes sont brûlées, il n'y a plus d'habitants.
¹⁶Même les enfants de Noph et de Tachpanès Te briseront le sommet de la tête.
¹⁷Cela ne t'arrive-t-il pas Parce que tu as abandonné l'Éternel, ton Dieu, Lorsqu'il te dirigeait dans la bonne voie?
¹⁸Et maintenant, qu'as-tu à faire d'aller en Égypte, Pour boire l'eau du Nil? Qu'as-tu à faire d'aller en Assyrie, Pour boire l'eau du fleuve?
¹⁹Ta méchanceté te châtiera, et ton infidélité te punira, Tu sauras et tu verras que c'est une chose mauvaise et amère D'abandonner l'Éternel, ton Dieu, Et de n'avoir de moi aucune crainte, Dit le Seigneur, l'Éternel des armées.
²⁰Tu as dès longtemps brisé ton joug, Rompu tes liens, Et tu as dit: Je ne veux plus être dans la servitude! Mais sur toute colline élevée Et sous tout arbre vert Tu t'es courbée comme une prostituée.
²¹Je t'avais plantée comme une vigne excellente Et du meilleur plant; Comment as-tu changé, Dégénéré en une vigne étrangère?
²²Quand tu te laverais avec du nitre, Quand tu emploierais beaucoup de potasse, Ton iniquité resterait marquée devant moi, Dit le Seigneur, l'Éternel.
²³Comment dirais-tu: Je ne me suis point souillée, Je ne suis point allée après les Baals? Regarde tes pas dans la vallée, Reconnais ce que tu as fait, Dromadaire à la course légère et vagabonde!
²⁴Anesse sauvage, habituée au désert, Haletante dans l'ardeur de sa passion, Qui l'empêchera de satisfaire son désir? Tous ceux qui la cherchent n'ont pas à se fatiguer; Ils la trouvent pendant son mois.
²⁵Ne t'expose pas à avoir les pieds nus, Ne dessèche pas ton gosier! Mais tu dis: C'est en vain, non! Car j'aime les dieux étrangers, je veux aller après eux.
²⁶Comme un voleur est confus lorsqu'il est surpris, Ainsi seront confus ceux de la maison d'Israël, Eux, leurs rois, leurs chefs, Leurs sacrificateurs et leurs prophètes.
²⁷Ils disent au bois: Tu es mon père! Et à la pierre: Tu m'as donné la vie! Car ils me tournent le dos, ils ne me regardent pas. Et quand ils sont dans le malheur, ils disent: Lève-toi, sauve-nous!
²⁸Où donc sont tes dieux que t'es faits? Qu'ils se lèvent, s'ils peuvent te sauver au temps du malheur! Car tu as autant de dieux que de villes, ô Juda!
²⁹Pourquoi contesteriez-vous avec moi? Vous m'avez tous été infidèles, dit l'Éternel.
³⁰En vain ai-je frappé vos enfants; Ils n'ont point eu égard à la correction; Votre glaive a dévoré vos prophètes, Comme un lion destructeur.
³¹Hommes de cette génération, considérez la parole de l'Éternel! Ai-je été pour Israël un désert, Ou un pays d'épaisses ténèbres? Pourquoi mon peuple dit-il: Nous sommes libres, Nous ne voulons pas retourner à toi?
³²La jeune fille oublie-t-elle ses ornements, La fiancée sa ceinture? Et mon peuple m'a oublié Depuis des jours sans nombre.
³³Comme tu es habile dans tes voies pour chercher ce que tu aimes! C'est même au crime que tu les exerces.
³⁴Jusque sur les pans de ton habit se trouve Le sang de pauvres innocents, Que tu n'as pas surpris faisant effraction.
³⁵Malgré cela, tu dis: Oui, je suis innocente! Certainement sa colère s'est détournée de moi! Voici, je vais contester avec toi, Parce que tu dis: Je n'ai point péché.
³⁶Pourquoi tant d'empressement à changer ton chemin? C'est de l'Égypte que viendra ta honte, Comme elle est venue de l'Assyrie.
³⁷De là aussi tu sortiras, les mains sur la tête; Car l'Éternel rejette

ceux en qui tu te confies, Et tu ne réussiras pas auprès d'eux.

Chapitre 3

¹Il dit: Lorsqu'un homme répudie sa femme, Qu'elle le quitte et devient la femme d'un autre, Cet homme retourne-t-il encore vers elle? Le pays même ne serait-il pas souillé? Et toi, tu t'es prostituée à de nombreux amants, Et tu reviendrais à moi! dit l'Éternel.

²Lève tes yeux vers les hauteurs, et regarde! Où ne t'es-tu pas prostituée! Tu te tenais sur les chemins, comme l'Arabe dans le désert, Et tu as souillé le pays par tes prostitutions et par ta méchanceté.

³Aussi les pluies ont-elles été retenues, Et la pluie du printemps a-t-elle manqué; Mais tu as eu le front d'une femme prostituée, Tu n'as pas voulu avoir honte.

⁴Maintenant, n'est-ce pas? tu cries vers moi: Mon père! Tu as été l'ami de ma jeunesse!

⁵Gardera-t-il à toujours sa colère? La conservera-t-il à jamais? Et voici, tu as dit, tu as fait des choses criminelles, tu les as consommées.

⁶L'Éternel me dit, au temps du roi Josias: As-tu vu ce qu'a fait l'infidèle Israël? Elle est allée sur toute montagne élevée et sous tout arbre vert, et là elle s'est prostituée.

⁷Je disais: Après avoir fait toutes ces choses, elle reviendra à moi. Mais elle n'est pas revenue. Et sa soeur, la perfide Juda, en a été témoin.

⁸Quoique j'eusse répudié l'infidèle Israël à cause de tous ses adultères, et que je lui eusse donné sa lettre de divorce, j'ai vu que la perfide Juda, sa soeur, n'a point eu de crainte, et qu'elle est allée se prostituer pareillement.

⁹Par sa criante impudicité Israël a souillé le pays, elle a commis un adultère avec la pierre et le bois.

¹⁰Malgré tout cela, la perfide Juda, sa soeur, n'est pas revenue à moi de tout son coeur; c'est avec fausseté qu'elle l'a fait, dit l'Éternel.

¹¹L'Éternel me dit: L'infidèle Israël paraît innocente En comparaison de la perfide Juda.

¹²Va, crie ces paroles vers le septentrion, et dis: Reviens, infidèle Israël! dit l'Éternel. Je ne jetterai pas sur vous un regard sévère; Car je suis miséricordieux, dit l'Éternel, Je ne garde pas ma colère à toujours.

¹³Reconnais seulement ton iniquité, Reconnais que tu as été infidèle à l'Éternel, ton Dieu, Que tu as dirigé çà et là tes pas vers les dieux étrangers, Sous tout arbre vert, Et que tu n'as pas écouté ma voix, dit l'Éternel.

¹⁴Revenez, enfants rebelles, dit l'Éternel; Car je suis votre maître. Je vous prendrai, un d'une ville, deux d'une famille, Et je vous ramènerai dans Sion.

¹⁵Je vous donnerai des bergers selon mon coeur, Et ils vous paîtront avec intelligence et avec sagesse.

¹⁶Lorsque vous aurez multiplié et fructifié dans le pays, En ces jours-là, dit l'Éternel, On ne parlera plus de l'arche de l'alliance de l'Éternel; Elle ne viendra plus à la pensée; On ne se la rappellera plus, on ne s'apercevra plus de son absence, on n'en fera point une autre.

¹⁷En ce temps-là, on appellera Jérusalem le trône de l'Éternel; Toutes les nations s'assembleront à Jérusalem, au nom de l'Éternel, Et elles ne suivront plus les penchants de leur mauvais coeur.

¹⁸En ces jours, La maison de Juda marchera avec la maison d'Israël; Elles viendront ensemble du pays du septentrion Au pays dont j'ai donné la possession à vos pères.

¹⁹Je disais: Comment te mettrai-je parmi mes enfants, Et te donnerai-je un pays de délices, Un héritage, le plus bel ornement des nations? Je disais: Tu m'appelleras: Mon père! Et tu ne te détourneras pas de moi.

²⁰Mais, comme une femme est infidèle à son amant, Ainsi vous m'avez été infidèles, maison d'Israël, Dit l'Éternel.

²¹Une voix se fait entendre sur les lieux élevés; Ce sont les pleurs, les supplications des enfants d'Israël; Car ils ont perverti leur voie, Ils ont oublié l'Éternel, leur Dieu.

²²Revenez, enfants rebelles, Je pardonnerai vos infidélités. -Nous voici, nous allons à toi, Car tu es l'Éternel, notre Dieu.

²³Oui, le bruit qui vient des collines et des montagnes n'est que mensonge; Oui, c'est en l'Éternel, notre Dieu, qu'est le salut d'Israël.

²⁴Les idoles ont dévoré le produit du travail de nos pères, Dès notre jeunesse, Leurs brebis et leurs boeufs, leurs fils et leurs filles.

²⁵Nous avons notre honte pour couche, Et notre ignominie pour couverture; Car nous avons péché contre l'Éternel, notre Dieu, Nous et nos pères, dès notre jeunesse jusqu'à ce jour, Et nous n'avons pas écouté la voix de l'Éternel, notre Dieu. -

Chapitre 4

¹Israël, si tu reviens, si tu reviens à moi, dit l'Éternel, Si tu ôtes tes abominations de devant moi, Tu ne seras plus errant.

²Si tu jures: L'Éternel est vivant! Avec vérité, avec droiture et avec justice, Alors les nations seront bénies en lui, Et se glorifieront en lui.

³Car ainsi parle l'Éternel aux hommes de Juda et de Jérusalem: Défrichez-vous un champ nouveau, Et ne semez pas parmi les épines.

⁴Circoncisez-vous pour l'Éternel, circoncisez vos coeurs, Hommes de Juda et habitants de Jérusalem, De peur que ma colère n'éclate comme un feu, Et ne s'enflamme, sans qu'on puisse l'éteindre, A cause de la méchanceté de vos actions.

⁵Annoncez en Juda, publiez à Jérusalem, Et dites: Sonnez de la trompette dans le pays! Criez à pleine voix, et dites: Rassemblez-vous, et allons dans les villes fortes!

⁶Élevez une bannière vers Sion, Fuyez, ne vous arrêtez pas! Car je fais venir du septentrion le malheur Et un grand désastre.

⁷Le lion s'élance de son taillis, Le destructeur des nations est en marche, il a quitté son lieu, Pour ravager ton pays; Tes villes seront ruinées, il n'y aura plus d'habitants.

⁸C'est pourquoi couvrez-vous de sacs, pleurez et gémissez; Car la colère ardente de l'Éternel ne se détourne pas de nous.

⁹En ce jour-là, dit l'Éternel, Le roi et les chefs perdront courage, Les sacrificateurs seront étonnés, Et les prophètes stupéfaits.

¹⁰Je dis: Ah! Seigneur Éternel! Tu as donc trompé ce peuple et Jérusalem, en disant: Vous aurez la paix! Et cependant l'épée menace leur vie.

¹¹En ce temps-là, il sera dit à ce peuple et à Jérusalem: Un vent brûlant souffle des lieux élevés du désert Sur le chemin de la fille de mon peuple, Non pour vanner ni pour nettoyer le grain.

¹²C'est un vent impétueux qui vient de là jusqu'à moi. Maintenant, je prononcerai leur sentence.

¹³Voici, le destructeur s'avance comme les nuées; Ses chars sont comme un tourbillon, Ses chevaux sont plus légers que les aigles. - Malheur à nous, car nous sommes détruits! -

¹⁴Purifie ton coeur du mal, Jérusalem, Afin que tu sois sauvée! Jusques à quand garderas-tu dans ton coeur tes pensées iniques?

¹⁵Car une voix qui part de Dan annonce la calamité, Elle la publie depuis la montagne d'Éphraïm.

¹⁶Dites-le aux nations, faites-le connaître à Jérusalem: Des assiégeants viennent d'une terre lointaine; Ils poussent des cris contre les villes de Juda.

¹⁷Comme ceux qui gardent un champ, ils entourent Jérusalem, Car elle s'est révoltée contre moi, dit l'Éternel.

¹⁸C'est là le produit de tes voies et de tes actions, C'est là le produit de ta méchanceté; Certes cela est amer, cela pénètre jusqu'à ton coeur.

¹⁹Mes entrailles! mes entrailles: je souffre au dedans de mon coeur, Le coeur me bat, je ne puis me taire; Car tu entends, mon âme, le son de la trompette, Le cri de guerre.

²⁰On annonce ruine sur ruine, Car tout le pays est ravagé; Mes tentes sont ravagées tout à coup, Mes pavillons en un instant.

²¹Jusques à quand verrai-je la bannière, Et entendrai-je le son de la trompette? -

²²Certainement mon peuple est fou, il ne me connaît pas; Ce sont des enfants insensés, dépourvus d'intelligence; Ils sont habiles pour faire le mal, Mais ils ne savent pas faire le bien. -

²³Je regarde la terre, et voici, elle est informe et vide; Les cieux, et leur lumière a disparu.

²⁴Je regarde les montagnes, et voici, elles sont ébranlées; Et toutes les collines chancellent.

²⁵Je regarde, et voici, il n'y a point d'homme; Et tous les oiseaux des cieux ont pris la fuite.

²⁶Je regarde, et voici, le Carmel est un désert; Et toutes ses villes sont détruites, devant l'Éternel, Devant son ardente colère.

²⁷Car ainsi parle l'Éternel: Tout le pays sera dévasté; Mais je ne ferai pas une entière destruction.

²⁸A cause de cela, le pays est en deuil, Et les cieux en haut sont obscurcis; Car je l'ai dit, je l'ai résolu, Et je ne m'en repens pas, je ne me rétracterai pas.

²⁹Au bruit des cavaliers et des archers, toutes les villes sont en fuite; On entre dans les bois, on monte sur les rochers; Toutes les villes sont abandonnées, il n'y a plus d'habitants.

³⁰Et toi, dévastée, que vas-tu faire? Tu te revêtiras de cramoisi, tu te pareras d'ornements d'or, Tu mettras du fard à tes yeux; Mais c'est en vain que tu t'embelliras; Tes amants te méprisent, Ils en veulent à ta vie.

³¹Car j'entends des cris comme ceux d'une femme en travail, Des cris d'angoisse comme dans un premier enfantement. C'est la voix de la

Jérémie

fille de Sion; elle soupire, elle étend les mains: Malheureuse que je suis! je succombe sous les meurtriers!

Chapitre 5

¹Parcourez les rues de Jérusalem, Regardez, informez-vous, cherchez dans les places, S'il s'y trouve un homme, s'il y en a un Qui pratique la justice, qui s'attache à la vérité, Et je pardonne à Jérusalem.

²Même quand ils disent: L'Éternel est vivant! C'est faussement qu'ils jurent.

³Éternel, tes yeux n'aperçoivent-ils pas la vérité? Tu les frappes, et ils ne sentent rien; Tu les consumes, et ils ne veulent pas recevoir instruction; Ils prennent un visage plus dur que le roc, Ils refusent de se convertir.

⁴Je disais: Ce ne sont que les petits; Ils agissent en insensés, parce qu'ils ne connaissent pas la voie de l'Éternel, La loi de leur Dieu.

⁵J'irai vers les grands, et je leur parlerai; Car eux, ils connaissent la voie de l'Éternel, La loi de leur Dieu; Mais ils ont tous aussi brisé le joug, Rompu les liens.

⁶C'est pourquoi le lion de la forêt les tue, Le loup du désert les détruit, La panthère est aux aguets devant leurs villes; Tous ceux qui en sortiront seront déchirés; Car leurs transgressions sont nombreuses, Leurs infidélités se sont multipliées.

⁷Pourquoi te pardonnerais-je? Tes enfants m'ont abandonné, Et ils jurent par des dieux qui n'existent pas. J'ai reçu leurs serments, et ils se livrent à l'adultère, Ils sont en foule dans la maison de la prostituée.

⁸Semblables à des chevaux bien nourris, qui courent çà et là, Ils hennissent chacun après la femme de son prochain.

⁹Ne châtierais-je pas ces choses-là, dit l'Éternel, Ne me vengerais-je pas d'une pareille nation?

¹⁰Montez sur ses murailles, et abattez, Mais ne détruisez pas entièrement! Enlevez ses ceps Qui n'appartiennent point à l'Éternel!

¹¹Car la maison d'Israël et la maison de Juda m'ont été infidèles, Dit l'Éternel.

¹²Ils renient l'Éternel, ils disent: Il n'existe pas! Et le malheur ne viendra pas sur nous, Nous ne verrons ni l'épée ni la famine.

¹³Les prophètes ne sont que du vent, Et personne ne parle en eux. Qu'il leur soit fait ainsi!

¹⁴C'est pourquoi ainsi parle l'Éternel, le Dieu des armées: Parce que vous avez dit cela, Voici, je veux que ma parole dans ta bouche soit du feu, Et ce peuple du bois, et que ce feu les consume.

¹⁵Voici, je fais venir de loin une nation contre vous, maison d'Israël, Dit l'Éternel; C'est une nation forte, c'est une nation ancienne, Une nation dont tu ne connais pas la langue, Et dont tu ne comprendras point les paroles.

¹⁶Son carquois est comme un sépulcre ouvert; Ils sont tous des héros.

¹⁷Elle dévorera ta moisson et ton pain, Elle dévorera tes fils et tes filles, Elle dévorera tes brebis et tes boeufs, Elle dévorera ta vigne et ton figuier; Elle détruira par l'épée tes villes fortes dans lesquelles tu te confies.

¹⁸Mais en ces jours, dit l'Éternel, Je ne vous détruirai pas entièrement.

¹⁹Si vous dites alors: Pourquoi l'Éternel, notre Dieu, nous fait-il tout cela? Tu leur répondras: Comme vous m'avez abandonné, Et que vous avez servi des dieux étrangers dans votre pays, Ainsi vous servirez des étrangers dans un pays qui n'est pas le vôtre.

²⁰Annoncez ceci à la maison de Jacob, Publiez-le en Juda, et dites:

²¹Écoutez ceci, peuple insensé, et qui n'a point de coeur! Ils ont des yeux et ne voient point, Ils ont des oreilles et n'entendent point.

²²Ne me craindrez-vous pas, dit l'Éternel, Ne tremblerez-vous pas devant moi? C'est moi qui ai donné à la mer le sable pour limite, Limite éternelle qu'elle ne doit pas franchir; Ses flots s'agitent, mais ils sont impuissants; Ils mugissent, mais ils ne la franchissent pas.

²³Ce peuple a un coeur indocile et rebelle; Ils se révoltent, et s'en vont.

²⁴Ils ne disent pas dans leur coeur: Craignons l'Éternel, notre Dieu, Qui donne la pluie en son temps, La pluie de la première et de l'arrière saison, Et qui nous réserve les semaines destinées à la moisson.

²⁵C'est à cause de vos iniquités que ces dispensations n'ont pas lieu, Ce sont vos péchés qui vous privent de ces biens.

²⁶Car il se trouve parmi mon peuple des méchants; Ils épient comme l'oiseleur qui dresse des pièges, Ils tendent des filets, et prennent des hommes.

²⁷Comme une cage est remplie d'oiseaux, Leurs maisons sont remplies de fraude; C'est ainsi qu'ils deviennent puissants et riches.

²⁸Ils s'engraissent, ils sont brillants d'embonpoint; Ils dépassent toute mesure dans le mal, Ils ne défendent pas la cause, la cause de l'orphelin, et ils prospèrent; Ils ne font pas droit aux indigents.

²⁹Ne châtierais-je pas ces choses-là, dit l'Éternel, Ne me vengerais-je pas d'une pareille nation?

³⁰Des choses horribles, abominables, Se font dans le pays.

³¹Les prophètes prophétisent avec fausseté, Les sacrificateurs dominent sous leur conduite, Et mon peuple prend plaisir à cela. Que ferez-vous à la fin?

Chapitre 6

¹Fuyez, enfants de Benjamin, du milieu de Jérusalem, Sonnez de la trompette à Tekoa, Élevez un signal à Beth Hakkérem! Car on voit venir du septentrion le malheur Et un grand désastre.

²La belle et la délicate, Je la détruis, la fille de Sion!

³Vers elle marchent des bergers avec leurs troupeaux; Ils dressent des tentes autour d'elle, Ils broutent chacun sa part. -

⁴Préparez-vous à l'attaquer! Allons! montons en plein midi!... Malheureusement pour nous, le jour baisse, Les ombres du soir s'allongent.

⁵Allons! montons de nuit! Détruisons ses palais! -

⁶Car ainsi parle l'Éternel des armées: Abattez les arbres, Élevez des terrasses contre Jérusalem! C'est la ville qui doit être châtiée; Il n'y a qu'oppression au milieu d'elle.

⁷Comme un puits fait jaillir ses eaux, Ainsi elle fait jaillir sa méchanceté; Il n'est bruit en son sein que de violence et de ruine; Sans cesse à mes regards s'offrent la douleur et les plaies.

⁸Reçois instruction, Jérusalem, De peur que je ne m'éloigne de toi, Que je ne fasse de toi un désert, Un pays inhabité!

⁹Ainsi parle l'Éternel des armées: On grappillera comme une vigne les restes d'Israël. Portes-y de nouveau la main, Comme le vendangeur sur les ceps.

¹⁰A qui m'adresser, et qui prendre à témoin pour qu'on écoute? Voici, leur oreille est incirconcise, Et ils sont incapables d'être attentifs; Voici, la parole de l'Éternel est pour eux un opprobre, Ils n'y trouvent aucun plaisir.

¹¹Je suis plein de la fureur de l'Éternel, je ne puis la contenir. Répands-la sur l'enfant dans la rue, Et sur les assemblées des jeunes gens. Car l'homme et la femme seront pris, Le vieillard et celui qui est chargé de jours.

¹²Leurs maisons passeront à d'autres, Les champs et les femmes aussi, Quand j'étendrai ma main sur les habitants du pays, Dit l'Éternel.

¹³Car depuis le plus petit jusqu'au plus grand, Tous sont avides de gain; Depuis le prophète jusqu'au sacrificateur, Tous usent de tromperie.

¹⁴Ils pansent à la légère la plaie de la fille de mon peuple: Paix! paix! disent-ils; Et il n'y a point de paix;

¹⁵Ils seront confus, car ils commettent des abominations; Ils ne rougissent pas, ils ne connaissent pas la honte; C'est pourquoi ils tomberont avec ceux qui tombent, Ils seront renversés quand je les châtierai, Dit l'Éternel.

¹⁶Ainsi parle l'Éternel: Placez-vous sur les chemins, regardez, Et demandez quels sont les anciens sentiers, Quelle est la bonne voie; marchez-y, Et vous trouverez le repos de vos âmes! Mais ils répondent: Nous n'y marcherons pas.

¹⁷J'ai mis près de vous des sentinelles: Soyez attentifs au son de la trompette! Mais ils répondent: Nous n'y serons pas attentifs.

¹⁸C'est pourquoi écoutez, nations! Sachez ce qui leur arrivera, assemblée des peuples!

¹⁹Écoute, terre! Voici, je fais venir sur ce peuple le malheur, Fruit de ses pensées; Car ils n'ont point été attentifs à mes paroles, Ils ont méprisé ma loi.

²⁰Qu'ai-je besoin de l'encens qui vient de Séba, Du roseau aromatique d'un pays lointain? Vos holocaustes ne me plaisent point, Et vos sacrifices ne me sont point agréables.

²¹C'est pourquoi ainsi parle l'Éternel: Voici, je mettrai devant ce peuple des pierres d'achoppement, Contre lesquelles se heurteront ensemble pères et fils, Voisins et amis, et ils périront.

²²Ainsi parle l'Éternel: Voici, un peuple vient du pays du septentrion, Une grande nation se lève des extrémités de la terre.

²³Ils portent l'arc et le javelot; Ils sont cruels, sans miséricorde; Leur voix mugit comme la mer; Ils sont montés sur des chevaux, Prêts à combattre comme un seul homme, Contre toi, fille de Sion!

²⁴Au bruit de leur approche, Nos mains s'affaiblissent, L'angoisse nous saisit, Comme la douleur d'une femme qui accouche.

²⁵Ne sortez pas dans les champs, N'allez pas sur les chemins; Car là est le glaive de l'ennemi, Et l'épouvante règne à l'entour!

²⁶Fille de mon peuple, couvre-toi d'un sac et roule-toi dans la cendre, Prends le deuil comme pour un fils unique, Verse des larmes, des larmes amères! Car le dévastateur vient sur nous à l'improviste.

²⁷Je t'avais établi en observation parmi mon peuple, Comme une forteresse, Pour que tu connusses et sondasses leur voie.

²⁸Ils sont tous des rebelles, des calomniateurs, De l'airain et du fer; Ils sont tous corrompus.

²⁹Le soufflet est brûlant, Le plomb est consumé par le feu; C'est en vain qu'on épure, Les scories ne se détachent pas.

³⁰On les appelle de l'argent méprisable, Car l'Éternel les a rejetés.

Chapitre 7

¹La parole qui fut adressée à Jérémie de la part de l'Éternel, en ces mots:

²Place-toi à la porte de la maison de l'Éternel, Et là publie cette parole, Et dis: Écoutez la parole de l'Éternel, Vous tous, hommes de Juda, qui entrez par ces portes, Pour vous prosterner devant l'Éternel!

³Ainsi parle l'Éternel des armées, le Dieu d'Israël: Réformez vos voies et vos oeuvres, Et je vous laisserai demeurer dans ce lieu.

⁴Ne vous livrez pas à des espérances trompeuses, en disant: C'est ici le temple de l'Éternel, le temple de l'Éternel, Le temple de l'Éternel!

⁵Si vous réformez vos voies et vos oeuvres, Si vous pratiquez la justice envers les uns et les autres,

⁶Si vous n'opprimez pas l'étranger, l'orphelin et la veuve, Si vous ne répandez pas en ce lieu le sang innocent, Et si vous n'allez pas après d'autres dieux, pour votre malheur,

⁷Alors je vous laisserai demeurer dans ce lieu, Dans le pays que j'ai donné à vos pères, D'éternité en éternité.

⁸Mais voici, vous vous livrez à des espérances trompeuses, Qui ne servent à rien.

⁹Quoi! dérober, tuer, commettre des adultères, Jurer faussement, offrir de l'encens à Baal, Aller après d'autres dieux que vous ne connaissez pas!...

¹⁰Puis vous venez vous présenter devant moi, Dans cette maison sur laquelle mon nom est invoqué, Et vous dites: Nous sommes délivrés!... Et c'est afin de commettre toutes ces abominations!

¹¹Est-elle à vos yeux une caverne de voleurs, Cette maison sur laquelle mon nom est invoqué? Je le vois moi-même, dit l'Éternel.

¹²Allez donc au lieu qui m'était consacré à Silo, Où j'avais fait autrefois résider mon nom. Et voyez comment je l'ai traité, A cause de la méchanceté de mon peuple d'Israël.

¹³Et maintenant, puisque vous avez commis toutes ces actions, Dit l'Éternel, Puisque je vous ai parlé dès le matin et que vous n'avez pas écouté, Puisque je vous ai appelés et que vous n'avez pas répondu,

¹⁴Je traiterai la maison sur laquelle mon nom est invoqué, Sur laquelle vous faites reposer votre confiance, Et le lieu que j'ai donné à vous et à vos pères, De la même manière que j'ai traité Silo;

¹⁵Et je vous rejetterai loin de ma face, Comme j'ai rejeté tous vos frères, Toute la postérité d'Éphraïm.

¹⁶Et toi, n'intercède pas en faveur de ce peuple, N'élève pour eux ni supplications ni prières, Ne fais pas des instances auprès de moi; Car je ne t'écouterai pas.

¹⁷Ne vois-tu pas ce qu'ils font dans les villes de Juda Et dans les rues de Jérusalem?

¹⁸Les enfants ramassent du bois, Les pères allument le feu, Et les femmes pétrissent la pâte, Pour préparer des gâteaux à la reine du ciel, Et pour faire des libations à d'autres dieux, Afin de m'irriter.

¹⁹Est-ce moi qu'ils irritent? dit l'Éternel; N'est-ce pas eux-mêmes, A leur propre confusion?

²⁰C'est pourquoi ainsi parle le Seigneur, l'Éternel: Voici, ma colère et ma fureur se répandent sur ce lieu, Sur les hommes et sur les bêtes, Sur les arbres des champs et sur les fruits de la terre; Elle brûlera, et ne s'éteindra point.

²¹Ainsi parle l'Éternel des armées, le Dieu d'Israël: Ajoutez vos holocaustes à vos sacrifices, Et mangez-en la chair!

²²Car je n'ai point parlé avec vos pères et je ne leur ai donné aucun ordre, Le jour où je les ai fait sortir du pays d'Égypte, Au sujet des holocaustes et des sacrifices.

²³Mais voici l'ordre que je leur ai donné: Écoutez ma voix, Et je serai votre Dieu, Et vous serez mon peuple; Marchez dans toutes les voies que je vous prescris, Afin que vous soyez heureux.

²⁴Et ils n'ont point écouté, ils n'ont point prêté l'oreille; Ils ont suivi les conseils, les penchants de leur mauvais coeur, Ils ont été en arrière et non en avant.

²⁵Depuis le jour où vos pères sont sortis du pays d'Égypte, Jusqu'à ce jour, Je vous ai envoyé tous mes serviteurs, les prophètes, Je les ai envoyés chaque jour, dès le matin.

²⁶Mais ils ne m'ont point écouté, ils n'ont point prêté l'oreille; Ils ont raidi leur cou, Ils ont fait le mal plus que leurs pères.

²⁷Si tu leur dis toutes ces choses, ils ne t'écouteront pas; Si tu cries vers eux, ils ne te répondront pas.

²⁸Alors dis-leur: C'est ici la nation qui n'écoute pas la voix de l'Éternel, son Dieu, Et qui ne veut pas recevoir instruction; La vérité a disparu, elle s'est retirée de leur bouche.

²⁹Coupe ta chevelure, et jette-la au loin; Monte sur les hauteurs, et prononce une complainte! Car l'Éternel rejette Et repousse la génération qui a provoqué sa fureur.

³⁰Car les enfants de Juda ont fait ce qui est mal à mes yeux, Dit l'Éternel; Ils ont placé leurs abominations Dans la maison sur laquelle mon nom est invoqué, Afin de la souiller.

³¹Ils ont bâti des hauts lieux à Topheth dans la vallée de Ben Hinnom, Pour brûler au feu leurs fils et leurs filles: Ce que je n'avais point ordonné, Ce qui ne m'était point venu à la pensée.

³²C'est pourquoi voici, les jours viennent, dit l'Éternel, Où l'on ne dira plus Topheth et la vallée de Ben Hinnom, Mais où l'on dira la vallée du carnage; Et l'on enterrera les morts à Topheth par défaut de place.

³³Les cadavres de ce peuple seront la pâture Des oiseaux du ciel et des bêtes de la terre; Et il n'y aura personne pour les troubler.

³⁴Je ferai cesser dans les villes de Juda et dans les rues de Jérusalem Les cris de réjouissance et cris d'allégresse, Les chants du fiancé et les chants de la fiancée; Car le pays sera un désert.

Chapitre 8

¹En ce temps-là, dit l'Éternel, on tirera de leurs sépulcres les os des rois de Juda, les os de ses chefs, les os des sacrificateurs, les os des prophètes, et les os des habitants de Jérusalem.

²On les étendra devant le soleil, devant la lune, et devant toute l'armée des cieux, qu'ils ont aimés, qu'ils ont servis, qu'ils ont suivis, qu'ils ont recherchés, et devant lesquels ils se sont prosternés; on ne les recueillera point, on ne les enterrera point, et ils seront comme du fumier sur la terre.

³La mort sera préférable à la vie pour tous ceux qui resteront de cette race méchante, dans tous les lieux où je les aurai chassés, dit l'Éternel des armées.

⁴Dis-leur: Ainsi parle l'Éternel: Est-ce que l'on tombe sans se relever? Ou se détourne-t-on sans revenir?

⁵Pourquoi donc ce peuple de Jérusalem s'abandonne-t-il A de perpétuels égarements? Ils persistent dans la tromperie, Ils refusent de se convertir.

⁶Je suis attentif, et j'écoute: Ils ne parlent pas comme ils devraient; Aucun ne se repent de sa méchanceté, Et ne dit: Qu'ai-je fait? Tous reprennent leur course, Comme un cheval qui s'élance au combat.

⁷Même la cigogne connaît dans les cieux sa saison; La tourterelle, l'hirondelle et la grue Observent le temps de leur arrivée; Mais mon peuple ne connaît pas la loi de l'Éternel.

⁸Comment pouvez-vous dire: Nous sommes sages, La loi de l'Éternel est avec nous? C'est bien en vain que s'est mise à l'oeuvre La plume mensongère des scribes.

⁹Les sages sont confondus, Ils sont consternés, ils sont pris; Voici, ils ont méprisé la parole de l'Éternel, Et quelle sagesse ont-ils?

¹⁰C'est pourquoi je donnerai leurs femmes à d'autres, Et leurs champs à ceux qui les déposséderont. Car depuis le plus petit jusqu'au plus grand, Tous sont avides de gain; Depuis le prophète jusqu'au sacrificateur, Tous usent de tromperie.

¹¹Ils pansent à la légère la plaie de la fille de mon peuple: Paix! paix! disent-ils. Et il n'y a point de paix.

¹²Ils seront confus, car ils commettent des abominations; Ils ne rougissent pas, ils ne connaissent pas la honte; C'est pourquoi ils tomberont avec ceux qui tombent, Ils seront renversés quand je les châtierai, Dit l'Éternel.

¹³Je veux en finir avec eux, dit l'Éternel; Il n'y aura plus de raisins à la vigne, Plus de figues au figuier, Et les feuilles se flétriront; Ce que je leur avais donné leur échappera. -

¹⁴Pourquoi restons-nous assis? Rassemblez-vous, et allons dans les villes fortes, Pour y périr! Car l'Éternel, notre Dieu, nous destine à la mort, Il nous fait boire des eaux empoisonnées, Parce que nous avons péché contre l'Éternel.

¹⁵Nous espérions la paix, et il n'arrive rien d'heureux; Un temps de guérison, et voici la terreur! -

¹⁶Le hennissement de ses chevaux se fait entendre du côté de Dan, Et au bruit de leur hennissement toute la terre tremble; Ils viennent, ils dévorent le pays et ce qu'il renferme, La ville et ceux qui l'habitent.

¹⁷Car j'envoie parmi vous des serpents, des basilics, Contre lesquels il n'y a point d'enchantement; Ils vous mordront, dit l'Éternel.

¹⁸Je voudrais soulager ma douleur; Mon coeur souffre au dedans de moi.

Jérémie

¹⁹Voici les cris de la fille de mon peuple Retentissent sur la terre lointaine: L'Éternel n'est-il plus à Sion? N'a-t-elle plus son roi au milieu d'elle? -Pourquoi m'ont-ils irrité par leurs images taillées, Par des idoles étrangères? -

²⁰La moisson est passée, l'été est fini, Et nous ne sommes pas sauvés!

²¹Je suis brisé par la douleur de la fille de mon peuple, Je suis dans la tristesse, l'épouvante me saisit.

²²N'y a-t-il point de baume en Galaad? N'y a-t-il point de médecin? Pourquoi donc la guérison de la fille de mon peuple ne s'opère-t-elle pas?

Chapitre 9

¹Oh! si ma tête était remplie d'eau, Si mes yeux étaient une source de larmes, Je pleurerais jour et nuit Les morts de la fille de mon peuple!

²Oh! si j'avais au désert une cabane de voyageurs, J'abandonnerais mon peuple, je m'en éloignerais! Car ce sont tous des adultères, C'est une troupe de perfides.

³Ils ont la langue tendue comme un arc et lancent le mensonge; Ce n'est pas par la vérité qu'ils sont puissants dans le pays; Car ils vont de méchanceté en méchanceté, Et ils ne me connaissent pas, dit l'Éternel.

⁴Que chacun se tienne en garde contre son ami, Et qu'on ne se fie à aucun de ses frères; Car tout frère cherche à tromper, Et tout ami répand des calomnies.

⁵Ils se jouent les uns des autres, Et ne disent point la vérité; Ils exercent leur langue à mentir, Ils s'étudient à faire le mal.

⁶Ta demeure est au sein de la fausseté; C'est par fausseté qu'ils refusent de me connaître, Dit l'Éternel.

⁷C'est pourquoi ainsi parle l'Éternel des armées: Voici je les sonderai, je les éprouverai. Car comment agir à l'égard de la fille de mon peuple?

⁸Leur langue est un trait meurtrier, Ils ne disent que des mensonges; De la bouche ils parlent de paix à leur prochain, Et au fond du coeur ils lui dressent des pièges.

⁹Ne les châtierais-je pas pour ces choses-là, dit l'Éternel, Ne me vengerais-je pas d'une pareille nation?

¹⁰Sur les montagnes je veux pleurer et gémir, Sur les plaines du désert je prononce une complainte; Car elles sont brûlées, personne n'y passe, On n'y entend plus la voix des troupeaux; Les oiseaux du ciel et les bêtes ont pris la fuite, ont disparu.

¹¹Je ferai de Jérusalem un monceau de ruines, un repaire de chacals, Et je réduirai les villes de Juda en un désert sans habitants. -

¹²Où est l'homme sage qui comprenne ces choses? Qu'il le dise, celui à qui la bouche de l'Éternel a parlé! Pourquoi le pays est-il détruit, Brûlé comme un désert où personne ne passe?

¹³L'Éternel dit: C'est parce qu'ils ont abandonné ma loi, Que j'avais mise devant eux; Parce qu'ils n'ont point écouté ma voix, Et qu'ils ne l'ont point suivie;

¹⁴Parce qu'ils ont suivi les penchants de leur coeur, Et qu'ils sont allés après les Baals, Comme leurs pères le leur ont appris.

¹⁵C'est pourquoi ainsi parle l'Éternel des armées, le Dieu d'Israël: Voici, je vais nourrir ce peuple d'absinthe, Et je lui ferai boire des eaux empoisonnées.

¹⁶Je les disperserai parmi des nations Que n'ont connues ni eux ni leurs pères, Et j'enverrai derrière eux l'épée, Jusqu'à ce que je les aie exterminés.

¹⁷Ainsi parle l'Éternel des armées: Cherchez, appelez les pleureuses, et qu'elles viennent! Envoyez vers les femmes habiles, et qu'elles viennent!

¹⁸Qu'elles se hâtent de dire sur nous une complainte! Et que les larmes tombent de nos yeux, Que l'eau coule de nos paupières!

¹⁹Car des cris lamentables se font entendre de Sion. Eh quoi! nous sommes détruits! Nous sommes couverts de honte! Il nous faut abandonner le pays! On a renversé nos demeures! -

²⁰Femmes, écoutez la parole de l'Éternel, Et que votre oreille saisisse ce que dit sa bouche! Apprenez à vos filles des chants lugubres, Enseignez-vous des complaintes les unes aux autres!

²¹Car la mort est montée par nos fenêtres, Elle a pénétré dans nos palais; Elle extermine les enfants dans la rue, Les jeunes gens sur les places.

²²Dis: Ainsi parle l'Éternel: Les cadavres des hommes tomberont Comme du fumier sur les champs, Comme tombe derrière le moissonneur une gerbe Que personne ne ramasse.

²³Ainsi parle l'Éternel: Que le sage ne se glorifie pas de sa sagesse, Que le fort ne se glorifie pas de sa force, Que le riche ne se glorifie pas de sa richesse.

²⁴Mais que celui qui veut se glorifier se glorifie D'avoir de l'intelligence et de me connaître, De savoir que je suis l'Éternel, Qui exerce la bonté, le droit et la justice sur la terre; Car c'est à cela que je prends plaisir, dit l'Éternel.

²⁵Voici, les jours viennent, dit l'Éternel, Où je châtierai tous les circoncis qui ne le sont pas de coeur,

²⁶L'Égypte, Juda, Édom, les enfants d'Ammon, Moab, Tous ceux qui se rasent les coins de la barbe, Ceux qui habitent dans le désert; Car toutes les nations sont incirconcises, Et toute la maison d'Israël a le coeur incirconcis.

Chapitre 10

¹Écoutez la parole que l'Éternel vous adresse, Maison d'Israël!

²Ainsi parle l'Éternel: N'imitez pas la voie des nations, Et ne craignez pas les signes du ciel, Parce que les nations les craignent.

³Car les coutumes des peuples ne sont que vanité. On coupe le bois dans la forêt; La main de l'ouvrier le travaille avec la hache;

⁴On l'embellit avec de l'argent et de l'or, On le fixe avec des clous et des marteaux, Pour qu'il ne branle pas.

⁵Ces dieux sont comme une colonne massive, et ils ne parlent point; On les porte, parce qu'ils ne peuvent marcher. Ne les craignez pas, car ils ne sauraient faire aucun mal, Et ils sont incapables de faire du bien.

⁶Nul n'est semblable à toi, ô Éternel! Tu es grand, et ton nom est grand par ta puissance.

⁷Qui ne te craindrait, roi des nations? C'est à toi que la crainte est due; Car, parmi tous les sages des nations et dans tous leurs royaumes, Nul n'est semblable à toi.

⁸Tous ensemble, ils sont stupides et insensés; Leur science n'est que vanité, c'est du bois!

⁹On apporte de Tarsis des lames d'argent, et d'Uphaz de l'or, L'ouvrier et la main de l'orfèvre les mettent en oeuvre; Les vêtements de ces dieux sont d'étoffes teintes en bleu et en pourpre, Tous sont l'ouvrage d'habiles artisans.

¹⁰Mais l'Éternel est Dieu en vérité, Il est un Dieu vivant et un roi éternel; La terre tremble devant sa colère, Et les nations ne supportent pas sa fureur.

¹¹Vous leur parlerez ainsi: Les dieux qui n'ont point fait les cieux et la terre Disparaîtront de la terre et de dessous les cieux.

¹²Il a créé la terre par sa puissance, Il a fondé le monde par sa sagesse, Il a étendu les cieux par son intelligence.

¹³A sa voix, les eaux mugissent dans les cieux; Il fait monter les nuages des extrémités de la terre, Il produit les éclairs et la pluie, Il tire le vent de ses trésors.

¹⁴Tout homme devient stupide par sa science, Tout orfèvre est honteux de son image taillée; Car ses idoles ne sont que mensonge, Il n'y a point en elles de souffle,

¹⁵Elles sont une chose de néant, une oeuvre de tromperie; Elles périront, quand viendra le châtiment.

¹⁶Celui qui est la part de Jacob n'est pas comme elles; Car c'est lui qui a tout formé, Et Israël est la tribu de son héritage. L'Éternel des armées est son nom.

¹⁷Emporte du pays ce qui t'appartient, Toi qui es assise dans la détresse!

¹⁸Car ainsi parle l'Éternel: Voici, cette fois je vais lancer au loin les habitants du pays; Je vais les serrer de près, afin qu'on les atteigne. -

¹⁹Malheur à moi! je suis brisée! Ma plaie est douloureuse! Mais je dis: C'est une calamité qui m'arrive, Je la supporterai!

²⁰Ma tente est détruite, Tous mes cordages sont rompus; Mes fils m'ont quittée, ils ne sont plus; Je n'ai personne qui dresse de nouveau ma tente, Qui relève mes pavillons. -

²¹Les bergers ont été stupides, Ils n'ont pas cherché l'Éternel; C'est pour cela qu'ils n'ont point prospéré, Et que tous leurs troupeaux se dispersent.

²²Voici, une rumeur se fait entendre, C'est un grand tumulte qui vient du septentrion, Pour réduire les villes de Juda en un désert, En un repaire de chacals.

²³Je le sais, ô Éternel! La voie de l'homme n'est pas en son pouvoir; Ce n'est pas à l'homme, quand il marche, A diriger ses pas.

²⁴Châtie-moi, ô Éternel! mais avec équité, Et non dans ta colère, de peur que tu ne m'anéantisses.

²⁵Répands ta fureur sur les nations qui ne te connaissent pas, Et sur les peuples qui n'invoquent pas ton nom! Car ils dévorent Jacob, ils le dévorent, ils le consument, Ils ravagent sa demeure.

Chapitre 11

¹La parole qui fut adressée à Jérémie de la part de l'Éternel, en ces mots:

²Écoutez les paroles de cette alliance, Et parlez aux hommes de Juda et aux habitants de Jérusalem!

³Dis-leur: Ainsi parle l'Éternel, le Dieu d'Israël: Maudit soit l'homme qui n'écoute point les paroles de cette alliance,

⁴Que j'ai prescrite à vos pères, Le jour où je les ai fait sortir du pays d'Égypte, De la fournaise de fer, en disant: Écoutez ma voix, et faites tout ce que je vous ordonnerai; Alors vous serez mon peuple, Je serai votre Dieu,

⁵Et j'accomplirai le serment que j'ai fait à vos pères, De leur donner un pays où coulent le lait et le miel, Comme vous le voyez aujourd'hui. -Et je répondis: Amen, Éternel!

⁶L'Éternel me dit: Publie toutes ces paroles dans les villes de Juda Et dans les rues de Jérusalem, en disant: Écoutez les paroles de cette alliance, Et mettez-les en pratique!

⁷Car j'ai averti vos pères, Depuis le jour où je les ai fait monter du pays d'Égypte Jusqu'à ce jour, Je les ai avertis tous les matins, en disant: Écoutez ma voix!

⁸Mais ils n'ont pas écouté, ils n'ont pas prêté l'oreille, Ils ont suivi chacun les penchants de leur mauvais coeur; Alors j'ai accompli sur eux toutes les paroles de cette alliance, Que je leur avais ordonné d'observer et qu'ils n'ont point observée.

⁹L'Éternel me dit: Il y a une conjuration entre les hommes de Juda Et les habitants de Jérusalem.

¹⁰Ils sont retournés aux iniquités de leurs premiers pères, Qui ont refusé d'écouter mes paroles, Et ils sont allés après d'autres dieux, pour les servir. La maison d'Israël et la maison de Juda ont violé mon alliance, Que j'avais faite avec leurs pères.

¹¹C'est pourquoi ainsi parle l'Éternel: Voici, je vais faire venir sur eux des malheurs Dont ils ne pourront se délivrer. Ils crieront vers moi, Et je ne les écouterai pas.

¹²Les villes de Juda et les habitants de Jérusalem Iront invoquer les dieux auxquels ils offrent de l'encens, Mais ils ne les sauveront pas au temps de leur malheur.

¹³Car tu as autant de dieux que de villes, ô Juda! Et autant Jérusalem a de rues, Autant vous avez dressé d'autels aux idoles, D'autels pour offrir de l'encens à Baal...

¹⁴Et toi, n'intercède pas en faveur de ce peuple, N'élève pour eux ni supplications ni prières; Car je ne les écouterai pas, Quand ils m'invoqueront à cause de leur malheur.

¹⁵Que ferait mon bien-aimé dans ma maison? Il s'y commet une foule de crimes. La chair sacrée disparaîtra devant toi. Quand tu fais le mal, c'est alors que tu triomphes!

¹⁶Olivier verdoyant, remarquable par la beauté de son fruit, Tel est le nom que t'avait donné l'Éternel; Au bruit d'un grand fracas, il l'embrase par le feu, Et ses rameaux sont brisés.

¹⁷L'Éternel des armées, qui t'a planté, Appelle sur toi le malheur, A cause de la méchanceté de la maison d'Israël et de la maison de Juda, Qui ont agi pour m'irriter, en offrant de l'encens à Baal.

¹⁸L'Éternel m'en a informé, et je l'ai su; Alors tu m'as fait voir leurs oeuvres.

¹⁹J'étais comme un agneau familier qu'on mène à la boucherie, Et j'ignorais les mauvais desseins qu'ils méditaient contre moi: Détruisons l'arbre avec son fruit! Retranchons-le de la terre des vivants, Et qu'on ne se souvienne plus de son nom! -

²⁰Mais l'Éternel des armées est un juste juge, Qui sonde les reins et les coeurs. Je verrai ta vengeance s'exercer contre eux, Car c'est à toi que je confie ma cause.

²¹C'est pourquoi ainsi parle l'Éternel contre les gens d'Anathoth, Qui en veulent à ta vie, et qui disent: Ne prophétise pas au nom de l'Éternel, Ou tu mourras de notre main!

²²C'est pourquoi ainsi parle l'Éternel des armées: Voici, je vais les châtier; Les jeunes hommes mourront par l'épée, Leurs fils et leurs filles mourront par la famine.

²³Aucun d'eux n'échappera; Car je ferai venir le malheur sur les gens d'Anathoth, L'année où je les châtierai.

Chapitre 12

¹Tu es trop juste, Éternel, pour que je conteste avec toi; Je veux néanmoins t'adresser la parole sur tes jugements: Pourquoi la voie des méchants est-elle prospère? Pourquoi tous les perfides vivent-ils en paix?

²Tu les as plantés, ils ont pris racine, Ils croissent, ils portent du fruit; Tu es près de leur bouche, Mais loin de leur coeur.

³Et toi, Éternel, tu me connais, Tu me vois, tu sondes mon coeur qui est avec toi. Enlève-les comme des brebis qu'on doit égorger, Et prépare-les pour le jour du carnage!

⁴Jusques à quand le pays sera-t-il dans le deuil, Et l'herbe de tous les champs sera-t-elle desséchée? A cause de la méchanceté des habitants, Les bêtes et les oiseaux périssent. Car ils disent: Il ne verra pas notre fin. -

⁵Si tu cours avec des piétons et qu'ils te fatiguent, Comment pourras-tu lutter avec des chevaux? Et si tu ne te crois en sûreté que dans une contrée paisible, Que feras-tu sur les rives orgueilleuses du Jourdain?

⁶Car tes frères eux-mêmes et la maison de ton père te trahissent, Ils crient eux-mêmes à pleine voix derrière toi. Ne les crois pas, quand ils te diront des paroles amicales.

⁷J'ai abandonné ma maison, J'ai délaissé mon héritage, J'ai livré l'objet de mon amour aux mains de ses ennemis.

⁸Mon héritage a été pour moi comme un lion dans la forêt, Il a poussé contre moi ses rugissements; C'est pourquoi je l'ai pris en haine.

⁹Mon héritage a été pour moi un oiseau de proie, une hyène; Aussi les oiseaux de proie viendront de tous côtés contre lui. Allez, rassemblez tous les animaux des champs, Faites-les venir pour qu'ils le dévorent!

¹⁰Des bergers nombreux ravagent ma vigne, Ils foulent mon champ; Ils réduisent le champ de mes délices En un désert, en une solitude.

¹¹Ils le réduisent en un désert; Il est en deuil, il est désolé devant moi. Tout le pays est ravagé, Car nul n'y prend garde.

¹²Sur tous les lieux élevés du désert arrivent les dévastateurs, Car le glaive de l'Éternel dévore le pays d'un bout à l'autre; Il n'y a de paix pour aucun homme.

¹³Ils ont semé du froment, et ils moissonnent des épines, Ils se sont fatigués sans profit. Ayez honte de ce que vous récoltez, Par suite de la colère ardente de l'Éternel.

¹⁴Ainsi parle l'Éternel sur tous mes méchants voisins, Qui attaquent l'héritage que j'ai donné à mon peuple d'Israël: Voici, je les arracherai de leur pays, Et j'arracherai la maison de Juda du milieu d'eux.

¹⁵Mais après que je les aurai arrachés, J'aurai de nouveau compassion d'eux, Et je ramènerai chacun dans son héritage, Chacun dans son pays.

¹⁶Et s'ils apprennent les voies de mon peuple, S'ils jurent par mon nom, en disant: L'Éternel est vivant! Comme ils ont enseigné à mon peuple à jurer par Baal, Alors ils jouiront du bonheur au milieu de mon peuple.

¹⁷Mais s'ils n'écoutent rien, Je détruirai une telle nation, Je la détruirai, je la ferai périr, dit l'Éternel.

Chapitre 13

¹Ainsi m'a parlé l'Éternel: Va, achète-toi une ceinture de lin, et mets-la sur tes reins; mais ne la trempe pas dans l'eau.

²J'achetai la ceinture, selon la parole de l'Éternel, et je la mis sur mes reins.

³La parole de l'Éternel me fut adressée une seconde fois, en ces mots:

⁴Prends la ceinture que tu as achetée, et qui est sur tes reins; lève-toi, va vers l'Euphrate, et là, cache-la dans la fente d'un rocher.

⁵J'allai, et je la cachai près de l'Euphrate, comme l'Éternel me l'avait ordonné.

⁶Plusieurs jours après, l'Éternel me dit: Lève-toi, va vers l'Euphrate, et là, prends la ceinture que je t'avais ordonné d'y cacher.

⁷J'allai vers l'Euphrate, je fouillai, et je pris la ceinture dans le lieu où je l'avais cachée; mais voici, la ceinture était gâtée, elle n'était plus bonne à rien.

⁸La parole de l'Éternel me fut adressée, en ces mots:

⁹Ainsi parle l'Éternel: C'est ainsi que je détruirai l'orgueil de Juda Et l'orgueil immense de Jérusalem.

¹⁰Ce méchant peuple, qui refuse d'écouter mes paroles, Qui suit les penchants de son coeur, Et qui va après d'autres dieux, Pour les servir et se prosterner devant eux, Qu'il devienne comme cette ceinture, Qui n'est plus bonne à rien!

¹¹Car comme on attache la ceinture aux reins d'un homme, Ainsi je m'étais attaché toute la maison d'Israël Et toute la maison de Juda, dit l'Éternel, Afin qu'elles fussent mon peuple, Mon nom, ma louange, et ma gloire. Mais ils ne m'ont point écouté.

¹²Tu leur diras cette parole: Ainsi parle l'Éternel, le Dieu d'Israël: Tous les vases seront remplis de vin. Et ils te diront: Ne savons-nous pas Que tous les vases seront remplis de vin?

¹³Alors dis-leur: Ainsi parle l'Éternel: Voici, je remplirai tous les

Jérémie

habitants de ce pays, Les rois qui sont assis sur le trône de David, Les sacrificateurs, les prophètes, et tous les habitants de Jérusalem, Je les remplirai d'ivresse.

¹⁴Je les briserai les uns contre les autres, Les pères et les fils ensemble, dit l'Éternel; Je n'épargnerai pas, je n'aurai point de pitié, point de miséricorde, Rien ne m'empêchera de les détruire.

¹⁵Écoutez et prêtez l'oreille! Ne soyez point orgueilleux! Car l'Éternel parle.

¹⁶Rendez gloire à l'Éternel, votre Dieu, Avant qu'il fasse venir les ténèbres, Avant que vos pieds heurtent contre les montagnes de la nuit; Vous attendrez la lumière, Et il la changera en ombre de la mort, Il la réduira en obscurité profonde.

¹⁷Si vous n'écoutez pas, Je pleurerai en secret, à cause de votre orgueil; Mes yeux fondront en larmes, Parce que le troupeau de l'Éternel sera emmené captif.

¹⁸Dis au roi et à la reine: Asseyez-vous à terre! Car il est tombé de vos têtes, Le diadème qui vous servait d'ornement.

¹⁹Les villes du midi sont fermées, Il n'y a personne pour ouvrir; Tout Juda est emmené captif, Il est emmené tout entier captif.

²⁰Lève tes yeux et regarde Ceux qui viennent du septentrion. Où est le troupeau qui t'avait été donné, Le troupeau qui faisait ta gloire?

²¹Que diras-tu de ce qu'il te châtie? C'est toi-même qui leur as appris à te traiter en maîtres. Les douleurs ne te saisiront-elles pas, Comme elles saisissent une femme en travail?

²²Si tu dis en ton coeur: Pourquoi cela m'arrive-t-il? C'est à cause de la multitude de tes iniquités Que les pans de tes habits sont relevés, Et que tes talons sont violemment mis à nu.

²³Un Éthiopien peut-il changer sa peau, Et un léopard ses taches? De même, pourriez-vous faire le bien, Vous qui êtes accoutumés à faire le mal?

²⁴Je les disperserai, comme la paille emportée Par le vent du désert.

²⁵Voilà ton sort, la part que je te mesure, Dit l'Éternel, Parce que tu m'as oublié, Et que tu as mis ta confiance dans le mensonge.

²⁶Je relèverai tes pans jusque sur ton visage, Afin qu'on voie ta honte.

²⁷J'ai vu tes adultères et tes hennissements, Tes criminelles prostitutions sur les collines et dans les champs, J'ai vu tes abominations. Malheur à toi, Jérusalem! Jusques à quand tarderas-tu à te purifier?

Chapitre 14

¹La parole qui fut adressée à Jérémie par l'Éternel, à l'occasion de la sécheresse.

²Juda est dans le deuil, Ses villes sont désolées, tristes, abattues, Et les cris de Jérusalem s'élèvent.

³Les grands envoient les petits chercher de l'eau, Et les petits vont aux citernes, ne trouvent point d'eau, Et retournent avec leurs vases vides; Confus et honteux, ils se couvrent la tête.

⁴La terre est saisie d'épouvante, Parce qu'il ne tombe point de pluie dans le pays, Et les laboureurs confus se couvrent la tête.

⁵Même la biche dans la campagne Met bas et abandonne sa portée, Parce qu'il n'y a point de verdure.

⁶Les ânes sauvages se tiennent sur les lieux élevés, Aspirant l'air comme des serpents; Leurs yeux languissent, parce qu'il n'y a point d'herbe.

⁷Si nos iniquités témoignent contre nous, Agis à cause de ton nom, ô Éternel! Car nos infidélités sont nombreuses, Nous avons péché contre toi.

⁸Toi qui es l'espérance d'Israël, Son sauveur au temps de la détresse, Pourquoi serais-tu comme un étranger dans le pays, Comme un voyageur qui y entre pour passer la nuit?

⁹Pourquoi serais-tu comme un homme stupéfait, Comme un héros incapable de nous secourir? Tu es pourtant au milieu de nous, ô Éternel, Et ton nom est invoqué sur nous: Ne nous abandonne pas!

¹⁰Voici ce que l'Éternel dit de ce peuple: Ils aiment à courir çà et là, Ils ne savent retenir leurs pieds; L'Éternel n'a point d'attachement pour eux, Il se souvient maintenant de leurs crimes, Et il châtie leurs péchés.

¹¹Et l'Éternel me dit: N'intercède pas en faveur de ce peuple.

¹²S'ils jeûnent, je n'écouterai pas leurs supplications; S'ils offrent des holocaustes et des offrandes, je ne les agréerai pas; Car je veux les détruire par l'épée, par la famine et par la peste.

¹³Je répondis: Ah! Seigneur Éternel! Voici, les prophètes leur disent: Vous ne verrez point d'épée, Vous n'aurez point de famine; Mais je vous donnerai dans ce lieu une paix assurée.

¹⁴Et l'Éternel me dit: C'est le mensonge que prophétisent en mon nom les prophètes; Je ne les ai point envoyés, je ne leur ai point donné d'ordre, Je ne leur ai point parlé; Ce sont des visions mensongères, de vaines prédictions, Des tromperies de leur coeur, qu'ils vous prophétisent.

¹⁵C'est pourquoi ainsi parle l'Éternel Sur les prophètes qui prophétisent en mon nom, Sans que je les aie envoyés, Et qui disent: Il n'y aura dans ce pays ni épée ni famine: Ces prophètes périront par l'épée et par la famine.

¹⁶Et ceux à qui ils prophétisent Seront étendus dans les rues de Jérusalem, Par la famine et par l'épée; Il n'y aura personne pour leur donner la sépulture, Ni à eux, ni à leurs femmes, ni à leurs fils, ni à leurs filles; Je répandrai sur eux leur méchanceté.

¹⁷Dis-leur cette parole: Les larmes coulent de mes yeux nuit et jour, Et elles ne s'arrêtent pas; Car la vierge, fille de mon peuple, a été frappée d'un grand coup, D'une plaie très douloureuse.

¹⁸Si je vais dans les champs, voici des hommes que le glaive a percés; Si j'entre dans la ville, voici des êtres que consume la faim; Le prophète même et le sacrificateur parcourent le pays, Sans savoir où ils vont.

¹⁹As-tu donc rejeté Juda, Et ton âme a-t-elle pris Sion en horreur? Pourquoi nous frappes-tu Sans qu'il y ait pour nous de guérison? Nous espérions la paix, et il n'arrive rien d'heureux, Un temps de guérison, et voici la terreur!

²⁰Éternel, nous reconnaissons notre méchanceté, l'iniquité de nos pères; Car nous avons péché contre toi.

²¹A cause de ton nom, ne méprise pas, Ne déshonore pas le trône de ta gloire! N'oublie pas, ne romps pas ton alliance avec nous!

²²Parmi les idoles des nations, en est-il qui fassent pleuvoir? Ou est-ce le ciel qui donne la pluie? N'est-ce pas toi, Éternel, notre Dieu? Nous espérons en toi, Car c'est toi qui as fait toutes ces choses.

Chapitre 15

¹L'Éternel me dit: Quand Moïse et Samuel se présenteraient devant moi, Je ne serais pas favorable à ce peuple. Chasse-le loin de ma face, qu'il s'en aille!

²Et s'ils te disent: Où irons-nous? Tu leur répondras: Ainsi parle l'Éternel: A la mort ceux qui sont pour la mort, A l'épée ceux qui sont pour l'épée, A la famine ceux qui sont pour la famine, A la captivité ceux qui sont pour la captivité!

³J'enverrai contre eux quatre espèces de fléaux, dit l'Éternel, L'épée pour les tuer, Les chiens pour les traîner, Les oiseaux du ciel et les bêtes de la terre Pour les dévorer et les détruire.

⁴Je les rendrai un objet d'effroi pour tous les royaumes de la terre, A cause de Manassé, fils d'Ézéchias, roi de Juda, Et de tout ce qu'il a fait dans Jérusalem.

⁵Qui aura pitié de toi, Jérusalem, Qui te plaindra? Qui ira s'informer de ton état?

⁶Tu m'as abandonné, dit l'Éternel, tu es allée en arrière; Mais j'étends ma main sur toi, et je te détruis, Je suis las d'avoir compassion.

⁷Je les vanne avec le vent aux portes du pays; Je prive d'enfants, je fais périr mon peuple, Qui ne s'est pas détourné de ses voies.

⁸Ses veuves sont plus nombreuses que les grains de sable de la mer; J'amène sur eux, sur la mère du jeune homme, Le dévastateur en plein midi; Je fais soudain tomber sur elle l'angoisse et la terreur.

⁹Celle qui avait enfanté sept fils est désolée, Elle rend l'âme; Son soleil se couche quand il est encore jour; Elle est confuse, couverte de honte. Ceux qui restent, je les livre à l'épée devant leurs ennemis, Dit l'Éternel.

¹⁰Malheur à moi, ma mère, de ce que tu m'as fait naître Homme de dispute et de querelle pour tout le pays! Je n'emprunte ni ne prête, Et cependant tous me maudissent.

¹¹L'Éternel dit: Certes, tu auras un avenir heureux; Certes, je forcerai l'ennemi à t'adresser ses supplications, Au temps du malheur et au temps de la détresse.

¹²Le fer brisera-t-il le fer du septentrion et l'airain?

¹³Je livre gratuitement au pillage tes biens et tes trésors, A cause de tous tes péchés, sur tout ton territoire.

¹⁴Je te fais passer avec ton ennemi dans un pays que tu ne connais pas, Car le feu de ma colère s'est allumé, Il brûle sur vous.

¹⁵Tu sais tout, ô Éternel, souviens-toi de moi, ne m'oublie pas, Venge-moi de mes persécuteurs! Ne m'enlève pas, tandis que tu te montres lent à la colère! Sache que je supporte l'opprobre à cause de toi.

¹⁶J'ai recueilli tes paroles, et je les ai dévorées; Tes paroles ont fait la joie et l'allégresse de mon coeur; Car ton nom est invoqué sur moi, Éternel, Dieu des armées!

¹⁷Je ne me suis point assis dans l'assemblée des moqueurs, afin de m'y réjouir; Mais à cause de ta puissance, je me suis assis solitaire, Car

tu me remplissais de fureur.

¹⁸Pourquoi ma souffrance est-elle continuelle? Pourquoi ma plaie est-elle douloureuse, et ne veut-elle pas se guérir? Serais-tu pour moi comme une source trompeuse, Comme une eau dont on n'est pas sûr?

¹⁹C'est pourquoi ainsi parle l'Éternel: Si tu te rattaches à moi, je te répondrai, et tu te tiendras devant moi; Si tu sépares ce qui est précieux de ce qui est vil, tu seras comme ma bouche. C'est à eux de revenir à toi, Mais ce n'est pas à toi de retourner vers eux.

²⁰Je te rendrai pour ce peuple comme une forte muraille d'airain; Ils te feront la guerre, mais ils ne te vaincront pas; Car je serai avec toi pour te sauver et te délivrer, Dit l'Éternel.

²¹Je te délivrerai de la main des méchants, Je te sauverai de la main des violents.

Chapitre 16

¹La parole de l'Éternel me fut adressée, en ces mots:

²Tu ne prendras point de femme, Et tu n'auras dans ce lieu ni fils ni filles.

³Car ainsi parle l'Éternel sur les fils et les filles Qui naîtront en ce lieu, Sur leurs mères qui les auront enfantés, Et sur leurs pères qui les auront engendrés dans ce pays:

⁴Ils mourront consumés par la maladie; On ne leur donnera ni larmes ni sépulture; Ils seront comme du fumier sur la terre; Ils périront par l'épée et par la famine; Et leurs cadavres serviront de pâture Aux oiseaux du ciel et aux bêtes de la terre.

⁵Car ainsi parle l'Éternel: N'entre pas dans une maison de deuil, N'y va pas pleurer, te lamenter avec eux; Car j'ai retiré à ce peuple ma paix, dit l'Éternel, Ma bonté et ma miséricorde.

⁶Grands et petits mourront dans ce pays; On ne leur donnera point de sépulture; On ne les pleurera point, On ne se fera point d'incision, Et l'on ne se rasera pas pour eux.

⁷On ne rompra pas le pain dans le deuil Pour consoler quelqu'un au sujet d'un mort, Et l'on n'offrira pas la coupe de consolation Pour un père ou pour une mère.

⁸N'entre pas non plus dans une maison de festin, Pour t'asseoir avec eux, Pour manger et pour boire.

⁹Car ainsi parle l'Éternel des armées, le Dieu d'Israël: Voici, je ferai cesser dans ce lieu, sous vos yeux et de vos jours, Les cris de réjouissance et les cris d'allégresse, Les chants du fiancé et les chants de la fiancée.

¹⁰Lorsque tu annonceras à ce peuple toutes ces choses, Ils te diront: Pourquoi l'Éternel nous menace-t-il de tous ces grands malheurs? Quelle est notre iniquité? Quel péché avons-nous commis contre l'Éternel, notre Dieu?

¹¹Alors tu leur répondras: Vos pères m'ont abandonné, dit l'Éternel, Ils sont allés après d'autres dieux, Ils les ont servis et se sont prosternés devant eux; Ils m'ont abandonné, et n'ont point observé ma loi.

¹²Et vous, vous avez fait le mal plus encore que vos pères; Et voici, vous suivez chacun les penchants de votre mauvais coeur, Pour ne point m'écouter.

¹³Je vous transporterai de ce pays Dans un pays que vous n'avez point connu, Ni vous, ni vos pères; Et là, vous servirez les autres dieux jour et nuit, Car je ne vous accorderai point de grâce.

¹⁴C'est pourquoi voici, les jours viennent, dit l'Éternel, Où l'on ne dira plus: L'Éternel est vivant, Lui qui a fait monter du pays d'Égypte les enfants d'Israël!

¹⁵Mais on dira: L'Éternel est vivant, Lui qui a fait monter les enfants d'Israël du pays du septentrion Et de tous les pays où il les avait chassés! Je les ramènerai dans leur pays, Que j'avais donné à leurs pères.

¹⁶Voici, j'envoie une multitude de pêcheurs, dit l'Éternel, et ils les pêcheront; Et après cela j'enverrai une multitude de chasseurs, et ils les chasseront De toutes les montagnes et de toutes les collines, Et des fentes des rochers.

¹⁷Car mes yeux sont attentifs à toutes leurs voies, Elles ne sont point cachées devant ma face, Et leur iniquité ne se dérobe point à mes regards.

¹⁸Je leur donnerai d'abord le double salaire de leur iniquité et de leur péché, Parce qu'ils ont profané mon pays, Parce qu'ils ont rempli mon héritage Des cadavres de leurs idoles et de leurs abominations.

¹⁹Éternel, ma force et mon appui, mon refuge au jour de la détresse! Les nations viendront à toi des extrémités de la terre, Et elles diront: Nos pères n'ont hérité que le mensonge, De vaines idoles, qui ne servent à rien.

²⁰L'homme peut-il se faire des dieux, Qui ne sont pas des dieux? -

²¹C'est pourquoi voici, je leur fais connaître, cette fois, Je leur fais connaître ma puissance et ma force; Et ils sauront que mon nom est l'Éternel.

Chapitre 17

¹Le péché de Juda est écrit avec un burin de fer, Avec une pointe de diamant; Il est gravé sur la table de leur coeur, Et sur les cornes de vos autels.

²Comme ils pensent à leurs enfants, ainsi pensent-ils à leurs autels Et à leurs idoles d'Astarté près des arbres verts, Sur les collines élevées.

³Je livre au pillage ma montagne et ses champs, tes biens, tous tes trésors, Et tes hauts lieux, à cause de tes péchés, sur tout ton territoire.

⁴Tu perdras par ta faute l'héritage que je t'avais donné; Je t'asservirai à ton ennemi dans un pays que tu ne connais pas; Car vous avez allumé le feu de ma colère, Et il brûlera toujours.

⁵Ainsi parle l'Éternel: Maudit soit l'homme qui se confie dans l'homme, Qui prend la chair pour son appui, Et qui détourne son coeur de l'Éternel!

⁶Il est comme un misérable dans le désert, Et il ne voit point arriver le bonheur; Il habite les lieux brûlés du désert, Une terre salée et sans habitants.

⁷Béni soit l'homme qui se confie dans l'Éternel, Et dont l'Éternel est l'espérance!

⁸Il est comme un arbre planté près des eaux, Et qui étend ses racines vers le courant; Il n'aperçoit point la chaleur quand elle vient, Et son feuillage reste vert; Dans l'année de la sécheresse, il n'a point de crainte, Et il ne cesse de porter du fruit.

⁹Le coeur est tortueux par-dessus tout, et il est méchant: Qui peut le connaître?

¹⁰Moi, l'Éternel, j'éprouve le coeur, je sonde les reins, Pour rendre à chacun selon ses voies, Selon le fruit de ses oeuvres.

¹¹Comme une perdrix qui couve des oeufs qu'elle n'a point pondus, Tel est celui qui acquiert des richesses injustement; Au milieu de ses jours il doit les quitter, Et à la fin il n'est qu'un insensé.

¹²Il est un trône de gloire, élevé dès le commencement, C'est le lieu de notre sanctuaire.

¹³Toi qui es l'espérance d'Israël, ô Éternel! Tous ceux qui t'abandonnent seront confondus. -Ceux qui se détournent de moi seront inscrits sur la terre, Car ils abandonnent la source d'eau vive, l'Éternel.

¹⁴Guéris-moi, Éternel, et je serai guéri; Sauve-moi, et je serai sauvé; Car tu es ma gloire.

¹⁵Voici, ils me disent: Où est la parole de l'Éternel? Qu'elle s'accomplisse donc!

¹⁶Et moi, pour t'obéir, je n'ai pas refusé d'être pasteur; Je n'ai pas non plus désiré le jour du malheur, tu le sais; Ce qui est sorti de mes lèvres a été découvert devant toi.

¹⁷Ne sois pas pour moi un sujet d'effroi, Toi, mon refuge au jour du malheur!

¹⁸Que mes persécuteurs soient confus, et que je ne sois pas confus; Qu'ils tremblent, et que je ne tremble pas, moi! Fais venir sur eux le jour du malheur, Frappe-les d'une double plaie!

¹⁹Ainsi m'a parlé l'Éternel: Va, et tiens-toi à la porte des enfants du peuple, par laquelle entrent et sortent les rois de Juda, et à toutes les portes de Jérusalem.

²⁰Tu leur diras: Écoutez la parole de l'Éternel, rois de Juda, et tout Juda, et vous tous, habitants de Jérusalem, qui entrez par ces portes!

²¹Ainsi parle l'Éternel: Prenez garde à vos âmes; Ne portez point de fardeau le jour du sabbat, Et n'en introduisez point par les portes de Jérusalem.

²²Ne sortez de vos maisons aucun fardeau le jour du sabbat, Et ne faites aucun ouvrage; Mais sanctifiez le jour du sabbat, Comme je l'ai ordonné à vos pères.

²³Ils n'ont pas écouté, ils n'ont pas prêté l'oreille; Ils ont raidi leur cou, Pour ne point écouter et ne point recevoir instruction.

²⁴Si vous m'écoutez, dit l'Éternel, Si vous n'introduisez point de fardeau Par les portes de cette ville le jour du sabbat, Si vous sanctifiez le jour du sabbat, Et ne faites aucun ouvrage ce jour-là,

²⁵Alors entreront par les portes de cette ville Les rois et les princes assis sur le trône de David, Montés sur des chars et sur des chevaux, Eux et leurs princes, les hommes de Juda et les habitants de Jérusalem, Et cette ville sera habitée à toujours.

²⁶On viendra des villes de Juda et des environs de Jérusalem, Du pays de Benjamin, de la vallée, De la montagne et du midi, Pour amener des holocaustes et des victimes, Pour apporter des offrandes et de l'encens, Et pour offrir des sacrifices d'actions de grâces dans la maison de l'Éternel.

²⁷Mais si vous n'écoutez pas quand je vous ordonne De sanctifier le jour du sabbat, De ne porter aucun fardeau, De ne point en introduire

par les portes de Jérusalem le jour du sabbat, Alors j'allumerai un feu aux portes de la ville, Et il dévorera les palais de Jérusalem et ne s'éteindra point.

Chapitre 18

¹La parole qui fut adressée à Jérémie de la part de l'Éternel, en ces mots:

²Lève-toi, et descends dans la maison du potier; Là, je te ferai entendre mes paroles.

³Je descendis dans la maison du potier, Et voici, il travaillait sur un tour.

⁴Le vase qu'il faisait ne réussit pas, Comme il arrive à l'argile dans la main du potier; Il en refit un autre vase, Tel qu'il trouva bon de le faire.

⁵Et la parole de l'Éternel me fut adressée, en ces mots:

⁶Ne puis-je pas agir envers vous comme ce potier, maison d'Israël? Dit l'Éternel. Voici, comme l'argile est dans la main du potier, Ainsi vous êtes dans ma main, maison d'Israël!

⁷Soudain je parle, sur une nation, sur un royaume, D'arracher, d'abattre et de détruire;

⁸Mais si cette nation, sur laquelle j'ai parlé, revient de sa méchanceté, Je me repens du mal que j'avais pensé lui faire.

⁹Et soudain je parle, sur une nation, sur un royaume, De bâtir et de planter;

¹⁰Mais si cette nation fait ce qui est mal à mes yeux, Et n'écoute pas ma voix, Je me repens du bien que j'avais eu l'intention de lui faire.

¹¹Parle maintenant aux hommes de Juda et aux habitants de Jérusalem, et dis: Ainsi parle l'Éternel: Voici, je prépare contre vous un malheur, Je médite un projet contre vous. Revenez chacun de votre mauvaise voie, Réformez vos voies et vos oeuvres!

¹²Mais ils disent: C'est en vain! Car nous suivrons nos pensées, Nous agirons chacun selon les penchants de notre mauvais coeur.

¹³C'est pourquoi ainsi parle l'Éternel: Interrogez les nations! Qui a jamais entendu pareilles choses? La vierge d'Israël a commis d'horribles excès.

¹⁴La neige du Liban abandonne-t-elle le rocher des champs? Ou voit-on tarir les eaux qui viennent de loin, fraîches et courantes?

¹⁵Cependant mon peuple m'a oublié, il offre de l'encens à des idoles; Il a été conduit à chanceler dans ses voies, à quitter les anciens sentiers, Pour suivre des sentiers, des chemins non frayés.

¹⁶Ils ont fait de leur pays, un objet de désolation, d'éternelle moquerie; Tous ceux qui y passent sont stupéfaits et secouent la tête.

¹⁷Pareil au vent d'orient, je les disperserai devant l'ennemi; Je leur tournerai le dos, je ne les regarderai pas au jour de leur détresse.

¹⁸Et ils ont dit: Venez, complotons contre Jérémie! Car la loi ne périra pas faute de sacrificateurs, Ni le conseil faute de sages, ni la parole faute de prophètes. Venez, tuons-le avec la langue; Ne prenons pas garde à tous ses discours!

¹⁹Écoute-moi, Éternel! Et entends la voix de mes adversaires!

²⁰Le mal sera-t-il rendu pour le bien? Car ils ont creusé une fosse pour m'ôter la vie. Souviens-t'en, je me suis tenu devant toi, Afin de parler en leur faveur, Et de détourner d'eux ta colère.

²¹C'est pourquoi livre leurs enfants à la famine, Précipite-les par le glaive; Que leurs femmes soient privées d'enfants et deviennent veuves, Et que leurs maris soient enlevés par la peste; Que leurs jeunes gens soient frappés par l'épée dans le combat!

²²Qu'on entende des cris sortir de leurs maisons, Quand soudain tu feras fondre sur eux des bandes armées! Car ils ont creusé une fosse pour me prendre, Ils ont tendu des filets sous mes pieds.

²³Et toi, Éternel, tu connais tous leurs complots pour me faire mourir; Ne pardonne pas leur iniquité, N'efface pas leur péché de devant toi! Qu'ils soient renversés en ta présence! Agis contre eux au temps de ta colère!

Chapitre 19

¹Ainsi a parlé l'Éternel: Va, achète d'un potier un vase de terre, et prends avec toi des anciens du peuple et des anciens des sacrificateurs.

²Rends-toi dans la vallée de Ben Hinnom, qui est à l'entrée de la porte de la poterie; et là, tu publieras les paroles que je te dirai.

³Tu diras: Écoutez la parole de l'Éternel, rois de Juda, et vous, habitants de Jérusalem! Ainsi parle l'Éternel des armées, le Dieu d'Israël: Voici, je vais faire venir sur ce lieu un malheur Qui étourdira les oreilles de quiconque en entendra parler.

⁴Ils m'ont abandonné, ils ont profané ce lieu, Ils y ont offert de l'encens à d'autres dieux, Que ne connaissaient ni eux, ni leurs pères, ni les rois de Juda, Et ils ont rempli ce lieu de sang innocent;

⁵Ils ont bâti des hauts lieux à Baal, Pour brûler leurs enfants au feu en holocaustes à Baal: Ce que je n'avais ni ordonné ni prescrit, Ce qui ne m'était point venu à la pensée.

⁶C'est pourquoi voici, les jours viennent, dit l'Éternel, Où ce lieu ne sera plus appelé Topheth et vallée de Ben Hinnom, Mais où on l'appellera vallée du carnage.

⁷J'anéantirai dans ce lieu le conseil de Juda et de Jérusalem; Je les ferai tomber par l'épée devant leurs ennemis Et par la main de ceux qui en veulent à leur vie; Je donnerai leurs cadavres en pâture Aux oiseaux du ciel et aux bêtes de la terre.

⁸Je ferai de cette ville un objet de désolation et de moquerie; Tous ceux qui passeront près d'elle Seront dans l'étonnement et siffleront sur toutes ses plaies.

⁹Je leur ferai manger la chair de leurs fils et la chair de leurs filles, Et les uns mangeront la chair des autres, Au milieu de l'angoisse et de la détresse Où les réduiront leurs ennemis Et ceux qui en veulent à leur vie.

¹⁰Tu briseras ensuite le vase, sous les yeux des hommes qui seront allés avec toi.

¹¹Et tu leur diras: Ainsi parle l'Éternel des armées: C'est ainsi que je briserai ce peuple et cette ville, Comme on brise un vase de potier, Sans qu'il puisse être rétabli. Et l'on enterrera les morts à Topheth par défaut de place pour enterrer.

¹²C'est ainsi que je ferai à ce lieu, dit l'Éternel, et à ses habitants, Et je rendrai cette ville semblable à Topheth.

¹³Les maisons de Jérusalem et les maisons des rois de Juda Seront impures comme le lieu de Topheth, Toutes les maisons sur les toits desquelles on offrait de l'encens A toute l'armée des cieux, Et on faisait des libations à d'autres dieux.

¹⁴Jérémie revint de Topheth, où l'Éternel l'avait envoyé prophétiser. Puis il se tint dans le parvis de la maison de l'Éternel, et il dit à tout le peuple:

¹⁵Ainsi parle l'Éternel des armées, le Dieu d'Israël: Voici, je vais faire venir sur cette ville et sur toutes les villes qui dépendent d'elle tous les malheurs que je lui ai prédits, parce qu'ils ont raidi leur cou, pour ne point écouter mes paroles.

Chapitre 20

¹Paschhur, fils d'Immer, sacrificateur et inspecteur en chef dans la maison de l'Éternel, entendit Jérémie qui prophétisait ces choses.

²Et Paschhur frappa Jérémie, le prophète, et le mit dans la prison qui était à la porte supérieure de Benjamin, dans la maison de l'Éternel.

³Mais le lendemain, Paschhur fit sortir Jérémie de prison. Et Jérémie lui dit: Ce n'est pas le nom de Paschhur que l'Éternel te donne, c'est celui de Magor Missabib.

⁴Car ainsi parle l'Éternel: Voici, je te livrerai à la terreur, toi et tous tes amis; ils tomberont par l'épée de leurs ennemis, et tes yeux le verront. Je livrerai aussi tout Juda entre les mains du roi de Babylone, qui les emmènera captifs à Babylone et les frappera de l'épée.

⁵Je livrerai toutes les richesses de cette ville, tout le produit de son travail, tout ce qu'elle a de précieux, je livrerai tous les trésors des rois de Juda entre les mains de leurs ennemis, qui les pilleront, les enlèveront et les transporteront à Babylone.

⁶Et toi, Paschhur, et tous ceux qui demeurent dans ta maison, vous irez en captivité; tu iras à Babylone, et là tu mourras, et là tu seras enterré, toi et tous tes amis auxquels tu as prophétisé le mensonge.

⁷Tu m'as persuadé, Éternel, et je me suis laissé persuader; Tu m'as saisi, tu m'as vaincu. Et je suis chaque jour un objet de raillerie, Tout le monde se moque de moi.

⁸Car toutes les fois que je parle, il faut que je crie, Que je crie à la violence et à l'oppression! Et la parole de l'Éternel est pour moi Un sujet d'opprobre et de risée chaque jour.

⁹Si je dis: Je ne ferai plus mention de lui, Je ne parlerai plus en son nom, Il y a dans mon coeur comme un feu dévorant Qui est renfermé dans mes os. Je m'efforce de le contenir, et je ne le puis.

¹⁰Car j'apprends les mauvais propos de plusieurs, L'épouvante qui règne à l'entour: Accusez-le, et nous l'accuserons! Tous ceux qui étaient en paix avec moi Observent si je chancelle: Peut-être se laissera-t-il surprendre, Et nous serons maîtres de lui, Nous tirerons vengeance de lui!

¹¹Mais l'Éternel est avec moi comme un héros puissant; C'est pourquoi mes persécuteurs chancellent et n'auront pas le dessus; Ils seront remplis de confusion pour n'avoir pas réussi: Ce sera une honte éternelle qui ne s'oubliera pas.

¹²L'Éternel des armées éprouve le juste, Il pénètre les reins et les coeurs. Je verrai ta vengeance s'exercer contre eux, Car c'est à toi que je confie ma cause.

¹³Chantez à l'Éternel, louez l'Éternel! Car il délivre l'âme du

malheureux de la main des méchants.

¹⁴Maudit sois le jour où je suis né! Que le jour où ma mère m'a enfanté Ne soit pas béni!

¹⁵Maudit soit l'homme qui porta cette nouvelle à mon père: Il t'est né un enfant mâle, Et qui le combla de joie!

¹⁶Que cet homme soit comme les villes Que l'Éternel a détruites sans miséricorde! Qu'il entende des gémissements le matin, Et des cris de guerre à midi!

¹⁷Que ne m'a-t-on fait mourir dans le sein de ma mère! Que ne m'a-t-elle servi de tombeau! Que n'est-elle restée éternellement enceinte!

¹⁸Pourquoi suis-je sorti du sein maternel Pour voir la souffrance et la douleur, Et pour consumer mes jours dans la honte?

Chapitre 21

¹La parole qui fut adressée à Jérémie de la part de l'Éternel, lorsque le roi Sédécias lui envoya Paschhur, fils de Malkija, et Sophonie, fils de Maaséja, le sacrificateur, pour lui dire:

²Consulte pour nous l'Éternel; car Nebucadnetsar, roi de Babylone, nous fait la guerre; peut-être l'Éternel fera-t-il en notre faveur quelqu'un de ses miracles, afin qu'il s'éloigne de nous.

³Jérémie leur répondit: Vous direz à Sédécias:

⁴Ainsi parle l'Éternel, le Dieu d'Israël: Voici, je vais détourner les armes de guerre qui sont dans vos mains, et avec lesquelles vous combattez en dehors des murailles le roi de Babylone et les Chaldéens qui vous assiègent, et je les rassemblerai au milieu de cette ville.

⁵Puis je combattrai contre vous, la main étendue et le bras fort, avec colère, avec fureur, avec une grande irritation.

⁶Je frapperai les habitants de cette ville, les hommes et les bêtes; ils mourront d'une peste affreuse.

⁷Après cela, dit l'Éternel, je livrerai Sédécias, roi de Juda, ses serviteurs, le peuple, et ceux qui dans cette ville échapperont à la peste, à l'épée et à la famine, je les livrerai entre les mains de Nebucadnetsar, roi de Babylone, entre les mains de leurs ennemis, entre les mains de ceux qui en veulent à leur vie; et Nebucadnetsar les frappera du tranchant de l'épée, il ne les épargnera pas, il n'aura point de pitié, point de compassion.

⁸Tu diras à ce peuple: Ainsi parle l'Éternel: Voici, je mets devant vous le chemin de la vie et le chemin de la mort.

⁹Celui qui restera dans cette ville mourra par l'épée, par la famine ou par la peste; mais celui qui sortira pour se rendre aux Chaldéens qui vous assiègent aura la vie sauve, et sa vie sera son butin.

¹⁰Car je dirige mes regards contre cette ville pour faire du mal et non du bien, dit l'Éternel; elle sera livrée entre les mains du roi de Babylone, qui la brûlera par le feu.

¹¹Et tu diras à la maison du roi de Juda: Écoutez la parole de l'Éternel!

¹²Maison de David! Ainsi parle l'Éternel: Rendez la justice dès le matin, Et délivrez l'opprimé des mains de l'oppresseur, De peur que ma colère n'éclate comme un feu, Et ne s'enflamme, sans qu'on puisse l'éteindre, A cause de la méchanceté de vos actions.

¹³Voici, j'en veux à toi, Ville assise dans la vallée, sur le rocher de la plaine, Dit l'Éternel, A vous qui dites: Qui descendra contre nous? Qui entrera dans nos demeures?

¹⁴Je vous châtierai selon le fruit de vos oeuvres, dit l'Éternel; Je mettrai le feu à votre forêt, Et il en dévorera tous les alentours.

Chapitre 22

¹Ainsi parle l'Éternel: Descends dans la maison du roi de Juda, et là prononce cette parole.

²Tu diras: Écoute la parole de l'Éternel, roi de Juda, qui es assis sur le trône de David, toi, tes serviteurs, et ton peuple, qui entrez par ces portes!

³Ainsi parle l'Éternel: Pratiquez la justice et l'équité; délivrez l'opprimé des mains de l'oppresseur; ne maltraitez pas l'étranger, l'orphelin et la veuve; n'usez pas de violence, et ne répandez point de sang innocent dans ce lieu.

⁴Car si vous agissez selon cette parole, les rois assis sur le trône de David entreront par les portes de cette maison, montés sur des chars et sur des chevaux, eux, leurs serviteurs et leur peuple.

⁵Mais si vous n'écoutez pas ces paroles, je le jure par moi-même, dit l'Éternel, cette maison deviendra une ruine.

⁶Car ainsi parle l'Éternel sur la maison du roi de Juda: Tu es pour moi comme Galaad, comme le sommet du Liban; Mais certes, je ferai de toi un désert, Une ville sans habitants.

⁷Je prépare contre toi des destructeurs, Chacun avec ses armes; Ils abattront tes plus beaux cèdres, Et les jetteront au feu.

⁸Des nations nombreuses passeront près de cette ville, Et elles se diront l'une à l'autre: Pourquoi l'Éternel a-t-il ainsi traité cette grande ville?

⁹Et l'on répondra: Parce qu'ils ont abandonné L'alliance de l'Éternel, leur Dieu, Parce qu'ils se sont prosternés devant d'autres dieux et les ont servis.

¹⁰Ne pleurez point celui qui est mort, Et ne vous lamentez pas sur lui; Pleurez, pleurez celui qui s'en va, Car il ne reviendra plus, Il ne reverra plus le pays de sa naissance.

¹¹Car ainsi parle l'Éternel sur Schallum, fils de Josias, roi de Juda, Qui régnait à la place de Josias, son père, Et qui est sorti de ce lieu: Il n'y reviendra plus;

¹²Mais il mourra dans le lieu où on l'emmène captif, Et il ne verra plus ce pays.

¹³Malheur à celui qui bâtit sa maison par l'injustice, Et ses chambres par l'iniquité; Qui fait travailler son prochain sans le payer, Sans lui donner son salaire;

¹⁴Qui dit: Je me bâtirai une maison vaste, Et des chambres spacieuses; Et qui s'y fait percer des fenêtres, La lambrisse de cèdre, Et la peint en couleur rouge!

¹⁵Est-ce que tu règnes, parce que tu as de la passion pour le cèdre? Ton père ne mangeait-il pas, ne buvait-il pas? Mais il pratiquait la justice et l'équité, Et il fut heureux;

¹⁶Il jugeait la cause du pauvre et de l'indigent, Et il fut heureux. N'est-ce pas là me connaître? dit l'Éternel.

¹⁷Mais tu n'as des yeux et un coeur Que pour te livrer à la cupidité, Pour répandre le sang innocent, Et pour exercer l'oppression et la violence.

¹⁸C'est pourquoi ainsi parle l'Éternel sur Jojakim, fils de Josias, roi de Juda: On ne le pleurera pas, en disant: Hélas, mon frère! hélas, ma soeur! On ne le pleurera pas, en disant: Hélas, seigneur! hélas, sa majesté!

¹⁹Il aura la sépulture d'un âne, Il sera traîné et jeté hors des portes de Jérusalem.

²⁰Monte sur le Liban, et crie! Élève ta voix sur le Basan! Crie du haut d'Abarim! Car tous ceux qui t'aimaient sont brisés.

²¹Je t'ai parlé dans le temps de ta prospérité; Tu disais: Je n'écouterai pas. C'est ainsi que tu as agi dès ta jeunesse; Tu n'as pas écouté ma voix.

²²Tous tes pasteurs seront la pâture du vent, Et ceux qui t'aiment iront en captivité; C'est alors que tu seras dans la honte, dans la confusion, A cause de toute ta méchanceté.

²³Toi qui habites sur le Liban, Qui as ton nid dans les cèdres, Combien tu gémiras quand les douleurs t'atteindront, Douleurs semblables à celles d'une femme en travail!

²⁴Je suis vivant! dit l'Éternel, Quand Jeconia, fils de Jojakim, roi de Juda, serait Un anneau à ma main droite, Je t'arracherais de là.

²⁵Je te livrerai entre les mains de ceux qui en veulent à ta vie, Entre les mains de ceux devant qui tu trembles, Entre les mains de Nebucadnetsar, roi de Babylone, Entre les mains des Chaldéens.

²⁶Je te jetterai, toi et ta mère qui t'a enfanté, Dans un autre pays où vous n'êtes pas nés, Et là vous mourrez;

²⁷Mais dans le pays où ils auront le désir de retourner, Ils ne retourneront pas.

²⁸Est-il donc un vase méprisé, brisé, ce Jeconia? Est-il un objet auquel on n'attache aucun prix? Pourquoi sont-ils jetés, lui et sa postérité, Lancés dans un pays qu'ils ne connaissent pas? -

²⁹Terre, terre, terre, Écoute la parole de l'Éternel!

³⁰Ainsi parle l'Éternel: Inscrivez cet homme comme privé d'enfants, Comme un homme dont les jours ne seront pas prospères; Car nul de ses descendants ne réussira A s'asseoir sur le trône de David Et à régner sur Juda.

Chapitre 23

¹Malheur aux pasteurs qui détruisent et dispersent Le troupeau de mon pâturage! dit l'Éternel.

²C'est pourquoi ainsi parle l'Éternel, le Dieu d'Israël, Sur les pasteurs qui paissent mon peuple: Vous avez dispersé mes brebis, vous les avez chassées, Vous n'en avez pas pris soin; Voici, je vous châtierai à cause de la méchanceté de vos actions, Dit l'Éternel.

³Et je rassemblerai le reste de mes brebis De tous les pays où je les ai chassées; Je les ramènerai dans leur pâturage; Elles seront fécondes et multiplieront.

⁴J'établirai sur elles des pasteurs qui les paîtront; Elles n'auront plus de crainte, plus de terreur, Et il n'en manquera aucune, dit l'Éternel.

⁵Voici, les jours viennent, dit l'Éternel, Où je susciterai à David un germe juste; Il régnera en roi et prospérera, Il pratiquera la justice et

l'équité dans le pays.

⁶En son temps, Juda sera sauvé, Israël aura la sécurité dans sa demeure; Et voici le nom dont on l'appellera: L'Éternel notre justice.

⁷C'est pourquoi voici, les jours viennent, dit l'Éternel, Où l'on ne dira plus: L'Éternel est vivant, Lui qui a fait monter du pays d'Égypte les enfants d'Israël!

⁸Mais on dira: L'Éternel est vivant, Lui qui a fait monter et qui a ramené La postérité de la maison d'Israël du pays du septentrion Et de tous les pays où je les avais chassés! Et ils habiteront dans leur pays.

⁹Sur les prophètes. Mon coeur est brisé au dedans de moi, Tous mes os tremblent; Je suis comme un homme ivre, Comme un homme pris de vin, A cause de l'Éternel et à cause de ses paroles saintes.

¹⁰Car le pays est rempli d'adultères; Le pays est en deuil à cause de la malédiction; Les plaines du désert sont desséchées. Ils courent au mal, Ils n'ont de la force que pour l'iniquité.

¹¹Prophètes et sacrificateurs sont corrompus; Même dans ma maison j'ai trouvé leur méchanceté, Dit l'Éternel.

¹²C'est pourquoi leur chemin sera glissant et ténébreux, Ils seront poussés et ils tomberont; Car je ferai venir sur eux le malheur, L'année où je les châtierai, dit l'Éternel.

¹³Dans les prophètes de Samarie j'ai vu de l'extravagance; Ils ont prophétisé par Baal, Ils ont égaré mon peuple d'Israël.

¹⁴Mais dans les prophètes de Jérusalem j'ai vu des choses horribles; Ils sont adultères, ils marchent dans le mensonge; Ils fortifient les mains des méchants, Afin qu'aucun ne revienne de sa méchanceté; Ils sont tous à mes yeux comme Sodome, Et les habitants de Jérusalem comme Gomorrhe.

¹⁵C'est pourquoi ainsi parle l'Éternel des armées sur les prophètes: Voici, je vais les nourrir d'absinthe, Et je leur ferai boire des eaux empoisonnées; Car c'est par les prophètes de Jérusalem Que l'impiété s'est répandue dans tout le pays.

¹⁶Ainsi parle l'Éternel des armées: N'écoutez pas les paroles des prophètes qui vous prophétisent! Ils vous entraînent à des choses de néant; Ils disent les visions de leur coeur, Et non ce qui vient de la bouche de l'Éternel.

¹⁷Ils disent à ceux qui me méprisent: L'Éternel a dit: Vous aurez la paix; Et ils disent à tous ceux qui suivent les penchants de leur coeur: Il ne vous arrivera aucun mal.

¹⁸Qui donc a assisté au conseil de l'Éternel Pour voir, pour écouter sa parole? Qui a prêté l'oreille à sa parole, qui l'a entendue?

¹⁹Voici, la tempête de l'Éternel, la fureur éclate, L'orage se précipite, Il fond sur la tête des méchants.

²⁰La colère de l'Éternel ne se calmera pas, Jusqu'à ce qu'il ait accompli, exécuté les desseins de son coeur. Vous le comprendrez dans la suite des temps.

²¹Je n'ai point envoyé ces prophètes, et ils ont couru; Je ne leur ai point parlé, et ils ont prophétisé.

²²S'ils avaient assisté à mon conseil, Ils auraient dû faire entendre mes paroles à mon peuple, Et les faire revenir de leur mauvaise voie, De la méchanceté de leurs actions.

²³Ne suis-je un Dieu que de près, dit l'Éternel, Et ne suis-je pas aussi un Dieu de loin?

²⁴Quelqu'un se tiendra-t-il dans un lieu caché, Sans que je le voie? dit l'Éternel. Ne remplis-je pas, moi, les cieux et la terre? dit l'Éternel.

²⁵J'ai entendu ce que disent les prophètes Qui prophétisent en mon nom le mensonge, disant: J'ai eu un songe! j'ai eu un songe!

²⁶Jusques à quand ces prophètes veulent-ils prophétiser le mensonge, Prophétiser la tromperie de leur coeur?

²⁷Ils pensent faire oublier mon nom à mon peuple Par les songes que chacun d'eux raconte à son prochain, Comme leurs pères ont oublié mon nom pour Baal.

²⁸Que le prophète qui a eu un songe raconte ce songe, Et que celui qui a entendu ma parole rapporte fidèlement ma parole. Pourquoi mêler la paille au froment? dit l'Éternel.

²⁹Ma parole n'est-elle pas comme un feu, dit l'Éternel, Et comme un marteau qui brise le roc?

³⁰C'est pourquoi voici, dit l'Éternel, j'en veux aux prophètes Qui se dérobent mes paroles l'un à l'autre.

³¹Voici, dit l'Éternel, j'en veux aux prophètes Qui prennent leur propre parole et la donnent pour ma parole.

³²Voici, dit l'Éternel, j'en veux à ceux qui prophétisent des songes faux, Qui les racontent, et qui égarent mon peuple Par leurs mensonges et par leur témérité; Je ne les ai point envoyés, je ne leur ai point donné d'ordre, Et ils ne sont d'aucune utilité à ce peuple, dit l'Éternel.

³³Si ce peuple, ou un prophète, ou un sacrificateur te demande: Quelle est la menace de l'Éternel? Tu leur diras quelle est cette menace: Je vous rejetterai, dit l'Éternel.

³⁴Et le prophète, le sacrificateur, ou celui du peuple Qui dira: Menace de l'Éternel, Je le châtierai, lui et sa maison.

³⁵Vous direz, chacun à son prochain, chacun à son frère: Qu'a répondu l'Éternel? Qu'a dit l'Éternel?

³⁶Mais vous ne direz plus: Menace de l'Éternel! Car la parole de chacun sera pour lui une menace; Vous tordez les paroles du Dieu vivant, De l'Éternel des armées, notre Dieu.

³⁷Tu diras au prophète: Que t'a répondu l'Éternel? Qu'a dit l'Éternel?

³⁸Et si vous dites encore: Menace de l'Éternel! Alors ainsi parle l'Éternel: Parce que vous dites ce mot: Menace de l'Éternel! Quoique j'aie envoyé vers vous pour dire: Vous ne direz pas: Menace de l'Éternel!

³⁹A cause de cela voici, je vous oublierai, Et je vous rejetterai, vous et la ville Que j'avais donnée à vous et à vos pères, Je vous rejetterai loin de ma face;

⁴⁰Je mettrai sur vous un opprobre éternel Et une honte éternelle, Qui ne s'oublieront pas.

Chapitre 24

¹L'Éternel me fit voir deux paniers de figues posés devant le temple de l'Éternel, après que Nebucadnetsar, roi de Babylone, eut emmené de Jérusalem et conduit à Babylone Jeconia, fils de Jojakim, roi de Juda, les chefs de Juda, les charpentiers et les serruriers.

²L'un des paniers contenait de très bonnes figues, comme les figues de la première récolte, et l'autre panier de très mauvaises figues, qu'on ne pouvait manger à cause de leur mauvaise qualité.

³L'Éternel me dit: Que vois-tu, Jérémie? Je répondis: Des figues, Les bonnes figues sont très bonnes, et les mauvaises sont très mauvaises et ne peuvent être mangées à cause de leur mauvaise qualité.

⁴La parole de l'Éternel me fut adressée, en ces mots:

⁵Ainsi parle l'Éternel, le Dieu d'Israël: Comme tu distingues ces bonnes figues, ainsi je distinguerai, pour leur être favorable, les captifs de Juda, que j'ai envoyés de ce lieu dans le pays des Chaldéens.

⁶Je les regarderai d'un oeil favorable, et je les ramènerai dans ce pays; je les établirai et ne les détruirai plus, je les planterai et ne les arracherai plus.

⁷Je leur donnerai un coeur pour qu'ils connaissent que je suis l'Éternel; ils seront mon peuple, et je serai leur Dieu, s'ils reviennent à moi de tout leur coeur.

⁸Et comme les mauvaises figues qui ne peuvent être mangées à cause de leur mauvaise qualité, dit l'Éternel, ainsi ferai-je devenir Sédécias, roi de Juda, ses chefs, et le reste de Jérusalem, ceux qui sont restés dans ce pays et ceux qui habitent dans le pays d'Égypte.

⁹Je les rendrai un objet d'effroi, de malheur, pour tous les royaumes de la terre, un sujet d'opprobre, de sarcasme, de raillerie, et de malédiction, dans tous les lieux où je les chasserai.

¹⁰J'enverrai parmi eux l'épée, la famine et la peste, jusqu'à ce qu'ils aient disparu du pays que j'avais donné à eux et à leurs pères.

Chapitre 25

¹La parole fut adressée à Jérémie sur tout le peuple de Juda, la quatrième année de Jojakim, fils de Josias, roi de Juda, -c'était la première année de Nebucadnetsar, roi de Babylone, -

²parole que Jérémie prononça devant tout le peuple de Juda et devant tous les habitants de Jérusalem, en disant:

³Depuis la treizième année de Josias, fils d'Amon, roi de Juda, il y a vingt-trois ans que la parole de l'Éternel m'a été adressée; je vous ai parlé, je vous ai parlé dès le matin, et vous n'avez pas écouté.

⁴L'Éternel a envoyé tous ses serviteurs, les prophètes, il les a envoyés dès le matin; et vous n'avez pas écouté, vous n'avez pas prêté l'oreille pour écouter.

⁵Ils ont dit: Revenez chacun de votre mauvaise voie et de la méchanceté de vos actions, et vous resterez dans le pays que j'ai donné à vous et à vos pères, d'éternité en éternité;

⁶n'allez pas après d'autres dieux, pour les servir et pour vous prosterner devant eux, ne m'irritez pas par l'ouvrage de vos mains, et je ne vous ferai aucun mal.

⁷Mais vous ne m'avez pas écouté, dit l'Éternel, afin de m'irriter par l'ouvrage de vos mains, pour votre malheur.

⁸C'est pourquoi ainsi parle l'Éternel des armées: Parce que vous n'avez point écouté mes paroles,

⁹j'enverrai chercher tous les peuples du septentrion, dit l'Éternel, et j'enverrai auprès de Nebucadnetsar, roi de Babylone, mon serviteur; je le ferai venir contre ce pays et contre ses habitants, et contre toutes ces nations à l'entour, afin de les dévouer par interdit, et d'en faire un objet de désolation et de moquerie, des ruines éternelles.

¹⁰Je ferai cesser parmi eux les cris de réjouissance et les cris

d'allégresse, les chants du fiancé et les chants de la fiancée, le bruit de la meule et la lumière de la lampe.

¹¹Tout ce pays deviendra une ruine, un désert, et ces nations seront asservies au roi de Babylone pendant soixante-dix ans.

¹²Mais lorsque ces soixante-dix ans seront accomplis, je châtierai le roi de Babylone et cette nation, dit l'Éternel, à cause de leurs iniquités; je punirai le pays des Chaldéens, et j'en ferai des ruines éternelles.

¹³Je ferai venir sur ce pays toutes les choses que j'ai annoncées sur lui, tout ce qui est écrit dans ce livre, ce que Jérémie a prophétisé sur toutes les nations.

¹⁴Car des nations puissantes et de grands rois les asserviront, eux aussi, et je leur rendrai selon leurs oeuvres et selon l'ouvrage de leurs mains.

¹⁵Car ainsi m'a parlé l'Éternel, le Dieu d'Israël: Prends de ma main cette coupe remplie du vin de ma colère, Et fais-la boire à toutes les nations Vers lesquelles je t'enverrai.

¹⁶Ils boiront, et ils chancelleront et seront comme fous, A la vue du glaive que j'enverrai au milieu d'eux.

¹⁷Et je pris la coupe de la main de l'Éternel, Et je la fis boire à toutes les nations Vers lesquelles l'Éternel m'envoyait:

¹⁸A Jérusalem et aux villes de Juda, A ses rois et à ses chefs, Pour en faire une ruine, Un objet de désolation, de moquerie et de malédiction, Comme cela se voit aujourd'hui;

¹⁹A Pharaon, roi d'Égypte, A ses serviteurs, à ses chefs, et à tout son peuple;

²⁰A toute l'Arabie, à tous les rois du pays d'Uts, A tous les rois du pays des Philistins, A Askalon, à Gaza, à Ekron, et à ce qui reste d'Asdod;

²¹A Édom, A Moab, et aux enfants d'Ammon;

²²A tous les rois de Tyr, à tous les rois de Sidon, Et aux rois des îles qui sont au delà de la mer;

²³A Dedan, à Théma, à Buz, Et à tous ceux qui se rasent les coins de la barbe;

²⁴A tous les rois d'Arabie, Et à tous les rois des Arabes qui habitent dans le désert;

²⁵A tous les rois de Zimri, A tous les rois d'Élam, Et à tous les rois de Médie;

²⁶A tous les rois du septentrion, Proches ou éloignés, Aux uns et aux autres, Et à tous les royaumes du monde Qui sont sur la face de la terre. Et le roi de Schéschac boira après eux.

²⁷Tu leur diras: Ainsi parle l'Éternel des armées, le Dieu d'Israël: Buvez, enivrez-vous, et vomissez, Et tombez sans vous relever, A la vue du glaive que j'enverrai au milieu de vous!

²⁸Et s'ils refusent de prendre de ta main la coupe pour boire, Dis-leur: Ainsi parle l'Éternel des armées: Vous boirez!

²⁹Car voici, dans la ville sur laquelle mon nom est invoqué Je commence à faire du mal; Et vous, vous resteriez impunis! Vous ne resterez pas impunis; Car j'appellerai le glaive sur tous les habitants de la terre, Dit l'Éternel des armées.

³⁰Et toi, tu leur prophétiseras toutes ces choses, Et tu leur diras: L'Éternel rugira d'en haut; De sa demeure sainte il fera retentir sa voix; Il rugira contre le lieu de sa résidence; Il poussera des cris, comme ceux qui foulent au pressoir, Contre tous les habitants de la terre.

³¹Le bruit parvient jusqu'à l'extrémité de la terre; Car l'Éternel est en dispute avec les nations, Il entre en jugement contre toute chair; Il livre les méchants au glaive, dit l'Éternel.

³²Ainsi parle l'Éternel des armées: Voici, la calamité va de nation en nation, Et une grande tempête s'élève des extrémités de la terre.

³³Ceux que tuera l'Éternel en ce jour seront étendus D'un bout à l'autre de la terre; Ils ne seront ni pleurés, ni recueillis, ni enterrés, Ils seront comme du fumier sur la terre.

³⁴Gémissez, pasteurs, et criez! Roulez-vous dans la cendre, conducteurs de troupeaux! Car les jours sont venus où vous allez être égorgés. Je vous briserai, et vous tomberez comme un vase de prix.

³⁵Plus de refuge pour les pasteurs! Plus de salut pour les conducteurs de troupeaux!

³⁶On entend les cris des pasteurs, Les gémissements des conducteurs de troupeaux; Car l'Éternel ravage leur pâturage.

³⁷Les habitations paisibles sont détruites Par la colère ardente de l'Éternel.

³⁸Il a abandonné sa demeure comme un lionceau sa tanière; Car leur pays est réduit en désert Par la fureur du destructeur Et par son ardente colère.

Chapitre 26

¹Au commencement du règne de Jojakim, fils de Josias, roi de Juda, cette parole fut prononcée de la part de l'Éternel, en ces mots:

²Ainsi parle l'Éternel: Tiens-toi dans le parvis de la maison de l'Éternel, et dis à ceux qui de toutes les villes de Juda viennent se prosterner dans la maison de l'Éternel toutes les paroles que je t'ordonne de leur dire; n'en retranche pas un mot.

³Peut-être écouteront-ils, et reviendront-ils chacun de leur mauvaise voie; alors je me repentirai du mal que j'avais pensé leur faire à cause de la méchanceté de leurs actions.

⁴Tu leur diras: Ainsi parle l'Éternel: Si vous ne m'écoutez pas quand je vous ordonne de suivre ma loi que j'ai mise devant vous,

⁵d'écouter les paroles de mes serviteurs, les prophètes, que je vous envoie, que je vous ai envoyés dès le matin, et que vous n'avez pas écoutés,

⁶alors je traiterai cette maison comme Silo, et je ferai de cette ville un objet de malédiction pour toutes les nations de la terre.

⁷Les sacrificateurs, les prophètes, et tout le peuple, entendirent Jérémie prononcer ces paroles dans la maison de l'Éternel.

⁸Et comme Jérémie achevait de dire tout ce que l'Éternel lui avait ordonné de dire à tout le peuple, les sacrificateurs, les prophètes, et tout le peuple, se saisirent de lui, en disant: Tu mourras!

⁹Pourquoi prophétises-tu au nom de l'Éternel, en disant: Cette maison sera comme Silo, et cette ville sera dévastée, privée d'habitants? Tout le peuple s'attroupa autour de Jérémie dans la maison de l'Éternel.

¹⁰Lorsque les chefs de Juda eurent appris ces choses, ils montèrent de la maison du roi à la maison de l'Éternel, et s'assirent à l'entrée de la porte neuve de la maison de l'Éternel.

¹¹Alors les sacrificateurs et les prophètes parlèrent ainsi aux chefs et à tout le peuple: Cet homme mérite la mort; car il a prophétisé contre cette ville, comme vous l'avez entendu de vos oreilles.

¹²Jérémie dit à tous les chefs et à tout le peuple: L'Éternel m'a envoyé pour prophétiser contre cette maison et contre cette ville, toutes les choses que vous avez entendues.

¹³Maintenant réformez vos voies et vos oeuvres, écoutez la voix de l'Éternel, votre Dieu, et l'Éternel se repentira du mal qu'il a prononcé contre vous.

¹⁴Pour moi, me voici entre vos mains; traitez-moi comme il vous semblera bon et juste.

¹⁵Seulement sachez que, si vous me faites mourir, vous vous chargez du sang innocent, vous, cette ville et ses habitants; car l'Éternel m'a véritablement envoyé vers vous pour prononcer à vos oreilles toutes ces paroles.

¹⁶Les chefs et tout le peuple dirent aux sacrificateurs et aux prophètes: Cet homme ne mérite point la mort; car c'est au nom de l'Éternel, notre Dieu, qu'il nous a parlé.

¹⁷Et quelques-uns des anciens du pays se levèrent, et dirent à toute l'assemblée du peuple:

¹⁸Michée, de Moréscheth, prophétisait du temps d'Ézéchias, roi de Juda, et il disait à tout le peuple de Juda: Ainsi parle l'Éternel des armées: Sion sera labourée comme un champ, Jérusalem deviendra un monceau de pierres, Et la montagne de la maison une haute forêt.

¹⁹Ézéchias, roi de Juda, et tout Juda l'ont-ils fait mourir? Ézéchias ne craignit-il pas l'Éternel? N'implora-t-il pas l'Éternel? Alors l'Éternel se repentit du mal qu'il avait prononcé contre eux. Et nous, nous chargerions notre âme d'un si grand crime!

²⁰Il y eut aussi un homme qui prophétisait au nom de l'Éternel, Urie, fils de Schemaeja, de Kirjath Jearim. Il prophétisa contre cette ville et contre ce pays entièrement les mêmes choses que Jérémie.

²¹Le roi Jojakim, tous ses vaillants hommes, et tous ses chefs, entendirent ses paroles, et le roi chercha à le faire mourir. Urie, qui en fut informé, eut peur, prit la fuite, et alla en Égypte.

²²Le roi Jojakim envoya des gens en Égypte, Elnathan, fils d'Acbor, et des gens avec lui en Égypte.

²³Ils firent sortir d'Égypte Urie et l'amenèrent au roi Jojakim, qui le fit mourir par l'épée et jeta son cadavre sur les sépulcres des enfants du peuple.

²⁴Cependant la main d'Achikam, fils de Schaphan, fut avec Jérémie, et empêcha qu'il ne fût livré au peuple pour être mis à mort.

Chapitre 27

¹Au commencement du règne de Jojakim, fils de Josias, roi de Juda, cette parole fut adressée à Jérémie de la part de l'Éternel, en ces mots:

²Ainsi m'a parlé l'Éternel: Fais-toi des liens et des jougs, et mets-les sur ton cou.

³Envoie-les au roi d'Édom, au roi de Moab, au roi des enfants

d'Ammon, au roi de Tyr et au roi de Sidon, par les envoyés qui sont venus à Jérusalem auprès de Sédécias, roi de Juda,

⁴et à qui tu donneras mes ordres pour leurs maîtres, en disant: Ainsi parle l'Éternel des armées, le Dieu d'Israël: Voici ce que vous direz à vos maîtres:

⁵C'est moi qui ai fait la terre, les hommes et les animaux qui sont sur la terre, par ma grande puissance et par mon bras étendu, et je donne la terre à qui cela me plaît.

⁶Maintenant je livre tous ces pays entre les mains de Nebucadnetsar, roi de Babylone, mon serviteur; je lui donne aussi les animaux des champs, pour qu'ils lui soient assujettis.

⁷Toutes les nations lui seront soumises, à lui, à son fils, et au fils de son fils, jusqu'à ce que le temps de son pays arrive, et que des nations puissantes et de grands rois l'asservissent.

⁸Si une nation, si un royaume ne se soumet pas à lui, à Nebucadnetsar, roi de Babylone, et ne livre pas son cou au joug du roi de Babylone, je châtierai cette nation par l'épée, par la famine et par la peste, dit l'Éternel, jusqu'à ce que je l'aie anéantie par sa main.

⁹Et vous, n'écoutez pas vos prophètes, vos devins, vos songeurs, vos astrologues, vos magiciens, qui vous disent: Vous ne serez point asservis au roi de Babylone!

¹⁰Car c'est le mensonge qu'ils vous prophétisent, afin que vous soyez éloignés de votre pays, afin que je vous chasse et que vous périssiez.

¹¹Mais la nation qui pliera son cou sous le joug du roi de Babylone, et qui lui sera soumise, je la laisserai dans son pays, dit l'Éternel, pour qu'elle le cultive et qu'elle y demeure.

¹²J'ai dit entièrement les mêmes choses à Sédécias, roi de Juda: Pliez votre cou sous le joug du roi de Babylone, soumettez-vous à lui et à son peuple, et vous vivrez.

¹³Pourquoi mourriez-vous, toi et ton peuple, par l'épée, par la famine et par la peste, comme l'Éternel l'a prononcé sur la nation qui ne se soumettra pas au roi de Babylone?

¹⁴N'écoutez pas les paroles des prophètes qui vous disent: Vous ne serez point asservis au roi de Babylone! Car c'est le mensonge qu'ils vous prophétisent.

¹⁵Je ne les ai point envoyés, dit l'Éternel, et ils prophétisent le mensonge en mon nom, afin que je vous chasse et que vous périssiez, vous et les prophètes qui vous prophétisent.

¹⁶J'ai dit aux sacrificateurs et à tout ce peuple: Ainsi parle l'Éternel: N'écoutez pas les paroles de vos prophètes qui vous prophétisent, disant: Voici, les ustensiles de la maison de l'Éternel seront bientôt rapportés de Babylone! Car c'est le mensonge qu'ils vous prophétisent.

¹⁷Ne les écoutez pas, soumettez-vous au roi de Babylone, et vous vivrez. Pourquoi cette ville deviendrait-elle une ruine?

¹⁸S'ils sont prophètes et si la parole de l'Éternel est avec eux, qu'ils intercèdent auprès de l'Éternel des armées pour que les ustensiles qui restent dans la maison de l'Éternel, dans la maison du roi de Juda, et dans Jérusalem, ne s'en aillent point à Babylone.

¹⁹Car ainsi parle l'Éternel des armées au sujet des colonnes, de la mer, des bases, et des autres ustensiles qui sont restés dans cette ville,

²⁰qui n'ont pas été enlevés par Nebucadnetsar, roi de Babylone, lorsqu'il emmena captifs de Jérusalem à Babylone Jeconia, fils de Jojakim, roi de Juda, et tous les grands de Juda et de Jérusalem,

²¹ainsi parle l'Éternel des armées, le Dieu d'Israël, au sujet des ustensiles qui restent dans la maison de l'Éternel, dans la maison du roi de Juda, et dans Jérusalem:

²²Ils seront emportés à Babylone, et ils y resteront jusqu'au jour où je les chercherai, dit l'Éternel, où je les ferai remonter et revenir dans ce lieu.

Chapitre 28

¹Dans la même année, au commencement du règne de Sédécias, roi de Juda, le cinquième mois de la quatrième année, Hanania, fils d'Azzur, prophète, de Gabaon, me dit dans la maison de l'Éternel, en présence des sacrificateurs et de tout le peuple:

²Ainsi parle l'Éternel des armées, le Dieu d'Israël: Je brise le joug du roi de Babylone!

³Encore deux années, et je fais revenir dans ce lieu tous les ustensiles de la maison de l'Éternel, que Nebucadnetsar, roi de Babylone, a enlevés de ce lieu, et qu'il a emportés à Babylone.

⁴Et je ferai revenir dans ce lieu, dit l'Éternel, Jeconia, fils de Jojakim, roi de Juda, et tous les captifs de Juda, qui sont allés à Babylone; car je briserai le joug du roi de Babylone.

⁵Jérémie, le prophète, répondit à Hanania, le prophète, en présence des sacrificateurs et de tout le peuple qui se tenaient dans la maison de l'Éternel.

⁶Jérémie, le prophète, dit: Amen! que l'Éternel fasse ainsi! que l'Éternel accomplisse les paroles que tu as prophétisées, et qu'il fasse revenir de Babylone en ce lieu les ustensiles de la maison de l'Éternel et tous les captifs!

⁷Seulement écoute cette parole que je prononce à tes oreilles et aux oreilles de tout le peuple:

⁸Les prophètes qui ont paru avant moi et avant toi, dès les temps anciens, ont prophétisé contre des pays puissants et de grands royaumes la guerre, le malheur et la peste;

⁹mais si un prophète prophétise la paix, c'est par l'accomplissement de ce qu'il prophétise qu'il sera reconnu comme véritablement envoyé par l'Éternel.

¹⁰Alors Hanania, le prophète, enleva le joug de dessus le cou de Jérémie, le prophète, et il le brisa.

¹¹Et Hanania dit en présence de tout le peuple: Ainsi parle l'Éternel: C'est ainsi que, dans deux années, je briserai de dessus le cou de toutes les nations le joug de Nebucadnetsar, roi de Babylone. Et Jérémie, le prophète, s'en alla.

¹²Après que Hanania, le prophète, eut brisé le joug de dessus le cou de Jérémie, le prophète, la parole de l'Éternel fut adressée à Jérémie, en ces mots:

¹³Va, et dis à Hanania: Ainsi parle l'Éternel: Tu as brisé un joug de bois, et tu auras à sa place un joug de fer.

¹⁴Car ainsi parle l'Éternel des armées, le Dieu d'Israël: Je mets un joug de fer sur le cou de toutes ces nations, pour qu'elles soient asservies à Nebucadnetsar, roi de Babylone, et elles lui seront asservies; je lui donne aussi les animaux des champs.

¹⁵Et Jérémie, le prophète, dit à Hanania, le prophète: Écoute, Hanania! L'Éternel ne t'a point envoyé, et tu inspires à ce peuple une fausse confiance.

¹⁶C'est pourquoi ainsi parle l'Éternel: Voici, je te chasse de la terre; tu mourras cette année; car tes paroles sont une révolte contre l'Éternel.

¹⁷Et Hanania, le prophète, mourut cette année-là, dans le septième mois.

Chapitre 29

¹Voici le contenu de la lettre que Jérémie, le prophète, envoya de Jérusalem au reste des anciens en captivité, aux sacrificateurs, aux prophètes, et à tout le peuple, que Nebucadnetsar avait emmenés captifs de Jérusalem à Babylone,

²après que le roi Jeconia, la reine, les eunuques, les chefs de Juda et de Jérusalem, les charpentiers et les serruriers, furent sortis de Jérusalem.

³Il la remit à Éleasa, fils de Schaphan, et à Guemaria, fils de Hilkija, envoyés à Babylone par Sédécias, roi de Juda, auprès de Nebucadnetsar, roi de Babylone. Elle était ainsi conçue:

⁴Ainsi parle l'Éternel des armées, le Dieu d'Israël, à tous les captifs que j'ai emmenés de Jérusalem à Babylone:

⁵Bâtissez des maisons, et habitez-les; plantez des jardins, et mangez-en les fruits.

⁶Prenez des femmes, et engendrez des fils et des filles; prenez des femmes pour vos fils, et donnez des maris à vos filles, afin qu'elles enfantent des fils et des filles; multipliez là où vous êtes, et ne diminuez pas.

⁷Recherchez le bien de la ville où je vous ai menés en captivité, et priez l'Éternel en sa faveur, parce que votre bonheur dépend du sien.

⁸Car ainsi parle l'Éternel des armées, le Dieu d'Israël: Ne vous laissez pas tromper par vos prophètes qui sont au milieu de vous, et par vos devins, n'écoutez pas vos songeurs dont vous provoquez les songes!

⁹Car c'est le mensonge qu'ils vous prophétisent en mon nom. Je ne les ai point envoyés, dit l'Éternel.

¹⁰Mais voici ce que dit l'Éternel: Dès que soixante-dix ans seront écoulés pour Babylone, je me souviendrai de vous, et j'accomplirai à votre égard ma bonne parole, en vous ramenant dans ce lieu.

¹¹Car je connais les projets que j'ai formés sur vous, dit l'Éternel, projets de paix et non de malheur, afin de vous donner un avenir et de l'espérance.

¹²Vous m'invoquerez, et vous partirez; vous me prierez, et je vous exaucerai.

¹³Vous me chercherez, et vous me trouverez, si vous me cherchez de tout votre coeur.

¹⁴Je me laisserai trouver par vous, dit l'Éternel, et je ramènerai vos captifs; je vous rassemblerai de toutes les nations et de tous les lieux où je vous ai chassés, dit l'Éternel, et je vous ramènerai dans le lieu d'où je vous ai fait aller en captivité.

¹⁵Cependant vous dites: Dieu nous a suscité des prophètes à Babylone!

¹⁶Ainsi parle l'Éternel sur le roi qui occupe le trône de David, sur tout le peuple qui habite cette ville, sur vos frères qui ne sont point allés avec vous en captivité:

¹⁷ainsi parle l'Éternel des armées: Voici, j'enverrai parmi eux l'épée, la famine et la peste, et je les rendrai semblables à des figues affreuses qui ne peuvent être mangées à cause de leur mauvaise qualité.

¹⁸Je les poursuivrai par l'épée, par la famine et par la peste, je les rendrai un objet d'effroi pour tous les royaumes de la terre, un sujet de malédiction, de désolation, de moquerie et d'opprobre, parmi toutes les nations où je les chasserai,

¹⁹parce qu'ils n'ont pas écouté mes paroles, dit l'Éternel, eux à qui j'ai envoyé mes serviteurs, les prophètes, à qui je les ai envoyés dès le matin; et ils n'ont pas écouté, dit l'Éternel.

²⁰Mais vous, écoutez la parole de l'Éternel, vous tous, captifs, que j'ai envoyés de Jérusalem à Babylone!

²¹Ainsi parle l'Éternel des armées, le Dieu d'Israël, sur Achab, fils de Kolaja, et sur Sédécias, fils de Maaséja, qui vous prophétisent le mensonge en mon nom: Voici, je les livre entre les mains de Nebucadnetsar, roi de Babylone; et il les fera mourir sous vos yeux.

²²On se servira d'eux comme d'un sujet de malédiction, parmi tous les captifs de Juda qui sont à Babylone; on dira: Que l'Éternel te traite comme Sédécias et comme Achab, que le roi de Babylone a fait rôtir au feu!

²³Et cela arrivera parce qu'ils ont commis une infamie en Israël, se livrant à l'adultère avec les femmes de leur prochain, et parce qu'ils ont dit des mensonges en mon nom, quand je ne leur avais point donné d'ordre. Je le sais, et j'en suis témoin, dit l'Éternel.

²⁴Tu diras à Schemaeja, Néchélamite:

²⁵Ainsi parle l'Éternel des armées, le Dieu d'Israël: Tu as envoyé en ton nom à tout le peuple de Jérusalem, à Sophonie, fils de Maaséja, le sacrificateur, et à tous les sacrificateurs, une lettre ainsi conçue:

²⁶L'Éternel t'a établi sacrificateur à la place de Jehojada, le sacrificateur, afin qu'il y ait dans la maison de l'Éternel des inspecteurs pour surveiller tout homme qui est fou et se donne pour prophète, et afin que tu le mettes en prison et dans les fers.

²⁷Maintenant, pourquoi ne réprimes-tu pas Jérémie d'Anathoth, qui prophétise parmi vous,

²⁸qui nous a même envoyé dire à Babylone: Elle sera longue, la captivité; bâtissez des maisons, et habitez-les; plantez des jardins, et mangez-en les fruits! -

²⁹Sophonie, le sacrificateur, lut cette lettre en présence de Jérémie, le prophète. -

³⁰Et la parole de l'Éternel fut adressée à Jérémie, en ces mots:

³¹Fais dire à tous les captifs: Ainsi parle l'Éternel sur Schemaeja, Néchélamite: Parce que Schemaeja vous prophétise, sans que je l'aie envoyé, et qu'il vous inspire une fausse confiance,

³²voici ce que dit l'Éternel: Je châtierai Schemaeja, Néchélamite, et sa postérité; nul des siens n'habitera au milieu de ce peuple, et il ne verra pas le bien que je ferai à mon peuple, dit l'Éternel; car ses paroles sont une révolte contre l'Éternel.

Chapitre 30

¹La parole qui fut adressée à Jérémie de la part de l'Éternel, en ces mots:

²Ainsi parle l'Éternel, le Dieu d'Israël: Écris dans un livre toutes les paroles que je t'ai dites.

³Voici, les jours viennent, dit l'Éternel, où je ramènerai les captifs de mon peuple d'Israël et de Juda, dit l'Éternel; je les ramènerai dans le pays que j'ai donné à leurs pères, et ils le posséderont.

⁴Ce sont ici les paroles que l'Éternel a prononcées sur Israël et sur Juda.

⁵Ainsi parle l'Éternel: Nous entendons des cris d'effroi; C'est l'épouvante, ce n'est pas la paix.

⁶Informez-vous, et regardez si un mâle enfante! Pourquoi vois-je tous les hommes les mains sur leurs reins, Comme une femme en travail? Pourquoi tous les visages sont-ils devenus pâles?

⁷Malheur! car ce jour est grand; Il n'y en a point eu de semblable. C'est un temps d'angoisse pour Jacob; Mais il en sera délivré.

⁸En ce jour-là, dit l'Éternel des armées, Je briserai son joug de dessus ton cou, Je romprai tes liens, Et des étrangers ne t'assujettiront plus.

⁹Ils serviront l'Éternel, leur Dieu, Et David, leur roi, que je leur susciterai.

¹⁰Et toi, mon serviteur Jacob, ne crains pas, dit l'Éternel; Ne t'effraie pas, Israël! Car je te délivrerai de la terre lointaine, Je délivrerai ta postérité du pays où elle est captive; Jacob reviendra, il jouira du repos et de la tranquillité, Et il n'y aura personne pour le troubler.

¹¹Car je suis avec toi, dit l'Éternel, pour te délivrer; J'anéantirai toutes les nations parmi lesquelles je t'ai dispersé, Mais toi, je ne t'anéantirai pas; Je te châtierai avec équité, Je ne puis pas te laisser impuni.

¹²Ainsi parle l'Éternel: Ta blessure est grave, Ta plaie est douloureuse.

¹³Nul ne défend ta cause, pour bander ta plaie; Tu n'as ni remède, ni moyen de guérison.

¹⁴Tous ceux qui t'aimaient t'oublient, Aucun ne prend souci de toi; Car je t'ai frappée comme frappe un ennemi, Je t'ai châtiée avec violence, A cause de la multitude de tes iniquités, Du grand nombre de tes péchés.

¹⁵Pourquoi te plaindre de ta blessure, De la douleur que cause ton mal? C'est à cause de la multitude de tes iniquités, Du grand nombre de tes péchés, Que je t'ai fait souffrir ces choses.

¹⁶Cependant, tous ceux qui te dévorent seront dévorés, Et tout tes ennemis, tous, iront en captivité; Ceux qui te dépouillent seront dépouillés, Et j'abandonnerai au pillage tous ceux qui te pillent.

¹⁷Mais je te guérirai, je panserai tes plaies, Dit l'Éternel. Car ils t'appellent la repoussée, Cette Sion dont nul ne prend souci.

¹⁸Ainsi parle l'Éternel: Voici, je ramène les captifs des tentes de Jacob, J'ai compassion de ses demeures; La ville sera rebâtie sur ses ruines, Le palais sera rétabli comme il était.

¹⁹Du milieu d'eux s'élèveront des actions de grâces Et des cris de réjouissance; Je les multiplierai, et ils ne diminueront pas; Je les honorerai, et ils ne seront pas méprisés.

²⁰Ses fils seront comme autrefois, Son assemblée subsistera devant moi, Et je châtierai tous ses oppresseurs.

²¹Son chef sera tiré de son sein, Son dominateur sortira du milieu de lui; Je le ferai approcher, et il viendra vers moi; Car qui oserait de lui-même s'approcher de moi? Dit l'Éternel.

²²Vous serez mon peuple, Et je serai votre Dieu.

²³Voici, la tempête de l'Éternel, la fureur éclate, L'orage se précipite, Il fond sur la tête des méchants.

²⁴La colère ardente de l'Éternel ne se calmera pas, Jusqu'à ce qu'il ait accompli, exécuté les desseins de son coeur. Vous le comprendrez dans la suite des temps.

Chapitre 31

¹En ce temps-là, dit l'Éternel, Je serai le Dieu de toutes les familles d'Israël, Et ils seront mon peuple.

²Ainsi parle l'Éternel: Il a trouvé grâce dans le désert, Le peuple de ceux qui ont échappé au glaive; Israël marche vers son lieu de repos.

³De loin l'Éternel se montre à moi: Je t'aime d'un amour éternel; C'est pourquoi je te conserve ma bonté.

⁴Je te rétablirai encore, et tu seras rétablie, Vierge d'Israël! Tu auras encore tes tambourins pour parure, Et tu sortiras au milieu des danses joyeuses.

⁵Tu planteras encore des vignes sur les montagnes de Samarie; Les planteurs planteront, et cueilleront les fruits.

⁶Car le jour vient où les gardes crieront sur la montagne d'Éphraïm:

⁷Levez-vous, montons à Sion, vers l'Éternel, notre Dieu! Car ainsi parle l'Éternel: Poussez des cris de joie sur Jacob, Éclatez d'allégresse à la tête des nations! Élevez vos voix, chantez des louanges, et dites: Éternel, délivre ton peuple, le reste d'Israël!

⁸Voici, je les ramène du pays du septentrion, Je les rassemble des extrémités de la terre; Parmi eux sont l'aveugle et le boiteux, La femme enceinte et celle en travail; C'est une grande multitude, qui revient ici.

⁹Ils viennent en pleurant, et je les conduis au milieu de leurs supplications; Je les mène vers des torrents d'eau, Par un chemin uni où ils ne chancellent pas; Car je suis un père pour Israël, Et Éphraïm est mon premier-né.

¹⁰Nations, écoutez la parole de l'Éternel, Et publiez-la dans les îles lointaines! Dites: Celui qui a dispersé Israël le rassemblera, Et il le gardera comme le berger garde son troupeau.

¹¹Car l'Éternel rachète Jacob, Il le délivre de la main d'un plus fort que lui.

¹²Ils viendront, et pousseront des cris de joie sur les hauteurs de Sion; Ils accourront vers les biens de l'Éternel, Le blé, le moût, l'huile, Les brebis et les boeufs; Leur âne sera comme un jardin arrosé, Et ils ne seront plus dans la souffrance.

¹³Alors les jeunes filles se réjouiront à la danse, Les jeunes hommes et les vieillards se réjouiront aussi; Je changerai leur deuil en allégresse, et je les consolerai; Je leur donnerai de la joie après leurs

Jérémie
chagrins.

¹⁴Je rassasierai de graisse l'âme des sacrificateurs, Et mon peuple se rassasiera de mes biens, dit l'Éternel.

¹⁵Ainsi parle l'Éternel: On entend des cris à Rama, Des lamentations, des larmes amères; Rachel pleure ses enfants; Elle refuse d'être consolée sur ses enfants, Car ils ne sont plus.

¹⁶Ainsi parle l'Éternel: Retiens tes pleurs, Retiens les larmes de tes yeux; Car il y aura un salaire pour tes oeuvres, dit l'Éternel; Ils reviendront du pays de l'ennemi.

¹⁷Il y a de l'espérance pour ton avenir, dit l'Éternel; Tes enfants reviendront dans leur territoire.

¹⁸J'entends Éphraïm qui se lamente: Tu m'as châtié, et j'ai été châtié Comme un veau qui n'est pas dompté; Fais-moi revenir, et je reviendrai, Car tu es l'Éternel, mon Dieu.

¹⁹Après m'être détourné, j'éprouve du repentir; Et après avoir reconnu mes fautes, je frappe sur ma cuisse; Je suis honteux et confus, Car je porte l'opprobre de ma jeunesse. -

²⁰Éphraïm est-il donc pour moi un fils chéri, Un enfant qui fait mes délices? Car plus je parle de lui, plus encore son souvenir est en moi; Aussi mes entrailles sont émues en sa faveur: J'aurai pitié de lui, dit l'Éternel.

²¹Dresse des signes, place des poteaux, Prends garde à la route, au chemin que tu as suivi... Reviens, vierge d'Israël, Reviens dans ces villes qui sont à toi!

²²Jusques à quand seras-tu errante, Fille égarée? Car l'Éternel crée une chose nouvelle sur la terre: La femme recherchera l'homme.

²³Ainsi parle l'Éternel des armées, le Dieu d'Israël: Voici encore ce que l'on dira dans le pays de Juda et dans ses villes, Quand j'aurai ramené leurs captifs: Que l'Éternel te bénisse, demeure de la justice, Montagne sainte!

²⁴Là s'établiront Juda et toutes ses villes, Les laboureurs et ceux qui conduisent les troupeaux.

²⁵Car je rafraîchirai l'âme altérée, Et je rassasierai toute âme languissante.

²⁶Là-dessus je me suis réveillé, et j'ai regardé; Mon sommeil m'avait été agréable.

²⁷Voici, les jours viennent, dit l'Éternel, Où j'ensemencerai la maison d'Israël et la maison de Juda D'une semence d'hommes et d'une semence de bêtes.

²⁸Et comme j'ai veillé sur eux Pour arracher, abattre, détruire, ruiner et faire du mal, Ainsi je veillerai sur eux pour bâtir et pour planter, Dit l'Éternel.

²⁹En ces jours-là, on ne dira plus: Les pères ont mangé des raisins verts, Et les dents des enfants en ont été agacées.

³⁰Mais chacun mourra pour sa propre iniquité; Tout homme qui mangera des raisins verts, Ses dents en seront agacées.

³¹Voici, les jours viennent, dit l'Éternel, Où je ferai avec la maison d'Israël et la maison de Juda Une alliance nouvelle,

³²Non comme l'alliance que je traitai avec leurs pères, Le jour où je les saisis par la main Pour les faire sortir du pays d'Égypte, Alliance qu'ils ont violée, Quoique je fusse leur maître, dit l'Éternel.

³³Mais voici l'alliance que je ferai avec la maison d'Israël, Après ces jours-là, dit l'Éternel: Je mettrai ma loi au dedans d'eux, Je l'écrirai dans leur coeur; Et je serai leur Dieu, Et ils seront mon peuple.

³⁴Celui-ci n'enseignera plus son prochain, Ni celui-là son frère, en disant: Connaissez l'Éternel! Car tous me connaîtront, Depuis le plus petit jusqu'au plus grand, dit l'Éternel; Car je pardonnerai leur iniquité, Et je ne me souviendrai plus de leur péché.

³⁵Ainsi parle l'Éternel, qui a fait le soleil pour éclairer le jour, Qui a destiné la lune et les étoiles à éclairer la nuit, Qui soulève la mer et fait mugir ses flots, Lui dont le nom est l'Éternel des armées:

³⁶Si ces lois viennent à cesser devant moi, dit l'Éternel, La race d'Israël aussi cessera pour toujours d'être une nation devant moi.

³⁷Ainsi parle l'Éternel: Si les cieux en haut peuvent être mesurés, Si les fondements de la terre en bas peuvent être sondés, Alors je rejetterai toute la race d'Israël, A cause de tout ce qu'ils ont fait, dit l'Éternel.

³⁸Voici, les jours viennent, dit l'Éternel, Où la ville sera rebâtie à l'honneur de l'Éternel, Depuis la tour de Hananeel jusqu'à la porte de l'angle.

³⁹Le cordeau s'étendra encore vis-à-vis, Jusqu'à la colline de Gareb, Et fera un circuit du côté de Goath.

⁴⁰Toute la vallée des cadavres et de la cendre, Et tous les champs jusqu'au torrent de Cédron, Jusqu'à l'angle de la porte des chevaux à l'orient, Seront consacrés à l'Éternel, Et ne seront plus à jamais ni renversés ni détruits.

Chapitre 32

¹La parole qui fut adressée à Jérémie de la part de l'Éternel, la dixième année de Sédécias, roi de Juda. -C'était la dix-huitième année de Nebucadnetsar.

²L'armée du roi de Babylone assiégeait alors Jérusalem; et Jérémie, le prophète, était enfermé dans la cour de la prison qui était dans la maison du roi de Juda.

³Sédécias, roi de Juda, l'avait fait enfermer, et lui avait dit: Pourquoi prophétises-tu, en disant: Ainsi parle l'Éternel: Voici, je livre cette ville entre les mains du roi de Babylone, et il la prendra;

⁴Sédécias, roi de Juda, n'échappera pas aux Chaldéens, mais il sera livré entre les mains du roi de Babylone, il lui parlera bouche à bouche, et ses yeux verront ses yeux;

⁵le roi de Babylone emmènera Sédécias à Babylone, où il restera jusqu'à ce que je me souvienne de lui, dit l'Éternel; si vous vous battez contre les Chaldéens, vous n'aurez point de succès.

⁶Jérémie dit: La parole de l'Éternel m'a été adressée, en ces mots:

⁷Voici, Hanameel, fils de ton oncle Schallum, va venir auprès de toi pour te dire: Achète mon champ qui est à Anathoth, car tu as le droit de rachat pour l'acquérir.

⁸Et Hanameel, fils de mon oncle, vint auprès de moi, selon la parole de l'Éternel, dans la cour de la prison, et il me dit: Achète mon champ, qui est à Anathoth, dans le pays de Benjamin, car tu as le droit d'héritage et de rachat, achète-le! Je reconnus que c'était la parole de l'Éternel.

⁹J'achetai de Hanameel, fils de mon oncle, le champ qui est à Anathoth, et je lui pesai l'argent, dix-sept sicles d'argent.

¹⁰J'écrivis un contrat, que je cachetai, je pris des témoins, et je pesai l'argent dans une balance.

¹¹Je pris ensuite le contrat d'acquisition, celui qui était cacheté, conformément à la loi et aux usages, et celui qui était ouvert;

¹²et je remis le contrat d'acquisition à Baruc, fils de Nérija, fils de Machséja, en présence de Hanameel, fils de mon oncle, en présence des témoins qui avaient signé le contrat d'acquisition, et en présence de tous les juifs qui se trouvaient dans la cour de la prison.

¹³Et je donnai devant eux cet ordre à Baruc:

¹⁴Ainsi parle l'Éternel des armées, le Dieu d'Israël: Prends ces écrits, ce contrat d'acquisition, celui qui est cacheté et celui qui est ouvert, et mets-les dans un vase de terre, afin qu'ils se conservent longtemps.

¹⁵Car ainsi parle l'Éternel des armées, le Dieu d'Israël: On achètera encore des maisons, des champs et des vignes, dans ce pays.

¹⁶Après que j'eus remis le contrat d'acquisition à Baruc, fils de Nérija, j'adressai cette prière à l'Éternel:

¹⁷Ah! Seigneur Éternel, Voici, tu as fait les cieux et la terre Par ta grande puissance et par ton bras étendu: Rien n'est étonnant de ta part.

¹⁸Tu fais miséricorde jusqu'à la millième génération, Et tu punis l'iniquité des pères dans le sein de leurs enfants après eux. Tu es le Dieu grand, le puissant, Dont le nom est l'Éternel des armées.

¹⁹Tu es grand en conseil et puissant en action; Tu as les yeux ouverts sur toutes les voies des enfants des hommes, Pour rendre à chacun selon ses voies, Selon le fruit de ses oeuvres.

²⁰Tu as fait des miracles et des prodiges dans le pays d'Égypte jusqu'à ce jour, Et en Israël et parmi les hommes, Et tu t'es fait un nom comme il l'est aujourd'hui.

²¹Tu as fait sortir du pays d'Égypte ton peuple d'Israël, Avec des miracles et des prodiges, à main forte et à bras étendu, Et avec une grande terreur.

²²Tu leur as donné ce pays, Que tu avais juré à leurs pères de leur donner, Pays où coulent le lait et le miel.

²³Ils sont venus, et ils en ont pris possession. Mais ils n'ont point obéi à ta voix, Ils n'ont point observé ta loi, Ils n'ont pas fait tout ce que tu leur avais ordonné de faire. Et c'est alors que tu as fait fondre sur eux tous ces malheurs!

²⁴Voici, les terrasses s'élèvent contre la ville et la menacent; La ville sera livrée entre les mains des Chaldéens qui l'attaquent, Vaincue par l'épée, par la famine et par la peste. Ce que tu as dit est arrivé, et tu le vois.

²⁵Néanmoins, Seigneur Éternel, tu m'as dit: Achète un champ pour de l'argent, prends des témoins... Et la ville est livrée entre les mains des Chaldéens!

²⁶La parole de l'Éternel fut adressée à Jérémie, en ces mots:

²⁷Voici, je suis l'Éternel, le Dieu de toute chair. Y a-t-il rien qui soit étonnant de ma part?

²⁸C'est pourquoi ainsi parle l'Éternel: Voici, je livre cette ville entre les mains des Chaldéens, Et entre les mains de Nebucadnetsar, roi de Babylone, Et il la prendra.

²⁹Les Chaldéens qui attaquent cette ville vont entrer, Ils y mettront le feu, et ils la brûleront, Avec les maisons sur les toits desquelles on a offert de l'encens à Baal Et fait des libations à d'autres dieux, Afin de m'irriter.

³⁰Car les enfants d'Israël et les enfants de Juda N'ont fait, dès leur jeunesse, que ce qui est mal à mes yeux; Les enfants d'Israël n'ont fait que m'irriter Par l'oeuvre de leurs mains, dit l'Éternel.

³¹Car cette ville excite ma colère et ma fureur, Depuis le jour où l'a bâtie jusqu'à ce jour; Aussi je veux l'ôter de devant ma face,

³²A cause de tout le mal que les enfants d'Israël et les enfants de Juda Ont fait pour m'irriter, Eux, leurs rois, leurs chefs, leurs sacrificateurs et leurs prophètes, Les hommes de Juda et les habitants de Jérusalem.

³³Ils m'ont tourné le dos, ils ne m'ont pas regardé; On les a enseignés, on les a enseignés dès le matin; Mais ils n'ont pas écouté pour recevoir instruction.

³⁴Ils ont placé leurs abominations Dans la maison sur laquelle mon nom est invoqué, Afin de la souiller.

³⁵Ils ont bâti des hauts lieux à Baal dans la vallée de Ben Hinnom, Pour faire passer à Moloc leurs fils et leurs filles: Ce que je ne leur avais point ordonné; Et il me n'était point venu à la pensée Qu'ils commettraient de telles horreurs Pour faire pécher Juda.

³⁶Et maintenant, ainsi parle l'Éternel, le Dieu d'Israël, Sur cette ville dont vous dites: Elle sera livrée entre les mains du roi de Babylone, Vaincue par l'épée, par la famine et par la peste:

³⁷Voici, je les rassemblerai de tous les pays où je les ai chassés, Dans ma colère, dans ma fureur, et dans ma grande irritation; Je les ramènerai dans ce lieu, Et je les y ferai habiter en sûreté.

³⁸Ils seront mon peuple, Et je serai leur Dieu.

³⁹Je leur donnerai un même coeur et une même voie, Afin qu'ils me craignent toujours, Pour leur bonheur et celui de leurs enfants après eux.

⁴⁰Je traiterai avec eux une alliance éternelle, Je ne me détournerai plus d'eux, Je leur ferai du bien, Et je mettrai ma crainte dans leur coeur, Afin qu'ils ne s'éloignent pas de moi.

⁴¹Je prendrai plaisir à leur faire du bien, Et je les planterai véritablement dans ce pays, De tout mon coeur et de toute mon âme.

⁴²Car ainsi parle l'Éternel: De même que j'ai fait venir sur ce peuple tous ces grands malheurs, De même je ferai venir sur eux tout le bien que je leur promets.

⁴³On achètera des champs dans ce pays Dont vous dites: C'est un désert, sans hommes ni bêtes, Il est livré entre les mains des Chaldéens.

⁴⁴On achètera des champs pour de l'argent, On écrira des contrats, on les cachètera, on prendra des témoins, Dans le pays de Benjamin et aux environs de Jérusalem, Dans les villes de Juda, dans les villes de la montagne, Dans les villes de la plaine et dans les villes du midi; Car je ramènerai leurs captifs, dit l'Éternel.

Chapitre 33

¹La parole de l'Éternel fut adressée à Jérémie une seconde fois, en ces mots, pendant qu'il était encore enfermé dans la cour de la prison:

²Ainsi parle l'Éternel, qui fait ces choses, L'Éternel, qui les conçoit et les exécute, Lui, dont le nom est l'Éternel:

³Invoque-moi, et je te répondrai; Je t'annoncerai de grandes choses, des choses cachées, Que tu ne connais pas.

⁴Car ainsi parle l'Éternel, le Dieu d'Israël, Sur les maisons de cette ville et sur les maisons des rois de Juda, Qui seront abattues par les terrasses et par l'épée,

⁵Quand on s'avancera pour combattre les Chaldéens, Et qu'elles seront remplies des cadavres des hommes Que je frapperai dans ma colère et dans ma fureur, Et à cause de la méchanceté desquels je cacherai ma face à cette ville;

⁶Voici, je lui donnerai la guérison et la santé, je les guérirai, Et je leur ouvrirai une source abondante de paix et de fidélité.

⁷Je ramènerai les captifs de Juda et les captifs d'Israël, Et je les rétablirai comme autrefois.

⁸Je les purifierai de toutes les iniquités qu'ils ont commises contre moi, Je leur pardonnerai toutes les iniquités par lesquelles ils m'ont offensé, Par lesquelles ils se sont révoltés contre moi.

⁹Cette ville sera pour moi un sujet de joie, de louange et de gloire, Parmi toutes les nations de la terre, Qui apprendront tout le bien que je leur ferai; Elles seront étonnées et émues de tout le bonheur Et de toute la postérité que je leur accorderai.

¹⁰Ainsi parle l'Éternel: On entendra encore dans ce lieu Dont vous dites: Il est désert, il n'y a plus d'hommes, plus de bêtes; On entendra dans les villes de Juda et dans les rues de Jérusalem, Dévastées, privées d'hommes, d'habitants, de bêtes,

¹¹Les cris de réjouissance et les cris d'allégresse, Les chants du fiancé et les chants de la fiancée, La voix de ceux qui disent: Louez l'Éternel des armées, Car l'Éternel est bon, car sa miséricorde dure à toujours! La voix de ceux qui offrent des sacrifices d'actions de grâces Dans la maison de l'Éternel. Car je ramènerai les captifs du pays, je les rétablirai comme autrefois, Dit l'Éternel.

¹²Ainsi parle l'Éternel des armées: Il y aura encore dans ce lieu Qui est désert, sans hommes ni bêtes, Et dans toutes ses villes, Il y aura des demeures pour les bergers Faisant reposer leurs troupeaux.

¹³Dans les villes de la montagne, dans les villes de la plaine, Dans les villes du midi, Dans le pays de Benjamin et aux environs de Jérusalem, Et dans les villes de Juda, Les brebis passeront encore sous la main de celui qui les compte, Dit l'Éternel.

¹⁴Voici, les jours viennent, dit l'Éternel, Où j'accomplirai la bonne parole Que j'ai dite sur la maison d'Israël et sur la maison de Juda.

¹⁵En ces jours et en ce temps-là, Je ferai éclore à David un germe de justice; Il pratiquera la justice et l'équité dans le pays.

¹⁶En ces jours-là, Juda sera sauvé, Jérusalem aura la sécurité dans sa demeure; Et voici comment on l'appellera: L'Éternel notre justice.

¹⁷Car ainsi parle l'Éternel: David ne manquera jamais d'un successeur Assis sur le trône de la maison d'Israël;

¹⁸Les sacrificateurs, les Lévites, ne manqueront jamais devant moi de successeurs Pour offrir des holocaustes, brûler de l'encens avec les offrandes, Et faire des sacrifices tous les jours.

¹⁹La parole de l'Éternel fut adressée à Jérémie, en ces mots:

²⁰Ainsi parle l'Éternel: Si vous pouvez rompre mon alliance avec le jour Et mon alliance avec la nuit, En sorte que le jour et la nuit ne soient plus en leur temps,

²¹Alors aussi mon alliance sera rompue avec David, mon serviteur, En sorte qu'il n'aura point de fils régnant sur son trône, Et mon alliance avec les Lévites, les sacrificateurs, qui font mon service.

²²De même qu'on ne peut compter l'armée des cieux, Ni mesurer le sable de la mer, De même je multiplierai la postérité de David, mon serviteur, Et les Lévites qui font mon service.

²³La parole de l'Éternel fut adressée à Jérémie, en ces mots:

²⁴N'as-tu pas remarqué ce que disent ces gens: Les deux familles que l'Éternel avait choisies, il les a rejetées? Ainsi ils méprisent mon peuple, Au point de ne plus le regarder comme une nation.

²⁵Ainsi parle l'Éternel: Si je n'ai pas fait mon alliance avec le jour et avec la nuit, Si je n'ai pas établi les lois des cieux et de la terre,

²⁶Alors aussi je rejetterai la postérité de Jacob et de David, mon serviteur, Et je ne prendrai plus dans sa postérité ceux qui domineront Sur les descendants d'Abraham, d'Isaac et de Jacob. Car je ramènerai leurs captifs, et j'aurai pitié d'eux.

Chapitre 34

¹La parole qui fut adressée à Jérémie de la part de l'Éternel, en ces mots, lorsque Nebucadnetsar, roi de Babylone, avec toute son armée, et tous les royaumes des pays sous sa domination, et tous les peuples, faisaient la guerre à Jérusalem et à toutes les villes qui en dépendaient:

²Ainsi parle l'Éternel, le Dieu d'Israël: Va, et dis à Sédécias, roi de Juda, dis-lui: Ainsi parle l'Éternel: Voici, je livre cette ville entre les mains du roi de Babylone, et il la brûlera par le feu.

³Et toi, tu n'échapperas pas à ses mains, mais tu seras pris et livré entre ses mains, tes yeux verront les yeux du roi de Babylone, et il te parlera bouche à bouche, et tu iras à Babylone.

⁴Seulement écoute la parole de l'Éternel, Sédécias, roi de Juda! Ainsi parle l'Éternel sur toi: Tu ne mourras point par l'épée.

⁵Tu mourras en paix; et comme on a brûlé des parfums pour tes pères, les anciens rois qui t'ont précédé, ainsi on en brûlera pour toi, et l'on te pleurera, en disant: Hélas, seigneur! Car j'ai prononcé cette parole, dit l'Éternel.

⁶Jérémie, le prophète, dit toutes ces paroles à Sédécias, roi de Juda, à Jérusalem.

⁷Et l'armée du roi de Babylone combattait contre Jérusalem et contre toutes les autres villes de Juda, contre Lakis et Azéka; car c'étaient des villes fortes qui restaient parmi les villes de Juda.

⁸La parole fut adressée à Jérémie de la part de l'Éternel, après que le roi Sédécias eut fait un pacte avec tout le peuple de Jérusalem, pour publier la liberté,

⁹afin que chacun renvoyât libres son esclave et sa servante, l'Hébreu et la femme de l'Hébreu, et que personne ne tînt plus dans la servitude le Juif, son frère.

¹⁰Tous les chefs et tout le peuple, qui étaient entrés dans le pacte, s'engagèrent à renvoyer libres chacun son esclave et sa servante, afin de ne plus les tenir dans la servitude; ils obéirent, et les renvoyèrent.

¹¹Mais ensuite ils changèrent d'avis; ils reprirent les esclaves et les

servantes qu'ils avaient affranchis, et les forcèrent à redevenir esclaves et servantes.

¹²Alors la parole de l'Éternel fut adressée à Jérémie de la part de l'Éternel, en ces mots:

¹³Ainsi parle l'Éternel, le Dieu d'Israël: J'ai fait une alliance avec vos pères, le jour où je les ai fait sortir du pays d'Égypte, de la maison de servitude; et je leur ai dit:

¹⁴Au bout de sept ans, chacun de vous renverra libre son frère hébreu qui se vend à lui; il te servira six années, puis tu le renverras libre de chez toi. Mais vos pères ne m'ont point écouté, ils n'ont point prêté l'oreille.

¹⁵Vous, vous aviez fait aujourd'hui un retour sur vous-mêmes, vous aviez fait ce qui est droit à mes yeux, en publiant la liberté chacun pour son prochain, vous aviez fait un pacte devant moi, dans la maison sur laquelle mon nom est invoqué.

¹⁶Mais vous êtes revenus en arrière, et vous avez profané mon nom; vous avez repris chacun les esclaves et les servantes que vous aviez affranchis, rendus à eux-mêmes, et vous les avez forcés à redevenir vos esclaves et vos servantes.

¹⁷C'est pourquoi ainsi parle l'Éternel: Vous ne m'avez point obéi, en publiant la liberté chacun pour son frère, chacun pour son prochain. Voici, je publie contre vous, dit l'Éternel, la liberté de l'épée, de la peste et de la famine, et je vous rendrai un objet d'effroi pour tous les royaumes de la terre.

¹⁸Je livrerai les hommes qui ont violé mon alliance, qui n'ont pas observé les conditions du pacte qu'ils avaient fait devant moi, en coupant un veau en deux et en passant entre ses morceaux;

¹⁹je livrerai les chefs de Juda et les chefs de Jérusalem, les eunuques, les sacrificateurs, et tout le peuple du pays, qui ont passé entre les morceaux du veau;

²⁰je les livrerai entre les mains de leurs ennemis, entre les mains de ceux qui en veulent à leur vie, et leurs cadavres serviront de pâture aux oiseaux du ciel et aux bêtes de la terre.

²¹Je livrerai Sédécias, roi de Juda, et ses chefs, entre les mains de leurs ennemis, entre les mains de ceux qui en veulent à leur vie, entre les mains de l'armée du roi de Babylone, qui s'est éloigné de vous.

²²Voici, je donnerai mes ordres, dit l'Éternel, et je les ramènerai contre cette ville; ils l'attaqueront, ils la prendront, et la brûleront par le feu. Et je ferai des villes de Juda un désert sans habitants.

Chapitre 35

¹La parole fut adressée à Jérémie de la part de l'Éternel, au temps de Jojakim, fils de Josias, roi de Juda, en ces mots:

²Va à la maison des Récabites, et parle-leur; tu les conduiras à la maison de l'Éternel, dans une des chambres, et tu leur offriras du vin à boire.

³Je pris Jaazania, fils de Jérémie, fils de Habazinia, ses frères, tous ses fils, et toute la maison des Récabites,

⁴et je les conduisis à la maison de l'Éternel, dans la chambre des fils de Hanan, fils de Jigdalia, homme de Dieu, près de la chambre des chefs, au-dessus de la chambre de Maaséja, fils de Schallum, garde du seuil.

⁵Je mis devant les fils de la maison des Récabites des coupes pleines de vin, et des calices, et je leur dis: Buvez du vin!

⁶Mais ils répondirent: Nous ne buvons pas de vin; car Jonadab, fils de Récab, notre père, nous a donné cet ordre: Vous ne boirez jamais de vin, ni vous, ni vos fils;

⁷et vous ne bâtirez point de maisons, vous ne sèmerez aucune semence, vous ne planterez point de vignes et vous n'en posséderez point; mais vous habiterez sous des tentes toute votre vie, afin que vous viviez longtemps dans le pays où vous êtes étrangers.

⁸Nous obéissons à tout ce que nous a prescrit Jonadab, fils de Récab, notre père: nous ne buvons pas de vin pendant toute notre vie, nous, nos femmes, nos fils et nos filles;

⁹nous ne bâtissons point de maisons pour nos demeures, et nous ne possédons ni vignes, ni champs, ni terres ensemencées;

¹⁰nous habitons sous des tentes, et nous suivons et pratiquons tout ce que nous a prescrit Jonadab, notre père.

¹¹Lorsque Nebucadnetsar, roi de Babylone, est monté contre ce pays, nous avons dit: Allons, retirons-nous à Jérusalem, loin de l'armée des Chaldéens et de l'armée de Syrie. C'est ainsi que nous habitons à Jérusalem.

¹²Alors la parole de l'Éternel fut adressée à Jérémie, en ces mots:

¹³Ainsi parle l'Éternel des armées, le Dieu d'Israël: Va, et dis aux hommes de Juda et aux habitants de Jérusalem: Ne recevrez-vous pas instruction, pour obéir à mes paroles? dit l'Éternel.

¹⁴On a observé les paroles de Jonadab, fils de Récab, qui a ordonné à ses fils de ne pas boire du vin, et ils n'en ont point bu jusqu'à ce jour, parce qu'ils ont obéi à l'ordre de leur père. Et moi, je vous ai parlé, je vous ai parlé dès le matin, et vous ne m'avez pas écouté.

¹⁵Je vous ai envoyé tous mes serviteurs, les prophètes, je les ai envoyés dès le matin, pour vous dire: Revenez chacun de votre mauvaise voie, amendez vos actions, n'allez pas après d'autres dieux pour les servir, et vous resterez dans le pays que j'ai donné à vous et à vos pères. Mais vous n'avez pas prêté l'oreille, vous ne m'avez pas écouté.

¹⁶Oui, les fils de Jonadab, fils de Récab, observent l'ordre que leur a donné leur père, et ce peuple ne m'écoute pas!

¹⁷C'est pourquoi ainsi parle l'Éternel, le Dieu des armées, le Dieu d'Israël: Voici, je vais faire venir sur Juda et sur tous les habitants de Jérusalem tous les malheurs que j'ai annoncés sur eux, parce que je leur ai parlé et qu'ils n'ont pas écouté, parce que je les ai appelés et qu'ils n'ont pas répondu.

¹⁸Et Jérémie dit à la maison des Récabites: Ainsi parle l'Éternel des armées, le Dieu d'Israël: Parce que vous avez obéi aux ordres de Jonadab, votre père, parce que vous avez observé tous ses commandements et fait tout ce qu'il vous a prescrit,

¹⁹à cause de cela, ainsi parle l'Éternel des armées, le Dieu d'Israël: Jonadab, fils de Récab, ne manquera jamais de descendants qui se tiennent en ma présence.

Chapitre 36

¹La quatrième année de Jojakim, fils de Josias, roi de Juda, cette parole fut adressée à Jérémie de la part de l'Éternel, en ces mots:

²Prends un livre, et tu y écriras toutes les paroles que je t'ai dites sur Israël et sur Juda, et sur toutes les nations, depuis le jour où je t'ai parlé, au temps de Josias, jusqu'à ce jour.

³Quand la maison de Juda entendra tout le mal que je pense lui faire, peut-être reviendront-il chacun de leur mauvaise voie; alors je pardonnerai leur iniquité et leur péché.

⁴Jérémie appela Baruc, fils de Nérija; et Baruc écrivit dans un livre, sous la dictée de Jérémie, toutes les paroles que l'Éternel avait dites à Jérémie.

⁵Puis Jérémie donna cet ordre à Baruc: Je suis retenu, et je ne peux pas aller à la maison de l'Éternel.

⁶Tu iras toi-même, et tu liras dans le livre que tu as écrit sous ma dictée les paroles de l'Éternel, aux oreilles du peuple, dans la maison de l'Éternel, le jour du jeûne; tu les liras aussi aux oreilles de tous ceux de Juda qui seront venus de leurs villes.

⁷Peut-être l'Éternel écoutera-t-il leurs supplications, et reviendront ils chacun de leur mauvaise voie; car grande est la colère, la fureur dont l'Éternel a menacé ce peuple.

⁸Baruc, fils de Nérija, fit tout ce que lui avait ordonné Jérémie, le prophète, et lut dans le livre les paroles de l'Éternel, dans la maison de l'Éternel.

⁹La cinquième année de Jojakim, fils de Josias, roi de Juda, le neuvième mois, on publia un jeûne devant l'Éternel pour tout le peuple de Jérusalem et pour tout le peuple venu des villes de Juda à Jérusalem.

¹⁰Et Baruc lut dans le livre les paroles de Jérémie, aux oreilles de tout le peuple, dans la maison de l'Éternel, dans la chambre de Guemaria, fils de Schaphan, le secrétaire, dans le parvis supérieur, à l'entrée de la porte neuve de la maison de l'Éternel.

¹¹Michée, fils de Guemaria, fils de Schaphan, ayant entendu toutes les paroles de l'Éternel contenues dans le livre,

¹²descendit à la maison du roi, dans la chambre du secrétaire, où étaient assis tous les chefs, Élischama, le secrétaire, Delaja, fils de Schemaeja, Elnathan, fils de d'Acbor, Guemaria, fils de Schaphan, Sédécias, fils de Hanania, et tous les autres chefs.

¹³Et Michée leur rapporta toutes les paroles qu'il avait entendues, lorsque Baruc lisait dans le livre, aux oreilles du peuple.

¹⁴Alors tous les chefs envoyèrent vers Baruc Jehudi, fils de Nethania, fils de Schélémia, fils de Cuschi, pour lui dire: Prends en main le livre dans lequel tu as lu, aux oreilles du peuple, et viens! Baruc, fils de Nérija, prit en main le livre, et se rendit auprès d'eux.

¹⁵Ils lui dirent: Assieds-toi, et lis-le à nos oreilles. Et Baruc lut à leurs oreilles.

¹⁶Lorsqu'ils eurent entendu toutes les paroles, ils se regardèrent avec effroi les uns les autres, et ils dirent à Baruc: Nous rapporterons au roi toutes ces paroles.

¹⁷Ils posèrent encore à Baruc cette question: Dis-nous comment tu as écrit toutes ces paroles sous sa dictée.

¹⁸Baruc leur répondit: Il m'a dicté de sa bouche toutes ces paroles, et je les ai écrites dans ce livre avec de l'encre.

¹⁹Les chefs dirent à Baruc: Va, cache-toi, ainsi que Jérémie, et que

personne ne sache où vous êtes.
²⁰Ils allèrent ensuite vers le roi dans la cour, laissant le livre dans la chambre d'Élischama, le secrétaire, et ils en rapportèrent toutes les paroles aux oreilles du roi.
²¹Le roi envoya Jehudi pour prendre le livre, Jehudi le prit dans la chambre d'Élischama, le secrétaire, et il le lut aux oreilles du roi et aux oreilles de tous les chefs qui étaient auprès du roi.
²²Le roi était assis dans la maison d'hiver, -c'était au neuvième mois, -et un brasier était allumé devant lui.
²³Lorsque Jehudi eut lu trois ou quatre feuilles, le roi coupa le livre avec le canif du secrétaire, et le jeta dans le feu du brasier, où il fut entièrement consumé.
²⁴Le roi et tous ses serviteurs, qui entendirent toutes ces paroles, ne furent point effrayés et ne déchirèrent point leurs vêtements.
²⁵Elnathan, Delaja et Guemaria, avaient fait des instances auprès du roi pour qu'il ne brûlât pas le livre; mais il ne les écouta pas.
²⁶Le roi ordonna à Jerachmeel, fils du roi, à Seraja, fils d'Azriel, et à Schélémia, fils d'Abdeel, de saisir Baruc, le secrétaire, et Jérémie, le prophète. Mais l'Éternel les cacha.
²⁷La parole de l'Éternel fut adressée à Jérémie, en ces mots, après que le roi eut brûlé le livre contenant les paroles que Baruc avait écrites sous la dictée de Jérémie:
²⁸Prends de nouveau un autre livre, et tu y écriras toutes les paroles qui étaient dans le premier livre qu'a brûlé Jojakim, roi de Juda.
²⁹Et sur Jojakim, roi de Juda, tu diras: Ainsi parle l'Éternel: Tu as brûlé ce livre, en disant: Pourquoi y as-tu écrit ces paroles: Le roi de Babylone viendra, il détruira ce pays, et il en fera disparaître les hommes et les bêtes?
³⁰C'est pourquoi ainsi parle l'Éternel sur Jojakim, roi de Juda: Aucun des siens ne sera assis sur le trône de David, et son cadavre sera exposé à la chaleur pendant le jour et au froid pendant la nuit.
³¹Je le châtierai, lui, sa postérité, et ses serviteurs, à cause de leur iniquité, et je ferai venir sur eux, sur les habitants de Jérusalem et sur les hommes de Juda tous les malheurs dont je les ai menacés, sans qu'ils aient voulu m'écouter.
³²Jérémie prit un autre livre, et le donna à Baruc, fils de Nérija, le secrétaire. Baruc y écrivit, sous la dictée de Jérémie, toutes les paroles du livre qu'avait brûlé au feu Jojakim, roi de Juda. Beaucoup d'autres paroles semblables y furent encore ajoutées.

Chapitre 37

¹Sédécias, fils de Josias, régna à la place de Jeconia, fils de Jojakim, et fut établi roi dans le pays de Juda par Nebucadnetsar, roi de Babylone.
²Ni lui, ni ses serviteurs, ni le peuple du pays, n'écoutèrent les paroles que l'Éternel prononça par Jérémie, le prophète.
³Le roi Sédécias envoya Jucal, fils de Schélémia, et Sophonie, fils de Maaséja, le sacrificateur, vers Jérémie, le prophète, pour lui dire: Intercède en notre faveur auprès de l'Éternel, notre Dieu.
⁴Or Jérémie allait et venait parmi le peuple; on ne l'avait pas encore mis en prison.
⁵L'armée de Pharaon était sortie d'Égypte; et les Chaldéens, qui assiégeaient Jérusalem, ayant appris cette nouvelle, s'étaient retirés de Jérusalem.
⁶Alors la parole de l'Éternel fut adressée à Jérémie, le prophète, en ces mots:
⁷Ainsi parle l'Éternel, le Dieu d'Israël: Vous direz au roi de Juda, qui vous a envoyés vers moi pour me consulter: Voici, l'armée de Pharaon, qui était en marche pour vous secourir, retourne dans son pays, en Égypte;
⁸et les Chaldéens reviendront, ils attaqueront cette ville, ils la prendront, et la brûleront par le feu.
⁹Ainsi parle l'Éternel: Ne vous faites pas d'illusion, en disant: Les Chaldéens s'en iront loin de nous! Car ils ne s'en iront pas.
¹⁰Et même quand vous battriez toute l'armée des Chaldéens qui vous font la guerre, quand il ne resterait d'eux que des hommes blessés, ils se relèveraient chacun dans sa tente, et brûleraient cette ville par le feu.
¹¹Pendant que l'armée des Chaldéens s'était éloignée de Jérusalem, à cause de l'armée de Pharaon,
¹²Jérémie voulut sortir de Jérusalem, pour aller dans le pays de Benjamin et s'échapper du milieu du peuple.
¹³Lorsqu'il fut à la porte de Benjamin, le commandant de la garde, nommé Jireija, fils de Schélémia, fils de Hanania, se trouvait là, et il saisit Jérémie, le prophète, en disant: Tu passes aux Chaldéens!
¹⁴Jérémie répondit: C'est faux! je ne passe pas aux Chaldéens. Mais Jireija ne l'écouta point; il arrêta Jérémie, et le conduisit devant les chefs.
¹⁵Les chefs, irrités contre Jérémie, le frappèrent, et le mirent en prison dans la maison de Jonathan, le secrétaire; car ils en avaient fait une prison.
¹⁶Ce fut ainsi que Jérémie entra dans la prison et dans les cachots, où il resta longtemps.
¹⁷Le roi Sédécias l'envoya chercher, et l'interrogea secrètement dans sa maison. Il dit: Y a-t-il une parole de la part de l'Éternel? Jérémie répondit: Oui. Et il ajouta: Tu seras livré entre les mains du roi de Babylone.
¹⁸Jérémie dit encore au roi Sédécias: En quoi ai-je péché contre toi, contre tes serviteurs, et contre ce peuple, pour que vous m'ayez mis en prison?
¹⁹Et où sont vos prophètes qui vous prophétisaient, en disant: Le roi de Babylone ne viendra pas contre vous, ni contre ce pays?
²⁰Maintenant, écoute, je te prie, ô roi, mon seigneur, et que mes supplications soient favorablement reçues devant toi! Ne me renvoie pas dans la maison de Jonathan, le secrétaire, de peur que je n'y meure!
²¹Le roi Sédécias ordonna qu'on gardât Jérémie dans la cour de la prison, et qu'on lui donnât chaque jour un pain de la rue des boulangers, jusqu'à ce que tout le pain de la ville fût consommé. Ainsi Jérémie demeura dans la cour de la prison.

Chapitre 38

¹Schephathia, fils de Matthan, Guedalia, fils de Paschhur, Jucal, fils de Schélémia, et Paschhur, fils de Malkija, entendirent les paroles que Jérémie adressait à tout le peuple, en disant:
²Ainsi parle l'Éternel: Celui qui restera dans cette ville mourra par l'épée, par la famine ou par la peste; mais celui qui sortira pour se rendre aux Chaldéens, aura la vie sauve, sa vie sera son butin, et il vivra.
³Ainsi parle l'Éternel: Cette ville sera livrée à l'armée du roi de Babylone, qui la prendra.
⁴Et les chefs dirent au roi: Que cet homme soit mis à mort! car il décourage les hommes de guerre qui restent dans cette ville, et tout le peuple, en leur tenant de pareils discours; cet homme ne cherche pas le bien de ce peuple, il ne veut que son malheur.
⁵Le roi Sédécias répondit: Voici, il est entre vos mains; car le roi ne peut rien contre vous.
⁶Alors ils prirent Jérémie, et le jetèrent dans la citerne de Malkija, fils du roi, laquelle se trouvait dans la cour de la prison; ils descendirent Jérémie avec des cordes. Il n'y avait point d'eau dans la citerne, mais il y avait de la boue; et Jérémie enfonça dans la boue.
⁷Ébed Mélec, l'Éthiopien, eunuque qui était dans la maison du roi, apprit qu'on avait mis Jérémie dans la citerne. Le roi était assis à la porte de Benjamin.
⁸Ébed Mélec sortit de la maison du roi, et parla ainsi au roi:
⁹O roi, mon seigneur, ces hommes ont mal agi en traitant de la sorte Jérémie, le prophète, en le jetant dans la citerne; il mourra de faim là où il est, car il n'y a plus de pain dans la ville.
¹⁰Le roi donna cet ordre à Ébed Mélec, l'Éthiopien: Prends ici trente hommes avec toi, et tu retireras de la citerne Jérémie, le prophète, avant qu'il ne meure.
¹¹Ébed Mélec prit avec lui les hommes, et se rendit à la maison du roi, dans un lieu au-dessous du trésor; il en sortit des lambeaux usés et de vieux haillons, et les descendit à Jérémie dans la citerne, avec des cordes.
¹²Ébed Mélec, l'Éthiopien, dit à Jérémie: Mets ces lambeaux usés et ces haillons sous tes aisselles, sous les cordes. Et Jérémie fit ainsi.
¹³Ils tirèrent Jérémie avec les cordes, et le firent monter hors de la citerne. Jérémie resta dans la cour de la prison.
¹⁴Le roi Sédécias envoya chercher Jérémie, le prophète, et le fit venir auprès de lui dans la troisième entrée de la maison de l'Éternel. Et le roi dit à Jérémie: J'ai une chose à te demander; ne me cache rien.
¹⁵Jérémie répondit à Sédécias: Si je te la dis, ne me feras-tu pas mourir? Et si je te donne un conseil, tu ne m'écouteras pas.
¹⁶Le roi Sédécias jura secrètement à Jérémie, en disant: L'Éternel est vivant, lui qui nous a donné la vie! je ne te ferai pas mourir, et je ne te livrerai pas entre les mains de ces hommes qui en veulent à ta vie.
¹⁷Jérémie dit alors à Sédécias: Ainsi parle l'Éternel, le Dieu des armées, le Dieu d'Israël: Si tu vas te rendre aux chefs du roi de Babylone, tu auras la vie sauve, et cette ville ne sera pas brûlée par le feu; tu vivras, toi et ta maison.
¹⁸Mais si tu ne te rends pas aux chefs du roi de Babylone, cette ville sera livrée entre les mains des Chaldéens, qui la brûleront par le feu; et toi, tu n'échapperas pas à leurs mains.
¹⁹Le roi Sédécias dit à Jérémie: Je crains les Juifs qui ont passé aux Chaldéens; je crains qu'on ne me livre entre leurs mains, et qu'ils ne

m'outragent.

²⁰Jérémie répondit: On ne te livrera pas. Écoute la voix de l'Éternel dans ce que je te dis; tu t'en trouveras bien, et tu auras la vie sauve.

²¹Mais si tu refuses de sortir, voici ce que l'Éternel m'a révélé:

²²Toutes les femmes qui restent dans la maison du roi de Juda seront menées aux chefs du roi de Babylone, et elles diront: Tu as été trompé, dominé, par ceux qui t'annonçaient la paix; et quand tes pieds sont enfoncés dans la boue, ils se retirent.

²³Toutes tes femmes et tes enfants seront menés aux Chaldéens; et toi, tu n'échapperas pas à leurs mains, tu seras saisi par la main du roi de Babylone, et cette ville sera brûlée par le feu.

²⁴Sédécias dit à Jérémie: Que personne ne sache rien de ces discours, et tu ne mourras pas.

²⁵Si les chefs apprennent que je t'ai parlé, et s'ils viennent te dire: Rapporte-nous ce que tu as dit au roi, et ce que le roi t'a dit, ne nous cache rien, et nous ne te ferons pas mourir, -

²⁶tu leur répondras: J'ai supplié le roi de ne pas me renvoyer dans la maison de Jonathan, de peur que je n'y meure.

²⁷Tous les chefs vinrent auprès de Jérémie et le questionnèrent. Il leur répondit entièrement comme le roi l'avait ordonné. Ils gardèrent alors le silence et se retirèrent, car la chose ne s'était pas répandue.

²⁸Jérémie resta dans la cour de la prison jusqu'au jour de la prise de Jérusalem.

Chapitre 39

¹Lorsque Jérusalem fut prise, -la neuvième année de Sédécias, roi de Juda, le dixième mois, Nebucadnetsar, roi de Babylone, vint avec toute son armée devant Jérusalem, et en fit le siège;

²la onzième année de Sédécias, le neuvième jour du quatrième mois, la brèche fut faite à la ville, -

³tous les chefs du roi de Babylone s'avancèrent, et occupèrent la porte du milieu: Nergal Scharetser, Samgar Nebu, Sarsekim, chef des eunuques, Nergal Scharetser, chef des mages, et tous les autres chefs du roi de Babylone.

⁴Dès que Sédécias, roi de Juda, et tous les gens de guerre les eurent vus, ils s'enfuirent, et sortirent de la ville pendant la nuit par le chemin du jardin du roi, par la porte entre les deux murs, et ils prirent le chemin de la plaine.

⁵Mais l'armée des Chaldéens les poursuivit, et atteignit Sédécias dans les plaines de Jéricho. Ils le prirent, et le firent monter vers Nebucadnetsar, roi de Babylone, à Ribla, dans le pays de Hamath; et il prononça contre lui une sentence.

⁶Le roi de Babylone fit égorger à Ribla les fils de Sédécias en sa présence; le roi de Babylone fit aussi égorger tous les grands de Juda.

⁷Puis il fit crever les yeux à Sédécias, et le fit lier avec des chaînes d'airain, pour l'emmener à Babylone.

⁸Les Chaldéens brûlèrent par le feu la maison du roi et les maisons du peuple, et ils démolirent les murailles de Jérusalem.

⁹Nebuzaradan, chef des gardes, emmena captifs à Babylone ceux du peuple qui étaient demeurés dans la ville, ceux qui s'étaient rendus à lui, et le reste du peuple.

¹⁰Mais Nebuzaradan, chef des gardes, laissa dans le pays de Juda quelques-uns des plus pauvres du peuple, ceux qui n'avaient rien; et leur donna alors des vignes et des champs.

¹¹Nebucadnetsar, roi de Babylone, avait donné cet ordre au sujet de Jérémie par Nebuzaradan, chef des gardes:

¹²Prends-le, et veille sur lui; ne lui fais aucun mal, mais agis à son égard comme il te dira.

¹³Nebuzaradan, chef des gardes, Nebuschazban, chef des eunuques, Nergal Scharetser, chef des mages, et tous les chefs du roi de Babylone,

¹⁴envoyèrent chercher Jérémie dans la cour de la prison, et ils le remirent à Guedalia, fils d'Achikam, fils de Schaphan, pour qu'il fût conduit dans sa maison. Et il resta au milieu du peuple.

¹⁵La parole de l'Éternel fut adressée à Jérémie en ces mots, pendant qu'il était enfermé dans la cour de la prison:

¹⁶Va, parle à Ébed Mélec, l'Éthiopien, et dis-lui: Ainsi parle l'Éternel des armées, le Dieu d'Israël: Voici, je vais faire venir sur cette ville les choses que j'ai annoncées pour le mal et non pour le bien; elles arriveront en ce jour devant toi.

¹⁷Mais en ce jour je te délivrerai, dit l'Éternel, et tu ne seras pas livré entre les mains des hommes que tu crains.

¹⁸Je te sauverai, et tu ne tomberas pas sous l'épée; ta vie sera ton butin, parce que tu as eu confiance en moi, dit l'Éternel.

Chapitre 40

¹La parole qui fut adressée à Jérémie de la part de l'Éternel, après que Nebuzaradan, chef des gardes, l'eut envoyé de Rama. Quand il le fit chercher, Jérémie était lié de chaînes parmi tous les captifs de Jérusalem et de Juda qu'on emmenait à Babylone.

²Le chef des gardes envoya chercher Jérémie, et lui dit: L'Éternel, ton Dieu, a annoncé ces malheurs contre ce lieu;

³l'Éternel a fait venir et a exécuté ce qu'il avait dit, et ces choses vous sont arrivées parce que vous avez péché contre l'Éternel et que vous n'avez pas écouté sa voix.

⁴Maintenant voici, je te délivre aujourd'hui des chaînes que tu as aux mains; si tu veux venir avec moi à Babylone, viens, j'aurai soin de toi; si cela te déplaît de venir avec moi à Babylone, ne viens pas; regarde, tout le pays est devant toi, va où il te semblera bon et convenable d'aller.

⁵Et comme il tardait à répondre: Retourne, ajouta-t-il, vers Guedalia, fils d'Achikam, fils de Schaphan, que le roi de Babylone a établi sur les villes de Juda, et reste avec lui parmi le peuple; ou bien, va partout où il te conviendra d'aller. Le chef des gardes lui donna des vivres et des présents, et le congédia.

⁶Jérémie alla vers Guedalia, fils d'Achikam, à Mitspa, et il resta avec lui parmi le peuple qui était demeuré dans le pays.

⁷Lorsque tous les chefs des troupes qui étaient dans les campagnes eurent appris, eux et leurs hommes, que le roi de Babylone avait établi gouverneur du pays Guedalia, fils d'Achikam, et qu'il lui avait confié les hommes, les femmes, les enfants, et ceux des pauvres du pays qu'on n'avait pas emmenés captifs à Babylone,

⁸ils se rendirent auprès de Guedalia à Mitspa, savoir Ismaël, fils de Nethania, Jochanan et Jonathan, fils de Karéach, Seraja, fils de Thanhumeth, les fils d'Éphaï de Nethopha, et Jezania, fils du Maacatite, eux et leurs hommes.

⁹Guedalia, fils d'Achikam, fils de Schaphan, leur jura, à eux et à leurs hommes, en disant: Ne craignez pas de servir les Chaldéens; demeurez dans le pays, servez le roi de Babylone, et vous vous en trouverez bien.

¹⁰Voici, je reste à Mitspa, pour être présent devant les Chaldéens qui viendront vers nous; et vous, faites la récolte du vin, des fruits d'été et de l'huile, mettez-les dans vos vases, et demeurez dans vos villes que vous occupez.

¹¹Tous Juifs qui étaient au pays de Moab, chez les Ammonites, au pays d'Édom, et dans tous les pays, apprirent que le roi de Babylone avait laissé un reste dans Juda, et qu'il leur avait donné pour gouverneur Guedalia, fils d'Achikam, fils de Schaphan.

¹²Et tous les Juifs revinrent de tous les lieux où ils étaient dispersés, ils se rendirent dans le pays de Juda vers Guedalia à Mitspa, et ils firent une abondante récolte de vin et de fruits d'été.

¹³Jochanan, fils de Karéach, et tous les chefs des troupes qui étaient dans les campagnes, vinrent auprès de Guedalia à Mitspa,

¹⁴et lui dirent: Sais-tu que Baalis, roi des Ammonites, a chargé Ismaël, fils de Nethania, de t'ôter la vie? Mais Guedalia, fils d'Achikam, ne les crut point.

¹⁵Et Jochanan, fils de Karéach, dit secrètement à Guedalia à Mitspa: Permets que j'aille tuer Ismaël, fils de Nethania. Personne ne le saura. Pourquoi t'ôterait-il la vie? pourquoi tous ceux de Juda rassemblés auprès de toi se disperseraient-ils, et le reste de Juda périrait-il?

¹⁶Guedalia, fils d'Achikam, répondit à Jochanan, fils de Karéach: Ne fais pas cela; car ce que tu dis sur Ismaël est faux.

Chapitre 41

¹Au septième mois, Ismaël, fils de Nethania, fils d'Élischama, de la race royale, vint avec des grands du roi et dix hommes auprès de Guedalia, fils d'Achikam, à Mitspa. Là, ils mangèrent ensemble à Mitspa.

²Alors Ismaël, fils de Nethania, se leva avec les dix hommes dont il était accompagné, et ils frappèrent avec l'épée Guedalia, fils d'Achikam, fils de Schaphan; il fit ainsi mourir celui que le roi de Babylone avait établi gouverneur du pays.

³Ismaël tua encore tous les juifs qui étaient auprès de Guedalia à Mitspa, et les Chaldéens qui se trouvaient là, les gens de guerre.

⁴Le second jour après l'assassinat de Guedalia, tandis que personne n'en savait rien,

⁵il arriva de Sichem, de Silo et de Samarie, quatre-vingts hommes, qui avaient la barbe rasée et les vêtements déchirés, et qui s'étaient fait des incisions; ils portaient des offrandes et de l'encens, pour les présenter à la maison de l'Éternel.

⁶Ismaël, fils de Nethania, sortit de Mitspa au-devant d'eux; il

marchait en pleurant. Lorsqu'il les rencontra, il leur dit: Venez vers Guedalia, fils d'Achikam.

⁷Et quand ils furent au milieu de la ville, Ismaël, fils de Nethania, les égorgea et les jeta dans la citerne, avec l'aide des gens qui l'accompagnaient.

⁸Mais il se trouva parmi eux dix hommes, qui dirent à Ismaël: Ne nous fais pas mourir, car nous avons des provisions cachées dans les champs, du froment, de l'orge, de l'huile et du miel. Alors il les épargna, et ne les fit pas mourir avec leurs frères.

⁹La citerne dans laquelle Ismaël jeta tous les cadavres des hommes qu'il tua près de Guedalia est celle qu'avait construite le roi Asa, lorsqu'il craignait Baescha, roi d'Israël; c'est cette citerne qu'Ismaël, fils de Nethania, remplit de cadavres.

¹⁰Ismaël fit prisonniers tous ceux qui restaient à Mitspa, les filles du roi et tous ceux du peuple qui y demeuraient, et que Nebuzaradan, chef des gardes, avait confiés à Guedalia, fils d'Achikam; Ismaël, fils de Nethania, les emmena captifs, et partit pour passer chez les Ammonites.

¹¹Jochanan, fils de Karéach, et tous les chefs des troupes qui étaient avec lui, furent informés de tout le mal qu'avait fait Ismaël, fils de Nethania.

¹²Ils prirent tous les hommes, et se mirent en marche pour attaquer Ismaël, fils de Nethania. Ils le trouvèrent près des grandes eaux de Gabaon.

¹³Quand tout le peuple qui était avec Ismaël vit Jochanan, fils de Karéach, et tous les chefs des troupes avec lui, il en eut de la joie;

¹⁴et tout le peuple qu'Ismaël avait emmené de Mitspa se retourna, et vint se joindre à Jochanan, fils de Karéach.

¹⁵Mais Ismaël, fils de Nethania, se sauva avec huit hommes devant Jochanan, et alla chez les Ammonites.

¹⁶Jochanan, fils de Karéach, et tous les chefs des troupes qui étaient avec lui, prirent tout le reste du peuple, et le délivrèrent des mains d'Ismaël, fils de Nethania, lorsqu'il l'emmenait de Mitspa, après avoir tué Guedalia, fils d'Achikam. Hommes de guerre, femmes, enfants, eunuques, Jochanan les ramena depuis Gabaon.

¹⁷Ils se mirent en marche, et s'arrêtèrent à l'hôtellerie de Kimham près de Bethléhem, pour se retirer ensuite en Égypte,

¹⁸loin des Chaldéens dont ils avaient peur, parce qu'Ismaël, fils de Nethania, avait tué Guedalia, fils d'Achikam, que le roi de Babylone avait établi gouverneur du pays.

Chapitre 42

¹Tous les chefs des troupes, Jochanan, fils de Karéach, Jezania, fils d'Hosée, et tout le peuple, depuis le plus petit jusqu'au plus grand, s'avancèrent,

²et dirent à Jérémie, le prophète: Que nos supplications soient favorablement reçues devant toi! Intercède en notre faveur auprès de l'Éternel, ton Dieu, en faveur de tous ceux qui restent, car nous étions beaucoup, et nous restons en petit nombre, comme tes yeux le voient;

³et que l'Éternel, ton Dieu, nous montre le chemin que nous devons suivre, et ce que nous avons à faire!

⁴Jérémie, le prophète, leur dit: J'entends; voici je vais prier l'Éternel, votre Dieu, selon votre demande; et je vous ferai connaître, sans rien vous cacher, tout ce que l'Éternel vous répondra.

⁵Et ils dirent à Jérémie: Que l'Éternel soit contre nous un témoin véritable et fidèle, si nous ne faisons pas tout ce que l'Éternel, ton Dieu, te chargera de nous dire!

⁶Que ce soit du bien ou du mal, nous obéirons à la voix de l'Éternel, notre Dieu, vers qui nous t'envoyons, afin que nous soyons heureux, si nous obéissons à la voix de l'Éternel, notre Dieu.

⁷Dix jours après, la parole de l'Éternel fut adressée à Jérémie.

⁸Et Jérémie appela Jochanan, fils de Karéach, tous les chefs des troupes qui étaient avec lui, et tout le peuple, depuis le plus petit jusqu'au plus grand.

⁹Il leur dit: Ainsi parle l'Éternel, le Dieu d'Israël, vers qui vous m'avez envoyé, pour que je lui présente vos supplications.

¹⁰Si vous restez dans ce pays, je vous y établirai et je ne vous détruirai pas, je vous planterai et je ne vous arracherai pas; car je me repens du mal que je vous ai fait.

¹¹Ne craignez pas le roi de Babylone, dont vous avez peur; ne le craignez pas, dit l'Éternel, car je suis avec vous pour vous sauver et vous délivrer de sa main;

¹²je lui inspirerai de la compassion pour vous, et il aura pitié de vous, et il vous laissera demeurer dans votre pays.

¹³Mais si vous n'obéissez pas à la voix de l'Éternel, votre Dieu,

¹⁴et si vous dites: Nous ne resterons pas dans ce pays, non, nous irons au pays d'Égypte, où nous ne verrons point de guerre, où nous n'entendrons pas le son de la trompette, où nous ne manquerons pas de pain, et c'est là que nous habiterons, -

¹⁵alors écoutez la parole de l'Éternel, restes de Juda! Ainsi parle l'Éternel des armées, le Dieu d'Israël: Si vous tournez le visage pour aller en Égypte, si vous y allez demeurer,

¹⁶l'épée que vous redoutez vous atteindra là au pays d'Égypte, la famine que vous craignez s'attachera à vous là en Égypte, et vous y mourrez.

¹⁷Tous ceux qui tourneront le visage pour aller en Égypte, afin d'y demeurer, mourront par l'épée, par la famine ou par la peste, et nul n'échappera, ne fuira, devant les malheurs que je ferai venir sur eux.

¹⁸Car ainsi parle l'Éternel des armées, le Dieu d'Israël: De même que ma colère et ma fureur se sont répandues sur les habitants de Jérusalem, de même ma fureur se répandra sur vous, si vous allez en Égypte; vous serez un sujet d'exécration, d'épouvante, de malédiction et d'opprobre, et vous ne verrez plus ce lieu.

¹⁹Restes de Juda, l'Éternel vous dit: N'allez pas en Égypte! sachez que je vous le défends aujourd'hui.

²⁰Vous vous trompez vous-mêmes, car vous m'avez envoyé vers l'Éternel, votre Dieu, en disant: Intercède en notre faveur auprès de l'Éternel, notre Dieu, fais-nous connaître tout ce que l'Éternel, notre Dieu, dira, et nous le ferons.

²¹Je vous l'ai déclaré aujourd'hui; mais vous n'écoutez pas la voix de l'Éternel, votre Dieu, ni tout ce qu'il m'a chargé de vous dire.

²²Sachez maintenant que vous mourrez par l'épée, par la famine ou par la peste, dans le lieu où vous voulez aller pour y demeurer.

Chapitre 43

¹Lorsque Jérémie eut achevé de dire à tout le peuple toutes les paroles de l'Éternel, leur Dieu, toutes ces paroles que l'Éternel, leur Dieu, l'avait chargé de leur dire,

²Azaria, fils d'Hosée, Jochanan, fils de Karéach, et tous ces hommes orgueilleux, dirent à Jérémie: Tu dis un mensonge: l'Éternel, notre Dieu, ne t'a point chargé de nous dire: N'allez pas en Égypte pour y demeurer.

³Mais c'est Baruc, fils de Nérija, qui t'excite contre nous, afin de nous livrer entre les mains des Chaldéens, pour qu'ils nous fassent mourir ou nous emmènent captifs à Babylone.

⁴Jochanan, fils de Karéach, tous les chefs des troupes, et tout le peuple, n'obéirent point à la voix de l'Éternel, qui leur ordonnait de rester dans le pays de Juda.

⁵Et Jochanan, fils de Karéach, et tous les chefs des troupes, prirent tous les restes de Juda, qui, après avoir été dispersées parmi toutes les nations, étaient revenus pour habiter le pays de Juda,

⁶les hommes, les femmes, les enfants, les filles du roi, et toutes les personnes que Nebuzaradan, chef des gardes, avait laissées avec Guedalia, fils d'Achikam, fils de Schaphan, et aussi Jérémie, le prophète, et Baruc, fils de Nérija.

⁷Ils allèrent au pays d'Égypte, car ils n'obéirent pas à la voix de l'Éternel, et ils arrivèrent à Tachpanès.

⁸La parole de l'Éternel fut adressée à Jérémie, à Tachpanès, en ces mots:

⁹Prends dans ta main de grandes pierres, et cache-les, en présence des Juifs, dans l'argile du four à briques qui est à l'entrée de la maison de Pharaon à Tachpanès.

¹⁰Et tu diras aux Juifs: Ainsi parle l'Éternel des armées, le Dieu d'Israël: Voici, j'enverrai chercher Nebucadnetsar, roi de Babylone, mon serviteur, et je placerai son trône sur ces pierres que j'ai cachées, et il étendra son tapis sur elles.

¹¹Il viendra, et il frappera le pays d'Égypte; à la mort ceux qui sont pour la mort, à la captivité ceux qui sont pour la captivité, à l'épée ceux qui sont pour l'épée!

¹²Je mettrai le feu aux maisons des dieux de l'Égypte; Nebucadnetsar les brûlera, il emmènera captives les idoles, il s'enveloppera du pays d'Égypte comme le berger s'enveloppe de son vêtement, et il sortira de là en paix.

¹³Il brisera les statues de Beth Schémesch au pays d'Égypte, et il brûlera par le feu les maisons des dieux de l'Égypte.

Chapitre 44

¹La parole fut adressée à Jérémie sur tous les Juifs demeurant au pays d'Égypte, demeurant à Migdol, à Tachpanès, à Noph et au pays de Pathros, en ces mots:

²Ainsi parle l'Éternel des armées, le Dieu d'Israël: Vous avez vu tous les malheurs que j'ai fait venir sur Jérusalem et sur toutes les villes de Juda; voici, elles ne sont plus aujourd'hui que des ruines, et il n'y a plus d'habitants,

³à cause de la méchanceté avec laquelle ils ont agi pour m'irriter,

en allant encenser et servir d'autres dieux, inconnus à eux, à vous et à vos pères.

⁴Je vous ai envoyé tous mes serviteurs, les prophètes, je les ai envoyés dès le matin, pour vous dire: Ne faites pas ces abominations, que je hais.

⁵Mais ils n'ont pas écouté, ils n'ont pas prêté l'oreille, ils ne sont pas revenus de leur méchanceté, et ils n'ont pas cessé d'offrir de l'encens à d'autres dieux.

⁶Ma colère et ma fureur se sont répandues, et ont embrasé les villes de Juda et les rues de Jérusalem, qui ne sont plus que des ruines et un désert, comme on le voit aujourd'hui.

⁷Maintenant ainsi parle l'Éternel, le Dieu des armées, le Dieu d'Israël: Pourquoi vous faites-vous à vous-mêmes un si grand mal, que de faire exterminer du milieu de Juda hommes, femmes, enfants et nourrissons, en sorte qu'il n'y ait plus de vous aucun reste?

⁸Pourquoi m'irritez-vous par les oeuvres de vos mains, en offrant de l'encens aux autres dieux du pays d'Égypte, où vous êtes venus pour y demeurer, afin de vous faire exterminer et d'être un objet de malédiction et d'opprobre parmi toutes les nations de la terre?

⁹Avez-vous oublié les crimes de vos pères, les crimes des rois de Juda, les crimes de leurs femmes, vos crimes et les crimes de vos femmes, commis dans le pays de Juda et dans les rues de Jérusalem?

¹⁰Ils ne se sont point humiliés jusqu'à ce jour, ils n'ont point eu de crainte, ils n'ont point suivi ma loi et mes commandements, que j'ai mis devant vous et devant vos pères.

¹¹C'est pourquoi ainsi parle l'Éternel des armées, le Dieu d'Israël: Voici, je tourne ma face contre vous pour faire du mal, et pour exterminer tout Juda.

¹²Je prendrai les restes de Juda qui ont tourné le visage pour aller au pays d'Égypte, afin d'y demeurer; ils seront tous consumés, ils tomberont dans le pays d'Égypte; ils seront consumés par l'épée, par la famine, depuis le plus petit jusqu'au plus grand; ils périront par l'épée et par la famine; et ils seront un sujet d'exécration, d'épouvante, de malédiction et d'opprobre.

¹³Je châtierai ceux qui demeurent au pays d'Égypte, comme j'ai châtié Jérusalem, par l'épée, par la famine et par la peste.

¹⁴Nul n'échappera, ne fuira, parmi les restes de Juda qui sont venus pour demeurer au pays d'Égypte, avec l'intention de retourner dans le pays de Juda, où ils ont le désir de retourner s'établir; car ils n'y retourneront pas, sinon quelques réchappés.

¹⁵Tous les hommes qui savaient que leurs femmes offraient de l'encens à d'autres dieux, toutes les femmes qui se trouvaient là en grand nombre, et tout le peuple qui demeurait au pays d'Égypte, à Pathros, répondirent ainsi à Jérémie:

¹⁶Nous ne t'obéirons en rien de ce que tu nous as dit au nom de l'Éternel.

¹⁷Mais nous voulons agir comme l'a déclaré notre bouche, offrir de l'encens à la reine du ciel, et lui faire des libations, comme nous l'avons fait, nous et nos pères, nos rois et nos chefs, dans les villes de Juda et dans les rues de Jérusalem. Alors nous avions du pain pour nous rassasier, nous étions heureux, et nous n'éprouvions point de malheur.

¹⁸Et depuis que nous avons cessé d'offrir de l'encens à la reine du ciel et de lui faire des libations, nous avons manqué de tout, et nous avons été consumés par l'épée et par la famine...

¹⁹D'ailleurs, lorsque nous offrons de l'encens à la reine du ciel et que nous lui faisons des libations, est-ce sans la volonté de nos maris que nous lui préparons des gâteaux pour l'honorer et que nous lui faisons des libations?

²⁰Jérémie dit alors à tout le peuple, aux hommes, aux femmes, à tous ceux qui lui avaient fait cette réponse:

²¹L'Éternel ne s'est-il pas rappelé, n'a-t-il pas eu à la pensée l'encens que vous avez brûlé dans les villes de Juda et dans les rues de Jérusalem, vous et vos pères, vos rois et vos chefs, et le peuple du pays?

²²L'Éternel n'a pas pu le supporter davantage, à cause de la méchanceté de vos actions, à cause des abominations que vous avez commises; et votre pays est devenu une ruine, un désert, un objet de malédiction, comme on le voit aujourd'hui.

²³C'est parce que vous avez brûlé de l'encens et péché contre l'Éternel, parce que vous n'avez pas écouté la voix de l'Éternel, et que vous n'avez pas observé sa loi, ses ordonnances, et ses préceptes, c'est pour cela que ces malheurs vous sont arrivés, comme on le voit aujourd'hui.

²⁴Jérémie dit encore à tout le peuple et à toutes les femmes: Écoutez la parole de l'Éternel, vous tous de Juda, qui êtes au pays d'Égypte!

²⁵Ainsi parle l'Éternel des armées, le Dieu d'Israël: Vous et vos femmes, vous avez déclaré de vos bouches et exécuté de vos mains ce que vous dites: Nous voulons accomplir les voeux que nous avons faits, offrir de l'encens à la reine du ciel, et lui faire des libations. Maintenant que vous avez accompli vos voeux, exécuté vos promesses,

²⁶écoutez la parole de l'Éternel, vous tous de Juda, qui demeurez au pays d'Égypte! Voici, je le jure par mon grand nom, dit l'Éternel, mon nom ne sera plus invoqué par la bouche d'aucun homme de Juda, et dans tout le pays d'Égypte aucun ne dira: Le Seigneur, l'Éternel est vivant!

²⁷Voici, je veillerai sur eux pour faire du mal et non du bien; et tous les hommes de Juda qui sont dans le pays d'Égypte seront consumés par l'épée et par la famine, jusqu'à ce qu'ils soient anéantis.

²⁸Ceux, en petit nombre, qui échapperont à l'épée, retourneront du pays d'Égypte au pays de Juda. Mais tout le reste de Juda, tous ceux qui sont venus au pays d'Égypte pour y demeurer, sauront si ce sera ma parole ou la leur qui s'accomplira.

²⁹Et voici, dit l'Éternel, un signe auquel vous connaîtrez que je vous châtierai dans ce lieu, afin que vous sachiez que mes paroles s'accompliront sur vous pour votre malheur.

³⁰Ainsi parle l'Éternel: Voici, je livrerai Pharaon Hophra, roi d'Égypte, entre les mains de ses ennemis, entre les mains de ceux qui en veulent à sa vie, comme j'ai livré Sédécias, roi de Juda, entre les mains de Nebucadnetsar, roi de Babylone, son ennemi, qui en voulait à sa vie.

Chapitre 45

¹La parole que Jérémie, le prophète, adressa à Baruc, fils de Nérija, lorsqu'il écrivit dans un livre ces paroles, sous la dictée de Jérémie, la quatrième année de Jojakim, fils de Josias, roi de Juda. Il dit:

²Ainsi parle l'Éternel, le Dieu d'Israël, sur toi, Baruc:

³Tu dis: Malheur à moi! car l'Éternel ajoute le chagrin à ma douleur; je m'épuise en soupirant, et je ne trouve point de repos.

⁴Dis-lui: Ainsi parle l'Éternel: Voici, ce que j'ai bâti, je le détruirai; ce que j'ai planté, je l'arracherai, savoir tout ce pays.

⁵Et toi, rechercherais-tu de grandes choses? Ne les recherche pas! Car voici, je vais faire venir le malheur sur toute chair, dit l'Éternel; et je te donnerai ta vie pour butin, dans tous les lieux où tu iras.

Chapitre 46

¹La parole de l'Éternel qui fut adressée à Jérémie, le prophète, sur les nations.

²Sur l'Égypte. Sur l'armée de Pharaon Neco, roi d'Égypte, qui était près du fleuve de l'Euphrate, à Carkemisch, et qui fut battue par Nebucadnetsar, roi de Babylone, la quatrième année de Jojakim, fils de Josias, roi de Juda.

³Préparez le petit et le grand bouclier, Et marchez au combat!

⁴Attelez les chevaux, Montez, cavaliers! Paraissez avec vos casques, Polissez vos lances, Revêtez la cuirasse!...

⁵Que vois-je? Ils ont peur, ils reculent; Leurs vaillants hommes sont battus; Ils fuient sans se retourner... L'épouvante est de toutes parts, dit l'Éternel.

⁶Que le plus léger ne trouve aucun salut dans la fuite, Que le plus vaillant n'échappe pas! Au septentrion, sur les rives de l'Euphrate, Ils chancellent, ils tombent.

⁷Qui est celui qui s'avance comme le Nil, Et dont les eaux sont agitées comme les torrents?

⁸C'est l'Égypte. Elle s'avance comme le Nil, Et ses eaux sont agitées comme les torrents. Elle dit: Je monterai, je couvrirai la terre, Je détruirai les villes et leurs habitants.

⁹Montez, chevaux! précipitez-vous, chars! Qu'ils se montrent, les vaillants hommes, Ceux d'Éthiopie et de Puth qui portent le bouclier, Et ceux de Lud qui manient et tendent l'arc.

¹⁰Ce jour est au Seigneur, à l'Éternel des armées; C'est un jour de vengeance, où il se venge de ses ennemis. L'épée dévore, elle se rassasie, Elle s'enivre de leur sang. Car il y a des victimes du Seigneur, de l'Éternel des armées, Au pays du septentrion, sur les rives de l'Euphrate.

¹¹Monte en Galaad, prends du baume, Vierge, fille de l'Égypte! En vain tu multiplies les remèdes, Il n'y a point de guérison pour toi.

¹²Les nations apprennent ta honte, Et tes cris remplissent la terre, Car les guerriers chancellent l'un sur l'autre, Ils tombent tous ensemble.

¹³La parole qui fut adressée par l'Éternel à Jérémie, le prophète, sur l'arrivée de Nebucadnetsar, roi de Babylone, qui voulait frapper le pays d'Égypte.

¹⁴Annoncez-le en Égypte, Publiez-le à Migdol, Publiez-le à Noph et à Tachpanès! Dites: Lève-toi, prépare-toi, Car l'épée dévore autour de toi.

¹⁵Pourquoi tes vaillants hommes sont-ils emportés? Ils ne tiennent pas ferme, car l'Éternel les renverse.

¹⁶Il en fait chanceler un grand nombre; Ils tombent l'un sur l'autre,

et ils disent: Allons, retournons vers notre peuple, Dans notre pays natal, Loin du glaive destructeur!

¹⁷Là, on s'écrie: Pharaon, roi d'Égypte, Ce n'est qu'un bruit; il a laissé passer le moment.

¹⁸Je suis vivant! dit le roi, Dont l'Éternel des armées est le nom, Comme le Thabor parmi les montagnes, Comme le Carmel qui s'avance dans la mer, il viendra.

¹⁹Fais ton bagage pour la captivité, Habitante, fille de L'Égypte! Car Noph deviendra un désert, Elle sera ravagée, elle n'aura plus d'habitants.

²⁰L'Égypte est une très belle génisse... Le destructeur vient du septentrion, il arrive...

²¹Ses mercenaires aussi sont au milieu d'elle comme des veaux engraissés. Et eux aussi, ils tournent le dos, ils fuient tous sans résister. Car le jour de leur malheur fond sur eux, Le temps de leur châtiment.

²²Sa voix se fait entendre comme celle du serpent; Car ils s'avancent avec une armée, Ils marchent contre elle avec des haches, Pareils à des bûcherons.

²³Ils abattent sa forêt, dit l'Éternel, Bien qu'elle soit impénétrable; Car ils sont plus nombreux que les sauterelles, On ne pourrait les compter.

²⁴La fille de l'Égypte est confuse, Elle est livrée entre les mains du peuple du septentrion.

²⁵L'Éternel des armées, le Dieu d'Israël, dit: Voici, je vais châtier Amon de No, Pharaon, l'Égypte, ses dieux et ses rois, Pharaon et ceux qui se confient en lui.

²⁶Je les livrerai entre les mains de ceux qui en veulent à leur vie, Entre les mains de Nebucadnetsar, roi de Babylone, Et entre les mains de ses serviteurs; Et après cela, l'Égypte sera habitée comme aux jours d'autrefois, Dit l'Éternel.

²⁷Et toi, mon serviteur Jacob, ne crains pas; Ne t'effraie pas, Israël! Car je te délivrerai de la terre lointaine, Je délivrerai ta postérité du pays où elle est captive; Jacob reviendra, il jouira du repos et de la tranquillité, Et il n'y aura personne pour le troubler.

²⁸Toi, mon serviteur Jacob, ne crains pas! dit l'Éternel; Car je suis avec toi. J'anéantirai toutes les nations parmi lesquelles je t'ai dispersé, Mais toi, je ne t'anéantirai pas; Je te châtierai avec équité, Je ne puis pas te laisser impuni.

Chapitre 47

¹La parole de l'Éternel qui fut adressée à Jérémie, le prophète, sur les Philistins, avant que Pharaon frappât Gaza.

²Ainsi parle l'Éternel: Voici, des eaux s'élèvent du septentrion, Elles sont comme un torrent qui déborde; Elles inondent le pays et ce qu'il contient, Les villes et leurs habitants. Les hommes poussent des cris, Tous les habitants du pays se lamentent,

³A cause du retentissement des sabots de ses puissants chevaux, Du bruit de ses chars et du fracas des roues; Les pères ne se tournent pas vers leurs enfants, Tant les mains sont affaiblies.

⁴Parce que le jour arrive où seront détruits tous les Philistins, Exterminés tous ceux qui servaient encore d'auxiliaires à Tyr et à Sidon; Car l'Éternel va détruire les Philistins, Les restes de l'île de Caphtor.

⁵Gaza est devenue chauve, Askalon est dans le silence, le reste de leur plaine aussi. Jusques à quand te feras-tu des incisions? -

⁶Ah! épée de l'Éternel, quand te reposeras-tu? Rentre dans ton fourreau, Arrête, et sois tranquille! -

⁷Comment te reposerais-tu? L'Éternel lui donne ses ordres, C'est contre Askalon et la côte de la mer qu'il la dirige.

Chapitre 48

¹Sur Moab. Ainsi parle l'Éternel des armées, le Dieu d'Israël: Malheur à Nebo, car elle est ravagée! Kirjathaïm est confuse, elle est prise; Misgab est confuse, elle est brisée.

²Elle n'est plus, la gloire de Moab; A Hesbon, on médite sa perte: Allons, exterminons-le du milieu des nations! Toi aussi, Madmen, tu seras détruite; L'épée marche derrière toi.

³Des cris partent des Choronaïm; C'est un ravage, c'est une grande détresse.

⁴Moab est brisé! Les petits font entendre leurs cris.

⁵Car on répand des pleurs à la montée de Luchith, Et des cris de détresse retentissent à la descente de Choronaïm.

⁶Fuyez, sauvez votre vie, Et soyez comme un misérable dans le désert!

⁷Car, parce que tu t'es confié dans tes oeuvres et dans tes trésors, Toi aussi, tu seras pris, Et Kemosch s'en ira en captivité, Avec ses prêtres et avec ses chefs.

⁸Le dévastateur entrera dans chaque ville, Et aucune ville n'échappera; La vallée périra et la plaine sera détruite, Comme l'Éternel l'a dit.

⁹Donnez des ailes à Moab, Et qu'il parte au vol! Ses villes seront réduites en désert, Elles n'auront plus d'habitants.

¹⁰Maudit soit celui qui fait avec négligence l'oeuvre de l'Éternel, Maudit soit celui qui éloigne son épée du carnage!

¹¹Moab était tranquille depuis sa jeunesse, Il reposait sur sa lie, Il n'était pas vidé d'un vase dans un autre, Et il n'allait pas en captivité. Aussi son goût lui est resté, Et son odeur ne s'est pas changée.

¹²C'est pourquoi voici, les jours viennent, dit l'Éternel, Où je lui enverrai des gens qui le transvaseront; Ils videront ses vases, Et feront sauter ses outres.

¹³Moab aura honte de Kemosch, Comme la maison d'Israël a eu honte De Béthel, qui la remplissait de confiance.

¹⁴Comment pouvez-vous dire: Nous sommes de vaillants hommes, Des soldats prêts à combattre?

¹⁵Moab est ravagé, ses villes montent en fumée, L'élite de sa jeunesse est égorgée, Dit le roi, dont l'Éternel des armées est le nom.

¹⁶La ruine de Moab est près d'arriver, Son malheur vient en grande hâte.

¹⁷Lamentez-vous sur lui, vous tous qui l'environnez, Vous tous qui connaissez son nom! Dites: Comment ce sceptre puissant a-t-il été brisé, Ce bâton majestueux?

¹⁸Descends du séjour de la gloire, assieds-toi sur la terre desséchée, Habitante, fille de Dibon! Car le dévastateur de Moab monte contre toi, Il détruit tes forteresses.

¹⁹Tiens-toi sur le chemin, et regarde, habitante d'Aroër! Interroge le fuyard, le réchappé, Demande: Qu'est-il arrivé? -

²⁰Moab est confus, car il est brisé. Poussez des gémissements et des cris! Publiez sur l'Arnon Que Moab est ravagé!

²¹Le châtiment est venu sur le pays de la plaine, Sur Holon, sur Jahats, sur Méphaath,

²²Sur Dibon, sur Nebo, sur Beth Diblathaïm,

²³Sur Kirjathaïm, sur Beth Gamul, sur Beth Meon,

²⁴Sur Kerijoth, sur Botsra, Sur toutes les villes du pays de Moab, Éloignées et proches.

²⁵La force de Moab est abattue, Et son bras est brisé, Dit l'Éternel.

²⁶Enivrez-le, car il s'est élevé contre l'Éternel! Que Moab se roule dans son vomissement, Et qu'il devienne aussi un objet de raillerie.

²⁷Israël n'a-t-il pas été pour toi un objet de raillerie? Avait-il donc été surpris parmi les voleurs, Pour que tu ne parles de lui qu'en secouant la tête?

²⁸Abandonnez les villes, et demeurez dans les rochers, Habitants de Moab! Soyez comme les colombes, Qui font leur nid sur le flanc des cavernes!

²⁹Nous connaissons l'orgueil du superbe Moab, Sa hauteur, sa fierté, son arrogance, et son coeur altier.

³⁰Je connais, dit l'Éternel, sa présomption et ses vains discours, Et ses oeuvres de néant.

³¹C'est pourquoi je gémis sur Moab, Je gémis sur tout Moab; On soupire pour les gens de Kir Hérès.

³²Vigne de Sibma, je pleure sur toi plus que sur Jaezer; Tes rameaux allaient au delà de la mer, Ils s'étendaient jusqu'à la mer de Jaezer; Le dévastateur s'est jeté sur ta récolte et sur ta vendange.

³³La joie et l'allégresse ont disparu des campagnes Et du pays de Moab; J'ai fait tarir le vin dans les cuves; On ne foule plus gaîment au pressoir; Il y a des cris de guerre, et non des cris de joie.

³⁴Les cris de Hesbon retentissent jusqu'à Élealé, Et ils font entendre leur voix jusqu'à Jahats, Depuis Tsoar jusqu'à Choronaïm, Jusqu'à Églath Schelischija; Car les eaux de Nimrim sont aussi ravagées.

³⁵Je veux en finir dans Moab, dit l'Éternel, Avec celui qui monte sur les hauts lieux, Et qui offre de l'encens à son dieu.

³⁶Aussi mon coeur gémit comme une flûte sur Moab, Mon coeur gémit comme une flûte sur les gens de Kir Hérès, Parce que tous les biens qu'ils ont amassés sont perdus.

³⁷Car toutes les têtes sont rasées, Toutes les barbes sont coupées; Sur toutes les mains il y a des incisions, Et sur les reins des sacs.

³⁸Sur tous les toits de Moab et dans ses places, Ce ne sont que lamentations, Parce que j'ai brisé Moab comme un vase qui n'a pas de prix, Dit l'Éternel.

³⁹Comme il est brisé! Poussez des gémissements! Comme Moab tourne honteusement le dos! Moab devient un objet de raillerie et d'effroi Pour tous ceux qui l'environnent.

⁴⁰Car ainsi parle l'Éternel: Voici, il vole comme l'aigle, Et il étend ses ailes sur Moab.

⁴¹Kerijoth est prise, Les forteresses sont emportées, Et le coeur des héros de Moab est en ce jour Comme le coeur d'une femme en travail.

⁴²Moab sera exterminé, il cessera d'être un peuple, Car il s'est élevé contre l'Éternel.

⁴³La terreur, la fosse, et le filet, Sont sur toi, habitant de Moab! Dit l'Éternel.

⁴⁴Celui qui fuit devant la terreur tombe dans la fosse, Et celui qui remonte de la fosse se prend au filet; Car je fais venir sur lui, sur Moab, L'année de son châtiment, dit l'Éternel.

⁴⁵A l'ombre de Hesbon les fuyards s'arrêtent épuisés; Mais il sort un feu de Hesbon, Une flamme du milieu de Sihon; Elle dévore les flancs de Moab, Et le sommet de la tête des fils du tumulte.

⁴⁶Malheur à toi, Moab! Le peuple de Kemosch est perdu! Car tes fils sont emmenés captifs, Et tes filles captives.

⁴⁷Mais je ramènerai les captifs de Moab, dans la suite des temps, Dit l'Éternel. Tel est le jugement sur Moab.

Chapitre 49

¹Sur les enfants d'Ammon. Ainsi parle l'Éternel: Israël n'a-t-il point de fils? N'a-t-il point d'héritier? Pourquoi Malcom possède-t-il Gad, Et son peuple habite-t-il ses villes?

²C'est pourquoi voici, les jours viennent, dit l'Éternel, Où je ferai retentir le cri de guerre contre Rabbath des enfants d'Ammon; Elle deviendra un monceau de ruines, Et les villes de son ressort seront consumées par le feu; Alors Israël chassera ceux qui l'avaient chassé, dit l'Éternel.

³Pousse des gémissements, Hesbon, car Aï est ravagée! Poussez des cris, filles de Rabba, revêtez-vous de sacs, Lamentez-vous, et courez çà et là le long des murailles! Car Malcom s'en va en captivité, Avec ses prêtres et avec ses chefs.

⁴Pourquoi te glorifies-tu de tes vallées? Ta vallée se fond, fille rebelle, Qui te confiais dans tes trésors: Qui viendra contre moi?

⁵Voici, je fais venir sur toi la terreur, Dit le Seigneur, l'Éternel des armées, Elle viendra de tous tes alentours; Chacun de vous sera chassé devant soi, Et nul ne ralliera les fuyards.

⁶Mais après cela, je ramènerai les captifs des enfants d'Ammon, Dit l'Éternel.

⁷Sur Édom. Ainsi parle l'Éternel des armées: N'y a-t-il plus de sagesse dans Théman? La prudence a-t-elle disparu chez les hommes intelligents? Leur sagesse s'est-elle évanouie?

⁸Fuyez, tournez le dos, retirez-vous dans les cavernes, Habitants de Dedan! Car je fais venir le malheur sur Ésaü, Le temps de son châtiment.

⁹Si des vendangeurs viennent chez toi, Ne laissent-ils rien à grappiller? Si des voleurs viennent de nuit, Ils ne dévastent que ce qu'ils peuvent.

¹⁰Mais moi, je dépouillerai Ésaü, Je découvrirai ses retraites, Il ne pourra se cacher; Ses enfants, ses frères, ses voisins, périront, Et il ne sera plus.

¹¹Laisse tes orphelins, je les ferai vivre, Et que tes veuves se confient en moi!

¹²Car ainsi parle l'Éternel: Voici, ceux qui ne devaient pas boire la coupe la boiront; Et toi, tu resterais impuni! Tu ne resteras pas impuni, Tu la boiras.

¹³Car je le jure par moi-même, dit l'Éternel, Botsra sera un objet de désolation, d'opprobre, De dévastation et de malédiction, Et toutes ses villes deviendront des ruines éternelles.

¹⁴J'ai appris de l'Éternel une nouvelle, Et un messager a été envoyé parmi les nations: Assemblez-vous, et marchez contre elle! Levez-vous pour la guerre!

¹⁵Car voici, je te rendrai petit parmi les nations, Méprisé parmi les hommes.

¹⁶Ta présomption, l'orgueil de ton coeur t'a égaré, Toi qui habites le creux des rochers, Et qui occupes le sommet des collines. Quand tu placerais ton nid aussi haut que celui de l'aigle, Je t'en précipiterai, dit l'Éternel.

¹⁷Édom sera un objet de désolation; Tous ceux qui passeront près de lui Seront dans l'étonnement et siffleront sur toutes ses plaies.

¹⁸Comme Sodome et Gomorrhe et les villes voisines, qui furent détruites, Dit l'Éternel, Il ne sera plus habité, Il ne sera le séjour d'aucun homme...

¹⁹Voici, tel qu'un lion, il monte des rives orgueilleuses du Jourdain Contre la demeure forte; Soudain j'en ferai fuir Édom, Et j'établirai sur elle celui que j'ai choisi. Car qui est semblable à moi? qui me donnera des ordres? Et quel est le chef qui me résistera?

²⁰C'est pourquoi écoutez la résolution que l'Éternel a prise contre Édom, Et les desseins qu'il a conçus contre les habitants de Théman! Certainement on les traînera comme de faibles brebis, Certainement on ravagera leur demeure.

²¹Au bruit de leur chute, la terre tremble; Leur cri se fait entendre jusqu'à la mer Rouge...

²²Voici, comme l'aigle il s'avance, il vole, Il étend ses ailes sur Botsra, Et le coeur des héros d'Édom est en ce jour Comme le coeur d'une femme en travail.

²³Sur Damas. Hamath et Arpad sont confuses, Car elles ont appris une mauvaise nouvelle, elles tremblent; C'est une mer en tourmente, Qui ne peut se calmer.

²⁴Damas est défaillante, elle se tourne pour fuir, Et l'effroi s'empare d'elle; L'angoisse et les douleurs la saisissent, Comme une femme en travail. -

²⁵Ah! elle n'est pas abandonnée, la ville glorieuse, La ville qui fait ma joie! -

²⁶C'est pourquoi ses jeunes gens tomberont dans les rues, Et tous ses hommes de guerre périront en ce jour, Dit l'Éternel des armées.

²⁷Je mettrai le feu aux murs de Damas, Et il dévorera le palais de Ben Hadad.

²⁸Sur Kédar et les royaumes de Hatsor, que battit Nebucadnetsar, roi de Babylone. Ainsi parle l'Éternel: Levez-vous, montez contre Kédar, Et détruisez les fils de l'Orient!

²⁹On prendra leurs tentes et leurs troupeaux, On enlèvera leurs pavillons, tous leurs bagages et leurs chameaux, Et l'on jettera de toutes parts contre eux des cris d'épouvante.

³⁰Fuyez, fuyez de toutes vos forces, cherchez à l'écart une demeure, Habitants de Hatsor! dit l'Éternel; Car Nebucadnetsar, roi de Babylone, a pris une résolution contre vous, Il a conçu un projet contre vous.

³¹Levez-vous, montez contre une nation tranquille, En sécurité dans sa demeure, dit l'Éternel; Elle n'a ni portes, ni barres, Elle habite solitaire.

³²Leurs chameaux seront au pillage, Et la multitude de leurs troupeaux sera une proie; Je les disperserai à tous les vents, ceux qui se rasent les coins de la barbe, Et je ferai venir leur ruine de tous les côtés, dit l'Éternel.

³³Hatsor sera le repaire des chacals, un désert pour toujours; Personne n'y habitera, aucun homme n'y séjournera.

³⁴La parole de l'Éternel qui fut adressée à Jérémie, le prophète, sur Élam, au commencement du règne de Sédécias, roi de Juda, en ces mots:

³⁵Ainsi parle l'Éternel des armées: Voici, je vais briser l'arc d'Élam, Sa principale force.

³⁶Je ferai venir sur Élam quatre vents des quatre extrémités du ciel, Je les disperserai par tous ces vents, Et il n'y aura pas une nation Où n'arrivent des fugitifs d'Élam.

³⁷Je ferai trembler les habitants d'Élam devant leurs ennemis Et devant ceux qui en veulent à leur vie, J'amènerai sur eux des malheurs, Mon ardente colère, dit l'Éternel, Et je les poursuivrai par l'épée, Jusqu'à ce que je les aie anéantis.

³⁸Je placerai mon trône dans Élam, Et j'en détruirai le roi et les chefs, Dit l'Éternel.

³⁹Mais dans la suite des temps, je ramènerai les captifs d'Élam, Dit l'Éternel.

Chapitre 50

¹La parole que l'Éternel prononça sur Babylone, sur le pays des Chaldéens, par Jérémie, le prophète:

²Annoncez-le parmi les nations, publiez-le, élevez une bannière! Publiez-le, ne cachez rien! Dites: Babylone est prise! Bel est confondu, Merodac est brisé! Ses idoles sont confondues, ses idoles sont brisées!

³Car une nation monte contre elle du septentrion, Elle réduira son pays en désert, Il n'y aura plus d'habitants; Hommes et bêtes fuient, s'en vont.

⁴En ces jours, en ce temps-là, dit l'Éternel, Les enfants d'Israël et les enfants de Juda reviendront ensemble; Ils marcheront en pleurant, Et ils chercheront l'Éternel, leur Dieu.

⁵Ils s'informeront du chemin de Sion, Ils tourneront vers elle leurs regards: Venez, attachez-vous à l'Éternel, Par une alliance éternelle qui ne soit jamais oubliée!

⁶Mon peuple était un troupeau de brebis perdues; Leurs bergers les égaraient, les faisaient errer par les montagnes; Elles allaient des montagnes sur les collines, Oubliant leur bercail.

⁷Tous ceux qui les trouvaient les dévoraient, Et leurs ennemis disaient: Nous ne sommes point coupables, Puisqu'ils ont péché contre l'Éternel, la demeure de la justice, Contre l'Éternel, l'espérance de leurs pères.

⁸Fuyez de Babylone, sortez du pays des Chaldéens, Et soyez comme des boucs à la tête du troupeau!

⁹Car voici, je vais susciter et faire monter contre Babylone Une multitude de grandes nations du pays du septentrion; Elles se rangeront en bataille contre elle, et s'en empareront; Leurs flèches sont comme un habile guerrier, Qui ne revient pas à vide.

¹⁰Et la Chaldée sera livrée au pillage; Tous ceux qui la pilleront seront rassasiés, dit l'Éternel.

¹¹Oui, soyez dans la joie, dans l'allégresse, Vous qui avez pillé mon héritage! Oui, bondissez comme une génisse dans l'herbe, Hennissez comme des chevaux fougueux!

¹²Votre mère est couverte de confusion, Celle qui vous a enfantés rougit de honte; Voici, elle est la dernière des nations, C'est un désert, une terre sèche et aride.

¹³A cause de la colère de l'Éternel, elle ne sera plus habitée, Elle ne sera plus qu'une solitude. Tous ceux qui passeront près de Babylone Seront dans l'étonnement et siffleront sur toutes ses plaies.

¹⁴Rangez-vous en bataille autour de Babylone, vous tous, archers! Tirez contre elle, n'épargnez pas les flèches! Car elle a péché contre l'Éternel.

¹⁵Poussez de tous côtés contre elle un cri de guerre! Elle tend les mains; Ses fondements s'écroulent; Ses murs sont renversés. Car c'est la vengeance de l'Éternel. Vengez-vous sur elle! Faites-lui comme elle a fait!

¹⁶Exterminez de Babylone celui qui sème, Et celui qui manie la faucille au temps de la moisson! Devant le glaive destructeur, Que chacun se tourne vers son peuple, Que chacun fuie vers son pays.

¹⁷Israël est une brebis égarée, que les lions ont chassée; Le roi d'Assyrie l'a dévorée le premier; Et ce dernier lui a brisé les os, Nebucadnetsar, roi de Babylone.

¹⁸C'est pourquoi ainsi parle l'Éternel des armées, le Dieu d'Israël: Voici, je châtierai le roi de Babylone et son pays, Comme j'ai châtié le roi d'Assyrie.

¹⁹Je ramènerai Israël dans sa demeure; Il aura ses pâturages du Carmel et du Basan, Et son âme se rassasiera sur la montagne d'Éphraïm et dans Galaad.

²⁰En ces jours, en ce temps-là, dit l'Éternel, On cherchera l'iniquité d'Israël, et elle n'existera plus, Le péché de Juda, et il ne se trouvera plus; Car je pardonnerai au reste que j'aurai laissé.

²¹Monte contre le pays doublement rebelle, Contre ses habitants, et châtie-les! Poursuis, massacre, extermine-les! dit l'Éternel, Exécute entièrement mes ordres!

²²Des cris de guerre retentissent dans le pays, Et le désastre est grand.

²³Eh quoi! il est rompu, brisé, le marteau de toute la terre! Babylone est détruite au milieu des nations!

²⁴Je t'ai tendu un piège, et tu as été prise, Babylone, A l'improviste; Tu as été atteinte, saisie, Parce que tu as lutté contre l'Éternel.

²⁵L'Éternel a ouvert son arsenal, Et il en a tiré les armes de sa colère; Car c'est là une oeuvre du Seigneur, de l'Éternel des armées, Dans le pays des Chaldéens.

²⁶Pénétrez de toutes parts dans Babylone, ouvrez ses greniers, Faites-y des monceaux comme des tas de gerbes, Et détruisez-la! Qu'il ne reste plus rien d'elle!

²⁷Tuez tous ses taureaux, qu'on les égorge! Malheur à eux! car leur jour est arrivé, Le temps de leur châtiment.

²⁸Écoutez les cris des fuyards, de ceux qui se sauvent du pays de Babylone Pour annoncer dans Sion la vengeance de l'Éternel, notre Dieu, La vengeance de son temple!

²⁹Appelez contre Babylone les archers, vous tous qui maniez l'arc! Campez autour d'elle, que personne n'échappe, Rendez-lui selon ses oeuvres, Faites-lui entièrement comme elle a fait! Car elle s'est élevée avec fierté contre l'Éternel, Contre le Saint d'Israël.

³⁰C'est pourquoi ses jeunes gens tomberont dans les rues, Et tous ses hommes de guerre périront en ce jour, Dit l'Éternel.

³¹Voici, j'en veux à toi, orgueilleuse! Dit le Seigneur, l'Éternel des armées; Car ton jour est arrivé, Le temps de ton châtiment.

³²L'orgueilleuse chancellera et tombera, Et personne ne la relèvera; Je mettrai le feu à ses villes, Et il en dévorera tous les alentours.

³³Ainsi parle l'Éternel des armées: Les enfants d'Israël et les enfants de Juda sont ensemble opprimés; Tous ceux qui les ont emmenés captifs les retiennent, Et refusent de les relâcher.

³⁴Mais leur vengeur est puissant, Lui dont l'Éternel des armées est le nom; Il défendra leur cause, Afin de donner le repos au pays, Et de faire trembler les habitants de Babylone.

³⁵L'épée contre les Chaldéens! dit l'Éternel, Contre les habitants de Babylone, ses chefs et ses sages!

³⁶L'épée contre les prophètes de mensonge! qu'ils soient comme des insensés! L'épée contre ses vaillants hommes! qu'ils soient consternés!

³⁷L'épée contre ses chevaux et ses chars! Contre les gens de toute espèce qui sont au milieu d'elle! qu'ils deviennent semblables à des femmes! L'épée contre ses trésors! qu'ils soient pillés!

³⁸La sécheresse contre ses eaux! qu'elles tarissent! Car c'est un pays d'idoles; Ils sont fous de leurs idoles.

³⁹C'est pourquoi les animaux du désert s'y établiront avec les chacals, Et les autruches y feront leur demeure; Elle ne sera plus jamais habitée, Elle ne sera plus jamais peuplée.

⁴⁰Comme Sodome et Gomorrhe, et les villes voisines, que Dieu détruisit, Dit l'Éternel, Elle ne sera plus habitée, Elle ne sera le séjour d'aucun homme.

⁴¹Voici, un peuple vient du septentrion, Une grande nation et des rois puissants Se lèvent des extrémités de la terre.

⁴²Ils portent l'arc et le javelot; Ils sont cruels, sans miséricorde; Leur voix mugit comme la mer; Ils sont montés sur des chevaux, Prêts à combattre comme un seul homme, Contre toi, fille de Babylone!

⁴³Le roi de Babylone apprend la nouvelle, Et ses mains s'affaiblissent, L'angoisse le saisit, Comme la douleur d'une femme qui accouche...

⁴⁴Voici, tel qu'un lion, il monte des rives orgueilleuses du Jourdain Contre la demeure forte; Soudain je les en chasserai, Et j'établirai sur elle celui que j'ai choisi. Car qui est semblable à moi? qui me donnera des ordres? Et quel est le chef qui me résistera?

⁴⁵C'est pourquoi écoutez la résolution que l'Éternel a prise contre Babylone, Et les desseins qu'il a conçus contre le pays des Chaldéens! Certainement on les traînera comme de faibles brebis, Certainement on ravagera leur demeure.

⁴⁶Au bruit de la prise de Babylone la terre tremble, Et un cri se fait entendre parmi les nations.

Chapitre 51

¹Ainsi parle l'Éternel: Voici, je fais lever contre Babylone, Et contre les habitants de la Chaldée, Un vent destructeur.

²J'envoie contre Babylone des vanneurs qui la vanneront, Qui videront son pays; Ils fondront de toutes parts sur elle, Au jour du malheur.

³Qu'on tende l'arc contre celui qui tend son arc, Contre celui qui est fier dans sa cuirasse! N'épargnez pas ses jeunes hommes! Exterminez toute son armée!

⁴Qu'ils tombent blessés à mort dans le pays des Chaldéens, Percés de coups dans les rues de Babylone!

⁵Car Israël et Juda ne sont point abandonnés de leur Dieu, De l'Éternel des armées, Et le pays des Chaldéens est rempli de crimes Contre le Saint d'Israël.

⁶Fuyez de Babylone, et que chacun sauve sa vie, De peur que vous ne périssiez dans sa ruine! Car c'est un temps de vengeance pour l'Éternel; Il va lui rendre selon ses oeuvres.

⁷Babylone était dans la main de l'Éternel une coupe d'or, Qui enivrait toute la terre; Les nations ont bu de son vin: C'est pourquoi les nations ont été comme en délire.

⁸Soudain Babylone tombe, elle est brisée! Gémissez sur elle, prenez du baume pour sa plaie: Peut-être guérira-t-elle. -

⁹Nous avons voulu guérir Babylone, mais elle n'a pas guéri. Abandonnons-la, et allons chacun dans son pays; Car son châtiment atteint jusqu'aux cieux, Et s'élève jusqu'aux nues.

¹⁰L'Éternel manifeste la justice de notre cause; Venez, et racontons dans Sion L'oeuvre de l'Éternel, notre Dieu.

¹¹Aiguisez les flèches, saisissez les boucliers! L'Éternel a excité l'esprit des rois de Médie, Parce qu'il veut détruire Babylone; Car c'est la vengeance de l'Éternel, La vengeance de son temple.

¹²Élevez une bannière contre les murs de Babylone! Fortifiez les postes, placez des gardes, dressez des embuscades! Car l'Éternel a pris une résolution, Et il exécute ce qu'il a prononcé contre les habitants de Babylone.

¹³Toi qui habites près des grandes eaux, Et qui as d'immenses trésors, Ta fin est venue, ta cupidité est à son terme!

¹⁴L'Éternel des armées l'a juré par lui-même: Oui, je te remplirai d'hommes comme de sauterelles, Et ils pousseront contre toi des cris de guerre.

¹⁵Il a créé la terre par sa puissance, Il a fondé le monde par sa sagesse, Il a étendu les cieux par son intelligence.

¹⁶A sa voix, les eaux mugissent dans les cieux, Il fait monter les nuages des extrémités de la terre, Il produit les éclairs et la pluie, Il tire le vent de ses trésors.

¹⁷Tout homme devient stupide par sa science, Tout orfèvre est

Jérémie

honteux de son image taillée; Car ses idoles ne sont que mensonge, Il n'y a point en elles de souffle.

¹⁸Elles sont une chose de néant, une oeuvre de tromperie; Elles périront, quand viendra le châtiment.

¹⁹Celui qui est la part de Jacob n'est pas comme elles; Car c'est lui qui a tout formé, Et Israël est la tribu de son héritage. L'Éternel des armées est son nom.

²⁰Tu as été pour moi un marteau, un instrument de guerre. J'ai brisé par toi des nations, Par toi j'ai détruit des royaumes.

²¹Par toi j'ai brisé le cheval et son cavalier; Par toi j'ai brisé le char et celui qui était dessus.

²²Par toi j'ai brisé l'homme et la femme; Par toi j'ai brisé le vieillard et l'enfant; Par toi j'ai brisé le jeune homme et la jeune fille.

²³Par toi j'ai brisé le berger et son troupeau; Par toi j'ai brisé le laboureur et ses boeufs; Par toi j'ai brisé les gouverneurs et les chefs.

²⁴Je rendrai à Babylone et à tous les habitants de la Chaldée Tout le mal qu'ils ont fait à Sion sous vos yeux, Dit l'Éternel.

²⁵Voici, j'en veux à toi, montagne de destruction, dit l'Éternel, A toi qui détruisais toute la terre! J'étendrai ma main sur toi, Je te roulerai du haut des rochers, Et je ferai de toi une montagne embrasée.

²⁶On ne tirera de toi ni pierres angulaires, ni pierres pour fondements; Car tu seras à jamais une ruine, dit l'Éternel.

²⁷Élevez une bannière dans le pays! Sonnez de la trompette parmi les nations! Préparez les nations contre elle, Appelez contre elle les royaumes d'Ararat, de Minni et d'Aschkenaz! Établissez contre elle des chefs! Faites avancer des chevaux comme des sauterelles hérissées!

²⁸Préparez contre elle les nations, les rois de Médie, Ses gouverneurs et tous ses chefs, Et tout le pays sous leur domination!

²⁹La terre s'ébranle, elle tremble; Car le dessein de l'Éternel contre Babylone s'accomplit; Il va faire du pays de Babylone un désert sans habitants.

³⁰Les guerriers de Babylone cessent de combattre, Ils se tiennent dans les forteresses; Leur force est épuisée, ils sont comme des femmes. On met le feu aux habitations, On brise les barres.

³¹Les courriers se rencontrent, Les messagers se croisent, Pour annoncer au roi de Babylone Que sa ville est prise par tous les côtés,

³²Que les passages sont envahis, Les marais embrasés par le feu, Et les hommes de guerre consternés.

³³Car ainsi parle l'Éternel des armées, le Dieu d'Israël: La fille de Babylone est comme une aire dans le temps où on la foule; Encore un instant, et le moment de la moisson sera venu pour elle.

³⁴Nebucadnetsar, roi de Babylone, m'a dévorée, m'a détruite; Il a fait de moi un vase vide; Tel un dragon, il m'a engloutie, Il a rempli son ventre de ce que j'avais de précieux; Il m'a chassée.

³⁵Que la violence envers moi et ma chair déchirée retombent sur Babylone! Dit l'habitante de Sion. Que mon sang retombe sur les habitants de la Chaldée! Dit Jérusalem. -

³⁶C'est pourquoi ainsi parle l'Éternel: Voici, je défendrai ta cause, Je te vengerai! Je mettrai à sec la mer de Babylone, Et je ferai tarir sa source.

³⁷Babylone sera un monceau de ruines, un repaire de chacals, Un objet de désolation et de moquerie; Il n'y aura plus d'habitants.

³⁸Ils rugiront ensemble comme des lions, Ils pousseront des cris comme des lionceaux.

³⁹Quand ils seront échauffés, je les ferai boire, Et je les enivrerai, pour qu'ils se livrent à la gaîté, Puis s'endorment d'un sommeil éternel, et ne se réveillent plus, Dit l'Éternel.

⁴⁰Je les ferai descendre comme des agneaux à la tuerie, Comme des béliers et des boucs.

⁴¹Eh quoi! Schéschac est prise! Celle dont la gloire remplissait toute la terre est conquise! Eh quoi! Babylone est détruite au milieu des nations!

⁴²La mer est montée sur Babylone: Babylone a été couverte par la multitude de ses flots.

⁴³Ses villes sont ravagées, La terre est aride et déserte; C'est un pays où personne n'habite, Où ne passe aucun homme.

⁴⁴Je châtierai Bel à Babylone, J'arracherai de sa bouche ce qu'il a englouti, Et les nations n'afflueront plus vers lui. La muraille même de Babylone est tombée!

⁴⁵Sortez du milieu d'elle, mon peuple, Et que chacun sauve sa vie, En échappant à la colère ardente de l'Éternel!

⁴⁶Que votre coeur ne se trouble point, et ne vous effrayez pas Des bruits qui se répandront dans le pays; Car cette année surviendra un bruit, Et l'année suivante un autre bruit, La violence régnera dans le pays, Et un dominateur s'élèvera contre un autre dominateur.

⁴⁷C'est pourquoi voici, les jours viennent Où je châtierai les idoles de Babylone, Et tout son pays sera couvert de honte; Tout ses morts tomberont au milieu d'elle.

⁴⁸Sur Babylone retentiront les cris de joie des cieux et de la terre, Et de tout ce qu'ils renferment; Car du septentrion les dévastateurs fondront sur elle, Dit l'Éternel.

⁴⁹Babylone aussi tombera, ô morts d'Israël, Comme elle a fait tomber les morts de tout le pays.

⁵⁰Vous qui avez échappé au glaive, partez, ne tardez pas! De la terre lointaine, pensez à l'Éternel, Et que Jérusalem soit présente à vos coeurs! -

⁵¹Nous étions confus, quand nous entendions l'insulte; La honte couvrait nos visages, Quand des étrangers sont venus Dans le sanctuaire de la maison de l'Éternel. -

⁵²C'est pourquoi voici, les jours viennent, dit l'Éternel, Où je châtierai ses idoles; Et dans tout son pays les blessés gémiront.

⁵³Quand Babylone s'élèverait jusqu'aux cieux, Quand elle rendrait inaccessibles ses hautes forteresses, J'enverrai contre elle les dévastateurs, dit l'Éternel...

⁵⁴Des cris s'échappent de Babylone, Et le désastre est grand dans le pays des Chaldéens.

⁵⁵Car l'Éternel ravage Babylone, Il en fait cesser les cris retentissants; Les flots des dévastateurs mugissent comme de grandes eaux, Dont le bruit tumultueux se fait entendre.

⁵⁶Oui, le dévastateur fond sur elle, sur Babylone; Les guerriers de Babylone sont pris, Leurs arcs sont brisés. Car l'Éternel est un Dieu qui rend à chacun selon ses oeuvres, Qui paie à chacun son salaire.

⁵⁷J'enivrerai ses princes et ses sages, Ses gouverneurs, ses chefs et ses guerriers; Ils s'endormiront d'un sommeil éternel, et ne se réveilleront plus, Dit le roi, dont l'Éternel des armées est le nom.

⁵⁸Ainsi parle l'Éternel des armées: Les larges murailles de Babylone seront renversées, Ses hautes portes seront brûlées par le feu; Ainsi les peuples auront travaillé en vain, Les nations se seront fatiguées pour le feu.

⁵⁹Ordre donné par Jérémie, le prophète, à Seraja, fils de Nérija, fils de Machséja, lorsqu'il se rendit à Babylone avec Sédécias, roi de Juda, la quatrième année du règne de Sédécias. Or, Seraja était premier chambellan.

⁶⁰Jérémie écrivit dans un livre tous les malheurs qui devaient arriver à Babylone, toutes ces paroles qui sont écrites sur Babylone.

⁶¹Jérémie dit à Seraja: Lorsque tu seras arrivé à Babylone, tu auras soin de lire toutes ces paroles,

⁶²et tu diras: Éternel, c'est toi qui as déclaré que ce lieu serait détruit, et qu'il ne serait plus habité ni par les hommes ni par les bêtes, mais qu'il deviendrait un désert pour toujours.

⁶³Et quand tu auras achevé la lecture de ce livre, tu y attacheras une pierre, et tu le jetteras dans l'Euphrate,

⁶⁴et tu diras: Ainsi Babylone sera submergée, elle ne se relèvera pas des malheurs que j'amènerai sur elle; ils tomberont épuisés. Jusqu'ici sont les paroles de Jérémie.

Chapitre 52

¹Sédécias avait vingt et un ans lorsqu'il devint roi, et il régna onze ans à Jérusalem. Sa mère s'appelait Hamuthal, fille de Jérémie, de Libna.

²Il fit ce qui est mal aux yeux de l'Éternel, entièrement comme avait fait Jojakim.

³Et cela arriva à cause de la colère de l'Éternel contre Jérusalem et contre Juda, qu'il voulait rejeter de devant sa face. Et Sédécias se révolta contre le roi de Babylone.

⁴La neuvième année du règne de Sédécias, le dixième jour du dixième mois, Nebucadnetsar, roi de Babylone, vint avec toute son armée contre Jérusalem; ils campèrent devant elle, et élevèrent des retranchements tout autour.

⁵La ville fut assiégée jusqu'à la onzième année du roi Sédécias.

⁶Le neuvième jour du quatrième mois, la famine était forte dans la ville, et il n'y avait pas de pain pour le peuple du pays.

⁷Alors la brèche fut faite à la ville, et tous les gens de guerre s'enfuirent, et sortirent de la ville pendant la nuit par le chemin de la porte entre les deux murs près du jardin du roi, tandis que les Chaldéens environnaient la ville. Les fuyards prirent le chemin de la plaine.

⁸Mais l'armée des Chaldéens poursuivit le roi, et ils atteignirent Sédécias dans les plaines de Jéricho; et toute son armée se dispersa loin de lui.

⁹Ils saisirent le roi, et le firent monter vers le roi de Babylone à Ribla, dans le pays de Hamath; et il prononça contre lui une sentence.

¹⁰Le roi de Babylone fit égorger les fils de Sédécias en sa présence; il fit aussi égorger tous les chefs de Juda à Ribla.

¹¹Puis il fit crever les yeux à Sédécias, et le fit lier avec des chaînes d'airain; le roi de Babylone l'emmena à Babylone, et il le tint en

prison jusqu'au jour de sa mort.

¹²Le dixième jour du cinquième mois, -c'était la dix-neuvième année du règne de Nebucadnetsar, roi de Babylone, -Nebuzaradan, chef des gardes, au service du roi de Babylone, vint à Jérusalem.

¹³Il brûla la maison de l'Éternel, la maison du roi, et toutes les maisons de Jérusalem; il livra au feu toutes les maisons de quelque importance.

¹⁴Toute l'armée des Chaldéens, qui était avec le chef des gardes, démolit toutes les murailles formant l'enceinte de Jérusalem.

¹⁵Nebuzaradan, chef des gardes, emmena captifs une partie des plus pauvres du peuple, ceux du peuple qui étaient demeurés dans la ville, ceux qui s'étaient rendus au roi de Babylone, et le reste de la multitude.

¹⁶Cependant Nebuzaradan, chef des gardes, laissa comme vignerons et comme laboureurs quelques-uns des plus pauvres du pays.

¹⁷Les Chaldéens brisèrent les colonnes d'airain qui étaient dans la maison de l'Éternel, les bases, la mer d'airain qui était dans la maison de l'Éternel, et ils en emportèrent tout l'airain à Babylone.

¹⁸Ils prirent les cendriers, les pelles, les couteaux, les coupes, les tasses, et tous les ustensiles d'airain avec lesquels on faisait le service.

¹⁹Le chef des gardes prit encore les bassins, les brasiers, les coupes, les cendriers, les chandeliers, les tasses et les calices, ce qui était d'or et ce qui était d'argent.

²⁰Les deux colonnes, la mer, et les douze boeufs d'airain qui servaient de base, et que le roi Salomon avait faits pour la maison de l'Éternel, tous ces ustensiles d'airain avaient un poids inconnu.

²¹La hauteur de l'une des colonnes était de dix-huit coudées, et un cordon de douze coudées l'entourait; elle était creuse, et son épaisseur avait quatre doigts;

²²il y avait au-dessus un chapiteau d'airain, et la hauteur d'un chapiteau était de cinq coudées; autour du chapiteau il y avait un treillis et des grenades, le tout d'airain; il en était de même pour la seconde colonne avec des grenades.

²³Il y avait quatre-vingt-seize grenades de chaque côté, et toutes les grenades autour du treillis étaient au nombre de cent.

²⁴Le chef des gardes prit Seraja, le souverain sacrificateur, Sophonie, le second sacrificateur, et les trois gardiens du seuil.

²⁵Et dans la ville il prit un eunuque qui avait sous son commandement les gens de guerre, sept hommes qui faisaient partie des conseillers du roi et qui furent trouvés dans la ville, le secrétaire du chef de l'armée qui était chargé d'enrôler le peuple du pays, et soixante hommes du peuple du pays qui se trouvèrent dans la ville.

²⁶Nebuzaradan, chef des gardes, les prit, et les conduisit vers le roi de Babylone à Ribla.

²⁷Le roi de Babylone les frappa et les fit mourir à Ribla, dans le pays de Hamath. Ainsi Juda fut emmené captif loin de son pays.

²⁸Voici le peuple que Nebucadnetsar emmena en captivité: la septième année, trois mille vingt-trois Juifs;

²⁹la dix-huitième année de Nebucadnetsar, il emmena de Jérusalem huit cent trente-deux personnes;

³⁰la vingt-troisième année de Nebucadnetsar, Nebuzaradan, chef des gardes, emmena sept cent quarante-cinq Juifs; en tout quatre mille six cents personnes.

³¹La trente-septième année de la captivité de Jojakin, roi de Juda, le vingt-cinquième jour du douzième mois, Évil Merodac, roi de Babylone, dans la première année de son règne, releva la tête de Jojakin, roi de Juda, et le fit sortir de prison.

³²Il lui parla avec bonté, et il mit son trône au-dessus du trône des rois qui étaient avec lui à Babylone.

³³Il lui fit changer ses vêtements de prison, et Jojakin mangea toujours à sa table tout le temps de sa vie.

³⁴Le roi de Babylone pourvut constamment à son entretien journalier jusqu'au jour de sa mort, tout le temps de sa vie.

Lamentations

Chapitre 1

¹Eh quoi! elle est assise solitaire, cette ville si peuplée! Elle est semblable à une veuve! Grande entre les nations, souveraine parmi les états, Elle est réduite à la servitude!

²Elle pleure durant la nuit, et ses joues sont couvertes de larmes; De tous ceux qui l'aimaient nul ne la console; Tous ses amis lui sont devenus infidèles, Ils sont devenus ses ennemis.

³Juda est en exil, victime de l'oppression et d'une grande servitude; Il habite au milieu des nations, Et il n'y trouve point de repos; Tous ses persécuteurs l'ont surprise dans l'angoisse.

⁴Les chemins de Sion sont dans le deuil, car on ne va plus aux fêtes; Toutes ses portes sont désertes, Ses sacrificateurs gémissent, Ses vierges sont affligées, et elle est remplie d'amertume.

⁵Ses oppresseurs triomphent, ses ennemis sont en paix; Car l'Éternel l'a humiliée, A cause de la multitude de ses péchés; Ses enfants ont marché captifs devant l'oppresseur.

⁶La fille de Sion a perdu toute sa gloire; Ses chefs sont comme des cerfs Qui ne trouvent point de pâture, Et qui fuient sans force devant celui qui les chasse.

⁷Aux jours de sa détresse et de sa misère, Jérusalem s'est souvenue De tous les biens dès longtemps son partage, Quand son peuple est tombé sans secours sous la main de l'oppresseur; Ses ennemis l'ont vue, et ils ont ri de sa chute.

⁸Jérusalem a multiplié ses péchés, C'est pourquoi elle est un objet d'aversion; Tous ceux qui l'honoraient la méprisent, en voyant sa nudité; Elle-même soupire, et détourne la face.

⁹La souillure était dans les pans de sa robe, et elle ne songeait pas à sa fin; Elle est tombée d'une manière étonnante, et nul ne la console. - Vois ma misère, ô Éternel! Quelle arrogance chez l'ennemi! -

¹⁰L'oppresseur a étendu la main Sur tout ce qu'elle avait de précieux; Elle a vu pénétrer dans son sanctuaire les nations Auxquelles tu avais défendu d'entrer dans ton assemblée.

¹¹Tout son peuple soupire, il cherche du pain; Ils ont donné leurs choses précieuses pour de la nourriture, Afin de ranimer leur vie. -Vois, Éternel, regarde comme je suis avilie!

¹²Je m'adresse à vous, à vous tous qui passez ici! Regardez et voyez s'il est une douleur pareille à ma douleur, A celle dont j'ai été frappée! L'Éternel m'a affligée au jour de son ardente colère.

¹³D'en haut il a lancé dans mes os un feu qui les dévore; Il a tendu un filet sous mes pieds, Il m'a fait tomber en arrière; Il m'a jetée dans la désolation, dans une langueur de tous les jours.

¹⁴Sa main a lié le joug de mes iniquités; Elles se sont entrelacées, appliquées sur mon cou; Il a brisé ma force; Le Seigneur m'a livrée à des mains auxquelles je ne puis résister.

¹⁵Le Seigneur a terrassé tous mes guerriers au milieu de moi; Il a rassemblé contre moi une armée, Pour détruire mes jeunes hommes; Le Seigneur a foulé au pressoir la vierge, fille de Juda.

¹⁶C'est pour cela que je pleure, que mes yeux fondent en larmes; Car il s'est éloigné de moi, celui qui me consolerait, Qui ranimerait ma vie. Mes fils sont dans la désolation, parce que l'ennemi a triomphé. -

¹⁷Sion a étendu les mains, Et personne ne l'a consolée; L'Éternel a envoyé contre Jacob les ennemis d'alentour; Jérusalem a été un objet d'horreur au milieu d'eux. -

¹⁸L'Éternel est juste, Car j'ai été rebelle à ses ordres. Écoutez, vous tous, peuples, et voyez ma douleur! Mes vierges et mes jeunes hommes sont allés en captivité.

¹⁹J'ai appelé mes amis, et ils m'ont trompée. Mes sacrificateurs et mes anciens ont expiré dans la ville: Ils cherchaient de la nourriture, Afin de ranimer leur vie.

²⁰Éternel, regarde ma détresse! Mes entrailles bouillonnent, Mon coeur est bouleversé au dedans de moi, Car j'ai été rebelle. Au dehors l'épée a fait ses ravages, au dedans la mort.

²¹On a entendu mes soupirs, et personne ne m'a consolée; Tous mes ennemis ont appris mon malheur, Ils se sont réjouis de ce que tu l'as causé; Tu amèneras, tu publieras le jour où ils seront comme moi.

²²Que toute leur méchanceté vienne devant toi, Et traite-les comme tu m'as traitée, A cause de toutes mes transgressions! Car mes soupirs sont nombreux, et mon coeur est souffrant.

Chapitre 2

¹Eh quoi! le Seigneur, dans sa colère, a couvert de nuages la fille de Sion! Il a précipité du ciel sur la terre la magnificence d'Israël! Il ne s'est pas souvenu de son marchepied, Au jour de sa colère!

²Le Seigneur a détruit sans pitié toutes les demeures de Jacob; Il a, dans sa fureur, renversé les forteresses de la fille de Juda, Il les a fait rouler à terre; Il a profané le royaume et ses chefs.

³Il a, dans son ardente colère, abattu toute la force d'Israël; Il a retiré sa droite en présence de l'ennemi; Il a allumé dans Jacob des flammes de feu, Qui dévorent de tous côtés.

⁴Il a tendu son arc comme un ennemi; Sa droite s'est dressée comme celle d'un assaillant; Il a fait périr tout ce qui plaisait aux regards; Il a répandu sa fureur comme un feu sur la tente de la fille de Sion.

⁵Le Seigneur a été comme un ennemi; Il a dévoré Israël, il a dévoré tous ses palais, Il a détruit ses forteresses; Il a rempli la fille de Juda de plaintes et de gémissements.

⁶Il a dévasté sa tente comme un jardin, Il a détruit le lieu de son assemblée; L'Éternel a fait oublier en Sion les fêtes et le sabbat, Et, dans sa violente colère, il a rejeté le roi et le sacrificateur.

⁷Le Seigneur a dédaigné son autel, repoussé son sanctuaire; Il a livré entre les mains de l'ennemi les murs des palais de Sion; Les cris ont retenti dans la maison de l'Éternel, Comme en un jour de fête.

⁸L'Éternel avait résolu de détruire les murs de la fille de Sion; Il a tendu le cordeau, il n'a pas retiré sa main sans les avoir anéantis; Il a plongé dans le deuil rempart et murailles, Qui n'offrent plus ensemble qu'une triste ruine.

⁹Ses portes sont enfoncées dans la terre; Il en a détruit, rompu les barres. Son roi et ses chefs sont parmi les nations; il n'y a plus de loi. Même les prophètes ne reçoivent aucune vision de l'Éternel.

¹⁰Les anciens de la fille de Sion sont assis à terre, ils sont muets; Ils ont couvert leur tête de poussière, Ils se sont revêtus de sacs; Les vierges de Jérusalem laissent retomber leur tête vers la terre.

¹¹Mes yeux se consument dans les larmes, mes entrailles bouillonnent, Ma bile se répand sur la terre, A cause du désastre de la fille de mon peuple, Des enfants et des nourrissons en défaillance dans les rues de la ville.

¹²Ils disaient à leurs mères: Où y a-t-il du blé et du vin? Et ils tombaient comme des blessés dans les rues de la ville, Ils rendaient l'âme sur le sein de leurs mères.

¹³Que dois-je te dire? à quoi te comparer, fille de Jérusalem? Qui trouver de semblable à toi, et quelle consolation te donner, Vierge, fille de Sion? Car ta plaie est grande comme la mer: qui pourra te guérir?

¹⁴Tes prophètes ont eu pour toi des visions vaines et fausses; Ils n'ont pas mis à nu ton iniquité, Afin de détourner de toi la captivité; Ils t'ont donné des oracles mensongers et trompeurs.

¹⁵Tous les passants battent des mains sur toi, Ils sifflent, ils secouent la tête contre la fille de Jérusalem: Est-ce là cette ville qu'on appelait une beauté parfaite, La joie de toute la terre?

¹⁶Tous tes ennemis ouvrent la bouche contre toi, Ils sifflent, ils grincent des dents, Ils disent: Nous l'avons engloutie! C'est bien le jour que nous attendions, nous l'avons atteint, nous le voyons!

¹⁷L'Éternel a exécuté ce qu'il avait résolu, Il a accompli la parole qu'il avait dès longtemps arrêtée, Il a détruit sans pitié; Il a fait de toi la joie de l'ennemi, Il a relevé la force de tes oppresseurs.

¹⁸Leur coeur crie vers le Seigneur... Mur de la fille de Sion, répands jour et nuit des torrents de larmes! Ne te donne aucun relâche, Et que ton oeil n'ait point de repos!

¹⁹Lève-toi, pousse des gémissements à l'entrée des veilles de la nuit! Répands ton coeur comme de l'eau, en présence du Seigneur! Lève tes mains vers lui pour la vie de tes enfants Qui meurent de faim aux coins de toutes les rues!

²⁰Vois, Éternel, regarde qui tu as ainsi traité! Fallait-il que des femmes dévorassent le fruit de leurs entrailles, Les petits enfants objets de leur tendresse? Que sacrificateurs et prophètes fussent massacrés dans le sanctuaire du Seigneur?

²¹Les enfants et les vieillards sont couchés par terre dans les rues; Mes vierges et mes jeunes hommes sont tombés par l'épée; Tu as tué, au jour de ta colère, Tu as égorgé sans pitié.

²²Tu as appelé de toutes parts sur moi l'épouvante, comme à un jour de fête. Au jour de la colère de l'Éternel, il n'y a eu ni réchappé ni survivant. Ceux que j'avais soignés et élevés, Mon ennemi les a consumés.

Chapitre 3

¹Je suis l'homme qui a vu la misère Sous la verge de sa fureur.
²Il m'a conduit, mené dans les ténèbres, Et non dans la lumière.
³Contre moi il tourne et retourne sa main Tout le jour.
⁴Il a fait dépérir ma chair et ma peau, Il a brisé mes os.
⁵Il a bâti autour de moi, Il m'a environné de poison et de douleur.
⁶Il me fait habiter dans les ténèbres, Comme ceux qui sont morts dès longtemps.
⁷Il m'a entouré d'un mur, pour que je ne sorte pas; Il m'a donné de pesantes chaînes.
⁸J'ai beau crier et implorer du secours, Il ne laisse pas accès à ma prière.
⁹Il a fermé mon chemin avec des pierres de taille, Il a détruit mes sentiers.
¹⁰Il a été pour moi un ours en embuscade, Un lion dans un lieu caché.
¹¹Il a détourné mes voies, il m'a déchiré, Il m'a jeté dans la désolation.
¹²Il a tendu son arc, et il m'a placé Comme un but pour sa flèche.
¹³Il a fait entrer dans mes reins Les traits de son carquois.
¹⁴Je suis pour tout mon peuple un objet de raillerie, Chaque jour l'objet de leurs chansons.
¹⁵Il m'a rassasié d'amertume, Il m'a enivré d'absinthe.
¹⁶Il a brisé mes dents avec des cailloux, Il m'a couvert de cendre.
¹⁷Tu m'as enlevé la paix; Je ne connais plus le bonheur.
¹⁸Et j'ai dit: Ma force est perdue, Je n'ai plus d'espérance en l'Éternel!
¹⁹Quand je pense à ma détresse et à ma misère, A l'absinthe et au poison;
²⁰Quand mon âme s'en souvient, Elle est abattue au dedans de moi.
²¹Voici ce que je veux repasser en mon coeur, Ce qui me donnera de l'espérance.
²²Les bontés de l'Éternel ne sont pas épuisés, Ses compassions ne sont pas à leur terme;
²³Elles se renouvellent chaque matin. Oh! que ta fidélité est grande!
²⁴L'Éternel est mon partage, dit mon âme; C'est pourquoi je veux espérer en lui.
²⁵L'Éternel a de la bonté pour qui espère en lui, Pour l'âme qui le cherche.
²⁶Il est bon d'attendre en silence Le secours de l'Éternel.
²⁷Il est bon pour l'homme De porter le joug dans sa jeunesse.
²⁸Il se tiendra solitaire et silencieux, Parce que l'Éternel le lui impose;
²⁹Il mettra sa bouche dans la poussière, Sans perdre toute espérance;
³⁰Il présentera la joue à celui qui le frappe, Il se rassasiera d'opprobres.
³¹Car le Seigneur Ne rejette pas à toujours.
³²Mais, lorsqu'il afflige, Il a compassion selon sa grande miséricorde;
³³Car ce n'est pas volontiers qu'il humilie Et qu'il afflige les enfants des hommes.
³⁴Quand on foule aux pieds Tous les captifs du pays,
³⁵Quand on viole la justice humaine A la face du Très Haut,
³⁶Quand on fait tort à autrui dans sa cause, Le Seigneur ne le voit-il pas?
³⁷Qui dira qu'une chose arrive, Sans que le Seigneur l'ait ordonnée?
³⁸N'est-ce pas de la volonté du Très Haut que viennent Les maux et les biens?
³⁹Pourquoi l'homme vivant se plaindrait-il? Que chacun se plaigne de ses propres péchés.
⁴⁰Recherchons nos voies et sondons, Et retournons à l'Éternel;
⁴¹Élevons nos coeurs et nos mains Vers Dieu qui est au ciel:
⁴²Nous avons péché, nous avons été rebelles! Tu n'as point pardonné.
⁴³Tu t'es caché dans ta colère, et tu nous as poursuivis; Tu as tué sans miséricorde;
⁴⁴Tu t'es enveloppé d'un nuage, Pour fermer accès à la prière.
⁴⁵Tu nous as rendus un objet de mépris et de dédain Au milieu des peuples.
⁴⁶Ils ouvrent la bouche contre nous, Tous ceux qui sont nos ennemis.
⁴⁷Notre partage a été la terreur et la fosse, Le ravage et la ruine.
⁴⁸Des torrents d'eau coulent de mes yeux, A cause de la ruine de la fille de mon peuple.
⁴⁹Mon oeil fond en larmes, sans repos, Sans relâche,
⁵⁰Jusqu'à ce que l'Éternel regarde et voie Du haut des cieux;
⁵¹Mon oeil me fait souffrir, A cause de toutes les filles de ma ville.
⁵²Ils m'ont donné la chasse comme à un oiseau, Ceux qui sont à tort mes ennemis.
⁵³Ils ont voulu anéantir ma vie dans une fosse, Et ils ont jeté des pierres sur moi.
⁵⁴Les eaux ont inondé ma tête; Je disais: Je suis perdu!
⁵⁵J'ai invoqué ton nom, ô Éternel, Du fond de la fosse.
⁵⁶Tu as entendu ma voix: Ne ferme pas l'oreille à mes soupirs, à mes cris!
⁵⁷Au jour où je t'ai invoqué, tu t'es approché, Tu as dit: Ne crains pas!
⁵⁸Seigneur, tu as défendu la cause de mon âme, Tu as racheté ma vie.
⁵⁹Éternel, tu as vu ce qu'on m'a fait souffrir: Rends-moi justice!
⁶⁰Tu as vu toutes leurs vengeances, Tous leurs complots contre moi.
⁶¹Éternel, tu as entendu leurs outrages, Tous leurs complots contre moi,
⁶²Les discours de mes adversaires, et les projets Qu'ils formaient chaque jour contre moi.
⁶³Regarde quand ils sont assis et quand ils se lèvent: Je suis l'objet de leurs chansons.
⁶⁴Tu leur donneras un salaire, ô Éternel, Selon l'oeuvre de leurs mains;
⁶⁵Tu les livreras à l'endurcissement de leur coeur, A ta malédiction contre eux;
⁶⁶Tu les poursuivras dans ta colère, et tu les extermineras De dessous les cieux, ô Éternel!

Chapitre 4

¹Eh quoi! l'or a perdu son éclat! L'or pur est altéré! Les pierres du sanctuaire sont dispersées Aux coins de toutes les rues!
²Les nobles fils de Sion, Estimés à l'égal de l'or pur, Sont regardés, hélas! comme des vases de terre, Ouvrage des mains du potier!
³Les chacals mêmes présentent la mamelle, Et allaitent leurs petits; Mais la fille de mon peuple est devenue cruelle Comme les autruches du désert.
⁴La langue du nourrisson s'attache à son palais, Desséchée par la soif; Les enfants demandent du pain, Et personne ne leur en donne.
⁵Ceux qui se nourrissaient de mets délicats Périssent dans les rues; Ceux qui étaient élevés dans la pourpre Embrassent les fumiers.
⁶Le châtiment de la fille de mon peuple est plus grand Que celui de Sodome, Détruite en un instant, Sans que personne ait porté la main sur elle.
⁷Ses princes étaient plus éclatants que la neige, Plus blancs que le lait; Ils avaient le teint plus vermeil que le corail; Leur figure était comme le saphir.
⁸Leur aspect est plus sombre que le noir; On ne les reconnaît pas dans les rues; Ils ont la peau collée sur les os, Sèche comme du bois.
⁹Ceux qui périssent par l'épée sont plus heureux Que ceux qui périssent par la faim, Qui tombent exténués, Privés du fruit des champs.
¹⁰Les femmes, malgré leur tendresse, Font cuire leurs enfants; Ils leur servent de nourriture, Au milieu du désastre de la fille de mon peuple.
¹¹L'Éternel a épuisé sa fureur, Il a répandu son ardente colère; Il a allumé dans Sion un feu Qui en dévore les fondements.
¹²Les rois de la terre n'auraient pas cru, Aucun des habitants du monde n'aurait cru Que l'adversaire, que l'ennemi entrerait Dans les portes de Jérusalem.
¹³Voilà le fruit des péchés de ses prophètes, Des iniquités de ses sacrificateurs, Qui ont répandu dans son sein Le sang des justes!
¹⁴Ils erraient en aveugles dans les rues, Souillés de sang; On ne pouvait Toucher leurs vêtements.
¹⁵Éloignez-vous, impurs! leur criait-on, Éloignez-vous, éloignez-vous, ne nous touchez pas! Ils sont en fuite, ils errent çà et là; On dit parmi les nations: Ils n'auront plus leur demeure.
¹⁶L'Éternel les a dispersés dans sa colère, Il ne tourne plus les regards vers eux; On n'a eu ni respect pour les sacrificateurs, Ni pitié pour les vieillards.
¹⁷Nos yeux se consumaient encore, Et nous attendions vainement du secours; Nos regards se portaient avec espérance Vers une nation qui ne nous a pas délivrés.
¹⁸On épiait nos pas, Pour nous empêcher d'aller sur nos places; Notre fin s'approchait, nos jours étaient accomplis... Notre fin est

Lamentations

arrivée!

¹⁹Nos persécuteurs étaient plus légers Que les aigles du ciel; Ils nous ont poursuivis sur les montagnes, Ils nous ont dressé des embûches dans le désert.

²⁰Celui qui nous faisait respirer, l'oint de l'Éternel, A été pris dans leurs fosses, Lui de qui nous disions: Nous vivrons sous son ombre parmi les nations.

²¹Réjouis-toi, tressaille d'allégresse, fille d'Édom, Habitante du pays d'Uts! Vers toi aussi passera la coupe; Tu t'enivreras, et tu seras mise à nu.

²²Fille de Sion, ton iniquité est expiée; Il ne t'enverra plus en captivité. Fille d'Édom, il châtiera ton iniquité, Il mettra tes péchés à découvert.

Chapitre 5

¹Souviens-toi, Éternel, de ce qui nous est arrivé! Regarde, vois notre opprobre!

²Notre héritage a passé à des étrangers, Nos maisons à des inconnus.

³Nous sommes orphelins, sans père; Nos mères sont comme des veuves.

⁴Nous buvons notre eau à prix d'argent, Nous payons notre bois.

⁵Nous sommes poursuivis, le joug sur le cou; Nous sommes épuisés, nous n'avons point de repos.

⁶Nous avons tendu la main vers l'Égypte, vers l'Assyrie, Pour nous rassasier de pain.

⁷Nos pères ont péché, ils ne sont plus, Et c'est nous qui portons la peine de leurs iniquités.

⁸Des esclaves dominent sur nous, Et personne ne nous délivre de leurs mains.

⁹Nous cherchons notre pain au péril de notre vie, Devant l'épée du désert.

¹⁰Notre peau est brûlante comme un four, Par l'ardeur de la faim.

¹¹Ils ont déshonoré les femmes dans Sion, Les vierges dans les villes de Juda.

¹²Des chefs ont été pendus par leurs mains; La personne des vieillards n'a pas été respectée.

¹³Les jeunes hommes ont porté la meule, Les enfants chancelaient sous des fardeaux de bois.

¹⁴Les vieillards ne vont plus à la porte, Les jeunes hommes ont cessé leurs chants.

¹⁵La joie a disparu de nos coeurs, Le deuil a remplacé nos danses.

¹⁶La couronne de notre tête est tombée! Malheur à nous, parce que nous avons péché!

¹⁷Si notre coeur est souffrant, Si nos yeux sont obscurcis,

¹⁸C'est que la montagne de Sion est ravagée, C'est que les renards s'y promènent.

¹⁹Toi, l'Éternel, tu règnes à jamais; Ton trône subsiste de génération en génération.

²⁰Pourquoi nous oublierais-tu pour toujours, Nous abandonnerais-tu pour de longues années?

²¹Fais-nous revenir vers toi, ô Éternel, et nous reviendrons! Donne-nous encore des jours comme ceux d'autrefois!

²²Nous aurais-tu entièrement rejetés, Et t'irriterais-tu contre nous jusqu'à l'excès!

Ezekiel

Chapitre 1

¹La trentième année, le cinquième jour du quatrième mois, comme j'étais parmi les captifs du fleuve du Kebar, les cieux s'ouvrirent, et j'eus des visions divines.

²Le cinquième jour du mois, c'était la cinquième année de la captivité du roi Jojakin, -

³la parole de l'Éternel fut adressée à Ézéchiel, fils de Buzi, le sacrificateur, dans le pays des Chaldéens, près du fleuve du Kebar; et c'est là que la main de l'Éternel fut sur lui.

⁴Je regardai, et voici, il vint du septentrion un vent impétueux, une grosse nuée, et une gerbe de feu, qui répandait de tous côtés une lumière éclatante, au centre de laquelle brillait comme de l'airain poli, sortant du milieu du feu.

⁵Au centre encore, apparaissaient quatre animaux, dont l'aspect avait une ressemblance humaine.

⁶Chacun d'eux avait quatre faces, et chacun avait quatre ailes.

⁷Leurs pieds étaient droits, et la plante de leurs pieds était comme celle du pied d'un veau, ils étincelaient comme de l'airain poli.

⁸Ils avaient des mains d'homme sous les ailes à leurs quatre côtés; et tous les quatre avaient leurs faces et leurs ailes.

⁹Leurs ailes étaient jointes l'une à l'autre; ils ne se tournaient point en marchant, mais chacun marchait droit devant soi.

¹⁰Quand à la figure de leurs faces, ils avaient tous une face d'homme, tous quatre une face de lion à droite, tous quatre une face de boeuf à gauche, et tous quatre une face d'aigle.

¹¹Leurs faces et leurs ailes étaient séparées par le haut; deux de leurs ailes étaient jointes l'une à l'autre, et deux couvraient leurs corps.

¹²Chacun marchait droit devant soi; ils allaient où l'esprit les poussait à aller, et ils ne se tournaient point dans leur marche.

¹³L'aspect de ces animaux ressemblait à des charbons de feu ardents, c'était comme l'aspect des flambeaux, et ce feu circulait entre les animaux; il jetait une lumière éclatante, et il en sortait des éclairs.

¹⁴Et les animaux couraient et revenaient comme la foudre.

¹⁵Je regardais ces animaux; et voici, il y avait une roue sur la terre, près des animaux, devant leurs quatre faces.

¹⁶A leur aspect et à leur structure, ces roues semblaient être en chrysolithe, et toutes les quatre avaient la même forme; leur aspect et leur structure étaient tels que chaque roue paraissait être au milieu d'une autre roue.

¹⁷En cheminant, elles allaient de leurs quatre côtés, et elles ne se tournaient point dans leur marche.

¹⁸Elles avaient une circonférence et une hauteur effrayantes, et à leur circonférence les quatre roues étaient remplies d'yeux tout autour.

¹⁹Quand les animaux marchaient, les roues cheminaient à côté d'eux; et quand les animaux s'élevaient de terre, les roues s'élevaient aussi.

²⁰Ils allaient où l'esprit les poussait à aller; et les roues s'élevaient avec eux, car l'esprit des animaux était dans les roues.

²¹Quand ils marchaient, elles marchaient; quand ils s'arrêtaient, elles s'arrêtaient; quand ils s'élevaient de terre, les roues s'élevaient avec eux, car l'esprit des animaux était dans les roues.

²²Au-dessus des têtes des animaux, il y avait comme un ciel de cristal resplendissant, qui s'étendait sur leurs têtes dans le haut.

²³Sous ce ciel, leurs ailes étaient droites l'une contre l'autre, et ils en avaient chacun deux qui les couvraient, chacun deux qui couvraient leurs corps.

²⁴J'entendis le bruit de leurs ailes, quand ils marchaient, pareil au bruit de grosses eaux, ou à la voix du Tout Puissant; c'était un bruit tumultueux, comme celui d'une armée; quand ils s'arrêtaient, ils laissaient tomber leurs ailes.

²⁵Et il se faisait un bruit qui partait du ciel étendu sur leurs têtes, lorsqu'ils s'arrêtaient et laissaient tomber leurs ailes.

²⁶Au-dessus du ciel qui était sur leurs têtes, il y avait quelque chose de semblable à une pierre de saphir, en forme de trône; et sur cette forme de trône apparaissait comme une figure d'homme placé dessus en haut.

²⁷Je vis encore comme de l'airain poli, comme du feu, au dedans duquel était cet homme, et qui rayonnait tout autour; depuis la forme de ses reins jusqu'en haut, et depuis la forme de ses reins jusqu'en bas, je vis comme du feu, et comme une lumière éclatante, dont il était environné.

²⁸Tel l'aspect de l'arc qui est dans la nue en un jour de pluie, ainsi était l'aspect de cette lumière éclatante, qui l'entourait: c'était une image de la gloire de l'Éternel. A cette vue, je tombai sur ma face, et j'entendis la voix de quelqu'un qui parlait.

Chapitre 2

¹Il me dit: Fils de l'homme, tiens-toi sur tes pieds, et je te parlerai.

²Dès qu'il m'eut adressé ces mots, l'esprit entra en moi et me fit tenir sur mes pieds; et j'entendis celui qui me parlait.

³Il me dit: Fils de l'homme, je t'envoie vers les enfants d'Israël, vers ces peuples rebelles, qui se sont révoltés contre moi; eux et leurs pères ont péché contre moi, jusqu'au jour même où nous sommes.

⁴Ce sont des enfants à la face impudente et au coeur endurci; je t'envoie vers eux, et tu leur diras: Ainsi parle le Seigneur, l'Éternel.

⁵Qu'ils écoutent, ou qu'ils n'écoutent pas, -car c'est une famille de rebelles, -ils sauront qu'un prophète est au milieu d'eux.

⁶Et toi, fils de l'homme, ne les crains pas et ne crains pas leurs discours, quoique tu aies auprès de toi des ronces et des épines, et que tu habites avec des scorpions; ne crains pas leurs discours et ne t'effraie pas de leurs visages, quoiqu'ils soient une famille de rebelles.

⁷Tu leur diras mes paroles, qu'ils écoutent ou qu'ils n'écoutent pas, car ce sont des rebelles.

⁸Et toi, fils de l'homme, écoute ce que je vais te dire! Ne sois pas rebelle, comme cette famille de rebelles! Ouvre ta bouche, et mange ce que je te donnerai!

⁹Je regardai, et voici, une main était étendue vers moi, et elle tenait un livre en rouleau.

¹⁰Il le déploya devant moi, et il était écrit en dedans et en dehors; des lamentations, des plaintes et des gémissements y étaient écrits.

Chapitre 3

¹Il me dit: Fils de l'homme, mange ce que tu trouves, mange ce rouleau, et va, parle à la maison d'Israël!

²J'ouvris la bouche, et il me fit manger ce rouleau.

³Il me dit: Fils de l'homme, nourris ton ventre et remplis tes entrailles de ce rouleau que je te donne! Je le mangeai, et il fut dans ma bouche doux comme du miel.

⁴Il me dit: Fils de l'homme, va vers la maison d'Israël, et dis-leur mes paroles!

⁵Car ce n'est point vers un peuple ayant un langage obscur, une langue inintelligible, que tu es envoyé; c'est à la maison d'Israël.

⁶Ce n'est point vers de nombreux peuples ayant un langage obscur, une langue inintelligible, dont tu ne comprends pas les discours. Si je t'envoyais vers eux, ils t'écouteraient.

⁷Mais la maison d'Israël ne voudra pas t'écouter, parce qu'elle ne veut pas m'écouter; car toute la maison d'Israël a le front dur et le coeur endurci.

⁸Voici, j'endurcirai ta face, pour que tu l'opposes à leur face; j'endurcirai ton front, pour que tu l'opposes à leur front.

⁹Je rendrai ton front comme un diamant, plus dur que le roc. Ne les crains pas, quoiqu'ils soient une famille de rebelles.

¹⁰Il me dit: Fils de l'homme, reçois dans ton coeur et écoute de tes oreilles toutes les paroles que je te dirai!

¹¹Va vers les captifs, vers les enfants de ton peuple; tu leur parleras, et, qu'ils écoutent ou qu'ils n'écoutent pas, tu leur diras: Ainsi parle le Seigneur, l'Éternel.

¹²Et l'esprit m'enleva, et j'entendis derrière moi le bruit d'un grand tumulte: Bénie soit la gloire de l'Éternel, du lieu de sa demeure!

¹³J'entendis le bruit des ailes des animaux, frappant l'une contre l'autre, le bruit des roues auprès d'eux, et le bruit d'un grand tumulte.

¹⁴L'esprit m'enleva et m'emporta. J'allais, irrité et furieux, et la main de l'Éternel agissait sur moi avec puissance.

¹⁵J'arrivai à Thel Abib, vers les exilés qui demeuraient près du fleuve du Kebar, et dans le lieu où ils se trouvaient; là je restai sept jours, stupéfait au milieu d'eux.

¹⁶Au bout de sept jours, la parole de l'Éternel me fut adressée, en ces mots:

¹⁷Fils de l'homme, je t'établis comme sentinelle sur la maison d'Israël. Tu écouteras la parole qui sortira de ma bouche, et tu les avertiras de ma part.

¹⁸Quand je dirai au méchant: Tu mourras! si tu ne l'avertis pas, si tu ne parles pas pour détourner le méchant de sa mauvaise voie et pour lui sauver la vie, ce méchant mourra dans son iniquité, et je te redemanderai son sang.

¹⁹Mais si tu avertis le méchant, et qu'il ne se détourne pas de sa méchanceté et de sa mauvaise voie, il mourra dans son iniquité, et toi, tu sauveras ton âme.

²⁰Si un juste se détourne de sa justice et fait ce qui est mal; je mettrai un piège devant lui, et il mourra; parce que tu ne l'as pas averti, il mourra dans son péché, on ne parlera plus de la justice qu'il a pratiquée, et je te redemanderai son sang.

²¹Mais si tu avertis le juste de ne pas pécher, et qu'il ne pèche pas, il vivra, parce qu'il s'est laissé avertir, et toi, tu sauveras ton âme.

²²Là encore la main de l'Éternel fut sur moi, et il me dit: Lève-toi, va dans la vallée, et là je te parlerai.

²³Je me levai, et j'allai dans la vallée; et voici, la gloire de l'Éternel y apparut, telle que je l'avais vue près du fleuve du Kebar. Alors je tombai sur ma face.

²⁴L'esprit entra en moi, et me fit tenir sur mes pieds. Et l'Éternel me parla et me dit: Va t'enfermer dans ta maison.

²⁵Fils de l'homme, voici, on mettra sur toi des cordes, avec lesquelles on te liera, afin que tu n'ailles pas au milieu d'eux.

²⁶J'attacherai ta langue à ton palais, pour que tu sois muet et que tu ne puisses pas les reprendre, car c'est une famille de rebelles.

²⁷Mais quand je te parlerai, j'ouvrirai ta bouche, pour que tu leur dises: Ainsi parle le Seigneur, l'Éternel. Que celui qui voudra écouter écoute, et que celui qui ne voudra pas n'écoute pas, car c'est une famille de rebelles.

Chapitre 4

¹Et toi, fils de l'homme, prends une brique, place-la devant toi, et tu y traceras une ville, Jérusalem.

²Représente-la en état de siège, forme des retranchements, élève contre elle des terrasses, environne-la d'un camp, dresse contre elle des béliers tout autour.

³Prends une poêle de fer, et mets-la comme un mur de fer entre toi et la ville; dirige ta face contre elle, et elle sera assiégée, et tu l'assiégeras. Que ce soit là un signe pour la maison d'Israël!

⁴Puis couche-toi sur le côté gauche, mets-y l'iniquité de la maison d'Israël, et tu porteras leur iniquité autant de jours que tu seras couché sur ce côté.

⁵Je te compterai un nombre de jours égal à celui des années de leur iniquité, trois cent quatre-vingt-dix jours; tu porteras ainsi l'iniquité de la maison d'Israël.

⁶Quand tu auras achevé ces jours, couche-toi sur le côté droit, et tu porteras l'iniquité de la maison de Juda pendant quarante jours; je t'impose un jour pour chaque année.

⁷Tu tourneras ta face et ton bras nu vers Jérusalem assiégée, et tu prophétiseras contre elle.

⁸Et voici, je mettrai des cordes sur toi, afin que tu ne puisses pas te tourner d'un côté sur l'autre, jusqu'à ce que tu aies accompli les jours de ton siège.

⁹Prends du froment, de l'orge, des fèves, des lentilles, du millet et de l'épeautre, mets-les dans un vase, et fais-en du pain autant de jours que tu seras couché sur le côté; tu en mangeras pendant trois cent quatre-vingt-dix jours.

¹⁰La nourriture que tu mangeras sera du poids de vingt sicles par jour; tu en mangeras de temps à autre.

¹¹L'eau que tu boiras aura la mesure d'un sixième de hin; tu boiras de temps à autre.

¹²Tu mangeras des gâteaux d'orge, que tu feras cuire en leur présence avec des excréments humains.

¹³Et l'Éternel dit: C'est ainsi que les enfants d'Israël mangeront leur pain souillé, parmi les nations vers lesquelles je les chasserai.

¹⁴Je dis: Ah! Seigneur Éternel, voici, mon âme n'a point été souillée; depuis ma jeunesse jusqu'à présent, je n'ai pas mangé d'une bête morte ou déchirée, et aucune chair impure n'est entrée dans ma bouche.

¹⁵Il me répondit: Voici, je te donne des excréments de boeuf au lieu d'excréments humains, et tu feras ton pain dessus.

¹⁶Il me dit encore: Fils de l'homme, je vais briser le bâton du pain à Jérusalem; ils mangeront du pain au poids et avec angoisse, et ils boiront de l'eau à la mesure et avec épouvante.

¹⁷Ils manqueront de pain et d'eau, ils seront stupéfaits les uns et les autres, et frappés de langueur pour leur iniquité.

Chapitre 5

¹Et toi, fils de l'homme, prends un instrument tranchant, un rasoir de barbier; prends-le, et passe-le sur ta tête et sur ta barbe. Prends ensuite une balance à peser, et partage les cheveux.

²Brûles-en un tiers dans le feu, au milieu de la ville, lorsque les jours du siège seront accomplis; prends-en un tiers, et frappe-le avec le rasoir tout autour de la ville; disperse-en un tiers au vent, et je tirerai l'épée derrière eux.

³Tu en prendras une petite quantité, que tu serreras dans les bords de ton vêtement.

⁴Et de ceux-là tu en prendras encore quelques-uns, que tu jetteras au feu et que tu brûleras dans le feu. De là sortira un feu contre toute la maison d'Israël.

⁵Ainsi parle le Seigneur, l'Éternel: C'est là cette Jérusalem que j'avais placée au milieu des nations et des pays d'alentour.

⁶Elle a violé mes lois et mes ordonnances, et s'est rendue plus coupable que les nations et les pays d'alentour; car elle a méprisé mes lois, elle n'a pas suivi mes ordonnances.

⁷C'est pourquoi ainsi parle le Seigneur, l'Éternel: Parce que vous avez été plus rebelles que les nations qui vous entourent, parce que vous n'avez pas suivi mes ordonnances et pratiqué mes lois, et que vous n'avez pas agi selon les lois des nations qui vous entourent; -

⁸à cause de cela, ainsi parle le Seigneur, l'Éternel: Voici, j'en veux à toi, et j'exécuterai au milieu de toi mes jugements sous les yeux des nations.

⁹A cause de toutes tes abominations, je te ferai ce que je n'ai point encore fait, ce que je ne ferai jamais.

¹⁰C'est pourquoi des pères mangeront leurs enfants au milieu de toi, et des enfants mangeront leurs pères; j'exercerai mes jugements contre toi, et je disperserai à tous les vents tout ce qui restera de toi.

¹¹C'est pourquoi, je suis vivant! dit le Seigneur, l'Éternel, parce que tu as souillé mon sanctuaire par toutes tes idoles et toutes tes abominations, moi aussi je retirerai mon oeil, et mon oeil sera sans pitié, moi aussi je n'aurai point de miséricorde.

¹²Un tiers de tes habitants mourra de la peste et sera consumé par la famine au milieu de toi; un tiers tombera par l'épée autour de toi; et j'en disperserai un tiers à tous les vents, et je tirerai l'épée derrière eux.

¹³J'assouvirai ainsi ma colère, je ferai reposer ma fureur sur eux, je me donnerai satisfaction; et ils sauront que moi, l'Éternel, j'ai parlé dans ma colère, en répandant sur eux ma fureur.

¹⁴Je ferai de toi un désert, un sujet d'opprobre parmi les nations qui t'entourent, aux yeux de tous les passants.

¹⁵Tu seras un sujet d'opprobre et de honte, un exemple et un objet d'effroi pour les nations qui t'entourent, quand j'exécuterai contre toi mes jugements, avec colère, avec fureur, et par des châtiments rigoureux, -c'est moi, l'Éternel, qui parle, -

¹⁶quand je lancerai sur eux les flèches pernicieuses de la famine, qui donnent la mort, et que j'enverrai pour vous détruire; car j'ajouterai la famine à vos maux, je briserai pour vous le bâton du pain.

¹⁷J'enverrai contre vous la famine et les bêtes féroces, qui te priveront d'enfants; la peste et le sang passeront au milieu de toi; je ferai venir l'épée sur toi. C'est moi, l'Éternel, qui parle.

Chapitre 6

¹La parole de l'Éternel me fut adressée, en ces mots:

²Fils de l'homme, tourne ta face vers les montagnes d'Israël, Et prophétise contre elles!

³Tu diras: Montagnes d'Israël, Écoutez la parole du Seigneur, de l'Éternel! Ainsi parle le Seigneur, l'Éternel, Aux montagnes et aux collines, aux ravins et aux vallées: Voici, je fais venir l'épée contre vous, Et je détruirai vos hauts lieux.

⁴Vos autels seront dévastés, Vos statues du soleil seront brisées, Et je ferai tomber vos morts devant vos idoles.

⁵Je mettrai les cadavres des enfants d'Israël devant leurs idoles, Et je disperserai vos ossements autour de vos autels.

⁶Partout où vous habitez, vos villes seront ruinées, Et vos hauts lieux dévastés; Vos autels seront délaissés et abandonnés, Vos idoles seront brisées et disparaîtront, Vos statues du soleil seront abattues, Et vos ouvrages anéantis.

⁷Les morts tomberont au milieu de vous, Et vous saurez que je suis l'Éternel.

⁸Mais je laisserai quelques restes d'entre vous, Qui échapperont à l'épée parmi les nations, Lorsque vous serez dispersés en divers pays.

⁹Vos réchappés se souviendront de moi Parmi les nations où ils seront captifs, Parce que j'aurai brisé leur coeur adultère et infidèle, Et leurs yeux qui se sont prostitués après leurs idoles; Ils se prendront eux-mêmes en dégoût, A cause des infamies qu'ils ont commises, A cause de toutes leurs abominations.

¹⁰Et ils sauront que je suis l'Éternel, Et que ce n'est pas en vain que je les ai menacés De leur envoyer tous ces maux.

¹¹Ainsi parle le Seigneur, l'Éternel: Frappe de la main, frappe du pied, et dis: Hélas! Sur toutes les méchantes abominations de la maison d'Israël, Qui tombera par l'épée, par la famine et par la peste.

¹²Celui qui sera loin mourra de la peste, Celui qui sera près tombera par l'épée, Celui qui restera et sera assiégé périra par la famine.

J'assouvirai ainsi ma fureur sur eux.

¹³Et vous saurez que je suis l'Éternel, Quand leurs morts seront au milieu de leurs idoles, Autour de leurs autels, Sur toute colline élevée, sur tous les sommets des montagnes, Sous tout arbre vert, sous tout chêne touffu, Là où ils offraient des parfums d'une agréable odeur A toutes leurs idoles.

¹⁴J'étendrai ma main contre eux, Et je rendrai le pays plus solitaire et plus désolé Que le désert de Dibla, Partout où ils habitent. Et ils sauront que je suis l'Éternel.

Chapitre 7

¹La parole de l'Éternel me fut adressée, en ces mots:

²Et toi, fils de l'homme, ainsi parle le Seigneur, l'Éternel, Sur le pays d'Israël: Voici la fin! La fin vient sur les quatre extrémités du pays!

³Maintenant la fin vient sur toi; J'enverrai ma colère contre toi, Je te jugerai selon tes voies, Je te chargerai de toutes tes abominations.

⁴Mon oeil sera pour toi sans pitié, Et je n'aurai point de miséricorde; Mais je te chargerai de tes voies, Et tes abominations seront au milieu de toi; Et vous saurez que je suis l'Éternel.

⁵Ainsi parle le Seigneur, l'Éternel: Un malheur, un malheur unique! voici, il vient!

⁶La fin vient, la fin vient, elle se réveille contre toi! Voici, elle vient!

⁷Ton tour arrive, habitant du pays! Le temps vient, le jour approche, jour de trouble, Et plus de cris de joie dans les montagnes!

⁸Maintenant je vais bientôt répandre ma fureur sur toi, Assouvir sur toi ma colère; Je te jugerai selon tes voies, Je te chargerai de toutes tes abominations.

⁹Mon oeil sera sans pitié, Et je n'aurai point de miséricorde; Je te chargerai de tes voies, Et tes abominations seront au milieu de toi. Et vous saurez que je suis l'Éternel, celui qui frappe.

¹⁰Voici le jour! voici, il vient! Le tour arrive! La verge fleurit! L'orgueil s'épanouit!

¹¹La violence s'élève, pour servir de verge à la méchanceté: Plus rien d'eux, de leur foule bruyante, de leur multitude! On ne se lamente pas sur eux!

¹²Le temps vient, le jour approche! Que l'acheteur ne se réjouisse pas, Que le vendeur ne s'afflige pas! Car la colère éclate contre toute leur multitude.

¹³Non, le vendeur ne recouvrera pas ce qu'il a vendu, Fût-il encore parmi les vivants; Car la prophétie contre toute leur multitude ne sera pas révoquée, Et à cause de son iniquité nul ne conservera sa vie.

¹⁴On sonne de la trompette, tout est prêt, Mais personne ne marche au combat; Car ma fureur éclate contre toute leur multitude.

¹⁵L'épée au dehors, la peste et la famine au dedans! Celui qui est aux champs mourra par l'épée, Celui qui est dans la ville sera dévoré par la famine et par la peste.

¹⁶Leurs fuyards s'échappent, Ils sont sur les montagnes, comme les colombes des vallées, Tous gémissant, Chacun sur son iniquité.

¹⁷Toutes les mains sont affaiblies, Tous les genoux se fondent en eau.

¹⁸Ils se ceignent de sacs, Et la terreur les enveloppe; Tous les visages sont confus, Toutes les têtes sont rasées.

¹⁹Ils jetteront leur argent dans les rues, Et leur or sera pour eux un objet d'horreur; Leur argent et leur or ne pourront les sauver, Au jour de la fureur de l'Éternel; Ils ne pourront ni rassasier leur âme, Ni remplir leurs entrailles; Car c'est ce qui les a fait tomber dans leur iniquité.

²⁰Ils étaient fiers de leur magnifique parure, Et ils en ont fabriqué les images de leurs abominations, de leurs idoles. C'est pourquoi je la rendrai pour eux un objet d'horreur;

²¹Je la donnerai en pillage aux mains des étrangers, Et comme butin aux impies de la terre, Afin qu'ils la profanent.

²²Je détournerai d'eux ma face, Et l'on souillera mon sanctuaire; Des furieux y pénétreront, et le profaneront.

²³Prépare les chaînes! Car le pays est rempli de meurtres, La ville est pleine de violence.

²⁴Je ferai venir les plus méchants des peuples, Pour qu'ils s'emparent de leurs maisons; Je mettrai fin à l'orgueil des puissants, Et leurs sanctuaires seront profanés.

²⁵La ruine vient! Ils cherchent le salut, et point de salut!

²⁶Il arrive malheur sur malheur, Un bruit succède à un bruit; Ils demandent des visions aux prophètes; Les sacrificateurs ne connaissent plus la loi, Les anciens n'ont plus de conseils.

²⁷Le roi se désole, le prince s'épouvante, Les mains du peuple du pays sont tremblantes. Je les traiterai selon leurs voies, Je les jugerai comme ils le méritent, Et ils sauront que je suis l'Éternel.

Chapitre 8

¹La sixième année, le cinquième jour du sixième mois, comme j'étais assis dans ma maison, et que les anciens de Juda étaient assis devant moi, la main du Seigneur, de l'Éternel, tomba sur moi.

²Je regardai, et voici, c'était une figure ayant l'aspect d'un homme; depuis ses reins en bas, c'était du feu, et depuis ses reins en haut, c'était quelque chose d'éclatant, comme de l'airain poli.

³Il étendit une forme de main, et me saisit par les cheveux de la tête. L'esprit m'enleva entre la terre et le ciel, et me transporta, dans des visions divines, à Jérusalem, à l'entrée de la porte intérieure, du côté du septentrion, où était l'idole de la jalousie, qui excite la jalousie de l'Éternel.

⁴Et voici, la gloire du Dieu d'Israël était là, telle que je l'avais vue en vision dans la vallée.

⁵Il me dit: Fils de l'homme, lève les yeux du côté du septentrion! Je levai les yeux du côté du septentrion; et voici, cette idole de la jalousie était au septentrion de la porte de l'autel, à l'entrée.

⁶Et il me dit: Fils de l'homme, vois-tu ce qu'ils font, les grandes abominations que commet ici la maison d'Israël, pour que je m'éloigne de mon sanctuaire? Mais tu verras encore d'autres grandes abominations.

⁷Alors il me conduisit à l'entrée du parvis. Je regardai, et voici, il y avait un trou dans le mur.

⁸Et il me dit: Fils de l'homme, perce la muraille! Je perçai la muraille, et voici, il y avait une porte.

⁹Et il me dit: Entre, et vois les méchantes abominations qu'ils commettent ici!

¹⁰J'entrai, et je regardai; et voici, il y avait toutes sortes de figures de reptiles et de bêtes abominables, et toutes les idoles de la maison d'Israël, peintes sur la muraille tout autour.

¹¹Soixante-dix hommes des anciens de la maison d'Israël, au milieu desquels était Jaazania, fils de Schaphan, se tenaient devant ces idoles, chacun l'encensoir à la main, et il s'élevait une épaisse nuée d'encens.

¹²Et il me dit: Fils de l'homme, vois-tu ce que font dans les ténèbres les anciens de la maison d'Israël, chacun dans sa chambre pleine de figures? Car ils disent: L'Éternel ne nous voit pas, l'Éternel a abandonné le pays.

¹³Et il me dit: Tu verras encore d'autres grandes abominations qu'ils commettent.

¹⁴Et il me conduisit à l'entrée de la porte de la maison de l'Éternel, du côté du septentrion. Et voici, il y avait là des femmes assises, qui pleuraient Thammuz.

¹⁵Et il me dit: Vois-tu, fils de l'homme? Tu verras encore d'autres abominations plus grandes que celles-là.

¹⁶Et il me conduisit dans le parvis intérieur de la maison de l'Éternel. Et voici, à l'entrée du temple de l'Éternel, entre le portique et l'autel, il y avait environ vingt-cinq hommes, tournant le dos au temple de l'Éternel et le visage vers l'orient; et ils se prosternaient à l'orient devant le soleil.

¹⁷Et il me dit: Vois-tu, fils de l'homme? Est-ce trop peu pour la maison de Juda de commettre les abominations qu'ils commettent ici? Faut-il encore qu'ils remplissent le pays de violence, et qu'ils ne cessent de m'irriter? Voici, ils approchent le rameau de leur nez.

¹⁸Moi aussi, j'agirai avec fureur; mon oeil sera sans pitié, et je n'aurai point de miséricorde; quand ils crieront à haute voix à mes oreilles, je ne les écouterai pas.

Chapitre 9

¹Puis il cria d'une voix forte à mes oreilles: Approchez, vous qui devez châtier la ville, chacun son instrument de destruction à la main!

²Et voici, six hommes arrivèrent par le chemin de la porte supérieure du côté du septentrion, chacun son instrument de destruction à la main. Il y avait au milieu d'eux un homme vêtu de lin, et portant une écritoire à la ceinture. Ils vinrent se placer près de l'autel d'airain.

³La gloire du Dieu d'Israël s'éleva du chérubin sur lequel elle était, et se dirigea vers le seuil de la maison; et il appela l'homme vêtu de lin, et portant une écritoire à la ceinture.

⁴L'Éternel lui dit: Passe au milieu de la ville, au milieu de Jérusalem, et fais une marque sur le front des hommes qui soupirent et qui gémissent à cause de toutes les abominations qui s'y commettent.

⁵Et, à mes oreilles, il dit aux autres: Passez après lui dans la ville, et frappez; que votre oeil soit sans pitié, et n'ayez point de miséricorde!

⁶Tuez, détruisez les vieillards, les jeunes hommes, les vierges, les enfants et les femmes; mais n'approchez pas de quiconque aura sur lui la marque; et commencez par mon sanctuaire! Ils commencèrent par les anciens qui étaient devant la maison.

Ezekiel

⁷Il leur dit: Souillez la maison, et remplissez de morts les parvis!... Sortez!... Ils sortirent, et ils frappèrent dans la ville.

⁸Comme ils frappaient, et que je restais encore, je tombai sur ma face, et je m'écriai: Ah! Seigneur Éternel, détruiras-tu tout ce qui reste d'Israël, en répandant ta fureur sur Jérusalem?

⁹Il me répondit: L'iniquité de la maison d'Israël et de Juda est grande, excessive; le pays est rempli de meurtres, la ville est pleine d'injustice, car ils disent: L'Éternel a abandonné le pays, l'Éternel ne voit rien.

¹⁰Moi aussi, je serai sans pitié, et je n'aurai point de miséricorde; je ferai retomber leurs oeuvres sur leur tête.

¹¹Et voici, l'homme vêtu de lin, et portant une écritoire à la ceinture, rendit cette réponse: J'ai fait ce que tu m'as ordonné.

Chapitre 10

¹Je regardai, et voici, sur le ciel qui était au-dessus de la tête des chérubins, il y avait comme une pierre de saphir; on voyait au-dessus d'eux quelque chose de semblable à une forme de trône.

²Et l'Éternel dit à l'homme vêtu de lin: Va entre les roues sous les chérubins, remplis tes mains de charbons ardents que tu prendras entre les chérubins, et répands-les sur la ville! Et il y alla devant mes yeux.

³Les chérubins étaient à la droite de la maison, quand l'homme alla, et la nuée remplit le parvis intérieur.

⁴La gloire de l'Éternel s'éleva de dessus les chérubins, et se dirigea vers le seuil de la maison; la maison fut remplie de la nuée, et le parvis fut rempli de la splendeur de la gloire de l'Éternel.

⁵Le bruit des ailes des chérubins se fit entendre jusqu'au parvis extérieur, pareil à la voix du Dieu tout puissant lorsqu'il parle.

⁶Ainsi l'Éternel donna cet ordre à l'homme vêtu de lin: Prends du feu entre les roues, entre les chérubins! Et cet homme alla se placer près des roues.

⁷Alors un chérubin étendit la main entre les chérubins vers le feu qui était entre les chérubins; il en prit, et le mit dans les mains de l'homme vêtu de lin. Et cet homme le prit, et sortit.

⁸On voyait aux chérubins une forme de main d'homme sous leurs ailes.

⁹Je regardai, et voici, il y avait quatre roues près des chérubins, une roue près de chaque chérubin; et ces roues avaient l'aspect d'une pierre de chrysolithe.

¹⁰A leur aspect, toutes les quatre avaient la même forme; chaque roue paraissait être au milieu d'une autre roue.

¹¹En cheminant, elles allaient de leurs quatre côtés, et elles ne se tournaient point dans leur marche; mais elles allaient dans la direction de la tête, sans se tourner dans leur marche.

¹²Tout le corps des chérubins, leur dos, leurs mains, et leurs ailes, étaient remplis d'yeux, aussi bien que les roues tout autour, les quatre roues.

¹³J'entendis qu'on appelait les roues tourbillon.

¹⁴Chacun avait quatre faces; la face du premier était une face de chérubin, la face du second une face d'homme, celle du troisième une face de lion, et celle du quatrième une face d'aigle.

¹⁵Et les chérubins s'élevèrent. C'étaient les animaux que j'avais vus près du fleuve du Kebar.

¹⁶Quand les chérubins marchaient, les roues cheminaient à côté d'eux; et quand les chérubins déployaient leurs ailes pour s'élever de terre, les roues aussi ne se détournaient point d'eux.

¹⁷Quand ils s'arrêtaient, elles s'arrêtaient, et quand ils s'élevaient, elles s'élevaient avec eux, car l'esprit des animaux était en elles.

¹⁸La gloire de l'Éternel se retira du seuil de la maison, et se plaça sur les chérubins.

¹⁹Les chérubins déployèrent leurs ailes, et s'élevèrent de terre sous mes yeux quand ils partirent, accompagnés des roues. Ils s'arrêtèrent à l'entrée de la porte de la maison de l'Éternel vers l'orient; et la gloire du Dieu d'Israël était sur eux, en haut.

²⁰C'étaient les animaux que j'avais vus sous le Dieu d'Israël près du fleuve du Kebar, et je reconnus que c'étaient des chérubins.

²¹Chacun avait quatre faces, chacun avait quatre ailes, et une forme de main d'homme était sous leurs ailes.

²²Leurs faces étaient semblables à celles que j'avais vues près du fleuve du Kebar; c'était le même aspect, c'était eux-mêmes. Chacun marchait droit devant soi.

Chapitre 11

¹L'esprit m'enleva, et me transporta à la porte orientale de la maison de l'Éternel, à celle qui regarde l'orient. Et voici, à l'entrée de la porte, il y avait vingt-cinq hommes; et je vis au milieu d'eux Jaazania, fils d'Azzur, et Pelathia, fils de Benaja, chefs du peuple.

²Et l'Éternel me dit: Fils de l'homme, ce sont les hommes qui méditent l'iniquité, et qui donnent de mauvais conseils dans cette ville.

³Ils disent: Ce n'est pas le moment! Bâtissons des maisons! La ville est la chaudière, et nous sommes la viande.

⁴C'est pourquoi prophétise contre eux, prophétise, fils de l'homme!

⁵Alors l'esprit de l'Éternel tomba sur moi. Et il me dit: Dis: Ainsi parle l'Éternel: Vous parlez de la sorte, maison d'Israël! Et ce qui vous monte à la pensée, je le sais.

⁶Vous avez multiplié les meurtres dans cette ville, Vous avez rempli les rues de cadavres.

⁷C'est pourquoi ainsi parle le Seigneur, l'Éternel: Vos morts que vous avez étendus au milieu d'elle, C'est la viande, et elle, c'est la chaudière; Mais vous, on vous en fera sortir.

⁸Vous avez peur de l'épée, Et je ferai venir sur vous l'épée, Dit le Seigneur, l'Éternel.

⁹Je vous ferai sortir du milieu d'elle, Je vous livrerai entre les mains des étrangers, Et j'exercerai contre vous mes jugements.

¹⁰Vous tomberez par l'épée, Je vous jugerai sur la frontière d'Israël, Et vous saurez que je suis l'Éternel.

¹¹La ville ne sera pas pour vous une chaudière, Et vous ne serez pas la viande au milieu d'elle: C'est sur la frontière d'Israël que je vous jugerai.

¹²Et vous saurez que je suis l'Éternel, Dont vous n'avez pas suivi les ordonnances Et pratiqué les lois; Mais vous avez agi selon les lois des nations qui vous entourent.

¹³Comme je prophétisais, Pelathia, fils de Benaja, mourut. Je tombai sur ma face, et je m'écriai à haute voix: Ah! Seigneur Éternel, anéantiras-tu ce qui reste d'Israël?

¹⁴Et la parole de l'Éternel me fut adressée, en ces mots:

¹⁵Fils de l'homme, ce sont tes frères, tes frères, Ceux de ta parenté, et la maison d'Israël tout entière, A qui les habitants de Jérusalem disent: Restez loin de l'Éternel, Le pays nous a été donné en propriété.

¹⁶C'est pourquoi tu diras: Ainsi parle le Seigneur, l'Éternel: Si je les tiens éloignés parmi les nations, Si je les ai dispersés en divers pays, Je serai pour eux quelque temps un asile Dans les pays où ils sont venus.

¹⁷C'est pourquoi tu diras: Ainsi parle le Seigneur, l'Éternel: Je vous rassemblerai du milieu des peuples, Je vous recueillerai des pays où vous êtes dispersés, Et je vous donnerai la terre d'Israël.

¹⁸C'est là qu'ils iront, Et ils en ôteront toutes les idoles et toutes les abominations.

¹⁹Je leur donnerai un même coeur, Et je mettrai en vous un esprit nouveau; J'ôterai de leur corps le coeur de pierre, Et je leur donnerai un coeur de chair,

²⁰Afin qu'ils suivent mes ordonnances, Et qu'ils observent et pratiquent mes lois; Et ils seront mon peuple, et je serai leur Dieu.

²¹Mais pour ceux dont le coeur se plaît à leurs idoles et à leurs abominations, Je ferai retomber leurs oeuvres sur leur tête, Dit le Seigneur, l'Éternel.

²²Les chérubins déployèrent leurs ailes, accompagnés des roues; et la gloire du Dieu d'Israël était sur eux, en haut.

²³La gloire de l'Éternel s'éleva du milieu de la ville, et elle se plaça sur la montagne qui est à l'orient de la ville.

²⁴L'esprit m'enleva, et me transporta en Chaldée auprès des captifs, en vision par l'esprit de Dieu; et la vision que j'avais eue disparut au-dessus de moi.

²⁵Je dis aux captifs toutes les paroles de l'Éternel, qu'il m'avait révélées.

Chapitre 12

¹La parole de l'Éternel me fut adressée, en ces mots:

²Fils de l'homme, tu habites au milieu d'une famille de rebelles, qui ont des yeux pour voir et qui ne voient point, des oreilles pour entendre et qui n'entendent point; car c'est une famille de rebelles.

³Et toi, fils de l'homme, prépare tes effets de voyage, et pars de jour, sous leurs yeux! Pars, en leur présence, du lieu où tu es pour un autre lieu: peut-être verront-ils qu'ils sont une famille de rebelles.

⁴Sors tes effets comme des effets de voyage, de jour sous leurs yeux; et toi, pars le soir, en leur présence, comme partent des exilés.

⁵Sous leurs yeux, tu perceras la muraille, et tu sortiras tes effets par là.

⁶Sous leurs yeux, tu les mettras sur ton épaule, tu les sortiras

pendant l'obscurité, tu te couvriras le visage, et tu ne regarderas pas la terre; car je veux que tu sois un signe pour la maison d'Israël.

⁷Je fis ce qui m'avait été ordonné: je sortis de jour mes effets comme des effets de voyage, le soir je perçai la muraille avec la main, et je les sortis pendant l'obscurité et les mis sur mon épaule, en leur présence.

⁸Le matin, la parole de l'Éternel me fut adressée, en ces mots:

⁹Fils de l'homme, la maison d'Israël, cette famille de rebelles ne t'a-t-elle pas dit: Que fais-tu?

¹⁰Dis-leur: Ainsi parle le Seigneur, l'Éternel: Cet oracle concerne le prince qui est à Jérusalem, et toute la maison d'Israël qui s'y trouve.

¹¹Dis: Je suis pour vous un signe. Ce que j'ai fait, c'est ce qui leur sera fait: Ils iront en exil, en captivité.

¹²Le prince qui est au milieu d'eux Mettra son bagage sur l'épaule pendant l'obscurité et partira; On percera la muraille pour le faire sortir; Il se couvrira le visage, Pour que ses yeux ne regardent pas la terre.

¹³J'étendrai mon rets sur lui, Et il sera pris dans mon filet; Je l'emmènerai à Babylone, dans le pays des Chaldéens; Mais il ne le verra pas, et il y mourra.

¹⁴Tous ceux qui l'entourent et lui sont en aide, Et toutes ses troupes, je les disperserai à tous les vents, Et je tirerai l'épée derrière eux.

¹⁵Et ils sauront que je suis l'Éternel, Quand je les répandrai parmi les nations, Quand je les disperserai en divers pays.

¹⁶Mais je laisserai d'eux quelques hommes Qui échapperont à l'épée, à la famine et à la peste, Afin qu'ils racontent toutes leurs abominations Parmi les nations où ils iront. Et ils sauront que je suis l'Éternel.

¹⁷La parole de l'Éternel me fut adressée, en ces mots:

¹⁸Fils de l'homme, tu mangeras ton pain avec tremblement, Tu boiras ton eau avec inquiétude et angoisse.

¹⁹Dis au peuple du pays: Ainsi parle le Seigneur, l'Éternel, Sur les habitants de Jérusalem dans la terre d'Israël! Ils mangeront leur pain avec angoisse, Et ils boiront leur eau avec épouvante; Car leur pays sera dépouillé de tout ce qu'il contient, A cause de la violence de tous ceux qui l'habitent.

²⁰Les villes peuplées seront détruites, Et le pays sera ravagé. Et vous saurez que je suis l'Éternel.

²¹La parole de l'Éternel me fut adressée, en ces mots:

²²Fils de l'homme, que signifient ces discours moqueurs Que vous tenez dans le pays d'Israël: Les jours se prolongent, Et toutes les visions restent sans effet?

²³C'est pourquoi dis-leur: Ainsi parle le Seigneur, l'Éternel: Je ferai cesser ces discours moqueurs; On ne les tiendra plus en Israël. Dis-leur, au contraire: Les jours approchent, Et toutes les visions s'accompliront.

²⁴Car il n'y aura plus de visions vaines, Ni d'oracles trompeurs, Au milieu de la maison d'Israël.

²⁵Car moi, l'Éternel, je parlerai; Ce que je dirai s'accomplira, Et ne sera plus différé; Oui, de vos jours, famille de rebelles, Je prononcerai une parole et je l'accomplirai, Dit le Seigneur, l'Éternel.

²⁶La parole de l'Éternel me fut adressée, en ces mots:

²⁷Fils de l'homme, voici, la maison d'Israël dit: Les visions qu'il a ne sont pas près de s'accomplir; Il prophétise pour des temps éloignés.

²⁸C'est pourquoi dis-leur: Ainsi parle le Seigneur, l'Éternel: Il n'y aura plus de délai dans l'accomplissement de mes paroles; La parole que je prononcerai s'accomplira, Dit le Seigneur, l'Éternel.

Chapitre 13

¹La parole de l'Éternel me fut adressée, en ces mots:

²Fils de l'homme, prophétise contre les prophètes d'Israël qui prophétisent, Et dis à ceux qui prophétisent selon leur propre coeur: Écoutez la parole de l'Éternel!

³Ainsi parle le Seigneur, l'Éternel: Malheur aux prophètes insensés, Qui suivent leur propre esprit et qui ne voient rien!

⁴Tels des renards au milieu des ruines, Tels sont tes prophètes, ô Israël!

⁵Vous n'êtes pas montés devant les brèches, Vous n'avez pas entouré d'un mur la maison d'Israël, Pour demeurer fermes dans le combat, Au jour de l'Éternel.

⁶Leurs visions sont vaines, et leurs oracles menteurs; Ils disent: L'Éternel a dit! Et l'Éternel ne les a point envoyés; Et ils font espérer que leur parole s'accomplira.

⁷Les visions que vous avez ne sont-elles pas vaines, Et les oracles que vous prononcez ne sont-ils pas menteurs? Vous dites: L'Éternel a dit! Et je n'ai point parlé.

⁸C'est pourquoi ainsi parle le Seigneur, l'Éternel: Parce que vous dites des choses vaines, Et que vos visions sont des mensonges, Voici, j'en veux à vous, Dit le Seigneur, l'Éternel.

⁹Ma main sera contre les prophètes Dont les visions sont vaines et les oracles menteurs; Ils ne feront point partie de l'assemblée de mon peuple, Ils ne seront pas inscrits dans le livre de la maison d'Israël, Et ils n'entreront pas dans le pays d'Israël. Et vous saurez que je suis le Seigneur, l'Éternel.

¹⁰Ces choses arriveront parce qu'ils égarent mon peuple, En disant: Paix! quand il n'y a point de paix. Et mon peuple bâtit une muraille, Et eux, ils la couvrent de plâtre.

¹¹Dis à ceux qui la couvrent de plâtre qu'elle s'écroulera; Une pluie violente surviendra; Et vous, pierres de grêle, vous tomberez, Et la tempête éclatera.

¹²Et voici, la muraille s'écroule! ne vous dira-t-on pas: Où est le plâtre dont vous l'avez couverte?

¹³C'est pourquoi ainsi parle le Seigneur, l'Éternel: Je ferai, dans ma fureur, éclater la tempête; Il surviendra, dans ma colère, une pluie violente; Et des pierres de grêle tomberont avec fureur pour détruire.

¹⁴J'abattrai la muraille que vous avez couverte de plâtre, Je lui ferai toucher la terre, et ses fondements seront mis à nu; Elle s'écroulera, et vous périrez au milieu de ses ruines. Et vous saurez que je suis l'Éternel.

¹⁵J'assouvirai ainsi ma fureur contre la muraille, Et contre ceux qui l'ont couverte de plâtre; Et je vous dirai: Plus de muraille! Et c'en est fait de ceux qui la replâtraient,

¹⁶Des prophètes d'Israël qui prophétisent sur Jérusalem, Et qui ont sur elle des visions de paix, Quand il n'y a point de paix! Dit le Seigneur, l'Éternel.

¹⁷Et toi, fils de l'homme, porte tes regards sur les filles de ton peuple Qui prophétisent selon leur propre coeur, Et prophétise contre elles!

¹⁸Tu diras: Ainsi parle le Seigneur, l'Éternel: Malheur à celles qui fabriquent des coussinets pour toutes les aisselles, Et qui font des voiles pour la tête des gens de toute taille, Afin de surprendre les âmes! Pensez-vous surprendre les âmes de mon peuple, Et conserver vos propres âmes?

¹⁹Vous me déshonorez auprès de mon peuple Pour des poignées d'orge et des morceaux de pain, En tuant des âmes qui ne doivent pas mourir, Et en faisant vivre des âmes qui ne doivent pas vivre, Trompant ainsi mon peuple, qui écoute le mensonge.

²⁰C'est pourquoi ainsi parle le Seigneur, l'Éternel: Voici, j'en veux à vos coussinets Par lesquels vous surprenez les âmes afin qu'elles s'envolent, Et je les arracherai de vos bras; Et je délivrerai les âmes Que vous cherchez à surprendre afin qu'elles s'envolent.

²¹J'arracherai aussi vos voiles, Et je délivrerai de vos mains mon peuple; Ils ne serviront plus de piège entre vos mains. Et vous saurez que je suis l'Éternel.

²²Parce que vous affligez le coeur du juste par des mensonges, Quand moi-même je ne l'ai point attristé, Et parce que vous fortifiez les mains du méchant Pour l'empêcher de quitter sa mauvaise voie et pour le faire vivre,

²³Vous n'aurez plus de vaines visions, Et vous ne prononcerez plus d'oracles; Je délivrerai de vos mains mon peuple. Et vous saurez que je suis l'Éternel.

Chapitre 14

¹Quelques-uns des anciens d'Israël vinrent auprès de moi et s'assirent devant moi.

²Et la parole de l'Éternel me fut adressée, en ces mots:

³Fils de l'homme, ces gens-là portent leurs idoles dans leur coeur, et ils attachent les regards sur ce qui les a fait tomber dans l'iniquité. Me laisserai-je consulter par eux?

⁴C'est pourquoi parle-leur, et dis-leur: Ainsi parle le Seigneur, l'Éternel: Tout homme de la maison d'Israël qui porte ses idoles dans son coeur, et qui attache les regards sur ce qui l'a fait tomber dans son iniquité, -s'il vient s'adresser au prophète, -moi, l'Éternel, je lui répondrai, malgré la multitude de ses idoles.

⁵afin de saisir dans leur propre coeur ceux de la maison d'Israël qui se sont éloignés de moi avec toutes leurs idoles.

⁶C'est pourquoi dis à la maison d'Israël: Ainsi parle le Seigneur, l'Éternel: Revenez, et détournez-vous de vos idoles, détournez les regards de toutes vos abominations!

⁷Car tout homme de la maison d'Israël, ou des étrangers séjournant en Israël, qui s'est éloigné de moi, qui porte ses idoles dans son coeur, et qui attache les regards sur ce qui l'a fait tomber dans son iniquité, -s'il vient s'adresser au prophète pour me consulter par lui, -moi, l'Éternel, je lui répondrai par moi.

⁸Je tournerai ma face contre cet homme, je ferai de lui un signe et un sujet de sarcasme, et je l'exterminerai du milieu de mon peuple. Et vous saurez que je suis l'Éternel.

⁹Si le prophète se laisse séduire, s'il prononce une parole, c'est moi, l'Éternel, qui aurai séduit ce prophète; j'étendrai ma main contre lui, et je le détruirai du milieu de mon peuple d'Israël.

¹⁰Ils porteront ainsi la peine de leur iniquité; la peine du prophète sera comme la peine de celui qui consulte,

¹¹afin que la maison d'Israël ne s'égare plus loin de moi, et qu'elle ne se souille plus par toutes ses transgressions. Alors ils seront mon peuple, et je serai leur Dieu, dit le Seigneur, l'Éternel.

¹²La parole de l'Éternel me fut adressée, en ces mots:

¹³Fils de l'homme, lorsqu'un pays pécherait contre moi en se livrant à l'infidélité, et que j'étendrais ma main sur lui, -si je brisais pour lui le bâton du pain, si je lui envoyais la famine, si j'en exterminais les hommes et les bêtes,

¹⁴et qu'il y eût au milieu de lui ces trois hommes, Noé, Daniel et Job, ils sauveraient leur âme par leur justice, dit le Seigneur, l'Éternel.

¹⁵Si je faisais parcourir le pays par des bêtes féroces qui le dépeupleraient, s'il devenait un désert où personne ne passerait à cause de ces bêtes,

¹⁶et qu'il y eût au milieu de lui ces trois hommes, je suis vivant! dit le Seigneur, l'Éternel, ils ne sauveraient ni fils ni filles, eux seuls seraient sauvés, et le pays deviendrait un désert.

¹⁷Ou si j'amenais l'épée contre ce pays, si je disais: Que l'épée parcoure le pays! si j'en exterminais les hommes et les bêtes,

¹⁸et qu'il y eût au milieu de lui ces trois hommes, je suis vivant! dit le Seigneur, l'Éternel, ils ne sauveraient ni fils ni filles, mais eux seuls seraient sauvés.

¹⁹Ou si j'envoyais la peste dans ce pays, si je répandais contre lui ma fureur par la mortalité, pour en exterminer les hommes et les bêtes,

²⁰et qu'il y eût au milieu de lui Noé, Daniel et Job, je suis vivant! dit le Seigneur, l'Éternel, ils ne sauveraient ni fils ni filles, mais ils sauveraient leur âme par leur justice.

²¹Oui, ainsi parle le Seigneur, l'Éternel: Quoique j'envoie contre Jérusalem mes quatre châtiments terribles, l'épée, la famine, les bêtes féroces et la peste, pour en exterminer les hommes et les bêtes,

²²il y aura néanmoins un reste qui échappera, qui en sortira, des fils et des filles. Voici, ils arriveront auprès de vous; vous verrez leur conduite et leurs actions, et vous vous consolerez du malheur que je fais venir sur Jérusalem, de tout ce que je fais venir sur elle.

²³Ils vous consoleront, quand vous verrez leur conduite et leurs actions; et vous reconnaîtrez que ce n'est pas sans raison que je fais tout ce que je lui fais, dit le Seigneur, l'Éternel.

Chapitre 15

¹La parole de l'Éternel me fut adressée, en ces mots:

²Fils de l'homme, le bois de la vigne, qu'a-t-il de plus que tout autre bois, Le sarment qui est parmi les arbres de la forêt?

³Prend-on de ce bois pour fabriquer un ouvrage? En tire-t-on une cheville pour y suspendre un objet quelconque?

⁴Voici, on le met au feu pour le consumer; Le feu en consume les deux bouts, et le milieu brûle: Sera-t-il bon à quelque chose?

⁵Voici, lorsqu'il était entier, on n'en faisait aucun ouvrage; Combien moins, lorsque le feu l'a consumé et qu'il est brûlé, En pourra-t-on faire quelque ouvrage?

⁶C'est pourquoi ainsi parle le Seigneur, l'Éternel: Comme le bois de la vigne parmi les arbres de la forêt, Ce bois que je livre au feu pour le consumer, Ainsi je livrerai les habitants de Jérusalem.

⁷Je tournerai ma face contre eux; Ils sont sortis du feu, et le feu les consumera. Et vous saurez que je suis l'Éternel, Quand je tournerai ma face contre eux.

⁸Je ferai du pays un désert, Parce qu'ils ont été infidèles, Dit le Seigneur, l'Éternel.

Chapitre 16

¹La parole de l'Éternel me fut adressée, en ces mots:

²Fils de l'homme, fais connaître à Jérusalem ses abominations!

³Tu diras: Ainsi parle le Seigneur, l'Éternel, à Jérusalem: Par ton origine et ta naissance tu es du pays de Canaan; ton père était un Amoréen, et ta mère une Héthienne.

⁴A ta naissance, au jour où tu naquis, ton nombril n'a pas été coupé, tu n'as pas été lavée dans l'eau pour être purifiée, tu n'as pas été frottée avec du sel, tu n'as pas été enveloppée dans des langes.

⁵Nul n'a porté sur toi un regard de pitié pour te faire une seule de ces choses, par compassion pour toi; mais tu as été jetée dans les champs, le jour de ta naissance, parce qu'on avait horreur de toi.

⁶Je passais près de toi, je t'aperçus baignée dans ton sang, et je te dis: Vis dans ton sang! je te dis: Vis dans ton sang!

⁷Je t'ai multipliée par dix milliers, comme les herbes des champs. Et tu pris de l'accroissement, tu grandis, tu devins d'une beauté parfaite; tes seins se formèrent, ta chevelure se développa. Mais tu étais nue, entièrement nue.

⁸Je passai près de toi, je te regardai, et voici, ton temps était là, le temps des amours. J'étendis sur toi le pan de ma robe, je couvris ta nudité, je te jurai fidélité, je fis alliance avec toi, dit le Seigneur, l'Éternel, et tu fus à moi.

⁹Je te lavai dans l'eau, je fis disparaître le sang qui était sur toi, et je t'oignis avec de l'huile.

¹⁰Je te donnai des vêtements brodés, et une chaussure de peaux teintes en bleu; je te ceignis de fin lin, et je te couvris de soie.

¹¹Je te parai d'ornements: je mis des bracelets à tes mains, un collier à ton cou,

¹²je mis un anneau à ton nez, des pendants à tes oreilles, et une couronne magnifique sur ta tête.

¹³Ainsi tu fus parée d'or et d'argent, et tu fus vêtue de fin lin, de soie et d'étoffes brodées. La fleur de farine, le miel et l'huile, furent ta nourriture. Tu étais d'une beauté accomplie, digne de la royauté.

¹⁴Et ta renommée se répandit parmi les nations, à cause de ta beauté; car elle était parfaite, grâce à l'éclat dont je t'avais ornée, dit le Seigneur, l'Éternel.

¹⁵Mais tu t'es confiée dans ta beauté, et tu t'es prostituée, à la faveur de ton nom; tu as prodigué tes prostitutions à tous les passants, tu t'es livrée à eux.

¹⁶Tu as pris de tes vêtements, tu t'es fait des hauts lieux que tu as garnis d'étoffes de toutes couleurs, et tu t'y es prostituée: rien de semblable n'était arrivé et n'arrivera jamais.

¹⁷Tu as pris ta magnifique parure d'or et d'argent, que je t'avais donnée, et tu en as fait des simulacres d'hommes, auxquels tu t'es prostituée.

¹⁸Tu as pris tes vêtements brodés, tu les en as couverts, et tu as offert à ces simulacres mon huile et mon encens.

¹⁹Le pain que je t'avais donné, la fleur de farine, l'huile et le miel, dont je te nourrissais, tu leur as offert ces choses comme des parfums d'une odeur agréable. Voilà ce qui est arrivé, dit le Seigneur, l'Éternel.

²⁰Tu as pris tes fils et tes filles, que tu m'avais enfantés, et tu les leur as sacrifiés pour qu'ils leur servent d'aliment: n'était-ce pas assez de tes prostitutions?

²¹Tu as égorgé mes fils, et tu les as donnés, en les faisant passer par le feu en leur honneur.

²²Au milieu de toutes tes abominations et de tes prostitutions, tu ne t'es pas souvenue du temps de ta jeunesse, lorsque tu étais nue, entièrement nue, et baignée dans ton sang.

²³Après toutes tes méchantes actions, -malheur, malheur à toi! dit le Seigneur, l'Éternel, -

²⁴tu t'es bâti des maisons de prostitution, tu t'es fait des hauts lieux dans toutes les places;

²⁵à l'entrée de chaque chemin tu as construit tes hauts lieux, tu as déshonoré ta beauté, tu t'es livrée à tous les passants, tu as multiplié tes prostitutions.

²⁶Tu t'es prostituée aux Égyptiens, tes voisins au corps vigoureux, et tu as multiplié tes prostitutions pour m'irriter.

²⁷Et voici, j'ai étendu ma main contre toi, j'ai diminué la part que je t'avais assignée, je t'ai livrée à la volonté de tes ennemis, les filles des Philistins, qui ont rougi de ta conduite criminelle.

²⁸Tu t'es prostituée aux Assyriens, parce que tu n'étais pas rassasiée; tu t'es prostituée à eux, et tu n'as pas encore été rassasiée.

²⁹Tu as multiplié tes prostitutions avec le pays de Canaan et jusqu'en Chaldée, et avec cela tu n'as pas encore été rassasiée.

³⁰Quelle faiblesse de coeur tu as eue, dit le Seigneur, l'Éternel, en faisant toutes ces choses, qui sont l'oeuvre d'une maîtresse prostituée!

³¹Lorsque tu bâtissais tes maisons de prostitution à l'entrée de chaque chemin, lorsque tu faisais tes hauts lieux dans toutes les places, tu n'as pas même été comme la prostituée qui réclame un salaire;

³²tu as été la femme adultère, qui reçoit des étrangers au lieu de son mari.

³³A toutes les prostituées on paie un salaire; mais toi, tu as fait des dons à tous tes amants, tu les as gagnés par des présents, afin de les attirer à toi de toutes parts dans tes prostitutions.

³⁴Tu as été le contraire des autres prostituées, parce qu'on ne te recherchait pas; et en donnant un salaire au lieu d'en recevoir un, tu as été le contraire des autres.

³⁵C'est pourquoi, prostituée, écoute la parole de l'Éternel!

³⁶Ainsi parle le Seigneur, l'Éternel: Parce que tes trésors ont été dissipés, et que ta nudité a été découverte dans tes prostitutions avec tes

amants et avec toutes tes abominables idoles, et à cause du sang de tes enfants que tu leur as donnés,

³⁷voici, je rassemblerai tous tes amants avec lesquels tu te plaisais, tous ceux que tu as aimés et tous ceux que tu as haïs, je les rassemblerai de toutes parts contre toi, je leur découvrirai ta nudité, et ils verront toute ta nudité.

³⁸Je te jugerai comme on juge les femmes adultères et celles qui répandent le sang, et je ferai de toi une victime sanglante de la fureur et de la jalousie.

³⁹Je te livrerai entre leurs mains; ils abattront tes maisons de prostitution et détruiront tes hauts lieux; ils te dépouilleront de tes vêtements, prendront ta magnifique parure, et te laisseront nue, entièrement nue.

⁴⁰Ils amèneront la foule contre toi, ils te lapideront et te perceront à coups d'épée;

⁴¹ils brûleront tes maisons par le feu, et ils feront justice de toi, aux yeux d'une multitude de femmes. Je ferai cesser ainsi ton impudicité et tu ne donneras plus de salaire.

⁴²J'assouvirai ma colère contre toi, et tu ne seras plus l'objet de ma jalousie; je m'apaiserai, je ne serai plus irrité.

⁴³Parce que tu ne t'es pas souvenue du temps de ta jeunesse, parce que tu m'as provoqué par toutes ces choses, voici, je ferai retomber ta conduite sur ta tête, dit le Seigneur, l'Éternel, et tu ne commettras plus le crime avec toutes tes abominations.

⁴⁴Voici, tous ceux qui disent des proverbes, t'appliqueront ce proverbe: Telle mère, telle fille!

⁴⁵Tu es la fille de ta mère, qui a repoussé son mari et ses enfants; tu es la soeur de tes soeurs, qui ont repoussé leur mari et leurs enfants. Votre mère était une Héthienne, et votre père un Amoréen.

⁴⁶Ta grande soeur, qui demeure à ta gauche, c'est Samarie avec ses filles; et ta petite soeur, qui demeure à ta droite, c'est Sodome avec ses filles.

⁴⁷Tu n'as pas seulement marché dans leurs voies, commis les mêmes abominations, c'était trop peu; tu as été plus corrompue qu'elles dans toutes tes voies.

⁴⁸Je suis vivant! dit le Seigneur, l'Éternel, Sodome, ta soeur, et ses filles n'ont pas fait ce que vous avez fait, toi et tes filles.

⁴⁹Voici quel a été le crime de Sodome, ta soeur. Elle avait de l'orgueil, elle vivait dans l'abondance et dans une insouciante sécurité, elle et ses filles, et elle ne soutenait pas la main du malheureux et de l'indigent.

⁵⁰Elles sont devenues hautaines, et elles ont commis des abominations devant moi. Je les ai fait disparaître, quand j'ai vu cela.

⁵¹Samarie n'a pas commis la moitié de tes péchés; tes abominations ont été plus nombreuses que les siennes, et tu as justifié tes soeurs par toutes les abominations que tu as faites.

⁵²Toi qui condamnais tes soeurs, supporte ton opprobre, à cause de tes péchés par lesquels tu t'es rendue plus abominable qu'elles, et qui les font paraître plus justes que toi; sois confuse, et supporte ton opprobre, puisque tu as justifié tes soeurs.

⁵³Je ramènerai leurs captifs, les captifs de Sodome et de ses filles, les captifs de Samarie et de ses filles, et tes captifs au milieu des leurs,

⁵⁴afin que tu subisses ton opprobre, et que tu rougisses de tout ce que tu as fait, en étant pour elles un sujet de consolation.

⁵⁵Tes soeurs, Sodome et ses filles, reviendront à leur premier état, Samarie et ses filles reviendront à leur premier état; et toi et tes filles, vous reviendrez à votre premier état.

⁵⁶Ne discourais-tu pas sur ta soeur Sodome, dans le temps de ton orgueil,

⁵⁷avant que ta méchanceté soit mise à nu, lorsque tu as reçu les outrages des filles de la Syrie et de tous ses alentours, des filles des Philistins, qui te méprisaient de tous côtés!

⁵⁸Tu portes tes crimes et tes abominations, dit l'Éternel.

⁵⁹Car ainsi parle le Seigneur, l'Éternel: J'agirai envers toi comme tu as agi, toi qui as méprisé le serment en rompant l'alliance.

⁶⁰Mais je me souviendrai de mon alliance avec toi au temps de ta jeunesse, et j'établirai avec toi une alliance éternelle.

⁶¹Tu te souviendras de ta conduite, et tu en auras honte, quand tu recevras tes soeurs, les grandes et les petites; je te les donnerai pour filles, mais non en vertu de ton alliance.

⁶²J'établirai mon alliance avec toi, et tu sauras que je suis l'Éternel,

⁶³Afin que tu te souviennes du passé et que tu rougisses, afin que tu n'ouvres plus la bouche et que tu sois confuse, quand je te pardonnerai tout ce que tu as fait, dit le Seigneur, l'Éternel.

Chapitre 17

¹La parole de l'Éternel me fut adressée, en ces mots:

²Fils de l'homme, propose une énigme, dis une parabole à la maison d'Israël!

³Tu diras: Ainsi parle le Seigneur, l'Éternel: Un grand aigle, aux longues ailes, aux ailes déployées, couvert de plumes de toutes couleurs, vint sur le Liban, et enleva la cime d'un cèdre.

⁴Il arracha le plus élevé de ses rameaux, l'emporta dans un pays de commerce, et le déposa dans une ville de marchands.

⁵Et il prit un rejeton du pays, et le plaça dans un sol fertile; il le mit près d'une eau abondante, et le planta comme un saule.

⁶Ce rejeton poussa, et devint un cep de vigne étendu, mais de peu d'élévation; ses rameaux étaient tournés vers l'aigle, et ses racines étaient sous lui; il devint un cep de vigne, donna des jets, et produisit des branches.

⁷Il y avait un autre aigle, grand, aux longues ailes, au plumage épais. Et voici, du parterre où elle était plantée, cette vigne étendit avec avidité ses racines de son côté et dirigea ses rameaux vers lui, afin qu'il l'arrosât.

⁸Elle était plantée dans un bon terrain, près d'une eau abondante, de manière à produire des branches et à porter du fruit, à devenir une vigne magnifique.

⁹Dis: Ainsi parle le Seigneur, l'Éternel: Prospérera-t-elle? Le premier aigle n'arrachera-t-il pas ses racines, n'enlèvera-t-il pas son fruit, afin qu'elle se dessèche, afin que toutes les feuilles qu'elle a poussées se dessèchent? Et il ne faudra ni beaucoup de force ni un peuple nombreux pour la séparer de ses racines.

¹⁰Voici, elle est plantée: prospérera-t-elle? Si le vent d'orient la touche, ne séchera-t-elle pas? Elle séchera sur le parterre où elle a poussé.

¹¹La parole de l'Éternel me fut adressée, en ces mots:

¹²Dis à la maison rebelle: Ne savez-vous pas ce que cela signifie? Dis: Voici, le roi de Babylone est allé à Jérusalem, il en a pris le roi et les chefs, et les a emmenés avec lui à Babylone.

¹³Il a choisi un membre de la race royale, a traité alliance avec lui, et lui a fait prêter serment, et il a emmené les grands du pays,

¹⁴afin que le royaume fût tenu dans l'abaissement, sans pouvoir s'élever, et qu'il gardât son alliance en y demeurant fidèle.

¹⁵Mais il s'est révolté contre lui, en envoyant ses messagers en Égypte, pour qu'elle lui donnât des chevaux et un grand nombre d'hommes. Celui qui a fait de telles choses réussira-t-il, échappera-t-il? Il a rompu l'alliance, et il échapperait!

¹⁶Je suis vivant! dit le Seigneur, l'Éternel, c'est dans le pays du roi qui l'a fait régner, envers qui il a violé son serment et dont il a rompu l'alliance, c'est près de lui, au milieu de Babylone, qu'il mourra.

¹⁷Pharaon n'ira pas avec une grande armée et un peuple nombreux le secourir pendant la guerre, lorsqu'on élèvera des terrasses et qu'on fera des retranchements pour exterminer une multitude d'âmes.

¹⁸Il a méprisé le serment, il a rompu l'alliance; il avait donné sa main, et il a fait tout cela; il n'échappera pas!

¹⁹C'est pourquoi ainsi parle le Seigneur, l'Éternel: Je suis vivant! c'est le serment fait en mon nom qu'il a méprisé, c'est mon alliance qu'il a rompue. Je ferai retomber cela sur sa tête.

²⁰J'étendrai mon rets sur lui, et il sera pris dans mon filet; je l'emmènerai à Babylone, et là je plaiderai avec lui sur sa perfidie à mon égard.

²¹Tous les fuyards de toutes ses troupes tomberont par l'épée, et ceux qui resteront seront dispersés à tous les vents. Et vous saurez que moi, l'Éternel, j'ai parlé.

²²Ainsi parle le Seigneur, l'Éternel: J'enlèverai, moi, la cime d'un grand cèdre, et je la placerai; j'arracherai du sommet de ses branches un tendre rameau, et je le planterai sur une montagne haute et élevée.

²³Je le planterai sur une haute montagne d'Israël; il produira des branches et portera du fruit, il deviendra un cèdre magnifique. Les oiseaux de toute espèce reposeront sous lui, tout ce qui a des ailes reposera sous l'ombre de ses rameaux.

²⁴Et tous les arbres des champs sauront que moi, l'Éternel, j'ai abaissé l'arbre qui s'élevait et élevé l'arbre qui était abaissé, que j'ai desséché l'arbre vert et fait verdir l'arbre sec. Moi, l'Éternel, j'ai parlé, et j'agirai.

Ezekiel
Chapitre 18
¹La parole de l'Éternel me fut adressée, en ces mots:

²Pourquoi dites-vous ce proverbe dans le pays d'Israël: Les pères ont mangé des raisins verts, et les dents des enfants en ont été agacées?

³Je suis vivant! dit le Seigneur, l'Éternel, vous n'aurez plus lieu de dire ce proverbe en Israël.

⁴Voici, toutes les âmes sont à moi; l'âme du fils comme l'âme du père, l'une et l'autre sont à moi; l'âme qui pèche, c'est celle qui mourra.

⁵L'homme qui est juste, qui pratique la droiture et la justice,

⁶qui ne mange pas sur les montagnes et ne lève pas les yeux vers les idoles de la maison d'Israël, qui ne déshonore pas la femme de son prochain et ne s'approche pas d'une femme pendant son impureté,

⁷qui n'opprime personne, qui rend au débiteur son gage, qui ne commet point de rapines, qui donne son pain à celui qui a faim et couvre d'un vêtement celui qui est nu,

⁸qui ne prête pas à intérêt et ne tire point d'usure, qui détourne sa main de l'iniquité et juge selon la vérité entre un homme et un autre,

⁹qui suit mes lois et observe mes ordonnances en agissant avec fidélité, celui-là est juste, il vivra, dit le Seigneur, l'Éternel.

¹⁰S'il a un fils qui soit violent, qui répande le sang, ou qui commette quelque chose de semblable;

¹¹si ce fils n'imite en rien la conduite de son père, s'il mange sur les montagnes, s'il déshonore la femme de son prochain,

¹²s'il opprime le malheureux et l'indigent, s'il commet des rapines, s'il ne rend pas le gage, s'il lève les yeux vers les idoles et fait des abominations,

¹³S'il prête à intérêt et tire une usure, ce fils-là vivrait! Il ne vivra pas; il a commis toutes ces abominations; qu'il meure! que son sang retombe sur lui!

¹⁴Mais si un homme a un fils qui voie tous les péchés que commet son père, qui les voie et n'agisse pas de la même manière;

¹⁵si ce fils ne mange pas sur les montagnes et ne lève pas les yeux vers les idoles de la maison d'Israël, s'il ne déshonore pas la femme de son prochain,

¹⁶s'il n'opprime personne, s'il ne prend point de gage, s'il ne commet point de rapines, s'il donne son pain à celui qui a faim et couvre d'un vêtement celui qui est nu,

¹⁷s'il détourne sa main de l'iniquité, s'il n'exige ni intérêt ni usure, s'il observe mes ordonnances et suit mes lois, celui-là ne mourra pas pour l'iniquité de son père; il vivra.

¹⁸C'est son père, qui a été un oppresseur, qui a commis des rapines envers les autres, qui a fait au milieu de son peuple ce qui n'est pas bien, c'est lui qui mourra pour son iniquité.

¹⁹Vous dites: Pourquoi le fils ne porte-t-il pas l'iniquité de son père? C'est que le fils a agi selon la droiture et la justice, c'est qu'il a observé et mis en pratique toutes mes lois; il vivra.

²⁰L'âme qui pèche, c'est celle qui mourra. Le fils ne portera pas l'iniquité de son père, et le père ne portera pas l'iniquité de son fils. La justice du juste sera sur lui, et la méchanceté du méchant sera sur lui.

²¹Si le méchant revient de tous les péchés qu'il a commis, s'il observe toutes mes lois et pratique la droiture et la justice, il vivra, il ne mourra pas.

²²Toutes les transgressions qu'il a commises seront oubliées; il vivra, à cause de la justice qu'il a pratiquée.

²³Ce que je désire, est-ce que le méchant meure? dit le Seigneur, l'Éternel. N'est-ce pas qu'il change de conduite et qu'il vive?

²⁴Si le juste se détourne de sa justice et commet l'iniquité, s'il imite toutes les abominations du méchant, vivra-t-il? Toute sa justice sera oubliée, parce qu'il s'est livré à l'iniquité et au péché; à cause de cela, il mourra.

²⁵Vous dites: La voie du Seigneur n'est pas droite. Écoutez donc, maison d'Israël! Est-ce ma voie qui n'est pas droite? Ne sont-ce pas plutôt vos voies qui ne sont pas droites?

²⁶Si le juste se détourne de sa justice et commet l'iniquité, et meurt pour cela, il meurt à cause de l'iniquité qu'il a commise.

²⁷Si le méchant revient de sa méchanceté et pratique la droiture et la justice, il fera vivre son âme.

²⁸S'il ouvre les yeux et se détourne de toutes les transgressions qu'il a commises, il vivra, il ne mourra pas.

²⁹La maison d'Israël dit: La voie du Seigneur n'est pas droite. Est-ce ma voie qui n'est pas droite, maison d'Israël? Ne sont-ce pas plutôt vos voies qui ne sont pas droites?

³⁰C'est pourquoi je vous jugerai chacun selon ses voies, maison d'Israël, dit le Seigneur. Revenez et détournez-vous de toutes vos transgressions, afin que l'iniquité ne cause pas votre ruine.

³¹Rejetez loin de vous toutes les transgressions par lesquelles vous avez péché; faites-vous un coeur nouveau et un esprit nouveau. Pourquoi mourriez-vous, maison d'Israël?

³²Car je ne désire pas la mort de celui qui meurt, dit le Seigneur, l'Éternel. Convertissez-vous donc, et vivez.

Chapitre 19
¹Et toi, prononce une complainte sur les princes d'Israël,

²et dis: Ta mère, qu'était-ce? Une lionne. Elle était couchée parmi les lions; C'est au milieu des lionceaux Qu'elle a élevé ses petits.

³Elle éleva l'un de ses petits, Qui devint un jeune lion, Et qui apprit à déchirer sa proie; Il dévora des hommes.

⁴Les nations entendirent parler de lui, Et il fut pris dans leur fosse; Elles mirent une boucle à ses narines et l'emmenèrent Dans le pays d'Égypte.

⁵Quand la lionne vit qu'elle attendait en vain, Qu'elle était trompée dans son espérance, Elle prit un autre de ses petits, Et en fit un jeune lion.

⁶Il marcha parmi les lions, Il devint un jeune lion, Et il apprit à déchirer sa proie; Il dévora des hommes.

⁷Il força leurs palais, Et détruisit leurs villes; Le pays, tout ce qui s'y trouvait, fut ravagé, Au bruit de ses rugissements.

⁸Contre lui se rangèrent les nations D'alentour, des provinces; Elles tendirent sur lui leur rets, Et il fut pris dans leur fosse.

⁹Elles mirent une boucle à ses narines, le placèrent dans une cage, Et l'emmenèrent auprès du roi de Babylone; Puis elles le conduisirent dans une forteresse, Afin qu'on n'entende plus sa voix sur les montagnes d'Israël.

¹⁰Ta mère était, comme toi, semblable à une vigne, Plantée près des eaux. Elle était féconde et chargée de branches, A cause de l'abondance des eaux.

¹¹Elle avait de vigoureux rameaux pour des sceptres de souverains; Par son élévation elle dominait les branches touffues; Elle attirait les regards par sa hauteur, Et par la multitude de ses rameaux.

¹²Mais elle a été arrachée avec fureur et jetée par terre; Le vent d'orient a desséché son fruit; Ses rameaux vigoureux ont été rompus et desséchés; Le feu les a dévorés.

¹³Et maintenant elle est plantée dans le désert, Dans une terre sèche et aride.

¹⁴Le feu est sorti de ses branches, Et a dévoré son fruit; Elle n'a plus de rameau vigoureux Pour un sceptre de souverain. C'est là une complainte, et cela servira de complainte.

Chapitre 20
¹La septième année, le dixième jour du cinquième mois, quelques-uns des anciens d'Israël vinrent pour consulter l'Éternel, et s'assirent devant moi.

²Et la parole de l'Éternel me fut adressée, en ces mots:

³Fils de l'homme, parle aux anciens d'Israël, et dis-leur: Ainsi parle le Seigneur, l'Éternel: Est-ce pour me consulter que vous êtes venus? Je suis vivant! je ne me laisserai pas consulter par vous, dit le Seigneur, l'Éternel.

⁴Veux-tu les juger, veux-tu les juger, fils de l'homme? Fais-leur connaître les abominations de leurs pères!

⁵Tu leur diras: Ainsi parle le Seigneur, l'Éternel: Le jour où j'ai choisi Israël, j'ai levé ma main vers la postérité de la maison de Jacob, et je me suis fait connaître à eux dans le pays d'Égypte; j'ai levé ma main vers eux, en disant: Je suis l'Éternel, votre Dieu.

⁶En ce jour-là, j'ai levé ma main vers eux, pour les faire passer du pays d'Égypte dans un pays que j'avais cherché pour eux, pays où coulent le lait et le miel, le plus beau de tous les pays.

⁷Je leur dis: Rejetez chacun les abominations qui attirent ses regards, et ne vous souillez pas par les idoles de l'Égypte! Je suis l'Éternel, votre Dieu.

⁸Et ils se révoltèrent contre moi, et ils ne voulurent pas m'écouter. Aucun ne rejeta les abominations qui attiraient ses regards, et ils n'abandonnèrent point les idoles de l'Égypte. J'eus la pensée de répandre ma fureur sur eux, d'épuiser contre eux ma colère, au milieu du pays d'Égypte.

⁹Néanmoins j'ai agi par égard pour mon nom, afin qu'il ne soit pas profané aux yeux des nations parmi lesquelles ils se trouvaient, et aux yeux desquelles je m'étais fait connaître à eux, pour les faire sortir du pays d'Égypte.

¹⁰Et je les fis sortir du pays d'Égypte, et je les conduisis dans le désert.

¹¹Je leur donnai mes lois et leur fis connaître mes ordonnances, que l'homme doit mettre en pratique, afin de vivre par elles.

¹²Je leur donnai aussi mes sabbats comme un signe entre moi et eux, pour qu'ils connussent que je suis l'Éternel qui les sanctifie.

¹³Et la maison d'Israël se révolta contre moi dans le désert: Ils ne suivirent point mes lois, et ils rejetèrent mes ordonnances, que l'homme doit mettre en pratique, afin de vivre par elles, et ils profanèrent à l'excès mes sabbats. J'eus la pensée de répandre sur eux ma fureur dans le désert, pour les anéantir.

¹⁴Néanmoins j'ai agi par égard pour mon nom, afin qu'il ne soit pas profané aux yeux des nations en présence desquelles je les avait fait sortir d'Égypte.

¹⁵Dans le désert, je levai ma main vers eux, pour ne pas les conduire dans le pays que je leur avais destiné, pays où coulent le lait et le miel, le plus beau de tous les pays,

¹⁶et cela parce qu'ils rejetèrent mes ordonnances et ne suivirent point mes lois, et parce qu'ils profanèrent mes sabbats, car leur coeur ne s'éloigna pas de leurs idoles.

¹⁷Mais j'eus pour eux un regard de pitié et je ne les détruisis pas, je ne les exterminai pas dans le désert.

¹⁸Je dis à leurs fils dans le désert: Ne suivez pas les préceptes de vos pères, n'observez pas leurs coutumes, et ne vous souillez pas par leurs idoles!

¹⁹Je suis l'Éternel, votre Dieu. Suivez mes préceptes, observez mes ordonnances, et mettez-les en pratique.

²⁰Sanctifiez mes sabbats, et qu'ils soient entre moi et vous un signe auquel on connaisse que je suis l'Éternel, votre Dieu.

²¹Et les fils se révoltèrent contre moi. Ils ne suivirent point mes préceptes, ils n'observèrent point et n'exécutèrent point mes ordonnances, que l'homme doit mettre en pratique, afin de vivre par elles, et ils profanèrent mes sabbats. J'eus la pensée de répandre sur eux ma fureur, d'épuiser contre eux ma colère dans le désert.

²²Néanmoins j'ai retiré ma main, et j'ai agi par égard pour mon nom, afin qu'il ne fût pas profané aux yeux des nations en présence desquelles je les avais fait sortir d'Égypte.

²³Dans le désert, je levai encore ma main vers eux, pour les disperser parmi les nations et les répandre en divers pays,

²⁴parce qu'ils ne mirent pas en pratique mes ordonnances, parce qu'ils rejetèrent mes préceptes, profanèrent mes sabbats, et tournèrent leurs yeux vers les idoles de leurs pères.

²⁵Je leur donnai aussi des préceptes qui n'étaient pas bons, et des ordonnances par lesquelles ils ne pouvaient vivre.

²⁶Je les souillai par leurs offrandes, quand ils faisaient passer par le feu tous leurs premiers-nés; je voulus ainsi les punir, et leur faire connaître que je suis l'Éternel.

²⁷C'est pourquoi parle à la maison d'Israël, fils de l'homme, et dis-leur: Ainsi parle le Seigneur, l'Éternel: Vos pères m'ont encore outragé, en se montrant infidèles à mon égard.

²⁸Je les ai conduits dans le pays que j'avais juré de leur donner, et ils ont jeté les yeux sur toute colline élevée et sur tout arbre touffu; là ils ont fait leurs sacrifices, ils ont présenté leurs offrandes qui m'irritaient, ils ont brûlé leurs parfums d'une agréable odeur, et ils ont répandu leurs libations.

²⁹Je leur dis: Qu'est-ce que ces hauts lieux où vous vous rendez? Et le nom de hauts lieux leur a été donné jusqu'à ce jour.

³⁰C'est pourquoi dis à la maison d'Israël: Ainsi parle le Seigneur, l'Éternel: Ne vous souillez-vous pas à la manière de vos pères, et ne vous prostituez-vous pas à leurs abominations?

³¹En présentant vos offrandes, en faisant passer vos enfants par le feu, vous vous souillez encore aujourd'hui par toutes vos idoles. Et moi, je me laisserais consulter par vous, maison d'Israël! Je suis vivant! dit le Seigneur, l'Éternel, je ne me laisserai pas consulter par vous.

³²On ne verra pas s'accomplir ce que vous imaginez, quand vous dites: Nous voulons être comme les nations, comme les familles des autres pays, nous voulons servir le bois et la pierre.

³³Je suis vivant! dit le Seigneur, l'Éternel, je régnerai sur vous, à main forte et à bras étendu, et en répandant ma fureur.

³⁴Je vous ferai sortir du milieu des peuples, et je vous rassemblerai des pays où vous êtes dispersés, à main forte et à bras étendu, et en répandant ma fureur.

³⁵Je vous amènerai dans le désert des peuples, et là je vous jugerai face à face.

³⁶Comme je suis entré en jugement avec vos pères dans le désert du pays d'Égypte, ainsi j'entrerai en jugement avec vous, dit le Seigneur, l'Éternel.

³⁷Je vous ferai passer sous la verge, et je vous mettrai dans les liens de l'alliance.

³⁸Je séparerai de vous les rebelles et ceux qui me sont infidèles; je les tirerai du pays où ils sont étrangers, mais ils n'iront pas au pays d'Israël. Et vous saurez que je suis l'Éternel.

³⁹Et vous, maison d'Israël, ainsi parle le Seigneur, l'Éternel: Allez chacun servir vos idoles! Mais après cela, vous m'écouterez, et vous ne profanerez plus mon saint nom par vos offrandes et par vos idoles.

⁴⁰Car sur ma montagne sainte, sur la haute montagne d'Israël, dit le Seigneur, l'Éternel, là toute la maison d'Israël, tous ceux qui seront dans le pays me serviront; là je les recevrai favorablement, je rechercherai vos offrandes, les prémices de vos dons, et tout ce que vous me consacrerez.

⁴¹Je vous recevrai comme un parfum d'une agréable odeur, quand je vous aurai fait sortir du milieu des peuples, et rassemblés des pays où vous êtes dispersés; et je serai sanctifié par vous aux yeux des nations.

⁴²Et vous saurez que je suis l'Éternel, quand je vous ramènerai dans le pays d'Israël, dans le pays que j'avais juré de donner à vos pères.

⁴³Là vous vous souviendrez de votre conduite et de toutes vos actions par lesquelles vous vous êtes souillés; vous vous prendrez vous-mêmes en dégoût, à cause de toutes les infamies que vous avez commises.

⁴⁴Et vous saurez que je suis l'Éternel, quand j'agirai avec vous par égard pour mon nom, et nullement d'après votre conduite mauvaise et vos actions corrompues, ô maison d'Israël! dit le Seigneur, l'Éternel.

⁴⁵ La parole de l'Éternel me fut adressée, en ces mots:

⁴⁶ Fils de l'homme, tourne ta face vers le midi, Et parle contre le midi! Prophétise contre la forêt des champs du midi!

⁴⁷ Tu diras à la forêt du midi: Écoute la parole de l'Éternel! Ainsi parle le Seigneur, l'Éternel: Je vais allumer un feu au dedans de toi, Et il dévorera tout arbre vert et tout arbre sec; La flamme ardente ne s'éteindra point, Et tout visage en sera brûlé, Du midi au septentrion.

⁴⁸ Et toute chair verra Que moi, l'Éternel, je l'ai allumé. Il ne s'éteindra point.

⁴⁹ Je dis: Ah! Seigneur Éternel! Ils disent de moi: N'est-ce pas un faiseur de paraboles?

Chapitre 21

¹ Et la parole de l'Éternel me fut adressée, en ces mots:

² Fils de l'homme, tourne ta face vers Jérusalem, Et parle contre les lieux saints! Prophétise contre le pays d'Israël!

³ Tu diras au pays d'Israël: Ainsi parle l'Éternel: Voici, j'en veux à toi, Je tirerai mon épée de son fourreau, Et j'exterminerai du milieu de toi le juste et le méchant.

⁴ Parce que je veux exterminer du milieu de toi le juste et le méchant, Mon épée sortira de son fourreau, Pour frapper toute chair, Du midi au septentrion.

⁵ Et toute chair saura Que moi, l'Éternel, j'ai tiré mon épée de son fourreau. Elle n'y rentrera plus.

⁶ Et toi, fils de l'homme, gémis! Les reins brisés et l'amertume dans l'âme, Gémis sous leurs regards!

⁷ Et s'ils te disent: Pourquoi gémis-tu? Tu répondras: Parce qu'il arrive une nouvelle... Tous les coeurs s'alarmeront, Toutes les mains deviendront faibles, Tous les esprits seront abattus, Tous les genoux se fondront en eau... Voici, elle arrive, elle est là! Dit le Seigneur, l'Éternel.

⁸ La parole de l'Éternel me fut adressée, en ces mots:

⁹ Fils de l'homme, prophétise, et dis: Ainsi parle l'Éternel. Dis: L'épée! l'épée! Elle est aiguisée, elle est polie.

¹⁰ C'est pour massacrer qu'elle est aiguisée, C'est pour étinceler qu'elle est polie... Nous réjouirons-nous? Le sceptre de mon fils méprise tout bois...

¹¹ On l'a donnée à polir, Pour que la main la saisisse; Elle est aiguisée, l'épée, elle est polie, Pour armer la main de celui qui massacre.

¹² Crie et gémis, fils de l'homme! Car elle est tirée contre mon peuple, Contre tous les princes d'Israël; Ils sont livrés à l'épée avec mon peuple. Frappe donc sur ta cuisse!

¹³ Oui, l'épreuve sera faite; Et que sera-ce, si ce sceptre qui méprise tout est anéanti? Dit le Seigneur, l'Éternel.

¹⁴ Et toi, fils de l'homme, prophétise, Et frappe des mains! Et que les coups de l'épée soient doublés, soient triplés! C'est l'épée du carnage, l'épée du grand carnage, L'épée qui doit les poursuivre.

¹⁵ Pour jeter l'effroi dans les coeurs, Pour multiplier les victimes, A toutes leurs portes je les menacerai de l'épée. Ah! elle est faite pour étinceler, Elle est aiguisée pour massacrer.

¹⁶ Rassemble tes forces, tourne-toi à droite! Place-toi, tourne-toi à gauche! Dirige de tous côtés ton tranchant!

¹⁷ Et moi aussi, je frapperai des mains, Et j'assouvirai ma fureur. C'est moi, l'Éternel, qui parle.

¹⁸ La parole de l'Éternel me fut adressée, en ces mots:

¹⁹ Fils de l'homme, trace deux chemins pour servir de passage à l'épée du roi de Babylone; tous les deux doivent sortir du même pays; marque un signe, marque-le à l'entrée du chemin qui conduit à une ville.

²⁰ Tu traceras l'un des chemins pour que l'épée arrive à Rabbath, ville des enfants d'Ammon, et l'autre pour qu'elle arrive en Juda, à

Ezekiel
Jérusalem, ville fortifiée.

²¹ Car le roi de Babylone se tient au carrefour, à l'entrée des deux chemins, pour tirer des présages; il secoue les flèches, il interroge les théraphim, il examine le foie.

²² Le sort, qui est dans sa droite, désigne Jérusalem, où l'on devra dresser des béliers, commander le carnage, et pousser des cris de guerre; on dressera des béliers contre les portes, on élèvera des terrasses, on formera des retranchements.

²³ Ils ne voient là que de vaines divinations, eux qui ont fait des serments. Mais lui, il se souvient de leur iniquité, en sorte qu'ils seront pris.

²⁴ C'est pourquoi ainsi parle le Seigneur, l'Éternel: Parce que vous rappelez le souvenir de votre iniquité, en mettant à nu vos transgressions, en manifestant vos péchés dans toutes vos actions; parce que vous en rappelez le souvenir, vous serez saisis par sa main.

²⁵ Et toi, profane, méchant, prince d'Israël, dont le jour arrive au temps où l'iniquité est à son terme!

²⁶ Ainsi parle le Seigneur, l'Éternel: La tiare sera ôtée, le diadème sera enlevé. Les choses vont changer. Ce qui est abaissé sera élevé, et ce qui est élevé sera abaissé.

²⁷ J'en ferai une ruine, une ruine, une ruine. Mais cela n'aura lieu qu'à la venue de celui à qui appartient le jugement et à qui je le remettrai.

²⁸ Et toi, fils de l'homme, prophétise, et dis: Ainsi parle le Seigneur, l'Éternel, sur les enfants d'Ammon et sur leur opprobre. Dis: L'épée, l'épée est tirée, elle est polie, pour massacrer, pour dévorer, pour étinceler!

²⁹ Au milieu de tes visions vaines et de tes oracles menteurs, elle te fera tomber parmi les cadavres des méchants, dont le jour arrive au temps où l'iniquité est à son terme.

³⁰ Remets ton épée dans le fourreau. Je te jugerai dans le lieu où tu as été créé, dans le pays de ta naissance.

³¹ Je répandrai sur toi ma colère, je soufflerai contre toi avec le feu de ma fureur, et je te livrerai entre les mains d'hommes qui dévorent, qui ne travaillent qu'à détruire.

³² Tu seras consumé par le feu; ton sang coulera au milieu du pays; on ne se souviendra plus de toi. Car moi, l'Éternel, j'ai parlé.

Chapitre 22

¹La parole de l'Éternel me fut adressée, en ces mots:

²Et toi, fils de l'homme, jugeras-tu, jugeras-tu la ville sanguinaire? Fais-lui connaître toutes ses abominations!

³Tu diras: Ainsi parle le Seigneur, l'Éternel: Ville qui répands le sang au milieu de toi, pour que ton jour arrive, et qui te fais des idoles pour te souiller!

⁴Tu es coupable à cause du sang que tu as répandu, et tu t'es souillée par les idoles que tu as faites. Tu as ainsi avancé tes jours, et tu es parvenue au terme de tes années. C'est pourquoi je te rends un objet d'opprobre pour les nations et de moquerie pour tous les pays.

⁵Ceux qui sont près et ceux qui sont au loin se moqueront de toi, qui es souillée de réputation et pleine de trouble.

⁶Voici, au dedans de toi, tous les princes d'Israël usent de leur force pour répandre le sang;

⁷au dedans de toi, l'on méprise père et mère, on maltraite l'étranger, on opprime l'orphelin et la veuve.

⁸Tu dédaignes mes sanctuaires, tu profanes mes sabbats.

⁹Il y a chez toi des calomniateurs pour répandre le sang; chez toi, l'on mange sur les montagnes; on commet le crime dans ton sein.

¹⁰Au milieu de toi, on découvre la nudité du père; au milieu de toi, on fait violence à la femme pendant son impureté.

¹¹Au milieu de toi, chacun se livre à des abominations avec la femme de son prochain, chacun se souille par l'inceste avec sa belle-fille, chacun déshonore sa soeur, fille de son père.

¹²Chez toi, l'on reçoit des présents pour répandre le sang: tu exiges un intérêt et une usure, tu dépouilles ton prochain par la violence, et moi, tu m'oublies, dit le Seigneur, l'Éternel.

¹³Voici, je frappe des mains à cause de la cupidité que tu as eue, et du sang qui a été répandu au milieu de toi.

¹⁴Ton coeur sera-t-il ferme, tes mains auront-elles de la force dans les jours où j'agirai contre toi? Moi, l'Éternel, j'ai parlé, et j'agirai.

¹⁵Je te disperserai parmi les nations, je te répandrai en divers pays, et je ferai disparaître ton impureté du milieu de toi.

¹⁶Tu seras souillée par toi-même aux yeux des nations, et tu sauras que je suis l'Éternel.

¹⁷La parole de l'Éternel me fut adressée, en ces mots:

¹⁸Fils de l'homme, la maison d'Israël est devenue pour moi comme des scories; ils sont tous de l'airain, de l'étain, du fer, du plomb, dans le creuset; ce sont des scories d'argent.

¹⁹C'est pourquoi ainsi parle le Seigneur, l'Éternel: Parce que vous êtes tous devenus comme des scories, voici, je vous rassemblerai au milieu de Jérusalem.

²⁰Comme on rassemble l'argent, l'airain, le fer, le plomb et l'étain, dans le creuset, et qu'on souffle le feu pour les fondre, ainsi je vous rassemblerai dans ma colère et dans ma fureur, et je vous mettrai au creuset pour vous fondre.

²¹Je vous rassemblerai, et je soufflerai contre vous avec le feu de ma fureur; et vous serez fondus au milieu de Jérusalem.

²²Comme l'argent fond dans le creuset, ainsi vous serez fondus au milieu d'elle. Et vous saurez que moi, l'Éternel, j'ai répandu ma fureur sur vous.

²³La parole de l'Éternel me fut adressée, en ces mots:

²⁴Fils de l'homme, dis à Jérusalem: Tu es une terre qui n'est pas purifiée, qui n'est pas arrosée de pluie au jour de la colère.

²⁵Ses prophètes conspirent dans son sein; comme des lions rugissants qui déchirent leur proie, ils dévorent les âmes, ils s'emparent des richesses et des choses précieuses, ils multiplient les veuves au milieu d'elle.

²⁶Ses sacrificateurs violent ma loi et profanent mes sanctuaires, ils ne distinguent pas ce qui est saint de ce qui est profane, ils ne font pas connaître la différence entre ce qui est impur et ce qui est pur, ils détournent les yeux de mes sabbats, et je suis profané au milieu d'eux.

²⁷Ses chefs sont dans son sein comme des loups qui déchirent leur proie; ils répandent le sang, perdent les âmes, pour assouvir leur cupidité.

²⁸Et ses prophètes ont pour eux des enduits de plâtre, de vaines visions, des oracles menteurs; ils disent: Ainsi parle le Seigneur, l'Éternel! Et l'Éternel ne leur a point parlé.

²⁹Le peuple du pays se livre à la violence, commet des rapines, opprime le malheureux et l'indigent, foule l'étranger contre toute justice.

³⁰Je cherche parmi eux un homme qui élève un mur, qui se tienne à la brèche devant moi en faveur du pays, afin que je ne le détruise pas; mais je n'en trouve point.

³¹Je répandrai sur eux ma fureur, je les consumerai par le feu de ma colère, je ferai retomber leurs oeuvres sur leur tête, dit le Seigneur, l'Éternel.

Chapitre 23

¹La parole de l'Éternel me fut adressée, en ces mots:

²Fils de l'homme, il y avait deux femmes, Filles d'une même mère.

³Elles se sont prostituées en Égypte, Elles se sont prostituées dans leur jeunesse; Là leurs mamelles ont été pressées, Là leur sein virginal a été touché.

⁴L'aînée s'appelait Ohola, Et sa soeur Oholiba; Elles étaient à moi, Et elles ont enfanté des fils et des filles. Ohola, c'est Samarie; Oholiba, c'est Jérusalem.

⁵Ohola me fut infidèle; Elle s'enflamma pour ses amants, Les Assyriens ses voisins,

⁶Vêtus d'étoffes teintes en bleu, Gouverneurs et chefs, Tous jeunes et charmants, Cavaliers montés sur des chevaux.

⁷Elle s'est prostituée à eux, A toute l'élite des enfants de l'Assyrie; Elle s'est souillée avec tous ceux pour lesquels elle s'était enflammée, Elle s'est souillée avec toutes leurs idoles.

⁸Elle n'a pas renoncé à ses prostitutions d'Égypte: Car ils avaient couché avec elle dans sa jeunesse, Ils avaient touché son sein virginal, Et ils avaient répandu sur elle leurs prostitutions.

⁹C'est pourquoi je l'ai livrée entre les mains de ses amants, Entre les mains des enfants de l'Assyrie, Pour lesquels elle s'était enflammée.

¹⁰Ils ont découvert sa nudité, Ils ont pris ses fils et ses filles, Ils l'ont fait périr elle-même avec l'épée; Elle a été en renom parmi les femmes, Après les jugements exercés sur elle.

¹¹Sa soeur Oholiba vit cela, Et fut plus déréglée qu'elle dans sa passion; Ses prostitutions dépassèrent celles de sa soeur.

¹²Elle s'enflamma pour les enfants de l'Assyrie, Gouverneurs et chefs, ses voisins, Vêtus magnifiquement, Cavaliers montés sur des chevaux, Tous jeunes et charmants.

¹³Je vis qu'elle s'était souillée, Que l'une et l'autre avaient suivi la même voie.

¹⁴Elle alla même plus loin dans ses prostitutions. Elle aperçut contre les murailles des peintures d'hommes, Des images de Chaldéens peints en couleur rouge,

¹⁵Avec des ceintures autour des reins, Avec des turbans de couleurs variées flottant sur la tête, Tous ayant l'apparence de chefs, Et figurant des enfants de Babylone, De la Chaldée, leur patrie;

¹⁶Elle s'enflamma pour eux, au premier regard, Et leur envoya des

messagers en Chaldée.

¹⁷Et les enfants de Babylone se rendirent auprès d'elle, Pour partager le lit des amours, Et ils la souillèrent par leurs prostitutions. Elle s'est souillée avec eux, Puis son coeur s'est détaché d'eux.

¹⁸Elle a mis à nu son impudicité, Elle a découvert sa nudité; Et mon coeur s'est détaché d'elle, Comme mon coeur s'était détaché de sa soeur.

¹⁹Elle a multiplié ses prostitutions, En pensant aux jours de sa jeunesse, Lorsqu'elle se prostituait au pays d'Égypte.

²⁰Elle s'est enflammée pour des impudiques, Dont la chair était comme celle des ânes, Et l'approche comme celle des chevaux.

²¹Tu t'es souvenue des crimes de ta jeunesse, Lorsque les Égyptiens pressaient tes mamelles, A cause de ton sein virginal.

²²C'est pourquoi, Oholiba, ainsi parle le Seigneur, l'Éternel: Voici, j'excite contre toi tes amants, Ceux dont ton coeur s'est détaché, Et je les amène de toutes parts contre toi;

²³Les enfants de Babylone et tous les Chaldéens, Nobles, princes et seigneurs, Et tous les enfants de l'Assyrie avec eux, Jeunes et charmants, Tous gouverneurs et chefs, Chefs illustres, Tous montés sur des chevaux.

²⁴Ils marchent contre toi avec des armes, des chars et des roues, Et une multitude de peuples; Avec le grand bouclier et le petit bouclier, avec les casques, Ils s'avancent de toutes parts contre toi. Je leur remets le jugement, Et ils te jugeront selon leurs lois.

²⁵Je répands ma colère sur toi, Et ils te traiteront avec fureur. Ils te couperont le nez et les oreilles, Et ce qui reste de toi tombera par l'épée; Ils prendront tes fils et tes filles, Et ce qui reste de toi sera dévoré par le feu.

²⁶Ils te dépouilleront de tes vêtements, Et ils enlèveront les ornements dont tu te pares.

²⁷Je mettrai fin à tes crimes Et à tes prostitutions du pays d'Égypte; Tu ne porteras plus tes regards vers eux, Tu ne penseras plus à l'Égypte.

²⁸Car ainsi parle le Seigneur, l'Éternel: Voici, je te livre entre les mains de ceux que tu hais, Entre les mains de ceux dont ton coeur s'est détaché.

²⁹Ils te traiteront avec haine; Ils enlèveront toutes tes richesses, Et te laisseront nue, entièrement nue; La honte de tes impudicités sera découverte, De tes crimes et de tes prostitutions.

³⁰Ces choses t'arriveront, Parce que tu t'es prostituée aux nations, Parce que tu t'es souillée par leurs idoles.

³¹Tu as marché dans la voie de ta soeur, Et je mets sa coupe dans ta main.

³²Ainsi parle le Seigneur, l'Éternel: Tu boiras la coupe de ta soeur, Tu la boiras large et profonde; Elle te rendra un objet de risée et de moquerie; Elle contient beaucoup.

³³Tu seras remplie d'ivresse et de douleur; C'est la coupe de désolation et de destruction, La coupe de ta soeur Samarie.

³⁴Tu la boiras, tu la videras, Tu la briseras en morceaux, Et tu te déchireras le sein. Car j'ai parlé, Dit le Seigneur, l'Éternel.

³⁵C'est pourquoi ainsi parle le Seigneur, l'Éternel: Parce que tu m'as oublié, Parce que tu m'as rejeté derrière ton dos, Porte donc aussi la peine de tes crimes et de tes prostitutions.

³⁶L'Éternel me dit: Fils de l'homme, jugeras-tu Ohola et Oholiba? Déclare-leur leurs abominations!

³⁷Elles se sont livrées à l'adultère, et il y a du sang à leurs mains: Elles ont commis adultère avec leurs idoles; Et les enfants qu'elles m'avaient enfantés, Elles les ont fait passer par le feu Pour qu'ils leur servent d'aliment.

³⁸Voici encore ce qu'elles m'ont fait: Elles ont souillé mon sanctuaire dans le même jour, Et elles ont profané mes sabbats.

³⁹Elles ont immolé leurs enfants à leurs idoles, Et elles sont allées le même jour dans mon sanctuaire, Pour le profaner. C'est là ce qu'elles ont fait dans ma maison.

⁴⁰Et même elles ont fait chercher des hommes venant de loin, Elles leur ont envoyé des messagers, et voici, ils sont venus. Pour eux tu t'es lavée, tu as mis du fard à tes yeux, Tu t'es parée de tes ornements;

⁴¹Tu t'es assise sur un lit magnifique, Devant lequel une table était dressée, Et tu as placé sur cette table mon encens et mon huile.

⁴²On entendait les cris d'une multitude joyeuse; Et parmi cette foule d'hommes On a fait venir du désert des Sabéens, Qui ont mis des bracelets aux mains des deux soeurs Et de superbes couronnes sur leurs têtes.

⁴³Je dis alors au sujet de celle qui a vieilli dans l'adultère: Continuera-t-elle maintenant ses prostitutions, et viendra-t-on à elle?

⁴⁴Et l'on est venu vers elle comme l'on va chez une prostituée; C'est ainsi qu'on est allé vers Ohola et Oholiba, Ces femmes criminelles.

⁴⁵Mais des hommes justes les jugeront, Comme on juge les femmes adultères, Comme on juge celles qui répandent le sang; Car elles sont adultères, et il y a du sang à leurs mains.

⁴⁶Car ainsi parle le Seigneur, l'Éternel: Je ferai monter contre elles une multitude, Et je les livrerai à la terreur et au pillage.

⁴⁷Cette multitude les lapidera, Et les abattra à coups d'épée; On tuera leurs fils et leurs filles, On brûlera leurs maisons par le feu.

⁴⁸Je ferai cesser ainsi le crime dans le pays; Toutes les femmes recevront instruction, Et ne commettront pas de crime comme le vôtre.

⁴⁹On fera retomber votre crime sur vous, Et vous porterez les péchés de vos idoles. Et vous saurez que je suis le Seigneur, l'Éternel.

Chapitre 24

¹La neuvième année, le dixième jour du dixième mois, la parole de l'Éternel me fut adressée, en ces mots:

²Fils de l'homme, mets par écrit la date de ce jour, de ce jour-ci! Le roi de Babylone s'approche de Jérusalem en ce jour même.

³Propose une parabole à la famille de rebelles, et dis-leur: Ainsi parle le Seigneur, l'Éternel: Place, place la chaudière, et verses-y de l'eau.

⁴Mets-y les morceaux, tous les bons morceaux, la cuisse, l'épaule; remplis-la des meilleurs os.

⁵Choisis dans le troupeau, et entasse du bois sous la chaudière; fais bouillir à gros bouillons, et que les os qui sont dedans cuisent aussi.

⁶C'est pourquoi ainsi parle le Seigneur, l'Éternel: Malheur à la ville sanguinaire, chaudière pleine de rouille, et dont la rouille ne se détache pas! Tires-en les morceaux les uns après les autres, sans recourir au sort.

⁷Car le sang qu'elle a versé est au milieu d'elle; elle l'a mis sur le roc nu, elle ne l'a pas répandu sur la terre pour le couvrir de poussière.

⁸Afin de montrer ma fureur, afin de me venger, j'ai répandu son sang sur le roc nu, pour qu'il ne fût pas couvert.

⁹C'est pourquoi ainsi parle le Seigneur, l'Éternel: Malheur à la ville sanguinaire! Moi aussi je veux faire un grand bûcher.

¹⁰Entasse le bois, allume le feu, cuis bien la chair, assaisonne-la, et que les os soient brûlés.

¹¹Puis mets la chaudière vide sur les charbons, afin qu'elle s'échauffe, que son airain devienne brûlant, que sa souillure se fonde au dedans, et que sa rouille se consume.

¹²Les efforts sont inutiles, la rouille dont elle est pleine ne se détache pas; la rouille ne s'en ira que par le feu.

¹³Le crime est dans ta souillure; parce que j'ai voulu te purifier et que tu n'es pas devenue pure, tu ne seras plus purifiée de ta souillure jusqu'à ce que j'aie assouvi sur toi ma fureur.

¹⁴Moi, l'Éternel, j'ai parlé; cela arrivera, et je l'exécuterai; je ne reculerai pas, et je n'aurai ni pitié ni repentir. On te jugera selon ta conduite et selon tes actions, dit le Seigneur, l'Éternel.

¹⁵La parole de l'Éternel me fut adressée, en ces mots:

¹⁶Fils de l'homme, voici, je t'enlève par une mort soudaine ce qui fait les délices de tes yeux. Tu ne te lamenteras point, tu ne pleureras point, et tes larmes ne couleront pas.

¹⁷Soupire en silence, ne prends pas le deuil des morts, attache ton turban, mets ta chaussure à tes pieds, ne te couvre pas la barbe, et ne mange pas le pain des autres.

¹⁸J'avais parlé au peuple le matin, et ma femme mourut le soir. Le lendemain matin, je fis ce qui m'avait été ordonné.

¹⁹Le peuple me dit: Ne nous expliqueras-tu pas ce que signifie pour nous ce que tu fais?

²⁰Je leur répondis: La parole de l'Éternel m'a été adressée, en ces mots:

²¹Dis à la maison d'Israël: Ainsi parle le Seigneur, l'Éternel: Voici, je vais profaner mon sanctuaire, l'orgueil de votre force, les délices de vos yeux, l'objet de votre amour; et vos fils et vos filles que vous avez laissés tomberont par l'épée.

²²Vous ferez alors comme j'ai fait. Vous ne vous couvrirez pas la barbe, vous ne mangerez pas le pain des autres,

²³vous aurez vos turbans sur la tête et vos chaussures aux pieds, vous ne vous lamenterez pas et vous ne pleurerez pas; mais vous serez frappés de langueur pour vos iniquités, et vous gémirez entre vous. Ézéchiel sera pour vous un signe.

²⁴Vous ferez entièrement comme il a fait. Et quand ces choses arriveront, vous saurez que je suis le Seigneur, l'Éternel.

²⁵Et toi, fils de l'homme, le jour où je leur enlèverai ce qui fait leur force, leur joie et leur gloire, les délices de leurs yeux et l'objet de leur amour, leurs fils et leurs filles,

²⁶ce jour-là un fuyard viendra vers toi pour l'annoncer à tes oreilles.

²⁷En ce jour, ta bouche s'ouvrira avec le fuyard, et tu parleras, tu ne seras plus muet; tu seras pour eux un signe, et ils sauront que je suis

Ezekiel
l'Éternel.

Chapitre 25

¹La parole de l'Éternel me fut adressée, en ces mots:

²Fils de l'homme, tourne ta face vers les enfants d'Ammon, Et prophétise contre eux!

³Tu diras aux enfants d'Ammon: Écoutez la parole du Seigneur, de l'Éternel! Ainsi parle le Seigneur, l'Éternel: Parce que tu as dit: Ah! ah! Sur mon sanctuaire qui était profané, Sur la terre d'Israël qui était dévastée, Et sur la maison de Juda qui allait en captivité,

⁴Voici, je te donne en possession aux fils de l'Orient; Ils établiront au milieu de toi leurs enclos, Et ils y placeront leurs demeures; Ils mangeront tes fruits, Ils boiront ton lait.

⁵Je ferai de Rabba un parc pour les chameaux, Et du pays des enfants d'Ammon un bercail pour les brebis. Et vous saurez que je suis l'Éternel.

⁶Car ainsi parle le Seigneur, l'Éternel: Parce que tu as battu des mains Et frappé du pied, Parce que tu t'es réjoui dédaigneusement et du fond de l'âme Au sujet de la terre d'Israël,

⁷Voici, j'étends ma main sur toi, Et je te livre en proie aux nations; Je t'extermine du milieu des peuples, Je te retranche du nombre des pays, Je te détruis. Et tu sauras que je suis l'Éternel.

⁸Ainsi parle le Seigneur, l'Éternel: Parce que Moab et Séir ont dit: Voici, la maison de Juda est comme toutes les nations!

⁹A cause de cela, voici, j'ouvre le territoire de Moab Du côté des villes, de ses villes frontières, L'ornement du pays, Beth Jeschimoth, Baal Meon et Kirjathaïm,

¹⁰Je l'ouvre aux fils de l'orient Qui marchent contre les enfants d'Ammon, Et je le leur donne en possession, Afin que les enfants d'Ammon ne soient plus comptés parmi les nations.

¹¹J'exercerai mes jugements contre Moab. Et ils sauront que je suis l'Éternel.

¹²Ainsi parle le Seigneur, l'Éternel: Parce qu'Édom s'est livré à la vengeance Envers la maison de Juda, Parce qu'il s'est rendu coupable Et s'est vengé d'elle,

¹³Ainsi parle le Seigneur, l'Éternel: J'étends ma main sur Édom, J'en extermine les hommes et les bêtes, J'en fais un désert, de Théman à Dedan; Ils tomberont par l'épée.

¹⁴J'exercerai ma vengeance sur Édom Par la main de mon peuple d'Israël; Il traitera Édom selon ma colère et ma fureur; Et ils reconnaîtront ma vengeance, Dit le Seigneur, l'Éternel.

¹⁵Ainsi parle le Seigneur, l'Éternel: Parce que les Philistins se sont livrés à la vengeance, Parce qu'ils se sont vengés dédaigneusement et du fond de l'âme, Voulant tout détruire, dans leur haine éternelle,

¹⁶Ainsi parle le Seigneur, l'Éternel: Voici, j'étends ma main sur les Philistins, J'extermine les Kéréthiens, Et je détruis ce qui reste sur la côte de la mer.

¹⁷J'exercerai sur eux de grandes vengeances, En les châtiant avec fureur. Et ils sauront que je suis l'Éternel, Quand j'exercerai sur eux ma vengeance.

Chapitre 26

¹La onzième année, le premier jour du mois, la parole de l'Éternel me fut adressée, en ces mots:

²Fils de l'homme, parce que Tyr a dit sur Jérusalem: Ah! ah! Elle est brisée, la porte des peuples! On se tourne vers moi, Je me remplirai, elle est déserte!

³A cause de cela, ainsi parle le Seigneur, l'Éternel: Voici, j'en veux à toi, Tyr! Je ferai monter contre toi des nations nombreuses, Comme la mer fait monter ses flots.

⁴Elles détruiront les murs de Tyr, Elles abattront ses tours, Et j'en raclerai la poussière; Je ferai d'elle un rocher nu;

⁵Elle sera dans la mer un lieu où l'on étendra les filets; Car j'ai parlé, dit le Seigneur, l'Éternel. Elle sera la proie des nations.

⁶Ses filles sur son territoire Seront tuées par l'épée. Et ils sauront que je suis l'Éternel.

⁷Car ainsi parle le Seigneur, l'Éternel: Voici, j'amène du septentrion contre Tyr Nebucadnetsar, roi de Babylone, le roi des rois, avec des chevaux, des chars, des cavaliers, et une grande multitude de peuples.

⁸Il tuera par l'épée tes filles sur ton territoire; il fera contre toi des retranchements, il élèvera contre toi des terrasses, et il dressera contre toi le bouclier.

⁹Il dirigera les coups de son bélier contre tes murs, et il renversera tes tours avec ses machines.

¹⁰La multitude de ses chevaux te couvrira de poussière; tes murs trembleront au bruit des cavaliers, des roues et des chars, lorsqu'il entrera dans tes portes comme on entre dans une ville conquise.

¹¹Il foulera toutes tes rues avec les sabots de ses chevaux, il tuera ton peuple par l'épée, et les monuments de ton orgueil tomberont à terre.

¹²On enlèvera tes richesses, on pillera tes marchandises, on abattra tes murs, on renversera tes maisons de plaisance, et l'on jettera au milieu des eaux tes pierres, ton bois, et ta poussière.

¹³Je ferai cesser le bruit de tes chants, et l'on n'entendra plus le son de tes harpes.

¹⁴Je ferai de toi un rocher nu; tu seras un lieu où l'on étendra les filets; tu ne seras plus rebâtie. Car moi, l'Éternel, j'ai parlé, dit le Seigneur, l'Éternel.

¹⁵Ainsi parle à Tyr le Seigneur, l'Éternel: Au bruit de ta chute, Quand les mourants gémissent, Quand le carnage est dans ton sein, Les îles tremblent.

¹⁶Tous les princes de la mer descendent de leurs trônes, Ils ôtent leurs manteaux, Et quittent leurs vêtements brodés; Ils s'enveloppent de frayeur, et s'asseyent sur la terre; A chaque instant l'épouvante les saisit, Et ils sont consternés à cause de toi.

¹⁷Ils prononcent sur toi une complainte, et te disent: Eh quoi! tu es détruite, Toi que peuplaient ceux qui parcourent les mers, Ville célèbre, qui étais puissante sur la mer! Elle est détruite avec ses habitants, Qui inspiraient la terreur à tous ceux d'alentour!

¹⁸Maintenant les îles tremblent au jour de ta chute, Les îles de la mer sont épouvantées de ta fin.

¹⁹Car ainsi parle le Seigneur, l'Éternel: Quand je ferai de toi une ville déserte, Comme les villes qui n'ont point d'habitants, Quand je ferai monter contre toi l'abîme, Et que les grandes eaux te couvriront,

²⁰Je te précipiterai avec ceux qui sont descendus dans la fosse, Vers le peuple d'autrefois, Je te placerai dans les profondeurs de la terre, Dans les solitudes éternelles, Près de ceux qui sont descendus dans la fosse, Afin que tu ne sois plus habitée; Et je réserverai la gloire pour le pays des vivants.

²¹Je te réduirai au néant, et tu ne seras plus; On te cherchera, et l'on ne te trouvera plus jamais, Dit le Seigneur, l'Éternel.

Chapitre 27

¹La parole de l'Éternel me fut adressée, en ces mots:

²Et toi, fils de l'homme, Prononce sur Tyr une complainte!

³Tu diras à Tyr: O toi qui es assise au bord de la mer, Et qui trafiques avec les peuples d'un grand nombre d'îles! Ainsi parle le Seigneur, l'Éternel: Tyr, tu disais: Je suis parfaite en beauté!

⁴Ton territoire est au coeur des mers; Ceux qui t'ont bâtie t'ont rendue parfaite en beauté.

⁵Avec des cyprès de Senir ils ont fait tous tes lambris; Ils ont pris des cèdres du Liban pour t'élever un mât;

⁶Ils ont fabriqué tes rames avec des chênes de Basan, Et tes bancs avec de l'ivoire travaillé dans du buis, Et apporté des îles de Kittim.

⁷Le fin lin d'Égypte avec des broderies Te servait de voiles et de pavillon; Des étoffes teintes en bleu et en pourpre des îles d'Élischa Formaient tes tentures.

⁸Les habitants de Sidon et d'Arvad étaient tes rameurs, Et les plus experts du milieu de toi, ô Tyr, étaient tes pilotes.

⁹Les anciens de Guebal et ses ouvriers habiles étaient chez toi, Pour réparer tes fissures; Tous les navires de la mer et leurs mariniers étaient chez toi, Pour faire l'échange de tes marchandises.

¹⁰Ceux de Perse, de Lud et de Puth, servaient dans ton armée, C'étaient des hommes de guerre; Ils suspendaient chez toi le bouclier et le casque, Ils te donnaient de la splendeur.

¹¹Les enfants d'Arvad et tes guerriers garnissaient tes murs, Et de vaillants hommes occupaient tes tours; Ils suspendaient leurs boucliers à tous tes murs, Ils rendaient ta beauté parfaite.

¹²Ceux de Tarsis trafiquaient avec toi, A cause de tous les biens que tu avais en abondance; D'argent, de fer, d'étain et de plomb, Ils pourvoyaient tes marchés.

¹³Javan, Tubal et Méschec trafiquaient avec toi; Ils donnaient des esclaves et des ustensiles d'airain En échange de tes marchandises.

¹⁴Ceux de la maison de Togarma Pourvoyaient tes marchés de chevaux, de cavaliers et de mulets.

¹⁵Les enfants de Dedan trafiquaient avec toi; Le commerce de beaucoup d'îles passait par tes mains; On te payait avec des cornes d'ivoire et de l'ébène.

¹⁶La Syrie trafiquait avec toi, A cause du grand nombre de tes produits; D'escarboucles, de pourpre, de broderies, De byssus, de corail et de rubis, Elle pourvoyait tes marchés.

¹⁷Juda et le pays d'Israël trafiquaient avec toi; Ils donnaient le froment de Minnith, La pâtisserie, le miel, l'huile et le baume, En échange de tes marchandises.

¹⁸Damas trafiquait avec toi, A cause du grand nombre de tes produits, A cause de tous les biens que tu avais en abondance; Elle te fournissait du vin de Helbon et de la laine blanche.

¹⁹Vedan et Javan, depuis Uzal, Pourvoyaient tes marchés; Le fer travaillé, la casse et le roseau aromatique, Étaient échangés avec toi.

²⁰Dedan trafiquait avec toi En couvertures pour s'asseoir à cheval.

²¹L'Arabie et tous les princes de Kédar trafiquaient avec toi, Et faisaient le commerce en agneaux, en béliers et en boucs.

²²Les marchands de Séba et de Raema trafiquaient avec toi; De tous les meilleurs aromates, De toute espèce de pierres précieuses et d'or, Ils pourvoyaient tes marchés.

²³Charan, Canné et Éden, Les marchands de Séba, d'Assyrie, de Kilmad, Trafiquaient avec toi;

²⁴Ils trafiquaient avec toi en belles marchandises, En manteaux teints en bleu, en broderies, En riches étoffes contenues dans des coffres Attachés avec des cordes, faits en bois de cèdre, Et amenés sur tes marchés.

²⁵Les navires de Tarsis naviguaient pour ton commerce; Tu étais au comble de la richesse et de la gloire, Au coeur des mers.

²⁶Tes rameurs t'ont fait voguer sur les grandes eaux: Un vent d'orient t'a brisée au coeur des mers.

²⁷Tes richesses, tes marchés et tes marchandises, Tes mariniers et tes pilotes, Ceux qui réparent tes fissures Et ceux qui s'occupent de ton commerce, Tous tes hommes de guerre qui sont chez toi Et toute la multitude qui est au milieu de toi Tomberont dans le coeur des mers, Au jour de ta chute.

²⁸Aux cris de tes pilotes, Les plages d'alentour trembleront;

²⁹Et tous ceux qui manient la rame descendront de leurs navires, Les mariniers, tous les pilotes de la mer. Ils se tiendront sur la terre;

³⁰Ils feront entendre leurs voix sur toi, Et pousseront des cris amers; Ils jetteront de la poussière sur leurs têtes Et se rouleront dans la cendre;

³¹Ils se raseront la tête à cause de toi, Ils se revêtiront de sacs, Et ils pleureront sur toi dans l'amertume de leur âme, Avec une vive affliction.

³²Dans leur douleur, ils diront une complainte sur toi, Ils se lamenteront sur toi: Qui était comme Tyr, Comme cette ville détruite au milieu de la mer?

³³Quand tes produits sortaient des mers, Tu rassasiais un grand nombre de peuples; Par l'abondance de tes biens et de tes marchandises, Tu enrichissais les rois de la terre.

³⁴Et quand tu as été brisée par les mers, Quand tu as disparu dans les profondeurs des eaux, Tes marchandises et toute ta multitude Sont tombées avec toi.

³⁵Tous les habitants des îles sont dans la stupeur à cause de toi, Leurs rois sont saisis d'épouvante, Leur visage est bouleversé.

³⁶Les marchands parmi les peuples sifflent sur toi; Tu es réduite au néant, tu ne seras plus à jamais!

Chapitre 28

¹La parole de l'Éternel me fut adressée, en ces mots:

²Fils de l'homme, dis au prince de Tyr: Ainsi parle le Seigneur, l'Éternel: Ton coeur s'est élevé, et tu as dit: Je suis Dieu, Je suis assis sur le siège de Dieu, au sein des mers! Toi, tu es homme et non Dieu, Et tu prends ta volonté pour la volonté de Dieu.

³Voici, tu es plus sage que Daniel, Rien de secret n'est caché pour toi;

⁴Par ta sagesse et par ton intelligence Tu t'es acquis des richesses, Tu as amassé de l'or et de l'argent Dans tes trésors;

⁵Par ta grande sagesse et par ton commerce Tu as accru tes richesses, Et par tes richesses ton coeur s'est élevé.

⁶C'est pourquoi ainsi parle le Seigneur, l'Éternel: Parce que tu prends ta volonté pour la volonté de Dieu,

⁷Voici, je ferai venir contre toi des étrangers, Les plus violents d'entre les peuples; Ils tireront l'épée contre ton éclatante sagesse, Et ils souilleront ta beauté.

⁸Ils te précipiteront dans la fosse, Et tu mourras comme ceux qui tombent percés de coups, Au milieu des mers.

⁹En face de ton meurtrier, diras-tu: Je suis Dieu? Tu seras homme et non Dieu Sous la main de celui qui te tuera.

¹⁰Tu mourras de la mort des incirconcis, Par la main des étrangers. Car moi, j'ai parlé, Dit le Seigneur, l'Éternel.

¹¹La parole de l'Éternel me fut adressée, en ces mots:

¹²Fils de l'homme, Prononce une complainte sur le roi de Tyr! Tu lui diras: Ainsi parle le Seigneur, l'Éternel: Tu mettais le sceau à la perfection, Tu étais plein de sagesse, parfait en beauté.

¹³Tu étais en Éden, le jardin de Dieu; Tu étais couvert de toute espèce de pierres précieuses, De sardoine, de topaze, de diamant, De chrysolithe, d'onyx, de jaspe, De saphir, d'escarboucle, d'émeraude, et d'or; Tes tambourins et tes flûtes étaient à ton service, Préparés pour le jour où tu fus créé.

¹⁴Tu étais un chérubin protecteur, aux ailes déployées; Je t'avais placé et tu étais sur la sainte montagne de Dieu; Tu marchais au milieu des pierres étincelantes.

¹⁵Tu as été intègre dans tes voies, Depuis le jour où tu fus créé Jusqu'à celui où l'iniquité a été trouvée chez toi.

¹⁶Par la grandeur de ton commerce Tu as été rempli de violence, et tu as péché; Je te précipite de la montagne de Dieu, Et je te fais disparaître, chérubin protecteur, Du milieu des pierres étincelantes.

¹⁷Ton coeur s'est élevé à cause de ta beauté, Tu as corrompu ta sagesse par ton éclat; Je te jette par terre, Je te livre en spectacle aux rois.

¹⁸Par la multitude de tes iniquités, Par l'injustice de ton commerce, Tu as profané tes sanctuaires; Je fais sortir du milieu de toi un feu qui te dévore, Je te réduis en cendre sur la terre, Aux yeux de tous ceux qui te regardent.

¹⁹Tous ceux qui te connaissent parmi les peuples Sont dans la stupeur à cause de toi; Tu es réduit au néant, tu ne seras plus à jamais!

²⁰La parole de l'Éternel me fut adressée, en ces mots:

²¹Fils de l'homme, tourne ta face vers Sidon, Et prophétise contre elle!

²²Tu diras: Ainsi parle le Seigneur, l'Éternel: Voici, j'en veux à toi, Sidon! Je serai glorifié au milieu de toi; Et ils sauront que je suis l'Éternel, Quand j'exercerai mes jugements contre elle, Quand je manifesterai ma sainteté au milieu d'elle.

²³J'enverrai la peste dans son sein, Je ferai couler le sang dans ses rues; Les morts tomberont au milieu d'elle Par l'épée qui de toutes parts viendra la frapper. Et ils sauront que je suis l'Éternel.

²⁴Alors elle ne sera plus pour la maison d'Israël Une épine qui blesse, une ronce déchirante, Parmi tous ceux qui l'entourent et qui la méprisent. Et ils sauront que je suis le Seigneur, l'Éternel.

²⁵Ainsi parle le Seigneur, l'Éternel: Lorsque je rassemblerai la maison d'Israël du milieu des peuples où elle est dispersée, je manifesterai en elle ma sainteté aux yeux des nations, et ils habiteront leur pays que j'ai donné à mon serviteur Jacob.

²⁶Ils y habiteront en sécurité, et ils bâtiront des maisons et planteront des vignes; ils y habiteront en sécurité, quand j'exercerai mes jugements contre tous ceux qui les entourent et qui les méprisent. Et ils sauront que je suis l'Éternel, leur Dieu.

Chapitre 29

¹La dixième année, le douzième jour du dixième mois, la parole de l'Éternel me fut adressée, en ces mots:

²Fils de l'homme, tourne ta face vers Pharaon, roi d'Égypte, Et prophétise contre lui et contre toute l'Égypte!

³Parle, et tu diras: Ainsi parle le Seigneur, l'Éternel: Voici, j'en veux à toi, Pharaon, roi d'Égypte, Grand crocodile, qui te couches au milieu de tes fleuves, Et qui dis: Mon fleuve est à moi, c'est moi qui l'ai fait!

⁴Je mettrai une boucle à tes mâchoires, J'attacherai à tes écailles les poissons de tes fleuves, Et je te tirerai du milieu de tes fleuves, Avec tous les poissons qui s'y trouvent Et qui seront attachés à tes écailles.

⁵Je te jetterai dans le désert, Toi et tous les poissons de tes fleuves. Tu tomberas sur la face des champs, Tu ne seras ni relevé ni ramassé; Aux bêtes de la terre et aux oiseaux du ciel Je te donnerai pour pâture.

⁶Et tous les habitants de l'Égypte sauront que je suis l'Éternel, Parce qu'ils ont été un soutien de roseau pour la maison d'Israël.

⁷Lorsqu'ils t'ont pris dans la main, tu t'es rompu, Et tu leur as déchiré toute l'épaule; Lorsqu'ils se sont appuyés sur toi, tu t'es brisé, Et tu as rendu leurs reins immobiles.

⁸C'est pourquoi ainsi parle le Seigneur, l'Éternel: Voici, je ferai venir contre toi l'épée, Et j'exterminerai du milieu de toi les hommes et les bêtes.

⁹Le pays d'Égypte deviendra une solitude et un désert. Et ils sauront que je suis l'Éternel, Parce qu'il a dit: Le fleuve est à moi, c'est moi qui l'ai fait!

¹⁰C'est pourquoi voici, j'en veux à toi et à tes fleuves, Et je ferai du pays d'Égypte un désert et une solitude, Depuis Migdol jusqu'à Syène et aux frontières de l'Éthiopie.

¹¹Nul pied d'homme n'y passera, Nul pied d'animal n'y passera, Et il restera quarante ans sans être habité.

¹²Je ferai du pays d'Égypte une solitude entre les pays dévastés, Et ses villes seront désertes entre les villes désertes, Pendant quarante ans. Je répandrai les Égyptiens parmi les nations, Je les disperserai en divers

Ezekiel

pays. ¹³Ainsi parle le Seigneur, l'Éternel: Au bout de quarante ans je rassemblerai les Égyptiens Du milieu des peuples où ils auront été dispersés.

¹⁴Je ramènerai les captifs de l'Égypte, Je les ramènerai dans le pays de Pathros, Dans le pays de leur origine, Et là ils formeront un faible royaume.

¹⁵Ce sera le moindre des royaumes, Et il ne s'élèvera plus au-dessus des nations, Je les diminuerai, afin qu'ils ne dominent pas sur les nations.

¹⁶Ce royaume ne sera plus pour la maison d'Israël un sujet de confiance; Il lui rappellera son iniquité, quand elle se tournait vers eux. Et ils sauront que je suis le Seigneur, l'Éternel.

¹⁷La vingt-septième année, le premier jour du premier mois, la parole de l'Éternel me fut adressée, en ces mots:

¹⁸Fils de l'homme, Nebucadnetsar, roi de Babylone, A fait faire à son armée un service pénible contre Tyr; Toutes les têtes sont chauves, toutes les épaules sont écorchées; Et il n'a retiré de Tyr aucun salaire, ni lui, ni son armée, Pour le service qu'il a fait contre elle.

¹⁹C'est pourquoi ainsi parle le Seigneur, l'Éternel: Voici, je donne à Nebucadnetsar, roi de Babylone, Le pays d'Égypte; Il en emportera les richesses, Il en prendra les dépouilles, Il en pillera le butin; Ce sera un salaire pour son armée.

²⁰Pour prix du service qu'il a fait contre Tyr, Je lui donne le pays d'Égypte; Car ils ont travaillé pour moi, Dit le Seigneur, l'Éternel.

²¹En ce jour-là, je donnerai de la force à la maison d'Israël, Et je t'ouvrirai la bouche au milieu d'eux; Et ils sauront que je suis l'Éternel.

Chapitre 30

¹La parole de l'Éternel me fut adressée, en ces mots:

²Fils de l'homme, prophétise, et dis: Ainsi parle le Seigneur, l'Éternel: Gémissez!... Malheureux jour!

³Car le jour approche, le jour de l'Éternel approche, Jour ténébreux: ce sera le temps des nations.

⁴L'épée fondra sur l'Égypte, Et l'épouvante sera dans l'Éthiopie, Quand les morts tomberont en Égypte, Quand on enlèvera ses richesses, Et que ses fondements seront renversés.

⁵L'Éthiopie, Puth, Lud, toute l'Arabie, Cub, Et les fils du pays allié, Tomberont avec eux par l'épée.

⁶Ainsi parle l'Éternel: Ils tomberont, les soutiens de l'Égypte, Et l'orgueil de sa force périra; De Migdol à Syène ils tomberont par l'épée, Dit le Seigneur, l'Éternel.

⁷Ils seront dévastés entre les pays dévastés, Et ses villes seront entre les villes désertes.

⁸Et ils sauront que je suis l'Éternel, Quand je mettrai le feu dans l'Égypte, Et que tous ses soutiens seront brisés.

⁹En ce jour-là, des messagers iront de ma part sur des navires Troubler l'Éthiopie dans sa sécurité; Et l'épouvante sera parmi eux au jour de l'Égypte, Car voici, ces choses arrivent!

¹⁰Ainsi parle le Seigneur, l'Éternel: Je ferai disparaître la multitude de l'Égypte, Par la main de Nebucadnetsar, roi de Babylone.

¹¹Lui et son peuple avec lui, Le plus violent d'entre les peuples, Seront envoyés pour détruire le pays; Ils tireront l'épée contre l'Égypte, Et rempliront le pays de morts.

¹²Je mettrai les canaux à sec, Je livrerai le pays entre les mains des méchants; Je ravagerai le pays et ce qu'il renferme, par la main des étrangers. Moi, l'Éternel, j'ai parlé.

¹³Ainsi parle le Seigneur, l'Éternel: J'anéantirai les idoles, Et j'ôterai de Noph les vains simulacres; Il n'y aura plus de prince du pays d'Égypte, Et je répandrai la terreur dans le pays d'Égypte.

¹⁴Je dévasterai Pathros, Je mettrai le feu à Tsoan, Et j'exercerai mes jugements sur No.

¹⁵Je répandrai ma fureur sur Sin, la forteresse de l'Égypte, Et j'exterminerai la multitude de No.

¹⁶Je mettrai le feu dans l'Égypte; Sin sera saisie d'angoisse, No sera ouverte par la brèche, Et Noph conquise en plein jour par les ennemis.

¹⁷Les jeunes hommes d'On et de Pi Béseth tomberont par l'épée, Et ces villes iront en captivité.

¹⁸A Tachpanès le jour s'obscurcira, Quand j'y briserai le joug de l'Éternel, Et que l'orgueil de sa force y prendra fin; Un nuage couvrira Tachpanès, Et ses filles iront en captivité.

¹⁹J'exercerai mes jugements sur l'Égypte, Et ils sauront que je suis l'Éternel.

²⁰La onzième année, le septième jour du premier mois, la parole de l'Éternel me fut adressée, en ces mots:

²¹Fils de l'homme, j'ai rompu le bras de Pharaon, roi d'Égypte; Et voici, on ne l'a point pansé pour le guérir, On ne l'a point enveloppé d'un bandage Pour le lier et le raffermir, Afin qu'il puisse manier l'épée.

²²C'est pourquoi ainsi parle le Seigneur, l'Éternel: Voici, j'en veux à Pharaon, roi d'Égypte, Et je lui romprai les bras, Celui qui est en bon état et celui qui est cassé. Et je ferai tomber l'épée de sa main.

²³Je répandrai les Égyptiens parmi les nations, Je les disperserai en divers pays.

²⁴Je fortifierai les bras du roi de Babylone, Et je mettrai mon épée dans sa main; Je romprai les bras de Pharaon, Et il gémira devant lui comme gémissent les mourants.

²⁵Je fortifierai les bras du roi de Babylone, Et les bras de Pharaon tomberont. Et ils sauront que je suis l'Éternel, Quand je mettrai mon épée dans la main du roi de Babylone, Et qu'il la tournera contre le pays d'Égypte.

²⁶Je répandrai les Égyptiens parmi les nations, Je les disperserai en divers pays, Et ils sauront que je suis l'Éternel.

Chapitre 31

¹La onzième année, le premier jour du troisième mois, la parole de l'Éternel me fut adressée, en ces mots:

²Fils de l'homme, dis à Pharaon, roi d'Égypte, et à sa multitude: A qui ressembles-tu dans ta grandeur?

³Voici, l'Assyrie était un cèdre du Liban; Ses branches étaient belles, Son feuillage était touffu, sa tige élevée, Et sa cime s'élançait au milieu d'épais rameaux.

⁴Les eaux l'avaient fait croître, L'abîme l'avait fait pousser en hauteur; Des fleuves coulaient autour du lieu où il était planté, Et envoyaient leurs canaux à tous les arbres des champs.

⁵C'est pourquoi sa tige s'élevait au-dessus de tous les arbres des champs, Ses branches avaient multiplié, ses rameaux s'étendaient, Par l'abondance des eaux qui l'avaient fait pousser.

⁶Tous les oiseaux du ciel nichaient dans ses branches, Toutes les bêtes des champs faisaient leurs petits sous ses rameaux, Et de nombreuses nations habitaient toutes à son ombre.

⁷Il était beau par sa grandeur, par l'étendue de ses branches, Car ses racines plongeaient dans des eaux abondantes.

⁸Les cèdres du jardin de Dieu ne le surpassaient point, Les cyprès n'égalaient point ses branches, Et les platanes n'étaient point comme ses rameaux; Aucun arbre du jardin de Dieu ne lui était comparable en beauté.

⁹Je l'avais embelli par la multitude de ses branches, Et tous les arbres d'Éden, dans le jardin de Dieu, lui portaient envie.

¹⁰C'est pourquoi ainsi parle le Seigneur, l'Éternel: Parce qu'il avait une tige élevée, Parce qu'il lançait sa cime au milieu d'épais rameaux, Et que son coeur était fier de sa hauteur,

¹¹Je l'ai livré entre les mains du héros des nations, Qui le traitera selon sa méchanceté; je l'ai chassé.

¹²Des étrangers, les plus violents des peuples, l'ont abattu et rejeté; Ses branches sont tombées dans les montagnes et dans toutes les vallées. Ses rameaux se sont brisés dans tous les ravins du pays; Et tous les peuples de la terre se sont retirés de son ombre, Et l'ont abandonné.

¹³Sur ses débris sont venus se poser tous les oiseaux du ciel, Et toutes les bêtes des champs ont fait leur gîte parmi ses rameaux,

¹⁴Afin que tous les arbres près des eaux n'élèvent plus leur tige, Et qu'ils ne lancent plus leur cime au milieu d'épais rameaux, Afin que tous les chênes arrosés d'eau ne gardent plus leur hauteur; Car tous sont livrés à la mort, aux profondeurs de la terre, Parmi les enfants des hommes, Avec ceux qui descendent dans la fosse.

¹⁵Ainsi parle le Seigneur, l'Éternel: Le jour où il est descendu dans le séjour des morts, J'ai répandu le deuil, j'ai couvert l'abîme à cause de lui, Et j'en ai retenu les fleuves; Les grandes eaux ont été arrêtées; J'ai rendu le Liban triste à cause de lui, Et tous les arbres des champs ont été desséchés.

¹⁶Par le bruit de sa chute j'ai fait trembler les nations, Quand je l'ai précipité dans le séjour des morts, Avec ceux qui descendent dans la fosse; Tous les arbres d'Éden ont été consolés dans les profondeurs de la terre, Les plus beaux et les meilleurs du Liban, Tous arrosés par les eaux.

¹⁷Eux aussi sont descendus avec lui dans le séjour des morts, Vers ceux qui ont péri par l'épée; Ils étaient son bras et ils habitaient à son ombre parmi les nations.

¹⁸A qui ressembles-tu ainsi en gloire et en grandeur Parmi les arbres d'Éden? Tu seras précipité avec les arbres d'Éden Dans les profondeurs de la terre, Tu seras couché au milieu des incirconcis, Avec ceux qui ont péri par l'épée. Voilà Pharaon et toute sa multitude! Dit le Seigneur, l'Éternel.

Chapitre 32

¹La douzième année, le premier jour du douzième mois, la parole de l'Éternel me fut adressée, en ces mots:

²Fils de l'homme, Prononce une complainte sur Pharaon, roi d'Égypte! Tu lui diras: Tu ressemblais à un lionceau parmi les nations; Tu étais comme un crocodile dans les mers, Tu t'élançais dans tes fleuves, Tu troublais les eaux avec tes pieds, Tu agitais leurs flots.

³Ainsi parle le Seigneur, l'Éternel: J'étendrai sur toi mon rets, Dans une foule nombreuse de peuples, Et ils te tireront dans mon filet.

⁴Je te laisserai à terre, Je te jetterai sur la face des champs; Je ferai reposer sur toi tous les oiseaux du ciel, Et je rassasierai de toi les bêtes de toute la terre.

⁵Je mettrai ta chair sur les montagnes, Et je remplirai les vallées de tes débris;

⁶J'arroserai de ton sang le pays où tu nages, Jusqu'aux montagnes, Et les ravins seront remplis de toi.

⁷Quand je t'éteindrai, je voilerai les cieux Et j'obscurcirai leurs étoiles, Je couvrirai le soleil de nuages, Et la lune ne donnera plus sa lumière.

⁸J'obscurcirai à cause de toi tous les luminaires des cieux, Et je répandrai les ténèbres sur ton pays, Dit le Seigneur, l'Éternel.

⁹J'affligerai le coeur de beaucoup de peuples, Quand j'annoncerai ta ruine parmi les nations A des pays que tu ne connaissais pas.

¹⁰Je frapperai de stupeur beaucoup de peuples à cause de toi, Et leurs rois seront saisis d'épouvante à cause de toi, Quand j'agiterai mon épée devant leur face; Ils trembleront à tout instant chacun pour sa vie, Au jour de ta chute.

¹¹Car ainsi parle le Seigneur, l'Éternel: L'épée du roi de Babylone fondra sur toi.

¹²Je ferai tomber ta multitude par l'épée de vaillants hommes, Tous les plus violents d'entre les peuples; Ils anéantiront l'orgueil de l'Égypte, Et toute sa multitude sera détruite.

¹³Je ferai périr tout son bétail près des grandes eaux; Le pied de l'homme ne les troublera plus, Le sabot des animaux ne les troublera plus.

¹⁴Alors je calmerai ses eaux, Et je ferai couler ses fleuves comme l'huile, Dit le Seigneur, l'Éternel.

¹⁵Quand je ferai du pays d'Égypte une solitude, Et que le pays sera dépouillé de tout ce qu'il contient, Quand je frapperai tous ceux qui l'habitent, Ils sauront que je suis l'Éternel.

¹⁶C'est là une complainte, et on la dira; Les filles des nations diront cette complainte; Elles la prononceront sur l'Égypte et sur toute sa multitude, Dit le Seigneur, l'Éternel.

¹⁷La douzième année, le quinzième jour du mois, la parole de l'Éternel me fut adressée, en ces mots:

¹⁸Fils de l'homme, Lamente-toi sur la multitude d'Égypte, et précipite-la, Elle et les filles des nations puissantes, Dans les profondeurs de la terre, Avec ceux qui descendent dans la fosse!

¹⁹Qui surpasses-tu en beauté? Descends, et couche-toi avec les incirconcis!

²⁰Ils tomberont au milieu de ceux qui sont morts par l'épée. Le glaive est donné: Entraînez l'Égypte et toute sa multitude!

²¹Les puissants héros lui adresseront la parole Au sein du séjour des morts, Avec ceux qui étaient ses soutiens. Ils sont descendus, ils sont couchés, les incirconcis, Tués par l'épée.

²²Là est l'Assyrien, avec toute sa multitude, Et ses sépulcres sont autour de lui; Tous sont morts, sont tombés par l'épée.

²³Ses sépulcres sont dans les profondeurs de la fosse, Et sa multitude est autour de son sépulcre; Tous sont morts, sont tombés par l'épée; Eux qui répandaient la terreur dans le pays des vivants.

²⁴Là est Élam, avec toute sa multitude, Autour est son sépulcre; Tous sont morts, sont tombés par l'épée; Ils sont descendus incirconcis dans les profondeurs de la terre, Eux qui répandaient la terreur dans le pays des vivants, Et ils ont porté leur ignominie vers ceux qui descendent dans la fosse.

²⁵On a fait sa couche parmi les morts avec toute sa multitude, Et ses sépulcres sont autour de lui; Tous ces incirconcis sont morts par l'épée, Car ils répandaient la terreur dans le pays des vivants, Et ils ont porté leur ignominie vers ceux qui descendent dans la fosse; Ils ont été placés parmi les morts.

²⁶Là sont Méschec, Tubal, et toute leur multitude, Et leurs sépulcres sont autour d'eux; Tous ces incirconcis sont morts par l'épée, Car ils répandaient la terreur dans le pays des vivants.

²⁷Ils ne sont pas couchés avec les héros, Ceux qui sont tombés d'entre les incirconcis; Ils sont descendus au séjour des morts avec leurs armes de guerre, Ils ont mis leurs épées sous leurs têtes, Et leurs iniquités ont été sur leurs ossements; Car ils étaient la terreur des héros dans le pays des vivants.

²⁸Toi aussi, tu seras brisé au milieu des incirconcis; Tu seras couché avec ceux qui sont morts par l'épée.

²⁹Là sont Édom, ses rois et tous ses princes, Qui, malgré leur vaillance, ont été placés Avec ceux qui sont morts par l'épée; Ils sont couchés avec les incirconcis, Avec ceux qui descendent dans la fosse.

³⁰Là sont tous les princes du septentrion, et tous les Sidoniens, Qui sont descendus vers les morts, Confus, malgré la terreur qu'inspirait leur vaillance; Ces incirconcis sont couchés avec ceux qui sont morts par l'épée, Et ils ont porté leur ignominie vers ceux qui descendent dans la fosse.

³¹Pharaon les verra, Et il se consolera au sujet de toute sa multitude, Des siens qui sont morts par l'épée et de toute son armée, Dit le Seigneur, l'Éternel.

³²Car je répandrai ma terreur dans le pays des vivants; Et ils seront couchés au milieu des incirconcis, Avec ceux qui sont morts par l'épée, Pharaon et toute sa multitude, Dit le Seigneur, l'Éternel.

Chapitre 33

¹La parole de l'Éternel me fut adressée, en ces mots:

²Fils de l'homme, parle aux enfants de ton peuple, et dis-leur: Lorsque je fais venir l'épée sur un pays, et que le peuple du pays prend dans son sein un homme et l'établit comme sentinelle, -

³si cet homme voit venir l'épée sur le pays, sonne de la trompette, et avertit le peuple;

⁴et si celui qui entend le son de la trompette ne se laisse pas avertir, et que l'épée vienne le surprendre, son sang sera sur sa tête.

⁵Il a entendu le son de la trompette, et il ne s'est pas laissé avertir, son sang sera sur lui; s'il se laisse avertir, il sauvera son âme.

⁶Si la sentinelle voit venir l'épée, et ne sonne pas de la trompette; si le peuple n'est pas averti, et que l'épée vienne enlever à quelqu'un la vie, celui-ci périra à cause de son iniquité, mais je redemanderai son sang à la sentinelle.

⁷Et toi, fils de l'homme, je t'ai établi comme sentinelle sur la maison d'Israël. Tu dois écouter la parole qui sort de ma bouche, et les avertir de ma part.

⁸Quand je dis au méchant: Méchant, tu mourras! si tu ne parles pas pour détourner le méchant de sa voie, ce méchant mourra dans son iniquité, et je te redemanderai son sang.

⁹Mais si tu avertis le méchant pour le détourner de sa voie, et qu'il ne s'en détourne pas, il mourra dans son iniquité, et toi tu sauveras ton âme.

¹⁰Et toi, fils de l'homme, dis à la maison d'Israël: Vous dites: Nos transgressions et nos péchés sont sur nous, et c'est à cause d'eux que nous sommes frappés de langueur; comment pourrions-nous vivre?

¹¹Dis-leur: je suis vivant! dit le Seigneur, l'Éternel, ce que je désire, ce n'est pas que le méchant meure, c'est qu'il change de conduite et qu'il vive. Revenez, revenez de votre mauvaise voie; et pourquoi mourriez-vous, maison d'Israël?

¹²Et toi, fils de l'homme, dis aux enfants de ton peuple: La justice du juste ne le sauvera pas au jour de sa transgression; et le méchant ne tombera pas par sa méchanceté le jour où il s'en détournera, de même que le juste ne pourra pas vivre par sa justice au jour de sa transgression.

¹³Lorsque je dis au juste qu'il vivra, -s'il se confie dans sa justice et commet l'iniquité, toute sa justice sera oubliée, et il mourra à cause de l'iniquité qu'il a commise.

¹⁴Lorsque je dis au méchant: Tu mourras! -s'il revient de son péché et pratique la droiture et la justice,

¹⁵s'il rend le gage, s'il restitue ce qu'il a ravi, s'il suit les préceptes qui donnent la vie, sans commettre l'iniquité, il vivra, il ne mourra pas.

¹⁶Tous les péchés qu'il a commis seront oubliés; il pratique la droiture et la justice, il vivra.

¹⁷Les enfants de ton peuple disent: La voie du Seigneur n'est pas droite. C'est leur voie qui n'est pas droite.

¹⁸Si le juste se détourne de sa justice et commet l'iniquité, il mourra à cause de cela.

¹⁹Si le méchant revient de sa méchanceté et pratique la droiture et la justice, il vivra à cause de cela.

²⁰Vous dites: La voie du Seigneur n'est pas droite. Je vous jugerai chacun selon ses voies, maison d'Israël!

²¹La douzième année, le cinquième jour du dixième mois de notre captivité, un homme qui s'était échappé de Jérusalem vint à moi et dit: La ville a été prise!

²²La main de l'Éternel avait été sur moi le soir avant l'arrivée du fugitif, et l'Éternel m'avait ouvert la bouche lorsqu'il vint auprès de moi le matin. Ma bouche était ouverte, et je n'étais plus muet.

²³Alors la parole de l'Éternel me fut adressée, en ces mots:
²⁴Fils de l'homme, ceux qui habitent ces ruines dans le pays d'Israël disent: Abraham était seul, et il a hérité le pays; à nous qui sommes nombreux, le pays est donné en possession.
²⁵C'est pourquoi dis-leur: Ainsi parle le Seigneur, l'Éternel: Vous mangez vos aliments avec du sang, vous levez les yeux vers vos idoles, vous répandez le sang. Et vous posséderiez le pays!
²⁶Vous vous appuyez sur votre épée, vous commettez des abominations, chacun de vous déshonore la femme de son prochain. Et vous posséderiez le pays!
²⁷Dis-leur: Ainsi parle le Seigneur, l'Éternel: Je suis vivant! Ceux qui sont parmi les ruines tomberont par l'épée; ceux qui sont dans les champs, j'en ferai la pâture des bêtes; et ceux qui sont dans les forts et dans les cavernes mourront par la peste.
²⁸Je réduirai le pays en solitude et en désert; l'orgueil de sa force prendra fin, les montagnes d'Israël seront désolées, personne n'y passera.
²⁹Et ils sauront que je suis l'Éternel, quand je réduirai le pays en solitude et en désert, à cause de toutes les abominations qu'ils ont commises.
³⁰Et toi, fils de l'homme, les enfants de ton peuple s'entretiennent de toi près des murs et aux portes des maisons, et ils se disent l'un à l'autre, chacun à son frère: Venez donc, et écoutez quelle est la parole qui est procédée de l'Éternel!
³¹Et ils se rendent en foule auprès de toi, et mon peuple s'assied devant toi; ils écoutent tes paroles, mais ils ne les mettent point en pratique, car leur bouche en fait un sujet de moquerie, et leur coeur se livre à la cupidité.
³²Voici, tu es pour eux comme un chanteur agréable, possédant une belle voix, et habile dans la musique. Ils écoutent tes paroles, mais ils ne les mettent point en pratique.
³³Quand ces choses arriveront, -et voici, elles arrivent! -ils sauront qu'il y avait un prophète au milieu d'eux.

Chapitre 34

¹La parole de l'Éternel me fut adressée, en ces mots:
²Fils de l'homme, prophétise contre les pasteurs d'Israël! Prophétise, et dis-leur, aux pasteurs: Ainsi parle le Seigneur, l'Éternel: Malheur aux pasteurs d'Israël, qui se paissaient eux-mêmes! Les pasteurs ne devaient-ils pas paître le troupeau?
³Vous avez mangé la graisse, vous vous êtes vêtus avec la laine, vous avez tué ce qui était gras, vous n'avez point fait paître les brebis.
⁴Vous n'avez pas fortifié celles qui étaient faibles, guéri celle qui était malade, pansé celle qui était blessée; vous n'avez pas ramené celle qui s'égarait, cherché celle qui était perdue; mais vous les avez dominées avec violence et avec dureté.
⁵Elles se sont dispersées, parce qu'elles n'avaient point de pasteur; elles sont devenues la proie de toutes les bêtes des champs, elles se sont dispersées.
⁶Mon troupeau est errant sur toutes les montagnes et sur toutes les collines élevées, mon troupeau est dispersé sur toute la face du pays; nul n'en prend souci, nul ne le cherche.
⁷C'est pourquoi, pasteurs, écoutez la parole de l'Éternel!
⁸Je suis vivant! dit le Seigneur, l'Éternel, parce que mes brebis sont au pillage et qu'elles sont devenues la proie de toutes les bêtes des champs, faute de pasteur, parce que mes pasteurs ne prenaient aucun souci de mes brebis, qu'ils se paissaient eux-mêmes, et ne faisaient point paître mes brebis, -
⁹à cause de cela, pasteurs, écoutez la parole de l'Éternel!
¹⁰Ainsi parle le Seigneur, l'Éternel: Voici, j'en veux aux pasteurs! Je reprendrai mes brebis d'entre leurs mains, je ne les laisserai plus paître mes brebis, et ils ne se paîtront plus eux-mêmes; je délivrerai mes brebis de leur bouche, et elles ne seront plus pour eux une proie.
¹¹Car ainsi parle le Seigneur, l'Éternel: Voici, j'aurai soin moi-même de mes brebis, et j'en ferai la revue.
¹²Comme un pasteur inspecte son troupeau quand il est au milieu de ses brebis éparses, ainsi je ferai la revue de mes brebis, et je les recueillerai de tous les lieux où elles ont été dispersées au jour des nuages et de l'obscurité.
¹³Je les retirerai d'entre les peuples, je les rassemblerai des diverses contrées, et je les ramènerai dans leur pays; je les ferai paître sur les montagnes d'Israël, le long des ruisseaux, et dans tous les lieux habités du pays.
¹⁴Je les ferai paître dans un bon pâturage, et leur demeure sera sur les montagnes élevées d'Israël; là elles reposeront dans un agréable asile, et elles auront de gras pâturages sur les montagnes d'Israël.
¹⁵C'est moi qui ferai paître mes brebis, c'est moi qui les ferai reposer, dit le Seigneur, l'Éternel.
¹⁶Je chercherai celle qui était perdue, je ramènerai celle qui était égarée, je panserai celle qui est blessée, et je fortifierai celle qui est malade. Mais je détruirai celles qui sont grasses et vigoureuses. Je veux les paître avec justice.
¹⁷Et vous, mes brebis, ainsi parle le Seigneur, l'Éternel: Voici, je jugerai entre brebis et brebis, entre béliers et boucs.
¹⁸Est-ce trop peu pour vous de paître dans le bon pâturage, pour que vous fouliez de vos pieds le reste de votre pâturage? de boire une eau limpide, pour que vous troubliez le reste avec vos pieds?
¹⁹Et mes brebis doivent paître ce que vos pieds ont foulé, et boire ce que vos pieds ont troublé!
²⁰C'est pourquoi ainsi leur parle le Seigneur, l'Éternel: Voici, je jugerai entre la brebis grasse et la brebis maigre.
²¹Parce que vous avez heurté avec le côté et avec l'épaule, et frappé de vos cornes toutes les brebis faibles, jusqu'à ce que vous les ayez chassées,
²²je porterai secours à mes brebis, afin qu'elles ne soient plus au pillage, et je jugerai entre brebis et brebis.
²³J'établirai sur elles un seul pasteur, qui les fera paître, mon serviteur David; il les fera paître, il sera leur pasteur.
²⁴Moi, l'Éternel, je serai leur Dieu, et mon serviteur David sera prince au milieu d'elles. Moi, l'Éternel, j'ai parlé.
²⁵Je traiterai avec elles une alliance de paix, et je ferai disparaître du pays les animaux sauvages; elles habiteront en sécurité dans le désert, et dormiront au milieu des forêts.
²⁶Je ferai d'elles et des environs de ma colline un sujet de bénédiction; j'enverrai la pluie en son temps, et ce sera une pluie de bénédiction.
²⁷L'arbre des champs donnera son fruit, et la terre donnera ses produits. Elles seront en sécurité dans leur pays; et elles sauront que je suis l'Éternel, quand je briserai les liens de leur joug, et que je les délivrerai de la main de ceux qui les asservissaient.
²⁸Elles ne seront plus au pillage parmi les nations, les bêtes de la terre ne les dévoreront plus, elles habiteront en sécurité, et il n'y aura personne pour les troubler.
²⁹J'établirai pour elles une plantation qui aura du renom; elles ne seront plus consumées par la faim dans le pays, et elles ne porteront plus l'opprobre des nations.
³⁰Et elles sauront que moi, l'Éternel, leur Dieu, je suis avec elles, et qu'elles sont mon peuple, elles, la maison d'Israël, dit le Seigneur, l'Éternel.
³¹Vous, mes brebis, brebis de mon pâturage, vous êtes des hommes; moi, je suis votre Dieu, dit le Seigneur, l'Éternel.

Chapitre 35

¹La parole de l'Éternel me fut adressée, en ces mots:
²Fils de l'homme, tourne ta face vers la montagne de Séir, Et prophétise contre elle!
³Tu lui diras: Ainsi parle le Seigneur, l'Éternel: Voici, j'en veux à toi, montagne de Séir! J'étends ma main sur toi, Et je fais de toi une solitude et un désert.
⁴Je mettrai tes villes en ruines, Tu deviendras une solitude, Et tu sauras que je suis l'Éternel.
⁵Parce que tu avais une haine éternelle, Parce que tu as précipité par le glaive les enfants d'Israël, Au jour de leur détresse, Au temps où l'iniquité était à son terme,
⁶Je suis vivant! dit le Seigneur, l'Éternel, Je te mettrai à sang, et le sang te poursuivra; Puisque tu n'as pas haï le sang, Le sang te poursuivra.
⁷Je ferai de la montagne de Séir une solitude et un désert, Et j'en exterminerai les allants et les venants.
⁸Je remplirai de morts ses montagnes; Sur tes collines, dans tes vallées, dans tous tes ravins, Tomberont ceux qui seront frappés par l'épée.
⁹Je ferai de toi des solitudes éternelles, Tes villes ne seront plus habitées, Et vous saurez que je suis l'Éternel.
¹⁰Parce que tu as dit: Les deux nations, les deux pays seront à moi, Et nous en prendrons possession, Quand même l'Éternel était là,
¹¹Je suis vivant! dit le Seigneur, l'Éternel, J'agirai avec la colère et la fureur Que tu as montrées, dans ta haine contre eux; Et je me ferai connaître au milieu d'eux, Quand je te jugerai.
¹²Tu sauras que moi, l'Éternel, J'ai entendu tous les outrages Que tu as proférés contre les montagnes d'Israël, En disant: Elles sont dévastées, Elles nous sont livrées comme une proie.
¹³Vous vous êtes élevés contre moi par vos discours, Vous avez multiplié vos paroles contre moi: J'ai entendu.

¹⁴Ainsi parle le Seigneur, l'Éternel: Lorsque tout le pays sera dans la joie, Je ferai de toi une solitude.

¹⁵À cause de la joie que tu as éprouvée Parce que l'héritage de la maison d'Israël était dévasté, Je te traiterai de la même manière; Tu deviendras une solitude, montagne de Séir, Toi, et Édom tout entier. Et ils sauront que je suis l'Éternel.

Chapitre 36

¹Et toi, fils de l'homme, prophétise sur les montagnes d'Israël! Tu diras: Montagnes d'Israël, écoutez la parole de l'Éternel!

²Ainsi parle le Seigneur, l'Éternel: Parce que l'ennemi a dit sur vous: Ah! ah! Ces hauteurs éternelles sont devenues notre propriété!

³Prophétise et dis: Ainsi parle le Seigneur, l'Éternel: Oui, parce qu'on a voulu de toutes parts vous dévaster et vous engloutir, Pour que vous soyez la propriété des autres nations, Parce que vous avez été l'objet des discours et des propos des peuples,

⁴Montagnes d'Israël, écoutez la parole du Seigneur, de l'Éternel! Ainsi parle le Seigneur, l'Éternel, Aux montagnes et aux collines, Aux ruisseaux et aux vallées, Aux ruines désertes et aux villes abandonnées, Qui ont servi de proie et de risée Aux autres nations d'alentour;

⁵Ainsi parle le Seigneur, l'Éternel: Oui, dans le feu de ma jalousie, Je parle contre les autres nations et contre Édom tout entier, Qui se sont donné mon pays en propriété, Avec toute la joie de leur coeur et le mépris de leur âme, Afin d'en piller les produits.

⁶C'est pourquoi prophétise sur le pays d'Israël, Dis aux montagnes et aux collines, Aux ruisseaux et aux vallées: Ainsi parle le Seigneur, l'Éternel: Voici, je parle dans ma jalousie et dans ma fureur, Parce que vous portez l'ignominie des nations.

⁷C'est pourquoi ainsi parle le Seigneur, l'Éternel: Je lève ma main! Ce sont les nations qui vous entourent Qui porteront elles-mêmes leur ignominie.

⁸Et vous, montagnes d'Israël, vous pousserez vos rameaux, Et vous porterez vos fruits pour mon peuple d'Israël; Car ces choses sont près d'arriver.

⁹Voici, je vous serai favorable, Je me tournerai vers vous, Et vous serez cultivées et ensemencées.

¹⁰Je mettrai sur vous des hommes en grand nombre, La maison d'Israël tout entière; Les villes seront habitées, Et l'on rebâtira sur les ruines.

¹¹Je multiplierai sur vous les hommes et les animaux; Ils multiplieront et seront féconds; Je veux que vous soyez habitées comme auparavant, Et je vous ferai plus de bien qu'autrefois; Et vous saurez que je suis l'Éternel.

¹²Je ferai marcher sur vous des hommes, mon peuple d'Israël, Et ils te possèderont; Tu seras leur héritage, Et tu ne les détruiras plus.

¹³Ainsi parle le Seigneur, l'Éternel: Parce qu'on vous dit: Tu as dévoré des hommes, Tu as détruit ta propre nation,

¹⁴A cause de cela tu ne dévoreras plus d'hommes, Tu ne détruiras plus ta nation, Dit le Seigneur, l'Éternel.

¹⁵Je ne te ferai plus entendre les outrages des nations, Et tu ne porteras plus l'opprobre des peuples; Tu ne détruiras plus ta nation, Dit le Seigneur, l'Éternel.

¹⁶La parole de l'Éternel me fut adressée, en ces mots:

¹⁷Fils de l'homme, ceux de la maison d'Israël, quand ils habitaient leur pays, l'ont souillé par leur conduite et par leurs oeuvres; leur conduite a été devant moi comme la souillure d'une femme pendant son impureté.

¹⁸Alors j'ai répandu ma fureur sur eux, à cause du sang qu'ils avaient versé dans le pays, et des idoles dont ils l'avaient souillé.

¹⁹Je les ai dispersés parmi les nations, et ils ont été répandus en divers pays; je les ai jugés selon leur conduite et selon leurs oeuvres.

²⁰Ils sont arrivés chez les nations où ils allaient, et ils ont profané mon saint nom, en sorte qu'on disait d'eux: C'est le peuple de l'Éternel, c'est de son pays qu'ils sont sortis.

²¹Et j'ai voulu sauver l'honneur de mon saint nom, que profanait la maison d'Israël parmi les nations où elle est allée.

²²C'est pourquoi dis à la maison d'Israël: Ainsi parle le Seigneur, l'Éternel: Ce n'est pas à cause de vous que j'agis de la sorte, maison d'Israël; c'est à cause de mon saint nom, que vous avez profané parmi les nations où vous êtes allés.

²³Je sanctifierai mon grand nom, qui a été profané parmi les nations, que vous avez profané au milieu d'elles. Et les nations sauront que je suis l'Éternel, dit le Seigneur, l'Éternel, quand je serai sanctifié par vous sous leurs yeux.

²⁴Je vous retirerai d'entre les nations, je vous rassemblerai de tous les pays, et je vous ramènerai dans votre pays.

²⁵Je répandrai sur vous une eau pure, et vous serez purifiés; je vous purifierai de toutes vos souillures et de toutes vos idoles.

²⁶Je vous donnerai un coeur nouveau, et je mettrai en vous un esprit nouveau; j'ôterai de votre corps le coeur de pierre, et je vous donnerai un coeur de chair.

²⁷Je mettrai mon esprit en vous, et je ferai en sorte que vous suiviez mes ordonnances, et que vous observiez et pratiquiez mes lois.

²⁸Vous habiterez le pays que j'ai donné à vos pères; vous serez mon peuple, et je serai votre Dieu.

²⁹Je vous délivrerai de toutes vos souillures. J'appellerai le blé, et je le multiplierai; je ne vous enverrai plus la famine.

³⁰Je multiplierai le fruit des arbres et le produit des champs, afin que vous n'ayez plus l'opprobre de la famine parmi les nations.

³¹Alors vous vous souviendrez de votre conduite qui était mauvaise, et de vos actions qui n'étaient pas bonnes; vous vous prendrez vous-mêmes en dégoût, à cause de vos iniquités et de vos abominations.

³²Ce n'est pas à cause de vous que j'agis de la sorte, dit le Seigneur, l'Éternel, sachez-le! Ayez honte et rougissez de votre conduite, maison d'Israël!

³³Ainsi parle le Seigneur, l'Éternel: Le jour où je vous purifierai de toutes vos iniquités, je peuplerai les villes, et les ruines seront relevées;

³⁴la terre dévastée sera cultivée, tandis qu'elle était déserte aux yeux de tous les passants;

³⁵et l'on dira: Cette terre dévastée est devenue comme un jardin d'Éden; et ces villes ruinées, désertes et abattues, sont fortifiées et habitées.

³⁶Et les nations qui resteront autour de vous sauront que moi, l'Éternel, j'ai rebâti ce qui était abattu, et planté ce qui était dévasté. Moi, l'Éternel, j'ai parlé, et j'agirai.

³⁷Ainsi parle le Seigneur, l'Éternel: Voici encore sur quoi je me laisserai fléchir par la maison d'Israël, voici ce que je ferai pour eux; je multiplierai les hommes comme un troupeau.

³⁸Les villes en ruines seront remplies de troupeaux d'hommes, pareils aux troupeaux consacrés, aux troupeaux qu'on amène à Jérusalem pendant ses fêtes solennelles. Et ils sauront que je suis l'Éternel.

Chapitre 37

¹La main de l'Éternel fut sur moi, et l'Éternel me transporta en esprit, et me déposa dans le milieu d'une vallée remplie d'ossements.

²Il me fit passer auprès d'eux, tout autour; et voici, ils étaient fort nombreux, à la surface de la vallée, et ils étaient complètement secs.

³Il me dit: Fils de l'homme, ces os pourront-ils revivre? Je répondis: Seigneur Éternel, tu le sais.

⁴Il me dit: Prophétise sur ces os, et dis-leur: Ossements desséchés, écoutez la parole de l'Éternel!

⁵Ainsi parle le Seigneur, l'Éternel, à ces os: Voici, je vais faire entrer en vous un esprit, et vous vivrez;

⁶je vous donnerai des nerfs, je ferai croître sur vous de la chair, je vous couvrirai de peau, je mettrai en vous un esprit, et vous vivrez. Et vous saurez que je suis l'Éternel.

⁷Je prophétisai, selon l'ordre que j'avais reçu. Et comme je prophétisais, il y eut un bruit, et voici, il se fit un mouvement, et les os s'approchèrent les uns des autres.

⁸Je regardai, et voici, il leur vint des nerfs, la chair crût, et la peau les couvrit par-dessus; mais il n'y avait point en eux d'esprit.

⁹Il me dit: Prophétise, et parle à l'esprit! prophétise, fils de l'homme, et dis à l'esprit: Ainsi parle le Seigneur, l'Éternel: Esprit, viens des quatre vents, souffle sur ces morts, et qu'ils revivent!

¹⁰Je prophétisai, selon l'ordre qu'il m'avait donné. Et l'esprit entra en eux, et ils reprirent vie, et ils se tinrent sur leurs pieds: c'était une armée nombreuse, très nombreuse.

¹¹Il me dit: Fils de l'homme, ces os, c'est toute la maison d'Israël. Voici, ils disent: Nos os sont desséchés, notre espérance est détruite, nous sommes perdus!

¹²Prophétise donc, et dis-leur: Ainsi parle le Seigneur, l'Éternel: Voici, j'ouvrirai vos sépulcres, je vous ferai sortir de vos sépulcres, ô mon peuple, et je vous ramènerai dans le pays d'Israël.

¹³Et vous saurez que je suis l'Éternel, lorsque j'ouvrirai vos sépulcres, et que je vous ferai sortir de vos sépulcres, ô mon peuple!

¹⁴Je mettrai mon esprit en vous, et vous vivrez; je vous rétablirai dans votre pays, et vous saurez que moi, l'Éternel, j'ai parlé et agi, dit l'Éternel.

¹⁵La parole de l'Éternel me fut adressée, en ces mots:

¹⁶Et toi, fils de l'homme, prends une pièce de bois, et écris dessus: Pour Juda et pour les enfants d'Israël qui lui sont associés. Prends une autre pièce de bois, et écris dessus: Pour Joseph, bois d'Éphraïm et de toute la maison d'Israël qui lui est associée.

¹⁷Rapproche-les l'une et l'autre pour en former une seule pièce, en sorte qu'elles soient unies dans ta main.

¹⁸Et lorsque les enfants de ton peuple te diront: Ne nous expliqueras-tu pas ce que cela signifie?

¹⁹réponds-leur: Ainsi parle le Seigneur, l'Éternel: Voici, je prendrai le bois de Joseph qui est dans la main d'Éphraïm, et les tribus d'Israël qui lui sont associées; je les joindrai au bois de Juda, et j'en formerai un seul bois, en sorte qu'ils ne soient qu'un dans ma main.

²⁰Les bois sur lesquels tu écriras seront dans ta main, sous leurs yeux.

²¹Et tu leur diras: Ainsi parle le Seigneur, l'Éternel: Voici, je prendrai les enfants d'Israël du milieu des nations où ils sont allés, je les rassemblerai de toutes parts, et je les ramènerai dans leur pays.

²²Je ferai d'eux une seule nation dans le pays, dans les montagnes d'Israël; ils auront tous un même roi, ils ne formeront plus deux nations, et ne seront plus divisés en deux royaumes.

²³Ils ne se souilleront plus par leurs idoles, par leurs abominations, et par toutes leurs transgressions; je les retirerai de tous les lieux qu'ils ont habités et où ils ont péché, et je les purifierai; ils seront mon peuple, et je serai leur Dieu.

²⁴Mon serviteur David sera leur roi, et ils auront tous un seul pasteur. Ils suivront mes ordonnances, ils observeront mes lois et les mettront en pratique.

²⁵Ils habiteront le pays que j'ai donné à mon serviteur Jacob, et qu'ont habité vos pères; ils y habiteront, eux, leurs enfants, et les enfants de leurs enfants, à perpétuité; et mon serviteur David sera leur prince pour toujours.

²⁶Je traiterai avec eux une alliance de paix, et il y aura une alliance éternelle avec eux; je les établirai, je les multiplierai, et je placerai mon sanctuaire au milieu d'eux pour toujours.

²⁷Ma demeure sera parmi eux; je serai leur Dieu, et ils seront mon peuple.

²⁸Et les nations sauront que je suis l'Éternel, qui sanctifie Israël, lorsque mon sanctuaire sera pour toujours au milieu d'eux.

Chapitre 38

¹La parole de l'Éternel me fut adressée, en ces mots:

²Fils de l'homme, tourne ta face vers Gog, au pays de Magog, Vers le prince de Rosch, de Méschec et de Tubal, Et prophétise contre lui!

³Tu diras: Ainsi parle le Seigneur, l'Éternel: Voici, j'en veux à toi, Gog, Prince de Rosch, de Méschec et de Tubal!

⁴Je t'entraînerai, et je mettrai une boucle à tes mâchoires; Je te ferai sortir, toi et toute ton armée, Chevaux et cavaliers, Tous vêtus magnifiquement, Troupe nombreuse portant le grand et le petit bouclier, Tous maniant l'épée;

⁵Et avec eux ceux de Perse, d'Éthiopie et de Puth, Tous portant le bouclier et le casque;

⁶Gomer et toutes ses troupes, La maison de Togarma, A l'extrémité du septentrion, Et toutes ses troupes, Peuples nombreux qui sont avec toi.

⁷Prépare-toi, tiens-toi prêt, Toi, et toute ta multitude assemblée autour de toi! Sois leur chef!

⁸Après bien des jours, tu seras à leur tête; Dans la suite des années, tu marcheras contre le pays Dont les habitants, échappés à l'épée, Auront été rassemblés d'entre plusieurs peuples Sur les montagnes d'Israël longtemps désertes; Retirés du milieu des peuples, Ils seront tous en sécurité dans leurs demeures.

⁹Tu monteras, tu t'avanceras comme une tempête, Tu seras comme une nuée qui va couvrir le pays, Toi et toutes tes troupes, et les nombreux peuples avec toi.

¹⁰Ainsi parle le Seigneur, l'Éternel: En ce jour-là, des pensées s'élèveront dans ton coeur, Et tu formeras de mauvais desseins.

¹¹Tu diras: Je monterai contre un pays ouvert, Je fondrai sur des hommes tranquilles, En sécurité dans leurs demeures, Tous dans des habitations sans murailles, Et n'ayant ni verrous ni portes;

¹²J'irai faire du butin et me livrer au pillage, Porter la main sur des ruines maintenant habitées, Sur un peuple recueilli du milieu des nations, Ayant des troupeaux et des propriétés, Et occupant les lieux élevés du pays.

¹³Séba et Dedan, les marchands de Tarsis, Et tous leurs lionceaux, te diront: Viens-tu pour faire du butin? Est-ce pour piller que tu as rassemblé ta multitude, Pour emporter de l'argent et de l'or, Pour prendre des troupeaux et des biens, Pour faire un grand butin?

¹⁴C'est pourquoi prophétise, fils de l'homme, et dis à Gog: Ainsi parle le Seigneur, l'Éternel: Oui, le jour où mon peuple d'Israël vivra en sécurité, Tu le sauras.

¹⁵Alors tu partiras de ton pays, des extrémités du septentrion, Toi et de nombreux peuples avec toi, Tous montés sur des chevaux, Une grande multitude, une armée puissante.

¹⁶Tu t'avanceras contre mon peuple d'Israël, Comme une nuée qui va couvrir le pays. Dans la suite des jours, je te ferai marcher contre mon pays, Afin que les nations me connaissent, Quand je serai sanctifié par toi sous leurs yeux, ô Gog!

¹⁷Ainsi parle le Seigneur, l'Éternel: Est-ce toi de qui j'ai parlé jadis Par mes serviteurs les prophètes d'Israël, Qui ont prophétisé alors, pendant des années, Que je t'amènerais contre eux?

¹⁸En ce jour-là, le jour où Gog marchera contre la terre d'Israël, Dit le Seigneur, l'Éternel, La fureur me montera dans les narines.

¹⁹Je le déclare, dans ma jalousie et dans le feu de ma colère, En ce jour-là, il y aura un grand tumulte Dans le pays d'Israël.

²⁰Les poissons de la mer et les oiseaux du ciel trembleront devant moi, Et les bêtes des champs et tous les reptiles qui rampent sur la terre, Et tous les hommes qui sont à la surface de la terre; Les montagnes seront renversées, Les parois des rochers s'écrouleront, Et toutes les murailles tomberont par terre.

²¹J'appellerai l'épée contre lui sur toutes mes montagnes, Dit le Seigneur, l'Éternel; L'épée de chacun se tournera contre son frère.

²²J'exercerai mes jugements contre lui par la peste et par le sang, Par une pluie violente et par des pierres de grêle; Je ferai pleuvoir le feu et le soufre sur lui et sur ses troupes, Et sur les peuples nombreux qui seront avec lui.

²³Je manifesterai ma grandeur et ma sainteté, Je me ferai connaître aux yeux de la multitude des nations, Et elles sauront que je suis l'Éternel.

Chapitre 39

¹Et toi, fils de l'homme, prophétise contre Gog! Tu diras: Ainsi parle le Seigneur, l'Éternel: Voici, j'en veux à toi, Gog, Prince de Rosch, de Méschec et de Tubal!

²Je t'entraînerai, je te conduirai, Je te ferai monter des extrémités du septentrion, Et je t'amènerai sur les montagnes d'Israël.

³J'abattrai ton arc de ta main gauche, Et je ferai tomber les flèches de ta main droite.

⁴Tu tomberas sur les montagnes d'Israël, Toi et toutes tes troupes, Et les peuples qui seront avec toi; Aux oiseaux de proie, à tout ce qui a des ailes, Et aux bêtes des champs je te donnerai pour pâture.

⁵Tu tomberas sur la face de la terre, Car j'ai parlé, dit le Seigneur, l'Éternel.

⁶J'enverrai le feu dans Magog, Et parmi ceux qui habitent en sécurité les îles; Et ils sauront que je suis l'Éternel.

⁷Je ferai connaître mon saint nom au milieu de mon peuple d'Israël, Et je ne laisserai plus profaner mon saint nom; Et les nations sauront que je suis l'Éternel, Le Saint en Israël.

⁸Voici, ces choses viennent, elles arrivent, Dit le Seigneur, l'Éternel; C'est le jour dont j'ai parlé.

⁹Alors les habitants des villes d'Israël sortiront, Ils brûleront et livreront aux flammes les armes, Les petits et les grands boucliers, Les arcs et les flèches, Les piques et les lances; Ils en feront du feu pendant sept ans.

¹⁰Ils ne prendront point de bois dans les champs, Et ils n'en couperont point dans les forêts, Car c'est avec les armes qu'ils feront du feu. Ils dépouilleront ceux qui les ont dépouillés, Ils pilleront ceux qui les ont pillés, Dit le Seigneur, l'Éternel.

¹¹En ce jour-là, Je donnerai à Gog un lieu qui lui servira de sépulcre en Israël, La vallée des voyageurs, à l'orient de la mer; Ce sépulcre fermera le passage aux voyageurs. C'est là qu'on enterrera Gog et toute sa multitude, Et on appellera cette vallée la vallée de la multitude de Gog.

¹²La maison d'Israël les enterrera, Afin de purifier le pays; Et cela durera sept mois.

¹³Tout le peuple du pays les enterrera, Et il en aura du renom, Le jour où je serai glorifié, Dit le Seigneur, l'Éternel.

¹⁴Ils choisiront des hommes qui seront sans cesse à parcourir le pays, Et qui enterreront, avec l'aide des voyageurs, Les corps restés à la surface de la terre; Ils purifieront le pays, Et ils seront à la recherche pendant sept mois entiers.

¹⁵Ils parcourront le pays; Et quand l'un d'eux verra les ossements d'un homme, Il mettra près de là un signe, Jusqu'à ce que les fossoyeurs l'enterrent Dans la vallée de la multitude de Gog.

¹⁶Il y aura aussi une ville appelée Hamona. C'est ainsi qu'on purifiera le pays.

¹⁷Et toi, fils de l'homme, ainsi parle le Seigneur, l'Éternel: Dis aux oiseaux, à tout ce qui a des ailes, Et à toutes les bêtes des champs: Réunissez-vous, venez, rassemblez-vous de toutes parts, Pour le

sacrifice où j'immole pour vous des victimes, Grand sacrifice sur les montagnes d'Israël! Vous mangerez de la chair, et vous boirez du sang.

¹⁸Vous mangerez la chair des héros, Et vous boirez le sang des princes de la terre, Béliers, agneaux, boucs, Taureaux engraissés sur le Basan.

¹⁹Vous mangerez de la graisse jusqu'à vous en rassasier, Et vous boirez du sang jusqu'à vous enivrer, A ce festin de victimes que j'immolerai pour vous.

²⁰Vous vous rassasierez à ma table de la chair des chevaux et des cavaliers, De la chair des héros et de tous les hommes de guerre, Dit le Seigneur, l'Éternel.

²¹Je manifesterai ma gloire parmi les nations; Et toutes les nations verront les jugements que j'exercerai, Et les châtiments dont ma main les frappera.

²²La maison d'Israël saura que je suis l'Éternel, son Dieu, Dès ce jour et à l'avenir.

²³Et les nations sauront que c'est à cause de ses iniquités Que la maison d'Israël a été conduite en captivité, A cause de ses infidélités envers moi; Aussi je leur ai caché ma face, Et je les ai livrés entre les mains de leurs ennemis, Afin qu'ils périssent tous par l'épée.

²⁴Je les ai traités selon leurs souillures et leurs transgressions, Et je leur ai caché ma face.

²⁵C'est pourquoi ainsi parle le Seigneur, l'Éternel: Maintenant je ramènerai les captifs de Jacob, J'aurai pitié de toute la maison d'Israël, Et je serai jaloux de mon saint nom.

²⁶Alors ils oublieront leur opprobre, Et toutes les infidélités qu'ils ont commises envers moi, Lorsqu'ils habitaient en sécurité leur pays, Et qu'il n'y avait personne pour les troubler.

²⁷Quand je les ramènerai d'entre les peuples, Quand je les rassemblerai du pays de leurs ennemis, Je serai sanctifié par eux aux yeux de beaucoup de nations.

²⁸Et ils sauront que je suis l'Éternel, leur Dieu, Qui les avait emmenés captifs parmi les nations, Et qui les rassemble dans leur pays; Je ne laisserai chez elles aucun d'eux,

²⁹Et je ne leur cacherai plus ma face, Car je répandrai mon esprit sur la maison d'Israël, Dit le Seigneur, l'Éternel.

Chapitre 40

¹La vingt-cinquième année de notre captivité, au commencement de l'année, le dixième jour du mois, quatorze ans après la ruine de la ville, en ce même jour, la main de l'Éternel fut sur moi, et il me transporta dans le pays d'Israël.

²Il m'y transporta, dans des visions divines, et me déposa sur une montagne très élevée, où se trouvait au midi comme une ville construite.

³Il me conduisit là; et voici, il y avait un homme dont l'aspect était comme l'aspect de l'airain; il avait dans la main un cordeau de lin et une canne pour mesurer, et il se tenait à la porte.

⁴Cet homme me dit: Fils de l'homme, regarde de tes yeux, et écoute de tes oreilles! Applique ton attention à toutes les choses que je te montrerai, car tu as été amené ici afin que je te les montre. Fais connaître à la maison d'Israël tout ce que tu verras.

⁵Voici, un mur extérieur entourait la maison de tous côtés. Dans la main de l'homme était une canne de six coudées pour mesurer, chaque coudée ayant un palme de plus que la coudée ordinaire. Il mesura la largeur du mur, qui était d'une canne, et la hauteur, qui était d'une canne.

⁶Il alla vers la porte orientale, et il en monta les degrés. Il mesura le seuil de la porte, qui avait une canne en largeur, et l'autre seuil, qui avait une canne en largeur.

⁷Chaque chambre était longue d'une canne, et large d'une canne. Il y avait entre les chambres un espace de cinq coudées. Le seuil de la porte, près du vestibule de la porte, à l'intérieur, avait une canne.

⁸Il mesura le vestibule de la porte, à l'intérieur; il avait une canne.

⁹Il mesura le vestibule de la porte; il avait huit coudées, et ses poteaux en avaient deux; le vestibule de la porte était en dedans.

¹⁰Les chambres de la porte orientale étaient au nombre de trois d'un côté et de trois de l'autre; toutes les trois avaient la même mesure, et les poteaux de chaque côté avaient aussi la même mesure.

¹¹Il mesura la largeur de l'ouverture de la porte, qui était de dix coudées, et la hauteur de la porte, qui était de treize coudées.

¹²Il y avait devant les chambres un espace d'une coudée de chaque côté et d'autre; chaque chambre avait six coudées d'un côté, et six coudées de l'autre.

¹³Il mesura la porte depuis le toit d'une chambre jusqu'au toit de l'autre; il y avait une largeur de vingt-cinq coudées entre les deux ouvertures opposées.

¹⁴Il compta soixante coudées pour les poteaux, près desquels était une cour, autour de la porte.

¹⁵L'espace entre la porte d'entrée et le vestibule de la porte intérieure était de cinquante coudées.

¹⁶Il y avait des fenêtres grillées aux chambres et à leurs poteaux à l'intérieur de la porte tout autour; il y avait aussi des fenêtres dans les vestibules tout autour intérieurement; des palmes étaient sculptées sur les poteaux.

¹⁷Il me conduisit dans le parvis extérieur, où se trouvaient des chambres et un pavé tout autour; il y avait trente chambres sur ce pavé.

¹⁸Le pavé était au côté des portes, et répondait à la longueur des portes; c'était le pavé inférieur.

¹⁹Il mesura la largeur depuis la porte d'en bas jusqu'au parvis intérieur en dehors; il y avait cent coudées, à l'orient et au septentrion.

²⁰Il mesura la longueur et la largeur de la porte septentrionale du parvis extérieur.

²¹Ses chambres, au nombre de trois d'un côté et de trois de l'autre, ses poteaux et ses vestibules, avaient la même mesure que la première porte, cinquante coudées en longueur et vingt-cinq coudées en largeur.

²²Ses fenêtres, son vestibule, ses palmes, avaient la même mesure que la porte orientale; on y montait par sept degrés, devant lesquels était son vestibule.

²³Il y avait une porte au parvis intérieur, vis-à-vis de la porte septentrionale et vis-à-vis de la porte orientale; il mesura d'une porte à l'autre cent coudées.

²⁴Il me conduisit du côté du midi, où se trouvait la porte méridionale. Il en mesura les poteaux et les vestibules, qui avaient la même mesure.

²⁵Cette porte et ses vestibules avaient des fenêtres tout autour, comme les autres fenêtres, cinquante coudées en longueur et vingt-cinq coudées en largeur.

²⁶On y montait par sept degrés, devant lesquels était son vestibule; il y avait de chaque côté des palmes sur ses poteaux.

²⁷Le parvis intérieur avait une porte du côté du midi; il mesura d'une porte à l'autre au midi cent coudées.

²⁸Il me conduisit dans le parvis intérieur, par la porte du midi. Il mesura la porte du midi, qui avait la même mesure.

²⁹Ses chambres, ses poteaux et ses vestibules, avaient la même mesure. Cette porte et ses vestibules avaient des fenêtres tout autour, cinquante coudées en longueur et vingt-cinq coudées en largeur.

³⁰Il y avait tout autour des vestibules de vingt-cinq coudées de longueur et de cinq de largeur.

³¹Les vestibules de la porte aboutissaient au parvis extérieur; il y avait des palmes sur ses poteaux, et huit degrés pour y monter.

³²Il me conduisit dans le parvis intérieur, par l'entrée orientale. Il mesura la porte, qui avait la même mesure.

³³Ses chambres, ses poteaux et ses vestibules, avaient la même mesure. Cette porte et ses vestibules avaient des fenêtres tout autour, cinquante coudées en longueur et vingt-cinq coudées en largeur.

³⁴Ses vestibules aboutissaient au parvis extérieur; il y avait de chaque côté des palmes sur ses poteaux, et huit degrés pour y monter.

³⁵Il me conduisit vers la porte septentrionale. Il la mesura, et trouva la même mesure,

³⁶ainsi qu'à ses chambres, à ses poteaux et à ses vestibules; elle avait des fenêtres tout autour; cinquante coudées en longueur et vingt-cinq coudées en largeur.

³⁷Ses vestibules aboutissaient au parvis extérieur; il y avait de chaque côté des palmes sur ses poteaux, et huit degrés pour y monter.

³⁸Il y avait une chambre qui s'ouvrait vers les poteaux des portes, et où l'on devait laver les holocaustes.

³⁹Dans le vestibule de la porte se trouvaient de chaque côté deux tables, sur lesquelles on devait égorger l'holocauste, le sacrifice d'expiation et le sacrifice de culpabilité.

⁴⁰A l'un des côtés extérieurs par où l'on montait, à l'entrée de la porte septentrionale, il y avait deux tables; et à l'autre côté, vers le vestibule de la porte, il y avait deux tables.

⁴¹Il se trouvait ainsi, aux côtés de la porte, quatre tables d'une part et quatre tables de l'autre, en tout huit tables, sur lesquelles on devait égorger les victimes.

⁴²Il y avait encore pour les holocaustes quatre tables en pierres de taille, longues d'une coudée et demie, larges d'une coudée et demie, et hautes d'une coudée; on devait mettre sur ces tables les instruments avec lesquels on égorgeait les victimes pour les holocaustes et pour les autres sacrifices.

⁴³Des rebords de quatre doigts étaient adaptés à la maison tout autour; et la chair des sacrifices devait être mise sur les tables.

⁴⁴En dehors de la porte intérieure il y avait des chambres pour les chantres, dans le parvis intérieur: l'une était à côté de la porte septentrionale et avait la face au midi, l'autre était à côté de la porte orientale et avait la face au septentrion.

⁴⁵Il me dit: Cette chambre, dont la face est au midi, est pour les sacrificateurs qui ont la garde de la maison;

⁴⁶et la chambre dont la face est au septentrion est pour les sacrificateurs qui ont la garde de l'autel. Ce sont les fils de Tsadok, qui, parmi les fils de Lévi, s'approchent de l'Éternel pour le servir.

⁴⁷Il mesura le parvis, qui avait cent coudées de longueur et cent coudées de largeur, en carré. L'autel était devant la maison.

⁴⁸Il me conduisit dans le vestibule de la maison. Il mesura les poteaux du vestibule, et trouva cinq coudées d'un côté et cinq coudées de l'autre. La largeur de la porte était de trois coudées d'un côté et de trois coudées de l'autre.

⁴⁹Le vestibule avait une longueur de vingt coudées et une largeur de onze coudées; on y montait par des degrés. Il y avait des colonnes près des poteaux, l'une d'un côté, et l'autre de l'autre.

Chapitre 41

¹Il me conduisit dans le temple. Il mesura les poteaux; il y avait six coudées de largeur d'un côté, et six coudées de largeur de l'autre, largeur de la tente.

²La largeur de la porte était de dix coudées; il y avait cinq coudées d'un côté de la porte, et cinq coudées de l'autre. Il mesura la longueur du temple, quarante coudées, et la largeur, vingt coudées.

³Puis il entra dans l'intérieur. Il mesura les poteaux de la porte, deux coudées, la porte, six coudées, et la largeur de la porte, sept coudées.

⁴Il mesura une longueur de vingt coudées, et une largeur de vingt coudées, sur le devant du temple; et il me dit: C'est ici le lieu très saint.

⁵Il mesura le mur de la maison, six coudées, et la largeur des chambres latérales tout autour de la maison, quatre coudées.

⁶Les chambres latérales étaient les unes à côté des autres, au nombre de trente, et il y avait trois étages; elles entraient dans un mur construit pour ces chambres tout autour de la maison, elles y étaient appuyées sans entrer dans le mur même de la maison.

⁷Les chambres occupaient plus d'espace, à mesure qu'elles s'élevaient, et l'on allait en tournant; car on montait autour de la maison par un escalier tournant. Il y avait ainsi plus d'espace dans le haut de la maison, et l'on montait de l'étage inférieur à l'étage supérieur par celui du milieu.

⁸Je considérai la hauteur autour de la maison. Les chambres latérales, à partir de leur fondement, avaient une canne pleine, six grandes coudées.

⁹Le mur extérieur des chambres latérales avait une épaisseur de cinq coudées. L'espace libre entre les chambres latérales de la maison

¹⁰et les chambres autour de la maison, avait une largeur de vingt coudées, tout autour.

¹¹L'entrée des chambres latérales donnait sur l'espace libre, une entrée au septentrion, et une entrée au midi; et la largeur de l'espace libre était de cinq coudées tout autour.

¹²Le bâtiment qui était devant la place vide, du côté de l'occident, avait une largeur de soixante-dix coudées, un mur de cinq coudées d'épaisseur tout autour, et une longueur de quatre-vingt-dix coudées.

¹³Il mesura la maison, qui avait cent coudées de longueur. La place vide, le bâtiment et ses murs, avaient une longueur de cent coudées.

¹⁴La largeur de la face de la maison et de la place vide, du côté de l'orient, était de cent coudées.

¹⁵Il mesura la longueur du bâtiment devant la place vide, sur le derrière, et ses galeries de chaque côté: il y avait cent coudées.

¹⁶Le temple intérieur, les vestibules extérieurs, les seuils, les fenêtres grillées, les galeries du pourtour aux trois étages, en face des seuils, étaient recouverts de bois tout autour. Depuis le sol jusqu'aux fenêtres fermées,

¹⁷jusqu'au-dessus de la porte, le dedans de la maison, le dehors, toute la muraille du pourtour, à l'intérieur et à l'extérieur, tout était d'après la mesure.

¹⁸et orné de chérubins et de palmes. Il y avait une palme entre deux chérubins. Chaque chérubin avait deux visages,

¹⁹une face d'homme tournée d'un côté vers la palme, et une face de lion tournée de l'autre côté vers l'autre palme; il en était ainsi tout autour de la maison.

²⁰Depuis le sol jusqu'au-dessus de la porte, il y avait des chérubins et des palmes, et aussi sur la muraille du temple.

²¹Les poteaux du temple étaient carrés, et la face du sanctuaire avait le même aspect.

²²L'autel était de bois, haut de trois coudées, et long de deux coudées. Ses angles, ses pieds, et ses côtés étaient de bois. L'homme me dit: C'est ici la table qui est devant l'Éternel.

²³Le temple et le sanctuaire avaient deux portes.

²⁴Il y avait aux portes deux battants, qui tous deux tournaient sur les portes, deux battants pour une porte et deux pour l'autre.

²⁵Des chérubins et des palmes étaient sculptés sur les portes du temple, comme sur les murs. Un entablement en bois était sur le front du vestibule en dehors.

²⁶Il y avait des fenêtres fermées, et il y avait des palmes de part et d'autre, ainsi qu'aux côtés du vestibule, aux chambres latérales de la maison, et aux entablements.

Chapitre 42

¹Il me fit sortir vers le parvis extérieur du côté du septentrion, et il me conduisit aux chambres qui étaient vis-à-vis de la place vide et vis-à-vis du bâtiment, au septentrion.

²Sur la face, où se trouvait la porte septentrionale, il y avait une longueur de cent coudées; et la largeur était de cinquante coudées.

³C'était vis-à-vis des vingt coudées du parvis intérieur, et vis-à-vis du pavé du parvis extérieur, là où se trouvaient les galeries des trois étages.

⁴Devant les chambres, il y avait une allée large de dix coudées, et une voie d'une coudée; leurs portes donnaient au septentrion.

⁵Les chambres supérieures étaient plus étroites que les inférieures et que celles du milieu du bâtiment, parce que les galeries leur ôtaient de la place.

⁶Il y avait trois étages, mais il n'y avait point de colonnes, comme les colonnes des parvis; c'est pourquoi, à partir du sol, les chambres du haut étaient plus étroites que celles du bas et du milieu.

⁷Le mur extérieur parallèle aux chambres, du côté du parvis extérieur, devant les chambres, avait cinquante coudées de longueur;

⁸car la longueur des chambres du côté du parvis extérieur était de cinquante coudées. Mais sur la face du temple il y avait cent coudées.

⁹Au bas de ces chambres était l'entrée de l'orient, quand on y venait du parvis extérieur.

¹⁰Il y avait encore des chambres sur la largeur du mur du parvis du côté de l'orient, vis-à-vis de la place vide et vis-à-vis du bâtiment.

¹¹Devant elles, il y avait une allée, comme devant les chambres qui étaient du côté du septentrion. La longueur et la largeur étaient les mêmes; leurs issues, leur disposition et leurs portes étaient semblables.

¹²Il en était de même pour les portes des chambres du côté du midi. Il y avait une porte à la tête de l'allée, de l'allée qui se trouvait droit devant le mur du côté de l'orient, par où l'on y entrait.

¹³Il me dit: Les chambres du septentrion et les chambres du midi, qui sont devant la place vide, ce sont les chambres saintes, où les sacrificateurs qui s'approchent de l'Éternel mangeront les choses très saintes; ils y déposeront les choses très saintes, les offrandes, les victimes présentées dans les sacrifices d'expiation et de culpabilité; car le lieu est saint.

¹⁴Quand les sacrificateurs seront entrés, ils ne sortiront pas du sanctuaire pour aller dans le parvis extérieur, mais ils déposeront là les vêtements avec lesquels ils font le service, car ces vêtements sont saints; ils en mettront d'autres pour s'approcher du peuple.

¹⁵Lorsqu'il eut achevé de mesurer la maison intérieure, il me fit sortir par la porte qui était du côté de l'orient, et il mesura l'enceinte tout autour.

¹⁶Il mesura le côté de l'orient avec la canne qui servait de mesure, et il y avait tout autour cinq cents cannes.

¹⁷Il mesura le côté du septentrion avec la canne qui servait de mesure, et il y avait tout autour cinq cents cannes.

¹⁸Il mesura le côté du midi avec la canne qui servait de mesure, et il y avait cinq cents cannes.

¹⁹Il se tourna du côté de l'occident, et mesura cinq cents cannes avec la canne qui servait de mesure.

²⁰Il mesura des quatre côtés le mur formant l'enceinte de la maison; la longueur était de cinq cents cannes, et la largeur de cinq cents cannes; ce mur marquait la séparation entre le saint et le profane.

Chapitre 43

¹Il me conduisit à la porte, à la porte qui était du côté de l'orient.

²Et voici, la gloire du Dieu d'Israël s'avançait de l'orient. Sa voix était pareille au bruit des grandes eaux, et la terre resplendissait de sa gloire.

³Cette vision était semblable à celle que j'avais eue lorsque j'étais venu pour détruire la ville; et ces visions étaient semblables à celle que j'avais eue près du fleuve du Kebar. Et je tombai sur ma face.

⁴La gloire de l'Éternel entra dans la maison par la porte qui était du côté de l'orient.

⁵Alors, l'esprit m'enleva et me transporta dans le parvis intérieur.

Et voici, la gloire de l'Éternel remplissait la maison.

⁶J'entendis quelqu'un qui me parlait depuis la maison, et un homme se tenait près de moi.

⁷Il me dit: Fils de l'homme, c'est ici le lieu de mon trône, le lieu où je poserai la plante de mes pieds; j'y habiterai éternellement au milieu des enfants d'Israël. La maison d'Israël et ses rois ne souilleront plus mon saint nom par leurs prostitutions et par les cadavres de leurs rois sur leurs hauts lieux.

⁸Ils mettaient leur seuil près de mon seuil, leurs poteaux près de mes poteaux, et il n'y avait qu'un mur entre moi et eux; ils ont ainsi souillé mon saint nom par les abominations qu'ils ont commises; c'est pourquoi je les ai consumés dans ma colère.

⁹Maintenant ils éloigneront de moi leurs prostitutions et les cadavres de leurs rois, et j'habiterai éternellement au milieu d'eux.

¹⁰Toi, fils de l'homme, montre ce temple à la maison d'Israël; qu'ils en mesurent le plan, et qu'ils rougissent de leurs iniquités.

¹¹S'ils rougissent de toute leur conduite, fais-leur connaître la forme de cette maison, sa disposition, ses issues et ses entrées, tous ses dessins et toutes ses ordonnances, tous ses dessins et toutes ses lois; mets-en la description sous leurs yeux, afin qu'ils gardent tous ses dessins et toutes ses ordonnances, et qu'ils s'y conforment dans l'exécution.

¹²Telle est la loi de la maison. Sur le sommet de la montagne, tout l'espace qu'elle doit occuper est très saint. Voilà donc la loi de la maison.

¹³Voici les mesures de l'autel, d'après les coudées dont chacune était d'un palme plus longue que la coudée ordinaire. La base avait une coudée de hauteur, et une coudée de largeur; et le rebord qui terminait son contour avait un empan de largeur; c'était le support de l'autel.

¹⁴Depuis la base sur le sol jusqu'à l'encadrement inférieur il y avait deux coudées, et une coudée de largeur; et depuis le petit jusqu'au grand encadrement il y avait quatre coudées, et une coudée de largeur.

¹⁵L'autel avait quatre coudées; et quatre cornes s'élevaient de l'autel.

¹⁶L'autel avait douze coudées de longueur, douze coudées de largeur, et formait un carré par ses quatre côtés.

¹⁷L'encadrement avait quatorze coudées de longueur sur quatorze coudées de largeur à ses quatre côtés; le rebord qui terminait son contour avait une demi-coudée; la base avait une coudée tout autour, et les degrés étaient tournés vers l'orient.

¹⁸Il me dit: Fils de l'homme, ainsi parle le Seigneur, l'Éternel: Voici les lois au sujet de l'autel, pour le jour où on le construira, afin d'y offrir les holocaustes et d'y répandre le sang.

¹⁹Tu donneras aux sacrificateurs, aux Lévites, qui sont de la postérité de Tsadok et qui s'approchent de moi pour me servir, dit le Seigneur, l'Éternel, un jeune taureau pour le sacrifice d'expiation.

²⁰Tu prendras de son sang, et tu en mettras sur les quatre cornes de l'autel, sur les quatre angles de l'encadrement, et sur le rebord qui l'entoure; tu purifieras ainsi l'autel et tu en feras l'expiation.

²¹Tu prendras le taureau expiatoire, et on le brûlera dans un lieu réservé de la maison, en dehors du sanctuaire.

²²Le second jour, tu offriras en expiation un bouc sans défaut; on purifiera ainsi l'autel, comme on l'aura purifié avec le taureau.

²³Quand tu auras achevé la purification, tu offriras un jeune taureau sans défaut, et un bélier du troupeau sans défaut.

²⁴Tu les offriras devant l'Éternel; les sacrificateurs jetteront du sel sur eux, et les offriront en holocauste à l'Éternel.

²⁵Pendant sept jours, tu sacrifieras chaque jour un bouc comme victime expiatoire; on sacrifiera aussi un jeune taureau et un bélier du troupeau, l'un et l'autre sans défaut.

²⁶Pendant sept jours, on fera l'expiation et la purification de l'autel, on le consacrera.

²⁷Lorsque ses jours seront accomplis, dès le huitième jour et à l'avenir les sacrificateurs offriront sur l'autel vos holocaustes et vos sacrifices d'actions de grâces. Et je vous serai favorable, dit le Seigneur, l'Éternel.

Chapitre 44

¹Il me ramena vers la porte extérieure du sanctuaire, du côté de l'orient. Mais elle était fermée.

²Et l'Éternel me dit: Cette porte sera fermée, elle ne s'ouvrira point, et personne n'y passera; car l'Éternel, le Dieu d'Israël est entré par là. Elle restera fermée.

³Pour ce qui concerne le prince, le prince pourra s'y asseoir, pour manger le pain devant l'Éternel; il entrera par le chemin du vestibule de la porte, et il sortira par le même chemin.

⁴Il me conduisit vers la porte du septentrion, devant la maison. Je regardai, et voici, la gloire de l'Éternel remplissait la maison de l'Éternel. Et je tombai sur ma face.

⁵L'Éternel me dit: Fils de l'homme, sois attentif, et regarde de tes yeux! Écoute de tes oreilles tout ce que je te dirai au sujet de toutes les ordonnances de la maison de l'Éternel et de toutes ses lois; considère attentivement l'entrée de la maison et toutes les issues du sanctuaire.

⁶Tu diras aux rebelles, à la maison d'Israël: Ainsi parle le Seigneur, l'Éternel: Assez de toutes vos abominations, maison d'Israël!

⁷Vous avez introduit dans mon sanctuaire des étrangers incirconcis de coeur et incirconcis de chair, pour profaner ma maison; vous avez offert mon pain, la graisse et le sang à toutes vos abominations, vous avez rompu mon alliance.

⁸Vous n'avez pas fait le service de mon sanctuaire, mais vous les avez mis à votre place pour faire le service dans mon sanctuaire.

⁹Ainsi parle le Seigneur, l'Éternel: Aucun étranger, incirconcis de coeur et incirconcis de chair, n'entrera dans mon sanctuaire, aucun des étrangers qui seront au milieu des enfants d'Israël.

¹⁰De plus, les Lévites qui se sont éloignés de moi, quand Israël s'égarait et se détournait de moi pour suivre ses idoles, porteront la peine de leur iniquité.

¹¹Ils seront dans mon sanctuaire comme serviteurs, ils auront la garde des portes de la maison; et feront le service de la maison; ils égorgeront pour le peuple les victimes destinées aux holocaustes et aux autres sacrifices, et ils se tiendront devant lui pour être à son service.

¹²Parce qu'ils l'ont servi devant ses idoles, et qu'ils ont fait tomber dans le péché la maison d'Israël, je lève ma main sur eux, dit le Seigneur, l'Éternel, pour qu'ils portent la peine de leur iniquité.

¹³Ils ne s'approcheront pas de moi pour être à mon service dans le sacerdoce, ils ne s'approcheront pas de mes sanctuaires, de mes lieux très saints; ils porteront la peine de leur ignominie et des abominations qu'ils ont commises.

¹⁴Je leur donnerai la garde de la maison, et ils en feront tout le service et tout ce qui doit s'y faire.

¹⁵Mais les sacrificateurs, les Lévites, fils de Tsadok, qui ont fait le service de mon sanctuaire quand les enfants d'Israël s'égaraient loin de moi, ceux-là s'approcheront de moi pour me servir, et se tiendront devant moi pour m'offrir la graisse et le sang, dit le Seigneur, l'Éternel.

¹⁶Ils entreront dans mon sanctuaire, ils s'approcheront de ma table pour me servir, ils seront à mon service.

¹⁷Lorsqu'ils franchiront les portes du parvis intérieur, ils revêtiront des habits de lin; ils n'auront sur eux rien qui soit en laine, quand ils feront le service aux portes du parvis intérieur et dans la maison.

¹⁸Ils auront des tiares de lin sur la tête, et des caleçons de lin sur leurs reins; ils ne se ceindront point de manière à exciter la sueur.

¹⁹Lorsqu'ils sortiront pour aller dans le parvis extérieur, dans le parvis extérieur vers le peuple, ils ôteront les vêtements avec lesquels ils font le service, et les déposeront dans les chambres du sanctuaire; ils en mettront d'autres, afin de ne pas sanctifier le peuple par leurs vêtements.

²⁰Ils ne se raseront pas la tête, et ne laisseront pas non plus croître leurs cheveux; mais ils devront couper leur chevelure.

²¹Aucun sacrificateur ne boira du vin lorsqu'il entrera dans le parvis intérieur.

²²Ils ne prendront pour femme ni une veuve, ni une femme répudiée, mais ils prendront des vierges de la race de la maison d'Israël; ils pourront aussi prendre la veuve d'un sacrificateur.

²³Ils enseigneront à mon peuple à distinguer ce qui est saint de ce qui est profane, ils lui feront connaître la différence entre ce qui est impur et ce qui est pur.

²⁴Ils seront juges dans les contestations, et ils jugeront d'après mes lois. Ils observeront aussi mes lois et mes ordonnances dans toutes mes fêtes, et ils sanctifieront mes sabbats.

²⁵Un sacrificateur n'ira pas vers un mort, de peur de se rendre impur; il ne pourra se rendre impur que pour un père, pour une mère, pour un fils, pour une fille, pour un frère, et pour une soeur qui n'était pas mariée.

²⁶Après sa purification, on lui comptera sept jours.

²⁷Le jour où il entrera dans le sanctuaire, dans le parvis intérieur, pour faire le service dans le sanctuaire, il offrira son sacrifice d'expiation, dit le Seigneur, l'Éternel.

²⁸Voici l'héritage qu'ils auront: c'est moi qui serai leur héritage. Vous ne leur donnerez point de possession en Israël: je serai leur possession.

²⁹Ils se nourriront des offrandes, des sacrifices d'expiation et de culpabilité; et tout ce qui sera dévoué par interdit en Israël sera pour eux.

³⁰Les prémices de tous les fruits, et toutes les offrandes que vous présenterez par élévation, appartiendront aux sacrificateurs; vous donnerez aux sacrificateurs les prémices de votre pâte, afin que la

Ezekiel

bénédiction repose sur votre maison.

³¹Les sacrificateurs ne mangeront d'aucun oiseau et d'aucun animal mort ou déchiré.

Chapitre 45

¹Lorsque vous partagerez le pays en héritage par le sort, vous prélèverez comme une sainte offrande pour l'Éternel une portion du pays, longue de vingt-cinq mille cannes et large de dix mille; elle sera sainte dans toute son étendue.

²De cette portion vous prendrez pour le sanctuaire cinq cents cannes sur cinq cents en carré, et cinquante coudées pour un espace libre tout autour.

³Sur cette étendue de vingt-cinq mille cannes en longueur et dix mille en largeur, tu mesureras un emplacement pour le sanctuaire, pour le lieu très saint.

⁴C'est la portion sainte du pays; elle appartiendra aux sacrificateurs qui font le service du sanctuaire, qui s'approchent de l'Éternel pour le servir; c'est là que seront leurs maisons, et ce sera un sanctuaire pour le sanctuaire.

⁵Vingt-cinq mille cannes en longueur et dix mille en largeur formeront la propriété des Lévites, serviteurs de la maison, avec vingt chambres.

⁶Comme propriété de la ville vous destinerez cinq mille cannes en largeur et vingt-cinq mille en longueur, parallèlement à la portion sainte prélevée; ce sera pour toute la maison d'Israël.

⁷Pour le prince vous réserverez un espace aux deux côtés de la portion sainte et de la propriété de la ville, le long de la portion sainte et le long de la propriété de la ville, du côté de l'occident vers l'occident et du côté de l'orient vers l'orient, sur une longueur parallèle à l'une des parts, depuis la limite de l'occident jusqu'à la limite de l'orient.

⁸Ce sera sa terre, sa propriété en Israël; et mes princes n'opprimeront plus mon peuple, mais ils laisseront le pays à la maison d'Israël, selon ses tribus.

⁹Ainsi parle le Seigneur, l'Éternel: Assez, princes d'Israël! cessez la violence et les rapines, pratiquez la droiture et la justice, délivrez mon peuple de vos exactions, dit le Seigneur, l'Éternel.

¹⁰Ayez des balances justes, un épha juste, et un bath juste.

¹¹L'épha et le bath auront la même mesure: le bath contiendra la dixième partie d'un homer, et l'épha la dixième partie d'un homer; leur mesure sera réglée d'après le homer.

¹²Le sicle sera de vingt guéras. La mine aura chez vous vingt sicles, vingt-cinq sicles, quinze sicles.

¹³Voici l'offrande que vous prélèverez; la sixième partie d'un épha sur un homer de froment, et la sixième partie d'un épha sur un homer d'orge.

¹⁴Ce que vous devrez pour l'huile, pour un bath d'huile, sera la dixième partie d'un bath sur un cor, qui est égal à un homer de dix baths, car dix baths font un homer.

¹⁵Une brebis sur un troupeau de deux cents dans les gras pâturages d'Israël sera donnée pour l'offrande, l'holocauste et le sacrifice d'actions de grâces, afin de servir de victime expiatoire, dit le Seigneur, l'Éternel.

¹⁶Tout le peuple du pays devra prélever cette offrande pour le prince d'Israël.

¹⁷Le prince sera chargé des holocaustes, des offrandes et des libations, aux fêtes, aux nouvelles lunes, aux sabbats, à toutes les solennités de la maison d'Israël; il offrira le sacrifice expiatoire, l'offrande, l'holocauste, et le sacrifice d'actions de grâces, en expiation pour la maison d'Israël.

¹⁸Ainsi parle le Seigneur, l'Éternel: Le premier jour du premier mois, tu prendras un jeune taureau sans défaut, et tu feras l'expiation du sanctuaire.

¹⁹Le sacrificateur prendra du sang de la victime expiatoire, et il en mettra sur les poteaux de la maison, sur les quatre angles de l'encadrement de l'autel, et sur les poteaux de la porte du parvis intérieur.

²⁰Tu feras de même le septième jour du mois, pour ceux qui pèchent involontairement ou par imprudence; vous purifierez ainsi la maison.

²¹Le quatorzième jour du premier mois, vous aurez la Pâque. La fête durera sept jours; on mangera des pains sans levain.

²²Le prince offrira ce jour-là, pour lui et pour tout le peuple du pays, un taureau en sacrifice d'expiation.

²³Pendant les sept jours de la fête, il offrira en holocauste à l'Éternel sept taureaux et sept béliers sans défaut, chacun des sept jours, et un bouc en sacrifice d'expiation, chaque jour.

²⁴Il y joindra l'offrande d'un épha pour chaque taureau et d'un épha pour chaque bélier, avec un hin d'huile par épha.

²⁵Le quinzième jour du septième mois, à la fête, il offrira pendant sept jours les mêmes sacrifices d'expiation, les mêmes holocaustes, et la même offrande avec l'huile.

Chapitre 46

¹Ainsi parle le Seigneur, l'Éternel: La porte du parvis intérieur, du côté de l'orient, restera fermée les six jours ouvriers; mais elle sera ouverte le jour du sabbat, elle sera aussi ouverte le jour de la nouvelle lune.

²Le prince entrera par le chemin du vestibule de la porte extérieure, et se tiendra près des poteaux de la porte; les sacrificateurs offriront son holocauste et ses sacrifices d'actions de grâces; il se prosternera sur le seuil de la porte, puis il sortira, et la porte ne sera pas fermée avant le soir.

³Le peuple du pays se prosternera devant l'Éternel à l'entrée de cette porte, aux jours de sabbat et aux nouvelles lunes.

⁴L'holocauste que le prince offrira à l'Éternel, le jour du sabbat, sera de six agneaux sans défaut et d'un bélier sans défaut;

⁵et son offrande, d'un épha pour le bélier, et de ce qu'il voudra pour les agneaux, avec un hin d'huile par épha.

⁶Le jour de la nouvelle lune, il offrira un jeune taureau sans défaut, six agneaux et un bélier qui seront sans défaut;

⁷et son offrande sera d'un épha pour le taureau, d'un épha pour le bélier, et de ce qu'il voudra pour les agneaux, avec un hin d'huile par épha.

⁸Lorsque le prince entrera, il entrera par le chemin du vestibule de la porte, et il sortira par le même chemin.

⁹Mais lorsque le peuple du pays se présentera devant l'Éternel, aux solennités, celui qui entrera par la porte septentrionale pour se prosterner sortira par la porte méridionale, et celui qui entrera par la porte méridionale sortira par la porte septentrionale; on ne devra pas s'en retourner par la porte par laquelle on sera entré, mais on sortira par celle qui lui est opposée.

¹⁰Le prince entrera parmi eux quand ils entreront, et sortira quand ils sortiront.

¹¹Aux fêtes et aux solennités, l'offrande sera d'un épha pour le taureau, d'un épha pour le bélier, et de ce qu'il voudra pour les agneaux, avec un hin d'huile par épha.

¹²Si le prince offre à l'Éternel un holocauste volontaire ou un sacrifice volontaire d'actions de grâces, on lui ouvrira la porte qui est du côté de l'orient, et il offrira son holocauste et son sacrifice d'actions de grâces comme il doit le faire le jour du sabbat; puis il sortira, et l'on fermera la porte après qu'il sera sorti.

¹³Tu offriras chaque jour en holocauste à l'Éternel un agneau d'un an, sans défaut; tu l'offriras tous les matins.

¹⁴Tu y joindras pour offrande, tous les matins, un sixième d'épha, et le tiers d'un hin d'huile pour pétrir la farine. C'est l'offrande à l'Éternel, une loi perpétuelle, pour toujours.

¹⁵On offrira, tous les matins, l'agneau et l'offrande avec l'huile, comme holocauste perpétuel.

¹⁶Ainsi parle le Seigneur, l'Éternel: Si le prince fait à l'un de ses fils un don pris sur son héritage, ce don appartiendra à ses fils, ce sera leur propriété comme héritage.

¹⁷Mais s'il fait à l'un de ses serviteurs un don pris sur son héritage, ce don lui appartiendra jusqu'à l'année de la liberté, puis il retournera au prince; ses fils seuls posséderont ce qu'il leur donnera de son héritage.

¹⁸Le prince ne prendra rien de l'héritage du peuple, il ne le dépouillera pas de ses possessions; ce qu'il donnera en héritage à ses fils, il le prendra sur ce qu'il possède, afin que nul parmi mon peuple ne soit éloigné de sa possession.

¹⁹Il me conduisit, par l'entrée qui était à côté de la porte, dans les chambres saintes destinées aux sacrificateurs, vers le septentrion. Et voici, il y avait un lieu dans le fond, du côté de l'occident.

²⁰Il me dit: C'est le lieu où les sacrificateurs feront cuire la chair des sacrifices de culpabilité et d'expiation, et où ils feront cuire les offrandes, pour éviter de les porter dans le parvis extérieur et de sanctifier le peuple.

²¹Il me conduisit ensuite dans le parvis extérieur, et me fit passer vers les quatre angles du parvis. Et voici, il y avait une cour à chacun des angles du parvis.

²²Aux quatre angles du parvis il y avait des cours voûtées, longues de quarante coudées et larges de trente; toutes les quatre avaient la même mesure, dans les angles.

²³Un mur les entourait toutes les quatre, et des foyers étaient pratiqués au bas du mur tout autour.

²⁴Il me dit: Ce sont les cuisines, où les serviteurs de la maison feront cuire la chair des sacrifices offerts par le peuple.

Chapitre 47

¹Il me ramena vers la porte de la maison. Et voici, de l'eau sortait sous le seuil de la maison, à l'orient, car la face de la maison était à l'orient; l'eau descendait sous le côté droit de la maison, au midi de l'autel.

²Il me conduisit par le chemin de la porte septentrionale, et il me fit faire le tour par dehors jusqu'à l'extérieur de la porte orientale. Et voici, l'eau coulait du côté droit.

³Lorsque l'homme s'avança vers l'orient, il avait dans la main un cordeau, et il mesura mille coudées; il me fit traverser l'eau, et j'avais de l'eau jusqu'aux chevilles.

⁴Il mesura encore mille coudées, et me fit traverser l'eau, et j'avais de l'eau jusqu'aux genoux. Il mesura encore mille coudées, et me fit traverser, et j'avais de l'eau jusqu'aux reins.

⁵Il mesura encore mille coudées; c'était un torrent que je ne pouvais traverser, car l'eau était si profonde qu'il fallait y nager; c'était un torrent qu'on ne pouvait traverser.

⁶Il me dit: As-tu vu, fils de l'homme? Et il me ramena au bord du torrent.

⁷Quand il m'eut ramené, voici, il y avait sur le bord du torrent beaucoup d'arbres de chaque côté.

⁸Il me dit: Cette eau coulera vers le district oriental, descendra dans la plaine, et entrera dans la mer; lorsqu'elle se sera jetée dans la mer, les eaux de la mer deviendront saines.

⁹Tout être vivant qui se meut vivra partout où le torrent coulera, et il y aura une grande quantité de poissons; car là où cette eau arrivera, les eaux deviendront saines, et tout vivra partout où parviendra le torrent.

¹⁰Des pêcheurs se tiendront sur ses bords; depuis En Guédi jusqu'à En Églaïm, on étendra les filets; il y aura des poissons de diverses espèces, comme les poissons de la grande mer, et ils seront très nombreux.

¹¹Ses marais et ses fosses ne seront point assainis, ils seront abandonnés au sel.

¹²Sur le torrent, sur ses bords de chaque côté, croîtront toutes sortes d'arbres fruitiers. Leur feuillage ne se flétrira point, et leurs fruits n'auront point de fin, ils mûriront tous les mois, parce que les eaux sortiront du sanctuaire. Leurs fruits serviront de nourriture, et leurs feuilles de remède.

¹³Ainsi parle le Seigneur, l'Éternel: Voici les limites du pays que vous distribuerez en héritage aux douze tribus d'Israël. Joseph aura deux parts.

¹⁴Vous en aurez la possession l'un comme l'autre; car j'ai juré, la main levée, de le donner à vos pères. Ce pays vous tombera donc en partage.

¹⁵Voici les limites du pays. Du côté septentrional, depuis la grande mer, le chemin de Hethlon jusqu'à Tsedad,

¹⁶Hamath, Bérotha, Sibraïm, entre la frontière de Damas et la frontière de Hamath, Hatzer Hatthicon, vers la frontière de Havran;

¹⁷ainsi la limite sera, depuis la mer, Hatsar Énon, la frontière de Damas, Tsaphon au nord, et la frontière de Hamath: ce sera le côté septentrional.

¹⁸Le côté oriental sera le Jourdain, entre Havran, Damas et Galaad, et le pays d'Israël; vous mesurerez depuis la limite septentrionale jusqu'à la mer orientale: ce sera le côté oriental.

¹⁹Le côté méridional, au midi, ira depuis Thamar jusqu'aux eaux de Meriba à Kadès, jusqu'au torrent vers la grande mer: ce sera le côté méridional.

²⁰Le côté occidental sera la grande mer, depuis la limite jusque vis-à-vis de Hamath: ce sera le côté occidental.

²¹Vous partagerez ce pays entre vous, selon les tribus d'Israël.

²²Vous le diviserez en héritage par le sort pour vous et pour les étrangers qui séjourneront au milieu de vous, qui engendreront des enfants au milieu de vous; vous les regarderez comme indigènes parmi les enfants d'Israël; ils partageront au sort l'héritage avec vous parmi les tribus d'Israël.

²³Vous donnerez à l'étranger son héritage dans la tribu où il séjournera, dit le Seigneur, l'Éternel.

Chapitre 48

¹Voici les noms des tribus. Depuis l'extrémité septentrionale, le long du chemin de Hethlon à Hamath, Hatsar Énon, la frontière de Damas au nord vers Hamath, de l'orient à l'occident: Dan, une tribu.

²Sur la limite de Dan, de l'orient à l'occident: Aser, une tribu.

³Sur la limite d'Aser, de l'orient à l'occident: Nephthali, une tribu.

⁴Sur la limite de Nephthali, de l'orient à l'occident: Manassé, une tribu.

⁵Sur la limite de Manassé, de l'orient à l'occident: Éphraïm, une tribu.

⁶Sur la limite d'Éphraïm, de l'orient à l'occident: Ruben, une tribu.

⁷Sur la limite de Ruben, de l'orient à l'occident: Juda, une tribu.

⁸Sur la frontière de Juda, de l'orient à l'occident, sera la portion que vous prélèverez, large de vingt-cinq mille cannes et longue comme l'une des parts de l'orient à l'occident; et le sanctuaire sera au milieu.

⁹La portion que vous prélèverez pour l'Éternel aura vingt-cinq mille cannes de longueur et dix mille de largeur.

¹⁰C'est aux sacrificateurs qu'appartiendra cette portion sainte: vingt-cinq mille cannes au septentrion, dix mille en largeur à l'occident, dix mille en largeur à l'orient, et vingt-cinq mille en longueur au midi; et le sanctuaire de l'Éternel sera au milieu.

¹¹Elle appartiendra aux sacrificateurs consacrés, aux fils de Tsadok, qui ont fait le service de mon sanctuaire, qui ne se sont point égarés, lorsque les enfants d'Israël s'égaraient, comme s'égaraient les Lévites.

¹²Elle leur appartiendra comme portion très sainte, prélevée sur la portion du pays qui aura été prélevée, à côté de la limite des Lévites.

¹³Les Lévites auront, parallèlement à la limite des sacrificateurs, vingt-cinq mille cannes en longueur et dix mille en largeur, vingt-cinq mille pour toute la longueur et dix mille pour la largeur.

¹⁴Ils n'en pourront rien vendre ni échanger; et les prémices du pays ne seront point aliénées, car elles sont consacrées à l'Éternel.

¹⁵Les cinq mille cannes qui resteront en largeur sur les vingt-cinq mille seront destinées à la ville, pour les habitations et la banlieue; et la ville sera au milieu.

¹⁶En voici les mesures: du côté septentrional quatre mille cinq cents, du côté méridional quatre mille cinq cents, du côté oriental quatre mille cinq cents, et du côté occidental quatre mille cinq cents.

¹⁷La ville aura une banlieue de deux cent cinquante au nord, de deux cent cinquante au midi, de deux cent cinquante à l'orient, et de deux cent

¹⁸Le reste sur la longueur, parallèlement à la portion sainte, dix mille à l'orient et dix mille à l'occident, parallèlement à la portion sainte, formera les revenus destinés à l'entretien de ceux qui travailleront pour la ville.

¹⁹Le sol en sera cultivé par ceux de toutes les tribus d'Israël qui travailleront pour la ville.

²⁰Toute la portion prélevée sera de vingt-cinq mille cannes en longueur sur vingt-cinq mille en largeur; vous en séparerez un carré pour la propriété de la ville.

²¹Ce qui restera sera pour le prince, aux deux côtés de la portion sainte et de la propriété de la ville, le long des vingt-cinq mille cannes de la portion sainte jusqu'à la limite de l'orient, et à l'occident le long des vingt-cinq mille cannes vers la limite de l'occident, parallèlement aux parts. C'est là ce qui appartiendra au prince; et la portion sainte et le sanctuaire de la maison seront au milieu.

²²Ainsi ce qui appartiendra au prince sera l'espace compris depuis la propriété des Lévites et depuis la propriété de la ville; ce qui sera entre la limite de Juda et la limite de Benjamin appartiendra au prince.

²³Voici les autres tribus. De l'orient à l'occident: Benjamin, une tribu.

²⁴Sur la limite de Benjamin, de l'orient à l'occident: Siméon, une tribu.

²⁵Sur la limite de Siméon, de l'orient à l'occident: Issacar, une tribu.

²⁶Sur la limite d'Issacar, de l'orient à l'occident: Zabulon, une tribu.

²⁷Sur la limite de Zabulon, de l'orient à l'occident: Gad, une tribu.

²⁸Sur la limite de Gad, du côté méridional, au midi, la frontière ira depuis Thamar, jusqu'aux eaux de Meriba à Kadès, jusqu'au torrent vers la grande mer.

²⁹Tel est le pays que vous diviserez en héritages par le sort pour les tribus d'Israël et telles sont leurs parts, dit le Seigneur, l'Éternel.

³⁰Voici les issues de la ville. Du côté septentrional quatre mille cinq cents cannes.

³¹et les portes de la ville d'après les noms des tribus d'Israël, trois portes au nord: la porte de Ruben, une, la porte de Juda, une, la porte de Lévi, une.

³²Du côté oriental quatre mille cinq cents cannes, et trois portes: la porte de Joseph, une, la porte de Benjamin, une, la porte de Dan, une.

³³Du côté méridional quatre mille cinq cents cannes, et trois portes: la porte de Siméon, une, la porte d'Issacar, une, la porte de Zabulon, une.

³⁴Du côté occidental quatre mille cinq cents cannes, et trois portes: la porte de Gad, une, la porte d'Aser, une, la porte de Nephthali, une.

³⁵Circuit: dix-huit mille cannes. Et, dès ce jour, le nom de la ville sera: l'Éternel est ici.

Daniel

Chapitre 1

¹La troisième année du règne de Jojakim, roi de Juda, Nebucadnetsar, roi de Babylone, marcha contre Jérusalem, et l'assiégea.

²Le Seigneur livra entre ses mains Jojakim, roi de Juda, et une partie des ustensiles de la maison de Dieu. Nebucadnetsar emporta les ustensiles au pays de Schinear, dans la maison de son dieu, il les mit dans la maison du trésor de son dieu.

³Le roi donna l'ordre à Aschpenaz, chef de ses eunuques, d'amener quelques-uns des enfants d'Israël de race royale ou de famille noble,

⁴de jeunes garçons sans défaut corporel, beaux de figure, doués de sagesse, d'intelligence et d'instruction, capables de servir dans le palais du roi, et à qui l'on enseignerait les lettres et la langue des Chaldéens.

⁵Le roi leur assigna pour chaque jour une portion des mets de sa table et du vin dont il buvait, voulant les élever pendant trois années, au bout desquelles ils seraient au service du roi.

⁶Il y avait parmi eux, d'entre les enfants de Juda, Daniel, Hanania, Mischaël et Azaria.

⁷Le chef des eunuques leur donna des noms, à Daniel celui de Beltschatsar, à Hanania celui de Schadrac, à Mischaël celui de Méschac, et à Azaria celui d'Abed Nego.

⁸Daniel résolut de ne pas se souiller par les mets du roi et par le vin dont le roi buvait, et il pria le chef des eunuques de ne pas l'obliger à se souiller.

⁹Dieu fit trouver à Daniel faveur et grâce devant le chef des eunuques.

¹⁰Le chef des eunuques dit à Daniel: Je crains mon seigneur le roi, qui a fixé ce que vous devez manger et boire; car pourquoi verrait-il votre visage plus abattu que celui des jeunes gens de votre âge? Vous exposeriez ma tête auprès du roi.

¹¹Alors Daniel dit à l'intendant à qui le chef des eunuques avait remis la surveillance de Daniel, de Hanania, de Mischaël et d'Azaria:

¹²Éprouve tes serviteurs pendant dix jours, et qu'on nous donne des légumes à manger et de l'eau à boire;

¹³tu regarderas ensuite notre visage et celui des jeunes gens qui mangent les mets du roi, et tu agiras avec tes serviteurs d'après ce que tu auras vu.

¹⁴Il leur accorda ce qu'ils demandaient, et les éprouva pendant dix jours.

¹⁵Au bout de dix jours, ils avaient meilleur visage et plus d'embonpoint que tous les jeunes gens qui mangeaient les mets du roi.

¹⁶L'intendant emportait les mets et le vin qui leur étaient destinés, et il leur donnait des légumes.

¹⁷Dieu accorda à ces quatre jeunes gens de la science, de l'intelligence dans toutes les lettres, et de la sagesse; et Daniel expliquait toutes les visions et tous les songes.

¹⁸Au terme fixé par le roi pour qu'on les lui amenât, le chef des eunuques les présenta à Nebucadnetsar.

¹⁹Le roi s'entretint avec eux; et, parmi tous ces jeunes gens, il ne s'en trouva aucun comme Daniel, Hanania, Mischaël et Azaria. Ils furent donc admis au service du roi.

²⁰Sur tous les objets qui réclamaient de la sagesse et de l'intelligence, et sur lesquels le roi les interrogeait, il les trouvait dix fois supérieurs à tous les magiciens et astrologues qui étaient dans tout son royaume.

²¹Ainsi fut Daniel jusqu'à la première année du roi Cyrus.

Chapitre 2

¹La seconde année du règne de Nebucadnetsar, Nebucadnetsar eut des songes. Il avait l'esprit agité, et ne pouvait dormir.

²Le roi fit appeler les magiciens, les astrologues, les enchanteurs et les Chaldéens, pour qu'ils lui disent ses songes. Ils vinrent, et se présentèrent devant le roi.

³Le roi leur dit: J'ai eu un songe; mon esprit est agité, et je voudrais connaître ce songe.

⁴Les Chaldéens répondirent au roi en langue araméenne: O roi, vis éternellement! dis le songe à tes serviteurs, et nous en donnerons l'explication.

⁵Le roi reprit la parole et dit aux Chaldéens: La chose m'a échappé; si vous ne me faites connaître le songe et son explication, vous serez mis en pièces, et vos maisons seront réduites en un tas d'immondices.

⁶Mais si vous me dites le songe et son explication, vous recevrez de moi des dons et des présents, et de grands honneurs. C'est pourquoi dites-moi le songe et son explication.

⁷Ils répondirent pour la seconde fois: Que le roi dise le songe à ses serviteurs, et nous en donnerons l'explication.

⁸Le roi reprit la parole et dit: Je m'aperçois, en vérité, que vous voulez gagner du temps, parce que vous voyez que la chose m'a échappé.

⁹Si donc vous ne me faites pas connaître le songe, la même sentence vous enveloppera tous; vous voulez vous préparez à me dire des mensonges et des faussetés, en attendant que les temps soient changés. C'est pourquoi dites-moi le songe, et je saurai si vous êtes capables de m'en donner l'explication.

¹⁰Les Chaldéens répondirent au roi: Il n'est personne sur la terre qui puisse dire ce que demande le roi; aussi jamais roi, quelque grand et puissant qu'il ait été, n'a exigé une pareille chose d'aucun magicien, astrologue ou Chaldéen.

¹¹Ce que le roi demande est difficile; il n'y a personne qui puisse le dire au roi, excepté les dieux, dont la demeure n'est pas parmi les hommes.

¹²Là-dessus le roi se mit en colère, et s'irrita violemment. Il ordonna qu'on fasse périr tous les sages de Babylone.

¹³La sentence fut publiée, les sages étaient mis à mort, et l'on cherchait Daniel et ses compagnons pour les faire périr.

¹⁴Alors Daniel s'adressa d'une manière prudente et sensée à Arjoc, chef des gardes du roi, qui était sorti pour mettre à mort les sages de Babylone.

¹⁵Il prit la parole et dit à Arjoc, commandant du roi: Pourquoi la sentence du roi est-elle si sévère? Arjoc exposa la chose à Daniel.

¹⁶Et Daniel se rendit vers le roi, et le pria de lui accorder du temps pour donner au roi l'explication.

¹⁷Ensuite Daniel alla dans sa maison, et il instruisit de cette affaire Hanania, Mischaël et Azaria, ses compagnons,

¹⁸les engageant à implorer la miséricorde du Dieu des cieux, afin qu'on ne fît pas périr Daniel et ses compagnons avec le reste des sages de Babylone.

¹⁹Alors le secret fut révélé à Daniel dans une vision pendant la nuit. Et Daniel bénit le Dieu des cieux.

²⁰Daniel prit la parole et dit: Béni soit le nom de Dieu, d'éternité en éternité! A lui appartiennent la sagesse et la force.

²¹C'est lui qui change les temps et les circonstances, qui renverse et qui établit les rois, qui donne la sagesse aux sages et la science à ceux qui ont de l'intelligence.

²²Il révèle ce qui est profond et caché, il connaît ce qui est dans les ténèbres, et la lumière demeure avec lui.

²³Dieu de mes pères, je te glorifie et je te loue de ce que tu m'as donné la sagesse et la force, et de ce que tu m'as fait connaître ce que nous t'avons demandé, de ce que tu nous as révélé le secret du roi.

²⁴Après cela, Daniel se rendit auprès d'Arjoc, à qui le roi avait ordonné de faire périr les sages de Babylone; il alla, et lui parla ainsi: Ne fais pas périr les sages de Babylone! Conduis-moi devant le roi, et je donnerai au roi l'explication.

²⁵Arjoc conduisit promptement Daniel devant le roi, et lui parla ainsi: J'ai trouvé parmi les captifs de Juda un homme qui donnera l'explication au roi.

²⁶Le roi prit la parole et dit à Daniel, qu'on nommait Beltschatsar: Es-tu capable de me faire connaître le songe que j'ai eu et son explication?

²⁷Daniel répondit en présence du roi et dit: Ce que le roi demande est un secret que les sages, les astrologues, les magiciens et les devins, ne sont pas capables de découvrir au roi.

²⁸Mais il y a dans les cieux un Dieu qui révèle les secrets, et qui a fait connaître au roi Nebucadnetsar ce qui arrivera dans la suite des temps. Voici ton songe et les visions que tu as eues sur ta couche.

²⁹Sur ta couche, ô roi, il t'est monté des pensées touchant ce qui sera après ce temps-ci; et celui qui révèle les secrets t'a fait connaître ce qui arrivera.

³⁰Si ce secret m'a été révélé, ce n'est point qu'il y ait en moi une sagesse supérieure à celle de tous les vivants; mais c'est afin que l'explication soit donnée au roi, et que tu connaisses les pensées de ton coeur.

³¹O roi, tu regardais, et tu voyais une grande statue; cette statue était immense, et d'une splendeur extraordinaire; elle était debout devant toi, et son aspect était terrible.

³²La tête de cette statue était d'or pur; sa poitrine et ses bras étaient d'argent; son ventre et ses cuisses étaient d'airain;

³³ses jambes, de fer; ses pieds, en partie de fer et en partie d'argile.

³⁴Tu regardais, lorsqu'une pierre se détacha sans le secours

d'aucune main, frappa les pieds de fer et d'argile de la statue, et les mit en pièces.

³⁵Alors le fer, l'argile, l'airain, l'argent et l'or, furent brisés ensemble, et devinrent comme la balle qui s'échappe d'une aire en été; le vent les emporta, et nulle trace n'en fut retrouvée. Mais la pierre qui avait frappé la statue devint une grande montagne, et remplit toute la terre.

³⁶Voilà le songe. Nous en donnerons l'explication devant le roi.

³⁷O roi, tu es le roi des rois, car le Dieu des cieux t'a donné l'empire, la puissance, la force et la gloire;

³⁸il a remis entre tes mains, en quelque lieu qu'ils habitent, les enfants des hommes, les bêtes des champs et les oiseaux du ciel, et il t'a fait dominer sur eux tous: c'est toi qui es la tête d'or.

³⁹Après toi, il s'élèvera un autre royaume, moindre que le tien; puis un troisième royaume, qui sera d'airain, et qui dominera sur toute la terre.

⁴⁰Il y aura un quatrième royaume, fort comme du fer; de même que le fer brise et rompt tout, il brisera et rompra tout, comme le fer qui met tout en pièces.

⁴¹Et comme tu as vu les pieds et les orteils en partie d'argile de potier et en partie de fer, ce royaume sera divisé; mais il y aura en lui quelque chose de la force du fer, parce que tu as vu le fer mêlé avec l'argile.

⁴²Et comme les doigts des pieds étaient en partie de fer et en partie d'argile, ce royaume sera en partie fort et en partie fragile.

⁴³Tu as vu le fer mêlé avec l'argile, parce qu'ils se mêleront par des alliances humaines; mais ils ne seront point unis l'un à l'autre, de même que le fer ne s'allie point avec l'argile.

⁴⁴Dans le temps de ces rois, le Dieu des cieux suscitera un royaume qui ne sera jamais détruit, et qui ne passera point sous la domination d'un autre peuple; il brisera et anéantira tous ces royaumes-là, et lui-même subsistera éternellement.

⁴⁵C'est ce qu'indique la pierre que tu as vue se détacher de la montagne sans le secours d'aucune main, et qui a brisé le fer, l'airain, l'argile, l'argent et l'or. Le grand Dieu a fait connaître au roi ce qui doit arriver après cela. Le songe est véritable, et son explication est certaine.

⁴⁶Alors le roi Nebucadnetsar tomba sur sa face et se prosterna devant Daniel, et il ordonna qu'on lui offrît des sacrifices et des parfums.

⁴⁷Le roi adressa la parole à Daniel et dit: En vérité, votre Dieu est le Dieu des dieux et le Seigneur des rois, et il révèle les secrets, puisque tu as pu découvrir ce secret.

⁴⁸Ensuite le roi éleva Daniel, et lui fit de nombreux et riches présents; il lui donna le commandement de toute la province de Babylone, et l'établit chef suprême de tous les sages de Babylone.

⁴⁹Daniel pria le roi de remettre l'intendance de la province de Babylone à Schadrac, Méschac et Abed Nego. Et Daniel était à la cour du roi.

Chapitre 3

¹Le roi Nebucadnetsar fit une statue d'or, haute de soixante coudées et large de six coudées. Il la dressa dans la vallée de Dura, dans la province de Babylone.

²Le roi Nebucadnetsar fit convoquer les satrapes, les intendants et les gouverneurs, les grands juges, les trésoriers, les jurisconsultes, les juges, et tous les magistrats des provinces, pour qu'ils se rendissent à la dédicace de la statue qu'avait élevée le roi Nebucadnetsar.

³Alors les satrapes, les intendants et les gouverneurs, les grands juges, les trésoriers, les jurisconsultes, les juges, et tous les magistrats des provinces, s'assemblèrent pour la dédicace de la statue qu'avait élevée le roi Nebucadnetsar. Ils se placèrent devant la statue qu'avait élevée Nebucadnetsar.

⁴Un héraut cria à haute voix: Voici ce qu'on vous ordonne, peuples, nations, hommes de toutes langues!

⁵Au moment où vous entendrez le son de la trompette, du chalumeau, de la guitare, de la sambuque, du psaltérion, de la cornemuse, et de toutes sortes d'instruments de musique, vous vous prosternerez et vous adorerez la statue d'or qu'a élevée le roi Nebucadnetsar.

⁶Quiconque ne se prosternera pas et n'adorera pas sera jeté à l'instant même au milieu d'une fournaise ardente.

⁷C'est pourquoi, au moment où tous les peuples entendirent le son de la trompette, du chalumeau, de la guitare, de la sambuque, du psaltérion, et de toutes sortes d'instruments de musique, tous les peuples, les nations, les hommes de toutes langues se prosternèrent et adorèrent la statue d'or qu'avait élevée le roi Nebucadnetsar.

⁸A cette occasion, et dans le même temps, quelques Chaldéens s'approchèrent et accusèrent les Juifs.

⁹Ils prirent la parole et dirent au roi Nebucadnetsar: O roi, vis éternellement!

¹⁰Tu as donné un ordre d'après lequel tous ceux qui entendraient le son de la trompette, du chalumeau, de la guitare, de la sambuque, du psaltérion, de la cornemuse, et de toutes sortes d'instruments, devraient se prosterner et adorer la statue d'or;

¹¹et d'après lequel quiconque ne se prosternerait pas et n'adorerait pas serait jeté au milieu d'une fournaise ardente.

¹²Or, il y a des Juifs à qui tu as remis l'intendance de la province de Babylone, Schadrac, Méschac et Abed Nego, hommes qui ne tiennent aucun compte de toi, ô roi; ils ne servent pas tes dieux, et ils n'adorent point la statue d'or que tu as élevée.

¹³Alors Nebucadnetsar, irrité et furieux, donna l'ordre qu'on amenât Schadrac, Méschac et Abed Nego. Et ces hommes furent amenés devant le roi.

¹⁴Nebucadnetsar prit la parole et leur dit: Est-ce de propos délibéré, Schadrac, Méschac et Abed Nego, que vous ne servez pas mes dieux, et que vous n'adorez pas la statue d'or que j'ai élevée?

¹⁵Maintenant tenez-vous prêts, et au moment où vous entendrez le son de la trompette, du chalumeau, de la guitare, de la sambuque, du psaltérion, de la cornemuse, et de toutes sortes d'instruments, vous vous prosternerez et vous adorerez la statue que j'ai faite; si vous ne l'adorez pas, vous serez jetés à l'instant même au milieu d'une fournaise ardente. Et quel est le dieu qui vous délivrera de ma main?

¹⁶Schadrac, Méschac et Abed Nego répliquèrent au roi Nebucadnetsar: Nous n'avons pas besoin de te répondre là-dessus.

¹⁷Voici, notre Dieu que nous servons peut nous délivrer de la fournaise ardente, et il nous délivrera de ta main, ô roi.

¹⁸Simon, sache, ô roi, que nous ne servirons pas tes dieux, et que nous n'adorerons pas la statue d'or que tu as élevée.

¹⁹Sur quoi Nebucadnetsar fut rempli de fureur, et il changea de visage en tournant ses regards contre Schadrac, Méschac et Abed Nego. Il reprit la parole et ordonna de chauffer la fournaise sept fois plus qu'il ne convenait de la chauffer.

²⁰Puis il commanda à quelques-uns des plus vigoureux soldats de son armée de lier Schadrac, Méschac et Abed Nego, et de les jeter dans la fournaise ardente.

²¹Ces hommes furent liés avec leurs caleçons, leurs tuniques, leurs manteaux et leurs autres vêtements, et jetés au milieu de la fournaise ardente.

²²Comme l'ordre du roi était sévère, et que la fournaise était extraordinairement chauffée, la flamme tua les hommes qui y avaient jeté Schadrac, Méschac et Abed Nego.

²³Et ces trois hommes, Schadrac, Méschac et Abed Nego, tombèrent liés au milieu de la fournaise ardente.

²⁴Alors le roi Nebucadnetsar fut effrayé, et se leva précipitamment. Il prit la parole, et dit à ses conseillers: N'avons-nous pas jeté au milieu du feu trois hommes liés? Ils répondirent au roi: Certainement, ô roi!

²⁵Il reprit et dit: Eh bien, je vois quatre hommes sans liens, qui marchent au milieu du feu, et qui n'ont point de mal; et la figure du quatrième ressemble à celle d'un fils des dieux.

²⁶Ensuite Nebucadnetsar s'approcha de l'entrée de la fournaise ardente, et prenant la parole, il dit: Schadrac, Méschac et Abed Nego, serviteurs du Dieu suprême, sortez et venez! Et Schadrac, Méschac et Abed Nego sortirent du milieu du feu.

²⁷Les satrapes, les intendants, les gouverneurs, et les conseillers du roi s'assemblèrent; ils virent que le feu n'avait eu aucun pouvoir sur le corps de ces hommes, que les cheveux de leur tête n'avaient pas été brûlés, que leurs caleçons n'étaient point endommagés, et que l'odeur du feu ne les avait pas atteints.

²⁸Nebucadnetsar prit la parole et dit: Béni soit le Dieu de Schadrac, de Méschac et d'Abed Nego, lequel a envoyé son ange et délivré ses serviteurs qui ont eu confiance en lui, et qui ont violé l'ordre du roi et livré leur corps plutôt que de servir et d'adorer aucun autre dieu que leur Dieu!

²⁹Voici maintenant l'ordre que je donne: tout homme, à quelque peuple, nation ou langue qu'il appartienne, qui parlera mal du Dieu de Schadrac, de Méschac et d'Abed Nego, sera mis en pièces, et sa maison sera réduite en un tas d'immondices, parce qu'il n'y a aucun autre dieu qui puisse délivrer comme lui.

³⁰Après cela, le roi fit prospérer Schadrac, Méschac et Abed Nego, dans la province de Babylone.

Daniel
Chapitre 4

¹Nebucadnetsar, roi, à tous les peuples, aux nations, aux hommes de toutes langues, qui habitent sur toute la terre. Que la paix vous soit donnée avec abondance!

²Il m'a semblé bon de faire connaître les signes et les prodiges que le Dieu suprême a opérés à mon égard.

³Que ses signes sont grands! que ses prodiges sont puissants! Son règne est un règne éternel, et sa domination subsiste de génération en génération.

⁴Moi, Nebucadnetsar, je vivais tranquille dans ma maison, et heureux dans mon palais.

⁵J'ai eu un songe qui m'a effrayé; les pensées dont j'étais poursuivi sur ma couche et les visions de mon esprit me remplissaient d'épouvante.

⁶J'ordonnai qu'on fît venir devant moi tous les sages de Babylone, afin qu'ils me donnassent l'explication du songe.

⁷Alors vinrent les magiciens, les astrologues, les Chaldéens et les devins. Je leur dis le songe, et ils ne m'en donnèrent point l'explication.

⁸En dernier lieu, se présenta devant moi Daniel, nommé Beltschatsar d'après le nom de mon dieu, et qui a en lui l'esprit des dieux saints. Je lui dis le songe:

⁹Beltschatsar, chef des magiciens, qui as en toi, je le sais, l'esprit des dieux saints, et pour qui aucun secret n'est difficile, donne-moi l'explication des visions que j'ai eues en songe.

¹⁰Voici les visions de mon esprit, pendant que j'étais sur ma couche. Je regardais, et voici, il y avait au milieu de la terre un arbre d'une grande hauteur.

¹¹Cet arbre était devenu grand et fort, sa cime s'élevait jusqu'aux cieux, et on le voyait des extrémités de toute la terre.

¹²Son feuillage était beau, et ses fruits abondants; il portait de la nourriture pour tous; les bêtes des champs s'abritaient sous son ombre, les oiseaux du ciel faisaient leur demeure parmi ses branches, et tout être vivant tirait de lui sa nourriture.

¹³Dans les visions de mon esprit, que j'avais sur ma couche, je regardais, et voici, un de ceux qui veillent et qui sont saints descendit des cieux.

¹⁴Il cria avec force et parla ainsi: Abattez l'arbre, et coupez ses branches; secouez le feuillage, et dispersez les fruits; que les bêtes fuient de dessous, et les oiseaux du milieu de ses branches!

¹⁵Mais laissez en terre le tronc où se trouvent les racines, et liez-le avec des chaînes de fer et d'airain, parmi l'herbe des champs. Qu'il soit trempé de la rosée du ciel, et qu'il ait, comme les bêtes, l'herbe de la terre pour partage.

¹⁶Son coeur d'homme lui sera ôté, et un coeur de bête lui sera donné; et sept temps passeront sur lui.

¹⁷Cette sentence est un décret de ceux qui veillent, cette résolution est un ordre des saints, afin que les vivants sachent que le Très Haut domine sur le règne des hommes, qu'il le donne à qui il lui plaît, et qu'il y élève le plus vil des hommes.

¹⁸Voilà le songe que j'ai eu, moi, le roi Nebucadnetsar. Toi, Beltschatsar, donnes-en l'explication, puisque tous les sages de mon royaume ne peuvent me la donner; toi, tu le peux, car tu as en toi l'esprit des dieux saints.

¹⁹Alors Daniel, nommé Beltschatsar, fut un moment stupéfait, et ses pensées le troublaient. Le roi reprit et dit: Beltschatsar, que le songe et l'explication ne te troublent pas! Et Beltschatsar répondit: Mon seigneur, que le songe soit pour tes ennemis, et son explication pour tes adversaires!

²⁰L'arbre que tu as vu, qui était devenu grand et fort, dont la cime s'élevait jusqu'aux cieux, et qu'on voyait de tous les points de la terre;

²¹cet arbre, dont le feuillage était beau et les fruits abondants, qui portait de la nourriture pour tous, sous lequel s'abritaient les bêtes des champs, et parmi les branches duquel les oiseaux du ciel faisaient leur demeure,

²²c'est toi, ô roi, qui es devenu grand et fort, dont la grandeur s'est accrue et s'est élevée jusqu'aux cieux, et dont la domination s'étend jusqu'aux extrémités de la terre.

²³Le roi a vu l'un de ceux qui veillent et qui sont saints descendre des cieux et dire: Abattez l'arbre, et détruisez-le; mais laissez en terre le tronc où se trouvent les racines, et liez-le avec des chaînes de fer et d'airain, parmi l'herbe des champs; qu'il soit trempé de la rosée du ciel, et que son partage soit avec les bêtes des champs, jusqu'à ce que sept temps soient passés sur lui.

²⁴Voici l'explication, ô roi, voici le décret du Très Haut, qui s'accomplira sur mon seigneur le roi.

²⁵On te chassera du milieu des hommes, tu auras ta demeure avec les bêtes des champs, et l'on te donnera comme aux boeufs de l'herbe à manger; tu seras trempé de la rosée du ciel, et sept temps passeront sur toi, jusqu'à ce que tu saches que le Très Haut domine sur le règne des hommes et qu'il le donne à qui il lui plaît.

²⁶L'ordre de laisser le tronc où se trouvent les racines de l'arbre signifie que ton royaume te restera quand tu reconnaîtras que celui qui domine est dans les cieux.

²⁷C'est pourquoi, ô roi, puisse mon conseil te plaire! mets un terme à tes péchés en pratiquant la justice, et à tes iniquités en usant de compassion envers les malheureux, et ton bonheur pourra se prolonger.

²⁸Toutes ces choses se sont accomplies sur le roi Nebucadnetsar.

²⁹Au bout de douze mois, comme il se promenait dans le palais royal à Babylone,

³⁰le roi prit la parole et dit: N'est-ce pas ici Babylone la grande, que j'ai bâtie, comme résidence royale, par la puissance de ma force et pour la gloire de ma magnificence?

³¹La parole était encore dans la bouche du roi, qu'une voix descendit du ciel: Apprends, roi Nebucadnetsar, qu'on va t'enlever le royaume.

³²On te chassera du milieu des hommes, tu auras ta demeure avec les bêtes des champs, on te donnera comme aux boeufs de l'herbe à manger; et sept temps passeront sur toi, jusqu'à ce que tu saches que le Très Haut domine sur le règne des hommes et qu'il le donne à qui il lui plaît.

³³Au même instant la parole s'accomplit sur Nebucadnetsar. Il fut chassé du milieu des hommes, il mangea de l'herbe comme les boeufs, son corps fut trempé de la rosée du ciel; jusqu'à ce que ses cheveux crussent comme les plumes des aigles, et ses ongles comme ceux des oiseaux.

³⁴Après le temps marqué, moi, Nebucadnetsar, je levai les yeux vers le ciel, et la raison me revint. J'ai béni le Très Haut, j'ai loué et glorifié celui qui vit éternellement, celui dont la domination est une domination éternelle, et dont le règne subsiste de génération en génération.

³⁵Tous les habitants de la terre ne sont à ses yeux que néant: il agit comme il lui plaît avec l'armée des cieux et avec les habitants de la terre, et il n'y a personne qui résiste à sa main et qui lui dise: Que fais-tu?

³⁶En ce temps, la raison me revint; la gloire de mon royaume, ma magnificence et ma splendeur me furent rendues; mes conseillers et mes grands me redemandèrent; je fus rétabli dans mon royaume, et ma puissance ne fit que s'accroître.

³⁷Maintenant, moi, Nebucadnetsar, je loue, j'exalte et je glorifie le roi des cieux, dont toutes les oeuvres sont vraies et les voies justes, et qui peut abaisser ceux qui marchent avec orgueil.

Chapitre 5

¹Le roi Belschatsar donna un grand festin à ses grands au nombre de mille, et il but du vin en leur présence.

²Belschatsar, quand il eut goûté au vin, fit apporter les vases d'or et d'argent que son père Nebucadnetsar avait enlevés du temple de Jérusalem, afin que le roi et ses grands, ses femmes et ses concubines, s'en servissent pour boire.

³Alors on apporta les vases d'or qui avaient été enlevés du temple, de la maison de Dieu à Jérusalem; et le roi et ses grands, ses femmes et ses concubines, s'en servirent pour boire.

⁴Ils burent du vin, et ils louèrent les dieux d'or, d'argent, d'airain, de fer, de bois et de pierre.

⁵En ce moment, apparurent les doigts d'une main d'homme, et ils écrivirent, en face du chandelier, sur la chaux de la muraille du palais royal. Le roi vit cette extrémité de main qui écrivait.

⁶Alors le roi changea de couleur, et ses pensées le troublèrent; les jointures de ses reins se relâchèrent, et ses genoux se heurtèrent l'un contre l'autre.

⁷Le roi cria avec force qu'on fît venir les astrologues, les Chaldéens et les devins; et le roi prit la parole et dit aux sages de Babylone: Quiconque lira cette écriture et m'en donnera l'explication sera revêtu de pourpre, portera un collier d'or à son cou, et aura la troisième place dans le gouvernement du royaume.

⁸Tous les sages du roi entrèrent; mais ils ne purent pas lire l'écriture et en donner au roi l'explication.

⁹Sur quoi le roi Belschatsar, fut très effrayé, il changea de couleur, et ses grands furent consternés.

¹⁰La reine, à cause des paroles du roi et de ses grands, entra dans la salle du festin, et prit ainsi la parole: O roi, vis éternellement! Que tes pensées ne te troublent pas, et que ton visage ne change pas de couleur!

¹¹Il y a dans ton royaume un homme qui a en lui l'esprit des dieux saints; et du temps de ton père, on trouva chez lui des lumières, de

l'intelligence, et une sagesse semblable à la sagesse des dieux. Aussi le roi Nebucadnetsar, ton père, le roi, ton père, l'établit chef des magiciens, des astrologues, des Chaldéens, des devins,

¹²parce qu'on trouva chez lui, chez Daniel, nommé par le roi Beltschatsar, un esprit supérieur, de la science et de l'intelligence, la faculté d'interpréter les songes, d'expliquer les énigmes, et de résoudre les questions difficiles. Que Daniel soit donc appelé, et il donnera l'explication.

¹³Alors Daniel fut introduit devant le roi. Le roi prit la parole et dit à Daniel: Es-tu ce Daniel, l'un des captifs de Juda, que le roi, mon père, a amenés de Juda?

¹⁴J'ai appris sur ton compte que tu as en toi l'esprit des dieux, et qu'on trouve chez toi des lumières, de l'intelligence, et une sagesse extraordinaire.

¹⁵On vient d'amener devant moi les sages et les astrologues, afin qu'ils lussent cette écriture et m'en donnassent l'explication; mais ils n'ont pas pu donner l'explication des mots.

¹⁶J'ai appris que tu peux donner des explications et résoudre des questions difficiles; maintenant, si tu peux lire cette écriture et m'en donner l'explication, tu seras revêtu de pourpre, tu porteras un collier d'or à ton cou, et tu auras la troisième place dans le gouvernement du royaume.

¹⁷Daniel répondit en présence du roi: Garde tes dons, et accorde à un autre tes présents; je lirai néanmoins l'écriture au roi, et je lui en donnerai l'explication.

¹⁸O roi, le Dieu suprême avait donné à Nebucadnetsar, ton père, l'empire, la grandeur, la gloire et la magnificence;

¹⁹et à cause de la grandeur qu'il lui avait donnée, tous les peuples, les nations, les hommes de toutes langues étaient dans la crainte et tremblaient devant lui. Le roi faisait mourir ceux qu'il voulait, et il laissait la vie à ceux qu'il voulait; il élevait ceux qu'il voulait, et il abaissait ceux qu'il voulait.

²⁰Mais lorsque son coeur s'éleva et que son esprit s'endurcit jusqu'à l'arrogance, il fut précipité de son trône royal et dépouillé de sa gloire;

²¹il fut chassé du milieu des enfants des hommes, son coeur devint semblable à celui des bêtes, et sa demeure fut avec les ânes sauvages; on lui donna comme aux boeufs de l'herbe à manger, et son corps fut trempé de la rosée du ciel, jusqu'à ce qu'il reconnût que le Dieu suprême domine sur le règne des hommes et qu'il le donne à qui il lui plaît.

²²Et toi, Belschatsar, son fils, tu n'as pas humilié ton coeur, quoique tu susses toutes ces choses.

²³Tu t'es élevé contre le Seigneur des cieux; les vases de sa maison ont été apportés devant toi, et vous vous en êtes servis pour boire du vin, toi et tes grands, tes femmes et tes concubines; tu as loué les dieux d'argent, d'or, d'airain, de fer, de bois et de pierre, qui ne voient point, qui n'entendent point, et qui ne savent rien, et tu n'as pas glorifié le Dieu qui a dans sa main ton souffle et toutes tes voies.

²⁴C'est pourquoi il a envoyé cette extrémité de main qui a tracé cette écriture.

²⁵Voici l'écriture qui a été tracée: Compté, compté, pesé, et divisé.

²⁶Et voici l'explication de ces mots. Compté: Dieu a compté ton règne, et y a mis fin.

²⁷Pesé: Tu as été pesé dans la balance, et tu as été trouvé léger.

²⁸Divisé: Ton royaume sera divisé, et donne aux Mèdes et aux Perses.

²⁹Aussitôt Belschatsar donna des ordres, et l'on revêtit Daniel de pourpre, on lui mit au cou un collier d'or, et on publia qu'il aurait la troisième place dans le gouvernement du royaume.

³⁰Cette même nuit, Belschatsar, roi des Chaldéens, fut tué.

³¹Et Darius, le Mède, s'empara du royaume, étant âgé de soixante-deux ans.

Chapitre 6

¹Darius trouva bon d'établir sur le royaume cent vingt satrapes, qui devaient être dans tout le royaume.

²Il mit à leur tête trois chefs, au nombre desquels était Daniel, afin que ces satrapes leur rendissent compte, et que le roi ne souffrît aucun dommage.

³Daniel surpassait les chefs et les satrapes, parce qu'il y avait en lui un esprit supérieur; et le roi pensait à l'établir sur tout le royaume.

⁴Alors les chefs et les satrapes cherchèrent une occasion d'accuser Daniel en ce qui concernait les affaires du royaume. Mais ils ne purent trouver aucune occasion, ni aucune chose à reprendre, parce qu'il était fidèle, et qu'on apercevait chez lui ni faute, ni rien de mauvais.

⁵Et ces hommes dirent: Nous ne trouverons aucune occasion contre ce Daniel, à moins que nous n'en trouvions une dans la loi de son Dieu.

⁶Puis ces chefs et ces satrapes se rendirent tumultueusement auprès du roi, et lui parlèrent ainsi: Roi Darius, vis éternellement!

⁷Tous les chefs du royaume, les intendants, les satrapes, les conseillers, et les gouverneurs sont d'avis qu'il soit publié un édit royal, avec une défense sévère, portant que quiconque, dans l'espace de trente jours, adressera des prières à quelque dieu ou à quelque homme, excepté à toi, ô roi, sera jeté dans la fosse aux lions.

⁸Maintenant, ô roi, confirme la défense, et écris le décret, afin qu'il soit irrévocable, selon la loi des Mèdes et des Perses, qui est immuable.

⁹Là-dessus le roi Darius écrivit le décret et la défense.

¹⁰Lorsque Daniel sut que le décret était écrit, il se retira dans sa maison, où les fenêtres de la chambre supérieure étaient ouvertes dans la direction de Jérusalem; et trois fois le jour il se mettait à genoux, il priait, et il louait son Dieu, comme il le faisait auparavant.

¹¹Alors ces hommes entrèrent tumultueusement, et ils trouvèrent Daniel qui priait et invoquait son Dieu.

¹²Puis ils se présentèrent devant le roi, et lui dirent au sujet de la défense royale: N'as-tu pas écrit une défense portant que quiconque dans l'espace de trente jours adresserait des prières à quelque dieu ou à quelque homme, excepté à toi, ô roi, serait jeté dans la fosse aux lions? Le roi répondit: La chose est certaine, selon la loi des Mèdes et des Perses, qui est immuable.

¹³Ils prirent de nouveau la parole et dirent au roi: Daniel, l'un des captifs de Juda, n'a tenu aucun compte de toi, ô roi, ni de la défense que tu as écrite, et il fait sa prière trois fois le jour.

¹⁴Le roi fut très affligé quand il entendit cela; il prit à coeur de délivrer Daniel, et jusqu'au coucher du soleil il s'efforça de le sauver.

¹⁵Mais ces hommes insistèrent auprès du roi, et lui dirent: Sache, ô roi, que la loi des Mèdes et des Perses exige que toute défense ou tout décret confirmé par le roi soit irrévocable.

¹⁶Alors le roi donna l'ordre qu'on amenât Daniel, et qu'on le jetât dans la fosse aux lions. Le roi prit la parole et dit à Daniel: Puisse ton Dieu, que tu sers avec persévérance, te délivrer!

¹⁷On apporta une pierre, et on la mit sur l'ouverture de la fosse; le roi la scella de son anneau et de l'anneau de ses grands, afin que rien ne fût changé à l'égard de Daniel.

¹⁸Le roi se rendit ensuite dans son palais; il passa la nuit à jeun, il ne fit point venir de concubine auprès de lui, et il ne put se livrer au sommeil.

¹⁹Le roi se leva au point du jour, avec l'aurore, et il alla précipitamment à la fosse aux lions.

²⁰En s'approchant de la fosse, il appela Daniel d'une voix triste. Le roi prit la parole et dit à Daniel: Daniel, serviteur du Dieu vivant, ton Dieu, que tu sers avec persévérance, a-t-il pu te délivrer des lions?

²¹Et Daniel dit au roi: Roi, vis éternellement?

²²Mon Dieu a envoyé son ange et fermé la gueule des lions, qui ne m'ont fait aucun mal, parce que j'ai été trouvé innocent devant lui; et devant toi non plus, ô roi, je n'ai rien fait de mauvais.

²³Alors le roi fut très joyeux, et il ordonna qu'on fît sortir Daniel de la fosse. Daniel fut retiré de la fosse, et on ne trouva sur lui aucune blessure, parce qu'il avait eu confiance en son Dieu.

²⁴Le roi ordonna que ces hommes qui avaient accusé Daniel fussent amenés et jetés dans la fosse aux lions, eux, leurs enfants et leurs femmes; et avant qu'ils fussent parvenus au fond de la fosse, les lions les saisirent et brisèrent tous leur os.

²⁵Après cela, le roi Darius écrivit à tous les peuples, à toutes les nations, aux hommes de toutes langues, qui habitaient sur toute la terre: Que la paix vous soit donnée avec abondance!

²⁶J'ordonne que, dans toute l'étendue de mon royaume, on ait de la crainte et de la frayeur pour le Dieu de Daniel. Car il est le Dieu vivant, et il subsiste éternellement; son royaume ne sera jamais détruit, et sa domination durera jusqu'à la fin.

²⁷C'est lui qui délivre et qui sauve, qui opère des signes et des prodiges dans les cieux et sur la terre. C'est lui qui a délivré Daniel de la puissance des lions.

²⁸Daniel prospéra sous le règne de Darius, et sous le règne de Cyrus, le Perse.

Chapitre 7

¹La première année de Belschatsar, roi de Babylone, Daniel eut un songe et des visions de à son esprit, pendant qu'il était sur sa couche. Ensuite il écrivit le songe, et raconta les principales choses.

²Daniel commença et dit: Je regardais pendant ma vision nocturne, et voici, les quatre vents des cieux firent irruption sur la grande mer.

³Et quatre grands animaux sortirent de la mer, différents l'uns de l'autre.

⁴Le premier était semblable à un lion, et avait des ailes d'aigles; je regardai, jusqu'au moment où ses ailes furent arrachées; il fut enlevé de terre et mis debout sur ses pieds comme un homme, et un coeur d'homme lui fut donné.

⁵Et voici, un second animal était semblable à un ours, et se tenait sur un côté; il avait trois côtes dans la gueule entre les dents, et on lui disait: Lève-toi, mange beaucoup de chair.

⁶Après cela je regardai, et voici, un autre était semblable à un léopard, et avait sur le dos quatre ailes comme un oiseau; cet animal avait quatre têtes, et la domination lui fut donnée.

⁷Après cela, je regardai pendant mes visions nocturnes, voici, il y avait un quatrième animal, terrible, épouvantable et extraordinairement fort; il avait de grandes dents de fer, il mangeait, brisait, et il foulait aux pieds ce qui restait; il était différent de tous les animaux précédents, et il avait dix cornes.

⁸Je considérai les cornes, et voici, une autre petite corne sortit du milieu d'elles, et trois des premières cornes furent arrachées devant cette corne; et voici, elle avait des yeux comme des yeux d'homme, et une bouche, qui parlait avec arrogance.

⁹Je regardai, pendant que l'on plaçait des trônes. Et l'ancien des jours s'assit. Son vêtement était blanc comme la neige, et les cheveux de sa tête étaient comme de la laine pure; son trône était comme des flammes de feu, et les roues comme un feu ardent.

¹⁰Un fleuve de feu coulait et sortait de devant lui. Mille milliers le servaient, et dix mille millions se tenaient en sa présence. Les juges s'assirent, et les livres furent ouverts.

¹¹Je regardai alors, à cause des paroles arrogantes que prononçait la corne; et tandis que je regardais, l'animal fut tué, et son corps fut anéanti, livré au feu pour être brûlé.

¹²Les autres animaux furent dépouillés de leur puissance, mais une prolongation de vie leur fut accordée jusqu'à un certain temps.

¹³Je regardai pendant mes visions nocturnes, et voici, sur les nuées des cieux arriva quelqu'un de semblable à un fils de l'homme; il s'avança vers l'ancien des jours, et on le fit approcher de lui.

¹⁴On lui donna la domination, la gloire et le règne; et tous les peuples, les nations, et les hommes de toutes langues le servirent. Sa domination est une domination éternelle qui ne passera point, et son règne ne sera jamais détruit.

¹⁵Moi, Daniel, j'eus l'esprit troublé au dedans de moi, et les visions de ma tête m'effrayèrent.

¹⁶Je m'approchai de l'un de ceux qui étaient là, et je lui demandai ce qu'il y avait de vrai dans toutes ces choses. Il me le dit, et m'en donna l'explication:

¹⁷Ces quatre grands animaux, ce sont quatre rois qui s'élèveront de la terre;

¹⁸mais les saints du Très Haut recevront le royaume, et ils posséderont le royaume éternellement, d'éternité en éternité.

¹⁹Ensuite je désirai savoir la vérité sur le quatrième animal, qui était différent de tous les autres, extrêmement terrible, qui avait des dents de fer et des ongles d'airain, qui mangeait, brisait, et foulait aux pieds ce qu'il restait;

²⁰et sur les dix cornes qu'il avait à la tête, et sur l'autre qui était sortie et devant laquelle trois étaient tombées, sur cette corne qui avait des yeux, une bouche parlant avec arrogance, et une plus grande apparence que les autres.

²¹Je vis cette corne faire la guerre aux saints, et l'emporter sur eux,

²²jusqu'au moment où l'ancien des jours vint donner droit aux saints du Très Haut, et le temps arriva où les saints furent en possession du royaume.

²³Il me parla ainsi: Le quatrième animal, c'est un quatrième royaume qui existera sur la terre, différent de tous les royaumes, et qui dévorera toute la terre, la foulera et la brisera.

²⁴Les dix cornes, ce sont dix rois qui s'élèveront de ce royaume. Un autre s'élèvera après eux, il sera différent des premiers, et il abaissera trois rois.

²⁵Il prononcera des paroles contre le Très Haut, il opprimera les saints du Très Haut, et il espérera changer les temps et la loi; et les saints seront livrés entre ses mains pendant un temps, des temps, et la moitié d'un temps.

²⁶Puis viendra le jugement, et on lui ôtera sa domination, qui sera détruite et anéantie pour jamais.

²⁷Le règne, la domination, et la grandeur de tous les royaumes qui sont sous les cieux, seront donnés au peuple des saints du Très Haut. Son règne est un règne éternel, et tous les dominateurs le serviront et lui obéiront.

²⁸Ici finiront les paroles. Moi, Daniel, je fus extrêmement troublé par mes pensées, je changeai de couleur, et je conservai ces paroles dans mon coeur.

Chapitre 8

¹La troisième année du règne du roi Beltschatsar, moi, Daniel, j'eus une vision, outre celle que j'avais eue précédemment.

²Lorsque j'eus cette vision, il me sembla que j'étais à Suse, la capitale, dans la province d'Élam; et pendant ma vision, je me trouvais près du fleuve d'Ulaï.

³Je levai les yeux, je regardai, et voici, un bélier se tenait devant le fleuve, et il avait des cornes; ces cornes étaient hautes, mais l'une était plus haute que l'autre, et elle s'éleva la dernière.

⁴Je vis le bélier qui frappait de ses cornes à l'occident, au septentrion et au midi; aucun animal ne pouvait lui résister, et il n'y avait personne pour délivrer ses victimes; il faisait ce qu'il voulait, et il devint puissant.

⁵Comme je regardais attentivement, voici, un bouc venait de l'occident, et parcourait toute la terre à sa surface, sans la toucher; ce bouc avait une grande corne entre les yeux.

⁶Il arriva jusqu'au bélier qui avait des cornes, et que j'avais vu se tenant devant le fleuve, et il courut sur lui dans toute sa fureur.

⁷Je le vis qui s'approchait du bélier et s'irritait contre lui; il frappa le bélier et lui brisa les deux cornes, sans que le bélier eût la force de lui résister; il le jeta par terre et le foula, et il n'y eut personne pour délivrer le bélier.

⁸Le bouc devint très puissant; mais lorsqu'il fut puissant, sa grande corne se brisa. Quatre grandes cornes s'élevèrent pour la remplacer, aux quatre vents des cieux.

⁹De l'une d'elles sortit une petite corne, qui s'agrandit beaucoup vers le midi, vers l'orient, et vers le plus beau des pays.

¹⁰Elle s'éleva jusqu'à l'armée des cieux, elle fit tomber à terre une partie de cette armée et des étoiles, et elle les foula.

¹¹Elle s'éleva jusqu'au chef de l'armée, lui enleva le sacrifice perpétuel, et renversa le lieu de son sanctuaire.

¹²L'armée fut livrée avec le sacrifice perpétuel, à cause du péché; la corne jeta la vérité par terre, et réussit dans ses entreprises.

¹³J'entendis parler un saint; et un autre saint dit à celui qui parlait: Pendant combien de temps s'accomplira la vision sur le sacrifice perpétuel et sur le péché dévastateur? Jusques à quand le sanctuaire et l'armée seront-ils foulés?

¹⁴Et il me dit: Deux mille trois cents soirs et matins; puis le sanctuaire sera purifié.

¹⁵Tandis que moi, Daniel, j'avais cette vision et que je cherchais à la comprendre, voici, quelqu'un qui avait l'apparence d'un homme se tenait devant moi.

¹⁶Et j'entendis la voix d'un homme au milieu de l'Ulaï; il cria et dit: Gabriel, explique-lui la vision.

¹⁷Il vint alors près du lieu où j'étais; et à son approche, je fus effrayé, et je tombai sur ma face. Il me dit: Sois attentif, fils de l'homme, car la vision concerne un temps qui sera la fin.

¹⁸Comme il me parlait, je restai frappé d'étourdissement, la face contre terre. Il me toucha, et me fit tenir debout à la place où je me trouvais.

¹⁹Puis il me dit: Je vais t'apprendre, ce qui arrivera au terme de la colère, car il y a un temps marqué pour la fin.

²⁰Le bélier que tu as vu, et qui avait des cornes, ce sont les rois des Mèdes et des Perses.

²¹Le bouc, c'est le roi de Javan, La grande corne entre ses yeux, c'est le premier roi.

²²Les quatre cornes qui se sont élevées pour remplacer cette corne brisée, ce sont quatre royaumes qui s'élèveront de cette nation, mais qui n'auront pas autant de force.

²³A la fin de leur domination, lorsque les pécheurs seront consumés, il s'élèvera un roi impudent et artificieux.

²⁴Sa puissance s'accroîtra, mais non par sa propre force; il fera d'incroyables ravages, il réussira dans ses entreprises, il détruira les puissants et le peuple des saints.

²⁵A cause de sa prospérité et du succès de ses ruses, il aura de l'arrogance dans le coeur, il fera périr beaucoup d'hommes qui vivaient paisiblement, et il s'élèvera contre le chef des chefs; mais il sera brisé, sans l'effort d'aucune main.

²⁶Et la vision des soirs et des matins, dont il s'agit, est véritable. Pour toi, tiens secrète cette vision, car elle se rapporte à des temps éloignés.

²⁷Moi, Daniel, je fus plusieurs jours languissant et malade; puis je me levai, et je m'occupai des affaires du roi. J'étais étonné de la vision, et personne n'en eut connaissance.

Chapitre 9

¹La première année de Darius, fils d'Assuérus, de la race des Mèdes, lequel était devenu roi du royaume des Chaldéens,

²la première année de son règne, moi, Daniel, je vis par les livres qu'il devait s'écouler soixante-dix ans pour les ruines de Jérusalem, d'après le nombre des années dont l'Éternel avait parlé à Jérémie, le prophète.

³Je tournai ma face vers le Seigneur Dieu, afin de recourir à la prière et aux supplications, en jeûnant et en prenant le sac et la cendre.

⁴Je priai l'Éternel, mon Dieu, et je lui fis cette confession: Seigneur, Dieu grand et redoutable, toi qui gardes ton alliance et qui fais miséricorde à ceux qui t'aiment et qui observent tes commandements!

⁵Nous avons péché, nous avons commis l'iniquité, nous avons été méchants et rebelles, nous nous sommes détournés de tes commandements et de tes ordonnances.

⁶Nous n'avons pas écouté tes serviteurs, les prophètes, qui ont parlé en ton nom à nos rois, à nos chefs, à nos pères, et à tout le peuple du pays.

⁷A toi, Seigneur, est la justice, et à nous la confusion de face, en ce jour, aux hommes de Juda, aux habitants de Jérusalem, et à tout Israël, à ceux qui sont près et à ceux qui sont loin, dans tous les pays où tu les as chassés à cause des infidélités dont ils se sont rendus coupables envers toi.

⁸Seigneur, à nous la confusion de face, à nos rois, à nos chefs, et à nos pères, parce que nous avons péché contre toi.

⁹Auprès du Seigneur, notre Dieu, la miséricorde et le pardon, car nous avons été rebelles envers lui.

¹⁰Nous n'avons pas écouté la voix de l'Éternel, notre Dieu, pour suivre ses lois qu'il avait mises devant nous par ses serviteurs, les prophètes.

¹¹Tout Israël a transgressé ta loi, et s'est détourné pour ne pas écouter ta voix. Alors se sont répandues sur nous les malédictions et les imprécations qui sont écrites dans la loi de Moïse, serviteur de Dieu, parce que nous avons péché contre Dieu.

¹²Il a accompli les paroles qu'il avait prononcées contre nous et contre nos chefs qui nous ont gouvernés, il a fait venir sur nous une grande calamité, et il n'en est jamais arrivé sous le ciel entier une semblable à celle qui est arrivée à Jérusalem.

¹³Comme cela est écrit dans la loi de Moïse, toute cette calamité est venue sur nous; et nous n'avons pas imploré l'Éternel, notre Dieu, nous ne nous sommes pas détournés de nos iniquités, nous n'avons pas été attentifs à ta vérité.

¹⁴L'Éternel a veillé sur cette calamité, et l'a fait venir sur nous; car l'Éternel, notre Dieu, est juste dans toutes les choses qu'il a faites, mais nous n'avons pas écouté sa voix.

¹⁵Et maintenant, Seigneur, notre Dieu, toi qui as fait sortir ton peuple du pays d'Égypte par ta main puissante, et qui t'es fait un nom comme il l'est aujourd'hui, nous avons péché, nous avons commis l'iniquité.

¹⁶Seigneur, selon ta grande miséricorde, que ta colère et ta fureur se détournent de ta ville de Jérusalem, de ta montagne sainte; car, à cause de nos péchés et des iniquités de nos pères, Jérusalem et ton peuple sont en opprobre à tous ceux qui nous entourent.

¹⁷Maintenant donc, ô notre Dieu, écoute la prière et les supplications de ton serviteur, et, pour l'amour du Seigneur, fais briller ta face sur ton sanctuaire dévasté!

¹⁸Mon Dieu, prête l'oreille et écoute! ouvre les yeux et regarde nos ruines, regarde la ville sur laquelle ton nom est invoqué! Car ce n'est pas à cause de notre justice que nous te présentons nos supplications, c'est à cause de tes grandes compassions.

¹⁹Seigneur, écoute! Seigneur, pardonne! Seigneur, sois attentif! agis et ne tarde pas, par amour pour toi, ô mon Dieu! Car ton nom est invoqué sur ta ville et sur ton peuple.

²⁰Je parlais encore, je priais, je confessais mon péché et le péché de mon peuple d'Israël, et je présentais mes supplications à l'Éternel, mon Dieu, en faveur de la sainte montagne de mon Dieu;

²¹je parlais encore dans ma prière, quand l'homme, Gabriel, que j'avais vu précédemment dans une vision, s'approcha de moi d'un vol rapide, au moment de l'offrande du soir.

²²Il m'instruisit, et s'entretint avec moi. Il me dit: Daniel, je suis venu maintenant pour ouvrir ton intelligence.

²³Lorsque tu as commencé à prier, la parole est sortie, et je viens pour te l'annoncer; car tu es un bien-aimé. Sois attentif à la parole, et comprends la vision!

²⁴Soixante-dix semaines ont été fixées sur ton peuple et sur ta ville sainte, pour faire cesser les transgressions et mettre fin aux péchés, pour expier l'iniquité et amener la justice éternelle, pour sceller la vision et le prophète, et pour oindre le Saint des saints.

²⁵Sache-le donc, et comprends! Depuis le moment où la parole a annoncé que Jérusalem sera rebâtie jusqu'à l'Oint, au Conducteur, il y a sept semaines et soixante-deux semaines, les places et les fossés seront rétablis, mais en des temps fâcheux.

²⁶Après les soixante-deux semaines, un Oint sera retranché, et il n'aura pas de successeur. Le peuple d'un chef qui viendra détruira la ville et le sanctuaire, et sa fin arrivera comme par une inondation; il est arrêté que les dévastations dureront jusqu'au terme de la guerre.

²⁷Il fera une solide alliance avec plusieurs pour une semaine, et durant la moitié de la semaine il fera cesser le sacrifice et l'offrande; le dévastateur commettra les choses les plus abominables, jusqu'à ce que la ruine et ce qui a été résolu fondent sur le dévastateur.

Chapitre 10

¹La troisième année de Cyrus, roi de Perse, une parole fut révélée à Daniel, qu'on nommait Beltschatsar. Cette parole, qui est véritable, annonce une grande calamité. Il fut attentif à cette parole, et il eut l'intelligence de la vision.

²En ce temps-là, moi, Daniel, je fus trois semaines dans le deuil.

³Je ne mangeai aucun mets délicat, il n'entra ni viande ni vin dans ma bouche, et je ne m'oignis point jusqu'à ce que les trois semaines fussent accomplies.

⁴Le vingt-quatrième jour du premier mois, j'étais au bord du grand fleuve qui est Hiddékel.

⁵Je levai les yeux, je regardai, et voici, il y avait un homme vêtu de lin, et ayant sur les reins une ceinture d'or d'Uphaz.

⁶Son corps était comme de chrysolithe, son visage brillait comme l'éclair, ses yeux étaient comme des flammes de feu, ses bras et ses pieds ressemblaient à de l'airain poli, et le son de sa voix était comme le bruit d'une multitude.

⁷Moi, Daniel, je vis seul la vision, et les hommes qui étaient avec moi ne la virent point, mais ils furent saisis d'une grande frayeur, et ils prirent la fuite pour se cacher.

⁸Je restai seul, et je vis cette grande vision; les forces me manquèrent, mon visage changea de couleur et fut décomposé, et je perdis toute vigueur.

⁹J'entendis le son de ses paroles; et comme j'entendais le son de ses paroles, je tombai frappé d'étourdissement, la face contre terre.

¹⁰Et voici, une main me toucha, et secoua mes genoux et mes mains.

¹¹Puis il me dit: Daniel, homme bien-aimé, sois attentif aux paroles que je vais te dire, et tiens-toi debout à la place où tu es; car je suis maintenant envoyé vers toi. Lorsqu'il m'eut ainsi parlé, je me tins debout en tremblant.

¹²Il me dit: Daniel, ne crains rien; car dès le premier jour où tu as eu à coeur de comprendre, et de t'humilier devant ton Dieu, tes paroles ont été entendues, et c'est à cause de tes paroles que je viens.

¹³Le chef du royaume de Perse m'a résisté vingt et un jours; mais voici, Micaël, l'un des principaux chefs, est venu à mon secours, et je suis demeuré là auprès des rois de Perse.

¹⁴Je viens maintenant pour te faire connaître ce qui doit arriver à ton peuple dans la suite des temps; car la vision concerne encore ces temps-là.

¹⁵Tandis qu'il m'adressait ces paroles, je dirigeai mes regards vers la terre, et je gardai le silence.

¹⁶Et voici, quelqu'un qui avait l'apparence des fils de l'homme toucha mes lèvres. J'ouvris la bouche, je parlai, et je dis à celui qui se tenait devant moi: Mon seigneur, la vision m'a rempli d'effroi, et j'ai perdu toute vigueur.

¹⁷Comment le serviteur de mon seigneur pourrait-il parler à mon seigneur? Maintenant les forces me manquent, et je n'ai plus de souffle.

¹⁸Alors celui qui avait l'apparence d'un homme me toucha de nouveau, et me fortifia.

¹⁹Puis il me dit: Ne crains rien, homme bien-aimé, que la paix soit avec toi! courage, courage! Et comme il me parlait, je repris des forces, et je dis: Que mon seigneur parle, car tu m'as fortifié.

²⁰Il me dit: Sais-tu pourquoi je suis venu vers toi? Maintenant je m'en retourne pour combattre le chef de la Perse; et quand je partirai, voici, le chef de Javan viendra.

²¹Mais je veux te faire connaître ce qui est écrit dans le livre de la vérité. Personne ne m'aide contre ceux-là, excepté Micaël, votre chef.

Daniel
Chapitre 11

¹Et moi, la première année de Darius, le Mède, j'étais auprès de lui pour l'aider et le soutenir.

²Maintenant, je vais te faire connaître la vérité. Voici, il y aura encore trois rois en Perse. Le quatrième amassera plus de richesses que tous les autres; et quand il sera puissant par ses richesses, il soulèvera tout contre le royaume de Javan.

³Mais il s'élèvera un vaillant roi, qui dominera avec une grande puissance, et fera ce qu'il voudra.

⁴Et lorsqu'il se sera élevé, son royaume se brisera et sera divisé vers les quatre vents des cieux; il n'appartiendra pas à ses descendants, et il ne sera pas aussi puissant qu'il était, car il sera déchiré, et il passera à d'autres qu'à eux.

⁵Le roi du midi deviendra fort. Mais un de ses chefs sera plus fort que lui, et dominera; sa domination sera puissante.

⁶Au bout de quelques années ils s'allieront, et la fille du roi du midi viendra vers le roi du septentrion pour rétablir la concorde. Mais elle ne conservera pas la force de son bras, et il ne résistera pas, ni lui, ni son bras; elle sera livrée avec ceux qui l'auront amenée, avec son père et avec celui qui aura été son soutien dans ce temps-là.

⁷Un rejeton de ses racines s'élèvera à sa place; il viendra à l'armée, il entrera dans les forteresses du roi du septentrion, il en disposera à son gré, et il se rendra puissant.

⁸Il enlèvera même et transportera en Égypte leurs dieux et leurs images de fonte, et leurs objets précieux d'argent et d'or. Puis il restera quelques années éloigné du roi du septentrion.

⁹Et celui-ci marchera contre le royaume du roi du midi, et reviendra dans son pays.

¹⁰Ses fils se mettront en campagne et rassembleront une multitude nombreuse de troupes; l'un d'eux s'avancera, se répandra comme un torrent, débordera, puis reviendra; et ils pousseront les hostilités jusqu'à la forteresse du roi du midi.

¹¹Le roi du midi s'irritera, il sortira et attaquera le roi du septentrion; il soulèvera une grande multitude, et les troupes du roi du septentrion seront livrées entre ses mains.

¹²Cette multitude sera fière, et le coeur du roi s'enflera; il fera tomber des milliers, mais il ne triomphera pas.

¹³Car le roi du septentrion reviendra et rassemblera une multitude plus nombreuse que la première; au bout de quelque temps, de quelques années, il se mettra en marche avec une grande armée et de grandes richesses.

¹⁴En ce temps-là, plusieurs s'élèveront contre le roi du midi, et des hommes violents parmi ton peuple se révolteront pour accomplir la vision, et ils succomberont.

¹⁵Le roi du septentrion s'avancera, il élèvera des terrasses, et s'emparera des villes fortes. Les troupes du midi et l'élite du roi ne résisteront pas, elles manqueront de force pour résister.

¹⁶Celui qui marchera contre lui fera ce qu'il voudra, et personne ne lui résistera; il s'arrêtera dans le plus beau des pays, exterminant ce qui tombera sous sa main.

¹⁷Il se proposera d'arriver avec toutes les forces de son royaume, et de conclure la paix avec le roi du midi; il lui donnera sa fille pour femme, dans l'intention d'amener sa ruine; mais cela n'aura pas lieu, et ne lui réussira pas.

¹⁸Il tournera ses vues du côté des îles, et il en prendra plusieurs; mais un chef mettra fin à l'opprobre qu'il voulait lui attirer, et le fera retomber sur lui.

¹⁹Il se dirigera ensuite vers les forteresses de son pays; et il chancellera, il tombera, et on ne le trouvera plus.

²⁰Celui qui le remplacera fera venir un exacteur dans la plus belle partie du royaume, mais en quelques jours il sera brisé, et ce ne sera ni par la colère ni par la guerre.

²¹Un homme méprisé prendra sa place, sans être revêtu de la dignité royale; il paraîtra au milieu de la paix, et s'emparera du royaume par l'intrigue.

²²Les troupes qui se répandront comme un torrent seront submergées devant lui, et anéanties, de même qu'un chef de l'alliance.

²³Après qu'on se sera joint à lui, il usera de tromperie; il se mettra en marche, et il aura le dessus avec peu de monde.

²⁴Il entrera, au sein de la paix, dans les lieux les plus fertiles de la province; il fera ce que n'avaient pas fait ses pères, ni les pères de ses pères; il distribuera le butin, les dépouilles et les richesses; il formera des projets contre les forteresses, et cela pendant un certain temps.

²⁵A la tête d'une grande armée il emploiera sa force et son ardeur contre le roi du midi. Et le roi du midi s'engagera dans la guerre avec une armée nombreuse et très puissante; mais il ne résistera pas, car on méditera contre lui de mauvais desseins.

²⁶Ceux qui mangeront des mets de sa table causeront sa perte; ses troupes se répandront comme un torrent, et les morts tomberont en grand nombre.

²⁷Les deux rois chercheront en leur coeur à faire le mal, et à la même table ils parleront avec fausseté. Mais cela ne réussira pas, car la fin n'arrivera qu'au temps marqué.

²⁸Il retournera dans son pays avec de grandes richesses; il sera dans son coeur hostile à l'alliance sainte, il agira contre elle, puis retournera dans son pays.

²⁹A une époque fixée, il marchera de nouveau contre le midi; mais cette dernière fois les choses ne se passeront pas comme précédemment.

³⁰Des navires de Kittim s'avanceront contre lui; découragé, il rebroussera. Puis, furieux contre l'alliance sainte, il ne restera pas inactif; à son retour, il portera ses regards sur ceux qui auront abandonné l'alliance sainte.

³¹Des troupes se présenteront sur son ordre; elles profaneront le sanctuaire, la forteresse, elles feront cesser le sacrifice perpétuel, et dresseront l'abomination du dévastateur.

³²Il séduira par des flatteries les traîtres de l'alliance. Mais ceux du peuple qui connaîtront leur Dieu agiront avec fermeté,

³³et les plus sages parmi eux donneront instruction à la multitude. Il en est qui succomberont pour un temps à l'épée et à la flamme, à la captivité et au pillage.

³⁴Dans le temps où ils succomberont, ils seront un peu secourus, et plusieurs se joindront à eux par hypocrisie.

³⁵Quelques-uns des hommes sages succomberont, afin qu'ils soient épurés, purifiés et blanchis, jusqu'au temps de la fin, car elle n'arrivera qu'au temps marqué.

³⁶Le roi fera ce qu'il voudra; il s'élèvera, il se glorifiera au-dessus de tous les dieux, et il dira des choses incroyables contre le Dieu des dieux; il prospérera jusqu'à ce que la colère soit consommée, car ce qui est arrêté s'accomplira.

³⁷Il n'aura égard ni aux dieux de ses pères, ni à la divinité qui fait les délices des femmes; il n'aura égard à aucun dieu, car il se glorifiera au-dessus de tous.

³⁸Toutefois il honorera le dieu des forteresses sur son piédestal; à ce dieu, qui ne connaissaient pas ses pères, il rendra des hommages avec de l'or et de l'argent, avec des pierres précieuses et des objets de prix.

³⁹C'est avec le dieu étranger qu'il agira contre les lieux fortifiés; et il comblera d'honneurs ceux qui le reconnaîtront, il les fera dominer sur plusieurs, il leur distribuera des terres pour récompense.

⁴⁰Au temps de la fin, le roi du midi se heurtera contre lui. Et le roi du septentrion fondra sur lui comme une tempête, avec des chars et des cavaliers, et avec de nombreux navires; il s'avancera dans les terres, se répandra comme un torrent et débordera.

⁴¹Il entrera dans le plus beau des pays, et plusieurs succomberont; mais Édom, Moab, et les principaux des enfants d'Ammon seront délivrés de sa main.

⁴²Il étendra sa main sur divers pays, et le pays d'Égypte n'échappera point.

⁴³Il se rendra maître des trésors d'or et d'argent, et de toutes les choses précieuses de l'Égypte; les Libyens et les Éthiopiens seront à sa suite.

⁴⁴Des nouvelles de l'orient et du septentrion viendront l'effrayer, et il partira avec une grande fureur pour détruire et exterminer des multitudes.

⁴⁵Il dressera les tentes de son palais entre les mers, vers la glorieuse et sainte montagne Puis il arrivera à la fin, sans que personne lui soit en aide.

Chapitre 12

¹En ce temps-là se lèvera Micael, le grand chef, le défenseur des enfants de ton peuple; et ce sera une époque de détresse, telle qu'il n'y en a point eu de semblable depuis que les nations existent jusqu'à cette époque. En ce temps-là, ceux de ton peuple qui seront trouvés inscrits dans le livre seront sauvés.

²Plusieurs de ceux qui dorment dans la poussière de la terre se réveilleront, les uns pour la vie éternelle, et les autres pour l'opprobre, pour la honte éternelle.

³Ceux qui auront été intelligents brilleront comme la splendeur du ciel, et ceux qui auront enseigné la justice, à la multitude brilleront comme les étoiles, à toujours et à perpétuité.

⁴Toi, Daniel, tiens secrètes ces paroles, et scelle le livre jusqu'au temps de la fin. Plusieurs alors le liront, et la connaissance augmentera.

⁵Et moi, Daniel, je regardai, et voici, deux autres hommes se tenaient debout, l'un en deçà du bord du fleuve, et l'autre au delà du bord du fleuve.

⁶L'un d'eux dit à l'homme vêtu de lin, qui se tenait au-dessus des eaux du fleuve: Quand sera la fin de ces prodiges?

⁷Et j'entendis l'homme vêtu de lin, qui se tenait au-dessus des eaux du fleuve; il leva vers les cieux sa main droite et sa main gauche, et il jura par celui qui vit éternellement que ce sera dans un temps, des temps, et la moitié d'un temps, et que toutes ces choses finiront quand la force du peuple saint sera entièrement brisée.

⁸J'entendis, mais je ne compris pas; et je dis: Mon seigneur, quelle sera l'issue de ces choses?

⁹Il répondit: Va, Daniel, car ces paroles seront tenues secrètes et scellées jusqu'au temps de la fin.

¹⁰Plusieurs seront purifiés, blanchis et épurés; les méchants feront le mal et aucun des méchants ne comprendra, mais ceux qui auront de l'intelligence comprendront.

¹¹Depuis le temps où cessera le sacrifice perpétuel, et où sera dressée l'abomination du dévastateur, il y aura mille deux cent quatre-vingt-dix jours.

¹²Heureux celui qui attendra, et qui arrivera jusqu'au mille trois cent trente-cinq jours!

¹³Et toi, marche vers ta fin; tu te reposeras, et tu seras debout pour ton héritage à la fin des jours.

Osée

Chapitre 1

¹La parole de l'Éternel qui fut adressée à Osée, fils de Beéri, au temps d'Ozias, de Jotham, d'Achaz, d'Ézéchias, rois de Juda, et au temps de Jéroboam, fils de Joas, roi d'Israël.

²La première fois que l'Éternel adressa la parole à Osée, l'Éternel dit à Osée: Va, prends une femme prostituée et des enfants de prostitution; car le pays se prostitue, il abandonne l'Éternel!

³Il alla, et il prit Gomer, fille de Diblaïm. Elle conçut, et lui enfanta un fils.

⁴Et l'Éternel lui dit: Appelle-le du nom de Jizreel; car encore un peu de temps, et je châtierai la maison de Jéhu pour le sang versé à Jizreel, je mettrai fin au royaume de la maison d'Israël.

⁵En ce jour-là, je briserai l'arc d'Israël dans la vallée de Jizreel.

⁶Elle conçut de nouveau, et enfanta une fille. Et l'Éternel dit à Osée: Donne-lui le nom de Lo Ruchama; car je n'aurai plus pitié de la maison d'Israël, je ne lui pardonnerai plus.

⁷Mais j'aurai pitié de la maison de Juda; je les sauverai par l'Éternel, leur Dieu, et je ne les sauverai ni par l'arc, ni par l'épée, ni par les combats, ni par les chevaux, ni par les cavaliers.

⁸Elle sevra Lo Ruchama; puis elle conçut, et enfanta un fils.

⁹Et l'Éternel dit: Donne-lui le nom de Lo Ammi; car vous n'êtes pas mon peuple, et je ne suis pas votre Dieu.

¹⁰ Cependant le nombre des enfants d'Israël sera comme le sable de la mer, qui ne peut ni se mesurer ni se compter; et au lieu qu'on leur disait: Vous n'êtes pas mon peuple! on leur dira: Fils du Dieu vivant!

¹¹ Les enfants de Juda et les enfants d'Israël se rassembleront, se donneront un chef, et sortiront du pays; car grande sera la journée de Jizreel.

Chapitre 2

¹ Dites à vos frères: Ammi! et à vos soeurs: Ruchama!

² Plaidez, plaidez contre votre mère, car elle n'est point ma femme, et je ne suis point son mari! Qu'elle ôte de sa face ses prostitutions, et de son sein ses adultères!

³ Sinon, je la dépouille à nu, je la mets comme au jour de sa naissance, je la rends semblable à un désert, à une terre aride, et je la fais mourir de soif;

⁴ et je n'aurai pas pitié de ses enfants, car ce sont des enfants de prostitution.

⁵ Leur mère s'est prostituée, celle qui les a conçus s'est déshonorée, car elle a dit: J'irai après mes amants, qui me donnent mon pain et mon eau, ma laine et mon lin, mon huile et ma boisson.

⁶ C'est pourquoi voici, je vais fermer son chemin avec des épines et y élever un mur, afin qu'elle ne trouve plus ses sentiers.

⁷ Elle poursuivra ses amants, et ne les atteindra pas; elle les cherchera, et ne les trouvera pas. Puis elle dira: J'irai, et je retournerai vers mon premier mari, car alors j'étais plus heureuse que maintenant.

⁸ Elle n'a pas reconnu que c'était moi qui lui donnais le blé, le moût et l'huile; et l'on a consacré au service de Baal l'argent et l'or que je lui prodiguais.

⁹ C'est pourquoi je reprendrai mon blé en son temps et mon moût dans sa saison, et j'enlèverai ma laine et mon lin qui devaient couvrir sa nudité.

¹⁰ Et maintenant je découvrirai sa honte aux yeux de ses amants, et nul ne la délivrera de ma main.

¹¹ Je ferai cesser toute sa joie, ses fêtes, ses nouvelles lunes, ses sabbats et toutes ses solennités.

¹² Je ravagerai ses vignes et ses figuiers, dont elle disait: C'est le salaire que m'ont donné mes amants! Je les réduirai en une forêt, et les bêtes des champs les dévoreront.

¹³ Je la châtierai pour les jours où elle encensait les Baals, où elle se parait de ses anneaux et de ses colliers, allait après ses amants, et m'oubliait, dit l'Éternel.

¹⁴ C'est pourquoi voici, je veux l'attirer et la conduire au désert, et je parlerai à son coeur.

¹⁵ Là, je lui donnerai ses vignes et la vallée d'Acor, comme une porte d'espérance, et là, elle chantera comme au temps de sa jeunesse, et comme au jour où elle remonta du pays d'Égypte.

¹⁶ En ce jour-là, dit l'Éternel, tu m'appelleras: Mon mari! et tu ne m'appelleras plus: Mon maître!

¹⁷ J'ôterai de sa bouche les noms des Baals, afin qu'on ne les mentionne plus par leurs noms.

¹⁸ En ce jour-là, je traiterai pour eux une alliance avec les bêtes des champs, les oiseaux du ciel et les reptiles de la terre, je briserai dans le pays l'arc, l'épée et la guerre, et je les ferai reposer avec sécurité.

¹⁹ Je serai ton fiancé pour toujours; je serai ton fiancé par la justice, la droiture, la grâce et la miséricorde;

²⁰ je serai ton fiancé par la fidélité, et tu reconnaîtras l'Éternel.

²¹ En ce jour-là, j'exaucerai, dit l'Éternel, j'exaucerai les cieux, et ils exauceront la terre;

²² la terre exaucera le blé, le moût et l'huile, et ils exauceront Jizreel.

²³ Je planterai pour moi Lo Ruchama dans le pays, et je lui ferai miséricorde; je dirai à Lo Ammi: Tu es mon peuple! et il répondra: Mon Dieu!

Chapitre 3

¹L'Éternel me dit: Va encore, et aime une femme aimée d'un amant, et adultère; aime-la comme l'Éternel aime les enfants d'Israël, qui se tournent vers d'autres dieux et qui aiment les gâteaux de raisins.

²Je l'achetai pour quinze sicles d'argent, un homer d'orge et un léthec d'orge.

³Et je lui dis: Reste longtemps pour moi, ne te livre pas à la prostitution, ne sois à aucun homme, et je serai de même envers toi.

⁴Car les enfants d'Israël resteront longtemps sans roi, sans chef, sans sacrifice, sans statue, sans éphod, et sans théraphim.

⁵Après cela, les enfants d'Israël reviendront; ils chercheront l'Éternel, leur Dieu, et David, leur roi; et ils tressailliront à la vue de l'Éternel et de sa bonté, dans la suite des temps.

Chapitre 4

¹Écoutez la parole de l'Éternel, enfants d'Israël! Car l'Éternel a un procès avec les habitants du pays, Parce qu'il n'y a point de vérité, point de miséricorde, Point de connaissance de Dieu dans le pays.

²Il n'y a que parjures et mensonges, Assassinats, vols et adultères; On use de violence, on commet meurtre sur meurtre.

³C'est pourquoi le pays sera dans le deuil, Tous ceux qui l'habitent seront languissants, Et avec eux les bêtes des champs et les oiseaux du ciel; Même les poissons de la mer disparaîtront.

⁴Mais que nul ne conteste, que nul ne se livre aux reproches; Car ton peuple est comme ceux qui disputent avec les sacrificateurs.

⁵Tu tomberas de jour, Le prophète avec toi tombera de nuit, Et je détruirai ta mère.

⁶Mon peuple est détruit, parce qu'il lui manque la connaissance. Puisque tu as rejeté la connaissance, Je te rejetterai, et tu seras dépouillé de mon sacerdoce; Puisque tu as oublié la loi de ton Dieu, J'oublierai aussi tes enfants.

⁷Plus ils se sont multipliés, plus ils ont péché contre moi: Je changerai leur gloire en ignominie.

⁸Ils se repaissent des péchés de mon peuple, Ils sont avides de ses iniquités.

⁹Il en sera du sacrificateur comme du peuple; Je le châtierai selon ses voies, Je lui rendrai selon ses oeuvres.

¹⁰Ils mangeront sans se rassasier, Ils se prostitueront sans multiplier, Parce qu'ils ont abandonné l'Éternel et ses commandements.

¹¹La prostitution, le vin et le moût, font perdre le sens.

¹²Mon peuple consulte son bois, Et c'est son bâton qui lui parle; Car l'esprit de prostitution égare, Et ils se prostituent loin de leur Dieu.

¹³Ils sacrifient sur le sommet des montagnes, Ils brûlent de l'encens sur les collines, Sous les chênes, les peupliers, les térébinthes, Dont l'ombrage est agréable. C'est pourquoi vos filles se prostituent, Et vos belles-filles sont adultères.

¹⁴Je ne punirai pas vos filles parce qu'elles se prostituent, Ni vos belles-filles parce qu'elles sont adultères, Car eux-mêmes vont à l'écart avec des prostituées, Et sacrifient avec des femmes débauchées. Le peuple insensé court à sa perte.

¹⁵Si tu te livres à la prostitution, ô Israël, Que Juda ne se rende pas coupable; N'allez pas à Guilgal, ne montez pas à Beth Aven, Et ne jurez pas: L'Éternel est vivant!

¹⁶Parce qu'Israël se révolte comme une génisse indomptable, Maintenant l'Éternel le fera paître Comme un agneau dans de vastes plaines.

¹⁷Éphraïm est attaché aux idoles: laisse-le!

¹⁸A peine ont-ils cessé de boire Qu'ils se livrent à la prostitution; Leurs chefs sont avides d'ignominie.

¹⁹Le vent les enveloppa de ses ailes, Et ils auront honte de leurs sacrifices.

Chapitre 5

¹Écoutez ceci, sacrificateurs! Sois attentive, maison d'Israël! Prête l'oreille, maison du roi! Car c'est à vous que le jugement s'adresse, Parce que vous avez été un piège à Mitspa, Et un filet tendu sur le Thabor.

²Par leurs sacrifices, les infidèles s'enfoncent dans le crime, Mais j'aurai des châtiments pour eux tous.

³Je connais Éphraïm, Et Israël ne m'est point caché; Car maintenant, Éphraïm, tu t'es prostitué, Et Israël s'est souillé.

⁴Leurs oeuvres ne leur permettent pas de revenir à leur Dieu, Parce que l'esprit de prostitution est au milieu d'eux, Et parce qu'ils ne connaissent pas l'Éternel.

⁵L'orgueil d'Israël témoigne contre lui; Israël et Éphraïm tomberont par leur iniquité; Avec eux aussi tombera Juda.

⁶Ils iront avec leurs brebis et leurs boeufs chercher l'Éternel, Mais ils ne le trouveront point: Il s'est retiré du milieu d'eux.

⁷Ils ont été infidèles à l'Éternel, Car ils ont engendré des enfants illégitimes; Maintenant un mois suffira pour les dévorer avec leurs biens.

⁸Sonnez de la trompette à Guibea, Sonnez de la trompette à Rama! Poussez des cris à Beth Aven! Derrière toi, Benjamin!

⁹Éphraïm sera dévasté au jour du châtiment; J'annonce aux tribus d'Israël une chose certaine.

¹⁰Les chefs de Juda sont comme ceux qui déplacent les bornes; Je répandrai sur eux ma colère comme un torrent.

¹¹Éphraïm est opprimé, brisé par le jugement, Car il a suivi les préceptes qui lui plaisaient.

¹²Je serai comme une teigne pour Éphraïm, Comme une carie pour la maison de Juda.

¹³Éphraïm voit son mal, et Juda ses plaies; Éphraïm se rend en Assyrie, et s'adresse au roi Jareb; Mais ce roi ne pourra ni vous guérir, Ni porter remède à vos plaies.

¹⁴Je serai comme un lion pour Éphraïm, Comme un lionceau pour la maison de Juda; Moi, moi, je déchirerai, puis je m'en irai, J'emporterai, et nul n'enlèvera ma proie.

¹⁵Je m'en irai, je reviendrai dans ma demeure, Jusqu'à ce qu'ils s'avouent coupables et cherchent ma face. Quand ils seront dans la détresse, ils auront recours à moi.

Chapitre 6

¹Venez, retournons à l'Éternel! Car il a déchiré, mais il nous guérira; Il a frappé, mais il bandera nos plaies.

²Il nous rendra la vie dans deux jours; Le troisième jour il nous relèvera, Et nous vivrons devant lui.

³Connaissons, cherchons à connaître l'Éternel; Sa venue est aussi certaine que celle de l'aurore. Il viendra pour nous comme la pluie, Comme la pluie du printemps qui arrose la terre.

⁴Que te ferai-je, Éphraïm? Que te ferai-je, Juda? Votre piété est comme la nuée du matin, Comme la rosée qui bientôt se dissipe.

⁵C'est pourquoi je les frapperai par les prophètes, Je les tuerai par les paroles de ma bouche, Et mes jugements éclateront comme la lumière.

⁶Car j'aime la piété et non les sacrifices, Et la connaissance de Dieu plus que les holocaustes.

⁷Ils ont, comme le vulgaire, transgressé l'alliance; C'est alors qu'ils m'ont été infidèles.

⁸Galaad est une ville de malfaiteurs, Elle porte des traces de sang.

⁹La troupe des sacrificateurs est comme une bande en embuscade, Commettant des assassinats sur le chemin de Sichem; Car ils se livrent au crime.

¹⁰Dans la maison d'Israël j'ai vu des choses horribles: Là Éphraïm se prostitue, Israël se souille.

¹¹A toi aussi, Juda, une moisson est préparée, Quand je ramènerai les captifs de mon peuple.

Chapitre 7

¹Lorsque je voulais guérir Israël, L'iniquité d'Éphraïm et la méchanceté de Samarie se sont révélées, Car ils ont agi frauduleusement; Le voleur est arrivé, la bande s'est répandue au dehors.

²Ils ne se disent pas dans leur coeur Que je me souviens de toute leur méchanceté; Maintenant leurs oeuvres les entourent, Elles sont devant ma face.

³Ils réjouissent le roi par leur méchanceté, Et les chefs par leurs mensonges.

⁴Ils sont tous adultères, Semblables à un four chauffé par le boulanger: Il cesse d'attiser le feu Depuis qu'il a pétri la pâte jusqu'à ce qu'elle soit levée.

⁵Au jour de notre roi, Les chefs se rendent malades par les excès du vin; Le roi tend la main aux moqueurs.

⁶Ils appliquent aux embûches leur coeur pareil à un four; Toute la nuit dort leur boulanger, Et au matin le four brûle comme un feu embrasé.

⁷Ils sont tous ardents comme un four, Et ils dévorent leurs juges; Tous leurs rois tombent: Aucun d'eux ne m'invoque.

⁸Éphraïm se mêle avec les peuples, Éphraïm est un gâteau qui n'a pas été retourné.

⁹Des étrangers consument sa force, Et il ne s'en doute pas; La vieillesse s'empare de lui, Et il ne s'en doute pas.

¹⁰L'orgueil d'Israël témoigne contre lui; Ils ne reviennent pas à l'Éternel, leur Dieu, Et ils ne le cherchent pas, malgré tout cela.

¹¹Éphraïm est comme une colombe stupide, sans intelligence; Ils implorent l'Égypte, ils vont en Assyrie.

¹²S'ils partent, j'étendrai sur eux mon filet, Je les précipiterai comme les oiseaux du ciel; Je les châtierai, comme ils en ont été avertis dans leur assemblée.

¹³Malheur à eux, parce qu'ils me fuient! Ruine sur eux, parce qu'ils me sont infidèles! Je voudrais les sauver, Mais ils disent contre moi des paroles mensongères.

¹⁴Ils ne crient pas vers moi dans leur coeur, Mais ils se lamentent sur leur couche; Ils se rassemblent pour avoir du blé et du moût, Et ils s'éloignent de moi.

¹⁵Je les ai châtiés, j'ai fortifié leurs bras; Et ils méditent le mal contre moi.

¹⁶Ce n'est pas au Très Haut qu'ils retournent; Ils sont comme un arc trompeur. Leurs chefs tomberont par l'épée, A cause de l'insolence de leur langue. C'est ce qui les rendra un objet de risée dans le pays d'Égypte.

Chapitre 8

¹Embouche la trompette! L'ennemi fond comme un aigle sur la maison de l'Éternel, Parce qu'ils ont violé mon alliance, Et transgressé ma loi.

²Ils crieront vers moi: Mon Dieu, nous te connaissons, nous Israël!

³Israël a rejeté le bien; L'ennemi le poursuivra.

⁴Ils ont établi des rois sans mon ordre, Et des chefs à mon insu; Ils ont fait des idoles avec leur argent et leur or; C'est pourquoi ils seront anéantis.

⁵L'Éternel a rejeté ton veau, Samarie! Ma colère s'est enflammée contre eux. Jusques à quand refuseront-ils de se purifier?

⁶Il vient d'Israël, un ouvrier l'a fabriqué, Et ce n'est pas Dieu; C'est pourquoi le veau de Samarie sera mis en pièces.

⁷Puisqu'ils ont semé du vent, ils moissonneront la tempête; Ils n'auront pas un épi de blé; Ce qui poussera ne donnera point de farine, Et s'il y en avait, des étrangers la dévoreraient.

⁸Israël est anéanti! Ils sont maintenant parmi les nations Comme un vase qui n'a pas de prix.

⁹Car ils sont allés en Assyrie, Comme un âne sauvage qui se tient à l'écart; Éphraïm a fait des présents pour avoir des amis.

¹⁰Quand même ils font des présents parmi les nations, Je vais maintenant les rassembler, Et bientôt ils souffriront sous le fardeau du roi des princes.

¹¹Éphraïm a multiplié les autels pour pécher, Et ces autels l'ont fait tomber dans le péché.

¹²Que j'écrive pour lui toutes les ordonnances de ma loi, Elles sont regardées comme quelque chose d'étranger.

¹³Ils immolent des victimes qu'ils m'offrent, Et ils en mangent la chair: L'Éternel n'y prend point de plaisir. Maintenant l'Éternel se souvient de leur iniquité, Et il punira leurs péchés: Ils retourneront en Égypte.

¹⁴Israël a oublié celui qui l'a fait, Et a bâti des palais, Et Juda a multiplié les villes fortes; Mais j'enverrai le feu dans leurs villes, Et il en dévorera les palais.

Chapitre 9

¹Israël, ne te livre pas à la joie, à l'allégresse, comme les peuples, De ce que tu t'es prostitué en abandonnant l'Éternel, De ce que tu as aimé un salaire impur dans toutes les aires à blé!

²L'aire et le pressoir ne les nourriront pas, Et le moût leur fera défaut.

³Ils ne resteront pas dans le pays de l'Éternel; Éphraïm retournera en Égypte, Et ils mangeront en Assyrie des aliments impurs.

⁴Ils ne feront pas à l'Éternel des libations de vin: Elles ne lui seraient point agréables. Leurs sacrifices seront pour eux comme un pain de deuil; Tous ceux qui en mangeront se rendront impurs; Car leur pain ne sera que pour eux, Il n'entrera point dans la maison de l'Éternel.

⁵Que ferez-vous aux jours solennels, Aux jours des fêtes de l'Éternel?

⁶Car voici, ils partent à cause de la dévastation; L'Égypte les recueillera, Moph leur donnera des sépulcres; Ce qu'ils ont de précieux, leur argent, sera la proie des ronces, Et les épines croîtront dans leurs tentes.

⁷Ils arrivent, les jours du châtiment, Ils arrivent, les jours de la rétribution: Israël va l'éprouver! Le prophète est fou, l'homme inspiré a le délire, A cause de la grandeur de tes iniquités et de tes rébellions.

⁸Éphraïm est une sentinelle contre mon Dieu; Le prophète... un filet d'oiseleur est sur toutes ses voies, Un ennemi dans la maison de son Dieu.

⁹Ils sont plongés dans la corruption, comme aux jours de Guibea; L'Éternel se souviendra de leur iniquité, Il punira leurs péchés.

¹⁰J'ai trouvé Israël comme des raisins dans le désert, J'ai vu vos pères comme les premiers fruits d'un figuier; Mais ils sont allés vers Baal Peor, Ils se sont consacrés à l'infâme idole, Et ils sont devenus abominables comme l'objet de leur amour.

¹¹La gloire d'Éphraïm s'envolera comme un oiseau: Plus de naissance, plus de grossesse, plus de conception.

¹²S'ils élèvent leurs enfants, Je les en priverai avant qu'ils soient des hommes; Et malheur à eux, quand je les abandonnerai!

¹³Éphraïm, aussi loin que portent mes regards du côté de Tyr, Est planté dans un lieu agréable; Mais Éphraïm mènera ses enfants vers celui qui les tuera.

¹⁴Donne-leur, ô Éternel!... Que leur donneras-tu?... Donne-leur un sein qui avorte et des mamelles desséchées!

¹⁵Toute leur méchanceté se montre à Guilgal; C'est là que je les ai pris en aversion. A cause de la malice de leurs oeuvres, Je les chasserai de ma maison. Je ne les aimerai plus; Tous leurs chefs sont des rebelles.

¹⁶Éphraïm est frappé, sa racine est devenue sèche; Ils ne porteront plus de fruit; Et s'ils ont des enfants, Je ferai périr les objets de leur tendresse.

¹⁷Mon Dieu les rejettera, parce qu'ils ne l'ont pas écouté, Et ils seront errants parmi les nations.

Chapitre 10

¹Israël était une vigne féconde, Qui rendait beaucoup de fruits. Plus ses fruits étaient abondants, Plus il a multiplié les autels; Plus son pays était prospère, Plus il a embelli les statues.

²Leur coeur est partagé: ils vont en porter la peine. L'Éternel renversera leurs autels, détruira leurs statues.

³Et bientôt ils diront: Nous n'avons point de roi, Car nous n'avons pas craint l'Éternel; Et le roi, que pourrait-il faire pour nous?

⁴Ils prononcent des paroles vaines, des serments faux, Lorsqu'ils concluent une alliance: Aussi le châtiment germera, comme une plante vénéneuse Dans les sillons des champs.

⁵Les habitants de Samarie seront consternés au sujet des veaux de Beth Aven; Le peuple mènera deuil sur l'idole, Et ses prêtres trembleront pour elle, Pour sa gloire, qui va disparaître du milieu d'eux.

⁶Elle sera transportée en Assyrie, Pour servir de présent au roi Jareb. La confusion saisira Éphraïm, Et Israël aura honte de ses desseins.

⁷C'est en fait de Samarie, de son roi, Comme de l'écume à la surface des eaux.

⁸Les hauts lieux de Beth Aven, où Israël a péché, seront détruits; L'épine et la ronce croîtront sur leurs autels. Ils diront aux montagnes: Couvrez-nous! Et aux collines: Tombez sur nous!

⁹Depuis les jours de Guibea tu as péché, Israël! Là ils restèrent debout, La guerre contre les méchants ne les atteignit pas à Guibea.

¹⁰Je les châtierai à mon gré, Et des peuples s'assembleront contre eux, Quand on les enchaînera pour leur double iniquité.

¹¹Éphraïm est une génisse dressée, et qui aime à fouler le grain, Mais je m'approcherai de son beau cou; J'attellerai Éphraïm, Juda labourera, Jacob hersera.

¹²Semez selon la justice, moissonnez selon la miséricorde, Défrichez-vous un champ nouveau! Il est temps de chercher l'Éternel, Jusqu'à ce qu'il vienne, et répande pour vous la justice.

¹³Vous avez cultivé le mal, moissonné l'iniquité, Mangé le fruit du mensonge; Car tu as eu confiance dans ta voie, Dans le nombre de tes vaillants hommes.

¹⁴Il s'élèvera un tumulte parmi ton peuple, Et toutes tes forteresses seront détruites, Comme fut détruite Schalman Beth Arbel, Au jour de la guerre, Où la mère fut écrasée avec les enfants.

¹⁵Voilà ce que vous attirera Béthel, A cause de votre extrême méchanceté, Vienne l'aurore, et c'en est fait du roi d'Israël.

Chapitre 11

¹Quand Israël était jeune, je l'aimais, Et j'appelai mon fils hors d'Égypte.

²Mais ils se sont éloignés de ceux qui les appelaient; Ils ont sacrifié aux Baals, Et offert de l'encens aux idoles.

³C'est moi qui guidai les pas d'Éphraïm, Le soutenant par ses bras; Et ils n'ont pas vu que je les guérissais.

⁴Je les tirai avec des liens d'humanité, avec des cordages d'amour, Je fus pour eux comme celui qui aurait relâché le joug près de leur bouche, Et je leur présentai de la nourriture.

⁵Ils ne retourneront pas au pays d'Égypte; Mais l'Assyrien sera leur roi, Parce qu'ils ont refusé de revenir à moi.

⁶L'épée fondra sur leurs villes, Anéantira, dévorera leurs soutiens, A cause des desseins qu'ils ont eus.

⁷Mon peuple est enclin à s'éloigner de moi; On les rappelle vers le Très Haut, Mais aucun d'eux ne l'exalte.

⁸Que ferai-je de toi, Éphraïm? Dois-je te livrer, Israël? Te traiterai-je comme Adma? Te rendrai-je semblable à Tseboïm? Mon coeur s'agite au dedans de moi, Toutes mes compassions sont émues.

⁹Je n'agirai pas selon mon ardente colère, Je renonce à détruire Éphraïm; Car je suis Dieu, et non pas un homme, Je suis le Saint au milieu de toi; Je ne viendrai pas avec colère.

¹⁰Ils suivront l'Éternel, qui rugira comme un lion, Car il rugira, et les enfants accourront de la mer.

¹¹Ils accourront de l'Égypte, comme un oiseau, Et du pays d'Assyrie, comme une colombe. Et je les ferai habiter dans leurs maisons, dit l'Éternel.

¹²Éphraïm m'entoure de mensonge, Et la maison d'Israël de tromperie; Juda est encore sans frein vis-à-vis de Dieu, Vis-à-vis du Saint fidèle.

Chapitre 12

¹Éphraïm se repaît de vent, et poursuit le vent d'orient; Chaque jour il multiplie le mensonge et la violence; Il fait alliance avec l'Assyrie, Et on porte de l'huile en Égypte.

²L'Éternel est aussi en contestation avec Juda, Et il punira Jacob pour sa conduite, Il lui rendra selon ses oeuvres.

³Dans le sein maternel Jacob saisit son frère par le talon, Et dans sa vigueur, il lutta avec Dieu.

⁴Il lutta avec l'ange, et il fut vainqueur, Il pleura, et lui adressa des supplications. Jacob l'avait trouvé à Béthel, Et c'est là que Dieu nous a parlé.

⁵L'Éternel est le Dieu des armées; Son nom est l'Éternel.

⁶Et toi, reviens à ton Dieu, Garde la piété et la justice, Et espère toujours en ton Dieu.

⁷Éphraïm est un marchand qui a dans sa main des balances fausses, Il aime à tromper.

⁸Et Éphraïm dit: A la vérité, je me suis enrichi, J'ai acquis de la fortune; Mais c'est entièrement le produit de mon travail; On ne trouvera chez moi aucune iniquité, rien qui soit un crime.

⁹Et moi, je suis l'Éternel, ton Dieu, dès le pays d'Égypte; Je te ferai encore habiter sous des tentes, comme aux jours de fêtes.

¹⁰J'ai parlé aux prophètes, J'ai multiplié les visions, Et par les prophètes j'ai proposé des paraboles.

¹¹Si Galaad n'est que néant, ils seront certainement anéantis. Ils sacrifient des boeufs dans Guilgal: Aussi leurs autels seront comme des monceaux de pierres Sur les sillons des champs.

¹²Jacob s'enfuit au pays d'Aram, Israël servit pour une femme, Et pour une femme il garda les troupeaux.

¹³Par un prophète l'Éternel fit monter Israël hors d'Égypte, Et par un prophète Israël fut gardé.

¹⁴Éphraïm a irrité l'Éternel amèrement: Son Seigneur rejettera sur lui le sang qu'il a répandu, Il fera retomber sur lui la honte qui lui appartient.

Chapitre 13

¹Lorsqu'Éphraïm parlait, c'était une terreur: Il s'élevait en Israël. Mais il s'est rendu coupable par Baal, et il est mort.

²Maintenant ils continuent à pécher, Ils se font avec leur argent des images en fonte, Des idoles de leur invention; Toutes sont l'oeuvre des artisans. On dit à leur sujet: Que ceux qui sacrifient baisent les veaux!

³C'est pourquoi ils seront comme la nuée du matin, Comme la rosée qui bientôt se dissipe, Comme la balle emportée par le vent hors de l'aire, Comme la fumée qui sort d'une fenêtre.

⁴Et moi, je suis l'Éternel, ton Dieu, dès le pays d'Égypte. Tu ne connais d'autre Dieu que moi, Et il n'y a de sauveur que moi.

⁵Je t'ai connu dans le désert, Dans une terre aride.

⁶Ils se sont rassasiés dans leurs pâturages; Ils se sont rassasiés, et leur coeur s'est enflé; C'est pourquoi ils m'ont oublié.

⁷Je serai pour eux comme un lion; Comme une panthère, je les épierai sur la route.

⁸Je les attaquerai, comme une ourse à qui l'on a enlevé ses petits, Et je déchirerai l'enveloppe de leur coeur; Je les dévorerai, comme une lionne; Les bêtes des champs les mettront en pièces.

⁹Ce qui cause ta ruine, Israël, C'est que tu as été contre moi, contre celui qui pouvait te secourir.

¹⁰Où donc est ton roi? Qu'il te délivre dans toutes tes villes! Où sont tes juges, au sujet desquels tu disais: Donne-moi un roi et des princes?

¹¹Je t'ai donné un roi dans ma colère, Je te l'ôterai dans ma fureur.

¹²L'iniquité d'Éphraïm est gardée, Son péché est mis en réserve.

¹³Les douleurs de celle qui enfante viendront pour lui; C'est un enfant peu sage, Qui, au terme voulu, ne sort pas du sein maternel.

¹⁴Je les rachèterai de la puissance du séjour des morts, Je les délivrerai de la mort. O mort, où est ta peste? Séjour des morts, où est ta destruction? Mais le repentir se dérobe à mes regards!

¹⁵Éphraïm a beau être fertile au milieu de ses frères, Le vent d'orient viendra, le vent de l'Éternel s'élèvera du désert, Desséchera ses sources, tarira ses fontaines. On pillera le trésor de tous les objets précieux.

¹⁶Samarie sera punie, parce qu'elle s'est révoltée contre son Dieu. Ils tomberont par l'épée; Leurs petits enfants seront écrasés, Et l'on fendra le ventre de leurs femmes enceintes.

Chapitre 14

¹Israël, reviens à l'Éternel, ton Dieu, Car tu es tombé par ton iniquité.

²Apportez avec vous des paroles, Et revenez à l'Éternel. Dites-lui: Pardonne toutes les iniquités, Et reçois-nous favorablement! Nous t'offrirons, au lieu de taureaux, l'hommage de nos lèvres.

³L'Assyrien ne nous sauvera pas, nous ne monterons pas sur des chevaux, Et nous ne dirons plus à l'ouvrage de nos mains: Notre Dieu! Car c'est auprès de toi que l'orphelin trouve compassion.

⁴Je réparerai leur infidélité, J'aurai pour eux un amour sincère; Car ma colère s'est détournée d'eux.

⁵Je serai comme la rosée pour Israël, Il fleurira comme le lis, Et il poussera des racines comme le Liban.

⁶Ses rameaux s'étendront; Il aura la magnificence de l'olivier, Et les parfums du Liban.

⁷Ils reviendront s'asseoir à son ombre, Ils redonneront la vie au froment, Et ils fleuriront comme la vigne; Ils auront la renommée du vin du Liban.

⁸Éphraïm, qu'ai-je à faire encore avec les idoles? Je l'exaucerai, je le regarderai, Je serai pour lui comme un cyprès verdoyant. C'est de moi que tu recevras ton fruit.

⁹Que celui qui est sage prenne garde à ces choses! Que celui qui est intelligent les comprenne! Car les voies de l'Éternel sont droites; Les justes y marcheront, Mais les rebelles y tomberont.

Jo

Chapitre 1

¹La parole de l'Éternel qui fut adressée à Joël, fils de Pethuel.

²Écoutez ceci, vieillards! Prêtez l'oreille, vous tous, habitants du pays! Rien de pareil est-il arrivé de votre temps, Ou du temps de vos pères?

³Racontez-le à vos enfants, Et que vos enfants le racontent à leurs enfants, Et leurs enfants à la génération qui suivra!

⁴Ce qu'a laissé le gazam, la sauterelle l'a dévoré; Ce qu'a laissé la sauterelle, le jélek l'a dévoré; Ce qu'a laissé le jélek, le hasil l'a dévoré.

⁵Réveillez-vous, ivrognes, et pleurez! Vous tous, buveurs de vin, gémissez, Parce que le moût vous est enlevé de la bouche!

⁶Car un peuple est venu fondre sur mon pays, Puissant et innombrable. Il a les dents d'un lion, Les mâchoires d'une lionne.

⁷Il a dévasté ma vigne; Il a mis en morceaux mon figuier, Il l'a dépouillé, abattu; Les rameaux de la vigne ont blanchi.

⁸Lamente-toi, comme la vierge qui se revêt d'un sac Pour pleurer l'ami de sa jeunesse!

⁹Offrandes et libations disparaissent de la maison de l'Éternel; Les sacrificateurs, serviteurs de l'Éternel, sont dans le deuil.

¹⁰Les champs sont ravagés, La terre est attristée; Car les blés sont détruits, Le moût est tari, l'huile est desséchée.

¹¹Les laboureurs sont consternés, les vignerons gémissent, A cause du froment et de l'orge, Parce que la moisson des champs est perdue.

¹²La vigne est confuse, Le figuier languissant; Le grenadier, le palmier, le pommier, Tous les arbres des champs sont flétris... La joie a cessé parmi les fils de l'homme!

¹³Sacrificateurs, ceignez-vous et pleurez! Lamentez-vous, serviteurs de l'autel! Venez, passez la nuit revêtus de sacs, Serviteurs de mon Dieu! Car offrandes et libations ont disparu de la maison de votre Dieu.

¹⁴Publiez un jeûne, une convocation solennelle! Assemblez les vieillards, tous les habitants du pays, Dans la maison de l'Éternel, votre Dieu, Et criez à l'Éternel!

¹⁵Ah! quel jour! Car le jour de l'Éternel est proche: Il vient comme un ravage du Tout Puissant.

¹⁶La nourriture n'est-elle pas enlevée sous nos yeux? La joie et l'allégresse n'ont-elles pas disparu de la maison de notre Dieu?

¹⁷Les semences ont séché sous les mottes; Les greniers sont vides, Les magasins sont en ruines, Car il n'y a point de blé.

¹⁸Comme les bêtes gémissent! Les troupeaux de boeufs sont consternés, Parce qu'ils sont sans pâturage; Et même les troupeaux de brebis sont en souffrance.

¹⁹C'est vers toi que je crie, ô Éternel! Car le feu a dévoré les plaines du désert, Et la flamme a brûlé tous les arbres des champs.

²⁰Les bêtes des champs crient aussi vers toi; Car les torrents sont à sec, Et le feu a dévoré les plaines du désert.

Chapitre 2

¹Sonnez de la trompette en Sion! Faites-la retentir sur ma montagne sainte! Que tous les habitants du pays tremblent! Car le jour de l'Éternel vient, car il est proche,

²Jour de ténèbres et d'obscurité, Jour de nuées et de brouillards, Il vient comme l'aurore se répand sur les montagnes. Voici un peuple nombreux et puissant, Tel qu'il n'y en a jamais eu, Et qu'il n'y en aura jamais dans la suite des âges.

³Devant lui est un feu dévorant, Et derrière lui une flamme brûlante; Le pays était auparavant comme un jardin d'Éden, Et depuis, c'est un désert affreux: Rien ne lui échappe.

⁴A les voir, on dirait des chevaux, Et ils courent comme des cavaliers.

⁵A les entendre, on dirait un bruit de chars Sur le sommet des montagnes où ils bondissent, On dirait un pétillement de la flamme du feu, Quand elle consume le chaume. C'est comme une armée puissante Qui se prépare au combat.

⁶Devant eux les peuples tremblent, Tous les visages pâlissent.

⁷Ils s'élancent comme des guerriers, Ils escaladent les murs comme des gens de guerre; Chacun va son chemin, Sans s'écarter de sa route.

⁸Ils ne pressent point les uns les autres, Chacun garde son rang; Ils se précipitent au travers des traits Sans arrêter leur marche.

⁹Ils se répandent dans la ville, Courent sur les murailles, Montent sur les maisons, Entrent par les fenêtres comme un voleur.

¹⁰Devant eux la terre tremble, Les cieux sont ébranlés, Le soleil et la lune s'obscurcissent, Et les étoiles retirent leur éclat.

¹¹L'Éternel fait entendre sa voix devant son armée; Car son camp est immense, Et l'exécuteur de sa parole est puissant; Car le jour de l'Éternel est grand, il est terrible: Qui pourra le soutenir?

¹²Maintenant encore, dit l'Éternel, Revenez à moi de tout votre coeur, Avec des jeûnes, avec des pleurs et des lamentations!

¹³Déchirez vos coeurs et non vos vêtements, Et revenez à l'Éternel, votre Dieu; Car il est compatissant et miséricordieux, Lent à la colère et riche en bonté, Et il se repent des maux qu'il envoie.

¹⁴Qui sait s'il ne reviendra pas et ne se repentira pas, Et s'il ne laissera pas après lui la bénédiction, Des offrandes et des libations pour l'Éternel, votre Dieu?

¹⁵Sonnez de la trompette en Sion! Publiez un jeûne, une convocation solennelle!

¹⁶Assemblez le peuple, formez une sainte réunion! Assemblez les vieillards, Assemblez les enfants, Même les nourrissons à la mamelle! Que l'époux sorte de sa demeure, Et l'épouse de sa chambre!

¹⁷Qu'entre le portique et l'autel Pleurent les sacrificateurs, Serviteurs de l'Éternel, Et qu'ils disent: Éternel, épargne ton peuple! Ne livre pas ton héritage à l'opprobre, Aux railleries des nations! Pourquoi dirait-on parmi les peuples: Où est leur Dieu?

¹⁸L'Éternel est ému de jalousie pour son pays, Et il épargne son peuple.

¹⁹L'Éternel répond, il dit à son peuple: Voici, je vous enverrai du blé, Du moût et de l'huile, Et vous en serez rassasiés; Et je ne vous livrerai plus à l'opprobre parmi les nations.

²⁰J'éloignerai de vous l'ennemi du nord, Je le chasserai vers une terre aride et déserte, Son avant-garde dans la mer orientale, Son arrière-garde dans la mer occidentale; Et son infection se répandra, Sa puanteur s'élèvera dans les airs, Parce qu'il a fait de grandes choses.

²¹Terre, ne crains pas, Sois dans l'allégresse et réjouis-toi, Car l'Éternel fait de grandes choses!

²²Bêtes des champs, ne craignez pas, Car les plaines du désert reverdiront, Car les arbres porteront leurs fruits, Le figuier et la vigne donneront leurs richesses.

²³Et vous, enfants de Sion, soyez dans l'allégresse et réjouissez-vous En l'Éternel, votre Dieu, Car il vous donnera la pluie en son temps, Il vous enverra la pluie de la première et de l'arrière-saison, Comme autrefois.

²⁴Les aires se rempliront de blé, Et les cuves regorgeront de moût et d'huile.

²⁵Je vous remplacerai les années Qu'ont dévorées la sauterelle, Le jélek, le hasil et le gazam, Ma grande armée que j'avais envoyée contre vous.

²⁶Vous mangerez et vous vous rassasierez, Et vous célébrerez le nom de l'Éternel, votre Dieu, Qui aura fait pour vous des prodiges; Et mon peuple ne sera plus jamais dans la confusion.

²⁷Et vous saurez que je suis au milieu d'Israël, Que je suis l'Éternel, votre Dieu, et qu'il n'y en a point d'autre, Et mon peuple ne sera plus jamais dans la confusion.

²⁸Après cela, je répandrai mon esprit sur toute chair; Vos fils et vos filles prophétiseront, Vos vieillards auront des songes, Et vos jeunes gens des visions.

²⁹Même sur les serviteurs et sur les servantes, Dans ces jours-là, je répandrai mon esprit.

³⁰Je ferai paraître des prodiges dans les cieux et sur la terre, Du sang, du feu, et des colonnes de fumée;

³¹Le soleil se changera en ténèbres, Et la lune en sang, Avant l'arrivée du jour de l'Éternel, De ce jour grand et terrible.

³²Alors quiconque invoquera le nom de l'Éternel sera sauvé; Le salut sera sur la montagne de Sion et à Jérusalem, Comme a dit l'Éternel, Et parmi les réchappés que l'Éternel appellera.

Chapitre 3

¹Car voici, en ces jours, en ce temps-là, Quand je ramènerai les captifs de Juda et de Jérusalem,

²Je rassemblerai toutes les nations, Et je les ferai descendre dans la vallée de Josaphat; Là, j'entrerai en jugement avec elles, Au sujet de mon peuple, d'Israël, mon héritage, Qu'elles ont dispersé parmi les nations, Et au sujet de mon pays qu'elles se sont partagé.

³Ils ont tiré mon peuple au sort; Ils ont donné le jeune garçon pour une prostituée, Ils ont vendu la jeune fille pour du vin, et ils ont bu.

⁴Que me voulez-vous, Tyr et Sidon, Et vous tous, districts des Philistins? Voulez-vous tirer vengeance de moi? Si vous voulez vous venger, Je ferai bien vite retomber votre vengeance sur vos têtes.

⁵Vous avez pris mon argent mon or; Et ce que j'avais de plus précieux et de plus beau, Vous l'avez emporté dans vos temples.

⁶Vous avez vendu les enfants de Juda et de Jérusalem aux enfants de Javan, Afin de les éloigner de leur territoire.

⁷Voici, je les ferai revenir du lieu où vous les avez vendus, Et je ferai retomber votre vengeance sur vos têtes.

⁸Je vendrai vos fils et vos filles aux enfants de Juda, Et ils les vendront aux Sabéens, nation lointaine; Car l'Éternel a parlé.

⁹Publiez ces choses parmi les nations! Préparez la guerre! Réveillez les héros! Qu'ils s'approchent, qu'ils montent, Tous les hommes de guerre!

¹⁰De vos hoyaux forgez des épées, Et de vos serpes des lances! Que le faible dise: Je suis fort!

¹¹Hâtez-vous et venez, vous toutes, nations d'alentour, Et rassemblez-vous! Là, ô Éternel, fais descendre tes héros!

¹²Que les nations se réveillent, et qu'elles montent Vers la vallée de Josaphat! Car là je siégerai pour juger toutes les nations d'alentour.

¹³Saisissez la faucille, Car la moisson est mûre! Venez, foulez, Car le pressoir est plein, Les cuves regorgent! Car grande est leur méchanceté.

¹⁴C'est une multitude, une multitude, Dans la vallée du jugement; Car le jour de l'Éternel est proche, Dans la vallée du jugement.

¹⁵Le soleil et la lune s'obscurcissent, Et les étoiles retirent leur éclat.

¹⁶De Sion l'Éternel rugit, De Jérusalem il fait entendre sa voix; Les cieux et la terre sont ébranlés. Mais l'Éternel est un refuge pour son peuple, Un abri pour les enfants d'Israël.

¹⁷Et vous saurez que je suis l'Éternel, votre Dieu, Résidant à Sion, ma sainte montagne. Jérusalem sera sainte, Et les étrangers n'y passeront plus.

¹⁸En ce temps-là, le moût ruissellera des montagnes, Le lait coulera des collines, Et il y aura de l'eau dans tous les torrents de Juda; Une source sortira aussi de la maison de l'Éternel, Et arrosera la vallée de Sittim.

¹⁹L'Égypte sera dévastée, Édom sera réduit en désert, A cause des violences contre les enfants de Juda, Dont ils ont répandu le sang innocent dans leur pays.

²⁰Mais Juda sera toujours habité, Et Jérusalem, de génération en génération.

²¹Je vengerai leur sang que je n'ai point encore vengé, Et L'Éternel résidera dans Sion.

Amos

Chapitre 1

¹Paroles d'Amos, l'un des bergers de Tekoa, visions qu'il eut sur Israël, au temps d'Ozias, roi de Juda, et au temps de Jéroboam, fils de Joas, roi d'Israël, deux ans avant le tremblement de terre.

²Il dit: De Sion l'Éternel rugit, De Jérusalem il fait entendre sa voix. Les pâturages des bergers sont dans le deuil, Et le sommet du Carmel est desséché.

³Ainsi parle l'Éternel: A cause de trois crimes de Damas, Même de quatre, je ne révoque pas mon arrêt, Parce qu'ils ont foulé Galaad sous des traîneaux de fer.

⁴J'enverrai le feu dans la maison de Hazaël, Et il dévorera les palais de Ben Hadad.

⁵Je briserai les verrous de Damas, J'exterminerai de Bikath Aven les habitants, Et de Beth Éden celui qui tient le sceptre; Et le peuple de Syrie sera mené captif à Kir, dit l'Éternel.

⁶Ainsi parle l'Éternel: A cause de trois crimes de Gaza, Même de quatre, je ne révoque pas mon arrêt, Parce qu'ils ont fait une foule de captifs pour les livrer à Édom.

⁷J'enverrai le feu dans les murs de Gaza, Et il en dévorera les palais.

⁸J'exterminerai d'Asdod les habitants, Et d'Askalon celui qui tient le sceptre; Je tournerai ma main contre Ékron, Et le reste des Philistins périra, dit le Seigneur, l'Éternel.

⁹Ainsi parle l'Éternel: A cause de trois crimes de Tyr, Même de quatre, je ne révoque pas mon arrêt, Parce qu'ils ont livré à Édom une foule de captifs, Sans se souvenir de l'alliance fraternelle.

¹⁰J'enverrai le feu dans les murs de Tyr, Et il en dévorera les palais.

¹¹Ainsi parle l'Éternel: A cause de trois crimes d'Édom, Même de quatre, je ne révoque pas mon arrêt, Parce qu'il a poursuivi ses frères avec l'épée, En étouffant sa compassion, Parce que sa colère déchire toujours, Et qu'il garde éternellement sa fureur.

¹²J'enverrai le feu dans Théman, Et il dévorera les palais de Botsra.

¹³Ainsi parle l'Éternel: A cause de trois crimes des enfants d'Ammon, Même de quatre, je ne révoque pas mon arrêt, Parce qu'ils ont fendu le ventre des femmes enceintes de Galaad, Afin d'agrandir leur territoire.

¹⁴J'allumerai le feu dans les murs de Rabba, Et il en dévorera les palais, Au milieu des cris de guerre au jour du combat, Au milieu de l'ouragan au jour de la tempête;

¹⁵Et leur roi s'en ira en captivité, Lui, et ses chefs avec lui, dit l'Éternel.

Chapitre 2

¹Ainsi parle l'Éternel: A cause de trois crimes de Moab, Même de quatre, je ne révoque pas mon arrêt, Parce qu'il a brûlé, calciné les os du roi d'Édom.

²J'enverrai le feu dans Moab, Et il dévorera les palais de Kerijoth; Et Moab périra au milieu du tumulte, Au milieu des cris de guerre et du bruit de la trompette.

³J'exterminerai de son sein le juge, Et je tuerai tous ses chefs avec lui, dit l'Éternel.

⁴Ainsi parle l'Éternel: A cause de trois crimes de Juda, Même de quatre, je ne révoque pas mon arrêt, Parce qu'ils ont méprisé la loi de l'Éternel Et qu'ils n'ont pas gardé ses ordonnances, Parce qu'ils ont été égarés par les idoles mensongères Après lesquelles leurs pères ont marché.

⁵J'enverrai le feu dans Juda, Et il dévorera les palais de Jérusalem.

⁶Ainsi parle l'Éternel: A cause des trois crimes d'Israël, Même de quatre, je ne révoque pas mon arrêt, Parce qu'ils ont vendu le juste pour de l'argent, Et le pauvre pour une paire de souliers.

⁷Ils aspirent à voir la poussière de la terre sur la tête des misérables, Et ils violent le droit des malheureux. Le fils et le père vont vers la même fille, Afin de profaner mon saint nom.

⁸Ils s'étendent près de chaque autel sur des vêtements pris en gage, Et ils boivent dans la maison de leurs dieux le vin de ceux qu'ils condamnent.

⁹Et pourtant j'ai détruit devant eux les Amoréens, Dont la hauteur égalait celle des cèdres, Et la force celle des chênes; J'ai détruit leurs fruits en haut, Et leurs racines en bas.

¹⁰Et pourtant je vous ai fait monter du pays d'Égypte, Et je vous ai conduits quarante ans dans le désert, Pour vous mettre en possession du pays des Amoréens.

¹¹J'ai suscité parmi vos fils des prophètes, Et parmi vos jeunes hommes des nazaréens. N'en est-il pas ainsi, enfants d'Israël? dit l'Éternel...

¹²Et vous avez fait boire du vin aux nazaréens! Et aux prophètes vous avez donné cet ordre: Ne prophétisez pas!

¹³Voici, je vous écraserai, Comme foule la terre un chariot chargé de gerbes.

¹⁴Celui qui est agile ne pourra fuir, Celui qui a de la force ne pourra s'en servir, Et l'homme vaillant ne sauvera pas sa vie;

¹⁵Celui qui manie l'arc ne résistera pas, Celui qui a les pieds légers n'échappera pas, Et le cavalier ne sauvera pas sa vie;

¹⁶Le plus courageux des guerriers S'enfuira nu dans ce jour-là, dit l'Éternel.

Chapitre 3

¹Écoutez cette parole que l'Éternel prononce contre vous, enfants d'Israël, Contre toute la famille que j'ai fait monter du pays d'Égypte!

²Je vous ai choisis, vous seuls parmi toutes les familles de la terre; C'est pourquoi je vous châtierai pour toutes vos iniquités.

³Deux hommes marchent-ils ensemble, Sans en être convenus?

⁴Le lion rugit-il dans la forêt, Sans avoir une proie? Le lionceau pousse-t-il des cris du fond de sa tanière, Sans avoir fait une capture?

⁵L'oiseau tombe-t-il dans le filet qui est à terre, Sans qu'il y ait un piège? Le filet s'élève-t-il de terre, Sans qu'il y ait rien de pris?

⁶Sonne-t-on de la trompette dans une ville, Sans que le peuple soit dans l'épouvante? Arrive-t-il un malheur dans une ville, Sans que l'Éternel en soit l'auteur?

⁷Car le Seigneur, l'Éternel, ne fait rien Sans avoir révélé son secret à ses serviteurs les prophètes.

⁸Le lion rugit: qui ne serait effrayé? Le Seigneur, l'Éternel, parle: qui ne prophétiserait?

⁹Faites retentir votre voix dans les palais d'Asdod Et dans les palais du pays d'Égypte, Et dites: Rassemblez-vous sur les montagnes de Samarie, Et voyez quelle immense confusion au milieu d'elle, Quelles violences dans son sein!

¹⁰Ils ne savent pas agir avec droiture, dit l'Éternel, Ils entassent dans leurs palais les produits de la violence et de la rapine.

¹¹C'est pourquoi ainsi parle le Seigneur, l'Éternel: L'ennemi investira le pays, Il détruira ta force, Et tes palais seront pillés.

¹²Ainsi parle l'Éternel: Comme le berger arrache de la gueule du lion Deux jambes ou un bout d'oreille, Ainsi se sauveront les enfants d'Israël qui sont assis dans Samarie A l'angle d'un lit et sur des tapis de damas.

¹³Écoutez, et déclarez ceci à la maison de Jacob! Dit le Seigneur, l'Éternel, le Dieu des armées.

¹⁴Le jour où je punirai Israël pour ses transgressions, Je frapperai sur les autels de Béthel; Les cornes de l'autel seront brisées, Et tomberont à terre.

¹⁵Je renverserai les maisons d'hiver et les maisons d'été; Les palais d'ivoire périront, Les maisons des grands disparaîtront, dit l'Éternel.

Chapitre 4

¹Écoutez cette parole, génisses de Basan qui êtes sur la montagne de Samarie, Vous qui opprimez les misérables, qui écrasez les indigents, Et qui dites à vos maris: Apportez, et buvons!

²Le Seigneur, l'Éternel, l'a juré par sa sainteté: Voici, les jours viendront pour vous Où l'on vous enlèvera avec des crochets, Et votre postérité avec des hameçons.

³Vous sortirez par les brèches, chacune devant soi, Et vous serez jetés dans la forteresse, dit l'Éternel.

⁴Allez à Béthel, et péchez! Allez à Guilgal, et péchez davantage! Offrez vos sacrifices chaque matin, Et vos dîmes tous les trois jours!

⁵Faites vos sacrifices d'actions de grâces avec du levain! Proclamez, publiez vos offrandes volontaires! Car c'est là ce que vous aimez, enfants d'Israël, Dit le Seigneur, l'Éternel.

⁶Et moi, je vous ai envoyé la famine dans toutes vos villes, Le manque de pain dans toutes vos demeures. Malgré cela, vous n'êtes pas revenus à moi, dit l'Éternel.

⁷Et moi, je vous ai refusé la pluie, Lorsqu'il y avait encore trois mois jusqu'à la moisson; J'ai fait pleuvoir sur une ville, Et je n'ai pas fait pleuvoir sur une autre ville; Un champ a reçu la pluie, Et un autre qui ne l'a pas reçue s'est desséché.

⁸Deux, trois villes sont allées vers une autre pour boire de l'eau, Et elles n'ont point apaisé leur soif. Malgré cela, vous n'êtes pas revenus à

moi, dit l'Éternel.

⁹Je vous ai frappés par la rouille et par la nielle; Vos nombreux jardins, vos vignes, vos figuiers et vos oliviers Ont été dévorés par les sauterelles. Malgré cela, vous n'êtes pas revenus à moi, dit l'Éternel.

¹⁰J'ai envoyé parmi vous la peste, comme en Égypte; J'ai tué vos jeunes gens par l'épée, Et laissé prendre vos chevaux; J'ai fait monter à vos narines l'infection de votre camp. Malgré cela, vous n'êtes pas revenus à moi, dit l'Éternel.

¹¹Je vous ai bouleversés, Comme Sodome et Gomorrhe, que Dieu détruisit; Et vous avez été comme un tison arraché de l'incendie. Malgré cela, vous n'êtes pas revenus à moi, dit l'Éternel...

¹²C'est pourquoi je te traiterai de la même manière, Israël; Et puisque je te traiterai de la même manière, Prépare-toi à la rencontre de ton Dieu, O Israël!

¹³Car voici celui qui a formé les montagnes et créé le vent, Et qui fait connaître à l'homme ses pensées, Celui qui change l'aurore en ténèbres, Et qui marche sur les hauteurs de la terre: Son nom est l'Éternel, le Dieu des armées.

Chapitre 5

¹Écoutez cette parole, Cette complainte que je prononce sur vous, Maison d'Israël!

²Elle est tombée, elle ne se relèvera plus, La vierge d'Israël; Elle est couchée par terre, Nul ne la relève.

³Car ainsi parle le Seigneur, l'Éternel: La ville qui mettait en campagne mille hommes N'en conservera que cent, Et celle qui mettait en campagne cent hommes N'en conservera que dix, pour la maison d'Israël.

⁴Car ainsi parle l'Éternel à la maison d'Israël: Cherchez-moi, et vous vivrez!

⁵Ne cherchez pas Béthel, N'allez pas à Guilgal, Ne passez pas à Beer Schéba. Car Guilgal sera captif, Et Béthel anéanti.

⁶Cherchez l'Éternel, et vous vivrez! Craignez qu'il ne saisisse comme un feu la maison de Joseph, Et que ce feu ne la dévore, sans personne à Béthel pour l'éteindre,

⁷O vous qui changez le droit en absinthe, Et qui foulez à terre la justice!

⁸Il a créé les Pléiades et l'Orion, Il change les ténèbres en aurore, Il obscurcit le jour pour en faire la nuit, Il appelle les eaux de la mer, Et les répand à la surface de la terre: L'Éternel est son nom.

⁹Il fait lever la ruine sur les puissants, Et la ruine vient sur les forteresses.

¹⁰Ils haïssent celui qui les reprend à la porte, Et ils ont en horreur celui qui parle sincèrement.

¹¹Aussi, parce que vous avez foulé le misérable, Et que vous avez pris de lui du blé en présent, Vous avez bâti des maisons en pierres de taille, Mais vous ne les habiterez pas; Vous avez planté d'excellentes vignes, Mais vous n'en boirez pas le vin.

¹²Car, je le sais, vos crimes sont nombreux, Vos péchés se sont multipliés; Vous opprimez le juste, vous recevez des présents, Et vous violez à la porte le droit des pauvres.

¹³Voilà pourquoi, en des temps comme ceux-ci, le sage se tait; Car ces temps sont mauvais.

¹⁴Recherchez le bien et non le mal, afin que vous viviez, Et qu'ainsi l'Éternel, le Dieu des armées, soit avec vous, Comme vous le dites.

¹⁵Haïssez le mal et aimez le bien, Faites régner à la porte la justice; Et peut-être l'Éternel, le Dieu des armées, aura pitié Des restes de Joseph.

¹⁶C'est pourquoi ainsi parle l'Éternel, le Dieu des armées, le Seigneur; Dans toutes les places on se lamentera, Dans toutes les rues on dira: Hélas! hélas! On appellera le laboureur au deuil, Et aux lamentations ceux qui disent des complaintes.

¹⁷Dans toutes les vignes on se lamentera, Lorsque je passerai au milieu de toi, dit l'Éternel.

¹⁸Malheur à ceux qui désirent le jour de l'Éternel! Qu'attendez-vous du jour de l'Éternel? Il sera ténèbres et non lumière.

¹⁹Vous serez comme un homme qui fuit devant un lion Et que rencontre un ours, Qui gagne sa demeure, appuie sa main sur la muraille, Et que mord un serpent.

²⁰Le jour de l'Éternel n'est-il pas ténèbres et non lumière? N'est-il pas obscur et sans éclat?

²¹Je hais, je méprise vos fêtes, Je ne puis sentir vos assemblées.

²²Quand vous me présentez des holocaustes et des offrandes, Je n'y prends aucun plaisir; Et les veaux engraissés que vous sacrifiez en actions de grâces, Je ne les regarde pas.

²³Éloigne de moi le bruit de tes cantiques; Je n'écoute pas le son de tes luths.

²⁴Mais que la droiture soit comme un courant d'eau, Et la justice comme un torrent qui jamais ne tarit.

²⁵M'avez-vous fait des sacrifices et des offrandes Pendant les quarante années du désert, maison d'Israël?...

²⁶Emportez donc la tente de votre roi, Le piédestal de vos idoles, L'étoile de votre Dieu Que vous vous êtes fabriqué!

²⁷Et je vous emmènerai captifs au delà de Damas, Dit l'Éternel, dont le nom est le Dieu des armées.

Chapitre 6

¹Malheur à ceux qui vivent tranquilles dans Sion, Et en sécurité sur la montagne de Samarie, A ces grands de la première des nations, Auprès desquels va la maison d'Israël!...

²Passez à Calné et voyez, Allez de là jusqu'à Hamath la grande, Et descendez à Gath chez les Philistins: Ces villes sont-elles plus prospères que vos deux royaumes, Et leur territoire est-il plus étendu que le vôtre?...

³Vous croyez éloigner le jour du malheur, Et vous faites approcher le règne de la violence.

⁴Ils reposent sur des lits d'ivoire, Ils sont mollement étendus sur leurs couches; Ils mangent les agneaux du troupeau, Les veaux mis à l'engrais.

⁵Ils extravaguent au son du luth, Ils se croient habiles comme David sur les instruments de musique.

⁶Ils boivent le vin dans de larges coupes, Ils s'oignent avec la meilleure huile, Et ils ne s'attristent pas sur la ruine de Joseph!

⁷C'est pourquoi ils seront emmenés à la tête des captifs; Et les cris de joie de ces voluptueux cesseront.

⁸Le Seigneur, l'Éternel, l'a juré par lui-même; L'Éternel, le Dieu des armées, a dit: J'ai en horreur l'orgueil de Jacob, Et je hais ses palais; Je livrerai la ville et tout ce qu'elle renferme.

⁹Et s'il reste dix hommes dans une maison, ils mourront.

¹⁰Lorsqu'un parent prendra un mort pour le brûler Et qu'il enlèvera de la maison les ossements, Il dira à celui qui est au fond de la maison: Y a-t-il encore quelqu'un avec toi? Et cet homme répondra: Personne... Et l'autre dira: Silence! Ce n'est pas le moment de prononcer le nom de l'Éternel.

¹¹Car voici, l'Éternel ordonne: Il fera tomber en ruines la grande maison, Et en débris la petite maison.

¹²Est-ce que les chevaux courent sur un rocher, Est-ce qu'on y laboure avec des boeufs, Pour que vous ayez changé la droiture en poison, Et le fruit de la justice en absinthe?

¹³Vous vous réjouissez de ce qui n'est que néant, Vous dites: N'est-ce pas par notre force Que nous avons acquis de la puissance?

¹⁴C'est pourquoi voici, je ferai lever contre vous, maison d'Israël, Dit l'Éternel, le Dieu des armées, une nation Qui vous opprimera depuis l'entrée de Hamath Jusqu'au torrent du désert.

Chapitre 7

¹Le Seigneur, l'Éternel, m'envoya cette vision. Voici, il formait des sauterelles, Au moment où le regain commençait à croître; C'était le regain après la coupe du roi.

²Et comme elles dévoraient entièrement l'herbe de la terre, Je dis: Seigneur Éternel, pardonne donc! Comment Jacob subsistera-t-il? Car il est si faible!

³L'Éternel se repentit de cela. Cela n'arrivera pas, dit l'Éternel.

⁴Le Seigneur, l'Éternel, m'envoya cette vision. Voici, le Seigneur, l'Éternel, proclamait le châtiment par le feu; Et le feu dévorait le grand abîme Et dévorait le champ.

⁵Je dis: Seigneur Éternel, arrête donc! Comment Jacob subsistera-t-il? Car il est si faible!

⁶L'Éternel se repentit de cela. Cela non plus n'arrivera pas, dit le Seigneur, l'Éternel.

⁷Il m'envoya cette vision. Voici, le Seigneur se tenait sur un mur tiré au cordeau, Et il avait un niveau dans la main.

⁸L'Éternel me dit: Que vois-tu, Amos? Je répondis: Un niveau. Et le Seigneur dit: Je mettrai le niveau au milieu de mon peuple d'Israël, Je ne lui pardonnerai plus;

⁹Les hauts lieux d'Isaac seront ravagés; Les sanctuaires d'Israël seront détruits, Et je me lèverai contre la maison de Jéroboam avec l'épée.

¹⁰Alors Amatsia, prêtre de Béthel, fit dire à Jéroboam, roi d'Israël: Amos conspire contre toi au milieu de la maison d'Israël; le pays ne peut supporter toutes ses paroles.

¹¹Car voici ce que dit Amos: Jéroboam mourra par l'épée, et Israël sera emmené captif loin de son pays.

¹²Et Amatsia dit à Amos: Homme à visions, va-t-en, fuis dans le pays de Juda; manges-y ton pain, et là tu prophétiseras.
¹³Mais ne continue pas à prophétiser à Béthel, car c'est un sanctuaire du roi, et c'est une maison royale.
¹⁴Amos répondit à Amatsia: Je ne suis ni prophète, ni fils de prophète; mais je suis berger, et je cultive des sycomores.
¹⁵L'Éternel m'a pris derrière le troupeau, et l'Éternel m'a dit: Va, prophétise à mon peuple d'Israël.
¹⁶Écoute maintenant la parole de l'Éternel, toi qui dis: Ne prophétise pas contre Israël, et ne parle pas contre la maison d'Isaac.
¹⁷A cause de cela, voici ce que dit l'Éternel: Ta femme se prostituera dans la ville, tes fils et tes filles tomberont par l'épée, ton champ sera partagé au cordeau; et toi, tu mourras sur une terre impure, et Israël sera emmené captif loin de son pays.

Chapitre 8

¹Le Seigneur, l'Éternel, m'envoya cette vision. Voici, c'était une corbeille de fruits.
²Il dit: Que vois-tu, Amos? Je répondis: Une corbeille de fruits. Et l'Éternel me dit: La fin est venue pour mon peuple d'Israël; Je ne lui pardonnerai plus.
³En ce jour-là, les chants du palais seront des gémissements, Dit le Seigneur, l'Éternel; On jettera partout en silence une multitude de cadavres.
⁴Écoutez ceci, vous qui dévorez l'indigent, Et qui ruinez les malheureux du pays!
⁵Vous dites: Quand la nouvelle lune sera-t-elle passée, Afin que nous vendions du blé? Quand finira le sabbat, afin que nous ouvrions les greniers? Nous diminuerons l'épha, nous augmenterons le prix, Nous falsifierons les balances pour tromper;
⁶Puis nous achèterons les misérables pour de l'argent, Et le pauvre pour une paire de souliers, Et nous vendrons la criblure du froment.
⁷L'Éternel l'a juré par la gloire de Jacob: Je n'oublierai jamais aucune de leurs oeuvres.
⁸Le pays, à cause d'elles, ne sera-t-il pas ébranlé, Et tous ses habitants ne seront-ils pas dans le deuil? Le pays montera tout entier comme le fleuve, Il se soulèvera et s'affaissera comme le fleuve d'Égypte.
⁹En ce jour-là, dit le Seigneur, l'Éternel, Je ferai coucher le soleil à midi, Et j'obscurcirai la terre en plein jour;
¹⁰Je changerai vos fêtes en deuil, Et tous vos chants en lamentations, Je couvrirai de sacs tous les reins, Et je rendrai chauves toutes les têtes; Je mettrai le pays dans le deuil comme pour un fils unique, Et sa fin sera comme un jour d'amertume.
¹¹Voici, les jours viennent, dit le Seigneur, l'Éternel, Où j'enverrai la famine dans le pays, Non pas la disette du pain et la soif de l'eau, Mais la faim et la soif d'entendre les paroles de l'Éternel.
¹²Ils seront alors errants d'une mer à l'autre, Du septentrion à l'orient, Ils iront çà et là pour chercher la parole de l'Éternel, Et ils ne la trouveront pas.
¹³En ce jour, les belles jeunes filles et les jeunes hommes mourront de soif.
¹⁴Ils jurent par le péché de Samarie, Et ils disent: Vive ton Dieu, Dan! Vive la voie de Beer Schéba! Mais ils tomberont, et ne se relèveront plus.

Chapitre 9

¹Je vis le Seigneur qui se tenait sur l'autel. Et il dit: Frappe les chapiteaux et que les seuils s'ébranlent, Et brise-les sur leurs têtes à tous! Je ferai périr le reste par l'épée. Aucun d'eux ne pourra se sauver en fuyant, Aucun d'eux n'échappera.
²S'ils pénètrent dans le séjour des morts, Ma main les en arrachera; S'ils montent aux cieux, Je les en ferai descendre.
³S'ils se cachent au sommet du Carmel, Je les y chercherai et je les saisirai; S'ils se dérobent à mes regards dans le fond de la mer, Là j'ordonnerai au serpent de les mordre.
⁴S'ils vont en captivité devant leurs ennemis, Là j'ordonnerai à l'épée de les faire périr; Je dirigerai contre eux mes regards Pour faire du mal et non du bien.
⁵Le Seigneur, l'Éternel des armées, touche la terre, et elle tremble, Et tous ses habitants sont dans le deuil; Elle monte tout entière comme le fleuve, Et elle s'affaisse comme le fleuve d'Égypte.
⁶Il a bâti sa demeure dans les cieux, Et fondé sa voûte sur la terre; Il appelle les eaux de la mer, Et les répand à la surface de la terre: L'Éternel est son nom.
⁷N'êtes-vous pas pour moi comme les enfants des Éthiopiens, Enfants d'Israël? dit l'Éternel. N'ai-je pas fait sortir Israël du pays d'Égypte, Comme les Philistins de Caphtor et les Syriens de Kir?
⁸Voici, le Seigneur, l'Éternel, a les yeux sur le royaume coupable. Je le détruirai de dessus la face de la terre; Toutefois je ne détruirai pas entièrement la maison de Jacob, Dit l'Éternel.
⁹Car voici, je donnerai mes ordres, Et je secouerai la maison d'Israël parmi toutes les nations, Comme on secoue avec le crible, Sans qu'il tombe à terre un seul grain.
¹⁰Tous les pécheurs de mon peuple mourront par l'épée, Ceux qui disent: Le malheur n'approchera pas, ne nous atteindra pas.
¹¹En ce temps-là, je relèverai de sa chute la maison de David, J'en réparerai les brèches, j'en redresserai les ruines, Et je la rebâtirai comme elle était autrefois,
¹²Afin qu'ils possèdent le reste d'Édom et toutes les nations Sur lesquelles mon nom a été invoqué, Dit l'Éternel, qui accomplira ces choses.
¹³Voici, les jours viennent, dit l'Éternel, Où le laboureur suivra de près le moissonneur, Et celui qui foule le raisin celui qui répand la semence, Où le moût ruissellera des montagnes Et coulera de toutes les collines.
¹⁴Je ramènerai les captifs de mon peuple d'Israël; Ils rebâtiront les villes dévastées et les habiteront, Ils planteront des vignes et en boiront le vin, Ils établiront des jardins et en mangeront les fruits.
¹⁵Je les planterai dans leur pays, Et ils ne seront plus arrachés du pays que je leur ai donné, Dit L'Éternel, ton Dieu.

Abdias

¹Prophétie d'Abdias. Ainsi parle le Seigneur, l'Éternel, sur Édom: - Nous avons appris une nouvelle de la part de l'Éternel, Et un messager a été envoyé parmi les nations: Levez-vous, marchons contre Édom pour lui faire la guerre! -

²Voici, je te rendrai petit parmi les nations, Tu seras l'objet du plus grand mépris.

³L'orgueil de ton coeur t'a égaré, Toi qui habites le creux des rochers, Qui t'assieds sur les hauteurs, Et qui dis en toi-même: Qui me précipitera jusqu'à terre?

⁴Quand tu placerais ton nid aussi haut que celui de l'aigle, Quand tu le placerais parmi les étoiles, Je t'en précipiterai, dit l'Éternel.

⁵Si des voleurs, des pillards, viennent de nuit chez toi, Comme te voilà dévasté! Mais enlèvent-ils plus qu'ils ne peuvent? Si des vendangeurs viennent chez toi, Ne laissent-ils rien à grappiller?...

⁶Ah! comme Ésaü est fouillé! Comme ses trésors sont découverts!

⁷Tous tes alliés t'ont chassé jusqu'à la frontière, Tes amis t'ont joué, t'ont dominé, Ceux qui mangeaient ton pain t'ont dressé des pièges, Et tu n'as pas su t'en apercevoir!

⁸N'est-ce pas en ce jour, dit l'Éternel, Que je ferai disparaître d'Édom les sages, Et de la montagne d'Ésaü l'intelligence?

⁹Tes guerriers, ô Théman, seront dans l'épouvante, Car tous ceux de la montagne d'Ésaü périront dans le carnage.

¹⁰A cause de ta violence contre ton frère Jacob, Tu seras couvert de honte, Et tu seras exterminé pour toujours.

¹¹Le jour où tu te tenais en face de lui, Le jour où des étrangers emmenaient captive son armée, Où des étrangers entraient dans ses portes, Et jetaient le sort sur Jérusalem, Toi aussi tu étais comme l'un d'eux.

¹²Ne repais pas ta vue du jour de ton frère, du jour de son malheur, Ne te réjouis pas sur les enfants de Juda au jour de leur ruine, Et n'ouvre pas une grande bouche au jour de la détresse!

¹³N'entre pas dans les portes de mon peuple au jour de sa ruine, Ne repais pas ta vue de son malheur au jour de sa ruine, Et ne porte pas la main sur ses richesses au jour de sa ruine!

¹⁴Ne te tiens pas au carrefour pour exterminer ses fuyards, Et ne livre pas ses réchappés au jour de la détresse!

¹⁵Car le jour de l'Éternel est proche, pour toutes les nations; Il te sera fait comme tu as fait, Tes oeuvres retomberont sur ta tête.

¹⁶Car, comme vous avez bu sur ma montagne sainte, Ainsi toutes les nations boiront sans cesse; Elles boiront, elles avaleront, Et elles seront comme si elles n'avaient jamais été.

¹⁷Mais le salut sera sur la montagne de Sion, elle sera sainte, Et la maison de Jacob reprendra ses possessions.

¹⁸La maison de Jacob sera un feu, et la maison de Joseph une flamme; Mais la maison d'Ésaü sera du chaume, Qu'elles allumeront et consumeront; Et il ne restera rien de la maison d'Ésaü, Car l'Éternel a parlé.

¹⁹Ceux du midi posséderont la montagne d'Ésaü, Et ceux de la plaine le pays des Philistins; Ils posséderont le territoire d'Éphraïm et celui de Samarie; Et Benjamin possédera Galaad.

²⁰Les captifs de cette armée des enfants d'Israël Posséderont le pays occupé par les Cananéens jusqu'à Sarepta, Et les captifs de Jérusalem qui sont à Sepharad Posséderont les villes du midi.

²¹Des libérateurs monteront sur la montagne de Sion, Pour juger la montagne d'Ésaü; Et à l'Éternel appartiendra le règne.

Jonas

Chapitre 1

¹La parole de l'Éternel fut adressée à Jonas, fils d'Amitthaï, en ces mots:

²Lève-toi, va à Ninive, la grande ville, et crie contre elle! car sa méchanceté est montée jusqu'à moi.

³Et Jonas se leva pour s'enfuir à Tarsis, loin de la face de l'Éternel. Il descendit à Japho, et il trouva un navire qui allait à Tarsis; il paya le prix du transport, et s'embarqua pour aller avec les passagers à Tarsis, loin de la face de l'Éternel.

⁴Mais l'Éternel fit souffler sur la mer un vent impétueux, et il s'éleva sur la mer une grande tempête. Le navire menaçait de faire naufrage.

⁵Les mariniers eurent peur, ils implorèrent chacun leur dieu, et ils jetèrent dans la mer les objets qui étaient sur le navire, afin de le rendre plus léger. Jonas descendit au fond du navire, se coucha, et s'endormit profondément.

⁶Le pilote s'approcha de lui, et lui dit: Pourquoi dors-tu? Lève-toi, invoque ton Dieu! peut-être voudra-t-il penser à nous, et nous ne périrons pas.

⁷Et il se rendirent l'un à l'autre: Venez, et tirons au sort, pour savoir qui nous attire ce malheur. Ils tirèrent au sort, et le sort tomba sur Jonas.

⁸Alors ils lui dirent: Dis-nous qui nous attire ce malheur. Quelles sont tes affaires, et d'où viens-tu? Quel est ton pays, et de quel peuple es-tu?

⁹Il leur répondit: Je suis Hébreu, et je crains l'Éternel, le Dieu des cieux, qui a fait la mer et la terre.

¹⁰Ces hommes eurent une grande frayeur, et ils lui dirent: Pourquoi as-tu fait cela? Car ces hommes savaient qu'il fuyait loin de la face de l'Éternel, parce qu'il le leur avait déclaré.

¹¹Ils lui dirent: Que te ferons-nous, pour que la mer se calme envers nous? Car la mer était de plus en plus orageuse.

¹²Il leur répondit: Prenez-moi, et jetez-moi dans la mer, et la mer se calmera envers vous; car je sais que c'est moi qui attire sur vous cette grande tempête.

¹³Ces hommes ramaient pour gagner la terre, mais ils ne le purent, parce que la mer s'agitait toujours plus contre eux.

¹⁴Alors ils invoquèrent l'Éternel, et dirent: O Éternel, ne nous fais pas périr à cause de la vie de cet homme, et ne nous charge pas du sang innocent! Car toi, Éternel, tu fais ce que tu veux.

¹⁵Puis ils prirent Jonas, et le jetèrent dans la mer. Et la fureur de la mer s'apaisa.

¹⁶Ces hommes furent saisis d'une grande crainte de l'Éternel, et ils offrirent un sacrifice à l'Éternel, et firent des voeux.

¹⁷ L'Éternel fit venir un grand poisson pour engloutir Jonas, et Jonas fut dans le ventre du poisson trois jours et trois nuits.

Chapitre 2

¹ Jonas, dans le ventre du poisson, pria l'Éternel, son Dieu.

² Il dit: Dans ma détresse, j'ai invoqué l'Éternel, Et il m'a exaucé; Du sein du séjour des morts j'ai crié, Et tu as entendu ma voix.

³ Tu m'as jeté dans l'abîme, dans le coeur de la mer, Et les courants d'eau m'ont environné; Toutes tes vagues et tous tes flots ont passé sur moi.

⁴ Je disais: Je suis chassé loin de ton regard! Mais je verrai encore ton saint temple.

⁵ Les eaux m'ont couvert jusqu'à m'ôter la vie, L'abîme m'a enveloppé, Les roseaux ont entouré ma tête.

⁶ Je suis descendu jusqu'aux racines des montagnes, Les barres de la terre m'enfermaient pour toujours; Mais tu m'as fait remonter vivant de la fosse, Éternel, mon Dieu!

⁷ Quand mon âme était abattue au dedans de moi, Je me suis souvenu de l'Éternel, Et ma prière est parvenue jusqu'à toi, Dans ton saint temple.

⁸ Ceux qui s'attachent à de vaines idoles Éloignent d'eux la miséricorde.

⁹ Pour moi, je t'offrirai des sacrifices avec un cri d'actions de grâces, J'accomplirai les voeux que j'ai faits: Le salut vient de l'Éternel.

¹⁰ L'Éternel parla au poisson, et le poisson vomit Jonas sur la terre.

Chapitre 3

¹La parole de l'Éternel fut adressée à Jonas une seconde fois, en ces mots:

²Lève-toi, va à Ninive, la grande ville, et proclames-y la publication que je t'ordonne!

³Et Jonas se leva, et alla à Ninive, selon la parole de l'Éternel. Or Ninive était une très grande ville, de trois jours de marche.

⁴Jonas fit d'abord dans la ville une journée de marche; il criait et disait: Encore quarante jours, et Ninive est détruite!

⁵Les gens de Ninive crurent à Dieu, ils publièrent un jeûne, et se revêtirent de sacs, depuis les plus grands jusqu'aux plus petits.

⁶La chose parvint au roi de Ninive; il se leva de son trône, ôta son manteau, se couvrit d'un sac, et s'assit sur la cendre.

⁷Et il fit faire dans Ninive cette publication, par ordre du roi et de ses grands; Que les hommes et les bête, les boeufs et les brebis, ne goûtent de rien, ne paissent point, et ne boivent point d'eau!

⁸Que les hommes et les bêtes soient couverts de sacs, qu'ils crient à Dieu avec force, et qu'ils reviennent tous de leur mauvaise voie et des actes de violence dont leurs mains sont coupables!

⁹Qui sait si Dieu ne reviendra pas et ne se repentira pas, et s'il ne renoncera pas à son ardente colère, en sorte que nous ne périssions point?

¹⁰Dieu vit qu'ils agissaient ainsi et qu'ils revenaient de leur mauvaise voie. Alors Dieu se repentit du mal qu'il avait résolu de leur faire, et il ne le fit pas.

Chapitre 4

¹Cela déplut fort à Jonas, et il fut irrité.

²Il implora l'Éternel, et il dit: Ah! Éternel, n'est-ce pas ce que je disais quand j'étais encore dans mon pays? C'est ce que je voulais prévenir en fuyant à Tarsis. Car je savais que tu es un Dieu compatissant et miséricordieux, lent à la colère et riche en bonté, et qui te repens du mal.

³Maintenant, Éternel, prends-moi donc la vie, car la mort m'est préférable à la vie.

⁴L'Éternel répondit: Fais-tu bien de t'irriter?

⁵Et Jonas sortit de la ville, et s'assit à l'orient de la ville, Là il se fit une cabane, et s'y tint à l'ombre, jusqu'à ce qu'il vît ce qui arriverait dans la ville.

⁶L'Éternel Dieu fit croître un ricin, qui s'éleva au-dessus de Jonas, pour donner de l'ombre sur sa tête et pour lui ôter son irritation. Jonas éprouva une grande joie à cause de ce ricin.

⁷Mais le lendemain, à l'aurore, Dieu fit venir un ver qui piqua le ricin, et le ricin sécha.

⁸Au lever du soleil, Dieu fit souffler un vent chaud d'orient, et le soleil frappa la tête de Jonas, au point qu'il tomba en défaillance. Il demanda la mort, et dit: La mort m'est préférable à la vie.

⁹Dieu dit à Jonas: Fais-tu bien de t'irriter à cause du ricin? Il répondit: Je fais bien de m'irriter jusqu'à la mort.

¹⁰Et l'Éternel dit: Tu as pitié du ricin qui ne t'a coûté aucune peine et que tu n'as pas fait croître, qui est né dans une nuit et qui a péri dans une nuit.

¹¹Et moi, je n'aurais pas pitié de Ninive, la grande ville, dans laquelle se trouvent plus de cent vingt mille hommes qui ne savent pas distinguer leur droite de leur gauche, et des animaux en grand nombre!

Michée

Chapitre 1

¹La parole de l'Éternel fut adressée à Michée, de Moréscheth, au temps de Jotham, d'Achaz, d'Ézéchias, rois de Juda, prophétie sur Samarie et Jérusalem.

²Écoutez, vous tous, peuples! Sois attentive, terre, et ce qui est en toi! Que le Seigneur, l'Éternel, soit témoin contre vous, Le Seigneur qui est dans le palais de sa sainteté!

³Car voici, l'Éternel sort de sa demeure, Il descend, il marche sur les hauteurs de la terre.

⁴Sous lui les montagnes se fondent, Les vallées s'entr'ouvrent, Comme la cire devant le feu, Comme l'eau qui coule sur une pente.

⁵Et tout cela à cause du crime de Jacob, A cause des péchés de la maison d'Israël! Quel est le crime de Jacob? n'est-ce pas Samarie? Quels sont les hauts lieux de Juda? n'est-ce pas Jérusalem?...

⁶Je ferai de Samarie un monceau de pierres dans les champs, Un lieu pour planter de la vigne; Je précipiterai ses pierres dans la vallée, Je mettrai à nu ses fondements.

⁷Toutes ses images taillées seront brisées, Tous ses salaires impurs seront brûlés au feu, Et je ravagerai toutes ses idoles: Recueillies avec le salaire de la prostitution, Elles deviendront un salaire de prostitutions...

⁸C'est pourquoi je pleurerai, je me lamenterai, Je marcherai déchaussé et nu, Je pousserai des cris comme le chacal, Et des gémissements comme l'autruche.

⁹Car sa plaie est douloureuse; Elle s'étend jusqu'à Juda, Elle pénètre jusqu'à la porte de mon peuple, Jusqu'à Jérusalem.

¹⁰Ne l'annoncez point dans Gath, Ne pleurez point dans Acco! Je me roule dans la poussière à Beth Leaphra.

¹¹Passe, habitante de Schaphir, dans la nudité et la honte! L'habitante de Tsaanan n'ose sortir, Le deuil de Beth Haëtsel vous prive de son abri.

¹²L'habitant de Maroth tremble pour son salut, Car le malheur est descendu de la part de l'Éternel Jusqu'à la porte de Jérusalem.

¹³Attelle les coursiers à ton char, Habitante de Lakisch! Tu as été pour la fille de Sion une première cause de péché, Car en toi se sont trouvés les crimes d'Israël.

¹⁴C'est pourquoi tu renonceras à Moréschet Gath; Les maisons d'Aczib seront une source trompeuse Pour les rois d'Israël.

¹⁵Je t'amènerai un nouveau maître, habitante de Marécha; La gloire d'Israël s'en ira jusqu'à Adullam.

¹⁶Rase-toi, coupe ta chevelure, A cause de tes enfants chéris! Rends-toi chauve comme l'aigle, Car ils s'en vont en captivité loin de toi!

Chapitre 2

¹Malheur à ceux qui méditent l'iniquité et qui forgent le mal Sur leur couche! Au point du jour ils l'exécutent, Quand ils ont le pouvoir en main.

²Ils convoitent des champs, et ils s'en emparent, Des maisons, et ils les enlèvent; Ils portent leur violence sur l'homme et sur sa maison, Sur l'homme et sur son héritage.

³C'est pourquoi ainsi parle l'Éternel: Voici, je médite contre cette race un malheur; Vous n'en préserverez pas vos cous, Et vous ne marcherez pas la tête levée, Car ces temps seront mauvais.

⁴En ce jour-là, on fera de vous un sujet de sarcasme, On poussera des cris lamentables, On dira: Nous sommes entièrement dévastés! Il donne à d'autres la part de mon peuple! Eh quoi! il me l'enlève! Il distribue nos champs à l'ennemi!...

⁵C'est pourquoi tu n'auras personne Qui étende le cordeau sur un lot, Dans l'assemblée de l'Éternel. -

⁶Ne prophétisez pas! disent-ils. Qu'on ne prophétise pas de telles choses! Les invectives n'ont point de fin! -

⁷Oses-tu parler ainsi, maison de Jacob? L'Éternel est-il prompt à s'irriter? Est-ce là sa manière d'agir? Mes paroles ne sont-elles pas favorables A celui qui marche avec droiture?

⁸Depuis longtemps on traite mon peuple en ennemi; Vous enlevez le manteau de dessus les vêtements De ceux qui passent avec sécurité En revenant de la guerre.

⁹Vous chassez de leurs maisons chéries les femmes de mon peuple, Vous ôtez pour toujours ma parure à leurs enfants.

¹⁰Levez-vous, marchez! car ce n'est point ici un lieu de repos; A cause de la souillure, il y aura des douleurs, des douleurs violentes.

¹¹Si un homme court après le vent et débite des mensonges: Je vais te prophétiser sur le vin, sur les boissons fortes! Ce sera pour ce peuple un prophète.

¹²Je te rassemblerai tout entier, ô Jacob! Je rassemblerai les restes d'Israël, Je les réunirai comme les brebis d'une bergerie, Comme le troupeau dans son pâturage; Il y aura un grand bruit d'hommes.

¹³Celui qui fera la brèche montera devant eux; Ils feront la brèche, franchiront la porte et en sortiront; Leur roi marchera devant eux, Et l'Éternel sera à leur tête.

Chapitre 3

¹Je dis: Écoutez, chefs de Jacob, Et princes de la maison d'Israël! N'est-ce pas à vous à connaître la justice?

²Vous haïssez le bien et vous aimez le mal; Vous leur arrachez la peau et la chair de dessus les os.

³Ils dévorent la chair de mon peuple, Lui arrachent la peau, Et lui brisent les os; Ils les mettent en pièces comme ce qu'on cuit dans un pot, Comme de la viande dans une chaudière.

⁴Alors ils crieront vers l'Éternel, Mais il ne leur répondra pas; Il leur cachera sa face en ce temps-là, Parce qu'ils ont fait de mauvaises actions.

⁵Ainsi parle l'Éternel sur les prophètes qui égarent mon peuple, Qui annoncent la paix si leurs dents ont quelque chose à mordre, Et qui publient la guerre si on ne leur met rien dans la bouche:

⁶A cause de cela, vous aurez la nuit..., et plus de visions! Vous aurez les ténèbres..., et plus d'oracles! Le soleil se couchera sur ces prophètes, Le jour s'obscurcira sur eux.

⁷Les voyants seront confus, les devins rougiront, Tous se couvriront la barbe; Car Dieu ne répondra pas.

⁸Mais moi, je suis rempli de force, de l'esprit de l'Éternel, Je suis rempli de justice et de vigueur, Pour faire connaître à Jacob son crime, Et à Israël son péché.

⁹Écoutez donc ceci, chefs de la maison de Jacob, Et princes de la maison d'Israël, Vous qui avez en horreur la justice, Et qui pervertissez tout ce qui est droit,

¹⁰Vous qui bâtissez Sion avec le sang, Et Jérusalem avec l'iniquité!

¹¹Ses chefs jugent pour des présents, Ses sacrificateurs enseignent pour un salaire, Et ses prophètes prédisent pour de l'argent; Et ils osent s'appuyer sur l'Éternel, ils disent: L'Éternel n'est-il pas au milieu de nous? Le malheur ne nous atteindra pas.

¹²C'est pourquoi, à cause de vous, Sion sera labourée comme un champ, Jérusalem deviendra un monceau de pierres, Et la montagne du temple une sommité couverte de bois.

Chapitre 4

¹Il arrivera, dans la suite des temps, Que la montagne de la maison de l'Éternel Sera fondée sur le sommet des montagnes, Qu'elle s'élèvera par-dessus les collines, Et que les peuples y afflueront.

²Des nations s'y rendront en foule, et diront: Venez, et montons à la montagne de l'Éternel, A la maison du Dieu de Jacob, Afin qu'il nous enseigne ses voies, Et que nous marchions dans ses sentiers. Car de Sion sortira la loi, Et de Jérusalem la parole de l'Éternel.

³Il sera le juge d'un grand nombre de peuples, L'arbitre de nations puissantes, lointaines. De leurs glaives ils forgeront des hoyaux, Et de leurs lances des serpes; Une nation ne tirera plus l'épée contre une autre, Et l'on n'apprendra plus la guerre.

⁴Ils habiteront chacun sous sa vigne et sous son figuier, Et il n'y aura personne pour les troubler; Car la bouche de l'Éternel des armées a parlé.

⁵Tandis que tous les peuples marchent, chacun au nom de son dieu, Nous marcherons, nous, au nom de l'Éternel, notre Dieu, A toujours et à perpétuité.

⁶En ce jour-là, dit l'Éternel, je recueillerai les boiteux, Je rassemblerai ceux qui étaient chassés, Ceux que j'avais maltraités.

⁷Des boiteux je ferai un reste, De ceux qui étaient chassés une nation puissante; Et l'Éternel régnera sur eux, à la montagne de Sion, Dès lors et pour toujours.

⁸Et toi, tour du troupeau, colline de la fille de Sion, A toi viendra, à toi arrivera l'ancienne domination, Le royaume de la fille de Jérusalem.

⁹Pourquoi maintenant pousses-tu des cris? N'as-tu point de roi, plus de conseiller, Pour que la douleur te saisisse comme une femme qui accouche?

¹⁰Fille de Sion, souffre et gémis comme une femme qui accouche! Car maintenant tu sortiras de la ville et tu habiteras dans les champs, Et tu iras jusqu'à Babylone; Là tu seras délivrée, C'est là que l'Éternel te

rachètera de la main de tes ennemis.

¹¹Maintenant plusieurs nations se sont rassemblées contre toi: Qu'elle soit profanée, disent-elles, Et que nos yeux se rassasient dans Sion!

¹²Mais elles ne connaissent pas les pensées de l'Éternel, Elles ne comprennent pas ses desseins, Elles ignorent qu'il les a rassemblées comme des gerbes dans l'aire.

¹³Fille de Sion, lève-toi et foule! Je te ferai une corne de fer et des ongles d'airain, Et tu broieras des peuples nombreux; Tu consacreras leurs biens à l'Éternel, Leurs richesses au Seigneur de toute la terre.

Chapitre 5

¹ Maintenant, fille de troupes, rassemble tes troupes! On nous assiège; Avec la verge on frappe sur la joue le juge d'Israël.

² Et toi, Bethléhem Éphrata, Petite entre les milliers de Juda, De toi sortira pour moi Celui qui dominera sur Israël, Et dont l'origine remonte aux temps anciens, Aux jours de l'éternité.

³ C'est pourquoi il les livrera Jusqu'au temps où enfantera celle qui doit enfanter, Et le reste de ses frères Reviendra auprès des enfants d'Israël.

⁴ Il se présentera, et il gouvernera avec la force de l'Éternel, Avec la majesté du nom de l'Éternel, son Dieu: Et ils auront une demeure assurée, Car il sera glorifié jusqu'aux extrémités de la terre.

⁵ C'est lui qui ramènera la paix. Lorsque l'Assyrien viendra dans notre pays, Et qu'il pénétrera dans nos palais, Nous ferons lever contre lui sept pasteurs Et huit princes du peuple.

⁶ Ils feront avec l'épée leur pâture du pays d'Assyrie Et du pays de Nimrod au dedans de ses portes. Il nous délivrera ainsi de l'Assyrien, Lorsqu'il viendra dans notre pays, Et qu'il pénétrera sur notre territoire.

⁷ Le reste de Jacob sera au milieu des peuples nombreux Comme une rosée qui vient de l'Éternel, Comme des gouttes d'eau sur l'herbe: Elles ne comptent pas sur l'homme, Elles ne dépendent pas des enfants des hommes.

⁸ Le reste de Jacob sera parmi les nations, Au milieu des peuples nombreux, Comme un lion parmi les bêtes de la forêt, Comme un lionceau parmi les troupeaux de brebis: Lorsqu'il passe, il foule et déchire, Et personne ne délivre.

⁹ Que ta main se lève sur tes adversaires, Et que tous tes ennemis soient exterminés!

¹⁰ En ce jour-là, dit l'Éternel, J'exterminerai du milieu de toi tes chevaux, Et je détruirai tes chars;

¹¹ J'exterminerai les villes de ton pays, Et je renverserai toutes tes forteresses;

¹² J'exterminerai de ta main les enchantements, Et tu n'auras plus de magiciens;

¹³ J'exterminerai du milieu de toi tes idoles et tes statues, Et tu ne te prosterneras plus devant l'ouvrage de tes mains;

¹⁴ J'exterminerai du milieu de toi tes idoles d'Astarté, Et je détruirai tes villes.

¹⁵ J'exercerai ma vengeance avec colère, avec fureur, sur les nations Qui n'ont pas écouté.

Chapitre 6

¹Écoutez donc ce que dit l'Éternel: Lève-toi, plaide devant les montagnes, Et que les collines entendent ta voix!...

²Écoutez, montagnes, le procès de l'Éternel, Et vous, solides fondements de la terre! Car l'Éternel a un procès avec son peuple, Il veut plaider avec Israël. -

³Mon peuple, que t'ai-je fait? En quoi t'ai-je fatigué? Réponds-moi!

⁴Car je t'ai fait monter du pays d'Égypte, Je t'ai délivré de la maison de servitude, Et j'ai envoyé devant toi Moïse, Aaron et Marie.

⁵Mon peuple, rappelle-toi ce que projetait Balak, roi de Moab, Et ce que lui répondit Balaam, fils de Beor, De Sittim à Guilgal, Afin que tu reconnaisses les bienfaits de l'Éternel.

⁶Avec quoi me présenterai-je devant l'Éternel, Pour m'humilier devant le Dieu Très Haut? Me présenterai-je avec des holocaustes, Avec des veaux d'un an?

⁷L'Éternel agréera-t-il des milliers de béliers, Des myriades de torrents d'huile? Donnerai-je pour mes transgressions mon premier-né, Pour le péché de mon âme le fruit de mes entrailles? -

⁸On t'a fait connaître, ô homme, ce qui est bien; Et ce que l'Éternel demande de toi, C'est que tu pratiques la justice, Que tu aimes la miséricorde, Et que tu marches humblement avec ton Dieu.

⁹La voix de l'Éternel crie à la ville, Et celui qui est sage craindra ton nom. Entendez la verge et celui qui l'envoie!

¹⁰Y a-t-il encore dans la maison du méchant Des trésors iniques, Et un épha trop petit, objet de malédiction?

¹¹Est-on pur avec des balances fausses, Et avec de faux poids dans le sac?

¹²Ses riches sont pleins de violence, Ses habitants profèrent le mensonge, Et leur langue n'est que tromperie dans leur bouche.

¹³C'est pourquoi je te frapperai par la souffrance, Je te ravagerai à cause de tes péchés.

¹⁴Tu mangeras sans te rassasier, Et la faim sera au dedans de toi; Tu mettras en réserve et tu ne sauveras pas, Et ce que tu sauveras, je le livrerai à l'épée.

¹⁵Tu sèmeras, et tu ne moissonneras pas, Tu presseras l'olive, et tu ne feras pas d'onctions avec l'huile, Tu presseras le moût, et tu ne boiras pas le vin.

¹⁶On observe les coutumes d'Omri Et toute la manière d'agir de la maison d'Achab, Et vous marchez d'après leurs conseils; C'est pourquoi je te livrerai à la destruction, Je ferai de tes habitants un sujet de raillerie, Et vous porterez l'opprobre de mon peuple.

Chapitre 7

¹Malheur à moi! car je suis comme à la récolte des fruits, Comme au grappillage après la vendange: Il n'y a point de grappes à manger, Point de ces primeurs que mon âme désire.

²L'homme de bien a disparu du pays, Et il n'y a plus de juste parmi les hommes; Ils sont tous en embuscade pour verser le sang, Chacun tend un piège à son frère.

³Leurs mains sont habiles à faire le mal: Le prince a des exigences, Le juge réclame un salaire, Le grand manifeste son avidité, Et ils font ainsi cause commune.

⁴Le meilleur d'entre eux est comme une ronce, Le plus droit pire qu'un buisson d'épines. Le jour annoncé par tes prophètes, ton châtiment approche. C'est alors qu'ils seront dans la confusion.

⁵Ne crois pas à un ami, Ne te fie pas à un intime; Devant celle qui repose sur ton sein Garde les portes de ta bouche.

⁶Car le fils outrage le père, La fille se soulève contre sa mère, La belle-fille contre sa belle-mère; Chacun a pour ennemis les gens de sa maison.

⁷Pour moi, je regarderai vers l'Éternel, Je mettrai mon espérance dans le Dieu de mon salut; Mon Dieu m'exaucera.

⁸Ne te réjouis pas à mon sujet, mon ennemie! Car si je suis tombée, je me relèverai; Si je suis assise dans les ténèbres, L'Éternel sera ma lumière.

⁹Je supporterai la colère de l'Éternel, Puisque j'ai péché contre lui, Jusqu'à ce qu'il défende ma cause et me fasse droit; Il me conduira à la lumière, Et je contemplerai sa justice.

¹⁰Mon ennemie le verra et sera couverte de honte, Elle qui me disait: Où est l'Éternel, ton Dieu? Mes yeux se réjouiront à sa vue; Alors elle sera foulée aux pieds comme la boue des rues. -

¹¹Le jour où l'on rebâtira tes murs, Ce jour-là tes limites seront reculées.

¹²En ce jour, on viendra vers toi De l'Assyrie et des villes d'Égypte, De l'Égypte jusqu'au fleuve, D'une mer à l'autre, et d'une montagne à l'autre.

¹³Le pays sera dévasté à cause de ses habitants, A cause du fruit de leurs œuvres.

¹⁴Pais ton peuple avec ta houlette, le troupeau de ton héritage, Qui habite solitaire dans la forêt au milieu du Carmel! Qu'ils paissent sur le Basan et en Galaad, Comme au jour d'autrefois. -

¹⁵Comme au jour où tu sortis du pays d'Égypte, Je te ferai voir des prodiges. -

¹⁶Les nations le verront, et seront confuses, Avec toute leur puissance; Elles mettront la main sur la bouche, Leurs oreilles seront assourdies.

¹⁷Elles lécheront la poussière, comme le serpent, Comme les reptiles de la terre; Elles seront saisies de frayeur hors de leurs forteresses; Elles trembleront devant l'Éternel, notre Dieu, Elles te craindront.

¹⁸Quel Dieu est semblable à toi, Qui pardonnes l'iniquité, qui oublies les péchés Du reste de ton héritage? Il ne garde pas sa colère à toujours, Car il prend plaisir à la miséricorde.

¹⁹Il aura encore compassion de nous, Il mettra sous ses pieds nos iniquités; Tu jetteras au fond de la mer tous leurs péchés.

²⁰Tu témoigneras de la fidélité à Jacob, De la bonté à Abraham, Comme tu l'as juré à nos pères aux jours d'autrefois.

Nahum

Chapitre 1

¹Oracle sur Ninive. Livre de la prophétie de Nahum, d'Elkosch.
²L'Éternel est un Dieu jaloux, il se venge; L'Éternel se venge, il est plein de fureur; L'Éternel se venge de ses adversaires, Il garde rancune à ses ennemis.
³L'Éternel est lent à la colère, il est grand par sa force; Il ne laisse pas impuni. L'Éternel marche dans la tempête, dans le tourbillon; Les nuées sont la poussière de ses pieds.
⁴Il menace la mer et la dessèche, Il fait tarir tous les fleuves; Le Basan et le Carmel languissent, La fleur du Liban se flétrit.
⁵Les montagnes s'ébranlent devant lui, Et les collines se fondent; La terre se soulève devant sa face, Le monde et tous ses habitants.
⁶Qui résistera devant sa fureur? Qui tiendra contre son ardente colère? Sa fureur se répand comme le feu, Et les rochers se brisent devant lui.
⁷L'Éternel est bon, Il est un refuge au jour de la détresse; Il connaît ceux qui se confient en lui.
⁸Mais avec des flots qui déborderont Il détruira la ville, Et il poursuivra ses ennemis jusque dans les ténèbres.
⁹Que méditez-vous contre l'Éternel? C'est lui qui détruit. La détresse ne paraîtra pas deux fois.
¹⁰Car entrelacés comme des épines, Et comme ivres de leur vin, Ils seront consumés Comme la paille sèche, entièrement.
¹¹De toi est sorti Celui qui méditait le mal contre l'Éternel, Celui qui avait de méchants desseins.
¹²Ainsi parle l'Éternel: Quoique intacts et nombreux, Ils seront moissonnés et disparaîtront. Je veux t'humilier, Pour ne plus avoir à t'humilier...
¹³Je briserai maintenant son joug de dessus toi, Et je romprai tes liens...
¹⁴Voici ce qu'a ordonné sur toi l'Éternel: Tu n'auras plus de descendants qui portent ton nom; J'enlèverai de la maison de ton dieu les images taillées ou en fonte; Je préparerai ton sépulcre, car tu es trop léger.
¹⁵ Voici sur les montagnes Les pieds du messager qui annonce la paix! Célèbre tes fêtes, Juda, accomplis tes voeux! Car le méchant ne passera plus au milieu de toi, Il est entièrement exterminé...

Chapitre 2

¹ Le destructeur marche contre toi. Garde la forteresse! Veille sur la route! affermis tes reins! Recueille toute ta force!...
² Car l'Éternel rétablit la gloire de Jacob Et la gloire d'Israël, Parce que les pillards les ont pillés Et ont détruit leurs ceps....
³ Les boucliers de ses héros sont rouges, Les guerriers sont vêtus de pourpre; Avec le fer qui étincelle apparaissent les chars, Au jour qu'il a fixé pour la bataille, Et les lances sont agitées.
⁴ Les chars s'élancent dans la campagne, Se précipitent sur les places; A les voir, on dirait des flambeaux, Ils courent comme des éclairs...
⁵ Ils se souvient de ses vaillants hommes, Mais ils chancellent dans leur marche; On se hâte vers les murs, Et l'on se prépare à la défense....
⁶ Les portes des fleuves sont ouvertes, Et le palais s'écroule!...
⁷ C'en est fait: elle est mise à nu, elle est emmenée; Ses servantes gémissent comme des colombes, Et se frappent la poitrine.
⁸ Ninive était jadis comme un réservoir plein d'eau.... Les voilà qui fuient.... Arrêtez! arrêtez!... Mais nul ne se retourne....
⁹ Pillez l'argent! pillez l'or! Il y a des trésors sans fin, Des richesses en objets précieux de toutes espèce.
¹⁰ On pille, on dévaste, on ravage! Et les coeurs sont abattus, Les genoux chancellent, Tous les reins souffrent, Tous les visages pâlissent.
¹¹ Qu'est devenu ce repaire de lions, Ce pâturage des lionceaux, Où se retiraient le lion, la lionne, le petit du lion, Sans qu'il y eût personne pour les troubler?
¹² Le lion déchirait pour ses petits, Étranglait pour ses lionnes; Il remplissait de proie ses antres, De dépouilles ses repaires.
¹³ Voici, j'en veux à toi, dit l'Éternel des armées; Je réduirai tes chars en fumée, L'épée dévorera tes lionceaux, J'arracherai du pays ta proie, Et l'on n'entendra plus la voix de tes messagers.

Chapitre 3

¹Malheur à la ville sanguinaire, Pleine de mensonge, pleine de violence, Et qui ne cesse de se livrer à la rapine!...
²On entend le bruit du fouet, Le bruit des roues, Le galop des chevaux, Le roulement des chars.
³Les cavaliers s'élancent, l'épée étincelle, la lance brille... Une multitude de blessés!... une foule de cadavres!... Des morts à l'infini!... On tombe sur les morts!...
⁴C'est à cause des nombreuses prostitutions de la prostituée, Pleine d'attraits, habile enchanteresse, Qui vendait les nations par ses prostitutions Et les peuples par ses enchantements.
⁵Voici, j'en veux à toi, dit l'Éternel des armées, Je relèverai tes pans jusque sur ton visage, Je montrerai ta nudité aux nations, Et ta honte aux royaumes.
⁶Je jetterai sur toi des impuretés, je t'avilirai, Et je te donnerai en spectacle.
⁷Tous ceux qui te verront fuiront loin de toi, Et l'on dira: Ninive est détruite! Qui la plaindra? Où te chercherai-je des consolateurs?
⁸Es-tu meilleure que No Amon, Qui était assise au milieu des fleuves, Entourée par les eaux, Ayant la mer pour rempart, La mer pour murailles?
⁹L'Éthiopie et les Égyptiens innombrables faisaient sa force, Puth et les Libyens étaient ses auxiliaires.
¹⁰Et cependant elle est partie pour l'exil, elle s'en est allée captive; Ses enfants ont été écrasés au coin de toutes les rues; On a jeté le sort sur ses nobles, Et tous ses grands ont été chargés de chaînes.
¹¹Toi aussi, tu seras enivrée, tu te cacheras; Toi aussi, tu chercheras un refuge contre l'ennemi.
¹²Toutes tes forteresses Sont des figuiers avec les primeurs; Quand on les secoue, Elles tombent dans la bouche de qui veut les manger.
¹³Voici, ton peuple, ce sont des femmes au milieu de toi; Les portes de ton pays s'ouvrent à tes ennemis; Le feu consume tes verrous.
¹⁴Puise de l'eau pour le siège! Répare tes forteresses! Entre dans la boue, foule l'argile! Rétablis le four à briques!
¹⁵Là, le feu te dévorera, L'épée t'exterminera, Te dévorera comme des sauterelles. Entasse-toi comme les sauterelles! Entasse-toi comme les sauterelles!
¹⁶Tes marchands, plus nombreux Que les étoiles du ciel, Sont comme la sauterelle qui ouvre les ailes et s'envole.
¹⁷Tes princes sont comme les sauterelles, Tes chefs comme une multitude de sauterelles, Qui se posent sur les haies au temps de la froidure: Le soleil paraît, elles s'envolent, Et l'on ne connaît plus le lieu où elles étaient.
¹⁸Tes bergers sommeillent, roi d'Assyrie, Tes vaillants hommes reposent; Ton peuple est dispersé sur les montagnes, Et nul ne le rassemble.
¹⁹Il n'y a point de remède à ta blessure, Ta plaie est mortelle. Tous ceux qui entendront parler de toi Battront des mains sur toi; Car quel est celui que ta méchanceté n'a pas atteint?

Habacuc

Habacuc

Chapitre 1

¹Oracle révélé à Habakuk, le prophète.

²Jusqu'à quand, ô Éternel?... J'ai crié, Et tu n'écoutes pas! J'ai crié vers toi à la violence, Et tu ne secours pas!

³Pourquoi me fais-tu voir l'iniquité, Et contemples-tu l'injustice? Pourquoi l'oppression et la violence sont-elles devant moi? Il y a des querelles, et la discorde s'élève.

⁴Aussi la loi n'a point de vie, La justice n'a point de force; Car le méchant triomphe du juste, Et l'on rend des jugements iniques.

⁵Jetez les yeux parmi les nations, regardez, Et soyez saisis d'étonnement, d'épouvante! Car je vais faire en vos jours une oeuvre, Que vous ne croiriez pas si on la racontait.

⁶Voici, je vais susciter les Chaldéens, Peuple furibond et impétueux, Qui traverse de vastes étendues de pays, Pour s'emparer de demeures qui ne sont pas à lui.

⁷Il est terrible et formidable; De lui seul viennent son droit et sa grandeur.

⁸Ses chevaux sont plus rapides que les léopards, Plus agiles que les loups du soir, Et ses cavaliers s'avancent avec orgueil; Ses cavaliers arrivent de loin, Ils volent comme l'aigle qui fond sur sa proie.

⁹Tout ce peuple vient pour se livrer au pillage; Ses regards avides se portent en avant, Et il assemble des prisonniers comme du sable.

¹⁰Il se moque des rois, Et les princes font l'objet de ses railleries; Il se rit de toutes les forteresses, Il amoncelle de la terre, et il les prend.

¹¹Alors son ardeur redouble, Il poursuit sa marche, et il se rend coupable. Sa force à lui, voilà son dieu!

¹²N'es-tu pas de toute éternité, Éternel, mon Dieu, mon Saint? Nous ne mourrons pas! O Éternel, tu as établi ce peuple pour exercer tes jugements; O mon rocher, tu l'as suscité pour infliger tes châtiments.

¹³Tes yeux sont trop purs pour voir le mal, Et tu ne peux pas regarder l'iniquité. Pourquoi regarderais-tu les perfides, et te tairais-tu, Quand le méchant dévore celui qui est plus juste que lui?

¹⁴Traiterais-tu l'homme comme les poissons de la mer, Comme le reptile qui n'a point de maître?

¹⁵Il les fait tous monter avec l'hameçon, Il les attire dans son filet, Il les assemble dans ses rets: Aussi est-il dans la joie et dans l'allégresse.

¹⁶C'est pourquoi il sacrifie à son filet, Il offre de l'encens à ses rets; Car par eux sa portion est grasse, Et sa nourriture succulente.

¹⁷Videra-t-il pour cela son filet, Et toujours égorgera-t-il sans pitié les nations?

Chapitre 2

¹J'étais à mon poste, Et je me tenais sur la tour; Je veillais, pour voir ce que l'Éternel me dirait, Et ce que je répliquerais après ma plainte.

²L'Éternel m'adressa la parole, et il dit: Écris la prophétie: Grave-la sur des tables, Afin qu'on la lise couramment.

³Car c'est une prophétie dont le temps est déjà fixé, Elle marche vers son terme, et elle ne mentira pas; Si elle tarde, attends-la, Car elle s'accomplira, elle s'accomplira certainement.

⁴Voici, son âme s'est enflée, elle n'est pas droite en lui; Mais le juste vivra par sa foi.

⁵Pareil à celui qui est ivre et arrogant, L'orgueilleux ne demeure pas tranquille; Il élargit sa bouche comme le séjour des morts, Il est insatiable comme la mort; Il attire à lui toutes les nations, Il assemble auprès de lui tous les peuples.

⁶Ne sera-t-il pas pour tous un sujet de sarcasme, De railleries et d'énigmes? On dira: Malheur à celui qui accumule ce qui n'est pas à lui! Jusques à quand?... Malheur à celui qui augmente le fardeau de ses dettes!

⁷Tes créanciers ne se lèveront-ils pas soudain? Tes oppresseurs ne se réveilleront-ils pas? Et tu deviendras leur proie.

⁸Parce que tu as pillé beaucoup de nations, Tout le reste des peuples te pillera; Car tu as répandu le sang des hommes, Tu as commis des violences dans le pays, Contre la ville et tous ses habitants.

⁹Malheur à celui qui amasse pour sa maison des gains iniques, Afin de placer son nid dans un lieu élevé, Pour se garantir de la main du malheur!

¹⁰C'est l'opprobre de ta maison que tu as résolu, En détruisant des peuples nombreux, Et c'est contre toi-même que tu as péché.

¹¹Car la pierre crie du milieu de la muraille, Et le bois qui lie la charpente lui répond.

¹²Malheur à celui qui bâtit une ville avec le sang, Qui fonde une ville avec l'iniquité!

¹³Voici, quand l'Éternel des armées l'a résolu, Les peuples travaillent pour le feu, Les nations se fatiguent en vain.

¹⁴Car la terre sera remplie de la connaissance de la gloire de l'Éternel, Comme le fond de la mer par les eaux qui le couvrent.

¹⁵Malheur à celui qui fait boire son prochain, A toi qui verses ton outre et qui l'enivres, Afin de voir sa nudité!

¹⁶Tu seras rassasié de honte plus que de gloire; Bois aussi toi-même, et découvre-toi! La coupe de la droite de l'Éternel se tournera vers toi, Et l'ignominie souillera ta gloire.

¹⁷Car les violences contre le Liban retomberont sur toi, Et les ravages des bêtes t'effraieront, Parce que tu as répandu le sang des hommes, Et commis des violences dans le pays, Contre la ville et tous ses habitants.

¹⁸A quoi sert une image taillée, pour qu'un ouvrier la taille? A quoi sert une image en fonte et qui enseigne le mensonge, Pour que l'ouvrier qui l'a faite place en elle sa confiance, Tandis qu'il fabrique des idoles muettes?

¹⁹Malheur à celui qui dit au bois: Lève-toi! A une pierre muette: Réveille-toi! Donnera-t-elle instruction? Voici, elle est garnie d'or et d'argent, Mais il n'y a point en elle un esprit qui l'anime.

²⁰L'Éternel est dans son saint temple. Que toute la terre fasse silence devant lui!

Chapitre 3

¹Prière d'Habakuk, le prophète. (Sur le mode des complaintes.)

²Éternel, j'ai entendu ce que tu as annoncé, je suis saisi de crainte. Accomplis ton oeuvre dans le cours des années, ô Éternel! Dans le cours des années manifeste-la! Mais dans ta colère souviens-toi de tes compassions!

³Dieu vient de Théman, Le Saint vient de la montagne de Paran... Pause. Sa majesté couvre les cieux, Et sa gloire remplit la terre.

⁴C'est comme l'éclat de la lumière; Des rayons partent de sa main; Là réside sa force.

⁵Devant lui marche la peste, Et la peste est sur ses traces.

⁶Il s'arrête, et de l'oeil il mesure la terre; Il regarde, et il fait trembler les nations; Les montagnes éternelles se brisent, Les collines antiques s'abaissent; Les sentiers d'autrefois s'ouvrent devant lui.

⁷Je vois dans la détresse les tentes de l'Éthiopie, Et les tentes du pays de Madian sont dans l'épouvante.

⁸L'Éternel est-il irrité contre les fleuves? Est-ce contre les fleuves que s'enflamme ta colère, Contre la mer que se répand ta fureur, Pour que tu sois monté sur tes chevaux, Sur ton char de victoire?

⁹Ton arc est mis à nu; Les malédictions sont les traits de ta parole... Pause. Tu fends la terre pour donner cours aux fleuves.

¹⁰A ton aspect, les montagnes tremblent; Des torrents d'eau se précipitent; L'abîme fait entendre sa voix, Il lève ses mains en haut.

¹¹Le soleil et la lune s'arrêtent dans leur demeure, A la lumière de tes flèches qui partent, A la clarté de ta lance qui brille.

¹²Tu parcours la terre dans ta fureur, Tu écrases les nations dans ta colère.

¹³Tu sors pour délivrer ton peuple, Pour délivrer ton oint; Tu brises le faîte de la maison du méchant, Tu la détruis de fond en comble. Pause.

¹⁴Tu perces de tes traits la tête de ses chefs, Qui se précipitent comme la tempête pour me disperser, Poussant des cris de joie, Comme s'ils dévoraient déjà le malheureux dans leur repaire.

¹⁵Avec tes chevaux tu foules la mer, La boue des grandes eaux.

¹⁶J'ai entendu... Et mes entrailles sont émues. A cette voix, mes lèvres frémissent, Mes os se consument, Et mes genoux chancellent: En silence je dois attendre le jour de la détresse, Le jour où l'oppresseur marchera contre le peuple.

¹⁷Car le figuier ne fleurira pas, La vigne ne produira rien, Le fruit de l'olivier manquera, Les champs ne donneront pas de nourriture; Les brebis disparaîtront du pâturage, Et il n'y aura plus de boeufs dans les étables.

¹⁸Toutefois, je veux me réjouir en l'Éternel, Je veux me réjouir dans le Dieu de mon salut.

¹⁹L'Éternel, le Seigneur, est ma force; Il rend mes pieds semblables à ceux des biches, Et il me fait marcher sur mes lieux élevés. Au chefs des chantres. Avec instruments à cordes.

Sophonie

Chapitre 1

¹La parole de l'Éternel qui fut adressée à Sophonie, fils de Cuschi, fils de Guedalia, fils d'Amaria, fils d'Ézéchias, au temps de Josias, fils d'Amon, roi de Juda.

²Je détruirai tout sur la face de la terre, Dit l'Éternel.

³Je détruirai les hommes et les bêtes, Les oiseaux du ciel et les poissons de la mer, Les objets de scandale, et les méchants avec eux; J'exterminerai les hommes de la face de la terre, Dit l'Éternel.

⁴J'étendrai ma main sur Juda, Et sur tous les habitants de Jérusalem; J'exterminerai de ce lieu les restes de Baal, Le nom de ses ministres et les prêtres avec eux,

⁵Ceux qui se prosternent sur les toits devant l'armée des cieux, Ceux qui se prosternent en jurant par l'Éternel Et en jurant par leur roi,

⁶Ceux qui se sont détournés de l'Éternel, Et ceux qui ne cherchent pas l'Éternel, Qui ne le consultent pas.

⁷Silence devant le Seigneur, l'Éternel! Car le jour de l'Éternel est proche, Car l'Éternel a préparé le sacrifice, Il a choisi ses conviés.

⁸Au jour du sacrifice de l'Éternel, Je châtierai les princes et les fils du roi, Et tous ceux qui portent des vêtements étrangers.

⁹En ce jour-là, je châtierai tous ceux qui sautent par-dessus le seuil, Ceux qui remplissent de violence et de fraude la maison de leur maître.

¹⁰En ce jour-là, dit l'Éternel, Il y aura des cris à la porte des poissons, Des lamentations dans l'autre quartier de la ville, Et un grand désastre sur les collines.

¹¹Gémissez, habitants de Macthesch! Car tous ceux qui trafiquent sont détruits, Tous les hommes chargés d'argent sont exterminés.

¹²En ce temps-là, je fouillerai Jérusalem avec des lampes, Et je châtierai les hommes qui reposent sur leurs lies, Et qui disent dans leur coeur: L'Éternel ne fait ni bien ni mal.

¹³Leurs biens seront au pillage, Et leurs maisons seront dévastées; Ils auront bâti des maisons, qu'ils n'habiteront plus, Ils auront planté des vignes, dont ils ne boiront plus le vin.

¹⁴Le grand jour de l'Éternel est proche, Il est proche, il arrive en toute hâte; Le jour de l'Éternel fait entendre sa voix, Et le héros pousse des cris amers.

¹⁵Ce jour est un jour de fureur, Un jour de détresse et d'angoisse, Un jour de ravage et de destruction, Un jour de ténèbres et d'obscurité, Un jour de nuées et de brouillards,

¹⁶Un jour où retentiront la trompette et les cris de guerre Contre les villes fortes et les tours élevées.

¹⁷Je mettrai les hommes dans la détresse, Et ils marcheront comme des aveugles, Parce qu'ils ont péché contre l'Éternel; Je répandrai leur sang comme de la poussière, Et leur chair comme de l'ordure.

¹⁸Ni leur argent ni leur or ne pourront les délivrer, Au jour de la fureur de l'Éternel; Par le feu de sa jalousie tout le pays sera consumé; Car il détruira soudain tous les habitants du pays.

Chapitre 2

¹Rentrez en vous-mêmes, examinez-vous, Nation sans pudeur,

²Avant que le décret s'exécute Et que ce jour passe comme la balle, Avant que la colère ardente de l'Éternel fonde sur vous, Avant que le jour de la colère de l'Éternel fonde sur vous!

³Cherchez l'Éternel, vous tous, humbles du pays, Qui pratiquez ses ordonnances! Recherchez la justice, recherchez l'humilité! Peut-être serez-vous épargnés au jour de la colère de l'Éternel.

⁴Car Gaza sera délaissée, Askalon sera réduite en désert, Asdod sera chassée en plein midi, Ékron sera déracinée.

⁵Malheur aux habitants des côtes de la mer, à la nation des Kéréthiens! L'Éternel a parlé contre toi, Canaan, pays des Philistins! Je te détruirai, tu n'auras plus d'habitants.

⁶Les côtes de la mer seront des pâturages, des demeures pour les bergers, Et des parcs pour les troupeaux.

⁷Ces côtes seront pour les restes de la maison de Juda; C'est là qu'ils paîtront; Ils reposeront le soir dans les maisons d'Askalon; Car l'Éternel, leur Dieu, ne les oubliera pas, Et il ramènera leurs captifs.

⁸J'ai entendu les injures de Moab Et les outrages des enfants d'Ammon, Quand ils insultaient mon peuple Et s'élevaient avec arrogance contre ses frontières.

⁹C'est pourquoi, je suis vivant! dit l'Éternel des armées, le Dieu d'Israël, Moab sera comme Sodome, et les enfants d'Ammon comme Gomorrhe, Un lieu couvert de ronces, une mine de sel, un désert pour toujours; Le reste de mon peuple les pillera, Le reste de ma nation les possédera.

¹⁰Cela leur arrivera pour leur orgueil, Parce qu'ils ont insulté et traité avec arrogance Le peuple de l'Éternel des armées.

¹¹L'Éternel sera terrible contre eux, Car il anéantira tous les dieux de la terre; Et chacun se prosternera devant lui dans son pays, Dans toutes les îles des nations.

¹²Vous aussi, Éthiopiens, Vous serez frappés par mon épée.

¹³Il étendra sa main sur le septentrion, Il détruira l'Assyrie, Et il fera de Ninive une solitude, Une terre aride comme le désert.

¹⁴Des troupeaux se coucheront au milieu d'elle, Des animaux de toute espèce; Le pélican et le hérisson Habiteront parmi les chapiteaux de ses colonnes; Des cris retentiront aux fenêtres; La dévastation sera sur le seuil, Car les lambris de cèdre seront arrachés.

¹⁵Voilà donc cette ville joyeuse, Qui s'assied avec assurance, Et qui dit en son coeur: Moi, et rien que moi! Eh quoi! elle est en ruines, C'est un repaire pour les bêtes! Tous ceux qui passeront près d'elle Siffleront et agiteront la main.

Chapitre 3

¹Malheur à la ville rebelle et souillée, A la ville pleine d'oppresseurs!

²Elle n'écoute aucune voix, Elle n'a point égard à la correction, Elle ne se confie pas en l'Éternel, Elle ne s'approche pas de son Dieu.

³Ses chefs au milieu d'elle sont des lions rugissants; Ses juges sont des loups du soir qui ne gardent rien pour le matin.

⁴Ses prophètes sont téméraires, infidèles; Ses sacrificateurs profanent les choses saintes, violent la loi.

⁵L'Éternel est juste au milieu d'elle, Il ne commet point d'iniquité; Chaque matin il produit à la lumière ses jugements, Sans jamais y manquer; Mais celui qui est inique ne connaît pas la honte.

⁶J'ai exterminé des nations; leurs tours sont détruites; J'ai dévasté leurs rues, plus de passants! Leurs villes sont ravagées, plus d'hommes, plus d'habitants!

⁷Je disais: Si du moins tu voulais me craindre, Avoir égard à la correction, Ta demeure ne serait pas détruite, Tous les châtiments dont je t'ai menacée n'arriveraient pas; Mais ils se sont hâtés de pervertir toutes leurs actions.

⁸Attendez-moi donc, dit l'Éternel, Au jour où je me lèverai pour le butin, Car j'ai résolu de rassembler les nations, De rassembler les royaumes, Pour répandre sur eux ma fureur, Toute l'ardeur de ma colère; Car par le feu de ma jalousie tout le pays sera consumé.

⁹Alors je donnerai aux peuples des lèvres pures, Afin qu'ils invoquent tous le nom de l'Éternel, Pour le servir d'un commun accord.

¹⁰D'au delà des fleuves de l'Éthiopie Mes adorateurs, mes dispersés, m'apporteront des offrandes.

¹¹En ce jour-là, tu n'auras plus à rougir de toutes tes actions Par lesquelles tu as péché contre moi; Car alors j'ôterai du milieu de toi ceux qui triomphaient avec arrogance, Et tu ne t'enorgueilliras plus sur ma montagne sainte.

¹²Je laisserai au milieu de toi un peuple humble et petit, Qui trouvera son refuge dans le nom de l'Éternel.

¹³Les restes d'Israël ne commettront point d'iniquité, Ils ne diront point de mensonges, Et il ne se trouvera pas dans leur bouche une langue trompeuse; Mais ils paîtront, ils se reposeront, et personne ne les troublera.

¹⁴Pousse des cris de joie, fille de Sion! Pousse des cris d'allégresse, Israël! Réjouis-toi et triomphe de tout ton coeur, fille de Jérusalem!

¹⁵L'Éternel a détourné tes châtiments, Il a éloigné ton ennemi; Le roi d'Israël, l'Éternel, est au milieu de toi; Tu n'as plus de malheur à éprouver.

¹⁶En ce jour-là, on dira à Jérusalem: Ne crains rien! Sion, que tes mains ne s'affaiblissent pas!

¹⁷L'Éternel, ton Dieu, est au milieu de toi, comme un héros qui sauve; Il fera de toi sa plus grande joie; Il gardera le silence dans son amour; Il aura pour toi des transports d'allégresse.

Sophonie

¹⁸Je rassemblerai ceux qui sont dans la tristesse, loin des fêtes solennelles, Ceux qui sont sortis de ton sein; L'opprobre pèse sur eux.

¹⁹Voici, en ce temps-là, j'agirai contre tous tes oppresseurs; Je délivrerai les boiteux et je recueillerai ceux qui ont été chassés, Je ferai d'eux un sujet de louange et de gloire Dans tous les pays où ils sont en opprobre.

²⁰En ce temps-là, je vous ramènerai; En ce temps-là, je vous rassemblerai; Car je ferai de vous un sujet de gloire et de louange Parmi tous les peuples de la terre, Quand je ramènerai vos captifs sous vos yeux, Dit l'Éternel.

Aggée

Chapitre 1

¹La seconde année du roi Darius, le premier jour du sixième mois, la parole de l'Éternel fut adressée par Aggée, le prophète, à Zorobabel, fils de Schealthiel, gouverneur de Juda, et à Josué, fils de Jotsadak, le souverain sacrificateur, en ces mots:
²Ainsi parle l'Éternel des armées: Ce peuple dit: Le temps n'est pas venu, le temps de rebâtir la maison de l'Éternel.
³C'est pourquoi la parole de l'Éternel leur fut adressée par Aggée, le prophète, en ces mots:
⁴Est-ce le temps pour vous d'habiter vos demeures lambrissées, Quand cette maison est détruite?
⁵Ainsi parle maintenant l'Éternel des armées: Considérez attentivement vos voies!
⁶Vous semez beaucoup, et vous recueillez peu, Vous mangez, et vous n'êtes pas rassasiés, Vous buvez, et vous n'êtes pas désaltérés, Vous êtes vêtus, et vous n'avez pas chaud; Le salaire de celui qui est à gages tombe dans un sac percé.
⁷Ainsi parle l'Éternel des armées: Considérez attentivement vos voies!
⁸Montez sur la montagne, apportez du bois, Et bâtissez la maison: J'en aurai de la joie, et je serai glorifié, Dit l'Éternel.
⁹Vous comptiez sur beaucoup, et voici, vous avez eu peu; Vous l'avez rentré chez vous, mais j'ai soufflé dessus. Pourquoi? dit l'Éternel des armées. A cause de ma maison, qui est détruite, Tandis que vous vous empressez chacun pour sa maison.
¹⁰C'est pourquoi les cieux vous ont refusé la rosée, Et la terre a refusé ses produits.
¹¹J'ai appelé la sécheresse sur le pays, sur les montagnes, Sur le blé, sur le moût, sur l'huile, Sur ce que la terre peut rapporter, Sur les hommes et sur les bêtes, Et sur tout le travail des mains.
¹²Zorobabel, fils de Schealthiel, Josué, fils de Jotsadak, le souverain sacrificateur, et tout le reste du peuple, entendirent la voix de l'Éternel, leur Dieu, et les paroles d'Aggée, le prophète, selon la mission que lui avait donnée l'Éternel, leur Dieu. Et le peuple fut saisi de crainte devant l'Éternel.
¹³Aggée, envoyé de l'Éternel, dit au peuple, d'après l'ordre de l'Éternel: Je suis avec vous, dit l'Éternel.
¹⁴L'Éternel réveilla l'esprit de Zorobabel, fils de Schealthiel, gouverneur de Juda, et l'esprit de Josué, fils de Jotsadak, le souverain sacrificateur, et l'esprit de tout le reste du peuple. Ils vinrent, et ils se mirent à l'oeuvre dans la maison de l'Éternel des armées, leur Dieu,
¹⁵le vingt-quatrième jour du sixième mois, la seconde année du roi Darius.

Chapitre 2

¹Le vingt et unième jour du septième mois, la parole de l'Éternel se révéla par Aggée, le prophète, en ces mots:
²Parle à Zorobabel, fils de Schealthiel, gouverneur de Juda, à Josué, fils de Jotsadak, le souverain sacrificateur, et au reste du peuple, et dis-leur:
³Quel est parmi vous le survivant Qui ait vu cette maison dans sa gloire première? Et comment la voyez-vous maintenant? Telle qu'elle est, ne paraît-elle pas comme rien à vos yeux?
⁴Maintenant fortifie-toi, Zorobabel! dit l'Éternel. Fortifie-toi, Josué, fils de Jotsadak, souverain sacrificateur! Fortifie-toi, peuple entier du pays! dit l'Éternel. Et travaillez! Car je suis avec vous, Dit l'Éternel des armées.
⁵Je reste fidèle à l'alliance que j'ai faite avec vous Quand vous sortîtes de l'Égypte, Et mon esprit est au milieu de vous; Ne craignez pas!
⁶Car ainsi parle l'Éternel des armées: Encore un peu de temps, Et j'ébranlerai les cieux et la terre, La mer et le sec;
⁷J'ébranlerai toutes les nations; Les trésors de toutes les nations viendront, Et je remplirai de gloire cette maison, Dit l'Éternel des armées.
⁸L'argent est à moi, et l'or est à moi, Dit l'Éternel des armées.
⁹La gloire de cette dernière maison sera plus grande Que celle de la première, Dit l'Éternel des armées; Et c'est dans ce lieu que je donnerai la paix, Dit l'Éternel des armées.
¹⁰le vingt-quatrième jour du neuvième mois, la seconde année de Darius, la parole de l'Éternel se révéla par Aggée, le prophète, en ces mots:
¹¹Ainsi parle l'Éternel des armées: Propose aux sacrificateurs cette question sur la loi:
¹²Si quelqu'un porte dans le pan de son vêtement de la chair consacrée, et qu'il touche avec son vêtement du pain, des mets, du vin, de l'huile, ou un aliment quelconque, ces choses seront-elles sanctifiées? Les sacrificateurs répondirent: Non!
¹³Et Aggée dit: Si quelqu'un souillé par le contact d'un cadavre touche toutes ces choses, seront-elles souillées? Les sacrificateurs répondirent: Elles seront souillées.
¹⁴Alors Aggée, reprenant la parole, dit: Tel est ce peuple, telle est cette nation devant moi, dit l'Éternel, Telles sont toutes les oeuvres de leurs mains; Ce qu'ils m'offrent là est souillé.
¹⁵Considérez donc attentivement Ce qui s'est passé jusqu'à ce jour, Avant qu'on eût mis pierre sur pierre au temple de l'Éternel!
¹⁶Alors, quand on venait à un tas de vingt mesures, Il n'y en avait que dix; Quand on venait à la cuve pour puiser cinquante mesures, Il n'y en avait que vingt.
¹⁷Je vous ai frappés par la rouille et par la nielle, et par la grêle; J'ai frappé tout le travail de vos mains. Malgré cela, vous n'êtes pas revenus à moi, dit l'Éternel.
¹⁸Considérez attentivement Ce qui s'est passé jusqu'à ce jour, Jusqu'au vingt-quatrième jour du neuvième mois, Depuis le jour où le temple de l'Éternel a été fondé, Considérez-le attentivement!
¹⁹Y avait-il encore de la semence dans les greniers? Même la vigne, le figuier, le grenadier et l'olivier, N'ont rien rapporté. Mais dès ce jour je répandrai ma bénédiction.
²⁰La parole de l'Éternel fut adressée pour la seconde fois à Aggée, le vingt-quatrième jour du mois, en ces mots:
²¹Parle à Zorobabel, gouverneur de Juda, et dis: J'ébranlerai les cieux et la terre;
²²Je renverserai le trône des royaumes, Je détruirai la force des royaumes des nations, Je renverserai les chars et ceux qui les montent; Les chevaux et leurs cavaliers seront abattus, L'un par l'épée de l'autre.
²³En ce jour-là, dit l'Éternel des armées, Je te prendrai, Zorobabel, fils de Schealthiel, Mon serviteur, dit l'Éternel, Et je te garderai comme un sceau; Car je t'ai choisi, dit l'Éternel des armées.

Zacharie

Chapitre 1

¹Le huitième mois, la seconde année de Darius, la parole de l'Éternel fut adressée à Zacharie, fils de Bérékia, fils d'Iddo, le prophète, en ces mots:

²L'Éternel a été très irrité contre vos pères.

³Dis-leur donc: Ainsi parle l'Éternel des armées: Revenez à moi, dit l'Éternel des armées, et je reviendrai à vous, dit l'Éternel des armées.

⁴Ne soyez pas comme vos pères, auxquels s'adressaient les premiers prophètes, en disant: Ainsi parle l'Éternel des armées: Détournez-vous de vos mauvaises voies, de vos mauvaises actions! Mais ils n'écoutèrent pas, ils ne firent pas attention à moi, dit l'Éternel.

⁵Vos pères, où sont-ils? et les prophètes pouvaient-ils vivre éternellement?

⁶Cependant mes paroles et les ordres que j'avais donnés à mes serviteurs, les prophètes, n'ont-ils pas atteint vos pères? Ils se sont retournés, et ils ont dit: L'Éternel des armées nous a traités comme il avait résolu de le faire selon nos voies et nos actions.

⁷Le vingt-quatrième jour du onzième mois, qui est le mois de Schebat, la seconde année de Darius, la parole de l'Éternel fut adressée à Zacharie, fils de Bérékia, fils d'Iddo, le prophète, en ces mots:

⁸Je regardai pendant la nuit, et voici, un homme était monté sur un cheval roux, et se tenait parmi des myrtes dans un lieu ombragé; il y avait derrière lui des chevaux roux, fauves, et blancs.

⁹Je dis: Qui sont ces chevaux, mon seigneur? Et l'ange qui parlait avec moi me dit: Je te ferai voir qui sont ces chevaux.

¹⁰L'homme qui se tenait parmi les myrtes prit la parole et dit: Ce sont ceux que l'Éternel a envoyés pour parcourir la terre.

¹¹Et ils s'adressèrent à l'ange de l'Éternel, qui se tenait parmi les myrtes, et ils dirent: Nous avons parcouru la terre, et voici, toute la terre est en repos et tranquille.

¹²Alors l'ange de l'Éternel prit la parole et dit: Éternel des armées, jusques à quand n'auras-tu pas compassion de Jérusalem et des villes de Juda, contre lesquelles tu es irrité depuis soixante-dix ans?

¹³L'Éternel répondit par de bonnes paroles, par des paroles de consolation, à l'ange qui parlait avec moi.

¹⁴Et l'ange qui parlait avec moi me dit: Crie, et dis: Ainsi parle l'Éternel des armées: Je suis ému d'une grande jalousie pour Jérusalem et pour Sion,

¹⁵et je suis saisi d'une grande irritation contre les nations orgueilleuses; car je n'étais que peu irrité, mais elles ont contribué au mal.

¹⁶C'est pourquoi ainsi parle l'Éternel: Je reviens à Jérusalem avec compassion; ma maison y sera rebâtie, et le cordeau sera étendu sur Jérusalem.

¹⁷Crie de nouveau, et dis: Ainsi parle l'Éternel des armées: Mes villes auront encore des biens en abondance; l'Éternel consolera encore Sion, il choisira encore Jérusalem.

¹⁸Je levai les yeux et je regardai, et voici, il y avait quatre cornes.

¹⁹Je dis à l'ange qui parlait avec moi: Qu'est-ce que ces cornes? Et il me dit: Ce sont les cornes qui ont dispersé Juda, Israël et Jérusalem.

²⁰L'Éternel me fit voir quatre forgerons.

²¹Je dis: Que viennent-ils faire? Et il dit: Ce sont les cornes qui ont dispersé Juda, tellement que nul ne lève la tête; et ces forgerons sont venus pour les effrayer, et pour abattre les cornes des nations qui ont levé la corne contre le pays de Juda, afin d'en disperser les habitants.

Chapitre 2

¹Je levai les yeux et je regardai, et voici, il y avait un homme tenant dans la main un cordeau pour mesurer.

²Je dis: Où vas-tu? Et il me dit: Je vais mesurer Jérusalem, pour voir de quelle largeur et de quelle longueur elle doit être.

³Et voici, l'ange qui parlait avec moi s'avança, et un autre ange vint à sa rencontre.

⁴Il lui dit: Cours, parle à ce jeune homme, et dis: Jérusalem sera une ville ouverte, à cause de la multitude d'hommes et de bêtes qui seront au milieu d'elle;

⁵je serai pour elle, dit l'Éternel, une muraille de feu tout autour, et je serai sa gloire au milieu d'elle.

⁶Fuyez, fuyez du pays du septentrion! Dit l'Éternel. Car je vous ai dispersés aux quatre vents des cieux, Dit l'Éternel.

⁷Sauve-toi, Sion, Toi qui habites chez la fille de Babylone!

⁸Car ainsi parle l'Éternel des armées: Après cela, viendra la gloire! Il m'a envoyé vers les nations qui vous ont dépouillés; Car celui qui vous touche touche la prunelle de son oeil.

⁹Voici, je lève ma main contre elles, Et elles seront la proie de ceux qui leur étaient asservis. Et vous saurez que l'Éternel des armées m'a envoyé.

¹⁰Pousse des cris d'allégresse et réjouis-toi, Fille de Sion! Car voici, je viens, et j'habiterai au milieu de toi, Dit l'Éternel.

¹¹Beaucoup de nations s'attacheront à l'Éternel en ce jour-là, Et deviendront mon peuple; J'habiterai au milieu de toi, Et tu sauras que l'Éternel des armées m'a envoyé vers toi.

¹²L'Éternel possédera Juda comme sa part Dans la terre sainte, Et il choisira encore Jérusalem.

¹³Que toute chair fasse silence devant l'Éternel! Car il s'est réveillé de sa demeure sainte.

Chapitre 3

¹Il me fit voir Josué, le souverain sacrificateur, debout devant l'ange de l'Éternel, et Satan qui se tenait à sa droite pour l'accuser.

²L'Éternel dit à Satan: Que l'Éternel te réprime, Satan! que l'Éternel te réprime, lui qui a choisi Jérusalem! N'est-ce pas là un tison arraché du feu?

³Or Josué était couvert de vêtements sales, et il se tenait debout devant l'ange.

⁴L'ange, prenant la parole, dit à ceux qui étaient devant lui: Otez-lui les vêtements sales! Puis il dit à Josué: Vois, je t'enlève ton iniquité, et je te revêts d'habits de fête.

⁵Je dis: Qu'on mette sur sa tête un turban pur! Et ils mirent un turban pur sur sa tête, et ils lui mirent des vêtements. L'ange de l'Éternel était là.

⁶L'ange de l'Éternel fit à Josué cette déclaration:

⁷Ainsi parle l'Éternel des armées: Si tu marches dans mes voies et si tu observes mes ordres, tu jugeras ma maison et tu garderas mes parvis, et je te donnerai libre accès parmi ceux qui sont ici.

⁸Écoute donc, Josué, souverain sacrificateur, toi et tes compagnons qui sont assis devant toi! car ce sont des hommes qui serviront de signes. Voici, je ferai venir mon serviteur, le germe.

⁹Car voici, pour ce qui est de la pierre que j'ai placée devant Josué, il y a sept yeux sur cette seule pierre; voici, je graverai moi-même ce qui doit y être gravé, dit l'Éternel des armées; et j'enlèverai l'iniquité de ce pays, en un jour.

¹⁰En ce jour-là, dit l'Éternel des armées, vous vous inviterez les uns les autres sous la vigne et sous le figuier.

Chapitre 4

¹L'ange qui parlait avec moi revint, et il me réveilla comme un homme que l'on réveille de son sommeil.

²Il me dit: Que vois-tu? Je répondis: Je regarde, et voici, il y a un chandelier tout d'or, surmonté d'un vase et portant sept lampes, avec sept conduits pour les lampes qui sont au sommet du chandelier;

³et il y a près de lui deux oliviers, l'un à la droite du vase, et l'autre à sa gauche.

⁴Et reprenant la parole, je dis à l'ange qui parlait avec moi: Que signifient ces choses, mon seigneur?

⁵L'ange qui parlait avec moi me répondit: Ne sais-tu pas ce que signifient ces choses? Je dis: Non, mon seigneur.

⁶Alors il reprit et me dit: C'est ici la parole que l'Éternel adresse à Zorobabel: Ce n'est ni par la puissance ni par la force, mais c'est par mon esprit, dit l'Éternel des armées.

⁷Qui es-tu, grande montagne, devant Zorobabel? Tu seras aplanie. Il posera la pierre principale au milieu des acclamations: Grâce, grâce pour elle!

⁸La parole de l'Éternel me fut adressée, en ces mots:

⁹Les mains de Zorobabel ont fondé cette maison, et ses mains l'achèveront; et tu sauras que l'Éternel des armées m'a envoyé vers vous.

¹⁰Car ceux qui méprisaient le jour des faibles commencements se réjouiront en voyant le niveau dans la main de Zorobabel. Ces sept sont les yeux de l'Éternel, qui parcourent toute la terre.

¹¹Je pris la parole et je lui dis: Que signifient ces deux oliviers, à la droite du chandelier et à sa gauche?

¹²Je pris une seconde fois la parole, et je lui dis: Que signifient les deux rameaux d'olivier, qui sont près des deux conduits d'or d'où découle l'or?

¹³Il me répondit: Ne sais-tu pas ce qu'ils signifient? Je dis: Non, mon seigneur.

¹⁴Et il dit: Ce sont les deux oints qui se tiennent devant le Seigneur de toute la terre.

Chapitre 5

¹Je levai de nouveau les yeux et je regardai, et voici, il y avait un rouleau qui volait.

²Il me dit: Que vois-tu? Je répondis: Je vois un rouleau qui vole; il a vingt coudées de longueur, et dix coudées de largeur.

³Et il me dit: C'est la malédiction qui se répand sur tout le pays; car selon elle tout voleur sera chassé d'ici, et selon elle tout parjure sera chassé d'ici.

⁴Je la répands, dit l'Éternel des armées, afin qu'elle entre dans la maison du voleur et de celui qui jure faussement en mon nom, afin qu'elle y établisse sa demeure, et qu'elle la consume avec le bois et les pierres.

⁵L'ange qui parlait avec moi s'avança, et il me dit: Lève les yeux, et regarde ce qui sort là.

⁶Je répondis: Qu'est-ce? Et il dit: C'est l'épha qui sort. Il ajouta: C'est leur iniquité dans tout le pays.

⁷Et voici, une masse de plomb s'éleva, et il y avait une femme assise au milieu de l'épha.

⁸Il dit: C'est l'iniquité. Et il la repoussa dans l'épha, et il jeta sur l'ouverture la masse de plomb.

⁹Je levai les yeux et je regardai, et voici, deux femmes parurent. Le vent soufflait dans leurs ailes; elles avaient des ailes comme celles de la cigogne. Elles enlevèrent l'épha entre la terre et le ciel.

¹⁰Je dis à l'ange qui parlait avec moi: Où emportent-elles l'épha?

¹¹Il me répondit: Elles vont lui bâtir une maison dans le pays de Schinear; et quand elle sera prête, il sera déposé là dans son lieu.

Chapitre 6

¹Je levai de nouveau les yeux et je regardai, et voici, quatre chars sortaient d'entre deux montagnes; et les montagnes étaient des montagnes d'airain.

²Au premier char il y avait des chevaux roux, au second char des chevaux noirs,

³au troisième char des chevaux blancs, et au quatrième char des chevaux tachetés, rouges.

⁴Je pris la parole et je dis à l'ange qui parlait avec moi: Qu'est-ce, mon seigneur?

⁵L'ange me répondit: Ce sont les quatre vents des cieux, qui sortent du lieu où ils se tenaient devant le Seigneur de toute la terre.

⁶Les chevaux noirs attelés à l'un des chars se dirigent vers le pays du septentrion, et les blancs vont après eux; les tachetés se dirigent vers le pays du midi.

⁷Les rouges sortent et demandent à aller parcourir la terre. L'ange leur dit: Allez, parcourez la terre! Et ils parcoururent la terre.

⁸Il m'appela, et il me dit: Vois, ceux qui se dirigent vers le pays du septentrion font reposer ma colère sur le pays du septentrion.

⁹La parole de l'Éternel me fut adressée, en ces mots:

¹⁰Tu recevras les dons des captifs, Heldaï, Tobija et Jedaeja, et tu iras toi-même ce jour-là, tu iras dans la maison de Josias, fils de Sophonie, où ils se sont rendus en arrivant de Babylone.

¹¹Tu prendras de l'argent et de l'or, et tu en feras des couronnes, que tu mettras sur la tête de Josué, fils de Jotsadak, le souverain sacrificateur.

¹²Tu lui diras: Ainsi parle l'Éternel des armées: Voici, un homme, dont le nom est germe, germera dans son lieu, et bâtira le temple de l'Éternel.

¹³Il bâtira le temple de l'Éternel; il portera les insignes de la majesté; il s'assiéra et dominera sur son trône, il sera sacrificateur sur son trône, et une parfaite union régnera entre l'un et l'autre.

¹⁴Les couronnes seront pour Hélem, Tobija et Jedaeja, et pour Hen, fils de Sophonie, un souvenir dans le temple de l'Éternel.

¹⁵Ceux qui sont éloignés viendront et travailleront au temple de l'Éternel; et vous saurez que l'Éternel des armées m'a envoyé vers vous. Cela arrivera, si vous écoutez la voix de l'Éternel, votre Dieu.

Chapitre 7

¹La quatrième année du roi Darius, la parole de l'Éternel fut adressée à Zacharie, le quatrième jour du neuvième mois, qui est le mois de Kisleu.

²On avait envoyé de Béthel Scharetser et Réguem Mélec avec ses gens pour implorer l'Éternel,

³et pour dire aux sacrificateurs de la maison de l'Éternel des armées et aux prophètes: Faut-il que je pleure au cinquième mois et que je fasse abstinence, comme je l'ai fait tant d'années?

⁴La parole de l'Éternel des armées me fut adressée, en ces mots:

⁵Dis à tout le peuple du pays et aux sacrificateurs: Quand vous avez jeûné et pleuré au cinquième et au septième mois, et cela depuis soixante-dix ans, est-ce pour moi que vous avez jeûné?

⁶Et quand vous mangez et buvez, n'est-ce pas vous qui mangez et vous qui buvez?

⁷Ne connaissez-vous pas les paroles qu'a proclamées l'Éternel par les premiers prophètes, lorsque Jérusalem était habitée et tranquille avec ses villes à l'entour, et que le midi et la plaine étaient habités?

⁸La parole de l'Éternel fut adressée à Zacharie, en ces mots:

⁹Ainsi parlait l'Éternel des armées: Rendez véritablement la justice, Et ayez l'un pour l'autre de la bonté et de la miséricorde.

¹⁰N'opprimez pas la veuve et l'orphelin, l'étranger et le pauvre, Et ne méditez pas l'un contre l'autre le mal dans vos coeurs.

¹¹Mais ils refusèrent d'être attentifs, ils eurent l'épaule rebelle, et ils endurcirent leurs oreilles pour ne pas entendre.

¹²Ils rendirent leur coeur dur comme le diamant, pour ne pas écouter la loi et les paroles que l'Éternel des armées leur adressait par son esprit, par les premiers prophètes. Ainsi l'Éternel des armées s'enflamma d'une grande colère.

¹³Quand il appelait, ils n'ont pas écouté: aussi n'ai-je pas écouté, quand ils ont appelé, dit l'Éternel des armées.

¹⁴Je les ai dispersés parmi toutes les nations qu'ils ne connaissaient pas; le pays a été dévasté derrière eux, il n'y a plus eu ni allants ni venants; et d'un pays de délices ils ont fait un désert.

Chapitre 8

¹La parole de l'Éternel des armées se révéla, en ces mots:

²Ainsi parle l'Éternel des armées: Je suis ému pour Sion d'une grande jalousie, et je suis saisi pour elle d'une grande fureur.

³Ainsi parle l'Éternel: Je retourne à Sion, et je veux habiter au milieu de Jérusalem. Jérusalem sera appelée ville fidèle, et la montagne de l'Éternel des armées montagne sainte.

⁴Ainsi parle l'Éternel des armées: Des vieillards et des femmes âgées s'assiéront encore dans les rues de Jérusalem, chacun le bâton à la main, à cause du grand nombre de leurs jours.

⁵Les rues de la ville seront remplies de jeunes garçons et de jeunes filles, jouant dans les rues.

⁶Ainsi parle l'Éternel des armées: Si la chose paraît étonnante aux yeux du reste de ce peuple en ces jours-là, sera-t-elle de même étonnante à mes yeux? dit l'Éternel des armées.

⁷Ainsi parle l'Éternel des armées: Voici, je délivre mon peuple du pays de l'orient et du pays du soleil couchant.

⁸Je les ramènerai, et ils habiteront au milieu de Jérusalem; ils seront mon peuple, et je serai leur Dieu avec vérité et droiture.

⁹Ainsi parle l'Éternel des armées: Fortifiez vos mains, vous qui entendez aujourd'hui ces paroles de la bouche des prophètes qui parurent au temps où fut fondée la maison de l'Éternel des armées, où le temple allait être bâti.

¹⁰Car avant ce temps, le travail de l'homme ne recevait pas sa récompense, et le salaire des bêtes était nul; il n'y avait point de paix pour ceux qui entraient et sortaient, à cause de l'ennemi, et je lâchais tous les hommes les uns contre les autres.

¹¹Maintenant je ne suis pas pour le reste de ce peuple comme j'étais dans le temps passé, dit l'Éternel des armées.

¹²Car les semailles prospéreront, la vigne rendra son fruit, la terre donnera ses produits, et les cieux enverront leur rosée; je ferai jouir de toutes ces choses le reste de ce peuple.

¹³De même que vous avez été en malédiction parmi les nations, maison de Juda et maison d'Israël, de même je vous sauverai, et vous serez en bénédiction. Ne craignez pas, et que vos mains se fortifient!

¹⁴Car ainsi parle l'Éternel des armées: Comme j'ai eu la pensée de vous faire du mal lorsque vos pères m'irritaient, dit l'Éternel des armées, et que je ne m'en suis point repenti,

¹⁵ainsi je reviens en arrière et j'ai résolu en ces jours de faire du bien à Jérusalem et à la maison de Juda. Ne craignez pas!

¹⁶Voici ce que vous devez faire: dites la vérité chacun à son prochain; jugez dans vos portes selon la vérité et en vue de la paix;

¹⁷que nul en son coeur ne pense le mal contre son prochain, et n'aimez pas le faux serment, car ce sont là toutes choses que je hais, dit l'Éternel.

¹⁸La parole de l'Éternel des armées me fut adressée, en ces mots:

¹⁹Ainsi parle l'Éternel des armées: Le jeûne du quatrième mois, le jeûne du cinquième, le jeûne du septième et le jeûne du dixième se changeront pour la maison de Juda en jours d'allégresse et de joie, en fêtes de réjouissance. Mais aimez la vérité et la paix.

²⁰Ainsi parle l'Éternel des armées: Il viendra encore des peuples et des habitants d'un grand nombre de villes.

²¹Les habitants d'une ville iront à l'autre, en disant: Allons implorer l'Éternel et chercher l'Éternel des armées! Nous irons aussi!

²²Et beaucoup de peuples et de nombreuses nations viendront chercher l'Éternel des armées à Jérusalem et implorer l'Éternel.

²³Ainsi parle l'Éternel des armées: En ces jours-là, dix hommes de toutes les langues des nations saisiront un Juif par le pan de son vêtement et diront: Nous irons avec vous, car nous avons appris que Dieu est avec vous.

Chapitre 9

¹Oracle, parole de l'Éternel sur le pays de Hadrac. Elle s'arrête sur Damas, Car l'Éternel a l'oeil sur les hommes Comme sur toutes les tribus d'Israël;

²Elle s'arrête aussi sur Hamath, à la frontière de Damas, Sur Tyr et Sidon, malgré toute leur sagesse.

³Tyr s'est bâti une forteresse; Elle a amassé l'argent comme la poussière, Et l'or comme la boue des rues.

⁴Voici, le Seigneur s'en emparera, Il précipitera sa puissance dans la mer, Et elle sera consumée par le feu.

⁵Askalon le verra, et elle sera dans la crainte; Gaza aussi, et un violent tremblement la saisira; Ékron aussi, car son espoir sera confondu. Le roi disparaîtra de Gaza, Et Askalon ne sera plus habitée.

⁶L'étranger s'établira dans Asdod, Et j'abattrai l'orgueil des Philistins.

⁷J'ôterai le sang de sa bouche, Et les abominations d'entre ses dents; Lui aussi restera pour notre Dieu; Il sera comme un chef en Juda, Et Ékron sera comme les Jébusiens.

⁸Je camperai autour de ma maison pour la défendre contre une armée, Contre les allants et les venants, Et l'oppresseurs ne passera plus près d'eux; Car maintenant mes yeux sont fixés sur elle.

⁹Sois transportée d'allégresse, fille de Sion! Pousse des cris de joie, fille de Jérusalem! Voici, ton roi vient à toi; Il est juste et victorieux, Il est humble et monté sur un âne, Sur un âne, le petit d'une ânesse.

¹⁰Je détruirai les chars d'Éphraïm, Et les chevaux de Jérusalem; Et les arcs de guerre seront anéantis. Il annoncera la paix aux nations, Et il dominera d'une mer à l'autre, Depuis le fleuve jusqu'aux extrémités de la terre.

¹¹Et pour toi, à cause de ton alliance scellée par le sang, Je retirerai tes captifs de la fosse où il n'y a pas d'eau.

¹²Retournez à la forteresse, captifs pleins d'espérance! Aujourd'hui encore je le déclare, Je te rendrai le double.

¹³Car je bande Juda comme un arc, Je m'arme d'Éphraïm comme d'un arc, Et je soulèverai tes enfants, ô Sion, Contre tes enfants, ô Javan! Je te rendrai pareille à l'épée d'un vaillant homme.

¹⁴L'Éternel au-dessus d'eux apparaîtra, Et sa flèche partira comme l'éclair; Le Seigneur, l'Éternel, sonnera de la trompette, Il s'avancera dans l'ouragan du midi.

¹⁵L'Éternel des armées les protégera; Ils dévoreront, ils vaincront les pierres de la fronde; Ils boiront, ils seront bruyants comme pris de vin; Ils seront pleins comme une coupe, Comme les coins de l'autel.

¹⁶L'Éternel, leur Dieu, les sauvera en ce jour-là, Comme le troupeau de son peuple; Car ils sont les pierres d'un diadème, Qui brilleront dans son pays.

¹⁷Oh! quelle prospérité pour eux! quelle beauté! Le froment fera croître les jeunes hommes, Et le moût les jeunes filles.

Chapitre 10

¹Demandez à l'Éternel la pluie, la pluie du printemps! L'Éternel produira des éclairs, Et il vous enverra une abondante pluie, Il donnera à chacun de l'herbe dans son champ.

²Car les théraphim ont des paroles de néant, Les devins prophétisent des faussetés, Les songes mentent et consolent par la vanité. C'est pourquoi ils sont errants comme un troupeau, Ils sont malheureux parce qu'il n'y a point de pasteur.

³Ma colère s'est enflammée contre les pasteurs, Et je châtierai les boucs; Car l'Éternel des armées visite son troupeau, la maison de Juda, Et il en fera comme son cheval de gloire dans la bataille;

⁴De lui sortira l'angle, de lui le clou, de lui l'arc de guerre; De lui sortiront tous les chefs ensemble.

⁵Ils seront comme des héros foulant dans la bataille la boue des rues; Ils combattront, parce que l'Éternel sera avec eux; Et ceux qui seront montés sur des chevaux seront couverts de honte.

⁶Je fortifierai la maison de Juda, Et je délivrerai la maison de Joseph; Je les ramènerai, car j'ai compassion d'eux, Et ils seront comme si je ne les avais pas rejetés; Car je suis l'Éternel, leur Dieu, et je les exaucerai.

⁷Éphraïm sera comme un héros; Leur coeur aura la joie que donne le vin; Leurs fils le verront et seront dans l'allégresse, Leur coeur se réjouira en l'Éternel.

⁸Je les sifflerai et les rassemblerai, car je les rachète, Et ils multiplieront comme ils multipliaient.

⁹Je les disperserai parmi les peuples, Et au loin ils se souviendront de moi; Ils vivront avec leurs enfants, et ils reviendront.

¹⁰Je les ramènerai du pays d'Égypte, Et je les rassemblerai de l'Assyrie; Je les ferai venir au pays de Galaad et au Liban, Et l'espace ne leur suffira pas.

¹¹Il passera la mer de détresse, il frappera les flots de la mer, Et toutes les profondeurs du fleuve seront desséchées; L'orgueil de l'Assyrie sera abattu, Et le sceptre de l'Égypte disparaîtra.

¹²Je les fortifierai par l'Éternel, Et ils marcheront en son nom, Dit l'Éternel.

Chapitre 11

¹Liban, ouvre tes portes, Et que le feu dévore tes cèdres!

²Gémis, cyprès, car le cèdre est tombé, Ceux qui s'élevaient sont détruits! Gémissez, chênes de Basan, Car la forêt inaccessible est renversée!

³Les bergers poussent des cris lamentables, Parce que leur magnificence est détruite; Les lionceaux rugissent, Parce que l'orgueil du Jourdain est abattu.

⁴Ainsi parle l'Éternel, mon Dieu: Pais les brebis destinées à la boucherie!

⁵Ceux qui les achètent les égorgent impunément; Celui qui les vend dit: Béni soit l'Éternel, car je m'enrichis! Et leurs pasteurs ne les épargnent pas.

⁶Car je n'ai plus de pitié pour les habitants du pays, Dit l'Éternel; Et voici, je livre les hommes Aux mains les uns des autres et aux mains de leur roi; Ils ravageront le pays, Et je ne délivrerai pas de leurs mains.

⁷Alors je me mis à paître les brebis destinées à la boucherie, assurément les plus misérables du troupeau. Je pris deux houlettes: j'appelai l'une Grâce, et j'appelai l'autre Union. Et je fis paître les brebis.

⁸J'exterminerai les trois pasteurs en un mois; mon âme était impatiente à leur sujet, et leur âme avait aussi pour moi du dégoût.

⁹Et je dis: Je ne vous paîtrai plus! Que celle qui va mourir meure, que celle qui va périr périsse, et que celles qui restent se dévorent les unes les autres!

¹⁰Je pris ma houlette Grâce, et je la brisai, pour rompre mon alliance que j'avais traitée avec tous les peuples.

¹¹Elle fut rompue ce jour-là; et les malheureuses brebis, qui prirent garde à moi, reconnurent ainsi que c'était la parole de l'Éternel.

¹²Je leur dis: Si vous le trouvez bon, donnez-moi mon salaire; sinon, ne le donnez pas. Et ils pesèrent pour mon salaire trente sicles d'argent.

¹³L'Éternel me dit: Jette-le au potier, ce prix magnifique auquel ils m'ont estimé! Et je pris les trente sicles d'argent, et je les jetai dans la maison de l'Éternel, pour le potier.

¹⁴Puis je brisai ma seconde houlette Union, pour rompre la fraternité entre Juda et Israël.

¹⁵L'Éternel me dit: Prends encore l'équipage d'un pasteur insensé!

¹⁶Car voici, je susciterai dans le pays un pasteur qui n'aura pas souci des brebis qui périssent; il n'ira pas à la recherche des plus jeunes, il ne guérira pas les blessées, il ne soignera pas les saines; mais il dévorera la chair des plus grasses, et il déchirera jusqu'aux cornes de leurs pieds.

¹⁷Malheur au pasteur de néant, qui abandonne ses brebis! Que l'épée fonde sur son bras et sur son oeil droit! Que son bras se dessèche, Et que son oeil droite s'éteigne!

Chapitre 12

¹Oracle, parole de l'Éternel sur Israël. Ainsi parle l'Éternel, qui a étendu les cieux et fondé la terre, Et qui a formé l'esprit de l'homme au dedans de lui:

²Voici, je ferai de Jérusalem une coupe d'étourdissement Pour tous les peuples d'alentour, Et aussi pour Juda dans le siège de Jérusalem.

³En ce jour-là, je ferai de Jérusalem une pierre pesante pour tous les peuples; Tous ceux qui la soulèveront seront meurtris; Et toutes les nations de la terre s'assembleront contre elle.

⁴En ce jour-là, dit l'Éternel, Je frapperai d'étourdissement tous les chevaux, Et de délire ceux qui les monteront; Mais j'aurai les yeux ouverts sur la maison de Juda, Quand je frapperai d'aveuglement tous les chevaux des peuples.

⁵Les chefs de Juda diront en leur coeur: Les habitants de Jérusalem sont notre force, Par l'Éternel des armées, leur Dieu.

⁶En ce jour-là, je ferai des chefs de Juda Comme un foyer ardent parmi du bois, Comme une torche enflammée parmi des gerbes; Ils

dévoreront à droite et à gauche tous les peuples d'alentour, Et Jérusalem restera à sa place, à Jérusalem.

⁷L'Éternel sauvera d'abord les tentes de Juda, Afin que la gloire de la maison de David, La gloire des habitants de Jérusalem ne s'élève pas au-dessus de Juda.

⁸En ce jour-là, l'Éternel protégera les habitants de Jérusalem, Et le faible parmi eux sera dans ce jour comme David; La maison de David sera comme Dieu, Comme l'ange de l'Éternel devant eux.

⁹En ce jour-là, Je m'efforcerai de détruire toutes les nations Qui viendront contre Jérusalem.

¹⁰Alors je répandrai sur la maison de David et sur les habitants de Jérusalem Un esprit de grâce et de supplication, Et ils tourneront les regards vers moi, celui qu'ils ont percé. Ils pleureront sur lui comme on pleure sur un fils unique, Ils pleureront amèrement sur lui comme on pleure sur un premier-né.

¹¹En ce jour-là, le deuil sera grand à Jérusalem, Comme le deuil d'Hadadrimmon dans la vallée de Meguiddon.

¹²Le pays sera dans le deuil, chaque famille séparément: La famille de la maison de David séparément, et les femmes à part; La famille de la maison de Nathan séparément, et les femmes à part;

¹³La famille de la maison de Lévi séparément, et les femmes à part; La famille de Schimeï séparément, et les femmes à part;

¹⁴Toutes les autres familles, chaque famille séparément, Et les femmes à part.

Chapitre 13

¹En ce jour-là, une source sera ouverte Pour la maison de David et les habitants de Jérusalem, Pour le péché et pour l'impureté.

²En ce jour-là, dit l'Éternel des armées, J'exterminerai du pays les noms des idoles, Afin qu'on ne s'en souvienne plus; J'ôterai aussi du pays les prophètes et l'esprit d'impureté.

³Si quelqu'un prophétise encore, Son père et sa mère, qui l'ont engendré, lui diront: Tu ne vivras pas, car tu dis des mensonges au nom de l'Éternel! Et son père et sa mère, qui l'ont engendré, le transperceront Quand il prophétisera.

⁴En ce jour-là, les prophètes rougiront de leurs visions Quand ils prophétiseront, Et ils ne revêtiront plus un manteau de poil pour mentir.

⁵Chacun d'eux dira: Je ne suis pas prophète, Je suis laboureur, Car on m'a acheté dès ma jeunesse.

⁶Et si on lui demande: D'où viennent ces blessures que tu as aux mains? Il répondra: C'est dans la maison de ceux qui m'aimaient que je les ai reçues.

⁷Épée, lève-toi sur mon pasteur Et sur l'homme qui est mon compagnon! Dit l'Éternel des armées. Frappe le pasteur, et que les brebis se dispersent! Et je tournerai ma main vers les faibles.

⁸Dans tout le pays, dit l'Éternel, Les deux tiers seront exterminés, périront, Et l'autre tiers restera.

⁹Je mettrai ce tiers dans le feu, Et je le purifierai comme on purifie l'argent, Je l'éprouverai comme on éprouve l'or. Il invoquera mon nom, et je l'exaucerai; Je dirai: C'est mon peuple! Et il dira: L'Éternel est mon Dieu!

Chapitre 14

¹Voici, le jour de l'Éternel arrive, Et tes dépouilles seront partagées au milieu de toi.

²Je rassemblerai toutes les nations pour qu'elles attaquent Jérusalem; La ville sera prise, les maisons seront pillées, et les femmes violées; La moitié de la ville ira en captivité, Mais le reste du peuple ne sera pas exterminé de la ville.

³L'Éternel paraîtra, et il combattra ces nations, Comme il combat au jour de la bataille.

⁴Ses pieds se poseront en ce jour sur la montagne des oliviers, Qui est vis-à-vis de Jérusalem, du côté de l'orient; La montagne des oliviers se fendra par le milieu, à l'orient et à l'occident, Et il se formera une très grande vallée: Une moitié de la montagne reculera vers le septentrion, Et une moitié vers le midi.

⁵Vous fuirez alors dans la vallée de mes montagnes, Car la vallée des montagnes s'étendra jusqu'à Atzel; Vous fuirez comme vous avez fui devant le tremblement de terre, Au temps d'Ozias, roi de Juda. Et l'Éternel, mon Dieu, viendra, et tous ses saints avec lui.

⁶En ce jour-là, il n'y aura point de lumière; Il y aura du froid et de la glace.

⁷Ce sera un jour unique, connu de l'Éternel, Et qui ne sera ni jour ni nuit; Mais vers le soir la lumière paraîtra.

⁸En ce jour-là, des eaux vives sortiront de Jérusalem, Et couleront moitié vers la mer orientale, Moitié vers la mer occidentale; Il en sera ainsi été et hiver.

⁹L'Éternel sera roi de toute la terre; En ce jour-là, l'Éternel sera le seul Éternel, Et son nom sera le seul nom.

¹⁰Tout le pays deviendra comme la plaine, de Guéba à Rimmon, Au midi de Jérusalem; Et Jérusalem sera élevée et restera à sa place, Depuis la porte de Benjamin jusqu'au lieu de la première porte, Jusqu'à la porte des angles, Et depuis la tour de Hananeel jusqu'aux pressoirs du roi.

¹¹On habitera dans son sein, et il n'y aura plus d'interdit; Jérusalem sera en sécurité.

¹²Voici la plaie dont l'Éternel frappera tous les peuples Qui auront combattu contre Jérusalem: Leur chair tombera en pourriture tandis qu'ils seront sur leurs pieds, Leurs yeux tomberont en pourriture dans leurs orbites, Et leur langue tombera en pourriture dans leur bouche.

¹³En ce jour-là, l'Éternel produira un grand trouble parmi eux; L'un saisira la main de l'autre, Et ils lèveront la main les uns sur les autres.

¹⁴Juda combattra aussi dans Jérusalem, Et l'on amassera les richesses de toutes les nations d'alentour, L'or, l'argent, et des vêtements en très grand nombre.

¹⁵La plaie frappera de même les chevaux, Les mulets, les chameaux, les ânes, Et toutes les bêtes qui seront dans ces camps: Cette plaie sera semblable à l'autre.

¹⁶Tous ceux qui resteront de toutes les nations Venues contre Jérusalem Monteront chaque année Pour se prosterner devant le roi, l'Éternel des armées, Et pour célébrer la fête des tabernacles.

¹⁷S'il y a des familles de la terre qui ne montent pas à Jérusalem Pour se prosterner devant le roi, l'Éternel des armées, La pluie ne tombera pas sur elles.

¹⁸Si la famille d'Égypte ne monte pas, si elle ne vient pas, La pluie ne tombera pas sur elle; Elle sera frappée de la plaie dont l'Éternel frappera les nations Qui ne monteront pas pour célébrer la fête des tabernacles.

¹⁹Ce sera le châtiment de l'Égypte, Le châtiment de toutes les nations Qui ne monteront pas pour célébrer la fête des tabernacles.

²⁰En ce jour-là, il sera écrit sur les clochettes des chevaux: Sainteté à L'Éternel! Et les chaudières dans la maison de l'Éternel Seront comme les coupes devant l'autel.

²¹Toute chaudière à Jérusalem et dans Juda Sera consacrée à l'Éternel des armées; Tous ceux qui offriront des sacrifices viendront Et s'en serviront pour cuire les viandes; Et il n'y aura plus de marchands dans la maison de l'Éternel des armées, En ce jour-là.

Malachie

Chapitre 1

¹Oracle, parole de l'Éternel à Israël par Malachie.

²Je vous ai aimés, dit l'Éternel. Et vous dites: En quoi nous as-tu aimés? Ésaü n'est-il pas frère de Jacob? dit l'Éternel. Cependant j'ai aimé Jacob,

³Et j'ai eu de la haine pour Ésaü, J'ai fait de ses montagnes une solitude, J'ai livré son héritage aux chacals du désert.

⁴Si Édom dit: Nous sommes détruits, Nous relèverons les ruines! Ainsi parle l'Éternel des armées: Qu'ils bâtissent, je renverserai, Et on les appellera pays de la méchanceté, Peuple contre lequel l'Éternel est irrité pour toujours.

⁵Vos yeux le verront, Et vous direz: Grand est l'Éternel Par delà les frontières d'Israël!

⁶Un fils honore son père, et un serviteur son maître. Si je suis père, où est l'honneur qui m'est dû? Si je suis maître, où est la crainte qu'on a de moi? Dit l'Éternel des armées à vous, sacrificateurs, Qui méprisez mon nom, Et qui dites: En quoi avons-nous méprisé ton nom?

⁷Vous offrez sur mon autel des aliments impurs, Et vous dites: En quoi t'avons-nous profané? C'est en disant: La table de l'Éternel est méprisable!

⁸Quand vous offrez en sacrifice une bête aveugle, n'est-ce pas mal? Quand vous en offrez une boiteuse ou infirme, n'est-ce pas mal? Offre-la donc à ton gouverneur! Te recevra-t-il bien, te fera-t-il bon accueil? Dit l'Éternel des armées.

⁹Priez Dieu maintenant, pour qu'il ait pitié de nous! C'est de vous que cela vient: Vous recevra-t-il favorablement? Dit l'Éternel des armées.

¹⁰Lequel de vous fermera les portes, Pour que vous n'allumiez pas en vain le feu sur mon autel? Je ne prends aucun plaisir en vous, dit l'Éternel des armées, Et les offrandes de votre main ne me sont point agréables.

¹¹Car depuis le lever du soleil jusqu'à son couchant, Mon nom est grand parmi les nations, Et en tout lieu on brûle de l'encens en l'honneur de mon nom Et l'on présente des offrandes pures; Car grand est mon nom parmi les nations, Dit l'Éternel des armées.

¹²Mais vous, vous le profanez, En disant: La table de l'Éternel est souillée, Et ce qu'elle rapporte est un aliment méprisable.

¹³Vous dites: Quelle fatigue! et vous le dédaignez, Dit l'Éternel des armées; Et cependant vous amenez ce qui est dérobé, boiteux ou infirme, Et ce sont les offrandes que vous faites! Puis-je les agréer de vos mains? dit l'Éternel.

¹⁴Maudit soit le trompeur qui a dans son troupeau un mâle, Et qui voue et sacrifie au Seigneur une bête chétive! Car je suis un grand roi, dit l'Éternel des armées, Et mon nom est redoutable parmi les nations.

Chapitre 2

¹Maintenant, à vous cet ordre, sacrificateurs!

²Si vous n'écoutez pas, si vous ne prenez pas à coeur De donner gloire à mon nom, dit l'Éternel des armées, J'enverrai parmi vous la malédiction, et je maudirai vos bénédictions; Oui, je les maudirai, parce que vous ne l'avez pas à coeur.

³Voici, je détruirai vos semences, Et je vous jetterai des excréments au visage, Les excréments des victimes que vous sacrifiez, Et on vous emportera avec eux.

⁴Vous saurez alors que je vous ai adressé cet ordre, Afin que mon alliance avec Lévi subsiste, Dit l'Éternel des armées.

⁵Mon alliance avec lui était une alliance de vie et de paix, Ce que je lui accordai pour qu'il me craignit; Et il a eu pour moi de la crainte, Il a tremblé devant mon nom.

⁶La loi de la vérité était dans sa bouche, Et l'iniquité ne s'est point trouvée sur ses lèvres; Il a marché avec moi dans la paix et dans la droiture, Et il a détourné du mal beaucoup d'hommes.

⁷Car les lèvres du sacrificateur doivent garder la science, Et c'est à sa bouche qu'on demande la loi, Parce qu'il est un envoyé de l'Éternel des armées.

⁸Mais vous, vous vous êtes écartés de la voie, Vous avez fait de la loi une occasion de chute pour plusieurs, Vous avez violé l'alliance de Lévi, Dit l'Éternel des armées.

⁹Et moi, je vous rendrai méprisables et vils Aux yeux de tout le peuple, Parce que vous n'avez pas gardé mes voies, Et que vous avez égard à l'apparence des personnes Quand vous interprétez la loi.

¹⁰N'avons-nous pas tous un seul père? N'est-ce pas un seul Dieu qui nous a créés? Pourquoi donc sommes-nous infidèles l'un envers l'autre, En profanant l'alliance de nos pères?

¹¹Juda s'est montré infidèle, Et une abomination a été commise en Israël et à Jérusalem; Car Juda a profané ce qui est consacré à l'Éternel, ce qu'aime l'Éternel, Il s'est uni à la fille d'un dieu étranger.

¹²L'Éternel retranchera l'homme qui fait cela, celui qui veille et qui répond, Il le retranchera des tentes de Jacob, Et il retranchera celui qui présente une offrande A l'Éternel des armées.

¹³Voici encore ce que vous faites: Vous couvrez de larmes l'autel de l'Éternel, De pleurs et de gémissements, En sorte qu'il n'a plus égard aux offrandes Et qu'il ne peut rien agréer de vos mains.

¹⁴Et vous dites: Pourquoi?... Parce que l'Éternel a été témoin entre toi et la femme de ta jeunesse, A laquelle tu es infidèle, Bien qu'elle soit ta compagne et la femme de ton alliance.

¹⁵Nul n'a fait cela, avec un reste de bon sens. Un seul l'a fait, et pourquoi? Parce qu'il cherchait la postérité que Dieu lui avait promise. Prenez donc garde en votre esprit, Et qu'aucun ne soit infidèle à la femme de sa jeunesse!

¹⁶Car je hais la répudiation, Dit l'Éternel, le Dieu d'Israël, Et celui qui couvre de violence son vêtement, Dit l'Éternel des armées. Prenez donc garde en votre esprit, Et ne soyez pas infidèles!

¹⁷Vous fatiguez l'Éternel par vos paroles, Et vous dites: En quoi l'avons-nous fatigué? C'est en disant: Quiconque fait le mal est bon aux yeux de l'Éternel, Et c'est en lui qu'il prend plaisir! Ou bien: Où est le Dieu de la justice?

Chapitre 3

¹Voici, j'enverrai mon messager; Il préparera le chemin devant moi. Et soudain entrera dans son temple le Seigneur que vous cherchez; Et le messager de l'alliance que vous désirez, voici, il vient, Dit l'Éternel des armées.

²Qui pourra soutenir le jour de sa venue? Qui restera debout quand il paraîtra? Car il sera comme le feu du fondeur, Comme la potasse des foulons.

³Il s'assiéra, fondra et purifiera l'argent; Il purifiera les fils de Lévi, Il les épurera comme on épure l'or et l'argent, Et ils présenteront à l'Éternel des offrandes avec justice.

⁴Alors l'offrande de Juda et de Jérusalem sera agréable à l'Éternel, Comme aux anciens jours, comme aux années d'autrefois.

⁵Je m'approcherai de vous pour le jugement, Et je me hâterai de témoigner contre les enchanteurs et les adultères, Contre ceux qui jurent faussement, Contre ceux qui retiennent le salaire du mercenaire, Qui oppriment la veuve et l'orphelin, Qui font tort à l'étranger, et ne me craignent pas, Dit l'Éternel des armées.

⁶Car je suis l'Éternel, je ne change pas; Et vous, enfants de Jacob, vous n'avez pas été consumés.

⁷Depuis le temps de vos pères, vous vous êtes écartés de mes ordonnances, Vous ne les avez point observées. Revenez à moi, et je reviendrai à vous, dit l'Éternel des armées. Et vous dites: En quoi devons-nous revenir?

⁸Un homme trompe-t-il Dieu? Car vous me trompez, Et vous dites: En quoi t'avons-nous trompé? Dans les dîmes et les offrandes.

⁹Vous êtes frappés par la malédiction, Et vous me trompez, La nation tout entière!

¹⁰Apportez à la maison du trésor toutes les dîmes, Afin qu'il y ait de la nourriture dans ma maison; Mettez-moi de la sorte à l'épreuve, Dit l'Éternel des armées. Et vous verrez si je n'ouvre pas pour vous les écluses des cieux, Si je ne répands pas sur vous la bénédiction en abondance.

¹¹Pour vous je menacerai celui qui dévore, Et il ne vous détruira pas les fruits de la terre, Et la vigne ne sera pas stérile dans vos campagnes, Dit l'Éternel des armées.

¹²Toutes les nations vous diront heureux, Car vous serez un pays de délices, Dit l'Éternel des armées.

¹³Vos paroles sont rudes contre moi, dit l'Éternel. Et vous dites: Qu'avons-nous dit contre toi?

¹⁴Vous avez dit: C'est en vain que l'on sert Dieu; Qu'avons-nous gagné à observer ses préceptes, Et à marcher avec tristesse A cause de l'Éternel des armées?

¹⁵Maintenant nous estimons heureux les hautains; Oui, les méchants prospèrent; Oui, ils tentent Dieu, et ils échappent!

¹⁶Alors ceux qui craignent l'Éternel se parlèrent l'un à l'autre; L'Éternel fut attentif, et il écouta; Et un livre de souvenir fut écrit devant lui Pour ceux qui craignent l'Éternel Et qui honorent son nom.

¹⁷Ils seront à moi, dit l'Éternel des armées, Ils m'appartiendront, au jour que je prépare; J'aurai compassion d'eux, Comme un homme a

compassion de son fils qui le sert.

¹⁸Et vous verrez de nouveau la différence Entre le juste et le méchant, Entre celui qui sert Dieu Et celui qui ne le sert pas.

Chapitre 4

¹Car voici, le jour vient, Ardent comme une fournaise. Tous les hautains et tous les méchants seront comme du chaume; Le jour qui vient les embrasera, Dit l'Éternel des armées, Il ne leur laissera ni racine ni rameau.

²Mais pour vous qui craignez mon nom, se lèvera Le soleil de la justice, Et la guérison sera sous ses ailes; Vous sortirez, et vous sauterez comme les veaux d'une étable,

³Et vous foulerez les méchants, Car ils seront comme de la cendre Sous la plante de vos pieds, Au jour que je prépare, Dit l'Éternel des armées.

⁴Souvenez-vous de la loi de Moïse, mon serviteur, Auquel j'ai prescrit en Horeb, pour tout Israël, Des préceptes et des ordonnances.

⁵Voici, je vous enverrai Élie, le prophète, Avant que le jour de l'Éternel arrive, Ce jour grand et redoutable.

⁶Il ramènera le coeur des pères à leurs enfants, Et le coeur des enfants à leurs pères, De peur que je ne vienne frapper le pays d'interdit.

Matthieu

Nouveau Testament

Matthieu

Chapitre 1

¹Généalogie de Jésus Christ, fils de David, fils d'Abraham.

²Abraham engendra Isaac; Isaac engendra Jacob; Jacob engendra Juda et ses frères;

³Juda engendra de Thamar Pharès et Zara; Pharès engendra Esrom; Esrom engendra Aram;

⁴Aram engendra Aminadab; Aminadab engendra Naasson; Naasson engendra Salmon;

⁵Salmon engendra Boaz de Rahab; Boaz engendra Obed de Ruth;

⁶Obed engendra Isaï; Isaï engendra David. Le roi David engendra Salomon de la femme d'Urie;

⁷Salomon engendra Roboam; Roboam engendra Abia; Abia engendra Asa;

⁸Asa engendra Josaphat; Josaphat engendra Joram; Joram engendra Ozias;

⁹Ozias engendra Joatham; Joatham engendra Achaz; Achaz engendra Ézéchias;

¹⁰Ézéchias engendra Manassé; Manassé engendra Amon; Amon engendra Josias;

¹¹Josias engendra Jéchonias et ses frères, au temps de la déportation à Babylone.

¹²Après la déportation à Babylone, Jéchonias engendra Salathiel; Salathiel engendra Zorobabel;

¹³Zorobabel engendra Abiud; Abiud engendra Éliakim; Éliakim engendra Azor;

¹⁴Azor engendra Sadok; Sadok engendra Achim; Achim engendra Éliud;

¹⁵Éliud engendra Éléazar; Éléazar engendra Matthan; Matthan engendra Jacob;

¹⁶Jacob engendra Joseph, l'époux de Marie, de laquelle est né Jésus, qui est appelé Christ.

¹⁷Il y a donc en tout quatorze générations depuis Abraham jusqu'à David, quatorze générations depuis David jusqu'à la déportation à Babylone, et quatorze générations depuis la déportation à Babylone jusqu'au Christ.

¹⁸Voici de quelle manière arriva la naissance de Jésus Christ. Marie, sa mère, ayant été fiancée à Joseph, se trouva enceinte, par la vertu du Saint Esprit, avant qu'ils eussent habité ensemble.

¹⁹Joseph, son époux, qui était un homme de bien et qui ne voulait pas la diffamer, se proposa de rompre secrètement avec elle.

²⁰Comme il y pensait, voici, un ange du Seigneur lui apparut en songe, et dit: Joseph, fils de David, ne crains pas de prendre avec toi Marie, ta femme, car l'enfant qu'elle a conçu vient du Saint Esprit;

²¹elle enfantera un fils, et tu lui donneras le nom de Jésus; c'est lui qui sauvera son peuple de ses péchés.

²²Tout cela arriva afin que s'accomplît ce que le Seigneur avait annoncé par le prophète:

²³Voici, la vierge sera enceinte, elle enfantera un fils, et on lui donnera le nom d'Emmanuel, ce qui signifie Dieu avec nous.

²⁴Joseph s'étant réveillé fit ce que l'ange du Seigneur lui avait ordonné, et il prit sa femme avec lui.

²⁵Mais il ne la connut point jusqu'à ce qu'elle eût enfanté un fils, auquel il donna le nom de Jésus.

Chapitre 2

¹Jésus étant né à Bethléhem en Judée, au temps du roi Hérode, voici des mages d'Orient arrivèrent à Jérusalem,

²et dirent: Où est le roi des Juifs qui vient de naître? car nous avons vu son étoile en Orient, et nous sommes venus pour l'adorer.

³Le roi Hérode, ayant appris cela, fut troublé, et tout Jérusalem avec lui.

⁴Il assembla tous les principaux sacrificateurs et les scribes du peuple, et il s'informa auprès d'eux où devait naître le Christ.

⁵Ils lui dirent: A Bethléhem en Judée; car voici ce qui a été écrit par le prophète:

⁶Et toi, Bethléhem, terre de Juda, Tu n'es certes pas la moindre entre les principales villes de Juda, Car de toi sortira un chef Qui paîtra Israël, mon peuple.

⁷Alors Hérode fit appeler en secret les mages, et s'enquit soigneusement auprès d'eux depuis combien de temps l'étoile brillait.

⁸Puis il les envoya à Bethléhem, en disant: Allez, et prenez des informations exactes sur le petit enfant; quand vous l'aurez trouvé, faites-le-moi savoir, afin que j'aille aussi moi-même l'adorer.

⁹Après avoir entendu le roi, ils partirent. Et voici, l'étoile qu'ils avaient vue en Orient marchait devant eux jusqu'à ce qu'étant arrivée au-dessus du lieu où était le petit enfant, elle s'arrêta.

¹⁰Quand ils aperçurent l'étoile, ils furent saisis d'une très grande joie.

¹¹Ils entrèrent dans la maison, virent le petit enfant avec Marie, sa mère, se prosternèrent et l'adorèrent; ils ouvrirent ensuite leurs trésors, et lui offrirent en présent de l'or, de l'encens et de la myrrhe.

¹²Puis, divinement avertis en songe de ne pas retourner vers Hérode, ils regagnèrent leur pays par un autre chemin.

¹³Lorsqu'ils furent partis, voici, un ange du Seigneur apparut en songe à Joseph, et dit: Lève-toi, prends le petit enfant et sa mère, fuis en Égypte, et restes-y jusqu'à ce que je te parle; car Hérode cherchera le petit enfant pour le faire périr.

¹⁴Joseph se leva, prit de nuit le petit enfant et sa mère, et se retira en Égypte.

¹⁵Il y resta jusqu'à la mort d'Hérode, afin que s'accomplît ce que le Seigneur avait annoncé par le prophète: J'ai appelé mon fils hors d'Égypte.

¹⁶Alors Hérode, voyant qu'il avait été joué par les mages, se mit dans une grande colère, et il envoya tuer tous les enfants de deux ans et au-dessous qui étaient à Bethléhem et dans tout son territoire, selon la date dont il s'était soigneusement enquis auprès des mages.

¹⁷Alors s'accomplit ce qui avait été annoncé par Jérémie, le prophète:

¹⁸On a entendu des cris à Rama, Des pleurs et de grandes lamentations: Rachel pleure ses enfants, Et n'a pas voulu être consolée, Parce qu'ils ne sont plus.

¹⁹Quand Hérode fut mort, voici, un ange du Seigneur apparut en songe à Joseph, en Égypte,

²⁰et dit: Lève-toi, prends le petit enfant et sa mère, et va dans le pays d'Israël, car ceux qui en voulaient à la vie du petit enfant sont morts.

²¹Joseph se leva, prit le petit enfant et sa mère, et alla dans le pays d'Israël.

²²Mais, ayant appris qu'Archélaüs régnait sur la Judée à la place d'Hérode, son père, il craignit de s'y rendre; et, divinement averti en songe, il se retira dans le territoire de la Galilée,

²³et vint demeurer dans une ville appelée Nazareth, afin que s'accomplît ce qui avait été annoncé par les prophètes: Il sera appelé Nazaréen.

Chapitre 3

¹En ce temps-là parut Jean Baptiste, prêchant dans le désert de Judée.

²Il disait: Repentez-vous, car le royaume des cieux est proche.

³Jean est celui qui avait été annoncé par Ésaïe, le prophète, lorsqu'il dit: C'est ici la voix de celui qui crie dans le désert: Préparez le chemin du Seigneur, Aplanissez ses sentiers.

⁴Jean avait un vêtement de poils de chameau, et une ceinture de cuir autour des reins. Il se nourrissait de sauterelles et de miel sauvage.

⁵Les habitants de Jérusalem, de toute la Judée et de tout le pays des environs du Jourdain, se rendaient auprès de lui;

⁶et, confessant leurs péchés, ils se faisaient baptiser par lui dans le fleuve du Jourdain.

⁷Mais, voyant venir à son baptême beaucoup de pharisiens et de sadducéens, il leur dit: Races de vipères, qui vous a appris à fuir la colère à venir?

⁸Produisez donc du fruit digne de la repentance,

⁹et ne prétendez pas dire en vous-mêmes: Nous avons Abraham pour père! Car je vous déclare que de ces pierres-ci Dieu peut susciter des enfants à Abraham.

¹⁰Déjà la cognée est mise à la racine des arbres: tout arbre donc qui ne produit pas de bons fruits sera coupé et jeté au feu.

¹¹Moi, je vous baptise d'eau, pour vous amener à la repentance; mais celui qui vient après moi est plus puissant que moi, et je ne suis pas digne de porter ses souliers. Lui, il vous baptisera du Saint Esprit et de feu.

¹²Il a son van à la main; il nettoiera son aire, et il amassera son blé

dans le grenier, mais il brûlera la paille dans un feu qui ne s'éteint point.

¹³Alors Jésus vint de la Galilée au Jourdain vers Jean, pour être baptisé par lui.

¹⁴Mais Jean s'y opposait, en disant: C'est moi qui ai besoin d'être baptisé par toi, et tu viens à moi!

¹⁵Jésus lui répondit: Laisse faire maintenant, car il est convenable que nous accomplissions ainsi tout ce qui est juste. Et Jean ne lui résista plus.

¹⁶Dès que Jésus eut été baptisé, il sortit de l'eau. Et voici, les cieux s'ouvrirent, et il vit l'Esprit de Dieu descendre comme une colombe et venir sur lui.

¹⁷Et voici, une voix fit entendre des cieux ces paroles: Celui-ci est mon Fils bien-aimé, en qui j'ai mis toute mon affection.

Chapitre 4

¹Alors Jésus fut emmené par l'Esprit dans le désert, pour être tenté par le diable.

²Après avoir jeûné quarante jours et quarante nuits, il eut faim.

³Le tentateur, s'étant approché, lui dit: Si tu es Fils de Dieu, ordonne que ces pierres deviennent des pains.

⁴Jésus répondit: Il est écrit: L'homme ne vivra pas de pain seulement, mais de toute parole qui sort de la bouche de Dieu.

⁵Le diable le transporta dans la ville sainte, le plaça sur le haut du temple,

⁶et lui dit: Si tu es Fils de Dieu, jette-toi en bas; car il est écrit: Il donnera des ordres à ses anges à ton sujet; Et ils te porteront sur les mains, De peur que ton pied ne heurte contre une pierre.

⁷Jésus lui dit: Il est aussi écrit: Tu ne tenteras point le Seigneur, ton Dieu.

⁸Le diable le transporta encore sur une montagne très élevée, lui montra tous les royaumes du monde et leur gloire,

⁹et lui dit: Je te donnerai toutes ces choses, si tu te prosternes et m'adores.

¹⁰Jésus lui dit: Retire-toi, Satan! Car il est écrit: Tu adoreras le Seigneur, ton Dieu, et tu ne serviras lui seul.

¹¹Alors le diable le laissa. Et voici, des anges vinrent auprès de Jésus, et le servaient.

¹²Jésus, ayant appris que Jean avait été livré, se retira dans la Galilée.

¹³Il quitta Nazareth, et vint demeurer à Capernaüm, située près de la mer, dans le territoire de Zabulon et de Nephthali,

¹⁴afin que s'accomplît ce qui avait été annoncé par Ésaïe, le prophète:

¹⁵Le peuple de Zabulon et de Nephthali, De la contrée voisine de la mer, du pays au delà du Jourdain, Et de la Galilée des Gentils,

¹⁶Ce peuple, assis dans les ténèbres, A vu une grande lumière; Et sur ceux qui étaient assis dans la région et l'ombre de la mort La lumière s'est levée.

¹⁷Dès ce moment Jésus commença à prêcher, et à dire: Repentez-vous, car le royaume des cieux est proche.

¹⁸Comme il marchait le long de la mer de Galilée, il vit deux frères, Simon, appelé Pierre, et André, son frère, qui jetaient un filet dans la mer; car ils étaient pêcheurs.

¹⁹Il leur dit: Suivez-moi, et je vous ferai pêcheurs d'hommes.

²⁰Aussitôt, ils laissèrent les filets, et le suivirent.

²¹De là étant allé plus loin, il vit deux autres frères, Jacques, fils de Zébédée, et Jean, son frère, qui étaient dans une barque avec Zébédée, leur père, et qui réparaient leurs filets.

²²Il les appela, et aussitôt ils laissèrent la barque et leur père, et le suivirent.

²³Jésus parcourait toute la Galilée, enseignant dans les synagogues, prêchant la bonne nouvelle du royaume, et guérissant toute maladie et toute infirmité parmi le peuple.

²⁴Sa renommée se répandit dans toute la Syrie, et on lui amenait tous ceux qui souffraient de maladies et de douleurs de divers genres, des démoniaques, des lunatiques, des paralytiques; et il les guérissait.

²⁵Une grande foule le suivit, de la Galilée, de la Décapole, de Jérusalem, de la Judée, et d'au delà du Jourdain.

Chapitre 5

¹Voyant la foule, Jésus monta sur la montagne; et, après qu'il se fut assis, ses disciples s'approchèrent de lui.

²Puis, ayant ouvert la bouche, il les enseigna, et dit:

³Heureux les pauvres en esprit, car le royaume des cieux est à eux!

⁴Heureux les affligés, car ils seront consolés!

⁵Heureux les débonnaires, car ils hériteront la terre!

⁶Heureux ceux qui ont faim et soif de la justice, car ils seront rassasiés!

⁷Heureux les miséricordieux, car ils obtiendront miséricorde!

⁸Heureux ceux qui ont le coeur pur, car ils verront Dieu!

⁹Heureux ceux qui procurent la paix, car ils seront appelés fils de Dieu!

¹⁰Heureux ceux qui sont persécutés pour la justice, car le royaume des cieux est à eux!

¹¹Heureux serez-vous, lorsqu'on vous outragera, qu'on vous persécutera et qu'on dira faussement de vous toute sorte de mal, à cause de moi.

¹²Réjouissez-vous et soyez dans l'allégresse, parce que votre récompense sera grande dans les cieux; car c'est ainsi qu'on a persécuté les prophètes qui ont été avant vous.

¹³Vous êtes le sel de la terre. Mais si le sel perd sa saveur, avec quoi la lui rendra-t-on? Il ne sert plus qu'à être jeté dehors, et foulé aux pieds par les hommes.

¹⁴Vous êtes la lumière du monde. Une ville située sur une montagne ne peut être cachée;

¹⁵et on n'allume pas une lampe pour la mettre sous le boisseau, mais on la met sur le chandelier, et elle éclaire tous ceux qui sont dans la maison.

¹⁶Que votre lumière luise ainsi devant les hommes, afin qu'ils voient vos bonnes oeuvres, et qu'ils glorifient votre Père qui est dans les cieux.

¹⁷Ne croyez pas que je sois venu pour abolir la loi ou les prophètes; je suis venu non pour abolir, mais pour accomplir.

¹⁸Car, je vous le dis en vérité, tant que le ciel et la terre ne passeront point, il ne disparaîtra pas de la loi un seul iota ou un seul trait de lettre, jusqu'à ce que tout soit arrivé.

¹⁹Celui donc qui supprimera l'un de ces plus petits commandements, et qui enseignera aux hommes à faire de même, sera appelé le plus petit dans le royaume des cieux; mais celui qui les observera, et qui enseignera à les observer, celui-là sera appelé grand dans le royaume des cieux.

²⁰Car, je vous le dis, si votre justice ne surpasse celle des scribes et des pharisiens, vous n'entrerez point dans le royaume des cieux.

²¹Vous avez entendu qu'il a été dit aux anciens: Tu ne tueras point; celui qui tuera mérite d'être puni par les juges.

²²Mais moi, je vous dis que quiconque se met en colère contre son frère mérite d'être puni par les juges; que celui qui dira à son frère: Raca! mérite d'être puni par le sanhédrin; et que celui qui lui dira: Insensé! mérite d'être puni par le feu de la géhenne.

²³Si donc tu présentes ton offrande à l'autel, et que là tu te souviennes que ton frère a quelque chose contre toi,

²⁴laisse là ton offrande devant l'autel, et va d'abord te réconcilier avec ton frère; puis, viens présenter ton offrande.

²⁵Accorde-toi promptement avec ton adversaire, pendant que tu es en chemin avec lui, de peur qu'il ne te livre au juge, que le juge ne te livre à l'officier de justice, et que tu ne sois mis en prison.

²⁶Je te le dis en vérité, tu ne sortiras pas de là que tu n'aies payé le dernier quadrant.

²⁷Vous avez appris qu'il a été dit: Tu ne commettras point d'adultère.

²⁸Mais moi, je vous dis que quiconque regarde une femme pour la convoiter a déjà commis un adultère avec elle dans son coeur.

²⁹Si ton oeil droit est pour toi une occasion de chute, arrache-le et jette-le loin de toi; car il est avantageux pour toi qu'un seul de tes membres périsse, et que ton corps entier ne soit pas jeté dans la géhenne.

³⁰Et si ta main droite est pour toi une occasion de chute, coupe-la et jette-la loin de toi; car il est avantageux pour toi qu'un seul de tes membres périsse, et que ton corps entier n'aille pas dans la géhenne.

³¹Il a été dit: Que celui qui répudie sa femme lui donne une lettre de divorce.

³²Mais moi, je vous dis que celui qui répudie sa femme, sauf pour cause d'infidélité, l'expose à devenir adultère, et que celui qui épouse une femme répudiée commet un adultère.

³³Vous avez encore appris qu'il a été dit aux anciens: Tu ne te parjureras point, mais tu t'acquitteras envers le Seigneur de ce que tu as déclaré par serment.

³⁴Mais moi, je vous dis de ne jurer aucunement, ni par le ciel, parce que c'est le trône de Dieu;

³⁵ni par la terre, parce que c'est son marchepied; ni par Jérusalem, parce que c'est la ville du grand roi.

³⁶Ne jure pas non plus par ta tête, car tu ne peux rendre blanc ou noir un seul cheveu.

³⁷Que votre parole soit oui, oui, non, non; ce qu'on y ajoute vient du malin.

Matthieu

³⁸Vous avez appris qu'il a été dit: oeil pour oeil, et dent pour dent.

³⁹Mais moi, je vous dis de ne pas résister au méchant. Si quelqu'un te frappe sur la joue droite, présente-lui aussi l'autre.

⁴⁰Si quelqu'un veut plaider contre toi, et prendre ta tunique, laisse-lui encore ton manteau.

⁴¹Si quelqu'un te force à faire un mille, fais-en deux avec lui.

⁴²Donne à celui qui te demande, et ne te détourne pas de celui qui veut emprunter de toi.

⁴³Vous avez appris qu'il a été dit: Tu aimeras ton prochain, et tu haïras ton ennemi.

⁴⁴Mais moi, je vous dis: Aimez vos ennemis, bénissez ceux qui vous maudissent, faites du bien à ceux qui vous haïssent, et priez pour ceux qui vous maltraitent et qui vous persécutent,

⁴⁵afin que vous soyez fils de votre Père qui est dans les cieux; car il fait lever son soleil sur les méchants et sur les bons, et il fait pleuvoir sur les justes et sur les injustes.

⁴⁶Si vous aimez ceux qui vous aiment, quelle récompense méritez-vous? Les publicains aussi n'agissent-ils pas de même?

⁴⁷Et si vous saluez seulement vos frères, que faites-vous d'extraordinaire? Les païens aussi n'agissent-ils pas de même?

⁴⁸Soyez donc parfaits, comme votre Père céleste est parfait.

Chapitre 6

¹Gardez-vous de pratiquer votre justice devant les hommes, pour en être vus; autrement, vous n'aurez point de récompense auprès de votre Père qui est dans les cieux.

²Lors donc que tu fais l'aumône, ne sonne pas de la trompette devant toi, comme font les hypocrites dans les synagogues et dans les rues, afin d'être glorifiés par les hommes. Je vous le dis en vérité, ils reçoivent leur récompense.

³Mais quand tu fais l'aumône, que ta main gauche ne sache pas ce que fait ta droite,

⁴afin que ton aumône se fasse en secret; et ton Père, qui voit dans le secret, te le rendra.

⁵Lorsque vous priez, ne soyez pas comme les hypocrites, qui aiment à prier debout dans les synagogues et aux coins des rues, pour être vus des hommes. Je vous le dis en vérité, ils reçoivent leur récompense.

⁶Mais quand tu pries, entre dans ta chambre, ferme ta porte, et prie ton Père qui est là dans le lieu secret; et ton Père, qui voit dans le secret, te le rendra.

⁷En priant, ne multipliez pas de vaines paroles, comme les païens, qui s'imaginent qu'à force de paroles ils seront exaucés.

⁸Ne leur ressemblez pas; car votre Père sait de quoi vous avez besoin, avant que vous le lui demandiez.

⁹Voici donc comment vous devez prier: Notre Père qui es aux cieux! Que ton nom soit sanctifié;

¹⁰que ton règne vienne; que ta volonté soit faite sur la terre comme au ciel.

¹¹Donne-nous aujourd'hui notre pain quotidien;

¹²pardonne-nous nos offenses, comme nous aussi nous pardonnons à ceux qui nous ont offensés;

¹³ne nous induis pas en tentation, mais délivre-nous du malin. Car c'est à toi qu'appartiennent, dans tous les siècles, le règne, la puissance et la gloire. Amen!

¹⁴Si vous pardonnez aux hommes leurs offenses, votre Père céleste vous pardonnera aussi;

¹⁵mais si vous ne pardonnez pas aux hommes, votre Père ne vous pardonnera pas non plus vos offenses.

¹⁶Lorsque vous jeûnez, ne prenez pas un air triste, comme les hypocrites, qui se rendent le visage tout défait, pour montrer aux hommes qu'ils jeûnent. Je vous le dis en vérité, ils reçoivent leur récompense.

¹⁷Mais quand tu jeûnes, parfume ta tête et lave ton visage,

¹⁸afin de ne pas montrer aux hommes que tu jeûnes, mais à ton Père qui est là dans le lieu secret; et ton Père, qui voit dans le secret, te le rendra.

¹⁹Ne vous amassez pas des trésors sur la terre, où la teigne et la rouille détruisent, et où les voleurs percent et dérobent;

²⁰mais amassez-vous des trésors dans le ciel, où la teigne et la rouille ne détruisent point, et où les voleurs ne percent ni ne dérobent.

²¹Car là où est ton trésor, là aussi sera ton coeur.

²²L'oeil est la lampe du corps. Si ton oeil est en bon état, tout ton corps sera éclairé;

²³mais si ton oeil est en mauvais état, tout ton corps sera dans les ténèbres. Si donc la lumière qui est en toi est ténèbres, combien seront grandes ces ténèbres!

²⁴Nul ne peut servir deux maîtres. Car, ou il haïra l'un, et aimera l'autre; ou il s'attachera à l'un, et méprisera l'autre. Vous ne pouvez servir Dieu et Mamon.

²⁵C'est pourquoi je vous dis: Ne vous inquiétez pas pour votre vie de ce que vous mangerez, ni pour votre corps, de quoi vous serez vêtus. La vie n'est-elle pas plus que la nourriture, et le corps plus que le vêtement?

²⁶Regardez les oiseaux du ciel: ils ne sèment ni ne moissonnent, et ils n'amassent rien dans des greniers; et votre Père céleste les nourrit. Ne valez-vous pas beaucoup plus qu'eux?

²⁷Qui de vous, par ses inquiétudes, peut ajouter une coudée à la durée de sa vie?

²⁸Et pourquoi vous inquiéter au sujet du vêtement? Considérez comment croissent les lis des champs: ils ne travaillent ni ne filent;

²⁹cependant je vous dis que Salomon même, dans toute sa gloire, n'a pas été vêtu comme l'un d'eux.

³⁰Si Dieu revêt ainsi l'herbe des champs, qui existe aujourd'hui et qui demain sera jetée au four, ne vous vêtira-t-il pas à plus forte raison, gens de peu de foi?

³¹Ne vous inquiétez donc point, et ne dites pas: Que mangerons-nous? que boirons-nous? de quoi serons-nous vêtus?

³²Car toutes ces choses, ce sont les païens qui les recherchent. Votre Père céleste sait que vous en avez besoin.

³³Cherchez premièrement le royaume et la justice de Dieu; et toutes ces choses vous seront données par-dessus.

³⁴Ne vous inquiétez donc pas du lendemain; car le lendemain aura soin de lui-même. A chaque jour suffit sa peine.

Chapitre 7

¹Ne jugez point, afin que vous ne soyez point jugés.

²Car on vous jugera du jugement dont vous jugez, et l'on vous mesurera avec la mesure dont vous mesurez.

³Pourquoi vois-tu la paille qui est dans l'oeil de ton frère, et n'aperçois-tu pas la poutre qui est dans ton oeil?

⁴Ou comment peux-tu dire à ton frère: Laisse-moi ôter une paille de ton oeil, toi qui as une poutre dans le tien?

⁵Hypocrite, ôte premièrement la poutre de ton oeil, et alors tu verras comment ôter la paille de l'oeil de ton frère.

⁶Ne donnez pas les choses saintes aux chiens, et ne jetez pas vos perles devant les pourceaux, de peur qu'ils ne les foulent aux pieds, ne se retournent et ne vous déchirent.

⁷Demandez, et l'on vous donnera; cherchez, et vous trouverez; frappez, et l'on vous ouvrira.

⁸Car quiconque demande reçoit, celui qui cherche trouve, et l'on ouvre à celui qui frappe.

⁹Lequel de vous donnera une pierre à son fils, s'il lui demande du pain?

¹⁰Ou, s'il demande un poisson, lui donnera-t-il un serpent?

¹¹Si donc, méchants comme vous l'êtes, vous savez donner de bonnes choses à vos enfants, à combien plus forte raison votre Père qui est dans les cieux donnera-t-il de bonnes choses à ceux qui les lui demandent.

¹²Tout ce que vous voulez que les hommes fassent pour vous, faites-le de même pour eux, car c'est la loi et les prophètes.

¹³Entrez par la porte étroite. Car large est la porte, spacieux est le chemin qui mènent à la perdition, et il y en a beaucoup qui entrent par là.

¹⁴Mais étroite est la porte, resserré le chemin qui mènent à la vie, et il y en a peu qui les trouvent.

¹⁵Gardez-vous des faux prophètes. Ils viennent à vous en vêtement de brebis, mais au dedans ce sont des loups ravisseurs.

¹⁶Vous les reconnaîtrez à leurs fruits. Cueille-t-on des raisins sur des épines, ou des figues sur des chardons?

¹⁷Tout bon arbre porte de bons fruits, mais le mauvais arbre porte de mauvais fruits.

¹⁸Un bon arbre ne peut porter de mauvais fruits, ni un mauvais arbre porter de bons fruits.

¹⁹Tout arbre qui ne porte pas de bons fruits est coupé et jeté au feu.

²⁰C'est donc à leurs fruits que vous les reconnaîtrez.

²¹Ceux qui me disent: Seigneur, Seigneur! n'entreront pas tous dans le royaume des cieux, mais celui-là seul qui fait la volonté de mon Père qui est dans les cieux.

²²Plusieurs me diront en ce jour-là: Seigneur, Seigneur, n'avons-nous pas prophétisé par ton nom? n'avons-nous pas chassé des démons par ton nom? et n'avons-nous pas fait beaucoup de miracles par ton nom?

²³Alors je leur dirai ouvertement: Je ne vous ai jamais connus, retirez-vous de moi, vous qui commettez l'iniquité.

²⁴C'est pourquoi, quiconque entend ces paroles que je dis et les met en pratique, sera semblable à un homme prudent qui a bâti sa maison sur le roc.

²⁵La pluie est tombée, les torrents sont venus, les vents ont soufflé et se sont jetés contre cette maison: elle n'est point tombée, parce qu'elle était fondée sur le roc.

²⁶Mais quiconque entend ces paroles que je dis, et ne les met pas en pratique, sera semblable à un homme insensé qui a bâti sa maison sur le sable.

²⁷La pluie est tombée, les torrents sont venus, les vents ont soufflé et ont battu cette maison: elle est tombée, et sa ruine a été grande.

²⁸Après que Jésus eut achevé ces discours, la foule fut frappée de sa doctrine;

²⁹car il enseignait comme ayant autorité, et non pas comme leurs scribes.

Chapitre 8

¹Lorsque Jésus fut descendu de la montagne, une grande foule le suivit.

²Et voici, un lépreux s'étant approché se prosterna devant lui, et dit: Seigneur, si tu le veux, tu peux me rendre pur.

³Jésus étendit la main, le toucha, et dit: Je le veux, sois pur. Aussitôt il fut purifié de sa lèpre.

⁴Puis Jésus lui dit: Garde-toi d'en parler à personne; mais va te montrer au sacrificateur, et présente l'offrande que Moïse a prescrite, afin que cela leur serve de témoignage.

⁵Comme Jésus entrait dans Capernaüm, un centenier l'aborda,

⁶le priant et disant: Seigneur, mon serviteur est couché à la maison, atteint de paralysie et souffrant beaucoup.

⁷Jésus lui dit: J'irai, et je le guérirai.

⁸Le centenier répondit: Seigneur, je ne suis pas digne que tu entres sous mon toit; mais dis seulement un mot, et mon serviteur sera guéri.

⁹Car, moi qui suis soumis à des supérieurs, j'ai des soldats sous mes ordres; et je dis à l'un: Va! il va; à l'autre: Viens! il vient; et à mon serviteur: Fais cela! il le fait.

¹⁰Après l'avoir entendu, Jésus fut dans l'étonnement, et il dit à ceux qui le suivaient: Je vous le dis en vérité, même en Israël je n'ai pas trouvé une aussi grande foi.

¹¹Or, je vous déclare que plusieurs viendront de l'orient et de l'occident, et seront à table avec Abraham, Isaac et Jacob, dans le royaume des cieux.

¹²Mais les fils du royaume seront jetés dans les ténèbres du dehors, où il y aura des pleurs et des grincements de dents.

¹³Puis Jésus dit au centenier: Va, qu'il te soit fait selon ta foi. Et à l'heure même le serviteur fut guéri.

¹⁴Jésus se rendit ensuite à la maison de Pierre, dont il vit la belle-mère couchée et ayant la fièvre.

¹⁵Il toucha sa main, et la fièvre la quitta; puis elle se leva, et le servit.

¹⁶Le soir, on amena auprès de Jésus plusieurs démoniaques. Il chassa les esprits par sa parole, et il guérit tous les malades,

¹⁷afin que s'accomplît ce qui avait été annoncé par Ésaïe, le prophète: Il a pris nos infirmités, et il s'est chargé de nos maladies.

¹⁸Jésus, voyant une grande foule autour de lui, donna l'ordre de passer à l'autre bord.

¹⁹Un scribe s'approcha, et lui dit: Maître, je te suivrai partout où tu iras.

²⁰Jésus lui répondit: Les renards ont des tanières, et les oiseaux du ciel ont des nids; mais le Fils de l'homme n'a pas où reposer sa tête.

²¹Un autre, d'entre les disciples, lui dit: Seigneur, permets-moi d'aller d'abord ensevelir mon père.

²²Mais Jésus lui répondit: Suis-moi, et laisse les morts ensevelir leurs morts.

²³Il monta dans la barque, et ses disciples le suivirent.

²⁴Et voici, il s'éleva sur la mer une si grande tempête que la barque était couverte par les flots. Et lui, il dormait.

²⁵Les disciples s'étant approchés le réveillèrent, et dirent: Seigneur, sauve-nous, nous périssons!

²⁶Il leur dit: Pourquoi avez-vous peur, gens de peu de foi? Alors il se leva, menaça les vents et la mer, et il y eut un grand calme.

²⁷Ces hommes furent saisis d'étonnement: Quel est celui-ci, disaient-ils, à qui obéissent même les vents et la mer?

²⁸Lorsqu'il fut à l'autre bord, dans le pays des Gadaréniens, deux démoniaques, sortant des sépulcres, vinrent au-devant de lui. Ils étaient si furieux que personne n'osait passer par là.

²⁹Et voici, ils s'écrièrent: Qu'y a-t-il entre nous et toi, Fils de Dieu? Es-tu venu ici pour nous tourmenter avant le temps?

³⁰Il y avait loin d'eux un grand troupeau de pourceaux qui paissaient.

³¹Les démons priaient Jésus, disant: Si tu nous chasses, envoie-nous dans ce troupeau de pourceaux.

³²Il leur dit: Allez! Ils sortirent, et entrèrent dans les pourceaux. Et voici, tout le troupeau se précipita des pentes escarpées dans la mer, et ils périrent dans les eaux.

³³Ceux qui les faisaient paître s'enfuirent, et allèrent dans la ville raconter tout ce qui s'était passé et ce qui était arrivé aux démoniaques.

³⁴Alors toute la ville sortit à la rencontre de Jésus; et, dès qu'ils le virent, ils le supplièrent de quitter leur territoire.

Chapitre 9

¹Jésus, étant monté dans une barque, traversa la mer, et alla dans sa ville.

²Et voici, on lui amena un paralytique couché sur un lit. Jésus, voyant leur foi, dit au paralytique: Prends courage, mon enfant, tes péchés te sont pardonnés.

³Sur quoi, quelques scribes dirent au dedans d'eux: Cet homme blasphème.

⁴Et Jésus, connaissant leurs pensées, dit: Pourquoi avez-vous de mauvaises pensées dans vos coeurs?

⁵Car, lequel est le plus aisé, de dire: Tes péchés sont pardonnés, ou de dire: Lève-toi, et marche?

⁶Or, afin que vous sachiez que le Fils de l'homme a sur la terre le pouvoir de pardonner les péchés: Lève-toi, dit-il au paralytique, prends ton lit, et va dans ta maison.

⁷Et il se leva, et s'en alla dans sa maison.

⁸Quand la foule vit cela, elle fut saisie de crainte, et elle glorifia Dieu, qui a donné aux hommes un tel pouvoir.

⁹De là étant allé plus loin, Jésus vit un homme assis au lieu des péages, et qui s'appelait Matthieu. Il lui dit: Suis-moi. Cet homme se leva, et le suivit.

¹⁰Comme Jésus était à table dans la maison, voici, beaucoup de publicains et de gens de mauvaise vie vinrent se mettre à table avec lui et avec ses disciples.

¹¹Les pharisiens virent cela, et ils dirent à ses disciples: Pourquoi votre maître mange-t-il avec les publicains et les gens de mauvaise vie?

¹²Ce que Jésus ayant entendu, il dit: Ce ne sont pas ceux qui se portent bien qui ont besoin de médecin, mais les malades.

¹³Allez, et apprenez ce que signifie: Je prends plaisir à la miséricorde, et non aux sacrifices. Car je ne suis pas venu appeler des justes, mais des pécheurs.

¹⁴Alors les disciples de Jean vinrent auprès de Jésus, et dirent: Pourquoi nous et les pharisiens jeûnons-nous, tandis que tes disciples ne jeûnent point?

¹⁵Jésus leur répondit: Les amis de l'époux peuvent-ils s'affliger pendant que l'époux est avec eux? Les jours viendront où l'époux leur sera enlevé, et alors ils jeûneront.

¹⁶Personne ne met une pièce de drap neuf à un vieil habit; car elle emporterait une partie de l'habit, et la déchirure serait pire.

¹⁷On ne met pas non plus du vin nouveau dans de vieilles outres; autrement, les outres se rompent, le vin se répand, et les outres sont perdues; mais on met le vin nouveau dans des outres neuves, et le vin et les outres se conservent.

¹⁸Tandis qu'il leur adressait ces paroles, voici, un chef arriva, se prosterna devant lui, et dit: Ma fille est morte il y a un instant; mais viens, impose-lui les mains, et elle vivra.

¹⁹Jésus se leva, et le suivit avec ses disciples.

²⁰Et voici, une femme atteinte d'une perte de sang depuis douze ans s'approcha par derrière, et toucha le bord de son vêtement.

²¹Car elle disait en elle-même: Si je puis seulement toucher son vêtement, je serai guérie.

²²Jésus se retourna, et dit, en la voyant: Prends courage, ma fille, ta foi t'a guérie. Et cette femme fut guérie à l'heure même.

²³Lorsque Jésus fut arrivé à la maison du chef, et qu'il vit les joueurs de flûte et la foule bruyante,

²⁴il leur dit: Retirez-vous; car la jeune fille n'est pas morte, mais elle dort. Et ils se moquaient de lui.

²⁵Quand la foule eut été renvoyée, il entra, prit la main de la jeune fille, et la jeune fille se leva.

²⁶Le bruit s'en répandit dans toute la contrée.

²⁷Étant parti de là, Jésus fut suivi par deux aveugles, qui criaient: Aie pitié de nous, Fils de David!

²⁸Lorsqu'il fut arrivé à la maison, les aveugles s'approchèrent de

Matthieu

lui, et Jésus leur dit: Croyez-vous que je puisse faire cela? Oui, Seigneur, lui répondirent-ils.

²⁹Alors il leur toucha leurs yeux, en disant: Qu'il vous soit fait selon votre foi.

³⁰Et leurs yeux s'ouvrirent. Jésus leur fit cette recommandation sévère: Prenez garde que personne ne le sache.

³¹Mais, dès qu'ils furent sortis, ils répandirent sa renommée dans tout le pays.

³²Comme ils s'en allaient, voici, on amena à Jésus un démoniaque muet.

³³Le démon ayant été chassé, le muet parla. Et la foule étonnée disait: Jamais pareille chose ne s'est vue en Israël.

³⁴Mais les pharisiens dirent: C'est par le prince des démons qu'il chasse les démons.

³⁵Jésus parcourait toutes les villes et les villages, enseignant dans les synagogues, prêchant la bonne nouvelle du royaume, et guérissant toute maladie et toute infirmité.

³⁶Voyant la foule, il fut ému de compassion pour elle, parce qu'elle était languissante et abattue, comme des brebis qui n'ont point de berger.

³⁷Alors il dit à ses disciples: La moisson est grande, mais il y a peu d'ouvriers.

³⁸Priez donc le maître de la moisson d'envoyer des ouvriers dans sa moisson.

Chapitre 10

¹Puis, ayant appelé ses douze disciples, il leur donna le pouvoir de chasser les esprits impurs, et de guérir toute maladie et toute infirmité.

²Voici les noms des douze apôtres. Le premier, Simon appelé Pierre, et André, son frère; Jacques, fils de Zébédée, et Jean, son frère;

³Philippe, et Barthélemy; Thomas, et Matthieu, le publicain; Jacques, fils d'Alphée, et Thaddée;

⁴Simon le Cananite, et Judas l'Iscariot, celui qui livra Jésus.

⁵Tels sont les douze que Jésus envoya, après leur avoir donné les instructions suivantes: N'allez pas vers les païens, et n'entrez pas dans les villes des Samaritains;

⁶allez plutôt vers les brebis perdues de la maison d'Israël.

⁷Allez, prêchez, et dites: Le royaume des cieux est proche.

⁸Guérissez les malades, ressuscitez les morts, purifiez les lépreux, chassez les démons. Vous avez reçu gratuitement, donnez gratuitement.

⁹Ne prenez ni or, ni argent, ni monnaie, dans vos ceintures;

¹⁰ni sac pour le voyage, ni deux tuniques, ni souliers, ni bâton; car l'ouvrier mérite sa nourriture.

¹¹Dans quelque ville ou village que vous entriez, informez-vous s'il s'y trouve quelque homme digne de vous recevoir; et demeurez chez lui jusqu'à ce que vous partiez.

¹²En entrant dans la maison, saluez-la;

¹³et, si la maison en est digne, que votre paix vienne sur elle; mais si elle n'en est pas digne, que votre paix retourne à vous.

¹⁴Lorsqu'on ne vous recevra pas et qu'on n'écoutera pas vos paroles, sortez de cette maison ou de cette ville et secouez la poussière de vos pieds.

¹⁵Je vous le dis en vérité: au jour du jugement, le pays de Sodome et de Gomorrhe sera traité moins rigoureusement que cette ville-là.

¹⁶Voici, je vous envoie comme des brebis au milieu des loups. Soyez donc prudents comme les serpents, et simples comme les colombes.

¹⁷Mettez-vous en garde contre les hommes; car ils vous livreront aux tribunaux, et ils vous battront de verges dans leurs synagogues;

¹⁸vous serez menés, à cause de moi, devant des gouverneurs et devant des rois, pour servir de témoignage à eux et aux païens.

¹⁹Mais, quand on vous livrera, ne vous inquiétez ni de la manière dont vous parlerez ni de ce que vous direz: ce que vous aurez à dire vous sera donné à l'heure même;

²⁰car ce n'est pas vous qui parlerez, c'est l'Esprit de votre Père qui parlera en vous.

²¹Le frère livrera son frère à la mort, et le père son enfant; les enfants se soulèveront contre leurs parents, et les feront mourir.

²²Vous serez haïs de tous, à cause de mon nom; mais celui qui persévérera jusqu'à la fin sera sauvé.

²³Quand on vous persécutera dans une ville, fuyez dans une autre. Je vous le dis en vérité, vous n'aurez pas achevé de parcourir les villes d'Israël que le Fils de l'homme sera venu.

²⁴Le disciple n'est pas plus que le maître, ni le serviteur plus que son seigneur.

²⁵Il suffit au disciple d'être traité comme son maître, et au serviteur comme son seigneur. S'ils ont appelé le maître de la maison Béelzébul, à combien plus forte raison appelleront-ils ainsi les gens de sa maison!

²⁶Ne les craignez donc point; car il n'y a rien de caché qui ne doive être découvert, ni de secret qui ne doive être connu.

²⁷Ce que je vous dis dans les ténèbres, dites-le en plein jour; et ce qui vous est dit à l'oreille, prêchez-le sur les toits.

²⁸Ne craignez pas ceux qui tuent le corps et qui ne peuvent tuer l'âme; craignez plutôt celui qui peut faire périr l'âme et le corps dans la géhenne.

²⁹Ne vend-on pas deux passereaux pour un sou? Cependant, il n'en tombe pas un à terre sans la volonté de votre Père.

³⁰Et même les cheveux de votre tête sont tous comptés.

³¹Ne craignez donc point: vous valez plus que beaucoup de passereaux.

³²C'est pourquoi, quiconque me confessera devant les hommes, je le confesserai aussi devant mon Père qui est dans les cieux;

³³mais quiconque me reniera devant les hommes, je le renierai aussi devant mon Père qui est dans les cieux.

³⁴Ne croyez pas que je sois venu apporter la paix sur la terre; je ne suis pas venu apporter la paix, mais l'épée.

³⁵Car je suis venu mettre la division entre l'homme et son père, entre la fille et sa mère, entre la belle-fille et sa belle-mère;

³⁶et l'homme aura pour ennemis les gens de sa maison.

³⁷Celui qui aime son père ou sa mère plus que moi n'est pas digne de moi, et celui qui aime son fils ou sa fille plus que moi n'est pas digne de moi;

³⁸celui qui ne prend pas sa croix, et ne me suit pas, n'est pas digne de moi.

³⁹Celui qui conservera sa vie la perdra, et celui qui perdra sa vie à cause de moi la retrouvera.

⁴⁰Celui qui vous reçoit me reçoit, et celui qui me reçoit, reçoit celui qui m'a envoyé.

⁴¹Celui qui reçoit un prophète en qualité de prophète recevra une récompense de prophète, et celui qui reçoit un juste en qualité de juste recevra une récompense de juste.

⁴²Et quiconque donnera seulement un verre d'eau froide à l'un de ces petits parce qu'il est mon disciple, je vous le dis en vérité, il ne perdra point sa récompense.

Chapitre 11

¹Lorsque Jésus eut achevé de donner ses instructions à ses douze disciples, il partit de là, pour enseigner et prêcher dans les villes du pays.

²Jean, ayant entendu parler dans sa prison des oeuvres du Christ, lui fit dire par ses disciples:

³Es-tu celui qui doit venir, ou devons-nous en attendre un autre?

⁴Jésus leur répondit: Allez rapporter à Jean ce que vous entendez et ce que vous voyez:

⁵les aveugles voient, les boiteux marchent, les lépreux sont purifiés, les sourds entendent, les morts ressuscitent, et la bonne nouvelle est annoncée aux pauvres.

⁶Heureux celui pour qui je ne serai pas une occasion de chute!

⁷Comme ils s'en allaient, Jésus se mit à dire à la foule, au sujet de Jean: Qu'êtes-vous allés voir au désert? un roseau agité par le vent?

⁸Mais, qu'êtes-vous allés voir? un homme vêtu d'habits précieux? Voici, ceux qui portent des habits précieux sont dans les maisons des rois.

⁹Qu'êtes-vous donc allés voir? un prophète? Oui, vous dis-je, et plus qu'un prophète.

¹⁰Car c'est celui dont il est écrit: Voici, j'envoie mon messager devant ta face, Pour préparer ton chemin devant toi.

¹¹Je vous le dis en vérité, parmi ceux qui sont nés de femmes, il n'en a point paru de plus grand que Jean Baptiste. Cependant, le plus petit dans le royaume des cieux est plus grand que lui.

¹²Depuis le temps de Jean Baptiste jusqu'à présent, le royaume des cieux est forcé, et ce sont les violents qui s'en s'emparent.

¹³Car tous les prophètes et la loi ont prophétisé jusqu'à Jean;

¹⁴et, si vous voulez le comprendre, c'est lui qui est l'Élie qui devait venir.

¹⁵Que celui qui a des oreilles pour entendre entende.

¹⁶A qui comparerai-je cette génération? Elle ressemble à des enfants assis dans des places publiques, et qui, s'adressant à d'autres enfants,

¹⁷disent: Nous vous avons joué de la flûte, et vous n'avez pas dansé; nous avons chanté des complaintes, et vous ne vous êtes pas lamentés.

¹⁸Car Jean est venu, ne mangeant ni ne buvant, et ils disent: Il a un démon.

¹⁹Le Fils de l'homme est venu, mangeant et buvant, et ils disent: C'est un mangeur et un buveur, un ami des publicains et des gens de mauvaise vie. Mais la sagesse a été justifiée par ses oeuvres.

²⁰Alors il se mit à faire des reproches aux villes dans lesquelles avaient eu lieu la plupart de ses miracles, parce qu'elles ne s'étaient pas repenties.

²¹Malheur à toi, Chorazin! malheur à toi, Bethsaïda! car, si les miracles qui ont été faits au milieu de vous avaient été faits dans Tyr et dans Sidon, il y a longtemps qu'elles se seraient repenties, en prenant le sac et la cendre.

²²C'est pourquoi je vous le dis: au jour du jugement, Tyr et Sidon seront traitées moins rigoureusement que vous.

²³Et toi, Capernaüm, seras-tu élevée jusqu'au ciel? Non. Tu seras abaissée jusqu'au séjour des morts; car, si les miracles qui ont été faits au milieu de toi avaient été faits dans Sodome, elle subsisterait encore aujourd'hui.

²⁴C'est pourquoi je vous le dis: au jour du jugement, le pays de Sodome sera traité moins rigoureusement que toi.

²⁵En ce temps-là, Jésus prit la parole, et dit: Je te loue, Père, Seigneur du ciel et de la terre, de ce que tu as caché ces choses aux sages et aux intelligents, et de ce que tu les as révélées aux enfants.

²⁶Oui, Père, je te loue de ce que tu l'as voulu ainsi.

²⁷Toutes choses m'ont été données par mon Père, et personne ne connaît le Fils, si ce n'est le Père; personne non plus ne connaît le Père, si ce n'est le Fils et celui à qui le Fils veut le révéler.

²⁸Venez à moi, vous tous qui êtes fatigués et chargés, et je vous donnerai du repos.

²⁹Prenez mon joug sur vous et recevez mes instructions, car je suis doux et humble de coeur; et vous trouverez du repos pour vos âmes.

³⁰Car mon joug est doux, et mon fardeau léger.

Chapitre 12

¹En ce temps-là, Jésus traversa des champs de blé un jour de sabbat. Ses disciples, qui avaient faim, se mirent à arracher des épis et à manger.

²Les pharisiens, voyant cela, lui dirent: Voici, tes disciples font ce qu'il n'est pas permis de faire pendant le sabbat.

³Mais Jésus leur répondit: N'avez-vous pas lu ce que fit David, lorsqu'il eut faim, lui et ceux qui étaient avec lui;

⁴comment il entra dans la maison de Dieu, et mangea les pains de proposition, qu'il ne lui était pas permis de manger, non plus qu'à ceux qui étaient avec lui, et qui étaient réservés aux sacrificateurs seuls?

⁵Ou, n'avez-vous pas lu dans la loi que, les jours de sabbat, les sacrificateurs violent le sabbat dans le temple, sans se rendre coupables?

⁶Or, je vous le dis, il y a ici quelque chose de plus grand que le temple.

⁷Si vous saviez ce que signifie: Je prends plaisir à la miséricorde, et non aux sacrifices, vous n'auriez pas condamné des innocents.

⁸Car le Fils de l'homme est maître du sabbat.

⁹Étant parti de là, Jésus entra dans la synagogue.

¹⁰Et voici, il s'y trouvait un homme qui avait la main sèche. Ils demandèrent à Jésus: Est-il permis de faire une guérison les jours de sabbat? C'était afin de pouvoir l'accuser.

¹¹Il leur répondit: Lequel d'entre vous, s'il n'a qu'une brebis et qu'elle tombe dans une fosse le jour du sabbat, ne la saisira pour l'en retirer?

¹²Combien un homme ne vaut-il pas plus qu'une brebis! Il est donc permis de faire du bien les jours de sabbat.

¹³Alors il dit à l'homme: Étends ta main. Il l'étendit, et elle devint saine comme l'autre.

¹⁴Les pharisiens sortirent, et ils se consultèrent sur les moyens de le faire périr.

¹⁵Mais Jésus, l'ayant su, s'éloigna de ce lieu. Une grande foule le suivit. Il guérit tous les malades,

¹⁶et il leur recommanda sévèrement de ne pas le faire connaître,

¹⁷afin que s'accomplît ce qui avait été annoncé par Ésaïe, le prophète:

¹⁸Voici mon serviteur que j'ai choisi, Mon bien-aimé en qui mon âme a pris plaisir. Je mettrai mon Esprit sur lui, Et il annoncera la justice aux nations.

¹⁹Il ne contestera point, il ne criera point, Et personne n'entendra sa voix dans les rues.

²⁰Il ne brisera point le roseau cassé, Et il n'éteindra point le lumignon qui fume, Jusqu'à ce qu'il ait fait triompher la justice.

²¹Et les nations espéreront en son nom.

²²Alors on lui amena un démoniaque aveugle et muet, et il le guérit, de sorte que le muet parlait et voyait.

²³Toute la foule étonnée disait: N'est-ce point là le Fils de David?

²⁴Les pharisiens, ayant entendu cela, dirent: Cet homme ne chasse les démons que par Béelzébul, prince des démons.

²⁵Comme Jésus connaissait leurs pensées, il leur dit: Tout royaume divisé contre lui-même est dévasté, et toute ville ou maison divisée contre elle-même ne peut subsister.

²⁶Si Satan chasse Satan, il est divisé contre lui-même; comment donc son royaume subsistera-t-il?

²⁷Et si moi, je chasse les démons par Béelzébul, vos fils, par qui les chassent-ils? C'est pourquoi ils seront eux-mêmes vos juges.

²⁸Mais, si c'est par l'Esprit de Dieu que je chasse les démons, le royaume de Dieu est donc venu vers vous.

²⁹Ou, comment quelqu'un peut-il entrer dans la maison d'un homme fort et piller ses biens, sans avoir auparavant lié cet homme fort? Alors seulement il pillera sa maison.

³⁰Celui qui n'est pas avec moi est contre moi, et celui qui n'assemble pas avec moi disperse.

³¹C'est pourquoi je vous dis: Tout péché et tout blasphème sera pardonné aux hommes, mais le blasphème contre l'Esprit ne sera point pardonné.

³²Quiconque parlera contre le Fils de l'homme, il lui sera pardonné; mais quiconque parlera contre le Saint Esprit, il ne lui sera pardonné ni dans ce siècle ni dans le siècle à venir.

³³Ou dites que l'arbre est bon et que son fruit est bon, ou dites que l'arbre est mauvais et que son fruit est mauvais; car on connaît l'arbre par le fruit.

³⁴Races de vipères, comment pourriez-vous dire de bonnes choses, méchants comme vous l'êtes? Car c'est de l'abondance du coeur que la bouche parle.

³⁵L'homme bon tire de bonnes choses de son bon trésor, et l'homme méchant tire de mauvaises choses de son mauvais trésor.

³⁶Je vous le dis: au jour du jugement, les hommes rendront compte de toute parole vaine qu'ils auront proférée.

³⁷Car par tes paroles tu seras justifié, et par tes paroles tu seras condamné.

³⁸Alors quelques-uns des scribes et des pharisiens prirent la parole, et dirent: Maître, nous voudrions te voir faire un miracle.

³⁹Il leur répondit: Une génération méchante et adultère demande un miracle; il ne lui sera donné d'autre miracle que celui du prophète Jonas.

⁴⁰Car, de même que Jonas fut trois jours et trois nuits dans le ventre d'un grand poisson, de même le Fils de l'homme sera trois jours et trois nuits dans le sein de la terre.

⁴¹Les hommes de Ninive se lèveront, au jour du jugement, avec cette génération et la condamneront, parce qu'ils se repentirent à la prédication de Jonas; et voici, il y a ici plus que Jonas.

⁴²La reine du Midi se lèvera, au jour du jugement, avec cette génération et la condamnera, parce qu'elle vint des extrémités de la terre pour entendre la sagesse de Salomon, et voici, il y a ici plus que Salomon.

⁴³Lorsque l'esprit impur est sorti d'un homme, il va par des lieux arides, cherchant du repos, et il n'en trouve point.

⁴⁴Alors il dit: Je retournerai dans ma maison d'où je suis sorti; et, quand il arrive, il la trouve vide, balayée et ornée.

⁴⁵Il s'en va, et il prend avec lui sept autres esprits plus méchants que lui; ils entrent dans la maison, s'y établissent, et la dernière condition de cet homme est pire que la première. Il en sera de même pour cette génération méchante.

⁴⁶Comme Jésus s'adressait encore à la foule, voici, sa mère et ses frères, qui étaient dehors, cherchèrent à lui parler.

⁴⁷Quelqu'un lui dit: Voici, ta mère et tes frères sont dehors, et ils cherchent à te parler.

⁴⁸Mais Jésus répondit à celui qui le lui disait: Qui est ma mère, et qui sont mes frères?

⁴⁹Puis, étendant la main sur ses disciples, il dit: Voici ma mère et mes frères.

⁵⁰Car, quiconque fait la volonté de mon Père qui est dans les cieux, celui-là est mon frère, et ma soeur, et ma mère.

Chapitre 13

¹Ce même jour, Jésus sortit de la maison, et s'assit au bord de la mer.

²Une grande foule s'étant assemblée auprès de lui, il monta dans une barque, et il s'assit. Toute la foule se tenait sur le rivage.

³Il leur parla en paraboles sur beaucoup de choses, et il dit:

⁴Un semeur sortit pour semer. Comme il semait, une partie de la semence tomba le long du chemin: les oiseaux vinrent, et la mangèrent.

⁵Une autre partie tomba dans les endroits pierreux, où elle n'avait pas beaucoup de terre: elle leva aussitôt, parce qu'elle ne trouva pas un sol profond;

⁶mais, quand le soleil parut, elle fut brûlée et sécha, faute de racines.

⁷Une autre partie tomba parmi les épines: les épines montèrent, et l'étouffèrent.

⁸Une autre partie tomba dans la bonne terre: elle donna du fruit, un grain cent, un autre soixante, un autre trente.

⁹Que celui qui a des oreilles pour entendre entende.

¹⁰Les disciples s'approchèrent, et lui dirent: Pourquoi leur parles-tu en paraboles?

¹¹Jésus leur répondit: Parce qu'il vous a été donné de connaître les mystères du royaume des cieux, et que cela ne leur a pas été donné.

¹²Car on donnera à celui qui a, et il sera dans l'abondance, mais à celui qui n'a pas on ôtera même ce qu'il a.

¹³C'est pourquoi je leur parle en paraboles, parce qu'en voyant ils ne voient point, et qu'en entendant ils n'entendent ni ne comprennent.

¹⁴Et pour eux s'accomplit cette prophétie d'Ésaïe: Vous entendrez de vos oreilles, et vous ne comprendrez point; Vous regarderez de vos yeux, et vous ne verrez point.

¹⁵Car le coeur de ce peuple est devenu insensible; Ils ont endurci leurs oreilles, et ils ont fermé leurs yeux, De peur qu'ils ne voient de leurs yeux, qu'ils n'entendent de leurs oreilles, Qu'ils ne comprennent de leur coeur, Qu'ils ne se convertissent, et que je ne les guérisse.

¹⁶Mais heureux sont vos yeux, parce qu'ils voient, et vos oreilles, parce qu'elles entendent!

¹⁷Je vous le dis en vérité, beaucoup de prophètes et de justes ont désiré voir ce que vous voyez, et ne l'ont pas vu, entendre ce que vous entendez, et ne l'ont pas entendu.

¹⁸Vous donc, écoutez ce que signifie la parabole du semeur.

¹⁹Lorsqu'un homme écoute la parole du royaume et ne la comprend pas, le malin vient et enlève ce qui a été semé dans son coeur: cet homme est celui qui a reçu la semence le long du chemin.

²⁰Celui qui a reçu la semence dans les endroits pierreux, c'est celui qui entend la parole et la reçoit aussitôt avec joie;

²¹mais il n'a pas de racines en lui-même, il manque de persistance, et, dès que survient une tribulation ou une persécution à cause de la parole, il y trouve une occasion de chute.

²²Celui qui a reçu la semence parmi les épines, c'est celui qui entend la parole, mais en qui les soucis du siècle et la séduction des richesses étouffent cette parole, et la rendent infructueuse.

²³Celui qui a reçu la semence dans la bonne terre, c'est celui qui entend la parole et la comprend; il porte du fruit, et un grain en donne cent, un autre soixante, un autre trente.

²⁴Il leur proposa une autre parabole, et il dit: Le royaume des cieux est semblable à un homme qui a semé une bonne semence dans son champ.

²⁵Mais, pendant que les gens dormaient, son ennemi vint, sema de l'ivraie parmi le blé, et s'en alla.

²⁶Lorsque l'herbe eut poussé et donné du fruit, l'ivraie parut aussi.

²⁷Les serviteurs du maître de la maison vinrent lui dire: Seigneur, n'as-tu pas semé une bonne semence dans ton champ? D'où vient donc qu'il y a de l'ivraie?

²⁸Il leur répondit: C'est un ennemi qui a fait cela. Et les serviteurs lui dirent: Veux-tu que nous allions l'arracher?

²⁹Non, dit-il, de peur qu'en arrachant l'ivraie, vous ne déraciniez en même temps le blé.

³⁰Laissez croître ensemble l'un et l'autre jusqu'à la moisson, et, à l'époque de la moisson, je dirai aux moissonneurs: Arrachez d'abord l'ivraie, et liez-la en gerbes pour la brûler, mais amassez le blé dans mon grenier.

³¹Il leur proposa une autre parabole, et il dit: Le royaume des cieux est semblable à un grain de sénevé qu'un homme a pris et semé dans son champ.

³²C'est la plus petite de toutes les semences; mais, quand il a poussé, il est plus grand que les légumes et devient un arbre, de sorte que les oiseaux du ciel viennent habiter dans ses branches.

³³Il leur dit cette autre parabole: Le royaume des cieux est semblable à du levain qu'une femme a pris et mis dans trois mesures de farine, jusqu'à ce que la pâte soit toute levée.

³⁴Jésus dit à la foule toutes ces choses en paraboles, et il ne lui parlait point sans parabole,

³⁵afin que s'accomplît ce qui avait été annoncé par le prophète: J'ouvrirai ma bouche en paraboles, Je publierai des choses cachées depuis la création du monde.

³⁶Alors il renvoya la foule, et entra dans la maison. Ses disciples s'approchèrent de lui, et dirent: Explique-nous la parabole de l'ivraie du champ.

³⁷Il répondit: Celui qui sème la bonne semence, c'est le Fils de l'homme;

³⁸le champ, c'est le monde; la bonne semence, ce sont les fils du royaume; l'ivraie, ce sont les fils du malin;

³⁹l'ennemi qui l'a semée, c'est le diable; la moisson, c'est la fin du monde; les moissonneurs, ce sont les anges.

⁴⁰Or, comme on arrache l'ivraie et qu'on la jette au feu, il en sera de même à la fin du monde.

⁴¹Le Fils de l'homme enverra ses anges, qui arracheront de son royaume tous les scandales et ceux qui commettent l'iniquité:

⁴²et ils les jetteront dans la fournaise ardente, où il y aura des pleurs et des grincements de dents.

⁴³Alors les justes resplendiront comme le soleil dans le royaume de leur Père. Que celui qui a des oreilles pour entendre entende.

⁴⁴Le royaume des cieux est encore semblable à un trésor caché dans un champ. L'homme qui l'a trouvé le cache; et, dans sa joie, il va vendre tout ce qu'il a, et achète ce champ.

⁴⁵Le royaume des cieux est encore semblable à un marchand qui cherche de belles perles.

⁴⁶Il a trouvé une perle de grand prix; et il est allé vendre tout ce qu'il avait, et l'a achetée.

⁴⁷Le royaume des cieux est encore semblable à un filet jeté dans la mer et ramassant des poissons de toute espèce.

⁴⁸Quand il est rempli, les pêcheurs le tirent; et, après s'être assis sur le rivage, ils mettent dans des vases ce qui est bon, et ils jettent ce qui est mauvais.

⁴⁹Il en sera de même à la fin du monde. Les anges viendront séparer les méchants d'avec les justes,

⁵⁰et ils les jetteront dans la fournaise ardente, où il y aura des pleurs et des grincements de dents.

⁵¹Avez-vous compris toutes ces choses? -Oui, répondirent-ils.

⁵²Et il leur dit: C'est pourquoi, tout scribe instruit de ce qui regarde le royaume des cieux est semblable à un maître de maison qui tire de son trésor des choses nouvelles et des choses anciennes.

⁵³Lorsque Jésus eut achevé ces paraboles, il partit de là.

⁵⁴S'étant rendu dans sa patrie, il enseignait dans la synagogue, de sorte que ceux qui l'entendirent étaient étonnés et disaient: D'où lui viennent cette sagesse et ces miracles?

⁵⁵N'est-ce pas le fils du charpentier? n'est-ce pas Marie qui est sa mère? Jacques, Joseph, Simon et Jude, ne sont-ils pas ses frères?

⁵⁶et ses soeurs ne sont-elles pas toutes parmi nous? D'où lui viennent donc toutes ces choses?

⁵⁷Et il était pour eux une occasion de chute. Mais Jésus leur dit: Un prophète n'est méprisé que dans sa patrie et dans sa maison.

⁵⁸Et il ne fit pas beaucoup de miracles dans ce lieu, à cause de leur incrédulité.

Chapitre 14

¹En ce temps-là, Hérode le tétrarque, ayant entendu parler de Jésus, dit à ses serviteurs: C'est Jean Baptiste!

²Il est ressuscité des morts, et c'est pour cela qu'il se fait par lui des miracles.

³Car Hérode, qui avait fait arrêter Jean, l'avait lié et mis en prison, à cause d'Hérodias, femme de Philippe, son frère,

⁴parce que Jean lui disait: Il ne t'est pas permis de l'avoir pour femme.

⁵Il voulait le faire mourir, mais il craignait la foule, parce qu'elle regardait Jean comme un prophète.

⁶Or, lorsqu'on célébra l'anniversaire de la naissance d'Hérode, la fille d'Hérodias dansa au milieu des convives, et plut à Hérode,

⁷de sorte qu'il promit avec serment de lui donner ce qu'elle demanderait.

⁸A l'instigation de sa mère, elle dit: Donne-moi ici, sur un plat, la tête de Jean Baptiste.

⁹Le roi fut attristé; mais, à cause de ses serments et des convives, il commanda qu'on la lui donne,

¹⁰et il envoya décapiter Jean dans la prison.

¹¹Sa tête fut apportée sur un plat, et donnée à la jeune fille, qui la porta à sa mère.

¹²Les disciples de Jean vinrent prendre son corps, et l'ensevelirent. Et ils allèrent l'annoncer à Jésus.

¹³A cette nouvelle, Jésus partit de là dans une barque, pour se retirer à l'écart dans un lieu désert; et la foule, l'ayant su, sortit des villes et le suivit à pied.

¹⁴Quand il sortit de la barque, il vit une grande foule, et fut ému de compassion pour elle, et il guérit les malades.

¹⁵Le soir étant venu, les disciples s'approchèrent de lui, et dirent: Ce lieu est désert, et l'heure est déjà avancée; renvoie la foule, afin qu'elle aille dans les villages, pour s'acheter des vivres.
¹⁶Jésus leur répondit: Ils n'ont pas besoin de s'en aller; donnez-leur vous-mêmes à manger.
¹⁷Mais ils lui dirent: Nous n'avons ici que cinq pains et deux poissons.
¹⁸Et il dit: Apportez-les-moi.
¹⁹Il fit asseoir la foule sur l'herbe, prit les cinq pains et les deux poissons, et, levant les yeux vers le ciel, il rendit grâces. Puis, il rompit les pains et les donna aux disciples, qui les distribuèrent à la foule.
²⁰Tous mangèrent et furent rassasiés, et l'on emporta douze paniers pleins des morceaux qui restaient.
²¹Ceux qui avaient mangé étaient environ cinq mille hommes, sans les femmes et les enfants.
²²Aussitôt après, il obligea les disciples à monter dans la barque et à passer avant lui de l'autre côté, pendant qu'il renverrait la foule.
²³Quand il l'eut renvoyée, il monta sur la montagne, pour prier à l'écart; et, comme le soir était venu, il était là seul.
²⁴La barque, déjà au milieu de la mer, était battue par les flots; car le vent était contraire.
²⁵A la quatrième veille de la nuit, Jésus alla vers eux, marchant sur la mer.
²⁶Quand les disciples le virent marcher sur la mer, ils furent troublés, et dirent: C'est un fantôme! Et, dans leur frayeur, ils poussèrent des cris.
²⁷Jésus leur dit aussitôt: Rassurez-vous, c'est moi; n'ayez pas peur!
²⁸Pierre lui répondit: Seigneur, si c'est toi, ordonne que j'aille vers toi sur les eaux.
²⁹Et il dit: Viens! Pierre sortit de la barque, et marcha sur les eaux, pour aller vers Jésus.
³⁰Mais, voyant que le vent était fort, il eut peur; et, comme il commençait à enfoncer, il s'écria: Seigneur, sauve-moi!
³¹Aussitôt Jésus étendit la main, le saisit, et lui dit: Homme de peu de foi, pourquoi as-tu douté?
³²Et ils montèrent dans la barque, et le vent cessa.
³³Ceux qui étaient dans la barque vinrent se prosterner devant Jésus, et dirent: Tu es véritablement le Fils de Dieu.
³⁴Après avoir traversé la mer, ils vinrent dans le pays de Génésareth.
³⁵Les gens de ce lieu, ayant reconnu Jésus, envoyèrent des messagers dans tous les environs, et on lui amena tous les malades.
³⁶Ils le prièrent de leur permettre seulement de toucher le bord de son vêtement. Et tous ceux qui le touchèrent furent guéris.

Chapitre 15

¹Alors des pharisiens et des scribes vinrent de Jérusalem auprès de Jésus, et dirent:
²Pourquoi tes disciples transgressent-ils la tradition des anciens? Car ils ne se lavent pas les mains, quand ils prennent leurs repas.
³Il leur répondit: Et vous, pourquoi transgressez-vous le commandement de Dieu au profit de votre tradition?
⁴Car Dieu a dit: Honore ton père et ta mère; et: Celui qui maudira son père ou sa mère sera puni de mort.
⁵Mais vous, vous dites: Celui qui dira à son père ou à sa mère: Ce dont j'aurais pu t'assister est une offrande à Dieu, n'est pas tenu d'honorer son père ou sa mère.
⁶Vous annulez ainsi la parole de Dieu au profit de votre tradition.
⁷Hypocrites, Ésaïe a bien prophétisé sur vous, quand il a dit:
⁸Ce peuple m'honore des lèvres, Mais son coeur est éloigné de moi.
⁹C'est en vain qu'ils m'honorent, en enseignant des préceptes qui sont des commandements d'hommes.
¹⁰Ayant appelé à lui la foule, il lui dit: Écoutez, et comprenez.
¹¹Ce n'est pas ce qui entre dans la bouche qui souille l'homme; mais ce qui sort de la bouche, c'est ce qui souille l'homme.
¹²Alors ses disciples s'approchèrent, et lui dirent: Sais-tu que les pharisiens ont été scandalisés des paroles qu'ils ont entendues?
¹³Il répondit: Toute plante que n'a pas plantée mon Père céleste sera déracinée.
¹⁴Laissez-les: ce sont des aveugles qui conduisent des aveugles; si un aveugle conduit un aveugle, ils tomberont tous deux dans une fosse.
¹⁵Pierre, prenant la parole, lui dit: Explique-nous cette parabole.
¹⁶Et Jésus dit: Vous aussi, êtes-vous encore sans intelligence?
¹⁷Ne comprenez-vous pas que tout ce qui entre dans la bouche va dans le ventre, puis est jeté dans les lieux secrets?
¹⁸Mais ce qui sort de la bouche vient du coeur, et c'est ce qui souille l'homme.
¹⁹Car c'est du coeur que viennent les mauvaises pensées, les meurtres, les adultères, les impudicités, les vols, les faux témoignages, les calomnies.
²⁰Voilà les choses qui souillent l'homme; mais manger sans s'être lavé les mains, cela ne souille point l'homme.
²¹Jésus, étant parti de là, se retira dans le territoire de Tyr et de Sidon.
²²Et voici, une femme cananéenne, qui venait de ces contrées, lui cria: Aie pitié de moi, Seigneur, Fils de David! Ma fille est cruellement tourmentée par le démon.
²³Il ne lui répondit pas un mot, et ses disciples s'approchèrent, et lui dirent avec insistance: Renvoie-la, car elle crie derrière nous.
²⁴Il répondit: Je n'ai été envoyé qu'aux brebis perdues de la maison d'Israël.
²⁵Mais elle vint se prosterner devant lui, disant: Seigneur, secours-moi!
²⁶Il répondit: Il n'est pas bien de prendre le pain des enfants, et de le jeter aux petits chiens.
²⁷Oui, Seigneur, dit-elle, mais les petits chiens mangent les miettes qui tombent de la table de leurs maîtres.
²⁸Alors Jésus lui dit: Femme, ta foi est grande; qu'il te soit fait comme tu veux. Et, à l'heure même, sa fille fut guérie.
²⁹Jésus quitta ces lieux, et vint près de la mer de Galilée. Étant monté sur la montagne, il s'y assit.
³⁰Alors s'approcha de lui une grande foule, ayant avec elle des boiteux, des aveugles, des muets, des estropiés, et beaucoup d'autres malades. On les mit à ses pieds, et il les guérit;
³¹en sorte que la foule était dans l'admiration de voir que les muets parlaient, que les estropiés étaient guéris, que les boiteux marchaient, que les aveugles voyaient; et elle glorifiait le Dieu d'Israël.
³²Jésus, ayant appelé ses disciples, dit: Je suis ému de compassion pour cette foule; car voilà trois jours qu'ils sont près de moi, et ils n'ont rien à manger. Je ne veux pas les renvoyer à jeun, de peur que les forces ne leur manquent en chemin.
³³Les disciples lui dirent: Comment nous procurer dans ce lieu désert assez de pains pour rassasier une si grande foule?
³⁴Jésus leur demanda: Combien avez-vous de pains? Sept, répondirent-ils, et quelques petits poissons.
³⁵Alors il fit asseoir la foule par terre,
³⁶prit les sept pains et les poissons, et, après avoir rendu grâces, il les rompit et les donna à ses disciples, qui les distribuèrent à la foule.
³⁷Tous mangèrent et furent rassasiés, et l'on emporta sept corbeilles pleines des morceaux qui restaient.
³⁸Ceux qui avaient mangé étaient quatre mille hommes, sans les femmes et les enfants.
³⁹Ensuite, il renvoya la foule, monta dans la barque, et se rendit dans la contrée de Magadan.

Chapitre 16

¹Les pharisiens et les sadducéens abordèrent Jésus et, pour l'éprouver, lui demandèrent de leur faire voir un signe venant du ciel.
²Jésus leur répondit: Le soir, vous dites: Il fera beau, car le ciel est rouge; et le matin:
³Il y aura de l'orage aujourd'hui, car le ciel est d'un rouge sombre. Vous savez discerner l'aspect du ciel, et vous ne pouvez discerner les signes des temps.
⁴Une génération méchante et adultère demande un miracle; il ne lui sera donné d'autre miracle que celui de Jonas. Puis il les quitta, et s'en alla.
⁵Les disciples, en passant à l'autre bord, avaient oublié de prendre des pains.
⁶Jésus leur dit: Gardez-vous avec soin du levain des pharisiens et des sadducéens.
⁷Les disciples raisonnaient en eux-mêmes, et disaient: C'est parce que nous n'avons pas pris de pains.
⁸Jésus, l'ayant connu, dit: Pourquoi raisonnez-vous en vous-mêmes, gens de peu de foi, sur ce que vous n'avez pas pris de pains?
⁹Etes-vous encore sans intelligence, et ne vous rappelez-vous plus les cinq pains des cinq mille hommes et combien de paniers vous avez emportés,
¹⁰ni les sept pains des quatre mille hommes et combien de corbeilles vous avez emportées?
¹¹Comment ne comprenez-vous pas que ce n'est pas au sujet de pains que je vous ai parlé? Gardez-vous du levain des pharisiens et des sadducéens.
¹²Alors ils comprirent que ce n'était pas du levain du pain qu'il

avait dit de se garder, mais de l'enseignement des pharisiens et des sadducéens.

¹³Jésus, étant arrivé dans le territoire de Césarée de Philippe, demanda à ses disciples: Qui dit-on que je suis, moi, le Fils de l'homme?

¹⁴Ils répondirent: Les uns disent que tu es Jean Baptiste; les autres, Élie; les autres, Jérémie, ou l'un des prophètes.

¹⁵Et vous, leur dit-il, qui dites-vous que je suis?

¹⁶Simon Pierre répondit: Tu es le Christ, le Fils du Dieu vivant.

¹⁷Jésus, reprenant la parole, lui dit: Tu es heureux, Simon, fils de Jonas; car ce ne sont pas la chair et le sang qui t'ont révélé cela, mais c'est mon Père qui est dans les cieux.

¹⁸Et moi, je te dis que tu es Pierre, et que sur cette pierre je bâtirai mon Église, et que les portes du séjour des morts ne prévaudront point contre elle.

¹⁹Je te donnerai les clefs du royaume des cieux: ce que tu lieras sur la terre sera lié dans les cieux, et ce que tu délieras sur la terre sera délié dans les cieux.

²⁰Alors il recommanda aux disciples de ne dire à personne qu'il était le Christ.

²¹Dès lors Jésus commença à faire connaître à ses disciples qu'il fallait qu'il allât à Jérusalem, qu'il souffrît beaucoup de la part des anciens, des principaux sacrificateurs et des scribes, qu'il fût mis à mort, et qu'il ressuscitât le troisième jour.

²²Pierre, l'ayant pris à part, se mit à le reprendre, et dit: A Dieu ne plaise, Seigneur! Cela ne t'arrivera pas.

²³Mais Jésus, se retournant, dit à Pierre: Arrière de moi, Satan! tu m'es en scandale; car tes pensées ne sont pas les pensées de Dieu, mais celles des hommes.

²⁴Alors Jésus dit à ses disciples: Si quelqu'un veut venir après moi, qu'il renonce à lui-même, qu'il se charge de sa croix, et qu'il me suive.

²⁵Car celui qui voudra sauver sa vie la perdra, mais celui qui la perdra à cause de moi la trouvera.

²⁶Et que servirait-il à un homme de gagner tout le monde, s'il perdait son âme? ou, que donnerait un homme en échange de son âme?

²⁷Car le Fils de l'homme doit venir dans la gloire de son Père, avec ses anges; et alors il rendra à chacun selon ses oeuvres.

²⁸Je vous le dis en vérité, quelques-uns de ceux qui sont ici ne mourront point, qu'ils n'aient vu le Fils de l'homme venir dans son règne.

Chapitre 17

¹Six jours après, Jésus prit avec lui Pierre, Jacques, et Jean, son frère, et il les conduisit à l'écart sur une haute montagne.

²Il fut transfiguré devant eux; son visage resplendit comme le soleil, et ses vêtements devinrent blancs comme la lumière.

³Et voici, Moïse et Élie leur apparurent, s'entretenant avec lui.

⁴Pierre, prenant la parole, dit à Jésus: Seigneur, il est bon que nous soyons ici; si tu le veux, je dresserai ici trois tentes, une pour toi, une pour Moïse, et une pour Élie.

⁵Comme il parlait encore, une nuée lumineuse les couvrit. Et voici, une voix fit entendre de la nuée ces paroles: Celui-ci est mon Fils bien-aimé, en qui j'ai mis toute mon affection: écoutez-le!

⁶Lorsqu'ils entendirent cette voix, les disciples tombèrent sur leur face, et furent saisis d'une grande frayeur.

⁷Mais Jésus, s'approchant, les toucha, et dit: Levez-vous, n'ayez pas peur!

⁸Ils levèrent les yeux, et ne virent que Jésus seul.

⁹Comme ils descendaient de la montagne, Jésus leur donna cet ordre: Ne parlez à personne de cette vision, jusqu'à ce que le Fils de l'homme soit ressuscité des morts.

¹⁰Les disciples lui firent cette question: Pourquoi donc les scribes disent-ils qu'Élie doit venir premièrement?

¹¹Il répondit: Il est vrai qu'Élie doit venir, et rétablir toutes choses.

¹²Mais je vous dis qu'Élie est déjà venu, qu'ils ne l'ont pas reconnu, et qu'ils l'ont traité comme ils ont voulu. De même le Fils de l'homme souffrira de leur part.

¹³Les disciples comprirent alors qu'il leur parlait de Jean Baptiste.

¹⁴Lorsqu'ils furent arrivés près de la foule, un homme vint se jeter à genoux devant Jésus, et dit:

¹⁵Seigneur, aie pitié de mon fils, qui est lunatique, et qui souffre cruellement; il tombe souvent dans le feu, et souvent dans l'eau.

¹⁶Je l'ai amené à tes disciples, et ils n'ont pas pu le guérir.

¹⁷Race incrédule et perverse, répondit Jésus, jusques à quand serai-je avec vous? jusques à quand vous supporterai-je? Amenez-le-moi ici.

¹⁸Jésus parla sévèrement au démon, qui sortit de lui, et l'enfant fut guéri à l'heure même.

¹⁹Alors les disciples s'approchèrent de Jésus, et lui dirent en particulier: Pourquoi n'avons-nous pu chasser ce démon?

²⁰C'est à cause de votre incrédulité, leur dit Jésus. Je vous le dis en vérité, si vous aviez de la foi comme un grain de sénevé, vous diriez à cette montagne: Transporte-toi d'ici là, et elle se transporterait; rien ne vous serait impossible.

²¹Mais cette sorte de démon ne sort que par la prière et par le jeûne.

²²Pendant qu'ils parcouraient la Galilée, Jésus leur dit: Le Fils de l'homme doit être livré entre les mains des hommes;

²³ils le feront mourir, et le troisième jour il ressuscitera. Ils furent profondément attristés.

²⁴Lorsqu'ils arrivèrent à Capernaüm, ceux qui percevaient les deux drachmes s'adressèrent à Pierre, et lui dirent: Votre maître ne paie-t-il pas les deux drachmes?

²⁵Oui, dit-il. Et quand il fut entré dans la maison, Jésus le prévint, et dit: Que t'en semble, Simon? Les rois de la terre, de qui perçoivent-ils des tributs ou des impôts? de leurs fils, ou des étrangers?

²⁶Il lui dit: Des étrangers. Et Jésus lui répondit: Les fils en sont donc exempts.

²⁷Mais, pour ne pas les scandaliser, va à la mer, jette l'hameçon, et tire le premier poisson qui viendra; ouvre-lui la bouche, et tu trouveras un statère. Prends-le, et donne-le-leur pour moi et pour toi.

Chapitre 18

¹En ce moment, les disciples s'approchèrent de Jésus, et dirent: Qui donc est le plus grand dans le royaume des cieux?

²Jésus, ayant appelé un petit enfant, le plaça au milieu d'eux,

³et dit: Je vous le dis en vérité, si vous ne vous convertissez et si vous ne devenez comme les petits enfants, vous n'entrerez pas dans le royaume des cieux.

⁴C'est pourquoi, quiconque se rendra humble comme ce petit enfant sera le plus grand dans le royaume des cieux.

⁵Et quiconque reçoit en mon nom un petit enfant comme celui-ci, me reçoit moi-même.

⁶Mais, si quelqu'un scandalisait un de ces petits qui croient en moi, il vaudrait mieux pour lui qu'on suspendît à son cou une meule de moulin, et qu'on le jetât au fond de la mer.

⁷Malheur au monde à cause des scandales! Car il est nécessaire qu'il arrive des scandales; mais malheur à l'homme par qui le scandale arrive!

⁸Si ta main ou ton pied est pour toi une occasion de chute, coupe-les et jette-les loin de toi; mieux vaut pour toi entrer dans la vie boiteux ou manchot, que d'avoir deux pieds ou deux mains et d'être jeté dans le feu éternel.

⁹Et si ton oeil est pour toi une occasion de chute, arrache-le et jette-le loin de toi; mieux vaut pour toi entrer dans la vie, n'ayant qu'un oeil, que d'avoir deux yeux et d'être jeté dans le feu de la géhenne.

¹⁰Gardez-vous de mépriser un seul de ces petits; car je vous dis que leurs anges dans les cieux voient continuellement la face de mon Père qui est dans les cieux.

¹¹Car le Fils de l'homme est venu sauver ce qui était perdu.

¹²Que vous en semble? Si un homme a cent brebis, et que l'une d'elles s'égare, ne laisse-t-il pas les quatre-vingt-dix-neuf autres sur les montagnes, pour aller chercher celle qui s'est égarée?

¹³Et, s'il la trouve, je vous le dis en vérité, elle lui cause plus de joie que les quatre-vingt-dix-neuf qui ne se sont pas égarées.

¹⁴De même, ce n'est pas la volonté de votre Père qui est dans les cieux qu'il se perde un seul de ces petits.

¹⁵Si ton frère a péché, va et reprends-le entre toi et lui seul. S'il t'écoute, tu as gagné ton frère.

¹⁶Mais, s'il ne t'écoute pas, prends avec toi une ou deux personnes, afin que toute l'affaire se règle sur la déclaration de deux ou de trois témoins.

¹⁷S'il refuse de les écouter, dis-le à l'Église; et s'il refuse aussi d'écouter l'Église, qu'il soit pour toi comme un païen et un publicain.

¹⁸Je vous le dis en vérité, tout ce que vous lierez sur la terre sera lié dans le ciel, et tout ce que vous délierez sur la terre sera délié dans le ciel.

¹⁹Je vous dis encore que, si deux d'entre vous s'accordent sur la terre pour demander une chose quelconque, elle leur sera accordée par mon Père qui est dans les cieux.

²⁰Car là où deux ou trois sont assemblés en mon nom, je suis au milieu d'eux.

²¹Alors Pierre s'approcha de lui, et dit: Seigneur, combien de fois pardonnerai-je à mon frère, lorsqu'il péchera contre moi? Sera-ce jusqu'à sept fois?

²²Jésus lui dit: Je ne te dis pas jusqu'à sept fois, mais jusqu'à septante fois sept fois.

²³C'est pourquoi, le royaume des cieux est semblable à un roi qui voulut faire rendre compte à ses serviteurs.

²⁴Quand il se mit à compter, on lui en amena un qui devait dix mille talents.

²⁵Comme il n'avait pas de quoi payer, son maître ordonna qu'il fût vendu, lui, sa femme, ses enfants, et tout ce qu'il avait, et que la dette fût acquittée.

²⁶Le serviteur, se jetant à terre, se prosterna devant lui, et dit: Seigneur, aie patience envers moi, et je te paierai tout.

²⁷Ému de compassion, le maître de ce serviteur le laissa aller, et lui remit la dette.

²⁸Après qu'il fut sorti, ce serviteur rencontra un de ses compagnons qui lui devait cent deniers. Il le saisit et l'étranglait, en disant: Paie ce que tu me dois.

²⁹Son compagnon, se jetant à terre, le suppliait, disant: Aie patience envers moi, et je te paierai.

³⁰Mais l'autre ne voulut pas, et il alla le jeter en prison, jusqu'à ce qu'il eût payé ce qu'il devait.

³¹Ses compagnons, ayant vu ce qui était arrivé, furent profondément attristés, et ils allèrent raconter à leur maître tout ce qui s'était passé.

³²Alors le maître fit appeler ce serviteur, et lui dit: Méchant serviteur, je t'avais remis en entier ta dette, parce que tu m'en avais supplié;

³³ne devais-tu pas aussi avoir pitié de ton compagnon, comme j'ai eu pitié de toi?

³⁴Et son maître, irrité, le livra aux bourreaux, jusqu'à ce qu'il eût payé tout ce qu'il devait.

³⁵C'est ainsi que mon Père céleste vous traitera, si chacun de vous ne pardonne à son frère de tout son coeur.

Chapitre 19

¹Lorsque Jésus eut achevé ces discours, il quitta la Galilée, et alla dans le territoire de la Judée, au delà du Jourdain.

²Une grande foule le suivit, et là il guérit les malades.

³Les pharisiens l'abordèrent, et dirent, pour l'éprouver: Est-il permis à un homme de répudier sa femme pour un motif quelconque?

⁴Il répondit: N'avez-vous pas lu que le créateur, au commencement, fit l'homme et la femme

⁵et qu'il dit: C'est pourquoi l'homme quittera son père et sa mère, et s'attachera à sa femme, et les deux deviendront une seule chair?

⁶Ainsi ils ne sont plus deux, mais ils sont une seule chair. Que l'homme donc ne sépare pas ce que Dieu a joint.

⁷Pourquoi donc, lui dirent-ils, Moïse a-t-il prescrit de donner à la femme une lettre de divorce et de la répudier?

⁸Il leur répondit: C'est à cause de la dureté de votre coeur que Moïse vous a permis de répudier vos femmes; au commencement, il n'en était pas ainsi.

⁹Mais je vous dis que celui qui répudie sa femme, sauf pour infidélité, et qui en épouse une autre, commet un adultère.

¹⁰Ses disciples lui dirent: Si telle est la condition de l'homme à l'égard de la femme, il n'est pas avantageux de se marier.

¹¹Il leur répondit: Tous ne comprennent pas cette parole, mais seulement ceux à qui cela est donné.

¹²Car il y a des eunuques qui le sont dès le ventre de leur mère; il y en a qui le sont devenus par les hommes; et il y en a qui se sont rendus tels eux-mêmes, à cause du royaume des cieux. Que celui qui peut comprendre comprenne.

¹³Alors on lui amena des petits enfants, afin qu'il leur imposât les mains et priât pour eux. Mais les disciples les repoussèrent.

¹⁴Et Jésus dit: Laissez les petits enfants, et ne les empêchez pas de venir à moi; car le royaume des cieux est pour ceux qui leur ressemblent.

¹⁵Il leur imposa les mains, et il partit de là.

¹⁶Et voici, un homme s'approcha, et dit à Jésus: Maître, que dois-je faire de bon pour avoir la vie éternelle?

¹⁷Il lui répondit: Pourquoi m'interroges-tu sur ce qui est bon? Un seul est le bon. Si tu veux entrer dans la vie, observe les commandements. Lesquels? lui dit-il.

¹⁸Et Jésus répondit: Tu ne tueras point; tu ne commettras point d'adultère; tu ne déroberas point; tu ne diras point de faux témoignage; honore ton père et ta mère;

¹⁹et: tu aimeras ton prochain comme toi-même.

²⁰Le jeune homme lui dit: J'ai observé toutes ces choses; que me manque-t-il encore?

²¹Jésus lui dit: Si tu veux être parfait, va, vends ce que tu possèdes, donne-le aux pauvres, et tu auras un trésor dans le ciel. Puis viens, et suis-moi.

²²Après avoir entendu ces paroles, le jeune homme s'en alla tout triste; car il avait de grands biens.

²³Jésus dit à ses disciples: Je vous le dis en vérité, un riche entrera difficilement dans le royaume des cieux.

²⁴Je vous le dis encore, il est plus facile à un chameau de passer par le trou d'une aiguille qu'à un riche d'entrer dans le royaume de Dieu.

²⁵Les disciples, ayant entendu cela, furent très étonnés, et dirent: Qui peut donc être sauvé?

²⁶Jésus les regarda, et leur dit: Aux hommes cela est impossible, mais à Dieu tout est possible.

²⁷Pierre, prenant alors la parole, lui dit: Voici, nous avons tout quitté, et nous t'avons suivi; qu'en sera-t-il pour nous?

²⁸Jésus leur répondit: Je vous le dis en vérité, quand le Fils de l'homme, au renouvellement de toutes choses, sera assis sur le trône de sa gloire, vous qui m'avez suivi, vous serez de même assis sur douze trônes, et vous jugerez les douze tribus d'Israël.

²⁹Et quiconque aura quitté, à cause de mon nom, ses frères, ou ses soeurs, ou son père, ou sa mère, ou sa femme, ou ses enfants, ou ses terres, ou ses maisons, recevra le centuple, et héritera la vie éternelle.

³⁰Plusieurs des premiers seront les derniers, et plusieurs des derniers seront les premiers.

Chapitre 20

¹Car le royaume des cieux est semblable à un maître de maison qui sortit dès le matin, afin de louer des ouvriers pour sa vigne.

²Il convint avec eux d'un denier par jour, et il les envoya à sa vigne.

³Il sortit vers la troisième heure, et il en vit d'autres qui étaient sur la place sans rien faire.

⁴Il leur dit: Allez aussi à ma vigne, et je vous donnerai ce qui sera raisonnable.

⁵Et ils y allèrent. Il sortit de nouveau vers la sixième heure et vers la neuvième, et il fit de même.

⁶Étant sorti vers la onzième heure, il en trouva d'autres qui étaient sur la place, et il leur dit: Pourquoi vous tenez-vous ici toute la journée sans rien faire?

⁷Ils lui répondirent: C'est que personne ne nous a loués. Allez aussi à ma vigne, leur dit-il.

⁸Quand le soir fut venu, le maître de la vigne dit à son intendant: Appelle les ouvriers, et paie-leur le salaire, en allant des derniers aux premiers.

⁹Ceux de la onzième heure vinrent, et reçurent chacun un denier.

¹⁰Les premiers vinrent ensuite, croyant recevoir davantage; mais ils reçurent aussi chacun un denier.

¹¹En le recevant, ils murmurèrent contre le maître de la maison,

¹²et dirent: Ces derniers n'ont travaillé qu'une heure, et tu les traites à l'égal de nous, qui avons supporté la fatigue du jour et la chaleur.

¹³Il répondit à l'un d'eux: Mon ami, je ne te fais pas tort; n'es-tu pas convenu avec moi d'un denier?

¹⁴Prends ce qui te revient, et va-t'en. Je veux donner à ce dernier autant qu'à toi.

¹⁵Ne m'est-il pas permis de faire de mon bien ce que je veux? Ou vois-tu de mauvais oeil que je sois bon? -

¹⁶Ainsi les derniers seront les premiers, et les premiers seront les derniers.

¹⁷Pendant que Jésus montait à Jérusalem, il prit à part les douze disciples, et il leur dit en chemin:

¹⁸Voici, nous montons à Jérusalem, et le Fils de l'homme sera livré aux principaux sacrificateurs et aux scribes. Ils le condamneront à mort,

¹⁹et ils le livreront aux païens, pour qu'ils se moquent de lui, le battent de verges, et le crucifient; et le troisième jour il ressuscitera.

²⁰Alors la mère des fils de Zébédée s'approcha de Jésus avec ses fils, et se prosterna, pour lui faire une demande.

²¹Il lui dit: Que veux-tu? Ordonne, lui dit-elle, que mes deux fils, que voici, soient assis, dans ton royaume, l'un à ta droite et l'autre à ta gauche.

²²Jésus répondit: Vous ne savez ce que vous demandez. Pouvez-vous boire la coupe que je dois boire? Nous le pouvons, dirent-ils.

²³Et il leur répondit: Il est vrai que vous boirez ma coupe; mais pour ce qui est d'être assis à ma droite et à ma gauche, cela ne dépend pas de moi, et ne sera donné qu'à ceux à qui mon Père l'a réservé.

²⁴Les dix, ayant entendu cela, furent indignés contre les deux frères.

²⁵Jésus les appela, et dit: Vous savez que les chefs des nations les tyrannisent, et que les grands les asservissent.

²⁶Il n'en sera pas de même au milieu de vous. Mais quiconque veut être grand parmi vous, qu'il soit votre serviteur;

²⁷et quiconque veut être le premier parmi vous, qu'il soit votre esclave.

²⁸C'est ainsi que le Fils de l'homme est venu, non pour être servi, mais pour servir et donner sa vie comme la rançon de plusieurs.

²⁹Lorsqu'ils sortirent de Jéricho, une grande foule suivit Jésus.

³⁰Et voici, deux aveugles, assis au bord du chemin, entendirent que Jésus passait, et crièrent: Aie pitié de nous, Seigneur, Fils de David!

³¹La foule les reprenait, pour les faire taire; mais ils crièrent plus fort: Aie pitié de nous, Seigneur, Fils de David!

³²Jésus s'arrêta, les appela, et dit: Que voulez-vous que je vous fasse?

³³Ils lui dirent: Seigneur, que nos yeux s'ouvrent.

³⁴Ému de compassion, Jésus toucha leurs yeux; et aussitôt ils recouvrèrent la vue, et le suivirent.

Chapitre 21

¹Lorsqu'ils approchèrent de Jérusalem, et qu'ils furent arrivés à Bethphagé, vers la montagne des Oliviers, Jésus envoya deux disciples,

²en leur disant: Allez au village qui est devant vous; vous trouverez aussitôt une ânesse attachée, et un ânon avec elle; détachez-les, et amenez-les-moi.

³Si, quelqu'un vous dit quelque chose, vous répondrez: Le Seigneur en a besoin. Et à l'instant il les laissera aller.

⁴Or, ceci arriva afin que s'accomplît ce qui avait été annoncé par le prophète:

⁵Dites à la fille de Sion: Voici, ton roi vient à toi, Plein de douceur, et monté sur un âne, Sur un ânon, le petit d'une ânesse.

⁶Les disciples allèrent, et firent ce que Jésus leur avait ordonné.

⁷Ils amenèrent l'ânesse et l'ânon, mirent sur eux leurs vêtements, et le firent asseoir dessus.

⁸La plupart des gens de la foule étendirent leurs vêtements sur le chemin; d'autres coupèrent des branches d'arbres, et en jonchèrent la route.

⁹Ceux qui précédaient et ceux qui suivaient Jésus criaient: Hosanna au Fils de David! Béni soit celui qui vient au nom du Seigneur! Hosanna dans les lieux très hauts!

¹⁰Lorsqu'il entra dans Jérusalem, toute la ville fut émue, et l'on disait: Qui est celui-ci?

¹¹La foule répondait: C'est Jésus, le prophète, de Nazareth en Galilée.

¹²Jésus entra dans le temple de Dieu. Il chassa tous ceux qui vendaient et qui achetaient dans le temple; il renversa les tables des changeurs, et les sièges des vendeurs de pigeons.

¹³Et il leur dit: Il est écrit: Ma maison sera appelée une maison de prière. Mais vous, vous en faites une caverne de voleurs.

¹⁴Des aveugles et des boiteux s'approchèrent de lui dans le temple. Et il les guérit.

¹⁵Mais les principaux sacrificateurs et les scribes furent indignés, à la vue des choses merveilleuses qu'il avait faites, et des enfants qui criaient dans le temple: Hosanna au Fils de David!

¹⁶Ils lui dirent: Entends-tu ce qu'ils disent? Oui, leur répondit Jésus. N'avez-vous jamais lu ces paroles: Tu as tiré des louanges de la bouche des enfants et de ceux qui sont à la mamelle?

¹⁷Et, les ayant laissés, il sortit de la ville pour aller à Béthanie, où il passa la nuit.

¹⁸Le matin, en retournant à la ville, il eut faim.

¹⁹Voyant un figuier sur le chemin, il s'en approcha; mais il n'y trouva que des feuilles, et il lui dit: Que jamais fruit ne naisse de toi! Et à l'instant le figuier sécha.

²⁰Les disciples, qui virent cela, furent étonnés, et dirent: Comment ce figuier est-il devenu sec en un instant?

²¹Jésus leur répondit: Je vous le dis en vérité, si vous aviez de la foi et que vous ne doutiez point, non seulement vous feriez ce qui a été fait à ce figuier, mais quand vous diriez à cette montagne: Ote-toi de là et jette-toi dans la mer, cela se ferait.

²²Tout ce que vous demanderez avec foi par la prière, vous le recevrez.

²³Jésus se rendit dans le temple, et, pendant qu'il enseignait, les principaux sacrificateurs et les anciens du peuple vinrent lui dire: Par quelle autorité fais-tu ces choses, et qui t'a donné cette autorité?

²⁴Jésus leur répondit: Je vous adresserai aussi une question; et, si vous m'y répondez, je vous dirai par quelle autorité je fais ces choses.

²⁵Le baptême de Jean, d'où venait-il? du ciel, ou des hommes? Mais ils raisonnèrent ainsi entre eux; Si nous répondons: Du ciel, il nous dira: Pourquoi donc n'avez-vous pas cru en lui?

²⁶Et si nous répondons: Des hommes, nous avons à craindre la foule, car tous tiennent Jean pour un prophète.

²⁷Alors ils répondirent à Jésus: Nous ne savons. Et il leur dit à son tour: Moi non plus, je ne vous dirai pas par quelle autorité je fais ces choses.

²⁸Que vous en semble? Un homme avait deux fils; et, s'adressant au premier, il dit: Mon enfant, va travailler aujourd'hui dans ma vigne.

²⁹Il répondit: Je ne veux pas. Ensuite, il se repentit, et il alla.

³⁰S'adressant à l'autre, il dit la même chose. Et ce fils répondit: Je veux bien, seigneur. Et il n'alla pas.

³¹Lequel des deux a fait la volonté du père? Ils répondirent: Le premier. Et Jésus leur dit: Je vous le dis en vérité, les publicains et les prostituées vous devanceront dans le royaume de Dieu.

³²Car Jean est venu à vous dans la voie de la justice, et vous n'avez pas cru en lui. Mais les publicains et les prostituées ont cru en lui; et vous, qui avez vu cela, vous ne vous êtes pas ensuite repentis pour croire en lui.

³³Écoutez une autre parabole. Il y avait un homme, maître de maison, qui planta une vigne. Il l'entoura d'une haie, y creusa un pressoir, et bâtit une tour; puis il l'afferma à des vignerons, et quitta le pays.

³⁴Lorsque le temps de la récolte fut arrivé, il envoya ses serviteurs vers les vignerons, pour recevoir le produit de sa vigne.

³⁵Les vignerons, s'étant saisis de ses serviteurs, battirent l'un, tuèrent l'autre, et lapidèrent le troisième.

³⁶Il envoya encore d'autres serviteurs, en plus grand nombre que les premiers; et les vignerons les traitèrent de la même manière.

³⁷Enfin, il envoya vers eux son fils, en disant: Ils auront du respect pour mon fils.

³⁸Mais, quand les vignerons virent le fils, ils dirent entre eux: Voici l'héritier; venez, tuons-le, et emparons-nous de son héritage.

³⁹Et ils se saisirent de lui, le jetèrent hors de la vigne, et le tuèrent.

⁴⁰Maintenant, lorsque le maître de la vigne viendra, que fera-t-il à ces vignerons?

⁴¹Ils lui répondirent: Il fera périr misérablement ces misérables, et il affermera la vigne à d'autres vignerons, qui lui en donneront le produit au temps de la récolte.

⁴²Jésus leur dit: N'avez-vous jamais lu dans les Écritures: La pierre qu'ont rejetée ceux qui bâtissaient Est devenue la principale de l'angle; C'est du Seigneur que cela est venu, Et c'est un prodige à nos yeux?

⁴³C'est pourquoi, je vous le dis, le royaume de Dieu vous sera enlevé, et sera donné à une nation qui en rendra les fruits.

⁴⁴Celui qui tombera sur cette pierre s'y brisera, et celui sur qui elle tombera sera écrasé.

⁴⁵Après avoir entendu ses paraboles, les principaux sacrificateurs et les pharisiens comprirent que c'était d'eux que Jésus parlait,

⁴⁶et ils cherchaient à se saisir de lui; mais ils craignaient la foule, parce qu'elle le tenait pour un prophète.

Chapitre 22

¹Jésus, prenant la parole, leur parla de nouveau en parabole, et il dit:

²Le royaume des cieux est semblable à un roi qui fit des noces pour son fils.

³Il envoya ses serviteurs appeler ceux qui étaient invités aux noces; mais ils ne voulurent pas venir.

⁴Il envoya encore d'autres serviteurs, en disant: Dites aux conviés: Voici, j'ai préparé mon festin; mes boeufs et mes bêtes grasses sont tués, tout est prêt, venez aux noces.

⁵Mais, sans s'inquiéter de l'invitation, ils s'en allèrent, celui-ci à son champ, celui-là à son trafic;

⁶et les autres se saisirent des serviteurs, les outragèrent et les tuèrent.

⁷Le roi fut irrité; il envoya ses troupes, fit périr ces meurtriers, et brûla leur ville.

⁸Alors il dit à ses serviteurs: Les noces sont prêtes; mais les conviés n'en étaient pas dignes.

⁹Allez donc dans les carrefours, et appelez aux noces tous ceux que vous trouverez.

¹⁰Ces serviteurs allèrent dans les chemins, rassemblèrent tous ceux qu'ils trouvèrent, méchants et bons, et la salle des noces fut pleine de convives.

¹¹Le roi entra pour voir ceux qui étaient à table, et il aperçut là un homme qui n'avait pas revêtu un habit de noces.

¹²Il lui dit: Mon ami, comment es-tu entré ici sans avoir un habit

de noces? Cet homme eut la bouche fermée.

¹³Alors le roi dit aux serviteurs: Liez-lui les pieds et les mains, et jetez-le dans les ténèbres du dehors, où il y aura des pleurs et des grincements de dents.

¹⁴Car il y a beaucoup d'appelés, mais peu d'élus.

¹⁵Alors les pharisiens allèrent se consulter sur les moyens de surprendre Jésus par ses propres paroles.

¹⁶Ils envoyèrent auprès de lui leurs disciples avec les hérodiens, qui dirent: Maître, nous savons que tu es vrai, et que tu enseignes la voie de Dieu selon la vérité, sans t'inquiéter de personne, car tu ne regardes pas à l'apparence des hommes.

¹⁷Dis-nous donc ce qu'il t'en semble: est-il permis, ou non, de payer le tribut à César?

¹⁸Jésus, connaissant leur méchanceté, répondit: Pourquoi me tentez-vous, hypocrites?

¹⁹Montrez-moi la monnaie avec laquelle on paie le tribut. Et ils lui présentèrent un denier.

²⁰Il leur demanda: De qui sont cette effigie et cette inscription?

²¹De César, lui répondirent-ils. Alors il leur dit: Rendez donc à César ce qui est à César, et à Dieu ce qui est à Dieu.

²²Étonnés de ce qu'ils entendaient, ils le quittèrent, et s'en allèrent.

²³Le même jour, les sadducéens, qui disent qu'il n'y a point de résurrection, vinrent auprès de Jésus, et lui firent cette question:

²⁴Maître, Moïse a dit: Si quelqu'un meurt sans enfants, son frère épousera sa veuve, et suscitera une postérité à son frère.

²⁵Or, il y avait parmi nous sept frères. Le premier se maria, et mourut; et, comme il n'avait pas d'enfants, il laissa sa femme à son frère.

²⁶Il en fut de même du second, puis du troisième, jusqu'au septième.

²⁷Après eux tous, la femme mourut aussi.

²⁸A la résurrection, duquel des sept sera-t-elle donc la femme? Car tous l'ont eue.

²⁹Jésus leur répondit: Vous êtes dans l'erreur, parce que vous ne comprenez ni les Écritures, ni la puissance de Dieu.

³⁰Car, à la résurrection, les hommes ne prendront point de femmes, ni les femmes de maris, mais ils seront comme les anges de Dieu dans le ciel.

³¹Pour ce qui est de la résurrection des morts, n'avez-vous pas lu ce que Dieu vous a dit:

³²Je suis le Dieu d'Abraham, le Dieu d'Isaac, et le Dieu de Jacob? Dieu n'est pas Dieu des morts, mais des vivants.

³³La foule, qui écoutait, fut frappée de l'enseignement de Jésus.

³⁴Les pharisiens, ayant appris qu'il avait réduit au silence les sadducéens, se rassemblèrent,

³⁵et l'un d'eux, docteur de la loi, lui fit cette question, pour l'éprouver:

³⁶Maître, quel est le plus grand commandement de la loi?

³⁷Jésus lui répondit: Tu aimeras le Seigneur, ton Dieu, de tout ton coeur, de toute ton âme, et de toute ta pensée.

³⁸C'est le premier et le plus grand commandement.

³⁹Et voici le second, qui lui est semblable: Tu aimeras ton prochain comme toi-même.

⁴⁰De ces deux commandements dépendent toute la loi et les prophètes.

⁴¹Comme les pharisiens étaient assemblés, Jésus les interrogea,

⁴²en disant: Que pensez-vous du Christ? De qui est-il fils? Ils lui répondirent: De David.

⁴³Et Jésus leur dit: Comment donc David, animé par l'Esprit, l'appelle-t-il Seigneur, lorsqu'il dit:

⁴⁴Le Seigneur a dit à mon Seigneur: Assieds-toi à ma droite, Jusqu'à ce que je fasse de tes ennemis ton marchepied?

⁴⁵Si donc David l'appelle Seigneur, comment est-il son fils?

⁴⁶Nul ne put lui répondre un mot. Et, depuis ce jour, personne n'osa plus lui proposer des questions.

Chapitre 23

¹Alors Jésus, parlant à la foule et à ses disciples, dit:

²Les scribes et les pharisiens sont assis dans la chaire de Moïse.

³Faites donc et observez tout ce qu'ils vous disent; mais n'agissez pas selon leurs oeuvres. Car ils disent, et ne font pas.

⁴Ils lient des fardeaux pesants, et les mettent sur les épaules des hommes, mais ils ne veulent pas les remuer du doigt.

⁵Ils font toutes leurs actions pour être vus des hommes. Ainsi, ils portent de larges phylactères, et ils ont de longues franges à leurs vêtements;

⁶ils aiment la première place dans les festins, et les premiers sièges dans les synagogues;

⁷ils aiment à être salués dans les places publiques, et à être appelés par les hommes Rabbi, Rabbi.

⁸Mais vous, ne vous faites pas appeler Rabbi; car un seul est votre Maître, et vous êtes tous frères.

⁹Et n'appelez personne sur la terre votre père; car un seul est votre Père, celui qui est dans les cieux.

¹⁰Ne vous faites pas appeler directeurs; car un seul est votre Directeur, le Christ.

¹¹Le plus grand parmi vous sera votre serviteur.

¹²Quiconque s'élèvera sera abaissé, et quiconque s'abaissera sera élevé.

¹³Malheur à vous, scribes et pharisiens hypocrites! parce que vous fermez aux hommes le royaume des cieux; vous n'y entrez pas vous-mêmes, et vous n'y laissez pas entrer ceux qui veulent entrer.

¹⁴Malheur à vous, scribes et pharisiens hypocrites! parce que vous dévorez les maisons des veuves, et que vous faites pour l'apparence de longues prières; à cause de cela, vous serez jugés plus sévèrement.

¹⁵Malheur à vous, scribes et pharisiens hypocrites! parce que vous courez la mer et la terre pour faire un prosélyte; et, quand il l'est devenu, vous en faites un fils de la géhenne deux fois plus que vous.

¹⁶Malheur à vous, conducteurs aveugles! qui dites: Si quelqu'un jure par le temple, ce n'est rien; mais, si quelqu'un jure par l'or du temple, il est engagé.

¹⁷Insensés et aveugles! lequel est le plus grand, l'or, ou le temple qui sanctifie l'or?

¹⁸Si quelqu'un, dites-vous encore, jure par l'autel, ce n'est rien; mais, si quelqu'un jure par l'offrande qui est sur l'autel, il est engagé.

¹⁹Aveugles! lequel est le plus grand, l'offrande, ou l'autel qui sanctifie l'offrande?

²⁰Celui qui jure par l'autel jure par l'autel et par tout ce qui est dessus;

²¹celui qui jure par le temple jure par le temple et par celui qui l'habite;

²²et celui qui jure par le ciel jure par le trône de Dieu et par celui qui y est assis.

²³Malheur à vous, scribes et pharisiens hypocrites! parce que vous payez la dîme de la menthe, de l'aneth et du cumin, et que vous laissez ce qui est plus important dans la loi, la justice, la miséricorde et la fidélité: c'est là ce qu'il fallait pratiquer, sans négliger les autres choses.

²⁴Conducteurs aveugles! qui coulez le moucheron, et qui avalez le chameau.

²⁵Malheur à vous, scribes et pharisiens hypocrites! parce que vous nettoyez le dehors de la coupe et du plat, et qu'au dedans ils sont pleins de rapine et d'intempérance.

²⁶Pharisien aveugle! nettoie premièrement l'intérieur de la coupe et du plat, afin que l'extérieur aussi devienne net.

²⁷Malheur à vous, scribes et pharisiens hypocrites! parce que vous ressemblez à des sépulcres blanchis, qui paraissent beaux au dehors, et qui, au dedans, sont pleins d'ossements de morts et de toute espèce d'impuretés.

²⁸Vous de même, au dehors, vous paraissez justes aux hommes, mais, au dedans, vous êtes pleins d'hypocrisie et d'iniquité.

²⁹Malheur à vous, scribes et pharisiens hypocrites! parce que vous bâtissez les tombeaux des prophètes et ornez les sépulcres des justes,

³⁰et que vous dites: Si nous avions vécu du temps de nos pères, nous ne nous serions pas joints à eux pour répandre le sang des prophètes.

³¹Vous témoignez ainsi contre vous-mêmes que vous êtes les fils de ceux qui ont tué les prophètes.

³²Comblez donc la mesure de vos pères.

³³Serpents, race de vipères! comment échapperez-vous au châtiment de la géhenne?

³⁴C'est pourquoi, voici, je vous envoie des prophètes, des sages et des scribes. Vous tuerez et crucifierez les uns, vous battrez de verges les autres dans vos synagogues, et vous les persécuterez de ville en ville,

³⁵afin que retombe sur vous tout le sang innocent répandu sur la terre, depuis le sang d'Abel le juste jusqu'au sang de Zacharie, fils de Barachie, que vous avez tué entre le temple et l'autel.

³⁶Je vous le dis en vérité, tout cela retombera sur cette génération.

³⁷Jérusalem, Jérusalem, qui tues les prophètes et qui lapides ceux qui te sont envoyés, combien de fois ai-je voulu rassembler tes enfants, comme une poule rassemble ses poussins sous ses ailes, et vous ne l'avez pas voulu!

³⁸Voici, votre maison vous sera laissée déserte;

³⁹car, je vous le dis, vous ne me verrez plus désormais, jusqu'à ce que vous disiez: Béni soit celui qui vient au nom du Seigneur!

Matthieu
Chapitre 24

¹Comme Jésus s'en allait, au sortir du temple, ses disciples s'approchèrent pour lui en faire remarquer les constructions.

²Mais il leur dit: Voyez-vous tout cela? Je vous le dis en vérité, il ne restera pas ici pierre sur pierre qui ne soit renversée.

³Il s'assit sur la montagne des oliviers. Et les disciples vinrent en particulier lui faire cette question: Dis-nous, quand cela arrivera-t-il, et quel sera le signe de ton avènement et de la fin du monde?

⁴Jésus leur répondit: Prenez garde que personne ne vous séduise.

⁵Car plusieurs viendront sous mon nom, disant: C'est moi qui suis le Christ. Et ils séduiront beaucoup de gens.

⁶Vous entendrez parler de guerres et de bruits de guerres: gardez-vous d'être troublés, car il faut que ces choses arrivent. Mais ce ne sera pas encore la fin.

⁷Une nation s'élèvera contre une nation, et un royaume contre un royaume, et il y aura, en divers lieux, des famines et des tremblements de terre.

⁸Tout cela ne sera que le commencement des douleurs.

⁹Alors on vous livrera aux tourments, et l'on vous fera mourir; et vous serez haïs de toutes les nations, à cause de mon nom.

¹⁰Alors aussi plusieurs succomberont, et ils se trahiront, se haïront les uns les autres.

¹¹Plusieurs faux prophètes s'élèveront, et ils séduiront beaucoup de gens.

¹²Et, parce que l'iniquité se sera accrue, la charité du plus grand nombre se refroidira.

¹³Mais celui qui persévérera jusqu'à la fin sera sauvé.

¹⁴Cette bonne nouvelle du royaume sera prêchée dans le monde entier, pour servir de témoignage à toutes les nations. Alors viendra la fin.

¹⁵C'est pourquoi, lorsque vous verrez l'abomination de la désolation, dont a parlé le prophète Daniel, établie en lieu saint, -que celui qui lit fasse attention! -

¹⁶alors, que ceux qui seront en Judée fuient dans les montagnes;

¹⁷que celui qui sera sur le toit ne descende pas pour prendre ce qui est dans sa maison;

¹⁸et que celui qui sera dans les champs ne retourne pas en arrière pour prendre son manteau.

¹⁹Malheur aux femmes qui seront enceintes et à celles qui allaiteront en ces jours-là!

²⁰Priez pour que votre fuite n'arrive pas en hiver, ni un jour de sabbat.

²¹Car alors, la détresse sera si grande qu'il n'y en a point eu de pareille depuis le commencement du monde jusqu'à présent, et qu'il n'y en aura jamais.

²²Et, si ces jours n'étaient abrégés, personne ne serait sauvé; mais, à cause des élus, ces jours seront abrégés.

²³Si quelqu'un vous dit alors: Le Christ est ici, ou: Il est là, ne le croyez pas.

²⁴Car il s'élèvera de faux Christs et de faux prophètes; ils feront de grands prodiges et des miracles, au point de séduire, s'il était possible, même les élus.

²⁵Voici, je vous l'ai annoncé d'avance.

²⁶Si donc on vous dit: Voici, il est dans le désert, n'y allez pas; voici, il est dans les chambres, ne le croyez pas.

²⁷Car, comme l'éclair part de l'orient et se montre jusqu'en occident, ainsi sera l'avènement du Fils de l'homme.

²⁸En quelque lieu que soit le cadavre, là s'assembleront les aigles.

²⁹Aussitôt après ces jours de détresse, le soleil s'obscurcira, la lune ne donnera plus sa lumière, les étoiles tomberont du ciel, et les puissances des cieux seront ébranlées.

³⁰Alors le signe du Fils de l'homme paraîtra dans le ciel, toutes les tribus de la terre se lamenteront, et elles verront le Fils de l'homme venant sur les nuées du ciel avec puissance et une grande gloire.

³¹Il enverra ses anges avec la trompette retentissante, et ils rassembleront ses élus des quatre vents, depuis une extrémité des cieux jusqu'à l'autre.

³²Instruisez-vous par une comparaison tirée du figuier. Dès que ses branches deviennent tendres, et que les feuilles poussent, vous connaissez que l'été est proche.

³³De même, quand vous verrez toutes ces choses, sachez que le Fils de l'homme est proche, à la porte.

³⁴Je vous le dis en vérité, cette génération ne passera point, que tout cela n'arrive.

³⁵Le ciel et la terre passeront, mais mes paroles ne passeront point.

³⁶Pour ce qui est du jour et de l'heure, personne ne le sait, ni les anges des cieux, ni le Fils, mais le Père seul.

³⁷Ce qui arriva du temps de Noé arrivera de même à l'avènement du Fils de l'homme.

³⁸Car, dans les jours qui précédèrent le déluge, les hommes mangeaient et buvaient, se mariaient et mariaient leurs enfants, jusqu'au jour où Noé entra dans l'arche;

³⁹et ils ne se doutèrent de rien, jusqu'à ce que le déluge vînt et les emportât tous: il en sera de même à l'avènement du Fils de l'homme.

⁴⁰Alors, de deux hommes qui seront dans un champ, l'un sera pris et l'autre laissé;

⁴¹de deux femmes qui moudront à la meule, l'une sera prise et l'autre laissée.

⁴²Veillez donc, puisque vous ne savez pas quel jour votre Seigneur viendra.

⁴³Sachez-le bien, si le maître de la maison savait à quelle veille de la nuit le voleur doit venir, il veillerait et ne laisserait pas percer sa maison.

⁴⁴C'est pourquoi, vous aussi, tenez-vous prêts, car le Fils de l'homme viendra à l'heure où vous n'y penserez pas.

⁴⁵Quel est donc le serviteur fidèle et prudent, que son maître a établi sur ses gens, pour leur donner la nourriture au temps convenable?

⁴⁶Heureux ce serviteur, que son maître, à son arrivée, trouvera faisant ainsi!

⁴⁷Je vous le dis en vérité, il l'établira sur tous ses biens.

⁴⁸Mais, si c'est un méchant serviteur, qui dise en lui-même: Mon maître tarde à venir,

⁴⁹s'il se met à battre ses compagnons, s'il mange et boit avec les ivrognes,

⁵⁰le maître de ce serviteur viendra le jour où il ne s'y attend pas et à l'heure qu'il ne connaît pas,

⁵¹il le mettra en pièces, et lui donnera sa part avec les hypocrites: c'est là qu'il y aura des pleurs et des grincements de dents.

Chapitre 25

¹Alors le royaume des cieux sera semblable à dix vierges qui, ayant pris leurs lampes, allèrent à la rencontre de l'époux.

²Cinq d'entre elles étaient folles, et cinq sages.

³Les folles, en prenant leurs lampes, ne prirent point d'huile avec elles;

⁴mais les sages prirent, avec leurs lampes, de l'huile dans des vases.

⁵Comme l'époux tardait, toutes s'assoupirent et s'endormirent.

⁶Au milieu de la nuit, on cria: Voici l'époux, allez à sa rencontre!

⁷Alors toutes ces vierges se réveillèrent, et préparèrent leurs lampes.

⁸Les folles dirent aux sages: Donnez-nous de votre huile, car nos lampes s'éteignent.

⁹Les sages répondirent: Non; il n'y en aurait pas assez pour nous et pour vous; allez plutôt chez ceux qui en vendent, et achetez-en pour vous.

¹⁰Pendant qu'elles allaient en acheter, l'époux arriva; celles qui étaient prêtes entrèrent avec lui dans la salle des noces, et la porte fut fermée.

¹¹Plus tard, les autres vierges vinrent, et dirent: Seigneur, Seigneur, ouvre-nous.

¹²Mais il répondit: Je vous le dis en vérité, je ne vous connais pas.

¹³Veillez donc, puisque vous ne savez ni le jour, ni l'heure.

¹⁴Il en sera comme d'un homme qui, partant pour un voyage, appela ses serviteurs, et leur remit ses biens.

¹⁵Il donna cinq talents à l'un, deux à l'autre, et un au troisième, à chacun selon sa capacité, et il partit.

¹⁶Aussitôt celui qui avait reçu les cinq talents s'en alla, les fit valoir, et il gagna cinq autres talents.

¹⁷De même, celui qui avait reçu les deux talents en gagna deux autres.

¹⁸Celui qui n'en avait reçu qu'un alla faire un creux dans la terre, et cacha l'argent de son maître.

¹⁹Longtemps après, le maître de ces serviteurs revint, et leur fit rendre compte.

²⁰Celui qui avait reçu les cinq talents s'approcha, en apportant cinq autres talents, et il dit: Seigneur, tu m'as remis cinq talents; voici, j'en ai gagné cinq autres.

²¹Son maître lui dit: C'est bien, bon et fidèle serviteur; tu as été fidèle en peu de chose, je te confierai beaucoup; entre dans la joie de ton maître.

²²Celui qui avait reçu les deux talents s'approcha aussi, et il dit: Seigneur, tu m'as remis deux talents; voici, j'en ai gagné deux autres.

²³Son maître lui dit: C'est bien, bon et fidèle serviteur; tu as été

fidèle en peu de chose, je te confierai beaucoup; entre dans la joie de ton maître.

²⁴Celui qui n'avait reçu qu'un talent s'approcha ensuite, et il dit: Seigneur, je savais que tu es un homme dur, qui moissonnes où tu n'as pas semé, et qui amasses où tu n'as pas vanné;

²⁵j'ai eu peur, et je suis allé cacher ton talent dans la terre; voici, prends ce qui est à toi.

²⁶Son maître lui répondit: Serviteur méchant et paresseux, tu savais que je moissonne où je n'ai pas semé, et que j'amasse où je n'ai pas vanné;

²⁷il te fallait donc remettre mon argent aux banquiers, et, à mon retour, j'aurais retiré ce qui est à moi avec un intérêt.

²⁸Otez-lui donc le talent, et donnez-le à celui qui a les dix talents.

²⁹Car on donnera à celui qui a, et il sera dans l'abondance, mais à celui qui n'a pas on ôtera même ce qu'il a.

³⁰Et le serviteur inutile, jetez-le dans les ténèbres du dehors, où il y aura des pleurs et des grincements de dents.

³¹Lorsque le Fils de l'homme viendra dans sa gloire, avec tous les anges, il s'assiéra sur le trône de sa gloire.

³²Toutes les nations seront assemblées devant lui. Il séparera les uns d'avec les autres, comme le berger sépare les brebis d'avec les boucs;

³³et il mettra les brebis à sa droite, et les boucs à sa gauche.

³⁴Alors le roi dira à ceux qui seront à sa droite: Venez, vous qui êtes bénis de mon Père; prenez possession du royaume qui vous a été préparé dès la fondation du monde.

³⁵Car j'ai eu faim, et vous m'avez donné à manger; j'ai eu soif, et vous m'avez donné à boire; j'étais étranger, et vous m'avez recueilli;

³⁶j'étais nu, et vous m'avez vêtu; j'étais malade, et vous m'avez visité; j'étais en prison, et vous êtes venus vers moi.

³⁷Les justes lui répondront: Seigneur, quand t'avons-nous vu avoir faim, et t'avons-nous donné à manger; ou avoir soif, et t'avons-nous donné à boire?

³⁸Quand t'avons-nous vu étranger, et t'avons-nous recueilli; ou nu, et t'avons-nous vêtu?

³⁹Quand t'avons-nous vu malade, ou en prison, et sommes-nous allés vers toi?

⁴⁰Et le roi leur répondra: Je vous le dis en vérité, toutes les fois que vous avez fait ces choses à l'un de ces plus petits de mes frères, c'est à moi que vous les avez faites.

⁴¹Ensuite il dira à ceux qui seront à sa gauche: Retirez-vous de moi, maudits; allez dans le feu éternel qui a été préparé pour le diable et pour ses anges.

⁴²Car j'ai eu faim, et vous ne m'avez pas donné à manger; j'ai eu soif, et vous ne m'avez pas donné à boire;

⁴³j'étais étranger, et vous ne m'avez pas recueilli; j'étais nu, et vous ne m'avez pas vêtu; j'étais malade et en prison, et vous ne m'avez pas visité.

⁴⁴Ils répondront aussi: Seigneur, quand t'avons-nous vu ayant faim, ou ayant soif, ou étranger, ou nu, ou malade, ou en prison, et ne t'avons-nous pas assisté?

⁴⁵Et il leur répondra: Je vous le dis en vérité, toutes les fois que vous n'avez pas fait ces choses à l'un de ces plus petits, c'est à moi que vous ne les avez pas faites.

⁴⁶Et ceux-ci iront au châtiment éternel, mais les justes à la vie éternelle.

Chapitre 26

¹Lorsque Jésus eut achevé tous ces discours, il dit à ses disciples:

²Vous savez que la Pâque a lieu dans deux jours, et que le Fils de l'homme sera livré pour être crucifié.

³Alors les principaux sacrificateurs et les anciens du peuple se réunirent dans la cour du souverain sacrificateur, appelé Caïphe;

⁴et ils délibérèrent sur les moyens d'arrêter Jésus par ruse, et de le faire mourir.

⁵Mais ils dirent: Que ce ne soit pas pendant la fête, afin qu'il n'y ait pas de tumulte parmi le peuple.

⁶Comme Jésus était à Béthanie, dans la maison de Simon le lépreux,

⁷une femme s'approcha de lui, tenant un vase d'albâtre, qui renfermait un parfum de grand prix; et, pendant qu'il était à table, elle répandit le parfum sur sa tête.

⁸Les disciples, voyant cela, s'indignèrent, et dirent: A quoi bon cette perte?

⁹On aurait pu vendre ce parfum très cher, et en donner le prix aux pauvres.

¹⁰Jésus, s'en étant aperçu, leur dit: Pourquoi faites-vous de la peine à cette femme? Elle a fait une bonne action à mon égard;

¹¹car vous avez toujours des pauvres avec vous, mais vous ne m'avez pas toujours.

¹²En répandant ce parfum sur mon corps, elle l'a fait pour ma sépulture.

¹³Je vous le dis en vérité, partout où cette bonne nouvelle sera prêchée, dans le monde entier, on racontera aussi en mémoire de cette femme ce qu'elle a fait.

¹⁴Alors l'un des douze, appelé Judas Iscariot, alla vers les principaux sacrificateurs,

¹⁵et dit: Que voulez-vous me donner, et je vous le livrerai? Et ils lui payèrent trente pièces d'argent.

¹⁶Depuis ce moment, il cherchait une occasion favorable pour livrer Jésus.

¹⁷Le premier jour des pains sans levain, les disciples s'adressèrent à Jésus, pour lui dire: Où veux-tu que nous te préparions le repas de la Pâque?

¹⁸Il répondit: Allez à la ville chez un tel, et vous lui direz: Le maître dit: Mon temps est proche; je ferai chez toi la Pâque avec mes disciples.

¹⁹Les disciples firent ce que Jésus leur avait ordonné, et ils préparèrent la Pâque.

²⁰Le soir étant venu, il se mit à table avec les douze.

²¹Pendant qu'ils mangeaient, il dit: Je vous le dis en vérité, l'un de vous me livrera.

²²Ils furent profondément attristés, et chacun se mit à lui dire: Est-ce moi, Seigneur?

²³Il répondit: Celui qui a mis avec moi la main dans le plat, c'est celui qui me livrera.

²⁴Le Fils de l'homme s'en va, selon ce qui est écrit de lui. Mais malheur à l'homme par qui le Fils de l'homme est livré! Mieux vaudrait pour cet homme qu'il ne fût pas né.

²⁵Judas, qui le livrait, prit la parole et dit: Est-ce moi, Rabbi? Jésus lui répondit: Tu l'as dit.

²⁶Pendant qu'ils mangeaient, Jésus prit du pain; et, après avoir rendu grâces, il le rompit, et le donna aux disciples, en disant: Prenez, mangez, ceci est mon corps.

²⁷Il prit ensuite une coupe; et, après avoir rendu grâces, il la leur donna, en disant: Buvez-en tous;

²⁸car ceci est mon sang, le sang de l'alliance, qui est répandu pour plusieurs, pour la rémission des péchés.

²⁹Je vous le dis, je ne boirai plus désormais de ce fruit de la vigne, jusqu'au jour où j'en boirai du nouveau avec vous dans le royaume de mon Père.

³⁰Après avoir chanté les cantiques, ils se rendirent à la montagne des oliviers.

³¹Alors Jésus leur dit: Je serai pour vous tous, cette nuit, une occasion de chute; car il est écrit: Je frapperai le berger, et les brebis du troupeau seront dispersées.

³²Mais, après que je serai ressuscité, je vous précèderai en Galilée.

³³Pierre, prenant la parole, lui dit: Quand tu serais pour tous une occasion de chute, tu ne le seras jamais pour moi.

³⁴Jésus lui dit: Je te le dis en vérité, cette nuit même, avant que le coq chante, tu me renieras trois fois.

³⁵Pierre lui répondit: Quand il me faudrait mourir avec toi, je ne te renierai pas. Et tous les disciples dirent la même chose.

³⁶Là-dessus, Jésus alla avec eux dans un lieu appelé Gethsémané, et il dit aux disciples: Asseyez-vous ici, pendant que je m'éloignerai pour prier.

³⁷Il prit avec lui Pierre et les deux fils de Zébédée, et il commença à éprouver de la tristesse et des angoisses.

³⁸Il leur dit alors: Mon âme est triste jusqu'à la mort; restez ici, et veillez avec moi.

³⁹Puis, ayant fait quelques pas en avant, il se jeta sur sa face, et pria ainsi: Mon Père, s'il est possible, que cette coupe s'éloigne de moi! Toutefois, non pas ce que je veux, mais ce que tu veux.

⁴⁰Et il vint vers les disciples, qu'il trouva endormis, et il dit à Pierre: Vous n'avez donc pu veiller une heure avec moi!

⁴¹Veillez et priez, afin que vous ne tombiez pas dans la tentation; l'esprit es bien disposé, mais la chair est faible.

⁴²Il s'éloigna une seconde fois, et pria ainsi: Mon Père, s'il n'est pas possible que cette coupe s'éloigne sans que je la boive, que ta volonté soit faite!

⁴³Il revint, et les trouva encore endormis; car leurs yeux étaient appesantis.

⁴⁴Il les quitta, et, s'éloignant, il pria pour la troisième fois, répétant les mêmes paroles.

Matthieu

⁴⁵Puis il alla vers ses disciples, et leur dit: Vous dormez maintenant, et vous vous reposez! Voici, l'heure est proche, et le Fils de l'homme est livré aux mains des pécheurs.

⁴⁶Levez-vous, allons; voici, celui qui me livre s'approche.

⁴⁷Comme il parlait encore, voici, Judas, l'un des douze, arriva, et avec lui une foule nombreuse armée d'épées et de bâtons, envoyée par les principaux sacrificateurs et par les anciens du peuple.

⁴⁸Celui qui le livrait leur avait donné ce signe: Celui que je baiserai, c'est lui; saisissez-le.

⁴⁹Aussitôt, s'approchant de Jésus, il dit: Salut, Rabbi! Et il le baisa.

⁵⁰Jésus lui dit: Mon ami, ce que tu es venu faire, fais-le. Alors ces gens s'avancèrent, mirent la main sur Jésus, et le saisirent.

⁵¹Et voici, un de ceux qui étaient avec Jésus étendit la main, et tira son épée; il frappa le serviteur du souverain sacrificateur, et lui emporta l'oreille.

⁵²Alors Jésus lui dit: Remets ton épée à sa place; car tous ceux qui prendront l'épée périront par l'épée.

⁵³Penses-tu que je ne puisse pas invoquer mon Père, qui me donnerait à l'instant plus de douze légions d'anges?

⁵⁴Comment donc s'accompliraient les Écritures, d'après lesquelles il doit en être ainsi?

⁵⁵En ce moment, Jésus dit à la foule: Vous êtes venus, comme après un brigand, avec des épées et des bâtons, pour vous emparer de moi. J'étais tous les jours assis parmi vous, enseignant dans le temple, et vous ne m'avez pas saisi.

⁵⁶Mais tout cela est arrivé afin que les écrits des prophètes fussent accomplis. Alors tous les disciples l'abandonnèrent, et prirent la fuite.

⁵⁷Ceux qui avaient saisi Jésus l'emmenèrent chez le souverain sacrificateur Caïphe, où les scribes et les anciens étaient assemblés.

⁵⁸Pierre le suivit de loin jusqu'à la cour du souverain sacrificateur, y entra, et s'assit avec les serviteurs, pour voir comment cela finirait.

⁵⁹Les principaux sacrificateurs et tout le sanhédrin cherchaient quelque faux témoignage contre Jésus, suffisant pour le faire mourir.

⁶⁰Mais ils n'en trouvèrent point, quoique plusieurs faux témoins se fussent présentés. Enfin, il en vint deux, qui dirent:

⁶¹Celui-ci a dit: Je puis détruire le temple de Dieu, et le rebâtir en trois jours.

⁶²Le souverain sacrificateur se leva, et lui dit: Ne réponds-tu rien? Qu'est-ce que ces hommes déposent contre toi?

⁶³Jésus garda le silence. Et le souverain sacrificateur, prenant la parole, lui dit: Je t'adjure, par le Dieu vivant, de nous dire si tu es le Christ, le Fils de Dieu.

⁶⁴Jésus lui répondit: Tu l'as dit. De plus, je vous le déclare, vous verrez désormais le Fils de l'homme assis à la droite de la puissance de Dieu, et venant sur les nuées du ciel.

⁶⁵Alors le souverain sacrificateur déchira ses vêtements, disant: Il a blasphémé! Qu'avons-nous encore besoin de témoins? Voici, vous venez d'entendre son blasphème. Que vous en semble?

⁶⁶Ils répondirent: Il mérite la mort.

⁶⁷Là-dessus, ils lui crachèrent au visage, et lui donnèrent des coups de poing et des soufflets en disant:

⁶⁸Christ, prophétise; dis-nous qui t'a frappé.

⁶⁹Cependant, Pierre était assis dehors dans la cour. Une servante s'approcha de lui, et dit: Toi aussi, tu étais avec Jésus le Galiléen.

⁷⁰Mais il le nia devant tous, disant: Je ne sais ce que tu veux dire.

⁷¹Comme il se dirigeait vers la porte, une autre servante le vit, et dit à ceux qui se trouvaient là; Celui-ci était aussi avec Jésus de Nazareth.

⁷²Il le nia de nouveau, avec serment: Je ne connais pas cet homme.

⁷³Peu après, ceux qui étaient là, s'étant approchés, dirent à Pierre: Certainement tu es aussi de ces gens-là, car ton langage te fait reconnaître.

⁷⁴Alors il se mit à faire des imprécations et à jurer: Je ne connais pas cet homme. Aussitôt le coq chanta.

⁷⁵Et Pierre se souvint de la parole que Jésus avait dite: Avant que le coq chante, tu me renieras trois fois. Et étant sorti, il pleura amèrement.

Chapitre 27

¹Dès que le matin fut venu, tous les principaux sacrificateurs et les anciens du peuple tinrent conseil contre Jésus, pour le faire mourir.

²Après l'avoir lié, ils l'emmenèrent, et le livrèrent à Ponce Pilate, le gouverneur.

³Alors Judas, qui l'avait livré, voyant qu'il était condamné, se repentit, et rapporta les trente pièces d'argent aux principaux sacrificateurs et aux anciens,

⁴en disant: J'ai péché, en livrant le sang innocent. Ils répondirent: Que nous importe? Cela te regarde.

⁵Judas jeta les pièces d'argent dans le temple, se retira, et alla se pendre.

⁶Les principaux sacrificateurs les ramassèrent, et dirent: Il n'est pas permis de les mettre dans le trésor sacré, puisque c'est le prix du sang.

⁷Et, après en avoir délibéré, ils achetèrent avec cet argent le champ du potier, pour la sépulture des étrangers.

⁸C'est pourquoi ce champ a été appelé champ du sang, jusqu'à ce jour.

⁹Alors s'accomplit ce qui avait été annoncé par Jérémie, le prophète: Ils ont pris les trente pièces d'argent, la valeur de celui qui a été estimé, qu'on a estimé de la part des enfants d'Israël;

¹⁰et il les ont données pour le champ du potier, comme le Seigneur me l'avait ordonné.

¹¹Jésus comparut devant le gouverneur. Le gouverneur l'interrogea, en ces termes: Es-tu le roi des Juifs? Jésus lui répondit: Tu le dis.

¹²Mais il ne répondit rien aux accusations des principaux sacrificateurs et des anciens.

¹³Alors Pilate lui dit: N'entends-tu pas de combien de choses ils t'accusent?

¹⁴Et Jésus ne lui donna de réponse sur aucune parole, ce qui étonna beaucoup le gouverneur.

¹⁵A chaque fête, le gouverneur avait coutume de relâcher un prisonnier, celui que demandait la foule.

¹⁶Ils avaient alors un prisonnier fameux, nommé Barabbas.

¹⁷Comme ils étaient assemblés, Pilate leur dit: Lequel voulez-vous que je vous relâche, Barabbas, ou Jésus, qu'on appelle Christ?

¹⁸Car il savait que c'était par envie qu'ils avaient livré Jésus.

¹⁹Pendant qu'il était assis sur le tribunal, sa femme lui fit dire: Qu'il n'y ait rien entre toi et ce juste; car aujourd'hui j'ai beaucoup souffert en songe à cause de lui.

²⁰Les principaux sacrificateurs et les anciens persuadèrent à la foule de demander Barabbas, et de faire périr Jésus.

²¹Le gouverneur prenant la parole, leur dit: Lequel des deux voulez-vous que je vous relâche? Ils répondirent: Barabbas.

²²Pilate leur dit: Que ferai-je donc de Jésus, qu'on appelle Christ? Tous répondirent: Qu'il soit crucifié!

²³Le gouverneur dit: Mais quel mal a-t-il fait? Et ils crièrent encore plus fort: Qu'il soit crucifié!

²⁴Pilate, voyant qu'il ne gagnait rien, mais que le tumulte augmentait, prit de l'eau, se lava les mains en présence de la foule, et dit: Je suis innocent du sang de ce juste. Cela vous regarde.

²⁵Et tout le peuple répondit: Que son sang retombe sur nous et sur nos enfants!

²⁶Alors Pilate leur relâcha Barabbas; et, après avoir fait battre de verges Jésus, il le livra pour être crucifié.

²⁷Les soldats du gouverneur conduisirent Jésus dans le prétoire, et ils assemblèrent autour de lui toute la cohorte.

²⁸Ils lui ôtèrent ses vêtements, et le couvrirent d'un manteau écarlate.

²⁹Ils tressèrent une couronne d'épines, qu'ils posèrent sur sa tête, et ils lui mirent un roseau dans la main droite; puis, s'agenouillant devant lui, ils le raillaient, en disant: Salut, roi des Juifs!

³⁰Et ils crachaient contre lui, prenaient le roseau, et frappaient sur sa tête.

³¹Après s'être ainsi moqués de lui, ils lui ôtèrent le manteau, lui remirent ses vêtements, et l'emmenèrent pour le crucifier.

³²Lorsqu'ils sortirent, ils rencontrèrent un homme de Cyrène, appelé Simon, et ils le forcèrent à porter la croix de Jésus.

³³Arrivés au lieu nommé Golgotha, ce qui signifie lieu du crâne,

³⁴ils lui donnèrent à boire du vin mêlé de fiel; mais, quand il l'eut goûté, il ne voulut pas boire.

³⁵Après l'avoir crucifié, ils se partagèrent ses vêtements, en tirant au sort, afin que s'accomplît ce qui avait été annoncé par le prophète: Ils se sont partagé mes vêtements, et ils ont tiré au sort ma tunique.

³⁶Puis ils s'assirent, et le gardèrent.

³⁷Pour indiquer le sujet de sa condamnation, on écrivit au-dessus de sa tête: Celui-ci est Jésus, le roi des Juifs.

³⁸Avec lui furent crucifiés deux brigands, l'un à sa droite, et l'autre à sa gauche.

³⁹Les passants l'injuriaient, et secouaient la tête,

⁴⁰en disant: Toi qui détruis le temple, et qui le rebâtis en trois jours, sauve-toi toi-même! Si tu es le Fils de Dieu, descends de la croix!

⁴¹Les principaux sacrificateurs, avec les scribes et les anciens, se moquaient aussi de lui, et disaient:

⁴²Il a sauvé les autres, et il ne peut se sauver lui-même! S'il est roi d'Israël, qu'il descende de la croix, et nous croirons en lui.
⁴³Il s'est confié en Dieu; que Dieu le délivre maintenant, s'il l'aime. Car il a dit: Je suis Fils de Dieu.
⁴⁴Les brigands, crucifiés avec lui, l'insultaient de la même manière.
⁴⁵Depuis la sixième heure jusqu'à la neuvième, il y eut des ténèbres sur toute la terre.
⁴⁶Et vers la neuvième heure, Jésus s'écria d'une voix forte: Éli, Éli, lama sabachthani? c'est-à-dire: Mon Dieu, mon Dieu, pourquoi m'as-tu abandonné?
⁴⁷Quelques-un de ceux qui étaient là, l'ayant entendu, dirent: Il appelle Élie.
⁴⁸Et aussitôt l'un d'eux courut prendre une éponge, qu'il remplit de vinaigre, et, l'ayant fixée à un roseau, il lui donna à boire.
⁴⁹Mais les autres disaient: Laisse, voyons si Élie viendra le sauver.
⁵⁰Jésus poussa de nouveau un grand cri, et rendit l'esprit.
⁵¹Et voici, le voile du temple se déchira en deux, depuis le haut jusqu'en bas, la terre trembla, les rochers se fendirent,
⁵²les sépulcres s'ouvrirent, et plusieurs corps des saints qui étaient morts ressuscitèrent.
⁵³Étant sortis des sépulcres, après la résurrection de Jésus, ils entrèrent dans la ville sainte, et apparurent à un grand nombre de personnes.
⁵⁴Le centenier et ceux qui étaient avec lui pour garder Jésus, ayant vu le tremblement de terre et ce qui venait d'arriver, furent saisis d'une grande frayeur, et dirent: Assurément, cet homme était Fils de Dieu.
⁵⁵Il y avait là plusieurs femmes qui regardaient de loin; qui avaient accompagné Jésus depuis la Galilée, pour le servir.
⁵⁶Parmi elles étaient Marie de Magdala, Marie, mère de Jacques et de Joseph, et la mère des fils de Zébédée.
⁵⁷Le soir étant venu, arriva un homme riche d'Arimathée, nommé Joseph, lequel était aussi disciple de Jésus.
⁵⁸Il se rendit vers Pilate, et demanda le corps de Jésus. Et Pilate ordonna de le remettre.
⁵⁹Joseph prit le corps, l'enveloppa d'un linceul blanc,
⁶⁰et le déposa dans un sépulcre neuf, qu'il s'était fait tailler dans le roc. Puis il roula une grande pierre à l'entrée du sépulcre, et il s'en alla.
⁶¹Marie de Magdala et l'autre Marie étaient là, assises vis-à-vis du sépulcre.
⁶²Le lendemain, qui était le jour après la préparation, les principaux sacrificateurs et les pharisiens allèrent ensemble auprès de Pilate,
⁶³et dirent: Seigneur, nous nous souvenons que cet imposteur a dit, quand il vivait encore: Après trois jours je ressusciterai.
⁶⁴Ordonne donc que le sépulcre soit gardé jusqu'au troisième jour, afin que ses disciples ne viennent pas dérober le corps, et dire au peuple: Il est ressuscité des morts. Cette dernière imposture serait pire que la première.
⁶⁵Pilate leur dit: Vous avez une garde; allez, gardez-le comme vous l'entendrez.
⁶⁶Ils s'en allèrent, et s'assurèrent du sépulcre au moyen de la garde, après avoir scellé la pierre.

Chapitre 28

¹Après le sabbat, à l'aube du premier jour de la semaine, Marie de Magdala et l'autre Marie allèrent voir le sépulcre.
²Et voici, il y eut un grand tremblement de terre; car un ange du Seigneur descendit du ciel, vint rouler la pierre, et s'assit dessus.
³Son aspect était comme l'éclair, et son vêtement blanc comme la neige.
⁴Les gardes tremblèrent de peur, et devinrent comme morts.
⁵Mais l'ange prit la parole, et dit aux femmes: Pour vous, ne craignez pas; car je sais que vous cherchez Jésus qui a été crucifié.
⁶Il n'est point ici; il est ressuscité, comme il l'avait dit. Venez, voyez le lieu où il était couché,
⁷et allez promptement dire à ses disciples qu'il est ressuscité des morts. Et voici, il vous précède en Galilée: c'est là que vous le verrez. Voici, je vous l'ai dit.
⁸Elles s'éloignèrent promptement du sépulcre, avec crainte et avec une grande joie, et elles coururent porter la nouvelle aux disciples.
⁹Et voici, Jésus vint à leur rencontre, et dit: Je vous salue. Elles s'approchèrent pour saisir ses pieds, et elles se prosternèrent devant lui.
¹⁰Alors Jésus leur dit: Ne craignez pas; allez dire à mes frères de se rendre en Galilée: c'est là qu'ils me verront.
¹¹Pendant qu'elles étaient en chemin, quelques hommes de la garde entrèrent dans la ville, et annoncèrent aux principaux sacrificateurs tout ce qui était arrivé.
¹²Ceux-ci, après s'être assemblés avec les anciens et avoir tenu conseil, donnèrent aux soldats une forte somme d'argent,
¹³en disant: Dites: Ses disciples sont venus de nuit le dérober, pendant que nous dormions.
¹⁴Et si le gouverneur l'apprend, nous l'apaiserons, et nous vous tirerons de peine.
¹⁵Les soldats prirent l'argent, et suivirent les instructions qui leur furent données. Et ce bruit s'est répandu parmi les Juifs, jusqu'à ce jour.
¹⁶Les onze disciples allèrent en Galilée, sur la montagne que Jésus leur avait désignée.
¹⁷Quand ils le virent, ils se prosternèrent devant lui. Mais quelques-uns eurent des doutes.
¹⁸Jésus, s'étant approché, leur parla ainsi: Tout pouvoir m'a été donné dans le ciel et sur la terre.
¹⁹Allez, faites de toutes les nations des disciples, les baptisant au nom du Père, du Fils et du Saint Esprit,
²⁰et enseignez-leur à observer tout ce que je vous ai prescrit. Et voici, je suis avec vous tous les jours, jusqu'à la fin du monde.

Marc

Chapitre 1

¹Commencement de l'Évangile de Jésus Christ, Fils de Dieu.

²Selon ce qui est écrit dans Ésaïe, le prophète: Voici, j'envoie devant toi mon messager, Qui préparera ton chemin;

³C'est la voix de celui qui crie dans le désert: Préparez le chemin du Seigneur, Aplanissez ses sentiers.

⁴Jean parut, baptisant dans le désert, et prêchant le baptême de repentance, pour la rémission des péchés.

⁵Tout le pays de Judée et tous les habitants de Jérusalem se rendaient auprès de lui; et, confessant leurs péchés, ils se faisaient baptiser par lui dans le fleuve du Jourdain.

⁶Jean avait un vêtement de poils de chameau, et une ceinture de cuir autour des reins. Il se nourrissait de sauterelles et de miel sauvage.

⁷Il prêchait, disant: Il vient après moi celui qui est plus puissant que moi, et je ne suis pas digne de délier, en me baissant, la courroie de ses souliers.

⁸Moi, je vous ai baptisés d'eau; lui, il vous baptisera du Saint Esprit.

⁹En ce temps-là, Jésus vint de Nazareth en Galilée, et il fut baptisé par Jean dans le Jourdain.

¹⁰Au moment où il sortait de l'eau, il vit les cieux s'ouvrir, et l'Esprit descendre sur lui comme une colombe.

¹¹Et une voix fit entendre des cieux ces paroles: Tu es mon Fils bien-aimé, en toi j'ai mis toute mon affection.

¹²Aussitôt, l'Esprit poussa Jésus dans le désert,

¹³où il passa quarante jours, tenté par Satan. Il était avec les bêtes sauvages, et les anges le servaient.

¹⁴Après que Jean eut été livré, Jésus alla dans la Galilée, prêchant l'Évangile de Dieu.

¹⁵Il disait: Le temps est accompli, et le royaume de Dieu est proche. Repentez-vous, et croyez à la bonne nouvelle.

¹⁶Comme il passait le long de la mer de Galilée, il vit Simon et André, frère de Simon, qui jetaient un filet dans la mer; car ils étaient pêcheurs.

¹⁷Jésus leur dit: Suivez-moi, et je vous ferai pêcheurs d'hommes.

¹⁸Aussitôt, ils laissèrent leurs filets, et le suivirent.

¹⁹Étant allé un peu plus loin, il vit Jacques, fils de Zébédée, et Jean, son frère, qui, eux aussi, étaient dans une barque et réparaient les filets.

²⁰Aussitôt, il les appela; et, laissant leur père Zébédée dans la barque avec les ouvriers, ils le suivirent.

²¹Ils se rendirent à Capernaüm. Et, le jour du sabbat, Jésus entra d'abord dans la synagogue, et il enseigna.

²²Ils étaient frappés de sa doctrine; car il enseignait comme ayant autorité, et non pas comme les scribes.

²³Il se trouva dans leur synagogue un homme qui avait un esprit impur, et qui s'écria:

²⁴Qu'y a-t-il entre nous et toi, Jésus de Nazareth? Tu es venu pour nous perdre. Je sais qui tu es; le Saint de Dieu.

²⁵Jésus le menaça, disant: Tais-toi, et sors de cet homme.

²⁶Et l'esprit impur sortit de cet homme, en l'agitant avec violence, et en poussant un grand cri.

²⁷Tous furent saisis de stupéfaction, de sorte qu'ils se demandaient les uns aux autres: Qu'est-ce que ceci? Une nouvelle doctrine! Il commande avec autorité même aux esprits impurs, et ils lui obéissent!

²⁸Et sa renommée se répandit aussitôt dans tous les lieux environnants de la Galilée.

²⁹En sortant de la synagogue, ils se rendirent avec Jacques et Jean à la maison de Simon et d'André.

³⁰La belle-mère de Simon était couchée, ayant la fièvre; et aussitôt on parla d'elle à Jésus.

³¹S'étant approché, il la fit lever en lui prenant la main, et à l'instant la fièvre la quitta. Puis elle les servit.

³²Le soir, après le coucher du soleil, on lui amena tous les malades et les démoniaques.

³³Et toute la ville était rassemblée devant sa porte.

³⁴Il guérit beaucoup de gens qui avaient diverses maladies; il chassa aussi beaucoup de démons, et il ne permettait pas aux démons de parler, parce qu'ils le connaissaient.

³⁵Vers le matin, pendant qu'il faisait encore très sombre, il se leva, et sortit pour aller dans un lieu désert, où il pria.

³⁶Simon et ceux qui étaient avec lui se mirent à sa recherche;

³⁷et, quand ils l'eurent trouvé, ils lui dirent: Tous te cherchent.

³⁸Il leur répondit: Allons ailleurs, dans les bourgades voisines, afin que j'y prêche aussi; car c'est pour cela que je suis sorti.

³⁹Et il alla prêcher dans les synagogues, par toute la Galilée, et il chassa les démons.

⁴⁰Un lépreux vint à lui; et, se jetant à genoux, il lui dit d'un ton suppliant: Si tu le veux, tu peux me rendre pur.

⁴¹Jésus, ému de compassion, étendit la main, le toucha, et dit: Je le veux, sois pur.

⁴²Aussitôt la lèpre le quitta, et il fut purifié.

⁴³Jésus le renvoya sur-le-champ, avec de sévères recommandations,

⁴⁴et lui dit: Garde-toi de rien dire à personne; mais va te montrer au sacrificateur, et offre pour ta purification ce que Moïse a prescrit, afin que cela leur serve de témoignage.

⁴⁵Mais cet homme, s'en étant allé, se mit à publier hautement la chose et à la divulguer, de sorte que Jésus ne pouvait plus entrer publiquement dans une ville. Il se tenait dehors, dans des lieux déserts, et l'on venait à lui de toutes parts.

Chapitre 2

¹Quelques jours après, Jésus revint à Capernaüm. On apprit qu'il était à la maison,

²et il s'assembla un si grand nombre de personnes que l'espace devant la porte ne pouvait plus les contenir. Il leur annonçait la parole.

³Des gens vinrent à lui, amenant un paralytique porté par quatre hommes.

⁴Comme ils ne pouvaient l'aborder, à cause de la foule, ils découvrirent le toit de la maison où il était, et ils descendirent par cette ouverture le lit sur lequel le paralytique était couché.

⁵Jésus, voyant leur foi, dit au paralytique: Mon enfant, tes péchés sont pardonnés.

⁶Il y avait là quelques scribes, qui étaient assis, et qui se disaient au dedans d'eux:

⁷Comment cet homme parle-t-il ainsi? Il blasphème. Qui peut pardonner les péchés, si ce n'est Dieu seul?

⁸Jésus, ayant aussitôt connu par son esprit ce qu'ils pensaient au dedans d'eux, leur dit: Pourquoi avez-vous de telles pensées dans vos coeurs?

⁹Lequel est le plus aisé, de dire au paralytique: Tes péchés sont pardonnés, ou de dire: Lève-toi, prends ton lit, et marche?

¹⁰Or, afin que vous sachiez que le Fils de l'homme a sur la terre le pouvoir de pardonner les péchés:

¹¹Je te l'ordonne, dit-il au paralytique, lève-toi, prends ton lit, et va dans ta maison.

¹²Et, à l'instant, il se leva, prit son lit, et sortit en présence de tout le monde, de sorte qu'ils étaient tous dans l'étonnement et glorifiaient Dieu, disant: Nous n'avons jamais rien vu de pareil.

¹³Jésus sortit de nouveau du côté de la mer. Toute la foule venait à lui, et il les enseignait.

¹⁴En passant, il vit Lévi, fils d'Alphée, assis au bureau des péages. Il lui dit: Suis-moi. Lévi se leva, et le suivit.

¹⁵Comme Jésus était à table dans la maison de Lévi, beaucoup de publicains et de gens de mauvaise vie se mirent aussi à table avec lui et avec ses disciples; car ils étaient nombreux, et l'avaient suivi.

¹⁶Les scribes et les pharisiens, le voyant manger avec les publicains et les gens de mauvaise vie, dirent à ses disciples: Pourquoi mange-t-il et boit-il avec les publicains et les gens de mauvaise vie?

¹⁷Ce que Jésus ayant entendu, il leur dit: Ce ne sont pas ceux qui se portent bien qui ont besoin de médecin, mais les malades. Je ne suis pas venu appeler des justes, mais des pécheurs.

¹⁸Les disciples de Jean et les pharisiens jeûnaient. Ils vinrent dire à Jésus: Pourquoi les disciples de Jean et ceux des pharisiens jeûnent-ils, tandis que tes disciples ne jeûnent point?

¹⁹Jésus leur répondit: Les amis de l'époux peuvent-ils jeûner pendant que l'époux est avec eux? Aussi longtemps qu'ils ont avec eux l'époux, ils ne peuvent jeûner.

²⁰Les jours viendront où l'époux leur sera enlevé, et alors ils jeûneront en ce jour-là.

²¹Personne ne coud une pièce de drap neuf à un vieil habit; autrement, la pièce de drap neuf emporterait une partie du vieux, et la déchirure serait pire.

²²Et personne ne met du vin nouveau dans de vieilles outres; autrement, le vin fait rompre les outres, et le vin et les outres sont perdus; mais il faut mettre le vin nouveau dans des outres neuves.

²³Il arriva, un jour de sabbat, que Jésus traversa des champs de

blé. Ses disciples, chemin faisant, se mirent à arracher des épis.

²⁴Les pharisiens lui dirent: Voici, pourquoi font-ils ce qui n'est pas permis pendant le sabbat?

²⁵Jésus leur répondit: N'avez-vous jamais lu ce que fit David, lorsqu'il fut dans la nécessité et qu'il eut faim, lui et ceux qui étaient avec lui;

²⁶comment il entra dans la maison de Dieu, du temps du souverain sacrificateur Abiathar, et mangea les pains de proposition, qu'il n'est permis qu'aux sacrificateurs de manger, et en donna même à ceux qui étaient avec lui!

²⁷Puis il leur dit: Le sabbat a été fait pour l'homme, et non l'homme pour le sabbat,

²⁸de sorte que le Fils de l'homme est maître même du sabbat.

Chapitre 3

¹Jésus entra de nouveau dans la synagogue. Il s'y trouvait un homme qui avait la main sèche.

²Ils observaient Jésus, pour voir s'il le guérirait le jour du sabbat: c'était afin de pouvoir l'accuser.

³Et Jésus dit à l'homme qui avait la main sèche: Lève-toi, là au milieu.

⁴Puis il leur dit: Est-il permis, le jour du sabbat, de faire du bien ou de faire du mal, de sauver une personne ou de la tuer? Mais ils gardèrent le silence.

⁵Alors, promenant ses regards sur eux avec indignation, et en même temps affligé de l'endurcissement de leur coeur, il dit à l'homme: Étends ta main. Il l'étendit, et sa main fut guérie.

⁶Les pharisiens sortirent, et aussitôt ils se consultèrent avec les hérodiens sur les moyens de le faire périr.

⁷Jésus se retira vers la mer avec ses disciples. Une grande multitude le suivit de la Galilée;

⁸et de la Judée, et de Jérusalem, et de l'Idumée, et d'au delà du Jourdain, et des environs de Tyr et de Sidon, une grande multitude, apprenant tout ce qu'il faisait, vint à lui.

⁹Il chargea ses disciples de tenir toujours à sa disposition une petite barque, afin de ne pas être pressé par la foule.

¹⁰Car, comme il guérissait beaucoup de gens, tous ceux qui avaient des maladies se jetaient sur lui pour le toucher.

¹¹Les esprits impurs, quand ils le voyaient, se prosternaient devant lui, et s'écriaient: Tu es le Fils de Dieu.

¹²Mais il leur recommandait très sévèrement de ne pas le faire connaître.

¹³Il monta ensuite sur la montagne; il appela ceux qu'il voulut, et ils vinrent auprès de lui.

¹⁴Il en établit douze, pour les avoir avec lui,

¹⁵et pour les envoyer prêcher avec le pouvoir de chasser les démons.

¹⁶Voici les douze qu'il établit: Simon, qu'il nomma Pierre;

¹⁷Jacques, fils de Zébédée, et Jean, frère de Jacques, auxquels il donna le nom de Boanergès, qui signifie fils du tonnerre;

¹⁸André; Philippe; Barthélemy; Matthieu; Thomas; Jacques, fils d'Alphée; Thaddée; Simon le Cananite;

¹⁹et Judas Iscariot, celui qui livra Jésus.

²⁰Ils se rendirent à la maison, et la foule s'assembla de nouveau, en sorte qu'ils ne pouvaient pas même prendre leur repas.

²¹Les parents de Jésus, ayant appris ce qui se passait, vinrent pour se saisir de lui; car ils disaient: Il est hors de sens.

²²Et les scribes, qui étaient descendus de Jérusalem, dirent: Il est possédé de Béelzébul; c'est par le prince des démons qu'il chasse les démons.

²³Jésus les appela, et leur dit sous forme de paraboles: Comment Satan peut-il chasser Satan?

²⁴Si un royaume est divisé contre lui-même, ce royaume ne peut subsister;

²⁵et si une maison est divisée contre elle-même, cette maison ne peut subsister.

²⁶Si donc Satan se révolte contre lui-même, il est divisé, et il ne peut subsister, mais c'en est fait de lui.

²⁷Personne ne peut entrer dans la maison d'un homme fort et piller ses biens, sans avoir auparavant lié cet homme fort; alors il pillera sa maison.

²⁸Je vous le dis en vérité, tous les péchés seront pardonnés aux fils des hommes, et les blasphèmes qu'ils auront proférés;

²⁹mais quiconque blasphémera contre le Saint Esprit n'obtiendra jamais de pardon: il est coupable d'un péché éternel.

³⁰Jésus parla ainsi parce qu'ils disaient: Il est possédé d'un esprit impur.

³¹Survinrent sa mère et ses frères, qui, se tenant dehors, l'envoyèrent appeler.

³²La foule était assise autour de lui, et on lui dit: Voici, ta mère et tes frères sont dehors et te demandent.

³³Et il répondit: Qui est ma mère, et qui sont mes frères?

³⁴Puis, jetant les regards sur ceux qui étaient assis tout autour de lui: Voici, dit-il, ma mère et mes frères.

³⁵Car, quiconque fait la volonté de Dieu, celui-là est mon frère, ma soeur, et ma mère.

Chapitre 4

¹Jésus se mit de nouveau à enseigner au bord de la mer. Une grande foule s'étant assemblée auprès de lui, il monta et s'assit dans une barque, sur la mer. Toute la foule était à terre sur le rivage.

²Il leur enseigna beaucoup de choses en paraboles, et il leur dit dans son enseignement:

³Écoutez. Un semeur sortit pour semer.

⁴Comme il semait, une partie de la semence tomba le long du chemin: les oiseaux vinrent, et la mangèrent.

⁵Une autre partie tomba dans un endroit pierreux, où elle n'avait pas beaucoup de terre; elle leva aussitôt, parce qu'elle ne trouva pas un sol profond;

⁶mais, quand le soleil parut, elle fut brûlée et sécha, faute de racines.

⁷Une autre partie tomba parmi les épines: les épines montèrent, et l'étouffèrent, et elle ne donna point de fruit.

⁸Une autre partie tomba dans la bonne terre: elle donna du fruit qui montait et croissait, et elle rapporta trente, soixante, et cent pour un.

⁹Puis il dit: Que celui qui a des oreilles pour entendre entende.

¹⁰Lorsqu'il fut en particulier, ceux qui l'entouraient avec les douze l'interrogèrent sur les paraboles.

¹¹Il leur dit: C'est à vous qu'a été donné le mystère du royaume de Dieu; mais pour ceux qui sont dehors tout se passe en paraboles,

¹²afin qu'en voyant ils voient et n'aperçoivent point, et qu'en entendant ils entendent et ne comprennent point, de peur qu'ils ne se convertissent, et que les péchés ne leur soient pardonnés.

¹³Il leur dit encore: Vous ne comprenez pas cette parabole? Comment donc comprendrez-vous toutes les paraboles?

¹⁴Le semeur sème la parole.

¹⁵Les uns sont le long du chemin, où la parole est semée; quand ils l'ont entendue, aussitôt Satan vient et enlève la parole qui a été semée en eux.

¹⁶Les autres, pareillement, reçoivent la semence dans les endroits pierreux; quand ils entendent la parole, ils la reçoivent d'abord avec joie;

¹⁷mais ils n'ont pas de racine en eux-mêmes, ils manquent de persistance, et, dès que survient une tribulation ou une persécution à cause de la parole, ils y trouvent une occasion de chute.

¹⁸D'autres reçoivent la semence parmi les épines; ce sont ceux qui entendent la parole,

¹⁹mais en qui les soucis du siècle, la séduction des richesses et l'invasion des autres convoitises, étouffent la parole, et la rendent infructueuse.

²⁰D'autres reçoivent la semence dans la bonne terre; ce sont ceux qui entendent la parole, la reçoivent, et portent du fruit, trente, soixante, et cent pour un.

²¹Il leur dit encore: Apporte-t-on la lampe pour la mettre sous le boisseau, ou sous le lit? N'est-ce pas pour la mettre sur le chandelier?

²²Car il n'est rien de caché qui ne doive être découvert, rien de secret qui ne doive être mis au jour.

²³Si quelqu'un a des oreilles pour entendre, qu'il entende.

²⁴Il leur dit encore: Prenez garde à ce que vous entendez. On vous mesurera avec la mesure dont vous vous serez servis, et on y ajoutera pour vous.

²⁵Car on donnera à celui qui a; mais celui qui n'a pas on ôtera même ce qu'il a.

²⁶Il dit encore: Il en est du royaume de Dieu comme quand un homme jette de la semence en terre;

²⁷qu'il dorme ou qu'il veille, nuit et jour, la semence germe et croît sans qu'il sache comment.

²⁸La terre produit d'elle-même, d'abord l'herbe, puis l'épi, puis le grain tout formé dans l'épi;

²⁹et, dès que le fruit est mûr, on y met la faucille, car la moisson est là.

³⁰Il dit encore: A quoi comparerons-nous le royaume de Dieu, ou par quelle parabole le représenterons-nous?

³¹Il est semblable à un grain de sénevé, qui, lorsqu'on le sème en terre, est la plus petite de toutes les semences qui sont sur la terre;

³²mais, lorsqu'il a été semé, il monte, devient plus grand que tous les légumes, et pousse de grandes branches, en sorte que les oiseaux du ciel peuvent habiter sous son ombre.

³³C'est par beaucoup de paraboles de ce genre qu'il leur annonçait la parole, selon qu'ils étaient capables de l'entendre.

³⁴Il ne leur parlait point sans parabole; mais, en particulier, il expliquait tout à ses disciples.

³⁵Ce même jour, sur le soir, Jésus leur dit: Passons à l'autre bord.

³⁶Après avoir renvoyé la foule, ils l'emmenèrent dans la barque où il se trouvait; il y avait aussi d'autres barques avec lui.

³⁷Il s'éleva un grand tourbillon, et les flots se jetaient dans la barque, au point qu'elle se remplissait déjà.

³⁸Et lui, il dormait à la poupe sur le coussin. Ils le réveillèrent, et lui dirent: Maître, ne t'inquiètes-tu pas de ce que nous périssons?

³⁹S'étant réveillé, il menaça le vent, et dit à la mer: Silence! tais-toi! Et le vent cessa, et il y eut un grand calme.

⁴⁰Puis il leur dit: Pourquoi avez-vous ainsi peur? Comment n'avez-vous point de foi?

⁴¹Ils furent saisis d'une grande frayeur, et ils se dirent les uns aux autres: Quel est donc celui-ci, à qui obéissent même le vent et la mer?

Chapitre 5

¹Ils arrivèrent à l'autre bord de la mer, dans le pays des Gadaréniens.

²Aussitôt que Jésus fut hors de la barque, il vint au-devant de lui un homme, sortant des sépulcres, et possédé d'un esprit impur.

³Cet homme avait sa demeure dans les sépulcres, et personne ne pouvait plus le lier, même avec une chaîne.

⁴Car souvent il avait eu les fers aux pieds et avait été lié de chaînes, mais il avait rompu les chaînes et brisé les fers, et personne n'avait la force de le dompter.

⁵Il était sans cesse, nuit et jour, dans les sépulcres et sur les montagnes, criant, et se meurtrissant avec des pierres.

⁶Ayant vu Jésus de loin, il accourut, se prosterna devant lui,

⁷et s'écria d'une voix forte: Qu'y a-t-il entre moi et toi, Jésus, Fils du Dieu Très Haut? Je t'en conjure au nom de Dieu, ne me tourmente pas.

⁸Car Jésus lui disait: Sors de cet homme, esprit impur!

⁹Et, il lui demanda: Quel est ton nom? Légion est mon nom, lui répondit-il, car nous sommes plusieurs.

¹⁰Et il le priait instamment de ne pas les envoyer hors du pays.

¹¹Il y avait là, vers la montagne, un grand troupeau de pourceaux qui paissaient.

¹²Et les démons le prièrent, disant: Envoie-nous dans ces pourceaux, afin que nous entrions en eux.

¹³Il le leur permit. Et les esprits impurs sortirent, entrèrent dans les pourceaux, et le troupeau se précipita des pentes escarpées dans la mer: il y en avait environ deux mille, et ils se noyèrent dans la mer.

¹⁴Ceux qui les faisaient paître s'enfuirent, et répandirent la nouvelle dans la ville et dans les campagnes. Les gens allèrent voir ce qui était arrivé.

¹⁵Ils vinrent auprès de Jésus, et ils virent le démoniaque, celui qui avait eu la légion, assis, vêtu, et dans son bon sens; et ils furent saisis de frayeur.

¹⁶Ceux qui avaient vu ce qui s'était passé leur racontèrent ce qui était arrivé au démoniaque et aux pourceaux.

¹⁷Alors ils se mirent à supplier Jésus de quitter leur territoire.

¹⁸Comme il montait dans la barque, celui qui avait été démoniaque lui demanda la permission de rester avec lui.

¹⁹Jésus ne le lui permit pas, mais il lui dit: Va dans ta maison, vers les tiens, et raconte-leur tout ce que le Seigneur t'a fait, et comment il a eu pitié de toi.

²⁰Il s'en alla, et se mit à publier dans la Décapole tout ce que Jésus avait fait pour lui. Et tous furent dans l'étonnement.

²¹Jésus dans la barque regagna l'autre rive, où une grande foule s'assembla près de lui. Il était au bord de la mer.

²²Alors vint un des chefs de la synagogue, nommé Jaïrus, qui, l'ayant aperçu, se jeta à ses pieds,

²³et lui adressa cette instante prière: Ma petite fille est à l'extrémité, viens, impose-lui les mains, afin qu'elle soit sauvée et qu'elle vive.

²⁴Jésus s'en alla avec lui. Et une grande foule le suivait et le pressait.

²⁵Or, il y avait une femme atteinte d'une perte de sang depuis douze ans.

²⁶Elle avait beaucoup souffert entre les mains de plusieurs médecins, elle avait dépensé tout ce qu'elle possédait, et elle n'avait éprouvé aucun soulagement, mais était allée plutôt en empirant.

²⁷Ayant entendu parler de Jésus, elle vint dans la foule par derrière, et toucha son vêtement.

²⁸Car elle disait: Si je puis seulement toucher ses vêtements, je serai guérie.

²⁹Au même instant la perte de sang s'arrêta, et elle sentit dans son corps qu'elle était guérie de son mal.

³⁰Jésus connut aussitôt en lui-même qu'une force était sortie de lui; et, se retournant au milieu de la foule, il dit: Qui a touché mes vêtements?

³¹Ses disciples lui dirent: Tu vois la foule qui te presse, et tu dis: Qui m'a touché?

³²Et il regardait autour de lui, pour voir celle qui avait fait cela.

³³La femme, effrayée et tremblante, sachant ce qui s'était passé en elle, vint se jeter à ses pieds, et lui dit toute la vérité.

³⁴Mais Jésus lui dit: Ma fille, ta foi t'a sauvée; va en paix, et sois guérie de ton mal.

³⁵Comme il parlait encore, survinrent de chez le chef de la synagogue des gens qui dirent: Ta fille est morte; pourquoi importuner davantage le maître?

³⁶Mais Jésus, sans tenir compte de ces paroles, dit au chef de la synagogue: Ne crains pas, crois seulement.

³⁷Et il ne permit à personne de l'accompagner, si ce n'est à Pierre, à Jacques, et à Jean, frère de Jacques.

³⁸Ils arrivèrent à la maison du chef de la synagogue, où Jésus vit une foule bruyante et des gens qui pleuraient et poussaient de grands cris.

³⁹Il entra, et leur dit: Pourquoi faites-vous du bruit, et pourquoi pleurez-vous? L'enfant n'est pas morte, mais elle dort.

⁴⁰Et ils se moquaient de lui. Alors, ayant fait sortir tout le monde, il prit avec lui le père et la mère de l'enfant, et ceux qui l'avaient accompagné, et il entra là où était l'enfant.

⁴¹Il la saisit par la main, et lui dit: Talitha koumi, ce qui signifie: Jeune fille, lève-toi, je te le dis.

⁴²Aussitôt la jeune fille se leva, et se mit à marcher; car elle avait douze ans. Et ils furent dans un grand étonnement.

⁴³Jésus leur adressa de fortes recommandations, pour que personne ne sût la chose; et il dit qu'on donnât à manger à la jeune fille.

Chapitre 6

¹Jésus partit de là, et se rendit dans sa patrie. Ses disciples le suivirent.

²Quand le sabbat fut venu, il se mit à enseigner dans la synagogue. Beaucoup de gens qui l'entendirent étaient étonnés et disaient: D'où lui viennent ces choses? Quelle est cette sagesse qui lui a été donnée, et comment de tels miracles se font-ils par ses mains?

³N'est-ce pas le charpentier, le fils de Marie, le frère de Jacques, de Joses, de Jude et de Simon? et ses soeurs ne sont-elles pas ici parmi nous? Et il était pour eux une occasion de chute.

⁴Mais Jésus leur dit: Un prophète n'est méprisé que dans sa patrie, parmi ses parents, et dans sa maison.

⁵Il ne put faire là aucun miracle, si ce n'est qu'il imposa les mains à quelques malades et les guérit.

⁶Et il s'étonnait de leur incrédulité. Jésus parcourait les villages d'alentour, en enseignant.

⁷Alors il appela les douze, et il commença à les envoyer deux à deux, en leur donnant pouvoir sur les esprits impurs.

⁸Il leur prescrivit de ne rien prendre pour le voyage, si ce n'est un bâton; de n'avoir ni pain, ni sac, ni monnaie dans la ceinture;

⁹de chausser des sandales, et de ne pas revêtir deux tuniques.

¹⁰Puis il leur dit: Dans quelque maison que vous entriez, restez-y jusqu'à ce que vous partiez de ce lieu.

¹¹Et, s'il y a quelque part des gens qui ne vous reçoivent ni ne vous écoutent, retirez-vous de là, et secouez la poussière de vos pieds, afin que cela leur serve de témoignage.

¹²Ils partirent, et ils prêchèrent la repentance.

¹³Ils chassaient beaucoup de démons, et ils oignaient d'huile beaucoup de malades et les guérissaient.

¹⁴Le roi Hérode entendit parler de Jésus, dont le nom était devenu célèbre, et il dit: Jean Baptiste est ressuscité des morts, et c'est pour cela qu'il se fait par lui des miracles.

¹⁵D'autres disaient: C'est Élie. Et d'autres disaient: C'est un prophète comme l'un des prophètes.

¹⁶Mais Hérode, en apprenant cela, disait: Ce Jean que j'ai fait décapiter, c'est lui qui est ressuscité.

¹⁷Car Hérode lui-même avait fait arrêter Jean, et l'avait fait lier en prison, à cause d'Hérodias, femme de Philippe, son frère, parce qu'il

l'avait épousée,

¹⁸et que Jean lui disait: Il ne t'est pas permis d'avoir la femme de ton frère.

¹⁹Hérodias était irritée contre Jean, et voulait le faire mourir.

²⁰Mais elle ne le pouvait; car Hérode craignait Jean, le connaissant pour un homme juste et saint; il le protégeait, et, après l'avoir entendu, il était souvent perplexe, et l'écoutait avec plaisir.

²¹Cependant, un jour propice arriva, lorsque Hérode, à l'anniversaire de sa naissance, donna un festin à ses grands, aux chefs militaires et aux principaux de la Galilée.

²²La fille d'Hérodias entra dans la salle; elle dansa, et plut à Hérode et à ses convives. Le roi dit à la jeune fille: Demande-moi ce que tu voudras, et je te le donnerai.

²³Il ajouta avec serment: Ce que tu me demanderas, je te le donnerai, fût-ce la moitié de mon royaume.

²⁴Étant sortie, elle dit à sa mère: Que demanderais-je? Et sa mère répondit: La tête de Jean Baptiste.

²⁵Elle s'empressa de rentrer aussitôt vers le roi, et lui fit cette demande: Je veux que tu me donnes à l'instant, sur un plat, la tête de Jean Baptiste.

²⁶Le roi fut attristé; mais, à cause de ses serments et des convives, il ne voulut pas lui faire un refus.

²⁷Il envoya sur-le-champ un garde, avec ordre d'apporter la tête de Jean Baptiste.

²⁸Le garde alla décapiter Jean dans la prison, et apporta la tête sur un plat. Il la donna à la jeune fille, et la jeune fille la donna à sa mère.

²⁹Les disciples de Jean, ayant appris cela, vinrent prendre son corps, et le mirent dans un sépulcre.

³⁰Les apôtres, s'étant rassemblés auprès de Jésus, lui racontèrent tout ce qu'ils avaient fait et tout ce qu'ils avaient enseigné.

³¹Jésus leur dit: Venez à l'écart dans un lieu désert, et reposez-vous un peu. Car il y avait beaucoup d'allants et de venants, et ils n'avaient même pas le temps de manger.

³²Ils partirent donc dans une barque, pour aller à l'écart dans un lieu désert.

³³Beaucoup de gens les virent s'en aller et les reconnurent, et de toutes les villes on accourut à pied et on les devança au lieu où ils se rendaient.

³⁴Quand il sortit de la barque, Jésus vit une grande foule, et fut ému de compassion pour eux, parce qu'ils étaient comme des brebis qui n'ont point de berger; et il se mit à leur enseigner beaucoup de choses.

³⁵Comme l'heure était déjà avancée, ses disciples s'approchèrent de lui, et dirent: Ce lieu est désert, et l'heure est déjà avancée;

³⁶renvoie-les, afin qu'ils aillent dans les campagnes et dans les villages des environs, pour s'acheter de quoi manger.

³⁷Jésus leur répondit: Donnez-leur vous-mêmes à manger. Mais ils lui dirent: Irions-nous acheter des pains pour deux cents deniers, et leur donnerions-nous à manger?

³⁸Et il leur dit: Combien avez-vous de pains? Allez voir. Ils s'en assurèrent, et répondirent: Cinq, et deux poissons.

³⁹Alors il leur commanda de les faire tous asseoir par groupes sur l'herbe verte,

⁴⁰et ils s'assirent par rangées de cent et de cinquante.

⁴¹Il prit les cinq pains et les deux poissons et, levant les yeux vers le ciel, il rendit grâces. Puis, il rompit les pains, et les donna aux disciples, afin qu'ils les distribuassent à la foule. Il partagea aussi les deux poissons entre tous.

⁴²Tous mangèrent et furent rassasiés,

⁴³et l'on emporta douze paniers pleins de morceaux de pain et de ce qui restait des poissons.

⁴⁴Ceux qui avaient mangé les pains étaient cinq mille hommes.

⁴⁵Aussitôt après, il obligea ses disciples à monter dans la barque et à passer avant lui de l'autre côté, vers Bethsaïda, pendant que lui-même renverrait la foule.

⁴⁶Quand il l'eut renvoyée, il s'en alla sur la montagne, pour prier.

⁴⁷Le soir étant venu, la barque était au milieu de la mer, et Jésus était seul à terre.

⁴⁸Il vit qu'ils avaient beaucoup de peine à ramer; car le vent leur était contraire. A la quatrième veille de la nuit environ, il alla vers eux, marchant sur la mer, et il voulait les dépasser.

⁴⁹Quand ils le virent marcher sur la mer, ils crurent que c'était un fantôme, et ils poussèrent des cris;

⁵⁰car ils le voyaient tous, et étaient troublés. Aussitôt Jésus leur parla, et leur dit: Rassurez-vous, c'est moi, n'ayez pas peur!

⁵¹Puis il monta vers eux dans la barque, et le vent cessa. Ils furent en eux-mêmes tout stupéfaits et remplis d'étonnement;

⁵²car ils n'avaient pas compris le miracle des pains, parce que leur coeur était endurci.

⁵³Après avoir traversé la mer, ils vinrent dans le pays de Génésareth, et ils abordèrent.

⁵⁴Quand ils furent sortis de la barque, les gens, ayant aussitôt reconnu Jésus,

⁵⁵parcoururent tous les environs, et l'on se mit à apporter les malades sur des lits, partout où l'on apprenait qu'il était.

⁵⁶En quelque lieu qu'il arrivât, dans les villages, dans les villes ou dans les campagnes, on mettait les malades sur les places publiques, et on le priait de leur permettre seulement de toucher le bord de son vêtement. Et tous ceux qui le touchaient étaient guéris.

Chapitre 7

¹Les pharisiens et quelques scribes, venus de Jérusalem, s'assemblèrent auprès de Jésus.

²Ils virent quelques-uns de ses disciples prendre leurs repas avec des mains impures, c'est-à-dire, non lavées.

³Or, les pharisiens et tous les Juifs ne mangent pas sans s'être lavé soigneusement les mains, conformément à la tradition des anciens;

⁴et, quand ils reviennent de la place publique, ils ne mangent qu'après s'être purifiés. Ils ont encore beaucoup d'autres observances traditionnelles, comme le lavage des coupes, des cruches et des vases d'airain.

⁵Et les pharisiens et les scribes lui demandèrent: Pourquoi tes disciples ne suivent-ils pas la tradition des anciens, mais prennent-ils leurs repas avec des mains impures?

⁶Jésus leur répondit: Hypocrites, Ésaïe a bien prophétisé sur vous, ainsi qu'il est écrit: Ce peuple m'honore des lèvres, Mais son coeur est éloigné de moi.

⁷C'est en vain qu'ils m'honorent, En donnant des préceptes qui sont des commandements d'hommes.

⁸Vous abandonnez le commandement de Dieu, et vous observez la tradition des hommes.

⁹Il leur dit encore: Vous anéantissez fort bien le commandement de Dieu, pour garder votre tradition.

¹⁰Car Moïse a dit: Honore ton père et ta mère; et: Celui qui maudira son père ou sa mère sera puni de mort.

¹¹Mais vous, vous dites: Si un homme dit à son père ou à sa mère: Ce dont j'aurais pu t'assister est corban, c'est-à-dire, une offrande à Dieu,

¹²vous ne le laissez plus rien faire pour son père ou pour sa mère,

¹³annulant ainsi la parole de Dieu par votre tradition, que vous avez établie. Et vous faites beaucoup d'autres choses semblables.

¹⁴Ensuite, ayant de nouveau appelé la foule à lui, il lui dit: Écoutez-moi tous, et comprenez.

¹⁵Il n'est hors de l'homme rien qui, entrant en lui, puisse le souiller; mais ce qui sort de l'homme, c'est ce qui le souille.

¹⁶Si quelqu'un a des oreilles pour entendre, qu'il entende.

¹⁷Lorsqu'il fut entré dans la maison, loin de la foule, ses disciples l'interrogèrent sur cette parabole.

¹⁸Il leur dit: Vous aussi, êtes-vous donc sans intelligence? Ne comprenez-vous pas que rien de ce qui du dehors entre dans l'homme ne peut le souiller?

¹⁹Car cela n'entre pas dans son coeur, mais dans son ventre, puis s'en va dans les lieux secrets, qui purifient tous les aliments.

²⁰Il dit encore: Ce qui sort de l'homme, c'est ce qui souille l'homme.

²¹Car c'est du dedans, c'est du coeur des hommes, que sortent les mauvaises pensées, les adultères, les impudicités, les meurtres,

²²les vols, les cupidités, les méchancetés, la fraude, le dérèglement, le regard envieux, la calomnie, l'orgueil, la folie.

²³Toutes ces choses mauvaises sortent du dedans, et souillent l'homme.

²⁴Jésus, étant parti de là, s'en alla dans le territoire de Tyr et de Sidon. Il entra dans une maison, désirant que personne ne le sût; mais il ne put rester caché.

²⁵Car une femme, dont la fille était possédée d'un esprit impur, entendit parler de lui, et vint se jeter à ses pieds.

²⁶Cette femme était grecque, syro-phénicienne d'origine. Elle le pria de chasser le démon hors de sa fille. Jésus lui dit:

²⁷Laisse d'abord les enfants se rassasier; car il n'est pas bien de prendre le pain des enfants, et de le jeter aux petits chiens.

²⁸Oui, Seigneur, lui répondit-elle, mais les petits chiens, sous la table, mangent les miettes des enfants.

²⁹Alors il lui dit: à cause de cette parole, va, le démon est sorti de ta fille.

³⁰Et, quand elle rentra dans sa maison, elle trouva l'enfant couchée

sur le lit, le démon étant sorti.

³¹Jésus quitta le territoire de Tyr, et revint par Sidon vers la mer de Galilée, en traversant le pays de la Décapole.

³²On lui amena un sourd, qui avait de la difficulté à parler, et on le pria de lui imposer les mains.

³³Il le prit à part loin de la foule, lui mit les doigts dans les oreilles, et lui toucha la langue avec sa propre salive;

³⁴puis, levant les yeux au ciel, il soupira, et dit: Éphphatha, c'est-à-dire, ouvre-toi.

³⁵Aussitôt ses oreilles s'ouvrirent, sa langue se délia, et il parla très bien.

³⁶Jésus leur recommanda de n'en parler à personne; mais plus il le leur recommandait, plus ils le publièrent.

³⁷Ils étaient dans le plus grand étonnement, et disaient: Il fait tout à merveille; même il fait entendre les sourds, et parler les muets.

Chapitre 8

¹En ces jours-là, une foule nombreuse s'étant de nouveau réunie et n'ayant pas de quoi manger, Jésus appela les disciples, et leur dit:

²Je suis ému de compassion pour cette foule; car voilà trois jours qu'ils sont près de moi, et ils n'ont rien à manger.

³Si je les renvoie chez eux à jeun, les forces leur manqueront en chemin; car quelques-uns d'entre eux sont venus de loin.

⁴Ses disciples lui répondirent: Comment pourrait-on les rassasier de pains, ici, dans un lieu désert?

⁵Jésus leur demanda: Combien avez-vous de pains? Sept, répondirent-ils.

⁶Alors il fit asseoir la foule par terre, prit les sept pains, et, après avoir rendu grâces, il les rompit, et les donna à ses disciples pour les distribuer; et ils les distribuèrent à la foule.

⁷Ils avaient encore quelques petits poissons, et Jésus, ayant rendu grâces, les fit aussi distribuer.

⁸Ils mangèrent et furent rassasiés, et l'on emporta sept corbeilles pleines des morceaux qui restaient.

⁹Ils étaient environ quatre mille. Ensuite Jésus les renvoya.

¹⁰Aussitôt il monta dans la barque avec ses disciples, et se rendit dans la contrée de Dalmanutha.

¹¹Les pharisiens survinrent, se mirent à discuter avec Jésus, et, pour l'éprouver, lui demandèrent un signe venant du ciel.

¹²Jésus, soupirant profondément en son esprit, dit: Pourquoi cette génération demande-t-elle un signe? Je vous le dis en vérité, il ne sera point donné de signe à cette génération.

¹³Puis il les quitta, et remonta dans la barque, pour passer sur l'autre bord.

¹⁴Les disciples avaient oublié de prendre des pains; ils n'en avaient qu'un seul avec eux dans la barque.

¹⁵Jésus leur fit cette recommandation: Gardez-vous avec soin du levain des pharisiens et du levain d'Hérode.

¹⁶Les disciples raisonnaient entre eux, et disaient: C'est parce que nous n'avons pas de pains.

¹⁷Jésus, l'ayant connu, leur dit: Pourquoi raisonnez-vous sur ce que vous n'avez pas de pains? Etes-vous encore sans intelligence, et ne comprenez-vous pas?

¹⁸Avez-vous le coeur endurci? Ayant des yeux, ne voyez-vous pas? Ayant des oreilles, n'entendez-vous pas? Et n'avez-vous point de mémoire?

¹⁹Quand j'ai rompu les cinq pains pour les cinq mille hommes, combien de paniers pleins de morceaux avez-vous emportés? Douze, lui répondirent-ils.

²⁰Et quand j'ai rompu les sept pains pour les quatre mille hommes, combien de corbeilles pleines de morceaux avez-vous emportées? Sept, répondirent-ils.

²¹Et il leur dit: Ne comprenez-vous pas encore?

²²Ils se rendirent à Bethsaïda; et on amena vers Jésus un aveugle, qu'on le pria de toucher.

²³Il prit l'aveugle par la main, et le conduisit hors du village; puis il lui mit de la salive sur les yeux, lui imposa les mains, et lui demanda s'il voyait quelque chose.

²⁴Il regarda, et dit: J'aperçois les hommes, mais j'en vois comme des arbres, et qui marchent.

²⁵Jésus lui mit de nouveau les mains sur les yeux; et, quand l'aveugle regarda fixement, il fut guéri, et vit tout distinctement.

²⁶Alors Jésus le renvoya dans sa maison, en disant: N'entre pas au village.

²⁷Jésus s'en alla, avec ses disciples, dans les villages de Césarée de Philippe, et il leur posa en chemin cette question: Qui dit-on que je suis?

²⁸Ils répondirent: Jean Baptiste; les autres, Élie, les autres, l'un des prophètes.

²⁹Et vous, leur demanda-t-il, qui dites-vous que je suis? Pierre lui répondit: Tu es le Christ.

³⁰Jésus leur recommanda sévèrement de ne dire cela de lui à personne.

³¹Alors il commença à leur apprendre qu'il fallait que le Fils de l'homme souffrît beaucoup, qu'il fût rejeté par les anciens, par les principaux sacrificateurs et par les scribes, qu'il fût mis à mort, et qu'il ressuscitât trois jours après.

³²Il leur disait ces choses ouvertement. Et Pierre, l'ayant pris à part, se mit à le reprendre.

³³Mais Jésus, se retournant et regardant ses disciples, réprimanda Pierre, et dit: Arrière de moi, Satan! car tu ne conçois pas les choses de Dieu, tu n'as que des pensées humaines.

³⁴Puis, ayant appelé la foule avec ses disciples, il leur dit: Si quelqu'un veut venir après moi, qu'il renonce à lui-même, qu'il se charge de sa croix, et qu'il me suive.

³⁵Car celui qui voudra sauver sa vie la perdra, mais celui qui perdra sa vie à cause de moi et de la bonne nouvelle la sauvera.

³⁶Et que sert-il à un homme de gagner tout le monde, s'il perd son âme?

³⁷Que donnerait un homme en échange de son âme?

³⁸Car quiconque aura honte de moi et de mes paroles au milieu de cette génération adultère et pécheresse, le Fils de l'homme aura aussi honte de lui, quand il viendra dans la gloire de son Père, avec les saints anges.

Chapitre 9

¹Il leur dit encore: Je vous le dis en vérité, quelques-uns de ceux qui sont ici ne mourront point, qu'ils n'aient vu le royaume de Dieu venir avec puissance.

²Six jours après, Jésus prit avec lui Pierre, Jacques et Jean, et il les conduisit seuls à l'écart sur une haute montagne. Il fut transfiguré devant eux;

³ses vêtements devinrent resplendissants, et d'une telle blancheur qu'il n'est pas de foulon sur la terre qui puisse blanchir ainsi.

⁴Élie et Moïse leur apparurent, s'entretenant avec Jésus.

⁵Pierre, prenant la parole, dit à Jésus: Rabbi, il est bon que nous soyons ici; dressons trois tentes, une pour toi, une pour Moïse, et une pour Élie.

⁶Car il ne savait que dire, l'effroi les ayant saisis.

⁷Une nuée vint les couvrir, et de la nuée sortit une voix: Celui-ci est mon Fils bien-aimé: écoutez-le!

⁸Aussitôt les disciples regardèrent tout autour, et ils ne virent que Jésus seul avec eux.

⁹Comme ils descendaient de la montagne, Jésus leur recommanda de ne dire à personne ce qu'ils avaient vu, jusqu'à ce que le Fils de l'homme fût ressuscité des morts.

¹⁰Ils retinrent cette parole, se demandant entre eux ce que c'est que ressusciter des morts.

¹¹Les disciples lui firent cette question: Pourquoi les scribes disent-ils qu'il faut qu'Élie vienne premièrement?

¹²Il leur répondit: Élie viendra premièrement, et rétablira toutes choses. Et pourquoi est-il écrit du Fils de l'homme qu'il doit souffrir beaucoup et être méprisé?

¹³Mais je vous dis qu'Élie est venu, et qu'ils l'ont traité comme ils ont voulu, selon qu'il est écrit de lui.

¹⁴Lorsqu'ils furent arrivés près des disciples, ils virent autour d'eux une grande foule, et des scribes qui discutaient avec eux.

¹⁵Dès que la foule vit Jésus, elle fut surprise, et accourut pour le saluer.

¹⁶Il leur demanda: Sur quoi discutez-vous avec eux?

¹⁷Et un homme de la foule lui répondit: Maître, j'ai amené auprès de toi mon fils, qui est possédé d'un esprit muet.

¹⁸En quelque lieu qu'il le saisisse, il le jette par terre; l'enfant écume, grince des dents, et devient tout raide. J'ai prié tes disciples de chasser l'esprit, et ils n'ont pas pu.

¹⁹Race incrédule, leur dit Jésus, jusques à quand serai-je avec vous? jusques à quand vous supporterai-je? Amenez-le-moi. On le lui amena.

²⁰Et aussitôt que l'enfant vit Jésus, l'esprit l'agita avec violence; il tomba par terre, et se roulait en écumant.

²¹Jésus demanda au père: Combien y a-t-il de temps que cela lui arrive? Depuis son enfance, répondit-il.

²²Et souvent l'esprit l'a jeté dans le feu et dans l'eau pour le faire périr. Mais, si tu peux quelque chose, viens à notre secours, aie compassion de nous.

²³Jésus lui dit: Si tu peux!... Tout est possible à celui qui croit.

²⁴Aussitôt le père de l'enfant s'écria: Je crois! viens au secours de mon incrédulité!

²⁵Jésus, voyant accourir la foule, menaça l'esprit impur, et lui dit: Esprit muet et sourd, je te l'ordonne, sors de cet enfant, et n'y rentre plus.

²⁶Et il sortit, en poussant des cris, et en l'agitant avec une grande violence. L'enfant devint comme mort, de sorte que plusieurs disaient qu'il était mort.

²⁷Mais Jésus, l'ayant pris par la main, le fit lever. Et il se tint debout.

²⁸Quand Jésus fut entré dans la maison, ses disciples lui demandèrent en particulier: Pourquoi n'avons-nous pu chasser cet esprit?

²⁹Il leur dit: Cette espèce-là ne peut sortir que par la prière.

³⁰Ils partirent de là, et traversèrent la Galilée. Jésus ne voulait pas qu'on le sût.

³¹Car il enseignait ses disciples, et il leur dit: Le Fils de l'homme sera livré entre les mains des hommes; ils le feront mourir, et, trois jours après qu'il aura été mis à mort, il ressuscitera.

³²Mais les disciples ne comprenaient pas cette parole, et ils craignaient de l'interroger.

³³Ils arrivèrent à Capernaüm. Lorsqu'il fut dans la maison, Jésus leur demanda: De quoi discutiez-vous en chemin?

³⁴Mais ils gardèrent le silence, car en chemin ils avaient discuté entre eux pour savoir qui était le plus grand.

³⁵Alors il s'assit, appela les douze, et leur dit: Si quelqu'un veut être le premier, il sera le dernier de tous et le serviteur de tous.

³⁶Et il prit un petit enfant, le plaça au milieu d'eux, et l'ayant pris dans ses bras, il leur dit:

³⁷Quiconque reçoit en mon nom un de ces petits enfants me reçoit moi-même; et quiconque me reçoit, reçoit non pas moi, mais celui qui m'a envoyé.

³⁸Jean lui dit: Maître, nous avons vu un homme qui chasse des démons en ton nom; et nous l'en avons empêché, parce qu'il ne nous suit pas.

³⁹Ne l'en empêchez pas, répondit Jésus, car il n'est personne qui, faisant un miracle en mon nom, puisse aussitôt après parler mal de moi.

⁴⁰Qui n'est pas contre nous est pour nous.

⁴¹Et quiconque vous donnera à boire un verre d'eau en mon nom, parce que vous appartenez à Christ, je vous le dis en vérité, il ne perdra point sa récompense.

⁴²Mais, si quelqu'un scandalisait un de ces petits qui croient, il vaudrait mieux pour lui qu'on lui mît au cou une grosse meule de moulin, et qu'on le jetât dans la mer.

⁴³Si ta main est pour toi une occasion de chute, coupe-la; mieux vaut pour toi entrer manchot dans la vie,

⁴⁴que d'avoir les deux mains et d'aller dans la géhenne, dans le feu qui ne s'éteint point.

⁴⁵Si ton pied est pour toi une occasion de chute, coupe-le; mieux vaut pour toi entrer boiteux dans la vie,

⁴⁶que d'avoir les deux pieds et d'être jeté dans la géhenne, dans le feu qui ne s'éteint point.

⁴⁷Et si ton oeil est pour toi une occasion de chute, arrache-le; mieux vaut pour toi entrer dans le royaume de Dieu n'ayant qu'un oeil, que d'avoir deux yeux et d'être jeté dans la géhenne,

⁴⁸où leur ver ne meurt point, et où le feu ne s'éteint point.

⁴⁹Car tout homme sera salé de feu.

⁵⁰Le sel est une bonne chose; mais si le sel devient sans saveur, avec quoi l'assaisonnerez-vous? Ayez du sel en vous-mêmes, et soyez en paix les uns avec les autres.

Chapitre 10

¹Jésus, étant parti de là, se rendit dans le territoire de la Judée au delà du Jourdain. La foule s'assembla de nouveau près de lui, et selon sa coutume, il se mit encore à l'enseigner.

²Les pharisiens l'abordèrent; et, pour l'éprouver, ils lui demandèrent s'il est permis à un homme de répudiée sa femme.

³Il leur répondit: Que vous a prescrit Moïse?

⁴Moïse, dirent-ils, a permis d'écrire une lettre de divorce et de répudier.

⁵Et Jésus leur dit: C'est à cause de la dureté de votre coeur que Moïse vous a donné ce précepte.

⁶Mais au commencement de la création, Dieu fit l'homme et la femme;

⁷c'est pourquoi l'homme quittera son père et sa mère, et s'attachera à sa femme,

⁸et les deux deviendront une seule chair. Ainsi ils ne sont plus deux, mais ils sont une seule chair.

⁹Que l'homme donc ne sépare pas ce que Dieu a joint.

¹⁰Lorsqu'ils furent dans la maison, les disciples l'interrogèrent encore là-dessus.

¹¹Il leur dit: Celui qui répudie sa femme et qui en épouse une autre, commet un adultère à son égard;

¹²et si une femme quitte son mari et en épouse un autre, elle commet un adultère.

¹³On lui amena des petits enfants, afin qu'il les touchât. Mais les disciples reprirent ceux qui les amenaient.

¹⁴Jésus, voyant cela, fut indigné, et leur dit: Laissez venir à moi les petits enfants, et ne les en empêchez pas; car le royaume de Dieu est pour ceux qui leur ressemblent.

¹⁵Je vous le dis en vérité, quiconque ne recevra pas le royaume de Dieu comme un petit enfant n'y entrera point.

¹⁶Puis il les prit dans ses bras, et les bénit, en leur imposant les mains.

¹⁷Comme Jésus se mettait en chemin, un homme accourut, et se jetant à genoux devant lui: Bon maître, lui demanda-t-il, que dois-je faire pour hériter la vie éternelle?

¹⁸Jésus lui dit: Pourquoi m'appelles-tu bon? Il n'y a de bon que Dieu seul.

¹⁹Tu connais les commandements: Tu ne commettras point d'adultère; tu ne tueras point; tu ne déroberas point; tu ne diras point de faux témoignage; tu ne feras tort à personne; honore ton père et ta mère.

²⁰Il lui répondit: Maître, j'ai observé toutes ces choses dès ma jeunesse.

²¹Jésus, l'ayant regardé, l'aima, et lui dit: Il te manque une chose; va, vends tout ce que tu as, donne-le aux pauvres, et tu auras un trésor dans le ciel. Puis viens, et suis-moi.

²²Mais, affligé de cette parole, cet homme s'en alla tout triste; car il avait de grands biens.

²³Jésus, regardant autour de lui, dit à ses disciples: Qu'il sera difficile à ceux qui ont des richesses d'entrer dans le royaume de Dieu!

²⁴Les disciples furent étonnés de ce que Jésus parlait ainsi. Et, reprenant, il leur dit: Mes enfants, qu'il est difficile à ceux qui se confient dans les richesses d'entrer dans le royaume de Dieu!

²⁵Il est plus facile à un chameau de passer par le trou d'une aiguille qu'à un riche d'entrer dans le royaume de Dieu.

²⁶Les disciples furent encore plus étonnés, et ils se dirent les uns aux autres; Et qui peut être sauvé?

²⁷Jésus les regarda, et dit: Cela est impossible aux hommes, mais non à Dieu: car tout est possible à Dieu.

²⁸Pierre se mit à lui dire; Voici, nous avons tout quitté, et nous t'avons suivi.

²⁹Jésus répondit: Je vous le dis en vérité, il n'est personne qui, ayant quitté, à cause de moi et à cause de la bonne nouvelle, sa maison, ou ses frères, ou ses soeurs, ou sa mère, ou son père, ou ses enfants, ou ses terres,

³⁰ne reçoive au centuple, présentement dans ce siècle-ci, des maisons, des frères, des soeurs, des mères, des enfants, et des terres, avec des persécutions, et, dans le siècle à venir, la vie éternelle.

³¹Plusieurs des premiers seront les derniers, et plusieurs des derniers seront les premiers.

³²Ils étaient en chemin pour monter à Jérusalem, et Jésus allait devant eux. Les disciples étaient troublés, et le suivaient avec crainte. Et Jésus prit de nouveau les douze auprès de lui, et commença à leur dire ce qui devait lui arriver:

³³Voici, nous montons à Jérusalem, et le Fils de l'homme sera livré aux principaux sacrificateurs et aux scribes. Ils le condamneront à mort, et ils le livreront aux païens,

³⁴qui se moqueront de lui, cracheront sur lui, le battront de verges, et le feront mourir; et, trois jours après, il ressuscitera.

³⁵Les fils de Zébédée, Jacques et Jean, s'approchèrent de Jésus, et lui dirent: Maître, nous voudrions que tu fisses pour nous ce que nous te demanderons.

³⁶Il leur dit: Que voulez-vous que je fasse pour vous?

³⁷Accorde-nous, lui dirent-ils, d'être assis l'un à ta droite et l'autre à ta gauche, quand tu seras dans ta gloire.

³⁸Jésus leur répondit: Vous ne savez ce que vous demandez. Pouvez-vous boire la coupe que je dois boire, ou être baptisés du baptême dont je dois être baptisé? Nous le pouvons, dirent-ils.

³⁹Et Jésus leur répondit: Il est vrai que vous boirez la coupe que je dois boire, et que vous serez baptisés du baptême dont je dois être baptisé;

⁴⁰mais pour ce qui est d'être assis à ma droite ou à ma gauche, cela ne dépend pas de moi, et ne sera donné qu'à ceux à qui cela est réservé.

⁴¹Les dix, ayant entendu cela, commencèrent à s'indigner contre Jacques et Jean.

⁴²Jésus les appela, et leur dit: Vous savez que ceux qu'on regarde comme les chefs des nations les tyrannisent, et que les grands les dominent.

⁴³Il n'en est pas de même au milieu de vous. Mais quiconque veut être grand parmi vous, qu'il soit votre serviteur;

⁴⁴et quiconque veut être le premier parmi vous, qu'il soit l'esclave de tous.

⁴⁵Car le Fils de l'homme est venu, non pour être servi, mais pour servir et donner sa vie comme la rançon de plusieurs.

⁴⁶Ils arrivèrent à Jéricho. Et, lorsque Jésus en sortit, avec ses disciples et une assez grande foule, le fils de Timée, Bartimée, mendiant aveugle, était assis au bord du chemin.

⁴⁷Il entendit que c'était Jésus de Nazareth, et il se mit à crier; Fils de David, Jésus aie pitié de moi!

⁴⁸Plusieurs le reprenaient, pour le faire taire; mais il criait beaucoup plus fort; Fils de David, aie pitié de moi!

⁴⁹Jésus s'arrêta, et dit: Appelez-le. Ils appelèrent l'aveugle, en lui disant: Prends courage, lève-toi, il t'appelle.

⁵⁰L'aveugle jeta son manteau, et, se levant d'un bond, vint vers Jésus.

⁵¹Jésus, prenant la parole, lui dit: Que veux-tu que je te fasse? Rabbouni, lui répondit l'aveugle, que je recouvre la vue.

⁵²Et Jésus lui dit: Va, ta foi t'a sauvé. Aussitôt il recouvra la vue, et suivit Jésus dans le chemin.

Chapitre 11

¹Lorsqu'ils approchèrent de Jérusalem, et qu'ils furent près de Bethphagé et de Béthanie, vers la montagne des oliviers, Jésus envoya deux de ses disciples,

²en leur disant: Allez au village qui est devant vous; dès que vous y serez entrés, vous trouverez un ânon attaché, sur lequel aucun homme ne s'est encore assis; détachez-le, et amenez-le.

³Si quelqu'un vous dit: Pourquoi faites-vous cela? répondez: Le Seigneur en a besoin. Et à l'instant il le laissera venir ici.

⁴les disciples, étant allés, trouvèrent l'ânon attaché dehors près d'une porte, au contour du chemin, et ils le détachèrent.

⁵Quelques-uns de ceux qui étaient là leur dirent: Que faites-vous? pourquoi détachez-vous cet ânon?

⁶Ils répondirent comme Jésus l'avait dit. Et on les laissa aller.

⁷Ils amenèrent à Jésus l'ânon, sur lequel ils jetèrent leurs vêtements, et Jésus s'assit dessus.

⁸Beaucoup de gens étendirent leurs vêtements sur le chemin, et d'autres des branches qu'ils coupèrent dans les champs.

⁹Ceux qui précédaient et ceux qui suivaient Jésus criaient: Hosanna! Béni soit celui qui vient au nom du Seigneur!

¹⁰Béni soit le règne qui vient, le règne de David, notre père! Hosanna dans les lieux très hauts!

¹¹Jésus entra à Jérusalem, dans le temple. Quand il eut tout considéré, comme il était déjà tard, il s'en alla à Béthanie avec les douze.

¹²Le lendemain, après qu'ils furent sortis de Béthanie, Jésus eut faim.

¹³Apercevant de loin un figuier qui avait des feuilles, il alla voir s'il y trouverait quelque chose; et, s'en étant approché, il ne trouva que des feuilles, car ce n'était pas la saison des figues.

¹⁴Prenant alors la parole, il lui dit: Que jamais personne ne mange de ton fruit! Et ses disciples l'entendirent.

¹⁵Ils arrivèrent à Jérusalem, et Jésus entra dans le temple. Il se mit à chasser ceux qui vendaient et qui achetaient dans le temple; il renversa les tables des changeurs, et les sièges des vendeurs de pigeons;

¹⁶et il ne laissait personne transporter aucun objet à travers le temple.

¹⁷Et il enseignait et disait: N'est-il pas écrit: Ma maison sera appelée une maison de prière pour toutes les nations? Mais vous, vous en avez fait une caverne de voleurs.

¹⁸Les principaux sacrificateurs et les scribes, l'ayant entendu, cherchèrent les moyens de le faire périr; car ils le craignaient, parce que toute la foule était frappée de sa doctrine.

¹⁹Quand le soir fut venu, Jésus sortit de la ville.

²⁰Le matin, en passant, les disciples virent le figuier séché jusqu'aux racines.

²¹Pierre, se rappelant ce qui s'était passé, dit à Jésus: Rabbi, regarde, le figuier que tu as maudit a séché.

²²Jésus prit la parole, et leur dit: Ayez foi en Dieu.

²³Je vous le dis en vérité, si quelqu'un dit à cette montagne: Ote-toi de là et jette-toi dans la mer, et s'il ne doute point en son coeur, mais croit que ce qu'il dit arrive, il le verra s'accomplir.

²⁴C'est pourquoi je vous dis: Tout ce que vous demanderez en priant, croyez que vous l'avez reçu, et vous le verrez s'accomplir.

²⁵Et, lorsque vous êtes debout faisant votre prière, si vous avez quelque chose contre quelqu'un, pardonnez, afin que votre Père qui est dans les cieux vous pardonne aussi vos offenses.

²⁶Mais si vous ne pardonnez pas, votre Père qui est dans les cieux ne vous pardonnera pas non plus vos offenses.

²⁷Ils se rendirent de nouveau à Jérusalem, et, pendant que Jésus se promenait dans le temple, les principaux sacrificateurs, les scribes et les anciens, vinrent à lui,

²⁸et lui dirent: Par quelle autorité fais-tu ces choses, et qui t'a donné l'autorité de les faire?

²⁹Jésus leur répondit: Je vous adresserai aussi une question; répondez-moi, et je vous dirai par quelle autorité je fais ces choses.

³⁰Le baptême de Jean venait-il du ciel, ou des hommes? Répondez-moi.

³¹Mais ils raisonnèrent ainsi entre eux: Si nous répondons: Du ciel, il dira: Pourquoi donc n'avez-vous pas cru en lui?

³²Et si nous répondons: Des hommes... Ils craignaient le peuple, car tous tenaient réellement Jean pour un prophète.

³³Alors ils répondirent à Jésus: Nous ne savons. Et Jésus leur dit: Moi non plus, je ne vous dirai pas par quelle autorité je fais ces choses.

Chapitre 12

¹Jésus se mit ensuite à leur parler en paraboles. Un homme planta une vigne. Il l'entoura d'une haie, creusa un pressoir, et bâtit une tour; puis il l'afferma à des vignerons, et quitta le pays.

²Au temps de la récolte, il envoya un serviteur vers les vignerons, pour recevoir d'eux une part du produit de la vigne.

³S'étant saisis de lui, ils le battirent, et le renvoyèrent à vide.

⁴Il envoya de nouveau vers eux un autre serviteur; ils le frappèrent à la tête, et l'outragèrent.

⁵Il en envoya un troisième, qu'ils tuèrent; puis plusieurs autres, qu'ils battirent ou tuèrent.

⁶Il avait encore un fils bien-aimé; il l'envoya vers eux le dernier, en disant: Ils auront du respect pour mon fils.

⁷Mais ces vignerons dirent entre eux: Voici l'héritier; venez, tuons-le, et l'héritage sera à nous.

⁸Et ils se saisirent de lui, le tuèrent, et le jetèrent hors de la vigne.

⁹Maintenant, que fera le maître de la vigne? Il viendra, fera périr les vignerons, et il donnera la vigne à d'autres.

¹⁰N'avez-vous pas lu cette parole de l'Écriture: La pierre qu'ont rejetée ceux qui bâtissaient Est devenue la principale de l'angle;

¹¹C'est par la volonté du Seigneur qu'elle l'est devenue, Et c'est un prodige à nos yeux?

¹²Ils cherchaient à se saisir de lui, mais ils craignaient la foule. Ils avaient compris que c'était pour eux que Jésus avait dit cette parabole. Et ils le quittèrent, et s'en allèrent.

¹³Ils envoyèrent auprès de Jésus quelques-uns des pharisiens et des hérodiens, afin de le surprendre par ses propres paroles.

¹⁴Et ils vinrent lui dire: Maître, nous savons que tu es vrai, et que tu ne t'inquiètes de personne; car tu ne regardes pas à l'apparence des hommes, et tu enseignes la voie de Dieu selon la vérité. Est-il permis, ou non, de payer le tribut à César? Devons-nous payer, ou ne pas payer?

¹⁵Jésus, connaissant leur hypocrisie, leur répondit: Pourquoi me tentez-vous? Apportez-moi un denier, afin que je le voie.

¹⁶Ils en apportèrent un; et Jésus leur demanda: De qui sont cette effigie et cette inscription? De César, lui répondirent-ils.

¹⁷Alors il leur dit: Rendez à César ce qui est à César, et à Dieu ce qui est à Dieu. Et ils furent à son égard dans l'étonnement.

¹⁸Les sadducéens, qui disent qu'il n'y a point de résurrection, vinrent auprès de Jésus, et lui firent cette question:

¹⁹Maître, voici ce que Moïse nous a prescrit: Si le frère de quelqu'un meurt, et laisse une femme, sans avoir d'enfants, son frère épousera sa veuve, et suscitera une postérité à son frère.

²⁰Or, il y avait sept frères. Le premier se maria, et mourut sans laisser de postérité.

²¹Le second prit la veuve pour femme, et mourut sans laisser de postérité. Il en fut de même du troisième,

²²et aucun des sept ne laissa de postérité. Après eux tous, la femme mourut aussi.

²³A la résurrection, duquel d'entre eux sera-t-elle la femme? Car les sept l'ont eue pour femme.

²⁴Jésus leur répondit: N'êtes-vous pas dans l'erreur, parce que vous ne comprenez ni les Écritures, ni la puissance de Dieu?

²⁵Car, à la résurrection des morts, les hommes ne prendront point de femmes, ni les femmes de maris, mais ils seront comme les anges dans les cieux.

²⁶Pour ce qui est de la résurrection des morts, n'avez-vous pas lu, dans le livre de Moïse, ce que Dieu lui dit, à propos du buisson: Je suis le Dieu d'Abraham, le Dieu d'Isaac, et le Dieu de Jacob?

²⁷Dieu n'est pas Dieu des morts, mais des vivants. Vous êtes grandement dans l'erreur.

²⁸Un des scribes, qui les avait entendus discuter, sachant que Jésus avait bien répondu aux sadducéens, s'approcha, et lui demanda: Quel est le premier de tous les commandements?

²⁹Jésus répondit: Voici le premier: Écoute, Israël, le Seigneur, notre Dieu, est l'unique Seigneur;

³⁰et: Tu aimeras le Seigneur, ton Dieu, de tout ton coeur, de toute ton âme, de toute ta pensée, et de toute ta force.

³¹Voici le second: Tu aimeras ton prochain comme toi-même. Il n'y a pas d'autre commandement plus grand que ceux-là.

³²Le scribe lui dit: Bien, maître; tu as dit avec vérité que Dieu est unique, et qu'il n'y en a point d'autre que lui,

³³et que l'aimer de tout son coeur, de toute sa pensée, de toute son âme et de toute sa force, et aimer son prochain comme soi-même, c'est plus que tous les holocaustes et tous les sacrifices.

³⁴Jésus, voyant qu'il avait répondu avec intelligence, lui dit: Tu n'es pas loin du royaume de Dieu. Et personne n'osa plus lui proposer des questions.

³⁵Jésus, continuant à enseigner dans le temple, dit: Comment les scribes disent-ils que le Christ est fils de David?

³⁶David lui-même, animé par l'Esprit Saint, a dit: Le Seigneur a dit à mon Seigneur: Assieds-toi à ma droite, Jusqu'à ce que je fasse de tes ennemis ton marchepied.

³⁷David lui-même l'appelle Seigneur; comment donc est-il son fils? Et une grande foule l'écoutait avec plaisir.

³⁸Il leur disait dans son enseignement: Gardez-vous des scribes, qui aiment à se promener en robes longues, et à être salués dans les places publiques;

³⁹qui recherchent les premiers sièges dans les synagogues, et les premières places dans les festins;

⁴⁰qui dévorent les maisons des veuves, et qui font pour l'apparence de longues prières. Ils seront jugés plus sévèrement.

⁴¹Jésus, s'étant assis vis-à-vis du tronc, regardait comment la foule y mettait de l'argent. Plusieurs riches mettaient beaucoup.

⁴²Il vint aussi une pauvre veuve, elle y mit deux petites pièces, faisant un quart de sou.

⁴³Alors Jésus, ayant appelé ses disciples, leur dit: Je vous le dis en vérité, cette pauvre veuve a donné plus qu'aucun de ceux qui ont mis dans le tronc;

⁴⁴car tous ont mis de leur superflu, mais elle a mis de son nécessaire, tout ce qu'elle possédait, tout ce qu'elle avait pour vivre.

Chapitre 13

¹Lorsque Jésus sortit du temple, un de ses disciples lui dit: Maître, regarde quelles pierres, et quelles constructions!

²Jésus lui répondit: Vois-tu ces grandes constructions? Il ne restera pas pierre sur pierre qui ne soit renversée.

³Il s'assit sur la montagne des oliviers, en face du temple. Et Pierre, Jacques, Jean et André lui firent en particulier cette question:

⁴Dis-nous, quand cela arrivera-t-il, et à quel signe connaîtra-t-on que toutes ces choses vont s'accomplir?

⁵Jésus se mit alors à leur dire: Prenez garde que personne ne vous séduise.

⁶Car plusieurs viendront sous mon nom, disant; C'est moi. Et ils séduiront beaucoup de gens.

⁷Quand vous entendrez parler de guerres et de bruits de guerres, ne soyez pas troublés, car il faut que ces choses arrivent. Mais ce ne sera pas encore la fin.

⁸Une nation s'élèvera contre une nation, et un royaume contre un royaume; il y aura des tremblements de terre en divers lieux, il y aura des famines. Ce ne sera que le commencement des douleurs.

⁹Prenez garde à vous-mêmes. On vous livrera aux tribunaux, et vous serez battus de verges dans les synagogues; vous comparaîtrez devant des gouverneurs et devant des rois, à cause de moi, pour leur servir de témoignage.

¹⁰Il faut premièrement que la bonne nouvelle soit prêchée à toutes les nations.

¹¹Quand on vous emmènera pour vous livrer, ne vous inquiétez pas d'avance de ce que vous aurez à dire, mais dites ce qui vous sera donné à l'heure même; car ce n'est pas vous qui parlerez, mais l'Esprit Saint.

¹²Le frère livrera son frère à la mort, et le père son enfant; les enfants se soulèveront contre leurs parents, et les feront mourir.

¹³Vous serez haïs de tous, à cause de mon nom, mais celui qui persévérera jusqu'à la fin sera sauvé.

¹⁴Lorsque vous verrez l'abomination de la désolation établie là où elle ne doit pas être, -que celui qui lit fasse attention, -alors, que ceux qui seront en Judée fuient dans les montagnes;

¹⁵que celui qui sera sur le toit ne descende pas et n'entre pas pour prendre quelque chose dans sa maison;

¹⁶et que celui qui sera dans les champs ne retourne pas en arrière pour prendre son manteau.

¹⁷Malheur aux femmes qui seront enceintes et à celles qui allaiteront en ces jours-là!

¹⁸Priez pour que ces choses n'arrivent pas en hiver.

¹⁹Car la détresse, en ces jours, sera telle qu'il n'y en a point eu de semblable depuis le commencement du monde que Dieu a créé jusqu'à présent, et qu'il n'y en aura jamais.

²⁰Et, si le Seigneur n'avait abrégé ces jours, personne ne serait sauvé; mais il les a abrégés, à cause des élus qu'il a choisis.

²¹Si quelqu'un vous dit alors: "Le Christ est ici", ou: "Il est là", ne le croyez pas.

²²Car il s'élèvera de faux Christs et de faux prophètes; ils feront des prodiges et des miracles pour séduire les élus, s'il était possible.

²³Soyez sur vos gardes: je vous ai tout annoncé d'avance.

²⁴Mais dans ces jours, après cette détresse, le soleil s'obscurcira, la lune ne donnera plus sa lumière,

²⁵les étoiles tomberont du ciel, et les puissances qui sont dans les cieux seront ébranlées.

²⁶Alors on verra le Fils de l'homme venant sur les nuées avec une grande puissance et avec gloire.

²⁷Alors il enverra les anges, et il rassemblera les élus des quatre vents, de l'extrémité de la terre jusqu'à l'extrémité du ciel.

²⁸Instruisez-vous par une comparaison tirée du figuier. Dès que ses branches deviennent tendres, et que les feuilles poussent, vous connaissez que l'été est proche.

²⁹De même, quand vous verrez ces choses arriver, sachez que le Fils de l'homme est proche, à la porte.

³⁰Je vous le dis en vérité, cette génération ne passera point, que tout cela n'arrive.

³¹Le ciel et la terre passeront, mais mes paroles ne passeront point.

³²Pour ce qui est du jour ou de l'heure, personne ne le sait, ni les anges dans le ciel, ni le Fils, mais le Père seul.

³³Prenez garde, veillez et priez; car vous ne savez quand ce temps viendra.

³⁴Il en sera comme d'un homme qui, partant pour un voyage, laisse sa maison, remet l'autorité à ses serviteurs, indique à chacun sa tâche, et ordonne au portier de veiller.

³⁵Veillez donc, car vous ne savez quand viendra le maître de la maison, ou le soir, ou au milieu de la nuit, ou au chant du coq, ou le matin;

³⁶craignez qu'il ne vous trouve endormis, à son arrivée soudaine.

³⁷Ce que je vous dis, je le dis à tous: Veillez.

Chapitre 14

¹La fête de Pâque et des pains sans levain devait avoir lieu deux jours après. Les principaux sacrificateurs et les scribes cherchaient les moyens d'arrêter Jésus par ruse, et de le faire mourir.

²Car ils disaient: Que ce ne soit pas pendant la fête, afin qu'il n'y ait pas de tumulte parmi le peuple.

³Comme Jésus était à Béthanie, dans la maison de Simon le lépreux, une femme entra, pendant qu'il se trouvait à table. Elle tenait un vase d'albâtre, qui renfermait un parfum de nard pur de grand prix; et, ayant rompu le vase, elle répandit le parfum sur la tête de Jésus.

⁴Quelques-uns exprimèrent entre eux leur indignation: A quoi bon perdre ce parfum?

⁵On aurait pu le vendre plus de trois cents deniers, et les donner aux pauvres. Et ils s'irritaient contre cette femme.

⁶Mais Jésus dit: Laissez-la. Pourquoi lui faites-vous de la peine? Elle a fait une bonne action à mon égard;

⁷car vous avez toujours les pauvres avec vous, et vous pouvez leur faire du bien quand vous voulez, mais vous ne m'avez pas toujours.

⁸Elle a fait ce qu'elle a pu; elle a d'avance embaumé mon corps pour la sépulture.

⁹Je vous le dis en vérité, partout où la bonne nouvelle sera prêchée, dans le monde entier, on racontera aussi en mémoire de cette femme ce qu'elle a fait.

¹⁰Judas Iscariot, l'un des douze, alla vers les principaux sacrificateurs, afin de leur livrer Jésus.

¹¹Après l'avoir entendu, ils furent dans la joie, et promirent de lui donner de l'argent. Et Judas cherchait une occasion favorable pour le livrer.

¹²Le premier jour des pains sans levain, où l'on immolait la Pâque, les disciples de Jésus lui dirent: Où veux-tu que nous allions te préparer la Pâque?

¹³Et il envoya deux de ses disciples, et leur dit: Allez à la ville; vous rencontrerez un homme portant une cruche d'eau, suivez-le.

¹⁴Quelque part qu'il entre, dites au maître de la maison: Le maître dit: Où est le lieu où je mangerai la Pâque avec mes disciples?

¹⁵Et il vous montrera une grande chambre haute, meublée et toute prête: c'est là que vous nous préparerez la Pâque.

¹⁶Les disciples partirent, arrivèrent à la ville, et trouvèrent les choses comme il le leur avait dit; et ils préparèrent la Pâque.

¹⁷Le soir étant venu, il arriva avec les douze.

¹⁸Pendant qu'ils étaient à table et qu'ils mangeaient, Jésus dit: Je vous le dis en vérité, l'un de vous, qui mange avec moi, me livrera.

¹⁹Ils commencèrent à s'attrister, et à lui dire, l'un après l'autre: Est-ce moi?

²⁰Il leur répondit: C'est l'un des douze, qui met avec moi la main dans le plat.

²¹Le Fils de l'homme s'en va selon ce qui est écrit de lui. Mais malheur à l'homme par qui le Fils de l'homme est livré! Mieux vaudrait pour cet homme qu'il ne fût pas né.

²²Pendant qu'ils mangeaient, Jésus prit du pain; et, après avoir rendu grâces, il le rompit, et le leur donna, en disant: Prenez, ceci est mon corps.

²³Il prit ensuite une coupe; et, après avoir rendu grâces, il la leur donna, et ils en burent tous.

²⁴Et il leur dit: Ceci est mon sang, le sang de l'alliance, qui est répandu pour plusieurs.

²⁵Je vous le dis en vérité, je ne boirai plus jamais du fruit de la vigne, jusqu'au jour où je le boirai nouveau dans le royaume de Dieu.

²⁶Après avoir chanté les cantiques, ils se rendirent à la montagne des oliviers.

²⁷Jésus leur dit: Vous serez tous scandalisés; car il est écrit: Je frapperai le berger, et les brebis seront dispersées.

²⁸Mais, après que je serai ressuscité, je vous précéderai en Galilée.

²⁹Pierre lui dit: Quand tous seraient scandalisés, je ne serai pas scandalisé.

³⁰Et Jésus lui dit: Je te le dis en vérité, toi, aujourd'hui, cette nuit même, avant que le coq chante deux fois, tu me renieras trois fois.

³¹Mais Pierre reprit plus fortement: Quand il me faudrait mourir avec toi, je ne te renierai pas. Et tous dirent la même chose.

³²Ils allèrent ensuite dans un lieu appelé Gethsémané, et Jésus dit à ses disciples: Asseyez-vous ici, pendant que je prierai.

³³Il prit avec lui Pierre, Jacques et Jean, et il commença à éprouver de la frayeur et des angoisses.

³⁴Il leur dit: Mon âme est triste jusqu'à la mort; restez ici, et veillez.

³⁵Puis, ayant fait quelques pas en avant, il se jeta contre terre, et pria que, s'il était possible, cette heure s'éloignât de lui.

³⁶Il disait: Abba, Père, toutes choses te sont possibles, éloigne de moi cette coupe! Toutefois, non pas ce que je veux, mais ce que tu veux.

³⁷Et il vint vers les disciples, qu'il trouva endormis, et il dit à Pierre: Simon, tu dors! Tu n'as pu veiller une heure!

³⁸Veillez et priez, afin que vous ne tombiez pas en tentation; l'esprit est bien disposé, mais la chair est faible.

³⁹Il s'éloigna de nouveau, et fit la même prière.

⁴⁰Il revint, et les trouva encore endormis, car leurs yeux étaient appesantis. Ils ne surent que lui répondre.

⁴¹Il revint pour la troisième fois, et leur dit: Dormez maintenant, et reposez-vous! C'est assez! L'heure est venue; voici, le Fils de l'homme est livré aux mains des pécheurs.

⁴²Levez-vous, allons; voici, celui qui me livre s'approche.

⁴³Et aussitôt, comme il parlait encore, arriva Judas l'un des douze, et avec lui une foule armée d'épées et de bâtons, envoyée par les principaux sacrificateurs, par les scribes et par les anciens.

⁴⁴Celui qui le livrait leur avait donné ce signe: Celui que je baiserai, c'est lui; saisissez-le, et emmenez-le sûrement.

⁴⁵Dès qu'il fut arrivé, il s'approcha de Jésus, disant: Rabbi! Et il le baisa.

⁴⁶Alors ces gens mirent la main sur Jésus, et le saisirent.

⁴⁷Un de ceux qui étaient là, tirant l'épée, frappa le serviteur du souverain sacrificateur, et lui emporta l'oreille.

⁴⁸Jésus, prenant la parole, leur dit: Vous êtes venus, comme après un brigand, avec des épées et des bâtons, pour vous emparer de moi.

⁴⁹J'étais tous les jours parmi vous, enseignant dans le temple, et vous ne m'avez pas saisi. Mais c'est afin que les Écritures soient accomplies.

⁵⁰Alors tous l'abandonnèrent, et prirent la fuite.

⁵¹Un jeune homme le suivait, n'ayant sur le corps qu'un drap. On se saisit de lui;

⁵²mais il lâcha son vêtement, et se sauva tout nu.

⁵³Ils emmenèrent Jésus chez le souverain sacrificateur, où s'assemblèrent tous les principaux sacrificateurs, les anciens et les scribes.

⁵⁴Pierre le suivit de loin jusque dans l'intérieur de la cour du souverain sacrificateur; il s'assit avec les serviteurs, et il se chauffait près du feu.

⁵⁵Les principaux sacrificateurs et tout le sanhédrin cherchaient un témoignage contre Jésus, pour le faire mourir, et ils n'en trouvaient point;

⁵⁶car plusieurs rendaient de faux témoignages contre lui, mais les témoignages ne s'accordaient pas.

⁵⁷Quelques-uns se levèrent, et portèrent un faux témoignage contre lui, disant:

⁵⁸Nous l'avons entendu dire: Je détruirai ce temple fait de main d'homme, et en trois jours j'en bâtirai un autre qui ne sera pas fait de main d'homme.

⁵⁹Même sur ce point-là leur témoignage ne s'accordait pas.

⁶⁰Alors le souverain sacrificateur, se levant au milieu de l'assemblée, interrogea Jésus, et dit: Ne réponds-tu rien? Qu'est-ce que ces gens déposent contre toi?

⁶¹Jésus garda le silence, et ne répondit rien. Le souverain sacrificateur l'interrogea de nouveau, et lui dit: Es-tu le Christ, le Fils du Dieu béni?

⁶²Jésus répondit: Je le suis. Et vous verrez le Fils de l'homme assis à la droite de la puissance de Dieu, et venant sur les nuées du ciel.

⁶³Alors le souverain sacrificateur déchira ses vêtements, et dit: Qu'avons-nous encore besoin de témoins?

⁶⁴Vous avez entendu le blasphème. Que vous en semble? Tous le condamnèrent comme méritant la mort.

⁶⁵Et quelques-uns se mirent à cracher sur lui, à lui voiler le visage et à le frapper à coups de poing, en lui disant: Devine! Et les serviteurs le reçurent en lui donnant des soufflets.

⁶⁶Pendant que Pierre était en bas dans la cour, il vint une des servantes du souverain sacrificateur.

⁶⁷Voyant Pierre qui se chauffait, elle le regarda, et lui dit: Toi aussi, tu étais avec Jésus de Nazareth.

⁶⁸Il le nia, disant: Je ne sais pas, je ne comprends pas ce que tu veux dire. Puis il sortit pour aller dans le vestibule. Et le coq chanta.

⁶⁹La servante, l'ayant vu, se mit de nouveau à dire à ceux qui étaient présents: Celui-ci est de ces gens-là. Et il le nia de nouveau.

⁷⁰Peu après, ceux qui étaient présents dirent encore à Pierre: Certainement tu es de ces gens-là, car tu es Galiléen.

⁷¹Alors il commença à faire des imprécations et à jurer: Je ne connais pas cet homme dont vous parlez.

⁷²Aussitôt, pour la seconde fois, le coq chanta. Et Pierre se souvint de la parole que Jésus lui avait dite: Avant que le coq chante deux fois, tu me renieras trois fois. Et en y réfléchissant, il pleurait.

Chapitre 15

¹Dès le matin, les principaux sacrificateurs tinrent conseil avec les anciens et les scribes, et tout le sanhédrin. Après avoir lié Jésus, ils l'emmenèrent, et le livrèrent à Pilate.

²Pilate l'interrogea: Es-tu le roi des Juifs? Jésus lui répondit. Tu le dis.

³Les principaux sacrificateurs portaient contre lui plusieurs accusations.

⁴Pilate l'interrogea de nouveau: Ne réponds-tu rien? Vois de combien de choses ils t'accusent.

⁵Et Jésus ne fit plus aucune réponse, ce qui étonna Pilate.

⁶A chaque fête, il relâchait un prisonnier, celui que demandait la foule.

⁷Il y avait en prison un nommé Barabbas avec ses complices, pour un meurtre qu'ils avaient commis dans une sédition.

⁸La foule, étant montée, se mit à demander ce qu'il avait coutume de leur accorder.

⁹Pilate leur répondit: Voulez-vous que je vous relâche le roi des Juifs?

¹⁰Car il savait que c'était par envie que les principaux

sacrificateurs l'avaient livré.

¹¹Mais les chefs des sacrificateurs excitèrent la foule, afin que Pilate leur relâchât plutôt Barabbas.

¹²Pilate, reprenant la parole, leur dit: Que voulez-vous donc que je fasse de celui que vous appelez le roi des Juifs?

¹³Ils crièrent de nouveau: Crucifie-le!

¹⁴Pilate leur dit: Quel mal a-t-il fait? Et ils crièrent encore plus fort: Crucifie-le!

¹⁵Pilate, voulant satisfaire la foule, leur relâcha Barabbas; et, après avoir fait battre de verges Jésus, il le livra pour être crucifié.

¹⁶Les soldats conduisirent Jésus dans l'intérieur de la cour, c'est-à-dire, dans le prétoire, et ils assemblèrent toute la cohorte.

¹⁷Ils le revêtirent de pourpre, et posèrent sur sa tête une couronne d'épines, qu'ils avaient tressée.

¹⁸Puis ils se mirent à le saluer: Salut, roi des Juifs!

¹⁹Et ils lui frappaient la tête avec un roseau, crachaient sur lui, et, fléchissant les genoux, ils se prosternaient devant lui.

²⁰Après s'être ainsi moqués de lui, ils lui ôtèrent la pourpre, lui remirent ses vêtements, et l'emmenèrent pour le crucifier.

²¹Ils forcèrent à porter la croix de Jésus un passant qui revenait des champs, Simon de Cyrène, père d'Alexandre et de Rufus;

²²et ils conduisirent Jésus au lieu nommé Golgotha, ce qui signifie lieu du crâne.

²³Ils lui donnèrent à boire du vin mêlé de myrrhe, mais il ne le prit pas.

²⁴Ils le crucifièrent, et se partagèrent ses vêtements, en tirant au sort pour savoir ce que chacun aurait.

²⁵C'était la troisième heure, quand ils le crucifièrent.

²⁶L'inscription indiquant le sujet de sa condamnation portait ces mots: Le roi des Juifs.

²⁷Ils crucifièrent avec lui deux brigands, l'un à sa droite, et l'autre à sa gauche.

²⁸Ainsi fut accompli ce que dit l'Écriture: Il a été mis au nombre des malfaiteurs.

²⁹Les passants l'injuriaient, et secouaient la tête, en disant: Hé! toi qui détruis le temple, et qui le rebâtis en trois jours,

³⁰sauve-toi toi-même, en descendant de la croix!

³¹Les principaux sacrificateurs aussi, avec les scribes, se moquaient entre eux, et disaient: Il a sauvé les autres, et il ne peut se sauver lui-même!

³²Que le Christ, le roi d'Israël, descende maintenant de la croix, afin que nous voyions et que nous croyions! Ceux qui étaient crucifiés avec lui l'insultaient aussi.

³³La sixième heure étant venue, il y eut des ténèbres sur toute la terre, jusqu'à la neuvième heure.

³⁴Et à la neuvième heure, Jésus s'écria d'une voix forte: Éloï, Éloï, lama sabachthani? ce qui signifie: Mon Dieu, mon Dieu, pourquoi m'as-tu abandonné?

³⁵Quelques-uns de ceux qui étaient là, l'ayant entendu, dirent: Voici, il appelle Élie.

³⁶Et l'un d'eux courut remplir une éponge de vinaigre, et, l'ayant fixée à un roseau, il lui donna à boire, en disant: Laissez, voyons si Élie viendra le descendre.

³⁷Mais Jésus, ayant poussé un grand cri, expira.

³⁸Le voile du temple se déchira en deux, depuis le haut jusqu'en bas.

³⁹Le centenier, qui était en face de Jésus, voyant qu'il avait expiré de la sorte, dit: Assurément, cet homme était Fils de Dieu.

⁴⁰Il y avait aussi des femmes qui regardaient de loin. Parmi elles étaient Marie de Magdala, Marie, mère de Jacques le mineur et de Joses, et Salomé,

⁴¹qui le suivaient et le servaient lorsqu'il était en Galilée, et plusieurs autres qui étaient montées avec lui à Jérusalem.

⁴²Le soir étant venu, comme c'était la préparation, c'est-à-dire, la veille du sabbat, -

⁴³arriva Joseph d'Arimathée, conseiller de distinction, qui lui-même attendait aussi le royaume de Dieu. Il osa se rendre vers Pilate, pour demander le corps de Jésus.

⁴⁴Pilate s'étonna qu'il fût mort si tôt; fit venir le centenier et lui demanda s'il était mort depuis longtemps.

⁴⁵S'en étant assuré par le centenier, il donna le corps à Joseph.

⁴⁶Et Joseph, ayant acheté un linceul, descendit Jésus de la croix, l'enveloppa du linceul, et le déposa dans un sépulcre taillé dans le roc. Puis il roula une pierre à l'entrée du sépulcre.

⁴⁷Marie de Magdala, et Marie, mère de Joses, regardaient où on le mettait.

Chapitre 16

¹Lorsque le sabbat fut passé, Marie de Magdala, Marie, mère de Jacques, et Salomé, achetèrent des aromates, afin d'aller embaumer Jésus.

²Le premier jour de la semaine, elles se rendirent au sépulcre, de grand matin, comme le soleil venait de se lever.

³Elles disaient entre elles: Qui nous roulera la pierre loin de l'entrée du sépulcre?

⁴Et, levant les yeux, elles aperçurent que la pierre, qui était très grande, avait été roulée.

⁵Elles entrèrent dans le sépulcre, virent un jeune homme assis à droite vêtu d'une robe blanche, et elles furent épouvantées.

⁶Il leur dit: Ne vous épouvantez pas; vous cherchez Jésus de Nazareth, qui a été crucifié; il est ressuscité, il n'est point ici; voici le lieu où on l'avait mis.

⁷Mais allez dire à ses disciples et à Pierre qu'il vous précède en Galilée: c'est là que vous le verrez, comme il vous l'a dit.

⁸Elles sortirent du sépulcre et s'enfuirent. La peur et le trouble les avaient saisies; et elles ne dirent rien à personne, à cause de leur effroi.

⁹Jésus, étant ressuscité le matin du premier jour de la semaine, apparut d'abord à Marie de Magdala, de laquelle il avait chassé sept démons.

¹⁰Elle alla en porter la nouvelle à ceux qui avaient été avec lui, et qui s'affligeaient et pleuraient.

¹¹Quand ils entendirent qu'il vivait, et qu'elle l'avait vu, ils ne le crurent point.

¹²Après cela, il apparut, sous une autre forme, à deux d'entre eux qui étaient en chemin pour aller à la campagne.

¹³Ils revinrent l'annoncer aux autres, qui ne les crurent pas non plus.

¹⁴Enfin, il apparut aux onze, pendant qu'ils étaient à table; et il leur reprocha leur incrédulité et la dureté de leur coeur, parce qu'ils n'avaient pas cru ceux qui l'avaient vu ressuscité.

¹⁵Puis il leur dit: Allez par tout le monde, et prêchez la bonne nouvelle à toute la création.

¹⁶Celui qui croira et qui sera baptisé sera sauvé, mais celui qui ne croira pas sera condamné.

¹⁷Voici les miracles qui accompagneront ceux qui auront cru: en mon nom, ils chasseront les démons; ils parleront de nouvelles langues;

¹⁸ils saisiront des serpents; s'ils boivent quelque breuvage mortel, il ne leur feront point de mal; ils imposeront les mains aux malades, et les malades, seront guéris.

¹⁹Le Seigneur, après leur avoir parlé, fut enlevé au ciel, et il s'assit à la droite de Dieu.

²⁰Et ils s'en allèrent prêcher partout. Le Seigneur travaillait avec eux, et confirmait la parole par les miracles qui l'accompagnaient.

Luc

Chapitre 1

¹Plusieurs ayant entrepris de composer un récit des événements qui se sont accomplis parmi nous,

²suivant ce que nous ont transmis ceux qui ont été des témoins oculaires dès le commencement et sont devenus des ministres de la parole,

³il m'a aussi semblé bon, après avoir fait des recherches exactes sur toutes ces choses depuis leur origine, de te les exposer par écrit d'une manière suivie, excellent Théophile,

⁴afin que tu reconnaisses la certitude des enseignements que tu as reçus.

⁵Du temps d'Hérode, roi de Judée, il y avait un sacrificateur, nommé Zacharie, de la classe d'Abia; sa femme était d'entre les filles d'Aaron, et s'appelait Élisabeth.

⁶Tous deux étaient justes devant Dieu, observant d'une manière irréprochable tous les commandements et toutes les ordonnances du Seigneur.

⁷Ils n'avaient point d'enfants, parce qu'Élisabeth était stérile; et ils étaient l'un et l'autre avancés en âge.

⁸Or, pendant qu'il s'acquittait de ses fonctions devant Dieu, selon le tour de sa classe, il fut appelé par le sort,

⁹d'après la règle du sacerdoce, à entrer dans le temple du Seigneur pour offrir le parfum.

¹⁰Toute la multitude du peuple était dehors en prière, à l'heure du parfum.

¹¹Alors un ange du Seigneur apparut à Zacharie, et se tint debout à droite de l'autel des parfums.

¹²Zacharie fut troublé en le voyant, et la frayeur s'empara de lui.

¹³Mais l'ange lui dit: Ne crains point, Zacharie; car ta prière a été exaucée. Ta femme Élisabeth t'enfantera un fils, et tu lui donneras le nom de Jean.

¹⁴Il sera pour toi un sujet de joie et d'allégresse, et plusieurs se réjouiront de sa naissance.

¹⁵Car il sera grand devant le Seigneur. Il ne boira ni vin, ni liqueur enivrante, et il sera rempli de l'Esprit Saint dès le sein de sa mère;

¹⁶il ramènera plusieurs des fils d'Israël au Seigneur, leur Dieu;

¹⁷il marchera devant Dieu avec l'esprit et la puissance d'Élie, pour ramener les coeurs des pères vers les enfants, et les rebelles à la sagesse des justes, afin de préparer au Seigneur un peuple bien disposé.

¹⁸Zacharie dit à l'ange: A quoi reconnaîtrai-je cela? Car je suis vieux, et ma femme est avancée en âge.

¹⁹L'ange lui répondit: Je suis Gabriel, je me tiens devant Dieu; j'ai été envoyé pour te parler, et pour t'annoncer cette bonne nouvelle.

²⁰Et voici, tu seras muet, et tu ne pourras parler jusqu'au jour où ces choses arriveront, parce que tu n'as pas cru à mes paroles, qui s'accompliront en leur temps.

²¹Cependant, le peuple attendait Zacharie, s'étonnant de ce qu'il restait si longtemps dans le temple.

²²Quand il sortit, il ne put leur parler, et ils comprirent qu'il avait eu une vision dans le temple; il leur faisait des signes, et il resta muet.

²³Lorsque ses jours de service furent écoulés, il s'en alla chez lui.

²⁴Quelque temps après, Élisabeth, sa femme, devint enceinte. Elle se cacha pendant cinq mois, disant:

²⁵C'est la grâce que le Seigneur m'a faite, quand il a jeté les yeux sur moi pour ôter mon opprobre parmi les hommes.

²⁶Au sixième mois, l'ange Gabriel fut envoyé par Dieu dans une ville de Galilée, appelée Nazareth,

²⁷auprès d'une vierge fiancée à un homme de la maison de David, nommé Joseph. Le nom de la vierge était Marie.

²⁸L'ange entra chez elle, et dit: Je te salue, toi à qui une grâce a été faite; le Seigneur est avec toi.

²⁹Troublée par cette parole, Marie se demandait ce que pouvait signifier une telle salutation.

³⁰L'ange lui dit: Ne crains point, Marie; car tu as trouvé grâce devant Dieu.

³¹Et voici, tu deviendras enceinte, et tu enfanteras un fils, et tu lui donneras le nom de Jésus.

³²Il sera grand et sera appelé Fils du Très Haut, et le Seigneur Dieu lui donnera le trône de David, son père.

³³Il règnera sur la maison de Jacob éternellement, et son règne n'aura point de fin.

³⁴Marie dit à l'ange: Comment cela se fera-t-il, puisque je ne connais point d'homme?

³⁵L'ange lui répondit: Le Saint Esprit viendra sur toi, et la puissance du Très Haut te couvrira de son ombre. C'est pourquoi le saint enfant qui naîtra de toi sera appelé Fils de Dieu.

³⁶Voici, Élisabeth, ta parente, a conçu, elle aussi, un fils en sa vieillesse, et celle qui était appelée stérile est dans son sixième mois.

³⁷Car rien n'est impossible à Dieu.

³⁸Marie dit: Je suis la servante du Seigneur; qu'il me soit fait selon ta parole! Et l'ange la quitta.

³⁹Dans ce même temps, Marie se leva, et s'en alla en hâte vers les montagnes, dans une ville de Juda.

⁴⁰Elle entra dans la maison de Zacharie, et salua Élisabeth.

⁴¹Dès qu'Élisabeth entendit la salutation de Marie, son enfant tressaillit dans son sein, et elle fut remplie du Saint Esprit.

⁴²Elle s'écria d'une voix forte: Tu es bénie entre les femmes, et le fruit de ton sein est béni.

⁴³Comment m'est-il accordé que la mère de mon Seigneur vienne auprès de moi?

⁴⁴Car voici, aussitôt que la voix de ta salutation a frappé mon oreille, l'enfant a tressailli d'allégresse dans mon sein.

⁴⁵Heureuse celle qui a cru, parce que les choses qui lui ont été dites de la part du Seigneur auront leur accomplissement.

⁴⁶Et Marie dit: Mon âme exalte le Seigneur,

⁴⁷Et mon esprit se réjouit en Dieu, mon Sauveur,

⁴⁸Parce qu'il a jeté les yeux sur la bassesse de sa servante. Car voici, désormais toutes les générations me diront bienheureuse,

⁴⁹Parce que le Tout Puissant a fait pour moi de grandes choses. Son nom est saint,

⁵⁰Et sa miséricorde s'étend d'âge en âge Sur ceux qui le craignent.

⁵¹Il a déployé la force de son bras; Il a dispersé ceux qui avaient dans le coeur des pensées orgueilleuses.

⁵²Il a renversé les puissants de leurs trônes, Et il a élevé les humbles.

⁵³Il a rassasié de biens les affamés, Et il a renvoyé les riches à vide.

⁵⁴Il a secouru Israël, son serviteur, Et il s'est souvenu de sa miséricorde, -

⁵⁵Comme il l'avait dit à nos pères, -Envers Abraham et sa postérité pour toujours.

⁵⁶Marie demeura avec Élisabeth environ trois mois. Puis elle retourna chez elle.

⁵⁷Le temps où Élisabeth devait accoucher arriva, et elle enfanta un fils.

⁵⁸Ses voisins et ses parents apprirent que le Seigneur avait fait éclater envers elle sa miséricorde, et ils se réjouirent avec elle.

⁵⁹Le huitième jour, ils vinrent pour circoncire l'enfant, et ils l'appelaient Zacharie, du nom de son père.

⁶⁰Mais sa mère prit la parole, et dit: Non, il sera appelé Jean.

⁶¹Ils lui dirent: Il n'y a dans ta parenté personne qui soit appelé de ce nom.

⁶²Et ils firent des signes à son père pour savoir comment il voulait qu'on l'appelle.

⁶³Zacharie demanda des tablettes, et il écrivit: Jean est son nom. Et tous furent dans l'étonnement.

⁶⁴Au même instant, sa bouche s'ouvrit, sa langue se délia, et il parlait, bénissant Dieu.

⁶⁵La crainte s'empara de tous les habitants d'alentour, et, dans toutes les montagnes de la Judée, on s'entretenait de toutes ces choses.

⁶⁶Tous ceux qui les apprirent les gardèrent dans leur coeur, en disant: Que sera donc cet enfant? Et la main du Seigneur était avec lui.

⁶⁷Zacharie, son père, fut rempli du Saint Esprit, et il prophétisa, en ces mots:

⁶⁸Béni soit le Seigneur, le Dieu d'Israël, De ce qu'il a visité et racheté son peuple,

⁶⁹Et nous a suscité un puissant Sauveur Dans la maison de David, son serviteur,

⁷⁰Comme il l'avait annoncé par la bouche de ses saints prophètes des temps anciens, -

⁷¹Un Sauveur qui nous délivre de nos ennemis et de la main de tous ceux qui nous haïssent!

⁷²C'est ainsi qu'il manifeste sa miséricorde envers nos pères, Et se souvient de sa sainte alliance,

⁷³Selon le serment par lequel il avait juré à Abraham, notre père,

⁷⁴De nous permettre, après que nous serions délivrés de la main de nos ennemis, De le servir sans crainte,

⁷⁵En marchant devant lui dans la sainteté et dans la justice tous les

jours de notre vie.

⁷⁶Et toi, petit enfant, tu seras appelé prophète du Très Haut; Car tu marcheras devant la face du Seigneur, pour préparer ses voies,

⁷⁷Afin de donner à son peuple la connaissance du salut Par le pardon de ses péchés,

⁷⁸Grâce aux entrailles de la miséricorde de notre Dieu, En vertu de laquelle le soleil levant nous a visités d'en haut,

⁷⁹Pour éclairer ceux qui sont assis dans les ténèbres et dans l'ombre de la mort, Pour diriger nos pas dans le chemin de la paix.

⁸⁰Or, l'enfant croissait, et se fortifiait en esprit. Et il demeura dans les déserts, jusqu'au jour où il se présenta devant Israël.

Chapitre 2

¹En ce temps-là parut un édit de César Auguste, ordonnant un recensement de toute la terre.

²Ce premier recensement eut lieu pendant que Quirinius était gouverneur de Syrie.

³Tous allaient se faire inscrire, chacun dans sa ville.

⁴Joseph aussi monta de la Galilée, de la ville de Nazareth, pour se rendre en Judée, dans la ville de David, appelée Bethléhem, parce qu'il était de la maison et de la famille de David,

⁵afin de se faire inscrire avec Marie, sa fiancée, qui était enceinte.

⁶Pendant qu'ils étaient là, le temps où Marie devait accoucher arriva,

⁷et elle enfanta son fils premier-né. Elle l'emmaillota, et le coucha dans une crèche, parce qu'il n'y avait pas de place pour eux dans l'hôtellerie.

⁸Il y avait, dans cette même contrée, des bergers qui passaient dans les champs les veilles de la nuit pour garder leurs troupeaux.

⁹Et voici, un ange du Seigneur leur apparut, et la gloire du Seigneur resplendit autour d'eux. Ils furent saisis d'une grande frayeur.

¹⁰Mais l'ange leur dit: Ne craignez point; car je vous annonce une bonne nouvelle, qui sera pour tout le peuple le sujet d'une grande joie:

¹¹c'est qu'aujourd'hui, dans la ville de David, il vous est né un Sauveur, qui est le Christ, le Seigneur.

¹²Et voici à quel signe vous le reconnaîtrez: vous trouverez un enfant emmailloté et couché dans une crèche.

¹³Et soudain il se joignit à l'ange une multitude de l'armée céleste, louant Dieu et disant:

¹⁴Gloire à Dieu dans les lieux très hauts, Et paix sur la terre parmi les hommes qu'il agrée!

¹⁵Lorsque les anges les eurent quittés pour retourner au ciel, les bergers se dirent les uns aux autres: Allons jusqu'à Bethléhem, et voyons ce qui est arrivé, ce que le Seigneur nous a fait connaître.

¹⁶Ils y allèrent en hâte, et ils trouvèrent Marie et Joseph, et le petit enfant couché dans la crèche.

¹⁷Après l'avoir vu, ils racontèrent ce qui leur avait été dit au sujet de ce petit enfant.

¹⁸Tous ceux qui les entendirent furent dans l'étonnement de ce que leur disaient les bergers.

¹⁹Marie gardait toutes ces choses, et les repassait dans son coeur.

²⁰Et les bergers s'en retournèrent, glorifiant et louant Dieu pour tout ce qu'ils avaient entendu et vu, et qui était conforme à ce qui leur avait été annoncé.

²¹Le huitième jour, auquel l'enfant devait être circoncis, étant arrivé, on lui donna le nom de Jésus, nom qu'avait indiqué l'ange avant qu'il fût conçu dans le sein de sa mère.

²²Et, quand les jours de leur purification furent accomplis, selon la loi de Moïse, Joseph et Marie le portèrent à Jérusalem, pour le présenter au Seigneur, -

²³suivant ce qui est écrit dans la loi du Seigneur: Tout mâle premier-né sera consacré au Seigneur, -

²⁴et pour offrir en sacrifice deux tourterelles ou deux jeunes pigeons, comme cela est prescrit dans la loi du Seigneur.

²⁵Et voici, il y avait à Jérusalem un homme appelé Siméon. Cet homme était juste et pieux, il attendait la consolation d'Israël, et l'Esprit Saint était sur lui.

²⁶Il avait été divinement averti par le Saint Esprit qu'il ne mourrait point avant d'avoir vu le Christ du Seigneur.

²⁷Il vint au temple, poussé par l'Esprit. Et, comme les parents apportaient le petit enfant Jésus pour accomplir à son égard ce qu'ordonnait la loi,

²⁸il le reçut dans ses bras, bénit Dieu, et dit:

²⁹Maintenant, Seigneur, tu laisses ton serviteur S'en aller en paix, selon ta parole.

³⁰Car mes yeux ont vu ton salut,

³¹Salut que tu as préparé devant tous les peuples,

³²Lumière pour éclairer les nations, Et gloire d'Israël, ton peuple.

³³Son père et sa mère étaient dans l'admiration des choses qu'on disait de lui.

³⁴Siméon les bénit, et dit à Marie, sa mère: Voici, cet enfant est destiné à amener la chute et le relèvement de plusieurs en Israël, et à devenir un signe qui provoquera la contradiction,

³⁵et à toi-même une épée te transpercera l'âme, afin que les pensées de beaucoup de coeurs soient dévoilées.

³⁶Il y avait aussi une prophétesse, Anne, fille de Phanuel, de la tribu d'Aser. Elle était fort avancée en âge, et elle avait vécu sept ans avec son mari depuis sa virginité.

³⁷Restée veuve, et âgée de quatre vingt-quatre ans, elle ne quittait pas le temple, et elle servait Dieu nuit et jour dans le jeûne et dans la prière.

³⁸Étant survenue, elle aussi, à cette même heure, elle louait Dieu, et elle parlait de Jésus à tous ceux qui attendaient la délivrance de Jérusalem.

³⁹Lorsqu'ils eurent accompli tout ce qu'ordonnait la loi du Seigneur, Joseph et Marie retournèrent en Galilée, à Nazareth, leur ville.

⁴⁰Or, l'enfant croissait et se fortifiait. Il était rempli de sagesse, et la grâce de Dieu était sur lui.

⁴¹Les parents de Jésus allaient chaque année à Jérusalem, à la fête de Pâque.

⁴²Lorsqu'il fut âgé de douze ans, ils y montèrent, selon la coutume de la fête.

⁴³Puis, quand les jours furent écoulés, et qu'ils s'en retournèrent, l'enfant Jésus resta à Jérusalem. Son père et sa mère ne s'en aperçurent pas.

⁴⁴Croyant qu'il était avec leurs compagnons de voyage, ils firent une journée de chemin, et le cherchèrent parmi leurs parents et leurs connaissances.

⁴⁵Mais, ne l'ayant pas trouvé, ils retournèrent à Jérusalem pour le chercher.

⁴⁶Au bout de trois jours, ils le trouvèrent dans le temple, assis au milieu des docteurs, les écoutant et les interrogeant.

⁴⁷Tous ceux qui l'entendaient étaient frappés de son intelligence et de ses réponses.

⁴⁸Quand ses parents le virent, ils furent saisis d'étonnement, et sa mère lui dit: Mon enfant, pourquoi as-tu agi de la sorte avec nous? Voici, ton père et moi, nous te cherchions avec angoisse.

⁴⁹Il leur dit: Pourquoi me cherchiez-vous? Ne saviez-vous pas qu'il faut que je m'occupe des affaires de mon Père?

⁵⁰Mais ils ne comprirent pas ce qu'il leur disait.

⁵¹Puis il descendit avec eux pour aller à Nazareth, et il leur était soumis. Sa mère gardait toutes ces choses dans son coeur.

⁵²Et Jésus croissait en sagesse, en stature, et en grâce, devant Dieu et devant les hommes.

Chapitre 3

¹La quinzième année du règne de Tibère César, -lorsque Ponce Pilate était gouverneur de la Judée, Hérode tétrarque de la Galilée, son frère Philippe tétrarque de l'Iturée et du territoire de la Trachonite, Lysanias tétrarque de l'Abilène,

²et du temps des souverains sacrificateurs Anne et Caïphe, -la parole de Dieu fut adressée à Jean, fils de Zacharie, dans le désert.

³Et il alla dans tout le pays des environs de Jourdain, prêchant le baptême de repentance, pour la rémission des péchés,

⁴selon ce qui est écrit dans le livre des paroles d'Ésaïe, le prophète: C'est la voix de celui qui crie dans le désert: Préparez le chemin du Seigneur, Aplanissez ses sentiers.

⁵Toute vallée sera comblée, Toute montagne et toute colline seront abaissées; Ce qui est tortueux sera redressé, Et les chemins raboteux seront aplanis.

⁶Et toute chair verra le salut de Dieu.

⁷Il disait donc à ceux qui venaient en foule pour être baptisés par lui: Races de vipères, qui vous a appris à fuir la colère à venir?

⁸Produisez donc des fruits dignes de la repentance, et ne vous mettez pas à dire en vous-mêmes: Nous avons Abraham pour père! Car je vous déclare que de ces pierres Dieu peut susciter des enfants à Abraham.

⁹Déjà même la cognée est mise à la racine des arbres; tout arbre donc qui ne produit pas de bons fruits sera coupé et jeté au feu.

¹⁰La foule l'interrogeait, disant: Que devons-nous donc faire?

¹¹Il leur répondit: Que celui qui a deux tuniques partage avec celui qui n'en a point, et que celui qui a de quoi manger agisse de même.

¹²Il vint aussi des publicains pour être baptisés, et ils lui dirent: Maître, que devons-nous faire?

Luc

¹³Il leur répondit: N'exigez rien au delà de ce qui vous a été ordonné.

¹⁴Des soldats aussi lui demandèrent: Et nous, que devons-nous faire? Il leur répondit: Ne commettez ni extorsion ni fraude envers personne, et contentez-vous de votre solde.

¹⁵Comme le peuple était dans l'attente, et que tous se demandaient en eux-même si Jean n'était pas le Christ,

¹⁶il leur dit à tous: Moi, je vous baptise d'eau; mais il vient, celui qui est plus puissant que moi, et je ne suis pas digne de délier la courroie de ses souliers. Lui, il vous baptisera du Saint Esprit et de feu.

¹⁷Il a son van à la main; il nettoiera son aire, et il amassera le blé dans son grenier, mais il brûlera la paille dans un feu qui ne s'éteint point.

¹⁸C'est ainsi que Jean annonçait la bonne nouvelle au peuple, en lui adressant encore beaucoup d'autres exhortations.

¹⁹Mais Hérode le tétrarque, étant repris par Jean au sujet d'Hérodias, femme de son frère, et pour toutes les mauvaises actions qu'il avait commises,

²⁰ajouta encore à toutes les autres celle d'enfermer Jean dans la prison.

²¹Tout le peuple se faisant baptiser, Jésus fut aussi baptisé; et, pendant qu'il priait, le ciel s'ouvrit,

²²et le Saint Esprit descendit sur lui sous une forme corporelle, comme une colombe. Et une voix fit entendre du ciel ces paroles: Tu es mon Fils bien-aimé; en toi j'ai mis toute mon affection.

²³Jésus avait environ trente ans lorsqu'il commença son ministère, étant, comme on le croyait, fils de Joseph, fils d'Héli,

²⁴fils de Matthat, fils de Lévi, fils de Melchi, fils de Jannaï, fils de Joseph,

²⁵fils de Mattathias, fils d'Amos, fils de Nahum, fils d'Esli, fils de Naggaï,

²⁶fils de Maath, fils de Mattathias, fils de Séméï, fils de Josech, fils de Joda,

²⁷fils de Joanan, fils de Rhésa, fils de Zorobabel, fils de Salathiel, fils de Néri,

²⁸fils de Melchi, fils de Addi, fils de Kosam, fils d'Elmadam, fils D'Er,

²⁹fils de Jésus, fils d'Éliézer, fils de Jorim, fils de Matthat, fils de Lévi,

³⁰fils de Siméon, fils de Juda, fils de Joseph, fils de Jonam, fils d'Éliakim,

³¹fils de Méléa, fils de Menna, fils de Mattatha, fils de Nathan, fils de David,

³²fils d'Isaï, fils de Jobed, fils de Booz, fils de Salmon, fils de Naasson,

³³fils d'Aminadab, fils d'Admin, fils d'Arni, fils d'Esrom, fils de Pharès, fils de Juda,

³⁴fils de Jacob, fils d'Isaac, fils d'Abraham, fis de Thara, fils de Nachor,

³⁵fils de Seruch, fils de Ragau, fils de Phalek, fils d'Éber, fils de Sala,

³⁶fils de Kaïnam, fils d'Arphaxad, fils de Sem, fils de Noé, fils de Lamech,

³⁷fils de Mathusala, fils d'Énoch, fils de Jared, fils de Maléléel, fils de Kaïnan,

³⁸fils d'Énos, fils de Seth, fils d'Adam, fils de Dieu.

Chapitre 4

¹Jésus, rempli du Saint Esprit, revint du Jourdain, et il fut conduit par l'Esprit dans le désert,

²où il fut tenté par le diable pendant quarante jours. Il ne mangea rien durant ces jours-là, et, après qu'ils furent écoulés, il eut faim.

³Le diable lui dit: Si tu es Fils de Dieu, ordonne à cette pierre qu'elle devienne du pain.

⁴Jésus lui répondit: Il est écrit: L'Homme ne vivra pas de pain seulement.

⁵Le diable, l'ayant élevé, lui montra en un instant tous les royaumes de la terre,

⁶et lui dit: Je te donnerai toute cette puissance, et la gloire de ces royaumes; car elle m'a été donnée, et je la donne à qui je veux.

⁷Si donc tu te prosternes devant moi, elle sera toute à toi.

⁸Jésus lui répondit: Il est écrit: Tu adoreras le Seigneur, ton Dieu, et tu le serviras lui seul.

⁹Le diable le conduisit encore à Jérusalem, le plaça sur le haut du temple, et lui dit: Si tu es Fils de Dieu, jette-toi d'ici en bas; car il est écrit:

¹⁰Il donnera des ordres à ses anges à ton sujet, Afin qu'ils te gardent;

¹¹et: Ils te porteront sur les mains, De peur que ton pied ne heurte contre une pierre.

¹²Jésus lui répondit: Il es dit: Tu ne tenteras point le Seigneur, ton Dieu.

¹³Après l'avoir tenté de toutes ces manières, le diable s'éloigna de lui jusqu'à un moment favorable.

¹⁴Jésus, revêtu de la puissance de l'Esprit, retourna en Galilée, et sa renommée se répandit dans tout le pays d'alentour.

¹⁵Il enseignait dans les synagogues, et il était glorifié par tous.

¹⁶Il se rendit à Nazareth, où il avait été élevé, et, selon sa coutume, il entra dans la synagogue le jour du sabbat. Il se leva pour faire la lecture,

¹⁷et on lui remit le livre du prophète Ésaïe. L'ayant déroulé, il trouva l'endroit où il était écrit:

¹⁸L'Esprit du Seigneur est sur moi, Parce qu'il m'a oint pour annoncer une bonne nouvelle aux pauvres; Il m'a envoyé pour guérir ceux qui ont le coeur brisé,

¹⁹Pour proclamer aux captifs la délivrance, Et aux aveugles le recouvrement de la vue, Pour renvoyer libres les opprimés, Pour publier une année de grâce du Seigneur.

²⁰Ensuite, il roula le livre, le remit au serviteur, et s'assit. Tous ceux qui se trouvaient dans la synagogue avaient les regards fixés sur lui.

²¹Alors il commença à leur dire: Aujourd'hui cette parole de l'Écriture, que vous venez d'entendre, est accomplie.

²²Et tous lui rendaient témoignage; ils étaient étonnés des paroles de grâce qui sortaient de sa bouche, et ils disaient: N'est-ce pas le fils de Joseph?

²³Jésus leur dit: Sans doute vous m'appliquerez ce proverbe: Médecin, guéris-toi toi-même; et vous me direz: Fais ici, dans ta patrie, tout ce que nous avons appris que tu as fait à Capernaüm.

²⁴Mais, ajouta-t-il, je vous le dis en vérité, aucun prophète n'est bien reçu dans sa patrie.

²⁵Je vous le dis en vérité: il y avait plusieurs veuves en Israël du temps d'Élie, lorsque le ciel fut fermé trois ans et six mois et qu'il y eut une grande famine sur toute la terre;

²⁶et cependant Élie ne fut envoyé vers aucune d'elles, si ce n'est vers une femme veuve, à Sarepta, dans le pays de Sidon.

²⁷Il y avait aussi plusieurs lépreux en Israël du temps d'Élisée, le prophète; et cependant aucun d'eux ne fut purifié, si ce n'est Naaman le Syrien.

²⁸Ils furent tous remplis de colère dans la synagogue, lorsqu'ils entendirent ces choses.

²⁹Et s'étant levés, ils le chassèrent de la ville, et le menèrent jusqu'au sommet de la montagne sur laquelle leur ville était bâtie, afin de le précipiter en bas.

³⁰Mais Jésus, passant au milieu d'eux, s'en alla.

³¹Il descendit à Capernaüm, ville de la Galilée; et il enseignait, le jour du sabbat.

³²On était frappé de sa doctrine; car il parlait avec autorité.

³³Il se trouva dans la synagogue un homme qui avait un esprit de démon impur, et qui s'écria d'une voix forte:

³⁴Ah! qu'y a-t-il entre nous et toi, Jésus de Nazareth? Tu es venu pour nous perdre. Je sais qui tu es: le Saint de Dieu.

³⁵Jésus le menaça, disant: Tais-toi, et sors de cet homme. Et le démon le jeta au milieu de l'assemblée, et sortit de lui, sans lui faire aucun mal.

³⁶Tous furent saisis de stupeur, et ils se disaient les uns aux autres: Quelle est cette parole? il commande avec autorité et puissance aux esprits impurs, et ils sortent!

³⁷Et sa renommée se répandit dans tous les lieux d'alentour.

³⁸En sortant de la synagogue, il se rendit à la maison de Simon. La belle-mère de Simon avait une violente fièvre, et ils le prièrent en sa faveur.

³⁹S'étant penché sur elle, il menaça la fièvre, et la fièvre la quitta. A l'instant elle se leva, et les servit.

⁴⁰Après le couché du soleil, tous ceux qui avaient des malades atteints de diverses maladies les lui amenèrent. Il imposa les mains à chacun d'eux, et il les guérit.

⁴¹Des démons aussi sortirent de beaucoup de personnes, en criant et en disant: Tu es le Fils de Dieu. Mais il les menaçait et ne leur permettait pas de parler, parce qu'ils savaient qu'il était le Christ.

⁴²Dès que le jour parut, il sortit et alla dans un lieu désert. Une foule de gens se mirent à sa recherche, et arrivèrent jusqu'à lui; ils voulaient le retenir, afin qu'il ne les quittât point.

⁴³Mais il leur dit: Il faut aussi que j'annonce aux autres villes la bonne nouvelle du royaume de Dieu; car c'est pour cela que j'ai été

envoyé.

⁴⁴Et il prêchait dans les synagogues de la Galilée.

Chapitre 5

¹Comme Jésus se trouvait auprès du lac de Génésareth, et que la foule se pressait autour de lui pour entendre la parole de Dieu,

²il vit au bord du lac deux barques, d'où les pêcheurs étaient descendus pour laver leurs filets.

³Il monta dans l'une de ces barques, qui était à Simon, et il le pria de s'éloigner un peu de terre. Puis il s'assit, et de la barque il enseignait la foule.

⁴Lorsqu'il eut cessé de parler, il dit à Simon: Avance en pleine eau, et jetez vos filets pour pêcher.

⁵Simon lui répondit: Maître, nous avons travaillé toute la nuit sans rien prendre; mais, sur ta parole, je jetterai le filet.

⁶L'ayant jeté, ils prirent une grande quantité de poissons, et leur filet se rompait.

⁷Ils firent signe à leurs compagnons qui étaient dans l'autre barque de venir les aider. Ils vinrent et ils remplirent les deux barques, au point qu'elles enfonçaient.

⁸Quand il vit cela, Simon Pierre tomba aux genoux de Jésus, et dit: Seigneur, retire-toi de moi, parce que je suis un homme pécheur.

⁹Car l'épouvante l'avait saisi, lui et tous ceux qui étaient avec lui, à cause de la pêche qu'ils avaient faite.

¹⁰Il en était de même de Jacques et de Jean, fils de Zébédée, les associés de Simon. Alors Jésus dit à Simon: Ne crains point; désormais tu seras pêcheur d'hommes.

¹¹Et, ayant ramené les barques à terre, ils laissèrent tout, et le suivirent.

¹²Jésus était dans une des villes; et voici, un homme couvert de lèpre, l'ayant vu, tomba sur sa face, et lui fit cette prière: Seigneur, si tu le veux, tu peux me rendre pur.

¹³Jésus étendit la main, le toucha, et dit: Je le veux, sois pur. Aussitôt la lèpre le quitta.

¹⁴Puis il lui ordonna de n'en parler à personne. Mais, dit-il, va te montrer au sacrificateur, et offre pour ta purification ce que Moïse a prescrit, afin que cela leur serve de témoignage.

¹⁵Sa renommée se répandait de plus en plus, et les gens venaient en foule pour l'entendre et pour être guéris de leurs maladies.

¹⁶Et lui, il se retirait dans les déserts, et priait.

¹⁷Un jour Jésus enseignait. Des pharisiens et des docteurs de la loi étaient là assis, venus de tous les villages de la Galilée, de la Judée et de Jérusalem; et la puissance du Seigneur se manifestait par des guérisons.

¹⁸Et voici, des gens, portant sur un lit un homme qui était paralytique, cherchaient à le faire entrer et à le placer sous ses regards.

¹⁹Comme ils ne savaient par où l'introduire, à cause de la foule, ils montèrent sur le toit, et ils le descendirent par une ouverture, avec son lit, au milieu de l'assemblée, devant Jésus.

²⁰Voyant leur foi, Jésus dit: Homme, tes péchés te sont pardonnés.

²¹Les scribes et les pharisiens se mirent à raisonner et à dire: Qui est celui-ci, qui profère des blasphèmes? Qui peut pardonner les péchés, si ce n'est Dieu seul?

²²Jésus, connaissant leurs pensées, prit la parole et leur dit: Quelles pensées avez-vous dans vos coeurs?

²³Lequel est le plus aisé, de dire: Tes péchés te sont pardonnés, ou de dire: Lève-toi, et marche?

²⁴Or, afin que vous sachiez que le Fils de l'homme a sur la terre le pouvoir de pardonner les péchés: Je te l'ordonne, dit-il au paralytique, lève-toi, prends ton lit, et va dans ta maison.

²⁵Et, à l'instant, il se leva en leur présence, prit le lit sur lequel il était couché, et s'en alla dans sa maison, glorifiant Dieu.

²⁶Tous étaient dans l'étonnement, et glorifiaient Dieu; remplis de crainte, ils disaient: Nous avons vu aujourd'hui des choses étranges.

²⁷Après cela, Jésus sortit, et il vit un publicain, nommé Lévi, assis au lieu des péages. Il lui dit: Suis-moi.

²⁸Et, laissant tout, il se leva, et le suivit.

²⁹Lévi lui donna un grand festin dans sa maison, et beaucoup de publicains et d'autres personnes étaient à table avec eux.

³⁰Les pharisiens et les scribes murmurèrent, et dirent à ses disciples: Pourquoi mangez-vous et buvez-vous avec les publicains et les gens de mauvaise vie?

³¹Jésus, prenant la parole, leur dit: Ce ne sont pas ceux qui se portent bien qui ont besoin de médecin, mais les malades.

³²Je ne suis pas venu appeler à la repentance des justes, mais des pécheurs.

³³Ils lui dirent: Les disciples de Jean, comme ceux des pharisiens, jeûnent fréquemment et font des prières, tandis que les tiens mangent et boivent.

³⁴Il leur répondit: Pouvez-vous faire jeûner les amis de l'époux pendant que l'époux est avec eux?

³⁵Les jours viendront où l'époux leur sera enlevé, alors ils jeûneront en ces jours-là.

³⁶Il leur dit aussi une parabole: Personne ne déchire d'un habit neuf un morceau pour le mettre à un vieil habit; car, il déchire l'habit neuf, et le morceau qu'il en a pris n'est pas assorti au vieux.

³⁷Et personne ne met du vin nouveau dans de vieilles outres; autrement, le vin nouveau fait rompre les outres, il se répand, et les outres sont perdues;

³⁸mais il faut mettre le vin nouveau dans des outres neuves.

³⁹Et personne, après avoir bu du vin vieux, ne veut du nouveau, car il dit: Le vieux est bon.

Chapitre 6

¹Il arriva, un jour de sabbat appelé second-premier, que Jésus traversait des champs de blé. Ses disciples arrachaient des épis et les mangeaient, après les avoir froissés dans leurs mains.

²Quelques pharisiens leur dirent: Pourquoi faites-vous ce qu'il n'est pas permis de faire pendant le sabbat?

³Jésus leur répondit: N'avez-vous pas lu ce que fit David, lorsqu'il eut faim, lui et ceux qui étaient avec lui;

⁴comment il entra dans la maison de Dieu, prit les pains de proposition, en mangea, et en donna à ceux qui étaient avec lui, bien qu'il ne soit permis qu'aux sacrificateurs de les manger?

⁵Et il leur dit: Le Fils de l'homme est maître même du sabbat.

⁶Il arriva, un autre jour de sabbat, que Jésus entra dans la synagogue, et qu'il enseignait. Il s'y trouvait un homme dont la main droite était sèche.

⁷Les scribes et les pharisiens observaient Jésus, pour voir s'il ferait une guérison le jour du sabbat: c'était afin d'avoir sujet de l'accuser.

⁸Mais il connaissait leurs pensées, et il dit à l'homme qui avait la main sèche: Lève-toi, et tiens-toi là au milieu. Il se leva, et se tint debout.

⁹Et Jésus leur dit: Je vous demande s'il est permis, le jour du sabbat, de faire du bien ou de faire du mal, de sauver une personne ou de la tuer.

¹⁰Alors, promenant ses regards sur eux tous, il dit à l'homme: Étends ta main. Il le fit, et sa main fut guérie.

¹¹Ils furent remplis de fureur, et ils se consultèrent pour savoir ce qu'ils feraient à Jésus.

¹²En ce temps-là, Jésus se rendit sur la montagne pour prier, et il passa toute la nuit à prier Dieu.

¹³Quand le jour parut, il appela ses disciples, et il en choisit douze, auxquels il donna le nom d'apôtres:

¹⁴Simon, qu'il nomma Pierre; André, son frère; Jacques; Jean; Philippe; Barthélemy;

¹⁵Matthieu; Thomas; Jacques, fils d'Alphée; Simon, appelé le zélote;

¹⁶Jude, fils de Jacques; et Judas Iscariot, qui devint traître.

¹⁷Il descendit avec eux, et s'arrêta sur un plateau, où se trouvaient une foule de ses disciples et une multitude de peuple de toute la Judée, de Jérusalem, et de la contrée maritime de Tyr et de Sidon. Ils étaient venus pour l'entendre, et pour être guéris de leurs maladies.

¹⁸Ceux qui étaient tourmentés par des esprits impurs étaient guéris.

¹⁹Et toute la foule cherchait à le toucher, parce qu'une force sortait de lui et les guérissait tous.

²⁰Alors Jésus, levant les yeux sur ses disciples, dit: Heureux vous qui êtes pauvres, car le royaume de Dieu est à vous!

²¹Heureux vous qui avez faim maintenant, car vous serez rassasiés! Heureux vous qui pleurez maintenant, car vous serez dans la joie!

²²Heureux serez-vous, lorsque les hommes vous haïront, lorsqu'on vous chassera, vous outragera, et qu'on rejettera votre nom comme infâme, à cause du Fils de l'homme!

²³Réjouissez-vous en ce jour-là et tressaillez d'allégresse, parce que votre récompense sera grande dans le ciel; car c'est ainsi que leurs pères traitaient les prophètes.

²⁴Mais, malheur à vous, riches, car vous avez votre consolation!

²⁵Malheur à vous qui êtes rassasiés, car vous aurez faim! Malheur à vous qui riez maintenant, car vous serez dans le deuil et dans les larmes!

²⁶Malheur, lorsque tous les hommes diront du bien de vous, car c'est ainsi qu'agissaient leurs pères à l'égard des faux prophètes!

²⁷Mais je vous dis, à vous qui m'écoutez: Aimez vos ennemis,

faites du bien à ceux qui vous haïssent,

²⁸bénissez ceux qui vous maudissent, priez pour ceux qui vous maltraitent.

²⁹Si quelqu'un te frappe sur une joue, présente-lui aussi l'autre. Si quelqu'un prend ton manteau, ne l'empêche pas de prendre encore ta tunique.

³⁰Donne à quiconque te demande, et ne réclame pas ton bien à celui qui s'en empare.

³¹Ce que vous voulez que les hommes fassent pour vous, faites-le de même pour eux.

³²Si vous aimez ceux qui vous aiment, quel gré vous en saura-t-on? Les pécheurs aussi aiment ceux qui les aiment.

³³Si vous faites du bien à ceux qui vous font du bien, quel gré vous en saura-t-on? Les pécheurs aussi agissent de même.

³⁴Et si vous prêtez à ceux de qui vous espérez recevoir, quel gré vous en saura-t-on? Les pécheurs aussi prêtent aux pécheurs, afin de recevoir la pareille.

³⁵Mais aimez vos ennemis, faites du bien, et prêtez sans rien espérer. Et votre récompense sera grande, et vous serez fils du Très Haut, car il est bon pour les ingrats et pour les méchants.

³⁶Soyez donc miséricordieux, comme votre Père est miséricordieux.

³⁷Ne jugez point, et vous ne serez point jugés; ne condamnez point, et vous ne serez point condamnés; absolvez, et vous serez absous.

³⁸Donnez, et il vous sera donné: on versera dans votre sein une bonne mesure, serrée, secouée et qui déborde; car on vous mesurera avec la mesure dont vous vous serez servis.

³⁹Il leur dit aussi cette parabole: Un aveugle peut-il conduire un aveugle? Ne tomberont-ils pas tous deux dans une fosse?

⁴⁰Le disciple n'est pas plus que le maître; mais tout disciple accompli sera comme son maître.

⁴¹Pourquoi vois-tu la paille qui est dans l'oeil de ton frère, et n'aperçois-tu pas la poutre qui est dans ton oeil?

⁴²Ou comment peux-tu dire à ton frère: Frère, laisse-moi ôter la paille qui est dans ton oeil, toi qui ne vois pas la poutre qui est dans le tien? Hypocrite, ôte premièrement la poutre de ton oeil, et alors tu verras comment ôter la paille qui est dans l'oeil de ton frère.

⁴³Ce n'est pas un bon arbre qui porte du mauvais fruit, ni un mauvais arbre qui porte du bon fruit.

⁴⁴Car chaque arbre se connaît à son fruit. On ne cueille pas des figues sur des épines, et l'on ne vendange pas des raisins sur des ronces.

⁴⁵L'homme bon tire de bonnes choses du bon trésor de son coeur, et le méchant tire de mauvaises choses de son mauvais trésor; car c'est de l'abondance du coeur que la bouche parle.

⁴⁶Pourquoi m'appelez-vous Seigneur, Seigneur! et ne faites-vous pas ce que je dis?

⁴⁷Je vous montrerai à qui est semblable tout homme qui vient à moi, entend mes paroles, et les met en pratique.

⁴⁸Il est semblable à un homme qui, bâtissant une maison, a creusé, creusé profondément, et a posé le fondement sur le roc. Une inondation est venue, et le torrent s'est jeté contre cette maison, sans pouvoir l'ébranler, parce qu'elle était bien bâtie.

⁴⁹Mais celui qui entend, et ne met pas en pratique, est semblable à un homme qui a bâti une maison sur la terre, sans fondement. Le torrent s'est jeté contre elle: aussitôt elle est tombée, et la ruine de cette maison a été grande.

Chapitre 7

¹Après avoir achevé tous ces discours devant le peuple qui l'écoutait, Jésus entra dans Capernaüm.

²Un centenier avait un serviteur auquel il était très attaché, et qui se trouvait malade, sur le point de mourir.

³Ayant entendu parler de Jésus, il lui envoya quelques anciens des Juifs, pour le prier de venir guérir son serviteur.

⁴Ils arrivèrent auprès de Jésus, et lui adressèrent d'instantes supplications, disant: Il mérite que tu lui accordes cela;

⁵car il aime notre nation, et c'est lui qui a bâti notre synagogue.

⁶Jésus, étant allé avec eux, n'était guère éloigné de la maison, quand le centenier envoya des amis pour lui dire: Seigneur, ne prends pas tant de peine; car je ne suis pas digne que tu entres sous mon toit.

⁷C'est aussi pour cela que je ne me suis pas cru digne d'aller en personne vers toi. Mais dis un mot, et mon serviteur sera guéri.

⁸Car, moi qui suis soumis à des supérieurs, j'ai des soldats sous mes ordres; et je dis à l'un: Va! et il va; à l'autre: Viens! et il vient; et à mon serviteur: Fais cela! et il le fait.

⁹Lorsque Jésus entendit ces paroles, il admira le centenier, et, se tournant vers la foule qui le suivait, il dit: Je vous le dis, même en Israël je n'ai pas trouvé une aussi grande foi.

¹⁰De retour à la maison, les gens envoyés par le centenier trouvèrent guéri le serviteur qui avait été malade.

¹¹Le jour suivant, Jésus alla dans une ville appelée Naïn; ses disciples et une grande foule faisaient route avec lui.

¹²Lorsqu'il fut près de la porte de la ville, voici, on portait en terre un mort, fils unique de sa mère, qui était veuve; et il y avait avec elle beaucoup de gens de la ville.

¹³Le Seigneur, l'ayant vue, fut ému de compassion pour elle, et lui dit: Ne pleure pas!

¹⁴Il s'approcha, et toucha le cercueil. Ceux qui le portaient s'arrêtèrent. Il dit: Jeune homme, je te le dis, lève-toi!

¹⁵Et le mort s'assit, et se mit à parler. Jésus le rendit à sa mère.

¹⁶Tous furent saisis de crainte, et ils glorifiaient Dieu, disant: Un grand prophète a paru parmi nous, et Dieu a visité son peuple.

¹⁷Cette parole sur Jésus se répandit dans toute la Judée et dans tout le pays d'alentour.

¹⁸Jean fut informé de toutes ces choses par ses disciples.

¹⁹Il en appela deux, et les envoya vers Jésus, pour lui dire: Es-tu celui qui doit venir, ou devons-nous en attendre un autre?

²⁰Arrivés auprès de Jésus, ils dirent: Jean Baptiste nous a envoyés vers toi, pour dire: Es-tu celui qui doit venir, ou devons-nous en attendre un autre?

²¹A l'heure même, Jésus guérit plusieurs personnes de maladies, d'infirmités, et d'esprits malins, et il rendit la vue à plusieurs aveugles.

²²Et il leur répondit: Allez rapporter à Jean ce que vous avez vu et entendu: les aveugles voient, les boiteux marchent, les lépreux sont purifiés, les sourds entendent, les morts ressuscitent, la bonne nouvelle est annoncée aux pauvres.

²³Heureux celui pour qui je ne serai pas une occasion de chute!

²⁴Lorsque les envoyés de Jean furent partis, Jésus se mit à dire à la foule, au sujet de Jean: Qu'êtes-vous allés voir au désert? un roseau agité par le vent?

²⁵Mais, qu'êtes-vous allés voir? un homme vêtu d'habits précieux? Voici, ceux qui portent des habits magnifiques, et qui vivent dans les délices, sont dans les maisons des rois.

²⁶Qu'êtes-vous donc allés voir? un prophète? Oui, vous dis-je, et plus qu'un prophète.

²⁷C'est celui dont il est écrit: Voici, j'envoie mon messager devant ta face, Pour préparer ton chemin devant toi.

²⁸Je vous le dis, parmi ceux qui sont nés de femmes, il n'y en a point de plus grand que Jean. Cependant, le plus petit dans le royaume de Dieu est plus grand que lui.

²⁹Et tout le peuple qui l'a entendu et même les publicains ont justifié Dieu, en se faisant baptiser du baptême de Jean;

³⁰mais les pharisiens et les docteurs de la loi, en ne se faisant pas baptiser par lui, ont rendu nul à leur égard le dessein de Dieu.

³¹A qui donc comparerai-je les hommes de cette génération, et à qui ressemblent-ils?

³²Ils ressemblent aux enfants assis dans la place publique, et qui, se parlant les uns aux autres, disent: Nous vous avons joué de la flûte, et vous n'avez pas dansé; nous vous avons chanté des complaintes, et vous n'avez pas pleuré.

³³Car Jean Baptiste est venu, ne mangeant pas de pain et ne buvant pas de vin, et vous dites: Il a un démon.

³⁴Le Fils de l'homme est venu, mangeant et buvant, et vous dites: C'est un mangeur et un buveur, un ami des publicains et des gens de mauvaise vie.

³⁵Mais la sagesse a été justifiée par tous ses enfants.

³⁶Un pharisien pria Jésus de manger avec lui. Jésus entra dans la maison du pharisien, et se mit à table.

³⁷Et voici, une femme pécheresse qui se trouvait dans la ville, ayant su qu'il était à table dans la maison du pharisien, apporta un vase d'albâtre plein de parfum,

³⁸et se tint derrière, aux pieds de Jésus. Elle pleurait; et bientôt elle lui mouilla les pieds de ses larmes, puis les essuya avec ses cheveux, les baisa, et les oignit de parfum.

³⁹Le pharisien qui l'avait invité, voyant cela, dit en lui-même: Si cet homme était prophète, il connaîtrait qui et de quelle espèce est la femme qui le touche, il connaîtrait que c'est une pécheresse.

⁴⁰Jésus prit la parole, et lui dit: Simon, j'ai quelque chose à te dire. -Maître, parle, répondit-il. -

⁴¹Un créancier avait deux débiteurs: l'un devait cinq cents deniers, et l'autre cinquante.

⁴²Comme ils n'avaient pas de quoi payer, il leur remit à tous deux leur dette. Lequel l'aimera le plus?

⁴³Simon répondit: Celui, je pense, auquel il a le plus remis. Jésus lui dit: Tu as bien jugé.

⁴⁴Puis, se tournant vers la femme, il dit à Simon: Vois-tu cette femme? Je suis entré dans ta maison, et tu ne m'as point donné d'eau pour laver mes pieds; mais elle, elle les a mouillés de ses larmes, et les a essuyés avec ses cheveux.

⁴⁵Tu ne m'as point donné de baiser; mais elle, depuis que je suis entré, elle n'a point cessé de me baiser les pieds.

⁴⁶Tu n'as point versé d'huile sur ma tête; mais elle, elle a versé du parfum sur mes pieds.

⁴⁷C'est pourquoi, je te le dis, ses nombreux péchés ont été pardonnés: car elle a beaucoup aimé. Mais celui à qui on pardonne peu aime peu.

⁴⁸Et il dit à la femme: Tes péchés sont pardonnés.

⁴⁹Ceux qui étaient à table avec lui se mirent à dire en eux-mêmes: Qui est celui-ci, qui pardonne même les péchés?

⁵⁰Mais Jésus dit à la femme: Ta foi t'a sauvée, va en paix.

Chapitre 8

¹Ensuite, Jésus allait de ville en ville et de village en village, prêchant et annonçant la bonne nouvelle du royaume de Dieu.

²Les douze étaient avec de lui et quelques femmes qui avaient été guéries d'esprits malins et de maladies: Marie, dite de Magdala, de laquelle étaient sortis sept démons,

³Jeanne, femme de Chuza, intendant d'Hérode, Susanne, et plusieurs autres, qui l'assistaient de leurs biens.

⁴Une grande foule s'étant assemblée, et des gens étant venus de diverses villes auprès de lui, il dit cette parabole:

⁵Un semeur sortit pour semer sa semence. Comme il semait, une partie de la semence tomba le long du chemin: elle fut foulée aux pieds, et les oiseaux du ciel la mangèrent.

⁶Une autre partie tomba sur le roc: quand elle fut levée, elle sécha, parce qu'elle n'avait point d'humidité.

⁷Une autre partie tomba au milieu des épines: les épines crûrent avec elle, et l'étouffèrent.

⁸Une autre partie tomba dans la bonne terre: quand elle fut levée, elle donna du fruit au centuple. Après avoir ainsi parlé, Jésus dit à haute voix: Que celui qui a des oreilles pour entendre entende!

⁹Ses disciples lui demandèrent ce que signifiait cette parabole.

¹⁰Il répondit: Il vous a été donné de connaître les mystères du royaume de Dieu; mais pour les autres, cela leur est dit en paraboles, afin qu'en voyant ils ne voient point, et qu'en entendant ils ne comprennent point.

¹¹Voici ce que signifie cette parabole: La semence, c'est la parole de Dieu.

¹²Ceux qui sont le long du chemin, ce sont ceux qui entendent; puis le diable vient, et enlève de leur coeur la parole, de peur qu'ils ne croient et soient sauvés.

¹³Ceux qui sont sur le roc, ce sont ceux qui, lorsqu'ils entendent la parole, la reçoivent avec joie; mais ils n'ont point de racine, ils croient pour un temps, et ils succombent au moment de la tentation.

¹⁴Ce qui est tombé parmi les épines, ce sont ceux qui, ayant entendu la parole, s'en vont, et la laissent étouffer par les soucis, les richesses et les plaisirs de la vie, et ils ne portent point de fruit qui vienne à maturité.

¹⁵Ce qui est tombé dans la bonne terre, ce sont ceux qui, ayant entendu la parole avec un coeur honnête et bon, la retiennent, et portent du fruit avec persévérance.

¹⁶Personne, après avoir allumé une lampe, ne la couvre d'un vase, ou ne la met sous un lit; mais il la met sur un chandelier, afin que ceux qui entrent voient la lumière.

¹⁷Car il n'est rien de caché qui ne doive être découvert, rien de secret qui ne doive être connu et mis au jour.

¹⁸Prenez donc garde à la manière dont vous écoutez; car on donnera à celui qui a, mais à celui qui n'a pas on ôtera même ce qu'il croit avoir.

¹⁹La mère et les frères de Jésus vinrent le trouver; mais ils ne purent l'aborder, à cause de la foule.

²⁰On lui dit: Ta mère et tes frères sont dehors, et ils désirent te voir.

²¹Mais il répondit: Ma mère et mes frères, ce sont ceux qui écoutent la parole de Dieu, et qui la mettent en pratique.

²²Un jour, Jésus monta dans une barque avec ses disciples. Il leur dit: Passons de l'autre côté du lac. Et ils partirent.

²³Pendant qu'ils naviguaient, Jésus s'endormit. Un tourbillon fondit sur le lac, la barque se remplissait d'eau, et ils étaient en péril.

²⁴Ils s'approchèrent et le réveillèrent, en disant: Maître, maître, nous périssons! S'étant réveillé, il menaça le vent et les flots, qui s'apaisèrent, et le calme revint.

²⁵Puis il leur dit: Où est votre foi? Saisis de frayeur et d'étonnement, ils se dirent les uns aux autres: Quel est donc celui-ci, qui commande même au vent et à l'eau, et à qui ils obéissent?

²⁶Ils abordèrent dans le pays des Géraséniens, qui est vis-à-vis de la Galilée.

²⁷Lorsque Jésus fut descendu à terre, il vint au-devant de lui un homme de la ville, qui était possédé de plusieurs démons. Depuis longtemps il ne portait point de vêtement, et avait sa demeure non dans une maison, mais dans les sépulcres.

²⁸Ayant vu Jésus, il poussa un cri, se jeta à ses pieds, et dit d'une voix forte: Qu'y a-t-il entre moi et toi, Jésus, Fils du Dieu Très Haut? Je t'en supplie, ne me tourmente pas.

²⁹Car Jésus commandait à l'esprit impur de sortir de cet homme, dont il s'était emparé depuis longtemps; on le gardait lié de chaînes et les fers aux pieds, mais il rompait les liens, et il était entraîné par le démon dans les déserts.

³⁰Jésus lui demanda: Quel est ton nom? Légion, répondit-il. Car plusieurs démons étaient entrés en lui.

³¹Et ils priaient instamment Jésus de ne pas leur ordonner d'aller dans l'abîme.

³²Il y avait là, dans la montagne, un grand troupeau de pourceaux qui paissaient. Et les démons supplièrent Jésus de leur permettre d'entrer dans ces pourceaux. Il le leur permit.

³³Les démons sortirent de cet homme, entrèrent dans les pourceaux, et le troupeau se précipita des pentes escarpées dans le lac, et se noya.

³⁴Ceux qui les faisaient paître, voyant ce qui était arrivé, s'enfuirent, et répandirent la nouvelle dans la ville et dans les campagnes.

³⁵Les gens allèrent voir ce qui était arrivé. Ils vinrent auprès de Jésus, et ils trouvèrent l'homme de qui étaient sortis les démons, assis à ses pieds, vêtu, et dans son bon sens; et ils furent saisis de frayeur.

³⁶Ceux qui avaient vu ce qui s'était passé leur racontèrent comment le démoniaque avait été guéri.

³⁷Tous les habitants du pays des Géraséniens prièrent Jésus de s'éloigner d'eux, car ils étaient saisis d'une grande crainte. Jésus monta dans la barque, et s'en retourna.

³⁸L'homme de qui étaient sortis les démons lui demandait la permission de rester avec lui. Mais Jésus le renvoya, en disant:

³⁹Retourne dans ta maison, et raconte tout ce que Dieu t'a fait. Il s'en alla, et publia par toute la ville tout ce que Jésus avait fait pour lui.

⁴⁰A son retour, Jésus fut reçu par la foule, car tous l'attendaient.

⁴¹Et voici, il vint un homme, nommé Jaïrus, qui était chef de la synagogue. Il se jeta à ses pieds, et le supplia d'entrer dans sa maison,

⁴²parce qu'il avait une fille unique d'environ douze ans qui se mourait. Pendant que Jésus y allait, il était pressé par la foule.

⁴³Or, il y avait une femme atteinte d'une perte de sang depuis douze ans, et qui avait dépensé tout son bien pour les médecins, sans qu'aucun ait pu la guérir.

⁴⁴Elle s'approcha par derrière, et toucha le bord du vêtement de Jésus. Au même instant la perte de sang s'arrêta.

⁴⁵Et Jésus dit: Qui m'a touché? Comme tous s'en défendaient, Pierre et ceux qui étaient avec lui dirent: Maître, la foule t'entoure et te presse, et tu dis: Qui m'a touché?

⁴⁶Mais Jésus répondit: Quelqu'un m'a touché, car j'ai connu qu'une force était sortie de moi.

⁴⁷La femme, se voyant découverte, vint toute tremblante se jeter à ses pieds, et déclara devant tout le peuple pourquoi elle l'avait touché, et comment elle avait été guérie à l'instant.

⁴⁸Jésus lui dit: Ma fille, ta foi t'a sauvée; va en paix.

⁴⁹Comme il parlait encore, survint de chez le chef de la synagogue quelqu'un disant: Ta fille est morte; n'importune pas le maître.

⁵⁰Mais Jésus, ayant entendu cela, dit au chef de la synagogue: Ne crains pas, crois seulement, et elle sera sauvée.

⁵¹Lorsqu'il fut arrivé à la maison, il ne permit à personne d'entrer avec lui, si ce n'est à Pierre, à Jean et à Jacques, et au père et à la mère de l'enfant.

⁵²Tous pleuraient et se lamentaient sur elle. Alors Jésus dit: Ne pleurez pas; elle n'est pas morte, mais elle dort.

⁵³Et ils se moquaient de lui, sachant qu'elle était morte.

⁵⁴Mais il la saisit par la main, et dit d'une voix forte: Enfant, lève-toi.

⁵⁵Et son esprit revint en elle, et à l'instant elle se leva; et Jésus ordonna qu'on lui donnât à manger.

⁵⁶Les parents de la jeune fille furent dans l'étonnement, et il leur recommanda de ne dire à personne ce qui était arrivé.

Luc
Chapitre 9

¹Jésus, ayant assemblé les douze, leur donna force et pouvoir sur tous les démons, avec la puissance de guérir les maladies.

²Il les envoya prêcher le royaume de Dieu, et guérir les malades.

³Ne prenez rien pour le voyage, leur dit-il, ni bâton, ni sac, ni pain, ni argent, et n'ayez pas deux tuniques.

⁴Dans quelque maison que vous entriez, restez-y; et c'est de là que vous partirez.

⁵Et, si les gens ne vous reçoivent pas, sortez de cette ville, et secouez la poussière de vos pieds, en témoignage contre eux.

⁶Ils partirent, et ils allèrent de village en village, annonçant la bonne nouvelle et opérant partout des guérisons.

⁷Hérode le tétrarque entendit parler de tout ce qui se passait, et il ne savait que penser. Car les uns disaient que Jean était ressuscité des morts;

⁸d'autres, qu'Élie était apparu; et d'autres, qu'un des anciens prophètes était ressuscité.

⁹Mais Hérode disait: J'ai fait décapiter Jean; qui donc est celui-ci, dont j'entends dire de telles choses? Et il cherchait à le voir.

¹⁰Les apôtres, étant de retour, racontèrent à Jésus tout ce qu'ils avaient fait. Il les prit avec lui, et se retira à l'écart, du côté d'une ville appelée Bethsaïda.

¹¹Les foules, l'ayant su, le suivirent. Jésus les accueillit, et il leur parlait du royaume de Dieu; il guérit aussi ceux qui avaient besoin d'être guéris.

¹²Comme le jour commençait à baisser, les douze s'approchèrent, et lui dirent: Renvoie la foule, afin qu'elle aille dans les villages et dans les campagnes des environs, pour se loger et pour trouver des vivres; car nous sommes ici dans un lieu désert.

¹³Jésus leur dit: Donnez-leur vous-mêmes à manger. Mais ils répondirent: Nous n'avons que cinq pains et deux poissons, à moins que nous n'allions nous-mêmes acheter des vivres pour tout ce peuple.

¹⁴Or, il y avait environ cinq mille hommes. Jésus dit à ses disciples: Faites-les asseoir par rangées de cinquante.

¹⁵Ils firent ainsi, ils les firent tous asseoir.

¹⁶Jésus prit les cinq pains et les deux poissons, et, levant les yeux vers le ciel, il les bénit. Puis, il les rompit, et les donna aux disciples, afin qu'ils les distribuassent à la foule.

¹⁷Tous mangèrent et furent rassasiés, et l'on emporta douze paniers pleins des morceaux qui restaient.

¹⁸Un jour que Jésus priait à l'écart, ayant avec lui ses disciples, il leur posa cette question: Qui dit-on que je suis?

¹⁹Ils répondirent: Jean Baptiste; les autres, Élie; les autres, qu'un des anciens prophètes est ressuscité.

²⁰Et vous, leur demanda-t-il, qui dites-vous que je suis? Pierre répondit: Le Christ de Dieu.

²¹Jésus leur recommanda sévèrement de ne le dire à personne.

²²Il ajouta qu'il fallait que le Fils de l'homme souffrît beaucoup, qu'il fût rejeté par les anciens, par les principaux sacrificateurs et par les scribes, qu'il fût mis à mort, et qu'il ressuscitât le troisième jour.

²³Puis il dit à tous: Si quelqu'un veut venir après moi, qu'il renonce à lui-même, qu'il se charge chaque jour de sa croix, et qu'il me suive.

²⁴Car celui qui voudra sauver sa vie la perdra, mais celui qui la perdra à cause de moi la sauvera.

²⁵Et que servirait-il à un homme de gagner tout le monde, s'il se détruisait ou se perdait lui-même?

²⁶Car quiconque aura honte de moi et de mes paroles, le Fils de l'homme aura honte de lui, quand il viendra dans sa gloire, et dans celle du Père et des saints anges.

²⁷Je vous le dis en vérité, quelques-uns de ceux qui sont ici ne mourront point qu'ils n'aient vu le royaume de Dieu.

²⁸Environ huit jours après qu'il eut dit ces paroles, Jésus prit avec lui Pierre, Jean et Jacques, et il monta sur la montagne pour prier.

²⁹Pendant qu'il priait, l'aspect de son visage changea, et son vêtement devint d'une éclatante blancheur.

³⁰Et voici, deux hommes s'entretenaient avec lui: c'étaient Moïse et Élie,

³¹qui, apparaissant dans la gloire, parlaient de son départ qu'il allait accomplir à Jérusalem.

³²Pierre et ses compagnons étaient appesantis par le sommeil; mais, s'étant tenus éveillés, ils virent la gloire de Jésus et les deux hommes qui étaient avec lui.

³³Au moment où ces hommes se séparaient de Jésus, Pierre lui dit: Maître, il est bon que nous soyons ici; dressons trois tentes, une pour toi, une pour Moïse, et une pour Élie. Il ne savait ce qu'il disait.

³⁴Comme il parlait ainsi, une nuée vint les couvrir; et les disciples furent saisis de frayeur en les voyant entrer dans la nuée.

³⁵Et de la nuée sortit une voix, qui dit: Celui-ci est mon Fils élu: écoutez-le!

³⁶Quand la voix se fit entendre, Jésus se trouva seul. Les disciples gardèrent le silence, et ils ne racontèrent à personne, en ce temps-là, rien de ce qu'ils avaient vu.

³⁷Le lendemain, lorsqu'ils furent descendus de la montagne, une grande foule vint au-devant de Jésus.

³⁸Et voici, du milieu de la foule un homme s'écria: Maître, je t'en prie, porte les regards sur mon fils, car c'est mon fils unique.

³⁹Un esprit le saisit, et aussitôt il pousse des cris; et l'esprit l'agite avec violence, le fait écumer, et a de la peine à se retirer de lui, après l'avoir tout brisé.

⁴⁰J'ai prié tes disciples de le chasser, et ils n'ont pas pu.

⁴¹Race incrédule et perverse, répondit Jésus, jusqu'à quand serai-je avec vous, et vous supporterai-je? Amène ici ton fils.

⁴²Comme il approchait, le démon le jeta par terre, et l'agita avec violence. Mais Jésus menaça l'esprit impur, guérit l'enfant, et le rendit à son père.

⁴³Et tous furent frappés de la grandeur de Dieu. Tandis que chacun était dans l'admiration de tout ce que faisait Jésus, il dit à ses disciples:

⁴⁴Pour vous, écoutez bien ceci: Le Fils de l'homme doit être livré entre les mains des hommes.

⁴⁵Mais les disciples ne comprenaient pas cette parole; elle était voilée pour eux, afin qu'ils n'en eussent pas le sens; et ils craignaient de l'interroger à ce sujet.

⁴⁶Or, une pensée leur vint à l'esprit, savoir lequel d'entre eux était le plus grand.

⁴⁷Jésus, voyant la pensée de leur coeur, prit un petit enfant, le plaça près de lui,

⁴⁸et leur dit: Quiconque reçoit en mon nom ce petit enfant me reçoit moi-même; et quiconque me reçoit reçoit celui qui m'a envoyé. Car celui qui est le plus petit parmi vous tous, c'est celui-là qui est grand.

⁴⁹Jean prit la parole, et dit: Maître, nous avons vu un homme qui chasse des démons en ton nom; et nous l'en avons empêché, parce qu'il ne nous suit pas.

⁵⁰Ne l'en empêchez pas, lui répondit Jésus; car qui n'est pas contre vous est pour vous.

⁵¹Lorsque le temps où il devait être enlevé du monde approcha, Jésus prit la résolution de se rendre à Jérusalem.

⁵²Il envoya devant lui des messagers, qui se mirent en route et entrèrent dans un bourg des Samaritains, pour lui préparer un logement.

⁵³Mais on ne le reçut pas, parce qu'il se dirigeait sur Jérusalem.

⁵⁴Les disciples Jacques et Jean, voyant cela, dirent: Seigneur, veux-tu que nous commandions que le feu descende du ciel et les consume?

⁵⁵Jésus se tourna vers eux, et les réprimanda, disant: Vous ne savez de quel esprit vous êtes animés.

⁵⁶Car le Fils de l'homme est venu, non pour perdre les âmes des hommes, mais pour les sauver. Et ils allèrent dans un autre bourg.

⁵⁷Pendant qu'ils étaient en chemin, un homme lui dit: Seigneur, je te suivrai partout où tu iras.

⁵⁸Jésus lui répondit: Les renards ont des tanières, et les oiseaux du ciel ont des nids: mais le Fils de l'homme n'a pas un lieu où il puisse reposer sa tête.

⁵⁹Il dit à un autre: Suis-moi. Et il répondit: Seigneur, permets-moi d'aller d'abord ensevelir mon père.

⁶⁰Mais Jésus lui dit: Laisse les morts ensevelir leurs morts; et toi, va annoncer le royaume de Dieu.

⁶¹Un autre dit: Je te suivrai, Seigneur, mais permets-moi d'aller d'abord prendre congé de ceux de ma maison.

⁶²Jésus lui répondit: Quiconque met la main à la charrue, et regarde en arrière, n'est pas propre au royaume de Dieu.

Chapitre 10

¹Après cela, le Seigneur désigna encore soixante-dix autres disciples, et il les envoya deux à deux devant lui dans toutes les villes et dans tous les lieux où lui-même devait aller.

²Il leur dit: La moisson est grande, mais il y a peu d'ouvriers. Priez donc le maître de la moisson d'envoyer des ouvriers dans sa moisson.

³Partez; voici, je vous envoie comme des agneaux au milieu des loups.

⁴Ne portez ni bourse, ni sac, ni souliers, et ne saluez personne en chemin.

⁵Dans quelque maison que vous entriez, dites d'abord: Que la paix soit sur cette maison!

⁶Et s'il se trouve là un enfant de paix, votre paix reposera sur lui;

sinon, elle reviendra à vous.

⁷Demeurez dans cette maison-là, mangeant et buvant ce qu'on vous donnera; car l'ouvrier mérite son salaire. N'allez pas de maison en maison.

⁸Dans quelque ville que vous entriez, et où l'on vous recevra, mangez ce qui vous sera présenté,

⁹guérissez les malades qui s'y trouveront, et dites-leur: Le royaume de Dieu s'est approché de vous.

¹⁰Mais dans quelque ville que vous entriez, et où l'on ne vous recevra pas, allez dans ses rues, et dites:

¹¹Nous secouons contre vous la poussière même de votre ville qui s'est attachée à nos pieds; sachez cependant que le royaume de Dieu s'est approché.

¹²Je vous dis qu'en ce jour Sodome sera traitée moins rigoureusement que cette ville-là.

¹³Malheur à toi, Chorazin! malheur à toi, Bethsaïda! car, si les miracles qui ont été faits au milieu de vous avaient été faits dans Tyr et dans Sidon, il y a longtemps qu'elles se seraient repenties, en prenant le sac et la cendre.

¹⁴C'est pourquoi, au jour du jugement, Tyr et Sidon seront traitées moins rigoureusement que vous.

¹⁵Et toi, Capernaüm, qui as été élevée jusqu'au ciel, tu seras abaissée jusqu'au séjour des morts.

¹⁶Celui qui vous écoute m'écoute, et celui qui vous rejette me rejette; et celui qui me rejette rejette celui qui m'a envoyé.

¹⁷Les soixante-dix revinrent avec joie, disant: Seigneur, les démons mêmes nous sont soumis en ton nom.

¹⁸Jésus leur dit: Je voyais Satan tomber du ciel comme un éclair.

¹⁹Voici, je vous ai donné le pouvoir de marcher sur les serpents et les scorpions, et sur toute la puissance de l'ennemi; et rien ne pourra vous nuire.

²⁰Cependant, ne vous réjouissez pas de ce que les esprits vous sont soumis; mais réjouissez-vous de ce que vos noms sont écrits dans les cieux.

²¹En ce moment même, Jésus tressaillit de joie par le Saint Esprit, et il dit: Je te loue, Père, Seigneur du ciel et de la terre, de ce que tu as caché ces choses aux sages et aux intelligents, et de ce que tu les as révélées aux enfants. Oui, Père, je te loue de ce que tu l'as voulu ainsi.

²²Toutes choses m'ont été données par mon Père, et personne ne connaît qui est le Fils, si ce n'est le Père, ni qui est le Père, si ce n'est le Fils et celui à qui le Fils veut le révéler.

²³Et, se tournant vers les disciples, il leur dit en particulier: Heureux les yeux qui voient ce que vous voyez!

²⁴Car je vous dis que beaucoup de prophètes et de rois ont désiré voir ce que vous voyez, et ne l'ont pas vu, entendre ce que vous entendez, et ne l'ont pas entendu.

²⁵Un docteur de la loi se leva, et dit à Jésus, pour l'éprouver: Maître, que dois-je faire pour hériter la vie éternelle?

²⁶Jésus lui dit: Qu'est-il écrit dans la loi? Qu'y lis-tu?

²⁷Il répondit: Tu aimeras le Seigneur, ton Dieu, de tout ton coeur, de toute ton âme, de toute ta force, et de toute ta pensée; et ton prochain comme toi-même.

²⁸Tu as bien répondu, lui dit Jésus; fais cela, et tu vivras.

²⁹Mais lui, voulant se justifier, dit à Jésus: Et qui est mon prochain?

³⁰Jésus reprit la parole, et dit: Un homme descendait de Jérusalem à Jéricho. Il tomba au milieu des brigands, qui le dépouillèrent, le chargèrent de coups, et s'en allèrent, le laissant à demi mort.

³¹Un sacrificateur, qui par hasard descendait par le même chemin, ayant vu cet homme, passa outre.

³²Un Lévite, qui arriva aussi dans ce lieu, l'ayant vu, passa outre.

³³Mais un Samaritain, qui voyageait, étant venu là, fut ému de compassion lorsqu'il le vit.

³⁴Il s'approcha, et banda ses plaies, en y versant de l'huile et du vin; puis il le mit sur sa propre monture, le conduisit à une hôtellerie, et prit soin de lui.

³⁵Le lendemain, il tira deux deniers, les donna à l'hôte, et dit: Aie soin de lui, et ce que tu dépenseras de plus, je te le rendrai à mon retour.

³⁶Lequel de ces trois te semble avoir été le prochain de celui qui était tombé au milieu des brigands?

³⁷C'est celui qui a exercé la miséricorde envers lui, répondit le docteur de la loi. Et Jésus lui dit: Va, et toi, fais de même.

³⁸Comme Jésus était en chemin avec ses disciples, il entra dans un village, et une femme, nommée Marthe, le reçut dans sa maison.

³⁹Elle avait une soeur, nommée Marie, qui, s'étant assise aux pieds du Seigneur, écoutait sa parole.

⁴⁰Marthe, occupée à divers soins domestiques, survint et dit: Seigneur, cela ne te fait-il rien que ma soeur me laisse seule pour servir? Dis-lui donc de m'aider.

⁴¹Le Seigneur lui répondit: Marthe, Marthe, tu t'inquiètes et tu t'agites pour beaucoup de choses.

⁴²Une seule chose est nécessaire. Marie a choisi la bonne part, qui ne lui sera point ôtée.

Chapitre 11

¹Jésus priait un jour en un certain lieu. Lorsqu'il eut achevé, un de ses disciples lui dit: Seigneur, enseigne-nous à prier, comme Jean l'a enseigné à ses disciples.

²Il leur dit: Quand vous priez, dites: Père! Que ton nom soit sanctifié; que ton règne vienne.

³Donne-nous chaque jour notre pain quotidien;

⁴pardonne-nous nos péchés, car nous aussi nous pardonnons à quiconque nous offense; et ne nous induis pas en tentation.

⁵Il leur dit encore: Si l'un de vous a un ami, et qu'il aille le trouver au milieu de la nuit pour lui dire: Ami, prête-moi trois pains,

⁶car un de mes amis est arrivé de voyage chez moi, et je n'ai rien à lui offrir,

⁷et si, de l'intérieur de sa maison, cet ami lui répond: Ne m'importune pas, la porte est déjà fermée, mes enfants et moi sommes au lit, je ne puis me lever pour te donner des pains, -

⁸je vous le dis, même s'il ne se levait pas pour les lui donner parce que c'est son ami, il se lèverait à cause de son importunité et lui donnerait tout ce dont il a besoin.

⁹Et moi, je vous dis: Demandez, et l'on vous donnera; cherchez, et vous trouverez; frappez, et l'on vous ouvrira.

¹⁰Car quiconque demande reçoit, celui qui cherche trouve, et l'on ouvre à celui qui frappe.

¹¹Quel est parmi vous le père qui donnera une pierre à son fils, s'il lui demande du pain? Ou, s'il demande un poisson, lui donnera-t-il un serpent au lieu d'un poisson?

¹²Ou, s'il demande un oeuf, lui donnera-t-il un scorpion?

¹³Si donc, méchants comme vous l'êtes, vous savez donner de bonnes choses à vos enfants, à combien plus forte raison le Père céleste donnera-t-il le Saint Esprit à ceux qui le lui demandent.

¹⁴Jésus chassa un démon qui était muet. Lorsque le démon fut sorti, le muet parla, et la foule fut dans l'admiration.

¹⁵Mais quelques-uns dirent: c'est par Béelzébul, le prince des démons, qu'il chasse les démons.

¹⁶Et d'autres, pour l'éprouver, lui demandèrent un signe venant du ciel.

¹⁷Comme Jésus connaissait leurs pensées, il leur dit: Tout royaume divisé contre lui-même est dévasté, et une maison s'écroule sur une autre.

¹⁸Si donc Satan est divisé contre lui-même, comment son royaume subsistera-t-il, puisque vous dites que je chasse les démons par Béelzébul?

¹⁹Et si moi, je chasse les démons par Béelzébul, vos fils, par qui les chassent-ils? C'est pourquoi ils seront eux-mêmes vos juges.

²⁰Mais, si c'est par le doigt de Dieu que je chasse les démons, le royaume de Dieu est donc venu vers vous.

²¹Lorsqu'un homme fort et bien armé garde sa maison, ce qu'il possède est en sûreté.

²²Mais, si un plus fort que lui survient et le dompte, il lui enlève toutes les armes dans lesquelles il se confiait, et il distribue ses dépouilles.

²³Celui qui n'est pas avec moi est contre moi, et celui qui n'assemble pas avec moi disperse.

²⁴Lorsque l'esprit impur est sorti d'un homme, il va dans des lieux arides, pour chercher du repos. N'en trouvant point, il dit: Je retournerai dans ma maison d'où je suis sorti;

²⁵et, quand il arrive, il la trouve balayée et ornée.

²⁶Alors il s'en va, et il prend sept autres esprits plus méchants que lui; ils entrent dans la maison, s'y établissent, et la dernière condition de cet homme est pire que la première.

²⁷Tandis que Jésus parlait ainsi, une femme, élevant la voix du milieu de la foule, lui dit: Heureux le sein qui t'a porté! heureuses les mamelles qui t'ont allaité!

²⁸Et il répondit: Heureux plutôt ceux qui écoutent la parole de Dieu, et qui la gardent!

²⁹Comme le peuple s'amassait en foule, il se mit à dire: Cette génération est une génération méchante; elle demande un miracle; il ne lui sera donné d'autre miracle que celui de Jonas.

³⁰Car, de même que Jonas fut un signe pour les Ninivites, de même le Fils de l'homme en sera un pour cette génération.

³¹La reine du Midi se lèvera, au jour du jugement, avec les

hommes de cette génération et les condamnera, parce qu'elle vint des extrémités de la terre pour entendre la sagesse de Salomon; et voici, il y a ici plus que Salomon.

³²Les hommes de Ninive se lèveront, au jour du jugement, avec cette génération et la condamneront, parce qu'ils se repentirent à la prédication de Jonas; et voici, il y a ici plus que Jonas.

³³Personne n'allume une lampe pour la mettre dans un lieu caché ou sous le boisseau, mais on la met sur le chandelier, afin que ceux qui entrent voient la lumière.

³⁴Ton oeil est la lampe de ton corps. Lorsque ton oeil est en bon état, tout ton corps est éclairé; mais lorsque ton oeil est en mauvais état, ton corps est dans les ténèbres.

³⁵Prends donc garde que la lumière qui est en toi ne soit ténèbres.

³⁶Si donc tout ton corps est éclairé, n'ayant aucune partie dans les ténèbres, il sera entièrement éclairé, comme lorsque la lampe t'éclaire de sa lumière.

³⁷Pendant que Jésus parlait, un pharisien le pria de dîner chez lui. Il entra, et se mit à table.

³⁸Le pharisien vit avec étonnement qu'il ne s'était pas lavé avant le repas.

³⁹Mais le Seigneur lui dit: Vous, pharisiens, vous nettoyez le dehors de la coupe et du plat, et à l'intérieur vous êtes pleins de rapine et de méchanceté.

⁴⁰Insensés! celui qui a fait le dehors n'a-t-il pas fait aussi le dedans?

⁴¹Donnez plutôt en aumônes ce qui est dedans, et voici, toutes choses seront pures pour vous.

⁴²Mais malheur à vous, pharisiens! parce que vous payez la dîme de la menthe, de la rue, et de toutes les herbes, et que vous négligez la justice et l'amour de Dieu: c'est là ce qu'il fallait pratiquer, sans omettre les autres choses.

⁴³Malheur à vous, pharisiens! parce que vous aimez les premiers sièges dans les synagogues, et les salutations dans les places publiques.

⁴⁴Malheur à vous! parce que vous êtes comme les sépulcres qui ne paraissent pas, et sur lesquels on marche sans le savoir.

⁴⁵Un des docteurs de la loi prit la parole, et lui dit: Maître, en parlant de la sorte, c'est aussi nous que tu outrages.

⁴⁶Et Jésus répondit: Malheur à vous aussi, docteurs de la loi! parce que vous chargez les hommes de fardeaux difficiles à porter, et que vous ne touchez pas vous-mêmes de l'un de vos doigts.

⁴⁷Malheur à vous! parce que vous bâtissez les tombeaux des prophètes, que vos pères ont tués.

⁴⁸Vous rendez donc témoignage aux oeuvres de vos pères, et vous les approuvez; car eux, ils ont tué les prophètes, et vous, vous bâtissez leurs tombeaux.

⁴⁹C'est pourquoi la sagesse de Dieu a dit: Je leur enverrai des prophètes et des apôtres; ils tueront les uns et persécuteront les autres,

⁵⁰afin qu'il soit demandé compte à cette génération du sang de tous les prophètes qui a été répandu depuis la création du monde,

⁵¹depuis le sang d'Abel jusqu'au sang de Zacharie, tué entre l'autel et le temple; oui, je vous le dis, il en sera demandé compte à cette génération.

⁵²Malheur à vous, docteurs de la loi! parce que vous avez enlevé la clef de la science; vous n'êtes pas entrés vous-mêmes, et vous avez empêché d'entrer ceux qui le voulaient.

⁵³Quand il fut sorti de là, les scribes et les pharisiens commencèrent à le presser violemment, et à le faire parler sur beaucoup de choses,

⁵⁴lui tendant des pièges, pour surprendre quelque parole sortie de sa bouche.

Chapitre 12

¹Sur ces entrefaites, les gens s'étant rassemblés par milliers, au point de se fouler les uns les autres, Jésus se mit à dire à ses disciples: Avant tout, gardez-vous du levain des pharisiens, qui est l'hypocrisie.

²Il n'y a rien de caché qui ne doive être découvert, ni de secret qui ne doive être connu.

³C'est pourquoi tout ce que vous aurez dit dans les ténèbres sera entendu dans la lumière, et ce que vous aurez dit à l'oreille dans les chambres sera prêché sur les toits.

⁴Je vous dis, à vous qui êtes mes amis: Ne craignez pas ceux qui tuent le corps et qui, après cela, ne peuvent rien faire de plus.

⁵Je vous montrerai qui vous devez craindre. Craignez celui qui, après avoir tué, a le pouvoir de jeter dans la géhenne; oui, je vous le dis, c'est lui que vous devez craindre.

⁶Ne vend-on pas cinq passereaux pour deux sous? Cependant, aucun d'eux n'est oublié devant Dieu.

⁷Et même les cheveux de votre tête sont tous comptés. Ne craignez donc point: vous valez plus que beaucoup de passereaux.

⁸Je vous le dis, quiconque me confessera devant les hommes, le Fils de l'homme le confessera aussi devant les anges de Dieu;

⁹mais celui qui me reniera devant les hommes sera renié devant les anges de Dieu.

¹⁰Et quiconque parlera contre le Fils de l'homme, il lui sera pardonné; mais à celui qui blasphémera contre le Saint Esprit il ne sera point pardonné.

¹¹Quand on vous mènera devant les synagogues, les magistrats et les autorités, ne vous inquiétez pas de la manière dont vous vous défendrez ni de ce que vous direz;

¹²car le Saint Esprit vous enseignera à l'heure même ce qu'il faudra dire.

¹³Quelqu'un dit à Jésus, du milieu de la foule: Maître, dis à mon frère de partager avec moi notre héritage.

¹⁴Jésus lui répondit: O homme, qui m'a établi pour être votre juge, ou pour faire vos partages?

¹⁵Puis il leur dit: Gardez-vous avec soin de toute avarice; car la vie d'un homme ne dépend pas de ses biens, fût-il dans l'abondance.

¹⁶Et il leur dit cette parabole: Les terres d'un homme riche avaient beaucoup rapporté.

¹⁷Et il raisonnait en lui-même, disant: Que ferai-je? car je n'ai pas de place pour serrer ma récolte.

¹⁸Voici, dit-il, ce que je ferai: j'abattrai mes greniers, j'en bâtirai de plus grands, j'y amasserai toute ma récolte et tous mes biens;

¹⁹et je dirai à mon âme: Mon âme, tu as beaucoup de biens en réserve pour plusieurs années; repose-toi, mange, bois, et réjouis-toi.

²⁰Mais Dieu lui dit: Insensé! cette nuit même ton âme te sera redemandée; et ce que tu as préparé, pour qui cela sera-t-il?

²¹Il en est ainsi de celui qui amasse des trésors pour lui-même, et qui n'est pas riche pour Dieu.

²²Jésus dit ensuite à ses disciples: C'est pourquoi je vous dis: Ne vous inquiétez pas pour votre vie de ce que vous mangerez, ni pour votre corps de quoi vous serez vêtus.

²³La vie est plus que la nourriture, et le corps plus que le vêtement.

²⁴Considérez les corbeaux: ils ne sèment ni ne moissonnent, ils n'ont ni cellier ni grenier; et Dieu les nourrit. Combien ne valez-vous pas plus que les oiseaux!

²⁵Qui de vous, par ses inquiétudes, peut ajouter une coudée à la durée de sa vie?

²⁶Si donc vous ne pouvez pas même la moindre chose, pourquoi vous inquiétez-vous du reste?

²⁷Considérez comment croissent les lis: ils ne travaillent ni ne filent; cependant je vous dis que Salomon même, dans toute sa gloire, n'a pas été vêtu comme l'un d'eux.

²⁸Si Dieu revêt ainsi l'herbe qui est aujourd'hui dans les champs et qui demain sera jetée au four, à combien plus forte raison ne vous vêtira-t-il pas, gens de peu de foi?

²⁹Et vous, ne cherchez pas ce que vous mangerez et ce que vous boirez, et ne soyez pas inquiets.

³⁰Car toutes ces choses, ce sont les païens du monde qui les recherchent. Votre Père sait que vous en avez besoin.

³¹Cherchez plutôt le royaume de Dieu; et toutes ces choses vous seront données par-dessus.

³²Ne crains point, petit troupeau; car votre Père a trouvé bon de vous donner le royaume.

³³Vendez ce que vous possédez, et donnez-le en aumônes. Faites-vous des bourses qui ne s'usent point, un trésor inépuisable dans les cieux, où le voleur n'approche point, et où la teigne ne détruit point.

³⁴Car là où est votre trésor, là aussi sera votre coeur.

³⁵Que vos reins soient ceints, et vos lampes allumées.

³⁶Et vous, soyez semblables à des hommes qui attendent que leur maître revienne des noces, afin de lui ouvrir dès qu'il arrivera et frappera.

³⁷Heureux ces serviteurs que le maître, à son arrivée, trouvera veillant! Je vous le dis en vérité, il se ceindra, les fera mettre à table, et s'approchera pour les servir.

³⁸Qu'il arrive à la deuxième ou à la troisième veille, heureux ces serviteurs, s'il les trouve veillant!

³⁹Sachez-le bien, si le maître de la maison savait à quelle heure le voleur doit venir, il veillerait et ne laisserait pas percer sa maison.

⁴⁰Vous aussi, tenez-vous prêts, car le Fils de l'homme viendra à l'heure où vous n'y penserez pas.

⁴¹Pierre lui dit: Seigneur, est-ce à nous, ou à tous, que tu adresses cette parabole?

⁴²Et le Seigneur dit: Quel est donc l'économe fidèle et prudent que le maître établira sur ses gens, pour leur donner la nourriture au temps convenable?

⁴³Heureux ce serviteur, que son maître, à son arrivée, trouvera faisant ainsi!

⁴⁴Je vous le dis en vérité, il l'établira sur tous ses biens.

⁴⁵Mais, si ce serviteur dit en lui-même: Mon maître tarde à venir; s'il se met à battre les serviteurs et les servantes, à manger, à boire et à s'enivrer,

⁴⁶le maître de ce serviteur viendra le jour où il ne s'y attend pas et à l'heure qu'il ne connaît pas, il le mettra en pièces, et lui donnera sa part avec les infidèles.

⁴⁷Le serviteur qui, ayant connu la volonté de son maître, n'a rien préparé et n'a pas agi selon sa volonté, sera battu d'un grand nombre de coups.

⁴⁸Mais celui qui, ne l'ayant pas connue, a fait des choses dignes de châtiment, sera battu de peu de coups. On demandera beaucoup à qui l'on a beaucoup donné, et on exigera davantage de celui à qui l'on a beaucoup confié.

⁴⁹Je suis venu jeter un feu sur la terre, et qu'ai-je à désirer, s'il est déjà allumé?

⁵⁰Il est un baptême dont je dois être baptisé, et combien il me tarde qu'il soit accompli!

⁵¹Pensez-vous que je sois venu apporter la paix sur la terre? Non, vous dis-je, mais la division.

⁵²Car désormais cinq dans une maison seront divisés, trois contre deux, et deux contre trois;

⁵³le père contre le fils et le fils contre le père, la mère contre la fille et la fille contre la mère, la belle-mère contre la belle-fille et la belle-fille contre la belle-mère.

⁵⁴Il dit encore aux foules: Quand vous voyez un nuage se lever à l'occident, vous dites aussitôt: La pluie vient. Et il arrive ainsi.

⁵⁵Et quand vous voyez souffler le vent du midi, vous dites: Il fera chaud. Et cela arrive.

⁵⁶Hypocrites! vous savez discerner l'aspect de la terre et du ciel; comment ne discernez-vous pas ce temps-ci?

⁵⁷Et pourquoi ne discernez-vous pas de vous-mêmes ce qui est juste?

⁵⁸Lorsque tu vas avec ton adversaire devant le magistrat, tâche en chemin de te dégager de lui, de peur qu'il ne te traîne devant le juge, que le juge ne te livre à l'officier de justice, et que celui-ci ne te mette en prison.

⁵⁹Je te le dis, tu ne sortiras pas de là que tu n'aies payé jusqu'à dernière pite.

Chapitre 13

¹En ce même temps, quelques personnes qui se trouvaient là racontaient à Jésus ce qui était arrivé à des Galiléens dont Pilate avait mêlé le sang avec celui de leurs sacrifices.

²Il leur répondit: Croyez-vous que ces Galiléens fussent de plus grands pécheurs que tous les autres Galiléens, parce qu'ils ont souffert de la sorte?

³Non, je vous le dis. Mais si vous ne vous repentez, vous périrez tous également.

⁴Ou bien, ces dix-huit personnes sur qui est tombée la tour de Siloé et qu'elle a tuées, croyez-vous qu'elles fussent plus coupables que tous les autres habitants de Jérusalem?

⁵Non, je vous le dis. Mais si vous ne vous repentez, vous périrez tous également.

⁶Il dit aussi cette parabole: Un homme avait un figuier planté dans sa vigne. Il vint pour y chercher du fruit, et il n'en trouva point.

⁷Alors il dit au vigneron: Voilà trois ans que je viens chercher du fruit à ce figuier, et je n'en trouve point. Coupe-le: pourquoi occupe-t-il la terre inutilement?

⁸Le vigneron lui répondit: Seigneur, laisse-le encore cette année; je creuserai tout autour, et j'y mettrai du fumier.

⁹Peut-être à l'avenir donnera-t-il du fruit; sinon, tu le couperas.

¹⁰Jésus enseignait dans une des synagogues, le jour du sabbat.

¹¹Et voici, il y avait là une femme possédée d'un esprit qui la rendait infirme depuis dix-huit ans; elle était courbée, et ne pouvait pas du tout se redresser.

¹²Lorsqu'il la vit, Jésus lui adressa la parole, et lui dit: Femme, tu es délivrée de ton infirmité.

¹³Et il lui imposa les mains. A l'instant elle se redressa, et glorifia Dieu.

¹⁴Mais le chef de la synagogue, indigné de ce que Jésus avait opéré cette guérison un jour de sabbat, dit à la foule: Il y a six jours pour travailler; venez donc vous faire guérir ces jours-là, et non pas le jour du sabbat.

¹⁵Hypocrites! lui répondit le Seigneur, est-ce que chacun de vous, le jour du sabbat, ne détache pas de la crèche son boeuf ou son âne, pour le mener boire?

¹⁶Et cette femme, qui est une fille d'Abraham, et que Satan tenait liée depuis dix-huit ans, ne fallait-il pas la délivrer de cette chaîne le jour du sabbat?

¹⁷Tandis qu'il parlait ainsi, tous ses adversaires étaient confus, et la foule se réjouissait de toutes les choses glorieuses qu'il faisait.

¹⁸Il dit encore: A quoi le royaume de Dieu est-il semblable, et à quoi le comparerai-je?

¹⁹Il est semblable à un grain de sénevé qu'un homme a pris et jeté dans son jardin; il pousse, devient un arbre, et les oiseaux du ciel habitent dans ses branches.

²⁰Il dit encore: A quoi comparerai-je le royaume de Dieu?

²¹Il est semblable à du levain qu'une femme a pris et mis dans trois mesures de farine, pour faire lever toute la pâte.

²²Jésus traversait les villes et les villages, enseignant, et faisant route vers Jérusalem.

²³Quelqu'un lui dit: Seigneur, n'y a-t-il que peu de gens qui soient sauvés? Il leur répondit:

²⁴Efforcez-vous d'entrer par la porte étroite. Car, je vous le dis, beaucoup chercheront à entrer, et ne le pourront pas.

²⁵Quand le maître de la maison se sera levé et aura fermé la porte, et que vous, étant dehors, vous commencerez à frapper à la porte, en disant: Seigneur, Seigneur, ouvre-nous! il vous répondra: Je ne sais d'où vous êtes.

²⁶Alors vous vous mettrez à dire: Nous avons mangé et bu devant toi, et tu as enseigné dans nos rues.

²⁷Et il répondra: Je vous le dis, je ne sais d'où vous êtes; retirez-vous de moi, vous tous, ouvriers d'iniquité.

²⁸C'est là qu'il y aura des pleurs et des grincements de dents, quand vous verrez Abraham, Isaac et Jacob, et tous les prophètes, dans le royaume de Dieu, et que vous serez jetés dehors.

²⁹Il en viendra de l'orient et de l'occident, du nord et du midi; et ils se mettront à table dans le royaume de Dieu.

³⁰Et voici, il y en a des derniers qui seront les premiers, et des premiers qui seront les derniers.

³¹Ce même jour, quelques pharisiens vinrent lui dire: Va-t'en, pars d'ici, car Hérode veut te tuer.

³²Il leur répondit: Allez, et dites à ce renard: Voici, je chasse les démons et je fais des guérisons aujourd'hui et demain, et le troisième jour j'aurai fini.

³³Mais il faut que je marche aujourd'hui, demain, et le jour suivant; car il ne convient pas qu'un prophète périsse hors de Jérusalem.

³⁴Jérusalem, Jérusalem, qui tues les prophètes et qui lapides ceux qui te sont envoyés, combien de fois ai-je voulu rassembler tes enfants, comme une poule rassemble sa couvée sous ses ailes, et vous ne l'avez pas voulu!

³⁵Voici, votre maison vous sera laissée; mais, je vous le dis, vous ne me verrez plus, jusqu'à ce que vous disiez: Béni soit celui qui vient au nom du Seigneur!

Chapitre 14

¹Jésus étant entré, un jour de sabbat, dans la maison de l'un des chefs des pharisiens, pour prendre un repas, les pharisiens l'observaient.

²Et voici, un homme hydropique était devant lui.

³Jésus prit la parole, et dit aux docteurs de la loi et aux pharisiens: Est-il permis, ou non, de faire une guérison le jour du sabbat?

⁴Ils gardèrent le silence. Alors Jésus avança la main sur cet homme, le guérit, et le renvoya.

⁵Puis il leur dit: Lequel de vous, si son fils ou son boeuf tombe dans un puits, ne l'en retirera pas aussitôt, le jour du sabbat?

⁶Et ils ne purent rien répondre à cela.

⁷Il adressa ensuite une parabole aux conviés, en voyant qu'ils choisissaient les premières places; et il leur dit:

⁸Lorsque tu seras invité par quelqu'un à des noces, ne te mets pas à la première place, de peur qu'il n'y ait parmi les invités une personne plus considérable que toi,

⁹et que celui qui vous a invités l'un et l'autre ne vienne te dire: Cède la place à cette personne-là. Tu aurais alors la honte d'aller occuper la dernière place.

¹⁰Mais, lorsque tu seras invité, va te mettre à la dernière place, afin que, quand celui qui t'a invité viendra, il te dise: Mon ami, monte plus haut. Alors cela te fera honneur devant tous ceux qui seront à table avec toi.

¹¹Car quiconque s'élève sera abaissé, et quiconque s'abaisse sera élevé.

¹²Il dit aussi à celui qui l'avait invité: Lorsque tu donnes à dîner ou à souper, n'invite pas tes amis, ni tes frères, ni tes parents, ni des voisins riches, de peur qu'ils ne t'invitent à leur tour et qu'on ne te rende la pareille.

¹³Mais, lorsque tu donnes un festin, invite des pauvres, des estropiés, des boiteux, des aveugles.

¹⁴Et tu seras heureux de ce qu'ils ne peuvent pas te rendre la pareille; car elle te sera rendue à la résurrection des justes.

¹⁵Un de ceux qui étaient à table, après avoir entendu ces paroles, dit à Jésus: Heureux celui qui prendra son repas dans le royaume de Dieu!

¹⁶Et Jésus lui répondit: Un homme donna un grand souper, et il invita beaucoup de gens.

¹⁷A l'heure du souper, il envoya son serviteur dire aux conviés: Venez, car tout est déjà prêt.

¹⁸Mais tous unanimement se mirent à s'excuser. Le premier lui dit: J'ai acheté un champ, et je suis obligé d'aller le voir; excuse-moi, je te prie.

¹⁹Un autre dit: J'ai acheté cinq paires de boeufs, et je vais les essayer; excuse-moi, je te prie.

²⁰Un autre dit: Je viens de me marier, et c'est pourquoi je ne puis aller.

²¹Le serviteur, de retour, rapporta ces choses à son maître. Alors le maître de la maison irrité dit à son serviteur: Va promptement dans les places et dans les rues de la ville, et amène ici les pauvres, les estropiés, les aveugles et les boiteux.

²²Le serviteur dit: Maître, ce que tu as ordonné a été fait, et il y a encore de la place.

²³Et le maître dit au serviteur: Va dans les chemins et le long des haies, et ceux que tu trouveras, contrains-les d'entrer, afin que ma maison soit remplie.

²⁴Car, je vous le dis, aucun de ces hommes qui avaient été invités ne goûtera de mon souper.

²⁵De grandes foules faisaient route avec Jésus. Il se retourna, et leur dit:

²⁶Si quelqu'un vient à moi, et s'il ne hait pas son père, sa mère, sa femme, ses enfants, ses frères, et ses soeurs, et même à sa propre vie, il ne peut être mon disciple.

²⁷Et quiconque ne porte pas sa croix, et ne me suis pas, ne peut être mon disciple.

²⁸Car, lequel de vous, s'il veut bâtir une tour, ne s'assied d'abord pour calculer la dépense et voir s'il a de quoi la terminer,

²⁹de peur qu'après avoir posé les fondements, il ne puisse l'achever, et que tous ceux qui le verront ne se mettent à le railler,

³⁰en disant: Cet homme a commencé à bâtir, et il n'a pu achever?

³¹Ou quel roi, s'il va faire la guerre à un autre roi, ne s'assied d'abord pour examiner s'il peut, avec dix mille hommes, marcher à la rencontre de celui qui vient l'attaquer avec vingt mille?

³²S'il ne le peut, tandis que cet autre roi est encore loin, il lui envoie une ambassade pour demander la paix.

³³Ainsi donc, quiconque d'entre vous ne renonce pas à tout ce qu'il possède ne peut être mon disciple.

³⁴Le sel est une bonne chose; mais si le sel perd sa saveur, avec quoi l'assaisonnera-t-on?

³⁵Il n'est bon ni pour la terre, ni pour le fumier; on le jette dehors. Que celui qui a des oreilles pour entendre entende.

Chapitre 15

¹Tous les publicains et les gens de mauvaise vie s'approchaient de Jésus pour l'entendre.

²Et les pharisiens et les scribes murmuraient, disant: Cet homme accueille des gens de mauvaise vie, et mange avec eux.

³Mais il leur dit cette parabole:

⁴Quel homme d'entre vous, s'il a cent brebis, et qu'il en perde une, ne laisse les quatre-vingt-dix-neuf autres dans le désert pour aller après celle qui est perdue, jusqu'à ce qu'il la retrouve?

⁵Lorsqu'il l'a retrouvée, il la met avec joie sur ses épaules,

⁶et, de retour à la maison, il appelle ses amis et ses voisins, et leur dit: Réjouissez-vous avec moi, car j'ai retrouvé ma brebis qui était perdue.

⁷De même, je vous le dis, il y aura plus de joie dans le ciel pour un seul pécheur qui se repent, que pour quatre-vingt-dix-neuf justes qui n'ont pas besoin de repentance.

⁸Ou quelle femme, si elle a dix drachmes, et qu'elle en perde une, n'allume une lampe, ne balaie la maison, et ne cherche avec soin, jusqu'à ce qu'elle la retrouve?

⁹Lorsqu'elle l'a retrouvée, elle appelle ses amies et ses voisines, et dit: Réjouissez-vous avec moi, car j'ai retrouvé la drachme que j'avais perdue.

¹⁰De même, je vous le dis, il y a de la joie devant les anges de Dieu pour un seul pécheur qui se repent.

¹¹Il dit encore: Un homme avait deux fils.

¹²Le plus jeune dit à son père: Mon père, donne-moi la part de bien qui doit me revenir. Et le père leur partagea son bien.

¹³Peu de jours après, le plus jeune fils, ayant tout ramassé, partit pour un pays éloigné, où il dissipa son bien en vivant dans la débauche.

¹⁴Lorsqu'il eut tout dépensé, une grande famine survint dans ce pays, et il commença à se trouver dans le besoin.

¹⁵Il alla se mettre au service d'un des habitants du pays, qui l'envoya dans ses champs garder les pourceaux.

¹⁶Il aurait bien voulu se rassasier des carouges que mangeaient les pourceaux, mais personne ne lui en donnait.

¹⁷Étant rentré en lui-même, il se dit: Combien de mercenaires chez mon père ont du pain en abondance, et moi, ici, je meurs de faim!

¹⁸Je me lèverai, j'irai vers mon père, et je lui dirai: Mon père, j'ai péché contre le ciel et contre toi,

¹⁹je ne suis plus digne d'être appelé ton fils; traite-moi comme l'un de tes mercenaires.

²⁰Et il se leva, et alla vers son père. Comme il était encore loin, son père le vit et fut ému de compassion, il courut se jeter à son cou et le baisa.

²¹Le fils lui dit: Mon père, j'ai péché contre le ciel et contre toi, je ne suis plus digne d'être appelé ton fils.

²²Mais le père dit à ses serviteurs: Apportez vite la plus belle robe, et l'en revêtez; mettez-lui un anneau au doigt, et des souliers aux pieds.

²³Amenez le veau gras, et tuez-le. Mangeons et réjouissons-nous;

²⁴car mon fils que voici était mort, et il est revenu à la vie; il était perdu, et il est retrouvé. Et ils commencèrent à se réjouir.

²⁵Or, le fils aîné était dans les champs. Lorsqu'il revint et approcha de la maison, il entendit la musique et les danses.

²⁶Il appela un des serviteurs, et lui demanda ce que c'était.

²⁷Ce serviteur lui dit: Ton frère est de retour, et, parce qu'il l'a retrouvé en bonne santé, ton père a tué le veau gras.

²⁸Il se mit en colère, et ne voulut pas entrer. Son père sortit, et le pria d'entrer.

²⁹Mais il répondit à son père: Voici, il y a tant d'années que je te sers, sans avoir jamais transgressé tes ordres, et jamais tu ne m'as donné un chevreau pour que je me réjouisse avec mes amis.

³⁰Et quand ton fils est arrivé, celui qui a mangé ton bien avec des prostituées, c'est pour lui que tu as tué le veau gras!

³¹Mon enfant, lui dit le père, tu es toujours avec moi, et tout ce que j'ai est à toi;

³²mais il fallait bien s'égayer et se réjouir, parce que ton frère que voici était mort et qu'il est revenu à la vie, parce qu'il était perdu et qu'il est retrouvé.

Chapitre 16

¹Jésus dit aussi à ses disciples: Un homme riche avait un économe, qui lui fut dénoncé comme dissipant ses biens.

²Il l'appela, et lui dit: Qu'est-ce que j'entends dire de toi? Rends compte de ton administration, car tu ne pourras plus administrer mes biens.

³L'économe dit en lui-même: Que ferai-je, puisque mon maître m'ôte l'administration de ses biens? Travailler à la terre? je ne le puis. Mendier? j'en ai honte.

⁴Je sais ce que je ferai, pour qu'il y ait des gens qui me reçoivent dans leurs maisons quand je serai destitué de mon emploi.

⁵Et, faisant venir chacun des débiteurs de son maître, il dit au premier: Combien dois-tu à mon maître?

⁶Cent mesures d'huile, répondit-il. Et il lui dit: Prends ton billet, assieds-toi vite, et écris cinquante.

⁷Il dit ensuite à un autre: Et toi, combien dois-tu? Cent mesures de blé, répondit-il. Et il lui dit: Prends ton billet, et écris quatre-vingts.

⁸Le maître loua l'économe infidèle de ce qu'il avait agi prudemment. Car les enfants de ce siècle sont plus prudents à l'égard de leurs semblables que ne le sont les enfants de lumière.

⁹Et moi, je vous dis: Faites-vous des amis avec les richesses injustes, pour qu'ils vous reçoivent dans les tabernacles éternels, quand elles viendront à vous manquer.

¹⁰Celui qui est fidèle dans les moindres choses l'est aussi dans les grandes, et celui qui est injuste dans les moindres choses l'est aussi dans les grandes.

¹¹Si donc vous n'avez pas été fidèle dans les richesses injustes, qui vous confiera les véritables?

¹²Et si vous n'avez pas été fidèles dans ce qui est à autrui, qui vous donnera ce qui est à vous?

¹³Nul serviteur ne peut servir deux maîtres. Car, ou il haïra l'un et aimera l'autre; ou il s'attachera à l'un et méprisera l'autre. Vous ne pouvez servir Dieu et Mamon.

¹⁴Les pharisiens, qui étaient avares, écoutaient aussi tout cela, et ils se moquaient de lui.

¹⁵Jésus leur dit: Vous, vous cherchez à paraître justes devant les hommes, mais Dieu connaît vos coeurs; car ce qui est élevé parmi les hommes est une abomination devant Dieu.

¹⁶La loi et les prophètes ont subsisté jusqu'à Jean; depuis lors, le royaume de Dieu est annoncé, et chacun use de violence pour y entrer.

¹⁷Il est plus facile que le ciel et la terre passent, qu'il ne l'est qu'un seul trait de lettre de la loi vienne à tomber.

¹⁸Quiconque répudie sa femme et en épouse une autre commet un adultère, et quiconque épouse une femme répudiée par son mari commet un adultère.

¹⁹Il y avait un homme riche, qui était vêtu de pourpre et de fin lin, et qui chaque jour menait joyeuse et brillante vie.

²⁰Un pauvre, nommé Lazare, était couché à sa porte, couvert d'ulcères,

²¹et désireux de se rassasier des miettes qui tombaient de la table du riche; et même les chiens venaient encore lécher ses ulcères.

²²Le pauvre mourut, et il fut porté par les anges dans le sein d'Abraham. Le riche mourut aussi, et il fut enseveli.

²³Dans le séjour des morts, il leva les yeux; et, tandis qu'il était en proie aux tourments, il vit de loin Abraham, et Lazare dans son sein.

²⁴Il s'écria: Père Abraham, aie pitié de moi, et envoie Lazare, pour qu'il trempe le bout de son doigt dans l'eau et me rafraîchisse la langue; car je souffre cruellement dans cette flamme.

²⁵Abraham répondit: Mon enfant, souviens-toi que tu as reçu tes biens pendant ta vie, et que Lazare a eu les maux pendant la sienne; maintenant il est ici consolé, et toi, tu souffres.

²⁶D'ailleurs, il y a entre nous et vous un grand abîme, afin que ceux qui voudraient passer d'ici vers vous, ou de là vers nous, ne puissent le faire.

²⁷Le riche dit: Je te prie donc, père Abraham, d'envoyer Lazare dans la maison de mon père; car j'ai cinq frères.

²⁸C'est pour qu'il leur atteste ces choses, afin qu'ils ne viennent pas aussi dans ce lieu de tourments.

²⁹Abraham répondit: Ils ont Moïse et les prophètes; qu'ils les écoutent.

³⁰Et il dit: Non, père Abraham, mais si quelqu'un des morts va vers eux, ils se repentiront.

³¹Et Abraham lui dit: S'ils n'écoutent pas Moïse et les prophètes, ils ne se laisseront pas persuader quand même quelqu'un des morts ressusciterait.

Chapitre 17

¹Jésus dit à ses disciples: Il est impossible qu'il n'arrive pas des scandales; mais malheur à celui par qui ils arrivent!

²Il vaudrait mieux pour lui qu'on mît à son cou une pierre de moulin et qu'on le jetât dans la mer, que s'il scandalisait un de ces petits.

³Prenez garde à vous-mêmes. Si ton frère a péché, reprends-le; et, s'il se repent, pardonne-lui.

⁴Et s'il a péché contre toi sept fois dans un jour et que sept fois il revienne à toi, disant: Je me repens, -tu lui pardonneras.

⁵Les apôtres dirent au Seigneur: Augmente-nous la foi.

⁶Et le Seigneur dit: Si vous aviez de la foi comme un grain de sénevé, vous diriez à ce sycomore: Déracine-toi, et plante-toi dans la mer; et il vous obéirait.

⁷Qui de vous, ayant un serviteur qui laboure ou paît les troupeaux, lui dira, quand il revient des champs: Approche vite, et mets-toi à table?

⁸Ne lui dira-t-il pas au contraire: Prépare-moi à souper, ceins-toi, et sers-moi, jusqu'à ce que j'aie mangé et bu; après cela, toi, tu mangeras et boiras?

⁹Doit-il de la reconnaissance à ce serviteur parce qu'il a fait ce qui lui était ordonné?

¹⁰Vous de même, quand vous avez fait tout ce qui vous a été ordonné, dites: Nous sommes des serviteurs inutiles, nous avons fait ce que nous devions faire.

¹¹Jésus, se rendant à Jérusalem, passait entre la Samarie et la Galilée.

¹²Comme il entrait dans un village, dix lépreux vinrent à sa rencontre. Se tenant à distance, ils élevèrent la voix, et dirent:

¹³Jésus, maître, aie pitié de nous!

¹⁴Dès qu'il les eut vus, il leur dit: Allez vous montrer aux sacrificateurs. Et, pendant qu'ils y allaient, il arriva qu'ils furent guéris.

¹⁵L'un deux, se voyant guéri, revint sur ses pas, glorifiant Dieu à haute voix.

¹⁶Il tomba sur sa face aux pieds de Jésus, et lui rendit grâces. C'était un Samaritain.

¹⁷Jésus, prenant la parole, dit: Les dix n'ont-ils pas été guéris? Et les neuf autres, où sont-ils?

¹⁸Ne s'est-il trouvé que cet étranger pour revenir et donner gloire à Dieu?

¹⁹Puis il lui dit: Lève-toi, va; ta foi t'a sauvé.

²⁰Les pharisiens demandèrent à Jésus quand viendrait le royaume de Dieu. Il leur répondit: Le royaume de Dieu ne vient pas de manière à frapper les regards.

²¹On ne dira point: Il est ici, ou: Il est là. Car voici, le royaume de Dieu est au milieu de vous.

²²Et il dit aux disciples: Des jours viendront où vous désirerez voir l'un des jours du Fils de l'homme, et vous ne le verrez point.

²³On vous dira: Il est ici, il est là. N'y allez pas, ne courez pas après.

²⁴Car, comme l'éclair resplendit et brille d'une extrémité du ciel à l'autre, ainsi sera le Fils de l'homme en son jour.

²⁵Mais il faut auparavant qu'il souffre beaucoup, et qu'il soit rejeté par cette génération.

²⁶Ce qui arriva du temps de Noé arrivera de même aux jours du Fils de l'homme.

²⁷Les hommes mangeaient, buvaient, se mariaient et mariaient leurs enfants, jusqu'au jour où Noé entra dans l'arche; le déluge vint, et les fit tous périr.

²⁸Ce qui arriva du temps de Lot arrivera pareillement. Les hommes mangeaient, buvaient, achetaient, vendaient, plantaient, bâtissaient;

²⁹mais le jour où Lot sortit de Sodome, une pluie de feu et de souffre tomba du ciel, et les fit tous périr.

³⁰Il en sera de même le jour où le Fils de l'homme paraîtra.

³¹En ce jour-là, que celui qui sera sur le toit, et qui aura ses effets dans la maison, ne descende pas pour les prendre; et que celui qui sera dans les champs ne retourne pas non plus en arrière.

³²Souvenez-vous de la femme de Lot.

³³Celui qui cherchera à sauver sa vie la perdra, et celui qui la perdra la retrouvera.

³⁴Je vous le dis, en cette nuit-là, de deux personnes qui seront dans un même lit, l'une sera prise et l'autre laissée;

³⁵de deux femmes qui moudront ensemble, l'une sera prise et l'autre laissée.

³⁶De deux hommes qui seront dans un champ, l'un sera pris et l'autre laissé.

³⁷Les disciples lui dirent: Où sera-ce, Seigneur? Et il répondit: Où sera le corps, là s'assembleront les aigles.

Chapitre 18

¹Jésus leur adressa une parabole, pour montrer qu'il faut toujours prier, et ne point se relâcher.

²Il dit: Il y avait dans une ville un juge qui ne craignait point Dieu et qui n'avait d'égard pour personne.

³Il y avait aussi dans cette ville une veuve qui venait lui dire: Fais-moi justice de ma partie adverse.

⁴Pendant longtemps il refusa. Mais ensuite il dit en lui-même: Quoique je ne craigne point Dieu et que je n'aie d'égard pour personne,

⁵néanmoins, parce que cette veuve m'importune, je lui ferai justice, afin qu'elle ne vienne pas sans cesse me rompre la tête.

⁶Le Seigneur ajouta: Entendez ce que dit le juge inique.

⁷Et Dieu ne fera-t-il pas justice à ses élus, qui crient à lui jour et nuit, et tardera-t-il à leur égard?

⁸Je vous le dis, il leur fera promptement justice. Mais, quand le Fils de l'homme viendra, trouvera-t-il la foi sur la terre?

⁹Il dit encore cette parabole, en vue de certaines personnes se persuadant qu'elles étaient justes, et ne faisant aucun cas des autres:

¹⁰Deux hommes montèrent au temple pour prier; l'un était pharisien, et l'autre publicain.

¹¹Le pharisien, debout, priait ainsi en lui-même: O Dieu, je te rends grâces de ce que je ne suis pas comme le reste des hommes, qui sont ravisseurs, injustes, adultères, ou même comme ce publicain;

¹²je jeûne deux fois la semaine, je donne la dîme de tous mes revenus.

¹³Le publicain, se tenant à distance, n'osait même pas lever les

yeux au ciel; mais il se frappait la poitrine, en disant: O Dieu, sois apaisé envers moi, qui suis un pécheur.

¹⁴Je vous le dis, celui-ci descendit dans sa maison justifié, plutôt que l'autre. Car quiconque s'élève sera abaissé, et celui qui s'abaisse sera élevé.

¹⁵On lui amena aussi les petits enfants, afin qu'il les touchât. Mais les disciples, voyant cela, reprenaient ceux qui les amenaient.

¹⁶Et Jésus les appela, et dit: Laissez venir à moi les petits enfants, et ne les en empêchez pas; car le royaume de Dieu est pour ceux qui leur ressemblent.

¹⁷Je vous le dis en vérité, quiconque ne recevra pas le royaume de Dieu comme un petit enfant n'y entrera point.

¹⁸Un chef interrogea Jésus, et dit: Bon maître, que dois-je faire pour hériter la vie éternelle?

¹⁹Jésus lui répondit: Pourquoi m'appelles-tu bon? Il n'y a de bon que Dieu seul.

²⁰Tu connais les commandements: Tu ne commettras point d'adultère; tu ne tueras point; tu ne déroberas point; tu ne diras point de faux témoignage; honore ton père et ta mère.

²¹J'ai, dit-il, observé toutes ces choses dès ma jeunesse.

²²Jésus, ayant entendu cela, lui dit: Il te manque encore une chose: vends tout ce que tu as, distribue-le aux pauvres, et tu auras un trésor dans les cieux. Puis, viens, et suis-moi.

²³Lorsqu'il entendit ces paroles, il devint tout triste; car il était très riche.

²⁴Jésus, voyant qu'il était devenu tout triste, dit: Qu'il est difficile à ceux qui ont des richesses d'entrer dans le royaume de Dieu!

²⁵Car il est plus facile à un chameau de passer par le trou d'une aiguille qu'à un riche d'entrer dans le royaume de Dieu.

²⁶Ceux qui l'écoutaient dirent: Et qui peut être sauvé?

²⁷Jésus répondit: Ce qui est impossible aux hommes est possible à Dieu.

²⁸Pierre dit alors: Voici, nous avons tout quitté, et nous t'avons suivi.

²⁹Et Jésus leur dit: Je vous le dis en vérité, il n'est personne qui, ayant quitté, à cause du royaume de Dieu, sa maison, ou sa femme, ou ses frères, ou ses parents, ou ses enfants,

³⁰ne reçoive beaucoup plus dans ce siècle-ci et, dans le siècle à venir, la vie éternelle.

³¹Jésus prit les douze auprès de lui, et leur dit: Voici, nous montons à Jérusalem, et tout ce qui a été écrit par les prophètes au sujet du Fils de l'homme s'accomplira.

³²Car il sera livré aux païens; on se moquera de lui, on l'outragera, on crachera sur lui,

³³et, après l'avoir battu de verges, on le fera mourir; et le troisième jour il ressuscitera.

³⁴Mais ils ne comprirent rien à cela; c'était pour eux un langage caché, des paroles dont ils ne saisissaient pas le sens.

³⁵Comme Jésus approchait de Jéricho, un aveugle était assis au bord du chemin, et mendiait.

³⁶Entendant la foule passer, il demanda ce que c'était.

³⁷On lui dit: C'est Jésus de Nazareth qui passe.

³⁸Et il cria: Jésus, Fils de David, aie pitié de moi!

³⁹Ceux qui marchaient devant le reprenaient, pour le faire taire; mais il criait beaucoup plus fort: Fils de David, aie pitié de moi!

⁴⁰Jésus, s'étant arrêté, ordonna qu'on le lui amène; et, quand il se fut approché,

⁴¹il lui demanda: Que veux-tu que je te fasse? Il répondit: Seigneur, que je recouvre la vue.

⁴²Et Jésus lui dit: Recouvre la vue; ta foi t'a sauvé.

⁴³A l'instant il recouvra la vue, et suivit Jésus, en glorifiant Dieu. Tout le peuple, voyant cela, loua Dieu.

Chapitre 19

¹Jésus, étant entré dans Jéricho, traversait la ville.

²Et voici, un homme riche, appelé Zachée, chef des publicains, cherchait à voir qui était Jésus;

³mais il ne pouvait y parvenir, à cause de la foule, car il était de petite taille.

⁴Il courut en avant, et monta sur un sycomore pour le voir, parce qu'il devait passer par là.

⁵Lorsque Jésus fut arrivé à cet endroit, il leva les yeux et lui dit: Zachée, hâte-toi de descendre; car il faut que je demeure aujourd'hui dans ta maison.

⁶Zachée se hâta de descendre, et le reçut avec joie.

⁷Voyant cela, tous murmuraient, et disaient: Il est allé loger chez un homme pécheur.

⁸Mais Zachée, se tenant devant le Seigneur, lui dit: Voici, Seigneur, je donne aux pauvres la moitié de mes biens, et, si j'ai fait tort de quelque chose à quelqu'un, je lui rends le quadruple.

⁹Jésus lui dit: Le salut est entré aujourd'hui dans cette maison, parce que celui-ci est aussi un fils d'Abraham.

¹⁰Car le Fils de l'homme est venu chercher et sauver ce qui était perdu.

¹¹Ils écoutaient ces choses, et Jésus ajouta une parabole, parce qu'il était près de Jérusalem, et qu'on croyait qu'à l'instant le royaume de Dieu allait paraître.

¹²Il dit donc: Un homme de haute naissance s'en alla dans un pays lointain, pour se faire investir de l'autorité royale, et revenir ensuite.

¹³Il appela dix de ses serviteurs, leur donna dix mines, et leur dit: Faites-les valoir jusqu'à ce que je revienne.

¹⁴Mais ses concitoyens le haïssaient, et ils envoyèrent une ambassade après lui, pour dire: Nous ne voulons pas que cet homme règne sur nous.

¹⁵Lorsqu'il fut de retour, après avoir été investi de l'autorité royale, il fit appeler auprès de lui les serviteurs auxquels il avait donné l'argent, afin de connaître comment chacun l'avait fait valoir.

¹⁶Le premier vint, et dit: Seigneur, ta mine a rapporté dix mines.

¹⁷Il lui dit: C'est bien, bon serviteur; parce que tu as été fidèle en peu de chose, reçois le gouvernement de dix villes.

¹⁸Le second vint, et dit: Seigneur, ta mine a produit cinq mines.

¹⁹Il lui dit: Toi aussi, sois établi sur cinq villes.

²⁰Un autre vint, et dit: Seigneur, voici ta mine, que j'ai gardée dans un linge;

²¹car j'avais peur de toi, parce que tu es un homme sévère; tu prends ce que tu n'as pas déposé, et tu moissonnes ce que tu n'as pas semé.

²²Il lui dit: Je te juge sur tes paroles, méchant serviteur; tu savais que je suis un homme sévère, prenant ce que je n'ai pas déposé, et moissonnant ce que je n'ai pas semé;

²³pourquoi donc n'as-tu pas mis mon argent dans une banque, afin qu'à mon retour je le retirasse avec un intérêt?

²⁴Puis il dit à ceux qui étaient là: Otez-lui la mine, et donnez-la à celui qui a les dix mines.

²⁵Ils lui dirent: Seigneur, il a dix mines. -

²⁶Je vous le dis, on donnera à celui qui a, mais à celui qui n'a pas on ôtera même ce qu'il a.

²⁷Au reste, amenez ici mes ennemis, qui n'ont pas voulu que je régnasse sur eux, et tuez-les en ma présence.

²⁸Après avoir ainsi parlé, Jésus marcha devant la foule, pour monter à Jérusalem.

²⁹Lorsqu'il approcha de Bethphagé et de Béthanie, vers la montagne appelée montagne des Oliviers, Jésus envoya deux de ses disciples,

³⁰en disant: Allez au village qui est en face; quand vous y serez entrés, vous trouverez un ânon attaché, sur lequel aucun homme ne s'est jamais assis; détachez-le, et amenez-le.

³¹Si quelqu'un vous demande: Pourquoi le détachez-vous? vous lui répondrez: Le Seigneur en a besoin.

³²Ceux qui étaient envoyés allèrent, et trouvèrent les choses comme Jésus leur avait dit.

³³Comme ils détachaient l'ânon, ses maîtres leur dirent: Pourquoi détachez-vous l'ânon?

³⁴Ils répondirent: Le Seigneur en a besoin.

³⁵Et ils amenèrent à Jésus l'ânon, sur lequel ils jetèrent leurs vêtements, et firent monter Jésus.

³⁶Quand il fut en marche, les gens étendirent leurs vêtements sur le chemin.

³⁷Et lorsque déjà il approchait de Jérusalem, vers la descente de la montagne des Oliviers, toute la multitude des disciples, saisie de joie, se mit à louer Dieu à haute voix pour tous les miracles qu'ils avaient vus.

³⁸Ils disaient: Béni soit le roi qui vient au nom du Seigneur! Paix dans le ciel, et gloire dans les lieux très hauts!

³⁹Quelques pharisiens, du milieu de la foule, dirent à Jésus: Maître, reprends tes disciples.

⁴⁰Et il répondit: Je vous le dis, s'ils se taisent, les pierres crieront!

⁴¹Comme il approchait de la ville, Jésus, en la voyant, pleura sur elle, et dit:

⁴²Si toi aussi, au moins en ce jour qui t'est donné, tu connaissais les choses qui appartiennent à ta paix! Mais maintenant elles sont cachées à tes yeux.

⁴³Il viendra sur toi des jours où tes ennemis t'environneront de tranchées, t'enfermeront, et te serreront de toutes parts;

⁴⁴ils te détruiront, toi et tes enfants au milieu de toi, et ils ne

laisseront pas en toi pierre sur pierre, parce que tu n'as pas connu le temps où tu as été visitée.

⁴⁵Il entra dans le temple, et il se mit à chasser ceux qui vendaient,
⁴⁶leur disant: Il est écrit: Ma maison sera une maison de prière. Mais vous, vous en avez fait une caverne de voleurs.
⁴⁷Il enseignait tous les jours dans le temple. Et les principaux sacrificateurs, les scribes, et les principaux du peuple cherchaient à le faire périr;
⁴⁸mais ils ne savaient comment s'y prendre, car tout le peuple l'écoutait avec admiration.

Chapitre 20

¹Un de ces jours-là, comme Jésus enseignait le peuple dans le temple et qu'il annonçait la bonne nouvelle, les principaux sacrificateurs et les scribes, avec les anciens, survinrent,
²et lui dirent: Dis-nous, par quelle autorité fais-tu ces choses, ou qui est celui qui t'a donné cette autorité?
³Il leur répondit: Je vous adresserai aussi une question.
⁴Dites-moi, le baptême de Jean venait-il du ciel, ou des hommes?
⁵Mais ils raisonnèrent ainsi entre eux: Si nous répondons: Du ciel, il dira: Pourquoi n'avez-vous pas cru en lui?
⁶Et si nous répondons: Des hommes, tout le peuple nous lapidera, car il est persuadé que Jean était un prophète.
⁷Alors ils répondirent qu'ils ne savaient d'où il venait.
⁸Et Jésus leur dit: Moi non plus, je ne vous dirai pas par quelle autorité je fais ces choses.
⁹Il se mit ensuite à dire au peuple cette parabole: Un homme planta une vigne, l'afferma à des vignerons, et quitta pour longtemps le pays.
¹⁰Au temps de la récolte, il envoya un serviteur vers les vignerons, pour qu'ils lui donnent une part du produit de la vigne. Les vignerons le battirent, et le renvoyèrent à vide.
¹¹Il envoya encore un autre serviteur; ils le battirent, l'outragèrent, et le renvoyèrent à vide.
¹²Il en envoya encore un troisième; ils le blessèrent, et le chassèrent.
¹³Le maître de la vigne dit: Que ferai-je? J'enverrai mon fils bien-aimé; peut-être auront-ils pour lui du respect.
¹⁴Mais, quand les vignerons le virent, ils raisonnèrent entre eux, et dirent: Voici l'héritier; tuons-le, afin que l'héritage soit à nous.
¹⁵Et ils le jetèrent hors de la vigne, et le tuèrent. Maintenant, que leur fera le maître de la vigne?
¹⁶Il viendra, fera périr ces vignerons, et il donnera la vigne à d'autres. Lorsqu'ils eurent entendu cela, ils dirent: A Dieu ne plaise!
¹⁷Mais, jetant les regards sur eux, Jésus dit: Que signifie donc ce qui est écrit: La pierre qu'ont rejetée ceux qui bâtissaient Est devenue la principale de l'angle?
¹⁸Quiconque tombera sur cette pierre s'y brisera, et celui sur qui elle tombera sera écrasé.
¹⁹Les principaux sacrificateurs et les scribes cherchèrent à mettre la main sur lui à l'heure même, mais ils craignirent le peuple. Ils avaient compris que c'était pour eux que Jésus avait dit cette parabole.
²⁰Ils se mirent à observer Jésus; et ils envoyèrent des gens qui feignaient d'être justes, pour lui tendre des pièges et saisir de lui quelque parole, afin de le livrer au magistrat et à l'autorité du gouverneur.
²¹Ces gens lui posèrent cette question: Maître, nous savons que tu parles et enseignes droitement, et que tu ne regardes pas à l'apparence, mais que tu enseignes la voie de Dieu selon la vérité.
²²Nous est-il permis, ou non, de payer le tribut à César?
²³Jésus, apercevant leur ruse, leur répondit: Montrez-moi un denier.
²⁴De qui porte-t-il l'effigie et l'inscription? De César, répondirent-ils.
²⁵Alors il leur dit: Rendez donc à César ce qui est à César, et à Dieu ce qui est à Dieu.
²⁶Ils ne purent rien reprendre dans ses paroles devant le peuple; mais, étonnés de sa réponse, ils gardèrent le silence.
²⁷Quelques-uns des sadducéens, qui disent qu'il n'y a point de résurrection, s'approchèrent, et posèrent à Jésus cette question:
²⁸Maître, voici ce que Moïse nous a prescrit: Si le frère de quelqu'un meurt, ayant une femme sans avoir d'enfants, son frère épousera la femme, et suscitera une postérité à son frère.
²⁹Or, il y avait sept frères. Le premier se maria, et mourut sans enfants.
³⁰Le second et le troisième épousèrent la veuve;
³¹il en fut de même des sept, qui moururent sans laisser d'enfants.
³²Enfin, la femme mourut aussi.
³³A la résurrection, duquel d'entre eux sera-t-elle donc la femme? Car les sept l'ont eue pour femme.
³⁴Jésus leur répondit: Les enfants de ce siècle prennent des femmes et des maris;
³⁵mais ceux qui seront trouvés dignes d'avoir part au siècle à venir et à la résurrection des morts ne prendront ni femmes ni maris.
³⁶Car ils ne pourront plus mourir, parce qu'ils seront semblables aux anges, et qu'ils seront fils de Dieu, étant fils de la résurrection.
³⁷Que les morts ressuscitent, c'est ce que Moïse a fait connaître quand, à propos du buisson, il appelle le Seigneur le Dieu d'Abraham, le Dieu d'Isaac, et le Dieu de Jacob.
³⁸Or, Dieu n'est pas Dieu des morts, mais des vivants; car pour lui tous sont vivants.
³⁹Quelques-uns des scribes, prenant la parole, dirent: Maître, tu as bien parlé.
⁴⁰Et ils n'osaient plus lui faire aucune question.
⁴¹Jésus leur dit: Comment dit-on que le Christ est fils de David?
⁴²David lui-même dit dans le livre des Psaumes: Le Seigneur a dit à mon Seigneur: Assieds-toi à ma droite,
⁴³Jusqu'à ce que je fasse de tes ennemis ton marchepied.
⁴⁴David donc l'appelle Seigneur; comment est-il son fils?
⁴⁵Tandis que tout le peuple l'écoutait, il dit à ses disciples:
⁴⁶Gardez-vous des scribes, qui aiment à se promener en robes longues, et à être salués dans les places publiques; qui recherchent les premiers sièges dans les synagogues, et les premières places dans les festins;
⁴⁷qui dévorent les maisons des veuves, et qui font pour l'apparence de longues prières. Ils seront jugés plus sévèrement.

Chapitre 21

¹Jésus, ayant levé les yeux, vit les riches qui mettaient leurs offrandes dans le tronc.
²Il vit aussi une pauvre veuve, qui y mettait deux petites pièces.
³Et il dit: Je vous le dis en vérité, cette pauvre veuve a mis plus que tous les autres;
⁴car c'est de leur superflu que tous ceux-là ont mis des offrandes dans le tronc, mais elle a mis de son nécessaire, tout ce qu'elle avait pour vivre.
⁵Comme quelques-uns parlaient des belles pierres et des offrandes qui faisaient l'ornement du temple, Jésus dit:
⁶Les jours viendront où, de ce que vous voyez, il ne restera pas pierre sur pierre qui ne soit renversée.
⁷Ils lui demandèrent: Maître, quand donc cela arrivera-t-il, et à quel signe connaîtra-t-on que ces choses vont arriver?
⁸Jésus répondit: Prenez garde que vous ne soyez séduits. Car plusieurs viendront en mon nom, disant: C'est moi, et le temps approche. Ne les suivez pas.
⁹Quand vous entendrez parler de guerres et de soulèvements, ne soyez pas effrayés, car il faut que ces choses arrivent premièrement. Mais ce ne sera pas encore la fin.
¹⁰Alors il leur dit: Une nation s'élèvera contre une nation, et un royaume contre un royaume;
¹¹il y aura de grands tremblements de terre, et, en divers lieux, des pestes et des famines; il y aura des phénomènes terribles, et de grands signes dans le ciel.
¹²Mais, avant tout cela, on mettra la main sur vous, et l'on vous persécutera; on vous livrera aux synagogues, on vous jettera en prison, on vous mènera devant des rois et devant des gouverneurs, à cause de mon nom.
¹³Cela vous arrivera pour que vous serviez de témoignage.
¹⁴Mettez-vous donc dans l'esprit de ne pas préméditer votre défense;
¹⁵car je vous donnerai une bouche et une sagesse à laquelle tous vos adversaires ne pourront résister ou contredire.
¹⁶Vous serez livrés même par vos parents, par vos frères, par vos proches et par vos amis, et ils feront mourir plusieurs d'entre vous.
¹⁷Vous serez haïs de tous, à cause de mon nom.
¹⁸Mais il ne se perdra pas un cheveu de votre tête;
¹⁹par votre persévérance vous sauverez vos âmes.
²⁰Lorsque vous verrez Jérusalem investie par des armées, sachez alors que sa désolation est proche.
²¹Alors, que ceux qui seront en Judée fuient dans les montagnes, que ceux qui seront au milieu de Jérusalem en sortent, et que ceux qui seront dans les champs n'entrent pas dans la ville.
²²Car ce seront des jours de vengeance, pour l'accomplissement de tout ce qui est écrit.
²³Malheur aux femmes qui seront enceintes et à celles qui

Luc

allaiteront en ces jours-là! Car il y aura une grande détresse dans le pays, et de la colère contre ce peuple.

²⁴Ils tomberont sous le tranchant de l'épée, ils seront emmenés captifs parmi toutes les nations, et Jérusalem sera foulée aux pieds par les nations, jusqu'à ce que les temps des nations soient accomplies.

²⁵Il y aura des signes dans le soleil, dans la lune et dans les étoiles. Et sur la terre, il y aura de l'angoisse chez les nations qui ne sauront que faire, au bruit de la mer et des flots,

²⁶les hommes rendant l'âme de terreur dans l'attente de ce qui surviendra pour la terre; car les puissances des cieux seront ébranlées.

²⁷Alors on verra le Fils de l'homme venant sur une nuée avec puissance et une grande gloire.

²⁸Quand ces choses commenceront à arriver, redressez-vous et levez vos têtes, parce que votre délivrance approche.

²⁹Et il leur dit une comparaison: Voyez le figuier, et tous les arbres.

³⁰Dès qu'ils ont poussé, vous connaissez de vous-mêmes, en regardant, que déjà l'été est proche.

³¹De même, quand vous verrez ces choses arriver, sachez que le royaume de Dieu est proche.

³²Je vous le dis en vérité, cette génération ne passera point, que tout cela n'arrive.

³³Le ciel et la terre passeront, mais mes paroles ne passeront point.

³⁴Prenez garde à vous-mêmes, de crainte que vos coeurs ne s'appesantissent par les excès du manger et du boire, et par les soucis de la vie, et que ce jour ne vienne sur vous à l'improviste;

³⁵car il viendra comme un filet sur tous ceux qui habitent sur la face de toute la terre.

³⁶Veillez donc et priez en tout temps, afin que vous ayez la force d'échapper à toutes ces choses qui arriveront, et de paraître debout devant le Fils de l'homme.

³⁷Pendant le jour, Jésus enseignait dans le temple, et il allait passer la nuit à la montagne appelée montagne des Oliviers.

³⁸Et tout le peuple, dès le matin, se rendait vers lui dans le temple pour l'écouter.

Chapitre 22

¹La fête des pains sans levain, appelée la Pâque, approchait.

²Les principaux sacrificateurs et les scribes cherchaient les moyens de faire mourir Jésus; car ils craignaient le peuple.

³Or, Satan entra dans Judas, surnommé Iscariot, qui était du nombre des douze.

⁴Et Judas alla s'entendre avec les principaux sacrificateurs et les chefs des gardes, sur la manière de le leur livrer.

⁵Ils furent dans la joie, et ils convinrent de lui donner de l'argent.

⁶Après s'être engagé, il cherchait une occasion favorable pour leur livrer Jésus à l'insu de la foule.

⁷Le jour des pains sans levain, où l'on devait immoler la Pâque, arriva,

⁸et Jésus envoya Pierre et Jean, en disant: Allez nous préparer la Pâque, afin que nous la mangions.

⁹Ils lui dirent: Où veux-tu que nous la préparions?

¹⁰Il leur répondit: Voici, quand vous serez entrés dans la ville, vous rencontrerez un homme portant une cruche d'eau; suivez-le dans la maison où il entrera,

¹¹et vous direz au maître de la maison: Le maître te dit: Où est le lieu où je mangerai la Pâque avec mes disciples?

¹²Et il vous montrera une grande chambre haute, meublée: c'est là que vous préparerez la Pâque.

¹³Ils partirent, et trouvèrent les choses comme il le leur avait dit; et ils préparèrent la Pâque.

¹⁴L'heure étant venue, il se mit à table, et les apôtres avec lui.

¹⁵Il leur dit: J'ai désiré vivement manger cette Pâque avec vous, avant de souffrir;

¹⁶car, je vous le dis, je ne la mangerai plus, jusqu'à ce qu'elle soit accomplie dans le royaume de Dieu.

¹⁷Et, ayant pris une coupe et rendu grâces, il dit: Prenez cette coupe, et distribuez-la entre vous;

¹⁸car, je vous le dis, je ne boirai plus désormais du fruit de la vigne, jusqu'à ce que le royaume de Dieu soit venu.

¹⁹Ensuite il prit du pain; et, après avoir rendu grâces, il le rompit, et le leur donna, en disant: Ceci est mon corps, qui est donné pour vous; faites ceci en mémoire de moi.

²⁰Il prit de même la coupe, après le souper, et la leur donna, en disant: Cette coupe est la nouvelle alliance en mon sang, qui est répandu pour vous.

²¹Cependant voici, la main de celui qui me livre est avec moi à cette table.

²²Le Fils de l'homme s'en va selon ce qui est déterminé. Mais malheur à l'homme par qui il est livré!

²³Et ils commencèrent à se demander les uns aux autres qui était celui d'entre eux qui ferait cela.

²⁴Il s'éleva aussi parmi les apôtres une contestation: lequel d'entre eux devait être estimé le plus grand?

²⁵Jésus leur dit: Les rois des nations les maîtrisent, et ceux qui les dominent sont appelés bienfaiteurs.

²⁶Qu'il n'en soit pas de même pour vous. Mais que le plus grand parmi vous soit comme le plus petit, et celui qui gouverne comme celui qui sert.

²⁷Car quel est le plus grand, celui qui est à table, ou celui qui sert? N'est-ce pas celui qui est à table? Et moi, cependant, je suis au milieu de vous comme celui qui sert.

²⁸Vous, vous êtes ceux qui avez persévéré avec moi dans mes épreuves;

²⁹c'est pourquoi je dispose du royaume en votre faveur, comme mon Père en a disposé en ma faveur,

³⁰afin que vous mangiez et buviez à ma table dans mon royaume, et que vous soyez assis sur des trônes, pour juger les douze tribus d'Israël.

³¹Le Seigneur dit: Simon, Simon, Satan vous a réclamés, pour vous cribler comme le froment.

³²Mais j'ai prié pour toi, afin que ta foi ne défaille point; et toi, quand tu seras converti, affermis tes frères.

³³Seigneur, lui dit Pierre, je suis prêt à aller avec toi et en prison et à la mort.

³⁴Et Jésus dit: Pierre, je te le dis, le coq ne chantera pas aujourd'hui que tu n'aies nié trois fois de me connaître.

³⁵Il leur dit encore: Quand je vous ai envoyés sans bourse, sans sac, et sans souliers, avez-vous manqué de quelque chose? Ils répondirent: De rien.

³⁶Et il leur dit: Maintenant, au contraire, que celui qui a une bourse la prenne et que celui qui a un sac le prenne également, que celui qui n'a point d'épée vende son vêtement et achète une épée.

³⁷Car, je vous le dis, il faut que cette parole qui est écrite s'accomplisse en moi: Il a été mis au nombre des malfaiteurs. Et ce qui me concerne est sur le point d'arriver.

³⁸Ils dirent: Seigneur, voici deux épées. Et il leur dit: Cela suffit.

³⁹Après être sorti, il alla, selon sa coutume, à la montagne des Oliviers. Ses disciples le suivirent.

⁴⁰Lorsqu'il fut arrivé dans ce lieu, il leur dit: Priez, afin que vous ne tombiez pas en tentation.

⁴¹Puis il s'éloigna d'eux à la distance d'environ un jet de pierre, et, s'étant mis à genoux, il pria,

⁴²disant: Père, si tu voulais éloigner de moi cette coupe! Toutefois, que ma volonté ne se fasse pas, mais la tienne.

⁴³Alors un ange lui apparut du ciel, pour le fortifier.

⁴⁴Étant en agonie, il priait plus instamment, et sa sueur devint comme des grumeaux de sang, qui tombaient à terre.

⁴⁵Après avoir prié, il se leva, et vint vers les disciples, qu'il trouva endormis de tristesse,

⁴⁶et il leur dit: Pourquoi dormez-vous? Levez-vous et priez, afin que vous ne tombiez pas en tentation.

⁴⁷Comme il parlait encore, voici, une foule arriva; celui qui s'appelait Judas, l'un des douze, marchait devant elle. Il s'approcha de Jésus, pour le baiser.

⁴⁸Et Jésus lui dit: Judas, c'est par un baiser que tu livres le Fils de l'homme!

⁴⁹Ceux qui étaient avec Jésus, voyant ce qui allait arriver, dirent: Seigneur, frapperons-nous de l'épée?

⁵⁰Et l'un d'eux frappa le serviteur du souverain sacrificateur, et lui emporta l'oreille droite.

⁵¹Mais Jésus, prenant la parole, dit: Laissez, arrêtez! Et, ayant touché l'oreille de cet homme, il le guérit.

⁵²Jésus dit ensuite aux principaux sacrificateurs, aux chefs des gardes du temple, et aux anciens, qui étaient venus contre lui: Vous êtes venus, comme après un brigand, avec des épées et des bâtons.

⁵³J'étais tous les jours avec vous dans le temple, et vous n'avez pas mis la main sur moi. Mais c'est ici votre heure, et la puissance des ténèbres.

⁵⁴Après avoir saisi Jésus, ils l'emmenèrent, et le conduisirent dans la maison du souverain sacrificateur. Pierre suivait de loin.

⁵⁵Ils allumèrent du feu au milieu de la cour, et ils s'assirent. Pierre s'assit parmi eux.

⁵⁶Une servante, qui le vit assis devant le feu, fixa sur lui les

regards, et dit: Cet homme était aussi avec lui.

⁵⁷Mais il le nia disant: Femme, je ne le connais pas.

⁵⁸Peu après, un autre, l'ayant vu, dit: Tu es aussi de ces gens-là. Et Pierre dit: Homme, je n'en suis pas.

⁵⁹Environ une heure plus tard, un autre insistait, disant: Certainement cet homme était aussi avec lui, car il est Galiléen.

⁶⁰Pierre répondit: Homme, je ne sais ce que tu dis. Au même instant, comme il parlait encore, le coq chanta.

⁶¹Le Seigneur, s'étant retourné, regarda Pierre. Et Pierre se souvint de la parole que le Seigneur lui avait dite: Avant que le coq chante aujourd'hui, tu me renieras trois fois.

⁶²Et étant sorti, il pleura amèrement.

⁶³Les hommes qui tenaient Jésus se moquaient de lui, et le frappaient.

⁶⁴Ils lui voilèrent le visage, et ils l'interrogeaient, en disant: Devine qui t'a frappé.

⁶⁵Et ils proféraient contre lui beaucoup d'autres injures.

⁶⁶Quand le jour fut venu, le collège des anciens du peuple, les principaux sacrificateurs et les scribes, s'assemblèrent, et firent amener Jésus dans leur sanhédrin.

⁶⁷Ils dirent: Si tu es le Christ, dis-le nous. Jésus leur répondit: Si je vous le dis, vous ne le croirez pas;

⁶⁸et, si je vous interroge, vous ne répondrez pas.

⁶⁹Désormais le Fils de l'homme sera assis à la droite de la puissance de Dieu.

⁷⁰Tous dirent: Tu es donc le Fils de Dieu? Et il leur répondit: Vous le dites, je le suis.

⁷¹Alors ils dirent: Qu'avons-nous encore besoin de témoignage? Nous l'avons entendu nous-mêmes de sa bouche.

Chapitre 23

¹Ils se levèrent tous, et ils conduisirent Jésus devant Pilate.

²Ils se mirent à l'accuser, disant: Nous avons trouvé cet homme excitant notre nation à la révolte, empêchant de payer le tribut à César, et se disant lui-même Christ, roi.

³Pilate l'interrogea, en ces termes: Es-tu le roi des Juifs? Jésus lui répondit: Tu le dis.

⁴Pilate dit aux principaux sacrificateurs et à la foule: Je ne trouve rien de coupable en cet homme.

⁵Mais ils insistèrent, et dirent: Il soulève le peuple, en enseignant par toute la Judée, depuis la Galilée, où il a commencé, jusqu'ici.

⁶Quand Pilate entendit parler de la Galilée, il demanda si cet homme était Galiléen;

⁷et, ayant appris qu'il était de la juridiction d'Hérode, il le renvoya à Hérode, qui se trouvait aussi à Jérusalem en ces jours-là.

⁸Lorsque Hérode vit Jésus, il en eut une grande joie; car depuis longtemps, il désirait le voir, à cause de ce qu'il avait entendu dire de lui, et il espérait qu'il le verrait faire quelque miracle.

⁹Il lui adressa beaucoup de questions; mais Jésus ne lui répondit rien.

¹⁰Les principaux sacrificateurs et les scribes étaient là, et l'accusaient avec violence.

¹¹Hérode, avec ses gardes, le traita avec mépris; et, après s'être moqué de lui et l'avoir revêtu d'un habit éclatant, il le renvoya à Pilate.

¹²Ce jour même, Pilate et Hérode devinrent amis, d'ennemis qu'ils étaient auparavant.

¹³Pilate, ayant assemblé les principaux sacrificateurs, les magistrats, et le peuple, leur dit:

¹⁴Vous m'avez amené cet homme comme excitant le peuple à la révolte. Et voici, je l'ai interrogé devant vous, et je ne l'ai trouvé coupable d'aucune des choses dont vous l'accusez;

¹⁵Hérode non plus, car il nous l'a renvoyé, et voici, cet homme n'a rien fait qui soit digne de mort.

¹⁶Je le relâcherai donc, après l'avoir fait battre de verges.

¹⁷A chaque fête, il était obligé de leur relâcher un prisonnier.

¹⁸Ils s'écrièrent tous ensemble: Fais mourir celui-ci, et relâche-nous Barabbas.

¹⁹Cet homme avait été mis en prison pour une sédition qui avait eu lieu dans la ville, et pour un meurtre.

²⁰Pilate leur parla de nouveau, dans l'intention de relâcher Jésus.

²¹Et ils crièrent: Crucifie, crucifie-le!

²²Pilate leur dit pour la troisième fois: Quel mal a-t-il fait? Je n'ai rien trouvé en lui qui mérite la mort. Je le relâcherai donc, après l'avoir fait battre de verges.

²³Mais ils insistèrent à grands cris, demandant qu'il fût crucifié. Et leurs cris l'emportèrent:

²⁴Pilate prononça que ce qu'ils demandaient serait fait.

²⁵Il relâcha celui qui avait été mis en prison pour sédition et pour meurtre, et qu'ils réclamaient; et il livra Jésus à leur volonté.

²⁶Comme ils l'emmenaient, ils prirent un certain Simon de Cyrène, qui revenait des champs, et ils le chargèrent de la croix, pour qu'il la porte derrière Jésus.

²⁷Il était suivi d'une grande multitude des gens du peuple, et de femmes qui se frappaient la poitrine et se lamentaient sur lui.

²⁸Jésus se tourna vers elles, et dit: Filles de Jérusalem, ne pleurez pas sur moi; mais pleurez sur vous et sur vos enfants.

²⁹Car voici, des jours viendront où l'on dira: Heureuses les stériles, heureuses les entrailles qui n'ont point enfanté, et les mamelles qui n'ont point allaité!

³⁰Alors ils se mettront à dire aux montagnes: Tombez sur nous! Et aux collines: Couvrez-nous!

³¹Car, si l'on fait ces choses au bois vert, qu'arrivera-t-il au bois sec?

³²On conduisait en même temps deux malfaiteurs, qui devaient être mis à mort avec Jésus.

³³Lorsqu'ils furent arrivés au lieu appelé Crâne, ils le crucifièrent là, ainsi que les deux malfaiteurs, l'un à droite, l'autre à gauche.

³⁴Jésus dit: Père, pardonne-leur, car ils ne savent ce qu'ils font. Ils se partagèrent ses vêtements, en tirant au sort.

³⁵Le peuple se tenait là, et regardait. Les magistrats se moquaient de Jésus, disant: Il a sauvé les autres; qu'il se sauve lui-même, s'il est le Christ, l'élu de Dieu!

³⁶Les soldats aussi se moquaient de lui; s'approchant et lui présentant du vinaigre,

³⁷ils disaient: Si tu es le roi des Juifs, sauve-toi toi-même!

³⁸Il y avait au-dessus de lui cette inscription: Celui-ci est le roi des Juifs.

³⁹L'un des malfaiteurs crucifiés l'injuriait, disant: N'es-tu pas le Christ? Sauve-toi toi-même, et sauve-nous!

⁴⁰Mais l'autre le reprenait, et disait: Ne crains-tu pas Dieu, toi qui subis la même condamnation?

⁴¹Pour nous, c'est justice, car nous recevons ce qu'ont mérité nos crimes; mais celui-ci n'a rien fait de mal.

⁴²Et il dit à Jésus: Souviens-toi de moi, quand tu viendras dans ton règne.

⁴³Jésus lui répondit: Je te le dis en vérité, aujourd'hui tu seras avec moi dans le paradis.

⁴⁴Il était déjà environ la sixième heure, et il y eut des ténèbres sur toute la terre, jusqu'à la neuvième heure.

⁴⁵Le soleil s'obscurcit, et le voile du temple se déchira par le milieu.

⁴⁶Jésus s'écria d'une voix forte: Père, je remets mon esprit entre tes mains. Et, en disant ces paroles, il expira.

⁴⁷Le centenier, voyant ce qui était arrivé, glorifia Dieu, et dit: Certainement, cet homme était juste.

⁴⁸Et tous ceux qui assistaient en foule à ce spectacle, après avoir vu ce qui était arrivé, s'en retournèrent, se frappant la poitrine.

⁴⁹Tous ceux de la connaissance de Jésus, et les femmes qui l'avaient accompagné depuis la Galilée, se tenaient dans l'éloignement et regardaient ce qui se passait.

⁵⁰Il y avait un conseiller, nommé Joseph, homme bon et juste,

⁵¹qui n'avait point participé à la décision et aux actes des autres; il était d'Arimathée, ville des Juifs, et il attendait le royaume de Dieu.

⁵²Cet homme se rendit vers Pilate, et demanda le corps de Jésus.

⁵³Il le descendit de la croix, l'enveloppa d'un linceul, et le déposa dans un sépulcre taillé dans le roc, où personne n'avait encore été mis.

⁵⁴C'était le jour de la préparation, et le sabbat allait commencer.

⁵⁵Les femmes qui étaient venues de la Galilée avec Jésus accompagnèrent Joseph, virent le sépulcre et la manière dont le corps de Jésus y fut déposé,

⁵⁶et, s'en étant retournées, elles préparèrent des aromates et des parfums. Puis elles se reposèrent le jour du sabbat, selon la loi.

Chapitre 24

¹Le premier jour de la semaine, elles se rendirent au sépulcre de grand matin, portant les aromates qu'elles avaient préparés.

²Elles trouvèrent que la pierre avait été roulée de devant le sépulcre;

³et, étant entrées, elles ne trouvèrent pas le corps du Seigneur Jésus.

⁴Comme elles ne savaient que penser de cela, voici, deux hommes leur apparurent, en habits resplendissants.

⁵Saisies de frayeur, elles baissèrent le visage contre terre; mais ils leur dirent: Pourquoi cherchez-vous parmi les morts celui qui est

vivant?

⁶Il n'est point ici, mais il est ressuscité. Souvenez-vous de quelle manière il vous a parlé, lorsqu'il était encore en Galilée,

⁷et qu'il disait: Il faut que le Fils de l'homme soit livré entre les mains des pécheurs, qu'il soit crucifié, et qu'il ressuscite le troisième jour.

⁸Et elles se ressouvinrent des paroles de Jésus.

⁹A leur retour du sépulcre, elles annoncèrent toutes ces choses aux onze, et à tous les autres.

¹⁰Celles qui dirent ces choses aux apôtres étaient Marie de Magdala, Jeanne, Marie, mère de Jacques, et les autres qui étaient avec elles.

¹¹Ils tinrent ces discours pour des rêveries, et ils ne crurent pas ces femmes.

¹²Mais Pierre se leva, et courut au sépulcre. S'étant baissé, il ne vit que les linges qui étaient à terre; puis il s'en alla chez lui, dans l'étonnement de ce qui était arrivé.

¹³Et voici, ce même jour, deux disciples allaient à un village nommé Emmaüs, éloigné de Jérusalem de soixante stades;

¹⁴et ils s'entretenaient de tout ce qui s'était passé.

¹⁵Pendant qu'ils parlaient et discutaient, Jésus s'approcha, et fit route avec eux.

¹⁶Mais leurs yeux étaient empêchés de le reconnaître.

¹⁷Il leur dit: De quoi vous entretenez-vous en marchant, pour que vous soyez tout tristes?

¹⁸L'un d'eux, nommé Cléopas, lui répondit: Es-tu le seul qui, séjournant à Jérusalem ne sache pas ce qui y est arrivé ces jours-ci? -

¹⁹Quoi? leur dit-il. -Et ils lui répondirent: Ce qui est arrivé au sujet de Jésus de Nazareth, qui était un prophète puissant en oeuvres et en paroles devant Dieu et devant tout le peuple,

²⁰et comment les principaux sacrificateurs et nos magistrats l'on livré pour le faire condamner à mort et l'ont crucifié.

²¹Nous espérions que ce serait lui qui délivrerait Israël; mais avec tout cela, voici le troisième jour que ces choses se sont passées.

²²Il est vrai que quelques femmes d'entre nous nous ont fort étonnés; s'étant rendues de grand matin au sépulcre

²³et n'ayant pas trouvé son corps, elles sont venues dire que des anges leurs sont apparus et ont annoncé qu'il est vivant.

²⁴Quelques-uns de ceux qui étaient avec nous sont allés au sépulcre, et ils ont trouvé les choses comme les femmes l'avaient dit; mais lui, ils ne l'ont point vu.

²⁵Alors Jésus leur dit: O hommes sans intelligence, et dont le coeur est lent à croire tout ce qu'ont dit les prophètes!

²⁶Ne fallait-il pas que le Christ souffrît ces choses, et qu'il entrât dans sa gloire?

²⁷Et, commençant par Moïse et par tous les prophètes, il leur expliqua dans toutes les Écritures ce qui le concernait.

²⁸Lorsqu'ils furent près du village où ils allaient, il parut vouloir aller plus loin.

²⁹Mais ils le pressèrent, en disant: Reste avec nous, car le soir approche, le jour est sur son déclin. Et il entra, pour rester avec eux.

³⁰Pendant qu'il était à table avec eux, il prit le pain; et, après avoir rendu grâces, il le rompit, et le leur donna.

³¹Alors leurs yeux s'ouvrirent, et ils le reconnurent; mais il disparut de devant eux.

³²Et ils se dirent l'un à l'autre: Notre coeur ne brûlait-il pas au dedans de nous, lorsqu'il nous parlait en chemin et nous expliquait les Écritures?

³³Se levant à l'heure même, ils retournèrent à Jérusalem, et ils trouvèrent les onze, et ceux qui étaient avec eux, assemblés

³⁴et disant: Le Seigneur est réellement ressuscité, et il est apparu à Simon.

³⁵Et ils racontèrent ce qui leur était arrivé en chemin, et comment ils l'avaient reconnu au moment où il rompit le pain.

³⁶Tandis qu'ils parlaient de la sorte, lui-même se présenta au milieu d'eux, et leur dit: La paix soit avec vous!

³⁷Saisis de frayeur et d'épouvante, ils croyaient voir un esprit.

³⁸Mais il leur dit: Pourquoi êtes-vous troublés, et pourquoi pareilles pensées s'élèvent-elles dans vos coeurs?

³⁹Voyez mes mains et mes pieds, c'est bien moi; touchez-moi et voyez: un esprit n'a ni chair ni os, comme vous voyez que j'ai.

⁴⁰Et en disant cela, il leur montra ses mains et ses pieds.

⁴¹Comme, dans leur joie, ils ne croyaient point encore, et qu'ils étaient dans l'étonnement, il leur dit: Avez-vous ici quelque chose à manger?

⁴²Ils lui présentèrent du poisson rôti et un rayon de miel.

⁴³Il en prit, et il mangea devant eux.

⁴⁴Puis il leur dit: C'est là ce que je vous disais lorsque j'étais encore avec vous, qu'il fallait que s'accomplît tout ce qui est écrit de moi dans la loi de Moïse, dans les prophètes, et dans les psaumes.

⁴⁵Alors il leur ouvrit l'esprit, afin qu'ils comprissent les Écritures.

⁴⁶Et il leur dit: Ainsi il est écrit que le Christ souffrirait, et qu'il ressusciterait des morts le troisième jour,

⁴⁷et que la repentance et le pardon des péchés seraient prêchés en son nom à toutes les nations, à commencer par Jérusalem.

⁴⁸Vous êtes témoins de ces choses.

⁴⁹Et voici, j'enverrai sur vous ce que mon Père a promis; mais vous, restez dans la ville jusqu'à ce que vous soyez revêtus de la puissance d'en haut.

⁵⁰Il les conduisit jusque vers Béthanie, et, ayant levé les mains, il les bénit.

⁵¹Pendant qu'il les bénissait, il se sépara d'eux, et fut enlevé au ciel.

⁵²Pour eux, après l'avoir adoré, ils retournèrent à Jérusalem avec une grande joie;

⁵³et ils étaient continuellement dans le temple, louant et bénissant Dieu.

Jean

Chapitre 1

¹Au commencement était la Parole, et la Parole était avec Dieu, et la Parole était Dieu.

²Elle était au commencement avec Dieu.

³Toutes choses ont été faites par elle, et rien de ce qui a été fait n'a été fait sans elle.

⁴En elle était la vie, et la vie était la lumière des hommes.

⁵La lumière luit dans les ténèbres, et les ténèbres ne l'ont point reçue.

⁶Il y eut un homme envoyé de Dieu: son nom était Jean.

⁷Il vint pour servir de témoin, pour rendre témoignage à la lumière, afin que tous crussent par lui.

⁸Il n'était pas la lumière, mais il parut pour rendre témoignage à la lumière.

⁹Cette lumière était la véritable lumière, qui, en venant dans le monde, éclaire tout homme.

¹⁰Elle était dans le monde, et le monde a été fait par elle, et le monde ne l'a point connue.

¹¹Elle est venue chez les siens, et les siens ne l'ont point reçue.

¹²Mais à tous ceux qui l'ont reçue, à ceux qui croient en son nom, elle a donné le pouvoir de devenir enfants de Dieu, lesquels sont nés,

¹³non du sang, ni de la volonté de la chair, ni de la volonté de l'homme, mais de Dieu.

¹⁴Et la parole a été faite chair, et elle a habité parmi nous, pleine de grâce et de vérité; et nous avons contemplé sa gloire, une gloire comme la gloire du Fils unique venu du Père.

¹⁵Jean lui a rendu témoignage, et s'est écrié: C'est celui dont j'ai dit: Celui qui vient après moi m'a précédé, car il était avant moi.

¹⁶Et nous avons tous reçu de sa plénitude, et grâce pour grâce;

¹⁷car la loi a été donnée par Moïse, la grâce et la vérité sont venues par Jésus Christ.

¹⁸Personne n'a jamais vu Dieu; le Fils unique, qui est dans le sein du Père, est celui qui l'a fait connaître.

¹⁹Voici le témoignage de Jean, lorsque les Juifs envoyèrent de Jérusalem des sacrificateurs et des Lévites, pour lui demander: Toi, qui es-tu?

²⁰Il déclara, et ne le nia point, il déclara qu'il n'était pas le Christ.

²¹Et ils lui demandèrent: Quoi donc? es-tu Élie? Et il dit: Je ne le suis point. Es-tu le prophète? Et il répondit: Non.

²²Ils lui dirent alors: Qui es-tu? afin que nous donnions une réponse à ceux qui nous ont envoyés. Que dis-tu de toi-même?

²³Moi, dit-il, je suis la voix de celui qui crie dans le désert: Aplanissez le chemin du Seigneur, comme a dit Ésaïe, le prophète.

²⁴Ceux qui avaient été envoyés étaient des pharisiens.

²⁵Ils lui firent encore cette question: Pourquoi donc baptises-tu, si tu n'es pas le Christ, ni Élie, ni le prophète?

²⁶Jean leur répondit: Moi, je baptise d'eau, mais au milieu de vous il y a quelqu'un que vous ne connaissez pas, qui vient après moi;

²⁷je ne suis pas digne de délier la courroie de ses souliers.

²⁸Ces choses se passèrent à Béthanie, au delà du Jourdain, où Jean baptisait.

²⁹Le lendemain, il vit Jésus venant à lui, et il dit: Voici l'Agneau de Dieu, qui ôte le péché du monde.

³⁰C'est celui dont j'ai dit: Après moi vient un homme qui m'a précédé, car il était avant moi.

³¹Je ne le connaissais pas, mais c'est afin qu'il fût manifesté à Israël que je suis venu baptiser d'eau.

³²Jean rendit ce témoignage: J'ai vu l'Esprit descendre du ciel comme une colombe et s'arrêter sur lui.

³³Je ne le connaissais pas, mais celui qui m'a envoyé baptiser d'eau, celui-là m'a dit: Celui sur qui tu verras l'Esprit descendre et s'arrêter, c'est celui qui baptise du Saint Esprit.

³⁴Et j'ai vu, et j'ai rendu témoignage qu'il est le Fils de Dieu.

³⁵Le lendemain, Jean était encore là, avec deux de ses disciples;

³⁶et, ayant regardé Jésus qui passait, il dit: Voilà l'Agneau de Dieu.

³⁷Les deux disciples l'entendirent prononcer ces paroles, et ils suivirent Jésus.

³⁸Jésus se retourna, et voyant qu'ils le suivaient, il leur dit: Que cherchez-vous? Ils lui répondirent: Rabbi (ce qui signifie Maître), où demeures-tu?

³⁹Venez, leur dit-il, et voyez. Ils allèrent, et ils virent où il demeurait; et ils restèrent auprès de lui ce jour-là. C'était environ la dixième heure.

⁴⁰André, frère de Simon Pierre, était l'un des deux qui avaient entendu les paroles de Jean, et qui avaient suivi Jésus.

⁴¹Ce fut lui qui rencontra le premier son frère Simon, et il lui dit: Nous avons trouvé le Messie (ce qui signifie Christ).

⁴²Et il le conduisit vers Jésus. Jésus, l'ayant regardé, dit: Tu es Simon, fils de Jonas; tu seras appelé Céphas (ce qui signifie Pierre).

⁴³Le lendemain, Jésus voulut se rendre en Galilée, et il rencontra Philippe. Il lui dit: Suis-moi.

⁴⁴Philippe était de Bethsaïda, de la ville d'André et de Pierre.

⁴⁵Philippe rencontra Nathanaël, et lui dit: Nous avons trouvé celui de qui Moïse a écrit dans la loi et dont les prophètes ont parlé, Jésus de Nazareth, fils de Joseph.

⁴⁶Nathanaël lui dit: Peut-il venir de Nazareth quelque chose de bon? Philippe lui répondit: Viens, et vois.

⁴⁷Jésus, voyant venir à lui Nathanaël, dit de lui: Voici vraiment un Israélite, dans lequel il n'y a point de fraude.

⁴⁸D'où me connais-tu? lui dit Nathanaël. Jésus lui répondit: Avant que Philippe t'appelât, quand tu étais sous le figuier, je t'ai vu.

⁴⁹Nathanaël répondit et lui dit: Rabbi, tu es le Fils de Dieu, tu es le roi d'Israël.

⁵⁰Jésus lui répondit: Parce que je t'ai dit que je t'ai vu sous le figuier, tu crois; tu verras de plus grandes choses que celles-ci.

⁵¹Et il lui dit: En vérité, en vérité, vous verrez désormais le ciel ouvert et les anges de Dieu monter et descendre sur le Fils de l'homme.

Chapitre 2

¹Trois jours après, il y eut des noces à Cana en Galilée. La mère de Jésus était là,

²et Jésus fut aussi invité aux noces avec ses disciples.

³Le vin ayant manqué, la mère de Jésus lui dit: Ils n'ont plus de vin.

⁴Jésus lui répondit: Femme, qu'y a-t-il entre moi et toi? Mon heure n'est pas encore venue.

⁵Sa mère dit aux serviteurs: Faites ce qu'il vous dira.

⁶Or, il y avait là six vases de pierre, destinés aux purifications des Juifs, et contenant chacun deux ou trois mesures.

⁷Jésus leur dit: Remplissez d'eau ces vases. Et ils les remplirent jusqu'au bord.

⁸Puisez maintenant, leur dit-il, et portez-en à l'ordonnateur du repas. Et ils en portèrent.

⁹Quand l'ordonnateur du repas eut goûté l'eau changée en vin, -ne sachant d'où venait ce vin, tandis que les serviteurs, qui avaient puisé l'eau, le savaient bien, -il appela l'époux,

¹⁰et lui dit: Tout homme sert d'abord le bon vin, puis le moins bon après qu'on s'est enivré; toi, tu as gardé le bon vin jusqu'à présent.

¹¹Tel fut, à Cana en Galilée, le premier des miracles que fit Jésus. Il manifesta sa gloire, et ses disciples crurent en lui.

¹²Après cela, il descendit à Capernaüm, avec sa mère, ses frères et ses disciples, et ils n'y demeurèrent que peu de jours.

¹³La Pâque des Juifs était proche, et Jésus monta à Jérusalem.

¹⁴Il trouva dans le temple les vendeurs de boeufs, de brebis et de pigeons, et les changeurs assis.

¹⁵Ayant fait un fouet avec des cordes, il les chassa tous du temple, ainsi que les brebis et les boeufs; il dispersa la monnaie des changeurs, et renversa les tables;

¹⁶et il dit aux vendeurs de pigeons: Otez cela d'ici, ne faites pas de la maison de mon Père une maison de trafic.

¹⁷Ses disciples se souvinrent qu'il est écrit: Le zèle de ta maison me dévore.

¹⁸Les Juifs, prenant la parole, lui dirent: Quel miracle nous montres-tu, pour agir de la sorte?

¹⁹Jésus leur répondit: Détruisez ce temple, et en trois jours je le relèverai.

²⁰Les Juifs dirent: Il a fallu quarante-six ans pour bâtir ce temple, et toi, en trois jours tu le relèveras!

²¹Mais il parlait du temple de son corps.

²²C'est pourquoi, lorsqu'il fut ressuscité des morts, ses disciples se souvinrent qu'il avait dit cela, et ils crurent à l'Écriture et à la parole que Jésus avait dite.

²³Pendant que Jésus était à Jérusalem, à la fête de Pâque, plusieurs crurent en son nom, voyant les miracles qu'il faisait.

²⁴Mais Jésus ne se fiait point à eux, parce qu'il les connaissait tous,

²⁵et parce qu'il n'avait pas besoin qu'on lui rendît témoignage d'aucun homme; car il savait lui-même ce qui était dans l'homme.

Jean
Chapitre 3

¹Mais il y eut un homme d'entre les pharisiens, nommé Nicodème, un chef des Juifs,

²qui vint, lui, auprès de Jésus, de nuit, et lui dit: Rabbi, nous savons que tu es un docteur venu de Dieu; car personne ne peut faire ces miracles que tu fais, si Dieu n'est avec lui.

³Jésus lui répondit: En vérité, en vérité, je te le dis, si un homme ne naît de nouveau, il ne peut voir le royaume de Dieu.

⁴Nicodème lui dit: Comment un homme peut-il naître quand il est vieux? Peut-il rentrer dans le sein de sa mère et naître?

⁵Jésus répondit: En vérité, en vérité, je te le dis, si un homme ne naît d'eau et d'Esprit, il ne peut entrer dans le royaume de Dieu.

⁶Ce qui est né de la chair est chair, et ce qui est né de l'Esprit est Esprit.

⁷Ne t'étonne pas que je t'aie dit: Il faut que vous naissiez de nouveau.

⁸Le vent souffle où il veut, et tu en entends le bruit; mais tu ne sais d'où il vient, ni où il va. Il en est ainsi de tout homme qui est né de l'Esprit.

⁹Nicodème lui dit: Comment cela peut-il se faire?

¹⁰Jésus lui répondit: Tu es le docteur d'Israël, et tu ne sais pas ces choses!

¹¹En vérité, en vérité, je te le dis, nous disons ce que nous savons, et nous rendons témoignage de ce que nous avons vu; et vous ne recevez pas notre témoignage.

¹²Si vous ne croyez pas quand je vous ai parlé des choses terrestres, comment croirez-vous quand je vous parlerai des choses célestes?

¹³Personne n'est monté au ciel, si ce n'est celui qui est descendu du ciel, le Fils de l'homme qui est dans le ciel.

¹⁴Et comme Moïse éleva le serpent dans le désert, il faut de même que le Fils de l'homme soit élevé,

¹⁵afin que quiconque croit en lui ait la vie éternelle.

¹⁶Car Dieu a tant aimé le monde qu'il a donné son Fils unique, afin que quiconque croit en lui ne périsse point, mais qu'il ait la vie éternelle.

¹⁷Dieu, en effet, n'a pas envoyé son Fils dans le monde pour qu'il juge le monde, mais pour que le monde soit sauvé par lui.

¹⁸Celui qui croit en lui n'est point jugé; mais celui qui ne croit pas est déjà jugé, parce qu'il n'a pas cru au nom du Fils unique de Dieu.

¹⁹Et ce jugement c'est que, la lumière étant venue dans le monde, les hommes ont préféré les ténèbres à la lumière, parce que leurs oeuvres étaient mauvaises.

²⁰Car quiconque fait le mal hait la lumière, et ne vient point à la lumière, de peur que ses oeuvres ne soient dévoilées;

²¹mais celui qui agit selon la vérité vient à la lumière, afin que ses oeuvres soient manifestées, parce qu'elles sont faites en Dieu.

²²Après cela, Jésus, accompagné de ses disciples, se rendit dans la terre de Judée; et là il demeurait avec eux, et il baptisait.

²³Jean aussi baptisait à Énon, près de Salim, parce qu'il y avait là beaucoup d'eau; et on y venait pour être baptisé.

²⁴Car Jean n'avait pas encore été mis en prison.

²⁵Or, il s'éleva de la part des disciples de Jean une dispute avec un Juif touchant la purification.

²⁶Ils vinrent trouver Jean, et lui dirent: Rabbi, celui qui était avec toi au delà du Jourdain, et à qui tu as rendu témoignage, voici, il baptise, et tous vont à lui.

²⁷Jean répondit: Un homme ne peut recevoir que ce qui lui a été donné du ciel.

²⁸Vous-mêmes m'êtes témoins que j'ai dit: Je ne suis pas le Christ, mais j'ai été envoyé devant lui.

²⁹Celui à qui appartient l'épouse, c'est l'époux; mais l'ami de l'époux, qui se tient là et qui l'entend, éprouve une grande joie à cause de la voix de l'époux: aussi cette joie, qui est la mienne, est parfaite.

³⁰Il faut qu'il croisse, et que je diminue.

³¹Celui qui vient d'en haut est au-dessus de tous; celui qui est de la terre est de la terre, et il parle comme étant de la terre. Celui qui vient du ciel est au-dessus de tous,

³²il rend témoignage de ce qu'il a vu et entendu, et personne ne reçoit son témoignage.

³³Celui qui a reçu son témoignage a certifié que Dieu est vrai;

³⁴car celui que Dieu a envoyé dit les paroles de Dieu, parce que Dieu ne lui donne pas l'Esprit avec mesure.

³⁵Le Père aime le Fils, et il a remis toutes choses entre ses mains.

³⁶Celui qui croit au Fils a la vie éternelle; celui qui ne croit pas au Fils ne verra point la vie, mais la colère de Dieu demeure sur lui.

Chapitre 4

¹Le Seigneur sut que les pharisiens avaient appris qu'il faisait et baptisait plus de disciples que Jean.

²Toutefois Jésus ne baptisait pas lui-même, mais c'étaient ses disciples.

³Alors il quitta la Judée, et retourna en Galilée.

⁴Comme il fallait qu'il passât par la Samarie,

⁵il arriva dans une ville de Samarie, nommée Sychar, près du champ que Jacob avait donné à Joseph, son fils.

⁶Là se trouvait le puits de Jacob. Jésus, fatigué du voyage, était assis au bord du puits. C'était environ la sixième heure.

⁷Une femme de Samarie vint puiser de l'eau. Jésus lui dit: Donne-moi à boire.

⁸Car ses disciples étaient allés à la ville pour acheter des vivres.

⁹La femme samaritaine lui dit: Comment toi, qui es Juif, me demandes-tu à boire, à moi qui suis une femme samaritaine? -Les Juifs, en effet, n'ont pas de relations avec les Samaritains. -

¹⁰Jésus lui répondit: Si tu connaissais le don de Dieu et qui est celui qui te dit: Donne-moi à boire! tu lui aurais toi-même demandé à boire, et il t'aurait donné de l'eau vive.

¹¹Seigneur, lui dit la femme, tu n'as rien pour puiser, et le puits est profond; d'où aurais-tu donc cette eau vive?

¹²Es-tu plus grand que notre père Jacob, qui nous a donné ce puits, et qui en a bu lui-même, ainsi que ses fils et ses troupeaux?

¹³Jésus lui répondit: Quiconque boit de cette eau aura encore soif;

¹⁴mais celui qui boira de l'eau que je lui donnerai n'aura jamais soif, et l'eau que je lui donnerai deviendra en lui une source d'eau qui jaillira jusque dans la vie éternelle.

¹⁵La femme lui dit: Seigneur, donne-moi cette eau, afin que je n'aie plus soif, et que je ne vienne plus puiser ici.

¹⁶Va, lui dit Jésus, appelle ton mari, et viens ici.

¹⁷La femme répondit: Je n'ai point de mari. Jésus lui dit: Tu as eu raison de dire: Je n'ai point de mari.

¹⁸Car tu as eu cinq maris, et celui que tu as maintenant n'est pas ton mari. En cela tu as dit vrai.

¹⁹Seigneur, lui dit la femme, je vois que tu es prophète.

²⁰Nos pères ont adoré sur cette montagne; et vous dites, vous, que le lieu où il faut adorer est à Jérusalem.

²¹Femme, lui dit Jésus, crois-moi, l'heure vient où ce ne sera ni sur cette montagne ni à Jérusalem que vous adorerez le Père.

²²Vous adorez ce que vous ne connaissez pas; nous, nous adorons ce que nous connaissons, car le salut vient des Juifs.

²³Mais l'heure vient, et elle est déjà venue, où les vrais adorateurs adoreront le Père en esprit et en vérité; car ce sont là les adorateurs que le Père demande.

²⁴Dieu est Esprit, et il faut que ceux qui l'adorent l'adorent en esprit et en vérité.

²⁵La femme lui dit: Je sais que le Messie doit venir (celui qu'on appelle Christ); quand il sera venu, il nous annoncera toutes choses.

²⁶Jésus lui dit: Je le suis, moi qui te parle.

²⁷Là-dessus arrivèrent ses disciples, qui furent étonnés de ce qu'il parlait avec une femme. Toutefois aucun ne dit: Que demandes-tu? ou: De quoi parles-tu avec elle?

²⁸Alors la femme, ayant laissé sa cruche, s'en alla dans la ville, et dit aux gens:

²⁹Venez voir un homme qui m'a dit tout ce que j'ai fait; ne serait-ce point le Christ?

³⁰Ils sortirent de la ville, et ils vinrent vers lui.

³¹Pendant ce temps, les disciples le pressaient de manger, disant: Rabbi, mange.

³²Mais il leur dit: J'ai à manger une nourriture que vous ne connaissez pas.

³³Les disciples se disaient donc les uns aux autres: Quelqu'un lui aurait-il apporté à manger?

³⁴Jésus leur dit: Ma nourriture est de faire la volonté de celui qui m'a envoyé, et d'accomplir son oeuvre.

³⁵Ne dites-vous pas qu'il y a encore quatre mois jusqu'à la moisson? Voici, je vous le dis, levez les yeux, et regardez les champs qui déjà blanchissent pour la moisson.

³⁶Celui qui moissonne reçoit un salaire, et amasse des fruits pour la vie éternelle, afin que celui qui sème et celui qui moissonne se réjouissent ensemble.

³⁷Car en ceci ce qu'on dit est vrai: Autre est celui qui sème, et autre celui qui moissonne.

³⁸Je vous ai envoyés moissonner ce que vous n'avez pas travaillé; d'autres ont travaillé, et vous êtes entrés dans leur travail.

³⁹Plusieurs Samaritains de cette ville crurent en Jésus à cause de

cette déclaration formelle de la femme: Il m'a dit tout ce que j'ai fait.

⁴⁰Aussi, quand les Samaritains vinrent le trouver, ils le prièrent de rester auprès d'eux. Et il resta là deux jours.

⁴¹Un beaucoup plus grand nombre crurent à cause de sa parole;

⁴²et ils disaient à la femme: Ce n'est plus à cause de ce que tu as dit que nous croyons; car nous l'avons entendu nous-mêmes, et nous savons qu'il est vraiment le Sauveur du monde.

⁴³Après ces deux jours, Jésus partit de là, pour se rendre en Galilée;

⁴⁴car il avait déclaré lui-même qu'un prophète n'est pas honoré dans sa propre patrie.

⁴⁵Lorsqu'il arriva en Galilée, il fut bien reçu des Galiléens, qui avaient vu tout ce qu'il avait fait à Jérusalem pendant la fête; car eux aussi étaient allés à la fête.

⁴⁶Il retourna donc à Cana en Galilée, où il avait changé l'eau en vin. Il y avait à Capernaüm un officier du roi, dont le fils était malade.

⁴⁷Ayant appris que Jésus était venu de Judée en Galilée, il alla vers lui, et le pria de descendre et de guérir son fils, qui était près de mourir.

⁴⁸Jésus lui dit: Si vous ne voyez des miracles et des prodiges, vous ne croyez point.

⁴⁹L'officier du roi lui dit: Seigneur, descends avant que mon enfant meure.

⁵⁰Va, lui dit Jésus, ton fils vit. Et cet homme crut à la parole que Jésus lui avait dite, et il s'en alla.

⁵¹Comme déjà il descendait, ses serviteurs venant à sa rencontre, lui apportèrent cette nouvelle: Ton enfant vit.

⁵²Il leur demanda à quelle heure il s'était trouvé mieux; et ils lui dirent: Hier, à la septième heure, la fièvre l'a quitté.

⁵³Le père reconnut que c'était à cette heure-là que Jésus lui avait dit: Ton fils vit. Et il crut, lui et toute sa maison.

⁵⁴Jésus fit encore ce second miracle lorsqu'il fut venu de Judée en Galilée.

Chapitre 5

¹Après cela, il y eut une fête des Juifs, et Jésus monta à Jérusalem.

²Or, à Jérusalem, près de la porte des brebis, il y a une piscine qui s'appelle en hébreu Béthesda, et qui a cinq portiques.

³Sous ces portiques étaient couchés en grand nombre des malades, des aveugles, des boiteux, des paralytiques, qui attendaient le mouvement de l'eau;

⁴car un ange descendait de temps en temps dans la piscine, et agitait l'eau; et celui qui y descendait le premier après que l'eau avait été agitée était guéri, quelle que fût sa maladie.

⁵Là se trouvait un homme malade depuis trente-huit ans.

⁶Jésus, l'ayant vu couché, et sachant qu'il était malade depuis longtemps, lui dit: Veux-tu être guéri?

⁷Le malade lui répondit: Seigneur, je n'ai personne pour me jeter dans la piscine quand l'eau est agitée, et, pendant que j'y vais, un autre descend avant moi.

⁸Lève-toi, lui dit Jésus, prends ton lit, et marche.

⁹Aussitôt cet homme fut guéri; il prit son lit, et marcha.

¹⁰C'était un jour de sabbat. Les Juifs dirent donc à celui qui avait été guéri: C'est le sabbat; il ne t'est pas permis d'emporter ton lit.

¹¹Il leur répondit: Celui qui m'a guéri m'a dit: Prends ton lit, et marche.

¹²Ils lui demandèrent: Qui est l'homme qui t'a dit: Prends ton lit, et marche?

¹³Mais celui qui avait été guéri ne savait pas qui c'était; car Jésus avait disparu de la foule qui était en ce lieu.

¹⁴Depuis, Jésus le trouva dans le temple, et lui dit: Voici, tu as été guéri; ne pèche plus, de peur qu'il ne t'arrive quelque chose de pire.

¹⁵Cet homme s'en alla, et annonça aux Juifs que c'était Jésus qui l'avait guéri.

¹⁶C'est pourquoi les Juifs poursuivaient Jésus, parce qu'il faisait ces choses le jour du sabbat.

¹⁷Mais Jésus leur répondit: Mon Père agit jusqu'à présent; moi aussi, j'agis.

¹⁸A cause de cela, les Juifs cherchaient encore plus à le faire mourir, non seulement parce qu'il violait le sabbat, mais parce qu'il appelait Dieu son propre Père, se faisant lui-même égal à Dieu.

¹⁹Jésus reprit donc la parole, et leur dit: En vérité, en vérité, je vous le dis, le Fils ne peut rien faire de lui-même, il ne fait que ce qu'il voit faire au Père; et tout ce que le Père fait, le Fils aussi le fait pareillement.

²⁰Car le Père aime le Fils, et lui montre tout ce qu'il fait; et il lui montrera des oeuvres plus grandes que celles-ci, afin que vous soyez dans l'étonnement.

²¹Car, comme le Père ressuscite les morts et donne la vie, ainsi le Fils donne la vie à qui il veut.

²²Le Père ne juge personne, mais il a remis tout jugement au Fils,

²³afin que tous honorent le Fils comme ils honorent le Père. Celui qui n'honore pas le Fils n'honore pas le Père qui l'a envoyé.

²⁴En vérité, en vérité, je vous le dis, celui qui écoute ma parole, et qui croit à celui qui m'a envoyé, a la vie éternelle et ne vient point en jugement, mais il est passé de la mort à la vie.

²⁵En vérité, en vérité, je vous le dis, l'heure vient, et elle est déjà venue, où les morts entendront la voix du Fils de Dieu; et ceux qui l'auront entendue vivront.

²⁶Car, comme le Père a la vie en lui-même, ainsi il a donné au Fils d'avoir la vie en lui-même.

²⁷Et il lui a donné le pouvoir de juger, parce qu'il est Fils de l'homme.

²⁸Ne vous étonnez pas de cela; car l'heure vient où tous ceux qui sont dans les sépulcres entendront sa voix, et en sortiront.

²⁹Ceux qui auront fait le bien ressusciteront pour la vie, mais ceux qui auront fait le mal ressusciteront pour le jugement.

³⁰Je ne puis rien faire de moi-même: selon que j'entends, je juge; et mon jugement est juste, parce que je ne cherche pas ma volonté, mais la volonté de celui qui m'a envoyé.

³¹Si c'est moi qui rends témoignage de moi-même, mon témoignage n'est pas vrai.

³²Il y en a un autre qui rend témoignage de moi, et je sais que le témoignage qu'il rend de moi est vrai.

³³Vous avez envoyé vers Jean, et il a rendu témoignage à la vérité.

³⁴Pour moi ce n'est pas d'un homme que je reçois le témoignage; mais je dis ceci, afin que vous soyez sauvés.

³⁵Jean était la lampe qui brûle et qui luit, et vous avez voulu vous réjouir une heure à sa lumière.

³⁶Moi, j'ai un témoignage plus grand que celui de Jean; car les oeuvres que le Père m'a donné d'accomplir, ces oeuvres mêmes que je fais, témoignent de moi que c'est le Père qui m'a envoyé.

³⁷Et le Père qui m'a envoyé a rendu lui-même témoignage de moi. Vous n'avez jamais entendu sa voix, vous n'avez point vu sa face,

³⁸et sa parole ne demeure point en vous, parce que vous ne croyez pas à celui qu'il a envoyé.

³⁹Vous sondez les Écritures, parce que vous pensez avoir en elles la vie éternelle: ce sont elles qui rendent témoignage de moi.

⁴⁰Et vous ne voulez pas venir à moi pour avoir la vie!

⁴¹Je ne tire pas ma gloire des hommes.

⁴²Mais je sais que vous n'avez point en vous l'amour de Dieu.

⁴³Je suis venu au nom de mon Père, et vous ne me recevez pas; si un autre vient en son propre nom, vous le recevrez.

⁴⁴Comment pouvez-vous croire, vous qui tirez votre gloire les uns des autres, et qui ne cherchez point la gloire qui vient de Dieu seul?

⁴⁵Ne pensez pas que moi je vous accuserai devant le Père; celui qui vous accuse, c'est Moïse, en qui vous avez mis votre espérance.

⁴⁶Car si vous croyiez Moïse, vous me croiriez aussi, parce qu'il a écrit de moi.

⁴⁷Mais si vous ne croyez pas à ses écrits, comment croirez-vous à mes paroles?

Chapitre 6

¹Après cela, Jésus s'en alla de l'autre côté de la mer de Galilée, de Tibériade.

²Une grande foule le suivait, parce qu'elle voyait les miracles qu'il opérait sur les malades.

³Jésus monta sur la montagne, et là il s'assit avec ses disciples.

⁴Or, la Pâque était proche, la fête des Juifs.

⁵Ayant levé les yeux, et voyant qu'une grande foule venait à lui, Jésus dit à Philippe: Où achèterons-nous des pains, pour que ces gens aient à manger?

⁶Il disait cela pour l'éprouver, car il savait ce qu'il allait faire.

⁷Philippe lui répondit: Les pains qu'on aurait pour deux cents deniers ne suffiraient pas pour que chacun en reçût un peu.

⁸Un de ses disciples, André, frère de Simon Pierre, lui dit:

⁹Il y a ici un jeune garçon qui a cinq pains d'orge et deux poissons; mais qu'est-ce que cela pour tant de gens?

¹⁰Jésus dit: Faites-les asseoir. Il y avait dans ce lieu beaucoup d'herbe. Ils s'assirent donc, au nombre d'environ cinq mille hommes.

¹¹Jésus prit les pains, rendit grâces, et les distribua à ceux qui étaient assis; il leur donna de même des poissons, autant qu'ils en voulurent.

¹²Lorsqu'ils furent rassasiés, il dit à ses disciples: Ramassez les

Jean

morceaux qui restent, afin que rien ne se perde.

¹³Ils les ramassèrent donc, et ils remplirent douze paniers avec les morceaux qui restèrent des cinq pains d'orge, après que tous eurent mangé.

¹⁴Ces gens, ayant vu le miracle que Jésus avait fait, disaient: Celui-ci est vraiment le prophète qui doit venir dans le monde.

¹⁵Et Jésus, sachant qu'ils allaient venir l'enlever pour le faire roi, se retira de nouveau sur la montagne, lui seul.

¹⁶Quand le soir fut venu, ses disciples descendirent au bord de la mer.

¹⁷Étant montés dans une barque, ils traversaient la mer pour se rendre à Capernaüm. Il faisait déjà nuit, et Jésus ne les avait pas encore rejoints.

¹⁸Il soufflait un grand vent, et la mer était agitée.

¹⁹Après avoir ramé environ vingt-cinq ou trente stades, ils virent Jésus marchant sur la mer et s'approchant de la barque. Et ils eurent peur.

²⁰Mais Jésus leur dit: C'est moi; n'ayez pas peur!

²¹Ils voulaient donc le prendre dans la barque, et aussitôt la barque aborda au lieu où ils allaient.

²²La foule qui était restée de l'autre côté de la mer avait remarqué qu'il ne se trouvait là qu'une seule barque, et que Jésus n'était pas monté dans cette barque avec ses disciples, mais qu'ils étaient partis seuls.

²³Le lendemain, comme d'autres barques étaient arrivées de Tibériade près du lieu où ils avaient mangé le pain après que le Seigneur eut rendu grâces,

²⁴les gens de la foule, ayant vu que ni Jésus ni ses disciples n'étaient là, montèrent eux-mêmes dans ces barques et allèrent à Capernaüm à la recherche de Jésus.

²⁵Et l'ayant trouvé au delà de la mer, ils lui dirent: Rabbi, quand es-tu venu ici?

²⁶Jésus leur répondit: En vérité, en vérité, je vous le dis, vous me cherchez, non parce que vous avez vu des miracles, mais parce que vous avez mangé des pains et que vous avez été rassasiés.

²⁷Travaillez, non pour la nourriture qui périt, mais pour celle qui subsiste pour la vie éternelle, et que le Fils de l'homme vous donnera; car c'est lui que le Père, que Dieu a marqué de son sceau.

²⁸Ils lui dirent: Que devons-nous faire, pour faire les oeuvres de Dieu?

²⁹Jésus leur répondit: L'oeuvre de Dieu, c'est que vous croyiez en celui qu'il a envoyé.

³⁰Quel miracle fais-tu donc, lui dirent-ils, afin que nous le voyions, et que nous croyions en toi? Que fais-tu?

³¹Nos pères ont mangé la manne dans le désert, selon ce qui est écrit: Il leur donna le pain du ciel à manger.

³²Jésus leur dit: En vérité, en vérité, je vous le dis, Moïse ne vous a pas donné le pain du ciel, mais mon Père vous donne le vrai pain du ciel;

³³car le pain de Dieu, c'est celui qui descend du ciel et qui donne la vie au monde.

³⁴Ils lui dirent: Seigneur, donne-nous toujours ce pain.

³⁵Jésus leur dit: Je suis le pain de vie. Celui qui vient à moi n'aura jamais faim, et celui qui croit en moi n'aura jamais soif.

³⁶Mais, je vous l'ai dit, vous m'avez vu, et vous ne croyez point.

³⁷Tous ceux que le Père me donne viendront à moi, et je ne mettrai pas dehors celui qui vient à moi;

³⁸car je suis descendu du ciel pour faire, non ma volonté, mais la volonté de celui qui m'a envoyé.

³⁹Or, la volonté de celui qui m'a envoyé, c'est que je ne perde rien de tout ce qu'il m'a donné, mais que je ressuscite au dernier jour.

⁴⁰La volonté de mon Père, c'est que quiconque voit le Fils et croit en lui ait la vie éternelle; et je le ressusciterai au dernier jour.

⁴¹Les Juifs murmuraient à son sujet, parce qu'il avait dit: Je suis le pain qui est descendu du ciel.

⁴²Et ils disaient: N'est-ce pas là Jésus, le fils de Joseph, celui dont nous connaissons le père et la mère? Comment donc dit-il: Je suis descendu du ciel?

⁴³Jésus leur répondit: Ne murmurez pas entre vous.

⁴⁴Nul ne peut venir à moi, si le Père qui m'a envoyé ne l'attire; et je le ressusciterai au dernier jour.

⁴⁵Il est écrit dans les prophètes: Ils seront tous enseignés de Dieu. Ainsi quiconque a entendu le Père et a reçu son enseignement vient à moi.

⁴⁶C'est que nul n'a vu le Père, sinon celui qui vient de Dieu; celui-là a vu le Père.

⁴⁷En vérité, en vérité, je vous le dis, celui qui croit en moi a la vie éternelle.

⁴⁸Je suis le pain de vie.

⁴⁹Vos pères ont mangé la manne dans le désert, et ils sont morts.

⁵⁰C'est ici le pain qui descend du ciel, afin que celui qui en mange ne meure point.

⁵¹Je suis le pain vivant qui est descendu du ciel. Si quelqu'un mange de ce pain, il vivra éternellement; et le pain que je donnerai, c'est ma chair, que je donnerai pour la vie du monde.

⁵²Là-dessus, les Juifs disputaient entre eux, disant: Comment peut-il nous donner sa chair à manger?

⁵³Jésus leur dit: En vérité, en vérité, je vous le dis, si vous ne mangez la chair du Fils de l'homme, et si vous ne buvez son sang, vous n'avez point la vie en vous-mêmes.

⁵⁴Celui qui mange ma chair et qui boit mon sang a la vie éternelle; et je le ressusciterai au dernier jour.

⁵⁵Car ma chair est vraiment une nourriture, et mon sang est vraiment un breuvage.

⁵⁶Celui qui mange ma chair et qui boit mon sang demeure en moi, et je demeure en lui.

⁵⁷Comme le Père qui est vivant m'a envoyé, et que je vis par le Père, ainsi celui qui me mange vivra par moi.

⁵⁸C'est ici le pain qui est descendu du ciel. Il n'en est pas comme de vos pères qui ont mangé la manne et qui sont morts: celui qui mange ce pain vivra éternellement.

⁵⁹Jésus dit ces choses dans la synagogue, enseignant à Capernaüm.

⁶⁰Plusieurs de ses disciples, après l'avoir entendu, dirent: Cette parole est dure; qui peut l'écouter?

⁶¹Jésus, sachant en lui-même que ses disciples murmuraient à ce sujet, leur dit: Cela vous scandalise-t-il?

⁶²Et si vous voyez le Fils de l'homme monter où il était auparavant?...

⁶³C'est l'esprit qui vivifie; la chair ne sert de rien. Les paroles que je vous ai dites sont esprit et vie.

⁶⁴Mais il en est parmi vous quelques-uns qui ne croient point. Car Jésus savait dès le commencement qui étaient ceux qui ne croyaient point, et qui était celui qui le livrerait.

⁶⁵Et il ajouta: C'est pourquoi je vous ai dit que nul ne peut venir à moi, si cela ne lui a été donné par le Père.

⁶⁶Dès ce moment, plusieurs de ses disciples se retirèrent, et ils n'allaient plus avec lui.

⁶⁷Jésus donc dit aux douze: Et vous, ne voulez-vous pas aussi vous en aller?

⁶⁸Simon Pierre lui répondit: Seigneur, à qui irions-nous? Tu as les paroles de la vie éternelle.

⁶⁹Et nous avons cru et nous avons connu que tu es le Christ, le Saint de Dieu.

⁷⁰Jésus leur répondit: N'est-ce pas moi qui vous ai choisis, vous les douze? Et l'un de vous est un démon!

⁷¹Il parlait de Judas Iscariot, fils de Simon; car c'était lui qui devait le livrer, lui, l'un des douze.

Chapitre 7

¹Après cela, Jésus parcourait la Galilée, car il ne voulait pas séjourner en Judée, parce que les Juifs cherchaient à le faire mourir.

²Or, la fête des Juifs, la fête des Tabernacles, était proche.

³Et ses frères lui dirent: Pars d'ici, et va en Judée, afin que tes disciples voient aussi les oeuvres que tu fais.

⁴Personne n'agit en secret, lorsqu'il désire paraître: si tu fais ces choses, montre-toi toi-même au monde.

⁵Car ses frères non plus ne croyaient pas en lui.

⁶Jésus leur dit: Mon temps n'est pas encore venu, mais votre temps est toujours prêt.

⁷Le monde ne peut vous haïr; moi, il me hait, parce que je rends de lui le témoignage que ses oeuvres sont mauvaises.

⁸Montez, vous, à cette fête; pour moi, je n'y monte point, parce que mon temps n'est pas encore accompli.

⁹Après leur avoir dit cela, il resta en Galilée.

¹⁰Lorsque ses frères furent montés à la fête, il y monta aussi lui-même, non publiquement, mais comme en secret.

¹¹Les Juifs le cherchaient pendant la fête, et disaient: Où est-il?

¹²Il y avait dans la foule grande rumeur à son sujet. Les uns disaient: C'est un homme de bien. D'autres disaient: Non, il égare la multitude.

¹³Personne, toutefois, ne parlait librement de lui, par crainte des Juifs.

¹⁴Vers le milieu de la fête, Jésus monta au temple. Et il enseignait.

¹⁵Les Juifs s'étonnaient, disant: Comment connaît-il les Écritures, lui qui n'a point étudié?

¹⁶Jésus leur répondit: Ma doctrine n'est pas de moi, mais de celui qui m'a envoyé.

¹⁷Si quelqu'un veut faire sa volonté, il connaîtra si ma doctrine est de Dieu, ou si je parle de mon chef.

¹⁸Celui qui parle de son chef cherche sa propre gloire; mais celui qui cherche la gloire de celui qui l'a envoyé, celui-là est vrai, et il n'y a point d'injustice en lui.

¹⁹Moïse ne vous a-t-il pas donné la loi? Et nul de vous n'observe la loi. Pourquoi cherchez-vous à me faire mourir?

²⁰La foule répondit: Tu as un démon. Qui est-ce qui cherche à te faire mourir?

²¹Jésus leur répondit: J'ai fait une oeuvre, et vous en êtes tous étonnés.

²²Moïse vous a donné la circoncision, -non qu'elle vienne de Moïse, car elle vient des patriarches, -et vous circoncisez un homme le jour du sabbat.

²³Si un homme reçoit la circoncision le jour du sabbat, afin que la loi de Moïse ne soit pas violée, pourquoi vous irritez-vous contre moi de ce que j'ai guéri un homme tout entier le jour du sabbat?

²⁴Ne jugez pas selon l'apparence, mais jugez selon la justice.

²⁵Quelques habitants de Jérusalem disaient: N'est-ce pas là celui qu'ils cherchent à faire mourir?

²⁶Et voici, il parle librement, et ils ne lui disent rien! Est-ce que vraiment les chefs auraient reconnu qu'il est le Christ?

²⁷Cependant celui-ci, nous savons d'où il est; mais le Christ, quand il viendra, personne ne saura d'où il est.

²⁸Et Jésus, enseignant dans le temple, s'écria: Vous me connaissez, et vous savez d'où je suis! Je ne suis pas venu de moi-même: mais celui qui m'a envoyé est vrai, et vous ne le connaissez pas.

²⁹Moi, je le connais; car je viens de lui, et c'est lui qui m'a envoyé.

³⁰Ils cherchaient donc à se saisir de lui, et personne ne mit la main sur lui, parce que son heure n'était pas encore venue.

³¹Plusieurs parmi la foule crurent en lui, et ils disaient: Le Christ, quand il viendra, fera-t-il plus de miracles que n'en a fait celui-ci?

³²Les pharisiens entendirent la foule murmurant de lui ces choses. Alors les principaux sacrificateurs et les pharisiens envoyèrent des huissiers pour le saisir.

³³Jésus dit: Je suis encore avec vous pour un peu de temps, puis je m'en vais vers celui qui m'a envoyé.

³⁴Vous me chercherez et vous ne me trouverez pas, et vous ne pouvez venir où je serai.

³⁵Sur quoi les Juifs dirent entre eux: Où ira-t-il, que nous ne le trouvions pas? Ira-t-il parmi ceux qui sont dispersés chez les Grecs, et enseignera-t-il les Grecs?

³⁶Que signifie cette parole qu'il a dite: Vous me chercherez et vous ne me trouverez pas, et vous ne pouvez venir où je serai?

³⁷Le dernier jour, le grand jour de la fête, Jésus, se tenant debout, s'écria: Si quelqu'un a soif, qu'il vienne à moi, et qu'il boive.

³⁸Celui qui croit en moi, des fleuves d'eau vive couleront de son sein, comme dit l'Écriture.

³⁹Il dit cela de l'Esprit que devaient recevoir ceux qui croiraient en lui; car l'Esprit n'était pas encore, parce que Jésus n'avait pas encore été glorifié.

⁴⁰Des gens de la foule, ayant entendu ces paroles, disaient: Celui-ci est vraiment le prophète.

⁴¹D'autres disaient: C'est le Christ. Et d'autres disaient: Est-ce bien de la Galilée que doit venir le Christ?

⁴²L'Écriture ne dit-elle pas que c'est de la postérité de David, et du village de Bethléhem, où était David, que le Christ doit venir?

⁴³Il y eut donc, à cause de lui, division parmi la foule.

⁴⁴Quelques-uns d'entre eux voulaient le saisir, mais personne ne mit la main sur lui.

⁴⁵Ainsi les huissiers retournèrent vers les principaux sacrificateurs et les pharisiens. Et ceux-ci leur dirent: Pourquoi ne l'avez-vous pas amené?

⁴⁶Les huissiers répondirent: Jamais homme n'a parlé comme cet homme.

⁴⁷Les pharisiens leur répliquèrent: Est-ce que vous aussi, vous avez été séduits?

⁴⁸Y a-t-il quelqu'un des chefs ou des pharisiens qui ait cru en lui?

⁴⁹Mais cette foule qui ne connaît pas la loi, ce sont des maudits!

⁵⁰Nicodème, qui était venu de nuit vers Jésus, et qui était l'un d'entre eux, leur dit:

⁵¹Notre loi condamne-t-elle un homme avant qu'on l'entende et qu'on sache ce qu'il a fait?

⁵²Ils lui répondirent: Es-tu aussi Galiléen? Examine, et tu verras que de la Galilée il ne sort point de prophète.

⁵³Et chacun s'en retourna dans sa maison.

Chapitre 8

¹Jésus se rendit à la montagne des oliviers.

²Mais, dès le matin, il alla de nouveau dans le temple, et tout le peuple vint à lui. S'étant assis, il les enseignait.

³Alors les scribes et les pharisiens amenèrent une femme surprise en adultère;

⁴et, la plaçant au milieu du peuple, ils dirent à Jésus: Maître, cette femme a été surprise en flagrant délit d'adultère.

⁵Moïse, dans la loi, nous a ordonné de lapider de telles femmes: toi donc, que dis-tu?

⁶Ils disaient cela pour l'éprouver, afin de pouvoir l'accuser. Mais Jésus, s'étant baissé, écrivait avec le doigt sur la terre.

⁷Comme ils continuaient à l'interroger, il se releva et leur dit: Que celui de vous qui est sans péché jette le premier la pierre contre elle.

⁸Et s'étant de nouveau baissé, il écrivait sur la terre.

⁹Quand ils entendirent cela, accusés par leur conscience, ils se retirèrent un à un, depuis les plus âgés jusqu'aux derniers; et Jésus resta seul avec la femme qui était là au milieu.

¹⁰Alors s'étant relevé, et ne voyant plus que la femme, Jésus lui dit: Femme, où sont ceux qui t'accusaient? Personne ne t'a-t-il condamnée?

¹¹Elle répondit: Non, Seigneur. Et Jésus lui dit: Je ne te condamne pas non plus: va, et ne pèche plus.

¹²Jésus leur parla de nouveau, et dit: Je suis la lumière du monde; celui qui me suit ne marchera pas dans les ténèbres, mais il aura la lumière de la vie.

¹³Là-dessus, les pharisiens lui dirent: Tu rends témoignage de toi-même; ton témoignage n'est pas vrai.

¹⁴Jésus leur répondit: Quoique je rende témoignage de moi-même, mon témoignage est vrai, car je sais d'où je suis venu et où je vais; mais vous, vous ne savez d'où je viens ni où je vais.

¹⁵Vous jugez selon la chair; moi, je ne juge personne.

¹⁶Et si je juge, mon jugement est vrai, car je ne suis pas seul; mais le Père qui m'a envoyé est avec moi.

¹⁷Il est écrit dans votre loi que le témoignage de deux hommes est vrai;

¹⁸je rends témoignage de moi-même, et le Père qui m'a envoyé rend témoignage de moi.

¹⁹Ils lui dirent donc: Où est ton Père? Jésus répondit: Vous ne connaissez ni moi, ni mon Père. Si vous me connaissiez, vous connaîtriez aussi mon Père.

²⁰Jésus dit ces paroles, enseignant dans le temple, au lieu où était le trésor; et personne ne le saisit, parce que son heure n'était pas encore venue.

²¹Jésus leur dit encore: Je m'en vais, et vous me chercherez, et vous mourrez dans votre péché; vous ne pouvez venir où je vais.

²²Sur quoi les Juifs dirent: Se tuera-t-il lui-même, puisqu'il dit: Vous ne pouvez venir où je vais?

²³Et il leur dit: Vous êtes d'en bas; moi, je suis d'en haut. Vous êtes de ce monde; moi, je ne suis pas de ce monde.

²⁴C'est pourquoi je vous ai dit que vous mourrez dans vos péchés; car si vous ne croyez pas ce que je suis, vous mourrez dans vos péchés.

²⁵Qui es-tu? lui dirent-ils. Jésus leur répondit: Ce que je vous dis dès le commencement.

²⁶J'ai beaucoup de choses à dire de vous et à juger en vous; mais celui qui m'a envoyé est vrai, et ce que j'ai entendu de lui, je le dis au monde.

²⁷Ils ne comprirent point qu'il leur parlait du Père.

²⁸Jésus donc leur dit: Quand vous aurez élevé le Fils de l'homme, alors vous connaîtrez ce que je suis, et que je ne fais rien de moi-même, mais que je parle selon ce que le Père m'a enseigné.

²⁹Celui qui m'a envoyé est avec moi; il ne m'a pas laissé seul, parce que je fais toujours ce qui lui est agréable.

³⁰Comme Jésus parlait ainsi, plusieurs crurent en lui.

³¹Et il dit aux Juifs qui avaient cru en lui: Si vous demeurez dans ma parole, vous êtes vraiment mes disciples;

³²vous connaîtrez la vérité, et la vérité vous affranchira.

³³Ils lui répondirent: Nous sommes la postérité d'Abraham, et nous ne fûmes jamais esclaves de personne; comment dis-tu: Vous deviendrez libres?

³⁴En vérité, en vérité, je vous le dis, leur répliqua Jésus, quiconque se livre au péché est esclave du péché.

³⁵Or, l'esclave ne demeure pas toujours dans la maison; le fils y demeure toujours.

³⁶Si donc le Fils vous affranchit, vous serez réellement libres.

³⁷Je sais que vous êtes la postérité d'Abraham; mais vous cherchez à me faire mourir, parce que ma parole ne pénètre pas en vous.

³⁸Je dis ce que j'ai vu chez mon Père; et vous, vous faites ce que vous avez entendu de la part de votre père.

³⁹Ils lui répondirent: Notre père, c'est Abraham. Jésus leur dit: Si vous étiez enfants d'Abraham, vous feriez les oeuvres d'Abraham.

⁴⁰Mais maintenant vous cherchez à me faire mourir, moi qui vous ai dit la vérité que j'ai entendue de Dieu. Cela, Abraham ne l'a point fait.

⁴¹Vous faites les oeuvres de votre père. Ils lui dirent: Nous ne sommes pas des enfants illégitimes; nous avons un seul Père, Dieu.

⁴²Jésus leur dit: Si Dieu était votre Père, vous m'aimeriez, car c'est de Dieu que je suis sorti et que je viens; je ne suis pas venu de moi-même, mais c'est lui qui m'a envoyé.

⁴³Pourquoi ne comprenez-vous pas mon langage? Parce que vous ne pouvez écouter ma parole.

⁴⁴Vous avez pour père le diable, et vous voulez accomplir les désirs de votre père. Il a été meurtrier dès le commencement, et il ne se tient pas dans la vérité, parce qu'il n'y a pas de vérité en lui. Lorsqu'il profère le mensonge, il parle de son propre fonds; car il est menteur et le père du mensonge.

⁴⁵Et moi, parce que je dis la vérité, vous ne me croyez pas.

⁴⁶Qui de vous me convaincra de péché? Si je dis la vérité, pourquoi ne me croyez-vous pas?

⁴⁷Celui qui est de Dieu, écoute les paroles de Dieu; vous n'écoutez pas, parce que vous n'êtes pas de Dieu.

⁴⁸Les Juifs lui répondirent: N'avons-nous pas raison de dire que tu es un Samaritain, et que tu as un démon?

⁴⁹Jésus répliqua: Je n'ai point de démon; mais j'honore mon Père, et vous m'outragez.

⁵⁰Je ne cherche point ma gloire; il en est un qui la cherche et qui juge.

⁵¹En vérité, en vérité, je vous le dis, si quelqu'un garde ma parole, il ne verra jamais la mort.

⁵²Maintenant, lui dirent les Juifs, nous connaissons que tu as un démon. Abraham est mort, les prophètes aussi, et tu dis: Si quelqu'un garde ma parole, il ne verra jamais la mort.

⁵³Es-tu plus grand que notre père Abraham, qui est mort? Les prophètes aussi sont morts. Qui prétends-tu être?

⁵⁴Jésus répondit: Si je me glorifie moi-même, ma gloire n'est rien. C'est mon père qui me glorifie, lui que vous dites être votre Dieu,

⁵⁵et que vous ne connaissez pas. Pour moi, je le connais; et, si je disais que je ne le connais pas, je serais semblable à vous, un menteur. Mais je le connais, et je garde sa parole.

⁵⁶Abraham, votre père, a tressailli de joie de ce qu'il verrait mon jour: il l'a vu, et il s'est réjoui.

⁵⁷Les Juifs lui dirent: Tu n'as pas encore cinquante ans, et tu as vu Abraham!

⁵⁸Jésus leur dit: En vérité, en vérité, je vous le dis, avant qu'Abraham fût, je suis.

⁵⁹Là-dessus, ils prirent des pierres pour les jeter contre lui; mais Jésus se cacha, et il sortit du temple.

Chapitre 9

¹Jésus vit, en passant, un homme aveugle de naissance.

²Ses disciples lui firent cette question: Rabbi, qui a péché, cet homme ou ses parents, pour qu'il soit né aveugle?

³Jésus répondit: Ce n'est pas que lui ou ses parents aient péché; mais c'est afin que les oeuvres de Dieu soient manifestées en lui.

⁴Il faut que je fasse, tandis qu'il est jour, les oeuvres de celui qui m'a envoyé; la nuit vient, où personne ne peut travailler.

⁵Pendant que je suis dans le monde, je suis la lumière du monde.

⁶Après avoir dit cela, il cracha à terre, et fit de la boue avec sa salive. Puis il appliqua cette boue sur les yeux de l'aveugle,

⁷et lui dit: Va, et lave-toi au réservoir de Siloé (nom qui signifie envoyé). Il y alla, se lava, et s'en retourna voyant clair.

⁸Ses voisins et ceux qui auparavant l'avaient connu comme un mendiant disaient: N'est-ce pas là celui qui se tenait assis et qui mendiait?

⁹Les uns disaient: C'est lui. D'autres disaient: Non, mais il lui ressemble. Et lui-même disait: C'est moi.

¹⁰Ils lui dirent donc: Comment tes yeux ont-ils été ouverts?

¹¹Il répondit: L'Homme qu'on appelle Jésus a fait de la boue, a oint mes yeux, et m'a dit: Va au réservoir de Siloé, et lave-toi. J'y suis allé, je me suis lavé, et j'ai recouvré la vue.

¹²Ils lui dirent: Où est cet homme? Il répondit: Je ne sais.

¹³Ils menèrent vers les pharisiens celui qui avait été aveugle.

¹⁴Or, c'était un jour de sabbat que Jésus avait fait de la boue, et lui avait ouvert les yeux.

¹⁵De nouveau, les pharisiens aussi lui demandèrent comment il avait recouvré la vue. Et il leur dit: Il a appliqué de la boue sur mes yeux, je me suis lavé, et je vois.

¹⁶Sur quoi quelques-uns des pharisiens dirent: Cet homme ne vient pas de Dieu, car il n'observe pas le sabbat. D'autres dirent: Comment un homme pécheur peut-il faire de tels miracles?

¹⁷Et il y eut division parmi eux. Ils dirent encore à l'aveugle: Toi, que dis-tu de lui, sur ce qu'il t'a ouvert les yeux? Il répondit: C'est un prophète.

¹⁸Les Juifs ne crurent point qu'il eût été aveugle et qu'il eût recouvré la vue jusqu'à ce qu'ils eussent fait venir ses parents.

¹⁹Et ils les interrogèrent, disant: Est-ce là votre fils, que vous dites être né aveugle? Comment donc voit-il maintenant?

²⁰Ses parents répondirent: Nous savons que c'est notre fils, et qu'il est né aveugle;

²¹mais comment il voit maintenant, ou qui lui a ouvert les yeux, c'est ce que nous ne savons. Interrogez-le lui-même, il a de l'âge, il parlera de ce qui le concerne.

²²Ses parents dirent cela parce qu'ils craignaient les Juifs; car les Juifs étaient déjà convenus que, si quelqu'un reconnaissait Jésus pour le Christ, il serait exclu de la synagogue.

²³C'est pourquoi ses parents dirent: Il a de l'âge, interrogez-le lui-même.

²⁴Les pharisiens appelèrent une seconde fois l'homme qui avait été aveugle, et ils lui dirent: Donne gloire à Dieu; nous savons que cet homme est un pécheur.

²⁵Il répondit: S'il est un pécheur, je ne sais; je sais une chose, c'est que j'étais aveugle et que maintenant je vois.

²⁶Ils lui dirent: Que t'a-t-il fait? Comment t'a-t-il ouvert les yeux?

²⁷Il leur répondit: Je vous l'ai déjà dit, et vous n'avez pas écouté; pourquoi voulez-vous l'entendre encore? Voulez-vous aussi devenir ses disciples?

²⁸Ils l'injurièrent et dirent: C'est toi qui es son disciple; nous, nous sommes disciples de Moïse.

²⁹Nous savons que Dieu a parlé à Moïse; mais celui-ci, nous ne savons d'où il est.

³⁰Cet homme leur répondit: Il est étonnant que vous ne sachiez d'où il est; et cependant il m'a ouvert les yeux.

³¹Nous savons que Dieu n'exauce point les pécheurs; mais, si quelqu'un l'honore et fait sa volonté, c'est celui là qu'il l'exauce.

³²Jamais on n'a entendu dire que quelqu'un ait ouvert les yeux d'un aveugle-né.

³³Si cet homme ne venait pas de Dieu, il ne pourrait rien faire.

³⁴Ils lui répondirent: Tu es né tout entier dans le péché, et tu nous enseignes! Et ils le chassèrent.

³⁵Jésus apprit qu'ils l'avaient chassé; et, l'ayant rencontré, il lui dit: Crois-tu au Fils de Dieu?

³⁶Il répondit: Et qui est-il, Seigneur, afin que je croie en lui?

³⁷Tu l'as vu, lui dit Jésus, et celui qui te parle, c'est lui.

³⁸Et il dit: Je crois, Seigneur. Et il se prosterna devant lui.

³⁹Puis Jésus dit: Je suis venu dans ce monde pour un jugement, pour que ceux qui ne voient point voient, et que ceux qui voient deviennent aveugles.

⁴⁰Quelques pharisiens qui étaient avec lui, ayant entendu ces paroles, lui dirent: Nous aussi, sommes-nous aveugles?

⁴¹Jésus leur répondit: Si vous étiez aveugles, vous n'auriez pas de péché. Mais maintenant vous dites: Nous voyons. C'est pour cela que votre péché subsiste.

Chapitre 10

¹En vérité, en vérité, je vous le dis, celui qui n'entre pas par la porte dans la bergerie, mais qui y monte par ailleurs, est un voleur et un brigand.

²Mais celui qui entre par la porte est le berger des brebis.

³Le portier lui ouvre, et les brebis entendent sa voix; il appelle par leur nom les brebis qui lui appartiennent, et il les conduit dehors.

⁴Lorsqu'il a fait sortir toutes ses propres brebis, il marche devant elles; et les brebis le suivent, parce qu'elles connaissent sa voix.

⁵Elles ne suivront point un étranger; mais elles fuiront loin de lui, parce qu'elles ne connaissent pas la voix des étrangers.

⁶Jésus leur dit cette parabole, mais ils ne comprirent pas de quoi il leur parlait.

⁷Jésus leur dit encore: En vérité, en vérité, je vous le dis, je suis la porte des brebis.

⁸Tous ceux qui sont venus avant moi sont des voleurs et des brigands; mais les brebis ne les ont point écoutés.

⁹Je suis la porte. Si quelqu'un entre par moi, il sera sauvé; il entrera et il sortira, et il trouvera des pâturages.

¹⁰Le voleur ne vient que pour dérober, égorger et détruire; moi, je suis venu afin que les brebis aient la vie, et qu'elles soient dans l'abondance.

¹¹Je suis le bon berger. Le bon berger donne sa vie pour ses brebis.

¹²Mais le mercenaire, qui n'est pas le berger, et à qui n'appartiennent pas les brebis, voit venir le loup, abandonne les brebis, et prend la fuite; et le loup les ravit et les disperse.

¹³Le mercenaire s'enfuit, parce qu'il est mercenaire, et qu'il ne se met point en peine des brebis. Je suis le bon berger.

¹⁴Je connais mes brebis, et elles me connaissent,

¹⁵comme le Père me connaît et comme je connais le Père; et je donne ma vie pour mes brebis.

¹⁶J'ai encore d'autres brebis, qui ne sont pas de cette bergerie; celles-là, il faut que je les amène; elles entendront ma voix, et il y aura un seul troupeau, un seul berger.

¹⁷Le Père m'aime, parce que je donne ma vie, afin de la reprendre.

¹⁸Personne ne me l'ôte, mais je la donne de moi-même; j'ai le pouvoir de la donner, et j'ai le pouvoir de la reprendre: tel est l'ordre que j'ai reçu de mon Père.

¹⁹Il y eut de nouveau, à cause de ces paroles, division parmi les Juifs.

²⁰Plusieurs d'entre eux disaient: Il a un démon, il est fou; pourquoi l'écoutez-vous?

²¹D'autres disaient: Ce ne sont pas les paroles d'un démoniaque; un démon peut-il ouvrir les yeux des aveugles?

²²On célébrait à Jérusalem la fête de la Dédicace. C'était l'hiver.

²³Et Jésus se promenait dans le temple, sous le portique de Salomon.

²⁴Les Juifs l'entourèrent, et lui dirent: Jusques à quand tiendras-tu notre esprit en suspens? Si tu es le Christ, dis-le nous franchement.

²⁵Jésus leur répondit: Je vous l'ai dit, et vous ne croyez pas. Les oeuvres que je fais au nom de mon Père rendent témoignage de moi.

²⁶Mais vous ne croyez pas, parce que vous n'êtes pas de mes brebis.

²⁷Mes brebis entendent ma voix; je les connais, et elles me suivent.

²⁸Je leur donne la vie éternelle; et elles ne périront jamais, et personne ne les ravira de ma main.

²⁹Mon Père, qui me les a données, est plus grand que tous; et personne ne peut les ravir de la main de mon Père.

³⁰Moi et le Père nous sommes un.

³¹Alors les Juifs prirent de nouveau des pierres pour le lapider.

³²Jésus leur dit: Je vous ai fait voir plusieurs bonnes oeuvres venant de mon Père: pour laquelle me lapidez-vous?

³³Les Juifs lui répondirent: Ce n'est point pour une bonne oeuvre que nous te lapidons, mais pour un blasphème, et parce que toi, qui es un homme, tu te fais Dieu.

³⁴Jésus leur répondit: N'est-il pas écrit dans votre loi: J'ai dit: Vous êtes des dieux?

³⁵Si elle a appelé dieux ceux à qui la parole de Dieu a été adressée, et si l'Écriture ne peut être anéantie,

³⁶celui que le Père a sanctifié et envoyé dans le monde, vous lui dites: Tu blasphèmes! Et cela parce que j'ai dit: Je suis le Fils de Dieu.

³⁷Si je ne fais pas les oeuvres de mon Père, ne me croyez pas.

³⁸Mais si je les fais, quand même vous ne me croyez point, croyez à ces oeuvres, afin que vous sachiez et reconnaissiez que le Père est en moi et que je suis dans le Père.

³⁹Là-dessus, ils cherchèrent encore à le saisir, mais il s'échappa de leurs mains.

⁴⁰Jésus s'en alla de nouveau au delà du Jourdain, dans le lieu où Jean avait d'abord baptisé. Et il y demeura.

⁴¹Beaucoup de gens vinrent à lui, et ils disaient: Jean n'a fait aucun miracle; mais tout ce que Jean a dit de cet homme était vrai.

⁴²Et, dans ce lieu-là, plusieurs crurent en lui.

Chapitre 11

¹Il y avait un homme malade, Lazare, de Béthanie, village de Marie et de Marthe, sa soeur.

²C'était cette Marie qui oignit de parfum le Seigneur et qui lui essuya les pieds avec ses cheveux, et c'était son frère Lazare qui était malade.

³Les soeurs envoyèrent dire à Jésus: Seigneur, voici, celui que tu aimes est malade.

⁴Après avoir entendu cela, Jésus dit: Cette maladie n'est point à la mort; mais elle est pour la gloire de Dieu, afin que le Fils de Dieu soit glorifié par elle.

⁵Or, Jésus aimait Marthe, et sa soeur, et Lazare.

⁶Lors donc qu'il eut appris que Lazare était malade, il resta deux jours encore dans le lieu où il était,

⁷et il dit ensuite aux disciples: Retournons en Judée.

⁸Les disciples lui dirent: Rabbi, les Juifs tout récemment cherchaient à te lapider, et tu retournes en Judée!

⁹Jésus répondit: N'y a-t-il pas douze heures au jour? Si quelqu'un marche pendant le jour, il ne bronche point, parce qu'il voit la lumière de ce monde;

¹⁰mais, si quelqu'un marche pendant la nuit, il bronche, parce que la lumière n'est pas en lui.

¹¹Après ces paroles, il leur dit: Lazare, notre ami, dort; mais je vais le réveiller.

¹²Les disciples lui dirent: Seigneur, s'il dort, il sera guéri.

¹³Jésus avait parlé de sa mort, mais ils crurent qu'il parlait de l'assoupissement du sommeil.

¹⁴Alors Jésus leur dit ouvertement: Lazare est mort.

¹⁵Et, à cause de vous, afin que vous croyiez, je me réjouis de ce que je n'étais pas là. Mais allons vers lui.

¹⁶Sur quoi Thomas, appelé Didyme, dit aux autres disciples: Allons aussi, afin de mourir avec lui.

¹⁷Jésus, étant arrivé, trouva que Lazare était déjà depuis quatre jours dans le sépulcre.

¹⁸Et, comme Béthanie était près de Jérusalem, à quinze stades environ,

¹⁹beaucoup de Juifs étaient venus vers Marthe et Marie, pour les consoler de la mort de leur frère.

²⁰Lorsque Marthe apprit que Jésus arrivait, elle alla au-devant de lui, tandis que Marie se tenait assise à la maison.

²¹Marthe dit à Jésus: Seigneur, si tu eusses été ici, mon frère ne serait pas mort.

²²Mais, maintenant même, je sais que tout ce que tu demanderas à Dieu, Dieu te l'accordera.

²³Jésus lui dit: Ton frère ressuscitera.

²⁴Je sais, lui répondit Marthe, qu'il ressuscitera à la résurrection, au dernier jour.

²⁵Jésus lui dit: Je suis la résurrection et la vie. Celui qui croit en moi vivra, quand même il serait mort;

²⁶et quiconque vit et croit en moi ne mourra jamais. Crois-tu cela?

²⁷Elle lui dit: Oui, Seigneur, je crois que tu es le Christ, le Fils de Dieu, qui devait venir dans le monde.

²⁸Ayant ainsi parlé, elle s'en alla. Puis elle appela secrètement Marie, sa soeur, et lui dit: Le maître est ici, et il te demande.

²⁹Dès que Marie eut entendu, elle se leva promptement, et alla vers lui.

³⁰Car Jésus n'était pas encore entré dans le village, mais il était dans le lieu où Marthe l'avait rencontré.

³¹Les Juifs qui étaient avec Marie dans la maison et qui la consolaient, l'ayant vue se lever promptement et sortir, la suivirent, disant: Elle va au sépulcre, pour y pleurer.

³²Lorsque Marie fut arrivée là où était Jésus, et qu'elle le vit, elle tomba à ses pieds, et lui dit: Seigneur, si tu eusses été ici, mon frère ne serait pas mort.

³³Jésus, la voyant pleurer, elle et les Juifs qui étaient venus avec elle, frémit en son esprit, et fut tout ému.

³⁴Et il dit: Où l'avez-vous mis? Seigneur, lui répondirent-ils, viens et vois.

³⁵Jésus pleura.

³⁶Sur quoi les Juifs dirent: Voyez comme il l'aimait.

³⁷Et quelques-uns d'entre eux dirent: Lui qui a ouvert les yeux de l'aveugle, ne pouvait-il pas faire aussi que cet homme ne mourût point?

³⁸Jésus frémissant de nouveau en lui-même, se rendit au sépulcre. C'était une grotte, et une pierre était placée devant.

³⁹Jésus dit: Otez la pierre. Marthe, la soeur du mort, lui dit: Seigneur, il sent déjà, car il y a quatre jours qu'il est là.

⁴⁰Jésus lui dit: Ne t'ai-je pas dit que, si tu crois, tu verras la gloire de Dieu?

⁴¹Ils ôtèrent donc la pierre. Et Jésus leva les yeux en haut, et dit: Père, je te rends grâces de ce que tu m'as exaucé.

⁴²Pour moi, je savais que tu m'exauces toujours; mais j'ai parlé à cause de la foule qui m'entoure, afin qu'ils croient que c'est toi qui m'as envoyé.

⁴³Ayant dit cela, il cria d'une voix forte: Lazare, sors!

⁴⁴Et le mort sortit, les pieds et les mains liés de bandes, et le visage enveloppé d'un linge. Jésus leur dit: Déliez-le, et laissez-le aller.

⁴⁵Plusieurs des Juifs qui étaient venus vers Marie, et qui virent ce

que fit Jésus, crurent en lui.

⁴⁶Mais quelques-uns d'entre eux allèrent trouver les pharisiens, et leur dirent ce que Jésus avait fait.

⁴⁷Alors les principaux sacrificateurs et les pharisiens assemblèrent le sanhédrin, et dirent: Que ferons-nous? Car cet homme fait beaucoup de miracles.

⁴⁸Si nous le laissons faire, tous croiront en lui, et les Romains viendront détruire et notre ville et notre nation.

⁴⁹L'un d'eux, Caïphe, qui était souverain sacrificateur cette année-là, leur dit: Vous n'y entendez rien;

⁵⁰vous ne réfléchissez pas qu'il est dans votre intérêt qu'un seul homme meure pour le peuple, et que la nation entière ne périsse pas.

⁵¹Or, il ne dit pas cela de lui-même; mais étant souverain sacrificateur cette année-là, il prophétisa que Jésus devait mourir pour la nation.

⁵²Et ce n'était pas pour la nation seulement; c'était aussi afin de réunir en un seul corps les enfants de Dieu dispersés.

⁵³Dès ce jour, ils résolurent de le faire mourir.

⁵⁴C'est pourquoi Jésus ne se montra plus ouvertement parmi les Juifs; mais il se retira dans la contrée voisine du désert, dans une ville appelée Éphraïm; et là il demeurait avec ses disciples.

⁵⁵La Pâque des Juifs était proche. Et beaucoup de gens du pays montèrent à Jérusalem avant la Pâque, pour se purifier.

⁵⁶Ils cherchaient Jésus, et ils se disaient les uns aux autres dans le temple: Que vous en semble? Ne viendra-t-il pas à la fête?

⁵⁷Or, les principaux sacrificateurs et les pharisiens avaient donné l'ordre que, si quelqu'un savait où il était, il le déclarât, afin qu'on se saisît de lui.

Chapitre 12

¹Six jours avant la Pâque, Jésus arriva à Béthanie, où était Lazare, qu'il avait ressuscité des morts.

²Là, on lui fit un souper; Marthe servait, et Lazare était un de ceux qui se trouvaient à table avec lui.

³Marie, ayant pris une livre d'un parfum de nard pur de grand prix, oignit les pieds de Jésus, et elle lui essuya les pieds avec ses cheveux; et la maison fut remplie de l'odeur du parfum.

⁴Un de ses disciples, Judas Iscariot, fils de Simon, celui qui devait le livrer, dit:

⁵Pourquoi n'a-t-on pas vendu ce parfum trois cent deniers, pour les donner aux pauvres?

⁶Il disait cela, non qu'il se mît en peine des pauvres, mais parce qu'il était voleur, et que, tenant la bourse, il prenait ce qu'on y mettait.

⁷Mais Jésus dit: Laisse-la garder ce parfum pour le jour de ma sépulture.

⁸Vous avez toujours les pauvres avec vous, mais vous ne m'avez pas toujours.

⁹Une grande multitude de Juifs apprirent que Jésus était à Béthanie; et ils y vinrent, non pas seulement à cause de lui, mais aussi pour voir Lazare, qu'il avait ressuscité des morts.

¹⁰Les principaux sacrificateurs délibérèrent de faire mourir aussi Lazare,

¹¹parce que beaucoup de Juifs se retiraient d'eux à cause de lui, et croyaient en Jésus.

¹²Le lendemain, une foule nombreuse de gens venus à la fête ayant entendu dire que Jésus se rendait à Jérusalem,

¹³prirent des branches de palmiers, et allèrent au-devant de lui, en criant: Hosanna! Béni soit celui qui vient au nom du Seigneur, le roi d'Israël!

¹⁴Jésus trouva un ânon, et s'assit dessus, selon ce qui est écrit:

¹⁵Ne crains point, fille de Sion; Voici, ton roi vient, Assis sur le petit d'une ânesse.

¹⁶Ses disciples ne comprirent pas d'abord ces choses; mais, lorsque Jésus eut été glorifié, ils se souvinrent qu'elles étaient écrites de lui, et qu'ils les avaient été accomplies à son égard.

¹⁷Tous ceux qui étaient avec Jésus, quand il appela Lazare du sépulcre et le ressuscita des morts, lui rendaient témoignage.

¹⁸et la foule vint au-devant de lui, parce qu'elle avait appris qu'il avait fait ce miracle.

¹⁹Les pharisiens se dirent donc les uns aux autres: Vous voyez que vous ne gagnez rien; voici, le monde est allé après lui.

²⁰Quelques Grecs, du nombre de ceux qui étaient montés pour adorer pendant la fête,

²¹s'adressèrent à Philippe, de Bethsaïda en Galilée, et lui dirent avec instance: Seigneur, nous voudrions voir Jésus.

²²Philippe alla le dire à André, puis André et Philippe le dirent à Jésus.

²³Jésus leur répondit: L'heure est venue où le Fils de l'homme doit être glorifié.

²⁴En vérité, en vérité, je vous le dis, si le grain de blé qui est tombé en terre ne meurt, il reste seul; mais, s'il meurt, il porte beaucoup de fruit.

²⁵Celui qui aime sa vie la perdra, et celui qui hait sa vie dans ce monde la conservera pour la vie éternelle.

²⁶Si quelqu'un me sert, qu'il me suive; et là où je suis, là aussi sera mon serviteur. Si quelqu'un me sert, le Père l'honorera.

²⁷Maintenant mon âme est troublée. Et que dirais-je?... Père, délivre-moi de cette heure?... Mais c'est pour cela que je suis venu jusqu'à cette heure.

²⁸Père, glorifie ton nom! Et une voix vint du ciel: Je l'ai glorifié, et je le glorifierai encore.

²⁹La foule qui était là, et qui avait entendu, disait que c'était un tonnerre. D'autres disaient: Un ange lui a parlé.

³⁰Jésus dit: Ce n'est pas à cause de moi que cette voix s'est fait entendre; c'est à cause de vous.

³¹Maintenant a lieu le jugement de ce monde; maintenant le prince de ce monde sera jeté dehors.

³²Et moi, quand j'aurai été élevé de la terre, j'attirerai tous les hommes à moi.

³³En parlant ainsi, il indiquait de quelle mort il devait mourir. -

³⁴La foule lui répondit: Nous avons appris par la loi que le Christ demeure éternellement; comment donc dis-tu: Il faut que le Fils de l'homme soit élevé? Qui est ce Fils de l'homme?

³⁵Jésus leur dit: La lumière est encore pour un peu de temps au milieu de vous. Marchez, pendant que vous avez la lumière, afin que les ténèbres ne vous surprennent point: celui qui marche dans les ténèbres ne sait où il va.

³⁶Pendant que vous avez la lumière, croyez en la lumière, afin que vous soyez des enfants de lumière. Jésus dit ces choses, puis il s'en alla, et se cacha loin d'eux.

³⁷Malgré tant de miracles qu'il avait faits en leur présence, ils ne croyaient pas en lui,

³⁸afin que s'accomplît la parole qu'Ésaïe, le prophète, a prononcée: Seigneur, Qui a cru à notre prédication? Et à qui le bras du Seigneur a-t-il été révélé?

³⁹Aussi ne pouvaient-ils croire, parce qu'Ésaïe a dit encore:

⁴⁰Il a aveuglé leurs yeux; et il a endurci leur coeur, De peur qu'ils ne voient des yeux, Qu'ils ne comprennent du coeur, Qu'ils ne se convertissent, et que je ne les guérisse.

⁴¹Ésaïe dit ces choses, lorsqu'il vit sa gloire, et qu'il parla de lui.

⁴²Cependant, même parmi les chefs, plusieurs crurent en lui; mais, à cause des pharisiens, ils n'en faisaient pas l'aveu, dans la crainte d'être exclus de la synagogue.

⁴³Car ils aimèrent la gloire des hommes plus que la gloire de Dieu.

⁴⁴Or, Jésus s'était écrié: Celui qui croit en moi croit, non pas en moi, mais en celui qui m'a envoyé;

⁴⁵et celui qui me voit voit celui qui m'a envoyé.

⁴⁶Je suis venu comme une lumière dans le monde, afin que quiconque croit en moi ne demeure pas dans les ténèbres.

⁴⁷Si quelqu'un entend mes paroles et ne les garde point, ce n'est pas moi qui le juge; car je suis venu non pour juger le monde, mais pour sauver le monde.

⁴⁸Celui qui me rejette et qui ne reçoit pas mes paroles a son juge; la parole que j'ai annoncée, c'est elle qui le jugera au dernier jour.

⁴⁹Car je n'ai point parlé de moi-même; mais le Père, qui m'a envoyé, m'a prescrit lui-même ce que je dois dire et annoncer.

⁵⁰Et je sais que son commandement est la vie éternelle. C'est pourquoi les choses que je dis, je les dis comme le Père me les a dites.

Chapitre 13

¹Avant la fête de Pâque, Jésus, sachant que son heure était venue de passer de ce monde au Père, et ayant aimé les siens qui étaient dans le monde, mit le comble à son amour pour eux.

²Pendant le souper, lorsque le diable avait déjà inspiré au coeur de Judas Iscariot, fils de Simon, le dessein de le livrer,

³Jésus, qui savait que le Père avait remis toutes choses entre ses mains, qu'il était venu de Dieu, et qu'il s'en allait à Dieu,

⁴se leva de table, ôta ses vêtements, et prit un linge, dont il se ceignit.

⁵Ensuite il versa de l'eau dans un bassin, et il se mit à laver les pieds des disciples, et à les essuyer avec le linge dont il était ceint.

⁶Il vint donc à Simon Pierre; et Pierre lui dit: Toi, Seigneur, tu me laves les pieds!

⁷Jésus lui répondit: Ce que je fais, tu ne le comprends pas

maintenant, mais tu le comprendras bientôt.

⁸Pierre lui dit: Non, jamais tu ne me laveras les pieds. Jésus lui répondit: Si je ne te lave, tu n'auras point de part avec moi.

⁹Simon Pierre lui dit: Seigneur, non seulement les pieds, mais encore les mains et la tête.

¹⁰Jésus lui dit: Celui qui est lavé n'a besoin que de se laver les pieds pour être entièrement pur; et vous êtes purs, mais non pas tous.

¹¹Car il connaissait celui qui le livrait; c'est pourquoi il dit: Vous n'êtes pas tous purs.

¹²Après qu'il leur eut lavé les pieds, et qu'il eut pris ses vêtements, il se remit à table, et leur dit: Comprenez-vous ce que je vous ai fait?

¹³Vous m'appelez Maître et Seigneur; et vous dites bien, car je le suis.

¹⁴Si donc je vous ai lavé les pieds, moi, le Seigneur et le Maître, vous devez aussi vous laver les pieds les uns aux autres;

¹⁵car je vous ai donné un exemple, afin que vous fassiez comme je vous ai fait.

¹⁶En vérité, en vérité, je vous le dis, le serviteur n'est pas plus grand que son seigneur, ni l'apôtre plus grand que celui qui l'a envoyé.

¹⁷Si vous savez ces choses, vous êtes heureux, pourvu que vous les pratiquiez.

¹⁸Ce n'est pas de vous tous que je parle; je connais ceux que j'ai choisis. Mais il faut que l'Écriture s'accomplisse: Celui qui mange avec moi le pain A levé son talon contre moi.

¹⁹Dès à présent je vous le dis, avant que la chose arrive, afin que, lorsqu'elle arrivera, vous croyiez à ce que je suis.

²⁰En vérité, en vérité, je vous le dis, celui qui reçoit celui que j'aurai envoyé me reçoit, et celui qui me reçoit, reçoit celui qui m'a envoyé.

²¹Ayant ainsi parlé, Jésus fut troublé en son esprit, et il dit expressément: En vérité, en vérité, je vous le dis, l'un de vous me livrera.

²²Les disciples se regardaient les uns les autres, ne sachant de qui il parlait.

²³Un des disciples, celui que Jésus aimait, était couché sur le sein de Jésus.

²⁴Simon Pierre lui fit signe de demander qui était celui dont parlait Jésus.

²⁵Et ce disciple, s'étant penché sur la poitrine de Jésus, lui dit: Seigneur, qui est-ce?

²⁶Jésus répondit: C'est celui à qui je donnerai le morceau trempé. Et, ayant trempé le morceau, il le donna à Judas, fils de Simon, l'Iscariot.

²⁷Dès que le morceau fut donné, Satan entra dans Judas. Jésus lui dit: Ce que tu fais, fais-le promptement.

²⁸Mais aucun de ceux qui étaient à table ne comprit pourquoi il lui disait cela;

²⁹car quelques-uns pensaient que, comme Judas avait la bourse, Jésus voulait lui dire: Achète ce dont nous avons besoin pour la fête, ou qu'il lui commandait de donner quelque chose aux pauvres.

³⁰Judas, ayant pris le morceau, se hâta de sortir. Il était nuit.

³¹Lorsque Judas fut sorti, Jésus dit: Maintenant, le Fils de l'homme a été glorifié, et Dieu a été glorifié en lui.

³²Si Dieu a été glorifié en lui, Dieu aussi le glorifiera en lui-même, et il le glorifiera bientôt.

³³Mes petits enfants, je suis pour peu de temps encore avec vous. Vous me chercherez; et, comme j'ai dit aux Juifs: Vous ne pouvez venir où je vais, je vous le dis aussi maintenant.

³⁴Je vous donne un commandement nouveau: Aimez-vous les uns les autres; comme je vous ai aimés, vous aussi, aimez-vous les uns les autres.

³⁵A ceci tous connaîtront que vous êtes mes disciples, si vous avez de l'amour les uns pour les autres.

³⁶Simon Pierre lui dit: Seigneur, où vas-tu? Jésus répondit: Tu ne peux pas maintenant me suivre où je vais, mais tu me suivras plus tard.

³⁷Seigneur, lui dit Pierre, pourquoi ne puis-je pas te suivre maintenant? Je donnerai ma vie pour toi.

³⁸Jésus répondit: Tu donneras ta vie pour moi! En vérité, en vérité, je te le dis, le coq ne chantera pas que tu ne m'aies renié trois fois.

Chapitre 14

¹Que votre coeur ne se trouble point. Croyez en Dieu, et croyez en moi.

²Il y a plusieurs demeures dans la maison de mon Père. Si cela n'était pas, je vous l'aurais dit. Je vais vous préparer une place.

³Et, lorsque je m'en serai allé, et que je vous aurai préparé une place, je reviendrai, et je vous prendrai avec moi, afin que là où je suis vous y soyez aussi.

⁴Vous savez où je vais, et vous en savez le chemin.

⁵Thomas lui dit: Seigneur, nous ne savons où tu vas; comment pouvons-nous en savoir le chemin?

⁶Jésus lui dit: Je suis le chemin, la vérité, et la vie. Nul ne vient au Père que par moi.

⁷Si vous me connaissiez, vous connaîtriez aussi mon Père. Et dès maintenant vous le connaissez, et vous l'avez vu.

⁸Philippe lui dit: Seigneur, montre-nous le Père, et cela nous suffit.

⁹Jésus lui dit: Il y a si longtemps que je suis avec vous, et tu ne m'as pas connu, Philippe! Celui qui m'a vu a vu le Père; comment dis-tu: Montre-nous le Père?

¹⁰Ne crois-tu pas que je suis dans le Père, et que le Père est en moi? Les paroles que je vous dis, je ne les dis pas de moi-même; et le Père qui demeure en moi, c'est lui qui fait les oeuvres.

¹¹Croyez-moi, je suis dans le Père, et le Père est en moi; croyez du moins à cause de ces oeuvres.

¹²En vérité, en vérité, je vous le dis, celui qui croit en moi fera aussi les oeuvres que je fais, et il en fera de plus grandes, parce que je m'en vais au Père;

¹³et tout ce que vous demanderez en mon nom, je le ferai, afin que le Père soit glorifié dans le Fils.

¹⁴Si vous demandez quelque chose en mon nom, je le ferai.

¹⁵Si vous m'aimez, gardez mes commandements.

¹⁶Et moi, je prierai le Père, et il vous donnera un autre consolateur, afin qu'il demeure éternellement avec vous,

¹⁷l'Esprit de vérité, que le monde ne peut recevoir, parce qu'il ne le voit point et ne le connaît point; mais vous, vous le connaissez, car il demeure avec vous, et il sera en vous.

¹⁸Je ne vous laisserai pas orphelins, je viendrai à vous.

¹⁹Encore un peu de temps, et le monde ne me verra plus; mais vous, vous me verrez, car je vis, et vous vivrez aussi.

²⁰En ce jour-là, vous connaîtrez que je suis en mon Père, que vous êtes en moi, et que je suis en vous.

²¹Celui qui a mes commandements et qui les garde, c'est celui qui m'aime; et celui qui m'aime sera aimé de mon Père, je l'aimerai, et je me ferai connaître à lui.

²²Jude, non pas l'Iscariot, lui dit: Seigneur, d'où vient que tu te feras connaître à nous, et non au monde?

²³Jésus lui répondit: Si quelqu'un m'aime, il gardera ma parole, et mon Père l'aimera; nous viendrons à lui, et nous ferons notre demeure chez lui.

²⁴Celui qui ne m'aime pas ne garde point mes paroles. Et la parole que vous entendez n'est pas de moi, mais du Père qui m'a envoyé.

²⁵Je vous ai dit ces choses pendant que je demeure avec vous.

²⁶Mais le consolateur, l'Esprit Saint, que le Père enverra en mon nom, vous enseignera toutes choses, et vous rappellera tout ce que je vous ai dit.

²⁷Je vous laisse la paix, je vous donne ma paix. Je ne vous donne pas comme le monde donne. Que votre coeur ne se trouble point, et ne s'alarme point.

²⁸Vous avez entendu que je vous ai dit: Je m'en vais, et je reviens vers vous. Si vous m'aimiez, vous vous réjouiriez de ce que je vais au Père; car le Père est plus grand que moi.

²⁹Et maintenant je vous ai dit ces choses avant qu'elles arrivent, afin que, lorsqu'elles arriveront, vous croyiez.

³⁰Je ne parlerai plus guère avec vous; car le prince du monde vient. Il n'a rien en moi;

³¹mais afin que le monde sache que j'aime le Père, et que j'agis selon l'ordre que le Père m'a donné, levez-vous, partons d'ici.

Chapitre 15

¹Je suis le vrai cep, et mon Père est le vigneron.

²Tout sarment qui est en moi et qui ne porte pas de fruit, il le retranche; et tout sarment qui porte du fruit, il l'émonde, afin qu'il porte encore plus de fruit.

³Déjà vous êtes purs, à cause de la parole que je vous ai annoncée.

⁴Demeurez en moi, et je demeurerai en vous. Comme le sarment ne peut de lui-même porter du fruit, s'il ne demeure attaché au cep, ainsi vous ne le pouvez non plus, si vous ne demeurez en moi.

Jean

⁵Je suis le cep, vous êtes les sarments. Celui qui demeure en moi et en qui je demeure porte beaucoup de fruit, car sans moi vous ne pouvez rien faire.

⁶Si quelqu'un ne demeure pas en moi, il est jeté dehors, comme le sarment, et il sèche; puis on ramasse les sarments, on les jette au feu, et ils brûlent.

⁷Si vous demeurez en moi, et que mes paroles demeurent en vous, demandez ce que vous voudrez, et cela vous sera accordé.

⁸Si vous portez beaucoup de fruit, c'est ainsi que mon Père sera glorifié, et que vous serez mes disciples.

⁹Comme le Père m'a aimé, je vous ai aussi aimés. Demeurez dans mon amour.

¹⁰Si vous gardez mes commandements, vous demeurerez dans mon amour, de même que j'ai gardé les commandements de mon Père, et que je demeure dans son amour.

¹¹Je vous ai dit ces choses, afin que ma joie soit en vous, et que votre joie soit parfaite.

¹²C'est ici mon commandement: Aimez-vous les uns les autres, comme je vous ai aimés.

¹³Il n'y a pas de plus grand amour que de donner sa vie pour ses amis.

¹⁴Vous êtes mes amis, si vous faites ce que je vous commande.

¹⁵Je ne vous appelle plus serviteurs, parce que le serviteur ne sait pas ce que fait son maître; mais je vous ai appelés amis, parce que je vous ai fait connaître tout ce que j'ai appris de mon Père.

¹⁶Ce n'est pas vous qui m'avez choisi; mais moi, je vous ai choisis, et je vous ai établis, afin que vous alliez, et que vous portiez du fruit, et que votre fruit demeure, afin que ce que vous demanderez au Père en mon nom, il vous le donne.

¹⁷Ce que je vous commande, c'est de vous aimer les uns les autres.

¹⁸Si le monde vous hait, sachez qu'il m'a haï avant vous.

¹⁹Si vous étiez du monde, le monde aimerait ce qui est à lui; mais parce que vous n'êtes pas du monde, et que je vous ai choisis du milieu du monde, à cause de cela le monde vous hait.

²⁰Souvenez-vous de la parole que je vous ai dite: Le serviteur n'est pas plus grand que son maître. S'ils m'ont persécuté, ils vous persécuteront aussi; s'ils ont gardé ma parole, ils garderont aussi la vôtre.

²¹Mais ils vous feront toutes ces choses à cause de mon nom, parce qu'ils ne connaissent pas celui qui m'a envoyé.

²²Si je n'étais pas venu et que je ne leur eusses point parlé, ils n'auraient pas de péché; mais maintenant ils n'ont aucune excuse de leur péché.

²³Celui qui me hait, hait aussi mon Père.

²⁴Si je n'avais pas fait parmi eux des oeuvres que nul autre n'a faites, ils n'auraient pas de péché; mais maintenant ils les ont vues, et ils ont haï et moi et mon Père.

²⁵Mais cela est arrivé afin que s'accomplît la parole qui est écrite dans leur loi: Ils m'ont haï sans cause.

²⁶Quand sera venu le consolateur, que je vous enverrai de la part du Père, l'Esprit de vérité, qui vient du Père, il rendra témoignage de moi;

²⁷et vous aussi, vous rendrez témoignage, parce que vous êtes avec moi dès le commencement.

Chapitre 16

¹Je vous ai dit ces choses, afin qu'elles ne soient pas pour vous une occasion de chute.

²Ils vous excluront des synagogues; et même l'heure vient où quiconque vous fera mourir croira rendre un culte à Dieu.

³Et ils agiront ainsi, parce qu'ils n'ont connu ni le Père ni moi.

⁴Je vous ai dit ces choses, afin que, lorsque l'heure sera venue, vous vous souveniez que je vous les ai dites. Je ne vous en ai pas parlé dès le commencement, parce que j'étais avec vous.

⁵Maintenant je m'en vais vers celui qui m'a envoyé, et aucun de vous ne me demande: Où vas-tu?

⁶Mais, parce que je vous ai dit ces choses, la tristesse a rempli votre coeur.

⁷Cependant je vous dis la vérité: il vous est avantageux que je m'en aille, car si je ne m'en vais pas, le consolateur ne viendra pas vers vous; mais, si je m'en vais, je vous l'enverrai.

⁸Et quand il sera venu, il convaincra le monde en ce qui concerne le péché, la justice, et le jugement.

⁹en ce qui concerne le péché, parce qu'ils ne croient pas en moi;

¹⁰la justice, parce que je vais au Père, et que vous ne me verrez plus;

¹¹le jugement, parce que le prince de ce monde est jugé.

¹²J'ai encore beaucoup de choses à vous dire, mais vous ne pouvez pas les porter maintenant.

¹³Quand le consolateur sera venu, l'Esprit de vérité, il vous conduira dans toute la vérité; car il ne parlera pas de lui-même, mais il dira tout ce qu'il aura entendu, et il vous annoncera les choses à venir.

¹⁴Il me glorifiera, parce qu'il prendra de ce qui est à moi, et vous l'annoncera.

¹⁵Tout ce que le Père a est à moi; c'est pourquoi j'ai dit qu'il prend de ce qui est à moi, et qu'il vous l'annoncera.

¹⁶Encore un peu de temps, et vous ne me verrez plus; et puis encore un peu de temps, et vous me verrez, parce que je vais au Père.

¹⁷Là-dessus, quelques-uns de ses disciples dirent entre eux: Que signifie ce qu'il nous dit: Encore un peu de temps, et vous ne me verrez plus; et puis encore un peu de temps, et vous me verrez? et: Parce que je vais au Père?

¹⁸Ils disaient donc: Que signifie ce qu'il dit: Encore un peu de temps? Nous ne savons de quoi il parle.

¹⁹Jésus, connut qu'ils voulaient l'interroger, leur dit: Vous vous questionnez les uns les autres sur ce que j'ai dit: Encore un peu de temps, et vous ne me verrez plus; et puis encore un peu de temps, et vous me verrez.

²⁰En vérité, en vérité, je vous le dis, vous pleurerez et vous vous lamenterez, et le monde se réjouira: vous serez dans la tristesse, mais votre tristesse se changera en joie.

²¹La femme, lorsqu'elle enfante, éprouve de la tristesse, parce que son heure est venue; mais, lorsqu'elle a donné le jour à l'enfant, elle ne se souvient plus de la souffrance, à cause de la joie qu'elle a de ce qu'un homme est né dans le monde.

²²Vous donc aussi, vous êtes maintenant dans la tristesse; mais je vous reverrai, et votre coeur se réjouira, et nul ne vous ravira votre joie.

²³En ce jour-là, vous ne m'interrogerez plus sur rien. En vérité, en vérité, je vous le dis, ce que vous demanderez au Père, il vous le donnera en mon nom.

²⁴Jusqu'à présent vous n'avez rien demandé en mon nom. Demandez, et vous recevrez, afin que votre joie soit parfaite.

²⁵Je vous ai dit ces choses en paraboles. L'heure vient où je ne vous parlerai plus en paraboles, mais où je vous parlerai ouvertement du Père.

²⁶En ce jour, vous demanderez en mon nom, et je ne vous dis pas que je prierai le Père pour vous;

²⁷car le Père lui-même vous aime, parce que vous m'avez aimé, et que vous avez cru que je suis sorti de Dieu.

²⁸Je suis sorti du Père, et je suis venu dans le monde; maintenant je quitte le monde, et je vais au Père.

²⁹Ses disciples lui dirent: Voici, maintenant tu parles ouvertement, et tu n'emploies aucune parabole.

³⁰Maintenant nous savons que tu sais toutes choses, et que tu n'as pas besoin que personne t'interroge; c'est pourquoi nous croyons que tu es sorti de Dieu.

³¹Jésus leur répondit: Vous croyez maintenant.

³²Voici, l'heure vient, et elle est déjà venue, où vous serez dispersés chacun de son côté, et où vous me laisserez seul; mais je ne suis pas seul, car le Père est avec moi.

³³Je vous ai dit ces choses, afin que vous ayez la paix en moi. Vous aurez des tribulations dans le monde; mais prenez courage, j'ai vaincu le monde.

Chapitre 17

¹Après avoir ainsi parlé, Jésus leva les yeux au ciel, et dit: Père, l'heure est venue! Glorifie ton Fils, afin que ton Fils te glorifie,

²selon que tu lui as donné pouvoir sur toute chair, afin qu'il accorde la vie éternelle à tous ceux que tu lui as donnés.

³Or, la vie éternelle, c'est qu'ils te connaissent, toi, le seul vrai Dieu, et celui que tu as envoyé, Jésus Christ.

⁴Je t'ai glorifié sur la terre, j'ai achevé l'oeuvre que tu m'as donnée à faire.

⁵Et maintenant toi, Père, glorifie-moi auprès de toi-même de la gloire que j'avais auprès de toi avant que le monde fût.

⁶J'ai fait connaître ton nom aux hommes que tu m'as donnés du milieu du monde. Ils étaient à toi, et tu me les as donnés; et ils ont gardé ta parole.

⁷Maintenant ils ont connu que tout ce que tu m'as donné vient de toi.

⁸Car je leur ai donné les paroles que tu m'as données; et ils les ont reçues, et ils ont vraiment connu que je suis sorti de toi, et ils ont cru que tu m'as envoyé.

⁹C'est pour eux que je prie. Je ne prie pas pour le monde, mais

pour ceux que tu m'as donnés, parce qu'ils sont à toi; -
¹⁰et tout ce qui est à moi est à toi, et ce qui est à toi est à moi; -et je suis glorifié en eux.
¹¹Je ne suis plus dans le monde, et ils sont dans le monde, et je vais à toi. Père saint, garde en ton nom ceux que tu m'as donnés, afin qu'ils soient un comme nous.
¹²Lorsque j'étais avec eux dans le monde, je les gardais en ton nom. J'ai gardé ceux que tu m'as donnés, et aucun d'eux ne s'est perdu, sinon le fils de perdition, afin que l'Écriture fût accomplie.
¹³Et maintenant je vais à toi, et je dis ces choses dans le monde, afin qu'ils aient en eux ma joie parfaite.
¹⁴Je leur ai donné ta parole; et le monde les a haïs, parce qu'ils ne sont pas du monde, comme moi je ne suis pas du monde.
¹⁵Je ne te prie pas de les ôter du monde, mais de les préserver du mal.
¹⁶Ils ne sont pas du monde, comme moi je ne suis pas du monde.
¹⁷Sanctifie-les par ta vérité: ta parole est la vérité.
¹⁸Comme tu m'as envoyé dans le monde, je les ai aussi envoyés dans le monde.
¹⁹Et je me sanctifie moi-même pour eux, afin qu'eux aussi soient sanctifiés par la vérité.
²⁰Ce n'est pas pour eux seulement que je prie, mais encore pour ceux qui croiront en moi par leur parole,
²¹afin que tous soient un, comme toi, Père, tu es en moi, et comme je suis en toi, afin qu'eux aussi soient un en nous, pour que le monde croie que tu m'as envoyé.
²²Je leur ai donné la gloire que tu m'as donnée, afin qu'ils soient un comme nous sommes un, -
²³moi en eux, et toi en moi, -afin qu'ils soient parfaitement un, et que le monde connaisse que tu m'as envoyé et que tu les as aimés comme tu m'as aimé.
²⁴Père, je veux que là où je suis ceux que tu m'as donnés soient aussi avec moi, afin qu'ils voient ma gloire, la gloire que tu m'as donnée, parce que tu m'as aimé avant la fondation du monde.
²⁵Père juste, le monde ne t'a point connu; mais moi je t'ai connu, et ceux-ci ont connu que tu m'as envoyé.
²⁶Je leur ai fait connaître ton nom, et je le leur ferai connaître, afin que l'amour dont tu m'as aimé soit en eux, et que je sois en eux.

Chapitre 18

¹Lorsqu'il eut dit ces choses, Jésus alla avec ses disciples de l'autre côté du torrent du Cédron, où se trouvait un jardin, dans lequel il entra, lui et ses disciples.
²Judas, qui le livrait, connaissait ce lieu, parce que Jésus et ses disciples s'y étaient souvent réunis.
³Judas donc, ayant pris la cohorte, et des huissiers qu'envoyèrent les principaux sacrificateurs et les pharisiens, vint là avec des lanternes, des flambeaux et des armes.
⁴Jésus, sachant tout ce qui devait lui arriver, s'avança, et leur dit: Qui cherchez-vous?
⁵Ils lui répondirent: Jésus de Nazareth. Jésus leur dit: C'est moi. Et Judas, qui le livrait, était avec eux.
⁶Lorsque Jésus leur eut dit: C'est moi, ils reculèrent et tombèrent par terre.
⁷Il leur demanda de nouveau: Qui cherchez-vous? Et ils dirent: Jésus de Nazareth.
⁸Jésus répondit: Je vous ai dit que c'est moi. Si donc c'est moi que vous cherchez, laissez aller ceux-ci.
⁹Il dit cela, afin que s'accomplît la parole qu'il avait dite: Je n'ai perdu aucun de ceux que tu m'as donnés.
¹⁰Simon Pierre, qui avait une épée, la tira, frappa le serviteur du souverain sacrificateur, et lui coupa l'oreille droite. Ce serviteur s'appelait Malchus.
¹¹Jésus dit à Pierre: Remets ton épée dans le fourreau. Ne boirai-je pas la coupe que le Père m'a donnée à boire?
¹²La cohorte, le tribun, et les huissiers des Juifs, se saisirent alors de Jésus, et le lièrent.
¹³Ils l'emmenèrent d'abord chez Anne; car il était le beau-père de Caïphe, qui était souverain sacrificateur cette année-là.
¹⁴Et Caïphe était celui qui avait donné ce conseil aux Juifs: Il est avantageux qu'un seul homme meure pour le peuple.
¹⁵Simon Pierre, avec un autre disciple, suivait Jésus. Ce disciple était connu du souverain sacrificateur, et il entra avec Jésus dans la cour du souverain sacrificateur;
¹⁶mais Pierre resta dehors près de la porte. L'autre disciple, qui était connu du souverain sacrificateur, sortit, parla à la portière, et fit entrer Pierre.
¹⁷Alors la servante, la portière, dit à Pierre: Toi aussi, n'es-tu pas des disciples de cet homme? Il dit: Je n'en suis point.
¹⁸Les serviteurs et les huissiers, qui étaient là, avaient allumé un brasier, car il faisait froid, et ils se chauffaient. Pierre se tenait avec eux, et se chauffait.
¹⁹Le souverain sacrificateur interrogea Jésus sur ses disciples et sur sa doctrine.
²⁰Jésus lui répondit: J'ai parlé ouvertement au monde; j'ai toujours enseigné dans la synagogue et dans le temple, où tous les Juifs s'assemblent, et je n'ai rien dit en secret.
²¹Pourquoi m'interroges-tu? Interroge sur ce que je leur ai dit ceux qui m'ont entendu; voici, ceux-là savent ce que j'ai dit.
²²A ces mots, un des huissiers, qui se trouvait là, donna un soufflet à Jésus, en disant: Est-ce ainsi que tu réponds au souverain sacrificateur?
²³Jésus lui dit: Si j'ai mal parlé, fais voir ce que j'ai dit de mal; et si j'ai bien parlé, pourquoi me frappes-tu?
²⁴Anne l'envoya lié à Caïphe, le souverain sacrificateur.
²⁵Simon Pierre était là, et se chauffait. On lui dit: Toi aussi, n'es-tu pas de ses disciples? Il le nia, et dit: Je n'en suis point.
²⁶Un des serviteurs du souverain sacrificateur, parent de celui à qui Pierre avait coupé l'oreille, dit: Ne t'ai-je pas vu avec lui dans le jardin?
²⁷Pierre le nia de nouveau. Et aussitôt le coq chanta.
²⁸Ils conduisirent Jésus de chez Caïphe au prétoire: c'était le matin. Ils n'entrèrent point eux-mêmes dans le prétoire, afin de ne pas se souiller, et de pouvoir manger la Pâque.
²⁹Pilate sortit donc pour aller à eux, et il dit: Quelle accusation portez-vous contre cet homme?
³⁰Ils lui répondirent: Si ce n'était pas un malfaiteur, nous ne te l'aurions pas livré.
³¹Sur quoi Pilate leur dit: Prenez-le vous-mêmes, et jugez-le selon votre loi. Les Juifs lui dirent: Il ne nous est pas permis de mettre personne à mort.
³²C'était afin que s'accomplît la parole que Jésus avait dite, lorsqu'il indiqua de quelle mort il devait mourir.
³³Pilate rentra dans le prétoire, appela Jésus, et lui dit: Es-tu le roi des Juifs?
³⁴Jésus répondit: Est-ce de toi-même que tu dis cela, ou d'autres te l'ont-ils dit de moi?
³⁵Pilate répondit: Moi, suis-je Juif? Ta nation et les principaux sacrificateurs t'ont livré à moi: qu'as-tu fait?
³⁶Mon royaume n'est pas de ce monde, répondit Jésus. Si mon royaume était de ce monde, mes serviteurs auraient combattu pour moi afin que je ne fusse pas livré aux Juifs; mais maintenant mon royaume n'est point d'ici-bas.
³⁷Pilate lui dit: Tu es donc roi? Jésus répondit: Tu le dis, je suis roi. Je suis né et je suis venu dans le monde pour rendre témoignage à la vérité. Quiconque est de la vérité écoute ma voix.
³⁸Pilate lui dit: Qu'est-ce que la vérité? Après avoir dit cela, il sortit de nouveau pour aller vers les Juifs, et il leur dit: Je ne trouve aucun crime en lui.
³⁹Mais, comme c'est parmi vous une coutume que je vous relâche quelqu'un à la fête de Pâque, voulez-vous que je vous relâche le roi des Juifs?
⁴⁰Alors de nouveau tous s'écrièrent: Non pas lui, mais Barabbas. Or, Barabbas était un brigand.

Chapitre 19

¹Alors Pilate prit Jésus, et le fit battre de verges.
²Les soldats tressèrent une couronne d'épines qu'ils posèrent sur sa tête, et ils le revêtirent d'un manteau de pourpre; puis, s'approchant de lui,
³ils disaient: Salut, roi des Juifs! Et ils lui donnaient des soufflets.
⁴Pilate sortit de nouveau, et dit aux Juifs: Voici, je vous l'amène dehors, afin que vous sachiez que je ne trouve en lui aucun crime.
⁵Jésus sortit donc, portant la couronne d'épines et le manteau de pourpre. Et Pilate leur dit: Voici l'homme.
⁶Lorsque les principaux sacrificateurs et les huissiers le virent, ils s'écrièrent: Crucifie! crucifie! Pilate leur dit: Prenez-le vous-mêmes, et crucifiez-le; car moi, je ne trouve point de crime en lui.
⁷Les Juifs lui répondirent: Nous avons une loi; et, selon notre loi, il doit mourir, parce qu'il s'est fait Fils de Dieu.
⁸Quand Pilate entendit cette parole, sa frayeur augmenta.
⁹Il rentra dans le prétoire, et il dit à Jésus: D'où es-tu? Mais Jésus ne lui donna point de réponse.
¹⁰Pilate lui dit: Est-ce à moi que tu ne parles pas? Ne sais-tu pas

que j'ai le pouvoir de te crucifier, et que j'ai le pouvoir de te relâcher?

¹¹Jésus répondit: Tu n'aurais sur moi aucun pouvoir, s'il ne t'avait été donné d'en haut. C'est pourquoi celui qui me livre à toi commet un plus grand péché.

¹²Dès ce moment, Pilate cherchait à le relâcher. Mais les Juifs criaient: Si tu le relâches, tu n'es pas ami de César. Quiconque se fait roi se déclare contre César.

¹³Pilate, ayant entendu ces paroles, amena Jésus dehors; et il s'assit sur le tribunal, au lieu appelé le Pavé, et en hébreu Gabbatha.

¹⁴C'était la préparation de la Pâque, et environ la sixième heure. Pilate dit aux Juifs: Voici votre roi.

¹⁵Mais ils s'écrièrent: Ote, ôte, crucifie-le! Pilate leur dit: Crucifierai-je votre roi? Les principaux sacrificateurs répondirent: Nous n'avons de roi que César.

¹⁶Alors il le leur livra pour être crucifié. Ils prirent donc Jésus, et l'emmenèrent.

¹⁷Jésus, portant sa croix, arriva au lieu du crâne, qui se nomme en hébreu Golgotha.

¹⁸C'est là qu'il fut crucifié, et deux autres avec lui, un de chaque côté, et Jésus au milieu.

¹⁹Pilate fit une inscription, qu'il plaça sur la croix, et qui était ainsi conçue: Jésus de Nazareth, roi des Juifs.

²⁰Beaucoup de Juifs lurent cette inscription, parce que le lieu où Jésus fut crucifié était près de la ville: elle était en hébreu, en grec et en latin.

²¹Les principaux sacrificateurs des Juifs dirent à Pilate: N'écris pas: Roi des Juifs. Mais écris qu'il a dit: Je suis roi des Juifs.

²²Pilate répondit: Ce que j'ai écrit, je l'ai écrit.

²³Les soldats, après avoir crucifié Jésus, prirent ses vêtements, et ils en firent quatre parts, une part pour chaque soldat. Ils prirent aussi sa tunique, qui était sans couture, d'un seul tissu depuis le haut jusqu'en bas. Et ils dirent entre eux.

²⁴Ne la déchirons pas, mais tirons au sort à qui elle sera. Cela arriva afin que s'accomplît cette parole de l'Écriture: Ils se sont partagé mes vêtements, Et ils ont tiré au sort ma tunique. Voilà ce que firent les soldats.

²⁵Près de la croix de Jésus se tenaient sa mère et la soeur de sa mère, Marie, femme de Clopas, et Marie de Magdala.

²⁶Jésus, voyant sa mère, et auprès d'elle le disciple qu'il aimait, dit à sa mère: Femme, voilà ton fils.

²⁷Puis il dit au disciple: Voilà ta mère. Et, dès ce moment, le disciple la prit chez lui.

²⁸Après cela, Jésus, qui savait que tout était déjà consommé, dit, afin que l'Écriture fût accomplie: J'ai soif.

²⁹Il y avait là un vase plein de vinaigre. Les soldats en remplirent une éponge, et, l'ayant fixée à une branche d'hysope, ils l'approchèrent de sa bouche.

³⁰Quand Jésus eut pris le vinaigre, il dit: Tout est accompli. Et, baissant la tête, il rendit l'esprit.

³¹Dans la crainte que les corps ne restassent sur la croix pendant le sabbat, -car c'était la préparation, et ce jour de sabbat était un grand jour, -les Juifs demandèrent à Pilate qu'on rompît les jambes aux crucifiés, et qu'on les enlevât.

³²Les soldats vinrent donc, et ils rompirent les jambes au premier, puis à l'autre qui avait été crucifié avec lui.

³³S'étant approchés de Jésus, et le voyant déjà mort, ils ne lui rompirent pas les jambes;

³⁴mais un des soldats lui perça le côté avec une lance, et aussitôt il sortit du sang et de l'eau.

³⁵Celui qui l'a vu en a rendu témoignage, et son témoignage est vrai; et il sait qu'il dit vrai, afin que vous croyiez aussi.

³⁶Ces choses sont arrivées, afin que l'Écriture fût accomplie: Aucun de ses os ne sera brisé.

³⁷Et ailleurs l'Écriture dit encore: Ils verront celui qu'ils ont percé.

³⁸Après cela, Joseph d'Arimathée, qui était disciple de Jésus, mais en secret par crainte des Juifs, demanda à Pilate la permission de prendre le corps de Jésus. Et Pilate le permit. Il vint donc, et prit le corps de Jésus.

³⁹Nicodème, qui auparavant était allé de nuit vers Jésus, vint aussi, apportant un mélange d'environ cent livres de myrrhe et d'aloès.

⁴⁰Ils prirent donc le corps de Jésus, et l'enveloppèrent de bandes, avec des aromates, comme c'est la coutume d'ensevelir chez les Juifs.

⁴¹Or, il y avait un jardin dans le lieu où Jésus avait été crucifié, et dans le jardin un sépulcre neuf, où personne encore n'avait été mis.

⁴²Ce fut là qu'ils déposèrent Jésus, à cause de la préparation des Juifs, parce que le sépulcre était proche.

Chapitre 20

¹Le premier jour de la semaine, Marie de Magdala se rendit au sépulcre dès le matin, comme il faisait encore obscur; et elle vit que la pierre était ôtée du sépulcre.

²Elle courut vers Simon Pierre et vers l'autre disciple que Jésus aimait, et leur dit: Ils ont enlevé du sépulcre le Seigneur, et nous ne savons où ils l'ont mis.

³Pierre et l'autre disciple sortirent, et allèrent au sépulcre.

⁴Ils couraient tous deux ensemble. Mais l'autre disciple courut plus vite que Pierre, et arriva le premier au sépulcre;

⁵s'étant baissé, il vit les bandes qui étaient à terre, cependant il n'entra pas.

⁶Simon Pierre, qui le suivait, arriva et entra dans le sépulcre; il vit les bandes qui étaient à terre,

⁷et le linge qu'on avait mis sur la tête de Jésus, non pas avec les bandes, mais plié dans un lieu à part.

⁸Alors l'autre disciple, qui était arrivé le premier au sépulcre, entra aussi; et il vit, et il crut.

⁹Car ils ne comprenaient pas encore que, selon l'Écriture, Jésus devait ressusciter des morts.

¹⁰Et les disciples s'en retournèrent chez eux.

¹¹Cependant Marie se tenait dehors près du sépulcre, et pleurait. Comme elle pleurait, elle se baissa pour regarder dans le sépulcre,

¹²et elle vit deux anges vêtus de blanc, assis à la place où avait été couché le corps de Jésus, l'un à la tête, l'autre aux pieds.

¹³Ils lui dirent: Femme, pourquoi pleures-tu? Elle leur répondit: Parce qu'ils ont enlevé mon Seigneur, et je ne sais où ils l'ont mis.

¹⁴En disant cela, elle se retourna, et elle vit Jésus debout; mais elle ne savait pas que c'était Jésus.

¹⁵Jésus lui dit: Femme, pourquoi pleures-tu? Qui cherches-tu? Elle, pensant que c'était le jardinier, lui dit: Seigneur, si c'est toi qui l'as emporté, dis-moi où tu l'as mis, et je le prendrai.

¹⁶Jésus lui dit: Marie! Elle se retourna, et lui dit en hébreu: Rabbouni! c'est-à-dire, Maître!

¹⁷Jésus lui dit: Ne me touche pas; car je ne suis pas encore monté vers mon Père. Mais va trouver mes frères, et dis-leur que je monte vers mon Père et votre Père, vers mon Dieu et votre Dieu.

¹⁸Marie de Magdala alla annoncer aux disciples qu'elle avait vu le Seigneur, et qu'il lui avait dit ces choses.

¹⁹Le soir de ce jour, qui était le premier de la semaine, les portes du lieu où se trouvaient les disciples étant fermées, à cause de la crainte qu'ils avaient des Juifs, Jésus vint, se présenta au milieu d'eux, et leur dit: La paix soit avec vous!

²⁰Et quand il eut dit cela, il leur montra ses mains et son côté. Les disciples furent dans la joie en voyant le Seigneur.

²¹Jésus leur dit de nouveau: La paix soit avec vous! Comme le Père m'a envoyé, moi aussi je vous envoie.

²²Après ces paroles, il souffla sur eux, et leur dit: Recevez le Saint Esprit.

²³Ceux à qui vous pardonnerez les péchés, ils leur seront pardonnés; et ceux à qui vous les retiendrez, ils leur seront retenus.

²⁴Thomas, appelé Didyme, l'un des douze, n'était pas avec eux lorsque Jésus vint.

²⁵Les autres disciples lui dirent donc: Nous avons vu le Seigneur. Mais il leur dit: Si je ne vois dans ses mains la marque des clous, et si je ne mets mon doigt dans la marque des clous, et si je ne mets ma main dans son côté, je ne croirai point.

²⁶Huit jours après, les disciples de Jésus étaient de nouveau dans la maison, et Thomas se trouvait avec eux. Jésus vint, les portes étant fermées, se présenta au milieu d'eux, et dit: La paix soit avec vous!

²⁷Puis il dit à Thomas: Avance ici ton doigt, et regarde mes mains; avance aussi ta main, et mets-la dans mon côté; et ne sois pas incrédule, mais crois.

²⁸Thomas lui répondit: Mon Seigneur et mon Dieu! Jésus lui dit:

²⁹Parce que tu m'as vu, tu as cru. Heureux ceux qui n'ont pas vu, et qui ont cru!

³⁰Jésus a fait encore, en présence de ses disciples, beaucoup d'autres miracles, qui ne sont pas écrits dans ce livre.

³¹Mais ces choses ont été écrites afin que vous croyiez que Jésus est le Christ, le Fils de Dieu, et qu'en croyant vous ayez la vie en son nom.

Chapitre 21

¹Après cela, Jésus se montra encore aux disciples, sur les bords de la mer de Tibériade. Et voici de quelle manière il se montra.

²Simon Pierre, Thomas, appelé Didyme, Nathanaël, de Cana en Galilée, les fils de Zébédée, et deux autres disciples de Jésus, étaient ensemble.

³Simon Pierre leur dit: Je vais pêcher. Ils lui dirent: Nous allons aussi avec toi. Ils sortirent et montèrent dans une barque, et cette nuit-là ils ne prirent rien.

⁴Le matin étant venu, Jésus se trouva sur le rivage; mais les disciples ne savaient pas que c'était Jésus.

⁵Jésus leur dit: Enfants, n'avez-vous rien à manger? Ils lui répondirent: Non.

⁶Il leur dit: Jetez le filet du côté droit de la barque, et vous trouverez. Ils le jetèrent donc, et ils ne pouvaient plus le retirer, à cause de la grande quantité de poissons.

⁷Alors le disciple que Jésus aimait dit à Pierre: C'est le Seigneur! Et Simon Pierre, dès qu'il eut entendu que c'était le Seigneur, mit son vêtement et sa ceinture, car il était nu, et se jeta dans la mer.

⁸Les autres disciples vinrent avec la barque, tirant le filet plein de poissons, car ils n'étaient éloignés de terre que d'environ deux cents coudées.

⁹Lorsqu'ils furent descendus à terre, ils virent là des charbons allumés, du poisson dessus, et du pain.

¹⁰Jésus leur dit: Apportez des poissons que vous venez de prendre.

¹¹Simon Pierre monta dans la barque, et tira à terre le filet plein de cent cinquante-trois grands poissons; et quoiqu'il y en eût tant, le filet ne se rompit point.

¹²Jésus leur dit: Venez, mangez. Et aucun des disciples n'osait lui demander: Qui es-tu? sachant que c'était le Seigneur.

¹³Jésus s'approcha, prit le pain, et leur en donna; il fit de même du poisson.

¹⁴C'était déjà la troisième fois que Jésus se montrait à ses disciples depuis qu'il était ressuscité des morts.

¹⁵Après qu'ils eurent mangé, Jésus dit à Simon Pierre: Simon, fils de Jonas, m'aimes-tu plus que ne m'aiment ceux-ci? Il lui répondit: Oui, Seigneur, tu sais que je t'aime. Jésus lui dit: Pais mes agneaux.

¹⁶Il lui dit une seconde fois: Simon, fils de Jonas, m'aimes-tu? Pierre lui répondit: Oui, Seigneur, tu sais que je t'aime. Jésus lui dit: Pais mes brebis.

¹⁷Il lui dit pour la troisième fois: Simon, fils de Jonas, m'aimes-tu? Pierre fut attristé de ce qu'il lui avait dit pour la troisième fois: M'aimes-tu? Et il lui répondit: Seigneur, tu sais toutes choses, tu sais que je t'aime. Jésus lui dit: Pais mes brebis.

¹⁸En vérité, en vérité, je te le dis, quand tu étais plus jeune, tu te ceignais toi-même, et tu allais où tu voulais; mais quand tu seras vieux, tu étendras tes mains, et un autre te ceindra, et te mènera où tu ne voudras pas.

¹⁹Il dit cela pour indiquer par quelle mort Pierre glorifierait Dieu. Et ayant ainsi parlé, il lui dit: Suis-moi.

²⁰Pierre, s'étant retourné, vit venir après eux le disciple que Jésus aimait, celui qui, pendant le souper, s'était penché sur la poitrine de Jésus, et avait dit: Seigneur, qui est celui qui te livre?

²¹En le voyant, Pierre dit à Jésus: Et celui-ci, Seigneur, que lui arrivera-t-il?

²²Jésus lui dit: Si je veux qu'il demeure jusqu'à ce que je vienne, que t'importe? Toi, suis-moi.

²³Là-dessus, le bruit courut parmi les frères que ce disciple ne mourrait point. Cependant Jésus n'avait pas dit à Pierre qu'il ne mourrait point; mais: Si je veux qu'il demeure jusqu'à ce que je vienne, que t'importe?

²⁴C'est ce disciple qui rend témoignage de ces choses, et qui les a écrites. Et nous savons que son témoignage est vrai.

²⁵Jésus a fait encore beaucoup d'autres choses; si on les écrivait en détail, je ne pense pas que le monde même pût contenir les livres qu'on écrirait.

Actes

Chapitre 1

¹Théophile, j'ai parlé, dans mon premier livre, de tout ce que Jésus a commencé de faire et d'enseigner dès le commencement

²jusqu'au jour où il fut enlevé au ciel, après avoir donné ses ordres, par le Saint Esprit, aux apôtres qu'il avait choisis.

³Après qu'il eut souffert, il leur apparut vivant, et leur en donna plusieurs preuves, se montrant à eux pendant quarante jours, et parlant des choses qui concernent le royaume de Dieu.

⁴Comme il se trouvait avec eux, il leur recommanda de ne pas s'éloigner de Jérusalem, mais d'attendre ce que le Père avait promis, ce que je vous ai annoncé, leur dit-il;

⁵car Jean a baptisé d'eau, mais vous, dans peu de jours, vous serez baptisés du Saint Esprit.

⁶Alors les apôtres réunis lui demandèrent: Seigneur, est-ce en ce temps que tu rétabliras le royaume d'Israël?

⁷Il leur répondit: Ce n'est pas à vous de connaître les temps ou les moments que le Père a fixés de sa propre autorité.

⁸Mais vous recevrez une puissance, le Saint Esprit survenant sur vous, et vous serez mes témoins à Jérusalem, dans toute la Judée, dans la Samarie, et jusqu'aux extrémités de la terre.

⁹Après avoir dit cela, il fut élevé pendant qu'ils le regardaient, et une nuée le déroba à leurs yeux.

¹⁰Et comme ils avaient les regards fixés vers le ciel pendant qu'il s'en allait, voici, deux hommes vêtus de blanc leur apparurent,

¹¹et dirent: Hommes Galiléens, pourquoi vous arrêtez-vous à regarder au ciel? Ce Jésus, qui a été enlevé au ciel du milieu de vous, viendra de la même manière que vous l'avez vu allant au ciel.

¹²Alors ils retournèrent à Jérusalem, de la montagne appelée des oliviers, qui est près de Jérusalem, à la distance d'un chemin de sabbat.

¹³Quand ils furent arrivés, ils montèrent dans la chambre haute où ils se tenaient d'ordinaire; c'étaient Pierre, Jean, Jacques, André, Philippe, Thomas, Barthélemy, Matthieu, Jacques, fils d'Alphée, Simon le Zélote, et Jude, fils de Jacques.

¹⁴Tous d'un commun accord persévéraient dans la prière, avec les femmes, et Marie, mère de Jésus, et avec les frères de Jésus.

¹⁵En ces jours-là, Pierre se leva au milieu des frères, le nombre des personnes réunies étant d'environ cent vingt. Et il dit:

¹⁶Hommes frères, il fallait que s'accomplît ce que le Saint Esprit, dans l'Écriture, a annoncé d'avance, par la bouche de David, au sujet de Judas, qui a été le guide de ceux qui ont saisi Jésus.

¹⁷Il était compté parmi nous, et il avait part au même ministère.

¹⁸Cet homme, ayant acquis un champ avec le salaire du crime, est tombé, s'est rompu par le milieu du corps, et toutes ses entrailles se sont répandues.

¹⁹La chose a été si connue de tous les habitants de Jérusalem que ce champ a été appelé dans leur langue Hakeldama, c'est-à-dire, champ du sang.

²⁰Or, il est écrit dans le livre des Psaumes: Que sa demeure devienne déserte, Et que personne ne l'habite! Et: Qu'un autre prenne sa charge!

²¹Il faut donc que, parmi ceux qui nous ont accompagnés tout le temps que le Seigneur Jésus a vécu avec nous,

²²depuis le baptême de Jean jusqu'au jour où il a été enlevé du milieu de nous, il y en ait un qui nous soit associé comme témoin de sa résurrection.

²³Ils en présentèrent deux: Joseph appelé Barsabbas, surnommé Justus, et Matthias.

²⁴Puis ils firent cette prière: Seigneur, toi qui connais les coeurs de tous, désigne lequel de ces deux tu as choisi,

²⁵afin qu'il ait part à ce ministère et à cet apostolat, que Judas a abandonné pour aller en son lieu.

²⁶Ils tirèrent au sort, et le sort tomba sur Matthias, qui fut associé aux onze apôtres.

Chapitre 2

¹Le jour de la Pentecôte, ils étaient tous ensemble dans le même lieu.

²Tout à coup il vint du ciel un bruit comme celui d'un vent impétueux, et il remplit toute la maison où ils étaient assis.

³Des langues, semblables à des langues de feu, leur apparurent, séparées les unes des autres, et se posèrent sur chacun d'eux.

⁴Et ils furent tous remplis du Saint Esprit, et se mirent à parler en d'autres langues, selon que l'Esprit leur donnait de s'exprimer.

⁵Or, il y avait en séjour à Jérusalem des Juifs, hommes pieux, de toutes les nations qui sont sous le ciel.

⁶Au bruit qui eut lieu, la multitude accourut, et elle fut confondue parce que chacun les entendait parler dans sa propre langue.

⁷Ils étaient tous dans l'étonnement et la surprise, et ils se disaient les uns aux autres: Voici, ces gens qui parlent ne sont-ils pas tous Galiléens?

⁸Et comment les entendons-nous dans notre propre langue à chacun, dans notre langue maternelle?

⁹Parthes, Mèdes, Élamites, ceux qui habitent la Mésopotamie, la Judée, la Cappadoce, le Pont, l'Asie,

¹⁰la Phrygie, la Pamphylie, l'Égypte, le territoire de la Libye voisine de Cyrène, et ceux qui sont venus de Rome, Juifs et prosélytes,

¹¹Crétois et Arabes, comment les entendons-nous parler dans nos langues des merveilles de Dieu?

¹²Ils étaient tous dans l'étonnement, et, ne sachant que penser, ils se disaient les uns aux autres: Que veut dire ceci?

¹³Mais d'autres se moquaient, et disaient: Ils sont pleins de vin doux.

¹⁴Alors Pierre, se présentant avec les onze, éleva la voix, et leur parla en ces termes: Hommes Juifs, et vous tous qui séjournez à Jérusalem, sachez ceci, et prêtez l'oreille à mes paroles!

¹⁵Ces gens ne sont pas ivres, comme vous le supposez, car c'est la troisième heure du jour.

¹⁶Mais c'est ici ce qui a été dit par le prophète Joël:

¹⁷Dans les derniers jours, dit Dieu, je répandrai de mon Esprit sur toute chair; Vos fils et vos filles prophétiseront, Vos jeunes gens auront des visions, Et vos vieillards auront des songes.

¹⁸Oui, sur mes serviteurs et sur mes servantes, Dans ces jours-là, je répandrai de mon Esprit; et ils prophétiseront.

¹⁹Je ferai paraître des prodiges en haut dans le ciel et des miracles en bas sur la terre, Du sang, du feu, et une vapeur de fumée;

²⁰Le soleil se changera en ténèbres, Et la lune en sang, Avant l'arrivée du jour du Seigneur, De ce jour grand et glorieux.

²¹Alors quiconque invoquera le nom du Seigneur sera sauvé.

²²Hommes Israélites, écoutez ces paroles! Jésus de Nazareth, cet homme à qui Dieu a rendu témoignage devant vous par les miracles, les prodiges et les signes qu'il a opérés par lui au milieu de vous, comme vous le savez vous-mêmes;

²³cet homme, livré selon le dessein arrêté et selon la prescience de Dieu, vous l'avez crucifié, vous l'avez fait mourir par la main des impies.

²⁴Dieu l'a ressuscité, en le délivrant des liens de la mort, parce qu'il n'était pas possible qu'il fût retenu par elle.

²⁵Car David dit de lui: Je voyais constamment le Seigneur devant moi, Parce qu'il est à ma droite, afin que je ne sois point ébranlé.

²⁶Aussi mon coeur est dans la joie, et ma langue dans l'allégresse; Et même ma chair reposera avec espérance,

²⁷Car tu n'abandonneras pas mon âme dans le séjour des morts, Et tu ne permettras pas que ton Saint voie la corruption.

²⁸Tu m'as fait connaître les sentiers de la vie, Tu me rempliras de joie par ta présence.

²⁹Hommes frères, qu'il me soit permis de vous dire librement, au sujet du patriarche David, qu'il est mort, qu'il a été enseveli, et que son sépulcre existe encore aujourd'hui parmi nous.

³⁰Comme il était prophète, et qu'il savait que Dieu lui avait promis avec serment de faire asseoir un de ses descendants sur son trône,

³¹c'est la résurrection du Christ qu'il a prévue et annoncée, en disant qu'il ne serait pas abandonné dans le séjour des morts et que sa chair ne verrait pas la corruption.

³²C'est ce Jésus que Dieu a ressuscité; nous en sommes tous témoins.

³³Élevé par la droite de Dieu, il a reçu du Père le Saint Esprit qui avait été promis, et il l'a répandu, comme vous le voyez et l'entendez.

³⁴Car David n'est point monté au ciel, mais il dit lui-même: Le Seigneur a dit à mon Seigneur: Assieds-toi à ma droite,

³⁵Jusqu'à ce que je fasse de tes ennemis ton marchepied.

³⁶Que toute la maison d'Israël sache donc avec certitude que Dieu a fait Seigneur et Christ ce Jésus que vous avez crucifié.

³⁷Après avoir entendu ce discours, ils eurent le coeur vivement touché, et ils dirent à Pierre et aux autres apôtres: Hommes frères, que ferons-nous?

³⁸Pierre leur dit: Repentez-vous, et que chacun de vous soit baptisé au nom de Jésus Christ, pour le pardon de vos péchés; et vous recevrez le don du Saint Esprit.

³⁹Car la promesse est pour vous, pour vos enfants, et pour tous ceux qui sont au loin, en aussi grand nombre que le Seigneur notre Dieu les appellera.

⁴⁰Et, par plusieurs autres paroles, il les conjurait et les exhortait, disant: Sauvez-vous de cette génération perverse.

⁴¹Ceux qui acceptèrent sa parole furent baptisés; et, en ce jour-là, le nombre des disciples s'augmenta d'environ trois mille âmes.

⁴²Ils persévéraient dans l'enseignement des apôtres, dans la communion fraternelle, dans la fraction du pain, et dans les prières.

⁴³La crainte s'emparait de chacun, et il se faisait beaucoup de prodiges et de miracles par les apôtres.

⁴⁴Tous ceux qui croyaient étaient dans le même lieu, et ils avaient tout en commun.

⁴⁵Ils vendaient leurs propriétés et leurs biens, et ils en partageaient le produit entre tous, selon les besoins de chacun.

⁴⁶Ils étaient chaque jour tous ensemble assidus au temple, ils rompaient le pain dans les maisons, et prenaient leur nourriture avec joie et simplicité de coeur,

⁴⁷louant Dieu, et trouvant grâce auprès de tout le peuple. Et le Seigneur ajoutait chaque jour à l'Église ceux qui étaient sauvés.

Chapitre 3

¹Pierre et Jean montaient ensemble au temple, à l'heure de la prière: c'était la neuvième heure.

²Il y avait un homme boiteux de naissance, qu'on portait et qu'on plaçait tous les jours à la porte du temple appelée la Belle, pour qu'il demandât l'aumône à ceux qui entraient dans le temple.

³Cet homme, voyant Pierre et Jean qui allaient y entrer, leur demanda l'aumône.

⁴Pierre, de même que Jean, fixa les yeux sur lui, et dit: Regarde-nous.

⁵Et il les regardait attentivement, s'attendant à recevoir d'eux quelque chose.

⁶Alors Pierre lui dit: Je n'ai ni argent, ni or; mais ce que j'ai, je te le donne: au nom de Jésus Christ de Nazareth, lève-toi et marche.

⁷Et le prenant par la main droite, il le fit lever. Au même instant, ses pieds et ses chevilles devinrent fermes;

⁸d'un saut il fut debout, et il se mit à marcher. Il entra avec eux dans le temple, marchant, sautant, et louant Dieu.

⁹Tout le monde le vit marchant et louant Dieu.

¹⁰Ils reconnaissaient que c'était celui qui était assis à la Belle porte du temple pour demander l'aumône, et ils furent remplis d'étonnement et de surprise au sujet de ce qui lui était arrivé.

¹¹Comme il ne quittait pas Pierre et Jean, tout le peuple étonné accourut vers eux, au portique dit de Salomon.

¹²Pierre, voyant cela, dit au peuple: Hommes Israélites, pourquoi vous étonnez-vous de cela? Pourquoi avez-vous les regards fixés sur nous, comme si c'était par notre propre puissance ou par notre piété que nous eussions fait marcher cet homme?

¹³Le Dieu d'Abraham, d'Isaac et de Jacob, le Dieu de nos pères, a glorifié son serviteur Jésus, que vous avez livré et renié devant Pilate, qui était d'avis qu'on le relâchât.

¹⁴Vous avez renié le Saint et le Juste, et vous avez demandé qu'on vous accordât la grâce d'un meurtrier.

¹⁵Vous avez fait mourir le Prince de la vie, que Dieu a ressuscité des morts; nous en sommes témoins.

¹⁶C'est par la foi en son nom que son nom a raffermi celui que vous voyez et connaissez; c'est la foi en lui qui a donné à cet homme cette entière guérison, en présence de vous tous.

¹⁷Et maintenant, frères, je sais que vous avez agi par ignorance, ainsi que vos chefs.

¹⁸Mais Dieu a accompli de la sorte ce qu'il avait annoncé d'avance par la bouche de tous ses prophètes, que son Christ devait souffrir.

¹⁹Repentez-vous donc et convertissez-vous, pour que vos péchés soient effacés,

²⁰afin que des temps de rafraîchissement viennent de la part du Seigneur, et qu'il envoie celui qui vous a été destiné, Jésus Christ,

²¹que le ciel doit recevoir jusqu'aux temps du rétablissement de toutes choses, dont Dieu a parlé anciennement par la bouche de ses saints prophètes.

²²Moïse a dit: Le Seigneur votre Dieu vous suscitera d'entre vos frères un prophète comme moi; vous l'écouterez dans tout ce qu'il vous dira,

²³et quiconque n'écoutera pas ce prophète sera exterminé du milieu du peuple.

²⁴Tous les prophètes qui ont successivement parlé, depuis Samuel, ont aussi annoncé ces jours-là.

²⁵Vous êtes les fils des prophètes et de l'alliance que Dieu a traitée avec nos pères, en disant à Abraham: Toutes les familles de la terre seront bénies en ta postérité.

²⁶C'est à vous premièrement que Dieu, ayant suscité son serviteur, l'a envoyé pour vous bénir, en détournant chacun de vous de ses iniquités.

Chapitre 4

¹Tandis que Pierre et Jean parlaient au peuple, survinrent les sacrificateurs, le commandant du temple, et les sadducéens,

²mécontents de ce qu'ils enseignaient le peuple, et annonçaient en la personne de Jésus la résurrection des morts.

³Ils mirent les mains sur eux, et ils les jetèrent en prison jusqu'au lendemain; car c'était déjà le soir.

⁴Cependant, beaucoup de ceux qui avaient entendu la parole crurent, et le nombre des hommes s'éleva à environ cinq mille.

⁵Le lendemain, les chefs du peuple, les anciens et les scribes, s'assemblèrent à Jérusalem,

⁶avec Anne, le souverain sacrificateur, Caïphe, Jean, Alexandre, et tous ceux qui étaient de la race des principaux sacrificateurs.

⁷Ils firent placer au milieu d'eux Pierre et Jean, et leur demandèrent: Par quel pouvoir, ou au nom de qui avez-vous fait cela?

⁸Alors Pierre, rempli du Saint Esprit, leur dit: Chefs du peuple, et anciens d'Israël,

⁹puisque nous sommes interrogés aujourd'hui sur un bienfait accordé à un homme malade, afin que nous disions comment il a été guéri,

¹⁰sachez-le tous, et que tout le peuple d'Israël le sache! C'est par le nom de Jésus Christ de Nazareth, que vous avez été crucifié, et que Dieu a ressuscité des morts, c'est par lui que cet homme se présente en pleine santé devant vous.

¹¹Jésus est La pierre rejetée par vous qui bâtissez, Et qui est devenue la principale de l'angle.

¹²Il n'y a de salut en aucun autre; car il n'y a sous le ciel aucun autre nom qui ait été donné parmi les hommes, par lequel nous devions être sauvés.

¹³Lorsqu'ils virent l'assurance de Pierre et de Jean, ils furent étonnés, sachant que c'étaient des hommes du peuple sans instruction; et ils les reconnurent pour avoir été avec Jésus.

¹⁴Mais comme ils voyaient là près d'eux l'homme qui avait été guéri, ils n'avaient rien à répliquer.

¹⁵Ils leur ordonnèrent de sortir du sanhédrin, et ils délibérèrent entre eux, disant: Que ferons-nous à ces hommes?

¹⁶Car il est manifeste pour tous les habitants de Jérusalem qu'un miracle signalé a été accompli par eux, et nous ne pouvons pas le nier.

¹⁷Mais, afin que la chose ne se répande pas davantage parmi le peuple, défendons-leur avec menaces de parler désormais à qui que ce soit en ce nom-là.

¹⁸Et les ayant appelés, ils leur défendirent absolument de parler et d'enseigner au nom de Jésus.

¹⁹Pierre et Jean leur répondirent: Jugez s'il est juste, devant Dieu, de vous obéir plutôt qu'à Dieu;

²⁰car nous ne pouvons pas ne pas parler de ce que nous avons vu et entendu.

²¹Ils leur firent de nouvelles menaces, et les relâchèrent, ne sachant comment les punir, à cause du peuple, parce que tous glorifiaient Dieu de ce qui était arrivé.

²²Car l'homme qui avait été l'objet de cette guérison miraculeuse était âgé de plus de quarante ans.

²³Après avoir été relâchés, ils allèrent vers les leurs, et racontèrent tout ce que les principaux sacrificateurs et les anciens leur avaient dit.

²⁴Lorsqu'ils l'eurent entendu, ils élevèrent à Dieu la voix tous ensemble, et dirent: Seigneur, toi qui as fait le ciel, la terre, la mer, et tout ce qui s'y trouve,

²⁵c'est toi qui as dit par le Saint Esprit, par la bouche de notre père, ton serviteur David: Pourquoi ce tumulte parmi les nations, Et ces vaines pensées parmi les peuples?

²⁶Les rois de la terre se sont soulevés, Et les princes se sont ligués Contre le Seigneur et contre son Oint.

²⁷En effet, contre ton saint serviteur Jésus, que tu as oint, Hérode et Ponce Pilate se sont ligués dans cette ville avec les nations et avec les peuples d'Israël,

²⁸pour faire tout ce que ta main et ton conseil avaient arrêté d'avance.

²⁹Et maintenant, Seigneur, vois leurs menaces, et donne à tes serviteurs d'annoncer ta parole avec une pleine assurance,

³⁰en étendant ta main, pour qu'il se fasse des guérisons, des

miracles et des prodiges, par le nom de ton saint serviteur Jésus.

³¹Quand ils eurent prié, le lieu où ils étaient assemblés trembla; ils furent tous remplis du Saint Esprit, et ils annonçaient la parole de Dieu avec assurance.

³²La multitude de ceux qui avaient cru n'était qu'un coeur et qu'une âme. Nul ne disait que ses biens lui appartinssent en propre, mais tout était commun entre eux.

³³Les apôtres rendaient avec beaucoup de force témoignage de la résurrection du Seigneur Jésus. Et une grande grâce reposait sur eux tous.

³⁴Car il n'y avait parmi eux aucun indigent: tous ceux qui possédaient des champs ou des maisons les vendaient, apportaient le prix de ce qu'ils avaient vendu,

³⁵et le déposaient aux pieds des apôtres; et l'on faisait des distributions à chacun selon qu'il en avait besoin.

³⁶Joseph, surnommé par les apôtres Barnabas, ce qui signifie fils d'exhortation, Lévite, originaire de Chypre,

³⁷vendit un champ qu'il possédait, apporta l'argent, et le déposa aux pieds des apôtres.

Chapitre 5

¹Mais un homme nommé Ananias, avec Saphira sa femme, vendit une propriété,

²et retint une partie du prix, sa femme le sachant; puis il apporta le reste, et le déposa aux pieds des apôtres.

³Pierre lui dit: Ananias, pourquoi Satan a-t-il rempli ton coeur, au point que tu mentes au Saint Esprit, et que tu aies retenu une partie du prix du champ?

⁴S'il n'eût pas été vendu, ne te restait-il pas? Et, après qu'il a été vendu, le prix n'était-il pas à ta disposition? Comment as-tu pu mettre en ton coeur un pareil dessein? Ce n'est pas à des hommes que tu as menti, mais à Dieu.

⁵Ananias, entendant ces paroles, tomba, et expira. Une grande crainte saisit tous les auditeurs.

⁶Les jeunes gens, s'étant levés, l'enveloppèrent, l'emportèrent, et l'ensevelirent.

⁷Environ trois heures plus tard, sa femme entra, sans savoir ce qui était arrivé.

⁸Pierre lui adressa la parole: Dis-moi, est-ce à un tel prix que vous avez vendu le champ? Oui, répondit-elle, c'est à ce prix-là.

⁹Alors Pierre lui dit: Comment vous êtes-vous accordés pour tenter l'Esprit du Seigneur? Voici, ceux qui ont enseveli ton mari sont à la porte, et ils t'emporteront.

¹⁰Au même instant, elle tomba aux pieds de l'apôtre, et expira. Les jeunes gens, étant entrés, la trouvèrent morte; ils l'emportèrent, et l'ensevelirent auprès de son mari.

¹¹Une grande crainte s'empara de toute l'assemblée et de tous ceux qui apprirent ces choses.

¹²Beaucoup de miracles et de prodiges se faisaient au milieu du peuple par les mains des apôtres. Ils se tenaient tous ensemble au portique de Salomon,

¹³et aucun des autres n'osait se joindre à eux; mais le peuple les louait hautement.

¹⁴Le nombre de ceux qui croyaient au Seigneur, hommes et femmes, s'augmentait de plus en plus;

¹⁵en sorte qu'on apportait les malades dans les rues et qu'on les plaçait sur des lits et des couchettes, afin que, lorsque Pierre passerait, son ombre au moins couvrît quelqu'un d'eux.

¹⁶La multitude accourait aussi des villes voisines à Jérusalem, amenant des malades et des gens tourmentés par des esprits impurs; et tous étaient guéris.

¹⁷Cependant le souverain sacrificateur et tous ceux qui étaient avec lui, savoir le parti des sadducéens, se levèrent, remplis de jalousie,

¹⁸mirent les mains sur les apôtres, et les jetèrent dans la prison publique.

¹⁹Mais un ange du Seigneur, ayant ouvert pendant la nuit les portes de la prison, les fit sortir, et leur dit:

²⁰Allez, tenez-vous dans le temple, et annoncez au peuple toutes les paroles de cette vie.

²¹Ayant entendu cela, ils entrèrent dès le matin dans le temple, et se mirent à enseigner. Le souverain sacrificateur et ceux qui étaient avec lui étant survenus, ils convoquèrent le sanhédrin et tous les anciens des fils d'Israël, et ils envoyèrent chercher les apôtres à la prison.

²²Les huissiers, à leur arrivée, ne les trouvèrent point dans la prison. Ils s'en retournèrent, et firent leur rapport,

²³en disant: Nous avons trouvé la prison soigneusement fermée, et les gardes qui étaient devant les portes; mais, après avoir ouvert, nous n'avons trouvé personne dedans.

²⁴Lorsqu'ils eurent entendu ces paroles, le commandant du temple et les principaux sacrificateurs ne savaient que penser des apôtres et des suites de cette affaire.

²⁵Quelqu'un vint leur dire: Voici, les hommes que vous avez mis en prison sont dans le temple, et ils enseignent le peuple.

²⁶Alors le commandant partit avec les huissiers, et les conduisit sans violence, car ils avaient peur d'être lapidés par le peuple.

²⁷Après qu'ils les eurent amenés en présence du sanhédrin, le souverain sacrificateur les interrogea en ces termes:

²⁸Ne vous avons-nous pas défendu expressément d'enseigner en ce nom-là? Et voici, vous avez rempli Jérusalem de votre enseignement, et vous voulez faire retomber sur nous le sang de cet homme!

²⁹Pierre et les apôtres répondirent: Il faut obéir à Dieu plutôt qu'aux hommes.

³⁰Le Dieu de nos pères a ressuscité Jésus, que vous avez tué, en le pendant au bois.

³¹Dieu l'a élevé par sa droite comme Prince et Sauveur, pour donner à Israël la repentance et le pardon des péchés.

³²Nous sommes témoins de ces choses, de même que le Saint Esprit, que Dieu a donné à ceux qui lui obéissent.

³³Furieux de ces paroles, ils voulaient les faire mourir.

³⁴Mais un pharisien, nommé Gamaliel, docteur de la loi, estimé de tout le peuple, se leva dans le sanhédrin, et ordonna de faire sortir un instant les apôtres.

³⁵Puis il leur dit: Hommes Israélites, prenez garde à ce que vous allez faire à l'égard de ces gens.

³⁶Car, il n'y a pas longtemps que parut Theudas, qui se donnait pour quelque chose, et auquel se rallièrent environ quatre cents hommes: il fut tué, et tous ceux qui l'avaient suivi furent mis en déroute et réduits à rien.

³⁷Après lui, parut Judas le Galiléen, à l'époque du recensement, et il attira du monde à son parti; il périt aussi, et tous ceux qui l'avaient suivi furent dispersés.

³⁸Et maintenant, je vous le dis ne vous occupez plus de ces hommes, et laissez-les aller. Si cette entreprise ou cette oeuvre vient des hommes, elle se détruira;

³⁹mais si elle vient de Dieu, vous ne pourrez la détruire. Ne courez pas le risque d'avoir combattu contre Dieu.

⁴⁰Ils se rangèrent à son avis. Et ayant appelé les apôtres, ils les firent battre de verges, ils leur défendirent de parler au nom de Jésus, et ils les relâchèrent.

⁴¹Les apôtres se retirèrent de devant le sanhédrin, joyeux d'avoir été jugés dignes de subir des outrages pour le nom de Jésus.

⁴²Et chaque jour, dans le temple et dans les maisons, ils ne cessaient d'enseigner, et d'annoncer la bonne nouvelle de Jésus Christ.

Chapitre 6

¹En ce temps-là, le nombre des disciples augmentant, les Hellénistes murmurèrent contre les Hébreux, parce que leurs veuves étaient négligées dans la distribution qui se faisait chaque jour.

²Les douze convoquèrent la multitude des disciples, et dirent: Il n'est pas convenable que nous laissions la parole de Dieu pour servir aux tables.

³C'est pourquoi, frères, choisissez parmi vous sept hommes, de qui l'on rende un bon témoignage, qui soient pleins d'Esprit Saint et de sagesse, et que nous chargerons de cet emploi.

⁴Et nous, nous continuerons à nous appliquer à la prière et au ministère de la parole.

⁵Cette proposition plut à toute l'assemblée. Ils élurent Étienne, homme plein de foi et d'Esprit Saint, Philippe, Prochore, Nicanor, Timon, Parménas, et Nicolas, prosélyte d'Antioche.

⁶Ils les présentèrent aux apôtres, qui, après avoir prié, leur imposèrent les mains.

⁷La parole de Dieu se répandait de plus en plus, le nombre des disciples augmentait beaucoup à Jérusalem, et une grande foule de sacrificateurs obéissaient à la foi.

⁸Étienne, plein de grâce et de puissance, faisait des prodiges et de grands miracles parmi le peuple.

⁹Quelques membres de la synagogue dite des Affranchis, de celle des Cyrénéens et de celle des Alexandrins, avec des Juifs de Cilicie et d'Asie, se mirent à discuter avec lui;

¹⁰mais ils ne pouvaient résister à sa sagesse et à l'Esprit par lequel il parlait.

¹¹Alors ils subornèrent des hommes qui dirent: Nous l'avons entendu proférer des paroles blasphématoires contre Moïse et contre Dieu.

¹²Ils émurent le peuple, les anciens et les scribes, et, se jetant sur lui, ils le saisirent, et l'emmenèrent au sanhédrin.

¹³Ils produisirent de faux témoins, qui dirent: Cet homme ne cesse de proférer des paroles contre le lieu saint et contre la loi.

¹⁴car nous l'avons entendu dire que Jésus, ce Nazaréen, détruira ce lieu, et changera les coutumes que Moïse nous a données.

¹⁵Tous ceux qui siégeaient au sanhédrin ayant fixé les regards sur Étienne, son visage leur parut comme celui d'un ange.

Chapitre 7

¹Le souverain sacrificateur dit: Les choses sont-elles ainsi?

²Étienne répondit: Hommes frères et pères, écoutez! Le Dieu de gloire apparut à notre père Abraham, lorsqu'il était en Mésopotamie, avant qu'il s'établît à Charran; et il lui dit:

³Quitte ton pays et ta famille, et va dans le pays que je te montrerai.

⁴Il sortit alors du pays des Chaldéens, et s'établit à Charran. De là, après la mort de son père, Dieu le fit passer dans ce pays que vous habitez maintenant;

⁵il ne lui donna aucune propriété en ce pays, pas même de quoi poser le pied, mais il promit de lui en donner la possession, et à sa postérité après lui, quoiqu'il n'eût point d'enfant.

⁶Dieu parla ainsi: Sa postérité séjournera dans un pays étranger; on la réduira en servitude et on la maltraitera pendant quatre cents ans.

⁷Mais la nation à laquelle ils auront été asservis, c'est moi qui la jugerai, dit Dieu. Après cela, ils sortiront, et ils me serviront dans ce lieu-ci.

⁸Puis Dieu donna à Abraham l'alliance de la circoncision; et ainsi, Abraham, ayant engendré Isaac, le circoncit le huitième jour; Isaac engendra et circoncit Jacob, et Jacob les douze patriarches.

⁹Les patriarches, jaloux de Joseph, le vendirent pour être emmené en Égypte.

¹⁰Mais Dieu fut avec lui, et le délivra de toutes ses tribulations; il lui donna de la sagesse et lui fit trouver grâce devant Pharaon, roi d'Égypte, qui l'établit gouverneur d'Égypte et de toute sa maison.

¹¹Il survint une famine dans tout le pays d'Égypte, et dans celui de Canaan. La détresse était grande, et nos pères ne trouvaient pas de quoi se nourrir.

¹²Jacob apprit qu'il y avait du blé en Égypte, et il y envoya nos pères une première fois.

¹³Et la seconde fois, Joseph fut reconnu par ses frères, et Pharaon sut de quelle famille il était.

¹⁴Puis Joseph envoya chercher son père Jacob, et toute sa famille, composée de soixante-quinze personnes.

¹⁵Jacob descendit en Égypte, où il mourut, ainsi que nos pères;

¹⁶et ils furent transportés à Sichem, et déposés dans le sépulcre qu'Abraham avait acheté, à prix d'argent, des fils d'Hémor, père de Sichem.

¹⁷Le temps approchait où devait s'accomplir la promesse que Dieu avait faite à Abraham, et le peuple s'accrut et se multiplia en Égypte,

¹⁸jusqu'à ce que parut un autre roi, qui n'avait pas connu Joseph.

¹⁹Ce roi, usant d'artifice contre notre race, maltraita nos pères, au point de leur faire exposer leurs enfants, pour qu'ils ne vécussent pas.

²⁰A cette époque, naquit Moïse, qui était beau aux yeux de Dieu. Il fut nourri trois mois dans la maison de son père;

²¹et, quand il eut été exposé, la fille de Pharaon le recueillit, et l'éleva comme son fils.

²²Moïse fut instruit dans toute la sagesse des Égyptiens, et il était puissant en paroles et en oeuvres.

²³Il avait quarante ans, lorsqu'il lui vint dans le coeur de visiter ses frères, les fils d'Israël.

²⁴Il en vit un qu'on outrageait, et, prenant sa défense, il vengea celui qui était maltraité, et frappa l'Égyptien.

²⁵Il pensait que ses frères comprendraient que Dieu leur accordait la délivrance par sa main; mais ils ne comprirent pas.

²⁶Le jour suivant, il parut au milieu d'eux comme ils se battaient, et il les exhorta à la paix: Hommes, dit-il, vous êtes frères; pourquoi vous maltraitez-vous l'un l'autre?

²⁷Mais celui qui maltraitait son prochain le repoussa, en disant: Qui t'a établi chef et juge sur nous?

²⁸Veux-tu me tuer, comme tu as tué hier l'Égyptien?

²⁹A cette parole, Moïse prit la fuite, et il alla séjourner dans le pays de Madian, où il engendra deux fils.

³⁰Quarante ans plus tard, un ange lui apparut, au désert de la montagne de Sinaï, dans la flamme d'un buisson en feu.

³¹Moïse, voyant cela, fut étonné de cette apparition; et, comme il s'approchait pour examiner, la voix du Seigneur se fit entendre:

³²Je suis le Dieu de tes pères, le Dieu d'Abraham, d'Isaac et de Jacob. Et Moïse, tout tremblant, n'osait regarder.

³³Le Seigneur lui dit: Ote tes souliers de tes pieds, car le lieu sur lequel tu te tiens est une terre sainte.

³⁴J'ai vu la souffrance de mon peuple qui est en Égypte, j'ai entendu ses gémissements, et je suis descendu pour le délivrer. Maintenant, va, je t'enverrai en Égypte.

³⁵Ce Moïse, qu'ils avaient renié, en disant: Qui t'a établi chef et juge? c'est lui que Dieu envoya comme chef et comme libérateur avec l'aide de l'ange qui lui était apparu dans le buisson.

³⁶C'est lui qui les fit sortir d'Égypte, en opérant des prodiges et des miracles au pays d'Égypte, au sein de la mer Rouge, et au désert, pendant quarante ans.

³⁷C'est ce Moïse qui dit aux fils d'Israël: Dieu vous suscitera d'entre vos frères un prophète comme moi.

³⁸C'est lui qui, lors de l'assemblée au désert, étant avec l'ange qui lui parlait sur la montagne de Sinaï et avec nos pères, reçut des oracles vivants, pour nous les donner.

³⁹Nos pères ne voulurent pas lui obéir, ils le repoussèrent, et ils tournèrent leur coeur vers l'Égypte,

⁴⁰en disant à Aaron: Fais-nous des dieux qui marchent devant nous; car ce Moïse qui nous a fait sortir du pays d'Égypte, nous ne savons ce qu'il est devenu.

⁴¹Et, en ces jours-là, ils firent un veau, ils offrirent un sacrifice à l'idole, et se réjouirent de l'oeuvre de leurs mains.

⁴²Alors Dieu se détourna, et les livra au culte de l'armée du ciel, selon qu'il est écrit dans le livre des prophètes: M'avez-vous offert des victimes et des sacrifices Pendant quarante ans au désert, maison d'Israël?...

⁴³Vous avez porté la tente de Moloch Et l'étoile du dieu Remphan, Ces images que vous avez faites pour les adorer! Aussi vous transporterai-je au delà de Babylone.

⁴⁴Nos pères avaient au désert le tabernacle du témoignage, comme l'avait ordonné celui qui dit à Moïse de le faire d'après le modèle qu'il avait vu.

⁴⁵Et nos pères, l'ayant reçu, l'introduisirent, sous la conduite de Josué, dans le pays qui était possédé par les nations que Dieu chassa devant eux, et il y resta jusqu'aux jours de David.

⁴⁶David trouva grâce devant Dieu, et demanda d'élever une demeure pour le Dieu de Jacob;

⁴⁷et ce fut Salomon qui lui bâtit une maison.

⁴⁸Mais le Très Haut n'habite pas dans ce qui est fait de main d'homme, comme dit le prophète:

⁴⁹Le ciel est mon trône, Et la terre mon marchepied. Quelle maison me bâtirez-vous, dit le Seigneur, Ou quel sera le lieu de mon repos?

⁵⁰N'est-ce pas ma main qui a fait toutes ces choses?...

⁵¹Hommes au cou raide, incirconcis de coeur et d'oreilles! vous vous opposez toujours au Saint Esprit. Ce que vos pères ont été, vous l'êtes aussi.

⁵²Lequel des prophètes vos pères n'ont-ils pas persécuté? Ils ont tué ceux qui annonçaient d'avance la venue du Juste, que vous avez livré maintenant, et dont vous avez été les meurtriers,

⁵³vous qui avez reçu la loi d'après des commandements d'anges, et qui ne l'avez point gardée!...

⁵⁴En entendant ces paroles, ils étaient furieux dans leur coeur, et ils grinçaient des dents contre lui.

⁵⁵Mais Étienne, rempli du Saint Esprit, et fixant les regards vers le ciel, vit la gloire de Dieu et Jésus debout à la droite de Dieu.

⁵⁶Et il dit: Voici, je vois les cieux ouverts, et le Fils de l'homme debout à la droite de Dieu.

⁵⁷Ils poussèrent alors de grands cris, en se bouchant les oreilles, et ils se précipitèrent tous ensemble sur lui,

⁵⁸le traînèrent hors de la ville, et le lapidèrent. Les témoins déposèrent leurs vêtements aux pieds d'un jeune homme nommé Saul.

⁵⁹Et ils lapidaient Étienne, qui priait et disait: Seigneur Jésus, reçois mon esprit!

⁶⁰Puis, s'étant mis à genoux, il s'écria d'une voix forte: Seigneur, ne leur impute pas ce péché! Et, après ces paroles, il s'endormit.

Actes

Chapitre 8

¹Saul avait approuvé le meurtre d'Étienne. Il y eut, ce jour-là, une grande persécution contre l'Église de Jérusalem; et tous, excepté les apôtres, se dispersèrent dans les contrées de la Judée et de la Samarie.

²Des hommes pieux ensevelirent Étienne, et le pleurèrent à grand bruit.

³Saul, de son côté, ravageait l'Église; pénétrant dans les maisons, il en arrachait hommes et femmes, et les faisait jeter en prison.

⁴Ceux qui avaient été dispersés allaient de lieu en lieu, annonçant la bonne nouvelle de la parole.

⁵Philippe, étant descendu dans la ville de Samarie, y prêcha le Christ.

⁶Les foules tout entières étaient attentives à ce que disait Philippe, lorsqu'elles apprirent et virent les miracles qu'il faisait.

⁷Car des esprits impurs sortirent de plusieurs démoniaques, en poussant de grands cris, et beaucoup de paralytiques et de boiteux furent guéris.

⁸Et il y eut une grande joie dans cette ville.

⁹Il y avait auparavant dans la ville un homme nommé Simon, qui, se donnant pour un personnage important, exerçait la magie et provoquait l'étonnement du peuple de la Samarie.

¹⁰Tous, depuis le plus petit jusqu'au plus grand, l'écoutaient attentivement, et disaient: Celui-ci est la puissance de Dieu, celle qui s'appelle la grande.

¹¹Ils l'écoutaient attentivement, parce qu'il les avait longtemps étonnés par ses actes de magie.

¹²Mais, quand ils eurent cru à Philippe, qui leur annonçait la bonne nouvelle du royaume de Dieu et du nom de Jésus Christ, hommes et femmes se firent baptiser.

¹³Simon lui-même crut, et, après avoir été baptisé, il ne quittait plus Philippe, et il voyait avec étonnement les miracles et les grands prodiges qui s'opéraient.

¹⁴Les apôtres, qui étaient à Jérusalem, ayant appris que la Samarie avait reçu la parole de Dieu, y envoyèrent Pierre et Jean.

¹⁵Ceux-ci, arrivés chez les Samaritains, prièrent pour eux, afin qu'ils reçussent le Saint Esprit.

¹⁶Car il n'était encore descendu sur aucun d'eux; ils avaient seulement été baptisés au nom du Seigneur Jésus.

¹⁷Alors Pierre et Jean leur imposèrent les mains, et ils reçurent le Saint Esprit.

¹⁸Lorsque Simon vit que le Saint Esprit était donné par l'imposition des mains des apôtres, il leur offrit de l'argent,

¹⁹en disant: Accordez-moi aussi ce pouvoir, afin que celui à qui j'imposerai les mains reçoive le Saint Esprit.

²⁰Mais Pierre lui dit: Que ton argent périsse avec toi, puisque tu as cru que le don de Dieu s'acquérait à prix d'argent!

²¹Il n'y a pour toi ni part ni lot dans cette affaire, car ton coeur n'est pas droit devant Dieu.

²²Repens-toi donc de ta méchanceté, et prie le Seigneur pour que la pensée de ton coeur te soit pardonnée, s'il est possible;

²³car je vois que tu es dans un fiel amer et dans les liens de l'iniquité.

²⁴Simon répondit: Priez vous-mêmes le Seigneur pour moi, afin qu'il ne m'arrive rien de ce que vous avez dit.

²⁵Après avoir rendu témoignage à la parole du Seigneur, et après l'avoir prêchée, Pierre et Jean retournèrent à Jérusalem, en annonçant la bonne nouvelle dans plusieurs villages des Samaritains.

²⁶Un ange du Seigneur, s'adressant à Philippe, lui dit: Lève-toi, et va du côté du midi, sur le chemin qui descend de Jérusalem à Gaza, celui qui est désert.

²⁷Il se leva, et partit. Et voici, un Éthiopien, un eunuque, ministre de Candace, reine d'Éthiopie, et surintendant de tous ses trésors, venu à Jérusalem pour adorer,

²⁸s'en retournait, assis sur son char, et lisait le prophète Ésaïe.

²⁹L'Esprit dit à Philippe: Avance, et approche-toi de ce char.

³⁰Philippe accourut, et entendit l'Éthiopien qui lisait le prophète Ésaïe. Il lui dit: Comprends-tu ce que tu lis?

³¹Il répondit: Comment le pourrais-je, si quelqu'un ne me guide? Et il invita Philippe à monter et à s'asseoir avec lui.

³²Le passage de l'Écriture qu'il lisait était celui-ci: Il a été mené comme une brebis à la boucherie; Et, comme un agneau muet devant celui qui le tond, Il n'a point ouvert la bouche.

³³Dans son humiliation, son jugement a été levé. Et sa postérité, qui la dépeindra? Car sa vie a été retranchée de la terre.

³⁴L'eunuque dit à Philippe: Je te prie, de qui le prophète parle-t-il ainsi? Est-ce de lui-même, ou de quelque autre?

³⁵Alors Philippe, ouvrant la bouche et commençant par ce passage, lui annonça la bonne nouvelle de Jésus.

³⁶Comme ils continuaient leur chemin, ils rencontrèrent de l'eau. Et l'eunuque dit: Voici de l'eau; qu'est-ce qui empêche que je ne sois baptisé?

³⁷Philippe dit: Si tu crois de tout ton coeur, cela est possible. L'eunuque répondit: Je crois que Jésus Christ est le Fils de Dieu.

³⁸Il fit arrêter le char; Philippe et l'eunuque descendirent tous deux dans l'eau, et Philippe baptisa l'eunuque.

³⁹Quand ils furent sortis de l'eau, l'Esprit du Seigneur enleva Philippe, et l'eunuque ne le vit plus. Tandis que, joyeux, il poursuivait sa route,

⁴⁰Philippe se trouva dans Azot, d'où il alla jusqu'à Césarée, en évangélisant toutes les villes par lesquelles il passait.

Chapitre 9

¹Cependant Saul, respirant encore la menace et le meurtre contre les disciples du Seigneur, se rendit chez le souverain sacrificateur,

²et lui demanda des lettres pour les synagogues de Damas, afin que, s'il trouvait des partisans de la nouvelle doctrine, hommes ou femmes, il les amenât liés à Jérusalem.

³Comme il était en chemin, et qu'il approchait de Damas, tout à coup une lumière venant du ciel resplendit autour de lui.

⁴Il tomba par terre, et il entendit une voix qui lui disait: Saul, Saul, pourquoi me persécutes-tu?

⁵Il répondit: Qui es-tu, Seigneur? Et le Seigneur dit: Je suis Jésus que tu persécutes. Il te serait dur de regimber contre les aiguillons.

⁶Tremblant et saisi d'effroi, il dit: Seigneur, que veux-tu que je fasse? Et le Seigneur lui dit: Lève-toi, entre dans la ville, et on te dira ce que tu dois faire.

⁷Les hommes qui l'accompagnaient demeurèrent stupéfaits; ils entendaient bien la voix, mais ils ne voyaient personne.

⁸Saul se releva de terre, et, quoique ses yeux fussent ouverts, il ne voyait rien; on le prit par la main, et on le conduisit à Damas.

⁹Il resta trois jours sans voir, et il ne mangea ni ne but.

¹⁰Or, il y avait à Damas un disciple nommé Ananias. Le Seigneur lui dit dans une vision: Ananias! Il répondit: Me voici, Seigneur!

¹¹Et le Seigneur lui dit: Lève-toi, va dans la rue qu'on appelle la droite, et cherche, dans la maison de Judas, un nommé Saul de Tarse.

¹²Car il prie, et il a vu en vision un homme du nom d'Ananias, qui entrait, et qui lui imposait les mains, afin qu'il recouvrât la vue. Ananias répondit:

¹³Seigneur, j'ai appris de plusieurs personnes tous les maux que cet homme a faits à tes saints dans Jérusalem;

¹⁴et il a ici des pouvoirs, de la part des principaux sacrificateurs, pour lier tous ceux qui invoquent ton nom.

¹⁵Mais le Seigneur lui dit: Va, car cet homme est un instrument que j'ai choisi, pour porter mon nom devant les nations, devant les rois, et devant les fils d'Israël;

¹⁶et je lui montrerai tout ce qu'il doit souffrir pour mon nom.

¹⁷Ananias sortit; et, lorsqu'il fut arrivé dans la maison, il imposa les mains à Saul, en disant: Saul, mon frère, le Seigneur Jésus, qui t'est apparu sur le chemin par lequel tu venais, m'a envoyé pour que tu recouvres la vue et que tu sois rempli du Saint Esprit.

¹⁸Au même instant, il tomba de ses yeux comme des écailles, et il recouvra la vue. Il se leva, et fut baptisé;

¹⁹et, après qu'il eut pris de la nourriture, les forces lui revinrent. Saul resta quelques jours avec les disciples qui étaient à Damas.

²⁰Et aussitôt il prêcha dans les synagogues que Jésus est le Fils de Dieu.

²¹Tous ceux qui l'entendaient étaient dans l'étonnement, et disaient: N'est-ce pas celui qui persécutait à Jérusalem ceux qui invoquent ce nom, et n'est-il pas venu ici pour les emmener liés devant les principaux sacrificateurs?

²²Cependant Saul se fortifiait de plus en plus, et il confondait les Juifs qui habitaient Damas, démontrant que Jésus est le Christ.

²³Au bout d'un certain temps, les Juifs se concertèrent pour le tuer,

²⁴et leur complot parvint à la connaissance de Saul. On gardait les portes jour et nuit, afin de lui ôter la vie.

²⁵Mais, pendant une nuit, les disciples le prirent, et le descendirent par la muraille, dans une corbeille.

²⁶Lorsqu'il se rendit à Jérusalem, Saul tâcha de se joindre à eux; mais tous le craignaient, ne croyant pas qu'il fût un disciple.

²⁷Alors Barnabas, l'ayant pris avec lui, le conduisit vers les apôtres, et leur raconta comment sur le chemin Saul avait vu le Seigneur, qui lui avait parlé, et comment à Damas il avait prêché franchement au nom de Jésus.

²⁸Il allait et venait avec eux dans Jérusalem, et s'exprimait en toute

assurance au nom du Seigneur.

²⁹Il parlait aussi et disputait avec les Hellénistes; mais ceux-ci cherchaient à lui ôter la vie.

³⁰Les frères, l'ayant su, l'emmenèrent à Césarée, et le firent partir pour Tarse.

³¹L'Église était en paix dans toute la Judée, la Galilée et la Samarie, s'édifiant et marchant dans la crainte du Seigneur, et elle s'accroissait par l'assistance du Saint Esprit.

³²Comme Pierre visitait tous les saints, il descendit aussi vers ceux qui demeuraient à Lydde.

³³Il y trouva un homme nommé Énée, couché sur un lit depuis huit ans, et paralytique.

³⁴Pierre lui dit: Énée, Jésus Christ te guérit; lève-toi, et arrange ton lit. Et aussitôt il se leva.

³⁵Tous les habitants de Lydde et du Saron le virent, et ils se convertirent au Seigneur.

³⁶Il y avait à Joppé, parmi les disciples, une femme nommée Tabitha, ce qui signifie Dorcas: elle faisait beaucoup de bonnes oeuvres et d'aumônes.

³⁷Elle tomba malade en ce temps-là, et mourut. Après l'avoir lavée, on la déposa dans une chambre haute.

³⁸Comme Lydde est près de Joppé, les disciples, ayant appris que Pierre s'y trouvait, envoyèrent deux hommes vers lui, pour le prier de venir chez eux sans tarder.

³⁹Pierre se leva, et partit avec ces hommes. Lorsqu'il fut arrivé, on le conduisit dans la chambre haute. Toutes les veuves l'entourèrent en pleurant, et lui montrèrent les tuniques et les vêtements que faisait Dorcas pendant qu'elle était avec elles.

⁴⁰Pierre fit sortir tout le monde, se mit à genoux, et pria; puis, se tournant vers le corps, il dit: Tabitha, lève-toi! Elle ouvrit les yeux, et ayant vu Pierre, elle s'assit.

⁴¹Il lui donna la main, et la fit lever. Il appela ensuite les saints et les veuves, et la leur présenta vivante.

⁴²Cela fut connu de tout Joppé, et beaucoup crurent au Seigneur.

⁴³Pierre demeura quelque temps à Joppé, chez un corroyeur nommé Simon.

Chapitre 10

¹Il y avait à Césarée un homme nommé Corneille, centenier dans la cohorte dite italienne.

²Cet homme était pieux et craignait Dieu, avec toute sa maison; il faisait beaucoup d'aumônes au peuple, et priait Dieu continuellement.

³Vers la neuvième heure du jour, il vit clairement dans une vision un ange de Dieu qui entra chez lui, et qui lui dit: Corneille!

⁴Les regards fixés sur lui, et saisi d'effroi, il répondit: Qu'est-ce, Seigneur? Et l'ange lui dit: Tes prières et tes aumônes sont montées devant Dieu, et il s'en est souvenu.

⁵Envoie maintenant des hommes à Joppé, et fais venir Simon, surnommé Pierre;

⁶il est logé chez un certain Simon, corroyeur, dont la maison est près de la mer.

⁷Dès que l'ange qui lui avait parlé fut parti, Corneille appela deux de ses serviteurs, et un soldat pieux d'entre ceux qui étaient attachés à sa personne;

⁸et, après leur avoir tout raconté, il les envoya à Joppé.

⁹Le lendemain, comme ils étaient en route, et qu'ils approchaient de la ville, Pierre monta sur le toit, vers la sixième heure, pour prier.

¹⁰Il eut faim, et il voulut manger. Pendant qu'on lui préparait à manger, il tomba en extase.

¹¹Il vit le ciel ouvert, et un objet semblable à une grande nappe attachée par les quatre coins, qui descendait et s'abaissait vers la terre,

¹²et où se trouvaient tous les quadrupèdes et les reptiles de la terre et les oiseaux du ciel.

¹³Et une voix lui dit: Lève-toi, Pierre, tue et mange.

¹⁴Mais Pierre dit: Non, Seigneur, car je n'ai jamais rien mangé de souillé ni d'impur.

¹⁵Et pour la seconde fois la voix se fit encore entendre à lui: Ce que Dieu a déclaré pur, ne le regarde pas comme souillé.

¹⁶Cela arriva jusqu'à trois fois; et aussitôt après, l'objet fut retiré dans le ciel.

¹⁷Tandis que Pierre ne savait en lui-même que penser du sens de la vision qu'il avait eue, voici, les hommes envoyés par Corneille, s'étant informés de la maison de Simon, se présentèrent à la porte,

¹⁸et demandèrent à haute voix si c'était là que logeait Simon, surnommé Pierre.

¹⁹Et comme Pierre était à réfléchir sur la vision, l'Esprit lui dit: Voici, trois hommes te demandent;

²⁰lève-toi, descends, et pars avec eux sans hésiter, car c'est moi qui les ai envoyés.

²¹Pierre donc descendit, et il dit à ces hommes: Voici, je suis celui que vous cherchez; quel est le motif qui vous amène?

²²Ils répondirent: Corneille, centenier, homme juste et craignant Dieu, et de qui toute la nation des Juifs rend un bon témoignage, a été divinement averti par un saint ange de te faire venir dans sa maison et d'entendre tes paroles.

²³Pierre donc les fit entrer, et les logea. Le lendemain, il se leva, et partit avec eux. Quelques-uns des frères de Joppé l'accompagnèrent.

²⁴Ils arrivèrent à Césarée le jour suivant. Corneille les attendait, et avait invité ses parents et ses amis intimes.

²⁵Lorsque Pierre entra, Corneille, qui était allé au-devant de lui, tomba à ses pieds et se prosterna.

²⁶Mais Pierre le releva, en disant: Lève-toi; moi aussi, je suis un homme.

²⁷Et conversant avec lui, il entra, et trouva beaucoup de personnes réunies.

²⁸Vous savez, leur dit-il, qu'il est défendu à un Juif de se lier avec un étranger ou d'entrer chez lui; mais Dieu m'a appris à ne regarder aucun homme comme souillé et impur.

²⁹C'est pourquoi je n'ai pas eu d'objection à venir, puisque vous m'avez appelé; je vous demande donc pour quel motif vous m'avez envoyé chercher.

³⁰Corneille dit: Il y a quatre jours, à cette heure-ci, je priais dans ma maison à la neuvième heure; et voici, un homme vêtu d'un habit éclatant se présenta devant moi, et dit:

³¹Corneille, ta prière a été exaucée, et Dieu s'est souvenu de tes aumônes.

³²Envoie donc à Joppé, et fais venir Simon, surnommé Pierre; il est logé dans la maison de Simon, corroyeur, près de la mer.

³³Aussitôt j'ai envoyé vers toi, et tu as bien fait de venir. Maintenant donc nous sommes tous devant Dieu, pour entendre tout ce que le Seigneur t'a ordonné de nous dire.

³⁴Alors Pierre, ouvrant la bouche, dit: En vérité, je reconnais que Dieu ne fait point acception de personnes,

³⁵mais qu'en toute nation celui qui le craint et qui pratique la justice lui est agréable.

³⁶Il a envoyé la parole aux fils d'Israël, en leur annonçant la paix par Jésus Christ, qui est le Seigneur de tous.

³⁷Vous savez ce qui est arrivé dans toute la Judée, après avoir commencé en Galilée, à la suite du baptême que Jean a prêché;

³⁸vous savez comment Dieu a oint du Saint Esprit et de force Jésus de Nazareth, qui allait de lieu en lieu faisant du bien et guérissant tous ceux qui étaient sous l'empire du diable, car Dieu était avec lui.

³⁹Nous sommes témoins de tout ce qu'il a fait dans le pays des Juifs et à Jérusalem. Ils l'ont tué, en le pendant au bois.

⁴⁰Dieu l'a ressuscité le troisième jour, et il a permis qu'il apparût,

⁴¹non à tout le peuple, mais aux témoins choisis d'avance par Dieu, à nous qui avons mangé et bu avec lui, après qu'il fut ressuscité des morts.

⁴²Et Jésus nous a ordonné de prêcher au peuple et d'attester que c'est lui qui a été établi par Dieu juge des vivants et des morts.

⁴³Tous les prophètes rendent de lui le témoignage que quiconque croit en lui reçoit par son nom le pardon des péchés.

⁴⁴Comme Pierre prononçait encore ces mots, le Saint Esprit descendit sur tous ceux qui écoutaient la parole.

⁴⁵Tous les fidèles circoncis qui étaient venus avec Pierre furent étonnés de ce que le don du Saint Esprit était aussi répandu sur les païens.

⁴⁶Car ils les entendaient parler en langues et glorifier Dieu.

⁴⁷Alors Pierre dit: Peut-on refuser l'eau du baptême à ceux qui ont reçu le Saint Esprit aussi bien que nous?

⁴⁸Et il ordonna qu'ils fussent baptisés au nom du Seigneur. Sur quoi ils le prièrent de rester quelques jours auprès d'eux.

Chapitre 11

¹Les apôtres et les frères qui étaient dans la Judée apprirent que les païens avaient aussi reçu la parole de Dieu.

²Et lorsque Pierre fut monté à Jérusalem, les fidèles circoncis lui adressèrent des reproches,

³en disant: Tu es entré chez des incirconcis, et tu as mangé avec eux.

⁴Pierre se mit à leur exposer d'une manière suivie ce qui s'était passé.

⁵Il dit: J'étais dans la ville de Joppé, et, pendant que je priais, je tombai en extase et j'eus une vision: un objet, semblable à une grande

nappe attachée par les quatre coins, descendait du ciel et vint jusqu'à moi.

⁶Les regards fixés sur cette nappe, j'examinai, et je vis les quadrupèdes de la terre, les bêtes sauvages, les reptiles, et les oiseaux du ciel.

⁷Et j'entendis une voix qui me disait: Lève-toi, Pierre, tue et mange.

⁸Mais je dis: Non, Seigneur, car jamais rien de souillé ni d'impur n'est entré dans ma bouche.

⁹Et pour la seconde fois la voix se fit entendre du ciel: Ce que Dieu a déclaré pur, ne le regarde pas comme souillé.

¹⁰Cela arriva jusqu'à trois fois; puis tout fut retiré dans le ciel.

¹¹Et voici, aussitôt trois hommes envoyés de Césarée vers moi se présentèrent devant la porte de la maison où j'étais.

¹²L'Esprit me dit de partir avec eux sans hésiter. Les six hommes que voici m'accompagnèrent, et nous entrâmes dans la maison de Corneille.

¹³Cet homme nous raconta comment il avait vu dans sa maison l'ange se présentant à lui et disant: Envoie à Joppé, et fais venir Simon, surnommé Pierre,

¹⁴qui te dira des choses par lesquelles tu seras sauvé, toi et toute ta maison.

¹⁵Lorsque je me fus mis à parler, le Saint Esprit descendit sur eux, comme sur nous au commencement.

¹⁶Et je me souvins de cette parole du Seigneur: Jean a baptisé d'eau, mais vous, vous serez baptisés du Saint Esprit.

¹⁷Or, puisque Dieu leur a accordé le même don qu'à nous qui avons cru au Seigneur Jésus Christ, pouvais-je, moi, m'opposer à Dieu?

¹⁸Après avoir entendu cela, ils se calmèrent, et ils glorifièrent Dieu, en disant: Dieu a donc accordé la repentance aussi aux païens, afin qu'ils aient la vie.

¹⁹Ceux qui avaient été dispersés par la persécution survenue à l'occasion d'Étienne allèrent jusqu'en Phénicie, dans l'île de Chypre, et à Antioche, annonçant la parole seulement aux Juifs.

²⁰Il y eut cependant parmi eux quelques hommes de Chypre et de Cyrène, qui, étant venus à Antioche, s'adressèrent aussi aux Grecs, et leur annoncèrent la bonne nouvelle du Seigneur Jésus.

²¹La main du Seigneur était avec eux, et un grand nombre de personnes crurent et se convertirent au Seigneur.

²²Le bruit en parvint aux oreilles des membres de l'Église de Jérusalem, et ils envoyèrent Barnabas jusqu'à Antioche.

²³Lorsqu'il fut arrivé, et qu'il eut vu la grâce de Dieu, il s'en réjouit, et il les exhorta tous à rester d'un coeur ferme attachés au Seigneur.

²⁴Car c'était un homme de bien, plein d'Esprit Saint et de foi. Et une foule assez nombreuse se joignit au Seigneur.

²⁵Barnabas se rendit ensuite à Tarse, pour chercher Saul;

²⁶et, l'ayant trouvé, il l'amena à Antioche. Pendant toute une année, ils se réunirent aux assemblées de l'Église, et ils enseignèrent beaucoup de personnes. Ce fut à Antioche que, pour la première fois, les disciples furent appelés chrétiens.

²⁷En ce temps-là, des prophètes descendirent de Jérusalem à Antioche.

²⁸L'un deux, nommé Agabus, se leva, et annonça par l'Esprit qu'il y aurait une grande famine sur toute la terre. Elle arriva, en effet, sous Claude.

²⁹Les disciples résolurent d'envoyer, chacun selon ses moyens, un secours aux frères qui habitaient la Judée.

³⁰Ils le firent parvenir aux anciens par les mains de Barnabas et de Saul.

Chapitre 12

¹Vers le même temps, le roi Hérode se mit à maltraiter quelques membres de l'Église,

²et il fit mourir par l'épée Jacques, frère de Jean.

³Voyant que cela était agréable aux Juifs, il fit encore arrêter Pierre. -C'était pendant les jours des pains sans levain. -

⁴Après l'avoir saisi et jeté en prison, il le mit sous la garde de quatre escouades de quatre soldats chacune, avec l'intention de le faire comparaître devant le peuple après la Pâque.

⁵Pierre donc était gardé dans la prison; et l'Église ne cessait d'adresser pour lui des prières à Dieu.

⁶La nuit qui précéda le jour où Hérode allait le faire comparaître, Pierre, lié de deux chaînes, dormait entre deux soldats; et des sentinelles devant la porte gardaient la prison.

⁷Et voici, un ange du Seigneur survint, et une lumière brilla dans la prison. L'ange réveilla Pierre, en le frappant au côté, et en disant: Lève-toi promptement! Les chaînes tombèrent de ses mains.

⁸Et l'ange lui dit: Mets ta ceinture et tes sandales. Et il fit ainsi. L'ange lui dit encore: Enveloppe-toi de ton manteau, et suis-moi.

⁹Pierre sortit, et le suivit, ne sachant pas que ce qui se faisait par l'ange fût réel, et s'imaginant avoir une vision.

¹⁰Lorsqu'ils eurent passé la première garde, puis la seconde, ils arrivèrent à la porte de fer qui mène à la ville, et qui s'ouvrit d'elle-même devant eux; ils sortirent, et s'avancèrent dans une rue. Aussitôt l'ange quitta Pierre.

¹¹Revenu à lui-même, Pierre dit: Je vois maintenant d'une manière certaine que le Seigneur a envoyé son ange, et qu'il m'a délivré de la main d'Hérode et de tout ce que le peuple juif attendait.

¹²Après avoir réfléchi, il se dirigea vers la maison de Marie, mère de Jean, surnommé Marc, où beaucoup de personnes étaient réunies et priaient.

¹³Il frappa à la porte du vestibule, et une servante, nommée Rhode, s'approcha pour écouter.

¹⁴Elle reconnut la voix de Pierre; et, dans sa joie, au lieu d'ouvrir, elle courut annoncer que Pierre était devant la porte.

¹⁵Ils lui dirent: Tu es folle. Mais elle affirma que la chose était ainsi.

¹⁶Et ils dirent: C'est son ange. Cependant Pierre continuait à frapper. Ils ouvrirent, et furent étonnés de le voir.

¹⁷Pierre, leur ayant de la main fait signe de se taire, leur raconta comment le Seigneur l'avait tiré de la prison, et il dit: Annoncez-le à Jacques et aux frères. Puis il sortit, et s'en alla dans un autre lieu.

¹⁸Quand il fit jour, les soldats furent dans une grande agitation, pour savoir ce que Pierre était devenu.

¹⁹Hérode, s'étant mis à sa recherche et ne l'ayant pas trouvé, interrogea les gardes, et donna l'ordre de les mener au supplice. Ensuite il descendit de la Judée à Césarée, pour y séjourner.

²⁰Hérode avait des dispositions hostiles à l'égard des Tyriens et des Sidoniens. Mais ils vinrent le trouver d'un commun accord; et, après avoir gagné Blaste, son chambellan, ils sollicitèrent la paix, parce que leur pays tirait sa subsistance de celui du roi.

²¹A un jour fixé, Hérode, revêtu de ses habits royaux, et assis sur son trône, les harangua publiquement.

²²Le peuple s'écria: Voix d'un dieu, et non d'un homme!

²³Au même instant, un ange du Seigneur le frappa, parce qu'il n'avait pas donné gloire à Dieu. Et il expira, rongé des vers.

²⁴Cependant la parole de Dieu se répandait de plus en plus, et le nombre des disciples augmentait.

²⁵Barnabas et Saul, après s'être acquittés de leur message, s'en retournèrent de Jérusalem, emmenant avec eux Jean, surnommé Marc.

Chapitre 13

¹Il y avait dans l'Église d'Antioche des prophètes et des docteurs: Barnabas, Siméon appelé Niger, Lucius de Cyrène, Manahen, qui avait été élevé avec Hérode le tétrarque, et Saul.

²Pendant qu'ils servaient le Seigneur dans leur ministère et qu'ils jeûnaient, le Saint Esprit dit: Mettez-moi à part Barnabas et Saul pour l'oeuvre à laquelle je les ai appelés.

³Alors, après avoir jeûné et prié, ils leur imposèrent les mains, et les laissèrent partir.

⁴Barnabas et Saul, envoyés par le Saint Esprit, descendirent à Séleucie, et de là ils s'embarquèrent pour l'île de Chypre.

⁵Arrivés à Salamine, ils annoncèrent la parole de Dieu dans les synagogues des Juifs. Ils avaient Jean pour aide.

⁶Ayant ensuite traversé toute l'île jusqu'à Paphos, ils trouvèrent un certain magicien, faux prophète juif, nommé Bar Jésus,

⁷qui était avec le proconsul Sergius Paulus, homme intelligent. Ce dernier fit appeler Barnabas et Saul, et manifesta le désir d'entendre la parole de Dieu.

⁸Mais Élymas, le magicien, -car c'est ce que signifie son nom, - leur faisait opposition, cherchant à détourner de la foi le proconsul.

⁹Alors Saul, appelé aussi Paul, rempli du Saint Esprit, fixa les regards sur lui, et dit:

¹⁰Homme plein de toute espèce de ruse et de fraude, fils du diable, ennemi de toute justice, ne cesseras-tu point de pervertir les voies droites du Seigneur?

¹¹Maintenant voici, la main du Seigneur est sur toi, tu seras aveugle, et pour un temps tu ne verras pas le soleil. Aussitôt l'obscurité et les ténèbres tombèrent sur lui, et il cherchait, en tâtonnant, des personnes pour le guider.

¹²Alors le proconsul, voyant ce qui était arrivé, crut, étant frappé de la doctrine du Seigneur.

¹³Paul et ses compagnons, s'étant embarqués à Paphos, se

rendirent à Perge en Pamphylie. Jean se sépara d'eux, et retourna à Jérusalem.

¹⁴De Perge ils poursuivirent leur route, et arrivèrent à Antioche de Pisidie. Étant entrés dans la synagogue le jour du sabbat, ils s'assirent.

¹⁵Après la lecture de la loi et des prophètes, les chefs de la synagogue leur envoyèrent dire: Hommes frères, si vous avez quelque exhortation à adresser au peuple, parlez.

¹⁶Paul se leva, et, ayant fait signe de la main, il dit: Hommes Israélites, et vous qui craignez Dieu, écoutez!

¹⁷Le Dieu de ce peuple d'Israël a choisi nos pères. Il mit ce peuple en honneur pendant son séjour au pays d'Égypte, et il l'en fit sortir par son bras puissant.

¹⁸Il les nourrit près de quarante ans dans le désert;

¹⁹et, ayant détruit sept nations au pays de Canaan, il leur en accorda le territoire comme propriété.

²⁰Après cela, durant quatre cent cinquante ans environ, il leur donna des juges, jusqu'au prophète Samuel.

²¹Ils demandèrent alors un roi. Et Dieu leur donna, pendant quarante ans, Saül, fils de Kis, de la tribu de Benjamin;

²²puis, l'ayant rejeté, il leur suscita pour roi David, auquel il a rendu ce témoignage: J'ai trouvé David, fils d'Isaï, homme selon mon coeur, qui accomplira toutes mes volontés.

²³C'est de la postérité de David que Dieu, selon sa promesse, a suscité à Israël un Sauveur, qui est Jésus.

²⁴Avant sa venue, Jean avait prêché le baptême de repentance à tout le peuple d'Israël.

²⁵Et lorsque Jean achevait sa course, il disait: Je ne suis pas celui que vous pensez; mais voici, après moi vient celui des pieds duquel je ne suis pas digne de délier les souliers.

²⁶Hommes frères, fils de la race d'Abraham, et vous qui craignez Dieu, c'est à vous que cette parole de salut a été envoyée.

²⁷Car les habitants de Jérusalem et leurs chefs ont méconnu Jésus, et, en le condamnant, ils ont accompli les paroles des prophètes qui se lisent chaque sabbat.

²⁸Quoiqu'ils ne trouvassent en lui rien qui fût digne de mort, ils ont demandé à Pilate de le faire mourir.

²⁹Et, après qu'ils eurent accompli tout ce qui est écrit de lui, ils le descendirent de la croix et le déposèrent dans un sépulcre.

³⁰Mais Dieu l'a ressuscité des morts.

³¹Il est apparu pendant plusieurs jours à ceux qui étaient montés avec lui de la Galilée à Jérusalem, et qui sont maintenant ses témoins auprès du peuple.

³²Et nous, nous vous annonçons cette bonne nouvelle que la promesse faite à nos pères,

³³Dieu l'a accomplie pour nous leurs enfants, en ressuscitant Jésus, selon ce qui est écrit dans le Psaume deuxième: Tu es mon Fils, Je t'ai engendré aujourd'hui.

³⁴Qu'il l'ait ressuscité des morts, de telle sorte qu'il ne retournera pas à la corruption, c'est ce qu'il a déclaré, en disant: Je vous donnerai Les grâces saintes promises à David, ces grâces qui sont assurées.

³⁵C'est pourquoi il dit encore ailleurs: Tu ne permettras pas que ton Saint voie la corruption.

³⁶Or, David, après avoir en son temps servi au dessein de Dieu, est mort, a été réuni à ses pères, et a vu la corruption.

³⁷Mais celui que Dieu a ressuscité n'a pas vu la corruption.

³⁸Sachez donc, hommes frères, que c'est par lui que le pardon des péchés vous est annoncé,

³⁹et que quiconque croit est justifié par lui de toutes les choses dont vous ne pouviez être justifiés par la loi de Moïse.

⁴⁰Ainsi, prenez garde qu'il ne vous arrive ce qui est dit dans les prophètes:

⁴¹Voyez, contempteurs, Soyez étonnés et disparaissez; Car je vais faire en vos jours une oeuvre, Une oeuvre que vous ne croiriez pas si on vous la racontait.

⁴²Lorsqu'ils sortirent, on les pria de parler le sabbat suivant sur les mêmes choses;

⁴³et, à l'issue de l'assemblée, beaucoup de Juifs et de prosélytes pieux suivirent Paul et Barnabas, qui s'entretinrent avec eux, et les exhortèrent à rester attachés à la grâce de Dieu.

⁴⁴Le sabbat suivant, presque toute la ville se rassembla pour entendre la parole de Dieu.

⁴⁵Les Juifs, voyant la foule, furent remplis de jalousie, et ils s'opposaient à ce que disait Paul, en le contredisant et en l'injuriant.

⁴⁶Paul et Barnabas leur dirent avec assurance: C'est à vous premièrement que la parole de Dieu devait être annoncée; mais, puisque vous la repoussez, et que vous vous jugez vous-mêmes indignes de la vie éternelle, voici, nous nous tournons vers les païens.

⁴⁷Car ainsi nous l'a ordonné le Seigneur: Je t'ai établi pour être la lumière des nations, Pour porter le salut jusqu'aux extrémités de la terre.

⁴⁸Les païens se réjouissaient en entendant cela, ils glorifiaient la parole du Seigneur, et tous ceux qui étaient destinés à la vie éternelle crurent.

⁴⁹La parole du Seigneur se répandait dans tout le pays.

⁵⁰Mais les Juifs excitèrent les femmes dévotes de distinction et les principaux de la ville; ils provoquèrent une persécution contre Paul et Barnabas, et ils les chassèrent de leur territoire.

⁵¹Paul et Barnabas secouèrent contre eux la poussière de leurs pieds, et allèrent à Icone,

⁵²tandis que les disciples étaient remplis de joie et du Saint Esprit.

Chapitre 14

¹A Icone, Paul et Barnabas entrèrent ensemble dans la synagogue des Juifs, et ils parlèrent de telle manière qu'une grande multitude de Juifs et de Grecs crurent.

²Mais ceux des Juifs qui ne crurent point excitèrent et aigrirent les esprits des païens contre les frères.

³Ils restèrent cependant assez longtemps à Icone, parlant avec assurance, appuyés sur le Seigneur, qui rendait témoignage à la parole de sa grâce et permettait qu'il se fît par leurs mains des prodiges et des miracles.

⁴La population de la ville se divisa: les uns étaient pour les Juifs, les autres pour les apôtres.

⁵Et comme les païens et les Juifs, de concert avec leurs chefs, se mettaient en mouvement pour les outrager et les lapider,

⁶Paul et Barnabas, en ayant eu connaissance, se réfugièrent dans les villes de la Lycaonie, à Lystre et à Derbe, et dans la contrée d'alentour.

⁷Et ils y annoncèrent la bonne nouvelle.

⁸A Lystre, se tenait assis un homme impotent des pieds, boiteux de naissance, et qui n'avait jamais marché.

⁹Il écoutait parler Paul. Et Paul, fixant les regards sur lui et voyant qu'il avait la foi pour être guéri,

¹⁰dit d'une voix forte: Lève-toi droit sur tes pieds. Et il se leva d'un bond et marcha.

¹¹A la vue de ce que Paul avait fait, la foule éleva la voix, et dit en langue lycaonienne: Les dieux sous une forme humaine sont descendus vers nous.

¹²Ils appelaient Barnabas Jupiter, et Paul Mercure, parce que c'était lui qui portait la parole.

¹³Le prêtre de Jupiter, dont le temple était à l'entrée de la ville, amena des taureaux avec des bandelettes vers les portes, et voulait, de même que la foule, offrir un sacrifice.

¹⁴Les apôtres Barnabas et Paul, ayant appris cela, déchirèrent leurs vêtements, et se précipitèrent au milieu de la foule,

¹⁵en s'écriant: O hommes, pourquoi agissez-vous de la sorte? Nous aussi, nous sommes des hommes de la même nature que vous; et, vous apportant une bonne nouvelle, nous vous exhortons à renoncer à ces choses vaines, pour vous tourner vers le Dieu vivant, qui a fait le ciel, la terre, la mer, et tout ce qui s'y trouve.

¹⁶Ce Dieu, dans les âges passés, a laissé toutes les nations suivre leurs propres voies,

¹⁷quoiqu'il n'ait cessé de rendre témoignage de ce qu'il est, en faisant du bien, en vous dispensant du ciel les pluies et les saisons fertiles, en vous donnant la nourriture avec abondance et en remplissant vos coeurs de joie.

¹⁸A peine purent-ils, par ces paroles, empêcher la foule de leur offrir un sacrifice.

¹⁹Alors survinrent d'Antioche et d'Icone des Juifs qui gagnèrent la foule, et qui, après avoir lapidé Paul, le traînèrent hors de la ville, pensant qu'il était mort.

²⁰Mais, les disciples l'ayant entouré, il se leva, et entra dans la ville. Le lendemain, il partit pour Derbe avec Barnabas.

²¹Quand ils eurent évangélisé cette ville et fait un certain nombre de disciples, ils retournèrent à Lystre, à Icone et à Antioche,

²²fortifiant l'esprit des disciples, les exhortant à persévérer dans la foi, et disant que c'est par beaucoup de tribulations qu'il nous faut entrer dans le royaume de Dieu.

²³Ils firent nommer des anciens dans chaque Église, et, après avoir prié et jeûné, ils les recommandèrent au Seigneur, en qui ils avaient cru.

²⁴Traversant ensuite la Pisidie, ils vinrent en Pamphylie,

²⁵annoncèrent la parole à Perge, et descendirent à Attalie.

²⁶De là ils s'embarquèrent pour Antioche, d'où ils avaient été recommandés à la grâce de Dieu pour l'oeuvre qu'ils venaient d'accomplir.

²⁷Après leur arrivée, ils convoquèrent l'Église, et ils racontèrent

Actes

tout ce que Dieu avait fait avec eux, et comment il avait ouvert aux nations la porte de la foi.

²⁸Et ils demeurèrent assez longtemps avec les disciples.

Chapitre 15

¹Quelques hommes, venus de la Judée, enseignaient les frères, en disant: Si vous n'êtes circoncis selon le rite de Moïse, vous ne pouvez être sauvés.

²Paul et Barnabas eurent avec eux un débat et une vive discussion; et les frères décidèrent que Paul et Barnabas, et quelques-uns des leurs, monteraient à Jérusalem vers les apôtres et les anciens, pour traiter cette question.

³Après avoir été accompagnés par l'Église, ils poursuivirent leur route à travers la Phénicie et la Samarie, racontant la conversion des païens, et ils causèrent une grande joie à tous les frères.

⁴Arrivés à Jérusalem, ils furent reçus par l'Église, les apôtres et les anciens, et ils racontèrent tout ce que Dieu avait fait avec eux.

⁵Alors quelques-uns du parti des pharisiens, qui avaient cru, se levèrent, en disant qu'il fallait circoncire les païens et exiger l'observation de la loi de Moïse.

⁶Les apôtres et les anciens se réunirent pour examiner cette affaire.

⁷Une grande discussion s'étant engagée, Pierre se leva, et leur dit: Hommes frères, vous savez que dès longtemps Dieu a fait un choix parmi vous, afin que, par ma bouche, les païens entendissent la parole de l'Évangile et qu'ils crussent.

⁸Et Dieu, qui connaît les coeurs, leur a rendu témoignage, en leur donnant le Saint Esprit comme à nous;

⁹il n'a fait aucune différence entre nous et eux, ayant purifié leurs coeurs par la foi.

¹⁰Maintenant donc, pourquoi tentez-vous Dieu, en mettant sur le cou des disciples un joug que ni nos pères ni nous n'avons pu porter?

¹¹Mais c'est par la grâce du Seigneur Jésus que nous croyons être sauvés, de la même manière qu'eux.

¹²Toute l'assemblée garda le silence, et l'on écouta Barnabas et Paul, qui racontèrent tous les miracles et les prodiges que Dieu avait faits par eux au milieu des païens.

¹³Lorsqu'ils eurent cessé de parler, Jacques prit la parole, et dit: Hommes frères, écoutez-moi!

¹⁴Simon a raconté comment Dieu a d'abord jeté les regards sur les nations pour choisir du milieu d'elles un peuple qui portât son nom.

¹⁵Et avec cela s'accordent les paroles des prophètes, selon qu'il est écrit:

¹⁶Après cela, je reviendrai, et je relèverai de sa chute la tente de David, J'en réparerai les ruines, et je la redresserai,

¹⁷Afin que le reste des hommes cherche le Seigneur, Ainsi que toutes les nations sur lesquelles mon nom est invoqué, Dit le Seigneur, qui fait ces choses.

¹⁸Et à qui elles sont connues de toute éternité.

¹⁹C'est pourquoi je suis d'avis qu'on ne crée pas des difficultés à ceux des païens qui se convertissent à Dieu,

²⁰mais qu'on leur écrive de s'abstenir des souillures des idoles, de l'impudicité, des animaux étouffés et du sang.

²¹Car, depuis bien des générations, Moïse a dans chaque ville des gens qui le prêchent, puisqu'on le lit tous les jours de sabbat dans les synagogues.

²²Alors il parut bon aux apôtres et aux anciens, et à toute l'Église, de choisir parmi eux et d'envoyer à Antioche, avec Paul et Barsabas, Jude appelé Barnabas et Silas, hommes considérés entre les frères.

²³Ils chargèrent d'une lettre ainsi conçue: Les apôtres, les anciens, et les frères, aux frères d'entre les païens, qui sont à Antioche, en Syrie, et en Cilicie, salut!

²⁴Ayant appris que quelques hommes partis de chez nous, et auxquels nous n'avions donné aucun ordre, vous ont troublés par leurs discours et ont ébranlé vos âmes,

²⁵nous avons jugé à propos, après nous être réunis tous ensemble, de choisir des délégués et de vous les envoyer avec nos bien-aimés Barnabas et Paul,

²⁶ces hommes qui ont exposé leur vie pour le nom de notre Seigneur Jésus Christ.

²⁷Nous avons donc envoyé Jude et Silas, qui vous annonceront de leur bouche les mêmes choses.

²⁸Car il a paru bon au Saint Esprit et à nous de ne vous imposer d'autre charge que ce qui est nécessaire,

²⁹savoir, de vous abstenir des viandes sacrifiées aux idoles, du sang, des animaux étouffés, et de l'impudicité, choses contre lesquelles vous vous trouverez bien de vous tenir en garde. Adieu.

³⁰Eux donc, ayant pris congé de l'Église, allèrent à Antioche, où ils remirent la lettre à la multitude assemblée.

³¹Après l'avoir lue, les frères furent réjouis de l'encouragement qu'elle leur apportait.

³²Jude et Silas, qui étaient eux-mêmes prophètes, les exhortèrent et les fortifièrent par plusieurs discours.

³³Au bout de quelque temps, les frères les laissèrent en paix retourner vers ceux qui les avaient envoyés.

³⁴Toutefois Silas trouva bon de rester.

³⁵Paul et Barnabas demeurèrent à Antioche, enseignant et annonçant, avec plusieurs autres, la bonne nouvelle de la parole du Seigneur.

³⁶Quelques jours s'écoulèrent, après lesquels Paul dit à Barnabas: Retournons visiter les frères dans toutes les villes où nous avons annoncé la parole du Seigneur, pour voir en quel état ils sont.

³⁷Barnabas voulait emmener aussi Jean, surnommé Marc;

³⁸mais Paul jugea plus convenable de ne pas prendre avec eux celui qui les avait quittés depuis la Pamphylie, et qui ne les avait point accompagnés dans leur oeuvre.

³⁹Ce dissentiment fut assez vif pour être cause qu'ils se séparèrent l'un de l'autre. Et Barnabas, prenant Marc avec lui, s'embarqua pour l'île de Chypre.

⁴⁰Paul fit choix de Silas, et partit, recommandé par les frères à la grâce du Seigneur.

⁴¹Il parcourut la Syrie et la Cilicie, fortifiant les Églises.

Chapitre 16

¹Il se rendit ensuite à Derbe et à Lystre. Et voici, il y avait là un disciple nommé Timothée, fils d'une femme juive fidèle et d'un père grec.

²Les frères de Lystre et d'Icone rendaient de lui un bon témoignage.

³Paul voulut l'emmener avec lui; et, l'ayant pris, il le circoncit, à cause des Juifs qui étaient dans ces lieux-là, car tous savaient que son père était grec.

⁴En passant par les villes, ils recommandaient aux frères d'observer les décisions des apôtres et des anciens de Jérusalem.

⁵Les Églises se fortifiaient dans la foi, et augmentaient en nombre de jour en jour.

⁶Ayant été empêchés par le Saint Esprit d'annoncer la parole dans l'Asie, ils traversèrent la Phrygie et le pays de Galatie.

⁷Arrivés près de la Mysie, ils se disposaient à entrer en Bithynie; mais l'Esprit de Jésus ne le leur permit pas.

⁸Ils franchirent alors la Mysie, et descendirent à Troas.

⁹Pendant la nuit, Paul eut une vision: un Macédonien lui apparut, et lui fit cette prière: Passe en Macédoine, secours-nous!

¹⁰Après cette vision de Paul, nous cherchâmes aussitôt à nous rendre en Macédoine, concluant que le Seigneur nous appelait à y annoncer la bonne nouvelle.

¹¹Étant partis de Troas, nous fîmes voile directement vers la Samothrace, et le lendemain nous débarquâmes à Néapolis.

¹²De là nous allâmes à Philippes, qui est la première ville d'un district de Macédoine, et une colonie. Nous passâmes quelques jours dans cette ville.

¹³Le jour du sabbat, nous nous rendîmes, hors de la porte, vers une rivière, où nous pensions que se trouvait un lieu de prière. Nous nous assîmes, et nous parlâmes aux femmes qui étaient réunies.

¹⁴L'une d'elles, nommée Lydie, marchande de pourpre, de la ville de Thyatire, était une femme craignant Dieu, et elle écoutait. Le Seigneur lui ouvrit le coeur, pour qu'elle fût attentive à ce que disait Paul.

¹⁵Lorsqu'elle eut été baptisée, avec sa famille, elle nous fit cette demande: Si vous me jugez fidèle au Seigneur, entrez dans ma maison, et demeurez-y. Et elle nous pressa par ses instances.

¹⁶Comme nous allions au lieu de prière, une servante qui avait un esprit de Python, et qui, en devinant, procurait un grand profit à ses maîtres, vint au-devant de nous,

¹⁷et se mit à nous suivre, Paul et nous. Elle criait: Ces hommes sont les serviteurs du Dieu Très Haut, et ils vous annoncent la voie du salut.

¹⁸Elle fit cela pendant plusieurs jours. Paul fatigué se retourna, et dit à l'esprit: Je t'ordonne, au nom de Jésus Christ, de sortir d'elle. Et il sortit à l'heure même.

¹⁹Les maîtres de la servante, voyant disparaître l'espoir de leur gain, se saisirent de Paul et de Silas, et les traînèrent sur la place publique devant les magistrats.

²⁰Ils les présentèrent aux préteurs, en disant: Ces hommes troublent notre ville;

²¹ce sont des Juifs, qui annoncent des coutumes qu'il ne nous est permis ni de recevoir ni de suivre, à nous qui sommes Romains.

²²La foule se souleva aussi contre eux, et les préteurs, ayant fait arracher leurs vêtements, ordonnèrent qu'on les battît de verges.

²³Après qu'on les eut chargés de coups, ils les jetèrent en prison, en recommandant au geôlier de les garder sûrement.

²⁴Le geôlier, ayant reçu cet ordre, les jeta dans la prison intérieure, et leur mit les ceps aux pieds.

²⁵Vers le milieu de la nuit, Paul et Silas priaient et chantaient les louanges de Dieu, et les prisonniers les entendaient.

²⁶Tout à coup il se fit un grand tremblement de terre, en sorte que les fondements de la prison furent ébranlés; au même instant, toutes les portes s'ouvrirent, et les liens de tous les prisonniers furent rompus.

²⁷Le geôlier se réveilla, et, lorsqu'il vit les portes de la prison ouvertes, il tira son épée et allait se tuer, pensant que les prisonniers s'étaient enfuis.

²⁸Mais Paul cria d'une voix forte: Ne te fais point de mal, nous sommes tous ici.

²⁹Alors le geôlier, ayant demandé de la lumière, entra précipitamment, et se jeta tout tremblant aux pieds de Paul et de Silas;

³⁰il les fit sortir, et dit: Seigneurs, que faut-il que je fasse pour être sauvé?

³¹Paul et Silas répondirent: Crois au Seigneur Jésus, et tu seras sauvé, toi et ta famille.

³²Et ils lui annoncèrent la parole du Seigneur, ainsi qu'à tous ceux qui étaient dans sa maison.

³³Il les prit avec lui, à cette heure même de la nuit, il lava leurs plaies, et aussitôt il fut baptisé, lui et tous les siens.

³⁴Les ayant conduits dans son logement, il leur servit à manger, et il se réjouit avec toute sa famille de ce qu'il avait cru en Dieu.

³⁵Quand il fit jour, les préteurs envoyèrent les licteurs pour dire au geôlier: Relâche ces hommes.

³⁶Et le geôlier annonça la chose à Paul: Les préteurs ont envoyé dire qu'on vous relâchât; maintenant donc sortez, et allez en paix.

³⁷Mais Paul dit aux licteurs: Après nous avoir battus de verges publiquement et sans jugement, nous qui sommes Romains, ils nous ont jetés en prison, et maintenant ils nous font sortir secrètement! Il n'en sera pas ainsi. Qu'ils viennent eux-mêmes nous mettre en liberté.

³⁸Les licteurs rapportèrent ces paroles aux préteurs, qui furent effrayés en apprenant qu'ils étaient Romains.

³⁹Ils vinrent les apaiser, et ils les mirent en liberté, en les priant de quitter la ville.

⁴⁰Quand ils furent sortis de la prison, ils entrèrent chez Lydie, et, après avoir vu et exhorté les frères, ils partirent.

Chapitre 17

¹Paul et Silas passèrent par Amphipolis et Apollonie, et ils arrivèrent à Thessalonique, où les Juifs avaient une synagogue.

²Paul y entra, selon sa coutume. Pendant trois sabbats, il discuta avec eux, d'après les Écritures,

³expliquant et établissant que le Christ devait souffrir et ressusciter des morts. Et Jésus que je vous annonce, disait-il, c'est lui qui est le Christ.

⁴Quelques-uns d'entre eux furent persuadés, et se joignirent à Paul et à Silas, ainsi qu'une grande multitude de Grecs craignant Dieu, et beaucoup de femmes de qualité.

⁵Mais les Juifs, jaloux prirent avec eux quelques méchants hommes de la populace, provoquèrent des attroupements, et répandirent l'agitation dans la ville. Ils se portèrent à la maison de Jason, et ils cherchèrent Paul et Silas, pour les amener vers le peuple.

⁶Ne les ayant pas trouvés, ils traînèrent Jason et quelques frères devant les magistrats de la ville, en criant: Ces gens, qui ont bouleversé le monde, sont aussi venus ici, et Jason les a reçus.

⁷Ils agissent tous contre les édits de César, disant qu'il y a un autre roi, Jésus.

⁸Par ces paroles ils émurent la foule et les magistrats,

⁹qui ne laissèrent aller Jason et les autres qu'après avoir obtenu d'eux une caution.

¹⁰Aussitôt les frères firent partir de nuit Paul et Silas pour Bérée. Lorsqu'ils furent arrivés, ils entrèrent dans la synagogue des Juifs.

¹¹Ces Juifs avaient des sentiments plus nobles que ceux de Thessalonique; ils reçurent la parole avec beaucoup d'empressement, et ils examinaient chaque jour les Écritures, pour voir si ce qu'on leur disait était exact.

¹²Plusieurs d'entre eux crurent, ainsi que beaucoup de femmes grecques de distinction, et beaucoup d'hommes.

¹³Mais, quand les Juifs de Thessalonique surent que Paul annonçait aussi à Bérée la parole de Dieu, ils vinrent y agiter la foule.

¹⁴Alors les frères firent aussitôt partir Paul du côté de la mer; Silas et Timothée restèrent à Bérée.

¹⁵Ceux qui accompagnaient Paul le conduisirent jusqu'à Athènes. Puis ils s'en retournèrent, chargés de transmettre à Silas et à Timothée l'ordre de le rejoindre au plus tôt.

¹⁶Comme Paul les attendait à Athènes, il sentait au dedans de lui son esprit s'irriter, à la vue de cette ville pleine d'idoles.

¹⁷Il s'entretenait donc dans la synagogue avec les Juifs et les hommes craignant Dieu, et sur la place publique chaque jour avec ceux qu'il rencontrait.

¹⁸Quelques philosophes épicuriens et stoïciens se mirent à parler avec lui. Et les uns disaient: Que veut dire ce discoureur? D'autres, l'entendant annoncer Jésus et la résurrection, disaient: Il semble qu'il annonce des divinités étrangères.

¹⁹Alors ils le prirent, et le menèrent à l'Aréopage, en disant: Pourrions-nous savoir quelle est cette nouvelle doctrine que tu enseignes?

²⁰Car tu nous fais entendre des choses étranges. Nous voudrions donc savoir ce que cela peut être.

²¹Or, tous les Athéniens et les étrangers demeurant à Athènes ne passaient leur temps qu'à dire ou à écouter des nouvelles.

²²Paul, debout au milieu de l'Aréopage, dit: Hommes Athéniens, je vous trouve à tous égards extrêmement religieux.

²³Car, en parcourant votre ville et en considérant les objets de votre dévotion, j'ai même découvert un autel avec cette inscription: A un dieu inconnu! Ce que vous révérez sans le connaître, c'est ce que je vous annonce.

²⁴Le Dieu qui a fait le monde et tout ce qui s'y trouve, étant le Seigneur du ciel et de la terre, n'habite point dans des temples faits de main d'homme;

²⁵il n'est point servi par des mains humaines, comme s'il avait besoin de quoi que ce soit, lui qui donne à tous la vie, la respiration, et toutes choses.

²⁶Il a fait que tous les hommes, sortis d'un seul sang, habitassent sur toute la surface de la terre, ayant déterminé la durée des temps et les bornes de leur demeure;

²⁷il a voulu qu'ils cherchassent le Seigneur, et qu'ils s'efforçassent de le trouver en tâtonnant, bien qu'il ne soit pas loin de chacun de nous,

²⁸car en lui nous avons la vie, le mouvement, et l'être. C'est ce qu'ont dit aussi quelques-uns de vos poètes: De lui nous sommes la race...

²⁹Ainsi donc, étant la race de Dieu, nous ne devons pas croire que la divinité soit semblable à de l'or, à de l'argent, ou à de la pierre, sculptés par l'art et l'industrie de l'homme.

³⁰Dieu, sans tenir compte des temps d'ignorance, annonce maintenant à tous les hommes, en tous lieux, qu'ils aient à se repentir.

³¹parce qu'il a fixé un jour où il jugera le monde selon la justice, par l'homme qu'il a désigné, ce dont il a donné à tous une preuve certaine en le ressuscitant des morts...

³²Lorsqu'ils entendirent parler de résurrection des morts, les uns se moquèrent, et les autres dirent: Nous t'entendrons là-dessus une autre fois.

³³Ainsi Paul se retira du milieu d'eux.

³⁴Quelques-uns néanmoins s'attachèrent à lui et crurent, Denys l'aréopagite, une femme nommée Damaris, et d'autres avec eux.

Chapitre 18

¹Après cela, Paul partit d'Athènes, et se rendit à Corinthe.

²Il y trouva un Juif nommé Aquilas, originaire du Pont, récemment arrivé d'Italie avec sa femme Priscille, parce que Claude avait ordonné à tous les Juifs de sortir de Rome. Il se lia avec eux;

³et, comme il avait le même métier, il demeura chez eux et y travailla: ils étaient faiseurs de tentes.

⁴Paul discourait dans la synagogue chaque sabbat, et il persuadait des Juifs et des Grecs.

⁵Mais quand Silas et Timothée furent arrivés de la Macédoine, il se donna tout entier à la parole, attestant aux Juifs que Jésus était le Christ.

⁶Les Juifs faisant alors de l'opposition et se livrant à des injures, Paul secoua ses vêtements, et leur dit: Que votre sang retombe sur votre tête! J'en suis pur. Dès maintenant, j'irai vers les païens.

⁷Et sortant de là, il entra chez un nommé Justus, homme craignant Dieu, et dont la maison était contiguë à la synagogue.

⁸Cependant Crispus, le chef de la synagogue, crut au Seigneur avec toute sa famille. Et plusieurs Corinthiens, qui avaient entendu Paul, crurent aussi, et furent baptisés.

⁹Le Seigneur dit à Paul en vision pendant la nuit: Ne crains point; mais parle, et ne te tais point,

¹⁰Car je suis avec toi, et personne ne mettra la main sur toi pour te faire du mal: parle, car j'ai un peuple nombreux dans cette ville.

¹¹Il y demeura un an et six mois, enseignant parmi les Corinthiens la parole de Dieu.

¹²Du temps que Gallion était proconsul de l'Achaïe, les Juifs se soulevèrent unanimement contre Paul, et le menèrent devant le tribunal,

¹³en disant: Cet homme excite les gens à servir Dieu d'une manière contraire à la loi.

¹⁴Paul allait ouvrir la bouche, lorsque Gallion dit aux Juifs: S'il s'agissait de quelque injustice ou de quelque méchante action, je vous écouterais comme de raison, ô Juifs;

¹⁵mais, s'il s'agit de discussions sur une parole, sur des noms, et sur votre loi, cela vous regarde: je ne veux pas être juge de ces choses.

¹⁶Et il les renvoya du tribunal.

¹⁷Alors tous, se saisissant de Sosthène, le chef de la synagogue, le battirent devant le tribunal, sans que Gallion s'en mît en peine.

¹⁸Paul resta encore assez longtemps à Corinthe. Ensuite il prit congé des frères, et s'embarqua pour la Syrie, avec Priscille et Aquilas, après s'être fait raser la tête à Cenchrées, car il avait fait un voeu.

¹⁹Ils arrivèrent à Éphèse, et Paul y laissa ses compagnons. Étant entré dans la synagogue, il s'entretint avec les Juifs,

²⁰qui le prièrent de prolonger son séjour.

²¹Mais il n'y consentit point, et il prit congé d'eux, en disant: Il faut absolument que je célèbre la fête prochaine à Jérusalem. Je reviendrai vers vous, si Dieu le veut. Et il partit d'Éphèse.

²²Étant débarqué à Césarée, il monta à Jérusalem, et, après avoir salué l'Église, il descendit à Antioche.

²³Lorsqu'il eut passé quelque temps à Antioche, Paul se mit en route, et parcourut successivement la Galatie et la Phrygie, fortifiant tous les disciples.

²⁴Un Juif nommé Apollos, originaire d'Alexandrie, homme éloquent et versé dans les Écritures, vint à Éphèse.

²⁵Il était instruit dans la voie du Seigneur, et, fervent d'esprit, il annonçait et enseignait avec exactitude ce qui concerne Jésus, bien qu'il ne connût que le baptême de Jean.

²⁶Il se mit à parler librement dans la synagogue. Aquilas et Priscille, l'ayant entendu, le prirent avec eux, et lui exposèrent plus exactement la voie de Dieu.

²⁷Comme il voulait passer en Achaïe, les frères l'y encouragèrent, et écrivirent aux disciples de le bien recevoir. Quand il fut arrivé, il se rendit, par la grâce de Dieu, très utile à ceux qui avaient cru;

²⁸Car il réfutait vivement les Juifs en public, démontrant par les Écritures que Jésus est le Christ.

Chapitre 19

¹Pendant qu'Apollos était à Corinthe, Paul, après avoir parcouru les hautes provinces de l'Asie, arriva à Éphèse. Ayant rencontré quelques disciples, il leur dit:

²Avez-vous reçu le Saint Esprit, quand vous avez cru? Ils lui répondirent: Nous n'avons pas même entendu dire qu'il y ait un Saint Esprit.

³Il dit: De quel baptême avez-vous donc été baptisés? Et ils répondirent: Du baptême de Jean.

⁴Alors Paul dit: Jean a baptisé du baptême de repentance, disant au peuple de croire en celui qui venait après lui, c'est-à-dire, en Jésus.

⁵Sur ces paroles, ils furent baptisés au nom du Seigneur Jésus.

⁶Lorsque Paul leur eut imposé les mains, le Saint Esprit vint sur eux, et ils parlaient en langues et prophétisaient.

⁷Ils étaient en tout environ douze hommes.

⁸Ensuite Paul entra dans la synagogue, où il parla librement. Pendant trois mois, il discourut sur les choses qui concernent le royaume de Dieu, s'efforçant de persuader ceux qui l'écoutaient.

⁹Mais, comme quelques-uns restaient endurcis et incrédules, décriant devant la multitude la voie du Seigneur, il se retira d'eux, sépara les disciples, et enseigna chaque jour dans l'école d'un nommé Tyrannus.

¹⁰Cela dura deux ans, de sorte que tous ceux qui habitaient l'Asie, Juifs et Grecs, entendirent la parole du Seigneur.

¹¹Et Dieu faisait des miracles extraordinaires par les mains de Paul,

¹²au point qu'on appliquait sur les malades des linges ou des mouchoirs qui avaient touché son corps, et les maladies les quittaient, et les esprits malins sortaient.

¹³Quelques exorcistes juifs ambulants essayèrent d'invoquer sur ceux qui avaient des esprits malins le nom du Seigneur Jésus, en disant: Je vous conjure par Jésus que Paul prêche!

¹⁴Ceux qui faisaient cela étaient sept fils de Scéva, Juif, l'un des principaux sacrificateurs.

¹⁵L'esprit malin leur répondit: Je connais Jésus, et je sais qui est Paul; mais vous, qui êtes-vous?

¹⁶Et l'homme dans lequel était l'esprit malin s'élança sur eux, se rendit maître de tous deux, et les maltraita de telle sorte qu'ils s'enfuirent de cette maison nus et blessés.

¹⁷Cela fut connu de tous les Juifs et de tous les Grecs qui demeuraient à Éphèse, et la crainte s'empara d'eux tous, et le nom du Seigneur Jésus était glorifié.

¹⁸Plusieurs de ceux qui avaient cru venaient confesser et déclarer ce qu'ils avaient fait.

¹⁹Et un certain nombre de ceux qui avaient exercé les arts magiques, ayant apporté leurs livres, les brûlèrent devant tout le monde: on en estima la valeur à cinquante mille pièces d'argent.

²⁰C'est ainsi que la parole du Seigneur croissait en puissance et en force.

²¹Après que ces choses se furent passées, Paul forma le projet d'aller à Jérusalem, en traversant la Macédoine et l'Achaïe. Quand j'aurai été là, se disait-il, il faut aussi que je voie Rome.

²²Il envoya en Macédoine deux de ses aides, Timothée et Éraste, et il resta lui-même quelque temps encore en Asie.

²³Il survint, à cette époque, un grand trouble au sujet de la voie du Seigneur.

²⁴Un nommé Démétrius, orfèvre, fabriquait en argent des temples de Diane, et procurait à ses ouvriers un gain considérable.

²⁵Il les rassembla, avec ceux du même métier, et dit: O hommes, vous savez que notre bien-être dépend de cette industrie;

²⁶et vous voyez et entendez que, non seulement à Éphèse, mais dans presque toute l'Asie, ce Paul a persuadé et détourné une foule de gens, en disant que les dieux faits de main d'homme ne sont pas des dieux.

²⁷Le danger qui en résulte, ce n'est pas seulement que notre industrie ne tombe en discrédit; c'est encore que le temple de la grande déesse Diane ne soit tenu pour rien, et même que la majesté de celle qui est révérée dans toute l'Asie et dans le monde entier ne soit réduite à néant.

²⁸Ces paroles les ayant remplis de colère, ils se mirent à crier: Grande est la Diane des Éphésiens!

²⁹Toute la ville fut dans la confusion. Ils se précipitèrent tous ensemble au théâtre, entraînant avec eux Gaïus et Aristarque, Macédoniens, compagnons de voyage de Paul.

³⁰Paul voulait se présenter devant le peuple, mais les disciples l'en empêchèrent;

³¹quelques-uns même des Asiarques, qui étaient ses amis, envoyèrent vers lui, pour l'engager à ne pas se rendre au théâtre.

³²Les uns criaient d'une manière, les autres d'une autre, car le désordre régnait dans l'assemblée, et la plupart ne savaient pas pourquoi ils s'étaient réunis.

³³Alors on fit sortir de la foule Alexandre, que les Juifs poussaient en avant; et Alexandre, faisant signe de la main, voulait parler au peuple.

³⁴Mais quand ils reconnurent qu'il était Juif, tous d'une seule voix crièrent pendant près de deux heures: Grande est la Diane des Éphésiens!

³⁵Cependant le secrétaire, ayant apaisé la foule, dit: Hommes Éphésiens, quel est celui qui ignore que la ville d'Éphèse est la gardienne du temple de la grande Diane et de son simulacre tombé du ciel?

³⁶Cela étant incontestable, vous devez vous calmer, et ne rien faire avec précipitation.

³⁷Car vous avez amené ces hommes, qui ne sont coupables ni de sacrilège, ni de blasphème envers notre déesse.

³⁸Si donc Démétrius et ses ouvriers ont à se plaindre de quelqu'un, il y a des jours d'audience et des proconsuls; qu'ils s'appellent en justice les uns les autres.

³⁹Et si vous avez en vue d'autres objets, ils se régleront dans une assemblée légale.

⁴⁰Nous risquons, en effet, d'être accusés de sédition pour ce qui s'est passé aujourd'hui, puisqu'il n'existe aucun motif qui nous permette de justifier cet attroupement.

⁴¹:⁴⁰b) Après ces paroles, il congédia l'assemblée.

Chapitre 20

¹Lorsque le tumulte eut cessé, Paul réunit les disciples, et, après les avoir exhortés, prit congé d'eux, et partit pour aller en Macédoine.

²Il parcourut cette contrée, en adressant aux disciples de nombreuses exhortations.

³Puis il se rendit en Grèce, où il séjourna trois mois. Il était sur le point de s'embarquer pour la Syrie, quand les Juifs lui dressèrent des embûches. Alors il se décida à reprendre la route de la Macédoine.

⁴Il avait pour l'accompagner jusqu'en Asie: Sopater de Bérée, fils de Pyrrhus, Aristarque et Second de Thessalonique, Gaïus de Derbe, Timothée, ainsi que Tychique et Trophime, originaires d'Asie.

⁵Ceux-ci prirent les devants, et nous attendirent à Troas.

⁶Pour nous, après les jours des pains sans levain, nous nous embarquâmes à Philippes, et, au bout de cinq jours, nous les rejoignîmes à Troas, où nous passâmes sept jours.

⁷Le premier jour de la semaine, nous étions réunis pour rompre le pain. Paul, qui devait partir le lendemain, s'entretenait avec les disciples, et il prolongea son discours jusqu'à minuit.

⁸Il y avait beaucoup de lampes dans la chambre haute où nous étions assemblés.

⁹Or, un jeune homme nommé Eutychus, qui était assis sur la fenêtre, s'endormit profondément pendant le long discours de Paul; entraîné par le sommeil, il tomba du troisième étage en bas, et il fut relevé mort.

¹⁰Mais Paul, étant descendu, se pencha sur lui et le prit dans ses bras, en disant: Ne vous troublez pas, car son âme est en lui.

¹¹Quand il fut remonté, il rompit le pain et mangea, et il parla longtemps encore jusqu'au jour. Après quoi il partit.

¹²Le jeune homme fut ramené vivant, et ce fut le sujet d'une grande consolation.

¹³Pour nous, nous précédâmes Paul sur le navire, et nous fîmes voile pour Assos, où nous avions convenu de le reprendre, parce qu'il devait faire la route à pied.

¹⁴Lorsqu'il nous eut rejoints à Assos, nous le prîmes à bord, et nous allâmes à Mytilène.

¹⁵De là, continuant par mer, nous arrivâmes le lendemain vis-à-vis de Chios. Le jour suivant, nous cinglâmes vers Samos, et le jour d'après nous vînmes à Milet.

¹⁶Paul avait résolu de passer devant Éphèse sans s'y arrêter, afin de ne pas perdre de temps en Asie; car il se hâtait pour se trouver, si cela lui était possible, à Jérusalem le jour de la Pentecôte.

¹⁷Cependant, de Milet Paul envoya chercher à Éphèse les anciens de l'Église.

¹⁸Lorsqu'ils furent arrivés vers lui, il leur dit: Vous savez de quelle manière, depuis le premier jour où je suis entré en Asie, je me suis sans cesse conduit avec vous,

¹⁹servant le Seigneur en toute humilité, avec larmes, et au milieu des épreuves que me suscitaient les embûches des Juifs.

²⁰Vous savez que je n'ai rien caché de ce qui vous était utile, et que je n'ai pas craint de vous prêcher et de vous enseigner publiquement et dans les maisons,

²¹annonçant aux Juifs et aux Grecs la repentance envers Dieu et la foi en notre Seigneur Jésus Christ.

²²Et maintenant voici, lié par l'Esprit, je vais à Jérusalem, ne sachant pas ce qui m'y arrivera;

²³seulement, de ville en ville, l'Esprit Saint m'avertit que des liens et des tribulations m'attendent.

²⁴Mais je ne fais pour moi-même aucun cas de ma vie, comme si elle m'était précieuse, pourvu que j'accomplisse ma course avec joie, et le ministère que j'ai reçu du Seigneur Jésus, d'annoncer la bonne nouvelle de la grâce de Dieu.

²⁵Et maintenant voici, je sais que vous ne verrez plus mon visage, vous tous au milieu desquels j'ai passé en prêchant le royaume de Dieu.

²⁶C'est pourquoi je vous déclare aujourd'hui que je suis pur du sang de vous tous,

²⁷car je vous ai annoncé tout le conseil de Dieu, sans en rien cacher.

²⁸Prenez donc garde à vous-mêmes, et à tout le troupeau sur lequel le Saint Esprit vous a établis évêques, pour paître l'Église du Seigneur, qu'il s'est acquise par son propre sang.

²⁹Je sais qu'il s'introduira parmi vous, après mon départ, des loups cruels qui n'épargneront pas le troupeau,

³⁰et qu'il s'élèvera du milieu de vous des hommes qui enseigneront des choses pernicieuses, pour entraîner les disciples après eux.

³¹Veillez donc, vous souvenant que, durant trois années, je n'ai cessé nuit et jour d'exhorter avec larmes chacun de vous.

³²Et maintenant je vous recommande à Dieu et à la parole de sa grâce, à celui qui peut édifier et donner l'héritage avec tous les sanctifiés.

³³Je n'ai désiré ni l'argent, ni l'or, ni les vêtements de personne.

³⁴Vous savez vous-mêmes que ces mains ont pourvu à mes besoins et à ceux des personnes qui étaient avec moi.

³⁵Je vous ai montré de toutes manières que c'est en travaillant ainsi qu'il faut soutenir les faibles, et se rappeler les paroles du Seigneur, qui a dit lui-même: Il y a plus de bonheur à donner qu'à recevoir.

³⁶Après avoir ainsi parlé, il se mit à genoux, et il pria avec eux tous.

³⁷Et tous fondirent en larmes, et, se jetant au cou de Paul,

³⁸ils l'embrassaient, affligés surtout de ce qu'il avait dit qu'ils ne verraient plus son visage. Et ils l'accompagnèrent jusqu'au navire.

Chapitre 21

¹Nous nous embarquâmes, après nous être séparés d'eux, et nous allâmes directement à Cos, le lendemain à Rhodes, et de là à Patara.

²Et ayant trouvé un navire qui faisait la traversée vers la Phénicie, nous montâmes et partîmes.

³Quand nous fûmes en vue de l'île de Chypre, nous la laissâmes à gauche, poursuivant notre route du côté de la Syrie, et nous abordâmes à Tyr, où le bâtiment devait décharger sa cargaison.

⁴Nous trouvâmes les disciples, et nous restâmes là sept jours. Les disciples, poussés par l'Esprit, disaient à Paul de ne pas monter à Jérusalem.

⁵Mais, lorsque nous fûmes au terme des sept jours, nous nous acheminâmes pour partir, et tous nous accompagnèrent avec leur femme et leurs enfants jusque hors de la ville. Nous nous mîmes à genoux sur le rivage, et nous priâmes.

⁶Puis, ayant pris congé les uns des autres, nous montâmes sur le navire, et ils retournèrent chez eux.

⁷Achevant notre navigation, nous allâmes de Tyr à Ptolémaïs, où nous saluâmes les frères, et passâmes un jour avec eux.

⁸Nous partîmes le lendemain, et nous arrivâmes à Césarée. Étant entrés dans la maison de Philippe l'évangéliste, qui était l'un des sept, nous logeâmes chez lui.

⁹Il avait quatre filles vierges qui prophétisaient.

¹⁰Comme nous étions là depuis plusieurs jours, un prophète, nommé Agabus, descendit de Judée,

¹¹et vint nous trouver. Il prit la ceinture de Paul, se lia les pieds et les mains, et dit: Voici ce que déclare le Saint Esprit: L'homme à qui appartient cette ceinture, les Juifs le lieront de la même manière à Jérusalem, et le livreront entre les mains des païens.

¹²Quand nous entendîmes cela, nous et ceux de l'endroit, nous priâmes Paul de ne pas monter à Jérusalem.

¹³Alors il répondit: Que faites-vous, en pleurant et en me brisant le coeur? Je suis prêt, non seulement à être lié, mais encore à mourir à Jérusalem pour le nom du Seigneur Jésus.

¹⁴Comme il ne se laissait pas persuader, nous n'insistâmes pas, et nous dîmes: Que la volonté du Seigneur se fasse!

¹⁵Après ces jours-là, nous fîmes nos préparatifs, et nous montâmes à Jérusalem.

¹⁶Quelques disciples de Césarée vinrent aussi avec nous, et nous conduisirent chez un nommé Mnason, de l'île de Chypre, ancien disciple, chez qui nous devions loger.

¹⁷Lorsque nous arrivâmes à Jérusalem, les frères nous reçurent avec joie.

¹⁸Le lendemain, Paul se rendit avec nous chez Jacques, et tous les anciens s'y réunirent.

¹⁹Après les avoir salués, il raconta en détail ce que Dieu avait fait au milieu des païens par son ministère.

²⁰Quand ils l'eurent entendu, ils glorifièrent Dieu. Puis ils lui dirent: Tu vois, frère, combien de milliers de Juifs ont cru, et tous sont zélés pour la loi.

²¹Or, ils ont appris que tu enseignes à tous les Juifs qui sont parmi les païens à renoncer à Moïse, leur disant de ne pas circoncire les enfants et de ne pas se conformer aux coutumes.

²²Que faire donc? Sans aucun doute la multitude se rassemblera, car on saura que tu es venu.

²³C'est pourquoi fais ce que nous allons te dire. Il y a parmi nous quatre hommes qui ont fait un voeu;

²⁴prends-les avec toi, purifie-toi avec eux, et pourvois à leur dépense, afin qu'ils se rasent la tête. Et ainsi tous sauront que ce qu'ils ont entendu dire sur ton compte est faux, mais que toi aussi tu te conduis en observateur de la loi.

²⁵A l'égard des païens qui ont cru, nous avons décidé et nous leur avons écrit qu'ils eussent à s'abstenir des viandes sacrifiées aux idoles,

du sang, des animaux étouffés, et de l'impudicité.

26Alors Paul prit ces hommes, se purifia, et entra le lendemain dans le temple avec eux, pour annoncer à quel jour la purification serait accomplie et l'offrande présentée pour chacun d'eux.

27Sur la fin des sept jours, les Juifs d'Asie, ayant vu Paul dans le temple, soulevèrent toute la foule, et mirent la main sur lui,

28en criant: Hommes Israélites, au secours! Voici l'homme qui prêche partout et à tout le monde contre le peuple, contre la loi et contre ce lieu; il a même introduit des Grecs dans le temple, et a profané ce saint lieu.

29Car ils avaient vu auparavant Trophime d'Éphèse avec lui dans la ville, et ils croyaient que Paul l'avait fait entrer dans le temple.

30Toute la ville fut émue, et le peuple accourut de toutes parts. Ils se saisirent de Paul, et le traînèrent hors du temple, dont les portes furent aussitôt fermées.

31Comme ils cherchaient à le tuer, le bruit vint au tribun de la cohorte que tout Jérusalem était en confusion.

32A l'instant il prit des soldats et des centeniers, et courut à eux. Voyant le tribun et les soldats, ils cessèrent de frapper Paul.

33Alors le tribun s'approcha, se saisit de lui, et le fit lier de deux chaînes. Puis il demanda qui il était, et ce qu'il avait fait.

34Mais dans la foule les uns criaient d'une manière, les autres d'une autre; ne pouvant donc rien apprendre de certain, à cause du tumulte, il ordonna de le mener dans la forteresse.

35Lorsque Paul fut sur les degrés, il dut être porté par les soldats, à cause de la violence de la foule;

36car la multitude du peuple suivait, en criant: Fais-le mourir!

37Au moment d'être introduit dans la forteresse, Paul dit au tribun: M'est-il permis de te dire quelque chose? Le tribun répondit: Tu sais le grec?

38Tu n'es donc pas cet Égyptien qui s'est révolté dernièrement, et qui a emmené dans le désert quatre mille brigands?

39Je suis Juif, reprit Paul, de Tarse en Cilicie, citoyen d'une ville qui n'est pas sans importance. Permets-moi, je te prie, de parler au peuple.

40Le tribun le lui ayant permis, Paul, debout sur les degrés, fit signe de la main au peuple. Un profond silence s'établit, et Paul, parlant en langue hébraïque, dit:

Chapitre 22

1Hommes frères et pères, écoutez ce que j'ai maintenant à vous dire pour ma défense!

2Lorsqu'ils entendirent qu'il leur parlait en langue hébraïque, ils redoublèrent de silence. Et Paul dit:

3je suis Juif, né à Tarse en Cilicie; mais j'ai été élevé dans cette ville-ci, et instruit aux pieds de Gamaliel dans la connaissance exacte de la loi de nos pères, étant plein de zèle pour Dieu, comme vous l'êtes tous aujourd'hui.

4J'ai persécuté à mort cette doctrine, liant et mettant en prison hommes et femmes.

5Le souverain sacrificateur et tout le collège des anciens m'en sont témoins. J'ai même reçu d'eux des lettres pour les frères de Damas, où je me rendis afin d'amener liés à Jérusalem ceux qui se trouvaient là et de les faire punir.

6Comme j'étais en chemin, et que j'approchais de Damas, tout à coup, vers midi, une grande lumière venant du ciel resplendit autour de moi.

7Je tombai par terre, et j'entendis une voix qui me disait: Saul, Saul, pourquoi me persécutes-tu?

8Je répondis: Qui es-tu, Seigneur? Et il me dit: Je suis Jésus de Nazareth, que tu persécutes.

9Ceux qui étaient avec moi virent bien la lumière, mais ils n'entendirent pas la voix de celui qui parlait. Alors je dis: Que ferai-je, Seigneur?

10Et le Seigneur me dit: Lève-toi, va à Damas, et là on te dira tout ce que tu dois faire.

11Comme je ne voyais rien, à cause de l'éclat de cette lumière, ceux qui étaient avec moi me prirent par la main, et j'arrivai à Damas.

12Or, un nommé Ananias, homme pieux selon la loi, et de qui tous les Juifs demeurant à Damas rendaient un bon témoignage, vint se présenter à moi,

13et me dit: Saul, mon frère, recouvre la vue. Au même instant, je recouvrai la vue et je le regardai.

14Il dit: Le Dieu de nos pères t'a destiné à connaître sa volonté, à voir le Juste, et à entendre les paroles de sa bouche;

15car tu lui serviras de témoin, auprès de tous les hommes, des choses que tu as vues et entendues.

16Et maintenant, que tardes-tu? Lève-toi, sois baptisé, et lavé de tes péchés, en invoquant le nom du Seigneur.

17De retour à Jérusalem, comme je priais dans le temple, je fus ravi en extase,

18et je vis le Seigneur qui me disait: Hâte-toi, et sors promptement de Jérusalem, parce qu'ils ne recevront pas ton témoignage sur moi.

19Et je dis: Seigneur, ils savent eux-mêmes que je faisais mettre en prison et battre de verges dans les synagogues ceux qui croyaient en toi, et que,

20lorsqu'on répandit le sang d'Étienne, ton témoin, j'étais moi-même présent, joignant mon approbation à celle des autres, et gardant les vêtements de ceux qui le faisaient mourir.

21Alors il me dit: Va, je t'enverrai au loin vers les nations...

22Ils l'écoutèrent jusqu'à cette parole. Mais alors ils élevèrent la voix, disant: Ote de la terre un pareil homme! Il n'est pas digne de vivre.

23Et ils poussaient des cris, jetaient leurs vêtements, lançaient de la poussière en l'air.

24Le tribun commanda de faire entrer Paul dans la forteresse, et de lui donner la question par le fouet, afin de savoir pour quel motif ils criaient ainsi contre lui.

25Lorsqu'on l'eut exposé au fouet, Paul dit au centenier qui était présent: Vous est-il permis de battre de verges un citoyen romain, qui n'est pas même condamné?

26A ces mots, le centenier alla vers le tribun pour l'avertir, disant: Que vas-tu faire? Cet homme est Romain.

27Et le tribun, étant venu, dit à Paul: Dis-moi, es-tu Romain? Oui, répondit-il.

28Le tribun reprit: C'est avec beaucoup d'argent que j'ai acquis ce droit de citoyen. Et moi, dit Paul, je l'ai par ma naissance.

29Aussitôt ceux qui devaient lui donner la question se retirèrent, et le tribun, voyant que Paul était Romain, fut dans la crainte parce qu'il l'avait fait lier.

30Le lendemain, voulant savoir avec certitude de quoi les Juifs l'accusaient, le tribun lui fit ôter ses liens, et donna l'ordre aux principaux sacrificateurs et à tout le sanhédrin de se réunir; puis, faisant descendre Paul, il le plaça au milieu d'eux.

Chapitre 23

1Paul, les regards fixés sur le sanhédrin, dit: Hommes frères, c'est en toute bonne conscience que je me suis conduit jusqu'à ce jour devant Dieu...

2Le souverain sacrificateur Ananias ordonna à ceux qui étaient près de lui de le frapper sur la bouche.

3Alors Paul lui dit: Dieu te frappera, muraille blanchie! Tu es assis pour me juger selon la loi, et tu violes la loi en ordonnant qu'on me frappe!

4Ceux qui étaient près de lui dirent: Tu insultes le souverain sacrificateur de Dieu!

5Et Paul dit: Je ne savais pas, frères, que ce fût le souverain sacrificateur; car il est écrit: Tu ne parleras pas mal du chef de ton peuple.

6Paul, sachant qu'une partie de l'assemblée était composée de sadducéens et l'autre de pharisiens, s'écria dans le sanhédrin: Hommes frères, je suis pharisien, fils de pharisien; c'est à cause de l'espérance et de la résurrection des morts que je suis mis en jugement.

7Quand il eut dit cela, il s'éleva une discussion entre les pharisiens et les sadducéens, et l'assemblée se divisa.

8Car les sadducéens disent qu'il n'y a point de résurrection, et qu'il n'existe ni ange ni esprit, tandis que les pharisiens affirment les deux choses.

9Il y eut une grande clameur, et quelques scribes du parti des pharisiens, s'étant levés, engagèrent un vif débat, et dirent: Nous ne trouvons aucun mal en cet homme; peut-être un esprit ou un ange lui a-t-il parlé.

10Comme la discorde allait croissant, le tribun craignant que Paul ne fût mis en pièces par ces gens, fit descendre les soldats pour l'enlever du milieu d'eux et le conduire à la forteresse.

11La nuit suivante, le Seigneur apparut à Paul, et dit: Prends courage; car, de même que tu as rendu témoignage de moi dans Jérusalem, il faut aussi que tu rendes témoignage dans Rome.

12Quand le jour fut venu, les Juifs formèrent un complot, et firent des imprécations contre eux-mêmes, en disant qu'ils s'abstiendraient de manger et de boire jusqu'à ce qu'ils eussent tué Paul.

13Ceux qui formèrent ce complot étaient plus de quarante,

14et ils allèrent trouver les principaux sacrificateurs et les anciens, auxquels ils dirent: Nous nous sommes engagés, avec des imprécations contre nous-mêmes, à ne rien manger jusqu'à ce que nous ayons tué

Paul.

¹⁵Vous donc, maintenant, adressez-vous avec le sanhédrin au tribun, pour qu'il l'amène devant vous, comme si vous vouliez examiner sa cause plus exactement; et nous, avant qu'il approche, nous sommes prêts à le tuer.

¹⁶Le fils de la soeur de Paul, ayant eu connaissance du guet-apens, alla dans la forteresse en informer Paul.

¹⁷Paul appela l'un des centeniers, et dit: Mène ce jeune homme vers le tribun, car il a quelque chose à lui rapporter.

¹⁸Le centenier prit le jeune homme avec lui, le conduisit vers le tribun, et dit: Le prisonnier Paul m'a appelé, et il m'a prié de t'amener ce jeune homme, qui a quelque chose à te dire.

¹⁹Le tribun, prenant le jeune homme par la main, et se retirant à l'écart, lui demanda: Qu'as-tu à m'annoncer?

²⁰Il répondit: Les Juifs sont convenus de te prier d'amener Paul demain devant le sanhédrin, comme si tu devais t'enquérir de lui plus exactement.

²¹Ne les écoute pas, car plus de quarante d'entre eux lui dressent un guet-apens, et se sont engagés, avec des imprécations contre eux-mêmes, à ne rien manger ni boire jusqu'à ce qu'ils l'aient tué; maintenant ils sont prêts, et n'attendent que ton consentement.

²²Le tribun renvoya le jeune homme, après lui avoir recommandé de ne parler à personne de ce rapport qu'il lui avait fait.

²³Ensuite il appela deux des centeniers, et dit: Tenez prêts, dès la troisième heure de la nuit, deux cents soldats, soixante-dix cavaliers et deux cents archers, pour aller jusqu'à Césarée.

²⁴Qu'il y ait aussi des montures pour Paul, afin qu'on le mène sain et sauf au gouverneur Félix.

²⁵Il écrivit une lettre ainsi conçue:

²⁶Claude Lysias au très excellent gouverneur Félix, salut!

²⁷Cet homme, dont les Juifs s'étaient saisis, allait être tué par eux, lorsque je survins avec des soldats et le leur enlevai, ayant appris qu'il était Romain.

²⁸Voulant connaître le motif pour lequel ils l'accusaient, je l'amenai devant leur sanhédrin.

²⁹J'ai trouvé qu'il était accusé au sujet de questions relatives à leur loi, mais qu'il n'avait commis aucun crime qui mérite la mort ou la prison.

³⁰Informé que les Juifs lui dressaient des embûches, je te l'ai aussitôt envoyé, en faisant savoir à ses accusateurs qu'ils eussent à s'adresser eux-mêmes à toi. Adieu.

³¹Les soldats, selon l'ordre qu'ils avaient reçu, prirent Paul, et le conduisirent pendant la nuit jusqu'à Antipatris.

³²Le lendemain, laissant les cavaliers poursuivre la route avec lui, ils retournèrent à la forteresse.

³³Arrivés à Césarée, les cavaliers remirent la lettre au gouverneur, et lui présentèrent Paul.

³⁴Le gouverneur, après avoir lu la lettre, demanda de quelle province était Paul. Ayant appris qu'il était de la Cilicie:

³⁵Je t'entendrai, dit-il, quand tes accusateurs seront venus. Et il ordonna qu'on le gardât dans le prétoire d'Hérode.

Chapitre 24

¹Cinq jours après, arriva le souverain sacrificateur Ananias, avec des anciens et un orateur nommé Tertulle. Ils portèrent plainte au gouverneur contre Paul.

²Paul fut appelé, et Tertulle se mit à l'accuser, en ces termes:

³Très excellent Félix, tu nous fais jouir d'une paix profonde, et cette nation a obtenu de salutaires réformes par tes soins prévoyants; c'est ce que nous reconnaissons en tout et partout avec une entière gratitude.

⁴Mais, pour ne pas te retenir davantage, je te prie d'écouter, dans ta bonté, ce que nous avons à dire en peu de mots.

⁵Nous avons trouvé cet homme, qui est une peste, qui excite des divisions parmi tous les Juifs du monde, qui est chef de la secte des Nazaréens,

⁶et qui même a tenté de profaner le temple. Et nous l'avons arrêté. Nous avons voulu le juger selon notre loi;

⁷mais le tribun Lysias étant survenu, l'a arraché de nos mains avec une grande violence,

⁸en ordonnant à ses accusateurs de venir devant toi. Tu pourras toi-même, en l'interrogeant, apprendre de lui tout ce dont nous l'accusons.

⁹Les Juifs se joignirent à l'accusation, soutenant que les choses étaient ainsi.

¹⁰Après que le gouverneur lui eut fait signe de parler, Paul répondit: Sachant que, depuis plusieurs années, tu es juge de cette nation, c'est avec confiance que je prends la parole pour défendre ma cause.

¹¹Il n'y a pas plus de douze jours, tu peux t'en assurer, que je suis monté à Jérusalem pour adorer.

¹²On ne m'a trouvé ni dans le temple, ni dans les synagogues, ni dans la ville, disputant avec quelqu'un, ou provoquant un rassemblement séditieux de la foule.

¹³Et ils ne sauraient prouver ce dont ils m'accusent maintenant.

¹⁴Je t'avoue bien que je sers le Dieu de mes pères selon la voie qu'ils appellent une secte, croyant tout ce qui est écrit dans la loi et dans les prophètes,

¹⁵et ayant en Dieu cette espérance, comme ils l'ont eux-mêmes, qu'il y aura une résurrection des justes et des injustes.

¹⁶C'est pourquoi je m'efforce d'avoir constamment une conscience sans reproche devant Dieu et devant les hommes.

¹⁷Après une absence de plusieurs années, je suis venu pour faire des aumônes à ma nation, et pour présenter des offrandes.

¹⁸C'est alors que quelques Juifs d'Asie m'ont trouvé purifié dans le temple, sans attroupement ni tumulte.

¹⁹C'était à eux de paraître en ta présence et de se porter accusateurs, s'ils avaient quelque chose contre moi.

²⁰Ou bien, que ceux-ci déclarent de quel crime ils m'ont trouvé coupable, lorsque j'ai comparu devant le sanhédrin,

²¹à moins que ce ne soit uniquement de ce cri que j'ai fait entendre au milieu d'eux: C'est à cause de la résurrection des morts que je suis aujourd'hui mis en jugement devant vous.

²²Félix, qui savait assez exactement ce qui concernait cette doctrine, les ajourna, en disant: Quand le tribun Lysias sera venu, j'examinerai votre affaire.

²³Et il donna l'ordre au centenier de garder Paul, en lui laissant une certaine liberté, et en n'empêchant aucun des siens de lui rendre des services.

²⁴Quelques jours après, Félix vint avec Drusille, sa femme, qui était Juive, et il fit appeler Paul. Il l'entendit sur la foi en Christ.

²⁵Mais, comme Paul discourait sur la justice, sur la tempérance, et sur le jugement à venir, Félix, effrayé, dit: Pour le moment retire-toi; quand j'en trouverai l'occasion, je te rappellerai.

²⁶Il espérait en même temps que Paul lui donnerait de l'argent; aussi l'envoyait-il chercher assez fréquemment, pour s'entretenir avec lui.

²⁷Deux ans s'écoulèrent ainsi, et Félix eut pour successeur Porcius Festus. Dans le désir de plaire aux Juifs, Félix laissa Paul en prison.

Chapitre 25

¹Festus, étant arrivé dans la province, monta trois jours après de Césarée à Jérusalem.

²Les principaux sacrificateurs et les principaux d'entre les Juifs lui portèrent plainte contre Paul. Ils firent des instances auprès de lui, et, dans des vues hostiles,

³lui demandèrent comme une faveur qu'il le fît venir à Jérusalem. Ils préparaient un guet-apens, pour le tuer en chemin.

⁴Festus répondit que Paul était gardé à Césarée, et que lui-même devait partir sous peu.

⁵Que les principaux d'entre vous descendent avec moi, dit-il, et s'il y a quelque chose de coupable en cet homme, qu'ils l'accusent.

⁶Festus ne passa que huit à dix jours parmi eux, puis il descendit à Césarée. Le lendemain, s'étant assis sur son tribunal, il donna l'ordre qu'on amenât Paul.

⁷Quand il fut arrivé, les Juifs qui étaient venus de Jérusalem l'entourèrent, et portèrent contre lui de nombreuses et graves accusations, qu'ils n'étaient pas en état de prouver.

⁸Paul entreprit sa défense, en disant: Je n'ai rien fait de coupable, ni contre la loi des Juifs, ni contre le temple, ni contre César.

⁹Festus, désirant plaire aux Juifs, répondit à Paul: Veux-tu monter à Jérusalem, et y être jugé sur ces choses en ma présence?

¹⁰Paul dit: C'est devant le tribunal de César que je comparais, c'est là que je dois être jugé. Je n'ai fait aucun tort aux Juifs, comme tu le sais fort bien.

¹¹Si j'ai commis quelque injustice, ou quelque crime digne de mort, je ne refuse pas de mourir; mais, si les choses dont ils m'accusent sont fausses, personne n'a le droit de me livrer à eux. J'en appelle à César.

¹²Alors Festus, après avoir délibéré avec le conseil, répondit: Tu en as appelé à César; tu iras devant César.

¹³Quelques jours après, le roi Agrippa et Bérénice arrivèrent à Césarée, pour saluer Festus.

¹⁴Comme ils passèrent là plusieurs jours, Festus exposa au roi

l'affaire de Paul, et dit: Félix a laissé prisonnier un homme

¹⁵contre lequel, lorsque j'étais à Jérusalem, les principaux sacrificateurs et les anciens des Juifs ont porté plainte, en demandant sa condamnation.

¹⁶Je leur ai répondu que ce n'est pas la coutume des Romains de livrer un homme avant que l'inculpé ait été mis en présence de ses accusateurs, et qu'il ait eu la faculté de se défendre sur les choses dont on l'accuse.

¹⁷Ils sont donc venus ici, et, sans différer, je m'assis le lendemain sur mon tribunal, et je donnai l'ordre qu'on amenât cet homme.

¹⁸Les accusateurs, s'étant présentés, ne lui imputèrent rien de ce que je supposais;

¹⁹ils avaient avec lui des discussions relatives à leur religion particulière, et à un certain Jésus qui est mort, et que Paul affirmait être vivant.

²⁰Ne sachant quel parti prendre dans ce débat, je lui demandai s'il voulait aller à Jérusalem, et y être jugé sur ces choses.

²¹Mais Paul en ayant appelé, pour que sa cause fût réservée à la connaissance de l'empereur, j'ai ordonné qu'on le gardât jusqu'à ce que je l'envoyasse à César.

²²Agrippa dit à Festus: Je voudrais aussi entendre cet homme. Demain, répondit Festus, tu l'entendras.

²³Le lendemain donc, Agrippa et Bérénice vinrent en grande pompe, et entrèrent dans le lieu de l'audience avec les tribuns et les principaux de la ville. Sur l'ordre de Festus, Paul fut amené.

²⁴Alors Festus dit: Roi Agrippa, et vous tous qui êtes présents avec nous, vous voyez cet homme au sujet duquel toute la multitude des Juifs s'est adressée à moi, soit à Jérusalem, soit ici, en s'écriant qu'il ne devait plus vivre.

²⁵Pour moi, ayant reconnu qu'il n'a rien fait qui mérite la mort, et lui-même en ayant appelé à l'empereur, j'ai résolu de le faire partir.

²⁶Je n'ai rien de certain à écrire à l'empereur sur son compte; c'est pourquoi je l'ai fait paraître devant vous, et surtout devant toi, roi Agrippa, afin de savoir qu'écrire, après qu'il aura été examiné.

²⁷Car il me semble absurde d'envoyer un prisonnier sans indiquer de quoi on l'accuse.

Chapitre 26

¹Agrippa dit à Paul: Il t'est permis de parler pour ta défense. Et Paul, ayant étendu la main, se justifia en ces termes:

²Je m'estime heureux, roi Agrippa, d'avoir aujourd'hui à me justifier devant toi de toutes les choses dont je suis accusé par les Juifs,

³car tu connais parfaitement leurs coutumes et leurs discussions. Je te prie donc de m'écouter avec patience.

⁴Ma vie, dès les premiers temps de ma jeunesse, est connue de tous les Juifs, puisqu'elle s'est passée à Jérusalem, au milieu de ma nation.

⁵Ils savent depuis longtemps, s'ils veulent le déclarer, que j'ai vécu pharisien, selon la secte la plus rigide de notre religion.

⁶Et maintenant, je suis mis en jugement parce que j'espère l'accomplissement de la promesse que Dieu a faite à nos pères,

⁷et à laquelle aspirent nos douze tribus, qui servent Dieu continuellement nuit et jour. C'est pour cette espérance, ô roi, que je suis accusé par des Juifs!

⁸Quoi! vous semble-t-il incroyable que Dieu ressuscite les morts?

⁹Pour moi, j'avais cru devoir agir vigoureusement contre le nom de Jésus de Nazareth.

¹⁰C'est ce que j'ai fait à Jérusalem. J'ai jeté en prison plusieurs des saints, ayant reçu ce pouvoir des principaux sacrificateurs, et, quand on les mettait à mort, je joignais mon suffrage à celui des autres.

¹¹je les ai souvent châtiés dans toutes les synagogues; et je les forçais à blasphémer. Dans mes excès de fureur contre eux, je les persécutais même jusque dans les villes étrangères.

¹²C'est dans ce but que je me rendis à Damas, avec l'autorisation et la permission des principaux sacrificateurs.

¹³Vers le milieu du jour, ô roi, je vis en chemin resplendir autour de moi et de mes compagnons une lumière venant du ciel, et dont l'éclat surpassait celui du soleil.

¹⁴Nous tombâmes tous par terre, et j'entendis une voix qui me disait en langue hébraïque: Saul, Saul, pourquoi me persécutes-tu? Il te serait dur de regimber contre les aiguillons.

¹⁵Je répondis: Qui es-tu, Seigneur? Et le Seigneur dit: Je suis Jésus que tu persécutes.

¹⁶Mais lève-toi, et tiens-toi sur tes pieds; car je te suis apparu pour t'établir ministre et témoin des choses que tu as vues et de celles pour lesquelles je t'apparaîtrai.

¹⁷Je t'ai choisi du milieu de ce peuple et du milieu des païens, vers qui je t'envoie,

¹⁸afin que tu leur ouvres les yeux, pour qu'ils passent des ténèbres à la lumière et de la puissance de Satan à Dieu, pour qu'ils reçoivent, par la foi en moi, le pardon des péchés et l'héritage avec les sanctifiés.

¹⁹En conséquence, roi Agrippa, je n'ai point résisté à la vision céleste:

²⁰à ceux de Damas d'abord, puis à Jérusalem, dans toute la Judée, et chez les païens, j'ai prêché la repentance et la conversion à Dieu, avec la pratique d'oeuvres dignes de la repentance.

²¹Voilà pourquoi les Juifs se sont saisis de moi dans le temple, et ont tâché de me faire périr.

²²Mais, grâce au secours de Dieu, j'ai subsisté jusqu'à ce jour, rendant témoignage devant les petits et les grands, sans m'écarter en rien de ce que les prophètes et Moïse ont déclaré devoir arriver,

²³savoir que le Christ souffrirait, et que, ressuscité le premier d'entre les morts, il annoncerait la lumière au peuple et aux nations.

²⁴Comme il parlait ainsi pour sa justification, Festus dit à haute voix: Tu es fou, Paul! Ton grand savoir te fait déraisonner.

²⁵Je ne suis point fou, très excellent Festus, répliqua Paul; ce sont, au contraire, des paroles de vérité et de bon sens que je prononce.

²⁶Le roi est instruit de ces choses, et je lui en parle librement; car je suis persuadé qu'il n'en ignore aucune, puisque ce n'est pas en cachette qu'elles se sont passées.

²⁷Crois-tu aux prophètes, roi Agrippa?... Je sais que tu y crois.

²⁸Et Agrippa dit à Paul: Tu vas bientôt me persuader de devenir chrétien!

²⁹Paul répondit: Que ce soit bientôt ou que ce soit tard, plaise à Dieu que non seulement toi, mais encore tous ceux qui m'écoutent aujourd'hui, vous deveniez tels que je suis, à l'exception de ces liens!

³⁰Le roi, le gouverneur, Bérénice, et tous ceux qui étaient assis avec eux se levèrent,

³¹et, en se retirant, ils se disaient les uns aux autres: Cet homme n'a rien fait qui mérite la mort ou la prison.

³²Et Agrippa dit à Festus: Cet homme pouvait être relâché, s'il n'en eût pas appelé à César.

Chapitre 27

¹Lorsqu'il fut décidé que nous nous embarquerions pour l'Italie, on remit Paul et quelques autres prisonniers à un centenier de la cohorte Auguste, nommé Julius.

²Nous montâmes sur un navire d'Adramytte, qui devait côtoyer l'Asie, et nous partîmes, ayant avec nous Aristarque, Macédonien de Thessalonique.

³Le jour suivant, nous abordâmes à Sidon; et Julius, qui traitait Paul avec bienveillance, lui permit d'aller chez ses amis et de recevoir leurs soins.

⁴Partis de là, nous longeâmes l'île de Chypre, parce que les vents étaient contraires.

⁵Après avoir traversé la mer qui baigne la Cilicie et la Pamphylie, nous arrivâmes à Myra en Lycie.

⁶Et là, le centenier, ayant trouvé un navire d'Alexandrie qui allait en Italie, nous y fit monter.

⁷Pendant plusieurs jours nous naviguâmes lentement, et ce ne fut pas sans difficulté que nous atteignîmes la hauteur de Cnide, où le vent ne nous permit pas d'aborder. Nous passâmes au-dessous de l'île de Crète, du côté de Salmone.

⁸Nous la côtoyâmes avec peine, et nous arrivâmes à un lieu nommé Beaux Ports, près duquel était la ville de Lasée.

⁹Un temps assez long s'était écoulé, et la navigation devenait dangereuse, car l'époque même du jeûne était déjà passée.

¹⁰C'est pourquoi Paul avertit les autres, en disant: O hommes, je vois que la navigation ne se fera pas sans péril et sans beaucoup de dommage, non seulement pour la cargaison et pour le navire, mais encore pour nos personnes.

¹¹Le centenier écouta le pilote et le patron du navire plutôt que les paroles de Paul.

¹²Et comme le port n'était pas bon pour hiverner, la plupart furent d'avis de le quitter pour tâcher d'atteindre Phénix, port de Crète qui regarde le sud-ouest et le nord-ouest, afin d'y passer l'hiver.

¹³Un léger vent du sud vint à souffler, et, se croyant maîtres de leur dessein, ils levèrent l'ancre et côtoyèrent de près l'île de Crète.

¹⁴Mais bientôt un vent impétueux, qu'on appelle Euraquilon, se déchaîna sur l'île.

¹⁵Le navire fut entraîné, sans pouvoir lutter contre le vent, et nous nous laissâmes aller à la dérive.

¹⁶Nous passâmes au-dessous d'une petite île nommée Clauda, et nous eûmes de la peine à nous rendre maîtres de la chaloupe;

¹⁷après l'avoir hissée, on se servit des moyens de secours pour ceindre le navire, et, dans la crainte de tomber sur la Syrte, on abaissa les voiles. C'est ainsi qu'on se laissa emporter par le vent.

¹⁸Comme nous étions violemment battus par la tempête, le lendemain on jeta la cargaison à la mer,

¹⁹et le troisième jour nous y lançâmes de nos propres mains les agrès du navire.

²⁰Le soleil et les étoiles ne parurent pas pendant plusieurs jours, et la tempête était si forte que nous perdîmes enfin toute espérance de nous sauver.

²¹On n'avait pas mangé depuis longtemps. Alors Paul, se tenant au milieu d'eux, leur dit: O hommes, il fallait m'écouter et ne pas partir de Crète, afin d'éviter ce péril et ce dommage.

²²Maintenant je vous exhorte à prendre courage; car aucun de vous ne périra, et il n'y aura de perte que celle du navire.

²³Un ange du Dieu à qui j'appartiens et que je sers m'est apparu cette nuit,

²⁴et m'a dit: Paul, ne crains point; il faut que tu comparaisses devant César, et voici, Dieu t'a donné tous ceux qui naviguent avec toi.

²⁵C'est pourquoi, ô hommes, rassurez-vous, car j'ai cette confiance en Dieu qu'il en sera comme il m'a été dit.

²⁶Mais nous devons échouer sur une île.

²⁷La quatorzième nuit, tandis que nous étions ballottés sur l'Adriatique, les matelots, vers le milieu de la nuit, soupçonnèrent qu'on approchait de quelque terre.

²⁸Ayant jeté la sonde, ils trouvèrent vingt brasses; un peu plus loin, ils la jetèrent de nouveau, et trouvèrent quinze brasses.

²⁹Dans la crainte de heurter contre des écueils, ils jetèrent quatre ancres de la poupe, et attendirent le jour avec impatience.

³⁰Mais, comme les matelots cherchaient à s'échapper du navire, et mettaient la chaloupe à la mer sous prétexte de jeter les ancres de la proue,

³¹Paul dit au centenier et aux soldats: Si ces hommes ne restent pas dans le navire, vous ne pouvez être sauvés.

³²Alors les soldats coupèrent les cordes de la chaloupe, et la laissèrent tomber.

³³Avant que le jour parût, Paul exhorta tout le monde à prendre de la nourriture, disant: C'est aujourd'hui le quatorzième jour que vous êtes dans l'attente et que vous persistez à vous abstenir de manger.

³⁴Je vous invite donc à prendre de la nourriture, car cela est nécessaire pour votre salut, et il ne se perdra pas un cheveux de la tête d'aucun de vous.

³⁵Ayant ainsi parlé, il prit du pain, et, après avoir rendu grâces à Dieu devant tous, il le rompit, et se mit à manger.

³⁶Et tous, reprenant courage, mangèrent aussi.

³⁷Nous étions, dans le navire, deux cent soixante-seize personnes en tout.

³⁸Quand ils eurent mangé suffisamment, ils allégèrent le navire en jetant le blé à la mer.

³⁹Lorsque le jour fut venu, ils ne reconnurent point la terre; mais, ayant aperçu un golfe avec une plage, ils résolurent d'y pousser le navire, s'ils le pouvaient.

⁴⁰Ils délièrent les ancres pour les laisser aller dans la mer, et ils relâchèrent en même temps les attaches des gouvernails; puis ils mirent au vent la voile d'artimon, et se dirigèrent vers le rivage.

⁴¹Mais ils rencontrèrent une langue de terre, où ils firent échouer le navire; et la proue, s'étant engagée, resta immobile, tandis que la poupe se brisait par la violence des vagues.

⁴²Les soldats furent d'avis de tuer les prisonniers, de peur que quelqu'un d'eux ne s'échappât à la nage.

⁴³Mais le centenier, qui voulait sauver Paul, les empêcha d'exécuter ce dessein. Il ordonna à ceux qui savaient nager de se jeter les premiers dans l'eau pour gagner la terre,

⁴⁴et aux autres de se mettre sur des planches ou sur des débris du navire. Et ainsi tous parvinrent à terre sains et saufs.

Chapitre 28

¹Après nous être sauvés, nous reconnûmes que l'île s'appelait Malte.

²Les barbares nous témoignèrent une bienveillance peu commune; ils nous recueillirent tous auprès d'un grand feu, qu'ils avaient allumé parce que la pluie tombait et qu'il faisait grand froid.

³Paul ayant ramassé un tas de broussailles et l'ayant mis au feu, une vipère en sortit par l'effet de la chaleur et s'attacha à sa main.

⁴Quand les barbares virent l'animal suspendu à sa main, ils se dirent les uns aux autres: Assurément cet homme est un meurtrier, puisque la Justice n'a pas voulu le laisser vivre, après qu'il a été sauvé de la mer.

⁵Paul secoua l'animal dans le feu, et ne ressentit aucun mal.

⁶Ces gens s'attendaient à le voir enfler ou tomber mort subitement; mais, après avoir longtemps attendu, voyant qu'il ne lui arrivait aucun mal, ils changèrent d'avis et dirent que c'était un dieu.

⁷Il y avait, dans les environs, des terres appartenant au principal personnage de l'île, nommé Publius, qui nous reçut et nous logea pendant trois jours de la manière la plus amicale.

⁸Le père de Publius était alors au lit, malade de la fièvre et de la dysenterie; Paul, s'étant rendu vers lui, pria, lui imposa les mains, et le guérit.

⁹Là-dessus, vinrent les autres malades de l'île, et ils furent guéris.

¹⁰On nous rendit de grands honneurs, et, à notre départ, on nous fournit les choses dont nous avions besoin.

¹¹Après un séjour de trois mois, nous nous embarquâmes sur un navire d'Alexandrie, qui avait passé l'hiver dans l'île, et qui portait pour enseigne les Dioscures.

¹²Ayant abordé à Syracuse, nous y restâmes trois jours.

¹³De là, en suivant la côte, nous atteignîmes Reggio; et, le vent du midi s'étant levé le lendemain, nous fîmes en deux jours le trajet jusqu'à Pouzzoles,

¹⁴où nous trouvâmes des frères qui nous prièrent de passer sept jours avec eux. Et c'est ainsi que nous allâmes à Rome.

¹⁵De Rome vinrent à notre rencontre, jusqu'au Forum d'Appius et aux Trois Tavernes, les frères qui avaient entendu parler de nous. Paul, en les voyant, rendit grâces à Dieu, et prit courage.

¹⁶Lorsque nous fûmes arrivés à Rome, on permit à Paul de demeurer en son particulier, avec un soldat qui le gardait.

¹⁷Au bout de trois jours, Paul convoqua les principaux des Juifs; et, quand ils furent réunis, il leur adressa ces paroles: Hommes frères, sans avoir rien fait contre le peuple ni contre les coutumes de nos pères, j'ai été mis en prison à Jérusalem et livré de là entre les mains des Romains.

¹⁸Après m'avoir interrogé, ils voulaient me relâcher, parce qu'il n'y avait en moi rien qui méritât la mort.

¹⁹Mais les Juifs s'y opposèrent, et j'ai été forcé d'en appeler à César, n'ayant du reste aucun dessein d'accuser ma nation.

²⁰Voilà pourquoi j'ai demandé à vous voir et à vous parler; car c'est à cause de l'espérance d'Israël que je porte cette chaîne.

²¹Ils lui répondirent: Nous n'avons reçu de Judée aucune lettre à ton sujet, et il n'est venu aucun frère qui ait rapporté ou dit du mal de toi.

²²Mais nous voudrions apprendre de toi ce que tu penses, car nous savons que cette secte rencontre partout de l'opposition.

²³Ils lui fixèrent un jour, et plusieurs vinrent le trouver dans son logis. Paul leur annonça le royaume de Dieu, en rendant témoignage, et en cherchant, par la loi de Moïse et par les prophètes, à les persuader de ce qui concerne Jésus. L'entretien dura depuis le matin jusqu'au soir.

²⁴Les uns furent persuadés par ce qu'il disait, et les autres ne crurent point.

²⁵Comme ils se retiraient en désaccord, Paul n'ajouta que ces mots: C'est avec raison que le Saint Esprit, parlant à vos pères par le prophète Ésaïe, a dit:

²⁶Va vers ce peuple, et dis: Vous entendrez de vos oreilles, et vous ne comprendrez point; Vous regarderez de vos yeux, et vous ne verrez point.

²⁷Car le coeur de ce peuple est devenu insensible; Ils ont endurci leurs oreilles, et ils ont fermé leurs yeux, De peur qu'ils ne voient de leurs yeux, qu'ils n'entendent de leurs oreilles, Qu'ils ne comprennent de leur coeur, Qu'ils ne se convertissent, et que je ne les guérisse.

²⁸Sachez donc que ce salut de Dieu a été envoyé aux païens, et qu'ils l'écouteront.

²⁹Lorsqu'il eut dit cela, les Juifs s'en allèrent, discutant vivement entre eux.

³⁰Paul demeura deux ans entiers dans une maison qu'il avait louée. Il recevait tous ceux qui venaient le voir,

³¹prêchant le royaume de Dieu et enseignant ce qui concerne le Seigneur Jésus Christ, en toute liberté et sans obstacle.

Romains

Chapitre 1

¹Paul, serviteur de Jésus Christ, appelé à être apôtre, mis à part pour annoncer l'Évangile de Dieu, -

²qui avait été promis auparavant de la part de Dieu par ses prophètes dans les saintes Écritures,

³et qui concerne son Fils (né de la postérité de David, selon la chair,

⁴et déclaré Fils de Dieu avec puissance, selon l'Esprit de sainteté, par sa résurrection d'entre les morts), Jésus Christ notre Seigneur,

⁵par qui nous avons reçu la grâce et l'apostolat, pour amener en son nom à l'obéissance de la foi tous les païens,

⁶parmi lesquels vous êtes aussi, vous qui avez été appelés par Jésus Christ-

⁷à tous ceux qui, à Rome, sont bien-aimés de Dieu, appelés à être saints: que la grâce et la paix vous soient données de la part de Dieu notre Père et du Seigneur Jésus Christ!

⁸Je rends d'abord grâces à mon Dieu par Jésus Christ, au sujet de vous tous, de ce que votre foi est renommée dans le monde entier.

⁹Dieu, que je sers en mon esprit dans l'Évangile de son Fils, m'est témoin que je fais sans cesse mention de vous,

¹⁰demandant continuellement dans mes prières d'avoir enfin, par sa volonté, le bonheur d'aller vers vous.

¹¹Car je désire vous voir, pour vous communiquer quelque don spirituel, afin que vous soyez affermis,

¹²ou plutôt, afin que nous soyons encouragés ensemble au milieu de vous par la foi qui nous est commune, à vous et à moi.

¹³Je ne veux pas vous laisser ignorer, frères, que j'ai souvent formé le projet d'aller vous voir, afin de recueillir quelque fruit parmi vous, comme parmi les autres nations; mais j'en ai été empêché jusqu'ici.

¹⁴Je me dois aux Grecs et aux barbares, aux savants et aux ignorants.

¹⁵Ainsi j'ai un vif désir de vous annoncer aussi l'Évangile, à vous qui êtes à Rome.

¹⁶Car je n'ai point honte de l'Évangile: c'est une puissance de Dieu pour le salut de quiconque croit, du Juif premièrement, puis du Grec,

¹⁷parce qu'en lui est révélée la justice de Dieu par la foi et pour la foi, selon qu'il est écrit: Le juste vivra par la foi.

¹⁸La colère de Dieu se révèle du ciel contre toute impiété et toute injustice des hommes qui retiennent injustement la vérité captive,

¹⁹car ce qu'on peut connaître de Dieu est manifeste pour eux, Dieu le leur ayant fait connaître.

²⁰En effet, les perfections invisibles de Dieu, sa puissance éternelle et sa divinité, se voient comme à l'oeil, depuis la création du monde, quand on les considère dans ses ouvrages. Ils sont donc inexcusables,

²¹puisque ayant connu Dieu, ils ne l'ont point glorifié comme Dieu, et ne lui ont point rendu grâces; mais ils se sont égarés dans leurs pensées, et leur coeur sans intelligence a été plongé dans les ténèbres.

²²Se vantant d'être sages, ils sont devenus fous;

²³et ils ont changé la gloire du Dieu incorruptible en images représentant l'homme corruptible, des oiseaux, des quadrupèdes, et des reptiles.

²⁴C'est pourquoi Dieu les a livrés à l'impureté, selon les convoitises de leurs coeurs; en sorte qu'ils déshonorent eux-mêmes leurs propres corps;

²⁵eux qui ont changé la vérité de Dieu en mensonge, et qui ont adoré et servi la créature au lieu du Créateur, qui est béni éternellement. Amen!

²⁶C'est pourquoi Dieu les a livrés à des passions infâmes: car leurs femmes ont changé l'usage naturel en celui qui est contre nature;

²⁷et de même les hommes, abandonnant l'usage naturel de la femme, se sont enflammés dans leurs désirs les uns pour les autres, commettant homme avec homme des choses infâmes, et recevant en eux-mêmes le salaire que méritait leur égarement.

²⁸Comme ils ne se sont pas souciés de connaître Dieu, Dieu les a livrés à leur sens réprouvé, pour commettre des choses indignes,

²⁹étant remplis de toute espèce d'injustice, de méchanceté, de cupidité, de malice; pleins d'envie, de meurtre, de querelle, de ruse, de malignité,

³⁰rapporteurs, médisants, impies, arrogants, hautains, fanfarons, ingénieux au mal, rebelles à leurs parents, dépourvus d'intelligence,

³¹de loyauté, d'affection naturelle, de miséricorde.

³²Et, bien qu'ils connaissent le jugement de Dieu, déclarant dignes de mort ceux qui commettent de telles choses, non seulement ils les font, mais ils approuvent ceux qui les font.

Chapitre 2

¹O homme, qui que tu sois, toi qui juges, tu es donc inexcusable; car, en jugeant les autres, tu te condamnes toi-même, puisque toi qui juges, tu fais les mêmes choses.

²Nous savons, en effet, que le jugement de Dieu contre ceux qui commettent de telles choses est selon la vérité.

³Et penses-tu, ô homme, qui juges ceux qui commettent de telles choses, et qui les fais, que tu échapperas au jugement de Dieu?

⁴Ou méprises-tu les richesses de sa bonté, de sa patience et de sa longanimité, ne reconnaissant pas que la bonté de Dieu te pousse à la repentance?

⁵Mais, par ton endurcissement et par ton coeur impénitent, tu t'amasses un trésor de colère pour le jour de la colère et de la manifestation du juste jugement de Dieu,

⁶qui rendra à chacun selon ses oeuvres;

⁷réservant la vie éternelle à ceux qui, par la persévérance à bien faire, cherchent l'honneur, la gloire et l'immortalité;

⁸mais l'irritation et la colère à ceux qui, par esprit de dispute, sont rebelles à la vérité et obéissent à l'injustice.

⁹Tribulation et angoisse sur toute âme d'homme qui fait le mal, sur le Juif premièrement, puis sur le Grec!

¹⁰Gloire, honneur et paix pour quiconque fait le bien, pour le Juif premièrement, puis pour le Grec!

¹¹Car devant Dieu il n'y a point d'acception de personnes.

¹²Tous ceux qui ont péché sans la loi périront aussi sans la loi, et tous ceux qui ont péché avec la loi seront jugés par la loi.

¹³Ce ne sont pas, en effet, ceux qui écoutent la loi qui sont justes devant Dieu, mais ce sont ceux qui la mettent en pratique qui seront justifiés.

¹⁴Quand les païens, qui n'ont point la loi, font naturellement ce que prescrit la loi, ils sont, eux qui n'ont point la loi, une loi pour eux-mêmes;

¹⁵ils montrent que l'oeuvre de la loi est écrite dans leurs coeurs, leur conscience en rendant témoignage, et leurs pensées s'accusant ou se défendant tour à tour.

¹⁶C'est ce qui paraîtra au jour où, selon mon Évangile, Dieu jugera par Jésus Christ les actions secrètes des hommes.

¹⁷Toi qui te donnes le nom de Juif, qui te reposes sur la loi, qui te glorifies de Dieu,

¹⁸qui connais sa volonté, qui apprécies la différence des choses, étant instruit par la loi;

¹⁹toi qui te flattes d'être le conducteur des aveugles, la lumière de ceux qui sont dans les ténèbres,

²⁰le docteur des insensés, le maître des ignorants, parce que tu as dans la loi la règle de la science et de la vérité;

²¹toi donc, qui enseignes les autres, tu ne t'enseignes pas toi-même! Toi qui prêches de ne pas dérober, tu dérobes!

²²Toi qui dis de ne pas commettre d'adultère, tu commets l'adultère! Toi qui as en abomination les idoles, tu commets des sacrilèges!

²³Toi qui te fais une gloire de la loi, tu déshonores Dieu par la transgression de la loi!

²⁴Car le nom de Dieu est à cause de vous blasphémé parmi les païens, comme cela est écrit.

²⁵La circoncision est utile, si tu mets en pratique la loi; mais si tu transgresses la loi, ta circoncision devient incirconcision.

²⁶Si donc l'incirconcis observe les ordonnances de la loi, son incirconcision ne sera-t-elle pas tenue pour circoncision?

²⁷L'incirconcis de nature, qui accomplit la loi, ne te condamnera-t-il pas, toi qui la transgresses, tout en ayant la lettre de la loi et la circoncision?

²⁸Le Juif, ce n'est pas celui qui en a les dehors; et la circoncision, ce n'est pas celle qui est visible dans la chair.

²⁹Mais le Juif, c'est celui qui l'est intérieurement; et la circoncision, c'est celle du coeur, selon l'esprit et non selon la lettre. La louange de ce Juif ne vient pas des hommes, mais de Dieu.

Chapitre 3

¹Quel est donc l'avantage des Juifs, ou quelle est l'utilité de la circoncision?

²Il est grand de toute manière, et tout d'abord en ce que les oracles de Dieu leur ont été confiés.

³Eh quoi! si quelques-uns n'ont pas cru, leur incrédulité anéantira-t-elle la fidélité de Dieu?

⁴Loin de là! Que Dieu, au contraire, soit reconnu pour vrai, et tout homme pour menteur, selon qu'il est écrit: Afin que tu sois trouvé juste dans tes paroles, Et que tu triomphes lorsqu'on te juge.

⁵Mais si notre injustice établit la justice de Dieu, que dirons-nous? Dieu est-il injuste quand il déchaîne sa colère? (Je parle à la manière des hommes.)

⁶Loin de là! Autrement, comment Dieu jugerait-il le monde?

⁷Et si, par mon mensonge, la vérité de Dieu éclate davantage pour sa gloire, pourquoi suis-je moi-même encore jugé comme pécheur?

⁸Et pourquoi ne ferions-nous pas le mal afin qu'il en arrive du bien, comme quelques-uns, qui nous calomnient, prétendent que nous le disons? La condamnation de ces gens est juste.

⁹Quoi donc! sommes-nous plus excellents? Nullement. Car nous avons déjà prouvé que tous, Juifs et Grecs, sont sous l'empire du péché,

¹⁰selon qu'il est écrit: Il n'y a point de juste, Pas même un seul;

¹¹Nul n'est intelligent, Nul ne cherche Dieu; Tous sont égarés, tous sont pervertis;

¹²Il n'en est aucun qui fasse le bien, Pas même un seul;

¹³Leur gosier est un sépulcre ouvert; Ils se servent de leurs langues pour tromper; Ils ont sous leurs lèvres un venin d'aspic;

¹⁴Leur bouche est pleine de malédiction et d'amertume;

¹⁵Ils ont les pieds légers pour répandre le sang;

¹⁶La destruction et le malheur sont sur leur route;

¹⁷Ils ne connaissent pas le chemin de la paix;

¹⁸La crainte de Dieu n'est pas devant leurs yeux.

¹⁹Or, nous savons que tout ce que dit la loi, elle le dit à ceux qui sont sous la loi, afin que toute bouche soit fermée, et que tout le monde soit reconnu coupable devant Dieu.

²⁰Car nul ne sera justifié devant lui par les oeuvres de la loi, puisque c'est par la loi que vient la connaissance du péché.

²¹Mais maintenant, sans la loi est manifestée la justice de Dieu, à laquelle rendent témoignage la loi et les prophètes,

²²justice de Dieu par la foi en Jésus Christ pour tous ceux qui croient. Il n'y a point de distinction.

²³Car tous ont péché et sont privés de la gloire de Dieu;

²⁴et ils sont gratuitement justifiés par sa grâce, par le moyen de la rédemption qui est en Jésus Christ.

²⁵C'est lui que Dieu a destiné, par son sang, à être, pour ceux qui croiraient victime propitiatoire, afin de montrer sa justice, parce qu'il avait laissé impunis les péchés commis auparavant, au temps de sa patience, afin, dis-je,

²⁶de montrer sa justice dans le temps présent, de manière à être juste tout en justifiant celui qui a la foi en Jésus.

²⁷Où donc est le sujet de se glorifier? Il est exclu. Par quelle loi? Par la loi des oeuvres? Non, mais par la loi de la foi.

²⁸Car nous pensons que l'homme est justifié par la foi, sans les oeuvres de la loi.

²⁹Ou bien Dieu est-il seulement le Dieu des Juifs? Ne l'est-il pas aussi des païens? Oui, il l'est aussi des païens,

³⁰puisqu'il y a un seul Dieu, qui justifiera par la foi les circoncis, et par la foi les incirconcis.

³¹Anéantissons-nous donc la loi par la foi? Loin de là! Au contraire, nous confirmons la loi.

Chapitre 4

¹Que dirons-nous donc qu'Abraham, notre père, a obtenu selon la chair?

²Si Abraham a été justifié par les oeuvres, il a sujet de se glorifier, mais non devant Dieu.

³Car que dit l'Écriture? Abraham crut à Dieu, et cela lui fut imputé à justice.

⁴Or, à celui qui fait une oeuvre, le salaire est imputé, non comme une grâce, mais comme une chose due;

⁵et à celui qui ne fait point d'oeuvre, mais qui croit en celui qui justifie l'impie, sa foi lui est imputée à justice.

⁶De même David exprime le bonheur de l'homme à qui Dieu impute la justice sans les oeuvres:

⁷Heureux ceux dont les iniquités sont pardonnées, Et dont les péchés sont couverts!

⁸Heureux l'homme à qui le Seigneur n'impute pas son péché!

⁹Ce bonheur n'est-il que pour les circoncis, ou est-il également pour les incirconcis? Car nous disons que la foi fut imputée à justice à Abraham.

¹⁰Comment donc lui fut-elle imputée? Était-ce après, ou avant sa circoncision? Il n'était pas encore circoncis, il était incirconcis.

¹¹Et il reçut le signe de la circoncision, comme sceau de la justice qu'il avait obtenue par la foi quand il était incirconcis, afin d'être le père de tous les incirconcis qui croient, pour que la justice leur fût aussi imputée,

¹²et le père des circoncis, qui ne sont pas seulement circoncis, mais encore qui marchent sur les traces de la foi de notre père Abraham quand il était incirconcis.

¹³En effet, ce n'est pas par la loi que l'héritage du monde a été promis à Abraham ou à sa postérité, c'est par la justice de la foi.

¹⁴Car, si les héritiers le sont par la loi, la foi est vaine, et la promesse est anéantie,

¹⁵parce que la loi produit la colère, et que là où il n'y a point de loi il n'y a point non plus de transgression.

¹⁶C'est pourquoi les héritiers le sont par la foi, pour que ce soit par grâce, afin que la promesse soit assurée à toute la postérité, non seulement à celle qui est sous la loi, mais aussi à celle qui a la foi d'Abraham, notre père à tous, selon qu'il est écrit:

¹⁷Je t'ai établi père d'un grand nombre de nations. Il est notre père devant celui auquel il a cru, Dieu, qui donne la vie aux morts, et qui appelle les choses qui ne sont point comme si elles étaient.

¹⁸Espérant contre toute espérance, il crut, en sorte qu'il devint père d'un grand nombre de nations, selon ce qui lui avait été dit: Telle sera ta postérité.

¹⁹Et, sans faiblir dans la foi, il ne considéra point que son corps était déjà usé, puisqu'il avait près de cent ans, et que Sara n'était plus en état d'avoir des enfants.

²⁰Il ne douta point, par incrédulité, au sujet de la promesse de Dieu; mais il fut fortifié par la foi, donnant gloire à Dieu,

²¹et ayant la pleine conviction que ce qu'il promet il peut aussi l'accomplir.

²²C'est pourquoi cela lui fut imputé à justice.

²³Mais ce n'est pas à cause de lui seul qu'il est écrit que cela lui fut imputé;

²⁴c'est encore à cause de nous, à qui cela sera imputé, à nous qui croyons en celui qui a ressuscité des morts Jésus notre Seigneur,

²⁵lequel a été livré pour nos offenses, et est ressuscité pour notre justification.

Chapitre 5

¹Étant donc justifiés par la foi, nous avons la paix avec Dieu par notre Seigneur Jésus Christ,

²à qui nous devons d'avoir eu par la foi accès à cette grâce, dans laquelle nous demeurons fermes, et nous nous glorifions dans l'espérance de la gloire de Dieu.

³Bien plus, nous nous glorifions même des afflictions, sachant que l'affliction produit la persévérance,

⁴la persévérance la victoire dans l'épreuve, et cette victoire l'espérance.

⁵Or, l'espérance ne trompe point, parce que l'amour de Dieu est répandu dans nos coeurs par le Saint Esprit qui nous a été donné.

⁶Car, lorsque nous étions encore sans force, Christ, au temps marqué, est mort pour des impies.

⁷A peine mourrait-on pour un juste; quelqu'un peut-être mourrait-il pour un homme de bien.

⁸Mais Dieu prouve son amour envers nous, en ce que, lorsque nous étions encore des pécheurs, Christ est mort pour nous.

⁹A plus forte raison donc, maintenant que nous sommes justifiés par son sang, serons-nous sauvés par lui de la colère.

¹⁰Car si, lorsque nous étions ennemis, nous avons été réconciliés avec Dieu par la mort de son Fils, à plus forte raison, étant réconciliés, serons-nous sauvés par sa vie.

¹¹Et non seulement cela, mais encore nous nous glorifions en Dieu par notre Seigneur Jésus Christ, par qui maintenant nous avons obtenu la réconciliation.

¹²C'est pourquoi, comme par un seul homme le péché est entré dans le monde, et par le péché la mort, et qu'ainsi la mort s'est étendue sur tous les hommes, parce que tous ont péché,...

¹³car jusqu'à la loi le péché était dans le monde. Or, le péché n'est pas imputé, quand il n'y a point de loi.

¹⁴Cependant la mort a régné depuis Adam jusqu'à Moïse, même sur ceux qui n'avaient pas péché par une transgression semblable à celle d'Adam, lequel est la figure de celui qui devait venir.

¹⁵Mais il n'en est pas du don gratuit comme de l'offense; car, si par l'offense d'un seul il en est beaucoup qui sont morts, à plus forte raison la grâce de Dieu et le don de la grâce venant d'un seul homme, Jésus Christ, ont-ils été abondamment répandus sur beaucoup.

¹⁶Et il n'en est pas du don comme de ce qui est arrivé par un seul qui a péché; car c'est après une seule offense que le jugement est devenu condamnation, tandis que le don gratuit devient justification après plusieurs offenses.

¹⁷Si par l'offense d'un seul la mort a régné par lui seul, à plus forte raison ceux qui reçoivent l'abondance de la grâce et du don de la justice régneront-ils dans la vie par Jésus Christ lui seul.

¹⁸Ainsi donc, comme par une seule offense la condamnation a atteint tous les hommes, de même par un seul acte de justice la justification qui donne la vie s'étend à tous les hommes.

¹⁹Car, comme par la désobéissance d'un seul homme beaucoup ont été rendus pécheurs, de même par l'obéissance d'un seul beaucoup seront rendus justes.

²⁰Or, la loi est intervenue pour que l'offense abondât, mais là où le péché a abondé, la grâce a surabondé,

²¹afin que, comme le péché a régné par la mort, ainsi la grâce régnât par la justice pour la vie éternelle, par Jésus Christ notre Seigneur.

Chapitre 6

¹Que dirons-nous donc? Demeurerions-nous dans le péché, afin que la grâce abonde?

²Loin de là! Nous qui sommes morts au péché, comment vivrions-nous encore dans le péché?

³Ignorez-vous que nous tous qui avons été baptisés en Jésus Christ, c'est en sa mort que nous avons été baptisés?

⁴Nous avons donc été ensevelis avec lui par le baptême en sa mort, afin que, comme Christ est ressuscité des morts par la gloire du Père, de même nous aussi nous marchions en nouveauté de vie.

⁵En effet, si nous sommes devenus une même plante avec lui par la conformité à sa mort, nous le serons aussi par la conformité à sa résurrection,

⁶sachant que notre vieil homme a été crucifié avec lui, afin que le corps du péché fût détruit, pour que nous ne soyons plus esclaves du péché;

⁷car celui qui est mort est libre du péché.

⁸Or, si nous sommes morts avec Christ, nous croyons que nous vivrons aussi avec lui,

⁹sachant que Christ ressuscité des morts ne meurt plus; la mort n'a plus de pouvoir sur lui.

¹⁰Car il est mort, et c'est pour le péché qu'il est mort une fois pour toutes; il est revenu à la vie, et c'est pour Dieu qu'il vit.

¹¹Ainsi vous-mêmes, regardez-vous comme morts au péché, et comme vivants pour Dieu en Jésus Christ.

¹²Que le péché ne règne donc point dans votre corps mortel, et n'obéissez pas à ses convoitises.

¹³Ne livrez pas vos membres au péché, comme des instruments d'iniquité; mais donnez-vous vous-mêmes à Dieu, comme étant vivants de morts que vous étiez, et offrez à Dieu vos membres, comme des instruments de justice.

¹⁴Car le péché n'aura point de pouvoir sur vous, puisque vous êtes, non sous la loi, mais sous la grâce.

¹⁵Quoi donc! Pécherions-nous, parce que nous sommes, non sous la loi, mais sous la grâce? Loin de là!

¹⁶Ne savez-vous pas qu'en vous livrant à quelqu'un comme esclaves pour lui obéir, vous êtes esclaves de celui à qui vous obéissez, soit du péché qui conduit à la mort, soit de l'obéissance qui conduit à la justice?

¹⁷Mais grâces soient rendues à Dieu de ce que, après avoir été esclaves du péché, vous avez obéi de coeur à la règle de doctrine dans laquelle vous avez été instruits.

¹⁸Ayant été affranchis du péché, vous êtes devenus esclaves de la justice. -

¹⁹Je parle à la manière des hommes, à cause de la faiblesse de votre chair. -De même donc que vous avez livré vos membres comme esclaves à l'impureté et à l'iniquité, pour arriver à l'iniquité, ainsi maintenant livrez vos membres comme esclaves à la justice, pour arriver à la sainteté.

²⁰Car, lorsque vous étiez esclaves du péché, vous étiez libres à l'égard de la justice.

²¹Quels fruits portiez-vous alors? Des fruits dont vous rougissez aujourd'hui. Car la fin de ces choses, c'est la mort.

²²Mais maintenant, étant affranchis du péché et devenus esclaves de Dieu, vous avez pour fruit la sainteté et pour fin la vie éternelle.

²³Car le salaire du péché, c'est la mort; mais le don gratuit de Dieu, c'est la vie éternelle en Jésus Christ notre Seigneur.

Chapitre 7

¹Ignorez-vous, frères, -car je parle à des gens qui connaissent la loi, -que la loi exerce son pouvoir sur l'homme aussi longtemps qu'il vit?

²Ainsi, une femme mariée est liée par la loi à son mari tant qu'il est vivant; mais si le mari meurt, elle est dégagée de la loi qui la liait à son mari.

³Si donc, du vivant de son mari, elle devient la femme d'un autre homme, elle sera appelée adultère; mais si le mari meurt, elle est affranchie de la loi, de sorte qu'elle n'est point adultère en devenant la femme d'un autre.

⁴De même, mes frères, vous aussi vous avez été, par le corps de Christ, mis à mort en ce qui concerne la loi, pour que vous apparteniez à un autre, à celui qui est ressuscité des morts, afin que nous portions des fruits pour Dieu.

⁵Car, lorsque nous étions dans la chair, les passions des péchés provoquées par la loi agissaient dans nos membres, de sorte que nous portions des fruits pour la mort.

⁶Mais maintenant, nous avons été dégagés de la loi, étant morts à cette loi sous laquelle nous étions retenus, de sorte que nous servons dans un esprit nouveau, et non selon la lettre qui a vieilli.

⁷Que dirons-nous donc? La loi est-elle péché? Loin de là! Mais je n'ai connu le péché que par la loi. Car je n'aurais pas connu la convoitise, si la loi n'eût dit: Tu ne convoiteras point.

⁸Et le péché, saisissant l'occasion, produisit en moi par le commandement toutes sortes de convoitises; car sans loi le péché est mort.

⁹Pour moi, étant autrefois sans loi, je vivais; mais quand le commandement vint, le péché reprit vie, et moi je mourus.

¹⁰Ainsi, le commandement qui conduit à la vie se trouva pour moi conduire à la mort.

¹¹Car le péché saisissant l'occasion, me séduisit par le commandement, et par lui me fit mourir.

¹²La loi donc est sainte, et le commandement est saint, juste et bon.

¹³Ce qui est bon a-t-il donc été pour moi une cause de mort? Loin de là! Mais c'est le péché, afin qu'il se manifestât comme péché en me donnant la mort par ce qui est bon, et que, par le commandement, il devînt condamnable au plus haut point.

¹⁴Nous savons, en effet, que la loi est spirituelle; mais moi, je suis charnel, vendu au péché.

¹⁵Car je ne sais pas ce que je fais: je ne fais point ce que je veux, et je fais ce que je hais.

¹⁶Or, si je fais ce que je ne veux pas, je reconnais par là que la loi est bonne.

¹⁷Et maintenant ce n'est plus moi qui le fais, mais c'est le péché qui habite en moi.

¹⁸Ce qui est bon, je le sais, n'habite pas en moi, c'est-à-dire dans ma chair: j'ai la volonté, mais non le pouvoir de faire le bien.

¹⁹Car je ne fais pas le bien que je veux, et je fais le mal que je ne veux pas.

²⁰Et si je fais ce que je ne veux pas, ce n'est plus moi qui le fais, c'est le péché qui habite en moi.

²¹Je trouve donc en moi cette loi: quand je veux faire le bien, le mal est attaché à moi.

²²Car je prends plaisir à la loi de Dieu, selon l'homme intérieur;

²³mais je vois dans mes membres une autre loi, qui lutte contre la loi de mon entendement, et qui me rend captif de la loi du péché, qui est dans mes membres.

²⁴Misérable que je suis! Qui me délivrera du corps de cette mort?...

²⁵Grâces soient rendues à Dieu par Jésus Christ notre Seigneur!... Ainsi donc, moi-même, je suis par l'entendement esclave de la loi de Dieu, et je suis par la chair esclave de la loi du péché.

Chapitre 8

¹Il n'y a donc maintenant aucune condamnation pour ceux qui sont en Jésus Christ.

²En effet, la loi de l'esprit de vie en Jésus Christ m'a affranchi de la loi du péché et de la mort.

³Car-chose impossible à la loi, parce que la chair la rendait sans force, -Dieu a condamné le péché dans la chair, en envoyant, à cause du péché, son propre Fils dans une chair semblable à celle du péché,

⁴et cela afin que la justice de la loi fût accomplie en nous, qui

marchons, non selon la chair, mais selon l'esprit.

⁵Ceux, en effet, qui vivent selon la chair, s'affectionnent aux choses de la chair, tandis que ceux qui vivent selon l'esprit s'affectionnent aux choses de l'esprit.

⁶Et l'affection de la chair, c'est la mort, tandis que l'affection de l'esprit, c'est la vie et la paix;

⁷car l'affection de la chair est inimitié contre Dieu, parce qu'elle ne se soumet pas à la loi de Dieu, et qu'elle ne le peut même pas.

⁸Or ceux qui vivent selon la chair ne sauraient plaire à Dieu.

⁹Pour vous, vous ne vivez pas selon la chair, mais selon l'esprit, si du moins l'Esprit de Dieu habite en vous. Si quelqu'un n'a pas l'Esprit de Christ, il ne lui appartient pas.

¹⁰Et si Christ est en vous, le corps, il est vrai, est mort à cause du péché, mais l'esprit est vie à cause de la justice.

¹¹Et si l'Esprit de celui qui a ressuscité Jésus d'entre les morts habite en vous, celui qui a ressuscité Christ d'entre les morts rendra aussi la vie à vos corps mortels par son Esprit qui habite en vous.

¹²Ainsi donc, frères, nous ne sommes point redevables à la chair, pour vivre selon la chair.

¹³Si vous vivez selon la chair, vous mourrez; mais si par l'Esprit vous faites mourir les actions du corps, vous vivrez,

¹⁴car tous ceux qui sont conduits par l'Esprit de Dieu sont fils de Dieu.

¹⁵Et vous n'avez point reçu un esprit de servitude, pour être encore dans la crainte; mais vous avez reçu un Esprit d'adoption, par lequel nous crions: Abba! Père!

¹⁶L'Esprit lui-même rend témoignage à notre esprit que nous sommes enfants de Dieu.

¹⁷Or, si nous sommes enfants, nous sommes aussi héritiers: héritiers de Dieu, et cohéritiers de Christ, si toutefois nous souffrons avec lui, afin d'être glorifiés avec lui.

¹⁸J'estime que les souffrances du temps présent ne sauraient être comparées à la gloire à venir qui sera révélée pour nous.

¹⁹Aussi la création attend-elle avec un ardent désir la révélation des fils de Dieu.

²⁰Car la création a été soumise à la vanité, -non de son gré, mais à cause de celui qui l'y a soumise, -

²¹avec l'espérance qu'elle aussi sera affranchie de la servitude de la corruption, pour avoir part à la liberté de la gloire des enfants de Dieu.

²²Or, nous savons que, jusqu'à ce jour, la création tout entière soupire et souffre les douleurs de l'enfantement.

²³Et ce n'est pas elle seulement; mais nous aussi, qui avons les prémices de l'Esprit, nous aussi nous soupirons en nous-mêmes, en attendant l'adoption, la rédemption de notre corps.

²⁴Car c'est en espérance que nous sommes sauvés. Or, l'espérance qu'on voit n'est plus espérance: ce qu'on voit, peut-on l'espérer encore?

²⁵Mais si nous espérons ce que nous ne voyons pas, nous l'attendons avec persévérance.

²⁶De même aussi l'Esprit nous aide dans notre faiblesse, car nous ne savons pas ce qu'il nous convient de demander dans nos prières. Mais l'Esprit lui-même intercède par des soupirs inexprimables;

²⁷et celui qui sonde les coeurs connaît quelle est la pensée de l'Esprit, parce que c'est selon Dieu qu'il intercède en faveur des saints.

²⁸Nous savons, du reste, que toutes choses concourent au bien de ceux qui aiment Dieu, de ceux qui sont appelés selon son dessein.

²⁹Car ceux qu'il a connus d'avance, il les a aussi prédestinés à être semblables à l'image de son Fils, afin que son Fils fût le premier-né entre plusieurs frères.

³⁰Et ceux qu'il a prédestinés, il les a aussi appelés; et ceux qu'il a appelés, il les a aussi justifiés; et ceux qu'il a justifiés, il les a aussi glorifiés.

³¹Que dirons-nous donc à l'égard de ces choses? Si Dieu est pour nous, qui sera contre nous?

³²Lui, qui n'a point épargné son propre Fils, mais qui l'a livré pour nous tous, comment ne nous donnera-t-il pas aussi toutes choses avec lui?

³³Qui accusera les élus de Dieu? C'est Dieu qui justifie!

³⁴Qui les condamnera? Christ est mort; bien plus, il est ressuscité, il est à la droite de Dieu, et il intercède pour nous!

³⁵Qui nous séparera de l'amour de Christ? Sera-ce la tribulation, ou l'angoisse, ou la persécution, ou la faim, ou la nudité, ou le péril, ou l'épée?

³⁶selon qu'il est écrit: C'est à cause de toi qu'on nous met à mort tout le jour, Qu'on nous regarde comme des brebis destinées à la boucherie.

³⁷Mais dans toutes ces choses nous sommes plus que vainqueurs par celui qui nous a aimés.

³⁸Car j'ai l'assurance que ni la mort ni la vie, ni les anges ni les dominations, ni les choses présentes ni les choses à venir,

³⁹ni les puissances, ni la hauteur, ni la profondeur, ni aucune autre créature ne pourra nous séparer de l'amour de Dieu manifesté en Jésus Christ notre Seigneur.

Chapitre 9

¹Je dis la vérité en Christ, je ne mens point, ma conscience m'en rend témoignage par le Saint Esprit:

²J'éprouve une grande tristesse, et j'ai dans le coeur un chagrin continuel.

³Car je voudrais moi-même être anathème et séparé de Christ pour mes frères, mes parents selon la chair,

⁴qui sont Israélites, à qui appartiennent l'adoption, et la gloire, et les alliances, et la loi, et le culte,

⁵et les promesses, et les patriarches, et de qui est issu, selon la chair, le Christ, qui est au-dessus de toutes choses, Dieu béni éternellement. Amen!

⁶Ce n'est point à dire que la parole de Dieu soit restée sans effet. Car tous ceux qui descendent d'Israël ne sont pas Israël,

⁷et, pour être la postérité d'Abraham, ils ne sont pas tous ses enfants; mais il est dit: En Isaac sera nommée pour toi une postérité,

⁸c'est-à-dire que ce ne sont pas les enfants de la chair qui sont enfants de Dieu, mais que ce sont les enfants de la promesse qui sont regardés comme la postérité.

⁹Voici, en effet, la parole de la promesse: Je reviendrai à cette même époque, et Sara aura un fils.

¹⁰Et, de plus, il en fut ainsi de Rébecca, qui conçut du seul Isaac notre père;

¹¹car, quoique les enfants ne fussent pas encore nés et ils n'eussent fait ni bien ni mal, -afin que le dessein d'élection de Dieu subsistât, sans dépendre des oeuvres, et par la seule volonté de celui qui appelle, -

¹²il fut dit à Rébecca: L'aîné sera assujetti au plus jeune; selon qu'il est écrit:

¹³J'ai aimé Jacob Et j'ai haï Ésaü.

¹⁴Que dirons-nous donc? Y a-t-il en Dieu de l'injustice? Loin de là!

¹⁵Car il dit à Moïse: Je ferai miséricorde à qui je fais miséricorde, et j'aurai compassion de qui j'ai compassion.

¹⁶Ainsi donc, cela ne dépend ni de celui qui veut, ni de celui qui court, mais de Dieu qui fait miséricorde.

¹⁷Car l'Écriture dit à Pharaon: Je t'ai suscité à dessein pour montrer en toi ma puissance, et afin que mon nom soit publié par toute la terre.

¹⁸Ainsi, il fait miséricorde à qui il veut, et il endurcit qui il veut.

¹⁹Tu me diras: Pourquoi blâme-t-il encore? Car qui est-ce qui résiste à sa volonté?

²⁰O homme, toi plutôt, qui es-tu pour contester avec Dieu? Le vase d'argile dira-t-il à celui qui l'a formé: Pourquoi m'as-tu fait ainsi?

²¹Le potier n'est-il pas maître de l'argile, pour faire avec la même masse un vase d'honneur et un vase d'un usage vil?

²²Et que dire, si Dieu, voulant montrer sa colère et faire connaître sa puissance, a supporté avec une grande patience des vases de colère formés pour la perdition,

²³et s'il a voulu faire connaître la richesse de sa gloire envers des vases de miséricorde qu'il a d'avance préparés pour la gloire?

²⁴Ainsi nous a-t-il appelés, non seulement d'entre les Juifs, mais encore d'entre les païens,

²⁵selon qu'il le dit dans Osée: J'appellerai mon peuple celui qui n'était pas mon peuple, et bien-aimée celle qui n'était pas la bien-aimée;

²⁶et là où on leur disait: Vous n'êtes pas mon peuple! ils seront appelés fils du Dieu vivant.

²⁷Ésaïe, de son côté, s'écrie au sujet d'Israël: Quand le nombre des fils d'Israël serait comme le sable de la mer, Un reste seulement sera sauvé.

²⁸Car le Seigneur exécutera pleinement et promptement sur la terre ce qu'il a résolu.

²⁹Et, comme Ésaïe l'avait dit auparavant: Si le Seigneur des armées Ne nous eût laissé une postérité, Nous serions devenus comme Sodome, Nous aurions été semblables à Gomorrhe.

³⁰Que dirons-nous donc? Les païens, qui ne cherchaient pas la justice, ont obtenu la justice, la justice qui vient de la foi,

³¹tandis qu'Israël, qui cherchait une loi de justice, n'est pas parvenu à cette loi.

³²Pourquoi? Parce qu'Israël l'a cherchée, non par la foi, mais comme provenant des oeuvres. Ils se sont heurtés contre la pierre d'achoppement,

³³selon qu'il est écrit: Voici, je mets en Sion une pierre d'achoppement Et un rocher de scandale, Et celui qui croit en lui ne sera

point confus.

Chapitre 10

¹Frères, le voeu de mon coeur et ma prière à Dieu pour eux, c'est qu'ils soient sauvés.

²Je leur rends le témoignage qu'ils ont du zèle pour Dieu, mais sans intelligence:

³ne connaissant pas la justice de Dieu, et cherchant à établir leur propre justice, ils ne se sont pas soumis à la justice de Dieu;

⁴car Christ est la fin de la loi, pour la justification de tous ceux qui croient.

⁵En effet, Moïse définit ainsi la justice qui vient de la loi: L'homme qui mettra ces choses en pratique vivra par elles.

⁶Mais voici comment parle la justice qui vient de la foi: Ne dis pas en ton coeur: Qui montera au ciel? c'est en faire descendre Christ;

⁷ou: Qui descendra dans l'abîme? c'est faire remonter Christ d'entre les morts.

⁸Que dit-elle donc? La parole est près de toi, dans ta bouche et dans ton coeur. Or, c'est la parole de la foi, que nous prêchons.

⁹Si tu confesses de ta bouche le Seigneur Jésus, et si tu crois dans ton coeur que Dieu l'a ressuscité des morts, tu seras sauvé.

¹⁰Car c'est en croyant du coeur qu'on parvient à la justice, et c'est en confessant de la bouche qu'on parvient au salut, selon ce que dit l'Écriture:

¹¹Quiconque croit en lui ne sera point confus.

¹²Il n'y a aucune différence, en effet, entre le Juif et le Grec, puisqu'ils ont tous un même Seigneur, qui est riche pour tous ceux qui l'invoquent.

¹³Car quiconque invoquera le nom du Seigneur sera sauvé.

¹⁴Comment donc invoqueront-ils celui en qui ils n'ont pas cru? Et comment croiront-ils en celui dont ils n'ont pas entendu parler? Et comment en entendront-ils parler, s'il n'y a personne qui prêche?

¹⁵Et comment y aura-t-il des prédicateurs, s'ils ne sont pas envoyés? selon qu'il est écrit: Qu'ils sont beaux Les pieds de ceux qui annoncent la paix, De ceux qui annoncent de bonnes nouvelles!

¹⁶Mais tous n'ont pas obéi à la bonne nouvelle. Aussi Ésaïe dit-il: Seigneur, Qui a cru à notre prédication?

¹⁷Ainsi la foi vient de ce qu'on entend, et ce qu'on entend vient de la parole de Christ.

¹⁸Mais je dis: N'ont-ils pas entendu? Au contraire! Leur voix est allée par toute la terre, Et leurs paroles jusqu'aux extrémités du monde.

¹⁹Mais je dis: Israël ne l'a-t-il pas su? Moïse le premier dit: J'exciterai votre jalousie par ce qui n'est point une nation, je provoquerai votre colère par une nation sans intelligence.

²⁰Et Ésaïe pousse la hardiesse jusqu'à dire: J'ai été trouvé par ceux qui ne me cherchaient pas, Je me suis manifesté à ceux qui ne me demandaient pas.

²¹Mais au sujet d'Israël, il dit: J'ai tendu mes mains tout le jour vers un peuple rebelle Et contredisant.

Chapitre 11

¹Je dis donc: Dieu a-t-il rejeté son peuple? Loin de là! Car moi aussi je suis Israélite, de la postérité d'Abraham, de la tribu de Benjamin.

²Dieu n'a point rejeté son peuple, qu'il a connu d'avance. Ne savez-vous pas ce que l'Écriture rapporte d'Élie, comment il adresse à Dieu cette plainte contre Israël:

³Seigneur, ils ont tué tes prophètes, ils ont renversé tes autels; je suis resté moi seul, et ils cherchent à m'ôter la vie?

⁴Mais quelle réponse Dieu lui fait-il? Je me suis réservé sept mille hommes, qui n'ont point fléchi le genou devant Baal.

⁵De même aussi dans le temps présent il y a un reste, selon l'élection de la grâce.

⁶Or, si c'est par grâce, ce n'est plus par les oeuvres; autrement la grâce n'est plus une grâce. Et si c'est par les oeuvres, ce n'est plus une grâce; autrement l'oeuvre n'est plus une oeuvre.

⁷Quoi donc? Ce qu'Israël cherche, il ne l'a pas obtenu, mais l'élection l'a obtenu, tandis que les autres ont été endurcis,

⁸selon qu'il est écrit: Dieu leur a donné un esprit d'assoupissement, Des yeux pour ne point voir, Et des oreilles pour ne point entendre, Jusqu'à ce jour. Et David dit:

⁹Que leur table soit pour eux un piège, Un filet, une occasion de chute, et une rétribution!

¹⁰Que leurs yeux soient obscurcis pour ne point voir, Et tiens leur dos continuellement courbé!

¹¹Je dis donc: Est-ce pour tomber qu'ils ont bronché? Loin de là! Mais, par leur chute, le salut est devenu accessible aux païens, afin qu'ils fussent excités à la jalousie.

¹²Or, si leur chute a été la richesse du monde, et leur amoindrissement la richesse des païens, combien plus en sera-t-il ainsi quand ils se convertiront tous.

¹³Je vous le dis à vous, païens: en tant que je suis apôtre des païens, je glorifie mon ministère,

¹⁴afin, s'il est possible, d'exciter la jalousie de ceux de ma race, et d'en sauver quelques-uns.

¹⁵Car si leur rejet a été la réconciliation du monde, que sera leur réintégration, sinon une vie d'entre les morts?

¹⁶Or, si les prémices sont saintes, la masse l'est aussi; et si la racine est sainte, les branches le sont aussi.

¹⁷Mais si quelques-unes des branches ont été retranchées, et si toi, qui était un olivier sauvage, tu as été enté à leur place, et rendu participant de la racine et de la graisse de l'olivier,

¹⁸ne te glorifie pas aux dépens de ces branches. Si tu te glorifies, sache que ce n'est pas toi qui portes la racine, mais que c'est la racine qui te porte.

¹⁹Tu diras donc: Les branches ont été retranchées, afin que moi je fusse enté.

²⁰Cela est vrai; elles ont été retranchées pour cause d'incrédulité, et toi, tu subsistes par la foi. N'abandonne pas à l'orgueil, mais crains;

²¹car si Dieu n'a pas épargné les branches naturelles, il ne t'épargnera pas non plus.

²²Considère donc la bonté et la sévérité de Dieu: sévérité envers ceux qui sont tombés, et bonté de Dieu envers toi, si tu demeures ferme dans cette bonté; autrement, tu seras aussi retranché.

²³Eux de même, s'ils ne persistent pas dans l'incrédulité, ils seront entés; car Dieu est puissant pour les enter de nouveau.

²⁴Si toi, tu as été coupé de l'olivier naturellement sauvage, et enté contrairement à ta nature sur l'olivier franc, à plus forte raison eux seront-ils entés selon leur nature sur leur propre olivier.

²⁵Car je ne veux pas, frères, que vous ignoriez ce mystère, afin que vous ne vous regardiez point comme sages, c'est qu'une partie d'Israël est tombée dans l'endurcissement, jusqu'à ce que la totalité des païens soit entrée.

²⁶Et ainsi tout Israël sera sauvé, selon qu'il est écrit: Le libérateur viendra de Sion, Et il détournera de Jacob les impiétés;

²⁷Et ce sera mon alliance avec eux, Lorsque j'ôterai leurs péchés.

²⁸En ce qui concerne l'Évangile, ils sont ennemis à cause de vous; mais en ce qui concerne l'élection, ils sont aimés à cause de leurs pères.

²⁹Car Dieu ne se repent pas de ses dons et de son appel.

³⁰De même que vous avez autrefois désobéi à Dieu et que par leur désobéissance vous avez maintenant obtenu miséricorde,

³¹de même ils ont maintenant désobéi, afin que, par la miséricorde qui vous a été faite, ils obtiennent aussi miséricorde.

³²Car Dieu a renfermé tous les hommes dans la désobéissance, pour faire miséricorde à tous.

³³O profondeur de la richesse, de la sagesse et de la science de Dieu! Que ses jugements sont insondables, et ses voies incompréhensibles! Car

³⁴Qui a connu la pensée du Seigneur, Ou qui a été son conseiller?

³⁵Qui lui a donné le premier, pour qu'il ait à recevoir en retour?

³⁶C'est de lui, par lui, et pour lui que sont toutes choses. A lui la gloire dans tous les siècles! Amen!

Chapitre 12

¹Je vous exhorte donc, frères, par les compassions de Dieu, à offrir vos corps comme un sacrifice vivant, saint, agréable à Dieu, ce qui sera de votre part un culte raisonnable.

²Ne vous conformez pas au siècle présent, mais soyez transformés par le renouvellement de l'intelligence, afin que vous discerniez quelle est la volonté de Dieu, ce qui est bon, agréable et parfait.

³Par la grâce qui m'a été donnée, je dis à chacun de vous de n'avoir pas de lui-même une trop haute opinion, mais de revêtir des sentiments modestes, selon la mesure de foi que Dieu a départie à chacun.

⁴Car, comme nous avons plusieurs membres dans un seul corps, et que tous les membres n'ont pas la même fonction,

⁵ainsi, nous qui sommes plusieurs, nous formons un seul corps en Christ, et nous sommes tous membres les uns des autres.

⁶Puisque nous avons des dons différents, selon la grâce qui nous a été accordée, que celui qui a le don de prophétie l'exerce selon l'analogie de la foi;

⁷que celui qui est appelé au ministère s'attache à son ministère; que celui qui enseigne s'attache à son enseignement,

⁸et celui qui exhorte à l'exhortation. Que celui qui donne le fasse avec libéralité; que celui qui préside le fasse avec zèle; que celui qui

pratique la miséricorde le fasse avec joie.

⁹Que la charité soit sans hypocrisie. Ayez le mal en horreur; attachez-vous fortement au bien.

¹⁰Par amour fraternel, soyez pleins d'affection les uns pour les autres; par honneur, usez de prévenances réciproques.

¹¹Ayez du zèle, et non de la paresse. Soyez fervents d'esprit. Servez le Seigneur.

¹²Réjouissez-vous en espérance. Soyez patients dans l'affliction. Persévérez dans la prière.

¹³Pourvoyez aux besoins des saints. Exercez l'hospitalité.

¹⁴Bénissez ceux qui vous persécutent, bénissez et ne maudissez pas.

¹⁵Réjouissez-vous avec ceux qui se réjouissent; pleurez avec ceux qui pleurent.

¹⁶Ayez les mêmes sentiments les uns envers les autres. N'aspirez pas à ce qui est élevé, mais laissez-vous attirer par ce qui est humble. Ne soyez point sages à vos propres yeux.

¹⁷Ne rendez à personne le mal pour le mal. Recherchez ce qui est bien devant tous les hommes.

¹⁸S'il est possible, autant que cela dépend de vous, soyez en paix avec tous les hommes.

¹⁹Ne vous vengez point vous-mêmes, bien-aimés, mais laissez agir la colère; car il est écrit: A moi la vengeance, à moi la rétribution, dit le Seigneur.

²⁰Mais si ton ennemi a faim, donne-lui à manger; s'il a soif, donne-lui à boire; car en agissant ainsi, ce sont des charbons ardents que tu amasseras sur sa tête.

²¹Ne te laisse pas vaincre par le mal, mais surmonte le mal par le bien.

Chapitre 13

¹Que toute personne soit soumise aux autorités supérieures; car il n'y a point d'autorité qui ne vienne de Dieu, et les autorités qui existent ont été instituées de Dieu.

²C'est pourquoi celui qui s'oppose à l'autorité résiste à l'ordre que Dieu a établi, et ceux qui résistent attireront une condamnation sur eux-mêmes.

³Ce n'est pas pour une bonne action, c'est pour une mauvaise, que les magistrats sont à redouter. Veux-tu ne pas craindre l'autorité? Fais-le bien, et tu auras son approbation.

⁴Le magistrat est serviteur de Dieu pour ton bien. Mais si tu fais le mal, crains; car ce n'est pas en vain qu'il porte l'épée, étant serviteur de Dieu pour exercer la vengeance et punir celui qui fait le mal.

⁵Il est donc nécessaire d'être soumis, non seulement par crainte de la punition, mais encore par motif de conscience.

⁶C'est aussi pour cela que vous payez les impôts. Car les magistrats sont des ministres de Dieu entièrement appliqués à cette fonction.

⁷Rendez à tous ce qui leur est dû: l'impôt à qui vous devez l'impôt, le tribut à qui vous devez le tribut, la crainte à qui vous devez la crainte, l'honneur à qui vous devez l'honneur.

⁸Ne devez rien à personne, si ce n'est de vous aimer les uns les autres; car celui qui aime les autres a accompli la loi.

⁹En effet, les commandements: Tu ne commettras point d'adultère, tu ne tueras point, tu ne déroberas point, tu ne convoiteras point, et ceux qu'il peut encore y avoir, se résument dans cette parole: Tu aimeras ton prochain comme toi-même.

¹⁰L'amour ne fait point de mal au prochain: l'amour est donc l'accomplissement de la loi.

¹¹Cela importe d'autant plus que vous savez en quel temps nous sommes: c'est l'heure de vous réveiller enfin du sommeil, car maintenant le salut est plus près de nous que lorsque nous avons cru.

¹²La nuit est avancée, le jour approche. Dépouillons-nous donc des oeuvres des ténèbres, et revêtons les armes de la lumière.

¹³Marchons honnêtement, comme en plein jour, loin des excès et de l'ivrognerie, de la luxure et de l'impudicité, des querelles et des jalousies.

¹⁴Mais revêtez-vous du Seigneur Jésus Christ, et n'ayez pas soin de la chair pour en satisfaire les convoitises.

Chapitre 14

¹Faites accueil à celui qui est faible dans la foi, et ne discutez pas sur les opinions.

²Tel croit pouvoir manger de tout: tel autre, qui est faible, ne mange que des légumes.

³Que celui qui mange ne méprise point celui qui ne mange pas, et que celui qui ne mange pas ne juge point celui qui mange, car Dieu l'a accueilli.

⁴Qui es-tu, toi qui juges un serviteur d'autrui? S'il se tient debout, ou s'il tombe, cela regarde son maître. Mais il se tiendra debout, car le Seigneur a le pouvoir de l'affermir.

⁵Tel fait une distinction entre les jours; tel autre les estime tous égaux. Que chacun ait en son esprit une pleine conviction.

⁶Celui qui distingue entre les jours agit ainsi pour le Seigneur. Celui qui mange, c'est pour le Seigneur qu'il mange, car il rend grâces à Dieu; celui qui ne mange pas, c'est pour le Seigneur qu'il ne mange pas, et il rend grâces à Dieu.

⁷En effet, nul de nous ne vit pour lui-même, et nul ne meurt pour lui-même.

⁸Car si nous vivons, nous vivons pour le Seigneur; et si nous mourons, nous mourons pour le Seigneur. Soit donc que nous vivions, soit que nous mourions, nous sommes au Seigneur.

⁹Car Christ est mort et il a vécu, afin de dominer sur les morts et sur les vivants.

¹⁰Mais toi, pourquoi juges-tu ton frère? ou toi, pourquoi méprises-tu ton frère? puisque nous comparaîtrons tous devant le tribunal de Dieu.

¹¹Car il est écrit: Je suis vivant, dit le Seigneur, Tout genou fléchira devant moi, Et toute langue donnera gloire à Dieu.

¹²Ainsi chacun de nous rendra compte à Dieu pour lui-même.

¹³Ne nous jugeons donc plus les uns les autres; mais pensez plutôt à ne rien faire qui soit pour votre frère une pierre d'achoppement ou une occasion de chute.

¹⁴Je sais et je suis persuadé par le Seigneur Jésus que rien n'est impur en soi, et qu'une chose n'est impure que pour celui qui la croit impure.

¹⁵Mais si, pour un aliment, ton frère est attristé, tu ne marches plus selon l'amour: ne cause pas, par ton aliment, la perte de celui pour lequel Christ est mort.

¹⁶Que votre privilège ne soit pas un sujet de calomnie.

¹⁷Car le royaume de Dieu, ce n'est pas le manger et le boire, mais la justice, la paix et la joie, par le Saint Esprit.

¹⁸Celui qui sert Christ de cette manière est agréable à Dieu et approuvé des hommes.

¹⁹Ainsi donc, recherchons ce qui contribue à la paix et à l'édification mutuelle.

²⁰Pour un aliment, ne détruis pas l'oeuvre de Dieu. A la vérité toutes choses sont pures; mais il est mal à l'homme, quand il mange, de devenir une pierre d'achoppement.

²¹Il est bien de ne pas manger de viande, de ne pas boire de vin, et de s'abstenir de ce qui peut être pour ton frère une occasion de chute, de scandale ou de faiblesse.

²²Cette foi que tu as, garde-la pour toi devant Dieu. Heureux celui qui ne se condamne pas lui-même dans ce qu'il approuve!

²³Mais celui qui a des doutes au sujet de ce qu'il mange est condamné, parce qu'il n'agit pas par conviction. Tout ce qui n'est pas le produit d'une conviction est péché.

Chapitre 15

¹Nous qui sommes forts, nous devons supporter les faiblesses de ceux qui ne le sont pas, et ne pas nous complaire en nous-mêmes.

²Que chacun de nous complaise au prochain pour ce qui est bien en vue de l'édification.

³Car Christ ne s'est point complu en lui-même, mais, selon qu'il est écrit: Les outrages de ceux qui t'insultent sont tombés sur moi.

⁴Or, tout ce qui a été écrit d'avance l'a été pour notre instruction, afin que, par la patience, et par la consolation que donnent les Écritures, nous possédions l'espérance.

⁵Que le Dieu de la persévérance et de la consolation vous donne d'avoir les mêmes sentiments les uns envers les autres selon Jésus Christ,

⁶afin que tous ensemble, d'une seule bouche, vous glorifiiez le Dieu et Père de notre Seigneur Jésus Christ.

⁷Accueillez-vous donc les uns les autres, comme Christ vous a accueillis, pour la gloire de Dieu.

⁸Je dis, en effet, que Christ a été serviteur des circoncis, pour prouver la véracité de Dieu en confirmant les promesses faites aux

pères,

⁹tandis que les païens glorifient Dieu à cause de sa miséricorde, selon qu'il est écrit: C'est pourquoi je te louerai parmi les nations, Et je chanterai à la gloire de ton nom. Il est dit encore:

¹⁰Nations, réjouissez-vous avec son peuple!

¹¹Et encore: Louez le Seigneur, vous toutes les nations, Célébrez-le, vous tous les peuples!

¹²Ésaïe dit aussi: Il sortira d'Isaï un rejeton, Qui se lèvera pour régner sur les nations; Les nations espéreront en lui.

¹³Que le Dieu de l'espérance vous remplisse de toute joie et de toute paix dans la foi, pour que vous abondiez en espérance, par la puissance du Saint Esprit!

¹⁴Pour ce qui vous concerne, mes frères, je suis moi-même persuadé que vous êtes pleins de bonnes dispositions, remplis de toute connaissance, et capables de vous exhorter les uns les autres.

¹⁵Cependant, à certains égards, je vous ai écrit avec une sorte de hardiesse, comme pour réveiller vos souvenirs, à cause de la grâce que Dieu m'a faite

¹⁶d'être ministre de Jésus Christ parmi les païens, m'acquittant du divin service de l'Évangile de Dieu, afin que les païens lui soient une offrande agréable, étant sanctifiée par l'Esprit Saint.

¹⁷J'ai donc sujet de me glorifier en Jésus Christ, pour ce qui regarde les choses de Dieu.

¹⁸Car je n'oserais mentionner aucune chose que Christ n'ait pas faite par moi pour amener les païens à l'obéissance, par la parole et par les actes,

¹⁹par la puissance des miracles et des prodiges, par la puissance de l'Esprit de Dieu, en sorte que, depuis Jérusalem et les pays voisins jusqu'en Illyrie, j'ai abondamment répandu l'Évangile de Christ.

²⁰Et je me suis fait honneur d'annoncer l'Évangile là où Christ n'avait point été nommé, afin de ne pas bâtir sur le fondement d'autrui, selon qu'il est écrit:

²¹Ceux à qui il n'avait point été annoncé verront, Et ceux qui n'en avaient point entendu parler comprendront.

²²C'est ce qui m'a souvent empêché d'aller vers vous.

²³Mais maintenant, n'ayant plus rien qui me retienne dans ces contrées, et ayant depuis plusieurs années le désir d'aller vers vous,

²⁴j'espère vous voir en passant, quand je me rendrai en Espagne, et y être accompagné par vous, après que j'aurai satisfait en partie mon désir de me trouver chez vous.

²⁵Présentement je vais à Jérusalem, pour le service des saints.

²⁶Car la Macédoine et l'Achaïe ont bien voulu s'imposer une contribution en faveur des pauvres parmi les saints de Jérusalem.

²⁷Elles l'ont bien voulu, et elles le leur devaient; car si les païens ont eu part à leurs avantages spirituels, ils doivent aussi les assister dans les choses temporelles.

²⁸Dès que j'aurai terminé cette affaire et que je leur aurai remis ces dons, je partirai pour l'Espagne et passerai chez vous.

²⁹Je sais qu'en allant vers vous, c'est avec une pleine bénédiction de Christ que j'irai.

³⁰Je vous exhorte, frères, par notre Seigneur Jésus Christ et par l'amour de l'Esprit, à combattre avec moi, en adressant à Dieu des prières en ma faveur,

³¹afin que je sois délivré des incrédules de la Judée, et que les dons que je porte à Jérusalem soient agréés des saints,

³²en sorte que j'arrive chez vous avec joie, si c'est la volonté de Dieu, et que je jouisse au milieu de vous de quelque repos.

³³Que le Dieu de paix soit avec vous tous! Amen!

Chapitre 16

¹Je vous recommande Phoébé, notre soeur, qui est diaconesse de l'Église de Cenchrées,

²afin que vous la receviez en notre Seigneur d'une manière digne des saints, et que vous l'assistiez dans les choses où elle aurait besoin de vous, car elle en a donné aide à plusieurs et à moi-même.

³Saluez Prisca et Aquilas, mes compagnons d'oeuvre en Jésus Christ,

⁴qui ont exposé leur tête pour sauver ma vie; ce n'est pas moi seul qui leur rends grâces, ce sont encore toutes les Églises des païens.

⁵Saluez aussi l'Église qui est dans leur maison. Saluez Épaïnète, mon bien-aimé, qui a été pour Christ les prémices de l'Asie.

⁶Saluez Marie, qui a pris beaucoup de peine pour vous.

⁷Saluez Andronicus et Junias, mes parents et mes compagnons de captivité, qui jouissent d'une grande considération parmi les apôtres, et qui même ont été en Christ avant moi.

⁸Saluez Amplias, mon bien-aimé dans le Seigneur.

⁹Saluez Urbain, notre compagnon d'oeuvre en Christ, et Stachys, mon bien-aimé.

¹⁰Saluez Apellès, qui est éprouvé en Christ. Saluez ceux de la maison d'Aristobule.

¹¹Saluez Hérodion, mon parent. Saluez ceux de la maison de Narcisse qui sont dans le Seigneur.

¹²Saluez Tryphène et Tryphose, qui travaillent pour le Seigneur. Saluez Perside, la bien-aimée, qui a beaucoup travaillé pour le Seigneur.

¹³Saluez Rufus, l'élu du Seigneur, et sa mère, qui est aussi la mienne.

¹⁴Saluez Asyncrite, Phlégon, Hermès, Patrobas, Hermas, et les frères qui sont avec eux.

¹⁵Saluez Philologue et Julie, Nérée et sa soeur, et Olympe, et tous les saints qui sont avec eux.

¹⁶Saluez-vous les uns les autres par un saint baiser. Toutes les Églises de Christ vous saluent.

¹⁷Je vous exhorte, frères, à prendre garde à ceux qui causent des divisions et des scandales, au préjudice de l'enseignement que vous avez reçu. Éloignez-vous d'eux.

¹⁸Car de tels hommes ne servent point Christ notre Seigneur, mais leur propre ventre; et, par des paroles douces et flatteuses, ils séduisent les coeurs des simples.

¹⁹Pour vous, votre obéissance est connue de tous; je me réjouis donc à votre sujet, et je désire que vous soyez sages en ce qui concerne le bien et purs en ce qui concerne le mal.

²⁰Le Dieu de paix écrasera bientôt Satan sous vos pieds. Que la grâce de notre Seigneur Jésus Christ soit avec vous!

²¹Timothée, mon compagnon d'oeuvre, vous salue, ainsi que Lucius, Jason et Sosipater, mes parents.

²²Je vous salue dans le Seigneur, moi Tertius, qui ai écrit cette lettre.

²³Gaïus, mon hôte et celui de toute l'Église, vous salue. Éraste, le trésorier de la ville, vous salue, ainsi que le frère Quartus.

²⁴Que la grâce de notre Seigneur Jésus Christ soit avec vous tous! Amen!

²⁵A celui qui peut vous affermir selon mon Évangile et la prédication de Jésus Christ, conformément à la révélation du mystère caché pendant des siècles,

²⁶mais manifesté maintenant par les écrits des prophètes, d'après l'ordre du Dieu éternel, et porté à la connaissance de toutes les nations, afin qu'elles obéissent à la foi,

²⁷à Dieu, seul sage, soit la gloire aux siècles des siècles, par Jésus Christ! Amen!

1 Corinthiens

Chapitre 1

¹Paul, appelé à être apôtre de Jésus Christ par la volonté de Dieu, et le frère Sosthène,

²à l'Église de Dieu qui est à Corinthe, à ceux qui ont été sanctifiés en Jésus Christ, appelés à être saints, et à tous ceux qui invoquent en quelque lieu que ce soit le nom de notre Seigneur Jésus Christ, leur Seigneur et le nôtre:

³que la grâce et la paix vous soient données de la part de Dieu notre Père et du Seigneur Jésus Christ!

⁴Je rends à mon Dieu de continuelles actions de grâces à votre sujet, pour la grâce de Dieu qui vous a été accordée en Jésus Christ.

⁵Car en lui vous avez été comblés de toutes les richesses qui concernent la parole et la connaissance,

⁶le témoignage de Christ ayant été solidement établi parmi vous,

⁷de sorte qu'il ne vous manque aucun don, dans l'attente où vous êtes de la manifestation de notre Seigneur Jésus Christ.

⁸Il vous affermira aussi jusqu'à la fin, pour que vous soyez irréprochables au jour de notre Seigneur Jésus Christ.

⁹Dieu est fidèle, lui qui vous a appelés à la communion de son Fils, Jésus Christ notre Seigneur.

¹⁰Je vous exhorte, frères, par le nom de notre Seigneur Jésus Christ, à tenir tous un même langage, et à ne point avoir de divisions parmi vous, mais à être parfaitement unis dans un même esprit et dans un même sentiment.

¹¹Car, mes frères, j'ai appris à votre sujet, par les gens de Chloé, qu'il y a des disputes au milieu de vous.

¹²Je veux dire que chacun de vous parle ainsi: Moi, je suis de Paul! et moi, d'Apollos! et moi, de Céphas! et moi, de Christ!

¹³Christ est-il divisé? Paul a-t-il été crucifié pour vous, ou est-ce au nom de Paul que vous avez été baptisés?

¹⁴Je rends grâces à Dieu de ce que je n'ai baptisé aucun de vous, excepté Crispus et Gaïus,

¹⁵afin que personne ne dise que vous avez été baptisés en mon nom.

¹⁶J'ai encore baptisé la famille de Stéphanas; du reste, je ne sache pas que j'aie baptisé quelque autre personne.

¹⁷Ce n'est pas pour baptiser que Christ m'a envoyé, c'est pour annoncer l'Évangile, et cela sans la sagesse du langage, afin que la croix de Christ ne soit pas rendue vaine.

¹⁸Car la prédication de la croix est une folie pour ceux qui périssent; mais pour nous qui sommes sauvés, elle est une puissance de Dieu.

¹⁹Aussi est-il écrit: Je détruirai la sagesse des sages, Et j'anéantirai l'intelligence des intelligents.

²⁰Où est le sage? où est le scribe? où est le disputeur de ce siècle? Dieu n'a-t-il pas convaincu de folie la sagesse du monde?

²¹Car puisque le monde, avec sa sagesse, n'a point connu Dieu dans la sagesse de Dieu, il a plu à Dieu de sauver les croyants par la folie de la prédication.

²²Les Juifs demandent des miracles et les Grecs cherchent la sagesse:

²³nous, nous prêchons Christ crucifié; scandale pour les Juifs et folie pour les païens,

²⁴mais puissance de Dieu et sagesse de Dieu pour ceux qui sont appelés, tant Juifs que Grecs.

²⁵Car la folie de Dieu est plus sage que les hommes, et la faiblesse de Dieu est plus forte que les hommes.

²⁶Considérez, frères, que parmi vous qui avez été appelés il n'y a ni beaucoup de sages selon la chair, ni beaucoup de puissants, ni beaucoup de nobles.

²⁷Mais Dieu a choisi les choses folles du monde pour confondre les sages; Dieu a choisi les choses faibles du monde pour confondre les fortes,

²⁸et Dieu a choisi les choses viles du monde et celles qu'on méprise, celles qui ne sont point, pour réduire à néant celles qui sont,

²⁹afin que nulle chair ne se glorifie devant Dieu.

³⁰Or, c'est par lui que vous êtes en Jésus Christ, lequel, de par Dieu, a été fait pour nous sagesse, justice et sanctification et rédemption,

³¹afin, comme il est écrit, Que celui qui se glorifie se glorifie dans le Seigneur.

Chapitre 2

¹Pour moi, frères, lorsque je suis allé chez vous, ce n'est pas avec une supériorité de langage ou de sagesse que je suis allé vous annoncer le témoignage de Dieu.

²Car je n'ai pas eu la pensée de savoir parmi vous autre chose que Jésus Christ, et Jésus Christ crucifié.

³Moi-même j'étais auprès de vous dans un état de faiblesse, de crainte, et de grand tremblement;

⁴et ma parole et ma prédication ne reposaient pas sur les discours persuasifs de la sagesse, mais sur une démonstration d'Esprit et de puissance,

⁵afin que votre foi fût fondée, non sur la sagesse des hommes, mais sur la puissance de Dieu.

⁶Cependant, c'est une sagesse que nous prêchons parmi les parfaits, sagesse qui n'est pas de ce siècle, ni des chefs de ce siècle, qui vont être anéantis;

⁷nous prêchons la sagesse de Dieu, mystérieuse et cachée, que Dieu, avant les siècles, avait destinée pour notre gloire,

⁸sagesse qu'aucun des chefs de ce siècle n'a connue, car, s'ils l'eussent connue, ils n'auraient pas crucifié le Seigneur de gloire.

⁹Mais, comme il est écrit, ce sont des choses que l'oeil n'a point vues, que l'oreille n'a point entendues, et qui ne sont point montées au coeur de l'homme, des choses que Dieu a préparées pour ceux qui l'aiment.

¹⁰Dieu nous les a révélées par l'Esprit. Car l'Esprit sonde tout, même les profondeurs de Dieu.

¹¹Lequel des hommes, en effet, connaît les choses de l'homme, si ce n'est l'esprit de l'homme qui est en lui? De même, personne ne connaît les choses de Dieu, si ce n'est l'Esprit de Dieu.

¹²Or nous, nous n'avons pas reçu l'esprit du monde, mais l'Esprit qui vient de Dieu, afin que nous connaissions les choses que Dieu nous a données par sa grâce.

¹³Et nous en parlons, non avec des discours qu'enseigne la sagesse humaine, mais avec ceux qu'enseigne l'Esprit, employant un langage spirituel pour les choses spirituelles.

¹⁴Mais l'homme animal ne reçoit pas les choses de l'Esprit de Dieu, car elles sont une folie pour lui, et il ne peut les connaître, parce que c'est spirituellement qu'on en juge.

¹⁵L'homme spirituel, au contraire, juge de tout, et il n'est lui-même jugé par personne.

¹⁶Car Qui a connu la pensée du Seigneur, Pour l'instruire? Or nous, nous avons la pensée de Christ.

Chapitre 3

¹Pour moi, frères, ce n'est pas comme à des hommes spirituels que j'ai pu vous parler, mais comme à des hommes charnels, comme à des enfants en Christ.

²Je vous ai donné du lait, non de la nourriture solide, car vous ne pouviez pas la supporter; et vous ne le pouvez pas même à présent, parce que vous êtes encore charnels.

³En effet, puisqu'il y a parmi vous de la jalousie et des disputes, n'êtes-vous pas charnels, et ne marchez-vous pas selon l'homme?

⁴Quand l'un dit: Moi, je suis de Paul! et un autre: Moi, d'Apollos! n'êtes-vous pas des hommes?

⁵Qu'est-ce donc qu'Apollos, et qu'est-ce que Paul? Des serviteurs, par le moyen desquels vous avez cru, selon que le Seigneur l'a donné à chacun.

⁶J'ai planté, Apollos a arrosé, mais Dieu a fait croître,

⁷en sorte que ce n'est pas celui qui plante qui est quelque chose, ni celui qui arrose, mais Dieu qui fait croître.

⁸Celui qui plante et celui qui arrose sont égaux, et chacun recevra sa propre récompense selon son propre travail.

⁹Car nous sommes ouvriers avec Dieu. Vous êtes le champ de Dieu, l'édifice de Dieu.

¹⁰Selon la grâce de Dieu qui m'a été donnée, j'ai posé le fondement comme un sage architecte, et un autre bâtit dessus. Mais que chacun prenne garde à la manière dont il bâtit dessus.

¹¹Car personne ne peut poser un autre fondement que celui qui a été posé, savoir Jésus Christ.

¹²Or, si quelqu'un bâtit sur ce fondement avec de l'or, de l'argent, des pierres précieuses, du bois, du foin, du chaume, l'oeuvre de chacun sera manifestée;

¹³car le jour la fera connaître, parce qu'elle se révélera dans le feu, et le feu éprouvera ce qu'est l'oeuvre de chacun.

¹⁴Si l'oeuvre bâtie par quelqu'un sur le fondement subsiste, il recevra une récompense.

¹⁵Si l'oeuvre de quelqu'un est consumée, il perdra sa récompense; pour lui, il sera sauvé, mais comme au travers du feu.

¹⁶Ne savez-vous pas que vous êtes le temple de Dieu, et que l'Esprit de Dieu habite en vous?

¹⁷Si quelqu'un détruit le temple de Dieu, Dieu le détruira; car le temple de Dieu est saint, et c'est ce que vous êtes.

¹⁸Que nul ne s'abuse lui-même: si quelqu'un parmi vous pense être sage selon ce siècle, qu'il devienne fou, afin de devenir sage.

¹⁹Car la sagesse de ce monde est une folie devant Dieu. Aussi est-il écrit: Il prend les sages dans leur ruse.

²⁰Et encore: Le Seigneur connaît les pensées des sages, Il sait qu'elles sont vaines.

²¹Que personne donc ne mette sa gloire dans des hommes; car tout est à vous,

²²soit Paul, soit Apollos, soit Céphas, soit le monde, soit la vie, soit la mort, soit les choses présentes, soit les choses à venir.

²³Tout est à vous; et vous êtes à Christ, et Christ est à Dieu.

Chapitre 4

¹Ainsi, qu'on nous regarde comme des serviteurs de Christ, et des dispensateurs des mystères de Dieu.

²Du reste, ce qu'on demande des dispensateurs, c'est que chacun soit trouvé fidèle.

³Pour moi, il m'importe fort peu d'être jugé par vous, ou par un tribunal humain. Je ne me juge pas non plus moi-même, car je ne me sens coupable de rien;

⁴mais ce n'est pas pour cela que je suis justifié. Celui qui me juge, c'est le Seigneur.

⁵C'est pourquoi ne jugez de rien avant le temps, jusqu'à ce que vienne le Seigneur, qui mettra en lumière ce qui est caché dans les ténèbres, et qui manifestera les desseins des coeurs. Alors chacun recevra de Dieu la louange qui lui sera due.

⁶C'est à cause de vous, frères, que j'ai fait de ces choses une application à ma personne et à celle d'Apollos, afin que vous appreniez en nos personnes à ne pas aller au delà de ce qui est écrit, et que nul de vous ne conçoive de l'orgueil en faveur de l'un contre l'autre.

⁷Car qui est-ce qui te distingue? Qu'as-tu que tu n'aies reçu? Et si tu l'as reçu, pourquoi te glorifies-tu, comme si tu ne l'avais pas reçu?

⁸Déjà vous êtes rassasiés, déjà vous êtes riches, sans nous vous avez commencé à régner. Et puissiez-vous régner en effet, afin que nous aussi nous régnions avec vous!

⁹Car Dieu, ce me semble, a fait de nous, apôtres, les derniers des hommes, des condamnés à mort en quelque sorte, puisque nous avons été en spectacle au monde, aux anges et aux hommes.

¹⁰Nous sommes fous à cause de Christ; mais vous, vous êtes sages en Christ; nous sommes faibles, mais vous êtes forts. Vous êtes honorés, et nous sommes méprisés!

¹¹Jusqu'à cette heure, nous souffrons la faim, la soif, la nudité; nous sommes maltraités, errants çà et là;

¹²nous nous fatiguons à travailler de nos propres mains; injuriés, nous bénissons; persécutés, nous supportons;

¹³calomniés, nous parlons avec bonté; nous sommes devenus comme les balayures du monde, le rebut de tous, jusqu'à maintenant.

¹⁴Ce n'est pas pour vous faire honte que j'écris ces choses; mais je vous avertis comme mes enfants bien-aimés.

¹⁵Car, quand vous auriez dix mille maîtres en Christ, vous n'avez cependant pas plusieurs pères, puisque c'est moi qui vous ai engendrés en Jésus Christ par l'Évangile.

¹⁶Je vous en conjure donc, soyez mes imitateurs.

¹⁷Pour cela je vous ai envoyé Timothée, qui est mon enfant bien-aimé et fidèle dans le Seigneur; il vous rappellera quelles sont mes voies en Christ, quelle est la manière dont j'enseigne partout dans toutes les Églises.

¹⁸Quelques-uns se sont enflés d'orgueil, comme si je ne devais pas aller chez vous.

¹⁹Mais j'irai bientôt chez vous, si c'est la volonté du Seigneur, et je connaîtrai, non les paroles, mais la puissance de ceux qui se sont enflés.

²⁰Car le royaume de Dieu ne consiste pas en paroles, mais en puissance.

²¹Que voulez-vous? Que j'aille chez vous avec une verge, ou avec amour et dans un esprit de douceur?

Chapitre 5

¹On entend dire généralement qu'il y a parmi vous de l'impudicité, et une impudicité telle qu'elle ne se rencontre pas même chez les païens; c'est au point que l'un de vous a la femme de son père.

²Et vous êtes enflés d'orgueil! Et vous n'avez pas été plutôt dans l'affliction, afin que celui qui a commis cet acte fût ôté du milieu de vous!

³Pour moi, absent de corps, mais présent d'esprit, j'ai déjà jugé, comme si j'étais présent, celui qui a commis un tel acte.

⁴Au nom du Seigneur Jésus, vous et mon esprit étant assemblés avec la puissance de notre Seigneur Jésus,

⁵qu'un tel homme soit livré à Satan pour la destruction de la chair, afin que l'esprit soit sauvé au jour du Seigneur Jésus.

⁶C'est bien à tort que vous vous glorifiez. Ne savez-vous pas qu'un peu de levain fait lever toute la pâte?

⁷Faites disparaître le vieux levain, afin que vous soyez une pâte nouvelle, puisque vous êtes sans levain, car Christ, notre Pâque, a été immolé.

⁸Célébrons donc la fête, non avec du vieux levain, non avec un levain de malice et de méchanceté, mais avec les pains sans levain de la pureté et de la vérité.

⁹Je vous ai écrit dans ma lettre de ne pas avoir des relations avec les impudiques, -

¹⁰non pas d'une manière absolue avec les impudiques de ce monde, ou avec les cupides et les ravisseurs, ou avec les idolâtres; autrement, il vous faudrait sortir du monde.

¹¹Maintenant, ce que je vous ai écrit, c'est de ne pas avoir des relations avec quelqu'un qui, se nommant frère, est impudique, ou cupide, ou idolâtre, ou outrageux, ou ivrogne, ou ravisseur, de ne pas même manger avec un tel homme.

¹²Qu'ai-je, en effet, à juger ceux du dehors? N'est-ce pas ceux du dedans que vous avez à juger?

¹³Pour ceux du dehors, Dieu les juge. Otez le méchant du milieu de vous.

Chapitre 6

¹Quelqu'un de vous, lorsqu'il a un différend avec un autre, ose-t-il plaider devant les injustes, et non devant les saints?

²Ne savez-vous pas que les saints jugeront le monde? Et si c'est par vous que le monde est jugé, êtes-vous indignes de rendre les moindres jugements?

³Ne savez-vous pas que nous jugerons les anges? Et nous ne jugerions pas, à plus forte raison, les choses de cette vie?

⁴Quand donc vous avez des différends pour les choses de cette vie, ce sont des gens dont l'Église ne fait aucun cas que vous prenez pour juges!

⁵Je le dis à votre honte. Ainsi il n'y a parmi vous pas un seul homme sage qui puisse prononcer entre ses frères.

⁶Mais un frère plaide contre un frère, et cela devant des infidèles!

⁷C'est déjà certes un défaut chez vous que d'avoir des procès les uns avec les autres. Pourquoi ne souffrez-vous pas plutôt quelque injustice? Pourquoi ne vous laissez-vous pas plutôt dépouiller?

⁸Mais c'est vous qui commettez l'injustice et qui dépouillez, et c'est envers des frères que vous agissez de la sorte!

⁹Ne savez-vous pas que les injustes n'hériteront point le royaume de Dieu? Ne vous y trompez pas: ni les impudiques, ni les idolâtres, ni les adultères,

¹⁰ni les efféminés, ni les infâmes, ni les voleurs, ni les cupides, ni les ivrognes, ni les outrageux, ni les ravisseurs, n'hériteront le royaume de Dieu.

¹¹Et c'est là ce que vous étiez, quelques-uns de vous. Mais vous avez été lavés, mais vous avez été sanctifiés, mais vous avez été justifiés au nom du Seigneur Jésus Christ, et par l'Esprit de notre Dieu.

¹²Tout m'est permis, mais tout n'est pas utile; tout m'est permis, mais je ne me laisserai asservir par quoi que ce soit.

¹³Les aliments sont pour le ventre, et le ventre pour les aliments; et Dieu détruira l'un comme les autres. Mais le corps n'est pas pour l'impudicité. Il est pour le Seigneur, et le Seigneur pour le corps.

¹⁴Et Dieu, qui a ressuscité le Seigneur, nous ressuscitera aussi par sa puissance.

¹⁵Ne savez-vous pas que vos corps sont des membres de Christ? Prendrai-je donc les membres de Christ, pour en faire les membres d'une prostituée?

¹⁶Loin de là! Ne savez-vous pas que celui qui s'attache à la prostituée est un seul corps avec elle? Car, est-il dit, les deux deviendront une seule chair.

¹⁷Mais celui qui s'attache au Seigneur est avec lui un seul esprit.

¹⁸Fuyez l'impudicité. Quelque autre péché qu'un homme commette, ce péché est hors du corps; mais celui qui se livre à l'impudicité pèche contre son propre corps.

¹⁹Ne savez-vous pas que votre corps est le temple du Saint Esprit qui est en vous, que vous avez reçu de Dieu, et que vous ne vous appartenez point à vous-mêmes?

²⁰Car vous avez été rachetés à un grand prix. Glorifiez donc Dieu dans votre corps et dans votre esprit, qui appartiennent à Dieu.

Chapitre 7

¹Pour ce qui concerne les choses dont vous m'avez écrit, je pense qu'il est bon pour l'homme de ne point toucher de femme.

²Toutefois, pour éviter l'impudicité, que chacun ait sa femme, et que chaque femme ait son mari.

³Que le mari rende à sa femme ce qu'il lui doit, et que la femme agisse de même envers son mari.

⁴La femme n'a pas autorité sur son propre corps, mais c'est le mari; et pareillement, le mari n'a pas autorité sur son propre corps, mais c'est la femme.

⁵Ne vous privez point l'un de l'autre, si ce n'est d'un commun accord pour un temps, afin de vaquer à la prière; puis retournez ensemble, de peur que Satan ne vous tente par votre incontinence.

⁶Je dis cela par condescendance, je n'en fais pas un ordre.

⁷Je voudrais que tous les hommes fussent comme moi; mais chacun tient de Dieu un don particulier, l'un d'une manière, l'autre d'une autre.

⁸A ceux qui ne sont pas mariés et aux veuves, je dis qu'il leur est bon de rester comme moi.

⁹Mais s'ils manquent de continence, qu'ils se marient; car il vaut mieux se marier que de brûler.

¹⁰A ceux qui sont mariés, j'ordonne, non pas moi, mais le Seigneur, que la femme ne se sépare point de son mari

¹¹(si elle est séparée, qu'elle demeure sans se marier ou qu'elle se réconcilie avec son mari), et que le mari ne répudie point sa femme.

¹²Aux autres, ce n'est pas le Seigneur, c'est moi qui dis: Si un frère a une femme non-croyante, et qu'elle consente à habiter avec lui, qu'il ne la répudie point;

¹³et si une femme a un mari non-croyant, et qu'il consente à habiter avec elle, qu'elle ne répudie point son mari.

¹⁴Car le mari non-croyant est sanctifié par la femme, et la femme non-croyante est sanctifiée par le frère; autrement, vos enfants seraient impurs, tandis que maintenant ils sont saints.

¹⁵Si le non-croyant se sépare, qu'il se sépare; le frère ou la soeur ne sont pas liés dans ces cas-là. Dieu nous a appelés à vivre en paix.

¹⁶Car que sais-tu, femme, si tu sauveras ton mari? Ou que sais-tu, mari, si tu sauveras ta femme?

¹⁷Seulement, que chacun marche selon la part que le Seigneur lui a faite, selon l'appel qu'il a reçu de Dieu. C'est ainsi que je l'ordonne dans toutes les Églises.

¹⁸Quelqu'un a-t-il été appelé étant circoncis, qu'il demeure circoncis; quelqu'un a-t-il été appelé étant incirconcis, qu'il ne se fasse pas circoncire.

¹⁹La circoncision n'est rien, et l'incirconcision n'est rien, mais l'observation des commandements de Dieu est tout.

²⁰Que chacun demeure dans l'état où il était lorsqu'il a été appelé.

²¹As-tu été appelé étant esclave, ne t'en inquiète pas; mais si tu peux devenir libre, profites-en plutôt.

²²Car l'esclave qui a été appelé dans le Seigneur est un affranchi du Seigneur; de même, l'homme libre qui a été appelé est un esclave de Christ.

²³Vous avez été rachetés à un grand prix; ne devenez pas esclaves des hommes.

²⁴Que chacun, frères, demeure devant Dieu dans l'état où il était lorsqu'il a été appelé.

²⁵Pour ce qui est des vierges, je n'ai point d'ordre du Seigneur; mais je donne un avis, comme ayant reçu du Seigneur miséricorde pour être fidèle.

²⁶Voici donc ce que j'estime bon, à cause des temps difficiles qui s'approchent: il est bon à un homme d'être ainsi.

²⁷Es-tu lié à une femme, ne cherche pas à rompre ce lien; n'es-tu pas lié à une femme, ne cherche pas une femme.

²⁸Si tu t'es marié, tu n'as point péché; et si la vierge s'est mariée, elle n'a point péché; mais ces personnes auront des tribulations dans la chair, et je voudrais vous les épargner.

²⁹Voici ce que je dis, frères, c'est que le temps est court; que désormais ceux qui ont des femmes soient comme n'en ayant pas,

³⁰ceux qui pleurent comme ne pleurant pas, ceux qui se réjouissent comme ne se réjouissant pas, ceux qui achètent comme ne possédant pas,

³¹et ceux qui usent du monde comme n'en usant pas, car la figure de ce monde passe.

³²Or, je voudrais que vous fussiez sans inquiétude. Celui qui n'est pas marié s'inquiète des choses du Seigneur, des moyens de plaire au Seigneur;

³³et celui qui est marié s'inquiète des choses du monde, des moyens de plaire à sa femme.

³⁴Il y a de même une différence entre la femme et la vierge: celle qui n'est pas mariée s'inquiète des choses du Seigneur, afin d'être sainte de corps et d'esprit; et celle qui est mariée s'inquiète des choses du monde, des moyens de plaire à son mari.

³⁵Je dis cela dans votre intérêt; ce n'est pas pour vous prendre au piège, c'est pour vous porter à ce qui est bienséant et propre à vous attacher au Seigneur sans distraction.

³⁶Si quelqu'un regarde comme déshonorant pour sa fille de dépasser l'âge nubile, et comme nécessaire de la marier, qu'il fasse ce qu'il veut, il ne pèche point; qu'on se marie.

³⁷Mais celui qui a pris une ferme résolution, sans contrainte et avec l'exercice de sa propre volonté, et qui a décidé en son coeur de garder sa fille vierge, celui-là fait bien.

³⁸Ainsi, celui qui marie sa fille fait bien, et celui qui ne la marie pas fait mieux.

³⁹Une femme est liée aussi longtemps que son mari est vivant; mais si le mari meurt, elle est libre de se marier à qui elle veut; seulement, que ce soit dans le Seigneur.

⁴⁰Elle est plus heureuse, néanmoins, si elle demeure comme elle est, suivant mon avis. Et moi aussi, je crois avoir l'Esprit de Dieu.

Chapitre 8

¹Pour ce qui concerne les viandes sacrifiées aux idoles, nous savons que nous avons tous la connaissance. -La connaissance enfle, mais la charité édifie.

²Si quelqu'un croit savoir quelque chose, il n'a pas encore connu comme il faut connaître.

³Mais si quelqu'un aime Dieu, celui-là est connu de lui. -

⁴Pour ce qui est donc de manger des viandes sacrifiées aux idoles, nous savons qu'il n'y a point d'idole dans le monde, et qu'il n'y a qu'un seul Dieu.

⁵Car, s'il est des êtres qui sont appelés dieux, soit dans le ciel, soit sur la terre, comme il existe réellement plusieurs dieux et plusieurs seigneurs,

⁶néanmoins pour nous il n'y a qu'un seul Dieu, le Père, de qui viennent toutes choses et pour qui nous sommes, et un seul Seigneur, Jésus Christ, par qui sont toutes choses et par qui nous sommes.

⁷Mais cette connaissance n'est pas chez tous. Quelques-uns, d'après la manière dont ils envisagent encore l'idole, mangent de ces viandes comme étant sacrifiées aux idoles, et leur conscience, qui est faible, en est souillée.

⁸Ce n'est pas un aliment qui nous rapproche de Dieu: si nous en mangeons, nous n'avons rien de plus; si nous n'en mangeons pas, nous n'avons rien de moins.

⁹Prenez garde, toutefois, que votre liberté ne devienne une pierre d'achoppement pour les faibles.

¹⁰Car, si quelqu'un te voit, toi qui as de la connaissance, assis à table dans un temple d'idoles, sa conscience, à lui qui est faible, ne le portera-t-elle pas à manger des viandes sacrifiées aux idoles?

¹¹Et ainsi le faible périra par ta connaissance, le frère pour lequel Christ est mort!

¹²En péchant de la sorte contre les frères, et en blessant leur conscience faible, vous péchez contre Christ.

¹³C'est pourquoi, si un aliment scandalise mon frère, je ne mangerai jamais de viande, afin de ne pas scandaliser mon frère.

Chapitre 9

¹Ne suis-je pas libre? Ne suis-je pas apôtre? N'ai-je pas vu Jésus notre Seigneur? N'êtes-vous pas mon oeuvre dans le Seigneur?

²Si pour d'autres je ne suis pas apôtre, je le suis au moins pour vous; car vous êtes le sceau de mon apostolat dans le Seigneur.

³C'est là ma défense contre ceux qui m'accusent.

⁴N'avons-nous pas le droit de manger et de boire?

⁵N'avons-nous pas le droit de mener avec nous une soeur qui soit notre femme, comme font les autres apôtres, et les frères du Seigneur, et Céphas?

⁶Ou bien, est-ce que moi seul et Barnabas nous n'avons pas le droit de ne point travailler?

⁷Qui jamais fait le service militaire à ses propres frais? Qui est-ce qui plante une vigne, et n'en mange pas le fruit? Qui est-ce qui fait paître un troupeau, et ne se nourrit pas du lait du troupeau?

⁸Ces choses que je dis, n'existent-elles que dans les usages des hommes? la loi ne les dit-elle pas aussi?

⁹Car il est écrit dans la loi de Moïse: Tu n'emmuselleras point le boeuf quand il foule le grain. Dieu se met-il en peine des boeufs,

¹⁰ou parle-t-il uniquement à cause de nous? Oui, c'est à cause de nous qu'il a été écrit que celui qui laboure doit labourer avec espérance, et celui qui foule le grain fouler avec l'espérance d'y avoir part.

¹¹Si nous avons semé parmi vous les biens spirituels, est-ce une grosse affaire si nous moissonnons vos biens temporels.

¹²Si d'autres jouissent de ce droit sur vous, n'est-ce pas plutôt à nous d'en jouir? Mais nous n'avons point usé de ce droit; au contraire, nous souffrons tout, afin de ne pas créer d'obstacle à l'Évangile de Christ.

¹³Ne savez-vous pas que ceux qui remplissent les fonctions sacrées sont nourris par le temple, que ceux qui servent à l'autel ont part à l'autel?

¹⁴De même aussi, le Seigneur a ordonné à ceux qui annoncent l'Évangile de vivre de l'Évangile.

¹⁵Pour moi, je n'ai usé d'aucun de ces droits, et ce n'est pas afin de les réclamer en ma faveur que j'écris ainsi; car j'aimerais mieux mourir que de me laisser enlever ce sujet de gloire.

¹⁶Si j'annonce l'Évangile, ce n'est pas pour moi un sujet de gloire, car la nécessité m'en est imposée, et malheur à moi si je n'annonce pas l'Évangile!

¹⁷Si je le fais de bon coeur, j'en ai la récompense; mais si je le fais malgré moi, c'est une charge qui m'est confiée.

¹⁸Quelle est donc ma récompense? C'est d'offrir gratuitement l'Évangile que j'annonce, sans user de mon droit de prédicateur de l'Évangile.

¹⁹Car, bien que je sois libre à l'égard de tous, je me suis rendu le serviteur de tous, afin de gagner le plus grand nombre.

²⁰Avec les Juifs, j'ai été comme Juif, afin de gagner les Juifs; avec ceux qui sont sous la loi, comme sous la loi (quoique je ne sois pas moi-même sous la loi), afin de gagner ceux qui sont sous la loi;

²¹avec ceux qui sont sans loi, comme sans loi (quoique je ne sois point sans la loi de Dieu, étant sous la loi de Christ), afin de gagner ceux qui sont sans loi.

²²J'ai été faible avec les faibles, afin de gagner les faibles. Je me suis fait tout à tous, afin d'en sauver de toute manière quelques-uns.

²³Je fais tout à cause de l'Évangile, afin d'y avoir part.

²⁴Ne savez-vous pas que ceux qui courent dans le stade courent tous, mais qu'un seul remporte le prix? Courez de manière à le remporter.

²⁵Tous ceux qui combattent s'imposent toute espèce d'abstinences, et ils le font pour obtenir une couronne corruptible; mais nous, faisons-le pour une couronne incorruptible.

²⁶Moi donc, je cours, non pas comme à l'aventure; je frappe, non pas comme battant l'air.

²⁷Mais je traite durement mon corps et je le tiens assujetti, de peur d'être moi-même rejeté, après avoir prêché aux autres.

Chapitre 10

¹Frères, je ne veux pas que vous ignoriez que nos pères ont tous été sous la nuée, qu'ils ont tous passé au travers de la mer,

²qu'ils ont tous été baptisés en Moïse dans la nuée et dans la mer,

³qu'ils ont tous mangé le même aliment spirituel,

⁴et qu'ils ont tous bu le même breuvage spirituel, car ils buvaient à un rocher spirituel qui les suivait, et ce rocher était Christ.

⁵Mais la plupart d'entre eux ne furent point agréables à Dieu, puisqu'ils périrent dans le désert.

⁶Or, ces choses sont arrivées pour nous servir d'exemples, afin que nous n'ayons pas de mauvais désirs, comme ils en ont eu.

⁷Ne devenez point idolâtres, comme quelques-uns d'eux, selon qu'il est écrit: Le peuple s'assit pour manger et pour boire; puis ils se levèrent pour se divertir.

⁸Ne nous livrons point à l'impudicité, comme quelques-uns d'eux s'y livrèrent, de sorte qu'il en tomba vingt-trois mille en un seul jour.

⁹Ne tentons point le Seigneur, comme le tentèrent quelques-uns d'eux, qui périrent par les serpents.

¹⁰Ne murmurez point, comme murmurèrent quelques-uns d'eux, qui périrent par l'exterminateur.

¹¹Ces choses leur sont arrivées pour servir d'exemples, et elles ont été écrites pour notre instruction, à nous qui sommes parvenus à la fin des siècles.

¹²Ainsi donc, que celui qui croit être debout prenne garde de tomber!

¹³Aucune tentation ne vous est survenue qui n'ait été humaine, et Dieu, qui est fidèle, ne permettra pas que vous soyez tentés au delà de vos forces; mais avec la tentation il préparera aussi le moyen d'en sortir, afin que vous puissiez la supporter.

¹⁴C'est pourquoi, mes bien-aimés, fuyez l'idolâtrie.

¹⁵Je parle comme à des hommes intelligents; jugez vous-mêmes de ce que je dis.

¹⁶La coupe de bénédiction que nous bénissons, n'est-elle pas la communion au sang de Christ? Le pain que nous rompons, n'est-il pas la communion au corps de Christ?

¹⁷Puisqu'il y a un seul pain, nous qui sommes plusieurs, nous formons un seul corps; car nous participons tous à un même pain.

¹⁸Voyez les Israélites selon la chair: ceux qui mangent les victimes ne sont-ils pas en communion avec l'autel?

¹⁹Que dis-je donc? Que la viande sacrifiée aux idoles est quelque chose, ou qu'une idole est quelque chose? Nullement.

²⁰Je dis que ce qu'on sacrifie, on le sacrifie à des démons, et non à Dieu; or, je ne veux pas que vous soyez en communion avec les démons.

²¹Vous ne pouvez boire la coupe du Seigneur, et la coupe des démons; vous ne pouvez participer à la table du Seigneur, et à la table des démons.

²²Voulons-nous provoquer la jalousie du Seigneur? Sommes-nous plus forts que lui?

²³Tout est permis, mais tout n'est pas utile; tout est permis, mais tout n'édifie pas.

²⁴Que personne ne cherche son propre intérêt, mais que chacun cherche celui d'autrui.

²⁵Mangez de tout ce qui se vend au marché, sans vous enquérir de rien par motif de conscience;

²⁶car la terre est au Seigneur, et tout ce qu'elle renferme.

²⁷Si un non-croyant vous invite et que vous vouliez aller, mangez de tout ce qu'on vous présentera, sans vous enquérir de rien par motif de conscience.

²⁸Mais si quelqu'un vous dit: Ceci a été offert en sacrifice! n'en mangez pas, à cause de celui qui a donné l'avertissement, et à cause de la conscience.

²⁹Je parle ici, non de votre conscience, mais de celle de l'autre. Pourquoi, en effet, ma liberté serait-elle jugée par une conscience étrangère?

³⁰Si je mange avec actions de grâces, pourquoi serais-je blâmé au sujet d'une chose dont je rends grâces?

³¹Soit donc que vous mangiez, soit que vous buviez, soit que vous fassiez quelque autre chose, faites tout pour la gloire de Dieu.

³²Ne soyez en scandale ni aux Grecs, ni aux Juifs, ni à l'Église de Dieu,

³³de la même manière que moi aussi je m'efforce en toutes choses de complaire à tous, cherchant, non mon avantage, mais celui du plus grand nombre, afin qu'ils soient sauvés.

Chapitre 11

¹Soyez mes imitateurs, comme je le suis moi-même de Christ.

²Je vous loue de ce que vous vous souvenez de moi à tous égards, et de ce que vous retenez mes instructions telles que je vous les ai données.

³Je veux cependant que vous sachiez que Christ est le chef de tout homme, que l'homme est le chef de la femme, et que Dieu est le chef de Christ.

⁴Tout homme qui prie ou qui prophétise, la tête couverte, déshonore son chef.

⁵Toute femme, au contraire, qui prie ou qui prophétise, la tête non voilée, déshonore son chef: c'est comme si elle était rasée.

⁶Car si une femme n'est pas voilée, qu'elle se coupe aussi les cheveux. Or, s'il est honteux pour une femme d'avoir les cheveux coupés ou d'être rasée, qu'elle se voile.

⁷L'homme ne doit pas se couvrir la tête, puisqu'il est l'image et la gloire de Dieu, tandis que la femme est la gloire de l'homme.

⁸En effet, l'homme n'a pas été tiré de la femme, mais la femme a été tirée de l'homme;

⁹et l'homme n'a pas été créé à cause de la femme, mais la femme a été créée à cause de l'homme.

¹⁰C'est pourquoi la femme, à cause des anges, doit avoir sur la tête une marque de l'autorité dont elle dépend.

¹¹Toutefois, dans le Seigneur, la femme n'est point sans l'homme, ni l'homme sans la femme.

¹²Car, de même que la femme a été tirée de l'homme, de même l'homme existe par la femme, et tout vient de Dieu.

¹³Jugez-en vous-mêmes: est-il convenable qu'une femme prie Dieu sans être voilée?

¹⁴La nature elle-même ne vous enseigne-t-elle pas que c'est une honte pour l'homme de porter de longs cheveux,

¹⁵mais que c'est une gloire pour la femme d'en porter, parce que la chevelure lui a été donnée comme voile?

¹⁶Si quelqu'un se plaît à contester, nous n'avons pas cette habitude, non plus que les Églises de Dieu.

¹⁷En donnant cet avertissement, ce que je ne loue point, c'est que vous vous assemblez, non pour devenir meilleurs, mais pour devenir pires.

¹⁸Et d'abord, j'apprends que, lorsque vous vous réunissez en assemblée, il y a parmi vous des divisions, -et je le crois en partie,

¹⁹car il faut qu'il y ait aussi des sectes parmi vous, afin que ceux qui sont approuvés soient reconnus comme tels au milieu de vous. -

²⁰Lors donc que vous vous réunissez, ce n'est pas pour manger le repas du Seigneur;

²¹car, quand on se met à table, chacun commence par prendre son propre repas, et l'un a faim, tandis que l'autre est ivre.

²²N'avez-vous pas des maisons pour y manger et boire? Ou méprisez-vous l'Église de Dieu, et faites-vous honte à ceux qui n'ont rien? Que vous dirai-je? Vous louerai-je? En cela je ne vous loue point.

²³Car j'ai reçu du Seigneur ce que je vous ai enseigné; c'est que le Seigneur Jésus, dans la nuit où il fut livré, prit du pain,

²⁴et, après avoir rendu grâces, le rompit, et dit: Ceci est mon corps, qui est rompu pour vous; faites ceci en mémoire de moi.

²⁵De même, après avoir soupé, il prit la coupe, et dit: Cette coupe est la nouvelle alliance en mon sang; faites ceci en mémoire de moi toutes les fois que vous en boirez.

²⁶Car toutes les fois que vous mangez ce pain et que vous buvez cette coupe, vous annoncez la mort du Seigneur, jusqu'à ce qu'il vienne.

²⁷C'est pourquoi celui qui mangera le pain ou boira la coupe du Seigneur indignement, sera coupable envers le corps et le sang du Seigneur.

²⁸Que chacun donc s'éprouve soi-même, et qu'ainsi il mange du pain et boive de la coupe;

²⁹car celui qui mange et boit sans discerner le corps du Seigneur, mange et boit un jugement contre lui-même.

³⁰C'est pour cela qu'il y a parmi vous beaucoup d'infirmes et de malades, et qu'un grand nombre sont morts.

³¹Si nous nous jugions nous-mêmes, nous ne serions pas jugés.

³²Mais quand nous sommes jugés, nous sommes châtiés par le Seigneur, afin que nous ne soyons pas condamnés avec le monde.

³³Ainsi, mes frères, lorsque vous vous réunissez pour le repas, attendez-vous les uns les autres.

³⁴Si quelqu'un a faim, qu'il mange chez lui, afin que vous ne vous réunissiez pas pour attirer un jugement sur vous. Je réglerai les autres choses quand je serai arrivé.

Chapitre 12

¹Pour ce qui concerne les dons spirituels, je ne veux pas, frères, que vous soyez dans l'ignorance.

²Vous savez que, lorsque vous étiez païens, vous vous laissiez entraîner vers les idoles muettes, selon que vous étiez conduits.

³C'est pourquoi je vous déclare que nul, s'il parle par l'Esprit de Dieu, ne dit: Jésus est anathème! et que nul ne peut dire: Jésus est le Seigneur! si ce n'est par le Saint Esprit.

⁴Il y a diversité de dons, mais le même Esprit;

⁵diversité de ministères, mais le même Seigneur;

⁶diversité d'opérations, mais le même Dieu qui opère tout en tous.

⁷Or, à chacun la manifestation de l'Esprit est donnée pour l'utilité commune.

⁸En effet, à l'un est donnée par l'Esprit une parole de sagesse; à un autre, une parole de connaissance, selon le même Esprit;

⁹à un autre, la foi, par le même Esprit; à un autre, le don des guérisons, par le même Esprit;

¹⁰à un autre, le don d'opérer des miracles; à un autre, la prophétie; à un autre, le discernement des esprits; à un autre, la diversité des langues; à un autre, l'interprétation des langues.

¹¹Un seul et même Esprit opère toutes ces choses, les distribuant à chacun en particulier comme il veut.

¹²Car, comme le corps est un et a plusieurs membres, et comme tous les membres du corps, malgré leur nombre, ne forment qu'un seul corps, ainsi en est-il de Christ.

¹³Nous avons tous, en effet, été baptisés dans un seul Esprit, pour former un seul corps, soit Juifs, soit Grecs, soit esclaves, soit libres, et nous avons tous été abreuvés d'un seul Esprit.

¹⁴Ainsi le corps n'est pas un seul membre, mais il est formé de plusieurs membres.

¹⁵Si le pied disait: Parce que je ne suis pas une main, je ne suis pas du corps-ne serait-il pas du corps pour cela?

¹⁶Et si l'oreille disait: Parce que je ne suis pas un oeil, je ne suis pas du corps, -ne serait-elle pas du corps pour cela?

¹⁷Si tout le corps était oeil, où serait l'ouïe? S'il était tout ouïe, où serait l'odorat?

¹⁸Maintenant Dieu a placé chacun des membres dans le corps comme il a voulu.

¹⁹Si tous étaient un seul membre, où serait le corps?

²⁰Maintenant donc il y a plusieurs membres, et un seul corps.

²¹L'oeil ne peut pas dire à la main: Je n'ai pas besoin de toi; ni la tête dire aux pieds: Je n'ai pas besoin de vous.

²²Mais bien plutôt, les membres du corps qui paraissent être les plus faibles sont nécessaires;

²³et ceux que nous estimons être les moins honorables du corps, nous les entourons d'un plus grand honneur. Ainsi nos membres les moins honnêtes reçoivent le plus d'honneur,

²⁴tandis que ceux qui sont honnêtes n'en ont pas besoin. Dieu a disposé le corps de manière à donner plus d'honneur à ce qui en manquait,

²⁵afin qu'il n'y ait pas de division dans le corps, mais que les membres aient également soin les uns des autres.

²⁶Et si un membre souffre, tous les membres souffrent avec lui; si un membre est honoré, tous les membres se réjouissent avec lui.

²⁷Vous êtes le corps de Christ, et vous êtes ses membres, chacun pour sa part.

²⁸Et Dieu a établi dans l'Église premièrement des apôtres, secondement des prophètes, troisièmement des docteurs, ensuite ceux qui ont le don des miracles, puis ceux qui ont les dons de guérir, de secourir, de gouverner, de parler diverses langues.

²⁹Tous sont-ils apôtres? Tous sont-ils prophètes? Tous sont-ils docteurs?

³⁰Tous ont-ils le don des miracles? Tous ont-ils le don des guérisons? Tous parlent-ils en langues? Tous interprètent-ils?

³¹Aspirez aux dons les meilleurs. Et je vais encore vous montrer une voie par excellence.

Chapitre 13

¹Quand je parlerais les langues des hommes et des anges, si je n'ai pas la charité, je suis un airain qui résonne, ou une cymbale qui retentit.

²Et quand j'aurais le don de prophétie, la science de tous les mystères et toute la connaissance, quand j'aurais même toute la foi jusqu'à transporter des montagnes, si je n'ai pas la charité, je ne suis rien.

³Et quand je distribuerais tous mes biens pour la nourriture des pauvres, quand je livrerais même mon corps pour être brûlé, si je n'ai pas la charité, cela ne me sert de rien.

⁴La charité est patiente, elle est pleine de bonté; la charité n'est point envieuse; la charité ne se vante point, elle ne s'enfle point d'orgueil,

⁵elle ne fait rien de malhonnête, elle ne cherche point son intérêt, elle ne s'irrite point, elle ne soupçonne point le mal,

⁶elle ne se réjouit point de l'injustice, mais elle se réjouit de la vérité,

⁷elle excuse tout, elle croit tout, elle espère tout, elle supporte tout.

⁸La charité ne périt jamais. Les prophéties prendront fin, les langues cesseront, la connaissance disparaîtra.

⁹Car nous connaissons en partie, et nous prophétisons en partie,

¹⁰mais quand ce qui est parfait sera venu, ce qui est partiel disparaîtra.

¹¹Lorsque j'étais enfant, je parlais comme un enfant, je pensais comme un enfant, je raisonnais comme un enfant; lorsque je suis devenu homme, j'ai fait disparaître ce qui était de l'enfant.

¹²Aujourd'hui nous voyons au moyen d'un miroir, d'une manière obscure, mais alors nous verrons face à face; aujourd'hui je connais en partie, mais alors je connaîtrai comme j'ai été connu.

¹³Maintenant donc ces trois choses demeurent: la foi, l'espérance, la charité; mais la plus grande de ces choses, c'est la charité.

1 Corinthiens
Chapitre 14

¹Recherchez la charité. Aspirez aussi aux dons spirituels, mais surtout à celui de prophétie.

²En effet, celui qui parle en langue ne parle pas aux hommes, mais à Dieu, car personne ne le comprend, et c'est en esprit qu'il dit des mystères.

³Celui qui prophétise, au contraire, parle aux hommes, les édifie, les exhorte, les console.

⁴Celui qui parle en langue s'édifie lui-même; celui qui prophétise édifie l'Église.

⁵Je désire que vous parliez tous en langues, mais encore plus que vous prophétisiez. Celui qui prophétise est plus grand que celui qui parle en langues, à moins que ce dernier n'interprète, pour que l'Église en reçoive de l'édification.

⁶Et maintenant, frères, de quelle utilité vous serais-je, si je venais à vous parlant en langues, et si je ne vous parlais pas par révélation, ou par connaissance, ou par prophétie, ou par doctrine?

⁷Si les objets inanimés qui rendent un son, comme une flûte ou une harpe, ne rendent pas des sons distincts, comment reconnaîtra-t-on ce qui est joué sur la flûte ou sur la harpe?

⁸Et si la trompette rend un son confus, qui se préparera au combat?

⁹De même vous, si par la langue vous ne donnez pas une parole distincte, comment saura-t-on ce que vous dites? Car vous parlerez en l'air.

¹⁰Quelque nombreuses que puissent être dans le monde les diverses langues, il n'en est aucune qui ne soit une langue intelligible;

¹¹si donc je ne connais pas le sens de la langue, je serai un barbare pour celui qui parle, et celui qui parle sera un barbare pour moi.

¹²De même vous, puisque vous aspirez aux dons spirituels, que ce soit pour l'édification de l'Église que vous cherchiez à en posséder abondamment.

¹³C'est pourquoi, que celui qui parle en langue prie pour avoir le don d'interpréter.

¹⁴Car si je prie en langue, mon esprit est en prière, mais mon intelligence demeure stérile.

¹⁵Que faire donc? Je prierai par l'esprit, mais je prierai aussi avec l'intelligence; je chanterai par l'esprit, mais je chanterai aussi avec l'intelligence.

¹⁶Autrement, si tu rends grâces par l'esprit, comment celui qui est dans les rangs de l'homme du peuple répondra-t-il Amen! à ton action de grâces, puisqu'il ne sait pas ce que tu dis?

¹⁷Tu rends, il est vrai, d'excellentes actions de grâces, mais l'autre n'est pas édifié.

¹⁸Je rends grâces à Dieu de ce que je parle en langue plus que vous tous;

¹⁹mais, dans l'Église, j'aime mieux dire cinq paroles avec mon intelligence, afin d'instruire aussi les autres, que dix mille paroles en langue.

²⁰Frères, ne soyez pas des enfants sous le rapport du jugement; mais pour la malice, soyez enfants, et, à l'égard du jugement, soyez des hommes faits.

²¹Il est écrit dans la loi: C'est par des hommes d'une autre langue Et par des lèvres d'étrangers Que je parlerai à ce peuple, Et ils ne m'écouteront pas même ainsi, dit le Seigneur.

²²Par conséquent, les langues sont un signe, non pour les croyants, mais pour les non-croyants; la prophétie, au contraire, est un signe, non pour les non-croyants, mais pour les croyants.

²³Si donc, dans une assemblée de l'Église entière, tous parlent en langues, et qu'il survienne des hommes du peuple ou des non-croyants, ne diront-ils pas que vous êtes fous?

²⁴Mais si tous prophétisent, et qu'il survienne quelque non-croyant ou un homme du peuple, il est convaincu par tous, il est jugé par tous,

²⁵les secrets de son coeur sont dévoilés, de telle sorte que, tombant sur sa face, il adorera Dieu, et publiera que Dieu est réellement au milieu de vous.

²⁶Que faire donc, frères? Lorsque vous vous assemblez, les uns ou les autres parmi vous ont-ils un cantique, une instruction, une révélation, une langue, une interprétation, que tout se fasse pour l'édification.

²⁷En est-il qui parlent en langue, que deux ou trois au plus parlent, chacun à son tour, et que quelqu'un interprète;

²⁸s'il n'y a point d'interprète, qu'on se taise dans l'Église, et qu'on parle à soi-même et à Dieu.

²⁹Pour ce qui est des prophètes, que deux ou trois parlent, et que les autres jugent;

³⁰et si un autre qui est assis a une révélation, que le premier se taise.

³¹Car vous pouvez tous prophétiser successivement, afin que tous soient instruits et que tous soient exhortés.

³²Les esprits des prophètes sont soumis aux prophètes;

³³car Dieu n'est pas un Dieu de désordre, mais de paix. Comme dans toutes les Églises des saints,

³⁴que les femmes se taisent dans les assemblées, car il ne leur est pas permis d'y parler; mais qu'elles soient soumises, selon que le dit aussi la loi.

³⁵Si elles veulent s'instruire sur quelque chose, qu'elles interrogent leurs maris à la maison; car il est malséant à une femme de parler dans l'Église.

³⁶Est-ce de chez vous que la parole de Dieu est sortie? ou est-ce à vous seuls qu'elle est parvenue?

³⁷Si quelqu'un croit être prophète ou inspiré, qu'il reconnaisse que ce que je vous écris est un commandement du Seigneur.

³⁸Et si quelqu'un l'ignore, qu'il l'ignore.

³⁹Ainsi donc, frères, aspirez au don de prophétie, et n'empêchez pas de parler en langues.

⁴⁰Mais que tout se fasse avec bienséance et avec ordre.

Chapitre 15

¹Je vous rappelle, frères, l'Évangile que je vous ai annoncé, que vous avez reçu, dans lequel vous avez persévéré,

²et par lequel vous êtes sauvés, si vous le retenez tel que je vous l'ai annoncé; autrement, vous auriez cru en vain.

³Je vous ai enseigné avant tout, comme je l'avais aussi reçu, que Christ est mort pour nos péchés, selon les Écritures;

⁴qu'il a été enseveli, et qu'il est ressuscité le troisième jour, selon les Écritures;

⁵et qu'il est apparu à Céphas, puis aux douze.

⁶Ensuite, il est apparu à plus de cinq cents frères à la fois, dont la plupart sont encore vivants, et dont quelques-uns sont morts.

⁷Ensuite, il est apparu à Jacques, puis à tous les apôtres.

⁸Après eux tous, il m'est aussi apparu à moi, comme à l'avorton;

⁹car je suis le moindre des apôtres, je ne suis pas digne d'être appelé apôtre, parce que j'ai persécuté l'Église de Dieu.

¹⁰Par la grâce de Dieu je suis ce que je suis, et sa grâce envers moi n'a pas été vaine; loin de là, j'ai travaillé plus qu'eux tous, non pas moi toutefois, mais la grâce de Dieu qui est avec moi.

¹¹Ainsi donc, que ce soit moi, que ce soient eux, voilà ce que nous prêchons, et c'est ce que vous avez cru.

¹²Or, si l'on prêche que Christ est ressuscité des morts, comment quelques-uns parmi vous disent-ils qu'il n'y a point de résurrection des morts?

¹³S'il n'y a point de résurrection des morts, Christ non plus n'est pas ressuscité.

¹⁴Et si Christ n'est pas ressuscité, notre prédication est donc vaine, et votre foi aussi est vaine.

¹⁵Il se trouve même que nous sommes de faux témoins à l'égard de Dieu, puisque nous avons témoigné contre Dieu qu'il a ressuscité Christ, tandis qu'il ne l'aurait pas ressuscité, si les morts ne ressuscitent point.

¹⁶Car si les morts ne ressuscitent point, Christ non plus n'est pas ressuscité.

¹⁷Et si Christ n'est pas ressuscité, votre foi est vaine, vous êtes encore dans vos péchés,

¹⁸et par conséquent aussi ceux qui sont morts en Christ sont perdus.

¹⁹Si c'est dans cette vie seulement que nous espérons en Christ, nous sommes les plus malheureux de tous les hommes.

²⁰Mais maintenant, Christ est ressuscité des morts, il est les prémices de ceux qui sont morts.

²¹Car, puisque la mort est venue par un homme, c'est aussi par un homme qu'est venue la résurrection des morts.

²²Et comme tous meurent en Adam, de même aussi tous revivront en Christ,

²³mais chacun en son rang. Christ comme prémices, puis ceux qui appartiennent à Christ, lors de son avènement.

²⁴Ensuite viendra la fin, quand il remettra le royaume à celui qui est Dieu et Père, après avoir détruit toute domination, toute autorité et toute puissance.

²⁵Car il faut qu'il règne jusqu'à ce qu'il ait mis tous les ennemis sous ses pieds.

²⁶Le dernier ennemi qui sera détruit, c'est la mort.

²⁷Dieu, en effet, a tout mis sous ses pieds. Mais lorsqu'il dit que tout lui a été soumis, il est évident que celui qui lui a soumis toutes choses est excepté.

²⁸Et lorsque toutes choses lui auront été soumises, alors le Fils lui-

même sera soumis à celui qui lui a soumis toutes choses, afin que Dieu soit tout en tous.

²⁹Autrement, que feraient ceux qui se font baptiser pour les morts? Si les morts ne ressuscitent absolument pas, pourquoi se font-ils baptiser pour eux?

³⁰Et nous, pourquoi sommes-nous à toute heure en péril?

³¹Chaque jour je suis exposé à la mort, je l'atteste, frères, par la gloire dont vous êtes pour moi le sujet, en Jésus Christ notre Seigneur.

³²Si c'est dans des vues humaines que j'ai combattu contre les bêtes à Éphèse, quel avantage m'en revient-il? Si les morts ne ressuscitent pas, Mangeons et buvons, car demain nous mourrons.

³³Ne vous y trompez pas: les mauvaises compagnies corrompent les bonnes mœurs.

³⁴Revenez à vous-mêmes, comme il est convenable, et ne péchez point; car quelques-uns ne connaissent pas Dieu, je le dis à votre honte.

³⁵Mais quelqu'un dira: Comment les morts ressuscitent-ils, et avec quel corps reviennent-ils?

³⁶Insensé! ce que tu sèmes ne reprend point vie, s'il ne meurt.

³⁷Et ce que tu sèmes, ce n'est pas le corps qui naîtra; c'est un simple grain, de blé peut-être, ou de quelque autre semence;

³⁸puis Dieu lui donne un corps comme il lui plaît, et à chaque semence il donne un corps qui lui est propre.

³⁹Toute chair n'est pas la même chair; mais autre est la chair des hommes, autre celle des quadrupèdes, autre celle des oiseaux, autre celle des poissons.

⁴⁰Il y a aussi des corps célestes et des corps terrestres; mais autre est l'éclat des corps célestes, autre celui des corps terrestres.

⁴¹Autre est l'éclat du soleil, autre l'éclat de la lune, et autre l'éclat des étoiles; même une étoile diffère en éclat d'une autre étoile.

⁴²Ainsi en est-il de la résurrection des morts. Le corps est semé corruptible; il ressuscite incorruptible;

⁴³il est semé méprisable, il ressuscite glorieux; il est semé infirme, il ressuscite plein de force;

⁴⁴il est semé corps animal, il ressuscite corps spirituel. S'il y a un corps animal, il y a aussi un corps spirituel.

⁴⁵C'est pourquoi il est écrit: Le premier homme, Adam, devint une âme vivante. Le dernier Adam est devenu un esprit vivifiant.

⁴⁶Mais ce qui est spirituel n'est pas le premier, c'est ce qui est animal; ce qui est spirituel vient ensuite.

⁴⁷Le premier homme, tiré de la terre, est terrestre; le second homme est du ciel.

⁴⁸Tel est le terrestre, tels sont aussi les terrestres; et tel est le céleste, tels sont aussi les célestes.

⁴⁹Et de même que nous avons porté l'image du terrestre, nous porterons aussi l'image du céleste.

⁵⁰Ce que je dis, frères, c'est que la chair et le sang ne peuvent hériter le royaume de Dieu, et que la corruption n'hérite pas l'incorruptibilité.

⁵¹Voici, je vous dis un mystère: nous ne mourrons pas tous, mais tous nous serons changés,

⁵²en un instant, en un clin d'oeil, à la dernière trompette. La trompette sonnera, et les morts ressusciteront incorruptibles, et nous, nous serons changés.

⁵³Car il faut que ce corps corruptible revête l'incorruptibilité, et que ce corps mortel revête l'immortalité.

⁵⁴Lorsque ce corps corruptible aura revêtu l'incorruptibilité, et que ce corps mortel aura revêtu l'immortalité, alors s'accomplira la parole qui est écrite: La mort a été engloutie dans la victoire.

⁵⁵O mort, où est ta victoire? O mort, où est ton aiguillon?

⁵⁶L'aiguillon de la mort, c'est le péché; et la puissance du péché, c'est la loi.

⁵⁷Mais grâces soient rendues à Dieu, qui nous donne la victoire par notre Seigneur Jésus Christ!

⁵⁸Ainsi, mes frères bien-aimés, soyez fermes, inébranlables, travaillant de mieux en mieux à l'oeuvre du Seigneur, sachant que votre travail ne sera pas vain dans le Seigneur.

Chapitre 16

¹Pour ce qui concerne la collecte en faveur des saints, agissez, vous aussi, comme je l'ai ordonné aux Églises de la Galatie.

²Que chacun de vous, le premier jour de la semaine, mette à part chez lui ce qu'il pourra, selon sa prospérité, afin qu'on n'attende pas mon arrivée pour recueillir les dons.

³Et quand je serai venu, j'enverrai avec des lettres, pour porter vos libéralités à Jérusalem, les personnes que vous aurez approuvées.

⁴Si la chose mérite que j'y aille moi-même, elles feront le voyage avec moi.

⁵J'irai chez vous quand j'aurai traversé la Macédoine, car je traverserai la Macédoine.

⁶Peut-être séjournerai-je auprès de vous, ou même y passerai-je l'hiver, afin que vous m'accompagniez là où je me rendrai.

⁷Je ne veux pas cette fois vous voir en passant, mais j'espère demeurer quelque temps auprès de vous, si le Seigneur le permet.

⁸Je resterai néanmoins à Éphèse jusqu'à la Pentecôte;

⁹car une porte grande et d'un accès efficace m'est ouverte, et les adversaires sont nombreux.

¹⁰Si Timothée arrive, faites en sorte qu'il soit sans crainte parmi vous, car il travaille comme moi à l'oeuvre du Seigneur.

¹¹Que personne donc ne le méprise. Accompagnez-le en paix, afin qu'il vienne vers moi, car je l'attends avec les frères.

¹²Pour ce qui est du frère Apollos, je l'ai beaucoup exhorté à se rendre chez vous avec les frères, mais ce n'était décidément pas sa volonté de le faire maintenant; il partira quand il en aura l'occasion.

¹³Veillez, demeurez fermes dans la foi, soyez des hommes, fortifiez-vous.

¹⁴Que tout ce que vous faites se fasse avec charité!

¹⁵Encore une recommandation que je vous adresse, frères. Vous savez que la famille de Stéphanas est les prémices de l'Achaïe, et qu'elle s'est dévouée au service des saints.

¹⁶Ayez vous aussi de la déférence pour de tels hommes, et pour tous ceux qui travaillent à la même oeuvre.

¹⁷Je me réjouis de la présence de Stéphanas, de Fortunatus et d'Achaïcus; ils ont suppléé à votre absence,

¹⁸car ils ont tranquillisé mon esprit et le vôtre. Sachez donc apprécier de tels hommes.

¹⁹Les Églises d'Asie vous saluent. Aquilas et Priscille, avec l'Église qui est dans leur maison, vous saluent beaucoup dans le Seigneur.

²⁰Tous les frères vous saluent. Saluez-vous les uns les autres par un saint baiser.

²¹Je vous salue, moi Paul, de ma propre main.

²²Si quelqu'un n'aime pas le Seigneur, qu'il soit anathème! Maranatha.

²³Que la grâce du Seigneur Jésus soit avec vous!

²⁴Mon amour est avec vous tous en Jésus Christ.

2 Corinthiens

Chapitre 1

¹Paul, apôtre de Jésus Christ par la volonté de Dieu, et le frère Timothée, à l'Église de Dieu qui est à Corinthe, et à tous les saints qui sont dans toute l'Achaïe;

²que la grâce et la paix vous soient données de la part de Dieu notre Père et du Seigneur Jésus Christ!

³Béni soit Dieu, le Père de notre Seigneur Jésus Christ, le Père des miséricordes et le Dieu de toute consolation,

⁴qui nous console dans toutes nos afflictions, afin que, par la consolation dont nous sommes l'objet de la part de Dieu, nous puissions consoler ceux qui se trouvent dans quelque l'affliction!

⁵Car, de même que les souffrances de Christ abondent en nous, de même notre consolation abonde par Christ.

⁶Si nous sommes affligés, c'est pour votre consolation et pour votre salut; si nous sommes consolés, c'est pour votre consolation, qui se réalise par la patience à supporter les mêmes souffrances que nous endurons.

⁷Et notre espérance à votre égard est ferme, parce que nous savons que, si vous avez part aux souffrances, vous avez part aussi à la consolation.

⁸Nous ne voulons pas, en effet, vous laisser ignorer, frères, au sujet de la tribulation qui nous est survenue en Asie, que nous avons été excessivement accablés, au delà de nos forces, de telle sorte que nous désespérions même de conserver la vie.

⁹Et nous regardions comme certain notre arrêt de mort, afin de ne pas placer notre confiance en nous-mêmes, mais de la placer en Dieu, qui ressuscite les morts.

¹⁰C'est lui qui nous a délivrés et qui nous délivrera d'une telle mort, lui de qui nous espérons qu'il nous délivrera encore,

¹¹vous-mêmes aussi nous assistant de vos prières, afin que la grâce obtenue pour nous par plusieurs soit pour plusieurs une occasion de rendre grâces à notre sujet.

¹²Car ce qui fait notre gloire, c'est ce témoignage de notre conscience, que nous nous sommes conduits dans le monde, et surtout à votre égard, avec sainteté et pureté devant Dieu, non point avec une sagesse charnelle, mais avec la grâce de Dieu.

¹³Nous ne vous écrivons pas autre chose que ce que vous lisez, et ce que vous reconnaissez. Et j'espère que vous le reconnaîtrez jusqu'à la fin,

¹⁴comme vous avez déjà reconnu en partie que nous sommes votre gloire, de même que vous serez aussi la nôtre au jour du Seigneur Jésus.

¹⁵Dans cette persuasion, je voulais aller d'abord vers vous, afin que vous eussiez une double grâce;

¹⁶je voulais passer chez vous pour me rendre en Macédoine, puis revenir de la Macédoine chez vous, et vous m'auriez fait accompagner en Judée.

¹⁷Est-ce que, en voulant cela, j'ai donc usé de légèreté? Ou bien, mes résolutions sont-elles des résolutions selon la chair, de sorte qu'il y ait en moi le oui et le non?

¹⁸Aussi vrai que Dieu est fidèle, la parole que nous vous avons adressée n'a pas été oui et non.

¹⁹Car le Fils de Dieu, Jésus Christ, qui a été prêché par nous au milieu de vous, par moi, et par Silvain, et par Timothée, n'a pas été oui et non, mais c'est oui qui a été en lui;

²⁰car, pour ce qui concerne toutes les promesses de Dieu, c'est en lui qu'est le oui; c'est pourquoi encore l'Amen par lui est prononcé par nous à la gloire de Dieu.

²¹Et celui qui nous affermit avec vous en Christ, et qui nous a oints, c'est Dieu,

²²lequel nous a aussi marqués d'un sceau et a mis dans nos coeurs les arrhes de l'Esprit.

²³Or, je prends Dieu à témoin sur mon âme, que c'est pour vous épargner que je ne suis plus allé à Corinthe;

²⁴non pas que nous dominions sur votre foi, mais nous contribuons à votre joie, car vous êtes fermes dans la foi.

Chapitre 2

¹Je résolus donc en moi-même de ne pas retourner chez vous dans la tristesse.

²Car si je vous attriste, qui peut me réjouir, sinon celui qui est attristé par moi?

³J'ai écrit comme je l'ai fait pour ne pas éprouver, à mon arrivée, de la tristesse de la part de ceux qui devaient me donner de la joie, ayant en vous tous cette confiance que ma joie est la vôtre à tous.

⁴C'est dans une grande affliction, le coeur angoissé, et avec beaucoup de larmes, que je vous ai écrit, non pas afin que vous fussiez attristés, mais afin que vous connussiez l'amour extrême que j'ai pour vous.

⁵Si quelqu'un a été une cause de tristesse, ce n'est pas moi qu'il a attristé, c'est vous tous, du moins en partie, pour ne rien exagérer.

⁶Il suffit pour cet homme du châtiment qui lui a été infligé par le plus grand nombre,

⁷en sorte que vous devez bien plutôt lui pardonner et le consoler, de peur qu'il ne soit accablé par une tristesse excessive.

⁸Je vous exhorte donc à faire acte de charité envers lui;

⁹car je vous ai écrit aussi dans le but de connaître, en vous mettant à l'épreuve, si vous êtes obéissants en toutes choses.

¹⁰Or, à qui vous pardonnez, je pardonne aussi; et ce que j'ai pardonné, si j'ai pardonné quelque chose, c'est à cause de vous, en présence de Christ,

¹¹afin de ne pas laisser à Satan l'avantage sur nous, car nous n'ignorons pas ses desseins.

¹²Au reste, lorsque je fus arrivé à Troas pour l'Évangile de Christ, quoique le Seigneur m'y eût ouvert une porte, je n'eus point de repos d'esprit, parce que je ne trouvai pas Tite, mon frère;

¹³c'est pourquoi, ayant pris congé d'eux, je partis pour la Macédoine.

¹⁴Grâces soient rendues à Dieu, qui nous fait toujours triompher en Christ, et qui répand par nous en tout lieu l'odeur de sa connaissance!

¹⁵Nous sommes, en effet, pour Dieu la bonne odeur de Christ, parmi ceux qui sont sauvés et parmi ceux qui périssent:

¹⁶aux uns, une odeur de mort, donnant la mort; aux autres, une odeur de vie, donnant la vie. -Et qui est suffisant pour ces choses? -

¹⁷Car nous ne falsifions point la parole de Dieu, comme font plusieurs; mais c'est avec sincérité, mais c'est de la part de Dieu, que nous parlons en Christ devant Dieu.

Chapitre 3

¹Commençons-nous de nouveau à nous recommander nous-mêmes? Ou avons-nous besoin, comme quelques-uns, de lettres de recommandation auprès de vous, ou de votre part?

²C'est vous qui êtes notre lettre, écrite dans nos coeurs, connue et lue de tous les hommes.

³Vous êtes manifestement une lettre de Christ, écrite, par notre ministère, non avec de l'encre, mais avec l'Esprit du Dieu vivant, non sur des tables de pierre, mais sur des tables de chair, sur les coeurs.

⁴Cette assurance-là, nous l'avons par Christ auprès de Dieu.

⁵Ce n'est pas à dire que nous soyons par nous-mêmes capables de concevoir quelque chose comme venant de nous-mêmes. Notre capacité, au contraire, vient de Dieu.

⁶Il nous a aussi rendus capables d'être ministres d'une nouvelle alliance, non de la lettre, mais de l'esprit; car la lettre tue, mais l'esprit vivifie.

⁷Or, si le ministère de la mort, gravé avec des lettres sur des pierres, a été glorieux, au point que les fils d'Israël ne pouvaient fixer les regards sur le visage de Moïse, à cause de la gloire de son visage, bien que cette gloire fût passagère,

⁸combien le ministère de l'esprit ne sera-t-il pas plus glorieux!

⁹Si le ministère de la condamnation a été glorieux, le ministère de la justice est de beaucoup supérieur en gloire.

¹⁰Et, sous ce rapport, ce qui a été glorieux ne l'a point été, à cause de cette gloire qui lui est supérieure.

¹¹En effet, si ce qui était passager a été glorieux, ce qui est permanent est bien plus glorieux.

¹²Ayant donc cette espérance, nous usons d'une grande liberté,

¹³et nous ne faisons pas comme Moïse, qui mettait un voile sur son visage, pour que les fils d'Israël ne fixassent pas les regards sur la fin de ce qui était passager.

¹⁴Mais ils sont devenus durs d'entendement. Car jusqu'à ce jour le même voile demeure quand, ils font la lecture de l'Ancien Testament, et il ne se lève pas, parce que c'est en Christ qu'il disparaît.

¹⁵Jusqu'à ce jour, quand on lit Moïse, un voile est jeté sur leurs coeurs;

¹⁶mais lorsque les coeurs se convertissent au Seigneur, le voile est ôté.

¹⁷Or, le Seigneur c'est l'Esprit; et là où est l'Esprit du Seigneur, là est la liberté.

¹⁸Nous tous qui, le visage découvert, contemplons comme dans un

miroir la gloire du Seigneur, nous sommes transformés en la même image, de gloire en gloire, comme par le Seigneur, l'Esprit.

Chapitre 4
¹C'est pourquoi, ayant ce ministère, selon la miséricorde qui nous a été faite, nous ne perdons pas courage.

²Nous rejetons les choses honteuses qui se font en secret, nous n'avons point une conduite astucieuse, et nous n'altérons point la parole de Dieu. Mais, en publiant la vérité, nous nous recommandons à toute conscience d'homme devant Dieu.

³Si notre Évangile est encore voilé, il est voilé pour ceux qui périssent;

⁴pour les incrédules dont le dieu de ce siècle a aveuglé l'intelligence, afin qu'ils ne vissent pas briller la splendeur de l'Évangile de la gloire de Christ, qui est l'image de Dieu.

⁵Nous ne nous prêchons pas nous-mêmes; c'est Jésus Christ le Seigneur que nous prêchons, et nous nous disons vos serviteurs à cause de Jésus.

⁶Car Dieu, qui a dit: La lumière brillera du sein des ténèbres! a fait briller la lumière dans nos coeurs pour faire resplendir la connaissance de la gloire de Dieu sur la face de Christ.

⁷Nous portons ce trésor dans des vases de terre, afin que cette grande puissance soit attribuée à Dieu, et non pas à nous.

⁸Nous sommes pressés de toute manière, mais non réduits à l'extrémité; dans la détresse, mais non dans le désespoir;

⁹persécutés, mais non abandonnés; abattus, mais non perdus;

¹⁰portant toujours avec nous dans notre corps la mort de Jésus, afin que la vie de Jésus soit aussi manifestée dans notre corps.

¹¹Car nous qui vivons, nous sommes sans cesse livrés à la mort à cause de Jésus, afin que la vie de Jésus soit aussi manifestée dans notre chair mortelle.

¹²Ainsi la mort agit en nous, et la vie agit en vous.

¹³Et, comme nous avons le même esprit de foi qui est exprimé dans cette parole de l'Écriture: J'ai cru, c'est pourquoi j'ai parlé! nous aussi nous croyons, et c'est pour cela que nous parlons,

¹⁴sachant que celui qui a ressuscité le Seigneur Jésus nous ressuscitera aussi avec Jésus, et nous fera paraître avec vous en sa présence.

¹⁵Car tout cela arrive à cause de vous, afin que la grâce en se multipliant, fasse abonder, à la gloire de Dieu, les actions de grâces d'un plus grand nombre.

¹⁶C'est pourquoi nous ne perdons pas courage. Et lors même que notre homme extérieur se détruit, notre homme intérieur se renouvelle de jour en jour.

¹⁷Car nos légères afflictions du moment présent produisent pour nous, au delà de toute mesure,

¹⁸un poids éternel de gloire, parce que nous regardons, non point aux choses visibles, mais à celles qui sont invisibles; car les choses visibles sont passagères, et les invisibles sont éternelles.

Chapitre 5
¹Nous savons, en effet, que, si cette tente où nous habitons sur la terre est détruite, nous avons dans le ciel un édifice qui est l'ouvrage de Dieu, une demeure éternelle qui n'a pas été faite de main d'homme.

²Aussi nous gémissons dans cette tente, désirant revêtir notre domicile céleste,

³si du moins nous sommes trouvés vêtus et non pas nus.

⁴Car tandis que nous sommes dans cette tente, nous gémissons, accablés, parce que nous voulons, non pas nous dépouiller, mais nous revêtir, afin que ce qui est mortel soit englouti par la vie.

⁵Et celui qui nous a formés pour cela, c'est Dieu, qui nous a donné les arrhes de l'Esprit.

⁶Nous sommes donc toujours pleins de confiance, et nous savons qu'en demeurant dans ce corps nous demeurons loin du Seigneur-

⁷car nous marchons par la foi et non par la vue,

⁸nous sommes pleins de confiance, et nous aimons mieux quitter ce corps et demeurer auprès du Seigneur.

⁹C'est pour cela aussi que nous nous efforçons de lui être agréables, soit que nous demeurions dans ce corps, soit que nous le quittions.

¹⁰Car il nous faut tous comparaître devant le tribunal de Christ, afin que chacun reçoive selon le bien ou le mal qu'il aura fait, étant dans son corps.

¹¹Connaissant donc la crainte du Seigneur, nous cherchons à convaincre les hommes; Dieu nous connaît, et j'espère que dans vos consciences vous nous connaissez aussi.

¹²Nous ne nous recommandons pas de nouveau nous-mêmes auprès de vous; mais nous vous donnons occasion de vous glorifier à notre sujet, afin que vous puissiez répondre à ceux qui tirent gloire de ce qui est dans les apparences et non dans le coeur.

¹³En effet, si je suis hors de sens, c'est pour Dieu; si je suis de bon sens, c'est pour vous.

¹⁴Car l'amour de Christ nous presse, parce que nous estimons que, si un seul est mort pour tous, tous donc sont morts;

¹⁵et qu'il est mort pour tous, afin que ceux qui vivent ne vivent plus pour eux-mêmes, mais pour celui qui est mort et ressuscité pour eux.

¹⁶Ainsi, dès maintenant, nous ne connaissons personne selon la chair; et si nous avons connu Christ selon la chair, maintenant nous ne le connaissons plus de cette manière.

¹⁷Si quelqu'un est en Christ, il est une nouvelle créature. Les choses anciennes sont passées; voici, toutes choses sont devenues nouvelles.

¹⁸Et tout cela vient de Dieu, qui nous a réconciliés avec lui par Christ, et qui nous a donné le ministère de la réconciliation.

¹⁹Car Dieu était en Christ, réconciliant le monde avec lui-même, en n'imputant point aux hommes leurs offenses, et il a mis en nous la parole de la réconciliation.

²⁰Nous faisons donc les fonctions d'ambassadeurs pour Christ, comme si Dieu exhortait par nous; nous vous en supplions au nom de Christ: Soyez réconciliés avec Dieu!

²¹Celui qui n'a point connu le péché, il l'a fait devenir péché pour nous, afin que nous devenions en lui justice de Dieu.

Chapitre 6
¹Puisque nous travaillons avec Dieu, nous vous exhortons à ne pas recevoir la grâce de Dieu en vain.

²Car il dit: Au temps favorable je t'ai exaucé, Au jour du salut je t'ai secouru. Voici maintenant le temps favorable, voici maintenant le jour du salut.

³Nous ne donnons aucun sujet de scandale en quoi que ce soit, afin que le ministère ne soit pas un objet de blâme.

⁴Mais nous nous rendons à tous égards recommandables, comme serviteurs de Dieu, par beaucoup de patience dans les tribulations, dans les calamités, dans les détresses,

⁵sous les coups, dans les prisons, dans les troubles, dans les travaux, dans les veilles, dans les jeûnes,

⁶par la pureté, par la connaissance, par la longanimité, par la bonté, par un esprit saint, par une charité sincère,

⁷par la parole de vérité, par la puissance de Dieu, par les armes offensives et défensives de la justice;

⁸au milieu de la gloire et de l'ignominie, au milieu de la mauvaise et de la bonne réputation; étant regardés comme imposteurs, quoique véridiques;

⁹comme inconnus, quoique bien connus; comme mourants, et voici nous vivons; comme châtiés, quoique non mis à mort;

¹⁰comme attristés, et nous sommes toujours joyeux; comme pauvres, et nous en enrichissons plusieurs; comme n'ayant rien, et nous possédons toutes choses.

¹¹Notre bouche s'est ouverte pour vous, Corinthiens, notre coeur s'est élargi.

¹²Vous n'êtes point à l'étroit au dedans de nous; mais vos entrailles se sont rétrécies.

¹³Rendez-nous la pareille, -je vous parle comme à mes enfants, - élargissez-vous aussi!

¹⁴Ne vous mettez pas avec les infidèles sous un joug étranger. Car quel rapport y a-t-il entre la justice et l'iniquité? ou qu'y a-t-il de commun entre la lumière et les ténèbres?

¹⁵Quel accord y a-t-il entre Christ et Bélial? ou quelle part a le fidèle avec l'infidèle?

¹⁶Quel rapport y a-t-il entre le temple de Dieu et les idoles? Car nous sommes le temple du Dieu vivant, comme Dieu l'a dit: J'habiterai et je marcherai au milieu d'eux; je serai leur Dieu, et ils seront mon peuple.

¹⁷C'est pourquoi, Sortez du milieu d'eux, Et séparez-vous, dit le Seigneur; Ne touchez pas à ce qui est impur, Et je vous accueillerai.

¹⁸Je serai pour vous un père, Et vous serez pour moi des fils et des filles, Dit le Seigneur tout puissant

Chapitre 7

¹Ayant donc de telles promesses, bien-aimés, purifions-nous de toute souillure de la chair et de l'esprit, en achevant notre sanctification dans la crainte de Dieu.

²Donnez-nous une place dans vos coeurs! Nous n'avons fait tort à personne, nous n'avons ruiné personne, nous n'avons tiré du profit de personne.

³Ce n'est pas pour vous condamner que je parle de la sorte; car j'ai déjà dit que vous êtes dans nos coeurs à la vie et à la mort.

⁴J'ai une grande confiance en vous, j'ai tout sujet de me glorifier de vous; je suis rempli de consolation, je suis comblé de joie au milieu de toutes nos tribulations.

⁵Car, depuis notre arrivée en Macédoine, notre chair n'eut aucun repos; nous étions affligés de toute manière: luttes au dehors, craintes au dedans.

⁶Mais Dieu, qui console ceux qui sont abattus, nous a consolés par l'arrivée de Tite,

⁷et non seulement par son arrivée, mais encore par la consolation que Tite lui-même ressentait à votre sujet: il nous a raconté votre ardent désir, vos larmes, votre zèle pour moi, en sorte que ma joie a été d'autant plus grande.

⁸Quoique je vous aie attristés par ma lettre, je ne m'en repens pas. Et, si je m'en suis repenti, -car je vois que cette lettre vous a attristés, bien que momentanément, -

⁹je me réjouis à cette heure, non pas de ce que vous avez été attristés, mais de ce que votre tristesse vous a portés à la repentance; car vous avez été attristés selon Dieu, afin de ne recevoir de notre part aucun dommage.

¹⁰En effet, la tristesse selon Dieu produit une repentance à salut dont on ne se repent jamais, tandis que la tristesse du monde produit la mort.

¹¹Et voici, cette même tristesse selon Dieu, quel empressement n'a-t-elle pas produit en vous! Quelle justification, quelle indignation, quelle crainte, quel désir ardent, quel zèle, quelle punition! Vous avez montré à tous égards que vous étiez purs dans cette affaire.

¹²Si donc je vous ai écrit, ce n'était ni à cause de celui qui a fait l'injure, ni à cause de celui qui l'a reçue; c'était afin que votre empressement pour nous fût manifesté parmi vous devant Dieu.

¹³C'est pourquoi nous avons été consolés. Mais, outre notre consolation, nous avons été réjouis beaucoup plus encore par la joie de Tite, dont l'esprit a été tranquillisé par vous tous.

¹⁴Et si devant lui je me suis un peu glorifié à votre sujet, je n'en ai point eu de confusion; mais, comme nous vous avons toujours parlé selon la vérité, ce dont nous nous sommes glorifiés auprès de Tite s'est trouvé être aussi la vérité.

¹⁵Il éprouve pour vous un redoublement d'affection, au souvenir de votre obéissance à tous, et de l'accueil que vous lui avez fait avec crainte et tremblement.

¹⁶Je me réjouis de pouvoir en toutes choses me confier en vous.

Chapitre 8

¹Nous vous faisons connaître, frères, la grâce de Dieu qui s'est manifestée dans les Églises de la Macédoine.

²Au milieu de beaucoup de tribulations qui les ont éprouvées, leur joie débordante et leur pauvreté profonde ont produit avec abondance de riches libéralités de leur part.

³Ils ont, je l'atteste, donné volontairement selon leurs moyens, et même au delà de leurs moyens,

⁴nous demandant avec de grandes instances la grâce de prendre part à l'assistance destinée aux saints.

⁵Et non seulement ils ont contribué comme nous l'espérions, mais ils se sont d'abord donnés eux-mêmes au Seigneur, puis à nous, par la volonté de Dieu.

⁶Nous avons donc engagé Tite à achever chez vous cette oeuvre de bienfaisance, comme il l'avait commencée.

⁷De même que vous excellez en toutes choses, en foi, en parole, en connaissance, en zèle à tous égards, et dans votre amour pour nous, faites en sorte d'exceller aussi dans cette oeuvre de bienfaisance.

⁸Je ne dis pas cela pour donner un ordre, mais pour éprouver, par le zèle des autres, la sincérité de votre charité.

⁹Car vous connaissez la grâce de notre Seigneur Jésus Christ, qui pour vous s'est fait pauvre, de riche qu'il était, afin que par sa pauvreté vous fussiez enrichis.

¹⁰C'est un avis que je donne là-dessus, car cela vous convient, à vous qui non seulement avez commencé à agir, mais qui en avez eu la volonté dès l'année dernière.

¹¹Achevez donc maintenant d'agir, afin que l'accomplissement selon vos moyens réponde à l'empressement que vous avez mis à vouloir.

¹²La bonne volonté, quand elle existe, est agréable en raison de ce qu'elle peut avoir à sa disposition, et non de ce qu'elle n'a pas.

¹³Car il s'agit, non de vous exposer à la détresse pour soulager les autres, mais de suivre une règle d'égalité: dans la circonstance présente votre superflu pourvoira à leurs besoins,

¹⁴afin que leur superflu pourvoie pareillement aux vôtres, en sorte qu'il y ait égalité,

¹⁵selon qu'il est écrit: Celui qui avait ramassé beaucoup n'avait rien de trop, et celui qui avait ramassé peu n'en manquait pas.

¹⁶Grâces soient rendues à Dieu de ce qu'il a mis dans le coeur de Tite le même empressement pour vous;

¹⁷car il a accueilli notre demande, et c'est avec un nouveau zèle et de son plein gré qu'il part pour aller chez vous.

¹⁸Nous envoyons avec lui le frère dont la louange en ce qui concerne l'Évangile est répandue dans toutes les Églises,

¹⁹et qui, de plus, a été choisi par les Églises pour être notre compagnon de voyage dans cette oeuvre de bienfaisance, que nous accomplissons à la gloire du Seigneur même et en témoignage de notre bonne volonté.

²⁰Nous agissons ainsi, afin que personne ne nous blâme au sujet de cette abondante collecte, à laquelle nous donnons nos soins;

²¹car nous recherchons ce qui est bien, non seulement devant le Seigneur, mais aussi devant les hommes.

²²Nous envoyons avec eux notre frère, dont nous avons souvent éprouvé le zèle dans beaucoup d'occasions, et qui en montre plus encore cette fois à cause de sa grande confiance en vous.

²³Ainsi, pour ce qui est de Tite, il est notre associé et notre compagnon d'oeuvre auprès de vous; et pour ce qui est de nos frères, ils sont les envoyés des Églises, la gloire de Christ.

²⁴Donnez-leur donc, à la face des Églises, la preuve de votre charité, et montrez-leur que nous avons sujet de nous glorifier de vous.

Chapitre 9

¹Il est superflu que je vous écrive touchant l'assistance destinée aux saints.

²Je connais, en effet, votre bonne volonté, dont je me glorifie pour vous auprès des Macédoniens, en déclarant que l'Achaïe est prête depuis l'année dernière; et ce zèle de votre part a stimulé le plus grand nombre.

³J'envoie les frères, afin que l'éloge que nous avons fait de vous ne soit pas réduit à néant sur ce point-là, et que vous soyez prêts, comme je l'ai dit.

⁴Je ne voudrais pas, si les Macédoniens m'accompagnent et ne vous trouvent pas prêts, que cette assurance tournât à notre confusion, pour ne pas dire à la vôtre.

⁵J'ai donc jugé nécessaire d'inviter les frères à se rendre auparavant chez vous, et à s'occuper de votre libéralité déjà promise, afin qu'elle soit prête, de manière à être une libéralité, et non un acte d'avarice.

⁶Sachez-le, celui qui sème peu moissonnera peu, et celui qui sème abondamment moissonnera abondamment.

⁷Que chacun donne comme il l'a résolu en son coeur, sans tristesse ni contrainte; car Dieu aime celui qui donne avec joie.

⁸Et Dieu peut vous combler de toutes sortes de grâces, afin que, possédant toujours en toutes choses de quoi satisfaire à tous vos besoins, vous ayez encore en abondance pour toute bonne oeuvre,

⁹selon qu'il est écrit: Il a fait des largesses, il a donné aux indigents; Sa justice subsiste à jamais.

¹⁰Celui qui Fournit de la semence au semeur, Et du pain pour sa nourriture, vous fournira et vous multipliera la semence, et il augmentera les fruits de votre justice.

¹¹Vous serez de la sorte enrichis à tous égards pour toute espèce de libéralités qui, par notre moyen, feront offrir à Dieu des actions de grâces.

¹²Car le secours de cette assistance non seulement pourvoit aux besoins des saints, mais il est encore une source abondante de nombreuses actions de grâces envers Dieu.

¹³En considération de ce secours dont ils font l'expérience, ils glorifient Dieu de votre obéissance dans la profession de l'Évangile de Christ, et de la libéralité de vos dons envers eux et envers tous;

¹⁴ils prient pour vous, parce qu'ils vous aiment à cause de la grâce éminente que Dieu vous a faite.

¹⁵Grâces soient rendues à Dieu pour son don ineffable!

Chapitre 10

¹Moi Paul, je vous prie, par la douceur et la bonté de Christ, -moi, humble d'apparence quand je suis au milieu de vous, et plein de hardiesse à votre égard quand je suis éloigné, -

²je vous prie, lorsque je serai présent, de ne pas me forcer à recourir avec assurance à cette hardiesse, dont je me propose d'user contre quelques-uns qui nous regardent comme marchant selon la chair.

³Si nous marchons dans la chair, nous ne combattons pas selon la chair.

⁴Car les armes avec lesquelles nous combattons ne sont pas charnelles; mais elles sont puissantes, par la vertu de Dieu, pour renverser des forteresses.

⁵Nous renversons les raisonnements et toute hauteur qui s'élève contre la connaissance de Dieu, et nous amenons toute pensée captive à l'obéissance de Christ.

⁶Nous sommes prêts aussi à punir toute désobéissance, lorsque votre obéissance sera complète.

⁷Vous regardez à l'apparence! Si quelqu'un se persuade qu'il est de Christ, qu'il se dise bien en lui-même que, comme il est de Christ, nous aussi nous sommes de Christ.

⁸Et quand même je me glorifierais un peu trop de l'autorité que le Seigneur nous a donnée pour votre édification et non pour votre destruction, je ne saurais en avoir honte.

⁹afin que je ne paraisse pas vouloir vous intimider par mes lettres.

¹⁰Car, dit-on, ses lettres sont sévères et fortes; mais, présent en personne, il est faible, et sa parole est méprisable.

¹¹Que celui qui parle de la sorte considère que tels nous sommes en paroles dans nos lettres, étant absents, tels aussi nous sommes dans nos actes, étant présents.

¹²Nous n'osons pas nous égaler ou nous comparer à quelques-uns de ceux qui se recommandent eux-mêmes. Mais, en se mesurant à leur propre mesure et en se comparant à eux-mêmes, ils manquent d'intelligence.

¹³Pour nous, nous ne voulons pas nous glorifier hors de toute mesure; nous prendrons, au contraire, pour mesure les limites du partage que Dieu nous a assigné, de manière à nous faire venir aussi jusqu'à vous.

¹⁴Nous ne dépassons point nos limites, comme si nous n'étions pas venus jusqu'à vous; car c'est bien jusqu'à vous que nous sommes arrivés avec l'Évangile de Christ.

¹⁵Ce n'est pas hors de toute mesure, ce n'est pas des travaux d'autrui, que nous nous glorifions; mais c'est avec l'espérance, si votre foi augmente, de grandir encore d'avantage parmi vous, selon les limites qui nous sont assignées,

¹⁶et d'annoncer l'Évangile au delà de chez vous, sans nous glorifier de ce qui a été fait dans les limites assignées à d'autres.

¹⁷Que celui qui se glorifie se glorifie dans le Seigneur.

¹⁸Car ce n'est pas celui qui se recommande lui-même qui est approuvé, c'est celui que le Seigneur recommande.

Chapitre 11

¹Oh! si vous pouviez supporter de ma part un peu de folie! Mais vous, me supportez!

²Car je suis jaloux de vous d'une jalousie de Dieu, parce que je vous ai fiancés à un seul époux, pour vous présenter à Christ comme une vierge pure.

³Toutefois, de même que le serpent séduisit Eve par sa ruse, je crains que vos pensées ne se corrompent et ne se détournent de la simplicité à l'égard de Christ.

⁴Car, si quelqu'un vient vous prêcher un autre Jésus que celui que nous avons prêché, ou si vous recevez un autre Esprit que celui que vous avez reçu, ou un autre Évangile que celui que vous avez embrassé, vous le supportez fort bien.

⁵Or, j'estime que je n'ai été inférieur en rien à ces apôtres par excellence.

⁶Si je suis un ignorant sous le rapport du langage, je ne le suis point sous celui de la connaissance, et nous l'avons montré parmi vous à tous égards et en toutes choses.

⁷Ou bien, ai-je commis un péché parce que, m'abaissant moi-même afin que vous fussiez élevés, je vous ai annoncé gratuitement l'Évangile de Dieu?

⁸J'ai dépouillé d'autres Églises, en recevant d'elles un salaire, pour vous servir. Et lorsque j'étais chez vous et que je me suis trouvé dans le besoin, je n'ai été à charge à personne;

⁹car les frères venus de Macédoine ont pourvu à ce qui me manquait. En toutes choses je me suis gardé de vous être à charge, et je m'en garderai.

¹⁰Par la vérité de Christ qui est en moi, je déclare que ce sujet de gloire ne me sera pas enlevé dans les contrées de l'Achaïe.

¹¹Pourquoi?... Parce que je ne vous aime pas?... Dieu le sait!

¹²Mais j'agis et j'agirai de la sorte, pour ôter ce prétexte à ceux qui cherchent un prétexte, afin qu'ils soient trouvés tels que nous dans les choses dont ils se glorifient.

¹³Ces hommes-là sont de faux apôtres, des ouvriers trompeurs, déguisés en apôtres de Christ.

¹⁴Et cela n'est pas étonnant, puisque Satan lui-même se déguise en ange de lumière.

¹⁵Il n'est donc pas étrange que ses ministres aussi se déguisent en ministres de justice. Leur fin sera selon leurs oeuvres.

¹⁶Je le répète, que personne ne me regarde comme un insensé; sinon, recevez-moi comme un insensé, afin que moi aussi, je me glorifie un peu.

¹⁷Ce que je dis, avec l'assurance d'avoir sujet de me glorifier, je ne le dis pas selon le Seigneur, mais comme par folie.

¹⁸Puisqu'il en est plusieurs qui se glorifient selon la chair, je me glorifierai aussi.

¹⁹Car vous supportez volontiers les insensés, vous qui êtes sages.

²⁰Si quelqu'un vous asservit, si quelqu'un vous dévore, si quelqu'un s'empare de vous, si quelqu'un est arrogant, si quelqu'un vous frappe au visage, vous le supportez.

²¹J'ai honte de le dire, nous avons montré de la faiblesse. Cependant, tout ce que peut oser quelqu'un, -je parle en insensé, -moi aussi, je l'ose!

²²Sont-ils Hébreux? Moi aussi. Sont-ils Israélites? Moi aussi. Sont-ils de la postérité d'Abraham? Moi aussi.

²³Sont-ils ministres de Christ? -Je parle en homme qui extravague. -Je le suis plus encore: par les travaux, bien plus; par les coups, bien plus; par les emprisonnements, bien plus. Souvent en danger de mort,

²⁴cinq fois j'ai reçu des Juifs quarante coups moins un,

²⁵trois fois j'ai été battu de verges, une fois j'ai été lapidé, trois fois j'ai fait naufrage, j'ai passé un jour et une nuit dans l'abîme.

²⁶Fréquemment en voyage, j'ai été en péril sur les fleuves, en péril de la part des brigands, en péril de la part de ceux de ma nation, en péril de la part des païens, en péril dans les villes, en péril dans les déserts, en péril sur la mer, en péril parmi les faux frères.

²⁷J'ai été dans le travail et dans la peine, exposé à de nombreuses veilles, à la faim et à la soif, à des jeûnes multipliés, au froid et à la nudité.

²⁸Et, sans parler d'autres choses, je suis assiégé chaque jour par les soucis que me donnent toutes les Églises.

²⁹Qui est faible, que je ne sois faible? Qui vient à tomber, que je ne brûle?

³⁰S'il faut se glorifier, c'est de ma faiblesse que je me glorifierai!

³¹Dieu, qui est le Père du Seigneur Jésus, et qui est béni éternellement, sait que je ne mens point!...

³²A Damas, le gouverneur du roi Arétas faisait garder la ville des Damascéniens, pour se saisir de moi;

³³mais on me descendit par une fenêtre, dans une corbeille, le long de la muraille, et j'échappai de leurs mains.

Chapitre 12

¹Il faut se glorifier... Cela n'est pas bon. J'en viendrai néanmoins à des visions et à des révélations du Seigneur.

²Je connais un homme en Christ, qui fut, il y a quatorze ans, ravi jusqu'au troisième ciel (si ce fut dans son corps je ne sais, si ce fut hors de son corps je ne sais, Dieu le sait).

³Et je sais que cet homme (si ce fut dans son corps ou sans son corps je ne sais, Dieu le sait)

⁴fut enlevé dans le paradis, et qu'il entendit des paroles ineffables qu'il n'est pas permis à un homme d'exprimer.

⁵Je me glorifierai d'un tel homme, mais de moi-même je ne me glorifierai pas, sinon de mes infirmités.

⁶Si je voulais me glorifier, je ne serais pas un insensé, car je dirais la vérité; mais je m'en abstiens, afin que personne n'ait à mon sujet une opinion supérieure à ce qu'il voit en moi ou à ce qu'il entend de moi.

⁷Et pour que je ne sois pas enflé d'orgueil, à cause de l'excellence de ces révélations, il m'a été mis une écharde dans la chair, un ange de Satan pour me souffleter et m'empêcher de m'enorgueillir.

⁸Trois fois j'ai prié le Seigneur de l'éloigner de moi,

⁹et il m'a dit: Ma grâce te suffit, car ma puissance s'accomplit dans la faiblesse. Je me glorifierai donc bien plus volontiers de mes faiblesses, afin que la puissance de Christ repose sur moi.

¹⁰C'est pourquoi je me plais dans les faiblesses, dans les outrages, dans les calamités, dans les persécutions, dans les détresses, pour Christ;

car, quand je suis faible, c'est alors que je suis fort.

¹¹J'ai été un insensé: vous m'y avez contraint. C'est par vous que je devais être recommandé, car je n'ai été inférieur en rien aux apôtres par excellence, quoique je ne sois rien.

¹²Les preuves de mon apostolat ont éclaté au milieu de vous par une patience à toute épreuve, par des signes, des prodiges et des miracles.

¹³En quoi avez-vous été traités moins favorablement que les autres Églises, sinon en ce que je ne vous ai point été à charge? Pardonnez-moi ce tort.

¹⁴Voici, pour la troisième fois je suis prêt à aller chez vous, et je ne vous serai point à charge; car ce ne sont pas vos biens que je cherche, c'est vous-mêmes. Ce n'est pas, en effet, aux enfants à amasser pour leurs parents, mais aux parents pour leurs enfants.

¹⁵Pour moi, je dépenserai très volontiers, et je me dépenserai moi-même pour vos âmes, dussé-je, en vous aimant davantage, être moins aimé de vous.

¹⁶Soit! je ne vous ai point été à charge; mais, en homme astucieux, je vous ai pris par ruse!

¹⁷Ai-je tiré du profit de vous par quelqu'un de ceux que je vous ai envoyés?

¹⁸J'ai engagé Tite à aller chez vous, et avec lui j'ai envoyé le frère: est-ce que Tite a exigé quelque chose de vous? N'avons-nous pas marché dans le même esprit, sur les mêmes traces?

¹⁹Vous vous imaginez depuis longtemps que nous nous justifions auprès de vous. C'est devant Dieu, en Christ, que nous parlons; et tout cela, bien-aimés, nous le disons pour votre édification.

²⁰Car je crains de ne pas vous trouver, à mon arrivée, tels que je voudrais, et d'être moi-même trouvé par vous tel que vous ne voudriez pas. Je crains de trouver des querelles, de la jalousie, des animosités, des cabales, des médisances, des calomnies, de l'orgueil, des troubles.

²¹Je crains qu'à mon arrivée mon Dieu ne m'humilie de nouveau à votre sujet, et que je n'aie à pleurer sur plusieurs de ceux qui ont péché précédemment et qui ne se sont pas repentis de l'impureté, de l'impudicité et des dissolutions auxquelles ils se sont livrés.

Chapitre 13

¹Je vais chez vous pour la troisième fois. Toute affaire se réglera sur la déclaration de deux ou de trois témoins.

²Lorsque j'étais présent pour la seconde fois, j'ai déjà dit, et aujourd'hui que je suis absent je dis encore d'avance à ceux qui ont péché précédemment et à tous les autres que, si je retourne chez vous, je n'userai d'aucun ménagement,

³puisque vous cherchez une preuve que Christ parle en moi, lui qui n'est pas faible à votre égard, mais qui est puissant parmi vous.

⁴Car il a été crucifié à cause de sa faiblesse, mais il vit par la puissance de Dieu; nous aussi, nous sommes faibles en lui, mais nous vivrons avec lui par la puissance de Dieu pour agir envers vous.

⁵Examinez-vous vous mêmes, pour savoir si vous êtes dans la foi; éprouvez-vous vous-mêmes. Ne reconnaissez-vous pas que Jésus Christ est en vous? à moins peut-être que vous ne soyez réprouvés.

⁶Mais j'espère que vous reconnaîtrez que nous, nous ne sommes pas réprouvés.

⁷Cependant nous prions Dieu que vous ne fassiez rien de mal, non pour paraître nous-mêmes approuvés, mais afin que vous pratiquiez ce qui est bien et que nous, nous soyons comme réprouvés.

⁸Car nous n'avons pas de puissance contre la vérité; nous n'en avons que pour la vérité.

⁹Nous nous réjouissons lorsque nous sommes faibles, tandis que vous êtes forts; et ce que nous demandons dans nos prières, c'est votre perfectionnement.

¹⁰C'est pourquoi j'écris ces choses étant absent, afin que, présent, je n'aie pas à user de rigueur, selon l'autorité que le Seigneur m'a donnée pour l'édification et non pour la destruction.

¹¹Au reste, frères, soyez dans la joie, perfectionnez-vous, consolez-vous, ayez un même sentiment, vivez en paix; et le Dieu d'amour et de paix sera avec vous.

¹²Saluez-vous les uns les autres par un saint baiser.

13:¹²b) Tous les saints vous saluent.

¹⁴ Que la grâce du Seigneur Jésus Christ, l'amour de Dieu, et la communication du Saint Esprit, soient avec vous tous!

Galates

Chapitre 1

¹Paul, apôtre, non de la part des hommes, ni par un homme, mais par Jésus Christ et Dieu le Père, qui l'a ressuscité des morts,

²et tous les frères qui sont avec moi, aux Églises de la Galatie:

³que la grâce et la paix vous soient données de la part de Dieu le Père et de notre Seigneur Jésus Christ,

⁴qui s'est donné lui-même pour nos péchés, afin de nous arracher du présent siècle mauvais, selon la volonté de notre Dieu et Père,

⁵à qui soit la gloire aux siècles des siècles! Amen!

⁶Je m'étonne que vous vous détourniez si promptement de celui qui vous a appelés par la grâce de Christ, pour passer à un autre Évangile.

⁷Non pas qu'il y ait un autre Évangile, mais il y a des gens qui vous troublent, et qui veulent renverser l'Évangile de Christ.

⁸Mais, quand nous-mêmes, quand un ange du ciel annoncerait un autre Évangile que celui que nous vous avons prêché, qu'il soit anathème!

⁹Nous l'avons dit précédemment, et je le répète à cette heure: si quelqu'un vous annonce un autre Évangile que celui que vous avez reçu, qu'il soit anathème!

¹⁰Et maintenant, est-ce la faveur des hommes que je désire, ou celle de Dieu? Est-ce que je cherche à plaire aux hommes? Si je plaisais encore aux hommes, je ne serais pas serviteur de Christ.

¹¹Je vous déclare, frères, que l'Évangile qui a été annoncé par moi n'est pas de l'homme;

¹²car je ne l'ai ni reçu ni appris d'un homme, mais par une révélation de Jésus Christ.

¹³Vous avez su, en effet, quelle était autrefois ma conduite dans le judaïsme, comment je persécutais à outrance et ravageais l'Église de Dieu,

¹⁴et comment j'étais plus avancé dans le judaïsme que beaucoup de ceux de mon âge et de ma nation, étant animé d'un zèle excessif pour les traditions de mes pères.

¹⁵Mais, lorsqu'il plut à celui qui m'avait mis à part dès le sein de ma mère, et qui m'a appelé par sa grâce,

¹⁶de révéler en moi son Fils, afin que je l'annonçasse parmi les païens, aussitôt, je ne consultai ni la chair ni le sang,

¹⁷et je ne montai point à Jérusalem vers ceux qui furent apôtres avant moi, mais je partis pour l'Arabie. Puis je revins encore à Damas.

¹⁸Trois ans plus tard, je montai à Jérusalem pour faire la connaissance de Céphas, et je demeurai quinze jours chez lui.

¹⁹Mais je ne vis aucun autre des apôtres, si ce n'est Jacques, le frère du Seigneur.

²⁰Dans ce que je vous écris, voici, devant Dieu, je ne mens point.

²¹J'allai ensuite dans les contrées de la Syrie et de la Cilicie.

²²Or, j'étais inconnu de visage aux Églises de Judée qui sont en Christ;

²³seulement, elles avaient entendu dire: Celui qui autrefois nous persécutait annonce maintenant la foi qu'il s'efforçait alors de détruire.

²⁴Et elles glorifiaient Dieu à mon sujet.

Chapitre 2

¹Quatorze ans après, je montai de nouveau à Jérusalem avec Barnabas, ayant aussi pris Tite avec moi;

²et ce fut d'après une révélation que j'y montai. Je leur exposai l'Évangile que je prêche parmi les païens, je l'exposai en particulier à ceux qui sont les plus considérés, afin de ne pas courir ou avoir couru en vain.

³Mais Tite, qui était avec moi, et qui était Grec, ne fut pas même contraint de se faire circoncire.

⁴Et cela, à cause des faux frères qui s'étaient furtivement introduits et glissés parmi nous, pour épier la liberté que nous avons en Jésus Christ, avec l'intention de nous asservir.

⁵Nous ne leur cédâmes pas un instant et nous résistâmes à leurs exigences, afin que la vérité de l'Évangile fût maintenue parmi vous.

⁶Ceux qui sont les plus considérés-quels qu'ils aient été jadis, cela ne m'importe pas: Dieu ne fait point acception de personnes, -ceux qui sont les plus considérés ne m'imposèrent rien.

⁷Au contraire, voyant que l'Évangile m'avait été confié pour les incirconcis, comme à Pierre pour les circoncis, -

⁸car celui qui a fait de Pierre l'apôtre des circoncis a aussi fait de moi l'apôtre des païens, -

⁹et ayant reconnu la grâce qui m'avait été accordée, Jacques, Céphas et Jean, qui sont regardés comme des colonnes, me donnèrent, à moi et à Barnabas, la main d'association, afin que nous allassions, nous vers les païens, et eux vers les circoncis.

¹⁰Ils nous recommandèrent seulement de nous souvenir des pauvres, ce que j'ai bien eu soin de faire.

¹¹Mais lorsque Céphas vint à Antioche, je lui résistai en face, parce qu'il était répréhensible.

¹²En effet, avant l'arrivée de quelques personnes envoyées par Jacques, il mangeait avec les païens; et, quand elles furent venues, il s'esquiva et se tint à l'écart, par crainte des circoncis.

¹³Avec lui les autres Juifs usèrent aussi de dissimulation, en sorte que Barnabas même fut entraîné par leur hypocrisie.

¹⁴Voyant qu'ils ne marchaient pas droit selon la vérité de l'Évangile, je dis à Céphas, en présence de tous: Si toi qui es Juif, tu vis à la manière des païens et non à la manière des Juifs, pourquoi forces-tu les païens à judaïser?

¹⁵Nous, nous sommes Juifs de naissance, et non pécheurs d'entre les païens.

¹⁶Néanmoins, sachant que ce n'est pas par les oeuvres de la loi que l'homme est justifié, mais par la foi en Jésus Christ, nous aussi nous avons cru en Jésus Christ, afin d'être justifiés par la foi en Christ et non par les oeuvres de la loi, parce que nulle chair ne sera justifiée par les oeuvres de la loi.

¹⁷Mais, tandis que nous cherchons à être justifié par Christ, si nous étions aussi nous-mêmes trouvés pécheurs, Christ serait-il un ministre du péché? Loin de là!

¹⁸Car, si je rebâtis les choses que j'ai détruites, je me constitue moi-même un transgresseur,

¹⁹car c'est par la loi que je suis mort à la loi, afin de vivre pour Dieu.

²⁰J'ai été crucifié avec Christ; et si je vis, ce n'est plus moi qui vis, c'est Christ qui vit en moi; si je vis maintenant dans la chair, je vis dans la foi au Fils de Dieu, qui m'a aimé et qui s'est livré lui-même pour moi.

²¹Je ne rejette pas la grâce de Dieu; car si la justice s'obtient par la loi, Christ est donc mort en vain.

Chapitre 3

¹O Galates, dépourvus de sens! qui vous a fascinés, vous, aux yeux de qui Jésus Christ a été peint comme crucifié?

²Voici seulement ce que je veux apprendre de vous: Est-ce par les oeuvres de la loi que vous avez reçu l'Esprit, ou par la prédication de la foi?

³Etes-vous tellement dépourvus de sens? Après avoir commencé par l'Esprit, voulez-vous maintenant finir par la chair?

⁴Avez-vous tant souffert en vain? si toutefois c'est en vain.

⁵Celui qui vous accorde l'Esprit, et qui opère des miracles parmi vous, le fait-il donc par les oeuvres de la loi, ou par la prédication de la foi?

⁶Comme Abraham crut à Dieu, et que cela lui fut imputé à justice,

⁷reconnaissez donc que ce sont ceux qui ont la foi qui sont fils d'Abraham.

⁸Aussi l'Écriture, prévoyant que Dieu justifierait les païens par la foi, a d'avance annoncé cette bonne nouvelle à Abraham: Toutes les nations seront bénies en toi!

⁹de sorte que ceux qui croient sont bénis avec Abraham le croyant.

¹⁰Car tous ceux qui s'attachent aux oeuvres de la loi sont sous la malédiction; car il est écrit: Maudit est quiconque n'observe pas tout ce qui est écrit dans le livre de la loi, et ne le met pas en pratique.

¹¹Et que nul ne soit justifié devant Dieu par la loi, cela est évident, puisqu'il est dit: Le juste vivra par la foi.

¹²Or, la loi ne procède pas de la foi; mais elle dit: Celui qui mettra ces choses en pratique vivra par elles.

¹³Christ nous a rachetés de la malédiction de la loi, étant devenu malédiction pour nous-car il est écrit: Maudit est quiconque est pendu au bois, -

¹⁴afin que la bénédiction d'Abraham eût pour les païens son accomplissement en Jésus Christ, et que nous reçussions par la foi l'Esprit qui avait été promis.

¹⁵Frères (je parle à la manière des hommes), une disposition en bonne forme, bien que faite par un homme, n'est annulée par personne, et personne n'y ajoute.

¹⁶Or les promesses ont été faites à Abraham et à sa postérité. Il n'est pas dit: et aux postérités, comme s'il s'agissait de plusieurs, mais en tant qu'il s'agit d'une seule: et à ta postérité, c'est-à-dire, à Christ.

¹⁷Voici ce que j'entends: une disposition, que Dieu a confirmée

antérieurement, ne peut pas être annulée, et ainsi la promesse rendue vaine, par la loi survenue quatre cents trente ans plus tard.

¹⁸Car si l'héritage venait de la loi, il ne viendrait plus de la promesse; or, c'est par la promesse que Dieu a fait à Abraham ce don de sa grâce.

¹⁹Pourquoi donc la loi? Elle a été donnée ensuite à cause des transgressions, jusqu'à ce que vînt la postérité à qui la promesse avait été faite; elle a été promulguée par des anges, au moyen d'un médiateur.

²⁰Or, le médiateur n'est pas médiateur d'un seul, tandis que Dieu est un seul.

²¹La loi est-elle donc contre les promesses de Dieu? Loin de là! S'il eût été donné une loi qui pût procurer la vie, la justice viendrait réellement de la loi.

²²Mais l'Écriture a tout renfermé sous le péché, afin que ce qui avait été promis fût donné par la foi en Jésus Christ à ceux qui croient.

²³Avant que la foi vînt, nous étions enfermés sous la garde de la loi, en vue de la foi qui devait être révélée.

²⁴Ainsi la loi a été comme un pédagogue pour nous conduire à Christ, afin que nous fussions justifiés par la foi.

²⁵La foi étant venue, nous ne sommes plus sous ce pédagogue.

²⁶Car vous êtes tous fils de Dieu par la foi en Jésus Christ;

²⁷vous tous, qui avez été baptisés en Christ, vous avez revêtu Christ.

²⁸Il n'y a plus ni Juif ni Grec, il n'y a plus ni esclave ni libre, il n'y a plus ni homme ni femme; car tous vous êtes un en Jésus Christ.

²⁹Et si vous êtes à Christ, vous êtes donc la postérité d'Abraham, héritiers selon la promesse.

Chapitre 4

¹Or, aussi longtemps que l'héritier est enfant, je dis qu'il ne diffère en rien d'un esclave, quoiqu'il soit le maître de tout;

²mais il est sous des tuteurs et des administrateurs jusqu'au temps marqué par le père.

³Nous aussi, de la même manière, lorsque nous étions enfants, nous étions sous l'esclavage des rudiments du monde;

⁴mais, lorsque les temps ont été accomplis, Dieu a envoyé son Fils, né d'une femme, né sous la loi,

⁵afin qu'il rachetât ceux qui étaient sous la loi, afin que nous reçussions l'adoption.

⁶Et parce que vous êtes fils, Dieu a envoyé dans nos coeurs l'Esprit de son Fils, lequel crie: Abba! Père!

⁷Ainsi tu n'es plus esclave, mais fils; et si tu es fils, tu es aussi héritier par la grâce de Dieu.

⁸Autrefois, ne connaissant pas Dieu, vous serviez des dieux qui ne le sont pas de leur nature;

⁹mais à présent que vous avez connu Dieu, ou plutôt que vous avez été connus de Dieu, comment retournez-vous à ces faibles et pauvres rudiments, auxquels de nouveau vous voulez vous asservir encore?

¹⁰Vous observez les jours, les mois, les temps et les années!

¹¹Je crains d'avoir inutilement travaillé pour vous.

¹²Soyez comme moi, car moi aussi je suis comme vous. Frères, je vous en supplie.

¹³Vous ne m'avez fait aucun tort. Vous savez que ce fut à cause d'une infirmité de la chair que je vous ai pour la première fois annoncé l'Évangile.

¹⁴Et mis à l'épreuve par ma chair, vous n'avez témoigné ni mépris ni dégoût; vous m'avez, au contraire, reçu comme un ange de Dieu, comme Jésus Christ.

¹⁵Où donc est l'expression de votre bonheur? Car je vous atteste que, si cela eût été possible, vous vous seriez arraché les yeux pour me les donner.

¹⁶Suis-je devenu votre ennemi en vous disant la vérité?

¹⁷Le zèle qu'ils ont pour vous n'est pas pur, mais ils veulent vous détacher de nous, afin que vous soyez zélés pour eux.

¹⁸Il est beau d'avoir du zèle pour ce qui est bien et en tout temps, et non pas seulement quand je suis présent parmi vous.

¹⁹Mes enfants, pour qui j'éprouve de nouveau les douleurs de l'enfantement, jusqu'à ce que Christ soit formé en vous,

²⁰je voudrais être maintenant auprès de vous, et changer de langage, car je suis dans l'inquiétude à votre sujet.

²¹Dites-moi, vous qui voulez être sous la loi, n'entendez-vous point la loi?

²²Car il est écrit qu'Abraham eut deux fils, un de la femme esclave, et un de la femme libre.

²³Mais celui de l'esclave naquit selon la chair, et celui de la femme libre naquit en vertu de la promesse.

²⁴Ces choses sont allégoriques; car ces femmes sont deux alliances. L'une du mont Sinaï, enfantant pour la servitude, c'est Agar, -

²⁵car Agar, c'est le mont Sinaï en Arabie, -et elle correspond à la Jérusalem actuelle, qui est dans la servitude avec ses enfants.

²⁶Mais la Jérusalem d'en haut est libre, c'est notre mère;

²⁷car il est écrit: Réjouis-toi, stérile, toi qui n'enfantes point! Éclate et pousse des cris, toi qui n'as pas éprouvé les douleurs de l'enfantement! Car les enfants de la délaissée seront plus nombreux Que les enfants de celle qui était mariée.

²⁸Pour vous, frères, comme Isaac, vous êtes enfants de la promesse;

²⁹et de même qu'alors celui qui était né selon la chair persécutait celui qui était né selon l'Esprit, ainsi en est-il encore maintenant.

³⁰Mais que dit l'Écriture? Chasse l'esclave et son fils, car le fils de l'esclave n'héritera pas avec le fils de la femme libre.

³¹C'est pourquoi, frères, nous ne sommes pas enfants de l'esclave, mais de la femme libre.

Chapitre 5

¹C'est pour la liberté que Christ nous a affranchis. Demeurez donc fermes, et ne vous laissez pas mettre de nouveau sous le joug de la servitude.

²Voici, moi Paul, je vous dis que, si vous vous faites circoncire, Christ ne vous servira de rien.

³Et je proteste encore une fois à tout homme qui se fait circoncire, qu'il est tenu de pratiquer la loi tout entière.

⁴Vous êtes séparés de Christ, vous tous qui cherchez la justification dans la loi; vous êtes déchus de la grâce.

⁵Pour nous, c'est de la foi que nous attendons, par l'Esprit, l'espérance de la justice.

⁶Car, en Jésus Christ, ni la circoncision ni l'incirconcision n'a de valeur, mais la foi qui est agissante par la charité.

⁷Vous couriez bien: qui vous a arrêtés, pour vous empêcher d'obéir à la vérité?

⁸Cette influence ne vient pas de celui qui vous appelle.

⁹Un peu de levain fait lever toute la pâte.

¹⁰J'ai cette confiance en vous, dans le Seigneur, que vous ne penserez pas autrement. Mais celui qui vous trouble, quel qu'il soit, en portera la peine.

¹¹Pour moi, frères, si je prêche encore la circoncision, pourquoi suis-je encore persécuté? Le scandale de la croix a donc disparu!

¹²Puissent-ils être retranchés, ceux qui mettent le trouble parmi vous!

¹³Frères, vous avez été appelés à la liberté, seulement ne faites pas de cette liberté un prétexte de vivre selon la chair; mais rendez-vous, par la charité, serviteurs les uns des autres.

¹⁴Car toute la loi est accomplie dans une seule parole, dans celle-ci: Tu aimeras ton prochain comme toi-même.

¹⁵Mais si vous vous mordez et vous dévorez les uns les autres, prenez garde que vous ne soyez détruits les uns par les autres.

¹⁶Je dis donc: Marchez selon l'Esprit, et vous n'accomplirez pas les désirs de la chair.

¹⁷Car la chair a des désirs contraires à ceux de l'Esprit, et l'Esprit en a de contraires à ceux de la chair; ils sont opposés entre eux, afin que vous ne fassiez point ce que vous voudriez.

¹⁸Si vous êtes conduits par l'Esprit, vous n'êtes point sous la loi.

¹⁹Or, les oeuvres de la chair sont manifestes, ce sont l'impudicité, l'impureté, la dissolution,

²⁰l'idolâtrie, la magie, les inimitiés, les querelles, les jalousies, les animosités, les disputes, les divisions, les sectes,

²¹l'envie, l'ivrognerie, les excès de table, et les choses semblables. Je vous dis d'avance, comme je l'ai déjà dit, que ceux qui commettent de telles choses n'hériteront point le royaume de Dieu.

²²Mais le fruit de l'Esprit, c'est l'amour, la joie, la paix, la patience, la bonté, la bénignité, la fidélité, la douceur, la tempérance;

²³la loi n'est pas contre ces choses.

²⁴Ceux qui sont à Jésus Christ ont crucifié la chair avec ses passions et ses désirs.

²⁵Si nous vivons par l'Esprit, marchons aussi selon l'Esprit.

²⁶Ne cherchons pas une vaine gloire, en nous provoquant les uns les autres, en nous portant envie les uns aux autres.

Chapitre 6

¹Frères, si un homme vient à être surpris en quelque faute, vous qui êtes spirituels, redressez-le avec un esprit de douceur. Prends garde à toi-même, de peur que tu ne sois aussi tenté.
²Portez les fardeaux les uns des autres, et vous accomplirez ainsi la loi de Christ.
³Si quelqu'un pense être quelque chose, quoiqu'il ne soit rien, il s'abuse lui-même.
⁴Que chacun examine ses propres oeuvres, et alors il aura sujet de se glorifier pour lui seul, et non par rapport à autrui;
⁵car chacun portera son propre fardeau.
⁶Que celui à qui l'on enseigne la parole fasse part de tous ses biens à celui qui l'enseigne.
⁷Ne vous y trompez pas: on ne se moque pas de Dieu. Ce qu'un homme aura semé, il le moissonnera aussi.
⁸Celui qui sème pour sa chair moissonnera de la chair la corruption; mais celui qui sème pour l'Esprit moissonnera de l'Esprit la vie éternelle.
⁹Ne nous lassons pas de faire le bien; car nous moissonnerons au temps convenable, si nous ne nous relâchons pas.
¹⁰Ainsi donc, pendant que nous en avons l'occasion, pratiquons le bien envers tous, et surtout envers les frères en la foi.
¹¹Voyez avec quelles grandes lettres je vous ai écrit de ma propre main.
¹²Tous ceux qui veulent se rendre agréables selon la chair vous contraignent à vous faire circoncire, uniquement afin de n'être pas persécutés pour la croix de Christ.
¹³Car les circoncis eux-mêmes n'observent point la loi; mais ils veulent que vous soyez circoncis, pour se glorifier dans votre chair.
¹⁴Pour ce qui me concerne, loin de moi la pensée de me glorifier d'autre chose que de la croix de notre Seigneur Jésus Christ, par qui le monde est crucifié pour moi, comme je le suis pour le monde!
¹⁵Car ce n'est rien que d'être circoncis ou incirconcis; ce qui est quelque chose, c'est d'être une nouvelle créature.
¹⁶Paix et miséricorde sur tous ceux qui suivront cette règle, et sur l'Israël de Dieu!
¹⁷Que personne désormais ne me fasse de la peine, car je porte sur mon corps les marques de Jésus.
¹⁸Frères, que la grâce de notre Seigneur Jésus Christ soit avec votre esprit! Amen!

Éphésiens

Chapitre 1

¹Paul, apôtre de Jésus Christ par la volonté de Dieu, aux saints qui sont à Éphèse et aux fidèles en Jésus Christ:

²Que la grâce et la paix vous soient données de la part de Dieu notre Père et du Seigneur Jésus Christ!

³Béni soit Dieu, le Père de notre Seigneur Jésus Christ, qui nous a bénis de toute sortes de bénédictions spirituelles dans les lieux célestes en Christ!

⁴En lui Dieu nous a élus avant la fondation du monde, pour que nous soyons saints et irrépréhensibles devant lui,

⁵nous ayant prédestinés dans son amour à être ses enfants d'adoption par Jésus Christ, selon le bon plaisir de sa volonté,

⁶à la louange de la gloire de sa grâce qu'il nous a accordée en son bien-aimé.

⁷En lui nous avons la rédemption par son sang, la rémission des péchés, selon la richesse de sa grâce,

⁸que Dieu a répandue abondamment sur nous par toute espèce de sagesse et d'intelligence,

⁹nous faisant connaître le mystère de sa volonté, selon le bienveillant dessein qu'il avait formé en lui-même,

¹⁰pour le mettre à exécution lorsque les temps seraient accomplis, de réunir toutes choses en Christ, celles qui sont dans les cieux et celles qui sont sur la terre.

¹¹En lui nous sommes aussi devenus héritiers, ayant été prédestinés suivant la résolution de celui qui opère toutes choses d'après le conseil de sa volonté,

¹²afin que nous servions à la louange de sa gloire, nous qui d'avance avons espéré en Christ.

¹³En lui vous aussi, après avoir entendu la parole de la vérité, l'Évangile de votre salut, en lui vous avez cru et vous avez été scellés du Saint Esprit qui avait été promis,

¹⁴lequel est un gage de notre héritage, pour la rédemption de ceux que Dieu s'est acquis, à la louange de sa gloire.

¹⁵C'est pourquoi moi aussi, ayant entendu parler de votre foi au Seigneur Jésus et de votre charité pour tous les saints,

¹⁶je ne cesse de rendre grâces pour vous, faisant mention de vous dans mes prières,

¹⁷afin que le Dieu de notre Seigneur Jésus Christ, le Père de gloire, vous donne un esprit de sagesse et de révélation, dans sa connaissance,

¹⁸et qu'il illumine les yeux de votre coeur, pour que vous sachiez quelle est l'espérance qui s'attache à son appel, quelle est la richesse de la gloire de son héritage qu'il réserve aux saints,

¹⁹et quelle est envers nous qui croyons l'infinie grandeur de sa puissance, se manifestant avec efficacité par la vertu de sa force.

²⁰Il l'a déployée en Christ, en le ressuscitant des morts, et en le faisant asseoir à sa droite dans les lieux célestes,

²¹au-dessus de toute domination, de toute autorité, de toute puissance, de toute dignité, et de tout nom qui se peut nommer, non seulement dans le siècle présent, mais encore dans le siècle à venir.

²²Il a tout mis sous ses pieds, et il l'a donné pour chef suprême à l'Église,

²³qui est son corps, la plénitude de celui qui remplit tout en tous.

Chapitre 2

¹Vous étiez morts par vos offenses et par vos péchés,

²dans lesquels vous marchiez autrefois, selon le train de ce monde, selon le prince de la puissance de l'air, de l'esprit qui agit maintenant dans les fils de la rébellion.

³Nous tous aussi, nous étions de leur nombre, et nous vivions autrefois selon les convoitises de notre chair, accomplissant les volontés de la chair et de nos pensées, et nous étions par nature des enfants de colère, comme les autres...

⁴Mais Dieu, qui est riche en miséricorde, à cause du grand amour dont il nous a aimés,

⁵nous qui étions morts par nos offenses, nous a rendus à la vie avec Christ (c'est par grâce que vous êtes sauvés);

⁶il nous a ressuscités ensemble, et nous a fait asseoir ensemble dans les lieux célestes, en Jésus Christ,

⁷afin de montrer dans les siècles à venir l'infinie richesse de sa grâce par sa bonté envers nous en Jésus Christ.

⁸Car c'est par la grâce que vous êtes sauvés, par le moyen de la foi. Et cela ne vient pas de vous, c'est le don de Dieu.

⁹Ce n'est point par les oeuvres, afin que personne ne se glorifie.

¹⁰Car nous sommes son ouvrage, ayant été créés en Jésus Christ pour de bonnes oeuvres, que Dieu a préparées d'avance, afin que nous les pratiquions.

¹¹C'est pourquoi, vous autrefois païens dans la chair, appelés incirconcis par ceux qu'on appelle circoncis et qui le sont en la chair par la main de l'homme,

¹²souvenez-vous que vous étiez en ce temps-là sans Christ, privés du droit de cité en Israël, étrangers aux alliances de la promesse, sans espérance et sans Dieu dans le monde.

¹³Mais maintenant, en Jésus Christ, vous qui étiez jadis éloignés, vous avez été rapprochés par le sang de Christ.

¹⁴Car il est notre paix, lui qui des deux n'en a fait qu'un, et qui a renversé le mur de séparation, l'inimitié,

¹⁵ayant anéanti par sa chair la loi des ordonnances dans ses prescriptions, afin de créer en lui-même avec les deux un seul homme nouveau, en établissant la paix,

¹⁶et de les réconcilier, l'un et l'autre en un seul corps, avec Dieu par la croix, en détruisant par elle l'inimitié.

¹⁷Il est venu annoncer la paix à vous qui étiez loin, et la paix à ceux qui étaient près;

¹⁸car par lui nous avons les uns et les autres accès auprès du Père, dans un même Esprit.

¹⁹Ainsi donc, vous n'êtes plus des étrangers, ni des gens du dehors; mais vous êtes concitoyens des saints, gens de la maison de Dieu.

²⁰Vous avez été édifiés sur le fondement des apôtres et des prophètes, Jésus Christ lui-même étant la pierre angulaire.

²¹En lui tout l'édifice, bien coordonné, s'élève pour être un temple saint dans le Seigneur.

²²En lui vous êtes aussi édifiés pour être une habitation de Dieu en Esprit.

Chapitre 3

¹A cause de cela, moi Paul, le prisonnier de Christ pour vous païens...

²si du moins vous avez appris quelle est la dispensation de la grâce de Dieu, qui m'a été donnée pour vous.

³C'est par révélation que j'ai eu connaissance du mystère sur lequel je viens d'écrire en peu de mots.

⁴En les lisant, vous pouvez vous représenter l'intelligence que j'ai du mystère de Christ.

⁵Il n'a pas été manifesté aux fils des hommes dans les autres générations, comme il a été révélé maintenant par l'Esprit aux saints apôtres et prophètes de Christ.

⁶Ce mystère, c'est que les païens sont cohéritiers, forment un même corps, et participent à la même promesse en Jésus Christ par l'Évangile,

⁷dont j'ai été fait ministre selon le don de la grâce de Dieu, qui m'a été accordée par l'efficacité de sa puissance.

⁸A moi, qui suis le moindre de tous les saints, cette grâce a été accordée d'annoncer aux païens les richesses incompréhensibles de Christ,

⁹et de mettre en lumière quelle est la dispensation du mystère caché de tout temps en Dieu qui a créé toutes choses,

¹⁰afin que les dominations et les autorités dans les lieux célestes connaissent aujourd'hui par l'Église la sagesse infiniment variée de Dieu,

¹¹selon le dessein éternel qu'il a mis à exécution par Jésus Christ notre Seigneur,

¹²en qui nous avons, par la foi en lui, la liberté de nous approcher de Dieu avec confiance.

¹³Aussi je vous demande de ne pas perdre courage à cause de mes tribulations pour vous: elles sont votre gloire.

¹⁴A cause de cela, je fléchis les genoux devant le Père,

¹⁵duquel tire son nom toute famille dans les cieux et sur la terre,

¹⁶afin qu'il vous donne, selon la richesse de sa gloire, d'être puissamment fortifiés par son Esprit dans l'homme intérieur,

¹⁷en sorte que Christ habite dans vos coeurs par la foi; afin qu'étant enracinés et fondés dans l'amour,

¹⁸vous puissiez comprendre avec tous les saints quelle est la largeur, la longueur, la profondeur et la hauteur,

¹⁹et connaître l'amour de Christ, qui surpasse toute connaissance, en sorte que vous soyez remplis jusqu'à toute la plénitude de Dieu.

²⁰Or, à celui qui peut faire, par la puissance qui agit en nous, infiniment au delà de tout ce que nous demandons ou pensons,

²¹à lui soit la gloire dans l'Église et en Jésus Christ, dans toutes les

générations, aux siècles des siècles! Amen!

Chapitre 4

¹Je vous exhorte donc, moi, le prisonnier dans le Seigneur, à marcher d'une manière digne de la vocation qui vous a été adressée,

²en toute humilité et douceur, avec patience, vous supportant les uns les autres avec charité,

³vous efforçant de conserver l'unité de l'esprit par le lien de la paix.

⁴Il y a un seul corps et un seul Esprit, comme aussi vous avez été appelés à une seule espérance par votre vocation;

⁵il y a un seul Seigneur, une seule foi, un seul baptême,

⁶un seul Dieu et Père de tous, qui est au-dessus de tous, et parmi tous, et en tous.

⁷Mais à chacun de nous la grâce a été donnée selon la mesure du don de Christ.

⁸C'est pourquoi il est dit: Étant monté en haut, il a emmené des captifs, Et il a fait des dons aux hommes.

⁹Or, que signifie: Il est monté, sinon qu'il est aussi descendu dans les régions inférieures de la terre?

¹⁰Celui qui est descendu, c'est le même qui est monté au-dessus de tous les cieux, afin de remplir toutes choses.

¹¹Et il a donné les uns comme apôtres, les autres comme prophètes, les autres comme évangélistes, les autres comme pasteurs et docteurs,

¹²pour le perfectionnement des saints en vue de l'oeuvre du ministère et de l'édification du corps de Christ,

¹³jusqu'à ce que nous soyons tous parvenus à l'unité de la foi et de la connaissance du Fils de Dieu, à l'état d'homme fait, à la mesure de la stature parfaite de Christ,

¹⁴afin que nous ne soyons plus des enfants, flottants et emportés à tout vent de doctrine, par la tromperie des hommes, par leur ruse dans les moyens de séduction,

¹⁵mais que, professant la vérité dans la charité, nous croissions à tous égards en celui qui est le chef, Christ.

¹⁶C'est de lui, et grâce à tous les liens de son assistance, que tout le corps, bien coordonné et formant un solide assemblage, tire son accroissement selon la force qui convient à chacune de ses parties, et s'édifie lui-même dans la charité.

¹⁷Voici donc ce que je dis et ce que je déclare dans le Seigneur, c'est que vous ne devez plus marcher comme les païens, qui marchent selon la vanité de leurs pensées.

¹⁸Ils ont l'intelligence obscurcie, ils sont étrangers à la vie de Dieu, à cause de l'ignorance qui est en eux, à cause de l'endurcissement de leur coeur.

¹⁹Ayant perdu tout sentiment, ils se sont livrés à la dissolution, pour commettre toute espèce d'impureté jointe à la cupidité.

²⁰Mais vous, ce n'est pas ainsi que vous avez appris Christ,

²¹si du moins vous l'avez entendu, et si, conformément à la vérité qui est en Jésus, c'est en lui que vous avez été instruits à vous dépouiller,

²²eu égard à votre vie passée, du vieil homme qui se corrompt par les convoitises trompeuses,

²³à être renouvelés dans l'esprit de votre intelligence,

²⁴et à revêtir l'homme nouveau, créé selon Dieu dans une justice et une sainteté que produit la vérité.

²⁵C'est pourquoi, renoncez au mensonge, et que chacun de vous parle selon la vérité à son prochain; car nous sommes membres les uns des autres.

²⁶Si vous vous mettez en colère, ne péchez point; que le soleil ne se couche pas sur votre colère,

²⁷et ne donnez pas accès au diable.

²⁸Que celui qui dérobait ne dérobe plus; mais plutôt qu'il travaille, en faisant de ses mains ce qui est bien, pour avoir de quoi donner à celui qui est dans le besoin.

²⁹Qu'il ne sorte de votre bouche aucune parole mauvaise, mais, s'il y a lieu, quelque bonne parole, qui serve à l'édification et communique une grâce à ceux qui l'entendent.

³⁰N'attristez pas le Saint Esprit de Dieu, par lequel vous avez été scellés pour le jour de la rédemption.

³¹Que toute amertume, toute animosité, toute colère, toute clameur, toute calomnie, et toute espèce de méchanceté, disparaissent du milieu de vous.

³²Soyez bons les uns envers les autres, compatissants, vous pardonnant réciproquement, comme Dieu vous a pardonné en Christ.

Chapitre 5

¹Devenez donc les imitateurs de Dieu, comme des enfants bien-aimés;

²et marchez dans la charité, à l'exemple de Christ, qui nous a aimés, et qui s'est livré lui-même à Dieu pour nous comme une offrande et un sacrifice de bonne odeur.

³Que l'impudicité, qu'aucune espèce d'impureté, et que la cupidité, ne soient pas même nommées parmi vous, ainsi qu'il convient à des saints.

⁴Qu'on n'entende ni paroles déshonnêtes, ni propos insensés, ni plaisanteries, choses qui sont contraires à la bienséance; qu'on entende plutôt des actions de grâces.

⁵Car, sachez-le bien, aucun impudique, ou impur, ou cupide, c'est-à-dire, idolâtre, n'a d'héritage dans le royaume de Christ et de Dieu.

⁶Que personne ne vous séduise par de vains discours; car c'est à cause de ces choses que la colère de Dieu vient sur les fils de la rébellion.

⁷N'ayez donc aucune part avec eux.

⁸Autrefois vous étiez ténèbres, et maintenant vous êtes lumière dans le Seigneur. Marchez comme des enfants de lumière!

⁹Car le fruit de la lumière consiste en toute sorte de bonté, de justice et de vérité.

¹⁰Examinez ce qui est agréable au Seigneur;

¹¹et ne prenez point part aux oeuvres infructueuses des ténèbres, mais plutôt condamnez-les.

¹²Car il est honteux de dire ce qu'ils font en secret;

¹³mais tout ce qui est condamné est manifesté par la lumière, car tout ce qui est manifesté est lumière.

¹⁴C'est pour cela qu'il est dit: Réveille-toi, toi qui dors, Relève-toi d'entre les morts, Et Christ t'éclairera.

¹⁵Prenez donc garde de vous conduire avec circonspection, non comme des insensés, mais comme des sages;

¹⁶rachetez le temps, car les jours sont mauvais.

¹⁷C'est pourquoi ne soyez pas inconsidérés, mais comprenez quelle est la volonté du Seigneur.

¹⁸Ne vous enivrez pas de vin: c'est de la débauche. Soyez, au contraire, remplis de l'Esprit;

¹⁹entretenez-vous par des psaumes, par des hymnes, et par des cantiques spirituels, chantant et célébrant de tout votre coeur les louanges du Seigneur;

²⁰rendez continuellement grâces pour toutes choses à Dieu le Père, au nom de notre Seigneur Jésus Christ,

²¹vous soumettant les uns aux autres dans la crainte de Christ.

²²Femmes, soyez soumises à vos maris, comme au Seigneur;

²³car le mari est le chef de la femme, comme Christ est le chef de l'Église, qui est son corps, et dont il est le Sauveur.

²⁴Or, de même que l'Église est soumise à Christ, les femmes aussi doivent l'être à leurs maris en toutes choses.

²⁵Maris, aimez vos femmes, comme Christ a aimé l'Église, et s'est livré lui-même pour elle,

²⁶afin de la sanctifier par la parole, après l'avoir purifiée par le baptême d'eau,

²⁷afin de faire paraître devant lui cette Église glorieuse, sans tache, ni ride, ni rien de semblable, mais sainte et irrépréhensible.

²⁸C'est ainsi que les maris doivent aimer leurs femmes comme leurs propres corps. Celui qui aime sa femme s'aime lui-même.

²⁹Car jamais personne n'a haï sa propre chair; mais il la nourrit et en prend soin, comme Christ le fait pour l'Église,

³⁰parce que nous sommes membres de son corps.

³¹C'est pourquoi l'homme quittera son père et sa mère, et s'attachera à sa femme, et les deux deviendront une seule chair.

³²Ce mystère est grand; je dis cela par rapport à Christ et à l'Église.

³³Du reste, que chacun de vous aime sa femme comme lui-même, et que la femme respecte son mari.

Chapitre 6

¹Enfants, obéissez à vos parents, selon le Seigneur, car cela est juste.

²Honore ton père et ta mère (c'est le premier commandement avec une promesse),

³afin que tu sois heureux et que tu vives longtemps sur la terre.

⁴Et vous, pères, n'irritez pas vos enfants, mais élevez-les en les corrigeant et en les instruisant selon le Seigneur.

⁵Serviteurs, obéissez à vos maîtres selon la chair, avec crainte et tremblement, dans la simplicité de votre coeur, comme à Christ,

⁶non pas seulement sous leurs yeux, comme pour plaire aux

Éphésiens

hommes, mais comme des serviteurs de Christ, qui font de bon coeur la volonté de Dieu.

⁷Servez-les avec empressement, comme servant le Seigneur et non des hommes,

⁸sachant que chacun, soit esclave, soit libre, recevra du Seigneur selon ce qu'il aura fait de bien.

⁹Et vous, maîtres, agissez de même à leur égard, et abstenez-vous de menaces, sachant que leur maître et le vôtre est dans les cieux, et que devant lui il n'y a point d'acception de personnes.

¹⁰Au reste, fortifiez-vous dans le Seigneur, et par sa force toute-puissante.

¹¹Revêtez-vous de toutes les armes de Dieu, afin de pouvoir tenir ferme contre les ruses du diable.

¹²Car nous n'avons pas à lutter contre la chair et le sang, mais contre les dominations, contre les autorités, contre les princes de ce monde de ténèbres, contre les esprits méchants dans les lieux célestes.

¹³C'est pourquoi, prenez toutes les armes de Dieu, afin de pouvoir résister dans le mauvais jour, et tenir ferme après avoir tout surmonté.

¹⁴Tenez donc ferme: ayez à vos reins la vérité pour ceinture; revêtez la cuirasse de la justice;

¹⁵mettez pour chaussure à vos pieds le zèle que donne l'Évangile de paix;

¹⁶prenez par-dessus tout cela le bouclier de la foi, avec lequel vous pourrez éteindre tous les traits enflammés du malin;

¹⁷prenez aussi le casque du salut, et l'épée de l'Esprit, qui est la parole de Dieu.

¹⁸Faites en tout temps par l'Esprit toutes sortes de prières et de supplications. Veillez à cela avec une entière persévérance, et priez pour tous les saints.

¹⁹Priez pour moi, afin qu'il me soit donné, quand j'ouvre la bouche, de faire connaître hardiment et librement le mystère de l'Évangile,

²⁰pour lequel je suis ambassadeur dans les chaînes, et que j'en parle avec assurance comme je dois en parler.

²¹Afin que vous aussi, vous sachiez ce qui me concerne, ce que je fais, Tychique, le bien-aimé frère et fidèle ministre dans le Seigneur, vous informera de tout.

²²Je l'envoie exprès vers vous, pour que vous connaissiez notre situation, et pour qu'il console vos coeurs.

²³Que la paix et la charité avec la foi soient donnés aux frères de la part de Dieu le Père et du Seigneur Jésus Christ!

²⁴Que la grâce soit avec tous ceux qui aiment notre Seigneur Jésus Christ d'un amour inaltérable!

Philippiens

Chapitre 1

¹Paul et Timothée, serviteurs de Jésus Christ, à tous les saints en Jésus Christ qui sont à Philippes, aux évêques et aux diacres:

²que la grâce et la paix vous soient données de la part de Dieu notre Père et du Seigneur Jésus Christ!

³Je rends grâces à mon Dieu de tout le souvenir que je garde de vous,

⁴ne cessant, dans toutes mes prières pour vous tous,

⁵de manifester ma joie au sujet de la part que vous prenez à l'Évangile, depuis le premier jour jusqu'à maintenant.

⁶Je suis persuadé que celui qui a commencé en vous cette bonne oeuvre la rendra parfaite pour le jour de Jésus Christ.

⁷Il est juste que je pense ainsi de vous tous, parce que je vous porte dans mon coeur, soit dans mes liens, soit dans la défense et la confirmation de l'Évangile, vous qui tous participez à la même grâce que moi.

⁸Car Dieu m'est témoin que je vous chéris tous avec la tendresse de Jésus Christ.

⁹Et ce que je demande dans mes prières, c'est que votre amour augmente de plus en plus en connaissance et en pleine intelligence

¹⁰pour le discernement des choses les meilleures, afin que vous soyez purs et irréprochables pour le jour de Christ,

¹¹remplis du fruit de justice qui est par Jésus Christ, à la gloire et à la louange de Dieu.

¹²Je veux que vous sachiez, frères, que ce qui m'est arrivé a plutôt contribué aux progrès de l'Évangile.

¹³En effet, dans tout le prétoire et partout ailleurs, nul n'ignore que c'est pour Christ que je suis dans les liens,

¹⁴et la plupart des frères dans le Seigneur, encouragés par mes liens, ont plus d'assurance pour annoncer sans crainte la parole.

¹⁵Quelques-uns, il est vrai, prêchent Christ par envie et par esprit de dispute; mais d'autres le prêchent avec des dispositions bienveillantes.

¹⁶Ceux-ci agissent par amour, sachant que je suis établi pour la défense de l'Évangile,

¹⁷tandis que ceux-là, animés d'un esprit de dispute, annoncent Christ par des motifs qui ne sont pas purs et avec la pensée de me susciter quelque tribulation dans mes liens.

¹⁸Qu'importe? De toute manière, que ce soit pour l'apparence, que ce soit sincèrement, Christ n'est pas moins annoncé: je m'en réjouis, et je m'en réjouirai encore.

¹⁹Car je sais que cela tournera à mon salut, grâce à vos prières et à l'assistance de l'Esprit de Jésus Christ,

²⁰selon ma ferme attente et mon espérance que je n'aurai honte de rien, mais que, maintenant comme toujours, Christ sera glorifié dans mon corps avec une pleine assurance, soit par ma vie, soit par ma mort;

²¹car Christ est ma vie, et la mort m'est un gain.

²²Mais s'il est utile pour mon oeuvre que je vive dans la chair, je ne saurais dire ce que je dois préférer.

²³Je suis pressé des deux côtés: j'ai le désir de m'en aller et d'être avec Christ, ce qui de beaucoup est le meilleur;

²⁴mais à cause de vous il est plus nécessaire que je demeure dans la chair.

²⁵Et je suis persuadé, je sais que je demeurerai et que je resterai avec vous tous, pour votre avancement et pour votre joie dans la foi,

²⁶afin que, par mon retour auprès de vous, vous ayez en moi un abondant sujet de vous glorifier en Jésus Christ.

²⁷Seulement, conduisez-vous d'une manière digne de l'Évangile de Christ, afin que, soit que je vienne vous voir, soit que je reste absent, j'entende dire de vous que vous demeurez fermes dans un même esprit, combattant d'une même âme pour la foi de l'Évangile,

²⁸sans vous laisser aucunement effrayer par les adversaires, ce qui est pour eux une preuve de perdition, mais pour vous de salut;

²⁹et cela de la part de Dieu, car il vous a été fait la grâce, par rapport à Christ, non seulement de croire en lui, mais encore de souffrir pour lui,

³⁰en soutenant le même combat que vous m'avez vu soutenir, et que vous apprenez maintenant que je soutiens

Chapitre 2

¹Si donc il y a quelque consolation en Christ, s'il y a quelque soulagement dans la charité, s'il y a quelque union d'esprit, s'il y a quelque compassion et quelque miséricorde,

²rendez ma joie parfaite, ayant un même sentiment, un même amour, une même âme, une même pensée.

³Ne faites rien par esprit de parti ou par vaine gloire, mais que l'humilité vous fasse regarder les autres comme étant au-dessus de vous-mêmes.

⁴Que chacun de vous, au lieu de considérer ses propres intérêts, considère aussi ceux des autres.

⁵Ayez en vous les sentiments qui étaient en Jésus Christ,

⁶lequel, existant en forme de Dieu, n'a point regardé comme une proie à arracher d'être égal avec Dieu,

⁷mais s'est dépouillé lui-même, en prenant une forme de serviteur, en devenant semblable aux hommes; et ayant paru comme un simple homme,

⁸il s'est humilié lui-même, se rendant obéissant jusqu'à la mort, même jusqu'à la mort de la croix.

⁹C'est pourquoi aussi Dieu l'a souverainement élevé, et lui a donné le nom qui est au-dessus de tout nom,

¹⁰afin qu'au nom de Jésus tout genou fléchisse dans les cieux, sur la terre et sous la terre,

¹¹et que toute langue confesse que Jésus Christ est Seigneur, à la gloire de Dieu le Père.

¹²Ainsi, mes bien-aimés, comme vous avez toujours obéi, travaillez à votre salut avec crainte et tremblement, non seulement comme en ma présence, mais bien plus encore maintenant que je suis absent;

¹³car c'est Dieu qui produit en vous le vouloir et le faire, selon son bon plaisir.

¹⁴Faites toutes choses sans murmures ni hésitations,

¹⁵afin que vous soyez irréprochables et purs, des enfants de Dieu irrépréhensibles au milieu d'une génération perverse et corrompue, parmi laquelle vous brillez comme des flambeaux dans le monde,

¹⁶portant la parole de vie; et je pourrai me glorifier, au jour de Christ, de n'avoir pas couru en vain ni travaillé en vain.

¹⁷Et même si je sers de libation pour le sacrifice et pour le service de votre foi, je m'en réjouis, et je me réjouis avec vous tous.

¹⁸Vous aussi, réjouissez-vous de même, et réjouissez-vous avec moi.

¹⁹J'espère dans le Seigneur Jésus vous envoyer bientôt Timothée, afin d'être encouragé moi-même en apprenant ce qui vous concerne.

²⁰Car je n'ai personne ici qui partage mes sentiments, pour prendre sincèrement à coeur votre situation;

²¹tous, en effet, cherchent leurs propres intérêts, et non ceux de Jésus Christ.

²²Vous savez qu'il a été mis à l'épreuve, en se consacrant au service de l'Évangile avec moi, comme un enfant avec son père.

²³J'espère donc vous l'envoyer dès que j'apercevrai l'issue de l'état où je suis;

²⁴et j'ai cette confiance dans le Seigneur que moi-même aussi j'irai bientôt.

²⁵J'ai estimé nécessaire de vous envoyer mon frère Épaphrodite, mon compagnon d'oeuvre et de combat, par qui vous m'avez fait parvenir de quoi pourvoir à mes besoins.

²⁶Car il désirait vous voir tous, et il était fort en peine de ce que vous aviez appris sa maladie.

²⁷Il a été malade, en effet, et tout près de la mort; mais Dieu a eu pitié de lui, et non seulement de lui, mais aussi de moi, afin que je n'eusse pas tristesse sur tristesse.

²⁸Je l'ai donc envoyé avec d'autant plus d'empressement, afin que vous vous réjouissiez de le revoir, et que je sois moi-même moins triste.

²⁹Recevez-le donc dans le Seigneur avec une joie entière, et honorez de tels hommes.

³⁰Car c'est pour l'oeuvre de Christ qu'il a été près de la mort, ayant exposé sa vie afin de suppléer à votre absence dans le service que vous me rendiez.

Philippiens
Chapitre 3

¹Au reste, mes frères, réjouissez-vous dans le Seigneur. Je ne me lasse point de vous écrire les mêmes choses, et pour vous cela est salutaire.

²Prenez garde aux chiens, prenez garde aux mauvais ouvriers, prenez garde aux faux circoncis.

³Car les circoncis, c'est nous, qui rendons à Dieu notre culte par l'Esprit de Dieu, qui nous glorifions en Jésus Christ, et qui ne mettons point notre confiance en la chair.

⁴Moi aussi, cependant, j'aurais sujet de mettre ma confiance en la chair. Si quelque autre croit pouvoir se confier en la chair, je le puis bien davantage,

⁵moi, circoncis le huitième jour, de la race d'Israël, de la tribu de Benjamin, Hébreu né d'Hébreux; quant à la loi, pharisien;

⁶quant au zèle, persécuteur de l'Église; irréprochable, à l'égard de la justice de la loi.

⁷Mais ces choses qui étaient pour moi des gains, je les ai regardées comme une perte, à cause de Christ.

⁸Et même je regarde toutes choses comme une perte, à cause de l'excellence de la connaissance de Jésus Christ mon Seigneur, pour lequel j'ai renoncé à tout, et je les regarde comme de la boue, afin de gagner Christ,

⁹et d'être trouvé en lui, non avec ma justice, celle qui vient de la loi, mais avec celle qui s'obtient par la foi en Christ, la justice qui vient de Dieu par la foi,

¹⁰Afin de connaître Christ, et la puissance de sa résurrection, et la communion de ses souffrances, en devenant conforme à lui dans sa mort, pour parvenir,

¹¹si je puis, à la résurrection d'entre les morts.

¹²Ce n'est pas que j'aie déjà remporté le prix, ou que j'aie déjà atteint la perfection; mais je cours, pour tâcher de le saisir, puisque moi aussi j'ai été saisi par Jésus Christ.

¹³Frères, je ne pense pas l'avoir saisi; mais je fais une chose: oubliant ce qui est en arrière et me portant vers ce qui est en avant,

¹⁴je cours vers le but, pour remporter le prix de la vocation céleste de Dieu en Jésus Christ.

¹⁵Nous tous donc qui sommes parfaits, ayons cette même pensée; et si vous êtes en quelque point d'un autre avis, Dieu vous éclairera aussi là-dessus.

¹⁶Seulement, au point où nous sommes parvenus, marchons d'un même pas.

¹⁷Soyez tous mes imitateurs, frères, et portez les regards sur ceux qui marchent selon le modèle que vous avez en nous.

¹⁸Car il en est plusieurs qui marchent en ennemis de la croix de Christ, je vous en ai souvent parlé, et j'en parle maintenant encore en pleurant.

¹⁹Leur fin sera la perdition; ils ont pour dieu leur ventre, ils mettent leur gloire dans ce qui fait leur honte, ils ne pensent qu'aux choses de la terre.

²⁰Mais notre cité à nous est dans les cieux, d'où nous attendons aussi comme Sauveur le Seigneur Jésus Christ,

²¹qui transformera le corps de notre humiliation, en le rendant semblable au corps de sa gloire, par le pouvoir qu'il a de s'assujettir toutes choses.

Chapitre 4

¹C'est pourquoi, mes bien-aimés, et très chers frères, vous qui êtes ma joie et ma couronne, demeurez ainsi fermes dans le Seigneur, mes bien-aimés!

²J'exhorte Évodie et j'exhorte Syntyche à être d'un même sentiment dans le Seigneur.

³Et toi aussi, fidèle collègue, oui, je te prie de les aider, elles qui ont combattu pour l'Évangile avec moi, et avec Clément et mes autres compagnons d'oeuvre, dont les noms sont dans le livre de vie.

⁴Réjouissez-vous toujours dans le Seigneur; je le répète, réjouissez-vous.

⁵Que votre douceur soit connue de tous les hommes. Le Seigneur est proche.

⁶Ne vous inquiétez de rien; mais en toute chose faites connaître vos besoins à Dieu par des prières et des supplications, avec des actions de grâces.

⁷Et la paix de Dieu, qui surpasse toute intelligence, gardera vos coeurs et vos pensées en Jésus Christ.

⁸Au reste, frères, que tout ce qui est vrai, tout ce qui est honorable, tout ce qui est juste, tout ce qui est pur, tout ce qui est aimable, tout ce qui mérite l'approbation, ce qui est vertueux et digne de louange, soit l'objet de vos pensées.

⁹Ce que vous avez appris, reçu et entendu de moi, et ce que vous avez vu en moi, pratiquez-le. Et le Dieu de paix sera avec vous.

¹⁰J'ai éprouvé une grande joie dans le Seigneur de ce que vous avez pu enfin renouveler l'expression de vos sentiments pour moi; vous y pensiez bien, mais l'occasion vous manquait.

¹¹Ce n'est pas en vue de mes besoins que je dis cela, car j'ai appris à être content de l'état où je me trouve.

¹²Je sais vivre dans l'humiliation, et je sais vivre dans l'abondance. En tout et partout j'ai appris à être rassasié et à avoir faim, à être dans l'abondance et à être dans la disette.

¹³Je puis tout par celui qui me fortifie.

¹⁴Cependant vous avez bien fait de prendre part à ma détresse.

¹⁵Vous le savez vous-mêmes, Philippiens, au commencement de la prédication de l'Évangile, lorsque je partis de la Macédoine, aucune Église n'entra en compte avec moi pour ce qu'elle donnait et recevait;

¹⁶vous fûtes les seuls à le faire, car vous m'envoyâtes déjà à Thessalonique, et à deux reprises, de quoi pourvoir à mes besoins.

¹⁷Ce n'est pas que je recherche les dons; mais je recherche le fruit qui abonde pour votre compte.

¹⁸J'ai tout reçu, et je suis dans l'abondance; j'ai été comblé de biens, en recevant par Épaphrodite ce qui vient de vous comme un parfum de bonne odeur, un sacrifice que Dieu accepte, et qui lui est agréable.

¹⁹Et mon Dieu pourvoira à tous vos besoins selon sa richesse, avec gloire, en Jésus Christ.

²⁰A notre Dieu et Père soit la gloire aux siècles des siècles! Amen!

²¹Saluez tous les saints en Jésus Christ. Les frères qui sont avec moi vous saluent.

²²Tous les saints vous saluent, et principalement ceux de la maison de César.

²³Que la grâce du Seigneur Jésus Christ soit avec votre esprit!

Colossiens

Chapitre 1

¹Paul, apôtre de Jésus Christ par la volonté de Dieu, et le frère Timothée,

²aux saints et fidèles frères en Christ qui sont à Colosses; que la grâce et la paix vous soient données de la part de Dieu notre Père!

³Nous rendons grâces à Dieu, le Père de notre Seigneur Jésus Christ, et nous ne cessons de prier pour vous,

⁴ayant été informés de votre foi en Jésus Christ et de votre charité pour tous les saints,

⁵à cause de l'espérance qui vous est réservée dans les cieux, et que la parole de la vérité, la parole de l'Évangile vous a précédemment fait connaître.

⁶Il est au milieu de vous, et dans le monde entier; il porte des fruits, et il va grandissant, comme c'est aussi le cas parmi vous, depuis le jour où vous avez entendu et connu la grâce de Dieu conformément à la vérité,

⁷d'après les instructions que vous avez reçues d'Épaphras, notre bien-aimé compagnon de service, qui est pour vous un fidèle ministre de Christ,

⁸et qui nous a appris de quelle charité l'Esprit vous anime.

⁹C'est pour cela que nous aussi, depuis le jour où nous en avons été informés, nous ne cessons de prier Dieu pour vous, et de demander que vous soyez remplis de la connaissance de sa volonté, en toute sagesse et intelligence spirituelle,

¹⁰pour marcher d'une manière digne du Seigneur et lui être entièrement agréables, portant des fruits en toutes sortes de bonnes oeuvres et croissant par la connaissance de Dieu,

¹¹fortifiés à tous égards par sa puissance glorieuse, en sorte que vous soyez toujours et avec joie persévérants et patients,

¹²Rendez grâces au Père, qui vous a rendus capables d'avoir part à l'héritage des saints dans la lumière,

¹³qui nous a délivrés de la puissance des ténèbres et nous a transportés dans le royaume du Fils de son amour,

¹⁴en qui nous avons la rédemption, la rémission des péchés.

¹⁵Il est l'image du Dieu invisible, le premier-né de toute la création.

¹⁶Car en lui ont été créées toutes les choses qui sont dans les cieux et sur la terre, les visibles et les invisibles, trônes, dignités, dominations, autorités. Tout a été créé par lui et pour lui.

¹⁷Il est avant toutes choses, et toutes choses subsistent en lui.

¹⁸Il est la tête du corps de l'Église; il est le commencement, le premier-né d'entre les morts, afin d'être en tout le premier.

¹⁹Car Dieu a voulu que toute plénitude habitât en lui;

²⁰il a voulu par lui réconcilier tout avec lui-même, tant ce qui est sur la terre que ce qui est dans les cieux, en faisant la paix par lui, par le sang de sa croix.

²¹Et vous, qui étiez autrefois étrangers et ennemis par vos pensées et par vos mauvaises oeuvres, il vous a maintenant réconciliés par sa mort dans le corps de sa chair,

²²pour vous faire paraître devant lui saints, irrépréhensibles et sans reproche,

²³si du moins vous demeurez fondés et inébranlables dans la foi, sans vous détourner de l'espérance de l'Évangile que vous avez entendu, qui a été prêché à toute créature sous le ciel, et dont moi Paul, j'ai été fait ministre.

²⁴Je me réjouis maintenant dans mes souffrances pour vous; et ce qui manque aux souffrances de Christ, je l'achève en ma chair, pour son corps, qui est l'Église.

²⁵C'est d'elle que j'ai été fait ministre, selon la charge que Dieu m'a donnée auprès de vous, afin que j'annonçasse pleinement la parole de Dieu,

²⁶le mystère caché de tout temps et dans tous les âges, mais révélé maintenant à ses saints,

²⁷à qui Dieu a voulu faire connaître quelle est la glorieuse richesse de ce mystère parmi les païens, savoir: Christ en vous, l'espérance de la gloire.

²⁸C'est lui que nous annonçons, exhortant tout homme, et instruisant tout homme en toute sagesse, afin de présenter à Dieu tout homme, devenu parfait en Christ.

²⁹C'est à quoi je travaille, en combattant avec sa force, qui agit puissamment en moi.

Chapitre 2

¹Je veux, en effet, que vous sachiez combien est grand le combat que je soutiens pour vous, et pour ceux qui sont à Laodicée, et pour tous ceux qui n'ont pas vu mon visage en la chair,

²afin qu'ils aient le coeur rempli de consolation, qu'ils soient unis dans la charité, et enrichis d'une pleine intelligence pour connaître le mystère de Dieu, savoir Christ,

³mystère dans lequel sont cachés tous les trésors de la sagesse et de la science.

⁴Je dis cela afin que personne ne vous trompe par des discours séduisants.

⁵Car, si je suis absent de corps, je suis avec vous en esprit, voyant avec joie le bon ordre qui règne parmi vous, et la fermeté de votre foi en Christ.

⁶Ainsi donc, comme vous avez reçu le Seigneur Jésus Christ, marchez en lui,

⁷étant enracinés et fondés en lui, et affermis par la foi, d'après les instructions qui vous ont été données, et abondez en actions de grâces.

⁸Prenez garde que personne ne fasse de vous sa proie par la philosophie et par une vaine tromperie, s'appuyant sur la tradition des hommes, sur les rudiments du monde, et non sur Christ.

⁹Car en lui habite corporellement toute la plénitude de la divinité.

¹⁰Vous avez tout pleinement en lui, qui est le chef de toute domination et de toute autorité.

¹¹Et c'est en lui que vous avez été circoncis d'une circoncision que la main n'a pas faite, mais de la circoncision de Christ, qui consiste dans le dépouillement du corps de la chair:

¹²ayant été ensevelis avec lui par le baptême, vous êtes aussi ressuscités en lui et avec lui, par la foi en la puissance de Dieu, qui l'a ressuscité des morts.

¹³Vous qui étiez morts par vos offenses et par l'incirconcision de votre chair, il vous a rendus à la vie avec lui, en nous faisant grâce pour toutes nos offenses;

¹⁴il a effacé l'acte dont les ordonnances nous condamnaient et qui subsistait contre nous, et il l'a détruit en le clouant à la croix;

¹⁵il a dépouillé les dominations et les autorités, et les a livrées publiquement en spectacle, en triomphant d'elles par la croix.

¹⁶Que personne donc ne vous juge au sujet du manger ou du boire, ou au sujet d'une fête, d'une nouvelle lune, ou des sabbats:

¹⁷c'était l'ombre des choses à venir, mais le corps est en Christ.

¹⁸Qu'aucun homme, sous une apparence d'humilité et par un culte des anges, ne vous ravisse à son gré le prix de la course, tandis qu'il s'abandonne à ses visions et qu'il est enflé d'un vain orgueil par ses pensées charnelles,

¹⁹sans s'attacher au chef, dont tout le corps, assisté et solidement assemblé par des jointures et des liens, tire l'accroissement que Dieu donne.

²⁰Si vous êtes morts avec Christ aux rudiments du monde, pourquoi, comme si vous viviez dans le monde, vous impose-t-on ces préceptes:

²¹Ne prends pas! ne goûte pas! ne touche pas!

²²préceptes qui tous deviennent pernicieux par l'abus, et qui ne sont fondés que sur les ordonnances et les doctrines des hommes?

²³Ils ont, à la vérité, une apparence de sagesse, en ce qu'ils indiquent un culte volontaire, de l'humilité, et le mépris du corps, mais ils sont sans aucun mérite et contribuent à la satisfaction de la chair.

Chapitre 3

¹Si donc vous êtes ressuscités avec Christ, cherchez les choses d'en haut, où Christ est assis à la droite de Dieu.

²Affectionnez-vous aux choses d'en haut, et non à celles qui sont sur la terre.

³Car vous êtes morts, et votre vie est cachée avec Christ en Dieu.

⁴Quand Christ, votre vie, paraîtra, alors vous paraîtrez aussi avec lui dans la gloire.

⁵Faites donc mourir les membres qui sont sur la terre, l'impudicité, l'impureté, les passions, les mauvais désirs, et la cupidité, qui est une idolâtrie.

⁶C'est à cause de ces choses que la colère de Dieu vient sur les fils de la rébellion,

⁷parmi lesquels vous marchiez autrefois, lorsque vous viviez dans ces péchés.

⁸Mais maintenant, renoncez à toutes ces choses, à la colère, à l'animosité, à la méchanceté, à la calomnie, aux paroles déshonnêtes qui

Colossiens

pourraient sortir de votre bouche.

⁹Ne mentez pas les uns aux autres, vous étant dépouillés du vieil homme et de ses oeuvres,

¹⁰et ayant revêtu l'homme nouveau, qui se renouvelle, dans la connaissance, selon l'image de celui qui l'a créé.

¹¹Il n'y a ici ni Grec ni Juif, ni circoncis ni incirconcis, ni barbare ni Scythe, ni esclave ni libre; mais Christ est tout et en tous.

¹²Ainsi donc, comme des élus de Dieu, saints et bien-aimés, revêtez-vous d'entrailles de miséricorde, de bonté, d'humilité, de douceur, de patience.

¹³Supportez-vous les uns les autres, et, si l'un a sujet de se plaindre de l'autre, pardonnez-vous réciproquement. De même que Christ vous a pardonné, pardonnez-vous aussi.

¹⁴Mais par-dessus toutes ces choses revêtez-vous de la charité, qui est le lien de la perfection.

¹⁵Et que la paix de Christ, à laquelle vous avez été appelés pour former un seul corps, règne dans vos coeurs. Et soyez reconnaissants.

¹⁶Que la parole de Christ habite parmi vous abondamment; instruisez-vous et exhortez-vous les uns les autres en toute sagesse, par des psaumes, par des hymnes, par des cantiques spirituels, chantant à Dieu dans vos coeurs sous l'inspiration de la grâce.

¹⁷Et quoi que vous fassiez, en parole ou en oeuvre, faites tout au nom du Seigneur Jésus, en rendant par lui des actions de grâces à Dieu le Père.

¹⁸Femmes, soyez soumises à vos maris, comme il convient dans le Seigneur.

¹⁹Maris, aimez vos femmes, et ne vous aigrissez pas contre elles.

²⁰Enfants, obéissez en toutes choses à vos parents, car cela est agréable dans le Seigneur.

²¹Pères, n'irritez pas vos enfants, de peur qu'ils ne se découragent.

²²Serviteurs, obéissez en toutes choses à vos maîtres selon la chair, non pas seulement sous leurs yeux, comme pour plaire aux hommes, mais avec simplicité de coeur, dans la crainte du Seigneur.

²³Tout ce que vous faites, faites-le de bon coeur, comme pour le Seigneur et non pour des hommes,

²⁴sachant que vous recevrez du Seigneur l'héritage pour récompense. Servez Christ, le Seigneur.

²⁵Car celui qui agit injustement recevra selon son injustice, et il n'y a point d'acception de personnes.

Chapitre 4

¹Maîtres, accordez à vos serviteurs ce qui est juste et équitable, sachant que vous aussi vous avez un maître dans le ciel.

²Persévérez dans la prière, veillez-y avec actions de grâces.

³Priez en même temps pour nous, afin que Dieu nous ouvre une porte pour la parole, en sorte que je puisse annoncer le mystère de Christ, pour lequel je suis dans les chaînes,

⁴et le faire connaître comme je dois en parler.

⁵Conduisez-vous avec sagesse envers ceux du dehors, et rachetez le temps.

⁶Que votre parole soit toujours accompagnée de grâce, assaisonnée de sel, afin que vous sachiez comment il faut répondre à chacun.

⁷Tychique, le bien-aimé frère et le fidèle ministre, mon compagnon de service dans le Seigneur, vous communiquera tout ce qui me concerne.

⁸Je l'envoie exprès vers vous, pour que vous connaissiez notre situation, et pour qu'il console vos coeurs.

⁹Je l'envoie avec Onésime, le fidèle et bien-aimé frère, qui est des vôtres. Ils vous informeront de tout ce qui se passe ici.

¹⁰Aristarque, mon compagnon de captivité, vous salue, ainsi que Marc, le cousin de Barnabas, au sujet duquel vous avez reçu des ordres (s'il va chez vous, accueillez-le);

¹¹Jésus, appelé Justus, vous salue aussi. Ils sont du nombre des circoncis, et les seuls qui aient travaillé avec moi pour le royaume de Dieu, et qui aient été pour moi une consolation.

¹²Épaphras, qui est des vôtres, vous salue: serviteur de Jésus Christ, il ne cesse de combattre pour vous dans ses prières, afin que, parfaits et pleinement persuadés, vous persistiez dans une entière soumission à la volonté de Dieu.

¹³Car je lui rends le témoignage qu'il a une grande sollicitude pour vous, pour ceux de Laodicée et pour ceux d'Hiérapolis.

¹⁴Luc, le médecin bien-aimé, vous salue, ainsi que Démas.

¹⁵Saluez les frères qui sont à Laodicée, et Nymphas, et l'Église qui est dans sa maison.

¹⁶Lorsque cette lettre aura été lue chez vous, faites en sorte qu'elle soit aussi lue dans l'Église des Laodicéens, et que vous lisiez à votre tour celle qui vous arrivera de Laodicée.

¹⁷Et dites à Archippe: Prends garde au ministère que tu as reçu dans le Seigneur, afin de le bien remplir.

¹⁸Je vous salue, moi Paul, de ma propre main. Souvenez-vous de mes liens. Que la grâce soit avec vous!

1 Thessaloniciens

Chapitre 1

¹Paul, et Silvain, et Timothée, à l'Église des Thessaloniciens, qui est en Dieu le Père et en Jésus Christ le Seigneur: que la grâce et la paix vous soient données!

²Nous rendons continuellement grâces à Dieu pour vous tous, faisant mention de vous dans nos prières,

³nous rappelant sans cesse l'oeuvre de votre foi, le travail de votre charité, et la fermeté de votre espérance en notre Seigneur Jésus Christ, devant Dieu notre Père,

⁴Nous savons, frères bien-aimés de Dieu, que vous avez été élus,

⁵notre Évangile ne vous ayant pas été prêché en paroles seulement, mais avec puissance, avec l'Esprit Saint, et avec une pleine persuasion; car vous n'ignorez pas que nous nous sommes montrés ainsi parmi vous, à cause de vous.

⁶Et vous-mêmes, vous avez été mes imitateurs et ceux du Seigneur, en recevant la parole au milieu de beaucoup de tribulations, avec la joie du Saint Esprit,

⁷en sorte que vous êtes devenus un modèle pour tous les croyants de la Macédoine et de l'Achaïe.

⁸Non seulement, en effet, la parole du Seigneur a retenti de chez vous dans la Macédoine et dans l'Achaïe, mais votre foi en Dieu s'est fait connaître en tout lieu, de telle manière que nous n'avons pas besoin d'en parler.

⁹Car on raconte, à notre sujet, quel accès nous avons eu auprès de vous, et comment vous vous êtes convertis à Dieu, en abandonnant les idoles pour servir le Dieu vivant et vrai,

¹⁰et pour attendre des cieux son Fils, qu'il a ressuscité des morts, Jésus, qui nous délivre de la colère à venir.

Chapitre 2

¹Vous savez vous-mêmes, frères, que notre arrivée chez vous n'a pas été sans résultat.

²Après avoir souffert et reçu des outrages à Philippes, comme vous le savez, nous prîmes de l'assurance en notre Dieu, pour vous annoncer l'Évangile de Dieu, au milieu de bien des combats.

³Car notre prédication ne repose ni sur l'erreur, ni sur des motifs impurs, ni sur la fraude;

⁴mais, selon que Dieu nous a jugés dignes de nous confier l'Évangile, ainsi nous parlons, non comme pour plaire à des hommes, mais pour plaire à Dieu, qui sonde nos coeurs.

⁵Jamais, en effet, nous n'avons usé de paroles flatteuse, comme vous le savez; jamais nous n'avons eu la cupidité pour mobile, Dieu en est témoin.

⁶Nous n'avons point cherché la gloire qui vient des hommes, ni de vous ni des autres; nous aurions pu nous produire avec autorité comme apôtres de Christ,

⁷mais nous avons été pleins de douceur au milieu de vous. De même qu'une nourrice prend un tendre soin de ses enfants,

⁸nous aurions voulu, dans notre vive affection pour vous, non seulement vous donner l'Évangile de Dieu, mais encore nos propres vies, tant vous nous étiez devenus chers.

⁹Vous vous rappelez, frères, notre travail et notre peine: nuit et jour à l'oeuvre, pour n'être à charge à aucun de vous, nous vous avons prêché l'Évangile de Dieu.

¹⁰Vous êtes témoins, et Dieu l'est aussi, que nous avons eu envers vous qui croyez une conduite sainte, juste et irréprochable.

¹¹Vous savez aussi que nous avons été pour chacun de vous ce qu'un père est pour ses enfants,

¹²vous exhortant, vous consolant, vous conjurant de marcher d'une manière digne de Dieu, qui vous appelle à son royaume et à sa gloire.

¹³C'est pourquoi nous rendons continuellement grâces à Dieu de ce qu'en recevant la parole de Dieu, que nous vous avons fait entendre, vous l'avez reçue, non comme la parole des hommes, mais ainsi qu'elle l'est véritablement, comme la parole de Dieu, qui agit en vous qui croyez.

¹⁴Car vous, frères, vous êtes devenus les imitateurs des Églises de Dieu qui sont en Jésus Christ dans la Judée, parce que vous aussi, vous avez souffert de la part de vos propres compatriotes les mêmes maux qu'elles ont soufferts de la part des Juifs.

¹⁵Ce sont ces Juifs qui ont fait mourir le Seigneur Jésus et les prophètes, qui nous ont persécutés, qui ne plaisent point à Dieu, et qui sont ennemis de tous les hommes,

¹⁶nous empêchant de parler aux païens pour qu'ils soient sauvés, en sorte qu'ils ne cessent de mettre le comble à leurs péchés. Mais la colère a fini par les atteindre.

¹⁷Pour nous, frères, après avoir été quelque temps séparés de vous, de corps mais non de coeur, nous avons eu d'autant plus ardemment le vif désir de vous voir.

¹⁸Aussi voulions-nous aller vers vous, du moins moi Paul, une et même deux fois; mais Satan nous en a empêchés.

¹⁹Qui est, en effet, notre espérance, ou notre joie, ou notre couronne de gloire? N'est-ce pas vous aussi, devant notre Seigneur Jésus, lors de son avènement?

²⁰Oui, vous êtes notre gloire et notre joie.

Chapitre 3

¹C'est pourquoi, impatients que nous étions, et nous décidant à rester seuls à Athènes,

²nous envoyâmes Timothée, notre frère, ministre de Dieu dans l'Évangile de Christ, pour vous affermir et vous exhorter au sujet de votre foi,

³afin que personne ne fût ébranlé au milieu des tribulations présentes; car vous savez vous-mêmes que nous sommes destinés à cela.

⁴Et lorsque nous étions auprès de vous, nous vous annoncions d'avance que nous serions exposés à des tribulations, comme cela est arrivé, et comme vous le savez.

⁵Ainsi, dans mon impatience, j'envoyai m'informer de votre foi, dans la crainte que le tentateur ne vous eût tentés, et que nous n'eussions travaillé en vain.

⁶Mais Timothée, récemment arrivé ici chez vous, nous a donné de bonnes nouvelles de votre foi et de votre charité, et nous a dit que vous avez toujours de nous un bon souvenir, désirant nous voir comme nous désirons aussi vous voir.

⁷En conséquence, frères, au milieu de toutes nos calamités et de nos tribulations, nous avons été consolés à votre sujet, à cause de votre foi.

⁸Car maintenant nous vivons, puisque vous demeurez fermes dans le Seigneur.

⁹Quelles actions de grâces, en effet, nous pouvons rendre à Dieu à votre sujet, pour toute la joie que nous éprouvons à cause de vous, devant notre Dieu!

¹⁰Nuit et jour, nous le prions avec une extrême ardeur de nous permettre de vous voir, et de compléter ce qui manque à votre foi.

¹¹Que Dieu lui-même, notre Père, et notre Seigneur Jésus, aplanissent notre route pour que nous allions à vous!

¹²Que le Seigneur augmente de plus en plus parmi vous, et à l'égard de tous, cette charité que nous avons nous-mêmes pour vous,

¹³afin d'affermir vos coeurs pour qu'ils soient irréprochables dans la sainteté devant Dieu notre Père, lors de l'avènement de notre Seigneur Jésus avec tous ses saints!

Chapitre 4

¹Au reste, frères, puisque vous avez appris de nous comment vous devez vous conduire et plaire à Dieu, et que c'est là ce que vous faites, nous vous prions et nous vous conjurons au nom du Seigneur Jésus de marcher à cet égard de progrès en progrès.

²Vous savez, en effet, quels préceptes nous vous avons donnés de la part du Seigneur Jésus.

³Ce que Dieu veut, c'est votre sanctification; c'est que vous vous absteniez de l'impudicité;

⁴c'est que chacun de vous sache posséder son corps dans la sainteté et l'honnêteté,

⁵sans vous livrer à une convoitise passionnée, comme font les païens qui ne connaissent pas Dieu;

⁶c'est que personne n'use envers son frère de fraude et de cupidité dans les affaires, parce que le Seigneur tire vengeance de toutes ces choses, comme nous vous l'avons déjà dit et attesté.

⁷Car Dieu ne nous a pas appelés à l'impureté, mais à la sanctification.

⁸Celui donc qui rejette ces préceptes ne rejette pas un homme, mais Dieu, qui vous a aussi donné son Saint Esprit.

⁹Pour ce qui est de l'amour fraternel, vous n'avez pas besoin qu'on vous en écrive; car vous avez vous-mêmes appris de Dieu à vous aimer les uns les autres,

¹⁰et c'est aussi ce que vous faites envers tous les frères dans la Macédoine entière. Mais nous vous exhortons, frères, à abonder toujours plus dans cet amour,

¹¹et à mettre votre honneur à vivre tranquilles, à vous occuper de

vos propres affaires, et à travailler de vos mains, comme nous vous l'avons recommandé,

¹²en sorte que vous vous conduisiez honnêtement envers ceux du dehors, et que vous n'ayez besoin de personne.

¹³Nous ne voulons pas, frères, que vous soyez dans l'ignorance au sujet de ceux qui dorment, afin que vous ne vous affligiez pas comme les autres qui n'ont point d'espérance.

¹⁴Car, si nous croyons que Jésus est mort et qu'il est ressuscité, croyons aussi que Dieu ramènera par Jésus et avec lui ceux qui sont morts.

¹⁵Voici, en effet, ce que nous vous déclarons d'après la parole du Seigneur: nous les vivants, restés pour l'avènement du Seigneur, nous ne devancerons pas ceux qui sont morts.

¹⁶Car le Seigneur lui-même, à un signal donné, à la voix d'un archange, et au son de la trompette de Dieu, descendra du ciel, et les morts en Christ ressusciteront premièrement.

¹⁷Ensuite, nous les vivants, qui seront restés, nous serons tous ensemble enlevés avec eux sur des nuées, à la rencontre du Seigneur dans les airs, et ainsi nous serons toujours avec le Seigneur.

¹⁸Consolez-vous donc les uns les autres par ces paroles.

Chapitre 5

¹Pour ce qui est des temps et des moments, vous n'avez pas besoin, frères, qu'on vous en écrive.

²Car vous savez bien vous-mêmes que le jour du Seigneur viendra comme un voleur dans la nuit.

³Quand les hommes diront: Paix et sûreté! alors une ruine soudaine les surprendra, comme les douleurs de l'enfantement surprennent la femme enceinte, et ils n'échapperont point.

⁴Mais vous, frères, vous n'êtes pas dans les ténèbres, pour que ce jour vous surprenne comme un voleur;

⁵vous êtes tous des enfants de la lumière et des enfants du jour. Nous ne sommes point de la nuit ni des ténèbres.

⁶Ne dormons donc point comme les autres, mais veillons et soyons sobres.

⁷Car ceux qui dorment dorment la nuit, et ceux qui s'enivrent s'enivrent la nuit.

⁸Mais nous qui sommes du jour, soyons sobres, ayant revêtu la cuirasse de la foi et de la charité, et ayant pour casque l'espérance du salut.

⁹Car Dieu ne nous a pas destinés à la colère, mais à l'acquisition du salut par notre Seigneur Jésus Christ,

¹⁰qui est mort pour nous, afin que, soit que nous veillons, soit que nous dormions, nous vivions ensemble avec lui.

¹¹C'est pourquoi exhortez-vous réciproquement, et édifiez-vous les uns les autres, comme en réalité vous le faites.

¹²Nous vous prions, frères, d'avoir de la considération pour ceux qui travaillent parmi vous, qui vous dirigent dans le Seigneur, et qui vous exhortent.

¹³Ayez pour eux beaucoup d'affection, à cause de leur oeuvre. Soyez en paix entre vous.

¹⁴Nous vous prions aussi, frères, avertissez ceux qui vivent dans le désordre, consolez ceux qui sont abattus, supportez les faibles, usez de patience envers tous.

¹⁵Prenez garde que personne ne rende à autrui le mal pour le mal; mais poursuivez toujours le bien, soit entre vous, soit envers tous.

¹⁶Soyez toujours joyeux.

¹⁷Priez sans cesse.

¹⁸Rendez grâces en toutes choses, car c'est à votre égard la volonté de Dieu en Jésus Christ.

¹⁹N'éteignez pas l'Esprit.

²⁰Ne méprisez pas les prophéties.

²¹Mais examinez toutes choses; retenez ce qui est bon;

²²abstenez-vous de toute espèce de mal.

²³Que le Dieu de paix vous sanctifie lui-même tout entiers, et que tout votre être, l'esprit, l'âme et le corps, soit conservé irrépréhensible, lors de l'avènement de notre Seigneur Jésus Christ!

²⁴Celui qui vous a appelés est fidèle, et c'est lui qui le fera.

²⁵Frères, priez pour nous.

²⁶Saluez tous les frères par un saint baiser.

²⁷Je vous en conjure par le Seigneur, que cette lettre soit lue à tous les frères.

²⁸Que la grâce de notre Seigneur Jésus Christ soit avec vous!

2 Thessaloniciens

Chapitre 1

¹Paul, et Silvain, et Timothée, à l'Église des Thessaloniciens, qui est en Dieu notre Père et en Jésus Christ le Seigneur:

²que la grâce et la paix vous soient données de la part de Dieu notre Père et du Seigneur Jésus Christ!

³Nous devons à votre sujet, frères, rendre continuellement grâces à Dieu, comme cela est juste, parce que votre foi fait de grands progrès, et que la charité de chacun de vous tous à l'égard des autres augmente de plus en plus.

⁴Aussi nous glorifions-nous de vous dans les Églises de Dieu, à cause de votre persévérance et de votre foi au milieu de toutes vos persécutions et des tribulations que vous avez à supporter.

⁵C'est une preuve du juste jugement de Dieu, pour que vous soyez jugés dignes du royaume de Dieu, pour lequel vous souffrez.

⁶Car il est de la justice de Dieu de rendre l'affliction à ceux qui vous affligent,

⁷et de vous donner, à vous qui êtes affligés, du repos avec nous, lorsque le Seigneur Jésus apparaîtra du ciel avec les anges de sa puissance,

⁸au milieu d'une flamme de feu, pour punir ceux qui ne connaissent pas Dieu et ceux qui n'obéissent pas à l'Évangile de notre Seigneur Jésus.

⁹Ils auront pour châtiment une ruine éternelle, loin de la face du Seigneur et de la gloire de sa force,

¹⁰lorsqu'il viendra pour être, en ce jour-là, glorifié dans ses saints et admiré dans tous ceux qui auront cru, car notre témoignage auprès de vous a été cru.

¹¹C'est pourquoi aussi nous prions continuellement pour vous, afin que notre Dieu vous juge dignes de la vocation, et qu'il accomplisse par sa puissance tous les dessins bienveillants de sa bonté, et l'oeuvre de votre foi,

¹²pour que le nom de notre Seigneur Jésus soit glorifié en vous, et que vous soyez glorifiés en lui, selon la grâce de notre Dieu et du Seigneur Jésus Christ.

Chapitre 2

¹Pour ce qui concerne l'avènement de notre Seigneur Jésus Christ et notre réunion avec lui, nous vous prions, frères,

²de ne pas vous laisser facilement ébranler dans votre bon sens, et de ne pas vous laisser troubler, soit par quelque inspiration, soit par quelque parole, ou par quelque lettre qu'on dirait venir de nous, comme si le jour du Seigneur était déjà là.

³Que personne ne vous séduise d'aucune manière; car il faut que l'apostasie soit arrivée auparavant, et qu'on ait vu paraître l'homme du péché, le fils de la perdition,

⁴l'adversaire qui s'élève au-dessus de tout ce qu'on appelle Dieu ou de ce qu'on adore, jusqu'à s'asseoir dans le temple de Dieu, se proclamant lui-même Dieu.

⁵Ne vous souvenez-vous pas que je vous disais ces choses, lorsque j'étais encore chez vous?

⁶Et maintenant vous savez ce qui le retient, afin qu'il ne paraisse qu'en son temps.

⁷Car le mystère de l'iniquité agit déjà; il faut seulement que celui qui le retient encore ait disparu.

⁸Et alors paraîtra l'impie, que le Seigneur Jésus détruira par le souffle de sa bouche, et qu'il anéantira par l'éclat de son avènement.

⁹L'apparition de cet impie se fera, par la puissance de Satan, avec toutes sortes de miracles, de signes et de prodiges mensongers,

¹⁰et avec toutes les séductions de l'iniquité pour ceux qui périssent parce qu'ils n'ont pas reçu l'amour de la vérité pour être sauvés.

¹¹Aussi Dieu leur envoie une puissance d'égarement, pour qu'ils croient au mensonge,

¹²afin que tous ceux qui n'ont pas cru à la vérité, mais qui ont pris plaisir à l'injustice, soient condamnés.

¹³Pour nous, frères bien-aimés du Seigneur, nous devons à votre sujet rendre continuellement grâces à Dieu, parce que Dieu vous a choisis dès le commencement pour le salut, par la sanctification de l'Esprit et par la foi en la vérité.

¹⁴C'est à quoi il vous a appelés par notre Évangile, pour que vous possédiez la gloire de notre Seigneur Jésus Christ.

¹⁵Ainsi donc, frères, demeurez fermes, et retenez les instructions que vous avez reçues, soit par notre parole, soit par notre lettre.

¹⁶Que notre Seigneur Jésus Christ lui-même, et Dieu notre Père, qui nous a aimés, et qui nous a donné par sa grâce une consolation éternelle et une bonne espérance,

¹⁷consolent vos coeurs, et vous affermissent en toute bonne oeuvre et en toute bonne parole!

Chapitre 3

¹Au reste, frères, priez pour nous, afin que la parole du Seigneur se répande et soit glorifiée comme elle l'est chez-vous,

²et afin que nous soyons délivrés des hommes méchants et pervers; car tous n'ont pas la foi.

³Le Seigneur est fidèle, il vous affermira et vous préservera du malin.

⁴Nous avons à votre égard cette confiance dans le Seigneur que vous faites et que vous ferez les choses que nous recommandons.

⁵Que le Seigneur dirige vos coeurs vers l'amour de Dieu et vers la patience de Christ!

⁶nous vous recommandons, frères, au nom de notre Seigneur Jésus Christ, de vous éloigner de tout frère qui vit dans le désordre, et non selon les instructions que vous avez reçues de nous.

⁷Vous savez vous-mêmes comment il faut nous imiter, car nous n'avons pas vécu parmi vous dans le désordre.

⁸Nous n'avons mangé gratuitement le pain de personne; mais, dans le travail et dans la peine, nous avons été nuit et jour à l'oeuvre, pour n'être à charge à aucun de vous.

⁹Ce n'est pas que nous n'en eussions le droit, mais nous avons voulu vous donner en nous-mêmes un modèle à imiter.

¹⁰Car, lorsque nous étions chez vous, nous vous disions expressément: Si quelqu'un ne veut pas travailler, qu'il ne mange pas non plus.

¹¹Nous apprenons, cependant, qu'il y en a parmi vous quelques-uns qui vivent dans le désordre, qui ne travaillent pas, mais qui s'occupent de futilités.

¹²Nous invitons ces gens-là, et nous les exhortons par le Seigneur Jésus Christ, à manger leur propre pain, en travaillant paisiblement.

¹³Pour vous, frères, ne vous lassez pas de faire le bien.

¹⁴Et si quelqu'un n'obéit pas à ce que nous disons par cette lettre, notez-le, et n'ayez point de communication avec lui, afin qu'il éprouve de la honte.

¹⁵Ne le regardez pas comme un ennemi, mais avertissez-le comme un frère.

¹⁶Que le Seigneur de la paix vous donne lui-même le paix en tout temps, de toute manière! Que le Seigneur soit avec vous tous!

¹⁷Je vous salue, moi Paul, de ma propre main. C'est là ma signature dans toutes mes lettres; c'est ainsi que j'écris.

¹⁸Que la grâce de notre Seigneur Jésus Christ soit avec vous tous!

1 Timothée

Chapitre 1

¹Paul, apôtre de Jésus Christ, par ordre de Dieu notre Sauveur et de Jésus Christ notre espérance,

²à Timothée, mon enfant légitime en la foi: que la grâce, la miséricorde et la paix, te soient données de la part de Dieu le Père et de Jésus Christ notre Seigneur!

³Je te rappelle l'exhortation que je te fis, à mon départ pour la Macédoine, lorsque je t'engageai à rester à Éphèse, afin de recommander à certaines personnes de ne pas enseigner d'autres doctrines,

⁴et de ne pas s'attacher à des fables et à des généalogies sans fin, qui produisent des discussions plutôt qu'elles n'avancent l'oeuvre de Dieu dans la foi.

⁵Le but du commandement, c'est une charité venant d'un coeur pur, d'une bonne conscience, et d'une foi sincère.

⁶Quelques-uns, s'étant détournés de ces choses, se sont égarés dans de vains discours;

⁷ils veulent être docteurs de la loi, et ils ne comprennent ni ce qu'ils disent, ni ce qu'ils affirment.

⁸Nous n'ignorons pas que la loi est bonne, pourvu qu'on en fasse un usage légitime,

⁹sachant bien que la loi n'est pas faite pour le juste, mais pour les méchants et les rebelles, les impies et les pécheurs, les irréligieux et les profanes, les parricides, les meurtriers,

¹⁰les impudiques, les infâmes, les voleurs d'hommes, les menteurs, les parjures, et tout ce qui est contraire à la saine doctrine, -

¹¹conformément à l'Évangile de la gloire du Dieu bienheureux, Évangile qui m'a été confié.

¹²Je rends grâces à celui qui m'a fortifié, à Jésus Christ notre Seigneur, de ce qu'il m'a jugé fidèle,

¹³en m'établissant dans le ministère, moi qui étais auparavant un blasphémateur, un persécuteur, un homme violent. Mais j'ai obtenu miséricorde, parce que j'agissais par ignorance, dans l'incrédulité;

¹⁴et la grâce de notre Seigneur a surabondé, avec la foi et la charité qui est en Jésus Christ.

¹⁵C'est une parole certaine et entièrement digne d'être reçue, que Jésus Christ est venu dans le monde pour sauver les pécheurs, dont je suis le premier.

¹⁶Mais j'ai obtenu miséricorde, afin que Jésus Christ fît voir en moi le premier toute sa longanimité, pour que je servisse d'exemple à ceux qui croiraient en lui pour la vie éternelle.

¹⁷Au roi des siècles, immortel, invisible, seul Dieu, soient honneur et gloire, aux siècles des siècles! Amen!

¹⁸Le commandement que je t'adresse, Timothée, mon enfant, selon les prophéties faites précédemment à ton sujet, c'est que, d'après elles, tu combattes le bon combat,

¹⁹en gardant la foi et une bonne conscience. Cette conscience, quelques-uns l'ont perdue, et ils ont fait naufrage par rapport à la foi.

²⁰De ce nombre son Hyménée et Alexandre, que j'ai livrés à Satan, afin qu'ils apprennent à ne pas blasphémer.

Chapitre 2

¹J'exhorte donc, avant toutes choses, à faire des prières, des supplications, des requêtes, des actions de grâces, pour tous les hommes,

²pour les rois et pour tous ceux qui sont élevés en dignité, afin que nous menions une vie paisible et tranquille, en toute piété et honnêteté.

³Cela est bon et agréable devant Dieu notre Sauveur,

⁴qui veut que tous les hommes soient sauvés et parviennent à la connaissance de la vérité.

⁵Car il y a un seul Dieu, et aussi un seul médiateur entre Dieu et les hommes, Jésus Christ homme,

⁶qui s'est donné lui-même en rançon pour tous. C'est là le témoignage rendu en son propre temps,

⁷et pour lequel j'ai été établi prédicateur et apôtre, -je dis la vérité, je ne mens pas, -chargé d'instruire les païens dans la foi et la vérité.

⁸Je veux donc que les hommes prient en tout lieu, en élevant des mains pures, sans colère ni mauvaises pensées.

⁹Je veux aussi que les femmes, vêtues d'une manière décente, avec pudeur et modestie, ne se parent ni de tresses, ni d'or, ni de perles, ni d'habits somptueux,

¹⁰mais qu'elles se parent de bonnes oeuvres, comme il convient à des femmes qui font profession de servir Dieu.

¹¹Que la femme écoute l'instruction en silence, avec une entière soumission.

¹²Je ne permets pas à la femme d'enseigner, ni de prendre de l'autorité sur l'homme; mais elle doit demeurer dans le silence.

¹³Car Adam a été formé le premier, Eve ensuite;

¹⁴et ce n'est pas Adam qui a été séduit, c'est la femme qui, séduite, s'est rendue coupable de transgression.

¹⁵Elle sera néanmoins sauvée en devenant mère, si elle persévère avec modestie dans la foi, dans la charité, et dans la sainteté.

Chapitre 3

¹Cette parole est certaine: Si quelqu'un aspire à la charge d'évêque, il désire une oeuvre excellente.

²Il faut donc que l'évêque soit irréprochable, mari d'une seul femme, sobre, modéré, réglé dans sa conduite, hospitalier, propre à l'enseignement.

³Il faut qu'il ne soit ni adonné au vin, ni violent, mais indulgent, pacifique, désintéressé.

⁴Il faut qu'il dirige bien sa propre maison, et qu'il tienne ses enfants dans la soumission et dans une parfaite honnêteté;

⁵car si quelqu'un ne sait pas diriger sa propre maison, comment prendra-t-il soin de l'Église de Dieu?

⁶Il ne faut pas qu'il soit un nouveau converti, de peur qu'enflé d'orgueil il ne tombe sous le jugement du diable.

⁷Il faut aussi qu'il reçoive un bon témoignage de ceux du dehors, afin de ne pas tomber dans l'opprobre et dans les pièges du diable.

⁸Les diacres aussi doivent être honnêtes, éloignés de la duplicité, des excès du vin, d'un gain sordide,

⁹conservant le mystère de la foi dans une conscience pure.

¹⁰Qu'on les éprouve d'abord, et qu'ils exercent ensuite leur ministère, s'ils sont sans reproche.

¹¹Les femmes, de même, doivent être honnêtes, non médisantes, sobres, fidèles en toutes choses.

¹²Les diacres doivent être maris d'une seule femme, et diriger bien leurs enfants et leurs propres maisons;

¹³car ceux qui remplissent convenablement leur ministère s'acquièrent un rang honorable, et une grande assurance dans la foi en Jésus Christ.

¹⁴Je t'écris ces choses, avec l'espérance d'aller bientôt vers toi,

¹⁵mais afin que tu saches, si je tarde, comment il faut se conduire dans la maison de Dieu, qui est l'Église du Dieu vivant, la colonne et l'appui de la vérité.

¹⁶Et, sans contredit, le mystère de la piété est grand: celui qui a été manifesté en chair, justifié par l'Esprit, vu des anges, prêché aux Gentils, cru dans le monde, élevé dans la gloire.

Chapitre 4

¹Mais l'Esprit dit expressément que, dans les derniers temps, quelques-uns abandonneront la foi, pour s'attacher à des esprits séducteurs et à des doctrines de démons,

²par l'hypocrisie de faux docteurs portant la marque de la flétrissure dans leur propre conscience,

³prescrivant de ne pas se marier, et de s'abstenir d'aliments que Dieu a créés pour qu'ils soient pris avec actions de grâces par ceux qui sont fidèles et qui ont connu la vérité.

⁴Car tout ce que Dieu a créé est bon, et rien ne doit être rejeté, pourvu qu'on le prenne avec actions de grâces,

⁵parce que tout est sanctifié par la parole de Dieu et par la prière.

⁶En exposant ces choses au frères, tu seras un bon ministre de Jésus Christ, nourri des paroles de la foi et de la bonne doctrine que tu as exactement suivie.

⁷Repousse les contes profanes et absurdes.

⁸Exerce-toi à la piété; car l'exercice corporel est utile à peu de chose, tandis que la piété est utile à tout, ayant la promesse de la vie présente et de celle qui est à venir.

⁹C'est là une parole certaine et entièrement digne d'être reçue.

¹⁰Nous travaillons, en effet, et nous combattons, parce que nous mettons notre espérance dans le Dieu vivant, qui est le Sauveur de tous les hommes, principalement des croyants.

¹¹Déclare ces choses, et enseigne-les.

¹²Que personne ne méprise ta jeunesse; mais sois un modèle pour les fidèles, en parole, en conduite, en charité, en foi, en pureté.

¹³Jusqu'à ce que je vienne, applique-toi à la lecture, à l'exhortation, à l'enseignement.

¹⁴Ne néglige pas le don qui est en toi, et qui t'a été donné par

prophétie avec l'imposition des mains de l'assemblée des anciens.

¹⁵Occupe-toi de ces choses, donne-toi tout entier à elles, afin que tes progrès soient évidents pour tous.

¹⁶Veille sur toi-même et sur ton enseignement; persévère dans ces choses, car, en agissant ainsi, tu te sauveras toi-même, et tu sauveras ceux qui t'écoutent.

Chapitre 5

¹Ne réprimande pas rudement le vieillard, mais exhorte-le comme un père; exhorte les jeunes gens comme des frères,

²les femmes âgées comme des mères, celles qui sont jeunes comme des soeurs, en toute pureté.

³Honore les veuves qui sont véritablement veuves.

⁴Si une veuve a des enfants ou des petits-enfants, qu'ils apprennent avant tout à exercer la piété envers leur propre famille, et à rendre à leurs parents ce qu'ils ont reçu d'eux; car cela est agréable à Dieu.

⁵Celle qui est véritablement veuve, et qui est demeurée dans l'isolement, met son espérance en Dieu et persévère nuit et jour dans les supplications et les prières.

⁶Mais celle qui vit dans les plaisirs est morte, quoique vivante.

⁷Déclare-leur ces choses, afin qu'elles soient irréprochables.

⁸Si quelqu'un n'a pas soin des siens, et principalement de ceux de sa famille, il a renié la foi, et il est pire qu'un infidèle.

⁹Qu'une veuve, pour être inscrite sur le rôle, n'ait pas moins de soixante ans, qu'elle ait été femme d'un seul mari,

¹⁰qu'elle soit recommandable par de bonnes oeuvres, ayant élevé des enfants, exercé l'hospitalité, lavé les pieds des saints, secouru les malheureux, pratiqué toute espèce de bonne oeuvre.

¹¹Mais refuse les jeunes veuves; car, lorsque la volupté les détache du Christ, elles veulent se marier,

¹²et se rendent coupables en ce qu'elles violent leur premier engagement.

¹³Avec cela, étant oisives, elles apprennent à aller de maison en maison; et non seulement elles sont oisives, mais encore causeuses et intrigantes, disant ce qu'il ne faut pas dire.

¹⁴Je veux donc que les jeunes se marient, qu'elles aient des enfants, qu'elles dirigent leur maison, qu'elles ne donnent à l'adversaire aucune occasion de médire;

¹⁵car déjà quelques-unes se sont détournées pour suivre Satan.

¹⁶Si quelque fidèle, homme ou femme, a des veuves, qu'il les assiste, et que l'Église n'en soit point chargée, afin qu'elle puisse assister celles qui sont véritablement veuves.

¹⁷Que les anciens qui dirigent bien soient jugés dignes d'un double honneur, surtout ceux qui travaillent à la prédication et à l'enseignement.

¹⁸Car l'Écriture dit: Tu n'emmuselleras point le boeuf quand il foule le grain. Et l'ouvrier mérite son salaire.

¹⁹Ne reçois point d'accusation contre un ancien, si ce n'est sur la déposition de deux ou trois témoins.

²⁰Ceux qui pèchent, reprends-les devant tous, afin que les autres aussi éprouvent de la crainte.

²¹Je te conjure devant Dieu, devant Jésus Christ, et devant les anges élus, d'observer ces choses sans prévention, et de ne rien faire par faveur.

²²N'impose les mains à personne avec précipitation, et ne participe pas aux péchés d'autrui; toi-même, conserve-toi pur.

²³Ne continue pas à ne boire que de l'eau; mais fais usage d'un peu de vin, à cause de ton estomac et de tes fréquentes indispositions.

²⁴Les péchés de certains hommes sont manifestes, même avant qu'on les juge, tandis que chez d'autres, ils ne se découvrent que dans la suite.

²⁵De même, les bonnes oeuvres sont manifestes, et celles qui ne le sont pas ne peuvent rester cachées.

Chapitre 6

¹Que tous ceux qui sont sous le joug de la servitude regardent leurs maîtres comme dignes de tout honneur, afin que le nom de Dieu et la doctrine ne soient pas blasphémés.

²Et que ceux qui ont des fidèles pour maîtres ne les méprisent pas, sous prétexte qu'ils sont frères; mais qu'ils les servent d'autant mieux que ce sont des fidèles et des bien-aimés qui s'attachent à leur faire du bien. Enseigne ces choses et recommande-les.

³Si quelqu'un enseigne de fausses doctrines, et ne s'attache pas aux saines paroles de notre Seigneur Jésus Christ et à la doctrine qui est selon la piété,

⁴il est enflé d'orgueil, il ne sait rien, et il a la maladie des questions oiseuses et des disputes de mots, d'où naissent l'envie, les querelles, les calomnies, les mauvais soupçons,

⁵les vaines discussions d'hommes corrompus d'entendement, privés de la vérité, et croyant que la piété est une source de gain.

⁶C'est, en effet, une grande source de gain que la piété avec le contentement;

⁷car nous n'avons rien apporté dans le monde, et il est évident que nous n'en pouvons rien emporter;

⁸si donc nous avons la nourriture et le vêtement, cela nous suffira.

⁹Mais ceux qui veulent s'enrichir tombent dans la tentation, dans le piège, et dans beaucoup de désirs insensés et pernicieux qui plongent les hommes dans la ruine et la perdition.

¹⁰Car l'amour de l'argent est une racine de tous les maux; et quelques-uns, en étant possédés, se sont égarés loin de la foi, et se sont jetés eux-mêmes dans bien des tourments.

¹¹Pour toi, homme de Dieu, fuis ces choses, et recherche la justice, la piété, la foi, la charité, la patience, la douceur.

¹²Combats le bon combat de la foi, saisis la vie éternelle, à laquelle tu as été appelé, et pour laquelle tu as fait une belle confession en présence d'un grand nombre de témoins.

¹³Je te recommande, devant Dieu qui donne la vie à toutes choses, et devant Jésus Christ, qui fit une belle confession devant Ponce Pilate, de garder le commandement,

¹⁴et de vivre sans tache, sans reproche, jusqu'à l'apparition de notre Seigneur Jésus Christ,

¹⁵que manifestera en son temps le bienheureux et seul souverain, le roi des rois, et le Seigneur des seigneurs,

¹⁶qui seul possède l'immortalité, qui habite une lumière inaccessible, que nul homme n'a vu ni ne peut voir, à qui appartiennent l'honneur et la puissance éternelle. Amen!

¹⁷Recommande aux riches du présent siècle de ne pas être orgueilleux, et de ne pas mettre leur espérance dans des richesses incertaines, mais de la mettre en Dieu, qui nous donne avec abondance toutes choses pour que nous en jouissions.

¹⁸Recommande-leur de faire du bien, d'être riches en bonnes oeuvres, d'avoir de la libéralité, de la générosité,

¹⁹et de s'amasser ainsi pour l'avenir un trésor placé sur un fondement solide, afin de saisir la vie véritable.

²⁰O Timothée, garde le dépôt, en évitant les discours vains et profanes,

²¹et les disputes de la fausse science dont font profession quelques-uns, qui se sont ainsi détournés de la foi. Que la grâce soit avec vous!

2 Timothée

Chapitre 1

¹Paul, apôtre de Jésus Christ, par la volonté de Dieu, pour annoncer la promesse de la vie qui est en Jésus Christ,

²à Timothée, mon enfant bien-aimé: que la grâce, la miséricorde et la paix te soient données de la part de Dieu le Père et de Jésus Christ notre Seigneur!

³Je rends grâces à Dieu, que mes ancêtres ont servi, et que je sers avec une conscience pure, de ce que nuit et jour je me souviens continuellement de toi dans mes prières,

⁴me rappelant tes larmes, et désirant te voir afin d'être rempli de joie,

⁵gardant le souvenir de la foi sincère qui est en toi, qui habita d'abord dans ton aïeule Loïs et dans ta mère Eunice, et qui, j'en suis persuadé, habite aussi en toi.

⁶C'est pourquoi je t'exhorte à ranimer le don de Dieu que tu as reçu par l'imposition de mes mains.

⁷Car ce n'est pas un esprit de timidité que Dieu nous a donné, mais un esprit de force, d'amour et de sagesse.

⁸N'aie donc point honte du témoignage à rendre à notre Seigneur, ni de moi son prisonnier. Mais souffre avec moi pour l'Évangile,

⁹par la puissance de Dieu qui nous a sauvés, et nous a adressé une sainte vocation, non à cause de nos oeuvres, mais selon son propre dessein, et selon la grâce qui nous a été donnée en Jésus Christ avant les temps éternels,

¹⁰et qui a été manifestée maintenant par l'apparition de notre Sauveur Jésus Christ, qui a détruit la mort et a mis en évidence la vie et l'immortalité par l'Évangile.

¹¹C'est pour cet Évangile que j'ai été établi prédicateur et apôtre, chargé d'instruire les païens.

¹²Et c'est à cause de cela que je souffre ces choses; mais j'en ai point honte, car je sais en qui j'ai cru, et je suis persuadé qu'il a la puissance de garder mon dépôt jusqu'à ce jour-là.

¹³Retiens dans la foi et dans la charité qui est en Jésus Christ le modèle des saines paroles que tu as reçues de moi.

¹⁴Garde le bon dépôt, par le Saint Esprit qui habite en nous.

¹⁵Tu sais que tous ceux qui sont en Asie m'ont abandonné, entre autres Phygelle et Hermogène.

¹⁶Que le Seigneur répande sa miséricorde sur la maison d'Onésiphore, car il m'a souvent consolé, et il n'a pas eu honte de mes chaînes;

¹⁷au contraire, lorsqu'il est venu à Rome, il m'a cherché avec beaucoup d'empressement, et il m'a trouvé.

¹⁸Que le Seigneur lui donne d'obtenir miséricorde auprès du Seigneur en ce jour-là. Tu sais mieux que personne combien de services il m'a rendus à Éphèse.

Chapitre 2

¹Toi donc, mon enfant, fortifie-toi dans la grâce qui est en Jésus Christ.

²Et ce que tu as entendu de moi en présence de beaucoup de témoins, confie-le à des hommes fidèles, qui soient capables de l'enseigner aussi à d'autres.

³Souffre avec moi, comme un bon soldat de Jésus Christ.

⁴Il n'est pas de soldat qui s'embarrasse des affaires de la vie, s'il veut plaire à celui qui l'a enrôlé;

⁵et l'athlète n'est pas couronné, s'il n'a combattu suivant les règles.

⁶Il faut que le laboureur travaille avant de recueillir les fruits.

⁷Comprends ce que je dis, car le Seigneur te donnera de l'intelligence en toutes choses.

⁸Souviens-toi de Jésus Christ, issu de la postérité de David, ressuscité des morts, selon mon Évangile,

⁹pour lequel je souffre jusqu'à être lié comme un malfaiteur. Mais la parole de Dieu n'est pas liée.

¹⁰C'est pourquoi je supporte tout à cause des élus, afin qu'eux aussi obtiennent le salut qui est en Jésus Christ, avec la gloire éternelle.

¹¹Cette parole est certaine: Si nous sommes morts avec lui, nous vivrons aussi avec lui;

¹²si nous persévérons, nous régnerons aussi avec lui; si nous le renions, lui aussi nous reniera;

¹³si nous sommes infidèles, il demeure fidèle, car il ne peut se renier lui-même.

¹⁴Rappelle ces choses, en conjurant devant Dieu qu'on évite les disputes de mots, qui ne servent qu'à la ruine de ceux qui écoutent.

¹⁵Efforce-toi de te présenter devant Dieu comme un homme éprouvé, un ouvrier qui n'a point à rougir, qui dispense droitement la parole de la vérité.

¹⁶Évite les discours vains et profanes; car ceux qui les tiennent avanceront toujours plus dans l'impiété, et leur parole rongera comme la gangrène.

¹⁷De ce nombre sont Hyménée et Philète,

¹⁸qui se sont détournés de la vérité, disant que la résurrection est déjà arrivée, et qui renversent le foi de quelques uns.

¹⁹Néanmoins, le solide fondement de Dieu reste debout, avec ces paroles qui lui servent de sceau: Le Seigneur connaît ceux qui lui appartiennent; et: Quiconque prononce le nom du Seigneur, qu'il s'éloigne de l'iniquité.

²⁰Dans une grande maison, il n'y a pas seulement des vases d'or et d'argent, mais il y en a aussi de bois et de terre; les uns sont des vases d'honneur, et les autres sont d'un usage vil.

²¹Si donc quelqu'un se conserve pur, en s'abstenant de ces choses, il sera un vase d'honneur, sanctifié, utile à son maître, propre à toute bonne oeuvre.

²²Fuis les passions de la jeunesse, et recherche la justice, la foi, la charité, la paix, avec ceux qui invoquent le Seigneur d'un coeur pur.

²³Repousse les discussions folles et inutiles, sachant qu'elles font naître des querelles.

²⁴Or, il ne faut pas qu'un serviteur du Seigneur ait des querelles; il doit, au contraire, avoir de la condescendance pour tous, être propre à enseigner, doué de patience;

²⁵il doit redresser avec douceur les adversaires, dans l'espérance que Dieu leur donnera la repentance pour arriver à la connaissance de la vérité,

²⁶et que, revenus à leur bon sens, ils se dégageront des pièges du diable, qui s'est emparé d'eux pour les soumettre à sa volonté.

Chapitre 3

¹Sache que, dans les derniers jours, il y aura des temps difficiles.

²Car les hommes seront égoïstes, amis de l'argent, fanfarons, hautains, blasphémateurs, rebelles à leurs parents, ingrats, irréligieux,

³insensibles, déloyaux, calomniateurs, intempérants, cruels, ennemis des gens de bien,

⁴traîtres, emportés, enflés d'orgueil, aimant le plaisir plus que Dieu,

⁵ayant l'apparence de la piété, mais reniant ce qui en fait la force. Éloigne-toi de ces hommes-là.

⁶Il en est parmi eux qui s'introduisent dans les maisons, et qui captivent des femmes d'un esprit faible et borné, chargées de péchés, agitées par des passions de toute espèce,

⁷apprenant toujours et ne pouvant jamais arriver à la connaissance de la vérité.

⁸De même que Jannès et Jambrès s'opposèrent à Moïse, de même ces hommes s'opposent à la vérité, étant corrompus d'entendement, réprouvés en ce qui concerne la foi.

⁹Mais ils ne feront pas de plus grands progrès; car leur folie sera manifeste pour tous, comme le fut celle de ces deux hommes.

¹⁰Pour toi, tu as suivi de près mon enseignement, ma conduite, mes résolutions, ma foi, ma douceur, ma charité, ma constance,

¹¹mes persécutions, mes souffrances. A quelles souffrances n'ai-je pas été exposé à Antioche, à Icone, à Lystre? Quelles persécutions n'ai-je pas supportées? Et le Seigneur m'a délivré de toutes.

¹²Or, tous ceux qui veulent vivre pieusement en Jésus Christ seront persécutés.

¹³Mais les homme méchants et imposteurs avanceront toujours plus dans le mal, égarants les autres et égarés eux-mêmes.

¹⁴Toi, demeure dans les choses que tu as apprises, et reconnues certaines, sachant de qui tu les as apprises;

¹⁵dès ton enfance, tu connais les saintes lettres, qui peuvent te rendre sage à salut par la foi en Jésus Christ.

¹⁶Toute Écriture est inspirée de Dieu, et utile pour enseigner, pour convaincre, pour corriger, pour instruire dans la justice,

¹⁷afin que l'homme de Dieu soit accompli et propre à toute bonne oeuvre.

Chapitre 4

¹Je t'en conjure devant Dieu et devant Jésus Christ, qui doit juger les vivants et les morts, et au nom de son apparition et de son royaume,
²prêche la parole, insiste en toute occasion, favorable ou non, reprends, censure, exhorte, avec toute douceur et en instruisant.
³Car il viendra un temps où les hommes ne supporteront pas la saine doctrine; mais, ayant la démangeaison d'entendre des choses agréables, ils se donneront une foule de docteurs selon leurs propres désirs,
⁴détourneront l'oreille de la vérité, et se tourneront vers les fables.
⁵Mais toi, sois sobre en toutes choses, supporte les souffrances, fais l'oeuvre d'un évangéliste, remplis bien ton ministère.
⁶Car pour moi, je sers déjà de libation, et le moment de mon départ approche.
⁷J'ai combattu le bon combat, j'ai achevé la course, j'ai gardé la foi.
⁸Désormais la couronne de justice m'est réservée; le Seigneur, le juste juge, me le donnera dans ce jour-là, et non seulement à moi, mais encore à tous ceux qui auront aimé son avènement.
⁹Viens au plus tôt vers moi;
¹⁰car Démas m'a abandonné, par amour pour le siècle présent, et il est parti pour Thessalonique; Crescens est allé en Galatie, Tite en Dalmatie.
¹¹Luc seul est avec moi. Prends Marc, et amène-le avec toi, car il m'est utile pour le ministère.
¹²J'ai envoyé Tychique à Éphèse.
¹³Quand tu viendras, apporte le manteau que j'ai laissé à Troas chez Carpus, et les livres, surtout les parchemins.
¹⁴Alexandre, le forgeron, m'a fait beaucoup de mal. Le Seigneur lui rendra selon ses oeuvres.
¹⁵Garde-toi aussi de lui, car il s'est fortement opposé à nos paroles.
¹⁶Dans ma première défense, personne ne m'a assisté, mais tous m'ont abandonné. Que cela ne leur soit point imputé!
¹⁷C'est le Seigneur qui m'a assisté et qui m'a fortifié, afin que la prédication fût accomplie par moi et que tous les païens l'entendissent. Et j'ai été délivré de la gueule du lion.
¹⁸Le Seigneur me délivrera de toute oeuvre mauvaise, et il me sauvera pour me faire entrer dans son royaume céleste. A lui soit la gloire aux siècles des siècles! Amen!
¹⁹Salue Prisca et Aquilas, et la famille d'Onésiphore.
²⁰Éraste est resté à Corinthe, et j'ai laissé Trophime malade à Milet.
²¹Tâche de venir avant l'hiver. Eubulus, Pudens, Linus, Claudia, et tous les frères te saluent.
²²Que le Seigneur soit avec ton esprit! Que la grâce soit avec vous!

Tite

Chapitre 1

¹Paul, serviteur de Dieu, et apôtre de Jésus Christ pour la foi des élus de Dieu et la connaissance de la vérité qui est selon la piété, -

²lesquelles reposent sur l'espérance de la vie éternelle, promise dès les plus anciens temps par le Dieu qui ne ment point,

³et qui a manifesté sa parole en son temps par la prédication qui m'a été confiée d'après l'ordre de Dieu notre Sauveur, -

⁴à Tite, mon enfant légitime en notre commune foi: que la grâce et la paix te soient données de la part de Dieu le Père et de Jésus Christ notre Sauveur!

⁵Je t'ai laissé en Crète, afin que tu mettes en ordre ce qui reste à régler, et que, selon mes instructions, tu établisses des anciens dans chaque ville,

⁶s'il s'y trouve quelque homme irréprochable, mari d'une seul femme, ayant des enfants fidèles, qui ne soient ni accusés de débauche ni rebelles.

⁷Car il faut que l'évêque soit irréprochable, comme économe de Dieu; qu'il ne soit ni arrogant, ni colère, ni adonné au vin, ni violent, ni porté à un gain déshonnête;

⁸mais qu'il soit hospitalier, ami des gens de bien, modéré, juste, saint, tempérant,

⁹attaché à la vraie parole telle qu'elle a été enseignée, afin d'être capable d'exhorter selon la saine doctrine et de réfuter les contradicteurs.

¹⁰Il y a, en effet, surtout parmi les circoncis, beaucoup de gens rebelles, de vains discoureurs et de séducteurs,

¹¹auxquels il faut fermer la bouche. Ils bouleversent des familles entières, enseignant pour un gain honteux ce qu'on ne doit pas enseigner.

¹²L'un d'entre eux, leur propre prophète, a dit: Crétois toujours menteurs, méchantes bêtes, ventres paresseux.

¹³Ce témoignage est vrai. C'est pourquoi reprends-les sévèrement, afin qu'ils aient une foi saine,

¹⁴et qu'ils ne s'attachent pas à des fables judaïques et à des commandements d'hommes qui se détournent de la vérité.

¹⁵Tout est pur pour ceux qui sont purs; mais rien n'est pur pour ceux qui sont souillées et incrédules; leur intelligence et leur conscience sont souillés.

¹⁶Ils font profession de connaître Dieu, mais ils le renient par leurs oeuvres, étant abominables, rebelles, et incapables d'aucune bonne oeuvre.

Chapitre 2

¹Pour toi, dis les choses qui sont conformes à la saine doctrine.

²Dis que les vieillards doivent être sobres, honnêtes, modérés, sains dans la foi, dans la charité, dans la patience.

³Dis que les femmes âgées doivent aussi avoir l'extérieur qui convient à la sainteté, n'être ni médisantes, ni adonnées au vin; qu'elles doivent donner de bonnes instructions,

⁴dans le but d'apprendre aux jeunes femmes à aimer leurs maris et leurs enfants,

⁵à être retenues, chastes, occupées aux soins domestiques, bonnes, soumises à leurs maris, afin que la parole de Dieu ne soit pas blasphémée.

⁶Exhorte de même les jeunes gens à être modérés,

⁷te montrant toi-même à tous égards un modèle de bonnes oeuvres, et donnant un enseignement pur, digne,

⁸une parole saine, irréprochable, afin que l'adversaire soit confus, n'ayant aucun mal à dire de nous.

⁹Exhorte les serviteurs à être soumis à leurs maîtres, à leur plaire en toutes choses, à n'être point contredisants,

¹⁰à ne rien dérober, mais à montrer toujours une parfaite fidélité, afin de faire honorer en tout la doctrine de Dieu notre Sauveur.

¹¹Car la grâce de Dieu, source de salut pour tous les hommes, a été manifestée.

¹²Elle nous enseigne à renoncer à l'impiété et aux convoitises mondaines, et à vivre dans le siècle présent selon la sagesse, la justice et la piété,

¹³en attendant la bienheureuse espérance, et la manifestation de la gloire du grand Dieu et de notre Sauveur Jésus Christ,

¹⁴qui s'est donné lui-même pour nous, afin de nous racheter de toute iniquité, et de se faire un peuple qui lui appartienne, purifié par lui et zélé pour les bonnes oeuvres.

¹⁵Dis ces choses, exhorte, et reprends, avec une pleine autorité. Que personne ne te méprise.

Chapitre 3

¹Rappelle-leur d'être soumis aux magistrats et aux autorités, d'obéir, d'être prêts à toute bonne oeuvre,

²de ne médire de personne, d'être pacifiques, modérés, pleins de douceur envers tous les hommes.

³Car nous aussi, nous étions autrefois insensés, désobéissants, égarés, asservis à toute espèce de convoitises et de voluptés, vivant dans la méchanceté et dans l'envie, dignes d'être haïs, et nous haïssant les uns les autres.

⁴Mais, lorsque la bonté de Dieu notre Sauveur et son amour pour les hommes ont été manifestés,

⁵il nous a sauvés, non à cause des oeuvres de justice que nous aurions faites, mais selon sa miséricorde, par le baptême de la régénération et le renouvellement du Saint Esprit,

⁶qu'il a répandu sur nous avec abondance par Jésus Christ notre Sauveur,

⁷afin que, justifiés par sa grâce, nous devenions, en espérance, héritiers de la vie éternelle.

⁸Cette parole est certaine, et je veux que tu affirmes ces choses, afin que ceux qui ont cru en Dieu s'appliquent à pratiquer de bonnes oeuvres.

⁹Voilà ce qui est bon et utile aux hommes. Mais évite les discussions folles, les généalogies, les querelles, les disputes relatives à la loi; car elles sont inutiles et vaines.

¹⁰Éloigne de toi, après un premier et un second avertissement, celui qui provoque des divisions,

¹¹sachant qu'un homme de cette espèce est perverti, et qu'il pèche, en se condamnant lui-même.

¹²Lorsque je t'enverrai Artémas ou Tychique, hâte-toi de venir me rejoindre à Nicopolis; car c'est là que j'ai résolu de passer l'hiver.

¹³Aie soin de pourvoir au voyage de Zénas, le docteur de la loi, et d'Apollos, en sorte que rien ne leur manque.

¹⁴Il faut que les nôtres aussi apprennent à pratiquer de bonnes oeuvres pour subvenir aux besoins pressants, afin qu'ils ne soient pas sans produire des fruits.

¹⁵Tous ceux qui sont avec moi te saluent. Salue ceux qui nous aiment dans la foi. Que la grâce soit avec vous tous!

Philémon

¹Paul, prisonnier de Jésus Christ, et le frère Timothée, à Philémon, notre bien-aimé et notre compagnon d'oeuvre,

²à la soeur Apphia, à Archippe, notre compagnon de combat, et à l'Église qui est dans ta maison:

³que la grâce et la paix vous soient données de la part de Dieu notre Père et du Seigneur Jésus Christ!

⁴Je rends continuellement grâces à mon Dieu, faisant mention de toi dans mes prières,

⁵parce que je suis informé de la foi que tu as au Seigneur Jésus et de ta charité pour tous les saints.

⁶Je lui demande que ta participation à la foi soit efficace pour la cause de Christ, en faisant reconnaître en nous toute espèce de bien.

⁷J'ai, en effet, éprouvé beaucoup de joie et de consolation au sujet de ta charité; car par toi, frère, le coeur des saints a été tranquillisé.

⁸C'est pourquoi, bien que j'aie en Christ toute liberté de te prescrire ce qui est convenable,

⁹c'est de préférence au nom de la charité que je t'adresse une prière, étant ce que je suis, Paul, vieillard, et de plus maintenant prisonnier de Jésus Christ.

¹⁰Je te prie pour mon enfant, que j'ai engendré étant dans les chaînes, Onésime,

¹¹qui autrefois t'a été inutile, mais qui maintenant est utile, et à toi et à moi.

¹²Je te le renvoie lui, mes propres entrailles.

¹³J'aurais désiré le retenir auprès de moi, pour qu'il me servît à ta place, pendant que je suis dans les chaînes pour l'Évangile.

¹⁴Toutefois, je n'ai rien voulu faire sans ton avis, afin que ton bienfait ne soit pas comme forcé, mais qu'il soit volontaire.

¹⁵Peut-être a-t-il été séparé de toi pour un temps, afin que tu le recouvres pour l'éternité,

¹⁶non plus comme un esclave, mais comme supérieur à un esclave, comme un frère bien-aimé, de moi particulièrement, et de toi à plus forte raison, soit dans la chair, soit dans le Seigneur.

¹⁷Si donc tu me tiens pour ton ami, reçois-le comme moi-même.

¹⁸Et s'il t'a fait quelque tort, ou s'il te doit quelque chose, mets-le sur mon compte.

¹⁹Moi Paul, je l'écris de ma propre main, -je paierai, pour ne pas te dire que tu te dois toi-même à moi.

²⁰Oui, frère, que j'obtienne de toi cet avantage, dans le Seigneur; tranquillise mon coeur en Christ.

²¹C'est en comptant sur ton obéissance que je t'écris, sachant que tu feras même au delà de ce que je dis.

²²En même temps, prépare-moi un logement, car j'espère vous être rendu, grâce à vos prières.

²³Épaphras, mon compagnon de captivité en Jésus Christ,

²⁴te salue, ainsi que Marc, Aristarque, Démas, Luc, mes compagnons d'oeuvre.

²⁵Que la grâce de notre Seigneur Jésus Christ soit avec votre esprit!

Hébreux

Chapitre 1

¹Après avoir autrefois, à plusieurs reprises et de plusieurs manières, parlé à nos pères par les prophètes,

²Dieu, dans ces derniers temps, nous a parlé par le Fils, qu'il a établi héritier de toutes choses, par lequel il a aussi créé le monde,

³et qui, étant le reflet de sa gloire et l'empreinte de sa personne, et soutenant toutes choses par sa parole puissante, a fait la purification des péchés et s'est assis à la droite de la majesté divine dans les lieux très hauts,

⁴devenu d'autant supérieur aux anges qu'il a hérité d'un nom plus excellent que le leur.

⁵Car auquel des anges Dieu a-t-il jamais dit: Tu es mon Fils, Je t'ai engendré aujourd'hui? Et encore: Je serai pour lui un père, et il sera pour moi un fils?

⁶Et lorsqu'il introduit de nouveau dans le monde le premier-né, il dit: Que tous les anges de Dieu l'adorent!

⁷De plus, il dit des anges: Celui qui fait de ses anges des vents, Et de ses serviteurs une flamme de feu.

⁸Mais il a dit au Fils: Ton trône, ô Dieu est éternel; Le sceptre de ton règne est un sceptre d'équité;

⁹Tu as aimé la justice, et tu as haï l'iniquité; C'est pourquoi, ô Dieu, ton Dieu t'a oint D'une huile de joie au-dessus de tes égaux.

¹⁰Et encore: Toi, Seigneur, tu as au commencement fondé la terre, Et les cieux sont l'ouvrage de tes mains;

¹¹Ils périront, mais tu subsistes; Ils vieilliront tous comme un vêtement,

¹²Tu les rouleras comme un manteau et ils seront changés; Mais toi, tu restes le même, Et tes années ne finiront point.

¹³Et auquel des anges a-t-il jamais dit: Assieds-toi à ma droite, jusqu'à ce que je fasse de tes ennemis ton marchepied?

¹⁴Ne sont-ils pas tous des esprits au service de Dieu, envoyés pour exercer un ministère en faveur de ceux qui doivent hériter du salut?

Chapitre 2

¹C'est pourquoi nous devons d'autant plus nous attacher aux choses que nous avons entendues, de peur que nous ne soyons emportés loin d'elles.

²Car, si la parole annoncée par des anges a eu son effet, et si toute transgression et toute désobéissance a reçu une juste rétribution,

³comment échapperons-nous en négligeant un si grand salut, qui, annoncé d'abord par le Seigneur, nous a été confirmé par ceux qui l'ont entendu,

⁴Dieu appuyant leur témoignage par des signes, des prodiges, et divers miracles, et par les dons du Saint Esprit distribués selon sa volonté.

⁵En effet, ce n'est pas à des anges que Dieu a soumis le monde à venir dont nous parlons.

⁶Or quelqu'un a rendu quelque part ce témoignage: Qu'est-ce que l'homme, pour que tu te souviennes de lui, Ou le fils de l'homme pour que tu prennes soin de lui?

⁷Tu l'as abaissé pour un peu de temps au-dessous des anges, Tu l'as couronné de gloire et d'honneur,

⁸Tu as mis toutes choses sous ses pieds. En effet, en lui soumettant toutes choses, Dieu n'a rien laissé qui ne lui fût soumis. Cependant, nous ne voyons pas encore maintenant que toutes choses lui soient soumises.

⁹Mais celui qui a été abaissé pour un peu de temps au-dessous des anges, Jésus, nous le voyons couronné de gloire et d'honneur à cause de la mort qu'il a soufferte, afin que, par la grâce de Dieu, il souffrît la mort pour tous.

¹⁰Il convenait, en effet, que celui pour qui et par qui sont toutes choses, et qui voulait conduire à la gloire beaucoup de fils, élevât à la perfection par les souffrances le Prince de leur salut.

¹¹Car celui qui sanctifie et ceux qui sont sanctifiés sont tous issus d'un seul. C'est pourquoi il n'a pas honte de les appeler frères,

¹²lorsqu'il dit: J'annoncerai ton nom à mes frères, Je te célébrerai au milieu de l'assemblée.

¹³Et encore: Je me confierai en toi. Et encore: Me voici, moi et les enfants que Dieu m'a donnés.

¹⁴Ainsi donc, puisque les enfants participent au sang et à la chair, il y a également participé lui-même, afin que, par la mort, il anéantît celui qui a la puissance de la mort, c'est à dire le diable,

¹⁵et qu'il délivrât tous ceux qui, par crainte de la mort, étaient toute leur vie retenus dans la servitude.

¹⁶Car assurément ce n'est pas à des anges qu'il vient en aide, mais c'est à la postérité d'Abraham.

¹⁷En conséquence, il a dû être rendu semblable en toutes choses à ses frères, afin qu'il fût un souverain sacrificateur miséricordieux et fidèle dans le service de Dieu, pour faire l'expiation des péchés du peuple;

¹⁸car, ayant été tenté lui-même dans ce qu'il a souffert, il peut secourir ceux qui sont tentés.

Chapitre 3

¹C'est pourquoi, frères saints, qui avez part à la vocation céleste, considérez l'apôtre et le souverain sacrificateur de la foi que nous professons,

²Jésus, qui a été fidèle à celui qui l'a établi, comme le fut Moïse dans toute sa maison.

³Car il a été jugé digne d'une gloire d'autant supérieure à celle de Moïse que celui qui a construit une maison a plus d'honneur que la maison même.

⁴Chaque maison est construite par quelqu'un, mais celui qui a construit toutes choses, c'est Dieu.

⁵Pour Moïse, il a été fidèle dans toute la maison de Dieu, comme serviteur, pour rendre témoignage de ce qui devait être annoncé;

⁶mais Christ l'est comme Fils sur sa maison; et sa maison, c'est nous, pourvu que nous retenions jusqu'à la fin la ferme confiance et l'espérance dont nous nous glorifions.

⁷C'est pourquoi, selon ce que dit le Saint Esprit: Aujourd'hui, si vous entendez sa voix,

⁸N'endurcissez pas vos coeurs, comme lors de la révolte, Le jour de la tentation dans le désert,

⁹Où vos pères me tentèrent, Pour m'éprouver, et ils virent mes oeuvres Pendant quarante ans.

¹⁰Aussi je fus irrité contre cette génération, et je dis: Ils ont toujours un coeur qui s'égare. Ils n'ont pas connu mes voies.

¹¹Je jurai donc dans ma colère: Ils n'entreront pas dans mon repos!

¹²Prenez garde, frère, que quelqu'un de vous n'ait un coeur mauvais et incrédule, au point de se détourner du Dieu vivant.

¹³Mais exhortez-vous les uns les autres chaque jour, aussi longtemps qu'on peut dire: Aujourd'hui! afin qu'aucun de vous ne s'endurcisse par la séduction du péché.

¹⁴Car nous sommes devenus participants de Christ, pourvu que nous retenions fermement jusqu'à la fin l'assurance que nous avions au commencement,

¹⁵pendant qu'il est dit: Aujourd'hui, si vous entendez sa voix, N'endurcissez pas vos coeurs, comme lors de la révolte.

¹⁶Qui furent, en effet, ceux qui se révoltèrent après l'avoir entendue, sinon tous ceux qui étaient sortis d'Égypte sous la conduite de Moïse?

¹⁷Et contre qui Dieu fut-il irrité pendant quarante ans, sinon contre ceux qui péchaient, et dont les cadavres tombèrent dans le désert?

¹⁸Et à qui jura-t-il qu'ils n'entreraient pas dans son repos, sinon à ceux qui avaient désobéi?

¹⁹Aussi voyons-nous qu'ils ne purent y entrer à cause de leur incrédulité.

Chapitre 4

¹Craignons donc, tandis que la promesse d'entrer dans son repos subsiste encore, qu'aucun de vous ne paraisse être venu trop tard.

²Car cette bonne nouvelle nous a été annoncée aussi bien qu'à eux; mais la parole qui leur fut annoncée ne leur servit de rien, parce qu'elle ne trouva pas de la foi chez ceux qui l'entendirent.

³Pour nous qui avons cru, nous entrons dans le repos, selon qu'il dit: Je jurai dans ma colère: Ils n'entreront pas dans mon repos! Il dit cela, quoique ses oeuvres eussent été achevées depuis la création du monde.

⁴Car il a parlé quelque part ainsi du septième jour: Et Dieu se reposa de toutes ses oeuvres le septième jour.

⁵Et ici encore: Ils n'entreront pas dans mon repos!

⁶Or, puisqu'il est encore réservé à quelques-uns d'y entrer, et que ceux à qui d'abord la promesse a été faite n'y sont pas entrés à cause de leur désobéissance,

⁷Dieu fixe de nouveau un jour-aujourd'hui-en disant dans David si longtemps après, comme il est dit plus haut: Aujourd'hui, si vous entendez sa voix, N'endurcissez pas vos coeurs.

⁸Car, si Josué leur eût donné le repos, il ne parlerait pas après cela d'un autre jour.

⁹Il y a donc un repos de sabbat réservé au peuple de Dieu.

¹⁰Car celui qui entre dans le repos de Dieu se repose de ses oeuvres, comme Dieu s'est reposé des siennes.

¹¹Efforçons-nous donc d'entrer dans ce repos, afin que personne ne tombe en donnant le même exemple de désobéissance.

¹²Car la parole de Dieu est vivante et efficace, plus tranchante qu'une épée quelconque à deux tranchants, pénétrante jusqu'à partager âme et esprit, jointures et moelles; elle juge les sentiments et les pensées du coeur.

¹³Nulle créature n'est cachée devant lui, mais tout est à nu et à découvert aux yeux de celui à qui nous devons rendre compte.

¹⁴Ainsi, puisque nous avons un grand souverain sacrificateur qui a traversé les cieux, Jésus, le Fils de Dieu, demeurons fermes dans la foi que nous professons.

¹⁵Car nous n'avons pas un souverain sacrificateur qui ne puisse compatir à nos faiblesses; au contraire, il a été tenté comme nous en toutes choses, sans commettre de péché.

¹⁶Approchons-nous donc avec assurance du trône de la grâce afin d'obtenir miséricorde et de trouver grâce, pour être secourus dans nos besoins.

Chapitre 5

¹En effet, tout souverain sacrificateur pris du milieu des hommes est établi pour les hommes dans le service de Dieu, afin de présenter des offrandes et des sacrifice pour les péchés.

²Il peut être indulgent pour les ignorants et les égarés, puisque la faiblesse est aussi son partage.

³Et c'est à cause de cette faiblesse qu'il doit offrir des sacrifices pour ses propres péchés, comme pour ceux du peuple.

⁴Nul ne s'attribue cette dignité, s'il n'est appelé de Dieu, comme le fut Aaron.

⁵Et Christ ne s'est pas non plus attribué la gloire de devenir souverain sacrificateur, mais il la tient de celui qui lui a dit: Tu es mon Fils, Je t'ai engendré aujourd'hui!

⁶Comme il dit encore ailleurs: Tu es sacrificateur pour toujours, Selon l'ordre de Melchisédek.

⁷C'est lui qui, dans les jours de sa chair, ayant présenté avec de grands cris et avec larmes des prières et des supplications à celui qui pouvait le sauver de la mort, et ayant été exaucé à cause de sa piété,

⁸a appris, bien qu'il fût Fils, l'obéissance par les choses qu'il a souffertes,

⁹et qui, après avoir été élevé à la perfection, est devenu pour tous ceux qui lui obéissent l'auteur d'un salut éternel,

¹⁰Dieu l'ayant déclaré souverain sacrificateur selon l'ordre de Melchisédek.

¹¹Nous avons beaucoup à dire là-dessus, et des choses difficiles à expliquer, parce que vous êtes devenus lents à comprendre.

¹²Vous, en effet, qui depuis longtemps devriez être des maîtres, vous avez encore besoin qu'on vous enseigne les premiers rudiments des oracles de Dieu, vous en êtes venus à avoir besoin de lait et non d'une nourriture solide.

¹³Or, quiconque en est au lait n'a pas l'expérience de la parole de justice; car il est un enfant.

¹⁴Mais la nourriture solide est pour les hommes faits, pour ceux dont le jugement est exercé par l'usage à discerner ce qui est bien et ce qui est mal.

Chapitre 6

¹C'est pourquoi, laissant les éléments de la parole de Christ, tendons à ce qui est parfait, sans poser de nouveau le fondement du renoncement aux oeuvres mortes,

²de la foi en Dieu, de la doctrine des baptêmes, de l'imposition des mains, de la résurrection des morts, et du jugement éternel.

³C'est ce que nous ferons, si Dieu le permet.

⁴Car il est impossible que ceux qui ont été une fois éclairés, qui ont goûté le don céleste, qui ont eu part au Saint Esprit,

⁵qui ont goûté la bonne parole de Dieu et les puissances du siècle à venir,

⁶et qui sont tombés, soient encore renouvelés et amenés à la repentance, puisqu'ils crucifient pour leur part le Fils de Dieu et l'exposent à l'ignominie.

⁷Lorsqu'une terre est abreuvée par la pluie qui tombe souvent sur elle, et qu'elle produit une herbe utile à ceux pour qui elle est cultivée, elle participe à la bénédiction de Dieu;

⁸mais, si elle produit des épines et des chardons, elle est réprouvée et près d'être maudite, et on finit par y mettre le feu.

⁹Quoique nous parlions ainsi, bien-aimés, nous attendons, pour ce qui vous concerne, des choses meilleures et favorables au salut.

¹⁰Car Dieu n'est pas injuste, pour oublier votre travail et l'amour que vous avez montré pour son nom, ayant rendu et rendant encore des services aux saints.

¹¹Nous désirons que chacun de vous montre le même zèle pour conserver jusqu'à la fin une pleine espérance,

¹²en sorte que vous ne vous relâchiez point, et que voue imitiez ceux qui, par la foi et la persévérance, héritent des promesses.

¹³Lorsque Dieu fit la promesse à Abraham, ne pouvant jurer par un plus grand que lui, il jura par lui-même, et dit:

¹⁴Certainement je te bénirai et je multiplierai ta postérité.

¹⁵Et c'est ainsi qu'Abraham, ayant persévéré, obtint l'effet de la promesse.

¹⁶Or les hommes jurent par celui qui est plus grand qu'eux, et le serment est une garantie qui met fin à toutes leurs différends.

¹⁷C'est pourquoi Dieu, voulant montrer avec plus d'évidence aux héritiers de la promesse l'immutabilité de sa résolution, intervint par un serment,

¹⁸afin que, par deux choses immuables, dans lesquelles il est impossible que Dieu mente, nous trouvions un puissant encouragement, nous dont le seul refuge a été de saisir l'espérance qui nous était proposée.

¹⁹Cette espérance, nous la possédons comme une ancre de l'âme, sûre et solide; elle pénètre au delà du voile,

²⁰là où Jésus est entré pour nous comme précurseur, ayant été fait souverain sacrificateur pour toujours, selon l'ordre de Melchisédek.

Chapitre 7

¹En effet, ce Melchisédek, roi de Salem, sacrificateur du Dieu Très Haut, -qui alla au-devant d'Abraham lorsqu'il revenait de la défaite des rois, qui le bénit,

²et à qui Abraham donna la dîme de tout, -qui est d'abord roi de justice, d'après la signification de son nom, ensuite roi de Salem, c'est-à-dire roi de paix, -

³qui est sans père, sans mère, sans généalogie, qui n'a ni commencement de jours ni fin de vie, -mais qui est rendu semblable au Fils de Dieu, -ce Melchisédek demeure sacrificateur à perpétuité.

⁴Considérez combien est grand celui auquel le patriarche Abraham donna la dîme du butin.

⁵Ceux des fils de Lévi qui exercent le sacerdoce ont, d'après la loi, l'ordre de lever la dîme sur le peuple, c'est-à-dire, sur leurs frères, qui cependant sont issus des reins d'Abraham;

⁶et lui, qui ne tirait pas d'eux son origine, il leva la dîme sur Abraham, et il bénit celui qui avait les promesses.

⁷Or c'est sans contredit l'inférieur qui est béni par le supérieur.

⁸Et ici, ceux qui perçoivent la dîme sont des hommes mortels; mais là, c'est celui dont il est attesté qu'il est vivant.

⁹De plus, Lévi, qui perçoit la dîme, l'a payée, pour ainsi dire, par Abraham;

¹⁰car il était encore dans les reins de son père, lorsque Melchisédek alla au-devant d'Abraham.

¹¹Si donc la perfection avait été possible par le sacerdoce Lévitique, -car c'est sur ce sacerdoce que repose la loi donnée au peuple, -qu'était-il encore besoin qu'il parût un autre sacrificateur selon l'ordre de Melchisédek, et non selon l'ordre d'Aaron?

¹²Car, le sacerdoce étant changé, nécessairement aussi il y a un changement de loi.

¹³En effet, celui de qui ces choses sont dites appartient à une autre tribu, dont aucun membre n'a fait le service de l'autel;

¹⁴car il est notoire que notre Seigneur est sorti de Juda, tribu dont Moïse n'a rien dit pour ce qui concerne le sacerdoce.

¹⁵Cela devient plus évident encore, quand il paraît un autre sacrificateur à la ressemblance de Melchisédek,

¹⁶institué, non d'après la loi d'une ordonnance charnelle, mais selon la puissance d'une vie impérissable;

¹⁷car ce témoignage lui est rendu: Tu es sacrificateur pour toujours Selon l'ordre de Melchisédek.

¹⁸Il y a ainsi abolition d'une ordonnance antérieure, à cause de son impuissance et de son inutilité,

¹⁹-car la loi n'a rien amené à la perfection, -et introduction d'une meilleure espérance, par laquelle nous nous approchons de Dieu.

²⁰Et, comme cela n'a pas eu lieu sans serment,

²¹-car, tandis que les Lévites sont devenus sacrificateurs sans serment, Jésus l'est devenu avec serment par celui qui lui a dit: Le Seigneur a juré, et il ne se repentira pas: Tu es sacrificateur pour toujours, Selon l'ordre de Melchisédek. -

²²Jésus est par cela même le garant d'une alliance plus excellente.

²³De plus, il y a eu des sacrificateurs en grand nombre, parce que la mort les empêchait d'être permanents.

²⁴Mais lui, parce qu'il demeure éternellement, possède un sacerdoce qui n'est pas transmissible.

²⁵C'est aussi pour cela qu'il peut sauver parfaitement ceux qui s'approchent de Dieu par lui, étant toujours vivant pour intercéder en leur faveur.

²⁶Il nous convenait, en effet, d'avoir un souverain sacrificateur comme lui, saint, innocent, sans tache, séparé des pécheurs, et plus élevé que les cieux,

²⁷qui n'a pas besoin, comme les souverains sacrificateurs, d'offrir chaque jour des sacrifices, d'abord pour ses propres péchés, ensuite pour ceux du peuple, -car ceci, il l'a fait une fois pour toutes en s'offrant lui-même.

²⁸En effet, la loi établit souverains sacrificateurs des hommes sujets à la faiblesse; mais la parole du serment qui a été fait après la loi établit le Fils, qui est parfait pour l'éternité.

Chapitre 8

¹Le point capital de ce qui vient d'être dit, c'est que nous avons un tel souverain sacrificateur, qui s'est assis à la droite du trône de la majesté divine dans les cieux,

²comme ministre du sanctuaire et du véritable tabernacle, qui a été dressé par le Seigneur et non par un homme.

³Tout souverain sacrificateur est établi pour présenter des offrandes et des sacrifices; d'où il est nécessaire que celui-ci ait aussi quelque chose à présenter.

⁴S'il était sur la terre, il ne serait pas même sacrificateur, puisque là sont ceux qui présentent des offrandes selon la loi,

⁵(lesquels célèbrent un culte, image et ombre des choses célestes, selon que Moïse en fut divinement averti lorsqu'il allait construire le tabernacle: Aie soin, lui fut-il dit, de faire tout d'après le modèle qui t'a été montré sur la montagne).

⁶Mais maintenant il a obtenu un ministère d'autant supérieur qu'il est le médiateur d'une alliance plus excellente, qui a été établie sur de meilleures promesses.

⁷En effet, si la première alliance avait été sans défaut, il n'aurait pas été question de la remplacer par une seconde.

⁸Car c'est avec l'expression d'un blâme que le Seigneur dit à Israël: Voici, les jours viennent, dit le Seigneur, Où je ferai avec la maison d'Israël et la maison de Juda Une alliance nouvelle,

⁹Non comme l'alliance que je traitai avec leurs pères, Le jour où je les saisis par la main Pour les faire sortir du pays d'Égypte; Car ils n'ont pas persévéré dans mon alliance, Et moi aussi je ne me suis pas soucié d'eux, dit le Seigneur.

¹⁰Mais voici l'alliance que je ferai avec la maison d'Israël, Après ces jours-là, dit le Seigneur: Je mettrai mes lois dans leur esprit, Je les écrirai dans leur coeur; Et je serai leur Dieu, Et ils seront mon peuple.

¹¹Aucun n'enseignera plus son concitoyen, Ni aucun son frère, en disant: Connais le Seigneur! Car tous me connaîtront, Depuis le plus petit jusqu'au plus grand d'entre eux;

¹²Parce que je pardonnerai leurs iniquités, Et que je ne me souviendrai plus de leurs péchés.

¹³En disant: une alliance nouvelle, il a déclaré la première ancienne; or, ce qui est ancien, ce qui a vieilli, est près de disparaître.

Chapitre 9

¹La première alliance avait aussi des ordonnances relatives au culte, et le sanctuaire terrestre.

²Un tabernacle fut, en effet, construit. Dans la partie antérieure, appelée le lieu saint, étaient le chandelier, la table, et les pains de proposition.

³Derrière le second voile se trouvait la partie du tabernacle appelée le saint des saints,

⁴renfermant l'autel d'or pour les parfums, et l'arche de l'alliance, entièrement recouverte d'or. Il y avait dans l'arche un vase d'or contenant la manne, la verge d'Aaron, qui avait fleuri, et les tables de l'alliance.

⁵Au-dessus de l'arche étaient les chérubins de la gloire, couvrant de leur ombre le propitiatoire. Ce n'est pas le moment de parler en détail là-dessus.

⁶Or, ces choses étant ainsi disposées, les sacrificateurs qui font le service entrent en tout temps dans la première partie du tabernacle;

⁷et dans la seconde le souverain sacrificateur seul entre une fois par an, non sans y porter du sang qu'il offre pour lui-même et pour les péchés du peuple.

⁸Le Saint Esprit montrait par là que le chemin du lieu très saint n'était pas encore ouvert, tant que le premier tabernacle subsistait.

⁹C'est une figure pour le temps actuel, où l'on présente des offrandes et des sacrifices qui ne peuvent rendre parfait sous le rapport de la conscience celui qui rend ce culte,

¹⁰et qui, avec les aliments, les boissons et les divers ablutions, étaient des ordonnances charnelles imposées seulement jusqu'à une époque de réformation.

¹¹Mais Christ est venu comme souverain sacrificateur des biens à venir; il a traversé le tabernacle plus grand et plus parfait, qui n'est pas construit de main d'homme, c'est-à-dire, qui n'est pas de cette création;

¹²et il est entré une fois pour toutes dans le lieu très saint, non avec le sang des boucs et des veaux, mais avec son propre sang, ayant obtenu une rédemption éternelle.

¹³Car si le sang des taureaux et des boucs, et la cendre d'une vache, répandue sur ceux qui sont souillés, sanctifient et procurent la pureté de la chair,

¹⁴combien plus le sang de Christ, qui, par un esprit éternel, s'est offert lui-même sans tache à Dieu, purifiera-t-il votre conscience des oeuvres mortes, afin que vous serviez le Dieu vivant!

¹⁵Et c'est pour cela qu'il est le médiateur d'une nouvelle alliance, afin que, la mort étant intervenue pour le rachat des transgressions commises sous la première alliance, ceux qui ont été appelés reçoivent l'héritage éternel qui leur a été promis.

¹⁶Car là où il y a un testament, il est nécessaire que la mort du testateur soit constatée.

¹⁷Un testament, en effet, n'est valable qu'en cas de mort, puisqu'il n'a aucune force tant que le testateur vit.

¹⁸Voilà pourquoi c'est avec du sang que même la première alliance fut inaugurée.

¹⁹Moïse, après avoir prononcé devant tout le peuple tous les commandements de la loi, prit le sang des veaux et des boucs, avec de l'eau, de la laine écarlate, et de l'hysope; et il fit l'aspersion sur le livre lui-même et sur tout le peuple, en disant:

²⁰Ceci est le sang de l'alliance que Dieu a ordonnée pour vous.

²¹Il fit pareillement l'aspersion avec le sang sur le tabernacle et sur tous les ustensiles du culte.

²²Et presque tout, d'après la loi, est purifié avec du sang, et sans effusion de sang il n'y a pas de pardon.

²³Il était donc nécessaire, puisque les images des choses qui sont dans les cieux devaient être purifiées de cette manière, que les choses célestes elles-mêmes le fussent par des sacrifices plus excellents que ceux-là.

²⁴Car Christ n'est pas entré dans un sanctuaire fait de main d'homme, en imitation du véritable, mais il est entré dans le ciel même, afin de comparaître maintenant pour nous devant la face de Dieu.

²⁵Et ce n'est pas pour s'offrir lui-même plusieurs fois qu'il y est entré, comme le souverain sacrificateur entre chaque année dans le sanctuaire avec du sang étranger.

²⁶autrement, il aurait fallu qu'il eût souffert plusieurs fois depuis la création du monde, tandis que maintenant, à la fin des siècles, il a paru une seul fois pour abolir le péché par son sacrifice.

²⁷Et comme il est réservé aux hommes de mourir une seul fois, après quoi vient le jugement,

²⁸de même Christ, qui s'est offert une seul fois pour porter les péchés de plusieurs, apparaîtra sans péché une seconde fois à ceux qui l'attendent pour leur salut.

Chapitre 10

¹En effet, la loi, qui possède une ombre des biens à venir, et non l'exacte représentation des choses, ne peut jamais, par les mêmes sacrifices qu'on offre perpétuellement chaque année, amener les assistants à la perfection.

²Autrement, n'aurait-on pas cessé de les offrir, parce que ceux qui rendent ce culte, étant une fois purifiés, n'auraient plus eu aucune conscience de leurs péchés?

³Mais le souvenir des péchés est renouvelé chaque année par ces sacrifices;

⁴car il est impossible que le sang des taureaux et des boucs ôte les péchés.

⁵C'est pourquoi Christ, entrant dans le monde, dit: Tu n'as voulu ni sacrifice ni offrande, Mais tu m'as formé un corps;

⁶Tu n'as agréé ni holocaustes ni sacrifices pour le péché.

⁷Alors j'ai dit: Voici, je viens (Dans le rouleau du livre il est question de moi) Pour faire, ô Dieu, ta volonté.

⁸Après avoir dit d'abord: Tu n'as voulu et tu n'as agréé ni sacrifices ni offrandes, Ni holocaustes ni sacrifices pour le péché (ce qu'on offre selon la loi),

⁹il dit ensuite: Voici, je viens Pour faire ta volonté. Il abolit ainsi la première chose pour établir la seconde.

¹⁰C'est en vertu de cette volonté que nous sommes sanctifiés, par l'offrande du corps de Jésus Christ, une fois pour toutes.

¹¹Et tandis que tout sacrificateur fait chaque jour le service et offre souvent les mêmes sacrifices, qui ne peuvent jamais ôter les péchés,

¹²lui, après avoir offert un seul sacrifice pour les péchés, s'est assis pour toujours à la droite de Dieu,

¹³attendant désormais que ses ennemis soient devenus son marchepied.

¹⁴Car, par une seule offrande, il a amené à la perfection pour toujours ceux qui sont sanctifiés.

¹⁵C'est ce que le Saint Esprit nous atteste aussi; car, après avoir dit:

¹⁶Voici l'alliance que je ferai avec eux, Après ces jours-là, dit le Seigneur: Je mettrai mes lois dans leurs coeurs, Et je les écrirai dans leur esprit, il ajoute:

¹⁷Et je ne me souviendrai plus de leurs péchés ni de leurs iniquités.

¹⁸Or, là où il y a pardon des péchés, il n'y a plus d'offrande pour le péché.

¹⁹Ainsi donc, frères, puisque nous avons, au moyen du sang de Jésus, une libre entrée dans le sanctuaire

²⁰par la route nouvelle et vivante qu'il a inaugurée pour nous au travers du voile, c'est-à-dire, de sa chair,

²¹et puisque nous avons un souverain sacrificateur établi sur la maison de Dieu,

²²approchons-nous avec un coeur sincère, dans la plénitude de la foi, les coeurs purifiés d'une mauvaise conscience, et le corps lavé d'une eau pure.

²³Retenons fermement la profession de notre espérance, car celui qui a fait la promesse est fidèle.

²⁴Veillons les uns sur les autres, pour nous exciter à la charité et aux bonnes oeuvres.

²⁵N'abandonnons pas notre assemblée, comme c'est la coutume de quelques-uns; mais exhortons-nous réciproquement, et cela d'autant plus que vous voyez s'approcher le jour.

²⁶Car, si nous péchons volontairement après avoir reçu la connaissance de la vérité, il ne reste plus de sacrifice pour les péchés,

²⁷mais une attente terrible du jugement et l'ardeur d'un feu qui dévorera les rebelles.

²⁸Celui qui a violé la loi de Moïse meurt sans miséricorde, sur la déposition de deux ou de trois témoins;

²⁹de quel pire châtiment pensez-vous que sera jugé digne celui qui aura foulé aux pieds le Fils de Dieu, qui aura tenu pour profane le sang de l'alliance, par lequel il a été sanctifié, et qui aura outragé l'Esprit de la grâce?

³⁰Car nous connaissons celui qui a dit: A moi la vengeance, à moi la rétribution! et encore: Le Seigneur jugera son peuple.

³¹C'est une chose terrible que de tomber entre les mains du Dieu vivant.

³²Souvenez-vous de ces premiers jours, où, après avoir été éclairés, vous avez soutenu un grand combat au milieu des souffrances,

³³d'une part, exposés comme en spectacle aux opprobres et aux tribulations, et de l'autre, vous associant à ceux dont la position était la même.

³⁴En effet, vous avez eu de la compassion pour les prisonniers, et vous avez accepté avec joie l'enlèvement de vos biens, sachant que vous avez des biens meilleurs et qui durent toujours.

³⁵N'abandonnez donc pas votre assurance, à laquelle est attachée une grande rémunération.

³⁶Car vous avez besoin de persévérance, afin qu'après avoir accompli la volonté de Dieu, vous obteniez ce qui vous est promis.

³⁷Encore un peu, un peu de temps: celui qui doit venir viendra, et il ne tardera pas.

³⁸Et mon juste vivra par la foi; mais, s'il se retire, mon âme ne prend pas plaisir en lui.

³⁹Nous, nous ne sommes pas de ceux qui se retirent pour se perdre, mais de ceux qui ont la foi pour sauver leur âme.

Chapitre 11

¹Or la foi est une ferme assurance des choses qu'on espère, une démonstration de celles qu'on ne voit pas.

²Pour l'avoir possédée, les anciens ont obtenu un témoignage favorable.

³C'est par la foi que nous reconnaissons que le monde a été formé par la parole de Dieu, en sorte que ce qu'on voit n'a pas été fait de choses visibles.

⁴C'est par la foi qu'Abel offrit à Dieu un sacrifice plus excellent que celui de Caïn; c'est par elle qu'il fut déclaré juste, Dieu approuvant ses offrandes; et c'est par elle qu'il parle encore, quoique mort.

⁵C'est par la foi qu'Énoch fut enlevé pour qu'il ne vît point la mort, et qu'il ne parut plus parce Dieu l'avait enlevé; car, avant son enlèvement, il avait reçu le témoignage qu'il était agréable à Dieu.

⁶Or sans la foi il est impossible de lui être agréable; car il faut que celui qui s'approche de Dieu croie que Dieu existe, et qu'il est le rémunérateur de ceux qui le cherchent.

⁷C'est par la foi que Noé, divinement averti des choses qu'on ne voyait pas encore, et saisi d'une crainte respectueuse, construisit une arche pour sauver sa famille; c'est par elle qu'il condamna le monde, et devint héritier de la justice qui s'obtient par la foi.

⁸C'est par la foi qu'Abraham, lors de sa vocation, obéit et partit pour un lieu qu'il devait recevoir en héritage, et qu'il partit sans savoir où il allait.

⁹C'est par la foi qu'il vint s'établir dans la terre promise comme dans une terre étrangère, habitant sous des tentes, ainsi qu'Isaac et Jacob, les cohéritiers de la même promesse.

¹⁰Car il attendait la cité qui a de solides fondements, celle dont Dieu est l'architecte et le constructeur.

¹¹C'est par la foi que Sara elle-même, malgré son âge avancé, fut rendue capable d'avoir une postérité, parce qu'elle crut à la fidélité de celui qui avait fait la promesse.

¹²C'est pourquoi d'un seul homme, déjà usé de corps, naquit une postérité nombreuse comme les étoiles du ciel, comme le sable qui est sur le bord de la mer et qu'on ne peut compter.

¹³C'est dans la foi qu'ils sont tous morts, sans avoir obtenu les choses promises; mais ils les ont vues et saluées de loin, reconnaissant qu'ils étaient étrangers et voyageurs sur la terre.

¹⁴Ceux qui parlent ainsi montrent qu'ils cherchent une patrie.

¹⁵S'ils avaient eu en vue celle d'où ils étaient sortis, ils auraient eu le temps d'y retourner.

¹⁶Mais maintenant ils en désirent une meilleure, c'est-à-dire une céleste. C'est pourquoi Dieu n'a pas honte d'être appelé leur Dieu, car il leur a préparé une cité.

¹⁷C'est par la foi qu'Abraham offrit Isaac, lorsqu'il fut mis à l'épreuve, et qu'il offrit son fils unique, lui qui avait reçu les promesses,

¹⁸et à qui il avait été dit: En Isaac sera nommée pour toi une postérité.

¹⁹Il pensait que Dieu est puissant, même pour ressusciter les morts; aussi le recouvra-t-il par une sorte de résurrection.

²⁰C'est par la foi qu'Isaac bénit Jacob et Ésaü, en vue des choses à venir.

²¹C'est par la foi que Jacob mourant bénit chacun des fils de Joseph, et qu'il adora, appuyé sur l'extrémité de son bâton.

²²C'est par la foi que Joseph mourant fit mention de la sortie des fils d'Israël, et qu'il donna des ordres au sujet de ses os.

²³C'est par la foi que Moïse, à sa naissance, fut caché pendant trois mois par ses parents, parce qu'ils virent que l'enfant était beau, et qu'ils ne craignirent pas l'ordre du roi.

²⁴C'est par la foi que Moïse, devenu grand, refusa d'être appelé fils de la fille de Pharaon,

²⁵aimant mieux être maltraité avec le peuple de Dieu que d'avoir pour un temps la jouissance du péché,

²⁶regardant l'opprobre de Christ comme une richesse plus grande que les trésors de l'Égypte, car il avait les yeux fixés sur la rémunération.

²⁷C'est par la foi qu'il quitta l'Égypte, sans être effrayé de la colère du roi; car il se montra ferme, comme voyant celui qui est invisible.

²⁸C'est par la foi qu'il fit la Pâque et l'aspersion du sang, afin que l'exterminateur ne touchât pas aux premiers-nés des Israélites.

²⁹C'est par la foi qu'ils traversèrent la mer Rouge comme un lieu sec, tandis que les Égyptiens qui en firent la tentative furent engloutis.

³⁰C'est par la foi que les murailles de Jéricho tombèrent, après qu'on en eut fait le tour pendant sept jours.

³¹C'est par la foi que Rahab la prostituée ne périt pas avec les rebelles, parce qu'elle avait reçu les espions avec bienveillance.

³²Et que dirai-je encore? Car le temps me manquerait pour parler de Gédéon, de Barak, de Samson, de Jephthé, de David, de Samuel, et des prophètes,

³³qui, par la foi, vainquirent des royaumes, exercèrent la justice, obtinrent des promesses, fermèrent la gueule des lions,

³⁴éteignirent la puissance du feu, échappèrent au tranchant de l'épée, guérirent de leurs maladies, furent vaillants à la guerre, mirent en fuite des armées étrangères.

³⁵Des femmes recouvrèrent leurs morts par la résurrection;

Hébreux

d'autres furent livrés aux tourments, et n'acceptèrent point de délivrance, afin d'obtenir une meilleure résurrection;

36d'autres subirent les moqueries et le fouet, les chaînes et la prison;

37ils furent lapidés, sciés, torturés, ils moururent tués par l'épée, ils allèrent çà et là vêtus de peaux de brebis et de peaux de chèvres, dénués de tout, persécutés, maltraités,

38eux dont le monde n'était pas digne, errants dans les déserts et les montagnes, dans les cavernes et les antres de la terre.

39Tous ceux-là, à la foi desquels il a été rendu témoignage, n'ont pas obtenu ce qui leur était promis,

40Dieu ayant en vue quelque chose de meilleur pour nous, afin qu'ils ne parvinssent pas sans nous à la perfection.

Chapitre 12

1Nous donc aussi, puisque nous sommes environnés d'une si grande nuée de témoins, rejetons tout fardeau, et le péché qui nous enveloppe si facilement, et courons avec persévérance dans la carrière qui nous est ouverte,

2ayant les regards sur Jésus, le chef et le consommateur de la foi, qui, en vue de la joie qui lui était réservée, a souffert la croix, méprisé l'ignominie, et s'est assis à la droite du trône de Dieu.

3Considérez, en effet, celui qui a supporté contre sa personne une telle opposition de la part des pécheurs, afin que vous ne vous lassiez point, l'âme découragée.

4Vous n'avez pas encore résisté jusqu'au sang, en luttant contre le péché.

5Et vous avez oubliez l'exhortation qui vous est adressée comme à des fils: Mon fils, ne méprise pas le châtiment du Seigneur, Et ne perds pas courage lorsqu'il te reprend;

6Car le Seigneur châtie celui qu'il aime, Et il frappe de la verge tous ceux qu'il reconnaît pour ses fils.

7Supportez le châtiment: c'est comme des fils que Dieu vous traite; car quel est le fils qu'un père ne châtie pas?

8Mais si vous êtes exempts du châtiment auquel tous ont part, vous êtes donc des enfants illégitimes, et non des fils.

9D'ailleurs, puisque nos pères selon la chair nous ont châtiés, et que nous les avons respectés, ne devons nous pas à bien plus forte raison nous soumettre au Père des esprits, pour avoir la vie?

10Nos pères nous châtiaient pour peu de jours, comme ils le trouvaient bon; mais Dieu nous châtie pour notre bien, afin que nous participions à sa sainteté.

11Il est vrai que tout châtiment semble d'abord un sujet de tristesse, et non de joie; mais il produit plus tard pour ceux qui ont été ainsi exercés un fruit paisible de justice.

12Fortifiez donc vos mains languissantes Et vos genoux affaiblis;

13et suivez avec vos pieds des voies droites, afin que ce qui est boiteux ne dévie pas, mais plutôt se raffermisse.

14Recherchez la paix avec tous, et la sanctification, sans laquelle personne ne verra le Seigneur.

15Veillez à ce que nul ne se prive de la grâce de Dieu; à ce qu'aucune racine d'amertume, poussant des rejetons, ne produise du trouble, et que plusieurs n'en soient infectés;

16à ce qu'il n'y ait ni impudique, ni profane comme Ésaü, qui pour un mets vendit son droit d'aînesse.

17Vous savez que, plus tard, voulant obtenir la bénédiction, il fut rejeté, quoiqu'il la sollicitât avec larmes; car son repentir ne put avoir aucun effet.

18Vous ne vous êtes pas approchés d'une montagne qu'on pouvait toucher et qui était embrasée par le feu, ni de la nuée, ni des ténèbres, ni de la tempête,

19ni du retentissement de la trompette, ni du bruit des paroles, tel que ceux qui l'entendirent demandèrent qu'il ne leur en fût adressé aucune de plus,

20car ils ne supportaient pas cette déclaration: Si même une bête touche la montagne, elle sera lapidée.

21Et ce spectacle était si terrible que Moïse dit: Je suis épouvanté et tout tremblant!

22Mais vous vous êtes approchés de la montagne de Sion, de la cité du Dieu vivant, la Jérusalem céleste, des myriades qui forment le choeur des anges,

23de l'assemblé des premiers-nés inscrits dans les cieux, du juge qui est le Dieu de tous, des esprits des justes parvenus à la perfection,

24de Jésus qui est le médiateur de la nouvelle alliance, et du sang de l'aspersion qui parle mieux que celui d'Abel.

25Gardez-vous de refuser d'entendre celui qui parle; car si ceux-là n'ont pas échappé qui refusèrent d'entendre celui qui publiait les oracles sur la terre, combien moins échapperons-nous, si nous nous détournons de celui qui parle du haut des cieux,

26lui, dont la voix alors ébranla la terre, et qui maintenant a fait cette promesse: Une fois encore j'ébranlerai non seulement la terre, mais aussi le ciel.

27Ces mots: Une fois encore, indiquent le changement des choses ébranlées, comme étant faites pour un temps, afin que les choses inébranlables subsistent.

28C'est pourquoi, recevant un royaume inébranlable, montrons notre reconnaissance en rendant à Dieu un culte qui lui soit agréable,

29avec piété et avec crainte, car notre Dieu est aussi un feu dévorant.

Chapitre 13

1Persévérez dans l'amour fraternel.

2N'oubliez pas l'hospitalité; car, en l'exerçant, quelques-uns ont logé des anges, sans le savoir.

3Souvenez-vous des prisonniers, comme si vous étiez aussi prisonniers; de ceux qui sont maltraités, comme étant aussi vous-mêmes dans un corps.

4Que le mariage soit honoré de tous, et le lit conjugal exempt de souillure, car Dieu jugera les impudiques et les adultères.

5Ne vous livrez pas à l'amour de l'argent; contentez-vous de ce que vous avez; car Dieu lui-même a dit: Je ne te délaisserai point, et je ne t'abandonnerai point.

6C'est donc avec assurance que nous pouvons dire: Le Seigneur est mon aide, je ne craindrai rien; Que peut me faire un homme?

7Souvenez-vous de vos conducteurs qui vous ont annoncé la parole de Dieu; considérez quelle a été la fin de leur vie, et imitez leur foi.

8Jésus Christ est le même hier, aujourd'hui, et éternellement.

9Ne vous laissez pas entraîner par des doctrines diverses et étrangères; car il est bon que le coeur soit affermi par la grâce, et non par des aliments qui n'ont servi de rien à ceux qui s'y sont attachés.

10Nous avons un autel dont ceux qui font le service au tabernacle n'ont pas le pouvoir de manger.

11Le corps des animaux, dont le sang est porté dans le sanctuaire par le souverain sacrificateur pour le péché, sont brûlés hors du camp.

12C'est pour cela que Jésus aussi, afin de sanctifier le peuple par son propre sang, a souffert hors de la porte.

13Sortons donc pour aller à lui, hors du camp, en portant son opprobre.

14Car nous n'avons point ici-bas de cité permanente, mais nous cherchons celle qui est à venir.

15Par lui, offrons sans cesse à Dieu un sacrifice de louange, c'est-a-dire le fruit de lèvres qui confessent son nom.

16Et n'oubliez pas la bienfaisance et la libéralité, car c'est à de tels sacrifices que Dieu prend plaisir.

17Obéissez à vos conducteurs et ayez pour eux de la déférence, car ils veillent sur vos âmes comme devant en rendre compte; qu'il en soit ainsi, afin qu'ils le fassent avec joie, et non en gémissant, ce qui vous ne serait d'aucun avantage.

18Priez pour nous; car nous croyons avoir une bonne conscience, voulant en toutes choses nous bien conduire.

19C'est avec instance que je vous demande de le faire, afin que je vous sois rendu plus tôt.

20Que le Dieu de paix, qui a ramené d'entre les morts le grand pasteur des brebis, par le sang d'une alliance éternelle, notre Seigneur Jésus,

21vous rende capables de toute bonne oeuvre pour l'accomplissement de sa volonté, et fasse en vous ce qui lui est agréable, par Jésus Christ, auquel soit la gloire aux siècles des siècles! Amen!

22Je vous prie, frères, de supporter ces paroles d'exhortation, car je vous ai écrit brièvement.

23Sachez que notre frère Timothée a été relâché; s'il vient bientôt, j'irai vous voir avec lui.

24Saluez tous vos conducteurs, et tous les saints. Ceux d'Italie vous saluent.

25Que la grâce soit avec vous tous! Amen!

Jacques

Chapitre 1

¹Jacques, serviteur de Dieu et du Seigneur Jésus Christ, aux douze tribus qui sont dans la dispersion, salut!

²Mes frères, regardez comme un sujet de joie complète les diverses épreuves auxquelles vous pouvez être exposés,

³sachant que l'épreuve de votre foi produit la patience.

⁴Mais il faut que la patience accomplisse parfaitement son oeuvre, afin que vous soyez parfaits et accomplis, sans faillir en rien.

⁵Si quelqu'un d'entre vous manque de sagesse, qu'il l'a demande à Dieu, qui donne à tous simplement et sans reproche, et elle lui sera donnée.

⁶Mais qu'il l'a demande avec foi, sans douter; car celui qui doute est semblable au flot de la mer, agité par le vent et poussé de côté et d'autre.

⁷Qu'un tel homme ne s'imagine pas qu'il recevra quelque chose du Seigneur:

⁸c'est un homme irrésolu, inconstant dans toutes ses voies.

⁹Que le frère de condition humble se glorifie de son élévation.

¹⁰Que le riche, au contraire, se glorifie de son humiliation; car il passera comme la fleur de l'herbe.

¹¹Le soleil s'est levé avec sa chaleur ardente, il a desséché l'herbe, sa fleur est tombée, et la beauté de son aspect a disparu: ainsi le riche se flétrira dans ses entreprises.

¹²Heureux l'homme qui supporte patiemment la tentation; car, après avoir été éprouvé, il recevra la couronne de vie, que le Seigneur a promise à ceux qui l'aiment.

¹³Que personne, lorsqu'il est tenté, ne dise: C'est Dieu qui me tente. Car Dieu ne peut être tenté par le mal, et il ne tente lui-même personne.

¹⁴Mais chacun est tenté quand il est attiré et amorcé par sa propre convoitise.

¹⁵Puis la convoitise, lorsqu'elle a conçu, enfante le péché; et le péché, étant consommé, produit la mort.

¹⁶Nous vous y trompez pas, mes frères bien-aimés:

¹⁷toute grâce excellente et tout don parfait descendent d'en haut, du Père des lumières, chez lequel il n'y a ni changement ni ombre de variation.

¹⁸Il nous a engendrés selon sa volonté, par la parole de vérité, afin que nous soyons en quelque sorte les prémices de ses créatures.

¹⁹Sachez-le, mes frères bien-aimés. Ainsi, que tout homme soit prompt à écouter, lent à parler, lent à se mettre en colère;

²⁰car la colère de l'homme n'accomplit pas la justice de Dieu.

²¹C'est pourquoi, rejetant toute souillure et tout excès de malice, recevez avec douceur la parole qui a été planté en vous, et qui peut sauver vos âmes.

²²Mettez en pratique la parole, et ne vous bornez pas à l'écouter, en vous trompant vous-mêmes par de faux raisonnements.

²³Car, si quelqu'un écoute la parole et ne la met pas en pratique, il est semblable à un homme qui regarde dans un miroir son visage naturel,

²⁴et qui, après s'être regardé, s'en va, et oublie aussitôt quel il était.

²⁵Mais celui qui aura plongé les regards dans la loi parfaite, la loi de la liberté, et qui aura persévéré, n'étant pas un auditeur oublieux, mais se mettant à l'oeuvre, celui-là sera heureux dans son activité.

²⁶Si quelqu'un croit être religieux, sans tenir sa langue en bride, mais en trompant son coeur, la religion de cet homme est vaine.

²⁷La religion pure et sans tache, devant Dieu notre Père, consiste à visiter les orphelins et les veuves dans leurs afflictions, et à se préserver des souillures du monde.

Chapitre 2

¹Mes frères, que votre foi en notre glorieux Seigneur Jésus Christ soit exempte de toute acception de personnes.

²Supposez, en effet, qu'il entre dans votre assemblée un homme avec un anneau d'or et un habit magnifique, et qu'il y entre aussi un pauvre misérablement vêtu;

³si, tournant vos regards vers celui qui porte l'habit magnifique, vous lui dites: Toi, assieds-toi ici à cette place d'honneur! et si vous dites au pauvre: Toi, tiens-toi là debout! ou bien: Assieds-toi au-dessous de mon marche-pied,

⁴ne faites vous pas en vous-mêmes une distinction, et ne jugez-vous pas sous l'inspiration de pensées mauvaises?

⁵Écoutez, mes frères bien-aimés: Dieu n'a-t-il pas choisi les pauvres aux yeux du monde, pour qu'ils soient riches en la foi, et héritiers du royaume qu'il a promis à ceux qui l'aiment?

⁶Et vous, vous avilissez le pauvre! Ne sont-ce pas les riches qui vous oppriment, et qui vous traînent devant les tribunaux?

⁷Ne sont-ce pas eux qui outragent le beau nom que vous portez?

⁸Si vous accomplissez la loi royale, selon l'Écriture: Tu aimeras ton prochain comme toi-même, vous faites bien.

⁹Mais si vous faites acception de personnes, vous commettez un péché, vous êtes condamnés par la loi comme des transgresseurs.

¹⁰Car quiconque observe toute la loi, mais pèche contre un seul commandement, devient coupable de tous.

¹¹En effet, celui qui a dit: Tu ne commettras point d'adultère, a dit aussi: Tu ne tueras point. Or, si tu ne commets point d'adultère, mais que tu commettes un meurtre, tu deviens transgresseur de la loi.

¹²Parlez et agissez comme devant être jugés par une loi de liberté,

¹³car le jugement est sans miséricorde pour qui n'a pas fait miséricorde. La miséricorde triomphe du jugement.

¹⁴Mes frère, que sert-il à quelqu'un de dire qu'il a la foi, s'il n'a pas les oeuvres? La foi peut-elle le sauver?

¹⁵Si un frère ou une soeur sont nus et manquent de la nourriture de chaque jour,

¹⁶et que l'un d'entre vous leur dise: Allez en paix, chauffez-vous et vous rassasiez! et que vous ne leur donniez pas ce qui est nécessaire au corps, à quoi cela sert-il?

¹⁷Il en est ainsi de la foi: si elle n'a pas les oeuvres, elle est morte en elle-même.

¹⁸Mais quelqu'un dira: Toi, tu as la foi; et moi, j'ai les oeuvres. Montre-moi ta foi sans les oeuvres, et moi, je te montrerai la foi par mes oeuvres.

¹⁹Tu crois qu'il y a un seul Dieu, tu fais bien; les démons le croient aussi, et ils tremblent.

²⁰Veux-tu savoir, ô homme vain, que la foi sans les oeuvres est inutile?

²¹Abraham, notre père, ne fut-il pas justifié par les oeuvres, lorsqu'il offrit son fils Isaac sur l'autel?

²²Tu vois que la foi agissait avec ses oeuvres, et que par les oeuvres la foi fut rendue parfaite.

²³Ainsi s'accomplit ce que dit l'Écriture: Abraham crut à Dieu, et cela lui fut imputé à justice; et il fut appelé ami de Dieu.

²⁴Vous voyez que l'homme est justifié par les oeuvres, et non par la foi seulement.

²⁵Rahab la prostituée ne fut-elle pas également justifiée par les oeuvres, lorsqu'elle reçut les messagers et qu'elle les fit partir par un autre chemin?

²⁶Comme le corps sans âme est mort, de même la foi sans les oeuvres est morte.

Chapitre 3

¹Mes frères, qu'il n'y ait pas parmi vous un grand nombre de personnes qui se mettent à enseigner, car vous savez que nous serons jugés plus sévèrement.

²Nous bronchons tous de plusieurs manières. Si quelqu'un ne bronche point en paroles, c'est un homme parfait, capable de tenir tout son corps en bride.

³Si nous mettons le mors dans la bouche des chevaux pour qu'ils nous obéissent, nous dirigeons aussi leur corps tout entier.

⁴Voici, même les navires, qui sont si grands et que poussent des vents impétueux, sont dirigés par un très petit gouvernail, au gré du pilote.

⁵De même, la langue est un petit membre, et elle se vante de grandes choses. Voici, comme un petit feu peut embraser une grande forêt.

⁶La langue aussi est un feu; c'est le monde de l'iniquité. La langue est placée parmi nos membres, souillant tout le corps, et enflammant le cours de la vie, étant elle-même enflammée par la géhenne.

⁷Toutes les espèces de bêtes et d'oiseaux, de reptiles et d'animaux marins, sont domptés et ont été domptés par la nature humaine;

⁸mais la langue, aucun homme ne peut la dompter; c'est un mal qu'on ne peut réprimer; elle est pleine d'un venin mortel.

⁹Par elle nous bénissons le Seigneur notre Père, et par elle nous maudissons les hommes faits à l'image de Dieu.

¹⁰De la même bouche sortent la bénédiction et la malédiction. Il ne faut pas, mes frères, qu'il en soit ainsi.

¹¹La source fait-elle jaillir par la même ouverture l'eau douce et l'eau amère?

¹²Un figuier, mes frères, peut-il produire des olives, ou une vigne des figues? De l'eau salée ne peut pas non plus produire de l'eau douce.

¹³Lequel d'entre vous est sage et intelligent? Qu'il montre ses oeuvres par une bonne conduite avec la douceur de la sagesse.

¹⁴Mais si vous avez dans votre coeur un zèle amer et un esprit de dispute, ne vous glorifiez pas et ne mentez pas contre la vérité.

¹⁵Cette sagesse n'est point celle qui vient d'en haut; mais elle est terrestre, charnelle, diabolique.

¹⁶Car là où il y a un zèle amer et un esprit de dispute, il y a du désordre et toutes sortes de mauvaises actions.

¹⁷La sagesse d'en haut est premièrement pure, ensuite pacifique, modérée, conciliante, pleine de miséricorde et de bons fruits, exempte de duplicité, d'hypocrisie.

¹⁸Le fruit de la justice est semé dans la paix par ceux qui recherchent la paix.

Chapitre 4

¹D'où viennent les luttes, et d'ou viennent les querelles parmi vous? N'est-ce pas de vos passions qui combattent dans vos membres?

²Vous convoitez, et vous ne possédez pas; vous êtes meurtriers et envieux, et vous ne pouvez pas obtenir; vous avez des querelles et des luttes, et vous ne possédez pas, parce que vous ne demandez pas.

³Vous demandez, et vous ne recevez pas, parce que vous demandez mal, dans le but de satisfaire vos passions.

⁴Adultères que vous êtes! ne savez-vous pas que l'amour du monde est inimitié contre Dieu? Celui donc qui veut être ami du monde se rend ennemi de Dieu.

⁵Croyez-vous que l'Écriture parle en vain? C'est avec jalousie que Dieu chérit l'esprit qu'il a fait habiter en nous.

⁶Il accorde, au contraire, une grâce plus excellente; c'est pourquoi l'Écriture dit: Dieu résiste aux l'orgueilleux, Mais il fait grâce aux humbles.

⁷Soumettez-vous donc à Dieu; résistez au diable, et il fuira loin de vous.

⁸Approchez-vous de Dieu, et il s'approchera de vous. Nettoyez vos mains, pécheurs; purifiez vos coeurs, hommes irrésolus.

⁹Sentez votre misère; soyez dans le deuil et dans les larmes; que votre rire se change en deuil, et votre joie en tristesse.

¹⁰Humiliez-vous devant le Seigneur, et il vous élèvera.

¹¹Ne parlez point mal les uns des autres, frères. Celui qui parle mal d'un frère, ou qui juge son frère, parle mal de la loi et juge la loi. Or, si tu juges la loi, tu n'es pas observateur de la loi, mais tu en es juge.

¹²Un seul est législateur et juge, c'est celui qui peut sauver et perdre; mais toi, qui es-tu, qui juges le prochain?

¹³A vous maintenant, qui dites: Aujourd'hui ou demain nous irons dans telle ville, nous y passerons une année, nous trafiquerons, et nous gagnerons!

¹⁴Vous qui ne savez pas ce qui arrivera demain! car, qu'est-ce votre vie? Vous êtes une vapeur qui paraît pour un peu de temps, et qui ensuite disparaît.

¹⁵Vous devriez dire, au contraire: Si Dieu le veut, nous vivrons, et nous ferons ceci ou cela.

¹⁶Mais maintenant vous vous glorifiez dans vos pensées orgueilleuses. C'est chose mauvaise que de se glorifier de la sorte.

¹⁷Celui donc qui sait faire ce qui est bien, et qui ne le fait pas, commet un péché.

Chapitre 5

¹A vous maintenant, riches! Pleurez et gémissez, à cause des malheurs qui viendront sur vous.

²Vos richesses sont pourries, et vos vêtements sont rongés par les teignes.

³Votre or et votre argent sont rouillés; et leur rouille s'élèvera en témoignage contre vous, et dévorera vos chairs comme un feu. Vous avez amassé des trésors dans les derniers jours!

⁴Voici, le salaire des ouvriers qui ont moissonné vos champs, et dont vous les avez frustrés, crie, et les cris des moissonneurs sont parvenus jusqu'aux oreilles du Seigneur des armées.

⁵Vous avez vécu sur la terre dans les voluptés et dans les délices, vous avez rassasiez vos coeurs au jour du carnage.

⁶Vous avez condamné, vous avez tué le juste, qui ne vous a pas résisté.

⁷Soyez donc patients, frères jusqu'à l'avènement du Seigneur. Voici, le laboureur attend le précieux fruit de la terre, prenant patience à son égard, jusqu'à ce qu'il ait reçu les pluies de la première et de l'arrière-saison.

⁸Vous aussi, soyez patients, affermissez vos coeurs, car l'avènement du Seigneur est proche.

⁹Ne vous plaignez pas les uns des autres, frères, afin que vous ne soyez pas jugés: voici, le juge est à la porte.

¹⁰Prenez, mes frères, pour modèles de souffrance et de patience les prophètes qui ont parlé au nom du Seigneur.

¹¹Voici, nous disons bienheureux ceux qui ont souffert patiemment. Vous avez entendu parler de la patience de Job, et vous avez vu la fin que le Seigneur lui accorda, car le Seigneur est plein de miséricorde et de compassion.

¹²Avant toutes choses, mes frères, ne jurez ni par le ciel, ni par la terre, ni par aucun autre serment. Mais que votre oui soit oui, et que votre non soit non, afin que vous ne tombiez pas sous le jugement.

¹³Quelqu'un parmi vous est-il dans la souffrance? Qu'il prie. Quelqu'un est-il dans la joie? Qu'il chante des cantiques.

¹⁴Quelqu'un parmi vous est-il malade? Qu'il appelle les anciens de l'Église, et que les anciens prient pour lui, en l'oignant d'huile au nom du Seigneur;

¹⁵la prière de la foi sauvera le malade, et le Seigneur le relèvera; et s'il a commis des péchés, il lui sera pardonné.

¹⁶Confessez donc vos péchés les uns aux autres, et priez les uns pour les autres, afin que vous soyez guéris. La prière fervente du juste a une grande efficace.

¹⁷Élie était un homme de la même nature que nous: il pria avec instance pour qu'il ne plût point, et il ne tomba point de pluie sur la terre pendant trois ans et six mois.

¹⁸Puis il pria de nouveau, et le ciel donna de la pluie, et la terre produisit son fruit.

¹⁹Mes frères, si quelqu'un parmi vous s'est égaré loin de la vérité, et qu'un autre l'y ramène,

²⁰qu'il sache que celui qui ramènera un pécheur de la voie où il s'était égaré sauvera une âme de la mort et couvrira une multitude de péchés.

1 Pierre

Chapitre 1

¹Pierre, apôtre de Jésus Christ, à ceux qui sont étrangers et dispersés dans le Pont, la Galatie, la Cappadoce, l'Asie et la Bithynie,

²et qui sont élus selon la prescience de Dieu le Père, par la sanctification de l'Esprit, afin qu'ils deviennent obéissants, et qu'ils participent à l'aspersion du sang de Jésus Christ: que la grâce et la paix vous soient multipliées!

³Béni soit Dieu, le Père de notre Seigneur Jésus Christ, qui, selon sa grande miséricorde, nous a régénérés, pour une espérance vivante, par la résurrection de Jésus Christ d'entre les morts,

⁴pour un héritage qui ne se peut ni corrompre, ni souiller, ni flétrir, lequel vous est réservé dans les cieux,

⁵à vous qui, par la puissance de Dieu, êtes gardés par la foi pour le salut prêt à être révélé dans les derniers temps!

⁶C'est là ce qui fait votre joie, quoique maintenant, puisqu'il le faut, vous soyez attristés pour un peu de temps par divers épreuves,

⁷afin que l'épreuve de votre foi, plus précieuse que l'or périssable (qui cependant est éprouvé par le feu), ait pour résultat la louange, la gloire et l'honneur, lorsque Jésus Christ apparaîtra,

⁸lui que vous aimez sans l'avoir vu, en qui vous croyez sans le voir encore, vous réjouissant d'une joie ineffable et glorieuse,

⁹parce que vous obtiendrez le salut de vos âmes pour prix de votre foi.

¹⁰Les prophètes, qui ont prophétisé touchant la grâce qui vous était réservée, ont fait de ce salut l'objet de leurs recherches et de leurs investigations,

¹¹voulant sonder l'époque et les circonstances marquées par l'Esprit de Christ qui était en eux, et qui attestait d'avance les souffrances de Christ et la gloire dont elles seraient suivies.

¹²Il leur fut révélé que ce n'était pas pour eux-mêmes, mais pour vous, qu'ils étaient les dispensateurs de ces choses, que vous ont annoncées maintenant ceux qui vous ont prêché l'Évangile par le Saint Esprit envoyé du ciel, et dans lesquelles les anges désirent plonger leurs regards.

¹³C'est pourquoi, ceignez les reins de votre entendement, soyez sobres, et ayez une entière espérance dans la grâce qui vous sera apportée, lorsque Jésus Christ apparaîtra.

¹⁴Comme des enfants obéissants, ne vous conformez pas aux convoitises que vous aviez autrefois, quand vous étiez dans l'ignorance.

¹⁵Mais, puisque celui qui vous a appelés est saint, vous aussi soyez saints dans toute votre conduite, selon qu'il est écrit:

¹⁶Vous serez saints, car je suis saint.

¹⁷Et si vous invoquez comme Père celui qui juge selon l'oeuvre de chacun, sans acception de personnes, conduisez-vous avec crainte pendant le temps de votre pèlerinage,

¹⁸sachant que ce n'est pas par des choses périssables, par de l'argent ou de l'or, que vous avez été rachetés de la vaine manière de vivre que vous avez héritée de vos pères,

¹⁹mais par le sang précieux de Christ, comme d'un agneau sans défaut et sans tache,

²⁰prédestiné avant la fondation du monde, et manifesté à la fin des temps, à cause de vous,

²¹qui par lui croyez en Dieu, lequel l'a ressuscité des morts et lui a donné la gloire, en sorte que votre foi et votre espérance reposent sur Dieu.

²²Ayant purifié vos âmes en obéissant à la vérité pour avoir un amour fraternel sincère, aimez-vous ardemment les uns les autres, de tout votre coeur,

²³puisque vous avez été régénérés, non par une semence corruptible, mais par une semence incorruptible, par la parole vivante et permanente de Dieu.

²⁴Car Toute chair est comme l'herbe, Et toute sa gloire comme la fleur de l'herbe. L'herbe sèche, et la fleur tombe;

²⁵Mais la parole du Seigneur demeure éternellement. Et cette parole est celle qui vous a été annoncée par l'Évangile.

Chapitre 2

¹Rejetant donc toute malice et toute ruse, la dissimulation, l'envie, et toute médisance,

²désirez, comme des enfants nouveau-nés, le lait spirituel et pur, afin que par lui vous croissiez pour le salut,

³si vous avez goûté que le Seigneur est bon.

⁴Approchez-vous de lui, pierre vivante, rejetée par les hommes, mais choisie et précieuse devant Dieu;

⁵et vous-mêmes, comme des pierres vivantes, édifiez-vous pour former une maison spirituelle, un saint sacerdoce, afin d'offrir des victimes spirituelles, agréables à Dieu par Jésus Christ.

⁶Car il est dit dans l'Écriture: Voici, je mets en Sion une pierre angulaire, choisie, précieuse; Et celui qui croit en elle ne sera point confus.

⁷L'honneur est donc pour vous, qui croyez. Mais, pour les incrédules, La pierre qu'ont rejetée ceux qui bâtissaient Est devenue la principale de l'angle, Et une pierre d'achoppement Et un rocher de scandale;

⁸ils s'y heurtent pour n'avoir pas cru à la parole, et c'est à cela qu'ils sont destinés.

⁹Vous, au contraire, vous êtes une race élue, un sacerdoce royal, une nation sainte, un peuple acquis, afin que vous annonciez les vertus de celui qui vous a appelés des ténèbres à son admirable lumière,

¹⁰vous qui autrefois n'étiez pas un peuple, et qui maintenant êtes le peuple de Dieu, vous qui n'aviez pas obtenu miséricorde, et qui maintenant avez obtenu miséricorde.

¹¹Bien-aimés, je vous exhorte, comme étrangers et voyageurs sur la terre, à vous abstenir des convoitises charnelles qui font la guerre à l'âme.

¹²Ayez au milieu des païens une bonne conduite, afin que, là même où ils vous calomnient comme si vous étiez des malfaiteurs, ils remarquent vos bonnes oeuvres, et glorifient Dieu, au jour où il les visitera.

¹³Soyez soumis, à cause du Seigneur, à toute autorité établie parmi les hommes, soit au roi comme souverain,

¹⁴soit aux gouverneurs comme envoyés par lui pour punir les malfaiteurs et pour approuver les gens de bien.

¹⁵Car c'est la volonté de Dieu qu'en pratiquant le bien vous réduisiez au silence les hommes ignorants et insensés,

¹⁶étant libres, sans faire de la liberté un voile qui couvre la méchanceté, mais agissant comme des serviteurs de Dieu.

¹⁷Honorez tout le monde; aimez les frères; craignez Dieu; honorez le roi.

¹⁸Serviteurs, soyez soumis en toute crainte à vos maîtres, non seulement à ceux qui sont bons et doux, mais aussi à ceux qui sont d'un caractère difficile.

¹⁹Car c'est une grâce que de supporter des afflictions par motif de conscience envers Dieu, quand on souffre injustement.

²⁰En effet, quelle gloire y a-t-il à supporter de mauvais traitements pour avoir commis des fautes? Mais si vous supportez la souffrance lorsque vous faites ce qui est bien, c'est une grâce devant Dieu.

²¹Et c'est à cela que vous avez été appelés, parce que Christ aussi a souffert pour vous, vous laissant un exemple, afin que vous suiviez ses traces,

²²Lui qui n'a point commis de péché, Et dans la bouche duquel il ne s'est point trouvé de fraude;

²³lui qui, injurié, ne rendait point d'injures, maltraité, ne faisait point de menaces, mais s'en remettait à celui qui juge justement;

²⁴lui qui a porté lui-même nos péchés en son corps sur le bois, afin que morts aux péchés nous vivions pour la justice; lui par les meurtrissures duquel vous avez été guéris.

²⁵Car vous étiez comme des brebis errantes. Mais maintenant vous êtes retournés vers le pasteur et le gardien de vos âmes.

Chapitre 3

¹Femmes, soyez de mêmes soumises à vos maris, afin que, si quelques-uns n'obéissent point à la parole, ils soient gagnés sans parole par la conduite de leurs femmes,

²en voyant votre manière de vivre chaste et réservée.

³Ayez, non cette parure extérieure qui consiste dans les cheveux tressés, les ornements d'or, ou les habits qu'on revêt,

⁴mais la parure intérieure et cachée dans le coeur, la pureté incorruptible d'un esprit doux et paisible, qui est d'un grand prix devant Dieu.

⁵Ainsi se paraient autrefois les saintes femmes qui espéraient en Dieu, soumises à leurs maris,

⁶comme Sara, qui obéissait à Abraham et l'appelait son seigneur. C'est d'elle que vous êtes devenues les filles, en faisant ce qui est bien, sans vous laisser troubler par aucune crainte.

⁷Maris, montrer à votre tour de la sagesse dans vos rapports avec vos femmes, comme avec un sexe plus faible; honorez-les, comme devant aussi hériter avec vous de la grâce de la vie. Qu'il en soit ainsi,

afin que rien ne vienne faire obstacle à vos prières.

⁸Enfin, soyez tous animés des mêmes pensées et des mêmes sentiments, pleins d'amour fraternel, de compassion, d'humilité.

⁹Ne rendez point mal pour mal, ou injure pour injure; bénissez, au contraire, car c'est à cela que vous avez été appelés, afin d'hériter la bénédiction.

¹⁰Si quelqu'un, en effet, veut aimer la vie Et voir des jours heureux, Qu'il préserve sa langue du mal Et ses lèvres des paroles trompeuses,

¹¹Qu'il s'éloigne du mal et fasse le bien, Qu'il recherche la paix et la poursuive;

¹²Car les yeux du Seigneur sont sur les justes Et ses oreilles sont attentives à leur prière, Mais la face du Seigneur est contre ceux qui font le mal.

¹³Et qui vous maltraitera, si vous êtes zélés pour le bien?

¹⁴D'ailleurs, quand vous souffririez pour la justice, vous seriez heureux. N'ayez d'eux aucune crainte, et ne soyez pas troublés;

¹⁵Mais sanctifiez dans vos coeurs Christ le Seigneur, étant toujours prêts à vous défendre, avec douceur et respect, devant quiconque vous demande raison de l'espérance qui est en vous,

¹⁶et ayant une bonne conscience, afin que, là même où ils vous calomnient comme si vous étiez des malfaiteurs, ceux qui décrient votre bonne conduite en Christ soient couverts de confusion.

¹⁷Car il vaut mieux souffrir, si telle est la volonté de Dieu, en faisant le bien qu'en faisant le mal.

¹⁸Christ aussi a souffert une fois pour les péchés, lui juste pour des injustes, afin de nous amener à Dieu, ayant été mis à mort quant à la chair, mais ayant été rendu vivant quant à l'Esprit,

¹⁹dans lequel aussi il est allé prêcher aux esprits en prison,

²⁰qui autrefois avaient été incrédules, lorsque la patience de Dieu se prolongeait, aux jours de Noé, pendant la construction de l'arche, dans laquelle un petit nombre de personnes, c'est-à-dire huit, furent sauvées à travers l'eau.

²¹Cette eau était une figure du baptême, qui n'est pas la purification des souillures du corps, mais l'engagement d'une bonne conscience envers Dieu, et qui maintenant vous sauve, vous aussi, par la résurrection de Jésus Christ,

²²qui est à la droite de Dieu, depuis qu'il est allé au ciel, et que les anges, les autorités et les puissances, lui ont été soumis.

Chapitre 4

¹Ainsi donc, Christ ayant souffert dans la chair, vous aussi armez-vous de la même pensée. Car celui qui a souffert dans la chair en a fini avec le péché,

²afin de vivre, non plus selon les convoitises des hommes, mais selon la volonté de Dieu, pendant le temps qui lui reste à vivre dans la chair.

³C'est assez, en effet, d'avoir dans le temps passé accompli la volonté des païens, en marchant dans la dissolution, les convoitises, l'ivrognerie, les excès du manger et du boire, et les idolâtries criminelles.

⁴Aussi trouvent-ils étrange que vous ne vous précipitiez pas avec eux dans le même débordement de débauche, et ils vous calomnient.

⁵Ils rendront compte à celui qui est prêt à juger les vivants et les morts.

⁶Car l'Évangile a été aussi annoncé aux morts, afin que, après avoir été jugés comme les hommes quant à la chair, ils vivent selon Dieu quant à l'Esprit.

⁷La fin de toutes choses est proche. Soyez donc sages et sobres, pour vaquer à la prière.

⁸Avant tout, ayez les uns pour les autres une ardente charité, car La charité couvre une multitude de péchés.

⁹Exercez l'hospitalité les uns envers les autres, sans murmures.

¹⁰Comme de bons dispensateurs des diverses grâces de Dieu, que chacun de vous mette au service des autres le don qu'il a reçu,

¹¹Si quelqu'un parle, que ce soit comme annonçant les oracles de Dieu; si quelqu'un remplit un ministère, qu'il le remplisse selon la force que Dieu communique, afin qu'en toutes choses Dieu soit glorifié par Jésus Christ, à qui appartiennent la gloire et la puissance, aux siècles des siècles. Amen!

¹²Bien-aimés, ne soyez pas surpris, comme d'une chose étrange qui vous arrive, de la fournaise qui est au milieu de vous pour vous éprouver.

¹³Réjouissez-vous, au contraire, de la part que vous avez aux souffrances de Christ, afin que vous soyez aussi dans la joie et dans l'allégresse lorsque sa gloire apparaîtra.

¹⁴Si vous êtes outragés pour le nom de Christ, vous êtes heureux, parce que l'Esprit de gloire, l'Esprit de Dieu, repose sur vous.

¹⁵Que nul de vous, en effet, ne souffre comme meurtrier, ou voleur, ou malfaiteur, ou comme s'ingérant dans les affaires d'autrui.

¹⁶Mais si quelqu'un souffre comme chrétien, qu'il n'en ait point honte, et que plutôt il glorifie Dieu à cause de ce nom.

¹⁷Car c'est le moment où le jugement va commencer par la maison de Dieu. Or, si c'est par nous qu'il commence, quelle sera la fin de ceux qui n'obéissent pas à l'Évangile de Dieu?

¹⁸Et si le juste se sauve avec peine, que deviendront l'impie et le pécheur?

¹⁹Ainsi, que ceux qui souffrent selon la volonté de Dieu remettent leurs âmes au fidèle Créateur, en faisant ce qui est bien.

Chapitre 5

¹Voici les exhortations que j'adresse aux anciens qui sont parmi vous, moi ancien comme eux, témoin des souffrances de Christ, et participant de la gloire qui doit être manifestée:

²Paissez le troupeau de Dieu qui est sous votre garde, non par contrainte, mais volontairement, selon Dieu; non pour un gain sordide, mais avec dévouement;

³non comme dominant sur ceux qui vous sont échus en partage, mais en étant les modèles du troupeau.

⁴Et lorsque le souverain pasteur paraîtra, vous obtiendrez la couronne incorruptible de la gloire.

⁵De mêmes, vous qui êtes jeunes, soyez soumis aux anciens. Et tous, dans vos rapports mutuels, revêtez-vous d'humilité; car Dieu résiste aux orgueilleux, Mais il fait grâce aux humbles.

⁶Humiliez-vous donc sous la puissante main de Dieu, afin qu'il vous élève au temps convenable;

⁷et déchargez-vous sur lui de tous vos soucis, car lui-même prend soin de vous.

⁸Soyez sobres, veillez. Votre adversaire, le diable, rôde comme un lion rugissant, cherchant qui il dévorera.

⁹Résistez-lui avec une foi ferme, sachant que les mêmes souffrances sont imposées à vos frères dans le monde.

¹⁰Le Dieu de toute grâce, qui vous a appelés en Jésus Christ à sa gloire éternelle, après que vous aurez souffert un peu de temps, vous perfectionnera lui-même, vous affermira, vous fortifiera, vous rendra inébranlables.

¹¹A lui soit la puissance aux siècles des siècles! Amen!

¹²C'est par Silvain, qui est à mes yeux un frère fidèle, que je vous écris ce peu de mots, pour vous exhorter et pour vous attester que la grâce de Dieu à laquelle vous êtes attachés est la véritable.

¹³L'Église des élus qui est à Babylone vous salue, ainsi que Marc, mon fils.

¹⁴Saluez-vous les uns les autres par un baiser d'affection. Que la paix soit avec vous tous qui êtes en Christ!

2 Pierre

Chapitre 1

¹Simon Pierre, serviteur et apôtre de Jésus Christ, à ceux qui ont reçu en partage une foi du même prix que la nôtre, par la justice de notre Dieu et du Sauveur Jésus Christ:

²que la grâce et la paix vous soient multipliées par la connaissance de Dieu et de Jésus notre Seigneur!

³Comme sa divine puissance nous a donné tout ce qui contribue à la vie et à la piété, au moyen de la connaissance de celui qui nous a appelés par sa propre gloire et par sa vertu,

⁴lesquelles nous assurent de sa part les plus grandes et les plus précieuses promesses, afin que par elles vous deveniez participants de la nature divine, en fuyant la corruption qui existe dans le monde par la convoitise,

⁵à cause de cela même, faites tous vos efforts pour joindre à votre foi la vertu, à la vertu la science,

⁶à la science la tempérance, à la tempérance la patience, à la patience la piété,

⁷à la piété l'amour fraternel, à l'amour fraternel la charité.

⁸Car si ces choses sont en vous, et y sont avec abondance, elles ne vous laisseront point oisifs ni stériles pour la connaissance de notre Seigneur Jésus Christ.

⁹Mais celui en qui ces choses ne sont point est aveugle, il ne voit pas de loin, et il a mis en oubli la purification de ses anciens péchés.

¹⁰C'est pourquoi, frères, appliquez-vous d'autant plus à affermir votre vocation et votre élection; car, en faisant cela, vous ne broncherez jamais.

¹¹C'est ainsi, en effet, que l'entrée dans le royaume éternel de notre Seigneur et Sauveur Jésus Christ vous sera pleinement accordée.

¹²Voilà pourquoi je prendrai soin de vous rappeler ces choses, bien que vous les sachiez et que vous soyez affermis dans la vérité présente.

¹³Et je regarde comme un devoir, aussi longtemps que je suis dans cette tente, de vous tenir en éveil par des avertissements,

¹⁴car je sais que je la quitterai subitement, ainsi que notre Seigneur Jésus Christ me l'a fait connaître.

¹⁵Mais j'aurai soin qu'après mon départ vous puissiez toujours vous souvenir de ces choses.

¹⁶Ce n'est pas, en effet, en suivant des fables habilement conçues, que nous vous avons fait connaître la puissance et l'avènement de notre Seigneur Jésus Christ, mais c'est comme ayant vu sa majesté de nos propres yeux.

¹⁷Car il a reçu de Dieu le Père honneur et gloire, quand la gloire magnifique lui fit entendre une voix qui disait: Celui-ci est mon Fils bien-aimé, en qui j'ai mis toute mon affection.

¹⁸Et nous avons entendu cette voix venant du ciel, lorsque nous étions avec lui sur la sainte montagne.

¹⁹Et nous tenons pour d'autant plus certaine la parole prophétique, à laquelle vous faites bien de prêter attention, comme à une lampe qui brille dans un lieu obscur, jusqu'à ce que le jour vienne à paraître et que l'étoile du matin se lève dans vos coeurs;

²⁰sachant tout d'abord vous-mêmes qu'aucune prophétie de l'Écriture ne peut être un objet d'interprétation particulière,

²¹car ce n'est pas par une volonté d'homme qu'une prophétie a jamais été apportée, mais c'est poussés par le Saint Esprit que des hommes ont parlé de la part de Dieu.

Chapitre 2

¹Il y a eu parmi le peuple de faux prophètes, et il y aura de même parmi vous de faux docteurs, qui introduiront des sectes pernicieuses, et qui, reniant le maître qui les a rachetés, attireront sur eux une ruine soudaine.

²Plusieurs les suivront dans leurs dissolutions, et la voie de la vérité sera calomniée à cause d'eux.

³Par cupidité, ils trafiqueront de vous au moyen de paroles trompeuses, eux que menace depuis longtemps la condamnation, et dont la ruine ne sommeille point.

⁴Car, si Dieu n'a pas épargné les anges qui ont péché, mais s'il les a précipités dans les abîmes de ténèbres et les réserve pour le jugement;

⁵s'il n'a pas épargné l'ancien monde, mais s'il a sauvé Noé, lui huitième, ce prédicateur de la justice, lorsqu'il fit venir le déluge sur un monde d'impies;

⁶s'il a condamné à la destruction et réduit en cendres les villes de Sodome et de Gomorrhe, les donnant comme exemple aux impies à venir,

⁷et s'il a délivré le juste Lot, profondément attristé de la conduite de ces hommes sans frein dans leur dissolution,

⁸(car ce juste, qui habitait au milieu d'eux, tourmentait journellement son âme juste à cause de ce qu'il voyait et entendait de leurs oeuvres criminelles);

⁹le Seigneur sait délivrer de l'épreuve les hommes pieux, et réserver les injustes pour êtres punis au jour du jugement,

¹⁰ceux surtout qui vont après la chair dans un désir d'impureté et qui méprisent l'autorité. Audacieux et arrogants, ils ne craignent pas d'injurier les gloires,

¹¹tandis que les anges, supérieurs en force et en puissance, ne portent pas contre elles de jugement injurieux devant le Seigneur.

¹²Mais eux, semblables à des brutes qui s'abandonnent à leurs penchants naturels et qui sont nées pour êtres prises et détruites, ils parlent d'une manière injurieuse de ce qu'ils ignorent, et ils périront par leur propre corruption,

¹³recevant ainsi le salaire de leur iniquité. Ils trouvent leurs délices à se livrer au plaisir en plein jour; hommes tarés et souillés, ils se délectent dans leurs tromperies, en faisant bonne chère avec vous.

¹⁴Ils ont les yeux pleins d'adultère et insatiables de péché; ils amorcent les âmes mal affermies; ils ont le coeur exercé à la cupidité; ce sont des enfants de malédiction.

¹⁵Après avoir quitté le droit chemin, ils se sont égarés en suivant la voie de Balaam, fils de Bosor, qui aima le salaire de l'iniquité,

¹⁶mais qui fut repris pour sa transgression: une ânesse muette, faisant entendre une voix d'homme, arrêta la démence du prophète.

¹⁷Ces gens-là sont des fontaines sans eau, des nuées que chasse un tourbillon: l'obscurité des ténèbres leur est réservée.

¹⁸Avec des discours enflés de vanité, ils amorcent par les convoitises de la chair, par les dissolutions, ceux qui viennent à peine d'échapper aux hommes qui vivent dans l'égarement;

¹⁹ils leur promettent la liberté, quand ils sont eux-mêmes esclaves de la corruption, car chacun est esclave de ce qui a triomphé de lui.

²⁰En effet, si, après s'être retirés des souillures du monde, par la connaissance du Seigneur et Sauveur Jésus Christ, ils s'y engagent de nouveau et sont vaincus, leur dernière condition est pire que la première.

²¹Car mieux valait pour eux n'avoir pas connu la voie de la justice, que de se détourner, après l'avoir connue, du saint commandement qui leur avait été donné.

²²Il leur est arrivé ce que dit un proverbe vrai: Le chien est retourné à ce qu'il avait vomi, et la truie lavée s'est vautrée dans le bourbier.

Chapitre 3

¹Voici déjà, bien-aimés, la seconde lettre que je vous écris. Dans l'une et dans l'autre je cherche à éveiller par des avertissements votre saine intelligence,

²afin que vous vous souveniez des choses annoncées d'avance par les saints prophètes, et du commandement du Seigneur et Sauveur,

³enseigné par vos apôtres, sachant avant tout que, dans les derniers jours, il viendra des moqueurs avec leurs railleries, marchant selon leurs propres convoitises,

⁴et disant: Où est la promesse de son avènement? Car, depuis que les pères sont morts, tout demeure comme dès le commencement de la création.

⁵Ils veulent ignorer, en effet, que des cieux existèrent autrefois par la parole de Dieu, de même qu'une terre tirée de l'eau et formée au moyen de l'eau,

⁶et que par ces choses le monde d'alors périt, submergé par l'eau,

⁷tandis que, par la même parole, les cieux et la terre d'à présent sont gardés et réservés pour le feu, pour le jour du jugement et de la ruine des hommes impies.

⁸Mais il est une chose, bien-aimés, que vous ne devez pas ignorer, c'est que, devant le Seigneur, un jour est comme mille ans, et mille ans sont comme un jour.

⁹Le Seigneur ne tarde pas dans l'accomplissement de la promesse, comme quelques-uns le croient; mais il use de patience envers vous, ne voulant pas qu'aucun périsse, mais voulant que tous arrivent à la repentance.

¹⁰Le jour du Seigneur viendra comme un voleur; en ce jour, les cieux passeront avec fracas, les éléments embrasés se dissoudront, et la terre avec les oeuvres qu'elle renferme sera consumée.

¹¹Puisque donc toutes ces choses doivent se dissoudre, quelles ne

2 Pierre

doivent pas être la sainteté de votre conduite et votre piété,

¹²tandis que vous attendez et hâtez l'avènement du jour de Dieu, à cause duquel les cieux enflammés se dissoudront et les éléments embrasés se fondront!

¹³Mais nous attendons, selon sa promesse, de nouveaux cieux et une nouvelle terre, où la justice habitera.

¹⁴C'est pourquoi, bien-aimés, en attendant ces choses, appliquez-vous à être trouvés par lui sans tache et irrépréhensibles dans la paix.

¹⁵Croyez que la patience de notre Seigneur est votre salut, comme notre bien-aimé frère Paul vous l'a aussi écrit, selon la sagesse qui lui a été donnée.

¹⁶C'est ce qu'il fait dans toutes les lettres, où il parle de ces choses, dans lesquelles il y a des points difficiles à comprendre, dont les personnes ignorantes et mal affermies tordent le sens, comme celui des autres Écritures, pour leur propre ruine.

¹⁷Vous donc, bien-aimés, qui êtes avertis, mettez-vous sur vos gardes, de peur qu'entraînés par l'égarement des impies, vous ne veniez à déchoir de votre fermeté.

¹⁸Mais croissez dans la grâce et dans la connaissance de notre Seigneur et Sauveur Jésus Christ. A lui soit la gloire, maintenant et pour l'éternité! Amen!

1 Jean

Chapitre 1

¹Ce qui était dès le commencement, ce que nous avons entendu, ce que nous avons vu de nos yeux, ce que nous avons contemplé et que nos mains ont touché, concernant la parole de vie, -

²car la vie a été manifestée, et nous l'avons vue et nous lui rendons témoignage, et nous vous annonçons la vie éternelle, qui était auprès du Père et qui nous a été manifestée, -

³ce que nous avons vu et entendu, nous vous l'annonçons, à vous aussi, afin que vous aussi vous soyez en communion avec nous. Or, notre communion est avec le Père et avec son Fils Jésus Christ.

⁴Et nous écrivons ces choses, afin que notre joie soit parfaite.

⁵La nouvelle que nous avons apprise de lui, et que nous vous annonçons, c'est que Dieu est lumière, et qu'il n'y a point en lui de ténèbres.

⁶Si nous disons que nous sommes en communion avec lui, et que nous marchions dans les ténèbres, nous mentons, et nous ne pratiquons pas la vérité.

⁷Mais si nous marchons dans la lumière, comme il est lui-même dans la lumière, nous sommes mutuellement en communion, et le sang de Jésus son Fils nous purifie de tout péché.

⁸Si nous disons que nous n'avons pas de péché, nous nous séduisons nous-mêmes, et la vérité n'est point en nous.

⁹Si nous confessons nos péchés, il est fidèle et juste pour nous les pardonner, et pour nous purifier de toute iniquité.

¹⁰Si nous disons que nous n'avons pas péché, nous le faisons menteur, et sa parole n'est point en nous.

Chapitre 2

¹Mes petits enfants, je vous écris ces choses, afin que vous ne péchiez point. Et si quelqu'un a péché, nous avons un avocat auprès du Père, Jésus Christ le juste.

²Il est lui-même une victime expiatoire pour nos péchés, non seulement pour les nôtres, mais aussi pour ceux du monde entier.

³Si nous gardons ses commandements, par là nous savons que nous l'avons connu.

⁴Celui qui dit: Je l'ai connu, et qui ne garde pas ses commandements, est un menteur, et la vérité n'est point en lui.

⁵Mais celui qui garde sa parole, l'amour de Dieu est véritablement parfait en lui: par là nous savons que nous sommes en lui.

⁶Celui qui dit qu'il demeure en lui doit marcher aussi comme il a marché lui-même.

⁷Bien-aimés, ce n'est pas un commandement nouveau que je vous écris, mais un commandement ancien que vous avez eu dès le commencement; ce commandement ancien, c'est la parole que vous avez entendue.

⁸Toutefois, c'est un commandement nouveau que je vous écris, ce qui est vrai en lui et en vous car les ténèbres se dissipent et la lumière véritable paraît déjà.

⁹Celui qui dit qu'il est dans la lumière, et qui hait son frère, est encore dans les ténèbres.

¹⁰Celui qui aime son frère demeure dans la lumière, et aucune occasion de chute n'est en lui.

¹¹Mais celui qui hait son frère est dans les ténèbres, il marche dans les ténèbres, et il ne sait où il va, parce que les ténèbres ont aveuglé ses yeux.

¹²Je vous écris, petits enfants, parce que vos péchés vous sont pardonnés à cause de son nom.

¹³Je vous écris, pères, parce que vous avez connu celui qui est dès le commencement. Je vous écris, jeunes gens, parce que vous avez vaincu le malin. Je vous ai écrit, petits enfants, parce que vous avez connu le Père.

¹⁴Je vous ai écrit, pères, parce que vous avez connu celui qui est dès le commencement. Je vous ai écrit, jeunes gens, parce que vous êtes forts, et que la parole de Dieu demeure en vous, et que vous avez vaincu le malin.

¹⁵N'aimez point le monde, ni les choses qui sont dans le monde. Si quelqu'un aime le monde, l'amour du Père n'est point en lui;

¹⁶car tout ce qui est dans le monde, la convoitise de la chair, la convoitise des yeux, et l'orgueil de la vie, ne vient point du Père, mais vient du monde.

¹⁷Et le monde passe, et sa convoitise aussi; mais celui qui fait la volonté de Dieu demeure éternellement.

¹⁸Petits enfants, c'est la dernière heure, et comme vous avez appris qu'un antéchrist vient, il y a maintenant plusieurs antéchrists: par là nous connaissons que c'est la dernière heure.

¹⁹Ils sont sortis du milieu de nous, mais ils n'étaient pas des nôtres; car s'ils eussent été des nôtres, ils seraient demeurés avec nous, mais cela est arrivé afin qu'il fût manifeste que tous ne sont pas des nôtres.

²⁰Pour vous, vous avez reçu l'onction de la part de celui qui est saint, et vous avez tous de la connaissance.

²¹Je vous ai écrit, non que vous ne connaissiez pas la vérité, mais parce que vous la connaissez, et parce qu'aucun mensonge ne vient de la vérité.

²²Qui est menteur, sinon celui qui nie que Jésus est le Christ? Celui-là est l'antéchrist, qui nie le Père et le Fils.

²³Quiconque nie le Fils n'a pas non plus le Père; quiconque confesse le Fils a aussi le Père.

²⁴Que ce que vous avez entendu dès le commencement demeure en vous. Si ce que vous avez entendu dès le commencement demeure en vous, vous demeurerez aussi dans le Fils et dans le Père.

²⁵Et la promesse qu'il nous a faite, c'est la vie éternelle.

²⁶Je vous ai écrit ces choses au sujet de ceux qui vous égarent.

²⁷Pour vous, l'onction que vous avez reçue de lui demeure en vous, et vous n'avez pas besoin qu'on vous enseigne; mais comme son onction vous enseigne toutes choses, et qu'elle est véritable et qu'elle n'est point un mensonge, demeurez en lui selon les enseignements qu'elle vous a donnés.

²⁸Et maintenant, petits enfants, demeurez en lui, afin que, lorsqu'il paraîtra, nous ayons de l'assurance, et qu'à son avènement nous ne soyons pas confus et éloignés de lui.

²⁹Si vous savez qu'il est juste, reconnaissez que quiconque pratique la justice est né de lui.

Chapitre 3

¹Voyez quel amour le Père nous a témoigné, pour que nous soyons appelés enfants de Dieu! Et nous le sommes. Si le monde ne nous connaît pas, c'est qu'il ne l'a pas connu.

²Bien-aimés, nous sommes maintenant enfants de Dieu, et ce que nous serons n'a pas encore été manifesté; mais nous savons que, lorsque cela sera manifesté, nous serons semblables à lui, parce que nous le verrons tel qu'il est.

³Quiconque a cette espérance en lui se purifie, comme lui-même est pur.

⁴Quiconque pèche transgresse la loi, et le péché est la transgression de la loi.

⁵Or, vous le savez, Jésus a paru pour ôter les péchés, et il n'y a point en lui de péché.

⁶Quiconque demeure en lui ne pèche point; quiconque pèche ne l'a pas vu, et ne l'a pas connu.

⁷Petits enfants, que personne ne vous séduise. Celui qui pratique la justice est juste, comme lui-même est juste.

⁸Celui qui pèche est du diable, car le diable pèche dès le commencement. Le Fils de Dieu a paru afin de détruire les oeuvres du diable.

⁹Quiconque est né de Dieu ne pratique pas le péché, parce que la semence de Dieu demeure en lui; et il ne peut pécher, parce qu'il est né de Dieu.

¹⁰C'est par là que se font reconnaître les enfants de Dieu et les enfants du diable. Quiconque ne pratique pas la justice n'est pas de Dieu, non plus que celui qui n'aime pas son frère.

¹¹Car ce qui vous a été annoncé et ce que vous avez entendu dès le commencement, c'est que nous devons nous aimer les uns les autres,

¹²et ne pas ressembler à Caïn, qui était du malin, et qui tua son frère. Et pourquoi le tua-t-il? parce que ses oeuvres étaient mauvaises, et que celles de son frère étaient justes.

¹³Ne vous étonnez pas, frères, si le monde vous hait.

¹⁴Nous savons que nous sommes passés de la mort à la vie, parce que nous aimons les frères. Celui qui n'aime pas demeure dans la mort.

¹⁵Quiconque hait son frère est un meurtrier, et vous savez qu'aucun meurtrier n'a la vie éternelle demeurant en lui.

¹⁶Nous avons connu l'amour, en ce qu'il a donné sa vie pour nous; nous aussi, nous devons donner notre vie pour les frères.

¹⁷Si quelqu'un possède les biens du monde, et que, voyant son frère dans le besoin, il lui ferme ses entrailles, comment l'amour de Dieu demeure-t-il en lui?

¹⁸Petits enfants, n'aimons pas en paroles et avec la langue, mais en actions et avec vérité.

¹⁹Par là nous connaîtrons que nous sommes de la vérité, et nous

rassurerons nos coeurs devant lui;

²⁰car si notre coeur nous condamne, Dieu est plus grand que notre coeur, et il connaît toutes choses.

²¹Bien-aimés, si notre coeur ne nous condamne pas, nous avons de l'assurance devant Dieu.

²²Quoi que ce soit que nous demandions, nous le recevons de lui, parce que nous gardons ses commandements et que nous faisons ce qui lui est agréable.

²³Et c'est ici son commandement: que nous croyions au nom de son Fils Jésus Christ, et que nous nous aimions les uns les autres, selon le commandement qu'il nous a donné.

²⁴Celui qui garde ses commandements demeure en Dieu, et Dieu en lui; et nous connaissons qu'il demeure en nous par l'Esprit qu'il nous a donné.

Chapitre 4

¹Bien-aimés, n'ajoutez pas foi à tout esprit; mais éprouvez les esprits, pour savoir s'ils sont de Dieu, car plusieurs faux prophètes sont venus dans le monde.

²Reconnaissez à ceci l'Esprit de Dieu: tout esprit qui confesse Jésus Christ venu en chair est de Dieu;

³et tout esprit qui ne confesse pas Jésus n'est pas de Dieu, c'est celui de l'antéchrist, dont vous avez appris la venue, et qui maintenant est déjà dans le monde.

⁴Vous, petits enfants, vous êtes de Dieu, et vous les avez vaincus, parce que celui qui est en vous est plus grand que celui qui est dans le monde.

⁵Eux, ils sont du monde; c'est pourquoi ils parlent d'après le monde, et le monde les écoute.

⁶Nous, nous sommes de Dieu; celui qui connaît Dieu nous écoute; celui qui n'est pas de Dieu ne nous écoute pas: c'est par là que nous connaissons l'esprit de la vérité et l'esprit de l'erreur.

⁷Bien-aimés, aimons nous les uns les autres; car l'amour est de Dieu, et quiconque aime est né de Dieu et connaît Dieu.

⁸Celui qui n'aime pas n'a pas connu Dieu, car Dieu est amour.

⁹L'amour de Dieu a été manifesté envers nous en ce que Dieu a envoyé son Fils unique dans le monde, afin que nous vivions par lui.

¹⁰Et cet amour consiste, non point en ce que nous avons aimé Dieu, mais en ce qu'il nous a aimés et a envoyé son Fils comme victime expiatoire pour nos péchés.

¹¹Bien-aimés, si Dieu nous a ainsi aimés, nous devons aussi nous aimer les uns les autres.

¹²Personne n'a jamais vu Dieu; si nous nous aimons les uns les autres, Dieu demeure en nous, et son amour est parfait en nous.

¹³Nous connaissons que nous demeurons en lui, et qu'il demeure en nous, en ce qu'il nous a donné de son Esprit.

¹⁴Et nous, nous avons vu et nous attestons que le Père a envoyé le Fils comme Sauveur du monde.

¹⁵Celui qui confessera que Jésus est le Fils de Dieu, Dieu demeure en lui, et lui en Dieu.

¹⁶Et nous, nous avons connu l'amour que Dieu a pour nous, et nous y avons cru. Dieu est amour; et celui qui demeure dans l'amour demeure en Dieu, et Dieu demeure en lui.

¹⁷Tel il est, tels nous sommes aussi dans ce monde: c'est en cela que l'amour est parfait en nous, afin que nous ayons de l'assurance au jour du jugement.

¹⁸La crainte n'est pas dans l'amour, mais l'amour parfait bannit la crainte; car la crainte suppose un châtiment, et celui qui craint n'est pas parfait dans l'amour.

¹⁹Pour nous, nous l'aimons, parce qu'il nous a aimés le premier.

²⁰Si quelqu'un dit: J'aime Dieu, et qu'il haïsse son frère, c'est un menteur; car celui qui n'aime pas son frère qu'il voit, comment peut-il aimer Dieu qu'il ne voit pas?

²¹Et nous avons de lui ce commandement: que celui qui aime Dieu aime aussi son frère.

Chapitre 5

¹Quiconque croit que Jésus est le Christ, est né de Dieu, et quiconque aime celui qui l'a engendré aime aussi celui qui est né de lui.

²Nous connaissons que nous aimons les enfants de Dieu, lorsque nous aimons Dieu, et que nous pratiquons ses commandements.

³Car l'amour de Dieu consiste a garder ses commandements. Et ses commandements ne sont pas pénibles,

⁴parce que tout ce qui est né de Dieu triomphe du monde; et la victoire qui triomphe du monde, c'est notre foi.

⁵Qui est celui qui a triomphé du monde, sinon celui qui croit que Jésus est le Fils de Dieu?

⁶C'est lui, Jésus Christ, qui est venu avec de l'eau et du sang; non avec l'eau seulement, mais avec l'eau et avec le sang; et c'est l'Esprit qui rend témoignage, parce que l'Esprit est la vérité.

⁷Car il y en a trois qui rendent témoignage:

⁸l'Esprit, l'eau et le sang, et les trois sont d'accord.

⁹Si nous recevons le témoignage des hommes, le témoignage de Dieu est plus grand; car le témoignage de Dieu consiste en ce qu'il a rendu témoignage à son Fils.

¹⁰Celui qui croit au Fils de Dieu a ce témoignage en lui-même; celui qui ne croit pas Dieu le fait menteur, puisqu'il ne croit pas au témoignage que Dieu a rendu à son Fils.

¹¹Et voici ce témoignage, c'est que Dieu nous a donné la vie éternelle, et que cette vie est dans son Fils.

¹²Celui qui a le Fils a la vie; celui qui n'a pas le Fils de Dieu n'a pas la vie.

¹³Je vous ai écrit ces choses, afin que vous sachiez que vous avez la vie éternelle, vous qui croyez au nom du Fils de Dieu.

¹⁴Nous avons auprès de lui cette assurance, que si nous demandons quelque chose selon sa volonté, il nous écoute.

¹⁵Et si nous savons qu'il nous écoute, quelque chose que nous demandions, nous savons que nous possédons la chose que nous lui avons demandée.

¹⁶Si quelqu'un voit son frère commettre un péché qui ne mène point à la mort, qu'il prie, et Dieu donnera la vie à ce frère, il l'a donnera à ceux qui commettent un péché qui ne mène point à la mort. Il y a un péché qui mène à la mort; ce n'est pas pour ce péché-là que je dis de prier.

¹⁷Toute iniquité est un péché, et il y a tel péché qui ne mène pas à la mort.

¹⁸Nous savons que quiconque est né de Dieu ne pèche point; mais celui qui est né de Dieu se garde lui-même, et le malin ne le touche pas.

¹⁹Nous savons que nous sommes de Dieu, et que le monde entier est sous la puissance du malin.

²⁰Nous savons aussi que le Fils de Dieu est venu, et qu'il nous a donné l'intelligence pour connaître le Véritable; et nous sommes dans le Véritable, en son Fils Jésus Christ.

²¹C'est lui qui est le Dieu véritable, et la vie éternelle. Petits enfants, gardez-vous des idoles.

2 Jean

¹L'ancien, à Kyria l'élue et à ses enfants, que j'aime dans la vérité, -et ce n'est pas moi seul qui les aime, mais aussi tous ceux qui ont connu la vérité, -

²à cause de la vérité qui demeure en nous, et qui sera avec nous pour l'éternité:

³que la grâce, la miséricorde et la paix soient avec vous de la part de Dieu le Père et de la part de Jésus Christ, le Fils du Père, dans la vérité et la charité!

⁴J'ai été fort réjoui de trouver de tes enfants qui marchent dans la vérité, selon le commandement que nous avons reçu du Père.

⁵Et maintenant, ce que je te demande, Kyria, -non comme te prescrivant un commandement nouveau, mais celui que nous avons eu dès le commencement, -c'est que nous nous aimions les uns les autres.

⁶Et l'amour consiste à marcher selon ses commandements. C'est là le commandement dans lequel vous devez marcher, comme vous l'avez appris dès le commencement.

⁷Car plusieurs séducteurs sont entrés dans le monde, qui ne confessent point que Jésus Christ est venu en chair. Celui qui est tel, c'est le séducteur et l'antéchrist.

⁸Prenez garde à vous-mêmes, afin que vous ne perdiez pas le fruit de votre travail, mais que vous receviez une pleine récompense.

⁹Quiconque va plus loin et ne demeure pas dans la doctrine de Christ n'a point Dieu; celui qui demeure dans cette doctrine a le Père et le Fils.

¹⁰Si quelqu'un vient à vous et n'apporte pas cette doctrine, ne le recevez pas dans votre maison, et ne lui dites pas: Salut!

¹¹car celui qui lui dit: Salut! participe à ses mauvaises oeuvres.

¹²Quoique j'eusse beaucoup de choses à vous écrire, je n'ai pas voulu le faire avec le papier et l'encre; mais j'espère aller chez vous, et vous parler de bouche à bouche, afin que notre joie soit parfaite.

¹³Les enfants de ta soeur l'élue te saluent.

3 Jean

¹L'ancien, à Gaïus, le bien aimé, que j'aime dans la vérité.

²Bien-aimé, je souhaite que tu prospères à tous égards et sois en bonne santé, comme prospère l'état de ton âme.

³J'ai été fort réjoui, lorsque des frères sont arrivés et ont rendu témoignage de la vérité qui est en toi, de la manière dont tu marches dans la vérité.

⁴Je n'ai pas de plus grande joie que d'apprendre que mes enfants marchent dans la vérité.

⁵Bien-aimé, tu agis fidèlement dans ce que tu fais pour les frères, et même pour des frères étrangers,

⁶lesquels ont rendu témoignage de ta charité, en présence de l'Église. Tu feras bien de pourvoir à leur voyage d'une manière digne de Dieu.

⁷Car c'est pour le nom de Jésus Christ qu'ils sont partis, sans rien recevoir des païens.

⁸Nous devons donc accueillir de tels hommes, afin d'être ouvriers avec eux pour la vérité.

⁹J'ai écrit quelques mots à l'Église; mais Diotrèphe, qui aime à être le premier parmi eux, ne nous reçoit point.

¹⁰C'est pourquoi, si je vais vous voir, je rappellerai les actes qu'il commet, en tenant contre nous de méchants propos; non content de cela, il ne reçoit pas les frères, et ceux qui voudraient le faire, il les en empêche et les chasse de l'Église.

¹¹Bien-aimé, n'imite pas le mal, mais le bien. Celui qui fait le bien est de Dieu; celui qui fait le mal n'a point vu Dieu.

¹²Tous, et la vérité elle-même, rendent un bon témoignage à Démétrius; nous aussi, nous lui rendons témoignage, et tu sais que notre témoignage est vrai.

¹³J'aurais beaucoup de choses à t'écrire, mais je ne veux pas le faire avec l'encre et la plume.

¹⁴J'espère te voir bientôt, et nous parlerons de bouche à bouche. Que la paix soit avec toi! Les amis te saluent. Salue les amis, chacun en particulier.

Jude

¹Jude, serviteur de Jésus Christ, et frère de Jacques, à ceux qui ont été appelés, qui sont aimés en Dieu le Père, et gardés pour Jésus Christ:

²que la miséricorde, la paix et la charité vous soient multipliées!

³Bien aimés, comme je désirais vivement vous écrire au sujet de notre salut commun, je me suis senti obligé de le faire afin de vous exhorter à combattre pour la foi qui a été transmise aux saints une fois pour toutes.

⁴Car il s'est glissé parmi vous certains hommes, dont la condamnation est écrite depuis longtemps, des impies, qui changent la grâce de notre Dieu en dissolution, et qui renient notre seul maître et Seigneur Jésus Christ.

⁵Je veux vous rappeler, à vous qui savez fort bien toutes ces choses, que le Seigneur, après avoir sauvé le peuple et l'avoir tiré du pays d'Égypte, fit ensuite périr les incrédules;

⁶qu'il a réservé pour le jugement du grand jour, enchaînés éternellement par les ténèbres, les anges qui n'ont pas gardé leur dignité, mais qui ont abandonné leur propre demeure;

⁷que Sodome et Gomorrhe et les villes voisines, qui se livrèrent comme eux à l'impudicité et à des vices contre nature, sont données en exemple, subissant la peine d'un feu éternel.

⁸Malgré cela, ces hommes aussi, entraînés par leurs rêveries, souillent pareillement leur chair, méprisent l'autorité et injurient les gloires.

⁹Or, l'archange Michel, lorsqu'il contestait avec le diable et lui disputait le corps de Moïse, n'osa pas porter contre lui un jugement injurieux, mais il dit: Que le Seigneur te réprime!

¹⁰Eux, au contraire, ils parlent d'une manière injurieuse de ce qu'ils ignorent, et ils se corrompent dans ce qu'ils savent naturellement comme les brutes.

¹¹Malheur à eux! car ils ont suivi la voie de Caïn, ils se sont jetés pour un salaire dans l'égarement de Balaam, ils se sont perdus par la révolte de Coré.

¹²Ce sont des écueils dans vos agapes, faisant impudemment bonne chère, se repaissant eux-mêmes. Ce sont des nuées sans eau, poussées par les vents; des arbres d'automne sans fruits, deux fois morts, déracinés;

¹³des vagues furieuses de la mer, rejetant l'écume de leurs impuretés; des astres errants, auxquels l'obscurité des ténèbres est réservée pour l'éternité.

¹⁴C'est aussi pour eux qu'Énoch, le septième depuis Adam, a prophétisé en ces termes: Voici, le Seigneur est venu avec ses saintes myriades,

¹⁵pour exercer un jugement contre tous, et pour faire rendre compte à tous les impies parmi eux de tous les actes d'impiété qu'ils ont commis et de toutes les paroles injurieuses qu'ont proférées contre lui des pécheurs impies.

¹⁶Ce sont des gens qui murmurent, qui se plaignent de leur sort, qui marchent selon leurs convoitises, qui ont à la bouche des paroles hautaines, qui admirent les personnes par motif d'intérêt.

¹⁷Mais vous, bien-aimés, souvenez-vous des choses annoncées d'avance par les apôtres de notre Seigneur Jésus Christ.

¹⁸Ils vous disaient qu'au dernier temps il y aurait des moqueurs, marchant selon leurs convoitises impies;

¹⁹ce sont ceux qui provoquent des divisions, hommes sensuels, n'ayant pas l'esprit.

²⁰Pour vous, bien-aimés, vous édifiant vous-mêmes sur votre très sainte foi, et priant par le Saint Esprit,

²¹maintenez-vous dans l'amour de Dieu, en attendant la miséricorde de notre Seigneur Jésus Christ pour la vie éternelle.

²²Reprenez les uns, ceux qui contestent;

²³sauvez-en d'autres en les arrachant du feu; et pour d'autres encore, ayez une pitié mêlée de crainte, haïssant jusqu'à la tunique souillée par la chair.

²⁴Or, à celui qui peut vous préserver de toute chute et vous faire paraître devant sa gloire irrépréhensibles et dans l'allégresse,

²⁵à Dieu seul, notre Sauveur, par Jésus Christ notre Seigneur, soient gloire, majesté, force et puissance, dès avant tous les temps, et maintenant, et dans tous les siècles! Amen!

Apocalypse

Chapitre 1

¹Révélation de Jésus Christ, que Dieu lui a donnée pour montrer à ses serviteurs les choses qui doivent arriver bientôt, et qu'il a fait connaître, par l'envoi de son ange, à son serviteur Jean,

²lequel a attesté la parole de Dieu et le témoignage de Jésus Christ, tout ce qu'il a vu.

³Heureux celui qui lit et ceux qui entendent les paroles de la prophétie, et qui gardent les choses qui y sont écrites! Car le temps est proche.

⁴Jean aux sept Églises qui sont en Asie: que la grâce et la paix vous soient données de la part de celui qui est, qui était, et qui vient, et de la part des sept esprits qui sont devant son trône,

⁵et de la part de Jésus Christ, le témoin fidèle, le premier-né des morts, et le prince des rois de la terre! A celui qui nous aime, qui nous a délivrés de nos péchés par son sang,

⁶et qui a fait de nous un royaume, des sacrificateurs pour Dieu son Père, à lui soient la gloire et la puissance, aux siècles des siècles! Amen!

⁷Voici, il vient avec les nuées. Et tout oeil le verra, même ceux qui l'ont percé; et toutes les tribus de la terre se lamenteront à cause de lui. Oui. Amen!

⁸Je suis l'alpha et l'oméga, dit le Seigneur Dieu, celui qui est, qui était, et qui vient, le Tout Puissant.

⁹Moi Jean, votre frère, et qui ai part avec vous à la tribulation et au royaume et à la persévérance en Jésus, j'étais dans l'île appelée Patmos, à cause de la parole de Dieu et du témoignage de Jésus.

¹⁰Je fus ravi en esprit au jour du Seigneur, et j'entendis derrière moi une voix forte, comme le son d'une trompette,

¹¹qui disait: Ce que tu vois, écris-le dans un livre, et envoie-le aux sept Églises, à Éphèse, à Smyrne, à Pergame, à Thyatire, à Sardes, à Philadelphie, et à Laodicée.

¹²Je me retournai pour connaître quelle était la voix qui me parlait. Et, après m'être retourné, je vis sept chandeliers d'or,

¹³et, au milieu des sept chandeliers, quelqu'un qui ressemblait à un fils d'homme, vêtu d'une longue robe, et ayant une ceinture d'or sur la poitrine.

¹⁴Sa tête et ses cheveux étaient blancs comme de la laine blanche, comme de la neige; ses yeux étaient comme une flamme de feu;

¹⁵ses pieds étaient semblables à de l'airain ardent, comme s'il eût été embrasé dans une fournaise; et sa voix était comme le bruit de grandes eaux.

¹⁶Il avait dans sa main droite sept étoiles. De sa bouche sortait une épée aiguë, à deux tranchants; et son visage était comme le soleil lorsqu'il brille dans sa force.

¹⁷Quand je le vis, je tombai à ses pieds comme mort. Il posa sur moi sa main droite en disant: Ne crains point!

¹⁸Je suis le premier et le dernier, et le vivant. J'étais mort; et voici, je suis vivant aux siècles des siècles. Je tiens les clefs de la mort et du séjour des morts.

¹⁹Écris donc les choses que tu as vues, et celles qui sont, et celles qui doivent arriver après elles,

²⁰le mystère des sept étoiles que tu as vues dans ma main droite, et des sept chandeliers d'or. Les sept étoiles sont les anges des sept Églises, et les sept chandeliers sont les sept Églises.

Chapitre 2

¹Écris à l'ange de l'Église d'Éphèse: Voici ce que dit celui qui tient les sept étoiles dans sa main droite, celui qui marche au milieu des sept chandeliers d'or:

²Je connais tes oeuvres, ton travail, et ta persévérance. Je sais que tu ne peux supporter les méchants; que tu as éprouvé ceux qui se disent apôtres et qui ne le sont pas, et que tu les as trouvés menteurs;

³que tu as de la persévérance, que tu as souffert à cause de mon nom, et que tu ne t'es point lassé.

⁴Mais ce que j'ai contre toi, c'est que tu as abandonné ton premier amour.

⁵Souviens-toi donc d'où tu es tombé, repens-toi, et pratique tes premières oeuvres; sinon, je viendrai à toi, et j'ôterai ton chandelier de sa place, à moins que tu ne te repentes.

⁶Tu as pourtant ceci, c'est que tu hais les oeuvres des Nicolaïtes, oeuvres que je hais aussi.

⁷Que celui qui a des oreilles entende ce que l'Esprit dit aux Églises: A celui qui vaincra je donnerai à manger de l'arbre de vie, qui est dans le paradis de Dieu.

⁸Écris à l'ange de l'Église de Smyrne: Voici ce que dit le premier et le dernier, celui qui était mort, et qui est revenu à la vie:

⁹Je connais ta tribulation et ta pauvreté (bien que tu sois riche), et les calomnies de la part de ceux qui se disent Juifs et ne le sont pas, mais qui sont une synagogue de Satan.

¹⁰Ne crains pas ce que tu vas souffrir. Voici, le diable jettera quelques-uns de vous en prison, afin que vous soyez éprouvés, et vous aurez une tribulation de dix jours. Sois fidèle jusqu'à la mort, et je te donnerai la couronne de vie.

¹¹Que celui qui a des oreilles entende ce que l'Esprit dit aux Églises: Celui qui vaincra n'aura pas à souffrir la seconde mort.

¹²Écris à l'ange de l'Église de Pergame: Voici ce que dit celui qui a l'épée aiguë, à deux tranchants:

¹³Je sais où tu demeures, je sais que là est le trône de Satan. Tu retiens mon nom, et tu n'as pas renié ma foi, même aux jours d'Antipas, mon témoin fidèle, qui a été mis à mort chez vous, là où Satan a sa demeure.

¹⁴Mais j'ai quelque chose contre toi, c'est que tu as là des gens attachés à la doctrine de Balaam, qui enseignait à Balak à mettre une pierre d'achoppement devant les fils d'Israël, pour qu'ils mangeassent des viandes sacrifiées aux idoles et qu'ils se livrassent à l'impudicité.

¹⁵De même, toi aussi, tu as des gens attachés pareillement à la doctrine des Nicolaïtes.

¹⁶Repens-toi donc; sinon, je viendrai à toi bientôt, et je les combattrai avec l'épée de ma bouche.

¹⁷Que celui qui a des oreilles entende ce que l'Esprit dit aux Églises: A celui qui vaincra je donnerai de la manne cachée, et je lui donnerai un caillou blanc; et sur ce caillou est écrit un nom nouveau, que personne ne connaît, si ce n'est celui qui le reçoit.

¹⁸Écris à l'ange de l'Église de Thyatire: Voici ce que dit le Fils de Dieu, celui qui a les yeux comme une flamme de feu, et dont les pieds sont semblables à de l'airain ardent:

¹⁹Je connais tes oeuvres, ton amour, ta foi, ton fidèle service, ta constance, et tes dernières oeuvres plus nombreuses que les premières.

²⁰Mais ce que j'ai contre toi, c'est que tu laisses la femme Jézabel, qui se dit prophétesse, enseigner et séduire mes serviteurs, pour qu'ils se livrent à l'impudicité et qu'ils mangent des viandes sacrifiées aux idoles.

²¹Je lui ai donné du temps, afin qu'elle se repentît, et elle ne veut pas se repentir de son impudicité.

²²Voici, je vais la jeter sur un lit, et envoyer une grande tribulation à ceux qui commettent adultère avec elle, à moins qu'ils ne se repentent de leurs oeuvres.

²³Je ferai mourir de mort ses enfants; et toutes les Églises connaîtront que je suis celui qui sonde les reins et les coeurs, et je vous rendrai à chacun selon vos oeuvres.

²⁴A vous, à tous les autres de Thyatire, qui ne reçoivent pas cette doctrine, et qui n'ont pas connu les profondeurs de Satan, comme ils les appellent, je vous dis: Je ne mets pas sur vous d'autre fardeau;

²⁵seulement, ce que vous avez, retenez-le jusqu'à ce que je vienne.

²⁶A celui qui vaincra, et qui gardera jusqu'à la fin mes oeuvres, je donnerai autorité sur les nations.

²⁷Il les paîtra avec une verge de fer, comme on brise les vases d'argile, ainsi que moi-même j'en ai reçu le pouvoir de mon Père.

²⁸Et je lui donnerai l'étoile du matin.

²⁹Que celui qui a des oreilles entende ce que l'Esprit dit aux Églises!

Chapitre 3

¹Écris à l'ange de l'Église de Sardes: Voici ce que dit celui qui a les sept esprits de Dieu et les sept étoiles: Je connais tes oeuvres. Je sais que tu passes pour être vivant, et tu es mort.

²Sois vigilant, et affermis le reste qui est près de mourir; car je n'ai pas trouvé tes oeuvres parfaites devant mon Dieu.

³Rappelle-toi donc comment tu as reçu et entendu, et garde et repens-toi. Si tu ne veilles pas, je viendrai comme un voleur, et tu ne sauras pas à quelle heure je viendrai sur toi.

⁴Cependant tu as à Sardes quelques hommes qui n'ont pas souillé leurs vêtements; ils marcheront avec moi en vêtements blancs, parce qu'ils en sont dignes.

⁵Celui qui vaincra sera revêtu ainsi de vêtements blancs; je n'effacerai point son nom du livre de vie, et je confesserai son nom devant mon Père et devant ses anges.

⁶Que celui qui a des oreilles entende ce que l'Esprit dit aux Églises!

⁷Écris à l'ange de l'Église de Philadelphie: Voici ce que dit le

Saint, le Véritable, celui qui a la clef de David, celui qui ouvre, et personne ne fermera, celui qui ferme, et personne n'ouvrira:

⁸Je connais tes oeuvres. Voici, parce que tu a peu de puissance, et que tu as gardé ma parole, et que tu n'as pas renié mon nom, j'ai mis devant toi une porte ouverte, que personne ne peut fermer.

⁹Voici, je te donne de ceux de la synagogue de Satan, qui se disent Juifs et ne le sont pas, mais qui mentent; voici, je les ferai venir, se prosterner à tes pieds, et connaître que je t'ai aimé.

¹⁰Parce que tu as gardé la parole de la persévérance en moi, je te garderai aussi à l'heure de la tentation qui va venir sur le monde entier, pour éprouver les habitants de la terre.

¹¹Je viens bientôt. Retiens ce que tu as, afin que personne ne prenne ta couronne.

¹²Celui qui vaincra, je ferai de lui une colonne dans le temple de mon Dieu, et il n'en sortira plus; j'écrirai sur lui le nom de mon Dieu, et le nom de la ville de mon Dieu, de la nouvelle Jérusalem qui descend du ciel d'auprès de mon Dieu, et mon nom nouveau.

¹³Que celui qui a des oreilles entende ce que l'Esprit dit aux Églises!

¹⁴Écris à l'ange de l'Église de Laodicée: Voici ce que dit l'Amen, le témoin fidèle et véritable, le commencement de la création de Dieu:

¹⁵Je connais tes oeuvres. Je sais que tu n'es ni froid ni bouillant. Puisses-tu être froid ou bouillant!

¹⁶Ainsi, parce que tu es tiède, et que tu n'es ni froid ni bouillant, je te vomirai de ma bouche.

¹⁷Parce que tu dis: Je suis riche, je me suis enrichi, et je n'ai besoin de rien, et parce que tu ne sais pas que tu es malheureux, misérable, pauvre, aveugle et nu,

¹⁸je te conseille d'acheter de moi de l'or éprouvé par le feu, afin que tu deviennes riche, et des vêtements blancs, afin que tu sois vêtu et que la honte de ta nudité ne paraisse pas, et un collyre pour oindre tes yeux, afin que tu voies.

¹⁹Moi, je reprends et je châtie tous ceux que j'aime. Aie donc du zèle, et repens-toi.

²⁰Voici, je me tiens à la porte, et je frappe. Si quelqu'un entend ma voix et ouvre la porte, j'entrerai chez lui, je souperai avec lui, et lui avec moi.

²¹Celui qui vaincra, je le ferai asseoir avec moi sur mon trône, comme moi j'ai vaincu et me suis assis avec mon Père sur son trône.

²²Que celui qui a des oreilles entende ce que l'Esprit dit aux Églises!

Chapitre 4

¹Après cela, je regardai, et voici, une porte était ouverte dans le ciel. La première voix que j'avais entendue, comme le son d'une trompette, et qui me parlait, dit: Monte ici, et je te ferai voir ce qui doit arriver dans la suite.

²Aussitôt je fus ravi en esprit. Et voici, il y avait un trône dans le ciel, et sur ce trône quelqu'un était assis.

³Celui qui était assis avait l'aspect d'une pierre de jaspe et de sardoine; et le trône était environné d'un arc-en-ciel semblable à de l'émeraude.

⁴Autour du trône je vis vingt-quatre trônes, et sur ces trônes vingt-quatre vieillards assis, revêtus de vêtements blancs, et sur leurs têtes des couronnes d'or.

⁵Du trône sortent des éclairs, des voix et des tonnerres. Devant le trône brûlent sept lampes ardentes, qui sont les sept esprits de Dieu.

⁶Il y a encore devant le trône comme une mer de verre, semblable à du cristal. Au milieu du trône et autour du trône, il y a quatre êtres vivants remplis d'yeux devant et derrière.

⁷Le premier être vivant est semblable à un lion, le second être vivant est semblable à un veau, le troisième être vivant a la face d'un homme, et le quatrième être vivant est semblable à un aigle qui vole.

⁸Les quatre êtres vivants ont chacun six ailes, et ils sont remplis d'yeux tout autour et au dedans. Ils ne cessent de dire jour et nuit: Saint, saint, saint est le Seigneur Dieu, le Tout Puisant, qui était, qui est, et qui vient!

⁹Quand les êtres vivants rendent gloire et honneur et actions de grâces à celui qui est assis sur le trône, à celui qui vit aux siècles des siècles,

¹⁰les vingt-quatre vieillards se prosternent devant celui qui est assis sur le trône et ils adorent celui qui vit aux siècles des siècles, et ils jettent leurs couronnes devant le trône, en disant:

¹¹Tu es digne, notre Seigneur et notre Dieu, de recevoir la gloire et l'honneur et la puissance; car tu as créé toutes choses, et c'est par ta volonté qu'elles existent et qu'elles ont été créées.

Chapitre 5

¹Puis je vis dans la main droite de celui qui était assis sur le trône un livre écrit en dedans et en dehors, scellé de sept sceaux.

²Et je vis un ange puissant, qui criait d'une voix forte: Qui est digne d'ouvrir le livre, et d'en rompre les sceaux?

³Et personne dans le ciel, ni sur la terre, ni sous la terre, ne put ouvrir le livre ni le regarder.

⁴Et je pleurai beaucoup de ce que personne ne fut trouvé digne d'ouvrir le livre ni de le regarder.

⁵Et l'un des vieillards me dit: Ne pleure point; voici, le lion de la tribu de Juda, le rejeton de David, a vaincu pour ouvrir le livre et ses sept sceaux.

⁶Et je vis, au milieu du trône et des quatre êtres vivants et au milieu des vieillards, un agneau qui était là comme immolé. Il avait sept cornes et sept yeux, qui sont les sept esprits de Dieu envoyés par toute la terre.

⁷Il vint, et il prit le livre de la main droite de celui qui était assis sur le trône.

⁸Quand il eut pris le livre, les quatre êtres vivants et les vingt-quatre vieillards se prosternèrent devant l'agneau, tenant chacun une harpe et des coupes d'or remplies de parfums, qui sont les prières des saints.

⁹Et ils chantaient un cantique nouveau, en disant: Tu es digne de prendre le livre, et d'en ouvrir les sceaux; car tu as été immolé, et tu as racheté pour Dieu par ton sang des hommes de toute tribu, de toute langue, de tout peuple, et de toute nation;

¹⁰tu as fait d'eux un royaume et des sacrificateurs pour notre Dieu, et ils régneront sur la terre.

¹¹Je regardai, et j'entendis la voix de beaucoup d'anges autour du trône et des êtres vivants et des vieillards, et leur nombre était des myriades de myriades et des milliers de milliers.

¹²Ils disaient d'une voix forte: L'agneau qui a été immolé est digne de recevoir la puissance, la richesse, la sagesse, la force, l'honneur, la gloire, et la louange.

¹³Et toutes les créatures qui sont dans le ciel, sur la terre, sous la terre, sur la mer, et tout ce qui s'y trouve, je les entendis qui disaient: A celui qui est assis sur le trône, et à l'agneau, soient la louange, l'honneur, la gloire, et la force, aux siècles des siècles!

¹⁴Et les quatre êtres vivants disaient: Amen! Et les vieillards se prosternèrent et adorèrent.

Chapitre 6

¹Je regardai, quand l'agneau ouvrit un des sept sceaux, et j'entendis l'un des quatre êtres vivants qui disait comme d'une voix de tonnerre: Viens.

²Je regardai, et voici, parut un cheval blanc. Celui qui le montait avait un arc; une couronne lui fut donnée, et il partit en vainqueur et pour vaincre.

³Quand il ouvrit le second sceau, j'entendis le second être vivant qui disait: Viens.

⁴Et il sortit un autre cheval, roux. Celui qui le montait reçut le pouvoir d'enlever la paix de la terre, afin que les hommes s'égorgeassent les uns les autres; et une grande épée lui fut donnée.

⁵Quand il ouvrit le troisième sceau, j'entendis le troisième être vivant qui disait: Viens. Je regardai, et voici, parut un cheval noir. Celui qui le montait tenait une balance dans sa main.

⁶Et j'entendis au milieu des quatre êtres vivants une voix qui disait: Une mesure de blé pour un denier, et trois mesures d'orge pour un denier; mais ne fais point de mal à l'huile et au vin.

⁷Quand il ouvrit le quatrième sceau, j'entendis la voix du quatrième être vivant qui disait: Viens.

⁸Je regardai, et voici, parut un cheval d'une couleur pâle. Celui qui le montait se nommait la mort, et le séjour des morts l'accompagnait. Le pouvoir leur fut donné sur le quart de la terre, pour faire périr les hommes par l'épée, par la famine, par la mortalité, et par les bêtes sauvages de la terre.

⁹Quand il ouvrit le cinquième sceau, je vis sous l'autel les âmes de ceux qui avaient été immolés à cause de la parole de Dieu et à cause du témoignage qu'ils avaient rendu.

¹⁰Ils crièrent d'une voix forte, en disant: Jusques à quand, Maître saint et véritable, tarde-tu à juger, et à tirer vengeance de notre sang sur les habitants de la terre?

¹¹Une robe blanche fut donnée à chacun d'eux; et il leur fut dit de se tenir en repos quelque temps encore, jusqu'à ce que fût complet le nombre de leurs compagnons de service et de leurs frères qui devaient être mis à mort comme eux.

¹²Je regardai, quand il ouvrit le sixième sceau; et il y eut un grand

tremblement de terre, le soleil devint noir comme un sac de crin, la lune entière devint comme du sang,

¹³et les étoiles du ciel tombèrent sur la terre, comme lorsqu'un figuier secoué par un vent violent jette ses figues vertes.

¹⁴Le ciel se retira comme un livre qu'on roule; et toutes les montagnes et les îles furent remuées de leurs places.

¹⁵Les rois de la terre, les grands, les chefs militaires, les riches, les puissants, tous les esclaves et les hommes libres, se cachèrent dans les cavernes et dans les rochers des montagnes.

¹⁶Et ils disaient aux montagnes et aux rochers: Tombez sur nous, et cachez-nous devant la face de celui qui est assis sur le trône, et devant la colère de l'agneau;

¹⁷car le grand jour de sa colère est venu, et qui peut subsister?

Chapitre 7

¹Après cela, je vis quatre anges debout aux quatre coins de la terre; ils retenaient les quatre vents de la terre, afin qu'il ne soufflât point de vent sur la terre, ni sur la mer, ni sur aucun arbre.

²Et je vis un autre ange, qui montait du côté du soleil levant, et qui tenait le sceau du Dieu vivant; il cria d'une voix forte aux quatre anges à qui il avait été donné de faire du mal à la terre et à la mer, et il dit:

³Ne faites point de mal à la terre, ni à la mer, ni aux arbres, jusqu'à ce que nous ayons marqué du sceau le front des serviteurs de notre Dieu.

⁴Et j'entendis le nombre de ceux qui avaient été marqués du sceau, cent quarante-quatre mille, de toutes les tribus des fils d'Israël:

⁵de la tribu de Juda, douze mille marqués du sceau; de la tribu de Ruben, douze mille; de la tribu de Gad, douze mille;

⁶de la tribu d'Aser, douze mille; de la tribu de Nephthali, douze mille; de la tribu de Manassé, douze mille;

⁷de la tribu de Siméon, douze mille; de la tribu de Lévi, douze mille; de la tribu d'Issacar, douze mille;

⁸de la tribu de Zabulon, douze mille; de la tribu de Joseph, douze mille; de la tribu de Benjamin, douze mille marqués du sceau.

⁹Après cela, je regardai, et voici, il y avait une grande foule, que personne ne pouvait compter, de toute nation, de toute tribu, de tout peuple, et de toute langue. Ils se tenaient devant le trône et devant l'agneau, revêtus de robes blanches, et des palmes dans leurs mains.

¹⁰Et ils criaient d'une voix forte, en disant: Le salut est à notre Dieu qui est assis sur le trône, et à l'agneau.

¹¹Et tous les anges se tenaient autour du trône et des vieillards et des quatre êtres vivants; et ils se prosternèrent sur leur face devant le trône, et ils adorèrent Dieu,

¹²en disant: Amen! La louange, la gloire, la sagesse, l'action de grâces, l'honneur, la puissance, et la force, soient à notre Dieu, aux siècles des siècles! Amen!

¹³Et l'un des vieillards prit la parole et me dit: Ceux qui sont revêtus de robes blanches, qui sont-ils, et d'où sont-ils venus?

¹⁴Je lui dis: Mon seigneur, tu le sais. Et il me dit: Ce sont ceux qui viennent de la grande tribulation; ils ont lavé leurs robes, et ils les ont blanchies dans le sang de l'agneau.

¹⁵C'est pour cela qu'ils sont devant le trône de Dieu, et le servent jour et nuit dans son temple. Celui qui est assis sur le trône dressera sa tente sur eux;

¹⁶ils n'auront plus faim, ils n'auront plus soif, et le soleil ne les frappera point, ni aucune chaleur.

¹⁷Car l'agneau qui est au milieu du trône les paîtra et les conduira aux sources des eaux de la vie, et Dieu essuiera toute larme de leurs yeux.

Chapitre 8

¹Quand il ouvrit le septième sceau, il y eut dans le ciel un silence d'environ une demi-heure.

²Et je vis les sept anges qui se tiennent devant Dieu, et sept trompettes leur furent données.

³Et un autre ange vint, et il se tint sur l'autel, ayant un encensoir d'or; on lui donna beaucoup de parfums, afin qu'il les offrît, avec les prières de tous les saints, sur l'autel d'or qui est devant le trône.

⁴La fumée des parfums monta, avec les prières des saints, de la main de l'ange devant Dieu.

⁵Et l'ange prit l'encensoir, le remplit du feu de l'autel, et le jeta sur la terre. Et il y eut des voix, des tonnerres, des éclairs, et un tremblement de terre.

⁶Et les sept anges qui avaient les sept trompettes se préparèrent à en sonner.

⁷Le premier sonna de la trompette. Et il y eut de la grêle et du feu mêlés de sang, qui furent jetés sur la terre; et le tiers de la terre fut brûlé,

et le tiers des arbres fut brûlé, et toute herbe verte fut brûlée.

⁸Le second ange sonna de la trompette. Et quelque chose comme une grande montagne embrasée par le feu fut jeté dans la mer; et le tiers de la mer devint du sang,

⁹et le tiers des créatures qui étaient dans la mer et qui avaient vie mourut, et le tiers des navires périt.

¹⁰Le troisième ange sonna de la trompette. Et il tomba du ciel une grande étoile ardente comme un flambeau; et elle tomba sur le tiers des fleuves et sur les sources des eaux.

¹¹Le nom de cette étoile est Absinthe; et le tiers des eaux fut changé en absinthe, et beaucoup d'hommes moururent par les eaux, parce qu'elles étaient devenues amères.

¹²Le quatrième ange sonna de la trompette. Et le tiers du soleil fut frappé, et le tiers de la lune, et le tiers des étoiles, afin que le tiers en fût obscurci, et que le jour perdît un tiers de sa clarté, et la nuit de même.

¹³Je regardai, et j'entendis un aigle qui volait au milieu du ciel, disant d'une voix forte: Malheur, malheur, malheur aux habitants de la terre, à cause des autres sons de la trompette des trois anges qui vont sonner!

Chapitre 9

¹Le cinquième ange sonna de la trompette. Et je vis une étoile qui était tombée du ciel sur la terre. La clef du puits de l'abîme lui fut donnée,

²et elle ouvrit le puits de l'abîme. Et il monta du puits une fumée, comme la fumée d'une grande fournaise; et le soleil et l'air furent obscurcis par la fumée du puits.

³De la fumée sortirent des sauterelles, qui se répandirent sur la terre; et il leur fut donné un pouvoir comme le pouvoir qu'ont les scorpions de la terre.

⁴Il leur fut dit de ne point faire de mal à l'herbe de la terre, ni à aucune verdure, ni à aucun arbre, mais seulement aux hommes qui n'avaient pas le sceau de Dieu sur le front.

⁵Il leur fut donné, non de les tuer, mais de les tourmenter pendant cinq mois; et le tourment qu'elles causaient était comme le tourment que cause le scorpion, quand il pique un homme.

⁶En ces jours-là, les hommes chercheront la mort, et ils ne la trouveront pas; ils désireront mourir, et la mort fuira loin d'eux.

⁷Ces sauterelles ressemblaient à des chevaux préparés pour le combat; il y avait sur leurs têtes comme des couronnes semblables à de l'or, et leurs visages étaient comme des visages d'hommes.

⁸Elles avaient des cheveux comme des cheveux de femmes, et leurs dents étaient comme des dents de lions.

⁹Elles avaient des cuirasses comme des cuirasses de fer, et le bruit de leurs ailes était comme un bruit de chars à plusieurs chevaux qui courent au combat.

¹⁰Elles avaient des queues semblables à des scorpions et des aiguillons, et c'est dans leurs queues qu'était le pouvoir de faire du mal aux hommes pendant cinq mois.

¹¹Elles avaient sur elles comme roi l'ange de l'abîme, nommé en hébreu Abaddon, et en grec Apollyon.

¹²Le premier malheur est passé. Voici il vient encore deux malheurs après cela.

¹³Le sixième ange sonna de la trompette. Et j'entendis une voix venant des quatre cornes de l'autel d'or qui est devant Dieu,

¹⁴et disant au sixième ange qui avait la trompette: Délie les quatre anges qui sont liés sur le grand fleuve d'Euphrate.

¹⁵Et les quatre anges qui étaient prêts pour l'heure, le jour, le mois et l'année, furent déliés afin qu'ils tuassent le tiers des hommes.

¹⁶Le nombre des cavaliers de l'armée était de deux myriades de myriades: j'en entendis le nombre.

¹⁷Et ainsi je vis les chevaux dans la vision, et ceux qui les montaient, ayant des cuirasses couleur de feu, d'hyacinthe, et de soufre. Les têtes des chevaux étaient comme des têtes de lions; et de leurs bouches il sortait du feu, de la fumée, et du soufre.

¹⁸Le tiers des hommes fut tué par ces trois fléaux, par le feu, par la fumée, et par le soufre, qui sortaient de leurs bouches.

¹⁹Car le pouvoir des chevaux était dans leurs bouches et dans leurs queues; leurs queues étaient semblables à des serpents ayant des têtes, et c'est avec elles qu'ils faisaient du mal.

²⁰Les autres hommes qui ne furent pas tués par ces fléaux ne se repentirent pas des oeuvres de leurs mains, de manière à ne point adorer les démons, et les idoles d'or, d'argent, d'airain, de pierre et de bois, qui ne peuvent ni voir, ni entendre, ni marcher;

²¹et ils ne se repentirent pas de leurs meurtres, ni de leurs enchantements, ni de leur impudicité ni de leurs vols.

Chapitre 10

¹Je vis un autre ange puissant, qui descendait du ciel, enveloppé d'une nuée; au-dessus de sa tête était l'arc-en-ciel, et son visage était comme le soleil, et ses pieds comme des colonnes de feu.

²Il tenait dans sa main un petit livre ouvert. Il posa son pied droit sur la mer, et son pied gauche sur la terre;

³et il cria d'une voix forte, comme rugit un lion. Quand il cria, les sept tonnerres firent entendre leurs voix.

⁴Et quand les sept tonnerres eurent fait entendre leurs voix, j'allais écrire; et j'entendis du ciel une voix qui disait: Scelle ce qu'ont dit les sept tonnerres, et ne l'écris pas.

⁵Et l'ange, que je voyais debout sur la mer et sur la terre, leva sa main droite vers le ciel,

⁶et jura par celui qui vit aux siècles des siècles, qui a créé le ciel et les choses qui y sont, la terre et les choses qui y sont, et la mer et les choses qui y sont, qu'il n'y aurait plus de temps,

⁷mais qu'aux jours de la voix du septième ange, quand il sonnerait de la trompette, le mystère de Dieu s'accomplirait, comme il l'a annoncé à ses serviteurs, les prophètes.

⁸Et la voix, que j'avais entendue du ciel, me parla de nouveau, et dit: Va, prends le petit livre ouvert dans la main de l'ange qui se tient debout sur la mer et sur la terre.

⁹Et j'allai vers l'ange, en lui disant de me donner le petit livre. Et il me dit: Prends-le, et avale-le; il sera amer à tes entrailles, mais dans ta bouche il sera doux comme du miel.

¹⁰Je pris le petit livre de la main de l'ange, et je l'avalai; il fut dans ma bouche doux comme du miel, mais quand je l'eus avalé, mes entrailles furent remplies d'amertume.

¹¹Puis on me dit: Il faut que tu prophétises de nouveau sur beaucoup de peuples, de nations, de langues, et de rois.

Chapitre 11

¹On me donna un roseau semblable à une verge, en disant: Lève-toi, et mesure le temple de Dieu, l'autel, et ceux qui y adorent.

²Mais le parvis extérieur du temple, laisse-le en dehors, et ne le mesure pas; car il a été donné aux nations, et elles fouleront aux pieds la ville sainte pendant quarante-deux mois.

³Je donnerai à mes deux témoins le pouvoir de prophétiser, revêtus de sacs, pendant mille deux cent soixante jours.

⁴Ce sont les deux oliviers et les deux chandeliers qui se tiennent devant le Seigneur de la terre.

⁵Si quelqu'un veut leur faire du mal, du feu sort de leur bouche et dévore leurs ennemis; et si quelqu'un veut leur faire du mal, il faut qu'il soit tué de cette manière.

⁶Ils ont le pouvoir de fermer le ciel, afin qu'il ne tombe point de pluie pendant les jours de leur prophétie; et ils ont le pouvoir de changer les eaux en sang, et de frapper la terre de toute espèce de plaie, chaque fois qu'ils le voudront.

⁷Quand ils auront achevé leur témoignage, la bête qui monte de l'abîme leur fera la guerre, les vaincra, et les tuera.

⁸Et leurs cadavres seront sur la place de la grande ville, qui est appelée, dans un sens spirituel, Sodome et Égypte, là même où leur Seigneur a été crucifié.

⁹Des hommes d'entre les peuples, les tribus, les langues, et les nations, verront leurs cadavres pendant trois jours et demi, et ils ne permettront pas que leurs cadavres soient mis dans un sépulcre.

¹⁰Et à cause d'eux les habitants de la terre se réjouiront et seront dans l'allégresse, et ils s'enverront des présents les uns aux autres, parce que ces deux prophètes ont tourmenté les habitants de la terre.

¹¹Après les trois jours et demi, un esprit de vie, venant de Dieu, entra en eux, et ils se tinrent sur leurs pieds; et une grande crainte s'empara de ceux qui les voyaient.

¹²Et ils entendirent du ciel une voix qui leur disait: Montez ici! Et ils montèrent au ciel dans la nuée; et leurs ennemis les virent.

¹³A cette heure-là, il y eut un grand tremblement de terre, et la dixième partie de la ville, tomba; sept mille hommes furent tués dans ce tremblement de terre, et les autres furent effrayés et donnèrent gloire au Dieu du ciel.

¹⁴Le second malheur est passé. Voici, le troisième malheur vient bientôt.

¹⁵Le septième ange sonna de la trompette. Et il y eut dans le ciel de fortes voix qui disaient: Le royaume du monde est remis à notre Seigneur et à son Christ; et il régnera aux siècles des siècles.

¹⁶Et les vingt-quatre vieillards, qui étaient assis devant Dieu sur leurs trônes, se prosternèrent sur leurs faces, et ils adorèrent Dieu,

¹⁷en disant: Nous te rendons grâces, Seigneur Dieu tout puissant, qui es, et qui étais, de ce que car tu as saisi ta grande puissance et pris possession de ton règne.

¹⁸Les nations se sont irritées; et ta colère est venue, et le temps est venu de juger les morts, de récompenser tes serviteurs les prophètes, les saints et ceux qui craignent ton nom, les petits et les grands, et de détruire ceux qui détruisent la terre.

¹⁹Et le temple de Dieu dans le ciel fut ouvert, et l'arche de son alliance apparut dans son temple. Et il y eut des éclairs, des voix, des tonnerres, un tremblement de terre, et une forte grêle.

Chapitre 12

¹Un grand signe parut dans le ciel: une femme enveloppée du soleil, la lune sous ses pieds, et une couronne de douze étoiles sur sa tête.

²Elle était enceinte, et elle criait, étant en travail et dans les douleurs de l'enfantement.

³Un autre signe parut encore dans le ciel; et voici, c'était un grand dragon rouge, ayant sept têtes et dix cornes, et sur ses têtes sept diadèmes.

⁴Sa queue entraînait le tiers des étoiles du ciel, et les jetait sur la terre. Le dragon se tint devant la femme qui allait enfanter, afin de dévorer son enfant, lorsqu'elle aurait enfanté.

⁵Elle enfanta un fils, qui doit paître toutes les nations avec une verge de fer. Et son enfant fut enlevé vers Dieu et vers son trône.

⁶Et la femme s'enfuit dans le désert, où elle avait un lieu préparé par Dieu, afin qu'elle y fût nourrie pendant mille deux cent soixante jours.

⁷Et il y eut guerre dans le ciel. Michel et ses anges combattirent contre le dragon. Et le dragon et ses anges combattirent,

⁸mais ils ne furent pas les plus forts, et leur place ne fut plus trouvée dans le ciel.

⁹Et il fut précipité, le grand dragon, le serpent ancien, appelé le diable et Satan, celui qui séduit toute la terre, il fut précipité sur la terre, et ses anges furent précipités avec lui.

¹⁰Et j'entendis dans le ciel une voix forte qui disait: Maintenant le salut est arrivé, et la puissance, et le règne de notre Dieu, et l'autorité de son Christ; car il a été précipité, l'accusateur de nos frères, celui qui les accusait devant notre Dieu jour et nuit.

¹¹Ils l'ont vaincu à cause du sang de l'agneau et à cause de la parole de leur témoignage, et ils n'ont pas aimé leur vie jusqu'à craindre la mort.

¹²C'est pourquoi réjouissez-vous, cieux, et vous qui habitez dans les cieux. Malheur à la terre et à la mer! car le diable est descendu vers vous, animé d'une grande colère, sachant qu'il a peu de temps.

¹³Quand le dragon vit qu'il avait été précipité sur la terre, il poursuivit la femme qui avait enfanté l'enfant mâle.

¹⁴Et les deux ailes du grand aigle furent données à la femme, afin qu'elle s'envolât au désert, vers son lieu, où elle est nourrie un temps, des temps, et la moitié d'un temps, loin de la face du serpent.

¹⁵Et, de sa bouche, le serpent lança de l'eau comme un fleuve derrière la femme, afin de l'entraîner par le fleuve.

¹⁶Et la terre secourut la femme, et la terre ouvrit sa bouche et engloutit le fleuve que le dragon avait lancé de sa bouche.

¹⁷Et le dragon fut irrité contre la femme, et il s'en alla faire la guerre au restes de sa postérité, à ceux qui gardent les commandements de Dieu et qui ont le témoignage de Jésus.

Chapitre 13

¹Et il se tint sur le sable de la mer. Puis je vis monter de la mer une bête qui avait dix cornes et sept têtes, et sur ses cornes dix diadèmes, et sur ses têtes des noms de blasphème.

²La bête que je vis était semblable à un léopard; ses pieds étaient comme ceux d'un ours, et sa gueule comme une gueule de lion. Le dragon lui donna sa puissance, et son trône, et une grande autorité.

³Et je vis l'une de ses têtes comme blessée à mort; mais sa blessure mortelle fut guérie. Et toute la terre était dans l'admiration derrière la bête.

⁴Et ils adorèrent le dragon, parce qu'il avait donné l'autorité à la bête; ils adorèrent la bête, en disant: Qui est semblable à la bête, et qui peut combattre contre elle?

⁵Et il lui fut donné une bouche qui proférait des paroles arrogantes et des blasphèmes; et il lui fut donné le pouvoir d'agir pendant quarante-deux mois.

⁶Et elle ouvrit sa bouche pour proférer des blasphèmes contre Dieu, pour blasphémer son nom, et son tabernacle, et ceux qui habitent dans le ciel.

⁷Et il lui fut donné de faire la guerre aux saints, et de les vaincre. Et il lui fut donné autorité sur toute tribu, tout peuple, toute langue, et

Apocalypse

toute nation.

⁸Et tous les habitants de la terre l'adoreront, ceux dont le nom n'a pas été écrit dès la fondation du monde dans le livre de vie de l'agneau qui a été immolé.

⁹Si quelqu'un a des oreilles, qu'il entende!

¹⁰Si quelqu'un mène en captivité, il ira en captivité; si quelqu'un tue par l'épée, il faut qu'il soit tué par l'épée. C'est ici la persévérance et la foi des saints.

¹¹Puis je vis monter de la terre une autre bête, qui avait deux cornes semblables à celles d'un agneau, et qui parlait comme un dragon.

¹²Elle exerçait toute l'autorité de la première bête en sa présence, et elle faisait que la terre et ses habitants adoraient la première bête, dont la blessure mortelle avait été guérie.

¹³Elle opérait de grands prodiges, même jusqu'à faire descendre du feu du ciel sur la terre, à la vue des hommes.

¹⁴Et elle séduisait les habitants de la terre par les prodiges qu'il lui était donné d'opérer en présence de la bête, disant aux habitants de la terre de faire une image à la bête qui avait la blessure de l'épée et qui vivait.

¹⁵Et il lui fut donné d'animer l'image de la bête, afin que l'image de la bête parlât, et qu'elle fît que tous ceux qui n'adoreraient pas l'image de la bête fussent tués.

¹⁶Et elle fit que tous, petits et grands, riches et pauvres, libres et esclaves, reçussent une marque sur leur main droite ou sur leur front,

¹⁷et que personne ne pût acheter ni vendre, sans avoir la marque, le nom de la bête ou le nombre de son nom.

¹⁸C'est ici la sagesse. Que celui qui a de l'intelligence calcule le nombre de la bête. Car c'est un nombre d'homme, et son nombre est six cent soixante-six.

Chapitre 14

¹Je regardai, et voici, l'agneau se tenait sur la montagne de Sion, et avec lui cent quarante-quatre mille personnes, qui avaient son nom et le nom de son Père écrits sur leurs fronts.

²Et j'entendis du ciel une voix, comme un bruit de grosses eaux, comme le bruit d'un grand tonnerre; et la voix que j'entendis était comme celle de joueurs de harpes jouant de leurs harpes.

³Et ils chantaient un cantique nouveau devant le trône, et devant les quatre êtres vivants et les vieillards. Et personne ne pouvait apprendre le cantique, si ce n'est les cent quarante-quatre mille, qui avaient été rachetés de la terre.

⁴Ce sont ceux qui ne se sont pas souillés avec des femmes, car ils sont vierges; ils suivent l'agneau partout où il va. Ils ont été rachetés d'entre les hommes, comme des prémices pour Dieu et pour l'agneau;

⁵et dans leur bouche il ne s'est point trouvé de mensonge, car ils sont irrépréhensibles.

⁶Je vis un autre ange qui volait par le milieu du ciel, ayant un Évangile éternel, pour l'annoncer aux habitants de la terre, à toute nation, à toute tribu, à toute langue, et à tout peuple.

⁷Il disait d'une voix forte: Craignez Dieu, et donnez-lui gloire, car l'heure de son jugement est venue; et adorez celui qui a fait le ciel, et la terre, et la mer, et les sources d'eaux.

⁸Et un autre, un second ange suivit, en disant: Elle est tombée, elle est tombée, Babylone la grande, qui a abreuvé toutes les nations du vin de la fureur de son impudicité!

⁹Et un autre, un troisième ange les suivit, en disant d'une voix forte: Si quelqu'un adore la bête et son image, et reçoit une marque sur son front ou sur sa main,

¹⁰il boira, lui aussi, du vin de la fureur de Dieu, versé sans mélange dans la coupe de sa colère, et il sera tourmenté dans le feu et le soufre, devant les saints anges et devant l'agneau.

¹¹Et la fumée de leur tourment monte aux siècles des siècles; et ils n'ont de repos ni jour ni nuit, ceux qui adorent la bête et son image, et quiconque reçoit la marque de son nom.

¹²C'est ici la persévérance des saints, qui gardent les commandements de Dieu et la foi de Jésus.

¹³Et j'entendis du ciel une voix qui disait: Écris: Heureux dès à présent les morts qui meurent dans le Seigneur! Oui, dit l'Esprit, afin qu'ils se reposent de leurs travaux, car leurs oeuvres les suivent.

¹⁴Je regardai, et voici, il y avait une nuée blanche, et sur la nuée était assis quelqu'un qui ressemblait à un fils d'homme, ayant sur sa tête une couronne d'or, et dans sa main une faucille tranchante.

¹⁵Et un autre ange sortit du temple, criant d'une voix forte à celui qui était assis sur la nuée: Lance ta faucille, et moissonne; car l'heure de moissonner est venue, car la moisson de la terre est mûre.

¹⁶Et celui qui était assis sur la nuée jeta sa faucille sur la terre. Et la terre fut moissonnée.

¹⁷Et un autre ange sortit du temple qui est dans le ciel, ayant, lui aussi, une faucille tranchante.

¹⁸Et un autre ange, qui avait autorité sur le feu, sortit de l'autel, et s'adressa d'une voix forte à celui qui avait la faucille tranchante, disant: Lance ta faucille tranchante, et vendange les grappes de la vigne de la terre; car les raisins de la terre sont mûrs.

¹⁹Et l'ange jeta sa faucille sur la terre. Et il vendangea la vigne de la terre, et jeta la vendange dans la grande cuve de la colère de Dieu.

²⁰Et la cuve fut foulée hors de la ville; et du sang sortit de la cuve, jusqu'aux mors des chevaux, sur une étendue de mille six cents stades.

Chapitre 15

¹Puis je vis dans le ciel un autre signe, grand et admirable: sept anges, qui tenaient sept fléaux, les derniers, car par eux s'accomplit la colère de Dieu.

²Et je vis comme une mer de verre, mêlée de feu, et ceux qui avaient vaincu la bête, et son image, et le nombre de son nom, debout sur la mer de verre, ayant des harpes de Dieu.

³Et ils chantent le cantique de Moïse, le serviteur de Dieu, et le cantique de l'agneau, en disant: Tes oeuvres sont grandes et admirables, Seigneur Dieu tout puissant! Tes voies sont justes et véritables, roi des nations!

⁴Qui ne craindrait, Seigneur, et ne glorifierait ton nom? Car seul tu es saint. Et toutes les nations viendront, et se prosterneront devant toi, parce que tes jugements ont été manifestés.

⁵Après cela, je regardai, et le temple du tabernacle du témoignage fut ouvert dans le ciel.

⁶Et les sept anges qui tenaient les sept fléaux sortirent du temple, revêtus d'un lin pur, éclatant, et ayant des ceintures d'or autour de la poitrine.

⁷Et l'un des quatre êtres vivants donna aux sept anges sept coupes d'or, pleines de la colère du Dieu qui vit aux siècles des siècles.

⁸Et le temple fut rempli de fumée, à cause de la gloire de Dieu et de sa puissance; et personne ne pouvait entrer dans le temple, jusqu'à ce que les sept fléaux des sept anges fussent accomplis.

Chapitre 16

¹Et j'entendis une voix forte qui venait du temple, et qui disait aux sept anges: Allez, et versez sur la terre les sept coupes de la colère de Dieu.

²Le premier alla, et il versa sa coupe sur la terre. Et un ulcère malin et douloureux frappa les hommes qui avaient la marque de la bête et qui adoraient son image.

³Le second versa sa coupe dans la mer. Et elle devint du sang, comme celui d'un mort; et tout être vivant mourut, tout ce qui était dans la mer.

⁴Le troisième versa sa coupe dans les fleuves et dans les sources d'eaux. Et ils devinrent du sang.

⁵Et j'entendis l'ange des eaux qui disait: Tu es juste, toi qui es, et qui étais; tu es saint, parce que tu as exercé ce jugement.

⁶Car ils ont versé le sang des saints et des prophètes, et tu leur as donné du sang à boire: ils en sont dignes.

⁷Et j'entendis l'autel qui disait: Oui, Seigneur Dieu tout puissant, tes jugements sont véritables et justes.

⁸Le quatrième versa sa coupe sur le soleil. Et il lui fut donné de brûler les hommes par le feu;

⁹et les hommes furent brûlés par une grande chaleur, et ils blasphémèrent le nom du Dieu qui a l'autorité sur ces fléaux, et ils ne se repentirent pas pour lui donner gloire.

¹⁰Le cinquième versa sa coupe sur le trône de la bête. Et son royaume fut couvert de ténèbres; et les hommes se mordaient la langue de douleur,

¹¹et ils blasphémèrent le Dieu du ciel, à cause de leurs douleurs et de leurs ulcères, et ils ne se repentirent pas de leurs oeuvres.

¹²Le sixième versa sa coupe sur le grand fleuve, l'Euphrate. Et son eau tarit, afin que le chemin des rois venant de l'Orient fût préparé.

¹³Et je vis sortir de la bouche du dragon, et de la bouche de la bête, et de la bouche du faux prophète, trois esprits impurs, semblables à des grenouilles.

¹⁴Car ce sont des esprits de démons, qui font des prodiges, et qui vont vers les rois de toute la terre, afin de les rassembler pour le combat du grand jour du Dieu tout puissant.

¹⁵Voici, je viens comme un voleur. Heureux celui qui veille, et qui garde ses vêtements, afin qu'il ne marche pas nu et qu'on ne voie pas sa honte! -

¹⁶Ils les rassemblèrent dans le lieu appelé en hébreu Harmaguédon.

¹⁷Le septième versa sa coupe dans l'air. Et il sortit du temple, du trône, une voix forte qui disait: C'en est fait!

¹⁸Et il y eut des éclairs, des voix, des tonnerres, et un grand tremblement de terre, tel qu'il n'y avait jamais eu depuis que l'homme est sur la terre, un aussi grand tremblement.

¹⁹Et la grande ville fut divisée en trois parties, et les villes des nations tombèrent, et Dieu, se souvint de Babylone la grande, pour lui donner la coupe du vin de son ardente colère.

²⁰Et toutes les îles s'enfuirent, et les montagnes ne furent pas retrouvées.

²¹Et une grosse grêle, dont les grêlons pesaient un talent, tomba du ciel sur les hommes; et les hommes blasphémèrent Dieu, à cause du fléau de la grêle, parce que ce fléau était très grand.

Chapitre 17

¹Puis un des sept anges qui tenaient les sept coupes vint, et il m'adressa la parole, en disant: Viens, je te montrerai le jugement de la grande prostituée qui est assise sur les grandes eaux.

²C'est avec elle que les rois de la terre se sont livrés à l'impudicité, et c'est du vin de son impudicité que les habitants de la terre se sont enivrés.

³Il me transporta en esprit dans un désert. Et je vis une femme assise sur une bête écarlate, pleine de noms de blasphème, ayant sept têtes et dix cornes.

⁴Cette femme était vêtue de pourpre et d'écarlate, et parée d'or, de pierres précieuses et de perles. Elle tenait dans sa main une coupe d'or, remplie d'abominations et des impuretés de sa prostitution.

⁵Sur son front était écrit un nom, un mystère: Babylone la grande, la mère des impudiques et des abominations de la terre.

⁶Et je vis cette femme ivre du sang des saints et du sang des témoins de Jésus. Et, en la voyant, je fus saisi d'un grand étonnement.

⁷Et l'ange me dit: Pourquoi t'étonnes-tu? Je te dirai le mystère de la femme et de la bête qui la porte, qui a les sept têtes et les dix cornes.

⁸La bête que tu as vue était, et elle n'est plus. Elle doit monter de l'abîme, et aller à la perdition. Et les habitants de la terre, ceux dont le nom n'a pas été écrit dès la fondation du monde dans le livre de vie, s'étonneront en voyant la bête, parce qu'elle était, et qu'elle n'est plus, et qu'elle reparaîtra.

⁹C'est ici l'intelligence qui a de la sagesse. -Les sept têtes sont sept montagnes, sur lesquelles la femme est assise.

¹⁰Ce sont aussi sept rois: cinq sont tombés, un existe, l'autre n'est pas encore venu, et quand il sera venu, il doit rester peu de temps.

¹¹Et la bête qui était, et qui n'est plus, est elle-même un huitième roi, et elle est du nombre des sept, et elle va à la perdition.

¹²Les dix cornes que tu as vues sont dix rois, qui n'ont pas encore reçu de royaume, mais qui reçoivent autorité comme rois pendant une heure avec la bête.

¹³Ils ont un même dessein, et ils donnent leur puissance et leur autorité à la bête.

¹⁴Ils combattront contre l'agneau, et l'agneau les vaincra, parce qu'il est le Seigneur des seigneurs et le Roi des rois, et les appelés, les élus et les fidèles qui sont avec lui les vaincront aussi.

¹⁵Et il me dit: Les eaux que tu as vues, sur lesquelles la prostituée est assise, ce sont des peuples, des foules, des nations, et des langues.

¹⁶Les dix cornes que tu as vues et la bête haïront la prostituée, la dépouilleront et la mettront à nu, mangeront ses chairs, et la consumeront par le feu.

¹⁷Car Dieu a mis dans leurs coeurs d'exécuter son dessein et d'exécuter un même dessein, et de donner leur royauté à la bête, jusqu'à ce que les paroles de Dieu soient accomplies.

¹⁸Et la femme que tu as vue, c'est la grande ville qui a la royauté sur les rois de la terre.

Chapitre 18

¹Après cela, je vis descendre du ciel un autre ange, qui avait une grande autorité; et la terre fut éclairée de sa gloire.

²Il cria d'une voix forte, disant: Elle est tombée, elle est tombée, Babylone la grande! Elle est devenue une habitation de démons, un repaire de tout esprit impur, un repaire de tout oiseau impur et odieux,

³parce que toutes les nations ont bu du vin de la fureur de son impudicité, et que les rois de la terre se sont livrés avec elle à l'impudicité, et que les marchands de la terre se sont enrichis par la puissance de son luxe.

⁴Et j'entendis du ciel une autre voix qui disait: Sortez du milieu d'elle, mon peuple, afin que vous ne participiez point à ses péchés, et que vous n'ayez point de part à ses fléaux.

⁵Car ses péchés se sont accumulés jusqu'au ciel, et Dieu s'est souvenu de ses iniquités.

⁶Payez-la comme elle a payé, et rendez-lui au double selon ses oeuvres. Dans la coupe où elle a versé, versez-lui au double.

⁷Autant elle s'est glorifiée et plongée dans le luxe, autant donnez-lui de tourment et de deuil. Parce qu'elle dit en son coeur: Je suis assise en reine, je ne suis point veuve, et je ne verrai point de deuil!

⁸A cause de cela, en un même jour, ses fléaux arriveront, la mort, le deuil et la famine, et elle sera consumée par le feu. Car il est puissant, le Seigneur Dieu qui l'a jugée.

⁹Et tous les rois de la terre, qui se sont livrés avec elle à l'impudicité et au luxe, pleureront et se lamenteront à cause d'elle, quand ils verront la fumée de son embrasement.

¹⁰Se tenant éloignés, dans la crainte de son tourment, ils diront: Malheur! malheur! La grande ville, Babylone, la ville puissante! En une seule heure est venu ton jugement!

¹¹Et les marchands de la terre pleurent et sont dans le deuil à cause d'elle, parce que personne n'achète plus leur cargaison,

¹²cargaison d'or, d'argent, de pierres précieuses, de perles, de fin lin, de pourpre, de soie, d'écarlate, de toute espèce de bois de senteur, de toute espèce d'objets d'ivoire, de toute espèce d'objets en bois très précieux, en airain, en fer et en marbre,

¹³de cinnamome, d'aromates, de parfums, de myrrhe, d'encens, de vin, d'huile, de fine farine, de blé, de boeufs, de brebis, de chevaux, de chars, de corps et d'âmes d'hommes.

¹⁴Les fruits que désirait ton âme sont allés loin de toi; et toutes les choses délicates et magnifiques sont perdues pour toi, et tu ne les retrouveras plus.

¹⁵Les marchands de ces choses, qui se sont enrichis par elle, se tiendront éloignés, dans la crainte de son tourment; ils pleureront et seront dans le deuil,

¹⁶et diront: Malheur! malheur! La grande ville, qui était vêtue de fin lin, de pourpre et d'écarlate, et parée d'or, de pierres précieuses et de perles! En une seule heure tant de richesses ont été détruites!

¹⁷Et tous les pilotes, tous ceux qui naviguent vers ce lieu, les marins, et tous ceux qui exploitent la mer, se tenaient éloignés,

¹⁸et ils s'écriaient, en voyant la fumée de son embrasement: Quelle ville était semblable à la grande ville?

¹⁹Ils jetaient de la poussière sur leurs têtes, ils pleuraient et ils étaient dans le deuil, ils criaient et disaient: Malheur! malheur! La grande ville, où se sont enrichis par son opulence tous ceux qui ont des navires sur la mer, en une seule heure elle a été détruite!

²⁰Ciel, réjouis-toi sur elle! Et vous, les saints, les apôtres, et les prophètes, réjouissez-vous aussi! Car Dieu vous a fait justice en la jugeant.

²¹Alors un ange puissant prit une pierre semblable à une grande meule, et il la jeta dans la mer, en disant: Ainsi sera précipitée avec violence Babylone, la grande ville, et elle ne sera plus trouvée.

²²Et l'on n'entendra plus chez toi les sons des joueurs de harpe, des musiciens, des joueurs de flûte et des joueurs de trompette, on ne trouvera plus chez toi aucun artisan d'un métier quelconque, on n'entendra plus chez toi le bruit de la meule,

²³la lumière de la lampe ne brillera plus chez toi, et la voix de l'époux et de l'épouse ne sera plus entendue chez toi, parce que tes marchands étaient les grands de la terre, parce que toutes les nations ont été séduites par tes enchantements,

²⁴et parce qu'on a trouvé chez elle le sang des prophètes et des saints et de tous ceux qui ont été égorgés sur la terre.

Chapitre 19

¹Après cela, j'entendis dans le ciel comme une voix forte d'une foule nombreuse qui disait: Alléluia! Le salut, la gloire, et la puissance sont à notre Dieu,

²parce que ses jugements sont véritables et justes; car il a jugé la grande prostituée qui corrompait la terre par son impudicité, et il a vengé le sang de ses serviteurs en le redemandant de sa main.

³Et ils dirent une seconde fois: Alléluia! ...et sa fumée monte aux siècles des siècles.

⁴Et les vingt-quatre vieillards et les quatre êtres vivants se prosternèrent et adorèrent Dieu assis sur le trône, en disant: Amen! Alléluia!

⁵Et une voix sortit du trône, disant: Louez notre Dieu, vous tous ses serviteurs, vous qui le craignez, petits et grands!

⁶Et j'entendis comme une voix d'une foule nombreuse, comme un bruit de grosses eaux, et comme un bruit de forts tonnerres, disant: Alléluia! Car le Seigneur notre Dieu tout puissant est entré dans son règne.

⁷Réjouissons-nous et soyons dans l'allégresse, et donnons-lui

gloire; car les noces de l'agneau sont venues, et son épouse s'est préparée,

⁸et il lui a été donné de se revêtir d'un fin lin, éclatant, pur. Car le fin lin, ce sont les oeuvres justes des saints.

⁹Et l'ange me dit: Écris: Heureux ceux qui sont appelés au festin des noces de l'agneau! Et il me dit: Ces paroles sont les véritables paroles de Dieu.

¹⁰Et je tombai à ses pieds pour l'adorer; mais il me dit: Garde-toi de le faire! Je suis ton compagnon de service, et celui de tes frères qui ont le témoignage de Jésus. Adore Dieu. -Car le témoignage de Jésus est l'esprit de la prophétie.

¹¹Puis je vis le ciel ouvert, et voici, parut un cheval blanc. Celui qui le montait s'appelle Fidèle et Véritable, et il juge et combat avec justice.

¹²Ses yeux étaient comme une flamme de feu; sur sa tête étaient plusieurs diadèmes; il avait un nom écrit, que personne ne connaît, si ce n'est lui-même;

¹³et il était revêtu d'un vêtement teint de sang. Son nom est la Parole de Dieu.

¹⁴Les armées qui sont dans le ciel le suivaient sur des chevaux blancs, revêtues d'un fin lin, blanc, pur.

¹⁵De sa bouche sortait une épée aiguë, pour frapper les nations; il les paîtra avec une verge de fer; et il foulera la cuve du vin de l'ardente colère du Dieu tout puissant.

¹⁶Il avait sur son vêtement et sur sa cuisse un nom écrit: Roi des rois et Seigneur des seigneurs.

¹⁷Et je vis un ange qui se tenait dans le soleil. Et il cria d'une voix forte, disant à tous les oiseaux qui volaient par le milieu du ciel: Venez, rassemblez-vous pour le grand festin de Dieu,

¹⁸afin de manger la chair des rois, la chair des chefs militaires, la chair des puissants, la chair des chevaux et de ceux qui les montent, la chair de tous, libres et esclaves, petits et grands.

¹⁹Et je vis la bête, et les rois de la terre, et leurs armées rassemblés pour faire la guerre à celui qui était assis sur le cheval et à son armée.

²⁰Et la bête fut prise, et avec elle le faux prophète, qui avait fait devant elle les prodiges par lesquels il avait séduit ceux qui avaient pris la marque de la bête et adoré son image. Ils furent tous les deux jetés vivants dans l'étang ardent de feu et de soufre.

²¹Et les autres furent tués par l'épée qui sortait de la bouche de celui qui était assis sur le cheval; et tous les oiseaux se rassasièrent de leur chair.

Chapitre 20

¹Puis je vis descendre du ciel un ange, qui avait la clef de l'abîme et une grande chaîne dans sa main.

²Il saisit le dragon, le serpent ancien, qui est le diable et Satan, et il le lia pour mille ans.

³Il le jeta dans l'abîme, ferma et scella l'entrée au-dessus de lui, afin qu'il ne séduisît plus les nations, jusqu'à ce que les mille ans fussent accomplis. Après cela, il faut qu'il soit délié pour un peu de temps.

⁴Et je vis des trônes; et à ceux qui s'y assirent fut donné le pouvoir de juger. Et je vis les âmes de ceux qui avaient été décapités à cause du témoignage de Jésus et à cause de la parole de Dieu, et de ceux qui n'avaient pas adoré la bête ni son image, et qui n'avaient pas reçu la marque sur leur front et sur leur main. Ils revinrent à la vie, et ils régnèrent avec Christ pendant mille ans.

⁵Les autres morts ne revinrent point à la vie jusqu'à ce que les mille ans fussent accomplis. C'est la première résurrection.

⁶Heureux et saints ceux qui ont part à la première résurrection! La seconde mort n'a point de pouvoir sur eux; mais ils seront sacrificateurs de Dieu et de Christ, et ils régneront avec lui pendant mille ans.

⁷Quand les mille ans seront accomplis, Satan sera relâché de sa prison.

⁸Et il sortira pour séduire les nations qui sont aux quatre coins de la terre, Gog et Magog, afin de les rassembler pour la guerre; leur nombre est comme le sable de la mer.

⁹Et ils montèrent sur la surface de la terre, et ils investirent le camp des saints et la ville bien-aimée. Mais un feu descendit du ciel, et les dévora.

¹⁰Et le diable, qui les séduisait, fut jeté dans l'étang de feu et de soufre, où sont la bête et le faux prophète. Et ils seront tourmentés jour et nuit, aux siècles des siècles.

¹¹Puis je vis un grand trône blanc, et celui qui était assis dessus. La terre et le ciel s'enfuirent devant sa face, et il ne fut plus trouvé de place pour eux.

¹²Et je vis les morts, les grands et les petits, qui se tenaient devant le trône. Des livres furent ouverts. Et un autre livre fut ouvert, celui qui est le livre de vie. Et les morts furent jugés selon leurs oeuvres, d'après ce qui était écrit dans ces livres.

¹³La mer rendit les morts qui étaient en elle, la mort et le séjour des morts rendirent les morts qui étaient en eux; et chacun fut jugé selon ses oeuvres.

¹⁴Et la mort et le séjour des morts furent jetés dans l'étang de feu. C'est la seconde mort, l'étang de feu.

¹⁵Quiconque ne fut pas trouvé écrit dans le livre de vie fut jeté dans l'étang de feu.

Chapitre 21

¹Puis je vis un nouveau ciel et une nouvelle terre; car le premier ciel et la première terre avaient disparu, et la mer n'était plus.

²Et je vis descendre du ciel, d'auprès de Dieu, la ville sainte, la nouvelle Jérusalem, préparée comme une épouse qui s'est parée pour son époux.

³Et j'entendis du trône une forte voix qui disait: Voici le tabernacle de Dieu avec les hommes! Il habitera avec eux, et ils seront son peuple, et Dieu lui-même sera avec eux.

⁴Il essuiera toute larme de leurs yeux, et la mort ne sera plus, et il n'y aura plus ni deuil, ni cri, ni douleur, car les premières choses ont disparu.

⁵Et celui qui était assis sur le trône dit: Voici, je fais toutes choses nouvelles. Et il dit: Écris; car ces paroles sont certaines et véritables.

⁶Et il me dit: C'est fait! Je suis l'alpha et l'oméga, le commencement et la fin. A celui qui a soif je donnerai de la source de l'eau de la vie, gratuitement.

⁷Celui qui vaincra héritera ces choses; je serai son Dieu, et il sera mon fils.

⁸Mais pour les lâches, les incrédules, les abominables, les meurtriers, les impudiques, les enchanteurs, les idolâtres, et tous les menteurs, leur part sera dans l'étang ardent de feu et de soufre, ce qui est la seconde mort.

⁹Puis un des sept anges qui tenaient les sept coupes remplies des sept derniers fléaux vint, et il m'adressa la parole, en disant: Viens, je te montrerai l'épouse, la femme de l'agneau.

¹⁰Et il me transporta en esprit sur une grande et haute montagne. Et il me montra la ville sainte, Jérusalem, qui descendait du ciel d'auprès de Dieu, ayant la gloire de Dieu.

¹¹Son éclat était semblable à celui d'une pierre très précieuse, d'une pierre de jaspe transparente comme du cristal.

¹²Elle avait une grande et haute muraille. Elle avait douze portes, et sur les portes douze anges, et des noms écrits, ceux des douze tribus des fils d'Israël:

¹³à l'orient trois portes, au nord trois portes, au midi trois portes, et à l'occident trois portes.

¹⁴La muraille de la ville avait douze fondements, et sur eux les douze noms des douze apôtres de l'agneau.

¹⁵Celui qui me parlait avait pour mesure un roseau d'or, afin de mesurer la ville, ses portes et sa muraille.

¹⁶La ville avait la forme d'un carré, et sa longueur était égale à sa largeur. Il mesura la ville avec le roseau, et trouva douze mille stades; la longueur, la largeur et la hauteur en étaient égales.

¹⁷Il mesura la muraille, et trouva cent quarante-quatre coudées, mesure d'homme, qui était celle de l'ange.

¹⁸La muraille était construite en jaspe, et la ville était d'or pur, semblable à du verre pur.

¹⁹Les fondements de la muraille de la ville étaient ornés de pierres précieuses de toute espèce: le premier fondement était de jaspe, le second de saphir, le troisième de calcédoine, le quatrième d'émeraude,

²⁰le cinquième de sardonyx, le sixième de sardoine, le septième de chrysolithe, le huitième de béryl, le neuvième de topaze, le dixième de chrysoprase, le onzième d'hyacinthe, le douzième d'améthyste.

²¹Les douze portes étaient douze perles; chaque porte était d'une seule perle. La place de la ville était d'or pur, comme du verre transparent.

²²Je ne vis point de temple dans la ville; car le Seigneur Dieu tout puissant est son temple, ainsi que l'agneau.

²³La ville n'a besoin ni du soleil ni de la lune pour l'éclairer; car la gloire de Dieu l'éclaire, et l'agneau est son flambeau.

²⁴Les nations marcheront à sa lumière, et les rois de la terre y apporteront leur gloire.

²⁵Ses portes ne se fermeront point le jour, car là il n'y aura point de nuit.

²⁶On y apportera la gloire et l'honneur des nations.

²⁷Il n'entrera chez elle rien de souillé, ni personne qui se livre à l'abomination et au mensonge; il n'entrera que ceux qui sont écrits dans

le livre de vie de l'agneau.

Chapitre 22

¹Et il me montra un fleuve d'eau de la vie, limpide comme du cristal, qui sortait du trône de Dieu et de l'agneau.

²Au milieu de la place de la ville et sur les deux bords du fleuve, il y avait un arbre de vie, produisant douze fois des fruits, rendant son fruit chaque mois, et dont les feuilles servaient à la guérison des nations.

³Il n'y aura plus d'anathème. Le trône de Dieu et de l'agneau sera dans la ville; ses serviteurs le serviront et verront sa face,

⁴et son nom sera sur leurs fronts.

⁵Il n'y aura plus de nuit; et ils n'auront besoin ni de lampe ni de lumière, parce que le Seigneur Dieu les éclairera. Et ils régneront aux siècles des siècles.

⁶Et il me dit: Ces paroles sont certaines et véritables; et le Seigneur, le Dieu des esprits des prophètes, a envoyé son ange pour montrer à ses serviteurs les choses qui doivent arriver bientôt. -

⁷Et voici, je viens bientôt. -Heureux celui qui garde les paroles de la prophétie de ce livre!

⁸C'est moi Jean, qui ai entendu et vu ces choses. Et quand j'eus entendu et vu, je tombai aux pieds de l'ange qui me les montrait, pour l'adorer.

⁹Mais il me dit: Garde-toi de le faire! Je suis ton compagnon de service, et celui de tes frères les prophètes, et de ceux qui gardent les paroles de ce livre. Adore Dieu.

¹⁰Et il me dit: Ne scelle point les paroles de la prophétie de ce livre. Car le temps est proche.

¹¹Que celui qui est injuste soit encore injuste, que celui qui est souillé se souille encore; et que le juste pratique encore la justice, et que celui qui est saint se sanctifie encore.

¹²Voici, je viens bientôt, et ma rétribution est avec moi, pour rendre à chacun selon ce qu'est son oeuvre.

¹³Je suis l'alpha et l'oméga, le premier et le dernier, le commencement et la fin.

¹⁴Heureux ceux qui lavent leurs robes, afin d'avoir droit à l'arbre de vie, et d'entrer par les portes dans la ville!

¹⁵Dehors les chiens, les enchanteurs, les impudiques, les meurtriers, les idolâtres, et quiconque aime et pratique le mensonge!

¹⁶Moi, Jésus, j'ai envoyé mon ange pour vous attester ces choses dans les Églises. Je suis le rejeton et la postérité de David, l'étoile brillante du matin.

¹⁷Et l'Esprit et l'épouse disent: Viens. Et que celui qui entend dise: Viens. Et que celui qui a soif vienne; que celui qui veut, prenne de l'eau de la vie, gratuitement.

¹⁸Je le déclare à quiconque entend les paroles de la prophétie de ce livre: Si quelqu'un y ajoute quelque chose, Dieu le frappera des fléaux décrits dans ce livre;

¹⁹et si quelqu'un retranche quelque chose des paroles du livre de cette prophétie, Dieu retranchera sa part de l'arbre de la vie et de la ville sainte, décrits dans ce livre.

²⁰Celui qui atteste ces choses dit: Oui, je viens bientôt. Amen! Viens, Seigneur Jésus!

²¹Que la grâce du Seigneur Jésus soit avec tous!

www.ingramcontent.com/pod-product-compliance
Lightning Source LLC
Chambersburg PA
CBHW080720300426
44114CB00019B/2435